Diction

des

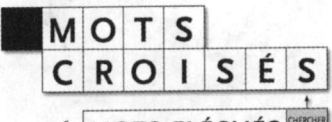

MOTS CROISÉS

et **MOTS FLÉCHÉS** CHERCHER TROUVER

Dictionnaire des

MOTS CROISÉS

et MOTS FLÉCHÉS

CHERCHER
TROUVER

Classement direct
Classement inverse
Tableaux annexes

LAROUSSE

21 RUE DU MONTPARNASSE 75283 PARIS CEDEX 06

ISBN 10 : 2-03-560224-6
ISBN 13 : 978-203-560224-4

MODE D'EMPLOI

Comment utiliser
le *Dictionnaire des mots*
croisés et fléchés ?

Ce *Dictionnaire des Mots croisés et fléchés* regroupe l'ensemble des noms communs et des noms propres du *Petit Larousse 2006*, ainsi que des mots tombés en désuétude mais toujours d'actualité pour les « cruciverbistes » ou « verbicrucistes ». Une nomenclature de plus de 115 000 mots est ainsi offerte aux amateurs de mots croisés et de mots fléchés.

■ Pour faciliter la consultation de l'ouvrage

Conformément à l'usage en vigueur dans les grilles de mots croisés et fléchés, nous avons choisi de présenter tous les mots en lettres majuscules, en caractères gras pour les noms propres, en caractères maigres pour les noms communs. Les noms déposés, qui figurent dans la partie noms communs du *Petit Larousse*, sont écrits avec une « grande majuscule » initiale.

■ Pour répondre aux besoins des cruciverbistes

Tout cruciverbiste tourne et retourne les mots et les recherche autant par leur début que par leur terminaison. Aussi, dans ce dictionnaire unique en son genre, les mots, regroupés selon leur nombre de lettres, sont classés dans l'ordre alphabétique normal, puis dans l'ordre alphabétique inverse, c'est-à-dire à partir de la dernière lettre du mot. Dans ce dernier cas, APPARTENIR, par exemple, succède donc à ENTRETENIR, INORGANISATION à RÉORGANISATION ou BOUTADE à PINTADE.

■ Pour élargir la recherche

Afin de fournir le plus grand nombre de possibilités aux cruci-
verbistes, nous avons multiplié les entrées en ajoutant dans ce
Dictionnaire des mots croisés et fléchés :
– les pluriels autres que ceux qui sont formés par le simple ajout
d'un *s* ; les pluriels en *s* ont toutefois été répertoriés pour les
mots ayant un double pluriel (par exemple : CIELS et CIEUX,
MATCHS et MATCHES), pour les noms composés (CHOUX-
FLEURS, GRAND-MERES et GRANDS-MERES, etc.), ainsi
que pour les titres d'œuvres citées, littéraires, picturales, musi-
cales, chorégraphiques ou cinématographiques (par exemple :
BACCHANTES ou LES MISERABLES) ;
– les féminins de tous les adjectifs ;
– les participes passés et présents de tous les verbes ;
– les habitants (des villes, des départements, des régions et des
pays) ;
– les différents éléments de certains noms propres composés
(ENGHIEN et ENGHIEN-LES-BAINS pour la ville d'Enghien-
les-Bains, ALLENDE GOSSENS et ALLENDE pour Salvator
Allende Gossens) ;
– les graphies dans la langue d'origine des principaux noms géo-
graphiques (ANVERS et ANTWERPEN).

Pour accéder rapidement à des informations
■ thématiques

En fin de volume, le lecteur pourra consulter des listes de termes
souvent utilisés dans les grilles de mots croisés ou de mots
fléchés :
– les noms de tous les pays, membres de l'ONU, avec les capi-
tales, les monnaies et les langues officielles et nationales ;
– les éléments chimiques et leur symbole ;
– les unités de mesure et leur symbole ;
– les divinités et les héros de la mythologie.

CLASSEMENT DIRECT

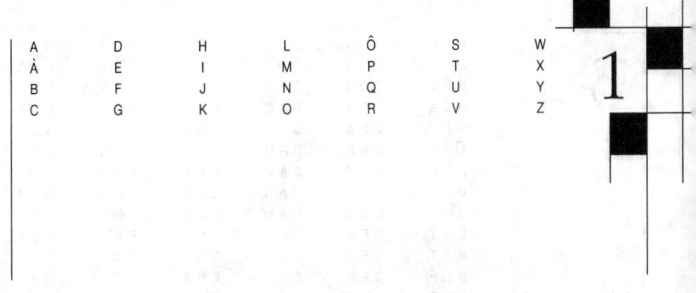

A	D	H	L	Ô	S	W	
À	E	I	M	P	T	X	
B	F	J	N	Q	U	Y	
C	G	K	O	R	V	Z	

A A	C F	E V	I L-	M N	P H		
A A	C I	E X	I M-	M O	P I		
A C	C L	E X-	I N	M T	P J		
A G	C M	**E Y**	I N-	M U	P K		
A H	C O	F A	I O	M Û	P.-M.		
A Ï	C P	F E	I R	N A	P M		
A L	C R	F I	I R-	N B	P O		
A M	C S	**F D**	**I S**	N D	**P Ô**		
A N	C U	F M	J E	N E	P R		
A R	C V	F-M	J.O.	N É	**P S**		
A S	C X	**F O**	J T	N I	P.-S.	S C	
A T	C Z	F R	K A	N O	P T	S E	U N
A U	D A	G A	**K D**	**N O**	P U	S F	**U R**
A X	**D C**	G D	K F	N Ô	P.-V.	S I	U S
A Y	D E	G E	K.-O.	N P	Q G	S M	U T
B A	D É	**G É**	K R	N S	Q I	S N	U V
B Â	D J	**G Ê**	L A	N U	Q S	**S-R**	V A
B D	D O	G I	L À	**O B**	R A	S R	V É
B E	D R	G O	L E	O C	**R Â**	S U	V F
B I	D U	G R	L É	**O E**	R B	T A	V O
B K	D Û	H A	L I	O H	R E	T B	V S
B O	D Y	H E	**L I**	O.K.	R É	T C	V U
B P	**E C**	H É	**L O**	O N	**R É**	T E	W.-C.
B P	E H	H F	L P	**O Ö**	**R Ê**	T H	W U
B R	**E K**	H G	L R	O R	**R F**	T I	X E
B U	E N	H I	L U	O S	**R G**	T L	X I
C A	E R	H O	M A	O U	R H	T M	Y B
Ç A	E S	**H O**	**M A**	O Ù	R I	T U	**Y S**
Ç À	E-S	H S	M D	**O Z**	R N	T V	Z I
C B	È S	H T	M E	P A	R U	**U A**	Z N
C D	E T	I F	M G	P B	S A	**U E**	Z R
C E	E U	**I F**	M I	P C	**S A**	**U K**	
C E	**E U**	I L	M I-	P D	S B		

3

		BEP	CD-I	CUL	**EDE**	FIÉ	GOY
		BER	CDI	CUT	EDI	FIL	GPL
		BÈS	**CDU**	DAB	**EDO**	FIN	GPS
		BEX	CDV	**DAC**	**EEE**	**FIS**	GRÉ
		BEY	**CEA**	DAL	EGO	FIV	GSM
		BIC	**CEE**	**DAM**	ÉLU	**FLN**	GUÉ
		BIO	**CEI**	DAN	ELY	**FMI**	GUI
		BIP	CEP	DAO	ÉMU	FOB	**GUI**
		BIS	CET	DAT	**EMS**	FOC	GUS
		BIT	CFA	**DAX**	**ENA**	FOI	**GUY**
		BIT	CFC	DCA	ENS	FOL	GYM
		BLÉ	**CFH**	DDT	**ENS**	**FON**	HAÏ
AAR		**BNF**	**CGC**	DEA	**ÉON**	FOR	HAL
ABA		BNP	**CGE**	DEB	ÉON	**FOS**	HAM
ABC	API	BOA	CGS	**DEE**	ÉPI	FOU	HAN
ABC	**APO**	BOB	**CGT**	DEL	EPO	FOX	**HAN**
ABE	APS	BOF	CHS	DER	EPS	**FOX**	**HCR**
ÅBO	**APT**	BOL	CHU	**DER**	ÈRE	**FOY**	HEM
ABS	ARA	**BOL**	**CHU**	DES	ERG	**FRY**	**HEM**
ACE	**ARC**	BON	**CIA**	DÈS	ERS	**FSU**	HEP
ACP	ARE	**BON**	**CID**	DEY	**ESA**	FTP	HEU
ADA	ARN	BOP	CIE	DIA	ESB	**FTP**	HIC
ADN	**ARP**	**BOR**	CIL	**DIB**	**ESO**	FUI	HIV
ADO	**ARS**	BOT	**CIO**	**DIE**	EST	FUN	HLA
ADY	ART	BOX	CLÉ	**DIU**	**EST**	FUR	HLM
A.-É.F.	ASE	BOY	**CLT**	DIX	**ETA**	FÛT	HOP
AEG	**ASO**	**BRI**	CMU	DOC	ÊTA	**FUX**	HOT
AF-P	**ATH**	BRU	**CNC**	DOL	ÉTÉ	**FYN**	HOU
AGE	ATP	**BRY**	CND	**DOL**	EUE	**FYT**	HUB
ÂGE	**ATT**	BTP	**CNR**	DOM	EUH	GAG	**HUC**
ÂGÉ	AVE	BTS	CÔA	DON	EUX	GAL	HUE
AGI	AXE	BTU	COB	**DON**	**ÈVE**	GAN	**HUE**
AHA	AXÉ	**BUC**	**COB**	DOS	EWE	**GAO**	HUÉ
AHI	ÂZT	BUE	COD	DOT	EXA-	GAP	**HUÊ**
AHO	**BAB**	BUG	**COD**	**DOU**	EXP	**GAP**	HUI
AÏE	BAC	**BUG**	**COE**	**DRA**	**ÈZE**	GAY	**HUI**
AIL	BAH	BUN	COI	DRH	FAB	**GAY**	HUM
AIN	BAI	BUS	COL	DRU	FAC	GAZ	**HUS**
AIR	BAL	**BUS**	COM	**DRU**	FAN	GEL	**HUY**
AÏR	BAN	BUT	CON	DRY	FAQ	**GEX**	IBM
AIS	BAR	**BVA**	COQ	**DST**	FAR	GIC	**IBO**
AIX	**BAR**	**BVP**	COR	DUC	FAT	GIE	**ICA**
ALE	BAS	BYE	COS	DUE	FAX	**GIF**	ICI
ALI	BAT	CAB	**COS**	**DUN**	**FBI**	GIG	**IDA**
ALU	BÂT	CAC	COU	DUO	FCP	**GIL**	IDE
ÂME	BAU	CAF	**CPI**	DUR	FÉE	GIN	IDH
AMF	**BBC**	CAL	**CRF**	DUT	F.É.M.	**GIR**	IFE
AMI	**BCE**	**CAM**	CRI	DVD	**FEN**	GÎT	**IGN**
AMM	BCG	CAO	CRS	EAO	FER	GLU	**IGS**
AMP	**BEA**	**CÃO**	CRU	EAU	**FER**	GMT	IHS
AMY	BEC	CAP	CRÛ	**ECK**	**FÈS**	GNL	**ILA**
ANC	BÉE	CAR	**CSA**	**ECO**	FEU	**GOA**	ÎLE
ÂNE	BÉÉ	CAS	CSG	ÉCU	FEZ	**GOG**	**ILI**
ANI	BEI	**CBS**	**CSU**		**FFI**	GOÏ	ILL
ANS	BEL	**CCI**	**CUI**		**FFL**	GON	ILM
AOC	**BÊL**	CCP			FIC		ILN
A.-O.F.	BEN	CDD					ILS

IMA	**KYD**	MÂT	NGV	OSÉ	POP	**REY**	SIL
IMC	LAC	**MAX**	**NHK**	OST	POS	**RFA**	**SIN**
IME	LAD	**M'BA**	NIB	ÔTÉ	POT	RHÔ	SIR
INA	LAI	MEC	NID	**OUA**	**POT**	RIA	SIS
INC	**LAM**	MÉG-	NIÉ	OUD	POU	RIB	SIX
INN	LAO	MÉL	**NIL**	OUF	PPB	RIF	SKA
INO	LAS	**MEO**	**NIN**	OUI	**PPI**	**RIF**	SKI
ION	**LAW**	MER	**NIS**	OUÏ	PPM	RIP	SME
ÍOS	**LAY**	**MER**	**NOÉ**	**OUR**	PRÉ	RIS	SMS
IPÉ	LCD	MEV	**NOK**	OUT	PRO	RIZ	SOC
IRA	**LCR**	MHD	NOM	OVE	PSI	**RMC**	SOI
IRD	LDR	MIE	NON	OVÉ	PST	RMI	SOL
IRE	**LÉA**	MIL	NPI	OXO	**PSU**	RMN	**SOL**
IRM	LED	MIN	**NRJ**	**OYO**	PSY	ROC	SOM
ISE	**LEE**	MIR	NUE	**OZU**	PTT	**ROD**	SON
ISF	LEI	**MIR**	NUÉ	PAF	PUB	ROI	SOS
ISO	LEK	MIS	NUI	PAL	PUÉ	ROM	SOT
ISO	**LEK**	**MIT**	NUL	**PAN**	PUR	ROT	SOU
ITT	LÈS	MJC	**OAS**	PAO	PUS	RÔT	**SOW**
IUT	LET	**MLF**	OBI	PAR	PUY	**ROY**	SPA
IVE	LEU	MOA	**OCH**	PAS	**PUY**	RPF	**SPA**
IVG	**LEU**	MOB	**OCI**	PAT	PVC	**RPR**	**SPD**
IWO	LEV	**MOI**	**ODA**	**PAU**	PVD	**RTL**	SPI
JAR	LEZ	**MOI**	ODE	**PAZ**	**PYM**	RTT	**SSR**
JAS	**LIA**	**MOÏ**	**OEA**	PCB	QAT	**RUE**	**STO**
JAT	LIE	**MOL**	OFF	**PCC**	QCM	**RUE**	SUC
JAY	**LIE**	**MOL**	OGM	**PCF**	QHS	RUÉ	SUD
JET	LIÉ	MON	OHÉ	**PCI**	**QIN**	RUT	**SUD**
JEU	LIN	**MØN**	OHM	PCR	**QOM**	RUZ	SUE
JMF	LIS	MOS	**OHM**	P-DG	QSP	RYE	**SUE**
JOB	LIT	MOT	OIE	**PDS**	QSR	SAC	SUÉ
JOB	**LOB**	MOU	OÏL	PED	QUE	SAE	SUR
JOC	**LOD**	MOX	**OIT**	**PEI**	QUI	SAÏ	SÛR
JOS	LOF	**MRP**	**OJD**	PEP	RAB	SAL	SUS
JUS	LOI	MST	OKA	PET	**RAB**	**SAM**	S.V.P.
KAN	LOT	MUE	**OKA**	PEU	RAD	**SAN**	TAC
KEI	**LOT**	MUÉ	**OKW**	PFF	**RAF**	**SAO**	TAF
KEV	LÖW	**MUN**	OLA	PHI	RAI	SAR	TAG
KEY	LSD	MUR	OLÉ	PIB	RAÏ	**SÂR**	TAI
KGB	**LUC**	**MUR**	OLP	PIC	RAM	SAS	TAN
KHI	LUE	MÛR	OLT	PIE	RAP	**SAX**	TAO
KID	LUI	MYE	**OMC**	PIE	RAS	**SAY**	TAR
KIF	LUT	NAC	**OMI**	PIE	RAT	SCI	TAS
KIL	LUX	**NAO**	OMO	PIF	**RAU**	SCP	TAT
KIP	**LUZ**	NAT	**OMS**	PIN	RAY	SDF	TAU
KIR	**LVF**	NAY	ONC	PIS	**RAY**	SDN	**TAY**
KIS	LYS	**NAY**	ONG	**PLA**	RAZ	SEC	TEC
KIT	**LYS**	NBC	**ONU**	**PLD**	RAZ	SÉE	TEE
KOB	MAC	**NBC**	OPA	PLI	**RDA**	SEI	TEG
KOK	MAI	NÉE	OPE	PLU	RDS	SEL	TEK
KOT	MAL	NEF	OPR	PLV	RÉA	**SEM**	TEL
KRA	**MAM**	NEM	OPV	PMA	RÉÉ	SEN	TEP
KRK	MAN	**NEP**	**ORB**	PME	REG	**SEN**	TER
KRU	**MAN**	NET	ÖRE	PMI	**REJ**	SEP	TET
KSI	**MAR**	NEY	ØRE	PMU	REM	SES	TÊT
KUN	MAS	**NEY**	ORL	PNB	RER	SET	**TÊT**
KWA	MAT	NEZ	OSE	**POE**	RES	SIC	TEX

TGV	TOP	**UBE**	URE	VHS	**VMC**	**WWW**	ZÉE
THÉ	**TOR**	**UBU**	**URI**	VIA	VOL	XML	ZEF
THS	TÔT	**UDF**	URL	**VIC**	VPC	YAK	ZEN
TIC	TPE	**UDR**	**USA**	VIE	VRP	**YAO**	ZEP
TIF	**TPI**	UEM	USB	**VIF**	VTC	YEN	ZIF
TIG	TRI	**UER**	USÉ	VIH	VTT	**YEU**	ZIG
TIN	TSF	UFR	UTC	VIL	VUE	YIN	**ZIG**
TIP	**TSU**	UHT	**VÁH**	VIN	WAP	YOD	ZIP
TIR	TTC	**UJI**	VAL	VIP	WAX	YUE	**ZOÉ**
TIV	TUB	ULM	**VAN**	**VIS**	WEB	**YUN**	**ZOÉ**
TNP	TUE	**ULM**	VAR	VIT	**WHO**	**ZAB**	**ZOG**
TNT	TUÉ	**UMP**	VAS	**VIX**	**WIL**	ZAC	ZOO
TOC	TUF	UNE	VAT	VIV	WOK	ZAD	ZOU
TOI	TVA	UNI	VAU	VIZ	WON	**ZAY**	ZUP
TON	**TYR**	UNR	VER	**VLT**	**WWF**	ZEC	ZUT

		AGRA	ALPE	**APEC**	**ASSY**	**AZOV**
		AGUI	ALTO	APEX	ASTI	AZUR
		AHAN	ALUN	**APIA**	ASTI	**BAAL**
		AHUN	**AMAL**	À-PIC	ATER	**BAAR**
		AIDE	AMAN	**APIS**	**ATON**	B.A.-BA
		AIDÉ	**AMAN**	ÂPRE	ÂTRE	BABA
		AIEA	AMAS	APTE	ATTO-	BABY
		AIGU	**AMAY**	ARAC	**ATYS**	**BACH**
		AILE	AMEN	**ARAD**	AUBE	**BACK**
		AILÉ	AMER	ARAK	**AUBE**	**BADE**
		AILS	AMIE	**ARAK**	AUBY	**BADR**
		AIME	**AMIN**	ARAL	**AUCH**	BAES
AARE	ADAM	AIMÉ	**AMIS**	**ARAM**	**AUDE**	**BAEZ**
ABAT	ADAV	AINE	AMOK	**ARAN**	**AUER**	BAHT
ABBÉ	**ADDA**	AÎNÉ	**AMON**	ARDU	**AUGE**	BAIE
ABEL	**ADEN**	**AIRE**	AMOS	AREC	AUGE	**BAÏF**
ABER	ADER	AIRE	**AMOY**	**ARÈS**	**AUGÉ**	BAIL
ABHA	**ADOR**	AIRÉ	AMUÏ	AREU	AULA	**BAIN**
ABOI	ADOS	**AIRY**	ANAL	ARIA	**AULT**	**BAJO**
ABRI	ADSL	AISE	ANAR	**ARLY**	AULX	**BAKI**
ABUS	**ADWA**	AISÉ	**ANET**	ARME	AUNE	BALE
ACCU	AÈDE	AISY	**ANDO**	ARMÉ	AURA	**BÂLE**
ACEH	**AELE**	**AJAR**	ANGE	**ARNO**	**AURE**	**BALI**
ACHE	AÉRÉ	**AJAX**	ANGE	ARON	AUTO	**BALL**
ACIS	**AFAR**	AKAN	ANGO	ÁRTA	**AUXI**	**BANA**
ACMÉ	AFAT	**AKKO**	ANIS	**ARTE**	AVAL	BANC
ACNÉ	AFRO	**ALBE**	**ANNE**	ARUM	AVEC	BANG
ACON	**AGAR**	**ALBI**	ANOU	**ARVE**	AVEN	**BARA**
ACRA	**AGAY**	**ALDE**	**ANPE**	ASAD	AVEU	**BARI**
ACRE	**AGDE**	ALÉA	ANSE	ASAM	AVIS	**BARR**
ACRE	ÂGÉE	**ALEP**	ANSÉ	ASBL	**AVIZ**	**BART**
ÂCRE	**AGEN**	**ALÈS**	ANTE	ASER	**AVON**	BASE
ACTE	AGHA	ALFA	ANUS	ASES	AXÉE	BASÉ
ACTÉ	AGIE	**ALIX**	**ANYI**	ASIE	**AXEL**	**BASF**
ACTH	AGIO	ALLÉ	AOÛT	ASIR	AXER	**BASS**
ACUL	AGIR	ALLÔ	APAX	ASPE	AXIS	**BAT'A**
ADAC	**AGIS**	**ALMA**		ASPE	AYER	**BATA**
ADAD	**AGNI**	ALOI		ASSE	**AYMÉ**	

BÂTÉ	BILE	**BORA**	**BUSH**	CÈNE	CLIC	COUR
BATH	BILÉ	BORD	**BUTE**	CENS	CLIM	COÛT
BATH	BILL	BORE	BUTÉ	CENT	CLIN	CPAS
BÂTI	**BILL**	**BORG**	**BUTÔ**	CÈPE	**CLIO**	CPGE
BATU	BINÉ	**BORN**	**BUTT**	**CÈRE**	CLIP	C.Q.F.D.
BATY	BIN'S	**BOSE**	**BUXY**	CERF	CLOS	CRAC
BATZ	BINZ	BOSS	**BYNG**	CERS	CLOU	**CRAM**
BAUD	**BION**	BOTE	**BYRD**	CEUX	CLUB	CRAN
BAUD	**BIOT**	BOUC	**CABU**	**CÈZE**	**CLUJ**	**CRAU**
BAUR	**BIPÉ**	**BOUG**	CACA	CFAO	COCA	**CREE**
BAUX	**BIRD**	BOUM	CADE	**CFDT**	Coca	**CRÉÉ**
BAVE	BIRR	BOUR	CADI	**CFTC**	COCO	CRÊT
BAVÉ	BISE	BOUT	CAEM	CHAH	COCU	CRIB
BAYE	BISÉ	BOXE	**CAEM**	CHAI	CODA	CRIC
BAYÉ	BITE	BOXÉ	**CAEN**	**CHAM**	CODE	CRIÉ
B.C.B.G.	BIWA	BRAI	CAFÉ	**CHAN**	CODÉ	**CRIF**
BEAT	**BIYA**	BRAN	CAGE	CHAR	COIN	CRIN
BÉAT	**BLAU**	BRAS	**CAGE**	**CHAR**	COIR	**CRIS**
BEAU	BLED	**BRAY**	CAÏD	CHAS	COÏT	CROC
BÉBÉ	BLET	**BREA**	**CAÏN**	CHAT	COKE	**CROS**
BECK	BLEU	BREF	CAKE	CHEF	COLA	**CROW**
BÈDE	**BLEU**	**BREL**	CALE	CHER	**COLA**	CRUE
BÉDÉ	**BLIN**	BREN	CALÉ	**CHER**	**COLE**	**CRUZ**
BÉER	BLOC	**BRGM**	**CALI**	CHEZ	**COLI**	CSCE
BEGO	BLOG	BRIC	CALO	CHIC	COLO	**CUBA**
BÉGU	**BLOK**	BRIE	CAME	CHIÉ	COLT	CUBE
BEJA	**BLOW**	**BRIE**	CAMÉ	**CHIO**	COMA	CUBÉ
BÉJA	**BLOY**	BRIL	CAMP	**CHOA**	**CÔME**	**CUES**
BÉKÉ	**BLUM**	BRIN	CANA	CHOC	CÔNE	CUIR
BÉLA	**BOAL**	BRIO	CANE	**CHOL**	**CONI**	CUIT
BÊLÉ	**BOAS**	BRIS	CANÉ	CHOU	**COOK**	CULÉ
BELL	**BOCK**	**BRNO**	**CANO**	CHUM	COOL	**CUNA**
BELT	**BOCK**	BROC	**CANY**	**CHUR**	**COPI**	CURE
BELZ	BODY	BROL	**CAPA**	CHUT	COPS	**CURE**
BENE	**BOËN**	**BRON**	CAPE	CIAO	CORÉ	CURÉ
BENI	**BOFF**	**BROU**	CAPÉ	CIEL	**CORÉ**	CUTI
BÉNI	**BÖHM**	**BROU**	CARI	**CIMA**	**CORI**	CUVE
BENN	**BOHR**	BRRR	**CARO**	CIME	**CORK**	CUVÉ
BENZ	BOIS	BRUN	CARY	CINÉ	CORO	**CUYP**
BERD	**BOKÉ**	BRUT	CASE	CINQ	COSY	**CUZA**
BERG	BÔME	**BRUZ**	CASÉ	CIRE	COTE	DABA
BERK	BÔMÉ	**BUBA**	CASH	CIRÉ	COTÉ	DABE
BERL	BOND	**BUCK**	CATI	**CISL**	CÔTE	DACE
BERN	**BOND**	**BUDÉ**	CAUS	CITÉ	CÔTÉ	**DACE**
BERR	**BÔNE**	BUÉE	**CAUX**	**CITÉ**	COTI	DADA
BERT	BONI	BUIS	CAVE	**CITY**	**COTY**	**DAGO**
BÊTA	**BONI**	BULL	CAVÉ	**ÇIVA**	**COUÉ**	DAHL
BÊTE	**BONN**	**BULL**	**CAVÉ**	CIVE	COUP	DAHU
BETI	BOOK	BUNA	**CEBU**	**CIXI**		DAIM
BEUR	BOOM	**BUND**	**CECA**	CLAC		DAIS
BÈZE	**BOOS**	BURE	**CECH**	CLAM		**DALE**
BHIL	**BOOZ**	**BURY**	CECI	CLAN		**DALÍ**
BIBI	**BOPP**	BUSC	CÉDÉ	CLAP		DAME
BICH	BORA	BUSE	CÉDI	**CLAY**		DAMÉ
BIDE		BUSÉ	CELA	CLEF		
BIEF		**BUSH**	**CELA**	**CLET**		
BIEN			CELÉ			
			CÉLÉ			

DANA	DIVE	**EADS**	ÉPÉE	FAMÉ	FLOU	**GAMA**
DANS	**DJEM**	EARL	**ÉPÉE**	FANA	FLUÉ	**GAND**
DARD	DOCK	EAUX	ÉPIÉ	FANE	FLUO	GANG
DARD	DODO	**EBLA**	ÉPOI	FANÉ	FLUX	GANT
DARI	DODU	**ÉBLÉ**	**EPTE**	**FANG**	**FOCH**	**GANZ**
DARU	DOEL	**EBRO**	**ERIC**		FÖHN	**GARD**
DATE	DOGE	ÈCHE	**ÉRIÉ**	FARD	FOIE	GARE
DATÉ	**DOHA**	ÉCHÉ	**ERIK**	FARÉ	FOIL	**GARÉ**
DAUM	DOIT	ÉCHO	**ÉRIN**	FARO	FOIN	GARI
DAVY	DOJO	**ÉCHO**	**ERNE**	**FARO**	FOIS	**GARO**
DEÁK	**DOLE**	ÉCHU	**ERNI**	**FARS**	**FOIX**	GARS
DEAL	DÔLE	ÉCOT	ÉROS	FART	FOLK	**GARY**
DEAN	**DÔLE**	ÉCRU	**ÉROS**	FAUX	FOND	GÂTÉ
DÉAT	DÔME	ÉDAM	ERRE	FAXÉ	FOOT	**GATT**
DÉBY	DOÑA	**EDDA**	ERRÉ	F.C.É.M.	**FORD**	GAUR
DEÇÀ	DONC	**EDDY**	ERRÓ	FÉAL	FORÉ	GAVE
DÉCA	**DONG**	**ÉDÉA**	ERSE	FÊLÉ	FORS	**GAVÉ**
DÉCA-	DÔNG	**EDEN**	**ERTÉ**	FÉRA	FORT	**GAYA**
DÈCE	DONT	ÉDEN	**ÉSAÜ**	FÈRE	**FORT**	**GAYE**
DÉCI	DOPE	ÉDIT	**ESBO**	FERS	FOUI	**GAZA**
DÉCI-	DOPÉ	**ÉDOM**	**ESCH**	FÉRU	FOUR	GAZE
DÉCO	DORE	ÉGAL	ESSE	FETA	FOXÉ	**GAZÉ**
DÉÇU	DORÉ	**EGAS**	ESTE	FÊTE	FRAC	GEAI
DÉFI	**DORE**	**ÉGÉE**	**ESTE**	FÊTÉ	**FRAC**	**GEEL**
DÉJÀ	DORÉ	**EGER**	**ÉSUS**	FÉTU	FRAI	GEIE
DELÀ	DOSE	**ÉIRE**	ÉTAI	FEUE	**FRED**	**GELA**
DÈME	DOSÉ	EKTA	ÉTAL	FEUX	FRET	GELÉ
DEMI	DOTÉ	**ÉLAM**	ÉTAT	FÈVE	**FRIA**	GÉMI
DÉMO	DOUÉ	ÉLAN	ÉTAU	**FIAT**	FRIC	GÈNE
DEMY	**DOUÉ**	**ELBE**	**ÉTEL**	FIÉE	FRIT	GÊNE
DÉNI	DOUM	**ÉLÉE**	**ETNA**	FIEF	FROC	GÊNÉ
DENT	**DOUR**	ELFE	ÉTOC	FIEL	**FUAD**	**GENK**
DÉON	DOUX	**ÉLIE**	**ETON**	FIER	FUEL	GENS
DÉRY	**DRAA**	ELLE	ÊTRE	FIGÉ	FUIE	GENT
DESS	**DRAC**	**ELNE**	ETTD	**FIGL**	FUIR	**GÉNY**
DEUG	DRAM	**ÉLOI**	ÉTUI	FIJT	**FUJI**	GERA
DEUX	DRAP	ÉLUE	**EUDE**	FILE	FULL	GÉRÉ
DGSE	DROM	ÉLUÉ	**EURE**	FILÉ	FUMÉ	**GERS**
DHEA	DROP	**EMBA**	EURL	FILM	FUNK	**GETA**
DIAS	DRUE	EMBU	**ÉVRY**	FILS	FUSÉ	**GETZ**
DÍAZ	DUAL	ÉMEU	EXIL	FINE	**FUST**	**GHAB**
DICO	**DUBY**	ÉMIR	**EXIL**	FINI	**FÜST**	**GHOR**
DICK	DUCE	ÉMIS	EXIT	**FINI**	FUTÉ	**GIAP**
DIÊM	DUEL	ÉMOI	EXPO	FION	GABA	**GIDE**
DIEU	**DU FU**	ÉMOU	**EYRE**	FIQH	**GABO**	**GIEN**
DIEZ	**DUFY**	ÉMUE	**EZRA**	FISC	**GACÉ**	**GIFU**
DILI	**DUNA**	**ÉNÉE**	**FAAA**	FIXE	GADE	GIGA-
DÎME	DUNE	**ENKI**	FACE	FIXÉ	GAEC	**GILL**
DÎNÉ	DUPE	**ENNA**	FADA	FLAC	GAGA	GIRL
DING	DUPÉ	**ENNS**	FADE	FLAN	GAGE	**GIRO**
DION	DURE	ÉNOL	FADÉ	FLAT	GAGÉ	**GISH**
DIOP	DURÉ	ENTE	FADO	FLET	**GAIA**	GÎTE
DIOR	**DUSE**	ENTÉ	**FAHD**	FLIC	GAIE	**GÎTÉ**
DIRE	**DUUN**	ENVI	**FAIL**	FLOC	GAIN	GLAS
DITE	**DUVE**	**ENZO**	FAIM	FLOE	GALA	GLIE
DITO	DYKE	**ÉOLE**	FAIT	FLOP	GALE	GNON
DIVA	**DYLE**	ÉPAR	FAIX	FLOT	**GALL**	GNOU

GOAL	**GUYS**	**HOMS**	IMAO	JACK	JUIF	**KIVI**
GOBÉ	**GYÖR**	**HOPE**	IMBU	JACO	JUIN	**KIVU**
GOBI	HADJ	**HOPI**	INCA	JADE	**JUIN**	KIWI
GODÉ	HAHA	**HORN**	INCA	JADE	JUNG	**KLEE**
GOGÉ	**HAHN**	HORS	INCE	**JAÉN**	JUPE	**KNIE**
GOGÉ	HAIE	HOST	**INDE**	JAÏN	**JURA**	KNOX
GOÏM	HAÏE	HÔTE	INDU	JAIS	JURE	KNUD
GOIS	**HAIG**	HOTU	**INDY**	JARD	JURÉ	KNUT
GOÏS	HAÏK	HOUE	**INED**	JARS	JURY	**KOBE**
GOLF	HAÏR	HOUÉ	INES	JASÉ	JUTE	**KOCH**
GOLO	HAKA	HOUP	**INÉS**	JASS	JUTÉ	**KOFU**
GOND	**HALE**	HOUX	INFO	JAVA	**KABA**	**KOHL**
GOND	HÂLE	**HOVA**	INGA	**JAVA**	KAHN	KOLA
GONE	HÂLÉ	**HOVE**	INNÉ	**JAZY**	KAKI	**KOLA**
GONG	HÂLÉ	HTML	INOX	JAZZ	KALÉ	**KÖLN**
GORD	HALL	HTTP	**INRA**	JEAN	**KALI**	KONG
GORE	**HALL**	HUAI	**INRI**	JEAN	KAMA	**KOPA**
GORT	HALO	HUÉE	INSU	JEEP	KAMI	KORA
GOUM	**HALS**	HUER	IODE	**JÉHU**	KANA	KORÊ
GOUR	**HAMA**	**HUET**	IODÉ	**JENA**	KANE	**KOTA**
GOÛT	**HAMM**	HUGO	IOLE	JERK	**KANO**	KOTO
GOYS	HARD	HUIS	IOTA	JETÉ	**KANT**	KRAK
GOZO	HARO	HUIT	**IOWA**	JEUN	KAON	KSAR
GPRS	**HARZ**	HULL	IPOH	JEUX	KAPO	**KUBA**
GRAF	HASA	HUME	**IRAK**	JIJÉ	**KARA**	**KUHN**
GRAM	HASE	HUMÉ	**IRAN**	JINA	KARR	KUNA
GRAS	HAST	HUNE	**IRAQ**	JIXI	KART	**KUNA**
GRAS	**HÂTE**	HUNS	IRBM	JOAD	KATA	**KUNG**
GRAU	HÂTÉ	HUNT	IRIS	**JODL**	**KATZ**	**KÜNG**
GRAY	HAÜY	HUON	IRIS	JOËL	KAVA	**KURE**
GRAY	HAVÉ	HURE	**IRÚN**	**JOHN**	KAWA	KURU
GRAZ	HÂVE	HUTU	ISAR	JOIE	**KAYL**	KVAS
GREC	HAXO	**HVAR**	ISBA	JOJO	**KEAN**	KWAS
GREC	HÂVE	HYDE	ISBN	**JOLI**	**KECK**	K-WAY
GRÉÉ	HAXO	**IASI**	ISÉE	**JONA**	KEHL	KYAT
GREG	HEAD	**IBAN**	ISEO	JONC	**KENT**	**KYÏV**
GRÈS	HECT-	IBIS	ISIS	JORN	KÉPI	**LABÉ**
GRÈS	**HEDA**	ICBM	ISLE	JOTA	**KERR**	LABO
GREY	**HEIM**	ICKX	ISLY	JOUE	KEUF	LACÉ
GRIL	HEIN	IDÉE	ISNA	JOUÉ	KEUM	**LACQ**
GRIP	HÉLÉ	IDEM	**ISOU**	JOUG	KHAN	LACS
GRIS	HÉLI	IDES	**ISSA**	JOUI	**KHAN**	LADY
GRIS	**HÉRA**	IDFU	ISSN	JOUR	KHAT	LAÏC
GRIS	HÈRE	**IÉNA**	ISSU	**JOUX**	**KHOÏ**	LAID
GROG	**HÉRÉ**	IFNI	ISSY	**JOUY**	KHÔL	LAIE
GROS	**HERS**	**ISSY**	ITEM	JUAN	KICK	LAIS
GROS	**HESS**	**IFOP**	ITON	JUBA	**KIEL**	**LAÏS**
GRUE	HEUR	**IGBO**	ITOU	JUBÉ	**KIEV**	LAIT
GRÜN	HIER	**IGLS**	IUFM	JUBY	KIKI	LALA
GUAI	HI-FI	IGNÉ	**IULE**	JUDA	KILO	**LALO**
GUAM	HILE	IGNY	IULE	JUDD	KILO-	LAMA
GUER	HOIR	IGUE	**IVAN**	JUDE	KINA	**LAMB**
GUET	HOLÀ	IKAT	IVES	JUDO	KINÉ	LAME
GUIL	**HOLM**	ÎLET	IVRE	JUGE	**KING**	LAMÉ
GÜNZ	HOME	ILLE	**IVRY**	JUGÉ	**KISH**	**LAMY**
GURI	**HOME**	ÎLOT	IWAN	JUIF		LAND
GURU	HOMO	IL Y A	IXIA			**LANG**
GUYE		IMAM				

LANS	LIME	**LOZI**	**MALO**	MESA	MÔME	**NARA**
LAON	LIMÉ	**LUBA**	MALT	MESS	**MONK**	NARD
LAOS	**LING**	**LUCE**	MAMY	**MÉTA**	MONO	**NASA**
LAPÉ	LINO	**LUCÉ**	MANA	METS	**MONS**	NASE
LAPS	**LINZ**	**LUCY**	**MANI**	METZ	MONT	**NASH**
LARD	LION	**LÜDA**	**MANN**	MEUF	MORE	**NATO**
LARE	**LION**	LUGE	**MANU**	MEUH	**MORE**	NAZE
LARI	**LIPO**	LUGÉ	MARC	**MÈZE**	**MORI**	NAZI
LATS	LIRE	**LUGO**	**MARC**	MIAM	**MORO**	NDLR
LAUD	**LIRÉ**	**LUIS**	MARE	**MIAO**	MORS	**NÉBO**
LAUE	LISE	LULU	**MARÉ**	MICA	**MORT**	NECK
LAVE	LISP	LUMA	MARI	MICR-	**MOST**	**NÉEL**
LAVÉ	**LISS**	LUMP	**MARI**	MIDI	MOTO	NEMI
LAYE	**LIST**	**LUNA**	MARK	**MIDI**	**MOTT**	**NÉNÉ**
LAZE	LITÉ	**LUND**	**MARL**	MIEL	MOUE	**NÉON**
LEAN	LIVE	LUNE	**MARS**	MIEN	MOÛT	NÈPE
LEAR	**LIZY**	LUNÉ	**MARX**	MILE	**MOUY**	NÉRÉ
LÉAU	LOBE	**LURE**	**MARY**	**MILL**	MOXA	NERF
LECH	LOBÉ	LUTÉ	MASO	**MILO**	MOYE	**NERI**
LÉDA	**LOBI**	LUTH	MATE	MIME	MOYÉ	**NESS**
LEDE	LOCH	LUTZ	MATÉ	MIMÉ	**MOZI**	**NETO**
LEGÉ	**LODI**	LUXE	MÂTÉ	MIMI	MPEG	NEUF
LÈGE	LODS	LUXÉ	MATH	MINE	MRBM	**NEVA**
LÈGE	**LODS**	**LUZI**	MATI	MINÉ	MSBS	NÉVÉ
LEGO	**LODZ**	**LUZY**	MAUL	**MING**	MUÉE	NEWS
LEGS	LOFÉ	**LVIV**	**MAUR**	MINI	MUER	**NEXØ**
LEHN	LOFT	**LVOV**	MAUX	MIPS	MUET	**NICE**
LELY	LOGE	**LYLY**	MAXI	MIRE	MUGE	NIDA
LENA	LOGÉ	LYME	MAYA	MIRÉ	MUGI	NIÉE
LENS	LOGO	LYNX	**MAYA**	MIRO	MUID	**NIEL**
LENT	LOIN	**LYON**	MAXI→	MIRV	MULE	NIER
LENZ	LOIR	**LYOT**	**MAYR**	MISE	MUNI	NIFE
LEÓN	**LOIR**	LYRE	**MEAD**	MISÉ	**MUNK**	**NIKA**
LÉON	LOLO	LYSE	MÉAT	MISS	MUON	**NIÑO**
LÈSE-	**LOMÉ**	LYSÉ	MÈDE	MITA	**MU QI**	**NIÓS**
LÉSÉ	LONG	MAAR	**MÈDE**	MITE	**MU QI**	**NIRO**
LEST	**LONG**	**MAÂT**	MÉGA	MITÉ	MURÉ	**NIUE**
LÉTO	LONS	MACÉ	MÉGA-	**MITO**	MÛRE	NIVE
LEUR	LOOK	MACH	MÉGI	MIXÉ	MÛRI	NIXE
LEUX	**LOOS**	**MACH**	**MEIR**	MKSA	MUSC	**NKVD**
LEVA	LOPE	MAFÉ	MÊLÉ	MMPI	MUSE	**NOAH**
LEVÉ	**LOPE**	MAGE	**MELK**	**MNAM**	MUSÉ	NOCE
LEVI	LORD	**MAHÉ**	MÉLO	**MOAB**	MUST	NOËL
LÉVI	LORI	MAÏA	MÉMÉ	MODE	MUTÉ	**NOËL**
LIAS	LORS	MAIE	MÊME	MOHO	**MUTI**	NOIR
LIBO	LOTE	MAIL	MÉMO	MOHS	**MZAB**	**NOIR**
LICE	**LOTH**	**MAIN**	MENÉ	MOIE	NABI	NOIX
LIDO	LOTI	MAIN	**MENÉ**	MOKA	NAGA	NOME
LIDO	**LOTI**	MAIS	MENU	**MOKA**	NAGE	**NOMÉ**
LIED	LOTO	MAÏS	MÈRE	MOLE	NAGÉ	NONE
LIÉE	**LOUE**	MAKI	**MÉRÉ**	**MOLÉ**	**NAGY**	**NONO**
LIEN	LOUÉ	**MALÉ**	MERL	MÔLE	**NAHA**	**NORA**
LIER	**LOUÉ**	MÂLE	MERS	MÔLE	NAÏF	NORD
LIEU	LOUP	**MÂLE**	**MERS**	MOMA	NAIN	**NORD**
LIFT	**LOUP**	MALI	MÉRU		NAJA	**NORT**
LIGE	LOVÉ	**MALI**	MERV		NANA	NOTA
LIMA	LOWE	MALM	**MÉRY**		NAOS	NOTE

NOTÉ	**OMSK**	**OUST**	**PCUS**	PIPE	PRIS	RAIT
NOTO	**ONAN**	**OUST**	PÉAN	PIPÉ	PRIX	RAJA
NOUC	ONCE	OUZO	**PÉAN**	PIPI	PROF	RAKI
NOUE	ONDE	OVÉE	PEAU	PIPO	PROU	RÂLE
NOUÉ	ONDÉ	OVIN	PEBD	PIRE	PRRR	RÂLÉ
NOUS	**ONET**	OVNI	**PECK**	**PIRE**	**PRUS**	RAMA
NOVA	ONYX	**OWEN**	PECO	PISE	**PRUT**	RAME
NOVÉ	ONZE	OXER	**PÉCS**	PISÉ	**PTAH**	RAMÉ
NOYÉ	**OORT**	**OXUS**	PÉDÉ	PITA	PTFE	RAMI
NTSC	OPEN	OYAT	**PEEL**	PITE	PUCE	RAND
NUBA	**OPEP**	**ÖZAL**	PEGC	**PITT**	**PUCE**	**RAND**
NUÉE	OPTÉ	**PACA**	PEGU	PIVE	PUER	RANG
NUER	OPUS	PACK	PEHD	PLAN	PUIS	RANI
NUIT	ORAL	PACS	PELÉ	PLAT	PUJA	**RANK**
NUUK	ORAL	**PACY**	**PELÉ**	PLIE	PULA	RANZ
NYON	**ORAN**	**PÁEZ**	PÊNE	PLIÉ	PULL	**RAON**
NYOS	ORBE	PAGE	**PENN**	PLOC	PUMA	RÂPE
OACI	ORDO	PAGI	PÉON	PLOT	PUNA	RÂPÉ
OAHU	ORÉE	PAIE	**PEPE**	PLUS	**PUNE**	**RAPP**
OBÉI	**OREL**	**PAIK**	PÉPÉ	PNEU	PUNI	RAPT
OBEL	ORES	PAIN	PÈRE	**PNUD**	PUNK	RARE
OBIT	**ORFF**	PAIR	PÉRI	**PNYX**	PUPE	RASE
OBUS	ORGE	PAIX	**PÉRI**	POIL	PURE	RASÉ
OCAM	ORIN	**PAIX**	**PERM**	POIS	PUTE	RASH
OCDE	ORLE	**PALE**	PERS	POIX	PUTT	**RASK**
OC-ÈO	**ORLY**	PALÉ	**PESC**	**POLA**	**PUYI**	RATA
OCHS	ORME	PÂLE	PESÉ	POLE	**PUYS**	RATE
OCRE	**ORNE**	PALI	PESO	PÔLE	**PYLA**	RATÉ
OCRÉ	ORNÉ	PÂLI	**PEST**	POLI	**QING**	**RATP**
ODER	**ORRY**	**PALK**	PETA-	**POLK**	QUAD	RAVE
ODIN	**ORSK**	PALU	PÉTÉ	POLO	QUAI	RAVI
ODON	ORYX	PÂMÉ	PEUH	**POLO**	QUEL	**RAVI**
ODRA	**OSCE**	**PANE**	**PEUL**	PONS	**QUFU**	RAYA
ŒIL	OSÉE	PANÉ	PEUR	PONT	QUIA	RAYÉ
ŒTA	**OSÉE**	PAON	**PEYO**	**PONT**	QUID	**RAYS**
ŒUF	OSER	PAPA	PÈZE	POOL	QUIZ	RÉAC
OGRE	**OSLO**	PAPE	PFFT	POPE	QUOI	REAL
OHIO	**OSNY**	PAPI	PFUT	**POPE**	**RAAB**	RÉAL
OHRE	**OSSA**	PAPY	PGCD	PORC	**RAAG**	REBU
OING	OSSU	PARA	PHOT	PORE	RABE	REÇU
OINT	**OTAN**	**PARÁ**	PIAF	**PORI**	RACA	REDÛ
OISE	ÔTÉE	PARC	**PIAF**	PORT	RACE	**REED**
OITA	ÔTER	PARÉ	PIAN	POSE	RACÉ	RÉEL
OLAF	**OTHE**	**PARÉ**	PICA	POSÉ	RACK	RÉER
OLAH	**OTSU**	PARI	PICO-	POTE	RADE	RÉGI
OLAV	**OTTO**	**PARK**	PIED	**POTT**	RADÉ	**REHE**
OLEN	**OUDH**	PART	PIEU	POTU	RAFT	**REID**
OLLÉ	OUED	PARU	PIFÉ	POUF	RAGA	REIN
OLMI	**OUFA**	PÂTE	PIGE	POUR	RAGE	REIS
OLOF	OUÏE	PÂTÉ	PIGÉ	POUX	RAGÉ	RELU
OLUF	OUÏR	PÂTI	PILE	POYA	RAÏA	**REMI**
OMAN	**OULU**	**PAUL**	PILÉ	PPCM	RAID	**REMY**
OMAR	**OURS**	PAVÉ	PILS	PRAO	RAIE	**RENÉ**
OMIS	OURS	PAYE	PIN'S	**PRAT**	RAIL	RÊNE
OMPI		PAYÉ	**PINS**	PRÈS	**RAIS**	**RENI**
OMRI		PAYS	PION	PRÊT	RAÏS	**RENO**
			PIPA	PRIÉ		REPS

REPU	ROND	SALI	SGML	SOMA	**SYRA**	TÉTÉ
RETS	ROOF	**SALO**	SHAH	**SONG**	TAAL	TÊTE
RETZ	**ROON**	**SALT**	SHAW	SONO	TACO	TÊTU
REUS	**ROPS**	SAME	SHED	SORE	TACT	TEUF
RÊVE	**ROSA**	SAMU	SHIT	SORT	**TAFT**	THAÏ
RÊVÉ	ROSE	SANA	SHOW	**SOTO**	**TAGE**	**THAR**
REVU	**ROSE**	**SAND**	SIAL	SOUE	TAIE	**THAU**
REZA	ROSÉ	SANG	**SIAM**	SOUK	**TAIF**	**THIO**
REZÉ	ROSI	SANS	**SIAN**	SOUL	TAIN	**THOM**
RHAB	**ROSI**	SAPE	SIDA	SOÛL	**TAIN**	THON
RHÉA	**ROSS**	SAPÉ	SIED	SOUM	TAKA	**THOR**
RHEE	**ROTA**	SARA	SIEN	**SOUS**	TALA	**THOT**
RHIN	ROTE	**SARH**	SIKH	SOYA	TALC	**THOU**
RHUM	ROTÉ	SARI	SILÉ	SPAM	TALÉ	THUG
RIAL	**ROTH**	SARL	**SILO**	SPET	**TANA**	THYM
RICE	RÔTI	SATI	SILT	SPIC	**TANG**	**THYS**
RICH	**ROTY**	**SATO**	SIMA	SPIN	TANK	TIAN
RIDE	**ROUD**	SAUF	**SION**	**SPOT**	TANT	TIEN
RIDÉ	ROUE	**SAÜL**	SIPO	SPRL	TAON	TIGE
RIEC	ROUÉ	SAUR	SIRE	SRAS	TAPA	TIKI
RIEL	ROUF	SAUT	**SIRK**	STAR	TAPE	**TILL**
RIEL	ROUI	**SAVE**	SISE	STEM	TAPÉ	TILT
RIEN	**ROUX**	**SAXE**	SITE	STEP	TAPI	**TING**
RIEZ	**ROYA**	SAXO	**SIVA**	STOL	TARA	TIPÉ
RIFF	**ROYE**	SCAT	**SIWA**	STOP	TARD	TIPI
RIFT	**RTBF**	SCIE	**SIZA**	STOT	TARE	TIRE
RIGA	RUDE	SCIÉ	SKAÏ	STUC	TARÉ	TIRÉ
RIGI	**RUDE**	**SCOT**	SKIÉ	SUBI	TARI	**TISO**
RILA	RUÉE	SCPI	SKIF	SUCÉ	**TARN**	**TITE**
RIME	RUER	SEAU	SKIN	**SUCY**	TARO	TITI
RIMÉ	RUGI	**SÉES**	SKIP	SUÉE	**TASS**	**TITO**
RINF	RUMB	SEIN	SKUA	SUER	TATA	**TIVA**
RING	RUNE	**SEIN**	SLBM	SUET	**TATA**	**TOBA**
RIOM	RUPÉ	SELF	SLIP	**SUEZ**	TÂTÉ	TOBY
RION	**RUSE**	SEMÉ	SLOW	SUIE	**TATI**	**TODD**
RIPE	RUSÉ	SÈME	SMIC	SUIF	TAUD	**TODT**
RIPÉ	RUSH	SÉNÉ	SMOG	**SULU**	TAUX	TOFU
RIRE	**RUTH**	**SENS**	**SNCF**	SUMO	TAXA	TOGE
RISC	**RYLE**	SEPS	SNIF	**SUND**	TAXE	**TOGO**
RISI	**SABA**	SEPT	SNOB	SURE	TAXÉ	TOIT
RISS	**SADE**	SÉRÉ	SODA	**SÛRE**	TAXI	**TOJO**
RIST	**SADI**	SERF	SODÉ	SURF	**TAYA**	TÔLE
RITE	**SAFI**	**SERS**	SOFA	SURI	**TAZA**	TOLU
RIVE	SAGA	**SÈTE**	SOFT	**SUSE**	**TECH**	TOME
RIVÉ	SAGE	**SETH**	**SOHO**	**SUSO**	TECK	TONG
RIXE	SAIE	**SETI**	SOIE	**SUVA**	TÉJU	TOPÉ
RNIS	SAIN	**SÉTI**	SOIF	**SVEN**	**TÉKÉ**	TOPO
ROBE	**SAÏS**	SEUL	SOIN	**SWAN**	**TELC**	**TORA**
ROBÉ	SAKÉ	SÈVE	SOIR	SWAP	TÉLÉ	TORE
ROCA	SAKI	SÉVI	SOIT	**SYLT**	TELL	TORR
ROCH	SALE	SEXE	SOJA		**TELL**	TORS
ROCK	SALÉ	SEXY	SOLE		**TEMA**	TORT
RODÉ	**SALÉ**	**SFAX**	**SOLO**		**TENO**	TORY
RÔDÉ		**SFIO**			TENU	**TORY**
RÖHM		SGBD			TÉNU	**TOSA**
RÔLE					TÉRA-	TOTO
ROME					TEST	**TOTO**

Mots de 4 lettres — 4

TOUÉ	TVHD	VAGI	VICE-	VRAC	**WÜRM**	**ZAMA**
TOUL	**TYNE**	VAIN	**VICO**	VRAI	**WUXI**	ZANI
TOUR	TYPE	VAIR	**VICQ**	VSAT	**WYAT**	ZCIT
TOUT	TYPÉ	**VAIR**	VAIR	VTOL	**WYSS**	ZÉBU
TOUX	TYPO	**VALS**	VIDE	**WAAL**	**XI'AN**	**ZÉDÉ**
TRAC	TZAR	VALU	VIDÉ	WAAS	**XOSA**	**ZELE**
TRAM	UBAC	VAMP	VIEN	**WACE**	YACK	ZÈLE
TRAX	**UEDA**	VARA	**VIGO**	WACO	**YAFO**	ZÉLÉ
TREK	**UÉLÉ**	**VARS**	VILA	**WADE**	**YALE**	ZEND
TREK	ULNA	**VASA**	VILE	WAES	**YALU**	ZÉRO
TRÈS	ULVE	VASE	VIMY	**WAFD**	**YANG**	ZEST
TRIÉ	**UMAR**	**VATÉ**	VINÉ	**WAKE**	**YARD**	ZÊTA
TRIN	UMTS	VATU	VIOC	WALÉ	**YASS**	**ZEUS**
TRIO	UNAU	**VAUD**	VIOL	WALI	YAWL	**ZIBO**
TRIP	UNIE	VAUX	**VIRE**	**WASH**	**YAZD**	ZINC
TROC	UNIF	**VAUX**	VIRE	WASP	**YEDO**	ZIRE
TROP	UNIR	VEAU	VIRÉ	WATT	**YEKE**	ZIST
TROT	UNIV	VÉCU	VISA	**WATT**	**YESO**	**ZITA**
TROU	UNIX	**VEDA**	**VISÉ**	WEBB	**YETI**	ZIZI
TRUC	UPAS	**VEIL**	VISÉ	WEIL	**YEUX**	**ZLÍN**
TSAR	URDU	VELD	**VISO**	WELS	YÉ-YÉ	**ZOGU**
TUBA	**URÉE**	VÊLÉ	VISU	**WEST**	**YEZD**	**ZOLA**
TUBE	**UREY**	VÉLO	VITE	WEYL	**YILI**	ZONA
TUBÉ	**URFA**	VELU	VIVE	WHIG	**YMER**	ZONE
TUBI	**URFÉ**	**VENT**	VLAN	WHIP	**YMIR**	ZONÉ
TUBY	**URGÉ**	VENT	VŒU	**WIEN**	**YOFF**	ZOOM
TUÉE	URNE	VENU	VOIE	WIES	**YOGA**	**ZORN**
TUER	**URSS**	VERS	VOIR	WI-FI	**YOGI**	**ZOUG**
TULA	URUS	**VERT**	VOIX	**WILD**	**YOLE**	ZOUK
TUNE	USÉE	VERT	VOLE	WITT	**YORK**	ZOZO
TUPI	USER	VETO	VOLÉ	WITZ	YOUP	**ZULU**
TURA	USUS	VÊTU	VOLT	**WITZ**	Yo-Yo	**ZUÑI**
TURC	**UTAH**	VEUF	VOMI	**WOLF**	**YSER**	**ZUSE**
TURC	UVAL	VEXÉ	**VOSS**	WOLS	YUAN	**ZWIN**
TURF	UVÉE	VIAN	VOTE	WOOD	**YUAN**	
TUTU	**UZÈS**	VIAU	VOTÉ	**WRAY**	**YUTZ**	
TUTU	**VAAL**	VICE	VOUS	**WREN**	**YVES**	
TVER	**VADÉ**			**WUHU**	ZAIN	

Mots de 5 lettres — 5

AALST	ABÎME	ACCOT	À-COUP
AALTO	ABÎMÉ	**ACCRA**	ACTÉE
AARAU	**ABNER**	ACCRO	ACTER
AARON	ABOLI	ACCRU	ACTIF
ABACA	ABORD	ACÉRÉ	**AÇVIN**
ABATE	ABOUT	**ACHAB**	ACYLE
ABATS	**ABOUT**	ACHAT	ADAGE
ABBAS	ABOYÉ	**ACHAZ**	**ADAMS**
ABBON	ABRIÉ	ACHEB	**ADANA**
ABCÈS	**ABUJA**	ACIDE	ADDAX
ABDUH	ABUSÉ	ACIER	À DEMI
ABELL	**ABYLA**	ACINI	**ADENA**
ABÊTI	ABYME	**AÇOKA**	ADENT
ABETZ	ACCÈS	ACORE	AD HOC
ABGAR	ACCON	À-CÔTÉ	ADIEU

ADIGE	ADOBE
ADLER	ADORÉ
ADMIS	**ADOUA**

11

ADOUR	**AIKEN**	ALIZÉ	AMPLE	**APNÉE**	**ARMON**
ADRAR	AILÉE	**ALLAH**	AMPLI	APOCO	**ARMOR**
ADRET	**AILEY**	ALLÉE	AMUÏE	APODE	**ARNAY**
ADULÉ	AILLÉ	**ALLEN**	AMUÏR	APPAS	**ARNDT**
AEIOU	**AILLY**	ALLER	AMURE	APPÂT	**ARNIM**
AÉRÉE	AIMÉE	ALLEU	AMURÉ	APPEL	ARÔME
AÉRER	AIMER	ALLIÉ	AMUSÉ	**APPIA**	**AROSA**
AFARS	AÎNÉE	ALLOC	AMYLE	**APPLE**	**ÁRPÁD**
AFFRE	**AÏNOU**	**ALLOS**	**AMYOT**	APPUI	ARQUÉ
AFFÛT	AINSI	**ALONG**	ANALE	APRÈS	**ARRAS**
AFNOR	**AÏOLI**	ALORS	ANASE	APURÉ	**ARRAU**
AGACE	AIRER	ALOSE	ANCHE	APYRE	**ARRÉE**
AGACÉ	AISÉE	**ALOST**	ANCRE	**AQABA**	ARRÊT
AGADA	**AISNE**	ÁLPAX	ANCRÉ	À QUIA	ARROI
AGAME	À JEUN	ALPES	ANCRE	**AQUIN**	**ARROW**
AGAMI	**AJJER**	ALPHA	**ANDES**	ARABE	ARTEL
AGANA	**AJMER**	ALPIN	**ANDIN**	**ARABE**	**ARTIN**
AGAPE	AJONC	**ALSOP**	ANDIN	ARACK	**ARTUS**
AGATE	AJOUR	**ALTAÏ**	**ANDRÉ**	**ARAGO**	**ARUBA**
AGAVE	AJOUT	ALTÉA	ANETH	**ARANY**	**ARUDY**
AGAVÉ	**AKABA**	**ALUKU**	**ANETO**	ARASÉ	**ARVOR**
AGÉEN	**AKBAR**	ALULE	ANGLE	**ARAXE**	ARYEN
AGENT	AKÈNE	ALUNÉ	ANGON	**ARBIL**	ARYLE
AGGÉE	**AKITA**	ALUNI	ANGOR	**ARBON**	**ARZEW**
AGGLO	**AKKAD**	ALYTE	**ANHUI**	ARBRE	ASANA
AGILE	**AKOLA**	**ALZON**	ÂNIER	**ARBUS**	**ASCII**
AGITÉ	**AKRON**	**AMADO**	ANIMÉ	ARCHE	**ASCOT**
AGNAN	**AKYAB**	**AMAND**	ANION	ARÇON	**ASDIC**
AGNAT	**ALADI**	AMANT	ANISÉ	**ARDEN**	**ASEAN**
AGNÈS	**ALAIN**	**AMAPÁ**	**ANJOU**	ARDUE	ASILE
AGNON	**ALAMO**	AMARA	ANNAL	ARÉNA	**ASKIA**
À GOGO	**ÅLAND**	**AMATI**	**ANNAM**	**ARÉNA**	**ASMAT**
AGONI	**ÁLAVA**	**AMBÈS**	**ANNAN**	ARÈNE	**ASOKA**
AGORA	**ALBAN**	AMBLE	ANNÉE	ARÊTE	ASPIC
AGOUT	**ALBEE**	AMBLÉ	ANODE	AREVA	ASPLE
AGRAM	ALBUM	**AMBON**	ANONE	ARGON	ASQUE
AGRÉÉ	**ALCAN**	AMBON	ANSÉE	**ARGOS**	**ASSAB**
AGRÈS	**ALDAN**	AMBRE	ANTAN	ARGOT	**ASSAD**
AHANÉ	ALDIN	AMBRÉ	**ANTÉE**	ARGUÉ	ASSAI
AHERN	ALDOL	AMENÉ	ANTI-G	ARGUS	**ASSAM**
AHLIN	**ALENA**	AMÈNE	**ANTIN**	**ARGUS**	**ASSAS**
AHMED	ALÊNE	AMÈRE	ANTRE	**ÅRHUS**	**ASSEN**
AHURI	ALEPH	AMIBE	**ANVIL**	**ARIAS**	ASSEZ
AHVAZ	ALÈSE	**AMIDA**	**ANZIN**	**ARICA**	ASSIS
AÏCHA	ALÉSÉ	AMIDE	**ANZIO**	ARIDE	ASTER
AICHE	ALÉZÉ	**AMIEL**	**ANZUS**	ARIEN	**ASTON**
AICHÉ	**ALGER**	AMINE	**AOSTE**	**ARIÈS**	ASTRE
AIDÉE	ALGIE	AMINÉ	**AOUDH**	**ARION**	**ASTRÉ**
AIDER	ALGOL	AMISH	AOÛTÉ	ARISÉ	**ASYUT**
AÏEUL	ALGUE	**AMMAN**	**AOZOU**	**ARIUS**	ATACA
AÏEUX	ALIAS	**AMMON**	APÉRO	**ARLES**	ATÈLE
AIGLE	ALIBI	AMOME	APHTE	**ARLIT**	ATÉMI
AIGLE	**ALICE**	AMONT	APIDÉ	**ARLON**	**ATGET**
AIGRE	ALIOS	**AMOUR**	APION	**ARMAN**	ATHÉE
AIGRI	ALISE	AMOUR	À-PLAT	ARMÉE	**ATHIS**
AIGUË	ALITÉ	AMPHI		ARMER	**ATHOS**
AIJAL	ALIZE			ARMET	**ATJEH**

ATLAN	AVOIR	BAÏSE	BARYE	BÉDIÉ	BERZÉ
ATLAS	AVOUÉ	BAJAU	BASAL	BEDJA	BÉSEF
ATLAS	AVRIL	BA JIN	BASÉE	BEDON	BESSE
ATMAN	AWACS	BAKER	BASEL	BEGIN	BÉTEL
ATOCA	AWALÉ	BAKIN	BASER	BEGIN	BETHE
ATOLL	AXANT	BAKOU	BASHO	BÈGUE	BÉTON
ATOME	AXÉEN	BALAI	BASIC	BÉGUË	BETTE
ATONE	AXÈNE	BALBO	BASIE	BÉGUM	BEURK
ATOUT	AXIAL	BALDR	BASIN	BÉHAÏ	BEURS
ATTAR	AXONE	BALEN	BÂSIR	BEHAN	BEUYS
ATTIS	AXOUM	BALLA	BASIN	BEIGE	BEVAN
AUBER	AYANT	BALLE	BASRA	BEIRA	BEVIN
AUBIN	AYDAT	BALLÉ	BASSE	BEKAA	BÉVUE
AUBIN	AYDIN	BALLY	BASTA	BELAU	BEYLE
AUCUN	AYTRÉ	BALMA	BASTE	BELÉM	BÉZEF
AUDEN	AZÉRI	BALSA	BASTÉ	BÊLER	BIAIS
AUDIO	AZÉRI	BALTE	BATAK	BELGE	BIAXE
AUDIT	AZOTE	BALTI	BATÉE	BELGE	BIBER
AUDUN	AZOTÉ	BALUE	BÂTÉE	BELIN	BIBLE
AUGÉE	AZURÉ	BANAL	BÂTER	BELLE	BIBLE
AUGET	AZYME	BANAT	BÂTIE	BELLO	BIBUS
AULIS	BAADE	BANCO	BATIK	BELON	BICHE
AULNE	BAATH	BANDE	BÂTIR	BELON	BICHÉ
AULNE	BABAR	BANDÉ	BATNA	BELYÏ	BICOT
AUNAY	BABEL	BANÉR	BÂTON	BEMBA	BIDET
AUNÉE	BABER	BANFF	BATTE	BEMBO	BIDON
AUNIS	BABIL	BANGE	BATTU	BÉMOL	BIDOS
AURAY	BABUR	BANJO	BAUER	BENDA	BIÈRE
AUREC	BÂCHE	BANKS	BAUGE	BÉNEF	BIFFE
AURÈS	BÂCHÉ	BANNE	BAUGÉ	BENES	BIFFÉ
AURIC	BÂCLE	BANNI	BAULE	BENÊT	BIGLE
AURON	BÂCLÉ	BANON	BAUME	BÉNIE	BIGLÉ
AUSSI	BACON	BANTU	BAUMÉ	BÉNIN	BIGOT
AUTAN	BADEN	BARAK	BAURU	BÉNIN	BIGRE
AUTEL	BADER	BARBA	BAVAY	BÉNIR	BIGUE
AUTRE	BADGÉ	BARBE	BAVON	BÉNIT	BIHAR
AUTUN	BADIN	BARBE	BAVER	BENNE	BIHOR
AVALÉ	BADUY	BARBÉ	BAYER	BENQI	BIISK
AVANT	BAFFE	BARBU	BAYER	BENXI	BIJOU
AVARE	BÂFRÉ	BARDA	BAYES	BEQAA	BILAL
AVARS	BAGAD	BARDE	BAYLE	BERCE	BILAN
AVENT	BAGES	BARDÉ	BAYOU	BERCÉ	BILDT
AVENU	BAGNE	BARDI	BAZAR	BERCK	BILÉE
AVÉRÉ	BAGOU	BARGE	BAZAS	BERCY	BILER
AVERS	BAGUE	BARIL	BAZIN	BÉRET	BILIÉ
AVERY	BAGUÉ	BARJO	BÉANT	BERGE	BILLE
AVEUX	BAHAÏ	BARON	BÉARN	BERIA	BILLE
AVIDE	BAHIA	BARON	BÉART	BERIO	BILLÉ
ÁVILA	BAHUT	BARRE	BÉATE	BERME	BINÉE
AVILI	BAÏES	BARRE	BEAUF	BERNE	BINER
AVINÉ	BAIRD	BARRÉ	BEAUX	BERNE	BINET
AVION	BAIRE	BARRI	BEBEL	BERNÉ	BINGO
AVION	BAISE	BARRY	BE-BOP	BERNI	BINIC
AVISÉ	BAISÉ	BARTH	BÊCHE	BÉROT	BIOCO
AVISO			BÊCHÉ	BERRE	BIOKO
AVIVÉ			BÉCOT	BERRY	BIOME
AVIZE			BECTÉ	BÉRYL	BIPÉE

BIPER	**BOBET**	BORNE	BRASÉ	**BRYAN**	CABOT
BIQUE	BOCAL	BORNÉ	**BRAUN**	**BUBER**	**CABOT**
BIRBE	BOCHE	**BORVO**	BRAVE	**BUBKA**	CABRÉ
BIRON	**BODEL**	**BOSCH**	BRAVÉ	BUBON	CABRI
BISÉE	BODHI	BOSCO	BRAVO	**BUCER**	CABUS
BISER	**BODIN**	**BOSCO**	BREAK	BÛCHE	CACAO
BISET	**BOÈCE**	**BOSIO**	**BRÉAL**	BÛCHÉ	CACHE
BISON	**BOËLY**	BOSON	**BREDA**	CACHÉ
BISOU	**BOERS**	**BOSON**	**BREIL**	**BUÈCH**	CACHÉ
BISSE	BOËTE	BOSSE	BRÈME	BUEIL	**CACUS**
BISSÉ	BŒUF	**BOSSE**	**BRÊME**	**BUGEY**	CADDY
BITOS	BOGIE	BOSSÉ	**BRENN**	BUGGY	CADET
BITTE	**BOGOR**	BOSSU	**BRERA**	**BUGIS**	**CADIX**
BIZET	BOGUE	**BOSSU**	**BREST**	BUGLE	**CÁDIZ**
BIZET	BOGUÉ	**BOTEV**	BRÈVE	BUGNE	CADOR
BIZOU	**BOHAI**	**BOTHA**	**BRÉZÉ**	BUIRE	CADRE
BIZUT	**BÖHME**	**BOTHE**	BRIBE	BULBE	CADRÉ
BLACK	BOIRE	**BOTTA**	BRICK	BULGE	CADUC
BLACK	**BOISE**	BOTTE	BRIDE	BULLE	**CAERE**
BLAFF	BOISÉ	BOTTÉ	BRIDÉ	BULLÉ	CAFRE
BLAGA	BOÎTÉ	BOUDÉ	**BRIEC**	**BULLY**	CAFTÉ
BLAIN	**BOÎTE**	BOUÉE	**BRIEY**	BULOT	CAGET
BLAIR	**BOJER**	BOUGE	BRIMÉ	**BUNAQ**	CAGNA
BLAIR	BOLDO	BOUGÉ	**BRINK**	**BUNGE**	CAGNE
BLAIS	BOLÉE	BOUIF	BRION	**BUREN**	CAGOT
BLAKE	BOLET	BOULE	**BRION**	BURIN	CAGOU
BLÂME	BOMBE	**BOULE**	BRISE	**BURKA**	CAHOT
BLÂMÉ	BOMBÉ	BOULÉ	BRISÉ	**BURKE**	CAÏEU
BLANC	BÔMÉE	BOULÈ	**BRIVE**	BURLE	CAIRN
BLANC	BONDE	BOUMÉ	BRIZE	**BURNS**	**CAJAL**
BLAPS	BONDÉ	BOURE	**BROCA**	BURON	CAJOU
BLASE	BONDI	BOURG	**BROCH**	BURQA	CAJUN
BLASÉ	**BONDY**	**BOURG**	BRODÉ	**BURSA**	**CAJUN**
BLAYE	BONGO	BOUSE	BROME	BUSÉE	CALAO
BLAZE	**BONGO**	BOUTÉ	BROMÉ	BUSER	**CALAS**
BLÊME	**BONIN**	**BOUTS**	**BRONX**	**BUSON**	CALÉE
BLÊMI	BONNE	**BOVES**	BROOK	**BUSSY**	CALER
BLÉRÉ	BONTÉ	**BOVET**	**BROOK**	BUSTE	CÂLIN
BLÉSÉ	BONUS	BOVIN	BROUM	BUTÉE	CALME
BLETZ	BONZE	**BOWEN**	BROUT	BUTER	CALMÉ
BLEUE	**BOOLE**	**BOWIE**	**BROWN**	BUTIN	CALMI
BLEUI	**BOONE**	BOXÉE	BROYÉ	BUTOR	CALOT
BLIDA	**BOOTH**	BOXER	**BRUAT**	**BUTOR**	**CALPÉ**
BLIER	BOOTS	BOYAU	**BRUAY**	BUTTE	CALTÉ
BLINI	**BORÂS**	**BOYER**	**BRUCE**	BUTTÉ	CALVA
BLOCH	BORAX	**BOYLE**	**BRÜHL**	BUVÉE	**CALVI**
BLOCK	**BORDA**	**BOYNE**	BRUIT	**BUZAU**	**CA MAU**
BLOIS	BORDE	**BOZEN**	**BRUIX**	**BUZOT**	CAMBÉ
BLOND	BORDÉ	BRADÉ	BRÛLÉ	**BYRON**	**CAMBO**
BLOOM	BORÉE	**BRULÉ**	**BRULÉ**	**BYTOM**	CAMÉE
BLUES	**BORÉE**	**BRAGA**	BRUME		CAMER
BLUET	**BOREL**	**BRAGG**	BRUNE	CABAN	CAMPÉ
BLUFF	**BORGO**	**BRAHE**	BRUNI	CABAS	CAMPO
BLUNT	BORIE	BRAME	**BRUNE**	CABET	CAMUS
BLUSH	BORIN	BRAMÉ	**BRÜNN**	**CABET**	**CAMUS**
BLUTÉ		**BRAND**	**BRUNO**	CÂBLE	CANAL
BOBET	**BORIS**	**BRANT**	BRUTE	CÂBLÉ	**CANDÉ**

CANDI	CARTE	CERNÉ	CHOPÉ	CLERC	COLLÉ
CANER	CARTÉ	CÉSAR	**CHORS**	**CLERC**	COLON
CANET	CARVI	**CÉSAR**	CHOSE	**CLÉRY**	**COLÓN**
CANGE	CASCO	CESSE	CHOTT	CLICK	**CÔLON**
CANIF	CASÉE	CESSÉ	**CHOUF**	**CLIVE**	**COLOT**
CANIN	CASER	CESTE	CHOUX	CLIVÉ	COLZA
CANNE	CASSE	CETTE	CHOYÉ	CLODO	COMBE
CANNÉ	CASSÉ	**CEUTA**	CHUTE	CLONE	COMBO
CANOË	CASTE	**CGPME**	CHUTÉ	CLONÉ	**COMBS**
CANON	CATCH	**CGT-FO**	CHYLE	CLOPE	COMMA
CAÑON	CATIE	**CHACO**	CHYME	CLORE	COMME
CANOT	CATIN	**CHAIN**	CIBLE	CLOSE	**COMOÉ**
CANUT	CATIR	CHAIR	CIBLÉ	**CLOUD**	COMTE
CAOUA	**CATON**	**CHAKA**	CICLÉ	CLOUÉ	**COMTE**
CAPÉE	**CAUCA**	CHÂLE	CIDRE	CLOWN	COMTÉ
CAPÉÉ	CAUDÉ	CHAMP	CIELS	**CLUNY**	**CONAN**
CAPEK	CAURI	CHANT	CIEUX	CLUSE	CONÇU
CAPER	CAUSE	CHAOS	CI-GÎT	**CLYDE**	CONDÉ
CAPES	CAUSÉ	CHAPE	CIGUË	**CNIDE**	**CONDÉ**
CAPET	CAVÉE	CHAPÉ	CILIÉ	COACH	CONDO
CAPET	CAVER	**CHARI**	CILLÉ	**COASE**	CONGA
CAPON	CAVET	**CHASE**	CILLÉ	COATI	CONGE
CAPOT	CAYEU	CHAUD	CIMON	COBÉA	CONGÉ
CAPPA	CD-ROM	CHAUT	**CINEY**	COBÉE	**CONGO**
CAPRA	CÉANS	CHAUX	**CINNA**	COBOL	CONNE
CÂPRE	**CEARÁ**	**CHAUX**	**CINTO**	COBRA	CONNU
CAPRI	**CECIL**	**CHÉCY**	CIPPE	**COBRA**	CONON
CAPTÉ	CÉDÉE	CHEIK	CIPRE	COCCI	CONTE
CAQUE	CÉDER	**CHEJU**	**CIRCÉ**	COCHE	CONTÉ
CAQUÉ	CEDEX	CHÊNE	CIRÉE	COCHÉ	**CONTÉ**
CARAT	CÈDRE	CHENI	CIRER	CÔCHÉ	**CONTI**
CARCO	CÉGEP	CHENU	CIRON	COCON	**CONTY**
CARDE	CEINT	**CHENU**	CIRRE	COCOS	COPAL
CARDÉ	**CELAN**	CHÈRE	CIRSE	COCUE	**COPÁN**
CARET	CELÉE	CHÉRI	**CIRTA**	CODÉE	COPIE
CAREX	CELER	**CHIBA**	**CISSÉ**	CODER	COPIÉ
CAREY	CELLA	CHIÉE	CISTE	CODEX	COPLA
CARGO	CELLE	CHIEN	CITÉE	CODON	COPPA
CARIB	**CELLE**	CHIER	CITER	**CŒUR**	**COPPI**
CARIE	**CELSE**	**CHIGI**	CIVET	**CŒUR**	COPRA
CARIE	CELTE	CHILI	CIVIL	COGNE	COPTE
CARIÉ	**CELTE**	**CHILI**	CLADE	COGNÉ	COQUE
CARIN	CELUI	**CHIMÚ**	CLAIE	**COHEN**	**CORAÏ**
CARLE	**CENCI**	CHINE	CLAIM	COHUE	CORAN
CARLU	CENIS	**CHINE**	CLAIN	COING	**CORAN**
CARME	**CENON**	CHINÉ	CLAIR	COÏON	CORDE
CARNE	CENSÉ	CHIOT	**CLAIR**	**COIRE**	CORDÉ
CARNÉ	CENTI-	CHIPÉ	CLAMÉ	COITE	**CORÉE**
CARNÉ	**CENTO**	CHIPS	CLAMP	COÏTÉ	COREY
CAROL	CÉPÉE	**CHLEF**	CLAPI	COLAS	CORME
CARON	**CÉRAM**	**CHLOÉ**	**CLARK**	COLÉE	CORNE
CARPE	CÉRAT	CHOIR	CLASH	**COLET**	CORNÉ
CARRÀ	**CÉRÈS**	CHOIX	**CLAUS**	COLIN	CORNU
CARRE	**CÉRET**	CHOKE	CLAVÉ	COLIS	CORON
CARRÉ	**CERGY**	CHÔMÉ	CLEAN	COLLE	**COROT**
CARRY	**CERHA**	**CHOOZ**	CLEBS	COLLE	CORPS
CARRY	CERNE	CHOPE	**CLÉON**	COLLE	CORSE

Word list (six columns, read top-to-bottom, left column first):

CORSE, CORSÉ, CORSO, **CORTE**, **CORTI**, **COSME**, **COSNE**, **COSSA**, COSSE, **COSSÉ**, COSSU, **COSTA**, COSYS, COTÉE, COTER, COTIE, COTIR, **COTON**, COTRE, COTTE, **COTTE**, **COTTI**, COUAC, **COUCY**, COUDE, COUDÉ, COUIC, COULE, COULÉ, COUPE, COUPÉ, COURS, COURT, COURU, COUSU, COÛTÉ, COUVÉ, COUVI, **COUZA**, COWES, COXAL, CRABE, CRACK, CRADE, CRADO, CRAIE, **CRAIG**, CRAMÉ, **CRANE**, CRÂNE, CRÂNÉ, **CRANS**, CRAON, CRASE, CRASH

CRAVE, CRAWL, **CRAXI**, **CRÉCY**, CREDO, CRÉÉE, CREEK, CRÉER, **CREIL**, CRÈME, CRÉMÉ, **CRÉON**, CRÊPE, CRÊPÉ, CRÉPI, CRÉPU, **CRÉPY**, **CREST**, **CRÈTE**, CRÊTE, CRÊTÉ, **CREUS**, CREUX, CREVÉ, CRÈVE, **CRICK**, CRIÉE, **CRIEL**, CRIER, CRIME, CRISE, CRISS, **CROCE**, CROCO, CROHN, CROÎT, CROIX, **CROIX**, **CROLL**, CROSS, **CROSS**, CROTU, CROUP, CROWN, **CRUAS**, CRUEL, **CRUMB**, CUBÉE, CUBER, CUCUL, **CUERS**, CUEVA, CUIRE, CUIRY, CUITE, CUITÉ, **CUJAS**

CUKOR, CULÉE, CULER, CULOT, **CULOZ**, CULTE, CUMIN, CUMUL, **CUMES**, **CUNEO**, **CUNHA**, CURÉE, **CUREL**, CURER, CURIE, **CURIE**, CURRY, CUVÉE, CUVER, **CUZCO**, CYBER-, CYCAS, CYCLE, CYGNE, **CYRUS**, **DABIT**, **DACCA**, **DACIE**, **DADIÉ**, DAGUE, DAINE, **DAKAR**, **DAKIN**, **DALAT**, DALLE, DALLÉ, **DALOA**, DALOT, DALOU, DAMAN, **DAMAN**, **DAMÃO**, DAMAS, **DAMAS**, DAMÉE, DAMER, DAMNÉ, **DAMIA**, **DANAÉ**, **DANBY**, DANDY, **DANGÉ**, DANSE, DANSÉ, **DANTE**, DARCE, DARDÉ

DARÍO, DARNE, DARSE, DATÉE, DATER, DATIF, DATTE, DAUBE, DAUBÉ, **DAVAO**, **DAVEL**, **DAVES**, **DAVID**, **DAVIS**, **DAVOS**, **DAWES**, **DAWHA**, **DAYAK**, **DAYAN**, DEALÉ, DÉBAT, DÉBET, DÉBIT, **DEBRÉ**, DÉBUT, DEBYE, **DEBYE**, DÉCAN, DECCA, DÉCÈS, DÈCHE, DÉCHU, DÉCOR, DÉCRI, DÉCRU, DÉÇUE, DÉDIÉ, DÉDIT, DÉFET, DÉFIÉ, **DEFOE**, **DEGAS**, DÉGÂT, DÉGEL, DEGRÉ, **DEGUY**, DÉITÉ, DÉLAI, **DELAY**, DELCO, **DELFT**, **DELHI**, DÉLIÉ, DÉLIT, DELLE, **DELON**, **DÉLOS**

DÉLOT, DELTA, **DELTA**, **DELUC**, **DE MAN**, DEMIE, DÉMIS, DÉMON, DENAR, DÉNIÉ, DENIM, **DENIS**, **DENON**, DENSE, DENTÉ, DÉNUÉ, **DENYS**, **DÉOLS**, DÉPIT, DÉPLU, DÉPÔT, DERBY, **DERBY**, DERME, DERNY, DÉSIR, DETTE, DEUIL, **DEULE**, DEUST, DÉVIÉ, DEVIN, DEVIS, DEVON, **DEVON**, DE VOS, **DEVOS**, DÉVOT, DEWAR, **DEWAR**, **DEWEY**, **DHAKA**, DHOLE, DIANE, **DIANE**, DIAPO, DIAZO, DICTÉ, **DIDON**, **DIDOT**, **DIELS**, DIÈNE, DIÈSE, **DIEST**, DIÈTE, DIEUX

DIFFA, DIGNE, **DIGNE**, DIGUE, **DIJON**, **DINAN**, DINAR, DINDE, **D'INDY**, DÎNER, DINGO, **DINKA**, DIODE, **DIOIS**, **DIOLA**, **DIORI**, **DIOUF**, **DIRAC**, DISCO, **DISON**, DIVAN, **DIVES**, DIVIN, DIVIS, DIXIE, DIXIT, **DJAÏN**, **DJAMI**, **DJINN**, DOBRA, DOCTE, **DODDS**, DODUE, DOGME, **DOGON**, DOGUE, DOIGT, **DOIRE**, **DOISY**, DOLBY, **DOLET**, DOLIC, **DOLIN**, **DOLTO**, **DOMAT**, **DOMME**, **DONAT**, **DONAU**, DONAX, **DONEN**, DONNE, **DONNE**, DONNÉ, **DONON**, **DOORS**, DOPÉE

DOPER
DORAT
DORÉE
DORER
DORIA
DORIN
DORIS
DORIS
DORMI
DORST
DOSÉE
DOSER
DOSSE
DOTAL
DOTÉE
DOTER
DOUAI
DOUAR
DOUBS
DOUCE
DOUCI
DOUÉE
DOUER
DOUMA
DOURO
DOUTE
DOUTÉ
DOUVE
DOUZE
DOUZE
DOVER
DOWNS
DOYEN
DOYLE
DRAIN
DRAIS
DRAKE
DRAME
DRAPÉ
DRAVE
DRAVE
DRAVÉ
DRAYÉ
DREES
DRÈGE
DREUX
DRÈVE
DRILL
DRING
DRINK
DRIVE
DRIVÉ
DROIT
DRÔLE
DROME
DRÔME
DRONE

DROPÉ
DROPT
DRUMS
DRUON
DRUPE
DRUZE
DRUZE
DRYAT
DUALE
DUAUX
DUBAN
DU BOS
DUBOS
DUCAL
DUCAT
DUCEY
DUCHÉ
DUCIS
DUCOS
DUDIT
DUERO
DU FAY
DUFAY
DUGAS
DUHEM
DUITE
DUKAS
DUKOU
DULAC
DULIE
DUMAS
DUNES
DUPÉE
DUPER
DUPIN
DUPRÉ
DURAL
DURAN
DURÃO
DURAS
DURCI
DURÉE
DÜREN
DURER
DÜRER
DURGA
DURIT
DUROC
DURUY
DUTRA
DUVAL
DUVET
DUVET
DYADE
DYLAN
DZÊTA
EAMES

EANES
ÉAQUE
EAUZE
EBADI
ÉBAHI
ÉBATS
EBBON
ÉBÈNE
EBERT
ÉBOLA
E-BOOK
ÉBOUÉ
ÉCALE
ÉCALÉ
ÉCART
ÉCHEC
ÉCHÉE
ÉCHER
ÉCHUE
ÉCIJA
ÉCIMÉ
ÉCLAT
ÉCLOS
ÉCOLE
ÉCOLO
ÉCOPE
ÉCOPÉ
ÉCRAN
ÉCRIÉ
ÉCRIN
ÉCRIT
ÉCROU
ÉCRUE
ÉCULÉ
ÉCUME
ÉCUMÉ
ÉCURÉ
EDFOU
EDGAR
ÉDILE
ÉDITÉ
ÉDITH
ÉDITO
EEKLO
ÉFATÉ
EFFEL
EFFET
ÉFRIT
ÉGALE
ÉGALÉ
ÉGARD
ÉGARÉ
ÉGAUX
ÉGAYÉ
EGEDE
ÉGÉEN
ÉGIDE

ÉGINE
ÉGOUT
EIDER
EIFEL
EIGEN
EIGER
EILAT
ÉLAND
ÉLAVÉ
ELBÉE
ELBOT
ELCHE
ÉLÉIS
ÉLEVÉ
ÉLÈVE
ELGAR
ELGIN
ELIAS
ÉLIDE
ÉLIDÉ
ÉLIMÉ
ELIOT
ÉLIRE
ÉLITE
ELLÁS
ELLES
ELLUL
ÉLOGE
ÉLUDÉ
ÉLUÉE
ÉLUER
ELURU
ELVEN
E-MAIL
ÉMAIL
ÉMANÉ
ÉMAUX
EMBUE
EMBUÉ
EMDEN
ÉMERI
ÉMERY
ÉMILE
ÉMISE
ÉMULE
ÉMULÉ
EN-BUT
ENCAN
EN-CAS
ENCRE
ENCRÉ
ENDOS
ENFER
ENFEU

ENFIN
ENFLÉ
ENFUI
ENGIN
ENJEU
ENLIÉ
ENLIL
ÉNOCH
ÉNOUÉ
ENSAD
ENSAM
ENSB-A
ENSOR
ENTÉE
ENTER
ENTRE
ENTRÉ
ENUGU
ÉOLIE
ÉPAIR
ÉPAIS
ÉPARS
ÉPART
ÉPATE
ÉPATÉ
ÉPAVE
ÉPELÉ
ÉPHOD
ÉPICE
ÉPICÉ
ÉPIÉE
ÉPIER
ÉPIEU
ÉPIGÉ
ÉPILÉ
ÉPINE
ÉPIRE
ÉPODE
ÉPOUX
ÉPOXY
ÉPRIS
EPROM
EPSOM
ÉPUCÉ
ÉPURE
ÉPURÉ
ÉQUIN
ÉRARD
ÉRATO
ERBIL

ERDRE
ERGOL
ERGOT
ERICE
ÉRIGÉ
ERNÉE
ERNST
ERODE
ÉRODÉ
ERQUY
ERRER
ERWIN
ÉSAÏE
ESAKI
ESCHE
ESCHÉ
ESNÈH
ÉSOPE
ESPAR
ESPOO
ESSAI
ESSEN
ESSEX
ESSEY
ESSOR
ESTER
ESTOC
ÉTAGE
ÉTAGÉ
ÉTAIN
ÉTAIN
ÉTAIX
ÉTALE
ÉTALÉ
ÉTALS
ÉTAMÉ
ÉTANG
ÉTANT
ÉTAPE
ÉTAUX
ÉTAYÉ
ÉTÊTÉ
ÉTHER
ETHOS
ÉTIER
ÉTIRÉ
ÉTOLE
ÊTRES
ÉTRON
ÉTUDE
ÉTUVE
ÉTUVÉ
EUBÉE
EUDES
EULER
EUPEN
ÉVADÉ

EVANS	**FANTE**	FÉRIÉ	**FIRTH**	FORCE	FRIRE
ÉVASÉ	**FANTI**	FÉRIR	**FIUME**	FORCÉ	FRISE
ÉVAUX	FANUM	FERLÉ	FIXÉE	FORCI	**FRISE**
ÉVEIL	FARAD	FERME	FIXER	FORÉE	FRISÉ
ÉVENT	FARCE	FERMÉ	FJELD	**FOREL**	FRITE
EVERE	FARCI	**FERMI**	FJORD	FORER	FRITZ
EVERT	FARDE	**FÉROÉ**	FLAIR	FORET	FROID
ÉVIAN	FARDÉ	FERRÉ	FLANC	FORÊT	FRÔLÉ
ÉVIDÉ	**FAREL**	**FERRÉ**	FLÂNE	**FOREY**	**FROMM**
ÉVIER	**FARÈS**	**FERRI**	FLÂNÉ	**FOREZ**	FRONT
ÉVITÉ	**FARET**	FERRY	FLAPI	FORGE	**FROST**
EVORA	**FARON**	**FERRY**	FLASH	FORGÉ	FROUÉ
ÉVORA	FARSI	FERTÉ	FLÉAU	**FORLI**	FRUIT
ÉVRON	FARTÉ	**FERTÖ**	FLEIN	FORME	**FUCHS**
EWING	**FARUQ**	FÉRUE	**FLERS**	FORMÉ	FUCUS
EXACT	FASCE	**FESCH**	FLEUR	**FORNI**	FUDGE
EXCÈS	FASCÉ	FESSE	**FLIMS**	FORTE	FUERO
EXCLU	FASTE	FESSÉ	**FLINS**	**FORTH**	FUGUE
EXEAT	FATAL	FESSU	FLINT	FORUM	FUGUÉ
EXIGÉ	FATMA	FÊTÉE	**FLINT**	FOSSE	FUITE
EXIGU	FATUM	FÊTER	FLIRT	**FOSSE**	**FUKUI**
EXILÉ	FATWA	**FÉTIS**	FLOOD	FOSSÉ	**FULDA**
EXODE	FAUNE	FEUIL	FLOPS	**FOUAD**	**FUMAY**
EXPIÉ	**FAURE**	FEULÉ	FLORE	FOUET	FUMÉE
EXTRA	**FAURÉ**	**FEURS**	**FLORE**	FOUIE	**FUMEL**
EYLAU	**FAUST**	**FÉVAL**	**FLORY**	FOUIR	FUMER
EYMET	FAUTE	FIANT	**FLOTE**	**FOULD**	FUMET
FABLE	FAUTÉ	FIBRE	FLOUE	FOULE	**FUNDY**
FABRE	FAUVE	FICHE	FLOUÉ	FOULÉ	**FUNÈS**
FABRY	**FAVRE**	FICHÉ	FLUER	FOUTU	FUNKY
FÂCHÉ	FAVUS	FICHU	FLUET	FOVEA	FURAX
FACHO	FAXÉE	**FICIN**	FLUOR	FOXÉE	FURET
FAÇON	FAXER	FICUS	FLUSH	**FOYEN**	**FURET**
FACTO	**FAYOL**	**FIDJI**	FLÛTE	FOYER	FURIA
FADÉE	FAYOT	**FIELD**	FLÛTÉ	FRAIS	FURIE
FADET	FÉALE	FIÈRE	**FLYNN**	FRANC	**FURKA**
FAENA	FÉAUX	FIFRE	**FNSEA**	**FRANK**	**FÜRST**
FAGNE	FÉCAL	FIGÉE	FOCAL	FRASÉ	**FÜRTH**
FAGOT	FÈCES	FIGER	FŒHN	FRAYÉ	FUSÉE
FAÎNE	**FÉDOR**	FIGUE	FOÈNE	**FREGE**	FUSER
FAIRE	FEINT	FILAO	FOIRE	FREIN	FUSIL
FAITE	**FEJOS**	FILÉE	FOIRÉ	FRÊLE	FUTAL
FAÎTE	FÊLÉE	FILER	FOLIE	FRÉMI	FUTÉE
FAKIR	FÊLER	FILET	FOLIÉ	FRÊNE	FUTON
FALLA	FÉLIN	FILIN	FOLIO	FRÉON	FUTUR
FALLU	**FÉLIX**	FILLE	FOLLE	FRÈRE	**FUXIN**
FALOT	FÉLON	FILMÉ	**FOLON**	**FRÈRE**	GABER
FALUN	**FEMIS**	FILON	FONCÉ	FRÉTÉ	**GABÈS**
FAMAS	FEMME	FILOU	**FONCK**	**FREUD**	**GABIN**
FAMÉE	FEMTO-	FINAL	**FONDA**	FREUX	**GABLE**
FANAL	FÉMUR	FINES	FONDÉ	**FREYR**	GÂBLE
FANÉE	FENDU	FINET	FONDS	**FRIGG**	**GABON**
FANER	FENIL	FINIE	FONDU	FRIGO	**GABOR**
FANGE	FENTE	FINIR	FONIO	FRIME	GÂCHE
FANNY	FÉRAL	FIOLE	FONTE	FRIMÉ	GÂCHÉ
FANON	FERIA	FIOUL	FONTS	FRIPE	**GADDA**
FANON	FÉRIE	FIRME	**FOPPA**	FRIPÉ	**GADDI**

GADES	**GASPÉ**	GÉRER	GLOSÉ	**GOUIN**	GROIE
GADIN	GÂTÉE	GERME	GLOSS	**GOULD**	GROIN
GADJÉ	GÂTER	GERMÉ	GLUAU	GOULE	**GROIX**
GADJO	**GATES**	GÉSIR	**GLUBB**	GOULU	GROLE
GAËLS	GATTÉ	GESSE	**GLUCK**	GOURA	GROOM
GAÈTE	**GATTI**	GESTE	GLUME	GOURD	**GROSS**
GAFFE	GAUDE	**GETTY**	GLUON	GOURÉ	**GROSZ**
GAFFÉ	**GAUDÍ**	**GHANA**	GNÈTE	**GOURO**	GRUAU
GAFSA	GAULE	**GHARB**	GNÔLE	GOÛTÉ	GRUGÉ
GAGÉE	**GAULE**	**GHATS**	GNOME	GOYIM	GRUME
GAGER	GAULÉ	**GIBBS**	GNOSE	**GOZZI**	GRUON
GAGNE	**GAUME**	GIBET	GOBÉE	**GRAAF**	**GRUSS**
GAGNÉ	GAUPE	GIBUS	GOBER	**GRAAL**	GRUTÉ
GAGNY	GAUSS	GICLÉ	GOBIE	GRÂCE	**GSELL**
GAÏAC	**GAUSS**	**GIENS**	GODAN	**GRACQ**	GUAIS
GAINE	GAVÉE	**GIERS**	GODER	GRADE	GUANO
GAINÉ	GAVER	GIFLE	GODET	GRADÉ	GUÈDE
GAÎTÉ	**GÄVLE**	GIFLÉ	**GODOY**	GRAFF	GUÊPE
GAIUS	GAYAL	GIGOT	GOGÉE	GRAIN	GUÈRE
GAIZE	GAZÉE	GIGUE	GOGER	GRANA	GUÉRI
GALBA	GAZER	**GIJÓN**	GOGLU	GRAND	GUÈTE
GALBE	**GAZLI**	GILDE	**GOGOL**	**GRANT**	GUEUX
GALBÉ	GAZON	GILET	GOGUE	**GRASS**	GUÈZE
GALET	GÉANT	**GIONO**	**GOIÁS**	GRAVE	GUIDE
GALLA	**GEBER**	GIRIE	**GOLAN**	**GRAVE**	**GUIDE**
GALLE	GECKO	**GIROD**	GOLÉE	GRAVÉ	GUIDÉ
GALLE	**GEHRY**	GIRON	GOLEM	GRAVI	GUIPÉ
GALLÉ	GEINT	GITAN	GOLFE	GRÈBE	**GUIRY**
GALLO	GELÉE	**GITAN**	**GOLFE**	**GRÈCE**	GUISE
GALLO	GELER	GÎTER	GOLGI	**GRECO**	**GUISE**
GALON	GELÉS	GITON	**GOLGI**	**GRÉCO**	**GUJAN**
GALOP	GÉLIF	**GIVET**	**GOMAR**	GRÉÉE	**GUMRI**
GAMAY	**GÉLON**	GIVRE	GOMBO	GREEN	**GÜNEY**
GAMBA	GÉMIR	GIVRÉ	**GOMEL**	**GREEN**	**GUO XI**
GAMIN	GEMME	**GIVRY**	GOMME	GRÉER	GUPPY
GAMMA	GEMMÉ	GIZEH	GOMMÉ	GRÈGE	**GUPTA**
GAMME	**GENAS**	GLACE	**GÖNCZ**	GRÊLE	GUSSE
GAMOW	GÊNÉE	**GLACE**	**GONDI**	GRÊLÉ	**GUYON**
GANCE	GÊNER	GLACÉ	GONZE	GRENÉ	GUYOT
GANDA	**GENÈS**	**GLÅMA**	GOPAK	GRENU	GUZLA
GANGA	**GÊNES**	GLAND	**GORÉE**	GRÉSÉ	**GWERU**
GANGE	GENET	GLANE	GORET	**GRÉSY**	**GYGÈS**
GANSE	**GENET**	GLANÉ	GORGE	GREVÉ	GYPSE
GANSÉ	GENÊT	GLAPI	GORGÉ	GRÈVE	GYRIN
GANSU	GÉNIE	GLASS	**GORKI**	**GRÈVE**	**HABER**
GANTÉ	**GENIL**	**GLASS**	**GORKY**	**GRÉVY**	HABIT
GANTT	**GENOT**	GLATI	GORON	GRIEF	**HABRÉ**
GARBO	GENOU	**GLAWI**	GOSSE	**GRIEG**	HACHE
GARCE	GENRE	GLÈBE	GOTHA	GRILL	HACHÉ
GARDE	GÉODE	**GLÉLÉ**	**GOTHA**	GRIMÉ	HADAL
GARDE	GEÔLE	GLÈNE	**GOTHS**	**GRIMM**	**HADÈS**
GARDÉ	GERBE	**GLENN**	GOTON	GRIOT	HADJI
GARÉE	GERBÉ	GLIAL	GOUDA	GRISE	**HAEJU**
GARER	GERCE	**GLIER**	**GOUDA**	GRISÉ	**HAFEZ**
GARIN	GERCÉ	GLOBE	GOUET	**GRISI**	**HAFIZ**
GARNI	**GERDT**	**GLOBO**	GOUGE	GRIVE	**HAGEN**
GAROU	GÉRÉE	GLOSE		**GROCK**	**HAGUE**

HAÏFA	HÂTER	HERVÉ	HOURI	IDHEC	INUIT
HAI HE	HÂTIF	HERZL	HOUSE	IDJIL	INUIT
HAÏKU	HATTI	HESSE	HOXHA	IDOLE	INULE
HAINE	HAUTE	HÊTRE	HOYAU	IDRIS	INVAR
HAIRE	HAVAS	HEURE	HOYLE	IEPER	IODÉE
HAÏTI	HAVÉE	HEURT	HOYOS	IGLOO	IODER
HAKKA	HAVEL	HEUSS	HUANT	IGLOU	IODLÉ
HALAL	HAVER	HÉVÉA	HUARD	IGNÉE	IONIE
HALBI	HAVRE	HIBOU	HUART	IKERE	IORGA
HALÉE	HAWAÏ	HICKS	HUBEI	ILÉAL	IOULÉ
HÂLÉE	HAWKE	HI-HAN	HUBER	ILÉON	IPÉCA
HALER	HAWKS	HILAL	HUBLI	ILÉUS	IPPON
HÂLER	HAYDN	HILLA	HUCHE	ÎLIEN	IPSOS
HALES	HAYEK	HILSZ	HUCHÉ	ILION	IQBAL
HALEY	HAYES	HILTY	HUGLI	ILION	IRBID
HALLE	HAYON	HIMES	HUILE	ILMEN	IRCAM
HALLE	HEATH	HINDI	HUILÉ	ILOTE	IRÈNE
HALTE	HEBDO	HIPPY	HULSE	IMAGE	IRIAN
HALVA	HEBEI	HIRAM	HUMÉE	IMAGÉ	IRIEN
HAMAC	HECTO	HISSE	HUMER	IMAGO	IRISÉ
HAMAS	HECTO-	HISSÉ	HUMUS	IMBUE	IRONE
HAMME	HÉDIN	HIVER	HUNAN	IMIDE	ISAAC
HAMPE	HEFEI	HOBBY	HUNZA	IMINE	ISAAK
HAMPI	HEGEL	HOCCO	HUPPE	IMITÉ	ISAÏE
HANAP	HEINE	HOCHE	HUPPÉ	IMMUN	ISARD
HANAU	HEINZ	HOCHÉ	HURLÉ	IMPER	ISÈRE
HANKS	HEKLA	HODJA	HURON	IMPHY	ISEUT
HANOI	HÉLAS	HODNA	HURON	IMPIE	ISKAR
HANSE	HÉLÉE	HOLAN	HUSÁK	IMPÔT	ISLAM
HANSE	HÉLER	HOLON	HU SHI	IMPRO	ISOLA
HANSI	HÉLIO	HOMME	HUSKY	IMPUR	ISOLÉ
HANTÉ	HÉLIX	HONNI	HUTTE	IMROZ	ISSAS
HAN YU	HELLO	HONTE	HYDNE	INARI	ISSOS
HAOUZ	HÉMON	HOOCH	HYDRA	INCUS	ISSUE
HAPAX	HENAN	HOOFT	HYDRE	INDES	ISSUS
HAPPE	HENCH	HOOGH	HYÈNE	INDEX	ITAMI
HAPPÉ	HENIE	HOOKE	HYMEN	INDIC	ITARD
HARAR	HENNÉ	HOPAK	HYMNE	INDRA	IULIA
HARAS	HENNI	HORDE	HYPER	INDRE	IVENS
HARAT	HENRI	HOREB	HYPHE	INDRI	IVORY
HARDE	HENRY	HORNU	HYPNE	INDUE	IVRÉE
HARDI	HENZE	HORST	IALTA	INDUS	IWAKI
HARDT	HERAT	HORST	IAMBE	INFRA	IXION
HARDY	HERBE	HORTA	IBÈRE	INFUS	IXODE
HAREM	HERBU	HORUS	IBERT	INGRÉ	IZIEU
HARET	HERGÉ	HOSTO	IBIZA	ININI	IZMIR
HARKI	HERNE	HOTAN	IBSEN	INLAY	IZMIT
HARLE	HÉRON	HÔTEL	ICARE	INNÉE	IZNIK
HARPE	HÉRON	HOTTE	ICAZA	INOUÏ	IZUMO
HARTH	HÉROS	HOTTÉ	ICEUX	INPUT	JABLE
HASAN	HERPE	HOUAT	ICHÎM	INSEE	JABLÉ
HASCH	HERSE	HOUÉE	ICÔNE	INSTI	JABOT
HASEK	HERSÉ	HOUER	ICTUS	INTER	JACÉE
HASSE	HERTZ	HOUKA	IDAHO	INTOX	JACOB
HASTÉ	HERTZ	HOULE	IDÉAL		JACOT
HATAY	HERVE	HOURD	IDÉEL		JACTÉ
HÂTÉE			ID EST		JADIS

JAFFA	**JINJA**	**JUPPÉ**	KERMA	**KROTO**	LANDE
JAHVÉ	JOBER	JURAT	KETCH	**KRUPP**	LANGE
JAÏNA	**JOBIM**	JURÉE	**KHARG**	KSOUR	LANGÉ
JAÏNE	**JOCHO**	JURER	KHMER	**KSOUR**	**LANÚS**
JALAP	JODLÉ	**JURIN**	KHMER	**KUNDT**	**LAOZI**
JALON	**JOHNS**	JURON	KHOIN	**KUPKA**	**LA PAZ**
JAMBE	JOICE	**JURUÁ**	KILIM	KURDE	LAPÉE
JAMBI	JOINT	JUSÉE	**KILLY**	**KURDE**	LAPER
JAMES	**JÓKAI**	JUSTE	**KINKI**	KUSCH	LAPIÉ
JAMMU	JOKER	**JUSTE**	KIPPA	**KYOTO**	LAPIN
JAMNA	**JOLAS**	JUTER	**KIRBY**	KYRIE	LAPIS
JAMOT	JOLIE	**JUTES**	**KIROV**	KYSTE	LAPON
JANET	JOMON	**KAABA**	KISSI	KYUDO	**LAPON**
JANIN	**JONAS**	KABIC	KITCH	**KYZYL**	LAPSI
JANTE	JONCÉ	KABIG	**KLAUS**	**LABAN**	LAQUE
JANUS	**JONES**	KABIR	**KLEIN**	**LÀ-BAS**	LAQUÉ
JANZÉ	**JONTE**	KABUL	**KLIMA**	**LABAT**	LARDÉ
JAPON	**JOOSS**	**KABWE**	**KLIMT**	LABBE	**LARDY**
JAPON	JORAN	KACHA	**KLINE**	LABEL	LARGE
JAPPÉ	**JORAT**	KACHE	**KLUCK**	LABIÉ	LARGO
JAQUE	**JOSUÉ**	**KÁDÁR**	**KLUGE**	LABRE	LARME
JARDE	JOUAL	**KAFKA**	**KNOCK**	LABRI	**LARRA**
JARRE	JOUÉE	**KAGEL**	KNOUT	**LACAN**	LARVE
JARRE	JOUER	**KAHLO**	KOALA	LACÉE	LARVÉ
JARRY	JOUET	**KAMBA**	**KOCHI**	LACER	LASER
JASER	JOUIR	KANAK	KOHOL	LACET	**LASNE**
JASON	JOULE	KANAK	KOINÈ	LÂCHE	LASSE
JASPE	**JOULE**	**KANDY**	KONDO	LÂCHE	LASSÉ
JASPÉ	JOUTE	**KANEM**	**KOMIS**	LACIS	LASSO
JATTE	JOUTÉ	KANJI	KONDO	LACTÉ	LATEX
JAUGE	**JOUVE**	**KANTÉ**	**KONEV**	LADIN	LATIN
JAUGÉ	JOYAU	**KANTO**	**KONGO**	LADRE	**LATIN**
JAUNE	**JOYCE**	KANUN	**KÖNIZ**	LADYS	LATTE
JAUNE	**JÚCAR**	KAPOK	**KONYA**	**LAGNY**	LATTÉ
JAUNI	JUCHÉ	KAPPA	KORAI	LAGON	**LAUBE**
JAVEL	JUDAS	**KAREN**	**KORÇË**	**LAGOS**	**LAUDA**
JAZZY	**JUDAS**	**KARLE**	**KORDA**	LAHAR	**LAUER**
JEANS	JUGAL	KARMA	KORÊS	**LAHTI**	LAURE
JEANS	**JUDÉE**	KARST	**KORIN**	LAIDE	LAURÉ
JEHOL	JUGÉE	**KARST**	**KOROR**	LAINE	LAUSE
JELEV	JUGER	**KASAÏ**	**KOSMA**	LAINÉ	LAUZE
JENNY	**JUGES**	KASHI	KOTCH	**LAING**	LAVAL
JEREZ	**JUIVE**	**KATAR**	KOTJE	LAIRD	**LAVAN**
JERKÉ	JUIVE	**KATEB**	**KOTKA**	LAITÉ	LAVÉE
JÉSUS	**JUKUN**	**KATYN**	**KOTOR**	LAÏUS	LAVER
JÉSUS	JULES	KAYAK	**KOURA**	LAIZE	**LAVER**
JETÉE	**JULES**	KAYES	**KOYRÉ**	**LALLY**	LAVIS
JETER	**JULIA**	**KAZAN**	KRAAL	LAMBI	LAVRA
JETON	**JULIE**	**KEATS**	KRACH	LAMÉE	**LAXOU**
JETTE	JUMBO	KEBAN	KRAFT	LAMER	LAYON
JEUDI	JUMEL	KÉFIR	**KRAUS**	**LAMÍA**	**LAYON**
JEUNE	**JUMNA**	KEITA	**KREBS**	LAMIE	**LAZES**
JEÛNE	JUNKY	KELLY	KRIEK	LAMPE	**LAZZI**
JEÛNÉ	**JUNON**	KEMAL	KRILL	LAMPÉ	**LEACH**
JIJEL	**JUNOT**	KENDO	KRISS	LANCE	**LEAHY**
JILIN	JUNTE	**KENKO**	**KROGH**	LANCÉ	**LE BAS**
JINAN	JUPON	**KENYA**	KRONE	**LANCY**	**LE BEL**

LEBEL	LETTE	LIMER	LOGOS	**LULEÅ**	MACRO
LE BON	LEUDE	LIMES	**LOING**	**LULLE**	**MADRE**
LEBON	**LEUZE**	LIMON	**LOIRE**	**LULLI**	MADRÉ
LE CAP	**LE VAU**	**LIMÓN**	LOISY	**LULLY**	MAËRL
LECCE	LEVÉE	**LINAS**	**LOMME**	LUMEN	MAFIA
LECCO	LEVER	**LINDE**	LOMPE	LUNCH	MAGIE
LÈCHE	**LÉVIS**	LINER	LONGE	**LUNDA**	MAGMA
LÉCHÉ	LÈVRE	LINGA	LONGÉ	LUNDI	MAGNÉ
LEÇON	**LEWIN**	LINGE	**LONGO**	LUNÉE	**MAGNE**
LEDIT	**LEWIS**	LINKS	LOOFA	**LUNEL**	MAGNÉ
LEDUC	LEXIE	LINON	LOPIN	**LÜNEN**	**MAGNY**
LEEDS	LEXIS	**LINTH**	LOQUE	LUPIN	**MAGOG**
LE GAC	**LEYDE**	LINUX	LORAN	**LUPIN**	**MAGON**
LÉGAL	**LEYRE**	**LIONS**	**LORCA**	LUPUS	MAGOT
LÉGAT	**LEYTE**	LIPPE	**LOREN**	**LURCY**	**MAHAN**
LÉGER	**LEZAY**	**LIPPE**	**LORIN**	LUREX	MAHDI
LÉGER	**LHOTE**	**LIPPI**	LORIS	**LURIA**	**MAHÓN**
LÉGUÉ	LIAGE	LIPPU	**LORME**	LURON	**MAÏNA**
LEHÁR	LIAIS	**LIPSE**	LORRY	**LURON**	**MAINE**
LEIBL	LIANE	**LISLE**	LOSER	LUSIN	MAINT
LEIGH	LIANT	**LISSA**	**LOSEY**	LUTÉE	**MAINZ**
LEINE	LIARD	LISSE	LOTIE	LUTER	MAIRE
LEITZ	**LIBAN**	LISSÉ	LOTIR	LUTIN	**MAIRE**
LE KEF	**LIBBY**	LISTE	LOTTE	**LUTON**	MAJOR
LEKEU	LIBER	LISTÉ	**LOTTO**	LUTTE	**MAJOR**
LE LUC	LIBRE	**LISZT**	LOTUS	LUTTÉ	**MAKAL**
LEMAN	**LIBYE**	LITAS	LOUÉE	LUXÉE	**MALEC**
LÉMAN	LICHÉ	LITÉE	LOUER	LUXER	**MALET**
LE MAY	LICOL	LITER	LOUIS	**LU XUN**	**MALIA**
LE MÉE	LICOU	LITHO	**LOUIS**	LUZIN	MALIN
LEMME	**LICRA**	LITRE	LOUPE	**LUZON**	MALLE
LE MUY	LIDAR	LIURE	LOUPÉ	**LWOFF**	**MALLE**
LENAU	LIEDS	LIVET	LOURD	LYCÉE	**MALMÖ**
LENCA	LIÈGE	**LIVIE**	LOURE	**LYCIE**	**MALOT**
LENDL	**LIÈGE**	LIVRE	LOURÉ	LYCRA	**MALTA**
LENTE	LIÉGÉ	LIVRÉ	LOUVE	**LYDDA**	**MALTE**
LENTO	LIEUE	**LIVRY**	**LOUYS**	**LYDIE**	MALTÉ
LEONE	LIEUX	**LLOYD**	LOVÉE	**LYELL**	MALUS
LEONE	**LIFAR**	**LOACH**	LOVER	**LYNCH**	**MALUS**
LEONI	LIFTÉ	LOBBY	**LOWIE**	LYRIC	MAMAN
L'ÉPÉE	LIGIE	LOBÉE	**LOWRY**	LYSAT	MAMBA
LE PEN	**LIGNE**	LOBER	LOYAL	LYSÉE	MAMBO
LE PRÉ	LIGNÉ	LOCAL	LOYER	LYSER	**MAMER**
LÈPRE	**LIGNÉ**	LOCHE	**LUBAC**	**MABLY**	MAMIE
LEPTE	LIGOT	LOCHÉ	LUBIE	**MACAO**	MAMMY
LE PUY	LIGUE	**LOCKE**	**LUBIN**	**MÁCHA**	MANAT
LERMA	LIGUÉ	LOCUS	**LÜBKE**	MÂCHE	MANDÉ
LERNE	LILAS	LODEN	**LUCAS**	MÂCHÉ	**MANDÉ**
LÉROT	**LILLE**	LŒSS	**LUCIE**	MACHO	**MANÈS**
LE ROY	**LILLO**	**LOEWI**	**LUÇON**	MACIS	MÂNES
LEROY	LILOT	**LOEWY**	LUCRE	MACLE	**MANET**
LÉSÉE	LIMAN	LOFER	LUEUR	MACLÉ	MANGA
LÉSER	**LIMAY**	**LOGAN**	LUFFA	**MACON**	**MANGA**
LESTE	LIMBE	LOGÉE	LUGÉE	MÂCON	MANGÉ
LESTÉ	LIMÉE	LOGER	LUGER	**MÂCON**	MANIE
LÉTAL		LOGIS	LUIRE	MACRE	MANIÉ
LÉTHÉ					MANIF
					MANIN

MANIP	**MATHÉ**	**MEIJI**	MICRO-	**MODEL**	**MOREZ**
MANNE	MATHS	**MEISE**	MIDAS	MODEM	**MORGE**
MANSE	MATIE	MELBA	**MIDOU**	MOERE	**MORIN**
MANTA	MATIF	MÊLÉE	MIEUX	MOFLÉ	MORIO
MANTA	MATIN	MÊLER	MI-FER	**MOILI**	MORNA
MANTE	MÂTIN	MELIA	**MIGNE**	MOINE	MORNE
MAORI	MATIR	**MELLE**	MIGRÉ	MOINS	**MORNY**
MAOUS	MATON	MÉLOÉ	MILAN	MOIRE	**MORÓN**
MAQUÉ	MATOS	MELON	**MILAN**	**MOIRE**	MORSE
MARAN	MATOU	**MELUN**	MILER	MOIRÉ	**MORSE**
MARAT	**MÁTRA**	MEMEL	**MILET**	MOISE	MORTE
MARCQ	**MATTA**	**MÉNAM**	**MILLA**	MOISÉ	**MORTE**
MARCY	MATTE	MENÉE	MILLE	MOÏSE	MORUE
MARDI	**MAULE**	**MENDE**	**MILLE**	**MOÏSE**	**MORUS**
MARÉE	MAURE	**MENDÉ**	MILLI-	MOISI	MORVE
MARET	**MAURE**	**MENEM**	**MILLY**	MOITE	MOSAN
MAREY	MAURS	**MENEN**	**MILON**	MOITI	**MOSHÉ**
MARGE	**MAURY**	MENER	MIMÉE	**MOKPO**	**MOSSI**
MARGÉ	**MAUSS**	**MÉNÈS**	MIMER	**MOLAY**	MOTEL
MARIE	MAUVE	**MENGS**	MINCE	MOLLE	MOTET
MARIÉ	**MAUZÉ**	MENIN	MINCI	MOLLI	MOTIF
MARIN	**MAXIM**	**MENIN**	MINÉE	MOLLO	**MOTTA**
MARIN	**MAYAS**	MENSE	MINER	MOMIE	MOTTE
MARIS	MAYEN	MENTI	MINET	**MÖNCH**	MOTTÉ
MARKA	**MAYER**	MENUE	MINON	**MONCK**	MOTUS
MARLE	**MAYET**	MERCI	MINOT	MONDE	MOULE
MARLI	**MAYOL**	MERDE	MINOU	**MONDE**	MOULÉ
MARLY	MAZOT	MERDÉ	**MINOS**	MONDÉ	MOULT
MARNE	**MBEKI**	MERLE	MINOT	Monel	MOULU
MARNE	**MBINI**	**MERLE**	MINOU	**MONEO**	MOYÉE
MARNÉ	**MBUTI**	MERLU	**MINSK**	MONEP	MOYEN
MAROC	**MCCAY**	**MÉROÉ**	MINUS	**MONET**	MOYEU
MAROS	**MEADE**	MÉROU	**MIQUE**	**MONGE**	**MSILA**
MAROT	**MEANY**	**MÉSIE**	MIRÉE	**MONGO**	MUANT
MARRE	**MEAUX**	MÉSON	MIRER	**MONIZ**	**MUCHA**
MARRÉ	MÈCHE	MESSE	**MIRON**	**MONOD**	MUCHE
MARRI	MÉCHÉ	MÉTAL	MISÉE	MONOÏ	MUCOR
MARTE	**MEDAN**	MÉTÉO	MISER	MONTE	MUCUS
MARTÍ	**MÉDAN**	MÉTIS	**MISON**	MONTÉ	MUDRA
MARTY	**MÉDÉA**	MÈTRE	**MISTI**	**MONTE**	MUFLE
MASAI	**MÉDÉE**	MÉTRÉ	MITAN	**MONTI**	MUFTI
MASAN	**MEDEF**	MÉTRO	**MITAU**	**MONTS**	MUGIR
MASER	**MÈDES**	**METSU**	MITÉE	**MONTT**	MULET
MASSA	MÉDIA	MEULE	MITER	**MONZA**	MULLA
MASSE	**MÉDIE**	MEULÉ	**MITLA**	**MOORE**	MULON
MASSÉ	MÉDIT	**MEUNG**	MITRE	**MOPTI**	MULOT
MASSÉ	MÉDOC	**MEUSE**	**MITRE**	MOQUE	MULUD
MASSU	**MÉDOC**	MEUTE	MITRÉ	MOQUÉ	**MUNCH**
MASSY	MÉFIÉ	**MEYER**	**MITRY**	MORAL	**MUNDA**
MASUR	MÉGIE	MÉZIG	MIXÉE	**MORAT**	MUNGO
MATAF	MÉGIR	MEZZE	MIXER	**MORAX**	MUNIE
MATCH	MÉGIS	**MIAMI**	MIXTE	**MORAY**	MUNIR
MATÉE	MÉGOT	**MIASS**	**MJØSA**	MORCE	**MURAD**
MÂTÉE	**MÉHUL**	MIAOU	MOCHE	MORDU	MURAL
MATER	MEHUN	MI-BAS	**MOCHE**	**MORÉE**	**MURAT**
MÂTER	**MEIER**	MICHE	**MOCKY**	**MORET**	MURÉE
MATHA	MEIJE	MICRO	MODAL		MURER

MURER	NAPPÉ	NERVA	NOBEL	OASIS	OMÉGA
MURES	NAREW	NERVI	NOBEL	OBÉIE	OMISE
MURET	NARRÉ	NERVI	NOBLE	OBÉIR	OMIYA
MURET	NARSE	NESLE	NOCIF	OBÈLE	OMUTA
MUREX	NARVA	NETTE	NODAL	OBÉRÉ	ONCLE
MÛRIE	NASAL	NEUME	NOÈME	OBÈSE	ONDÉE
MURIN	NASHE	NEUSS	NOÈSE	OBIER	ONDIN
MÛRIR	NASIK	NEUVE	NŒUD	OBJET	ON-DIT
MÛRON	NASSE	NEUVY	NOIRE	OBLAT	ONEGA
MUSÉE	NATAL	NEVIS	NOISE	OBOLE	ONERA
MUSER	NATAL	NEWAR	NOLDE	OBTUS	ONGLE
MUSES	NATEL	NE WIN	NOMMÉ	OBVIE	ONGLÉ
MUSIL	NATIF	NEXON	NONCE	OBVIÉ	OPALE
MUSLI	NATTA	NGONI	NONES	OCCAM	OP ART
MUSSY	NATTE	NIAIS	NONNE	OCCIS	OPAVA
MUTÉE	NATTÉ	NIANT	NOPAL	OCÉAN	OPCVM
MUTER	NAURU	NIAUX	NORDÉ	OCRÉE	OPÉRA
MUTIN	NAVAL	NICAM	NORDI	OCRER	OPÉRÉ
MWERU	NAVEL	NICÉE	NORÉN	OCTAL	OPINÉ
MYOME	NAVES	NICET	NORGE	OCTET	OPITZ
MYOPE	NAVET	NICHE	NORIA	OCULÉ	OPIUM
MYRON	NAVEZ	NICHÉ	NORME	ODÉON	OPOLE
MYRTE	NAVRÉ	NICOL	NORMÉ	ODÉON	OPTER
MYSIE	NAXOS	NICOL	NOTAT	ODEUR	ORAGE
MYTHE	NÁXOS	NICOT	NOTÉE	ODILE	ORALE
MY THO	NAYAR	NIÉBÉ	NOTER	ŒBEN	ORANT
NABAB	NAZCA	NIÈCE	NOTRE	ŒILS	ORAUX
NABIS	NAZIE	NIÈME	NÔTRE	ŒUVÉ	ORBAY
NABLE	NAZOR	NIEVO	NOUBA	OFFRE	ORBEC
NABOT	NDOLA	NIGER	NOUÉE	OFLAG	ORDOS
NACRE	N'DOUR	NIKKO	NOUER	OGAKI	ORDRE
NACRÉ	NEAGH	NIKON	NOUET	OGINO	ORDRÉ
NADAR	NÉANT	NIMBA	NOVAE	OGIVE	ORFEO
NADER	NEBKA	NIMBE	NOVÉE	OGLIO	ORGIE
NADIR	NÈFLE	NIMBÉ	NOVER	OGNON	ORGON
NADJA	NÈGRE	NÎMES	NOVES	OGONI	ORGUE
NADJD	NEGRI	NINAS	NOYAU	OHANA	ORIEL
NADOR	NEGRO	NIOBÉ	NOYÉE	O'HARE	ORION
NAFTA	NÉGUS	NIOLO	NOYER	OHLIN	ORIYA
NAGÉE	NEHRU	NIOLO	NOYON	OHRID	ORLON
NAGER	NEIGE	NIORT	NOZAY	OINTE	ORLOV
NAHUA	NEIGE	NIPPE	NUAGE	OIRON	ORMET
NAHUM	NEIGÉ	NIPPÉ	NUANT	OISIF	ORMUZ
NAINE	NEILL	NIQUE	NUBIE	OISON	ORNÉE
NAIRA	NEIVA	NIQUÉ	NUFUD	OKAPI	ORNER
NAÏVE	NÉKAO	NITRA	NUIRE	OLÉUM	OROMO
NAMIB	NÉMÉE	NITRE	NULLE	OLIER	OROSE
NAMPO	NENNI	NITRÉ	NÚÑEZ	OLIVA	ORPIN
NAMUR	NENNI	NIVAL	NUORO	OLIVE	ORQUE
NANAK	NÉPAL	NIXON	NUQUE	OLTEN	ORSAY
NANAN	NEPER	NIZAN	NURMI	OMAHA	ORSEC
NANAR	NEPOS	NIZAN	NURSE	OMBLE	ORTIE
NANCY	NÉRAC	NJUKA	NYLON	OMBRE	ORURO
NANTI	NÉRÉE	NKOLE	NYONS	OMBRÉ	ORVAL
NAPÉE	NÉRIS	NKORE			ORVET
NAPEL	NÉRON				OSAKA
NAPPE					OSANT

OSCAR
OSCAR
OSIDE
OSIER
OSMAN
OSQUE
OSSAU
OSSUE
OSTIE
OTAGE
ÔTANT
OTARU
OTASE
OTHON
OTITE
OTOMI
OTTON
OTWAY
OUAIS
OUATE
OUATÉ
OUBLI
OUCHE
OUCHE
OUDRY
OUEST
OUJDA
OURAL
OURCQ
OURDI
OURGA
OURLÉ
OURSE
OURSE
OUSTE
OUTIL
OUTRE
OUTRÉ
OUVRÉ
OVALE
OVIDE
OVINE
OVINÉ
OVULE
OVULÉ
OWENS
OXIME
OXYDE
OXYDÉ
OYAMA
OZARK
OZAWA
OZÈNE
OZOIR
OZONE
OZONÉ

PABLO
PABST
PACHA
PACHE
PACSE
PACTE
PADAN
PADDY
PADMA
PADOU
PÆAN
PAGAN
PAGEL
PAGÈS
PAGET
PAGNE
PAGRE
PAGUS
PAÏEN
PAINE
PAIRE
PAJOT
PAJOU
PAKIN
PALAN
PALAU
PALÉE
PALET
PÂLIE
PÂLIR
PALIS
PALLE
PALMA
PALME
PALME
PALMÉ
PALOS
PALOT
PÂLOT
PALOX
PALPE
PALPÉ
PALUD
PÂMÉE
PÂMER
PAMIR
PAMPA
PAMPA
PANAX
PANAY
PANCA
PANDA
PANÉE
PANEL
PANER
PANIC
PANKA

PANNE
PANNÉ
PANSE
PANSÉ
PANSU
PANTE
PAOLI
PAPAL
PAPAS
PAPEN
PAPET
PAPIN
PAPOU
PAPOU
PAPUS
PÂQUE
PARAT
PARAY
PARDI
PARÉE
PARÉO
PARER
PARÉS
PARIA
PARIÉ
PARIS
PÂRIS
PARKA
PARLÉ
PARME
PARME
PARMI
PARNY
PAROI
PAROS
PARRY
PARSI
PARTI
PASAY
PASCH
PASSE
PASSÉ
PASSY
PASTO
PATAN
PATAS
PATAY
PATCH
PATCH
PÂTÉE
PATER
PATER
PATHÉ
PATIN
PATIN
PATIO

PÂTIR
PÂTIS
PATNA
PÂTON
PÂTRE
PATRU
PATTE
PATTÉ
PATTI
PATTU
PAULI
PAUME
PAUMÉ
PAUSE
PAUSÉ
PAVÉE
PAVER
PAVIE
PAVIE
PAVOT
PAXON
PAYÉE
PAYEN
PAYER
PAYNE
PAYSE
PAZZI
PÉAGE
PÉANO
PEARY
PEAUX
PÉCAN
PÉCHÉ
PÊCHE
PÊCHÉ
PÊCHU
PEDZÉ
PÈGRE
PÉGUY
PEINE
PEINÉ
PEINT
PÉKAN
PÉKET
PÉKIN
PÉKIN
PELÉE
PELÉE
PELER
PELLA
PELLE
PELLÉ
PELTÉ
PEMBA
PÉNAL

PENCE
PENCK
PENDE
PENDU
PÉNIL
PÉNIS
PENLY
PENNE
PENNÉ
PENNE
PENNÉ
PENNY
PENON
PENSÉ
PENTE
PENTU
PENZA
PÉONS
PÉPÉE
PÉPIE
PÉPIÉ
PÉPIN
PÉPIN
PÉPON
PEPYS
PERCE
PERCÉ
PERCÉ
PERÇU
PERCY
PERDU
PERDU
PEREC
PÉREC
PERES
PÉRÉE
PÉRET
PEREY
PÉREY
PÉREZ
PÉRIF
PÉRIL
PERIM
PÉRIR
PERLE
PERLÉ
PERÓN
PEROS
PÉROU
PERRÉ
PERSE
PERSE
PERSO
PERTE
PERTH
PESÉE
PESER
PESON
PESSE

PESTE
PESTÉ
PESTO
PÉTÉE
PÉTER
PETIT
PETIT
PETON
PÉTRA
PETRI
PÉTRI
PÉTUN
PEULS
PEYER
PHAGE
PHARE
PHASE
PHILO
PHLOX
PHONE
PHONO
PHOTO
PHTAH
PHYSE
PIANA
PIANO
PIANO
PIAST
PIAUÍ
PIAVE
PIBLE
PICOT
PIÈCE
PIECK
PIÈGE
PIÉGÉ
PIERO
PIETÀ
PIÉTÉ
PIEUX
PIÈZE
PIFÉE
PIFER
PIFFÉ
PIGÉE
PIGER
PIGNE
PIGOU
PILAF
PILAT
PILAW
PILÉE
PILER
PILET
PILLÉ
PILON
PILON

PILOT	PLOMB	POQUÉ	**PRODI**	QUÊTE	RAMER
PILOU	PLOUC	PORNO	PROIE	QUÊTÉ	RAMIE
PILUM	PLOUF	**PÔROS**	PROLO	QUEUE	**RAMON**
PINAY	PLOUK	PORTE	**PROME**	QUEUX	RAMPE
PINCE	PLOYÉ	**PORTE**	PROMO	QUICK	RAMPÉ
PINCÉ	PLUIE	PORTÉ	PROMU	QUIET	**RAMUS**
PINDE	PLUME	PORTO	PRÔNE	QUINE	**RAMUZ**
PINEL	PLUMÉ	**PORTO**	PRÔNÉ	QUINÉ	RANCE
PINNE	**PLZEN**	**POSDR**	**PRONY**	**QUINE**	**RANCE**
PINOT	POCHE	POSÉE	PROSE	**QUINN**	**RANCÉ**
PINTE	POCHÉ	POSER	**PROST**	QUIPO	RANCH
PINTÉ	PODIE	POSTE	PROTE	QUIPU	RANCI
PINTO	POÊLE	POSTÉ	PROUE	**QUITO**	RANGÉ
PIN-UP	POÊLÉ	POTÉE	**PROUT**	QUOTA	**RANKE**
PIPÉE	POÈME	**POTEZ**	PRUDE	**RAABE**	**RANST**
PIPER	POÈTE	POTIN	PRUNE	RABAB	**RAOUL**
PIPIT	**POGGE**	**POTON**	PSITT	**RABAH**	RAOUT
PIQUE	POGNE	POTTO	**PSKOV**	RABAN	RÂPÉE
PIQUÉ	**POHER**	POTUE	PSOAS	RABAT	RÂPER
PIRAE	POIDS	POUAH	PTÔSE	**RABAT**	RAPHÉ
PIRON	POILÉ	POUCE	PUANT	RABBI	RAPIN
PISAN	POILU	POUCÉ	PUBIS	**RABIN**	**RAPIN**
PISAN	POING	POULE	PUCHE	RABOT	RAPPÉ
PISON	POINT	POULS	**PUGET**	**RACAN**	**RAQQA**
PISSE	**POINT**	**POUND**	PUÎNÉ	RACER	RAQUÉ
PISSÉ	POIRE	**POUNT**	PUISÉ	RACÉE	RASÉE
PISTE	POIRÉ	POUPE	PUITS	RACHI	RASER
PISTÉ	POISE	**P'OU-YI**	**PULCI**	**RACHI**	**RASHI**
PITCH	POKER	**POWYS**	**PULLY**	**RACHT**	RASHS
PITIÉ	POLAR	**POYET**	PULPE	RACLE	RASTA
PITON	POLIE	**POZZO**	PULSÉ	RACLÉ	RATÉE
PITOT	POLIO	**PRADO**	PUNCH	RADAR	RATEL
PITRE	POLIR	**PRAIA**	PUNIE	RADÉE	RATER
PITTI	POLJÉ	PRAME	PUNIR	RADER	RATIO
PIURA	POLKA	**PRATO**	**PUPIN**	RADIÉ	RATON
PIVOT	**POMAK**	**PRATS**	PURÉE	RADIN	RATTE
PIXEL	POMME	**PRATT**	PURGE	RADIO	**RAUMA**
PIZZA	POMMÉ	PRÉAU	PURGÉ	RADIS	RAVAL
PLACE	POMPE	PRÈLE	PURIN	**RADOM**	**RAVEL**
PLACÉ	POMPÉ	PRÊLE	PUROT	RADON	RAVIE
PLAGE	PONCE	PRÉPA	**PURUS**	RAFLE	RAVIN
PLAID	**PONCE**	PRÊTE	**PUSAN**	RAFLÉ	RAVIR
PLAIE	PONCÉ	PRÊTÉ	**PUSEY**	RAGER	**RAWLS**
PLAIN	PONDU	**PRETI**	PUTTÉ	RAGOT	RAYÉE
PLANE	PONEY	PREUX	PUTTI	RAGUÉ	RAYER
PLANÉ	**PONGE**	PRÉVU	PUTTO	RAIDE	**RAYET**
PLANT	PONGÉ	**PRIAM**	**PYDNA**	RAIDI	**RAYOL**
PLATA	PONTE	PRIÉE	**PYLOS**	RAINÉ	RAYON
PLATE	PONTÉ	PRIER	PYREX	RAIRE	**READE**
PLÈBE	**PONTI**	PRIME	**QAIDA**	**RAIMU**	RÉAGI
PLEIN	PONTÉ	PRIMÉ	QANUN	RAINÉ	REAIS
PLEUR	**POOLE**	PRIMO	**QATAR**	RAIRE	RÉALE
PLIÉE	**POONA**	PRION	QIBLA	RAJAH	RÉANT
PLIER	**POOPÓ**	PRISE	QUAND	RÂLER	RÉAUX
PLINE	POPAH	PRISÉ	QUARK	**RAMAN**	REBAB
PLION	**POPOV**	PRIVÉ	QUART	RAMAS	REBEC
PLOCK		PROBE	QUASI	RAMÉE	**REBEL**

REBOT	**RENÉE**	RIOJA	RONDO	RUCHÉ	SAINT
REBUE	RENIÉ	**RIOJA**	RONÉO	**RUEFF**	SAISI
RÉBUS	RENNE	**RIONI**	RONGÉ	**RUEIL**	SAÏTE
REBUT	RENOM	RIOTÉ	RÔNIN	**RUFIN**	SAJOU
RECEL	RENON	RIPÉE	**RONSE**	RUGBY	**SAKAI**
RECÈS	**RENOU**	RIPER	**RORTY**	**RUGBY**	**SAKHA**
RECEZ	RENTE	RIPOU	**ROSAS**	**RÜGEN**	**SALAM**
RÊCHE	RENTÉ	RISÉE	ROSAT	RUGIR	**SALAN**
RECHT	REPAS	RISER	ROSÉE	RUINE	SALÉE
RÉCIF	RÉPIT	**RISLE**	ROSER	RUINÉ	**SALEM**
RÉCIT	REPLI	**RITAL**	**ROSES**	RUMBA	SALER
RÉCRÉ	REPLU	RIVAL	ROSIE	RUMEN	SALIE
RECRU	REPOS	**RIVAS**	ROSIR	RUMEX	**SALIH**
RECRÛ	REPUE	RIVÉE	**ROSNY**	RUOLZ	SALIN
RECTA	RESTE	RIVER	ROSSE	RUPÉE	**SALIN**
RECTO	RESTÉ	**RIVES**	ROSSÉ	**RUPEL**	SALIR
REÇUE	RESTO	RIVET	**ROSSI**	RUPER	SALLE
RECUL	RÉTIF	**RIVET**	**ROSSO**	RUPIN	**SALLÉ**
REÇUS	RÉTRO	**RIVNE**	RÖSTI	RURAL	SALON
REDAN	RÉUNI	**RIYAD**	ROTER	RUSÉE	SALOP
RÉDIE	**REUSS**	RIYAL	RÔTIE	RUSER	SALPE
REDIT	**REVAL**	**RIZAL**	ROTIN	RUSHS	SALSA
REDON	RÊVÉE	**ROACH**	RÔTIR	**RUSKA**	**SALTA**
REDOX	**REVEL**	ROBÉE	ROTOR	RUSSE	SALTO
REDUE	RÊVER	ROBER	**ROTSÉ**	**RUSSE**	**SALTO**
RÉÉLU	**REVIN**	ROBIN	ROUAN	**RÜTLI**	SALUÉ
REFUS	REVUE	**ROBIN**	**ROUCH**	**SAADI**	SALUT
RÉGAL	**REYES**	ROBOT	ROUÉE	**SAALE**	SALVE
REGEL	**RHARB**	**ROCHA**	**ROUEN**	**SAAME**	SAMAR
REGER	**RHEIN**	ROCHE	ROUER	**SABAH**	SAMBA
RÉGIE	**RHINE**	ROCHÉ	ROUET	**SABIN**	SAMBO
RÉGIR	**RHÔNE**	ROCOU	ROUGE	SABIR	**SAMER**
RÈGLE	RHUMB	RODÉE	**ROUGÉ**	SABLE	**SAMET**
RÉGLÉ	RHUME	RODÉO	ROUGH	SABLÉ	SAMIT
RÉGLO	RHUMÉ	RODER	ROUGI	SABOT	SAMMY
RÈGNE	**RHUYS**	RÔDER	ROUIE	SABRA	**SAMOA**
RÉGNÉ	**RIANS**	**RODEZ**	ROUIR	SABRE	**SAMOS**
REGUR	RIANT	**RODIN**	ROULÉ	SABRÉ	**SANAA**
REICH	RIBAT	**ROGER**	ROUMI	**SACCO**	**SANCI**
REIMS	**RIBOT**	ROGNE	ROUND	S.A.C.E.M.	**SANCY**
REINE	**RICCI**	ROGNÉ	ROUTE	**SACHS**	**SANEM**
REISZ	RICHE	ROGUE	ROUTÉ	SACRE	SANIE
REJET	RICIN	ROGUÉ	**ROVNO**	SACRÉ	SANTÉ
RELAX	RIDÉE	**ROHAN**	ROYAL	**SACRÉ**	SANVE
RELIÉ	RIDER	ROIDE	**ROYAN**	SAFRE	SANZA
RELOU	**RIEGO**	ROIDI	**ROYAT**	**SAGAN**	SAOLA
RELUE	**RIETI**	**ROJAS**	**ROYEN**	**SAGAR**	**SAÔNE**
RELUI	RIEUR	RÔLET	**ROZAY**	SAGOU	SAOUL
REMIS	RIFFE	**ROLIN**	RUADE	**SAHEL**	SAPÉE
REMIX	RIFLE	**ROLLE**	RUANT	SAHIB	SAPER
RÉMIZ	**RIGHI**	ROMAN	RUBAN	**SAÏAN**	**SAPHO**
REMUE	RIGRI	**ROMÉO**	**RUBEN**	**SAÏDA**	SAPIN
REMUÉ	**RILEY**	**RÖMER**	RUBIS	SAÏGA	**SAPIR**
REMUS	**RILKE**	ROMPU	RUCHE	SAINE	SAQUÉ
RÉNAL	RIMÉE	RONCE	**RUBEN**	**SAÏDA**	**SARAH**
RENAN	RIMER	**RONCQ**	RUBIS	SAÏGA	**SARAN**
RENDU	RINCÉ	RONDE	RUCHE	**SAINS**	

SARDE	SÉBUM	SÉRIE	**SILLÉ**	SOCLE	**SPAAK**
SARDE	SECAM	SÉRIÉ	**SILOÉ**	**SODDY**	SPAHI
SARIN	SECCO	SERIN	**SIMLA**	SODÉE	SPART
SAROD	SÈCHE	SERPE	**SIMON**	SŒUR	SPATH
SARON	SÉCHÉ	SERRA	**SINAÏ**	**SOFIA**	SPEED
SAROS	SECTE	SERRE	**SINAN**	**SOHAG**	**SPEER**
SARRE	**SEDAN**	**SERRE**	SINGE	**SOISY**	**SPEKE**
SARTO	SEDUM	SERRÉ	SINGÉ	SOLDE	SPÉOS
SASSÉ	**SÉGOU**	SERTE	**SINGH**	SOLDÉ	SPIRE
SATAN	**SEGRÈ**	SERTI	SINOC	SOLEN	**SPIRE**
SATIE	**SEGRÉ**	SÉRUM	SINON	SOLEX	SPITZ
SATIN	**SÈGRE**	SERVE	SINOP	SOLIN	**SPITZ**
SAUCE	**SÉGUR**	SERVI	**SINOP**	**SOLIN**	**SPLIT**
SAUCÉ	**SÉGUY**	SETAR	SINUÉ	**SOLON**	SPORE
SAUGE	SÉIDE	**SÉTIF**	SINUS	**SOLOW**	SPORT
SAULE	SEIME	SÉTON	SIOUX	**SOLTI**	SPRAT
SAUNA	SEINE	SEUIL	**SIOUX**	**SOMES**	SPRAY
SAUNÉ	**SEINE**	SEULE	**SIRET**	SOMME	**SPREE**
SAURA	SEING	**SEVAN**	SIREX	**SOMME**	SPRUE
SAURÉ	**SEITA**	SÉVIR	**SIREY**	SOMMÉ	SQUAT
SAUTE	SEIZE	SEVRÉ	SIRLI	SONAL	SQUAW
SAUTÉ	**SÉJAN**	SEXTE	SIROP	SONAR	**STAAL**
SAUTY	**SELIM**	SEXTO	SISAL	SONDE	**STACE**
SAUVE	SELLE	SEXUÉ	**SISSI**	**SONDE**	STADE
SAUVÉ	SELLÉ	**SÉZIG**	SITAR	SONDÉ	**STAËL**
SAUVY	SELON	**SHABA**	SIT-IN	SONGE	STAFF
SAVON	**SELTZ**	SHAKO	SITÔT	SONGÉ	STAGE
SAVOY	SELVA	SHANA	SITUÉ	SONIE	**STAHL**
SAXON	SELVE	**SHAPE**	**SIVAS**	**SONIS**	STAMM
SAXON	**SELYE**	**SHAWN**	SIXTE	SONNÉ	STAND
SAYDA	SEMÉE	SHELF	**SIXTE**	**SOPOT**	**STANS**
SAYON	**SEMEÏ**	SHÉOL	SKATE	SORBE	**STARK**
SBIRE	SEMER	**SHEPP**	SKEET	**SOREL**	**START**
SCAËR	SEMIS	**SHIJI**	SKIER	**SORIA**	STASE
SCALA	**SEMOY**	**SHIVA**	SKIFF	SORTE	**STASI**
SCALP	**SEMPÉ**	**SHOAH**	SKONS	SORTI	STEAK
SCARE	**SEMUR**	**SHONA**	SKUNS	SOSIE	**STEEN**
SCEAU	**SÉNAN**	SHOOT	SLANG	**SOSIE**	**STEIN**
SCÉEN	SÉNAT	SHORT	SLASH	SOTHO	STÈLE
SCÈNE	SENAU	**SHUAR**	SLAVE	**SOTHO**	STEMM
SCÈVE	**SENNA**	SHUNT	**SLAVE**	SOTIE	STÉNO
SCIÉE	SENNE	**SIBIU**	SLICE	SOTTE	STÈRE
SCIER	**SENNE**	SICAV	SLICÉ	SOUCI	STÉRÉ
SCION	SENSÉ	SICLE	SLOOP	SOUDE	**STERN**
SCOLA	SENTE	**SICIÉ**	SLUSH	SOUDÉ	**STEYR**
SCOOP	SENTI	SICLE	SMALA	SOUFI	STICK
SCOPE	SEOIR	**SIDON**	SMALT	**SOUGE**	**STIJL**
SCORE	**SÉOUL**	SIÈGE	SMART	**SOULE**	STIPE
SCOTS	SÉPIA	SIÉGÉ	SMASH	SOÛLE	STOCK
SCOTT	SÉRAC	SIEUR	**SMITH**	SOÛLÉ	**STONE**
SCOUT	SERBE	**SIGER**	SMOLT	**SOULT**	**STOPH**
SCRUB	**SERBE**	SIGLE	SMURF	**SOUMY**	STORE
SDECE	**SERCQ**	SIGLÉ	**SMUTS**	SOUPE	**STORM**
SÉANT	**SERER**	SIGMA	SNACK	SOUPÉ	**STOSS**
SEAUX	SERGE	SIGNE	SNIFF	SOURD	STOUT
SEBHA	**SERGE**	SIGNÉ	SNOBÉ	SOURI	STRAS
SEBOU	SERGÉ	SILER	SOBRE	SOUTE	STRIE

STRIÉ	SUROS	**TAKIS**	TASSE	TERNE	TIFFE
STUKA	**SURYA**	**TALCA**	**TASSE**	TERNI	TIGRE
STUPA	**SU SHI**	TALÉE	TASSÉ	**TERNI**	TIGRE
STURE	SUSHI	TALER	TATAR	TERRE	TIGRÉ
STURM	SUTRA	TALET	**TATAR**	TERRÉ	**TIGRÉ**
STYLE	**SUWON**	TALLE	TÂTÉE	TERRI	TIKAL
STYLÉ	**SVEND**	TALLÉ	TÂTER	TESLA	**TIKAR**
STYLO	**SVEVO**	**TALMA**	TATOU	**TESLA**	TILDE
SUAGE	**SWAPO**	TALON	**TATRY**	TESTÉ	TILLE
SUANT	**SWART**	**TALON**	**TATUM**	TÉTÉE	TILLÉ
SUAVE	SWAZI	TALUS	**TAUBE**	TÉTER	**TILLY**
SUBER	**SWAZI**	TAMIA	TAUDE	TÉTIN	TILTÉ
SUBIE	**SWIFT**	TAMIL	TAULE	TÉTON	TIMON
SUBIR	SWING	**TAMIL**	**TAULÉ**	TÊTUE	**TIMOR**
SUBIT	**SYLLA**	TAMIS	TAUON	**TETUN**	**TÍNOS**
SUBLÉ	SYLVE	**TAMPA**	TAUPE	TEXAN	TINTÉ
SUCÉE	SYMPA	TANCÉ	TAUPÉ	**TEXAN**	**TINTO**
SUCER	**SYNGE**	TANGA	**TAUPO**	TEXAS	TIPÉE
SUÇON	SYRAH	**TANGE**	TAURE	**TEXEL**	TIPER
SUCRE	**SYRIE**	TANGO	TAVEL	TEXTE	TIPPÉ
SUCRE	**SYROS**	TANIN	TAXÉE	TEXTO	TIQUE
SUCRÉ	**SYRTE**	TANIS	TAXER	TÉZIG	TIQUÉ
SUDRA	**SZASZ**	**TANIT**	TAXIE	THAÏE	**TIRAN**
SUÈDE	TABAC	TANKA	TAXOL	**THAÏS**	TIRÉE
SUÈDE	TABÈS	TANNE	TAXON	**THANA**	TIRER
SUÉDÉ	TABLA	TANNÉ	TAXUM	THANE	TIRET
SUESS	TABLE	**TANTA**	**TCHAD**	**THANN**	**TIRSO**
SUEUR	TABLÉ	TANTE	TCHAO	**THANT**	TISON
SUFFI	TABOR	TAPAS	TCHIN	**THAON**	TISSÉ
SUGER	**TABOR**	TAPÉE	TEGAL	**THARU**	TISSU
SUIDÉ	TABOU	TAPER	**TÉGÉE**	THÈME	**TISZA**
SUINT	TABUT	TAPIE	TEINT	**THÉON**	TITAN
SUITA	TACCA	TAPIN	TÉLEX	THÈSE	**TITAN**
SUITE	TACET	TAPIR	TELLE	THÊTA	TITRE
SUIVI	TACHE	TAPIS	**TELLO**	THEUX	TITRÉ
SUJET	TACHÉ	TAPON	**TEMIN**	**THIÈS**	**TITUS**
SULKY	TÂCHE	TAQUE	**TEMNE**	THILL	**TIVAS**
SULLA	TÂCHÉ	TAQUÉ	TEMPE	THIOL	TMÈSE
SULLY	TACLE	TARAF	TEMPO	**THIRY**	TOAST
SULUK	TACLÉ	**TARAZ**	TEMPS	**THIZY**	**TOBEY**
SUMAC	TACON	**TARDE**	TENCE	**THORA**	**TOBIE**
SUMBA	TACOT	TARDÉ	TENDE	**THUIN**	**TOBIN**
SUMEN	**TAEGU**	**TARDI**	TENDU	**THUIR**	**TOBOL**
SUMER	TAFFE	TARÉE	TENGE	**THULÉ**	TOILE
SUNNA	TAFIA	TARER	TÉNIA	THUNE	TOILÉ
SUN ZI	**TAFNA**	TARET	TENIR	THUYA	TOISE
SUPER	TAGAL	TARGE	TENON	TIARE	TOISÉ
SUPIN	**TAGAL**	TARIE	TÉNOR	TIARÉ	TOKAÏ
SUPRA	TAGME	TARIF	TENTE	**TIBET**	TOKAJ
SURAH	TAGUÉ	**TARIM**	TENTÉ	TIBIA	**TOKAJ**
SURAL	**TAI'AN**	TARIN	TENUE	**TIBRE**	TOKAY
SURAT	TAÏGA	TARIR	TÉNUE	**TIBUR**	**TOKAY**
SURET	TAIJI	TAROT	**TEPIC**	**TIECK**	**TOKYO**
SURFÉ	TAINE	TARSE	TEPUI	TIÈDE	TOLAR
SURGI	TAIRE	TARTE	**TÉGÉE**	TIÉDI	TÔLÉE
SURIN	**TAIZÉ**	TARTI	TELEX	**TIELT**	TOLET
SURIR	**TAIZZ**	**TARTU**	TERME	TIERS	TOLLÉ

TOMAN	TRAIN	**TURKS**	USURE	VÉCUE	VESTE
TOMAR	TRAIT	**TURKU**	UTILE	**VEDEL**	VÊTIR
TOMBE	**TRAKL**	TURNE	UVALE	**VEHME**	VÊTUE
TOMBÉ	TRAME	**TUTSI**	UVAUX	**VÉIES**	VEULE
TOMME	TRAMÉ	TUTTI	UVULA	VEINE	VEUVE
TOMMY	TRAMP	TUYAU	UVULE	VEINÉ	**VEVEY**
TOMSK	TRAPU	**TUZLA**	**UXMAL**	VÉLAR	VEXÉE
TONAL	TRASH	**TWAIN**	UZBEK	**VELAY**	VEXER
TONDU	TRÉMA	TWEED	**UZBEK**	VÊLER	**VEXIN**
TONER	TREND	**TWEED**	**VAASA**	VÉLIE	**VEYNE**
TONGA	**TRENT**	TWIST	VACHE	VÉLIN	**VEYRE**
TONKA	**TRETS**	**TYARD**	**VADUZ**	VELOT	**VIALA**
TONNE	TRÊVE	**TYLER**	VAGAL	VELUE	**VIAUR**
TONNÉ	**TRIAL**	**TYLOR**	VAGIN	VÉLUM	VIBRÉ
TONTE	TRIAS	TYPÉE	VAGIR	VELUX	**VICAT**
TONUS	TRIBU	TYPER	VAGUE	VÉNAL	VICHY
TOPER	TRIÉE	TYPON	VAGUÉ	**VENCE**	**VICHY**
TÔPER	**TRIEL**	TYRAN	VAINE	VENDA	VICIÉ
TOPOR	TRIER	**TYROL**	VAIRÉ	**VENDA**	VIDAL
TOQUE	TRIMÉ	TZARA	**VALDO**	VENDU	VIDÉE
TOQUÉ	TRINE	**UBAYE**	**VALÉE**	VENET	VIDÉO
TORAH	TRIOL	**UCCLE**	VALET	VENGÉ	VIDER
TORCY	TRIPE	**UDINE**	VALGA	VENIN	**VIDIE**
TORDU	**TRITH**	**UGINE**	**VALLA**	VENIR	**VIDOR**
TORÉÉ	**TRNKA**	UHLAN	**VALMY**	**VENLO**	VIEIL
TOREZ	**TROIE**	**UHURU**	VALSE	VENTE	VIÈLE
TORGA	TROIS	UKASE	VALSÉ	VENTÉ	**VIÈTE**
TORII	TROLL	ULÉMA	VALUE	VENUE	VIEUX
TORIL	**TROMP**	**ULSAN**	VALVE	VÉNUS	VIGIE
TORNE	TRONC	ULTRA	VALVÉ	**VÉNUS**	VIGIL
TORON	TRÔNE	ULULÉ	VAMPÉ	VERBE	VIGNE
TORSE	TRÔNÉ	**ULURU**	VANDA	VERDI	**VIGNY**
TORTU	TROPE	UNAUS	**VANEL**	**VERDI**	**VILAR**
TORUN	TROUÉ	UNAUX	**VANES**	**VERDY**	VILLA
TORVE	TRUCK	UNION	VANNE	**VERGA**	**VILLA**
TORYS	TRUIE	**UNITA**	VANNÉ	VERGE	VILLE
TOSCA	TRUST	UNITÉ	VANTÉ	VERGÉ	**VIMEU**
TOSSÉ	**TS'ING**	**UNKEI**	VAPES	VÉRIN	**VINAY**
TOTAL	TSUBA	UNTEL	VAQUÉ	VERNE	**VINCI**
TOTEM	TUANT	**UPOLU**	VARAN	**VERNE**	VINÉE
TOTON	TUBÉE	URATE	**VARDA**	VERNI	VINER
TOUAT	TUBER	**URAWA**	**VARGA**	VERRE	**VINET**
TOUCY	**TUDOR**	**URGEL**	VARIA	VERSE	VINGT
TOUÉE	**TU DUC**	URGER	VARIÉ	VERSÉ	**VINOY**
TOUER	TUEUR	URINE	**VARIN**	VERṢO	VIOLE
TOULA	TUILE	URINÉ	**VARNA**	VERTE	VIOLÉ
TOURD	TUILÉ	URUBU	VARON	**VERTS**	VIRAL
TOURÉ	TULLE	USAGE	VARUS	VERTU	VIRÉE
TOURS	**TULLE**	USAGÉ	**VARUS**	**VERUS**	VIRER
TOUTE	TULSA	USANT	VARVE	VERVE	**VIRET**
TOUVA	TUNER	USINE	VASTE	VESCE	VIRIL
TRACE	**TUNIS**	USINÉ	**VATAN**	**VESLE**	VIRUS
TRACÉ	TUQUE	USITÉ	**VATEL**	VESOU	**VISBY**
TRACT	TÜRBE	USNÉE	**VAULX**	VESPA	VISÉE
TRACY	TURBO	**USSEL**	**VAZOV**	VESSE	VISER
TRAHI	**TURIN**	**USTER**	VEAUX	VESSÉ	VISON
TRAIL		USUEL	VÉCÉS	**VESTA**	VISSÉ

VITAL	VOLTÉ	**WASSY**	**WOTAN**	**YORCK**	ZÈBRE
VITAL	VOLVE	**WAUGH**	**WUHAN**	YOTTA-	**ZÉBRÉ**
VITEZ	VOMER	**WAVRE**	**WUNDT**	**YOUNG**	ZÉINE
VITIM	VOMIE	**WAYNE**	**WURTZ**	YOUPI	**ZEIST**
VITRE	VOMIR	**WEALD**	**WYLER**	YPORT	ZÉLÉE
VITRÉ	VOTÉE	**WEBER**	**XANTE**	**YPRES**	**ZELEV**
VITRÉ	VOTER	**WEBER**	XÉNON	YSAYE	**ZEMAN**
VITRY	VOTIF	**WEILL**	**XERES**	**YUCCA**	**ZEMST**
VITTE	VOTRE	**WEIPA**	XÉRÈS	**YUKON**	**ZÉNON**
VIVAT	VÔTRE	**WEISS**	XÉRUS	**YUMEN**	ZEPTO-
VIVRE	VOUÉE	**WELLS**	XHOSA	**YU'PIT**	**ZESTE**
VIZIR	VOUER	**WESER**	**XHOSA**	**YUROK**	**ZESTÉ**
VLORA	**VOUET**	WHARF	XIANG	**YUSTE**	ZETTA-
VLORË	VOUGE	WHIST	**XINGU**	**YVAIN**	**ZHU DA**
VOCAL	VOULU	**WHITE**	**XINJI**	ZABRE	**ZHU DE**
VODKA	VOÛTE	**WHORF**	**XINYU**	**ZADAR**	**ZHU XI**
VŒUX	VOÛTÉ	WIDAL	XIPHO	**ZADEK**	**ZIBAN**
VOGUE	**VOVES**	**WIDOR**	XYSTE	**ZADIG**	ZIGUE
VOGUÉ	**VOYER**	WIENE	YACHT	**ZAHLÉ**	ZIPPÉ
VOGÜE	VOYOU	**WIGHT**	**YAHVÉ**	ZAÏRE	**ZIZKA**
VOICI	**VRACA**	WILDE	YALTA	**ZAÏRE**	**ZIZOU**
VOILÀ	VRAIE	**WILES**	YAN'AN	ZAMAK	ZLOTY
VOILE	**VRIES**	**WILTZ**	**YAREN**	ZAMIA	**ZOHAR**
VOILÉ	VROOM	WINCH	YASSA	**ZANDÉ**	ZOÏLE
VOIRE	VROUM	**WITTE**	**YEATS**	**ZANTE**	**ZOMBA**
VOISÉ	VULGO	**WOLFE**	YÈBLE	ZANNI	ZOMBI
VOLÉE	VULVE	**WOLFF**	**YÉMEN**	ZANZI	ZONAL
VOLER	WAGON	**WOLIN**	**YENNE**	ZAPPÉ	ZONÉE
VOLET	**WAJDA**	WOLOF	**YEPES**	ZARIA	ZONER
VOLGA	**WALES**	**WOLOF**	YEUSE	**ZARQA**	ZOOMÉ
VOLIS	**WALSH**	**WOODS**	YOCTO-	ZAZOU	**ZORRO**
VÓLOS	**WANZE**	**WOOLF**	YODLÉ	**ZAZZO**	**ZULIA**
VOLTA	**WARIN**	**WORMS**	**YONNE**	**ZEAMI**	**ZWEIG**
VOLTE	**WARTA**	**WORTH**			

AACHEN	ABÎMER	ABRITÉ	ACAJOU	
AALTER	ABJECT	ABROGÉ	**ACARIE**	
AARGAU	ABJURÉ	ABRUPT	ACCÉDÉ	
AARHUS	ABKHAZ	ABRUTI	ACCENT	
ABADAN	ABLIER	ABSENT	ACCOLÉ	
ABAKAN	ABOLIE	ABSIDE	ACCORD	
ABAQUE	ABOLIR	ABSOLU	ACCORE	
ABATÉE	**ABOMEY**	ABSOUS	ACCORT	
ABATIS	ABONDÉ	ABUSÉE	ACCOTÉ	
ABATTU	ABONNÉ	ABUSER	ACCROC	
ABBADO	ABONNI	ABUSIF	ACCRUE	
ABBATE	ABORDÉ	ABUSUS	ACCULÉ	
ABBAYE	ABOULÉ	**ABWEHR**	ACCUSÉ	ACHALÉ
ABCÉDÉ	ABOUTÉ	**ABYDOS**	ACÉDIE	**ACHARD**
ABDÈRE	ABOUTI	ABYSSE	ACERBE	**ACHEBE**
ABÉCHÉ	ABOYER	ABZYME	ACÉRÉE	ACHÉEN
ABÊTIE	ABRASÉ	ACABIT	ACÉRER	**ACHÉEN**
ABÊTIR	ABRÉGÉ	ACACIA	ACÉTAL	ACHETÉ
ABÎMÉE	ABRIER	**ACADIE**	**ACHAÏE**	ACHÈTE

ACHEVÉ	AÉRIEN	AGRUME	**ALBERT**	**ALLGÄU**
ACIÉRÉ	AÉTITE	AGUETS	**ALBION**	ALLIÉE
ACINUS	**AETIUS**	AHANER	ALBITE	ALLIER
ACONIT	AFFADI	**AHIDJO**	**ALBOÏN**	**ALLIER**
AÇORES	AFFALÉ	AHURIE	**ÅLBORG**	ALLOTI
À-CÔTÉS	AFFAMÉ	AHURIR	**ALBRET**	ALLOUÉ
À-COUPS	AFFECT	AICHÉE	ALBUGO	ALLUMÉ
ACQUÊT	AFFÉTÉ	AICHER	ALCADE	ALLURE
ACQUIS	AFFIDÉ	AIDANT	ALCALI	ALLURÉ
ACQUIT	AFFILÉ	AÏEULE	ALCANE	ALLYLE
ÂCRETÉ	AFFINE	AIGLON	ALCÈNE	**ALMATY**
ACTANT	AFFINÉ	**AIGLON**	**ALCIAT**	**ALMELO**
ACTÉON	AFFINS	**AIGNAN**	ALCOOL	**ALMERE**
ACTEUR	AFFIXE	AIGRIE	ALCÔVE	**ALONSO**
ACTION	AFFIXÉ	AIGRIR	**ALCUIN**	ALOUVI
ACTIUM	AFFLUÉ	**AIHOLE**	ALCYNE	ALOYAU
ACTIVE	AFFLUX	AÏKIDO	ALCYON	ALPAGA
ACTIVÉ	AFFOLÉ	AILIER	ALDINE	ALPAGE
ACTUEL	AFFRES	AILLÉE	ALDOSE	**ALPHÉE**
ACUITÉ	AFFÛTÉ	AILLER	**ALDRIN**	ALPINE
ADAGIO	AFGHAN	AIMANT	**ALEMÁN**	**ALRÉEN**
ADAMOV	**AFGHAN**	**AÏNOUS**	À L'ENVI	ALSACE
ADAPTÉ	AFIN DE	AIRAIN	**ALÉRIA**	**ALSACE**
ADDUIT	**AFL-CIO**	AIRANT	ALERTE	**ALSAMA**
ADÉLIE	AFOCAL	AIR BAG	ALERTÉ	ALTÉRÉ
ADENET	À-FONDS	**AIRBUS**	ALÉSÉE	ALTIER
ADEPTE	AGACÉE	**AIROIS**	ALÉSER	ALTISE
ADHÉRÉ	AGACER	**AIROLO**	**ALÉSIA**	**ALTMAN**
ADIEUX	**AGADEZ**	AIXOIS	**ALESSI**	ALUNÉE
ADJANI	**AGADIR**	**AIXOIS**	ALEVIN	ALUNER
ADJARS	AGAMIE	**AJANTA**	**ALEVIS**	ALUNIR
ADJUGÉ	AGARIC	AJISTE	ALEXIE	**ALVEAR**
ADJURÉ	AGASSE	AJOURÉ	**ALEXIS**	ALYSSE
ADMIRÉ	**AGATHE**	AJOUTE	ALEZAN	AMADOU
ADMISE	AGENCE	AJOUTÉ	ALÉZÉE	**AMADOU**
ADONAÏ	AGENCÉ	AJUSTÉ	ALFÖLD	**AMAGER**
ADONIS	AGENDA	**AKASHI**	**ALFRED**	**AMALFI**
ADONIS	AGENDÉ	**AKMOLA**	**ALFVÉN**	AMANDE
ADONNÉ	**AGIDES**	**AKSOUM**	ALGIDE	AMANTE
ADOPTÉ	ÂGISME	**AKTAOU**	ALGINE	AMARIL
ADORÉE	AGITÉE	**AKTOBE**	**ALIDES**	AMARRE
ADORER	AGITER	**ALADIN**	ALIÉNÉ	AMARRÉ
ADORNO	AGNATE	**ALAINS**	ALIGNÉ	**AMASIS**
ADOSSÉ	AGNEAU	ALAIRE	ALIGOT	AMASSÉ
ADOUBÉ	AGNELÉ	ALAISE	ALINÉA	**AMAURI**
ADOUCI	AGONIE	ALAISÉ	ALISMA	**AMAURY**
ADRETS	AGONIR	**ALARIC**	ALISME	**AMBATO**
ADRIEN	**AGOULT**	ALARME	ALITÉE	**AMBERT**
ADROIT	AGOUTI	ALARMÉ	ALITER	AMBIGU
ADULÉE	AGRAFE	**AL-ASAD**	ALKYLE	AMBLER
ADULER	AGRAFÉ	**ALASKA**	**ALLAIS**	AMBRÉE
ADULIS	**ÁGREDA**	ALBANE	ALLANT	AMBRER
ADULTE	AGRÉÉE	**ALBANS**	ALLÈGE	**AMÉDÉE**
ADVENU	AGRÉER	**ALBANY**	ALLÉGÉ	AMENDE
ADYGUÉ	AGRÉGÉ	ALBÉDO	ALLÈLE	AMENDÉ
AÉRAGE	AGRILE	**ALBENS**	ALLÈNE	AMENÉE
AÉRANT	AGRION	**ALBERS**	ALLEUX	AMENER

AMERLO	**ANGKOR**	APARTÉ	ARASÉE	**ARNOBE**	
AMERRI	**ANGLES**	À PEINE	ARASER	**ARNOLD**	
AMEUTÉ	ANGLET	**APELLE**	ARAVIS	**ARNOUL**	
AMHARA	ANGLET	APERÇU	ARAWAK	**ARNULF**	
AMICAL	**ANGLOY**	APEURÉ	**ARAWAK**	AROBAS	
AMIDON	**ANGOLA**	APHIDÉ	**ARBOIS**	AROLLE	
AMIENS	ANGORA	APHONE	ARBORÉ	ARONDE	
À MI-FER	**ANHALT**	À PIBLE	**ARBOUR**	**AROUET**	
AMIGNE	ANHÉLÉ	APICAL	ARCADE	ARPÈGE	
AMILLY	**ANIANE**	APIQUÉ	**ARCAND**	ARPÉGÉ	
AMIMIE	**ANICHE**	APLANI	ARCANE	ARPENT	
AMINCI	ÂNIÈRE	APLATI	ARCEAU	ARPÈTE	
AMINÉE	ANIMAL	À-PLATS	ARCHER	ARPION	
AMIRAL	ANIMÉE	APLITE	**ARCHES**	ARQUÉE	
AMITIÉ	ANIMER	APLOMB	ARCHET	ARQUER	
AMNIOS	ANISÉE	APOGÉE	**ARCOLE**	**ARQUES**	
AMOCHÉ	ANISER	**APOLLO**	ARCURE	ARRÊTÉ	
AMODIÉ	**ANKARA**	APORIE	ARDENT	ARRHES	
AMOLLI	**ANNABA**	APOSTÉ	ARDEUR	**ARRIEN**	
AMORAL	ANNALE	APÔTRE	ARDITI	**ARRIGO**	
AMORCE	ANNATE	APPARU	**ARDRES**	ARRIMÉ	
AMORCÉ	ANNAUX	APPÂTÉ	**ARÉARÉ**	ARRISÉ	
AMORTI	ANNEAU	APPEAU	**ARENDT**	ARRIVÉ	
AMPÈRE	**ANNECY**	APPELÉ	ARÉOLE	ARROGÉ	
AMPÈRE	ANNELÉ	APPERT	**ARÉTIN**	ARROSÉ	
AMPUTÉ	ANNEXE	**APPERT**	AREZZO	**ARROUX**	
AMURÉE	ANNEXÉ	**APPIEN**	**ARGAND**	ARROYO	
AMURER	ANNONE	APPLET	**ARGENS**	ARROYO	
AMUSÉE	ANNOTÉ	APPORT	ARGENT	ARSINE	
AMUSER	ANNUEL	APPOSÉ	ARGIEN	**ARTAUD**	
AMUSIE	ANNULÉ	APPRÊT	**ARGIEN**	ARTÈRE	
ANABAR	ANOBIE	APPRIS	ARGILE	**ARTHUR**	
ANADYR	ANOBLI	APPUYÉ	**ARGOUN**	**ARTOIS**	
ANAGNI	ANODIN	ÂPRETÉ	ARGUÉE	ARVALE	
ANANAS	ANOMAL	APSARA	ARGUER	**ARVERS**	
ANCIEN	ANOMIE	APSIDE	**ARGYLL**	ARVINE	
ANCÔNE	ÂNONNÉ	APTÈRE	**ARIANE**	**ARYENS**	
ANCRÉE	ANORAK	**APTOIS**	**ARIÈGE**	ASCÈSE	
ANCRER	ANOURE	**APULÉE**	ARILLE	ASCÈTE	
ANCYRE	ANOXIE	**APULIE**	ARIOSO	ASCITE	
ANDAIN	**ANSHAN**	APURÉE	ARISÉE	**ASCYEN**	
ANDERS	**ANTALL**	APURER	ARISER	ASELLE	
ANDHRA	**ANTONY**	AQUEUX	ARKOSE	ASEXUÉ	
ANDINE	**ANUBIS**	**AQUINO**	**ARLANC**	**ASHDOD**	
ANDINE	ANURIE	**ARABIE**	**ARLAND**	**ASHOKA**	
ANDRIA	**ANVERS**	ARABLE	**ARLEUX**	ASHRAM	
ANDRIC	**ANYANG**	ARACÉE	ARMADA	**ASHTON**	
ANDROS	**ANZÈRE**	**ARADOS**	ARMADA	**ASHVIN**	
ANDUZE	**AOMORI**	**ARAFAT**	ARMAGH	ASIAGO	
ANÉMIE	**AORAKI**	**ARAGON**	**ARMAND**	ASIATE	
ANÉMIÉ	**AOUITA**	ARAIRE	ARMANT	**ASIMOV**	
ÂNERIE	AOÛTAT	**ARAKAN**	ARMURE	**ASMARA**	
ÂNESSE	AOÛTÉE	ARALIA	**ARNAGE**	ASPECT	
ANGARA	APACHE	ARAMON	**ARNAUD**	ASPIRÉ	
ANGÈLE	**APACHE**	ARAMON	**ARNAUT**	ASSAGI	
ANGERS	APAISÉ	ARANDA	**ARNHEM**	ASSAUT	
ANGINE	**APAMÉE**	**ARARAT**	ARNICA	ASSEAU	

ASSENÉ	**AULNAT**	AVISÉE	**BAGDAD**	BAMBOU
ASSÉNÉ	**AULNAY**	AVISER	BAGOUT	**BAMOUM**
ASSIDU	**AULNOY**	**AVITUS**	BAGUÉE	**BANACH**
ASSISE	**AUMALE**	AVIVÉE	BAGUER	BANALE
ASSISE	AUMÔNE	AVIVER	BAGUIO	BANANE
ASSOLÉ	AUNAIE	AVOCAT	**BAGUIO**	BANAUX
ASSOUR	**AUNAIS**	AVOINE	BAIGNÉ	BANCAL
ASSUMÉ	**AUNEAU**	**AVOINE**	**BAÏKAL**	BANCHE
ASSURÉ	AUPRÈS	AVORTÉ	**BAILÉN**	BANCHÉ
ASTANA	AUQUEL	AVOUÉE	BAILLE	BANDÉE
ASTATE	AUREUS	AVOUER	BAILLÉ	BANDER
ASTHME	AURIGE	AXIALE	BÂILLÉ	BANDIT
ASTRAL	**AURIOL**	AXIAUX	BAILLI	**BANDOL**
ASTRÉE	AURORE	AXIOME	**BAILLY**	**BANGKA**
ASTRID	**AUSONE**	AYE-AYE	**BAILYN**	**BANGUI**
ASTRUC	**AUSTEN**	AYMARA	BAÏRAM	BANIAN
ASTUCE	**AUSTER**	**AYMARA**	BAISÉE	**BANJAR**
ATAXIE	**AUSTIN**	AZALÉE	BAISER	**BANJUL**
ATBARA	AUTANT	AZÉRIE	BAISSE	BANNIE
ATÊTER	AUTEUR	**AZÉRIE**	BAISSÉ	BANNIR
ATHÉNA	**AUTHIE**	**AZÉRIS**	BAJOUE	BANQUE
ATONAL	AUTOUR	AZIMUT	**BAKONY**	BANQUÉ
ATONIE	AUTRUI	AZOLLA	**BAKUBA**	BANTOU
ATOURS	AUVENT	AZONAL	BAKUFU	**BANTOU**
ATRIAU	**AUVERS**	**AZORÍN**	BALADE	BAOBAB
ATRIUM	AUXINE	AZOTÉE	BALADÉ	**BAO DAI**
ATROCE	**AUXOIS**	**AZUELA**	BALAIS	**BAOTOU**
ATTELÉ	**AUZOUT**	AZURÉE	BALANE	**BAOULÉ**
ATTIFÉ	AVACHI	AZURER	BALANT	BAQUET
ATTIGÉ	AVALÉE	AZURIN	BALAYÉ	BARAKA
ATTILA	AVALER	AZYGOS	**BALARD**	**BÁRÁNY**
ATTIRÉ	**AVALIN**	**BABEUF**	BALBEK	BARBÉE
ATTISÉ	**AVALON**	BABINE	BALBOA	BARBER
ATTLEE	AVANCE	**BABITS**	**BALBOA**	**BARBÈS**
ATURIN	AVANCÉ	BABOLÉ	BALCON	BARBET
ATWOOD	AVANIE	BÂBORD	**BALDER**	BARBON
ATYPIE	AVARIE	**BACALL**	BALÈZE	BARBUE
AUBADE	AVARIÉ	BÂCHÉE	**BALINT**	BARDÉE
AUBAIN	AVATAR	BÂCHER	**BALIOL**	**BARDEM**
AUBÈRE	**AVEDON**	**BACHIR**	BALISE	BARDER
AUBERT	**AVEIRO**	BACHOT	BALISÉ	BARDIS
AUBIER	AVENIR	BÂCLÉE	**BALKAN**	BARDOT
AUBOIS	AVENUE	BÂCLER	**BALKAR**	**BARDOT**
AUBRAC	AVÉRÉE	**BADAMI**	BALLER	BARÈME
AUBURN	AVÉRER	BADAUD	BALLET	BARÉTÉ
AUCHEL	AVERSE	**BAD EMS**	**BALLIN**	BARJOT
AUCUBA	À VERSE	BADGER	BALLON	**BARKLA**
AUCUNE	AVERTI	BADINE	BALLOT	**BARLIN**
AUDACE	**AVESTA**	BADINÉ	**BALMAT**	**BARLOW**
AU-DELÀ	AVEULI	**BADOIS**	**BALMER**	BARMAN
AUDITÉ	**AVILÉS**	**BAEYER**	BÂLOIS	**BARNES**
AUDOIS	AVILIE	**BAFFIN**	**BÂLOIS**	**BARNET**
AUDRAN	AVILIR	BAFFLE	**BALTES**	**BARNUM**
AUGIAS	AVINÉE	BAFOUÉ	**BALUBA**	**BARODA**
AUGIER	AVINER	BÂFRÉE	**BALZAC**	**BAROJA**
AUGURE	**AVIOTH**	BÂFRER	**BAMAKO**	BAROLO
AUGURÉ	AVIRON	BAGAGE	BAMBIN	

BAROUD	**BAUDOT**	**BEHAIM**	BESACE	**BIKILA**
BAROUF	**BAUGES**	**BEHZAD**	BESANT	BIKINI
BARQUE	**BAUSCH**	BEIGNE	BESOIN	**BIKINI**
BARRAS	BAVANT	BEÏRAM	**BESSEL**	BILAME
BARRÉE	BAVARD	**BÉJAÏA**	**BESSIN**	BILANT
BARREN	BAVEUX	**BÉJART**	BESSON	**BILBAO**
BARRER	BAVOIR	**BEL-AMI**	**BESSON**	BILEUX
BARRÈS	BAVURE	BÉLATE	BEST OF	BILIÉ
BARRIE	BAXTER	**BÉLIAL**	BÉTAIL	BILLÉE
BARRIR	**BAYAMO**	BÉLIER	BÊTISE	BILLER
BARROT	BAYANT	**BÉLIER**	**BETTON**	BILLET
BARROT	**BAYARD**	**BELIZE**	BÉTYLE	**BILLOM**
BARROW	**BAYERN**	**BELLAC**	BEUGLÉ	BILLON
BARSAC	**BAYEUX**	**BELLAY**	BEURRE	BILLOT
BARTAS	BAYRAM	**BELLEY**	BEURRÉ	BILOBÉ
BARTÓK	**BAYROU**	BELLOT	**BEXIEN**	BIMANE
BARTON	**BAYRUT**	**BELLOW**	**BEYNES**	BINAGE
BARUCH	**BAZARD**	BELOTE	**BEZNAU**	BINANT
BARYON	BEAGLE	BÉLUGA	**BEZONS**	**BINCHE**
BARYTE	**BEAGLE**	**BELZEC**	**BÉZOUT**	BINEUR
BARYUM	**BEAMON**	**BEN ALI**	**BHARAT**	**BINGER**
BARZOÏ	BÉANCE	BÉNARD	BHAKTI	BINIOU
BASALE	BÉANTE	**BENDER**	**BHOPAL**	**BINNIG**
BASANE	**BEATON**	BENDIR	**BHUTTO**	BINÔME
BASANÉ	**BEATTY**	**BENDOR**	**BIACHE**	BINTJE
BASANT	**BEAUCE**	**BENGBU**	**BIAFRA**	BIOLLE
BASAUX	**BEAUNE**	BÉNITE	BIAISE	BIPALE
BASIDE	BEAUTÉ	**BENOIT**	BIAISÉ	BIPANT
BASILE	**BEAUTÉ**	BENOÎT	**BIALIK**	BIPARE
BASKET	BÉBÊTE	**BENOÎT**	**BIBANS**	BIP-BIP
BAS-MÂT	BÉBITE	**BENONI**	BIBINE	BIPÈDE
BASQUE	BE-BOPS	**BÉNOUÉ**	BIBITE	BIPIED
BASQUE	BÉCANE	**BÉOTIE**	BICEPS	BIPLAN
BASSÆ	BÉCARD	BÉQUÉE	**BICHAT**	BIQUET
BASSET	**BÉCAUD**	BÉQUET	BICHER	BIRÈME
BASSIN	**BÉCHAR**	**BERAIN**	BICHOF	BIRIBI
BASSON	BÊCHÉE	BERCÉE	BICHON	BIRMAN
BASSOV	BÊCHER	BERCER	**BIDART**	**BIRMAN**
BASTER	**BECHER**	**BERGEN**	**BIDPAI**	BISANT
BASTIA	**BECHET**	BERGER	BIDULE	BISEAU
BASTIÉ	**BECKER**	**BERGER**	**BIELLA**	BISHOP
BASTON	**BECKET**	**BERGÈS**	BIELLE	**BISKRA**
BASTOS	BÉCOTÉ	**BÉRING**	**BIELYÏ**	BISQUE
BÂTANT	**BECQUE**	**BERLIN**	**BIENNE**	BISQUÉ
BÂTARD	BECTER	BERLUE	**BIERUT**	**BISSAU**
BATAVE	BÉDANE	**BERNAY**	BIÈVRE	BISSÉE
BATAVE	**BÉDARD**	BERNÉE	BIFACE	**BISSEL**
BATEAU	**BEDAUX**	BERNER	BIFFÉE	BISSER
BATÉKÉ	BEDEAU	**BERNIN**	BIFFER	BISTRE
BATMAN	**BÉDIER**	**BERNIS**	BIFFIN	BISTRÉ
BATOUM	BÉGARD	**BÉROUL**	BIFIDE	BISTRO
BATTRE	**BÉGARD**	**BERTHA**	BIGAME	**BITCHE**
BATTUE	BÉGAUD	BERTHE	BIGLÉE	**BITOLA**
BAT YAM	BÉGAYÉ	**BERTHE**	BIGLER	**BITOLJ**
BAUCIS	**BÈGLES**	**BERTIN**	BIGOTE	BITORD
BAUDET	BÉGUIN		**BIHZAD**	BITTER
BAUDIN			BIJOUX	BITUME

BITUMÉ	BOBINÉ	BONSAÏ	BOUDIN	BRADER
BITURE	BOCAGE	BOOMER	**BOUDIN**	**BRAHMA**
BITURÉ	BOCARD	BOOSTÉ	**BOUDON**	BRAHMI
BIZUTÉ	BOCAUX	BORAIN	BOUÉLÉ	**BRAHMS**
BLA-BLA	**BOCHUM**	**BORAIN**	BOUEUR	BRAIES
BLAGUE	**BOCUSE**	BORANE	BOUEUX	**BRAILA**
BLAGUÉ	**BODLEY**	BORATE	BOUFFE	**BRAINE**
BLAINE	**BODMER**	BORATÉ	BOUFFÉ	BRAIRE
BLAIRÉ	**BODONI**	BORDÉE	BOUFFI	BRAISE
BLAKEY	**BOEING**	BORDEL	BOUGÉE	BRAISÉ
BLÂMÉE	**BOÉLAN**	BORDER	BOUGER	**BRAMAH**
BLÂMER	**BOÉTIE**	**BORDES**	BOUGIE	BRAMER
BLANCO	BOETTE	**BORDET**	BOUGON	BRANDE
BLANGY	**BOFILL**	**BORDEU**	**BOUGON**	BRANDI
BLANZY	**BOGART**	BORÉAL	BOUGRE	**BRANDO**
BLASÉE	**BOGDAN**	**BORGES**	BOUKHA	**BRANDT**
BLASER	BOGGIE	**BORGIA**	**BOULAY**	BRANDY
BLASIS	BOGHEI	BORGNE	BOULER	BRANLE
BLASON	**BOGOTÁ**	BORINE	BOULET	BRANLÉ
BLATTE	BOGUÉE	**BORKOU**	**BOULEZ**	**BRANLY**
BLAVET	BOGUET	**BORMES**	BOULIN	BRANTE
BLAZER	**BOHAIN**	BORNÉE	**BOULLE**	BRAQUE
BLÈCHE	BOHÈME	**BORNEM**	BOULON	**BRAQUE**
BLÊCHE	BOHÊME	**BORNÉO**	BOULOT	BRAQUÉ
BLÉGNY	**BOHÊME**	BORNER	BOUMER	BRASÉE
BLÊMIR	BOILLE	**BORNES**	**BOUNTY**	BRASER
BLENDE	**BOILLY**	BORNOU	BOURBE	**BRASIL**
BLÉONE	BOISÉE	**BORORO**	BOURDE	**BRASOV**
BLÉSER	BOISER	BORURE	BOURRE	BRASSE
BLESSÉ	BOITER	BOSCOT	BOURRÉ	BRASSÉ
BLETSE	BOITON	**BOSNIE**	BOURRU	**BRATSK**
BLETTE	BOITTE	BOSSÉE	BOURSE	**BRAULT**
BLETTI	**BO JUYI**	BOSSER	BOUSIN	BRAVÉE
BLEUET	**BOLBEC**	BOSSUE	**BOUSSU**	BRAVER
BLEUIE	BOLDUC	BOSSUÉ	BOUTÉE	BRAYON
BLEUIR	BOLÉRO	BOSTON	BOUTER	**BRAZZA**
BLEUTÉ	BOLIDE	**BOSTON**	BOUTIS	BREBIS
BLIAUD	BOLIER	**BOTERO**	BOUTON	**BRÉCEY**
BLIAUT	**BOLLÉE**	**BOTNIE**	BOUTRE	BRÈCHE
BLINDE	**BOLTON**	BOTTÉE	BOUVET	**BRECHT**
BLINDÉ	**BOLYAI**	BOTTER	**BOUVET**	BREGMA
BLIXEN	**BOMBAY**	BOTTIN	**BOVARY**	**BRÉHAL**
BLOCUS	BOMBÉE	**BOTTIN**	BOVIDÉ	**BRÉHAT**
BLONDE	BOMBER	**BOUAKÉ**	BOVINE	BRELAN
BLONDI	BOMBYX	**BOUAYE**	BOVINÉ	**BRENNE**
BLOQUE	BONACE	**BOUBAT**	**BOVOIS**	BRÉSIL
BLOQUÉ	**BONALD**	**BOUBKA**	**BOWLBY**	**BRÉSIL**
BLOTTI	BONBON	BOUBOU	**BOWLES**	**BRESLE**
BLOUSE	BONDÉE	BOUCAN	BOXANT	**BRESSE**
BLOUSÉ	BONDIR	BOUCAU	**BOXERS**	BRETON
BLUFFÉ	BONDON	BOUCHE	BOXEUR	**BRETON**
BLUTÉE	BONITE	BOUCHÉ	**BOYACÁ**	BRETTE
BLUTER	**BONNAT**	BOUCLE	BOYARD	**BREUER**
BOBARD	BONNET	BOUCLÉ	BOYAUX	**BREUIL**
BOBBIO	**BONNET**	BOUCOT	BRADÉE	BREVET
BOBINE	**BONNOT**	BOUDÉE	BRADEL	**BRIAND**
	BONOBO	BOUDER		BRIARD

BRIARD	BRÛLER	BUTANE	**CADMOS**	CALTER
BRIARE	BRÛLIS	BUTANT	CADRAN	CALUGÉ
BRIDÉE	BRÛLON	BUTÈNE	CADRAT	CALURE
BRIDER	BRÛLOT	BUTEUR	CADRÉE	**CALVIN**
BRIDES	BRUNCH	BUTINÉ	CADRER	CAMAIL
BRIDGE	**BRUNEI**	BUTLER	CÆCAL	CAMANT
BRIDGÉ	**BRUNEL**	BUTOIR	CÆCUM	CAMARD
BRIDON	**BRUNER**	BUTOME	CAFARD	**CÂMARA**
BRIEFÉ	BRUNET	BUTTÉE	CAFTAN	**CAMBAY**
BRIENZ	BRUNIE	BUTTER	CAFTÉE	CAMBÉE
BRIÈRE	BRUNIR	**BUTUAN**	CAFTER	CAMBER
BRIFFÉ	**BRUNON**	BUTYLE	CAGEOT	**CAMBON**
BRIGHT	**BRUNOT**	**BUTZER**	CAGIBI	**CAMBRE**
BRIGUE	**BRUNOY**	BUVANT	**CAGNES**	CAMBRÉ
BRIGUE	BRUTAL	BUVARD	CAGOTE	CAMÉRA
BRIGUÉ	**BRUTUS**	BUVEUR	CAHIER	CAMION
BRILLÉ	**BRYANT**	**BUXOIS**	CAHORS	**CAMÕES**
BRIMÉE	BRYONE	**BUYSSE**	CAHOTÉ	**CAMPAN**
BRIMER	**BUACHE**	BUZUKI	CAHUTE	CAMPÉE
BRINGÉ	BUBALE	**BYBLOS**	CAILLE	CAMPER
BRIQUE	BUCCAL	BYE-BYE	CAILLÉ	**CAMPIN**
BRIQUÉ	BUCCIN	BYLINE	CAÏMAN	CAMPOS
BRISÉE	BÛCHÉE	BY-PASS	CAÏEUX	**CAMPOS**
BRISER	BÛCHER	BYSSUS	CAITYA	**CAMPRA**
BRISIS	**BUCHEZ**	CABALE	CAJOLÉ	CAMPUS
BROCHE	**BUCOIS**	CABALÉ	CALAGE	CAMUSE
BROCHÉ	BUDGET	CABANE	**CALAIS**	**CANAAN**
BRODÉE	BUFFET	CABANÉ	CALAME	CANADA
BRODER	**BUFFET**	CABIAI	**CALAME**	**CANADA**
BROKER	BUFFLE	CABINE	CALANT	**CANALA**
BROMÉE	**BUFFON**	CÂBLÉE	CALCIF	CANANT
BRONCA	**BUKAVU**	CÂBLER	CALCIN	CANAPÉ
BRONTË	**BÜLACH**	CÂBLÉS	CALCUL	CANARD
BRONZE	BULLÉE	CÂBLOT	**CALDER**	CANARI
BRONZÉ	BULLER	CABOTÉ	CALETÉ	CANAUX
BROOKS	BUNKER	**CABRAL**	CALFAT	CANCAN
BROONS	**BUNSEN**	CABRÉE	CALICE	CANCER
BROSSE	**BUÑUEL**	CABRER	CALIFE	**CANCER**
BROSSE	**BUNYAN**	**CABROL**	CÂLINE	CANCHE
BROSSÉ	BUREAU	CACABÉ	CÂLINÉ	**CANCHE**
BROUET	**BUREAU**	CACADE	**CALDER**	CANCRE
BROUTÉ	BURELÉ	**CACHAN**	CALLAC	**CANCÚN**
BROWNE	BURÈLE	CACHÉE	**CALLAO**	CANDIE
BROYAT	**BURGAS**	CACHER	**CALLAS**	**CANDIE**
BROYÉE	BURGAU	CACHET	**CALLOT**	CANDIR
BROYER	BURGER	**CACHIN**	CALMAR	CANGUE
BRUANT	**BÜRGER**	CACHOT	CALMÉE	CANIDÉ
BRUANT	**BURGOS**	CACHOU	CALMER	CANIER
BRUCHE	BURINÉ	**CACIEN**	CALMIR	**CANIFF**
BRÜCKE	BURLAT	CACTÉE	CÂLINÉ	CANINE
BRUGES	**BURNEY**	CACTUS	**CALLAC**	CANNÉE
BRUGGE	**BURRUS**	CADDIE	CALMAR	CANNER
BRUINE	**BURTON**	CADDIE	CALMÉE	**CANNES**
BRUINÉ	BUSANT	CADEAU	CALMER	CANOPE
BRUIRE	BUSARD	CADÈNE	CALMIR	**CANOPE**
BRUITÉ	**BUSONI**	**CADMÉE**	CALQUE	CANOTÉ
BRÛLÉE	BUSQUÉ	CADMIÉ	CALQUÉ	**CANOVA**

CANTAL	**CARMEL**	CATCHÉ	CÉPAGE	CHALUT
CANTAL	**CARMEN**	CATGUT	CÉRAME	CHAMAN
CANTER	**CARMET**	CATION	CERCLE	**CHAMIL**
CAN THO	CARMIN	**CAUCHY**	CERCLÉ	**CHAMPA**
CANTON	**CARNAC**	CAUCUS	CERDAN	CHAMPI
CANTON	**CARNAP**	CAUDAL	**CERDAN**	CHANCE
CANTOR	CARNAU	CAUDÉE	CERISE	CHANCI
CANTRE	CARNÉE	**CAUDRY**	CÉRIUM	**CHANEL**
CANULE	CARNET	**CAURES**	CERMET	CHANGE
CANULÉ	**CARNOT**	CAURIS	**CERNAY**	CHANGÉ
CANUSE	CAROMS	CAUSAL	CERNÉE	CHANNE
CANYON	**CARONÍ**	CAUSÉE	CERNER	CHANTÉ
CAO CAO	CARRÉE	CAUSER	CERQUE	**CHANZY**
CAPANT	**CARREL**	CAUSSE	CERTES	**CHAPEL**
CAPCIR	CARRER	CAVAGE	CÉRUSE	CHAPKA
CAPÉER	CARRON	CAVALE	CÉRUSÉ	CHAPON
CAPELÉ	**CARROS**	CAVALÉ	**CERVIN**	**CHAPPE**
CAPEYÉ	**CARROZ**	CAVANT	**CESENA**	CHAQUE
CAPITE	**CARSON**	CAVEAU	CÉSIUM	**CHARÈS**
CAPLET	**CARTAN**	**CAVELL**	CESSÉE	CHARGE
CAPOTE	CARTÉE	CAVIAR	CESSER	CHARGÉ
CAPOTE	CARTEL	CAVITÉ	**CESSON**	CHARIA
CAPOTÉ	CARTER	**CAVOUR**	**CESTAS**	**CHARLY**
CAPOUE	**CARTER**	**CAXIAS**	CÉSURE	CHARME
CAPRIN	CARTON	CAYEUX	CÉTACÉ	CHARMÉ
CAPTÉE	**CARUSO**	**CAYEUX**	CÉTANE	CHARNU
CAPTER	**CARVIN**	**CAYLEY**	CÉTEAU	**CHARNY**
CAPTIF	CARYER	**CAYLUS**	CÉTÈNE	**CHARON**
CAQUÉE	**CASADO**	**CAYMAN**	CÉTONE	**CHARPY**
CAQUER	**CASALS**	**CAYROL**	CÉTOSE	CHARRE
CAQUET	CASANT	**CAZAUX**	CEUX-CI	CHARTE
CAQUOT	CASBAH	**CEYLAN**	CEUX-LÀ	CHASSE
CARABE	CASHER	CÉBIDÉ	**CEYRAC**	CHASSÉ
CARACO	CASIER	**CÉCILE**	**CFE-CGC**	CHÂSSE
CARAFA	CASING	CÉCITÉ	CHABLÉ	CHASTE
CARAFE	CASINO	CÉDANT	CHÂBLE	**CHÂTEL**
CARBET	CASOAR	CÉDRAT	CHABOT	CHÂTIÉ
CARCAN	CASQUE	**CÉDRON**	**CHABOT**	CHATON
CARDAN	CASQUÉ	CÉDULE	CHACAL	CHATOU
CARDAN	CASSÉE	**CEFALU**	CHACUN	**CHATOU**
CARDÉE	**CASSEL**	CEINTE	**CHAGNY**	CHÂTRÉ
CARDER	CASSER	**CELANO**	**CHAGOS**	CHATTE
CARDIA	CASSIE	CELANT	**CHAHIN**	CHATTÉ
CARDIN	CASSIN	**CELAYA**	CHAHUT	CHAUDE
CARDON	**CASSIN**	CÉLERI	CHAÎNE	CHAULÉ
CARÊME	CASSIS	**CÉLINE**	CHAÎNÉ	CHAUME
CARÊME	**CASSIS**	**CELLES**	CHAIRE	CHAUMÉ
CARÈNE	**CASSOU**	**CELTES**	CHAISE	**CHAUNU**
CARÉNÉ	CASTEL	CÉMENT	CHAKRA	**CHAUNY**
CARGUE	**CASTEX**	CENDRE	CHALET	CHAUVE
CARGUÉ	CASTOR	CENDRÉ	CHALIN	**CHAVAL**
CARIBE	**CASTOR**	CENSÉE	CHÂLIT	**CHAVÉE**
CARIÉE	CASTRA	CENTRE	**CHALLE**	**CHAZAL**
CARIER	CASTRÉ	**CENTRE**	**CHALON**	CHEBEC
CARLIN	**CASTRO**	CENTRÉ	CHÂLUS	CHEBEK
CARLIT	CASUEL	CÉNURE	**CHÂLUS**	CHÈCHE
CARLOS	CATANE			**CHEDID**

CHEIKH	CHINTZ	**CHYPRE**	CLAQUÉ	CÔCHÉE
CHEIRE	CHIPÉE	**CIAMPI**	**CLARÍN**	COCHER
CHELEM	CHIPER	CIBLÉE	**CLARKE**	CÔCHER
CHÉLIF	CHIPIE	**CLAROS**	CLAROS	COCHET
CHEMIN	CHIQUE	CICLÉE	CLARTÉ	**COCHET**
CHENAB	CHIQUÉ	CICLER	CLASHS	**COCHIN**
CHENAL	**CHIRAC**	CIERGE	CLASSE	COCHON
CHENET	CHIRAL	CIGALE	CLASSÉ	COCKER
CHENIL	**CHIRAZ**	CIGARE	**CLAUDE**	**COCKER**
CHENIS	**CHIRON**	**CILAOS**	CLAUSE	COCOLÉ
CHENIT	CHITON	CILICE	CLAVÉE	COCOTÉ
CHENUE	CHIURE	CILIÉE	**CLAVEL**	**COCYTE**
CHÈQUE	CHLEUH	CILLER	CLAVER	CODAGE
CHÉRET	**CHLEUH**	**CILLER**	CLAYON	CODANT
CHÉRIE	CHLORE	CIMENT	CLÉDAR	CODEUR
CHÉRIF	CHLORÉ	CIMIER	**CLÈRES**	**COECKE**
CHÉRIR	CHNOUF	CINCLE	CLERGÉ	COFFRE
CHÉROT	CHOANE	CINÉMA	**CLÈVES**	COFFRÉ
CHERRY	CHŒUR	CINÈSE	CLICHÉ	COGÉRÉ
CHERTÉ	CHOFAR	CINGLÉ	**CLICHY**	COGITÉ
CHE T'AO	CHOISI	CINTRE	CLIENT	COGITO
CHÉTIF	**CHOISY**	CINTRÉ	CLIGNÉ	COGNAC
CHEVAL	**CHOKWE**	**CIOMPI**	CLIMAT	**COGNAC**
CHEVAL	**CHOLET**	**CIORAN**	CLIMAX	COGNAT
CHEVET	**CHO LON**	CIPAYE	CLIPPÉ	COGNÉE
CHEVEU	CHÔMÉE	CIRAGE	CLIQUE	COGNER
CHEVRÉ	CHÔMER	CIRANT	CLIQUÉ	**COGNIN**
CHÈVRE	**CHONJU**	CIREUR	CLISSE	COIFFE
CHIADÉ	**CHO OYU**	CIREUX	CLISSÉ	COIFFÉ
CHIALÉ	CHOPÉE	CIRIER	CLIVÉE	COINCÉ
CHIANT	CHOPER	CIRQUE	CLIVER	**COIRON**
CHIARD	**CHOPIN**	CIRRHE	CLOCHE	COÏTER
CHIAYI	CHOQUÉ	CIRRUS	CLOCHÉ	COLÈRE
CHICHE	CHORAL	CISEAU	CLONÉE	COLÉUS
CHICHI	CHORDE	CISELÉ	CLONER	COLITE
CHICLE	CHORDÉ	**CISKEI**	CLONIE	COLLÉE
CHICLÉ	CHORÉE	CITANT	CLONUS	COLLER
CHICON	**CHORTI**	CITRON	**CLOOTS**	COLLET
CHICOT	CHORUS	CITRUS	CLOPET	COLLEY
CHIERS	CHOTTE	**CIVAUX**	CLOQUE	**COLMAN**
CHIETI	CHOUAN	CIVILE	CLOQUÉ	**COLMAR**
CHIEUR	CHOUIA	**CIVRAY**	CLOUÉE	COLOBE
CHIFFE	CHOURÉ	**CIXOUS**	CLOUER	**COLOMB**
CHIITE	CHOUTE	CLABOT	**CLOUET**	COLORÉ
CHILDE	CHOYÉE	**CLADEL**	CLOUTÉ	**COMBAS**
CHILDS	CHOYER	**CLAEZL**	**CLOVIS**	COMBAT
CHILOÉ	CHRÊME	CLAIRE	**CLOYES**	**COMBES**
CHILOM	CHRIST	**CLAIRE**	**CLUSES**	COMBLE
CHILON	**CHRIST**	CLAMÉE	**CNUCED**	COMBLÉ
CHIMAY	CHROME	CLAMER	COACHS	COMÈTE
CHIMIE	CHROMÉ	CLAMSÉ	COASSÉ	COMICE
CHINDÉ	CHROMO	CLANDÉ	COBÆA	COMICS
CHINÉE	CHRONO	CLAPET	COBALT	COMITÉ
CHINER	**CH'TIMI**	CLAPIR	COBAYE	COMMIS
CHINJU	**CHURCH**	CLAPPÉ	**COBDEN**	COMMUÉ
CHINON	CHUTER	CLAQUE	COCCYX	COMMUN
			COCHÉE	COMPAS

COMPIL	COPRIN	**CÔTOIS**	**CRABBE**	CRIBLE
COMPLU	**COPTES**	CÔTOYÉ	CRABOT	CRIBLÉ
COMPTE	COPULE	**COTTON**	CRACHÉ	CRICRI
COMPTÉ	COPULÉ	COTYLE	CRACRA	CRIEUR
COMPUT	COQUET	COUARD	CRADOT	**CRIMÉE**
COMTAL	COQUIN	COUCHE	CRAINT	**CRIPPS**
COMTAT	CORAIL	COUCHÉ	CRAMBE	CRIQUE
COMTAT	**CORAIL**	COUCOU	CRAMÉE	CRISPÉ
CONARD	CORAUX	COUDÉE	CRAMER	**CRISPI**
CONCIS	**CORBAS**	COUDER	**CRAMER**	CRISSÉ
CONCLU	**CORBIE**	COUDOU	CRAMPE	CROATE
CONÇUE	**CORDAY**	COUDRE	CRÂNER	**CROATE**
CÔN DAO	CORDÉE	COUINÉ	**CRANKO**	CROBAR
CONDOM	CORDER	COULÉE	CRANTÉ	CROCHE
CONDOM	**CORDES**	COULER	CRAQUE	CROCHÉ
CONDOR	CORDON	COULIS	CRAQUÉ	CROCHU
CONDOR	CORÉEN	COULON	CRASHÉ	CROCUS
CONFER	**CORÉEN**	COULPE	CRASHS	CROIRE
CONFIÉ	**CORFOU**	COUPÉE	CRASSE	CROISÉ
CONFIT	CORNAC	COUPER	CRATON	CROLLE
CONFUS	CORNÉE	**COUPER**	CRAWLÉ	CROLLÉ
CONGAÏ	CORNER	COUPLE	CRAYON	**CRONOS**
CONGAR	**CORNER**	COUPLÉ	CRÉANT	CROQUÉ
CONGRE	CORNET	COUPON	CRÈCHE	CROSNE
CONGRU	CORNUE	COUQUE	CRÉCHÉ	CROSSE
CONNES	COROZO	COURBE	CRÉDIT	CROSSÉ
CONNUE	CORPUS	COURBÉ	CRÉMÉE	CROTON
CONQUE	CORRAL	COURÉE	CRÉMER	CROTTE
CONRAD	CORSÉE	COURGE	CRÉMÉS	CROTTÉ
CONSOL	CORSER	COURIR	**CRENEY**	CROULE
CONSUL	CORSET	COUROS	**CRENNE**	CROULÉ
CONTÉE	CORTES	COURRE	CRÉNOM	CROUPE
CONTER	**CORTÉS**	COURSE	CRÉOLE	CROUPI
CONTES	CORTEX	COURSÉ	CRÊPÉE	CROÛTE
CONTRA	CORTON	COURTE	CRÊPER	CROÛTÉ
CONTRE	**CORTOT**	COURUE	CRÉPIE	**CROZAT**
CONTRÉ	CORVÉE	COUSIN	**CRÉPIN**	**CROZET**
CONTUS	**CORVIN**	**COUSIN**	CRÉPIR	**CROZON**
CONVIÉ	CORYZA	COUSUE	CRÉPON	CRUCHE
CONVOI	COSIES	COÛTÉE	CRÉPUE	CRURAL
COOKIE	**COSIMO**	COÛTER	**CRÉQUI**	CRYPTE
COOLIE	COSMOS	COUTIL	**CRÉQUY**	CRYPTÉ
COOPER	COSSER	COUTRE	CRÉSOL	CUADRO
COOPTÉ	COSSUE	COUVÉE	**CRESPI**	**CUANZA**
COPAHU	COSSUS	COUVER	CRÉSUS	CUBAGE
COPAIN	COSTAL	**COUVIN**	**CRÉSUS**	CUBAIN
COPEAU	COSTAR	**COWARD**	CRÉSYL	**CUBAIN**
COPEAU	**COSTES**	COW-BOY	CRÊTÉE	CUBANT
COPIÉE	**COSTER**	**COWLEY**	CRÉTIN	CUBÈBE
COPIER	COTANT	COWPER	CREUSE	CUBÉBE
COPINE	COTEAU	**COWPER**	**CREUSE**	**CUÉNOT**
COPINÉ	CÔTELÉ	COW-POX	CREUSÉ	**CUENCA**
COPING	COTEUR	COXALE	CREVÉE	**CUÉNOT**
COPION	COTICE	COXAUX	**CREVEL**	CUESTA
COPPÉE	CÔTIER	**COXYDE**	CREVER	**CUEVAS**
COPPET	COTISÉ	COYOTE	CRIANT	**CUGNOT**
COPRAH	**COTMAN**	**COYPEL**	CRIARD	**CUIABÁ**

CUI-CUI	DAHLIA	**DARWIN**	**DECIZE**	**DELAGE**	
CUISSE	DAIGNÉ	DASEIN	DÉCLIC	DÉLAVÉ	
CUITÉE	DAÏMIO	**DASSIN**	DÉCLIN	DÉLAYÉ	
CUITER	DAIMYO	DATAGE	DÉCLOS	DÉLICE	
CUIVRE	**DAIREN**	DATANT	DÉCODÉ	DÉLIÉE	
CUIVRÉ	**DAISNE**	DATCHA	DÉCORÉ	DÉLIER	
CULANT	**DAKOTA**	DATEUR	DÉCOTE	DÉLIRE	
CULARD	**DALASI**	DATION	**DECOUX**	DÉLIRÉ	
CUMANÁ	DALEAU	DATIVE	DÉCRET	DÉLITÉ	
CUMONT	**D'ALEMA**	**DATONG**	DÉCRIÉ	**DELLER**	
CUMULÉ	**DALIAN**	DATURA	DÉCRIT	**DELLUC**	
CUNAXA	**DALIDA**	DAUBÉE	DÉCRUE	DÉLOGÉ	
CUPIDE	**DALILA**	DAUBER	DÉCUVÉ	**DELORS**	
CUPULE	**DALLAS**	**DAUDET**	DÉDAIN	DÉLUGE	
CURAGE	DALLÉE	**DAUMAL**	DÉDALE	DÉLURÉ	
CURANT	DALLER	**DAUNOU**	**DÉDALE**	**DÉMADE**	
CURARE	**DALLOZ**	**DAURAT**	DÉDANS	DEMAIN	
CURETÉ	**DALTON**	**DAUTRY**	DÉDIÉE	DÉMÂTÉ	
CURIAL	**DALUIS**	DAVIER	DÉDIER	DÉMÊLÉ	
CURIEN	**D'ALZON**	**DAVIES**	DÉDIRE	DÉMENÉ	
CURIUM	DAMAGE	**DAVOUT**	DÉDITE	DÉMENT	
CURSIF	DAMANT	**DAWSON**	DÉDORÉ	DÉMINÉ	
CURSUS	**DAMASE**	**DAYTON**	DÉDUIT	DÉMISE	
CURTIZ	**DAMIEN**	DEALÉE	DÉESSE	DÉMODÉ	
CURULE	DAMIER	DEALER	DÉFAIT	DÉMOLI	
CURZON	**DAMMAM**	DÉBÂTÉ	DÉFAUT	DÉMONE	
CUSSAC	DAMNÉE	DÉBÂTI	DÉFENS	DÉMUNI	
CUSSET	DAMNER	DÉBILE	DÉFÉRÉ	**DENAIN**	
CUSTOM	DAMPER	DÉBINE	DÉFIÉE	DENGUE	
CUTANÉ	**DA NANG**	DÉBINÉ	DÉFIER	DÉNIÉE	
CUTINE	DANDIN	DÉBITÉ	DÉFILÉ	DENIER	
CUTTAT	DANGER	DÉBLAI	DÉFINI	DÉNIER	
CUTTER	**DANIEL**	**DEBORA**	DÉFUNT	**DE NIRO**	
CUVAGE	**DANJON**	**DEBORD**	DÉGAGÉ	**DENJOY**	
CUVANT	DANOIS	DÉBORD	DÉGAZÉ	DÉNOTÉ	
CUVELÉ	**DANOIS**	DEBOUT	**DE GEER**	DÉNOUÉ	
CUVIER	**DANONE**	**DEBREU**	DÉGELÉ	DÉNOYÉ	
CUVIER	DANSÉE	DÉBRIS	DÉGLUÉ	DENRÉE	
CYANEA	DANSER	DÉBUTÉ	DÉGOTÉ	DENTAL	
CYANÉE	**D'ANTAN**	DÉCADE	DÉGOÛT	DENTÉE	
CYBÈLE	**DANTON**	DÉCALÉ	DÉGRAS	DÉNUDÉ	
CYNIPS	**DANUBE**	DÉCAPÉ	DÉGRÉÉ	DÉNUÉE	
CYPRÈS	**DANZIG**	DÉCATI	DÉHALÉ	DÉNUER	
CYPRIN	DAPHNÉ	**DECAUX**	**DEHMEL**	**DENVER**	
CYPRIS	**DAPHNÉ**	DÉCAVÉ	DEHORS	DÉPARÉ	
CYRANO	**D'APRÈS**	**DECCAN**	DÉIFIÉ	DÉPART	
CYRÈNE	**DAQING**	DÉCÉDÉ	**DEINZE**	DÉPAVÉ	
CYTISE	**DAQUIN**	DÉCELÉ	DÉISME	DÉPECÉ	
CZERNY	**DARCET**	DÉCENT	DÉISTE	DÉPENS	
DA CAPO	DARDÉE	DÉCHET	DÉJÀ-VU	DÉPÉRI	
DACHAU	DARDER	DÉCHUE	DÉJETÉ	DÉPILÉ	
DACIER	**DARIEN**	DÉCIDÉ	DÉJOUÉ	DÉPITÉ	
DACRON	**DARIÉN**	DÉCIDU	DÉJUGÉ	DÉPLIÉ	
DADAIS	**DARIOS**	DÉCILE	DE JURE	DÉPOLI	
DADANT	**DARIUS**	DÉCIME	**DEKKAN**	DÉPORT	
DADDAH	**DARLAN**	DÉCIMÉ	**DEKKER**	**DEPORT**	
DAGUET	DARTRE	**DECIUS**	DÉLACÉ	DÉPOSE	

DÉPOSÉ	DÉVÊTU	DIONÉE	**DOLOIS**	DRACHE
DÉPOTÉ	DÉVIDÉ	DIOULA	**DOMAGK**	DRACHÉ
DEPREZ	DÉVIÉE	**DIOULA**	**DOMBES**	**DRACON**
DÉPRIS	DÉVIER	DIPÔLE	**DOMÈNE**	DRAGÉE
DEPUIS	DEVINÉ	DIRCOM	DOMIEN	DRAGON
DÉPURÉ	DÉVIRÉ	DIRECT	DOMINÉ	DRAGUE
DÉPUTÉ	DEVISE	DIRHAM	DOMINO	DRAGUÉ
DÉRAGÉ	DEVISÉ	DIRIGÉ	**DOMONT**	DRAINE
DERAIN	DE VISU	DISANT	DOMPTÉ	DRAINÉ
DÉRAMÉ	DEVOIR	DISCAL	**DOM-TOM**	DRALON
DÉRAPÉ	DÉVOLU	DISERT	DONDON	**DRANCY**
DÉRATÉ	DÉVORÉ	DISEUR	**DONETS**	**DRANEM**
DÉRAYÉ	DÉVOTE	**DISNEY**	**DONGES**	DRAPÉE
DÉRÉEL	DÉVOUÉ	DISPOS	**DÖNITZ**	DRAPER
DÉRIDÉ	DÉVOYÉ	**DISPUR**	DONJON	**DRAPER**
DÉRIVE	DEXTRE	DISQUE	DONNÉE	DRAVÉE
DÉRIVÉ	**DEZFUL**	DIURNE	DONNER	DRAVER
DÉROBÉ	DHARMA	**DIVAIS**	**DONOSO**	DRAYÉE
DÉROGÉ	**DHORME**	DIVEHI	DOPAGE	DRAYER
DERVAL	**DHÔTEL**	DIVERS	DOPANT	DRÊCHE
DESAIX	**DHULIA**	DIVINE	DORADE	DREIGE
DÉSAXÉ	DIABLE	**DIVION**	DORAGE	DRELIN
DÉSERT	DIACRE	DIVISE	DORANT	DRENNE
DESÈZE	**DIACRE**	DIVISÉ	**D'ORBAY**	**DRESDE**
DE SICA	DIAPIR	DIZAIN	DOREUR	DRESSÉ
DESIGN	DIAPRÉ	**DJABIR**	**DORIDE**	**DREYER**
DÉSILÉ	DICTÉE	DJAÏNE	DORIEN	**DRIANT**
DÉSIRÉ	DICTER	DJAMAA	**DORIOT**	DRILLE
DESMAN	DICTON	**DJARIR**	DORMIR	DRISSE
DESNOS	**DIDIER**	DJEBEL	**DORPAT**	DRIVÉE
DÉSODÉ	**DIDYME**	**DJEDDA**	DORSAL	DRIVER
DÉSOLÉ	DIÈDRE	**DJELFA**	**DORSET**	DROGUE
DESSAU	**DIEPPE**	DJEMAA	DORURE	DROGUÉ
DESSAY	DIESEL	DJEMBÉ	**DORVAL**	DROITE
DESSIN	**DIESEL**	**DJENNÉ**	DOSAGE	DRÔLET
DESSUS	**DIEUZE**	DJERBA	DOSANT	**DRONNE**
DESTIN	DIFFUS	**DJÉRID**	DOSEUR	DRONTE
DÉSUET	DIGÉRÉ	DJIHAD	DOTALE	DROPÉE
DÉSUNI	DIGEST	**DJOSER**	DOTANT	DROPER
DÉTAIL	DIGITÉ	**DJOUBA**	DOTAUX	DROPPÉ
DÉTALÉ	**DIGOIN**	**DNIEPR**	**DOUALA**	DROSSE
DÉTAXE	DIKTAT	**DNIPRO**	DOUANE	DROSSÉ
DÉTAXÉ	DILATÉ	**DÖBLIN**	DOUBLE	**DROUET**
DÉTELÉ	**DILLON**	**DOBRIC**	DOUBLÉ	**DROUOT**
DÉTENU	DILUÉE	DOCILE	DOUCET	DRUIDE
DÉTONÉ	DILUER	DOCKER	DOUCHE	**DRUMEV**
DÉTORS	DIMÈRE	DODINE	DOUCHÉ	**DRUSES**
DÉTOUR	**DINANT**	DODINÉ	**DOUCHY**	**DRUZES**
DE TROY	DÎNANT	**DODOMA**	DOUCIE	DRYADE
DEUSIO	**DINARD**	**DODONE**	DOUCIN	**DRYATE**
DEUTON	DINDON	DOGGER	DOUDOU	**DRYDEN**
DEUZIO	DÎNEUR	DOIGTÉ	**DOUGGA**	DUARTE
DÉVALÉ	DINGHY	DOLENT	**DOUHET**	DUBAIL
DEVANT	DINGUE	DOLINE	**DOUKAS**	DUBAYY
DEVAUX	DINGUÉ	DOLLAR	**DOUMER**	DUBCEK
DEVENU	DIODON	DOLMAN	DOUTÉE	**DUBLIN**
DÉVERS	**DIOISE**	DOLMEN	DOUTER	**DU BOIS**

DUBOIS	DURRËS	ÉCOUTE	ÉGORGÉ	ÉMANER
DUBOUT	DURTAL	ÉCOUTÉ	ÉGRENÉ	ÉMARGÉ
DUCALE	DU RYER	ÉCRASÉ	ÉGRISÉ	EMBASE
DU CAMP	DUSSEK	ÉCRÉMÉ	ÉGRUGÉ	EMBÊTÉ
DUCAUX	DUTERT	ÉCRÊTÉ	ÉGYPTE	EMBIEZ
DUCCIO	DUTTON	ÉCRIÉE	ÉHONTÉ	EMBLÉE
DUCÉEN	DU VAIR	ÉCRIER	EIFFEL	EMBOLE
DUCHÉS	DUVETÉ	ÉCRINS	EITOKU	EMBOUT
DUCLOS	DVD-ROM	ÉCRIRE	ÉJECTÉ	EMBRUN
DUCROT	DVOŘÁK	ÉCRITE	EKELÖF	EMBRUN
DUDLEY	DYNAMO	ÉCROUÉ	ELÆIS	EMBUÉE
DUÈGNE	DYOLOF	ÉCROUI	ÉLAGUÉ	EMBUER
DUELLE	ÉBAHIE	ÉCUEIL	EL-AIUN	EMBUÉS
DUETTO	ÉBAHIR	ÉCULÉE	ÉLANCÉ	ÉMÉCHÉ
DU FAIL	ÉBARBÉ	ÉCUMÉE	ÉLARGI	ÉMERGÉ
DUFFEL	ÉBATTU	ÉCUMER	ÉLAVÉE	ÉMEUTE
DUFOUR	ÉBAUBI	ÉCURÉE	ELAZIG	ÉMIGRÉ
DUGHET	ÉBAUDI	ÉCURER	ELBEUF	ÉMINCÉ
DUGONG	EBERTH	ÉCURIE	ELBLAG	ÉMIRAT
DUGUIT	ÉBLOUI	ÉCUYER	ELCANO	EMMAÜS
DULLES	ÉBOULÉ	ECZÉMA	ÉLÉATE	EMMÊLÉ
DULLIN	ÉBOUTÉ	ÉDENTÉ	ÉLÉGIE	EMMENÉ
DULONG	ÉBRASÉ	ÉDESSE	ÉLEVÉE	EMMURÉ
DULUTH	ÉBROÏN	EDF-GDF	ÉLEVER	ÉMONDÉ
DUM-DUM	ÉBROUÉ	ÉDICTÉ	ÉLEVON	ÉMOTIF
DÛMENT	ÉBURNÉ	ÉDIFIÉ	ELIADE	ÉMOTTÉ
DU MONT	ÉCACHÉ	EDIRNE	ÉLIDÉE	ÉMOULU
DUMONT	ÉCALÉE	EDISON	ÉLIDER	EMPALÉ
DUMPER	ÉCALER	ÉDITÉE	ÉLIMÉE	EMPARÉ
DUNANT	ÉCARTÉ	ÉDITER	ELINDE	EMPÂTÉ
DUNBAR	ÉCHANT	EDMOND	ÉLISÉE	EMPESÉ
DUNCAN	ÉCHECS	ÉDUENS	ÉLISSA	EMPILE
DUNDEE	ÉCHINE	ÉDUQUÉ	ELISTA	EMPILÉ
DUNHAM	ÉCHINÉ	ÉFENDI	ÉLIXIR	EMPIRE
DUNLOP	ÉCHOIR	EFFACE	ELLICE	EMPIRÉ
DUNOIS	ÉCHOUÉ	EFFACÉ	ELLORA	EMPLIE
DUPANT	ÉCIMÉE	EFFANÉ	ELLORE	EMPLIR
DU PARC	ÉCIMER	EFFARÉ	ELLROY	EMPLOI
DUPARC	ECKART	EFFIAT	EL NIÑO	EMPOIS
DUPEUR	ECKERT	EFFILÉ	ÉLODÉE	EMPORT
DUPLEX	ÉCLAIR	EFFORT	ÉLOISE	EMPOTÉ
DUPOND	ÉCLATÉ	EFFROI	ÉLONGÉ	EMPUSE
DUPONT	ÉCLOPÉ	ÉGALÉE	EL-OUED	ÉMULÉE
DU PORT	ÉCLORE	ÉGALER	EL PASO	ÉMULER
DUPRAT	ÉCLUSE	ÉGARÉE	ELSENE	ENCAGÉ
DUQUEL	ÉCLUSÉ	ÉGARER	ELSTER	ENCART
DURAIN	ÉCOBUÉ	ÉGATES	ÉLUANT	ENCENS
DURALE	ÉCOPÉE	ÉGAYÉE	ELUARD	ENCINA
DURANT	ÉCOPER	ÉGAYER	ÉLUDÉE	ENCLIN
DURAUX	ÉCORCE	EGBERT	ÉLUDER	ENCLOS
DURBAN	ÉCORCÉ	ÉGÉRIE	ÉLUSIF	ENCODÉ
DURBUY	ÉCORNÉ	ÉGÉRIE	ÉLYSÉE	ENCORE
DURCIE	ÉCOSSE	ÉGLISE	ELYTIS	ENCRÉE
DURCIR	ÉCOSSÉ	EGMONT	ÉLYTRE	ENCRER
DURETÉ	ÉCOUEN	ÉGOÏNE	ÉMACIÉ	ENCUVÉ
DURHAM	ÉCOULÉ		E-MAILS	ENDÊVÉ
DURHAM			ÉMAILS	ENDIVE

ENDUIT	EN-TÊTE	ÉPISSÉ	**ESCAUT**	ÉTIAGE
ENDURÉ	ENTÊTÉ	ÉPÎTRE	ESCHÉE	ÉTIOLÉ
ENDURO	ENTIER	ÉPLORÉ	ESCHER	ÉTIQUE
ÉNÉIDE	ENTITÉ	ÉPLOYÉ	ESCROC	ÉTIRÉE
ÉNERVÉ	ENTÔLÉ	ÉPONGE	ESCUDO	ÉTIRER
ENESCO	ENTOUR	ÉPONGÉ	**ESDRAS**	ÉTOFFE
ENESCU	ENTRÉE	ÉPONTE	**ESHKOL**	ÉTOFFÉ
ENFANT	ENTRER	ÉPOPÉE	ESKIMO	ÉTOILE
ENFERS	ENTUBÉ	ÉPOQUE	**ESKIMO**	**ÉTOILE**
ENFILÉ	ENTURE	ÉPOUSE	**ESMEIN**	ÉTIOLÉ
ENFLÉE	ÉNUQUÉ	ÉPOUSÉ	**ESNEUX**	**ÉTOLIE**
ENFLER	ENVAHI	ÉPRISE	ESPACE	ÉTONNÉ
ENFOUI	ENVASÉ	ÉPUCÉE	ESPACÉ	ÉTOUPE
ENFUIE	ENVERS	ÉPUCER	**ESPAÑA**	ÉTOUPÉ
ENFUIR	ENVIÉE	ÉPUISÉ	ESPÈCE	ÉTRAVE
ENFUMÉ	ENVIER	ÉPULIE	ESPÉRÉ	ÉTRÉCI
ENFÛTÉ	ENVINÉ	ÉPULIS	ESPION	ÊTRE-LÀ
ENGAGÉ	ENVOLÉ	ÉPULON	ESPOIR	ÉTRIER
ENGAMÉ	ENVOYÉ	ÉPURÉE	ESPRIT	ÉTRIPÉ
ENGANE	ENZYME	ÉPURER	**ESPRIU**	ÉTROIT
ENGELS	ÉOCÈNE	ÉPURGE	ESQUIF	ÉTUDIÉ
ENGLUÉ	**ÉOLIDE**	ÉQUIDÉ	ESSAIM	**ÉTUPES**
ENGOBE	ÉOLIEN	ÉQUINE	ESSAYÉ	ÉTUVÉE
ENGOBÉ	**ÉOLIEN**	ÉQUIPE	ESSIEU	ÉTUVER
ENGÓMI	ÉOSINE	ÉQUIPÉ	ESSORÉ	ÉTYMON
ENGOUÉ	**EÖTVÖS**	ÉQUITÉ	ESSUIE	**EUBÉEN**
ÉNIÈME	ÉPACTE	ÉRABLE	ESSUYÉ	**EUDOIS**
ÉNIGME	ÉPANDU	ÉRAFLÉ	**ESTÈVE**	**EUDOXE**
ENIVRÉ	ÉPARSE	**ÉRAGNY**	**ESTHER**	**EUGENE**
ENJEUX	ÉPATÉE	**ÉRASME**	ESTIME	**EUGÈNE**
ENJÔLÉ	ÉPATER	ERBIUM	ESTIMÉ	EURÊKA
ENJOUÉ	ÉPAULE	**ÉREBUS**	ESTIVE	**EURÊKA**
ENKOMI	ÉPAULÉ	**EREVAN**	ESTIVÉ	**EURIPE**
ENLACÉ	ÉPEIRE	**ERFURT**	ESTRAN	**EUROPA**
ENLEVÉ	ÉPELÉE	ERGOTÉ	**ESTRIE**	**EUROPE**
ENLIÉE	ÉPELER	**ERHARD**	ÉTABLE	**EUSÈBE**
ENLIER	ÉPERDU	**ÉRIDOU**	ÉTABLÉ	ÉVACUÉ
ENLISÉ	ÉPERON	ÉRIGÉE	ÉTABLI	ÉVADÉE
ENNEMI	ÉPEURÉ	ÉRIGER	ÉTAGÉE	ÉVADER
ENNIUS	ÉPHÈBE	ÉRIGNE	ÉTAGER	ÉVALUÉ
ENNOYÉ	**ÉPHÈSE**	**ERIVAN**	ÉTALÉE	ÉVASÉE
ENNUYÉ	ÉPHORE	ERMITE	ÉTALER	ÉVASER
ÉNONCÉ	**ÉPHREM**	**ERMONT**	ÉTALON	ÉVASIF
ÉNORME	ÉPIAGE	**ERNÉEN**	ÉTAMÉE	ÉVÊCHÉ
ÉNOUÉE	ÉPIANT	ÉRODÉE	ÉTAMER	**EVÈNES**
ÉNOUER	ÉPICÉA	ÉRODER	ÉTAYÉE	ÉVENTÉ
ENQUIS	ÉPICÉE	ÉROSIF	ÉTAYER	ÉVÊQUE
ENRAGÉ	ÉPICER	ERRANT	ÉTEINT	ÉVIDÉE
ENRAYÉ	ÉPIEUR	ERRATA	ÉTENDU	ÉVIDER
ENRÊNÉ	ÉPIEUX	ERREUR	ÉTÊTÉE	ÉVINCÉ
ENROBÉ	ÉPIGÉE	ERRONÉ	ÉTÊTER	ÉVITÉE
ENRÔLÉ	ÉPILÉE	ERSATZ	ÉTEULE	ÉVITER
ENROUÉ	ÉPILER	ERSEAU	ÉTHANE	ÉVOLUÉ
ENSILÉ	**ÉPINAC**	**ERSHAD**	ÉTHÉRÉ	ÉVOQUÉ
ENTAME	**ÉPINAL**	ÉRUCTÉ	ETHNIE	**ÉVREUX**
ENTAMÉ	**ÉPINAY**	ÉRUDIT	ÉTHUSE	**ÉVRYEN**
ENTANT	ÉPIQUE	ESCALE	ÉTHYLE	EVZONE

EXACTE	FACIAL	FAUBER	**FÉROIS**	FIGARO
EXALTÉ	FACIÈS	FAUCHE	**FERRAT**	**FIGARO**
EXAMEN	FACILE	FAUCHÉ	FERRÉE	**FIGEAC**
EX ANTE	FACULE	FAUCON	FERRER	**FIGUIG**
EXAUCÉ	FADEUR	FAUFIL	FERRET	FIGURE
EXCAVÉ	FADING	FAUSSE	**FERRET**	FIGURÉ
EXCÉDÉ	**FAENZA**	FAUSSÉ	**FERRIÉ**	FILAGE
EXCIPÉ	FAFELU	FAUTER	FERROL	FILANT
EXCISE	FAFIOT	FAUTIF	**FERRON**	FILETÉ
EXCISÉ	FAGALE	**FAVART**	FERRYS	FILEUR
EXCITÉ	FAGOTÉ	FAVELA	**FERSEN**	FILIAL
EXCLUE	FAIBLE	FAVEUR	**FERTON**	**FILLON**
EXCUSE	FAIBLI	**FAVIER**	FÉRULE	FILMÉE
EXCUSÉ	FAILLE	FAVORI	FESSÉE	FILMER
EXÉCRÉ	FAILLÉ	FAXANT	FESSER	FILTRE
EXÈDRE	FAILLI	FAYARD	FESSUE	FILTRÉ
EXEMPT	FAISAN	FAYOTÉ	FESTIF	FINAGE
EXERCÉ	**FALCON**	**FAYOUM**	FESTIN	FINALE
EXETER	**FALÉMÉ**	**FAYSAL**	FESTON	FINALS
EXHALÉ	**FALIER**	**FEBVRE**	FÊTANT	FINAUD
EXHIBÉ	FALOTE	FÉCALE	FÊTARD	FINAUX
EXHUMÉ	FALUNÉ	**FÉCAMP**	FÉTIAL	**FINDEL**
EXIGÉE	FALZAR	FÉCAUX	FÉTIDE	FINISH
EXIGER	**FAMECK**	FÉCIAL	FEULER	**FINLAY**
EXIGUË	FAMEUX	FÉCOND	FEUTRE	**FINSEN**
EXILÉE	FAMINE	FÉCULE	FEUTRÉ	**FIODOR**
EXILER	FANAGE	FÉCULÉ	FÉVIER	**FIONIE**
EXISTÉ	FANANT	FÉDÉRÉ	**FEYDER**	FIRMAN
EXOCET	FANAUX	FEDINE	**FEYZIN**	FISCAL
EXOCET	FANEUR	FEEDER	**FEZZAN**	**FISHER**
EXODUS	**FANGIO**	FÉERIE	FIABLE	**FISMES**
EXONDÉ	FANION	FEINTE	FIACRE	FISTON
EXORDE	FAQUIN	FEINTÉ	**FIACRE**	FIVETE
EXPERT	FARAUD	FÊLANT	FIANCÉ	FIXAGE
EXPIÉE	FARCIE	**FELBER**	FIASCO	FIXANT
EXPIER	FARCIN	FÉLIDÉ	FIBULA	FIXING
EXPIRÉ	FARCIR	FÉLINE	FIBULE	FIXITÉ
EXPOSÉ	**FARCOT**	FELLAH	FICELÉ	**FIZEAU**
EX POST	FARDÉE	FÊLURE	FICHÉE	FLACHE
EXPRÈS	FARDER	**FEMINA**	FICHER	FLACON
EXQUIS	**FARGUE**	FENDRE	FICHET	FLA-FLA
EXSUDÉ	**FARINA**	FENDUE	**FICHET**	**FLAINE**
EXTASE	FARINE	**FÉNÉON**	**FICHTE**	FLAIRÉ
EXULTÉ	FARINÉ	FENIAN	FICHUE	FLAMBE
EXUVIE	**FARMAN**	FENNEC	FICTIF	FLAMBÉ
EX VIVO	**FAROUK**	FÉODAL	**FIDÉEN**	**FLAMEL**
EX-VOTO	FARTÉE	FÉRALE	FIDÈLE	FLAMME
EYBENS	FARTER	FÉRALS	FI DONC	FLAMMÉ
EYRING	FASCÉE	FÉRAUX	FIEFFÉ	FLÂNER
FABALE	FASCIA	FÉRIÉE	**FIELDS**	FLAPIE
FABERT	FASCIÉ	FERLÉE	FIENTE	FLAQUE
FABIEN	FASEYÉ	FERLER	FIENTÉ	FLASHÉ
FABIUS	FASTES	**FERMAT**	FIÉROT	FLASHS
FABULÉ	FATALE	FERMÉE	FIERTÉ	FLATTÉ
FAÇADE	**FATIMA**	FERMER	FIESTA	FLÉAUX
FÂCHÉE	**FÁTIMA**	**FERNEY**	FIÈVRE	FLÈCHE
FÂCHER	FATRAS	FÉROCE	**FIGARI**	FLÉCHÉ

FLÉCHI	FOLIÉE	FOULON	FRÉTER	FUMOIR
FLEGME	FOLIOT	**FOUQUÉ**	FRETIN	FUMURE
FLEMME	FOLKLO	**FOURAS**	FRETTE	FURETÉ
FLÉOLE	FOLLET	FOURBE	FRETTÉ	FUREUR
FLÉRON	FONCÉE	FOURBI	**FREUND**	**FURIES**
FLÉTAN	FONCER	FOURBU	FRIAND	**FURNES**
FLÉTRI	FONDÉE	FOURME	**FRIANT**	FURTIF
FLEURÉ	FONDER	FOURMI	FRICHE	FUSAIN
FLEURI	FONDIS	FOURNI	FRICOT	FUSANT
FLEURY	FONDRE	FOURRE	**FRIÉSZ**	FUSEAU
FLEUVE	FONDUE	FOURRÉ	**FRIGGA**	FUSELÉ
FLIESS	FONGUS	FOUTOU	FRIMAS	**FUSHUN**
FLIPOT	FONTIS	FOUTRE	FRIMER	FUSION
FLIPPÉ	**FONTOY**	FOUTUE	**FRIOUL**	**FÜSSLI**
FLIQUÉ	**FOOTIT**	**FOWLER**	FRIPÉE	**FUSTEL**
FLIRTÉ	FORAGE	FOYARD	FRIPER	FUSTET
FLOCHE	FORAIN	**FOZ CÔA**	FRIPON	FUTAIE
FLOCON	**FORAIN**	FRACAS	FRIQUÉ	FUTILE
FLOPÉE	FORANT	FRAGON	**FRISCH**	**FUTUNA**
FLOQUÉ	FORBAN	FRAISE	FRISÉE	FUTURE
FLORAC	**FORBIN**	FRAISÉ	FRISER	**FUXÉEN**
FLORAL	FORÇAT	**FRAIZE**	FRISON	FUYANT
FLORES	FORCÉE	FRAMÉE	**FRISON**	FUYARD
FLORÈS	FORCER	**FRANCE**	FRITON	**FUZHOU**
FLOREY	FORCES	**FRANCK**	FRITTE	**FUZULI**
FLORIN	FORCIE	FRANCO	FRITTÉ	GABARE
FLORIS	FORCIR	**FRANCO**	**FRÖBEL**	GABBRO
FLORUS	**FOREST**	FRANCO-	FROIDE	GABEUR
FLOTTE	FOREUR	**FRANCS**	FRÔLÉE	GABIER
FLOTTE	FORGÉE	FRANGE	FRÔLER	GABION
FLOTTÉ	FORGER	FRANGÉ	FROLIC	**GACÉEN**
FLOUÉE	**FORGES**	**FRANJU**	FROMGI	GÂCHÉE
FLOUER	FORINT	**FRANTZ**	FRONCE	GÂCHER
FLOUSE	**FORMAN**	FRAPPE	FRONCÉ	GÂCHIS
FLOUTÉ	FORMAT	FRAPPÉ	FRONDE	GADGET
FLOUVE	FORMÉE	FRASÉE	**FRONDE**	GADIDÉ
FLOUZE	FORMEL	FRASER	FRONDÉ	GADOUE
FLUAGE	FORMER	FRASIL	FROTTÉ	GAFFÉE
FLUANT	FORMOL	FRAUDE	**FROUDE**	GAFFER
FLUENT	FORTIN	FRAUDÉ	FROUER	GAGAKU
FLUIDE	FORURE	FRAYÉE	FRUGAL	GAGEUR
FLUMET	**FOSHAN**	FRAYER	**FRUGES**	GAGNÉE
FLUORÉ	**FOSSES**	**FRAZER**	FRUITÉ	GAGNER
FLUSHS	**FOSSEY**	FREARS	FRUSTE	**GAGNOA**
FLÛTÉE	**FOSTER**	FRÉHEL	FUGACE	GAIETÉ
FLUXUS	FOUACE	FREINÉ	**FUGGER**	GAINÉE
FLYSCH	FOUAGE	**FREIRE**	FUGUÉE	GAINER
FOCALE	**FOUCHÉ**	**FREIRE**	FUGUER	GALAGO
FOCAUX	FOUDRE	**FRÉJUS**	FÜHRER	GALANT
FŒTAL	FOUËNE	FRELON	**FUJIAN**	**GALATA**
FŒTUS	FOUFOU	FRÉMIR	**FULLER**	GALATE
FOGGIA	FOUGUE	**FRENAY**	**FULTON**	**GALATI**
FOIRAL	FOUINE	**FRENCH**	FUMAGE	GALBÉE
FOIRER	FOUINÉ	**FRÉRON**	FUMANT	GALBER
FOISON	**FOULBÉ**	FRÉROT	FUMEUR	**GALDÓS**
FOKINE	FOULÉE	**FRESNO**	FUMEUX	**GALEÃO**
FOKKER	FOULER	FRÉTÉE	FUMIER	GALÉJÉ

GALÈNE	**GARROS**	**GÉMIER**	GIBBON	**GLEIZÉ**
GALÈRE	GARROT	GÉMINÉ	GIBIER	**GLÉNAN**
GALÈRE	GASCON	GEMMÉE	GIBRAN	GLIALE
GALÉRÉ	**GASCON**	GEMMER	**GIBRAN**	GLIAUX
GALETÉ	GAS-OIL	GÊNANT	**GIBSON**	**GLINKA**
GALEUX	**GASPAR**	GENDRE	GICLÉE	GLIOME
GALGAL	**GASSER**	GÉNÉPI	GICLER	GLISSE
GALIBI	**GASTON**	GÉNÉRÉ	**GIEREK**	GLISSÉ
GALICE	GÂTANT	GENÈSE	**GIFFRE**	GLOBAL
GALIEN	GÂTEAU	**GENEST**	GIFLÉE	GLOIRE
GALION	GÂTEUX	GÊNEUR	GIFLER	**GLOMMA**
GALLEC	**GATIEN**	**GENÈVE**	GIGOLO	GLORIA
GALLEC	GÂTINE	GÉNIAL	GIGOTÉ	GLOSÉE
GALLES	**GÂTINE**	**GENLIS**	**GILDAS**	GLOSER
GALLON	GÂTION	**GENNES**	GILLES	GLOTTE
GALLOT	**GATTAZ**	GÉNOIS	**GILLES**	**GLOZEL**
GALLOT	GATTÉE	**GÉNOIS**	**GILLOT**	GLUANT
GALLUP	GATTER	GÉNOME	**GILSON**	GLUAUX
GALOIS	GAUCHE	**GENOTE**	**GIMONE**	GLUTEN
GALOPÉ	GAUCHI	GENOUX	**GIMONT**	GLYCOL
GALTON	GAUCHO	GENTIL	GINKGO	GLYPHE
GALURE	**GAUDIN**	**GENTIL**	**GIORGI**	**GMELIN**
GALWAY	GAUDIR	GENTRY	**GIOTTO**	GNAQUE
GAMBER	**GAUDRY**	GÉOÏDE	GIRAFE	GNAULE
GAMBIE	GAUFRE	**GEORGE**	**GIRARD**	GNEISS
GAMBIT	GAUFRÉ	GÉRANT	**GIRAUD**	GNETUM
GAMÈTE	GAULÉE	**GÉRARD**	GIROND	GNIOLE
GAMINE	GAULER	**GERASA**	**GIRSOU**	GNOMON
GAMINÉ	GAULIS	GERBÉE	GISANT	GNOSIE
GAMMÉE	**GAULLE**	GERBER	**GISORS**	GOBANT
GANDER	GAUSSÉ	GERCÉE	GITANE	GOBEUR
GANDHI	GAVAGE	GERCER	**GITANE**	GODAGE
GANDIN	GAVANT	GERMÉE	GÎTANT	GODANT
GANDJA	GAVEUR	GERMEN	**GITLIS**	**GODARD**
GANGES	GAVIAL	GERMER	**GIUNTA**	GODRON
GANGUE	GAZAGE	**GERMER**	**GIVORS**	**GODWIN**
GANGUÉ	GAZANT	GERMON	GIVRÉE	GOÉMON
GANNAT	GAZEUX	GÉROMÉ	GIVRER	**GOETHE**
GANSÉE	GAZIER	GÉRÔME	**GLABER**	GOÉTIE
GANSER	GAZOLE	**GÉRONE**	GLABRE	**GOGUEL**
GANTÉE	**GBAGBO**	GERRIS	GLACÉE	GOGUES
GANTER	**GDANSK**	**GERSON**	GLACER	GOITRE
GARAGE	**GDYNIA**	**GÉRYON**	GLACIS	**GOLBEY**
GARANT	GÉANTE	**GERZAT**	GLAÇON	GOLDEN
GARCÍA	**GÉANTS**	**GESELL**	GLAIRE	GOMINA
GARÇON	**GÉDÉON**	GÉSIER	GLAISE	GOMINÉ
GARÇON	**GEIGER**	GÉSINE	GLAIVE	GOMMÉE
GARDÉE	GEISHA	**GESNER**	GLANDE	GOMMER
GARDEL	GELANT	GETTER	GLANDÉ	GONADE
GARDER	**GÉLASE**	**GEVREY**	GLANÉE	**GONÂVE**
GARDON	GELÉES	**GEXOIS**	GLANER	**GONDAR**
GARDON	GÉLIVE	GEYSER	**GLANUM**	GONFLE
GARGES	**GELLÉE**	**GHALIB**	**GLAOUI**	GONFLÉ
GARNER	GÉLOSE	GHETTO	GLAPIR	GOPURA
GARNIE	GÉLULE	GHILDE	**GLARIS**	**GORDES**
GARNIR	GELURE	GIAOUR	**GLASER**	**GORDON**
GAROUA	GÉMEAU	GIBBON	GLATIR	GORFOU

GORGAN	GRAMME	GRIGNE	**GUÉNON**	HABITÉ
GORGÉE	**GRAMME**	GRIGNÉ	GUÈRES	HÂBLER
GORGER	**GRANBY**	**GRIGNY**	GUÉRET	HACHÉE
GORGET	**GRANDE**	GRIGOU	**GUÉRET**	HACHER
GÖRING	**GRANDE**	GRI-GRI	GUÉRIE	HACHIS
GORIOT	GRANDI	GRILLE	**GUÉRIN**	HACKER
GÖRRES	**GRANET**	GRILLÉ	GUÉRIR	HADALE
GORRON	GRANGE	GRIMÉE	GUERRE	HADAUX
GORSKI	GRANIT	GRIMER	**GUESDE**	HADITH
GOSIER	**GRANJA**	GRIMPE	GUÊTRE	HADJDJ
GOSLAR	GRAPHE	GRIMPÉ	GUÊTRÉ	HADRON
GOSPEL	GRAPPA	GRINCÉ	GUETTE	HAGARD
GOSSAU	GRAPPE	GRINGE	GUETTÉ	HAGGIS
GOSSEC	GRASSE	GRINGO	GUEULE	**HAIFFA**
GOSSET	**GRASSE**	GRIPPE	GUEULÉ	HAÏKAÏ
GOTLIB	**GRASSÉ**	GRIPPÉ	GUEUSE	**HAIKOU**
GOUAPE	GRATIN	GRISBI	GUEUSÉ	**HAINAN**
GOUDÉA	GRATIS	GRISÉE	GUEUZE	HALAGE
GOUFFÉ	GRATTE	GRISER	GUGONG	HALANT
GOUGES	GRATTÉ	GRISET	GUIBRE	HÂLANT
GOUINE	**GRAUNT**	GRISON	GUICHE	**HALDAS**
GOUJAT	GRAVÉE	**GRISON**	GUIDÉE	HALENÉ
GOUJON	GRAVER	GRISOU	GUIDER	HALETÉ
GOUJON	GRAVES	**GRODNO**	GUIDON	HALEUR
GOULAG	**GRAVES**	GROGGY	GUIGNE	**HALÉVY**
GOULÉE	GRAVIE	GROGNE	GUIGNÉ	HALITE
GOULET	GRAVIR	GROGNÉ	**GUIGOU**	**HALLER**
GOULOT	GRÉANT	GROLLE	GUILDE	**HALLES**
GOULUE	**GRÉBAN**	GRONDÉ	**GUILIN**	**HALLEY**
GOUNOD	GREDIN	GROOTE	**GUIMET**	HÂLOIR
GOUPIL	**GREENE**	GROSSE	GUIMPE	HAMADA
GOURBI	GRÉEUR	GROSSI	GUINDÉ	**HAMANN**
GOURDE	GREFFE	GROTTE	GUINÉE	HAMEAU
GOURÉE	GREFFÉ	GROUPE	**GUINÉE**	**HAMLET**
GOUREN	GRÊLÉE	GROUPÉ	**GUÎNES**	HAMMAM
GOURER	GRÊLER	GROUSE	GUIPÉE	**HAMOIS**
GOURIN	GRELIN	GRUAUX	GUIPER	**HAMSUN**
GOURME	GRÊLON	**GRUBER**	GUISAN	HANCHE
GOURMÉ	GRELOT	**GRÜBER**	GUITON	HANCHÉ
GOUROU	GRÉMIL	GRUGÉE	**GUITRY**	**HANDAN**
GOUSSE	GRENAT	GRUGER	GUIVRE	**HÄNDEL**
GOÛTÉE	GRENÉE	GRUNGE	**GUIZÈH**	**HANDKE**
GOÛTER	GRENER	GRUTÉE	**GUIZOT**	**HANEKA**
GOUTTE	GRENUE	GRUTER	GULDEN	HANGAR
GOUTTÉ	**GRÉOUX**	**GRÜTLI**	GUNITE	**HANKOU**
GOYAVE	GRÉSÉE	**GSTAAD**	GUNITÉ	**HANNON**
GRABAT	GRÉSER	**GUADET**	GUNTUR	**HANNUT**
GRABEN	GRÉSIL	**GUAÏTA**	GUPPYS	**HANSEN**
GRÂCES	**GRÉTRY**	**GUARDI**	GURKHA	**HANSON**
GRACIÉ	**GREUZE**	**GUAYMI**	GURUNG	**HANTAÏ**
GRADÉE	GREVÉE	**GUBBIO**	**GUSMÃO**	HANTÉE
GRADIN	GREVER	**GUDULE**	**GUYANA**	HANTER
GRADUÉ	**GRÉVIN**	GUÈBRE	**GUYANE**	HAPPÉE
GRAHAM	GRIFFE	GUELFE	**GUYTON**	HAPPER
GRAINE	GRIFFÉ	**GUELMA**	**GUZMÁN**	**HARALD**
GRAINÉ	GRIFFU	**GUELPH**	**HAAKON**	**HARARE**
GRAMAT			HABILE	**HARBIN**

HARDES	HÉLANT	HIDJAB	**HORMUZ**	HUMIDE
HARDIE	**HELENA**	HIÈBLE	**HORNES**	**HUMMEL**
HARENG	**HÉLÈNE**	HIÉMAL	**HORNEY**	HUMOUR
HARGNE	**HÉLIAS**	**HIÉRON**	HORSIN	HUNIER
HARKIE	HÉLICE	**HIKMET**	HORTON	**HUN SEN**
HARLAY	HÉLICO	HILARE	**HORTON**	HUNTER
HARLEM	**HÉLIÉE**	HILLEL	HOSTIE	HUPPÉE
HARLEY	HÉLION	HILOTE	HOT DOG	**HURIEL**
HARLOW	**HÉLION**	**HILWAN**	**HOTMAN**	HURLÉE
HARNES	**HÉLIOS**	HIMEJI	HOTTÉE	HURLER
HAROLD	HÉLIUM	**HIMÈRE**	HOTTER	HURRAH
HARPER	**HELLAS**	HINDOU	HOUANT	**HUSAYN**
HARPIE	**HÉMOIS**	HIP-HOP	HOUARI	**HUSTON**
HARPON	**HENNIG**	HIPPIE	**HOU CHE**	**HUTOIS**
HARRIS	HENNIN	HIRCIN	**HOUCKE**	**HUTTEN**
HARSHA	HENNIR	**HIRSCH**	HOUDAN	**HUTTON**
HARVEY	**HÉNOCH**	**HIRSON**	HOUDAN	**HUXLEY**
HASARD	HÉRAUT	HISSÉE	**HOUDON**	**HUYGHE**
HASKIL	**HERBIN**	HISSER	HOUDRY	**HUZHOU**
HASSAN	HERBUE	**HITLER**	**HOUGUE**	HYALIN
HASSID	HERCHÉ	**HOBART**	HOUPPE	HYDRIE
HASTÉE	**HERDER**	**HOBBES**	HOUQUE	**HYÈRES**
HÂTANT	**HERENT**	HOBBYS	HOURDÉ	**HYKSOS**
HATHOR	**HERERO**	**HOBSON**	HOURRA	HYOÏDE
HÂTIVE	HÉRITÉ	**HOCART**	HOUSSE	HYPOGÉ
HAUBAN	**HERMÈS**	HOCHÉE	HOUSSÉ	**HYRCAN**
HAUSER	**HERMÈS**	HOCHER	**HOWARD**	HYSOPE
HAUSSE	**HERMON**	HOCHET	**HOWRAH**	**IATMUL**
HAUSSÉ	HERNIE	HOCKEY	HOYAUX	**IBADAN**
HAUTIN	HERNIÉ	**HODLER**	**HOZIER**	**IBAGUÉ**
HAÜYNE	**HÉRODE**	**HOGGAR**	**HRABAL**	**IBÈRES**
HAVAGE	**HÉROLD**	**HOHHOT**	HRIVNA	**IBÉRIE**
HAVANE	HERPÈS	HOIRIE	**HUAMBO**	IBÉRIS
HAVANT	HERSÉE	HOLD-UP	**HUBBLE**	**IBIBIO**
HAVERS	HERSER	**HOLMES**	**HUBERT**	IBIDEM
HAWAII	**HERTEL**	**HOLTER**	HUBLOT	ICAQUE
HAWKES	**HERZEN**	**HOMAIS**	HUCHÉE	**ICARIE**
HAYKAL	**HERZOG**	HOMARD	HUCHER	ICELLE
HAZARA	**HESDIN**	HOMÈRE	**HUDSON**	ICELUI
HAZARD	HÉSITÉ	HONGRE	**HUELVA**	ICI-BAS
HEANEY	**HESSEN**	HONGRÉ	HUERTA	ICTÈRE
HEARST	**HESTIA**	**HONGWU**	HUESCA	IDÉALE
HEAUME	**HESTON**	HONING	**HUGHES**	IDÉALS
HEBBEL	HÉTÉRO	HONNIE	**HUGUES**	IDÉAUX
HÉBERT	HETMAN	HONNIR	**HUGUET**	IDIOME
HÉBÉTÉ	**HETZEL**	HONORÉ	HUILÉE	IDIOTE
HÉBREU	HEURTÉ	**HONSHU**	HUILER	IDOINE
HÉBREU	**HEUYER**	HOOGHE	**HUISNE**	**IDRISI**
HÉBRON	**HEVESY**	**HOOKER**	HUÎTRE	**IDUMÉE**
HÉCATE	**HEWISH**	HOORNE	**HULAGU**	IDYLLE
HECTOR	HEXANE	**HOOVER**	HULULÉ	**IEYASU**
HÉCUBE	HEXOSE	**HOPPER**	HUMAGE	**IGARKA**
HEDJAZ	HIATAL	HOQUET	HUMAIN	**IGNACE**
HEDWIG	HIATUS	**HORACE**	HUMANT	IGNAME
HEGANG	HIBOUX	**HORGEN**	**HUMBER**	IGNARE
HÉGIRE	HIDEUR	HORION	HUMBLE	IGNORÉ
HEIDER	HIDEUX	HORMIS	HUMEUR	**IGUAÇU**

IGUANE	INDOOR	IN VIVO	**IZOARD**	JERSEY
IJEVSK	**INDORE**	IODANT	JABIRU	**JERSEY**
IJSSEL	INDUIT	IODATE	JABLÉE	JETAGE
IKARÍA	INDULT	IODLER	JABLER	JETANT
ILÉALE	INDURÉ	IODURE	**JACOBI**	JETEUR
ILÉAUX	INÉDIT	IODURÉ	**JACOBS**	JET-SET
ILÉITE	INÉGAL	IONIEN	JACTER	JET-SKI
ILESHA	INEPTE	IONISÉ	**JAFFNA**	JEÛNER
ILIADE	INERME	IONONE	JAGUAR	JEUNET
ILIGAN	INERTE	IOULER	**JAGUEN**	JEUNOT
ILLICH	INERTÉ	IOURTE	JAILLI	**JEVONS**
ILLICO	INFÂME	IPOMÉE	**JAIPUR**	JHANSI
ILLITE	INFANT	**IRÉNÉE**	**JALAPA**	JHELAM
ILLYÉS	INFECT	**IRGOUN**	JALOUX	**JHELUM**
ILOILO	INFÈRE	IRIDIÉ	JAMAIS	JIGGER
ILORIN	INFÉRÉ	**IRIGNY**	**JAMBOL**	JINGLE
IMAGÉE	INFIME	IRISÉE	JAMBON	JINGXI
IMAGER	INFINI	IRISER	**JAMBYL**	JINHUA
IMAMAT	INFIXE	IRITIS	**JAMMES**	JINNAH
IMBIBÉ	INFLUÉ	**IROISE**	JANCSÓ	**JIVAGO**
ÍMBROS	INFLUX	IRONIE	**JANSKY**	JIVARO
IMITÉE	INFÛLE	IRRÉEL	**JAPHET**	**JIVKOV**
IMITER	INFUSE	IRRITÉ	JAPPER	**JOANNE**
IMMOLÉ	INFUSÉ	**IRTYCH**	**JAPURÁ**	JOBARD
IMMUNE	INGÉNU	**IRVING**	JARDIN	JOCKEY
IMPACT	INGÉRÉ	**ISABEY**	JARDON	JODLER
IMPAIR	**INGOLD**	ISATIS	JARGON	**JOFFRE**
IMPALA	INGRAT	**ISCHIA**	**JARNAC**	**JOIADA**
IMPAYÉ	**INGRES**	**ISERAN**	JARRET	**JOIGNY**
IMPHAL	INHALÉ	**ISHTAR**	**JARRIE**	JOINTE
IMPOLI	INHIBÉ	**ISIGNY**	JASANT	JOJOBA
IMPOSÉ	INHUMÉ	**ISMAËL**	JASEUR	JOLIET
IMPUNI	INIQUE	**ISMAÏL**	JASMIN	**JOLIET**
IMPURE	INITIÉ	**ISMÈNE**	**JASPAR**	JOMINI
IMPUTÉ	INJURE	ISOÈTE	JASPÉE	JONCÉE
INALPE	INNOMÉ	ISOLAT	JASPER	JONCER
INALPÉ	INNOVÉ	ISOLÉE	**JASPER**	JONCHÉ
INAPTE	INONDÉ	ISOLER	JATAKA	**JONGEN**
IN-BORD	INOUÏE	**ISONZO**	JATTÉE	JONGLÉ
INCHON	IN PACE	ISOPET	JAUGÉE	JONQUE
INCISE	INSANE	**ISORNI**	JAUGER	**JONSON**
INCISÉ	INSÉRÉ	ISRAËL	JAUNET	**JONZAC**
INCITÉ	**INSERM**	**ISSÉEN**	JAUNIE	JOPLIN
INCLUS	INSERT	ISTHME	JAUNIR	**JORDAN**
INCRÉÉ	INSOLÉ	**ISTRES**	**JAURÈS**	JORURI
INCUBE	INSTAR	**ISTRIE**	**JAVARI**	**JOSEPH**
INCUBÉ	INSTIT	**ITAIPÚ**	JAVART	JOSIAS
INCUIT	INSULA	**ITALIE**	JAVELÉ	**JOSPIN**
INCUSE	INTACT	**IVAJLO**	JDANOV	JOUANT
INDÈNE	INTIME	**IVANOV**	**JEANNE**	JOUEUR
INDEXÉ	INTIMÉ	IVETTE	**JEKYLL**	JOUGNE
INDICE	INTRUS	IVOIRE	**JENNER**	JOUJOU
INDIEN	INTUBÉ	IVRAIE	JENSEN	**JOUKOV**
INDIEN	**INUVIK**	IVRYEN	JEPHTÉ	JOUTER
INDIGO	INVITE	IXIÈME	JERKER	**JOUVET**
INDIUM	INVITÉ	**IZEGEM**	**JÉRÔME**	JOUXTÉ
INDOLE				JOVIAL

JOVIEN	KALGAN	KELVIN	KLÉBER	KUIPER
JOVIEN	KALIÑA	KELVIN	KLEENE	KUMAON
JOYAUX	KALISZ	KEMMEL	KLEIST	KUMASI
JOYEUX	KALMAR	KEMPFF	KLENZE	KUMMEL
JÓZSEF	KANAKE	KEMPIS	KLIPPE	KUMMER
JUBILÉ	KANAKE	KENTIA	KLOTEN	KUNG-FU
JUCHÉE	KANAMI	KENYAN	KOBOLD	KUNLUN
JUCHER	KANGXI	KENYAN	KOCHER	KUNSAN
JUDITH	KANKAN	KENZAN	KODÁLY	KUOPIO
JUDOGI	KANPUR	KÉPHIR	KODIAK	KUPANG
JUDOKA	KANSAI	KEPLER	KŒNIG	KURTÁG
JUGALE	KANSAS	KERALÀ	KOETSU	KURUME
JUGAUX	KANTOR	KERMAN	KOFFKA	KWACHA
JUGEUR	KAOLIN	KERMÈS	KOHIMA	KWANZA
JUGLAR	KAPLAN	KERRIA	KÖHLER	KWANZA
JUGULÉ	KAPOSI	KERRIE	KOHOUT	KYLIAN
JUILLY	KAPUAS	KERTCH	KOKAND	KYUSHU
JUJUBE	KARAMÉ	KESSEL	KOLLÁR	LA BAIE
JULIEN	KARATÉ	KETMIE	KOLTÈS	LABEUR
JULIEN	KARBAU	KEVLAR	KOLYMA	LABIAL
JUMEAU	KARCHI	KEYNES	KONIEV	LABIÉE
JUMELÉ	KARDEC	KHÂGNE	KONITZ	LABILE
JUMENT	KARIBA	KHANAT	KOPECK	LABIUM
JUNEAU	KARITÉ	KHANIÁ	KÖPPEN	LABORI
JÜNGER	KARMAN	KHEOPS	KORAÍS	LABOUR
JUNGLE	KARMAN	KHMÈRE	KORIAK	LABRIT
JUNIOR	KARNAK	KHMÈRE	KORNAI	LAÇAGE
JUNKER	KARPOV	KHOROG	KÖRNER	LAÇANT
JUNKIE	KARRER	KHOSRÔ	KORUNA	LACÉRÉ
JUPIER	KARROO	KHOTAN	KOSICE	LACEUR
JURANT	KARZAI	KHULNA	KOSOVO	LÂCHÉE
JUREUR	KASHER	KHYBER	KOSSEL	LÂCHER
JURIEU	KASPAR	KICKER	KOSSOU	LACLOS
JUSANT	KASSAÏ	KIEFER	KOUBAN	LA CRAU
JUSQUE	KASSEL	KIELCE	KOUBBA	LACTÉE
JUSTIN	KASSEM	KIFFER	KOUDOU	LACUNE
JUTANT	KATHAK	KIF-KIF	KOUFRA	LADAKH
JUTEUX	KATONA	KIGALI	KOULAK	LADANG
JUVARA	KAUNAS	KIKUYU	KOUMIS	LADIES
JUVISY	KAUNDA	KIKWIT	KOUMYK	LADINO
KABILA	KAVÁLA	KIMONO	KOUMYS	LADITE
KABOUL	KAVERI	KIMURA	KOUROS	LADOGA
KABUKI	KAVIRI	KINASE	KOUROU	LAEKEN
KABYLE	KAZAKH	KINDIA	KOURSK	LA FÈRE
KABYLE	KAZAKH	KINOIS	KOVROV	LAGASH
KACHAN	KAZBEK	KINOIS	KOWEÏT	LAGOYA
KACHIN	KAZVIN	KIPPER	KRAFFT	LAGUIS
KADARÉ	KEATON	KIRKUK	KRAKÓW	LAGUNE
KADESH	KEDIRI	KIRSCH	KREMER	LÀ-HAUT
KADUNA	KEESOM	KIRUNA	KRIENS	LA HAYE
KAGERA	KEIHIN	KISTNA	KRLEZA	LA HIRE
KAHLER	KEIRIN	KISUMU	KROETZ	LAHORE
KAINJI	KEISER	KITANO	KRONER	LAHOUD
KAISER	KEITEL	KITSCH	KRONOS	LA HYRE
KAISER	KEKULÉ	KJØLEN	KRUGER	LAÏCAT
KAKAWI	KELLER	KLADNO	KRÜGER	LAÎCHE
KALDOR	KELSEN	KLAXON	KRYLOV	L'AIGLE

LAINÉE	LAPSUS	LAVAGE	LEONES	LIARDÉ
LAINER	**LAPTEV**	LAVANT	LÉONIN	LIASSE
LAÏQUE	LAQUÉE	LAVAUR	LEONOV	LIBAGE
LAISSE	LAQUER	**LAVÉRA**	LEPAGE	LIBERA
LAISSÉ	LARBIN	LAVEUR	**LE PECQ**	**LIBÈRE**
LAITÉE	**LARCHE**	LAVOIR	**LE PÈRE**	LIBÉRÉ
LAITON	LARCIN	**LAVRON**	**LÉPIDE**	LIBERO
LAITUE	LARDÉE	LAVURE	**LÉPINE**	LIBIDO
LAJTHA	LARDER	LAXITÉ	**LE PLAY**	LIBYEN
LAKOTA	LARDON	**LAZARE**	**LE PONT**	**LIBYEN**
LAMAGE	**LAREDO**	LAZZIS	**LE PORT**	LICHÉE
LAMANT	LARGUE	LEADER	LEPTON	LICHEN
LAMBDA	LARGUÉ	**LEAKEY**	LEQUEL	LICHER
LAMBEL	**LARMOR**	**LÉAUTÉ**	LERCHE	LICIER
LAMBIC	**LARREY**	LEBEAU	LÉRIDA	LICITE
LAMBIN	LARRON	LEBRET	LÉRINS	LICITÉ
LAMBIN	LARSEN	**LE BRIX**	**LEROUX**	**LIEBIG**
LAMECH	**LARTET**	LEBRUN	**LESAGE**	LIEDER
LA MÈDE	LARVÉE	LÉCHÉE	LÉSANT	LIÉGÉE
LAMETH	LARYNX	LÉCHER	**LESBOS**	LIERNE
LAMIER	**LARZAC**	LECOCQ	**LESCAR**	LIERRE
LAMINÉ	**LA SALE**	**LE DAIM**	**LESCOT**	**LIERRE**
LAMOUR	LASCAR	LE DAIN	**LESHAN**	LIESSE
LAMPAS	LASCIF	LEDOUX	LÉSINE	LIEUSE
LAMPÉE	**LASSAY**	LÊ DUAN	LÉSINÉ	**LIÉVIN**
LAMPER	LASSÉE	**LEFUEL**	LÉSION	LIÈVRE
LA MURE	LASSER	LÉGALE	**LESKOV**	**LIFFRÉ**
LANCÉE	LASSIS	LEGATO	**LESTÉE**	LIFTÉE
LANCER	**LASSUS**	LÉGAUX	LESTER	LIFTER
LANÇON	LASTEX	LÉGÈRE	LÉTALE	LIGAND
LANDAU	LASURE	LÉGION	LÉTAUX	LIGASE
LANDAU	**LA SUZE**	LE GOFF	LETCHI	**LIGETI**
LÄNDER	**LA TÈNE**	LE GRAU	**LE TEIL**	LIGNÉE
LANDES	LATENT	**LEGROS**	LETTON	LIGNER
LANDRU	**LATHAM**	LÉGUÉE	**LETTON**	**LIGNON**
LANDRY	**LATINA**	LÉGUER	LETTRE	LIGOTÉ
LANGÉE	**LATINE**	LÉGUME	LETTRÉ	LIGUÉE
LANGER	LATINE	LEIPOA	LEURRE	LIGUER
LANGON	**LATINI**	LEIRIS	LEURRÉ	**LIGUGÉ**
LANGUE	LATINO	LEITHA	**LEUVEN**	LIGULE
LANGUI	**LATIUM**	LEKAIN	LEVAGE	LIGULÉ
LANICE	**LATONE**	LE LION	LEVAIN	LIGURE
LANIER	**LA TOUR**	LE LUDE	LEVANT	**LIGURE**
LANNES	LATRAN	LE MANS	**LEVANT**	LIKASI
LANNOY	LATRIE	LÉMERY	LEVENS	LIKOUD
LA NOUE	LATTÉE	LEMIRE	LEVIER	LILIAL
LANSON	LATTER	**LEMMON**	**LEVIER**	LILITH
LAO CHE	LATTES	LEMNOS	LÉVITE	LILOTE
LAOGAI	LATTIS	**LEMOND**	LEVRON	LIMACE
LAO SHE	**LATUDE**	LÉMURE	LEVURE	LIMAGE
LAPANT	LAUDES	**LE NAIN**	LEXÈME	LIMANT
LAPIAZ	**LAUNAY**	LENARD	LEYSIN	LIMBES
LAPIDÉ	LAURÉE	LENDIT	LÉZARD	**LIMEIL**
LAPINE	**LAUREL**	LENGUA	LEZOUX	LIMEUR
LAPINÉ	**LAUTER**	**LÉNINE**	LHASSA	LIMIER
LAPONE	**LAUZUN**	LENOIR	LHOTSE	LIMITE
LAPONE	LAVABO	**LEOBEN**	LIANTE	**LIMITÉ**

LIMNÉE	LOADER	LOUCHÉ	LUTANT	MADRÉE
LÍMNOS	LOANGO	LOUDUN	LUTÉAL	MADRID
LIMOGÉ	LOBANT	LOUEUR	LUTÈCE	MADURA
LIMOUX	LOBBYS	LOUGRE	LUTHER	MAFFIA
LIMULE	LOBITO	LOUISE	LUTINE	MAFFLU
LINDAU	LOB NOR	LOULOU	LUTINÉ	MAGANÉ
LINDER	LOBULE	LOUPÉE	LUTRIN	MAGNAN
LINÉEN	LOBULÉ	LOUPER	LUTTER	MAGNAN
LINGAM	LOCALE	LOUPOT	LUTULI	MAGNAT
LINGOT	LOCAUX	LOURDE	LÜTZEN	MAGNÉE
LINGUE	LOCHÉE	LOURDÉ	LUXANT	MAGNER
LINIER	LOCHER	LOURÉE	LUXURE	MAGNET
LIONNE	LOCHES	LOURER	LUYNES	MAGNOL
LIONNE	LODÈVE	LOURIA	LUZHOU	MAGNUM
LIORAN	LOÈCHE	LOUSSE	LUZIEN	MAGNUS
LIPARI	LOFANT	LOUTRE	LUZULE	MAGRET
LIPASE	LOGEUR	LOUVEL	LYCAON	MAGYAR
LI PENG	LOGGIA	LOUVET	LYCÉEN	MAGYAR
LIPIDE	LOGNES	LOUVRE	LYCÈNE	MAHAUT
LIPOME	LOGONE	LOUXOR	LYCHEE	MAHFUZ
LIPPÉE	LOIRET	LOVANT	LYCOPE	MAHLER
LIPPUE	LOISEL	LOWELL	LYCOSE	MAHMUD
LIPSET	LOISIR	LOYALE	LYDIEN	MAHOUS
LISAGE	LOKMAN	LOYAUX	LYDIEN	MAIANO
LISANT	LOKOUM	LOYSON	LYMPHE	MAICHE
LISBOA	LOLITA	LOZÈRE	LYNCHÉ	MAÎCHE
LISERÉ	LOLITA	LUANDA	LYSANT	MAÏEUR
LISEUR	LOMBES	LÜBECK	LYSIAS	MAIGRE
LISIER	LOMBOK	LUBLIN	LYSINE	MAIGRI
LISSÉE	LOMÉEN	LUCAIN	LYTTON	MAÏKOP
LISSER	LOMMEL	LUCANE	MAAZEL	MAILER
LISTÉE	LONDON	LUCÉEN	MABOUL	MAILLE
LISTEL	LONGÉE	LUCHON	MABUSE	MAILLÉ
LISTER	LONGER	LUCIDE	MACAPÁ	MAILLY
LISTER	LONGHI	LUCIEN	MACEIÓ	MAINTE
LISTON	LONGIN	LUCITE	MACÉRÉ	MAIRET
LI TANG	LONGUE	LUÇOIS	MÂCHÉE	MAIRIE
LITANT	LONGUE	LUDION	MACHEL	MAISON
LITCHI	LONGUS	LUDOIS	MÂCHER	MAISON
LITEAU	LONGWY	LUETTE	MACHIN	MAÎTRE
LITHAM	LON NOL	LUGANO	MÂCHON	MAJEUR
LITIGE	LOQUET	LUGEUR	MACINA	MAJEUR
LITOTE	LORENZ	LUKÁCS	MACLÉE	MA-JONG
LITRON	LORGNÉ	LULUWA	MACLOU	MAJORÉ
LITSAM	LORIOL	LUNCHS	MACRIN	MAJURO
LITTAU	LORIOT	L'UNION	MACULA	MAKALU
LITTRÉ	LORIUS	LUNULE	MACULE	MAKEBA
LIVEDO	LORRIS	LUNURE	MACULÉ	MAKILA
LIVIDE	LORRYS	LUPÉEN	MADÁCH	MALABO
LIVING	LOTIER	LUQMAN	MADAME	MALADE
LIVRÉE	LOTION	LURÇAT	MADE IN	MALAGA
LIVRER	LOTOIS	LUSACE	MADÈRE	MÁLAGA
LIVRET	LOUAGE	LUSAKA	MADÈRE	MALAIS
LIZARD	LOUANT	LÜSHUN	MADINE	MALAIS
LLANOS	LOUBAR	LUSSAC	MADONE	MALANG
LLÍVIA	LOUBET	LUSTRE	MADRAS	MALARD
LLOYD'S	LOUCHE	LUSTRÉ	MADRAS	MALART

MALAWI	MAQUÉE	MARRIR	MAXIMA	MEMBRÉ
MALAXÉ	MAQUER	MARRON	MAXIME	MEMBRU
MALBAR	MAQUIS	**MARROU**	**MAXIME**	MÉMÈRE
MALBEC	MARACA	MARTEL	MAYEUR	MÉMÉRÉ
MALGRÉ	**MARADI**	**MARTEL**	**MA YUAN**	**MEMNON**
MALICE	MARAIS	**MARTHE**	MAZAMA	MENACE
MALIEN	**MARAIS**	**MARTIN**	**MAZEPA**	MENACÉ
MALIEN	**MARAJÓ**	MARTRE	MAZOUT	MÉNADE
MALORY	MARANS	MARTYR	**MBUNDU**	**MENADO**
MALOYA	**MARANS**	**MASADA**	**MCADAM**	MÉNAGE
MALTÉE	MARAUD	**MASERU**	MÉCANO	**MÉNAGE**
MALTER	**MARBOT**	**MASINA**	MÉCÈNE	MÉNAGÉ
MÄLZEL	MARBRE	MASQUE	**MÉCÈNE**	MENANT
MAMAIA	MARBRÉ	MASQUÉ	MÉCHÉE	**MENANT**
MAMELU	MARCEL	**MASSAÏ**	MÉCHER	**MENDEL**
MAMERS	**MARCEL**	MASSÉE	MECHTA	MENDIÉ
MAMERT	MARCHE	MASSER	**MECIAR**	MENEAU
MAMMON	**MARCHE**	**MASSEY**	**MÉDARD**	MENÉES
MAMORÉ	MARCHÉ	MASSIF	MÉDIAN	MENEUR
MANADE	**MARCOS**	**MASSON**	MÉDIAT	**MENGER**
MANADO	**MARCUS**	MASSUE	MÉDINA	**MENGZI**
MANAGE	**MARDAN**	**MASSYS**	MÉDIRE	MENHIR
MANAGÉ	MARGAY	MASTER	MÉDITÉ	MENINE
MANAMA	MARGÉE	MASTIC	MEDIUM	MENORA
MANANT	MARGER	MASTOC	MÉDIUS	MENTAL
MANAUS	**MARGOT**	**MASUKU**	MÉDUSE	MENTHE
MANCHE	MARIAL	MASURE	**MÉDUSE**	MENTIR
MANCHE	**MARICA**	**MATADI**	MÉDUSÉ	MENTON
MANCIE	MARIÉE	MATAGE	**MEERUT**	**MENTON**
MANDAT	MARIER	**MATANE**	MÉFAIT	MENTOR
MANDÉE	MARINA	MATANT	MÉFIÉE	**MENTOR**
MANDEL	**MARINA**	MÂTANT	MÉFIER	MENUET
MANDER	MARINE	**MATARÓ**	MÉGALO	MÉNURE
MANÈGE	**MARINE**	MATCHS	**MÉGARE**	**MENZEL**
MANGÉE	MARINÉ	**MATERA**	MÉGÈRE	MÉPLAT
MANGER	**MARINI**	MATÉTÉ	**MÉGÈRE**	MÉPRIS
MANGIN	**MARINO**	MÂTINE	**MEGÈVE**	**MERANO**
MANGLE	MARIOL	MÂTINÉ	MÉGOHM	MERCIE
MANGUE	**MARION**	MATITÉ	MÉGOTÉ	**MERCKX**
MANIÉE	**MARIUS**	MATOIR	MÉHARA	MERDÉE
MANIER	MARKKA	MATOIS	MÉHARI	MERDER
MANIOC	**MARKOV**	MATRAS	MEHMED	MÉRENS
MANIPE	**MARLEY**	**MATSUE**	MEILEN	**MÉRIDA**
MANISA	MARLIN	**MATTEI**	MÉIOSE	**MERINA**
MANNAR	MARLOU	**MATTOX**	**MÉJEAN**	MERISE
MANOIR	MARMOT	MATURE	MÉJUGÉ	MÉRITE
MANQUE	MARNÉE	MÂTURE	**MEKNÈS**	MÉRITÉ
MANQUÉ	MARNER	**MATUTE**	**MÉKONG**	MERLAN
MAN RAY	**MARNIA**	MAUDIT	MELAKA	MERLIN
MANSIS	**MARNIX**	**MAUGES**	MÊLANT	**MERLIN**
MANTES	**MARONI**	**MAUPAS**	MÉLÉNA	MERLON
MANTRA	**MAROUA**	**MAURES**	MÉLÈZE	MERLOT
MANUCE	MARQUE	**MAURON**	**MÉLIÈS**	**MERMOZ**
MANUEL	MARQUÉ	**MAUROY**	**MÉLINE**	**MERSCH**
MANUEL	MARRÉE	**MAURYA**	MELLAH	**MERSEY**
MAO DUN	MARRER	MAUSER	MEMBRE	**MERSIN**
MAPUTO	MARRIE	MAUVIS	MEMBRE	**MERTON**

MÉRULE	**MIGNET**	MISÈRE	MOITIE	MORAVE
MERYON	MIGNON	**MISHNA**	MOITIÉ	**MORAVE**
MESETA	MIGRER	**MISNIE**	MOITIR	MORDRE
MESLAY	MIHRAB	MISSEL	**MOIVRE**	MORDUE
MESMER	MIJOTÉ	MISTON	**MOJAVE**	**MORDVE**
MESSER	**MIJOUX**	**MISTRA**	MOLDAU	**MORÉAS**
MESSIE	MIKADO	MITAGE	MOLÈNE	**MOREAU**
MESSIN	MILICE	MITANT	**MOLÈNE**	**MORENA**
MESSIN	MILIEU	MITARD	MOLETÉ	MORÈNE
MESURE	**MILIEU**	MITEUX	**MOLINA**	**MORENO**
MESURÉ	MILITÉ	**MITHRA**	**MOLISE**	**MORETO**
MÉSUSÉ	MILLAS	MITIGÉ	**MOLITG**	MORFAL
MÉTAUX	**MILLAS**	MITOSE	MOLLAH	MORFIL
MÉTEIL	**MILLAU**	MITRAL	MOLLET	MORFLÉ
MÉTIER	**MILLER**	MITRÉE	**MOLLET**	**MORGAN**
MÉTOPE	MILLET	MITRON	MOLLIE	**MORGAT**
MÉTRÉE	**MILLET**	MI-VOIX	MOLLIR	**MORGES**
MÉTRER	MILORD	MIXAGE	**MOLNÁR**	MORGON
METSYS	**MILOSZ**	MIXANT	MOLOCH	MORGUE
METTRE	**MILTON**	MIXEUR	**MOLOCH**	**MÓRICZ**
MEUBLE	MIMANT	MIXITÉ	MOLTKE	**MÖRIKE**
MEUBLÉ	MIMOSA	**MIYAKE**	MOLURE	**MORINS**
MEUCCI	**MIMOUN**	MOBILE	MOMBIN	MORION
MEUDON	MINAGE	**MOBILE**	MOMENT	**MORITZ**
MEUGLÉ	MINANT	MÖBIUS	MÔMIER	**MORLEY**
MEULAN	MINBAR	**MÖBIUS**	**MOMPÓS**	MORMON
MEULÉE	MINCIE	MOBLOT	**MONACO**	**MORNAY**
MEULER	**MINCIO**	MOBUTU	MONADE	**MORONI**
MEULON	MINCIR	**MOCKEL**	MONCEY	MOROSE
MEURON	MINDEL	MODALE	MONDÉE	**MORRIS**
MEXICO	**MINDEN**	**MODANE**	MONDER	MORTEL
MEYLAN	MINEUR	MODAUX	**MONDOR**	MORT-NÉ
MEYMAC	**MINGAN**	MODELÉ	MONÈME	**MORTON**
MEYRIN	**MINGUS**	MODÈLE	MONEIN	MORULA
MÉZENC	**MINÎÈH**	**MODÈNE**	**MONGOL**	**MORVAN**
MEZINE	MINIER	MODÉRÉ	MONGOL	MOSANE
MÉZOIS	MINIMA	MODULE	**MONLUC**	**MOSCOU**
MFLOPS	MINIME	MODULÉ	**MONNET**	**MOSKVA**
MIASME	MINIUM	MODULO	MONÔME	**MOSSAD**
MIAULÉ	MINOEN	MOELLE	**MONORY**	**MOSTAR**
MI-BOIS	MINOIS	**MŒRIS**	MONROE	**MOTALA**
MICACÉ	MINORÉ	MŒURS	**MONTAN**	MOTARD
MICHÉE	MINQUE	MOFLÉE	MONTÉE	MOT-CLÉ
MICHEL	**MINSKY**	MOFLER	MONTER	MOTEUR
MICHNA	MINUIT	**MOGODS**	MONTES	MOTION
MICKEY	MINUTE	**MOHÁCS**	**MONTEZ**	MOTIVÉ
MI-CLOS	MINUTÉ	MOHAIR	MONTRE	MOTTÉE
MICMAC	MIOCHE	**MOHAVE**	MONTRÉ	MOTTER
MICMAC	MIRAGE	**MOHAWK**	MOOREA	MOUCHE
MI-CÔTE	MIRANT	**MOHÉLI**	MOQUÉE	MOUCHÉ
MICRON	MIRAUD	MOIRÉE	MOQUER	MOUDRE
MIDWAY	**MIRCEA**	MOIRER	**MORAIS**	MOUFLE
MIELLÉ	MIREUR	MOISÉE	MORALE	MOUFTÉ
MIENNE	**MIRIAM**	MOISER	**MORAND**	MOUISE
MIERES	MIROIR	MOISIE	**MORANE**	MOUJIK
MIETTE	MISANT	MOISIR	MORAUX	MOULÉE
MIÈVRE	**MISÈNE**	**MOISSY**	**MORAVA**	MOULER

MOULIN	MUSARD	**NANSEN**	NÉGOCE	NIELLÉ
MOULIN	MUSCAT	**NANTES**	**NEGROS**	**NIÉMEN**
MOULUE	MUSCLE	NANTIE	**NÉGUEV**	N-IÈMES
MOURAD	MUSCLÉ	NANTIR	NEIGER	**NIÉPCE**
MOURET	MUSÉAL	**NANTUA**	**NEIGES**	**NIÈVRE**
MOURIR	MUSEAU	NAPALM	**NEISSE**	NIGAUD
MOURON	MUSELÉ	**NAPATA**	**NELSON**	**NIJLEN**
MOURRE	MUSÉUM	NAPHTA	**NEMROD**	**NIKITA**
MOUSMÉ	**MUSHIN**	NAPHTE	**NENETS**	NIKKEI
MOUSSE	MUSOIR	**NAPIER**	NÉNIES	NILLES
MOUSSÉ	MUSQUÉ	**NAPLES**	NÉPALI	NIMBÉE
MOUSSU	MUSSER	NAPPÉE	**NEPEAN**	NIMBER
MOUTHE	**MUSSET**	NAPPER	NÉRÉIS	**NIMIER**
MOUTON	MUTAGE	NARGUÉ	**NERGAL**	**NIMITZ**
MOUTON	MUTANT	NARINE	**NERNST**	**NÎMOIS**
MOUZON	**MUTARE**	**NARITA**	NÉROLI	**NINGBO**
MOYEUX	MUTILÉ	NARRÉE	**NERUDA**	**NINIVE**
MOZART	MUTINE	NARRER	**NERVAL**	**NINOVE**
MROZEK	MUTINÉ	**NARSÈS**	NERVIN	NIPPÉE
MUCINE	MUTITÉ	NARVAL	**NESSOS**	NIPPER
MUCRON	MUTUEL	**NARVIK**	**NESSUS**	NIPPON
MUESLI	MUTULE	NASALE	**NESTLÉ**	**NIPPON**
MUETTE	**MUTZIG**	NASAUX	**NESTOR**	NIQUÉE
MUFFIN	**MWANZA**	NASDAQ	NETCAM	NIQUER
MUGABE	**MYCALE**	NASEAU	**NEUHOF**	NITRÉE
MUGUET	MYCOSE	**NASSAU**	NEUNEU	NITRER
MUISCA	MYGALE	**NASSER**	NEURAL	NIVALE
MULARD	MYOPIE	NATALE	**NEUTRA**	NIVAUX
MULETA	MYOSIS	**NATHAN**	NEUTRE	NIVÉAL
MULLAH	**MYRDAL**	NATICE	**NEUVIC**	NIVEAU
MULLER	MYRRHE	NATION	**NEVADA**	NIVELÉ
MÜLLER	**MYSORE**	NATIVE	**NEVERS**	NIVÔSE
MÜLLER	MYXINE	**NATORP**	NEVEUX	**NIZAMI**
MULLIS	**NABEUL**	NATRON	**NEW AGE**	**NOBILE**
MULTAN	NABOTE	NATRUM	**NEWARK**	**NOBILI**
MUMBAI	NACRÉE	NATTÉE	**NEWMAN**	**NOCARD**
MUNICH	NACRER	NATTER	NEWTON	NOCEBO
MÜNZER	**NADAUD**	NATURE	**NEWTON**	**NOCÉEN**
MUPHTI	**NADJAF**	**NAUDIN**	NEZAMI	NOCEUR
MURAGE	NÆVUS	**NAUMAN**	**NEZVAL**	NOCHER
MURALE	**NAGANO**	NAUSÉE	NIABLE	NOCIVE
MURANO	NAGARI	NAVAJA	NIAISE	NODALE
MURANT	NAGEUR	**NAVAJO**	NIAISÉ	NODAUX
MURAUX	**NAGOYA**	NAVALE	**NIAMEY**	**NODIER**
MURCIE	**NAGPUR**	NAVIRE	NIAQUE	NODULE
MURÈNE	**NAGUMO**	NAVRÉE	NICHÉE	**NOGARO**
MURGER	NAÏADE	NAVRER	NICHER	**NOGENT**
MURGER	NAÎTRE	**NAYAIS**	NICHET	**NOGUÈS**
MURIDÉ	**NAKURU**	**NAZARÉ**	NICHON	**NOHANT**
MÛRIER	**NAMIAS**	NAZRAN	**NICIAS**	NOIRCI
MURMEL	**NANÇAY**	**NEBBIO**	NICKEL	**NOIRET**
MURNAU	**NANDED**	**NÉCHAO**	NICNAC	NOLISÉ
MURPHY	NANDOU	**NECKAR**	**NIÇOIS**	**NOLLET**
MURRAY	**NANGIS**	**NECKER**	**NIÇOIS**	NOMADE
MÜRREN	NANISÉ	NECTAR	**NICOLA**	NOMBRE
MUSALA	NANKIN	NECTON	**NICOLE**	NOMBRÉ
MUSANT	**NANKIN**	**NEFOUD**	NIELLE	NOMINÉ

NOMMÉE	**NYSTAD**	OFFICE	OPALIN	**ORNAIS**
NOMMER	OASIEN	OFFRIR	OPAQUE	**ORNANO**
NON-DIT	**OAXACA**	OFFSET	OP ARTS	**ORNANS**
NONIUS	OBÉRÉE	**OGADEN**	OPÉRÉE	ORNANT
NON-MOI	OBÉRER	OGIVAL	OPÉRER	ORONGE
NORDET	**OBERON**	**OGODAY**	OPÉRON	**ORONTE**
NORDIR	**OBERTH**	**OGOOUÉ**	OPHITE	**OROZCO**
NORMAL	OBLATE	**O. HENRY**	OPHRYS	**ORPHÉE**
NORMAN	OBLATS	OÏDIUM	**OPHULS**	ORPHIE
NORMÉE	OBLIGÉ	OIGNON	OPIACÉ	**ORSINI**
NOROIS	OBLONG	OINDRE	OPIMES	**ØRSTED**
NOROÎT	**O'BRIEN**	**OÏRATE**	OPINEL	**ORSTOM**
NORRIS	OBSCUR	**OISANS**	OPINER	**ORTEGA**
NORTON	OBSÉDÉ	OISEAU	OPONCE	ORTEIL
NORWID	OBTENU	OISEUX	OPPIDA	**ORTHEZ**
NOSTOC	OBTURÉ	OISIVE	OPPOSÉ	**ORTLER**
NOSY BE	OBTUSE	**OISSEL**	OPTANT	**ORTLES**
NOTANT	OBVIER	**OJIBWA**	OPTIMA	**ORWELL**
NOTICE	**OBWALD**	OKOUMÉ	OPTION	**OSASCO**
NOTION	**O'CASEY**	**OLCOTT**	ORACLE	OSCULE
NOTULE	OCCASE	OLÉATE	**ORADEA**	**OSHAWA**
NOUAGE	OCCIRE	OLÉINE	ORAGER	**OSHIMA**
NOUANT	OCCISE	**OLENEK**	ORANGE	**OSIJEK**
NOUEUX	OCCUPÉ	OLÉ OLÉ	**ORANGE**	**OSIRIS**
NOUGAT	OCÉANE	**OLÉRON**	ORANGÉ	**ÖSLING**
NOULET	**OCÉANE**	OLINDA	ORANTE	OSMIUM
NOUMÉA	OCELLE	**OLIVER**	ORBITE	**OSMOND**
NOUNOU	OCELLÉ	OLIVET	ORBITÉ	OSMOSE
NOURRI	OCELOT	**OLIVET**	**ORCÉEN**	**OSORNO**
NOUURE	OCIEUX	**OLMEDO**	ORCHIS	**OSQUES**
NOUVEL	OCRANT	**OLMÜTZ**	ORDRÉE	**OSSÈTE**
NOUVEL	OCTALE	**OLONNE**	ORDURE	OSSEUX
NOVANT	OCTANE	**OLORON**	ORÉADE	**OSSIAN**
NOVARE	OCTANT	OLYMPE	**ÖREBRO**	OSTYAK
NOVICE	OCTAUX	**OLYMPE**	**OREGON**	**OSTYAK**
NOYADE	OCTAVE	OMBRÉE	ORÉMUS	**OTAKAR**
NOYANT	**OCTAVE**	OMBRER	**ORENSE**	OTARIE
NOYAUX	OCTROI	**OMBRIE**	**ORESME**	**OTELLO**
NOYERS	OCTUOR	OMERTA	**ORESTE**	OTIQUE
NUANCE	OCULUS	OMNIUM	**OREZZA**	**OTTAWA**
NUANCÉ	**ODANAK**	ONAGRE	**ORFILA**	**ÖTZTAL**
NUBIEN	**ODENSE**	ONCIAL	ORGANE	**OUADAÏ**
NUBIEN	**ODESSA**	ONDINE	ORGEAT	OUATÉE
NUBILE	ODIEUX	ONDOYÉ	**ORGNAC**	OUATER
NUBUCK	**ODILON**	ONDULÉ	ORGUES	OUBLIE
NUCLÉÉ	ODORAT	**O'NEILL**	ORIENT	OUBLIÉ
NUDITÉ	ODORER	**ONETTI**	**ORIENT**	OUDLER
NUITÉE	**ODORIC**	ONGLÉE	ORIGAN	**OUDONG**
NUITON	ŒDÈME	ONGLET	**ORIOLA**	**OUENZA**
NUJOMA	ŒDIPE	ONGLON	ORIOLE	**OUGRÉE**
NUMAZU	**ŒDIPE**	ONGULÉ	**ORISSA**	OUILLE
NÛMENT	**OERTER**	ONQUES	ORMAIE	OUILLÉ
NUMÉRO	ŒSTRE	ONYXIS	ORMEAU	OUKASE
NUMIDE	ŒUVÉE	ONZAIN	ORMIER	OULÉMA
NUMIDE	ŒUVRE	OOCYTE	ORMOIE	**OULIPO**
NYASSA	ŒUVRÉ	OOGONE	**ORMUZD**	OUMIAK
NYMPHE	OFFERT	OOLITE	**ORNAIN**	OUOLOF

OUOLOF	**PADANG**	PANNÉE	PARTIR	PÉCARI
OUPEYE	PADINE	PANSÉE	PARURE	PÊCHÉE
OURDIE	PADOUE	PANSER	PARVIS	PÊCHER
OURDIR	**PADOUE**	PANSUE	PASCAL	PÊCHER
OURDOU	PAELLA	PANTIN	**PASCAL**	**PECKER**
OURÉBI	PAGAIE	**PANTIN**	**PASCIN**	PECNOT
OURLÉE	PAGAÏE	PANURE	**PASSAU**	PÉCORE
OURLER	**PAGALU**	PANZER	PASSÉE	PECQUE
OURLET	PAGAYE	PAONNE	PASSER	PECTEN
OURMIA	PAGAYÉ	PAPALE	PASSIF	PÉCULE
OUROUK	PAGEOT	PAPAUX	PASSIM	PÉCUNE
OURSIN	PAGINÉ	PAPAYE	PASTEL	PÉDALE
OURSON	**PAGNOL**	**PAPHOS**	PASTIS	PÉDALÉ
OURTHE	PAGNOT	PAPIER	PATATA	PÉDALO
OUTING	PAGODE	**PAPINI**	PATATE	PÉDANT
OUTLAW	PAGURE	PAPION	PATATI	PEDZER
OUTPUT	**PAHARI**	PAPOTÉ	PATAUD	PÉGASE
OUTRÉE	PAILLE	**PAPOUA**	**PATAUD**	**PÉGASE**
OUTRER	PAILLÉ	PAPOUE	PATÈNE	**PÉGOUD**
OUVALA	PAIRIE	**PAPOUE**	PATENT	PÉGUER
OUVERT	PAIRLE	**PAPPUS**	PATÈRE	PEHLVI
OUVRÉE	PAÎTRE	PAPULE	PÂTEUX	PEIGNE
OUVRER	PALACE	PAQSON	**PATHAN**	PEIGNÉ
OUVRIR	PALAIS	PÂQUES	PATHOS	PEINÉE
OUZBEK	PÂLEUR	**PÂQUES**	PATINE	PEINER
OUZBEK	PALIER	PAQUET	PATINÉ	PEINTE
OVAIRE	**PALLAS**	PARADE	**PÁTMOS**	**PEIRCE**
OVIBOS	PALLIÉ	PARADÉ	PATOIS	**PEISEY**
OVIEDO	PALMAS	PARAFE	**PÁTRAI**	PÉKINÉ
OVOÏDE	PALMÉE	PARAFÉ	**PATRAS**	PELADE
OVULER	PALMER	PARAGE	PATRIE	PELAGE
OXALIS	**PALMER**	**PARAMÉ**	PATRON	**PÉLAGE**
OXFORD	PALOIS	**PARANÁ**	PATTÉE	PELANT
OXFORD	**PALOIS**	PARANT	**PATTON**	PELARD
OXYDÉE	PALPÉE	PARDON	PATTUE	**PELAUD**
OXYDER	PALPER	PARÉES	PÂTURE	PÉLÉEN
OXYTON	PALUDE	PAREIL	PÂTURÉ	**PÉLION**
OXYURE	**PALUEL**	PARENT	**PAULIN**	**PELLAN**
OZALID	PÂMANT	**PARENT**	**PAULUS**	PELLÉE
OZANAM	PAMPRE	PARÈRE	PAUMÉE	PELLER
OZONÉE	PANACE	**PARETO**	PAUMER	PELLET
OZONER	PANADE	PARFUM	PAUSER	**PÉLOPS**
PA'ANGA	PANAIS	PARIÉE	PAUVRE	PELOTE
PACAGE	**PANAJI**	PARIER	PAVAGE	PELOTÉ
PACAGÉ	PANAMA	PARITÉ	PAVANE	PELTÉE
PACANE	**PANAMÁ**	**PARINI**	PAVANÉ	**PELTON**
PACANT	**PANAME**	**PARKER**	PAVANT	PELURE
PACHER	PANANT	PARLÉE	**PAVESE**	**PÉLUSE**
PACHTO	PANARD	PARLER	PAVEUR	PELVIS
PACHTO	PANDIT	**PARLER**	**PAVLOV**	PÉNALE
PACINO	**PANGÉE**	PAROIR	PAVOIS	**PENANG**
PACÔME	PANIER	PAROLE	**PAXTON**	PENAUD
PACQUÉ	**PANINE**	PARQUÉ	PAYANT	PÉNAUX
PACSÉE	PANINI	**PARROT**	PAYEUR	PENCHÉ
PACSER	**PANINI**	PARSEC	PAYSAN	PENDRE
PACSON	**PANJIM**	PARSIE	PÉAGER	PENDUE
PADANE	**PANKOW**	PARTIE	PÉBROC	PÉNIEN

PENNAC	**PESARO**	**PIAGET**	**PINARD**	PLACET	
PENNÉE	PESETA	**PIALAT**	PINCÉE	PLAGIÉ	
PENNON	PESEUR	PIAULE	PINCER	PLAIDÉ	
PENSÉE	**PESSAC**	PIAULÉ	PINÇON	PLAINE	
PENSER	PESSAH	PIAUTE	**PINCUS**	PLAINT	
PENSIF	**PESSOA**	PIAZZA	PINÉAL	PLAIRE	
PENSUM	PESTER	**PIAZZI**	PINEAU	**PLANCK**	
PENTUE	**PÉTAIN**	PIBALE	PINÈDE	PLANÉE	
PÉONES	PÉTALE	**PIBRAC**	PINÈNE	PLANER	
PEOPLE	PÉTANT	PICAGE	**PINGET**	PLANTE	
PEORIA	PÉTARD	PICARD	PINGRE	PLANTÉ	
PÉPÈRE	**PETARE**	**PICARD**	PIN-PON	**PLANTÉ**	
PÉPIER	PÉTASE	PICHET	PINSON	**PLANTU**	
PÉPITE	**PETERS**	PICK-UP	PINTÉE	PLAQUE	
PÉPLUM	PÉTEUR	PICOLÉ	PINTER	PLAQUÉ	
PÉQUET	PÉTEUX	PICORÉ	**PINTER**	PLASMA	
PÉQUIN	**PÉTION**	PICOTE	PINYIN	PLASTE	
PERBEN	PETIOT	PICOTÉ	**PINZÓN**	PLATÉE	
PERCÉE	PETIPA	PICRIS	PIOCHE	**PLATON**	
PERCER	PETITE	**PICTES**	PIOCHÉ	PLÂTRE	
PERCET	**PETOFI**	**PICTET**	PIOLET	PLÂTRÉ	
PERCHE	PÉTOLE	PIDGIN	**PIOMBO**	**PLAUEN**	
PERCHE	PÉTREL	PIÉGÉE	PIONCÉ	**PLAUTE**	
PERCHÉ	PÉTRIE	PIÉGER	PIONNE	**PLEAUX**	
PERÇUE	PÉTRIN	**PIERNÉ**	PIORNE	PLEINE	
PERDRE	PÉTRIR	**PIÉRON**	PIORNÉ	**PLÉLAN**	
PERDUE	PÉTUNÉ	PIERRE	PIPANT	PLÉNUM	
PERIER	PEUPLE	**PIERRE**	PIPEAU	**PLÉRIN**	
PÉRIMÉ	PEUPLÉ	PIERRÉ	PIPEUR	PLEURÉ	
PÉRIPH	**PEYNET**	PIÉTER	PIPIER	**PLEVEN**	
PERKIN	PEYOTL	PIÉTIN	PIQUÉE	PLÈVRE	
PERLAN	PEZIZE	PIÉTON	PIQUER	PLEXUS	
PERLÉE	PHANIE	PIÈTRE	PIQUET	**PLEYEL**	
PERLER	**PHAROS**	PIEUSE	**PIQUET**	PLEYON	
PERLON	PHASME	PIEUTÉ	PIQÛRE	PLIAGE	
PERLOT	**PHÉBUS**	PIFANT	PIRATE	PLIANT	
PERMIS	**PHÉDON**	PIFFÉE	PIRATÉ	PLIEUR	
PERMON	**PHÈDRE**	PIFFER	PIRAYA	PLIOIR	
PERNES	PHÉNIX	PIGEON	PIRIAC	PLISSÉ	
PERNIK	**PHÉNIX**	**PIGNAN**	PIROLE	PLIURE	
PERNIS	PHÉNOL	PIGNON	PISANE	**PLŒUC**	
PÉRONÉ	**PHILAE**	**PIGNON**	**PISANE**	PLOMBE	
PÉRORÉ	**PHILON**	PILAGE	**PISANO**	PLOMBÉ	
PERRET	PHOBIE	PILANT	PISSAT	PLONGE	
PERRIN	**PHOCÉE**	**PILATE**	PISSÉE	PLONGÉ	
PERRON	**PHOKAS**	PILEUX	PISSER	**PLOTIN**	
PERROS	PHONIE	PILIER	PISTÉE	**PLOUAY**	
PERROT	PHONON	PILLÉE	PISTER	**PLOUHA**	
PERSAN	PHOQUE	PILLER	PISTIL	PLOYÉE	
PERSAN	PHOTON	PILORI	PISTON	PLOYER	
PERSÉE	PHRASE	PILOTE	PISTOU	PLUCHÉ	
PERSEL	PHRASÉ	PILOTÉ	PITEUX	PLUMÉE	
PERSIL	**PHRYNÉ**	**PILPAY**	PITPIT	PLUMER	
PERUTZ	**PHUKET**	**PILSEN**	PIVERT	PLUMET	
PESADE	PHYLUM	PILULE	PIVOTÉ	PLURAL	
PESAGE	PIAFFE	PIMENT	PLACÉE	PLUTON	
PESANT	PIAFFÉ	PINARD	PLACER	**PLUTON**	

PLUTÔT	**POMPÉI**	POUCER	PRIANT	**PRUSSE**
PLUTUS	POMPER	POUDRE	**PRIAPE**	PSAUME
POBEDY	POMPON	POUDRÉ	**PRIÈNE**	PSEUDO
POBLET	PONANT	POUFFÉ	PRIÈRE	PSOQUE
POCHÉE	PONCÉE	POUGNÉ	PRIEUR	PSYCHÉ
POCHER	PONCER	**POUGNY**	PRILEP	**PSYCHÉ**
POCHON	PONCHO	POULET	PRILLY	PSYLLE
PODION	PONCIF	**POULET**	PRIMAL	PTÔSIS
PODIUM	PONDRE	POULIE	PRIMAT	PUANTE
PODZOL	PONDUE	**POULIN**	PRIMÉE	PUBÈRE
POÊLÉE	PONGÉE	POULOT	PRIMEL	PUBIEN
POÊLER	**PONOTE**	POULPE	PRIMER	PUBLIC
POÊLON	**PONSON**	POUMON	PRINCE	PUBLIÉ
POÉSIE	PONTÉE	POUPÉE	**PRINCE**	PUCEAU
POGNON	PONTER	POUPIN	**PRIPET**	PUCIER
POGROM	PONTET	POUPON	PRISÉE	PUDDLÉ
POHANG	PONTIL	POURIM	PRISER	PUDEUR
POIGNE	PONTON	POURRI	PRISME	**PUEBLA**
POILÉE	**POPARD**	POURVU	PRISON	**PUEBLO**
POILER	POP ART	POUSSE	**PRIVAS**	PUÉRIL
POILUE	**POPEYE**	POUSSÉ	PRIVÉE	PUFFIN
POINTE	POPOTE	POUTOU	PRIVER	PUÎNÉE
POINTÉ	**POPPÉE**	POUTRE	**PROBUS**	PUISÉE
POINTU	**POPPER**	POUTSÉ	PROCÈS	PUISER
POINTU	POPULO	**POWELL**	**PROCÈS**	PULQUE
POIRÉE	POQUER	**POYANG**	PROCHE	PULSAR
POIRET	POQUET	**POZNAN**	PROFÈS	PULSÉE
POIROT	PORCHE	**PRADES**	PROFIL	PULSER
POISON	PORCIN	**PRAGUE**	PROFIT	PUNAIS
POISSE	POREUX	**PRAÏEN**	PROFUS	**PURANA**
POISSÉ	PORION	PRAIRE	PROJET	PUREAU
POISSY	**PORNIC**	PRALIN	**PROKOP**	PURETÉ
POITOU	PORQUE	**PRAVAZ**	PROLOG	PURGÉE
POIVRE	PORTAL	PRAXIE	PROMIS	PURGER
POIVRÉ	PORTÉE	PRAXIS	PROMPT	PURINE
POLABÍ	PORTER	PRÉAUX	PROMUE	**PURUSA**
POLARD	**PORTER**	PRÊCHE	PRÔNÉE	**PUSKAS**
POLDER	POSANT	PRÊCHÉ	PRÔNER	**PUSZTA**
POLICE	POSEUR	PRÉCIS	PRONOM	PUTAIN
POLICÉ	POSTAL	PRÉDIT	PROPOS	PUTIER
POLLEN	POSTÉE	PRÉFET	PROPRE	PUTIET
POLLUÉ	POSTER	PRÉFIX	PROSER	**PUTNAM**
POLLUX	**POSTEL**	PRÉLAT	PROTÉE	**PUTNIK**
POL POT	POSTER	PRÉNOM	**PROTÉE**	PUTOIS
POLSKA	POSTES	**PRELOG**	PROTÊT	PUTSCH
POLYBE	Post-it	**PRESOV**	PROTON	PUTTER
POLYOL	POTAGE	PRESSE	**PROUST**	PUTTOS
POLYPE	**POTALA**	PRESSÉ	PROUVÉ	PUZZLE
POMAKS	POTARD	PRESTE	**PROUVÉ**	PYGMÉE
POMARÉ	POTEAU	PRESTÉ	PROVIN	**PYGMÉE**
POMBAL	POTELÉ	PRESTO	PROVOC	PYJAMA
POMELO	**POTHIN**	PRÊTÉE	PROYER	**PYLADE**
POMMÉE	POTIER	PRÊTER	PRUCHE	PYLÔNE
POMMER	POTINÉ	PRÊTRE	PRUINE	PYLORE
POMONE	POTION	PREUVE	PRUNUS	PYRALE
POMPÉE	**POTOSÍ**	PRÉVÔT	PRURIT	**PYRAME**
POMPÉE	**POTTER**	PRÉVUE	PRUSSE	PYRÈNE

PYRITE	QUINTO	RAGEUR	RANDON	RAVINÉ
PYROLE	QUINZE	RAGLAN	**RANDON**	RAVISÉ
PYRRHA	QUIPOU	**RAGLAN**	RANGÉE	RAVIVÉ
PYRROL	QUIRAT	RAGOTE	RANGER	RAVOIR
PYTHIE	QUITTE	RAGOÛT	RANIDÉ	RAYAGE
PYTHON	QUITTÉ	RAGRÉÉ	RANIMÉ	RAYANT
PYTHON	QUITUS	RAGUER	**RAOULT**	**RAYNAL**
PYURIE	**QUMRAN**	**RAGUSE**	RAPACE	RAYSSE
PYXIDE	QUORUM	**RAHMAN**	RÂPAGE	RAYURE
QADESH	**QU YUAN**	**RAHNER**	RÂPANT	**RAZINE**
QADJAR	**QUZHOU**	RAIDER	RÂPEUX	RAZZIA
QASIDA	RABAIS	RAIDIE	RAPHIA	RAZZIÉ
QAZVIN	RABANE	RAIDIR	RAPIAT	**REAGAN**
QI GONG	**RABAUD**	RAILLÉ	RAPIDE	RÉAGIR
QUADES	**RABAUL**	RAINÉE	RAPINE	REALES
QUADRA	RABBIN	RAINER	RAPINÉ	RÉARMÉ
QUADRI	RABIOT	**RAIPUR**	RAPPEL	**REBAIS**
QUAHOG	RÂBLÉE	RAISIN	RAPPER	REBÂTI
QUAKER	RABOTÉ	RAISON	RAPTUS	REBIBE
QUANT À	RACAGE	**RAIZET**	RÂPURE	REBOND
QUANTA	RACHAT	**RAJKOT**	RAQUÉE	REBORD
QUANTZ	**RACHEL**	RAJOUT	RAQUER	REBRAS
QUARTE	RACHIS	**RAJPUT**	RARETÉ	REBUSE
QUARTÉ	RACIAL	**RÁKOSI**	RASADE	REBUTÉ
QUARTO	RACINE	RÂLANT	RASAGE	RECALÉ
QUARTZ	**RACINE**	RALEGH	RASANT	RECASÉ
QUASAR	RACKET	RÂLEUR	RASEUR	RECÉDÉ
QUATER	RACLÉE	RALLIÉ	RASHES	RECELÉ
QUATRE	RACLER	RALLYE	RASKOL	RÉCENT
QUÉBEC	RACOLÉ	RAMAGE	RASOIR	RECEPÉ
QUE DAL	RADANT	RAMAGÉ	RASSIR	**RECIFE**
QUEENS	RADEAU	RAMANT	RASSIS	RÉCITÉ
QUEIPO	RADIAL	RAMDAM	RASTEL	RECLUS
QUÉLÉA	RADIAN	RAMEAU	RATAGE	**RECLUS**
QUELLE	RADIÉE	**RAMEAU**	RATANT	RECOIN
QUELUZ	RADIER	RAMENÉ	**RATEAU**	RÉCOLÉ
QUEMOY	RADINE	RAMEUR	RÂTEAU	RECORD
QUERCY	RADINÉ	RAMEUX	RÂTELÉ	RECRÉÉ
QUÉRIR	RADINS	RAMIER	RATIER	RÉCRÉÉ
QUÊTÉE	RADIUM	RAMONÉ	RATINE	RÉCRIÉ
QUÊTER	RADIUS	**RAMIRE**	RATINÉ	RÉCRIT
QUETTA	RADJAH	**RAMPAL**	RATING	RECRUE
QUETTE	RADÔME	RAMPER	RATION	RECTAL
QUEUTÉ	RADOTÉ	RAMPON	RATITE	RECTUM
QUÉZAC	RADOUB	**RAMPUR**	RATURE	REÇUES
QUEZÓN	RADSOC	**RAMSAY**	RATURÉ	RECUIT
QUICHE	RADULA	RAMSÈS	**RATZEL**	RECULÉ
QUICHÉ	**RAEDER**	**RAMSEY**	RAUCHÉ	RÉCURÉ
QUIDAM	RAFALE	RAMULE	RAUQUE	RÉCUSÉ
QUIÈTE	RAFALÉ	RAMURE	RAUQUÉ	REDENT
QUILLE	**RAFFET**	RANCHE	RAVAGE	RÉDIGÉ
QUILON	RAFFLE	**RANCHI**	RAVAGÉ	REDIMÉ
QUINÉE	RAFFUT	RANCHS	RAVALÉ	RÉDIMÉ
QUINET	RAFIAU	RANCIE	RAVEUR	REDIRE
QUINOA	RAFIOT	RANCIO	RAVIER	REDITE
QUINTE	RAFLÉE	RANCIR	RAVILI	REDORÉ
QUINTÉ	RAFLER	RANÇON	RAVINE	REDOUX

RÉDOWA	RELAYÉ	RÉPÉTÉ	RÉVÉRÉ	RIGOLO
RÉDUIT	RELENT	**REPINE**	REVERS	**RIJEKA**
RÉDUVE	RELEVÉ	REPLAT	**REVERS**	RIKIKI
RÉELLE	RELÈVE	REPLET	REVÊTU	RILSAN
RÉÉLUE	RELIÉE	REPLIÉ	RÊVEUR	RIMANT
REEVES	RELIEF	REPOLI	RÉVISÉ	RIMAYE
REFAIT	RELIER	RÉPONS	REVOIR	RIMEUR
REFEND	RELIRE	REPORT	REVOLÉ	**RIMINI**
RÉFÉRÉ	RELOGÉ	REPOSE	RÉVOLU	RIMMEL
REFILÉ	RELOUÉ	REPOSÉ	REVOTÉ	RINCÉE
REFLET	REMAKE	REPRIS	**REZAYE**	RINCER
REFLEX	REMÈDE	RÉPUTÉ	**REZÉEN**	RIOTER
REFLUÉ	RÉMÉRÉ	REQUIN	RHÉNAN	RIOTTE
REFLUX	**REMICH**	REQUIS	RHÉSUS	RIPAGE
REFUGE	RÉMIGE	**RÉSAFÉ**	**RHÉTIE**	RIPANT
REFUSÉ	**RÉMIRE**	RESALÉ	**RHODES**	**RIPERT**
RÉFUTÉ	REMISE	RESALI	RHODIÉ	RIPOUS
REGAIN	REMISÉ	RÉSEAU	RHOMBE	RIPOUX
RÉGALE	REMIXÉ	RÉSÉDA	RHOVYL	RIPPER
RÉGALÉ	RÉMOIS	RÉSIDÉ	RHUMÉE	**RIQUET**
REGARD	**RÉMOIS**	RÉSIDU	RHUMER	**RISOUL**
RÉGATE	RÉMORA	RÉSINE	RHYTON	RISQUE
RÉGATÉ	REMOUS	RÉSINÉ	**RIALTO**	RISQUÉ
REGELÉ	REMPLI	**RESITA**	RIANTE	**RITALE**
RÉGENT	REMUÉE	RÉSOLU	**RIAZAN**	**RÍTSOS**
RÉGENT	REMUER	RESSAC	RIBAUD	**RITTER**
REGGAE	**RENAIX**	RESSAT	**RIBERA**	RITUEL
REGGIO	RÉNALE	RESSUÉ	RIBLON	RIVAGE
RÉGIME	RENARD	RESSUI	RIBOSE	RIVALE
REGINA	**RENARD**	RESTAU	RIBOTE	**RIVALZ**
RÉGION	**RENART**	RESTÉE	RICAIN	RIVANT
RÉGLÉE	**RENAUD**	RESTER	**RICAIN**	RIVAUX
RÉGLER	RÉNAUX	**RESTIF**	RICANÉ	**RIVERA**
RÉGLET	RENDRE	RÉSUMÉ	**RICHER**	**RIVERS**
RÉGNER	RENDUE	**RÉTAIS**	**RICHET**	RIVETÉ
REGRÉÉ	**RENENS**	RÉTAMÉ	**RICORD**	RIVOIR
REGRET	RENFLÉ	RETAPE	RIC-RAC	**RIVOLI**
REGROS	RENIÉE	RETAPÉ	RICTUS	RIVURE
RÉGULE	RENIER	RETARD	RIDAGE	**RIZHAO**
RÉGULÉ	RÉNINE	RETÂTÉ	RIDANT	RMISTE
REHAUT	**RENNER**	RETENU	RIDEAU	**ROANNE**
REICHA	**RENNES**	**RETHEL**	RIDOIR	ROBAGE
RÉIFIÉ	**RENOIR**	RÉTINE	RIDULE	ROBANT
REILLE	RENOUÉ	RETIRÉ	**RIEHEN**	ROBERT
REISER	RÉNOVÉ	RÉTIVE	**RIEMST**	**ROBERT**
REÎTRE	**RENQIU**	RETORS	**RIENZI**	ROBIEN
RÉJANE	RENTÉE	RETOUR	**RIENZO**	**ROBOAM**
REJETÉ	RENTER	RÉUNIE	RIEUSE	**ROB ROY**
REJOUÉ	RENTRÉ	RÉUNIR	RIFAIN	ROCADE
RÉJOUI	RENVOI	RÉUSSI	**RIFAIN**	**ROCARD**
REJUGÉ	RÉPARÉ	REVALU	RIFFLE	ROCHER
RELAIS	REPART	RÉVÉ	RIFIFI	ROCHET
RELAPS	REPARU	**REVARD**	RIFLER	**ROCHET**
RELATÉ	REPAVÉ	REVÉCU	**RIGAUD**	ROCKER
RELAVÉ	REPAYÉ	RÉVEIL	RIGIDE	ROCKET
RELAXE	REPÈRE	RÉVÉLÉ	RIGOLE	**ROCKET**
RELAXÉ	REPÉRÉ	REVENU	RIGOLÉ	ROCOCO

ROCOUÉ	ROSBIF	RUINÉE	SAFARI	**SAMBIN**
ROCROI	ROSEAU	RUINER	SAFRAN	**SAMBRE**
RODAGE	**ROSEAU**	RUMEUR	SAGACE	SAMEDI
RODANT	ROSEUR	RUMINÉ	SAGAIE	SAMOAN
RÔDANT	ROSIER	**RUMMEL**	SAGARD	**SAMOAN**
RÔDEUR	**ROSLIN**	**RUNGIS**	**SAGIEN**	SAMOLE
RODNEY	**ROSSBY**	RUPANT	SAGINE	SAMPAN
RODOIR	ROSSÉE	**RUPERT**	**SAGLIO**	SAMPLE
RŒSTI	ROSSER	RUPIAH	**SAGONE**	SAMPLÉ
ROGERS	**ROSTOV**	RUPINE	SAHARA	SAMPOT
ROGIER	**ROSTOW**	RURALE	SAIGNÉ	**SAMSON**
ROGNAC	ROSTRE	RURAUX	**SAIGON**	**SAMSUN**
ROGNÉE	ROTACÉ	**RUSAFA**	**SAILER**	**SAMUEL**
ROGNER	ROTANG	RUSANT	SAILLI	**SANAGA**
ROGNON	ROTANT	RUSHES	SAINTE	**SANARY**
ROGUÉE	ROTARY	**RUSKIN**	SAISIE	**SANCHE**
RÓHEIM	**ROTHKO**	**RUSSIE**	SAISIR	**SANDER**
ROHMER	**ROTROU**	RUSTRE	SAISON	SANDOW
ROHRER	ROTULE	RUTILE	**SAJAMA**	SANDRE
ROHTAK	ROTURE	RUTILÉ	SAKIEH	**SANGER**
ROIDIE	ROUAGE	RUTINE	SALACE	**SANGHA**
ROIDIR	ROUANT	**RUYTER**	SALADE	SANGLE
ROILLE	ROUBLE	RWANDA	**SALADO**	SANGLÉ
ROILLÉ	ROUGET	**RWANDA**	SALAGE	**SANGLI**
ROISEL	ROUGIE	**RYBNIK**	SALAMI	**SANSON**
ROISSY	ROUGIR	RYTHME	**SALANG**	SANTAL
RÔLAGE	**ROUHER**	RYTHMÉ	SALANT	**SANTER**
ROLAND	ROULÉE	**RYUKYU**	SALAUD	**SÄNTIS**
ROLLER	ROULER	SAANEN	SALERS	SANTON
ROLLIN	ROULIS	**SÁBATO**	**SALERS**	**SANTOS**
ROLLON	ROUPIE	SABBAT	SALETÉ	**SANUSI**
ROLLOT	ROUSSE	SABÉEN	SALIEN	SAOULE
ROMAIN	ROUSSI	**SABÉEN**	SALIER	SAOULÉ
ROMAIN	**ROUSSY**	SABINE	**SALIES**	SAPANT
ROMAND	ROUSTE	**SABINS**	SALINE	SAPEUR
ROMAND	ROUTÉE	SABLÉE	**SALINS**	SAPHIR
ROMANE	ROUTER	SABLER	SALIVE	SAPIDE
ROMANI	ROUVRE	SABLON	SALIVÉ	SAPINE
ROMANS	**ROXANE**	SABORD	SALMIS	SAPOTE
ROMBAS	ROYALE	SABOTÉ	SALOIR	**SAPPHO**
ROMMEL	ROYAUX	SABRÉE	SALOMÉ	SAQUÉE
ROMNEY	**RUANDA**	SABRER	**SALOMÉ**	SAQUER
ROMPRE	RUBANÉ	**SABRES**	**SALONA**	SARCLÉ
ROMPUE	RUBATO	SACHÉE	**SALONE**	**SARDES**
RONDEL	**RUBBIA**	SACHEM	SALOON	SARDOU
RONDIN	**RUBENS**	**SACHER**	SALOPE	SARGON
RONFLÉ	RUCHÉE	SACHET	SALOPÉ	**SARINE**
RONGÉE	RUCHER	**SACLAY**	**SALOUM**	**SARLAT**
RONGER	RUCLON	SACQUÉ	**SALSES**	**SARNEN**
RÔNIER	**RUDAKI**	SACRAL	SALUÉE	**SARNEY**
RONRON	RUDOYÉ	SACRÉE	SALUER	**SARNIA**
RONSIN	RUELLE	SACRER	SALURE	SARODE
ROQUER	**RUFFEC**	SACRET	**SAMANI**	SARONG
ROQUET	**RUFFIÉ**	SACRUM	SAMARA	SARRAU
ROSACE	RUFIAN	**SADATE**	**SAMARA**	**SARTHE**
RÓSACÉ	RUGINE	**SADOUL**	SAMARE	**SARTRE**
ROSANT	**RUGLES**	**SADOWA**	SAMARE	**SASEBO**

SASSÉE	**SCHEEL**	SÉDUIT	SERDAB	**SHAMIR**
SASSER	SCHEIK	**SEECKT**	SEREIN	**SHANXI**
SATANÉ	**SCHEIN**	SÉGALA	**SEREIN**	**SHARON**
SATINÉ	SCHÉMA	**SÉGALA**	**SÉRÈRE**	SHEKEL
SATIRE	SCHÈME	SEGHIA	SÉREUX	SHÉRIF
SATORI	SCHÉOL	SEGUIA	SERIAL	SHERPA
SATORY	**SCHIPA**	SEGUIN	SÉRIÉE	**SHERPA**
SATURÉ	SCHLEU	**SÉGUIN**	SÉRIEL	SHERRY
SATYRE	**SCHULZ**	SEHTAR	SÉRIER	SHILOM
SAUCÉE	SCHUSS	SEICHE	SERINE	SHIMMY
SAUCER	**SCHÜTZ**	SEIGLE	SERINÉ	SHINTO
SAUGOR	**SCHWOB**	**SEIKAN**	SÉRINE	**SHI TAO**
SAUJON	**SCHWYZ**	SEILLE	SERLIO	SHOGUN
SAULÉE	SCIAGE	**SEILLE**	SERMON	**SHOLES**
SAUMON	SCIANT	**SEIPEL**	**SERNIN**	SHOOTÉ
SAUMUR	SCIÈNE	SÉISME	**SÉRRAI**	SHUDRA
SAUNER	SCIEUR	SÉJOUR	SERRAN	SHUNTÉ
SAURÉE	SCILLE	SÉLECT	SERRÉE	SIALIS
SAURER	**SCILLY**	**SÉLÉNÉ**	SERRER	**SIBOUR**
SAURET	SCINDÉ	SÉLÈNE	**SERRES**	**SICARD**
SAURIN	SCIRPE	SELLÉE	SERTÃO	**SICHEM**
SAURIS	SCIURE	SELLER	SERTES	**SICILE**
SAUTÉE	SCLÈRE	**SELLES**	SERTIE	SICLÉE
SAUTER	SCOLEX	**SEMANG**	SERTIR	SIDÉEN
SAUTET	SCOLIE	SEMANT	SERTIS	SIDÉRÉ
SAUVÉE	SCONSE	SEMBLÉ	SERVAL	**SIDNEY**
SAUVER	**SCOPAS**	**SÉMÉAC**	**SERVET**	SIÈCLE
SAVAII	SCOPIE	**SÉMÉLÉ**	SERVIE	**SIEGEN**
SAVALL	SCORIE	SÉMÈME	SERVIR	SIÉGER
SAVANE	SCOTCH	**SEMERU**	SÉSAME	SIENNE
SAVANT	SCOTCH	SEMEUR	SESQUI-	**SIENNE**
SAVARD	SCOTIE	SÉMITE	SÉMITE	SIERRA
SAVART	**SCOTTO**	**SÉMITE**	SÉTACÉ	**SIERRE**
SAVART	SCOUTE	SEMOIR	SETIER	SIESTE
SAVARY	SCRIBE	**SEMOIS**	**SÉTOIS**	**SIEYÈS**
SAVATE	**SCRIBE**	SEMPLE	**SETTAT**	SIFFLÉ
SAVERY	SCRIPT	**SÉNANE**	SETTER	**SIGEAN**
SAVEUR	SCRUTÉ	**SÉNART**	**SEUDRE**	SIGLÉE
SAVOIE	**SCYLLA**	SENDAI	SEULET	**SIGNAC**
SAVOIR	SCYTHE	SÉNEVÉ	**SEURAT**	SIGNAL
SAVONE	SÉANCE	SÉNILE	**SEURRE**	SIGNÉE
SAXONS	SÉANTE	SENIOR	SÉVÈRE	SIGNER
SBRINZ	SÉBACÉ	**SENLIS**	**SÉVÈRE**	SIGNET
SCALDE	SÉBILE	**SÉNONS**	**SEVERN**	**SIGURD**
SCALPÉ	SEBKHA	SENSAS	**SEVESO**	**SIKKIM**
SCAMPI	SEBKRA	SENSÉE	**SEVRAN**	SILANE
SCANDÉ	**SEBOND**	SENTIE	SEVRÉE	SILANT
SCANIE	SÉCANT	SENTIR	SEVRER	SILÈNE
SCANNÉ	**SECCHI**	**SENUFO**	SÈVRES	**SILÈNE**
SCAPIN	SÉCHÉE	SÉPALE	**SÈVRES**	SILICE
SCARPA	SÉCHER	SÉPARÉ	SEXAGE	SILLET
SCARPE	**SECLIN**	SEPTAL	SEXUÉE	SILLON
SCEAUX	SECOND	SEPTUM	SEXUEL	**SILONE**
SCEAUX	**SECOND**	SEQUIN	SEYANT	SILPHE
SCELLÉ	SECOUÉ	SÉRAIL	**SEYNOD**	SILURE
SCHADÉ	SECRET	**SERBAN**	**SFORZA**	**SIMÉON**
SCHAKO		**SERBIE**	SHAKER	SIMIEN

SIMILI	**SLODTZ**	SONDER	**SPARTE**	**STÉTIÉ**
SIMMEL	SLOGAN	SONGER	SPASME	**STEVIN**
SIMONE	**SLOUGH**	**SONGYE**	SPATHE	STIBIÉ
SIMOUN	**SLUPSK**	SONNÉE	SPEECH	STIGMA
SIMPLE	**SLUTER**	SONNER	SPEEDÉ	STOCKÉ
SIMULÉ	SMALAH	SONNET	SPERME	STOKER
SINGÉE	SMASHÉ	SONORE	**SPERRY**	STOKES
SINGER	SMASHS	**SOPRON**	SPHÈNE	**STOKES**
SINGER	SMEGMA	SOQUET	SPHÈRE	STOLON
SINGLE	SMILEY	**SORABE**	SPHINX	STOMIE
SINISÉ	SMILLE	SORBET	SPIDER	**STONEY**
SINITÉ	SMOCKS	**SORBON**	SPINAL	STOPPÉ
SINOIS	**SMYRNE**	SORGHO	SPIRAL	STORAX
SINOPE	SNIFFÉ	SORITE	SPIRÉE	STOUPA
SINTRA	SNOBÉE	SORTIE	**SPIROU**	**STRAND**
SINUÉE	SNOBER	SORTIR	SPLEEN	STRASS
SINUER	**SNOOPY**	**SOSEKI**	SPOLIÉ	STRATE
SIOUAH	**SOARES**	**SOSPEL**	**SPONDE**	**STREEP**
SIOULE	**SOBOUL**	**SOTCHI**	SPRINT	**STRESA**
SIPHON	SOCCER	SOTTIE	SQUALE	STRESS
SIRDAR	SOCIAL	**SOUABE**	SQUAME	STRICT
SIRÈNE	SOCKET	SOUCHE	SQUARE	STRIÉE
SIRICE	SOCQUE	**SOUCHE**	SQUASH	STRIER
SIRIUS	SODIUM	SOUCIÉ	**SRAFFA**	STRIGE
SIROCO	SODOKU	**SOUDAN**	STABLE	STRING
SIROTÉ	**SODOMA**	SOUDÉE	STADIA	STROMA
SIRVEN	**SODOME**	SOUDER	**STAFFA**	**STRUMA**
SISLEY	**SOFRES**	SOUFIE	STAFFÉ	**STRUVE**
SISMAL	SOIGNÉ	SOUFRE	STAGNÉ	STRYGE
SISTAN	SOIRÉE	SOUFRÉ	**STAINS**	**STUART**
SISTRE	**SOÏOUZ**	SOÛLÉE	STALAG	STUDIO
SITCOM	**SOKOTO**	SOÛLER	STALLE	STUPRE
SITRUK	SOLAGE	SOÛLON	**STAMIC**	STUQUÉ
SITTWE	**SOLARI**	SOÛLOT	STANCE	**STURZO**
SITUÉE	SOLDAT	SOULTE	**STARCK**	**STWOSZ**
SITUER	SOLDÉE	**SOULTZ**	STARIE	STYLÉE
SIXAIN	**SÖLDEN**	SOUMIS	STATIF	STYLER
SIXTUS	SOLDER	SOUPER	STATOR	STYLET
SIZAIN	SOLEIL	SOUPIR	STATUE	STYRAX
SKETCH	SOLFIÉ	SOUPLE	STATUÉ	**STYRIE**
SKIANT	SOLIDE	SOUQUE	STATUT	**STYRON**
SKI-BOB	SOLIVE	SOUQUÉ	**STAUDT**	SUAIRE
SKIEUR	SOLUTÉ	SOURCE	STAWUG	SUANTE
SKIKDA	**SOLVAY**	SOURCÉ	STAYER	**SUARÈS**
SKOLEM	**SOMAIN**	SOURDE	**STEELE**	**SUÁREZ**
SKOPJE	SOMALI	SOURIS	**STEFAN**	SUBITE
SKUNKS	**SOMALI**	**SOUSSE**	**STEKEL**	SUBITO
SKYLAB	SOMBRE	SOUTRA	**STELLA**	SUBLER
SKYROS	SOMBRÉ	SOVIET	**STENAY**	SUBTIL
SLALOM	**SOMERS**	**SOWETO**	**STÉNON**	SUÇANT
SLASHS	SOMITE	**SOYAUX**	STEPPE	SUCCÈS
SLAVON	SOMMÉE	SOYEUX	STÉRÉE	SUCCIN
SLICÉE	SOMMER	**SOYOUZ**	STÉRÉO	SUCEUR
SLICER	SOMMET	**SPADEM**	STÉRER	**SUCHET**
SLIKKE	SOMONI	SPALAX	STERNE	SUÇOIR
SLIVEN	SONATE	SPARTE	**STERNE**	SUÇOTÉ
SLOCHE	SONDÉE		STÉROL	SUCRÉE

SUCRER	**SWARTE**	**TAISHO**	TAQUER	**TAURUS**
SUCRIN	**SWATOW**	**TAÏWAN**	TAQUET	**TAUSUG**
SUD-EST	**SWAZIE**	TAJINE	TAQUIN	TAUZIN
SUÉDÉE	**SWAZIS**	TALANT	TARAGE	**TAVANT**
SUETTE	**SWINGS**	**TALANT**	TARAMA	**TAVAUX**
SUÈVES	**SYDNEY**	**TALBOT**	TARANT	TAVELÉ
SUIFFÉ	**SYLHET**	TALENT	TARARE	**TAWFIQ**
SUINTÉ	**SYLPHE**	TALIBÉ	**TARARE**	TAXAGE
SUISSE	SYNDIC	TALION	TARAUD	TAXANT
SUISSE	SYNODE	TALLER	**TARAWA**	**TAXILA**
SUITÉE	SYNTHÉ	**TALLON**	TARBES	TAYAUT
SUIVIE	**SYPHAX**	**TALMUD**	TARDER	**TAYLOR**
SUIVIS	SYRIEN	TALQUÉ	TARDIF	**TCHEKA**
SUIVRE	**SYRIEN**	TALURE	TARGUÉ	**TCHITA**
SUKKUR	SYRINX	TALUTÉ	TARGUI	TEASER
SULTAN	**SYRINX**	TALWEG	TARGUM	TECHNO
SUMAVA	SYRPHE	**TAMALE**	TARIFÉ	TECKEL
SUMMER	SYRTES	**TAMAYO**	TARIQA	**TEDDER**
SUMMUM	**SYZRAN**	**TAMBOV**	TARMAC	TE DEUM
SUN TSE	**SZEGED**	TAMIER	**TARNOS**	TEFLON
SUOCHE	TABLAR	**TAMISE**	**TARNÓW**	**TEGNÉR**
SUPÈRE	TABLÉE	TAMISÉ	TARPAN	TEIGNE
SUPER-G	TABLER	TAMOUL	TARPON	TEILLE
SUPION	**TABORA**	**TAMOUL**	**TARSKI**	TEILLÉ
SUPPÔT	**TABORI**	TAMPON	**TARSUS**	TEINTE
SURALE	TABOUE	TAM-TAM	TARTAN	TEINTÉ
SURATE	**TABRIZ**	**TANAÏS**	TARTAN	TÉLÉGA
SURAUX	TABULÉ	**TANAKA**	**TARTAS**	TÉLEXÉ
SURBAU	TACAUD	TANCÉE	TARTIR	**TELLER**
SURCOT	TACHÉE	TANCER	TARTRE	TELSON
SURDOS	TÂCHÉE	TANCHE	**TARVIS**	TELUGU
SUREAU	TACHER	TANDEM	TARZAN	TÉMOIN
SURÉNA	TÂCHER	**TANGER**	**TARZAN**	TEMPLE
SÛRETÉ	TACITE	TANGON	**TASMAN**	**TEMPLE**
SURFER	**TACITE**	TANGUE	TASSÉE	**TEMUCO**
SURFIL	TACLÉE	TANGUÉ	TASSER	TENACE
SURFIN	TACLER	**TANGUY**	TASSIN	TENANT
SURGIR	**TACOMA**	TANISÉ	**TASSIN**	**TÉNARE**
SURIMI	TADJIK	TANKER	TATAMI	**TENCIN**
SURINÉ	**TADJIK**	**TANLAY**	TATANE	TENDER
SURJET	**TAEJON**	TANNÉE	TÂTANT	TENDON
SURMOI	TÆNIA	TANNER	TATARE	TENDRE
SURNOM	TAGÈTE	**TANNER**	**TATARE**	TENDUE
SUROÎT	TAGINE	TANNIN	**TATARS**	TÉNÉRÉ
SURREY	**TAGORE**	TANREC	**TATIEN**	TENEUR
SURSIS	TAGUÉE	TAN-SAD	**TATIUS**	TENNIS
SURVIE	TAGUER	**TANTAH**	TATOUÉ	TENREC
SURVOL	**TAHITI**	TANTÔT	**TATRAS**	TENSON
SUSDIT	TAÏAUT	TANTRA	TAUDIS	TENTÉE
SUSSEX	TAI-CHI	TAPAGE	**TAUERN**	TENTER
SUSTEN	**TAIFAS**	TAPANT	**TAULER**	TENURE
SUTLEJ	TAILLE	TAPEUR	**TAUNUS**	TENUTO
SUTURE	TAILLÉ	**TÀPIES**	TAUPÉE	TÉORBE
SUTURÉ	**TAÏMYR**	TAPINÉ	TAUPER	TÉPALE
SUZHOU	**TAINAN**	TAPOTÉ	TAUPIN	TÉPHRA
SUZUKA	**TAIPEI**	TAPURE	TAURIN	**TERAMO**
SVELTE	**TAIROV**	TAQUÉE	**TAURIS**	TERCET

TERCIO	**THÔNES**	**TIPAZA**	TOPANT	TOURON
TERESA	**THÔNEX**	TIPPÉE	TOPAZE	TOURTE
TERFÈS	**THONGA**	TIPPER	**TOPEKA**	TOUSSÉ
TERGAL	**THONON**	TIPULE	TOPHUS	TOUTIM
TERNIE	THORAX	TIQUER	TOQUÉE	TOUTOU
TERNIR	**THOREZ**	TIRADE	TOQUER	TOUT-VA
TERRAY	THORON	TIRAGE	**TORAJA**	**TOUVAS**
TERRÉE	**THOUET**	**TIRANA**	TORANA	**TOWNES**
TERRER	**THOUNE**	TIRANT	**TORBAY**	TOXICO
TERRIL	THRACE	TIREUR	TORCHE	TOXINE
TERTIO	**THRACE**	TIROIR	TORCHÉ	**TOYAMA**
TERTRE	THRÈNE	TISANE	TORCOL	**TOYOTA**
TERTRY	THRIPS	TISSÉE	TORCOU	**TOZEUR**
TERUEL	**THURET**	TISSER	TORDRE	TRACAS
TESSAI	THYMIE	TITANE	TORDUE	TRACÉE
TESSIN	THYMOL	**TITANS**	TORÉER	TRACER
TESSON	THYMUS	**TITIEN**	TORERO	TRACTÉ
TESTÉE	THYRSE	TITRÉE	**TORGAU**	TRAFIC
TESTER	TIAFFE	TITRER	TORIES	TRAGUS
TESTON	**TIARET**	TITUBÉ	TORQUE	TRAHIE
TÉTANT	**TIBÈRE**	**TIVOLI**	TORRÉE	TRAHIR
TÊTARD	TIBIAL	**TLALOC**	**TORRES**	TRAÎNE
TETELA	TICKET	**TOBAGO**	TORTIL	TRAÎNÉ
TÉTHYS	TIC-TAC	**TOBIAS**	TORTUE	TRAIRE
TÉTINE	TIÉDIE	TOCADE	**TORTUE**	TRAITE
TÉTRAS	TIÉDIR	TOCARD	TOSCAN	TRAITÉ
TETZEL	**TIENEN**	TOCSIN	**TOSCAN**	**TRAJAN**
TEUTON	TIENNE	TOILÉE	TOSSER	TRAJET
TEXANE	TIENTO	TOISÉE	TOTALE	TRÂLÉE
TEXANE	TIERCE	TOISER	TOTAUX	TRAMÉE
TEX MEX	TIERCÉ	TOISON	**TOTILA**	TRAMER
TEYJAT	**TIERCÉ**	TÔLARD	TOUAGE	TRANSE
TEZUKA	**TIFLIS**	TOLÈDE	TOUANT	TRANSI
THABOR	TIFOSI	**TOLEDO**	TOUBAB	**TRAORÉ**
THALER	TIGLON	TOLÉRÉ	TOUBIB	TRAPPE
THALÈS	**TIGNES**	TÔLIER	**TOUBOU**	**TRAPPE**
THALIE	TIGRÉE	**TOLIMA**	TOUCAN	TRAPPÉ
THALLE	TIGRON	**TOLLAN**	TOUCHE	TRAPUE
THAMES	**TILDEN**	**TOLLER**	TOUCHÉ	TRAQUE
THÈBES	TILLAC	**TOLMAN**	TOUEUR	TRAQUÉ
THÉIER	TILLÉE	**TOLUCA**	TOUFFE	TRAUMA
THÉINE	TILLER	TOMATE	TOUFFU	TRAVÉE
THÉMIS	**TILSIT**	TOMBAC	**TOU FOU**	TRAYON
THÉNAR	TILSIT	TOMBAL	**TOULON**	**TRÉBIE**
THÈQUE	TILTER	TOMBÉE	**TOUMAÏ**	**TREBON**
THÉSÉE	TIMBRE	TOMBER	TOUPET	TRÈFLE
THÉTIS	TIMBRÉ	TOMIEN	TOUPIE	TRÉFLÉ
THIAIS	**TIMGAD**	TOMMYS	TOUPIN	TREIZE
THIARD	TIMIDE	TONALE	TOUQUE	**TRÉLON**
THIÈLE	TIMING	TONDRE	TOURBE	TRÉMIE
THIERS	TIMORÉ	TONDUE	TOURDE	TREMPE
THIMBU	TINTÉE	TONGAN	TOURET	TREMPÉ
THISBÉ	TINTER	**TONKIN**	TOURIE	TRENCH
THOIRY	TINTIN	**TONNAY**	TOURIN	**TRENET**
THOLOS	**TINTIN**	TONNER	TOURNE	TRENTE
THOMAS	TIPANT	TONTON	TOURNÉ	**TRENTE**
THOMAS	**TIPASA**		**TOURNY**	TRÉPAN

TRÉPAS	TRUAND	**TURPIN**	**URBINO**	VALINE
TRÉSOR	TRUBLE	TURQUE	URÉMIE	VALISE
TRESSE	TRUFFE	**TURQUE**	URÈTRE	VALLÉE
TRESSÉ	TRUFFÉ	TUSSAH	URGENT	**VALLÈS**
TREUIL	TRUITE	TUSSAU	**URIAGE**	**VALLET**
TRÈVES	TRUITÉ	TUSSOR	URINAL	VALLON
TRIADE	TRULLI	TUTEUR	URINÉE	**VALLOT**
TRIAGE	TRULLO	TUTOYÉ	URINER	VALOIR
TRIANT	**TRUMAN**	**TUVALU**	URIQUE	VALOIS
TRIBAL	TRUQUÉ	TUYAUX	URSIDÉ	**VALRAS**
TRIBUN	TRUSTE	TUYÈRE	**URSINS**	VALSÉE
TRIBUT	TRUSTÉ	TWISTÉ	**URSSAF**	VALSER
TRICHE	**TSAHAL**	TYMPAN	**URSULE**	**VALTAT**
TRICHÉ	TSÉ-TSÉ	TYPANT	**URUNDI**	VALVÉE
TRICOT	**TS'EU-HI**	TYPHON	USAGÉE	VAMPÉE
TRIÈRE	T-SHIRT	TYPHUS	USAGER	VAMPER
TRIEUR	TSONGA	TYPOTE	USANCE	**VAN DAM**
TRIGLE	**TSONGA**	TYRIEN	USANTE	**VÄNERN**
TRILLE	TSWANA	**TYRIEN**	USINÉE	**VANIER**
TRILLÉ	**TSWANA**	**TYRTÉE**	USINER	**VANINI**
TRIMER	TUANTE	**UBU ROI**	USITÉE	VANITÉ
TRIODE	TUBAGE	**UDERZO**	USURPÉ	**VAN LOO**
TRIPLE	TUBANT	**UGARIT**	UTÉRIN	VANNÉE
TRIPLÉ	TUBARD	**UGOLIN**	UTÉRUS	VANNER
TRIPOT	TUBING	**UHLAND**	**UTIQUE**	**VANNES**
TRIQUE	**TUBIZE**	**UJJAIN**	UTOPIE	**VANTAA**
TRISME	**TUBMAN**	ULCÈRE	UVÉITE	VANTÉE
TRISOC	**TUBUAÏ**	ULCÉRÉ	VACANT	VANTER
TRISSÉ	TUBULE	**ULFILA**	VACCIN	**VANVES**
TRISTE	TUBULÉ	**ULLMAN**	VACHER	VAPEUR
TRITON	**TUCANO**	ULLUCU	VACIEU	VAQUER
TROADE	**TUCSON**	**ULPIEN**	VACIVE	**VARDAR**
TROARN	TUDIEU	**ULSTER**	VAGALE	VARECH
TROCHE	TUERIE	ULTIME	VAGAUX	**VARÈSE**
TROCHU	TUEUSE	ULTIMO	VAGILE	**VARGAS**
TROÈNE	TUFEAU	ULULER	VAGUER	VARICE
TROGNE	TUGRIK	**ULYSSE**	VAHINÉ	VARIÉE
TROÏKA	TUILÉE	**UME ÄLV**	VAIGRE	VARIER
TROLLE	TUILER	UNCINÉ	VAINCU	VARLET
TROMBE	**TUKANO**	**UNDSET**	**VAIRES**	**VARLIN**
TROMPE	**TULÉAR**	**UNEDIC**	VAIRON	**VAROIS**
TROMPÉ	TULIPE	**UNESCO**	VAISON	VARROA
TROMSØ	TUMEUR	**UNGAVA**	VAISYA	VARRON
TRÔNER	TUMULI	UNIATE	**VALAIS**	**VARRON**
TROQUE	TUNAGE	UNIAXE	VALANT	VASARD
TROQUÉ	TUNGAR	UNIÈME	**VALDAÏ**	**VASARI**
TROTTE	TUNNEL	UNIFIÉ	**VALDÈS**	VASEUX
TROTTÉ	TUPAÏA	UNIQUE	**VALDÉS**	VASQUE
TROUÉE	**TURATI**	**UPDIKE**	VALDEZ	VASSAL
TROUER	TURBAN	URAÈTE	**VAL-D'OR**	VA-TOUT
TROUPE	TURBEH	URÆUS	**VALENS**	**VATTEL**
TROUVÉ	TURBIN	URANIE	**VALERA**	**VAUBAN**
TROYAT	TURBOT	**URANIE**	**VALÉRY**	VAUDOU
TROYEN	**TURGOT**	**URANUS**	VALEUR	VAUTRÉ
TROYEN	**TURING**	URBAIN	VALGUS	VA-VITE
TROYES	TURION	**URBAIN**	VALIDE	**VEBLEN**
TROYON	TURNER		VALIDÉ	

VEDIKA	**VERNES**	VIDURE	VISION	VOULUE
VÉGÈCE	**VERNET**	**VIEDMA**	VISITE	VOÛTÉE
VÉGÉTÉ	VERNIE	**VIEIRA**	VISITÉ	VOÛTER
VEILLE	VERNIR	**VIELHA**	VISSÉE	VOYAGE
VEILLÉ	VERNIS	**VIELLA**	VISSER	VOYAGÉ
VEINÉE	**VERNON**	VIELLE	VISUEL	VOYANT
VEINER	VÉROLE	**VIENNE**	VITALE	VOYEUR
VÊLAGE	VÉROLÉ	VIERGE	VITAUX	**VOYNET**
VÉLANI	**VÉRONE**	**VIERGE**	**VITRAC**	VRILLE
VÊLANT	VERRAT	**VIERNE**	VITRÉE	VRILLÉ
VELATE	VERRÉE	**VIFOIS**	VITRER	VROMBI
VELCHE	**VERRÈS**	VIGILE	**VITTEL**	**VUELTA**
VELCRO	VERROU	**VIGNON**	VIVACE	VULPIN
VÉLITE	VERRUE	VIGNOT	VIVANT	**VYBORG**
VÉLIZY	VERSÉE	VIHARA	VIVEUR	**WADDEN**
VELLUR	VERSER	VIKING	VIVIER	WADING
VÉLOCE	VERSET	VILAIN	**VIVIER**	WAGNER
VELOSO	VERSTE	VILETÉ	VIVOIR	**WAGRAM**
VELSEN	VERSUS	**VILLON**	VIVOTÉ	**WAKHAN**
VELUWE	VERTEX	VIMANA	**VLTAVA**	**WALESA**
VELVET	**VERTOU**	VINAGE	VOCALE	**WALLER**
VÉNALE	**VERTOV**	VINANT	VOCAUX	**WALLIS**
VENANT	**VERTUS**	**VINDEX**	VOCERI	WALLON
VÉNAUX	VERVET	VINEUX	VOCERO	**WALLON**
VENDÉE	**VESAAS**	VINGTS	VOGUER	**WALRAS**
VENDRE	**VÉSALE**	**VINOIS**	VOILÉE	**WALSER**
VENDUE	**VESOUL**	**VINSON**	VOILER	**WALTER**
VÉNÉRÉ	VESSER	VINYLE	VOIRIE	WAMPUM
VÉNÈTE	VESSIE	VIOLAT	**VOIRON**	WAPITI
VENEUR	VESTON	VIOLÉE	VOISÉE	**WARENS**
VENGÉE	**VÉSUVE**	VIOLER	VOISIN	**WARHOL**
VENGER	VÊTAGE	VIOLET	**VOISIN**	**WARREN**
VÉNIEL	VÊTANT	VIOLON	VOLAGE	WATERS
VENISE	VÊTURE	VIOQUE	VOLANT	**WATSON**
VENTÉE	**VEURNE**	VIORNE	VOLCAN	**WAVELL**
VENTER	VEXANT	**VIOTTI**	VOLETÉ	**WEAVER**
VENTRE	**VEYNES**	VIPÈRE	VOLEUR	WEBCAM
VENTRU	**VÉZÈRE**	VIRAGE	VOLIGE	**WEBERN**
VÊPRES	VIABLE	VIRAGO	VOLIGÉ	WEBLOG
VERBAL	VIADUC	VIRALE	VOLLEY	**WEENIX**
VERDIE	VIAGER	VIRANT	VOLNAY	**WEIMAR**
VERDIR	VIANDE	VIRAUX	**VOLNAY**	WELCHE
VERDON	VIANDÉ	VIREUR	**VOLNEY**	**WELLES**
VERDUN	**VIATKA**	VIREUX	VOLTER	WELTER
VÉREUX	VIBICE	**VIRIAT**	VOLUME	**WENDEL**
VERGÉE	VIBRÉE	VIRILE	VOLUTE	**WENDES**
VERGER	VIBRER	VIRION	**VOLVIC**	**WENGEN**
VERGNE	VICIÉE	**VIROIS**	VOLVOX	**WEÖRES**
VERGUE	VICIER	VIROLE	VORACE	**WERFEL**
VÉRINE	**VICOIS**	VIROSE	VORTEX	**WERNER**
VÉRITÉ	**VICTOR**	**VIRTON**	**VOSGES**	**WERVIK**
VERJUS	VIDAGE	VIRURE	**VOSTOK**	**WESLEY**
VERLAN	VIDAME	VISAGE	VOTANT	**WESSEX**
VERMÉE	VIDANT	VISANT	VOTIVE	**WESTON**
VERMET	VIDEUR	**VISAYA**	VOTYAK	WHISKY
VERMIS	**VIDOCQ**	VISEUR	VOUANT	**WHITBY**
VERNAL	VIDOIR	**VISHNU**	**VOULTE**	**WIENER**

WIERTZ	XIAMEN	YUNNAN	ZENICA	ZONALE
WIESEL	XINING	YUPPIE	ZÉNITH	ZONANT
WIGMAN	XUZHOU	YVETOT	ZÉPHYR	ZONARD
WIGNER	XYLÈME	YZEURE	ZESTÉE	ZONAUX
WIGWAM	XYLÈNE	ZABRZE	ZESTER	ZONIER
WILAYA	YAKUZA	ZACHÉE	ZETKIN	ZONING
WILDER	YAMUNA	ZAGREB	ZEUGMA	ZONURE
WILKES	YANAON	ZAGROS	ZEUGME	ZOOMER
WILSON	YANKEE	ZAHLEH	ZEUXIS	ZOUAVE
WINCHS	YANTAI	ZÁKROS	ZÉZAYÉ	ZOULOU
WISMAR	YAOURT	ZAMBIE	ZICRAL	ZOULOU
WITTEN	YAPOCK	ZAMIER	ZIDANE	ZOURNA
WITTIG	YAPURÁ	ZAMORA	ZIEUTÉ	ZOZOTÉ
WOËVRE	YAVARI	ZAMOSC	ZIGONG	ZURICH
WÖHLER	YEOMAN	ZANCLE	ZIGOTO	ZWANZE
WOIPPY	YEOMEN	ZAOUÏA	ZIGZAG	ZWANZÉ
WOLSEY	YERRES	ZAPATA	ZILINA	ZWICKY
WOMBAT	YERSIN	ZAPPER	ZINDER	ZWOLLE
WONDER	YICHUN	ZARABE	ZINGUÉ	ZYDECO
WONSAN	YIJING	ZAWIYA	ZINNIA	ZYEUTÉ
WOOFER	YOCCOZ	ZAWIYA	ZINZIN	ZYGÈNE
WRIGHT	YORUBA	ZAZOUE	ZIPPÉE	ZYGOMA
WU ZHEN	YOURTE	ZAZOUS	ZIPPER	ZYGOTE
WUZHOU	YOUYOU	ZÉBRÉE	ZIRCON	ZYKLON
WYCLIF	YPRÉAU	ZÉBRER	ZIVKOV	ZYMASE
XANANA	YPROIS	ZEEMAN	ZOÉCIE	ZYTHON
XANTHE	YSOPET	ZÉLOTE	ZOLDER	ZYTHUM
XÁNTHI	YTTRIA	ZENATA	ZOMBIE	
XERXÈS	YUKAWA	ZENANI	ZONAGE	
XIA GUI		ZÉNÈTE		

	ABCÉDÉE	ABONDER	ABRÉGER	ABSURDE
	ABCÉDER	ABONNÉE	ABREUVÉ	ABU BAKR
	ABDIQUÉ	ABONNER	ABRIANT	ABUSANT
	ABDOMEN	ABONNIE	ABRIBUS	ABUSEUR
	ABEILLE	ABONNIR	ABRICOT	ABUSIVE
	ABE KOBO	ABORDÉE	ABRITÉE	ABYSSAL
	ABÉLARD	ABORDER	ABRITER	ABYSSIN
	ABÉLIEN	ABORTIF	ABROGÉE	ABYSSIN
	ABELLIO	ABOUCHÉ	ABROGER	ACADIEN
	ABERRER	ABOUKIR	ABRUPTE	ACADIEN
	ABHORRÉ	ABOULÉE	ABRUTIE	ACANTHE
AALBORG	ABIDJAN	ABOULER	ABRUTIR	ACARIEN
ABAISSE	ABIGOTI	ABOULIE	ABSALON	ACCABLÉ
ABAISSÉ	ABILENE	ABOUTÉE	ABSCONS	ACCÉDER
ABAJOUE	ABÎMANT	ABOUTER	ABSENCE	ACCEPTÉ
ABANDON	ABITIBI	ABOUTIE	ABSENTE	ACCISES
ABATAGE	ABJECTE	ABOUTIR	ABSENTÉ	ACCLAMÉ
ABAT-SON	ABJURÉE	ABOYANT	ABSIDAL	ACCOLÉE
ABATTÉE	ABJURER	ABOYEUR	ABSOLUE	ACCOLER
ABATTIS	ABKHAZE	ABRAHAM	ABSORBÉ	ACCORDÉ
ABATTRE	ABLATIF	ABRASÉE	ABSOUTE	ACCORTE
ABATTUE	ABLERET	ABRASER	ABSTÈME	ACCOSTÉ
ABBESSE	ABLETTE	ABRASIF	ABSTENU	ACCOTÉE
	ABOMINÉ	ABRÉGÉE	ABSTRUS	ACCOTER

ACCOUDÉ	ADÉNOME	AFFECTÉ	AGNOSIE	AJOUTÉE
ACCOURU	ADÉQUAT	AFFERMÉ	AGONISÉ	AJOUTER
ACCRÉEN	ADHÉRER	AFFERMI	AGRAFÉE	AJUSTÉE
ACCRÉTÉ	ADHÉSIF	AFFÉTÉE	AGRAFER	AJUSTER
ACCUEIL	ADIANTE	AFFIANT	AGRAINÉ	AJUTAGE
ACCULÉE	ADIPEUX	AFFICHE	AGRAIRE	**AKIHITO**
ACCULER	**ADJARIE**	AFFICHÉ	AGRANDI	**AKINARI**
ACCURSE	ADJOINT	AFFIDÉE	AGRÉANT	**AKSAKOV**
ACCUSÉE	ADJUGÉE	AFFILÉE	AGRÉGAT	AKVAVIT
ACCUSER	ADJUGER	AFFILER	AGRÉGÉE	**ALABAMA**
ACÉRANT	ADJURÉE	AFFILIÉ	AGRÉGER	**ALAGOAS**
ACÉTATE	ADJURER	AFFINÉE	AGRESSÉ	ALAISÉE
ACÉTONE	AD LITEM	AFFINER	AGRESTE	**ALAMANS**
ACÉTYLE	ADMIRÉE	AFFIRMÉ	AGRIFFÉ	ALAMBIC
ACHAINE	ADMIRER	AFFIXAL	AGRIOTE	ALANGUI
ACHALER	AD NUTUM	AFFIXÉE	**AGRIPPA**	ALANINE
ACHARDS	ADONNÉE	AFFLIGÉ	AGRIPPÉ	**ALARCÓN**
ACHARNÉ	ADONNER	AFFLUER	AGROTIS	ALARMÉE
ACHÉENS	ADOPTÉE	AFFOLÉE	AGUERRI	ALARMER
ACHÈRES	ADOPTER	AFFOLER	AGUICHE	**AL-AZHAR**
ACHÉRON	ADOPTIF	AFFOLIR	AGUICHÉ	ALBAINS
ACHESON	ADORANT	AFFRÉTÉ	**AGULHON**	ALBANIE
ACHETÉE	ADOSSÉE	AFFREUX	AHANANT	**AL-BANNA**
ACHETER	ADOSSER	AFFRONT	AHEURTÉ	ALBÂTRE
ACHEVÉE	ADOUBÉE	AFFUBLÉ	**AHMOSIS**	**ALBÉNIZ**
ACHEVER	ADOUBER	AFFÛTÉE	AHONTER	**ALBERTA**
ACHIGAN	ADOUCIE	AFFÛTER	**AHRIMAN**	**ALBERTI**
ACHILLE	ADOUCIR	AFGHANE	**AHUNOIS**	ALBINOS
ACHOLIE	ADRESSE	**AFGHANE**	AICHANT	**ALBIZZI**
ACHOPPÉ	ADRESSÉ	AFGHANI	AIGREUR	ALBUMEN
ACHOURA	ADROITE	AFIN QUE	AIGUAIL	ALCALIN
ACHROME	ADSORBÉ	AFOCALE	AIGUISÉ	ÀLCATEL
ACHYLIE	ADSTRAT	AFOCAUX	AILANTE	ALCAZAR
ACIDITÉ	ADULANT	**AFRIQUE**	AILERON	**ALCESTE**
ACIDOSE	ADVENIR	AGAÇANT	AILETTE	**ALCMÈNE**
ACIDULÉ	ADVERBE	AGAMIDÉ	AILLADE	ALCOYLE
ACIÉRÉE	ADVERSE	AGASSIN	AILLAUD	**ALDABRA**
ACIÉRER	**ADYGUÉE**	**AGASSIZ**	AILLANT	**AL-DAWHA**
ACIÉRIE	**ADYGUÉS**	**AGÉENNE**	**AILLAUD**	AL DENTE
ACOLYTE	**ÆGATES**	**AGENAIS**	AILLOLI	**ALDRICH**
ACOMPTE	AÉROBIC	AGENCÉE	AIMABLE	**ALEGRÍA**
ACONAGE	AÉROBIE	AGENCER	AIMANTE	**ALENCAR**
ACONIER	AÉROGEL	AGENDÉE	AIMANTÉ	**ALENÇON**
ACQUISE	AÉRONEF	AGENDER	AÎNESSE	ALÉNOIS
ACTINIE	AÉROSOL	AGÉRATE	AIRELLE	**ALÉOUTE**
ACTIVÉE	**AERTSEN**	AGGADAH	**AIROISE**	ALÉPINE
ACTIVER	ÆSCHNE	AGGRAVÉ	AISANCE	**ALEPPIN**
ACTRICE	ÆTHUSE	AGILITÉ	AISSEAU	ALÉRION
ACUMINÉ	AFFABLE	A GIORNO	**AISTOLF**	ALERTÉE
ADAMOIS	AFFADIE	AGITANT	AIXOISE	ALERTER
ADAPTÉE	AFFADIR	AGLOSSA	**AIXOISE**	ALÉSAGE
ADAPTER	AFFAIRE	AGNATHE	**AIZENAY**	ALÉSANT
ADDENDA	AFFAIRÉ	AGNEAUX	**AJACCIO**	**ALÉSIEN**
ADDISON	AFFALÉE	AGNELÉE	AJOINTÉ	ALÉSOIR
ADDITIF	AFFALER	AGNELER	AJOURÉE	**ALETSCH**
ADÉNINE	AFFAMÉE	AGNELET	AJOURER	ALEVINÉ
ADÉNITE	AFFAMER	AGNELLE	AJOURNÉ	ALEZANE

ALFIERI	**ALOMPRA**	AMÉNITÉ	ANALYSÉ	ANNELET
ALFRINK	ALOUATE	**AMERICA**	**ANASAZI**	ANNEXÉE
ALGARDE	ALOURDI	AMERLOT	ANATIDÉ	ANNEXER
ALGARVE	ALOYAUX	AMERRIR	ANATIFE	**ANNOBÓN**
ALGÈBRE	ALPAGUÉ	AMEUBLI	ANCENIS	**ANNONAY**
ALGÉRIE	ALPISTE	AMEUTÉE	ANCÊTRE	ANNONCE
ALGIQUE	**AL-QAIDA**	AMEUTER	**ANCHISE**	ANNONCÉ
AL-HAKIM	**ALSTHOM**	**AMHERST**	ANCHOIS	ANNOTÉE
ALHAZEN	**AL-TABQA**	AMIABLE	ANCOLIE	ANNOTER
AL-HUFUF	**ALTDORF**	AMIANTE	ANCRAGE	ANNUITÉ
ALI BABA	ALTÉRÉE	AMIBIEN	ANCRANT	ANNULÉE
ALIDADE	ALTÉRER	À MI-BOIS	ANDALOU	ANNULER
ALIÉNÉE	ALTERNE	AMICALE	**ANDALOU**	ANOBLIE
ALIÉNER	ALTERNÉ	AMICAUX	**ANDAMAN**	ANOBLIR
ALIÉNOR	ALTESSE	À MI-CÔTE	ANDANTE	ANODINE
ALIGARH	ALTHÆA	AMINCIE	**ANDENNE**	ANODISÉ
ALIGNÉE	ALTIÈRE	AMINCIR	**ÁNDHROS**	ANOMALE
ALIGNER	ALTISTE	A MINIMA	**ANDIJAN**	ANOMAUX
ALIGOTÉ	ALUCITE	AMIRALE	**ANDORRE**	ANONIER
ALIMENT	ALUETTE	AMIRAUX	**ANDRADE**	ÂNONNÉE
ALI PASA	ALUMINE	À MI-VOIX	**ANDRÉAS**	ÂNONNER
ALISIER	ALUMINÉ	AMNÉSIE	**ANDRÉSY**	ANONYME
ALITANT	ALUNAGE	AMNIOTE	**ANDREWS**	ANORMAL
ALIZIER	ALUNANT	AMOCHÉE	**ANDRIEU**	ANOSMIE
AL-KINDI	ALUNITE	AMOCHER	ANÉANTI	**ANOUILH**
ALKMAAR	ALVÉOLE	AMODIÉE	ANÉMIÉE	**ANSELME**
ALLAIRE	ALVÉOLÉ	AMODIER	ANÉMIER	**ANTAKYA**
ALLAITÉ	ALYSSON	AMOLLIE	ANÉMONE	**ANTALYA**
ALLANTE	**ALZETTE**	AMOLLIR	ANERGIE	ANTENNE
ALLAUCH	AMADOUÉ	AMORALE	**ANÉTAIS**	**ANTÊNOR**
ALLÉCHÉ	AMAIGRI	AMORAUX	ANGARIE	**ANTHÉOR**
ALLÉGÉE	AMANCHÉ	AMORCÉE	**ANGARSK**	ANTHÈRE
ALLÉGER	AMANITE	AMORCER	**ANGELES**	ANTHRAX
ALLÈGRE	AMARILE	AMORPHE	ANGELOT	**ANTIBES**
ALLÈGRE	AMARINÉ	AMORTIE	ANGÉLUS	ANTIGEL
ALLEGRO	AMARRÉE	AMORTIR	ANGEVIN	**ANTIGUA**
ALLÉGUÉ	AMARRER	**AMPHION**	**ANGEVIN**	ANTIJEU
ALLENBY	AMASSÉE	AMPHORE	ANGIOME	**ANTINOË**
ALLENDE	AMASSER	AMPLEUR	ANGLAIS	ÁNTIOPE
ALLIACÉ	AMATEUR	AMPOULE	**ANGLAIS**	**ANTIOPE**
ALLIAGE	A MAXIMA	AMPOULÉ	**ANGLOYE**	ANTIQUE
ALLIANT	AMAZONE	AMPUTÉE	ANGROIS	ANTIROI
ALLONGE	**AMAZONE**	AMPUTER	**ANGUIER**	ANTIVOL
ALLONGÉ	AMBAGES	AMURANT	ANHÉLER	**ANTOINE**
ALLOTIE	**AMBAZAC**	AMUSANT	ANHYDRE	ANTONIN
ALLOTIR	AMBIANT	AMUSEUR	ANICIEN	**ANTUNES**
ALLOUÉE	AMBIGUË	AMYLACÉ	ANILINE	ANXIÉTÉ
ALLOUER	AMBLANT	AMYLASE	ANIMALE	ANXIEUX
ALLOUVI	AMBLEUR	AMYLÈNE	ANIMANT	AORISTE
ALLUMÉE	**A'MBOINE**	AMYLOSE	ANIMAUX	AORTITE
ALLUMER	**AMBOISE**	**AMYNTAS**	ANISANT	AOÛTIEN
ALLURÉE	AMBRANT	**ANABASE**	ANISOLE	**APACHES**
ALLUSIF	**AMÉLIEN**	**ANACLET**	ANJOUAN	APADANA
ALMA-ATA	AMÉNAGÉ	**ANAHEIM**	ANNALES	APAISÉE
ALMAGRO	AMENANT	**ANÁHUAC**	ANNEAUX	APAISER
AL-MAHDI	AMENDÉE	ANALITÉ	ANNELÉE	APANAGE
ALMERÍA	AMENDER	ANALYSE	ANNELER	

APATHIE	APPUYÉE	**ARGONNE**	**ARTÉMIS**	ASSOUVI	
APATITE	APPUYER	**ARGOVIE**	**ARTENAY**	ASSUMÉE	
APENNIN	APRAXIE	ARGUANT	**ARTHAUD**	ASSUMER	
APEPSIE	A PRIORI	ARGUTIE	ARTICLE	ASSURÉE	
APERÇUE	À-PROPOS	ARIDITÉ	**ARTIGAS**	ASSURER	
APÉTALE	APTÉRYX	ARIENNE	ARTIMON	**ASSYRIE**	
APEURÉE	**APTOISE**	ARIETTE	ARTISAN	**ASTAIRE**	
APEURER	APURANT	**ARIOSTE**	ARTISTE	**ASTARTÉ**	
APHASIE	**APUSENI**	ARISANT	**ARUNDEL**	ASTÉRIE	
APHÉLIE	AQUAGYM	**ARIZONA**	ARYENNE	**ASTÉRIX**	
APHONIE	AQUAVIT	**ARLANDA**	**ASANSOL**	ASTICOT	
APHTEUX	AQUEDUC	**ARLBERG**	ASBESTE	ASTIQUÉ	
APHYLLE	AQUEUSE	**ARLETTY**	**ASCAGNE**	ASTRALE	
APICALE	**AQUILÉE**	**ARLOING**	**ASCALON**	ASTRAUX	
APICAUX	AQUILIN	**ARMAVIR**	**ASCÉIEN**	**ASTYAGE**	
APICIUS	AQUILON	**ARMÉNIE**	ASCIDIE	**ATACAMA**	
APICOLE	ARABICA	ARMOIRE	ASEPSIE	**ATAKORA**	
APIÉGER	ARABISÉ	ARMOISE	ASEXUÉE	À TÂTONS	
APIFUGE	**ARACAJU**	ARMORIÉ	**ASHANTI**	**ATATÜRK**	
APIQUÉE	**ARACHNÉ**	ARNAQUE	**ASHTART**	ATELIER	
APIQUER	ARAMÉEN	ARNAQUÉ	ASIALIE	ATÉRIEN	
APITOYÉ	ARAMIDE	**ARNAULD**	ASIENTO	**ATHALIE**	
APIVORE	**ARAPAHO**	**ARNOLFO**	ASININE	ATHANOR	
APLANAT	ARASANT	AROBASE	**ASMODÉE**	ATHÉNÉE	
APLANIE	**ARBÈLES**	AROMATE	ASOCIAL	**ATHÉNÉE**	
APLANIR	ARBITRE	**ARPAJON**	**ASPASIE**	**ATHÈNES**	
APLASIE	ARBITRÉ	ARPÉGÉE	ASPERGE	ATHLÈTE	
APLATIE	ARBORÉE	ARPÉGER	ASPERGÉ	ATHYMIE	
APLATIR	ARBORER	ARPENTÉ	ASPERME	**ATLANTA**	
APLOMBÉ	ARBOUSE	ARPETTE	ASPIRÉE	ATLANTE	
APOCOPE	ARBUSTE	ARQUANT	ASPIRER	ATOMISÉ	
APOCOPÉ	ARCADIE	**ARRABAL**	**ASQUITH**	ATONALE	
APODOSE	ARCEAUX	ARRACHÉ	ASSAGIE	ATONALS	
APOLLON	**ARCELOR**	ARRANGÉ	ASSAGIR	ATONAUX	
APOLLON	ARCHÉEN	ARRÊTÉE	ASSAINI	ATRÉSIE	
APOSTAT	ARCHIVÉ	ARRÊTER	ASSEAUX	ATRIAUX	
APOSTÉE	ARÇONNÉ	ARRIÈRE	ASSÉCHÉ	**ATRIDES**	
APOSTER	**ARCUEIL**	ARRIÉRÉ	**ASSEDIC**	**ATROPOS**	
APPARAT	**ARDABIL**	ARRIMÉE	ASSÉNÉE	ATTABLÉ	
APPARIÉ	ARDÈCHE	ARRIMER	ASSÉNER	ATTACHE	
APPÂTÉE	**ARDENNE**	ARRISÉE	ASSEOIR	ATTACHÉ	
APPÂTER	ARDENTE	ARRISER	ASSERVI	**ATTALOS**	
APPEAUX	ARDOISE	ARRIVÉE	ASSETTE	ATTAQUE	
APPELÉE	ARDOISÉ	ARRIVER	ASSIDUE	ATTAQUÉ	
APPELER	**ARÊCHES**	ARROBAS	ASSIÉGÉ	ATTARDÉ	
APPENDU	**ARECIBO**	ARROCHE	ASSIGNÉ	ATTEINT	
APPÉTIT	**ARÉDIEN**	ARROGÉE	**ASSIOUT**	ATTELÉE	
APPOINT	ARÉIQUE	ARROGER	ASSISES	ATTELER	
APPONDU	ARÉISME	ARRONDI	ASSISTÉ	ATTELLE	
APPONSE	ARÉNITE	ARROSÉE	ASSOCIÉ	ATTENDU	
APPONTE	ARÊTEUX	ARROSER	ASSOLÉE	ATTENTE	
APPONYI	ARÊTIER	ARSENAL	ASSOLER	ATTENTÉ	
APPORTÉ	**ARÉTINE**	ARSENIC	ASSOMMÉ	ATTÉNUÉ	
APPOSÉE	**ARGELÈS**	ARSÉNIÉ	ASSORTI	ATTERRÉ	
APPOSER	ARGENTÉ	**ARSINOÉ**	ASSOTER	ATTERRI	
APPRÊTÉ	**ARGHEZI**	**ARTABAN**	**ASSOUAN**	ATTERRI	
APPRISE	ARGIOPE	ARTÉMIA	ASSOUPI	ATTESTÉ	

ATTIÉDI	AUROCHS	AVORTÉE	BÂFRANT	BALÈVRE
ATTIFÉE	AURORAL	AVORTER	BÂFREUR	**BALFOUR**
ATTIFER	AUSPICE	AVORTON	**BAGANDA**	**BALILLA**
ATTIGER	AUSTÈRE	AVOUANT	BAGARRE	BALISÉE
ATTIGNY	**AUSTRAL**	**AVRILLÉ**	BAGARRÉ	BALISER
ATTIQUE	**AUSTRAL**	**AXÉENNE**	BAGASSE	BALISTE
ATTIQUE	**AUTEUIL**	AXOLOTL	**BAGEHOT**	**BALKANS**
ATTIRÉE	**AUTHION**	**AYENTÔT**	**BAGGARA**	**BALKARS**
ATTIRER	AUTISME	**AYODHYA**	BAGNARD	BALLADE
ATTISÉE	AUTISTE	**AYUTHIA**	BAGNOLE	BALLANT
ATTISER	AUTOBUS	AZEGLIO	**BAGNOLS**	**BALLARD**
ATTITRÉ	AUTOCAR	AZEROLE	BAGUAGE	BALLAST
ATTRAIT	AUTOMNE	**AZEVEDO**	BAGUANT	**BALLIOL**
ATTRAPE	**AUTRANS**	AZILIEN	BAGUIER	BALLOTE
ATTRAPÉ	**AUTRICE**	AZIMUTÉ	**BAHAMAS**	**BALMÉEN**
ATURINE	**AUXERRE**	AZOÏQUE	**BAHREÏN**	**BALMONT**
ATYRAOU	**AUXOISE**	AZONALE	**BAHRIYA**	**BALNÉEN**
AUBAGNE	**AUXONNE**	AZONAUX	BAIGNÉE	BÂLOISE
AUBAINE	AVACHIE	AZOTURE	BAIGNER	**BÂLOISE**
AUBANEL	AVACHIR	AZTÈQUE	BAILLÉE	BALOUNE
AUBENAS	AVALANT	**AZTÈQUE**	BAILLER	BALOURD
AUBERGE	AVALEUR	AZULEJO	BÂILLER	**BALTARD**
AUBERON	AVALISÉ	AZULÈNE	BÂILLON	**BALTHUS**
AUBETTE	**AVALLON**	AZURAGE	**BAILLON**	BALZANE
AUBIÈRE	AVALOIR	AZURANT	BÂILLON	**BAMANAN**
AUBIGNÉ	À-VALOIR	AZURÉEN	**BAINAIS**	**BAMBARA**
AUBOISE	AVANCÉE	**AZURÉEN**	BAISANT	**BAMBERG**
AUBRIOT	AVANCER	AZURITE	BAISOTÉ	**BAMENDA**
AUDENGE	AVARICE	**BAALBEK**	BAISSÉE	**BAMIYAN**
AUDIBLE	AVARIÉE	**BABBAGE**	BAISSER	BANCALE
AUDIMAT	AVARIER	BABILLÉ	**BAJAZET**	BANCHÉE
AUDITÉE	**AVDEÏEV**	BABIOLE	BAJOYER	BANCHER
AUDITER	AVELINE	BABISME	BAKLAVA	BANDAGE
AUDITIF	AVENANT	BABOLER	**BAKONGO**	BANDANA
AUDOISE	**AVENTIN**	BABOUIN	BALADÉE	BANDANT
AUDUBON	**AVENTIS**	BACANTE	BALADER	BANDEAU
AUGERON	AVÉRANT	BACCARA	BALADIN	BANDERA
AUGERON	AVERTIE	**BACCHUS**	BALAFON	**BANDUNG**
AUGETTE	AVERTIR	BÂCHAGE	BALAFRE	BANGIÉE
AUGMENT	**AVESNES**	BÂCHANT	BALAFRÉ	**BANGKOK**
AUGURÉE	AVEUGLE	**BACHKIR**	**BALAGNE**	BANQUER
AUGURER	AVEUGLÉ	BACHOTÉ	BALAISE	BANQUET
AUGUSTA	AVEULIE	BACILLE	BALANCE	**BANTING**
AUGUSTE	AVEULIR	BÂCLAGE	**BALANCE**	BANTOUE
AUGUSTE	**AVEYRON**	BÂCLANT	BALANCÉ	**BANTOUE**
AULIQUE	AVIAIRE	**BACOLOD**	**BALARUC**	BANYULS
AULNAIE	AVICOLE	**BADAJOZ**	**BALASSA**	**BAODING**
AULOFÉE	AVIDITÉ	BADAUDE	**BALASSI**	**BAPAUME**
AULTOIS	**AVIGNON**	BADERNE	**BALATON**	BAPTÊME
AUNAISE	AVINANT	BADIANE	BALATUM	BAPTISÉ
AUNEUIL	AVISANT	BADINER	BALAYÉE	**BARABAS**
AURELIA	AVIVAGE	**BADOHOU**	BALAYER	**BARADAI**
AURÉLIE	AVIVANT	**BADOISE**	BALDUNG	**BARADÉE**
AURÉOLE	AVOCATE	**BADUILA**	**BALDWIN**	**BARAJAS**
AURÉOLÉ	AVODIRÉ	BAESINE	**BALÉARE**	**BARANTE**
AURIGNY	**AVORIAZ**	BAFOUÉE	BALEINE	BARAQUE
AURIQUE		BAFOUER	BALEINÉ	BARAQUÉ

BARATIN	BASCULÉ	BAVARDE	BEIGNET	**BERGMAN**
BARATTE	**BASEDOW**	BAVARDÉ	**BEIJING**	**BERGSON**
BARATTÉ	BASELLE	BAVASSÉ	**BEIPIAO**	**BERGUES**
BARBADE	BAS-FOND	BAVETTE	BÉJAUNE	**BERKANE**
BARBANT	**BASHUNG**	BAVEUSE	BÊLANTE	**BERLAGE**
BARBARA	BASILIC	**BAVIÈRE**	**BELARUS**	**BERLIER**
BARBARE	BASIQUE	**BÂVILLE**	BELETTE	**BERLIET**
BARBEAU	BASMATI	BAVOLET	**BELFAST**	BERLINE
BARBELÉ	BAS-MÂTS	**BAYAMÓN**	**BELFORT**	**BERLIOZ**
BARBIER	BASOCHE	**BAYEZID**	**BELGAUM**	**BERMEJO**
BARBOTE	**BAS-RHIN**	**BAYONNE**	BÉLIÈRE	BERMUDA
BARBOTÉ	**BASSANI**	**BAZAINE**	BÉLÎTRE	BERNANT
BARBUDA	**BASSANO**	BAZARDÉ	**BELLARY**	**BERNARD**
BARBULE	**BASSÉEN**	**BAZILLE**	**BELLEAU**	**BERNIER**
BARDAGE	**BASSEIN**	BAZOOKA	**BELLÊME**	**BERNINA**
BARDANE	**BASSENS**	**BEATLES**	**BELLINI**	BERNOIS
BARDANT	BASSINE	BEATNIK	**BELLMAN**	BERNOIS
BARDEAU	BASSINÉ	**BEATRIX**	**BELLMER**	**BERRYER**
BARDEEN	**BASSOIS**	BEAUFRE	**BELLONE**	**BERTAUT**
BARÈGES	BASSORA	**BEAUJEU**	**BELLUNO**	**BERTRAN**
BARENTS	BASTANT	BEAUPRÉ	**BELŒIL**	**BÉRULLE**
BARÉTER	**BASTIAT**	BÉBELLE	BÉLOUGA	**BERWICK**
BARIBAL	BASTIDE	BÉCARRE	BÉNARDE	BÉSIGUE
BARIOLÉ	**BASTIDE**	BÉCASSE	**BÉNARÈS**	BESOGNE
BARISAL	BASTION	BÊCHAGE	**BENEDEK**	BESOGNÉ
BARISAN	**BATALHA**	BÊCHANT	**BENELUX**	**BESSINE**
BARJOLS	BÂTARDE	BÊCHEUR	**BÉNEZET**	**BESSOIS**
BARLACH	BATAVIA	**BECKETT**	**BENFELD**	BESTIAL
BARLONG	**BATAVIA**	**BÉCLÈRE**	**BENGALE**	BESTIAU
BARMAID	BATEAUX	BÉCOTÉE	BENGALI	BÊTASSE
BARNABÉ	BATELET	BÉCOTER	**BENGALI**	**BETHLEN**
BARNARD	**BATESON**	BECQUÉE	BÉNIGNE	**BÉTHUNE**
BARNAVE	**BÁTHORY**	**BÉCQUER**	**BÉNIOFF**	BÊTIFIÉ
BAROCCI	BATHYAL	BECQUET	**BENNETT**	**BÉTIQUE**
BAROCHE	**BATILLY**	BECTANT	**BÉNODET**	BÉTOINE
BARONET	BÂTISSE	BEDAINE	BENOÎTE	BÉTONNÉ
BARONNE	**BATISTA**	**BEDDOES**	**BENTHAM**	BEUGLÉE
BAROQUE	BATISTE	BEDEAUX	BENTHOS	BEUGLER
BAROUFE	BÂTONNÉ	BÉDÉGAR	BENZÈNE	BEURRÉE
BARRAGE	BATOUDE	**BEDFORD**	BENZINE	BEURRER
BARRANT	**BATOUMI**	**BEDNORZ**	BENZYLE	**BEUVRAY**
BARREAU	**BATOUTA**	BEDONNÉ	**BEOGRAD**	**BEUVRON**
BARREUR	BATTAGE	BÉDOUIN	BÉOTIEN	BEVEREN
BARROIS	BATTANT	**BÉDOUIN**	**BÉOTIEN**	BEYNOIS
BARROSO	BATTEUR	BEDOUME	**BEOWULF**	**BÉZIERS**
BARSACQ	BATTOIR	**BEECHAM**	BÉQUETÉ	BÉZOARD
BARTHES	BATTURE	**BEERSEL**	BERBERA	**BEZWADA**
BARTHOU	**BATZIEN**	BEFFROI	BERBÈRE	**BHARHUT**
BARTOLI	BAUCHAU	BÉGAYÉE	BERCAIL	**BHOUTAN**
BARYTON	**BAUDAIS**	BÉGAYER	BERÇANT	BIACIDE
BASALTE	**BAUHAUS**	**BÉGLAIS**	BERCEAU	BIAISÉE
BASANÉE	**BAULIEU**	**BEG-MEIL**	BERCEUR	BIAISER
BASANER	**BAULOIS**	BÉGONIA	**BERCHEM**	BIARROT
BASARAB	BAUMIER	BÉGUINE	**BERGAME**	**BIARROT**
BAS-BLEU	**BAUMOIS**	**BÉHOBIE**	BERGÈRE	BIBANDE
BAS-CÔTÉ	**BAUTZEN**	BEHRENS	BERGIUS	BIBELOT
BASCULE	BAUXITE	**BEHRING**	**BERGIUS**	BIBERON

BIBIENA	BIOPSIE	BLANCHI	BOCAGER	BORATÉE
BICARRÉ	BIOPUCE	**BLANQUI**	BOCARDÉ	**BORDAIS**
BICHANT	BIOTINE	BLASANT	**BOCCACE**	BORDANT
BICHKEK	BIOTITE	BLATÉRÉ	**BÖCKLIN**	BORDIER
BICOQUE	**BIOTOIS**	**BLAYAIS**	**BOCSKAI**	**BORDUAS**
BICORNE	BIOTOPE	BLENNIE	**BOEGNER**	BORDURE
BICORPS	BIOTYPE	**BLÉRIOT**	**BOÉLANE**	BORÉALE
BICROSS	BIOXYDE	**BLÉROIS**	**BOESSET**	BORÉALS
BICYCLE	BIPARTI	BLÉSANT	**BOGARDE**	BORÉAUX
BIDACHE	BIPASSE	BLÉSITÉ	BOGHEAD	BORIQUE
BIDASSE	BIPÉDIE	BLÉSOIS	BOHRIUM	BORIQUÉ
BIDAULT	BIPENNE	**BLÉSOIS**	**BOIARDO**	**BORMANN**
BIDOCHE	BIPENNÉ	BLESSÉE	**BOILEAU**	BORNAGE
BIDONNÉ	BIPHASÉ	BLESSER	BOISAGE	BORNANT
BIÊN HOA	BIPLACE	BLETTIR	BOISANT	BORNOYÉ
BIENNAL	BIPOINT	**BLEULER**	BOISEUR	**BOROTRA**
BIENTÔT	**BIRAGUE**	BLEUTÉE	BOISSON	BOROUGH
BIERGOL	BIRMANE	BLIBLIS	BOITANT	BORTSCH
BIERMER	**BIRMANE**	BLINDÉE	BOITEUX	**BORZAGE**
BIÈVRES	BIROTOR	BLINDER	BOÎTIER	**BOSCÉEN**
BIFFAGE	BIROUTE	**BLINOIS**	**BOJADOR**	BOSCOYO
BIFFANT	**BISAYAN**	BLINQUÉ	**BOKASSA**	BOSKOOP
BIFFURE	**BISCAYE**	BLISTER	**BOLDINI**	BOSNIEN
BIFIDUS	BISCHOF	BLOCAGE	BOLIVAR	BOSQUET
BIFOCAL	BISCÔME	BLOC-EAU	**BOLÍVAR**	**BOSQUET**
BIFTECK	BISCOTO	BLONDEL	**BOLIVIE**	BOSSAGE
BIGAMIE	BISCUIT	**BLONDEL**	**BOLLAND**	BOSSANT
BIGARRÉ	BISEAUX	BLONDIE	BOLLARD	BOSSELÉ
BIG BAND	BISEXUÉ	BLONDIN	**BOLLÈNE**	BOSSEUR
BIG BANG	BISMUTH	**BLONDIN**	**BOLOGNE**	BOSSOIR
BIGEARD	BISQUER	BLONDIR	**BOLSENA**	BOSSUÉE
BIGLANT	BISSANT	BLOOMER	**BOLZANO**	BOSSUER
BIGLEUX	BISTRÉE	BLOQUÉE	BOMBAGE	**BOSSUET**
BIGNONE	BISTROT	BLOQUER	BOMBANT	BOTTANT
BIGORNE	BITONAL	BLOTTIE	**BOMBARD**	BOTTELÉ
BIGORNÉ	BITTURE	BLOTTIR	**BONAIRE**	BOTTEUR
BIGORRE	BITTURÉ	BLOUSÉE	BONAMIA	BOTTIER
BIGOUDI	BITUMÉE	BLOUSER	BONASSE	BOTTINE
BIGUINE	BITUMER	BLOUSON	BONDRÉE	**BOTTROP**
BIJAPUR	BITURÉE	BLOUSSE	**BONDUES**	**BOUCAIN**
BIKANER	BITURER	**BLÜCHER**	BONHEUR	BOUCANE
BILEUSE	BIVALVE	BLUETTE	BONICHE	BOUCANÉ
BILIEUX	BIVOUAC	BLUFFÉE	BONIFIÉ	BOUCAUD
BILLAGE	BIZARRE	BLUFFER	BONJOUR	BOUCAUX
BILLANT	**BIZERTE**	BLUTAGE	**BONNARD**	BOUCHÉE
BILLARD	BIZUTÉE	BLUTANT	**BONNIER**	BOUCHER
BILLÈRE	BIZUTER	BLUTOIR	**BONNOIS**	**BOUCHER**
BILLETÉ	BLAFARD	**BOABDIL**	BON-PAPA	BOUCHON
BILLION	**BLAGNAC**	BOBÈCHE	BONSOIR	BOUCHOT
BILOBÉE	BLAGUÉE	**BOBÈCHE**	BOOLÉEN	BOUCLÉE
BIMÉTAL	BLAGUER	BOBETTE	BOOLIEN	BOUCLER
BINAIRE	BLAIRÉE	**BOBIGNY**	**BOORMAN**	**BOU CRAA**
BINETTE	BLAIRER	BOBINÉE	BOOSTER	BOUDANT
BINEUSE	BLÂMANT	BOBINER	**BOOTHIA**	BOUDDHA
BINFORD	**BLAMONT**	BOBINOT	BORAINE	**BOUDDHA**
BINOCLE	BLANCHE	BOBONNE	**BORAINE**	BOUDEUR
BIOCIDE	**BLANCHE**	BOBTAIL	BORASSE	**BOUDIAF**

BOUDINÉ	**BOYSSET**	**BRESCIA**	BROCHÉE	**BRUZOIS**
BOUDOIR	**BOZOULS**	**BRESDIN**	BROCHER	BUCCALE
BOUÉLER	BRABANT	**BRESLAU**	BROCHET	BUCCAUX
BOUETTE	**BRABANT**	BRESSAN	**BROCKEN**	BÛCHANT
BOUEUSE	**BRABHAM**	**BRESSAN**	BROCOLI	**BUCHEHR**
BOUFFÉE	**BRACHET**	**BRESSON**	BRODANT	BÛCHEUR
BOUFFER	BRACTÉE	BRETZEL	BRODEUR	**BUCHNER**
BOUFFIE	BRADANT	BREVETÉ	**BRODSKY**	**BÜCHNER**
BOUFFIR	BRADEUR	**BRIANSK**	**BROGLIE**	**BUCOISE**
BOUFFON	**BRADLEY**	BRIARDE	BROMATE	BUCRANE
BOUGNAT	BRADYPE	**BRIARDE**	BROMURE	BUDGÉTÉ
BOUGRAN	**BRAGARD**	BRICOLE	BRONCHE	**BUFFALO**
BOUGUER	BRAILLE	BRICOLÉ	**BRONCHÉ**	BUFFLON
BOUILLE	**BRAILLE**	BRIDANT	**BRONSON**	**BUGANDA**
BOUILLI	BRAILLÉ	BRIDGER	BRONZÉE	**BUGATTI**
BOULAIE	BRAISÉE	**BRIDOIS**	BRONZER	**BUGEAUD**
BOULANT	BRAISER	BRIEFÉE	**BROONZY**	BUGRANE
BOULEAU	BRAMANT	BRIEFER	BROSSÉE	**BUGUOIS**
BOULETÉ	BRANCHE	**BRIENNE**	BROSSER	BUISSON
BOULIER	BRANCHÉ	**BRIENON**	**BROSSES**	**BUISSON**
BOULLÉE	BRANCHU	**BRIÉRON**	**BROUAGE**	BULBEUX
BOUMANT	**BRANDES**	BRIFFÉE	BROUSSE	BULGARE
BOUNINE	BRANDIE	BRIFFER	**BROUSSE**	**BULGARE**
BOUQUET	BRANDIR	BRIGADE	BROUTÉE	BULLANT
BOUQUET	BRANDON	BRIGAND	BROUTER	**BULLANT**
BOUQUIN	**BRANDON**	**BRIGIDE**	**BROUWER**	BULLDOG
BOURBON	BRANLÉE	BRIGUÉE	BROWNIE	BULLEUX
BOURBON	BRANLER	BRIGUER	BROYAGE	BUNRAKU
BOURCAT	**BRANNER**	BRILLER	BROYANT	**BURAYDA**
BOURDON	BRAQUÉE	BRIMADE	BROYEUR	**BURBAGE**
BOURDON	BRAQUER	BRIMANT	BRUCHON	**BURDWAN**
BOUREÏA	BRAQUET	BRINELL	BRUCINE	BUREAUX
BOURGES	BRASAGE	BRINGÉE	**BRUEGEL**	BURELÉE
BOURGET	BRASANT	BRINGUE	BRUGNON	BURELLE
BOURRÉE	BRASERO	BRINGUÉ	BRUINER	BURETTE
BOURRER	BRASIER	BRIOCHE	BRUISSÉ	BURGAUX
BOURRIN	BRASQUE	**BRIOCHÉ**	BRUITÉE	**BURGESS**
BOURRUE	**BRASSAÏ**	BRIONNE	BRUITER	**BURGIEN**
BOURVIL	BRASSÉE	**BRIOTIN**	BRÛLAGE	**BURIDAN**
BOUSEUX	BRASSER	**BRIOUDE**	BRÛLANT	BURINÉE
BOUSIER	BRASSIN	BRIQUÉE	BRÛLEUR	BURINER
BOUTADE	BRASURE	BRIQUER	BRÛLOIR	**BURKINA**
BOUTANT	**BRAUDEL**	BRIQUET	BRÛLURE	**BURNABY**
BOUTEUR	**BRAUNER**	BRISANT	BRUMEUX	BURNOUS
BOUTOIR	BRAVADE	BRISÉES	BRUNCHÉ	**BURUNDI**
BOUTURE	**BRAVAIS**	BRISEUR	BRUNCHS	BUSHIDO
BOUTURÉ	BRAVANT	BRISQUE	**BRUNHES**	**BUSHMEN**
BOUVARD	BRAYANT	**BRISSAC**	**BRÜNING**	BUSQUÉE
BOUVIER	BRÉCHET	BRISTOL	**BRUNNEN**	BUSQUER
BOUVIER	**BREGENZ**	**BRISTOL**	BRUSQUE	**BUSSANG**
BOVOISE	**BREGUET**	BRISURE	BRUSQUÉ	BUSTIER
BOWLING	**BREJNEV**	**BRITTEN**	**BRUSSEL**	BUTEUSE
BOX-CALF	**BREMOND**	**BRIZEUX**	BRUTALE	BUTINÉE
BOXEURS	**BRENDEL**	BROCARD	BRUTAUX	BUTINER
BOXEUSE	**BRENNER**	BROCART	BRUTION	BUTTAGE
BOYAUTÉ	**BRENNOU**	BROCCIO	BRUYANT	BUTTANT
BOYCOTT	**BRENNUS**		BRUYÈRE	BUTTEUR

BUTTOIR	CADUCÉE	CALICUT	CANARIS	CAPOTER
BUVABLE	CADUQUE	CALIFAT	CANASTA	CAPOUAN
BUVETTE	CÆCALE	CÂLINÉE	CANCALE	CAPPONI
BUVEUSE	CÆCAUX	CÂLINER	CANCALE	CAPRARA
BUXOISE	CAELIUS	CALLEUX	CANCANÉ	CAPRERA
BUZZATI	CÆSIUM	CALIXTE	CANDÉEN	CAPRICE
BYZANCE	CAETANO	CALLIAS	CANDELA	CÂPRIER
CABALER	CAFARDE	CALMANT	CANDEUR	CAPRINE
CABALLÉ	CAFARDÉ	CALONNE	CANDIDA	CAPRINÉ
CABANÉE	CAFÉIER	CALORIE	CANDIDE	CAPRIVI
CABANER	CAFÉINE	CALOTIN	CANDIDE	CAPSAGE
CABANIS	CAFETAN	CALOTTE	CANETON	CAPSIDE
CABANON	CAFTANT	CALOTTÉ	CANETTE	CAPSIEN
CABARET	CAFTEUR	CALOYER	CANEVAS	CAPSULE
CABÈCHE	CAGETTE	CALQUÉE	CANEZOU	CAPSULÉ
CABEZÓN	CAGNARD	CALQUER	CANICHE	CAPTAGE
CABIMAS	CAGNEUX	CALTANT	CANITIE	CAPTANT
CABINDA	CAGNOIS	CALUGER	CANNAGE	CAPTEUR
CABINET	CAGOULE	CALUIRE	CANNAIE	CAPTIVE
CÂBLAGE	CAGOULE	CALUKYA	CANNANT	CAPTIVÉ
CÂBLANT	CAHOKIA	CALUMET	CANNELÉ	CAPTURE
CÂBLEAU	CAHOTÉE	CALVAIS	CANNEUR	CAPTURÉ
CÂBLÉES	CAHOTER	CALVINO	CANNIER	CAPUCHE
CÂBLEUR	CAILLÉE	CALYPSO	CANNING	CAPUCIN
CÂBLIER	CAILLER	CALYPSO	CANNOIS	CAPVERN
CABOCHE	CAILLIÉ	CAMAÏEU	CANONNÉ	CAP-VERT
CABOCHE	CAILLOT	CAMARDE	CANOPÉE	CAQUANT
CABOSSE	CAILLOU	CAMARET	CANOSSA	CAQUETÉ
CABOSSÉ	CAÏMANS	CAMARGO	CANOTER	CARABIN
CABOTER	CAIROTE	CAMBANT	CANSADO	CARACAL
CABOTIN	CAIROTE	CAMBIAL	CANTATE	CARACAS
CABOURG	CAISSON	CAMBIUM	CANTINE	CARACUL
CABRANT	CAJETAN	CAMBOAR	CANTINÉ	CARAFON
CABACER	CAJOLÉE	CAMBRAI	CANULAR	CARAÏBE
CACAOTÉ	CAJOLER	CAMBRÉE	CANULÉE	CARAÏBE
CACAOUI	CALABRE	CAMBRER	CANULER	CARAÏTE
CACARDÉ	CALAMAR	CAMBUSE	CANZONE	CARAÏTE
CACCINI	CALAMUS	CAMBYSE	CANZONI	CARAJÁS
CÁCERES	CALCÉEN	CAMÉLIA	CAO BANG	CARAMEL
CACHANT	CALCHAS	CAMELLE	CAPABLE	CARAQUE
CACHÈRE	CALCINÉ	CAMELOT	CAP-D'AIL	CARBONE
CACHETÉ	CALCITE	CAMERON	CAPÉANT	CARBONÉ
CACIQUE	CALCIUM	CAMOENS	CAPELAN	CARBURE
CADAVRE	CALCULÉ	CAMORRA	CAPELÉE	CARBURÉ
CADEAUX	CALÈCHE	CAMPANA	CAPELER	CARDAGE
CADENCE	CALECIF	CAMPANE	CAPELET	CARDANT
CADENCÉ	CALEÇON	CAMPANT	CAPEYER	CARDÈRE
CADENET	CALEPIN	CAMPEUR	CAPITAL	CARDEUR
CADETTE	CALETÉE	CAMPHRE	CAPITAN	CARDIAL
CADMIÉE	CALETER	CAMPHRÉ	CAPITON	CARDIFF
CADMIER	CALFATÉ	CAMPINE	CAPONNE	CARDIJN
CADMIUM	CALGARY	CAMPING	CAPORAL	CARDOSO
CADOGAN	CALIBAN	CAM RANH	CAPABLE	CARÉLIE
CADORNA	CALIBRE	CAMUSET	CAPOTÉE	CARENCE
CADRAGE	CALIBRÉ	CANAQUE		CARÉNÉE
CADRANT	CALICHE	CANAQUE		CARÉNER
CADREUR	CALICOT	CANARDÉ	CAPOTÉE	CARESSE

CARESSÉ	CASQUÉE	CAVEAUX	CERCLÉE	**CHÂLONS**
CARGUÉE	CASQUER	CAVEÇON	CERCLER	CHAMADE
CARGUER	CASSADE	CAVERNE	CERDANE	**CHAMBLY**
CARHAIX	CASSAGE	CAVISTE	**CERDANE**	CHAMBRE
CARIANT	CASSANT	**CAYATTE**	CÉRÉALE	CHAMBRÉ
CARIBOU	**CASSARD**	CAYENNE	**CÉRETAN**	CHAMEAU
CARIEUX	CASSATE	**CAYOLLE**	CÉRITHE	CHAMOIS
CARIOCA	**CASSATT**	CAZÈRES	CERIZAY	**CHAMOUN**
CARIOCA	CASSEAU	CAZETTE	CERNANT	CHAMPIS
CARISTE	CASSEUR	**CAZOTTE**	CERNEAU	CHAMSIN
CARLINE	CASSIER	CÉBISTE	**CERNÉEN**	**CHAMSON**
CARLSON	CASSINE	CÉCIDIE	CERTAIN	CHANCEL
CARLYLE	**CASSINI**	CÉCILIE	CÉRUMEN	CHANCIR
CARMAUX	**CASSINO**	**CÉCROPS**	CÉRUSÉE	CHANCRE
CARMINÉ	**CASSOLA**	CÉDANTE	CERVEAU	**CHANDOS**
CARMONA	CASSURE	CÉDÉROM	CERVIDÉ	**CHANGAN**
CARNAGE	CASTARD	CÉDILLE	**CÉSAIRE**	CHANGÉE
CARNAUX	CASTINE	CÉDRAIE	**CÉSARÉE**	CHANGER
CARNEAU	CASTING	CEINDRE	**CESBRON**	**CHANNEL**
CARNIER	CASTRAT	CÉLADON	CESSANT	CHANSON
CARNUTE	CASTRÉE	**CÉLÈBES**	CESSION	CHANTÉE
CARONTE	CASTRER	CÉLÈBRE	CESTODE	CHANTER
CAROTTE	**CASTRES**	CÉLÉBRÉ	CÉTEAUX	CHANTRE
CAROTTÉ	CASTRUM	CÉLESTA	CÉTOINE	**CHANUTE**
CAROUBE	CATAIRE	CÉLESTE	CÉVENOL	CHANVRE
CAROUGE	CATALAN	CÉLIBAT	**CÉVENOL**	CHAOUCH
CAROUGE	**CATALAN**	CELLE-CI	**CÉZANNE**	**CHAOUÏA**
CARPEAU	CATALPA	CELLE-LÀ	CÉZIGUE	**CHAPAIS**
CARPIEN	CATCHER	CELLIER	**CHAALIS**	**CHAPALA**
CARRANT	CATELLE	**CELLINI**	**CHABAUD**	CHAPEAU
CARRARE	CATHARE	**CELLOIS**	CHABLÉE	**CHAPLIN**
CARRARE	CATHODE	CELLULE	CHABLER	**CHAPMAN**
CARREAU	**CATINAT**	CELSIUS	CHABLIS	**CHAPPAZ**
CARRELÉ	CATOGAN	CELUI-CI	**CHABLIS**	CHAPSKA
CARRERA	**CATROUX**	CELUI-LÀ	CHABLON	**CHAPTAL**
CARRICK	**CATTELL**	CÉMENTO	CHABROL	CHARADE
CARRIER	**CATULLE**	CÉNACLE	**CHABROL**	CHARBON
CARRIER	**CAUCASE**	**CÉNACLE**	CHABROT	**CHARCOT**
CARROLL	**CAUCHON**	CENDRÉE	CHACONE	**CHARDIN**
CARROYÉ	CAUDALE	CENDRER	CHACUNE	**CHARDJA**
CARRURE	CAUDAUX	CENELLE	CHADOUF	CHARDON
CARRYEN	**CAUDRON**	**CENNINI**	**CHAGALL**	CHAREAU
CARTANT	CAULNES	CENSEUR	CHAGRIN	**CHAREST**
CARTIER	CAUSAGE	CENSIER	**CHAHINE**	CHARGÉE
CARTOON	CAUSALE	CENSIVE	CHAHUTÉ	CHARGER
CARUARU	CAUSALS	CENSURE	CHAÎNÉE	CHARIOT
CASAQUE	CAUSANT	CENSURÉ	CHAÎNER	CHARITÉ
CASARÈS	CAUSAUX	CENTAVO	CHAÎNON	**CHARLES**
CASCADE	CAUSEUR	CENTILE	CHAÏOTE	CHARLOT
CASÉEUX	**CAUSSES**	CENTIME	**CHAKHTY**	**CHARLOT**
CASÉINE	CAUTÈLE	CENTRAL	**CHALAIS**	CHARMÉE
CASERIO	CAUTÈRE	CENTRÉE	CHALAND	CHARMER
CASERNE	CAUTION	CENTRER	CHALAZE	**CHARMES**
CASERNÉ	**CAUVERY**	CÉRASTE	**CHALDÉE**	CHARNEL
CASERTE	CAVALÉE	CERBÈRE	CHALEUR	**CHARNEY**
CASETTE	CAVALER	**CERBÈRE**	**CHALLES**	CHARNUE
CASIMIR	**CAVALLI**	CERCEAU	CHALOIR	**CHARPAK**

CHARPIE	CHÊNAIE	**CHILLÁN**	CHOYANT	**CITROËN**
CHARRAT	CHENAUX	**CHILLON**	**CHRAÏBI**	ÇIVAÏTE
CHARRET	CHÉNEAU	**CHIMÈNE**	CHRISME	CIVELLE
CHARRIÉ	**CHENGDU**	CHIMÈRE	**CHRISTO**	CIVETTE
CHARROI	**CHÉNIER**	CHINAGE	CHROMÉE	CIVIÈRE
CHARRON	**CHENNAI**	CHINANT	CHROMER	**CIVILIS**
CHARRON	**CHENÔVE**	**CHINARD**	CHUINTÉ	CIVIQUE
CHARRUE	CHEPTEL	CHINDER	**CHUQUET**	CIVISME
CHARTER	CHERCHÉ	CHINEUR	CHUTANT	CLABAUD
CHARTRE	**CHÉREAU**	CHINOIS	CHUTEUR	CLABOTÉ
CHASLES	CHERGUI	**CHINOIS**	CHUTNEY	CLAIRET
CHASLES	**CHERGUI**	CHINOOK	CI-APRÈS	CLAIRON
CHASSÉE	CHERMÈS	CHINURE	CIBICHE	**CLAIRON**
CHASSER	CHERRYS	CHIOTTE	CIBISTE	CLAMANT
CHÂSSES	**CHESSEX**	CHIPANT	CIBLANT	**CLAMART**
CHASSIE	CHESTER	CHIPEUR	CIBOIRE	CLAMECÉ
CHÂSSIS	**CHESTER**	CHIPOTÉ	CIBOULE	**CLAMECY**
CHASTEL	CHÉTIVE	CHIQUÉE	**CIBOURE**	CLAMEUR
CHÂTAIN	CHEVALÉ	CHIQUER	**CICÉRON**	CLAMPIN
CHÂTEAU	CHEVAUX	CHIRALE	CICLANT	CLAMSER
CHATHAM	CHEVELU	CHIRAUX	**CIÉNAGA**	CLAPIER
CHÂTIÉE	**CHEVERT**	**CHIRICO**	CIGOGNE	CLAPOTÉ
CHÂTIER	CHEVEUX	CHITINE	CI-JOINT	CLAPPER
CHÂTIÉS	**CHEVIOT**	CHLEUHE	**CILICIE**	**CLAPTON**
CHATOYÉ	CHEVRER	CHLORÉE	CILLANT	CLAQUÉE
CHÂTRÉE	CHEVRON	CHNOQUE	**CIMABUE**	CLAQUER
CHÂTRER	**CHEYNEY**	**CHOCANO**	CIMAISE	CLARAIN
CHATROU	CHEZ-MOI	CHOCARD	CIMENTÉ	**CLARENS**
CHATTER	CHEZ-SOI	CHOISIE	CINABRE	CLARINE
CHATTÉE	CHEZ-TOI	CHOISIR	CINGLÉE	CLASHES
CHAUCER	CHIADÉE	CHOLÉRA	CINGLER	CLASSÉE
CHAUDET	CHIADER	CHOLINE	**CINGRIA**	CLASSER
CHAUFFE	CHIALER	CHÔMAGE	CINOCHE	**CLAUDEL**
CHAUFFÉ	CHIANTE	CHÔMANT	CINOQUE	**CLAUSEL**
CHAULÉE	CHIANTI	CHÔMEUR	CINTRÉE	**CLAUZEL**
CHAULER	**CHIANTI**	**CHOMSKY**	CINTRER	CLAVANT
CHAUMÉE	**CHIAPAS**	CHONDRE	CIPOLIN	CLAVEAU
CHAUMER	CHIASMA	**CHONGJU**	CIRCUIT	CLAVELÉ
CHAUSEY	CHIASME	CHOPANT	CIRCULÉ	CLAVETÉ
CHAUSSÉ	CHIASSE	CHOPINE	**CIREBON**	CLAVIER
CHAUVET	**CHIASSO**	CHOPPER	CIREUSE	CLAYÈRE
CHAUVIN	**CHIBCHA**	CHOQUÉE	CIRIÈRE	**CLAYOIS**
CHAVIRÉ	CHIBOUK	CHOQUER	CIRONNÉ	CLÉBARD
CHAYOTE	**CHICAGO**	**CHOQUET**	CISEAUX	CLÉMENT
CHÉBÉLI	CHICANE	CHORALE	CISELÉE	**CLÉMENT**
CHÉCHIA	CHICANÉ	CHORALS	CISELER	CLENCHE
CHECK-UP	CHICANO	CHORAUX	CISELET	CLEPHTE
CHÉDAIL	CHICOTE	CHORÈGE	CISTRON	**CLÉROIS**
CHEDDAR	CHICOTÉ	CHORION	CISTUDE	**CLÉTIEN**
CHÉLATE	CHIENNE	CHORIZO	CITADIN	CLICHÉE
CHELIFF	CHIFFON	**CHORZÓW**	CÎTEAUX	CLICHER
CHELLES	CHIFFRE	CHOSIER	CITERNE	CLIENTE
CHELMNO	CHIFFRÉ	CHOUCAS	CITHARE	CLIGNÉE
CHELSEA	CHIGNON	CHOUINÉ	CITOYEN	CLIGNER
CHEMINÉ	CHIISME	CHOURÉE	CITRATE	CLINFOC
CHEMISE	CHILIEN	CHOURER	CITRINE	CLINKER
CHEMISÉ	**CHILIEN**	**CHOU TEH**	CITRINE	**CLINTON**

CLIPART	COCKNEY	COLLIER	COMPARU	CONNARD
CLIPPER	COCKPIT	COLLIGÉ	COMPATI	CONNEAU
CLIQUER	COCOLÉE	COLLINE	COMPÈRE	**CONNERY**
CLIQUES	COCOLER	**COLLINS**	COMPILÉ	CONNEXE
CLIQUET	COCOTER	**COLLOIS**	COMPLET	CONNOTÉ
CLISSÉE	COCOTTE	COLLURE	COMPLOT	CONOÏDE
CLISSER	COCOTTÉ	COLLYRE	COMPONÉ	CONOPÉE
CLISSÉS	**COCTEAU**	COLMATÉ	COMPOSÉ	**CONQUES**
CLISSON	COCUAGE	COLOGNE	COMPOST	CONQUIS
CLIVAGE	COCUFIÉ	COLOMBA	COMPOTE	**CONRART**
CLIVANT	CODÉINE	COLOMBE	COMPRIS	CONSEIL
CLOACAL	CODEUSE	**COLOMBE**	COMPTÉE	CONSOLE
CLOAQUE	CODIFIÉ	COLOMBO	COMPTER	CONSOLÉ
CLOCHER	COÉDITÉ	**COLOMBO**	COMPTON	CONSORT
CLODION	CŒLOME	COLONAT	COMTALE	CONSPUÉ
CLODIUS	CŒNURE	COLONEL	COMTAUX	CONSTAT
CLOISON	**COETZEE**	COLONES	COMTOIS	CONSUMÉ
CLOÎTRE	COFFRÉE	COLONIE	**CÔMTOIS**	CONTACT
CLOÎTRÉ	COFFRER	**COLONNA**	**CONAKRY**	CONTAGE
CLONAGE	COFFRET	COLONNE	CONARDE	CONTANT
CLONANT	COGÉRÉE	**COLONNE**	CONASSE	CONTENT
CLOPINÉ	COGÉRER	COLORÉE	CONATUS	CONTENU
CLOQUÉE	COGITÉE	COLORER	CONCAVE	CONTEUR
CLOQUER	COGITER	COLORIÉ	CONCÉDÉ	CONTIGU
CLOSANT	COGNANT	COLORIS	CONCEPT	CONTINU
CLOSEAU	**COGOLIN**	COLOSSE	CONCERT	**CONTOIS**
CLÔTURE	COHÉSIF	COLTINÉ	CONCILE	CONTOUR
CLÔTURÉ	COHORTE	**COLUCHE**	CONCISE	CONTRAT
CLOUAGE	COIFFÉE	COLVERT	**CONCINI**	CONTRÉE
CLOUANT	COIFFER	COMBAVA	CONCLUE	CONTRER
CLOUTÉE	**COIMBRA**	COMBIEN	**CONCORD**	**CONTRES**
CLOUTER	COINCÉE	COMBINE	CONCRET	CONTRIT
CLOUZOT	COINCER	COMBINÉ	CONCLUE	CONTUSE
CLUSIEN	COINCHE	COMBLÉE	**CONDÉEN**	CONVENT
CLUSTER	**COIRONS**	COMBLER	**CONDROZ**	CONVENU
CNÉMIDE	COÏTANT	**COMECON**	CONDUIT	CONVERS
CNOSSOS	COITRON	COMÉDIE	CONDYLE	CONVEXE
COACHES	COKÉFIÉ	COMÉDON	CONFÉRÉ	CONVIÉE
COAGULÉ	COKERIE	**COMINES**	CONFÉRÉ	CONVIER
COALISÉ	COLASSE	COMIQUE	CONFIER	CONVIVE
COALTAR	**COLBERT**	COMMAND	CONFINÉ	CONVOLÉ
COASSER	COL-BLEU	COMMENT	CONFINS	CONVOYÉ
COAXIAL	**COLEMAN**	COMMÈRE	CONFIRE	COOPÉRÉ
COBBETT	COLÉRER	COMMÉRÉ	CONFITE	COOPTÉE
COBOURG	**COLETTE**	COMMISE	CONFLIT	COOPTER
COBENZL	COLIBRI	COMMODE	CONFLUÉ	COPAÏER
COCAGNE	**COLIGNY**	**COMMODE**	CONFORT	COPAYER
COCAÏER	COLINOT	COMMUÉE	CONFUSE	COPEAUX
COCAÏNE	COLIQUE	COMMUER	CONGAYE	COPIAGE
COCARDE	COLIQUE	COMMUNE	CONGELÉ	COPIANT
COCASSE	**COLISÉE**	COMMUNS	CONGÈRE	COPIEUR
COCHANT	COLLABO	COMMUTÉ	CONGRÉÉ	COPIEUX
CÔCHANT	COLLAGE	**COMNÈNE**	CONGRÈS	COPINER
COCHÈRE	COLLANT	**COMORES**	CONGRUE	COPISTE
COCHISE	COLLÈGE	**COMORIN**	CONIDIE	**COPLAND**
COCHLÉE	COLLETÉ	COMPACT	CONIQUE	**COPPENS**
COCHRAN	COLLEUR	COMPARÉ	CONJURÉ	**COPPOLA**

COPULER	**COSNOIS**	COUPLER	CRAMINE	CRÉTOIS
COQUARD	**COSQUER**	COUPLÉS	CRAMPON	**CRÉTOIS**
COQUART	COSSANT	COUPLET	**CRANACH**	CRETONS
COQUETÉ	COSSARD	COUPOLE	CRÂNANT	CREUSÉE
COQUINE	**COSSÉEN**	COUPURE	CRÂNEUR	CREUSER
CORBEAU	**COSSIGA**	COURAGE	CRÂNIEN	CREUSET
CORBÉEN	COSTALE	COURANT	**CRANMER**	CREVANT
CORBEIL	COSTARD	COURATE	CRANSON	CREVARD
CORBLEU	COSTAUD	COURBÉE	CRANTÉE	**CREVAUX**
CORCYRE	COSTAUX	COURBER	CRANTER	CREVOTÉ
CORDAGE	COSTUME	**COURBET**	CRANTÉS	CRIANTE
CORDAIS	COSTUMÉ	COURÇON	**CRAONNE**	CRIARDE
CORDANT	COTABLE	**COURÇON**	CRAPAUD	CRIBLÉE
CORDEAU	COTEAUX	COUREUR	CRAPULE	CRIBLER
CORDIAL	CÔTELÉE	**COURIER**	CRAQUÉE	CRICKET
CORDIER	COTERIE	COURLIS	CRAQUER	CRIERIE
CORDIER	COTIDAL	**COURNON**	**CRASHAW**	CRIEUSE
CORDITE	CÔTIÈRE	**COURNOT**	CRASHÉE	**CRILLON**
CORDOBA	COTISÉE	**COURSAN**	CRASHER	CRIQUET
CÓRDOBA	COTISER	COURSÉE	CRASHES	CRISPÉE
CORDOUE	COTONNÉ	COURSER	**CRASSUS**	CRISPER
CORELLI	CÔTOYÉE	COURSON	CRATÈRE	CRISPIN
CORIACE	CÔTOYER	COUSANT	CRAVATE	CRISSER
CORINTH	COTTAGE	COUSEUR	CRAVATÉ	CRISTAL
CORMACK	**COTTBUS**	COUSINE	CRAWLER	**CRISTAL**
CORMIER	COUARDE	COUSINÉ	**CRAWLEY**	CRITÈRE
CORNAGE	COUCHÉE	COUSSIN	CRAYEUX	**CRITIAS**
CORNANT	COUCHER	**COUSTOU**	CRÉANCE	CROASSÉ
CORNARD	COUCHIS	COÛTANT	CRÉATIF	**CROATIE**
CORNARO	COUDANT	COUTEAU	**CRÉCÉEN**	CROBARD
CORNÉEN	COUDOYÉ	COÛTEUX	CRÉCHER	CROCHÉE
CORNIER	**COUDRES**	**COUTHON**	**CRÉÇOIS**	CROCHER
CORNIOT	COUENNE	**COUTRAS**	CRÉDITÉ	CROCHET
COROLLE	**COUËRON**	COUTUME	CRÉDULE	CROCHUE
CORONAL	COUETTE	COUTURE	CRÉMANT	CROISÉE
CORONER	COUFFIN	**COUTURE**	CRÉMÉES	CROISER
CORRECT	COUGUAR	COUTURÉ	CRÉMEUX	**CROISSY**
CORRÈGE	COUILLE	COUVADE	CRÉMIER	CROÎTRE
CORRÉLÉ	COUILLU	COUVAIN	**CRÉMIEU**	CROLLÉE
CORRÈZE	COUINER	COUVANT	CRÉMONE	**CROOKES**
CORRIDA	COULAGE	COUVENT	**CRÉMONE**	CROONER
CORRIGÉ	COULANT	COUVERT	CRÉNEAU	CROQUÉE
CORRODÉ	COULEUR	COUVOIR	CRÉNELÉ	CROQUER
CORROYÉ	COULOIR	COUVRIR	CRÉNELÉ	CROQUET
CORSAGE	COULOMB	**COVILHÃ**	CRÊPAGE	CROQUIS
CORSANT	**COULOMB**	COW-BOYS	CRÊPANT	CROTALE
CORSETÉ	COULURE	CRABOTÉ	CRÊPELÉ	**CROTONE**
CORTÈGE	**COUMANS**	CRACHAT	CRÊPIER	CROTTÉE
CORTINE	**COUNAXA**	CRACHÉE	CRÊPINE	CROTTER
CORTONE	COUNTRY	CRACHER	CRÉPITÉ	CROTTIN
CORVIDÉ	COUPAGE	CRACHIN	CRÊPURE	CROULER
CORYMBE	COUPANT	CRACKER	**CRESPIN**	CROUPIE
COSAQUE	COUPEUR	CRAILLÉ	CRESSON	CROUPIR
COSAQUE	COUPLÉE	CRAINTE	**CRESSON**	CROUPON
COSENZA		**CRAIOVA**	CRÉTACÉ	CROÛTER
COSIGNÉ			**CRÉTEIL**	CROÛTON
COSINUS		**CRAMANT**	CRÉTINE	**CROWLEY**

CROYANT	CUPESSE	DALEAUX	DÉBÂCHÉ	DÉCHAUX
CROZIER	**CUPIDON**	DALLAGE	DÉBÂCLE	DÉCHIRÉ
CRUAUTÉ	CUPRITE	DALLANT	DÉBÂCLÉ	DÉCHOIR
CRUCHON	CURABLE	DALLEUR	DÉBALLÉ	DÉCIBEL
CRUCIAL	CURAÇAO	DALMATE	DÉBANDÉ	DÉCIDÉE
CRUDITÉ	**CURAÇAO**	**DALMATE**	DÉBARDÉ	DÉCIDER
CRUELLE	CURATIF	DAMASSÉ	DÉBARRÉ	DÉCIDUE
CRUENTÉ	CURCUMA	DAMEUSE	DÉBÂTÉE	DÉCIMAL
CRUISER	CURETÉE	**DAMIENS**	DEBATER	DÉCIMÉE
CRUMBLE	CURETER	DAMNANT	DÉBÂTER	DÉCIMER
CRÛMENT	CURETON	**DAMODAR**	DÉBÂTIE	**DÉCINES**
CRURALE	CURETTE	**DAMPIER**	DÉBÂTIR	DÉCISIF
CRURAUX	CURIALE	DANAÏDE	DÉBATTU	DÉCITEX
CRYPTÉE	CURIAUX	**DANAKIL**	DÉBECTÉ	DÉCLAMÉ
CRYPTER	CURIEUX	DANCING	**DEBENEY**	DÉCLARÉ
CSARDAS	CURISTE	DANDINÉ	DÉBINÉE	DÉCLINÉ
CTÉSIAS	CURLING	**DANDOLO**	DÉBINER	DÉCLIVE
CUBAINE	CURSEUR	**DANDONG**	DÉBITÉE	DÉCLORE
CUBAINE	CURSIVE	**DANGEAU**	DÉBITER	DÉCLOSE
CUBILOT	**CURTIUS**	**DANIELE**	DÉBLAYÉ	DÉCLOUÉ
CUBIQUE	CUSCUTE	**DANIELL**	DÉBOGUÉ	DÉCOCHÉ
CUBISME	**CUSHING**	DANOISE	DÉBOISÉ	DÉCODÉE
CUBISTE	**CUSTINE**	**DANOISE**	DÉBOÎTÉ	DÉCODER
CUBITAL	CUSTODE	DANSANT	DÉBONDÉ	DÉCOLLÉ
CUBITUS	**CUSTOZA**	DANSEUR	DÉBORDÉ	DÉCONNÉ
CUBOÏDE	CUTANÉE	DANSOTÉ	DÉBOTTÉ	DÉCORDÉ
CUEILLI	CUVELÉE	**DANTZIG**	DÉBOULÉ	DÉCORÉE
CUGNAUX	CUVELER	DAPHNIE	DÉBOURS	DÉCORER
CUILLER	CUVETTE	**DAPHNIS**	DÉBOUTÉ	DÉCORNÉ
CUISANT	CYANOSE	**DA PONTE**	DÉBRASÉ	DÉCORUM
CUISEUR	CYANOSÉ	DARAISE	DÉBRAYÉ	DÉCOULÉ
CUISINE	CYANURE	**DARBOUX**	DÉBRIDÉ	DÉCOUPE
CUISINÉ	CYANURÉ	DARDANT	DÉBUCHÉ	DÉCOUPÉ
CUISSON	**CYAXARE**	**DARFOUR**	**DEBURAU**	DÉCOURS
CUISSOT	CYCLISÉ	DARIOLE	**DEBUSSY**	DÉCOUSU
CUISTAX	CYCLONE	DARIQUE	DÉBUTÉE	DÉCRÊPÉ
CUISTOT	CYCLOPE	**DARKHAN**	DÉBUTER	DÉCRÉPI
CUISTRE	CYMAISE	**DARLING**	DÉCALÉE	DÉCRÉTÉ
CUITANT	CYMBALE	**DARNAND**	DÉCALER	DÉCRIÉE
CUIVRÉE	CYNIQUE	**DARNLEY**	DÉCAMPÉ	DÉCRIER
CUIVRER	CYNISME	**DARRACQ**	**DECAMPS**	DÉCRIRE
CULASSE	CYPHOSE	DARSANA	DÉCANAT	DÉCRITE
CULBUTE	**CYPRIEN**	DARTOIS	DÉCANTÉ	**DECROLY**
CULBUTÉ	**CYRILLE**	DASYURE	DÉCAPÉE	DE CUJUS
CULERON	**CYSOING**	DATABLE	DÉCAPER	DÉCUPLE
CULMINÉ	CYSTITE	DATEUSE	DÉCATIE	DÉCUPLÉ
CULOTTE	**CYTHÈRE**	DATISME	DÉCATIR	DÉCURIE
CULOTTÉ	**CYZIQUE**	DATTIER	DÉCAVÉE	DÉCUSSÉ
CULTIVÉ	CZARDAS	DAUBANT	DÉCAVER	DÉCUVÉE
CULTUEL	**CZIFFRA**	DAUBEUR	DÉCÉDER	DÉCUVER
CULTURE	DACTYLE	**DAUMIER**	DÉCELÉE	DÉDIANT
CUMBRIA	DACTYLO	DAUPHIN	DÉCELER	DÉDORÉE
CUMULÉE	**DAHOMEY**	DAURADE	DÉCENCE	DÉDORER
CUMULER	DAIGNER	**DAUSSET**	DÉCENTE	DÉDUIRE
CUMULET	**DAIMLER**	**DAVILER**	DÉCERNÉ	DÉDUITE
CUMULUS	**DALBERG**	DAZIBAO	DÉCHANT	DE FACTO
CUNAULT		DEALANT		DÉFAIRE

DÉFAITE	DÉGRÉÉE	DÉLIVRÉ	DÉNEIGÉ	DÉPLIER
DE FALLA	DÉGRÉER	**DELLOIS**	**DENEUVE**	DÉPLORÉ
DÉFENDS	DÉGREVÉ	DÉLOGÉE	**DEN HAAG**	DÉPLOYÉ
DÉFENDU	DÉGRISÉ	DÉLOGER	DÉNIANT	DÉPLUMÉ
DÉFENSE	DÉGUISÉ	**DELORME**	DÉNICHÉ	DÉPOLIE
DÉFÉQUÉ	DÉGUSTÉ	DÉLOYAL	DÉNIGRÉ	DÉPOLIR
DÉFÉRÉE	**DEHAENE**	**DELPHES**	DÉNITRÉ	DÉPORTÉ
DÉFÉRER	DÉHALÉE	**DELTEIL**	**DENIZLI**	DÉPOSÉE
DÉFERLÉ	DÉHALER	DÉLURÉE	**DENNERY**	DÉPOSER
DÉFERRÉ	**DEHMELT**	DÉLURER	DÉNOMMÉ	DÉPOTÉE
DEFFAND	**DE HOOCH**	**DELVAUX**	DÉNONCÉ	DÉPOTER
DÉFIANT	**DE HOOGH**	DEMANDE	DÉNOTÉE	DÉPRAVÉ
DÉFIBRÉ	DÉICIDE	DEMANDÉ	DÉNOTER	DÉPRIME
DÉFICIT	DÉIFIÉE	DÉMANGÉ	DÉNOUÉE	DÉPRIMÉ
DÉFILÉE	DÉIFIER	DÉMARIÉ	DÉNOUER	DÉPRISE
DÉFILER	DÉJANTÉ	DÉMARRÉ	DÉNOYÉE	DÉPRISÉ
DÉFINIE	DÉJAUGÉ	DÉMÂTÉE	DÉNOYER	DÉPULPÉ
DÉFINIR	DÉJETÉE	DÉMÂTER	DENSITÉ	DÉPURÉE
DÉFLORÉ	DÉJETER	DÉMÊLÉE	D'EMBLÉE	DÉPURER
DÉFOLIÉ	DÉJEUNÉ	DÉMÊLER	DENTALE	DÉPUTÉE
DÉFONCE	DÉJOUÉE	DÉMENCE	DENTAUX	DÉPUTER
DÉFONCÉ	DÉJOUER	DÉMENÉE	DENTELÉ	DÉRAGER
DÉFORCÉ	DÉJUCHÉ	DÉMENER	DENTIER	DÉRAIDI
DÉFORMÉ	DÉJUGÉE	DÉMENTE	DENTINE	DÉRAMÉE
DÉFOULÉ	DÉJUGER	DÉMENTI	DENTURE	DÉRAMER
DÉFRAYÉ	**DE KLERK**	DÉMERDÉ	DÉNUANT	DÉRANGÉ
DÉFRIPÉ	DÉLABRÉ	**DÉMÉTER**	DÉNUDÉE	DÉRAPER
DÉFRISÉ	DÉLACÉE	DEMEURE	DÉNUDER	DÉRATÉE
DE FUNÈS	DÉLACER	DEMEURÉ	DÉNUTRI	DÉRAYÉE
DÉFUNTE	**DELAGOA**	DEMIARD	DÉPANNÉ	DÉRAYER
DÉGAGÉE	DÉLAINÉ	DEMI-BAS	DÉPARÉE	DÉRÉGLÉ
DÉGAGER	DÉLAITÉ	**DEMIDOF**	DÉPARER	DÉRIDÉE
DÉGAINE	**DELANOË**	**DEMIDOV**	DÉPARIÉ	DÉRIDER
DÉGAINÉ	DÉLASSÉ	**DE MILLE**	DÉPARLÉ	DÉRIVÉE
DÉGANTÉ	**DELAUNE**	DEMI-MAL	DÉPARTI	DÉRIVER
DÉGARNI	**DE LAVAL**	DEMI-MOT	DÉPASSÉ	DERMATO
DÉGAZÉE	DÉLAVÉE	DÉMINÉE	DÉPAVÉE	DERMITE
DÉGAZER	DÉLAVER	DÉMINER	DÉPAVER	DERNIER
DÉGELÉE	DÉLAYÉE	**DEMIREL**	DÉPAYSÉ	DÉROBÉE
DÉGELER	DÉLAYER	DEMI-SEL	DÉPECÉE	DÉROBER
DÉGERMÉ	DÉLECTÉ	DEMI-TON	DÉPECER	DÉROCHÉ
DÉGIVRÉ	**DELEDDA**	DEMI-VIE	DÉPÊCHE	DÉROGER
DÉGLACÉ	DÉLÉGUÉ	DÉMODÉE	DÉPÊCHÉ	DÉROUGI
DÉGLUÉE	**DELERUE**	DÉMODER	DÉPEINT	DÉROULÉ
DÉGLUER	DÉLESTÉ	DEMODEX	DÉPENDU	DÉROUTE
DÉGLUTI	**DELEUZE**	DÉMOLIE	DÉPENSE	DÉROUTÉ
DÉGOISÉ	**DELGADO**	DÉMOLIR	DÉPENSÉ	DERRICK
DÉGOMMÉ	DÉLIANT	**DEMOLON**	DÉPÉRIR	**DERRIDA**
DÉGORGÉ	**DELIBES**	DÉMONTÉ	DÉPÊTRÉ	**DERVOIS**
DÉGOTÉE	DÉLICAT	DÉMORDU	DÉPHASÉ	DÉSALPE
DÉGOTER	**DELIGNE**	DÉMOULÉ	DÉPILÉE	**DESANTI**
DÉGOTTÉ	**DELILLE**	**DEMPSEY**	DÉPILER	DÉSARMÉ
DÉGOÛTÉ	DÉLINÉÉ	DÉMUNIE	DÉPIQUÉ	DÉSAVEU
DE GRAAF	DÉLIRER	DÉMUNIR	DÉPISTÉ	DÉSAXÉE
DÉGRADÉ	DÉLITÉE	DÉNANTI	DÉPITÉE	DÉSAXER
DÉGRAFÉ	DÉLITER	DÉNATTÉ	DÉPITER	DÉSERTE
	DÉLIVRE		DÉPLACÉ	DÉSERTÉ
			DÉPLIÉE	

DÉSIGNÉ	DÉVASTÉ	**DIDYMES**	DISSIPÉ	**DÔNG SON**
DÉSILÉE	DÉVEINE	DIÉRÈSE	DISSOLU	DON JUAN
DÉSILER	DEVENIR	DIERGOL	DISSONÉ	**DON JUAN**
DÉSIRÉE	**DEVÉRIA**	DIESTER	DISSOUS	DONNANT
DÉSIRÉE	DÉVERNI	DIFFAMÉ	DISTALE	DONNEUR
DÉSIRER	DÉVERSÉ	DIFFÉRÉ	DISTANT	**DONSKOÏ**
DÉSISTÉ	DÉVÊTIR	DIFFUSE	DISTAUX	**DONZÈRE**
DÉSOBÉI	DÉVÊTUE	DIFFUSÉ	DIURÈSE	DOPANTE
DÉSODÉE	DÉVIANT	DIGAMMA	DIURNAL	**DOPPLER**
DÉSOLÉE	DÉVIDÉE	DIGÉRÉE	DIVAGUÉ	DOREUSE
DÉSOLER	DÉVIDER	DIGÉRER	**DIVAISE**	**DORIENS**
DÉSOSSÉ	**DEVILLE**	DIGESTE	DIVERGÉ	DORIQUE
DESPIAU	**DÉVILLE**	DIGITAL	DIVERSE	DORLOTÉ
DESPOTE	DEVINÉE	DIGITÉE	DIVERTI	**DORMANS**
DES PRÉS	DEVINER	DIGNITÉ	DIVISÉE	DORMANT
DESSALÉ	DÉVIRÉE	**DIGNOIS**	DIVISER	DORMEUR
DESSEIN	DÉVIRER	DILATÉE	**DIVISIA**	**DORNIER**
DESSERT	DEVISÉE	DILATER	**DIVONNE**	DORSALE
DESSINÉ	DEVISER	**DILBEEK**	DIVORCE	DORSAUX
DESSOLÉ	DÉVISSÉ	DILEMME	DIVORCÉ	DORTOIR
DESSOUS	DÉVOILÉ	**DILTHEY**	DIX-CORS	DOSABLE
DE STIJL	DÉVOISÉ	DILUANT	DIX-HUIT	DOS-D'ÂNE
DESTINÉ	DÉVOLTÉ	DIMINUÉ	DIXIÈME	DOSSARD
DESTOUR	DÉVOLUE	DÎNETTE	**DIXMUDE**	DOSSIER
DESTRÉE	**DÉVOLUY**	DÎNEUSE	DIX-NEUF	DOUAIRE
DÉSUÈTE	DÉVORÉE	DINGHYS	DIX-SEPT	**DOUBIEN**
DÉSUNIE	DÉVORER	DINGUER	DIZAINE	DOUBLÉE
DÉSUNIR	DÉVOUÉE	DIOCÈSE	**DJEMILA**	DOUBLER
DESVRES	DÉVOUER	**DIODORE**	**DJERACH**	DOUBLET
DÉTACHÉ	DÉVOYÉE	**DIOGÈNE**	DJOBEUR	DOUBLON
DÉTALER	DÉVOYER	DIOÏQUE	**DMOWSKI**	DOUÇAIN
DÉTAXÉE	**DE VRIES**	**DIOMÈDE**	**DNIESTR**	DOUCEUR
DÉTAXER	**DEWAERE**	DIOPTRE	DOCTEUR	DOUCHÉE
DÉTECTÉ	**DE WITTE**	DIORAMA	DODINER	DOUCHER
DÉTEINT	**DHAHRAN**	DIORITE	DODERER	DOUCINE
DÉTELÉE	**DHANBAD**	DIOXINE	DOG-CART	DOUELLE
DÉTELER	DIABÈTE	DIOXYDE	DOIGTÉE	**DOUGLAS**
DÉTENDU	DIABOLO	DIPHASÉ	DOIGTER	DOUILLE
DÉTENIR	DIACIDE	DIPLÔME	**DOILLON**	DOUILLÉ
DÉTENTE	DIADÈME	DIPLÔMÉ	DOLENTE	DOULEUR
DÉTENUE	DIALYSE	DIPTÈRE	DOLIQUE	**DOURBIE**
DÉTERGÉ	DIALYSÉ	DIRECTE	DOLOMIE	**DOURDAN**
DÉTERRÉ	DIAMANT	DIRIGÉE	DOLOSIF	DOURINE
DÉTESTÉ	DIAMIDE	DIRIGER	DOMAINE	DOUTANT
DÉTONER	DIAMINE	DISCALE	**DOMÉRAT**	DOUTEUR
DÉTONNÉ	DIANTRE	DISCAUX	DOMINÉE	DOUTEUX
DÉTORDU	DIAPRÉE	DISCORD	DOMINER	DOUVAIN
DÉTORSE	DIAPRER	DISCRET	**DOMINGO**	**DOUVRES**
DÉTOURÉ	DIAZOTE	DISCUTÉ	DOM JUAN	**DOUVRIN**
DETROIT	**DIBANGO**	DISERTE	DOMMAGE	DOUZAIN
DÉTROIT	**DICKENS**	DISETTE	DOMPTÉE	**DOWDING**
DÉTRÔNÉ	DICLINE	DISEUSE	DOMPTER	**DOWLAND**
DÉTRUIT	DICTAME	DISPARU	**DOMRÉMY**	DOYENNE
DÉVALÉE	DICTANT	DISPOSE	DONACIE	DOYENNÉ
DÉVALER	DICTION	DISPOSÉ	**DONBASS**	DRACHER
DÉVALUÉ	**DIDELOT**	DISPUTE	**DONETSK**	DRACHME
DEVANCÉ	**DIDEROT**	DISPUTÉ	**DONETSK**	DRACULA

DRAGAGE	**DUFOURT**	ÉBOUEUR	ÉCLIPSÉ	ÉDICULE
DRAGEON	**DUHAMEL**	ÉBOULÉE	ÉCLISSE	ÉDIFICE
DRAGOON	**DÜHRING**	ÉBOULER	ÉCLOPÉE	ÉDIFIÉE
DRAGUÉE	**DUILIUS**	ÉBOULIS	ÉCLUSÉE	ÉDIFIER
DRAGUER	**DUMÉZIL**	ÉBOUTÉE	ÉCLUSER	ÉDILITÉ
DRAILLE	DUMPING	ÉBOUTER	ÉCOBUÉE	ÉDITANT
DRAINÉE	**DUNEDIN**	ÉBRANLÉ	ÉCOBUER	ÉDITEUR
DRAINER	DUNETTE	ÉBRASÉE	ÉCŒURÉ	ÉDITION
DRAKKAR	**DUNOISE**	ÉBRASER	ÉCOLAGE	**ÉDOMITE**
DRAPANT	**DUNOYER**	ÉBRÉCHÉ	ÉCOLIER	**ÉDOUARD**
DRAPEAU	**DUNSTAN**	**ÉBREUIL**	**ÉCOMMOY**	ÉDREDON
DRAPIER	DUOPOLE	ÉBRIÉTÉ	ÉCONOME	ÉDUQUÉE
DRAVANT	DUPERIE	ÉBRIQUÉ	ÉCOPANT	ÉDUQUER
DRAVEIL	**DUPERRÉ**	ÉBROUÉE	ÉCORCÉE	**EDWARDS**
DRAVEUR	DUPEUSE	ÉBROUER	ÉCORCER	**EEKHOUD**
DRAYAGE	**DUPLEIX**	ÉBRUITÉ	ÉCORCHÉ	EFFACÉE
DRAYANT	DUPLEXÉ	ÉBURNÉE	ÉCORNÉE	EFFACER
DRAYTON	**DUPLICE**	**ÉBURONS**	ÉCORNER	EFFANÉE
DREISER	**DUPLOYÉ**	ÉCACHÉE	ÉCOSSÉE	EFFANER
DRENTHE	DURABLE	ÉCACHER	ÉCOSSER	EFFARÉE
DRESDEN	DURAMEN	ÉCAILLE	ÉCOTAXE	EFFARER
DRESSÉE	**DURANCE**	ÉCAILLÉ	ÉCOTONE	EFFENDI
DRESSER	**DURANGO**	ÉCALANT	ÉCOULÉE	EFFIGIE
DREYFUS	**DURANTY**	ÉCALURE	ÉCOULER	EFFILÉE
DRIBBLE	DURATIF	ÉCARTÉE	ÉCOURTÉ	EFFILER
DRIBBLÉ	**DURAZZO**	ÉCARTER	ÉCOUTÉE	EFFLUVE
DRIESCH	**DURRELL**	ECCÉITÉ	ÉCOUTER	EFFORCÉ
DRIFTER	**DURRUTI**	ÉCHALAS	**ÉCOUVES**	EFFRAIE
DRIVANT	**DURUFLÉ**	ÉCHANGE	ÉCRASÉE	EFFRAYÉ
DRIVE-IN	**DUSAPIN**	ÉCHANGÉ	ÉCRASER	EFFRÉNÉ
DRIVEUR	**DUTOURD**	ÉCHAPPÉ	ÉCRÉMÉE	EFFRITÉ
DROGMAN	**DUTRONC**	ÉCHARDE	ÉCRÉMER	EFFUSIF
DROGUÉE	DUUMVIR	ÉCHARNÉ	ÉCRÊTÉE	ÉGAILLÉ
DROGUER	DUVETÉE	ÉCHARPE	ÉCRÊTER	ÉGALANT
DRÔMOIS	DUVETER	ÉCHARPÉ	ÉCRIANT	ÉGALISÉ
DROPANT	DYNASTE	ÉCHASSE	ÉCROUÉE	ÉGALITÉ
DROPPÉE	DYSPNÉE	ÉCHAUDÉ	ÉCROUER	ÉGARANT
DROPPER	DYSURIE	ÉCHÉANT	ÉCROUIE	ÉGAYANT
DROSERA	DYTIQUE	ÉCHELLE	ÉCROUIR	ÉGÉENNE
DROSSÉE	**EARHART**	ÉCHELON	ÉCROULÉ	**EGHEZÉE**
DROSSER	**EASTMAN**	**ECHENOZ**	ÉCROÛTÉ	**ÉGINÈTE**
DROUAIS	ÉBARBÉE	ÉCHEVIN	ECSTASY	**ÉGISTHE**
DRUMLIN	ÉBARBER	ÉCHIDNÉ	ECTHYMA	ÉGLEFIN
DRUMMER	ÉBATTRE	ÉCHINÉE	ECTOPIE	ÉGLOGUE
DRUMONT	ÉBATTUE	ÉCHINER	ÉCUBIER	ÉGOÏSER
DUALISÉ	ÉBAUBIE	ÉCHOPPE	ÉCUELLE	ÉGOÏSME
DUALITÉ	ÉBAUCHE	ÉCHOUÉE	ÉCUMAGE	ÉGOÏSTE
DU BARRY	ÉBAUCHÉ	ÉCHOUER	ÉCUMANT	ÉGORGÉE
DUBNIUM	ÉBAUDIE	ÉCIMAGE	ÉCUMEUR	ÉGORGER
DU BOURG	ÉBAUDIR	ÉCIMANT	ÉCUMEUX	ÉGOUTTÉ
DU CANGE	ÉBAVURÉ	**ECKHART**	ÉCURANT	ÉGRAINÉ
DUCASSE	ÉBÉNIER	**ECKMÜHL**	ÉCUSSON	ÉGRAPPÉ
DUCASSE	ÉBERLUÉ	ÉCLAIRE	ÉCUYÈRE	ÉGRENÉE
DUCHAMP	ÉBLOUIE	ÉCLAIRÉ	ÉDENTÉE	ÉGRENER
DUCLAIR	ÉBLOUIR	ÉCLATÉE	ÉDENTER	ÉGRISÉE
DUCLAUX	ÉBONITE	ÉCLATER	ÉDICTÉE	ÉGRISER
DUCTILE	ÉBORGNÉ	ÉCLIPSE	ÉDICTER	ÉGRUGÉE

ÉGRUGER	ÉLUVIAL	EMMERDÉ	ENCENSÉ	ENFONCÉ
ÉGUEULÉ	ÉLUVION	EMMOTTÉ	ENCHÈRE	ENFOUIE
ÉHONTÉE	ÉLYSÉEN	EMMURÉE	ENCHÉRI	ENFOUIR
EHRLICH	ELZÉVIR	EMMURER	ENCLAVE	ENFUMÉE
EIJKMAN	**ELZÉVIR**	ÉMONDÉE	ENCLAVÉ	ENFUMER
EINAUDI	ÉMACIÉE	ÉMONDER	ENCLINE	ENFÛTÉE
EINHARD	ÉMACIER	ÉMONDES	ENCLORE	ENFÛTER
ÉJACULÉ	ÉMAILLÉ	**ÉMOSSON**	ENCLOSE	ENGAGÉE
ÉJECTÉE	ÉMANANT	ÉMOTION	ENCLOUÉ	ENGAGER
ÉJECTER	ÉMARGÉE	ÉMOTIVE	ENCLUME	ENGAINÉ
ÉJOINTÉ	ÉMARGER	ÉMOTTÉE	ENCOCHE	ENGAMÉE
EKELUND	EMBÂCLE	ÉMOTTER	ENCOCHÉ	ENGAMER
EKOFISK	EMBALLÉ	ÉMOULUE	ENCODÉE	ENGERBÉ
ÉLABORÉ	EMBARGO	ÉMOUSSÉ	ENCODER	**ENGHIEN**
ÉLAGAGE	EMBARRÉ	EMPALÉE	ENCOLLÉ	ENGLACÉ
ÉLAGUÉE	EMBÂTER	EMPALER	ENCORDÉ	**ENGLAND**
ÉLAGUER	EMBAUMÉ	EMPALMÉ	ENCORNÉ	ENGLOBÉ
ÉLANCÉE	EMBELLI	EMPANNÉ	EN-COURS	ENGLUÉE
ÉLANCER	EMBÊTÉE	EMPARÉE	ENCOURU	ENGLUER
ÉLAPIDÉ	EMBÊTER	EMPARER	ENCRAGE	ENGOBÉE
ÉLARGIE	EMBLAVÉ	EMPÂTÉE	ENCRANT	ENGOBER
ÉLARGIR	EMBLÈME	EMPÂTER	ENCREUR	ENGOMMÉ
EL-ASNAM	EMBOÎTÉ	EMPATTÉ	ENCRIER	ENGONCÉ
ELBASAN	EMBOLIE	EMPAUMÉ	ENCRINE	ENGORGÉ
EL-BEIDA	EMBOLUS	EMPÊCHÉ	ENCROUÉ	ENGOUÉE
ELBOURZ	EMBOSSÉ	EMPENNE	ENCUVÉE	ENGOUER
ELBROUS	EMBOUTI	EMPENNÉ	ENCUVER	ENGRAIS
ELBROUZ	EMBRASÉ	EMPERLÉ	ENDÉANS	ENGRÊLÉ
ÉLECTIF	EMBRAYÉ	EMPESÉE	ENDÉMIE	ENGRENÉ
ÉLECTRE	EMBREVÉ	EMPESER	ENDETTÉ	ENGROIS
ÉLÉGANT	EMBRUMÉ	EMPESTÉ	ENDÊVER	ENHARDI
ÉLÉMENT	EMBRYON	EMPÊTRÉ	ENDIGUÉ	ENHERBÉ
ÉLEUSIS	EMBUANT	EMPHASE	ENDORMI	ENIVRÉE
ÉLEVAGE	EMBÛCHE	EMPIÉTÉ	ENDOSSE	ENIVRER
ÉLEVANT	EMBUÉES	EMPILÉE	ENDOSSÉ	ENJAMBÉ
ÉLEVEUR	ÉMÉCHÉE	EMPILER	ENDROIT	ENJOINT
EL-GOLÉA	ÉMÉCHER	EMPIRER	ENDUIRE	ENJÔLÉE
ÉLIDANT	ÉMERGÉE	EMPLOYÉ	ENDUITE	ENJÔLER
ÉLIMINÉ	ÉMERGER	EMPLUMÉ	ENDURCI	ENJOUÉE
ÉLINGUE	ÉMERISÉ	EMPOCHÉ	ENDURÉE	ENJUGUÉ
ÉLINGUÉ	ÉMÉRITE	EMPORTÉ	ENDURER	ENKYSTÉ
ÉLISANT	**EMERSON**	EMPOTÉE	EN EFFET	ENLACÉE
ÉLISION	ÉMÉTINE	EMPOTER	ÉNERGIE	ENLACER
ELLIPSE	ÉMETTRE	EMPRISE	ÉNERVÉE	ENLAIDI
EL-OBEÏD	ÉMIETTÉ	EMPRUNT	ÉNERVER	ENLEVÉE
ÉLOIGNÉ	ÉMIGRÉE	EMPYÈME	ENFAÎTÉ	ENLEVER
ÉLONGÉE	ÉMIGRER	EMPYRÉE	ENFANCE	ENLIANT
ÉLONGER	ÉMINCÉE	ÉMULANT	ENFANTÉ	ENLISÉE
ELSKAMP	ÉMINCER	ÉMULSIF	ENFARGÉ	ENLISER
ELSSLER	ÉMINENT	ÉNARQUE	ENFERMÉ	ENNÉADE
EL TAJÍN	**ÉMIRIEN**	EN-AVANT	ENFERRÉ	ENNEIGÉ
ELTSINE	ÉMISSIF	ENCADRÉ	ENFICHÉ	ENNEMIE
ÉLUCIDÉ	ÉMMÊLÉE	ENCAGÉE	ENFILÉE	**ENNEZAT**
ÉLUDANT	EMMÊLER	ENCAGER	ENFILER	ENNOBLI
ÉLUSATE	EMMENÉE	ENCAQUÉ	ENFLANT	ENNOYÉE
ÉLUSIVE	EMMENER	ENCARTÉ	ENFLURE	ENNOYER
ÉLUTION	EMMERDE	ENCEINT	ENFOIRÉ	ENNUAGÉ

ENNUYÉE	ENTRANT	**ÉPICURE**	ÉRODANT	ESSUYER
ENNUYER	ENTRAVE	ÉPIDOTE	ÉROGÈNE	**ESTAING**
ÉNOLATE	ENTRAVÉ	ÉPIERRÉ	ÉROSION	ESTAMPE
ÉNONCÉE	ENTREVU	ÉPIEUSE	ÉROSIVE	ESTAMPÉ
ÉNONCER	ENTUBÉE	ÉPIGONE	ÉROTISÉ	**ESTAQUE**
ÉNOUANT	ENTUBER	ÉPIGYNE	ERRANCE	**ESTEREL**
ENQUÊTE	ÉNUCLÉÉ	ÉPILANT	ERRANTE	ESTHÈTE
ENQUÊTÉ	ÉNUMÉRÉ	ÉPILEUR	ERRATUM	ESTIMÉE
ENQUISE	ÉNUQUÉE	ÉPILLET	ERRONÉE	ESTIMER
ENRAGÉE	ÉNUQUER	ÉPILOBE	ERSEAUX	ESTIVAL
ENRAGER	ENVAHIE	ÉPINARD	**ERSTEIN**	ESTIVÉE
ENRAYÉE	ENVAHIR	ÉPINEUX	ÉRUCTÉE	ESTIVER
ENRAYER	ENVASÉE	ÉPINGLE	ÉRUCTER	ESTOMAC
ENRÊNÉE	ENVASER	ÉPINGLÉ	ÉRUDITE	ESTOMPE
ENRÊNER	ENVIANT	ÉPINIER	ÉRUPTIF	ESTOMPÉ
ENRHUMÉ	ENVIEUX	ÉPISODE	**ERZURUM**	**ESTONIE**
ENRICHI	ENVINÉE	ÉPISSÉE	ESBIGNÉ	**ESTORIL**
ENROBÉE	ENVIRON	ÉPISSER	**ESBJERG**	ESTRADE
ENROBER	ENVOLÉE	ÉPITOGE	ESCADRE	**ESTRÉES**
ENROCHÉ	ENVOLER	ÉPLORÉE	ESCARPE	**ESTRELA**
ENRÔLÉE	ENVOÛTÉ	ÉPLOYÉE	ESCARPÉ	**ESTRIEN**
ENRÔLER	ENVOYÉE	ÉPLOYER	ESCARRE	ESTROPE
ENROUÉE	ENVOYER	ÉPLUCHÉ	ESCHANT	ÉTABLÉE
ENROUER	ÉONISME	ÉPOINTÉ	ESCHARE	ÉTABLER
ENROULÉ	ÉPAISSE	ÉPONGÉE	ESCHINE	**ÉTABLES**
ENSABLÉ	ÉPAISSI	ÉPONGER	**ESCHYLE**	ÉTABLIE
ENSACHÉ	ÉPAMPRÉ	ÉPONYME	ESCIENT	ÉTABLIR
ENSELLÉ	ÉPANCHÉ	ÉPOUSÉE	ESCLAVE	ÉTAGÈRE
ENSERRÉ	ÉPANDRE	ÉPOUSER	ESCOBAR	ÉTALAGE
ENSILÉE	ÉPANDUE	ÉPOXYDE	ESCORTE	ÉTALAGÉ
ENSILER	ÉPANOUI	ÉPREINT	ESCORTÉ	ÉTALANT
ENSUITE	ÉPARGNE	ÉPREUVE	ESCRIME	ÉTAMAGE
ENSUIVI	ÉPARGNÉ	ÉPROUVÉ	ESCRIMÉ	ÉTAMANT
ENSUQUÉ	ÉPARQUE	EPSILON	ÉSÉRINE	ÉTAMBOT
ENTABLÉ	ÉPARVIN	**EPSTEIN**	ESPACÉE	ÉTAMEUR
ENTACHÉ	ÉPATANT	ÉPUÇANT	ESPACER	ÉTAMINE
ENTAMÉE	ÉPAULÉE	ÉPUISÉE	ESPADON	**ÉTAMPES**
ENTAMER	ÉPAULER	ÉPUISER	ESPAGNE	ÉTAMURE
ENTASSÉ	ÉPEICHE	ÉPULIDE	ESPÉRÉE	ÉTANCHE
ENTEBBE	ÉPÉISTE	ÉPURANT	ESPÉRER	ÉTANCHÉ
ENTELLE	ÉPELANT	ÉQUARRI	**ESPINEL**	ÉTANÇON
ENTENDU	ÉPÉPINÉ	ÉQUERRE	ESQUIRE	**ÉTAPLES**
ENTENTE	ÉPERDUE	ÉQUEUTÉ	ESQUIVE	ÉTARQUÉ
ENTERRÉ	ÉPERLAN	ÉQUILLE	ESQUIVÉ	ÉTATISÉ
ENTÊTÉE	**ÉPERNAY**	ÉQUIPÉE	ESSAIMÉ	ÉTAYAGE
ENTÊTER	**ÉPERNON**	ÉQUIPER	ESSARTÉ	ÉTAYANT
EN-TÊTES	ÉPERVIN	ÉRAFLÉE	ESSARTS	ÉTEINTE
ENTICHÉ	ÉPEURÉE	ÉRAFLER	ESSAYÉE	ÉTENDRE
ENTIÈRE	ÉPEURER	ÉRAILLÉ	ESSAYER	ÉTENDUE
ENTOILÉ	ÉPHÉBIE	**ERDOGAN**	ESSENCE	**ÉTÉOCLE**
ENTÔLÉE	ÉPHÉDRA	ÉREINTÉ	ESSEULÉ	ÉTERNEL
ENTÔLER	ÉPHORAT	ERGATIF	ESSIEUX	ÉTERNUÉ
ENTONNÉ	**ÉPHRAÏM**	ERGOTÉE	**ESSLING**	ÉTÉSIEN
ENTORSE	ÉPIAIRE	ERGOTER	**ESSONNE**	ÉTÊTAGE
ENTOURÉ	ÉPIÇANT	**ÉRIGÈNE**	ESSORÉE	ÉTÊTANT
ENTRAIN	ÉPICÈNE	**ERIKSON**	ESSORER	ÉTHANAL
ENTRAIT	ÉPICIER	**ÉRINYES**	ESSUYÉE	ÉTHANOL

ÉTHÉRÉE	ÉVACUER	EXÉCUTÉ	**EYSENCK**	FALLACE	
ÉTHIQUE	ÉVADANT	EXÉGÈSE	**EYSINES**	**FALLADA**	
ÉTIENNE	ÉVALUÉE	EXÉGÈTE	**EYSKENS**	FALLOIR	
ÉTIOLÉE	ÉVALUER	**EXÉKIAS**	**ÉZASQUE**	**FALLOPE**	
ÉTIOLER	ÉVANOUI	EXEMPLE	FABACÉE	**FALLOUX**	7
ÉTIRAGE	ÉVAPORÉ	EXEMPTE	**FABERGÉ**	FALSAFA	
ÉTIRANT	ÉVASANT	EXEMPTÉ	**FABIOLA**	FALSTER	
ÉTOFFÉE	ÉVASION	EXERCÉE	FABLIAU	FALUCHE	
ÉTOFFER	ÉVASIVE	EXERCER	FABULER	FALUNÉE	
ÉTOILÉE	ÉVASURE	EXÉRÈSE	FACÉTIE	FALUNER	
ÉTOILER	ÉVEILLÉ	EXERGUE	FACETTE	**FAMENNE**	
ÉTONNÉE	**EVENKES**	EXFOLIÉ	FACETTÉ	FAMEUSE	
ÉTONNER	ÉVENTÉE	EXHALÉE	FÂCHANT	FAMILLE	
ÉTOUFFÉ	ÉVENTER	EXHALER	FÂCHEUX	FANCHON	
ÉTOUPÉE	ÉVENTRÉ	EXHAURE	**FACHODA**	FAN-CLUB	
ÉTOUPER	**EVEREST**	EXHIBÉE	FACIALE	FANEUSE	
ÉTOURDI	**EVERGEM**	EXHIBER	FACIAUX	**FANFANI**	
ÉTRANGE	ÉVERTUÉ	EXHORTÉ	FACONDE	FANFARE	
ÉTRÉCHY	ÉVIDAGE	EXHUMÉE	FAÇONNÉ	FANGEUX	
ÉTRÉCIE	ÉVIDANT	EXHUMER	FACTAGE	**FAN KUAN**	
ÉTRÉCIR	ÉVIDENT	EXILANT	FACTEUR	FANTÔME	
ÉTREINT	ÉVIDURE	EXISTER	FACTICE	FANZINE	
ÉTRENNE	ÉVINCÉE	EXOGAME	FACTION	FARADAY	
ÉTRENNÉ	ÉVINCER	EXOGÈNE	FACTUEL	**FARADAY**	
ÉTRETAT	ÉVITAGE	EXONDÉE	FACTURE	FARAUDE	
ÉTRILLE	ÉVITANT	EXONDER	**FACTURE**	FARCEUR	
ÉTRILLÉ	ÉVOLUÉE	EXONÉRÉ	FACTURÉ	FARDAGE	
ÉTRIPÉE	ÉVOLUER	EXPANSÉ	FACULTÉ	FARDANT	
ÉTRIPER	ÉVOQUÉE	EXPÉDIÉ	FADAISE	FARDEAU	
ÉTRIQUÉ	ÉVOQUER	EXPERTE	FADASSE	FARDIER	
ÉTROITE	EX AEQUO	EXPIANT	**FADEÏEV**	FARFELU	
ÉTRURIE	EXAGÉRÉ	EXPIRÉE	FAGNARD	FARGUES	
ÉTUDIÉE	EXALTÉE	EXPIRER	FAGOTÉE	FARINÉE	
ÉTUDIER	EXALTER	EXPLOIT	FAGOTER	FARINER	
ÉTUVAGE	EXAMINÉ	EXPLORÉ	FAIBLIR	**FARNÈSE**	
ÉTUVANT	EXARQUE	EXPLOSÉ	FAÏENCE	FAROUCH	
ETZIONI	EXAUCÉE	EXPORTÉ	FAÏENCÉ	FARRAGO	
EUCLIDE	EXAUCER	EXPOSÉE	FAILLÉE	**FARRELL**	
EUDÉMIS	EXCAVÉE	EXPOSER	FAILLER	FARTAGE	
EUDISTE	EXCAVER	EXPRESS	FAILLIE	FARTANT	
EUDOISE	EXCÉDÉE	EXPRIMÉ	**FAIRFAX**	**FAR WEST**	
EUDOXIE	EXCÉDER	EXPULSÉ	FAIRWAY	FASCIÉE	
EUGÉNIE	EXCELLÉ	EXPURGÉ	FAISANE	FASCINE	
EUGLÈNE	EXCEPTÉ	EXQUISE	**FAISANS**	FASCINÉ	
EULALIE	EXCIPER	EXSUDAT	FAISANT	FASCISÉ	
EUMENÊS	EXCISÉE	EXSUDER	FAISEUR	FASEYER	
EUNECTE	EXCISER	EXTASIÉ	FAÎTAGE	**FASTNET**	
EUNUQUE	EXCITÉE	EXTENSO	FAÎTEAU	FATIGUE	
EURASIE	EXCITER	EXTÉNUÉ	FAÎTIER	FATIGUÉ	
EURATOM	EXCLAMÉ	EXTERNE	FAITOUT	FATUITÉ	
EUROTAS	EXCLURE	EXTIRPÉ	**FAIZANT**	FAUBERT	
EUSKARA	EXCORIÉ	EXTRADÉ	FALAFEL	FAUCARD	
EUSKERA	EXCRÉTÉ	EXTRAIT	FALAISE	FAUCHÉE	
EUTERPE	EXCUSÉE	EXTRÊME	**FALAISE**	FAUCHER	
EUTEXIE	EXCUSER	EXTRUDÉ	FALBALA	**FAUCHER**	
EUTOCIE	EXÉCRÉE	EXULTER	FALERNE	FAUCHET	
ÉVACUÉE	EXÉCRER	**EYADEMA**	**FALIERO**	FAUCHON	89

FAUFILÉ	FÉODAUX	FIBROSE	**FIRMINY**	FLEURON
FAUSSÉE	**FERAOUN**	FICAIRE	FISCALE	**FLEURUS**
FAUSSER	**FERGANA**	FICELÉE	FISCAUX	FLEXION
FAUSSET	**FERLAND**	FICELER	**FISCHER**	FLEXURE
FAUSTIN	FERLANT	FICELLE	FISH-EYE	FLICAGE
FAUTAIS	FERMAGE	FICHAGE	**FISMOIS**	FLINGUE
FAUTANT	FERMAIL	FICHANT	FISSILE	FLINGUÉ
FAUTEUR	FERMANT	FICHIER	FISSION	**FLINOIS**
FAUTIVE	FERMAUX	FICHOIR	FISSURE	FLIPPER
FAUX-CUL	FERMENT	FICHTRE	FISSURÉ	FLIQUÉE
FAVEURS	FERMETÉ	FICTION	FISTULE	FLIQUER
FAVORIS	FERMIER	FICTIVE	FITNESS	FLIRTER
FAWCETT	FERMION	FIDJIEN	**FITZROY**	FLOCAGE
FAYENCE	FERMIUM	**FIDJIEN**	FIXATIF	FLOCULÉ
FAYOLLE	FERMOIR	FIDUCIE	FIXETTE	**FLOIRAC**
FAYOTER	FÉROÏEN	FIEFFÉE	FIXISME	FLOQUÉE
FAYROUZ	**FÉROÏEN**	FIENTER	FIXISTE	FLOQUER
FAZENDA	**FÉROÏSE**	FIÉROTE	**FLACHAT**	**FLOQUET**
F'DERICK	FERRADE	**FIESCHI**	FLA-FLAS	FLORALE
FÉBRILE	FERRAGE	**FIESOLE**	FLAGADA	FLORAUX
FECHNER	FERRANT	**FIESQUE**	FLAIRÉE	FLORÉAL
FÉCIAUX	**FERRARE**	FIFILLE	FLAIRER	**FLORIAN**
FÉCONDE	**FERRARI**	FIGEANT	FLAMAND	**FLORIDE**
FÉCONDÉ	FERRATE	FIGNOLÉ	**FLAMAND**	**FLORIOT**
FÉCULÉE	**FERRERI**	FIGUIER	FLAMANT	FLOTTÉE
FÉCULER	FERREUX	FIGURÉE	FLAMBÉE	FLOTTER
FEDAYIN	**FERRIER**	FIGURER	FLAMBER	FLOUANT
FÉDÉRAL	FERRIES	FILABLE	FLAMINE	FLOUTÉE
FÉDÉRÉE	FERRITE	FIL-À-FIL	FLAMMÉE	FLOUTER
FÉDÉRER	FERRURE	FILAIRE	FLÂNANT	FLUCTUÉ
FEELING	FERTILE	FILANTE	FLANCHÉ	FLUENTE
FEHLING	**FERTOIS**	FILASSE	**FLANDRE**	FLUETTE
FEHLING	FERVENT	FILETÉE	FLÂNEUR	FLUORÉE
FEINDRE	FERVEUR	FILETER	FLANQUÉ	FLUSHES
FEINTÉE	FESSANT	FILEUSE	FLASHÉE	FLUSTRE
FEINTER	FESSIER	FILIALE	FLASHER	FLÛTEAU
FELLAGA	FESTIVE	FILIAUX	FLASHES	FLÛTIAU
FELLINI	FEST-NOZ	FILIÈRE	FLASQUE	FLUTTER
FÉLONIE	FESTOYÉ	FILLAGE	FLATTÉE	FLUVIAL
FÉLONNE	FÊTARDE	FILLEUL	FLATTER	FLUXION
FEMELLE	FÉTIAUX	FILMAGE	FLAVEUR	FŒTALE
FÉMELOT	FÉTICHE	FILMANT	**FLAVIEN**	FŒTAUX
FÉMINIE	FÉTUQUE	FILOCHÉ	**FLAXMAN**	FOFOLLE
FÉMININ	FEUILLE	FILOUTÉ	FLÉCHÉE	FOGGARA
FÉMORAL	FEUILLU	FILTRAT	FLÉCHER	FOIRADE
FENDAGE	FEULANT	FILTRÉE	FLÉCHIE	FOIRAIL
FENDANT	FEUTRÉE	FILTRER	FLÉCHIR	FOIRANT
FENDARD	FEUTRER	FINANCE	FLEGMON	FOIREUX
FENDART	FÉVRIER	FINANCÉ	**FLEMING**	FOLACHE
FENDEUR	**FEYDEAU**	FINASSÉ	**FLÉRIEN**	FOLASSE
FENDOIR	**FEYNMAN**	FINAUDE	FLÉTRIE	FOLÂTRE
FÉNELON	FIANCÉE	FINESSE	FLÉTRIR	FOLÂTRÉ
FENÊTRE	FIANCER	FINETTE	FLEURER	**FOLENGO**
FENÊTRÉ	FIASQUE	FINNOIS	FLEURET	FOLIACÉ
FENIANE	FIBREUX	**FINNOIS**	FLEURIE	FOLIOLE
FENOUIL	FIBRINE	**FIRDUSI**	FLEURIR	FOLIOTÉ
FÉODALE	FIBROME	**FIRENZE**	FLEURIR	FOLIQUE

FOLLAIN	FOUINER	FRATRIE	FRÔLEUR	FUSEAUX	FUSELÉE
FOMENTÉ	**FOUJITA**	FRAUDÉE	FROMAGE	FUSELÉE	
FONÇAGE	FOULAGE	FRAUDER	FROMEGI	FUSELER	
FONÇANT	**FOULANI**	FRAYANT	FROMENT	FUSETTE	
FONCEUR	FOULANT	FRAYÈRE	**FROMENT**	FUSIBLE	
FONCIER	FOULARD	FRAYEUR	FROMTON	FUSILLÉ	
FONDANT	**FOULLON**	**FRÉCHET**	FRONCÉE	FUSTIGÉ	
FONDEUR	FOULOIR	FREESIA	FRONCER	FUYANTE	
FONDOIR	FOULQUE	FREEZER	FRONCIS	FUYARDE	
FONDOUK	**FOULQUE**	FRÉGATE	FRONDÉE	GABARIT	
FONSECA	FOULURE	FRÉGATÉ	FRONDER	GABARRE	
FONTANA	**FOUQUET**	FREINÉE	**FRONSAC**	GABEGIE	
FONTANE	FOURBIE	FREINER	FRONTAL	GABELLE	
FONTEYN	FOURBIR	**FREINET**	FRONTON	GABELOU	
FONTINE	FOURBUE	FREINTE	**FRONTON**	GABERIE	
FOOTING	FOURCHE	FRELATÉ	FROTTÉE	**GABRIEL**	
FORAINE	FOURCHÉ	**FRÉMIET**	FROTTER	**GABROVO**	
FORBACH	FOURCHU	FRÊNAIE	FROTTIS	GÂCHAGE	
FORÇAGE	**FOUREAU**	**FRÉNAUD**	FROUANT	GÂCHANT	
FORÇANT	FOURGON	**FREPPEL**	**FROUNZE**	GÂCHEUR	
FORCENÉ	FOURGUE	FRESNAY	FROUSSE	**GADAMER**	
FORCEPS	FOURGUÉ	FRESNEL	FRUCTUS	**GADITAN**	
FORCING	**FOURIER**	**FRESNES**	FRUGALE	GAFFANT	
FORCLAZ	FOURNÉE	**FRESNOY**	FRUGAUX	GAFFEUR	
FORCLOS	FOURNIE	FRESQUE	FRUITÉE	GAGEANT	
FOREUSE	FOURNIL	FRÉTANT	FRUITIF	GAGEURE	
FORFAIT	FOURNIR	FRÉTEUR	FRUSTRÉ	GAGEUSE	
FORGEUR	**FOURONS**	FRETTÉE	**FUALDÈS**	GAGISTE	
FORGION	FOURRÉE	FRETTER	FUCHSIA	GAGNAGE	
FORJETÉ	FOURRER	FRIABLE	FUÉGIEN	GAGNANT	
FORLANE	FOUTANT	FRIANDE	**FUÉGIEN**	GAGNEUR	
FORMAGE	FOUTOIR	FRICHTI	FUEL-OIL	GAÏACOL	
FORMANT	FOUTRAL	FRICOTÉ	**FUENTES**	GAILLAC	
FORMATÉ	**FOVEAUX**	**FRIDMAN**	FUGITIF	**GAILLAC**	
FORMICA	FOX-TROT	**FRIEDEL**	FUGUANT	GAILLET	
FORMION	**FOYENNE**	FRIGIDE	FUGUEUR	**GAILLON**	
FORMOLÉ	**FRACHON**	FRILEUX	**FUKUOKA**	GAÎMENT	
FORMOSE	FRACTAL	FRIMANT	**FULBERT**	GAINAGE	
FORMULE	FRAGILE	FRIMEUR	FULGURÉ	GAINANT	
FORMULÉ	FRAÎCHE	FRINGUE	FULMINÉ	GAINIER	
FORTIFS	FRAÎCHI	FRINGUÉ	FUMABLE	GALANTE	
FORTRAN	FRAISÉE	FRIPANT	FUMANTE	**GALATÉE**	
FORTUIT	FRAISER	FRIPIER	FUMERIE	**GALATIE**	
FORTUNE	**FRAISSE**	FRIQUÉE	FUMETTE	GALAXIE	
FORTUNE	FRANCHE	FRIQUET	FUMEUSE	GALBANT	
FORTUNÉ	FRANCHI	FRISAGE	FUMISTE	GALÉACE	
FOSBURY	**FRANCIS**	FRISANT	**FUNCHAL**	GALÉJER	
FOSBURY	FRANGÉE	FRISBEE	FUNÈBRE	GALÉRER	
FOSCARI	FRANGER	FRISQUE	FUNESTE	GALERIE	
FOSCOLO	**FRANGIÉ**	FRISSON	FURANNE	GALERNE	
FOSSILE	FRANGIN	FRISURE	FURCULA	GALETAS	
FOSSOYÉ	FRANQUE	FRITTÉE	FURETER	GALETÉE	
FOUCADE	FRAPPÉE	FRITTER	**FURGLER**	GALETER	
FOUETTÉ	FRAPPER	FRITURE	FURIEUX	GALETTE	
FOUGÈRE	FRASANT	FRIVOLE	**FURTADO**	GALEUSE	
FOUILLE	**FRASNES**	FROISSÉ	FURTIVE	**GALICIE**	
FOUILLÉ	FRASQUE	FRÔLANT	FUSANTE	**GALIGAÏ**	

GALILÉE	**GARNEAU**	GÉMEAUX	**GESTAPO**	GLAÇURE
GALIPOT	**GARNIER**	**GÉMEAUX**	GESTION	GLAÏEUL
GALLAND	**GARONNE**	GÉMELLE	GESTUEL	GLAMOUR
GALLANT	**GARRETT**	GÉMINÉE	**GÉTULES**	GLANAGE
GALLEUX	**GARRICK**	GÉMINER	**GÉVRIEN**	GLANANT
GALLIEN	GAS-OILS	GEMMAGE	**GEXOISE**	GLANDÉE
GALLIUM	**GASPARD**	GEMMAIL	**GEZELLE**	GLANDER
GALLOIS	**GASPERI**	GEMMANT	**GEZIREH**	GLANEUR
GALLOIS	**GASSION**	GEMMAUX	GHANÉEN	**GLASGOW**
GALOCHE	**GASSMAN**	GEMMEUR	**GHANÉEN**	**GLASHOW**
GALONNÉ	**GASTAUT**	GEMMULE	**GIA LONG**	**GLAUBER**
GALOPER	GÂTEAUX	**GÉMOZAC**	**GIAUQUE**	GLAUQUE
GALOPIN	GÂTERIE	GÊNANTE	GIBBEUX	GLAVIOT
GALUPPI	GÂTEUSE	**GENAPPE**	**GIBBONS**	**GLEIZES**
GALURIN	GÂTIFIÉ	GENCIVE	GIBELIN	**GLIÈRES**
GALVANI	GÂTISME	GÉNÉRAL	GIBERNE	GLISSÉE
GAMBADE	GATTANT	GÉNÉRÉE	GICLANT	GLISSER
GAMBADÉ	**GATWICK**	GÉNÉRER	GICLEUR	**GLIWICE**
GAMBIEN	GAUCHER	GENETTE	**GIELGUD**	GLOBALE
GAMBIER	GAUCHIE	**GENETTE**	**GIFFARD**	GLOBAUX
GAMELAN	GAUCHIR	GÊNEUSE	**GIFFOIS**	GLOBINE
GAMELIN	GAUFRÉE	GÉNIALE	GIFLANT	GLOBULE
GAMELLE	GAUFRER	GÉNIAUX	**GIGNOUX**	GLOSANT
GAMINER	**GAUGUIN**	GÉNIQUE	GIGOGNE	GLOTTAL
GAMMARE	**GAUHATI**	GÉNISSE	GIGOTÉE	GLOUSSÉ
GANACHE	GAULAGE	GÉNITAL	GIGOTER	GLOUTON
GANESHA	GAULANT	GÉNITIF	GIGOTTÉ	GLUANTE
GANGTOK	GAULOIS	**GENNOIS**	**GILBERT**	GLUCIDE
GANGUÉE	**GAULOIS**	GÉNOISE	**GIL BLAS**	GLUCOSE
GANIVET	**GAUMAIS**	**GÉNOISE**	**GILEPPE**	GLUCOSÉ
GANOÏDE	**GAUMONT**	**GENTILE**	**GILLRAY**	GLYCINE
GANSANT	GAUSSÉE	GENTILÉ	GIMMICK	**GNIEZNO**
GANTANT	**GAUSSEN**	**GENTZEN**	GIN-FIZZ	GNOCCHI
GANTIER	GAUSSER	GEÔLIER	GINGUET	**GOAJIRO**
GANTOIS	**GAUTIER**	**GEORGES**	GIN-RAMI	GOBELET
GANTOIS	**GAVARNI**	**GÉORGIE**	GINSENG	GOBERGE
GANZHOU	GAVEUSE	GÉRABLE	GIRAFON	GOBERGÉ
GAPERON	GAVOTTE	GÉRANCE	GIRELLE	GOBEUSE
GÂPETTE	**GAXOTTE**	GÉRANTE	GIROFLE	GODASSE
GARABIT	**GAYMARD**	GERBAGE	GIROLLE	**GODBOUT**
GARANCE	GAZELLE	GERBANT	GIRONDE	**GODDARD**
GARANTE	GAZETTE	GERBERA	**GIRONDE**	GODICHE
GARANTI	GAZEUSE	GERBEUR	GIRONNÉ	GODILLE
GARBORG	GAZIÈRE	GERBIER	GISANTE	GODILLÉ
GARBURE	GAZODUC	GERÇANT	**GISCARD**	**GODTHÅB**
GARCHES	GAZONNÉ	GERÇURE	**GISELLE**	GOÉLAND
GARDANT	GÉASTER	GERFAUT	**GIULINI**	**GOERING**
GARDEUR	**GÉDYMIN**	**GERLACH**	**GIVERNY**	**GOFFMAN**
GARDIAN	GEELONG	GERMAIN	GIVRAGE	GOGEANT
GARDIEN	**GEFFROY**	**GERMAIN**	GIVRANT	**GOIÂNIA**
GARDNER	GÉHENNE	GERMANT	GIVREUX	GOINFRE
GARDOIS	GEINDRE	GERMOIR	GIVRURE	GOINFRÉ
GARENNE	GÉLASIN	GÉRONTE	GLAÇAGE	**GOLBÉEN**
GARGANO	GÉLIFIÉ	**GÉRONTE**	GLAÇANT	**GOLDING**
GARGOTE	**GÉLIMER**	GERSOIS	GLACIAL	**GOLDMAN**
GARIZIM	GÉLISOL	**GERVAIS**	GLACIEL	**GOLDONI**
GARLAND	GEMAYEL	**GESSNER**	GLACIER	**GOLFECH**

GOLFEUR
GOLIATH
GOLMOTE
GOMARUS
GOMINÉE
GOMINER
GOMMAGE
GOMMANT
GOMMEUX
GOMMIER
GOMMOSE
GOMPERS
GOMULKA
GONANGE
GONDOLE
GONDOLÉ
GONELLE
GONESSE
GONFLÉE
GONFLER
GÓNGORA
GOODALL
GONTRAN
GOODMAN
GORDIEN
GORDIEN
GORDION
GORE-TEX
GORGONE
GORILLE
GORIZIA
GÖRLITZ
GORTYNE
GOSETTE
GOSPORT
GOSSART
GOTIQUE
GOTLAND
GOUACHE
GOUACHÉ
GOUBERT
GOUDRON
GOUFFRE
GOUGÈRE
GOUILLE
GOUMIER
GOURAMI
GOURANT
GOURAUD
GOURBET
GOURDIN
GOURDON
GOURIEV
GOURMÉE
GOURMER
GOURMET
GOURNAY

GOURSAT
GOUSSET
GOÛTANT
GOÛTEUR
GOÛTEUX
GOUTTER
GOZZOLI
GRABUGE
GRACIÉE
GRACIER
GRACILE
GRADINE
GRADUAT
GRADUÉE
GRADUEL
GRADUER
GRAILLÉ
GRAILLY
GRAINER
GRAISSE
GRAISSÉ
GRAMONT
GRAMSCI
GRANDET
GRANDIE
GRANDIR
GRANGÉE
GRANGER
GRANGES
GRANITE
GRANITÉ
GRANSON
GRANULE
GRANULÉ
GRAPHIE
GRAPPIN
GRASSET
GRASSET
GRATIEN
GRATINÉ
GRATTÉE
GRATTER
GRATUIT
GRAULEN
GRAVANT
GRAVATS
GRAVEUR
GRAVIDE
GRAVIER
GRAVITÉ
GRAVOIS
GRAVURE
GRÉBIGE
GRÉCISÉ
GRÉCITÉ
GRECQUE
GRECQUE

GREDINE
GREFFÉE
GREFFER
GREFFON
GREGORY
GREIMAS
GRÊLANT
GRENADE
GRENADE
GRENADÉ
GRENAGE
GRENANT
GRENELÉ
GRENIER
GRENURE
GRÉSAGE
GRÉSANT
GRÉSEUX
GRESHAM
GRESSIN
GRETZKY
GREVANT
GRIAULE
GRIFFÉE
GRIFFER
GRIFFON
GRIFFUE
GRIFTON
GRIGNAN
GRIGNER
GRIGNON
GRILLÉE
GRILLER
GRILLON
GRIMACE
GRIMACÉ
GRIMAGE
GRIMANT
GRIMAUD
GRIMAUD
GRIMPÉE
GRIMPER
GRIMSBY
GRIMSEL
GRINCER
GRINCHE
GRINGUE
GRIOTTE
GRIPPAL
GRIPPÉE
GRIPPER
GRISANT
GRISARD
GRIS-NEZ
GRISONS
GRIVELÉ

GRIVOIS
GRIZZLI
GRIZZLY
GROGNER
GROGNON
GROISIL
GROMYKO
GRONDÉE
GRONDER
GRONDIN
GROPIUS
GROS-BEC
GROSSIE
GROSSIR
GROUPAL
GROUPÉE
GROUPER
GROUPIE
GRUMEAU
GRUMELÉ
GRUMIER
GRUTANT
GRUTIER
GRUYÈRE
GRYPHÉE
GUAJIRO
GUANACO
GUANGXI
GUANINE
GUAPORÉ
GUARANI
GUARANI
GUARINI
GUELDRE
GUÉPARD
GUÉPÉOU
GUÊPIER
GUÉRÉZA
GUÉRITE
GUETALI
GUÊTRÉE
GUÊTRER
GUÊTRON
GUETTÉE
GUETTER
GUEULÉE
GUEULER
GUEULES
GUEUSER
GUEVARA
GUGUSSE
GUIBERT
GUIBOLE
GUICHEN

GUICHET
GUIDAGE
GUIDANT
GUIDEAU
GUIGNÉE
GUIGNER
GUIGNOL
GUIGNOL
GUIGNON
GUILLEM
GUILLÉN
GUILLON
GUIMARD
GUINCHÉ
GUINDÉE
GUINDER
GUINÉEN
GUINÉEN
GUIÑOIS
GUIPAGE
GUIPANT
GUIPURE
GUISARD
GUITARE
GUITTON
GUIYANG
GUIZHOU
GUJERAT
GUNITÉE
GUNITER
GÜNTHER
GÜNTHÖR
GUPPIES
GUSTAVE
GUTLAND
GUTTMAN
GUTZKOW
GUYANES
GUYENNE
GWALIOR
GYMNASE
GYMNOTE
GYNÉCÉE
GYPAÈTE
GYPSEUX
GYPSIER
HAARLEM
HABACUC
HABILLÉ
HABITAT
HABITÉE
HABITER
HABITUÉ
HABITUS
HÂBLEUR
HACHAGE
HACHANT

HACHEUR	HARASSÉ	HÉLICON	HERSEUR	**HOGARTH**
HACHOIR	HARCELÉ	**HÉLICON**	**HERSTAL**	HO! HISSE!
HACHURE	HARD BOP	HELLADE	**HERTWIG**	**HOHNECK**
HACHURÉ	HARDEUR	HELLÈNE	**HÉRULES**	**HOHOKAM**
HADDOCK	**HARDING**	**HELLENS**	**HERZELE**	**HOKUSAI**
HADRIEN	HARD-TOP	HELMAND	HESBAYE	**HOLBACH**
HAECKEL	HARFANG	**HELMOND**	**HÉSIODE**	**HOLBEIN**
HAENDEL	HARGNER	**HELMONT**	HÉSITER	**HOLBERG**
HAFNIUM	HARICOT	HÉLODÉE	**HESNARD**	HOLDING
HAGANAH	**HARI RUD**	**HÉLOÏSE**	HESSOIS	**HOLGUÍN**
HAGARDE	HARISSA	**HÉLOUÂN**	**HESSOIS**	**HOLIDAY**
HAÏDOUK	**HARNACK**	HELVÈTE	HÉTAÏRE	HOLISME
HAILLON	HARNAIS	HÉMATIE	HÉTÉRIE	HOLISTE
HAINAUT	HARNOIS	HÉMIONE	HÊTRAIE	HOLMIUM
HAINEUX	HARPAIL	**HÉMOISE**	HEUREUX	HOLSTER
HAINING	**HARPIES**	HENDAYE	HEURTÉE	**HOLWECK**
HAÏTIEN	**HARPYES**	HENDRIX	HEURTER	HOMÉLIE
HAÏTIEN	**HARTUNG**	HENGELO	**HEYMANS**	HOMMAGE
HAITINK	**HARVARD**	HENLEIN	**HEYTING**	HONGRÉE
HALAKHA	**HARYANA**	**HENRIOT**	HIATALE	HONGRER
HALBRAN	HASARDÉ	**HENZADA**	HIATAUX	**HONGRIE**
HALDANE	HAS BEEN	**HEPBURN**	HIBERNÉ	**HONIARA**
HALEINE	**HASKOVO**	HEPTANE	HICKORY	HONNÊTE
HALENÉE	**HASSELT**	**HÉRAULT**	HIDALGO	HONNEUR
HALENER	HASSIUM	HERBACÉ	HIDEUSE	**HONORAT**
HALETER	**HASSLER**	HERBAGE	HIÉMALE	HONORÉE
HALEUSE	HASTATI	HERBAGÉ	HIÉMAUX	HONORER
HALICTE	HAUBANÉ	**HERBART**	**HIIUMAA**	HONTEUX
HALIFAX	HAUBERT	**HERBERT**	HILAIRE	**HOOGHLY**
HALLALI	**HAURIOU**	HERBEUX	**HILAIRE**	HÔPITAL
HALLIER	HAUSSÉE	HERBIER	**HILBERT**	**HOPKINS**
HALLUIN	HAUSSER	**HERBLAY**	**HILLARY**	HOPLITE
HALPERN	HAUTAIN	HERCHER	**HILMAND**	HOQUETÉ
HALTÈRE	HAUTEUR	HERCULE	HILOIRE	**HORACES**
HAMBURG	HAVENET	**HERCULE**	**HIMMLER**	HORAIRE
HAMEAUX	HAVEUSE	HEREDIA	**HINAULT**	HORIZON
HAMEÇON	**HAVRAIS**	HÉRÉSIE	**HINCMAR**	HORLOGE
HAMELIN	HAWAÏEN	**HERISAU**	HINDOUE	HORMONE
HAMHUNG	**HAWAÏEN**	HÉRISSÉ	**HIPPIAS**	HORREUR
HAMMETT	**HAWKINS**	HÉRITÉE	**HIPPONE**	HORSAIN
HAMOISE	**HAWKYNS**	HÉRITER	HIRCINE	HORS-JEU
HAMPDEN	**HAWORTH**	**HERMANN**	HIRSUTE	HORS-SOL
HAMPTON	**HAWTREY**	HERMINE	HISPIDE	**HORVÁTH**
HAMSTER	**HAYANGE**	HERMITE	HISSANT	**HORYU-JI**
HANCHÉE	HÉBERGE	**HERMLIN**	HISTONE	HOSANNA
HANCHER	HÉBERGÉ	**HERNANI**	**HITACHI**	HOSPICE
HANOVRE	HÉBÉTÉE	HERNIÉE	HITTITE	**HOSSEIN**
HANRIOT	HÉBÉTER	HÉROÏDE	**HITTORF**	HOSTILE
HANSART	HÉBREUX	HÉROÏNE	HIVERNÉ	HOT DOGS
HAN SHUI	**HÉBREUX**	**HÉROULT**	**HOBBEMA**	HÔTESSE
HANTANT	**HÉCATÉE**	**HERRERA**	HOBBIES	HOT LINE
HANTISE	HECTARE	**HERRICK**	HOCHANT	HOTTANT
HAN WUDI	**HEDAYAT**	**HERRIOT**	**HOCKNEY**	HOUACHE
HAOUSSA	**HEERLEN**	HERSAGE	**HODEÏDA**	HOUBLON
HAPPANT	**HEIBERG**	HERSANT	**HODGKIN**	**HOUDAIN**
HAPTÈNE	**HEIFETZ**	**HERSANT**	**HOFFMAN**	HOUILLE
HARASSE	**HEINKEL**	HERSCHÉ	**HOFMANN**	HOULEUX

HOULQUE	HYDRURE	IMMOLÉE	INDEXER	INIMITÉ
HOURDÉE	**HYÉROIS**	IMMOLER	**INDIANA**	INITIAL
HOURDER	HYGIÈNE	IMMONDE	INDIGNE	INITIÉE
HOURDIS	HYGROMA	IMMORAL	INDIGNÉ	INITIER
HOURTIN	HYMÉNÉE	IMPAIRE	INDIQUÉ	INJECTÉ
HOUSARD	**HYMETTE**	IMPARTI	INDIVIS	INJURIÉ
HOUSSAY	**HYPATIE**	IMPASSE	IN-DOUZE	INJUSTE
HOUSSÉE	HYPÉRON	IMPAYÉE	INDUIRE	**INKATHA**
HOUSSER	HYPNOSE	**IMPERIA**	INDUITE	INNÉITÉ
HOUSTON	HYPOGÉE	**IMPÉRIO**	INDURÉE	INNERVÉ
HSINCHU	HYPOÏDE	IMPIÉTÉ	INDUVIE	INNOMÉE
HUAINAN	HYPOXIE	IMPLANT	INÉDITE	INNOMMÉ
HUANG HE	**IAKOUTE**	IMPLORÉ	INÉGALE	INNOVER
HUCHANT	**IAPYGES**	IMPLOSÉ	INÉGALÉ	INOCULÉ
HUICHOL	**IAXARTE**	IMPOLIE	INÉGAUX	INOCYBE
HUILAGE	IBÉRIDE	IMPOLLU	INEPTIE	INODORE
HUILANT	**IBN SAUD**	IMPORTÉ	INERTÉE	INONDÉE
HUILEUX	**IBN SINA**	IMPOSÉE	INERTER	INONDER
HUILIER	**IBRAHIM**	IMPOSER	INERTIE	INOPINÉ
HUITAIN	ICEBERG	IMPOSTE	INEXACT	IN PETTO
HULLOIS	ICHTHUS	IMPRÉVU	INEXPIÉ	IN-PLANO
HULOTTE	**ICTINOS**	IMPRIMÉ	INFÂMER	**IQALUIT**
HULULER	IDÉELLE	IMPULSÉ	INFAMIE	INQUIET
HUMAGNE	IDIOTIE	IMPUNIE	INFANTE	**IN SALAH**
HUMAINE	**IFREMER**	IMPUTÉE	INFARCI	INSCRIT
HUMBERT	IGNOBLE	IMPUTER	INFATUÉ	INSECTE
HUMBLES	IGNORÉE	INACTIF	INFECTE	IN-SEIZE
HUMECTÉ	IGNORER	INALPÉE	INFECTÉ	INSENSÉ
HUMÉRAL	IKEBANA	INALPER	INFÉODÉ	INSÉRÉE
HUMÉRUS	ILIAQUE	INANIMÉ	INFÉRÉE	INSÉRER
HUMILIÉ	ÎLIENNE	INANITÉ	INFÉRER	INSIGHT
HUMIQUE	**ILIESCU**	INAVOUÉ	INFESTÉ	INSIGNE
HUMORAL	**ILLAMPU**	INCARNÉ	INFICHU	INSINUÉ
HUNGNAM	ILLÉGAL	INCESTE	INFINIE	INSISTÉ
HUNYADI	**ILLIERS**	INCIPIT	INFIRME	INSOLÉE
HUPPERT	**ILLYRIE**	INCISÉE	INFIRMÉ	INSOLER
HURAULT	**ILLZACH**	INCISER	INFLIGÉ	INSPIRÉ
HURDLER	ÎLOTAGE	INCISIF	INFLUER	INSTANT
HURLANT	ÎLOTIER	INCITÉE	IN-FOLIO	INSULTE
HURLEUR	**IMABARI**	INCITER	INFONDÉ	INSULTÉ
HURLUPÉ	IMAGEUR	INCIVIL	INFORME	INSURGÉ
HURONNE	IMAGIER	INCLINÉ	INFORMÉ	INTACTE
HURONNE	IMAGINÉ	INCLURE	INFOUTU	INTÈGRE
HURTADO	**IMAMURA**	INCLUSE	INFUSÉE	INTÉGRÉ
HUSSARD	IMBERBE	INCOMBÉ	INFUSER	INTELLO
HUSSEIN	IMBIBÉE	INCONEL	INGAMBE	INTENSE
HUSSERL	IMBIBER	INCONNU	INGÉNIÉ	INTENTÉ
HUSSITE	IMBOIRE	INCRÉÉE	INGÉNUE	INTÉRÊT
HUTOISE	IMBRÛLÉ	INCUBÉE	INGÉRÉE	INTÉRIM
HUYGENS	**IMÉRIEN**	INCUBER	INGÉRER	INTERNE
HYALINE	**IMERINA**	INCULPÉ	INGRATE	INTERNÉ
HYALITE	**IMHOTEP**	INCULTE	INHALÉE	INTIMÉE
HYBRIDE	IMITANT	INCURIE	INHALER	INTIMER
HYBRIDÉ	IMMENSE	INCURVÉ	INHIBÉE	INTRANT
HYDRANT	IMMERGÉ	INDÉCIS	INHIBER	INTROÏT
HYDRATE	IMMIGRÉ	INDEMNE	INHUMÉE	INTRUSE
HYDRATÉ	IMMISCÉ	INDEXÉE	INHUMER	INTUBÉE

INTUBER	**ISOLANA**	**JANZÉEN**	JOCISTE	JUKE-BOX
INULINE	**ISOLANE**	JAPPANT	**JOCONDE**	**JULIANA**
INUPIAT	ISOLANT	JAQUIER	**JODELLE**	**JULIERS**
INUSITÉ	ISOLOIR	JARDINÉ	**JODHPUR**	**JULLIAN**
INUSUEL	ISOMÈRE	**JARGEAU**	JODLANT	JUMEAUX
IN UTERO	ISOPODE	JARRETÉ	**JOFFREY**	JUMELÉE
INUTILE	ISOTOPE	**JARRETT**	JOGGEUR	JUMELER
INVASIF	**ISPAHAN**	JASETTE	JOGGING	JUMELLE
INVENDU	**ISSOIRE**	JASEUSE	JOINDRE	JUMPING
INVENTÉ	**ISTRATI**	JASPANT	JOINTIF	**JUNCKER**
INVERSE	**ISTRÉEN**	**JASPERS**	**JOLIVET**	**JUNKERS**
INVERSÉ	ITALIEN	JASPINÉ	**JOLLIET**	JUPETTE
INVERTI	**ITALIEN**	JASPURE	JONÇANT	JUPIÈRE
INVESTI	**ITHAQUE**	**JAUBERT**	JONCHÉE	**JUPITER**
INVIOLÉ	**IVANHOÉ**	JAVELÉE	JONCHER	JUPONNÉ
INVITÉE	**IVANOVO**	JAVELER	JONCHET	JURANDE
INVITER	IVOIRIN	JAVELLE	JONGLER	JURISTE
IN VITRO	IVRESSE	JAVELOT	**JOSÈPHE**	JUSQUES
INVOQUÉ	IVROGNE	JAZZMAN	**JOSQUIN**	JUSSIÉE
IODIQUE	**IWO JIMA**	JAZZMEN	JOUABLE	**JUSSIEU**
IODLANT	**IXELLES**	**JEANNIN**	**JOUARRE**	JUSSION
IODURÉE	**IZANAGI**	**JÉHOVAH**	JOUASSE	JUSTICE
IONESCO	**IZANAMI**	JÉJUNAL	**JOUBERT**	JUTEUSE
IONIQUE	JABLANT	JÉJUNUM	JOUETTE	**JÜTLAND**
IONISÉE	JABLOIR	**JELACIC**	JOUEUSE	**JUVARRA**
IONISER	JABOTER	**JELGAVA**	JOUFFLU	**JUVÉNAL**
IOULANT	JACASSÉ	**JELINEK**	**JOUGUET**	JUVÉNAT
IPSWICH	JACHÈRE	**JÉRÉMIE**	**JOUHAUX**	**JYLLAND**
IQUIQUE	JACKPOT	**JÉRICHO**	JOUJOUX	**JYTOMYR**
IQUITOS	**JACKSON**	JERKANT	**JOURDAN**	KABARDE
IRAKIEN	JACOBIN	**JESSORE**	JOURNAL	KABBALE
IRAKIEN	JACONAS	JÉSUITE	JOURNÉE	**KABYLIE**
IRANIEN	JACQUES	JETABLE	JOUTANT	**KACHGAR**
IRANIEN	**JACQUES**	JETEUSE	JOUTEUR	KADDISH
IRIARTE	JACQUET	JET-SETS	JOUXTÉE	**KADHAFI**
IRIDIÉE	JACQUOT	**JEUMONT**	JOUXTER	**KAESONG**
IRIDIUM	JACTANT	JEÛNANT	JOVIALE	**KAIFENG**
IRIENNE	JACTEUR	JEÛNEUR	JOVIALS	**KALMOUK**
IRISANT	JACUZZI	**JÉZABEL**	JOVIAUX	**KALOUGA**
IRLANDE	JADÉITE	**JIAMUSI**	JOYEUSE	**KAMENEV**
IRONISÉ	JAILLIR	**JIANGSU**	**JOYEUSE**	KAMICHI
IRRADIÉ	**JAKARTA**	**JIANGXI**	JUBARTE	**KAMPALA**
IRRIGUÉ	**JALGAON**	**JIAXING**	JUBILER	**KANANGA**
IRRITÉE	**JALISCO**	**JIMÉNEZ**	JUCHANT	**KANÁRIS**
IRRITER	JALONNÉ	**JINGMEN**	JUCHOIR	KANDJAR
ISABEAU	JALOUSE	JINISME	JUDAÏSÉ	**KANGGYE**
ISARIEN	JALOUSÉ	**JINZHOU**	JUDAÏTÉ	KANNARA
ISCHION	JAMBAGE	JITOMIR	JUDÉITÉ	KANTIEN
ISERNIA	JAMBIER	**JIUQUAN**	**JUDELLE**	**KAOLACK**
ISÉROIS	JAMBOSE	**JOACHIM**	JUGEANT	**KAPITSA**
ISIAQUE	**JAMISON**	**JOACHIN**	JUGEOTE	**KAPNIST**
ISIDORE	**JANÁCEK**	JOBARDE	JUGEUSE	**KAPTEYN**
ISLANDE	JANGADA	JOBARDÉ	JUGULÉE	**KARABÜK**
ISOBARE	**JANNINA**	JOBISTE	JUGULER	**KARACHI**
ISOCÈLE	**JANSSEN**	JOCASSE	JUILLET	KARAÏTE
ISODOME	JANVIER	JOCASTE	JUJITSU	**KARAÏTE**
ISOGONE	**JANVIER**	JOCELYN	JUJITSU	**KARAJAN**

KARAKUL	**KHERSON**	KREUZER	**LAETOLI**	LAMPION
KARAOKÉ	**KHINGAN**	**KRISHNA**	**LA FERTÉ**	LAMPYRE
KARBALA	**KHNOPFF**	**KROEBER**	**LA FORCE**	**LANAKEN**
KARBAUX	KHOISAN	KRYPTON	**LA FOSSE**	LANÇAGE
KARIKAL	**KHOTINE**	**KUBELÍK**	LAGACHE	LANÇANT
KÁROLYI	**KIÉVIEN**	**KUBRICK**	LAGARCE	**LANCÉEN**
KARTING	KINÉSIE	**KUCHING**	**LA GARDE**	LANCEUR
KARVINÁ	KINOISE	KUFIQUE	**LAGIDES**	LANCIER
KASHIWA	**KINOISE**	KUMQUAT	**LAGNIEU**	LANCINÉ
KASSITE	KIOSQUE	**KUNCKEL**	**LA GRAVE**	**LANCRET**
KASTLER	**KIPLING**	**KUNDERA**	**LA HARPE**	LANDAIS
KÄSTNER	KIPPOUR	**KUNMING**	LAÏCISÉ	**LANDAIS**
KASTRUP	**KIPPOUR**	KURNOOL	LAÏCITÉ	LAND ART
KASUGAI	KIRCHER	**KUSHANA**	LAIDEUR	LANDIER
KATAÏEV	KIRGHIZ	**KUSHIRO**	LAINAGE	LANDTAG
KATANGA	**KIRGHIZ**	**KUZNETS**	LAINANT	LANERET
KATIVIK	KIRUNDI	**KVARNER**	LAINEUX	LANGAGE
KATSINA	**KISLING**	**KWANGJU**	LAINIER	**LANGDON**
KATSURA	KIU YUAN	KYONGJU	LAISSÉE	**LANGEAC**
KAUTSKY	KLEENEX	**LABADIE**	LAISSER	**LANGREO**
KAWAGOE	**KLEIBER**	**LA BARRE**	LAITAGE	LANGRES
KAYSERI	KLEPHTE	LABARUM	LAITEUX	**LANGRES**
KAZAKHE	**KLESTIL**	**LA BAULE**	LAITIER	**LANG SON**
KAZAKHE	**KLINGER**	LABELLE	LAÏUSSÉ	**LANGTON**
KAZAKOU	**KNESSET**	LABIALE	**LAKANAL**	LANGUIE
KEATING	KNICKER	LABIAUX	LAKISTE	LANGUIR
KEELING	**KNOSSÓS**	**LABICHE**	**LA LANDE**	LANIÈRE
KEELUNG	KNOW-HOW	**LABORIT**	**LALANDE**	LANISTE
KEFFIEH	**KOBLENZ**	LABOURÉ	**LALINDE**	**LANMEUR**
KELLOGG	**KOIZUMI**	**LA BRÈDE**	**LA LÍNEA**	**LANNION**
KELOWNA	KOLAMBA	LACANAU	LALIQUE	**LANSING**
KENDALL	**KOLKATA**	**LA CANÉE**	**LA LOUPE**	LANTANA
KENITRA	KOLKHOZ	LACAUNE	LAMALOU	**LANVAUX**
KENNEDY	**KOLOMNA**	**LACAUNE**	**LA MARCK**	**LANVÉOC**
KENYANE	**KOLWEZI**	LACÉRÉE	**LAMARCK**	**LANZHOU**
KENYANE	**KONTICH**	LACÉRER	LAMBADA	LAOCOON
KÉRABAU	KONZERN	LACERIE	LAMBEAU	**LAODICE**
KÉRÉKOU	**KÖPRÜLÜ**	LACEUSE	**LAMBERT**	LAOTIEN
KEROUAC	**KORCULA**	LÂCHAGE	**LAMBESC**	**LAOTIEN**
KERTÉSZ	**KORCZAK**	LÂCHANT	**LAMBÈSE**	**LAO-TSEU**
KETCHUP	**KORHOGO**	LÂCHETÉ	**LAMBETH**	**LA PALMA**
KEY WEST	**KORIAKS**	LÂCHEUR	LAMBICK	**LA PANNE**
KHALIFE	**KOROLEV**	**LACHINE**	LAMBINE	LAPIDÉE
KHALKHA	KOSOVAR	**LACHUTE**	LAMBINÉ	LAPIDER
KHALKÍS	**KOSOVAR**	LACINIÉ	LAMBLIA	LAPILLI
KHAMSIN	**KOSSUTH**	**LACONIE**	LAMBRIS	LAPINER
KHANTYS	KOUGLOF	**LACOSTE**	LAMELLE	**LAPLACE**
KHARBIN	**KOULDJA**	**LACROIX**	LAMELLÉ	**LA PLATA**
KHAREZM	**KOUMYKS**	LACTAME	LAMENTÉ	**LAPONIE**
KHARKIV	**KOURGAN**	LACTASE	LAMENTO	LAPONNE
KHARKOV	**KOWLOON**	LACTATE	LAMIFIÉ	**LAPONNE**
KHATAMI	**KRAJINA**	LACTONE	LAMINÉE	**LA PORTA**
KHATIBI	**KREFELD**	LACTOSE	LAMINER	LAPPING
KHAYBAR	**KREISKY**	**LADAKHI**	**LA MOTHE**	LAQUAGE
KHAYYAM	KREMLIN	LADANUM	**LA MOTTE**	LAQUAIS
KHAZARS	**KREMLIN**	**LAENNEC**	LAMPANT	**LAQUANT**
KHÉDIVE	**KREUGER**	**LÆRDAL**	LAMPARO	LAQUEUR

LAQUEUX	**LAVERAN**	**LEMIEUX**	**LEUCADE**	LIGUEUR
L'AQUILA	LAVERIE	LEMMING	**LEUCATE**	LIGULÉE
LARAIRE	LAVETTE	**LEMOINE**	LEUCINE	**LIGURES**
LARBAUD	LAVEUSE	**LE MOULE**	LEUCITE	**LIGURIE**
LARDANT	**LAVISSE**	**LEMOYNE**	LEUCOME	LILIALE
LA RÉOLE	**LAWFELD**	LEMPIRA	LEUCOSE	LILIAUX
LARGAGE	LAXATIF	**LENCLOS**	LEURRÉE	**LILLERS**
LARGEUR	LAXISME	LENDORE	LEURRER	**LILLOIS**
LARGUÉE	LAXISTE	**LENGLEN**	LÈVE-TÔT	**LILYBÉE**
LA RIOJA	LAYETTE	LÉNIFIÉ	**LE VIGAN**	LIMAÇON
LÁRISSA	LAZARET	LÉNITIF	**LEVINAS**	**LIMAGNE**
LARIVEY	**LAZZINI**	**LENSOIS**	LÉVIRAT	LIMANDE
LARMIER	**LÉANDRE**	LENTEUR	LÉVRIER	**LIMBOUR**
LARMOYÉ	LEASING	LENTIGO	**LEVROUX**	LIMETTE
LÁRNAKA	**LEAVITT**	**LÉOGNAN**	LEXICAL	LIMEUSE
LA ROCHE	**LE BARDO**	LÉONARD	LEXIQUE	LIMINAL
LAROQUE	**LEBBEKE**	**LÉONARD**	LÉZARDE	LIMITÉE
LARYNGÉ	**LEBLANC**	LÉONINE	LÉZARDÉ	LIMITER
LASAGNE	**LEBOURG**	LÉOPARD	**LHOMOND**	LIMOGÉE
LA SALLE	**LE BUGUE**	**LÉOPOLD**	LIAISON	LIMOGER
LASALLE	**LE CAIRE**	**LÉOTARD**	**LIAKHOV**	**LIMOGES**
LASCAUX	**LE CARRÉ**	**LÉPANTE**	LIARDER	**LIMOGNE**
LASCIVE	LÉCHAGE	LEPAUTE	LIBELLE	**LIMOSIN**
LA SEYNE	LÉCHANT	LÉPIOTE	LIBELLÉ	**LIMOURS**
LASHLEY	LÉCHEUR	**LE PIRÉE**	LIBÉRAL	LIMPIDE
LASKINE	**LECLAIR**	LÉPISME	**LIBEREC**	**LIMPOPO**
LASSANT	**LECLERC**	**LE POIRÉ**	LIBÉRÉE	LINAIRE
LASTING	**LÉCLUSE**	LÉPREUX	LIBÉRER	**LINARES**
LATENCE	**LECOMTE**	LÉPROME	**LIBERIA**	**LIN BIAO**
LATENTE	**LECQUES**	LEPTINE	LIBERTÉ	LINCEUL
LATÉRAL	LECTEUR	LEPTURE	LIBERTY	LINÇOIR
LA TESTE	LECTURE	**LERICHE**	LICENCE	**LINCOLN**
LATIMER	LÉCYTHE	**LES ARCS**	LICHANT	**LINDSAY**
LATINUS	**LE DORAT**	**LE SAUZE**	**LICHUAN**	LINETTE
LATTAGE	**LE FAYET**	**LES BAUX**	LICITÉE	LINGÈRE
LATTANT	**LEFÈVRE**	LESBIEN	LICITER	**LINGONS**
LATTOIS	LÉGENDE	**LESBIEN**	LICORNE	LINGUAL
LA TUQUE	LÉGENDÉ	**LES GETS**	LICTEUR	LINIÈRE
LAUBEUF	LEGGINS	LÉSINER	**LIÉNART**	LINKAGE
LAURANA	LEGHORN	**LES MÉES**	**LIEPAJA**	LINNÉEN
LAURÉAT	LÉGISTE	**LESOTHO**	**LIESTAL**	LINOTTE
LAURENS	**LEGNICA**	**LESQUIN**	LIEU-DIT	**LIN PIAO**
LAURENT	**LEGRAND**	**LESSEPS**	**LIEUVIN**	LINSANG
LAURIER	LÉGUANT	**LESSING**	LIFTANT	LINSOIR
LAURIER	**LE HAVRE**	LESSIVE	LIFTIER	LINTEAU
LAURION	LEIBNIZ	LESSIVÉ	LIFTING	LINTERS
LAUTREC	LEIPZIG	LESTAGE	LIGNAGE	**LIOTARD**
LAVABLE	**LE JEUNE**	LESTANT	LIGNANT	**LIPATTI**
LAVANDE	LÉJEUNE	**LESTREM**	LIGNEUL	LIPÉMIE
LAVARET	**LE LOCLE**	**LE SUEUR**	LIGNEUX	**LIPETSK**
LAVASSE	LELOUCH	**LES ULIS**	LIGNINE	**LIPOVEN**
LAVATER	LEMAIRE	**LES VANS**	LIGNITE	LIQUEUR
LA VAULX	**LE MAIRE**	**LE TEMPS**	LIGOTÉE	LIQUIDE
LAVE-DOS	**LE MARIN**	LETTONE	LIGOTER	LIQUIDÉ
LAVELLI	LEMBERG	LETTONE	LIGUANT	LIRETTE
LA VENTA	LEMELIN	LETTRÉE	**LIGUEIL**	LISERÉE
				LISERER

LISERON	LOGIQUE	LOUPAGE	LURETTE	MAÇONNÉ
LISETTE	**LOGROÑO**	LOUPANT	LURONNE	MACRAMÉ
LISEUSE	**LOISEAU**	LOUPIOT	**LURONNE**	**MACROBE**
LISIBLE	**LOKEREN**	**LOUQSOR**	LUSTRAL	MACULÉE
LISIÈRE	LOLETTE	LOURANT	LUSTRÉE	MACULER
LISIEUX	**LOLLAND**	LOURDÉE	LUSTRER	MACUMBA
LISLOIS	LOLLARD	LOURDER	LUTÉALE	**MADEIRA**
LISSAGE	**LOMAGNE**	**LOURDES**	LUTÉAUX	**MADELIN**
LISSANT	LOMBAGO	**LOU SIUN**	LUTHIER	MADELON
LISSEUR	LOMBARD	LOUSTIC	**LUTHULI**	**MADERNA**
LISSIER	**LOMBARD**	LOUVAIN	LUTINÉE	**MADERNO**
LISSOIR	LOMBRIC	**LOUVOIS**	LUTINER	**MADISON**
LISTAGE	**LOMÉNIE**	LOUVOYÉ	LUTTANT	**MADONNA**
LISTANT	**LOMMOIS**	**LOUVRES**	LUTTEUR	MADRASA
LISTEAU	**LONDRES**	LOYAUTÉ	**LUXEUIL**	MADRIER
LISTING	LONGANE	**LOYAUTÉ**	LUXUEUX	MADRURE
LI TAIBO	LONGÈRE	**LUALABA**	LUZENAC	**MADURAI**
LITANIE	**LONGMEN**	LUBANGÓ	LUZERNE	**MAELZEL**
LIT-CAGE	LONGUET	**LUBBERS**	**LYAUTEY**	MAESTRO
LITEAUX	**LONGVIC**	**LUBBOCK**	LYCHNIS	MAFFLUE
LITERIE	**LÖNNROT**	**LUBERON**	**LYDGATE**	MAFIEUX
LITHINE	**LONSOIS**	**LUCANIE**	LYNCHÉE	**MAFIOSI**
LITHINÉ	LOOPING	LUCARNE	LYNCHER	**MAFIOSO**
LITHIUM	**LOPBURI**	**LUCAYES**	**LYNDSAY**	**MAGADAN**
LITIÈRE	LOPETTE	**LUCERNE**	**LYOTARD**	MAGANÉE
LITORNE	LOQUACE	**LUCHINI**	LYRIQUE	MAGANER
LIVAROT	LORDOSE	**LUCIFER**	LYRISME	MAGASIN
LIVAROT	**LORELEI**	LUCILIE	**LYSIPPE**	MAGENTA
LIVÈCHE	**LORENTZ**	LUCIOLE	**LYSSOIS**	**MAGENTA**
LIVONIE	LORETTE	**LUCKNER**	LYTIQUE	**MAGHNIA**
LIVRANT	**LORETTE**	**LUCKNOW**	**MAALOUF**	**MAGHREB**
LIVREUR	LORGNÉE	**LUÇOISE**	**MAASEIK**	MAGHZEN
LIVRIER	LORGNER	**LUCQUES**	**MAATHAÏ**	**MAGINOT**
LIXIVIÉ	LORGNON	**LUCRÈCE**	MABOULE	MAGIQUE
LOBAIRE	**LORGUES**	LUDDITE	MACABRE	**MAGNANI**
LOBBIES	**LORIENT**	LUDIQUE	MACACHE	MAGNANT
LOBÉLIE	**LORMONT**	LUDISME	MACADAM	**MAGNARD**
LOBULÉE	LORRAIN	**LUDOISE**	**MACAIRE**	MAGNÉTO
LOCARNO	**LORRAIN**	LUGEANT	MACAQUE	MAGYARE
LOCATIF	LORRIES	LUGEUSE	MACARON	**MAGYARE**
LOCHANT	LORSQUE	**LUGONES**	**MACBETH**	MAHATMA
LOCHIES	LOSANGE	LUGUBRE	MACÉRÉE	**MAHATMA**
LOCHNER	LOSANGÉ	LUISANT	MACÉRER	MAH-JONG
LOCHOIS	LOTERIE	LUMBAGO	MACERON	**MAHOMET**
LOCK-OUT	**LOTOISE**	**LUMBINI**	**MACHADO**	MAHONIA
LOCKYER	LOUABLE	**LUMBRES**	**MACHALA**	MAÏEURE
LOCLOIS	LOUANGE	LUMIÈRE	MÂCHANT	**MAIGRET**
LOCMINÉ	LOUANGÉ	**LUMIÈRE**	MACHAON	MAIGRIE
LOCRIDE	LOUBARD	**LUMUMBA**	**MACHAUT**	MAIGRIR
LOCRIEN	LOUCHER	LUNAIRE	MÂCHEUR	MAILING
LOCTUDY	LOUCHET	LUNCHES	**MACHIDA**	MAILLÉE
LOCUSTE	LOUCHON	LUNETTE	MACHINE	MAILLER
LOCUSTE	**LOUDÉAC**	LUNETTÉ	MACHINÉ	MAILLET
LOFOTEN	LOUEUSE	**LUOYANG**	MÂCHURE	**MAILLET**
LOGEANT	LOUFIAT	LUPANAR	MÂCHURÉ	**MAILLOL**
LOGETTE	**LOUHANS**	LUPIQUE	**MACLEOD**	MAILLON
LOGEUSE	LOUKOUM	LUPULIN	MAÇONNE	MAILLOT

MAINARD	MALTAIS	MANSART	MARIGOT	MASBATE
MAINATE	MALTANT	MANSION	MARIGOT	MASCARA
MAÏNOTE	MALTASE	MANTAIS	MARIMBA	MASCARA
MAÏORAL	MALTEUR	MANTEAU	MARINÉE	MASCATE
MAÏORAT	MALTHUS	MANTELÉ	MARINER	MASPERO
MAIRENA	MALTOSE	MANTOUE	MARINES	MASQUÉE
MAISTRE	MALTÔTE	MANYTCH	MARINGÁ	MASQUER
MAÏZENA	MALVENU	MANZONI	MARIOLE	MASSADA
MAJESTÉ	MAMELLE	MAOÏSME	MARIOUT	MASSAGE
MAJEURE	MAMELON	MAOÏSTE	MARIS EL	MASSANT
MA-JONGS	MAMELUE	MAOUSSE	MARISTE	MASSÉNA
MAJORAT	MAMELUK	MAPUCHE	MARITAL	MASSEUR
MAJORÉE	MAMMITE	MAQUANT	MARITZA	MASSIAC
MAJORER	MAMOURS	MARACAY	MARKHAM	MASSIER
MAJUNGA	MANAGÉE	MARANGE	MARKKAA	MASSINE
MAKAIRE	MANAGER	MARAÑÓN	MARLIEN	MASSIVE
MAKHZEN	MANAGUA	MARANTA	MARLOWE	MASSORE
MAKONDE	MANASLU	MARANTE	MARMARA	MASTABA
MALABAR	MANASSÉ	MARASME	MARMITE	MASTARD
MALABAR	MANCEAU	MARATHE	MARMONT	MASTÈRE
MALACCA	MANCEAU	MARATHE	MARNAGE	MASTIFF
MALADIE	MANCHON	MARATHI	MARNAIS	MASTITE
MALADIF	MANCHOT	MARÂTRE	MARNANT	MASTOSE
MAL-AIMÉ	MANCHOU	MARAUDE	MARNEUX	M'AS-TU-VU
MALAIRE	MANCHOU	MARAUDÉ	MAROMME	MATADOR
MALAISE	MANCINI	MARBRÉE	MARONNÉ	MATANZA
MALAISE	MANDALA	MARBRER	MAROTTE	MATAPAN
MALAISÉ	MANDALE	MARBURG	MARQUÉE	MATARAM
MALAMUD	MANDANT	MARCEAU	MARQUER	MATCHES
MÄLAREN	MANDATÉ	MARCHAL	MARQUET	MATELAS
MALARIA	MANDÉEN	MARCHER	MARQUIS	MATELOT
MALATYA	MANDELA	MARCHES	MARRANE	MATERNÉ
MALAXÉE	MANDRIN	MARCION	MARRANT	MATHEUX
MALAXER	MANDRIN	MARCONI	MARRAST	MATHIAS
MALBÂTI	MANETON	MARCONI	MARRONS	MATHIEU
MALCOLM	MANETTE	MARCUSE	MARRUBE	MATHIEZ
MAL-ÊTRE	MANFRED	MARDOUK	MARSAIS	MATHURA
MALFAMÉ	MANGEUR	MARELLE	MARSALA	MATIÈRE
MALFRAT	MANIANT	MAREMME	MARSALA	MATINAL
MALHEUR	MANICLE	MARENGO	MARSEAU	MATINÉE
MALIGNE	MANIÈRE	MARENGO	MARSILE	MÂTINÉE
MALINES	MANIÉRÉ	MAREUIL	MARSTON	MÂTINER
MALINES	MANIEUR	MARGATE	MARSYAS	MATINES
MALINKÉ	MANILLE	MARGAUX	MARTEAU	MATISSE
MALIQUE	MANILLE	MARGAUX	MARTELÉ	MATOISE
MAL-LOGÉ	MANIPUR	MARGEUR	MARTENS	MATONNE
MALMÉDY	MANIQUE	MARGINÉ	MARTIAL	MATOURY
MALMENÉ	MANITOU	MARGOTÉ	MARTIAL	MATRICE
MALOTRU	MANNING	MARIAGE	MARTIEN	MATRICÉ
MALOUEL	MANNITE	MARIALE	MARTIEN	MATRONE
MALOUIN	MANNONI	MARIALS	MARTINI	MATSUDO
MALOUIN	MANNOSE	MARIANO	MARTINU	MATURIN
MALPOLI	MANOQUE	MARIANT	MARTYRE	MATURÍN
MALRAUX	MANOURY	MARIAUX	MARVELL	MAUCHLY
MALSAIN	MANQUÉE	MARIBOR	MARXIEN	MAUDIRE
MALTAGE	MANQUER	MARIEUR	MASARYK	MAUDITE
MALTAIS	MANRESA	MARIGNY		MAUDUIT

MAUGHAM	MÉDECIN	**MEMPHIS**	MERRAIN	**MÉZOISE**
MAUGRÉÉ	MEDERSA	MENACÉE	**MERSOIS**	MIAULER
MAUGUIO	MÉDIALE	MENACER	**MERTENS**	MICACÉE
MAULÉON	MÉDIANE	MÉNAGÉE	**MERTERT**	MICELLE
MAUNICK	MÉDIATE	MÉNAGER	MÉSAISE	**MICHALS**
MAUPEOU	MÉDICAL	**MENCIUS**	MÉSANGE	**MICHAUX**
MAURIAC	**MÉDICIS**	MENDIÉE	MESCLUN	**MICIPSA**
MAURICE	MÉDIQUE	MENDIER	**MESLIER**	MI-CLOSE
MAUROIS	MÉDITÉE	**MENDOIS**	MESQUIN	MI-CORPS
MAURRAS	MÉDITER	MENDOLE	MESSAGE	MICROBE
MAUSOLE	MÉDULLA	**MENDOZA**	**MESSIER**	MICTION
MAUVAIS	MÉDUSÉE	MENEAUX	MESSINE	MIDRASH
MAXENCE	MÉDUSER	**MÉNÉLAS**	**MESSINE**	**MIDWEST**
MAXILLE	MEETING	MÉNÉLIK	MESSIRE	MIELLAT
MAXIMAL	MÉFIANT	MENEUSE	**MESSMER**	MIELLÉE
MAXIMES	MÉFORME	**MÉNINES**	**MESSNER**	**MIESZKO**
MAXIMIN	MÉGABIT	MÉNINGE	MESURÉE	MIGNARD
MAXIMUM	MÉGARDE	MÉNINGÉ	MESURER	**MIGNARD**
MAXWELL	MÉGARON	**MÉNIPPE**	MÉSUSER	MIGNOTÉ
MAXWELL	**MEGIDDO**	**MENNECY**	MÉTALLO	MIGRANT
MAYENCE	MÉGISSÉ	MENOTTE	**MÉTAUVE**	MI-JAMBE
MAYENNE	MÉGOTER	**MENOTTI**	**METAXÁS**	MIJOTÉE
MAYEURE	MÉHARÉE	MENSUEL	MÉTAYER	MIJOTER
MAYNARD	MÉHARIS	MENTALE	MÉTÉORE	MILDIOU
MAYORAL	**MEILHAC**	MENTANT	MÉTÈQUE	MILIEUX
MAYORAT	**MEILLET**	MENTAUX	MÉTHANE	MILITER
MAYOTTE	**MEISSEN**	MENTEUR	MÉTHODE	MILLAGE
MAZAGAN	**MEITNER**	MENTHOL	**MÉTHODE**	**MILLAIS**
MAZAMET	MÉJUGÉE	MENTHON	MÉTHYLE	MILLIER
MAZARIN	MÉJUGER	**MENTHON**	METICAL	MILLION
MAZDÉEN	MELÆNA	MENTION	MÉTISSE	**MILLOSS**
MAZENOD	MÉLANGE	MENTORÉ	MÉTISSÉ	MILONGA
MAZEPPA	MÉLANGÉ	**MENUHIN**	MÉTRAGE	MILOUIN
MAZETTE	MÉLASSE	MENUISE	MÉTRANT	MI-LOURD
MAZOUTÉ	MELDOIS	MENUISÉ	**MÉTRAUX**	**MILVIUS**
MAZOVIE	**MELDOIS**	**MENZIES**	MÉTREUR	MIMIQUE
MAZURIE	**MELILLA**	MÉPLATE	MÉTRITE	**MIMIZAN**
MAZURKA	MÉLILOT	MÉPRISE	**METSIJS**	**MIMOUNI**
MAZZINI	MÉLISSE	MÉPRISÉ	METTANT	MI-MOYEN
MBABANE	MÉLITTE	**MÉRANNE**	METTEUR	MINABLE
MCCAREY	**MELKART**	MERCIER	MEUBLÉE	MINARET
MCCLURE	MELKITE	**MERCIER**	MEUBLER	MINAUDÉ
MC ENROE	**MELLONI**	MERCURE	MEUGLER	MINCEUR
MCLAREN	MÉLODIE	**MERCURE**	MEULAGE	**MINDORO**
MCLUHAN	MÉLOPÉE	MERDANT	MEULANT	MINERAI
MÉANDRE	**MELORIA**	MERDEUX	MEUNIER	MINÉRAL
MÉANDRE	**MELOZZO**	MERDIER	**MEUNIER**	MINERVE
MÉAULTE	**MELQART**	MERDOYÉ	**MEURTHE**	**MINERVE**
Meccano	**MELSENS**	MERGUEZ	MEURTRE	MINETTE
MÉCÉNAT	MEMBRÉE	MERGULE	MEURTRI	MINEURE
MÉCHAGE	MEMBRON	**MÉRIBEL**	**MEUSIEN**	MINIBUS
MÉCHAIN	MEMBRUE	**MÉRIMÉE**	MÉVENTE	MINICAR
MÉCHANT	MÉMENTO	MÉRINOS	**MEXIQUE**	MINIÈRE
MECHHED	MÉMÉRER	MÉRISME	**MEYZIEU**	MINIMAL
MÉCHOUI	**MEMLINC**	MÉRITÉE	MEZERAY	MINIMEX
MÉCONNU	**MEMLING**	MÉRITER	**MÉZIDON**	MINIMUM
MEDAWAR	MÉMOIRE	**MÉROVÉE**	MÉZIGUE	MINIMUM

MINITEL
MINORÉE
MINORER
MINTOFF
MINUTÉE
MINUTER
MINUTIE
MIOCÈNE
MI-PARTI
MIRABEL
MIRACLE
MIRADOR
MIRADOR
MIRAMAS
MIRANDA
MIRANDE
MIRAUDE
MIRBANE
MIRBEAU
MIREUSE
MIRIBEL
MIROITÉ
MIROTON
MISAINE
MISÉRER
MISKITO
MISKOLC
MISSILE
MISSION
MISSIVE
MISTRAL
MISTRAL
MITAINE
MITANNI
MITCHUM
MI-TEMPS
MITEUSE
MITIDJA
MITIGÉE
MITIGER
MITONNÉ
MITOYEN
MITRALE
MITRAUX
MIXTION
MIXTURE
MIZORAM
MOABITE
MOCHARD
MOCHETÉ
MOCHICA
MODELÉE
MODELER
MODÉRÉE
MODÉRER
MODERNE
MODESTE

MODESTO
MODIANO
MODIFIÉ
MODIQUE
MODISTE
MODULÉE
MODULER
MODULOR
MOEBIUS
MOELLON
MOFETTE
MOFLANT
MOGADOR
MOGETTE
MOGHOLS
MOHICAN
MOIGNON
MOINDRE
MOINEAU
MOIRAGE
MOIRANS
MOIRANT
MOIRURE
MOISANT
MOISSAC
MOISSAN
MOISSON
MOITEUR
MOJETTE
MOLAIRE
MÔLAIRE
MOLASSE
MOLDAVE
MOLDAVE
MOLESTÉ
MOLETÉE
MOLETER
MOLETTE
MOLIÈRE
MOLIÈRE
MOLINOS
MOLITOR
MOLLARD
MOLLIEN
MOLOSSE
MOLOTOV
MOMBASA
MOMERIE
MÔMERIE
MÔMIÈRE
MOMIFIÉ
MOMMSEN
MONACAL
MONATTE
MONCADE
MONCEAU
MONCTON

MONDAIN
MONDANT
MONDEGO
MONDIAL
MONDORF
MONGKUT
MONGOLE
MONGOLE
MONIALE
MONILIA
MONIQUE
MONISME
MONITOR
MONNAIE
MONNAYÉ
MONNIER
MONOCLE
MONODIE
MONOSKI
MONSOIS
MONSTRE
MONTAGE
MONTALE
MONTANA
MONTAND
MONTANT
MONTECH
MONTEUR
MONTEUX
MONTHEY
MONTIER
MONTLUC
MONTOIR
MONTOIR
MONTOIS
MONTOIS
MONTPON
MONTRÉE
MONTRER
MONTURE
MONTYON
MOQUANT
MOQUEUR
MORACÉE
MORAINE
MORALES
MORANDI
MORANTE
MORASSE
MORATÍN
MORAVIA
MORAVIE
MORBIDE
MORBIER
MORBLEU
MORCEAU
MORCELÉ

MORCELI
MORCENX
MORDACQ
MORDANT
MORDORÉ
MORDVES
MORELIA
MORELLE
MORELOS
MORETTI
MOREUIL
MORFALE
MORFLER
MORGIEN
MORGUER
MORIANI
MORILLE
MORINGA
MORIOKA
MORISOT
MORLAÀS
MORLAIX
MORMANT
MORMONE
MORNANT
MORPHÉE
MORPION
MORSANG
MORSURE
MORTAIN
MORTEAU
MORTIER
MORTIER
MORT-NÉE
MORT-NÉS
MORTSEL
MORVEUX
MORZINE
MOSELEY
MOSELLE
MOSKOVA
MOSQUÉE
MOSSOUL
MOTARDE
MOT-CLEF
MOTELLE
MOTIVÉE
MOTIVER
MOTOSKI
MOTRICE
MOTTANT
MOTTEUX
MOUCHÉE
MOUCHER
MOUCHET
MOUCHET

MOUCHEZ
MOUETTE
MOUETTE
MOUFETÉ
MOUFLET
MOUFLON
MOUFTER
MOUGINS
MOUILLE
MOUILLÉ
MOUKDEN
MOUKÈRE
MOULAGE
MOULANT
MOULEUR
MOULINÉ
MOULINS
MOULOUD
MOULURE
MOULURÉ
MOUNDOU
MOUNIER
MOURANT
MOURENX
MOUROIR
MOUSSER
MOUSSEY
MOUSSON
MOUSSUE
MOUTARD
MOUTIER
MOUTURE
MOUVANT
MOUVAUX
MOUVOIR
MOVIOLA
MOYENNE
MOYENNÉ
MOYETTE
MOYNIER
MUAWIYA
MUDÉJAR
MUEZZIN
MUFLIER
MUGELLO
MULARDE
MULÂTRE
MULETTE
MULSION
MUMMIUS
MÜNCHEN
MUNSTER
MUNSTER
MÜNSTER
MUNTJAC
MÜNTZER
MUQUEUX

MURDOCH	**NAGAOKA**	NDEBELE	NÉVRAXE	NITRILE
MURETTE	NAGEANT	**NÉARQUE**	NÉVRITE	NITRITE
MURILLO	NAGEUSE	**NECHAKO**	NÉVROSE	NITROSÉ
MURMURE	NAGUÈRE	NÉCROSE	NÉVROSÉ	NITRURE
MURMURÉ	NAHUATL	NÉCROSÉ	**NEWCOMB**	NITRURÉ
MURORAN	**NAIPAUL**	NÉFASTE	**NEW DEAL**	NIVÉALE
MURUROA	**NAIROBI**	NÉFLIER	NEW-LOOK	NIVEAUX
MURVIEL	NAÏVETÉ	NÉGATIF	**NEWPORT**	NIVÉAUX
MUSACÉE	**NAM DINH**	NÉGATON	NEW WAVE	NIVELÉE
MUSARDE	**NAMIBIE**	NÉGLIGÉ	**NEW YORK**	NIVELER
MUSARDÉ	**NAMPULA**	NÉGOCIÉ	**NIAGARA**	NIVELLE
MUSCADE	**NANAIMO**	NÉGONDO	NIAISER	**NIVELLE**
MUSCARI	NANIFIÉ	NÉGRIER	NIAOULI	NIVÉOLE
MUSCLÉE	NANISÉE	**NÉGRIER**	**NICAISE**	**NIVKHES**
MUSCLER	NANISER	NEGUNDO	NICHANT	**NKRUMAH**
MUSÉALE	NANISME	**NÉLATON**	NICHOIR	NOBLIAU
MUSEAUX	**NANNING**	**NÉLATON**	NICKELÉ	NOCEUSE
MUSÉAUX	NANSOUK	**NICOBAR**	NICOBAR	NOCTULE
MUSELÉE	**NANTAIS**	NELLORE	NIÇOISE	NOCUITÉ
MUSELER	**NANTONG**	NÉLOMBO	**NIÇOISE**	**NOETHER**
MUSELET	NANZOUK	NELUMBO	**NICOLAS**	**NOGARET**
MUSETTE	NAPHTOL	NÉMÉENS	**NICOLLE**	NOIRAUD
MUSICAL	NAPPAGE	NÉMERTE	**NICOSIE**	NOIRCIE
MUSIQUE	NAPPANT	**NÉMÉSIS**	NIDIFIÉ	NOIRCIR
MUSQUÉE	**NARBADA**	NEMEYRI	**NIDWALD**	**NOISÉEN**
MÜSTAIR	NARCOSE	**NEMOURS**	NIELLÉE	**NOISIEL**
MUSTANG	NARGUÉE	NÉNETTE	NIELLER	NOLISÉE
MUTABLE	NARGUER	NÉODYME	**NIELSEN**	NOLISER
MUTANTE	**NARMADA**	NÉOGÈNE	NIGAUDE	NOMBRÉE
MUTILÉE	NARRANT	NÉOGREC	NIGELLE	NOMBRER
MUTILER	NARTHEX	NÉONAZI	**NIGERIA**	NOMBRIL
MUTINÉE	**NARVÁEZ**	NÉOTTIE	**NIIGATA**	NOMINAL
MUTINER	NASARDE	NÉPHRON	**NIIHAMA**	NOMINÉE
MUTIQUE	NASEAUX	**NEPTUNE**	**NIKOPOL**	NOMINER
MUTISME	NASILLÉ	NÉRÉIDE	NILGAUT	**NOMINOË**
MUTTENZ	NASIQUE	NERPRUN	**NILGIRI**	NOMMAGE
MYALGIE	**NATOIRE**	NERVEUX	**NIMBANT**	NOMMANT
MYANMAR	**NATSUME**	NERVINE	**NIMÈGUE**	NONANTE
MYCÈNES	NATTAGE	NERVURE	**NÎMOISE**	NON-DITS
MYÉLINE	NATTANT	NERVURÉ	**NIMROUD**	NON-ÊTRE
MYÉLITE	NATTIER	NESCAFÉ	**NINGXIA**	NON-LIEU
MYÉLOME	**NATTIER**	**NESEBAR**	NIOBIUM	NON-SENS
MYKONOS	NATUREL	**NETANYA**	**NIPIGON**	NON-STOP
MYOSINE	NAUCORE	NETSUKE	NIPPANT	**NONTRON**
MYOSITE	**NAUPLIE**	NETTETÉ	**NIPPONE**	NONUPLÉ
MYRIADE	NAURUAN	NETTOYÉ	**NIPPONE**	**NORBERT**
MYSTÈRE	**NAURUAN**	**NEUHOFF**	NIPPOUR	NORD-EST
MYSTÈRE	**NAUSSAC**	**NEUILLY**	NIQUANT	**NORD-EST**
MZABITE	NAUTILE	**NEUMANN**	NIRVANA	NORFOLK
MZABITE	NAVARIN	NEURALE	**NISIBIS**	NORIEGA
NABOKOV	**NAVARIN**	**NEURATH**	NISSART	**NORILSK**
NABUCCO	**NAVARRE**	NEURAUX	**NITERÓI**	**NORIQUE**
NACARAT	NAVETTE	NEURONE	**NITHARD**	NORMALE
NACELLE	NAVIGUÉ	NEURULA	NITRANT	NORMAND
NACRANT	NAVRANT	NEUTRON	NITRATE	**NORMAND**
NAEVIUS	**NAYAISE**	NEUVAIN	NITRATÉ	NORMAUX
NAGAÏKA	NAZISME	**NEVILLE**	NITREUX	**NORODOM**

NORROIS	**NYERERE**	ŒRSTED	OMBREUX	ORALITÉ
NORVÈGE	NYMPHAL	**ŒRSTED**	OMBRIEN	**ORANAIS**
NORWICH	NYMPHÉA	OESLING	**OMBRIEN**	ORANGÉE
NOSSI-BÉ	NYMPHÉE	ŒSTRAL	OMBRINE	ORANGER
NOTABLE	**OAKLAND**	ŒSTRUS	OMETTRE	ORATEUR
NOTAIRE	**OBALDIA**	ŒUVRER	OMICRON	**ORBIGNY**
NOTARIÉ	OBÉRANT	OFFENSE	OMNIBUS	ORBITAL
NOTHOMB	**OBERNAI**	OFFENSÉ	**OMPHALE**	ORBITER
NOTIFIÉ	OBÉSITÉ	OFFERTE	ONCIALE	**ORCADES**
NOTOIRE	**OBIHIRO**	**OFFICES**	ONCIAUX	**ORCAGNA**
NOUEUSE	OBJECTÉ	OFFICIÉ	ONCQUES	**ORCHIES**
NOUGARO	OBLATIF	OFFRANT	ONCTION	ORCHITE
NOUILLE	OBLIGÉE	OFFREUR	ONDATRA	**ORCIVAL**
NOUKOUS	OBLIGER	OGIVALE	ONDOYÉE	ORDALIE
NOUMÈNE	OBLIQUE	OGIVAUX	ONDOYER	**ORDENER**
NOURRIE	OBLIQUÉ	OGRESSE	ONDULÉE	ORDINAL
NOURRIR	OBOMBRÉ	OHMIQUE	ONDULER	ORDONNÉ
NOUVEAU	OBSCÈNE	OIGNANT	ONÉREUX	OREILLE
NOUVEAU	OBSCURE	**OIGNIES**	**ONÉSIEN**	**ORESTIE**
NOVALIS	OBSÉDÉE	**OÏRATES**	ONGUENT	**ØRESUND**
NOVERRE	OBSÉDER	OISEAUX	ONGULÉE	ORFÈVRE
NOVI SAD	OBSERVÉ	OISELET	**ONITSHA**	ORFÉVRÉ
NOVOTNY	OBSTINÉ	OISELLE	**ONSAGER**	ORFRAIE
NOYAUTÉ	OBSTRUÉ	OISEUSE	**ONTARIO**	ORGANDI
NUAGEUX	OBTENIR	**OKAYAMA**	ONTIQUE	**ORGANON**
NUANCÉE	OBTENUE	**OKAZAKI**	ONUSIEN	ORGASME
NUANCER	OBTURÉE	O'KEEFFE	ONZIÈME	ORGELET
NUCELLE	OBTURER	**OKEGHEM**	OOGAMIE	ORGUEIL
NUCLÉÉE	OBUSIER	**OKHOTSK**	OOLITHE	**ORIBASE**
NUCLÉON	OBVIANT	**OKINAWA**	OPACITÉ	ORIENTÉ
NUCLEUS	OCARINA	**OLDOWAY**	OPALINE	ORIFICE
NUCLÉUS	OCCIPUT	**OLDUVAI**	OPALISÉ	ORIGAMI
NUCLIDE	OCCITAN	OLÉACÉE	OPÉABLE	**ORIGÈNE**
NUDISME	**OCCITAN**	OLÉFINE	OPÉRANT	ORIGINE
NUDISTE	OCCULTE	OLÉIQUE	OPHIURE	ORIGNAL
NUEMENT	OCCULTÉ	**OLENIOK**	OPIACÉE	**ORIZABA**
NUISANT	OCCUPÉE	OLÉODUC	OPILION	**ORLANDO**
NULLARD	OCCUPER	OLIFANT	OPINANT	**ORLÉANS**
NULLITÉ	**OCÉANIE**	OLIVAIE	OPINION	ORMEAUX
NUMANCE	OCELLÉE	OLIVIER	OPOSSUM	**ORMONDE**
NUMÉRAL	**O'CONNOR**	**OLIVIER**	OPPIDUM	**ORNAISE**
NUMÉRIS	OCTANTE	OLIVINE	OPPOSÉE	ORNIÈRE
NUMIDES	**OCTAVIE**	**OLSZTYN**	OPPOSER	OROGÈNE
NUMIDIE	OCTAVIÉ	**OLTÉNIE**	OPPRIMÉ	ORPHÉON
NUMITOR	OCTOBRE	**OLYMPIA**	OPTATIF	**ORRORIN**
NUNATAK	OCTROYÉ	**OLYMPIE**	OPTIMAL	ORTHÈSE
NUNAVIK	OCTUPLE	**OLYMPIO**	OPTIMUM	ORTHOSE
NUNAVUT	OCTUPLÉ	**OLYNTHE**	OPTIQUE	ORTOLAN
NUNUCHE	**ODAWARA**	**OMALIUS**	OPULENT	**ORVAULT**
NUOC-MÂM	**ODENATH**	OMANAIS	OPUNTIA	**ORVIETO**
NU-PIEDS	ODIEUSE	**OMANAIS**	**OPUS DEI**	**OSBORNE**
NUPTIAL	**ODOACRE**	OMBELLE	**ORADOUR**	OSCILLÉ
NURAGHE	ODONATE	OMBELLÉ	ORAGEUX	OSEILLE
NURAGHI	ODORANT	OMBILIC	ORAISON	OSERAIE
NURSAGE	ODYSSÉE	OMBRAGE	ORALISÉ	**OSHOGBO**
NURSERY	**ODYSSÉE**	OMBRAGÉ		OSMANLI
NURSING	ŒILLET	OMBRANT		**OSMANLI**

OSMIQUE	OUVRANT	PAHLAVI	PALPEUR	PARAGES
OSMIURE	**OUVRARD**	**PAHLAVI**	PALPITÉ	**PARAÍBA**
OSMONDE	OUVREAU	PAHOUIN	PALUCHE	**PARANAL**
OSSÉINE	OUVREUR	PAÏENNE	**PAMIERS**	PARAPET
OSSELET	OUVRIER	PAIERIE	PAMPERO	PARAPHE
OSSÈTES	OUVROIR	PAILLÉE	PANACÉE	PARAPHÉ
OSSEUSE	**OUZBÈKE**	PAILLER	PANACHE	PARASOL
OSSIFIÉ	**OUZOUER**	PAILLIS	PANACHÉ	PARÂTRE
OSTÉITE	OVALISÉ	PAILLON	PANADER	PARBLEU
OSTENDE	OVARIEN	**PAIMPOL**	PANAIRE	PARCAGE
OSTÉOME	OVARITE	PAIRAGE	PANARDE	PARCHET
OSTIOLE	OVATION	**PAISLEY**	PANARIS	PAR-DELÀ
OSTRACA	OVIPARE	PALABRE	**PANCHIR**	PARDIEU
OSTRAVA	OVOCYTE	PALABRÉ	PANDORE	PARÉAGE
OSTWALD	OVOÏDAL	**PALACKY**	**PANDORE**	PARÈDRE
OSTYAKS	OVOTIDE	PALADIN	PANERÉE	PARE-FEU
OTALGIE	OVULANT	**PALADRU**	PANETON	PARÉLIE
OTHELLO	OXACIDE	**PALAFOX**	PANIÈRE	PARENTE
OTOCYON	OXALATE	**PALAMAS**	PANIFIÉ	PARENTÉ
OTOPENI	OXALIDE	**PALAMÁS**	PANINIS	PARÉSIE
OTTERLO	**OXONIEN**	PALATAL	PANIQUE	PARESSE
OTTOKAR	OXONIUM	PALATIN	PANIQUÉ	PARESSÉ
OTTOMAN	OXYDANT	**PALATIN**	PANNEAU	PARFAIT
OUADDAÏ	OXYDASE	PALÂTRE	**PANNINI**	PARFILÉ
OUAILLE	OXYGÈNE	PALAUAN	PANORPE	PARFOIS
OUARGLA	OXYGÉNÉ	**PALAUAN**	PANOSSE	PARFUMÉ
OUATANT	OXYMORE	**PALAVAS**	PANOSSÉ	PARIADE
OUATINE	**OYAPOCK**	**PALAWAN**	PANSAGE	PARIAGE
OUATINÉ	**OYASHIO**	PALE-ALE	PANSANT	PARIANT
OUBLIÉE	**OYONNAX**	PALÉMON	PANTELÉ	PARIEUR
OUBLIER	OZONANT	**PALERME**	PANTÈNE	PARIGOT
OUDINOT	OZONEUR	PALERON	PANTOIS	PARISIS
OUED-ZEM	OZONIDE	PALETOT	PANTOUM	**PARISIS**
OUGANDA	PACAGÉE	PALETTE	**PANURGE**	PARJURE
OUGARIT	PACAGER	PALGHAT	**PAPAGOS**	PARJURÉ
OUGRIEN	**PACHECO**	PALIÈRE	PAPAÏNE	PARKING
OUGUIYA	PACHTOU	**PALIKAS**	PAPAUTÉ	PARLAGE
OUÏ-DIRE	PACIFIÉ	**PALIKIR**	PAPAYER	PARLANT
OUÏGOUR	**PACIOLI**	PALISSÉ	PAPESSE	PARLEUR
OUILLÉE	PACKAGE	**PALISSY**	PAPETTE	PARLIER
OUILLER	PACQUÉE	PALIURE	PAPILLE	PARLOIR
OULLINS	PACQUER	**PALLAVA**	PAPISME	PARLOTE
OURAGAN	PACSANT	PALLÉAL	PAPISTE	PARLURE
OURALSK	PACTISÉ	PALLIÉE	PAPOTER	**PARNELL**
OURANOS	PACTOLE	PALLIER	PAPRIKA	PARODIE
OURAQUE	**PACTOLE**	PALLIUM	PAPYRUS	PARODIÉ
OURLANT	PADDOCK	PALMIER	PAQUETÉ	PARQUÉE
OURLIEN	PADICHA	**PALMIRA**	**PARACAS**	PARQUER
OUTARDE	**PADIRAC**	PALMITE	PALMITE	**PARQUES**
OUTILLÉ	**PADOUAN**	PALMURE	**PARACEL**	PARQUET
OUTRAGE	**PAESTUM**	**PALMYRE**	PARADER	PARRAIN
OUTRAGÉ	PAGAYER	PALOISE	PARADIS	PARSEMÉ
OUTRANT	PAGELLE	**PALOISE**	PARADOR	**PARSONS**
OUTREAU	PAGINÉE	**PALOMAR**	PARADOS	PARTAGE
OUVERTE	PAGINER	PALOMBE	PARAFÉE	PARTAGÉ
OUVRAGE	PAGNOTÉ	PÂLOTTE	PARAFER	PARTANT
OUVRAGÉ	PAGODON	PALPANT	PARAGES	**PARTHES**

PARTIAL	PAUSANT	PELLETÉ	PERDRIX	PÉTANTE
PARTIEL	PAUVRET	**PELLICO**	PERDURÉ	PÉTAURE
PARTITA	PAVANÉE	**PELLIOT**	**PEREIRA**	PÈTE-SEC
PARTITE	PAVANER	**PELOTAS**	**PEREIRE**	PÉTEUSE
PARTOUT	**PAVELIC**	PELOTÉE	PÉRENNE	PÉTILLÉ
PARVENU	**PAVILLY**	PELOTER	PERFIDE	PÉTIOLE
PAS-À-PAS	**PAVLOVA**	PELOTON	PERFORÉ	PÉTIOLÉ
PASCALE	PAVOISÉ	PELOUSE	PERFUSÉ	PETIOTE
PASCALS	PAYABLE	**PELOUZE**	**PERGAME**	PÉTOCHE
PASCAUX	PAYANTE	**PELTIER**	**PERGAUD**	PÉTOFFE
PASCOLI	**PAYERNE**	PELUCHE	PERGOLA	PÉTOIRE
PAS-D'ÂNE	PAYEUSE	PELUCHÉ	PÉRIDOT	PÉTREUX
PASQUIN	PAYSAGE	PELVIEN	**PÉRIERS**	PÉTROLE
PASSADE	**PAYS-BAS**	**PELVOUX**	PÉRIGÉE	**PÉTRONE**
PASSAGE	**PEACOCK**	PENALTY	**PÉRIGOT**	**PETSAMO**
PASSANT	PÉAGÈRE	PÉNATES	PÉRIMÉE	PÉTUNER
PASSERO	**PEARSON**	PENAUDE	PÉRIMER	PÉTUNIA
PASSEUR	PÉBRINE	PENCHÉE	PÉRINÉE	**PEUGEOT**
PASSION	PÉCAÏRE	PENCHER	PÉRIODE	PEUPLÉE
PASSIVE	PECCANT	PENDAGE	PÉRIPLE	PEUPLER
PASSIVÉ	PECCAVI	PENDANT	PÉRITEL	PEUREUX
PASTEUR	PÉCHANT	PENDARD	PERLANT	**PEVSNER**
PASTEUR	PÊCHANT	**PENDJAB**	PERLIER	**PEYRONY**
PASTURE	PECHÈRE	PENDOIR	PERLITE	**PEYRUIS**
PATACHE	PÉCHEUR	PENDULE	**PERMEKE**	**PÉZENAS**
PATARAS	PÊCHEUR	PENDULÉ	PERMIEN	PFENNIG
PATARIN	PÉCLOTÉ	PÉNÉTRÉ	PERMISE	PHAÉTON
PATAUDE	**PECQUET**	PÉNIBLE	PERMUTÉ	**PHAÉTON**
PATAUGÉ	PECTINE	PÉNICHE	**PÉRONNE**	PHALÈNE
PATELIN	PECTINÉ	PENNAGE	PÉRORER	PHALLUS
PATELLE	PÉDALER	PENNIES	**PÉROTIN**	PHANÈRE
PATENTE	PÉDANTE	**PENROSE**	**PÉROUSE**	PHARAON
PATENTÉ	PEDIBUS	PENSANT	PERPÈTE	PHARYNX
PATERNE	PÉDIEUX	PENSEUR	**PERRÉAL**	PHÉNATE
PÂTEUSE	**PEDRELL**	PENSION	**PERREUX**	PHÉNYLE
PATHMOS	PEDZANT	PENSIVE	**PERRIER**	**PHIDIAS**
PATIALA	PEELING	PENTANE	**PERROUX**	**PHILIPE**
PATIENT	PÉGUEUX	PENTOSE	PERSANE	**PHILIPS**
PATINÉE	PEIGNÉE	PENTURE	**PERSANE**	PHILTRE
PATINER	PEIGNER	PÉNURIE	PERSONÉ	PHLÉOLE
PATINIR	PEINANT	**PENZIAS**	**PERSSON**	PHLOÈME
PÂTISSÉ	PEINARD	PÉPÈTES	**PERTHUS**	PH-MÈTRE
PATOCHE	PEINDRE	PÉPIANT	**PERTINI**	PHOCÉEN
PATRICE	PEINTRE	PEPSINE	PERTUIS	**PHOCÉEN**
PATRICE	**PEÏPOUS**	PEPTIDE	**PERTUIS**	**PHOCIDE**
PATRICK	**PEIXOTO**	PERÇAGE	**PÉRUGIN**	PHOCION
PATTERN	PÉKINÉE	PERCALE	**PERUZZI**	PHOENIX
PATTIER	**PÉLADAN**	PERÇANT	PERVERS	PHŒNIX
PÂTURÉE	PELAGOS	PERCEUR	PESANTE	PHOLADE
PÂTURER	**PELAUDE**	PERCHÉE	**PESCARA**	PHONÈME
PÂTURIN	PÈLERIN	PERCHER	PÈSE-SEL	**PHOTIOS**
PATURON	**PÈLERIN**	PERCHIS	PESETTE	**PHOTIUS**
PAULHAN	PÉLIADE	**PERCIER**	PESEUSE	PHRASÉE
PAULIEN	PÉLICAN	PERCLUS	PÈSE-VIN	PHRASER
PAULING	PELISSE	PERÇOIR	PESTANT	**PHRYGIE**
PAUMANT	PELLANT	PERCUTÉ	PESTEUX	PHTISIE
PAUMOYÉ	**PELLÉAS**	PERDANT	**PÉTANGE**	PHYLLIE

PIAFFER	PILLEUR	PISTANT	PLATEAU	POCHANT
PIAILLÉ	**PILNIAK**	PISTARD	**PLATEAU**	POCHARD
PIANOTÉ	PILONNÉ	PISTEUR	**PLATÉES**	POCHOIR
PIASTRE	PILOTÉE	**PISTOIA**	PLATINE	PODAGRE
PIAULER	PILOTER	PISTOLE	PLATINÉ	PODAIRE
PICABIA	PILOTIN	PITANCE	**PLATINI**	**PODOLIE**
PICADOR	PILOTIS	PITBULL	PLATODE	**PODOLSK**
PICARDE	PIMBINA	**PITE ÄLV**	PLÂTRAS	PŒCILE
PICARDE	PIMENTÉ	**PITESTI**	PLÂTRÉE	POÊLANT
PICAREL	PIMPANT	PITEUSE	PLÂTRER	POÉTISÉ
PICASSO	PINACÉE	**PITOËFF**	PLAY-BOY	POGROME
PIC-BOIS	PINACLE	PITONNÉ	PLECTRE	POIGNÉE
PICCARD	PINASSE	PITUITE	PLÉIADE	POIGNET
PICCOLI	PINÇAGE	PIVOINE	**PLÉIADE**	POILANT
PICCOLO	PINÇANT	PIVOTER	**PLÉNEUF**	POILOUX
PICENUM	PINÇARD	**PIZARRO**	PLÉNIER	POINÇON
PICKLES	PINCEAU	PLACAGE	**PLESSIS**	POINDRE
PICOLÉE	PINÇURE	PLAÇANT	**PLESTIN**	**POINSOT**
PICOLER	**PINDARE**	PLACARD	PLEURAL	POINTÉE
PICORÉE	PINÉALE	PLACEBO	PLEURÉE	POINTER
PICORER	PINEAUX	PLACEUR	PLEURER	POINTIL
PICOTÉE	PINÉAUX	PLACIDE	PLEUTRE	**POINTIS**
PICOTER	PINIÈRE	PLACIER	**PLEYBEN**	POINTUE
PICOTIN	PINNULE	PLACOTÉ	PLIABLE	**POINTUE**
PICPOUL	PINTADE	PLAÇURE	PLIANTE	POIREAU
PICRATE	PINTANT	PLAFOND	PLIEUSE	POIRIER
PICRIDE	PIOCHÉE	PLAGIAT	PLINTHE	POIROTÉ
PICTAVE	PIOCHER	PLAGIÉE	PLISSÉE	POISSÉE
PICTONS	PIONCÉE	PLAGIER	PLISSER	POISSER
PIC-VERT	PIONCER	PLAIDÉE	**PLOESTI**	POISSON
PIÉGEUR	PIORNER	PLAIDER	PLOMBÉE	**POISSON**
PIE-MÈRE	PIPEAUX	PLAINTE	PLOMBER	POIVRÉE
PIÉMONT	PIPELET	PLAISIR	PLONGÉE	POIVRER
PIÉMONT	PIPERIE	**PLAISIR**	PLONGER	POIVRON
PIÉRIDE	PIPETTE	PLANAGE	**PLOUTOS**	POIVROT
PIERRÉE	PIPEUSE	PLANANT	**PLOVDIV**	**PO KIU-YI**
PIERROT	PIPIÈRE	PLANCHE	PLOYANT	POLAIRE
PIERROT	**PIPRIAC**	**PLANCHE**	PLUCHÉE	**POLAIRE**
PIÉTANT	PIQUAGE	PLANCHÉ	PLUCHER	**POLANYI**
PIÉTINÉ	PIQUANT	PLANÇON	PLUCHES	POLAQUE
PIEUTÉE	PIQUETÉ	PLANÈTE	**PLÜCKER**	POLARDE
PIEUTER	PIQUEUR	PLANEUR	PLUMAGE	POLENTA
PIEUVRE	PIQUEUX	PLANÈZE	PLUMANT	**POLÉSIE**
PIFFANT	PIQUIER	**PLANIOL**	PLUMARD	POLICÉE
PIGALLE	PIRANHA	PLANOIR	PLUMEAU	POLICER
PIGEANT	PIRATÉE	PLANQUE	PLUMEUX	**POLIERI**
PIGISTE	PIRATER	PLANQUÉ	PLUMIER	**POLIGNY**
PIGMENT	**PIRENNE**	PLANTÉE	PLUMULE	POLISTE
PIGNADA	PIROGUE	PLANTER	PLURALE	POLITIE
PIGNADE	PIROJKI	**PLANTIN**	PLURAUX	**POLÍTIS**
PIGNOUF	**PIRQUET**	PLANTON	PLURIEL	**POLLACK**
PILAIRE	PISCINE	**PLANUDE**	PLUVIAL	**POLLINI**
PILÂTRE	PISSANT	PLAQUÉE	PLUVIAN	**POLLOCK**
PILEUSE	PISSEUR	PLAQUER	PLUVIER	POLLUÉE
PILLAGE	PISSEUX	PLASTIC	PLUVINÉ	POLLUER
PILLANT	PISSOIR	PLASTIE	POBIEDY	**POLOGNE**
PILLARD	PISTAGE	PLATANE	POCHADE	**POLTAVA**

POLTRON	PORTAUX	**POUILLY**	PRÉFIXE	PROBANT
POLTROT	**PORT-BOU**	POULAIN	PRÉFIXÉ	PROBITÉ
POLYSOC	PORTEUR	POULBOT	PRÉJUGÉ	PROCÉDÉ
POMEROL	**PORTICI**	**POULBOT**	PRÉLART	**PROCLUS**
POMEROL	PORTIER	**POULENC**	PRÉLEVÉ	**PROCOPE**
POMIANE	**PORTIER**	POULINÉ	PRÉLUDE	PROCRÉÉ
POMMADE	PORTION	POULIOT	PRÉLUDÉ	PROCURE
POMMADÉ	**PORTOIS**	POUPARD	**PRÉMERY**	PROCURÉ
POMMANT	**POSADAS**	POUPINE	PREMIER	PRODIGE
POMMARD	POSEUSE	**POURBUS**	PRÉMUNI	PRO DOMO
POMMARD	POSITIF	POURPRE	PRENANT	PRODUIT
POMMEAU	POSITON	POURPRÉ	PRENDRE	PROFANE
POMMELÉ	POSSÉDÉ	**POURRAT**	PRENEUR	PROFANÉ
POMMIER	POSTAGE	POURRIE	PRÉORAL	PROFÉRÉ
POMPAGE	POSTALE	POURRIR	PRÉPARÉ	PROFILÉ
POMPANT	POSTANT	POURVOI	PRÉPAYÉ	PROFITÉ
POMPEUX	POSTAUX	POURVUE	PRÉPOSÉ	PROFOND
POMPIER	POSTIER	POUSSAH	PRÉPUCE	PROFUSE
POMPILE	POSTULÉ	POUSSÉE	PRÉSAGE	PROGRÈS
PONÇAGE	POSTURE	POUSSER	PRÉSAGÉ	PROHIBÉ
PONÇANT	POTABLE	POUSSIF	PRÉ-SALÉ	PROJETÉ
PONCEAU	POTACHE	POUSSIN	PRÉSENT	PROLIXE
PONCEUX	POTAGER	**POUSSIN**	PRÉSIDE	PROMENÉ
PONCTUÉ	POTAMOT	POUTINE	PRÉSIDÉ	PROMISE
PONDANT	POTASSE	POUTSÉE	**PRESLEY**	PROMPTE
PONDÉRÉ	POTASSÉ	POUTSER	PRESQUE	PRÔNANT
PONDEUR	POTEAUX	POUVANT	PRESSÉE	PRONAOS
PONDOIR	POTELÉE	POUVOIR	PRESSER	PRÔNEUR
PONETTE	POTENCE	**PRADÉEN**	PRESTÉE	PROPAGÉ
PONGIDÉ	POTENCÉ	**PRADIER**	PRESTER	PROPANE
PONSARD	**POTENZA**	PRAGOIS	PRÉSUMÉ	PROPÈNE
PONTACQ	POTERIE	**PRAGOIS**	PRÉSURE	PROPICE
PONTAGE	POTERNE	PRAIRIE	PRÉSURÉ	PROPOSÉ
PONTANO	**POTHIER**	**PRAIRIE**	PRÊTANT	PROPRET
PONTANT	POTICHE	PRAKRIT	PRÊTEUR	PROPRIO
PONTIAC	**POTIDÉE**	PRALINE	PRÊTEUR	PRORATA
PONTIER	POTIÈRE	PRALINÉ	PRÊTURE	PROROGÉ
PONTIFE	POTINER	**PRA-LOUP**	PRÉVALU	**PROSPER**
PONTINE	POTIRON	**PRANDTL**	PRÉVENU	PROSTRÉ
PONTINS	**POTOCKI**	**PRASLIN**	**PRÉVERT**	**PROTAIS**
PONTIVY	**POTOMAC**	**PRÉAULT**	PRÉVOIR	PROTASE
PONTOIS	**POTSDAM**	PRÉAVIS	PRÉVÔTÉ	PROTÉGÉ
POP ARTS	**POTTIER**	PRÉCÉDÉ	PRIAPÉE	PROTÈLE
POPAYÁN	POTTOCK	PRÊCHÉE	PRIEURE	PROTIDE
POP-CORN	POUACRE	PRÊCHER	PRIEURÉ	PROTOMÉ
POPINÉE	**POUANCÉ**	PRÉCISE	PRIMALE	PROUVÉE
POPLITÉ	POUÇANT	PRÉCISÉ	PRIMANT	PROUVER
POPOTIN	POUCIER	PRÉCITÉ	PRIMATE	PROVENU
POQUANT	POUDING	PRÉCOCE	PRIMAUX	**PROVINS**
PORCHER	POUDRÉE	PRÉCUIT	PRIMEUR	PROXÈNE
PORCINE	POUDRER	PRÉDATÉ	PRIORAT	**PROXIMA**
POREUSE	POUDRIN	PRÉDIRE	**PRIPIAT**	PRUDENT
PORREAU	POUFFER	PRÉDITE	PRISANT	**PRUD'HON**
PORTAGE	POUGNER	PRÉFACE	PRISEUR	PRUNEAU
PORTAIL	**POUGUES**	PRÉFACÉ	PRIVANT	PRUNIER
PORTALE	**POUILLE**	PRÉFÉRÉ		PRURIGO
PORTANT	POUILLY	PRÉFÈTE		**PRUSIAS**

PRUSSIK	PUTRIDE	QUINAUD	RADINÉE	RAMEUTÉ
PRYTANE	PUTTANT	**QUINCKE**	RADINER	RAMIFIÉ
PSCHENT	PUTTING	**QUI NHON**	RADINES	RAMILLE
PSELLOS	PYCNOSE	QUININE	RADOTÉE	RAMOLLI
PUBERTÉ	**PYNCHON**	QUINONE	RADOTER	RAMOLLO
PUBLIÉE	PYOGÈNE	QUINQUA	RADOUBÉ	RAMONÉE
PUBLIER	PYRANNE	QUINTAL	RADOUCI	RAMONER
PUCCINI	PYREXIE	QUINTET	**RAEBURN**	RAMPANT
PUCEAUX	PYROSIS	QUINTIN	RAFFINÉ	**RAMSDEN**
PUCELLE	**PYRRHON**	**QUINTON**	RAFFOLÉ	RANATRE
PUCELLE	**PYRRHOS**	QUIRITE	RAFFÛTÉ	RANCARD
PUCERON	**PYRRHUS**	**QUISSAC**	RAFIAUX	RANCART
PUCHEUX	PYRROLE	QUITTÉE	RAFLANT	RANCHER
PUDDING	**PYTHÉAS**	QUITTER	RAFTING	RANCHES
PUDDLÉE	PYTHIEN	QUI VIVE	RAGEANT	RANCUNE
PUDDLER	QADDICH	QUI-VIVE	RAGEUSE	**RANDERS**
PUDIQUE	QARAÏTE	QUÔC-NGU	RAGOTER	**RANGOON**
PUÉRILE	**QARAÏTE**	QUOIQUE	RAGOTIN	**RANGPUR**
PUGILAT	**QINGDAO**	QUOTITÉ	RAGRÉÉE	RANIMÉE
PUGNACE	**QINGHAI**	RABÂCHÉ	RAGRÉER	RANIMER
PUISAGE	**QINLING**	**RABANNE**	RAGTIME	**RANKINE**
PUISANT	**QIQIHAR**	RABATTU	RAGUANT	**RANTZAU**
PUISARD	QUALITÉ	RABIOLE	**RAÏATEA**	**RANVIER**
PUISAYE	QUANTON	RABIOTÉ	RAIDEUR	**RAPALLO**
PUISQUE	QUANTUM	RABIQUE	RAIFORT	RÂPEUSE
PULIGNY	QUARTÉE	RABONNI	RAILLÉE	**RAPHAËL**
PULLMAN	QUARTER	RABOTÉE	RAILLER	RAPHIDE
PULLMAN	**QUARTON**	RABOTER	**RAIMOND**	RAPIATE
PULLULÉ	QUASSIA	RABOUTÉ	RAINANT	RAPIÉCÉ
PULMONÉ	QUATUOR	RABROUÉ	**RAINIER**	RAPIÈRE
PULPEUX	QUECHUA	RACCARD	RAINURE	RAPINÉE
PULPITE	**QUECHUA**	RACCORD	RAINURÉ	RAPINER
PULSANT	**QUEIRÓS**	RACCROC	RAISINÉ	RAPLATI
PULSION	**QUELLIN**	RACCUSÉ	**RAISMES**	RAPPANT
PULTACÉ	QUEL QUE	RACHETÉ	RAJEUNI	RAPPELÉ
PUNAISE	QUELQUE	**RACH GIA**	RAJOUTÉ	RAPPEUR
PUNAISÉ	QUÉMAND	RACIALE	RAJUSTÉ	RAPPORT
PUNAKHA	**QUENEAU**	RACIAUX	RÂLANTE	RAPPRIS
PUNCTUM	**QUENTAL**	RACINAL	**RALEIGH**	RAPSODE
PUNIQUE	**QUERCIA**	RACISME	RALENTI	RAQUANT
PUNITIF	QUÈSACO	RACISTE	RÂLEUSE	RARÉFIÉ
PUPILLE	**QUESNAY**	RACLAGE	RALLIDÉ	RASANTE
PUPITRE	**QUESNEL**	RACLANT	RALLIÉE	RASETTE
PURCELL	**QUESNOY**	RACLEUR	RALLIER	RASEUSE
PUREAUX	QUÊTANT	RACLOIR	RALLUMÉ	RASIBUS
PURGEUR	QUÊTEUR	RACLURE	RAMADAN	**RASPAIL**
PURIFIÉ	QUETZAL	RACOLÉE	RAMAGÉE	RASSISE
PURIQUE	QUEUSOT	RACOLER	RAMAGER	RASSURÉ
PURISME	QUEUTER	RACONTÉ	RAMASSÉ	**RASTADT**
PURISTE	**QUEVEDO**	RACORNI	**RAMBERT**	**RASTATT**
PUROTIN	**QUEYRAS**	RADEAUX	RAMEAUX	RATAFIA
PURPURA	QUICHUA	RADEUSE	RAMENDÉ	RÂTEAUX
PUR-SANG	**QUIERZY**	RADIALE	RAMENÉE	RÂTELÉE
PURUSHA	QUIGNON	RADIANT	RAMENER	RÂTELER
PUSTULE	**QUILLAN**	RADIAUX	RAMETTE	RATIÈRE
PUTATIF	**QUILMES**	RADICAL	RAMEUSE	RATIFIÉ
PUTEAUX	**QUIMPER**	RADIEUX	RAMEUSE	**RÄTIKON**

RATINÉE	REBRODÉ	RECTEUR	REFUSÉE	RELAVÉE		
RATINER	REBRÛLÉ	RECTION	REFUSER	RELAVER		
RATISSÉ	REBUTÉE	RECTITE	RÉFUTÉE	RELAXÉE		
RATURÉE	REBUTER	RECUEIL	RÉFUTER	RELAXER		
RATURER	RECADRÉ	RECUIRE	REGAGNÉ	RELAYÉE		
RAUCHÉE	RECALÉE	RECUITE	RÉGALEC	RELAYER		
RAUCHER	RECALER	RECULÉE	RÉGALÉE	RELÉGUÉ		
RAUCITÉ	RECASÉE	RECULER	RÉGALER	RELEVÉE		
RAUQUER	RECASER	RÉCURÉE	REGARDÉ	RELEVER		
RAVAGÉE	RECAUSÉ	RÉCURER	REGARNI	RELIAGE		
RAVAGER	RECÉDÉE	RÉCUSÉE	RÉGATER	RELIANT		
RAVALÉE	RECÉDER	RÉCUSER	REGELÉE	RELIEUR		
RAVALER	RECELÉE	RECYCLÉ	REGELER	RELIQUE		
RAVAUDÉ	RECELER	**RED DEER**	RÉGENCE	RELIURE		
RAVELLO	RÉCENCE	**REDDING**	**RÉGENCE**	RELOGÉE		
RAVENNE	RECENSÉ	REDENTÉ	REGENCY	RELOGER		
RAVILIE	RÉCENTE	**REDFORD**	RÉGENTE	RELOOKÉ		
RAVILIR	RECEPÉE	RÉDIGÉE	RÉGENTÉ	RELOUÉE		
RAVINÉE	RECEPER	RÉDIGER	**REGGANE**	RELOUER		
RAVINER	RECETTE	REDIMÉE	REGIMBÉ	RELUIRE		
RAVIOLE	RECHAPÉ	RÉDIMÉE	RÉGLAGE	RELUQUÉ		
RAVIOLI	RÉCHAUD	RÉDIMER	RÉGLANT	REMÂCHÉ		
RAVISÉE	RECHUTE	REDONNÉ	RÉGLEUR	REMANGÉ		
RAVISER	RECHUTÉ	REDORÉE	RÉGLURE	REMANIÉ		
RAVIVÉE	RÉCIFAL	REDORER	RÉGNANT	REMARIÉ		
RAVIVER	RÉCITAL	REDOUTE	**REGNARD**	REMBLAI		
RAYMOND	RÉCITÉE	REDOUTÉ	**RÉGNIER**	REMÉDIÉ		
RAYNAUD	RÉCITER	**REDOUTÉ**	**REGNITZ**	REMISÉE		
RAYONNE	RÉCLAME	RÉDUIRE	REGORGÉ	REMISER		
RAYONNÉ	RÉCLAMÉ	RÉDUITE	REGRÉÉE	REMIXER		
RAZILLY	RECLOUÉ	RÉÉCRIT	REGRÉER	REMIXES		
RAZZIÉE	RECLUSE	RÉÉDITÉ	RÉGULÉE	**REMIZOV**		
RAZZIER	RÉCOLÉE	RÉÉLIRE	RÉGULER	REMMENÉ		
RÉACTIF	RÉCOLER	REFAIRE	**REGULUS**	RÉMOISE		
READING	RECOLLÉ	REFAITE	RÉIFIÉE	**RÉMOISE**		
RÉADMIS	RÉCOLTE	REFENDU	RÉIFIER	REMONTE		
RÉALÉSÉ	RÉCOLTÉ	RÉFÉRÉE	**REINACH**	REMONTÉ		
RÉALGAR	RECONNU	RÉFÉRER	RÉITÉRÉ	REMORDS		
RÉALISÉ	RECOPIÉ	REFERMÉ	REJETÉE	REMORDU		
RÉALITÉ	RECORDÉ	REFILÉE	REJETER	RÉMOTIS		
RÉANIMÉ	RECOUPE	REFILER	REJETON	REMOULU		
RÉARMÉE	RECOUPÉ	REFLÉTÉ	REJOINT	REMPART		
RÉARMER	RECOURS	RÉFLEXE	REJOUÉE	REMPILÉ		
RÉAUMUR	RECOURU	REFLUER	REJOUER	REMPLIE		
REBÂTIE	RECOUSU	REFONDÉ	RÉJOUIE	REMPLIÉ		
REBÂTIR	RECRÉÉE	REFONDU	RÉJOUIR	REMPLIR		
REBATTU	RÉCRÉÉE	REFONTE	REJUGÉE	REMPLOI		
RÉBECCA	RECRÉER	REFORMÉ	REJUGER	REMPOTÉ		
REBELLE	RÉCRÉER	RÉFORME	RELÂCHE	REMUAGE		
REBELLÉ	RECRÉPI	**RÉFORME**	RELÂCHÉ	REMUANT		
REBIFFÉ	RÉCRIÉE	RÉFORMÉ	RELANCE	REMUEUR		
REBIQUÉ	RÉCRIER	REFOULÉ	RELANCÉ	REMUGLE		
REBOIRE	RÉCRIRE	REFRAIN	RELARGI	**RÉMUSAT**		
REBOISÉ	RÉCRITE	REFRÉNÉ	RÉLARGI	RENÂCLÉ		
REBONDI	RECRUTÉ	RÉFRÉNÉ	RELATÉE	RENARDE		
REBORDÉ	RECTALE	RÉFUGIÉ	RELATER	RENAUDÉ		
REBOURS	RECTAUX	REFUITE	RELATIF	**RENAULT**		

RENCARD	REPLIÉE	RÉSULTÉ	REVERSÉ	**RICHARD**
RENDANT	REPLIER	RÉSUMÉE	REVERSI	**RICHIER**
RENÉGAT	REPLOYÉ	RÉSUMER	REVÊTIR	**RICHTER**
RENEIGÉ	REPOLIE	RESURGI	REVÊTUE	**RICIMER**
RENETTE	REPOLIR	RETABLE	RÊVEUSE	RICOCHÉ
RENFILÉ	RÉPONDU	RÉTABLI	REVIENT	**RICŒUR**
RENFLÉE	RÉPONSE	**RÉTAISE**	**REVIGNY**	RICOTTA
RENFLER	REPORTÉ	RÉTAMÉE	RÉVISÉE	RIDEAUX
RENFORT	REPOSÉE	RÉTAMER	RÉVISER	RIDELLE
RENGAGÉ	REPOSER	RETAPÉE	REVISSÉ	**RIDGWAY**
RENIANT	RÉPRIMÉ	RETAPER	REVIVAL	**RIÉCOIS**
RENIFLÉ	REPRINT	RETARDÉ	REVIVRE	**RIEMANN**
RENNAIS	REPRISE	RETÂTÉE	REVOICI	**RIEUMES**
RENOMMÉ	REPRISÉ	RETÂTER	REVOILÀ	RIFAINE
RENONCE	REPTILE	RETENDU	REVOLER	**RIFAINE**
RENONCÉ	RÉPUDIÉ	RETENIR	RÉVOLTE	RIFLADE
RENOUÉE	RÉPUGNÉ	RETENTÉ	RÉVOLTÉ	RIFLARD
RENOUER	RÉPUTÉE	RETENTI	RÉVOLUE	RIFLOIR
RÉNOVÉE	REQUETÉ	RETENUE	RÉVOQUÉ	RIGODON
RÉNOVER	REQUÊTE	RETENUS	REVOTÉE	RIGOLER
RENTAMÉ	REQUÊTÉ	**RETIERS**	REVOTER	RIGOTTE
RENTANT	REQUIEM	RÉTINOL	REVOULU	RIGUEUR
RENTIER	REQUISE	RÉTIQUE	RÉVULSÉ	**RIGVEDA**
RENTRÉE	RESALÉE	RETIRÉE	**REWBELL**	RILLONS
RENTRER	RESALER	RETIRER	REWRITE	**RIMBAUD**
RENVIDÉ	RESALIE	RETISSÉ	REXISME	RIMBOBO
RENVOYÉ	RESALIR	RETOMBÉ	REXISTE	RIMEUSE
RÉOPÉRÉ	RESCAPÉ	RETONDU	**REYBAUD**	RINÇAGE
REPAIRE	RESCRIT	RETOQUÉ	**REYMONT**	RINÇANT
REPAIRÉ	RÉSEAUX	RETORDU	**REYNAUD**	RINCEAU
RÉPANDU	RÉSÉQUÉ	RETORSE	**REYNOSA**	RINCEUR
RÉPARÉE	RÉSERVE	RETRACÉ	RHÉNANE	RINÇURE
RÉPARER	RÉSERVÉ	RETRAIT	RHÉNIUM	RINGARD
REPARLÉ	RÉSIDER	RETRAYÉ	RHÉTEUR	RINGGIT
REPARTI	RÉSIGNÉ	RÉTRÉCI	RHINITE	**RINGUET**
RÉPARTI	RÉSILIÉ	RETSINA	RHIZOME	**RINTALA**
REPARUE	RÉSILLE	**REUBELL**	RHODIÉE	RIOCHER
REPASSÉ	RÉSINÉE	RÉUNION	RHODIUM	**RIOMOIS**
REPAVÉE	RÉSINER	**RÉUNION**	RHODOÏD	**RÍO MUNI**
REPAVER	RÉSISTÉ	RÉUSSIE	**RHODOPE**	**RIORGES**
REPAYÉE	RESITUÉ	RÉUSSIR	**RHONDDA**	RIOTANT
REPAYER	**RESNAIS**	REVALUE	**RHÔXANE**	RIOTEUR
REPÊCHÉ	RÉSOLUE	RÊVASSÉ	RHUMANT	**RIOURIK**
REPEINT	RÉSONNÉ	REVÊCHE	RHYTINE	RIPATON
REPENDU	RÉSORBÉ	REVÊCUE	**RIANTEC**	RIPIENO
REPENSÉ	RESPECT	RÉVÉLÉE	**RIBALTA**	RIPOLIN
REPENTI	RESPIRÉ	RÉVÉLER	RIBAUDE	RIPOPÉE
REPERCÉ	RESSAUT	REVENDU	**RIBÉRAC**	RIPOSTE
REPERDU	RESSAYÉ	REVENIR	RIBOTER	RIPOSTÉ
REPÉRÉE	RESSEMÉ	REVENTE	RIBOUIS	RISETTE
REPÉRER	RESSORT	REVENUE	RIBOULÉ	RISIBLE
RÉPÉTÉE	RESSUER	REVERDI	RICAINE	RISOTTO
RÉPÉTER	RESSUYÉ	**REVERDY**	**RICAINE**	RISQUÉE
REPIQUE	RESTANT	RÉVÉRÉE	RICANER	RISQUER
REPIQUÉ	RESTAUX	RÉVÉRER	**RICARDO**	RISSOLE
REPLACÉ	**RESTOUT**	RÊVERIE	RIC-À-RIC	RISSOLÉ
REPLÈTE	RESUCÉE		RICHARD	**RIVAROL**

RIVETÉE	**RONARC'H**	ROUILLE	**RUMILLY**	SACRAUX
RIVETER	RONCEUX	ROUILLÉ	RUMINÉE	**SADIENS**
RIVETTE	**RONCHIN**	ROULADE	RUMINER	SADINET
RIVIERA	RONCHON	ROULAGE	RUNIQUE	SADIQUE
RIVIÈRE	RONCIER	ROULANT	RUPTEUR	SADISME
RIVIÈRE	**RONCONI**	ROULEAU	RUPTURE	**SADOLET**
RIXHEIM	RONDADE	**ROULERS**	RURBAIN	SAFRANÉ
RIZERIE	RONDEAU	ROULEUR	**RUSHDIE**	**SAGASTA**
RIZETTE	RONDEUR	ROULIER	**RUSSÉEN**	SAGESSE
RIZIÈRE	RONDIER	ROULURE	**RUSSELL**	SAGETTE
ROBBINS	RONÉOTÉ	ROUMAIN	RUSSULE	SAGITTÉ
ROBERTI	RONFLER	**ROUMAIN**	RUSTAUD	**SAGONTE**
ROBINET	RONGEUR	ROUQUIN	RUSTINE	SAGOUIN
ROBUSTA	**RONSARD**	**ROUSSEL**	RUTACÉE	SAIGNÉE
ROBUSTE	RÖNTGEN	ROUSSIE	RUTHÈNE	SAIGNER
ROCHAGE	**RÖNTGEN**	ROUSSIN	**RUTHÈNE**	**SAIKAKU**
ROCHANT	ROOFING	**ROUSSIN**	RUTILER	**SAILLAT**
ROCHEUX	**ROPARTZ**	ROUSSIR	**RUTULES**	SAILLIE
ROCHIER	ROQUANT	**ROUSTAN**	**RUY BLAS**	SAILLIR
ROCKEUR	**RORAIMA**	ROUTAGE	**RUZANTE**	SAÏMIRI
ROCOUÉE	RORQUAL	ROUTANT	**RUZICKA**	**SAINTES**
ROCOUER	ROSACÉE	ROUTARD	**RYBINSK**	**SAINT-LÔ**
RODÉRIC	ROSAIRE	ROUTEUR	**RYDBERG**	**SAISIES**
RÔDEUSE	**ROSARIO**	ROUTIER	**RYSWICK**	SAISINE
RODIÈRE	ROSÂTRE	ROUTINE	RYTHMÉE	**SAISSET**
ROGATON	**ROSCOFF**	ROUVERT	RYTHMER	**SAKARYA**
ROGNAGE	ROSEAUX	**ROUVIER**	**RZESZÓW**	**SALADIN**
ROGNANT	ROSELET	**ROUVRAY**	**SAAS FEE**	**SALAGOU**
ROGNEUX	ROSÉOLE	ROUVRIR	SABAYON	SALAIRE
ROGNURE	ROSETTE	**ROUVROY**	SABELLE	SALARIÉ
ROGOMME	ROSEVAL	**ROWLAND**	**SABINUS**	**SALAVAT**
ROIDEUR	**ROSHEIM**	ROYAUME	SABLAGE	**SALAZAR**
ROI LEAR	ROSIÈRE	ROYAUMÉ	**SABLAIS**	**SALAZIE**
ROILLÉE	**ROSNÉEN**	ROYAUTÉ	SABLANT	**SALBRIS**
ROILLER	ROSSANT	**ROYENNE**	SABLEUR	SALCHOW
ROLANDO	ROSSARD	RUBANÉE	SABLEUX	**SALERNE**
ROLLAND	**ROSSINI**	RUBANER	SABLIER	SALERON
ROLLEUR	**ROSTAND**	RUBÉOLE	SABORDÉ	**SALGADO**
ROLLIER	**ROSTOCK**	RUBICAN	SABOTÉE	SALIÈRE
ROLLINS	ROSTRAL	**RUBICON**	SABOTER	**SALIERI**
ROMAGNE	ROTACÉE	**RUBROEK**	SABOULÉ	SALIFIÉ
ROMAINE	ROTATIF	RUCHANT	SABRAGE	**SALINAS**
ROMAINE	**ROTGANG**	**RUCHARD**	**SABRAIS**	**SALIOUT**
ROMAINS	**ROTHARI**	**RÜCKERT**	SABRANT	SALIQUE
ROMANCE	**ROTONDA**	RUDENTÉ	SABREUR	SALIVER
ROMANCÉ	ROTONDE	RUDÉRAL	**SABUNDE**	**SALLUIT**
ROMANDE	ROTRING	RUDESSE	SACCADE	**SALOMON**
ROMANDE	ROUABLE	RUDISTE	SACCADÉ	SALOPÉE
ROMANÉE	ROUANNE	RUDOYÉE	SACCAGE	SALOPER
ROMANIA	**ROUAULT**	RUDOYER	SACCAGÉ	**SALOUEN**
ROMANOS	**ROUBAIX**	RUFFIAN	SACCULE	SALUANT
ROMANOV	**ROUBAUD**	RUFIYAA	SACHANT	SALUBRE
ROMARIN	**ROUBLEV**	RUGUEUX	SACOCHE	**SALUCES**
ROMILLY	ROUELLE	RUINANT	SACQUÉE	**SALZACH**
ROMPANT	ROUERIE	RUINEUX	SACQUER	**SAMARIE**
ROMUALD	ROUGAIL	RUINURE	SACRALE	**SAMARRA**
ROMULUS	ROUGEUR	**RUMFORD**	SACRANT	**SAMATAN**

SAMNITE	SARDANE	SAUVETÉ	**SCHOTEN**	SECRÉTÉ
SAMNIUM	SARDINE	SAUVEUR	**SCHULTZ**	SÉCRÉTÉ
SAMOANE	SARIGUE	**SAUVEUR**	**SCHUMAN**	SECTEUR
SAMOANE	SARISSE	SAVANTE	**SCHWANN**	SECTION
SAMOËNS	**SARKOZY**	SAVARIN	**SCHWARZ**	SECUNDO
SAMOVAR	SARMENT	**SAVENAY**	**SCHWEDT**	SECURIT
SAMPAIO	**SARNATH**	**SAVERNE**	SCIABLE	**SEDAINE**
SAMPANG	SAROUAL	**SAVIGNY**	SCIANTE	SÉDATIF
SAMPLÉE	SAROUEL	**SAVINIO**	SCIENCE	SÉDUIRE
SAMPLER	**SAROYAN**	SAVONNÉ	SCIERIE	SÉDUITE
SAMPRAS	**SARRAIL**	SAVOURÉ	SCIEUSE	**SEEBECK**
SAMSARA	**SARRANS**	SAXHORN	SCINDÉE	**SEFÉRIS**
SANCTUS	**SARRAUT**	SAXONNE	SCINDER	**SEGALEN**
SANDAGE	**SARROIS**	**SAXONNE**	SCINQUE	**SÉGESTE**
SANDALE	SARRÈTE	SAYNÈTE	SCIOTTE	**SEGHERS**
SANDEAU	**SARTÈNE**	SCALÈNE	**SCIPION**	SEGMENT
SANDJAK	**SARTINE**	SCALPÉE	SCLÉRAL	**SÉGOVIE**
SANGLÉE	**SARZEAU**	SCALPEL	SCOLYTE	**SEGRAIS**
SANGLER	SASHIMI	SCALPER	SCOOTER	**SEGRÉEN**
SANGLON	SASSANT	SCANDÉE	SCORBUT	**SÉGUIER**
SANGLOT	**SASSARI**	SCANDER	SCOTCHÉ	SEICHES
SANGRIA	SATANÉE	SCANNÉE	SCOTCHS	**SEIFERT**
SANGSUE	SATIÉTÉ	SCANNER	SCOTOME	SEILLON
SANGUIN	SATINÉE	SCAPULA	SCOURED	SÉISMAL
SANICLE	SATINER	SCAROLE	SCRAPER	**SÉISTAN**
SANIEUX	**SATLEDJ**	**SCARRON**	SCRATCH	SÉLECTE
SAN JOSE	**SATOLAS**	**SCÉENNE**	SCRIBAN	SÉLECTÉ
SAN JOSÉ	**SATPURA**	SCELLÉE	SCRIPTE	**SELKIRK**
SAN JUAN	SATRAPE	SCELLER	SCROTAL	SELLANT
SANNOIS	SATURÉE	SCELLÉS	SCROTUM	**SELLARS**
SANRAKU	SATURER	SCEPTRE	SCRUTÉE	SELLIER
SAN REMO	**SATURNE**	**SCHACHT**	SCRUTER	**SELLOIS**
SANS-FIL	SAUÇANT	SCHADER	SCRUTIN	SEMAINE
SANTA FE	SAUCIER	SCHAPPE	**SCUDÉRY**	**SEMBENE**
SANTIAG	SAUDAGE	**SCHEELE**	SCULPTÉ	SEMBLER
SÃO LUÍS	**SAUGUES**	**SCHEIDT**	**SCUTARI**	SEMELLE
SÃO TOMÉ	**SAUGUET**	SCHELEM	**SCYTHES**	SEMENCE
SAOULÉE	SAULAIE	**SCHELER**	**SCYTHIE**	SEMEUSE
SAOULER	**SAULDRE**	SCHERZO	**SEABORG**	SÉMINAL
SAPAJOU	**SAULIEU**	**SCHIELE**	SEA-LINE	SÉMIQUE
SAPÈQUE	SAUMONÉ	**SCHILDE**	**SEATTLE**	SEMONCE
SAPERDE	SAUMURE	SCHINDÉ	SÉBACÉE	SEMONCÉ
SAPHÈNE	SAUMURÉ	**SCHINER**	SÉBASTE	SEMOULE
SAPPORO	SAUNAGE	SCHISME	**SEBONDE**	**SEMPACH**
SAQUANT	SAUNANT	SCHISTE	SÉCABLE	**SEMPRUN**
SARAGAT	SAUNIER	SCHLASS	SÉCANTE	SÉNEÇON
SARANGI	SAURAGE	SCHLEUE	SÉCHAGE	**SENEFFE**
SARANSK	SAURANT	**SCHLICK**	SÉCHANT	**SÉNÉGAL**
SARAPIS	SAURIEN	**SCHMIDT**	SÉCHEUR	**SÉNÈQUE**
SARASIN	SAUTAGE	**SCHMITT**	SÉCHOIR	**SENGHOR**
SARATOV	SAUTANT	SCHNAPS	SECONDE	**SENNETT**
SARAWAK	SAUTEUR	SCHNOCK	SECONDÉ	SENNEUR
SARAZIN	SAUTIER	SCHNOUF	SECOUÉE	**SENONES**
SARCINE	SAUTOIR	SCHOFAR	SECOUER	**SÉNOUFO**
SARCLÉE	SAUVAGE	**SCHOLEM**	SECOURS	SENSASS
SARCLER	**SAUVAGE**	SCHOLIE	SECOURU	SENSEUR
SARCOME	SAUVANT	SCHORRE	SECRÈTE	SENSUEL

SENTANT	SEXISTE	SIDÉRÉE	SITUANT	SOLERET
SENTEUR	SEX-SHOP	SIDÉRER	SIVAÏTE	**SOLEURE**
SENTIER	SEXTANT	**SIDOBRE**	**SIWALIK**	SOLFÈGE
SENTINE	SEXTINE	SIEMENS	SIX-HUIT	SOLFIÉE
SÉPARÉE	SEXTUOR	**SIEMENS**	SIXIÈME	SOLFIER
SÉPARER	SEYANTE	SIEVERT	**SIXTINE**	**SOLIGNY**
SÉPIOLE	**SEYMOUR**	SIFFLÉE	SIZERIN	**SOLIMAN**
SEPPUKU	**SEYNOIS**	SIFFLER	SKETCHS	SOLISTE
SEPTAIN	**SEYSSEL**	SIFFLET	SKIABLE	**SOLLERS**
SEPTALE	**SÉZANNE**	SIFILET	SKI-BOBS	**SOLOGNE**
SEPTAUX	SÉZIGUE	SIGILLÉ	SKIEUSE	**SOLOMÓS**
SEPTIMO	SFUMATO	SIGNALÉ	**SKINNER**	SOLUBLE
SEPTUOR	**SHAANXI**	SIGNANT	SKIPPER	**SOLUTRÉ**
SÉQUOIA	SHABBAT	SIGNAUX	SKYDOME	SOLVANT
SERAING	SHAHNAÏ	**SIKASSO**	SLALOMÉ	SOLVATE
SÉRAPIS	**SHÂHPUR**	SILENCE	**SLÁNSKY**	SOMALIE
SEREINE	**SHAMASH**	**SILÉSIE**	SLASHES	**SOMALIE**
SÉRÈRES	**SHANKAR**	SILIQUE	SLAVISÉ	**SOMALIS**
SÉREUSE	**SHANNON**	SILLAGE	**SLESVIG**	**SOMBART**
SERFOUI	**SHANTOU**	**SILLÉEN**	SLIÇANT	SOMBRER
SERGENT	**SHAPLEY**	**SILLERY**	**SLIPHER**	SOMMANT
SERGIPE	**SHARAKU**	SIMARRE	SLOUGHI	SOMMEIL
SÉRIANT	**SHEBELI**	**SIMENON**	SLOVÈNE	**SOMMERS**
SÉRIEUX	**SHELLEY**	**SIMIAND**	**SLOVÈNE**	SOMMIER
SERINÉE	**SHEPARD**	SIMILOR	**SMALLEY**	SOMMITÉ
SERINER	**SHERMAN**	**SIMITIS**	SMASHÉE	SOMNOLÉ
SERINGA	SHERRYS	SIMONIE	SMASHER	**SOMPORT**
SÉRIQUE	SHIATSU	**SIMONOV**	SMASHES	SONDAGE
SERMENT	**SHIHEZI**	SIMPLET	**SMETANA**	SONDANT
SERPENT	**SHIJING**	SIMPLEX	SMICARD	SONDEUR
SERPULE	**SHIKOKU**	**SIMPLON**	SMOKING	**SONDRIO**
SERRAGE	**SHILLUK**	**SIMPSON**	SNIFFÉE	SONGEUR
SERRANT	**SHIMIZU**	SIMULÉE	SNIFFER	**SONGHAÏ**
SERRURE	SHINGLE	SIMULER	SNOBANT	**SONGNAM**
SERVAGE	**SHKODËR**	SIMULIE	SNOWDON	**SONINKÉ**
SERVANT	**SHKODRA**	**SINATRA**	SNYDERS	SONIQUE
SERVEUR	SHOGOUN	SINCÈRE	**SOBIBÓR**	SONNANT
SERVIAN	SHOOTÉE	SINE DIE	**SOCHAUX**	SONNEUR
SERVICE	SHOOTER	SINGLET	SOCIALE	**SONNINI**
SERVILE	**SHOTOKU**	SINISÉE	SOCIAUX	**SONRHAÏ**
SERVITE	SHOW-BIZ	SINISER	SOCIÉTÉ	SOPHORA
SESSILE	**SHUMWAY**	SINOISE	SODIQUE	SOPRANI
SESSION	SHUNTÉE	SINOPLE	SODOMIE	SOPRANO
SÉTACÉE	SHUNTER	SINOQUE	SOFFITE	**SORABES**
SÉTOISE	**SIALKOT**	SINUANT	SOFIOTE	SORBIER
SETTONS	SIAMANG	SINUEUX	SOIERIE	SORCIER
SETÚBAL	SIAMOIS	**SINUIJU**	SOIGNÉE	SORDIDE
SÉVERAC	SIBÉRIE	SINUSAL	SOIGNER	**SORGUES**
SÉVÈRES	SIBYLLE	SIROCCO	**SOIGNES**	**SOROKIN**
SÉVERIN	SICAIRE	SIROTÉE	**SOISÉEN**	SORORAL
SÉVICES	**SICANES**	SIROTER	SOLAIRE	SORORAT
SÉVIGNÉ	SICCITÉ	SIRTAKI	**SOLARIO**	SORTANT
SÉVILLE	**SICHUAN**	SISMALE	SOLDANT	**SOTATSU**
SEVRAGE	**SICULES**	SISMAUX	SOLDATE	**SOTHEBY**
SEVRANT	**SICYONE**	**SISYPHE**	SOLDEUR	SOTTISE
SÉVRIEN	SIDE-CAR	SITTÈLE		**SOUBISE**
SEXISME	SIDÉRAL	SITTIDÉ		SOUCHET

SOUCH'ON	**SOUZDAL**	STAFFÉE	STOCKER	SUCRATE
SOUCIÉE	SOVKHOZ	STAFFER	**STODOLA**	SUCRIER
SOUCIER	SOYEUSE	STAGNER	STOÏQUE	SUCRINE
SOUDAGE	**SOYINKA**	**STALINE**	STOMATE	**SUDBURY**
SOUDAIN	SPADICE	**STALINO**	STOMISÉ	**SUDÈTES**
SOUDANT	**SPADOIS**	STAMINÉ	STOMOXE	SUDISTE
SOUDARD	**SPALATO**	**STAMITZ**	STOPPÉE	SUDORAL
SOUDEUR	SPALTER	STAND-BY	STOPPER	SUÉDINE
SOUDOYÉ	**SPANDAU**	**STANLEY**	**STRABON**	SUÉDOIS
SOUDURE	SPARIDÉ	**STANOIS**	STRASSE	**SUÉDOIS**
SOUFFLE	SPATIAL	**STANTON**	**STRATON**	SUENENS
SOUFFLÉ	SPATULE	STARETS	STRATUS	**SUÉTONE**
SOUFRÉE	SPATULÉ	STARTER	**STRAUSS**	SUFFÈTE
SOUFRER	SPEAKER	START-UP	STRESSÉ	SUFFIRE
SOUHAIT	SPÉCIAL	STATÈRE	STRETCH	SUFFIXE
SOUILLE	SPECTRE	STATICE	STRETTE	SUFFIXÉ
SOUILLÉ	SPÉCULÉ	STATINE	STRIANT	**SUFFOLK**
SOUILLY	SPEECHS	STATION	STRICTE	**SUFFREN**
SOUKKOT	SPEEDER	STATUER	STRIDOR	SUGGÉRÉ
SOULAGÉ	**SPEMANN**	STATURE	STRIURE	**SUHARTO**
SOULANE	SPENCER	STEAMER	STROMBE	SUICIDE
SOÛLANT	**SPENCER**	**STEEMAN**	STROPHE	SUICIDÉ
SOÛLARD	**SPENSER**	STEEPLE	**STROUVE**	SUIFFÉE
SOÛLAUD	SPHINGE	**STEINER**	**STROZZI**	SUIFFER
SOULEVÉ	SPICULE	**STEKENE**	STRUDEL	SUINTER
SOULIER	SPIEGEL	**STELVIO**	STUCAGE	SUIPPAS
SOÛLOTE	SPINALE	STENCIL	STUPEUR	**SUIPPAS**
SOUMISE	SPINAUX	STÉNOPÉ	STUPIDE	**SUIPPES**
SOUMMAM	**SPINOLA**	STÉNOSE	STUQUÉE	SUIVANT
SOUNION	**SPÍNOLA**	STENTOR	STUQUER	SUIVEUR
SOUPANT	**SPINOZA**	**STENTOR**	**STURGES**	SUIVIES
SOUPAPE	SPIRALE	STEPPER	STYLANT	SUJETTE
SOUPÇON	SPIRALÉ	STÉRANT	STYLISÉ	**SUKARNO**
SOUPESÉ	SPIRAUX	STÉRILE	STYLITE	SULFATE
SOUPEUR	SPIRITE	STERLET	STYRÈNE	SULFATÉ
SOUPIRÉ	SPITANT	STERNAL	SUAVITÉ	SULFITE
SOUQUÉE	**SPLÜGEN**	STERNUM	SUBAIGU	SULFONE
SOUQUER	**SPOERRI**	**STETTIN**	**SUBIACO**	SULFONÉ
SOURATE	SPOILER	**STEVENS**	SUBLANT	SULFURE
SOURCÉE	**SPOKANE**	STEWARD	SUBLIME	SULFURÉ
SOURCER	**SPOLÈTE**	**STEWART**	SUBLIMÉ	**SULLANA**
SOURCIL	SPOLIÉE	STIBIÉE	SUBORNÉ	**SULPICE**
SOURDIS	SPOLIER	STIBINE	SUBROGÉ	SULTANE
SOURDRE	SPONSOR	**STIBITZ**	SUBSIDE	**SUMATRA**
SOURIRE	SPORTIF	STICKER	SUBSUMÉ	**SUMBAVA**
SOUSLIK	SPORULÉ	**STIFTER**	SUBTILE	**SUMBAWA**
SOUS-OFF	**SPRATLY**	**STIGLER**	SUBVENU	**SUNDGAU**
SOUS-SOL	**SPRINGS**	**STILLER**	SUCCÉDÉ	SUNNITE
SOUTANE	SPRINTÉ	STILTON	SUCCION	SUPERBE
SOUTENU	SPUMEUX	STIMULÉ	SUCCUBE	SUPPLÉÉ
SOUTHEY	SQUATTÉ	STIMULI	**SUCEAVA**	SUPPLIÉ
SOUTIEN	SQUEEZE	STIPULE	SUCETTE	SUPPORT
SOUTIER	SQUEEZÉ	STIPULÉ	SUCEUSE	SUPPOSÉ
SOUTINE	SQUILLE	**STIRING**	SUÇOTÉE	SUPPURÉ
SOUTIRÉ	SQUIRRE	**STIRNER**	SUÇOTER	SUPPUTÉ
SOUVENT	**STABIES**	**ST. JOHN'S**	SUCRAGE	SUPRÊME
SOUVENU	STADIER	STOCKÉE	SUCRANT	SURAIGU
				SURANNÉ

SURBAUX	SWAHILI	TAGUEUR	TANNISÉ	TASSANT
SURBOUM	**SWAHILI**	TAI-CHIS	TAN-SADS	TASSEAU
SURCOTE	**SWANSEA**	TAILLÉE	TANTALE	TASSILI
SURCOUF	SWEATER	TAILLER	TANTINE	**TASSONI**
SURCOÛT	**SWINDON**	TAILLIS	TANTALE	**TATARIE**
SURDENT	SWINGUÉ	**TAIPING**	TANTINE	TÂTE-VIN
SURDITÉ	**SYBARIS**	TAISANT	**TANUCCI**	**TATLINE**
SURDOSE	SYCOSIS	TAISEUX	TAOÏSME	TÂTONNÉ
SURDOUÉ	SYÉNITE	**TAIYUAN**	TAOÏSTE	TATOUÉE
SUREAUX	SYLLABE	**TAKAOKA**	**TAO QIAN**	TATOUER
SURELLE	SYLVAIN	**TALABOT**	**TAOYUAN**	**TAUBATÉ**
SURETTE	**SYLVAIN**	**TALENCE**	**TAPAJÓS**	TAULARD
SURFACE	SYLVITE	TALIBAN	TAPANTE	TAULIER
SURFACÉ	SYLVIUS	TALIPOT	TAPECUL	**TAUNTON**
SURFAIT	SYMBOLE	TALITRE	TAPETTE	TAUPANT
SURFAIX	SYNAPSE	TALLAGE	TAPEUSE	TAUPIER
SURFANT	SYNCOPE	TALLANT	TAPINER	TAUREAU
SURFEUR	SYNCOPÉ	**TALLIEN**	TAPIOCA	**TAUREAU**
SURFILÉ	SYNODAL	**TALLINN**	TAPISSÉ	**TAURIDE**
SURFINE	SYNOPSE	TALLITH	TAPONNÉ	TAURINE
SURGELÉ	SYNOVIE	**TALMONT**	TAPOTÉE	TAVELÉE
SURGEON	SYNTAXE	TALOCHE	TAPOTER	TAVELER
SURINAM	SYNTONE	TALOCHÉ	TAQUAGE	TAVERNE
SURINÉE	SYSTÈME	TALONNÉ	TAQUANT	**TAVERNY**
SURINER	SYSTOLE	TALQUÉE	TAQUINE	**TAVIANI**
SURJALÉ	SYZYGIE	TALQUER	TAQUINÉ	TAXABLE
SURJETÉ	**SZILARD**	TALUTÉE	TAQUOIR	TAXACÉE
SURJOUÉ	**SZOLNOK**	TAMARIN	**TARANIS**	TAXIMAN
SURLOUÉ	TABAGIE	TAMARIS	TARAUDÉ	TAXIMEN
SURMENÉ	**TABARIN**	TAMARIX	**TARBAIS**	TAXIWAY
SURNAGÉ	**TABARKA**	TAMBOUR	**TARBELA**	**TAYGÈTE**
SURPAIE	**TABARLY**	TAMISÉE	TARDANT	**TAZIEFF**
SURPAYE	TABASKI	TAMISER	TARDITÉ	**TAZOULT**
SURPAYÉ	TABASSÉ	**TAMMOUZ**	TARDIVE	TCHADOR
SURPLIS	TABELLE	TAMOULE	TARENTE	TCHADRI
SURPLUS	TABLANT	TAMOURÉ	TARGUÉE	**TCHAMPA**
SURPRIS	TABLARD	TAM-TAMS	TARGUER	TCHATTÉ
SURRÉEL	TABLEAU	TANAGRA	TARGUIE	TCHÈQUE
SURSAUT	TABLEUR	**TANAGRA**	TARIÈRE	**TCHÈQUE**
SURTAXE	TABLIER	TANÇANT	TARIFÉE	**TCHOU HI**
SURTAXÉ	TABLOÏD	TANGAGE	TARIFER	**TCHOU TO**
SURTOUT	TABOULÉ	TANGARA	TARNAIS	TEASING
SURVÉCU	TABUTER	TANGENT	**TARNIER**	**TÉBESSA**
SURVENU	TACHANT	TANGUER	TARNOVO	**TÉCHINÉ**
SURVIRÉ	TÂCHANT	TANIÈRE	**TARPEIA**	TECTITE
SURVOLÉ	TACHETÉ	TANISÉE	**TARQUIN**	**TÉHÉRAN**
SUSCITÉ	TACHINA	TANISER	**TARRASA**	TEILLÉE
SUSDITE	TACHINE	**TANJORE**	TARSIEN	TEILLER
SUSIANE	TACLANT	TANNAGE	TARSIER	TEINDRE
SUSPECT	TACTILE	TANNANT	TARTARE	TEINTÉE
SUSPENS	TADORNE	**TANNERY**	**TARTARE**	TEINTER
SUSURRÉ	TAGALOG	TANNEUR	TARTINE	TÉLAMON
SUSVISÉ	**TAGALOG**	**TANJORE**	TARTINÉ	TÉLÉFAX
SUTURÉE	**TAGARIN**	TANNAGE	**TARTINI**	TÉLÈGUE
SUTURER	TAGETES	TANNANT	TARTUFI	TÉLÉSKI
SUZANNE	TAGETTE	**TANNERY**	TARTUFE	TÉLÉTEL
SVOBODA	TAGUANT	TANNEUR	**TARTUFE**	TÉLEXÉE

TÉLEXER	TEUFEUR	TIBIAUX	TOASTER	TOQUANT
TELLIER	**TEUTONS**	**TIBULLE**	**TOBROUK**	TOQUARD
TELLURE	TEXTILE	TIÉDEUR	TOCANTE	TORBALL
TEMENOS	TEXTUEL	TIEPOLO	TOCARDE	TORCHÉE
TEMPERA	TEXTURE	TIERCÉE	TOCCATA	TORCHER
TEMPÉRÉ	TEXTURÉ	**TIFFANY**	TOILAGE	TORCHIS
TEMPÊTE	TÉZIGUE	TIGELLE	TOISANT	TORCHON
TEMPÊTÉ	**THADDÉE**	**TIGHINA**	TOITURE	TORDAGE
TENABLE	THALWEG	**TIGNARD**	**TOKAIDO**	TORDANT
TENANTE	**THALWIL**	**TIGRANE**	TOKAMAK	TORDEUR
TENDANT	**THAPSUS**	**TIGRÉEN**	TOKYOTE	TORD-NEZ
TENDEUR	**THÁSSOS**	**TIHANGE**	**TOKYOTE**	TORDOIR
TENDRON	THÉATIN	**TIJUANA**	TÔLARDE	TORÉANT
TÉNESME	THÉÂTRE	**TILBURG**	**TOLBIAC**	**TORELLI**
TENEUSE	THÉBAIN	TILBURY	**TOLEARA**	**TORHOUT**
TENIERS	**THÉBAIN**	TILLAGE	TOLÉRÉE	**TORIGNI**
TENONNÉ	THÉIÈRE	TILLANT	TOLÉRER	TORIQUE
TENSEUR	THÉISME	TILLEUL	TÔLERIE	TORNADE
TENSIFT	THÉISTE	**TILLICH**	**TOLIARA**	**TORNGAT**
TENSION	**THÉLÈME**	**TILLIER**	TÔLIÈRE	**TORONTO**
TENTANT	**THENARD**	TILTANT	**TOLKIEN**	TORPÉDO
TENTURE	**THÉODAT**	TIMBALE	**TOLSTOÏ**	TORPEUR
TÉNUITÉ	THÉORBE	TIMBRÉE	TOLUÈNE	TORPIDE
TEOCALI	THÉORIE	TIMBRER	TOMBALE	TORQUET
TEPLICE	**THÉOULE**	**TIMMINS**	TOMBALS	TORRENT
TEQUILA	**THÉRÈSE**	TIMORÉE	TOMBANT	**TORREÓN**
TERBIUM	THERMAL	TINAMOU	TOMBAUX	TORRIDE
TÉRENCE	THERMES	**TINDOUF**	TOMBEAU	TORSADE
TERFÈZE	THERMIE	TINETTE	TOMBEUR	TORSADÉ
TERGITE	THERMOS	TINTANT	TOMBOLA	TORSION
TERMIER	THÉSARD	**TIOUMEN**	TOMBOLO	TORTORÉ
TERMINÉ	**THESPIS**	TIPPANT	TOMETTE	**TORTOSA**
TERMITE	THIBAUD	**TIPPETT**	TOMMIES	TORTURE
TERNAUX	**THIERRI**	TIQUANT	TONDANT	TORTURÉ
TERPÈNE	**THIERRY**	TIQUETÉ	TONDEUR	TOSCANE
TERPINE	**THIMPHU**	TIQUEUR	TONIFIÉ	**TOSCANE**
TERRAIN	THLASPI	TIRASSE	TONIQUE	TOSSANT
TERRANT	**THOMIRE**	TIRETTE	TONLIEU	TÔT-FAIT
TERREAU	THOMISE	TIREUSE	TONNAGE	TOUAREG
TERREUR	**THOMSEN**	**TIRNOVO**	TONNANT	**TOUAREG**
TERREUX	**THOMSON**	**TIRPITZ**	TONNEAU	**TOUBKAL**
TERRIEN	**THÔNAIN**	TISONNÉ	**TÖNNIES**	TOUCHAU
TERRIER	THONIER	TISSAGE	TONSURE	TOUCHÉE
TERRINE	THONINE	TISSANT	TONSURÉ	TOUCHER
TERROIR	**THOREAU**	TISSEUR	TONTINE	TOUFFUE
TESSÈRE	**THORENS**	TISSURE	TONTINÉ	TOUILLE
TESSIER	THORINE	**TITANIC**	TONTURE	TOUILLÉ
TEST ACT	THORIUM	TITILLÉ	TOP-CASE	TOULADI
TESTAGE	**THOUARS**	**TITISEE**	TOPETTE	**TOULOIS**
TESTANT	THULIUM	TITISME	TOPHACÉ	TOUNDRA
TESTEUR	**THYESTE**	TITISTE	TOPIQUE	TOUPAYE
TÉTANIE	THYIADE	TITRAGE	**TOPKAPI**	TOUPINE
TÉTANOS	THYMINE	TITRANT	TOPLESS	TOUPINÉ
TÊTE D'OR	**THYSSEN**	TITUBER	TOQUADE	**TOUQUES**
TÊTIÈRE	**TIANJIN**	**TLEMCEN**		**TOURANE**
TÉTOUAN	**TIBESTI**	**TLINGIT**		**TOURFAN**
TÉTRADE	TIBIALE			TOURIER

TOURNAI	TRAVAUX	TRIMÈRE	**TROTSKI**	TUMULUS
TOURNAN	TRAVELO	TRIMMER	TROTTÉE	TUNIQUE
TOURNÉE	TRAVERS	TRINGLE	TROTTER	TUNIQUÉ
TOURNER	TRAYANT	TRINGLÉ	TROTTIN	**TUNISIE**
TOURNIS	TRAYEUR	TRINITÉ	TROUANT	**TUPOLEV**
TOURNOI	**TRÉBOUL**	TRINÔME	TROUBLE	TURBIDE
TOURNON	TRÉFILÉ	TRINQUÉ	TROUBLÉ	**TURBIGO**
TOURNUS	TRÉFLÉE	TRIOLET	TROUSSE	TURBINE
TOURNUS	TREILLE	**TRIOLET**	TROUSSÉ	TURBINÉ
TOUSSER	**TRÉLAZÉ**	TRIONYX	TROUVÉE	TURDIDÉ
TOUSSUS	TRÉMAIL	TRIPALE	TROUVER	**TURENNE**
TOUTIME	TRÉMATÉ	TRIPANG	**TROYENS**	TURGIDE
TOXÉMIE	TREMBLE	TRIPANT	TRUANDE	TURISTA
TOXIQUE	TREMBLÉ	TRIPIER	TRUANDÉ	**TURKANA**
TOYNBEE	TRÉMOLO	TRIPLAN	TRUCAGE	**TURNÈBE**
TRAÇAGE	TREMPÉE	TRIPLÉE	TRUCIDÉ	TURPIDE
TRAÇANT	TREMPER	TRIPLER	**TRUDEAU**	**TURQUIE**
TRACEUR	TRÉMULÉ	TRIPLÉS	TRUELLE	TURQUIN
TRACHÉE	**TRENTIN**	TRIPLET	TRUFFÉE	TUSSAUX
TRACIEN	**TRENTON**	TRIPLEX	TRUFFER	TUSSORE
TRACLET	TRÉPANÉ	TRIPODE	TRUISME	TUTELLE
TRAÇOIR	TRÉPANG	**TRIPOLI**	TRUITÉE	TUTEURÉ
TRACTÉE	TRÉPIDÉ	TRIPOTÉ	TRULLOS	TUTORAT
TRACTER	TRÉPIED	TRIPOUS	TRUMEAU	TUTOYÉE
TRACTIF	TRESSÉE	TRIPOUX	TRUQUÉE	TUTOYER
TRACTUS	TRESSER	**TRIPURA**	TRUQUER	TUTRICE
TRADUIT	TRÉTEAU	TRIRÈME	TRUSTEE	TUYAUTÉ
TRAILLE	TRÉVIRE	TRISMUS	TRUSTÉE	TWEETER
TRAÎNÉE	TRÉVIRÉ	TRISSÉE	TRUSTER	TWIN-SET
TRAÎNER	TRÉVISE	TRISSER	TRUSTIS	TWISTER
TRAITÉE	**TRÉVISE**	**TRISSIN**	**TRUYÈRE**	**TYNDALL**
TRAITER	**TRÉVOUX**	TSARINE	TSARINE	**TYNDARE**
TRAÎTRE	TRIALLE	**TRISTAM**	**TSCHUMI**	TYPESSE
TRAJANE	**TRIANON**	**TRISTAN**	T-SHIRTS	TYPHOSE
TRALALA	TRIBADE	**TRISTÃO**	**TSHOKWE**	TYPIQUE
TRALUIT	TRIBALE	TRITIUM	TSIGANE	TZARINE
TRAMAGE	TRIBALS	TRITURÉ	**TSIGANE**	**TZELTAL**
TRAMAIL	TRIBART	TRIVIAL	**TSUGARU**	TZIGANE
TRAMANT	TRIBAUX	TROCART	TSUNAMI	**TZIGANE**
TRAMWAY	TRIBORD	TROCHÉE	**TUAMOTU**	**TZOTZIL**
TRANCHE	TRIBUNE	TROCHES	TUBAIRE	**UBERABA**
TRANCHÉ	TRICARD	TROCHIN	TUBARDE	UBÉREUX
TRANSAT	TRICEPS	TROGNON	**TUBIANA**	**UCAYALI**
TRANSFO	TRICHER	TROLLEY	TUBIFEX	**UCCELLO**
TRANSIE	**TRICHUR**	TROMMEL	TUBISTE	**UDAIPUR**
TRANSIR	TRICÔNE	TROMPÉE	TUBULÉE	**UGINOIS**
TRANSIT	TRICOTÉ	TROMPER	**TUDJMAN**	**UKRAINE**
TRAPANI	TRIDENT	TRÔNANT	TUE-TÊTE	UKULÉLÉ
TRAPÈZE	TRIÈDRE	TRONCHE	TUFEAUX	ULCÉRÉE
TRAPPÉE	**TRIESTE**	TRONÇON	TUFFEAU	ULCÉRER
TRAPPER	TRIEUSE	TRONQUÉ	TUILANT	**ULFILAS**
TRAPPES	TRIGAUD	TROPHÉE	TUILEAU	**ULLMANN**
TRAQUÉE	TRIGONE	**TROPPAU**	TUILIER	ULLUQUE
TRAQUER	TRILLER	TROQUÉE	**TULLINS**	ULMACÉE
TRAQUET	TRILOBÉ	TROQUER	TUMÉFIÉ	ULMISTE
TRAUNER	TRIMANT	TROQUET	TUMORAL	ULNAIRE
TRAVAIL	TRIMARD		TUMULTE	ULULANT

UMBANDA	VACCINE	VANTAUX	VÉLIQUE	VERGLAS
UNAMUNO	VACCINÉ	**VANUATU**	VELLAVE	VÉRIFIÉ
UNANIME	VACHARD	VAQUANT	**VELLAVE**	VÉRISME
UNCINÉE	VACHÈRE	**VARADES**	**VELLÉDA**	VÉRISTE
UNGERER	VACIEUX	VARAPPE	**VELLORE**	**VERITAS**
UNGUÉAL	VACILLÉ	VARAPPÉ	VÉLOSKI	VERJUTÉ
UNICITÉ	VACUITÉ	VAREUSE	VELOURS	**VERMEER**
UNIFIÉE	VACUOLE	VARIANT	VELOUTÉ	VERMEIL
UNIFIER	VAGINAL	VARIÉTÉ	**VELPEAU**	VERMINE
UNIMENT	VAGUANT	VARIOLE	VELVOTE	**VERMONT**
UNIPARE	VAINCRE	VARLOPE	**VENAREY**	VERMOUT
UNISEXE	VAINCUE	VARLOPÉ	**VENÇOIS**	VERNALE
UNISSON	VAISHYA	**VAROISE**	VENDANT	**VERNANT**
UNIVERS	VALABLE	VASARDE	VENDÉEN	VERNAUX
UPÉRISÉ	**VALADON**	**VASCONS**	**VENDÉEN**	**VERNEAU**
UPPSALA	VALAQUE	VASEUSE	VENDEUR	VERNIER
UPSILON	**VALAQUE**	VASIÈRE	**VENDÔME**	**VERNIER**
URACILE	**VALBERG**	VASSALE	VENELLE	VERNINE
URANAIS	**VALDOIE**	VASSAUX	VÉNÉRÉE	**VERNOUX**
URANATE	VALENCE	**VASSILI**	VÉNÉRER	VÉROLÉE
URANEUX	**VALENCE**	VASTITÉ	VÉNERIE	VERRIER
URANIUM	VALIDÉE	**VATANEN**	**VÉNÈTES**	VERRINE
URANYLE	VALIDER	**VATICAN**	**VÉNÉTIE**	VERSANT
URBAINE	**VALLEJO**	**VÄTTERN**	VENETTE	VERSEAU
URCÉOLÉ	**VALMIKI**	**VAUDAIS**	VENGEUR	**VERSEAU**
URETÈRE	VALOCHE	VAUDOIS	VENTAGE	VERSEUR
URÉTRAL	**VALRÉAS**	**VAUDOIS**	VENTAIL	VERSION
URGENCE	VALSANT	VAUDOUE	VENTAUX	VERSOIR
URGENTE	VALSEUR	**VAUGHAN**	VENTEUX	VERTIGE
URINANT	**VALSOIS**	VAU-L'EAU	VENTILÉ	VERTIGO
URINAUX	VALVULE	**VAURÉAL**	VENTÔSE	VERVEUX
URINOIR	VAMPANT	**VAURÉEN**	**VENTOUX**	**VERVINS**
URODÈLE	VAMPIRE	VAURIEN	VENTRAL	VÉSANIE
UROPODE	VANDALE	VAURIEN	VENTRÉE	VÉSICAL
URRAQUE	**VANDALE**	VAUTOUR	VENTRUE	VESPIDÉ
URUGUAY	**VAN DIJK**	VAUTRÉE	**VENTURA**	**VESPUCE**
USHUAIA	**VAN DYCK**	VAUTRER	VENTURI	VESSANT
USINGER	VANESSE	VAUTRIN	**VENTURI**	VESTALE
ÜSKÜDAR	**VAN EYCK**	**VAUVERT**	VÉNUSTÉ	VESTIGE
USUELLE	**VAN GOGH**	VEAUCHE	VENVOLE	**VESTRIS**
USURIER	VANILLE	VECTEUR	VÉRANDA	**VÉSUBIE**
USURPÉE	VANILLÉ	VEDETTE	VÉRATRE	VÉTÉRAN
USURPER	VANISÉE	VÉDIQUE	VERBALE	VÉTILLE
UTAMARO	**VAN LAAR**	VÉDISME	VERBAUX	VÉTILLÉ
UTÉRINE	**VAN LAMAR**	VÉGÉTAL	VERBEUX	VÉTIVER
UTILISÉ	VANNAGE	VÉGÉTER	**VERBIER**	VÉTUSTE
UTILITÉ	VANNANT	VEILLÉE	VERCEIL	VÉTUSTÉ
UTRECHT	VANNEAU	VEILLER	**VERCORS**	VEUVAGE
UTRILLO	VANNEUR	VEINANT	VERDEUR	VEXANTE
UVA-URSI	VANNIER	VEINARD	VERDICT	VEXILLE
UZERCHE	VANNURE	VEINEUX	VERDIER	**VEYNOIS**
UZÉTIEN	**VANOISE**	VEINULE	VERDOYÉ	**VÉZELAY**
VACANCE	**VANSÉEN**	VEINURE	VERDURE	VIAGÈRE
VACANTE	VANTAIL	**VEKSLER**	VÉREUSE	VIANDÉE
VACARME	VANTANT	VÉLAIRE	VERGETÉ	**VIANDEN**
	VANTARD	**VÉL'D'HIV**	**VERFEIL**	VIANDER
		VÊLEUSE	VERGETÉ	**VIANNET**
			VERGÈZE	**VIANNEY**

119

VIARMES	**VIMINAL**	VITRAUX	VOLTANT	**WAREGEM**
VIBRAGE	VINAIRE	**VITRÉEN**	VOLTIGE	**WAREMME**
VIBRANT	VINASSE	VITREUX	VOLTIGÉ	WARGAME
VIBRATO	**VINAVER**	VITRIER	VOLUPTÉ	WARNING
VIBRAYE	**VINCENT**	VITRINE	VOMIQUE	WARRANT
VIBREUR	**VINDHYA**	VITRIOL	VOMITIF	**WARWICK**
VIBRION	**VINEUIL**	**VITRIOT**	**VOREPPE**	**WASATCH**
VICAIRE	VINEUSE	**VITRUVE**	**VORONEJ**	**WATTEAU**
VIC-BILH	VINIFIÉ	**VITRYAT**	**VORSTER**	**WATTMAN**
VICENCE	**VINLAND**	VIVABLE	VOSGIEN	**WATTMEN**
VICENTE	**VINOISE**	VIVALDI	**VOSGIEN**	**WEBSTER**
VICE-ROI	VINTAGE	VIVANTE	**VOSSIUS**	WEEK-END
VICIANT	VIOLACÉ	VIVE-EAU	VOTANTE	**WEGENER**
VICIEUX	VIOLANT	**VIVENDI**	**VOTYAKS**	WEHNELT
VICINAL	VIOLENT	VIVEUSE	**VOUGEOT**	**WEHNELT**
VICOISE	VIOLETÉ	**VIVIANI**	**VOUILLÉ**	**WEIDMAN**
VICOMTE	VIOLEUR	**VIVIERS**	VOUIVRE	**WEIFANG**
VICOMTÉ	VIOLIER	VIVIFIÉ	VOULANT	**WELLAND**
VICTIME	VIOLINE	**VIVONNE**	VOULOIR	WELSCHE
VIDANGE	VIOLONÉ	VIVOTER	VOÛTAIN	**WEMBLEY**
VIDANGÉ	**VIONNET**	VIVRIER	VOÛTANT	**WENDAKE**
VIDELLE	VIPÉRIN	**VIZILLE**	VOUVOYÉ	**WENDERS**
VIDEUSE	**VIRCHOW**	VIZIRAT	VOUVRAY	**WENZHOU**
VIDICON	VIRELAI	**VLASSOV**	**VOUVRAY**	WERGELD
VIDUITÉ	VIREUSE	VOCABLE	VOYAGER	**WERTHER**
VIEILLE	**VIRGILE**	VOCATIF	**VOYAGER**	**WEST END**
VIEILLE	VIRGULE	VOCEROS	VOYANCE	WESTERN
VIEILLI	**VIRIATE**	VOGUANT	VOYANTE	**WEYGAND**
VIERGES	VIROÏDE	VOILAGE	VOYELLE	**WHARTON**
VIERZON	**VIROISE**	VOILANT	VOYEUSE	WHIPPET
VIETNAM	VIROLET	VOILIER	**VRANGEL**	**WHIPPLE**
VIÊT NAM	VIRTUEL	VOILURE	VRENELI	WHISKEY
VIFOISE	**VIRUNGA**	**VOISARD**	VRILLÉE	WHISKYS
VIGNEAU	VIS-À-VIS	VOISINE	VRILLER	WHITMAN
VIGNETÉ	**VISAYAS**	VOISINÉ	VROMBIR	WHITNEY
VIGNEUX	VISCÈRE	VOITURE	**VROUBEL**	WHITTLE
VIGNOLE	**VISCHER**	**VOITURE**	VULCAIN	WHYALLA
VIGNORY	VISCOSE	VOITURÉ	**VULCAIN**	**WHYMPER**
VIGOGNE	**VISHNOU**	VOÏVODE	VULGATE	**WICHITA**
VIGUEUR	VISIBLE	VOLABLE	**VULGATE**	**WIELAND**
VIGUIER	VISIÈRE	VOLANTE	**VULPIAN**	**WILKINS**
VIHIERS	VISITÉE	VOLAPÜK	VULVITE	WILLAYA
VIIPURI	VISITER	VOLERIE	VUMÈTRE	WINCHES
VIKINGS	VISSAGE	VOLETER	**VUNG TAU**	WINDOWS
VILAINE	VISSANT	VOLEUSE	**WAIKIKI**	**WINDSOR**
VILAINE	**VISTULE**	VOLIÈRE	**WAKSMAN**	**WINGLES**
VILAYET	VITACÉE	VOLIGÉE	**WALCOTT**	**WIRSUNG**
VILENIE	**VITEBSK**	VOLIGER	WALKMAN	**WISEMAN**
VILIOUÏ	**VITERBE**	VOLITIF	WALLABY	**WISSANT**
VILLACH	VITESSE	**VOLJSKI**	**WALLACE**	**WITKACY**
VILLAGE	**VITIGÈS**	**VOLLARD**	**WALPOLE**	WITLOOF
VILLARD	**VITORIA**	VOLLEYÉ	**WALSALL**	**WOJTYLA**
VILLARS	**VITÓRIA**	**VOLOGDA**	**WALTARI**	WOLFRAM
VILLÈLE	VITRAGE	VOLONTÉ	**WALTHER**	**WOLFRAM**
VILLENA	VITRAIL	**VOLPONE**	**WANG WEI**	**WOUTERS**
VILLERS	VITRAIN	VOLTAGE	**WANNSEE**	**WOYZECK**
VILNIUS	VITRANT		**WARBURG**	

WOZZECK	YIDDISH	ZAMBIEN	ZERMATT	ZOOGLÉE
WRANGEL	YINGKOU	ZAMBIEN	ZERMELO	ZOOMANT
WROCLAW	YODLANT	ZANDJAN	ZERNIKE	ZOONOSE
WRONSKI	YOGOURT	ZAPOPAN	ZEROUAL	ZOOPSIE
WULFILA	YONKERS	ZAPPANT	ZESTANT	ZORILLE
WURMSER	YONNAIS	ZAPPEUR	ZETLAND	ZOSTÈRE
WYOMING	YOUPPIE	ZAPPING	ZEUZÈRE	ZOULOUE
XANTHIE	YOUSDUF	ZARLINO	ZÉZAYER	ZOULOUE
XANTHOS	YPÉRITE	ZARQALI	ZIEUTÉE	ZOZOTER
XENAKIS	YPRÉAUX	ZÁTOPEK	ZIEUTER	ZUCCARI
XI JIANG	YPROISE	ZAVATTA	ZINCAGE	ZÜLPICH
XIMENIA	YTTRIUM	ZAYDITE	ZINCATE	ZUTIQUE
XIMÉNIE	YUCATÁN	ZAZOUES	ZINGAGE	ZUTISTE
XUANHUA	YUEYANG	ZÉBRANT	ZINGUÉE	ZWANZER
YAKOUTE	YUNGANG	ZÉBRURE	ZINGUER	ZWICKAU
YAMASKA	YVERDON	ZÉLANDE	ZIPPANT	ZWINGLI
YAOUNDÉ	ZABULON	ZELLIGE	ZIRABLE	ZYEUTÉE
YARKAND	ZADKINE	ZELZATE	ZIRCONE	ZYEUTER
YATAGAN	ZAGAZIG	ZEMSTVO	ZIRIDES	ZYRIÈNE
YENNOIS	ZAGORSK	ZÉNÈTES	ZIZANIA	
YEOMANS	ZAHEDAN	ZÉNOBIE	ZIZANIE	
YERROIS	ZAÏROIS	ZÉOLITE	ZOERSEL	
YESHIVA	ZAÏROIS	ZÉPHIRE	ZONARDE	
YICHANG	ZAMBÈZE		ZONIÈRE	

AARSCHOT	ABKHAZIE	ABSENTÉE	
ABAILARD	ABLATION	ABSENTER	
ABAISSÉE	ABLUTION	ABSIDALE	
ABAISSER	ABOMINÉE	ABSIDAUX	
ABÂTARDI	ABOMINER	ABSIDIAL	
ABAT-JOUR	ABONDANT	ABSINTHE	
ABAT-SONS	ABONNANT	ABSORBÉE	
ABATTAGE	ABORDAGE	ABSORBER	
ABATTANT	ABORDANT	ABSOUDRE	
ABATTEUR	ABORTIVE	ABSTENIR	ACCAPARÉ
ABATTOIR	ABOUCHÉE	ABSTENUE	ACCÉDANT
ABAT-VENT	ABOUCHER	ABSTRACT	ACCÉLÉRÉ
ABBATIAL	ABOULANT	ABSTRAIT	ACCENTUÉ
ABCÉDANT	ABOUTAGE	ABSTRUSE	ACCEPTÉE
ABDALLAH	ABOUTANT	ABU DHABI	ACCEPTER
ABD ALLAH	ABOYEUSE	ABU NUWAS	ACCESSIT
ABDIQUÉE	ABRAHAMS	ABYSSALE	ACCIDENT
ABDIQUER	ABRASANT	ABYSSAUX	ACCLAMÉE
ABDULLAH	ABRASION	ABYSSINE	ACCLAMER
ABEAUSIR	ABRASIVE	ABYSSINE	ACCOINTÉ
ABEILLER	ABREUVÉE	ACADÉMIE	ACCOISER
ABEOKUTA	ABREUVER	ACADÉMIE	ACCOLADE
ABERDEEN	ABRICOTÉ	ACALÈPHE	ACCOLAGE
ABERRANT	ABRITANT	ACAPULCO	ACCOLANT
ABHORRÉE	ABRIVENT	ACCABLÉE	ACCOMPLI
ABHORRER	ABRUZZES	ACCABLER	ACCONAGE
ABJURANT	ABSCISSE	ACCAGNER	ACCONIER
ABKHAZES	ABSCONSE	ACCALMIE	ACCORDÉE

ACCORDER	ACRIDIDÉ	ADOUBANT	AFFLIGÉE
ACCOSTÉE	ACRIDIEN	AD PATRES	AFFLIGER
ACCOSTER	ACROBATE	ADRESSÉE	AFFLUANT
ACCOTANT	ACROMION	ADRESSER	AFFLUENT
ACCOTOIR	ACRONYME	ADSORBÉE	AFFOLANT
ACCOUCHÉ	ACROPOLE	ADSORBER	AFFOUAGE
ACCOUDÉE	**ACROPOLE**	ADULAIRE	AFFOUAGÉ
ACCOUDER	ACROTÈRE	ADULTÈRE	AFFRÉTÉE
ACCOUPLE	ACTINIDE	ADULTÉRÉ	AFFRÉTER
ACCOUPLÉ	ACTINITE	ADVENANT	AFFREUSE
ACCOURCI	ACTINIUM	ADVENTIF	AFFRIOLÉ
ACCOURIR	ACTINOTE	**ADYGUÉEN**	AFFRONTÉ
ACCOUTRÉ	ACTIONNÉ	ADYNAMIE	AFFRUITÉ
ACCRÉTÉE	ACTIVANT	ÆGYRINE	AFFUBLÉE
ACCRÉTER	ACTIVITÉ	AÉRATEUR	AFFUBLER
ACCROCHE	ACTUAIRE	AÉRATION	AFFÛTAGE
ACCROCHÉ	ACTUELLE	AÉRICOLE	AFFÛTANT
ACCROIRE	ACULÉATE	AÉRIENNE	AFRICAIN
ACCROUPI	ACUMINÉE	AÉRO-CLUB	**AFRICAIN**
ACCULANT	**ADAMAOUA**	AÉRODYNE	AFRO-ROCK
ACCUMULÉ	ADAMISME	AÉROGARE	**AFTALION**
ACCUSANT	**ADAMOISE**	AÉROPORT	AGAÇANTE
ACÉPHALE	ADAPTANT	AÉROSTAT	AGACERIE
ACÉRACÉE	ADDICTIF	AFFABULÉ	AGALAXIE
ACERBITÉ	ADDITION	AFFAIBLI	AGAR-AGAR
ACESCENT	ADDITIVE	AFFAIRÉE	**AGARTALA**
ACÉTIFIÉ	ADDITIVÉ	AFFAIRER	**AGATHOIS**
ACÉTIQUE	**ADÉLAÏDE**	AFFAISSÉ	**AGAUNOIS**
ACHALANT	À DEMI-MOT	AFFALANT	AGAVACÉE
ACHARNÉE	**ADENAUER**	AFFAMANT	**AGENAISE**
ACHARNER	ADÉNOÏDE	AFFAMEUR	AGENÇANT
ACHÉENNE	ADÉQUATE	AFFECTÉE	AGENDANT
ACHÉENNE	ADHÉRANT	AFFECTER	AGÉNÉSIE
ACHEMINÉ	**ADHERBAL**	AFFECTIF	AGERATUM
ACHÉROIS	ADHÉRENT	AFFÉRENT	**AGÉSILAS**
ACHETANT	ADHÉSION	AFFERMÉE	AGGRAVÉE
ACHETEUR	ADHÉSIVE	AFFERMER	AGGRAVER
ACHEVANT	ADIANTUM	AFFERMIE	**AGHA KHAN**
ACHGABAT	ADIPEUSE	AFFERMIR	AGIOTAGE
ACHILLÉE	ADIPIQUE	AFFIANTE	AGISSANT
ACHOPPER	ADJACENT	AFFICHÉE	AGIT-PROP
ACHROMAT	ADJECTIF	AFFICHER	AGNATION
ACHROMIE	ADJOINTE	AFFILAGE	AGNELAGE
ACIDIFIÉ	ADJUDANT	AFFILANT	AGNELANT
ACID JAZZ	ADJURANT	AFFILIÉE	AGNELINE
ACID ROCK	ADJUVANT	AFFILIER	AGNUS-DEI
ACIDULÉE	**ADLISWIL**	AFFILOIR	AGONISER
ACIDULER	ADMETTRE	AFFINAGE	AGONISTE
ACIÉRANT	ADMIRANT	AFFINANT	AGRAFAGE
ACINÉSIE	**ADO-EKITI**	AFFINEUR	AGRAFANT
ACINEUSE	ADONISER	AFFINITÉ	AGRAINÉE
ACMÉISME	ADONNANT	AFFIQUET	AGRAINER
ACNÉIQUE	ADOPTANT	AFFIRMÉE	AGRANDIE
ACOLYTAT	ADOPTION	AFFIRMER	AGRANDIR
ACOQUINÉ	ADOPTIVE	AFFIXALE	AGRAPHIE
ACQUÉRIR	ADORABLE	AFFIXAUX	AGRARIEN
ACQUITTÉ	ADOSSANT	AFFLEURÉ	AGRÉABLE

AGRÉMENT	ALACRITÉ	ALIBORON	**ALPILLES**
AGRESSÉE	**AL-AKHTAL**	ALICANTE	**ALRÉENNE**
AGRESSER	ALANDIER	**ALICANTE**	ALSACIEN
AGRESSIF	ALANGUIE	ALIÉNANT	**ALSACIEN**
AGRICOLA	ALANGUIR	ALIGNANT	**ALTAÏENS**
AGRICOLE	ALARMANT	ALIMENTÉ	ALTAÏQUE
AGRIFFÉE	**ALAWITES**	À L'INSU DE	**ALTAMIRA**
AGRIFFER	**ALBACETE**	**ALI PACHA**	ALTÉRANT
AGRIPPÉE	ALBANAIS	ALIQUOTE	ALTER EGO
AGRIPPER	**ALBANAIS**	**AL-KHALIL**	ALTÉRITE
AGRONOME	ALBATROS	ALLAITÉE	ALTÉRITÉ
AGROSTIS	**ALBERONI**	ALLAITER	ALTERNAT
AGUARUNA	**ALBERTIN**	ALLÉCHÉE	ALTERNÉE
AGUERRIE	**ALBINONI**	ALLÉCHER	ALTERNER
AGUERRIR	**AL-BIRUNI**	ALLÉGUÉE	ALTIPORT
AGUEUSIE	**ALBORNOZ**	ALLÉGUER	ALTITUDE
AGUICHÉE	ALBRAQUE	ALLÉLUIA	**ALTKIRCH**
AGUICHER	**ALBRIGHT**	ALLEMAND	ALTUGLAS
AHEURTER	ALBUMINE	**ALLEMAND**	ALUMINÉE
AHUNOISE	ALBUMINÉ	**ALLEMANE**	ALUMINER
AIGLEFIN	ALCALINE	**ALLEPPEY**	**ALVARADO**
AIGLONNE	ALCALOSE	ALLERGIE	ALVÉOLÉE
AIGLONNE	**ALCAMÈNE**	**ALLEVARD**	**AL-WASITI**
AIGREFIN	**AL CAPONE**	ALLIACÉE	AMADOUÉE
AIGRELET	ALCHIMIE	ALLIAIRE	AMADOUER
AIGRETTE	**ALCINOOS**	ALLIANCE	AMAIGRIE
AIGUIÈRE	**ALCOBAÇA**	ALLOGÈNE	AMAIGRIR
AIGUILLE	ALCOOLAT	ALLONGÉE	AMALGAME
AIGUILLE	ALCOTEST	ALLONGER	AMALGAMÉ
AIGUILLÉ	ALDÉHYDE	**ALLONNES**	**AMALTHÉE**
AIGUISÉE	**AL-DJAHIZ**	ALLOSOME	AMANCHÉE
AIGUISER	**ALEMBERT**	ALLOUANT	AMANCHER
AILLAGON	**ALENTEJO**	ALLUMAGE	AMANDAIE
AILLERET	ALENTOUR	ALLUMANT	AMANDIER
AILLEURS	**ALÉOUTES**	ALLUMEUR	AMANDINE
AIMANTÉE	ALEPPINE	ALLUSION	AMARANTE
AIMANTER	ALERTANT	ALLUSIVE	**AMARILLO**
AIREDALE	ALÉSEUSE	ALLUVIAL	AMARINÉE
AIRVAULT	À L'ÉTUVÉE	ALLUVION	AMARINER
AISÉMENT	ALEURITE	ALMANACH	AMARNIEN
AISSEAUX	ALEURODE	ALMANDIN	AMARRAGE
AISSELLE	ALEURONE	**AL-MANSUR**	AMARRANT
AJACCIEN	ALEVINÉE	**ALMANZOR**	AMASSANT
AJOINTÉE	ALEVINER	**AL-MASUDI**	AMATINER
AJOINTER	**AL-FARABI**	**ALMATOIS**	AMATRICE
AJOURANT	ALFATIER	**ALMQUIST**	AMAUROSE
AJOURNÉE	**ALFONSÍN**	ALOGIQUE	**AMAZONAS**
AJOURNER	ALGARADE	ALOPÉCIE	**AMAZONES**
AJOUTANT	ALGÉRIEN	ALOUETTE	**AMAZONIE**
AJUSTAGE	**ALGÉRIEN**	ALOURDIE	**AMBÉRIEU**
AJUSTANT	ALGÉROIS	ALOURDIR	AMBIANCE
AJUSTEUR	**ALGÉROIS**	**AL PACINO**	AMBIANCÉ
AKINÉSIE	ALGIDITÉ	ALPAGUÉE	AMBIANTE
AKKADIEN	ALGINATE	ALPAGUER	AMBITION
AKKADIEN	**ALGRANGE**	ALPESTRE	AMBLEUSE
AKOSOMBO	ALHAMBRA	ALPHABET	AMBLYOPE
À LA COULE	**AL-HARIRI**	**ALPHONSE**	AMBRETTE

AMBROISE	AMUSEUSE	ANGLICAN	ANSÉRINE
AMBRONAY	AMUSOIRE	ANGOISSE	**ANSERMET**
AMBULANT	AMYGDALE	ANGOISSÉ	ANTABUSE
AMÉLIORÉ	AMYLACÉE	ANGOLAIS	ANTALGIE
AMÉNAGÉE	AMYLIQUE	**ANGOLAIS**	ANTEBOIS
AMÉNAGER	ANABLEPS	ANGSTRÖM	ANTÉFIXE
AMENDANT	ANACARDE	**ÅNGSTRÖM**	ANTENAIS
AMENUISÉ	ANACONDA	**ANGUILLA**	ANTÉPOSÉ
AMÉRIQUE	**ANACRÉON**	ANGUILLE	ANTHÉMIS
AMERTUME	ANAGOGIE	ANGULEUX	ANTHRÈNE
AMÉTROPE	ANALEPSE	ANHÉLANT	ANTIBOIS
AMEUBLIE	ANALOGIE	**ANIANAIS**	**ANTIBOIS**
AMEUBLIR	ANALOGUE	**ANICHOIS**	ANTICHAR
AMEUTANT	ANALYSÉE	ANIDROSE	ANTICHOC
AMIBIASE	ANALYSER	ANIMISME	ANTICIPÉ
AMIBOÏDE	ANALYSTE	ANIMISTE	ANTIDATE
À MI-CORPS	ANAMNÈSE	ANISETTE	ANTIDATÉ
AMIDONNÉ	ANAPHASE	**ANKARIEN**	ANTIDOTE
AMIÉNOIS	ANAPHORE	ANKYLOSE	ANTIENNE
À MI-JAMBE	**ANÁPOLIS**	ANKYLOSÉ	ANTIGANG
AMIMIQUE	ANARCHIE	ANNALITÉ	ANTIGÈNE
AMIN DADA	**ANASTASE**	ANNAMITE	**ANTIGONE**
AMIRAUTÉ	ANATEXIE	**ANN ARBOR**	ANTIHALO
AMIRAUTÉ	ANATHÈME	**ANNECIEN**	ANTIJEUX
AMITABHA	**ANATOLIE**	ANNELANT	**ANTILLES**
AMITIEUX	ANATOMIE	ANNÉLIDE	ANTILOPE
AMMOCÈTE	**ANCENIEN**	ANNENSKI	ANTIMITE
AMMONIAC	ANCIENNE	**ANNENSKI**	ANTINAZI
AMMONITE	**ANDERNOS**	ANNEXANT	**ANTINOÜS**
AMMONIUM	**ANDERSCH**	ANNEXION	**ANTIOCHE**
AMNISTIE	**ANDERSEN**	ANNEXITE	ANTIPAPE
AMNISTIÉ	**ANDERSON**	ANNIHILÉ	ANTIPODE
AMOCHANT	ANDÉSITE	ANNONCÉE	ANTITOUT
AMODIANT	ANDORRAN	ANNONCER	**ANTONIEN**
AMOINDRI	**ANDORRAN**	**ANNONÉEN**	**ANTONINS**
AMONCELÉ	**ANDRÁSSY**	ANNONIER	ANTONYME
AMONTONS	**ANDRAULT**	ANNOTANT	ANXIEUSE
AMORÇAGE	**ANDREÏEV**	ANNUAIRE	**ANZINOIS**
AMORÇANT	ANDROCÉE	ANNUELLE	AORTIQUE
AMORÇOIR	ANDROÏDE	ANNULANT	APAGOGIE
AMOSSOIS	**ANDRONIC**	ANOBIIDÉ	APAISANT
AMOUREUX	**ANDROPOV**	ANODIQUE	APATRIDE
AMOVIBLE	ANÉANTIE	ANODISÉE	**APCHÉRON**
AMPÉRAGE	ANÉANTIR	ANODISER	**APENNINS**
AMPHIBIE	ANECDOTE	ANODONTE	**APERGHIS**
AMPLIFIÉ	ANÉMIANT	ANOMALIE	APÉRITIF
AMPOULÉE	ANÉMIQUE	ANOMIQUE	À PERPÈTE
AMPURIAS	ANÉROÏDE	ANOMOURE	APERTURE
AMPUTANT	**ANÉTAISE**	ANONACÉE	À-PEU-PRÈS
AMRAVATI	**ANGELICO**	ÂNONNANT	APEURANT
AMRITSAR	**ANGÉRIEN**	ANONYMAT	APHÉRÈSE
AMROUCHE	ANGEVINE	ANOPHÈLE	APHIDIEN
AMULETTE	**ANGEVINE**	ANOREXIE	APHTEUSE
AMUNDSEN	ANGINEUX	ANORMALE	APIÉCEUR
AMUSABLE	ANGLAISE	ANORMAUX	APIQUAGE
AMUSANTE	**ANGLAISE**	ANOXÉMIE	APIQUANT
AMUSETTE	**ANGLESEY**	**ANQUETIL**	APITOYÉE

APITOYER	AQUICOLE	ARGANIER	ARRANGER
APLOMBÉE	AQUIFÈRE	**ARGENSON**	ARRÊTANT
APLOMBER	AQUITAIN	ARGENTAN	ARRIÉRÉE
APNÉISTE	**AQUITAIN**	**ARGENTAN**	ARRIÉRER
APOASTRE	AQUOSITÉ	**ARGENTAT**	ARRIMAGE
APOCOPÉE	ARABIQUE	ARGENTÉE	ARRIMANT
APOGAMIE	**ARABIQUE**	ARGENTER	ARRIMEUR
APOLOGIE	ARABISÉE	ARGENTIN	ARRISANT
APOLOGUE	ARABISER	**ARGENTIN**	ARRIVAGE
APOMIXIE	ARABISME	ARGENTON	ARRIVANT
APOPHYSE	ARACHIDE	**ARGENTON**	ARROBASE
APOPTOSE	**ARAGUAIA**	**ARGENTRÉ**	ARROGANT
APOSTANT	ARAIGNÉE	**ARGERICH**	ARRONDIE
APOSTATE	ÀRALDITE	ARGIENNE	ARRONDIR
APOTHÈME	**ARAMÉENS**	**ARGIENNE**	ARROSAGE
APPAMÉEN	ARANÉIDE	ARGILEUX	ARROSANT
APPARAUX	**ARANJUEZ**	ARGININE	ARROSEUR
APPAREIL	ARATOIRE	**ARGOLIDE**	ARROSOIR
APPARENT	**ARAUCANS**	ARGOTIER	ARSENAUX
APPARIÉE	**ARAVALLI**	ARGOUSIN	ARSÉNIÉE
APPARIER	ARBALÈTE	**ARGOVIEN**	ARSÉNITE
APPAROIR	ARBITRAL	**ARGUEDAS**	**ARSONVAL**
APPÂTANT	ARBITRÉE	ARGUMENT	**ARTAGNAN**
APPAUVRI	ARBITRER	**ARISTIDE**	ARTEFACT
APPELANT	**ARBOGAST**	**ARISTOTE**	**ARTÉMISE**
APPENDRE	ARBORANT	**ARKANSAS**	ARTÉRIEL
APPENDUE	ARBORISÉ	**ARLANDES**	ARTÉRITE
APPENTIS	ARBUSTIF	ARLEQUIN	ARTÉSIEN
APPIENNE	**ARCACHON**	**ARLEQUIN**	**ARTÉSIEN**
APPLAUDI	ARCADIEN	ARLÉSIEN	ARTHRITE
APPLETON	**ARCADIUS**	**ARLÉSIEN**	ARTHROSE
APPLIQUE	ARCATURE	**ARLONAIS**	ARTICULÉ
APPLIQUÉ	ARC-BOUTÉ	ARMAGNAC	ARTIFICE
APPOINTÉ	ARCHANGE	**ARMAGNAC**	ARTISANE
APPONDRE	ARCHELLE	ARMAILLI	ARUSPICE
APPONDUE	ARCHERIE	**ARMANÇON**	**ARVERNES**
APPONTER	ARCHIDUC	ARMATEUR	ARYTHMIE
APPORTÉE	ARCHIPEL	ARMATURE	**ASBESTOS**
APPORTER	ARCHIVÉE	ARMEMENT	**ASCYENNE**
APPOSANT	ARCHIVER	ARMÉNIEN	ASEPTISÉ
APPRÉCIÉ	ARCHIVES	**ARMÉNIEN**	**ASHIKAGA**
APPRENTI	ARCHONTE	ARMINIEN	**ASHKELON**
APPRÊTÉE	**ARCISIEN**	**ARMINIUS**	**ASHQELON**
APPRÊTER	ARÇONNÉE	ARMORIAL	ASILAIRE
APPROCHE	ARÇONNER	ARMORIÉE	**ASNIÈRES**
APPROCHÉ	ARCTIQUE	ARMORIER	ASOCIALE
APPROUVÉ	**ARCTIQUE**	ARMURIER	ASOCIAUX
APPUYANT	**ARDENNES**	ARNAQUÉE	ASPARTAM
ÂPREMENT	**ARDENTES**	ARNAQUER	**ASPENDOS**
APRÈS QUE	ARDILLON	**ARNÉTOIS**	ASPERGÉE
APRÈS-SKI	ARDOISÉE	AROUTINÉ	ASPERGER
APTÉSIEN	À REBOURS	ARPENTÉE	ASPERGÈS
APTITUDE	ARÉCACÉE	ARPENTER	ASPÉRITÉ
APURÍMAC	ARÉOPAGE	ARRACHÉE	ASPERMIE
APYREXIE	ARÉQUIER	ARRACHER	ASPHALTE
AQUACOLE	**AREQUIPA**	ARRACHIS	ASPHALTÉ
AQUARIUM	ARÊTIÈRE	ARRANGÉE	ASPHYXIE

ASPHYXIÉ	**ASTURIAS**	ATTERRIR	**AURÉLIEN**
ASPIRANT	**ASTURIEN**	ATTESTÉE	AURÉOLÉE
ASPIRINE	**ASTURIES**	ATTESTER	AURÉOLER
ASSAILLI	**ASTYANAX**	ATTIÉDIE	AURICULE
ASSAINIE	**ASUNCIÓN**	ATTIÉDIR	AURIFÈRE
ASSAINIR	ASYNDÈTE	ATTIFANT	**AURIGNAC**
ASSAMAIS	ASYSTOLE	ATTIFEUR	**AURILLAC**
ASSASSIN	**ATALANTE**	ATTIRAIL	AURORALE
ASSÉCHÉE	ATARAXIE	ATTIRANT	AURORAUX
ASSÉCHER	ATAVIQUE	ATTISANT	AUSCULTÉ
ASSEMBLÉ	ATAVISME	ATTITRÉE	AUSSIÈRE
ASSÉNANT	ATAXIQUE	ATTITUDE	AUSSITÔT
ASSERVIE	**ATCHINSK**	ATTORNEY	AUSTRALE
ASSERVIR	ATERMOYÉ	ATTRAIRE	AUSTRALS
ASSEYANT	**ATHANASE**	ATTRAITE	AUSTRAUX
ASSIÉGÉE	**ATHÉGIEN**	ATTRAPÉE	AUTARCIE
ASSIÉGER	ATHÉISME	ATTRAPER	**AUTERIVE**
ASSIETTE	ATHÉNIEN	ATTRIBUÉ	AUTOCOAT
ASSIGNAT	**ATHÉNIEN**	ATTRIBUT	AUTODAFÉ
ASSIGNÉE	ATHÉROME	ATTRISTÉ	AUTOGAME
ASSIGNER	ATHÉTOSE	ATTROUPÉ	AUTOGÈNE
ASSIMILÉ	ATOMIQUE	À TUE-TÊTE	AUTOGÉRÉ
ASSISTÉE	ATOMISÉE	ATYPIQUE	AUTOGIRE
ASSISTER	ATOMISER	ATYPISME	AUTOLYSE
ASSOCIÉE	ATOMISME	AUBÉPINE	AUTOMATE
ASSOCIER	ATOMISTE	**AUBIGNAC**	AUTOMNAL
ASSOIFFÉ	ATONIQUE	**AUBISQUE**	AUTONOME
ASSOLANT	ATOURNER	**AUBUSSON**	AUTONYME
ASSOMBRI	ATOXIQUE	**AUCASSIN**	AUTOPSIE
ASSOMMÉE	ATRABILE	**AUCKLAND**	AUTOPSIÉ
ASSOMMER	ATROCITÉ	AU-DEDANS	AUTORAIL
ASSORTIE	ATROPHIE	AU-DEHORS	AUTORISÉ
ASSORTIR	ATROPHIÉ	AU-DESSUS	AUTORITÉ
ASSOUPIE	ATROPINE	AU-DEVANT	AUTOSOME
ASSOUPIR	ATTABLÉE	AUDIENCE	AUTO-STOP
ASSOUPLI	ATTABLER	**AUDIERNE**	AUTOTOUR
ASSOURDI	ATTACHÉE	AUDIOTEX	AUTOUR DE
ASSOUVIE	ATTACHER	AUDITANT	**AUTRICHE**
ASSOUVIR	ATTAGÈNE	AUDITEUR	AUTRUCHE
ASSUÉRUS	ATTAQUÉE	AUDITION	AUTUNITE
ASSUMANT	ATTAQUER	AUDITIVE	**AUTUNOIS**
ASSURAGE	ATTARDÉE	AUDONIEN	**AUVERGNE**
ASSURANT	ATTARDER	**AUDONIEN**	**AUXILOIS**
ASSUREUR	ATTEINTE	**AUDRUICQ**	AUXQUELS
ASSYRIEN	ATTELAGE	**AUDUNOIS**	AVALANTE
ASSYRIEN	ATTELANT	AUGEREAU	AVALEUSE
ASTÉRIDE	ATTENANT	AUGMENTÉ	AVALISÉE
ASTÉRIEN	ATTENDRE	**AUGSBURG**	AVALISER
ASTHÉNIE	ATTENDRI	AUGURANT	AVALOIRE
ASTICOTÉ	ATTENDUE	AUGUSTIN	**AVALOIRS**
ASTIQUÉE	ATTENTAT	**AUGUSTIN**	AVANÇANT
ASTIQUER	ATTENTER	AULOFFÉE	AVANTAGE
ASTOLPHE	ATTENTIF	**AULTOISE**	AVANTAGÉ
ASTRAKAN	ATTÉNUÉE	**AUMALOIS**	AVANT-BEC
ASTRAKAN	ATTÉNUER	AUMÔNIER	AVARIANT
ASTREINT	ATTERRÉE	**AUNISIEN**	**AVARICUM**
ASTRONEF	ATTERRER	AUPRÈS DE	À VAU-L'EAU

AVELLINO	**BADALONA**	BALISAGE	**BARALBIN**
AVE MARIA	BADAMIER	BALISANT	BARAQUÉE
AVEMPACE	BADAUDER	BALISEUR	BARAQUER
AVENANTE	BADGEANT	BALISIER	BARATINÉ
AVENTURE	BADGEUSE	BALIVAGE	BARATTÉE
AVENTURÉ	BADIGEON	BALIVEAU	BARATTER
AVENZOAR	BADINAGE	**BALKHACH**	BARBANTE
AVERCAMP	BADINANT	**BALLADUR**	BARBAQUE
AVERROÈS	**BADINTER**	BALLANTE	BARBARIE
AVERSION	BAD-LANDS	BALLASTÉ	**BARBARIE**
AVESNOIS	**BADOGLIO**	**BALLEROY**	BARBEAUX
AVEUGLÉE	**BAD RAGAZ**	BALLONNÉ	BARBECUE
AVEUGLER	**BAEDEKER**	BALLOTIN	BARBELÉE
AVIATEUR	BAFOUANT	BALLOTTÉ	BARBETTE
AVIATION	BÂFREUSE	BALLOUNE	BARBICHE
AVICENNE	BAGARRER	BALL-TRAP	BARBICHU
AVIFAUNE	**BAGAUDES**	BALOURDE	BARBIFIÉ
AVOCETTE	**BAGNÈRES**	BALTIQUE	**BARBIZON**
AVOGADRO	**BAGNOLET**	**BALTIQUE**	**BARBOTAN**
AVOISINÉ	**BAGUIRMI**	BALUCHON	BARBOTÉE
AVONNAIS	BAGUETTE	BALUSTRE	BARBOTER
AVORTANT	BAHAÏSME	**BAMAKOIS**	BARBOTIN
AVORTEUR	**BAHAMIEN**	BAMBOCHE	BARBOTTE
AVOUABLE	**BAIA MARE**	BAMBOCHÉ	BARBOUZE
AVULSION	BAIGNADE	BAMBOULA	**BARBUSSE**
AVVAKOUM	BAIGNANT	**BAMILÉKÉ**	BARCASSE
AXÉNIQUE	BAIGNEUR	BANALISÉ	**BARCLAYS**
AYACUCHO	BAILLANT	BANALITÉ	BARDEAUX
AYENTÔTE	BÂILLANT	BANANIER	BARE-FOOT
AYES-AYES	**BAILLEUL**	BANCABLE	**BAREILLY**
AZIMUTAL	BAILLEUR	BANCAIRE	**BARENTIN**
AZIMUTÉE	BÂILLEUR	BANCHAGE	**BARENTSZ**
AZNAVOUR	**BAINAISE**	BANCHANT	BARÉTANT
AZTÈQUES	BAISOTÉE	**BANCROFT**	**BARFLEUR**
BABA COOL	BAISOTER	BANDEAUX	**BARGELLO**
BABEURRE	BAISSANT	**BANDEIRA**	BARILLET
BABILLER	BAISSIER	**BANDELLO**	BARIOLÉE
BABINSKI	BAKCHICH	BANDE-SON	BARIOLER
BABOLANT	BAKÉLITE	**BANDOENG**	**BARISIEN**
BABOUCHE	BALADANT	**BANDUNDU**	BARJAQUÉ
BABY-BEEF	BALADEUR	**BANI SADR**	**BARJAVEL**
BABY-BOOM	BALAFRÉE	BANLIEUE	BARKHANE
BABY-FOOT	BAL'AFRER	**BANNALEC**	**BAR-LE-DUC**
BABYLONE	BALAGUER	BANNERET	**BARLETTA**
BABY-TEST	**BALAKOVO**	BANNETON	BARNACHE
BACCARAT	BALANCÉE	BANNETTE	**BARNAOUL**
BACCARAT	BALANCER	BANNIÈRE	**BAROCCIO**
BACHELOT	BALANITE	BANQUANT	BARONNET
BACHIQUE	BALAYAGE	BANQUETÉ	BARONNIE
BACHKIRE	BALAYANT	BANQUIER	**BARRABAN**
BACHKIRS	BALAYEUR	BANQUISE	**BARRABAS**
BACHMANN	BALBUTIE	**BANVILLE**	BARRANCO
BACHOTER	BALBUTIÉ	BAPTISÉE	**BARRAQUÉ**
BACICCIA	**BALÉARES**	BAPTISER	**BARRAULT**
BACICCIO	BALEINÉE	BAPTISME	BARREAUX
BACTÉRIE	BALINAIS	BAPTISTE	**BARREIRO**
BADABOUM	**BALINAIS**	**BARABBAS**	BARRETTE

BARREUSE
BARRIÈRE
BARRIQUE
BARROISE
BARYTINE
BARYTITE
BASANANT
BASANITE
BAS-BLEUS
BAS-CÔTÉS
BASCULÉE
BASCULER
BASE-BALL
BASELITZ
BAS-FONDS
BASICITÉ
BASILDON
BASILEUS
BASILIDE
BASQUIAT
BASQUINE
BAS-ROUGE
BASSESSE
BASSIGNY
BASSINÉE
BASSINER
BASSINET
BASSISTE
BASSOISE
BASTAING
BASTAQUE
BASTIAIS
BASTIAIS
BASTIDON
BASTILLE
BASTILLE
BASTOGNE
BASTONNÉ
BATACLAN
BATAILLE
BATAILLE
BATAILLÉ
BATANGAS
BATELAGE
BATELEUR
BATELIER
BAT-FLANC
BATHILDE
BATHURST
BATHYALE
BATHYAUX
BATIFOLÉ
BÂTIMENT
BATOILLÉ
BÂTONNAT
BÂTONNÉE
BÂTONNER

BÂTONNET
BATTANTE
BATTERIE
BATTEUSE
BAUCHANT
BAUDAISE
BAUDOUIN
BAUDRIER
BAUDROIE
BAUGEOIS
BAULOISE
BAUMOISE
BAVARDER
BAVAROIS
BAVAROIS
BAVASSER
BAYADÈRE
BAYREUTH
BAZADAIS
BAZARDÉE
BAZARDER
BÉARNAIS
BÉARNAIS
BÉATIFIÉ
BÉATRICE
BEAUCOUP
BEAU-FILS
BEAUFORT
BEAUFORT
BEAULIEU
BEAUMONT
BEAUNOIS
BEAU-PÈRE
BEAUPORT
BEAUVAIS
BEAUVOIR
BECCARIA
BECFIGUE
BÉCHAMEL
BÊCHEUSE
BECKMANN
BÉCOTANT
BECQUETÉ
BECTANCE
BEDONNER
BÉDOUINE
BÉDOUINE
BÉGAUDER
BÉGAYANT
BÉGLAISE
BÉGUEULE
BÉHAÏSME
BÉHANZIN
BEHISTUN
BEKTACHI
BÉLANGER
BEL CANTO

BÊLEMENT
BEL-ÉTAGE
BELGIQUE
BELGOROD
BELGRADE
BELGRAND
BELGRANO
BELINSKI
BELITUNG
BÉLIZIEN
BELLANGE
BELLÂTRE
BELLE-ÎLE
BELLERIN
BELLONTE
BELLOTTE
BELMONDO
BELMOPAN
BELTRAMI
BELZÉBUL
BÉMOLISÉ
BEN BADIS
BEN BELLA
BÉNÉFICE
BÉNÉVENT
BÉNÉVOLE
BENGALIE
BENGALIE
BENGALIS
BENGHAZI
BENGKULU
BENGUELA
BÉNICHON
BENIDORM
BÉNINOIS
BÉNITIER
BENJAMIN
BENJAMIN
BEN NEVIS
BENZOATE
BENZOYLE
BÉOTISME
BÉQUETÉE
BÉQUETER
BÉQUILLE
BÉQUILLÉ
BÉRANGER
BERÇANTE
BERCEAUX
BERCENAY
BERCEUSE
BERCKOIS
BÉRENGER
BÉRÉNICE
BERENSON
BEREZINA
BERGAMÍN

BERGANZA
BERGERAC
BERGERIE
BERGERON
BERGUOIS
BÉRIBÉRI
BÉRIMBAU
BERINGEN
BÉRINGIE
BERKELEY
BERLANGA
BERLUGAN
BERMUDES
BERNÁCER
BERNACHE
BERNACLE
BERNANOS
BERNAYEN
BERNHARD
BERNICLE
BERNIQUE
BERNOISE
BERNOISE
BERRATIN
BERRUYER
BERRUYER
BERTHIER
BERTRADE
BERTRAND
BESANÇON
BÉSICLES
BESKIDES
BESOGNER
BESSÈGES
BESSEMER
BESSEMER
BESSINES
BESSOISE
BESSONNE
BESTIALE
BESTIAUX
BESTIOLE
BÊTATRON
BÊTEMENT
BÉTHANIE
BETHENOD
BETHLÉEM
BÊTIFIER
BÉTIQUES
BÊTISIER
BÉTONNÉE
BÉTONNER
BETSILÉO
BEUGLANT
BEURETTE
BEURRANT
BEURRIER

BEUVERIE	**BILASPUR**	BITURANT	BOBINOIR
BEXIENNE	BILIAIRE	BIVALENT	BOCAGÈRE
BEYLICAL	BILIEUSE	BIZINGUE	BOCARDÉE
BEYLICAT	BILINGUE	BIZUTAGE	BOCARDER
BEYLISME	BILLETÉE	BIZUTANT	**BOCCIONI**
BEYNOISE	BILLETTE	**BJERKNES**	**BODENSEE**
BEYROUTH	**BILLITON**	**BJØRNSON**	**BODH-GAYA**
BHADGAUN	BIMESTRE	**BLACKETT**	**BOFFRAND**
BHATGAON	BIMOTEUR	BLACK-OUT	**BOGAZKÖY**
BHATPARA	**BINCHOIS**	BLACK-ROT	BOGOMILE
BIACHOIS	**BINICAIS**	BLAFARDE	BOHÉMIEN
BIAISANT	BINOMIAL	BLAGUANT	**BOHÉMOND**
BIARRITZ	BIOLOGIE	BLAGUEUR	BOISERIE
BIARROTE	BIOMASSE	BLAIRANT	BOISSEAU
BIARROTE	BIONIQUE	BLAIREAU	BOITERIE
BIATHLON	BIOTIQUE	BLÂMABLE	BOITEUSE
BIBLIQUE	**BIOTOISE**	BLANC-BEC	BOITILLÉ
BIBLISTE	BIPARTIE	BLANCHET	**BOKSBURG**
BIBRACTE	BIPENNÉE	BLANCHIE	**BOLESLAS**
BICARRÉE	BIPHASÉE	BLANCHIR	**BOLESLAV**
BICHETTE	BIPOUTRE	BLANCHON	BOLETALE
BICHONNE	BIPS-BIPS	**BLANCHOT**	BOLIVIEN
BICHONNÉ	BIQUETTE	**BLANCOIS**	**BOLIVIEN**
BICKFORD	**BIRKENAU**	BLANDICE	BOLONAIS
BICKFORD	**BIRKHOFF**	**BLANDINE**	**BOLONAIS**
BICOLORE	**BIRMANIE**	**BLANTYRE**	BOMBANCE
BIDASSOA	BISAÏEUL	BLASONNÉ	BOMBARDE
BIDONNÉE	BISBILLE	BLASTULA	BOMBARDÉ
BIDONNER	BISCAÏEN	BLATÉRER	**BOMBELLI**
BIEN-AIMÉ	BISCAYEN	**BLAYAISE**	BOMBONNE
BIENAYMÉ	BISCORNU	**BLENHEIM**	**BONAMPAK**
BIEN-DIRE	BISCOTIN	**BLÉROISE**	BONBONNE
BIEN-ÊTRE	BISCOTTE	BLÉSOISE	**BONCOURT**
BIENFAIT	BISCUITÉ	**BLÉSOISE**	BONDELLE
BIEN-JUGÉ	BISEAUTÉ	BLESSANT	**BONDUOIS**
BIENNALE	BISEXUÉE	BLESSURE	BONHOMIE
BIENNAUX	BISEXUEL	BLEUÂTRE	BONHOMME
BIENNOIS	**BISMARCK**	BLINDAGE	**BONHOMME**
BIENVENU	BISONTIN	BLINDANT	BONICHON
BIERMANN	**BISONTIN**	**BLINOISE**	**BONIFACE**
BIFLÈCHE	BISQUANT	BLINQUER	BONIFIÉE
BIFOCALE	**BISSAGOS**	BLIZZARD	BONIFIER
BIFOCAUX	BISSÊTRE	BLOCS-EAU	BONIMENT
BIFURQUÉ	**BISSIÈRE**	BLONDEUR	**BONIVARD**
BIGARADE	BISTORTE	BLONDINE	**BONNEFOY**
BIGARRÉE	BISTOURI	BLOQUANT	BONNETER
BIGARRER	**BITCHOIS**	BLOUSANT	BONNETTE
BIG BANDS	**BITHYNIE**	BLUE-JEAN	**BONNEUIL**
BIGLEUSE	BITONALE	BLUFFANT	**BONNEVAL**
BIGNONIA	BITONALS	BLUFFEUR	BONNICHE
BIGORNÉE	BITONAUX	**BLUMENAU**	**BONNIVET**
BIGORNER	BITONIAU	BLUTERIE	**BONNOISE**
BIGOUDEN	BITTURÉE	**BOADICÉE**	BONNOTTE
BIGOUDEN	BITTURER	BOBINAGE	**BONPLAND**
BIHOREAU	BITUMAGE	BOBINANT	**BONTEMPS**
BIJECTIF	BITUMANT	BOBINEAU	BONZESSE
BILABIAL	BITUMEUX	BOBINEUR	BOOSTANT

BORA BORA
BORASSUS
BORCHTCH
BORDAISE
BORDEAUX
BORDEAUX
BORDÈRES
BORDERIE
BORDIÈRE
BORDIGUE
BORGHÈSE
BORGHOLM
BORINAGE
BORIQUÉE
BORNHOLM
BORNOYÉE
BORNOYER
BORODINE
BORODINO
BORRASSÀ
BORROMÉE
BOSCOTTE
BOSPHORE
BOSSELÉE
BOSSELER
BOSSETTE
BOSSEUSE
BOSSUANT
BOSWORTH
BOTHWELL
BOTRANGE
BOTRYTIS
BÓTSARIS
BOTSWANA
BOTTELÉE
BOTTELER
BOTZARIS
BOUCAINE
BOUCANÉE
BOUCANER
BOUCHAGE
BOUCHAIN
BOUCHANT
BOUCHARD
BOUCHÈRE
BOUCHOYÉ
BOUCLAGE
BOUCLANT
BOUCLIER
BOUDERIE
BOUDEUSE
BOUDICCA
BOUDINÉE
BOUDINER
BOUÉLANT
BOUFFANT
BOUFFEUR

BOUGANDA
BOUGEANT
BOUGEOIR
BOUGIVAL
BOUGONNE
BOUGONNÉ
BOUHOURS
BOUI-BOUI
BOUILLIE
BOUILLIR
BOUILLON
BOUILLON
BOUKHARA
BOULANGE
BOULANGÉ
BOULEAUX
BOULETÉE
BOULETTE
BOULGOUR
BOULIMIE
BOULISTE
BOULOCHÉ
BOULOGNE
BOULONNÉ
BOULOTTE
BOULOTTÉ
BOUQUETÉ
BOUQUINÉ
BOURASSA
BOURBAKI
BOURBEUX
BOURBIER
BOURCAIN
BOURCATE
BOURDIEU
BOURGADE
BOURGAIN
BOURGEON
BOURIATE
BOURMONT
BOURONNÉ
BOURRADE
BOURRAGE
BOURRANT
BOURREAU
BOURRELÉ
BOURRIDE
BOURSIER
BOU SAADA
BOUSCULÉ
BOUSILLÉ
BOUSQUET
BOUSSOIS
BOUSSOLE
BOUTEFAS
BOUTEFEU
BOUTHOUL

BOUTIQUE
BOUTISSE
BOUTONNÉ
BOUT-RIMÉ
BOUTURÉE
BOUTURER
BOUVERIE
BOUVIÈRE
BOUVINES
BOUYGUES
BOUZOUKI
BOX-CALFS
BOYAUTÉE
BOYAUTER
BOYCOTTÉ
BOY-SCOUT
BRACELET
BRACHIAL
BRACONNÉ
BRADBURY
BRADERIE
BRADFORD
BRAGANCE
BRAGARDE
BRAHMANE
BRAILLÉE
BRAILLER
BRAIMENT
BRAINOIS
BRAISAGE
BRAISANT
BRAMANTE
BRAMPTON
BRANCARD
BRANCHÉE
BRANCHER
BRANCHIE
BRANCHUE
BRANCUSI
BRANDADE
BRANLANT
BRANLEUR
BRANTING
BRANTÔME
BRAQUAGE
BRAQUANT
BRAQUEUR
BRASÍLIA
BRASILLÉ
BRASSAGE
BRASSANT
BRASSARD
BRASSENS
BRASSEUR
BRASSEUR
BRATIANU
BRATTAIN

BRAVACHE
BRAVERIE
BRAVOURE
BRAYTOIS
BRÉHATIN
BRELOQUE
BRENNOUE
BRENTANO
BRÉSILLÉ
BRESSANE
BRESSANE
BRESTOIS
BRETAGNE
BRETÈCHE
BRETELLE
BRETESSE
BRETESSÉ
BRETEUIL
BRÉTIGNY
BRETONNE
BRETONNE
BRETTEUR
BREUGHEL
BREUVAGE
BREVETÉE
BREVETER
BREWSTER
BRIANÇON
BRIAROIS
BRICELET
BRICOLÉE
BRICOLER
BRIDGEUR
BRIDGMAN
BRIDOISE
BRIECOIS
BRIEFANT
BRIEFING
BRIÈVETÉ
BRIFFANT
BRIGANDÉ
BRIG-GLIS
BRIGHTON
BRIGITTE
BRIGNAIS
BRIGUANT
BRILLANT
BRIMBALÉ
BRINDISI
BRINGUÉE
BRINGUER
BRIOCHÉE
BRIOCHIN
BRIOCHIN
BRIOTINE
BRIQUANT
BRIQUETÉ

BRISANCE
BRISANTE
BRISBANE
BRISCARD
BRISE-FER
BRISE-JET
BRISEUSE
BRISOLÉE
BRIVISTE
BROADWAY
BROCANTE
BROCANTÉ
BROCARDÉ
BROCHAGE
BROCHANT
BROCHEUR
BROCHURE
BRODERIE
BRODEUSE
BROMIQUE
BRONCHER
BRONZAGE
BRONZANT
BRONZEUR
BRONZIER
BRONZINO
BROOKLYN
BROSSAGE
BROSSANT
BROSSARD
BROSSIER
BROTONNE
BROUETTE
BROUETTÉ
BROUHAHA
BROUILLE
BROUILLÉ
BROUILLY
BROUSSEL
BROUSSIN
BROUTAIN
BROUTANT
BROUTARD
BROWNIEN
BROWNING
BROWNING
BROYEUSE
BRUCELLA
BRUCKNER
BRUGEAIS
BRUGEOIS
BRUINEUX
BRUISSER
BRUITAGE
BRUITANT
BRUITEUR

BRÛLANTE
BRÛLERIE
BRUMAIRE
BRUMEUSE
BRUMMELL
BRUNANTE
BRUNÂTRE
BRUNCHÉE
BRUNCHER
BRUNCHES
BRUNÉIEN
BRUNETTE
BRUNOYEN
Brushing
BRUSQUÉE
BRUSQUER
BRUTTIUM
BRUXISME
BRUYANTE
BRUYÈRES
BRUZOISE
BUANDIER
BUCAREST
BUCHANAN
BÛCHERON
BÛCHETTE
BÛCHEUSE
BUDDLEIA
BUDGÉTÉE
BUDGÉTER
BUGLOSSE
BUGUOISE
BUILDING
BULAWAYO
BULBAIRE
BULBEUSE
BULBILLE
BULGARIE
BULLAIRE
BULLETIN
BULLEUSE
BULTMANN
BUNGALOW
BUPRESTE
BURGDORF
BURGOYNE
BURGRAVE
BURINAGE
BURINANT
BUSHNELL
BUSINESS
BUSQUANT
BUSSENET
BUSSOTTI
BUSTIÈRE

BUTINANT
BUTINEUR
BUTYLÈNE
BUTYRATE
BUTYREUX
BUTYRINE
BUVETIER
BYZANTIN
BYZANTIN
CAATINGA
CABALANT
CABANANT
CABERNET
CABESTAN
CABILLOT
CÂBLEAUX
CÂBLERIE
CÂBLEUSE
CÂBLISTE
CABOCHON
CABOSSÉE
CABOSSER
CABOSSÉS
CABOTAGE
CABOTANT
CABOTEUR
CABOTINE
CABOTINÉ
CABOULOT
CABRIOLE
CABRIOLÉ
CACABANT
CACAILLE
CACAOTÉE
CACAOYER
CACARDER
CACATOÈS
CACATOIS
CACHALOT
CACHE-COL
CACHE-NEZ
CACHE-POT
CACHERIE
CACHETÉE
CACHETER
CACHETTE
CACHEXIE
CACHUCHA
CACIENNE
CACOSMIE
CACTACÉE
CADASTRE
CADASTRÉ
CADEAUTÉ
CADENCÉE
CADENCER

CADILLAC
CADMIAGE
CADMIANT
CADOUDAL
CADRATIN
CADREUSE
CADUCITÉ
CAENNAIS
CAENNAIS
CAFARDÉE
CAFARDER
CAFÉIÈRE
CAFETIER
CAFFIERI
CAFRERIE
CAFTEUSE
CAGLIARI
CAGNEUSE
CAGNOISE
CAGNOTTE
CAHOTANT
CAHOTEUX
CAILLAGE
CAILLANT
CAILLAUX
CAILLOIS
CAILLOUX
CAISSIER
CAJOLANT
CAJOLEUR
CAKE-WALK
CALADION
CALADIUM
CALADOIS
CALAISON
CALAMBAC
CALAMINE
CALAMINÉ
CALAMITE
CALAMITÉ
CALANCHÉ
CALANDRE
CALANDRÉ
CALANQUE
CALATHÉA
CALCAIRE
CALCÉMIE
CALCIFIÉ
CALCINÉE
CALCINER
CALCIQUE
CALCULÉE
CALCULER
CALCUTTA
CALDEIRA
CALDERÓN
CALDOCHE

CALDWELL
CALENDES
CALENDOS
CALE-PIED
CALEPINO
CALETANT
CALFATÉE
CALFATER
CALIBRÉE
CALIBRER
CALICULE
CALIGULA
CÂLINANT
CALIORNE
CALISSON
CALLEUSE
CALL-GIRL
CALLIOPE
CALLISTE
CALLISTO
CALLOWAY
CALMANTE
CALMETTE
CALOMNIE
CALOMNIÉ
CALOOCAN
CALOTTÉE
CALOTTER
CALOYÈRE
CALQUAGE
CALQUANT
CALVADOS
CALVADOS
CALVAERT
CALVAIRE
CALVAISE
CALVILLE
CALVITIE
CAMAGÜEY
CAMAÏEUS
CAMAÏEUX
CAMARADE
CAMARGUE
CAMBIALE
CAMBIAUX
CAMBISTE
CAMBOARE
CAMBODGE
CAMBOUIS
CAMBRAGE
CAMBRANT
CAMBRIEN
CAMBRURE
CAMÉLÉON
CAMÉLIDÉ
CAMELINE
CAMELLIA

CAMELOTE
CAMÉRIER
CAMERONE
CAMEROUN
CAMILLUS
CAMIONNÉ
CAMISARD
CAMISOLE
CAMOUFLÉ
CAMPAGNE
CAMPANIE
CAMPBELL
CAMPECHE
CAMPÊCHE
CAMPEUSE
CAMPHRÉE
CAMPINAS
Canadair
CANADIEN
CANADIEN
CANAILLE
CANALISÉ
CANANÉEN
CANANÉEN
CANARDÉE
CANARDER
CANARIEN
CANARIES
CANASSON
CANBERRA
CANCANER
CANDIDAT
CANDOLLE
CANETAGE
CANÉTOIS
CANICULE
CANISIUS
CANIVEAU
CANJUERS
CANNABIS
CANNELÉE
CANNELLE
CANNETTE
CANNEUSE
CANNIÈRE
CANNISSE
CANNOISE
CANONIAL
CANONISÉ
CANONNÉE
CANONNER
CANOTAGE
CANOTANT
CANOTEUR
CANOTIER
CANTELEU
CANTEMIR

CANTINER
CANTIQUE
CANTONAL
CANTONNÉ
CANULANT
CANYCAIS
CANZONES
CAOUANNE
CAPACITÉ
CAPDENAC
CAPELAGE
CAPELANT
CAPELINE
CAPELLEN
CAPÉSIEN
CAPÉTIEN
CAPE TOWN
CAPEYANT
CAPITALE
CAPITANT
CAPITAUX
CAPITEUX
CAPITOLE
CAPITOLE
CAPITOUL
CAPITULE
CAPITULÉ
CAPOEIRA
CAPORAUX
CAPOTAGE
CAPOTANT
CAPOUANE
CAPPELLO
CAPRICER
CAPRIQUE
CAP-ROUGE
CAPSELLE
CAPSULÉE
CAPSULER
CAPTATIF
CAPTIEUX
CAPTIVÉE
CAPTIVER
CAPTURÉE
CAPTURER
CAPUCHON
CAPUCINE
CAPULETS
CAPYBARA
CAQUELON
CAQUETER
CARABIDÉ
CARABINE
CARABINÉ
CARABOBO
CARACOLÉ
CARAÏBES

CARAMÉLÉ
CARANTEC
CARAPACE
CARAPATÉ
CARAQUET
CARASSIN
CARAVAGE
CARAVANE
CARBONÉE
CARBONNE
CARBURÉE
CARBURER
CARBUROL
CARCAJOU
CARCASSE
CARCÉRAL
CÁRDENAS
CARDEUSE
CARDIALE
CARDIAUX
CARDIGAN
CARDINAL
CARDUCCI
CARÉLIEN
CARÉNAGE
CARÉNANT
CARENTAN
CARESSÉE
CARESSER
CAR-FERRY
CARGUANT
CARIACOU
CARIBÉEN
CARIBÉEN
CARIBERT
CARIEUSE
CARIGNAN
CARILLON
CARILLON
CARINATE
CARLETON
CARLISLE
CARLISME
CARLISTE
CARLITTE
CARLOMAN
CARLSBAD
CARLSSON
CARMINÉE
CARNATIC
CARNAVAL
CARNÉADE
CARNEAUX
CARNEGIE
CARNIOLE
CARNUTES
CAROBERT

CAROLINE
CARONADE
CAROTÈNE
CAROTIDE
CAROTTÉE
CAROTTER
CARPATES
CARPEAUX
CARPEAUX
CARPELLE
CARPETTE
CARQUOIS
CARRACHE
CARREAUX
CARRELÉE
CARRELER
CARRELET
CARRERAS
CARRIERA
CARRIÈRE
CARRIÈRE
CARRILLO
CARRIOLE
CARROSSE
CARROSSÉ
CARROYÉE
CARROYER
CARTABLE
CARTERET
CARTERIE
CARTE-VUE
CARTHAGE
CARTONNÉ
CARYOPSE
CASANIER
CASANOVA
CASAQUIN
CASAUBON
CASCADER
CASCADES
CASCARET
CASÉEUSE
CASEMATE
CASEMENT
CASERNÉE
CASERNER
CASH-FLOW
CASHMERE
CASQUANT
CASSABLE
CASSANTE
CASSEAUX
CASSE-COU
CASSE-CUL
CASSETIN
CASSETTE
CASSEUSE

CASSIDEN
CASSIRER
CASTAGNE
CASTAGNO
CASTANET
CASTARDE
CASTILLE
CASTILLO
CASTRAIS
CASTRANT
CASTRIES
CASTRUMS
CASUELLE
CASUISTE
CATALANE
CATALYSE
CATALYSÉ
CATARRHE
CATCHANT
CATCHEUR
CATÉSIEN
CATHÈDRE
CATHÉTER
CATILINA
CATIMINI
CATOVIEN
CATTÉGAT
CATTENOM
CATTERJI
CATTLEYA
CAUCHOIS
CAUCHOIS
CAUDILLO
CAUDINES
CAULERPE
CAULNAIS
CAUSANTE
CAUSATIF
CAUSERIE
CAUSETTE
CAUSEUSE
CAUSSADE
CAUTELER
CAVALANT
CAVALEUR
CAVALIER
CAVALIER
CAVATINE
CAVENTOU
CAVIARDÉ
CAWNPORE
CAYOLAIS
CAZÉRIEN
CÉDRIÈRE

CÉGÉPIEN
CEIGNANT
CEINTURE
CEINTURÉ
CÉLÉBRÉE
CÉLÉBRER
CELEBRET
CÉLÉRITÉ
CÉLESTIN
CÉLESTIN
CÉLIMÈNE
CELLES-CI
CELLES-LÀ
CELLOISE
CELLULAR
CELTIQUE
CELTIQUE
CÉMENTÉE
CÉMENTER
CENDRANT
CENDRARS
CENDREUX
CENDRIER
CÉNOBITE
CENSORAT
CENSURÉE
CENSURER
CENTAINE
CENTAURE
CENTAURE
CENTIARE
CENTIÈME
CENTRAGE
CENTRALE
CENTRANT
CENTRAUX
CENTUPLE
CENTUPLÉ
CENTURIE
CÉPHALÉE
CÉPHÉIDE
CÉRAMIDE
CÉRATINE
CERCAIRE
CERCEAUX
CERCLAGE
CERCLANT
CERCUEIL
CERDAGNE
CÉRÉBRAL
CÉRETANE
CERFEUIL
CÉRIFÈRE
CERISAIE
CERISIER
CERNEAUX
CERTAINE

CERTAINS
CERTIFIÉ
CÉRULÉEN
CERVEAUX
CERVELAS
CERVELET
CERVELLE
CERVICAL
CERVIONE
CERVOISE
CÉSALPIN
CÉSARIEN
CÉSARISÉ
CESSANTE
CESSIBLE
CÉVENNES
CÉVENOLE
CÉVENOLE
CHABEUIL
CHABLAIS
CHABLANT
CHABRIER
CHACHLIK
CHACONNE
CHADBURN
CHADWICK
CHAFOUIN
CHAGRINE
CHAGRINÉ
CHAH-NAMÈ
CHÂHPUHR
CHAHUTÉE
CHAHUTER
CHAILLOT
CHAÎNAGE
CHAÎNANT
CHAÎNEUR
CHAÎNIER
CHAISIER
CHALAMOV
CHALANDE
CHALDÉEN
CHALDÉEN
CHALETTE
CHALEURS
CHALGRIN
CHALLANS
CHALOSSE
CHALOUPE
CHALOUPÉ
CHALUKYA
CHAMARRÉ
CHAMBARD
CHAMBERS
CHAMBÉRY
CHAMBORD
CHAMBRAY

CHAMBRAY	CHARNIER	CHEMINER	**CHILLIDA**
CHAMBRÉE	CHAROGNE	CHEMINOT	**CHILLOUK**
CHAMBRER	**CHARONNE**	CHEMISÉE	**CHIMBOTE**
CHAMEAUX	CHARRIÉE	CHEMISER	CHIMIQUE
CHAMELLE	CHARRIER	**CHEMNITZ**	CHIMISTE
CHAMELON	CHARRIER	**CHEMULPO**	CHINDANT
CHAMFORT	CHARROYÉ	CHENAPAN	**CHINDWIN**
CHAMOISÉ	**CHARTIER**	CHÉNEAUX	CHINEUSE
CHAMONIX	**CHARTRES**	CHÈNEVIS	CHINOISE
CHAMORRO	**CHARYBDE**	CHENILLE	**CHINOISE**
CHAMOTTE	CHASSANT	CHENILLÉ	CHINOISÉ
CHAMPART	CHASSÉEN	**CHÉPHREN**	**CHIOGGIA**
CHAMPION	CHASSEUR	CHÉQUIER	CHIOURME
CHAMPMOL	CHASSOIR	CHERCHÉE	CHIPEUSE
CHANÇARD	CHASTETÉ	CHERCHER	CHIPIRON
CHANCELÉ	CHASUBLE	**CHEROKEE**	CHIPOTÉE
CHANCEUX	CHATAIRE	**CHÉRONÉE**	CHIPOTER
CHANCHÁN	CHÂTEAUX	CHERRIES	**CHIPPEWA**
CHANDAIL	CHÂTELET	CHÉRUBIN	CHIQUANT
CHANDLER	**CHÂTELET**	**CHÉRUBIN**	CHIQUEUR
CHANGEUR	CHÂTIANT	**CHESHIRE**	**CHISINAU**
CHANGEUX	CHÂTIÉES	CHEVAINE	**CHISSANO**
CHANG-HAI	CHATIÈRE	CHEVALÉE	CHISTERA
CHANGHUA	CHATOYER	CHEVALER	CHLAMYDE
CHANGSHA	CHÂTRANT	CHEVALET	CHLINGUÉ
CHANLATE	**CHATRIAN**	CHEVALIN	CHLOASMA
CHANOINE	CHAUDEAU	CHEVÊCHE	**CHLODION**
CHANTAGE	CHAUDRON	CHEVELUE	CHLORAGE
CHANTANT	CHAUFFÉE	CHEVENNE	CHLORATE
CHANTEUR	CHAUFFER	**CHEVERNY**	CHLORITE
CHANTIER	CHAULAGE	CHEVESNE	CHLOROSE
CHANTOIR	CHAULANT	CHEVÊTRE	CHLORURE
CHAOURCE	CHAUMANT	CHEVILLE	CHLORURÉ
CHAOURCE	CHAUMARD	CHEVILLÉ	CHOCOLAT
CHAPARDÉ	CHAUMINE	**CHEVILLY**	**CHOISEUL**
CHAPEAUX	**CHAUMONT**	CHEVRANT	**CHOISYEN**
CHAPELET	**CHAUNOIS**	CHEVREAU	**CHOLTITZ**
CHAPELLE	**CHAURIEN**	**CHEVREUL**	CHÔMÉLAT
CHAPERON	CHAUSSÉE	CHEVRIER	**CHOMÉRAC**
CHAPITRE	CHAUSSER	CHEVROTÉ	CHÔMEUSE
CHAPITRÉ	CHAUSSES	**CHEYENNE**	**CHONGJIN**
CHAPONNÉ	CHAUSSON	CHIADANT	CHOP SUEY
CHARABIA	**CHAUSSON**	CHIALANT	CHOQUANT
CHARANGO	**CHAUVEAU**	CHIALEUR	CHOQUARD
CHARCUTÉ	CHAUVINE	CHICANÉE	CHORÉGIE
CHARENTE	**CHAUVIRÉ**	CHICANER	CHOREUTE
CHARGEUR	CHAVILLE	CHICHETÉ	CHORISTE
CHARIATI	CHAVIRÉE	**CHICLAYO**	CHOROÏDE
CHARIOTÉ	CHAVIRER	CHICORÉE	CHOSIFIÉ
CHARISME	CHEDDITE	CHICOTÉE	**CHOSROÈS**
CHARISSE	CHEF-LIEU	CHICOTER	CHOUCHEN
CHARITES	CHÉILITE	CHICOTIN	CHOUCHOU
CHARLIER	**CHELLOIS**	CHICOTTE	CHOUETTE
CHARLIEU	CHÉLOÏDE	CHIENLIT	CHOUINER
CHARLOIS	**CHEMETOV**	CHIFFRÉE	**CHOUÏSKI**
CHARMANT	**CHEMILLÉ**	CHIFFRER	CHOULEUR
CHARMEUR	CHEMINÉE	CHIGNOLE	CHOURANT

CHOU-RAVE	CISELEUR	CLÉRICAL	COAXIALE
CHOURAVÉ	CISELURE	**CLERMONT**	COAXIAUX
CHOURINÉ	**CISNEROS**	**CLÉROISE**	**COBLENCE**
CHOW-CHOW	CITADINE	**CLERVAUX**	COCA-COLA
CHRÉTIEN	CITATION	CLIC-CLAC	**COCANADA**
CHRÉTIEN	CITRIQUE	CLICHAGE	COCCIDIE
CHRISTIE	CITRONNÉ	CLICHANT	COCHETTE
CHRISTUS	ÇIVAÏSME	CLICHEUR	COCHEVIS
CHROMAGE	CIVILISÉ	**CLICHOIS**	COCHONNE
CHROMANT	CIVILITÉ	**CLICQUOT**	COCHONNÉ
CHROMATE	CLABAUDÉ	CLIGNANT	COCHYLIS
CHROMEUX	CLABOTÉE	CLIGNOTÉ	COCKTAIL
CHROMISÉ	CLABOTER	CLINAMEN	COCOLANT
CHROMITE	CLADISME	CLINIQUE	**COCONNAS**
CHTONIEN	CLADONIE	CLIPPANT	**COCONNAT**
CHUCHOTÉ	**CLAIRAUT**	CLIQUANT	COCORICO
CHUINTER	**CLAIROIX**	CLIQUETÉ	COCOTANT
CHURINGA	CLAMECER	CLISSANT	COCOTIER
CHYMKENT	CLAMSANT	CLISSÉES	COCOTTER
CIBORIUM	CLANIQUE	CLITORIS	COCUFIÉE
CIBOULOT	CLANISME	CLIVABLE	COCUFIER
CICÉRONE	CLAPOTER	CLOACALE	CODÉTENU
CI-CONTRE	CLAPOTIS	CLOACAUX	CODIFIÉE
CICUTINE	CLAPPANT	CLOCHANT	CODIFIER
CI-DESSUS	CLAQUAGE	CLOCHARD	COÉDITÉE
CI-DEVANT	CLAQUANT	**CLODOALD**	COÉDITER
CIDRERIE	CLAQUETÉ	**CLODOMIR**	**COEHOORN**
CIGARIER	CLAQUOIR	CLOÎTRÉE	COENZYME
CI-INCLUS	**CLARENCE**	CLOÎTRER	COÉPOUSE
CI-JOINTE	CLARIFIÉ	CLONIQUE	**COËVRONS**
CI-JOINTS	CLARISSE	CLOPINER	COEXISTÉ
CILIAIRE	CLASSANT	CLOPORTE	COFFRAGE
CIMAROSA	CLASSEUR	CLOQUANT	COFFRANT
CIMENTÉE	**CLAUDIEN**	CLOSEAUX	COFFREUR
CIMENTER	**CLAUSIUS**	CLOSERIE	COGÉRANT
CIMENTÉS	CLAUSTRA	**CLOTAIRE**	COGITANT
CINACIEN	CLAUSTRÉ	**CLOTILDE**	COGNITIF
CINÉASTE	CLAUSULE	CLÔTURÉE	COHABITÉ
CINÉ-CLUB	CLAVAIRE	CLÔTURER	COHÉRENT
CINÉ-PARC	CLAVARDÉ	CLOUTAGE	COHÉRITÉ
CINÉRITE	CLAVEAUX	CLOUTANT	COHÉSION
CINGLANT	CLAVECIN	CLOVISSE	COHÉSIVE
CINQ-MARS	CLAVELÉE	**CLOYSIEN**	COIFFAGE
CINTRAGE	CLAVETÉE	CLUPÉIDÉ	COIFFANT
CINTRANT	CLAVETER	CLYSTÈRE	COIFFEUR
CIOTADEN	CLAVETTE	CNIDAIRE	COIFFURE
CIPRIANI	CLAVISTE	COACCUSÉ	COINÇAGE
CIPRIÈRE	CLAYETTE	COACHING	COINÇANT
CIRCAÈTE	CLAYMORE	COAGULÉE	COÏNCIDÉ
CIRCULER	**CLAYOISE**	COAGULER	COIN-COIN
CIRONNÉE	CLAYONNÉ	COAGULUM	**COINTRIN**
CIRRHOSE	CLEARING	COALESCÉ	COÏONNER
CISAILLE	CLÉMENCE	COALISÉE	COKÉFIÉE
CISAILLÉ	CLÉMENTE	COALISER	COKÉFIER
CISALPIN	**CLEMENTI**	COAPTEUR	**COLCHIDE**
CISELAGE	**CLÉOMÈNE**	COASSANT	COLCOTAR
CISELANT	**CLERFAYT**	COAUTEUR	COLÉREUX

8

COLINEAU	COMMANDO	CONCASSÉ	CONJURER
COLLANTE	COMMENCÉ	CONCÉDÉE	**CONNACHT**
COLLECTE	COMMENDE	CONCÉDER	CONNARDE
COLLECTÉ	COMMENTE	CONCERNÉ	CONNASSE
COLLÈGUE	COMMENTÉ	CONCERTÉ	CONNEAUX
COLLEONI	COMMERCE	CONCERTO	CONNECTÉ
COLLETÉE	COMMERCÉ	CONCETTI	CONNERIE
COLLETER	**COMMERCY**	**CONCHOIS**	CONNIVER
COLLEUSE	COMMÉRER	CONCHIER	CONNOTÉE
COLL'IGÉE	**COMMINES**	CONCILIÉ	CONNOTER
COLLIGER	COMMODAT	CONCLAVE	CONQUÊTE
COLLINÉE	COMMUANT	CONCLURE	CONQUISE
COLLOÏDE	COMMUNAL	CONCOCTÉ	**CONRADIN**
COLLOISE	COMMUNIÉ	CONCORDE	CONSACRÉ
COLLOQUE	COMMUTÉE	**CONCORDE**	**CONSALVI**
COLMATÉE	COMMUTER	CONCORDÉ	CONSCRIT
COLMATER	**COMMYNES**	CONCOURS	CONSENTI
COLOCASE	COMORIENS	CONCOURU	CONSERVE
COLOMBAN	COMPACTE	CONCRÈTE	CONSERVÉ
COLOMBES	COMPACTÉ	CONCUBIN	CONSIGNE
COLOMBEY	COMPAGNE	CONDAMNÉ	CONSIGNÉ
COLOMBIE	**COMPAORÉ**	CONDENSÉ	CONSISTÉ
COLOMBIN	COMPARÉE	**CONDRIEU**	CONSŒUR
COLONAGE	COMPARER	**CONDRIOT**	CONSOLÉE
COLONIAL	COMPARSE	CONDUIRE	CONSOLER
COLONISÉ	COMPASSÉ	CONDUITE	CONSOMMÉ
COLORADO	COMPATIR	CONFÉRÉE	CONSONNE
COLORANT	COMPENSÉ	CONFÉRER	CONSORTS
COLORIÉE	COMPILÉE	CONFESSE	CONSOUDE
COLORIER	COMPILER	CONFESSÉ	CONSPIRÉ
COLORISÉ	COMPISSÉ	CONFETTI	CONSPUÉE
COLOSSAL	COMPLÈTE	CONFIANT	CONSPUER
COLOURED	COMPLÉTÉ	**CONFIANT**	CONSTANT
COLPORTÉ	COMPLEXE	CONFINÉE	**CONSTANT**
COLTINÉE	COMPLEXÉ	CONFINER	CONSTATÉ
COLTINER	COMPLICE	CONFIRMÉ	CONSTIPÉ
COLTRANE	COMPLIES	**CONFLANS**	CONSULAT
COLUMBIA	COMPLOTÉ	**CONFLENT**	**CONSULAT**
COLUMBUS	COMPONÉE	CONFLUER	CONSULTE
COMANCHE	COMPORTE	CONFONDU	CONSULTÉ
COMANECI	COMPORTÉ	CONFORME	CONSUMÉE
COMATEUX	COMPOSÉE	CONFORMÉ	CONSUMER
COMBATIF	COMPOSER	CONFORTÉ	CONTACTÉ
COMBATTU	COMPOSTÉ	CONFRÈRE	CONTENIR
COMBINAT	COMPOTÉE	CONGÉDIÉ	CONTENTE
COMBINÉE	COMPOUND	CONGELÉE	CONTENTÉ
COMBINER	COMPRIMÉ	CONGELER	CONTENUE
COMBLANT	COMPRISE	CONGRÉÉE	CONTESTE
COMBLOUX	COMPTAGE	CONGRÉER	CONTESTÉ
COMBOURG	COMPTANT	**CONGREVE**	CONTEUSE
COME-BACK	COMPTEUR	CONICINE	CONTEXTE
COMÉDIEN	COMPTINE	CONIFÈRE	CONTIGUË
COMENIUS	COMPTOIR	CONJOINT	CONTINUE
COMINOIS	COMPULSÉ	CONJOUIR	CONTINUÉ
COMITIAL	COMTESSE	CONJUGAL	CONTINUO
COMMANDE	COMTOISE	CONJUGUÉ	**CONTOISE**
136 COMMANDÉ	**COMTOISE**	CONJURÉE	CONTRANT

CONTRE-UT	**CORDOUAN**	COSTAUDE	COURETTE
CONTRITE	CORÉENNE	COSTAUDS	COUREUSE
CONTROIS	**CORÉENNE**	**COSTELEY**	COURLIEU
CONTRÔLE	CORÉGONE	COSTIÈRE	**COURNAND**
CONTRÔLÉ	CORICIDE	COSTUMÉE	COURONNE
CONTUMAX	CORINDON	COSTUMER	COURONNÉ
CONVENIR	**CORINTHE**	COTATION	COURRIEL
CONVENUE	**CORIOLAN**	**CÔTE-NORD**	COURRIER
CONVERGÉ	**CORIOLIS**	**COTENTIN**	COURROIE
CONVERSE	CORMORAN	COTHURNE	COURROUX
CONVERSÉ	CORNACÉE	COTIDALE	COURSANT
CONVERTI	CORNAQUÉ	COTIDAUX	COURSIER
CONVIANT	**CORNE D'OR**	COTIGNAC	COURSIVE
CONVOITÉ	**CORNELIA**	**COTIGNAC**	COURTAGE
CONVOLER	CORNETTE	COTILLON	COURTAUD
CONVOQUÉ	CORNIAUD	COTISANT	**COURTEYS**
CONVOYÉE	CORNICHE	COTONNÉE	COURTIER
CONVOYER	CORNIÈRE	COTONNER	COURTINE
CONVULSÉ	CORNIQUE	CÔTOYANT	COURTISÉ
COOBLIGÉ	CORNISTE	COTRIADE	COURT-JUS
COOLIDGE	**CORN LAWS**	COTUTEUR	COURTOIS
COOPÉRER	**CORNWALL**	COUCHAGE	**COURTOIS**
COOPTANT	CORONALE	COUCHANT	**COURTRAI**
COPARENT	CORONAUX	COUCHEUR	COUSCOUS
COPÉPODE	COROSSOL	COUCHOIR	COUSETTE
COPERNIC	CORPORAL	COUDIÈRE	COUSEUSE
COPIEUSE	CORPOREL	COUDOYÉE	COUSINER
COPILOTE	CORRECTE	COUDOYER	**COUSINET**
COPINAGE	CORRÉLAT	COUDRAIE	**COUSTEAU**
COPINANT	CORRÉLÉE	**COUDRIEN**	COUTEAUX
COPPÉLIA	CORRÉLER	COUDRIER	COUTELAS
COPPÉTAN	CORRIDOR	**COUESNON**	COÛTEUSE
COPULANT	CORRIGÉE	COUFIQUE	COUTURÉE
COQ-À-L'ÂNE	CORRIGER	COUGOUAR	COUVERTE
COQUELET	CORRODÉE	COUILLON	COUVEUSE
COQUELIN	CORRODER	COUILLUE	COUVRANT
COQUEMAR	CORROMPU	COUINANT	COUVREUR
COQUERET	CORROSIF	COULANTE	COUVRURE
COQUERIE	CORROYÉE	COULISSE	COVALENT
COQUERON	CORROYER	COULISSÉ	**COVENTRY**
COQUETEL	CORSAIRE	COUPABLE	COXALGIE
COQUETER	CORSELET	COUPANTE	**COYSEVOX**
COQUETTE	CORSETÉE	COUPE-FEU	**COYZEVOX**
COQUILLE	CORSETER	COUPELLE	CRABOTÉE
COQUILLE	**CORTÁZAR**	COUPERET	CRABOTER
COQUIMBO	CORTICAL	**COUPERIN**	CRACHANT
CORBEAUX	CORTISOL	**COUPERUS**	CRACHEUR
CORBEHEM	CORVETTE	COUPEUSE	CRACHINÉ
CORBIÈRE	CORYPHÉE	COUPLAGE	CRACHOIR
CORDAISE	**COSAQUES**	COUPLANT	CRACHOTÉ
CORDEAUX	**COSGRAVE**	COUPLÉES	CRACKING
CORDERIE	COSIGNÉE	COUPLEUR	**CRACOVIE**
CORDIALE	COSIGNER	COURANTE	**CRAFOORD**
CORDIAUX	COSMIQUE	COURBANT	CRAIGNOS
CORDIÈRE	**COSNOISE**	COURBATU	CRAILLER
CORDONNÉ	COSSARDE	COURBURE	CRAINDRE
CORDOUAN	COSSETTE	COURBURE	CRAINTIF

CRAMCRAM	CRÊPERIE	CROUPADE	CULTUREL
CRAMIQUE	CRÊPIÈRE	CROUPIER	**CUMMINGS**
CRAMOISI	CRÉPITER	CROUPION	CUMULANT
CRAMPTON	**CRESSENT**	CROÛTANT	CUMULARD
CRÂNERIE	**CRESSIER**	CROÛTEUX	CUPIDITÉ
CRÂNEUSE	**CRESTOIS**	CROW-CROW	CUPRIQUE
CRANTANT	CRÉTACÉE	CROYABLE	CURATEUR
CRANTÉES	CRÉTELLE	CROYANCE	CURATIVE
CRAPAÜTÉ	CRÉTOISE	CROYANTE	CURE-DENT
CRAPETTE	**CRÉTOISE**	CRUCIALE	CURE-PIPE
CRAPONNE	CRETONNE	CRUCIAUX	CURETAGE
CRAQUAGE	CREUSAGE	CRUCIFIÉ	CURETANT
CRAQUANT	CREUSANT	CRUCIFIX	**CURIACES**
CRAQUELÉ	**CREUSOIS**	CRUENTÉE	CURIEUSE
CRAQUETÉ	CREVANTE	CRUSTACÉ	**CURITIBA**
CRAQUEUR	CREVARDE	CRYOGÈNE	**CUSTOZZA**
CRASHANT	CREVASSE	CRYOLITE	CUTICULE
CRASSANE	CREVASSÉ	CRYOSTAT	CUVAISON
CRASSEUX	CREVETTE	CRYPTAGE	CUVELAGE
CRASSIER	CREVOTER	CRYPTANT	CUVELANT
CRATINOS	CRIAILLÉ	CTÉNAIRE	CYANELLE
CRAUROIS	CRIBLAGE	CUBATURE	CYANOSÉE
CRAVACHE	CRIBLANT	CUBITALE	CYANOSER
CRAVACHÉ	CRIBLEUR	CUBITAUX	CYANURÉE
CRAVATÉE	CRICOÏDE	CUCHAULE	CYANURER
CRAVATER	CRIMINEL	**CUDDAPAH**	CYCADALE
CRAW-CRAW	CRINCRIN	CUEILLIE	CYCLABLE
CRAWFORD	CRINIÈRE	CUEILLIR	**CYCLADES**
CRAWLANT	CRINOÏDE	**CUERSOIS**	CYCLAMEN
CRAWLEUR	CRIOCÈRE	CUILLÈRE	CYCLIQUE
CRAYEUSE	CRISPANT	CUIRASSE	CYCLISÉE
CRAYONNÉ	CRISSANT	CUIRASSÉ	CYCLISER
CRÉATEUR	CRISTAUX	CUISANTE	CYCLISME
CRÉATINE	CRITIQUE	CUISINÉE	CYCLISTE
CRÉATION	CRITIQUÉ	CUISINER	CYCLOÏDE
CRÉATIVE	**CRIVELLI**	CUISSAGE	CYCLONAL
CRÉATURE	**CRNA GORA**	CUISSARD	**CYCLOPES**
CRÉCELLE	CROASSER	CUISSEAU	CYLINDRE
CRÉCHANT	CROCHANT	CUIVRAGE	CYLINDRÉ
CRÉÇOISE	CROCHETÉ	CUIVRANT	CYMBALUM
CRÉDENCE	**CROCKETT**	CUIVREUX	**CYNEWULF**
CRÉDIBLE	CROCHEUR	CUL-BLANC	CYNIPIDÉ
CRÉDITÉE	CROISADE	CULBUTÉE	CYPRIÈRE
CRÉDITER	CROISANT	CULBUTER	CYPRIOTE
CRÉMAZIE	CROISEUR	CUL-DE-SAC	**CYPRIOTE**
CRÉMERIE	**CROISIEN**	CULIACÁN	CYPSÉLOS
CRÉMEUSE	**CROLLIUS**	**CULLBERG**	**CYSONIEN**
CRÉMIÈRE	Cromalin	**CULLMANN**	CYSTÉINE
CRÉMIEUX	CROMLECH	**CULLODEN**	CYSTIQUE
CRÉNEAUX	**CROMWELL**	CULMINER	CYTOKINE
CRÉNELÉE	CROQUANT	CULOTTÉE	CYTOLYSE
CRÉNELER	CROQUEUR	CULOTTER	CYTOSINE
CRÉOLISÉ	CROSKILL	CULTISME	DACQUOIS
CRÉOLITÉ	CROSSMAN	CULTIVAR	**DACQUOIS**
CRÉOSOTE	CROSSMEN	CULTIVÉE	DADAÏSME
CRÉOSOTÉ	CROTTANT	CULTIVER	DADAÏSTE
CRÊPELÉE	CROULANT	CULTURAL	D'AFFILÉE

DAGERMAN	DÉBÂCHÉE	DÉBOUTER	DÉCIDEUR
DAGOBERT	DÉBÂCHER	DÉBRASÉE	DÉCILAGE
DAGUERRE	DÉBÂCLÉE	DÉBRASER	DÉCIMALE
DAHOMÉEN	DÉBÂCLER	DÉBRAYÉE	DÉCIMANT
DAHOMÉEN	DÉBALLÉE	DÉBRAYER	DÉCIMAUX
DAIGNANT	DÉBALLER	**DEBRECEN**	DÉCINTRÉ
DAIQUIRI	DÉBANDÉE	DÉBRIDÉE	DÉCISION
DAKAROIS	DÉBANDER	DÉBRIDER	DÉCISIVE
DALADIER	DÉBARDÉE	DÉBRIEFÉ	**DECIZOIS**
DALMATIE	DÉBARDER	DÉBROCHÉ	DÉCLAMÉE
DAMANHUR	DÉBARQUÉ	DÉBUCHÉE	DÉCLAMER
DAMASSÉE	DÉBARRAS	DÉBUCHER	DÉCLARÉE
DAMASSER	DÉBARRÉE	DÉBUSQUÉ	DÉCLARER
DAMIETTE	DÉBARRER	DÉBUTANT	DÉCLASSÉ
DAMMARIE	DÉBÂTANT	DÉCADENT	DÉCLINÉE
DAMNABLE	DÉBATTRE	DÉCAÈDRE	DÉCLINER
DAMOCLÈS	DÉBATTUE	DÉCAGONE	DÉCLOUÉE
DAMVILLE	DÉBAUCHE	DÉCAISSÉ	DÉCLOUER
DANAÏDES	DÉBAUCHÉ	DÉCALAGE	DÉCOCHÉE
DANCOURT	DÉBECTÉE	DÉCALANT	DÉCOCHER
DANDINÉE	DÉBECTER	DÉCALQUE	DÉCODAGE
DANDINER	**DEBIERNE**	DÉCALQUÉ	DÉCODANT
DANDRIEU	DÉBIFFER	DÉCAMPER	DÉCODEUR
DANDYSME	DÉBILITÉ	DÉCANTÉE	DÉCOFFRÉ
DANEMARK	DÉBINAGE	DÉCANTER	DÉCOIFFÉ
DANIÉLOU	DÉBINANT	DÉCAPAGE	DÉCOINCÉ
DANSANTE	DÉBINEUR	DÉCAPANT	DÉCOLÉRÉ
DANSEUSE	DÉBITAGE	DÉCAPELÉ	DÉCOLLÉE
DANSOTER	DÉBITANT	DÉCAPITÉ	DÉCOLLER
DANSOTTÉ	DÉBITEUR	DÉCAPODE	DÉCOLORÉ
DANUBIEN	DÉBLAYÉE	**DÉCAPOLE**	DÉCOMPTE
DARBOUKA	DÉBLAYER	DÉCAPOTÉ	DÉCOMPTÉ
DARBYSME	DÉBLOQUÉ	DÉCAVANT	DÉCONFIT
DARBYSTE	DÉBOBINÉ	**DÉCÉBALE**	DÉCONNER
DARDANOS	DÉBOGAGE	DÉCÉDANT	DÉCORANT
DARE-DARE	DÉBOGUÉE	DÉCELANT	DÉCORDÉE
DARDENNE	DÉBOGUER	DÉCÉLÉRÉ	DÉCORDER
DARGUINE	DÉBOIRES	DÉCEMBRE	DÉCORNÉE
DARNÉTAL	DÉBOISÉE	DÉCEMVIR	DÉCORNER
DARRIEUX	DÉBOISER	DÉCENNAL	**DE COSTER**
DARSHANA	DÉBOÎTÉE	DÉCENNIE	DÉCOUCHÉ
DARTROSE	DÉBOÎTER	DÉCENTRÉ	DÉCOUDRE
DASSAULT	DÉBONDÉE	DÉCERCLÉ	**DECOUFLÉ**
DATATION	DÉBONDER	DÉCERNÉE	DÉCOULER
DAUBEUSE	DÉBORDÉE	DÉCERNER	DÉCOUPÉE
DAUBIÈRE	DÉBORDER	DÉCEVANT	DÉCOUPER
D'AUBIGNÉ	DÉBOTTÉE	DÉCEVOIR	DÉCOUPLÉ
DAUBIGNY	DÉBOTTER	DÉCHAÎNÉ	DÉCOUSUE
DAUPHINE	DÉBOUCHÉ	DÉCHANTÉ	DÉCRASSÉ
DAUPHINÉ	DÉBOUCLÉ	DÉCHARGE	**DE CRAYER**
DAVIDIEN	DÉBOULÉE	DÉCHARGÉ	DÉCRÊPÉE
DAVIDSON	DÉBOULER	DÉCHARNÉ	DÉCRÊPER
DAVISSON	DÉBOUQUÉ	DÉCHAUMÉ	DÉCRÉPIE
DEAD-HEAT	DÉBOURBÉ	DÉCHIRÉE	DÉCRÉPIR
DÉAMBULÉ	DÉBOURRÉ	DÉCHIRER	DÉCRÉPIT
DE AMICIS	DÉBOURSÉ	DÉCIBELS	DÉCRÉTÉE
DEARBORN	DÉBOUTÉE	DÉCIDANT	DÉCRÉTER

DÉCREUSÉ	DÉFLUENT	DÉGOURDI	DÉLAVAGE
DÉCRIANT	DÉFOLIÉE	DÉGOÛTÉE	DÉLAVANT
DÉCRISPÉ	DÉFOLIER	DÉGOÛTER	**DELAWARE**
DÉCROCHÉ	DÉFONCÉE	DÉGOUTTÉ	DÉLAYAGE
DÉCROISÉ	DÉFONCER	DÉGRADÉE	DÉLAYANT
DÉCROTTÉ	DÉFORCÉE	DÉGRADER	**DELBRÜCK**
DÉCRYPTÉ	DÉFORCER	DÉGRAFÉE	**DELCASSÉ**
DÉCUIVRÉ	**DE FOREST**	DÉGRAFER	**DEL COSSA**
DÉCUPLÉE	DÉFORMÉE	DÉGRÉANT	DELEATUR
DÉCUPLER	DÉFORMER	**DEGRELLE**	DÉLÉBILE
DÉCURION	DÉFOULÉE	DÉGREVÉE	DÉLECTÉE
DÉCUSSÉE	DÉFOULER	DÉGREVER	DÉLECTER
DÉCUVAGE	DÉFOURNÉ	DÉGRIFFÉ	DÉLÉGANT
DÉCUVANT	DÉFRAYÉE	DÉGRIPPÉ	DÉLÉGUÉE
DÉDAIGNÉ	DÉFRAYER	DÉGRISÉE	DÉLÉGUER
DÉDALÉEN	DÉFRICHE	DÉGRISER	**DELÉMONT**
DEDEKIND	DÉFRICHÉ	DÉGROSSI	DÉLESTÉE
DÉDICACE	DÉFRIPÉE	DÉGROUPÉ	DÉLESTER
DÉDICACÉ	DÉFRIPER	DÉGUERPI	DÉLÉTÈRE
DÉDISANT	DÉFRISÉE	DÉGUEULÉ	DÉLÉTION
DÉDORANT	DÉFRISER	DÉGUILLÉ	**DELEVOYE**
DÉDOUANÉ	DÉFRONCÉ	DÉGUISÉE	DÉLIBÉRÉ
DÉDOUBLÉ	DÉFROQUE	DÉGUISER	DÉLICATE
DÉDUCTIF	DÉFROQUÉ	DÉGUSTÉE	DÉLIMITÉ
DÉFAILLI	DÉFRUITÉ	DÉGUSTER	DÉLINÉÉE
DÉFALQUÉ	DÉGAINÉE	DÉHALANT	DÉLINÉER
DÉFANANT	DÉGAINER	DÉHANCHÉ	DÉLIRANT
DÉFAUSSE	DÉGANTÉE	**DE HOOGHE**	DÉLITAGE
DÉFAUSSÉ	DÉGANTER	**DEHRA DUN**	DÉLITANT
DÉFAVEUR	DÉGARNIE	DÉIFIANT	DÉLIVRÉE
DÉFECTIF	DÉGARNIR	**DÉJANIRE**	DÉLIVRER
DÉFENDRE	DÉGAUCHI	DÉJANTÉE	**DELLOISE**
DÉFENDUE	**DE GAULLE**	DÉJANTER	DÉLOYALE
DÉFENSIF	DÉGAZAGE	DÉJAUGER	DÉLOYAUX
DÉFÉQUÉE	DÉGAZANT	DÉJETANT	**DEL PONTE**
DÉFÉQUER	DÉGELANT	DÉJEUNER	**DELSARTE**
DÉFÉRANT	DÉGÉNÉRÉ	DÉJOUANT	DELTOÏDE
DÉFÉRENT	DÉGERMÉE	DÉJUCHÉE	**DELUMEAU**
DÉFERLÉE	DÉGERMER	DÉJUCHER	DÉLURANT
DÉFERLER	DÉGIVRÉE	DÉLABRÉE	DÉLUSTRÉ
DÉFERRÉE	DÉGIVRER	DÉLABRER	DÉMAIGRI
DÉFERRER	DÉGLACÉE	DÉLAÇANT	DÉMAILLÉ
DÉFEUTRÉ	DÉGLACER	**DELAHAYE**	DÉMANCHÉ
DEFFERRE	DÉGLUANT	DÉLAINÉE	DEMANDÉE
DÉFIANCE	DÉGLUTIE	DÉLAINER	DEMANDER
DÉFIANTE	DÉGLUTIR	DÉLAISSÉ	DÉMANGÉE
DÉFIBRÉE	DÉGOGNER	DÉLAITÉE	DÉMANGER
DÉFIBRER	DÉGOISÉE	DÉLAITER	DÉMARCHE
DÉFICELÉ	DÉGOISER	**DE LA MARE**	DÉMARCHÉ
DÉFIGURÉ	DÉGOMMÉE	**DELAMBRE**	DÉMARIÉE
DÉFILANT	DÉGOMMER	**DELANNOY**	DÉMARIER
DÉFILÉES	DÉGONFLÉ	DÉLASSÉE	DÉMARQUE
DÉFLAGRÉ	DÉGORGÉE	DÉLASSER	DÉMARQUÉ
DÉFLEURI	DÉGORGER	DÉLATEUR	DÉMARRÉE
DÉFLOQUÉ	DÉGOTANT	DÉLATION	DÉMARRER
DÉFLORÉE	DÉGOTTÉE	**DE LATTRE**	DÉMASCLÉ
DÉFLORER	DÉGOTTER	**DELAUNAY**	DÉMASQUÉ

DÉMÂTAGE	DÉNATURÉ	DÉPENDRE	DÉRAIDIE
DÉMÂTANT	**DENDÉRAH**	DÉPENDUE	DÉRAIDIR
DÉMATINÉ	DENDRITE	DÉPENSÉE	DÉRAILLÉ
DEMAVEND	DÉNÉBULÉ	DÉPENSER	DÉRAISON
DÉMÊLAGE	DÉNEIGÉE	**DEPESTRE**	DÉRAMANT
DÉMÊLANT	DÉNEIGER	DÉPÊTRÉE	DÉRANGÉE
DÉMÊLOIR	DÉNIAISÉ	DÉPÊTRER	DÉRANGER
DÉMÊLURE	DÉNICHÉE	DÉPEUPLÉ	DÉRAPAGE
DÉMEMBRÉ	DÉNICHER	DÉPHASÉE	DÉRAPANT
DÉMÉNAGÉ	DÉNIGRÉE	DÉPHASER	DÉRATISÉ
DÉMENANT	DÉNIGRER	DÉPIAUTÉ	DÉRAYAGE
DÉMENTIE	DÉNITRÉE	DÉPICAGE	DÉRAYANT
DÉMENTIR	DÉNITRER	DÉPILAGE	DÉRAYURE
DÉMERDÉE	DÉNIVELÉ	DÉPILANT	DERBOUKA
DÉMERDER	DÉNOMBRÉ	DÉPIQUÉE	DERECHEF
DÉMÉRITE	DÉNOMMÉE	DÉPIQUER	DÉRÉELLE
DÉMÉRITÉ	DÉNOMMER	DÉPISTÉE	DÉRÉGLÉE
DÉMESURE	DÉNONCÉE	DÉPISTER	DÉRÉGLER
DÉMESURÉ	DÉNONCER	DÉPITANT	DÉRÉGULÉ
DÉMETTRE	DÉNOTANT	DÉPLACÉE	DÉRIDANT
DÉMEUBLÉ	DÉNOUANT	DÉPLACER	DÉRISION
DEMEURÉE	DÉNOYAGE	DÉPLAIRE	DÉRIVANT
DEMEURER	DÉNOYANT	DÉPLANTÉ	DÉRIVETÉ
DEMI-CLEF	**DENPASAR**	DÉPLÂTRÉ	DÉRIVEUR
DEMI-DIEU	DENSIFIÉ	DÉPLIAGE	DERMESTE
DÉMIELLÉ	DENTAIRE	DÉPLIANT	DERMIQUE
DEMI-FOND	DENTELÉE	DÉPLISSÉ	DERNIÈRE
DEMI-GROS	DENTELER	DÉPLOMBÉ	DÉROBADE
DEMI-JOUR	DENTELLE	DÉPLORÉE	DÉROBANT
DEMI-LUNE	DENTISTE	DÉPLORER	DÉROCHÉE
DEMI-MAUX	DÉNUDANT	DÉPLOYÉE	DÉROCHER
DÉMINAGE	DÉNUTRIE	DÉPLOYER	DÉROUGIR
DÉMINANT	DÉPAILLÉ	DÉPLUMÉE	DÉROULÉE
DÉMINEUR	DÉPANNÉE	DÉPLUMER	DÉROULER
DEMI-PLAN	DÉPANNER	DÉPOLLUÉ	DÉROUTÉE
DEMI-SANG	DÉPARANT	DÉPONENT	DÉROUTER
DEMI-TONS	**DEPARDON**	DÉPORTÉE	DERRIÈRE
DEMI-TOUR	DÉPARIÉE	DÉPORTER	DERVICHE
DÉMIURGE	DÉPARIER	DÉPOSANT	**DERVOISE**
DEMI-VIES	DÉPARLER	DÉPOTAGE	DÉSABUSÉ
DÉMODANT	DÉPARTIE	DÉPOTANT	DÉSAMOUR
DÉMODULÉ	DÉPARTIR	DÉPOTOIR	DÉSARÊTÉ
DEMOLDÈR	DÉPASSÉE	DÉPOURVU	DÉSARMÉE
DE MOMPER	DÉPASSER	DÉPRAVÉE	DÉSARMER
DÉMONTÉE	DÉPATRIÉ	DÉPRAVER	DÉSARROI
DÉMONTER	DÉPAVAGE	DÉPRÉCIÉ	DÉSASTRE
DÉMONTRÉ	DÉPAVANT	**DEPRETIS**	DÉSAVEUX
DÉMORDRE	DÉPAYSÉE	DÉPRIMÉE	DÉSAVOUÉ
DE MORGAN	DÉPAYSER	DÉPRIMER	DÉSAXANT
DÉMOTIVÉ	DÉPEÇAGE	DÉPRISÉE	**DESCAMPS**
DÉMOULÉE	DÉPEÇANT	DÉPRISER	DESCELLÉ
DÉMOULER	DÉPECEUR	DÉPUCELÉ	DESCENDU
DÉMUSELÉ	DÉPÊCHÉE	DÉPULPÉE	DESCENTE
DÉNANTIE	DÉPÊCHER	DÉPULPER	DÉSEMBUÉ
DÉNANTIR	DÉPEIGNÉ	DÉPURANT	DÉSEMPLI
DÉNATTÉE	DÉPEINTE	DÉPUTANT	DÉSENCRÉ
DÉNATTER		DÉRACINÉ	DÉSENFLÉ

DÉSENNUI	DÉTECTÉE	DÉVERNIE	DICARYON
DÉSERTÉE	DÉTECTER	DÉVERNIR	DICENTRA
DÉSERTER	DÉTEINTE	DÉVERSÉE	DICÉTONE
DÉSERTÉS	DÉTELAGE	DÉVERSER	DICHLORE
DÉSHERBÉ	DÉTELANT	DÉVÊTANT	**DIEKIRCH**
DÉSHUILÉ	DÉTENANT	DÉVIANCE	**DIEPPOIS**
DÉSIGNÉE	DÉTENDRE	DÉVIANTE	DIES IRAE
DESIGNER	DÉTENDUE	DÉVIDAGE	**DIETIKON**
DÉSIGNER	DÉTERGÉE	DÉVIDANT	**DIETRICH**
DÉSILANT	DÉTERGER	DÉVIDOIR	DIFFAMÉE
DÉSIRANT	DÉTERRÉE	DEVINANT	DIFFAMER
DÉSIREUR	DÉTERRER	DÉVIRANT	DIFFÉRÉE
DÉSIREUX	DÉTERSIF	DÉVISAGÉ	DIFFÉRER
DÉSISTÉE	DÉTESTÉE	DEVISANT	DIFFORME
DÉSISTER	DÉTESTER	DÉVISSÉE	DIFFUSÉE
DE SITTER	DÉTHÉINÉ	DÉVISSER	DIFFUSER
DÉSOBÉIR	DÉTONANT	DÉVOILÉE	DIGÉRANT
DÉSOLANT	DÉTONNER	DÉVOILER	DIGESTIF
DÉSOPILÉ	DÉTORDRE	DÉVOISÉE	DIGICODE
DÉSORDRE	DÉTORDUE	DÉVOLTÉE	DIGITALE
DÉSOSSÉE	DÉTOURÉE	DÉVOLTER	DIGITAUX
DÉSOSSER	DÉTOURER	DÉVONIEN	**DIGNOISE**
DESPOTAT	DÉTOURNÉ	DÉVORANT	DIGRAMME
DESQUAMÉ	DÉTRACTÉ	DÉVOREUR	DILACÉRÉ
DESSABLÉ	DÉTRAPER	DÉVOTION	DILAPIDÉ
DESSAISI	DÉTRAQUE	DÉVOUANT	DILATANT
DESSALÉE	DÉTRAQUÉ	DÉVOYANT	DILIGENT
DESSALER	DÉTREMPE	**DE WAILLY**	DILUTION
DESSÉCHÉ	DÉTREMPÉ	DEXTRINE	DILUVIEN
DESSELLÉ	DÉTRESSE	DIACLASE	DIMANCHE
DESSERRE	DÉTRITUS	DIACONAT	DIMINUÉE
DESSERRÉ	**DÉTROITS**	DIADOQUE	DIMINUER
DESSERTE	DÉTROMPÉ	DIAGNOSE	**DIMITROV**
DESSERTI	DÉTRÔNÉE	DIAGONAL	DIMORPHE
DESSERVI	DÉTRÔNER	DIALCOOL	DINDONNÉ
DESSILLÉ	DÉTROQUÉ	DIALECTE	DINGHIES
DESSINÉE	DÉTRUIRE	DIALOGUE	DINGUANT
DESSINER	DÉTRUITE	DIALOGUÉ	DINORNIS
DESSOLÉE	DEUTÉRON	DIALYSÉE	**DIONYSOS**
DESSOLER	DEUXIÈME	DIALYSER	DIOPTRIE
DESSOUCI	DEUX-MÂTS	DIAMANTÉ	DIPHASÉE
DESSOUDÉ	DÉVALANT	DIAMÈTRE	DIPHÉNOL
DESSOÛLÉ	**DE VALERA**	DIAPASON	DIPLOÏDE
DESTINÉE	DÉVALISÉ	DIAPAUSE	DIPLÔMÉE
DESTINER	DÉVALOIR	DIAPHANE	DIPLÔMER
DESTITUÉ	**DE VALOIS**	DIAPHYSE	DIPLOPIE
DÉSTOCKÉ	DÉVALUÉE	DIAPRANT	DIPSACÉE
D'ESTRÉES	DÉVALUER	DIAPRURE	DIPTYQUE
DESTRIER	DEVANCÉE	DIARISTE	DIRECTIF
DÉSUNION	DEVANCER	DIARRHÉE	DIRIMANT
DESVROIS	DÉVASTÉE	DIASCOPE	DISCERNÉ
DÉTACHÉE	DÉVASTER	DIASPORA	DISCIPLE
DÉTACHER	DEVENANT	**DIASPORA**	DISCOÏDE
DÉTAILLÉ	**DEVENTER**	DIASTOLE	DISCORDE
DÉTALANT	DÉVERBAL	DIATHÈSE	DISCORDÉ
DÉTARTRÉ	**DEVEREUX**	DIATOMÉE	DISCOUNT
DÉTAXANT	DÉVERGUÉ	DIATRIBE	DISCOURS

DISCOURU	**DJERASSI**	DORMEUSE	DRIBBLÉE
DISCRÈTE	**DJÉZIREH**	DORMITIF	DRIBBLER
DISCULPÉ	**DJIBOUTI**	**DOROTHÉE**	**DROGHEDA**
DISCUTÉE	**DJURJURA**	**DORTMUND**	DROGUANT
DISCUTER	DOBERMAN	DOSSERET	DROIT-FIL
DISGRÂCE	DOCILITÉ	DOSSIÈRE	DROITIER
DISJOINT	DOCTORAL	DOSSISTE	DROITURE
DISLOQUÉ	DOCTORAT	DOTATION	DRÔLERIE
DISPARUE	DOCTRINE	DOUANIER	DRÔLESSE
DISPENSE	DOCUMENT	DOUBISTE	DRÔLETTE
DISPENSÉ	DODELINÉ	DOUBLAGE	**DRÔMOISE**
DISPERSÉ	DODINANT	DOUBLANT	DROP-GOAL
DISPOSÉE	**DODOMAIS**	DOUBLEAU	DROPPAGE
DISPOSER	DOG-CARTS	DOUBLEUR	DROPPANT
DISPUTÉE	DOIGTANT	DOUBLURE	DROSSANT
DISPUTER	DOIGTIER	DOUCETTE	**DROUAISE**
DISRAELI	**DOISNEAU**	DOUCHANT	**DRUILLET**
DISSÉQUÉ	DOLDRUMS	DOUCHEUR	DUALISÉE
DISSERTÉ	DOLÉANCE	DOUDOUNE	DUALISER
DISSIPÉE	**DOLGANES**	**DOUESSIN**	DUALISME
DISSIPER	**DOLLFUSS**	**DOUGLASS**	DUALISTE
DISSOCIÉ	**DOLOMIEU**	DOUILLÉE	**DU BARTAS**
DISSOLUE	DOLOMITE	DOUILLER	**DU BELLAY**
DISSONER	DOLOSIVE	DOUILLET	**DUBREUIL**
DISSOUTE	DOMANIAL	**DOUILLET**	**DUBUFFET**
DISSUADÉ	**DOMBASLE**	DOULLENS	DUC-D'ALBE
DISTANCE	**DOMBISTE**	DOUTEUSE	**DUCÉENNE**
DISTANCÉ	**DOMÉNOIS**	**DOUVAINE**	**DUCHARME**
DISTANTE	DOMIENNE	DOUVELLE	**DUCHÂTEL**
DISTENDU	**DOMFRONT**	**DOUVRAIS**	**DUCHENNE**
DISTHÈNE	DOMICILE	DOUX-AMER	**DUCHESNE**
DISTILLÉ	DOMINANT	DOUZAINE	DUCHESSE
DISTINCT	DOMINION	DOUZIÈME	**DUCOMMUN**
DISTIQUE	**DOMITIEN**	**DOVJENKO**	**DUCRETET**
DISTORDU	DOMPTAGE	Dow Jones	DUCROIRE
DISTRAIT	DOMPTANT	DRAGEOIR	**DUFRESNE**
DISTRICT	DOMPTEUR	DRAGLINE	**DUISBURG**
DIURNAUX	DONATEUR	DRAGONNE	**DUJARDIN**
DIVAGUER	DONATION	DRAGSTER	DULCIFIÉ
DIVALENT	**DONGEOIS**	DRAGUANT	DULCINÉE
DIVERGER	**DONGGUAN**	DRAGUEUR	**DULCINÉE**
DIVERSES	**DONGTING**	DRAINAGE	**DU MERSAN**
DIVERTIE	**DONGYING**	DRAINANT	**DUMOULIN**
DIVERTIR	**DONG YUAN**	DRAINEUR	**DUNHUANG**
DIVINISÉ	**DONIAMBO**	DRAISINE	**DUNS SCOT**
DIVINITÉ	DONNEUSE	**DRANCÉEN**	DUODÉNAL
DIVISANT	DONZELLE	DRAPEAUX	DUODÉNUM
DIVISEUR	**DONZENAC**	DRAPERIE	**DU PERRON**
DIVISION	DOPAMINE	DRAPIÈRE	DUPLEXÉE
DIVORCÉE	**DORACHON**	DRAVEUSE	DUPLEXER
DIVORCER	**DORDOGNE**	DRAWBACK	DUPLIQUÉ
DIVULGUÉ	**DORGELÈS**	**DREIFUSS**	**DUQUESNE**
DIX MILLE	DORIENNE	DRESSAGE	**DURANDAL**
DIZYGOTE	DORLOTÉE	DRESSANT	DURATIVE
DJAKARTA	DORLOTER	DRESSEUR	DUREMENT
DJAMBOUL	DORMANCE	DRESSING	DURE-MÈRE
DJELLABA	DORMANTE	DRESSOIR	**DURENDAL**

DURGAPUR
DURILLON
DURKHEIM
DUVALIER
DUVERGER
DUVERNOY
DUVETANT
DUVETEUX
DUVIVIER
DUXELLES
DYADIQUE
DYARCHIE
DYNAMISÉ
DYNAMITE
DYNAMITÉ
DYNASTIE
DYSLALIE
DYSLEXIE
DYSTOCIE
DYSTONIE
EASTMAIN
EASTWOOD
EAUBONNE
EAU-DE-VIE
EAU-FORTE
ÉBARBAGE
ÉBARBANT
ÉBARBOIR
ÉBARBURE
ÉBATTANT
ÉBAUCHÉE
ÉBAUCHER
ÉBAVURÉE
ÉBAVURER
ÉBÉNACÉE
ÉBÉNISTE
ÉBERLUÉE
ÉBERLUER
ÉBIONITE
ÉBORGNÉE
ÉBORGNER
ÉBOULANT
ÉBOUTANT
ÉBRANCHÉ
ÉBRANLÉE
ÉBRANLER
ÉBRASANT
ÉBRASURE
ÉBRÉCHÉE
ÉBRÉCHER
ÉBRIQUER
ÉBROUANT
ÉBRUITÉE
ÉBRUITER
ÉBURNÉEN
ÉCACHANT
ÉCAILLÉE

ÉCAILLER
ÉCARLATE
ÉCARTANT
ÉCARTELÉ
ÉCARTEUR
ECBATANE
ECCE HOMO
ECCLÉSIA
ECDYSONE
ÉCERVELÉ
ÉCHAFAUD
ÉCHALIER
ÉCHALOTE
ÉCHANCRÉ
ÉCHANGÉE
ÉCHANGER
ÉCHANSON
ÉCHAPPÉE
ÉCHAPPER
ÉCHARNÉE
ÉCHARNER
ÉCHARPÉE
ÉCHARPER
ÉCHAUDÉE
ÉCHAUDER
ÉCHAUFFÉ
ÉCHÉANCE
ÉCHÉANTE
ÉCHELIER
ÉCHEVEAU
ÉCHEVELÉ
ÉCHEVINE
ÉCHIFFRE
ÉCHINANT
ÉCHOTIER
ÉCHOUAGE
ÉCHOUANT
ÉCLAIRCI
ÉCLAIRÉE
ÉCLAIRER
ÉCLATANT
ÉCLATEUR
ÉCLIPSÉE
ÉCLIPSER
ÉCLOGITE
ÉCLOSION
ÉCLUSAGE
ÉCLUSANT
ÉCLUSIER
ECMNÉSIE
ÉCOBILAN
ÉCOBUAGE
ÉCOBUANT
ÉCŒURÉE
ÉCŒURER
ÉCOINÇON
ÉCOLABEL

ÉCOLÂTRE
ÉCOLIÈRE
ÉCOLOGIE
ÉCOLOGUE
ÉCOMMÉEN
ÉCOMUSÉE
ÉCONDUIT
ÉCONOMAT
ÉCONOMIE
ÉCOPHASE
ÉCORÇAGE
ÉCORÇANT
ÉCORCEUR
ÉCORCHÉE
ÉCORCHER
ÉCORNANT
ÉCORNURE
ÉCOSSAIS
ÉCOSSAIS
ÉCOSSANT
ÉCOULANT
ÉCOUMÈNE
ÉCOURTÉE
ÉCOURTER
ÉCOUTANT
ÉCOUTEUR
ÉCRASANT
ÉCRASEUR
ÉCRÉMAGE
ÉCRÉMANT
ÉCRÊTANT
ÉCRITEAU
ÉCRITURE
ÉCRIVAIN
ÉCRIVANT
ÉCRIVEUR
ÉCROUANT
ÉCROULÉE
ÉCROULER
ÉCROÛTÉE
ÉCROÛTER
ÉCULLOIS
ÉCUMANTE
ÉCUMEUSE
ÉCUMOIRE
ÉCUREUIL
ÉDÉNIQUE
ÉDENTANT
EDIACARA
ÉDICTANT
ÉDIFIANT
ÉDITRICE
EDMONTON
ÉDOMITES
ÉDUCABLE
ÉDUCATIF
ÉDULCORÉ

ÉDUQUANT
ÉFAUFILÉ
EFFAÇANT
EFFACEUR
EFFANANT
EFFANURE
EFFARANT
EFFECTIF
EFFECTUÉ
EFFÉMINÉ
EFFÉRENT
EFFICACE
EFFILAGE
EFFILANT
EFFILURE
EFFLEURÉ
EFFLUENT
EFFONDRÉ
EFFORCÉE
EFFORCER
EFFRANGÉ
EFFRAYÉE
EFFRAYER
EFFRÉNÉE
EFFRITÉE
EFFRITER
EFFRONTÉ
EFFUSION
EFFUSIVE
ÉGAILLÉE
ÉGAILLER
ÉGALABLE
ÉGALISÉE
ÉGALISER
ÉGAYANTE
ÉGINHARD
ÉGLETONS
ÉGLOGUES
EGOLZWIL
ÉGORGEUR
ÉGOSILLÉ
ÉGOTISME
ÉGOTISTE
ÉGOUTIER
ÉGOUTTÉE
ÉGOUTTER
ÉGRAINÉE
ÉGRAINER
ÉGRAPPÉE
ÉGRAPPER
ÉGRENAGE
ÉGRENANT
ÉGRISAGE
ÉGRISANT
ÉGROTANT
ÉGUEULÉE
ÉGUEULER

ÉGYPTIEN	ÉLUVIALE	ÉMERSION	EMPERLÉE
ÉGYPTIEN	ÉLUVIAUX	ÉMÉTIQUE	EMPERLER
EICHMANN	**ELVINOIS**	ÉMETTANT	EMPESAGE
EINSTEIN	**ELZEVIER**	ÉMETTEUR	EMPESANT
EISENACH	ÉMACIANT	ÉMEUTIER	EMPESTÉE
ÉJACULÉE	ÉMAILLÉE	ÉMIETTÉE	EMPESTER
ÉJACULER	ÉMAILLER	ÉMIETTER	EMPÊTRÉE
ÉJECTANT	ÉMANCIPÉ	ÉMIGRANT	EMPÊTRER
ÉJECTEUR	ÉMASCULÉ	ÉMINÇANT	EMPIERRÉ
ÉJECTION	EMBALLÉE	ÉMINENCE	EMPIÉTER
ÉJOINTÉE	EMBALLER	ÉMINENTE	EMPIFFRÉ
ÉJOINTER	EMBARDÉE	**EMINESCU**	EMPILAGE
ÉLABORÉE	EMBARQUÉ	ÉMISSION	EMPILANT
ÉLABORER	EMBARRAS	ÉMISSIVE	EMPIRANT
ÉLAGABAL	EMBARRÉE	ÉMISSOLE	EMPLÂTRE
ÉLAGUANT	EMBARRER	EMMANCHÉ	EMPLETTE
ÉLAGUEUR	EMBAUCHE	**EMMANUEL**	EMPLOYÉE
ÉLANÇANT	EMBAUCHÉ	EMMÊLANT	EMPLOYER
EL-AOUÏNA	EMBAUMÉE	EMMÉNAGÉ	EMPLUMÉE
ÉLASTINE	EMBAUMER	EMMENANT	EMPLUMER
EL CALLAO	EMBELLIE	EMMENTAL	EMPOCHÉE
ELDORADO	EMBELLIR	**EMMENTAL**	EMPOCHER
ELDORADO	EMBÊTANT	EMMERDÉE	EMPOIGNE
ÉLECTEUR	EMBLAVÉE	EMMERDER	EMPOIGNÉ
ÉLECTION	EMBLAVER	EMMIELLÉ	EMPORIUM
ÉLECTIVE	EMBOBINÉ	EMMOTTÉE	EMPORTÉE
ÉLECTRET	EMBOISER	EMMURANT	EMPORTER
ÉLECTRON	EMBOÎTÉE	ÉMONDAGE	EMPOSIEU
ÉLECTRUM	EMBOÎTER	ÉMONDANT	EMPOTAGE
EL-EDRISI	EMBOSSÉE	ÉMONDEUR	EMPOTANT
ÉLÉGANCE	EMBOSSER	ÉMONDOIR	EMPREINT
ÉLÉGANTE	EMBOUCHE	ÉMOTTAGE	EMPRESSÉ
ÉLÉONORE	EMBOUCHÉ	ÉMOTTANT	EMPRUNTÉ
ÉLÉPHANT	EMBOUQUÉ	ÉMOUCHET	EMPUANTI
ÉLEVEUSE	EMBOURBÉ	ÉMOUSSÉE	ÉMULSEUR
EL-HADJAR	EMBOUTIE	ÉMOUSSER	ÉMULSINE
ÉLIGIBLE	EMBOUTIR	ÉMOUVANT	ÉMULSION
ÉLIMINÉE	EMBRAQUÉ	ÉMOUVOIR	ÉMULSIVE
ÉLIMINER	EMBRASÉE	EMPAILLÉ	ENAMOURÉ
ÉLINGUÉE	EMBRASER	EMPALANT	ÉNARCHIE
ÉLINGUER	EMBRASSE	EMPALMÉE	ENCABANÉ
ÉLITAIRE	EMBRASSÉ	EMPALMER	ENCADRÉE
ÉLITISME	EMBRAYÉE	EMPANNER	ENCADRER
ÉLITISTE	EMBRAYER	EMPARANT	ENCAISSE
EL-JADIDA	EMBREVÉE	EMPÂTANT	ENCAISSÉ
ELLÉBORE	EMBREVER	EMPATHIE	ENCAQUÉE
EL-MENIAA	EMBROCHÉ	EMPATTÉE	ENCAQUER
ÉLOGIEUX	EMBRUMÉE	EMPATTER	ENCARTÉE
ÉLOIGNÉE	EMBRUMER	EMPAUMÉE	ENCARTER
ÉLOIGNER	EMBUSQUÉ	EMPAUMER	ENCASTRÉ
ÉLOQUENT	EMBUVAGE	EMPÊCHÉE	ENCAVEUR
EL-SADATE	ÉMÉCHANT	EMPÊCHER	ENCEINTE
ELSENEUR	ÉMERAUDE	EMPEIGNE	ENCEINTÉ
ELSEVIER	ÉMERGENT	EMPENNÉE	ENCENSÉE
ÉLUCIDÉE	ÉMERISÉE	EMPENNER	ENCENSER
ÉLUCIDER	ÉMERISER	EMPEREUR	ENCERCLÉ
ÉLUCUBRÉ	ÉMÉRITAT	**EMPEREUR**	ENCHAÎNÉ

ENCHANTÉ	ENFANTÉE	ENGRANGÉ	ENROBANT
ENCHÂSSÉ	ENFANTER	ENGRÊLÉE	ENROCHÉE
ENCHÉRIR	ENFANTIN	ENGRENÉE	ENROCHER
ENCLAVÉE	**ENFANTIN**	ENGRENER	ENRÔLANT
ENCLAVER	ENFARGER	ENGROSSÉ	ENRÔLEUR
ENCLOUÉE	ENFARINÉ	ENGUEULÉ	ENROUANT
ENCLOUER	ENFERMÉE	ENHARDIE	ENROULÉE
ENCOCHÉE	ENFERMER	ENHARDIR	ENROULER
ENCOCHER	ENFERRÉE	ENHERBÉE	ENSABLÉE
ENCODAGE	ENFERRER	ENHERBER	ENSABLER
ENCODANT	ENFICHÉE	ENIVRANT	ENSACHÉE
ENCODEUR	ENFICHER	ENJAMBÉE	ENSACHER
ENCOLLÉE	ENFIELLÉ	ENJAMBER	**ENSCHEDE**
ENCOLLER	ENFIÉVRÉ	ENJAVELÉ	ENSEIGNE
ENCOLURE	ENFILADE	ENJOINTE	ENSEIGNÉ
ENCOMBRE	ENFILAGE	ENJÔLANT	ENSELLÉE
ENCOMBRÉ	ENFILANT	ENJÔLEUR	ENSEMBLE
ENCONTRE	ENFILEUR	ENJOLIVÉ	**ENSENADA**
ENCORDÉE	ENFLAMMÉ	ENJUGUÉE	ENSERRÉE
ENCORDER	ENFLEURÉ	ENJUGUER	ENSERRER
ENCORNÉE	ENFOIRÉE	ENKYSTÉE	**ENSÉRUNE**
ENCORNER	ENFONCÉE	ENKYSTER	ENSEVELI
ENCORNET	ENFONCER	ENLAÇANT	ENSILAGE
ENCOUBLE	ENFOURNÉ	ENLAÇURE	ENSILANT
ENCOUBLÉ	ENFREINT	ENLAIDIE	ENSIMAGE
ENCOURIR	ENFUMAGE	ENLAIDIR	ENSOUFRÉ
ENCOURUE	ENFUMANT	ENLEVAGE	ENSOUPLE
ENCRASSÉ	ENFÛTAGE	ENLEVANT	ENSUIVIE
ENCROUÉE	ENFÛTANT	ENLISANT	ENSUIVIS
ENCROÛTÉ	ENFUYANT	ENLUMINÉ	ENSUIVRE
ENCRYPTÉ	**ENGADINE**	**ENNÉADES**	ENSUQUÉE
ENCUVAGE	ENGAINÉE	ENNEIGÉE	ENTABLÉE
ENCUVANT	ENGAINER	ENNEIGER	ENTABLER
EN DEDANS	ENGAMANT	ENNOBLIE	ENTACHÉE
EN-DEHORS	ENGANTER	ENNOBLIR	ENTACHER
ENDÉMENÉ	ENGEANCE	ENNOYAGE	ENTAILLE
ENDETTÉE	ENGELURE	ENNOYANT	ENTAILLÉ
ENDETTER	ENGENDRÉ	ENNUAGÉE	ENTAMANT
ENDÊVANT	ENGERBÉE	ENNUAGER	ENTARTRÉ
ENDIABLÉ	ENGERBER	ENNUYANT	ENTASSÉE
ENDIGUÉE	ENGLACÉE	ENNUYEUX	ENTASSER
ENDIGUER	ENGLOBÉE	ÉNONÇANT	ENTENDRE
ENDOGAME	ENGLOBER	ÉNORMITÉ	ENTENDUE
ENDOGÈNE	ENGLOUTI	ENQUÉRIR	ENTÉRINÉ
ENDOLORI	ENGLUAGE	ENQUERRE	ENTÉRITE
ENDORMIE	ENGLUANT	ENQUÊTÉE	ENTERRÉE
ENDORMIR	ENGOBAGE	ENQUÊTER	ENTERRER
ENDOSSÉE	ENGOBANT	ENRACINÉ	ENTÊTANT
ENDOSSER	ENGOMMÉE	ENRAYAGE	ENTICHÉE
ENDURANT	ENGOMMER	ENRAYANT	ENTICHER
ENDURCIE	ENGONCÉE	ENRAYURE	ENTOILÉE
ENDURCIR	ENGONCER	ENRÊNANT	ENTOILER
ENDYMION	ENGORGÉE	ENRHUMÉE	ENTÔLAGE
ENDYMION	ENGORGER	ENRHUMER	ENTÔLANT
ÉNERVANT	ENGOUANT	ENRICHIE	ENTÔLEUR
ENFAÎTÉE	ENGOURDI	ENRICHIR	ENTOLOME
ENFAÎTER	ENGRAMME	ENROBAGE	ENTONNÉE

ENTONNER	ÉPANDEUR	ÉPITAPHE	**ÉRICSSON**
ENTOURÉE	ÉPANNELÉ	ÉPITAXIE	ÉRIGEANT
ENTOURER	ÉPANOUIE	ÉPITHÈTE	ÉRIGÉRON
ENTRACTE	ÉPANOUIR	ÉPLOYANT	ÉRISTALE
ENTRAIDE	ÉPARCHIE	ÉPLUCHÉE	**ERLANGEN**
ENTRAIDÉ	ÉPARGNÉE	ÉPLUCHER	**ERLANGER**
ENTR'AIMÉ	ÉPARGNER	ÉPOINTÉE	ERMITAGE
ENTRAÎNÉ	ÉPATANTE	EPOINTER	**ERNÉENNE**
ENTRANTE	ÉPAULANT	ÉPOISSES	ÉROTIQUE
ENTRAVÉE	ÉPAULARD	ÉPONYMIE	ÉROTISÉE
ENTRAVER	ÉPAVISTE	ÉPOUILLÉ	ÉROTISER
ENTREFER	ÉPEAUTRE	ÉPOUMONÉ	ÉROTISME
ENTRE-HAÏ	ÉPENDYME	ÉPOUSANT	**ERPE-MÈRE**
ENTREMIS	ÉPÉPINÉE	ÉPOUSEUR	ÉRUCIQUE
ENTREPÔT	ÉPÉPINER	ÉPREINTE	ÉRUCTANT
ENTRESOL	ÉPERONNÉ	ÉPRENANT	ÉRUPTION
ENTRE-TUÉ	ÉPERVIER	ÉPRENDRE	ÉRUPTIVE
ENTREVUE	ÉPEURANT	ÉPROUVÉE	ÉRYTHÈME
ENTRISME	ÉPHÉLIDE	ÉPROUVER	**ÉRYTHRÉE**
ENTROPIE	ÉPHÉMÈRE	ÉPUISANT	**ESAKI LEO**
ENTROQUE	**ÉPHIALTE**	ÉPULPEUR	ESBIGNÉE
ENTUBANT	**ÉPHRUSSI**	ÉPURATIF	ESBIGNER
ENTZHEIM	ÉPIAISON	ÉPYORNIS	ESBROUFE
ÉNUCLÉÉE	ÉPICARPE	ÉQUANIME	ESBROUFÉ
ÉNUCLÉER	ÉPICERIE	ÉQUARRIE	ESCABEAU
ÉNUMÉRÉE	ÉPICIÈRE	ÉQUARRIR	ESCADRON
ÉNUMÉRER	ÉPICLÈSE	ÉQUATEUR	ESCALADE
ÉNUQUANT	**ÉPICTÈTE**	**ÉQUATEUR**	ESCALADÉ
ÉNURÉSIE	ÉPICYCLE	ÉQUATION	ESCALIER
ENVALIRA	**ÉPIDAURE**	ÉQUESTRE	ESCALOPE
ENVASANT	ÉPIDÉMIE	ÉQUEUTÉE	ESCALOPÉ
ENVENIMÉ	ÉPIDERME	ÉQUEUTER	ESCAMOTÉ
ENVERGUÉ	ÉPIDURAL	ÉQUINOXE	ESCAPADE
ENVERMEU	ÉPIERRÉE	ÉQUIPAGE	ESCARBOT
ENVIABLE	ÉPIERRER	ÉQUIPANT	**ESCARÈNE**
ENVIEUSE	ÉPIGÉNIE	ÉQUIPIER	ESCARGOT
ENVIRONS	ÉPILEUSE	ÉQUIPOLÉ	ESCARPÉE
ENVISAGÉ	ÉPILOGUE	ÉQUIVALU	ESCARPIN
ENVOLANT	ÉPILOGUÉ	ÉRADIQUÉ	ESCLAFFÉ
ENVOÛTÉE	ÉPINCETÉ	ÉRAFLANT	**ESCLAVES**
ENVOÛTER	ÉPINETTE	ÉRAFLURE	ESCOMPTE
ENVOYANT	ÉPINEUSE	**ÉRAGNIEN**	ESCOMPTÉ
ENVOYEUR	ÉPINGLÉE	ÉRAILLÉE	ESCORTÉE
ENZOOTIE	ÉPINGLER	ÉRAILLER	ESCORTER
ÉOLIENNE	ÉPINIÈRE	ÉRATHÈME	ESCOUADE
ÉOLIENNE	ÉPINOCHE	**ERCKMANN**	ESCRIMÉE
ÉOLIPILE	ÉPIPHANE	ÉRECTEUR	ESCRIMER
ÉOLIPYLE	**ÉPIPHANE**	ÉRECTILE	ESCROQUÉ
ÉPAGNEUL	ÉPIPHYSE	ÉRECTION	**ESCUDERO**
ÉPAISSIE	ÉPIPHYTE	ÉREINTÉE	**ESCULAPE**
ÉPAISSIR	ÉPIPLOON	ÉREINTER	**ESCURIAL**
ÉPAMPRÉE	ÉPISCOPE	ÉRÉMISTE	ESGOURDE
ÉPAMPRER	ÉPISSANT	ERGONOME	ESPAÇANT
ÉPANCHÉE	ÉPISSOIR	ERGOTAGE	ESPAGNOL
ÉPANCHER	ÉPISSURE	ERGOTANT	**ESPAGNOL**
ÉPANDAGE	ÉPISTATE	ERGOTEUR	ESPALIER
ÉPANDANT	ÉPISTÉMÉ	ÉRICACÉE	**ESPALION**

ESPÉRANT	ESTRAGON	ÉTRILLER	ÉVOLUTIF
ESPIÈGLE	ESTROPIÉ	ÉTRIPAGE	ÉVOQUANT
ESPIONNE	ESTUAIRE	ÉTRIPANT	**ÉVRYENNE**
ESPIONNÉ	ÉTABLANT	ÉTRIQUÉE	EXACERBÉ
ESPONTON	ÉTAGEANT	ÉTRIQUER	EXACTEUR
ESQUARRE	ÉTAGISTE	ÉTRUSQUE	EXACTION
ESQUICHÉ	ÉTALAGÉE	**ÉTRUSQUE**	EXAGÉRÉE
ESQUILIN	ÉTALAGER	ÉTUDIANT	EXAGÉRER
ESQUILLE	ÉTALONNÉ	**EUBÉENNE**	EXALTANT
ESQUIMAU	ÉTAMBRAI	EUCARIDE	EXAMINÉE
ESQUIMAU	**ÉTAMPOIS**	EUCOLOGE	EXAMINER
ESQUIMAU	ÉTAMPURE	EUPHONIE	EXARCHAT
ESQUINTÉ	ÉTANCHÉE	EUPHORBE	EXASPÉRÉ
ESQUIROL	ÉTANCHER	EUPHORIE	EXAUÇANT
ESQUISSE	**ÉTAPLOIS**	**EUPHRATE**	EXCAVANT
ESQUISSÉ	ÉTARQUÉE	EURASIEN	EXCÉDANT
ESQUIVÉE	ÉTARQUER	**EURASIEN**	EXCÉDENT
ESQUIVER	**ÉTAT CHAN**	**EURIPIDE**	EXCELLER
ESSAIMER	ÉTATIQUE	EUROCITY	EXCENTRÉ
ESSARTÉE	ÉTATISÉE	**EURONEWS**	EXCEPTÉE
ESSARTER	ÉTATISER	EUROPÉEN	EXCEPTER
ESSAYAGE	ÉTATISME	**EUROPÉEN**	EXCESSIF
ESSAYANT	ÉTATISTE	EUROPIUM	EXCIPANT
ESSAYEUR	ET CETERA	**EURYDICE**	EXCISANT
ESSÉNIEN	ÉTEINDRE	**EUSKEMEN**	EXCISEUR
ESSENINE	**ÉTELLOIS**	EUSTACHE	EXCISION
ESSEULÉE	ÉTENDAGE	**EUSTACHE**	EXCITANT
ESSORAGE	ÉTENDANT	**EUTYCHÈS**	EXCLAMÉE
ESSORANT	ÉTENDARD	ÉVACUANT	EXCLAMER
ESSOUCHÉ	ÉTENDOIR	ÉVALUANT	EXCLUANT
ESSUYAGE	ÉTERNISÉ	ÉVANGILE	EXCLUSIF
ESSUYANT	ÉTERNITÉ	ÉVANOUIE	EXCORIÉE
ESSUYEUR	ÉTERNUER	ÉVANOUIR	EXCORIER
ESTACADE	**ÉTHIOPIE**	ÉVAPORÉE	EXCRÉTÉE
ESTAFIER	ETHMOÏDE	ÉVAPORER	EXCRÉTER
ESTAGNON	ETHNIQUE	**ÉVARISTE**	EXCUSANT
ESTAMPÉE	ÉTHYLÈNE	ÉVEILLÉE	EXÉCRANT
ESTAMPER	**ÉTIEMBLE**	ÉVEILLER	EXÉCUTÉE
ESTANCIA	ÉTINCELÉ	ÉVEINAGE	EXÉCUTER
EST-CE QUE	ÉTIOLANT	ÉVENTAIL	EXÉCUTIF
ESTÉRASE	**ÉTIOLLES**	ÉVENTANT	**EXELMANS**
ESTERLIN	ÉTIQUETÉ	ÉVENTRÉE	EXEMPTÉE
ESTHÉSIE	ÉTIRABLE	ÉVENTRER	EXEMPTER
ESTIENNE	ÉTOFFANT	ÉVENTUEL	EXERÇANT
ESTIMANT	ÉTOILANT	ÉVERSION	EXERCICE
ESTIVAGE	ÉTONNANT	ÉVERTUÉE	EXFILTRÉ
ESTIVALE	ÉTOUFFÉE	ÉVERTUER	EXFOLIÉE
ESTIVANT	ÉTOUFFER	**ÉVHÉMÈRE**	EXFOLIER
ESTIVAUX	ÉTOUPANT	**ÉVIANAIS**	EXHALANT
ESTOCADE	ÉTOURDIE	ÉVICTION	EXHAUSSÉ
ESTOMPÉE	ÉTOURDIR	ÉVIDENCE	EXHIBANT
ESTOMPER	ÉTRANGER	ÉVIDENTE	EXHORTÉE
ESTONIEN	ÉTRANGLÉ	ÉVINÇANT	EXHORTER
ESTONIEN	ÉTREINTE	ÉVISCÉRÉ	EXHUMANT
ESTOPPEL	ÉTRENNÉE	ÉVITABLE	EXIGEANT
ESTOURBI	ÉTRENNER	ÉVOCABLE	EXIGENCE
ESTRÁDES	ÉTRILLÉE	ÉVOLUANT	EXIGIBLE

EXIGUÏTÉ	EXTRAITE	FALSIFIÉ	FAUFILÉE
EXISTANT	EXTRANET	**FALSTAFF**	FAUFILER
EX-LIBRIS	EXTRÉMAL	FALUNANT	**FAULKNER**
EX NIHILO	EXTREMUM	FAMILIAL	FAUNESSE
EXOCRINE	EXTRORSE	FAMILIER	FAUNIQUE
EXOGAMIE	EXTRUDÉE	FANAISON	FAUSSANT
EXONDANT	EXTRUDER	FANATISÉ	FAUSSETÉ
EXONÉRÉE	EXTRUSIF	FANDANGO	FAUSTIEN
EXONÉRER	EXULTANT	FANFARON	**FAUTAISE**
EXORABLE	EXUTOIRE	FANGEUSE	FAUTEUIL
EXORBITÉ	EYE-LINER	FANTASIA	FAUTRICE
EXORCISÉ	**EYMÉTOIS**	**FANTASIO**	**FAUTRIER**
EXOSTOSE	**EYSINAIS**	FANTASME	FAUVERIE
EXOTIQUE	**ÉZÉCHIEL**	FANTASMÉ	FAUVETTE
EXOTISME	FABLIAUX	FANTOCHE	FAUVISME
EXPANSÉE	FABRIQUE	**FANTÔMAS**	FAUX-BORD
EXPANSIF	FABRIQUÉ	FARCEUSE	FAUX-CULS
EXPATRIÉ	FABULANT	FARDEAUX	FAUX-SENS
EXPÉDIÉE	FABULEUX	**FAREWELL**	**FAVERGES**
EXPÉDIER	FACETTÉE	FARFADET	FAVEROLE
EXPIABLE	FACETTER	FARFELUE	FAVORISÉ
EXPIRANT	FÂCHERIE	FARIBOLE	FAVORITE
EXPLÉTIF	FÂCHEUSE	FARINACÉ	FAYOTANT
EXPLIQUÉ	FACILITÉ	FARINAGE	FÉCALOME
EXPLOITÉ	FAÇONNÉE	FARINANT	FÉCONDÉE
EXPLORÉE	FAÇONNER	FARINEUX	FÉCONDER
EXPLORER	FACTIEUX	FARLOUSE	FÉCULANT
EXPLOSER	FACTITIF	FAROUCHE	FÉCULENT
EXPLOSIF	FACTOTUM	**FARQUHAR**	FÉCULIER
EXPORTÉE	FACTRICE	**FARRAGUT**	FÉDÉRALE
EXPORTER	FACTURÉE	FASCINÉE	FÉDÉRANT
EXPOSANT	FACTURER	FASCINER	FÉDÉRAUX
EXPRESSE	FADEMENT	FASCISÉE	FEED-BACK
EXPRESSO	FAGNARDE	FASCISER	FÉERIQUE
EXPRIMÉE	FAGOTAGE	FASCISME	FEIGNANT
EXPRIMER	FAGOTANT	FASCISTE	**FEIGNIES**
EXPULSÉE	FAGOTEUR	FASEYANT	FEINTANT
EXPULSER	FAGOTIER	FAST-FOOD	FEINTEUR
EXPURGÉE	FAIBLARD	FASTIGIÉ	FEINTISE
EXPURGER	FAÏENCÉE	FASTOCHE	**FÉLIBIEN**
EXSANGUE	FAIGNANT	FASTUEUX	FÉLICITÉ
EXSUDANT	FAILLANT	FATALITÉ	**FÉLICITÉ**
EXTASIÉE	FAILLITE	FATIGANT	FÉLINITÉ
EXTASIER	FAINÉANT	FATIGUÉE	FELLAGHA
EXTENSIF	FAIR-PLAY	FATIGUER	**FELLETIN**
EXTÉNUÉE	FAISABLE	FATRASIE	FELOUQUE
EXTÉNUER	FAISANDÉ	FATUISME	FÉMININE
EXTERNAT	FAISCEAU	FAUBOURG	FÉMINISÉ
EXTIRPÉE	FAISEUSE	FAUCARDÉ	FÉMINITÉ
EXTIRPER	FAÎTEAUX	FAUCHAGE	FÉMORALE
EXTORQUÉ	FAÎTIÈRE	FAUCHANT	FENAISON
EXTRADÉE	FAIT-TOUT	FAUCHARD	FENDANTE
EXTRADER	**FALACHAS**	FAUCHEUR	FENDILLÉ
EXTRADOS	**FALASHAS**	FAUCHEUX	FENÊTRÉE
EXTRA-DRY	**FALCONET**	**FAUCIGNY**	FENÊTRER
EXTRAFIN	**FALÉRIES**	FAUCILLE	FENG SHUI
EXTRAIRE	**FALKLAND**	**FAUCILLE**	**FENOGLIO**

FÉRALIES
FER-BLANC
FERDOWSI
FERENCZI
FERGHANA
FERMENTÉ
FERMETTE
FERMIÈRE
FÉROCITÉ
FERRANTE
FERREIRA
FERREUSE
FERRIÈRE
FERRIQUE
FERROUTÉ
FERTOISE
FERTONNE
FERVENTE
FESSIÈRE
FESTIVAL
FESTONNÉ
FESTOYER
FÊTE-DIEU
FÉTIDITÉ
FEUDISTE
FEUILLÉE
FEUILLET
FEUILLET
FEUILLIR
FEUILLUE
FEUTRAGE
FEUTRANT
FEUTRINE
FÉVEROLE
FIANÇANT
FIBRANNE
FIBREUSE
FIBRILLE
FIBRILLÉ
FIBROÏNE
FICARDIN
FICELAGE
FICELANT
FICHANTE
FIDÉENNE
FIDÉISME
FIDÉISTE
FIDÉLISÉ
FIDÉLITÉ
FIELDING
FIELLEUX
FIENTANT
FIÉVREUX
FIFRELIN
FIGEMENT
FIGNOLÉE
FIGNOLER

FIGURANT
FIGURINE
FILAMENT
FILANDRE
FILARETE
FILATEUR
FILATURE
FILETAGE
FILETANT
FILIOQUE
FILLASSE
FILLETTE
FILLEULE
FILMIQUE
FILOCHER
FILONIEN
FILOUTÉE
FILOUTER
FILTRAGE
FILTRANT
FINALISÉ
FINALITÉ
FINANCÉE
FINANCER
FINANCES
FINASSER
FINE GAEL
FINEMENT
FINITION
FINITUDE
FINLANDE
FINNMARK
FINNOISE
FINNOISE
FIREWALL
FIRE WIRE
FISCHART
FISH-EYES
FISMOISE
FISSIBLE
FISSURÉE
FISSURER
FIXATEUR
FIXATION
FIXEMENT
FLACHEUX
FLAGELLE
FLAGELLÉ
FLAGEOLÉ
FLAGORNÉ
FLAGRANT
FLAGSTAD
FLAHERTY
FLAIRANT
FLAIREUR
FLAMANDE

FLAMANDE
FLAMBAGE
FLAMBANT
FLAMBARD
FLAMBART
FLAMBEAU
FLAMBEUR
FLAMBOYÉ
FLAMENCA
FLAMENCO
FLAMICHE
FLANAGAN
FLANCHER
FLANCHET
FLANDRES
FLANDRIN
FLANDRIN
FLANELLE
FLÂNERIE
FLÂNEUSE
FLANQUÉE
FLANQUER
FLASHAGE
FLASHANT
FLATTANT
FLATTERS
FLATTEUR
FLAUBERT
FLAVIENS
FLÉCHAGE
FLÉCHANT
FLÉCHIER
FLÉCHOIS
FLÉMALLE
FLEMMARD
FLETCHER
FLEURANT
FLEURETÉ
FLEXIBLE
FLEXUEUX
FLIBUSTE
FLIC FLAC
FLINGUÉE
FLINGUER
FLINOISE
FLIPPANT
FLIRTANT
FLIRTEUR
FLOCONNÉ
FLOCULER
FLODOARD
FLONFLON
FLOQUANT
FLORANGE
FLORENCE
FLORENCE
FLORIDÉE

FLOTTAGE
FLOTTANT
FLOTTEUR
FLOURENS
FLOURNOY
FLUCTUER
FLUIDISÉ
FLUIDITÉ
FLUORINE
FLUORITE
FLUORURE
FLÛTEAUX
FLÛTIAUX
FLÛTISTE
FLUVIALE
FLUVIAUX
FOCALISÉ
FOCILLON
FOIREUSE
FOISONNÉ
FOLÂTRER
FOLÂTRIE
FOLIACÉE
FOLIAIRE
FOLICHON
FOLIOTÉE
FOLIOTER
FOLKLORE
FOMENTÉE
FOMENTER
FONCEUSE
FONCIÈRE
FONCTION
FONDANTE
FONDERIE
FONDEUSE
FONGIBLE
FONGIQUE
FONGUEUX
FONTAINE
FONTAINE
FONTANES
FONTENAY
FONTENOY
FOOTBALL
FORAMINÉ
FORCENÉE
FORCENER
FORCERIE
FORCLORE
FORCLOSE
FORDISME
FORÉZIEN
FORFAIRE
FORFANTE
FORGEAGE
FORGEANT

FORGERIE	FOURCHER	**FREDHOLM**	**FRIVILLE**
FORGERON	FREDONNÉ	FROIDEUR
FORGEUSE	FOURCHET	FREE-JAZZ	FROIDURE
FORILLON	FOURCHON	FREE-SHOP	FROISSÉE
FORJETÉE	FOURCHUE	**FREETOWN**	FROISSER
FORJETER	**FOURCROY**	FRÉGATÉE	FRÔLEUSE
FORLANCÉ	FOURGUÉE	FRÉGATER	FROMAGER
FORLIGNÉ	FOURGUER	**FOURMIES**	**FREIBERG**	FROMETON
FORLONGÉ	FOURNEAU	FREINAGE	FRONÇANT
FORMATÉE	**FOURNEAU**	FREINANT	FRONDANT
FORMATER	**FOURNIER**	FRELATÉE	FRONDEUR
FORMATIF	FOURRAGE	FRELATER	FRONTALE
FORMELLE	FOURRAGÉ	FRÉNÉSIE	FRONTAUX
FORMERET	FOURRANT	FRÉQUENT	FRONTEAU
FORMERIE	FOURREAU	**FRESCATY**	FROTTAGE
FORMIATE	FOURREUR	**FRESNEAU**	FROTTANT
FORMIGNY	FOURRIER	**FRESNOIS**	FROTTEUR
FORMIQUE	FOURRURE	FRESSURE	FROTTOIR
FORMOLÉE	FOURVOYÉ	FRÉTILLÉ	FROUFROU
FORMOLER	FOUTAISE	FRETTAGE	FRUCTOSE
FORMULÉE	FOUTRALE	FRETTANT	**FRUGEOIS**
FORMULER	FOX-HOUND	FREUDIEN	FRUITAGE
FORNIQUÉ	**FOYALAIS**	**FREYMING**	FRUITIER
FORSYTHE	FRACASSÉ	FRIBOURG	FRUITION
FORTICHE	FRACTALE	**FRIBOURG**	FRUSQUES
FORTIFIÉ	FRACTION	FRICASSE	FRUSQUIN
FORT-LAMY	FRACTURE	FRICASSÉ	FRUSTRÉE
FORTUITE	FRACTURÉ	FRIC-FRAC	FRUSTRER
FORTUNAT	**FRAENKEL**	FRICOTÉE	FUCHSINE
FORTUNÉE	FRAGMENT	FRICOTER	**FUÉGIENS**
FOSSETTE	FRAGRANT	FRICTION	FUEL-OILS
FOSSOYÉE	FRAÎCHIN	FRIDOLIN	FUGACITÉ
FOSSOYER	FRAÎCHIR	**FRIEDMAN**	FUGITIVE
FOUACIER	FRAISAGE	FRIGORIE	FUGUEUSE
FOUAILLE	FRAISANT	FRILEUSE	**FUJIMORI**
FOUAILLÉ	FRAISEUR	**FRILEUSE**	**FUJISAWA**
FOUCAULD	FRAISIER	FRIMAIRE	**FUJIWARA**
FOUCAULT	FRAISURE	FRIMEUSE	**FUJI-YAMA**
FOUCHTRA	FRANÇAIS	FRINGALE	**FUKUYAMA**
FOUCQUET	**FRANÇAIS**	FRINGANT	**FULGENCE**
FOUDROYÉ	FRANCHIE	FRINGUÉE	FULGURER
FOUETTÉE	FRANCHIR	FRINGUER	FULIGULE
FOUETTER	FRANCIEN	FRIPERIE	FULMINÉE
FOUGASSE	FRANCISÉ	FRIPIÈRE	FULMINER
FOUGÈRES	FRANCITÉ	FRIPONNE	**FUMACIEN**
FOUGUEUX	FRANCIUM	FRISANTE	FUMAGINE
FOUILLÉE	**FRANÇOIS**	FRISELIS	FUMAISON
FOUILLER	FRANGINE	FRISETTE	**FUMÉLOIS**
FOUILLIS	**FRANKLIN**	FRISOLÉE	FUMIGÈNE
FOUINANT	**FRANQUIN**	FRISONNE	FUMIVORE
FOUINARD	FRAPPANT	**FRISONNE**	**FUNAFUTI**
FOUINEUR	FRAPPEUR	FRISOTTÉ	FUNBOARD
FOULANTE	**FRASCATI**	FRISQUET	FUNICULE
FOULONNÉ	FRAUDANT	FRITERIE	FURETAGE
FOULQUES	FRAUDEUR	FRITEUSE	FURETANT
FOURBURE	FREDAINE	FRITTAGE	FURETEUR
FOURCHÉE	**FRÉDÉRIC**	FRITTANT	FURFURAL

FURIBARD	GALLÉRIE	**GARGALLO**	GÉLIFIÉE
FURIBOND	GALLEUSE	**GARGEOIS**	GÉLIFIER
FURIEUSE	GALLICAN	**GARIFUNA**	**GÉLINIER**
FURONCLE	**GALLIENI**	**GARNERIN**	GÉLIVITÉ
FUSELAGE	GALLIQUE	GARNISON	GÉLIVURE
FUSELANT	GALLOISE	GAROUAGE	**GELL-MANN**
FUSILIER	**GALLOISE**	**GAROUSTE**	**GEMBLOUX**
FUSILLÉE	**GALLOTTA**	GARRIGUE	GÉMINANT
FUSILLER	GALONNÉE	GARROCHÉ	GEMMEUSE
FUSIONNÉ	GALONNER	GARROTTE	GÉMONIES
FUSTIGÉE	GALOPADE	GARROTTÉ	GENDARME
FUSTIGER	GALOPANT	**GARTEMPE**	GENDARMÉ
FUTAILLE	GALOPEUR	GASCOGNE	GÉNÉRALE
FUTILITÉ	GALUCHAT	GASCONNE	GÉNÉRANT
FUXÉENNE	GALVAUDÉ	**GASCONNE**	GÉNÉRAUX
GABARIER	**GAMACHES**	GASPACHO	GÉNÉREUX
GABATINE	GAMBADER	**GASPARIN**	**GENÉSIEN**
GABONAIS	GAMBERGE	**GASPÉSIE**	GENEVOIS
GABONAIS	GAMBERGÉ	GASPILLÉ	**GENEVOIS**
GABORIAU	**GAMBETTA**	**GASSENDI**	**GENEVOIX**
GABORONE	GAMBETTE	GASTRITE	GENIÈVRE
GABRIELI	GAMBILLÉ	GASTRULA	GÉNITALE
GACÉENNE	GAMBUSIE	GÂTE-BOIS	GÉNITAUX
GÂCHETTE	GAMINANT	GÂTIFIER	GÉNITEUR
GÂCHEUSE	**GANAPATI**	**GÂTINAIS**	GENNOISE
GADITANE	**GANDHARA**	**GATINEAU**	GÉNOCIDE
GAÉLIQUE	GANDOURA	**GATINOIS**	GÉNOTYPE
GAFFEUSE	**GANGEOIS**	GÂTIONNE	**GENSCHER**
GAGAOUZE	GANGLION	GAUCHÈRE	**GENSÉRIC**
GAGARINE	GANGRENÉ	GAUFRAGE	**GENSONNÉ**
GAGNABLE	GANGRÈNE	GAUFRANT	GENTIANE
GAGNANTE	GANGSTER	GAUFRIER	GENTILLE
GAGNEUSE	GANSETTE	GAUFROIR	**GENTILLY**
GAIEMENT	GANTELET	GAUFRURE	GÉODÉSIE
GAILLARD	GANTERIE	GAULETTE	**GEOFFRIN**
GAILLARD	GANTIÈRE	GAULLIEN	**GEOFFROI**
GAINERIE	GANTOISE	GAULOISE	GEÔLIÈRE
GAINIÈRE	**GANTOISE**	**GAULOISE**	GÉOLOGIE
GALANTIN	**GANYMÈDE**	**GAULTIER**	GÉOLOGUE
GALAPIAT	**GAOXIONG**	**GAUMAISE**	GÉOMÈTRE
GALÉASSE	**GARAMOND**	GAUSSANT	GÉOPHAGE
GALÉJADE	**GARAMONT**	GAUSSEUR	GÉOPHILE
GALÉJANT	GARANTIE	**GAVARNIE**	GÉOPHONE
GALEOTTI	GARANTIR	**GAVRINIS**	GÉORGIEN
GALÉRANT	GARCETTE	**GAVROCHE**	**GÉORGIEN**
GALÉRIEN	**GARCHOIS**	GAZÉIFIÉ	GÉOTRUPE
GALETAGE	GARÇONNE	GAZOGÈNE	GÉRANIUM
GALETANT	**GARDAFUI**	GAZOLINE	**GERBAULT**
GALIBIER	**GARDANNE**	GAZONNÉE	GERBILLE
GALICIEN	GARDE-FEU	GAZONNER	GERBOISE
GALICIEN	GARDE-FOU	GEIGNANT	**GERGOVIE**
GALILÉEN	GARDÉNIA	GEIGNARD	**GERHARDT**
GALILÉEN	GARDERIE	**GEISÉRIC**	GÉRIATRE
GALIMART	GARDEUSE	**GEISSLER**	GERMAINE
GALIPOTE	GARDE-VUE	GÉLATINE	**GERMAINE**
GALIPOTÉ	**GARDINER**	GÉLATINÉ	**GERMAINS**
152 **GALLEGOS**	GARDOISE		**GERMANIE**

GERMINAL	GLACERIE	**GOEBBELS**	GOUJONNÉ
GERMINAL	GLACEUSE	GOÉLETTE	GOULACHE
GÉROMOIS	GLACIALE	GOETHITE	GOULAFRE
GÉRONDIF	GLACIALS	GOGAILLE	GOULASCH
GERONIMO	GLACIAUX	GOGUETTE	GOULOTTE
GERSHWIN	GLACIÈRE	GOINFRÉE	GOUPILLE
GERSOISE	GLAIREUX	GOINFRER	GOUPILLÉ
GERTRUDE	GLAISEUX	GOITREUX	GOURANCE
GESUALDO	GLANDAGE	**GOLCONDE**	GOURANTE
GÉVAUDAN	GLANDANT	**GOLDBACH**	**GOURETTE**
GHADAMÈS	GLANDEUR	**GOLDMANN**	GOURGANE
GHARDAÏA	GLANEUSE	**GOLESTAN**	**GOURGAUD**
GHIBERTI	GLARÉOLE	GOLFEUSE	GOURMADE
GHURIDES	GLASNOST	**GOLGOTHA**	GOURMAND
GIBBEUSE	GLAUCOME	GOLMOTTE	**GOURMONT**
GIBBSITE	**GLENDALE**	**GOLTZIUS**	GOÛTEUSE
GIBELINE	**GLEN MORE**	**GOMBRICH**	GOUTTANT
GIBOULÉE	GLÉNOÏDE	GOMINANT	GOUTTEUR
GIBOYEUX	GLINGLIN	GOMMETTE	GOUTTEUX
GIENNOIS	GLISSADE	GOMMEUSE	GOUVERNE
GIFFOISE	GLISSAGE	**GOMORRHE**	GOUVERNÉ
GIGONDAS	GLISSANT	**GONCOURT**	**GOUVIEUX**
GIGOTANT	**GLISSANT**	GONDOLÉE	GOYAVIER
GIGOTTÉE	GLISSEUR	GONDOLER	**GOYIGAMA**
GILBRETH	GLISSOIR	**GONDWANA**	**GRACCHUS**
GILETIER	GLOMÉRIS	GONFALON	GRACIANT
GINGIVAL	GLORIEUX	GONFANON	GRACIEUX
GIN-RAMIS	GLORIFIÉ	GONFLAGE	**GRACQUES**
GIN-RUMMY	GLORIOLE	GONFLANT	GRADIENT
GINSBERG	GLOSSINE	GONFLEUR	GRADUANT
GIOBERTI	GLOSSITE	GONNELLE	GRAFFEUR
GIOLITTI	GLOTTALE	GONOCYTE	GRAFFITI
GIORDANO	GLOTTAUX	GONOSOME	GRAFIGNÉ
GIOVANNI	**GLOUCHKO**	**GONZAGUE**	GRAILLÉE
GIRAFEAU	GLOUGLOU	**GONZÁLEZ**	GRAILLER
GIRAFIDÉ	GLOUSSER	**GONZALVE**	GRAILLON
GIRARDET	GLUCAGON	GONZESSE	GRAINAGE
GIRARDIN	GLUCOSÉE	**GOODYEAR**	GRAINANT
GIRARDON	GLUMELLE	**GORCHKOV**	GRAINIER
GIRARDOT	GLYCÉMIE	**GORDIMER**	GRAISSÉE
GIRATION	GLYCÉRIE	GORGEANT	GRAISSER
GIRAUMON	GLYCÉROL	GORGERIN	GRAMINÉE
GIRAVION	GNANGNAN	**GORGONES**	GRAMMAGE
GIRODYNE	GNOCCHIS	**GORLOVKA**	**GRAMMONT**
GIROFLÉE	GNOGNOTE	**GOSCINNY**	**GRANADOS**
GIRONDIN	GNOMIQUE	**GOSSAERT**	**GRANBYEN**
GIRONDIN	**GOBANAIS**	**GÖTALAND**	GRAND-DUC
GIRONNÉE	**GOBELINS**	**GÖTEBORG**	GRANDEUR
GISEMENT	GOBERGÉE	GOTHIQUE	**GRANDIER**
GIULIANO	GOBERGER	**GOTTWALD**	**GRAND-PRÉ**
GIVETOIS	**GOBINEAU**	GOUACHÉE	**GRANDSON**
GIVORDIN	GODAILLÉ	GOUACHER	**GRANDVAL**
GIVRANTE	**GODAVARI**	GOUAILLE	**GRANIQUE**
GIVREUSE	GODILLER	GOUAILLÉ	GRANITÉE
GLABELLE	GODILLOT	**GOUDIMEL**	GRANULAT
GLAÇANTE	GODIVEAU	**GOUDSMIT**	GRANULÉE
GLACE BAY	**GODOUNOV**	**GOUFFIER**	GRANULER

GRANULIE
GRAPHÈME
GRAPHEUR
GRAPHITE
GRAPHITÉ
GRASSEYÉ
GRASSOIS
GRATERON
GRATIFIÉ
GRATINÉE
GRATINER
GRATTAGE
GRATTANT
GRATTEUR
GRATTOIR
GRATTONS
GRATTURE
GRATUITE
GRATUITÉ
GRAULHET
GRAVELLE
GRAVELOT
GRAVEROT
GRAVEUSE
GRAVIÈRE
GRAVITER
GRAVITON
GRAYLOIS
GRAZIANI
GRÉBICHE
GRÉCISÉE
GRÉCISER
GRÉEMENT
GREENOCK
GREFFAGE
GREFFANT
GREFFIER
GREFFOIR
GRÉGAIRE
GRÉGEOIS
GRÉGOIRE
GRELOTTÉ
GRELUCHE
GRÉMILLE
GRENACHE
GRENADÉE
GRENADER
GRENADIN
GRENCHEN
GRENELÉE
GRENELER
GRÈNETIS
GRENOBLE
GRÉSEUSE
GRÉSILLÉ
GRETCHKO

GREUBONS
GREVISSE
GRÉVISTE
GRIBICHE
GRIERSON
GRIFFADE
GRIFFANT
GRIFFEUR
GRIFFITH
GRIFFTON
GRIFFURE
GRIGNANT
GRIGNARD
GRIGNARD
GRIGNOIS
GRIGNOTÉ
GRILLADE
GRILLAGE
GRILLAGÉ
GRILLANT
GRILLOIR
GRIMACER
GRIMALDI
GRIMAULT
GRIMOIRE
GRIMPANT
GRIMPEUR
GRIMPION
GRINÇANT
GRINGORE
GRIPPAGE
GRIPPALE
GRIPPANT
GRIPPAUX
GRISANTE
GRISÂTRE
GRISERIE
GRISETTE
GRIS-GRIS
GRISOLLÉ
GRISONNE
GRISONNE
GRISONNÉ
GRIVELÉE
GRIVETON
GRIVOISE
GRODDECK
GROGNANT
GROGNARD
GROGNEUR
GROGNONS
GROMAIRE
GROMMELÉ
GRONDANT
GRONDEUR
GROS-BECS
GROSCHEN

GROSJEAN
GROSSETO
GROSSEUR
GROSSIER
GROUILLÉ
GROUPAGE
GROUPALE
GROUPANT
GROUPAUX
GROUSSET
GRUÉRIEN
GRUGEANT
GRUGEOIR
GRUISSAN
GRULETTE
GRUMEAUX
GRUMELÉE
GRUMELER
GRUNWALD
GRUTIÈRE
GRUYÈRES
GRYPHIUS
GUADIANA
GUARNERI
GUATTARI
GUDERIAN
GUÉHENNO
GUENILLE
GUENUCHE
GUÊPIÈRE
GUÉRANDE
GUERCHIN
GUERICKE
GUÉRIDON
GUÉRIGNY
GUÉRILLA
GUÉRISON
GUERRIER
GUERROYÉ
GUERROUJ
GUERTSEN
GUESCLIN
GUÉTHARY
GUÊTRANT
GUETTANT
GUETTEUR
GUEUGNON
GUEULANT
GUEULARD
GUEUSANT
GUIBOLLE
GUIDANCE
GUIDEAUX
GUIDE-FIL
GUIGNANT
GUIGNARD
GUIGNIER

GUILBERT
GUILFORD
GUILLAIN
GUILLOUX
GUIMAUVE
GUINCHER
GUINDANT
GUINDEAU
GUINGAMP
GUINGOIS
GUINNESS
GUÎNOISE
GUIPAVAS
GUISARDE
GUISCARD
GUITOUNE
GUITTONE
GUJANAIS
GUJARATI
GU KAIZHI
GULBARGA
GULDBERG
GULISTAN
GULLIVER
GUNDULIC
GUNITAGE
GUNITANT
GUO MORUO
GURVITCH
GUSTATIF
GUSTAVIA
GUTERRES
GUTTURAL
GUYANAIS
GUYANAIS
GUYANIEN
GUYNEMER
GYMKHANA
GYMNASTE
GYMNIQUE
GYNÉRIUM
GYPSERIE
GYPSEUSE
GYROSTAT
HAALTERT
HAAVELMO
HABANERA
HABENECK
HABERMAS
HABILETÉ
HABILITÉ
HABILLÉE
HABILLER
HABITANT
HABITUDE
HABITUÉE
HABITUEL

HABITUER
HÂBLERIE
HÂBLEUSE
HABSHEIM
HACHETTE
HACHETTE
HACHIOJI
HACHISCH
HACHURÉE
HACHURER
HACIENDA
HADAMARD
HADRIANA
HAFFKINE
HAFSIDES
HAGEDORN
HAGETMAU
HAGUENAU
HAICHENG
HAIGNERÉ
HAINEUSE
HAINUYER
HAINUYER
HAIPHONG
HAÏSSANT
HAKODATE
HALENANT
HALETANT
HALFFTER
HALLYDAY
HALMSTAD
HALOGÈNE
HALOGÉNÉ
HAMADHAN
HAMBOURG
HAMILCAR
HAMILTON
HAMMAMET
HANCHANT
HANDBALL
HANDICAP
HANGZHOU
HANNETON
HANNIBAL
HANNOVER
HANOTAUX
HANOUKKA
HAPLOÏDE
HAPPY END
HAPPY FEW
HAPTIQUE
HAQUENÉE
HARA-KIRI
HARANGUE
HARANGUÉ
HARARAIS
HARASSÉE

HARASSER
HARCELÉE
HARCELER
HARD ROCK
HARD-TOPS
HARDWARE
HARFLEUR
HARGEISA
HARGNEUX
HARMONIE
HARNACHÉ
HARPAGON
HARPISTE
HARPONNÉ
HARRIMAN
HARRISON
HARTFORD
HÄRTLING
HARTMANN
HARUNOBU
HASARDÉE
HASARDER
HASSIDIM
HASTINGS
HATHAWAY
HÂTIVEAU
HATTERAS
HATTÉRIA
HATTOUSA
HAUBANÉE
HAUBANER
HAUPTMAN
HAUSSANT
HAUSSIER
HAUTAINE
HAUTBOIS
HAUT-FOND
HAUTMONT
HAUT-RHIN
HAVANAIS
HAVANAIS
HAVENEAU
HAVRAISE
HAVRESAC
HAWAÏENS
HAWAIIEN
HAWAIIEN
HAWKWOOD
HAYWORTH
HEATHROW
HÉBERGÉE
HÉBERGER
HÉBÉTANT
HÉBÉTUDE
HÉBRAÏSÉ
HÉBRIDES

HECTIQUE
HÉGÉLIEN
HEIDUQUE
HEIMLICH
HEINSIUS
HÉLIAQUE
HÉLIASTE
HÉLIGARE
HÉLIPORT
HELPMANN
HELSINKI
HELVELLE
HELVÈTES
HELVÉTIE
HÉMATITE
HÉMATOME
HÉMATOSE
HEMIKSEM
HÉMOLYSE
HENGYANG
HÉNINOIS
HENNUYER
HENNUYER
HÉPARINE
HÉPATITE
HÉRACLÈS
HERBACÉE
HERBAGÉE
HERBAGER
HERBEUSE
HERCHANT
HERCHEUR
HERD-BOOK
HÉRÉDITÉ
HEREFORD
HÉRISSÉE
HÉRISSER
HÉRISSON
HÉRITAGE
HÉRITANT
HÉRITIER
HÉRITIER
HERMIONE
HÉRODIAS
HÉRODOTE
HÉROÏQUE
HÉROÏSME
HERRMANN
HERSCHEL
HERSCHER
HERSEUSE
HERTFORD
HERTZIEN
HERZBERG
HÉSITANT
HESSOISE

HESSOISE
HÉTAIRIE
HÉTAIRIE
HEUREUSE
HEURTANT
HEURTOIR
HEVELIUS
HEXAÈDRE
HEXAGONE
HEXAPODE
HEYDRICH
HEYRIEUX
HIA KOUEI
HIBERNAL
HIBERNER
HIBISCUS
HIGH-TECH
HILARANT
HILARION
HILARITÉ
HIMALAYA
HIMATION
HIMILCON
HINAYANA
HINTIKKA
HIPPIQUE
HIPPISME
HIRAGANA
HIRAKATA
HIROHITO
HIRUDINE
HISPANIE
HISTOIRE
HISTORIÉ
HISTRION
HITTITES
HITTORFF
HIVERNAL
HIVERNÉE
HIVERNER
HOBEREAU
HOBSBAWM
HOCHEPOT
HOCQUART
HŒNHEIM
HOFFMANN
HOKKAIDO
HOLLANDE
HOLLANDE
HOLOCÈNE
HOLOSIDE
HOLOTYPE
HOLSTEIN
HOMBOURG
HOMELAND
HOME RULE
HOMESPUN

8

155

HOMICIDE
HOMINIDÉ
HOMINIEN
HOMININÉ
HOMMAGES
HOMMASSE
HOMMELET
HOMOGÈNE
HOMONYME
HONCHETS
HONDURAS
HONECKER
HONEGGER
HONFLEUR
HONGRANT
HONGREUR
HONGROIS
HONGROIS
HONGROYÉ
HONOLULU
HONORANT
HONORIUS
HONTEUSE
HOOLIGAN
HOPEWELL
HÔPITAUX
HOQUETER
HOQUETON
HORATIUS
HORDE D'OR
HORLIVKA
HORLOGER
HORMONAL
HORODATÉ
HOROWITZ
HORRIBLE
HORRIFIÉ
HORS-BORD
HORS-COTE
HORTENSE
HOSPODAR
HOSSEGOR
HÔTELIER
HOTMANUS
HOT MONEY
HOUAICHE
HOUCHARD
HOUHEHOT
HOUILLER
HOUILLES
HOULETTE
HOULEUSE
HOULGATE
HOULIGAN
HOUPPIER
HOURDAGE

HOURDANT
HOURVARI
HOUSSAIE
HOUSSANT
HOUSSINE
HOUSSINÉ
HOUSSOIR
HUANCAYO
HUBERTIN
HUELGOAT
HUGUENOT
HUILERIE
HUILEUSE
HUIS CLOS
HUISSIER
HUITAINE
HUITANTE
HUITIÈME
HUÎTRIER
HUIZINGA
HU JINTAO
HULLOISE
HULULANT
HUMANISÉ
HUMANITÉ
HUMECTÉE
HUMECTER
HUMÉRALE
HUMÉRAUX
HUMIDITÉ
HUMILIÉE
HUMILIER
HUMILITÉ
HUMORALE
HUMORAUX
HUMPHREY
HUNINGUE
HUNJIANG
HUNNIQUE
HUNSRÜCK
HUREPOIX
HURLANTE
HURLEUSE
HURONIEN
HUSSARDE
HUSSARDS
HUVEAUNE
HUYSMANS
HYBRIDÉE
HYBRIDER
HYDATIDE
HYDRAIRE
HYDRANTE
HYDRATÉE
HYDRATER

HYDRIQUE
HYDROGEL
HYDROMEL
HYDROSOL
HYÉROISE
HYMÉNIUM
HYPERGOL
HYPÉRIDE
HYPNOÏDE
HYPOCRAS
HYPOGYNE
HYPONYME
HYPOSODÉ
HYRCANIE
HYSTÉRIE
IAKOUTIE
IAKOUTSK
IAMBIQUE
IAROSLAV
IBÁRRURI
IBÉRIQUE
IBÉRIQUE
IBN ARABI
IBN SÉOUD
ICAQUIER
ICAUNAIS
ICAUNAIS
ICE-CREAM
ICEFIELD
ICE-SHELF
ICHIHARA
ICHIKAWA
ICHTYOSE
ICONIQUE
IDÉALISÉ
IDÉALITÉ
IDÉATION
IDENTITÉ
IDLEWILD
IDOLÂTRE
IDOLÂTRÉ
IDOMÉNÉE
IDUMÉENS
IELTSINE
IENISSEÏ
IFRIQIYA
IGNIFUGE
IGNIFUGÉ
IGNITION
IGNITRON
IGNIVOME
IGNORANT
IJMUIDEN
ILAHABAD
ILLÉGALE
ILLÉGAUX
ILLETTRÉ

ILLICITE
ILLIMANI
ILLIMITÉ
ILLINOIS
ILLKIRCH
ILLUMINÉ
ILLUSION
ILLUSTRE
ILLUSTRÉ
ILLUVIAL
ILLUVIUM
ILLYRIEN
ILLYRIEN
ILMÉNITE
ILOTISME
IMAGERIE
IMAGEUSE
IMAGIÈRE
IMAGINAL
IMAGINÉE
IMAGINER
IMBÉCILE
IMBIBANT
IMBRIQUÉ
IMITABLE
IMITATIF
IMMACULÉ
IMMANENT
IMMANITÉ
IMMATURE
IMMÉDIAT
IMMERGÉE
IMMERGER
IMMÉRITÉ
IMMERSIF
IMMEUBLE
IMMIGRÉE
IMMIGRER
IMMINENT
IMMISCÉE
IMMISCER
IMMOBILE
IMMODÉRÉ
IMMOLANT
IMMORALE
IMMORAUX
IMMORTEL
IMMOTIVÉ
IMMUABLE
IMMUNISÉ
IMMUNITÉ
IMPALUDÉ
IMPARITÉ
IMPARTIE
IMPARTIR
IMPAVIDE
IMPENSES

IMPÉRIAL	INCISION	INEXAUCÉ	INITIAUX
IMPERIUM	INCISIVE	INEXERCÉ	INJECTÉE
IMPÉTIGO	INCISURE	INEXPERT	INJECTER
IMPÉTRER	INCITANT	INEXPIÉE	INJECTIF
IMPLANTÉ	INCIVILE	INFAMANT	INJURIÉE
IMPLIQUÉ	INCLINÉE	INFARCIE	INJURIER
IMPLORÉE	INCLINER	INFATUÉE	INNÉISME
IMPLORER	INCLUANT	INFATUER	INNERVÉE
IMPLOSER	INCLUSIF	INFÉCOND	INNERVER
IMPLOSIF	INCOLORE	INFECTÉE	INNOCENT
IMPORTÉE	INCOMBER	INFECTER	**INNOCENT**
IMPORTER	INCONGRU	INFÉODÉE	INNOMMÉE
IMPORTUN	INCONNUE	INFÉODER	INNOVANT
IMPOSANT	INCRUSTÉ	INFÉRANT	INOCCUPÉ
IMPOTENT	INCUBANT	INFERNAL	IN-OCTAVO
IMPRÉCIS	INCULPÉE	INFESTÉE	INOCULÉE
IMPRÉGNÉ	INCULPER	INFESTER	INOCULER
IMPRÉVUE	INCULQUÉ	INFICHUE	INONDANT
IMPRIMÉE	INCURVÉE	INFIDÈLE	INOPINÉE
IMPRIMER	INCURVER	INFILTRÉ	INOTROPE
IMPROPRE	INDÉCENT	INFIMITÉ	IN-QUARTO
IMPUBÈRE	INDÉCISE	INFINITÉ	INQUIÈTE
IMPUDENT	INDÉFINI	INFIRMÉE	INQUIÉTÉ
IMPUDEUR	INDEXAGE	INFIRMER	INQUILIN
IMPUGNER	INDEXANT	INFLÉCHI	INSANITÉ
IMPULSÉE	INDEXEUR	INFLIGÉE	INSATURÉ
IMPULSER	INDICIEL	INFLIGER	INSCRIRE
IMPULSIF	INDIENNE	INFLUANT	INSCRITE
IMPUNITÉ	**INDIENNE**	INFLUENT	INSCULPÉ
IMPURETÉ	INDIGÈNE	INFONDÉE	INSÉMINÉ
IMPUTANT	INDIGENT	INFORMÉE	INSENSÉE
INABOUTI	INDIGNÉE	INFORMEL	INSÉRANT
INABRITÉ	INDIGNER	INFORMER	INSINUÉE
INACHEVÉ	INDIQUÉE	INFOUTUE	INSINUER
INACTION	INDIQUER	INFRASON	INSIPIDE
INACTIVE	INDIRECT	INFUSANT	INSISTER
INACTIVÉ	INDIVIDU	INFUSION	INSOLANT
INACTUEL	INDIVISE	INGÉNIÉE	INSOLENT
INADAPTÉ	INDOCILE	INGÉNIER	INSOLITE
INALPAGE	INDOLENT	INGÉRANT	INSOMNIE
INALPANT	INDOLORE	**INGOUCHE**	INSONORE
INALTÉRÉ	INDOMPTÉ	INGRISME	INSOUMIS
INAMICAL	INDUCTIF	INGUINAL	INSPECTÉ
INANIMÉE	INDULINE	INHABILE	INSPIRÉE
INAPAISÉ	INDÛMENT	INHABITÉ	INSPIRER
INAPERÇU	**INDURÁIN**	INHALANT	INSTABLE
INAUGURÉ	INÉCOUTÉ	INHÉRENT	INSTALLÉ
INAVOUÉE	INÉGALÉE	INHIBANT	INSTANCE
INCARNAT	INEMPLOI	INHUMAIN	INSTANTE
INCARNÉE	INENTAMÉ	INHUMANT	INSTAURÉ
INCARNER	INÉPUISÉ	INIMITÉE	INSTIGUÉ
INCENDIE	INERTAGE	INIMITIÉ	INSTILLÉ
INCENDIÉ	INERTANT	INIQUITÉ	INSTINCT
INCHANGÉ	INERTIEL	INITIALE	INSTITUÉ
INCIDENT	INESPÉRÉ	INITIALÉ	INSTITUT
INCINÉRÉ	INÉTENDU	INITIANT	INSTRUIT
INCISANT	INEXACTE		INSUCCÈS

INSUFFLÉ	INVITANT	**ISTIQLAL**	JAUNÂTRE
INSULINE	INVOLUTÉ	ITALIQUE	JAUNETTE
INSULTÉE	INVOQUÉE	**ITANAGAR**	JAUNISSE
INSULTER	INVOQUER	**ITELMÈNE**	JAVANAIS
INSURGÉE	**IOÁNNINA**	ITÉRATIF	**JAVANAIS**
INSURGER	IONIENNE	**ITURBIDE**	JAVELAGE
INTAILLE	**IONIENNE**	IVOIRIEN	JAVELANT
INTÉGRAL	IONISANT	**IVOIRIEN**	JAVELEUR
INTÉGRÉE	**IPATINGA**	IVOIRINE	JAVELINE
INTÉGRER	**IRÁKLION**	**IVRYENNE**	**JAYADEVA**
INTELSAT	**IRAPUATO**	IVUJIVIK	**JAYAPURA**
INTENSIF	IRAQUIEN	JABALPUR	JAZZ-BAND
INTENTÉE	**IRAQUIEN**	JABLIÈRE	JAZZIQUE
INTENTER	IRÉNIQUE	JABLOIRE	JAZZMANS
INTERAGI	IRÉNISME	JACASSER	JAZZ-ROCK
INTERDIT	IRIDACÉE	JACINTHE	**JEAN-PAUL**
INTERNAT	IRISABLE	JACOBINE	JÉJUNALE
INTERNÉE	**IRKOUTSK**	**JACOBINS**	JÉJUNAUX
INTERNER	IRONIQUE	JACOBITE	**JELLICOE**
INTERNET	IRONISER	**JACOBSEN**	**JEMMAPES**
INTERPOL	IRONISTE	JACQUARD	JÉROBOAM
INTESTAT	**IROQUOIS**	**JACQUARD**	**JÉROBOAM**
INTESTIN	IRRADIÉE	JACQUIER	**JÉRÔMIEN**
INTIFADA	IRRADIER	JACTANCE	JERRICAN
INTIMANT	IRRÉELLE	**JAGUENNE**	JERRYCAN
INTIMIDÉ	IRRÉFUTÉ	JAÏNISME	JERSIAIS
INTIMITÉ	IRRÉSOLU	**JAKOBSON**	**JERSIAIS**
INTITULÉ	IRRIGUÉE	JALONNÉE	JEUNESSE
INTRADOS	IRRIGUER	JALONNER	**JEUNESSE**
INTRANET	IRRITANT	JALOUSÉE	JEUNETTE
INTRIGUE	ISABELLE	JALOUSER	JEÛNEUSE
INTRIGUÉ	**ISABELLE**	JALOUSIE	JEUNISME
INTRIQUÉ	**ISAMBERT**	**JAMAÏQUE**	JEUNOTTE
INTRORSE	ISCHÉMIE	JAMAIS-VU	JIU-JITSU
INTRUSIF	**ISENGRIN**	JAMBETTE	JOBARDÉE
INTUBANT	**ISÉROISE**	JAMBIÈRE	JOBARDER
INTUITIF	ISLAMISÉ	JAMBOREE	JOCRISSE
INUKJUAK	**ISMAÏLIA**	**JAMNAGAR**	JODHPURS
INUSABLE	ISOBATHE	**JANEQUIN**	JOGGEUSE
INUSITÉE	ISOCARDE	**JANICULE**	**JOHANNOT**
INVAINCU	ISOCHORE	**JAN MAYEN**	**JOHN BULL**
INVALIDE	ISOCLINE	JAPONAIS	JOIGNANT
INVALIDÉ	**ISOCRATE**	**JAPONAIS**	JOINTIVE
INVASION	ISOGAMIE	JAQUELIN	JOINTOYÉ
INVASIVE	ISOHYÈTE	JAQUETTE	JOINTURE
INVENDUE	ISOHYPSE	JARDINÉE	JOLIESSE
INVENTÉE	ISOLABLE	JARDINER	JOLIETTE
INVENTER	ISOLANTE	JARDINET	**JOLIETTE**
INVENTIF	ISOMÉRIE	JARGONNÉ	JOLIMENT
INVERSÉE	ISOPRÈNE	JARRETÉE	JONCACÉE
INVERSER	ISOPTÈRE	JARRETER	JONCHAIE
INVERTIE	ISOSISTE	**JARVILLE**	JONCHANT
INVERTIR	ISOTONIE	JASPINER	JONCHÈRE
INVESTIE	ISOTROPE	**JAUCOURT**	JONCTION
INVESTIR	**ISSÉENNE**	JAUGEAGE	**JONGKIND**
INVÉTÉRÉ	**ISSOUDUN**	JAUGEANT	JONGLANT
INVIOLÉE	**ISTANBUL**	JAUMIÈRE	JONGLEUR

JORASSES	KAIROUAN	KERHORRE	KOLTCHAK
JORDAENS	KAKATOÈS	KERMADEC	KOMSOMOL
JORDANIE	KAKEMONO	KERMESSE	KONSTANZ
JOSAPHAT	KAKIEMON	KÉROGÈNE	KOOLHAAS
JOSSELIN	KAKINADA	KÉROSÈNE	KOOPMANS
JOUAILLÉ	KAKOGAWA	KETTELER	KORDOFAN
JOUBARBE	KALA-AZAR	KHADIDJA	KORIYAMA
JOUFFLUE	KALAHARI	KHÂGNEUX	KORNILOV
JOUFFROY	KALAMÁTA	KHAKASSE	KORRIGAN
JOUISSIF	KALEVALA	KHALIFAT	KOSOVARE
JOURDAIN	KALIDASA	KHAMENEI	KOSOVARE
JOURNAUX	KALIÉMIE	KHARTOUM	KOSTANAÏ
JOUTEUSE	KALININE	KHÉDIVAT	KOSTENKI
JOUVENCE	KALMOUKS	KHEPHREN	KOSTROMA
JOUVENEL	KAMAKURA	KHODJENT	KOSZALIN
JOUVENET	KAMAYURÁ	KHOMEYNI	KOTZEBUE
JOUXTANT	KAMIKAZE	KHORASAN	KOUCHNER
JOVACIEN	KAMLOOPS	KHURASAN	KOULIKOV
JOVIENNE	KANAZAWA	KIBBOUTZ	KOUMASSI
JOVINIEN	KANDAHAR	KICHINEV	KOUO MO-JO
JOYSTICK	KANTISME	KIDNAPPÉ	KOURGANE
JUAN JOSÉ	KAOLIANG	KIENHOLZ	KOURILES
JUBILANT	KAPELLEN	KILOVOLT	KOUROUMA
JUDAÏQUE	KAPOKIER	KILOWATT	KOUTCHMA
JUDAÏSÉE	KAPOSVÁR	KIMCHAEK	KOUZBASS
JUDAÏSER	KARADZIC	KINABALU	KOWALSKI
JUDAÏSME	KARAKOUM	KINECHMA	KRAKATAU
JUDICAËL	KARATÉKA	KINGSLEY	KRAKATOA
JUGEMENT	KARDINER	KINGSTON	KRASICKI
JUGULANT	KARELLIS	KINKAJOU	KRASUCKI
JUGURTHA	KARLSBAD	KINSHASA	KREISLER
JUIVERIE	KARLSTAD	KIRCHNER	KREUTZER
JUJUBIER	KASHROUT	KIRGHIZE	KRÜDENER
JULIÉNAS	KASPAROV	KIRGHIZE	KSATRIYA
JULIÉNAS	KASSITES	KIRIBATI	KUFSTEIN
JULIENNE	KATAKANA	KIRKLAND	KUHLMANN
JULIETTE	KATCHINA	KIRSTEIN	KUMAMOTO
JUMBO-JET	KATOWICE	KISARAZU	KUMANOVO
JUMELAGE	KATTEGAT	KISMAAYO	KUROSAWA
JUMELANT	KAWABATA	KLAIPEDA	KUROSHIO
JUMELLES	KAWASAKI	KLAPROTH	KURTZMAN
JUMIÈGES	KAZANLAK	KLAXONNÉ	KUUJJUAQ
JUNGFRAU	KEEPSAKE	KLITZING	KWAKIUTL
JUNONIEN	KEEWATIN	KLONDIKE	KYRIELLE
JUPONNÉE	KEFLAVÍK	KLYSTRON	KYSTIQUE
JUPONNER	KÉGRESSE	KNIASEFF	KYZYLJAR
JURANÇON	KEIRETSU	KNICKERS	LA BASSÉE
JURANÇON	KEKKONEN	KNOCK-OUT	LA BÂTHIE
JUREMENT	KEMEROVO	KNOROZOV	LABDANUM
JUSSIEUA	KÉNOTRON	KŒCHLIN	LABÉLISÉ
JUSTESSE	KENTUCKY	KOESTLER	LABIENUS
JUSTIFIÉ	KENYATTA	KOIVISTO	LABILITÉ
JUVÉNILE	KÉRABAUX	KOKSIJDE	LA BOÉTIE
JUVISIEN	KÉRATINE	KOLATIER	LABOURÉE
KABARDES	KÉRATITE	KOLHAPUR	LABOURER
KADIEVKA	KÉRATOSE	KOLINSKI	LABRADOR
KAFKAÏEN	KERENSKI	KOLKHOZE	LABRADOR

LA BRESSE	LAITANCE	LANGEANT	LA SERENA
LA BRIGUE	LAITERIE	LANGEVIN	LASKARIS
LA BROSSE	LAITERON	LANGHOFF	LA SPEZIA
LA CAILLE	LAITEUSE	LANGLADE	LASSALLE
LACANDON	LAITIÈRE	LANGLAIS	LASSANTE
LACEMENT	LAITONNÉ	LANGLAND	LASSERIE
LACEPÈDE	LAÏUSSER	LANGLOIS	LASSIGNY
LACÉRANT	LA JARRIE	LANGMUIR	LASSWELL
LA CHAISE	LALIBALA	LANGOGNE	LAS VEGAS
LA CHAIZE	LALIBELA	LANGROIS	LATANIER
LA CHÂTRE	LAMAÏQUE	LANGUARD	LATÉRALE
LÂCHEUSE	LAMAÏSME	LANGUEUR	LATÉRAUX
LA CIERVA	LAMANAGE	LANGUEUX	LATÉRITE
LACINIÉE	LA MANCHA	LANGUIDE	LATINISÉ
LA CIOTAT	LAMANEUR	LANIAQUE	LATINITÉ
LA CLUSAZ	LAMANTIN	LANIFÈRE	LATITUDE
LAC MINTO	LA MARCHE	LANIGÈRE	LATOMIES
LACQUOIS	LAMARQUE	LANLAIRE	LATOUCHE
LACRYMAL	LAMASTRE	LANNILIS	LATRINES
LACTAIRE	LAMBALLE	LANOLINE	LATTOISE
LACTANCE	LAMBEAUX	LANREZAC	LA TURBIE
LACTIQUE	LAMBINER	LANTERNE	LAUDANUM
LACUNEUX	LA MECQUE	LANTERNÉ	LAUDATIF
LACUSTRE	LAMELLÉE	LANTHANE	LAUGHTON
LÀ-DEDANS	LAMENTÉE	LAODICÉE	LAURACÉE
LADISLAS	LAMENTER	LAONNOIS	LAURASIA
LADRERIE	LAMENTIN	LA PALICE	LAURASIE
LADRIÈRE	LAMIACÉE	LAPAOURI	LAURÉATE
LAETOLIL	LAMIFIÉE	LAPEMENT	LAUSANNE
LAFARGUE	LAMINAGE	LAPEREAU	LAUTARET
LAFÉROIS	LAMINANT	LAPICQUE	LAVANDIN
LAFFEMAS	LAMINEUR	LAPIDANT	LAVARDAC
LAFFITTE	LAMINEUX	LAPINANT	LAVE-AUTO
LA FLÈCHE	LAMINOIR	LAPITHES	LAVEMENT
LAFORGUE	LA MOLINA	LA PLAGNE	LAVENTIE
LAGERLÖF	LA MONGIE	LA PLAINE	LAVE-PONT
LAGHOUAT	LAMOUTES	LAPOINTE	LAVE-TÊTE
LAGOPÈDE	LAMPANTE	LAQUELLE	LAVINIUM
LA GRANGE	LAMPASSÉ	LAQUEUSE	LA VOULTE
LAGRANGE	LAMPISTE	LARDOIRE	LAWRENCE
LA GUAIRA	LAMPROIE	LARDONNÉ	LAXATIVE
LAGUERRE	LANCELOT	LA REYNIE	LAXOVIEN
LAGUIOLE	LANCÉOLÉ	LARGABLE	LAZAREFF
LAGUIOLE	LANCETTE	LARGESSE	LAZURITE
LAGUNAGE	LANCEUSE	LARGUANT	LEANG K'AI
LA HABANA	LANCINÉE	LARGUEUR	LÉAUTAUD
LA HAVANE	LANCINER	LARMOYER	LEBESGUE
LA HONTAN	LANDAISE	LA ROCQUE	LE BOULOU
LAÏCISÉE	LANDAISE	LAROUSSE	LE CANNET
LAÏCISER	LAND ARTS	LARTIGUE	LECANUET
LAÏCISME	LANDOUZY	LARVAIRE	LÈCHE-CUL
LAÏCISTE	LANDRACE	LARYNGÉE	LÉCHEUSE
LAIDERON	LAND'S END	LASAGNES	LE CLÉZIO
LAINEUSE	LANDSHUT	LASCARIS	LECOURBE
LAINIÈRE	LANESTER	LAS CASAS	LE CROTOY
LAISSANT	LANFRANC	LAS CASES	LECTORAT
LAISSÉES	LANGEAIS		LECTOURE

LECTRICE
LE DANTEC
LEDERMAN
LÉDONIEN
LÊ DUC THO
LE FAOUËT
LEFEBVRE
LEFOREST
LÉGALISÉ
LÉGALITÉ
LÉGATION
LÉGENDÉE
LÉGENDER
LEGENDRE
LÉGÈRETÉ
LEGGINGS
LÉGIFÉRÉ
LÉGITIME
LÉGITIMÉ
LE GOSIER
LE GRENZI
LÉGUEVIN
LÉGUMIER
LÉGUMINE
LE HELDER
LEINSTER
LE LARDIN
LE LOROUX
LELYSTAD
LEMAITRE
LEMAÎTRE
LÉMURIEN
LÉNIFIÉE
LÉNIFIER
LÉNITIVE
LENSOISE
LENTILLE
LÉONARDE
LÉONARDE
LÉONIDAS
LEONTIEF
LÉOPARDÉ
LEOPARDI
LE PALAIS
LEPAUTRE
LE PICHON
LE PONTET
LÉPORIDÉ
LE PORTEL
LE POULDU
LE PRADET
LÉPREUSE
LE PRIEUR
LEPRINCE
LE RAINCY
LE RELECQ
LE ROBERT

LE RUSSEY
LÉSINANT
LÉSINEUR
LÉSINEUX
LES LILAS
LESNEVEN
LESOTHAN
LESPARRE
LES PIEUX
LESPUGUE
LESSINES
LESSIVÉE
LESSIVER
L'ESTOILE
LÉTALITÉ
LE TAMPON
LE TOUVET
LETTONIE
LETTONNE
LETTONNE
LETTRAGE
LETTRINE
LEUCANIE
LEUCÉMIE
LEUCIPPE
LEUCTRES
LEURRANT
LEVANTIN
LEVANTIN
LEVASSOR
LE VERDON
LEVERTIN
LÉVESQUE
LÈVE-TARD
LÉVISIEN
LÉVOGYRE
LEVRETTE
LEVRETTÉ
LEVRONNE
LÉVULOSE
LEXICALE
LEXICAUX
LEXOVIEN
LÉZARDÉE
LÉZARDER
LEZGUIEN
LÉZIGNAN
L'HERBIER
L'HERMITE
LIANG KAI
LIAODONG
LIAONING
LIAOYANG
LIAOYUAN
LIARDANT
LIASIQUE
LIBANAIS

LIBANAIS
LIBATION
LIBECCIO
LIBELLÉE
LIBELLER
LIBÉRALE
LIBÉRANT
LIBÉRAUX
LIBÉRIEN
LIBÉRIEN
LIBÉRINE
LIBERTIN
LIBOURET
LIBOURNE
LIBRAIRE
LIBYENNE
LIBYENNE
LICENCIÉ
LICHETTE
LICITANT
LIE-DE-VIN
LIÉGEOIS
LIÉGEOIS
LIFFRÉEN
LIFTIÈRE
LIGAMENT
LIGATURE
LIGATURÉ
LIGÉRIEN
LIGÉRIEN
LIGNEUSE
LIGNIFIÉ
LIGOTAGE
LIGOTANT
LIGUEUSE
LIGUGÉEN
LIGURIEN
LIGURIEN
LILASIEN
L'ÎLE-D'YEU
LILIACÉE
LILLIPUT
LILLOISE
LILONGWE
LIMAGNES
LIMAILLE
LIMASSOL
LIMBIQUE
LIMBOURG
LIMÉNIEN
LIMERICK
LIMERICK
LIMICOLE
LIMINALE
LIMINAUX
LIMITANT
LIMITEUR

LIMIVORE
LIMONADE
LIMONAGE
LIMONÈNE
LIMONEST
LIMONEUX
LIMONITE
LIMOUSIN
LIMOUSIN
LIMOUXIN
LINCHUAN
LINDBLAD
LINÉAIRE
LINÉENNE
LINÉIQUE
LINGERIE
LINGETTE
LINGUALE
LINGUAUX
LINIMENT
LINOLÉUM
LINOTYPE
LINTEAUX
LIONCEAU
LIPCHITZ
LIPIZZAN
LIPOSOME
LIPPMANN
LIPPONEN
LIPSCOMB
LIQUÉFIÉ
LIQUETTE
LIQUIDÉE
LIQUIDER
LISBONNE
LISERANT
LI SHIMIN
LISLOISE
LISSEUSE
LISTEAUX
LITHARGE
LITHIASE
LITHINÉE
LITHIQUE
LITHOBIE
LITHOSOL
LITTÉRAL
LITTORAL
LITUANIE
LITURGIE
LITVINOV
LIVERDUN
LIVIDITÉ
LIVOURNE
LIVRABLE
LIVREUSE
LIXIVIÉE

LIXIVIER	**LOUCHEUR**	**LURISTAN**	MACHISTE
LOBBYING	**LOUÉSIEN**	**LUSAKOIS**	MÂCHOIRE
LOBBYSME	LOUFOQUE	**LUSIGNAN**	MÂCHONNÉ
LOCALIER	**LOUGANSK**	LUSITAIN	MÂCHURÉE
LOCALISÉ	**LOUHANSK**	**LUSITAIN**	MÂCHURER
LOCALITÉ	LOULOUTE	**LUSTIGER**	**MAC-MAHON**
LOCATION	LOUPIOTE	LUSTRAGE	MAÇONNÉE
LOCATIVE	**LOURDAIS**	LUSTRALE	MAÇONNER
LOCHOISE	LOURDANT	LUSTRANT	**MAC ORLAN**
LOCLOISE	LOURDAUD	LUSTRAUX	MACREUSE
LOCRONAN	LOURDEUR	LUSTRINE	MACROURE
LOCUTEUR	LOURDISE	LUTÉCIUM	MACULAGE
LOCUTION	**LOUVETOU**	LUTHERIE	MACULANT
LODÉVOIS	LOUVETTE	LUTHISTE	MADÉRISÉ
LOGEABLE	**LOUVIERS**	LUTINANT	MADRAGUE
LOGEMENT	**LOUVIGNÉ**	LUTRAIRE	MADRIGAL
LOGICIEL	LOUVOYER	LUTTEUSE	**MADURAIS**
LOGICIEN	LOVELACE	LUXATION	**MAEBASHI**
LOGOPÈDE	**LOVELACE**	LUXMÈTRE	**MAELWAEL**
LOGOTYPE	**LOVÉRIEN**	**LUXOVIEN**	MAESTRIA
LOI-CADRE	**LOWENDAL**	LUXUEUSE	MAFFIEUX
LOINTAIN	**LOWLANDS**	**LUZIENNE**	MAFFIOSI
LOISIBLE	**LOZÉRIEN**	**LYALLPUR**	MAFFIOSO
LOMBAIRE	**LUANDAIS**	**LYCAONIE**	MAFIEUSE
LOMBARDE	**LUANSHYA**	LYCÉENNE	MAGANANT
LOMBARDE	**LUBERSAC**	LYCOPODE	MAGASINÉ
LOMBARDO	**LUBITSCH**	**LYCURGUE**	MAGAZINE
LOMBARDS	LUBRIFIÉ	LYDIENNE	**MAGELLAN**
LOMBROSO	LUBRIQUE	**LYDIENNE**	**MAGENDIE**
LOMÉENNE	**LUCÉENNE**	LYMPHOME	MAGICIEN
LOMMOISE	LUCIDITÉ	LYNCHAGE	MAGISTER
LONDRINA	LUCIFUGE	LYNCHANT	**MAGNASCO**
LONGEANT	**LUCILIUS**	**LYONNAIS**	**MAGNELLI**
LONGEOLE	**LUCQUOIS**	LYOPHILE	**MAGNENCE**
LONGERON	LUCRATIF	**LYSANDRE**	**MAGNÉSIE**
LONGHENA	**LUCULLUS**	LYSOSOME	MAGNÉSIE
LONGOTTE	LUDDISME	LYSOZYME	MAGNÉTON
LONGRINE	**LÜDERITZ**	**LYSSENKO**	MAGNIFIÉ
LONGUEAU	**LUDHIANA**	**LYSSOISE**	MAGNOLIA
LONGUÉEN	LUDICIEL	**MABILLON**	**MAGOGOIS**
LONGUEUR	LUDWIGIA	**MACABÉES**	**MAGRITTE**
LONGUYON	**LUGDUNUM**	MACAREUX	MAHARAJA
LONGWOOD	**LUGNÉ-POE**	MACARONI	MAHARANÉ
LONSOISE	LUISANCE	MACASSAR	MAHARANI
LOOSSOIS	LUISANTE	**MACASSAR**	**MAHAVIRA**
LORESTAN	LUMIGNON	**MACAULAY**	MAHAYANA
LORGNANT	LUMINEUX	MACÉRANT	MAHDISME
LORIQUET	LUMITYPE	**MACERATA**	MAH-JONGS
LORRAINE	LUNAISON	**MACHAULT**	**MAHORAIS**
LORRAINE	**LÜNEBURG**	MÂCHE-DRU	MAHOUSSE
LOSANGÉE	LUNETIER	MÂCHEFER	MAHRATTE
LOTHAIRE	LUNETTÉE	MACHETTE	**MAÏDANEK**
LOTIONNÉ	**LUPARIEN**	MÂCHEUSE	MAIGREUR
LOUANGÉE	**LUPÉENNE**	MACHINAL	MAIGRIOT
LOUANGER	**LUPERCUS**	MACHINÉE	MAILLAGE
LOUCHANT	LUPERQUE	MACHINER	**MAILLANE**
LOUCHEUR	LUPULINE	MACHISME	MAILLANT

MAILLART	MALIENNE	**MANÉTHON**	MARASQUE
MAILLURE	**MALIENNE**	**MANGALIA**	MARATHON
MAINLAND	**MALINCHE**	**MANGALUR**	**MARATHON**
MAINMISE	MALINGRE	**MANGBETU**	MARAUDER
MAINTENU	MALINOIS	MANGEANT	**MARBELLA**
MAINTIEN	**MALINOIS**	MANGE-MIL	MARBRANT
MAÏORALE	**MALLARMÉ**	MANGEURE	MARBRIER
MAÏORAUX	MALLÉOLE	MANGEUSE	MARBRURE
MAIRESSE	MALLETTE	MANGLIER	**MARCELLO**
MAÏSERIE	MAL-LOGÉE	MANGROVE	**MARCHAIS**
MAÎTRISE	MAL-LOGÉS	MANGUIER	MARCHAND
MAÎTRISÉ	MALMENÉE	MANIABLE	**MARCHAND**
MAJDANEK	MALMENER	MANIAQUE	MARCHANT
MAJORANT	MALOTRUE	MANIÉRÉE	MARCHEUR
MAJORIEN	MALOUINE	MANIEUSE	**MARCIANO**
MAJORITÉ	**MALOUINE**	MANIFOLD	**MARCIGNY**
MAJORQUE	**MALPIGHI**	MANILLON	**MARCOING**
MAKÁRIOS	MALPOLIE	MANIPULE	MARCOTTE
MAKAROVA	MALSAINE	MANIPULÉ	MARCOTTÉ
MAKASSAR	MALSÉANT	**MANITOBA**	**MARCOULE**
MAKIIVKA	MALSTROM	**MANNHEIM**	MARÉCAGE
MAKIMONO	**MALSTROM**	MANNITOL	MARÉCHAL
MALACHIE	MALTAISE	**MANOLETE**	**MARÉCHAL**
MALADETA	**MALTAISE**	**MANOSQUE**	MARENNES
MALADIVE	MALTERIE	MANOSTAT	**MARENNES**
MAL-AIMÉE	MALVACÉE	MANOUCHE	**MARÉOTIS**
MAL-AIMÉS	MALVENUE	MANQUANT	MAREYAGE
MALAISÉE	MAL-VIVRE	**MANRIQUE**	MAREYEUR
MALAISIE	MALVOULU	MANSARDE	MARGAUDÉ
MALAKOFF	MAMELOUK	MANSARDÉ	MARGEANT
MALANDRE	**MAMELOUK**	**MANSFELD**	MARGELLE
MALASSIS	**MAMERTIN**	**MANSHOLT**	**MARGERIE**
MALAUNAY	MAMMAIRE	**MANSTEIN**	MARGEUSE
MALAURIE	MAMMOUTH	**MANTAISE**	**MARGGRAF**
MALAVISÉ	MAM'SELLE	MANTEAUX	MARGINAL
MALAWITE	MAM'ZELLE	**MANTEGNA**	MARGINÉE
MALAXAGE	MANAGEUR	MANTELÉE	MARGINER
MALAXANT	**MANAMÉEN**	MANTELET	MARGOTER
MALAXEUR	MANCEAUX	MANTILLE	MARGOTTÉ
MALAYSIA	**MANCEAUX**	**MANTINÉE**	MARGRAVE
MALBÂTIE	MANCELLE	MANTIQUE	MARIACHI
MALCOLM X	**MANCELLE**	MANTISSE	**MARIAMNE**
MALDEGEM	**MANCHOIS**	**MANTOUAN**	**MARIANNE**
MALDIVES	MANCHOTE	MANUCURE	**MARIETTE**
MALDONNE	MANCHOUE	MANUCURÉ	MARIEUSE
MALÉFICE	**MANCHOUE**	MANUÉLIN	**MARIGNAN**
MALEGAON	**MANDALAY**	MANUELLE	**MARILLAC**
MALEMORT	MANDANTE	**MANYO-SHU**	MARINADE
MALENKOV	MANDARIN	**MAPUTAIS**	MARINAGE
MALEPEUR	MANDATÉE	MAQUETTE	MARINANT
MALÉVOLE	MANDATER	MAQUILLÉ	MARINIER
MALFAÇON	MANDCHOU	MARABOUT	MARIOLLE
MALFAMÉE	**MANDCHOU**	**MARACANÃ**	**MARIOTTE**
MALGACHE	**MANDEURE**	**MARADONA**	MARISQUE
MALGACHE	MANDORLE	**MARAGHEH**	**MARITAIN**
MALHERBE	MANDRILL	MARAGING	MARITALE
MALIBRAN	**MANÉ-KATZ**	**MARANHÃO**	MARITAUX

MARITIME	MASCOTTE	MATURITÉ	MÉGAPOLE
MARIVAUX	MASCULIN	MAUBÈCHE	MÉGISSÉE
MARMANDE	**MASÉROIS**	**MAUBEUGE**	MÉGISSER
MARMITÉE	**MASEVAUX**	MAUCLERC	MÉGOTAGE
MARMITON	**MASMOUDA**	MAUGRÉÉE	MÉGOTANT
MARMONNÉ	**MASOLINO**	MAUGRÉER	**MEHRGARH**
MARMOTTE	MASQUAGE	**MAULNIER**	**MEHUNOIS**
MARMOTTÉ	MASQUANT	**MAUNA KEA**	MEILLEUR
MARNAISE	MASSACRE	**MAUNOURY**	MÉLAMINE
MARNEUSE	MASSACRÉ	**MAUREPAS**	MÉLAMINÉ
MARNIÈRE	**MASSALIA**	**MAURICIE**	MÉLANGÉE
MAROCAIN	**MASSAOUA**	MAURISTE	MÉLANGER
MAROCAIN	**MASSENET**	MAUSOLÉE	MÉLANINE
MAROLLES	MASSÉTER	MAUSSADE	MÉLANOME
MARONITE	MASSETTE	MAUVAISE	MÉLANOSE
MARONNER	**MASSEUBE**	MAUVÉINE	**MELCHIOR**
MAROQUIN	MASSEUSE	MAXIMALE	MELCHITE
MAROUFLE	MASSICOT	MAXIMAUX	MELDOISE
MAROUFLÉ	MASSIÈRE	**MAXIMIEN**	**MELDOISE**
MARQUAGE	MASSIFIÉ	MAXIMISÉ	MÊLÉ-CASS
MARQUANT	MASSIQUE	MAXIMUMS	MÊLE-TOUT
MARQUETÉ	MASSORAH	MAYORALE	MÉLIACÉE
MARQUEUR	MASTAIRE	MAYORAUX	MÉLI-MÉLO
MARQUÈZE	MASTIQUÉ	MAZAGRAN	MÉLINITE
MARQUISE	MASTOÏDE	**MAZARINE**	MELLIFLU
MARQUISE	MASTURBÉ	**MAZATLÁN**	MÉLOMANE
MARQUOIR	**MATA HARI**	MAZOUTÉE	**MELUNAIS**
MARRAINE	MATAMORE	MAZOUTER	**MÉLUSINE**
MARRANTE	**MATAMORE**	**MBANDAKA**	**MELVILLE**
MARRONNE	**MATANAIS**	**MCCARTHY**	MEMBRANE
MARSAULT	**MATANZAS**	**MCKINLEY**	MEMBRURE
MARSEAUX	MATEFAIM	**MCMILLAN**	MÊMEMENT
MARSHALL	MATELOTE	MEA CULPA	MÉMÉRANT
MARSOUIN	MÂTEREAU	MÉCANISÉ	MÉMORIAL
MARTABAN	MATÉRIAU	MÉCHANTE	MÉMORIEL
MARTAGON	MATÉRIEL	**MECHELEN**	MÉMORISÉ
MARTEAUX	MATERNÉE	MÉCOMPTE	MENAÇANT
MARTELÉE	MATERNEL	MÉCONIUM	MÉNAGÈRE
MARTELER	MATERNER	MÉCONNUE	**MÉNANDRE**
MARTENOT	MATHEUSE	MÉCRÉANT	**MENDERES**
MARTIALE	**MATHILDE**	MÉDAILLE	MENDIANT
MARTIAUX	MATHURIN	MÉDAILLÉ	MENDIGOT
MARTIGNY	**MATIGNON**	MÉDECINE	**MENDOISE**
MARTINET	MATINALE	**MEDELLÍN**	**MÉNEPTAH**
MARTINET	MÂTINANT	MÉDIANTE	MÉNINGÉE
MARTINON	MATINAUX	MÉDIATOR	MÉNISCAL
MARTONNE	MATINEUX	MÉDICALE	MÉNISQUE
MARXISME	MATINIER	MÉDICAUX	MÉNOLOGE
MARXISTE	MATORRAL	MÉDIÉVAL	MENSONGE
MARYLAND	MATOUTOU	MÉDIOCRE	MENTERIE
MARYLAND	MATRAQUE	MÉDISANT	MENTEUSE
MASACCIO	MATRAQUÉ	MÉDITANT	MENTHOLÉ
MASCAGNI	MATRICÉE	**MEDJERDA**	MENTISME
MASCARET	MATRICER	MÉDUSANT	MENTORAT
MASCARON	**MATTHEWS**	MÉFIANCE	**MENURIES**
MASCARON	**MATTHIAS**	MÉFIANTE	MENUISÉE
MASCOGNE	**MATTHIEU**	MÉGAPODE	MENUISER

MÉPRISÉE	MÉTHANOL	MI-LOURDS	**MIXTÈQUE**
MÉPRISER	MÉTISSÉE	**MILTIADE**	**MIYAZAKI**
MERCALLI	MÉTISSER	MI-MOYENS	MNÉSIQUE
MERCALLI	MÉTREUSE	**MINAMOTO**	**MOABITES**
MERCANTI	MÉTRIQUE	MINAUDER	MOBILIER
MERCATOR	METTABLE	**MINDANAO**	MOBILISÉ
MERCERIE	MEUBLANT	**MINEPTAH**	MOBILITÉ
MERCIÈRE	MEUGLANT	MINÉRALE	**MOBY DICK**
MERCŒUR	MEULETTE	MINÉRAUX	MOCASSIN
MERCOSUR	MEULIÈRE	MINERVAL	**MOCENIGO**
MERCREDI	MEUNERIE	MINIGOLF	MOCHARDE
MERCUREY	MEUNIÈRE	MINIJUPE	MODALITÉ
MERCUREY	MEURETTE	MINIMALE	**MODANAIS**
MERDEUSE	MEURTRIE	MINIMAUX	MODELAGE
MERDIQUE	MEURTRIR	MINIMEXÉ	MODELANT
MERDOYER	MEXICAIN	MINIMISÉ	MODELEUR
MEREDITH	**MEXICAIN**	MINISTRE	MODÉLISÉ
MÉRIDIEN	**MEXICALI**	**MINNELLI**	MODÉRANT
MÉRIGNAC	**MEYERHOF**	MINOENNE	MODERATO
MERINGUE	**MEYERSON**	MINORANT	MODESTIE
MERINGUÉ	**MÉZIÈRES**	MINORITÉ	MODICITÉ
MERISIER	MIAM-MIAM	**MINORQUE**	MODIFIÉE
MÉRITANT	**MIANYANG**	MINOTIER	MODIFIER
MERLETTE	MIAULANT	MINUTAGE	MODILLON
MERLUCHE	MI-CARÊME	MINUTANT	MODULANT
MERSENNE	**MICHELET**	MINUTEUR	MOELLEUX
MERSOISE	**MICHELIN**	MINUTIER	**MOGOLLON**
MERVILLE	MI-CHEMIN	MI-PARTIE	**MOGUILEV**
MÉRYSIEN	MICHETON	MI-PARTIS	**MOHAMMED**
MÉSALLIÉ	**MICHIGAN**	**MIQUELON**	MOINEAUX
MESKHETS	MI-CLOSES	**MIRABEAU**	MOINERIE
MÉSOMÈRE	MI-COURSE	MIRACULÉ	MOISSINE
MESQUINE	MICROBUS	**MIREBEAU**	MOLALITÉ
MESSAGER	**MIDLANDS**	**MIREILLE**	MOLARITÉ
MESSAGER	MIDRASHS	MIRE-ŒUF	**MOLDAVIE**
MESSÉANT	MIELLEUX	MIREPOIX	MOLÉCULE
MESSÉNIE	**MIESCHER**	**MIREPOIX**	MOLESTÉE
MESSEOIR	**MIGENNES**	MIRETTES	MOLESTER
MESSERER	MIGNARDE	MIRLITON	MOLETAGE
MESSIAEN	MIGNONNE	MIRMIDON	MOLETANT
MESSIDOR	MIGNOTÉE	MIROITER	**MOLFETTA**
MESURAGE	MIGNOTER	MIRONTON	MOLLACHU
MESURANT	MIGRAINE	**MIRZAPUR**	MOLLASSE
MESUREUR	MIGRANTE	MISANDRE	MOLLESSE
MÉSUSAGE	MIJAURÉE	MISCIBLE	MOLLETON
MÉSUSANT	MIJOTANT	MISERERE	MOLLETTE
MÉTABIEF	MILANAIS	MISÉREUX	MOLLISOL
MÉTABOLE	**MILANAIS**	MISOGYNE	**MOLOSSES**
MÉTAIRIE	MILIAIRE	**MISSOURI**	**MOLSHEIM**
MÉTAMÈRE	MILICIEN	MISTELLE	**MOLUQUES**
MÉTAYAGE	MILITANT	MISTIGRI	**MOMBASSA**
MÉTAYÈRE	MILLASSE	MISTONNE	MOMIFIÉE
MÉTELLUS	MILLIARD	**MISURATA**	MOMIFIER
MÉTÉORES	MILLIBAR	**MITCHELL**	MONACALE
MÉTÉOSAT	MILLIÈME	MITIGEUR	MONACAUX
MÉTEZEAU	**MILLIKAN**	MITONNÉE	MONANDRE
MÉTHANAL	**MILONAIS**	MITONNER	MONARQUE

MONASTIR	MONTEUSE	MORPHING	MOUSTIER
MONAURAL	**MONTFORT**	**MORRISON**	MOUTARDE
MONAZITE	**MONTIGNY**	**MORTAGNE**	**MOÛTIERS**
MONCEAUX	MONT-JOIE	MORTAISE	MOUTONNÉ
MONDAINE	**MONTJOIE**	MORTAISÉ	MOUVANCE
MONDIALE	**MONTLUEL**	MORT-BOIS	MOUVANTE
MONDIAUX	**MONTMÉDY**	MORTE-EAU	MOYEN ÂGE
MONDRIAN	**MONTOIRE**	MORTELLE	**MOYEN ÂGE**
MONERGOL	MONTOISE	MORTIFIÉ	MOYENNÉE
MONÉTISÉ	**MONTOISE**	**MORTIMER**	MOYENNER
MONFREID	MONTRANT	MORT-NÉES	**MOYEUVRE**
MONGOLIE	**MONTRÉAL**	MORUTIER	MOZABITE
MONG-TSEU	MONTREUR	MORVEUSE	**MOZABITE**
MONITEUR	**MONTREUX**	MOSAÏQUE	MOZARABE
MONITION	**MONTROSE**	MOSAÏSME	**MOZARABE**
MÔN-KHMER	**MONTSÛRS**	MOSAÏSTE	MUCILAGE
MONMOUTH	MONTUEUX	**MOSCOVIE**	MUCOSITÉ
MONNAYÉE	MONUMENT	**MOSELLAN**	MUDÉJARE
MONNAYER	**MOOSE JAW**	**MOSQUITO**	MUFLERIE
MONNOYER	MOQUERIE	MOTILITÉ	**MUFULIRA**
MONOBASE	MOQUETTE	MOTIVANT	**MUHAMMAD**
MONOBLOC	MOQUETTÉ	MOTO-BALL	**MÜHLBERG**
MONOCYTE	MOQUEUSE	MOTORISÉ	MULETIER
MONŒCIE	MORALISÉ	MOTS-CLÉS	**MULHACÉN**
MONOGAME	MORALITÉ	**MOUBARAK**	**MULHOUSE**
MONOÏQUE	**MORANGIS**	MOUCHAGE	**MULLIKEN**
MONOKINI	**MORATOIS**	MOUCHANT	**MULRONEY**
MONOMÈRE	**MORBIHAN**	MOUCHARD	MULTIPLE
MONOPLAN	MORCEAUX	MOUCHETÉ	MUNICIPE
MONOPOLE	MORCELÉE	MOUCHOIR	**MUNTANER**
MONOPOLY	MORCELER	MOUCHURE	**MUNTÉNIE**
MONORAIL	MORDACHE	MOUCLADE	MUQARNAS
MONOTONE	MORDANCÉ	MOUFETER	**MUQDISHO**
MONOTYPE	MORDANTE	MOUFETTE	MUQUEUSE
MONOTYPE	MORDICUS	MOUFTANT	**MURAD BEY**
MONOXYDE	MORDILLÉ	MOUILLÉE	MURAILLE
MONOXYLE	MORDORÉE	MOUILLER	**MURASAKI**
MONREALE	**MORDOVIE**	MOUILLON	**MURATORI**
MONROVIA	**MORELLET**	MOULANTE	MÛREMENT
MONSIEUR	MORESQUE	MOULIÈRE	MURÉNIDÉ
MONSIGNY	**MORESTEL**	MOULINÉE	**MURÉTAIN**
MONSOISE	MORFLANT	MOULINER	**MUREYBAT**
MONSTERA	MORFONDU	MOULINET	MURMURÉE
MONTAGNE	**MORGAGNI**	**MOULMEIN**	MURMURER
MONTAGNE	MORIBOND	**MOULOUYA**	MUSAGÈTE
MONTAIGU	MORICAUD	MOULURÉE	MUSARDER
MONTANTE	MORIGÉNÉ	MOULURER	MUSCADET
MONTANUS	MORILLON	MOUMOUTE	MUSCADIN
MONTBARD	**MORI OGAI**	MOUQUÈRE	MUSCINAL
MONTBRON	MORISQUE	MOURANTE	MUSCLANT
MONTCALM	MORNIFLE	**MOUSCRON**	MUSEIFIÉ
MONTCEAU	**MORONAIS**	MOUSQUET	MUSELANT
MONT-DORE	**MORONOBU**	MOUSSAGE	**MUSEVENI**
MONTEMOR	**MOROSINI**	MOUSSAKA	MUSICALE
MONTÉPIN	MOROSITÉ	MOUSSANT	MUSICAUX
MONTERÍA	MORPHÈME	MOUSSEUX	MUSICIEN
MONTE-SAC	MORPHINE	MOUSSOIR	MUSIQUER

MUSSIDAN	**NANTEUIL**	NECTAIRE	NEW WAVES
MUSULMAN	**NAPLOUSE**	NÉGATEUR	**NGAZIDJA**
MUTAGÈNE	NAPOLÉON	NÉGATION	NGULTRUM
MUTATEUR	**NAPOLÉON**	NÉGATIVE	**NHA TRANG**
MUTATION	NAPPERON	NÉGLIGÉE	NIAISANT
MUTILANT	NAQUETER	NÉGLIGER	NIAISEUX
MUTINANT	**NARAM-SIN**	NÉGOCIÉE	**NIAMÉYEN**
MUTUELLE	**NARBONNE**	NÉGOCIER	**NIASSAIS**
MUZILLAC	NARCISSE	NÉGRESSE	NIBELUNG
MYCÉLIEN	**NARCISSE**	NÉGRIÈRE	**NICHIREN**
MYCÉLIUM	NARGHILÉ	NÉGRILLE	NICKELÉE
MYCÉNIEN	NARGUANT	**NÉGRITOS**	NICKELER
MYCÉNIEN	NARGUILÉ	NÉGROÏDE	**NICKLAUS**
MYDRIASE	NARQUOIS	**NEGRUZZI**	NICODÈME
MYÉLOÏDE	NARRATIF	NEIGEOTÉ	**NICODÈME**
MYINGYAN	NASALISÉ	NEIGEUSE	**NICOMÈDE**
MYKOLAÏV	NASALITÉ	**NEIPPERG**	**NICOSIEN**
MYLONITE	NASILLER	**NELLIGAN**	NICOTINE
MYOCARDE	**NASRIDES**	NÉMATODE	NIDATION
MYOLOGIE	NATALITÉ	NÉNUPHAR	NID-DE-PIE
MYOPATHE	NATATION	NÉOFORMÉ	NIDICOLE
MYOSOTIS	NATIONAL	NÉOLOCAL	NIDIFIER
MYOTIQUE	NATIVITÉ	NÉOLOGIE	NIDIFUGE
MYRMIDON	NATRÉMIE	NÉONATAL	NIELLAGE
MYROSINE	NATTIÈRE	NÉONAZIE	NIELLANT
MYROXYLE	**NAUCELLE**	NÉOPHYTE	NIELLURE
MYRTACÉE	NAUFRAGE	NÉOPRÈNE	**NIEMEYER**
MYRTILLE	NAUFRAGÉ	NÉORURAL	**NIEUPORT**
MYSTIFIÉ	**NAUMBURG**	NÉOTÉNIE	NIGÉRIAN
MYSTIQUE	**NAUNDORF**	NÉPALAIS	**NIGÉRIAN**
MYTHIFIÉ	**NAUPACTE**	**NÉPALAIS**	NIGÉRIEN
MYTHIQUE	NAUPLIUS	NÉPÉRIEN	**NIGÉRIEN**
MYTILÈNE	**NAUROUZE**	NÉPHRITE	**NIJINSKA**
NABATÉEN	**NAURUANE**	**NEPHTALI**	NIJINSKI
NABONIDE	NAUSÉEUX	**NÉRACAIS**	**NIKOLAIS**
NABORIEN	**NAUSICAA**	**NÉRÉIDES**	N'IMPORTE
NAGALAND	NAUTIQUE	NÉRONIEN	**NINIVITE**
NAGASAKI	NAUTISME	NERVEUSE	**NIORTAIS**
NAGEOIRE	NAVICULE	**NERVIENS**	NIPPONNE
NAISSAIN	NAVIGANT	NERVURÉE	**NIPPONNE**
NAISSANT	NAVIGUER	NERVURER	NITRANTE
NAKASONE	NAVRANCE	NETTOYÉE	NITRATÉE
NAKHODKA	NAVRANTE	NETTOYER	NITRATER
NALTCHIK	NAZARÉEN	**NEUMEIER**	NITREUSE
NAMANGAN	**NAZARÉEN**	NEURONAL	NITRIFIÉ
NAMIBIEN	**NAZARETH**	**NEUSIEDL**	NITRIQUE
NAMIBIEN	NAZILLON	**NEUSTRIE**	NITROSÉE
NAMUROIS	**N'DJAMENA**	NEUTRINO	NITRURÉE
NANCÉIEN	**NDZOUANI**	NEUVAINE	NITRURER
NANCHANG	NÉANTISE	NEUVIÈME	NIVELAGE
NANCHONG	NÉANTISÉ	**NEUVILLE**	NIVELANT
NANIFIÉE	**NEBRASKA**	**NÉVICIEN**	NIVELEUR
NANIFIER	NÉBULEUX	NÉVROSÉE	**NIVELLES**
NANISANT	NÉBULISÉ	**NEWCOMEN**	NIVICOLE
NANOTUBE	NÉCROBIE	**NEW DELHI**	**NOAILLES**
NANTAISE	NÉCROSÉE	**NEW HAVEN**	NOBÉLIUM
NANTERRE	NÉCROSER	**NEWHAVEN**	NOBLESSE

NOBLIAUX	**Novartis**	OBLITÉRÉ	OFFENSER
NOBUNAGA	NOVATEUR	OBLONGUE	OFFENSIF
NOCÉENNE	NOVATIEN	OBNUBILÉ	OFFICIAL
NOCIVITÉ	NOVATION	OBOMBRÉE	OFFICIEL
NOCTUIDÉ	NOVEMBRE	OBOMBRER	OFFICIER
NOCTURNE	**NOVGOROD**	OBSCURCI	OFFICINE
NODOSITÉ	NOVICIAT	OBSÉDANT	OFFRANDE
NODULEUX	**NOWA HUTA**	OBSÈQUES	OFFREUSE
NOÉTIQUE	NOYAUTÉE	OBSERVÉE	OFFSHORE
NOGUÈRES	NOYAUTER	OBSERVER	OFFUSQUÉ
NOIRÂTRE	**NOYELLES**	OBSOLÈTE	**O'HIGGINS**
NOIRAUDE	NUAGEUSE	OBSTACLE	OHMMÈTRE
NOIRCEUR	NUANÇANT	OBSTINÉE	OISELEUR
NOISETTE	NUANCIER	OBSTINER	OISELIER
NOLISANT	NUBIENNE	OBSTRUÉE	OISILLON
NOMADISÉ	**NUBIENNE**	OBSTRUER	OISIVETÉ
NOMBRANT	NUBILITÉ	OBTENANT	**OÏSTRAKH**
NOMBREUX	**NUCÉRIEN**	OBTURANT	**OKLAHOMA**
NOMINALE	NUCLÉIDE	OCCASION	**OLBRACHT**
NOMINANT	NUCLÉOLE	OCCIDENT	OLÉASTRE
NOMINAUX	NUISANCE	**OCCIDENT**	OLÉCRANE
NON ANIMÉ	NUISETTE	OCCITANE	OLÉICOLE
NON-CUMUL	NUISIBLE	**OCCITANE**	OLÉIFÈRE
NON-DROIT	**NUITONNE**	OCCLUSIF	OLFACTIF
NON-LIEUX	**NUKU-HIVA**	OCCULTÉE	OLIBRIUS
NON-MÉTAL	NULLARDE	OCCULTER	**OLIBRIUS**
NONNETTE	NUMÉRALE	OCCUPANT	OLIGISTE
NON-TISSÉ	NUMÉRAUX	OCÉANIEN	OLIGURIE
NONUPLER	NUMÉRISÉ	**OCÉANIEN**	OLIPHANT
NON-USAGE	NUMÉROTÉ	**OCHOZIAS**	OLIVARES
NORDESTE	NUNCHAKU	**OCKEGHEM**	OLIVÂTRE
NORDIQUE	NUPTIALE	**O'CONNELL**	**OLIVEIRA**
NORDIQUE	NUPTIAUX	OCTAÈDRE	OLIVETTE
NORDISTE	NURAGHES	**OCTAVIEN**	**OLIVETTI**
NORDISTE	NURSERYS	OCTAVIER	**OLIVIERS**
NORMANDE	NUTATION	OCTOGONE	**OLLIVIER**
NORMANDE	NUTRITIF	OCTOPODE	**OLMÈQUES**
NORMATIF	**NYAMWEZI**	OCTROYÉE	**OLYBRIUS**
NORRLAND	**NYKÖPING**	OCTROYER	**OLYMPIAS**
NORTH BAY	NYMPHALE	OCTUPLER	OLYMPIEN
NOSÉMOSE	NYMPHALS	OCULAIRE	OMANAISE
NOTA BENE	NYMPHAUX	OCULISTE	**OMANAISE**
NOTARIAL	NYMPHOSE	ODELETTE	OMBELLÉE
NOTARIAT	**NYONNAIS**	**ODENWALD**	OMBRAGÉE
NOTARIÉE	**NYONSAIS**	ODOMÈTRE	OMBRAGER
NOTATEUR	**OAK RIDGE**	**O'DONNELL**	OMBRELLE
NOTATION	**OAKVILLE**	ODORANTE	OMBRETTE
NOTIFIÉE	OARISTYS	ŒDIPIEN	OMBREUSE
NOTIFIER	OASIENNE	ŒILLADE	**OMDURMAN**
NOUAISON	**OBASANJO**	ŒILLÈRE	OMELETTE
NOUMÉNAL	OBJECTAL	ŒNANTHE	OMETTANT
NOUNOURS	OBJECTÉE	ŒSTRALE	OMISSION
NOUREÏEV	OBJECTER	ŒSTRAUX	OMNIVORE
NOURRAIN	OBJECTIF	ŒUFRIER	OMOPLATE
NOURRICE	OBLATION	ŒUVRANT	ONANISME
NOUVEAUX	OBLATIVE	**OFFEMONT**	**ONCLE SAM**
NOUVELLE	OBLIQUER	OFFENSÉE	ONCOGÈNE

PALLANZA	PANTHÉON	PARFONDU	**PASOLINI**
PALLÉALE	**PANTHÉON**	PARFUMÉE	**PASQUIER**
PALLÉAUX	PANTHÈRE	PARFUMER	PASSABLE
PALLIANT	PANTIÈRE	PARHÉLIE	PASSAGER
PALMACÉE	PANTOIRE	PARIÉTAL	PASSANTE
PALMAIRE	PANTOISE	PARIEUSE	PASSE-BAS
PALMARÈS	PANTOUTE	PARIGOTE	PASSEUSE
PALMETTE	**PAPÁGHOS**	PARISIEN	PASSIBLE
PALMISTE	**PAPANINE**	**PARISIEN**	PASSIVÉE
PALO ALTO	PAPELARD	**PARIZEAU**	PASSIVER
PALOURDE	PAPETIER	PARJURÉE	PASSOIRE
PALPABLE	PAPILLON	PARJURER	PASTÈQUE
PALPITER	**PAPINEAU**	PARLANTE	PASTICHE
PALUDÉEN	**PAPINIEN**	PARLERIE	PASTICHÉ
PALUDIER	PAPIVORE	PARLEUSE	PASTILLA
PALUDINE	PAPOTAGE	PARLOTTE	PASTILLE
PALUSTRE	PAPOTANT	PARMÉLIE	PASTORAL
PÂMOISON	PAPULEUX	PARMESAN	PASTORAT
PAMPHLET	PAPY-BOOM	**PARMESAN**	PATACHON
PAMPILLE	PAQUEBOT	**PARNASSE**	PATAGIUM
PANACHÉE	PAQUETÉE	PARODIÉE	PATAPOUF
PANACHER	PAQUETER	**PARODIEN**	PATAQUÈS
PANAMÉEN	PARABOLE	PARODIER	PATARAFE
PANAMÉEN	PARACLET	PAROISSE	PATATRAS
PANAMIEN	PARADANT	PAROLIER	PATAUGAS
PANAMIEN	PARADEUR	PARONYME	PATAUGER
PANATELA	PARADOXE	PAROTIDE	PATELINE
PANCARTE	PARAFANT	PAROUSIE	PATELINÉ
PANCETTA	PARAFEUR	PARPAING	**PATENIER**
PANCRACE	**PARAGUAY**	PARQUANT	PATENTÉE
PANCRÉAS	PARAISON	PARQUETÉ	PATENTER
PANDANUS	PARAÎTRE	PARQUEUR	PATERNEL
PANDÉMIE	PARALYSÉ	PARQUIER	**PATERSON**
PANETIER	PARANGON	PARRAINÉ	**PATICHON**
PANGOLIN	PARANOÏA	**PARROCEL**	PATIENCE
PANICAUT	PARAPHÉE	PARSEMÉE	PATIENTE
PANICULE	PARAPHER	PARSEMER	PATIENTÉ
PANICULÉ	PARAPODE	**PARSIFAL**	PATINAGE
PANIFIÉE	PARASITE	PARTAGÉE	PATINANT
PANIFIER	PARASITÉ	PARTAGER	PATINEUR
PANIQUÉE	PARATAXE	PARTANCE	**PATINKIN**
PANIQUER	PARAVENT	PARTANTE	PÂTISSER
PANMIXIE	PARCELLE	PARTERRE	PÂTISSON
PANNEAUX	PARCE QUE	PARTIALE	PATRAQUE
PANNETON	PARCOURS	PARTIAUX	PATRIGOT
PANNONIE	PARCOURU	PARTISAN	PATRIOTE
PANOFSKY	PARDONNÉ	PARTITAS	**PATROCLE**
PANOPLIE	PAREILLE	PARTITIF	PATRONAL
PANORAMA	**PARELOUP**	PARTOUSE	PATRONAT
PANOSSÉE	PAREMENT	PARTOUZE	PATRONNE
PANOSSER	PARENTAL	PARURIER	PATRONNÉ
PANSLAVE	**PARENTIS**	PARUTION	PÂTURAGE
PANTACLE	PARESSER	PARVENIR	PÂTURANT
PANTALON	PARFAIRE	PARVENUE	**PAUILLAC**
PANTALON	PARFAITE	**PASADENA**	PAULETTE
PANTELER	PARFILÉE	PASHMINA	PAULISTE
PANTENNE	PARFILER	**PASIPHAÉ**	**PAULISTE**

PAUMELLE
PAUMOYÉE
PAUMOYER
PAUPIÈRE
PAUVRETÉ
PAVANANT
PAVEMENT
PAVILLON
PAVILLON
PAVLODAR
PAVOISÉE
PAVOISER
PAYEMENT
PAYSAGER
PAYSANDÚ
PAYSANNE
PÉAGEOIS
PÉAGISTE
PEAUCIER
PEAU D'ÂNE
PEAUFINÉ
PÉBROQUE
PECCANTE
PÊCHERIE
PÊCHETTE
PÊCHEUSE
PECHINEY
PÉCLOTER
PECQUEUR
PECTINÉE
PECTIQUE
PECTORAL
PÉCUCHET
PÉDALAGE
PÉDALANT
PÉDALEUR
PÉDALIER
PÉDESTRE
PÉDIATRE
PÉDICULE
PÉDICULÉ
PÉDICURE
PÉDIEUSE
PEDIGREE
PÉDILUVE
PÉDIMENT
PEER GYNT
PÉGOSITÉ
PÉGUEUSE
PEIGNAGE
PEIGNANT
PEIGNOIR
PEINARDE
PEINTURE
PEINTURÉ
PÉKINOIS
PÉKINOIS

PÉLAGIEN
PÉLAMIDE
PÉLAMYDE
PÉLASGES
PÉLÉENNE
PÊLE-MÊLE
PÈLERINE
PELETIER
PELLAGRE
PELLERIN
PELLETAN
PELLETÉE
PELLETER
PÉLOBATE
PÉLODYTE
PELOTAGE
PELOTANT
PELOTARI
PELOTEUR
PELUCHÉE
PELUCHER
PÉLUSSIN
PEMMICAN
PÉNALISÉ
PÉNALITÉ
PENALTYS
PENCHANT
PENDABLE
PENDANTE
PENDARDE
PENDERIE
PENDILLÉ
PENDJABI
PENDULER
PÉNÉLOPE
PÉNÉTRÉE
PÉNÉTRER
PÉNICAUD
PÉNIENNE
PÉNITENT
PENMARCH
PENNINES
PÉNOMBRE
PENSABLE
PENSANTE
PENSEUSE
PENTACLE
PENTRITE
PÉPETTES
PÉPONIDE
PÉQUENOT
PÉQUISTE
PERÇANTE
PERCEUSE
PERCEVAL
PERCHAGE
PERCHANT

PERCHEUR
PERCHMAN
PERCHOIR
PERCLUSE
PERCUTÉE
PERCUTER
PERDABLE
PERDANTE
PERDREAU
PERDURER
PÉRÉFIXE
PÉRÉGRIN
PERELMAN
PERFIDIE
PERFOLIÉ
PERFORÉE
PERFORER
PERFUSÉE
PERFUSER
PÉRIBOLE
PÉRICLÈS
PÉRIGNON
PÉRIGORD
PÉRIMANT
PÉRINÉAL
PÉRIOSTE
PÉRIPATE
PERLANTE
PERLÈCHE
PERLIÈRE
PERLOUSE
PERLOUZE
PERMAGEL
PERMOSER
PERMUTÉE
PERMUTER
PÉRONIER
PÉRONNAS
PÉRORANT
PÉROREUR
PÉROUGES
PEROXYDE
PEROXYDÉ
PERPENNA
PERPÉTRÉ
PERPETTE
PERPÉTUÉ
PERPLEXE
PERRAULT
PERREAUX
PERRIÈRE
PERRONET
PERRUCHE
PERRUQUE
PERSHING
PERSIFLÉ
PERSIGNY

PERSILLÉ
PERSIQUE
PERSIQUE
PERSISTÉ
PERSONÉE
PERSONNE
PERSUADÉ
PERTINAX
PERTURBÉ
PÉRUVIEN
PÉRUVIEN
PERUWELZ
PERVERSE
PERVERTI
PERVIBRÉ
PÈSE-BÉBÉ
PÈSE-LAIT
PÈSE-MOÛT
PÈSE-SELS
PESHAWAR
PESSAIRE
PESSIÈRE
PESTEUSE
PÉTANQUE
PÉTARADE
PÉTARADÉ
PETCHORA
PÉTÉCHIE
PETERHOF
PETER PAN
PETERSON
PÉTILLER
PÉTILLON
PÉTIOLÉE
PÉTITION
PÉTONCLE
PETRASSI
PÊTREUSE
PÉTRIFIÉ
PETRUCCI
PÉTULANT
PÉTUNANT
PEUCÉDAN
PEUCHÈRE
PEUPLADE
PEUPLANT
PEUPLIER
PEUREUSE
PEUT-ÊTRE
PEYRONET
PEZIZALE
PFLIMLIN
PHAISTOS
PHALANGE
PHALARIS
PHARNACE
PHARSALE

PHARYNGÉ	PIÉGEAGE	PIONNIER	PLANIFIÉ
PHASMIDE	PIÉGEANT	PIORNANT	PLANNING
PHÉNICIE	PIÉGEUSE	PIOUPIOU	PLANORBE
PHÉNIQUE	PIERCING	PIPELINE	PLAN-PLAN
PHÉNIQUÉ	PIERREUX	PIPERADE	PLANQUÉE
PHILÉMON	PIERRIER	PIQUANTE	PLANQUER
PHILIDOR	PIÉTINÉE	PIQUE-FEU	PLANTAGE
PHILIPPE	PIÉTINER	PIQUETÉE	PLANTANT
PHILLIPS	PIÉTISME	PIQUETER	PLANTARD
PHIMOSIS	PIÉTISTE	PIQUETTE	PLANTEUR
PHLÉBITE	PIÉTONNE	PIQUEUSE	PLANTOIR
PHLEGMON	PIÉTRAIN	**PIRANÈSE**	PLANTULE
PH-MÈTRES	PIEUTANT	PIRATAGE	PLAQUAGE
PHOBIQUE	PIGEONNE	PIRATANT	PLAQUANT
PHOLIOTE	PIGEONNÉ	PIS-ALLER	PLAQUEUR
PHONIQUE	PIGMENTÉ	**PISCATOR**	**PLASKETT**
PHORMION	**PIGNEROL**	PISOLITE	PLASMIDE
PHORMIUM	PIGNOCHÉ	**PISSARRO**	PLASMODE
PHOSGÈNE	PILASTRE	PISSETTE	PLASTRON
PHRAATÈS	PILCHARD	PISSEUSE	PLAT-BORD
PHRASANT	PILE-POIL	PISTACHE	PLATEAUX
PHRASEUR	PILIFÈRE	PISTARDE	PLATEURE
PHRASIER	PILI-PILI	PISTOLET	PLATINÉE
PHRATRIE	PILIPINO	PISTONNÉ	PLATINER
PHRYGANE	PILLARDE	PIT-BULLS	**PLATONOV**
PHRYGIEN	PILLEUSE	**PITCAIRN**	**PLÂTRAGE**
PHRYGIEN	**PILLNITZ**	PITCHOUN	PLÂTRANT
PHYLLADE	PILONNÉE	PITCHPIN	PLÂTREUX
PHYSALIE	PILONNER	PITONNÉE	PLÂTRIER
PHYSALIS	PILOSITÉ	PITONNER	PLAY-BACK
PHYSIQUE	PILOTAGE	PITRERIE	PLAY-BOYS
PIAFFANT	PILOTANT	**PITTACOS**	PLÉBÉIEN
PIAILLER	PILULIER	PIVOTANT	**PLÉIADES**
PIANISTE	PIMBÊCHE	PIZZERIA	PLÉNIÈRE
PIANO-BAR	PIMENTÉE	PLACARDÉ	**PLESETSK**
PIANOTER	PIMENTER	PLACENTA	PLÉTHORE
PIAPIATÉ	PIMPANTE	PLACETTE	**PLEUMEUR**
PIASSAVA	PINAILLÉ	PLACEUSE	PLEURAGE
PIAULANT	**PINATUBO**	PLACOTER	PLEURALE
PICARDIE	PINÇARDE	PLAFONNÉ	PLEURANT
PICCINNI	PINCEAUX	PLAGIANT	PLEURARD
PICHEGRU	PINCE-NEZ	PLAGISTE	PLEURAUX
PICKFORD	PINCETTE	PLAIDANT	PLEUREUR
PICKWICK	PINCHARD	PLAIDEUR	PLEUROTE
PICOLANT	**PINCOURT**	PLAINDRE	PLEUVANT
PICORANT	PINERAIE	**PLAINOIS**	PLEUVINÉ
PICOTAGE	PINGOUIN	PLAINTIF	PLEUVOIR
PICOTANT	PING-PONG	PLAISANT	PLEUVOTÉ
PICOULET	**PINGTUNG**	PLANAIRE	PLIEMENT
PICRIQUE	**PINOCHET**	PLANANTE	PLIOCÈNE
PICTAVES	PINSCHER	PLANCHER	**PLISNIER**
PICTURAL	PINTOCHÉ	**PLANCHON**	PLISSAGE
PIÉCETTE	PIOCHAGE	**PLANCOËT**	PLISSANT
PIEDMONT	PIOCHANT	PLANCTON	PLOCÉIDÉ
PIED-NOIR	PIOCHEUR	PLANÉITÉ	**PLOEMEUR**
PIED-PLAT	**PIOMBINO**	PLANELLE	**PLOËRMEL**
PIÉDROIT	PIONÇANT	PLANEUSE	

PLOIESTI	**POITIERS**	**POMPIDOU**	PORT-SAÏD
PLOMBAGE	POITRAIL	POMPIÈRE	**PORTSALL**
PLOMBANT	POITRINE	POMPISTE	**PORTUGAL**
PLOMBEUR	POIVRADE	**POMPONNE**	PORTULAN
PLOMBEUX	POIVRANT	POMPONNÉ	**PORT-VILA**
PLOMBIER	POIVRIER	PONCEAUX	**POSÉIDON**
PLOMBURE	POIVROTE	**PONCELET**	POSÉMENT
PLONGEON	**POKROVSK**	PONCEUSE	POSITION
PLONGEUR	**POLANSKI**	PONCTION	POSITIVE
PLOUAGAT	POLARISÉ	PONCTUÉE	POSITIVÉ
PLOUARET	POLARITÉ	PONCTUEL	POSITRON
PLOUZANÉ	Polaroid	PONCTUER	**POSNANIE**
PLOYABLE	**POLIAKOV**	PONDÉRAL	POSSÉDÉE
PLUCHANT	POLIÇANT	PONDÉRÉE	POSSÉDER
PLUCHEUX	POLICIER	PONDÉRER	POSSIBLE
PLUM-CAKE	**POLIDORO**	PONDEUSE	POSTCURE
PLUMEAUX	**POLIGNAC**	PONGISTE	POSTDATE
PLUMETIS	POLIMENT	**PONT-AVEN**	POSTDATÉ
PLUMEUSE	POLISSON	**PONT-D'AIN**	POSTFACE
PLUMITIF	**POLITIEN**	**PONTHIEU**	POSTHITE
PLUVIALE	POLITISÉ	PONTIFIÉ	POSTHUME
PLUVIAUX	**POLITZER**	**PONTIGNY**	POSTICHE
PLUVIEUX	**POLLENSA**	**PONTMAIN**	POSTIÈRE
PLUVINER	POLLINIE	**PONTOISE**	POSTPOSÉ
PLUVIÔSE	POLLUANT	**PONTORMO**	POSTULAT
PLYMOUTH	POLLUEUR	PONT-RAIL	POSTULÉE
POCATOIS	POLOCHON	POPELINE	POSTULER
POCHARDE	POLONAIS	POPLITÉE	**POSTUMUS**
POCHARDÉ	**POLONAIS**	POP MUSIC	POSTURAL
POCHETÉE	POLONIUM	POPULACE	POTAGÈRE
POCHETTE	POLYÈDRE	POPULAGE	POTASSÉE
POCHOUSE	POLYGALA	POPULEUX	POTASSER
POCHTRON	POLYGALE	**POQUELIN**	POT-AU-FEU
PODENSAC	POLYGAME	PORCELET	POT-DE-VIN
PODESTAT	POLYGONE	PORC-ÉPIC	POTENCÉE
PODIATRE	POLYLOBÉ	PORCHÈRE	POTENTAT
POÉTESSE	POLYMÈRE	POROSITÉ	POTINANT
POÉTIQUE	**POLYMNIE**	PORPHYRA	POTINIER
POÉTISÉE	**POLYNICE**	PORPHYRE	POTLATCH
POÉTISER	POLYNÔME	**PORPHYRE**	POTO-POTO
POIGNANT	POLYPIER	PORREAUX	POUBELLE
POIGNARD	POLYPNÉE	PORRIDGE	POUDRAGE
POILANTE	POLYPODE	**PORSENNA**	POUDRANT
POINCARÉ	POLYPORE	PORTABLE	POUDREUX
POINTAGE	POLYTRIC	**PORTALIS**	POUDRIER
POINTANT	POLYURIE	PORTANCE	POUDROYÉ
POINTEAU	POMERIUM	PORTANTE	POUFFANT
POINTEUR	POMMADÉE	PORTATIF	POUGNANT
POINTURE	POMMADER	**PORT-CROS**	POUILLES
POIREAUX	POMMEAUX	PORTERIE	**POUILLES**
POIROTER	POMMELÉE	PORTEUSE	**POUILLET**
POISSANT	POMMELER	PORTIÈRE	**POUILLON**
POISSARD	POMMELLE	PORTIQUE	POUILLOT
POISSEUX	POMMETTE	PORTLAND	POULAINE
POISSONS	POMPÉIEN	**PORTLAND**	POULAMON
POITEVIN	POMPETTE	**PORTOISE**	POULARDE
POITEVIN	POMPEUSE	PORTRAIT	POULETTE

POULICHE	PRÉCITÉE	PRÉSERVÉ	PROCURÉE
POULIDOR	PRÉCONÇU	PRÉSIDÉE	PROCURER
POULINER	PRÉCUIRE	PRÉSIDER	**PROCUSTE**
POULOTTE	PRÉCUITE	PRESSAGE	PRODIGUE
POUPARDE	PRÉDATÉE	PRESSANT	PRODIGUÉ
POUPONNÉ	PRÉDELLE	PRESSEUR	PRODROME
POURCEAU	PRÉDICAT	PRESSING	PRODUIRE
POURPIER	PRÉDIQUÉ	PRESSION	PRODUITE
POURPRÉE	PRÉEMPTÉ	PRESSOIR	PROFANÉE
POURQUOI	PRÉFACÉE	PRESSURÉ	PROFANER
POURRIEL	PRÉFACER	PRESTANT	PROFÉRÉE
POURTANT	PRÉFÉRÉE	PRESTIGE	PROFÉRER
POURTOUR	PRÉFÉRER	PRÉSUMÉE	PROFESSE
POURVOIR	PRÉFIXAL	PRÉSUMER	PROFESSÉ
POUSSADE	PRÉFIXÉE	PRÉSURÉE	PROFILÉE
POUSSAGE	PRÉFIXER	PRÉSURER	PROFILER
POUSSANT	PRÉFORME	PRÉTENDU	PROFITER
POUSSEUR	PRÉFORMÉ	PRÉTÉRIT	PROFONDE
POUSSEUR	PRÉGNANT	PRÊTEUSE	PRO FORMA
POUSSIER	PRÉJUGÉE	PRÉTEXTE	PROHIBÉE
POUSSINE	PRÉJUGER	PRÉTEXTÉ	PROHIBER
POUSSIVE	PRÉLASSÉ	PRÉTOIRE	PROJETÉE
POUSSOIR	PRÉLATIN	PRÉTOIRE	PROJETER
POUTRAGE	PRÉLEVÉE	**PRETORIA**	PROLEPSE
POUTSANT	PRÉLEVER	PRÊTRISE	PROLOGUE
POYAUDIN	PRÉLIBER	PRÉVALUE	PROLONGÉ
POZA RICA	PRÉLUDER	PRÉVENIR	PROMENÉE
PRACTICE	**PREM CAND**	PRÉVENUE	PROMENER
PRADINES	PRÉMICES	PRÉVERBE	PROMESSE
PRAGOISE	PREMIÈRE	PRÉVÔTAL	PRÔNEUSE
PRAGOISE	PRÉMISSE	**PRIBILOF**	PRONONCÉ
PRAGUOIS	PRÉMUNIE	PRIE-DIEU	PROPAGÉE
PRAGUOIS	PRÉMUNIR	PRIMAIRE	PROPAGER
PRAÏENNE	PRENABLE	PRIMATIE	**PROPERCE**
PRAIRIAL	PRENANTE	PRIMAUTÉ	PROPHASE
PRAIRIES	PRÉNATAL	PRIMITIF	PROPHÈTE
PRALINÉE	**PRÉNESTE**	PRINCEPS	PROPOLIS
PRALINER	PRENEUSE	PRINCIER	PROPOSÉE
PRANDIAL	PRÉNOMMÉ	PRINCIPE	PROPOSER
PRATIQUE	PRÉORALE	**PRÍNCIPE**	PROPRETÉ
PRATIQUÉ	PRÉORAUX	PRIORITÉ	PROPULSÉ
PRATTELN	PRÉPARÉE	PRISEUSE	PROPYLÉE
PRÉALPES	PRÉPARER	**PRISTINA**	PROROGÉE
PRÉALPIN	PRÉPAYÉE	PRIVANCE	PROROGER
PRÉAVISÉ	PRÉPAYER	PRIVATIF	PROSCRIT
PRÉBENDE	PRÉPOSÉE	PRIVAUTÉ	PROSODIE
PRÉBENDÉ	PRÉPOSER	PROBABLE	PROSPECT
PRÉCAIRE	PRÉRÉGLÉ	PROBANTE	PROSPÈRE
PRÉCÉDÉE	PRÉROMAN	PROBLÈME	PROSPÉRÉ
PRÉCÉDER	PRÉSAGÉE	PROCÉDER	PROSTATE
PRÉCEPTE	PRÉSAGER	PROCHAIN	PROSTRÉE
PRÊCHANT	PRESBYTE	PROCLAMÉ	PROSTYLE
PRÊCHEUR	PRESCRIT	PROCLIVE	PROTÉASE
PRÉCIEUX	PRÉSENCE	PROCORDÉ	PROTÉGÉE
PRÉCIPUT	PRÉSENTE	PROCRÉÉE	PROTÉGER
PRÉCISÉE	PRÉSENTÉ	PROCRÉER	PROTÉINE
PRÉCISER	PRÉSÉRIE	PROCTITE	PROTÉINÉ

PROTESTÉ	PULPEUSE	**QUELLIEN**	RACAHOUT
PROTHÈSE	PULTACÉE	QUELQU'UN	RACAILLE
PROTIQUE	PULVÉRIN	QUELS QUE	RACCORDÉ
PROTISTE	**PUNAAUIA**	QUÉMANDÉ	RACCUSER
PROTOURE	PUNAISÉE	QUENELLE	RACHETÉE
PROUDHON	PUNAISER	QUENOTTE	RACHETER
PROUESSE	PUNCHEUR	QUÉRABLE	RACINAGE
PROUSIAS	PUNCTURE	QUERELLE	RACINAUX
PROUVANT	PUNITION	QUERELLÉ	RACKETTÉ
PROVENCE	PUNITIVE	QUESTEUR	RACLETTE
PROVENDE	PUPIPARE	QUESTION	RACLEUSE
PROVENIR	PUREMENT	QUESTURE	RACOLAGE
PROVENUE	PURGATIF	QUÉTAINE	RACOLANT
PROVERBE	PURGEANT	**QUÉTELET**	RACOLEUR
PROVIGNÉ	PURGEOIR	QUÊTEUSE	RACONTAR
PROVINCE	PURIFIÉE	**QUETIGNY**	RACONTÉE
PROVOQUÉ	PURIFIER	QUETSCHE	RACONTER
PROXIMAL	PURITAIN	**QUEUILLE**	RACORNIE
PRUDENCE	PURPURIN	QUEUTANT	RACORNIR
PRUDENCE	PURULENT	**QUIBERON**	**RACOVITA**
PRUDENTE	PUSH-PULL	QUIDDITÉ	**RADETZKY**
PRUDERIE	PUTATIVE	QUIÉTUDE	RADIAIRE
PRUNEAUX	PUTRÉFIÉ	QUIGNARD	RADIANCE
PRUNELLE	**PUTIPHAR**	QUILLEUR	RADIANTE
PRUNELLI	**PUY-DU-FOU**	QUINAIRE	RADIATIF
PRUSINER	PYGARGUE	QUINAUDE	RADICALE
PRUSSIEN	PYORRHÉE	**QUINAULT**	RADICANT
PRUSSIEN	Pyralène	QUINQUET	RADICAUX
PRYTANÉE	PYRAMIDE	QUINTAUX	RADICULE
PSAUTIER	PYRAMIDÉ	QUINTEUX	RADIEUSE
PSILOTUM	PYRÉNÉEN	**QUIRINAL**	**RADIGUET**
PSYCHOSE	**PYRÉNÉEN**	**QUIRINUS**	RADINANT
PSYLLIUM	**PYRÉNÉES**	QUISCALE	**RADISSON**
PTOLÉMÉE	PYRÈTHRE	**QUISLING**	RADOTAGE
PTOMAÏNE	PYRIDINE	QUITTANT	RADOTANT
PUAMMENT	PYROGÈNE	**QUNAYTRA**	RADOTEUR
PUANTEUR	PYROLYSE	QUOLIBET	RADOUBÉE
PUBALGIE	PYROMANE	QUOTIENT	RADOUBER
PUBIENNE	PYROXÈNE	RABÂCHÉE	RADOUCIE
PUBLIANT	**QANDAHAR**	RABÂCHER	RADOUCIR
PUBLICIS	**QATARIEN**	RABAISSÉ	**RAFFARIN**
PUBLIQUE	**QIANLONG**	RABATTRE	RAFFERMI
PUCCINIA	QUADRANT	RABATTUE	RAFFINAT
PUCCINIE	QUADRIGE	RABBINAT	RAFFINÉE
PUCELAGE	QUALIFIÉ	**RABELAIS**	RAFFINER
PUDDLAGE	QUANTITÉ	RABIOTÉE	RAFFOLER
PUDDLANT	QUARANTE	RABIOTER	RAFFÛTÉE
PUDIBOND	QUARTAGE	RABONNIR	RAFFÛTER
PUDICITÉ	QUARTANT	RABOTAGE	RAGEANTE
PUISEAUX	QUARTAUT	RABOTANT	RAGONDIN
PUISETTE	QUARTIER	RABOTEUR	RAGOÛTER
PUISSANT	QUARTILE	RABOTEUX	RAGRÉANT
PULITZER	QUASSIER	RABOUGRI	RAILLANT
PULL-OVER	QUATERNE	RABOUTÉE	RAILLEUR
PULLULER	QUATORZE	RABOUTER	**RAIMONDI**
PULPAIRE	QUATRAIN	RABROUÉE	RAINETTE
	QUE DALLE	RABROUER	RAINURÉE

RAINURER	RAPICOLÉ	RAVAUDER	REBORDER
RAIPONCE	RAPIDITÉ	RAVENALA	REBOUCHÉ
RAISINET	RAPIÉCÉE	RAVIGOTE	REBRODÉE
RAISONNÉ	RAPIÉCER	RAVIGOTÉ	REBRODER
RAJEUNIE	RAPINADE	RAVINANT	REBRÛLÉE
RAJEUNIR	RAPINANT	RAVIOLIS	REBRÛLER
RAJOUTÉE	RAPLAPLA	RAVISANT	REBUTANT
RAJOUTER	RAPLATIE	RAVIVAGE	REBUVANT
RAJSHAHI	RAPLATIR	RAVIVANT	RECADRÉE
RAJUSTÉE	RAPPARIÉ	**RAWLINGS**	RECADRER
RAJUSTER	RAPPELÉE	RAY-GRASS	RECALAGE
RÂLEMENT	RAPPELER	**RAYLEIGH**	RECALANT
RALENTIE	RAPPEUSE	RAYONNÉE	**RÉCAMIER**
RALENTIR	RAPPORTÉ	RAYONNER	RECASANT
RALINGUE	RAPPRISE	RAZZIANT	RECAUSER
RALINGUÉ	RAPSODIE	RÉABONNÉ	**RECCARED**
RALLIANT	RARÉFIÉE	RÉACTANT	RECÉDANT
RALLONGE	RARÉFIER	RÉACTEUR	RECELANT
RALLONGÉ	RAREMENT	RÉACTION	RECELEUR
RALLUMÉE	RASCASSE	RÉACTIVE	RECENSÉE
RALLUMER	RAS DU COU	RÉACTIVÉ	RECENSER
RAMADIER	RAS-LE-BOL	RÉADAPTÉ	RECENTRÉ
RAMALLAH	RASSASIÉ	RÉADMISE	RECEPAGE
RAMANUJA	RASSEOIR	RÉAJUSTÉ	RECEPANT
RAMASSÉE	RÉALÉSÉE	RÉALÉSÉE	RÉCEPTIF
RAMASSER	RASSORTI	RÉALÉSER	RECERCLÉ
RAMASSIS	RASSURÉE	RÉALIGNÉ	RÉCESSIF
RAMAT GAN	RASSURER	RÉALISÉE	RECEVANT
RAMAYANA	RATAPLAN	RÉALISER	RECEVEUR
RAMBARDE	RATATINÉ	RÉALISME	RECEVOIR
RAMENANT	RÂTELAGE	RÉALISTE	RÉCHAMPI
RAMENDÉE	RÂTELANT	**RÉALMONT**	RECHANGE
RAMENDER	RÂTELEUR	RÉAMORCÉ	RECHANGÉ
RAMEQUIN	RÂTELIER	RÉANIMÉE	RECHANTÉ
RAMEUTÉE	**RATHENAU**	RÉANIMER	RECHAPÉE
RAMEUTER	RATICIDE	RÉAPPARU	RECHAPER
RAMIFIÉE	RATIFIÉE	RÉAPPRIS	RÉCHAPPÉ
RAMIFIER	RATIFIER	RÉARMANT	RECHARGE
RAMINGUE	RATINAGE	RÉASSORT	RECHARGÉ
RAMOLLIE	RATINANT	RÉASSURÉ	RECHASSÉ
RAMOLLIR	RATIONAL	**REBACIEN**	RECHIGNÉ
RAMONAGE	RATIONNÉ	REBAISSÉ	RECHUTER
RAMONANT	RATISSÉE	REBATTRE	RÉCIDIVE
RAMONEUR	RATISSER	REBATTUE	RÉCIDIVÉ
RAMPANTE	RATTACHÉ	REBELLÉE	RÉCIFALE
RAMSGATE	RAT-TAUPE	REBELLER	RECINGLE
RANCAGUA	RATTRAPÉ	REBELOTE	RÉCITANT
RANCARDÉ	RATURAGE	REBÉQUER	RÉCLAMÉE
RANCŒUR	RATURANT	RÉBÉTIKO	RÉCLAMER
RANÇONNÉ	RAUCHAGE	REBIFFÉE	RECLASSÉ
RANDONNÉ	RAUCHANT	REBIFFER	RECLOUÉE
RANGEANT	RAUQUANT	REBIQUER	RECLOUER
RANIMANT	**RAVACHOL**	REBOISÉE	RECOIFFÉ
RAPACITÉ	RAVAGEUR	REBOISER	RÉCOLANT
RAPAILLÉ	RAVALANT	REBONDIE	RECOLLÉE
RAPATRIÉ	RAVALEUR	REBONDIR	RECOLLER
RAPERCHÉ	RAVAUDÉE	REBORDÉE	

RÉCOLLET	REDRESSÉ	REGARNIR	RELATANT
RÉCOLTÉE	**RED RIVER**	RÉGATANT	RELATION
RÉCOLTER	RÉÉCOUTÉ	RÉGATIER	RELATIVE
RECOMPTÉ	RÉÉCRIRE	REGELANT	RELAVANT
RECONNUE	RÉÉCRITE	RÉGENDAT	RELAXANT
RECOPIÉE	RÉÉDIFIÉ	RÉGÉNÉRÉ	RELAYANT
RECOPIER	RÉÉDITÉE	RÉGENTÉE	RELAYEUR
RECORDÉE	RÉÉDITER	RÉGENTER	RELÉGUÉE
RECORDER	RÉÉDUQUÉ	**REGGIANI**	RELÉGUER
RECOUCHÉ	RÉEMPLOI	RÉGICIDE	RELEVAGE
RECOUDRE	RÉENGAGÉ	REGIMBÉE	RELEVANT
RECOUPÉE	RÉESSAYÉ	REGIMBER	RELEVEUR
RECOUPER	RÉÉTUDIÉ	RÉGIMENT	RELIEUSE
RECOURBÉ	RÉÉVALUÉ	**RÉGINÉEN**	RELIGION
RECOURIR	RÉEXAMEN	RÉGIONAL	RELIQUAT
RECOURUE	REFENDRE	REGISTRE	RELISANT
RECOUSUE	REFENDUE	REGISTRÉ	**RELIZANE**
RECOUVRÉ	RÉFÉRANT	RÉGLABLE	RELOOKÉE
RECRACHÉ	RÉFÉRENT	RÉGLETTE	RELOOKER
RECRÉANT	REFERMÉE	RÉGLEUSE	RELOUANT
RÉCRÉANT	REFERMER	RÉGLISSE	RELUQUÉE
RECRÉPIE	REFILANT	RÉGNANTE	RELUQUER
RECRÉPIR	RÉFLÉCHI	**REGNAULT**	REMÂCHÉE
RECREUSÉ	REFLÉTÉE	RÉGOLITE	REMÂCHER
RÉCRIANT	REFLÉTER	REGONFLÉ	REMAILLÉ
RECRUTÉE	REFLEURI	REGORGER	RÉMANENT
RECRUTER	RÉFLEXIF	REGRATTÉ	REMANGÉE
RECTIFIÉ	REFLUANT	REGRÉANT	REMANGER
RECTORAL	REFONDÉE	REGREFFÉ	REMANIÉE
RECTORAT	REFONDER	RÉGRESSÉ	REMANIER
RECTRICE	REFONDRE	REGRETTÉ	REMARCHÉ
RECULADE	REFONDUE	REGRIMPÉ	REMARIÉE
RECULANT	REFORMÉE	REGROSSI	REMARIER
RECULONS	RÉFORMÉE	REGROUPÉ	REMARQUE
RÉCUPÉRÉ	REFORMER	RÉGULANT	**REMARQUE**
RÉCURAGE	RÉFORMER	RÉGULIER	REMARQUÉ
RÉCURANT	REFOULÉE	REHAUSSÉ	REMBALLÉ
RÉCURSIF	REFOULER	RÉHOBOAM	REMBARRÉ
RÉCUSANT	RÉFRACTÉ	RÉIFIANT	REMBLAVÉ
RECYCLÉE	RÉFRÉNÉE	**REIGNIER**	REMBLAYÉ
RECYCLER	RÉFRÉNER	RÉIMPOSÉ	REMBOÎTÉ
REDÉFAIT	REFROIDI	REINETTE	REMBRUNI
REDÉFINI	RÉFUGIÉE	RÉINSÉRÉ	REMBUCHÉ
REDENTÉE	RÉFUGIER	RÉINVITÉ	REMÉDIER
REDEVANT	REFUSANT	RÉITÉRÉE	REMEMBRÉ
REDEVENU	RÉFUSION	RÉITÉRER	REMÉMORÉ
REDEVOIR	RÉFUTANT	REJAILLI	REMERCIÉ
RÉDIMANT	REFUZNIK	REJETANT	REMETTRE
REDISANT	REGAGNÉE	REJOINTE	REMEUBLÉ
REDISEUR	REGAGNER	REJOUANT	REMISAGE
REDONNÉE	RÉGALADE	RELÂCHÉE	REMISANT
REDONNER	RÉGALAGE	RELÂCHER	REMISIER
REDORANT	RÉGALANT	RELAISSÉ	REMIXANT
REDOUBLÉ	RÉGALIEN	RELANCÉE	REMMENÉE
REDOUTÉE	REGARDÉE	RELANCER	REMMENER
REDOUTER	REGARDER	RÉLARGIE	REMMOULÉ
REDRESSE	REGARNIE	RÉLARGIR	REMODELÉ

REMONTÉE	RENOMMER	REPLACÉE	RESITUER
REMONTER	RENONCÉE	REPLACER	RÉSONANT
REMONTRÉ	RENONCER	REPLANTÉ	RÉSONNER
REMORDRE	RENOUANT	REPLÂTRÉ	RÉSORBÉE
REMORDUE	RÉNOVANT	REPLIANT	RÉSORBER
REMORQUE	RENTABLE	RÉPLIQUE	RÉSOUDRE
REMORQUÉ	RENTAMÉE	RÉPLIQUÉ	RESPECTÉ
REMOUDRE	RENTAMER	REPLISSÉ	**RESPIGHI**
REMOULUE	RENTIÈRE	REPLONGÉ	RESPIRÉE
REMPILÉE	RENTOILÉ	REPLOYÉE	RESPIRER
REMPILER	RENTRAIT	REPLOYER	RESSAISI
REMPLACÉ	RENTRANT	RÉPONDRE	RESSASSÉ
REMPLAGE	RENTRAYÉ	RÉPONDUE	RESSAUTÉ
REMPLIÉE	RENVERSE	REPORTÉE	RESSAYÉE
REMPLIER	RENVERSÉ	REPORTER	RESSAYER
REMPLOYÉ	RENVIDÉE	REPOSANT	RESSEMÉE
REMPLUMÉ	RENVIDER	REPOSOIR	RESSEMER
REMPOCHÉ	RENVOYÉE	REPOURVU	RESSENTI
REMPORTÉ	RENVOYER	REPOUSSE	RESSERRE
REMPOTÉE	RÉOCCUPÉ	REPOUSSÉ	RESSERRÉ
REMPOTER	RÉOPÉRÉE	RÉPRIMÉE	RESSERVI
REMUANTE	RÉOPÉRER	RÉPRIMER	RESSORTI
REMUEUSE	REPAIRER	REPRISÉE	RESSOUDÉ
RÉMUNÉRÉ	REPAÎTRE	REPRISER	RESSUAGE
RENÂCLER	RÉPANDRE	REPROCHE	RESSUANT
RENAÎTRE	RÉPANDUE	REPROCHÉ	RESSURGI
RENANAIS	RÉPARANT	RÉPROUVÉ	RESSUYÉE
RENAUDER	REPARLER	RÉPUDIÉE	RESSUYER
RENAUDIN	REPARTIE	RÉPUDIER	RESTANTE
RENAUDOT	RÉPARTIE	RÉPUGNER	RESTAURÉ
RENCARDÉ	REPARTIR	RÉPULSIF	RESTITUÉ
RENCHÉRI	RÉPARTIR	REQUÉRIR	RÉSULTAT
RENCOGNÉ	REPASSÉE	REQUÊTÉE	RÉSULTÉE
RENDORMI	REPASSER	REQUÊTER	RÉSULTER
RENDOSSÉ	REPAVAGE	RÉQUISIT	RÉSUMANT
RENDZINE	REPAVANT	**RÉQUISTA**	RESURGIR
RENÉGATE	REPAYANT	REQUITTÉ	RÉTABLIE
RENEIGER	REPÊCHÉE	RESALANT	RÉTABLIR
RENFERMÉ	REPÊCHER	RESCAPÉE	RETAILLE
RENFILÉE	REPEINTE	RESCINDÉ	RETAILLÉ
RENFILER	REPENDRE	RÉSÉQUÉE	RÉTAMAGE
RENFLANT	REPENDUE	RÉSÉQUER	RÉTAMANT
RENFLOUÉ	REPENSÉE	RÉSERVÉE	RÉTAMEUR
RENFONCÉ	REPENSER	RÉSERVER	RETAPAGE
RENFORCÉ	REPENTIE	RÉSIDANT	RETAPANT
RENFORMI	REPENTIR	RÉSIDENT	RETARDÉE
RENGAGÉE	REPÉRAGE	RÉSIDUEL	RETARDER
RENGAGER	REPÉRANT	RÉSIGNÉE	RETÂTANT
RENGAINE	REPERCÉE	RÉSIGNER	RETENANT
RENGAINÉ	REPERCER	RÉSILIÉE	RETENDRE
RENGORGÉ	REPERDRE	RÉSILIER	RETENDUE
RENGRÉNÉ	REPERDUE	RÉSINANT	RETENTÉE
RENIFLÉE	RÉPÉTANT	RÉSINEUX	RETENTER
RENIFLER	RÉPÉTEUR	RÉSINGLE	RETENTIR
RÉNITENT	REPEUPLÉ	RÉSINIER	RÉTIAIRE
RENNAISE	REPIQUÉE	RÉSISTER	RÉTICENT
RENOMMÉE	REPIQUER	RÉSISTOR	RÉTICULE

RÉTICULÉ
RÉTINIEN
RÉTINITE
RETIRAGE
RETIRANT
RETISSÉE
RETISSER
RÉTIVITÉ
RETOMBÉE
RETOMBER
RETONDRE
RETONDUE
RETOQUER
RETORDRE
RETORDUE
RÉTORQUÉ
RETOUCHE
RETOUCHÉ
RETOURNE
RETOURNÉ
RETRACÉE
RETRACER
RÉTRACTÉ
RETRAITE
RETRAITÉ
RETRAYÉE
RÉTRÉCIE
RÉTRÉCIR
RÉTREINT
RETREMPE
RETREMPÉ
RÉTRIBUÉ
RÉTROAGI
RETROUVÉ
REUCHLIN
RÉUNIFIÉ
RÉUSSITE
REVALANT
REVALOIR
REVANCHE
REVANCHÉ
RÊVASSER
RÉVEILLÉ
RÉVÉLANT
REVÉLOIS
REVENANT
REVENDRE
REVENDUE
REVENEZ-Y
RÉVÉRANT
REVERDIE
REVERDIR
RÉVÉREND
REVERSÉE
REVERSER
REVERSIS
REVÊTANT

REVIGORÉ
RÉVISANT
RÉVISEUR
RÉVISION
REVISITÉ
REVISSÉE
REVISSER
REVIVANT
REVOLANT
RÉVOLTÉE
RÉVOLTER
REVOLVER
RÉVOQUÉE
RÉVOQUER
REVOTANT
REVOULUE
REVOYANT
REVOYURE
REVUISTE
RÉVULSÉE
RÉVULSER
RÉVULSIF
REWRITÉE
REWRITER
REYNOLDS
REYRIEUX
REZÉENNE
RHABILLÉ
RHADAMÈS
RHAPSODE
RHÉNANIE
RHÉOSTAT
RHÉTIQUE
RHIZOÏDE
RHIZOPUS
RHODÉSIE
RHODIAGE
RHODOPES
RHÔMANOS
RHUBARBE
RHUMERIE
RHURIDES
RHYOLITE
RIBAUDER
RIBEMONT
RIBOSOME
RIBOTEUR
RIBOULER
RIBOZYME
RICANANT
RICANEUR
RICHARDE
RICHELET
RICHEPIN
RICHESSE
RICHMOND
RICKSHAW

RICOCHER
RICOCHET
RIDEMENT
RIDICULE
RIECCOIS
RIÉCOISE
RIESENER
RIESLING
RIFBJERG
RIFLETTE
RIGAUDON
RIGIDITÉ
RIGOLADE
RIGOLAGE
RIGOLANT
RIGOLARD
RIGOLEUR
RIGOLOTE
RILLIARD
RILLIEUX
RIMAILHO
RIMAILLE
RIMAILLÉ
RIMOUSKI
RINCEAUX
RINCETTE
RINCEUSE
RINGARDE
RINGARDÉ
RÍO BRAVO
RÍO DE ORO
RIOMOISE
RIOPELLE
RÍO TINTO
RIOTTEUR
RIPAILLE
RIPAILLÉ
RIPEMENT
RIPOLINÉ
RIPOSTÉE
RIPOSTER
RIPUAIRE
RIQUIQUI
RISBERME
RISQUANT
RISSOLÉE
RISSOLER
RITUELLE
RIVALISÉ
RIVALITÉ
RIVERAIN
RIVETAGE
RIVETANT
RIYADIEN
RIZICOLE
ROADSTER

ROANNAIS
ROBELAGE
ROBERVAL
ROBINIER
ROBINSON
ROBOTISÉ
ROBUCHON
ROCAILLE
ROCHDALE
ROCHEUSE
ROCKEUSE
ROCKFORD
ROCOUANT
ROCOUYER
RÔDAILLÉ
RODOGUNE
RODOLPHE
RODOMONT
RODRIGUE
ROENTGEN
ROENTGEN
ROGNEUSE
ROGNONNÉ
ROGUERIE
ROHRBACH
ROILLANT
ROITELET
ROLLMOPS
ROMAÏQUE
ROMANAIS
ROMANCÉE
ROMANCER
ROMANCHE
ROMANCHE
ROMANDIE
ROMANISÉ
ROMANITÉ
ROMBIÈRE
ROMILLON
ROMSTECK
RONCEUSE
RONCHAMP
RONCIÈRE
RONDACHE
RONDEAUX
RONDELET
RONDELLE
RONDÔNIA
RONÉOTÉE
RONÉOTER
RÔNERAIE
RONFLANT
RONFLEUR
RONGEANT
RONGEUSE
RONRONNÉ
ROOKERIE

ROQUERIE	**ROUSTAVI**	**RUYSDAEL**	SAILLANT
ROQUETIN	ROUTARDE	**RUZZANTE**	SAINBOIS
ROQUETTE	ROUTIÈRE	RWANDAIS	SAINDOUX
ROQUETTE	ROUTINER	**RWANDAIS**	SAINFOIN
ROSALBIN	ROUVERIN	RYTHMANT	**SAINTAIS**
ROSCELIN	ROUVERTE	**SAADIENS**	**SAINT-AVÉ**
ROSEGGER	ROUVRAIE	**SAAREMAA**	**SAINT-CYR**
ROSEMÈRE	ROUVRANT	**SAARINEN**	**SAINT-DIÉ**
ROSERAIE	**ROXELANE**	**SABADELL**	SAINTETÉ
ROSIÈRES	ROYAUMÉE	**SABATIER**	SAINT-GUY
ROSKILDE	ROYAUMER	SABÉENNE	**SAINT-LEU**
ROSSARDE	**ROZEBEKE**	**SABÉENNE**	**SAINT-LUC**
ROSSBACH	**RÓZEWICZ**	SABÉISME	**SAINT-LYS**
ROSSERIE	RUBANANT	**SABLAISE**	**SAINT-MAX**
ROSSETTI	RUBANIER	SABLERIE	**SAINT-NOM**
ROSSOLIS	RUBÉNIEN	SABLEUSE	**SAINTOIS**
ROSTRALE	RUBIACÉE	SABLIÈRE	**SAINT-POL**
ROSTRAUX	RUBICOND	SABLONNÉ	**SAKALAVA**
ROTATEUR	RUBIDIUM	**SABOLIEN**	**SAKALAVE**
ROTATION	RUBRIQUE	SABORDÉE	**SAKHAROV**
ROTATIVE	RUBRIQUÉ	SABORDER	**SAKKARAH**
ROTENGLE	RUDEMENT	SABOTAGE	SALACITÉ
ROTÉNONE	RUDENTÉE	SABOTANT	**SALACROU**
ROTHARIS	RUDÉRALE	SABOTEUR	SALADIER
ROTIFÈRE	RUDÉRAUX	SABOTIER	SALAISON
ROTULIEN	RUDIMENT	SABOULÉE	**SALAMINE**
ROTURIER	**RUDNICKI**	SABOULER	**SALAMMBÔ**
ROUBLARD	RUDOYANT	**SABRAISE**	SALARIAL
ROUBLIOV	**RUFISQUE**	SABREUSE	SALARIAT
ROUCOULÉ	RUGBYMAN	SABURRAL	SALARIÉE
ROUERGAT	RUGBYMEN	SACCADÉE	SALARIER
ROUERGAT	**RUGGIERI**	SACCADER	SALBANDE
ROUERGUE	RUGOSITÉ	SACCAGÉE	**SALDANHA**
ROUFFACH	RUGUEUSE	SACCAGER	**SALÉENNE**
ROUGEAUD	**RUHLMANN**	SACHERIE	SALEMENT
ROUGEOLE	RUINEUSE	SACQUANT	**SALENGRO**
ROUGEOYÉ	**RUISDAEL**	SACRIFIÉ	**SALERNES**
ROUILLÉE	RUISSEAU	SACRISTI	SALÉSIEN
ROUILLER	RUISSELÉ	SADUCÉEN	**SALICETI**
ROULANTE	**RUITELOT**	SAFRANÉE	SALICOLE
ROULEAUX	RUMINANT	SAFRANER	SALICYLÉ
ROULETTE	RUMSTECK	SAFRERIE	SALIENNE
ROULEUSE	RUNABOUT	SAGACITÉ	SALIFÈRE
ROULOTTE	**RUNEBERG**	SAGEMENT	SALIFIÉE
ROULOTTÉ	RUPESTRE	**SAGIENNE**	SALIFIER
ROUMAINE	RUPICOLE	SAGITTAL	SALIGAUD
ROUMAINE	RURALITÉ	SAGITTÉE	SALIGNON
ROUMANIE	RURBAINE	SAGOUINE	**SALINGER**
ROUMÉLIE	**RUSHMORE**	**SAGUENAY**	SALINIER
ROUPILLÉ	RUSSIFIÉ	SAHARIEN	SALINITÉ
ROUQUINE	RUSTAUDE	**SAHARIEN**	**SALISIEN**
ROURKELA	RUSTIQUE	SAHÉLIEN	SALISSON
ROUSPÉTÉ	RUSTIQUÉ	SAHRAOUI	SALIVANT
ROUSSEAU	RUTABAGA	**SAHRAOUI**	**SALLUSTE**
ROUSSEAU	**RUTEBEUF**	SAIGNANT	**SALONAIS**
ROUSSELÉ	RUTILANT	SAIGNEUR	SALONARD
ROUSSEUR	RUTOSIDE	SAIGNEUX	SALOPANT

SALOPARD	SAOUDITE	**SAUMAISE**	SCHIEDAM
SALOPIAU	SAOULANT	SAUMÂTRE	**SCHIEDAM**
SALOPIOT	SAPEMENT	SAUMONÉE	**SCHILLER**
SALPÊTRE	SAPHIQUE	SAUMURÉE	SCHINDER
SALPÊTRÉ	SAPHISME	SAUMURER	**SCHINKEL**
SALPICON	SAPIDITÉ	SAUNIÈRE	**SCHIPHOL**
SALSIFIS	SAPIENCE	SAUSSAIE	SCHLAGUE
SALSIGNE	SAPINAGE	**SAUSSURE**	SCHLAMMS
SALTILLO	SAPITEUR	SAUTERIE	**SCHLEGEL**
SALVADOR	SAPONACÉ	SAUTEUSE	SCHLITTE
SALVIATI	SAPONINE	SAUTIÈRE	SCHLITTÉ
SAMARIUM	SAPONITE	SAUTILLÉ	**SCHLUCHT**
SAMIZDAT	SAPOTIER	SAUVAGIN	**SCHLÜTER**
SAMNITES	SAPRISTI	SAUVETTE	**SCHNABEL**
SAMOURAÏ	**SAQQARAH**	**SAVANNAH**	**SCHNEBEL**
SAMOUSSA	**SARAJEVO**	**SAVERDUN**	SCHNOQUE
SAMOYÈDE	**SARAKOLÉ**	SAVETIER	SCHNOUFF
SAMOYÈDE	**SARAMAGO**	**SAVIGNAC**	**SCHOBERT**
SAMPLANT	**SARAMAKA**	**SAVINIEN**	**SCHÖFFER**
SAMPLING	**SARANAIS**	SAVONNÉE	SCHOONER
SAMSONOV	**SARASATE**	SAVONNER	**SCHOUTEN**
SANCERRE	**SARATOGA**	SAVOURÉE	SCHPROUM
SANCERRE	SARCASME	SAVOURER	**SCHRÖDER**
SANCHUNG	SARCELLE	SAVOYARD	**SCHUBERT**
SANCOINS	SARCLAGE	**SAVOYARD**	**SCHUITEN**
SANCTION	SARCLANT	SAXATILE	**SCHUMANN**
SANDBURG	SARCLOIR	SAXICOLE	**SCHWARTZ**
SANDGATE	SARCOÏDE	SCABIEUX	**SCHWERIN**
SAN DIEGO	SARCOPTE	SCABREUX	**SCIASCIA**
SANDWICH	SARDOINE	**SCAEVOLA**	SCINDANT
SANDWICH	SARDONYX	SCALAIRE	SCISSION
SANGALLO	SARGASSE	SCALDIEN	SCISSURE
SANGATTE	**SARGODHA**	**SCALIGER**	SCIURIDÉ
SANGLANT	**SARMATES**	SCALPANT	SCLÉRALE
SANGLIER	SARMENTÉ	SCANDALE	SCLÉRAUX
SANGLOTÉ	**SARRALBE**	SCANDANT	SCLÉREUX
SANG-MÊLÉ	SARRASIN	SCANDIUM	SCLÉROSE
SANGNIER	**SARRAUTE**	SCANNANT	SCLÉROSÉ
SANGUINE	**SARRAZIN**	SCANNEUR	SCLÉROTE
SANHADJA	SARRETTE	SCANSION	SCOLAIRE
SANICULE	**SARRETTE**	SCAPHITE	SCOLIOSE
SANIEUSE	**SARROISE**	SCARABÉE	SCORIACÉ
SANJURJO	**SARTHOIS**	SCARIEUX	SCORPÈNE
SAN PEDRO	**SASSETTA**	SCARIFIÉ	SCORPION
SAN-PRIOT	**SATHONAY**	SCÉLÉRAT	**SCORPION**
SANS-ABRI	SATINAGE	SCELLAGE	**SCORSESE**
SANSCRIT	SATINANT	SCELLANT	SCOTCHÉE
SANS-GÊNE	SATIRISÉ	SCENARII	SCOTCHER
SANSKRIT	SATRAPIE	SCÉNARIO	SCOTCHES
SANTA ANA	**SATU MARE**	SCÉNIQUE	SCOTISME
SANTARÉM	SATURANT	SCHADANT	**SCOTLAND**
SANTERRE	SATURNIE	SCHAPSKA	SCOUT-CAR
SANTIAGO	SATURNIN	**SCHAROUN**	SCRABBLE
SANTORIN	**SATURNIN**	SCHAWLOW	SCRABBLÉ
SÃO PAULO	SAUCIÈRE	**SCHÉHADÉ**	**SCRANTON**
SAOUDIEN	SAUCISSE	**SCHEINER**	SCRATCHÉ
SAOUDIEN	SAUGRENU	**SCHENGEN**	SCRATCHS

SCROFULE
SCROTALE
SCROTAUX
SCRUPULE
SCRUTANT
SCULPTÉE
SCULPTER
SEA-LINES
SÉBILLET
SÉCATEUR
SÉCHERIE
SÉCHERON
SÉCHEUSE
SECONDÉE
SECONDER
SECOUADE
SECOUANT
SECOUEUR
SECOURIR
SECOURUE
SECOUSSE
SECRÉTAN
SECRÉTÉE
SÉCRÉTÉE
SECRÉTER
SÉCRÉTER
SECTAIRE
SÉCULIER
SÉCURISÉ
SÉCURITÉ
SEDANAIS
SÉDATION
SÉDATIVE
SÉDÉCIAS
SÉDIMENT
SÉDITION
SÉDUNOIS
SÉFARADE
SÉFARADE
SEGMENTÉ
SEGONZAC
SEIGNEUR
SÉISMALE
SÉISMAUX
SEIZIÈME
SÉJOURNÉ
SÉJOURNÉ
SÉLACIEN
SELBORNE
SÉLECTÉE
SÉLECTER
SÉLECTIF
SÉLÉNATE
SÉLÉNITE
SÉLÉNIUM
SÉLESTAT
SÉLEUCIE

SÉLEUCOS
SELLERIE
SELLETTE
SELLOISE
SELONGEY
SEMARANG
SEMBLANT
SEMELAGE
SEMESTRE
SEMI-COKE
SEMI-FINI
SÉMILLER
SÉMILLON
SÉMINALE
SÉMINAUX
SÉMINOLE
SÉMINOME
SEMONCÉE
SEMONCER
SEMUROIS
SÉNANQUE
SÉNATEUR
SÉNÉCHAL
SENESTRE
SÉNILITÉ
SÉNIORIE
SÉNONAIS
SÉNONAIS
SEÑORITA
SENOUSIS
SENSIBLE
SENSILLE
SENSITIF
SENTENCE
SÉOULIEN
SÉPARANT
SEPTANTE
SEPTANTE
SEPTÈMES
SEPTIÈME
SEPT-ÎLES
SEPTIQUE
SEPTUPLE
SEPTUPLÉ
SÉPULCRE
SÉQUANES
SÉQUELLE
SÉQUENCE
SÉQUENCÉ
SERAPEUM
SERAPEUM
SÉRAPHIN
SEREMBAN
SÉRÉNADE
SÉRÉNITÉ

SERFOUIE
SERFOUIR
SÉRICINE
SÉRIELLE
SÉRIEUSE
SERINANT
SERINGAT
SERINGUE
SERINGUÉ
SERMONNÉ
SÉROSITÉ
SERPENTÉ
SERPETTE
SERPOLET
SERRAULT
SERRETTE
SERRISTE
SÉRURIER
SÉRUSIER
SERVANCE
SERVANTE
SERVANTY
SERVEUSE
SESBANIA
SESBANIE
SESTERCE
SEULETTE
SEURROIS
SEVERINI
SÉVÉRITÉ
SÉVILLAN
SEX-RATIO
SEX-SHOPS
SEXTOLET
SEXTUPLE
SEXTUPLÉ
SEXUELLE
SEYNOISE
SHABOUOT
SHAMISEN
SHANDONG
SHANGHAI
SHANGRAO
SHANTUNG
SHAOXING
SHENYANG
SHENZHEN
SHEN ZHOU
SHERATON
SHERIDAN
SHERRIES
SHETLAND
SHETLAND
SHIGELLE
SHIITAKÉ
SHIKHARA
SHILLING

SHILLONG
SHIRTING
SHIVAÏTE
SHIZUOKA
SHLONSKY
SHOCKING
SHOCKLEY
SHOGUNAL
SHOGUNAT
SHOLAPUR
SHOOTANT
SHOPPING
SHORT TON
SHOSHONE
SHOWROOM
SHRAPNEL
SHUNTANT
SIAMOISE
SIBELIUS
SIBÉRIEN
SIBÉRIEN
SIBILANT
SIBYLLIN
SICCATIF
SICILIEN
SICILIEN
SIDE-CARS
SIDÉENNE
SIDÉRALE
SIDÉRANT
SIDÉRAUX
SIDÉRITE
SIDÉROSE
SIEGBAHN
SIÉGEANT
SIENNOIS
SIERENTZ
SIERROIS
SIFFLAGE
SIFFLANT
SIFFLEUR
SIFFLEUX
SIFFLOTÉ
SIGEBERT
SIGILLÉE
SIGIRIYA
SIGISBÉE
SIGMOÏDE
SIGNALÉE
SIGNALER
SIGNIFIÉ
SIGNORET
SIGÜENZA
SIHANOUK
SIKHISME
SIKORSKI
SILÉSIEN

SILÉSIEN	SJÖSTRÖM	SOLINGEN	SOUDEUSE
SILICATE	SKELETON	SOLITUDE	SOUDOYÉE
SILICATÉ	SKETCHES	SOLIVEAU	SOUDOYER
SILICEUX	SKINHEAD	SOLOGNOT	SOUFFERT
SILICIUM	SKOPIOTE	SOLOGNOT	SOUFFLÉE
SILICONE	SLALOMER	SOLSTICE	SOUFFLER
SILICOSE	SLAVISÉE	SOLUTION	SOUFFLET
SILICULE	SLAVISER	SOLVABLE	SOUFFLOT
SILIGURI	SLAVONIE	SOMALIEN	SOUFFRIR
SILIONNE	SLEEPING	SOMALIEN	SOUFISME
SILLITOE	SLOVAQUE	SOMATISÉ	SOUFRAGE
SILLONNÉ	SLOVAQUE	SOMBRANT	SOUFRANT
SILOTAGE	SLOVÉNIE	SOMBRERO	SOUHAITÉ
SILURIEN	SLOWACKI	SOMERSET	SOUILLAC
SIMAGRÉE	SMASHANT	SOMMABLE	SOUILLÉE
SIMA QIAN	SMICARDE	SOMMAIRE	SOUILLER
SIMARUBA	SMILLAGE	SOMMITAL	SOUILLON
SIMBIRSK	SMOLENSK	SOMNOLER	SOULAGÉE
SIMBLEAU	SMOLLETT	SONATINE	SOULAGER
SIMIENNE	SNACK-BAR	SONDEUSE	SOULAGES
SIMILISÉ	SNELLIUS	SONÉGIEN	SOÛLANTE
SIMONIDE	SNIFFANT	SONGEANT	SOÛLARDE
SIMPLEXE	SNIJDERS	SONGERIE	SOÛLAUDE
SIMULANT	SNOBISME	SONGEUSE	SOÛLERIE
SINCIPUT	SNOILSKY	SÔNG HỒNG	SOULEVÉE
SINCLAIR	SNOW-BOOT	SONNANTE	SOULEVER
SINÉCURE	SOBRIÉTÉ	SONNERIE	SOULIGNÉ
SINGEANT	SOCIABLE	SONNETTE	SOUMAGNE
SINGERIE	SOCIÉTAL	SONORISÉ	SOUMGAIT
SINISANT	SOCINIEN	SONORITÉ	SOUNGARI
SINISTRE	SOCOTORA	SOO CANAL	SOUPAULT
SINISTRÉ	SÒCRATES	SOPHISME	SOUPENTE
SIN-KIANG	SODOMISÉ	SOPHISTE	SOUPESÉE
SINN FÉIN	SODOMITE	SOPHOCLE	SOUPESER
SINUEUSE	SOEKARNO	SOPRANOS	SOUPEUSE
SINUSALE	SOFTBALL	SORBITOL	SOUPIÈRE
SINUSAUX	SOFTWARE	SORBONNE	SOUPIRÉE
SINUSIEN	SOGDIANE	SORCIÈRE	SOUPIRER
SINUSITE	SOIFFARD	SORELOIS	SOUQUANT
SIONISME	SOIGNANT	SØRENSEN	SOURCIER
SIONISTE	SOIGNEUR	SORGUAIS	SOURDINE
SIPHOÏDE	SOIGNEUX	SORNETTE	SOURGOUT
SIPHONNÉ	SOIGNIES	SOROCABA	SOURIANT
SIRACIDE	SOISSONS	SORORALE	SOURNOIS
SIRÉNIEN	SOIXANTE	SORORAUX	SOUS-BOIS
SIRMIONE	SOLARIUM	SORRENTE	SOUS-CHEF
SIROTANT	SOLDERIE	SORTABLE	SOUSCRIT
SIRUPEUX	SOLDEUSE	SORTANTE	SOUS-LOUÉ
SISMIQUE	SOLÉAIRE	SOTHEBY'S	SOUS-MAIN
SISMONDI	SOLENNEL	SOTTSASS	SOUS-OFFS
SISSONNE	SOLESMES	SOUAHÉLI	SOUS-PAYÉ
SISTERON	SOLFIANT	SOU-CHONG	SOUS-PIED
SISYMBRE	SOLIDAGE	SOUCIANT	SOUS-PLAT
SITTELLE	SOLIDAGO	SOUCIEUX	SOUS-PULL
SIVAÏSME	SOLIDITÉ	SOUCOUPE	SOUS-SOLS
SIX-FOURS	SOLIHULL	SOUDABLE	SOUSTONS
SIX-JOURS	SOLIMENA	SOUDAINE	SOUS-VIRÉ

SOUTACHE	SPRINTER	**STENDHAL**	**STUTTHOF**
SOUTACHÉ	SPUMEUSE	STEPPAGE	STYLIQUE
SOUTENIR	SQUAMATE	STEPPEUR	STYLISÉE
SOUTENUE	SQUAMEUX	STÉRILET	STYLISER
SOUTIRÉE	SQUAMULE	STÉRIQUE	STYLISME
SOUTIRER	SQUATTÉE	STERLING	STYLISTE
SOUTRAGE	SQUATTER	STERNALE	STYLOÏDE
SOUVENIR	SQUEEZÉE	STERNAUX	SUBAIGUË
SOUVENUE	SQUEEZER	STERNITE	SUBALPIN
SOUVLAKI	SQUIRRHE	STÉROÏDE	SUBARIDE
SOUVOROV	**SRI LANKA**	**STIGLITZ**	SUBÉREUX
SOVKHOZE	**SRINAGAR**	STIGMATE	SUBÉRINE
SPACELAB	**SRINAGER**	**STILICON**	SUBJUGUÉ
SPACIEUX	**STABROEK**	**STILWELL**	SUBLIMÉE
SPADOISE	STACCATO	STIMULÉE	SUBLIMER
SPAETZLI	STAFFANT	STIMULER	SUBMERGÉ
SPATIALE	STAFFEUR	STIMULUS	SUBODORÉ
SPATIAUX	**STAFFORD**	STIPULÉE	SUBORNÉE
SPATULÉE	STAGNANT	STIPULER	SUBORNER
SPEARMAN	**STAINOIS**	**STIRLING**	**SUBOTICA**
SPÉCIALE	STAKNING	STOCKAGE	SUBROGÉE
SPÉCIAUX	**STALINSK**	STOCKANT	SUBROGER
SPÉCIEUX	**STAMFORD**	STOCK-CAR	SUBSIDIÉ
SPÉCIFIÉ	STAMINAL	**STOCKTON**	SUBSISTÉ
SPÉCIMEN	STAMINÉE	**STŒTZEL**	SUBSTRAT
SPECTRAL	**STAMP ACT**	**STOFFLET**	SUBSUMÉE
SPÉCULER	STANDARD	STOÏCIEN	SUBSUMER
SPÉCULOS	STANDING	**STOJANOV**	SUBVENIR
SPÉCULUM	**STANHOPE**	STOMACAL	SUBVERTI
SPEECHES	STANNEUX	STOMISÉE	SUCCÉDER
SPEEDANT	**STANOISE**	STOPPAGE	SUCCINCT
SPENGLER	**STANOVOÏ**	STOPPANT	SUCCOMBÉ
SPERGULE	STARIETS	**STOPPARD**	SUCEMENT
SPETSNAZ	STARKING	STOPPEUR	SUÇOTANT
SPHACÈLE	STAROSTE	STORISTE	SUCRANTE
SPHAIGNE	STATIQUE	**STRACHEY**	SUCRERIE
SPHYRÈNE	STATISME	STRADIOT	SUCRETTE
SPINELLE	STATUANT	STRATÈGE	SUCRIÈRE
SPIRALÉE	STATUFIÉ	**STRAWSON**	SUDATION
SPIRIFER	STATU QUO	**STREHLER**	SUDISTES
SPIRILLE	**STAVELOT**	STRESSÉE	**SU DONGPO**
SPIRORBE	**STAVISKY**	STRESSER	SUDORALE
SPITANTE	STÉARATE	STRIDENT	SUDORAUX
SPOLIANT	STÉARINE	STRIDULÉ	SUD-OUEST
SPONDIAS	STÉATITE	STRIGIDÉ	SUÉDOISE
SPONDYLE	STÉATOSE	STRIGILE	**SUÉDOISE**
SPONTANÉ	STEENBOK	STRIPAGE	SUFFIXAL
SPONTINI	STEGOMYA	STROBILE	SUFFIXÉE
SPORADES	**STEICHEN**	**STROHEIM**	SUFFIXER
SPORANGE	**STEINERT**	STRONGLE	SUFFOQUÉ
SPORTIVE	**STEINITZ**	**STRUTHOF**	SUFFRAGE
SPORTULE	**STEINLEN**	STUD-BOOK	SUGGÉRÉE
SPORULER	**STEINWAY**	STUDETTE	SUGGÉRER
SPOUTNIK	**STEINWEG**	STUDIEUX	SUICIDÉE
SPRANGER	STELLAGE	STUPÉFIÉ	SUICIDER
SPRIMONT	STELLITE	STUQUANT	SUIFFANT
SPRINGER	STEMMATE	STURNIDÉ	SUIFFEUX

SUIFORME	SURGELÉE	SURVOLTÉ	SYNTAGME
SUINTANT	SURGELER	SUSCITÉE	SYNTHÈSE
SUINTINE	**SURGÈRES**	SUSCITER	SYNTONIE
SUIVANTE	SURHOMME	SUSNOMMÉ	SYPHILIS
SUIVEUSE	SURICATE	SUSPECTE	**SYRACUSE**
SUIVISME	SURIKATE	SUSPECTÉ	**SYR-DARIA**
SUIVISTE	**SURINAME**	SUSPENDU	SYRIAQUE
SUJÉTION	SURINANT	SUSPENSE	SYRIENNE
SULAWESI	SURJALÉE	SUSPENTE	**SYRIENNE**
SULFATÉE	SURJALER	SUSTENTÉ	SYRPHIDÉ
SULFATER	SURJETÉE	SUSURRÉE	**SZCZECIN**
SULFONÉE	SURJETER	SUSURRER	TABASSÉE
SULFOSEL	SURJOUÉE	SUSVISÉE	TABASSER
SULFURÉE	SURJOUER	SUTURANT	TABLEAUX
SULFURER	SURLIGNÉ	SUZERAIN	TABLETTE
SULLIVAN	SURLIURE	**SVALBARD**	TABLETTÉ
SULTANAT	SURLONGE	SVASTIKA	TABLOÏDE
SUMÉRIEN	SURLOUÉE	**SVEALAND**	TABORITE
SUMOTORI	SURLOUER	**SVERDRUP**	TABOURET
SUNNISME	SURLOYER	**SVIZZERA**	**TABOUROT**
SUPERFIN	SURMENÉE	SWAHILIE	TÂCHERON
SUPERFLU	SURMENER	SWASTIKA	TACHETÉE
SUPERMAN	SURMONTÉ	SWINGUER	TACHETER
SUPERMAN	SURMOULE	**SYAGRIUS**	TACHISME
SUPERMEN	SURMOULÉ	SYBARITE	TACHISTE
SUPPLÉEE	SURMULET	SYCOMORE	**TACHKENT**
SUPPLÉER	SURMULOT	**SYDENHAM**	TACONEOS
SUPPLICE	SURNAGER	SYLLABUS	TACTIQUE
SUPPLIÉE	SURNOMMÉ	**SYLLABUS**	TACTISME
SUPPLIER	SUROFFRE	SYLLEPSE	**TADEMAÏT**
SUPPORTÉ	SUROXYDÉ	SYLPHIDE	TAFFETAS
SUPPOSÉE	SURPASSÉ	SYLVANER	**TAFILELT**
SUPPOSER	SURPATTE	SYLVIIDÉ	**TAGANROG**
SUPPRIMÉ	SURPAYÉE	SYMBIOSE	**TAGARINE**
SUPPURÉE	SURPAYER	SYMBIOTE	**TAGLIONI**
SUPPURER	SURPÊCHE	SYMÉTRIE	TAGUEUSE
SUPPUTÉE	SURPIQUÉ	**SYMMAQUE**	TAHITIEN
SUPPUTER	SURPLACE	SYMPHYSE	**TAHITIEN**
SURABAYA	SURPLOMB	SYMPTÔME	**TAICHUNG**
SURAIGUË	SURPOIDS	SYNCOPAL	TAILLADE
SURANNÉE	SURPRIME	SYNCOPÉE	TAILLADÉ
SURCHOIX	SURPRISE	SYNCOPER	TAILLAGE
SURCOUPE	SURRÉNAL	SYNDERME	TAILLANT
SURCOUPÉ	SURSAUTÉ	SYNDICAL	TAILLEUR
SURCROÎT	SURSEOIR	SYNDICAT	TAILLOIR
SURDOUÉE	SURTAXÉE	SYNDIQUÉ	TAILLOLE
SURÉLEVÉ	SURTAXER	SYNDROME	TAISEUSE
SÛREMENT	SURTITRE	SYNÉCHIE	**TAJ MAHAL**
SURESNES	SURTITRÉ	SYNÉRÈSE	**TAKASAKI**
SURFACÉE	SURVENDU	SYNERGIE	**TAKORADI**
SURFACER	SURVENIR	SYNODALE	TALISMAN
SURFAIRE	SURVENTE	SYNODAUX	TALK-SHOW
SURFAITE	SURVENUE	SYNONYME	TALOCHÉE
SURFEUSE	SURVIRER	SYNOPSIE	TALOCHER
SURFILÉE	SURVIVRE	SYNOPSIS	TALONNÉE
SURFILER	SURVOLÉE	SYNOVIAL	TALONNER
SURFONDU	SURVOLER	SYNOVITE	TALQUANT

TALQUEUX	TARGETTE	TEILLAGE	**TERMONDE**
TAMANDUA	TARGUANT	TEILLANT	TERNAIRE
TAMANOIR	TARIFANT	TEINTANT	**TERNOPIL**
TAMATAVE	**TARNAISE**	TEINTURE	TERPINOL
TAMAZIRT	TARTARIN	**TEISSIER**	TERRAQUÉ
TAMERLAN	**TARTARIN**	**TE KANAWA**	TERRASSE
TAMISAGE	TARTINÉE	TÉLÉCOMS	TERRASSÉ
TAMISANT	TARTINER	TÉLÉCRAN	TERREAUX
TAMPONNÉ	TARTRATE	TÉLÉFILM	TERREUSE
TANAISIE	TARTREUX	**TELEMANN**	TERRIBLE
TANCRÈDE	TARTUFFE	**TELEMARK**	TERRIFIÉ
TANDOORI	**TARTUFFE**	TÉLÉPORT	**TERVUREN**
TANGENCE	**TARUSATE**	TÉLÉTYPE	TÉRYLÈNE
TANGENTE	**TASMANIE**	TÉLÉVISÉ	TERZETTO
TANGIBLE	TASSEAUX	TÉLEXANT	**TERZIEFF**
TANGSHAN	**TASSILON**	TÉLOMÈRE	TESSELLE
TANGUANT	TASTE-VIN	TÉLOUGOU	TESTABLE
TANINGES	TATILLON	TÉMÉRITÉ	TÉTANISÉ
TANISAGE	TÂTONNER	**TEMESVÁR**	TÉTRODON
TANISANT	TATOUAGE	TÉMOIGNÉ	TEUF-TEUF
TANIZAKI	TATOUANT	TEMPÉRÉE	**TEUTATÈS**
TANKISTE	TATOUEUR	TEMPÉRER	TEUTONNE
TANNANTE	TAULARDE	TEMPÊTER	TEXTURÉE
TANNERIE	TAULIÈRE	TEMPLIER	TEXTURER
TANNEUSE	TAUPIÈRE	TEMPORAL	THALAMUS
TANNIQUE	TAUPINÉE	TEMPOREL	THALLIUM
TANNISÉE	TAUREAUX	TÉNACITÉ	THANATOS
TANNISER	**TAUTAVEL**	TENAILLE	**THANNOIS**
TANTIÈME	TAVELANT	TENAILLÉ	**THATCHER**
TANTINET	TAVELURE	TENDANCE	THÉÂTRAL
TANZANIE	TAVILLON	TENDELLE	THÉBAÏDE
TAORMINA	TAXATEUR	TENDERIE	**THÉBAÏDE**
T'AOTS'ION	TAXATION	TENDEUSE	THÉBAINE
TAPAGEUR	TAXODIER	TENDRETÉ	**THÉBAINE**
TAPEMENT	TAXODIUM	TÉNÈBRES	THÉBAÏNE
TAPENADE	**TBILISSI**	**TENERIFE**	**THÉMINES**
TAPINANT	TCHADIEN	TÉNICIDE	**THÉODORA**
TAPINOIS	**TCHADIEN**	**TENNYSON**	**THÉODORE**
TAPISSÉE	TCHAPALO	TENONNÉE	**THÉODOSE**
TAPISSER	TCHATCHE	TENONNER	**THÉODULF**
TAPONNÉE	TCHATCHÉ	TÉNORINO	THÉORÈME
TAPONNER	TCHATTÉE	TÉNORISÉ	THÉORISÉ
TAPOTANT	TCHATTER	TENTANTE	THÉRAPIE
TAQUINÉE	**TCHEKHOV**	TEOCALLI	THERMALE
TAQUINER	**TCHERSKI**	TÉPHRITE	THERMAUX
TARARAGE	TCHITOLA	TÉRASPIC	THERMITE
TARARIEN	**TCHOUDES**	**TERAUCHI**	THÉSARDE
TARASCON	TECTRICE	**TERBORCH**	THÉURGIE
TARASCOS	**TECUMSEH**	TERCEIRA	THIAMINE
TARASQUE	TEEN-AGER	**TÉRÉSIEN**	THIAZOLE
TARASQUE	TEE-SHIRT	**TERESINA**	THIBAUDE
TARATATA	TEFILLIN	TERFESSE	**THIBAULT**
TARAUDÉE	TÉGUMENT	**TERGNIER**	THIOFÈNE
TARAUDER	TEIGNANT	TERMINAL	THIONATE
TARBAISE	TEIGNEUX	TERMINÉE	THIONINE
TARBOUCH	**TEILHARD**	TERMINER	THIO-URÉE
TARENTIN		TERMINUS	**THIVIERS**

THIZEROT	**TIRYNTHE**	TONSURÉE	TOURIÈRE
THOMISME	TISONNÉE	TONSURER	TOURISME
THOMISTE	TISONNER	TONTINÉE	TOURISTA
THOMPSON	TISSERIN	TONTINER	TOURISTE
THÔNAINE	TISSEUSE	TOP-CASES	TOURMENT
THONAIRE	**TITE-LIVE**	**TOPELIUS**	TOURNAGE
THONBURI	**TITICACA**	TOPHACÉE	TOURNANT
THORIGNY	TITILLÉE	TOPIAIRE	TOURNEUR
THOUTMÈS	TITILLER	TOP MODEL	**TOURNEUR**
THRILLER	**TITOGRAD**	TOPONYME	**TOURNIER**
THROMBUS	TITREUSE	TOQUANTE	TOURNOIS
THURINGE	TITUBANT	**TORCELLO**	TOURNOYÉ
THURROCK	**TJIREBON**	TORCHANT	TOURNURE
THYMIQUE	TOASTEUR	TORCHÈRE	TOURTEAU
THYROÏDE	TOBOGGAN	TORDANTE	TOUSSANT
TIAN SHAN	TOBOGGAN	TORDEUSE	TOUSSEUR
TIBÉTAIN	**TODLEBEN**	TORÉADOR	TOUSSOTÉ
TIBÉTAIN	TOGOLAIS	TORGNOLE	**TOUTATIS**
TIDIKELT	**TOGOLAIS**	TOROÏDAL	TOUT BEAU
TIE-BREAK	TOHU-BOHU	TORPILLE	TOUT DE GO
TIÉDASSE	TOILERIE	TORPILLÉ	TOUT DOUX
T'IEN-TSIN	TOILETTE	**TORRANCE**	TOWNSHIP
TIGNARDE	TOILETTÉ	TORRÉFIÉ	TOXICITÉ
TIGNASSE	**TOKIMUNE**	TORSADÉE	**TOYONAKA**
TIGRÉENS	**TOKUGAWA**	TORSADER	**TOYOTOMI**
TIGRERIE	TOKYOÏTE	TORTILLA	TRABENDO
TIGRESSE	**TOKYOÏTE**	TORTILLE	TRABOULE
TIGRIDIE	TOLÉRANT	TORTILLÉ	TRABOULÉ
TIGRIGNA	**TOLIATTI**	TORTORÉE	TRAÇANTE
TIGRINYA	**TOLTÈQUE**	TORTORER	TRACASSÉ
TILLEUSE	TOMAHAWK	TORTUEUX	TRACERET
TILLIEUX	TOMAISON	TORTURÉE	TRACEUSE
TIMBRAGE	TOMBANTE	TORTURER	TRACHÉAL
TIMBRANT	TOMBEAUX	TOTALISÉ	TRACHÉEN
TIMIDITÉ	TOMBELLE	TOTALITÉ	TRACHOME
TIMOLÉON	TOMBEUSE	TÔT-FAITS	TRACHYTE
TIMONIER	TOMIENNE	**TOTLEBEN**	TRACTAGE
TIMORAIS	**TOM JONES**	TOUAILLE	TRACTANT
TIMOTHÉE	TOMMETTE	TOUCHANT	TRACTEUR
TINGUELY	**TOMONAGA**	TOUCHAUD	TRACTION
TINQUEUX	TONALITÉ	TOUCHAUX	TRACTIVE
TINTORET	TONDEUSE	TOUCHEAU	TRADUIRE
TINTOUIN	**TONGUIEN**	TOUCHEUR	TRADUITE
TIQUETÉE	**TONG YUAN**	TOUFFEUR	TRAFIQUÉ
TIQUEUSE	TONICITÉ	TOUILLÉE	TRAGÉDIE
TIRAILLÉ	TONIFIÉE	TOUILLER	TRAGIQUE
TIRAMISU	TONIFIER	TOUJOURS	TRAHISON
TIRANAIS	TONITRUÉ	**TOULOISE**	TRAÎNAGE
TIRASPOL	**TONLÉ SAP**	TOULOUPE	TRAÎNANT
TIRE-CLOU	TONLIEUX	**TOULOUSE**	TRAÎNARD
TIRE-FOND	TONNANTE	TOUPILLÉ	TRAÎNEAU
TIRE-LAIT	TONNEAUX	TOUPINER	TRAÎNEUR
TIRELIRE	**TONNEINS**	**TOUPOLEV**	TRAINING
TIRE-NERF	TONNELET	**TOURAINE**	TRAITANT
TIRÉSIAS	TONNELLE	TOURBEUX	TRAITEUR
TIRIDATE	TONNERRE	TOURBIER	TRALUIRE
TIRUPPUR	**TONNERRE**	TOURELLE	TRAMELOT

TRAMINOT	**TRÉVISAN**	TRISOMIE	TRUFFANT
TRAMPING	TRIACIDE	TRISSANT	**TRUFFAUT**
TRANCHÉE	TRIANGLE	**TRISSINO**	TRUFFIER
TRANCHER	TRIBALLE	**TRITHÈME**	**TRUJILLO**
TRANCHET	TRIBALLÉ	TRITURÉE	TRUMEAUX
TRANSEPT	TRIBUNAL	TRITURER	TRUQUAGE
TRANSIGÉ	TRIBUNAT	TRIUMVIR	TRUQUANT
TRANSITÉ	**TRIBUNAT**	TRIVALVE	TRUQUEUR
TRANSKEI	TRICARDE	TRIVIALE	TRUSQUIN
TRANSMIS	TRICHANT	TRIVIAUX	TRUSTANT
TRANSMUÉ	TRICHEUR	**TRIVULCE**	TRYPSINE
TRANTRAN	TRICHINE	TROCHLÉE	TSARISME
TRAPPANT	TRICHOMA	TROCHURE	TSARISTE
TRAPPEUR	TRICHOME	**TROLLOPE**	**TSHIKAPA**
TRAQUANT	TRICOLER	TROMBINE	**TS'ING-TAO**
TRAQUEUR	TRICORNE	TROMBLON	**TSUSHIMA**
TRAVERSE	TRICORPS	TROMBONE	TUBELESS
TRAVERSÉ	TRICOTÉE	**TROMELIN**	TUBÉRACÉ
TRAVESTI	TRICOTER	TROMPANT	TUBÉRALE
TRAVIATA	TRICTRAC	TROMPÉES	TUBÉREUX
TRAVIOLE	TRICYCLE	TROMPETÉ	TUBÉRISÉ
TRAYEUSE	TRIDACNE	TROMPEUR	TUBICOLE
TRÉBUCHÉ	TRIDENTÉ	**TRONÇAIS**	**TÜBINGEN**
TRÉCHEUR	TRIENNAL	TRONCHET	TUBIPORE
TRÉFILÉE	TRIESTER	**TRONCHET**	TUBULEUX
TRÉFILER	TRILLANT	TRONQUÉE	TUBULURE
TRÉFONDS	TRILLION	TRONQUER	TUDESQUE
TRÉFOUËL	TRILOBÉE	TROPICAL	TUE-CHIEN
TRÉGUIER	TRILOGIE	TROPIQUE	TUFFEAUX
TREILLIS	TRIMARAN	TROPISME	TUILEAUX
TREKKEUR	TRIMARDÉ	TROQUANT	TUILERIE
TREKKING	TRIMBALÉ	TROQUEUR	TUILIÈRE
TRÉMATÉE	TRIMÉTAL	TROTTANT	TULIPIER
TRÉMATER	TRIMÈTRE	TROTTEUR	TULLERIE
TREMBLAY	**TRIMURTI**	TROTTINÉ	TULLISTE
TREMBLÉE	TRINGLÉE	TROTTOIR	**TULLISTE**
TREMBLER	TRINGLER	TROUBLÉE	**TULSI DAS**
TRÉMELLE	TRINGLOT	TROUBLER	TUMBLING
TRÉMIÈRE	TRINQUER	TROUFION	TUMÉFIÉE
TREMPAGE	TRINQUET	TROUILLE	TUMÉFIER
TREMPANT	TRIOMPHE	TROUPEAU	TUMORALE
TREMPLIN	TRIOMPHÉ	TROUPIER	TUMORAUX
TRÉMULER	TRIPANTE	TROUSSÉE	TUNICIER
TRENTAIN	TRIPARTI	TROUSSER	TUNIQUÉE
TRÉPANÉE	TRIPERIE	TROU-TROU	TUNISIEN
TRÉPANER	TRIPETTE	TROUVANT	**TUNISIEN**
TRÉPASSÉ	TRIPHASÉ	TROUVÈRE	TUNISOIS
TRÉPIDER	TRIPIÈRE	TROUVEUR	**TUNISOIS**
TRÉPIGNÉ	TRIPLACE	TROYENNE	TURBINÉE
TRESSAGE	TRIPLANT	**TROYENNE**	TURBINER
TRESSANT	TRIPLÉES	TRUANDÉE	TURBOTIN
TRÉTEAUX	**TRIPLICE**	TRUANDER	TURCIQUE
TRETSOIS	TRIPLURE	TRUBLION	TURFISTE
TREUILLÉ	**TRÍPOLIS**	TRUCIDÉE	**TURINOIS**
TRÉVIRÉE	TRIPOTÉE	TRUCIDER	TURKMÈNE
TRÉVIRER	TRIPOTER	**TRUDAINE**	**TURKMÈNE**
TRÉVIRES	TRISKÈLE	TRUELLÉE	**TURLUPIN**

TURLUTTE	URANIQUE	VAL D'ARLY	VARANASI
TURNHOUT	URANISME	**VALDEMAR**	VARANGUE
TURNOVER	URBANISÉ	**VALDIVIA**	VARAPPER
TUTEURÉE	URBANITÉ	**VAL-D'OISE**	**VARÈGUES**
TUTEURER	URCÉOLÉE	VALENÇAY	**VARENNES**
TUTOYANT	URÉMIQUE	**VALENÇAY**	VARIABLE
TUTOYEUR	URÉTÉRAL	VALENCIA	VARIANCE
TUVALUAN	URÉTHANE	**VALENTIA**	VARIANTE
TUVULUAN	URÉTRALE	VALENTIN	VARIÉTAL
TUYAUTÉE	URÉTRAUX	**VALENTIN**	**VARIGNON**
TUYAUTER	URÉTRITE	**VALENTON**	**VARILHES**
TWIN-SETS	URICÉMIE	**VALÉRIEN**	VARLOPÉE
TWIRLING	URINAIRE	VALIDANT	VARLOPER
TWISTANT	UROCORDÉ	VALIDITÉ	**VARSOVIE**
TYMPANAL	UROLOGIE	VALLEUSE	**VASARELY**
TYMPANON	UROLOGUE	**VALLOIRE**	VASELINE
TYPHACÉE	URSULINE	VALLONNÉ	VASISTAS
TYPHIQUE	URTICANT	**VALLORBE**	**VASSIEUX**
TYPHLITE	**USTARITZ**	VALMOREL	**VÄSTERÅS**
TYPHOÏDE	USUFRUIT	**VALOGNES**	**VATANAIS**
TYPICITÉ	USURAIRE	VALORISÉ	VATICANE
TYRANNIE	USURIÈRE	**VALROMEY**	VATICINÉ
TYRIENNE	USURPANT	VALSEUSE	**VAUCLUSE**
TYRIENNE	UTILISÉE	**VALSOISE**	VAUDAIRE
TYROLIEN	UTILISER	VALVAIRE	**VAUDOISE**
TYROLIEN	UTOPIQUE	**VAN ACKER**	VAUDOISE
TYROSINE	UTOPISME	VANADIUM	**VAUGELAS**
UBIQUITÉ	UTOPISTE	**VANADZOR**	VAUTRAIT
UBUESQUE	UTRICULE	**VAN ALLEN**	VAUTRANT
UCHRONIE	UVULAIRE	**VANBRUGH**	**VECELLIO**
UFOLOGIE	VACATION	**VAN BUREN**	VECTRICE
UGINOISE	**VACCARÈS**	**VAN CLEVE**	**VÉDRINES**
ULBRICHT	VACCINAL	**VANDALES**	VÉGÉTALE
ULCÉRANT	VACCINÉE	**VAN DIJCK**	VÉGÉTANT
ULCÉREUX	VACCINER	VANDOISE	VÉGÉTAUX
ULISSIEN	VACHARDE	VANGERON	VÉHÉMENT
ULTRASON	VACHERIE	**VAN GOYEN**	VÉHICULE
UNCLE SAM	VACHERIN	**VANIKORO**	VÉHICULÉ
UNETELLE	VACHETTE	VANILLÉE	VEILLANT
UNGUÉALE	VACILLER	VANILLON	VEILLEUR
UNGUÉAUX	**VADODARA**	VANISAGE	VEINARDE
UNICORNE	VAGABOND	VANITEUX	VEINEUSE
UNIFIANT	**VAGANOVA**	VANNEAUX	VÉLARIUM
UNIFLORE	VAGINALE	VANNELLE	VÊLEMENT
UNIFOLIÉ	VAGINAUX	VANNERIE	VÉLIVOLE
UNIFORME	VAGINITE	VANNEUSE	**VÉLIZIEN**
UNIONAIS	VAIGRAGE	**VAN ORLEY**	VELLÉITÉ
UNIOVULÉ	**VAILLAND**	VANTARDE	VÉLOCITÉ
UNISEXUÉ	VAILLANT	VANTELLE	VELOUTÉE
UNISSANT	**VAILLANT**	VANTERIE	VELOUTER
UNITAIRE	VAISSEAU	**VAN'T HOFF**	VENAISON
UNIVALVE	**VALACHIE**	**VAN VELDE**	VÉNALITÉ
UNIVOQUE	VALAISAN	**VAN VLECK**	**VENÇOISE**
UPÉRISÉE	**VALAISAN**	**VANZETTI**	VENDABLE
UPÉRISER	**VALBONNE**	VAPOREUX	VENDANGE
UPPERCUT	**VAL-CENIS**	VAPORISÉ	VENDANGÉ
URANAISE	VALDAHON	VARAIGNE	

VENDETTA	VERTISOL	VIEILLIR	VIPÉRINE
VENDEUSE	VERTUEUX	VIEILLOT	VIREMENT
VENDREDI	**VERTUMNE**	VIEILLEUR	VIRGINAL
VENELLES	VERVEINE	VIELLEUX	VIRGINIE
VÉNÉNEUX	VERVEUSE	VIENNOIS	**VIRGINIE**
VÉNÉRANT	**VERVIERS**	**VIENNOIS**	**VIRIATHE**
VÉNÉRIEN	**VERWOERD**	**VIÊT-CONG**	VIRILISÉ
VENGEANT	VÉSICALE	**VIÊT-MINH**	VIRILITÉ
VENGERON	VÉSICANT	**VIGANAIS**	VIROCIDE
VÉNIELLE	VÉSICAUX	**VIGEVANO**	**VIROFLAY**
VENIMEUX	VÉSICULE	VIGILANT	VIRTUOSE
VÉNITIEN	VESPÉRAL	VIGNEAUX	VIRUCIDE
VÉNITIEN	VESPÉRIE	VIGNERON	VIRULENT
VENTEUSE	**VESPUCCI**	VIGNETER	VISCACHE
VENTILÉE	VESSIGON	VIGNETTE	VISCÉRAL
VENTILER	**VESTDIJK**	VIGNOBLE	**VISCONTI**
VENTOUSE	**VÉSULIEN**	**VIGNOBLE**	VISIONNÉ
VENTRALE	**VESZPRÉM**	**VIGNOLES**	VISITANT
VENTRAUX	VÊTEMENT	VIGOUSSE	VISITEUR
VÉNUSIEN	VÉTÉRANE	VIGUERIE	VISQUEUX
VÉNUSIEN	VÉTILLER	VILEMENT	VISSERIE
VÉRACITÉ	**VEUILLOT**	**VILLARDE**	VISSEUSE
VERACRUZ	VEULERIE	**VILLEBON**	VISUELLE
VÉRAISON	**VEVEYSAN**	**VILLEMIN**	VITALITÉ
VERBATIM	VEXATEUR	**VILLEMUR**	VITAMINE
VERBEUSE	VEXATION	**VILLEPIN**	VITAMINÉ
VERBIAGE	VEXILLUM	**VILLERMÉ**	VITELLIN
VERDÂTRE	**VEYNOISE**	VILLEROI	VITELLUS
VERDELET	**VÉZELIEN**	**VILLETTE**	VITICOLE
VERDOYER	VIANDANT	**VILLIERS**	**VITI LEVU**
VERGENCE	VIATIQUE	**VILVORDE**	VITILIGO
VERGETÉE	VIBRANTE	**VIMYNOIS**	VITOULET
VERGETTE	VIBRISSE	VINAIGRE	VITRERIE
VERGEURE	VICARIAT	VINAIGRÉ	VITREUSE
VERGLACÉ	VICELARD	VINDICTE	VITRIFIÉ
VERGOGNE	VICENNAL	VINICOLE	VITRIOLÉ
VÉRIFIÉE	**VICENTIN**	VINIFÈRE	**VITRIOTE**
VÉRIFIER	VICE-ROIS	VINIFIÉE	**VITRYATE**
VERJUTÉE	VICHYSTE	VINIFIER	VITUPÉRÉ
VERLAINE	VICIABLE	**VINNITSA**	VIVACITÉ
VERMILLÉ	VICIEUSE	**VINOLIEN**	**VIVARAIS**
VERMOULÉ	VICINALE	VINOSITÉ	**VIVARINI**
VERMOULU	VICINAUX	VINYLITE	VIVARIUM
VERMOUTH	VICOMTAL	VIOLACÉE	**VIVAROIS**
VERNEUIL	**VICQUOIS**	VIOLACER	VIVEMENT
VERNISSÉ	VICTIMER	VIOLENCE	VIVIFIÉE
VÉRONAIS	VICTOIRE	VIOLENTE	VIVIFIER
VÉRONÈSE	VICTORIA	VIOLENTÉ	VIVIPARE
VERRANNE	**VICTORIA**	VIOLETÉE	VIVOTANT
VERRERIE	VIDANGÉE	VIOLETER	VIVRIÈRE
VERRIÈRE	VIDANGER	VIOLETTE	**VLADIMIR**
VERSEAUX	VIDÉASTE	VIOLEUSE	**VLAMINCK**
VERSEUSE	VIDE-CAVE	VIOLISTE	VOCALISE
VERSIFIÉ	VIDÉOTEX	VIOLONÉE	VOCALISÉ
VERTÈBRE	VIDE-VITE	VIPEREAU	VOCATION
VERTÉBRÉ	**VIDOURLE**	VIPÉRIAU	VOCIFÉRÉ
VERTICAL	VIEILLIE	VIPÉRIDÉ	VOCODEUR

VOGELPIK	**WALENSEE**	**WÜRZBURG**	**ZAMENHOF**
VOGOULES	**WALEWSKI**	**WYCLIFFE**	**ZAMPIERI**
VOÏÉVODE	**WALHALLA**	XANTHINE	**ZANGWILL**
VOILERIE	**WALKYRIE**	XANTHOME	ZANZIBAR
VOILETTE	WALLABYS	XÉNOLITE	**ZANZIBAR**
VOISINER	**WALLASEY**	**XÉNOPHON**	ZANZOTTO
VOITURÉE	**WALLONIE**	XERTIGNY	ZAO WOU-KI
VOITURER	**WALLONNE**	XIANGTAN	**ZAPATERO**
VOÏVODAT	**WALLONNE**	XIANYANG	ZAPPETTE
VOÏVODIE	**WALSCHAP**	XINJIANG	ZAPPEUSE
VOLAILLE	**WANG MENG**	XINXIANG	ZARZUELA
VOLATILE	**WARANGAL**	XIPHOÏDE	**ZAVENTEM**
VOLETANT	WARRANTÉ	**XYLANDER**	**ZEDELGEM**
VOLHYNIE	**WARSZAWA**	XYLIDINE	**ZEHRFUSS**
VOLITION	**WARTBURG**	XYLOCOPE	ZÉLATEUR
VOLITIVE	**WASSEYEN**	YACHTING	**ZELENSKI**
VOLLEYÉE	**WATERLOO**	YACHTMAN	ZÉNITHAL
VOLLEYER	WATTMANS	YACHTMEN	ZÉOLITHE
VOLOGÈSE	**WAT TYLER**	**YACIRETÁ**	ZEPPELIN
VOLSQUES	**WEDEKIND**	**YAMAGATA**	**ZEPPELIN**
VOLTAIRE	**WEDGWOOD**	**YAMAMOTO**	**ZEROMSKI**
VOLTAIRE	WEEK-ENDS	**YANGQUAN**	ZÉROTAGE
VOLTERRA	**WEINBERG**	**YANGZHOU**	ZÉRUMBET
VOLTIGER	**WEISMANN**	**YANOMAMI**	ZÉZAYANT
VOLUBILE	**WEITLING**	**YANOMANI**	**ZHEJIANG**
VOLVAIRE	**WEIZMANN**	**YARMOUTH**	**ZHUANGZI**
VOLVULUS	**WELHAVEN**	**YAZDGARD**	**ZIA UL-HAQ**
VOMITIVE	**WERNICKE**	YEARLING	ZIBELINE
VON TRIER	**WESTERLO**	YÉMÉNITE	**ZIEULANT**
VORACITÉ	**WESTWOOD**	**YÉMÉNITE**	ZIEUTANT
VOTATION	**WETTEREN**	**YENNOISE**	ZIGZAGUÉ
VOUGLANS	**WETZIKON**	YEOMANRY	**ZIMBABWE**
VOULTAIN	**WEVELGEM**	**YERROISE**	ZINCIQUE
VOUSSEAU	WHIPCORD	YERSINIA	ZINGUANT
VOUSSOIR	WHISKIES	**YERVILLE**	ZINGUEUR
VOUSSOYÉ	WHISTLER	YESHIVAS	**ZINOVIEV**
VOUSSURE	**WICKSELL**	YESHIVOT	ZINZOLIN
VOUVOYÉE	**WIECHERT**	**YINCHUAN**	ZODIACAL
VOUVOYER	WIENERLI	YOGHOURT	ZODIAQUE
VOUZIERS	**WILLAERT**	**YOKOHAMA**	ZONALITÉ
VOYAGEUR	WILLIAMS	**YOKOSUKA**	**ZONHOVEN**
VRAI-FAUX	**WILLIAMS**	**YONNAISE**	ZOOLOGIE
VRAIMENT	**WIMEREUX**	**YORITOMO**	ZOOLOGUE
VRAQUIER	**WIMPFFEN**	**YORKTOWN**	ZOOPHAGE
VRILLAGE	**WINDHOEK**	**YSENGRIN**	ZOOPHILE
VRILLANT	WINDSURF	YTTRIQUE	ZOOPHYTE
VUILLARD	**WINGLOIS**	**YUPANQUI**	ZOOSPORE
VULCANIA	**WINNIPEG**	**YVELINES**	ZOREILLE
VULGAIRE	**WINSTEIN**	**YVOISIEN**	**ZOTTEGEM**
VULTUEUX	WISHBONE	YZEURIEN	ZOZOTANT
VULVAIRE	WISIGOTH	**ZAANSTAD**	**ZURBARÁN**
VYGOTSKI	**WÖLFFLIN**	ZACHARIE	ZWANZANT
WAGON-LIT	**WOLINSKI**	ZAIBATSU	ZWANZEUR
WAGONNET	**WOLSELEY**	ZAÏROISE	**ZWEVEGEM**
WAKAYAMA	**WOODWARD**	**ZAÏROISE**	ZWIEBACK
WALBURGE	**WORMHOUT**	ZAKHAROV	**ZWORYKIN**
WALCOURT	**WORTHING**	ZAKOPANE	ZYEUTANT
WALDHEIM	**WOU TCHEN**	ZAKOUSKI	**ZYRIÈNES**

	ABROGATIF	ACCOUPLÉE	ACQUITTER
	ABROGEANT	ACCOUPLER	ACRIMONIE
	ABRUZZAIS	ACCOURANT	ACROBATIE
	ABSENTANT	ACCOURCIE	ACRODYNIE
	ABSIDIALE	ACCOURCIR	ACROLÉINE
	ABSIDIAUX	ACCOUTRÉE	ACROSPORT
	ABSIDIOLE	ACCOUTRER	ACRYLIQUE
	ABSOLUITÉ	ACCOUTUMÉ	ACTANCIEL
	ABSOLVANT	ACCOUVAGE	ACTING-OUT
	ABSORBANT	ACCOUVEUR	ACTINIDIA
	ABSORBEUR	ACCRÉDITÉ	ACTINIQUE
	ABSTENANT	**ACCRÉENNE**	ACTINISME
ABAISSANT	ABSTINENT	ACCRÉTANT	ACTIONNÉE
ABAISSEUR	ABSTRAIRE	ACCRÉTION	ACTIONNER
ABANDONNÉ	ABSTRAITE	ACCROCHÉE	ACTIVISME
ABASOURDI	ABSURDITÉ	ACCROCHER	ACTIVISTE
ABÂTARDIE	**ABU TAMMAM**	ACCROÎTRE	ACTUALISÉ
ABÂTARDIR	**ABYSSINIE**	ACCROUPIE	ACTUALITÉ
ABATTABLE	ACADIENNE	ACCROUPIR	ACTUARIAT
ABBADIDES	**ACADIENNE**	ACCUEILLI	ACTUARIEL
ABBASSIDE	ACALCULIE	ACCULTURÉ	ACUTANGLE
ABBATIALE	A CAPPELLA	ACCUMULÉE	ACYCLIQUE
ABBATIAUX	ACARIÂTRE	ACCUMULER	ACYLATION
ABBEVILLE	ACARICIDE	ACCUSATIF	**ADALBÉRON**
ABD AL-AZIZ	A CAUSE QUE	ACESCENCE	ADAMANTIN
ABD EL-KRIM	ACCABLANT	ACESCENTE	**ADAPAZARI**
ABDIQUANT	ACCAPARÉE	ACÉTAMIDE	ADAPTABLE
ABDOMINAL	ACCAPARER	ACÉTIFIÉE	ADAPTATIF
ABDUCTEUR	ACCÉLÉRÉE	ACÉTIFIER	ADDICTION
ABDUCTION	ACCÉLÉRER	ACÉTYLÈNE	ADDICTIVE
ABDÜLAZIZ	ACCENTEUR	ACÉTYLURE	**ADDINGTON**
ABÉLIENNE	ACCENTUÉE	ACHALANDÉ	ADDITIVÉE
ABERRANCE	ACCENTUEL	ACHALASIE	ADDUCTEUR
ABERRANTE	ACCENTUER	ACHARISME	ADDUCTION
ABER-VRAC'H	ACCEPTANT	ACHARNANT	**ADELBODEN**
ABER-WRACH	ACCEPTEUR	ACHEMINÉE	ADÉNOSINE
ABHORRANT	ACCEPTION	ACHEMINER	ADHÉRENCE
ABIÉTACÉE	ACCESSION	**ACHÉROISE**	ADHÉRENTE
ABIÉTINÉE	ACCIDENTÉ	ACHETABLE	AD HOMINEM
ABIOTIQUE	ACCLAMANT	ACHETEUSE	ADIPOSITÉ
ABJECTION	ACCLIMATÉ	ACHEULÉEN	ADJACENTE
ABOIEMENT	ACCOINTÉE	**ACHKHABAD**	ADJECTIVE
ABOLITION	ACCOINTER	ACHOPPANT	ADJECTIVÉ
ABOMINANT	ACCOMMODÉ	ACIDIFIÉE	ADJOINDRE
ABONDANCE	ACCOMPLIE	ACIDIFIER	ADJUGEANT
ABONDANCE	ACCOMPLIR	ACIDULANT	ADJUVANTE
ABONDANTE	ACCORDANT	ACIÉRISTE	AD LIBITUM
ABORDABLE	ACCORDÉON	ACLINIQUE	ADMETTANT
ABORIGÈNE	ACCORDEUR	**ACONCAGUA**	ADMIRABLE
ABORIGÈNE	ACCORDOIR	ACONITINE	ADMIRATIF
ABOUCHANT	ACCORTISE	ACOQUINÉE	ADMISSION
ABOULIQUE	ACCOSTAGE	ACOQUINER	ADMONESTÉ
ABRAYSIEN	ACCOSTANT	ACOUPHÈNE	ADOPTABLE
ABRÉGEANT	ACCOUCHÉE	ACQUÉRANT	ADOPTANTE
ABREUVANT	ACCOUCHER	ACQUÉREUR	ADORATEUR
ABREUVOIR	ACCOUDANT	ACQUIESCÉ	ADORATION
192 ABRICOTÉE	ACCOUDOIR	ACQUITTÉE	ADRAGANTE

ADRESSAGE ADRESSANT ADSORBANT ADULATEUR ADULATION ADULTÉRÉE ADULTÉRER ADULTÉRIN AD VALOREM ADVECTION ADVENTICE ADVENTIVE ADVERBIAL ADVERSITÉ **ADYGUÉENS** À ENQUERRE ÆPYORNIS AÉROBIOSE AÉRO-CLUBS AÉROCOLIE AÉRODROME AÉROFREIN AÉROLOGIE AÉRONAUTE AÉRONAVAL AÉRONOMIE AÉROPLANE AÉROPORTÉ AÉROSCOPE AÉROSTIER AÉROTRAIN AFFABULER AFFAIBLIE AFFAIBLIR AFFAIRANT AFFAIREUX AFFAISSÉE AFFAISSER AFFAITAGE AFFAMEUSE AFFECTANT AFFECTION AFFECTIVE AFFÉRENTE AFFERMAGE AFFERMANT AFFÉTERIE AFFICHAGE AFFICHANT AFFICHEUR AFFIDAVIT AFFILIANT AFFINERIE AFFINEUSE AFFIRMANT AFFLEURÉE AFFLEURER

AFFLICTIF AFFLUENCE AFFLUENTE AFFOLANTE AFFOUAGÉE AFFOUAGER AFFOUILLÉ AFFOURAGÉ AFFOURCHÉ AFFRANCHI AFFRÉTANT AFFRÉTEUR AFFRIANDÉ AFFRIOLÉE AFFRIOLER AFFRIQUÉE AFFRONTÉE AFFRONTER AFFRUITER AFFUBLANT AFFÛTEUSE AFFÛTIAUX A FORTIORI AFRICAINE **AFRICAINE** AFRIKAANS AFRIKANER **AFRIKANER** AFRO-ROCKS AGACEMENT AGALACTIE **AGAMEMNON** AGAPANTHE AGARICALE **AGATHOCLE** **AGATHOISE** **AGAUNOISE** **AGÉSINATE** AGGLOMÉRÉ AGGLUTINÉ AGGRAVANT AGILEMENT AGISSANTE AGITATEUR AGITATION AGNATIQUE AGNOSIQUE AGONISANT AGRAFEUSE AGRAINANT AGRÉATION AGRÉGATIF AGRÉGEANT AGRÉMENTÉ AGRESSANT AGRESSEUR AGRESSION

AGRESSIVE AGRIFFANT **AGRIGENTE** AGRIPAUME AGRIPPANT **AGRIPPINE** AGROLOGIE AGRONOMIE AGROSTIDE **AGUESSEAU** AGUICHAGE AGUICHANT AGUICHEUR **AHASVÉRUS** **AHMADABAD** **AHMEDABAD** **AHTISAARI** AÏD-EL-ADHA AÏD-EL-FITR AIGRE-DOUX AIGREMENT AIGUILLAT AIGUILLÉE AIGUILLER **AIGUILLES** AIGUILLON **AIGUILLON** AIGUILLOT AIGUISAGE AIGUISANT AIGUISOIR AIMANTANT **AIMARGUES** **AIR FRANCE** AIX-EN-OTHE AJOINTANT AJOURNANT AJUSTEUSE **AKHENATON** **AKHMATOVA** **AKUTAGAWA** **AKWESASNE** ALAMBIQUÉ **ALAOUITES** ALARMANTE ALARMISME ALARMISTE À LA VA-VITE À L'AVENANT **ALBA IULIA** ALBANAISE **ALBANAISE** **AL-BARZANI** **AL-BATTANI** **ALBERTINA** **ALBERTINE** ALBIGEOIS

ALBIGEOIS ALBINISME ALBUGINÉE ALBUMINÉE ALCALOÏDE **ALCÁNTARA** ALCARAZAS **ALCIBIADE** ALCOOLISÉ ALCOOTEST **AL-DJAZA'IR** **AL-DJOFFRA** ALÉATOIRE ALENTOURS ALÉOUTIEN **ALÉSIENNE** ALÉTHIQUE ALEVINAGE ALEVINANT ALEVINIER **ALEXANDER** ALEXANDRA **ALEXANDRE** ALFATIÈRE ALGAZELLE ALGÉROISE **ALGÉROISE** ALGÉSIRAS **AL-GHAZALI** ALGINIQUE **ALGONQUIN** **AL-HALLADJ** **AL-HOCEIMA** ALICAMENT ALIÉNABLE ALIÉNANTE ALIÉNISTE ALIMENTÉE ALIMENTER **ALISCAMPS** ALITEMENT ALIZARINE ALKÉKENGE **ALLAHABAD** ALLAITANT **ALLAUDIEN** ALLÉCHANT ALLÉGEANT **ALLEGHANY** **ALLEGHENY** ALLÉGORIE ALLÉGUANT **ALLEMAGNE** ALLEMANDE **ALLEMANDE** **ALLENTOWN** ALLERGÈNE

ALLERGIDE	**AMATERASU**	**AMORRITES**	ANGÉLIQUE
ALLEUTIER	AMAZONIEN	**AMOSSOISE**	**ANGÉLIQUE**
ALLICIANT	**AMAZONIEN**	**AMOU-DARIA**	ANGÉLISME
ALLIGATOR	AMAZONITE	AMOURACHÉ	**ANGILBERT**
ALLOGAMIE	**AMBARROIS**	AMOURETTE	ANGINEUSE
ALLONNAIS	AMBASSADE	AMOUREUSE	**ANGIOLINI**
ALLOPHONE	**AMBERTOIS**	AMPHIBIEN	**ANGLEBERT**
ALLOSAURE	AMBIANCER	AMPHIBOLE	ANGLICANE
ALLSCHWIL	AMBIGUÏTÉ	AMPHIOXUS	ANGLICISÉ
ALLUME-FEU	AMBISEXUÉ	AMPHIPODE	ANGLOMANE
ALLUME-GAZ	AMBITIEUX	AMPHOLYTE	ANGOISSÉE
ALLUMETTE	AMBLYOPIE	AMPHOTÈRE	ANGOISSER
ALLUMEUSE	**AMBOISIEN**	AMPLEMENT	ANGOLAISE
ALLUVIALE	AMBROISIE	**AMPLEPUIS**	**ANGOLAISE**
ALLUVIAUX	AMBROSIEN	AMPLIATIF	**ANGOULÊME**
ALLYLIQUE	AMBULACRE	AMPLIFIÉE	**ANGOUMOIS**
ALMAGESTE	AMBULANCE	AMPLIFIER	ANGULAIRE
ALMA MATER	AMBULANTE	AMPLITUDE	ANGULEUSE
ALMATOISE	AMBYSTOME	**AMSTERDAM**	ANGUSTURA
ALMODÓVAR	**AMÉLIENNE**	AMUÏSSANT	ANGUSTURE
ALMOHADES	AMÉLIORÉE	AMUSEMENT	**ANG VODDEY**
AL-MUKALLA	AMÉLIORER	ANABOLITE	ANHIDROSE
AL-NIMAYRI	AMÉNAGEUR	ANACLINAL	ANHYDRIDE
ALPAGUANT	AMENDABLE	ANACROUSE	ANHYDRITE
ALPHABÈTE	**AMENEMHAT**	ANAÉROBIE	**ANIANAISE**
ALPINISME	**AMÉNOPHIS**	ANAGLYPHE	**ANICHOISE**
ALPINISTE	AMENUISÉE	ANAGRAMME	**ANICIENNE**
ALQUIFOUX	AMENUISER	ANALGÉSIE	ANICROCHE
AL-RHAZALI	AMÈREMENT	ANALYCITÉ	ANIMALIER
ALTDORFER	AMÉRICAIN	ANALYSANT	ANIMALISÉ
ALTÉRABLE	**AMÉRICAIN**	ANALYSEUR	ANIMALITÉ
ALTÉRANTE	AMÉRICIUM	ANAPLASIE	ANIMATEUR
ALTERNANT	AMERLOQUE	ANARTHRIE	ANIMATION
ALTHUSSER	AMÉTABOLE	ANASARQUE	ANIMELLES
ALTIMÈTRE	AMÉTHYSTE	ANATOLIEN	ANIMOSITÉ
ALTIPLANO	AMÉTROPIE	ANATOXINE	ANIONIQUE
ALTRUISME	AMHARIQUE	**ANAXAGORE**	ANKYLOSÉE
ALTRUISTE	**AMHARIQUE**	**ANAXIMÈNE**	ANKYLOSER
ALTYNTAGH	AMIBIENNE	ANCESTRAL	ANNALISTE
ALUMINANT	À MI-CHEMIN	ANCHOÏADE	**ANNAPOLIS**
ALUMINATE	À MI-COURSE	**ANCHORAGE**	**ANNAPURNA**
ALUMINEUX	AMIDONNÉE	ANDALOUSE	**ANNEMASSE**
ALUMINIUM	AMIDONNER	**ANDALOUSE**	ANNIHILÉE
ALUMINURE	**AMIÉNOISE**	ANDANTINO	ANNIHILER
ALVÉOLITE	**AMIRANTES**	**ANDERLUES**	ANNONACÉE
ALYSCAMPS	AMITIEUSE	**ANDERMATT**	ANNONÇANT
ALZHEIMER	**AMMONITES**	ANDORRANE	ANNONCEUR
AMABILITÉ	AMMOPHILE	**ANDORRANE**	ANNONCIER
AMADOUANT	AMNÉSIQUE	**ANDO TADAO**	ANNUALISÉ
AMAGASAKI	**AMNÉVILLE**	ANDOUILLE	ANNUALITÉ
AMALGAMÉE	AMNISTIÉE	**ANDREOTTI**	ANNULABLE
AMALGAMER	AMNISTIER	**ANDRÉSIEN**	ANNULAIRE
AMARAPURA	AMOINDRIE	ANDROGÈNE	ANNULATIF
AMARAVATI	AMOINDRIR	ANDROGYNE	ANODISANT
AMAREYEUR	AMONCELÉE	**ANDROMÈDE**	ANODONTIE
AMARINANT	AMONCELER	ANÉVRISME	ANOMALURE
AMARYLLIS	AMORALITÉ	ANÉVRYSME	**ANSARIYYA**

ANSCHAIRE	**ANTONIONI**	APPONDANT	ARC-EN-CIEL
ANSCHLUSS	ANTONYMIE	APPONTAGE	ARCHAÏQUE
ANTAIMORO	**ANTSIRABÉ**	APPONTANT	ARCHAÏSME
ANTAISAKA	**ANTWERPEN**	APPORTANT	ARCHÉENNE
ANTANDROY	ANUSCOPIE	APPORTEUR	ARCHÉGONE
ANTENAISE	**ANVERSOIS**	APPRÉCIÉE	**ARCHÉLAOS**
ANTÉNATAL	ANXIOGÈNE	APPRÉCIER	ARCHETIER
ANTENNATE	**ANZINOISE**	APPRENANT	ARCHÉTYPE
ANTÉPOSÉE	AOÛTEMENT	APPRENDRE	ARCHICUBE
ANTÉPOSER	AOÛTIENNE	APPRENTIE	**ARCHIMÈDE**
ANTÉRIEUR	APAISANTE	APPRÊTANT	**ARCHINARD**
ANTHÉMIOS	APARTHEID	APPROCHÉE	ARCHIVAGE
ANTHONOME	APATHIQUE	APPROCHER	ARCHIVANT
ANTHURIUM	**APELDOORN**	APPROPRIÉ	ARCHONTAT
ANTHYLLIS	APÉRITEUR	APPROUVÉE	ARÇONNANT
ANTIACIDE	APÉRITIVE	APPROUVER	**ARDÉCHOIS**
ANTI-ATLAS	À PERPETTE	APPUI-BRAS	ARDEMMENT
ANTIATOME	APHASIQUE	APPUI-TÊTE	ARDENNAIS
ANTIBOISE	APHORISME	APRAXIQUE	**ARDENNAIS**
ANTIBRUIT	APHRODITE	APRÈS-COUP	**ARDENTAIS**
ANTICIPÉE	**APHRODITE**	APRÈS-MIDI	ARDOISIER
ANTICIPER	APIÉCEUSE	APRÈS-SKIS	**ARDRÉSIEN**
ANTICORPS	APITOYANT	APUREMENT	À RECULONS
ANTICOSTI	APLOMBANT	APYROGÈNE	**ARÉDIENNE**
ANTIDATÉE	APOCRYPHE	AQUANAUTE	ARÉFLEXIE
ANTIDATER	APOENZYME	AQUAPLANE	ARÉNICOLE
ANTIFUMÉE	**APOLLONIA**	AQUARELLE	ARÉOLAIRE
ANTIGÉLIF	APOMORPHE	AQUARELLÉ	ARÉOMÈTRE
ANTIGONOS	APOPLEXIE	AQUATINTE	**ARGENLIEU**
ANTIGRÈVE	APOSTASIE	AQUATIQUE	ARGENTAGE
ANTIGUAIS	APOSTASIÉ	AQUITAINE	**ARGENTAIS**
ANTIHÉROS	APOSTILLE	**AQUITAINE**	ARGENTANT
ANTI-LIBAN	APOSTOLAT	ARABESQUE	ARGENTIER
ANTILLAIS	APOTHÉCIE	ARABISANT	**ARGENTINA**
ANTILLAIS	APOTHÉOSE	ARACHNÉEN	ARGENTINE
ANTIMOINE	APPARENCE	ARACHNIDE	**ARGENTINE**
ANTIMONIÉ	APPARENTE	ARAGONAIS	ARGENTITE
ANTINAZIE	APPARENTÉ	**ARAGONAIS**	ARGENTURE
ANTINOMIE	APPARIANT	ARAGONITE	ARGILEUSE
ANTIOCHOS	APPARTENU	ARALIACÉE	**ARGINUSES**
ANTIPATER	APPAUVRIE	ARAMÉENNE	ARGONAUTE
ANTIQUARK	APPAUVRIR	**ARAMONAIS**	**ARGONNAIS**
ANTIQUITÉ	APPELANTE	ARASEMENT	ARGOTIQUE
ANTIQUITÉ	APPELETTE	ARAUCARIA	ARGOTISME
ANTIRADAR	APPENDANT	ARBITRAGE	ARGOTISTE
ANTIREJET	APPENDICE	ARBITRALE	ARGOUSIER
ANTIRIDES	APPENZELL	ARBITRANT	ARGUMENTÉ
ANTISÈCHE	**APPENZELL**	ARBITRAUX	ARGYRISME
ANTITABAC	ÆPPESANTI	**ARBOISIEN**	ARIANISME
ANTITACHE	APPÉTENCE	ARBORETUM	**ARIÉGEOIS**
ANTITHÈSE	APPLAUDIR	ARBORISÉE	**ARIOVISTE**
ANTITRUST	APPLAUDIR	ARBOUSIER	**ARKWRIGHT**
ANTIVIRAL	APPLICAGE	ARBOVIRUS	**ARLANCOIS**
ANTIVIRUS	APPLIQUÉE	ARBUSTIVE	**ARLINGTON**
ANTONELLI	APPLIQUER	ARC-BOUTÉE	**ARLONAISE**
ANTONELLO	APPOINTÉE	ARC-BOUTER	**ARMAGNACS**
ANTONESCU	APPOINTER	ARC-BOUTÉS	ARMISTICE

ARMOIRIES	ASCENDANT	ASSONANCE	ATTERRANT
ARMORIALE	ASCENSEUR	ASSONANCÉ	ATTESTANT
ARMORIANT	ASCENSION	ASSOUPLIE	ATTICISME
ARMORIAUX	**ASCENSION**	ASSOUPLIR	ATTIGEANT
ARMORIQUE	ASCÉTIQUE	ASSOURDIE	ATTIRABLE
ARMSTRONG	ASCÉTISME	ASSOURDIR	ATTIRANCE
ARMURERIE	ASCITIQUE	ASSUÉTUDE	ATTIRANTE
ARNAQUANT	ASCLÉPIAS	ASSUJETTI	ATTRACTIF
ARNAQUEUR	**ASCLÉPIOS**	ASSURANCE	ATTRAPADE
ARNÉTOISE	ASEPTIQUE	ASTATIQUE	ATTRAPAGE
AROMATISÉ	ASEPTISÉE	ASTÉRACÉE	ATTRAPANT
ARPÉGEANT	ASEPTISER	ASTÉROÏDE	ATTRAPEUR
ARPENTAGE	**ASHANINKA**	ASTICOTÉE	ATTRAYANT
ARPENTANT	ASHKÉNAZE	ASTICOTER	ATTRIBUÉE
ARPENTEUR	**ASHKÉNAZE**	ASTIGMATE	ATTRIBUER
ARQUEBUSE	ASIATIQUE	ASTIQUAGE	ATTRISTÉE
ARRACHAGE	**ASIATIQUE**	ASTIQUANT	ATTRISTER
ARRACHANT	ASINIENNE	ASTRAGALE	ATTRITION
ARRACHEUR	ASISMIQUE	**ASTRAKHAN**	ATTROUPÉE
ARRACHOIR	**ASMONÉENS**	ASTREINTE	ATTROUPER
ARRAGEOIS	**ASNIÉROIS**	ASTROLABE	**AUBAGNAIS**
ARRANGEUR	ASPARAGUS	ASTRONOME	**AUBARNOIS**
ARRÉRAGES	ASPARTAME	ASTUCIEUX	AUBERGINE
ARRÊTISTE	ASPERSEUR	ASYMÉTRIE	**AUBESPINE**
ARRHENIUS	ASPERSION	ASYMPTOTE	AUDACIEUX
ARRIVANTE	ASPERSOIR	ASYNERGIE	**AUDENARDE**
ARRIVISME	ASPHALTÉE	**ATAHUALPA**	**AUDERGHEM**
ARRIVISTE	ASPHALTER	ATELLANES	AU-DESSOUS
ARROGANCE	ASPHODÈLE	ATEMPOREL	**AUDIBERTI**
ARROGANTE	ASPHYXIÉE	ATÉRIENNE	AUDIENCIA
ARROGEANT	ASPHYXIER	ATERMOYER	AUDIMÈTRE
ARROSABLE	ASPIRANTE	**ATHABASCA**	AUDITOIRE
ARROSEUSE	ASPLÉNIUM	**ATHABASKA**	AUDITRICE
ARROW-ROOT	ASSAILLIE	**ATHIS-MONS**	**AUDUNOISE**
ARSACIDES	ASSAILLIR	ATHREPSIE	**AUERSTEDT**
ARSÉNIATE	ASSASSINE	**ATLANTIDE**	AUGERONNE
ARSENICAL	ASSASSINÉ	ATOMICITÉ	**AUGERONNE**
ARSÉNIEUX	ASSÉCHANT	ATOMISANT	AUGMENTÉE
ARSÉNIQUE	ASSEMBLÉE	ATOMISEUR	AUGMENTER
ARSÉNIURE	ASSEMBLER	ATONALITÉ	**AUGSBOURG**
ARSOUILLE	ASSERTION	ATROPHIÉE	AUGUSTINE
ARTÉRIOLE	ASSESSEUR	ATROPHIER	**AUGUSTULE**
ARTEVELDE	ASSIDUITÉ	ATTABLANT	AULNATOIS
ARTHRODIE	ASSIETTÉE	ATTACHANT	**AULU-GELLE**
ARTICHAUT	ASSIGNANT	**ATTALIDES**	AUMALOISE
ARTICULÉE	ASSIMILÉE	ATTAQUANT	AUMÔNERIE
ARTICULER	ASSIMILER	ATTARDANT	AUMÔNIÈRE
ARTILLEUR	ASSISTANT	ATTEINDRE	**AURANGZEB**
ARTISANAL	ASSOCIANT	ATTENANTE	**AUREILHAN**
ARTISANAT	ASSOIFFÉE	ATTENDANT	AURÉOLANT
ARTOCARPE	ASSOIFFER	ATTENDRIE	**AUROBINDO**
ARYABHATA	ASSOMBRIE	ATTENDRIR	**AUSCHWITZ**
ARYLAMINE	ASSOMBRIR	ATTENTANT	AUSCITAIN
ASAHIKAWA	ASSOMMANT	ATTENTION	**AUSCITAIN**
ASBESTOSE	ASSOMMEUR	ATTENTIVE	AUSCULTÉE
ASCANIENS	ASSOMMOIR	ATTÉNUANT	AUSCULTER
ASCÉIENNE	**ASSOMMOIR**	ATTERRAGE	AUSTÉNITE

AUSTÉRITÉ	AVENTURÉE	BACHOTANT	BALINAISE
AUSTRALIE	AVENTURER	BACTÉRIEN	**BALINAISE**
AUSTRASIE	**AVESNOISE**	**BACTRIANE**	BALIVEAUX
AUTOCLAVE	AVESTIQUE	BADINERIE	BALIVERNE
AUTOCOPIE	AVEUGLANT	**BADINGUET**	BALKANISÉ
AUTOCRATE	AVEUGLE-NÉ	BADMINTON	**BALLANCHE**
AUTO-ÉCOLE	AVIATRICE	**BAEKELAND**	BALLASTÉE
AUTOFOCUS	**AVICÉBRON**	BAFOUILLE	BALLASTER
AUTOGAMIE	AVIDEMENT	BAFOUILLÉ	BALLERINE
AUTOGÉRÉE	AVIONIQUE	**BAFOUSSAM**	BALLONNÉE
AUTOGUIDÉ	AVIONNEUR	BAGAGISTE	BALLONNER
AUTO-IMMUN	AVITAILLÉ	BAGARRANT	BALLONNET
AUTOMNALE	AVIVEMENT	BAGARREUR	BALLOTTÉE
AUTOMNAUX	AVOCASSER	BAGATELLE	BALLOTTER
AUTONEIGE	AVOCATIER	**BAGDADIEN**	BALL-TRAPS
AUTONOMIE	AVOISINÉE	**BAGNÉRAIS**	BALLUCHON
AUTONYMIE	AVOISINER	**BAGNOLAIS**	**BALMÉENNE**
AUTOPOMPE	**AVONNAISE**	**BAGRATION**	BALNÉAIRE
AUTOPSIÉE	AVORTEUSE	BAIGNEUSE	**BALNÉENNE**
AUTOPSIER	**AVRANCHES**	BAIGNOIRE	**BALOUTCHE**
AUTORADIO	AVUNCULAT	**BAÏKONOUR**	BALSAMIER
AUTORISÉE	AWRANGZIB	**BAILLARGÉ**	BALSAMINE
AUTORISER	AXILLAIRE	BÂILLEUSE	BALTHASAR
AUTOROUTE	AXIOLOGIE	BAILLIAGE	**BALTHASAR**
AUTOTOMIE	AYATOLLAH	BÂILLONNÉ	BALTHAZAR
AUTREFOIS	**AYERS ROCK**	BAIN-MARIE	**BALTHAZAR**
AUTREMENT	**AYYUBIDES**	**BAINVILLE**	**BALTHILDE**
AUTRUCHON	AZÉOTROPE	BAISEMAIN	**BALTIMORE**
AUTUNOISE	AZEROLIER	BAISEMENT	BALZACIEN
AUVERGNAT	AZILIENNE	BAISOTANT	**BAMAKOISE**
AUVERGNAT	AZIMUTALE	BAISSIÈRE	**BAMBOCCIO**
AUVERSOIS	AZIMUTAUX	**BAJOCASSE**	BAMBOCHER
AUXERROIS	**AZINCOURT**	**BAKOUNINE**	BANALISÉE
AUXILOISE	AZURÉENNE	BALADEUSE	BANALISER
AUXONNAIS	**AZURÉENNE**	BALAFRANT	BANANIÈRE
AVALANCHE	AZUREMENT	**BALAÏTOUS**	BANCROCHE
AVALISANT	**BABANGIDA**	**BALAKIREV**	BANC-TITRE
AVANTAGÉE	BABAS COOL	**BALAKLAVA**	BANDEROLE
AVANTAGER	BABÉLISME	BALALAÏKA	BANDES-SON
AVANT-BECS	BABELUTTE	BALANÇANT	**BANDOLAIS**
AVANT-BRAS	**BABENBERG**	BALANCIER	BANDONÉON
AVANT-CALE	BABILLAGE	BALANCINE	**BANGALORE**
AVANT-CLOU	BABILLANT	**BALANDIER**	**BANGWEULU**
AVANT-COUR	BABILLARD	BALAYETTE	**BANJA LUKA**
AVANT-GOÛT	**BABINGTON**	BALAYEUSE	BANJOÏSTE
AVANT-HIER	BÂBORDAIS	BALAYURES	**BANJULAIS**
AVANT-MAIN	BABOUCHKA	BALBUTIÉE	BANQUABLE
AVANT-MIDI	BABY-BOOMS	BALBUTIER	BANQUETER
AVANT-MONT	**BABYLONIE**	BALBUZARD	BANQUETTE
AVANT-PAYS	BABY-TESTS	**BALBYNIEN**	BANQUIÈRE
AVANT-PLAN	BACCHANTE	BALCONNET	BANQUISTE
AVANT-PORT	**BACHAMOIS**	BALDAQUIN	**BANYULENC**
AVANT-TOIT	**BACHELARD**	BALEINEAU	**BAPALMOIS**
AVANT-TROU	BACHELIER	BALEINIER	BAPTISANT
AVELINIER	**BACHELIER**	BALESTRON	BAPTISMAL
AVENARIUS	**BACHKIRIE**	**BÂLE-VILLE**	BARABUDUR
AVÈNEMENT	BACHOTAGE	**BALIKESIR**	BARACALDO

BARACHOIS	BASE-BALLS	**BEARDSLEY**	**BELLERINE**
BARAGOUIN	**BAS-EMPIRE**	BÉARNAISE	**BELLERIVE**
BARALBINE	BASILAIRE	**BÉARNAISE**	**BELLEYSAN**
BARAQUANT	BASILICAL	BÉATEMENT	**BELLIÈVRE**
BARATERIE	BASILIQUE	BÉATIFIÉE	**BELLILOIS**
BARATIERI	BAS-JOINTÉ	BÉATIFIER	BELLUAIRE
BARATINÉE	BASOPHILE	BÉATITUDE	**BELPHÉGOR**
BARATINER	BASQUAISE	**BEAUCAIRE**	BELVÉDÈRE
BARATTAGE	BAS-RELIEF	BEAUCERON	**BELZÉBUTH**
BARATTANT	BAS-ROUGES	**BEAUCERON**	BÉMOLISÉE
BARBACANE	BASSE-COUR	**BEAUCHAMP**	BÉMOLISER
BARBADIEN	**BASSÉENNE**	BEAUCOURT	**BENAVENTE**
BARBAROUX	BASSEMENT	**BEAUDOUIN**	**BENEDETTO**
BARBELURE	**BASSENAIS**	BEAU-FRÈRE	BÉNÉFICIÉ
BARBERINI	**BASSE-SAXE**	**BEAUGENCY**	BÉNÉFIQUE
BARBICHUE	BASSINANT	**BEAUNEVEU**	BÉNÉVOLAT
BARBIFIÉE	**BASTELICA**	**BEAUNOISE**	BÉNIGNITÉ
BARBIFIER	BASTIAISE	**BEAUPRÉAU**	**BENIN CITY**
BARBILLON	**BASTIAISE**	BEAUX-ARTS	**BÉNINOISE**
BARBOTAGE	BASTIONNÉ	BEAUX-FILS	BÉNISSANT
BARBOTANT	BASTONNÉE	**BÉCANCOUR**	BÉNISSEUR
BARBOTEUR	BASTONNER	BÉCASSEAU	BENJAMINE
BARBOTINE	BAS-VENTRE	BÉCASSINE	**BEN JONSON**
BARBUDIEN	BATAILLER	**BÉCASSINE**	**BENNIGSEN**
BARCELONA	BATAILLON	**BECCAFUMI**	**BENSERADE**
BARCELONE	BATARDEAU	BEC-CROISÉ	BENTHIQUE
BARDOLINO	BÂTARDISE	BEC-DE-CANE	BENTONITE
BARÉMIQUE	BATEAU-FEU	BÊCHEVETÉ	**BEN YEHUDA**
BARENBOÏM	BATELEUSE	**BECHTEREV**	BENZIDINE
BARGUIGNÉ	BATELIÈRE	BECQUEREL	BENZOÏQUE
BAR-HILLEL	BATHOLITE	**BECQUEREL**	BÉOTIENNE
BARIGOULE	BATIFOLER	BECQUETÉE	**BÉOTIENNE**
BARIOLAGE	BATILLAGE	BECQUETER	BÉQUETANT
BARIOLANT	BÂTISSANT	**BÉDARIEUX**	BÉQUILLÉE
BARIOLURE	BÂTISSEUR	BÉDÉPHILE	BÉQUILLER
BARJAQUER	BATOILLER	BEDONNANT	**BERBERATI**
BARJOLAIS	BÂTONNANT	**BEERNAERT**	**BERBEROVA**
BAR-KOKHBA	BÂTONNIER	**BEERSHEBA**	BERCEMENT
BARLINOIS	BATRACIEN	**BEER-SHEVA**	**BERCKOISE**
BARLONGUE	BATTEMENT	**BEETHOVEN**	**BÉRÉGOVOY**
BAR-MITSVA	**BATTHYÁNY**	**BÉGARROIS**	**BÉRENGÈRE**
BARNABITE	**BATZIENNE**	BÉGAYANTE	**BEREZNIKI**
BAROMÈTRE	BAUDRUCHE	BÉGUINAGE	BERGAMOTE
BARONNAGE	**BAUGEOISE**	**BÉHISTOUN**	**BERGUOISE**
BARONNIES	BAUQUIÈRE	BEIGEASSE	BERKÉLIUM
BAROQUEUX	**BAVAISIEN**	BEIGEÂTRE	BERLINGOT
BAROUDEUR	BAVARDAGE	**BÉLAIROIS**	BERLINOIS
BARQUETTE	BAVARDANT	BÉLEMNITE	**BERLINOIS**
BARRABANE	BAVARDISE	**BÉLISAIRE**	**BERLUGANE**
BARRACUDA	BAVAROISE	**BELLACHON**	BERMUDIEN
BARRICADE	**BAVAROISE**	BELLADONE	BERNARDIN
BARRICADÉ	BAVASSANT	**BELLARMIN**	**BERNARDIN**
BARSACAIS	BAYEUSAIN	BELLE-DAME	**BERNHARDT**
BARTHOLDI	**BAYONNAIS**	**BELLE-ISLE**	BERNICLES
BASCULANT	**BAZADAISE**	BELLEMENT	**BERNOULLI**
BASCULEUR	BAZARDANT	BELLE-MÈRE	**BERNSTEIN**
BASDEVANT	**BAZEILLES**	**BELLÊMOIS**	**BERRATINE**

BERRICHON	**BIELINSKI**	BIPOLAIRE	BLINQUANT
BERRICHON	BIELLETTE	BIRAPPORT	BLOC-ÉVIER
BERRUYÈRE	BIEN-AIMÉE	**BIR HAKEIM**	BLOCKHAUS
BERRUYÈRE	BIEN-AIMÉS	BISAÏEULE	BLOC-NOTES
BERTHELOT	BIÉNERGIE	BISANNUEL	**BLOEMAERT**
BERTILLON	BIEN-FONDÉ	**BISCHHEIM**	BLONDASSE
BÉRYLLIUM	BIEN-FONDS	BISCORNUE	BLONDINET
BERZELIUS	BIEN-JUGÉS	BISCOTEAU	**BLOTZHEIM**
BERZINGUE	**BIENNOISE**	BISCUITÉE	BLOUSANTE
BESOGNANT	BIENSÉANT	BISCUITER	BLUE-JEANS
BESOGNEUX	BIENVENIR	BISEAUTÉE	BLUETOOTH
BESSARION	BIENVENUE	BISEAUTER	BLUFFEUSE
BESSIÈRES	**BIENVENÜE**	BISONTINE	**BOBADILLA**
BESTIAIRE	BIFFEMENT	**BISONTINE**	BOBINEAUX
BETHLEHEM	BIFURQUER	**BISSALIEN**	BOBINETTE
BETHSABÉE	BIGARRANT	BISTOURNÉ	BOBINEUSE
BÉTHUNOIS	BIGARREAU	BISULFATE	**BOBROUÏSK**
BÊTIFIANT	BIGARRURE	BISULFITE	BOBSLEIGH
BÉTONNAGE	BIGOPHONE	BISULFURE	BOCARDANT
BÉTONNANT	BIGOPHONÉ	**BITCHOISE**	**BOCHIMANS**
BÉTONNEUR	BIGORNANT	BITENSION	BODYBOARD
BETTERAVE	BIGORNEAU	BITERROIS	**BOIELDIEU**
BÉTULACÉE	BIGOTERIE	**BITERROIS**	**BOISCHAUT**
BÉTULINÉE	BIGOTISME	BITONIAUX	**BOIS-D'ARCY**
BEUGLANTE	BIGOURDAN	BITTURANT	BOISEMENT
BEURETTES	**BIGOURDAN**	BITUMEUSE	**BOIS-LE-DUC**
BEURRERIE	BIGREMENT	BITURBINE	BOISSEAUX
BEUVE-MÉRY	BIHOREAUX	**BITURIGES**	BOITEMENT
BEVERIDGE	BIJECTION	BIVALENCE	BOITILLER
BÉVEZIERS	BIJECTIVE	BIVALENTE	**BOLBÉCAIS**
BEYLICALE	BIJOUTIER	BIVOUAQUÉ	BOLCHEVIK
BEYLICAUX	BILABIALE	**BIZARDIEN**	BOLÍVARES
BHAGALPUR	BILABIAUX	BLA-BLA-BLA	BOLIVIANO
BHAVNAGAR	BILATÉRAL	BLACK-BASS	**BOLLÉNOIS**
BIACHOISE	BILBOQUET	**BLACKBURN**	BOLOGNAIS
BIALYSTOK	BILHARZIA	**BLACKFOOT**	**BOLOGNAIS**
BIATHLÈTE	BILHARZIE	BLACK JACK	BOLOMÈTRE
BIBASIQUE	**BILLOMOIS**	**BLACKPOOL**	BOLONAISE
BIBELOTER	BIMENSUEL	BLACK-ROTS	**BOLONAISE**
BIBERONNÉ	**BINCHOISE**	BLAGUEUSE	**BOLTANSKI**
BIBLIOBUS	**BINICAISE**	BLAIREAUX	**BOLTZMANN**
BICAMÉRAL	BINOCLARD	BLANC-ÉTOC	BOMBARDÉE
BICÉPHALE	BINOMIALE	**BLANCHARD**	BOMBARDER
BICHLAMAR	BINOMIAUX	BLANCHEUR	BOMBARDON
BICHONNÉE	BINOMINAL	**BLANCOISE**	BOMBEMENT
BICHONNER	BIOCÉNOSE	**BLANGEOIS**	**BONAPARTE**
BICHROMIE	BIOCHIMIE	BLASEMENT	**BONCHAMPS**
BICIPITAL	BIOCLIMAT	BLASONNÉE	BONDÉRISÉ
BICONCAVE	BIODESIGN	BLASONNER	**BONDOUFLE**
BICONVEXE	BIOGENÈSE	BLASPHÈME	**BONDUOISE**
BICOURANT	BIOGRAPHE	BLASPHÉMÉ	**BONDYNOIS**
BICUSPIDE	BIOMÉTRIE	BLATÉRANT	BON ENFANT
BIDONNAGE	BIORYTHME	**BLAVATSKY**	**BONG RANGE**
BIDONNANT	BIOSPHÈRE	BLÈSEMENT	**BONIFACIO**
BIDOUILLÉ	BIOSTASIE	BLESSANTE	BONIFIANT
BIELEFELD	BIPARTITE	BLEUETIER	BONIMENTÉ
BIELGOROD	BIPHÉNYLE	BLEUETIES	**BONINGTON**

BON MARCHÉ	BOUFFONNE	BOURRETTE	BRASSERIE
BONNE-MAIN	BOUFFONNÉ	BOURRICHE	BRASSEUSE
BONNEMENT	BOUGEOTTE	BOURRICOT	BRASSIÈRE
BONNETEAU	BOUGILLON	BOURRIQUE	BRAVEMENT
BONNETEUR	**BOUGLIONE**	**BOURSAULT**	**BRAY-DUNES**
BONNETIER	BOUGONNÉE	BOURSIÈRE	**BRAYTOISE**
BONNIÈRES	BOUGONNER	BOUSCUEIL	BREAKFAST
BONS-PAPAS	BOUGRESSE	BOUSCULÉE	**BREENDONK**
BOOKMAKER	BOUILLANT	BOUSCULER	**BRÉGANÇON**
BOOLÉENNE	**BOUILLAUD**	BOUSILLÉE	BRÉHAIGNE
BOOLIENNE	BOUILLEUR	BOUSILLER	**BRÉHATINE**
BOOMERANG	BOUILLÉE	BOUTARGUE	BRELAUDER
BOQUETEAU	BOULANGER	BOUTEFEUX	BRÉSILIEN
BORDELAIS	**BOULANGER**	BOUTE-HORS	**BRÉSILIEN**
BORDELAIS	BOULÉGUER	BOUTEILLE	BRÉSILLÉE
BORDEREAU	BOULETAGE	BOUTON-D'OR	BRÉSILLÉ
BORNANDIN	BOULEVARD	BOUTONNÉE	BRÉSILLET
BORNOYANT	**BOULGAKOV**	BOUTONNER	**BRESSUIRE**
BOROBUDUR	**BOULMERKA**	BOUTURAGE	**BRESTOISE**
BOROILLOT	BOULOCHER	BOUTURANT	BRETAUDER
BORROMÉES	BOULONNÉE	BOUVILLON	**BRETÉCHER**
BORROMINI	BOULONNER	BOUVREUIL	BRETESSÉE
BORUDJERD	BOULOTTÉE	**BOUZIGUES**	**BRETOLIEN**
BOSCÉENNE	BOULOTTER	BOVARYSME	BREVETANT
BOSNIAQUE	**BOULOURIS**	BOW-STRING	BRÉVIAIRE
BOSNIAQUE	BOUQUETÉE	BOW-WINDOW	**BRIALMONT**
BOSSA-NOVA	BOUQUETIN	BOX-OFFICE	**BRIAROISE**
BOSSCHÈRE	BOUQUINÉE	BOYAUDIER	BRIC-À-BRAC
BOSSELANT	BOUQUINER	BOYAUTANT	BRICOLAGE
BOSSELURE	BOURBEUSE	BOYCOTTÉE	BRICOLANT
BOSTONIEN	**BOURBONNE**	BOYCOTTER	BRICOLEUR
BOSTRYCHE	**BOURBOURG**	BOY-SCOUTS	**BRIÇONNET**
BOTANIQUE	**BOURBRIAC**	BRABANÇON	BRIDGEANT
BOTANISTE	**BOURCAINE**	**BRABANÇON**	BRIDGEUSE
BOTTELAGE	BOURDAINE	BRACHIALE	**BRIECOISE**
BOTTELANT	**BOURDELLE**	BRACHIAUX	**BRIENNOIS**
BOTTILLON	BOURDIGUE	BRACONNER	**BRIÉRONNE**
BOTULIQUE	BOURDONNÉ	BRAGUETTE	BRIGADIER
BOTULISME	**BOURGELAT**	BRAILLANT	BRIGANDÉE
BOUCANAGE	BOURGEOIS	BRAILLARD	BRIGANDER
BOUCANANT	**BOURGEOIS**	BRAILLEUR	BRIGANTIN
BOUCANIER	**BOURGEOYS**	**BRAINOISE**	**BRIGNOLES**
BOUCHARDE	BOURGOGNE	BRAISETTE	BRILLANCE
-BOUCHARDÉ	**BOURGOGNE**	BRAISIÈRE	BRILLANTE
BOUCHERIE	**BOURGOING**	BRAMEMENT	BRILLANTÉ
BOUCHEROT	BOURGUEIL	BRANCARDÉ	**BRILLOUIN**
BOUCHONNÉ	**BOURGUEIL**	BRANCHAGE	BRIMBALÉE
BOUCHOYER	**BOURGUIBA**	BRANCHANT	BRIMBALER
BOUCICAUT	**BOURIATES**	BRANCHIAL	BRINDILLE
BOUCLETTE	**BOURIATIE**	BRANLANTE	BRINGEURE
BOUDINAGE	**BOURNAZEL**	BRANLE-BAS	BRINGUANT
BOUDINANT	BOURONNER	BRANLEUSE	BRIOCHINE
BOUFFANTE	BOURRACHE	**BRANTFORD**	**BRIOCHINE**
BOUFFARDE	BOURRATIF	BRAQUEUSE	**BRIONNAIS**
BOUFFETTE	BOURREAUX	**BRAS DE FER**	BRIQUETÉE
BOUFFEUSE	BOURRELÉE	**BRASILIEN**	BRIQUETER
BOUFFLERS	BOURRELET	BRASILLER	BRIQUETTE

BRISE-BISE	BUCOLIQUE	CACHE-COLS	CALAMINER
BRISE-JETS	BUDGÉTANT	CACHEMIRE	CALANCHER
BRISEMENT	BUDGÉTISÉ	**CACHEMIRE**	CALANDRÉE
BRISE-TOUT	BUFFETIER	CACHE-POTS	CALANDRER
BRISE-VENT	BUFFLESSE	CACHE-SEXE	CALANQUES
BRISQUARD	BUFFLETIN	CACHETAGE	CALCANÉUM
BRIVADOIS	BUFFLONNE	CACHETANT	**CALCÉENNE**
BROCANTER	**BUJUMBURA**	CACHOTTER	CALCICOLE
BROCARDÉE	BULLDOZER	CACOCHYME	CALCIFIÉE
BROCARDER	BULL-FINCH	**CA'DA MOSTO**	CALCIFUGE
BROCHANTE	**BUNDESRAT**	**CADARACHE**	CALCINANT
BROCHETON	**BUNDESTAG**	CADASTRAL	CALCIURIE
BROCHETTE	BURALISTE	CADASTRÉE	CALCULANT
BROCHEUSE	**BURGIENNE**	CADASTRER	CALCULEUX
BRODEQUIN	**BURGKMAIR**	CADEAUTER	**CALDAGUÈS**
BROIEMENT	**BURGONDES**	CADENASSÉ	CALDARIUM
BROMFIELD	BURINISTE	CADENÇANT	CALEBASSE
BRONCHANT	BURKINABÉ	CADENETTE	**CALÉDONIE**
BRONCHITE	**BURKINABÉ**	CADURCIEN	CALEMBOUR
BRONZANTE	BURKINAIS	**CADURCIEN**	CALENDULA
BRONZETTE	**BURKINAIS**	CAENNAISE	CALE-PIEDS
BRONZEUSE	BURLESQUE	**CAENNAISE**	CALFATAGE
BRONZIÈRE	BURLINGUE	CAFARDAGE	CALFATANT
BROQUELIN	**BURROUGHS**	CAFARDANT	CALFEUTRÉ
BROSSERIE	BURUNDAIS	CAFARDEUR	CALIBRAGE
BROSSIÈRE	**BURUNDAIS**	CAFARDEUX	CALIBRANT
BROUCKÈRE	BUSSEROLE	CAFÉTÉRIA	CALIBREUR
BROUETTÉE	BUTADIÈNE	CAFETIÈRE	CÂLINERIE
BROUETTER	**BUTENANDT**	CAFOUILLÉ	**CALINESCU**
BROUILLÉE	**BUTHELEZI**	CAGEROTTE	**CALLACOIS**
BROUILLER	BUTINEUSE	CAGNARDER	**CALLAGHAN**
BROUILLON	BUTYLIQUE	CAGOUILLE	CALL-GIRLS
BROUSSAIS	BUTYREUSE	CAGOULARD	**CALLIÈRES**
BROUSSARD	BUTYRIQUE	CAHIN-CAHA	CALLIPYGE
BROUTAINE	BUVETIÈRE	CAHOTANTE	CALLOSITÉ
BROUTILLE	**BUXTEHUDE**	CAHOTEUSE	CALMEMENT
BRUAYSIEN	BUZANÇAIS	CAILLANTE	CALOMNIÉE
BRUCELLES	**BUZANCÉEN**	CAILLASSE	CALOMNIER
BRUGEAISE	**BYDGOSZCZ**	CAILLASSÉ	CALORIQUE
BRUGEOISE	BYZANTINE	CAILLETER	CALOTTANT
BRUINEUSE	**BYZANTINE**	**CAILLETET**	CALUGEANT
BRUISSANT	CABALISTE	CAILLETTE	CAMALDULE
BRUITEUSE	**CABALLERO**	CAILLOUTÉ	CAMARILLA
BRUNEHAUT	**CABESTANY**	CAISSERIE	CAMBIAIRE
BRUNSWICK	CABILLAUD	CAISSETTE	**CAMBRÉSIS**
BRUSQUANT	CABOCHARD	CAISSIÈRE	**CAMBRIDGE**
BRUTALISÉ	CABOSSANT	CAJOLERIE	CAMBRIOLÉ
BRUTALITÉ	CABOSSÉES	CAJOLEUSE	**CAMBRONNE**
BRUXELLES	CABOTINER	CAKE-WALKS	CAMBROUSE
BRUYÉROIS	CABRIOLER	**ÇAKUNTALA**	CAMBUSIER
BRYOPHYTE	CABRIOLET	CABRIOLET	CAMEMBERT
BRZEZINKA	CAB-SIGNAL	**CALABRAIS**	CAMERAMAN
BUANDERIE	CACAHUÈTE	**CALADOISE**	CAMERAMEN
BUANDIÈRE	CACAOTIER	**CALAFERTE**	CAMÉRISTE
BUBONIQUE	CACAOYÈRE	**CALAISIEN**	CAMÉSCOPE
BUCÉPHALE	CACARDANT	CALAMBOUR	CAMIONNÉE
BUCKINOIS	**CACHANAIS**	CALAMINÉE	CAMIONNER

CAMOMILLE
CAMOUFLÉE
CAMOUFLER
CAMOUFLET
CAMPAGNOL
CAMPANIEN
CAMPANILE
CAMPANULE
CAMP DAVID
CAMPEMENT
CAMPHRIER
CAMPIDANO
CAMPINOIS
CANALETTO
CANALISÉE
CANALISER
CANANÉENS
CANAPÉ-LIT
CANARDANT
CANARDEAU
CANAVERAL
CANCALAIS
CANCANANT
CANCANIER
CANCÉREUX
CANCÉRISÉ
CANCRELAT
CANDÉENNE
CANDIDATE
CANDIDOSE
CANDOMBLÉ
CANEBIÈRE
CANÉPHORE
CANETIÈRE
CANÉTOISE
CANIVEAUX
CANNE-ÉPÉE
CANNELIER
CANNELURE
CANNETAGE
CANNETTAN
CANNIBALE
CANOÉISME
CANOÉISTE
CANONIALE
CANONIAUX
CANONICAT
CANONIQUE
CANONISÉE
CANONISER
CANONISTE
CANONNADE
CANONNAGE
CANONNANT
CANONNIER
CANOTEUSE
CANROBERT

CANTABILE
CANTABRES
CANTALIEN
CANTALIEN
CANTALOUP
CANTILÈNE
CANTILIEN
CANTILLON
CANTINANT
CANTINIER
CANTONADE
CANTONAIS
CANTONAIS
CANTONALE
CANTONAUX
CANTONNÉE
CANTONNER
CANULANTE
CANYCAISE
CANYONING
CAODAÏSME
CAPACITIF
CAPARAÇON
CAP-BRETON
CAPBRETON
CAPCIRAIS
CAPELLOIS
CAPESTANG
CAPÉTIENS
CAP-FERRAT
CAP-FERRET
CAPITAINE
CAPITEUSE
CAPITOLIN
CAPITOLIN
CAPITONNÉ
CAPITULER
CAP-MARTIN
CAPORETTO
CAPPADOCE
CAPPIELLO
CAPRICANT
CAPRICCIO
CAPSIENNE
CAPSULAGE
CAPSULANT
CAPTATEUR
CAPTATION
CAPTATIVE
CAPTIEUSE
CAPTIVANT
CAPTIVITÉ
CAPTURANT
CAQUETAGE
CAQUETANT
CARABINÉE
CARABOSSE

CARACALLA
CARACOLER
CARACTÈRE
CARAGIALE
CARAMBOLE
CARAMBOLÉ
CARAMÉLÉE
CARAPATÉE
CARAPATER
CARAVELLE
CARBAMATE
CARBONADO
CARBONARI
CARBONARO
CARBONATE
CARBONATÉ
CARBONISÉ
CARBONYLE
CARBONYLÉ
CARBORANE
CARBOXYLE
CARBURANT
CARCAILLÉ
CARCÉRALE
CARCÉRAUX
CARCINOME
CARCOPINO
CARDAMINE
CARDAMOME
CARDIAQUE
CARDINALE
CARDINALE
CARDINAUX
CARDIOÏDE
CARÉLIENS
CARENTIEL
CARESSANT
CAR-FERRYS
CARGAISON
CARGNEULE
CARIATIDE
CARINTHIE
CARIOGÈNE
CARISSIMI
CARITATIF
CARLINGUE
CARMAUSIN
CARMÉLITE
CARNACOIS
CARNATION
CARNIVORE
CARNOTSET
CARNOTZET
CAROLINES
CARONCULE
CAROTHERS
CAROTTAGE

CAROTTANT
CAROTTEUR
CAROTTIER
CAROUBIER
CARPACCIO
CARPACCIO
CARPIAGNE
CARPIENNE
CARPILLON
CARPINIEN
CARQUEFOU
CARREAUTÉ
CARREFOUR
CARRELAGE
CARRELANT
CARRELEUR
CARRÉMENT
CARRIÈRES
CARROSSÉE
CARROSSER
CARROUSEL
CARROYAGE
CARROYANT
CARRYENNE
CARTAGENA
CARTÉSIEN
CARTILAGE
CARTISANE
CARTONNÉE
CARTONNER
CARTOUCHE
CARTOUCHE
CARVINOIS
CARYATIDE
CARYOTYPE
CASADESUS
CASAMANCE
CASANIÈRE
CASCADEUR
CASÉATION
CASERNANT
CASH-FLOWS
CASPIENNE
CASQUETTE
CASSAGNAC
CASSANDRE
CASSANDRE
CASSATION
CASSEMENT
CASSE-NOIX
CASSE-PIPE
CASSEROLE
CASSE-TÊTE
CASSONADE
CASSOULET
CASTANÉEN
CASTELLAN

CASTELNAU	**CAVALAIRE**	CÉRAMIQUE	CHALUTAGE
CASTILLAN	CAVALCADE	CÉRAMISTE	CHALUTIER
CASTILLAN	CAVALCADÉ	**CERBÉRIEN**	CHAMAILLE
CASTILLON	CAVALERIE	CERDAGNOL	CHAMAILLÉ
CASTORÉUM	CAVALEUSE	**CERDAGNOL**	CHAMARRÉE
CASTRAISE	CAVALIÈRE	CÉRÉALIER	CHAMARRER
CASTRIOTE	**CAVALIERI**	CÉRÉBRALE	CHAMBARDÉ
CASTRISME	**CAVALLINI**	CÉRÉBRAUX	**CHAMBIGES**
CASTRISTE	**CAVENDISH**	CÉRÉMONIE	CHAMBOLER
CASUARINA	CAVERNEUX	**CERNÉENNE**	**CHAMBLYEN**
CATACOMBE	CAVIARDÉE	**CERNUNNOS**	**CHAMBOLLE**
CATALOGNE	CAVIARDER	**CERNUSCHI**	CHAMBOULÉ
CATALOGNE	CAVITAIRE	CERTAINES	CHAMBRANT
CATALOGUE	**CAYENNAIS**	CERTIFIÉE	CHAMBREUR
CATALOGUÉ	**CAYLUSIEN**	CERTIFIER	CHAMBRIER
CATALYSÉE	**CAYOLAISE**	CERTITUDE	CHAMELIER
CATALYSER	**CEAUSESCU**	**CÉRULAIRE**	CHAMÉROPS
CATAMARAN	**CECCHETTI**	**CERVANTÈS**	CHAMOISÉE
CATANZARO	CÉDÉTISTE	**CERVETERI**	CHAMOISER
CATAPHOTE	CÉDRATIER	CERVICALE	CHAMPAGNE
CATAPULTE	CÉGÉSIMAL	CERVICAUX	**CHAMPAGNE**
CATAPULTÉ	CÉGÉTISTE	CERVICITE	**CHAMPEAUX**
CATARACTE	CEINTURÉE	CÉSARISÉE	CHAMPÊTRE
CATARRHAL	CEINTURER	CÉSARISER	**CHAMPIGNY**
CATATONIE	CEINTURON	CÉSARISME	CHAMPISSE
CATCHEUSE	CÉLÉBRANT	CESSATION	**CHAMPLAIN**
CATÉCHÈSE	CÉLÉBRITÉ	C'EST-À-DIRE	CHAMPLEVÉ
CATÉCHISÉ	**CÉLESTINE**	CÉTONÉMIE	**CHAMPSAUR**
CATÉGORIE	**CELLAMARE**	CÉTONIQUE	CHANÇARDE
CATÉNAIRE	CELLÉRIER	CÉTONURIE	CHANCELER
CATHARSIS	CELLULASE	**CEYZÉRIAT**	CHANCEUSE
CATHÉDRAL	CELLULITE	**CÉZALLIER**	CHANDELLE
CATHERINE	CELLULOÏD	CÉZANNIEN	CHANFREIN
CATISSAGE	CELLULOSE	**CHABANAIS**	**CHANGCHUN**
CATISSANT	**CEMAL PASA**	**CHABANNES**	CHANGEANT
CAUCASIEN	CÉMENTANT	CHABICHOU	**CHANGZHOU**
CAUCASIEN	CÉMENTITE	CHABRAQUE	**CHANITOIS**
CAUCHEMAR	CENDREUSE	CHA-CHA-CHA	CHANLATTE
CAUCHOISE	CENELLIER	CHAFIISME	CHANTANTE
CAUCHOISE	**CENONNAIS**	CHAFOUINE	CHANTEUSE
CAUDANAIS	CÉNOTAPHE	CHAFOURER	CHANTILLY
CAUDRETTE	CENSÉMENT	**CHAGNOTIN**	**CHANTILLY**
CAULNAISE	CENSURANT	CHAGRINÉE	CHANTONNÉ
CAUMARTIN	CENTAURÉE	CHAGRINER	CHANTOUNG
CAUSALGIE	**CENTAURES**	CHAHUTANT	CHAOTIQUE
CAUSALITÉ	CENTENNAL	CHAHUTEUR	CHAPARDÉE
CAUSATIVE	CENT-GARDE	CHAÎNETTE	CHAPARDER
CAUSTIQUE	CENTILAGE	CHAÎNEUSE	CHAPEAUTÉ
CAUTELEUX	**CENT-JOURS**	CHAÎNISTE	CHAPELAIN
CAUTEMENT	CENT-PIEDS	CHAISIÈRE	**CHAPELAIN**
CAUTERETS	CENTRIOLE	CHALAZION	CHAPELIER
CAUTÉRISÉ	CENTRISME	CHALLENGE	CHAPELURE
CAUTIONNÉ	CENTRISTE	**CHALONNES**	CHAPITEAU
CAVAIGNAC	CENTUPLÉE	CHALOUPÉE	CHAPITRÉE
CAVAILLÈS	CENTUPLER	CHALOUPER	CHAPITRER
CAVAILLON	CENTURION	CHALUMEAU	CHAPONNÉE
CAVAILLON	CEPENDANT	**CHALUSIEN**	CHAPONNER

CHARANÇON	CHATTERIE	CHEVRIÈRE	**CHOLOKHOV**
CHARBONNÉ	**CHATTERJI**	**CHEVROLET**	CHONDRITE
CHARCUTÉE	CHAT-TIGRE	CHEVRONNÉ	CHONDROME
CHARCUTER	CHAUDEAUX	CHEVROTER	**CHONGQING**
CHARDONAY	CHAUDIÈRE	CHEVROTIN	CHOP SUEYS
CHARDONNE	**CHAUDIÈRE**	**CHEVROTIN**	CHOQUANTE
CHARENTON	CHAUFFAGE	CHIALEUSE	CHORÉIQUE
CHARGEANT	CHAUFFANT	**CHIANGMAI**	CHOSIFIÉE
CHARGEUSE	CHAUFFARD	CHIBOUQUE	CHOSIFIER
CHARIBERT	CHAUFFEUR	CHICANANT	**CHOU EN-LAI**
CHARIOTER	**CHAUMETTE**	CHICANEUR	CHOU-FLEUR
CHARITOIS	CHAUMIÈRE	CHICANIER	CHOUINANT
CHARIVARI	**CHAUNOISE**	**CHIC-CHOCS**	CHOU-NAVET
CHARLATAN	CHAUSSANT	CHIENDENT	CHOURAVÉE
CHARLEROI	CHAUSSEUR	CHIEN-LOUP	CHOURAVER
CHARLOISE	CHAUSSURE	CHIFFONNE	CHOURINÉE
CHARLOTTE	**CHAUTEMPS**	CHIFFONNÉ	CHOURINER
CHARLOTTE	**CHAUVELIN**	CHIFFRAGE	**CHRISTIAN**
CHARMANTE	**CHAUVIGNY**	CHIFFRANT	**CHRISTIE'S**
CHARMEUSE	CHAVIRANT	CHIFFREUR	**CHRISTINE**
CHARMILLE	**CHAZELLES**	CHIFFRIER	**CHRISTMAS**
CHARNELLE	CHECK-LIST	**CHIGASAKI**	CHROMEUSE
CHARNIÈRE	CHEFFERIE	CHIHUAHUA	CHROMIQUE
CHAROLAIS	CHEFTAINE	**CHIHUAHUA**	CHROMISÉE
CHAROLAIS	CHÉLATEUR	**CHILDÉRIC**	CHROMISER
CHAROLLES	CHÉLICÈRE	CHILIENNE	CHRONIQUE
CHARONDAS	**CHELLOISE**	**CHILIENNE**	CHRONIQUÉ
CHARONTON	CHÉLONIEN	**CHILPÉRIC**	**CHRYSIPPE**
CHARPENTE	CHEMINANT	**CHIMACIEN**	CHTHONIEN
CHARPENTÉ	CHEMINEAU	CHIMPANZÉ	CHUCHOTÉE
CHARRETÉE	CHEMISAGE	CHINCHARD	CHUCHOTER
CHARRETIN	CHEMISANT	CHINOISER	CHUCHOTIS
CHARRETON	CHEMISIER	**CHINONAIS**	CHUINTANT
CHARRETON	CHENILLÉE	CHIPOLATA	**CHURCHILL**
CHARRETTE	CHÉNOPODE	CHIPOTAGE	CHYLIFÈRE
CHARRIAGE	**CHERBOURG**	CHIPOTANT	CHYPRIOTE
CHARRIANT	CHERCHANT	CHIPOTEUR	**CHYPRIOTE**
CHARROYÉE	**CHERCHELL**	CHIQUEUSE	CICATRICE
CHARROYER	CHERCHEUR	CHIRALITÉ	CICATRISÉ
CHARTISME	CHÈREMENT	**CHIRIAEFF**	CICINDÈLE
CHARTISTE	CHÉRIFIEN	CHIRONOME	CICONIIDÉ
CHARTRAIN	CHÉRIMOLE	CHIRURGIE	CI-DESSOUS
CHARTRAIN	**CHERUBINI**	**CHISASIBI**	CIGARETTE
CHARTREUX	CHEVALANT	CHITINEUX	CIGARIÈRE
CHARTRIER	CHEVALIER	**CHKLOVSKI**	CIGARILLO
CHASSANTE	**CHEVALIER**	CHLAMYDIA	CIGOGNEAU
CHASSELAS	CHEVALINE	CHLINGUER	CI-INCLUSE
CHASSEPOT	**CHEVALLEY**	CHLORELLE	CI-JOINTES
CHASSEUSE	CHEVAUCHÉ	CHLORIQUE	CILLEMENT
CHASSIEUX	CHEVELURE	CHLORURÉE	CIMENTANT
CHÂTAIGNE	CHEVILLÉE	CHLORURER	CIMENTIER
CHÂTELAIN	CHEVILLER	CHOCHOTTE	CIMETERRE
CHÂTENOIS	CHEVIOTTE	CHOCOLATÉ	CIMETIÈRE
CHAT-HUANT	CHEVREAUX	CHOCOTTES	CIMICAIRE
CHÂTILLON	CHEVRETTE	CHOÉPHORE	**CINECITTÀ**
CHÂTIMENT	CHEVREUIL	CHOKE-BORE	CINÉ-CLUBS
CHATOYANT	**CHEVREUSE**	**CHOLETAIS**	CINÉ-PARCS

CINÉPHILE	CLASTIQUE	COALESCER	COLISTIER
CINÉRAIRE	CLAUDIQUÉ	COALISANT	COLLABORÉ
CINÉTIQUE	CLAUSTRAL	COALITION	COLLAGÈNE
CINÉTISME	CLAUSTRÉE	COASSOCIÉ	COLLAPSUS
CINGLANTE	CLAUSTRER	COBALTINE	COLLATION
CINNAMOME	CLAVARDER	COBALTITE	COLLECTÉE
CINQ-CENTS	CLAVELEUX	COCARDIER	COLLECTER
CINQUANTE	CLAVETAGE	COCCOLILLE	COLLECTIF
CINQUIÈME	CLAVETANT	COCCYGIEN	COLLECTOR
CINTREUSE	CLAVICULE	**COCHEREAU**	COLLÉGIAL
CIRCADIEN	CLAYONNÉE	COCHONNÉE	COLLÉGIEN
CIRCASSIE	CLAYONNER	COCHONNER	COLLETANT
CIRCONCIS	CLEARANCE	COCHONNET	**COLLINÉEN**
CIRCULANT	**CLÉGUÉREC**	**COCKCROFT**	**COLLIOURE**
CIRRIPÈDE	CLÉMATITE	**COCKERILL**	COLLISION
CISAILLÉE	**CLÉOPÂTRE**	COCOONING	COLLODION
CISAILLER	CLEPSYDRE	COCOTTANT	COLLOÏDAL
CISALPINE	CLERGYMAN	COCUFIANT	COLLOQUER
CISALPINE	CLERGYMEN	CODÉTENUE	COLLUSION
CISELEUSE	CLÉRICALE	CODICILLE	COLLUVION
CISPADANE	CLÉRICAUX	CODIFIANT	**COLMARIEN**
CITADELLE	CLÉROUQUE	COÉDITANT	COLMATAGE
CITHARÈDE	**CLÉTIENNE**	COÉDITEUR	COLMATANT
CITOYENNE	**CLEVELAND**	COÉDITION	COLOMBAGE
CITRONNÉE	CLICHERIE	CŒLIAQUE	COLOMBIEN
CIVILISÉE	CLICHEUSE	CŒLOMATE	**COLOMBIEN**
CIVILISER	**CLICHOISE**	COERCIBLE	COLOMBIER
CIVILISTE	CLIENTÈLE	COERCITIF	COLOMBINE
CLABAUDER	CLIGNOTER	**COÈTLOGON**	**COLOMBINE**
CLABOTAGE	CLIMATISÉ	COEXISTER	**COLOMIERS**
CLABOTANT	CLIN D'ŒIL	COFACTEUR	COLONELLE
CLADOCÈRE	CLINICIEN	COFINANCÉ	COLONIALE
CLAFOUTIS	CLINQUANT	COGÉRANCE	COLONIAUX
CLAIRANCE	CLIQUABLE	COGÉRANTE	COLONISÉE
CLAIRETTE	CLIQUETER	COGESTION	COLONISER
CLAIRFAYT	CLIQUETIS	**COGNAÇAIS**	COLONNADE
CLAIRIÈRE	CLIQUETTE	COGNATION	COLOPHANE
CLAIRONNÉ	**CLISTHÈNE**	COGNEMENT	COLORANTE
CLAIRSEMÉ	CLITOCYBE	**COGNERAUD**	COLORIAGE
CLAIRVAUX	CLOCHARDE	COGNITION	COLORIANT
CLAMARIOT	CLOCHETON	COGNITIVE	COLORISÉE
CLAMEÇANT	CLOCHETTE	COHABITER	COLORISER
CLAMPINER	CLOISONNÉ	COHÉRENCE	COLORISTE
CLAPARÈDE	CLOÎTRANT	COHÉRENTE	COLOSSALE
CLAPEYRON	CLOPINANT	COHÉRITER	COLOSSAUX
CLAPOTAGE	CLÔTURANT	COIFFANTE	COLOSTRUM
CLAPOTANT	CLOUTERIE	COIFFEUSE	COLPOCÈLE
CLAPOTEUX	CLOWNERIE	COÏNCIDER	COLPORTÉE
CLAQUANTE	CLOWNESSE	COÏNCULPÉ	COLPORTER
CLAQUETER	CLUNISIEN	COÏONNADE	COLS-BLEUS
CLAQUETTE	**CLUNYSOIS**	COKÉFIANT	COLTINAGE
CLARENDON	CLUSIACÉE	COLCHIQUE	COLTINANT
CLARIFIÉE	**CLUSIENNE**	COLÉREUSE	COLUBRIDÉ
CLARIFIER	COACCUSÉE	**COLERIDGE**	COLUMBIDÉ
CLASSABLE	COACERVAT	COLÉRIQUE	COLUMELLE
CLASSIFIÉ	COAGULANT	COLIMAÇON	**COLUMELLE**
CLASSIQUE	COALESCÉE	COLINEAUX	**COLUMÉRIN**

COMANDANT	COMPLANTÉ	CONDAMNÉE	CONJUGAUX
COMATEUSE	COMPLÉTÉE	CONDAMNER	CONJUGUÉE
COMBATIVE	COMPLÉTER	**CONDÉENNE**	CONJUGUER
COMBATTRE	COMPLÉTIF	CONDENSAT	CONJURANT
COMBATTUE	COMPLEXÉE	CONDENSÉE	CONNAÎTRE
COMBINANT	COMPLEXER	CONDENSER	**CONNAUGHT**
COMBINARD	COMPLIQUÉ	CONDIMENT	CONNECTÉE
COMBURANT	COMPLOTÉE	CONDITION	CONNECTER
COMENCINI	COMPLOTER	CONDOLÉAN...	CONNECTIF
COMÉTAIRE	COMPORTÉE	**CONDOMOIS**	**CONNEMARA**
COMÉTIQUE	COMPORTER	**CONDORCET**	CONNEXION
COMING-OUT	COMPOSANT	**CONDRIOTE**	CONNEXITÉ
COMINOISE	COMPOSEUR	CONDYLIEN	CONNIVENT
COMITIALE	COMPOSITE	CONDYLOME	CONNOTANT
COMITIAUX	COMPOSTÉE	CONFÉDÉRÉ	CONQUÉRIR
COMMAGÈNE	COMPOSTER	CONFÉRANT	CONSACRÉE
COMMANDÉE	COMPOTIER	CONFESSÉE	CONSACRER
COMMANDER	COMPRADOR	CONFESSER	CONSCIENT
COMMÉMORÉ	COMPRESSE	CONFIANCE	CONSEILLÉ
COMMENCÉE	COMPRESSÉ	CONFIANTE	CONSENSUS
COMMENCER	COMPRIMÉE	CONFIDENT	CONSENTIE
COMMENSAL	COMPRIMER	CONFIGURÉ	CONSENTIR
COMMENTÉE	COMPROMIS	CONFINANT	CONSERVÉE
COMMENTER	COMPTABLE	CONFIRMÉE	CONSERVER
COMMENTRY	COMPULSÉE	CONFIRMER	CONSIDÉRÉ
COMMÉRAGE	COMPULSER	CONFISANT	CONSIGNÉE
COMMÉRANT	COMPULSIF	CONFISEUR	CONSIGNER
COMMERCER	CONCASSÉE	CONFISQUÉ	CONSISTER
COMMETTRE	CONCASSER	CONFITEOR	CONSOLANT
COMMINGES	CONCAVITÉ	CONFITURE	CONSOLIDÉ
COMMODITÉ	CONCÉDANT	CONFLUANT	CONSOMMÉE
COMMODORE	CONCENTRÉ	CONFLUENT	CONSOMMER
COMMOTION	CONCERNÉE	**CONFOLENS**	CONSONANT
COMMUABLE	CONCERNER	CONFONDRE	CONSPIRÉE
COMMUNALE	CONCERTÉE	CONFONDUE	CONSPIRER
COMMUNARD	CONCERTER	CONFORMÉE	CONSPUANT
COMMUNAUX	CONCESSIF	CONFORMER	CONSTABLE
COMMUNIER	CONCEVANT	CONFORTÉE	**CONSTABLE**
COMMUNION	CONCEVOIR	CONFORTER	CONSTANCE
COMMUTANT	CONCHOÏDE	CONFRÉRIE	**CONSTANCE**
COMPACITÉ	**CONCHOISE**	CONFRONTÉ	**CONSTANTA**
COMPACTÉE	CONCHYLIS	CONFUCÉEN	CONSTANTE
COMPACTER	CONCIERGE	**CONFUCIUS**	CONSTATÉE
COMPAGNIE	CONCILIÉE	CONFUSION	CONSTATER
COMPAGNON	CONCILIER	CONGÉABLE	CONSTELLÉ
COMPARANT	CONCISION	CONGÉDIÉE	CONSTERNÉ
COMPASSÉE	CONCLUANT	CONGÉDIER	CONSTIPÉE
COMPASSER	CONCLUSIF	CONGELANT	CONSTIPER
COMPENSÉE	CONCOCTÉE	CONGÉNÈRE	CONSTITUÉ
COMPENSER	CONCOCTER	CONGÉNIAL	CONSTRUIT
COMPÉRAGE	CONCOLORE	CONGESTIF	CONSULTÉE
COMPÉTENT	CONCOMBRE	CONGIAIRE	CONSULTER
COMPIÈGNE	CONCORDAT	CONGOLAIS	CONSUMANT
COMPILANT	**CONCORDAT**	**CONGOLAIS**	CONTACTÉE
COMPISSÉE	CONCORDER	CONGRÉANT	CONTACTER
COMPISSER	CONCOURIR	CONJOINTE	CONTAGION
COMPLAIRE	CONCUBINE	CONJUGALE	CONTAINER

CONTAMINÉ	CONVOYAGE	CORRECTIF	COUPAILLÉ
CONTARINI	CONVOYANT	CORRÉLANT	COUPE-CHOU
CONTEMPLÉ	CONVOYEUR	CORRÉZIEN	COUPE-FAIM
CONTENANT	CONVULSÉE	CORRÉZIEN	COUPE-FILE
CONTENEUR	CONVULSER	**CORRÉZIEN**	COUPEROSE
CONTENTÉE	CONVULSIF	CORROBORÉ	COUPE-VENT
CONTENTER	COOBLIGÉE	CORRODANT	COURAGEUX
CONTESTÉE	COOPÉRANT	CORROMPRE	COURAILLÉ
CONTESTER	COORDONNÉ	CORROMPUE	COURANTIN
CONTINENT	COPARTAGE	CORROSION	COURBATUE
CONTINUÉE	COPERMUTÉ	CORROSIVE	COURBETTE
CONTINUEL	COPINERIE	CORROYAGE	COURGETTE
CONTINUER	**COPPÉTANE**	CORROYANT	**COURLANDE**
CONTINUUM	COPRODUIT	CORROYEUR	COURLIEUX
CONTOURNÉ	COPULATIF	CORSETANT	COURONNÉE
CONTRACTE	COPYRIGHT	CORSETIER	COURONNER
CONTRACTÉ	COQUELEUX	**CORTENAIS**	**COURPIÈRE**
CONTRAINT	**COQUELLES**	CORTICALE	**COURRÈGES**
CONTRAIRE	COQUERICO	CORTICAUX	COURROUCÉ
CONTRALTO	COQUETANT	CORTISONE	COURSIÈRE
CONTRARIÉ	COQUETIER	CORUSCANT	COURSONNE
CONTRASTE	CORACOÏDE	CORVÉABLE	COURTAUDE
CONTRASTÉ	CORALLIEN	**CORVISART**	COURTAUDÉ
CONTRAVIS	CORALLINE	CORYBANTE	**COURTENAY**
CONTRE-ARC	CORANIQUE	COSIGNANT	COURTIÈRE
CONTREBAS	**CORBASIEN**	**COSSÉENNE**	COURTISAN
CONTREDIT	**CORBÉENNE**	**COSTA RICA**	COURTISÉE
CONTRE-FER	CORBEILLE	COSTAUDES	COURTISER
CONTRE-FEU	CORBIÈRES	COSTUMANT	COURTOISE
CONTRE-FIL	**CORBIÈRES**	COSTUMIER	COURTS-JUS
CONTRE-FIN	CORBILLON	**CÔTE D'AZUR**	COURT-VÊTU
CONTREPET	CORDELIER	**CÔTE-DE-L'OR**	**COURVILLE**
CONTRIBUÉ	CORDONNÉE	CÔTELETTE	**COUSERANS**
CONTRISTÉ	CORDONNER	COTISANTE	COUSINAGE
CONTROISE	CORDONNET	COTISSANT	COUSINANT
CONTRÔLÉE	CORDOUANE	COTONNADE	COUSSINET
CONTRÔLER	**CORDOUANE**	COTONNANT	**COUTANCES**
CONTROUVÉ	CORÉOPSIS	COTONNEUX	COUTELIER
CONTUMACE	CORIANDRE	COTONNIER	COUTUMIER
CONTUSION	**CORMELLES**	COTON-TIGE	COUTURIER
CONVAINCU	CORNALINE	**COTTEREAU**	COUVAISON
CONVENANT	CORNAQUÉE	COTUTRICE	COUVERCLE
CONVENTUM	CORNAQUER	COTYLÉDON	COUVRANTE
CONVERGER	CORNÉENNE	COTYLOÏDE	COUVRE-FEU
CONVERSER	CORNEILLE	COUARDISE	COUVRE-LIT
CONVERTIE	**CORNEILLE**	**COUBERTIN**	COVALENCE
CONVERTIR	CORNÉLIEN	COUCHANTE	COVALENTE
CONVEXION	CORNEMUSE	COUCHERIE	COVENDEUR
CONVEXITÉ	**CORNFORTH**	COUCHE-TÔT	COVER-GIRL
CONVIVIAL	CORNICHON	COUCHETTE	CRABOTAGE
CONVIVIAT	CORONAIRE	COUCHEUSE	CRABOTANT
CONVOITÉE	CORONELLE	COU-DE-PIED	CRACHEUSE
CONVOITER	CORONILLE	COUDOYANT	CRACHINER
CONVOLANT	CORPORAUX	COULEUVRE	CRACHOTER
CONVOLUTÉ	CORPS-MORT	COULISSÉE	CRADINGUE
CONVOQUÉE	CORPULENT	COULISSER	CRAIGNANT
CONVOQUER	CORRASION	COUMARINE	CRAILLANT

CRAINTIVE	CRIAILLER	CUIVRIQUE	**DAGHESTAN**
CRAMOISIE	**CRIELLOIS**	CULBUTAGE	**DAGUESTAN**
CRAMPONNÉ	CRINOLINE	CULBUTANT	**DAINVILLE**
CRÂNEMENT	CRISPANTE	CULBUTEUR	**DAKAROISE**
CRÂNIENNE	CRITÉRIUM	CUL-DE-FOUR	DALAÏ-LAMA
CRAONNAIS	CRITICITÉ	CUL-DE-PORC	**D'ALEMBERT**
CRAPAHUTÉ	CRITIQUÉE	CULINAIRE	**DALHOUSIE**
CRAPAÜTER	CRITIQUER	CULMINANT	DALMATIEN
CRAPOTEUX	CROASSANT	CULOTTAGE	DALTONIEN
CRAPULEUX	CROCHETÉE	CULOTTANT	**DAMANHOUR**
CRAQUANTE	CROCHETER	CULOTTIER	**DAMASCÈNE**
CRAQUELÉE	CROCHEUSE	CULS-DE-SAC	DAMASSANT
CRAQUELER	CROCODILE	CULTIVANT	DAMASSINE
CRAQUELIN	CROISETTE	CULTUELLE	**DAMMARTIN**
CRAQUERIE	CROISIÈRE	CULTURALE	DAMNATION
CRAQUETER	CROISSANT	CULTURAUX	DAMOISEAU
CRASSERIE	**CRO-MAGNON**	CUMULABLE	**DAMPIERRE**
CRASSEUSE	**CRONQUIST**	CUMULARDE	**DAMRÉMONT**
CRATÉRISÉ	**CRONSTADT**	CUMULATIF	DANDINANT
CRAUROISE	CROQUANTE	CUPRIFÈRE	DANGEREUX
CRAVACHÉE	CROQUENOT	CURAILLON	**DANJOUTIN**
CRAVACHER	CROQUETTE	CURATELLE	**D'ANNUNZIO**
CRAVATANT	CROQUEUSE	CURATRICE	DANSOTANT
CRAWLEUSE	CROSSMANS	CURE-DENTS	DANSOTTER
CRAYONNÉE	CROULANTE	CURE-ONGLE	DANTESQUE
CRAYONNER	CROUPIÈRE	CURE-PIPES	**DAODEJING**
CRÉANCIER	CROUSILLE	CURETTAGE	**DARBHANGA**
CRÉATRICE	CROUSTADE	CURIOSITÉ	DARDILLER
CRÉBILLON	CROÛTEUSE	**CURNONSKY**	DAREMBERG
CRÉCÉENNE	CRUCHERIE	**CUSSÉTOIS**	DARGUINES
CRÉDITANT	CRUCIFÈRE	CUSTOMISÉ	**DARJILING**
CRÉDITEUR	CRUCIFIÉE	**CUVILLIÉS**	**DARMSTADT**
CRÉDULITÉ	CRUCIFIER	CYANAMIDE	DARSONVAL
CREILLOIS	CRUSTACÉE	CYANOGÈNE	**D'ARTAGNAN**
CRÉMATION	CRYOGÉNIE	CYANOSANT	DARTMOUTH
CRÉNELANT	CRYOLITHE	CYANURANT	DARWINIEN
CRÉNELURE	CRYOLOGIE	CYBERCAFÉ	**DAUBENTON**
CRÉODONTE	CRYPTIQUE	CYCLISANT	**DAUBERVAL**
CRÉOLISÉE	**CTÉSIPHON**	CYCLOÏDAL	**DAUMESNIL**
CRÉOLISER	CUBITIÈRE	CYCLONALE	**DAUVERGNE**
CRÉOLISME	CUCURBITE	CYCLONAUX	**DAVANGERE**
CRÉOSOTÉE	CUEILLAGE	CYCLOPÉEN	DAVANTAGE
CRÉOSOTER	CUEILLANT	CYCLORAMA	**DAVID-NEEL**
CRÊPELURE	CUEILLEUR	CYCLOTRON	DEAD-HEATS
CRÉPINIEN	CUEILLOIR	CYLINDRÉE	DÉAMBULER
CRÉPITANT	**CUERSOISE**	CYLINDRER	**DEAUVILLE**
CRÉPYNOIS	CUGNALAIS	CYMBALIER	DÉBÂCHANT
CRESCENDO	CUILLERÉE	CYNODROME	DÉBÂCLANT
CRESTOISE	CUILLERON	CYNOPHILE	DÉBAGOULÉ
CRÉTINISÉ	CUIRASSÉE	CYPÉRACÉE	DÉBALLAGE
CREUSOISE	CUIRASSER	CYPRINIDÉ	DÉBALLANT
CREUSOTIN	CUISINANT	CYTOLOGIE	DÉBANDADE
CREVAILLE	CUISINIER	CZIMBALUM	DÉBANDANT
CREVAISON	CUISSARDE	**DABROWSKA**	DÉBAPTISÉ
CREVASSÉE	CUISSEAUX	**DABROWSKI**	DÉBARDAGE
CREVASSER	CUISTANCE	DACQUOISE	DÉBARDANT
CREVOTANT	CUIVREUSE	**DACQUOISE**	DÉBARDEUR

DÉBARQUÉE
DÉBARQUER
DÉBARRANT
DÉBATTANT
DÉBATTEUR
DÉBAUCHÉE
DÉBAUCHER
DÉBECTANT
DÉBILITÉE
DÉBILITER
DÉBINEUSE
DÉBITABLE
DÉBITANTE
DÉBITRICE
DÉBLATÉRÉ
DÉBLAYAGE
DÉBLAYANT
DÉBLOCAGE
DÉBLOQUÉE
DÉBLOQUER
DÉBOBINÉE
DÉBOBINER
DÉBOGUANT
DÉBOISANT
DÉBOÎTANT
DÉBONDANT
DÉBORDANT
DÉBOSSELÉ
DÉBOTTANT
DÉBOUCHÉE
DÉBOUCHER
DÉBOUCLÉE
DÉBOUCLER
DÉBOULANT
DÉBOUQUER
DÉBOURBÉE
DÉBOURBER
DÉBOURRÉE
DÉBOURRER
DÉBOURSÉE
DÉBOURSER
DÉBOUTANT
DÉBRAILLÉ
DÉBRANCHÉ
DÉBRASAGE
DÉBRASANT
DÉBRAYAGE
DÉBRAYANT
DÉBRIDANT
DÉBRIDEUR
DÉBRIEFER
DÉBROCHÉE
DÉBROCHER
DE BROGLIE
DÉBROUSSÉ
DÉBUCHANT
DEBUCOURT

DÉBUSQUÉE
DÉBUSQUER
DÉBUTANTE
DÉCACHETÉ
DÉCADAIRE
DÉCADENCE
DÉCADENTE
DÉCADRAGE
DÉCAFÉINÉ
DÉCAGONAL
DÉCAISSÉE
DÉCAISSER
DÉCALITRE
DÉCALOGUE
DÉCALOTTÉ
DÉCALQUÉE
DÉCALQUER
DÉCALVANT
DÉCAMÉRON
DÉCAMÈTRE
DÉCAMPANT
DÉCANILLÉ
DÉCANTAGE
DÉCANTANT
DÉCANTEUR
DÉCAPANTE
DÉCAPELÉE
DÉCAPELER
DÉCAPEUSE
DÉCAPITÉE
DÉCAPITER
DÉCAPOTÉE
DÉCAPOTER
DÉCAPSULÉ
DÉCARBURÉ
DÉCATHLON
DÉCELABLE
DÉCÉLÉRER
DÉCEMMENT
DÉCENNALE
DÉCENNAUX
DÉCENTRÉE
DÉCENTRER
DÉCEPTION
DÉCERCLÉE
DÉCERCLER
DÉCÉRÉBRÉ
DÉCERNANT
DÉCERVELÉ
DÉCEVANTE
DÉCHAÎNÉE
DÉCHAÎNER
DÉCHANTER
DÉCHARGÉE
DÉCHARGER
DÉCHARMER
DÉCHARNÉE

DÉCHARNER
DÉCHAUMÉE
DÉCHAUMER
DÉCHAUSSÉ
DÉCHÉANCE
DÉCHIFFRÉ
DÉCHIRANT
DE CHIRICO
DÉCHIRURE
DÉCIDABLE
DÉCIDEUSE
DÉCIDUALE
DÉCIGRADE
DÉCILITRE
DÉCIMÈTRE
DÉCINTRÉE
DÉCINTRER
DÉCISOIRE
DECIZOISE
DÉCLAMANT
DÉCLARANT
DÉCLASSÉE
DÉCLASSER
DÉCLAVETÉ
DÉCLENCHÉ
DÉCLINANT
DÉCLIVITÉ
DÉCLOSANT
DÉCLOUANT
DÉCOCHAGE
DÉCOCHANT
DÉCOCTION
DÉCODEUSE
DÉCOFFRÉE
DÉCOFFRER
DÉCOIFFÉE
DÉCOIFFER
DÉCOINCÉE
DÉCOINCER
DÉCOLÉRER
DÉCOLLAGE
DÉCOLLANT
DÉCOLLETÉ
DÉCOLORÉE
DÉCOLORER
DÉCOMBRES
DÉCOMPOSÉ
DÉCOMPTÉE
DÉCOMPTER
DÉCONCERT
DÉCONFITE
DÉCONFORT
DÉCONGELÉ
DÉCONNANT
DÉCORATIF
DÉCORDANT
DÉCORNANT

DÉCOUCHER
DÉCOULANT
DÉCOUPAGE
DÉCOUPANT
DÉCOUPEUR
DÉCOUPLÉE
DÉCOUPLER
DÉCOUPOIR
DÉCOUPURE
DÉCOURAGÉ
DÉCOUSANT
DÉCOUSURE
DÉCOUVERT
DÉCOUVRIR
DÉCRASSÉE
DÉCRASSER
DÉCRÉMENT
DÉCRÊPAGE
DÉCRÊPANT
DÉCRÉPITE
DÉCRÉPITÉ
DÉCRÉTALE
DÉCRÉTANT
DÉCRET-LOI
DÉCREUSÉE
DÉCREUSER
DÉCRISPÉE
DÉCRISPER
DÉCRIVANT
DÉCROCHÉE
DÉCROCHER
DÉCROISÉE
DÉCROISER
DÉCROÎTRE
DÉCROTTÉE
DÉCROTTER
DÉCRYPTÉE
DÉCRYPTER
DÉCUBITUS
DÉCUIVRÉE
DÉCUIVRER
DÉCULOTTÉ
DÉCUMATES
DÉCUPLANT
DÉDAIGNÉE
DÉDAIGNER
DÉDICACÉE
DÉDICACER
DÉDOMMAGÉ
DÉDOUANÉE
DÉDOUANER
DÉDOUBLÉE
DÉDOUBLER
DÉDUCTION
DÉDUCTIVE
DÉDUISANT
DÉFAILLIR

DÉFAISANT	DÉFRIPANT	DÉGUILLER	DÉMAGOGUE
DÉFALQUÉE	DÉFRISANT	DÉGUISANT	DÉMAIGRIE
DÉFALQUER	DÉFROISSÉ	DÉGURGITÉ	DÉMAIGRIR
DÉFATIGUÉ	DÉFRONCÉE	DÉGUSTANT	DÉMAILLÉE
DÉFAUFILÉ	DÉFRONCER	DÉHANCHÉE	DÉMAILLER
DÉFAUSSÉE	DÉFROQUÉE	DÉHANCHER	DÉMANCHÉE
DÉFAUSSER	DÉFROQUER	DÉHISCENT	DÉMANCHER
DÉFECTION	DÉFRUITÉE	DÉICTIQUE	DEMANDANT
DÉFECTIVE	DÉFRUITER	**DEIR EZ-ZOR**	DEMANDEUR
DÉFENDANT	DÉGAGEANT	DÉJANTANT	**DEMANGEON**
DÉFENDEUR	DÉGAINANT	DÉJECTION	DÉMANTELÉ
DÉFENSEUR	DÉGANTANT	DÉJEUNANT	DÉMARCAGE
DÉFENSIVE	**DE GASPERI**	DÉJOINDRE	DÉMARCHÉE
DÉFÉQUANT	DÉGAUCHIE	DÉJUCHANT	DÉMARCHER
DÉFÉRENCE	DÉGAUCHIR	DÉJUGEANT	DÉMARIAGE
DÉFÉRENTE	DÉGAZONNÉ	**DE KOONING**	DÉMARIANT
DÉFERLAGE	DÉGÉNÉRÉE	DÉLABRANT	DÉMARQUÉE
DÉFERLANT	DÉGÉNÉRER	**DELACROIX**	DÉMARQUER
DÉFERRAGE	DÉGERMANT	DÉLAINAGE	DÉMARRAGE
DÉFERRANT	DÉGIVRAGE	DÉLAINANT	DÉMARRANT
DÉFERRURE	DÉGIVRANT	DÉLAISSÉE	DÉMARREUR
DÉFEUTRÉE	DÉGIVREUR	DÉLAISSER	DÉMASCLÉE
DÉFEUTRER	DÉGLAÇAGE	DÉLAITAGE	DÉMASCLER
DÉFIBRAGE	DÉGLAÇANT	DÉLAITANT	DÉMASQUÉE
DÉFIBRANT	DÉGLINGUE	**DELALANDE**	DÉMASQUER
DÉFIBREUR	DÉGLINGUÉ	**DELAMURAZ**	DÉMATINÉE
DÉFICELÉE	DÉGOBILLÉ	**DELAROCHE**	DÉMATINER
DÉFICELER	DÉGOGNADE	DÉLASSANT	DÉMAZOUTÉ
DÉFICIENT	DÉGOISANT	DÉLATRICE	DÉMÊLANTE
DÉFIGURÉE	DÉGOMMAGE	**DELAVIGNE**	DÉMEMBRÉE
DÉFIGURER	DÉGOMMANT	DÉLECTANT	DÉMEMBRER
DE FILIPPO	DÉGONFLÉE	DÉLÉGANTE	DÉMÉNAGÉE
DÉFINITIF	DÉGONFLER	DÉLÉGUANT	DÉMÉNAGER
DÉFLAGRER	DÉGOTTANT	**DELESSERT**	DÉMENTANT
DÉFLATION	DÉGOULINÉ	DÉLESTAGE	DÉMENTIEL
DÉFLECHIR	DÉGOURDIE	DÉLESTANT	DÉMERDANT
DÉFLEURIE	DÉGOURDIR	DÉLIBÉRÉE	DÉMÉRITER
DÉFLEURIR	DÉGOÛTANT	DÉLIBÉRER	DÉMESURÉE
DÉFLEXION	DÉGOUTTER	DÉLICATER	**DÉMÉTRIOS**
DÉFLOCAGE	DÉGRADANT	DÉLICIEUX	DÉMETTANT
DÉFLOQUÉE	DÉGRAFANT	DÉLICTUEL	DÉMEUBLÉE
DÉFLOQUER	DÉGRAISSÉ	DÉLIEMENT	DÉMEUBLER
DÉFLORANT	DÉGRAVOYÉ	DÉLIGNAGE	DEMEURANT
DÉFOLIANT	DÉGRESSIF	DÉLIMITÉE	DEMI-CLEFS
DÉFONÇAGE	DÉGREVANT	DÉLIMITER	DEMI-DEUIL
DÉFONÇANT	DÉGRIFFÉE	DÉLINÉANT	DEMI-DIEUX
DÉFORÇANT	DÉGRIPPÉE	DÉLIRANTE	DÉMIELLÉE
DÉFORMANT	DÉGRIPPER	DÉLIVRANT	DÉMIELLER
DÉFORTUNE	DÉGRISANT	**DELL'ABATE**	DEMI-FRÈRE
DÉFOULANT	DÉGROSSIE	**DEL MONACO**	DEMI-HEURE
DÉFOULOIR	DÉGROSSIR	DÉLOGEANT	DEMI-JOURS
DÉFOURNÉE	DÉGROUPÉE	DÉLOYAUTÉ	DEMI-LITRE
DÉFOURNER	DÉGROUPER	DELTAÏQUE	DEMI-LUNES
DÉFRAÎCHI	DÉGUERPIR	DÉLUSOIRE	DEMI-PAUSE
DÉFRAYANT	DÉGUEULÉE	DÉLUSTRÉE	DEMI-PIÈCE
DÉFRICHÉE	DÉGUEULER	DÉLUSTRER	DEMI-PLACE
DÉFRICHER	DÉGUILLÉE	DÉMAGOGIE	DEMI-PLANS

DEMI-QUEUE
DEMI-RONDE
DEMI-SŒUR
DEMI-SOLDE
DÉMISSION
DEMI-TARIF
DEMI-TOURS
DEMI-VOLÉE
DÉMIXTION
DÉMOCRATE
DÉMOCRITE
DÉMODULÉE
DÉMODULER
DÉMONISME
DÉMONTAGE
DÉMONTANT
DÉMONTRÉE
DÉMONTRER
DÉMORDANT
DÉMOTIQUE
DÉMOTIVÉE
DÉMOTIVER
DÉMOULAGE
DÉMOULANT
DÉMOULEUR
DÉMUSELÉE
DÉMUSELER
DENAISIEN
DÉNATTANT
DÉNATURÉE
DÉNATURER
DÉNAZIFIÉ
DÉNÉBULÉE
DÉNÉBULER
DÉNIAISÉE
DÉNIAISER
DÉNICHANT
DÉNICHEUR
DÉNIGRANT
DÉNIGREUR
DÉNITRANT
DÉNIVELÉE
DÉNIVELER
DÉNOMBRÉE
DÉNOMBRER
DÉNOMMANT
DÉNONÇANT
DÉNOYAUTÉ
DENSÉMENT
DENSIFIÉE
DENSIFIER
DENTELANT
DENTELURE
DENTICULE
DENTICULÉ
DENTITION
DÉNUEMENT

DÉODATIEN
DÉODORANT
DÉONTIQUE
DÉPAILLÉE
DÉPAILLER
DÉPALISSÉ
DÉPANNAGE
DÉPANNANT
DÉPANNEUR
DÉPAQUETÉ
DEPARDIEU
DÉPARIANT
DÉPARLANT
DÉPARTAGÉ
DÉPARTANT
DÉPASSANT
DÉPATRIÉE
DÉPATRIER
DÉPAYSANT
DÉPECEUSE
DÉPÊCHANT
DÉPEIGNÉE
DÉPEIGNER
DÉPEINDRE
DÉPENDANT
DÉPENDEUR
DÉPENSANT
DÉPENSIER
DÉPERLANT
DÉPÊTRANT
DÉPEUPLÉE
DÉPEUPLER
DÉPHASAGE
DÉPHASANT
DÉPHASEUR
DÉPIAUTÉE
DÉPIAUTER
DÉPIQUAGE
DÉPIQUANT
DÉPISTAGE
DÉPISTANT
DÉPLAÇANT
DÉPLAISIR
DÉPLANTÉE
DÉPLANTER
DÉPLÂTRÉE
DÉPLÂTRER
DÉPLÉTION
DÉPLIANTE
DÉPLISSÉE
DÉPLISSER
DÉPLOMBÉE
DÉPLOMBER
DÉPLORANT
DÉPLOYANT
DÉPLUMANT
DÉPOÉTISÉ

DÉPOLLUÉE
DÉPOLLUER
DÉPONENTE
DÉPORTANT
DÉPOSANTE
DÉPOSSÉDÉ
DÉPOUILLE
DÉPOUILLÉ
DÉPOURVUE
DÉPRAVANT
DÉPRÉCIÉE
DÉPRÉCIER
DÉPRENANT
DÉPRENDRE
DÉPRESSIF
DÉPRIMANT
DÉPRISANT
DÉPUCELÉE
DÉPUCELER
DEPUIS QUE
DÉPULPANT
DÉPURATIF
DE QUINCEY
DÉRACINÉE
DÉRACINER
DÉRAGEANT
DÉRAILLER
DÉRATISÉE
DÉRATISER
DÉRAYEUSE
DÉRÉGLANT
DÉRÉGULÉE
DÉRÉGULER
DÉRISOIRE
DÉRIVABLE
DÉRIVATIF
DÉRIVETÉE
DÉRIVETER
DERJAVINE
DERMATITE
DERMATOSE
DERNIER-NÉ
DÉROCHAGE
DÉROCHANT
DÉROCTAGE
DÉROGEANT
DÉROUILLÉ
DÉROULAGE
DÉROULANT
DÉROULÈDE
DÉROULEUR
DÉROUTAGE
DÉROUTANT
DÉRUPITER
DÉSABONNÉ
DÉSABUSÉE
DÉSABUSER

DÉSACCORD
DÉSACTIVÉ
DÉSADAPTÉ
DES ADRETS
DÉSAGRÉER
DÉSAGRÉGÉ
DÉSAJUSTÉ
DÉSALIÉNÉ
DÉSALIGNÉ
DÉSALTÉRÉ
DÉSAMORCÉ
DÉSAPPRIS
DÉSARÊTÉE
DÉSARÊTER
DESARGUES
DÉSARMANT
DÉSARRIMÉ
DES AUTELS
DÉSAVOUÉE
DÉSAVOUER
DESCARTES
DESCELLÉE
DESCELLER
DESCENDRE
DESCENDUE
DESCHAMPS
DESCHANEL
DÉSÉCHOUÉ
DÉSEMBUÉE
DÉSEMBUER
DÉSEMPARÉ
DÉSEMPLIE
DÉSEMPLIR
DÉSENCRÉE
DÉSENCRER
DÉSENFLÉE
DÉSENFLER
DÉSENFUMÉ
DÉSENGAGÉ
DÉSENIVRÉ
DÉSENNUYÉ
DÉSENRAYÉ
DÉSENVASÉ
DÉSÉQUIPÉ
DÉSERTANT
DÉSERTEUR
DÉSERTION
DÉSESPÉRÉ
DÉSESPOIR
DÉSEXCITÉ
DES FORÊTS
DÉSHERBÉE
DÉSHERBER
DÉSHÉRITÉ
DÉSHEURER
DÉSHONORÉ
DÉSHUILÉE

DÉSHUILER	DÉSTOCKER	**DEUX-PONTS**	DIATOMITE
DÉSIGNANT	DESTROYER	**DEUX-ROSES**	DIAZOÏQUE
DÉSINDEXÉ	DÉSUÉTUDE	DEUX-ROUES	DIBASIQUE
DÉSINENCE	DÉSULFITÉ	DEUX-TEMPS	DICASTÈRE
DÉSINHIBÉ	DÉSULFURÉ	DÉVALISÉE	DICHOTOME
DÉSIRABLE	**DESVROISE**	DÉVALISER	DICHROMIE
DÉSIREUSE	DÉTACHAGE	DÉVALUANT	**DICKINSON**
DÉSISTANT	DÉTACHANT	DEVANÇANT	DICTATEUR
DESMARETS	DÉTACHEUR	DEVANCIER	DICTATURE
DES MOINES	DÉTAILLÉE	DEVANTURE	DIDACTYLE
DESMOSOME	DÉTAILLER	DÉVASTANT	**DIEPPOISE**
DÉSOBLIGÉ	DÉTARTRÉE	DÉVELOPPÉ	DIÉSÉLISÉ
DÉSŒUVRÉ	DÉTARTRER	DÉVERBAUX	**DIETERLEN**
DÉSOLANTE	DÉTECTANT	DÉVERGUÉE	**DIEUDONNÉ**
DÉSOPILÉE	DÉTECTEUR	DÉVERGUER	**DIEULEFIT**
DÉSOPILER	DÉTECTION	DÉVERSANT	DIFFAMANT
DÉSORMAIS	DÉTECTIVE	DÉVERSOIR	DIFFÉRANT
DÉSOSSANT	DÉTEINDRE	DÉVIATEUR	DIFFÉREND
DESPERADO	DÉTENDANT	DÉVIATION	DIFFÉRENT
DESPORTES	DÉTENDEUR	DEVINABLE	DIFFICILE
DESQUAMÉE	DÉTENTEUR	DEVINETTE	DIFFLUENT
DESQUAMER	DÉTENTION	DÉVISAGÉE	DIFFRACTÉ
DESSABLÉE	DÉTERGENT	DÉVISAGER	DIFFUSANT
DESSABLER	DÉTÉRIORÉ	DÉVISAGE	DIFFUSEUR
DESSAISIE	DÉTERMINÉ	DÉVISSANT	DIFFUSION
DESSAISIR	DÉTERRAGE	DÉVOILANT	DIGESTEUR
DESSALAGE	DÉTERRANT	DÉVOLTAGE	DIGESTION
DESSALANT	DÉTERREUR	DÉVOLTANT	DIGESTIVE
DESSALEUR	DÉTERSION	DÉVOLTEUR	DIGLOSSIE
DESSALURE	DÉTERSIVE	DÉVOLUTIF	DIGNEMENT
DESSANGLÉ	DÉTESTANT	DÉVORANTE	**DIGOINAIS**
DESSAOULÉ	DÉTHÉINÉE	DÉVOREUSE	DIGRAPHIE
DESSÉCHÉE	DÉTONANTE	**DEWOITINE**	**DIJONNAIS**
DESSÉCHER	DÉTONNANT	DEXTÉRITÉ	**DIKSMUIDE**
DESSELLÉE	DÉTORDANT	DÉZINGUER	**DIKTONIUS**
DESSELLER	DÉTORSION	DIABLERIE	DILACÉRÉE
DESSERRÉE	DÉTOURAGE	DIABLESSE	DILACÉRER
DESSERRER	DÉTOURANT	DIABLOTIN	DILAPIDÉE
DESSERTIE	DÉTOURNÉE	DIABOLISÉ	DILAPIDER
DESSERTIR	DÉTOURNER	DIACHYLON	DILATABLE
DESSERVIE	DÉTRACTÉE	DIAGENÈSE	DILATANTE
DESSERVIR	DÉTRACTER	**DIAGHILEV**	DILATOIRE
DESSÉVAGE	DÉTRAQUÉE	DIAGONALE	DILECTION
DESSILLÉE	DÉTRAQUER	DIAGONAUX	DILIGENCE
DESSILLER	DÉTREMPÉE	DIAGRAMME	DILIGENTE
DESSINANT	DÉTREMPER	DIALECTAL	DILIGENTÉ
DESSOLANT	DÉTRIMENT	DIALOGUER	DIMENSION
DESSOUCHÉ	DÉTROMPÉE	DIALYSANT	DIMINUANT
DESSOUDÉE	DÉTROMPER	DIALYSEUR	DIMINUTIF
DESSOUDER	DÉTRÔNANT	DIAMANTÉE	**DIMITROVO**
DESSOÛLÉE	DÉTROQUÉE	DIAMANTER	DINANDIER
DESSOÛLER	DÉTROQUER	DIAMANTIN	**DINANNAIS**
DESSUINTÉ	DÉTROUSSÉ	DIAMÉTRAL	**DINARDAIS**
DESTINANT	**DEUCALION**	DIAPÉDÈSE	DÎNATOIRE
DESTITUÉE	**DEUILLOIS**	DIAPHONIE	DINDONNÉE
DESTITUER	DEUTÉRIUM	DIAPORAMA	DINDONNER
DÉSTOCKÉE	DEUX-PONTS	DIATHERME	DINGUERIE

DINOSAURE	DISQUETTE	DOCTORANT	DOUCEMENT
DIOCÉSAIN	DISRUPTIF	DOCTORAUX	DOUCEREUX
DIOLÉFINE	DISSÉMINÉ	DOCTRINAL	**DOUCHANBE**
DIONYSIEN	DISSÉQUÉE	DOCUMENTÉ	DOUCHETTE
DIONYSIEN	DISSÉQUER	DODELINER	DOUCHEUSE
DIONYSIES	DISSERTER	**DODOMAISE**	DOUCHIÈRE
DIOPHANTE	DISSIDENT	DOGARESSE	**DOUESSINE**
DIOSCURES	DISSIMULÉ	DOGMATISÉ	DOUILLANT
DIOXYGÈNE	DISSIPANT	DOLCE VITA	**DOUMERGUE**
DIPHÉNYLE	DISSOCIÉE	**DÖLLINGER**	**DOUNGANES**
DIPHTÉRIE	DISSOCIER	**DOLOMITES**	**DOUVRAISE**
DIPLÔMANT	DISSONANT	DOLORISME	DOUX-AMERS
DIPLOMATE	DISSOUDRE	DOMANIALE	DOUZE-HUIT
DIPNEUSTE	DISSUADÉE	DOMANIAUX	DOXOLOGIE
DIPOLAIRE	DISSUADER	**DOMÉNOISE**	DOYENNETÉ
DIPSOMANE	DISSUASIF	DOMICILIÉ	**DRACÉNOIS**
DIRECTEUR	DISTANCÉE	DOMINANCE	**DRACHMANN**
DIRECTION	DISTANCER	DOMINANTE	DRACONIEN
DIRECTIVE	DISTANCIÉ	DOMINICAL	DRAGÉIFIÉ
DIRÉDAOUA	**DI STEFANO**	**DOMINIQUE**	DRAGEONNÉ
DIRICHLET	DISTENDRE	**DOM MIGUEL**	DRAGUEUSE
DIRIGEANT	DISTENDUE	**DOMONTOIS**	DRAINEUSE
DIRIGISME	DISTILLAT	DOMOTIQUE	DRAMATISÉ
DIRIGISTE	DISTILLÉE	**DOMPIERRE**	DRAPEMENT
DIRIMANTE	DISTILLER	DOMPTABLE	DRASTIQUE
DISCERNÉE	DISTINCTE	DOMPTEUSE	DRAVIDIEN
DISCERNER	DISTINGUÉ	DONATAIRE	**DRAVIDIEN**
DISCOBOLE	DISTINGUO	**DONATELLO**	DRESSEUSE
DISCOÏDAL	DISTORDRE	DONATISME	DRIBBLANT
DISCOMPTE	DISTORDUE	DONATISTE	DRIBBLEUR
DISCOMPTÉ	DISTRAIRE	DONATRICE	DROGUERIE
DISCORDER	DISTRAITE	**DONCASTER**	DROGUISTE
DISCOUNTÉ	DISTRIBUÉ	**DONGEOISE**	DROITIÈRE
DISCOURIR	DISULFURE	**DONIZETTI**	DROITISME
DISCRÉDIT	DIVAGUANT	DONS JUANS	DROITISTE
DISCULPÉE	DIVALENTE	**DONZÉROIS**	DRÔLEMENT
DISCULPER	DIVERGENT	**DORDRECHT**	DROP-GOALS
DISCURSIF	DIVERSION	DORLOTANT	DRUGSTORE
DISCUTANT	DIVERSITÉ	DORMITION	DRUIDESSE
DISCUTEUR	DIVIDENDE	DORMITIVE	DRUIDIQUE
DISETTEUX	DIVINISÉE	DORSALGIE	DRUIDISME
DISGRACIÉ	DIVINISER	**DORVALOIS**	DUALISANT
DISJOINTE	DIVISEUSE	DORYPHORE	**DÜBENDORF**
DISJONCTÉ	DIVISIBLE	DOSIMÈTRE	**DUBILLARD**
DISLOQUÉE	**DIVONNAIS**	**DOS PASSOS**	DUBITATIF
DISLOQUER	DIVORÇANT	**DOS SANTOS**	**DUBLINOIS**
DISPARATE	DIVULGUÉE	**DOTREMONT**	**DU BOUCHET**
DISPARITÉ	DIVULGUER	**DOUAISIEN**	**DUBROVNIK**
DISPATCHÉ	DIXIELAND	DOUANIÈRE	**DU CAURROY**
DISPENSÉE	DJAÏNISME	**DOUAUMONT**	**DU CERCEAU**
DISPENSER	**DJIDJELLI**	**DOUBIENNE**	**DU CHASTEL**
DISPERSÉE	**DJURDJURA**	DOUBLANTE	DUCS-D'ALBE
DISPERSER	**DOBROUDJA**	DOUBLEAUX	DUCTILITÉ
DISPERSIF	DOCÉTISME	DOUBLERIE	**DU DEFFAND**
DISPOSANT	DOCIMASIE	DOUBLEUSE	**DUDELANGE**
DISPUTANT	DOCTEMENT	DOUBLONNÉ	DUELLISTE
DISQUAIRE	DOCTORALE	DOUCEÂTRE	DUETTISTE

DUGOMMIER
DU GUILLET
DULCICOLE
DULCIFIÉE
DULCIFIER
DUMARSAIS
DUMAS FILS
DUMAS PÈRE
DU MAURIER
DUMOURIEZ
DUMOÛTIER
DUNGENESS
DUNKERQUE
DUNSTABLE
DUODÉNALE
DUODÉNAUX
DUODÉNITE
DUPANLOUP
DUPLESSIS
DUPLEXANT
DUPLICATA
DUPLICATE
DUPLICITÉ
DUPLIQUÉE
DUPLIQUER
DUPUYTREN
DUQUESNOY
DURALUMIN
DUTILLEUX
DUTROCHET
DUUMVIRAT
DUVETEUSE
DUVEYRIER
DUVIGNAUD
DYNAMIQUE
DYNAMISÉE
DYNAMISER
DYNAMISME
DYNAMISTE
DYNAMITÉE
DYNAMITER
DYSIDROSE
DYSMATURE
DYSPEPSIE
DYSPHAGIE
DYSPHASIE
DYSPHONIE
DYSPHORIE
DYSPLASIE
DYSTHYMIE
DYSURIQUE
DZERJINSK
EAU D'HEURE
EAUX-DE-VIE
ÉBAUCHAGE
ÉBAUCHANT
ÉBAUCHOIR

ÉBAVURAGE
ÉBAVURANT
ÉBERLUANT
ÉBORGNAGE
ÉBORGNANT
ÉBOURIFFÉ
ÉBRANCHÉE
ÉBRANCHER
ÉBRANLANT
ÉBRÉCHANT
ÉBRÉCHURE
ÉBRIQUANT
ÉBROÏCIEN
ÉBROÏCIEN
ÉBRUITANT
ÉCAILLAGE
ÉCAILLANT
ÉCAILLÈRE
ÉCAILLEUR
ÉCAILLEUX
ÉCAILLURE
ÉCARTELÉE
ÉCARTELER
ÉCART-TYPE
ECBALLIUM
ECCHYMOSE
ECCLÉSIAL
ÉCERVELÉE
ÉCHAFAUDÉ
ÉCHALASSÉ
ÉCHANCRÉE
ÉCHANCRER
ÉCHANGEUR
ÉCHAPPADE
ÉCHAPPANT
ÉCHARNAGE
ÉCHARNANT
ÉCHARPANT
ÉCHASSIER
ÉCHAUDAGE
ÉCHAUDANT
ÉCHAUDOIR
ÉCHAUFFÉE
ÉCHAUFFER
ÉCHEGARAY
ÉCHELETTE
ÉCHELONNÉ
ÉCHENILLÉ
ÉCHEVEAUX
ÉCHEVELÉE
ÉCHEVELER
ÉCHEVETTE
ÉCHEVINAL
ÉCHEVINAT
ÉCHIQUÉEN
ÉCHIQUETÉ
ÉCHIQUIER

ÉCHIURIEN
ÉCHOLALIE
ÉCHOTIÈRE
ÉCLAIRAGE
ÉCLAIRANT
ÉCLAIRCIE
ÉCLAIRCIR
ÉCLAIREUR
ÉCLAMPSIE
ÉCLATANTE
ÉCLIPSANT
ÉCLOSERIE
ÉCLUSIÈRE
ÉCŒURANT
ÉCONDUIRE
ÉCONDUITE
ÉCONOMISÉ
ÉCOPERCHE
ÉCORCEUSE
ÉCORCHAGE
ÉCORCHANT
ÉCORCHEUR
ÉCORCHURE
ÉCOSSAISE
ÉCOSSAISE
ÉCOURGEON
ÉCOURTANT
ÉCOUTANTE
ÉCOUTILLE
ÉCRASANTE
ÉCRASEUSE
ÉCRÉMEUSE
ÉCREVISSE
ÉCRITEAUX
ÉCRITOIRE
ÉCRIVASSÉ
ÉCROULANT
ÉCROÛTANT
ECTODERME
ECTROPION
ÉCULLOISE
ÉCUSSONNÉ
ÉDAPHIQUE
EDDINGTON
EDELWEISS
ÉDIFIANTE
ÉDIMBOURG
ÉDITORIAL
ÉDUCATEUR
ÉDUCATION
ÉDUCATIVE
ÉDULCORÉE
ÉDULCORER
ÉDULCORÉS
ÉFAUFILÉE
ÉFAUFILER
EFFAÇABLE

EFFANEUSE
EFFARANTE
EFFECTEUR
EFFECTIVE
EFFECTUÉE
EFFECTUER
EFFÉMINÉE
EFFÉMINER
EFFÉRENTE
EFFEUILLÉ
EFFICIENT
EFFILOCHE
EFFILOCHÉ
EFFLANQUÉ
EFFLEURÉE
EFFLEURER
EFFLUENTE
EFFONDRÉE
EFFONDRER
EFFORÇANT
EFFRANGÉE
EFFRANGER
EFFRAYANT
EFFRITANT
EFFRONTÉE
ÉGAIEMENT
ÉGAILLANT
ÉGALEMENT
ÉGALISANT
ÉGALISEUR
ÉGAREMENT
ÉGAYEMENT
ÉGLANTIER
ÉGLANTINE
ÉGORGEANT
ÉGORGEUSE
ÉGOSILLÉE
ÉGOSILLER
ÉGOUTTAGE
ÉGOUTTANT
ÉGOUTTOIR
ÉGOUTTURE
ÉGRAINAGE
ÉGRAINANT
ÉGRAPPAGE
ÉGRAPPANT
ÉGRAPPOIR
ÉGRATIGNÉ
ÉGRENEUSE
ÉGRESSION
ÉGRILLARD
ÉGROTANTE
ÉGRUGEAGE
ÉGRUGEANT
ÉGRUGEOIR
ÉGUEULANT
EHRENFELS

EIDÉTIQUE
EIDÉTISME
EINDHOVEN
EINTHOVEN
ÉJACULANT
ÉJECTABLE
ÉJOINTANT
ÉLABORANT
EL-ALAMEIN
ÉLANCOURT
ÉLASTIQUE
ELBEUVIEN
ELCHINGEN
ÉLÉATIQUE
ÉLECTORAL
ÉLECTORAT
ÉLECTRICE
ÉLECTRISÉ
ÉLECTRODE
ÉLÉGIAQUE
ELEPHANTA
ÉLÉPHANTE
ÉLÉVATEUR
ÉLÉVATION
EL-HARRACH
ÉLIMINANT
ÉLINGUANT
ÉLISABETH
ELIZABETH
EL-KANTARA
ELKINGTON
ELLESMERE
ELLINGTON
ÉLOCUTION
ÉLOGIEUSE
ÉLOIGNANT
ÉLONGEANT
ÉLOQUENCE
ÉLOQUENTE
ELSHEIMER
ÉLUCIDANT
ÉLUCUBRÉE
ÉLUCUBRER
ELVINOISE
ÉLYSÉENNE
ÉMAILLAGE
ÉMAILLANT
ÉMAILLEUR
ÉMANATION
ÉMANCIPÉE
ÉMANCIPER
ÉMARGEANT
ÉMASCULÉE
ÉMASCULER
EMBALLAGE
EMBALLANT
EMBALLEUR

EMBARQUÉE
EMBARQUER
EMBARRANT
EMBARRURE
EMBAUCHÉE
EMBAUCHER
EMBAUMANT
EMBAUMEUR
EMBÉGUINÉ
EMBÊTANTE
EMBLAVAGE
EMBLAVANT
EMBLAVURE
EMBOBINÉE
EMBOBINER
EMBOÎTAGE
EMBOÎTANT
EMBOÎTURE
EMBOSSAGE
EMBOSSANT
EMBOUCHÉE
EMBOUCHER
EMBOUQUÉE
EMBOUQUER
EMBOURBÉE
EMBOURBER
EMBOURRER
EMBRANCHÉ
EMBRAQUÉE
EMBRAQUER
EMBRASANT
EMBRASSÉE
EMBRASSER
EMBRASURE
EMBRAYAGE
EMBRAYANT
EMBRAYEUR
EMBREVANT
EMBRIGADÉ
EMBRINGUÉ
EMBROCHÉE
EMBROCHER
EMBRUMANT
EMBRUNAIS
EMBUSCADE
EMBUSQUÉE
EMBUSQUER
ÉMERGEANT
ÉMERGENCE
ÉMERGENTE
ÉMERILLON
ÉMERISANT
ÉMÉTISANT
ÉMETTRICE
ÉMEUTIÈRE
ÉMIETTANT
ÉMIGRANTE

ÉMIRIENNE
ÉMISSAIRE
EMMANCHÉE
EMMANCHER
EMMÉNAGER
EMMENTHAL
EMMENTHAL
EMMERDANT
EMMERDEUR
EMMÉTROPE
EMMIELLÉE
EMMIELLER
ÉMOLLIENT
ÉMOLUMENT
ÉMONDEUSE
ÉMOTIONNÉ
ÉMOTIVITÉ
ÉMOTTEUSE
ÉMOUSSANT
ÉMOUVANTE
EMPAILLÉE
EMPAILLER
EMPALMANT
EMPANACHÉ
EMPANNAGE
EMPANNANT
EMPAQUETÉ
EMPATTANT
EMPAUMANT
EMPAUMURE
EMPÊCHANT
EMPÊCHEUR
EMPÉDOCLE
EMPENNAGE
EMPENNANT
EMPERLANT
EMPESTANT
EMPÊTRANT
EMPHYSÈME
EMPIERRÉE
EMPIERRER
EMPIÉTANT
EMPIFFRÉE
EMPIFFRER
EMPILABLE
EMPIRIQUE
EMPIRISME
EMPIRISTE
EMPLOYANT
EMPLOYEUR
EMPLUMANT
EMPOCHANT
EMPOIGNÉE
EMPOIGNER
EMPORTANT
EMPOSIEUS
EMPOURPRÉ

EMPREINTE
EMPRESSÉE
EMPRESSER
EMPRÉSURÉ
EMPRUNTÉE
EMPRUNTER
EMPUANTIE
EMPUANTIR
ÉMULATEUR
ÉMULATION
ÉMULSIFIÉ
ENAMOURÉE
ENAMOURER
ÉNANTHÈME
ENCABANÉE
ENCABANER
ENCABLURE
ENCADRANT
ENCADREUR
ENCAGEANT
ENCAGOULÉ
ENCAISSÉE
ENCAISSER
ENCALMINÉ
ENCANTEUR
ENCAQUANT
ENCARTAGE
ENCARTANT
ENCASERNÉ
ENCASTELÉ
ENCASTRÉE
ENCASTRER
ENCAVEUSE
ENCEINDRE
ENCEINTÉE
ENCEINTER
ENCENSANT
ENCENSEUR
ENCENSOIR
ENCÉPHALE
ENCERCLÉE
ENCERCLER
ENCHAÎNÉE
ENCHAÎNER
ENCHANTÉE
ENCHANTER
ENCHÂSSÉE
ENCHÂSSER
ENCHÂTELÉ
ENCHAUSSÉ
ENCLAVANT
ENCLENCHÉ
ENCLOSURE
ENCLOUAGE
ENCLOUANT
ENCLOUURE
ENCOCHAGE

ENCOCHANT	ENFIELLER	ENLUMINER	ENTÔLEUSE
ENCOIFFER	ENFIÉVRÉE	ENLUMINÉS	ENTONNAGE
ENCOLLAGE	ENFIÉVRER	ENNÉAGONE	ENTONNANT
ENCOLLANT	ENFILEUSE	ENNUYANTE	ENTONNOIR
ENCOMBRÉE	ENFLAMMÉE	ENNUYEUSE	ENTOURAGE
ENCOMBRER	ENFLAMMER	ENQUÉRANT	ENTOURANT
ENCORDANT	ENFLEURÉE	ENQUÊTANT	**ENTRAGUES**
ENCORNANT	ENFLEURER	ENQUÊTEUR	ENTRAIDÉE
ENCOUBLÉE	ENFONÇANT	ENRACINÉE	ENTRAIDER
ENCOUBLER	ENFONCEUR	ENRACINER	ENTR'AIMÉE
ENCOURAGÉ	ENFONÇURE	ENRAGEANT	ENTR'AIMER
ENCOURANT	ENFOURCHÉ	ENRHUMANT	ENTRAÎNÉE
ENCRASSÉE	ENFOURNÉE	ENROBEUSE	ENTRAÎNER
ENCRASSER	ENFOURNER	ENROCHANT	ENTRAVANT
ENCROÛTÉE	ENFREINTE	ENROULANT	ENTRECHAT
ENCROÛTER	ENGAGEANT	ENROULEUR	ENTRECÔTE
ENCRYPTÉE	ENGAINANT	ENRUBANNÉ	ENTRE-DEUX
ENCRYPTER	ENGAZONNÉ	ENSABLANT	ENTREGENT
ENDÉMIQUE	ENGEANCER	ENSACHAGE	ENTRE-HAÏE
ENDÉMISME	**ENGELBERG**	ENSACHANT	ENTRE-HAÏR
EN DESSOUS	ENGENDRÉE	ENSEIGNÉE	ENTRE-HAÏS
ENDETTANT	ENGENDRER	ENSEIGNER	ENTRELACÉ
ENDEUILLÉ	ENGERBAGE	ENSELLURE	ENTRELACS
ENDIABLÉE	ENGERBANT	ENSEMENCÉ	ENTREMÊLÉ
ENDIABLER	**ENGILBERT**	ENSERRANT	ENTREMETS
ENDIGUANT	ENGLOBANT	ENSEVELIE	ENTREMISE
ENDOCARDE	ENGLOUTIE	ENSEVELIR	**ENTREMONT**
ENDOCARPE	ENGLOUTIR	ENSIFORME	ENTREPONT
ENDOCRINE	ENGOMMAGE	ENSILEUSE	ENTREPOSÉ
ENDODERME	ENGOMMANT	**ENSISHEIM**	ENTREPRIS
ENDOGAMIE	ENGONÇANT	ENSORCELÉ	ENTRE-RAIL
ENDOLORIE	ENGOUFFRÉ	ENSOUFRÉE	ENTRETENU
ENDOLORIR	ENGOURDIE	ENSOUFRER	ENTRETIEN
ENDOMÈTRE	ENGOURDIR	ENSUIVANT	ENTRE-TUÉE
ENDOMMAGÉ	ENGRAISSÉ	ENSUIVIES	ENTRE-TUER
ENDORMANT	ENGRANGÉE	ENTABLANT	ENTRE-TUÉS
ENDORMEUR	ENGRANGER	ENTABLURE	**ENTREVAUX**
ENDOSCOPE	ENGRÊLURE	ENTACHANT	ENTREVOIE
ENDOSSANT	ENGRENAGE	ENTAILLÉE	ENTREVOIR
ENDUCTION	ENGRENANT	ENTAILLER	ENTREVOUS
ENDUISANT	ENGRENURE	ENTARTRÉE	ENTROPION
ENDURABLE	ENGROSSÉE	ENTARTRER	ÉNUCLÉANT
ENDURANCE	ENGROSSER	ENTASSANT	ÉNUMÉRANT
ENDURANTE	ENGUEULÉE	ENTENDANT	ENVELOPPE
ÉNERGIQUE	ENGUEULER	ENTENDEUR	ENVELOPPÉ
ÉNERVANTE	ENHERBANT	ENTÉNÉBRÉ	ENVENIMÉE
ENFAÎTANT	ENIVRANTE	ENTÉRINÉE	ENVENIMER
ENFAÎTEAU	ENJAMBANT	ENTÉRINER	ENVERGUÉE
ENFANTANT	ENJAVELÉE	ENTÉRIQUE	ENVERGUER
ENFANTINE	ENJAVELER	ENTERRANT	ENVERGURE
ENFARGANT	ENJOINDRE	ENTÊTANTE	ENVERJURE
ENFARINÉE	ENJÔLEUSE	ENTHALPIE	**ENVER PASA**
ENFARINER	ENJOLIVÉE	ENTHYMÈME	ENVIEILLI
ENFERMANT	ENJOLIVER	ENTICHANT	ENVIRONNÉ
ENFERRANT	ENJUGUANT	ENTIÈRETÉ	ENVISAGÉE
ENFICHANT	ENKYSTANT	ENTOILAGE	ENVISAGER
ENFIELLÉE	ENLUMINÉE	ENTOILANT	ENVOÛTANT

ENVOÛTEUR	ÉPONGEAGE	ÉRUDITION	ESQUINTER
ENVOYEUSE	ÉPONGEANT	ÉRUGINEUX	ESQUISSÉE
ÉOLIENNES	ÉPONTILLE	**ÉRYMANTHE**	ESQUISSER
ÉPAGNEULE	ÉPOUILLÉE	ÉRYSIPÈLE	ESQUIVANT
ÉPAISSEUR	ÉPOUILLER	ÉRYTHRÉEN	ESSAIMAGE
ÉPAMPRAGE	ÉPOUMONÉE	**ÉRYTHRÉEN**	ESSAIMANT
ÉPAMPRANT	ÉPOUMONER	ÉRYTHRINE	**ESSAOUIRA**
ÉPANCHANT	ÉPOUSSETÉ	ÉRYTHROSE	ESSARTAGE
ÉPANDEUSE	ÉPOUVANTE	**ERZBERGER**	**ESSARTAIS**
ÉPANNELÉE	ÉPOUVANTÉ	ESBIGNANT	ESSARTANT
ÉPANNELER	ÉPREINDRE	ESBROUFÉE	ESSAYEUSE
ÉPARGNANT	ÉPREINTES	ESBROUFER	ESSAYISTE
ÉPARPILLÉ	ÉPROUVANT	ESCABEAUX	ESSENTIEL
ÉPATEMENT	ÉPUISABLE	ESCABÈCHE	**ESSEQUIBO**
ÉPAUFRURE	ÉPUISANTE	ESCABELLE	**ESSLINGEN**
ÉPAULETTE	ÉPUISETTE	ESCAGASSÉ	**ESSONNIEN**
ÉPENTHÈSE	ÉPURATEUR	ESCALADÉE	ESSOREUSE
ÉPÉPINANT	ÉPURATION	ESCALADER	ESSORILLÉ
ÉPERONNÉE	ÉPURATIVE	ESCALATOR	ESSOUCHÉE
ÉPERONNER	ÉPUREMENT	ESCALOPÉE	ESSOUCHER
ÉPERVIÈRE	ÉQUERRAGE	ESCALOPER	ESSOUFFLÉ
ÉPHÉDRINE	ÉQUEUTAGE	ESCAMOTÉE	ESSUYEUSE
ÉPICENTRE	ÉQUEUTANT	ESCAMOTER	ESTAFETTE
ÉPICURIEN	ÉQUILIBRE	**ESCAUDAIN**	ESTAMINET
ÉPIDIDYME	ÉQUILIBRÉ	ESCLAFFÉE	ESTAMPAGE
ÉPIDURALE	ÉQUINISME	ESCLAFFER	ESTAMPANT
ÉPIDURAUX	ÉQUIPIÈRE	ESCLANDRE	ESTAMPEUR
ÉPIERRAGE	ÉQUIPOLLÉ	ESCLANGON	**ESTERHÁZY**
ÉPIERRANT	ÉQUITABLE	ESCLAVAGE	ESTÉRIFIÉ
ÉPIERREUR	ÉQUIVOQUE	**ESCOFFIER**	ESTHÉTISÉ
ÉPIGASTRE	ÉQUIVOQUÉ	ESCOMPTÉE	ESTIMABLE
ÉPIGENÈSE	ÉRABLIÈRE	ESCOMPTER	ESTIMATIF
ÉPIGLOTTE	ÉRADIQUÉE	ESCOPETTE	ESTIVANTE
ÉPIGRAMME	ÉRADIQUER	ESCORTANT	ESTOMAQUÉ
ÉPIGRAPHE	ÉRAILLANT	ESCORTEUR	ESTOMPAGE
ÉPILATEUR	ÉRAILLURE	ESCRIMANT	ESTOMPANT
ÉPILATION	ÉRECTRICE	ESCRIMEUR	ESTOURBIE
ÉPILEPSIE	ÉREINTAGE	ESCROQUÉE	ESTOURBIR
ÉPILOGUER	ÉREINTANT	ESCROQUER	ESTRADIOT
ÉPIMÉTHÉE	ÉREINTEUR	**ESKISEHIR**	ESTRAPADE
ÉPINACOIS	ÉRÉSIPÈLE	**ESMÉRALDA**	**ESTRIENNE**
ÉPINCETÉE	ÉRÉTHISME	ESPAGNOLE	ESTROGÈNE
ÉPINCETER	ERGASTULE	**ESPAGNOLE**	ESTROPIÉE
ÉPINGLAGE	ERGOLOGIE	**ESPARTERO**	ESTROPIER
ÉPINGLANT	ERGOMÈTRE	ESPÉRANCE	ESTUARIEN
ÉPINICIES	ERGONOMIE	ESPÉRANTO	ESTURGEON
ÉPIPHANIE	ERGOTERIE	ESPINGOLE	**ESZTERGOM**
ÉPIPHYTIE	ERGOTEUSE	**ESPINOUSE**	ÉTAGEMENT
ÉPISCOPAL	ERGOTISME	ESPIONITE	ÉTAIEMENT
ÉPISCOPAT	ÉRISTIQUE	ESPIONNÉE	ÉTALEMENT
ÉPISSOIRE	ERMINETTE	ESPIONNER	ÉTALINGUÉ
ÉPISTAXIS	**ERMONTOIS**	ESPLANADE	ÉTALONNÉE
ÉPIZOOTIE	**ÉROSTRATE**	ESQUICHÉE	ÉTALONNER
ÉPLUCHAGE	ÉROTISANT	ESQUICHER	**ÉTAMPOISE**
ÉPLUCHANT	ÉROTOMANE	ESQUIMAUX	ÉTANCHANT
ÉPLUCHEUR	ERRATIQUE	**ESQUIMAUX**	ÉTANÇONNÉ
ÉPLUCHURE	ERREMENTS	ESQUINTÉE	**ÉTAPLOISE**

ÉTARQUANT	ÉTUVEMENT	EXASPÉRÉE	EXPECTANT
ÉTATISANT	EUCARYOTE	EXASPÉRER	EXPECTORÉ
ÉTAT LIBRE	EUCLIDIEN	EXCÉDANTE	EXPÉDIANT
ÉTAT-MAJOR	EUGÉNIQUE	EXCELLANT	EXPÉDIENT
ÉTATS-UNIS	EUGÉNISME	EXCELLENT	EXPÉDITIF
ÉTAYEMENT	EUGÉNISTE	EXCENTRÉE	EXPERTISE
ET CÆTERA	EUPATOIRE	EXCENTRER	EXPERTISÉ
ÉTEIGNANT	EUPATRIDE	EXCEPTANT	EXPIATEUR
ÉTEIGNOIR	EUPHORISÉ	EXCEPTION	EXPIATION
ÉTELLOISE	EUPHRAISE	EXCESSIVE	EXPIRANTE
ÉTENDERIE	EUPHUISME	EXCIPIENT	EXPLÉTIVE
ÉTERNELLE	**EUROCORPS**	EXCITABLE	EXPLICITE
ÉTERNISÉE	EUROCRATE	EXCITANTE	EXPLICITÉ
ÉTERNISER	EUROFRANC	EXCLAMANT	EXPLIQUÉE
ÉTERNUANT	**EUROPOORT**	EXCLUSION	EXPLIQUER
ÉTÊTEMENT	EURYHALIN	EXCLUSIVE	EXPLOITÉE
ÉTHÉRIFIÉ	**EURYMÉDON**	EXCORIANT	EXPLOITER
ÉTHIOPIEN	**EURYSTHÉE**	EXCRÉMENT	EXPLORANT
ÉTHIOPIEN	EURYTHMIE	EXCRÉTANT	EXPLOSANT
ETHMOÏDAL	EUSKARIEN	EXCRÉTEUR	EXPLOSEUR
ETHNARQUE	**EUSKARIEN**	EXCRÉTION	EXPLOSION
ETHNOCIDE	EUSKÉRIEN	EXCURSION	EXPLOSIVE
ETHNONYME	**EUSKÉRIEN**	EXCUSABLE	EXPORTANT
ÉTHOLOGIE	EUTHÉRIEN	EXÉCRABLE	EXPOSANTE
ÉTHOLOGUE	EUTOCIQUE	EXÉCUTANT	EXPRESSIF
ÉTHYLIQUE	ÉVAGATION	EXÉCUTEUR	EXPRIMAGE
ÉTHYLISME	**ÉVAHONIEN**	EXÉCUTION	EXPRIMANT
ÉTINCELER	ÉVALUABLE	EXÉCUTIVE	EXPROPRIÉ
ÉTINCELLE	ÉVALUATIF	EXEMPTANT	EXPULSANT
ÉTIOLOGIE	ÉVAPORANT	EXEMPTION	EXPULSION
ÉTIOPATHE	ÉVAPORITE	EXEQUATUR	EXQUISITÉ
ÉTIQUETÉE	ÉVASEMENT	EXERÇANTE	EXTASIANT
ÉTIQUETER	ÉVEILLANT	EXFILTRÉE	EXTATIQUE
ÉTIQUETTE	ÉVEILLEUR	EXFILTRER	EXTENDEUR
ÉTIREMENT	ÉVÉNEMENT	EXFOLIANT	EXTENSEUR
ETOBICOKE	ÉVENTAIRE	EXHAUSSÉE	EXTENSION
ÉTONNANTE	ÉVENTRANT	EXHAUSSER	EXTENSIVE
ÉTOUFFADE	ÉVENTREUR	EXHAUSTIF	EXTÉNUANT
ÉTOUFFAGE	ÉVERTUANT	EXHORTANT	EXTÉRIEUR
ÉTOUFFANT	EXIGEANTE	EXTERMINÉ
ÉTOUFFOIR	**ÉVIANAISE**	EXINSCRIT	EXTINCTIF
ÉTOUPILLE	ÉVIDEMENT	EXISTANTE	EXTIRPANT
ÉTOUPILLÉ	ÉVISCÉRÉE	EXISTENCE	EXTORQUÉE
ÉTOURNEAU	ÉVISCÉRER	EXONÉRANT	EXTORQUER
ÉTRANGÈRE	ÉVITEMENT	EXORBITÉE	EXTORSION
ÉTRANGETÉ	ÉVOCATEUR	EXORCISÉE	EXTRACTIF
ÉTRANGLÉE	ÉVOCATION	EXORCISER	EXTRADANT
ÉTRANGLER	ÉVOLUTION	EXORCISME	EXTRAFINE
ÉTREINDRE	ÉVOLUTIVE	EXORCISTE	EXTRAFORT
ÉTRENNANT	**ÉVRONNAIS**	EXORÉIQUE	EXTRAPOLÉ
ÉTRÉPAGNY	EX ABRUPTO	EXORÉISME	EXTRAVASÉ
ÉTRILLANT	EXACERBÉE	EXOSPHÈRE	EXTRAYANT
ÉTRIQUANT	EXACERBER	EXOTOXINE	EXTRÉMALE
ÉTRIVIÈRE	EXAGÉRANT	EXPANSION	EXTRÉMAUX
ÉTRUSQUES	EXALTANTE	EXPANSIVE	EXTRÉMITÉ
ETTERBEEK	EXAMINANT	EXPATRIÉE	EXTRUDANT
ÉTUDIANTE	EXANTHÈME	EXPATRIER	EXTRUSION

EXTRUSIVE
EXUBÉRANT
EYE-LINERS
EYGUIÈRES
EYMÉTOISE
EYSINAISE
FABRICANT
FABRIQUÉE
FABRIQUER
FABULEUSE
FABULISTE
FAÇADISME
FACE-À-FACE
FACE-À-MAIN
FACÉTIEUX
FACETTANT
FACILITÉE
FACILITER
FAÇONNAGE
FAÇONNANT
FAÇONNEUR
FAÇONNIER
FAC-SIMILÉ
FACTICITÉ
FACTIEUSE
FACTITIVE
FACTORIEL
FACTORING
FACTORISÉ
FACTUELLE
FACTURANT
FACTURIER
FAGOTIÈRE
FAIBLARDE
FAIBLESSE
FAIDHERBE
FAÏENÇAGE
FAÏENCIER
FAIGNANTE
FAILLANCE
FAILLIBLE
FAINÉANTE
FAINÉANTÉ
FAIRBANKS
FAIRE-PART
FAISANDÉE
FAISANDER
FAISCEAUX
FAISSELLE
FALAISIEN
FALCONIDÉ
FALLIÈRES
FALSIFIÉE
FALSIFIER
FALUNIÈRE
FAMECKOIS
FAMÉLIQUE

FAMILIALE
FAMILIAUX
FAMILIÈRE
FANATIQUE
FANATISÉE
FANATISER
FANATISME
FANCY-FAIR
FANS-CLUBS
FANTAISIE
FANTASIER
FANTASMER
FANTASQUE
FANTASSIN
FAOUËTAIS
FARANDOLE
FARDOCHES
FARIDABAD
FARIGOULE
FARINACÉE
FARINELLI
FARINEUSE
FARLOUCHE
FARNÉSINE
FARNIENTE
FASCICULE
FASCICULÉ
FASCINAGE
FASCINANT
FASCISANT
FAST-FOODS
FASTIGIÉE
FASTUEUSE
FATALISME
FATALISTE
FATIDIQUE
FATIGABLE
FATIGANTE
FATIGUANT
FATIMIDES
FATRASSER
FAUCARDÉE
FAUCARDER
FAUCHEUSE
FAUFILAGE
FAUFILANT
FAUFILURE
FAUNESQUE
FAUSSAIRE
FAUX-BORDS
FAUX-FILET
FAVERGIEN
FAVORABLE
FAVORISÉE
FAVORISER
FAYDHERBE
FAYENÇOIS

FÉBRICULE
FÉBRIFUGE
FÉBRILITÉ
FÉCAMPOIS
FÉCONDANT
FÉCONDITÉ
FÉCULENCE
FÉCULENTE
FÉCULERIE
FÉCULIÈRE
FÉDÉRATIF
FEIGNANTE
FEININGER
FEINTEUSE
FELDSPATH
FELDWEBEL
FÉLIBRIGE
FÉLICITÉE
FÉLICITER
FELLATION
FELLINIEN
FÉMINISÉE
FÉMINISER
FÉMINISME
FÉMINISTE
FENDILLÉE
FENDILLER
FENESTRON
FENÊTRAGE
FENÊTRANT
FÉODALITÉ
FERDINAND
FÉRINGIEN
FÉRINGIEN
FERLOUCHE
FERMEMENT
FERMENTÉE
FERMENTER
FERMETURE
FERNANDEL
FERNÁNDEZ
FÉROCISER
FÉROÏENNE
FÉROÏENNE
FERRAILLE
FERRAILLÉ
FERRARAIS
FERRASSIE
FERREMENT
FERRIÈRES
FERROUTÉE
FERROUTER
FERRY-BOAT
FERTÉSIEN
FERTILISÉ
FERTILITÉ
FESTINGER

FESTIVITÉ
FESTONNÉE
FESTONNER
FESTOÙ-NOZ
FESTOYANT
FÉTICHEUR
FEUERBACH
FEUILLADE
FEUILLAGE
FEUILLANT
FEUILLARD
FEUILLÈRE
FEUILLETÉ
FEUILLURE
FEULEMENT
FEYZINOIS
FIABILISÉ
FIABILITÉ
FIBONACCI
FIBRINEUX
FIBROCYTE
FIDÉLISÉE
FIDÉLISER
FIDJIENNE
FIDJIENNE
FIELLEUSE
FIER-À-BRAS
FIÈREMENT
FIÉVREUSE
FIGEACOIS
FIGNOLAGE
FIGNOLANT
FIGNOLEUR
FIGURANTE
FIGURATIF
FILARIOSE
FILIALISÉ
FILIATION
FILICINÉE
FILIFORME
FILIGRANE
FILIGRANÉ
FILLASTRE
FILLIOZAT
FILMOGÈNE
FILOCHANT
FILOGUIDÉ
FILOSELLE
FILOUTAGE
FILOUTANT
FILTRABLE
FILTRANTE
FINALISÉE
FINALISER
FINALISME
FINALISTE
FINANÇANT

FINANCIER	FLEURISTE	FORCÉMENT	**FOURASTIÉ**
FINASSANT	FLEURONNÉ	FORESTAGE	FOURBERIE
FINASSEUR	**FLEVOLAND**	FORESTIER	FOURCHANT
FINASSIER	FLEXUEUSE	**FORESTOIS**	FOURGONNÉ
FINISSAGE	FLINGUANT	FORFICULE	FOURGUANT
FINISSANT	FLIRTEUSE	FORGEABLE	FOURMILLÉ
FINISSEUR	FLOCK-BOOK	**FORGIONNE**	FOURNAISE
FINISSURE	FLOCONNER	FORJETANT	**FOURNAISE**
FINISTÈRE	FLOCULANT	FORLANCÉE	FOURNEAUX
FINITISME	FLONFLONS	FORLANCER	FOURRAGER
FINOTERIE	**FLORACOIS**	FORLIGNER	FOURREAUX
FIORITURE	FLORAISON	FORLONGÉE	FOURRIÈRE
FIRMAMENT	FLORALIES	FORLONGER	**FOURVIÈRE**
FIROZABAD	**FLORENNES**	FORMALISÉ	FOURVOYÉE
FISCALISÉ	**FLORENSAC**	FORMALITÉ	FOURVOYER
FISCALITÉ	FLORENTIN	FORMATAGE	FOX-HOUNDS
FISSIONNÉ	**FLORENTIN**	FORMATANT	**FOYALAISE**
FISSURANT	FLORICOLE	FORMATEUR	FRACASSÉE
FISTULEUX	FLORIFÈRE	FORMATION	FRACASSER
FISTULINE	FLORILÈGE	FORMATIVE	FRACTURÉE
FITZ-JAMES	FLOTTABLE	**FORMIONNE**	FRACTURER
FIUMICINO	FLOTTANTE	FORMOLANT	FRAGILISÉ
FIXATRICE	FLOTTILLE	FORMULANT	FRAGILITÉ
FLACHERIE	FLUCTUANT	FORNIQUER	FRAGMENTÉ
FLACHEUSE	FLUIDIFIÉ	**FORRESTER**	**FRAGONARD**
FLAGELLÉE	FLUIDIQUE	FORSYTHIA	FRAGRANCE
FLAGELLER	FLUIDISÉE	**FORTALEZA**	FRAGRANTE
FLAGELLUM	FLUIDISER	FORTEMENT	FRAÎCHEUR
FLAGEOLER	FLUXMÈTRE	FORTIFIÉE	FRAISEUSE
FLAGEOLET	FOCALISÉE	FORTIFIER	FRAISIÈRE
FLAGORNÉE	FOCALISER	**FORTUNÉES**	FRAMBOISE
FLAGORNER	FOCOMÈTRE	**FORT WAYNE**	FRAMBOISÉ
FLAGRANTE	**FOGAZZARO**	**FORT WORTH**	**FRAMERIES**
FLAIREUSE	FOISONNER	FOSSILISÉ	FRANÇAISE
FLAMBANTE	FOLÂTRANT	FOSSORIER	**FRANÇAISE**
FLAMBEAUX	FOLIATION	FOSSOYANT	FRANC-BORD
FLAMBERGE	FOLIOTAGE	FOSSOYEUR	**FRANCESCA**
FLAMBEUSE	FOLIOTANT	**FOS-SUR-MER**	FRANC-FIEF
FLAMBOYER	FOLIOTEUR	FOUAILLÉE	**FRANCFORT**
FLAMMÈCHE	FOLLEMENT	FOUAILLER	FRANCHISE
FLAMSTEED	**FOLLEREAU**	FOUDROYÉE	FRANCHISÉ
FLANCHANT	FOLLICULE	FOUDROYER	FRANCIQUE
FLANQUANT	FOMENTANT	**FOUESNANT**	FRANCISÉE
FLASH-BACK	FONÇAILLE	FOUETTANT	FRANCISER
FLASHEUSE	FONDATEUR	FOUETTARD	FRANCOLIN
FLATTERIE	FONDATION	FOUGERAIE	**FRANCONIE**
FLATTEUSE	FONDEMENT	**FOUGERAIS**	FRANGEANT
FLATULENT	FONDRIÈRE	FOUGUEUSE	FRANGLAIS
FLÉCHETTE	FONGICIDE	FOUILLANT	**FRANKFORT**
FLÉCHOISE	FONGOSITÉ	FOUILLEUR	**FRANKLAND**
FLEMMARDE	FONGUEUSE	FOUINARDE	FRAPPANTE
FLEMMARDÉ	**FONSCHOIS**	FOUINEUSE	FRATERNEL
FLENSBURG	**FONTANGES**	FOUISSAGE	FRAUDEUSE
FLÉRIENNE	**FONT-ROMEU**	FOUISSANT	**FRAXINIEN**
FLEURANCE	**FONVIZINE**	FOUISSEUR	**FRÉCHETTE**
FLEURETER	FORAMINÉE	FOULONNÉE	FREDONNÉE
FLEURETTE	FORCEMENT	FOULONNER	FREDONNER

FREE-LANCE	FROTTEUSE	**GALÁPAGOS**	GARGARISÉ
FREE-SHOPS	FROUSSARD	**GALBRAITH**	**GARGEOISE**
FRÉGATAGE	FRUCTIDOR	GALÉNIQUE	GARGOTIER
FRÉGATANT	FRUCTIFIÉ	GALERISTE	GARGOUSSE
FRÉJUSIEN	FRUCTUEUX	GALÉRUQUE	**GARIBALDI**
FRELATAGE	FRUGALITÉ	GALETTEUX	GARNEMENT
FRELATANT	**FRUGEOISE**	GALHAUBAN	GARNITURE
FRELUQUET	FRUGIVORE	GALIPETTE	**GARRIGUES**
FRÉNATEUR	FRUITERIE	GALIPOTÉE	GARROCHÉE
FRÉQUENCE	FRUITIÈRE	GALIPOTER	GARROCHER
FRÉQUENTE	FRUSTRANT	**GALITZINE**	GARROTTÉE
FRÉQUENTÉ	FUÉGIENNE	GALLICANE	GARROTTER
FRÈRE ÉLIE	**FUÉGIENNE**	GALLICOLE	**GASCOIGNE**
FRESNOISE	**FUKUSHIMA**	**GALLIFFET**	**GASPÉSIEN**
FRÉTILLER	FULGURANT	**GALLIMARD**	GASPILLÉE
FREUDISME	FULLERÈNE	GALLINACÉ	GASPILLER
FREYCINET	FULMINANT	GALLINULE	GASTÉRALE
FRIANDISE	FULMINATE	**GALLIPOLI**	GASTRIQUE
FRICASSÉE	**FUMÉLOISE**	**GALLITZIN**	GÂTE-SAUCE
FRICASSER	FUMEROLLE	GALONNANT	GÂTIFIANT
FRICATIVE	FUMETERRE	GALOPANTE	**GATINOISE**
FRICOTAGE	**FUNABASHI**	GALOPEUSE	GATTILIER
FRICOTANT	FUNAMBULE	GALVANISÉ	GAUCHERIE
FRICOTEUR	FUNÉRAIRE	GALVAUDÉE	GAUCHISME
FRIEDLAND	FURETEUSE	GALVAUDER	GAUCHISTE
FRIEDMANN	**FURETIÈRE**	GALVAUDÉS	GAUDRIOLE
FRIEDRICH	FURIBARDE	**GAMACHOIS**	GAUFRETTE
FRIGIDITÉ	FURIBONDE	GAMBADANT	GAUFREUSE
FRILOSITÉ	FURTIVITÉ	GAMBADEUR	GAULEITER
FRIMOUSSE	FUSARIOSE	GAMBERGÉE	GAULLISME
FRINGANTE	FUSIFORME	GAMBERGER	GAULLISTE
FRINGUANT	FUSILLADE	**GAMBIENNE**	GAUSSERIE
FRIOLERIE	FUSILLANT	GAMBILLER	**GAY-LUSSAC**
FRIPONNER	FUSILLEUR	GAMINERIE	GAZÉIFIÉE
FRISOTTÉE	FUSINISTE	GANADERIA	GAZÉIFIER
FRISOTTER	FUSIONNÉE	**GANDRANGE**	**GAZIANTEP**
FRISOTTIS	FUSIONNEL	**GANGEOISE**	GAZINIÈRE
FRISSONNÉ	FUSIONNER	GANGRENÉE	GAZOMÈTRE
FRIVOLITÉ	FUTURISME	GANGRENER	GAZONNAGE
FROBENIUS	FUTURISTE	**GANNATOIS**	GAZONNANT
FROBERGER	GABARDINE	**GANSHOREN**	GAZOUILLÉ
FROBISHER	GABARIAGE	**GAPENÇAIS**	GEIGNARDE
FROISSANT	GABARRIER	GARAGISTE	GÉLATINÉE
FROISSART	**GABCÍKOVO**	**GARCHOISE**	GÉLIFIANT
FROISSURE	GABONAISE	GARCONNER	GÉLINOTTE
FRÔLEMENT	**GABONAISE**	GARÇONNET	GÉMELLITÉ
FROMAGÈRE	GADGÉTISÉ	GARDE-BOUE	GEMINIANI
FROMENTIN	GADOUILLE	GARDE-CÔTE	GÉMISSANT
FRONDERIE	**GAGAOUZES**	GARDE-FEUX	GEMMATION
FRONDEUSE	GAGNE-PAIN	GARDE-FOUS	GEMMIFÈRE
FRONTEAUX	GAGUESQUE	GARDE-PORT	GENDARMÉE
FRONTENAC	GAILLARDE	GARDE-ROBE	GENDARMER
FRONTENAY	**GAI SAVOIR**	GARDE-VOIE	GÉNÉRALAT
FRONTIÈRE	GALACTOSE	GARDIENNE	GÉNÉRATIF
FRONTISTE	GALAMMENT	**GARENNOIS**	GÉNÉREUSE
FROSINONE	GALANDAGE	GARGANTUA	GÉNÉRIQUE
FROTTANTE	GALANTINE	**GARGANTUA**	GÉNÉSIQUE

GÉNÉTIQUE	**GIGNACOIS**	GLOUSSANT	GOUALANTE
GÉNÉTISME	GILETIÈRE	GLOUTONNE	GOUALEUSE
GENEVIÈVE	**GILGAMESH**	GLUCOSIDE	GOUDRONNÉ
GENEVOISE	**GILLESPIE**	GLUTAMATE	GOUJONNÉE
GENEVOISE	**GIMONTOIS**	GLUTINEUX	GOUJONNER
GENÉVRIER	**GINASTERA**	GLYCÉRIDE	GOULEYANT
GÉNIALITÉ	GINGEMBRE	GLYCÉRINE	GOULÛMENT
GÉNISSIAT	GINGIVALE	GLYCÉRINÉ	GOUPILLÉE
GÉNITRICE	GINGIVAUX	GLYCÉROLÉ	GOUPILLER
GÉNOMIQUE	GINGIVITE	GLYCOGÈNE	GOUPILLON
GENOUILLÉ	GIN-RUMMYS	GLYCOLYSE	GOURMANDE
GENTILITÉ	**GIORGIONE**	GLYPTIQUE	GOURMANDÉ
GENTILLET	GIRAFEAUX	GLYPTODON	GOURMETTE
GENTIMENT	GIRANDOLE	**GNEISENAU**	GOURNABLE
GENTLEMAN	GIRATOIRE	GNEISSEUX	**GOUTHIÈRE**
GENTLEMEN	**GIRAUDOUX**	GNOGNOTTE	GOUTTEUSE
GÉOCHIMIE	GIRAUMONT	GNOSTIQUE	GOUTTIÈRE
GÉODÉSIEN	GIROFLIER	**GOBANAISE**	GOUVERNÉE
GÉOGLYPHE	**GIROMAGNY**	GODAILLER	GOUVERNER
GÉOGRAPHE	GIRONDINE	GODENDART	GOUVERNÉS
GÉOMANCIE	**GIRONDINE**	GODILLANT	**GOYTISOLO**
GÉOMÉTRAL	**GIRONDINS**	GODIVEAUX	GRACIABLE
GÉOMÉTRIE	GIROUETTE	GOGUENARD	GRACIEUSE
GÉOPHAGIE	**GISORSIEN**	GOGUENOTS	GRACILITÉ
GÉORGIQUE	GÎTOLOGIE	GOINFRANT	GRADATION
GÉOSPHÈRE	**GIVERNOIS**	GOITREUSE	**GRADIGNAN**
GÉRARDMER	**GIVETOISE**	**GOLBÉENNE**	GRADUELLE
GERCEMENT	**GIVORDINE**	**GOLD COAST**	GRAFFEUSE
GERGOLIEN	**GJELLERUP**	**GOLDSMITH**	GRAFFITIS
GÉRIATRIE	GLACIAIRE	**GOLDSTEIN**	GRAFIGNÉE
GÉRICAULT	GLACIELLE	**GOLFE-JUAN**	GRAFIGNER
GERMANISÉ	**GLADSTONE**	**GOLITSYNE**	GRAILLANT
GERMANIUM	GLAIREUSE	GOMARISME	GRAINIÈRE
GERMICIDE	GLAISEUSE	GOMARISTE	GRAISSAGE
GERMINALE	GLAISIÈRE	GOMMIFÈRE	GRAISSANT
GERMINAUX	**GLAMORGAN**	**GONÇALVES**	GRAISSEUR
GERMISTON	GLANDEUSE	**GONDEBAUD**	GRAISSEUX
GERNSBACK	GLANEMENT	**GONDOBALD**	**GRAMATOIS**
GÉROMOISE	GLAUCONIE	GONDOLAGE	GRAMMAIRE
GERPINNES	**GLAZOUNOV**	GONDOLANT	**GRAMPIANS**
GERZATOIS	GLISSANCE	GONDOLIER	**GRAN CHACO**
GESTATION	GLISSANDO	**GONESSIEN**	**GRAND BELT**
GESTICULÉ	GLISSANTE	GONFLABLE	**GRANDBOIS**
GESTUELLE	GLISSIÈRE	GONFLANTE	GRANDELET
GÉVRIENNE	GLISSOIRE	GONFLETTE	GRANDETTE
GHANÉENNE	GLOBALISÉ	GONGONNER	GRANDIOSE
GHANÉENNE	GLOBALITÉ	GONOCOQUE	**GRAND-LIEU**
GHAZIABAD	GLOBULEUX	GONOPHORE	GRAND-MÈRE
GHILIZANE	GLOBULINE	GONORRHÉE	**GRAND-MÈRE**
GIBBOSITÉ	GLOMÉRULE	GONOZOÏDE	GRAND-PAPA
GIBECIÈRE	GLORIETTE	**GORAKHPUR**	GRAND-PÈRE
GIBELOTTE	GLORIEUSE	**GORDIENNE**	**GRAND TREK**
GIBOYEUSE	GLORIFIÉE	**GOTTFRIED**	GRANITEUX
GIBRALTAR	GLORIFIER	**GÖTTINGEN**	GRANIVORE
GICLEMENT	GLOSSAIRE	**GOTTSCHED**	GRANULANT
GIENNOISE	GLOSSETTE	GOUACHANT	GRANULEUX
GIESEKING	GLOTTIQUE	GOUAILLER	GRANULITE

GRANULOME	GRIFFEUSE	**GRUNDTVIG**	GUSTATION
GRANVELLE	GRIFFONNÉ	**GRÜNEWALD**	GUSTATIVE
GRANVILLE	GRIGNARDE	GRUPPETTI	**GUTENBERG**
GRAPHIOSE	**GRIGNOISE**	GRUPPETTO	**GÜTERSLOH**
GRAPHIQUE	GRIGNOTÉE	**GRUYÉRIEN**	GUTTURALE
GRAPHISME	GRIGNOTER	**GRYSÉLIEN**	GUTTURAUX
GRAPHISTE	GRILLAGÉE	GUACAMOLE	GUYANAISE
GRAPHITÉE	GRILLAGER	**GUADALUPE**	**GUYANAISE**
GRAPHITER	GRILL-ROOM	**GUANGDONG**	GYMNASIAL
GRAPPELLI	GRIMAÇANT	**GUANGZHOU**	GYROLASER
GRAPPILLÉ	GRIMACIER	**GUARDAFUI**	GYROMÈTRE
GRASSERIE	GRIMPANTE	**GUARRAZAR**	GYROMITRE
GRASSEYÉE	GRIMPETTE	**GUARULHOS**	GYROPHARE
GRASSEYER	GRIMPEUSE	**GUATEMALA**	GYROSCOPE
GRASSMANN	GRINÇANTE	**GUAYAQUIL**	HABILITÉE
GRASSOISE	GRINCHEUX	GUÉGUERRE	HABILITER
GRATIFIÉE	GRINGALET	**GUÉPRATTE**	HABILLAGE
GRATIFIER	**GRINGOIRE**	**GUÉRANGER**	HABILLANT
GRATINANT	GRIOTTIER	**GUÉRÉTOIS**	HABILLEUR
GRATITUDE	GRIPPE-SOU	**GUERLÉDAN**	HABITABLE
GRATTE-CUL	GRISAILLE	**GUERNESEY**	HABITACLE
GRATTE-DOS	GRISAILLÉ	GUERRIÈRE	HABITANTE
GRATTELLE	GRISOLLER	GUERROYER	HABITUANT
GRATTERON	**GRISOLLES**	GUET-APENS	**HABSBOURG**
GRATTEUSE	GRISONNER	GUEULANTE	HACHEMENT
GRAULENNE	**GROENLAND**	GUEULARDE	**HACHINOHE**
GRAVELEUX	GROGNASSE	GUEULETON	HACHURANT
GRAVELURE	GROGNASSÉ	GUEUSERIE	**HADRUMÈTE**
GRAVEMENT	GROGNERIE	GUIDE-FILS	**HAEBERLIN**
GRAVEROTE	GROGNEUSE	GUIDEROPE	**HAHNEMANN**
GRAVIDITÉ	GROGNONNE	GUIGNARDE	HAINUYÈRE
GRAVILLON	GROGNONNÉ	GUIGNOLÉE	**HAINUYÈRE**
GRAVITANT	GROMMELÉE	GUIGNOLET	HAÏSSABLE
GRAYLOISE	GROMMELER	**GUILDFORD**	HAÏTIENNE
GRÉCISANT	GRONDANTE	GUILLAUME	**HAÏTIENNE**
GREENWICH	GRONDERIE	**GUILLAUME**	**HALBWACHS**
GREFFIÈRE	GRONDEUSE	GUILLEDOU	HALETANTE
GRÉGARINE	**GRONINGUE**	GUILLEMET	HALF COURT
GRÉGORIEN	GROSEILLE	**GUILLEMIN**	HALF-TRACK
GRELOTTER	GROS-GRAIN	GUILLEMOT	HALIOTIDE
GRELUCHON	**GROS-MORNE**	GUILLERET	HALLOWEEN
GRÉMILLON	GROS-PLANT	**GUILLEVIC**	**HALLSTADT**
GRENADAGE	**GROSSE-ÎLE**	GUILLOCHÉ	**HALLSTATT**
GRENADANT	GROSSERIE	**GUILLOTIN**	HALLUCINÉ
GRENADEUR	GROSSESSE	**GUILVINEC**	**HALMAHERA**
GRENADIEN	GROSSIÈRE	**GUIMARÃES**	HALOGÉNÉE
GRENADIER	GROSSISTE	GUIMBARDE	HALOPHILE
GRENADINE	GROTESQUE	GUINCHANT	HALOPHYTE
GRENADINE	**GROTEWOHL**	GUINDEAUX	HALOTHANE
GRENAILLE	**GROTOWSKI**	GUINÉENNE	HAMADRYAS
GRENAILLÉ	GROUILLÉE	**GUINÉENNE**	**HAMAMATSU**
GRENAISON	GROUILLER	**GUIPÚZCOA**	HAMAMÉLIS
GRENELANT	GROUILLOT	GUIRLANDE	HAMBURGER
GRENVILLE	**GRUDZIADZ**	GUJANAISE	**HAMBURGER**
GRÉSILLER	GRUIFORME	GUMMIFÈRE	**HAMERLING**
GRÉSILLON	GRUMELANT	**GURDJIEFF**	**HAMMAGUIR**
GRÉSYLIEN	GRUMELEUX	**GURU NANAK**	HAMMAM-LIF

HAMPSHIRE
HANAFISME
HANDICAPÉ
HANOVRIEN
HAPPEMENT
HAPPENING
HAPPY ENDS
HARA-KIRIS
HARANGUÉE
HARANGUER
HARARAISE
HARASSANT
HARCELANT
HARCELEUR
HARDIESSE
HARDIMENT
HARELBEKE
HARENGÈRE
HARGNERIE
HARGNEUSE
HARICOTER
HARIDELLE
HARMATTAN
HARMONICA
HARMONISÉ
HARMONIUM
HARNACHÉE
HARNACHER
HARNÉSIEN
HARPAILLE
HARPIGNER
HARPILLER
HARPONNÉE
HARPONNER
HARROGATE
HARUSPICE
HASARDANT
HASARDEUX
HASCHISCH
HASDRUBAL
HASPARREN
HASSI RMEL
HÂTIVEAUX
HAUBANAGE
HAUBANANT
HAUPTMANN
HAUSDORFF
HAUSSE-COL
HAUSSIÈRE
HAUSSMANN
HAUT-ALPIN
HAUT-BRION
HAUTEFORT
HAUTEMENT
HAUTURIER
HAVANAISE
HAVANAISE

HAVENEAUX
HAWAÏENNE
HAWAÏENNE
HAWTHORNE
HAYDAR ALI
HAYTILLON
HAZPANDAR
HEAVISIDE
HÉBERGEUR
HÉBRAÏQUE
HÉBRAÏSÉE
HÉBRAÏSER
HÉBRAÏSME
HÉBRAÏSTE
HÉCATOMBE
HÉDÉRACÉE
HÉDONISME
HÉDONISTE
HÉGÉMONIE
HEIDEGGER
HEILBRONN
HEINEMANN
HELGOLAND
HÉLIANTHE
HÉLICOÏDE
HÉLIODORE
HÉLIODORE
HÉLIOSTAT
HÉLIPORTÉ
HELLÉBORE
HELLÉNISÉ
HELMHOLTZ
HELMINTHE
HÉLODERME
HELSINGØR
HELVÉTIUS
HÉMATIQUE
HÉMATURIE
HÉMICORDÉ
HÉMICYCLE
HEMINGWAY
HÉMIOXYDE
HÉMIPTÈRE
HÉMOPHILE
HÉMOSTASE
HENDAYAIS
HENDERSON
HENDIADIS
HENDIADYS
HENDRICKS
HÉNINOISE
HENNEBONT
HENNUYÈRE
HENNUYÈRE
HÉPATIQUE
HEPTAÈDRE
HEPTAGONE

HÉRACLITE
HÉRACLIUS
HÉRAKLION
HERBAGÈRE
HERBICIDE
HERBIVORE
HERBORISÉ
HERCHEUSE
HERCULANO
HERCULÉEN
HERCYNIEN
HERD-BOOKS
HERENTALS
HÉRÉTIQUE
HÉRICOURT
HÉRISSANT
HÉRITIÈRE
HERMANDAD
HERMITAGE
HERNÁNDEZ
HERNIAIRE
HÉRODIADE
HÉROÏCITÉ
HÉRONNEAU
HERSCHANT
HERSCHEUR
HESBIGNON
HESDINOIS
HÉSITANTE
HÉTÉROSIS
HEXACORDE
HEXAGONAL
HEXAMÈTRE
HEXASTYLE
HEZBOLLAH
HIBERNALE
HIBERNANT
HIBERNAUX
HIC ET NUNC
HIDEYOSHI
HIÉRARQUE
HIÉRODULE
HIGHLANDS
HIGHSMITH
HIGOUMÈNE
HILALIENS
HILARANTE
HILVERSUM
HIMALAYEN
HINDEMITH
HINDU KUCH
HIPPARION
HIPPARQUE
HIPPOLYTE
HIPPOPHAÉ
HIRATSUKA

HIRONDEAU
HIROSHIGE
HIROSHIMA
HIRSINGUE
HIRUDINÉE
HISPANISÉ
HISTAMINE
HISTIDINE
HISTOLYSE
HISTORIÉE
HISTORIEN
HISTORIER
HITCHCOCK
HITLÉRIEN
HIT-PARADE
HIVERNAGE
HIVERNALE
HIVERNANT
HIVERNAUX
HJELMSLEV
HOBEREAUX
HOCHEMENT
HÔ CHI MINH
HÖCHSTÄDT
HOCKEYEUR
HOHENLOHE
HÖLDERLIN
HOLLANDIA
HOLLERITH
HOLLYWOOD
HOLOSTÉEN
HOMÉCOURT
HOME FLEET
HOME GUARD
HOMÉRIQUE
HOMINOÏDE
HOMMASSER
HOMODONTE
HOMOFOCAL
HOMOGAMIE
HOMOLOGIE
HOMOLOGUE
HOMOLOGUÉ
HOMONCULE
HOMONYMIE
HOMOPHOBE
HOMOPHONE
HOMOPTÈRE
HOMUNCULE
HONDURIEN
HONDURIEN
HONGROISE
HONGROISE
HONGROYÉE
HONGROYER
HONNÊTETÉ
HONORABLE

HONORAIRE	**HU YAOBANG**	ICE-CREAMS	IMMÉDIATE
HOOVER DAM	HYACINTHE	ICE-SHELFS	IMMELMANN
HOQUETANT	**HYACINTHE**	ICHNEUMON	IMMENSITÉ
HORLOGÈRE	HYBRIDANT	ICOSAÈDRE	IMMÉRITÉE
HORMONALE	HYBRIDITÉ	ICTÉRIQUE	IMMERSION
HORMONAUX	HYBRIDOME	IDÉALISÉE	IMMERSIVE
HORODATÉE	HYDATIQUE	IDÉALISER	IMMIGRANT
HOROSCOPE	**HYDERABAD**	IDÉALISME	IMMINENCE
HORRIFIÉE	HYDRACIDE	IDÉALISTE	IMMINENTE
HORRIFIER	HYDRANTHE	IDÉE-FORCE	IMMISÇANT
HORRIPILÉ	HYDRARGIE	IDENTIFIÉ	IMMIXTION
HORSE-BALL	HYDRASTIS	IDENTIQUE	IMMODÉRÉE
HORS-LA-LOI	HYDRATANT	IDÉOLOGIE	IMMODESTE
HORS-MÉDIA	HYDRAVION	IDÉOLOGUE	IMMONDICE
HORS-PISTE	HYDRAZINE	IDIOLECTE	IMMOTIVÉE
HORS-PLACE	HYDROBASE	IDIOTISME	IMMUNISÉE
HORS-SÉRIE	HYDROCÈLE	IDOLÂTRÉE	IMMUNISER
HORS-TEXTE	HYDROFOIL	IDOLÂTRER	IMPACTITE
HORTENSIA	HYDROFUGE	IDOLÂTRIE	IMPALUDÉE
HORTICOLE	HYDROFUGÉ	**IDRISIDES**	IMPARABLE
HOSTILITÉ	HYDROGÈNE	IDYLLIQUE	IMPARFAIT
HÔTEL-DIEU	HYDROGÉNÉ	**IESSENINE**	IMPARTIAL
HÔTELIÈRE	HYDROLASE	IGNIFUGÉE	IMPATIENS
HOTEMANUS	HYDROLYSE	IGNIFUGER	IMPATIENT
HOTTENTOT	HYDROLYSÉ	**IGNISSOIS**	IMPAYABLE
HOTTENTOT	HYDROXYDE	IGNOMINIE	IMPÉDANCE
HOUBLONNÉ	HYDROXYLE	IGNORANCE	IMPÉRATIF
HOUCHARDE	HYGROSTAT	IGNORANTE	IMPÉRIALE
HOUDANAIS	HYPALLAGE	IGUANODON	IMPÉRIAUX
HOUILLÈRE	HYPERBARE	**ILDEFONSE**	IMPÉRIEUX
HOUPPETTE	HYPERBATE	ILLETTRÉE	IMPÉRITIE
HOURRITES	HYPERBOLE	ILLIMITÉE	IMPÉTRANT
HOUSE-BOAT	HYPERÉMIE	ILLISIBLE	IMPÉTUEUX
HOUSPILLÉ	HYPERLIEN	ILLOGIQUE	IMPLANTÉE
HOUSSINÉE	HYPERPLAN	ILLOGISME	IMPLANTER
HOUSSINER	HYPHOLOME	ILLUMINÉE	IMPLICITE
HOVERPORT	HYPNOTISÉ	ILLUMINER	IMPLIQUÉE
HUASCARÁN	HYPOCRITE	ILLUSOIRE	IMPLIQUER
HUBERTINE	HYPODERME	ILLUSTRÉE	IMPLORANT
HUGUENOTE	HYPOMANIE	ILLUSTRER	IMPLOSANT
HUISSERIE	HYPOPHYSE	ILLUVIALE	IMPLOSION
HUÎTRIÈRE	HYPOSODÉE	ILLUVIAUX	IMPLOSIVE
HUMANISÉE	HYPOSTASE	IMAGINALE	IMPLUVIUM
HUMANISER	HYPOSTYLE	IMAGINANT	IMPORTANT
HUMANISME	HYPOTAUPE	IMAGINAUX	IMPORTUNE
HUMANISTE	HYPOTENDU	IMBRIAQUE	IMPORTUNÉ
HUMANOÏDE	HYPOTHÈSE	IMBRIQUÉE	IMPOSABLE
HUMECTAGE	HYPOTONIE	IMBRIQUER	IMPOSANTE
HUMECTANT	HYPOXÉMIE	IMBROGLIO	IMPOSTEUR
HUMECTEUR	**IAROSLAVL**	IMBUVABLE	IMPOSTURE
HUMIDIFIÉ	IATROGÈNE	**IMÉRIENNE**	IMPOTENCE
HUMILIANT	**IBÉRIQUES**	IMITATEUR	IMPOTENTE
HUMORISTE	**IBERVILLE**	IMITATION	IMPRÉCISE
HUNEDOARA	**IBN TUFAYL**	IMITATIVE	IMPRÉGNÉE
HUNTZIGER	ICASTIQUE	IMMACULÉE	IMPRÉGNER
HURLEMENT	ICAUNAISE	IMMANENCE	IMPRESSIF
HURRICANE	**ICAUNAISE**	IMMANENTE	IMPRIMANT

IMPRIMEUR	INCOMMODÉ	INDUSTRIE	INGÉNIANT
IMPROBITÉ	INCOMPLET	INÉCOUTÉE	INGÉNIEUR
IMPROMPTU	INCOMPRIS	INEFFABLE	INGÉNIEUX
IMPROVISÉ	INCONFORT	INÉGALITÉ	INGÉNUITÉ
IMPRUDENT	INCONGRUE	INÉLÉGANT	INGÉRABLE
IMPUDENCE	INCONSOLÉ	INEMPLOYÉ	INGÉRENCE
IMPUDENTE	INCORPORÉ	INENTAMÉE	INGESTION
IMPUDIQUE	INCORRECT	INÉPROUVÉ	**INGOUCHES**
IMPULSANT	INCRÉDULE	INÉPUISÉE	**INGOUCHIE**
IMPULSION	INCRÉMENT	INESPÉRÉE	INGRESQUE
IMPULSIVE	INCRIMINÉ	INÉTENDUE	INGUINALE
IMPUTABLE	INCROYANT	INEXAUCÉE	INGUINAUX
INABOUTIE	INCRUSTÉE	INEXÉCUTÉ	INGURGITÉ
INABRITÉE	INCRUSTER	INEXERCÉE	INHABITÉE
INACHEVÉE	INCULPANT	INEXPERTE	INHÉRENCE
INACTIVÉE	INCULQUÉE	INEXPLORÉ	INHÉRENTE
INACTIVER	INCULQUER	INEXPRIMÉ	INHUMAINE
INADAPTÉE	INCULTURE	IN EXTENSO	ININTÉRÊT
INADÉQUAT	INCUNABLE	INFAMANTE	INITIALÉE
INALTÉRÉE	INCURABLE	INFANTILE	INITIALER
INAMICALE	INCURIEUX	INFARCTUS	INJECTANT
INAMICAUX	INCURSION	INFATUANT	INJECTEUR
INANITION	INCURVANT	INFÉCONDE	INJECTION
INAPAISÉE	INDATABLE	INFECTANT	INJECTIVE
INAPERÇUE	INDÉCENCE	INFECTION	INJONCTIF
INASSOUVI	INDÉCENTE	INFÉODANT	INJOUABLE
INATTENDU	INDÉFINIE	INFÉRENCE	INJURIANT
INAUDIBLE	INDÉLICAT	INFÉRIEUR	INJURIEUX
INAUGURAL	INDEMNISÉ	INFERNALE	INJUSTICE
INAUGURÉE	INDEMNITÉ	INFERNAUX	INLANDSIS
INAUGURER	INDICATIF	INFERTILE	INNERVANT
INCAPABLE	INDICIBLE	INFESTANT	INNOCENCE
INCARCÉRÉ	INDIFFÉRÉ	INFILTRAT	INNOCENTE
INCARNANT	INDIGÉNAT	INFILTRÉE	INNOCENTÉ
INCARNATE	INDIGENCE	INFILTRER	INNOCUITÉ
INCARTADE	INDIGENTE	INFINITIF	INNOVANTE
INCASIQUE	INDIGESTE	INFIRMANT	**INNSBRUCK**
INCENDIÉE	INDIGNANT	INFIRMIER	INOBSERVÉ
INCENDIER	INDIGNITÉ	INFIRMITÉ	INOCCUPÉE
INCERTAIN	INDIQUANT	INFLATION	INOCULANT
INCESSANT	INDIRECTE	INFLÉCHIE	INONDABLE
INCHANGÉE	INDISCRET	INFLÉCHIR	INOPÉRANT
INCHOATIF	INDISCUTÉ	INFLEXION	IN POCULIS
INCIDENCE	INDISPOSÉ	INFLUENCE	INQUIÉTÉE
INCIDENTE	IN-DIX-HUIT	INFLUENCÉ	INQUIÉTER
INCINÉRÉE	INDO-ARYEN	INFLUENTE	INQUILINE
INCINÉRER	**INDOCHINE**	INFLUENZA	INRATABLE
INCITATIF	INDOLENCE	INFORMANT	INRAYABLE
INCIVIQUE	INDOLENTE	INFORMULÉ	INSALUBRE
INCIVISME	INDOMPTÉE	INFOROUTE	INSATURÉE
INCLÉMENT	INDONESIA	INFORTUNE	INSCULPÉE
INCLINANT	**INDONÉSIE**	INFORTUNÉ	INSCULPER
INCLUSION	INDUCTEUR	INFUMABLE	INSÉCABLE
INCLUSIVE	INDUCTION	INFUSETTE	INSELBERG
INCOGNITO	INDUCTIVE	INFUSIBLE	INSÉMINÉE
INCOMBANT	INDUISANT	INFUSOIRE	INSÉMINER
INCOMMODE	INDULGENT	**INGEGNERI**	INSÉRABLE

INSERTION	INTERPOSÉ	IPSO FACTO	ISRAÉLIEN
INSIDIEUX	INTERROGÉ	IRAKIENNE	**ISRAÉLIEN**
INSINCÈRE	INTERVENU	**IRAKIENNE**	ISRAÉLITE
INSINUANT	INTERVIEW	IRANIENNE	**ISSAMBRES**
INSISTANT	INTESTINE	**IRANIENNE**	**ISSENHEIM**
INSOLENCE	INTIMIDÉE	IRASCIBLE	**ISSOIRIEN**
INSOLENTE	INTIMIDER	IRISATION	**ISSYK-KOUL**
INSOLUBLE	INTIMISME	IRLANDAIS	ISTHMIQUE
INSOUMISE	INTIMISTE	**IRLANDAIS**	**ISTRÉENNE**
INSPECTÉE	INTITULÉE	IRONISANT	ITALIENNE
INSPECTER	INTITULER	IROQUOIEN	**ITALIENNE**
INSPIRANT	INTONATIF	**IROQUOISE**	**ITELMÈNES**
INSTALLÉE	INTOXIQUÉ	IRRADIANT	ITÉRATION
INSTALLER	INTRÉPIDE	**IRRAWADDY**	ITÉRATIVE
INSTAURÉE	INTRIGANT	IRRÉALISÉ	ITINÉRANT
INSTAURER	INTRIGUÉE	IRRÉALITÉ	IVOIRERIE
INSTIGUÉE	INTRIGUER	IRRÉFUTÉE	JABORANDI
INSTIGUER	INTRIQUÉE	IRRÉSOLUE	JACARANDA
INSTILLÉE	INTRIQUER	IRRESPECT	JACASSANT
INSTILLER	INTRODUIT	IRRIGABLE	JACASSEUR
INSTITUÉE	INTRONISÉ	IRRIGUANT	JACASSIER
INSTITUER	INTRUSION	IRRITABLE	**JACCOTTET**
INSTRUIRE	INTUITION	IRRITANTE	JACQUERIE
INSTRUITE	INTUITIVE	IRRITATIF	**JACQUERIE**
INSUFFLÉE	INUKTITUT	IRRUPTION	**JAGELLONS**
INSUFFLER	INUSUELLE	**ISAAC ANGE**	JALON-MIRE
INSULAIRE	INUTILISÉ	**ISARIENNE**	JALONNANT
INSULINDE	INUTILITÉ	**ISAURIENS**	JALONNEUR
INSULTANT	INVAINCUE	**ISBERGUES**	JALOUSANT
INSULTEUR	INVALIDÉE	**ISCARIOTE**	JAMAÏCAIN
INTÉGRALE	INVALIDER	**ISLAMABAD**	**JAMAÏCAIN**
INTÉGRANT	**INVALIDES**	ISLAMIQUE	**JAMBLIQUE**
INTÉGRAUX	INVARIANT	ISLAMISÉE	JAMBOSIER
INTÉGRITÉ	INVECTIVE	ISLAMISER	**JAMESTOWN**
INTELLECT	INVECTIVÉ	ISLAMISME	JANOTERIE
INTENABLE	INVENTANT	ISLAMISTE	JANOTISME
INTENDANT	INVENTEUR	ISLANDAIS	**JANSÉNIUS**
INTENSITÉ	INVENTION	**ISLANDAIS**	**JANZÉENNE**
INTENSIVE	INVENTIVE	ISMAÉLIEN	JAPONAISE
INTENTANT	**INVERNESS**	ISMAÉLITE	**JAPONAISE**
INTENTION	INVERSANT	ISMAÏLIEN	JAPONERIE
INTERAGIR	INVERSEUR	ISOCARÈNE	JAPONISME
INTERCALÉ	INVERSION	ISOCHRONE	JAPPEMENT
INTERCÉDÉ	INVERTASE	ISOCLINAL	JAQUELINE
INTERDIRE	INVÉTÉRÉE	ISOGLOSSE	JAQUEMART
INTERDITE	INVÉTÉRER	ISOGREFFE	JARDINAGE
INTÉRESSÉ	INVISIBLE	ISOLATEUR	JARDINANT
INTERFACE	INVITANTE	ISOLATION	JARDINIER
INTERFÉRÉ	INVIVABLE	ISOLEMENT	JARGONNER
INTÉRIEUR	INVOLUCRE	ISOLÉMENT	**JARLANDIN**
INTERJETÉ	INVOLUTÉE	ISOMÉRASE	**JARNACAIS**
INTERLOCK	INVOLUTIF	ISOMÉTRIE	JARRETANT
INTERLOPE	INVOQUANT	ISOMORPHE	JASPINANT
INTERLUDE	IODOFORME	ISOSÉISTE	JAVANAISE
INTERMÈDE	**IONIENNES**	ISOSTASIE	**JAVANAISE**
INTERNANT	IONISANTE	ISOTHERME	JAVELEUSE
INTERPOLÉ	**IPHIGÉNIE**	ISOTROPIE	JAVELLISÉ

JAZZ-BANDS	JUDICIEUX	KAYAKABLE	**KOMINTERN**
JAZZ-ROCKS	JUGEOTEUR	KAYAKISTE	**KOROLENKO**
JEAN BODEL	JUGULAIRE	**KECSKEMÉT**	KORRIGANE
JEAN BOSCO	JUKE-BOXES	KÉMALISME	**KORSAKOFF**
JEAN EUDES	**JULLUNDUR**	**KERGOMARD**	**KOSCIUSKO**
JEAN LE BON	JUMBO-JETS	**KERGUELEN**	**KOULECHOV**
JEANNETTE	**JUMELLOIS**	**KERKENNAH**	KOULIBIAC
JÉBUSÉENS	JUPONNANT	KEYNÉSIEN	**KOUTAÏSSI**
JEFFERSON	JURASSIEN	KHÂGNEUSE	**KOUTOUSOV**
JÉRÉMIADE	**JURASSIEN**	**KHAJURAHO**	**KOUTOUZOV**
JERSIAISE	JURIDIQUE	**KHAKASSES**	**KOUZNETSK**
JERSIAISE	JURIDISME	**KHAKASSIE**	KOWEÏTIEN
JÉRUSALEM	JUSQUIAME	**KHARAGPUR**	**KOWEÏTIEN**
JESPERSEN	JUSTEMENT	KHÉDIVIAT	**KOZHIKODE**
JET-STREAM	JUSTICIER	**KHORSABAD**	**KOZIN TSEV**
JETTATURA	JUSTIFIÉE	**KHOURIBGA**	**KRAEPELIN**
JEUNEMENT	JUSTIFIER	**KHURSABAD**	**KRASINSKI**
JEUNE-TURC	**JUSTINIEN**	**KHUZESTAN**	**KRASNODAR**
JHARKHAND	JUXTAPOSÉ	**KHUZISTAN**	**KRIVOÏ-ROG**
JIANG QING	**JYVÄSKYLÄ**	KIDNAPPÉE	**KRONECKER**
JOAILLIER	**KABOULIEN**	KIDNAPPER	**KRONPRINZ**
JOBARDANT	**KABUTO-CHO**	**KIESINGER**	**KRONPRINZ**
JOBARDEUR	**KAGOSHIMA**	**KIÉVIENNE**	**KRONSTADT**
JOBARDISE	**KAHNAWAKE**	KIG HA FARZ	**KROUMIRIE**
JOCASSIEN	KALA-AZARS	KILOFRANC	**KRYVYÏ RIH**
JOCONDIEN	**KALMOUKIE**	KILOHERTZ	**KSHATRIYA**
JOHANNAIS	**KALMTHOUT**	KILOMÈTRE	**KURASHIKI**
JOIGNABLE	**KAMARHATI**	KILOMÉTRÉ	**KURDISTAN**
JOINTOYÉE	**KAMA-SUTRA**	KILOTONNE	**KUSTURICA**
JOINTOYER	**KAMPUCHÉA**	**KIMBERLEY**	KUTNÁ HORA
JOINVILLE	**KANDINSKY**	**KIM IL-SONG**	**KUTUBIYYA**
JONGLERIE	KANGOUROU	**KIM IL-SUNG**	**KYPRIANOÚ**
JONGLEUSE	KANTIENNE	**KIM JONG-IL**	**KYZYLKOUM**
JÖNKÖPING	**KAOHSIUNG**	KINÉSISTE	**KYZYLORDA**
JONQUIÈRE	KAOLINITE	**KINGSTOWN**	LABÉLISÉE
JONQUILLE	**KARA-BOGAZ**	KINOSHITA	LABÉLISER
JONZACAIS	**KARAGANDA**	KIOSQUIER	LABELLISÉ
JORDANIEN	**KARAGANDY**	**KIRCHHOFF**	**LA BÉRARDE**
JORDANIEN	**KARAKORAM**	**KIRIKKALE**	LABIALISÉ
JØRGENSEN	**KARAKORUM**	**KIROVABAD**	LABORIEUX
JOSEFINOS	**KARAMAZOV**	**KIROVAKAN**	LABOURAGE
JOSÉPHINE	**KARAMZINE**	**KISANGANI**	LABOURANT
JOSEPHSON	**KARATCHAÏ**	**KISFALUDY**	LABOUREUR
JOTTEREAU	**KARAVELOV**	KISHIWADA	**LABOUREUR**
JOTUNHEIM	**KARKEMISH**	KISSINGER	LABROUSSE
JOUAILLER	**KARLFELDT**	KITCHENER	LABROUSSE
JOUISSANT	**KARLOWITZ**	**KITTITIEN**	**LA BRUYÈRE**
JOUISSEUR	**KARLSRUHE**	KITZBÜHEL	**LA CAPELLE**
JOUISSIVE	**KARNATAKA**	KLARSFELD	LACAUNAIS
JOUKOVSKI	**KARSAVINA**	KLAXONNER	LACCOLITE
JOUMBLATT	KARSTIQUE	KLEMPERER	**LA CHARITÉ**
JOVIALITÉ	**KASSERINE**	**KLOPSTOCK**	LÂCHEMENT
JOYEUSETÉ	**KASTERLEE**	KNOCK-DOWN	**LACHENAIE**
JUBILAIRE	KATHAKALI	**KNOXVILLE**	**LACHENOIS**
JUBILANTE	**KATHIAWAR**	**KØBENHAVN**	**LACHINOIS**
JUDAÏCITÉ	**KATMANDOU**	**KOKOSCHKA**	**LACHUTOIS**
JUDAÏSANT	**KAWAGUCHI**	**KOMINFORM**	LACONIQUE

LE TOUQUET	LIMOUSINE	LOBOTOMIE	LOURDAUDE
LE TRÉPORT	**LIMOUSINE**	LOBULAIRE	LOURDERIE
LETTRISME	**LIMOUXINE**	LOCALISÉE	LOUVETEAU
LEUCOCYTE	LIMPIDITÉ	LOCALISER	LOUVETIER
LEUVIELLE	**LINDBERGH**	LOCATAIRE	**LOUVETOUE**
LEVALLOIS	LINDEMANN	**LOCATELLI**	LOUVOYAGE
LEVANTINE	LINÉAMENT	**LOCHRISTI**	LOUVOYANT
LEVANTINE	LINÉARITÉ	**LOCRIENNE**	**LOVECRAFT**
LEVASSEUR	LINÉATURE	LOCUTRICE	LOYALISME
LÈVE-GLACE	LINGUETTE	**LODÉVOISE**	LOYALISTE
LE VERRIER	LINGUISTE	LOGICISME	**LUANDAISE**
LE VÉSINET	**LINKÖPING**	LOGOPÉDIE	LUBRICITÉ
LÈVE-VITRE	LINNÉENNE	LOGOPHILE	LUBRIFIÉE
LÉVIATHAN	LINOLÉINE	LOGORRHÉE	LUBRIFIER
LÉVITIQUE	LINOTYPIE	**LOHENGRIN**	**LUCKY LUKE**
LEVRETTÉE	LOINTAINE		**LUÇONNAIS**
LEVRETTER	**LINSELLES**	LOMBALGIE	**LUCQUOISE**
LÉVY-BRUHL	**LIOUVILLE**	**LOMBARDIE**	LUCRATIVE
LEYSENOND	LIPIDÉMIE	LOMBOSTAT	**LUC-SUR-MER**
LÉZARDANT	LIPIDIQUE	LONDONIEN	LUDOLOGUE
LEZGUIENS	LIPOPHILE	**LONDONIEN**	LUDOSPACE
L'HOSPITAL	LIPOPHOBE	LONGANIER	**LUFTWAFFE**
LIAISONNÉ	LIQUATION	**LONG BEACH**	LUMINAIRE
LIANCOURT	LIQUÉFIÉE	**LONGCHAMP**	LUMINANCE
LIAOCHENG	LIQUÉFIER	LONG DRINK	LUMINEUSE
LIBANAISE	LIQUIDANT	LONGÉVITÉ	LUMINISME
LIBANAISE	LIQUIDIEN	LONGITUDE	LUMINISTE
LIBELLANT	LIQUIDITÉ	LONGTEMPS	LUNATIQUE
LIBELLULE	LIQUOREUX	LONGUERIE	**LUNCEFORD**
LIBÉRABLE	LISBONNIN	LONGUETTE	**LUNDSTRÖM**
LIBÉRISTE	**LISBONNIN**	**LONGUEUIL**	**LUNELLOIS**
LIBERTINE	**L'ISLE-ADAM**	LONGUE-VUE	**LUNENBURG**
LIBIDINAL	**LISPECTOR**	**LOON-PLAGE**	LUNETIÈRE
LIBRAIRIE	**LISSAJOUS**	**LOOSSOISE**	**LUNÉVILLE**
LIBRATION	**LISSITZKY**	LOQUACITÉ	**LUSAKOISE**
LIBREMENT	LITHERGOL	LOQUETEAU	LUSITAINE
LICENCIÉE	LITHOPONE	LOQUETEUX	**LUSITAINE**
LICENCIER	LITIGIEUX	LORD-MAIRE	**LUSITANIA**
LIDOCAÏNE	LITS-CAGES	**LORETTAIN**	**LUSITANIE**
LIÉGEOISE	LITTÉRALE	LORGNETTE	LUSOPHONE
LIÉGEOISE	LITTÉRAUX	LORICAIRE	LUSTRERIE
LIÉVINOIS	LITTORALE	**LOROUSAIN**	LUTHÉRIEN
LIGATURÉE	LITTORAUX	**LORRIÇOIS**	**LUXEMBURG**
LIGATURER	LITTORINE	**LOS ALAMOS**	LUXURIANT
LIGNICOLE	LITUANIEN	**LOSCHMIDT**	LUXURIEUX
LIGNIFIÉE	**LITUANIEN**	LOTIONNÉE	**LUZARCHES**
LIGNIFIER	**LIU SHAOQI**	LOTIONNER	**LYCABETTE**
LILANGENI	**LIUTPRAND**	LOTISSANT	**LYCOPHRON**
LIMETTIER	**LIUVIGILD**	LOTISSEUR	LYCOPHYTE
LIMINAIRE	**LIVERPOOL**	LOUANGEUR	LYMPHOÏDE
LIMITATIF	**LIVRADOIS**	LOUCHERIE	**LYONNAISE**
LIMOGEAGE	LIVRAISON	LOUCHEUSE	LYSERGIDE
LIMOGEANT	LIVRESQUE	**LOUDUNAIS**	LYSIMAQUE
LIMONAIRE	LIXIVIANT	**LOUISIADE**	**LYSIMAQUE**
LIMONEUSE	**LJUBLJANA**	**LOUISIANE**	MACARONIS
LIMONIÈRE	**LLOBREGAT**	LOUP-GAROU	**MACARTHUR**
LIMOURIEN	LOBBYISTE	**LOURDAISE**	**MACCABÉES**

MACCHABÉE	**MAGNITOIS**	MALÉFIQUE	MANGANITE
MACDONALD	MAGNITUDE	MALÉKISME	MANGEABLE
MACÉDOINE	MAGNOLIER	**MALEVILLE**	MANGEOIRE
MACÉDOINE	**MAGNYCOIS**	**MALEVITCH**	MANGEOTTÉ
MACHECOUL	**MAGOGOISE**	MALGRÉ QUE	MANGE-TOUT
MÂCHEMENT	MAGOUILLE	MALHABILE	MANGOUSTE
MACHIAVEL	MAGOUILLÉ	MALICIEUX	**MANHATTAN**
MACHIAVEL	**MAGUELONE**	MALIGNITÉ	MANICHÉEN
MACHINALE	**MAHAJANGA**	MALIKISME	MANIEMENT
MACHINANT	MAHOMÉTAN	**MALINOISE**	MANIFESTE
MACHINAUX	**MAHORAISE**	**MALINVAUD**	MANIFESTÉ
MACHMÈTRE	**MAIDSTONE**	**MALIPIERO**	MANIGANCE
MÂCHONNÉE	**MAIDUGURI**	MALITORNE	MANIGANCÉ
MÂCHONNER	**MAIGNELAY**	MALLÉABLE	**MANILLAIS**
MÂCHURANT	MAIGRELET	MAL-LOGÉES	MANIPULÉE
MACKENSEN	MAIL-COACH	**MALMAISON**	MANIPULER
MACKENZIE	MAILLANTE	MALMENANT	MANIVELLE
MACKINDER	MAILLOCHE	MALONIQUE	**MANIZALES**
MACLAURIN	MAILLOTIN	**MALOUINES**	MANNEQUIN
MACMILLAN	**MAIMONIDE**	MALPIGHIE	MANŒUVRE
MAÇONNAGE	MAIN-FORTE	MALPROPRE	MANŒUVRÉ
MÂCONNAIS	MAINLEVÉE	MALSÉANTE	MANOMÈTRE
MAÇONNANT	MAINMORTE	MALTALENT	**MANOSQUIN**
MACROLIDE	MAINTENIR	**MALTE-BRUN**	MANQUANTE
MACROPODE	**MAINTENON**	MALTRAITÉ	MANSARDÉE
MACULAIRE	MAINTENUE	MALVOISIE	**MANSFIELD**
MADAPOLAM	MAÏOLIQUE	MALVOYANT	**MANSOURAH**
MADELEINE	**MAIQUETÍA**	MAMELONNÉ	**MANTOUANE**
MADELEINE	MAISONNÉE	**MAMELOUKS**	MANUBRIUM
MADELINOT	**MAÎTRESSE**	**MAMERTINE**	MANUCURÉE
MADÉRISÉE	MAÎTRISÉE	MAMMALIEN	MANUCURER
MADÉRISER	MAÎTRISER	MAMMIFÈRE	MANUÉLINE
MADRÉPORE	**MAIZIÈRES**	MANAGEANT	MANUSCRIT
MADRIGAUX	MAJOLIQUE	MANAGEUSE	**MAO ZEDONG**
MADRILÈNE	MAJORDOME	MANCHERON	**MAPUTAISE**
MADRILÈNE	**MAJORELLE**	MANCHETTE	MAQUEREAU
MAELSTRÖM	MAJORETTE	**MANCHETTE**	MAQUIGNON
MAELSTRÖM	MAJORQUIN	**MANCHOISE**	MAQUILLÉE
MAFFIEUSE	**MAJORQUIN**	MANDARINE	MAQUILLER
MAGASINER	MAJUSCULE	MANDATANT	MAQUISARD
MAGDALENA	**MAKARENKO**	MANDATURE	MARABOUTÉ
MAGDUNOIS	**MAKEIEVKA**	MANDCHOUE	**MARACAIBO**
MAGHRÉBIN	MALACHITE	**MANDCHOUE**	MARACUDJA
MAGHRÉBIN	MALADROIT	MANDÉENNE	MARAÎCHER
MAGISTÈRE	MAL-AIMÉES	MANDÉISME	MARAÎCHIN
MAGISTRAL	MALAISIEN	**MANDELIEU**	**MARAMURES**
MAGISTRAT	**MALAISIEN**	MANDEMENT	MARASQUIN
MAGNANIER	MALANDRIN	MANDIBULE	MARAUDAGE
MAGNANIME	**MALAPARTE**	MANDINGUE	MARAUDANT
MAGNÉSIEN	MALAPPRIS	**MANDINGUE**	MARAUDEUR
MAGNÉSITE	**MALATESTA**	MANDOLINE	MARAVÉDIS
MAGNÉSIUM	**MALAUCÈNE**	**MANESSIER**	MARBRERIE
MAGNÉTISÉ	MALAVISÉE	**MANGALORE**	MARBRIÈRE
MAGNÉTITE	MALAYALAM	MANGANATE	MARCASSIN
MAGNÉTRON	MALBOUFFE	MANGANÈSE	MARCASSIN
MAGNIFIÉE	MALCHANCE	MANGANEUX	**MARCELLIN**
MAGNIFIER	**MALDIVIEN**	MANGANINE	**MARCELLUS**

MARCHANDE	**MAROILLES**	MASTOCYTE	MÉCANISME
MARCHANDÉ	MAROLLIEN	MASTURBÉE	MÉCANISTE
MARCHANTE	MARONNANT	MASTURBER	**MÉCHITHAR**
MARCHÉAGE	MAROQUINÉ	MATABICHE	MÉCONDUIT
MARCHETTE	MAROUETTE	**MATAMOROS**	MÉCONTENT
MARCHEUSE	MAROUFLÉE	**MATANAISE**	MÉCOPTÈRE
MARCILLAC	MAROUFLER	MATCHICHE	MÉCRÉANTE
MARCOMANS	MARQUANTE	MATCH-PLAY	MÉDAILLÉE
MARCO POLO	**MARQUÉSAN**	MATELASSÉ	MÉDAILLER
MARCOTTÉE	MARQUETÉE	MÂTEREAUX	MÉDAILLON
MARCOTTER	MARQUETER	MATÉRIAUX	MEDAL PLAY
MARDOCHÉE	**MARQUETTE**	MATERNAGE	MÉDECINER
MARDONIOS	MARQUEUSE	MATERNANT	MÉDIASTIN
MARÉCHALE	MARQUISAT	MATERNISÉ	MÉDIATEUR
MARÉCHAUX	**MARQUISES**	MATERNITÉ	MÉDIATION
MAREYEUSE	**MARRAKECH**	MATIFIANT	MÉDIATISÉ
MARGARINE	**MARRISSON**	MATINEUSE	MÉDICINAL
MARGARITA	**MARSANNAY**	MATINIÈRE	MÉDIÉVALE
MARGAUDER	**MARSEILLE**	MATISSANT	MÉDIÉVAUX
MARGERIDE	MARSUPIAL	MATRAQUÉE	MÉDISANCE
MARGINALE	MARSUPIUM	MATRAQUER	MÉDISANTE
MARGINANT	MARTELAGE	MATRIÇAGE	MÉDITATIF
MARGINAUX	MARTELANT	MATRIÇANT	MÉDULLEUX
MARGOTANT	MARTIENNE	MATRICIDE	MÉGACÉROS
MARGOTTER	**MARTIENNE**	MATRICIEL	MÉGACÔLON
MARGOULIN	**MARTIGNAC**	MATRICLAN	MÉGAFLOPS
MARIANNES	**MARTIGNAS**	MATRICULE	MÉGAHERTZ
MARIAZELL	**MARTIGUES**	MATRONYME	MÉGALITHE
MARIEMONT	**MARTINSON**	**MATSUMOTO**	MÉGAOCTET
MARIENBAD	MARTYRISÉ	**MATSUYAMA**	MÉGAPHONE
MARIGNANE	MARTYRIUM	**MATTEOTTI**	MÉGAPTÈRE
MARIHUANA	**MARVEJOLS**	MATTHIOLE	MÉGATONNE
MARIJUANA	MARXIENNE	MATUTINAL	**MEGHALAYA**
MARINETTI	MARXISANT	MAUGRÉANT	MÉGISSANT
MARINGUES	MASCARADE	**MAUMUSSON**	MÉGISSIER
MARINIDES	**MASCATAIS**	MAURANDIE	MÉHARISTE
MARINIÈRE	**MASCOUCHE**	MAURESQUE	**MEHUNOISE**
MARIOUPOL	MASCULINE	MAURICIEN	MEILLEURE
MARITORNE	**MASÉROISE**	**MAURICIEN**	MÉIOTIQUE
MARIVAUDÉ	**MASINISSA**	**MAURIENNE**	**MEIRINGEN**
MARKETING	**MASKELYNE**	MAUVIETTE	MÉJUGEANT
MARKOWITZ	MASSACRÉE	**MAX DE BADE**	**MÉKHITHAR**
MARKSTEIN	MASSACRER	MAXIMISÉE	MÉLAMPYRE
MARLIENNE	MASSEPAIN	MAXIMISER	**MÉLANÉSIE**
MARMAILLE	**MASSICOIS**	**MAYENNAIS**	MÉLANGEUR
MARMELADE	MASSICOTÉ	**MAYERLING**	MÉLANIQUE
MARMOLADA	MASSIFIÉE	**MAYFLOWER**	MÉLANISME
MARMONNÉE	MASSIFIER	MAZDÉENNE	**MELBOURNE**
MARMONNER	**MASSIGNON**	MAZDÉISME	MÊLÉ-CASSE
MARMONTEL	**MASSILLON**	MAZOUTANT	**MELGORIEN**
MARMORÉEN	**MASSINGER**	**MBABANAIS**	**MÉLISANDE**
MARMOTTÉE	MASSIVITÉ	**MBUJI-MAYI**	**MELITOPOL**
MARMOTTER	MASS MEDIA	**MCCORMICK**	MELLIFÈRE
MARMOUSET	**MASSORÈTE**	**MCCULLERS**	MELLIFLUE
MAROCAINE	MASTICAGE	MÉCANIQUE	MÉLODIEUX
MAROCAINE	MASTIQUÉE	MÉCANISÉE	MÉLODIQUE
MAROILLES	MASTIQUER	MÉCANISER	MÉLODISTE

MÉLODRAME	**MÉRINIDES**	**MÉVENNAIS**	MILLIVOLT
MÉLOMANIE	**MÉRISTÈME**	MEXICAINE	**MILONAISE**
MÉLONGÈNE	MÉRITANTE	**MEXICAINE**	**MILOSEVIC**
MÉLONGINE	MÉRITOIRE	**MEXIMIEUX**	**MILWAUKEE**
MÉLOPHAGE	**MERLEBACH**	**MEYERBEER**	MIMÉTIQUE
MELPOMÈNE	MÉROSTOME	**MEYERHOLD**	MIMÉTISME
MELUNAISE	**MERSEBURG**	MEYLANAIS	MIMODRAME
MÉMORABLE	MERVEILLE	**MEYMACOIS**	MIMOLETTE
MÉMORIAUX	MÉRYCISME	**MEYRINOIS**	MIMOSACÉE
MÉMORISÉE	MÉSADAPTÉ	MEZZANINE	MINAUDANT
MÉMORISER	MÉSALLIÉE	MEZZA VOCE	MINAUDIER
MENAÇANTE	MÉSALLIER	**MIAULÉTOU**	**MINEHASSA**
MÉNAGEANT	**MESA VERDE**	MI-CARÊMES	MINERVOIS
MÉNAGERIE	MESCALINE	MICHELINE	**MINERVOIS**
MÉNAGISTE	MÉSENTÈRE	**MICHELSON**	MINIATURE
MÉNAPIENS	MÉSESTIME	MICOQUIEN	MINIMEXÉE
MENCHEVIK	MÉSESTIMÉ	MICROBIEN	MINIMISÉE
MENCHIKOV	MÉSOCARPE	MICROFILM	MINIMISER
MENCHÙ TUM	MÉSODERME	MICROLITE	MINISPACE
MENDÉLIEN	MÉSOMÉRIE	MICRONISÉ	MINISTÈRE
MENDIANTE	MÉSOPAUSE	MICRO-ONDE	MINI-VAGUE
MENDICITÉ	MESSAGÈRE	MICROPYLE	**MINKOWSKI**
MENDIGOTE	**MESSAGIER**	**MICROSOFT**	MINNESANG
MENDIGOTÉ	**MESSALINE**	MICROTOME	**MINNESOTA**
MÉNESTREL	MESSÉANCE	**MIDDLETON**	MINORATIF
MÉNÉTRIER	MESTRANCE	MIDINETTE	MINORQUIN
MÉNINGITE	**MESTROVIC**	MIDRASHIM	**MINORQUIN**
MÉNISCALE	MESURABLE	MIELLEUSE	**MINOTAURE**
MÉNISCAUX	MESURETTE	MIEUX-ÊTRE	MINOTERIE
MENNONITE	MÉTACARPE	MIÈVRERIE	MINUSCULE
MÉNOPAUSE	MÉTALLIER	**MIGENNOIS**	MINUTAIRE
MENSONGER	MÉTALLISÉ	MIGMATITE	MINUTERIE
MENSTRUEL	MÉTAMÉRIE	MIGNONNET	MINUTIEUX
MENSTRUES	MÉTAPHASE	MIGNOTANT	MI-PARTIES
MENSUELLE	MÉTAPHORE	MIGRATEUR	MIRABELLE
MENTALITÉ	MÉTAPHYSE	MIGRATION	MIRABILIS
MENTHOLÉE	MÉTASTASE	MIJOTEUSE	MIRACULÉE
MENTIONNÉ	**MÉTASTASE**	**MIKHALKOV**	**MIRANDAIS**
MENTONNET	MÉTASTASÉ	MILANAISE	**MIRANDOLE**
MENU-CARTE	MÉTATARSE	**MILANAISE**	**MIRECOURT**
MENUISANT	MÉTATHÈSE	MILDIOUSÉ	MIRE-ŒUFS
MENUISIER	MÉTÉORITE	**MILIOUKOV**	MIRIFIQUE
MÉNYANTHE	MÉTHADONE	MILITAIRE	MIRLIFLOR
MÉPRENANT	MÉTHANIER	MILITANCE	MIRMILLON
MÉPRENDRE	MÉTHANISÉ	MILITANTE	MIROITANT
MÉPRISANT	MÉTHYLÈNE	MILK-SHAKE	MIROITIER
MERCAPTAN	MÉTISSAGE	**MILLARDET**	MISANDRIE
MERCERISÉ	MÉTISSANT	**MILLAVOIS**	MISÉRABLE
MERCUREUX	MÉTONYMIE	**MILLE-ÎLES**	MISÉREUSE
MERCURIEL	MÉTRONOME	MILLENIUM	MISOGYNIE
MERDOYANT	MÉTROPOLE	MILLÉPORE	MISOLOGIE
MÈRE-GRAND	MEUBLANTE	**MILLERAND**	MISOLOGUE
MERELBEKE	**MEULANAIS**	MILLÉSIME	**MISOURATA**
MÉRÉVILLE	MEURSAULT	MILLÉSIMÉ	MISPICKEL
MÉRICOURT	**MEURSAULT**	**MILLEVOYE**	MISSILIER
MERINGUÉE	MEURTRIER	MILLIAIRE	MISTOUFLE
MERINGUER	**MEUSIENNE**	MILLIASSE	MITIGEANT

MITONNANT	MONILIOSE	**MONTIGNAC**	MORTUAIRE
MITOTIQUE	**MONISTROL**	**MONTILIEN**	MORUTIÈRE
MITOYENNE	MONITOIRE	**MONTLHÉRY**	MOSCOVITE
MITRAILLE	MONITORAT	**MONT-LOUIS**	**MOSCOVITE**
MITRAILLÉ	MONITRICE	**MONTLUÇON**	**MOSELLANE**
MITRY-MORY	MÔN-KHMÈRE	**MONTMAGNY**	**MOSSADEGH**
MIXTÈQUES	MÔN-KHMERS	MONTRABLE	**MÖSSBAUER**
MIZOGUCHI	MONNAYAGE	**MONTREDON**	MOTIVANTE
M LE MAUDIT	MONNAYANT	**MONTREUIL**	MOTO-BALLS
MNÉMOSYNE	MONNAYEUR	MONTREUSE	MOTOCISTE
MNÉSICLÈS	MONOACIDE	**MONTROUGE**	MOTOCROSS
MOBIL-HOME	MONOAMINE	**MONT-ROYAL**	MOTOCYCLE
MOBILIÈRE	MONOCÂBLE	**MONTSÉGUR**	MOTONEIGE
MOBILISÉE	MONOCOQUE	MONTS-JOIE	MOTOPAVER
MOBILISER	MONOCORDE	MONTUEUSE	MOTOPOMPE
MOBYLETTE	MONOCORPS	MOQUETTÉE	MOTOR-HOME
MOCTEZUMA	MONOCYCLE	MOQUETTER	MOTORISÉE
MODANAISE	MONODIQUE	**MORADABAD**	MOTORISER
MODELEUSE	MONOGAMIE	MORAILLON	MOTORISTE
MODÉLISÉE	MONOLITHE	MORALISÉE	MOTORSHIP
MODÉLISER	MONOLOGUE	MORALISER	MOTRICITÉ
MODÉLISME	MONOLOGUÉ	MORALISME	MOTS-CLEFS
MODÉLISTE	MONOMANIE	MORALISTE	**MOTTERAIN**
MODERNISÉ	MONOPHASÉ	MORATOIRE	MOT-VALISE
MODERNITÉ	MONOPLACE	**MORATOISE**	MOUCHARDE
MODIFIANT	MONOPSONE	MORBIDITÉ	MOUCHARDÉ
MODULABLE	MONOPTÈRE	MORCELANT	MOUCHERON
MODULAIRE	MONOSPACE	MORDACITÉ	MOUCHETÉE
MODULANTE	MONOTONIE	MORDANCÉE	MOUCHETER
MOELLEUSE	MONOTRACE	MORDANCER	MOUCHETIS
MOGADISHU	MONOTRÈME	**MORDELLES**	MOUCHETTE
MOINILLON	**MONPAZIER**	MORDICANT	**MOUCHOTTE**
MOÏSSEÏEV	**MONROVIEN**	MORDILLÉE	MOUDJAHID
MOISSONNÉ	MONSIGNOR	MORDILLER	MOUFETANT
MOLESKINE	**MONTAGNAC**	MORDORURE	MOUFFETTE
MOLESTANT	**MONTAIGNE**	MORFONDRE	MOUFLETTE
MOLINISME	**MONTAIGUS**	MORFONDUE	MOUILLAGE
MOLINISTE	MONTAISON	MORGANITE	MOUILLANT
MOLLASSON	**MONTARGIS**	**MORGARTEN**	**MOUILLARD**
MOLLEMENT	**MONTAUBAN**	**MORGIENNE**	MOUILLÈRE
MOLLUSCUM	**MONTBAZON**	MORIBONDE	MOUILLEUR
MOLLUSQUE	MONT-BLANC	MORICAUDE	MOUILLOIR
MOLYBDÈNE	**MONT-BLANC**	**MORIENVAL**	MOUILLURE
MOMENTANÉ	**MONTCENIS**	MORIGÉNÉE	MOUJINGUE
MOMIFIANT	**MONTENDRE**	MORIGÉNER	MOULINAGE
MONADISME	MONTE-PLAT	**MORLANAIS**	MOULINANT
MONARCHIE	**MONTEREAU**	MORONAISE	**MOULINOIS**
MONASTÈRE	**MONTERREY**	**MORRICONE**	**MOULOUDJI**
MONAURALE	MONTE-SACS	MORTAISÉE	MOULURANT
MONAURAUX	**MONTESPAN**	MORTAISER	**MOURMANSK**
MONDANITÉ	**MONTESSON**	MORTALITÉ	**MOURMELON**
MONÉTAIRE	**MONTEZUMA**	**MORT-HOMME**	MOUSSANTE
MONÉTIQUE	**MONTGERON**	MORTIFÈRE	MOUSSERON
MONÉTISÉE	**MONTHERMÉ**	MORTIFIÉE	MOUSSEUSE
MONÉTISER	**MONTHOLON**	MORTIFIER	MOUSTACHE
MONGOLIEN	MONTICOLE	**MORTILLET**	MOUSTACHU
MONICELLI	MONTICULE	MORTS-BOIS	**MOUSTIERS**

MOUSTIQUE	**MUYBRIDGE**	NATURELLE	NÉORURALE
MOUTONNÉE	MYCODERME	NATURISME	NÉORURAUX
MOUTONNER	MYCOLOGIE	NATURISTE	NÉPALAISE
MOUVEMENT	MYCOLOGUE	**NAUCRATIS**	**NÉPALAISE**
MOYENNANT	MYCORHIZE	NAUFRAGÉE	NÉPENTHÈS
MOYEN-PAYS	MYCOSIQUE	NAUFRAGER	NÉPHÉLINE
MUCHARRAF	MYÉLINISÉ	NAUMACHIE	NÉPHRIDIE
MUGISSANT	MYÉLOCYTE	**NAUNDORFF**	NÉPOTISME
MULASSIER	**MYKÉRINOS**	NAUPATHIE	NEPTUNIUM
MULE-JENNY	**MYKERINUS**	NAUSÉEUSE	**NÉRACAISE**
MULETIÈRE	MYOCASTOR	NAUTONIER	NÉRITIQUE
MULTATULI	MYOPATHIE	NAVARRAIS	NERVATION
MULTIBRAS	MYRIAPODE	**NAVARRAIS**	NERVOSITÉ
MULTIPARE	**MYRMIDONS**	NAVETTEUR	NERVURANT
MULTIPLET	MYROBALAN	NAVIGABLE	N'EST-CE PAS
MULTIPLEX	MYROBOLAN	NAVIGANTE	NESTORIEN
MULTIPLIÉ	MYROXYLON	NAVIGUANT	**NESTORIUS**
MULTITUBE	MYSTICÈTE	NAVIPLANE	**NETCHAÏEV**
MULTITUDE	MYSTIFIÉE	NAVREMENT	NETTEMENT
MULTIVOIE	MYSTIFIER	**NAZAIRIEN**	NETTOYAGE
MUNDURUKU	MYTHIFIÉE	NÉANMOINS	NETTOYANT
MUNICHOIS	MYTHIFIER	NÉANTISÉE	NETTOYEUR
MUNICHOIS	MYTHOMANE	NÉANTISER	**NEUCHÂTEL**
MUNICIPAL	MYXŒDÈME	NÉBULEUSE	**NEUILLÉEN**
MUNISSANT	**NABATÉENS**	NÉBULISÉE	NEURINOME
MUNITIONS	**NACHTIGAL**	NÉBULISER	NEURONALE
MURALISME	**NADER CHAH**	NÉCESSITÉ	NEURONAUX
MURALISTE	**NADIR CHAH**	NÉCROLOGE	**NEVERSOIS**
MURÉTAINE	**NAGARJUNA**	NÉCROMANT	NÉVRALGIE
MURIAUTIN	**NAGERCOIL**	NÉCROPOLE	NÉVROGLIE
MÛRISSAGE	**NAIROBIEN**	NÉCROPSIE	**NEWCASTLE**
MÛRISSANT	NAISSANCE	NÉCROSANT	**NEW JERSEY**
MURMURANT	NAISSANTE	**NECTANEBO**	**NEW MEXICO**
MUROMACHI	NAÏVEMENT	NECTARINE	NEWTONIEN
MUR-RIDEAU	**NAMUROISE**	NÉDERLAND	NIAISERIE
MUSARDANT	**NANA SAHIB**	**NÉFERTARI**	NIAISEUSE
MUSARDISE	**NANDA DEVI**	**NÉFERTITI**	**NICARAGUA**
MUSCADIER	NANIFIANT	NÉGATRICE	**NICÉPHORE**
MUSCADINE	NANOMÈTRE	NÉGLIGENT	**NICHOLSON**
MUSCARDIN	**NANTUCKET**	NÉGOCIANT	NICKELAGE
MUSCARINE	NARGHILEH	**NÈGREPONT**	NICKELANT
MUSCINALE	NARQUOISE	NÉGRILLON	NICOLAIER
MUSCINAUX	NARRATEUR	NÉGRITUDE	NICOLAÏTE
MUSCOVITE	NARRATION	NEIGEOTER	**NICOLETTE**
MUSCULEUX	NARRATIVE	**NEKRASSOV**	**NICOLLIER**
MUSÉIFIER	NASALISÉE	NÉMATIQUE	**NICOMÉDIE**
MUSELIÈRE	NASALISER	NÉMERTIEN	**NICOPOLIS**
MUSEROLLE	**NASHVILLE**	**NEMRUT DAG**	NICTITANT
MUSIC-HALL	NASILLANT	NÉOCORTEX	NIDIFIANT
MUSSOLINI	NASILLARD	**NÉODOMIEN**	NIDS-DE-PIE
MUSTÉLIDÉ	NASILLEUR	NÉOFORMÉE	**NIEMÖLLER**
MUSULMANE	NATALISTE	NÉOLOCALE	**NIETZSCHE**
MUTILANTE	NATATOIRE	NÉOLOCAUX	NIGÉRIANE
MUTINERIE	NATIONALE	NÉONATALE	**NIGÉRIANE**
MUTSUHITO	NATIONAUX	NÉOPILINA	NIGHT-CLUB
MUTUALISÉ	NATIVISME	NÉOPLASIE	NIHILISME
MUTUALITÉ	NATOUFIEN	NÉOPLASME	NIHILISTE

NIKI LAUDA	**NORVÉGIEN**	OBJECTION	ŒNOTHERA
NIKOLAÏEV	NOSOLOGIE	OBJECTIVE	ŒNOTHÈRE
NILOTIQUE	NOSTALGIE	OBJECTIVÉ	ŒSOPHAGE
NIORTAISE	NOTAMMENT	OBLIGEANT	ŒUVRETTE
NITRATANT	NOTARIALE	OBLIQUANT	**OFFENBACH**
NITRATION	NOTARIAUX	OBLIQUITÉ	OFFENSANT
NITRIFIÉE	NOTATRICE	OBLITÉRÉE	OFFENSEUR
NITRIFIER	NOTIFIANT	OBLITÉRER	OFFENSIVE
NITROGÈNE	NOTIONNEL	OBNUBILÉE	OFFICIANT
NITROSYLE	NOTONECTE	OBNUBILER	OFFICIAUX
NITRURANT	NOTORIÉTÉ	**OBODRITES**	OFFICIEUX
NIVELEURS	**NOTRE-DAME**	OBOMBRANT	OFFICINAL
NIVELEUSE	NOUGATINE	**OBRADOVIC**	OFFUSQUÉE
NIVELLOIS	NOUMÉNALE	**OBRENOVIC**	OFFUSQUER
NIVERNAIS	NOUMÉNAUX	OBSCÉNITÉ	**OGBOMOSHO**
NIVERNAIS	NOUVEAU-NÉ	OBSCURANT	OGHAMIQUE
NOBLEMENT	NOUVEAUTÉ	OBSCURCIE	**OIGNINOIS**
NOCTUELLE	NOVATOIRE	OBSCURCIR	OIGNONADE
NODULAIRE	NOVATRICE	OBSCURITÉ	OISELIÈRE
NODULEUSE	NOVLANGUE	OBSÉDANTE	**OLDENBURG**
NOGENTAIS	NOYAUTAGE	OBSERVANT	OLÉOMÈTRE
NOHANT-VIC	NOYAUTANT	OBSESSION	OLFACTION
NOISÉENNE	**NOYONNAIS**	OBSTINANT	OLFACTIVE
NOISERAIE	NUCLÉAIRE	OBSTRUANT	OLIGARQUE
NOISETIER	NUCLÉIQUE	OBTEMPÉRÉ	OLIGOCÈNE
NOMADISER	**NUKUALOFA**	OBTENTION	OLIGOMÈRE
NOMADISME	NULLEMENT	**OBWALDIEN**	OLIGOPOLE
NOMBRABLE	NULLIPARE	OCCIPITAL	OLIVAISON
NOMBREUSE	NUMÉRAIRE	**OCCITANIE**	OLIVERAIE
NOMINATIF	NUMÉRIQUE	OCCLUSION	**OLIVETAIN**
NOMMÉMENT	NUMÉRISÉE	OCCLUSIVE	OLIVÉTAIN
NOMOTHÈTE	NUMÉRISER	OCCULTANT	**OLLIOULES**
NON-ALIGNÉ	NUMÉROTÉE	OCCUPANTE	OLOGRAPHE
NON ANIMÉE	NUMÉROTER	OCCURRENT	**OLORONAIS**
NON ANIMÉS	NUMISMATE	**OCÉANIDES**	OLYMPIADE
NON-CUMULS	NUMMULITE	OCÉANIQUE	OLYMPIQUE
NON-DROITS	**NUNGESSER**	OCTAVIANT	OLYMPISME
NON-FUMEUR	NURAGIQUE	**OCTEVILLE**	OMBELLULE
NON-INITIÉ	**NUREMBERG**	OCTOGONAL	OMBILICAL
NON-MÉTAUX	NURSERIES	OCTOSTYLE	OMBILIQUÉ
NONPAREIL	NUTRIMENT	OCTROYANT	OMBRAGEUX
NON-RETOUR	NUTRITION	OCTUPLANT	OMBRIENNE
NON-TISSÉS	NUTRITIVE	OCULOGYRE	**OMBRIENNE**
NONUPLANT	NYCTALOPE	OCYTOCINE	OMBUDSMAN
NON-USAGES	NYMPHETTE	ODALISQUE	**OMDOURMAN**
NON-VALEUR	**NYONNAISE**	ODONTOÏDE	**OMEYYADES**
NON-VOYANT	**NYONSAISE**	ŒDÉMATIÉ	OMMATIDIE
NORDICITÉ	NYSTAGMUS	ŒDICNÈME	ONAGRACÉE
NORD-OUEST	OBÉDIENCE	**OEHMICHEN**	ONCOLOGIE
NORD-OUEST	OBÉISSANT	ŒIL-DE-PIE	ONCOTIQUE
NORMALIEN	OBÉLISQUE	ŒILLADER	ONCTUEUSE
NORMALISÉ	**OBERKAMPF**	ŒILLETON	ONDEMÈTRE
NORMALITÉ	OBITUAIRE	ŒILLETTE	ONDOYANTE
NORMANDIE	OBJECTALE	ŒKOUMÈNE	ONDULANTE
NORMATIVE	OBJECTANT	ŒNOLISME	ONDULEUSE
NORTH YORK	OBJECTAUX	ŒNOLOGIE	**ONÉSIENNE**
NORVÉGIEN	OBJECTEUR	ŒNOLOGUE	ONGUICULÉ

ONTOGÉNIE	ORHAN GAZI	OULAN-OUDE	PAILLETÉE
ONTOLOGIE	ORIENTALE	OULED NAÏL	PAILLETER
ONUSIENNE	**ORIENTALE**	OURLIENNE	PAILLETTE
OPACIFIÉE	ORIENTANT	**OURO PRETO**	**PAIMBŒUF**
OPACIFIER	ORIENTAUX	**OUROUMTSI**	**PAISIELLO**
OPALISANT	**ORIENTAUX**	**OUSTIOURT**	PAISSANCE
OPENFIELD	ORIENTEUR	**OUTAQUAIS**	PAISSEAUX
OPÉRATEUR	ORIFLAMME	OUTILLAGE	**PAKANBARU**
OPÉRATION	ORIGINALE	OUTILLANT	PALABRANT
OPERCULÉE	ORIGINAUX	OUTILLEUR	PALAFITTE
OPHIOLITE	**ORLÉANAIS**	OUTRAGEUX	**PALAISEAU**
OPHTALMIE	ORNEMENTÉ	**OUTREMONT**	**PALAISIEN**
OPINIÂTRE	ORNIÉRAGE	OUTRE-RHIN	**PALALDÉEN**
OPIOMANIE	ORNITHOSE	OUVERTURE	PALANQUÉE
OPPENHEIM	OROBANCHE	OUVRAISON	PALANQUER
OPPENORDT	OROGENÈSE	**OUYANG XIU**	PALANQUIN
OPPORTUNE	ORPHELINE	OVALISANT	**PALANTINE**
OPPOSABLE	**ORTHÉZIEN**	OVARIENNE	PALATIALE
OPPOSANTE	ORTHODOXE	OVATIONNÉ	PALATIAUX
OPPRESSÉE	ORTHOPNÉE	OVERDRIVE	PALATINAT
OPPRESSER	ORTHOPTIE	**OVILLOISE**	**PALATINAT**
OPPRESSIF	OSCABRION	**OVIMBUNDU**	**PALEMBANG**
OPPRIMANT	OSCILLANT	OVIPARITÉ	PALÉOCÈNE
OPTIMISÉE	**OSMAN GAZI**	OVISCAPTE	PALÉOGÈNE
OPTIMISER	OSMOMÈTRE	OVOGENÈSE	**PALESTINE**
OPTIMISME	OSMOTIQUE	OVULATION	PALETTISÉ
OPTIMISTE	**OSNABRÜCK**	**OXFORDIEN**	PALILALIE
OPTIONNEL	OSSEMENTS	OXHYDRYLE	PALINODIE
OPTOMÈTRE	OSSIFIANT	**OXONIENNE**	PALISSADE
ORALEMENT	OSTÉALGIE	OXYDATION	PALISSADÉ
ORALISANT	OSTENSOIR	OXYGÉNANT	PALISSAGE
ORANGEADE	OSTÉOCYTE	**OYAMA IWAO**	PALISSANT
ORANGEOIS	OSTÉOGÈNE	OZONATION	PÂLISSANT
ORANGERIE	OSTÉOLYSE	PACAGEANT	PALLADIEN
ORANGETTE	OSTRACISÉ	PACEMAKER	PALLADIUM
ORANGISTE	OSTRACODE	**PACHELBEL**	PALLIATIF
ORATORIEN	OSTROGOTE	PACIFIANT	PALMARIUM
ORBITAIRE	OSTROGOTH	PACIFIQUE	PALMATURE
ORCANETTE	**OSTROVSKI**	**PACIFIQUE**	**PALM BEACH**
ORCHÉSIEN	OTO-RHINOS	PACIFISME	PALMERAIE
ORCHESTRE	OTORRAGIE	PACIFISTE	PALMIFIDE
ORCHESTRÉ	OTOSCOPIE	PACKAGEUR	PALMIPÈDE
ORCHOMÈNE	**OTTIGNIES**	PACKAGING	PALMITINE
ORDALIQUE	**OUAGALAIS**	PACOTILLE	PALONNIER
ORDINAIRE	OUAOUARON	PACTISANT	PALPATION
ORDONNANT	**OUARSENIS**	**PADERBORN**	PALPÉBRAL
ORDURIÈRE	OUATINANT	PADISCHAH	PALPITANT
OREILLARD	OUBLIABLE	**PAESIELLO**	PALTOQUET
ORENBOURG	OUBLIANCE	PAGANISÉE	PALUDIÈRE
ORGANEAUX	OUBLIETTE	PAGANISER	PALUDIQUE
ORGANELLE	OUBLIEUSE	PAGANISME	PALUDISME
ORGANIQUE	**OUDMOURTE**	PAGAYEUSE	**PAMPELUNE**
ORGANISÉE	**OUEDRAOGO**	PAGE-ÉCRAN	**PAMPHYLIE**
ORGANISER	OUGANDAIS	PAGNOTANT	**PAMUKKALE**
ORGANISME	**OUGANDAIS**	PAILLARDE	PANACHAGE
ORGANISTE	OUGRIENNE	PAILLASSE	PANACHANT
ORGANSINÉ	OUILLIÈRE	**PAILLASSE**	PANACHURE

PANATELLA	PARAPENTE	PARQUETÉE	PATAOUÈTE
PAN-BAGNAT	PARAPHANT	PARQUETER	PATATOÏDE
PANETERIE	PARAPHEUR	PARQUEUSE	PATAUGEUR
PANETIÈRE	PARAPHYSE	PARQUIÈRE	PATCHOULI
PANETTONE	PARAPLUIE	PARRAINÉE	PATCHWORK
PANICULÉE	PARASCÈVE	PARRAINER	PATELINER
PANIFIANT	PARASITÉE	PARRICIDE	PATENÔTRE
PANIQUANT	PARASITER	PARSEMANT	PATENTAGE
PANIQUARD	PARATEXTE	PARSEMÉES	PATENTANT
PANKHURST	PARCHEMIN	PARTAGEUR	PATENTEUX
PANMUNJOM	PARCMÈTRE	PARTAGEUX	PATERNITÉ
PANNEAUTÉ	PARCOURIR	**PARTHENAY**	**PATHET LAO**
PANNICULE	PARCOURUE	**PARTHÉNON**	PATHOGÈNE
PANNONIEN	PAR-DESSUS	PARTIAIRE	PATIENTER
PANONCEAU	PARDESSUS	PARTICIPE	PATINETTE
PANOSSANT	PAR-DEVANT	PARTICIPÉ	PATINEUSE
PANSEMENT	PAR-DEVERS	PARTICULE	PATINOIRE
PANTELANT	PARDONNÉE	PARTIELLE	PÂTISSANT
PANTINOIS	PARDONNER	PARTISANE	PÂTISSIER
PANTOMIME	**PARDUBICE**	PARTITEUR	PATOISANT
PANTOUFLE	PARE-BRISE	PARTITION	PATOUILLÉ
PANTOUFLÉ	PARE-CHOCS	PARTITIVE	PATRICIAT
PAPARAZZI	PARE-FUMÉE	PARURERIE	PATRICIEN
PAPELARDE	PAREMENTÉ	PARURIÈRE	PATRICLAN
PAPERASSE	PARENTALE	PARVENANT	PATRONAGE
PAPETERIE	PARENTAUX	PASCALIEN	PATRONALE
PAPETIÈRE	PARENTÈLE	**PASDELOUP**	PATRONAUX
PAPILLOME	PARESSANT	PASO DOBLE	PATRONNÉE
PAPILLOTE	PARESSEUX	PASQUILLE	PATRONNER
PAPILLOTÉ	PARFILAGE	PASQUINER	PATRONYME
PAPOUASIE	PARFILANT	PASSAGÈRE	PATTE-D'OIE
PAPOUILLE	PARFONDRE	PASSATION	PATTEMENT
PAPULEUSE	PARFONDUE	PASSAVANT	PATTE-PELU
PAPY-BOOMS	PARFUMANT	PASSE-HAUT	PÂTURABLE
PAQUETAGE	PARFUMEUR	PASSÉISME	PAUCHOUSE
PAQUETANT	**PARICUTÍN**	PASSÉISTE	**PAUL ÉMILE**
PARABIOSE	PARIÉTALE	PASSE-PIED	PAULIENNE
PARACELSE	PARIÉTAUX	PASSE-PLAT	PAULINIEN
PARACHEVÉ	PARIPENNÉ	PASSEPOIL	PAULOWNIA
PARACHUTE	PARISETTE	PASSEPORT	PAUMOYANT
PARACHUTÉ	PARITAIRE	PASSERAGE	PAUPÉRISÉ
PARADEUSE	PARJURANT	PASSEREAU	PAUPIETTE
PARADIGME	**PARKINSON**	PASSERINE	**PAUSANIAS**
PARADOXAL	PARLEMENT	PASSEROSE	PAUSE-CAFÉ
PARADOXER	**PARMÉNIDE**	PASSE-VITE	PAUVRESSE
PARAFFINE	**PARMÉNION**	PASSIONNÉ	PAUVRETTE
PARAFFINÉ	PARMESANE	PASSIVANT	**PAVAROTTI**
PARAGRÊLE	**PARMESANE**	PASSIVITÉ	PAVLOVIEN
PARALLAXE	PARODIANT	**PASTERNAK**	PAVOISANT
PARALLÈLE	PARODIQUE	PASTICHÉE	**PAYERNOIS**
PARALYSÉE	PARODISTE	PASTICHER	PAYSAGÈRE
PARALYSER	PARODONTE	PASTORALE	PAYSANNAT
PARALYSIE	PAROLIÈRE	PASTORAUX	**PÉAGEOISE**
PARAMÉCIE	PARONYMIE	PASTORIEN	PEAUFINÉE
PARAMÈTRE	PARONYQUE	PASSIVITÉ	PEAUFINER
PARAMÉTRÉ	PAROXYSME	**PATAGONIE**	PEAU-ROUGE
PARANOÏDE	PAROXYTON	**PATAÑJALI**	**PEAU-ROUGE**

PEAUSSIER	PENDULANT	PÉRIDURAL	PERVIBRER
PECH-MERLE	PENDULIER	**PÉRIGUEUX**	PESAMMENT
PECKINPAH	PÉNÉTRANT	PÉRIHÉLIE	PESANTEUR
PÉCLOTANT	PÉNINSULE	PÉRILLEUX	PÈSE-ACIDE
PECTORALE	PÉNITENCE	PÉRIMÈTRE	PÈSE-BÉBÉS
PECTORAUX	PÉNITENTE	PÉRINATAL	PÈSE-MOÛTS
PÉCUNIEUX	PÉNOLOGIE	PÉRINÉALE	PÈSE-SIROP
PÉDAGOGIE	PENSE-BÊTE	PÉRINÉAUX	PESTICIDE
PÉDAGOGUE	PENSIONNÉ	PÉRIPÉTIE	PESTIFÉRÉ
PÉDALEUSE	PENTAÈDRE	PÉRIPTÈRE	PÉTARADER
PÉDÉRASTE	PENTAGONE	PÉRISCOPE	**PETCHENGA**
PÉDIATRIE	**PENTAGONE**	PÉRISSANT	**PETERMANN**
PÉDICELLE	PENTAMÈRE	PÉRISTOME	PÉTILLANT
PÉDICELLÉ	PENTAPOLE	PÉRISTYLE	**PETIT BELT**
PÉDICULÉE	PENTATOME	PÉRITHÈCE	PETIT-BOIS
PÉDIPALPE	PENTECÔTE	PÉRITOINE	PETITESSE
PÉDOLOGIE	PÉPIEMENT	PERMANENT	**PETITE-ÎLE**
PÉDOLOGUE	PÉPINIÈRE	PERMÉABLE	PETIT-FILS
PÉDONCULE	PEPPERONI	PERMETTRE	PETIT-FOUR
PÉDONCULÉ	PÉQUENAUD	PERMIENNE	PETIT-GRIS
PÉDOPHILE	PERBORATE	PERMISSIF	PETIT-LAIT
PEGMATITE	PERCALINE	PERMUTANT	PÉTITOIRE
PEIGNE-CUL	PERCEMENT	PÉRONIÈRE	PETIT POIS
PEIGNETTE	PERCEPTIF	PÉRONISME	**PETLIOURA**
PEIGNEUSE	PERCEVANT	PÉRONISTE	PÉTOUILLÉ
PEIGNURES	PERCEVOIR	**PÉRONNAIS**	**PÉTRARQUE**
PEINTURÉE	PERCHAUDE	PÉROREUSE	PÉTRIFIÉE
PEINTURER	PERCHERON	PEROXYDÉE	PÉTRIFIER
PÉJORATIF	**PERCHERON**	PEROXYDER	PÉTROGALE
PÉKINOISE	PERCHEUSE	PERPÉTRÉE	**PETROGRAD**
PÉKINOISE	PERCHISTE	PERPÉTRER	PÉTROLIER
PÉLAGIQUE	PERCUTANÉ	PERPÉTUÉE	PÉTULANCE
PÉLISSIER	PERCUTANT	PERPÉTUEL	PÉTULANTE
PELLETAGE	PERCUTEUR	PERPÉTUER	PEUTINGER
PELLETANT	**PERDICCAS**	**PERPIGNAN**	**PEYROLLES**
PELLETEUR	PERDITION	**PERRÉGAUX**	**PEYRONNET**
PELLETIER	PERDREAUX	PERROQUET	**PFORZHEIM**
PELLETIER	PERDURANT	**PERROSIEN**	PHAGOCYTE
PELLICULE	PÉRENNANT	PERSÉCUTÉ	PHAGOCYTÉ
PELLICULÉ	PÉRENNISÉ	PERSÉIDES	PHALANGER
PELLISSON	PÉRENNITÉ	PERSÉVÉRÉ	PHALAROPE
PELLUCIDE	**PEREVALSK**	PERSIENNE	PHALLIQUE
PÉLOPIDAS	PERFECTIF	PERSIFLÉE	PHALLOÏDE
PELOTEUSE	PERFOLIÉE	PERSIFLER	PHANOTRON
PELOTONNÉ	PERFORAGE	PERSILLÉE	PHANTASME
PELUCHANT	PERFORANT	PERSISTER	**PHARAMOND**
PELUCHEUX	PERFUSANT	PERSONNEL	PHARILLON
PELVIENNE	PERFUSION	PERSUADÉE	PHARISIEN
PEMPHIGUS	**PERGOLÈSE**	PERSUADER	PHARMACIE
PÉNALISÉE	**PÉRIANDRE**	PERSUASIF	PHARYNGAL
PÉNALISER	PÉRIANTHE	PERTINENT	PHARYNGÉE
PÉNALISTE	PÉRIASTRE	PERTURBÉE	**PHÉACIENS**
PENALTIES	**PÉRIBONKA**	PERTURBER	PHÉNICIEN
PENDAISON	PÉRICARDE	PERVENCHE	**PHÉNICIEN**
PENDENTIF	PÉRICARPE	PERVERTIE	PHÉNIQUÉE
PENDILLER	PÉRICLITÉ	PERVERTIR	PHÉNOLATE
PENDILLON	PÉRICYCLE	PERVIBRÉE	PHÉNOMÈNE

PHÉNOTYPE	PIÉDESTAL	PISCICOLE	PLASTISOL
PHÉROMONE	PIED-NOIRE	PISCIVORE	PLATELAGE
PHILANTHE	PIÉDOUCHE	PISIFORME	PLATEMENT
PHILIBERT	PIERREUSE	PISOLITHE	PLATINAGE
PHILIPPES	PIES-MÈRES	PISSEMENT	PLATINANT
PHILIPPIN	PIÉTAILLE	PISSENLIT	PLATINITE
PHILIPPIN	PIÉTEMENT	PISTOLEUR	PLATITUDE
PHILISTIN	PIÉTINANT	PISTONNÉE	PLÂTRERIE
PHILOMÈLE	PIFOMÈTRE	PISTONNER	PLÂTREUSE
PHLYCTÈNE	PIGEONNÉE	PITCHOUNE	PLÂTRIÈRE
PHNOM PENH	PIGEONNER	PITONNAGE	PLAUSIBLE
PHOCÉENNE	PIGMENTÉE	PITONNANT	PLEIN-VENT
PHOCÉENNE	PIGMENTER	PITONNEUX	**PLEKHANOV**
PHONATEUR	PIGNOCHER	PITOYABLE	PLÉNITUDE
PHONATION	**PILCOMAYO**	PIVOTANTE	PLÉONASME
PHONIATRE	PILOCARPE	PIZZAIOLI	**PLESSETSK**
PHONOLITE	PILONNAGE	PIZZAIOLO	PLEURARDE
PHOSPHATE	PILONNANT	PIZZICATI	PLEURÉSIE
PHOSPHATÉ	**PILSUDSKI**	PIZZICATO	PLEUREUSE
PHOSPHÈNE	PILULAIRE	**PLABENNEC**	**PLEURTUIT**
PHOSPHINE	PIMENTANT	PLACARDÉE	PLEUVASSÉ
PHOSPHITE	PINAILLER	PLACARDER	PLEUVINER
PHOSPHORE	PINARDIER	PLACEMENT	PLEUVOTER
PHOSPHORÉ	PINCELIER	PLACIDITÉ	PLEXIGLAS
PHOSPHURE	PINCEMENT	PLACOTAGE	PLISSEUSE
PHOTOLYSE	**PINCEVENT**	PLACOTANT	PLOIEMENT
PHOTOPILE	PINCHARDE	PLAFONNÉE	PLOMBERIE
PHOTOTYPE	PING-PONGS	PLAFONNER	PLOMBEUSE
PHRAGMITE	PINGRERIE	PLAGIAIRE	PLONGEANT
PHRASEUSE	**PINGXIANG**	PLAIDABLE	PLONGEOIR
PHRÉNIQUE	**PINK FLOYD**	PLAIDANTE	PLONGEUSE
PHTALÉINE	PINNIPÈDE	PLAIDEUSE	**PLOUBALAY**
PHTALIQUE	**PINOCCHIO**	PLAIDOYER	**PLOUESCAT**
PHTIRIASE	PINTADEAU	PLAIGNANT	PLUCHEUSE
PHTISIQUE	PINTADINE	PLAIGNARD	PLUMAISON
PHYSIATRE	PINTOCHER	**PLAINOISE**	PLUM-CAKES
PHYSICIEN	PIOCHEUSE	PLAIN-PIED	PLURALITÉ
PHYTOCIDE	PIONNIÈRE	PLAINTIVE	PLURIELLE
PHYTOTRON	PIPELETTE	PLAISANCE	PLUSIEURS
PIAFFANTE	PIPÉRACÉE	**PLAISANCE**	PLUS-VALUE
PIAILLANT	PIPÉRONAL	PLAISANTE	**PLUTARQUE**
PIAILLARD	PIQUE-BOIS	PLAISANTÉ	PLUTONIUM
PIAILLEUR	PIQUE-FEUX	PLANCHANT	PLUVIEUSE
PIANOTAGE	PIQUE-NOTE	PLANCHÉIÉ	**PLUVIGNER**
PIANOTANT	PIQUETAGE	PLANIFIÉE	PNEUMONIE
PIAPIATER	PIQUETANT	PLANIFIER	POCHARDÉE
PIAZZETTA	PIQUETEUR	PLAN-MASSE	POCHARDER
PIAZZOLLA	PIRATERIE	PLANQUANT	POCHETRON
PICHOLINE	PIRIFORME	PLANTAIRE	**PODGORICA**
PICKERING	**PIRITHOOS**	PLANTEUSE	**PODGORNYÏ**
PICOTERIE	**PIRMASENS**	PLAQUETTE	PODIATRIE
PICQUIGNY	PIROGUIER	PLAQUEUSE	PODOLOGIE
PICS-VERTS	PIROUETTE	PLASMIQUE	PODOLOGUE
PICTURALE	PIROUETTÉ	PLASTIFIÉ	PODOMÈTRE
PICTURAUX	**PISANELLO**	PLASTIQUE	POÉTISANT
PIED-DE-ROI	**PISCÉNOIS**	PLASTIQUÉ	POIGNANTE
PIED-DROIT			

POIGNARDÉ	**POLYGNOTE**	PORTE-BOIS	POUDREUSE
POINÇONNÉ	POLYGONAL	PORTE-CLÉS	POUDRIÈRE
POINTEAUX	POLYGYNIE	PORTE-ÉPÉE	POUDROYER
POINTEUSE	POLYLOBÉE	PORTEFAIX	POUILLARD
POINTILLÉ	POLYMÉRIE	PORTE-FORT	POUILLEUX
POINTILLE	**POLYNÉSIE**	PORTE-LAME	POULINANT
POIREAUTÉ	POLYOSIDE	PORTELONE	POUPONNER
POIROTANT	POLYPHASÉ	PORTEMENT	POURBOIRE
POISSARDE	**POLYPHÈME**	PORTE-MENU	POURCEAUX
POISSEUSE	POLYPTÈRE	PORTEMINE	POURFENDU
POITEVINE	POLYSÉMIE	**PORTÉSIEN**	POURLÈCHE
POITEVINE	POLYTONAL	PORTE-VOIX	POURLÉCHÉ
POIVRIÈRE	**POMÉRANIE**	PORTFOLIO	POURPOINT
POLARISÉE	POMMADANT	**PORTICCIO**	POURRIDIÉ
POLARISER	POMMELANT	PORTILLON	POURSUITE
POLÉMIQUE	POMMERAIE	**PORTINARI**	POURSUIVI
POLÉMIQUÉ	POMŒRIUM	**PORT LOUIS**	POURVU QUE
POLÉMISTE	POMOLOGIE	**PORT-LOUIS**	POUSSETTE
POLIAKOFF	POMOLOGUE	**PORTO-NOVO**	POUSSIÈRE
POLICEMAN	**POMPADOUR**	**PORTO RICO**	POUTARGUE
POLICEMEN	**POMPIGNAN**	PORTRAIRE	POUTRELLE
POLICIÈRE	POMPONNÉE	**PORT-ROYAL**	**POUZAUGES**
POLIPHILE	POMPONNER	Port-Salut	**POUZZOLES**
POLISARIO	PONANTAIS	PORTUAIRE	**POYAUDINE**
POLISSAGE	PONCTUANT	PORTUGAIS	**PRADÉENNE**
POLISSANT	PONDAISON	**PORTUGAIS**	**PRAGUERIE**
POLISSOIR	PONDÉRALE	POSEMÈTRE	PRAGUOISE
POLITBURO	PONDÉRANT	POSIDONIE	**PRAGUOISE**
POLITESSE	PONDÉRAUX	POSITIVER	**PRAJAPATI**
POLITIQUE	PONDÉREUX	POSOLOGIE	PRALINAGE
POLITISÉE	PONT-CANAL	POSSÉDANT	PRALINANT
POLITISER	**PONT-EUXIN**	POSSESSIF	**PRALOGNAN**
POLLAIOLO	**PONTIANAK**	POSTDATÉE	PRANDIALE
POLLINOSE	PONTIFIER	POSTDATER	PRANDIAUX
POLLUANTE	**PONTIVYEN**	POSTÉRITÉ	PRATICIEN
POLLUEUSE	**PONT-L'ABBÉ**	POSTILLON	PRATICITÉ
POLLUTION	PONT-LEVIS	POSTNATAL	PRATIQUÉE
POLNAREFF	**PONTORSON**	POSTPOSÉE	PRATIQUER
POLONAISE	PONT-ROUTE	POSTPOSER	**PRATOLINI**
POLONAISE	PONTUSEAU	POSTULANT	**PRAXITÈLE**
POLONCEAU	**POPERINGE**	POSTURALE	PRÉACCORD
POLTRONNE	POP MUSICS	POSTURAUX	PRÉALABLE
POLYACIDE	POPULAIRE	POTASSANT	PRÉALPINE
POLYAKÈNE	POPULEUSE	POTASSIUM	PRÉAMBULE
POLYAMIDE	POPULISME	**POTEMKINE**	PRÉAVISÉE
POLYAMINE	POPULISTE	POTENTIEL	PRÉAVISER
POLYANDRE	PORCHERIE	POTINIÈRE	PRÉCARISÉ
POLYCARPE	**PORDENONE**	POTOMANIE	PRÉCARITÉ
POLYCHÈTE	**PORNICAIS**	POTOMÈTRE	PRÉCÉDANT
POLYCLÈTE	**PORNICHET**	POT-POURRI	PRÉCÉDENT
POLYCOPIÉ	POROPHORE	POTS-DE-VIN	PRÉCEINTE
POLYCRATE	PORPHYRIE	POUCE-PIED	PRÊCHEUSE
POLYESTER	PORTATIVE	**POUCHKINE**	PRÉCIEUSE
POLYÉTHER	**PORT BLAIR**	POUDINGUE	PRÉCIPICE
POLYEUCTE	**PORT-BOUËT**	POUDRERIE	PRÉCIPITÉ
POLYGAMIE	PORTE-BÉBÉ	POUDRETTE	PRÉCISANT

PRÉCISION	PRÉPRESSE	PRIMARITÉ	PROJECTIF
PRÉCOCITÉ	PRÉRÉGLÉE	PRIMATIAL	PROJETANT
PRÉCOMPTE	PRÉRÉGLER	**PRIMATICE**	**PROKHOROV**
PRÉCOMPTÉ	PRÉREQUIS	PRIMEROSE	**PROKOFIEV**
PRÉCONÇUE	PRÉROMANE	PRIME TIME	PROLAPSUS
PRÉCONISÉ	**PRESBOURG**	PRIMEVÈRE	PROLIFÉRÉ
PRÉDATEUR	PRESBYTIE	PRIMIPARE	PROLIXITÉ
PRÉDATION	PRESCIENT	PRIMIPILE	PROLONGÉE
PRÉDICANT	PRESCRIRE	PRIMITIVE	PROLONGER
PRÉDICTIF	PRESCRITE	**PRIMOGUET**	PROMENADE
PRÉDIGÉRÉ	PRÉSÉANCE	PRINCESSE	PROMENANT
PRÉDIQUÉE	PRÉSÉNILE	**PRINCETON**	PROMENEUR
PRÉDIQUER	PRÉSENTÉE	PRINCIÈRE	PROMENOIR
PRÉDISANT	PRÉSENTER	PRINCIPAL	**PROMÉTHÉE**
PRÉDOMINÉ	PRÉSERVÉE	PRINCIPAT	PROMETTRE
PRÉEMPTÉE	PRÉSERVER	PRINTEMPS	PROMOTEUR
PRÉEMPTER	PRÉSIDANT	**PRITCHARD**	PROMOTION
PRÉ-EN-PAIL	PRÉSIDENT	**PRIVADOIS**	PROMPTEUR
PRÉÉTABLI	PRÉSIDIAL	PRIVATION	PROMULGUÉ
PRÉEXISTÉ	PRÉSIDIUM	PRIVATISÉ	PRONATEUR
PRÉFAÇANT	PRESQU'ÎLE	PRIVATIVE	PRONATION
PRÉFACIER	PRÉS-SALÉS	PRIVILÈGE	PRONONCÉE
PRÉFÉRANT	PRESSANTE	PROBATION	PRONONCER
PRÉFIGURÉ	PRESS-BOOK	PROCÉDANT	PRONOSTIC
PRÉFIXALE	PRESSENTI	PROCÉDURE	PROPAGULE
PRÉFIXANT	PRESSEUSE	PROCESSIF	PROPERGOL
PRÉFIXAUX	PRESSPAHN	PROCESSUS	PROPHÉTIE
PRÉFIXION	PRESSURÉE	PROCHAINE	PROPOSANT
PRÉFORMÉE	PRESSURER	PROCLAMÉE	PROPRETTE
PRÉFORMER	PRESTANCE	PROCLAMER	**PROPRIANO**
PRÉGNANCE	PRESTESSE	PROCONSUL	PROPRIÉTÉ
PRÉGNANTE	PRÉSUMANT	PROCRÉANT	PROPULSÉE
PRÉJUDICE	PRÉSURANT	**PROCRUSTE**	PROPULSER
PRÉLASSÉE	PRÉTENDRE	PROCURANT	PROPULSIF
PRÉLASSER	PRÉTENDUE	PROCUREUR	PROPYLÈNE
PRÉLATINE	PRÊTE-NOMS	PRODIGUÉE	PROSAÏQUE
PRÉLATURE	PRÉTÉRITÉ	PRODIGUER	PROSAÏSME
PRÉLAVAGE	**PRÉTEXTAT**	PRODUCTIF	PROSATEUR
PRÉLEVANT	PRÉTEXTÉE	PROFANANT	PROSCRIRE
PRÉLUDANT	PRÉTEXTER	PROFECTIF	PROSCRITE
PRÉMATURÉ	PRÉTORIAL	PROFÉRANT	PROSÉLYTE
PRÉMÉDITÉ	PRÉTORIEN	PROFESSÉE	PROSIMIEN
PREMIER-NÉ	**PRETORIUS**	PROFESSER	PROSPECTÉ
PREMINGER	PRÉTRAITÉ	PROFILAGE	PROSPÉRER
PRÉMONTRÉ	PRÊTRESSE	PROFILANT	PROSTERNÉ
PRÉMONTRÉ	PRÉVALANT	PROFILEUR	PROSTHÈSE
PRÉNATALE	PRÉVALOIR	PROFITANT	PROSTITUÉ
PRÉNATALS	PRÉVENANT	PROFITEUR	PROTAMINE
PRÉNATAUX	PRÉVENTIF	PROFUSION	PROTÉINÉE
PRÉNOMMÉE	PRÉVISION	PROGÉNOTE	PROTÉIQUE
PRÉNOMMER	PRÉVÔTALE	PROGICIEL	PROTESTÉE
PRÉNOTION	PRÉVÔTAUX	PROGNATHE	PROTESTER
PRÉOCCUPÉ	PRÉVOYANT	PROGRAMME	PROTHALLE
PRÉPARANT	PRIAPISME	PROGRAMMÉ	PROTHORAX
PRÉPAYANT	**PRIESTLEY**	PROGRESSÉ	PROTOCOLE
PRÉPOSANT	**PRIGOGINE**	PROHIBANT	PROTONÉMA

PROTOTYPE	PUISSANTE	QUANTIÈME	QUOTIDIEN
PROTOXYDE	PUISSANTS	QUANTIFIÉ	RABÂCHAGE
PROUSTIEN	**PULCHÉRIE**	QUANTIQUE	RABÂCHANT
PROUVABLE	PULICAIRE	**QUAREGNON**	RABÂCHEUR
PROVENANT	**PULLIÉRAN**	**QUARENGHI**	RABAISSÉE
PROVENÇAL	PULLOROSE	QUARTERON	RABAISSER
PROVENÇAL	PULL-OVERS	QUARTETTE	**RABAN MAUR**
PROVIGNÉE	PULLULANT	QUARTZEUX	**RABASTENS**
PROVIGNER	PULSATION	QUARTZITE	RABAT-JOIE
PROVINOIS	PULVÉRISÉ	QUASIMENT	RABATTAGE
PROVISEUR	PUNAISANT	QUASIMODO	RABATTANT
PROVISION	PUNISSANT	**QUASIMODO**	RABATTEUR
PROVOCANT	PUPITREUR	QUATRIÈME	RABIBOCHÉ
PROVOLONE	PURGATION	QUAT'ZARTS	RABIOTANT
PROVOQUÉE	PURGATIVE	QUÉBÉCOIS	RABOBINER
PROVOQUER	PURIFIANT	**QUÉBÉCOIS**	RABOTEUSE
PROXÉNÈTE	PURITAINE	QUEBRACHO	RABOUGRIE
PROXIMALE	PURPURINE	**QUELIMANE**	RABOUGRIR
PROXIMAUX	PURULENCE	QUELLE QUE	RABOUTAGE
PROXIMITÉ	PURULENTE	**QUELLINUS**	RABOUTANT
PRUD'HOMAL	PUSEYISME	QUELQU'UNE	RABROUANT
PRUD'HOMIE	PUSTULEUX	QUÉMANDÉE	RACCOISER
PRUD'HOMME	PUTASSIER	QUÉMANDER	RACCORDÉE
PRUDHOMME	**PUTÉOLIEN**	QUERELLÉE	RACCORDER
PRUSSIATE	PUTONGHUA	QUERELLER	RACCOURCI
PRUSSIQUE	**PUTRAJAYA**	**QUERÉTARO**	RACCROCHÉ
PSALLIOTE	PUTRÉFIÉE	QUÉRULENT	RACCUSANT
PSALMISTE	PUTRÉFIER	**QUETZALES**	RACÉMIQUE
PSALMODIE	PUTRIDITÉ	QUICAGEON	RACHETANT
PSALMODIÉ	**PUY-DE-DÔME**	**QUICHERAT**	RACHIDIEN
PSILOCYBE	**PUYMORENS**	QUICONQUE	RACKETTÉE
PSORALÈNE	**PYGMALION**	QUIESCENT	RACKETTER
PSORIASIS	PYLORIQUE	QUIÉTISME	RACLEMENT
PSYCHIQUE	**PYONGYANG**	QUIÉTISTE	RACOLEUSE
PSYCHISME	PYRAMIDAL	**QUIÉVRAIN**	RACONTAGE
PTÉROPODE	PYRAMIDÉE	QUILLEUSE	RACONTANT
PTÉRYGOTE	**PYRAMIDES**	**QUIMPERLÉ**	RACONTEUR
PTOLÉMAÏS	PYROMANIE	QUINCONCE	RADARISTE
PTYALISME	PYROMÈTRE	**QUINOCÉEN**	**RADCLIFFE**
PUBESCENT	PYROPHORE	QUINOLONE	**RADEGONDE**
PUBLIABLE	PYROPHYTE	QUINQUINA	RADIATEUR
PUBLICAIN	PYRRHIQUE	QUINTAINE	RADIATION
PUBLICIEL	**PYTHAGORE**	QUINTETTE	RADIATIVE
PUBLICITÉ	PYTHIENNE	QUINTEUSE	RADICANTE
PUBLICOLA	PYTHIQUES	QUINTOLET	RADICELLE
PUDIBONDE	**QACENTINA**	QUINTUPLE	RADINERIE
PUÉRILITÉ	**QADHDHAFI**	QUINTUPLÉ	RADIOLYSE
PUERPÉRAL	QUADRETTE	QUINZAINE	RADIO-TAXI
PUFENDORF	QUADRILLE	QUINZIÈME	RADOTEUSE
PUGILISTE	QUADRILLÉ	QUINZISTE	RADOUBANT
PUGNACITÉ	QUADRIQUE	QUIPROQUO	**RADZIWILL**
PUIFORCAT	QUADRUPLE	QUIQUAJON	RAFFERMIE
PUIGCERDÁ	QUADRUPLÉ	**QUITÉNIEN**	RAFFERMIR
PUISATIER	QUALIFIÉE	QUITTANCE	RAFFINAGE
PUISEMENT	QUALIFIER	QUITTERIE	RAFFINANT
PUISSANCE	QUANT-À-SOI	QUOTE-PART	RAFFINEUR

RAFFLESIA	RAPINERIE	RAVIGOTÉE	REBRÛLANT
RAFFLÉSIE	RAPOINTIS	RAVIGOTER	REBUFFADE
RAFFOLANT	RAPPARIÉE	RAVISSANT	REBUTANTE
RAFFÛTANT	RAPPARIER	RAVISSEUR	RECACHETÉ
RAFISTOLÉ	RAPPELANT	**RAYNOUARD**	RECADRAGE
RAFRAÎCHI	RAPPLIQUÉ	RAYONNAGE	RECADRANT
RAGOÛTANT	RAPPORTÉE	RAYONNANT	RECALCULÉ
RAIDILLON	RAPPORTER	RAYONNEUR	RECARBURÉ
RAILLERIE	RAPPROCHÉ	RÉABONNÉE	RECAUSANT
RAILLEUSE	RARÉFIANT	RÉABONNER	RECELEUSE
RAIL-ROUTE	RARESCENT	RÉABSORBÉ	RÉCEMMENT
RAINURAGE	RARISSIME	RÉACTANCE	RECENSANT
RAINURANT	**RAROTONGA**	RÉACTIVÉE	RECENSEUR
RAISONNÉE	**RASMUSSEN**	RÉACTIVER	RECENSION
RAISONNER	RASSASIÉE	RÉADAPTÉE	RECENTRÉE
RAJASTHAN	RASSASIER	RÉADAPTER	RECENTRER
RAJOUTANT	RASSEMBLÉ	READY-MADE	RÉCÉPISSÉ
RAJUSTANT	RASSÉRÉNÉ	RÉAFFIRMÉ	RÉCEPTEUR
RALINGUÉE	RASSEYANT	RÉAJUSTÉE	RÉCEPTION
RALINGUER	**RAS SHAMRA**	RÉAJUSTER	RÉCEPTIVE
RALLONGÉE	RASSORTIE	RÉALÉSAGE	RECERCLÉE
RALLONGER	RASSORTIR	RÉALÉSANT	RECERCLER
RALLUMANT	RASSURANT	RÉALIGNÉE	RÉCESSION
RAMAGEANT	RASTAFARI	RÉALIGNER	RÉCESSIVE
RAMASSAGE	**RASTIGNAC**	RÉALISANT	RECEVABLE
RAMASSANT	**RASTRELLI**	RÉAMÉNAGÉ	RECEVEUSE
RAMASSEUR	RATATINÉE	RÉAMORCÉE	RÉCHAMPIE
RAMBOUTAN	RATATINER	RÉAMORCER	RÉCHAMPIR
RAMBUTEAU	RAT-DE-CAVE	RÉANIMANT	RECHANGÉE
RAMENDANT	RÂTELEUSE	RÉAPPARUE	RECHANGER
RAMENDEUR	RATIBOISÉ	RÉAPPRISE	RECHANTÉE
RAMEUTANT	RATIFIANT	RÉARGENTÉ	RECHANTER
RAMIFIANT	RATINEUSE	RÉARRANGÉ	RECHAPAGE
RAMILLIES	RATIOCINÉ	RÉASSIGNÉ	RECHAPANT
RAMPEMENT	RATIONAUX	RÉASSORTI	RÉCHAPPÉE
RAMPONEAU	RATIONNÉE	RÉASSURÉE	RÉCHAPPER
RANCARDÉE	RATIONNEL	RÉASSURER	RECHARGÉE
RANCARDER	RATIONNER	REBAISSÉE	RECHARGER
RANCILLAC	RATISSAGE	REBAISSER	RECHASSÉE
RANÇONNÉE	RATISSANT	REBAPTISÉ	RECHASSER
RANÇONNER	RATONNADE	REBATTANT	RÉCHAUFFÉ
RANCUNIER	**RATSIRAKA**	REBELLANT	RECHAUSSÉ
RANDOMISÉ	RATTACHÉE	RÉBELLION	RECHERCHE
RANDONNÉE	RATTACHER	REBIFFANT	RECHERCHÉ
RANDONNER	RATTRAPÉE	REBIQUANT	RECHIGNER
RANGEMENT	RATTRAPER	REBLANCHI	RECHUTANT
RAPAILLER	**RATZINGER**	REBLOCHON	RÉCIDIVER
RAPATRIÉE	RAUWOLFIA	REBOISANT	RÉCIPIENT
RAPATRIER	RAVAGEANT	REBORDANT	RÉCITANTE
RAPERCHÉE	RAVAGEUSE	REBOUCHÉE	RÉCITATIF
RAPERCHER	**RAVAILLAC**	REBOUCHER	RÉCLAMANT
RAPETASSÉ	RAVAUDAGE	REBOUTEUR	RECLASSÉE
RAPETISSÉ	RAVAUDANT	REBOUTEUX	RECLASSER
RAPICOLER	RAVAUDEUR	REBRASSER	RECLOUANT
RAPIÉÇAGE	RAVENELLE	REBRODANT	RÉCLUSION
RAPIÉÇANT	RAVE-PARTY	REBROUSSÉ	RECOIFFÉE

RECOIFFER	RÉDACTION	REFERMANT	REGROUPÉE
RECOLLAGE	REDDITION	RÉFLÉCHIE	REGROUPER
RECOLLANT	REDÉFAIRE	RÉFLÉCHIR	RÉGULIÈRE
RÉCOLTANT	REDÉFAITE	REFLÉTANT	RÉGURGITÉ
RECOMBINÉ	REDÉFINIE	REFLEURIE	RÉHABITUÉ
RECOMPOSÉ	REDÉFINIR	REFLEURIR	REHAUSSÉE
RECOMPTÉE	REDEMANDÉ	RÉFLEXION	REHAUSSER
RECOMPTER	REDÉMARRÉ	RÉFLEXIVE	RÉHYDRATÉ
RECONDUIT	REDÉPLOYÉ	REFONDANT	**REICHSRAT**
RÉCONFORT	REDEVABLE	REFORMAGE	**REICHSTAG**
RECONQUIS	REDEVANCE	REFORMANT	RÉIMPORTÉ
RECOPIANT	REDEVENIR	RÉFORMANT	RÉIMPOSÉE
RECORDANT	REDEVENUE	REFORMEUR	RÉIMPOSER
RECORDMAN	REDIFFUSÉ	REFORMULÉ	RÉIMPRIMÉ
RECORDMEN	RÉDIGEANT	REFOUILLÉ	RÉINCARNÉ
RECORRIGÉ	REDINGOTE	REFOULANT	**REINHARDT**
RECOUCHÉE	REDISCUTÉ	REFOULOIR	RÉINSCRIT
RECOUCHER	REDONDANT	RÉFRACTÉE	RÉINSÉRÉE
RECOUPAGE	**REDONNAIS**	RÉFRACTER	RÉINSÉRER
RECOUPANT	REDONNANT	RÉFRÉNANT	RÉINTÉGRÉ
RECOURANT	REDOUBLÉE	RÉFRIGÉRÉ	RÉINVENTÉ
RECOURBÉE	REDOUBLER	REFROIDIE	RÉINVESTI
RECOURBER	REDOUTANT	REFROIDIR	RÉINVITÉE
RECOUSANT	REDRESSÉE	RÉFUGIANT	RÉINVITER
RECOUVERT	REDRESSER	REFUSABLE	RÉITÉRANT
RECOUVRÉE	RÉDUCTEUR	RÉFUTABLE	REJAILLIR
RECOUVRER	RÉDUCTION	REGABELER	REJETABLE
RECOUVRIR	RÉDUISANT	REGAGNANT	REJOINDRE
RECRACHÉE	RÉÉCOUTÉE	REGARDANT	REJUGEANT
RECRACHER	RÉÉCOUTER	REGARDEUR	RELÂCHANT
RÉCRÉANCE	RÉÉDIFIÉE	RÉGATIÈRE	RELAISSÉE
RÉCRÉATIF	RÉÉDIFIER	RÉGÉNÉRÉE	RELAISSER
RECREUSÉE	RÉÉDITANT	RÉGÉNÉRER	RELANÇANT
RECREUSER	RÉÉDITION	RÉGENTANT	RELAXANTE
RÉCRIMINÉ	RÉÉDUQUÉE	REGIMBANT	RELAYEUSE
RÉCRIVANT	RÉÉDUQUER	REGIMBEUR	RELECTURE
RECROÎTRE	RÉÉLISANT	RÉGIONALE	RELÉGUANT
RECRUTANT	RÉEMPLOYÉ	RÉGIONAUX	RELEVABLE
RECRUTEUR	RÉENGAGÉE	RÉGISSANT	RELEVEUSE
RECTANGLE	RÉENGAGER	RÉGISSEUR	RELIGIEUX
RECTIFIÉE	RÉESSAYÉE	REGISTRÉE	RELOGEANT
RECTIFIER	RÉESSAYER	REGISTRER	RELOOKANT
RECTITUDE	RÉÉTUDIÉE	RÈGLEMENT	RELUISANT
RECTORALE	RÉÉTUDIER	REGONFLÉE	RELUQUANT
RECTORAUX	RÉÉVALUÉE	REGONFLER	REMÂCHANT
RECUEILLI	RÉÉVALUER	REGRATTÉE	REMAILLÉE
RECUISANT	RÉEXAMINÉ	REGRATTER	REMAILLER
RECULOTTÉ	RÉEXPÉDIÉ	REGREFFÉE	RÉMANENCE
RÉCUPÉRÉE	RÉEXPORTÉ	REGREFFER	RÉMANENTE
RÉCUPÉRER	REFAÇONNÉ	RÉGRESSER	REMANIANT
RÉCURRENT	RÉFACTION	RÉGRESSIF	REMARCHER
RÉCURSIVE	REFAISANT	REGRETTÉE	REMARIAGE
RÉCUSABLE	RÉFECTION	REGRETTER	REMARIANT
RECYCLAGE	REFENDANT	REGRIMPÉE	REMARQUÉE
RECYCLANT	RÉFÉRENCE	REGRIMPER	REMARQUER
RÉDACTEUR	RÉFÉRENCÉ	REGROSSIR	REMBALLÉE

REMBALLER	REMPLACER	RENIEMENT	REPLANTÉE
REMBARQUÉ	REMPLIANT	RENIFLANT	REPLANTER
REMBARRÉE	REMPLOYÉE	RENIFLARD	REPLÂTRÉE
REMBARRER	REMPLOYER	RENIFLEUR	REPLÂTRER
REMBAUCHÉ	REMPLUMÉE	RÉNIFORME	RÉPLÉTION
REMBLAVÉE	REMPLUMER	RÉNITENTE	REPLIABLE
REMBLAYÉE	REMPOCHÉE	**RENNEQUIN**	RÉPLIQUÉE
REMBLAYER	REMPOCHER	RENOMMANT	RÉPLIQUER
REMBOBINÉ	REMPORTÉE	RENONÇANT	REPLISSÉE
REMBOÎTÉE	REMPORTER	RENONCULE	REPLISSER
REMBOÎTER	REMPOTAGE	RENOUVEAU	REPLONGÉE
REMBOURRÉ	REMPOTANT	RENOUVELÉ	REPLONGER
REMBOURSÉ	REMPRUNTÉ	RENSEIGNÉ	REPLOYANT
REMBRANDT	**REMSCHEID**	RENTAMANT	RÉPONDANT
REMBRUNIE	REMUEMENT	RENTOILÉE	RÉPONDEUR
REMBRUNIR	RÉMUNÉRÉE	RENTOILER	REPORTAGE
REMBUCHÉE	RÉMUNÉRER	RENTRAIRE	REPORTANT
REMBUCHER	RENÂCLANT	RENTRAITE	REPORTEUR
REMÉDIANT	**RENANAISE**	RENTRANTE	REPOSANTE
REMEMBRÉE	RENARDEAU	RENTRAYÉE	REPOURVUE
REMEMBRER	RENAUDANT	RENTRAYER	REPOUSSÉE
REMÉMORÉE	**RENAUDINE**	RENVERSÉE	REPOUSSER
REMÉMORER	RENCAISSÉ	RENVERSER	REPRENANT
REMERCIÉE	RENCARDÉE	RENVIDAGE	REPRENDRE
REMERCIER	RENCARDER	RENVIDANT	REPRENEUR
REMETTANT	RENCHÉRIR	RENVIDEUR	RÉPRESSIF
REMEUBLÉE	RENCOGNÉE	RENVOYANT	RÉPRIMANT
REMEUBLER	RENCOGNER	RÉOCCUPÉE	REPRISAGE
REMINGTON	RENCONTRE	RÉOCCUPER	REPRISANT
RÉMISSION	RENCONTRÉ	RÉOPÉRANT	REPROCHÉE
RÉMITTENT	RENDEMENT	RÉORIENTÉ	REPROCHER
REMMAILLÉ	RENDORMIE	REPAIRANT	REPRODUIT
REMMANCHÉ	RENDORMIR	RÉPANDANT	RÉPROUVÉE
REMMENANT	RENDOSSÉE	RÉPARABLE	RÉPROUVER
REMMOULÉE	RENDOSSER	REPARLANT	REPTATION
REMMOULER	RENÉGOCIÉ	REPARTAGÉ	REPTILIEN
REMODELÉE	**RENÉ LE BON**	REPARTANT	RÉPUDIANT
REMODELER	RENFERMÉE	REPASSAGE	RÉPUGNANT
REMONTAGE	RENFERMER	REPASSANT	RÉPULSION
REMONTANT	RENFILANT	REPASSEUR	RÉPULSIVE
REMONTOIR	RENFLOUÉE	REPÊCHAGE	REQUÉRANT
REMONTRÉE	RENFLOUER	REPÊCHANT	REQUÊTANT
REMONTRER	RENFONCÉE	REPEINDRE	REQUINQUÉ
REMORDANT	RENFONCER	REPENDANT	REQUITTÉE
REMORQUÉE	RENFORCÉE	REPENSANT	REQUITTER
REMORQUER	RENFORCER	REPENTANT	RESCINDÉE
REMOUILLÉ	RENFORMIE	REPÉRABLE	RESCINDER
RÉMOULADE	RENFORMIR	REPERÇANT	RESCISION
REMOULAGE	RENFORMIS	RÉPERCUTÉ	RESCOUSSE
REMOULANT	RENFROGNÉ	REPERDANT	RÉSECTION
RÉMOULEUR	RENGAINÉE	RÉPÉTITIF	RÉSÉQUANT
REMOULINS	RENGAINER	REPEUPLÉE	RÉSERPINE
REMPAILLÉ	RENGORGÉE	REPEUPLER	RÉSERVANT
REMPILANT	RENGORGER	REPIQUAGE	RÉSERVOIR
	RENGRÉNÉE	REPIQUANT	RÉSIDANAT
REMPLACÉE	RENGRÉNER	REPLAÇANT	RÉSIDANTE

RÉSIDENCE RÉSURGENT REVANCHER RHYNCHITE
RÉSIDENTE RETAILLÉE RÊVASSANT RHYTIDOME
RÉSIGNANT RETAILLER RÊVASSEUR **RIBÉCOURT**
RÉSILIANT RETARDANT RÉVEILLÉE RIBOSOMAL
RÉSILIENT RETASSURE RÉVEILLER RIBOULANT
RÉSINEUSE RETENDANT RÉVEILLON RIBOVIRUS
RÉSINIÈRE RETENTANT **REVÉLOISE** RICANANTE
RÉSISTANT RÉTENTEUR REVENDANT RICANEUSE
RESITUANT RÉTENTION REVENDEUR **RICCOBONI**
RÉSOLUBLE **RETHONDES** RÉVERBÈRE RICERCARE
RÉSOLUTIF RÉTICENCE RÉVERBÉRÉ RICERCARI
RÉSOLVANT RÉTICENTE REVERCHON RICHELIEU
RÉSONANCE RÉTICULÉE REVERDOIR **RICHELIEU**
RÉSONANTE RÉTICULER RÉVÉRENCE RICHEMENT
RÉSONNANT RÉTICULUM RÉVÉRENDE **RICHEMONT**
RÉSORBANT RÉTINOÏDE **REVERMONT** RICOCHANT
RÉSORCINE RETIRABLE REVERSANT **RIDELLOIS**
RESPECTÉE RETISSANT RÉVERSION **RIECCOISE**
RESPECTER RETOMBANT REVERSOIR RIGIDIFIÉ
RESPECTIF RETONDANT REVIGORÉE RIGOLARDE
RESPIRANT RETOQUANT REVIGORER **RIGOLETTO**
RESPLENDI RETORDAGE RÉVISABLE RIGOLEUSE
RESQUILLE RETORDANT RÉVISEUSE RIGORISME
RESQUILLÉ RÉTORQUÉE REVISITÉE RIGORISTE
RESSAIGNÉ RÉTORQUER REVISITER RIGOUREUX
RESSAISIE RÉTORSION REVISSANT RILLETTES
RESSAISIR RETOUCHÉE REVIVIFIÉ **RILLIARDE**
RESSASSÉE RETOUCHER RÉVOCABLE RIMAILLÉE
RESSASSER **RETOURNAC** RÉVOLTANT RIMAILLER
RESSAUTÉE RETOURNÉE REVOLVING RINGARDÉE
RESSAUTER RETOURNER RÉVOQUANT RINGARDER
RESSAYAGE RETRAÇANT REVOULANT RINGUETTE
RESSAYANT RÉTRACTÉE REVOULOIR **RIO BRANCO**
RESSEMANT RÉTRACTER RÉVULSANT **RIO GRANDE**
RESSEMBLÉ RÉTRACTIF RÉVULSION RIPAILLER
RESSEMELÉ RETRADUIT RÉVULSIVE RIPOLINÉE
RESSENTIE RETRAITÉE REWRITANT RIPOLINER
RESSENTIR RETRAITER REWRITING RIPOSTANT
RESSERRÉE RETRANCHÉ **REYKJAVÍK** **RIQUEWIHR**
RESSERRER RETRAYANT RHABILLÉE RISSOLANT
RESSERVIE RÉTREINTE RHABILLER RISTOURNE
RESSERVIR RETREMPÉE RHAMNACÉE RISTOURNÉ
RESSORTIE RETREMPER RHAPSODER RISTRETTE
RESSORTIR RÉTRIBUÉE RHAPSODIE RITUALISÉ
RESSOUDÉE RÉTRIBUER RHÉOLOGIE **RIVA-BELLA**
RESSOUDER RETRIEVER RHINANTHE RIVALISER
RESSOURCE RÉTROAGIR RHIZOBIUM RIVELAINE
RESSOURCÉ RÉTROCÉDÉ RHIZOPODE RIVERAINE
RESSURGIR RETROUSSÉ RHIZOTOME RIVETEUSE
RESSUYANT RETROUVÉE RHODAMINE RIVULAIRE
RESTAURÉE RETROUVER RHODANIEN **RIXENSART**
RESTAURER RÉUNIFIÉE **RHODANIEN** ROAD-MOVIE
RESTITUÉE RÉUNIFIER RHOMBIQUE **ROANNAISE**
RESTITUER RÉUTILISÉ RHOMBOÏDE ROAST-BEEF
RESTREINT REVACCINÉ RHÔNALPIN **ROBERTSON**
RÉSULTANT REVANCHÉE **RHÔNALPIN** ROBINERIE

ROBORATIF
ROBOTIQUE
ROBOTISÉE
ROBOTISER
ROCAMBOLE
ROCAMBOLE
ROCASSIER
ROCHEFORT
ROCHELAIS
ROCHE-MÈRE
ROCHESTER
ROCHEUSES
RÔDAILLER
RODENBACH
RODRIGUES
ROESELARE
ROETTIERS
ROGATIONS
ROGATOIRE
ROGGEVEEN
ROGNONNER
ROH TAE-WOO
ROI DE ROME
ROI-SOLEIL
RÔLE-TITRE
ROMANAISE
ROMANÇANT
ROMANCERO
ROMANCHES
ROMANCIER
ROMANCINE
ROMANÈCHE
ROMANISÉE
ROMANISER
ROMANISME
ROMANISTE
ROMPEMENT
RONCERAIE
RONCEVAUX
RONCHONNE
RONCHONNÉ
RONDEMENT
ROND-POINT
RONÉOTANT
RONÉOTYPÉ
RONFLANTE
RONFLEUSE
RONGEMENT
RONRONNER
ROOSEVELT
ROQUEFORT
ROQUEFORT
ROQUENTIN
RORSCHACH
ROSCOVITE
ROSE-CROIX

ROSE-CROIX
ROSELIÈRE
ROSEMONDE
ROSENBERG
ROSENFELD
ROSISSANT
ROSNÉENNE
ROSNY AÎNÉ
ROSPORDEN
ROSSIGNOL
ROSTRENEN
ROTATOIRE
ROTATRICE
ROTHÉNEUF
RÔTISSAGE
RÔTISSANT
RÔTISSEUR
ROTONDITÉ
ROTOPLOTS
ROTTERDAM
ROTURIÈRE
ROUBLARDE
ROUCOULÉE
ROUCOULER
ROUCOULIS
ROUDOUDOU
ROUENNAIS
ROUE-PELLE
ROUERGATE
ROUERGATE
ROUGEÂTRE
ROUGEAUDE
ROUGEMONT
ROUGEOYER
ROUILLANT
ROUILLURE
ROUISSAGE
ROUISSANT
ROUISSOIR
ROULEAUTÉ
ROULEMENT
ROULOTTÉE
ROUPILLER
ROUPILLON
ROUQUETTE
ROUSPÉTER
ROUSSÂTRE
ROUSSEAUX
ROUSSETTE
ROUTINIER
ROUVERAIN
ROYALISME
ROYALISTE
ROYALTIES
ROYANNAIS
ROYAUMANT

ROYAUMONT
RUBANERIE
RUBANIÈRE
RUBÉFIANT
RUBÉOLEUX
RUBESCENT
RUBICONDE
RUBRIQUÉE
RUBRIQUER
RUBRUQUIS
RUDBECKIA
RUDENTURE
RUFFLETTE
RUGBYMANS
RUGISSANT
RUHMKORFF
RUISSEAUX
RUISSELER
RUISSELET
RUITELOTE
RUMINANTE
RURALISME
RUSSÉENNE
RUSSIFIÉE
RUSSIFIER
RUSTICAGE
RUSTICITÉ
RUSTIQUÉE
RUSTIQUER
RUTHÉNIUM
RUTHÉNOIS
RUTHÉNOIS
RUTILANCE
RUTILANTE
RUWENZORI
RUYSBROEK
RWANDAISE
RWANDAISE
RYTHMIQUE
SABELLIUS
SABLONNÉE
SABLONNER
SABORDAGE
SABORDANT
SABOTERIE
SABOTEUSE
SABOTIÈRE
SABOULAGE
SABOULANT
SABURRALE
SABURRAUX
SACCADANT
SACCAGEUR
SACCHARIN
SACCHETTI

SACCULINE
SACERDOCE
SACKVILLE
SACRALISÉ
SACREBLEU
SACREDIEU
SACREMENT
SACRÉMENT
SACRIFICE
SACRIFIÉE
SACRIFIER
SACRILÈGE
SACRIPANT
SACRISTIE
SADDUCÉEN
SADOVEANU
SAENREDAM
SAFRANANT
SAFREMENT
SAGE-FEMME
SAGITTALE
SAGITTAUX
SAGOUTIER
SAGRANIER
SAHRAOUIE
SAHRAOUIE
SAID PACHA
SAIGNANTE
SAIGNEUSE
SAILLANTE
SAINEMENT
SAINTAISE
SAINT-ANGE
SAINT-CAST
SAINT-CÉRÉ
SAINT-CIRQ
SAINTE-FOY
SAINT-FONS
SAINT-GALL
SAINT-GOND
SAINT-JEAN
SAINT-JOHN
SAINT-JUST
SAINT-LARY
SAINT-LÉON
SAINT-LOIS
SAINT-LOUP
SAINT-MALO
SAINT-MARC
SAINT-MARS
SAINT-MAUR
SAINT-MÉEN
SAINT-OGAN
SAINTOISE
SAINT-OMER
SAINTONGE

SAINT-OUEN	SAN-BENITO	SARTENAIS	SAVOURANT
SAINT-PAUL	SANCTIFIÉ	SARTHOISE	SAVOUREUX
SAINT-PÈRE	SANDHURST	SASKATOON	SAVOYARDE
SAINT-PÈRE	SANDWICHS	SASOLBURG	SAVOYARDE
SAINT-PONS	SANG-FROID	SASSAFRAS	SAXIFRAGE
SAINT-QUAY	SANGLANTE	SASSANIDE	SAXOPHONE
SAINT-RÉMY	SANGLOTER	SASSEMENT	SCABIEUSE
SAINT-VITH	SANHÉDRIN	SASSENAGE	SCABREUSE
SAKALAVES	SANISETTE	SASSENAGE	SCALDIQUE
SAKHALINE	SANITAIRE	SATANIQUE	SCALIGERI
SALABERRY	SAN MARTÍN	SATANISME	SCAMANDRE
SALAFIYYA	SAN MIGUEL	SATANISTE	SCAPA FLOW
SALAFISME	SAN-PRIOTE	SATELLISÉ	SCAPHOÏDE
SALANGANE	SANS-CŒUR	SATELLITE	SCARIEUSE
SALARIALE	SANSCRITE	SATIATION	SCARIFIÉE
SALARIANT	SANS-FAÇON	SATINETTE	SCARIFIER
SALARIAUX	SANS-FAUTE	SATIRICON	SCARLATTI
SALÉBREUX	SANS-GRADE	SATIRIQUE	SCÉLÉRATE
SALICACÉE	SANSKRITE	SATIRISÉE	SCÉNARISÉ
SALICAIRE	SANS-LE-SOU	SATIRISER	SCEPTIQUE
SALICETTI	SANS-LOGIS	SATIRISTE	SCHAEFFER
SALICORNE	SANSONNET	SATISFAIT	SCHATZMAN
SALICYLÉE	SANSOVINO	SATURABLE	SCHEIDAGE
SALIFIANT	SANS-PARTI	SATURANTE	SCHELLING
SALIGAUDE	SANS-PLOMB	SATURNIEN	SCHERCHEN
SALINDRES	SANS-SOUCI	SATURNINE	SCHICKARD
SALISBURY	SANTA ANNA	SATYRIQUE	SCHILLING
SALISSANT	SANTA CRUZ	SAUCISSON	SCHINDANT
SALISSURE	SANTANDER	SAUGRENUE	SCHIRMECK
SALIVAIRE	SANTOLINE	SAULXURES	SCHISTEUX
SALLUMIUQ	SANTOMÉEN	SAULXURON	SCHIZOÏDE
SALMONIDÉ	SÃO MIGUEL	SAUMONEAU	SCHLESWIG
SALONAISE	SAPINETTE	SAUMURAGE	SCHLINGUÉ
SALONARDE	SAPINIÈRE	SAUMURANT	SCHLITTÉE
SALONIQUE	SAPONACÉE	SAUMUROIS	SCHLITTER
SALONNARD	SAPONAIRE	SAUNAISON	SCHNAUZER
SALOPERIE	SAPONIFIÉ	SAUPIQUET	SCHNEIDER
SALOPETTE	SAPOTACÉE	SAUPOUDRÉ	SCHNITTKE
SALOPIAUD	SAPOTILLE	SAUT-DE-LIT	SCHNORKEL
SALOPIAUX	SAPROPÈLE	SAUTEREAU	SCHOMBERG
SALPÊTRÉE	SARABANDE	SAUTERNES	SCHÖNBERG
SALPÊTRER	SARAGOSSE	SAUTERNES	SCHRIBAUX
SALTATION	SARANAISE	SAUTILLER	SCHWECHAT
SALUBRITÉ	SARBACANE	SAUVAGEON	SCHWINGER
SALUTAIRE	SARCELLES	SAUVAGINE	SCIATIQUE
SALUTISTE	SARCLETTE	SAUVETAGE	SCIEMMENT
SALVAGNIN	SARDAIGNE	SAUVETEUR	SCINTILLÉ
SALVATEUR	SARDINIER	SAUVIGNON	SCIONZIER
SALZBOURG	SARGASSES	SAVAMMENT	SCLÉREUSE
SAMANIDES	SARLADAIS	SAVERNOIS	SCLÉROSÉE
SAMARINDA	SARMENTÉE	SAVOISIEN	SCLÉROSER
SAMARKAND	SARMENTER	SAVOISIEN	SCOLARISÉ
SAMBOÏSTE	SARMIENTO	SAVONNAGE	SCOLARITÉ
SAMOYÈDES	SARODISTE	SAVONNANT	SCOLIASTE
SAMUELSON	SARRASINE	SAVONNEUX	SCOMBRIDÉ
SANANDADJ	SARRIETTE	SAVONNIER	SCORIACÉE

SCOTCHANT	SÉLECTANT	SEPTUPLÉE	SEXTUPLÉS
SCOTOMISÉ	SÉLECTEUR	SEPTUPLER	SEXUALISÉ
SCOUMOUNE	SÉLECTION	SÉPULCRAL	SEXUALITÉ
SCOUT-CARS	SÉLECTIVE	SÉPULTURE	**SEYNODIEN**
SCOUTISME	SÉLÉNIATE	**SÉQUANAIS**	**SEYSSELAN**
SCRABBLER	SÉLÉNIEUX	SÉQUENCÉE	**SEYSSINET**
SCRATCHÉE	SÉLÉNIQUE	SÉQUENCER	**SÉZANNAIS**
SCRATCHER	SÉLÉNIURE	SÉQUESTRE	SFORZANDO
SCRATCHES	**SÉLINONTE**	SÉQUESTRÉ	SGRAFFITE
SCRIABINE	**SELONGÉEN**	SÉRAPHINE	SHAKTISME
SCRIBANNE	SEMAILLES	**SÉRAPHINS**	SHAMPOING
SCRIPTEUR	SEMAINIER	**SERENGETI**	SHANTOUNG
SCULPTANT	SÉMANTÈME	SERFOUAGE	**SHEFFIELD**
SCULPTEUR	SÉMAPHORE	SERGENTER	**SHIMAZAKI**
SCULPTURE	SEMBLABLE	SÉRIALITÉ	SHIVAÏSME
SCYTHIQUE	SEMBLANCE	SÉRIATION	SHOGOUNAL
SÉBASTIEN	SEMENCIER	SERINETTE	SHOGUNALE
SÉBORRHÉE	SEMI-ARIDE	SERINGAGE	SHOGUNAUX
SÉCESSION	SEMI-FINIS	SERINGUÉE	SHORTHORN
SÈCHEMENT	SÉMILLANT	SERINGUER	SHORT TONS
SECLINOIS	SÉMINAIRE	SERLIENNE	SHRAPNELL
SECONDANT	**SÉMINOLES**	SERMONNÉE	SIBILANTE
SECOURANT	SEMI-OUVRÉ	SERMONNER	SIBYLLINE
SECOUREUR	**SÉMIRAMIS**	SÉROLOGIE	**SICAMBRES**
SECRÉTAGE	SÉMITIQUE	SERPENTER	SICCATIVE
SÉCRÉTANT	SÉMITISME	SERPENTIN	SIDÉRANTE
SÉCRÉTANT	**SEMMERING**	**SERPOLLET**	**SIEGFRIED**
SÉCRÉTEUR	SEMONÇANT	SERRANIDÉ	**SIENNOISE**
SÉCRÉTINE	SEMOULIER	SERRATULE	**SIERROISE**
SÉCRÉTION	**SEMUROISE**	SERRE-FILE	SIFFLANTE
SECTATEUR	**SENANCOUR**	SERRE-FILS	SIFFLEUSE
SECTIONNÉ	**SENDERENS**	SERREMENT	SIFFLOTÉE
SECTORIEL	SÉNÉCHAUX	SERRE-TÊTE	SIFFLOTER
SECTORISÉ	SENELLIER	SERRURIER	**SIGEANAIS**
SÉCULAIRE	SÉNESCENT	**SERTORIUS**	**SIGISMOND**
SÉCULIÈRE	SÉNILISME	SERVIABLE	SIGLAISON
SÉCURISÉE	SÉNIORITÉ	SERVIETTE	SIGNALANT
SÉCURISER	**SENLISIEN**	SERVILITÉ	SIGNALEUR
SEDANAISE	SÉNOLOGIE	SERVITEUR	SIGNALISÉ
SÉDIMENTÉ	SÉNONAISE	SERVITUDE	SIGNATURE
SÉDITIEUX	**SÉNONAISE**	SÉSAMOÏDE	SIGNIFIÉE
SÉDUCTEUR	**SENONCHES**	**SÉSOSTRIS**	SIGNIFIER
SÉDUCTION	**SÉNOUSRET**	SEULEMENT	SILICAGEL
SÉDUISANT	SENSATION	**SEURROISE**	SILICATÉE
SÉDUNOISE	SENSÉMENT	**SÉVILLANE**	SILICEUSE
SÉFÉVIDES	SENSITIVE	SÉVISSANT	SILICIQUE
SEGANTINI	SENSORIEL	**SEVRANAIS**	SILICIURE
SEGMENTÉE	SENSUELLE	SÉVRIENNE	**SILLANPÄÄ**
SEGMENTER	SENTIMENT	**SÉVRIENNE**	**SILLÉENNE**
SEGRÉENNE	SÉPARABLE	SEX-APPEAL	**SILLEROIS**
SEICHAMPS	SÉPIOLITE	SEXOLOGIE	SILLONNÉE
SEIGNELAY	SEPTEMBRE	SEXOLOGUE	SILLONNER
SEIGNOBOS	**SEPTÉMOIS**	SEX-RATIOS	**SILVACANE**
SEIGNOSSE	SEPTENNAL	SEX-SYMBOL	**SILVESTRE**
SÉISMIQUE	SEPTENNAT	SEXTUPLÉE	SIMBLEAUX
250 SÉJOURNER	**SEPTILIEN**	SEXTUPLER	SIMIESQUE

SIMILAIRE
SIMILISÉE
SIMILISER
SIMILISTE
SIMMENTAL
SIMPLESSE
SIMPLETTE
SIMPLIFIÉ
SIMPLISME
SIMPLISTE
SIMULACRE
SIMULTANÉ
SINAPISME
SINCÉRITÉ
SINGAPOUR
SINGLETON
SINGULIER
SINISANTE
SINISTRÉE
SINNAMARY
SINOLOGIE
SINOLOGUE
SINTÉRISÉ
SINUOSITÉ
SINUSOÏDE
SIPHONNÉE
SIPHONNER
SIQUEIROS
SIROPERIE
SIRUPEUSE
SISMICITÉ
SITARISTE
SITOLOGUE
SITUATION
SJAELLAND
SKAGERRAK
SKRIABINE
SLALOMANT
SLALOMEUR
SLAVEJKOV
SLAVIANSK
SLAVISANT
SLOVAQUIE
SLOVIANSK
SMALKALDE
SMECTIQUE
SMORZANDO
SNACK-BARS
SNOBINARD
SNOWBOARD
SNOW-BOOTS
SOAP OPERA
SOBREMENT
SOBRIQUET
SOCHALIEN
SOCIALISÉ

SOCIÉTALE
SOCIÉTAUX
SOCQUETTE
SODOMISÉE
SODOMISER
SŒURETTE
SOFT-DRINK
SOI-DISANT
SOIFFARDE
SOIGNANTE
SOIGNEUSE
SOISÉENNE
SOLANACÉE
SOLÉCISME
SOLENNISÉ
SOLENNITÉ
SOLÉNOÏDE
SOLENZARA
SOLEUROIS
SOLFATARE
SOLFERINO
SOLICITOR
SOLIDAIRE
SOLIDIFIÉ
SOLIFLORE
SOLILOQUE
SOLILOQUÉ
SOLITAIRE
SOLIVEAUX
SOLLICITÉ
SOLOGNOTE
SOLOGNOTE
SOLUTRÉEN
SOMATIQUE
SOMATISÉE
SOMATISER
SOMMATION
SOMMEILLÉ
SOMMELIER
SOMMIÈRES
SOMMITALE
SOMMITAUX
SOMNIFÈRE
SOMNOLANT
SOMNOLENT
SOMPTUEUX
SONNAILLE
SONNAILLÉ
SONOMÈTRE
SONORISÉE
SONORISER
SORDIDITÉ
SORELOISE
SORGUAISE
SORTILÈGE
SOSNOWIEC

SOSTENUTO
SOTTEMENT
SOTTISIER
SOUAHÉLIE
SOUBRETTE
SOUCHETTE
SOUCIEUSE
SOUDANAIS
SOUDANAIS
SOUDOYANT
SOUFFERTE
SOUFFLAGE
SOUFFLANT
SOUFFLARD
SOUFFLETÉ
SOUFFLEUR
SOUFFLURE
SOUFFRANT
SOUFREUSE
SOUFRIÈRE
SOUFRIÈRE
SOUHAITÉE
SOUHAITER
SOUILLANT
SOUILLARD
SOUILLURE
SOUIMANGA
SOUK AHRAS
SOUKHOUMI
SOULEVANT
SOULIGNÉE
SOULIGNER
SOUL MUSIC
SOULOUQUE
SOUMETTRE
SOUPÇONNÉ
SOUPESANT
SOUPIRAIL
SOUPIRANT
SOUPIRAUX
SOUPLESSE
SOURCILLÉ
SOURDEVAL
SOURD-MUET
SOURIANTE
SOURICEAU
SOURNOISE
SOUS-BARBE
SOUS-CHEFS
SOUSCRIRE
SOUSCRITE
SOUS-FAÎTE
SOUS-FIFRE
SOUS-GARDE
SOUS-GORGE
SOUS-HOMME

SOUS-LOUÉE
SOUS-LOUER
SOUS-LOUÉS
SOUS-MARIN
SOUS-NAPPE
SOUS-ORDRE
SOUS-PALAN
SOUS-PAYÉE
SOUS-PAYER
SOUS-PAYÉS
SOUS-PIEDS
SOUS-PLATS
SOUS-PULLS
SOUS-SEING
SOUSSIGNÉ
SOUS-TASSE
SOUSTELLE
SOUS-TENDU
SOUS-TITRE
SOUS-TITRÉ
SOUSTRAIT
SOUS-VERGE
SOUS-VERRE
SOUS-VIRER
SOUTACHÉE
SOUTACHER
SOUTENANT
SOUTENEUR
SOUTH BEND
SOUTHPORT
SOUTIRAGE
SOUTIRANT
SOU TONG-P'O
SOUVENANT
SOUVERAIN
SOVIÉTISÉ
SPACIEUSE
SPADASSIN
SPAGHETTI
SPARADRAP
SPARTACUS
SPARTERIE
SPARTIATE
SPATANGUE
SPATIONEF
SPÉCIEUSE
SPÉCIFIÉE
SPÉCIFIER
SPECTACLE
SPECTRALE
SPECTRAUX
SPÉCULANT
SPÉCULAUS
SPÉCULOOS
SPERMATIE
SPHÉNODON

SPHÉNOÏDE	STATUETTE	STRIDENTE	SUBTILITÉ
SPHÉRIQUE	STATUFIÉE	STRIDULER	SUBURBAIN
SPHÉROÏDE	STATUFIER	STRIP-LINE	SUBVENANT
SPHINCTER	**STAVANGER**	STRIPPING	SUBVERSIF
SPHINGIDÉ	**STAVROPOL**	**STROMBOLI**	SUBVERTIE
SPICILÈGE	STÉARIQUE	STRONGYLE	SUBVERTIR
SPIELBERG	STÉGOMYIE	STRONTIUM	SUCCÉDANÉ
SPINALIEN	**STEINBECK**	STRUCTURE	SUCCÉDANT
SPINALIEN	**STEINBERG**	STRUCTURÉ	SUCCESSIF
SPINNAKER	STEINBOCK	**STRUENSEE**	SUCCINCTE
SPINOLIEN	STELLAIRE	STRYCHNÉE	SUCCOMBER
SPIRITAIN	STÉNOTYPE	STRYCHNOS	SUCCULENT
SPIRITUAL	STEPPIQUE	STUCATEUR	SUDATOIRE
SPIRITUEL	STÉRADIAN	STUD-BOOKS	SUD-CORÉEN
SPIROGYRE	STERCORAL	**STUDENICA**	**SUD-CORÉEN**
SPIROÏDAL	STÉRILISÉ	STUDIEUSE	SUDERMANN
SPIRULINE	STÉRILITÉ	STUPÉFAIT	SUFFISANT
SPITSBERG	**STERNBACH**	STUPÉFIÉE	SUFFIXALE
SPITTELER	**STERNBERG**	STUPÉFIER	SUFFIXANT
SPITZBERG	**STEVENAGE**	STUPIDITÉ	SUFFIXAUX
SPLENDEUR	**STEVENSON**	STUPOREUX	SUFFOCANT
SPLENDIDE	STHÉNIQUE	**STUTTGART**	SUFFOQUÉE
SPLÉNIQUE	**STIEGLITZ**	STYLICIEN	SUFFOQUER
SPONGIEUX	STIMULANT	STYLISANT	SUFFUSION
SPONGILLE	STIMULINE	STYLOBATE	SUGGÉRANT
SPONSORAT	STIPENDIÉ	STYLOMINE	SUGGESTIF
SPONTANÉE	STIPULANT	**STYMPHALE**	SUICIDANT
SPORIFÈRE	STOCK-CARS	STYROLÈNE	SUIFFEUSE
SPOROGONE	**STOCKHOLM**	SUAVEMENT	SUINTANTE
SPORULANT	STOCKISTE	SUBADULTE	**SUISSESSE**
SPRINGBOK	**STOCKPORT**	SUBAÉRIEN	**SUKHOTHAI**
SPRINKLER	STOCK-SHOT	SUBALPINE	SULFAMIDE
SPRINTANT	STOÏCISME	SUBDIVISÉ	SULFATAGE
SPUMOSITÉ	**STOKOWSKI**	SUBÉREUSE	SULFATANT
SQUAMEUSE	**STOLYPINE**	SUBISSANT	SULFITAGE
SQUATTANT	STOMACALE	SUBJACENT	SULFOXYDE
SQUEEZANT	STOMACAUX	SUBJECTIF	SULFURAGE
SQUELETTE	STOMATITE	SUBJUGUÉE	SULFURANT
SQUIRREUX	STOP-AND-GO	SUBJUGUER	SULFUREUX
STABILISÉ	STOPPEUSE	**SUBLEYRAS**	SULFURISÉ
STABILITÉ	STRABIQUE	SUBLIMANT	**SULLOM VOE**
STAGIAIRE	STRABISME	SUBLIMITÉ	SULPICIEN
STAGNANTE	**STRADELLA**	SUBMERGÉE	**SUMÉRIENS**
STAINOISE	**STRAFFORD**	SUBMERGER	**SUNDANAIS**
STAKHANOV	**STRALSUND**	SUBODORÉE	**SUNDSVALL**
STALINIEN	STRAMOINE	SUBODORER	**SUN YAT-SEN**
STAMINALE	STRAPPING	SUBORNANT	SUPERAMAS
STAMINAUX	STRATÉGIE	SUBORNEUR	SUPÉRETTE
STANISLAS	**STRATFORD**	SUBSIDIÉE	SUPERFINE
STANKOVIC	STRATIFIÉ	SUBSIDIER	SUPERFLUE
STANNIQUE	STRATIOME	SUBSISTER	SUPER-HUIT
STAPHYLIN	**STREISAND**	SUBSTANCE	SUPÉRIEUR
STARLETTE	STRESSANT	SUBSTITUÉ	**SUPÉRIEUR**
STASSFURT	STRIATION	SUBSTITUT	SUPERMANS
STATIONNÉ	STRICTION	SUBSUMANT	SUPERNOVA
STATUAIRE	STRIDENCE	SUBTILISÉ	SUPERPOSÉ

SUPERSTAR	SUR-MESURE	SWINGUANT	TAILLADÉE
SUPERVISÉ	SURMONTÉE	**SYKTYVKAR**	TAILLADER
SUPPLANTÉ	SURMONTER	**SYLVESTER**	TAILLAULE
SUPPLÉANT	SURMOULÉE	SYLVESTRE	TAILLERIE
SUPPLÉTIF	SURMOULER	**SYLVESTRE**	TAÏWANAIS
SUPPLIANT	SURNOMBRE	SYLVICOLE	**TAKAMATSU**
SUPPLICIÉ	SURNOMMÉE	SYLVINITE	**TAKATSUKI**
SUPPLIQUE	SURNOMMER	SYMBOLISÉ	**TALAT PASA**
SUPPORTÉE	SUROXYDÉE	SYMPATHIE	TALK-SHOWS
SUPPORTER	SUROXYDER	SYMPHONIE	**TALLCHIEF**
SUPPOSANT	SURPASSÉE	SYMPOSIUM	**TALLOIRES**
SUPPRIMÉE	SURPASSER	SYNAGOGUE	TALOCHANT
SUPPRIMER	SURPAYANT	SYNALÈPHE	TALONNADE
SUPPURANT	SURPEUPLÉ	SYNARCHIE	TALONNAGE
SUPPUTANT	SURPIQUÉE	SYNCHRONE	TALONNANT
SURABONDÉ	SURPIQUER	SYNCITIUM	TALONNEUR
SURACTIVÉ	SURPIQÛRE	SYNCLINAL	TALQUEUSE
SURAJOUTÉ	SURPLOMBÉ	SYNCOPALE	TAMAZIGHT
SURAKARTA	SURREMISE	SYNCOPANT	TAMBOURIN
SURBAISSÉ	SURRÉNALE	SYNCOPAUX	**TAMIL NADU**
SURCHARGE	SURRÉNAUX	SYNCYTIAL	TAMISEUSE
SURCHARGÉ	SURSATURÉ	SYNCYTIUM	TAMPONNÉE
SURCLASSÉ	SURSAUTER	SYNDICALE	TAMPONNER
SURCONTRE	SURSOYANT	SYNDICAUX	TANDIS QUE
SURCONTRÉ	SURTAXANT	SYNDIQUÉE	TANGERINE
SURCOUPÉE	SURTITRÉE	SYNDIQUER	TANNISAGE
SURCOUPER	SURTITRER	SYNERGIDE	TANNISANT
SURDOSAGE	SURVEILLÉ	SYNGNATHE	TANTRIQUE
SURÉLEVÉE	SURVENANT	SYNODIQUE	TANTRISME
SURÉLEVER	SURVENDRE	SYNONYMIE	TANZANIEN
SUREMPLOI	SURVENDUE	SYNOSTOSE	**TANZANIEN**
SURÉQUIPÉ	SURVIRAGE	SYNOVIALE	**TAO-TÖ-KING**
SURESNOIS	SURVIRANT	SYNOVIAUX	TAPAGEUSE
SURESTIMÉ	SURVIREUR	SYPHILIDE	TAPISSANT
SURÉVALUÉ	SURVIVANT	**SZAPOLYAI**	TAPISSIER
SUREXCITÉ	SURVOLANT	TABAGIQUE	TAPUSCRIT
SUREXPOSÉ	SURVOLTÉE	TABAGISME	TAQUINANT
SURFAÇAGE	SURVOLTER	TABASSAGE	TARABUSTÉ
SURFAÇANT	SURVOLTÉS	TABASSANT	**TARANTINO**
SURFILAGE	SUS-JACENT	TABATIÈRE	**TARASQUES**
SURFILANT	SUSNOMMÉE	TABELLION	TARAUDAGE
SURFONDUE	SUSPECTÉE	TABÉTIQUE	TARAUDANT
SURFUSION	SUSPECTER	TABLATURE	TARBOUCHE
SURGELANT	SUSPENDRE	TABLETIER	TARDILLON
SURHAUSSÉ	SUSPENDUE	TABLETTÉE	TARDIVETÉ
SURHUMAIN	SUSPENSIF	TABLETTER	TARENTAIS
SURIMPOSÉ	SUSPICION	TABULAIRE	**TARENTINE**
SURISSANT	SUSTENTÉE	TACHETANT	TARENTULE
SURJALANT	SUSTENTER	TACHETURE	TARIFAIRE
SURJECTIF	SUSURRANT	TACITURNE	TARISSANT
SURJETANT	SUZERAINE	TACTICIEN	**TARKOVSKI**
SURLIGNÉE	SVELTESSE	TACTICITÉ	TARLATANE
SURLIGNER	**SWAZILAND**	**TADOUSSAC**	**TARQUINIA**
SURLOUANT	**SWEELINCK**	TAEKWONDO	**TARRAGONE**
SURMENAGE	**SWINBURNE**	**TAFILALET**	TARSIENNE
SURMENANT		TAILLABLE	TARSIENNE

TARTAGLIA	TÉLÉVENTE	TERREAUTÉ	**THÉRAMÈNE**
TARTINANT	TÉLÉVISÉE	TERRESTRE	THERAVADA
TARTREUSE	TÉLÉVISER	TERRICOLE	THÉRIAQUE
TARTRIQUE	TÉLEXISTE	TERRIENNE	THÉRIDION
TASMANIEN	TELLEMENT	TERRIFIÉE	THERIDIUM
TASSEMENT	TELLURATE	TERRIFIER	THERMIDOR
TATABÁNYA	TELLUREUX	TERRIGÈNE	THERMIQUE
TATARSTAN	TELLURIEN	TERRORISÉ	THÉROPODE
TÂTONNANT	TELLURURE	TERTIAIRE	THÉSAURUS
TAULÉSIEN	TÉLOPHASE	TERVUEREN	**THESSALIE**
TAURILLON	TÉMÉRAIRE	TERZA RIMA	**THIAISIEN**
TAUROBOLE	**TEMIRTAOU**	TERZE RIME	**THIBAUDET**
TAUTOMÈRE	TÉMOIGNÉE	**TESSINOIS**	**THIBÉRIEN**
TAVERNIER	TÉMOIGNER	TESSITURE	**THIÉRACHE**
TAVERNIER	**TEMPELHOF**	TESTAMENT	**THIERNOIS**
TAVOLIERE	TEMPÉRANT	TESTATEUR	**THILLOTIN**
TAXATRICE	TEMPÊTANT	TESTICULE	THIOACIDE
TAXAUDIER	**TEMPLIERS**	TEST-MATCH	THIONIQUE
TAXIMÈTRE	TEMPORALE	TÉTANIQUE	THIOPHÈNE
TAXINOMIE	TEMPORAUX	TÉTANISÉE	THIO-URÉES
TAXIPHONE	TEMPORISÉ	TÉTANISER	**THIZEROTE**
TAXONOMIE	TENAILLÉE	TÊTE-À-TÊTE	**THONÉSIEN**
TAYLORISÉ	TENAILLER	TÊTE-BÊCHE	**THONONAIS**
TCHARCHAF	TENAILLES	TÉTERELLE	**THORBECKE**
TCHATCHER	TENANCIER	TÉTRAÈDRE	**THORNDIKE**
TCHIMKENT	**TENDASQUE**	TÉTRAGONE	**THOUROTTE**
TECHNIQUE	TENDINEUX	TÉTRAMÈRE	THRÉONINE
TEDDY-BEAR	TENDINITE	TÉTRAPODE	THROMBINE
TEEN-AGERS	TENDRESSE	TÉTRARQUE	THROMBOSE
TEE-SHIRTS	TÉNÉBREUX	TEXTUELLE	**THUCYDIDE**
TÉGÉNAIRE	TÉNÉBRION	TEXTURANT	**THURGOVIE**
TEIGNEUSE	**TÉNÉRIFFE**	**TEYJATOIS**	**THURSTONE**
TEILLEUSE	**TENNESSEE**	**THACKERAY**	THYLACINE
TEINTANTE	TENNISMAN	**THAÏLANDE**	THYRATRON
TÉLÉACHAT	TENNISMEN	**THANJAVUR**	THYRISTOR
TÉLÉBENNE	TENONNANT	**THANNOISE**	THYROXINE
TÉLÉCARTE	TÉNORISER	**THAONNAIS**	**TIAN'ANMEN**
TÉLÉCOPIE	TÉNOTOMIE	THÉÂTRALE	**TIBÉRIADE**
TÉLÉCOPIÉ	TENSORIEL	THÉÂTRAUX	TIBÉTAINE
TÉLÉGUIDÉ	TENTACULE	THÉÂTREUX	**TIBÉTAINE**
TÉLÉMAQUE	TENTATEUR	THÉBAÏQUE	TIE-BREAKS
TÉLÉMÈTRE	TENTATION	**THÉOCRITE**	TIÈDEMENT
TÉLÉNOMIE	TENTATIVE	**THÉODAHAT**	TIERCELET
TÉLÉPATHE	TEPHILLIN	THÉODICÉE	TIERCERON
TÉLÉPÉAGE	TÉRÉBRANT	**THÉODORIC**	**TIGRÉENNE**
TÉLÉPHONE	TERMINALE	**THÉODOROS**	TIMBALIER
TÉLÉPHONÉ	TERMINANT	**THÉODULFE**	**TIMISOARA**
TÉLÉPORTÉ	TERMINAUX	THÉOGONIE	TIMONERIE
TÉLÉRADAR	**TERNEUZEN**	**THÉOGONIE**	TIMORAISE
TÉLÉRADIO	**TERPANDRE**	THÉOLOGAL	**TIMURIDES**
TÉLÉROMAN	TERPINÉOL	THÉOLOGIE	**TIMUR LANG**
TÉLESCOPE	TERRAQUÉE	**THÉOPOMPE**	**TINBERGEN**
TÉLESCOPÉ	TERRARIUM	THÉORIQUE	**TINDEMANS**
TÉLÉSIÈGE	TERRASSÉE	THÉORISÉE	TINTEMENT
TÉLÉTEXTE	TERRASSER	THÉORISER	**TINTÉNIAC**
TÉLÉTOXIE	**TERRASSON**	THÉOSOPHE	**TIOURATAM**

TIPPERARY	TONOLOGIE	TOURMENTE	TRANCHAGE
TIPU SAHIB	TONSURANT	TOURMENTÉ	**TRANCHAIS**
TIQUETURE	TONTINANT	TOURNANTE	TRANCHANT
TIRAILLÉE	TOP-MODÈLE	TOURNEDOS	TRANCHEUR
TIRAILLER	TOP MODELS	TOURNERIE	TRANCHOIR
TIRANAISE	TOP NIVEAU	TOURNESOL	TRANSCODÉ
TIRE-AU-CUL	TOPO-GUIDE	TOURNEUSE	TRANSCRIT
TIRE-BONDE	TOPOLOGIE	TOURNEVIS	TRANSFÉRÉ
TIRE-BOTTE	TOPONYMIE	TOURNIOLE	TRANSFERT
TIRE-CLOUS	TOP SECRET	TOURNIQUÉ	TRANSFILÉ
TIRE-D'AILE	TORAILLER	TOURNOYER	TRANSFUGE
TIRE-LAINE	TORCHONNÉ	TOURTEAUX	TRANSFUSÉ
TIRE-LIGNE	TOROÏDALE	TOURTIÈRE	TRANSGÈNE
TIRE-NERFS	TOROÏDAUX	**TOURVILLE**	TRANSHUMÉ
TIRE-VEINE	**TORONTAIS**	TOUSSAINT	TRANSIGER
TIRLEMONT	TORPILLÉE	TOUSSERIE	TRANSITÉE
TISANIÈRE	TORPILLER	TOUSSEUSE	TRANSITER
TISONNANT	TORRAILLÉ	TOUSSOTER	TRANSITIF
TISONNIER	TORRÉFIÉE	**TOUSSUIRE**	TRANSMISE
TISSERAND	TORRÉFIER	TOUT À FAIT	TRANSMUÉE
TISSERAND	TORSADANT	TOUT À TRAC	TRANSMUER
TITANIQUE	**TORTELIER**	TOUTEFOIS	TRANSMUTÉ
TITCHENER	TORTILLÉE	TOUT-PARIS	TRANSPARU
TITELOUZE	TORTILLER	TOUT-PETIT	TRANSPIRÉ
TITILLANT	TORTILLON	**TOYOHASHI**	TRANSPORT
TITRAILLE	TORTORANT	TRABOULER	TRANSPOSÉ
TITUBANTE	TORTUEUSE	TRACASSÉE	**TRANSVAAL**
TITULAIRE	TORTURANT	TRACASSER	TRANSVASÉ
TIZI OUZOU	**TOSCANINI**	TRACASSIN	TRANSVIDÉ
TOAMASINA	TOTALISÉE	TRACEMENT	TRAPILLON
TOCANTINS	TOTALISER	TRACHÉALE	TRAPPISTE
TOGLIATTI	TOTÉMIQUE	TRACHÉAUX	**TRAPPISTE**
TOGOLAISE	TOTÉMISME	TRACHÉIDE	TRAQUELET
TOGOLAISE	**TOTONAQUE**	TRACHÉITE	TRAQUEUSE
TOILETTÉE	TOUARÈGUE	**TRACIENNE**	**TRASIMÈNE**
TOILETTER	TOUCHANTE	TRACTABLE	TRATTORIA
TOISON D'OR	TOUCHEAUX	TRACTRICE	TRAVAILLÉ
TOJOLABAL	**TOUCYCOIS**	TRADITION	TRAVELAGE
TOKHARIEN	**TOUGGOURT**	**TRAFALGAR**	TRAVERSÉE
TOKUSHIMA	TOUILLAGE	TRAFICOTÉ	TRAVERSER
TOLENTINO	TOUILLANT	TRAFIQUÉE	TRAVERSIN
TOLÉRABLE	**TOULOUGES**	TRAFIQUER	TRAVERTIN
TOLÉRANCE	TOUNGOUSE	TRAGÉDIEN	TRAVESTIE
TOLÉRANTE	TOUNGOUZE	TRAÎNANTE	TRAVESTIR
TOLTÈQUES	TOUPILLÉE	TRAÎNARDE	**TREBLINKA**
TOLUIDINE	TOUPILLER	TRAÎNASSÉ	TRÉBUCHER
TOMAKOMAI	TOUPILLON	TRAÎNEAUX	TRÉBUCHET
TOMBEREAU	TOUPINANT	TRAÎNEUSE	TRÉFILAGE
TOMBLAINE	TOURAILLE	TRAINGLOT	TRÉFILANT
TOMENTEUX	TOURANIEN	TRAIN-PARC	TRÉFILEUR
TONDAISON	**TOURANIEN**	TRAIN-TRAM	TRÉFLIÈRE
TONIFIANT	TOURBEUSE	TRAITABLE	**TRÉGASTEL**
TONITRUER	TOURBIÈRE	TRAITANTE	**TRÉGOROIS**
TONKINOIS	**TOURCOING**	TRAÎTREUX	TRÉHALOSE
TONNELAGE	TOURILLON	TRAÎTRISE	TREILLAGE
TONNELIER	**TOURMALET**	TRAM-TRAIN	TREILLAGÉ

TREIZIÈME	TRICOLORE	**TRONDHEIM**	TURBIDITÉ
TREIZISTE	TRICOTAGE	TRONQUANT	TURBINAGE
TRÉLAZÉEN	TRICOTANT	**TROPÉZIEN**	TURBINANT
TRÉLONAIS	TRICOTEUR	TROPHIQUE	TURBULENT
TRÉMATAGE	TRIDENTÉE	TROPICALE	**TURCKHEIM**
TRÉMATANT	**TRIELLOIS**	TROPICAUX	**TURINOISE**
TRÉMATODE	TRIENNALE	TROP-PERÇU	**TURKESTAN**
TREMBLAIE	TRIENNAUX	TROP-PLEIN	TURLUPINÉ
TREMBLANT	TRIFORIUM	TROQUEUSE	TURLUTUTU
TREMBLANT	TRIGAUDER	TROTTEUSE	TURPITUDE
TREMBLEUR	TRIGLYPHE	TROTTINER	TURQUERIE
TREMBLOTE	TRIGRAMME	TROUBLANT	TURQUETTE
TREMBLOTÉ	TRIJUMEAU	TROUBLEAU	TURQUOISE
TRÉMOLITE	TRILINGUE	TROUPEAUX	TUSSILAGE
TRÉMOUSSÉ	TRILITÈRE	TROUPIALE	TUTÉLAIRE
TREMPETTE	TRILOBITE	TROUSSAGE	TUTEURAGE
TRÉMULANT	TRIMARDER	TROUSSANT	TUTEURANT
TRENTAINE	TRIMBALÉE	TROUSSEAU	**TUTICORIN**
TRENTE-SIX	TRIMBALER	**TROUSSEAU**	TUTOYEUSE
TRENTIÈME	TRIMBALLÉ	TROUSSEUR	**TUVULUANE**
TRÉPANANT	TRIMESTRE	TROU-TROUS	TUYAUTAGE
TRÉPASSÉE	TRIMÉTAUX	TROUVABLE	TUYAUTANT
TRÉPASSER	TRIMOTEUR	TROUVEUSE	TYLENCHUS
TRÉPASSÉS	TRINGLANT	**TROUVILLE**	TYMPANAUX
TRÉPIDANT	**TRINITAIN**	TRUANDANT	**TYNEMOUTH**
TRÉPIGNER	TRINQUANT	TRUCIDANT	TYPOLOGIE
TRÉPOINTE	TRINQUEUR	TRUCMUCHE	TYPOMÈTRE
TRÉPONÈME	TRIOLISME	TRUCULENT	TYRANNEAU
TRÉSAILLE	TRIOMPHAL	TRUFFIÈRE	TYRANNISÉ
TRESCHEUR	TRIOMPHER	TRUQUEUSE	**TZELTALES**
TRÉSORIER	TRIPAILLE	TRUQUISTE	**TZOTZILES**
TRESSAUTÉ	TRIPARTIE	TRUSQUINÉ	UBIQUISTE
TRETSOISE	TRIPHASÉE	**TS'AO TS'AO**	**UHLENBECK**
TREUILLÉE	TRIPLETTE	**TSIRANANA**	UKRAINIEN
TREUILLER	TRIPLOÏDE	**TSITSIHAR**	**UKRAINIEN**
TRÉVIRANT	TRIPOTAGE	**TSUBOUCHI**	ULCÉREUSE
TRÉVISANE	TRIPOTANT	TUBÉRACÉE	ULTÉRIEUR
TRIALCOOL	TRIPOTEUR	TUBERCULE	ULTIMATUM
TRIANDINE	TRIPTYQUE	TUBÉREUSE	ULTRAVIDE
TRIANDRIE	TRISAÏEUL	TUBÉRISÉE	ULULATION
TRIANGULÉ	TRISTESSE	TUBULAIRE	ULULEMENT
TRIASIQUE	TRITICALE	TUBULEUSE	**UMAYYADES**
TRIATHLON	TRITURANT	TUE-DIABLE	UNANIMITÉ
TRIBALLÉE	TRIVALENT	**TUILERIES**	**UNGARETTI**
TRIBALLER	**TROCADÉRO**	TULARÉMIE	UNGUIFÈRE
TRIBONIEN	TROCHITER	**TULUNIDES**	UNICOLORE
TRIBOULET	**TROISGROS**	TUMÉFIANT	UNIFOLIÉE
TRIBOULET	TROIS-HUIT	TUMESCENT	UNILINGUE
TRIBUNAUX	TROISIÈME	TUMULAIRE	**UNIONAISE**
TRICASTIN	TROIS-MÂTS	TUMULTUER	UNIONISME
TRICENNAL	TROMPERIE	TUNGSTATE	UNIONISTE
TRICHERIE	TROMPETÉE	TUNGSTÈNE	**UNION JACK**
TRICHEUSE	TROMPETER	TUNISOISE	UNIOVULÉE
TRICHROME	TROMPETTE	**TUNISOISE**	UNISEXUÉE
TRICKSTER	TROMPEUSE	TUNNELIER	UNISEXUEL
TRICOISES	TRONÇONNÉ	**TUPINAMBA**	UNIVALENT

UNIVERSEL	VAISSELLE	VARICELLE	**VENEZIANO**
UNIVOCITÉ	**VALAISANE**	VARIÉTALE	**VENEZUELA**
UNTERWALD	**VAL-BÉLAIR**	VARIÉTAUX	VENGEANCE
UPANISHAD	**VAL D'AOSTE**	**VARILHOIS**	VENIMEUSE
UPÉRISANT	VALDINGUÉ	VARIOLEUX	**VÉNISSIAN**
UPWELLING	**VAL-D'ISÈRE**	VARIQUEUX	**VENIZÉLOS**
URANIFÈRE	**VALDORIEN**	VARLOPANT	VENTAILLE
URANINITE	VALDÔTAIN	VARSOVIEN	VENTILANT
URBANISÉE	**VALDÔTAIN**	**VARSOVIEN**	VENTILÉES
URBANISER	**VALENCÉEN**	VASOTOMIE	VENTRÈCHE
URBANISME	**VALENCIEN**	VASOUILLÉ	VENTRIÈRE
URBANISTE	**VALENSOLE**	VASSALISÉ	VÉPÉCISTE
URÉDINALE	**VALENTINO**	VASSALITÉ	VERBALISÉ
URÉTÉRALE	VALÉRIANE	VASSELAGE	VERBIAGER
URÉTÉRAUX	VALÉRIQUE	**VASSILIEV**	VERBOQUET
URÉTÉRITE	VALEUREUX	VASSIVEAU	VERBOSITÉ
URÉTHANNE	VALIDEUSE	VASTEMENT	**VERCHÈRES**
URGEMMENT	**VALKYRIES**	**VATANAISE**	VER-COQUIN
URINIFÈRE	**VALLAURIS**	VATICINER	VERDOYANT
UROBILINE	**VALLEROIS**	VATRAYANA	**VERDUNOIS**
UROKINASE	**VALLESPIR**	**VAUCANSON**	VÉRÉTILLE
UROPYGIAL	**VALLETAIS**	VAUCHÉRIE	**VERGENNES**
UROPYGIEN	VALLONNÉE	**VAUDÉMONT**	VERGEOISE
URTICACÉE	**VALLOTTON**	**VAUDREUIL**	VERGETURE
URTICAIRE	**VALNIGRIN**	**VAUGNERAY**	VERGLACÉE
URTICANTE	**VALOGNAIS**	**VAUQUELIN**	VERGLACER
URUGUAYEN	VALORISÉE	**VAURÉENNE**	**VERGNIAUD**
URUGUAYEN	VALORISER	VAURIENNE	VERGOBRET
USSELLOIS	**VALTELINE**	VAVASSEUR	**VERHAEREN**
USTENSILE	VAMPIRISÉ	VECTORIEL	VÉRIDIQUE
USUCAPION	VANADIQUE	VÉGÉTATIF	VÉRIFIANT
UTILEMENT	**VAN CAMPEN**	VÉHÉMENCE	VÉRIFIEUR
UTILISANT	VANCOUVER	VÉHÉMENTE	VÉRITABLE
UZÉTIENNE	VANDALISÉ	VÉHICULÉE	VERMEILLE
VACANCIER	**VAN DONGEN**	VÉHICULER	VERMICIDE
VACATAIRE	**VAN GENNEP**	VEILLEUSE	VERMICULÉ
VACCINALE	**VANIÉROIS**	VEINOSITÉ	VERMIFUGE
VACCINANT	VANILLIER	**VÉLASQUEZ**	VERMILLER
VACCINAUX	VANILLINE	**VELÁZQUEZ**	VERMILLON
VACHEMENT	VANITEUSE	VÉLOCISTE	VERMINEUX
VACILLANT	**VAN MANDER**	VÉLOCROSS	VERMINOSE
VADE-MECUM	**VANNETAIS**	VÉLODROME	VERMOULÉE
VA-ET-VIENT	**VAN OSTADE**	VELOUTANT	VERMOULER
VAGABONDE	**VAN SCOREL**	VELOUTEUX	VERMOULUE
VAGABONDÉ	**VANSÉENNE**	VELOUTIER	VERNATION
VAGINISME	**VANUA LEVU**	VELOUTINE	**VERNIOLAN**
VAGISSANT	**VANUATUAN**	**VENAISSIN**	VERNISSÉE
VAGOTOMIE	VA-NU-PIEDS	**VENCESLAS**	VERNISSER
VAGOTONIE	VAPOREUSE	VENDANGÉE	**VERNOLIEN**
VAGUEMENT	VAPORISÉE	VENDANGER	**VÉRONAISE**
VAILLANCE	VAPORISER	VENDÉENNE	VÉRONIQUE
VAILLANTE	VARAPPANT	**VENDÉENNE**	**VÉRONIQUE**
VAINEMENT	VARAPPEUR	VENDEUVRE	VERRAZANE
VAINQUANT	**VARENNOIS**	**VENDÔMOIS**	VERRAZANO
VAINQUEUR	VARIATEUR	VÉNÉNEUSE	**VERRIÈRES**
VAISSEAUX	VARIATION	VÉNÉRABLE	VERSATILE

VERSEMENT
VERSIFIÉE
VERSIFIER
VERTAIZON
VERTAVIEN
VERTÉBRAL
VERTÉBRÉE
VERTEMENT
VERTICALE
VERTICAUX
VERTUBLEU
VERTUCHOU
VERTUDIEU
VERTUEUSE
VERTUSIEN
VERVINOIS
VESCOVATO
VÉSICANTE
VESPASIEN
VESPÉRALE
VESPÉRAUX
VESTIAIRE
VESTIBULE
VÉTÉCISTE
VÉTÉTISTE
VÉTILLANT
VÉTILLARD
VÉTILLEUR
VÉTILLEUX
VEVEYSANE
VEXATOIRE
VEXATRICE
VIABILISÉ
VIABILITÉ
VIAREGGIO
VIBRATEUR
VIBRATILE
VIBRATION
VIBRIONNÉ
VICARIANT
VICELARDE
VICENNALE
VICENNAUX
VICENTINE
VICÉSIMAL
VICE VERSA
VICIATEUR
VICIATION
VICKSBURG
VICOMTALE
VICOMTAUX
VICOMTOIS
VICQ D'AZYR
VICQUOISE
VICTORIEN
VICTIMISÉ

VIDANGEUR
VIDE-CAVES
VIDÉO-CLIP
VIDÉOCLUB
VIDE-POCHE
VIDE-POMME
VIEILLARD
VIELLEUSE
VIENNOISE
VIENTIANE
VIF-ARGENT
VIGANAISE
VIGILANCE
VIGILANTE
VIGNEAULT
VIGNEMALE
VIGNETAGE
VIGNETANT
VIGOUREUX
VILIPENDÉ
VILLAINES
VILLANDRY
VILLEDIEU
VILLEJUIF
VILLEMAIN
VILLENAVE
VILLEREST
VILLERIER
VILLERUPT
VILLOSITÉ
VIMYNOISE
VINAIGRÉE
VINAIGRER
VINCAMINE
VINCENNES
VINGTAINE
VINGT-DEUX
VINGT-ET-UN
VINGTIÈME
VINIFIANT
VINNYTSIA
VINYLIQUE
VIOLAÇANT
VIOLATEUR
VIOLATION
VIOLENTÉE
VIOLENTER
VIOLETANT
VIOLONEUX
VIPEREAUX
VIPÉRIAUX
VIREVOLTE
VIREVOLTÉ
VIRGINALE
VIRGINAUX

VIRGINITÉ
VIRILISÉE
VIRILISER
VIRILISME
VIRILOCAL
VIROLOGIE
VIROLOGUE
VIRTUELLE
VIRULENCE
VIRULENTE
VISAGISME
VISAGISTE
VISCÉRALE
VISCÉRAUX
VISCOSITÉ
VISIGOTHS
VISIONNÉE
VISIONNER
VISITEUSE
VISQUEUSE
VISUALISÉ
VITALISME
VITALISTE
VITAMINÉE
VITELLINE
VITELLIUS
VITELOTTE
VITRÉENNE
VITRIFIÉE
VITRIFIER
VITRIOLÉE
VITRIOLER
VITROLLES
VITTORINI
VITULAIRE
VITUPÉRÉE
VITUPÉRER
VIVANDIER
VIVERRIDÉ
VIVES-EAUX
VIVIFIANT
VIVAROISE
VIVONNOIS
VIZILLOIS
VOCALIQUE
VOCALISÉE
VOCALISER
VOCALISME
VOCIFÉRÉE
VOCIFÉRER
VOGELHERD
VOÏÉVODAT
VOÏÉVODIE
VOILEMENT
VOISEMENT
VOISINAGE

VOISINANT
VOITURAGE
VOITURANT
VOITURIER
VOJVODINE
VOLAILLER
VOL-AU-VENT
VOL DE NUIT
VOLETANTE
VOLGOGRAD
VOLIGEAGE
VOLIGEANT
VOLLEYANT
VOLLEYEUR
VOLTAÏQUE
VOLTAÏQUE
VOLTE-FACE
VOLTIGEUR
VOLTMÈTRE
VOLUBILIS
VOLUBILIS
VOLUCELLE
VOLUMIQUE
VOLVICOIS
VOMIQUIER
VOMISSANT
VOMISSURE
VOMITOIRE
VOSGIENNE
VOSGIENNE
VOULTAINE
VOUSSEAUX
VOUSSOYÉE
VOUSSOYER
VOUVOYANT
VOUZINOIS
VOX POPULI
VOYAGEAGE
VOYAGEANT
VOYAGEUSE
VOYAGISTE
VRAIS-FAUX
VRANITZKY
VRILLETTE
VUILLEMIN
VULCANIEN
VULCANISÉ
VULGARISÉ
VULGARITÉ
VULNÉRANT
VULTUEUSE
WADDENZEE
WÄDENSWIL
WAGON-LITS
WAHHABITE
WALBRZYCH

WALDERSEE	WIESBADEN	YAOUNDÉEN	ZERAVCHAN
WALDSTEIN	WILKINSON	YGGDRASIL	ZERMATTEN
WALKYRIES	WILLIBROD	YINGCHENG	ZHANJIANG
WALLABIES	WILTSHIRE	YOHIMBEHE	ZHENGZHOU
WALLENSEE	WIMBLEDON	YOHIMBINE	ZHOU ENLAI
WALLISIEN	WINGLOISE	YOKKAICHI	ZHU RONGJI
WALLISIEN	WINNICOTT	YORKSHIRE	ZIEULANTE
WALPURGIS	WINOGRAND	YORKSHIRE	ZIG ET PUCE
WALVIS BAY	WISCONSIN	YOSA BUSON	ZIGGOURAT
WARRANTÉE	WISIGOTHE	YOSHIHITO	ZIGOUILLÉ
WARRANTER	WISIGOTHS	YOURCENAR	ZIGZAGUER
WASQUEHAL	WLOCLAWEK	YPSILANTI	ZIMMERMAN
WASSINGUE	WOLFSBURG	YTTERBINE	ZINCIFÈRE
WATERBURY	WOLLASTON	YTTERBIUM	ZIRCONIUM
WATERFORD	WOODSTOCK	YUNUS EMRE	ZLATOOUST
WATERGANG	WORCESTER	YVELINOIS	ZODIACALE
WATERGATE	WOUWERMAN	YVETOTAIS	ZODIACAUX
WATER-POLO	WUPPERTAL	ZACATECAS	ZONGULDAK
WATERZOEI	WYANDOTTE	ZAGRÉBOIS	ZOOGAMÈTE
WATERZOOI	WYCHERLEY	ZAHER CHAH	ZOOLÂTRIE
WATTHEURE	XANTHIQUE	ZÁKYNTHOS	ZOOMORPHE
WATTMÈTRE	XÉNARTHRE	ZAMBIENNE	ZOOPATHIE
WATTRELOS	XÉNOCRATE	ZAMBIENNE	ZOOPHILIE
WEBCAMÉRA	XÉNOPHANE	ZAMBOANGA	ZOOPHOBIE
WEBMESTRE	XÉNOPHILE	ZAMIATINE	ZOOTHÈQUE
WEHRMACHT	XÉNOPHOBE	ZAOZHUANG	ZOROASTRE
WEISSHORN	XÉROCOPIE	ZAPATEADO	ZOROBABEL
WELLESLEY	XÉROPHILE	ZAPOROJIE	ZOSTÉRIEN
WERGELAND	XÉROPHYTE	ZEEBRUGGE	ZRENJANIN
WESTMOUNT	XYLOPHAGE	ZÉLANDAIS	ZSIGMONDY
WEST POINT	XYLOPHONE	ZÉLATRICE	ZUGSPITZE
WETTINGEN	YACHT-CLUB	ZELL AM SEE	ZUIDERZEE
WHITEHALL	YACHTMANS	ZÉLOTISME	ZURICHOIS
WHITEHEAD	YACHTSMAN	ZÉNITHALE	ZURICHOIS
WHITWORTH	YACHTSMEN	ZÉNITHAUX	ZWINGLIEN
WIELICZKA	YAMAGUCHI	ZÉPHYRIEN	

10

	ABANDONNER
	ABASOURDIE
	ABASOURDIR
	ABATTEMENT
	ABBAS HILMI
	ABBASSIDES
	ABD AL-MUMIN
	ABD EL-KADER
	ABDEL WAHAB
	ABDICATION
	ABDOMINALE
	ABDOMINAUX
AAR-GOTHARD	ABDÜLHAMID
ABAISSABLE	ABDÜLMECID
ABAISSANTE	ABÉCÉDAIRE
ABALOURDIR	ABENGOUROU
ABANDONNÉE	ABERRATION

ABÊTISSANT
ABIDJANAIS
ABINTESTAT
ABJURATION
ABNÉGATION
ABOLISSANT
ABOMINABLE
ABONDEMENT
ABONNEMENT
ABOU-SIMBEL
ABOUTEMENT
ABRAMOVITZ
ABRÉACTION
ABRÈGEMENT
ABRÉVIATIF
ABRICOTIER
ABRICOTINE

ABROGATION
ABROGATIVE
ABROGEABLE
ABRUZZAISE
ABSOLUMENT
ABSOLUTION
ABSORBABLE
ABSORBANTE
ABSORPTION
ABSTENTION
ABSTINENCE
ABSTINENTE
ABSTRAYANT
ABYSSINIEN
ABYSSINIEN
ACADÉMIQUE
ACADÉMISME
ACAGNARDER
ACALORIQUE
ACANTHACÉE
ACCABLANTE
ACCAPARANT
ACCAPAREUR
ACCASTILLÉ
ACCÉLÉRANT
ACCENTUANT
ACCEPTABLE
ACCEPTANTE
ACCESSIBLE
ACCESSOIRE
ACCIAIUOLI
ACCIDENTÉE
ACCIDENTEL
ACCIDENTER
ACCLIMATÉE
ACCLIMATER
ACCOINTANT
ACCOLEMENT
ACCOMMODAT
ACCOMMODÉE
ACCOMMODER
ACCOMPAGNÉ
ACCORDABLE
ACCORDEUSE
ACCORTESSE
ACCOTEMENT
ACCOUARDIR
ACCOUCHANT
ACCOUCHEUR
ACCOUPLANT
ACCOUTRANT
ACCOUTUMÉE
ACCOUTUMER
ACCOUVEUSE
ACCRÉDITÉE
ACCRÉDITER
ACCRÉDITIF

ACCRESCENT
ACCROCHAGE
ACCROCHANT
ACCROCHEUR
ACCUEILLIE
ACCUEILLIR
ACCULTURÉE
ACCUMULANT
ACCUSATEUR
ACCUSATION
ACETABULUM
ACÉTIFIANT
ACÉTIMÈTRE
ACÉTOMÈTRE
ACÉTONÉMIE
ACÉTONURIE
ACHALANDÉE
ACHALANDER
ACHÉMÉNIDE
ACHEMINANT
ACHÈVEMENT
ACICULAIRE
ACIDIFIANT
ACIDIMÈTRE
ACIDIPHILE
ACIDOPHILE
ACŒLOMATE
A CONTRARIO
ACOQUINANT
ACOUMÉTRIE
ACOUSTIQUE
ACQUIESCER
ACQUISITIF
ACQUITTANT
ACROSTICHE
ACTIONNANT
ACTIONNEUR
ACTIVATEUR
ACTIVATION
ACTIVEMENT
ACTUALISÉE
ACTUALISER
ACTUALISME
ADAMANTINE
ADAPTATEUR
ADAPTATION
ADAPTATIVE
ADDIS-ABABA
ADDIS-ABEBA
ADDITIONNÉ
ADÉNOVIRUS
ADÉQUATION
ADHÉSIVITÉ
ADIRONDACK
ADJECTIVAL
ADJECTIVÉE
ADJECTIVER

ADJOIGNANT
ADJONCTION
ADJURATION
ADMINICULE
ADMINISTRÉ
ADMIRATEUR
ADMIRATION
ADMIRATIVE
ADMISSIBLE
ADMITTANCE
ADMONESTÉE
ADMONESTER
ADMONITION
ADOLESCENT
ADORATRICE
ADOSSEMENT
ADOUBEMENT
ADRÉNALINE
ADRIATIQUE
ADSORBANTE
ADSORPTION
ADULATRICE
ADULTÉRANT
ADULTÉRINE
ADVENTISTE
ADVERBIALE
ADVERBIAUX
ADVERSAIRE
ADVERSATIF
ADYGUÉENNE
AÉRAULIQUE
AÉROGRAMME
AÉROGRAPHE
AÉROMOBILE
AÉRONAVALE
AÉROPHAGIE
AÉROPORTÉE
AÉROPOSTAL
AÉROTHERME
AFFABILITÉ
AFFABULANT
AFFAIRISME
AFFAIRISTE
AFFAISSANT
AFFALEMENT
AFFECTUEUX
AFFICHETTE
AFFICHEUSE
AFFICHISTE
AFFINEMENT
AFFIRMATIF
AFFLEURANT
AFFLICTION
AFFLICTIVE
AFFLIGEANT
AFFOLEMENT
AFFOUILLÉE

AFFOUILLER	**AIRVAUDAIS**	ALLÈGEMENT
AFFOURAGÉE	**AJACCIENNE**	ALLÉGEMENT
AFFOURAGER	AKKADIENNE	ALLÉGRESSE
AFFOURCHÉE	**AKKADIENNE**	ALLEGRETTO
AFFOURCHER	À LA DÉROBÉE	ALLERGIQUE
AFFRANCHIE	ALAMBIQUÉE	**ALLOBROGES**
AFFRANCHIR	**ALAUNGPAYA**	ALLOCATION
AFFRIANDÉE	**ALBE ROYALE**	ALLOCHTONE
AFFRIANDER	ALBIGEOISE	ALLOCUTION
AFFRIOLANT	**ALBIGEOISE**	ALLOGREFFE
AFFRONTANT	ALCALINISÉ	ALLONGEANT
AFFRUITANT	ALCALINITÉ	**ALLONNAISE**
AFICIONADO	ALCHÉMILLE	ALLOPATHIE
AFRICANISÉ	ALCHIMIQUE	ALLOSTÉRIE
AFRO-CUBAIN	ALCHIMISTE	ALLOTROPIE
AFRO-CUBAIN	ALCOOLÉMIE	ALLUME-FEUX
AFTER-SHAVE	ALCOOLIQUE	À L'OPPOSITE
AGARS-AGARS	ALCOOLISÉE	ALSACIENNE
AGENCEMENT	ALCOOLISER	**ALSACIENNE**
AGENOUILLÉ	ALCOOLISME	ALTÉRATION
AGGLOMÉRAT	ALCOOLOGIE	ALTERNANCE
AGGLOMÉRÉE	ALCOOLOGUE	ALTERNANTE
AGGLOMÉRER	ALCOOMÈTRE	ALTERNATIF
AGGLUTINÉE	ALCYONAIRE	ALTIMÉTRIE
AGGLUTINER	ALDROVANDI	ALUMINERIE
AGGRAVANTE	**ALECHINSKY**	ALUMINEUSE
AGHLABIDES	**ALECSANDRI**	ALUMINIAGE
AGISSEMENT	**ALEIXANDRE**	ALUNISSAGE
AGITATRICE	ALÉMANIQUE	ALUNISSANT
AGNOSTIQUE	**ALÉMANIQUE**	ALVÉOLAIRE
AGONISANTE	ALERTEMENT	AMABILISER
AGONISSANT	ALEVINIÈRE	**AMADOURIEN**
AGORAPHOBE	**ALEXANDRIE**	AMADOUVIER
AGRARIENNE	ALEXANDRIN	**AMALASONTE**
AGRÉGATION	**ALEXANDRIN**	**AMALÉCITES**
AGRÉGATIVE	**ALEXIS ANGE**	AMALGAMANT
AGRÉMENTÉE	**AL-FARAZDAQ**	**AMANDINOIS**
AGRÉMENTER	ALGÉBRIQUE	AMAREYEUSE
AGROCHIMIE	ALGÉBRISTE	AMARNIENNE
AGUICHANTE	ALGÉRIENNE	**AMBARROISE**
AGUICHEUSE	**ALGÉRIENNE**	**AMBERTOISE**
AHMADNAGAR	ALGONQUIEN	AMBIANÇANT
AHURA-MAZDÂ	**ALGONQUINE**	AMBIANCEUR
AHURISSANT	**ALGONQUINS**	AMBIDEXTRE
AHVENANMAA	ALGORITHME	AMBIGUMENT
AÏD-EL-KÉBIR	ALIBOUFIER	AMBISEXUÉE
AIGRE-DOUCE	ALIÉNATION	AMBITIEUSE
AIGRELETTE	ALIGNEMENT	AMBITIONNÉ
AIGREMOINE	ALIMENTANT	AMBIVALENT
AIGRES-DOUX	À L'INSTAR DE	AMBLYSTOME
AIGRISSANT	**AL-KHAREZMI**	AMÉLIORANT
AIGUEPERSE	ALKYLATION	AMÉNAGEANT
AIGUILLAGE	ALLANTOÏDE	AMÉNAGEUSE
AIGUILLANT	ALLANTOÏNE	AMÉNAGISTE
AIGUILLETÉ	ALLÉCHANTE	AMENDEMENT
AIGUILLEUR	ALLÉGATION	AMÉNORRHÉE
AIGUILLIER	ALLÉGEANCE	AMENUISANT

AMÉRICAINE	ANASTYLOSE	ANISOGAMIE
AMÉRICAINE	ANATOCISME	ANISOTROPE
AMÉRINDIEN	ANATOMIQUE	**ANKARIENNE**
AMERSFOORT	ANATOMISTE	ANKYLOSANT
AMIDONNAGE	**ANCENIENNE**	**ANNE BOLEYN**
AMIDONNANT	**ANCERVILLE**	**ANNECIENNE**
AMIDONNIER	ANCESTRALE	**ANNE STUART**
AMINOACIDE	ANCESTRAUX	ANNIHILANT
AMMONIACAL	ANCIENNETÉ	ANNONCEUSE
AMMONIAQUE	ANCILLAIRE	ANNONCIÈRE
AMNIOTIQUE	**ANCONITAIN**	**ANNONÉENNE**
AMNISTIANT	**ANDALOUSIE**	ANNOTATEUR
AMODIATEUR	**ANDELYSIEN**	ANNOTATION
AMODIATION	**ANDERLECHT**	ANNUALISÉE
AMONCELANT	**ANDOLSHEIM**	ANNUALISER
AMORALISME	ANDOUILLER	ANNULATION
AMOURACHÉE	**ANDRÉZIEUX**	ANNULATIVE
AMOURACHER	**ANDRINOPLE**	ÂNONNEMENT
AMOURETTES	ANDROGÉNIE	ANOREXIQUE
AMPÉLOPSIS	ANDROGYNIE	ANORGASMIE
AMPHICTYON	ANDROLOGIE	ANORMALITÉ
AMPHIGOURI	ANDROLOGUE	**ANTALCIDAS**
AMPHIMIXIE	**ANDROMAQUE**	ANTALGIQUE
AMPHINEURE	ANDROPAUSE	ANTAMANIDE
AMPHIPHILE	ANDROPHOBE	**ANTARCTIDE**
AMPHIPOLIS	ANECDOTIER	ANTÉCÉDENT
AMPHIPRION	ANÉMOMÈTRE	ANTÉCHRIST
AMPHISBÈNE	ANÉMOPHILE	ANTÉNATALE
AMPHITRITE	ANÉRECTION	ANTENNISTE
AMPHITRYON	ANESTHÉSIE	ANTÉPOSANT
AMPHITRYON	ANESTHÉSIÉ	ANTÉRIEURE
AMPLIATION	ANÉVRISMAL	ANTHÉRIDIE
AMPLIATIVE	ANÉVRYSMAL	ANTHOLOGIE
AMPLIFIANT	**ANGÉRIENNE**	ANTHRACÈNE
AMPLIFORME	ANGIOLOGIE	ANTHRACITE
AMPLI-TUNER	**ANGLETERRE**	ANTHRACOSE
AMPUTATION	ANGLICISÉE	ANTHYLLIDE
AMR IBN AL-AS	ANGLICISER	ANTIAÉRIEN
AMYGDALITE	ANGLICISME	ANTIBÉLIER
ANABOLISME	ANGLICISTE	ANTICHRÈSE
ANACARDIER	ANGLO-ARABE	ANTICIPANT
ANACHORÈTE	ANGLOMANIE	ANTICLINAL
ANACLINALE	ANGLOPHILE	ANTIDATANT
ANACLINAUX	ANGLOPHOBE	ANTIDOPAGE
ANACOLUTHE	ANGLOPHONE	ANTIDOPING
ÂNACROISÉS	ANGLO-SAXON	ANTIÉMEUTE
ANALOGIQUE	**ANGLO-SAXON**	ANTIFADING
ANALYSABLE	ANGOISSANT	ANTIGLISSE
ANALYSANTE	ANGUIFORME	**ANTIGUAISE**
ANALYTIQUE	ANGUILLÈRE	ANTILLAISE
ANAPHORÈSE	ANGUILLULE	**ANTILLAISE**
ANARCHIQUE	ANIMALCULE	ANTIMONIÉE
ANARCHISME	ANIMALERIE	ANTIPATHIE
ANARCHISTE	ANIMALIÈRE	**ANTIPATROS**
ANASTOMOSE	ANIMALISÉE	ANTIPHRASE
ANASTOMOSÉ	ANIMALISER	ANTIPOISON
ANASTROPHE	ANIMATRICE	ANTIPROTON

ANTIQUAIRE
ANTIREFLET
ANTIROULIS
ANTISÉMITE
ANTISEPSIE
ANTISOCIAL
ANTISTHÈNE
ANTISTRESS
ANTITOXINE
ANTITUSSIF
ANTIVIRALE
ANTIVIRAUX
ANTOINISME
ANTONIENNE
ANTONOMASE
ANTRAIGUES
ANTRUSTION
ANVERSOISE
APAISEMENT
APATOSAURE
APERCEVANT
APERCEVOIR
APÉRITRICE
APESANTEUR
APHÉLANDRA
APICULTEUR
APICULTURE
APIGEONNER
APOCALYPSE
APOLITIQUE
APOLITISME
APOLLINIEN
APOLLODORE
APOLLONIOS
APOLOGISTE
APOMORPHIE
APONÉVROSE
APOPHTEGME
APORÉTIQUE
APOSIOPÈSE
APOSTASIÉE
APOSTASIER
APOSTILLER
APOSTROPHE
APOSTROPHÉ
APPALACHES
APPAMÉENNE
APPARAÎTRE
APPAREILLÉ
APPARENTÉE
APPARENTER
APPARITEUR
APPARITION
APPARTENIR
APPELLATIF
APPESANTIE
APPESANTIR

APPLICABLE
APPLIQUANT
APPOINTAGE
APPOINTANT
APPOMATTOX
APPOSITION
APPRÉCIANT
APPRÉHENDÉ
APPRIVOISÉ
APPROBATIF
APPROCHANT
APPROFONDI
APPROPRIÉE
APPROPRIER
APPROUVANT
APPUIE-BRAS
APPUIE-TÊTE
APPUIS-BRAS
APPUIS-TÊTE
APRÈS-COUPS
APRÈS-DÎNER
APRÈS-VENTE
APRIORIQUE
APTÉRYGOTE
APTÉSIENNE
APYRÉTIQUE
AQUAMANILE
AQUARELLÉE
ARABI PACHA
ARABISANTE
ARABOPHONE
ARACHNOÏDE
ARAGONAISE
ARAGONAISE
ARAMONAISE
ARBITRAIRE
ARBORICOLE
ARBOVIROSE
ARBRESLOIS
ARBRISSEAU
ARCADIENNE
ARC-BOUTANT
ARC-BOUTÉES
ARCHAÏSANT
ARCHÈTERIE
ARCHETIÈRE
ARCHÉTYPAL
ARCHEVÊCHÉ
ARCHEVÊQUE
ARCHILOQUE
ARCHIPENKO
ARCHITECTE
ARCHITRAVE
ARCHIVISTE
ARCHIVOLTE
ARCIMBOLDI
ARCIMBOLDO

ARCISIENNE
ARCS-EN-CIEL
ARDÉCHOISE
ARDENNAISE
ARDENNAISE
ARDENTAISE
ARDOISIÈRE
ARELIGIEUX
ARÉOMÉTRIE
ARGELANDER
ARGELÉSIEN
ARGENTAISE
ARGENTERIE
ARGENTEUIL
ARGENTIQUE
ARGENTRÉEN
ARGONAUTES
ARGONNAISE
ARGOVIENNE
ARGUMENTÉE
ARGUMENTER
ARGYRONÈTE
ARHLABIDES
ARIÉGEOISE
ARISTARQUE
ARISTOBULE
ARLANCOISE
ARLÉSIENNE
ARLÉSIENNE
ARMÉE ROUGE
ARMÉNIENNE
ARMÉNIENNE
ARMILLAIRE
ARMINIENNE
ARMORICAIN
ARMORICAIN
ARNAQUEUSE
ARNAY-LE-DUC
ARNOUVILLE
AROMATIQUE
AROMATISÉE
AROMATISER
ARPENTEUSE
ARRACHEUSE
ARRAGEOISE
ARRAISONNÉ
ARRANGEANT
ARRANGEUSE
ARRIÈRE-BAN
ARRIÈRE-BEC
ARROSEMENT
ARROW-ROOTS
ARSENICALE
ARSENICAUX
ARTAXERXÈS
ARTÉMISION
ARTÉRIELLE

ARTÉSIENNE	ASSOLEMENT	ATTRIBUTIF
ARTÉSIENNE	ASSOMMANTE	ATTRISTANT
ARTHRALGIE	ASSOMMEUSE	ATTROUPANT
ARTHRODÈSE	ASSOMPTION	**AUBAGNAISE**
ARTHROPODE	ASSONANCÉE	**AUBARNOISE**
ARTICULANT	ASSUJETTIE	AUBERGISTE
ARTIFICIEL	ASSUJETTIR	**AUCHELLOIS**
ARTIFICIER	ASSURÉMENT	AUCUNEMENT
ARTILLERIE	ASSYRIENNE	AUDACIEUSE
ARTISANALE	**ASSYRIENNE**	AU-DEDANS DE
ARTISANAUX	**ASTÉRIENNE**	AU-DEHORS DE
ARTISTIQUE	ASTÉRISQUE	**AUDENGEOIS**
ARTOCARPUS	ASTHÉNIQUE	AU-DESSUS DE
ARTOTHÈQUE	ASTICOTANT	AU-DEVANT DE
ARYTÉNOÏDE	ASTREINDRE	AUDIBILITÉ
ARYTHMIQUE	ASTRINGENT	AUDIENCIER
ASA FŒTIDA	ASTROBLÈME	**AUDIERNAIS**
ASBESTRIEN	ASTROLOGIE	AUDIMÉTRIE
ASCENDANCE	ASTROLOGUE	AUDIMUTITÉ
ASCENDANTE	ASTRONAUTE	**AUDINCOURT**
ASCLÉPIADE	ASTRONOMIE	AUDIOLOGIE
ASCLÉPIADE	ASTUCIEUSE	AUDIOMÈTRE
ASCOMYCÈTE	ASTURIENNE	AUDIOPHONE
ASCORBIQUE	**ASTURIENNE**	AUDITIONNÉ
ASÉISMIQUE	ASYNCHRONE	AUDITORIUM
ASEPTISANT	ATERMOYANT	AUDOMAROIS
ASHKÉNAZES	**ATHABASCAN**	**AUDOMAROIS**
ASNIÉROISE	**ATHAPASCAN**	AUDONIENNE
ASPARAGINE	**ATHÉGIENNE**	**AUDONIENNE**
ASPARTIQUE	ATHÉNIENNE	**AUFKLÄRUNG**
ASPERGEANT	**ATHÉNIENNE**	AUGMENTANT
ASPERGILLE	ATHERMIQUE	AUJOURD'HUI
ASPHALTAGE	ATHLÉTIQUE	**AULNAISIEN**
ASPHALTANT	ATHLÉTISME	**AULNATOISE**
ASPHALTIER	À TIRE-D'AILE	**AUNISIENNE**
ASPHYXIANT	ATLANTIQUE	AUPARAVANT
ASPIDISTRA	**ATLANTIQUE**	**AURANGABAD**
ASPIRATEUR	ATLANTISME	**AURÉLIENNE**
ASPIRATION	ATMOSPHÈRE	AUSCITAINE
ASPROMONTE	ATOCATIÈRE	**AUSCITAINE**
ASSAILLANT	ATROCEMENT	AUSCULTANT
ASSAISONNÉ	ATROPHIANT	AUSTÉRISME
ASSASSINAT	ATTACHANTE	**AUSTERLITZ**
ASSASSINÉE	ATTAQUABLE	AUSTRALIEN
ASSASSINER	ATTAQUANTE	**AUSTRALIEN**
ASSEMBLAGE	ATTEIGNANT	**AUTANT-LARA**
ASSEMBLANT	ATTENTISME	AUTARCIQUE
ASSEMBLEUR	ATTENTISTE	**AUTERIVAIN**
ASSERMENTÉ	ATTÉNUANTE	AUTISTIQUE
ASSIDÛMENT	ATTERRANTE	AUTOCENTRÉ
ASSIÉGEANT	ATTIFEMENT	AUTOCHROME
ASSIMILANT	ATTISEMENT	AUTOCHTONE
ASSISTANAT	ATTRACTION	AUTOCRATIE
ASSISTANCE	ATTRACTIVE	AUTODICTÉE
ASSISTANTE	ATTRAPETTE	AUTO-ÉCOLES
ASSOCIATIF	ATTRAPOIRE	AUTOGRAPHE
ASSOIFFANT	ATTRAYANTE	AUTOGREFFE

AUTOGUIDÉE	AVOISINANT	**BALGENCIEN**
AUTO-IMMUNE	AVORTEMENT	**BALIKPAPAN**
AUTO-IMMUNS	AXÉROPHTOL	BALISTIQUE
AUTOMATION	AXIOMATISÉ	BALIVERNER
AUTOMATISÉ	AYANT CAUSE	BALKANIQUE
AUTOMOBILE	AYANT DROIT	BALKANISÉE
AUTOMOTEUR	**AZAÑA Y DÍAZ**	BALKANISER
AUTOPSIANT	**AZNAR LÓPEZ**	**BALKENENDE**
AUTORISANT	BABILLARDE	**BALLAN-MIRÉ**
AUTOSCOPIE	BABIROUSSA	BALLASTAGE
AUTOTRACTÉ	BABOUVISME	BALLASTANT
AUTOTROPHE	BABY-BOOMER	BALLONNANT
AUTRICHIEN	BABYLONIEN	BALLOTTAGE
AUTRICHIEN	BABY-SITTER	BALLOTTANT
AUVERGNATE	BACCHANALE	BALLOTTINE
AUVERGNATE	BACCHANTES	**BALNÉOLAIS**
AUVERSOISE	**BACCHYLIDE**	BALOURDISE
AUXERROISE	**BACHAMOISE**	**BALOUTCHES**
AUXILIAIRE	BACHELETTE	BALSAMIQUE
AUXONNAISE	BACHELIÈRE	BALUSTRADE
AUXQUELLES	BACILLAIRE	BAMBOCHADE
AVANCEMENT	BACKGAMMON	BAMBOCHANT
AVANT-CALES	BACKGROUND	BAMBOCHARD
AVANT-CLOUS	BACK-OFFICE	BAMBOCHEUR
AVANT-CORPS	**BADAKHCHAN**	BANALEMENT
AVANT-COURS	BADAUDERIE	BANALISANT
AVANT-GARDE	BADAUDISME	BANANERAIE
AVANT-GOÛTS	**BADEN-BADEN**	BANCOULIER
AVANT-MAINS	**BADGASTEIN**	BANDELETTE
AVANT-MONTS	BADIGEONNÉ	BANDERILLE
AVANT-PLANS	**BADINIÈRES**	BANDE-VIDÉO
AVANT-PORTS	BAFOUILLÉE	**BANDIAGARA**
AVANT-POSTE	BAFOUILLER	**BANDINELLI**
AVANT-SCÈNE	BAGARREUSE	BANDITISME
AVANT-TEXTE	**BAGNÉRAISE**	**BANDOLAISE**
AVANT-TOITS	BAGNOLAISE	**BANGKOKIEN**
AVANT-TRAIN	BAGUENAUDE	BANGLADAIS
AVANT-TROUS	BAGUENAUDÉ	**BANGLADAIS**
AVARICIEUX	BAHAMIENNE	**BANGLADESH**
AVELLANEDA	BAHAWALPUR	**BANJULAISE**
AVENTURANT	**BAHREÏNIEN**	BANNISSANT
AVENTUREUX	**BAIE-COMEAU**	BANQUETANT
AVENTURIER	**BAIE-COMIEN**	BANTOUSTAN
AVENTURINE	**BAILLAIRGÉ**	**BAPALMOISE**
AVEUGLANTE	BÂILLEMENT	BAPTISMALE
AVEUGLE-NÉE	BÂILLONNÉE	BAPTISMAUX
AVEUGLETTE	BÂILLONNER	BAPTISTÈRE
AVICULTEUR	BAINS-MARIE	BARAGOUINÉ
AVICULTURE	BAÏONNETTE	BARATINANT
AVILISSANT	BAISAILLER	BARATINEUR
AVION-CARGO	BALANCELLE	**BARBANÈGRE**
AVION-ÉCOLE	**BALANCHINE**	BARBARISME
AVIONNERIE	BALANÇOIRE	**BARBAROSSA**
AVITAILLÉE	BALBUTIANT	**BARBE-BLEUE**
AVITAILLER	BALEINEAUX	**BARBEZIEUX**
AVOCAILLON	BALEINIÈRE	BARBIFIANT
AVOCASSIER	**BALENCIAGA**	BARBOTEUSE

10

BARBOUILLE
BARBOUILLÉ
BARCAROLLE
BARDDHAMAN
BARGUIGNER
BARISIENNE
BARJAQUANT
BARJOLAISE
BARLINOISE
BARLOTIÈRE
BAROGRAPHE
BAROMÉTRIE
BAROQUEUSE
BAROQUISME
BAROUDEUSE
BARRAGISTE
BARRICADÉE
BARRICADER
BARRISSANT
BARSACAISE
BAR-SUR-AUBE
BARTAVELLE
BARTHÉLEMY
BARTOLOMEO
BARYCENTRE
BARYONIQUE
BASALTIQUE
BASCULANTE
BAS-DE-CASSE
BASILICALE
BASILICATE
BASILICAUX
BAS-JOINTÉE
BAS-JOINTÉS
BASKET-BALL
BASKETTEUR
BAS-NORMAND
BAS-RELIEFS
BAS-RHINOIS
BASSE-FOSSE
BASSE-INDRE
BASSENAISE
BASSE-TERRE
BASSETERRE
BASSINANTE
BASSINOIRE
BASSONISTE
BASTINGAGE
BASTIONNÉE
BASTOGNARD
BASTONNADE
BASTONNANT
BASTRINGUE
BASUTOLAND
BAS-VENTRES
BATAILLANT
BATAILLEUR

BATARDEAUX
BATELLERIE
BATHYMÈTRE
BATIFOLAGE
BATIFOLANT
BATIFOLEUR
BÂTISSEUSE
BATOILLANT
BATON ROUGE
BATTAMBANG
BATTOLOGIE
BATTOLOGUE
BATZ-SUR-MER
BAUDELAIRE
BAUMGARTEN
BAVARDERIE
BAVARDINER
BAYEUSAINE
BAYONNAISE
BAZEILLAIS
BEACHY HEAD
BÉATIFIANT
BÉATIFIQUE
BEAUCHEMIN
BEAUFORTIN
BEAUJOLAIS
BEAUJOLAIS
BEAUMANOIR
BEAU-PARENT
BEAUSOLEIL
BEAUSSETAN
BEAUVAISIS
BEAUVALLON
BEAUX-PÈRES
BÉCASSEAUX
BÊCHEVETÉE
BÊCHEVETER
BECQUETANT
BECS-DE-CANE
BÉDARICIEN
BÉDARRIDES
BEDONNANTE
BÉGAIEMENT
BÉGARROISE
BÉKÉSCSABA
BÉLAIROISE
BELFORTAIN
BELGICISME
BELGIOJOSO
BELGRADOIS
BÉLIZIENNE
BELLAVITIS
BELLE-DOCHE
BELLEDONNE
BELLE-FILLE
BELLEGAMBE
BELLEGARDE

BELLÊMOISE
BELLE-SŒUR
BELLÉTRIEN
BELLEVILLE
BELLEYSANE
BELLICISME
BELLICISTE
BELLILOISE
BELLINZONA
BELLIQUEUX
BÉMOLISANT
BÉNÉDICITÉ
BÉNÉDICTIN
BÉNÉFICIER
BENFELDOIS
BEN GOURION
BENI MELLAL
BÉNI-OUI-OUI
BÉNISSEUSE
BEN JELLOUN
BENKENDORF
BÉNODETOIS
BENVENISTE
BENZÉNIQUE
BENZYLIQUE
BÉQUILLANT
BÉQUILLARD
BERJALLIEN
BERLAIMONT
BERLINETTE
BERLINGUER
BERLINOISE
BERLINOISE
BERLUSCONI
BERNADOTTE
BERNARD GUI
BERNARDINE
BERNARDINO
BERNAYENNE
BERNISSART
BERNSTORFF
BERQUINADE
BERRUGUETE
BERSAGLIER
BERTHOLLET
BERTOLUCCI
BESOGNEUSE
BESSARABIE
BESSÉGEOIS
BESTIALITÉ
BEST-SELLER
BÉTAILLÈRE
BETANCOURT
BÉTHUNOISE
BÊTIFIANTE
BÉTONNEUSE
BÉTONNIÈRE

266

BETTELHEIM
BETTIGNIES
BETTONNAIS
BEUGLEMENT
BEUZEVILLE
BEYROUTHIN
BHAVABHUTI
BHOUTANAIS
BIAISEMENT
BIANCIOTTI
BIBERONNÉE
BIBERONNER
BICAMÉRALE
BICAMÉRAUX
BICHELAMAR
BICHONNAGE
BICHONNANT
BICHROMATE
BICIPITALE
BICIPITAUX
BICULTUREL
BICYCLETTE
BIDONNANTE
BIDONVILLE
BIDOUILLÉE
BIDOUILLER
BIÉLORUSSE
BIÉLORUSSE
BIEN-AIMÉES
BIEN-DISANT
BIEN-FONDÉS
BIENSÉANCE
BIENSÉANTE
BIENS-FONDS
BIFURQUANT
BIGARADIER
BIGARREAUX
BIGOPHONER
BIGORNEAUX
BIGOURDANE
BIGOURDANE
BIJOUTERIE
BIJOUTIÈRE
BILATÉRALE
BILATÉRAUX
BILINÉAIRE
BILIRUBINE
BILLBERGIA
BILLEBAUDE
BILLETDOUX
BILLEVESÉE
BILLOMOISE
BILLONNAGE
BIMESTRIEL
BINATIONAL
BINET-SIMON
BINOCLARDE

BINOMINALE
BINOMINAUX
BIOCŒNOSE
BIOÉLÉMENT
BIOÉNERGIE
BIOÉTHIQUE
BIOGRAPHIE
BIOLOGIQUE
BIOLOGISTE
BIOMÉDICAL
BIPARTISME
BIPOLARISÉ
BIPOLARITÉ
BIRATNAGAR
BIRÉACTEUR
BIRKENHEAD
BIRMINGHAM
BIROBIDJAN
BISCAÏENNE
BISCAYENNE
BISCOTEAUX
BISCUITANT
BISCUITIER
BISEAUTAGE
BISEAUTANT
BISEXUELLE
BISSECTEUR
BISSECTION
BISSEXTILE
BISTOUILLE
BISTOURNÉE
BISTOURNER
BISTROTIER
BITERROISE
BITUMINEUX
BIUNIVOQUE
BIVITELLIN
BIVOUAQUER
BIZARRERIE
BIZARROÏDE
BLACKBOULÉ
BLACK JACKS
BLACKSTONE
BLAGNACAIS
BLAINVILLE
BLANC-ESTOC
BLANCHÂTRE
BLANCHOYER
BLANCS-BECS
BLANC-SEING
BLANGEOISE
BLANQUETTE
BLANQUISME
BLANZYNOIS
BLASONNANT
BLASONNEUR

BLASPHÉMÉE
BLASPHÉMER
BLASTOMÈRE
BLASTOPORE
BLÊMISSANT
BLENKINSOP
BLÉPHARITE
BLEUETERIE
BLEUETIÈRE
BLEUISSANT
BLEUSAILLE
BLOC-MOTEUR
BLOCS-NOTES
BLOODY MARY
BLOOMFIELD
BLUNTSCHLI
BOAT PEOPLE
BOCCANEGRA
BOCCHERINI
BODLÉIENNE
BOHÉMIENNE
BÖHM-BAWERK
BOISBRIAND
BOISROBERT
BOISSELIER
BOITILLANT
BOLBÉCAISE
BOLIVIENNE
BOLIVIENNE
BOLLÉNOISE
BOLOGNAISE
BOLOGNAISE
BOMBARDANT
BOMBARDIER
BOMBARDIER
BOMBINETTE
BONASSERIE
BONDÉRISÉE
BONDÉRISER
BONDISSANT
BONDYNOISE
BONHOEFFER
BONIFACIEN
BONIMENTER
BONNE FEMME
BONNE-MAMAN
BONNÉTABLE
BONNETEAUX
BONNETERIE
BONNETIÈRE
BONNEVILLE
BONNIÉROIS
BONSTETTEN
BOOTLEGGER
BOQUETEAUX
BORBORYGME
BORDELAISE

BORDELAISE
BORDÉLIQUE
BORDEREAUX
BORDERLINE
BORDIGHERA
BORDURETTE
BORNANDINE
BOROILLOTE
BORRÉLIOSE
BORTOLUZZI
BORURATION
BOSSOUTROT
BOTSWANAIS
BOTTELEUSE
BOTTICELLI
BOUC-BEL-AIR
BOUCHARDÉE
BOUCHARDER
BOUCHARDON
BOUCHE-TROU
BOUCHOLEUR
BOUCHONNÉE
BOUCHONNER
BOUCHOTEUR
BOUCHOYANT
BOUCLEMENT
BOUDDHIQUE
BOUDDHISME
BOUDDHISTE
BOUDINEUSE
BOUFFONNER
BOUGONNANT
BOUGREMENT
BOUGUENAIS
BOUGUEREAU
BOUILLANTE
BOUILLASSE
BOUILLOIRE
BOUILLONNÉ
BOUILLOTTE
BOUILLOTTÉ
BOUIS-BOUIS
BOUKHARINE
BOULAGEOIS
BOULANGÈRE
BOULDER DAM
BOULEDOGUE
BOULEVERSÉ
BOULGANINE
BOULIMIQUE
BOULINGRIN
BOULLONGNE
BOULOCHAGE
BOULOCHANT
BOULODROME
BOULONNAGE
BOULONNAIS

BOULONNAIS
BOULONNANT
BOULOTTANT
BOUMEDIENE
BOUQUINANT
BOUQUINEUR
BOURBILLON
BOURBONIEN
BOURDALOUE
BOURDICHON
BOURDONNER
BOURGANEUF
BOURGEOISE
BOURGEONNÉ
BOURGUESAN
BOURGUISAN
BOURLINGUE
BOURLINGUÉ
BOURONNANT
BOURRASQUE
BOURRASSER
BOURRATIVE
BOURRELIER
BOURRICHON
BOURRIENNE
BOURRIQUET
BOURSICOTÉ
BOURSILLER
BOURSOUFLÉ
BOUSCATAIS
BOUSCULADE
BOUSCULANT
BOUSILLAGE
BOUSILLANT
BOUSILLEUR
BOUT-DEHORS
BOUTEFLIKA
BOUTEILLER
BOUTEILLON
BOUTEROLLE
BOUTILLIER
BOUTIQUIER
BOUTONNAGE
BOUTONNANT
BOUTONNEUX
BOUTONNIER
BOUTONS-D'OR
BOUTS-RIMÉS
BOUVERESSE
BOUVETEUSE
BOUXWILLER
BOUZOULAIS
BOW-STRINGS
BOW-WINDOWS
BOXER-SHORT
BOX-OFFICES
BOYAUDERIE

BOYAUDIÈRE
BOYCOTTAGE
BOYCOTTANT
BOYCOTTEUR
BRACHYCÈRE
BRACHYOURE
BRACONNAGE
BRACONNANT
BRACONNIER
BRAILLARDE
BRAILLEUSE
BRAIN-TRUST
BRANCARDÉE
BRANCARDER
BRANCHETTE
BRANCHIALE
BRANCHIAUX
BRANDILLER
BRANLEMENT
BRANTÔMAIS
BRAQUEMART
BRAQUEMENT
BRASILLACH
BRASILLANT
BRASSCHAAT
BRASSICOLE
BRATISLAVA
BRAVISSIMO
BRAY-DUNOIS
BREAKDANCE
BREDI-BREDA
BREDOUILLE
BREDOUILLÉ
BRÉMONTIER
BRÉSILLANT
BRETONNANT
BRETONNEAU
BREVETABLE
BRÉVILIGNE
BRICOLEUSE
BRICQUEBEC
BRIDGEPORT
BRIDGETOWN
BRIENNOISE
BRIÈVEMENT
BRIGANDAGE
BRIGANDANT
BRIGANTINE
BRIGNOLAIS
BRIGUE-GLIS
BRILLANTÉE
BRILLANTER
BRIMBALANT
BRIMBORION
BRIONNAISE
BRIQUETAGE
BRIQUETANT

BRIQUETEUR	**BUNDESBANK**	**CAKCHIQUEL**
BRIQUETIER	**BUNDESWEHR**	**CALABRAISE**
BRISE-BÉTON	**BUONARROTI**	CALAMINAGE
BRISE-GLACE	**BURCKHARDT**	CALAMINANT
BRISE-LAMES	BURGAUDINE	**CALAMISTRÉ**
BRIVADOISE	**BURGENLAND**	CALAMITEUX
BROCANTANT	BURKINAISE	CALANCHANT
BROCANTEUR	**BURKINAISE**	CALANDRAGE
BROCARDANT	**BURLINGTON**	CALANDRANT
BROCATELLE	**BURNE-JONES**	CALCÉDOINE
BROEDERLAM	BURSÉRACÉE	CALCIFÉROL
BRONCHIOLE	BURUNDAISE	CALCULABLE
BRONCHIQUE	**BURUNDAISE**	CALCULETTE
BRONGNIART	BUSSENETTE	CALCULEUSE
BROUETTAGE	**BUYS-BALLOT**	**CALDAGUÈSE**
BROUETTANT	**CABANATUAN**	CALÉDONIEN
BROUILLADE	CABANEMENT	**CALÉDONIEN**
BROUILLAGE	CABARETIER	CALE-ÉTALON
BROUILLANT	CABOCHARDE	CALENDAIRE
BROUILLARD	**CABOCHIENS**	CALENDRIER
BROUILLEUR	CABOTINAGE	CALFEUTRÉE
BROUSSARDE	CABOTINANT	CALFEUTRER
BROUSSILOV	CABRIOLANT	CALIBREUSE
BROUSSONET	CAB-SIGNAUX	**CALIFORNIE**
BROUTEMENT	CACAHOUÈTE	**CALLACOISE**
BRUCELLOSE	CACAOTIÈRE	**CALLIMAQUE**
BRUGNONIER	**CACHANAISE**	CALLIPÉDIE
BRUNDTLAND	CACHE-CACHE	CALMISSANT
BRUNÉIENNE	CACHE-CŒUR	CALOMNIANT
BRUNETIÈRE	CACHE-PRISE	CALOMNIEUX
BRUNISSAGE	CACHE-SEXES	CALORIFÈRE
BRUNISSANT	CACHETONNÉ	CALORIFUGE
BRUNISSOIR	CACHOTTIER	CALORIFUGÉ
BRUNISSURE	CACOGRAPHE	CALVINISME
BRUNOYENNE	CACOPHONIE	CALVINISTE
BRUSQUERIE	CADASTRALE	**CAMARÉTOIS**
BRUTALISÉE	CADASTRANT	CAMARGUAIS
BRUTALISER	CADASTRAUX	**CAMARGUAIS**
BRUTALISME	CADAVÉREUX	**CAMBACÉRÈS**
BRUXELLOIS	CADEAUTANT	CAMBODGIEN
BRUXELLOIS	CADENASSÉE	**CAMBODGIEN**
BRUXOMANIE	CADENASSER	CAMBREMENT
BRUYAMMENT	CAFARDEUSE	CAMBRÉSIEN
BRUYÉROISE	CAFOUILLER	**CAMBRÉSIEN**
BRYOZOAIRE	CAFOUILLIS	CAMBRIENNE
BUCENTAURE	**CAGLIOSTRO**	CAMBRIOLÉE
BUCHENWALD	CAGNARDIER	CAMBRIOLER
BÛCHERONNE	CAGNARDISE	CAMBROUSSE
BUCKINGHAM	CAHOTEMENT	CAMERAMANS
BUCKINOISE	CAILLASSER	**CAMERARIUS**
BUCOLIQUES	CAILLE-LAIT	CAMIONNAGE
BUDGÉTAIRE	CAILLEMENT	CAMIONNANT
BUDGÉTISÉE	CAILLETAGE	CAMIONNEUR
BUDGÉTISER	CAILLETEAU	CAMOUFLAGE
BUFFETIÈRE	CAILLOUTÉE	CAMOUFLANT
BULL-FINCHS	CAILLOUTER	CAMPAGNARD
BULLYGEOIS	CAILLOUTIS	**CAMPANELLA**

CAMPING-CAR
CAMPING-GAZ
CAMPINOISE
CAMPISTRON
CAMPOBASSO
CANADIENNE
CANADIENNE
CANALICULE
CANALISANT
CANANÉENNE
CANANÉENNE
CANARDEAUX
CANARDIÈRE
CANARIENNE
CANAVÉROIS
CANCALAISE
CANCANIÈRE
CANCÉREUSE
CANCÉRISÉE
CANCÉRISER
CANDÉLABRE
CANDIACOIS
CANDISSANT
CANÉFICIER
CANGUILHEM
CANNABACÉE
CANNABIQUE
CANNABISME
CANNEBERGE
CANNELLONI
CANNETIÈRE
CANNETILLE
CANNETTANE
CANNIZZARO
CANOË-KAYAK
CANONICITÉ
CANONISANT
CANONNIÈRE
CANTATILLE
CANTATRICE
CANTERBURY
CANTHARIDE
CANTILEVER
CANTINIÈRE
CANTONAISE
CANTONAISE
CANTONNANT
CANTONNIER
CANTORBÉRY
CANYONISTE
CAOUTCHOUC
CAPACITIVE
CAPCIRAISE
CAPELLOISE
CAPÉSIENNE
CAPESTERRE
CAPÉTIENNE

CAP-HAÏTIEN
CAPHARNAÜM
CAPHARNAÜM
CAP-HORNIER
CAPILLAIRE
CAPILOTADE
CAPITALISÉ
CAPITATION
CAPITOLINE
CAPITONNÉE
CAPITONNER
CAPITULANT
CAPITULARD
CAPODASTRE
CAPONNIÈRE
CAPORALISÉ
CAPPA MAGNA
CAPPUCCINO
CAPRICANTE
CAPRICIEUX
CAPRICORNE
CAPRICORNE
CAPRYLIQUE
CAPTATRICE
CAPTIVANTE
CAPUCHONNÉ
CAPUCINADE
CAP-VERDIEN
CAPVERDIEN
CAPVERDIEN
CAQUETANTE
CARABINIER
CARACCIOLO
CARACOLANT
CARAMANLIS
CARAMBOLÉE
CARAMBOLER
CARAMÉLISÉ
CARAN D'ACHE
CARAPATANT
CARAVANAGE
CARAVANIER
CARAVANING
CARBAMIQUE
CARBONADES
CARBONAROS
CARBONATÉE
CARBONATER
CARBONIQUE
CARBONISÉE
CARBONISER
CARBONNAIS
CARBONNIER
CARBONYLÉE
CARCAILLER
CARCINOÏDE
CARDIALGIE

CARDINALAT
CARÉLIENNE
CARESSANTE
CAR-FERRIES
CARHAISIEN
CARIBÉENNE
CARIBÉENNE
CARICATURE
CARICATURÉ
CARILLONNÉ
CARITATIVE
CARMAGNOLA
CARMAGNOLE
CARMAUSINE
CARNACOISE
CARNASSIER
CARNAVALET
CAROTIDIEN
CAROTTEUSE
CAROTTIÈRE
CAROUGEOIS
CARPATIQUE
CARPENTIER
CARPENTRAS
CARPOCAPSE
CARPOPHORE
CARREAUTÉE
CARRIÉROIS
CARROSSAGE
CARROSSANT
CARROSSIER
CARSON CITY
CARTELLIER
CARTELLISÉ
CARTHAGÈNE
CARTONNAGE
CARTONNANT
CARTONNEUX
CARTONNIER
CARTON-PÂTE
CARTOPHILE
CARTULAIRE
CARTWRIGHT
CARVINOISE
CARYOGAMIE
CASABLANCA
CASCABELLE
CASCADEUSE
CASCATELLE
CASSAVETES
CASSE-PIEDS
CASSE-PIPES
CASSIDENNE
CASSIODORE
CASSISSIER
CASSOLETTE
CASTELLANE

CASTELLION
CASTILLANE
CASTILLANE
CASTILLEJO
CASTORETTE
CASTRATEUR
CASTRATION
CASUS BELLI
CATABOLITE
CATACHRÈSE
CATACLYSME
CATAFALQUE
CATALEPSIE
ÇATAL HÖYÜK
CATALOGAGE
CATALOGUÉE
CATALOGUER
CATALYSANT
CATALYSEUR
CATAPLASME
CATAPLEXIE
CATAPULTÉE
CATAPULTER
CATARRHALE
CATARRHAUX
CATÉCHISÉE
CATÉCHISER
CATÉCHISME
CATÉCHISTE
CATÉGORIEL
CATÉGORISÉ
CATÉSIENNE
CATHARISME
CATHÉDRALE
CATHÉDRAUX
CATHODIQUE
CATHOLICOS
CATHOLIQUE
CATIONIQUE
CATOBLÉPAS
CATOVIENNE
CAUCASIQUE
CAUDANAISE
CAUDATAIRE
CAUDRÉSIEN
CAULINAIRE
CAUSAILLER
CAUSSADAIS
CAUSSENARD
CAUSSENARD
CAUSTICITÉ
CAUTELEUSE
CAUTÉRISÉE
CAUTÉRISER
CAUTIONNÉE
CAUTIONNER
CAVALCADER

CAVALCANTI
CAVERNEUSE
CAVIARDAGE
CAVIARDANT
CAVITATION
CAYENNAISE
CAZÉRIENNE
CÉGÉPIENNE
CÉGÉSIMALE
CÉGÉSIMAUX
CEINTURAGE
CEINTURANT
CÉLEBRISME
CÉLERIFÈRE
CÉLERI-RAVE
CELLÉRIÈRE
CELLOPHANE
CELLULAIRE
CELTIBÈRES
CENDRILLON
CENDRILLON
CENONNAISE
CÉNOZOÏQUE
CENSITAIRE
CENSURABLE
CENTENAIRE
CENTENNALE
CENTENNAUX
CENTÉSIMAL
CENT-GARDES
CENTIGRADE
CENTILITRE
CENTIMÈTRE
CENTRALIEN
CENTRALISÉ
CENTRATION
CENTRIFUGE
CENTRIFUGÉ
CENTRIPÈTE
CENTROMÈRE
CENTROSOME
CENT-SUISSE
CENTUPLANT
CÉPHALIQUE
CERDAGNOLE
CERDAGNOLE
CÉRÉALIÈRE
CÉRÉMONIAL
CÉRÉMONIEL
CERF-VOLANT
CERGYSSOIS
CERTIFIANT
CERTIFICAT
CÉRULÉENNE
CÉRUMINEUX
CÉSARIENNE

CÉSARISANT
CESSONNAIS
CEYZÉRIATI
CHABLISIEN
CHACUNIÈRE
CHAFOUREUR
CHAGNOTINE
CHAGRINANT
CHAGRINEUX
CHAH DJAHAN
CHAHUTEUSE
CHAÎNETIER
CHALAISIEN
CHALANDISE
CHALCOSINE
CHALCOSITE
CHALDÉENNE
CHALDÉENNE
CHALEUREUX
CHALIAPINE
CHALLENGER
CHALLÉSIEN
CHALONNAIS
CHALOUPANT
CHALUMEAUX
CHAMÆROPS
CHAMAILLÉE
CHAMAILLER
CHAMAILLIS
CHAMANIQUE
CHAMANISME
CHAMARRANT
CHAMARRURE
CHAMBARDÉE
CHAMBARDER
CHAMBELLAN
CHAMBÉRIEN
CHAMBERTIN
CHAMBOULÉE
CHAMBOULER
CHAMBOURCY
CHAMBRANLE
CHAMBRETTE
CHAMBRIÈRE
CHAMILLART
CHAMOISAGE
CHAMOISANT
CHAMOISEAU
CHAMOISEUR
CHAMOISINE
CHAMONIARD
CHAMONIARD
CHAMOUSSET
CHAMPAGNEY
CHAMPAIGNE
CHAMPENOIS
CHAMPENOIS

CHAMPIGNON
CHAMPIONNE
CHAMPLEVÉE
CHAMPLEVER
CHAMPLITTE
CHAMPMESLÉ
CHAMROUSSE
CHANCELADE
CHANCELANT
CHANCELIER
CHANCELLOR
CHANCRELLE
CHANDELEUR
CHANDELIER
CHANDIGARH
CHANFREINÉ
CHANGEABLE
CHANGEANTE
CHANGEMENT
CHANITOISE
CHANTELOUP
CHANTONNAY
CHANTONNÉE
CHANTONNER
CHANTOURNÉ
CHAO PHRAYA
CHAPARDAGE
CHAPARDANT
CHAPARDEUR
CHAPEAUTÉE
CHAPEAUTER
CHAPE-CHUTE
CHAPELAINE
CHAPELIÈRE
CHAPERONNÉ
CHAPITEAUX
CHAPITRANT
CHAPONNAGE
CHAPONNANT
CHAPTALISÉ
CHARAVINES
CHARBONNÉE
CHARBONNER
CHARCUTAGE
CHARCUTANT
CHARCUTIER
CHARDONNAY
CHARDONNET
CHARENTAIS
CHARENTAIS
CHARGEMENT
CHARIOTAGE
CHARIOTANT
CHARITABLE
CHARITOISE
CHARLEBOIS
CHARLESTON

CHARLESTON
CHARLEVOIX
CHARNYCOIS
CHAROGNARD
CHAROLAISE
CHAROLAISE
CHAROLLAIS
CHAROPHYTE
CHARPENTÉE
CHARPENTER
CHARRETIER
CHARROYANT
CHARTRAINE
CHARTRAINE
CHARTRAINS
CHARTREUSE
CHARTREUSE
CHASSE-CLOU
CHASSÉENNE
CHASSÉRIAU
CHASSE-ROUE
CHASSIEUSE
CHASSIGNET
CHASTEMENT
CHÂTEAUDUN
CHÂTEAULIN
CHATEILLON
CHÂTELAINE
CHATOUILLE
CHATOUILLÉ
CHATOYANTE
CHATTEMENT
CHATTEMITE
CHATTERTON
CHATTERTON
CHAUDEMENT
CHAUD-FROID
CHAUFFANTE
CHAUFFE-EAU
CHAUFFERIE
CHAUFFEUSE
CHAURIENNE
CHAUSSANTE
CHAUSSETTE
CHAUVINOIS
CHAVILLOIS
CHAZELLOIS
CHECK-LISTS
CHEFS-LIEUX
CHÉLIDOINE
CHELTENHAM
CHEMINEAUX
CHEMISERIE
CHEMISETTE
CHEMISIÈRE
CHÊNEDOLLÉ
CHEN TCHEOU

CHÊNE-LIÈGE
CHÈNEVIÈRE
CHERBULIEZ
CHERCHEUSE
CHÉRISSANT
CHERSONÈSE
CHÉRUSQUES
CHESAPEAKE
CHESTERTON
CHEVALERIE
CHEVALIÈRE
CHEVAUCHÉE
CHEVAUCHER
CHEVIGNOIS
CHEVILLANT
CHEVILLARD
CHEVILLIER
CHEVRONNÉE
CHEVROTAGE
CHEVROTAIN
CHEVROTANT
CHEVROTINE
CHEVROTINE
CHEWING-GUM
CHICANERIE
CHICANEUSE
CHICANIÈRE
CHICHEMENT
CHICHITEUX
CHICOUTIMI
CHIEN-ASSIS
CHIENNERIE
CHIFFONNÉE
CHIFFONNER
CHIFFRABLE
CHIFFREUSE
CHIKAMATSU
CHILDEBERT
CHIMBORAZO
CHIMÉRIQUE
CHIMIQUIER
CHINCHILLA
CHINETOQUE
CHINOISANT
CHINOAISE
CHIPOTEUSE
CHIROPTÈRE
CHIROQUOIS
CHIROUBLES
CHIRURGIEN
CHITINEUSE
CHITTAGONG
CHLAMYDIAE
CHLAMYDIAS
CHLINGUANT
CHLORATION
CHLORURANT

CHOCOLATÉE	**CINGHALAIS**	CLAYONNAGE
CHOÉPHORES	CINNAMIQUE	CLAYONNANT
CHOISYENNE	**CIOTADENNE**	**CLEMENCEAU**
CHOKE-BORES	CIRCASSIEN	CLÉMENTINE
CHOLAGOGUE	**CIRCASSIEN**	CLEPTOMANE
CHOLÉDOQUE	CIRCONCIRE	CLERGYMANS
CHOLÉRIQUE	CIRCONCISE	CLÉROUQUIE
CHOLETAISE	CIRCONVENU	CLIGNEMENT
CHONDRIOME	CIRCULAIRE	CLIGNOTANT
CHOROÏDIEN	CIRCULANTE	CLIGNOTEUR
CHOSIFIANT	CISAILLANT	CLIMATIQUE
CHOUCHOUTE	CISÈLEMENT	CLIMATISÉE
CHOUCHOUTÉ	CISTERCIEN	CLIMATISER
CHOUCROUTE	CITÉ-JARDIN	CLINOMÈTRE
CHOUQUETTE	CITHARISTE	CLINQUANTE
CHOURAVANT	CITRONNADE	CLINS D'ŒIL
CHOURINANT	CITRONNIER	**CLIPPERTON**
CHOUX-RAVES	CITROUILLE	CLIQUETANT
CHOWS-CHOWS	**CIUDAD REAL**	CLOCHE-PIED
CHRÉTIENNE	CIVILEMENT	CLOISONNÉE
CHRÉTIENTÉ	CIVILISANT	CLOISONNER
CHRIS-CRAFT	CLABAUDAGE	CLOWNESQUE
CHRISTIQUE	CLABAUDANT	**CLOYSIENNE**
CHRISTOFLE	CLABAUDEUR	**CLUJ-NAPOCA**
CHRISTOPHE	CLAIREMENT	**CLUNYSOISE**
CHRODEGANG	CLAIRE-VOIE	CNIDOCYSTE
CHROMATIDE	CLAIRONNÉE	COADJUTEUR
CHROMATINE	CLAIRONNER	COAGULABLE
CHROMISANT	CLAIRSEMÉE	COAGULANTE
CHROMOGÈNE	CLAIRSEMER	COALESÇANT
CHROMOSOME	**CLAMARIOTE**	COALESCENT
CHRONICISÉ	**CLAMARTOIS**	COAPTATION
CHRONICITÉ	CLANDESTIN	COASSEMENT
CHRONIQUÉE	CLAPISSANT	COASSOCIÉE
CHRONIQUER	CLAPOTANTE	COBALAMINE
CHRYSALIDE	CLAPOTEUSE	COCAÏNISME
CHRYSOLITE	CLAPPEMENT	COCARDIÈRE
CHRYSOMÈLE	**CLAPPERTON**	COCASSERIE
CHTONIENNE	CLAQUEMENT	COCCIDIOSE
CHUCHOTANT	CLAQUEMURÉ	COCCINELLE
CHUCHOTEUR	CLAQUETANT	**COCHABAMBA**
CHUINTANTE	CLARIFIANT	COCHENILLE
CHUQUISACA	CLARINETTE	COCHLÉAIRE
CIBOULETTE	CLASSEMENT	COCHONCETÉ
CICATRISÉE	CLASSIFIÉE	COCHONNANT
CICATRISER	CLASSIFIER	COCOTERAIE
CIDAMBARAM	CLAUDICANT	COCYCLIQUE
CIENFUEGOS	CLAUDIQUER	CODE-BARRES
CIGOGNEAUX	**CLAUSEWITZ**	CODÉBITEUR
CI-INCLUSES	CLAUSTRALE	CODÉCISION
CIMENTERIE	CLAUSTRANT	CODOMINANT
CIMMÉRIENS	CLAUSTRAUX	CODONATEUR
CINACIENNE	CLAVARDAGE	COÉDITRICE
CINCINNATI	CLAVARDANT	CŒLENTÉRÉ
CINDYNIQUE	CLAVELEUSE	CŒLOMIQUE
CINÉPHILIE	CLAVICORDE	COÉQUIPIER
CINGHALAIS	**CLAYETTOIS**	COERCITION

COERCITIVE
COËTQUIDAN
COEXISTANT
COEXTENSIF
COFFRE-FORT
COFINANCÉE
COFINANCER
COGITATION
COGNAÇAISE
COGNASSIER
COGNATIQUE
COGNERAUDE
COGOLINOIS
COHABITANT
COHÉRITANT
COHÉRITIER
COIMBATORE
COINCEMENT
COÏNCIDANT
COÏNCIDENT
COÏNCULPÉE
COÏONNERIE
COKÉFIABLE
COLCHESTER
COLCHICINE
COLÉOPTÈRE
COLICITANT
COLIFICHET
COLINÉAIRE
COLISTIÈRE
COLLABORER
COLLATÉRAL
COLLECTAGE
COLLECTANT
COLLECTEUR
COLLECTION
COLLECTIVE
COLLÉGIALE
COLLÉGIAUX
COLLEMBOLE
COLLERETTE
COLLIGEANT
COLLOÏDALE
COLLOÏDAUX
COLLUSOIRE
COLLUTOIRE
COLOCATION
COLONISANT
COLONNETTE
COLOPATHIE
COLOQUINTE
COLORATION
COLORATURE
COLORISANT
COLOSCOPIE
COLOSTOMIE
COLPORTAGE

COLPORTANT
COLPORTEUR
COLUMÉRIEN
COLUMÉRINE
COMBATTANT
COMBINABLE
COMBINARDE
COMBI-SHORT
COMBLEMENT
COMBRAILLE
COMBURANTE
COMBUSTION
COMÉDIENNE
COMESTIBLE
COMMANDANT
COMMANDEUR
COMMANDEUR
COMMANDITE
COMMANDITÉ
COMMÉMORÉE
COMMÉMORER
COMMENÇANT
COMMENSALE
COMMENSAUX
COMMENTANT
COMMERÇANT
COMMERCIAL
COMMERCIEN
COMMETTAGE
COMMETTANT
COMMINUTIF
COMMISSION
COMMISSURE
COMMODITÉS
COMMUNARDE
COMMUNAUTÉ
COMMUNIANT
COMMUNIQUÉ
COMMUNISME
COMMUNISME
COMMUNISTE
COMMUTABLE
COMMUTATIF
COMORIENNE
COMORIENNE
COMOURANTS
COMPACTAGE
COMPACTANT
COMPACTEUR
COMPARABLE
COMPARATIF
COMPASSION
COMPATIBLE
COMPENDIUM
COMPENSANT
COMPÉTENCE
COMPÉTENTE

COMPÉTITIF
COMPISSANT
COMPLAINTE
COMPLANTÉE
COMPLANTER
COMPLÉMENT
COMPLÉTANT
COMPLÉTION
COMPLÉTIVE
COMPLÉTUDE
COMPLEXANT
COMPLEXION
COMPLEXITÉ
COMPLICITÉ
COMPLIMENT
COMPLIQUÉE
COMPLIQUER
COMPLOTANT
COMPLOTEUR
COMPLUVIUM
COMPORTANT
COMPOSANTE
COMPOSEUSE
COMPOSTAGE
COMPOSTANT
COMPOSTEUR
COMPRADORE
COMPRENANT
COMPRENDRE
COMPRESSÉE
COMPRESSER
COMPRESSIF
COMPRIMANT
COMPROMISE
COMPTE-FILS
COMPULSANT
COMPULSION
COMPULSIVE
CONAN DOYLE
CONCARNEAU
CONCARNOIS
CONCASSAGE
CONCASSANT
CONCASSEUR
CONCÉLÉBRÉ
CONCENTRÉE
CONCENTRER
CONCEPCIÓN
CONCEPT CAR
CONCEPTEUR
CONCEPTION
CONCEPTUEL
CONCERNANT
CONCERTANT
CONCERTINO
CONCESSION
CONCESSIVE

CONCEVABLE	CONGOLAISE	CONSULAIRE
CONCHOÏDAL	**CONGOLAISE**	CONSULTANT
CONCILIANT	**CONGO-OCÉAN**	CONSULTEUR
CONCITOYEN	CONGRATULÉ	CONTACTANT
CONCLUANTE	CONGRUENCE	CONTACTEUR
CONCLUSION	CONGRÛMENT	CONTAGIEUX
CONCLUSIVE	CONJECTURE	CONTAMINÉE
CONCOCTANT	CONJECTURÉ	CONTAMINER
CONCORDANT	CONJONCTIF	CONTEMPLÉE
CONCOURANT	CONJUGABLE	CONTEMPLER
CONCRÉTION	CONJUGUANT	CONTENANCE
CONCRÉTISÉ	CONNECTANT	CONTENTANT
CONCURRENT	CONNECTEUR	CONTENTION
CONCUSSION	CONNÉTABLE	CONTESTANT
CONDAMNANT	CONNIVENCE	CONTEXTUEL
CONDENSANT	CONNIVENTE	CONTEXTURE
CONDENSEUR	CONQUÉRANT	CONTIGUÏTÉ
CONDOMOISE	CONSACRANT	CONTINENCE
CONDOULOIR	CONSANGUIN	CONTINENTE
CONDRUSIEN	CONSCIENCE	CONTINGENT
CONDUCTEUR	**CONSCIENCE**	CONTINUANT
CONDUCTION	CONSCIENTE	CONTINUITÉ
CONDUISANT	CONSÉCUTIF	CONTONDANT
CONFABULER	CONSEILLÉE	CONTORSION
CONFECTION	CONSEILLER	CONTOURNÉE
CONFÉDÉRAL	CONSENSUEL	CONTOURNER
CONFÉDÉRÉE	CONSENTANT	CONTRACTÉE
CONFÉDÉRER	CONSÉQUENT	CONTRACTER
CONFÉDÉRÉS	CONSERVANT	CONTRAINTE
CONFÉRENCE	CONSERVEUR	CONTRARIÉE
CONFESSANT	CONSIDÉRÉE	CONTRARIER
CONFESSEUR	CONSIDÉRER	CONTRASTÉE
CONFESSION	CONSIGNANT	CONTRASTER
CONFIDENCE	CONSISTANT	CONTRE-ARCS
CONFIGURÉE	CONSOLABLE	CONTREBUTÉ
CONFIGURER	CONSOLANTE	CONTRE-CHOC
CONFIRMAND	CONSOLIDÉE	CONTRECOUP
CONFIRMANT	CONSOLIDER	CONTREDIRE
CONFISERIE	CONSOMMANT	CONTREDITE
CONFISEUSE	CONSONANCE	CONTREFAIT
CONFISQUÉE	CONSONANTE	CONTRE-FERS
CONFISQUER	CONSORTAGE	CONTRE-FEUX
CONFLANAIS	CONSORTIAL	CONTRE-FILS
CONFLUENCE	CONSORTIUM	CONTREFORT
CONFONDANT	CONSPIRANT	CONTRE-HAUT
CONFORMANT	Constantan	CONTRE-JOUR
CONFORMITÉ	**CONSTANTIN**	CONTRE-MINE
CONFORTANT	CONSTATANT	CONTRE-PIED
CONFRONTÉE	CONSTELLÉE	CONTRE-POIL
CONFRONTER	CONSTELLER	CONTRE-RAIL
CONGÉDIANT	CONSTERNÉE	CONTRESENS
CONGELABLE	CONSTERNER	CONTRETYPE
CONGÉNITAL	CONSTIPANT	CONTRETYPÉ
CONGESTION	CONSTITUÉE	CONTRE-VAIR
CONGESTIVE	CONSTITUER	CONTREVENT
CONGLOMÉRÉ	CONSTRUIRE	CONTREVENU
CONGO BELGE	CONSTRUITE	CONTRE-VOIE

CONTRIBUER
CONTRISTÉE
CONTRISTER
CONTRITION
CONTRÔLANT
CONTRÔLEUR
CONTRORDRE
CONTROUVÉE
CONTROUVER
CONVAINCRE
CONVAINCUE
CONVECTEUR
CONVECTION
CONVENABLE
CONVENANCE
CONVENTION
CONVENTUEL
CONVERGENT
CONVERSANT
CONVERSION
CONVICTION
CONVIVIALE
CONVIVIAUX
CONVOCABLE
CONVOITANT
CONVOITEUX
CONVOITISE
CONVOLUTÉE
CONVOQUANT
CONVOYEUSE
CONVULSANT
CONVULSION
CONVULSIVE
COOCCUPANT
COOPÉRATIF
COOPTATION
COORDONNÉE
COORDONNER
COORDONNÉS
COPACABANA
COPARENTAL
COPENHAGUE
COPERMUTÉE
COPERMUTER
COPLANAIRE
COPOLYMÈRE
COPRODUIRE
COPRODUITE
COPROLALIE
COPROLITHE
COPROLOGIE
COPROPHAGE
COPROPHILE
COPULATEUR
COPULATION
COPULATIVE
COQUELEUSE

COQUELICOT
COQUELLOIS
COQUELUCHE
COQUERELLE
COQUETIÈRE
COQUILLAGE
COQUILLARD
COQUILLART
COQUILLIER
COQUINERIE
CORAILLEUR
CORBILLARD
CORDELETTE
CORDELIÈRE
CORDELIERS
CORDIALITÉ
CORDIÉRITE
CORDIFORME
CORDILLÈRE
CÓRDOBA ORO
CORDON-BLEU
CORDONNANT
CORDONNIER
CORÉE DU SUD
CORINTHIEN
CORINTHIEN
CORMEILLES
CORMELLOIS
CORMOPHYTE
CORNAQUANT
CORNED-BEEF
CORN FLAKES
CORNOUILLE
CORN-PICKER
CORNWALLIS
COROLLAIRE
COROMANDEL
CORONARIEN
CORONARITE
CORPORATIF
CORPORELLE
CORPS-MORTS
CORPULENCE
CORPULENTE
CORPUSCULE
CORRECTEUR
CORRECTION
CORRECTIVE
CORREGIDOR
CORRÉLATIF
CORRIENTES
CORRIGEANT
CORRIGIBLE
CORROBORÉE
CORROBORER
CORROIERIE
CORROMPANT

CORROYEUSE
CORRUPTEUR
CORRUPTION
CORSE-DU-SUD
CORSETERIE
CORSETIÈRE
CORTENAISE
CORTICOÏDE
CORTINAIRE
CORUSCANTE
COSMÉTIQUE
COSMODROME
COSMOGONIE
COSMOLOGIE
COSMOLOGUE
COSMONAUTE
COSTA BRAVA
COSTUMIÈRE
COSY-CORNER
COTANGENTE
CÔTE D'AMOUR
CÔTE D'OPALE
COTISATION
CÔTOIEMENT
COTONNERIE
COTONNEUSE
COTONNIÈRE
COUCHAILLÉ
COUCHE-TARD
COUCI-COUÇA
COUDRIENNE
COUILLONNÉ
COUINEMENT
COULAMMENT
COULEMELLE
COULISSANT
COULISSEAU
COUPAILLÉE
COUPAILLER
COUPE-CHOUX
COUPÉ-COLLÉ
COUPE-COUPE
COUPE-FILES
COUPE-GORGE
COUPÉSPACE
COUPONNAGE
COURAGEUSE
COURAILLER
COURAMIAUD
COURAMMENT
COURANT-JET
COURBATURE
COURBATURÉ
COURBEMENT
COURBEVOIE
COURCAILLÉ
COURCELLES

COURCHEVEL
COURMAYEUR
COURONNAIS
COURONNANT
COURRIÈRES
COURROUCÉE
COURROUCER
COURTAUDÉE
COURTAUDER
COURTELINE
COURTISANE
COURTISANT
COURTOISIE
COURT-VÊTUE
COURT-VÊTUS
COUS-DE-PIED
COUSIN PONS
COUTANÇAIS
COUTELIÈRE
COUTRASIEN
COUTUMIÈRE
COUTURIÈRE
COUVENTINE
COUVERTURE
COUVRE-CHEF
COUVRE-FEUX
COUVRE-LITS
COUVREMENT
COUVRE-PIED
COUVRE-PLAT
COVARIANCE
COVENDEUSE
COVER-GIRLS
CRACHEMENT
CRACHOTANT
CRAMPILLON
CRAMPONNÉE
CRAMPONNER
CRAONNAISE
CRAPAHUTER
CRAPAUDINE
CRAPAÜTANT
CRAPONNAIS
CRAPOTEUSE
CRAPOUSSIN
CRAPULERIE
CRAPULEUSE
CRAQUELAGE
CRAQUELANT
CRAQUELURE
CRAQUEMENT
CRAQUETANT
CRATERELLE
CRATÉRISÉE
CRAVACHANT
CRAYONNAGE
CRAYONNANT

CRAYONNEUR
CRÉANCIÈRE
CRÉATININE
CRÉATIVITÉ
CRÉCERELLE
CRÉDIT-BAIL
CRÉDITRICE
CREILLOISE
CRÉMATISTE
CRÉMATOIRE
CRÉOLISANT
CRÉOSOTAGE
CRÉOSOTANT
CRÉPINETTE
CRÉPISSAGE
CRÉPISSANT
CRÉPUSCULE
CRÉPYNOISE
CRÊTE-DE-COQ
CRÉTINERIE
CRÉTINISÉE
CRÉTINISER
CRÉTINISME
CREUSEMENT
CREUSOTINE
CREUTZWALD
CREVASSANT
CRÈVE-CŒUR
CRÈVECŒUR
CREVETTIER
CRIAILLANT
CRIAILLEUR
CRIELLOISE
CRIMINELLE
CRISPATION
CRISSEMENT
CRISTALLIN
CRISTOFORI
CRISTOLIEN
CRITICISME
CRITICISTE
CRITIQUANT
CRITIQUEUR
CROCHE-PIED
CROCHETAGE
CROCHETANT
CROCHETEUR
CROISEMENT
CROISICAIS
CROISIENNE
CROISILLON
CROISSANCE
CROISSANTE
CROIX-DE-FEU
CROIX DU SUD
CROIX-ROUGE
CROQUE-MORT

CROQUE-NOTE
CROSSWOMAN
CROSSWOMEN
CROTELLOIS
CROUSTILLE
CROUSTILLÉ
CROZONNAIS
CRUCIFIANT
CRUCIFORME
CRUIKSHANK
CRUSEILLES
CRYOCHIMIE
CRYOMÉTRIE
CRYOSCOPIE
CRYPTOGAME
CTÉNOPHORE
CUAUHTÉMOC
CUBITAINER
CUBOMÉDUSE
CUCURBITIN
CUEILLETTE
CUEILLEUSE
CUERNAVACA
CUGNALAISE
CUIRASSANT
CUIRASSIER
CUISINETTE
CUISINIÈRE
CUISINISTE
CUISSETTES
CUISTRERIE
CUL-DE-JATTE
CUL-DE-LAMPE
CUL-DE-POULE
CULMINANTE
CULOTTIÈRE
CULS-BLANCS
CULS-DE-FOUR
CULS-DE-PORC
CUL-TERREUX
CULTIVABLE
CULTURELLE
CULTURISME
CULTURISTE
CUMBERLAND
CUMULATIVE
CUMULO-DÔME
CUNÉIFORME
CUNNINGHAM
CUPIDEMENT
CUPROPLOMB
CUPULIFÈRE
CURABILITÉ
CURARISANT
CURE-ONGLES
CURIA REGIS
CURRICULUM

CURVILIGNE	DAUPHINOIS	DÉCAGONALE
CURVIMÈTRE	**DAUPHINOIS**	DÉCAGONAUX
CUSSÉTOISE	DAVIDIENNE	DÉCAISSANT
CUSTOMISÉE	DÉAMBULANT	DÉCALAMINÉ
CUSTOMISER	DÉBAGOULÉE	DÉCALCIFIÉ
CYANOPHYTE	DÉBAGOULER	DÉCALOTTÉE
CYBERMONDE	DÉBALLONNÉ	DÉCALOTTER
CYBERNAUTE	DÉBAPTISÉE	DÉCALQUAGE
CYCLADIQUE	DÉBAPTISER	DÉCALQUANT
CYCLO-CROSS	DÉBARQUANT	DÉCALVANTE
CYCLOÏDALE	DÉBARRASSÉ	DÉCANILLER
CYCLOÏDAUX	DÉBAUCHAGE	DÉCAPELANT
CYCLONIQUE	DÉBAUCHANT	DÉCAPITANT
CYCLOSTOME	DÉBECQUETÉ	DÉCAPOTANT
CYLINDRAGE	DÉBILEMENT	DÉCAPSULÉE
CYLINDRANT	DÉBILITANT	DÉCAPSULER
CYLINDREUR	DÉBILLARDÉ	DÉCARBURÉE
CYMBALAIRE	DÉBITMÈTRE	DÉCARBURER
CYMBALIÈRE	DÉBLATÉRER	DÉCARCASSÉ
CYMBALISTE	DÉBLOQUANT	DECAUVILLE
CYNOGLOSSE	DÉBOBINANT	**DECAUVILLE**
CYNORHODON	DÉBONNAIRE	DÉCÉLÉRANT
CYPHOTIQUE	DÉBORDANTE	DÉCEMVIRAT
CYRÉNAÏQUE	DÉBOSSELÉE	DÉCENTRAGE
CYRÉNAÏQUE	DÉBOSSELER	DÉCENTRANT
CYRILLIQUE	DÉBOUCHAGE	DÉCERCLANT
CYSONIENNE	DÉBOUCHANT	DÉCÉRÉBRÉE
CYTOCHROME	DÉBOUCHEUR	DÉCÉRÉBRER
CYTOPLASME	DÉBOUCLANT	DÉCERVELÉE
DAHOMÉENNE	DÉBOULONNÉ	DÉCERVELER
DAHOMÉENNE	DÉBOUQUANT	DÉCHAÎNANT
DAISHIMIZU	DÉBOURBAGE	DÉCHANTANT
DALAÏ-LAMAS	DÉBOURBANT	DÉCHARNANT
DALÉCARLIE	DÉBOURBEUR	DÉCHAUMAGE
DALMATIQUE	DÉBOURRAGE	DÉCHAUMANT
DALTONISME	DÉBOURRANT	DÉCHAUSSÉE
DAMALISQUE	DÉBOURSANT	DÉCHAUSSER
DAMAN-ET-DIU	DÉBOUSSOLÉ	**DÉCHELETTE**
DAMASKINOS	DÉBOUTONNÉ	DÉCHEVELER
DAMASQUINÉ	DÉBRAILLÉE	DÉCHIFFRÉE
DAME-JEANNE	DÉBRAILLER	DÉCHIFFRER
DAMOISEAUX	DÉBRANCHÉE	DÉCHIQUETÉ
DAMOISELLE	DÉBRANCHER	DÉCHIRANTE
DAMVILLAIS	DÉBRIEFANT	DÉCHLORURÉ
DANDINETTE	DÉBRIEFING	DÉCIDÉMENT
DANGEREUSE	DÉBROCHAGE	DÉCIGRAMME
DANGLEBERT	DÉBROCHANT	DÉCIMALISÉ
DANIEL-ROPS	DÉBROUILLE	DÉCIMATEUR
DANNEMARIE	DÉBROUILLÉ	DÉCIMATION
DANSOTTANT	DÉBROUSSÉE	DÉCINTRAGE
DANUBIENNE	DÉBROUSSER	DÉCINTRANT
DAR EL-BEIDA	DÉBUSQUANT	DÉCLARANTE
DARJEELING	DÉCABOCHER	DÉCLARATIF
DARLINGTON	DÉCABRISTE	DÉCLASSANT
DARWINISME	DÉCACHETÉE	DÉCLAVETÉE
DARWINISTE	DÉCACHETER	DÉCLAVETER
DAUGAVPILS	DÉCAFÉINÉE	DÉCLENCHÉE

DÉCLENCHER	DÉCROTTOIR	DÉFROISSÉE
DÉCLINABLE	DÉCRYPTAGE	DÉFROISSER
DÉCLINANTE	DÉCRYPTANT	DÉFRONÇANT
DÉCLIQUETÉ	DÉCUIVRANT	DÉFROQUANT
DÉCOFFRAGE	DÉCULOTTÉE	DÉFRUITANT
DÉCOFFRANT	DÉCULOTTER	DÉGAGEMENT
DÉCOIFFANT	DÉCUVAISON	DÉGASOLINÉ
DÉCOINÇAGE	DÉDAIGNANT	DÉGAZOLINÉ
DÉCOINÇANT	DÉDAIGNEUX	DÉGAZONNÉE
DÉCOLÉRANT	DÉDALÉENNE	DÉGAZONNER
DÉCOLLETÉE	DÉDICAÇANT	DÉGÉNÉRANT
DÉCOLLETER	DÉDOMMAGÉE	DÉGINGANDÉ
DÉCOLLEUSE	DÉDOMMAGER	DÉGLINGUÉE
DÉCOLONISÉ	DÉDOUANAGE	DÉGLINGUER
DÉCOLORANT	DÉDOUANANT	DÉGOBILLÉE
DÉCOMMANDÉ	DÉDOUBLAGE	DÉGOBILLER
DÉCOMPENSÉ	DÉDOUBLANT	DÉGONFLAGE
DÉCOMPLEXÉ	DÉDUCTIBLE	DÉGONFLANT
DÉCOMPOSÉE	DÉFAILLANT	DÉGORGEANT
DÉCOMPOSER	DÉFAITISME	DÉGORGEOIR
DÉCOMPRIMÉ	DÉFAITISTE	DÉGOULINER
DÉCOMPTANT	DÉFALQUANT	DÉGOUPILLÉ
DÉCONCERTÉ	DÉFATIGANT	DÉGOÛTANTE
DÉCONGELÉE	DÉFATIGUÉE	DÉGOUTTANT
DÉCONGELER	DÉFATIGUER	DÉGRADANTE
DÉCONNECTÉ	DÉFAUFILÉE	DÉGRAISSÉE
DE CONSERVE	DÉFAUFILER	DÉGRAISSER
DÉCONSIGNÉ	DÉFAUSSANT	DÉGRAVOYÉE
DÉCONVENUE	DÉFAVORISÉ	DÉGRAVOYER
DÉCORATEUR	DÉFÉCATION	DÉGRESSIVE
DÉCORATION	DÉFECTUEUX	DÉGRILLAGE
DÉCORATIVE	DÉFENDABLE	DÉGRINGOLÉ
DÉCORTIQUÉ	DÉFENESTRÉ	DÉGRIPPANT
DÉCOUCHANT	DÉFERLANTE	DÉGROUILLÉ
DÉCOUPEUSE	DÉFEUTRANT	DÉGROUPAGE
DÉCOUPLAGE	DÉFICELANT	DÉGROUPANT
DÉCOUPLANT	DÉFICIENCE	DÉGUENILLÉ
DÉCOURAGÉE	DÉFICIENTE	DÉGUEULANT
DÉCOURAGER	DÉFIGURANT	DÉGUILLANT
DÉCOURONNÉ	DÉFILEMENT	DE GUINGOIS
DÉCOUVERTE	DÉFINITEUR	DÉGURGITÉE
DÉCOUVRANT	DÉFINITION	DÉGURGITER
DÉCOUVREUR	DÉFINITIVE	DÉHANCHANT
DÉCRASSAGE	DÉFLAGRANT	DÉHARNACHÉ
DÉCRASSANT	DÉFLECTEUR	DÉHISCENCE
DÉCRÉPITÉE	DÉFLOQUANT	DÉHISCENTE
DÉCRÉPITER	DÉFOLIANTE	DÉJAUGEANT
DÉCREUSAGE	DÉFONCEUSE	DÉLAI-CONGÉ
DÉCREUSANT	DÉFORMABLE	DÉLAISSANT
DÉCRISPANT	DÉFORMANTE	DÉLAMINAGE
DÉCROCHAGE	DÉFOURNAGE	DÉLASSANTE
DÉCROCHANT	DÉFOURNANT	DÉLECTABLE
DÉCROCHEUR	DÉFRAÎCHIE	DÉLÉGATEUR
DÉCROISANT	DÉFRAÎCHIR	DÉLÉGATION
DÉCROTTAGE	DÉFRICHAGE	DÉLÉGITIMÉ
DÉCROTTANT	DÉFRICHANT	**DELESCLUZE**
DÉCROTTEUR	DÉFRICHEUR	DÉLIBÉRANT

DÉLICIEUSE	DEMI-MESURE	DENTICULÉE
DÉLICTUEUX	DEMI-PAUSES	DENTIFRICE
DÉLIGNEUSE	DEMI-PIÈCES	DÉNUDATION
DÉLIMITANT	DEMI-PLACES	DÉPAILLAGE
DÉLIMITEUR	DEMI-POINTE	DÉPAILLANT
DÉLINQUANT	DEMI-QUEUES	DÉPALISSÉE
DÉLITEMENT	DEMI-RELIEF	DÉPALISSER
DÉLIVRANCE	DEMI-RONDES	DÉPANNEUSE
DELLA PORTA	DEMI-SAISON	DÉPAQUETÉE
DELLA SCALA	DEMI-SŒURS	DÉPAQUETER
DELLA VALLE	DEMI-SOLDES	DÉPARASITÉ
DÉLOCALISÉ	DEMI-SOUPIR	DÉPAREILLÉ
DELPHINIDÉ	DEMI-TARIFS	DÉPARTAGÉE
DELPHINIUM	DEMI-TEINTE	DÉPARTAGER
DELTAPLANE	DEMI-VIERGE	DÉPATRIANT
DELTOÏDIEN	DEMI-VOLÉES	DÉPAYSANTE
DÉLUSTRAGE	DÉMOBILISÉ	DÉPÈCEMENT
DÉLUSTRANT	DÉMOCRATIE	DÉPEIGNANT
DÉMAILLAGE	DÉMODULANT	DÉPENAILLÉ
DÉMAILLANT	DÉMOGRAPHE	DÉPÉNALISÉ
DÉMAILLOTÉ	DEMOISELLE	DÉPENDANCE
DÉMANCHANT	DÉMOLITION	DÉPENDANTE
DEMANDEUSE	DÉMONÉTISÉ	DÉPENSIÈRE
DÉMANGEANT	DÉMONIAQUE	DÉPERLANCE
DÉMANTELÉE	DÉMONTABLE	DÉPERLANTE
DÉMANTELER	DÉMONTRANT	DÉPEUPLANT
DÉMAQUILLÉ	DÉMORALISÉ	DÉPIAUTANT
DÉMARCATIF	**DÉMOSTHÈNE**	DÉPILATION
DÉMARCHAGE	DÉMOTIVANT	DÉPLAFONNÉ
DÉMARCHANT	DÉMOUCHETÉ	DÉPLAISANT
DÉMARCHEUR	DÉMUSELANT	DÉPLANTAGE
DÉMARQUAGE	DÉMYSTIFIÉ	DÉPLANTANT
DÉMARQUANT	DÉMYTHIFIÉ	DÉPLANTOIR
DÉMARQUEUR	DÉNASALISÉ	DÉPLÂTRAGE
DÉMASCLAGE	DÉNATALITÉ	DÉPLÂTRANT
DÉMASCLANT	DÉNATURANT	DÉPLIEMENT
DÉMASQUANT	DÉNAZIFIÉE	DÉPLISSAGE
DÉMASTIQUÉ	DÉNAZIFIER	DÉPLISSANT
DÉMATINANT	DÉNÉBULANT	DÉPLOMBAGE
DÉMAZOUTÉE	DÉNÉBULISÉ	DÉPLOMBANT
DÉMAZOUTER	DÉNÉGATION	DÉPLORABLE
DÉMÊLEMENT	DÉNEIGEANT	DÉPOÉTISÉE
DÉMEMBRANT	DÉNIAISANT	DÉPOÉTISER
DÉMÉNAGEUR	DÉNICHEUSE	DÉPOLARISÉ
DÉMÉRITANT	DÉNIGREUSE	DÉPOLITISÉ
DÉMEUBLANT	DÉNITRIFIÉ	DÉPOLLUANT
DEMI-CANTON	DÉNIVELANT	DÉPOSITION
DEMI-CERCLE	DÉNOMBRANT	DÉPOSSÉDÉE
DEMI-DEUILS	DÉNOTATION	DÉPOSSÉDER
DEMI-DROITE	DÉNOUEMENT	DÉPOTEMENT
DÉMIELLANT	DÉNOYAUTÉE	DÉPÔT-VENTE
DEMI-ENTIER	DÉNOYAUTER	DÉPOUILLÉE
DEMI-FIGURE	DENSIFIANT	DÉPOUILLER
DEMI-FINALE	DENSIMÈTRE	DÉPRAVANTE
DEMI-FRÈRES	DENT-DE-LION	DÉPRÉCIANT
DEMI-HEURES	DENTELAIRE	DÉPRESSION
DEMI-LITRES	DENTELLIER	DÉPRESSIVE

DÉPRIMANTE	**DÉSAUGIERS**	DÉSHONNEUR
DÉPUCELAGE	DÉSAVOUANT	DÉSHONORÉE
DÉPUCELANT	**DESCARTOIS**	DÉSHONORER
DÉPURATIVE	DESCELLANT	DÉSHUILAGE
DÉPUTATION	DESCENDANT	DÉSHUILANT
DÉQUALIFIÉ	DESCENDEUR	DÉSHUILEUR
DÉRACINANT	DESCRIPTIF	DÉSHYDRATÉ
DÉRAILLANT	DÉSÉCHOUÉE	DESIDERATA
DÉRAILLEUR	DÉSÉCHOUER	**DÉSIDÉRIEN**
DÉRAISONNÉ	DÉSEMBUAGE	DÉSINCARNÉ
DÉRANGEANT	DÉSEMBUANT	DÉSINDEXÉE
DÉRATISANT	DÉSEMPARÉE	DÉSINDEXER
DÉRÉGULANT	DÉSEMPARER	DÉSINFECTÉ
DÉRIVATION	DÉSENCADRÉ	DÉSINFORMÉ
DÉRIVATIVE	DÉSENCLAVÉ	DÉSINHIBÉE
DÉRIVETANT	DÉSENCRAGE	DÉSINHIBER
DÉROGATION	DÉSENCRANT	DÉSINTÉGRÉ
DÉROGEANCE	DÉSENDETTÉ	DÉSINTÉRÊT
DÉROUILLÉE	DÉSENFLANT	DÉSINVESTI
DÉROUILLER	DÉSENFUMÉE	DÉSINVOLTE
DÉROULANTE	DÉSENFUMER	**DESJARDINS**
DÉROULEUSE	DÉSENGAGÉE	**DESLANDRES**
DÉROUTANTE	DÉSENGAGER	**DESMOULINS**
DÉSABONNÉE	DÉSENGORGÉ	DÉSOBLIGÉE
DÉSABONNER	DÉSENGRENÉ	DÉSOBLIGER
DÉSABUSANT	DÉSENIVRÉE	DÉSOBSTRUÉ
DÉSACCORDÉ	DÉSENIVRER	DÉSODORISÉ
DÉSACTIVÉE	DÉSENNUYÉE	DÉSŒUVRÉE
DÉSACTIVER	DÉSENNUYER	DÉSOLATION
DÉSADAPTÉE	DÉSENRAYÉE	DÉSOPILANT
DÉSADAPTER	DÉSENRAYER	DÉSORDONNÉ
DÉSAFFECTÉ	DÉSENSABLÉ	DÉSORIENTÉ
DÉSAFFILIÉ	DÉSENTOILÉ	DÉSORPTION
DÉSAGRÉGÉE	DÉSENTÊTER	DÉSOXYDANT
DÉSAGRÉGER	DÉSENTRAVÉ	DÉSOXYGÉNÉ
DÉSAIMANTÉ	DÉSENVASÉE	**DES PÉRIERS**
DÉSAJUSTÉE	DÉSENVASER	DESPOTIQUE
DÉSAJUSTER	DÉSÉPAISSI	DESPOTISME
DÉSALIÉNÉE	DÉSÉQUIPÉE	DESQUAMANT
DÉSALIÉNER	DÉSÉQUIPER	**DES ROSIERS**
DÉSALIGNÉE	DÉSERTIFIÉ	**DESROCHERS**
DÉSALIGNER	DÉSERTIQUE	DESSABLAGE
DÉSALTÉRÉE	DÉSESPÉRÉE	DESSABLANT
DÉSALTÉRER	DÉSESPÉRER	**DESSALINES**
DÉSAMIANTÉ	**DES ESSARTS**	DESSANGLÉE
DÉSAMORCÉE	DÉSESTIMER	DESSANGLER
DÉSAMORCER	DÉSÉTATISÉ	DESSAOULÉE
DÉSAPPARIÉ	DÉSEXCITÉE	DESSAOULER
DÉSAPPRISE	DÉSEXCITER	DESSÉCHANT
DÉSARÇONNÉ	DÉSHABILLÉ	DESSELLANT
DÉSARÊTANT	DÉSHABITUÉ	DESSERRAGE
DÉSARGENTÉ	DÉSHERBAGE	DESSERRANT
DÉSARMANTE	DÉSHERBANT	DESSERVANT
DÉSARRIMÉE	DÉSHÉRENCE	DESSILLANT
DÉSARRIMER	DÉSHÉRITÉE	DESSOUCHÉE
DÉSASSORTI	DÉSHÉRITER	DESSOUCHER
DÉSASTREUX	DÉSHONNÊTE	DESSOUDANT

DESSOÛLANT	DEVANAGARI	DICTAPHONE
DESSUINTÉE	DEVANCIÈRE	DIDACTIQUE
DESSUINTER	DÉVELOPPÉE	DIDACTISME
DESTITUANT	DÉVELOPPER	DIDASCALIE
DÉSTOCKAGE	DÉVERGONDÉ	DIDJERIDOO
DÉSTOCKANT	DÉVERGUANT	**DIEPENBEEK**
DESTOUCHES	DÉVIATRICE	DIÉSÉLISÉE
DESTRUCTIF	DÉVIRILISÉ	DIÉSÉLISER
DÉSULFITÉE	**DE VISSCHER**	DIÉSÉLISTE
DÉSULFITER	DÉVITALISÉ	DIÉTÉTIQUE
DÉSULFURÉE	DÉVITAMINÉ	DIÉTÉTISTE
DÉSULFURER	DÉVITRIFIÉ	**DIEULOUARD**
DÉSULTOIRE	DÉVOIEMENT	DIFFAMANTE
DÉTACHABLE	DÉVOLUTION	DIFFÉRENCE
DÉTACHANTE	**DÉVOLUTION**	DIFFÉRENTE
DÉTAILLANT	DÉVOLUTIVE	DIFFICULTÉ
DÉTARTRAGE	DÉVONIENNE	DIFFLUENCE
DÉTARTRANT	**DEVONSHIRE**	DIFFLUENTE
DÉTARTREUR	DÉVORATEUR	DIFFORMITÉ
DÉTAXATION	DÉVOTEMENT	DIFFRACTÉE
DÉTECTABLE	DÉVOUEMENT	DIFFRACTER
DÉTECTRICE	DEXTROGYRE	DIFFUSABLE
DÉTEIGNANT	DEXTRORSUM	DIFFUSANTE
DÉTENTRICE	DÉZINGUANT	DIGESTIBLE
DÉTERGEANT	**DHAULAGIRI**	DIGITALINE
DÉTERGENCE	DIABÉTIQUE	DIGITALISÉ
DÉTERGENTE	DIABLEMENT	DIGNITAIRE
DÉTÉRIORÉE	**DIABLERETS**	**DIGOINAISE**
DÉTÉRIORER	DIABOLIQUE	DIGRESSION
DÉTERMINÉE	DIABOLISÉE	DIHOLOSIDE
DÉTERMINER	DIABOLISER	**DIJONNAISE**
DÉTERREUSE	DIACHROMIE	DILACÉRANT
DÉTESTABLE	DIACHRONIE	DILAPIDANT
DÉTONATEUR	DIACONESSE	DILATATEUR
DÉTONATION	DIAGNOSTIC	DILATATION
DÉTORTILLÉ	DIAGRAPHIE	DILETTANTE
DÉTOURNANT	DIALECTALE	DILIGENTÉE
DÉTRACTANT	DIALECTAUX	DILIGENTER
DÉTRACTEUR	DIALECTISÉ	DILUVIENNE
DÉTRACTION	DIALOGIQUE	DIMÉTRODON
DÉTRAQUANT	DIALOGUANT	DIMINUENDO
DE TRAVIOLE	DIAMANTANT	DIMINUTION
DÉTREMPANT	DIAMANTINE	DIMINUTIVE
DÉTRITIQUE	DIAMÉTRALE	DINANDERIE
DÉTROMPANT	DIAMÉTRAUX	DINANDIÈRE
DÉTROQUAGE	DIAPHRAGME	**DINANNAISE**
DÉTROQUANT	DIAPHRAGMÉ	**DINARDAISE**
DÉTROUSSÉE	DIARTHROSE	**DINARIQUES**
DÉTROUSSER	DIATHERMIE	DINDONNANT
DÉTRUISANT	DIATOMIQUE	DINDONNEAU
DEUILLOISE	DIATONIQUE	DIOCÉSAINE
DEUX-PIÈCES	DIATONISME	**DIOCLÉTIEN**
DEUX-POINTS	DIAZOCOPIE	DIOPTRIQUE
DEUX-QUATRE	DICHLORURE	DIPHTONGUE
DEUX-SÈVRES	DICHOTOMIE	DIPHTONGUÉ
DÉVALISANT	DICHROÏQUE	DIPLOCOQUE
DÉVALORISÉ	DICHROÏSME	DIPLODOCUS

DIPLOMATIE	DISSIDENCE	**DODÉCANÈSE**
DIPSACACÉE	DISSIDENTE	DODELINANT
DIPSOMANIE	DISSIMULÉE	DOGMATIQUE
DIRECTOIRE	DISSIMULER	DOGMATISER
DIRECTOIRE	DISSIPATIF	DOGMATISME
DIRECTORAT	DISSOCIANT	**DOLGOROUKI**
DIRECTRICE	DISSOLVANT	**DOMBASLOIS**
DIRIGEABLE	DISSONANCE	**DOMBROWSKA**
DIRIGEANTE	DISSONANTE	**DOMBROWSKI**
DISCERNANT	DISSUADANT	DOMESTIQUE
DISCIPLINE	DISSUASION	DOMESTIQUÉ
DISCIPLINÉ	DISSUASIVE	DOMICILIÉE
DISC-JOCKEY	DISSYLLABE	DOMICILIER
DISCOÏDALE	DISTANÇANT	DOMINATEUR
DISCOÏDAUX	DISTANCIÉE	DOMINATION
DISCOMPTÉE	DISTANCIER	**DOMINGUOIS**
DISCOMPTER	DISTENDANT	DOMINICAIN
DISCONTINU	DISTENSION	**DOMINICAIN**
DISCONVENU	DISTILLANT	DOMINICALE
DISCOPHILE	DISTINCTIF	DOMINICAUX
DISCORDANT	DISTINGUÉE	**DOMINIQUIN**
DISCOUNTÉE	DISTINGUER	DOMODEDOVO
DISCOUNTER	DISTORDANT	**DOMONTOISE**
DISCOURANT	DISTORSION	**DONALD DUCK**
DISCOUREUR	DISTRACTIF	**DONNEMARIE**
DISCRÉDITÉ	DISTRAYANT	**DONZÉROISE**
DISCRÉTION	DISTRIBUÉE	**DORACHONNE**
DISCRIMINÉ	DISTRIBUER	**DORCHESTER**
DISCULPANT	DITHYRAMBE	DORÉNAVANT
DISCURSIVE	DIURÉTIQUE	**DORVALOISE**
DISCUSSION	DIVAGATION	DOSIMÉTRIE
DISCUTABLE	DIVERGEANT	**DOSSO DOSSI**
DISCUTEUSE	DIVERGENCE	DOUAIRIÈRE
DISETTEUSE	DIVERGENTE	**DOUARNENEZ**
DISGRACIÉE	DIVERSIFIÉ	DOUBLE-CLIC
DISGRACIER	DIVINATEUR	DOUBLEMENT
DISJOINDRE	DIVINATION	DOUBLONNER
DISJONCTER	DIVINEMENT	DOUCE-AMÈRE
DISLOQUANT	DIVINISANT	DOUCEREUSE
DISNEYLAND	**DIVIONNAIS**	DOUCISSAGE
DISPATCHÉE	**DIVONNAISE**	**DOUDEVILLE**
DISPATCHER	DIVULGUANT	DOUILLETTE
DISPENSANT	**DIYARBAKIR**	DOULOUREUX
DISPERSANT	DJIBOUTIEN	**DOUVAINOIS**
DISPERSION	**DJIBOUTIEN**	**DOUVRINOIS**
DISPERSIVE	**DJOUNGARIE**	**DRACÉNOISE**
DISPONIBLE	**DOBRO POLJE**	DRAGÉIFIÉE
DISPOSANTE	**DOBZHANSKY**	DRAGÉIFIER
DISPOSITIF	DOCILEMENT	DRAGEONNER
DISRUPTION	DOCTORANTE	DRAGONNADE
DISRUPTIVE	DOCTORESSE	DRAGONNIER
DISSECTION	DOCTRINALE	**DRAGUIGNAN**
DISSÉMINÉE	DOCTRINAUX	DRAISIENNE
DISSÉMINER	DOCUMENTÉE	DRAMATIQUE
DISSENSION	DOCUMENTER	DRAMATISÉE
DISSÉQUANT	DODÉCAÈDRE	DRAMATISER
DISSERTANT	DODÉCAGONE	DRAMATURGE

DRANCÉENNE
DRAP-HOUSSE
DREADLOCKS
DREUX-BRÉZÉ
DREWERMANN
DREYFUSARD
DRIBBLEUSE
DRINGUELLE
DROGUERIES
DROITEMENT
DROITS-FILS
DROLATIQUE
DROMADAIRE
DROSOPHILE
DRUMETTANT
DRY-FARMING
DUBITATIVE
DUBLINOISE
DU CHÂTELET
DUCLAIROIS
DUFFEL-COAT
DUFFLE-COAT
DU GUESCLIN
DULCIFIANT
DUMONSTIER
DUMOUSTIER
DUODÉCIMAL
DUPLICATAS
DUPLIQUANT
DURABILITÉ
DURAND-RUEL
DURCISSANT
DURCISSEUR
DURES-MÈRES
DÜRRENMATT
DÜSSELDORF
DYNAMISANT
DYNAMITAGE
DYNAMITANT
DYNAMITEUR
DYNASTIQUE
DYSARTHRIE
DYSCHROMIE
DYSCINÉSIE
DYSENTERIE
DYSGÉNÉSIE
DYSGÉNIQUE
DYSGRAPHIE
DYSHIDROSE
DYSKINÉSIE
DYSLEXIQUE
DYSMORPHIE
DYSPNÉIQUE
DYSPROSIUM
DYSTOCIQUE
DYSTROPHIE
DZERJINSKI

DZOUNGARIE
EAST ANGLIA
EASTBOURNE
EAST LONDON
EAUBONNAIS
EAUX-BONNES
EAUX-FORTES
EAUX-VANNES
ÉBAHISSANT
EBBINGHAUS
ÉBOULEMENT
ÉBOURIFFÉE
ÉBOURIFFER
ÉBRANCHAGE
ÉBRANCHANT
ÉBRANCHOIR
ÉBRASEMENT
ÉBROUEMENT
ÉBULLITION
ÉBURNÉENNE
ÉCAILLEUSE
ÉCARQUILLÉ
ÉCARTELANT
ÉCARTEMENT
ECCLÉSIALE
ECCLÉSIAUX
ÉCHAFAUDÉE
ÉCHAFAUDER
ÉCHALASSÉE
ÉCHALASSER
ÉCHANCRANT
ÉCHANCRURE
ÉCHANGEANT
ÉCHANGISME
ÉCHANGISTE
ÉCHARNEUSE
ÉCHAUFFANT
ÉCHÉANCIER
ÉCHELONNÉE
ÉCHELONNER
ÉCHENILLÉE
ÉCHENILLER
ÉCHEVELANT
ÉCHEVINAGE
ÉCHEVINALE
ÉCHEVINAUX
ÉCHIQUETÉE
ÉCHIROLLES
ÉCHOUEMENT
ECHTERNACH
ECKERSBERG
ÉCLABOUSSÉ
ÉCLAIRANTE
ÉCLAIREUSE
ÉCLATEMENT
ÉCLECTIQUE
ÉCLECTISME

ÉCLIPTIQUE
ÉCOCITOYEN
ÉCŒURANTE
ÉCOLOGIQUE
ÉCOLOGISME
ÉCOLOGISTE
ÉCOMMÉENNE
ÉCONOMÈTRE
ÉCONOMIQUE
ÉCONOMISÉE
ÉCONOMISER
ÉCONOMISME
ÉCONOMISTE
ÉCOPRODUIT
ÉCORCHE-CUL
ÉCORNIFLER
ÉCOSYSTÈME
ÉCOUENNAIS
ÉCOULEMENT
ÉCOUVILLON
ÉCRASEMENT
ÉCRÊTEMENT
ÉCRIVAILLÉ
ÉCRIVASSER
ÉCROUELLES
ECTOBLASTE
ECTOPLASME
ECTOPROCTE
ECTOTHERME
ÉCUSSONNÉE
ÉCUSSONNER
ECZÉMATEUX
ÉDITORIALE
ÉDITORIAUX
EDMOND RICH
EDMUNDSTON
ÉDUCATRICE
ÉDULCORANT
ÉDULCORÉES
ÉFAUFILANT
EFFACEMENT
EFFAREMENT
EFFAROUCHÉ
EFFARVATTE
EFFECTRICE
EFFECTUANT
EFFÉMINANT
EFFEUILLÉE
EFFEUILLER
EFFEUILLES
EFFICACITÉ
EFFICIENCE
EFFICIENTE
EFFILEMENT
EFFILOCHÉE
EFFILOCHER
EFFLANQUÉE

EFFLEURAGE	EMBAUCHOIR	EMPALEMENT
EFFLEURANT	EMBÉGUINÉE	EMPANACHÉE
EFFONDRANT	EMBÉGUINER	EMPANACHER
EFFRACTION	EMBÊTEMENT	EMPAQUETÉE
EFFRAYANTE	EMBIELLAGE	EMPAQUETER
EFFROYABLE	EMBOBELINÉ	EMPÂTEMENT
ÉGAGROPILE	EMBOBINANT	EMPATHIQUE
ÉGALITAIRE	EMBOÎTABLE	EMPÊCHEUSE
ÉGORGEMENT	EMBONPOINT	EMPHATIQUE
ÉGOSILLANT	EMBOUCANER	EMPHYTÉOSE
ÉGRATIGNÉE	EMBOUCHANT	EMPIERRANT
ÉGRATIGNER	EMBOUCHOIR	EMPIFFRANT
ÉGRILLARDE	EMBOUCHURE	EMPILEMENT
ÉGYPTIENNE	EMBOUQUANT	**EMPIRE INCA**
ÉGYPTIENNE	EMBOURBANT	EMPLANTURE
EHRENBOURG	EMBRANCHÉE	EMPLISSAGE
EINSIEDELN	EMBRANCHER	EMPLISSANT
EISENHOWER	EMBRAQUANT	EMPLOYABLE
EISENSTADT	EMBRASSADE	EMPLOYEUSE
EISENSTEIN	EMBRASSANT	EMPOIGNADE
EKTACHROME	EMBRASSEUR	EMPOIGNANT
ÉLANCEMENT	EMBRIGADÉE	EMPOINTURE
ÉLASTHANNE	EMBRIGADER	EMPOISONNÉ
ÉLASTICITÉ	EMBRINGUÉE	EMPOTEMENT
ÉLASTOMÈRE	EMBRINGUER	EMPOURPRÉE
ÉLECTIVITÉ	EMBROCHANT	EMPOURPRER
ÉLECTORALE	EMBROUILLE	EMPREINDRE
ÉLECTORAUX	EMBROUILLÉ	EMPRESSANT
ÉLECTRIFIÉ	**EMBRUNAISE**	EMPRÉSURÉE
ÉLECTRIQUE	EMBUSQUANT	EMPRÉSURER
ÉLECTRISÉE	ÉMERGEMENT	EMPRISONNÉ
ÉLECTRISER	ÉMERVEILLÉ	EMPRUNTANT
ÉLECTUAIRE	ÉMÉTISANTE	EMPRUNTEUR
ÉLÉGAMMENT	ÉMIGRATION	ÉMULSIFIÉE
ÉLÉPHANTIN	ÉMINEMMENT	ÉMULSIFIER
ÉLÉVATOIRE	EMMAGASINÉ	ÉMULSIONNÉ
ÉLÉVATRICE	EMMAILLOTÉ	ENAMOURANT
EL-HADJ OMAR	EMMANCHANT	ÉNARTHROSE
ELLIPSOÏDE	EMMANCHURE	ENCABANAGE
ELLIPTIQUE	EMMÊLEMENT	ENCABANANT
ÉLONGATION	EMMERDANTE	ENCADREUSE
EL SALVADOR	EMMERDEUSE	ENCAGEMENT
EL TENIENTE	EMMÉTROPIE	ENCAGOULÉE
ÉLUCUBRANT	EMMIELLANT	ENCAISSAGE
ÉMACIATION	EMMITONNER	ENCAISSANT
ÉMACIEMENT	EMMITOUFLÉ	ENCAISSEUR
ÉMAILLERIE	ÉMOLLIENTE	ENCALMINÉE
ÉMAILLEUSE	ÉMONCTOIRE	ENCANAILLÉ
ÉMANCIPANT	ÉMOTIONNÉE	ENCARTEUSE
ÉMARGEMENT	ÉMOTIONNEL	ENCASERNÉE
ÉMASCULANT	ÉMOTIONNER	ENCASERNER
EMBALLEUSE	ÉMOTTEMENT	ENCASTELÉE
EMBARQUANT	ÉMOUCHETTE	ENCASTELER
EMBARRASSÉ	ÉMOUSTILLÉ	ENCASTRANT
EMBASTILLÉ	EMPAILLAGE	EN CATIMINI
EMBAUCHAGE	EMPAILLANT	ENCEIGNANT
EMBAUCHANT	EMPAILLEUR	ENCEINTANT

ENCENSEUSE	ENFIÉVRANT	ENREGISTRÉ
ENCERCLANT	ENFLAMMANT	ENRÊNEMENT
ENCHAÎNANT	ENFLÉCHURE	ENROBEMENT
ENCHANTANT	ENFLEURAGE	ENRÔLEMENT
ENCHANTEUR	ENFLEURANT	ENROUEMENT
ENCHÂSSANT	ENFONCEUSE	ENROULABLE
ENCHÂTELÉE	ENFOURCHÉE	ENROULEUSE
ENCHÂTELER	ENFOURCHER	ENRUBANNÉE
ENCHAUSSÉE	ENFOURNAGE	ENRUBANNER
ENCHAUSSER	ENFOURNANT	ENSACHEUSE
ENCHEVÊTRÉ	ENFREINDRE	ENSEIGNANT
ENCHIFRENÉ	ENFUTAILLÉ	ENSEMBLIER
ENCLENCHÉE	ENGAGEANTE	ENSEMENCÉE
ENCLENCHER	ENGAGEMENT	ENSEMENCER
ENCLIQUETÉ	ENGAINANTE	ENSOLEILLÉ
ENCLITIQUE	ENGAZONNÉE	ENSORCELÉE
ENCOIGNURE	ENGAZONNER	ENSORCELER
ENCOLLEUSE	ENGENDRANT	ENSOUFRANT
ENCOMBRANT	ENGLUEMENT	ENTAILLAGE
ENCOMIENDA	ENGORGEANT	ENTAILLANT
ENCOPRÉSIE	ENGOUEMENT	ENTARTRAGE
ENCOUBLANT	ENGOUFFRÉE	ENTARTRANT
ENCOURAGÉE	ENGOUFFRER	ENTÉLÉCHIE
ENCOURAGER	ENGRAISSÉE	ENTÉNÉBRÉE
ENCRASSANT	ENGRAISSER	ENTÉNÉBRER
ENCROÛTANT	ENGROSSANT	ENTÉRINANT
ENCYCLIQUE	ENGUEULADE	ENTÊTEMENT
ENDÉMICITÉ	ENGUEULANT	ENTORTILLÉ
ENDEUILLÉE	ENHARMONIE	ENTOURNURE
ENDEUILLER	ENIVREMENT	ENTRAIDANT
ENDIABLANT	ENJAVELANT	ENTRAILLES
ENDIMANCHÉ	ENJOIGNANT	ENTR'AIMANT
ENDOBLASTE	ENJÔLEMENT	ENTRAÎNANT
ENDOCTRINÉ	ENJOLIVANT	ENTRAÎNEUR
ENDODONTIE	ENJOLIVEUR	ENTR'APERÇU
ENDOMMAGÉE	ENJOLIVURE	ENTRAPERÇU
ENDOMMAGER	ENJOUEMENT	ENTRE-BANDE
ENDOPLASME	ENLACEMENT	ENTRECOUPÉ
ENDORÉIQUE	ENLÈVEMENT	ENTREFILET
ENDORÉISME	ENLISEMENT	ENTR'ÉGORGÉ
ENDORMANTE	ENLUMINANT	ENTRE-HAÏES
ENDORMEUSE	ENLUMINÉES	ENTREJAMBE
ENDORPHINE	ENLUMINEUR	ENTRELACÉE
ENDOSCOPIE	ENLUMINURE	ENTRELACER
ENDOSPERME	ENNÉAGONAL	ENTRELARDÉ
ENDOSSABLE	ENNEIGEANT	ENTREMÊLÉE
ENDOTHERME	ENNOIEMENT	ENTREMÊLER
ENDOTOXINE	ENNUAGEANT	ENTRE-NŒUD
ÉNERGISANT	ÉNONCIATIF	ENTREPOSÉE
ÉNERGIVORE	ÉNORMÉMENT	ENTREPOSER
ÉNERGUMÈNE	ENQUÊTEUSE	ENTREPRISE
ÉNERVATION	ENQUÊTRICE	ENTRE-RAILS
ÉNERVEMENT	ENQUIQUINÉ	ENTRE-TEMPS
ENFAÎTEAUX	ENRACINANT	ENTRETENIR
ENFARINANT	ENRAGEANTE	ENTRETENUE
ENFICHABLE	ENRAIEMENT	ENTRE-TISSÉ
ENFIELLANT	ENRAYEMENT	ENTRETOISE

ENTRETOISÉ	ÉPOUSSETÉE	ESCARBILLE
ENTRE-TUANT	ÉPOUSSETER	ESCARCELLE
ENTRE-TUÉES	ÉPOUVANTÉE	**ESCARÉNOIS**
ENTROUVERT	ÉPOUVANTER	ESCLAFFANT
ENTROUVRIR	ÉPOXYDIQUE	ESCOBARDER
ENTURBANNÉ	ÉPREIGNANT	ESCOGRIFFE
ÉNUMÉRATIF	ÉPROUVANTE	ESCOMPTANT
ÉNURÉTIQUE	ÉPROUVETTE	ESCOURGEON
ENVASEMENT	ÉPUISEMENT	ESCRIMEUSE
ENVELOPPÉE	ÉPURATOIRE	ESCROQUANT
ENVELOPPER	ÉQUANIMITÉ	**ESKILSTUNA**
ENVENIMANT	ÉQUATORIAL	**ESMERALDAS**
ENVERGEURE	ÉQUATORIEN	ÉSOTÉRIQUE
ENVERGUANT	**ÉQUATORIEN**	ÉSOTÉRISME
ENVIEILLIR	ÉQUILATÈRE	ESPACEMENT
ENVIRONNÉE	ÉQUILIBRÉE	ESPADRILLE
ENVIRONNER	ÉQUILIBRER	ESPIONNAGE
ENVOÛTANTE	ÉQUINOXIAL	ESPIONNANT
ENVOÛTEUSE	ÉQUIPEMENT	ESPIONNITE
ÉPANNELANT	ÉQUIPOTENT	ESPRESSIVO
ÉPARGNANTE	ÉQUITATION	**ESPRONCEDA**
ÉPARPILLÉE	ÉQUIVALANT	ESQUICHANT
ÉPARPILLER	ÉQUIVALENT	ESQUIMAUDE
ÉPATAMMENT	ÉQUIVALOIR	**ESQUIMAUDE**
ÉPAULÉ-JETÉ	ÉQUIVOQUER	ESQUINTANT
ÉPAULEMENT	ÉRADIQUANT	ESQUISSANT
ÉPEICHETTE	ÉRAFLEMENT	**ESSARTAISE**
ÉPERDUMENT	**ÉRAGNIENNE**	ESSENCERIE
ÉPERONNANT	ÉREINTANTE	ESSÉNIENNE
ÉPHÉMÉRIDE	ÉREINTEUSE	ESSORILLÉE
ÉPICANTHUS	ÉRÉMITIQUE	ESSORILLER
ÉPICONDYLE	ÉRÉMITISME	ESSOUCHAGE
ÉPICRÂNIEN	ERGOMÉTRIE	ESSOUCHANT
ÉPICURISME	ERGOSTÉROL	ESSOUFFLÉE
ÉPIDÉMIQUE	ERGOTAMINE	ESSOUFFLER
ÉPIGRAPHIE	ERLENMEYER	ESSUIE-TOUT
ÉPILATOIRE	**ERMONTOISE**	ESTAFILADE
ÉPILOGUANT	ÉROTISANTE	ESTAMPEUSE
ÉPINACOISE	ÉROTOLOGIE	ESTAMPILLE
ÉPINCETANT	ÉROTOLOGUE	ESTAMPILLÉ
ÉPINEURIEN	ÉROTOMANIE	ESTÉRIFIÉE
ÉPINGLETTE	**ERSTEINOIS**	ESTÉRIFIER
ÉPIPHYSITE	ÉRUBESCENT	ESTHÉTIQUE
ÉPISCOPALE	ÉRUCTATION	ESTHÉTISÉE
ÉPISCOPAUX	ÉRUGINEUSE	ESTHÉTISER
ÉPISODIQUE	ÉRYTHRASMA	ESTHÉTISME
ÉPISPADIAS	**ERZGEBIRGE**	ESTIMATEUR
ÉPISTOLIER	ESBROUFANT	ESTIMATION
ÉPITHALAME	ESBROUFEUR	ESTIMATIVE
ÉPITHÉLIAL	ESCADRILLE	ESTIVATION
ÉPITHÉLIUM	ESCAGASSER	ESTOMAQUÉE
EPLAPOURDI	ESCALADANT	ESTOMAQUER
ÉPLUCHETTE	ESCALOPANT	ESTONIENNE
ÉPLUCHEUSE	ESCAMOTAGE	**ESTONIENNE**
ÉPOUILLAGE	ESCAMOTANT	ESTOUFFADE
ÉPOUILLANT	ESCAMOTEUR	ESTRAMAÇON
ÉPOUMONANT	ESCAMPETTE	ESTROPIANT

ESZTERHÁZY	EUPHONIQUE	EXCITATEUR
ÉTALAGEANT	EUPHORIQUE	EXCITATION
ÉTALAGISTE	EUPHORISÉE	EXCLAMATIF
ÉTALINGUÉE	EUPHORISER	EXCOMMUNIÉ
ÉTALINGUER	EUPHOTIQUE	EXCRÉTOIRE
ÉTALONNAGE	**EUPHRONIOS**	EXCRÉTRICE
ÉTALONNANT	**EURAFRIQUE**	EXÉCRATION
ÉTAMPERCHE	EURASIENNE	EXÉCUTABLE
ÉTANCHÉITÉ	**EURASIENNE**	EXÉCUTANTE
ÉTANÇONNÉE	**EURE-ET-LOIR**	EXÉCUTOIRE
ÉTANÇONNER	EUROBANQUE	EXÉCUTRICE
ÉTANT DONNÉ	EURODÉPUTÉ	EXÉGÉTIQUE
ÉTAT-NATION	EURODEVISE	EXEMPLAIRE
ÉTATS-UNIEN	EURODOLLAR	EXEMPLIFIÉ
ÉTATS-UNIEN	EUROMARCHÉ	EXERCISEUR
ÉTAU-LIMEUR	EUROPÉENNE	EXFILTRANT
ÉTEMPERCHE	**EUROPÉENNE**	EXFOLIANTE
ÉTERNISANT	**EUROVISION**	EXHALAISON
ÉTHANOÏQUE	EURYHALINE	EXHALATION
ÉTHÉRIFIÉE	EURYTHERME	EXHAUSSANT
ÉTHÉROMANE	**EUSTACHOIS**	EXHAUSTEUR
ÉTHÉRIFIER	EUSTATIQUE	EXHAUSTION
ETHMOÏDALE	EUSTATISME	EXHAUSTIVE
ETHMOÏDAUX	EUTECTIQUE	EXHIBITION
ETHNARCHIE	EUTHANASIE	EXHUMATION
ETHNOLOGIE	EUTHANASIÉ	EXINSCRITE
ETHNOLOGUE	ÉVACUATEUR	EXOGAMIQUE
ÉTHOGRAMME	ÉVACUATION	EXOPLANÈTE
ÉTHYLAMINE	ÉVALTONNER	EXORBITANT
ÉTHYLOTEST	ÉVALUATEUR	EXORCISANT
ÉTINCELAGE	ÉVALUATION	EXOTÉRIQUE
ÉTINCELANT	ÉVALUATIVE	EXPANSIBLE
ÉTIOLEMENT	ÉVANESCENT	EXPATRIANT
ÉTIOPATHIE	ÉVANGÉLISÉ	EXPECTANTE
ÉTIQUETAGE	ÉVAPORABLE	EXPECTORÉE
ÉTIQUETANT	**EVANSVILLE**	EXPECTORER
ÉTIQUETEUR	ÉVEILLEUSE	EXPÉDIENTE
ÉTOILEMENT	ÉVENTUELLE	EXPÉDITEUR
ÉTONNEMENT	**EVERGLADES**	EXPÉDITION
ÉTOUFFANTE	ÉVIDEMMENT	EXPÉDITIVE
ÉTOUPILLÉE	ÉVINCEMENT	EXPÉRIENCE
ÉTOUPILLER	ÉVISCÉRANT	EXPERTISÉE
ÉTOURDERIE	ÉVOCATOIRE	EXPERTISER
ÉTOURNEAUX	ÉVOCATRICE	EXPIATOIRE
ÉTRANGLANT	**ÉVRONNAISE**	EXPIATRICE
ÉTRANGLEUR	EXACERBANT	EXPIRATEUR
ÉTREIGNANT	EXACTEMENT	EXPIRATION
ÉTRÉSILLON	EXACTITUDE	EXPLICABLE
ÉTRETATAIS	EXALTATION	EXPLICATIF
ÉTROITESSE	EXASPÉRANT	EXPLICITÉE
ÉTYMOLOGIE	EXAUCEMENT	EXPLICITER
EUBACTÉRIE	EX CATHEDRA	EXPLIQUANT
EUCALYPTUS	EXCAVATEUR	EXPLOITANT
EUDIOMÈTRE	EXCAVATION	EXPLOITEUR
EUPATRIDES	EXCELLENCE	EXPLOSIBLE
EUPHÉMIQUE	EXCELLENTE	EXPORTABLE
EUPHÉMISME	EXCENTRANT	EXPOSITION

EXPRESSION	FAÏENCERIE	FÉODALISME
EXPRESSIVE	FAÏENCIÈRE	FER-À-CHEVAL
EXPRIMABLE	FAINÉANTER	FERMENTANT
EXPROPRIÉE	**FAISALABAD**	FERMENTEUR
EXPROPRIER	FAISANDAGE	**FERNEYSIEN**
EXPURGEANT	FAISANDANT	FÉROCEMENT
EXSUDATION	FAISANDEAU	FERRAILLÉE
EXTENSIBLE	FAIT DIVERS	FERRAILLER
EXTÉNUANTE	**FAKHR AL-DIN**	**FERRARAISE**
EXTÉRIEURE	FALCIFORME	FERRATISME
EXTERMINÉE	**FALKENHAYN**	**FERRIÉROIS**
EXTERMINER	FALLACIEUX	FERRONNIER
EXTINCTEUR	FALSIFIANT	FERROUTAGE
EXTINCTION	**FAMAGOUSTE**	FERROUTANT
EXTINCTIVE	**FAMECKOISE**	FERRY-BOATS
EXTIRPABLE	FANATISANT	**FERRYVILLE**
EXTORQUANT	FANCY-FAIRS	FERS-BLANCS
EXTRACTEUR	FANFARONNE	FERTILISÉE
EXTRACTION	FANFARONNÉ	FERTILISER
EXTRACTIVE	**FANGATAUFA**	**FESSENHEIM**
EXTRAFORTE	FANTASMANT	FESTONNANT
EXTRALÉGAL	**FAOUËTAISE**	FÉTICHISME
EXTRA-MUROS	FAQUINERIE	FÉTICHISTE
EXTRANÉITÉ	FARAMINEUX	FEUDATAIRE
EXTRAPOLÉE	**FARCIENNES**	**FEUILLANTS**
EXTRAPOLER	FARCISSANT	FEUILLERET
EXTRARÉNAL	FARFOUILLÉ	FEUILLETÉE
EXTRAVAGUÉ	FASCIATION	FEUILLETER
EXTRAVASÉE	FASCICULÉE	FEUILLETIS
EXTRAVASER	FASCINANTE	FEUILLETON
EXTRAVERTI	FASCISANTE	FEUILLETTE
EXTRÉMISME	**FASSBINDER**	FEUILLISTE
EXTRÉMISTE	FASTIDIEUX	**FEYERABEND**
EXTRUDEUSE	FATALEMENT	**FEYZINOISE**
EXUBÉRANCE	FAUBOURIEN	FIABILISÉE
EXUBÉRANTE	FAUCARDANT	FIABILISER
EXULTATION	FAUCHAISON	**FIANNA FÁIL**
EYMOUTIERS	FAUCONNEAU	FIBRINEUSE
FABRICANTE	FAUCONNIER	FIBROMYOME
FABRIQUANT	FAUSSEMENT	FIBROSCOPE
FABULATEUR	**FAUVILLAIS**	FICELLERIE
FABULATION	FAUX-FILETS	FICTIONNEL
FACES-À-MAIN	FAUX-FUYANT	FIDÈLEMENT
FACÉTIEUSE	FAVORISANT	FIDÉLISANT
FACILEMENT	**FAYENÇOISE**	FIDUCIAIRE
FACILITANT	**FÉCAMPOISE**	FIERS-À-BRAS
FAÇONNEUSE	FÉCONDABLE	FIFTY-FIFTY
FAÇONNIÈRE	FÉCONDANTE	**FIGEACOISE**
FAC-SIMILÉS	FÉDÉRALISÉ	FIGNOLEUSE
FACTORERIE	FÉDÉRATEUR	FIGURATION
FACTORISÉE	FÉDÉRATION	FIGURATIVE
FACTORISER	FÉDÉRATIVE	FIGURÉMENT
FACTURETTE	FÉLICITANT	FILANDIÈRE
FACTURIÈRE	FÉMINISANT	FILANDREUX
FACULTATIF	FEMMELETTE	FILIALISÉE
FAHRENHEIT	FENDILLANT	FILIALISER
FAIBLEMENT	FENESTRAGE	FILIGRANÉE

FILIGRANER
FILMOLOGIE
FILOGUIDÉE
FILONIENNE
FILOUTERIE
FILS INGRAT
FILTRATION
FINALEMENT
FINALISANT
FINANÇABLE
FINANCIÈRE
FINASSERIE
FINASSEUSE
FINASSIÈRE
FINAUDERIE
FINIGUERRA
FINISSANTE
FINISSEUSE
FINISTERRE
FINLANDAIS
FINLANDAIS
FISCALISÉE
FISCALISER
FISCALISTE
FISSIONNÉE
FISSIONNER
FISTULAIRE
FISTULEUSE
FITZGERALD
FLACCIDITÉ
FLACONNAGE
FLAGELLANT
FLAGEOLANT
FLAGORNANT
FLAGORNEUR
FLAMBEMENT
FLAMBOYANT
FLAMINGANT
FLAMININUS
FLAMMARION
FLANC-GARDE
FLATULENCE
FLATULENTE
FLATUOSITÉ
FLAVESCENT
FLEMMARDER
FLESSELLES
FLESSINGUE
FLEURANTIN
FLEURETANT
FLEURIATON
FLEURIMONT
FLEURONNÉE
FLEXIONNEL
FLEXUOSITÉ
FLIBUSTIER
FLINT-GLASS

FLOCK-BOOKS
FLOCONNANT
FLOCONNEUX
FLOIRACAIS
FLORACOISE
FLORENTINE
FLORENTINE
FLORISSANT
FLOTTAISON
FLOTTATION
FLOTTEMENT
FLUATATION
FLUCTUANTE
FLUIDIFIÉE
FLUIDIFIER
FLUIDISANT
FLUORATION
FLUVIATILE
FOCALISANT
FŒTOLOGIE
FOISONNANT
FOLÂTRERIE
FOLICHONNE
FOLKESTONE
FONCTIONNÉ
FONDATRICE
FONGIFORME
FONSCHOISE
FONTAINIER
FONTAINOIS
FONTANELLE
FONTARABIE
FONTENELLE
FONTEVRAUD
FONTFROIDE
FORBACHOIS
FORCÈNERIE
FORCISSANT
FORCLUSION
FORESTERIE
FORESTIÈRE
FORESTOISE
FORÊT-NOIRE
FORÊT-NOIRE
FORÉZIENNE
FORFAITURE
FORFANTIER
FORLANÇANT
FORLIGNANT
FORMALISÉE
FORMALISER
FORMALISME
FORMALISTE
FORMARIAGE
FORMATRICE
FORMENTERA
FORMIDABLE

FORMULABLE
FORMULAIRE
FORNIQUANT
FORTERESSE
FORTIFIANT
FORTISSIMO
FOSSILISÉE
FOSSILISER
FOSSOYEUSE
FOUAILLANT
FOUDROYAGE
FOUDROYANT
FOUGERAISE
FOUILLEUSE
FOUISSEUSE
FOULONNANT
FOULTITUDE
FOURCHETTE
FOURGONNER
FOURMILIER
FOURMILION
FOURMILLER
FOURMISIEN
FOURNEYRON
FOURNIMENT
FOURNITURE
FOURRAGÈRE
FOURRAGEUR
FOURRE-TOUT
FOURVOYANT
FOUTIMASSÉ
FOUTREMENT
FOUTRIQUET
FOX QUESADA
FOX-TERRIER
FRACASSANT
FRACTIONNÉ
FRACTURANT
FRAGILISÉE
FRAGILISER
FRAGMENTÉE
FRAGMENTER
FRAISERAIE
FRAMBOISÉE
FRAMBOISER
FRANC-ALLEU
FRANCASTEL
FRANCHETTI
FRANCHISÉE
FRANCHISER
FRANCILIEN
FRANCILIEN
FRANCISANT
FRANCISQUE
FRANC-MAÇON
FRANGIPANE
FRANQUETTE

FRANQUISME
FRANQUISTE
FRAPPEMENT
FRATELLINI
FRATERNISÉ
FRATERNITÉ
FRATRICIDE
FRAUDULEUX
FRAUENFELD
FRAUNHOFER
FRAXINELLE
FRÉDÉGONDE
FREDONNANT
FREE-LANCES
FREE-MARTIN
FRÉJORGUES
FRÉMISSANT
FRÉNATRICE
FRÉNÉTIQUE
FRÉQUENTÉE
FRÉQUENTER
FRÈRE-ORBAN
FRESQUISTE
FRÉTILLANT
FREUDIENNE
FREYSSINET
FRIABILITÉ
FRICADELLE
FRICANDEAU
FRICASSANT
FRICOTEUSE
FRICTIONNÉ
FRIGIDAIRE
FRIGORIFIÉ
FRIGORISTE
FRIPOUILLE
FRISOTTANT
FRISQUETTE
FRISSONNER
FRIVILLOIS
FRIVOLITÉS
FRŒBÉLIEN
FROIDEMENT
FROIDUREUX
FROISSABLE
FROMAGERIE
FROMENTINE
FRONCEMENT
FRONDAISON
FRONSADAIS
FRONTALIER
FRONTALITÉ
FRONTIGNAN
FRONTIGNAN
FROTTEMENT
FROUFROUTÉ
FROUS-FROUS

FROUSSARDE
FRUCTIFÈRE
FRUCTIFIER
FRUCTUEUSE
FRUSTRANTE
FULGURANCE
FULGURANTE
FULIGINEUX
FULMICOTON
FULMINANTE
FULMINIQUE
FUMACIENNE
FUMARIACÉE
FUME-CIGARE
FUMIGATEUR
FUMIGATION
FUMISTERIE
FUNÉRARIUM
FUSAINISTE
FUSÉE-SONDE
FUSÉOLOGIE
FUSIBILITÉ
FUSIONNANT
FUSTANELLE
FUSTIGEANT
FUTILEMENT
GABALITAIN
GABORONAIS
GADGÉTISÉE
GADGÉTISER
GADOLINIUM
GADROUILLE
GADROUILLÉ
GAGNE-PETIT
GAIGNIÈRES
GAILLACOIS
GAILLARDIE
GAILLARDIN
GAINSBOURG
GALACTIQUE
GALANTERIE
GALANTISER
GALETTEUSE
GALICIENNE
GALICIENNE
GALILÉENNE
GALILÉENNE
GALIMAFRÉE
GALIMATIAS
GALIPOTANT
GALLICISME
GALLIFORME
GALLO-ROMAN
GALSWINTHE
GALSWORTHY
GALVANIQUE
GALVANISÉE

GALVANISER
GALVANISME
GALVAUDAGE
GALVAUDANT
GALVAUDÉES
GAMACHOISE
GAMBILLANT
GAMBILLEUR
GAMOPÉTALE
GAMOSÉPALE
GANGÉTIQUE
GANGRENANT
GANGRENEUX
GANNATOISE
GAPENÇAISE
GARÇONNIER
GARDANNAIS
GARDE-À-VOUS
GARDE-BŒUF
GARDE-CORPS
GARDE-CÔTES
GARDE-PÊCHE
GARDE-PLACE
GARDE-ROBES
GARDES-PORT
GARDES-VOIE
GARDE-TEMPS
GARENNOISE
GARGARISÉE
GARGARISER
GARGARISME
GARGILESSE
GARGOTIÈRE
GARGOUILLE
GARGOUILLÉ
GARIGLIANO
GARIGUETTE
GARNIÉRITE
GARNISSAGE
GARNISSANT
GARROTTAGE
GARROTTANT
GASCONNADE
GASHERBRUM
GASPILLAGE
GASPILLANT
GASPILLEUR
GASTRALGIE
GASTRONOME
GASTROPODE
GÂTE-PAPIER
GÂTE-SAUCES
GAUCHEMENT
GAUCHISANT
GAUDISSEUR
GAULLIENNE
GAULTHERIA

GAULTHÉRIE
GAZÉIFIANT
GAZONNANTE
GAZOUILLER
GAZOUILLIS
GEIGNEMENT
GÉLATINEUX
GÉMELLAIRE
GÉMINATION
GÉMISSANTE
GEMMOLOGIE
GEMMOLOGUE
GENDARMANT
GÉNÉALOGIE
GÉNÉRALISÉ
GÉNÉRALITÉ
GÉNÉRATEUR
GÉNÉRATION
GÉNÉRATIVE
GÉNÉROSITÉ
GÉNÉSARETH
GENÉSIENNE
GÉNÉTICIEN
GENGIS KHAN
GENITOIRES
GENNASSIEN
GENOUILLÉE
GÉNOVÉFAIN
GENTLEMANS
GÉODÉSIQUE
GÉOGRAPHIE
GÉOLOGIQUE
GÉOMÉTRALE
GÉOMÉTRAUX
GÉOMÉTRIDÉ
GEORGE TOWN
GEORGETOWN
GÉORGIENNE
GÉORGIENNE
GÉORGIQUES
GÉOSCIENCE
GÉOTEXTILE
GÉOTHERMIE
GÉRANIACÉE
GERMANDRÉE
GERMANICUS
GERMANIQUE
GERMANISÉE
GERMANISER
GERMANISME
GERMANISTE
GERMINATIF
GERSONIDES
GERZATOISE
GESTICULER
GESTUALITÉ
GETHSÉMANI

GETTYSBURG
GHELDERODE
GIACOMETTI
GIBRIAÇOIS
GIGANTISME
GIGNACOISE
GIGOTEMENT
GILLINGHAM
GIMONTOISE
GIOBERTITE
GIOTTESQUE
GIROUETTER
GIVERNOISE
GLACIATION
GLADIATEUR
GLANDULEUX
GLAPISSANT
GLARONNAIS
GLATISSANT
GLAUCONITE
GLISSEMENT
GLOBALISÉE
GLOBALISER
GLOBULAIRE
GLOBULEUSE
GLORIEUSES
GLORIFIANT
GLOUCESTER
GLOUGLOUTÉ
GLOUSSANTE
GLUCIDIQUE
GLUCOMÈTRE
GLUCONIQUE
GLUCOSERIE
GLUTAMIQUE
GLUTINEUSE
GLYCÉRINÉE
GLYCÉRINER
GLYCÉRIQUE
GLYCOCOLLE
GLYCOLIQUE
GLYCOSURIE
GNEISSEUSE
GNEISSIQUE
GNÉTOPHYTE
GNOMONIQUE
GOBELOTTER
GOBERGEANT
GODAILLANT
GODELUREAU
GODERVILLE
GOG ET MAGOG
GOGUENARDE
GOINFRERIE
GOMBROWICZ
GOMME-GUTTE
GOMME-LAQUE

GONDOLANTE
GONFLEMENT
GONGORISME
GONIOMÈTRE
GONOCOCCIE
GONTCHAROV
GORBATCHEV
GORGONZOLA
GORGONZOLA
GORRONNAIS
GORTCHAKOV
GOSAINTHAN
GOTTWALDOV
GOUAILLANT
GOUAILLEUR
GOUDRONNÉE
GOUDRONNER
GOUGNAFIER
GOUJATERIE
GOUJONNANT
GOULEYANTE
GOUPILLANT
GOURMANDÉE
GOURMANDER
GOUTTEREAU
GOUVERNAIL
GOUVERNANT
GOUVERNEUR
GRABATAIRE
GRACIEUSER
GRADUATION
GRAFFITEUR
GRAFIGNANT
GRAILLONNÉ
GRAINETIER
GRAISSEUSE
GRAMATOISE
GRAMINACÉE
GRANBYENNE
GRAND-ANGLE
GRAND CANAL
GRAND-CHAMP
GRAND-CHOSE
GRAND-CROIX
GRAND-DUCAL
GRAND-DUCHÉ
GRANDEMENT
GRAND-LIVRE
GRAND-MAMAN
GRAND-MÈRES
GRAND-MESSE
GRAND-ONCLE
GRAND-PEINE
GRAND-PLACE
GRANDPUITS
GRANDS-DUCS
GRANDS LACS

GRAND-TANTE
GRANDVILLE
GRAND-VOILE
GRANITEUSE
GRANITIQUE
GRANITOÏDE
GRANULAIRE
GRANULEUSE
GRAPE-FRUIT
GRAPHITANT
GRAPHITEUX
GRAPPILLÉE
GRAPPILLER
GRAPPILLON
GRAPTOLITE
GRAS-DOUBLE
GRASSEMENT
GRASSEYANT
GRATIFIANT
GRATTE-CIEL
GRATTEMENT
GRAUBÜNDEN
GRAVELEUSE
GRAVELINES
GRAVELOTTE
GRAVENHAGE
GRAVETTIEN
GRAVIDIQUE
GRAVIMÈTRE
GRAVISSANT
GRAVISSIME
GRÈCE D'ASIE
GRÉCO-LATIN
GREDINERIE
GREENPEACE
GREENSBORO
GRÉGAMISTE
GRÉGARISME
GRELOTTANT
GRENADILLE
GRENADINES
GRENAILLÉE
GRENAILLER
GRENOBLOIS
GRENOUILLE
GRENOUILLÉ
GRÉSILLANT
GRIBEAUVAL
GRIBOÏEDOV
GRIBOUILLE
GRIBOUILLÉ
GRIÈVEMENT
GRIFFONNÉE
GRIFFONNER
GRIGNOTAGE
GRIGNOTANT
GRIGNOTINE

GRIGORESCU
GRILLARDIN
GRILLE-PAIN
GRILL-ROOMS
GRIMAÇANTE
GRIMACIÈRE
GRIMAUDAGE
GRIMAUDOIS
GRIMBERGEN
GRIMPEREAU
GRINCEMENT
GRINCHEUSE
GRIPPE-SOUS
GRISAILLÉE
GRISAILLER
GRISOLLAIS
GRISOLLANT
GRISONNANT
GRISOUTEUX
GRIVÈLERIE
GROGNASSER
GROGNEMENT
GROGNONNER
GROGNONNES
GROIZILLON
GROMMELANT
GRONDEMENT
GROS-GRAINS
GROS-PLANTS
GROSSO MODO
GROSS ROSEN
GROTESQUES
GROUILLANT
GROUPEMENT
GRUÉRIENNE
GRUMELEUSE
GRUPPETTOS
GUADARRAMA
GUADELOUPE
GUANAJUATO
GUANTÁNAMO
GUARNERIUS
GUAYASAMÍN
GUEBWILLER
GUÉRANDAIS
GUÉRÉTOISE
GUÉRILLERO
GUÉRISSANT
GUÉRISSEUR
GUERROYANT
GUETHARIAR
GUETS-APENS
GUÈVREMONT
GUGGENHEIM
GUICHARDIN
GUICHETIER
GUI D'AREZZO

GUIGNOLADE
GUILI-GUILI
GUILLAUMAT
GUILLAUMET
GUILLAUMIN
GUILLEMETÉ
GUILLESTRE
GUILLOCHÉE
GUILLOCHER
GUILLOCHIS
GUILLOTINE
GUILLOTINÉ
GUINDAILLE
GUINDAILLÉ
GUINEGATTE
GUINGUETTE
GUINIZELLI
GUITARISTE
GUJRANWALA
GULBENKIAN
GULF STREAM
GUOMINDANG
GUYANCOURT
GUYANIENNE
GYLLENSTEN
GYMNASIALE
GYMNASIAUX
GYMNOCARPE
GYPSOPHILE
GYROCOMPAS
GYROPILOTE
HABILEMENT
HABILITANT
HABILLABLE
HABILLEUSE
HABITATION
HABITUELLE
HACHÉMITES
HACHIMITES
HADRAMAOUT
HAGONDANGE
HALÈTEMENT
HALF COURTS
HALF-TRACKS
HALLEBARDE
HALLUCINÉE
HALLUCINER
HALLUINOIS
HALOGÉNURE
HALQ EL-OUED
HAMADRYADE
HAMMADIDES
HAMMERFEST
HAMMERLESS
HAMMOURABI
HAMMOU-RAPI
HANBALISME

HANCHEMENT	HÉBÉTEMENT	HERMÉTISME
HANDICAPÉE	HÉBRAÏSANT	HERMÉTISTE
HANDICAPER	HECTOLITRE	HERMINETTE
HANDISPORT	HECTOMÈTRE	**HERMOPOLIS**
HANTAVIRUS	HÉGÉLIENNE	**HERMOSILLO**
HAPLOLOGIE	**HEIDELBERG**	HÉRONNEAUX
HAPTONOMIE	**HEISENBERG**	HÉRONNIÈRE
HARANGUANT	HÉLICOÏDAL	**HÉROUVILLE**
HARANGUEUR	**HÉLIGOLAND**	HERPÉTIQUE
HARASSANTE	**HÉLIOGABAL**	**HERREWEGHE**
HARCELANTE	HÉLIOMARIN	**HERSCHBACH**
HARDENBERG	**HÉLIOPOLIS**	HERSCHEUSE
HARENGUIER	HÉLIOTROPE	HERTZIENNE
HARICOTEUR	HÉLIPORTÉE	**HESDINOISE**
HARMONIEUX	HELLADIQUE	HÉSITATION
HARMONIQUE	HELLÉNIQUE	**HESPÉRIDES**
HARMONISÉE	HELLÉNISÉE	HÉSYCHASME
HARMONISER	HELLÉNISER	HÉTÉRODOXE
HARMONISTE	HELLÉNISME	HÉTÉRODYNE
HARNACHANT	HELLÉNISTE	HÉTÉROGÈNE
HARPAILLER	**HELLESPONT**	HÉTÉRONOME
HARPIGNIES	**HELSINKIEN**	HÉTÉROSIDE
HARPONNAGE	HELVÉTIQUE	HEXADÉCANE
HARPONNANT	HELVÉTISME	HEXAGONALE
HARPONNEUR	HÉMANGIOME	HEXAGONAUX
HARRISBURG	HÉMATÉMÈSE	HIBERNANTE
HARTLEPOOL	HÉMIPLÉGIE	**HIDDEN PEAK**
HASARDEUSE	HÉMISPHÈRE	**HIÉRAPOLIS**
HASMONÉENS	HÉMISTICHE	HIÉRARCHIE
HASSIDIQUE	HÉMOGRAMME	HIÉRATIQUE
HASSIDISME	HÉMOPATHIE	HIÉRATISME
HÂTIVEMENT	HÉMOPHILIE	HIÉROGAMIE
HAUBOURDIN	HÉMOPTYSIE	HIGHLANDER
HAUSSE-COLS	HÉMORRAGIE	**HILDEBRAND**
HAUSSEMENT	HÉMORROÏDE	**HILDEGARDE**
HAUT-ALPINE	**HENDAYAISE**	**HILDESHEIM**
HAUTBOÏSTE	HENDIADYIN	**HILFERDING**
HAUTECOMBE	**HENNEBIQUE**	**HINDENBURG**
HAUTE-CORSE	HENNISSANT	HINDOUISME
HAUTE-LOIRE	HÉPATALGIE	HINDOUISTE
HAUTE-MARNE	HÉPATOCYTE	**HINDOUSTAN**
HAUTE-SAÔNE	**HÉPHAÏSTOS**	HIPPOCAMPE
HAUTEVILLE	HEPTAGONAL	**HIPPOCRATE**
HAUTE-VOLTA	**HEPTAMÉRON**	HIPPODROME
HAUT-RELIEF	**HEPTARCHIE**	HIPPOLOGIE
HAUTS-FONDS	HEPTATHLON	HIRONDEAUX
HAUTURIÈRE	**HÉRACLIDES**	HIRONDELLE
HAWAIIENNE	HÉRALDIQUE	**HIRSONNAIS**
HAWAIIENNE	HÉRALDISTE	HIRSUTISME
HAYANGEOIS	**HÉRAULTAIS**	**HISPANIOLA**
HAZEBROUCK	HERBAGEANT	HISPANIQUE
HAZPANDARE	**HERBLINOIS**	HISPANISER
HEAVY-MÉTAL	HERBORISER	HISPANISME
HÉBERGEANT	HERBORISTE	HISPANISTE
HÉBERTISME	**HERBRETAIS**	HISTIOCYTE
HÉBERTISTE	**HERCULANUM**	HISTOLOGIE
HÉBÉTATION	HERMÉTIQUE	HISTORIQUE

HITLÉRISME
HIT-PARADES
HIVERNANTE
HOCHEQUEUE
HOCHFELDEN
HOCKEYEUSE
HODOGRAPHE
HOFSTADTER
HOLISTIQUE
HOLLANDAIS
HOLLANDAIS
HOLOCAUSTE
HOLOCAUSTE
HOLOGRAMME
HOLOGRAPHE
HOLOPHERNE
HOLOTHURIE
HOMARDERIE
HOME-CINÉMA
HOMÉOPATHE
HOMÉOTIQUE
HOMOCENTRE
HOMOCERQUE
HOMOFOCALE
HOMOFOCAUX
HOMOGRAPHE
HOMOGREFFE
HOMOLOGUÉE
HOMOLOGUER
HOMOPHOBIE
HOMOPHONIE
HOMOSEXUEL
HOMOSPHÈRE
HOMOTHÉTIE
HOMOZYGOTE
HONGROYAGE
HONGROYANT
HONNISSANT
HONORAIRES
HONORARIAT
HORIZONTAL
HORKHEIMER
HORLOGERIE
HORNBLENDE
HORODATEUR
HORRIFIANT
HORRIFIQUE
HORRIPILÉE
HORRIPILER
HORSE-BALLS
HORSE-GUARD
HORS-ŒUVRE
HORS-PISTES
HORS-SÉRIES
HORS STATUT
HÔTELLERIE
HÔTELS-DIEU

HOTTENTOTE
HOTTENTOTE
HOTTENTOTS
HÖTZENDORF
HOUBLONNÉE
HOUBLONNER
HOUDANAISE
HOUNSFIELD
HOURTINAIS
HOUSE-BOATS
HOUSE MUSIC
HOUSPILLÉE
HOUSPILLER
HOUSSINANT
HOU YAO-PANG
HOVERCRAFT
HUA GUOFENG
HUAXTÈQUES
HUIT ET DEMI
HULULEMENT
HUMANISANT
HUMBLEMENT
HUMIDIFIÉE
HUMIDIFIER
HUMILIANTE
HUNINGUOIS
HUNTSVILLE
HURLUBERLU
HURONIENNE
HUSSEIN DEY
HYBRIDISME
HYDRAMNIOS
HYDRATABLE
HYDRATANTE
HYDROFUGÉE
HYDROFUGER
HYDROGÉNÉE
HYDROGÉNER
HYDROLOGIE
HYDROLOGUE
HYDROLYSÉE
HYDROLYSER
HYDROMÈTRE
HYDROPHILE
HYDROPHOBE
HYDROPHONE
HYDROPISIE
HYDROPTÈRE
HYGIAPHONE
HYGIÉNIQUE
HYGIÉNISTE
HYGROMÈTRE
HYGROPHILE
HYGROPHORE
HYGROSCOPE
HYLOZOÏSME
HYPERACTIF

HYPERDULIE
HYPERFOCAL
HYPERGAMIE
HYPERHÉMIE
HYPERMÉDIA
HYPERONYME
HYPERTÉLIE
HYPERTENDU
HYPERTEXTE
HYPERTONIE
HYPNOTIQUE
HYPNOTISÉE
HYPNOTISER
HYPNOTISME
HYPOCAPNIE
HYPOCAUSTE
HYPOCENTRE
HYPOCHROME
HYPOCONDRE
HYPOCRISIE
HYPOGASTRE
HYPOGLOSSE
HYPOKHÂGNE
HYPOPLASIE
HYPOSTASIÉ
HYPOTENDUE
HYPOTENSIF
HYPOTÉNUSE
HYPOTHÉNAR
HYPOTHÈQUE
HYPOTHÉQUÉ
HYPSOMÈTRE
HYSTÉRÉSIS
HYSTÉRIQUE
IABLONOVYÏ
IBN AL-ARABI
IBN BADJDJA
IBN BATTUTA
IBN KHALDUN
ICHINOMIYA
ICHNOLOGIE
ICHTYORNIS
ICONOLOGIE
ICONOSCOPE
ICONOSTASE
IDÉALEMENT
IDÉALISANT
IDEMPOTENT
IDENTIFIÉE
IDENTIFIER
IDÉOGRAMME
IDÉOMOTEUR
IDIOTEMENT
IDOLÂTRANT
IGNIMBRITE
IGNISSOISE
IGNORANTIN

IJSSELMEER
IKE NO TAIGA
ILANG-ILANG
ILÉO-CÆCAL
ILIOUCHINE
ILLÉGALITÉ
ILLÉGITIME
ILLIBÉRIEN
ILLUMINANT
ILLUSIONNÉ
ILLUSTRANT
ILLYRIENNE
ILLYRIENNE
IMAGINABLE
IMAGINAIRE
IMAGINATIF
IMBATTABLE
IMBIBITION
IMBRIQUANT
IMERCURIEN
IMITATRICE
IMMATÉRIEL
IMMATURITÉ
IMMÉMORIAL
IMMERGEANT
IMMETTABLE
IMMIGRANTE
IMMOBILIER
IMMOBILISÉ
IMMOBILITÉ
IMMODESTIE
IMMOLATION
IMMORALITÉ
IMMORTELLE
IMMUNISANT
IMMUNOGÈNE
IMPALPABLE
IMPANATION
IMPARFAITE
IMPARTIALE
IMPARTIAUX
IMPASSIBLE
IMPATIENCE
IMPATIENTE
IMPATIENTÉ
IMPECCABLE
IMPÉNITENT
IMPENSABLE
IMPÉRATIVE
IMPERATRIZ
IMPERDABLE
IMPÉRIEUSE
IMPÉTRANTE
IMPÉTUEUSE
IMPLACABLE
IMPLANTANT
IMPLÉMENTÉ

IMPLIQUANT
IMPLORANTE
IMPOLIMENT
IMPORTABLE
IMPORTANCE
IMPORTANTE
IMPORTUNÉE
IMPORTUNER
IMPOSITION
IMPOSSIBLE
IMPRÉGNANT
IMPRENABLE
IMPRESARII
IMPRÉSARIO
IMPRESSION
IMPRESSIVE
IMPRIMABLE
IMPRIMANTE
IMPRIMATUR
IMPRIMERIE
IMPROBABLE
IMPROMPTUE
IMPROVISÉE
IMPROVISER
IMPROVISTE
IMPRUDENCE
IMPRUDENTE
IMPUDICITÉ
IMPUISSANT
IMPUNÉMENT
IMPUREMENT
IMPUTATION
INACCENTUÉ
INACCOMPLI
INACTIVANT
INACTIVITÉ
INACTUELLE
INADÉQUATE
INAMOVIBLE
INAPPARENT
INAPPLIQUÉ
INAPPRÉCIÉ
INAPTITUDE
INARTICULÉ
INASSIMILÉ
INASSOUVIE
INATTENDUE
INATTENTIF
INAUGURALE
INAUGURANT
INAUGURAUX
INAVOUABLE
INCAPACITÉ
INCARCÉRÉE
INCARCÉRER
INCARNADIN
INCASSABLE

INCENDIANT
INCERTAINE
INCESSANTE
INCESSIBLE
INCESTUEUX
INCHOATIVE
INCIDENTER
INCINÉRANT
INCITATEUR
INCITATION
INCITATIVE
INCIVILITÉ
INCLÉMENCE
INCLÉMENTE
INCLINABLE
INCOHÉRENT
INCOLLABLE
INCOMMODÉE
INCOMMODER
INCOMPLÈTE
INCOMPRISE
INCONDUITE
INCONSOLÉE
INCONSTANT
INCONTESTÉ
INCONTRÔLÉ
INCORPORÉE
INCORPOREL
INCORPORER
INCORRECTE
INCRÉMENTÉ
INCREVABLE
INCRIMINÉE
INCRIMINER
INCROYABLE
INCROYANCE
INCROYANTE
INCRUSTANT
INCUBATEUR
INCUBATION
INCULQUANT
INCURIEUSE
INDÉCISION
INDÉLÉBILE
INDÉLICATE
INDEMNISÉE
INDEMNISER
INDÉNIABLE
INDEXATION
INDIANISME
INDIANISTE
INDICATEUR
INDICATION
INDICATIVE
INDICIAIRE
INDICIELLE
INDIFFÉRÉE

INDIFFÉRER
INDIGOTIER
INDIGOTINE
INDIGUIRKA
INDISCRÈTE
INDISCUTÉE
INDISPOSÉE
INDISPOSER
INDISTINCT
INDIVIDUEL
INDIVISION
INDO-ARYENS
INDOCILITÉ
INDONÉSIEN
INDONÉSIEN
INDOPHÉNOL
INDUCTANCE
INDUCTRICE
INDULGENCE
INDULGENTE
INDURATION
INDUSTRIEL
INÉDUCABLE
INEFFECTIF
INEFFICACE
INÉGALABLE
INÉLÉGANCE
INÉLÉGANTE
INÉLIGIBLE
INEMPLOYÉE
INÉPROUVÉE
INÉQUATION
INERTIELLE
INÉVITABLE
INEXÉCUTÉE
INEXIGIBLE
INEXISTANT
INEXORABLE
INEXPIABLE
INEXPLIQUÉ
INEXPLOITÉ
INEXPLORÉE
INEXPRIMÉE
IN EXTREMIS
INFAISABLE
INFANTELET
INFANTERIE
INFECTANTE
INFECTIEUX
INFÉLICITÉ
INFÉRIEURE
INFIDÉLITÉ
INFILTRANT
INFINIMENT
INFINITIVE
INFINITUDE
INFIRMATIF

INFIRMERIE
INFIRMIÈRE
INFLEXIBLE
INFLIGEANT
INFLUENCÉE
INFLUENCER
INFORMATIF
INFORMELLE
INFORMULÉE
INFORTUNÉE
INFRACTION
INFRAROUGE
INGAGNABLE
INGEN-HOUSZ
INGÉNIERIE
INGÉNIEUSE
INGÉNUMENT
INGOLSTADT
INGRÉDIENT
INGURGITÉE
INGURGITER
INHABILETÉ
INHABILITÉ
INHABITUEL
INHALATEUR
INHALATION
INHIBITEUR
INHIBITION
INHOMOGÈNE
INHUMANITÉ
INHUMATION
INIMITABLE
INIQUEMENT
INITIALANT
INITIALISÉ
INITIATEUR
INITIATION
INITIATIVE
INJECTABLE
INJONCTION
INJONCTIVE
INJURIEUSE
INJUSTIFIÉ
INLASSABLE
INNOCENTÉE
INNOCENTER
INNOMMABLE
INNOVATEUR
INNOVATION
INOBSERVÉE
INOCULABLE
INOFFENSIF
INONDATION
INOPÉRABLE
INOPÉRANTE
INOPPORTUN
INORGANISÉ

INOXYDABLE
IN PARTIBUS
INQUIÉTANT
INQUIÉTUDE
INQUILISME
INSATIABLE
INSCRIVANT
INSCULPANT
INSÉCURITÉ
INSÉMINANT
INSENSIBLE
INSERMENTÉ
INSIDIEUSE
INSINUANTE
INSIPIDITÉ
INSISTANCE
INSISTANTE
INSITUABLE
INSOCIABLE
INSOLATION
INSOLENTER
INSOLVABLE
INSOMNIEUX
INSONDABLE
INSONORISÉ
INSONORITÉ
INSOUCIANT
INSOUCIEUX
INSPECTANT
INSPECTEUR
INSPECTION
INSPIRANTE
INSTALLANT
INSTAMMENT
INSTANTANÉ
INSTAURANT
INSTIGUANT
INSTILLANT
INSTINCTIF
INSTITUANT
INSTRUCTIF
INSTRUMENT
INSUFFLANT
INSULARITÉ
INSULTANTE
INSULTEUSE
INSUPPORTÉ
INSURGEANT
INTANGIBLE
INTÉGRABLE
INTÉGRANTE
INTÉGRATIF
INTÉGRISME
INTÉGRISTE
INTEMPÉRIE
INTEMPOREL
INTENDANCE

INTENDANTE	INTOLÉRANT	IRRÉGULIER
INTENSIFIÉ	INTONATION	IRRÉLIGION
INTERACTIF	INTONATIVE	IRRIGATION
INTERALLIÉ	INTOXIQUÉE	IRRITATION
INTERARABE	INTOXIQUER	IRRITATIVE
INTERARMES	INTRA-MUROS	ISALLOBARE
INTERCALÉE	INTRIGANTE	**ISBERGUOIS**
INTERCALER	INTRIGUANT	ISCHÉMIQUE
INTERCÉDER	INTRIQUANT	**ISKENDERUN**
INTERCEPTÉ	INTRODUIRE	ISLAMISANT
INTERCLUBS	INTRODUITE	ISLANDAISE
INTERCOURS	INTRONISÉE	**ISLANDAISE**
INTÉRESSÉE	INTRONISER	ISMAÉLISME
INTÉRESSER	INTROVERTI	ISOCLINALE
INTERFÉRER	INTUBATION	ISOCLINAUX
INTERFÉRON	INUTILISÉE	ISODYNAMIE
INTERFLUVE	INVALIDANT	ISOÉDRIQUE
INTÉRIEURE	INVALIDITÉ	ISOFLAVONE
INTÉRIEURE	INVARIABLE	ISOGLUCOSE
INTERJETÉE	INVARIANCE	ISOÏONIQUE
INTERJETER	INVARIANTE	ISOLEUCINE
INTERLAKEN	INVECTIVÉE	ISOTONIQUE
INTERLIGNE	INVECTIVER	ISOTOPIQUE
INTERLIGNÉ	INVENDABLE	**IS-SUR-TILLE**
INTERLOQUÉ	INVENTAIRE	ITALIANISÉ
INTERMEZZO	INVENTORIÉ	ITINÉRAIRE
INTERMODAL	INVENTRICE	ITINÉRANCE
INTERNAUTE	INVERSABLE	ITINÉRANTE
INTERNONCE	INVERSIBLE	**IVAN KALITA**
INTERPELLÉ	INVERTÉBRÉ	IVOIRIENNE
INTERPHASE	INVESTIGUÉ	**IVOIRIENNE**
INTERPHONE	INVÉTÉRANT	IVROGNERIE
INTERPOLÉE	INVINCIBLE	IVROGNESSE
INTERPOLER	INVIOLABLE	JACASSEUSE
INTERPOSÉE	INVITATION	JACASSIÈRE
INTERPOSER	INVOCATEUR	**JACQUELINE**
INTERPRÈTE	INVOCATION	JACQUEMART
INTERPRÉTÉ	INVOLUTION	**JACQUEMART**
INTERRÈGNE	INVOLUTIVE	JALONNEUSE
INTERRÈGNE	IOCHKAR-OLA	JAMAÏCAINE
INTERROGÉE	IODO-IODURÉ	**JAMAÏCAINE**
INTERROGER	IONISATION	JAMAÏQUAIN
INTERROMPU	IONOGRAMME	**JAMAÏQUAIN**
INTERSIGNE	IONOSPHÈRE	JAMBONNEAU
INTERSTICE	IPÉCACUANA	JAM-SESSION
INTERTIDAL	**IPOUSTEGUY**	**JAMSHEDPUR**
INTERTITRE	IRAQUIENNE	JANISSAIRE
INTERTRIGO	**IRAQUIENNE**	JANSÉNISME
INTERVALLE	IRIDOLOGIE	JANSÉNISTE
INTERVENIR	IRLANDAISE	JAPONISANT
INTERVERTI	**IRLANDAISE**	JARDINERIE
INTERVIEWÉ	IRRADIANTE	JARDINIÈRE
INTESTINAL	IRRAISONNÉ	JARGONNANT
INTIMATION	IRRÉALISÉE	JARGONNEUX
INTIMEMENT	IRRÉALISME	**JARLANDINE**
INTIMIDANT	IRRÉALISTE	**JARNACAISE**
INTITULANT	IRRÉFLÉCHI	JARNICOTON

LACHENOISE
LACHINOISE
LACHUTOISE
LA CLAYETTE
LACORDAIRE
LA COURONNE
LACRETELLE
LACTESCENT
LACTOMÈTRE
LACTOSÉRUM
LA DÉSIRADE
LADOUMÈGUE
LA FOLLETTE
LA FONTAINE
LAFONTAINE
LA FRESNAYE
LAGERKVIST
LAGOMORPHE
LAGOTRICHE
LA GOULETTE
LAIDERONNE
L'AIGUILLON
LAITONNAGE
LAITONNANT
LAÏUSSEUSE
LAKE PLACID
LA LOUVIÈRE
L'ALPE-D'HUEZ
LAMBALLAIS
LAMBERSART
LAMBERTOIS
LAMBREQUIN
LAMBRISSÉE
LAMBRISSER
LAMELLAIRE
LAMELLEUSE
LAMENTABLE
LA MONTAGNE
LAMOURETTE
LAMPADAIRE
LANAUDIÈRE
LANAUDOISE
LANCASHIRE
LANCE-BOMBE
LANCE-FUSÉE
LANCINANTE
LANDAMMANN
LANDERNAUX
LANDERNEAU
LANDERNEAU
LANDERNÉEN
LANDRECIES
LANGAGIÈRE
LANGEADOIS
LANGERHANS
LANGONAISE
LANGOUREUX

LANJUINAIS
LANN-BIHOUÉ
LANNEMEZAN
LANSQUENET
LANTERNANT
LANTERNEAU
LANTHANIDE
LANUGINEUX
LAPIDATION
LAPOUTROIE
LAPRAIRIEN
La PROVENCE
LAQUEDIVES
LARDERELLO
LARDONNANT
LARGE WHITE
LARMOYANTE
LA ROCHELLE
LA ROCHETTE
LA SABLIÈRE
LASALLOISE
LATÉRALISÉ
LATÉRALITÉ
LATICIFÈRE
LATIFOLIÉE
LATINISANT
LATUQUOISE
LA TURBALLE
LAUDATRICE
LAURENTIEN
LAURENTIEN
LAURIER-TIN
LAUSANNOIS
LA VALLIÈRE
LAVALLIÈRE
LAVALLOISE
LAVANDIÈRE
LAVE-GLACES
LAWRENCIUM
LAXOVIENNE
LAZARSFELD
LAZZARONES
LEADERSHIP
LEAMINGTON
LE BARCARÈS
LE BEAUSSET
LE CHÂTELET
LÈCHEFRITE
LE CHEYLARD
LECOUVREUR
LÉDONIENNE
LEEUWARDEN
LE FRANÇOIS
LÉGALEMENT
LÉGALISANT
LÉGENDAIRE

LÉGÈREMENT
LÉGIFÉRANT
LÉGIONELLE
LÉGISLATIF
LÉGITIMANT
LÉGITIMITÉ
LEISHMANIA
LEISHMANIE
LEITMOTIVE
LEITMOTIVS
LE LAMENTIN
LE LAVANDOU
LEMNISCATE
LE MONT-DORE
LENCLOÎTRE
LE NEUBOURG
LÉNIFIANTE
LENTICELLE
LENTICULÉE
LENTIVIRUS
LÉOGNANAIS
LÉONARDOIS
LE PELETIER
LE PELLERIN
LÉPIDOLITE
LÉPIDOSTÉE
LÉPISOSTÉE
LÉPROLOGIE
LÉPROSERIE
LEPTONIQUE
LEPTOSPIRE
LE RICOLAIS
LEROI JONES
LES ANDELYS
LES AUBRAIS
LES ÉPARGES
LES ESSARTS
LES HOUCHES
LES MUREAUX
LESPARRAIN
LESPINASSE
LES ROUSSES
LESSIVABLE
LESSIVEUSE
L'ÉTANG-SALÉ
LETHBRIDGE
LE THORONET
LEUCÉMIQUE
LEUCOBRYUM
LEUCODERME
LEUCOPÉNIE
LEUCOPETRA
LEUCORRHÉE
LEUCOTOMIE
LE VAL-ANDRÉ
LÈVE-GLACES
LEVERKUSEN

LÈVE-VITRES
LEVI-CIVITA
LÉVIGATION
LÉVISIENNE
LÉVITATION
LEXICALISÉ
LEXOVIENNE
LEYSENONDE
LEZAMA LIMA
LEZGUIENNE
LIAISONNÉE
LIAISONNER
LIANESCENT
LIBELLISTE
LIBÉRALISÉ
LIBÉRALITÉ
LIBÉRATEUR
LIBÉRATION
LIBÉRIENNE
LIBÉRIENNE
LIBERTAIRE
LIBIDINALE
LIBIDINAUX
LIBIDINEUX
LIBOURNAIS
LIBREVILLE
LICENCIANT
LICENCIEUX
LICITATION
LICITEMENT
LIEBKNECHT
LIEUTENANT
LIÉVINOISE
LIFFRÉENNE
LIGATURANT
LIGÉRIENNE
LIGÉRIENNE
LIGNIFIANT
LIGNOMÈTRE
LIGUGÉENNE
LIGURIENNE
LIGURIENNE
LILASIENNE
L'ÎLE-ROUSSE
LILIENCRON
LILIENTHAL
LILLEBONNE
LIMAÇONNER
LIMÉNIENNE
LIMITATION
LIMITATIVE
LIMITROPHE
LIMNOLOGIE
LIMONADIER
LIMOUGEAUD
LIMOUGEAUD
LINGOTIÈRE

LINGUATULE
LINOLÉIQUE
LION-SUR-MER
LIOUBERTSY
LIPOCHROME
LIPOGRAMME
LIPOTHYMIE
LIQUÉFIANT
LIQUIDABLE
LIQUIDATIF
LIQUOREUSE
LIQUORISTE
LISBONNAIS
LISBONNAIS
LISBONNINE
LISBONNINE
LISIBILITÉ
LISIEN-NIEW
LISTÉRIOSE
LITHOLOGIE
LITHOPHAGE
LITIGIEUSE
LITTÉRAIRE
LITTLE NEMO
LITTLE ROCK
LITURGIQUE
LIVING-ROOM
LI XIANNIAN
LOBECTOMIE
LOCALEMENT
LOCALISANT
LOCOMOBILE
LOCOMOTEUR
LOCOMOTION
LOCOMOTIVE
LOCTUDISTE
LOEWENDAHL
LOGARITHME
LOGICIELLE
LOGICIENNE
LOGISTIQUE
LOGITHÈQUE
LOGOGRAPHE
LOGOGRIPHE
LOGOMACHIE
LOIR-ET-CHER
LOIS-CADRES
LOMBO-SACRÉ
LOMONOSSOV
LONDERZEEL
LONG DRINKS
LONGFELLOW
LONGICORNE
LONGILIGNE
LONG ISLAND
LONG-JOINTÉ
LONGJUMEAU

LONGUÉENNE
LONGUEMENT
LOPE DE VEGA
LOPHOPHORE
LOQUETEAUX
LOQUETEUSE
LORENZETTI
LORETTAINE
LORIENTAIS
LOROUSAINE
LORRIÇOISE
LOS ANGELES
LOSANGIQUE
LOTIONNANT
LOTISSEUSE
LÖTSCHBERG
LOUANGEANT
LOUANGEUSE
LOUBAVITCH
LOUCHEMENT
LOUDÉACIEN
LOUDUNAISE
LOUÉSIENNE
LOUHANNAIS
LOUISBOURG
LOUIS-MARIE
LOUISVILLE
LOURDEMENT
LOURDINGUE
LOUVERTURE
LOUVETEAUX
LOUVETERIE
LOUVIGNÉEN
LOVÉRIENNE
LOXODROMIE
LOYALEMENT
LOYALISTES
LOZÉRIENNE
LUBRIFIANT
LUBUMBASHI
LUCERNAIRE
LUCHONNAIS
LUCIDEMENT
LUCIENNOIS
LUCIFÉRIEN
LUCIFÉRINE
LUÇONNAISE
LUDENDORFF
LUDOTHÈQUE
LUDOVICIEN
LUIS DE LEÓN
LULUABOURG
LUMACHELLE
LUMINOSITÉ
LUNDEGÅRDH
LUNELLOISE
LUNETTERIE

LUPARIENNE
LUPERCALES
LURCY-LÉVIS
LUSITANIEN
LUSITANIEN
LUSTRATION
LUTÉINIQUE
LUXEMBOURG
LUXOVIENNE
LUXURIANCE
LUXURIANTE
LUXURIEUSE
LUZERNIÈRE
LYCOPERDON
LYMPHOCYTE
LYMPHOKINE
LYOPHILISÉ
LYSERGIQUE
MAASTRICHT
MACADAMISÉ
MACÉDONIEN
MACÉDONIEN
MACÉRATEUR
MACÉRATION
MACHINERIE
MACHINETTE
MACHINISER
MACHINISME
MACHINISTE
MÂCHONNANT
MÂCHOUILLÉ
MACKINTOSH
MÂCONNAISE
MAÇONNERIE
MAÇONNIQUE
MACPHERSON
MACROCOSME
MACROCYSTE
MACROFAUNE
MACROPHAGE
MACROSPORE
MACULATURE
MADAGASCAR
MADELINOIS
MADELINOTE
MADÉRISANT
MAGASINAGE
MAGASINANT
MAGASINIER
MAGDEBOURG
MAGDUNOISE
MAGHRÉBINE
MAGHRÉBINE
MAGICIENNE
MAGISTRALE
MAGISTRAUX
MAGMATIQUE

MAGMATISME
MAGNANERIE
MAGNANIÈRE
MAGNÉTIQUE
MAGNÉTISÉE
MAGNÉTISER
MAGNÉTISME
MAGNIFIANT
MAGNIFICAT
MAGNIFIQUE
MAGNITOISE
MAGNYCOISE
MAGNY-COURS
MAGOUILLÉE
MAGOUILLER
MAGUELONNE
MAHARADJAH
MAHOMÉTANE
MAÏAKOVSKI
MAÏEUTIQUE
MAIGREMENT
MAIGRICHON
MAIGRIOTTE
MAIL-COACHS
MAILLANAIS
MAINTENANT
MAINTENEUR
MAISONNAIS
MAISTRANCE
MAÎTRISANT
MAJESTUEUX
MAJORATION
MAJORQUINE
MAJORQUINE
MALADRERIE
MALADRESSE
MALADROITE
MALAISANCE
MALAPPRISE
MALCOMMODE
MALEBO POOL
MALENCHÈRE
MAL-EN-POINT
MALENTENDU
MALESTROIT
MALFAISANT
MALFAITEUR
MALHEUREUX
MALHONNÊTE
MALICIEUSE
MALINOVSKI
MALINOWSKI
MALLE-POSTE
MALLOPHAGE
MALODORANT
MALPLAQUET
MALSONNANT

MALTHUSIEN
MALTRAITÉE
MALTRAITER
MALVOYANTE
MALZÉVILLE
MAMELONNÉE
MAMILLAIRE
MAMMALOGIE
MANAGEMENT
MANAGÉRIAL
MANAGUAYEN
MANAMÉENNE
MANCENILLE
MANCHESTER
MANCO CÁPAC
MANDARINAT
MANDATAIRE
MANDELBROT
MANDELSTAM
MANDEVILLE
MANDINGUES
MANDRAGORE
MANGANIQUE
MANGEAILLE
MANGEOTTÉE
MANGEOTTER
MANGONNEAU
MANGOUSTAN
MANIÉRISME
MANIÉRISTE
MANIFESTÉE
MANIFESTER
MANIGANCÉE
MANIGANCER
MANIGUETTE
MANILLAISE
MANIPULANT
MANITOULIN
MANKIEWICZ
MANNERHEIM
MANŒUVRÉE
MANŒUVRER
MANOGRAPHE
MANOMÉTRIE
MANOSQUINE
MANOUVRIER
MANQUEMENT
MANSONNIEN
MANSUÉTUDE
MANTEUFFEL
MANUCURANT
MANUSCRITE
MANZANARES
MANZANILLA
MAO TSÖ-TONG
MAPPEMONDE
MAQUEREAUX

MAQUERELLE
MAQUILLAGE
MAQUILLANT
MAQUILLEUR
MARABOUTÉE
MARABOUTER
MARAÎCHAGE
MARAÎCHÈRE
MARAÎCHINE
MARAUDERIE
MARAUDEUSE
MARCASSITE
MARC AURÈLE
MARCESCENT
MARCHANDÉE
MARCHANDER
MARCHANTIA
MARCHEPIED
MARCINELLE
MARCOTTAGE
MARCOTTANT
MARÉCAGEUX
MARÉCHALAT
MARÉGRAPHE
MARÉMOTEUR
MARGAUDANT
MARGOTTANT
MARGOUSIER
MARGRAVIAT
MARGUERITE
MARGUERITE
MARIANISTE
MARIE TUDOR
MARIN DE TYR
MARINGOUIN
MARIOLOGIE
MARIVAUDER
MARIVERAIN
MARJOLAINE
MARLYCHOIS
MARLY-LE-ROI
MARMANDAIS
MARMENTEAU
MARMONNANT
MARMOTTANT
MARMOUTIER
MAROQUINÉE
MAROQUINER
MAROUFLAGE
MAROUFLANT
MARQUE-PAGE
MARQUÉSANE
MARQUETANT
MARQUETEUR
MARQUISIEN
MARRONNIER
MARSUPIALE

MARSUPIAUX
MARTENSITE
MARTINGALE
MARTINIQUE
MARTINISME
MARTYRISÉE
MARTYRISER
MARXISANTE
MASANIELLO
MASCARPONE
MASCATAISE
MASKINONGÉ
MASKOUTAIN
MASOCHISME
MASOCHISTE
MASSACRANT
MASSACREUR
MASSAGÈTES
MASSALIOTE
MASSALIOTE
MASSELOTTE
MASSIACOIS
MASSICOISE
MASSICOTÉE
MASSICOTER
MASSIFIANT
MASSINISSA
MASTIQUANT
MASTODONTE
MASTOÏDIEN
MASTOÏDITE
MASTOLOGIE
MASTROQUET
MASTURBANT
MATCH-PLAYS
MATELASSÉE
MATELASSER
MATELOTAGE
MATÉRIELLE
MATERNELLE
MATERNISÉE
MATHUSALEM
MATHUSALEM
MATIÉRISME
MATIÉRISTE
MATIFIANTE
MATO GROSSO
MATOISERIE
MATRAQUAGE
MATRAQUANT
MATRAQUEUR
MATRIARCAL
MATRIARCAT
MATRICAIRE
MATRILOCAL
MATRIOCHKA
MATSUSHIMA

MATTATHIAS
MATTERHORN
MATURATION
MATUTINALE
MATUTINAUX
MAUDISSANT
MAUPASSANT
MAUPERTUIS
MAURÉTANIE
MAURIACOIS
MAURITANIE
MAUTHAUSEN
MAXILLAIRE
MAXIMALISÉ
MAXIMILIEN
MAXIMISANT
MAXIPONTIN
MAYENNAISE
MAYONNAISE
MAZAMÉTAIN
MAZARINADE
MAZOWIECKI
MBABANAISE
MCCLINTOCK
MÉCANICIEN
MÉCANISANT
MÉCHAMMENT
MÉCHANCETÉ
MÉCONDUIRE
MÉCONDUITE
MÉCONTENTE
MÉCONTENTÉ
MÉDAILLANT
MÉDAILLEUR
MÉDAILLIER
MEDAL PLAYS
MÉDIATIQUE
MÉDIATISÉE
MÉDIATISER
MÉDIATRICE
MÉDICALISÉ
MÉDICAMENT
MÉDICASTRE
MÉDICATION
MÉDICINALE
MÉDICINAUX
MÉDICINIER
MÉDIÉVISME
MÉDIÉVISTE
MÉDIOCRITÉ
MÉDITATION
MÉDITATIVE
MÉDIUMNITÉ
MÉDULLAIRE
MÉDULLEUSE
MÉGALOMANE
MÉGALOPOLE

MÉGISSERIE
MÉHÉMET-ALI
MEIJI TENNO
MEISSONIER
MEITNERIUM
MÉLANCOLIE
MÉLANÉSIEN
MÉLANÉSIEN
MÉLANGEANT
MÉLANOCYTE
MÉLATONINE
MÉLÉAGRINE
MÊLÉ-CASSIS
MELENCOLIA
MÉLIORATIF
MÉLIS-MÉLOS
MELLIFIQUE
MÉLODIEUSE
MELONNIÈRE
MELTING-POT
MEMBRANEUX
MÉMORANDUM
MÉMORIELLE
MÉMORISANT
MÉNAGEMENT
MENDELEÏEV
MENDELSOHN
MENDIGOTÉE
MENDIGOTER
MÉNINGIOME
MÉNOPAUSÉE
MÉNORRAGIE
MENSONGÈRE
MENSUALISÉ
MENSUALITÉ
MENTALISME
MENTIONNÉE
MENTIONNER
MENTONNAIS
MENTONNIER
MENUISERIE
MÉPHITIQUE
MÉPHITISME
MÉPRISABLE
MÉPRISANTE
MERCANTILE
MERCANTOUR
MERCATIQUE
MERCENAIRE
MERCERISÉE
MERCERISER
MERCURIALE
MERCURIQUE
MERDRIGNAC
MÈRES-GRAND
MÉRIDIENNE
MÉRIDIONAL

MÉRIDIONAL
MERINGUANT
MERRIFIELD
MÉRYSIENNE
MÉSADAPTÉE
MÉSALLIANT
MÉSANGETTE
MÉSAVENANT
MÉSAXONIEN
MÉSENCHYME
MÉSENTENTE
MÉSESTIMÉE
MÉSESTIMER
MESMÉRISME
MÉSOBLASTE
MÉSOMORPHE
MÉSOSPHÈRE
MÉSOTHORAX
MÉSOZOAIRE
MÉSOZOÏQUE
MESSAGERIE
MÉTABOLISÉ
MÉTABOLITE
MÉTACENTRE
MÉTALANGUE
MÉTALLERIE
MÉTALLIÈRE
MÉTALLIQUE
MÉTALLISÉE
MÉTALLISER
MÉTALLOÏDE
MÉTAMÉRISÉ
MÉTAPLASIE
MÉTASTABLE
MÉTASTASER
MÉTATHORAX
MÉTAZOAIRE
METCHNIKOV
MÉTÉORIQUE
MÉTÉORISME
MÉTHANIÈRE
MÉTHANISÉE
MÉTHANISER
MÉTHIONINE
MÉTHODIQUE
MÉTHODISME
MÉTHODISTE
MÉTHYLIQUE
MÉTICULEUX
MÉTROLOGIE
MÉTROLOGUE
MÉTROMANIE
METTERNICH
MEUDONNAIS
MEUGLEMENT
MEULANAISE
MEURTRIÈRE

MÉVENNAISE
MEYLANAISE
MEYMACOISE
MEYRINOISE
MEZZOTINTO
MIAULEMENT
MIAULÉTOUE
MICELLAIRE
MICHEL-ANGE
MICHELOZZO
MICKIEWICZ
MICROBILLE
MICROCLINE
MICROCOSME
MICROFAUNE
MICROFIBRE
MICROFICHE
MICROFILMÉ
MICROFLORE
MICROFORME
MICROGRENU
MICROLITHE
MICROMÈTRE
MICRONÉSIE
MICRONISÉE
MICRONISER
MICRO-ONDES
MICROPHONE
MICROSCOPE
MICROSONDE
MICROSPORE
MIDDELBURG
MIDDLE JAZZ
MIDDLE WEST
MIDI D'OSSAU
MIÈVREMENT
MIGENNOISE
MIGNARDISE
MIGRAINEUX
MIGRATOIRE
MIGRATRICE
MIHAILOVIC
MIHALOVICI
MILANKOVIC
MILDIOUSÉE
MILICIENNE
MILITARISÉ
MILK-SHAKES
MILLAVOISE
MILLEFIORI
MILLÉNAIRE
MILLERAIES
MILLERANDÉ
MILLÉSIMÉE
MILLÉSIMER
MILLILITRE
MILLIMÈTRE

MILLIMÉTRÉ	MODERNISME	MONOZYGOTE
MINATITLÁN	MODERNISTE	MONSIGNORE
MINAUDERIE	MODIFIABLE	MONSIGNORI
MINAUDIÈRE	**MODIGLIANI**	MONSTRANCE
MINAUDIÈRE	MODULATEUR	**MONSTRELET**
MINCISSANT	MODULATION	MONSTRUEUX
MINDSZENTY	**MOGADISCIO**	**MONTAGNAIS**
MINÉRALIER	**MOHAMMEDIA**	MONTAGNARD
MINÉRALISÉ	**MOHOLY-NAGY**	MONTAGNEUX
MINESTRONE	MOINS-PERÇU	**MONTAGNIER**
MINICHAÎNE	MOINS-VALUE	**MONTALIVET**
MINIDISQUE	MOISISSANT	MONTANISME
MINIMALISÉ	MOISISSURE	MONTANISTE
MINIMISANT	**MOISSAGAIS**	**MONTARGOIS**
MINIPILULE	MOISSONNÉE	**MONTASTRUC**
MINORATION	MOISSONNER	**MONTATAIRE**
MINORATIVE	MOITISSANT	**MONTAUSIER**
MINORQUINE	MOLLETIÈRE	**MONTBRISON**
MINORQUINE	MOLLETONNÉ	**MONTCHANIN**
MINUTIEUSE	MOLLISSANT	**MONTDIDIER**
MIRACIDIUM	MOLOSSOÏDE	**MONTE ALBÁN**
MIRACULEUX	MOLYBDIQUE	**MONTEBOURG**
MIRANDAISE	MOMENTANÉE	**MONTE-CARLO**
MIREBALAIS	MONACHISME	**MONTEGO BAY**
MIRLIFLORE	MONADELPHE	**MONTÉLIMAR**
MIROBOLANT	MONARCHIEN	**MONTEMAYOR**
MIROITANTE	MONASTIQUE	**MONTEMOLIN**
MIROITERIE	**MONCOUTANT**	**MONTÉNÉGRO**
MIROITIÈRE	**MONDEVILLE**	**MONTENOTTE**
MIROMESNIL	MONDIALISÉ	MONTE-PLATS
MISONÉISME	MONÉGASQUE	**MONTÉRÉGIE**
MISONÉISTE	**MONÉGASQUE**	**MONTESSORI**
MISTASSINI	MONÉTISANT	**MONTEVERDI**
MISTER HYDE	MONGOLISME	**MONTEVIDEO**
MITHRADATE	MONGOLOÏDE	**MONTFAUCON**
MITHRAÏSME	MONITORAGE	**MONTFERRAT**
MITHRIAQUE	MONITORING	**MONTGOMERY**
MITHRIDATE	MÔN-KHMÈRES	**MONTHEYSAN**
MITIGATION	MONNAYABLE	**MONTICELLI**
MITRAILLÉE	MONOCHROME	**MONTLOSIER**
MITRAILLER	MONOCLINAL	**MONTMAJOUR**
MITSOTÁKIS	MONOCLONAL	**MONTMARTRE**
MITSUBISHI	MONOCOLORE	**MONTMAURIN**
MITTELLAND	MONOGATARI	**MONTMÉDIEN**
MITTERRAND	MONOGRAMME	**MONTMÉLIAN**
MNÉMONIQUE	MONOLINGUE	**MONTMIRAIL**
MNOUCHKINE	MONOLOGUER	**MONTPELIER**
MOBILE HOME	**MONOMOTAPA**	MONTRACHET
MOBIL-HOMES	MONOMOTEUR	**MONTRACHET**
MOBILISANT	MONONUCLÉÉ	**MONTRÉJEAU**
MODÉLISANT	MONOPHASÉE	**MONTSERRAT**
MODÉNATURE	MONOPHONIE	**MONT-VERDUN**
MODÉRATEUR	MONOPLÉGIE	MONUMENTAL
MODÉRATION	MONOPOLEUR	MOQUETTANT
MODÉRÉMENT	MONOPOLISÉ	MORAINIQUE
MODERNISÉE	MONOSPERME	MORALEMENT
MODERNISER	MONOVALENT	MORALISANT

MORBIDESSE	MOYENÂGEUX	MYASTHÉNIE
MORBILLEUX	**MOYEN-CONGO**	MYCÉLIENNE
MORCELABLE	**MOZAMBIQUE**	MYCÉNIENNE
MORDANÇAGE	MOZZARELLA	**MYCÉNIENNE**
MORDANÇANT	MOZZARELLE	MYCOPLASME
MORDICANTE	**MUDANJIANG**	MYÉLINISÉE
MORDILLAGE	MUGISSANTE	**MYMENSINGH**
MORDILLANT	MULASSIÈRE	MYOCARDITE
MORFONDANT	MULÂTRESSE	MYOGLOBINE
MORIGÉNANT	MULE-JENNYS	MYRTIFORME
MORLAISIEN	**MULHOUSIEN**	MYSTÉRIEUX
MORLANAISE	MULTICARTE	MYSTICISME
MORLANWELZ	MULTICOQUE	MYSTIFIANT
MORNE-À-L'EAU	MULTIFORME	MYTHIFIANT
MORPHOGÈNE	MULTIGRADE	MYTHOLOGIE
MORTADELLE	MULTIMÉDIA	MYTHOLOGUE
MORTAGNAIS	MULTIMÈTRE	MYTHOMANIE
MORTAISAGE	MULTINORME	MYXOMATOSE
MORTAISANT	MULTIPLEXE	MYXOMYCÈTE
MORTES-EAUX	MULTIPLIÉE	NABATÉENNE
MORTIFIANT	MULTIPLIER	**NABORIENNE**
MORTUACIEN	MULTIPOINT	**NADJAFABAD**
MORT-VIVANT	MULTIPOSTE	**NAHMANIDES**
MORVANDEAU	MULTIPRISE	**NAMBIKWARA**
MORVANDEAU	MULTISALLE	NAMIBIENNE
MORVANDIAU	MULTITÂCHE	**NAMIBIENNE**
MORVANDIAU	MULTIVARIÉ	**NANCÉIENNE**
MOSTAGANEM	MUNICHOISE	NANDROLONE
MOTHERWELL	**MUNICHOISE**	**NANTERRIEN**
MOTIVATION	MUNICIPALE	NANTISSANT
MOTOMARINE	MUNICIPAUX	**NANTUATIEN**
MOTOR-HOMES	MUNIFICENT	**NAPA VALLEY**
MOTORISANT	**MURIAUTINE**	NAPHTALÈNE
MOTTERAINE	MÛRISSANTE	NAPHTALINE
MOTTEVILLE	MÛRISSERIE	NAPOLITAIN
MOUCHARDÉE	MURMURANTE	**NAPOLITAIN**
MOUCHARDER	MUSARAIGNE	**NARBONNAIS**
MOUCHETANT	MUSARDERIE	NARCOTIQUE
MOUCHETURE	MUSCARDINE	NARRATRICE
MOUILLABLE	MUSCULAIRE	NASALISANT
MOUILLANCE	MUSCULEUSE	NASILLARDE
MOUILLANTE	MUSÉIFIANT	NASILLEUSE
MOUILLERON	MUSÉOLOGIE	**NATITINGOU**
MOUILLETTE	MUSÉOLOGUE	NATURALISÉ
MOULINETTE	MUSICALITÉ	NAUFRAGEUR
MOULINOISE	MUSIC-HALLS	NAUSÉABOND
MOULURIÈRE	MUSICIENNE	**NAVACELLES**
MOUSQUETON	MUSIQUETTE	NAVARRAISE
MOUSSELINE	MUTABILITÉ	**NAVARRAISE**
MOUSTACHUE	MUTAGENÈSE	NAVETTEUSE
MOUSTÉRIEN	MUTAZILITE	NAVIGATEUR
MOUTARDIER	MUTILATEUR	NAVIGATION
MOUTONNANT	MUTILATION	NAVISPHÈRE
MOUTONNEUX	MUTUALISÉE	NAZARÉENNE
MOUTONNIER	MUTUALISER	**NAZARÉENNE**
MOUVEMENTÉ	MUTUALISME	**NEANDERTAL**
MOUZONNAIS	MUTUALISTE	NÉANTISANT

NÉBULISANT
NÉBULISEUR
NÉBULOSITÉ
NÉCESSAIRE
NÉCESSITÉE
NÉCESSITER
NECKARSULM
NÉCROLOGIE
NÉCROLOGUE
NÉCROPHAGE
NÉCROPHILE
NÉCROPHORE
NÉCROTIQUE
NEERWINDEN
NEF DES FOUS
NÉGATIVITÉ
NÉGLIGEANT
NÉGLIGENCE
NÉGLIGENTE
NÉGOCIABLE
NÉGOCIANTE
NÉMATOCÈRE
NÉOGRECQUE
NÉOLOGIQUE
NÉOLOGISME
NÉONAZISME
NÉOPTOLÈME
NÉOUVIELLE
NÉPÉRIENNE
NEPTUNISME
NÉRONIENNE
NESSELRODE
NESTE D'AURE
NETANYAHOU
NETTOYEUSE
NEUCHÂTEAU
NEUENGAMME
NEUFCHÂTEL
NEUFCHÂTEL
NEUMÜNSTER
NEUROLOGIE
NEUROLOGUE
NEURONIQUE
NEUROTOMIE
NEUROTONIE
NEUROTROPE
NEUTRALISÉ
NEUTRALITÉ
NEUVILLOIS
NE VARIETUR
NEVERSOISE
NÉVICIENNE
NÉVRITIQUE
NÉVROPATHE
NÉVROPTÈRE
NÉVROTIQUE
NEW ORLEANS

NEW WINDSOR
NEW-YORKAIS
NEW-YORKAIS
NIAISEMENT
NIAMÉYENNE
NIBELUNGEN
NICOLAÏSME
NICOSIENNE
NICTITANTE
NID-DE-POULE
NID-D'OISEAU
NIDWALDIEN
NIEMCEWICZ
NIGAUDERIE
NIGÉRIENNE
NIGÉRIENNE
NIGHT-CLUBS
NIJNEKAMSK
NINO PISANO
NITRIFIANT
NIVELLOISE
NIVERNAISE
NIVERNAISE
N'KONGSAMBA
NOBILIAIRE
NOBLAILLON
NOCTAMBULE
NOCTILUQUE
NOGAROLIEN
NOGENTAISE
NOISY-LE-SEC
NOMADISANT
NO MAN'S LAND
NOMINALISÉ
NOMINATION
NOMINATIVE
NON-ALIGNÉE
NON-ALIGNÉS
NONANCOURT
NON ANIMÉES
NONANTAINE
NONANTIÈME
NONCHALANT
NONCHALOIR
NONCIATURE
NON-CROYANT
NON-FERREUX
NON-FUMEURS
NON-FUMEUSE
NON-INITIÉE
NON-INITIÉS
NON-INSCRIT
NONOBSTANT
NON-RÉPONSE
NON-RESPECT
NON-RETOURS
NON-SALARIÉ

NON-VALEURS
NON-VIOLENT
NON-VOYANTE
NON-VOYANTS
NORD-CORÉEN
NORD-CORÉEN
NORDISSANT
NÖRDLINGEN
NORMALISÉE
NORMALISER
NORRKÖPING
NOSOCOMIAL
NOSOPHOBIE
NOTABILITÉ
NOTTINGHAM
NOUADHIBOU
NOUAKCHOTT
NOURRICIER
NOURRISSON
NOURRITURE
NOUVEAU-NÉE
NOUVEAU-NÉS
NOVA IGUAÇU
NOVA LISBOA
NOYONNAISE
NUCÉRIENNE
NUCLÉARISÉ
NUCLÉOLYSE
NUCLÉOSIDE
NUCLÉOTIDE
NUITAMMENT
NUMÉRATEUR
NUMÉRATION
NUMÉRISANT
NUMÉRISEUR
NUMÉROTAGE
NUMÉROTANT
NUMÉROTEUR
NUMMULAIRE
NUPTIALITÉ
NYASSALAND
NYCTALOPIE
NYCTHÉMÈRE
NYIRAGONGO
NYMPHALIDÉ
NYMPHOMANE
OBÉISSANCE
OBÉISSANTE
OBERHAUSEN
OBJECTIVÉE
OBJECTIVER
OBLIGATION
OBLIGEANCE
OBLIGEANTE
OBLITÉRANT
OBNUBILANT
OBSÉQUIEUX

OBSERVABLE	OLYMPIENNE	ORICHALQUE
OBSERVANCE	OMBILICALE	ORIENTABLE
OBSIDIENNE	OMBILICAUX	ORIENTEUSE
OBSIDIONAL	OMBILIQUÉE	ORIGINAIRE
OBSTRUCTIF	OMBRAGEANT	ORIGINELLE
OBTEMPÉRER	OMBRAGEUSE	**ORLÉANAISE**
OBTURATEUR	OMNICOLORE	ORLÉANISME
OBTURATION	OMNIPOTENT	ORLÉANISTE
OBTUSANGLE	OMNISCIENT	ORNEMENTAL
OCCASIONNÉ	OMNISPORTS	ORNEMENTÉE
OCCIDENTAL	ONCTUOSITÉ	ORNEMENTER
OCCIDENTAL	ONDOIEMENT	OROGÉNIQUE
OCCIPITALE	ONDULATION	OROGRAPHIE
OCCIPITAUX	ONE-MAN-SHOW	OROPHARYNX
OCCULTISME	ONGUICULÉE	ORPAILLAGE
OCCULTISTE	ONOMATOPÉE	ORPAILLEUR
OCCUPATION	**ONTARIENNE**	ORPHELINAT
OCCURRENCE	ONTOGENÈSE	**ORS Y ROVIRA**
OCCURRENTE	OOLITHIQUE	ORTHODOXIE
OCÉANIENNE	OPACIFIANT	ORTHOGÉNIE
OCÉANIENNE	OPALESCENT	ORTHOGONAL
OCTODURIEN	OPÉRATOIRE	ORTHONORMÉ
OCTOGONALE	OPÉRATRICE	ORTHOPÉDIE
OCTOGONAUX	OPINIÂTRER	ORTHOPTÈRE
OCULARISTE	OPPOSITION	ORTHOSTATE
ODER-NEISSE	OPPRESSANT	ORTHOTROPE
ODONTALGIE	OPPRESSEUR	ORYCTÉROPE
ODONTOCÈTE	OPPRESSION	**ORZESZKOWA**
ŒDÉMATEUX	OPPRESSIVE	OSCILLAIRE
ŒDÉMATIÉE	OPPRIMANTE	OSCILLANTE
ŒDIPIENNE	OPTICIENNE	OSCULATEUR
ŒIL-DE-CHAT	OPTIMALISÉ	OSTENSIBLE
ŒILS-DE-PIE	OPTIMISANT	OSTÉOGÉNIE
ŒNOMÉTRIE	OPTOMÉTRIE	OSTÉOLOGIE
ŒNOTHÈQUE	OPTRONIQUE	OSTÉOPATHE
ŒSTRADIOL	**ORANGEOISE**	OSTÉOPHYTE
ŒSTROGÈNE	ORANGERAIE	OSTÉOTOMIE
OFFENSANTE	ORANG-OUTAN	**ÖSTERREICH**
OFFERTOIRE	ORCHESTRAL	OSTRACISÉE
OFFICIELLE	ORCHESTRÉE	OSTRACISER
OFFICIEUSE	ORCHESTRER	OSTRACISME
OFFICINALE	ORCHIDACÉE	OSTRÉICOLE
OFFICINAUX	ORDINATEUR	OSTROGOTHE
OFFUSQUANT	ORDINATION	**OSTROGOTHS**
OIGNINOISE	ORDONNANCE	**OTTOBEUREN**
OISEAU-LYRE	ORDONNANCÉ	OTTONIENNE
OISELLERIE	ORDOVICIEN	**OUAD-MÉDANI**
OLAUS PETRI	OREILLARDE	**OUAGALAISE**
OLÉAGINEUX	OREILLETTE	OUANANICHE
OLÉORÉSINE	ORFÈVRERIE	**OUARZAZATE**
OLIGARCHIE	ORGANICIEN	**OUDENAARDE**
OLIGOCHÈTE	ORGANISANT	**OUDMOURTES**
OLIGOCLASE	ORGANISEUR	**OUDMOURTIE**
OLIGOPSONE	ORGANSINÉE	**OUESSANTIN**
OLIVETAINE	ORGANSINER	OUGANDAISE
OLIVÉTAINE	ORGASMIQUE	**OUGANDAISE**
OLORONAISE	ORGASTIQUE	**OUISTREHAM**

OULAN-BATOR
OULIANOVSK
OULIPIENNE
OUM ER-REBIA
OUM KALSOUM
OURALIENNE
OURDISSAGE
OURDISSANT
OURDISSOIR
OUSSOURISK
OUTAOUAISE
OUTRAGEANT
OUTRAGEUSE
OUTRANCIER
OUTREPASSÉ
OUTRE-TOMBE
OUVRAGEANT
OUVRE-BOÎTE
OVALBUMINE
OVATIONNÉE
OVATIONNER
OVERIJSSEL
OVULATOIRE
OXALIDACÉE
OXHYDRIQUE
OXYCARBONÉ
OXYCOUPAGE
OXYSULFURE
OYONNAXIEN
OZAWA SEIJI
OZOIRIENNE
PACÉNIENNE
PACHYDERME
PADEREWSKI
PAGANISANT
PAGINATION
PAILLASSON
PAILLETAGE
PAILLETANT
PAIMBLOTIN
PAIMPOLAIS
PALANQUANT
PALATALISÉ
PALÉOLOGUE
PALESTRINA
PALETTISÉE
PALETTISER
PALÉTUVIER
PÂLICHONNE
PALINDROME
PALISSADÉE
PALISSADER
PÂLISSANTE
PALISSONNÉ
PALLIATIVE
PALMERSTON
PALMITIQUE

PALPÉBRALE
PALPÉBRAUX
PALPITANTE
PALPLANCHE
PALSAMBLEU
PALUDÉENNE
PANAMÉENNE
PANAMÉENNE
PANAMIENNE
PANAMIENNE
PANCARTAGE
PANCKOUCKE
PANDATERIA
PANIFIABLE
PANIQUANTE
PANIQUARDE
PANNEAUTER
PANNERESSE
PANONCEAUX
PANOPTIQUE
PANSPERMIE
PANTAGRUEL
PANTELANTE
PANTHÉISME
PANTHÉISTE
PANTINOISE
PANTOMÈTRE
PANTOPHILE
PANTOUFLER
PANURGISME
PAPARAZZIS
PAPAVÉRINE
PAPERASSER
PAPILLAIRE
PAPILLONNÉ
PAPILLOTER
PÂQUERETTE
PARABELLUM
PARACHEVÉE
PARACHEVER
PARACHIMIE
PARACHUTAL
PARACHUTÉE
PARACHUTER
PARADISIER
PARADJANOV
PARADOXALE
PARADOXAUX
PARAFFINÉE
PARAFFINER
PARAFISCAL
PARAFOUDRE
PARAGRAPHE
PARAGUANTE
PARAGUAYEN
PARAGUAYEN
PARAISSANT
PARALYSANT

PARAMARIBO
PARAMÉTRÉE
PARAMÉTRER
PARANGONNÉ
PARANORMAL
PARAPHASIE
PARAPHRASE
PARAPHRASÉ
PARAPLÉGIE
PARAPUBLIC
PARASITANT
PARASITOSE
PARASTATAL
PARCELLISÉ
PARCHEMINÉ
PARCIMONIE
PARCOMÈTRE
PARCOTRAIN
PARCOURANT
PAR-DESSOUS
PARDONNANT
PARE-BALLES
PARE-ÉCLATS
PAREMENTÉE
PAREMENTER
PARENCHYME
PARENTALES
PARENTÉRAL
PARENTHÈSE
PARE-SOLEIL
PARESSEUSE
PARFONDANT
PARFUMERIE
PARFUMEUSE
PARIDIGITÉ
PARIÉTAIRE
PARIPENNÉE
PARIS-BREST
PARISIENNE
PARISIENNE
PARLEMENTÉ
PARLER-VRAI
PAR MÉGARDE
PARMENTIER
PARMENTIER
PARNASSIEN
PARODIENNE
PARODONTAL
PAROISSIAL
PAROISSIEN
PARONOMASE
PAROTIDIEN
PAROTIDITE
PAROXYSMAL
PARPAILLOT
PARQUETAGE
PARQUETANT

PARQUETEUR	PÂTISSIÈRE	PELLICULÉE
PARQUETIER	PATOISANTE	PELLICULER
PARRAINAGE	PATOUILLÉE	**PELLOUTIER**
PARRAINANT	PATOUILLER	PELOTONNÉE
PARRAINEUR	PATRIARCAL	PELOTONNER
PARRHASIOS	PATRIARCAT	PELUCHEUSE
PARTAGEANT	PATRIARCHE	PÉNALEMENT
PARTAGEUSE	PATRICOTER	PÉNALISANT
PARTENAIRE	PATRIGOTER	PENDELOQUE
PARTIALITÉ	PATRILOCAL	**PENDERECKI**
PARTICELLI	PATRIMOINE	PENDILLANT
PARTICIPER	PATROCINER	PENDOUILLÉ
PARTISANTE	PATROLOGIE	PENDULAIRE
PARTROUBLÉ	PATRONNANT	PENDULETTE
PASARGADES	PATROUILLE	PENDULIÈRE
PAS-DE-PORTE	PATROUILLÉ	PÉNÉPLAINE
PASIONARIA	PATTES-D'OIE	PÉNÉTRABLE
PASIONARIA	**PATTADAKAL**	PÉNÉTRANTE
PASKEVITCH	**PAUL DIACRE**	PÉNIBILITÉ
PASQUINADE	PAUPÉRISÉE	PENNIFORME
PASSE-BANDE	PAUPÉRISER	PENSE-BÊTES
PASSE-DROIT	PAUPÉRISME	PENSIONNAT
PASSE-LACET	PAUSES-CAFÉ	PENSIONNÉE
PASSE-PASSE	PAUVREMENT	PENSIONNER
PASSE-PIEDS	PAUVRETEUX	PENTAGONAL
PASSE-PLATS	**PAYERNOISE**	PENTAMÈTRE
PASSEPOILÉ	PAYSAGISTE	PENTARADIÉ
PASSEREAUX	**PAYS BASQUE**	PENTARCHIE
PASSERELLE	PEAUFINANT	PENTATHLON
PASSE-TEMPS	PEAUSSERIE	**PENTÉLIQUE**
PASSIFLORE	PECCADILLE	**PENTHIÈVRE**
PASSIONNÉE	PECHBLENDE	PÉNULTIÈME
PASSIONNEL	PÉCHERESSE	PEPPERMINT
PASSIONNER	PÉCOPTÉRIS	PEPTIDIQUE
PASTENAGUE	PÉCUNIAIRE	PÉQUENAUDE
PASTEURIEN	PÉDANTERIE	PERCE-NEIGE
PASTEURISÉ	PÉDANTISME	PERCEPTEUR
PASTICHANT	PÉDÉRASTIE	PERCEPTION
PASTICHEUR	PÉDICELLÉE	PERCEPTIVE
PASTILLAGE	PÉDICULOSE	PERCEVABLE
PASTOUREAU	PÉDIPLAINE	PERCIFORME
PATAUGEAGE	PÉDOGENÈSE	PERCIPIENT
PATAUGEANT	PÉDONCULÉE	PERCUSSION
PATAUGEUSE	PÉDOPHILIE	PERCUTANÉE
PATELINAGE	**PEENEMÜNDE**	PERCUTANTE
PATELINANT	PEIGNE-CULS	**PERDIGUIER**
PATENTEUSE	PEINTURANT	PERDITANCE
PATERNELLE	PÉJORATIVE	**PÈRE DAMIEN**
PATHÉTIQUE	**PEKALONGAN**	PERDURABLE
PATHÉTISME	PÉLAGIENNE	**PÈRE GORIOT**
PATHOGÉNIE	PÈLERINAGE	PÉREMPTION
PATHOLOGIE	**PELISSANNE**	PÉRENNANTE
PATHOMIMIE	PELLAGREUX	PÉRENNISÉE
PATICHONNE	PELLE-BÊCHE	PÉRENNISER
PATIEMMENT	PELLETERIE	PERFECTION
PATIENTANT	PELLETEUSE	PERFORANTE
PÂTISSERIE	PELLETIÈRE	PERFORMANT

PERGÉLISOL	PERSISTANT	PÉTROLOGIE
PÉRICLITER	PERSONNAGE	PÉTROLOGUE
PÉRIDINIEN	PERSPECTIF	**PETRÓPOLIS**
PÉRIDOTITE	PERSPICACE	**PETROUCHKA**
PÉRIDURALE	PERSUADANT	PEUPLEMENT
PÉRIDURAUX	PERSUASION	PEUPLERAIE
PÉRIGORDIN	PERSUASIVE	**PEYREFITTE**
PÉRIGORDIN	PERSULFATE	PHACOCHÈRE
PÉRILLEUSE	PERSULFURE	PHAGOCYTÉE
PÉRINATALE	**PERTHARITE**	PHAGOCYTER
PÉRINATALS	PERTINENCE	PHALANGÈRE
PÉRINATAUX	PERTINENTE	PHALANGINE
PERIODIQUE	PERTUISANE	**PHALSBOURG**
PÉRIODIQUE	PERTURBANT	PHANARIOTE
PÉRIOSTITE	PÉRUVIENNE	PHARAONIEN
PÉRIPHÉRIE	**PÉRUVIENNE**	PHARMACIEN
PÉRIPHRASE	PERVERSION	PHARYNGALE
PÉRISÉLÈNE	PERVERSITÉ	PHARYNGAUX
PÉRISPERME	PERVIBRAGE	PHARYNGIEN
PÉRISSABLE	PERVIBRANT	PHARYNGITE
PÉRISSOIRE	**PESCADORES**	PHASEMÈTRE
PÉRITONÉAL	PÈSE-ACIDES	PHASIANIDÉ
PÉRITONITE	PÈSE-ALCOOL	PHELLOGÈNE
PÉRIURBAIN	PÈSE-ESPRIT	**PHÉLYPEAUX**
PERLEMUTER	PÈSE-LETTRE	PHÉNÉTIQUE
PERLINGUAL	PÈSE-SIROPS	PHÉNOLIQUE
PERMAFROST	PESSIMISME	PHÉNOLOGIE
PERMANENCE	PESSIMISTE	PHÉNOMÉNAL
PERMANENTE	**PESTALOZZI**	PHÉNYLIQUE
PERMETTANT	PESTIFÉRÉE	PHÉOPHYCÉE
PERMISSION	PESTILENCE	PHÉRORMONE
PERMISSIVE	**PETAH-TIKVA**	PHILATÉLIE
PERMUTABLE	PÉTAINISTE	PHILIPPINE
PERNAMBOUC	PÉTARADANT	**PHILIPPINE**
PERNICIEUX	PÉTAUDIÈRE	**PHILISTINS**
PÉRONNAISE	PÉTAURISTE	**PHILOCTÈTE**
PÉRONNELLE	PET-DE-NONNE	PHILOLOGIE
PÉRORAISON	PÉTILLANTE	PHILOLOGUE
PEROXYDANT	**PETIT-BOURG**	PHILOSOPHE
PEROXYDASE	PETITEMENT	PHILOSOPHÉ
PERPÉTRANT	**PETIT-ÎLOIS**	PHLÉBOTOME
PERPÉTUANT	PÉTITIONNÉ	PHOCOMÉLIE
PERPÉTUITÉ	PETIT-NÈGRE	PHONATOIRE
PERPLEXITÉ	PETIT-NEVEU	PHONATRICE
PERRONNEAU	**PETIT RENAU**	PHONÉMIQUE
PERRUQUIER	PETITS-BOIS	PHONÉTIQUE
PERSÉCUTÉE	PETITS-FILS	PHONÉTISME
PERSÉCUTER	PETITS-GRIS	PHONIATRIE
PERSÉPHONE	PETITS POIS	PHONOGÉNIE
PERSÉPOLIS	PÉTOUILLER	PHONOLOGIE
PERSÉVÉRER	PÉTRIFIANT	PHONOLOGUE
PERSICAIRE	PÉTRISSAGE	PHOSPHATÉE
PERSIFLAGE	PÉTRISSANT	PHOSPHATER
PERSIFLANT	PÉTRISSEUR	PHOSPHORÉE
PERSIFLEUR	PÉTROLETTE	PHOSPHORER
PERSILLADE	PÉTROLEUSE	PHOTOCOPIE
PERSILLÈRE	PÉTROLIÈRE	PHOTOCOPIÉ

PHOTODIODE
PHOTOMATON
PHOTOMÈTRE
PHOTONIQUE
PHOTOPHORE
PHOTO-ROBOT
PHOTO-ROMAN
PHOTOSTYLE
PHOTOTAXIE
PHOTOTYPIE
PHRASTIQUE
PHRÉATIQUE
PHRYGIENNE
PHRYGIENNE
PHRYNICHOS
PHYLACTÈRE
PHYLÉTIQUE
PHYLLOXÉRA
PHYLOGÉNIE
PHYSIATRIE
PHYTOPHAGE
PIACULAIRE
PIAFFEMENT
PIAILLARDE
PIAILLERIE
PIAILLEUSE
PIANISSIMI
PIANISSIMO
PIANOFORTE
PIANOS-BARS
PIAPIATANT
PIAULEMENT
PICAILLONS
PICARESQUE
PICCADILLY
PICHENETTE
PICKPOCKET
PICOTEMENT
PIED-À-TERRE
PIED-DE-LION
PIED-DE-LOUP
PIED-DE-VEAU
PIÉDESTAUX
PIEDS-DE-ROI
PIEDS-NOIRS
PIEDS-NOIRS
PIEDS-PLATS
PIE-GRIÈCHE
PIÉMONTAIS
PIÉMONTAIS
PIERRAILLE
PIERRERIES
PIÉTINANTE
PIÉTONNIER
PIÈTREMENT
PIEUSEMENT
PIÉZOMÈTRE

PIGEONNANT
PIGEONNEAU
PIGEONNIER
PIGMENTANT
PIGNOCHANT
PIGNORATIF
PIGOUILLER
PILAT-PLAGE
PILLOW-LAVA
PILO-SÉBACÉ
PINAILLAGE
PINAILLANT
PINAILLEUR
PINNOTHÈRE
PINOCYTOSE
PINTADEAUX
PINTOCHANT
PIQUE-BŒUF
PIQUE-FLEUR
PIQUE-NIQUE
PIQUE-NIQUÉ
PIQUE-NOTES
PIQUETEUSE
PIRANDELLO
PIROUETTER
PISCÉNOISE
PISCIACAIS
PISCIFORME
PISISTRATE
PISSATOIRE
PISSE-FROID
PISSOTIÈRE
PISTACHIER
PISTONNANT
PITCHOUNET
PITHIVIERS
PITHIVIERS
PITTSBURGH
PITUITAIRE
PITYRIASIS
PIVOTEMENT
PIZZAIOLOS
PIZZICATOS
PLACARDANT
PLACARDISÉ
PLACODERME
PLAFONNAGE
PLAFONNANT
PLAFONNEUR
PLAFONNIER
PLAIDOIRIE
PLAIGNANTE
PLAIN-CHANT
PLAISANTÉE
PLAISANTER
PLAISANTIN
PLAN CARPIN

PLANCHÉIÉE
PLANCHÉIER
PLANCHETTE
PLANCHISTE
PLANÉTAIRE
PLANIFIANT
PLANIMÈTRE
PLANIPENNE
PLAN-RELIEF
PLANTATION
PLANTAUREL
PLANTUREUX
PLAQUEMINE
PLASMOCYTE
PLASMODIUM
PLASMOLYSE
PLASMOPARA
PLASTICAGE
PLASTICIEN
PLASTICINE
PLASTICITÉ
PLASTIFIÉE
PLASTIFIER
PLASTIQUÉE
PLASTIQUER
PLASTRONNÉ
PLASTURGIE
PLATANISTE
PLATE-BANDE
PLATE-FORME
PLATINOÏDE
PLATONIQUE
PLATONISME
PLATS-BORDS
PLÉBÉIENNE
PLÉBISCITE
PLÉBISCITÉ
PLÉCOPTÈRE
PLEINEMENT
PLEIN-TEMPS
PLEURNICHÉ
PLEUTRERIE
PLEUVASSER
PLISSEMENT
PLOMBAGINE
PLOMBIÈRES
PLOMBIÈRES
PLOMBIFÈRE
PLONGEANTE
PLONGEMENT
PLOUFRAGAN
PLOUGASTEL
PLOUIGNEAU
PLOUMANAC'H
PLUMASSIER
PLURALISME
PLURALISTE

PLURIVOQUE	POLYVALENT	PORTE-SAVON
PLUS-VALUES	POLYVINYLE	**PORT-GENTIL**
PLUTONIQUE	POMÉRANIEN	**PORT-JÉRÔME**
PLUTONISME	POMPÉIENNE	**PORT-NAVALO**
PLUVIOSITÉ	POMPONNANT	**PORTO VELHO**
POCATOISES	PONANTAISE	**PORTOVIEJO**
POCHARDANT	PONCTIONNÉ	**PORTSMOUTH**
PODZOLIQUE	PONCTUELLE	**PORT-SOUDAN**
POIGNARDÉE	PONDÉRABLE	**PORT TALBOT**
POIGNARDER	PONDÉREUSE	PORTUGAISE
POINÇONNÉE	**PONDICHÉRY**	**PORTUGAISE**
POINÇONNER	**PONT-À-MARCQ**	**PORT-VILAIS**
POINSETTIA	**PONTARLIER**	**POSIDONIUS**
POINT DE VUE	**PONT-DE-VAUX**	POSITIONNÉ
POINTILLÉE	**PONTEVEDRA**	POSITIVANT
POINTILLER	PONTIFIANT	POSITIVITÉ
POIREAUTER	PONTIFICAL	POSITONIUM
POISEUILLE	PONTIFICAT	POSSÉDANTE
POLARISANT	**PONTOISIEN**	POSSESSEUR
POLARISEUR	PONTON-GRUE	POSSESSION
POLATOUCHE	PONTONNIER	POSSESSIVE
POLÉMARQUE	**PONTRESINA**	POSTDATANT
POLÉMIQUER	**PONT-SCORFF**	POSTÉRIEUR
POLICEMANS	PONTS-LEVIS	POST-MARCHÉ
POLISSABLE	PONTS-RAILS	POST MORTEM
POLISSEUSE	PONTUSEAUX	POSTNATALE
POLISSONNE	**POOL MALEBO**	POSTNATALS
POLISSONNÉ	**PÖPPELMANN**	POSTNATAUX
POLITICARD	POPULACIER	POST-PARTUM
POLITICIEN	POPULARISÉ	POSTPOSANT
POLITIQUER	POPULARITÉ	POSTSÉRIEL
POLITISANT	POPULATION	POSTULANTE
POLLINIQUE	**PORCARTOIS**	POTASSIQUE
POLYALCOOL	PORCELAINE	POTENTILLE
POLYANDRIE	PORCHAISON	POTESTATIF
POLYCHROME	PORCS-ÉPICS	POTIMARRON
POLYCOPIÉE	**PORNICAISE**	**POUDOVKINE**
POLYCOPIER	PORPHYRINE	POUDROYANT
POLYDIPSIE	**PORRENTRUY**	**POUGATCHEV**
POLYGLOTTE	**PORT-ARTHUR**	POUILLERIE
POLYGONALE	**PORT-DE-BOUC**	POUILLEUSE
POLYGONAUX	PORTE-À-FAUX	POUJADISME
POLYGRAPHE	PORTE-AUTOS	POUJADISTE
POLYIODURE	PORTE-BALAI	POULAILLER
POLYMÉRISÉ	PORTE-BARGE	POULINIÈRE
POLYMORPHE	PORTE-BÉBÉS	POUPONNANT
POLYNÉSIEN	PORTE-CARTE	POURCHASSÉ
POLYNÉSIEN	PORTE-CLEFS	POURFENDRE
POLYNOMIAL	PORTE-COPIE	POURFENDUE
POLYPHASÉE	PORTE-CROIX	POURLÉCHÉE
POLYPHÉNOL	PORTE-ÉPÉES	POURLÉCHER
POLYPHONIE	PORTE-LAMES	POURPENSER
POLYPLOÏDE	PORTE-MENUS	POURRITURE
POLYPTYQUE	PORTE-OBJET	POURSUIVIE
POLYTHERME	PORTE-OUTIL	POURSUIVRE
POLYTONALE	PORTE-PLUME	POURVOIRIE
POLYTONAUX	PORTE-QUEUE	POURVOYANT

POURVOYEUR	PRÉGÉNITAL	PRÉVALENCE
POUSSE-CAFÉ	PRÉHENSEUR	PRÉVENANCE
POUTRAISON	PRÉHENSILE	PRÉVENANTE
POUZZOLANE	PRÉHENSION	PRÉVENTION
PRAESIDIUM	PRÉJUDICIÉ	PRÉVENTIVE
PRAETORIUS	PRÉJUGEANT	PRÉVISIBLE
PRANDTAUER	PRÉLASSANT	PRÉVOYANCE
PRASÉODYME	PRÉLOGIQUE	PRÉVOYANTE
PRATICABLE	PRÉMATURÉE	**PRILLIÉRAN**
PRATIQUANT	PRÉMÉDITÉE	PRIMA DONNA
PRÉAVISANT	PRÉMÉDITER	PRIMATIALE
PRÉCARISÉE	PRÉMOLAIRE	PRIMATIAUX
PRÉCARISER	PRÉMONTRÉE	**PRIMAUGUET**
PRÉCAUTION	PRÉNOMMANT	PRIME DONNE
PRÉCÉDENTE	PRÉNUPTIAL	PRIME TIMES
PRÉCEPTEUR	PRÉOCCUPÉE	PRIMORDIAL
PRÉCESSION	PRÉOCCUPER	PRIMULACÉE
PRÉCHAMBRE	PRÉPARATIF	**PRIM Y PRATS**
PRÉCHAUFFÉ	PRÉPENSION	**PRINCE NOIR**
PRÉCIOSITÉ	PRÉPOSITIF	PRINCIPALE
PRÉCIPITÉE	PRÉRÉGLAGE	PRINCIPAUX
PRÉCIPITER	PRÉRÉGLANT	PRINTANIER
PRÉCOMPTÉE	PRÉRENTRÉE	PRISONNIER
PRÉCOMPTER	PRÉSAGEANT	**PRIVADOISE**
PRÉCONISÉE	PRÉSALAIRE	PRIVATISÉE
PRÉCONISER	PRESBYOPIE	PRIVATISER
PRÉCORDIAL	PRESBYTÈRE	PRIVATISTE
PRÉCUISANT	PRESCIENCE	PRIVILÉGIÉ
PRÉCUISSON	PRESCIENTE	**PRJEVALSKI**
PRÉCURSEUR	PRÉSENTANT	PROBATOIRE
PRÉDATRICE	PRÉSENTOIR	PROCARYOTE
PRÉDÉCOUPÉ	PRÉSERVANT	PROCÉDURAL
PRÉDESTINÉ	PRÉSIDENCE	PROCESSEUR
PRÉDICABLE	PRÉSIDENTE	PROCESSION
PRÉDICATIF	PRÉSIDIAUX	PROCESSIVE
PRÉDICTION	PRÉSOMPTIF	PROCIDENCE
PRÉDICTIVE	PRESS-BOOKS	PROCLAMANT
PRÉDIGÉRÉE	PRESSÉMENT	PROCTALGIE
PRÉDIQUANT	PRESSENTIE	PROCUREURE
PRÉDISPOSÉ	PRESSENTIR	PROCYONIDÉ
PRÉDOMINER	PRESSOSTAT	PRODIGIEUX
PRÉEMBALLÉ	PRESSURAGE	PRODIGUANT
PRÉÉMINENT	PRESSURANT	PRODUCTEUR
PRÉEMPTANT	PRESSURISÉ	PRODUCTION
PRÉEMPTION	PRESTATION	PRODUCTIVE
PRÉENCOLLÉ	PRESTEMENT	PRODUISANT
PRÉÉTABLIE	PRÉSUMABLE	PROÉMINENT
PRÉÉTABLIR	PRÉSUPPOSÉ	PROFECTIVE
PRÉEXISTER	PRÉTENDANT	PROFESSANT
PRÉFAILLES	PRÉTENTION	PROFESSEUR
PRÉFECTURE	PRÉTÉRITÉE	PROFESSION
PRÉFÉRABLE	PRÉTÉRITER	PROFITABLE
PRÉFÉRENCE	PRÉTEXTANT	PROFITANTE
PRÉFIGURÉE	PRÉTORIALE	PROFITEUSE
PRÉFIGURER	PRÉTORIAUX	PROFONDEUR
PRÉFORMAGE	PRÊTRAILLE	PROGLOTTIS
PRÉFORMANT	PRÉTRAITÉE	PROGRAMMÉE

PROGRAMMER	**PROTAGORAS**	**PUGET SOUND**
PROGRESSER	PROTANDRIE	**PULLIÉRANE**
PROGRESSIF	PROTECTEUR	PULMONAIRE
PROHIBITIF	PROTECTION	PULSIONNEL
PROJECTEUR	PROTÉGEANT	PULTRUSION
PROJECTILE	PROTÈGE-BAS	PULVÉRISÉE
PROJECTION	PROTÉOLYSE	PULVÉRISER
PROJECTIVE	PROTESTANT	PUNISSABLE
PROLACTINE	PROTIDIQUE	PUPILLAIRE
PROLÉTAIRE	PROTOGYNIE	PUPITREUSE
PROLIFÉRER	PROTONIQUE	PURGATOIRE
PROLIFIQUE	PROTOPHYTE	PURIFIANTE
PROMENEUSE	PROTOPTÈRE	PUSTULEUSE
PROMÉTHÉEN	PROVENANCE	PUTASSIÈRE
PROMÉTHÉUM	PROVENÇALE	PUTRÉFIANT
PROMETTANT	**PROVENÇALE**	PUTSCHISTE
PROMETTEUR	PROVENÇAUX	**PUVIRNITUQ**
PROMOTRICE	**PROVENÇAUX**	**PUYLAURENS**
PROMOUVANT	PROVERBIAL	**PUY-L'ÉVÊQUE**
PROMOUVOIR	PROVIDENCE	PYCNOMÈTRE
PROMULGUÉE	**PROVIDENCE**	**PYLA-SUR-MER**
PROMULGUER	PROVIGNAGE	PYODERMITE
PRONATRICE	PROVIGNANT	PYRACANTHA
PRONOMINAL	PROVINCIAL	PYRAMIDALE
PRONONÇANT	**PROVINOISE**	PYRAMIDAUX
PROPADIÈNE	PROVISOIRE	PYRAMIDION
PROPAGANDE	PROVOCANTE	PYRÉNÉENNE
PROPAGEANT	PROVOQUANT	**PYRÉNÉENNE**
PROPENSION	PROXÉMIQUE	PYRÉTHRINE
PROPHÉTISÉ	PRUDEMMENT	PYRIDOXINE
PROPONTIDE	**PRUDHOE BAY**	PYRIMIDINE
PROPORTION	PRUD'HOMALE	PYROCORISE
PROPOSABLE	PRUD'HOMAUX	PYROGALLOL
PROPREMENT	PRUNELLIER	PYROGRAPHE
PROPRÉTEUR	PRUSSIENNE	PYROLUSITE
PROPRÉTURE	**PRUSSIENNE**	PYROMÉTRIE
PROPULSANT	PSALMODIÉE	PYRRHONIEN
PROPULSEUR	PSALMODIER	PYRRHOTITE
PROPULSION	PSALTÉRION	PYRROLIQUE
PROPULSIVE	PSEUDONYME	PYTHONISSE
PROROGATIF	PSEUDOPODE	**QALAT SIMAN**
PROROGEANT	PSILOPHYTE	**QATARIENNE**
PROSCENIUM	PSITTACIDÉ	QUADRANGLE
PROSERPINE	PSITTACOSE	QUADRATURE
PROSODIQUE	PSYCHIATRE	QUADRICEPS
PROSOPOPÉE	PSYCHOGÈNE	QUADRIFIDE
PROSPECTÉE	PTÉRANODON	QUADRILLÉE
PROSPECTER	PTÉRYGOÏDE	QUADRILLER
PROSPECTIF	PUBERTAIRE	QUADRILOBE
PROSPECTUS	PUBESCENCE	QUADRIPÔLE
PROSPÉRANT	PUBESCENTE	QUADRUMANE
PROSPÉRITÉ	PUBLICISTE	QUADRUPÈDE
PROSTATITE	PUBLIPHONE	QUADRUPLÉE
PROSTERNÉE	PUÉRILISME	QUADRUPLER
PROSTERNER	PUERPÉRALE	QUADRUPLÉS
PROSTITUÉE	PUERPÉRAUX	QUADRUPLET
PROSTITUER	**PUERTO RICO**	QUADRUPLEX

QUAKERESSE	RACCOINTER	RANDOMISER
QUALIFIANT	RACCOMMODÉ	RANDONNANT
QUALITATIF	RACCORDANT	RANDONNEUR
QUANTIFIÉE	RACCOURCIE	RANIMATION
QUANTIFIER	RACCOURCIR	RANTANPLAN
QUARTANIER	RACCOURTER	**RAON-L'ÉTAPE**
QUART-MONDE	RACCROCHÉE	RAPAILLANT
QUARTZEUSE	RACCROCHER	RAPATRIANT
QUASI-DÉLIT	RACHETABLE	RAPERCHANT
QUATERNION	RACHIALGIE	RAPETASSÉE
QUATRE-MÂTS	RACHITIQUE	RAPETASSER
QUÉBÉCISME	RACHITISME	RAPETISSÉE
QUÉBÉCOISE	RACKETTANT	RAPETISSER
QUÉBÉCOISE	RACKETTEUR	**RAPHAËLOIS**
QUEENSLAND	RACONTABLE	RAPICOLANT
QUELCONQUE	RACONTEUSE	RAPIDEMENT
QUELLES QUE	RADICALISÉ	RAPPARIANT
QUÉMANDANT	RADICALITÉ	RAPPLIQUER
QUÉMANDEUR	RADICULITE	RAPPOINTIS
QUENOUILLE	RADIOACTIF	RAPPORTANT
QUERCINOIS	RADIOGUIDÉ	RAPPORTEUR
QUERCINOIS	RADIOLAIRE	RAPPRENANT
QUERCITAIN	RADIOLOGIE	RAPPRENDRE
QUERCITRON	RADIOLOGUE	RAPPROCHÉE
QUERCYNOIS	RADIOMÈTRE	RAPPROCHER
QUERCYNOIS	RADIOPHARE	RAQUETTEUR
QUERELLANT	RADIOSONDE	RARÉFIABLE
QUERELLEUR	RADIO-TAXIS	RARESCENTE
QUÉRULENCE	RAFFINERIE	RASE-MOTTES
QUÉRULENTE	RAFFINEUSE	**RASPOUTINE**
QUESTIONNÉ	RAFISTOLÉE	RASSASIANT
QUEUE-DE-PIE	RAFISTOLER	RASSEMBLÉE
QUEUE-DE-RAT	RAFRAÎCHIE	RASSEMBLER
QUEVILLAIS	RAFRAÎCHIR	RASSÉRÉNÉE
QUEZON CITY	RAGOÛTANTE	RASSÉRÉNER
QUIESCENCE	RAIDISSANT	RASSISSANT
QUIESCENTE	RAIDISSEUR	RASSURANTE
QUIÈTEMENT	RAISONNANT	**RAS TANNURA**
QUILLANAIS	RAISONNEUR	RATATINANT
QUIMPÉROIS	RALINGUANT	RATIBOISÉE
QUINOLÉINE	RALLIEMENT	RATIBOISER
QUINTILIEN	RALLIFORME	RATIOCINER
QUINTUPLÉE	**RAMAKRISNA**	RATIONNANT
QUINTUPLER	RAMASSETTE	**RATISBONNE**
QUINTUPLÉS	RAMASSEUSE	RATS-DE-CAVE
QUIQUAGEON	RAMASSOIRE	RATS-TAUPES
QUIRATAIRE	RAMENDEUSE	RATTACHANT
RABÂCHERIE	**RAMONVILLE**	RATTRAPAGE
RABÂCHEUSE	RAMPONEAUX	RATTRAPANT
RABAISSANT	RAMPONNEAU	RAVALEMENT
RABATTABLE	**RANAVALONA**	RAVAUDERIE
RABATTANTE	RANCARDANT	RAVAUDEUSE
RABATTEUSE	RANCISSANT	RAVE-PARTYS
RABBINIQUE	RANÇONNANT	RAVIGOTANT
RABBINISME	RANÇONNEUR	RAVINEMENT
RABIBOCHÉE	RANCUNIÈRE	RAVISSANTE
RABIBOCHER	RANDOMISÉE	RAVISSEUSE

RAVITAILLÉ	RÉCEPTACLE	RECTILIGNE
RAWALPINDI	RÉCEPTRICE	RECUEILLIE
RAYONNANTE	RECERCLANT	RECUEILLIR
RAZ DE MARÉE	RECHANTANT	RECULEMENT
RÉABONNANT	RÉCHAPPANT	RECULOTTÉE
RÉABSORBÉE	RECHASSANT	RECULOTTER
RÉABSORBER	RÉCHAUFFÉE	RÉCUPÉRANT
RÉACTIVANT	RÉCHAUFFER	RÉCURRENCE
RÉACTIVITÉ	RECHAUSSÉE	RÉCURRENTE
RÉACTOGÈNE	RECHAUSSER	RÉCURSOIRE
RÉADAPTANT	RECHERCHÉE	RÉCUSATION
RÉADMETTRE	RECHERCHER	RECYCLABLE
READY-MADES	RECHIGNANT	RÉDACTRICE
RÉAFFIRMÉE	RÉCIDIVANT	REDEMANDÉE
RÉAFFIRMER	RÉCIPROQUE	REDEMANDER
RÉAGISSANT	RÉCIPROQUÉ	REDÉMARRER
RÉAJUSTANT	RÉCITATION	RÉDEMPTEUR
RÉALIGNANT	RÉCLAMANTE	RÉDEMPTION
RÉALISABLE	RECLASSANT	REDÉPLOYÉE
RÉAMÉNAGÉE	RÉCOGNITIF	REDÉPLOYER
RÉAMÉNAGER	RECOIFFANT	REDESCENDU
RÉAMORÇANT	RÉCOLEMENT	REDEVENANT
RÉARGENTÉE	RÉCOLTABLE	REDIFFUSÉE
RÉARGENTER	RÉCOLTANTE	REDIFFUSER
RÉARMEMENT	RECOMBINÉE	REDISCUTÉE
RÉARRANGÉE	RECOMBINER	REDISCUTER
RÉARRANGER	RECOMMANDÉ	REDONDANCE
RÉASSIGNÉE	RECOMMENCÉ	REDONDANTE
RÉASSIGNER	RÉCOMPENSE	**REDONNAISE**
RÉASSORTIE	RÉCOMPENSÉ	REDOUBLANT
RÉASSORTIR	RECOMPOSÉE	REDOUTABLE
RÉASSURANT	RECOMPOSER	REDRESSAGE
RÉASSUREUR	RECOMPTANT	REDRESSANT
REBACIENNE	RÉCONCILIÉ	REDRESSEUR
REBAISSANT	RECONDUIRE	RÉDUCTIBLE
REBAPTISÉE	RECONDUITE	RÉDUCTRICE
REBAPTISER	RÉCONFORTÉ	RÉÉCOUTANT
RÉBARBATIF	RECONQUÊTE	RÉÉCRITURE
REBEYROLLE	RECONQUISE	RÉÉCRIVANT
REBLANCHIE	RECONVERTI	RÉÉDIFIANT
REBLANCHIR	RECORDMANS	RÉÉDUQUANT
REBOUCHAGE	RECORRIGÉE	RÉÉLECTION
REBOUCHANT	RECORRIGER	RÉÉLIGIBLE
REBOUTEUSE	RECOUCHANT	RÉELLEMENT
REBOUTONNÉ	RECOURBANT	RÉEMBAUCHÉ
REBROUSSÉE	RECOURBURE	RÉÉMETTEUR
REBROUSSER	RECOUVERTE	RÉEMPLOYÉE
RECACHETÉE	RECOUVRAGE	RÉEMPLOYER
RECACHETER	RECOUVRANT	RÉEMPRUNTÉ
RECALCIFIÉ	RECRACHANT	RÉESCOMPTE
RECALCULÉE	RECRÉATION	RÉESCOMPTÉ
RECALCULER	RÉCRÉATION	RÉESSAYAGE
RÉCAPITULÉ	RÉCRÉATIVE	RÉESSAYANT
RECARBURÉE	RECREUSANT	RÉÉTUDIANT
RECENSEUSE	RÉCRIMINER	RÉÉVALUANT
RECENTRAGE	RECRUTEUSE	RÉEXAMINÉE
RECENTRANT	RECTIFIANT	RÉEXAMINER

RÉEXPÉDIÉE	RÉGURGITER	REMBARQUER
RÉEXPÉDIER	RÉHABILITÉ	REMBARRANT
RÉEXPORTÉE	RÉHABITUÉE	REMBAUCHÉE
RÉEXPORTER	RÉHABITUER	REMBAUCHER
REFAÇONNÉE	REHAUSSANT	REMBLAVANT
REFAÇONNER	REHAUSSEUR	REMBLAYAGE
RÉFECTOIRE	RÉHYDRATÉE	REMBLAYANT
RÉFÉRENCÉE	RÉHYDRATER	REMBOBINÉE
RÉFÉRENCER	REICHSMARK	REMBOBINER
RÉFÉRENDUM	**REICHSTADT**	REMBOÎTAGE
RÉFLECTEUR	**REICHSTETT**	REMBOÎTANT
RÉFLEXIBLE	**REICHSWEHR**	REMBOURRÉE
RÉFORMABLE	RÉIMPLANTÉ	REMBOURRER
RÉFORMETTE	RÉIMPORTÉE	REMBOURSÉE
RÉFORMISME	RÉIMPORTER	REMBOURSER
RÉFORMISTE	RÉIMPOSANT	REMBUCHANT
REFORMULÉE	RÉIMPRIMÉE	REMÉDIABLE
REFORMULER	RÉIMPRIMER	REMEMBRANT
REFOUILLÉE	RÉINCARNÉE	REMÉMORANT
REFOUILLER	RÉINCARNER	REMERCIANT
RÉFRACTANT	RÉINSCRIRE	REMEUBLANT
RÉFRACTEUR	RÉINSCRITE	**REMIREMONT**
RÉFRACTION	RÉINSÉRANT	RÉMISSIBLE
RÉFRIGÉRÉE	RÉINSTALLÉ	RÉMITTENTE
RÉFRIGÉRER	RÉINTÉGRÉE	REMMAILLÉE
RÉFRINGENT	RÉINTÉGRER	REMMAILLER
RÉFUTATION	RÉINVENTÉE	REMMANCHÉE
RÉGALEMENT	RÉINVENTER	REMMANCHER
RÉGALIENNE	RÉINVESTIE	REMMOULAGE
REGARDANTE	RÉINVESTIR	REMMOULANT
REGARDEUSE	RÉINVITANT	REMODELAGE
RÉGÉNÉRANT	RÉITÉRATIF	REMODELANT
REGENSBURG	REJOIGNANT	REMONTANTE
REGIMBEUSE	REJOINTOYÉ	REMONTRANT
RÉGINÉENNE	RELAISSANT	REMORQUAGE
RÉGIONALES	RELATIVISÉ	REMORQUANT
REGISTRANT	RELATIVITÉ	REMORQUEUR
RÈGLE-DU-JEU	RELAXATION	REMOUILLÉE
RÉGLEMENTÉ	**RELECQUOIS**	REMOUILLER
REGONFLAGE	RELÉGATION	REMPAILLÉE
REGONFLANT	RELÈVEMENT	REMPAILLER
REGORGEANT	RELIGIEUSE	REMPAQUETÉ
REGRATTAGE	RELIQUAIRE	REMPLAÇANT
REGRATTANT	RELOGEMENT	REMPLOYANT
REGRATTIER	RÉLUCTANCE	REMPLUMANT
REGREFFANT	RELUISANTE	REMPOCHANT
RÉGRESSANT	REMAILLAGE	REMPORTANT
RÉGRESSION	REMAILLANT	REMPRUNTÉE
RÉGRESSIVE	REMANGEANT	REMPRUNTER
REGRETTANT	REMANIABLE	RÉMUNÉRANT
REGRIMPANT	REMAQUILLÉ	RENAISSANT
REGROUPANT	REMARCHANT	RENARDEAUX
RÉGULARISÉ	REMARQUANT	RENARDIÈRE
RÉGULARITÉ	REMASTIQUÉ	RENCAISSÉE
RÉGULATEUR	REMBALLAGE	RENCAISSER
RÉGULATION	REMBALLANT	RENCARDANT
RÉGURGITÉE	REMBARQUÉE	RENCOGNANT

RENCONTRÉE	REPLANTANT	RESPECTANT
RENCONTRER	REPLÂTRAGE	RESPECTIVE
RENDEZ-VOUS	REPLÂTRANT	RESPIRABLE
RENDORMANT	REPLEUVANT	RESPLENDIR
RENDOSSANT	REPLEUVOIR	RESQUILLÉE
RENÉGOCIÉE	REPLIEMENT	RESQUILLER
RENÉGOCIER	RÉPLIQUANT	RESSAIGNER
RENÉ GOUPIL	REPLISSANT	RESSASSANT
RENFERMANT	RÉPONDANTE	RESSAUTANT
RENFLEMENT	RÉPONDEUSE	RESSEMBLER
RENFLOUAGE	REPORTRICE	RESSEMELÉE
RENFLOUANT	REPOSE-PIED	RESSEMELER
RENFONÇANT	REPOSE-TÊTE	RESSENTANT
RENFORÇANT	REPOURVOIR	RESSERRANT
RENFROGNÉE	REPOUSSAGE	RESSERVANT
RENFROGNER	REPOUSSANT	RESSORTANT
RENGAGEANT	REPOUSSOIR	RESSOUDANT
RENGAINANT	REPRÉSENTÉ	RESSOURCÉE
RENGRAISSÉ	RÉPRESSEUR	RESSOURCER
RENGRÉNANT	RÉPRESSION	RESSOUVENU
RENIFLEUSE	RÉPRESSIVE	RESSUSCITÉ
RENOUVEAUX	RÉPRIMANDE	RESTAURANT
RENOUVELÉE	RÉPRIMANDÉ	RESTITUANT
RENOUVELER	REPROCHANT	Restoroute
RÉNOVATEUR	REPRODUIRE	RESTREINTE
RÉNOVATION	REPRODUITE	RESTRICTIF
RENSEIGNÉE	RÉPROUVANT	RÉSULTANTE
RENSEIGNER	RÉPUBLIQUE	RÉSURGENCE
RENTOILAGE	RÉPUGNANCE	RÉSURGENTE
RENTOILANT	RÉPUGNANTE	RETAILLANT
RENTOILEUR	RÉPUTATION	RÉTICULANT
RENTRAYANT	REQUALIFIÉ	RÉTINIENNE
RENVERSANT	REQUÉRANTE	RETIRATION
RÉOCCUPANT	REQUINQUÉE	RETOMBANTE
RÉORGANISÉ	REQUINQUER	RÉTORQUANT
RÉORIENTÉE	REQUITTANT	RETOUCHANT
RÉORIENTER	RESCINDANT	RETOUCHEUR
REPAISSANT	RESCISOIRE	RETOURNAGE
REPARAÎTRE	RÉSERVISTE	RETOURNANT
RÉPARATEUR	RÉSIDUAIRE	RÉTRACTANT
RÉPARATION	RÉSIDUELLE	RÉTRACTILE
REPARTAGÉE	RÉSILIABLE	RÉTRACTION
REPARTAGER	RÉSILIENCE	RÉTRACTIVE
REPARUTION	RÉSILIENTE	RETRADUIRE
REPASSEUSE	RÉSINIFÈRE	RETRADUITE
REPEIGNANT	RÉSISTANCE	RETRAITANT
REPENTANCE	RÉSISTANTE	RETRANCHÉE
REPENTANTE	RÉSISTIBLE	RETRANCHER
REPENTIGNY	RÉSOLUMENT	RETRANSMIS
RÉPERCUTÉE	RÉSOLUTION	RETRAVERSÉ
RÉPERCUTER	RÉSOLUTIVE	RETRAYANTE
RÉPERTOIRE	RÉSOLVANTE	RÉTREINDRE
RÉPERTORIÉ	RÉSONATEUR	RETREMPANT
RÉPÉTITEUR	RÉSONNANTE	RÉTRIBUANT
RÉPÉTITION	RÉSORBABLE	RÉTROACTES
RÉPÉTITIVE	RÉSORCINOL	RÉTROACTIF
REPEUPLANT	RÉSORPTION	RÉTROCÉDÉE

RÉTROCÉDER	**RHÔNALPINE**	ROBORATIVE
RÉTROFLEXE	**RHÔNE-ALPES**	ROBOTICIEN
RÉTROFUSÉE	RHOTACISME	ROBOTISANT
RÉTROGRADE	RHUMATISME	ROBUSTESSE
RÉTROGRADÉ	RHUMATOÏDE	ROCAILLAGE
RETROUSSÉE	RIBAMBELLE	ROCAILLEUX
RETROUSSER	RIBAUDERIE	ROCAMADOUR
RETROUSSIS	**RIBBENTROP**	**ROCAMADOUR**
RETROUVANT	RIBOSOMALE	**ROCASSIÈRE**
RÉTROVIRUS	RIBOSOMAUX	**ROCHAMBEAU**
RÉUNIFIANT	RIBOULANTE	**ROCHELAISE**
RÉUNISSAGE	RICANEMENT	**ROCHETTOIS**
RÉUNISSANT	**RICHARDSON**	**ROCK FOREST**
RÉUTILISÉE	RICHISSIME	RÔDAILLANT
RÉUTILISER	**RICHTHOFEN**	**RODTCHENKO**
REUTLINGEN	RICKETTSIE	ROGNONNADE
REVACCINÉE	**RIDELLOISE**	ROGNONNANT
REVACCINER	RIDICULISÉ	ROGUEMMENT
REVALORISÉ	**RIEDISHEIM**	**ROH MOO-HYUN**
REVANCHANT	RIEMANNIEN	ROIDISSANT
REVANCHARD	**RIFT VALLEY**	**ROI SE MEURT**
RÊVASSERIE	RIGIDEMENT	**ROLIVALOIS**
RÊVASSEUSE	RIGIDIFIÉE	ROLLER BALL
RÉVEILLANT	RIGIDIFIER	ROMANCERIE
RÉVÉLATEUR	RIGOUREUSE	ROMANCIÈRE
RÉVÉLATION	RIMAILLANT	ROMANESQUE
REVENDEUSE	RIMAILLEUR	ROMANICHEL
REVENDIQUÉ	RIMBALDIEN	ROMANISANT
RÉVERBÉRÉE	**RIMOUSKOIS**	ROMAN-PHOTO
RÉVERBÉRER	RINGARDAGE	ROMANTIQUE
RÉVERSIBLE	RINGARDANT	ROMANTISME
REVÊTEMENT	RINGARDISÉ	**ROMILLONNE**
REVIGORANT	RINK-HOCKEY	**ROMORANTIN**
REVIREMENT	**RIPAGÉRIEN**	**ROMUALDIEN**
REVISITANT	RIPAILLANT	RONCHONNER
REVITALISÉ	RIPAILLEUR	ROND-DE-CUIR
REVIVIFIÉE	RIPOLINANT	RONDE-BOSSE
REVIVIFIER	RIPPLE-MARK	RONDELETTE
RÉVOCATION	**RIS-ORANGIS**	RONÉOTYPÉE
RÉVOLTANTE	RISQUE-TOUT	RONÉOTYPER
RÉVOLUTION	RISTOURNÉE	RONFLEMENT
REZONVILLE	RISTOURNER	RONRONNANT
RHABILLAGE	RITARDANDO	**ROODEPOORT**
RHABILLANT	RITUALISÉE	**ROQUEBRUNE**
RHABILLEUR	RITUALISER	**ROQUEMAURE**
RHAPSODAGE	RITUALISME	**ROQUEVAIRE**
RHEA SILVIA	RITUALISTE	ROSANILINE
RHÉTORIQUE	RIVALISANT	**ROSEMÈROIS**
RHÉTO-ROMAN	**RIVE-DE-GIER**	**ROSENQUIST**
RHINOCÉROS	RIVESALTES	**ROSENZWEIG**
RHINOLOPHE	**RIVESALTES**	ROSIÉRISTE
RHIZOCTONE	**RIYADIENNE**	**ROSNY JEUNE**
RHIZOSTOME	RIZ-PAIN-SEL	**ROSSELLINI**
RHODOPSINE	ROAD-MOVIES	**ROSSELLINO**
RHOMBOÈDRE	ROAST-BEEFS	ROSSINANTE
RHOMBOÏDAL	**ROBERTIENS**	**ROSTRENOIS**
RHÔNALPINE	ROBINETIER	**ROTHSCHILD**

RÔTISSERIE	SABRETACHE	**SAINT-GRAAL**
RÔTISSEUSE	**SÁ-CARNEIRO**	**SAINT-HÉAND**
RÔTISSOIRE	SACCAGEANT	**SAINT-IMIER**
ROTULIENNE	SACCAGEUSE	**SAINT-JACUT**
ROUBAISIEN	SACCHARASE	**SAINT-JAMES**
ROUBTSOVSK	SACCHARATE	**SAINT JOHN'S**
ROUCOULADE	SACCHARIDE	**SAINT-JOUIN**
ROUCOULANT	SACCHARINE	**SAINT-JUÉRY**
ROUENNAISE	SACCHAROSE	**SAINT KILDA**
ROUFFIGNAC	SACERDOTAL	**SAINT-LOISE**
ROUGE-GORGE	SACRALISÉE	**SAINT LOUIS**
ROUGEOLEUX	SACRALISER	**SAINT-LOUIS**
ROUGEOYANT	**SACRAMENTO**	**SAINT-MANDÉ**
ROUGE-QUEUE	SACRÉ-CŒUR	**SAINT-MARIN**
ROUGISSANT	**SACRÉ-CŒUR**	**SAINT-PÉRAY**
ROULEAUTÉE	SACRIFIANT	**SAINT-RENAN**
ROULÉ-BOULÉ	SACRISTAIN	**SAINT-SAËNS**
ROUMANILLE	SACRISTINE	**SAINT-SAVIN**
ROUPILLANT	SACRO-SAINT	**SAINT-SEVER**
ROUSCAILLÉ	SADUCÉENNE	SAINT-SIÈGE
ROUSPÉTANT	**SAGAMIHARA**	**SAINT-SIMON**
ROUSPÉTEUR	SAGITTAIRE	**SAINT-TROND**
ROUSSILLON	SAGITTAIRE	**SAINT-VAURY**
ROUTINIÈRE	**SAGRANIÈRE**	**SAINT-VÉRAN**
ROWLANDSON	SAHARANPUR	**SAINT-VRAIN**
ROYALEMENT	SAHARIENNE	**SAINT-YORRE**
ROYANNAISE	SAHARIENNE	SAISISSANT
RUB AL-KHALI	SAHÉLIENNE	SAISONNIER
RUBÉFIANTE	SAIGNEMENT	SALAMALECS
RUBÉNIENNE	**SAILLATAIS**	SALAMANDRE
RUBÉOLEUSE	**SAINT-AMAND**	SALAMANDRE
RUBESCENTE	**SAINT-AMANT**	**SALAMANQUE**
RUBIGINEUX	SAINT-AMOUR	SALAUDERIE
RUBINSTEIN	**SAINT-AMOUR**	SALÉSIENNE
RUBRIQUANT	**SAINT-ANDRÉ**	SALICYLATE
RUDA SLASKA	**SAINT-ANTON**	SALIFIABLE
RUDOIEMENT	**SAINT-AUBAN**	**SALISIENNE**
RUGISSANTE	**SAINT-AUBIN**	SALISSANTE
RUINIFORME	**SAINT-AVOLD**	SALIVATION
RUISSELANT	**SAINT-BRIAC**	**SALLANCHES**
RUMINATION	**SAINT-BRICE**	**SALMANASAR**
RUSSIFIANT	**SAINT-BRUNO**	SALMANAZAR
RUSSOPHILE	**SAINT-CHÉLY**	SALMONELLE
RUSSOPHONE	**SAINT-CIERS**	**SALOMONAIS**
RUSTENBURG	**SAINT CLAIR**	SALONNARDE
RUSTIQUANT	**SAINT-CLOUD**	SALPÊTRANT
RUTHÉNOISE	**SAINT-CYRAN**	SALPINGITE
RUTHÉNOISE	**SAINT DENIS**	SALTATOIRE
RUTHERFORD	**SAINT-DENIS**	SALUTATION
RUTILEMENT	**SAINT-DONAT**	SALVATRICE
RUYSBROECK	**SAINTE-ANNE**	**SALZGITTER**
RYDZ-SMIGLY	**SAINT ELIAS**	SAMARITAIN
RYTHMICITÉ	SAINTEMENT	**SAMARITAIN**
SABBATIQUE	**SAINTE-MÈRE**	**SAMATANAIS**
SABLONNANT	**SAINTE-ROSE**	**SAMMARTINI**
SABLONNEUX	**SAINT-FLOUR**	**SAMOTHRACE**
SABOLIENNE	**SAINT-GENIS**	**SAN AGUSTÍN**

SAN ANDREAS	SARRE-UNION	SCARABÉIDÉ
SAN ANTONIO	SARTENAISE	SCARIFIAGE
SAN-ANTONIO	SARZEAUTIN	SCARIFIANT
SANATORIUM	SASSANIDES	SCARLATINE
SAN-BENITOS	SATAVAHANA	SCATOLOGIE
SANCERROIS	SATELLISÉE	SCATOPHILE
SANCTIFIÉE	SATELLISER	SCELLEMENT
SANCTIFIER	SATIRISANT	SCÉNARISÉE
SANCTIONNÉ	SATISFAIRE	SCÉNARISER
SANCTUAIRE	SATISFAITE	SCÉNARISÉ
SANDALETTE	SATISFECIT	SCHABRAQUE
SANDARAQUE	SATO EISAKU	SCHAERBEEK
SANDERLING	SATURATEUR	SCHÉMATISÉ
SANDINISME	SATURATION	SCHILIKOIS
SANDINISTE	SATURNALES	SCHISTEUSE
SANDOMIERZ	SATURNISME	SCHLEICHER
SANDWICHES	SATYRIASIS	SCHLIEFFEN
SANFLORAIN	SAUJONNAIS	SCHLIEMANN
SANG-DRAGON	SAUMONEAUX	SCHLINGUER
SANGLOTANT	SAUMONETTE	SCHLITTAGE
SANITAIRES	SAUMUROISE	SCHLITTANT
SAN LORENZO	SAUPOUDRÉE	SCHLITTEUR
SANNAZZARO	SAUPOUDRER	SCHLŒSING
SANS-EMPLOI	SAURISSAGE	SCHNITZLER
SANSEVIÈRE	SAURISSEUR	SCHNORCHEL
SAN STEFANO	SAUROPSIDÉ	SCHŒLCHER
SANTA CLARA	SAUT-DE-LOUP	SCHOENBERG
SANTA MARIA	SAUTEREAUX	SCHOLIASTE
SANTA MARTA	SAUTERELLE	SCHÖNBRUNN
SANTILLANA	SAUTILLANT	SCHONGAUER
SANTO ANDRÉ	SAUTS-DE-LIT	SCHRIEFFER
SANTONNIER	SAUVAGERIE	SCHTROUMPF
SÃO GONÇALO	SAUVEGARDE	SCHUMACHER
SAOUDIENNE	SAUVEGARDÉ	SCHUMPETER
SAOUDIENNE	SAUVETERRE	SCHWEITZER
SAPIENTIEL	SAVANTERIE	SCHWITTERS
SAPINDACÉE	SAVERNOISE	SCIENTISME
SAPONIFIÉE	SAVINIENNE	SCIENTISTE
SAPONIFIER	SAVONAROLE	SCINTILLER
SAPROPHAGE	SAVONNERIE	SCISSIPARE
SAPROPHYTE	SAVONNERIE	SCLÉRANTHE
SARAJÉVIEN	SAVONNETTE	SCLÉROSANT
SARCELLOIS	SAVONNEUSE	SCOLARISÉE
SARCOÏDOSE	SAVONNIÈRE	SCOLARISER
SARCOPHAGE	SAVOUREUSE	SCORPÉNIDÉ
SARDINELLE	SAXE-ANHALT	SCORPIOÏDE
SARDINERIE	SAXE-WEIMAR	SCORSONÈRE
SARDINIÈRE	SCAFERLATI	SCORZONÈRE
SARDONIQUE	SCALDIENNE	SCOTOMISÉE
SARLADAISE	SCANDALEUX	SCOTOMISER
SARMENTANT	SCANDALISÉ	SCRABBLANT
SARMENTEUX	SCANDERBEG	SCRABBLEUR
SARRACENIA	SCANDINAVE	SCRATCHANT
SARRACÉNIE	SCANDINAVE	SCRATCHING
SARREBOURG	SCAPHANDRE	SCRIPT-GIRL
SARREBRUCK	SCAPHOPODE	SCRIPTURAL
SARRELOUIS	SCAPULAIRE	SCROFULEUX

SCRUPULEUX
SCRUTATEUR
SCULPTRICE
SCULPTURAL
SEABORGIUM
SÉBASTOPOL
SÈCHE-LINGE
SÈCHE-MAINS
SÉCHERESSE
SECLINOISE
SECONDAIRE
SECOND PITT
SECOUEMENT
SECOURABLE
SECOUREUSE
SECOURISME
SECOURISTE
SECRÉTAIRE
SÉCRÉTEUSE
SÉCRÉTOIRE
SÉCRÉTRICE
SECTARISME
SECTATRICE
SECTIONNÉE
SECTIONNER
SECTORISÉE
SECTORISER
SÉCULARISÉ
SÉCURISANT
SÉDÉLOCIEN
SÉDENTAIRE
SÉDIMENTÉE
SÉDIMENTER
SÉDITIEUSE
SÉDUCTRICE
SÉDUISANTE
SEERSUCKER
SEGMENTANT
SÉGRÉGATIF
SÉGUEDILLE
SEGUIDILLA
SEICHANAIS
SEIGNEURIE
SÉISMICITÉ
SÉJOURNANT
SÉLEUCIDES
SEMAINIÈRE
SÉMANTIQUE
SEMBLANÇAY
SEMENCIÈRE
SEMESTRIEL
SEMI-ARIDES
SEMI-COCKES
SÉMILLANCE
SÉMILLANTE
SÉMINIFÈRE
SEMI-NOMADE

SÉMIOLOGIE
SÉMIOTIQUE
SEMI-OUVERT
SEMI-OUVRÉE
SEMI-OUVRÉS
SEMI-PEIGNÉ
SEMI-PUBLIC
SEMI-RIGIDE
SÉMITISANT
SEMMELWEIS
SEMOULERIE
SENANAYAKE
SÉNATORIAL
SENEFELDER
SÉNÉGALAIS
SÉNÉGALAIS
SÉNÉGAMBIE
SÉNESCENCE
SÉNESCENTE
SENONCHOIS
SENSUALITÉ
SENTINELLE
SEO DE URGEL
SÉOULIENNE
SÉPARATEUR
SÉPARATION
SÉPARÉMENT
SEPTÉMOISE
SEPTÉNAIRE
SEPTENNALE
SEPTENNAUX
SEPTICÉMIE
SEPTIMANIE
SEPTMONCEL
SEPTUPLANT
SÉPULCRALE
SÉPULCRAUX
SÉQUENÇAGE
SÉQUENCEUR
SÉQUENTIEL
SÉQUESTRÉE
SÉQUESTRER
SÉRAPHIQUE
SERFOUETTE
SÉRIALISME
SÉRICICOLE
SÉRICIGÈNE
SERINGUANT
SERMONNANT
SERMONNEUR
SÉROTONINE
SERPA PINTO
SERPENTANT
SERPENTEAU
SERPENTINE
SERPOUKHOV
SERRE-FILES

SERRE-JOINT
SERRURERIE
SERTISSAGE
SERTISSANT
SERTISSEUR
SERTISSURE
SERVANDONI
SERVOFREIN
SERVRANCKX
SESTRIÈRES
SÉVÈREMENT
SEVRANAISE
SEXAGÉSIME
SEX-APPEALS
SEXPARTITE
SEX PISTOLS
SEX-SYMBOLS
SEXTILLION
SEXTUPLANT
SEXTUPLÉES
SEXUALISÉE
SEXUALISER
SEYCHELLES
SEYSSELANE
SÉZANNAISE
SGANARELLE
SHACKLETON
SHAKUNTALA
SHAKYAMUNI
SHAMPOOING
SHAMPOUINÉ
SHAWINIGAN
SHERBROOKE
SHINTOÏSME
SHINTOÏSTE
SHOGOUNALE
SHOGOUNAUX
SHORT-TRACK
SHOWA TENNO
SHREVEPORT
SHREWSBURY
SIALAGOGUE
SIALORRHÉE
SIBÉRIENNE
SIBÉRIENNE
SICILIENNE
SICILIENNE
SIDÉRATION
SIDÉROLITE
SIDÉROSTAT
SIDÉRURGIE
SIDI-BRAHIM
SIERPINSKI
SIFFLEMENT
SIFFLOTANT
SIGEANAISE
SIGILLAIRE

SIGMOÏDITE
SIGNALISÉE
SIGNALISER
SIGNATAIRE
SIGNIFIANT
SIGNORELLI
SIKELIANÓS
SILENCIEUX
SILENTBLOC
SILÉSIENNE
SILÉSIENNE
SILHOUETTE
SILHOUETTE
SILHOUETTÉ
SILICICOLE
SILLEROISE
SILLONNANT
SILURIENNE
SIMFEROPOL
SIMILARITÉ
SIMILICUIR
SIMILISAGE
SIMILISANT
SIMILITUDE
SIMONIAQUE
SIMON STOCK
SIMONSTOWN
SIMPLEMENT
SIMPLICITÉ
SIMPLIFIÉE
SIMPLIFIER
SIMULATEUR
SIMULATION
SIMULTANÉE
SINE QUA NON
SINGALETTE
SINGULIÈRE
SINISATION
SINISTROSE
SIN-LE-NOBLE
SINTÉRISÉE
SINTÉRISER
SINT-GILLIS
SINUSIENNE
SINUSOÏDAL
SIPHONNANT
SISMOLOGIE
SISMOLOGUE
SISSONNAIS
SISTER-SHIP
SITOSTÉROL
SIXTE QUINT
SIYAD BARRE
SKANDERBEG
SKATEBOARD
SKELLEFTEA
SKIASCOPIE

SKY-SURFING
SLALOMEUSE
SLAUERHOFF
SLAVISANTE
SLAVOPHILE
SLOCHTEREN
SMARAGDITE
SNAKE RIVER
SNOBINARDE
SOAP OPERAS
SOCIALISÉE
SOCIALISER
SOCIALISME
SOCIALISTE
SOCIÉTAIRE
SOCINIENNE
SOCIODRAME
SOCIOLOGIE
SOCIOLOGUE
SOCRATIQUE
SÖDERTÄLJE
SODOMISANT
SOFT-DRINKS
SOGNEFJORD
SOKOLOVSKI
SOLDANELLE
SOLENNELLE
SOLENNISÉE
SOLENNISER
SOLÉNOÏDAL
SOLEUROISE
SOLIDARISÉ
SOLIDARITÉ
SOLIDEMENT
SOLIDIFIÉE
SOLIDIFIER
SOLILOQUER
SOLIPSISME
SOLLICITÉE
SOLLICITER
SOLSTICIAL
SOLUBILISÉ
SOLUBILITÉ
SOLUTIONNÉ
SOMALIENNE
SOMALIENNE
SOMATISANT
SOMMEILLER
SOMMELIÈRE
SOMMERFELD
SOMMIÉROIS
SOMNAMBULE
SOMNOLENCE
SOMNOLENTE
SOMOSIERRA
SOMPTUAIRE
SOMPTUEUSE

SONAGRAMME
SONAGRAPHE
SONDERBUND
SONÉGIENNE
SONGE-CREUX
SONNAILLER
SONORISANT
SONOTHÈQUE
SOPHONISBE
SOPRANISTE
SORBETIÈRE
SORBONNARD
SORLINGUES
SOSTRANIEN
SOTTEVILLE
SOUBRESAUT
SOUDAINETÉ
SOUDANAISE
SOUDANAISE
SOUFFLANTE
SOUFFLERIE
SOUFFLETÉE
SOUFFLETER
SOUFFLEUSE
SOUFFRANCE
SOUFFRANTE
SOUHAITANT
SOUILLARDE
SOUI-MANGAS
SOULAGEANT
SOULIGNAGE
SOULIGNANT
SOUL MUSICS
SOUMAROKOV
SOUMETTANT
SOUMISSION
SOUNDANAIS
SOUPÇONNÉE
SOUPÇONNER
SOUPLEMENT
SOURCILIER
SOURCILLER
SOURDEMENT
SOURDINGUE
SOURICEAUX
SOURICIÈRE
SOUS-ASSURÉ
SOUS-BARBES
SOUS-CAVAGE
SOUS-CLASSE
SOUS-COMITÉ
SOUS-COUCHE
SOUS-CUTANÉ
SOUS-DIACRE
SOUS-EMPLOI
SOUS-ÉQUIPÉ
SOUS-ESPACE

SOUS-ESPÈCE	SPÉCIALITÉ	STATOCYSTE
SOUS-ESTIMÉ	SPÉCIATION	STATUFIANT
SOUS-ÉVALUÉ	SPÉCIFIANT	STATUTAIRE
SOUS-EXPOSÉ	SPÉCIFIQUE	**STAUDINGER**
SOUS-FAÎTES	SPÉCIOSITÉ	STAUROTIDE
SOUS-FIFRES	SPECTATEUR	STÉATOPYGE
SOUS-GARDES	SPÉCULAIRE	STÉGOSAURE
SOUS-GROUPE	SPÉCULATIF	**STENAISIEN**
SOUS-HOMMES	SPERMACETI	STÉNOHALIN
SOUS-JACENT	SPERMATIDE	STÉNOTYPIE
SOUS-LE-VENT	SPERMICIDE	**STÉPHANAIS**
SOUS-LOUANT	SPHÉNOÏDAL	STÉPHANOIS
SOUS-LOUÉES	SPHÉRICITÉ	**STÉPHANOIS**
SOUS-MARINE	SPHÉROÏDAL	**STEPHENSON**
SOUS-MARINS	**SPIEGELMAN**	STERCORALE
SOUS-MARQUE	**SPILLIAERT**	STERCORAUX
SOUS-NAPPES	SPINOSAURE	STÉRÉOTYPE
SOUS-ŒUVRE	SPINOZISME	STÉRÉOTYPÉ
SOUS-ORDRES	SPINOZISTE	STÉRILISÉE
SOUS-PAYANT	SPIONCELLE	STÉRILISER
SOUS-PAYÉES	SPIRITISME	STÉROÏDIEN
SOUS-PEUPLÉ	SPIRITUEUX	STERTOREUX
SOUS-PRÉFET	SPIROCHÈTE	**STÉSICHORE**
SOUS-SATURÉ	SPIROÏDALE	STIGMATISÉ
SOUSSIGNÉE	SPIROÏDAUX	STIMULANTE
SOUS-SOLAGE	SPIROMÈTRE	STIPENDIÉE
SOUS-TASSES	SPOLIATEUR	STIPENDIER
SOUS-TENDRE	SPOLIATION	STIPULANTE
SOUS-TENDUE	SPONDYLITE	STOCKFISCH
SOUS-TENDUS	SPONGIAIRE	STOCK-OUTIL
SOUS-TITRÉE	SPONGIEUSE	STOCK-SHOTS
SOUS-TITRER	SPONSORING	STOÏCIENNE
SOUS-TITRES	SPONSORISÉ	STOMOCORDÉ
SOUS-TITRÉS	SPORADIQUE	**STONEHENGE**
SOUSTRAIRE	SPOROPHYTE	STORY-BOARD
SOUS-TRAITÉ	SPORTIVITÉ	**STRADIVARI**
SOUSTRAITE	SPORTSWEAR	STRAPONTIN
SOUS-VIRANT	SPRINTEUSE	**STRASBOURG**
SOUS-VIREUR	SPUMESCENT	STRATAGÈME
SOUTACHANT	SQUAMIFÈRE	STRATIFIÉE
SOUTENABLE	SRI LANKAIS	STRATIFIER
SOUTENANCE	**SRI LANKAIS**	**STRATONICE**
SOUTERRAIN	STABILISÉE	**STRAVINSKY**
SOUVENANCE	STABILISER	STRELITZIA
SOUVERAINE	STADHOUDER	**STRESEMANN**
SOVIÉTIQUE	STAGNATION	STRESSANTE
SOVIÉTISÉE	STALACTITE	STRETCHING
SOVIÉTISER	STALAGMITE	STRIDULANT
SPACE OPERA	**STALINABAD**	STRIDULEUX
SPALLATION	**STALINGRAD**	**STRINDBERG**
SPANIACIEN	STALINISME	STRIP-LINES
SPARNACIEN	STANNIFÈRE	STRIP-POKER
SPARNONIEN	STAPHYLIER	STRIP-TEASE
SPATIALISÉ	STAPHYLINE	**STROSMAJER**
SPATIALITÉ	STAR-SYSTEM	STRUCTURAL
SPEAKERINE	STATHOUDER	STRUCTURÉE
SPÉCIALISÉ	STATIONNER	STRUCTUREL

STRUCTURER	SUDORIFÈRE	SURAJOUTÉE
STRYCHNINE	SUDORIPARE	SURAJOUTER
STUPÉFAIRE	SUFFISANCE	SURARBITRE
STUPÉFAITE	SUFFISANTE	SURBAISSÉE
STUPÉFIANT	SUFFOCANTE	SURBAISSER
STUPOREUSE	SUFFOQUANT	SURCHARGÉE
SUBALTERNE	SUFFRAGANT	SURCHARGER
SUBCARENCE	SUGGESTION	SURCHAUFFE
SUBDÉLÉGUÉ	SUGGESTIVE	SURCHAUFFÉ
SUBDIVISÉE	**SUHRAWARDI**	SURCHEMISE
SUBDIVISER	SUICIDAIRE	SURCLASSÉE
SUBDUCTION	SUICIDANTE	SURCLASSER
SUBINTRANT	SUI GENERIS	SURCOMPOSÉ
SUBITEMENT	SUINTEMENT	SURCONTRÉE
SUBJACENTE	SULCIFORME	SURCONTRER
SUBJECTILE	SULFATEUSE	SURCOUPANT
SUBJECTIVE	SULFUREUSE	SURÉLEVANT
SUBJONCTIF	SULFURIQUE	SURÉMINENT
SUBJUGUANT	SULFURISÉE	SURENCHÈRE
SUBLIMINAL	SUMÉRIENNE	SURENCHÉRI
SUBLINGUAL	**SUNDERLAND**	SURÉQUIPÉE
SUBLUNAIRE	SUPERACIDE	SURÉQUIPER
SUBMERSION	**SUPERBESSE**	**SURESNOISE**
SUBODORANT	SUPERFICIE	SURESTARIE
SUBORBITAL	SUPERFORME	SURESTIMÉE
SUBORDONNÉ	SUPER-GÉANT	SURESTIMER
SUBORNEUSE	SUPERGRAND	SURÉVALUÉE
SUBREPTICE	SUPÉRIEURE	SURÉVALUER
SUBROGATIF	SUPERLATIF	SUREXCITÉE
SUBROGEANT	SUPER-LÉGER	SUREXCITER
SUBSÉQUENT	SUPER-LOURD	SUREXPOSÉE
SUBSIDENCE	SUPERNOVAE	SUREXPOSER
SUBSIDIANT	SUPERORDRE	SURFACEUSE
SUBSISTANT	SUPEROXYDE	SURFACIQUE
SUBSONIQUE	SUPERPOSÉE	SURFAISANT
SUBSTANTIF	SUPERPOSER	SURGISSANT
SUBSTITUÉE	SUPERVISÉE	SURHAUSSÉE
SUBSTITUER	SUPERVISER	SURHAUSSER
SUBSTRATUM	SUPINATEUR	SURHUMAINE
SUBTERFUGE	SUPINATION	SURIMPOSÉE
SUBTILISÉE	SUPPLANTÉE	SURIMPOSER
SUBTILISER	SUPPLANTER	**SURINAMAIS**
SUBURBAINE	SUPPLÉANCE	**SURINAMIEN**
SUBVENTION	SUPPLÉANTE	SURINFORMÉ
SUBVERSION	SUPPLÉMENT	SURJECTION
SUBVERSIVE	SUPPLÉTIVE	SURJECTIVE
SUCCESSEUR	SUPPLIANTE	SUR-LE-CHAMP
SUCCESSION	SUPPLICIÉE	SURLIGNANT
SUCCESSIVE	SUPPLICIER	SURLIGNEUR
SUCCINIQUE	SUPPORTANT	SURMONTANT
SUCCOMBANT	SUPPORTEUR	SURMONTOIR
SUCCULENCE	SUPPOSABLE	SURMOULAGE
SUCCULENTE	SUPPRIMANT	SURMOULANT
SUCCURSALE	SUPPURANTE	SURNAGEANT
SUCY-EN-BRIE	SUPRÉMATIE	SURNATUREL
SUD-CORÉENS	SURABONDER	SURNOMMANT
SUD-CORÉENS	SURACTIVÉE	SUROXYDANT

SUROXYGÉNÉ	SYMBOLISME	TAMPONNOIR
SURPASSANT	SYMBOLISTE	**TANANARIVE**
SURPEUPLÉE	SYMÉTRIQUE	**TANEZROUFT**
SURPIQUANT	SYMPATHISÉ	**TANGANYIKA**
SURPLOMBÉE	SYMPHORINE	**TANGE KENZO**
SURPLOMBER	SYNAPTIQUE	TANGENTIEL
SURPRENANT	SYNCHRONIE	**TANNENBERG**
SURPRENDRE	SYNCINÉSIE	**TANNHÄUSER**
SURPRODUIT	SYNCLINALE	TAPE-À-L'ŒIL
SURPROTÉGÉ	SYNCLINAUX	TAPISSERIE
SURRECTION	SYNCYTIALE	TAPISSIÈRE
SURSALAIRE	SYNCYTIAUX	TAPOTEMENT
SURSATURÉE	SYNDIQUANT	TAQUINERIE
SURSATURER	SYNECDOQUE	TARABISCOT
SURSAUTANT	SYNERGIQUE	TARABUSTÉE
SURSITAIRE	SYNERGISTE	TARABUSTER
SURTENSION	SYNOPTIQUE	**TARARIENNE**
SURTITRAGE	SYNTAXIQUE	TARAUDEUSE
SURTITRANT	SYNTHÉTASE	TARDIGRADE
SURVEILLÉE	SYNTHÉTISÉ	TARENTAISE
SURVEILLER	SYSTÉMIQUE	**TARENTAISE**
SURVENDANT	SYSTOLIQUE	TARENTELLE
SURVIREUSE	**SZIGLIGETI**	**TÂRGOVISTE**
SURVITESSE	**SZYMBORSKA**	**TÂRGU MURES**
SURVITRAGE	TABELLAIRE	TARISSABLE
SURVIVANCE	TABERNACLE	TARMACADAM
SURVIVANTE	TABLEAUTIN	**TARNOBRZEG**
SURVOLTAGE	TABLETIÈRE	**TAROUDANNT**
SURVOLTANT	TABULATEUR	**TARPÉIENNE**
SURVOLTÉES	TABULATION	TARTELETTE
SURVOLTEUR	TACHYMÈTRE	TARTEMPION
SUS-DÉNOMMÉ	TACITEMENT	TARTISSANT
SUS-JACENTE	**TADJ MAHALL**	TARTUFERIE
SUS-JACENTS	TAHITIENNE	**TASCHEREAU**
SUSPECTANT	**TAHITIENNE**	TATILLONNE
SUSPENDANT	TAILLADANT	TÂTONNANTE
SUSPENSEUR	TAILLE-HAIE	TAUPINIÈRE
SUSPENSION	TAÏKONAUTE	TAUTOLOGIE
SUSPENSIVE	TAÏWANAISE	TAUTOMÉRIE
SUSPENSOIR	**TAÏWANAISE**	TAVERNIÈRE
SUSPICIEUX	**TAKLA-MAKAN**	TAXIDERMIE
SUSTENTANT	**TAKLIMAKAN**	TAYLORISÉE
SUS-TONIQUE	**TALCAHUANO**	TAYLORISER
SUSURRANTE	TALENTUEUX	TAYLORISME
SUTHERLAND	**TALLEYRAND**	TCHADIENNE
SVERDLOVSK	TALMUDIQUE	**TCHADIENNE**
SWAMMERDAM	TALMUDISTE	TCHARDJOOU
SWEAT-SHIRT	TALONNETTE	TCHATCHANT
SWEDENBORG	TALONNIÈRE	TCHATCHEUR
SYCOPHANTE	TAMARINIER	**TCHEBYCHEV**
SYKES-PICOT	TAMBOUILLE	**TCHERENKOV**
SYLLABAIRE	TAMBOURINÉ	**TCHERKASSY**
SYLLABIQUE	**TAMMERFORS**	**TCHERKESSE**
SYLLOGISME	TAMPONNADE	**TCHERKESSK**
SYMBOLIQUE	TAMPONNAGE	**TCHERNENKO**
SYMBOLISÉE	TAMPONNANT	**TCHERNIGOV**
SYMBOLISER	TAMPONNEUR	**TCHERNIHIV**

TCHERNOBYL	TEMPÉRANTE	TÉTRARCHIE
TCHERNOZEM	TEMPÉTUEUX	TÉTRAS-LYRE
TCHÉTCHÈNE	TEMPORAIRE	TÉTRASTYLE
TCHÉTCHÈNE	TEMPORELLE	TEUFS-TEUFS
TCHIATOURA	TEMPORISER	TEUTONIQUE
TCHIN-TCHIN	TENACEMENT	**TEUTONIQUE**
TCHIRTCHIK	TENAILLANT	**TEWKESBURY**
TCHOUKTCHE	TENANCIÈRE	**TEYJATOISE**
TCHOUVACHE	**TENASSERIM**	THALAMIQUE
TECHNÉTIUM	TENDANCIEL	**THAONNAISE**
TECHNICIEN	TENDINEUSE	THÉÂTREUSE
TECHNICISÉ	TENDREMENT	THÉMATIQUE
TECHNICITÉ	TÉNÉBREUSE	THÉOCRATIE
TECHNOPOLE	TENNISMANS	**THÉODEBALD**
TECHNOPÔLE	TENONNEUSE	THÉODOLITE
TECTONIQUE	TÉNORISANT	THÉOLOGALE
TECTOSAGES	TENTATRICE	THÉOLOGAUX
TEDDY-BEARS	TEPIDARIUM	THÉOLOGIEN
TEGETTHOFF	TÉRATOGÈNE	THÉOPHANIE
TÉHÉRANAIS	TÉRÉBINTHE	THÉORICIEN
TEINTURIER	TÉRÉBRANTE	THÉORISANT
TEISSERENC	**TERECHKOVA**	THÉOSOPHIE
TEKAKWITHA	**TÉRÉSIENNE**	THÉRAPEUTE
TÉLÉACTEUR	TERGIVERSÉ	THERMALITÉ
TÉLÉALARME	TERMITIÈRE	THERMICIEN
TÉLÉCABINE	TERNISSANT	THERMICITÉ
TÉLÉCHARGÉ	TERNISSURE	THERMOGÈNE
TÉLÉCINÉMA	TERPÉNIQUE	THERMOLYSE
TÉLÉCOPIER	TERPÉNOÏDE	THERMOSTAT
TÉLÉGRAMME	TERRASSANT	THÉROPSIDÉ
TÉLÉGRAPHE	TERRASSIER	THÉSAURISÉ
TÉLÉGUIDÉE	TERREAUTÉE	THESSALIEN
TÉLÉGUIDER	TERREAUTER	**THESSALIEN**
TÉLÉMESURE	**TERREBONNE**	THIERNOISE
TÉLÉMÉTRIE	TERRE DE FEU	**THILLOTINE**
TÉLÉOLOGIE	TERRE-NEUVE	**THIMONNIER**
TÉLÉONOMIE	**TERRE-NEUVE**	**THIONVILLE**
TÉLÉOSTÉEN	TERRE-PLEIN	**THOMAS MORE**
TÉLÉPATHIE	TERRIFIANT	**THONONAISE**
TÉLÉPHONÉE	TERRITOIRE	THORACIQUE
TÉLÉPHONER	TERRORISÉE	**THOUARSAIS**
TÉLÉPHONIE	TERRORISER	**THOUTMOSIS**
TÉLÉPORTÉE	TERRORISME	**THRASYBULE**
TÉLÉPORTER	TERRORISTE	**THUNDER BAY**
TÉLESCOPÉE	**TERTULLIEN**	**THURGOVIEN**
TÉLESCOPER	**TESSINOISE**	THYROÏDIEN
TÉLÉVÉRITÉ	TESTACELLE	THYROÏDITE
TÉLÉVISANT	TESTATRICE	THYSANOURE
TÉLÉVISEUR	TEST-MATCHS	**TIAHUANACO**
TÉLÉVISION	TÉTANISANT	TICHODROME
TÉLÉVISUEL	TÊTE-À-QUEUE	TIÉDISSANT
TELL AL-HIBA	TÊTE-DE-CLOU	TIERS-MONDE
TELL HARIRI	TÊTE-DE-LOUP	TIERS-POINT
TELLURIQUE	TÉTRACORDE	TILLANDSIA
TÉMOIGNAGE	TÉTRALOGIE	TIMIDEMENT
TÉMOIGNANT	TÉTRAMÈTRE	**TIMMERMANS**
TEMPÉRANCE	TÉTRAPTÈRE	**TIMOCHENKO**

TIMOURIDES	TORTICOLIS	TRADUCTION
TINCHEBRAY	TORTILLAGE	TRADUISANT
TINCTORIAL	TORTILLANT	TRAFICOTÉE
TINTAMARRE	TORTILLARD	TRAFICOTER
TINTOUINER	TORTILLÈRE	TRAFIQUANT
TIRAILLANT	TORTURANTE	TRAHISSANT
TIRAILLEUR	TOTALEMENT	TRAÎNAILLÉ
TIRE-BONDES	TOTALISANT	TRAÎNASSER
TIRE-BOTTES	TOTALISEUR	TRAÎNEMENT
TIRE-BRAISE	TOTIPOTENT	TRAIN-TRAIN
TIRE-FESSES	**TOTONAQUES**	TRAITEMENT
TIRE-LIGNES	**TOUCOULEUR**	TRAÎTRESSE
TIRE-VEILLE	**TOUCYCOISE**	TRALUISANT
TIRE-VEINES	**TOULONNAIS**	TRAMONTANE
TISSANDIER	**TOULOUSAIN**	TRAMPOLINE
TISSERANDE	**TOUNGOUSES**	**TRANCHAISE**
TISSULAIRE	**TOUNGOUSKA**	TRANCHANTE
TISSU-PAGNE	TOUPILLANT	TRANCHEUSE
TITANESQUE	TOUPILLEUR	TRANQUILLE
TITULARISÉ	TOURAILLON	TRANSALPIN
TITULATURE	TOURANGEAU	TRANSANDIN
TLAPANÈQUE	**TOURANGEAU**	TRANSBORDÉ
TLATELOLCO	TOURBILLON	TRANSCENDÉ
TOCOPHÉROL	TOURMALINE	TRANSCODÉE
TOILETTAGE	TOURMENTÉE	TRANSCODER
TOILETTANT	TOURMENTER	TRANSCRIRE
TOJO HIDEKI	TOURMENTIN	TRANSCRITE
TOKOROZAWA	TOURNAILLÉ	TRANSFÉRÉE
TOMBEREAUX	**TOURNANAIS**	TRANSFÉRER
TOMBOUCTOU	**TOURNEFORT**	TRANSFILÉE
TOMENTEUSE	TOURNEMAIN	TRANSFILER
TONGUIENNE	**TOURNEMINE**	TRANSFORMÉ
TONIFIANTE	**TOURNEMIRE**	TRANSFUSÉE
TONITRUANT	TOURNE-VENT	TRANSFUSER
TONKINOISE	TOURNICOTÉ	TRANSHUMÉE
TONNERROIS	TOURNIQUER	TRANSHUMER
TONOMÉTRIE	TOURNIQUET	TRANSILIEN
TOP-MODÈLES	**TOURNONAIS**	TRANSISTOR
TOP NIVEAUX	TOURNOYANT	TRANSITANT
TOPOGRAPHE	**TOURNUSIEN**	TRANSITION
TOPO-GUIDES	TOURTEREAU	TRANSITIVE
TOPOMÉTRIE	**TOUSSAINES**	TRANSLATIF
TORCHONNÉE	TOUSSOTANT	TRANSMIGRÉ
TORCHONNER	TOUTE-ÉPICE	TRANSMUANT
TORD-BOYAUX	TOUT-PETITS	TRANSMUTÉE
TOREUTIQUE	TOUT-VENANT	TRANSMUTER
TORONNEUSE	**TOWNSVILLE**	TRANSPERCÉ
TORONTAISE	TOXICOMANE	TRANSPIRER
TORPILLAGE	TOXIDERMIE	TRANSPLANT
TORPILLANT	TOXOPLASME	TRANSPORTÉ
TORPILLEUR	TRABOULANT	TRANSPOSÉE
TORQUEMADA	TRACASSANT	TRANSPOSER
TORRAILLER	TRACASSIER	TRANSPOSON
TORRÉFIANT	TRACHÉENNE	TRANSSUDAT
TORRENTIEL	TRACTATION	TRANSVASÉE
TORRICELLI	TRADE-UNION	TRANSVASER
TORRINGTON	TRADUCTEUR	TRANSVERSE

TRANSVIDÉE	TRICHROMIE	TRONÇONNER
TRANSVIDER	TRICLINIUM	TROPOPAUSE
TRAPÉZISTE	TRICOTERIE	TROP-PERÇUS
TRAPÉZOÏDE	TRICOTEUSE	TROP-PLEINS
TRAPPILLON	TRICUSPIDE	TROTSKISME
TRAQUENARD	TRIDACTYLE	TROTSKISTE
TRAUMATISÉ	**TRIELLOISE**	TROTTE-MENU
TRAVAILLÉE	TRIÉRARQUE	TROTTINANT
TRAVAILLER	**TRIFLUVIEN**	TROUBADOUR
TRAVANCORE	TRIFOLIOLÉ	TROUBLANTE
TRAVELLING	TRIFOUILLÉ	TROUBLEAUX
TRAVERSANT	TRIGONELLE	TROUILLARD
TRAVERSIER	TRIJUMEAUX	TROU-MADAME
TRAVERSINE	TRILATÉRAL	TROUSSEAUX
TRÉBEURDEN	TRIMARDANT	TROUVAILLE
TRÉBIZONDE	TRIMARDEUR	TRUANDERIE
TRÉBUCHANT	TRIMBALAGE	TRUCHEMENT
TRÉFILERIE	TRIMBALANT	TRUCULENCE
TRÉFILEUSE	TRIMBALLÉE	TRUCULENTE
TRÉFONCIER	TRIMBALLER	TRUSQUINÉE
TRÉGOROISE	**TRINITAINE**	TRUSQUINER
TRÉGORROIS	TRINITAIRE	TSARÉVITCH
TREILLAGÉE	**TRINITAIRE**	**TSARITSYNE**
TREILLAGER	TRINITRINE	**TSKHINVALI**
TREILLISSÉ	TRINQUETTE	**TSVETAÏEVA**
TRÉLONAISE	TRINQUEUSE	TUBÉROSITÉ
TREMBLANTE	TRIOMPHALE	TUE-MOUCHES
TREMBLEUSE	TRIOMPHANT	TUMESCENCE
TREMBLOTER	TRIOMPHAUX	TUMESCENTE
TRÉMOUSSÉE	TRIPARTITE	TUMULTUEUX
TRÉMOUSSER	TRIPLEMENT	TUNGSTIQUE
TRÉMULANTE	TRIPLICATA	TUNISIENNE
TRENCH-COAT	TRIPLOÏDIE	**TUNISIENNE**
TRÉPASSANT	TRIPORTEUR	**TÚPAC AMARU**
TRÉPIDANTE	TRIPOTEUSE	TUPINAMBIS
TRÉPIGNANT	TRISAÏEULE	TURBOPOMPE
TRÉSORERIE	TRISANNUEL	TURBOTIÈRE
TRÉSORIÈRE	TRISECTEUR	TURBOTRAIN
TRESSAILLI	TRISECTION	TURBULENCE
TRESSAUTER	TRISOMIQUE	TURBULENTE
TREUILLAGE	TRISTEMENT	TURCOPHONE
TREUILLANT	TRISTOUNET	TURGESCENT
TREVITHICK	TRISYLLABE	TURLUPINÉE
TRÉVOLTIEN	TRIUMVIRAT	TURLUPINER
TRIANGULÉE	TRIVALENTE	TURLUTAINE
TRIANGULER	**TRIVANDRUM**	TURRITELLE
TRIATHLÈTE	TRIVIALITÉ	TUTOIEMENT
TRIBALISME	TROCHANTER	TUYAUTERIE
TRIBALLANT	TROCHILIDÉ	**TUYÊN QUANG**
TRIBOLOGIE	TROGLODYTE	**TWICKENHAM**
TRIBORDAIS	TROIS-PONTS	TYMPANIQUE
TRIBUTAIRE	TROLLEYBUS	TYMPANISME
TRICENNALE	TROMBIDION	TYPOGRAPHE
TRICENNAUX	TROMPETANT	TYPTOLOGIE
TRICÉPHALE	TRONCATION	TYRANNEAUX
TRICHINOSE	TRONCATURE	TYRANNIQUE
TRICHOLOME	TRONÇONNÉE	TYRANNISÉE

TYRANNISER	VALAISANNE	VARIOLEUSE
TYROLIENNE	**VALAISANNE**	VARIOLIQUE
TYROLIENNE	**VAL-DE-GRÂCE**	VARIOMÈTRE
TYROSINASE	**VAL DE LOIRE**	VARIQUEUSE
TZARÉVITCH	**VAL-DE-MARNE**	VARISTANCE
UBERLÂNDIA	**VAL-DE-REUIL**	**VARSOVIENS**
UITLANDERS	**VALDÉS LEAL**	**VASALOPPET**
ULCÉRATION	VALDINGUER	VASCULAIRE
ULHASNAGAR	**VALDOISIEN**	VASECTOMIE
ULISSIENNE	VALDÔTAINE	VASOMOTEUR
ULTÉRIEURE	**VALDÔTAINE**	VASOUILLER
ULTRALÉGER	VALETAILLE	VASSALIQUE
UNANIMISME	VALEUREUSE	VASSALISÉE
UNANIMISTE	VALIDATION	VASSALISER
UNGERSHEIM	VALIDEMENT	VASSIVEAUX
UNIÈMEMENT	**VALLADOLID**	**VASSIVIÈRE**
UNIFILAIRE	**VALLAURIEN**	VATICINANT
UNIFORMISÉ	**VALLEDUPAR**	VAUCLUSIEN
UNIFORMITÉ	**VALLEROISE**	**VAUCLUSIEN**
UNIGENITUS	VALLETAISE	VAUDEVILLE
UNILATÉRAL	**VALLONNAIS**	**VEGA CARPIO**
UNINOMINAL	**VALLORBIER**	VÉGÉTALIEN
UNIPOLAIRE	**VALLORCINE**	VÉGÉTALISÉ
UNIQUEMENT	**VALNIGRINE**	VÉGÉTARIEN
UNIVALENTE	**VALOGNAISE**	VÉGÉTATION
UNIVERSAUX	VALORISANT	VÉGÉTATIVE
UNIVERSITÉ	**VALPARAÍSO**	VÉHICULANT
URABI PACHA	**VAL-THORENS**	VÉHICULEUR
URANOSCOPE	VALVULAIRE	**VÉLIZIENNE**
URBANISANT	VAMPIRISÉE	VÉLOCIPÈDE
URBI ET ORBI	VAMPIRISER	VÉLOMOTEUR
URGENTISTE	VAMPIRISME	VELOUTEUSE
URO-GÉNITAL	VANADINITE	VENDANGEUR
UROGRAPHIE	**VAN BENEDEN**	**VENDÔMOISE**
UROPYGIALE	VANDALISÉE	VÉNÉRATION
UROPYGIAUX	VANDALISER	VÉNÉRIENNE
URTICATION	VANDALISME	VENGERESSE
USSELLOISE	VANDENBERG	**VÉNISSIANE**
USURPATEUR	**VAN DE POELE**	**VÉNISSIEUX**
USURPATION	**VAN DER GOES**	VÉNITIENNE
UTILISABLE	**VAN DER MEER**	**VÉNITIENNE**
UTILITAIRE	**VAN DE VELDE**	VENTILEUSE
UTRAQUISTE	**VANDŒUVRE**	VENTRICULE
UTSUNOMIYA	**VAN HELMONT**	VÉNUSIENNE
UXORILOCAL	**VANIÉROISE**	**VÉNUSIENNE**
VACANCIÈRE	VANITY-CASE	VERBALISÉE
VACCINABLE	**VANNETAISE**	VERBALISER
VACILLANTE	VANTARDISE	VERBALISME
VACUOLAIRE	**VANUATUANE**	VERBÉNACÉE
VADROUILLE	**VAN ZEELAND**	VERBIAGEUX
VADROUILLÉ	VAPORISAGE	**VERBRUGGEN**
VAGABONDER	VAPORISANT	VERDELETTE
VAGISSANTE	VARAPPEUSE	VERDISSAGE
VAGUELETTE	**VARDHAMANA**	VERDISSANT
VAISONNAIS	VARENNOISE	VERDOYANTE
VAISSELIER	VARICOCÈLE	**VERDUNOISE**
VAKHTANGOV	**VARILHOISE**	VERGERETTE

VERGLAÇANT	VICINALITÉ	VIRTUOSITÉ
VÉRIDICITÉ	**VIC-LE-COMTE**	VISIBILITÉ
VÉRIFIABLE	VICOMTESSE	VISIONIQUE
VÉRIFIEUSE	**VICOMTOISE**	VISIONNAGE
VERMANDOIS	**VIC-SUR-CÈRE**	VISIONNANT
VERMICELLE	VICTIMISÉE	VISIOPHONE
VERMICULÉE	VICTIMISER	VISITATION
VERMIFORME	VICTORIEUX	VISONNIÈRE
VERMILLANT	VIDANGEANT	VISUALISÉE
VERMINEUSE	VIDÉO-CLIPS	VISUALISER
VERMISSEAU	VIDE-POCHES	VITRIFIANT
VERMOULANT	VIDE-POMMES	VITRIOLAGE
VERMOULURE	VIEILLARDE	VITRIOLANT
VERNIOLANE	VIEILLERIE	VITRIOLEUR
VERNISSAGE	VIEILLESSE	**VITROLLAIS**
VERNISSANT	VIEILLOTTE	**VITTELLOIS**
VERNISSEUR	VIETNAMIEN	VITUPÉRANT
VERNONNAIS	**VIETNAMIEN**	VIVANDIÈRE
VERRAZZANO	**VIEUX-CONDÉ**	VIVE-LA-JOIE
VERROCCHIO	VIEUX-LILLE	VIVIFIANTE
VERROTERIE	VIGNERONNE	VIVIPARITÉ
VERRUQUEUX	**VIGNEUSIEN**	**VIVONNOISE**
VERSAILLES	VIGOUREUSE	**VIZILLOISE**
VERSIFIANT	**VIHIERSOIS**	**VLISSINGEN**
VERT-DE-GRIS	**VIJAYAVADA**	VOCALEMENT
VERTÉBRALE	VILIPENDÉE	VOCALISANT
VERTÉBRAUX	VILIPENDER	VOCIFÉRANT
VERTICILLE	VILLAGEOIS	**VOIRONNAIS**
VERTICILLÉ	**VILLA-LOBOS**	VOITURE-BAR
VERTUGADIN	VILLANELLE	VOITURE-LIT
VERVINOISE	**VILLARDIEN**	VOITURETTE
VÉSICATION	**VILLARDOIS**	VOLAILLÈRE
VÉSICULEUX	**VILLENAUXE**	VOLAILLEUR
VÉSIGONDIN	**VILLENEUVE**	VOLATILISÉ
VESPÉRISER	**VILLEPINTE**	VOLATILITÉ
VESTERÅLEN	**VILLEQUIER**	VOLCANIQUE
VÉSULIENNE	**VILLERIÈRE**	VOLCANISME
VÉTILLARDE	**VIMOUTIERS**	**VÖLKLINGEN**
VÉTILLERIE	**VIÑA DEL MAR**	**VOLKSWAGEN**
VÉTILLEUSE	VINAIGRANT	VOLLEY-BALL
VÉZELIENNE	VINAIGRIER	VOLLEYEUSE
VIABILISÉE	**VINCENNOIS**	VOLONTAIRE
VIABILISER	VINDICATIF	VOLONTIERS
VIA FERRATA	**VINOGRADOV**	VOLTAIRIEN
VIBRAPHONE	**VINOLIENNE**	VOLTAMÈTRE
VIBRATOIRE	**VINTIMILLE**	VOLTAMPÈRE
VIBRAYSIEN	VIOLATRICE	VOLTIGEANT
VIBRIONNER	VIOLEMMENT	VOLUBILITÉ
VICARIANTE	VIOLENTANT	VOLUMÉTRIE
VICE-AMIRAL	VIOLONISTE	VOLUMINEUX
VICE-CONSUL	VIRESCENCE	VOLUPTUEUX
VICÉSIMALE	VIREVOLTER	**VOLVICOISE**
VICÉSIMAUX	VIRILEMENT	**VON SUTTNER**
VICHYSSOIS	VIRILISANT	VORACEMENT
VICHYSSOIS	VIRILOCALE	**VORARLBERG**
VICIATRICE	VIRILOCAUX	**VOROCHILOV**
	VIRTUALITÉ	**VÖRÖSMARTY**

VORTICELLE
VOUSSOYANT
VOUVRILLON
VOUZINOISE
VOYAGEMENT
VOYEURISME
VULCANISÉE
VULCANISER
VULGARISÉE
VULGARISER
VULGIVAGUE
VULNÉRABLE
VULNÉRAIRE
VULNÉRANTE
WADDINGTON
WAGONNETTE
WAGON-POSTE
WAGONS-LITS
WAHHABISME
WALLINGANT
WALLONISME
WALL STREET
WARCOLLIER
WARNEMÜNDE
WARRANTANT
WARRINGTON
WASHINGTON
WASSELONNE
WASSERMANN
WASSEYENNE
WATERINGUE
WATER-POLOS
WATERPROOF
WATSON-WATT
WATTASIDES
WATTIGNIES
WAZIRISTAN
WEIZSÄCKER
WELLINGTON
WERTHEIMER
WESSELMANN
WESTERWALD

WESTPHALIE
WETTERHORN
WHEATSTONE
WHITEHORSE
WIENERWALD
WILHELMINE
WILLEBROEK
WILLEMSTAD
WILLIAMINE
WILLIBRORD
WILLOUGHBY
WILMINGTON
WINCHESTER
WINCHESTER
WINTERTHUR
WITKIEWICZ
WITTENBERG
WITTENHEIM
WOLLONGONG
WORDSWORTH
WORLD MUSIC
WURTEMBERG
WUUSTWEZEL
WYSPIANSKI
XÉNOGREFFE
XÉNOPHILIE
XÉNOPHOBIE
XÉRANTHÈME
XÉRODERMIE
XIPHOÏDIEN
XIPHOPHORE
XIXABANGMA
YACHT-CLUBS
YACHTSMANS
YAOURTIÈRE
YASAR KEMAL
YATSUSHIRO
YAZILIKAYA
YERVILLAIS
YLANG-YLANG
YOM KIPPOUR
YOUGOSLAVE
YOUGOSLAVE

YOUSSOUFIA
YPONOMEUTE
YSSINGEAUX
YUAN SHIKAÏ
YVELINOISE
YVETOTAISE
YVOISIENNE
YZEURIENNE
ZAFFARINES
ZAGRÉBOISE
ZAPORIJJIA
ZAPOROGUES
ZAPOTÈQUES
ZÉLANDAISE
ZÉNON D'ÉLÉE
ZÉZAIEMENT
ZHANG YIMOU
ZHAO MENGFU
ZHAO ZIYANG
ZIDOVUDINE
ZIGOUILLÉE
ZIGOUILLER
ZIGUINCHOR
ZIGZAGUANT
ZIMBABWÉEN
ZIMBABWÉEN
ZIMMERMANN
ZINZENDORF
ZOANTHAIRE
ZOETERMEER
ZOLLVEREIN
ZOOLOGIQUE
ZOOLOGISTE
ZOOTECHNIE
ZOZOTEMENT
ZURBRIGGEN
ZURICHOISE
ZURICHOISE
ZYGOMORPHE
ZYGOMYCÈTE
ZYGOPÉTALE

ABAISSEMENT
ABANDONNANT
ABBEVILLOIS
ABD AL-RAHMAN
ABDICATAIRE
ABDUL RAHMAN
ABÊTISSANTE

ABIDJANAISE
ABJECTEMENT
ABOMINATION
ABONDAMMENT
ABONNISSANT
ABOUCHEMENT
ABOUTISSANT

ABRACADABRA
ABRASIMÈTRE
ABRAYSIENNE
ABREUVEMENT
ABRÉVIATION
ABRÉVIATIVE
ABROGATOIRE
ABRUPTEMENT
ABRUTISSANT
ABSENTÉISME
ABSENTÉISTE
ABSOLUTISME
ABSOLUTISTE
ABSOLUTOIRE
ABSTRACTION
ABSURDEMENT
ABUSIVEMENT
ACADÉMICIEN
ACADIANISME
ACCABLEMENT
ACCAPARANTE
ACCAPAREUSE
ACCASTILLÉE
ACCASTILLER
ACCELERANDO
ACCENTUELLE
ACCEPTATION
ACCIDENTANT
ACCLAMATION
ACCLIMATANT
ACCOISEMENT
ACCOMMODANT
ACCOMPAGNÉE
ACCOMPAGNER
ACCORD-CADRE
ACCOUCHEUSE
ACCOUDEMENT
ACCOUTUMANT
ACCRÉDITANT
ACCRÉDITEUR
ACCRÉDITIVE
ACCRESCENTE
ACCROCHEUSE
ACCROISSANT
ACCUEILLANT
ACCUSATOIRE
ACCUSATRICE
ACÉTOBACTER
ACHALANDAGE
ACHALANDANT
ACHARNEMENT
ACHÉMÉNIDES
ACHEULÉENNE
ACHOPPEMENT
ACHROMATISÉ
ACIDE-ALCOOL
ACIDIFIABLE

ACIDIFIANTE
ACIDIMÉTRIE
ACIDOCÉTOSE
À CLOCHE-PIED
À CONTRE-POIL
ACOUSTICIEN
ACQUIESÇANT
ACQUISITION
ACQUISITIVE
ACQUITTABLE
ACRIMONIEUX
ACROBATIQUE
ACROCYANOSE
ACROMÉGALIE
À CROUPETONS
ACTANCIELLE
ACTINOLOGIE
ACTIONNABLE
ACTIONNAIRE
ACTIONNISME
ACTIVATRICE
ACTUALISANT
ACTUARIELLE
ACUPONCTEUR
ACUPONCTURE
ACUPUNCTEUR
ACUPUNCTURE
ADAM LE BOSSU
ADAPTATRICE
ADDITIONNÉE
ADDITIONNEL
ADDITIONNER
ADÉNOGRAMME
ADÉNOPATHIE
ADIABATIQUE
ADIRONDACKS
ADJECTIVALE
ADJECTIVANT
ADJECTIVAUX
ADJECTIVISÉ
ADMINISTRÉE
ADMINISTRER
ADMIRATRICE
ADMONESTANT
ADOLESCENCE
ADOLESCENTE
ADOUCISSANT
ADOUCISSEUR
ADROITEMENT
ADULTÉRISME
ADVERSATIVE
ÆGAGROPILE
AÉROGASTRIE
AÉROLOGIQUE
AÉROPOSTALE
AÉROPOSTAUX
AÉROSONDAGE

AÉROSPATIAL
AÉROSTATION
AFFABLEMENT
AFFACTURAGE
AFFADISSANT
AFFAIREMENT
AFFAITEMENT
AFFECTATION
AFFECTIONNÉ
AFFECTIVITÉ
AFFECTUEUSE
AFFILIATION
AFFIRMATION
AFFIRMATIVE
AFFLIGEANTE
AFFOUAGEANT
AFFOUAGISTE
AFFOUILLANT
AFFOURCHANT
AFFRÈTEMENT
AFFRIANDANT
AFFRIOLANTE
AFFUBLEMENT
AFGHANISTAN
AFRICANISÉE
AFRICANISER
AFRICANISME
AFRICANISTE
AFRIKAANDER
AFRIKAANDER
AFRIKAKORPS
AFRO-CUBAINE
AFRO-CUBAINE
AFRO-CUBAINS
AFRO-CUBAINS
AGENOUILLÉE
AGENOUILLER
AGGLOMÉRANT
AGGLUTINANT
AGGLUTININE
AGGRAVATION
AGNUS-CASTUS
AGORAPHOBIE
À GRAND-PEINE
AGRÉMENTANT
AGRESSIVITÉ
AGRICULTEUR
AGRICULTURE
AGRIPPEMENT
AGRONOMIQUE
AGUARDIENTE
AHEURTEMENT
AHURISSANTE
AÏD-EL-SÉGHIR
AIDE-MÉMOIRE
AIGUE-MARINE
AIGUILLETÉE

AIGUILLETER	ALPHABÉTISÉ	AMPLIFIANTE
AIGUILLETTE	ALTERCATION	AMUÏSSEMENT
AIGUILLONNÉ	ALTERNATEUR	AMUSE-BOUCHE
AIGUISEMENT	ALTERNATIVE	AMUSE-GUEULE
AIMABLEMENT	**ALTKIRCHOIS**	AMYOTROPHIE
AIMANTATION	ALTOCUMULUS	ANABAPTISME
AIRVAUDAISE	ALTOSTRATUS	ANABAPTISTE
AIX-LES-BAINS	**AMANDINOISE**	ANABOLISANT
AJDUKIEWICZ	AMARANTACÉE	ANACYCLIQUE
AJOURNEMENT	AMATEURISME	ANAÉROBIOSE
ALAMBIQUAGE	AMAZONIENNE	ANALEPTIQUE
ALAMBIQUEUR	**AMAZONIENNE**	ANALGÉSIQUE
À LA REDRESSE	AMBASSADEUR	ANALPHABÈTE
À LA SAUVETTE	AMBIOPHONIE	ANALYTICITÉ
ALBANOPHONE	AMBITIONNÉE	ANAMORPHOSE
ALBENASSIEN	AMBITIONNER	ANAPHORIQUE
ALBERTVILLE	AMBIVALENCE	ANAPHYLAXIE
ALBUMINURIE	AMBIVALENTE	ANARCHISANT
ALBUQUERQUE	AMBLYOSCOPE	ANASTOMOSÉE
ALCALIFIANT	**AMBOISIENNE**	ANASTOMOSER
ALCALIMÈTRE	AMBROISIENNE	ANATOLIENNE
ALCALINISÉE	AMBULANCIER	**ANAXIMANDRE**
ALCALINISER	AMBULATOIRE	**ANCONITAINE**
ALCMÉONIDES	AMÉLIORABLE	**ANCY-LE-FRANC**
ALCOOLATURE	AMÉLIORANTE	ANDALOUSITE
ALCOOLISANT	AMÉNAGEABLE	**ANDRÉSIENNE**
ALCOOMÉTRIE	AMÉNAGEMENT	ANDROGENÈSE
ALCOYLATION	AMÉRICANISÉ	ANECDOTIÈRE
ALDÉHYDIQUE	**AMÉRINDIENS**	ANECDOTIQUE
ALDOSTÉRONE	AMERRISSAGE	ANÉLASTIQUE
ALEIJADINHO	AMERRISSANT	ANÉMOGRAPHE
ALENÇONNAIS	AMEUBLEMENT	ANÉMOPHILIE
ALEXANDRINE	AMICALEMENT	ANENCÉPHALE
ALEXANDRINE	AMIDONNERIE	ANÉPIGRAPHE
ALEXANDRITE	AMIDONNIÈRE	ANESTHÉSIÉE
ALEXITHYMIE	AMINCISSANT	ANESTHÉSIER
ALFORTVILLE	AMMONIACALE	ANÉVRISMALE
ALGOCULTURE	AMMONIACAUX	ANÉVRISMAUX
ALIMENTAIRE	**AMNÉVILLOIS**	ANÉVRYSMALE
ALIPHATIQUE	AMNIOSCOPIE	ANÉVRYSMAUX
ALISMATACÉE	AMNISTIABLE	ANGÉIOLOGIE
ALLAITEMENT	AMNISTIANTE	ANGIECTASIE
ALLAUDIENNE	AMODIATAIRE	ANGIOGENÈSE
ALLÈCHEMENT	AMODIATRICE	ANGIOMATOSE
ALLÉGORIQUE	AMOLLISSANT	ANGIOSPERME
ALLÈGREMENT	AMONTILLADO	ANGLICISANT
ALLERGISANT	AMORTISSANT	ANGLO-ARABES
ALLER-RETOUR	AMORTISSEUR	ANGLOPHILIE
ALLEVARDAIS	AMOUILLANTE	ANGLOPHOBIE
ALLIOT-MARIE	AMOURACHANT	ANGLO-SAXONS
ALLOCATAIRE	AMOUR-EN-CAGE	**ANGLO-SAXONS**
ALLOCUTAIRE	AMOUR-PROPRE	ANGOISSANTE
ALLONGEMENT	AMOVIBILITÉ	**ANGOUMOISIN**
ALLOTISSANT	AMPÉLIDACÉE	ANIMALISANT
ALMORAVIDES	AMPÈREMÈTRE	ANISOTROPIE
AL-MUTANABBI	AMPHÉTAMINE	ANKYLOSAURE
ALOXE-CORTON	AMPHIBOLITE	ANKYLOSTOME

ANNAMITIQUE	ANTISOCIAUX	APPROFONDIE
ANNE COMNÈNE	ANTISPORTIF	APPROFONDIR
ANNEMASSIEN	ANTISTROPHE	APPROPRIANT
ANNOTATRICE	ANTISUDORAL	APPROUVABLE
ANNUALISANT	ANTITUSSIVE	APRÈS-DEMAIN
ANOBLISSANT	**ANTOFAGASTA**	APRÈS-DÎNERS
ANODISATION	**ANTOMMARCHI**	APRÈS-GUERRE
ANONYMEMENT	**ANTONMARCHI**	APRÈS-RASAGE
ANOREXIGÈNE	**ANTSIRANANA**	APRÈS-SOLEIL
ANORGANIQUE	APERCEPTION	AQUACULTEUR
ANOVULATION	APERCEVANCE	AQUACULTURE
ANSÉRIFORME	APÉRIODIQUE	AQUAPLANAGE
ANTAGONIQUE	APICULTRICE	AQUAPLANING
ANTAGONISME	APITOIEMENT	**AQUATINTIEN**
ANTAGONISTE	APLANÉTIQUE	AQUICULTEUR
ANTARCTIQUE	APLANÉTISME	AQUICULTURE
ANTARCTIQUE	APLANISSANT	**ARABIE DU SUD**
ANTÉCÉDENCE	APLATISSANT	ARABISATION
ANTÉCÉDENTE	APLATISSEUR	ARACHNÉENNE
ANTÉRIORITÉ	APODICTIQUE	ARBALÉTRIER
ANTÉROGRADE	**APOLLINAIRE**	**ARBOISIENNE**
ANTÉVERSION	APOPHYSAIRE	ARBORESCENT
ANTHOZOAIRE	APOSTASIANT	ARBRE-DE-NOËL
ANTHRACNOSE	A POSTERIORI	**ARBRESLOISE**
ANTHROPIQUE	APOSTOLIQUE	ARBRISSEAUX
ANTHROPOÏDE	APOSTROPHÉE	ARC-DOUBLEAU
ANTIACARIEN	APOSTROPHER	**ARC-ET-SENANS**
ANTIADHÉSIF	APOTHICAIRE	ARCHAÏSANTE
ANTIBLOCAGE	APPALACHIEN	ARCHÉOLOGIE
ANTICABREUR	APPARATCHIK	ARCHÉOLOGUE
ANTICATHODE	APPAREILLÉE	ARCHÉTYPALE
ANTICHAMBRE	APPAREILLER	ARCHÉTYPAUX
ANTICHÔMAGE	APPAREMMENT	ARCHIDIACRE
ANTICLINALE	APPARENTANT	ARCHIMÉDIEN
ANTICLINAUX	APPARIEMENT	ARCHIPRÊTRE
ANTICYCLONE	APPARTEMENT	**ARCUEILLAIS**
ANTIDOULEUR	APPARTENANT	**ARCY-SUR-CURE**
ANTIGÉNIQUE	APPELLATION	**ARDRÉSIENNE**
ANTIGIVRANT	APPELLATIVE	ARELIGIEUSE
ANTIGONIDES	APPENDICITE	ARÉNISATION
ANTIMATIÈRE	APPÉTISSANT	ARÉOGRAPHIE
ANTIMISSILE	APPLICATEUR	**ARGENTACOIS**
ANTIMONIATE	APPLICATION	**ARGENTANAIS**
ANTIMONIURE	APPLIQUETTE	ARGENTIFÈRE
ANTINEUTRON	APPONTEMENT	ARGUMENTANT
ANTINOMIQUE	APPRÉCIABLE	ARISTOCRATE
ANTIOXYDANT	APPRÉCIATIF	ARISTOLOCHE
ANTIPANIQUE	APPRÉHENDÉE	**ARISTOPHANE**
ANTIPODISTE	APPRÉHENDER	**ARKHANGELSK**
ANTIPUTRIDE	APPRÉHENSIF	ARLEQUINADE
ANTIQUAILLE	APPRIVOISÉE	**ARMENTIÈRES**
ANTIQUISANT	APPRIVOISER	ARMORICAINE
ANTIRABIQUE	APPROBATEUR	**ARMORICAINE**
ANTIRACISME	APPROBATION	AROMATISANT
ANTIRACISTE	APPROBATIVE	**ARPAJONNAIS**
ANTIROUILLE	APPROCHABLE	ARQUEBUSADE
ANTISOCIALE	APPROCHANTE	ARQUEBUSIER

ARRACHE-CLOU
ARRACHEMENT
ARRACHE-PIED
ARRAISONNÉE
ARRAISONNER
ARRANGEABLE
ARRANGEANTE
ARRANGEMENT
ARRESTATION
ARRÊTE-BŒUF
ARRIÉRATION
ARRIÈRE-BANS
ARRIÈRE-BECS
ARRIÈRE-COUR
ARRIÈRE-FOND
ARRIÈRE-GOÛT
ARRIÈRE-MAIN
ARRIÈRE-PAYS
ARRIÈRE-PLAN
ARRIÈRE-PORT
ARRIÈRE-SENS
ARROGAMMENT
ARROMANCHES
ARTÉRITIQUE
ARTHRITIQUE
ARTHRITISME
ARTICULAIRE
ARTIFICIEUX
ARTISTEMENT
ART POÉTIQUE
ASCARIDIASE
ASCARIDIOSE
ASÉMANTIQUE
ASIE MINEURE
ASPERGILLUS
ASPHYXIANTE
ASPIRATOIRE
ASSAGISSANT
ASSAILLANTE
ASSAISONNÉE
ASSAISONNER
ASSARHADDON
ASSASSINANT
ASSÈCHEMENT
ASSEMBLEUSE
ASSENTIMENT
ASSERMENTÉE
ASSERMENTER
ASSIÉGEANTE
ASSIGNATION
ASSIMILABLE
ASSINIBOINE
ASSOCIATION
ASSOCIATIVE
ASSORTIMENT
ASTHMATIQUE
ASTREIGNANT

ASTRINGENCE
ASTRINGENTE
ASTROMÉTRIE
ASYMÉTRIQUE
ATÉLECTASIE
ATEMPORELLE
ATHÉMATIQUE
ATHÊNAGORAS
ATHÉTOSIQUE
ATHYMHORMIE
ATOME-GRAMME
ATOMISATION
ATOURNEMENT
ATRABILAIRE
ATTACHÉ-CASE
ATTACHEMENT
ATTENTIONNÉ
ATTÉNUATEUR
ATTÉNUATION
ATTESTATION
ATTITUDINAL
ATTRAPE-TOUT
ATTRIBUABLE
ATTRIBUTION
ATTRIBUTIVE
ATTRISTANTE
AUCHELLOISE
AU DEMEURANT
AUDENGEOISE
AU-DESSOUS DE
AUDIERNAISE
AUDIODISQUE
AUDIOGRAMME
AUDIOMÉTRIE
AUDIOVISUEL
AUDITIONNÉE
AUDITIONNER
AUDOMAROISE
AUDOMAROISE
AUGMENTATIF
AUGUSTINIEN
AUGUSTINOIS
AURICULAIRE
AURIGNACIEN
AURIGNACIEN
AURILLACOIS
AUSTÈREMENT
AUTERIVAINE
AUTHENTIFIÉ
AUTHENTIQUE
AUTOADHÉSIF
AUTOANALYSE
AUTOCARISTE
AUTOCENSURE
AUTOCENSURÉ
AUTOCENTRÉE
AUTOCÉPHALE

AUTOCOLLANT
AUTOCOPIANT
AUTOCUISEUR
AUTODÉFENSE
AUTODIDACTE
AUTOÉDITION
AUTOFICTION
AUTOFINANCÉ
AUTOGESTION
AUTOGRAPHIE
AUTOGUIDAGE
AUTO-IMMUNES
AUTOMATIQUE
AUTOMATISÉE
AUTOMATISER
AUTOMATISME
AUTOMOTRICE
AUTONOMISTE
AUTOPLASTIE
AUTOPORTANT
AUTOPORTEUR
AUTOPUNITIF
AUTORÉGLAGE
AUTOREVERSE
AUTORITAIRE
AUTOROUTIER
AUTO-SCOOTER
AUTOSEXABLE
AUTOSOMIQUE
AUTOTRACTÉE
AUTOTROPHIE
AUXILIARIAT
AVACHISSANT
AVALANCHEUX
AVALLONNAIS
AVANTAGEANT
AVANT-BASSIN
AVANT-CENTRE
AVANT-GARDES
AVANT-GUERRE
AVANT-POSTES
AVANT-PROJET
AVANT-PROPOS
AVANT-SCÈNES
AVANT-SOIRÉE
AVANT-TEXTES
AVANT-TRAINS
AVANT-VEILLE
AVARICIEUSE
AVENTUREUSE
AVENTURIÈRE
AVENTURISME
AVENTURISTE
AVERTISSANT
AVERTISSEUR
AVEUGLEMENT
AVEUGLÉMENT

AVEUGLES-NÉS
AVEULISSANT
AVEYRONNAIS
AVICULTRICE
AVIGNONNAIS
AVILISSANTE
AVITAILLANT
AVITAILLEUR
AVITAMINOSE
AVOCASSERIE
AVOCASSIÈRE
AVOIRDUPOIS
AVOISINANTE
AVUNCULAIRE
AXIOLOGIQUE
AXIOMATIQUE
AXIOMATISÉE
AXIOMATISER
AXONOMÉTRIE
AYANTS CAUSE
AYANTS DROIT
AZERBAÏDJAN
AZOOSPERMIE
AZOTOBACTER
BAB AL-MANDAB
BAB EL-MANDEB
BABY-BOOMERS
BABY-SITTERS
BABY-SITTING
BACK-OFFICES
BACTÉRICIDE
BACTÉRIÉMIE
BACTÉRIENNE
BADA SHANREN
BADAUDAILLE
BADEN-POWELL
BADIGEONNÉE
BADIGEONNER
BADIGOINCES
BADOUILLARD
BAFOUILLAGE
BAFOUILLANT
BAFOUILLEUR
BAGDADIENNE
BAGNOLETAIS
BAGUENAUDER
BAHÍA BLANCA
BAHR EL-ABIAD
BAHR EL-AZRAK
BAIE-MAHAULT
BAILLERESSE
BAILLEULOIS
BÂILLONNANT
BALAI-BROSSE
BALANCEMENT
BALBUTIANTE
BALBYNIENNE

BALÉNOPTÈRE
BALISTICIEN
BALIVERNIER
BALKANISANT
BALLASTIÈRE
BALLETOMANE
BALLON-SONDE
BALNÉOLAISE
BALZACIENNE
BAMBOCHARDE
BAMBOCHEUSE
BANANA SPLIT
BANCS-TITRES
BANDAR ABBAS
BANDES-VIDÉO
BANDOTHÈQUE
BANDOULIÈRE
BANGLADAISE
BANGLADAISE
BANGLADESHI
BANGLADESHI
BANGUISSOIS
BANLIEUSARD
BANNALÉCOIS
BANNOCKBURN
BANQUEROUTE
BARAGOUINÉE
BARAGOUINER
BARAQUEMENT
BARATINEUSE
BARBADIENNE
BARBARESQUE
BARBEROUSSE
BARBEZILIEN
BARBICHETTE
BARBOUILLÉE
BARBOUILLER
BARBOUILLIS
BARBOUILLON
BARBUDIENNE
BARCELONAIS
BARCELONAIS
BARCO VARGAS
BARDONNÈCHE
BARENTINOIS
BARESTHÉSIE
BARGUIGNAGE
BARGUIGNANT
BARGUIGNEUR
BAROQUISANT
BARRICADANT
BAR-SUR-SEINE
BARTHOLOMÉE
BARYCHNIKOV
BARYSHNIKOV
BASCULEMENT
BAS-EN-BASSET

BAS-JOINTÉES
BASKET-BALLS
BASKETTEUSE
BAS-RHINOISE
BASSES-COURS
BASSE-TAILLE
BASSIN ROUGE
BASTOGNARDE
BATAILLEUSE
BATEAU-PHARE
BATEAU-POMPE
BATEAU-PORTE
BATEAUX-FEUX
BATHYMÉTRIE
BATHYSCAPHE
BATIFOLEUSE
BATTLE-DRESS
BAUDELOCQUE
BAUDRICOURT
BAUDRILLARD
BAUMGARTNER
BAVAISIENNE
BAZEILLAISE
BEACH-VOLLEY
BEAUCAIROIS
BEAUCERONNE
BEAUCERONNE
BEAUFORTAIN
BEAUFORTAIS
BEAUHARNAIS
BEAUHARNOIS
BEAUJOLAISE
BEAUMONTOIS
BEAUPERTHUY
BEAUPORTOIS
BEAUREPAIRE
BEAUSSETANE
BEAUVAISIEN
BEAUX-FRÈRES
BEC-DE-LIÈVRE
BEC-HELLOUIN
BÊCHEVETANT
BECKENBAUER
BECS-CROISÉS
BÉDARRIDAIS
BEIDERBECKE
BEKTACHIYYA
BELFORTAINE
BELGRADOISE
BELIN-BÉLIET
BELLACHONNE
BELLE-DE-JOUR
BELLE-DE-NUIT
BELLÉROPHON
BELLES-DAMES
BELLES-MÈRES
BELLIGÉRANT

BELLIQUEUSE
BELŒILLOIS
BÉNÉDICTINE
BÉNÉDICTINE
BÉNÉDICTION
BÉNÉFICIANT
BENFELDOISE
BÉNODETOISE
BENOÎTEMENT
BENTIVOGLIO
BENZOPYRÈNE
BÉQUILLARDE
BERGAMASQUE
BERGAMASQUE
BERGAMOTIER
BERGERACOIS
BERMUDIENNE
BERRICHONNE
BERRICHONNE
BERTELSMANN
BERTIN L'AÎNÉ
BESSÉGEOISE
BESSONNIÈRE
BEST-SELLERS
BÉTHENCOURT
BETTEMBOURG
BETTERAVIER
BETTONNAISE
BEYNE-HEUSAY
BEYROUTHINE
BHARTRIHARI
BHILAINAGAR
BHOUTANAISE
BHUBANESWAR
BIBERONNANT
BIBLIOLOGIE
BIBLIOPHILE
BICAMÉRISME
BICARBONATE
BICARBONATÉ
BICATÉNAIRE
BIDOUILLAGE
BIDOUILLANT
BIDOUILLEUR
BIEDERMEIER
BIÉLORUSSIE
BIEN-DISANCE
BIENFACTURE
BIENFAISANT
BIENFAITEUR
BIENHEUREUX
BIEN-PENSANT
BIFURCATION
BIGNONIACÉE
BIGOPHONANT
BILHARZIOSE

BILINGUISME
BILLETTERIE
BILLETTISTE
BIMBELOTIER
BIMENSUELLE
BINATIONALE
BINATIONAUX
BINOCULAIRE
BIOCHIMIQUE
BIOCHIMISTE
BIOLOGISANT
BIOMATÉRIAU
BIOMÉDICALE
BIOMÉDICAUX
BIOMÉTRIQUE
BIOPHYSIQUE
BIOSCIENCES
BIOSYNTHÈSE
BIOTHÉRAPIE
BIOY CASARES
BIPARTITION
BIPOLARISÉE
BIQUOTIDIEN
BISANNUELLE
BISBROUILLE
BISCARROSSE
BISCHWILLER
BISCOTTERIE
BISCUITERIE
BISEXUALITÉ
BISSALIENNE
BISSECTRICE
BISTOURNAGE
BISTOURNANT
BISTROTIÈRE
BITUMINEUSE
BIVITELLINE
BIVOUAQUANT
BIZARDIENNE
BIZARREMENT
BLACKBOULÉE
BLACKBOULER
BLAGNACAISE
BLANCHAILLE
BLANCHIMENT
BLANC-MANGER
BLANCS-ÉTOCS
BLANQUEFORT
BLANZYNOISE
BLASPHÉMANT
BLASTODERME
BLAUE REITER
BLAVATSKAÏA
BLETTISSANT
BOBILLONNER
BLETTISSURE
BLOC-CUISINE

BLOCS-ÉVIERS
BLONDINETTE
BLONDISSANT
BLOTTISSANT
BOBILLONNER
BODHISATTVA
BOISMORTIER
BOLCHEVIQUE
BOLCHEVISME
BOLINGBROKE
BOLLANDISTE
BONAVENTURE
BONBONNIÈRE
BON-CHRÉTIEN
BONCOURTOIS
BONDÉRISANT
BONDOUFLOIS
BONIMENTANT
BONIMENTEUR
BONNES-MAINS
BONNEVALAIS
BONNIÉROISE
BORAGINACÉE
BOSSAS-NOVAS
BOSTONIENNE
BOTSWANAISE
BOTULINIQUE
BOUCHARDANT
BOUCHE-PORES
BOUCHE-TROUS
BOUCHONNANT
BOUCHONNIER
BOUFFETANCE
BOUFFISSAGE
BOUFFISSANT
BOUFFISSURE
BOUFFONNANT
BOUGILLONNE
BOUGIVALAIS
BOUGONNEUSE
BOUILLONNÉE
BOUILLONNER
BOUILLOTTER
BOULAGEOISE
BOULANGEANT
BOULANGERIE
BOULANGISME
BOULANGISTE
BOULEVERSÉE
BOULEVERSER
BOULONNAISE
BOULONNAISE
BOULONNERIE
BOULOUNENCQ
BOUQUETIÈRE
BOUQUINEUSE
BOUQUINISTE
BOURBONNAIS

BOURBONNAIS
BOURBOUILLE
BOURBOULIEN
BOURDONNANT
BOURGANIAUD
BOURGEOISIE
BOURGEONNER
BOURG-MADAME
BOURGMESTRE
BOURGUESANE
BOURGUIGNON
BOURGUIGNON
BOURGUISANE
BOURLINGUER
BOURNEMOUTH
BOURRASQUER
BOURRELIÈRE
BOURSICOTER
BOURSOUFLÉE
BOURSOUFLER
BOUSCATAISE
BOUSILLEUSE
BOUTIQUIÈRE
BOUTONNEUSE
BOUTONNIÈRE
BOUTS-DEHORS
BOUZONVILLE
BOUZOULAISE
BOXER-SHORTS
BOYCOTTEUSE
BRABANÇONNE
BRABANÇONNE
BRACHIATION
BRACHIOPODE
BRACONNIÈRE
BRACQUEMOND
BRADYCARDIE
BRAHMAGUPTA
BRAHMANIQUE
BRAHMANISME
BRAILLEMENT
BRAIN-TRUSTS
BRANCARDAGE
BRANCARDANT
BRANCARDIER
BRANCHEMENT
BRANCHE-MÈRE
BRANDEBOURG
BRANDEBOURG
BRANDISSANT
BRANTÔMAISE
BRASILIENNE
BRAS-LE-CORPS
BRASSEMPOUY
BRAUCHITSCH
BRAVACHERIE
BRAY-DUNOISE

BRAZZAVILLE
BREDOUILLÉE
BREDOUILLER
BREDOUILLIS
BREMERHAVEN
BRÉSILIENNE
BRÉSILIENNE
BRESSUIRAIS
BRETOLIENNE
BRETONNANTE
BRÉVÉTOXINE
BREYTENBACH
BRIGNOLAISE
BRILLAMMENT
BRILLANTAGE
BRILLANTANT
BRILLANTEUR
BRILLANTINE
BRILLANTINÉ
BRINGUEBALÉ
BRINQUEBALÉ
BRIQUETERIE
BRISE-GLACES
BRISE-MOTTES
BRISE-SOLEIL
BRITANNICUS
BRITANNIQUE
BRITANNIQUE
BRITTONIQUE
BROCANTEUSE
BROCÉLIANDE
BROMÉLIACÉE
BRONDILLANT
BRONTOSAURE
BROODTHAERS
BROQUEVILLE
BROSSARDOIS
BROSSOLETTE
BROUILLERIE
BROUILLONNE
BROUILLONNÉ
BROUSSAILLE
BRUAYSIENNE
BRUISSEMENT
BRÛLE-GUEULE
BRÛLE-PARFUM
BRUMISATEUR
BRUNSCHVICG
BRUNTRUTAIN
BRUSQUEMENT
BRUTALEMENT
BRUTALISANT
BRUXELLOISE
BRUXELLOISE
BRY-SUR-MARNE
BUCARAMANGA
BUCARESTOIS

BUCCINATEUR
BUDAPESTOIS
BUDGÉTISANT
BUDGÉTIVORE
BUENOS AIRES
BUFFALO BILL
BUFFLETERIE
BUISSONNAIS
BUISSONNEUX
BUISSONNIER
BUJUMBURIEN
BULL-FINCHES
BULLIONISME
BULL-TERRIER
BULLYGEOISE
BUONTALENTI
BUREAUCRATE
BUREAUTIQUE
BUSINESSMAN
BUSINESSMEN
BUTYROMÈTRE
BUZANCÉENNE
CABARETIÈRE
CABORA BASSA
CABOURGEAIS
CACHE-CŒURS
CACHECTIQUE
CACHE-FLAMME
CACHE-MISÈRE
CACHE-PRISES
CACHE-TAMPON
CACHETONNER
CACHOTTERIE
CACHOTTIÈRE
CACOGRAPHIE
CADAVÉREUSE
CADAVÉRIQUE
CADENASSANT
CADILLACAIS
CADUCIFOLIÉ
CADURCIENNE
CADURCIENNE
CAFÉ-CONCERT
CAFÉ-THÉÂTRE
CAFOUILLAGE
CAFOUILLANT
CAFOUILLEUR
CAFOUILLEUX
CAGNARDERIE
CAHORA BASSA
CAILLASSAGE
CAILLASSANT
CAILLEBOTIS
CAILLEBOTTE
CAILLEBOTTE
CAILLOUTAGE
CAILLOUTANT

CAILLOUTEUX
CALAISIENNE
CALAMISTRÉE
CALAMITEUSE
CALCÉOLAIRE
CALCINATION
CALCITONINE
CALCSCHISTE
CALCULATEUR
CALEBASSIER
CALEÇONNADE
CALÉFACTION
CALFEUTRAGE
CALFEUTRANT
CALIBORGNON
CALIBRATION
CALIFORNIEN
CALIFORNIEN
CALIFORNIUM
CALLICRATÈS
CALLIGRAMME
CALLIGRAPHE
CALOMNIEUSE
CALOPORTEUR
CALORIFIQUE
CALORIFUGÉE
CALORIFUGER
CALORIMÈTRE
CALVADOSIEN
CALVO SOTELO
CAMARADERIE
CAMARÉTOISE
CAMARGUAISE
CAMARGUAISE
CAMBRIOLAGE
CAMBRIOLANT
CAMBRIOLEUR
CAMBROUSARD
CAMERLINGUE
CAMEROUNAIS
CAMEROUNAIS
CAMIONNETTE
CAMPAGNARDE
CAMPANIENNE
CAMPING-CARS
CAMPO DEL ORO
CAMPOFORMIO
CAMPO GRANDE
CANAILLERIE
CANALISABLE
CANAPÉS-LITS
CANAVÉROISE
CANCÉRIGÈNE
CANCÉRISANT
CANCÉROGÈNE
CANDIACOISE
CANDIDATURE

CANDIDEMENT
CANDISATION
CANDRAGUPTA
CANEPETIÈRE
CANICULAIRE
CANNELLONIS
CANNES-ÉPÉES
CANNIBALISÉ
CANONISABLE
CANOURGUAIS
CANTABRIQUE
CANTACUZÈNE
CANTALIENNE
CANTALIENNE
CANTILIENNE
CANTONNIÈRE
CAOUTCHOUTÉ
CAPABLEMENT
CAPACIMÈTRE
CAPACITAIRE
CAPACITANCE
CAPARAÇONNÉ
CAP-D'AILLOIS
CAPDENACOIS
CAPESTANAIS
CAP-HORNIERS
CAPILLARITE
CAPILLARITÉ
CAPITALISÉE
CAPITALISER
CAPITALISME
CAPITALISTE
CAPITONNAGE
CAPITONNANT
CAPITULAIRE
CAPITULARDE
CAPODISTRIA
CAPORAL-CHEF
CAPORALISÉE
CAPORALISER
CAPORALISME
CAPPADOCIEN
CAPPADOCIEN
CAPPA MAGNAS
CAPRICIEUSE
CAPTATIVITÉ
CAPUCHONNÉE
CAQUÈTEMENT
CARACASSIEN
CARACTÉRIEL
CARACTÉRISÉ
CARAMBOLAGE
CARAMBOLANT
CARAMBOLIER
CARAMÉLISÉE
CARAMÉLISER
CARAVAGISME

CARAVAGISTE
CARAVANIÈRE
CARBOCATION
CARBOCHIMIE
CARBONATANT
CARBON-BLANC
CARBONIFÈRE
CARBONISAGE
CARBONISANT
CARBONNADES
CARBONNAISE
CARBORUNDUM
CARBOXYLASE
CARBURATEUR
CARBURATION
CARCAILLANT
CARCASSONNE
CARCINOGÈNE
CARDINALICE
CARDIOLOGIE
CARDIOLOGUE
CARDIOTOMIE
CARENTANAIS
CARENTIELLE
CARICATURAL
CARICATURÉE
CARICATURER
CARILLONNÉE
CARILLONNER
CARMONTELLE
CARNASSIÈRE
CARNON-PLAGE
CAROLINGIEN
CAROTÉNOÏDE
CAROUGEOISE
CARPENTARIE
CARPINIENNE
CARRIÉRISME
CARRIÉRISTE
CARRIÉROISE
CARROSSABLE
CARROSSERIE
CARTE-LETTRE
CARTELLISÉE
CARTELLISER
CARTÉSIENNE
CARTOGRAPHE
CARTOMANCIE
CARTONNERIE
CARTONNEUSE
CARTONNIÈRE
CARTOPHILIE
CARTOTHÈQUE
CARYOCINÈSE
CASERNEMENT
CASSE-CROÛTE
CASSE-GRAINE

CASSE-GUEULE
CASSE-PATTES
CASSE-PIERRE
CASSITÉRITE
CASTANÉENNE
CASTELLISER
CASTÉLORIEN
CASTIGLIONE
CASTLEREAGH
CASTRATRICE
CASUISTIQUE
CATABATIQUE
CATABOLISME
CATACLYSMAL
CATADIOPTRE
CATALOGUANT
CATALYTIQUE
CATAPULTAGE
CATAPULTANT
CATARHINIEN
CATASTROPHE
CATASTROPHÉ
CATATONIQUE
CATÉCHISANT
CATÉCHUMÈNE
CATÉGORIQUE
CATÉGORISÉE
CATÉGORISER
CATHARTIQUE
CATHELINEAU
CATHOLICITÉ
CATOPTRIQUE
CATTENOMOIS
CAUCASIENNE
CAUCASIENNE
CAUCHEMARDÉ
CAUSSADAISE
CAUSSENARDE
CAUSSENARDE
CAUTERÉSIEN
CAUTÉRISANT
CAUTIONNANT
CAVACO SILVA
CAVALAIROIS
CAVALCADANT
CAVERNICOLE
CAXIAS DO SUL
CAYLUSIENNE
CEDAR RAPIDS
CÉLASTRACÉE
CÉLÉBRATION
CÉLIBATAIRE
CÉMENTATION
CÉNESTHÉSIE
CÉNOBITIQUE
CÉNOBITISME
CENTÉSIMALE

CENTÉSIMAUX
CENTIGRAMME
CENTRALISÉE
CENTRALISER
CENTRALISME
CENTRALISTE
CENTRAL PARK
CENTRE-AVANT
CENTRE-VILLE
CENTRIFUGÉE
CENTRIFUGER
CENT-SUISSES
CÉPHALALGIE
CÉPHALOPODE
CÉRAMBYCIDÉ
CÉRAMOLOGUE
CERBÉRIENNE
CÉRÉBELLEUX
CÉRÉBRALITÉ
CÉRÉMONIEUX
CERF-VOLISTE
CERGYSSOISE
CÉRUMINEUSE
CERVICALGIE
CESSEZ-LE-FEU
CESSIBILITÉ
CESSONNAISE
CEYZÉRIATIE
CÉZANNIENNE
CHÆNICHTYS
CHAGRINANTE
CHAÎNETIÈRE
CHALCÉDOINE
CHALCIDIQUE
CHALEUREUSE
CHALLANDAIS
CHALLENGEUR
CHALONNAISE
CHALUSIENNE
CHAMAILLANT
CHAMAILLEUR
CHAMALIÈRES
CHAMBARDANT
CHAMBERLAIN
CHAMBLYENNE
CHAMBOULANT
CHAMOISERIE
CHAMOISETTE
CHAMOISEUSE
CHAMONIARDE
CHAMONIARDE
CHAMPAGNISÉ
CHAMPAGNOLE
CHAMP-DE-MARS
CHAMPDIVERS
CHAMPENOISE
CHAMPENOISE

CHAMPFLEURY
CHAMPIONNAT
CHAMPIONNET
CHAMPLEVANT
CHAMPOLLION
CHANCELANTE
CHANCELIÈRE
CHANCISSANT
CHANFREINÉE
CHANFREINER
CHANGARNIER
CHANOINESSE
CHANSONNIER
CHANTEFABLE
CHANTEMESSE
CHANTERELLE
CHANTIGNOLE
CHANTONNANT
CHANTOURNÉE
CHANTOURNER
CHAPARDEUSE
CHAPDELAINE
CHAPEAUTANT
CHAPELLENIE
CHAPELLERIE
CHAPERONNÉE
CHAPERONNER
CHAPTALISÉE
CHAPTALISER
CHARADRIIDÉ
CHARANÇONNÉ
CHARBONNAGE
CHARBONNANT
CHAR'BONNEAU
CHARBONNEUX
CHARBONNIER
CHARCUTERIE
CHARCUTIÈRE
CHARENTAISE
CHARENTAISE
CHARLEMAGNE
CHARLEMAGNE
CHARLES-JEAN
CHARLEVILLE
CHARLIANDIN
CHARNYCOISE
CHAROLLAISE
CHARPENTAGE
CHARPENTANT
CHARPENTIER
CHARPENTIER
CHARRETIÈRE
CHARRONNAGE
CHASSE-CLOUS
CHASSE-ENNUI
CHASSE-MARÉE
CHASSE-NEIGE

CHASSERESSE	CHICHE-KEBAB	CICATRICULE
CHASSE-ROUES	**CHICHÉN ITZÁ**	CICATRISANT
CHASTELLAIN	CHICHITEUSE	CIGARETTIER
CHÂTAIGNIER	CHIENS-ASSIS	CIMENTATION
CHÂTEAUGUAY	CHIENS-LOUPS	**CINCINNATUS**
CHÂTEAUNEUF	CHIFFONNADE	CINÉMASCOPE
CHÂTEAUROUX	CHIFFONNAGE	CINÉMATIQUE
CHÂTELGUYON	CHIFFONNANT	CINÉMOMÈTRE
CHÂTELLENIE	CHIFFONNIER	CINESTHÉSIE
CHATOIEMENT	CHIFFREMENT	CINGHALAISE
CHATOUILLÉE	**CHIMACIENNE**	**CINGHALAISE**
CHATOUILLER	CHINOISERIE	**CINQ NATIONS**
CHATOUILLIS	CHIPPENDALE	CIRCADIENNE
CHATS-HUANTS	**CHIPPENDALE**	**CIRCASSIENS**
CHATS-TIGRES	CHIQUENAUDE	CIRCONFLEXE
CHATT AL-ARAB	CHIROMANCIE	CIRCONSCRIT
CHATTANOOGA	CHIROPRAXIE	CIRCONSPECT
CHATTISGARH	**CHIROQUOISE**	CIRCONVENIR
CHAUDE-PISSE	CHIRURGICAL	CIRCONVENUE
CHAUFFE-BAIN	CHLOROFIBRE	CIRCULARISÉ
CHAUFFE-PLAT	CHLOROFORME	CIRCULARITÉ
CHAUMONTAIS	CHLOROPHÈNE	CIRCULATION
CHAUMONTOIS	CHOCOLATIER	CIRRHOTIQUE
CHAUSSE-PIED	CHOISISSANT	**CISJORDANIE**
CHAUVINISME	**CHOISY-LE-ROI**	CITÉ-DORTOIR
CHAUVINOISE	CHOLESTÉROL	CITIZEN BAND
CHÁVEZ FRÍAS	**CHOMÉRACOIS**	**CITIZEN KANE**
CHAVILLOISE	CHORÉGRAPHE	CITOYENNETÉ
CHAVIREMENT	CHOUANNERIE	CITRONNELLE
CHAZELLOISE	CHOUCHOUTÉE	CLABAUDERIE
CHEBIN EL-KOM	CHOUCHOUTER	CLADISTIQUE
CHEF-D'ŒUVRE	CHOUX-FLEURS	CLADOGRAMME
CHÉIROPTÈRE	CHOUX-NAVETS	CLAIR-OBSCUR
CHÉLICÉRATE	**CHRISTALLER**	CLAIRONNANT
CHEMIN DE FER	CHRISTIANIA	CLAIRVOYANT
CHEMINEMENT	**CHRISTIANIA**	**CLAMARTOISE**
CHENEVELIER	CHROMATIQUE	CLANDESTINE
CHENILLETTE	CHROMATISME	CLAPOTEMENT
CHENONCEAUX	CHROMINANCE	CLAQUEMURÉE
CHERCHE-MIDI	CHRONICISÉE	CLAQUEMURER
CHÉRIFIENNE	CHRONICISER	CLASSICISME
CHÉRIMOLIER	CHRONIQUEUR	CLASSIFIANT
CHERRAPUNJI	CHRONOLOGIE	CLAUDICANTE
CHESNAYSIEN	CHRONOMÈTRE	CLAUDIQUANT
CHESTROLAIS	CHRONOMÉTRÉ	CLAVIÉRISTE
CHÉTOGNATHE	CHRYSOBÉRYL	**CLAYETTOISE**
CHEVALEMENT	CHRYSOCOLLE	CLEPTOMANIE
CHEVAUCHANT	CHRYSOPRASE	**CLÉRAMBAULT**
CHEVAU-LÉGER	**CHRYSOSTOME**	**CLERMONTAIS**
CHEVÈNEMENT	CHTHONIENNE	CLERMONTOIS
CHEVIGNOISE	CHUCHOTERIE	**CLERMONTOIS**
CHEVILLETTE	CHUCHOTEUSE	CLIGNOTANTE
CHEVRILLARD	CHUINTEMENT	CLIMATISANT
CHEVROTANTE	**CHUN DOO-HWAN**	CLIMATISEUR
CHEVTCHENKO	**CHURRIGUERA**	CLINICIENNE
CHEWING-GUMS	**CIBA-GEIGY AG**	CLIQUETANTE
CHIBOUGAMAU	CICATRICIEL	

CLISSONNAIS
CLITORIDIEN
CLOCHARDISÉ
CLODOALDIEN
CLOISONNAGE
CLOISONNANT
CLOPINETTES
CLOSE-COMBAT
CLOSTERMANN
CLOSTRIDIUM
CLOS-VOUGEOT
CLUNISIENNE
CNIDOBLASTE
COACQUÉREUR
COAGULATION
COALESCENCE
COALESCENTE
COARCTATION
COASSURANCE
COAST RANGES
COCAÏNOMANE
COCCYGIENNE
COCHINCHINE
COCHONNERIE
CODÉBITRICE
CODES-BARRES
CODÉTENTEUR
CODIRECTEUR
CODIRECTION
CODOMINANCE
CODOMINANTE
CODONATAIRE
CODONATRICE
COEFFICIENT
CŒLACANTHE
COÉQUIPIÈRE
COÉVOLUTION
COEXISTENCE
COEXTENSIVE
COFINANÇANT
COFONDATEUR
COGNITICIEN
COGOLINOISE
COHÉRITIÈRE
COÏNCIDENCE
COÏNCIDENTE
COKÉFACTION
COLBERTISME
COLÉGATAIRE
COLFONTAINE
COLIBACILLE
COLICITANTE
COLINÉARITÉ
COLIN-TAMPON
COLLABORANT
COLLAGÉNOSE
COLLATÉRALE

COLLATÉRAUX
COLLATIONNÉ
COLLECTRICE
COLLÉGIENNE
COLLENCHYME
COLLETAILLÉ
COLLIMATEUR
COLLIMATION
COLLINÉENNE
COLLIOURENC
COLLOCATION
COLMARIENNE
COLOCATAIRE
COLOMBIENNE
COLOMBIENNE
COLONISABLE
COLORIMÈTRE
COLPORTEUSE
COLPOSCOPIE
COLUMBARIUM
COMBARELLES
COMBATIVITÉ
COMBATTANTE
COMBINAISON
COMBINATEUR
COMBI-SHORTS
COMBRAILLES
COMBUSTIBLE
COMESTIBLES
COMIQUEMENT
COMITIALITÉ
COMMANDERIE
COMMANDITÉE
COMMANDITER
COMMÉMORANT
COMMENÇANTE
COMMENTAIRE
COMMENTRYEN
COMMERÇANTE
COMMERCIALE
COMMERCIAUX
COMMINUTIVE
COMMISSAIRE
COMMISSOIRE
COMMISSURAL
COMMODÉMENT
COMMOTIONNÉ
COMMUNALISÉ
COMMUNÉMENT
COMMUNIANTE
COMMUNICANT
COMMUNIQUÉE
COMMUNIQUER
COMMUNISANT
COMMUTATEUR
COMMUTATION
COMMUTATIVE

COMPACT DISC
COMPAGNONNE
COMPARAISON
COMPARAÎTRE
COMPARATEUR
COMPARATIVE
COMPARUTION
COMPATRIOTE
COMPENDIEUX
COMPENSABLE
COMPÉTITEUR
COMPÉTITION
COMPÉTITIVE
COMPIÉGNOIS
COMPILATEUR
COMPILATION
COMPLAISANT
COMPLANTANT
COMPLEXIFIÉ
COMPLIMENTÉ
COMPLIQUANT
COMPLOTEUSE
COMPONCTION
COMPOSITEUR
COMPOSITION
COMPOSTELLE
COMPRENETTE
COMPRESSANT
COMPRESSEUR
COMPRESSION
COMPRESSIVE
COMPRIMABLE
COMPTE RENDU
COMPTE-TOURS
CONCARNOISE
CONCÉLÉBRÉE
CONCÉLÉBRER
CONCENTRANT
CONCEPTACLE
CONCEPTISME
CONCEPTRICE
CONCERTANTE
CONCERTISTE
CONCHOÏDALE
CONCHOÏDAUX
CONCILIABLE
CONCILIAIRE
CONCILIANTE
CONCOMITANT
CONCORDANCE
CONCORDANTE
CONCOURANTE
CONCOURISTE
CONCRÉTISÉE
CONCRÉTISER
CONCUBINAGE
CONCURRENCE

CONCURRENCÉ
CONCURRENTE
CONDAMNABLE
CONDENSABLE
CONDESCENDU
CONDISCIPLE
CONDITIONNÉ
CONDOMINIUM
CONDOTTIERE
CONDOTTIERI
CONDUCTANCE
CONDUCTIBLE
CONDUCTRICE
CONDYLIENNE
CONFÉDÉRALE
CONFÉDÉRANT
CONFÉDÉRAUX
CONFESSIONS
CONFIDENTER
CONFINEMENT
CONFIRMANDE
CONFIRMATIF
CONFISCABLE
CONFISQUANT
CONFITURIER
CONFLANAISE
CONFLICTUEL
CONFONDANTE
CONFORMISME
CONFORMISTE
CONFORTABLE
CONFRÉRIQUE
CONFRONTANT
CONFUCÉENNE
CONFUSÉMENT
CONGÉDIABLE
CONGÉLATEUR
CONGÉLATION
CONGÉNITALE
CONGÉNITAUX
CONGLOMÉRAL
CONGLOMÉRAT
CONGLOMÉRÉE
CONGLOMÉRER
CONGLUTINER
CONGRATULÉE
CONGRATULER
CONJECTURAL
CONJECTURÉE
CONJECTURER
CONJONCTEUR
CONJONCTION
CONJONCTIVE
CONJONCTURE
CONJUGAISON
CONJUGALITÉ
CONJUGATEUR

CONJURATION
CONNAISSANT
CONNAISSEUR
CONNECTABLE
CONNECTICUT
CONNECTIQUE
CONNÉTABLIE
CONNOTATION
CONQUÉRANTE
CONSANGUINE
CONSÉCUTIVE
CONSEILLANT
CONSEILLÈRE
CONSEILLEUR
CONSENTANTE
CONSÉQUENCE
CONSÉQUENTE
CONSERVERIE
CONSIDÉRANT
CONSIDÉRANT
CONSISTANCE
CONSISTANTE
CONSISTOIRE
CONSOLATEUR
CONSOLATION
CONSOLIDANT
CONSOMMABLE
CONSOMPTION
CONSORTIALE
CONSORTIAUX
CONSTAMMENT
CONSTANTINE
CONSTATABLE
CONSTELLANT
CONSTERNANT
CONSTIPANTE
CONSTITUANT
CONSTITUTIF
CONSTRICTIF
CONSTRICTOR
CONSTRUCTIF
CONSULTABLE
CONSULTANTE
CONSULTATIF
CONTAGIEUSE
CONTAMINANT
CONTAMINARD
CONTASSERIE
CONTEMPLANT
CONTEMPTEUR
CONTENTIEUX
CONTESTABLE
CONTINENTAL
CONTINGENCE
CONTINGENTE
CONTINGENTÉ
CONTINUELLE

CONTINÛMENT
CONTONDANTE
CONTOURNANT
CONTRACTANT
CONTRACTILE
CONTRACTION
CONTRACTUEL
CONTRACTURE
CONTRACTURÉ
CONTRAINDRE
CONTRARIANT
CONTRARIÉTÉ
CONTRASTANT
CONTRE-AIMER
CONTRE-ALLÉE
CONTRE-APPEL
CONTREBANDE
CONTREBASSE
CONTRE-BIAIS
CONTREBUTÉE
CONTREBUTER
CONTRECARRÉ
CONTRECHAMP
CONTRE-CHANT
CONTRE-CHOCS
CONTRECŒUR
CONTRECOLLÉ
CONTREDANSE
CONTRE-DIGUE
CONTRE-ÉCROU
CONTRE-ESSAI
CONTREFAÇON
CONTREFAIRE
CONTREFAITE
CONTREFICHE
CONTREFICHÉ
CONTRE-FILET
CONTREFOUTU
CONTRE-FUGUE
CONTRE-JOURS
CONTRE-MINES
CONTRE-PASSÉ
CONTRE-PENTE
CONTRE-PESER
CONTRE-PIEDS
CONTREPOIDS
CONTREPOINT
CONTRE-PORTE
CONTRE-RAILS
CONTRE-REJET
CONTRESEING
CONTRESIGNÉ
CONTRE-SUJET
CONTRETEMPS
CONTRETYPÉE
CONTRETYPER
CONTRE-VAIRS

CONTREVENIR
CONTREVENTÉ
CONTRE-VOIES
CONTRIBUANT
CONTRISTANT
CONTRÔLABLE
CONTRÔLEUSE
CONTROUVEUR
CONTROVERSE
CONTROVERSÉ
CONTUSIONNÉ
CONURBATION
CONVAINCANT
CONVENANCES
CONVENTIONS
CONVENTUELS
CONVERGEANT
CONVERGENCE
CONVERGENTE
CONVERTIBLE
CONVOCATION
CONVOIEMENT
COOCCUPANTE
COOPÉRATEUR
COOPÉRATION
COOPÉRATIVE
COORDINENCE
COORDONNANT
COPATERNITÉ
COPERMUTANT
COPERNICIEN
COPPERFIELD
COPRÉSIDENT
COPROPHAGIE
COPROPHILIE
COPROPRIÉTÉ
COQUECIGRUE
COQUELLOISE
COQUETTERIE
COQUILLETTE
COQUILLIÈRE
CORAILLEUSE
CORALLIENNE
CORALLIFÈRE
CORBASIENNE
CORBEHEMOIS
CORDONNERIE
CORDONNIÈRE
CORÉE DU NORD
CORMEILLAIS
CORMELLOISE
CORNÉLIENNE
CORNEMUSEUR
CORNEMUSEUX
CORNER BROOK
CORNETTISTE
CORNOUAILLE

CORNOUILLER
CORN-PICKERS
CORN-SHELLER
CORONAVIRUS
COROSSOLIER
CORPORATION
CORPORATIVE
CORPS-À-CORPS
CORRECTRICE
CORRÉLATION
CORRÉLATIVE
CORRESPONDU
CORRÉZIENNE
CORRÉZIENNE
CORROBORANT
CORRUPTIBLE
CORRUPTRICE
COSMOPOLITE
COSTA DEL SOL
COSTA-GAVRAS
COSTARICAIN
COSTARICAIN
COSY-CORNERS
CÔTE D'ARGENT
CÔTE DES BARS
CÔTE D'IVOIRE
CÔTES-D'ARMOR
CÔTES-DU-NORD
COTIGNACÉEN
COTONÉASTER
COTON-POUDRE
COTTERÉZIEN
COUCHAILLER
COUCHITIQUE
COUCOUMELLE
COUDE-À-COUDE
COUDEKERQUE
COUDOIEMENT
COUILLONNÉE
COUILLONNER
COULABILITÉ
COULEUVREAU
COULEUVRINE
COULISSANTE
COULISSEAUX
COULOMMIERS
COULOMMIERS
COULONGEOIS
COUPAILLANT
COUP-DE-POING
COUPE-CIGARE
COUPE-JAMBON
COUPE-JARRET
COUPE-ONGLES
COUPE-PAPIER
COUPE-RACINE
COURAILLANT

COURAMIAUDE
COURBATURÉE
COURBATURER
COURCAILLER
COURCAILLET
COURNEUVIEN
COURNONNAIS
COURONNAISE
COURROUÇANT
COURSANNAIS
COURSEULLES
COURTAUDANT
COURTILIÈRE
COURT-JOINTÉ
COURT-VÊTUES
COURVILLOIS
COUTANÇAISE
COUTEAU-SCIE
COUTELLERIE
COUVRE-CHEFS
COUVRE-JOINT
COUVRE-LIVRE
COUVRE-NUQUE
COUVRE-OBJET
COUVRE-PIEDS
COUVRE-PLATS
COVENANTERS
COVOITURAGE
COWANSVILLE
COXARTHROSE
COXO-FÉMORAL
CRACHOTANTE
CRACHOUILLÉ
CRACOVIENNE
CRAMPONNANT
CRAN-GEVRIER
CRAPAHUTANT
CRAPAUDIÈRE
CRAPONNAISE
CRAPOUILLOT
CRASSULACÉE
CRAYONNEUSE
CRÉDIBILISÉ
CRÉDIBILITÉ
CRÉMAILLÈRE
CRÉMATORIUM
CRÉOLOPHONE
CRÉPITATION
CRÉPITEMENT
CRESSIACOIS
CREST-VOLAND
CRÊTES-DE-COQ
CRÉTINISANT
CRÈVE-LA-FAIM
CRIAILLERIE
CRIAILLEUSE
CRIEL-SUR-MER

CRIMINALISÉ	CYBERESPACE	DÉBILLARDÉE
CRIMINALITÉ	CYCLISATION	DÉBILLARDER
CRIMINOGÈNE	CYCLOALCANE	DÉBIRENTIER
CRISTALLINE	CYCLOALCÈNE	DÉBLAIEMENT
CRISTALLISÉ	CYCLOHEXANE	DÉBLATÉRANT
CRISTALLITE	CYCLOMOTEUR	DÉBOISEMENT
CRISTOPHINE	CYCLOPÉENNE	DÉBOÎTEMENT
CRITICAILLÉ	CYCLO-POUSSE	DÉBORDEMENT
CRITIQUABLE	CYCLORAMEUR	DÉBOSSELANT
CRITIQUEUSE	CYCLOTHYMIE	DÉBOULONNÉE
CROASSEMENT	CYLINDREUSE	DÉBOULONNER
CROC-EN-JAMBE	CYLINDRIQUE	DÉBOUSSOLÉE
CROCHE-PATTE	CYLINDROÏDE	DÉBOUSSOLER
CROCHE-PIEDS	CYNÉGÉTIQUE	DÉBOUTONNÉE
CROCHETABLE	CYNIQUEMENT	DÉBOUTONNER
CROCODILIEN	CYNOCÉPHALE	DÉBRAILLANT
CROISICAISE	CYSTECTOMIE	DÉBRANCHANT
CROMMELYNCK	CYSTICERQUE	DÉBRIDEMENT
CROQUE-AU-SEL	CYSTOSCOPIE	DÉBROUILLÉE
CROQUE-MORTS	CYSTOSTOMIE	DÉBROUILLER
CROQUIGNOLE	CYTAPHÉRÈSE	DÉBROUSSANT
CROSSWOMANS	CYTOLOGIQUE	DÉBUDGÉTISÉ
CROTELLOISE	CYTOLOGISTE	DÉCACHETAGE
CROUPISSANT	CYTOLYTIQUE	DÉCACHETANT
CROUSTILLER	CYTOTOXIQUE	DÉCADENASSÉ
CROUSTILLON	**CZARTORYSKI**	DÉCALAMINÉE
CROZONNAISE	**CZESTOCHOWA**	DÉCALAMINER
CRUCIFIXION	**DAKOTA DU SUD**	DÉCALCIFIÉE
CRUELLEMENT	DALMATIENNE	DÉCALCIFIER
CRYOCLASTIE	DALTONIENNE	DÉCALOTTANT
CRYOGÉNIQUE	DAMASQUINÉE	DÉCANILLANT
CRYPTOGAMIE	DAMASQUINER	DÉCANTATION
CRYPTOLOGIE	**DAMVILLAISE**	DÉCAPOTABLE
CRYPTOMERIA	DANDINEMENT	DÉCAPSULAGE
CRYPTOPHYTE	DANGEROSITÉ	DÉCAPSULANT
CUCURBITAIN	**DANNEMARIEN**	DÉCAPSULEUR
CUEILLAISON	**DARDANELLES**	DÉCARBURANT
CULBUTEMENT	**DAR ES-SALAAM**	DÉCARCASSÉE
CULMINATION	**DARGOMYJSKI**	DÉCARCASSER
CULPABILISÉ	DARWINIENNE	DÉCASYLLABE
CULPABILITÉ	DAUPHINELLE	DÉCATISSAGE
CULS-DE-JATTE	DAUPHINOISE	DÉCATISSANT
CULS-DE-LAMPE	**DAUPHINOISE**	**DECAZEVILLE**
CULS-TERREUX	**DEATH VALLEY**	DÉCEMBRISTE
CULTIPACKER	DÉBAGOULANT	DÉCÉRÉBRANT
CULTIVATEUR	DÉBÂILLONNÉ	DÉCERVELAGE
CUMULO-DÔMES	DÉBALLONNÉE	DÉCERVELANT
CUNICULTURE	DÉBALLONNER	DÉCHARGEANT
CUNNILINGUS	DÉBAPTISANT	DÉCHAUMEUSE
CUPRESSACÉE	DÉBARCADÈRE	DÉCHAUSSAGE
CUPRONICKEL	DÉBARRASSÉE	DÉCHAUSSANT
CURARISANTE	DÉBARRASSER	DÉCHETTERIE
CURE-OREILLE	DÉBÂTISSANT	DÉCHIFFONNÉ
CURIAE REGIS	DÉBATTEMENT	DÉCHIFFRAGE
CURIAS REGIS	DÉBECQUETÉE	DÉCHIFFRANT
CYANOPHYCÉE	DÉBECQUETER	DÉCHIFFREUR
CYANURATION	DÉBILITANTE	DÉCHIQUETÉE

DÉCHIQUETER
DÉCHIREMENT
DÉCHLORURÉE
DÉCHLORURER
DÉCIMALISÉE
DÉCIMALISER
DÉCISIONNEL
DÉCLAMATEUR
DÉCLAMATION
DÉCLARATION
DÉCLARATIVE
DÉCLASSIFIÉ
DÉCLAVETANT
DÉCLENCHANT
DÉCLENCHEUR
DÉCLINAISON
DÉCLIQUETÉE
DÉCLIQUETER
DÉCLOISONNÉ
DÉCOLLATION
DÉCOLLEMENT
DÉCOLLETAGE
DÉCOLLETANT
DÉCOLONISÉE
DÉCOLONISER
DÉCOLORANTE
DÉCOMMANDÉE
DÉCOMMANDER
DÉCOMPENSÉE
DÉCOMPLEXÉE
DÉCOMPLEXER
DÉCOMPOSANT
DÉCOMPOSEUR
DÉCOMPRESSÉ
DÉCOMPRIMÉE
DÉCOMPRIMER
DÉCONCENTRÉ
DÉCONCERTÉE
DÉCONCERTER
DÉCONFITURE
DÉCONFORTER
DÉCONGELANT
DÉCONNECTÉE
DÉCONNECTER
DÉCONNEXION
DÉCONSEILLÉ
DÉCONSIDÉRÉ
DÉCONSIGNÉE
DÉCONSIGNER
DÉCONSTRUIT
DÉCONTAMINÉ
DÉCONTRACTÉ
DÉCORATRICE
DÉCORTICAGE
DÉCORTIQUÉE
DÉCORTIQUER
DÉCOURONNÉE

DÉCOURONNER
DÉCOUVREUSE
DÉCRÉPITANT
DÉCRÉPITUDE
DECRESCENDO
DÉCRETS-LOIS
DÉCROCHEUSE
DÉCROISSANT
DÉCULOTTANT
DÉCUPLEMENT
DÉDAIGNABLE
DÉDAIGNEUSE
DÉDICATAIRE
DÉDRAMATISÉ
DÉFAILLANCE
DÉFAILLANTE
DÉFALCATION
DÉFATIGANTE
DÉFATIGUANT
DÉFAUFILANT
DÉFAVORABLE
DÉFAVORISÉE
DÉFAVORISER
DÉFECTUEUSE
DÉFENESTRÉE
DÉFENESTRER
DÉFERLEMENT
DÉFERREMENT
DÉFICITAIRE
DÉFINISSANT
DÉFINITOIRE
DÉFISCALISÉ
DÉFLAGRANTE
DÉFLORAISON
DÉFLORATION
DÉFOLIATION
DÉFONCEMENT
DÉFORMATION
DÉFOULEMENT
DÉFRAGMENTÉ
DÉFRICHEUSE
DÉFROISSANT
DÉGASOLINÉE
DÉGASOLINER
DÉGAZOLINÉE
DÉGAZOLINER
DÉGAZONNAGE
DÉGAZONNANT
DÉGÉNÉRATIF
DÉGINGANDÉE
DÉGLACEMENT
DÉGLINGUANT
DÉGLUTITION
DÉGOBILLANT
DÉGOISEMENT
DÉGORGEMENT
DÉGOULINADE

DÉGOULINANT
DÉGOUPILLÉE
DÉGOUPILLER
DÉGOÛTATION
DÉGRADATION
DÉGRAISSAGE
DÉGRAISSANT
DÉGRAISSEUR
DÉGRAVOYANT
DÉGRÈVEMENT
DÉGRINGOLÉE
DÉGRINGOLER
DÉGRISEMENT
DÉGROUILLÉE
DÉGROUILLER
DÉGUENILLÉE
DÉGUEULASSE
DÉGUISEMENT
DÉGURGITANT
DÉGUSTATEUR
DÉGUSTATION
DÉHARNACHÉE
DÉHARNACHER
DE HAVILLAND
DÉHOUSSABLE
DÉIFICATION
DÉLABREMENT
DÉLAITEMENT
DÉLASSEMENT
DÉLECTATION
DÉLÉGATAIRE
DÉLÉGATRICE
DÉLÉGITIMÉE
DÉLÉGITIMER
DELESTRAINT
DÉLIBÉRANTE
DÉLIBÉRATIF
DÉLICATESSE
DÉLICTUELLE
DÉLICTUEUSE
DÉLINÉAMENT
DÉLINÉATEUR
DÉLINQUANCE
DÉLINQUANTE
DÉLITESCENT
DELLA ROBBIA
DELLA ROVERE
DÉLOCALISÉE
DÉLOCALISER
DÉMAGNÉTISÉ
DÉMAGOGIQUE
DÉMAILLOTÉE
DÉMAILLOTER
DÉMANTELANT
DÉMANTIBULÉ
DÉMAQUILLÉE
DÉMAQUILLER

DÉMARCATION	DÉNASALISER	DÉPOLARISER
DÉMARCATIVE	DÉNATURANTE	DÉPOLISSAGE
DÉMARCHEUSE	DÉNAZIFIANT	DÉPOLISSANT
DÉMARQUEUSE	**DENDERLEEUW**	DÉPOLITISÉE
DÉMASTIQUÉE	**DENDERMONDE**	DÉPOLITISER
DÉMASTIQUER	DENDRITIQUE	DÉPOLLUANTE
DÉMAZOUTANT	DENDROLAGUE	DÉPOLLUTION
DÉMÉNAGEANT	DÉNÉBULISÉE	DÉPORTATION
DÉMÉNAGEUSE	DÉNÉBULISER	DÉPORTEMENT
DÉMENTIELLE	DÉNEIGEMENT	DÉPOSITAIRE
DEMI-BRIGADE	DÉNERVATION	DÉPOSSÉDANT
DEMI-CANTONS	DÉNIGREMENT	DÉPOUILLAGE
DEMI-CERCLES	DÉNITRIFIÉE	DÉPOUILLANT
DEMI-COLONNE	DÉNITRIFIER	DÉPOUSSIÉRÉ
DEMI-DROITES	DÉNOMBRABLE	DÉPRAVATION
DEMI-FIGURES	DÉNOMINATIF	DÉPRÉCATION
DEMI-FINALES	DÉNOYAUTAGE	DÉPRÉCIATIF
DEMI-JOURNÉE	DÉNOYAUTANT	DÉPRÉDATEUR
DEMI-MESURES	DÉNOYAUTEUR	DÉPRÉDATION
DEMI-PASSION	DENSIMÉTRIE	DE PROFUNDIS
DEMI-PENSION	DENTELLIÈRE	DÉPROGRAMMÉ
DEMI-POINTES	DENTISTERIE	DÉQUALIFIÉE
DEMI-PORTION	DENTS-DE-LION	DÉQUALIFIER
DEMI-PRODUIT	DÉNUTRITION	DÉRACINABLE
DEMI-RELIEFS	**DÉODATIENNE**	DÉRAISONNER
DEMI-SAISONS	DÉONTOLOGIE	DÉRANGEANTE
DEMI-SOMMEIL	DÉPALISSANT	DÉRANGEMENT
DEMI-SOUPIRS	DÉPAQUETAGE	DÉRÈGLEMENT
DÉMISSIONNÉ	DÉPAQUETANT	DÉRÉLICTION
DEMI-TEINTES	DÉPARASITÉE	DERNIÈRE-NÉE
DEMI-VIERGES	DÉPARASITER	DERNIERS-NÉS
DÉMOBILISÉE	DÉPAREILLÉE	DÉROCHEMENT
DÉMOBILISER	DÉPAREILLER	DÉROGATOIRE
DÉMOCRATISÉ	DÉPARPAILLÉ	DÉROUILLANT
DÉMOGRAPHIE	DÉPARTEMENT	DÉROULEMENT
DÉMOLISSAGE	DÉPARTITEUR	DÉROUTEMENT
DÉMOLISSANT	DÉPASSEMENT	DÉSABONNANT
DÉMOLISSEUR	DÉPASSIONNÉ	DÉSACCORDÉE
DÉMONÉTISÉE	DÉPATOUILLÉ	DÉSACCORDER
DÉMONÉTISER	DÉPAYSEMENT	DÉSACCOUPLÉ
DÉMONOLOGIE	DÉPENAILLÉE	DÉSACRALISÉ
DÉMONTE-PNEU	DÉPÉNALISÉE	DÉSACTIVANT
DÉMONTRABLE	DÉPÉNALISER	DÉSADAPTANT
DÉMORALISÉE	DÉPERDITION	DÉSAFFECTÉE
DÉMORALISER	DÉPÉRISSANT	DÉSAFFECTER
DÉMOTIVANTE	DÉPHOSPHATÉ	DÉSAFFILIÉE
DÉMOUCHETÉE	DÉPHOSPHORÉ	DÉSAFFILIER
DÉMOUCHETER	DÉPILATOIRE	DÉSAGRÉABLE
DÉMOUSTIQUÉ	DÉPLACEMENT	DÉSAGRÉMENT
DÉMULTIPLIÉ	DÉPLAFONNÉE	DÉSAIMANTÉE
DÉMUNISSANT	DÉPLAFONNER	DÉSAIMANTER
DÉMYSTIFIÉE	DE PLAIN-PIED	DÉSAJUSTANT
DÉMYSTIFIER	DÉPLAISANTE	DÉSALIÉNANT
DÉMYTHIFIÉE	DÉPLOIEMENT	DÉSALIGNANT
DÉMYTHIFIER	DÉPLORATION	DÉSALTÉRANT
DENAISIENNE	DÉPOÉTISANT	DÉSAMIANTER
DÉNASALISÉE	DÉPOLARISÉE	DÉSAMIDONNÉ

DÉSAMORÇAGE	DÉSENTRAVÉE	DÉSOXYDANTE
DÉSAMORÇANT	DÉSENTRAVER	DÉSOXYGÉNÉE
DÉSAPPARIÉE	DÉSENVASANT	DÉSOXYGÉNER
DÉSAPPARIER	DÉSENVENIMÉ	DESSALAISON
DÉSAPPOINTÉ	DÉSENVERGUÉ	DESSALEMENT
DÉSAPPROUVÉ	DÉSÉPAISSIE	DESSANGLANT
DÉSARÇONNÉE	DÉSÉPAISSIR	DESSAOULANT
DÉSARÇONNER	DÉSÉQUIPANT	DESSÉCHANTE
DÉSARGENTÉE	DÉSERTIFIÉE	DESSINATEUR
DÉSARGENTER	DÉSERTIFIER	DESSOUCHAGE
DÉSARMEMENT	DÉSESCALADE	DESSOUCHANT
DÉSARRIMAGE	DÉSESPÉRADE	DESSUINTAGE
DÉSARRIMANT	DÉSESPÉRANT	DESSUINTANT
DÉSARTICULÉ	DÉSÉTATISÉE	DESSUS-DE-LIT
DÉSASSEMBLÉ	DÉSÉTATISER	DÉSTABILISÉ
DÉSASSORTIE	DÉSEXCITANT	DÉSTALINISÉ
DÉSASSORTIR	DÉSEXUALISÉ	DESTINATEUR
DÉSASTREUSE	DÉSHABILLÉE	DESTINATION
DÉSATELLISÉ	DÉSHABILLER	DESTITUABLE
DÉSAVANTAGE	DÉSHABITUÉE	DESTITUTION
DÉSAVANTAGÉ	DÉSHABITUER	DESTRUCTEUR
DESCARTOISE	DÉSHERBANTE	DESTRUCTION
DESCENDANCE	DÉSHÉRITANT	DESTRUCTIVE
DESCENDANTE	DÉSHONORANT	DÉSTRUCTURÉ
DESCENDERIE	DÉSHUMANISÉ	DÉSULFITANT
DESCENDEUSE	DÉSHYDRATÉE	DÉSULFURANT
DÉSCOLARISÉ	DÉSHYDRATER	DÉSUNISSANT
DESCRIPTEUR	DÉSIGNATION	DÉTACHEMENT
DESCRIPTION	DÉSILLUSION	DÉTAILLANTE
DESCRIPTIVE	DÉSINCARNÉE	DÉTAILLISTE
DÉSÉCHOUANT	DÉSINCARNER	DÉTARTRANTE
DÉSECTORISÉ	DÉSINCRUSTÉ	DÉTÉRIORANT
DÉSEMBOURBÉ	DÉSINDEXANT	DÉTERMINANT
DÉSEMPARANT	DÉSINENTIEL	DÉTERREMENT
DÉSENCADRÉE	DÉSINFECTÉE	DÉTESTATION
DÉSENCADRER	DÉSINFECTER	DÉTORTILLÉE
DÉSENCHAÎNÉ	DÉSINFORMÉE	DÉTORTILLER
DÉSENCHANTÉ	DÉSINFORMER	DÉTRACTRICE
DÉSENCLAVÉE	DÉSINHIBANT	DÉTRITIVORE
DÉSENCLAVER	DÉSINSTALLÉ	DÉTROUSSANT
DÉSENCOMBRÉ	DÉSINTÉGRÉE	DÉTROUSSEUR
DÉSENCRASSÉ	DÉSINTÉGRER	**DEUTÉRONOME**
DÉSENDETTÉE	DÉSINVESTIE	**DEUTSCHLAND**
DÉSENDETTER	DÉSINVESTIR	**DEUX-SÉVRIEN**
DÉSENFUMAGE	DÉSISTEMENT	**DEUX-SICILES**
DÉSENFUMANT	DÉSOBSTRUÉE	DÉVALORISÉE
DÉSENGORGÉE	DÉSOBSTRUER	DÉVALORISER
DÉSENGORGER	DÉSOCIALISÉ	DÉVALUATION
DÉSENGRENÉE	DÉSODORISÉE	DEVANCEMENT
DÉSENGRENER	DÉSODORISER	DÉVASTATEUR
DÉSENIVRANT	DÉSOPERCULÉ	DÉVASTATION
DÉSENNUYANT	DÉSOPILANTE	DÉVELOPPANT
DÉSENRAYANT	DÉSORDONNÉE	DÉVELOPPEUR
DÉSENSABLÉE	DÉSORGANISÉ	DÉVERGONDÉE
DÉSENSABLER	DÉSORIENTÉE	DÉVERGONDER
DÉSENTOILÉE	DÉSORIENTER	DÉVERSEMENT
DÉSENTOILER	DÉSOSSEMENT	DÉVESTITURE

DEVINERESSE	DIHYDROGÈNE	DISPENSABLE
DÉVIRGINISÉ	DILATATRICE	DISPENSAIRE
DÉVIRILISÉE	DILATOMÈTRE	DISPERSANTE
DÉVIRILISER	DILIGEMMENT	DISPOSITION
DÉVISAGEANT	DILIGENTANT	DISQUALIFIÉ
DEVISE-TITRE	DIMENSIONNÉ	DISSÉMINANT
DÉVITALISÉE	DIMORPHISME	DISSIMULANT
DÉVITALISER	DINDONNEAUX	DISSIPATEUR
DÉVITAMINÉE	DINOSAURIEN	DISSIPATION
DÉVITRIFIÉE	DINOTHÉRIUM	DISSIPATIVE
DÉVITRIFIER	**DION CASSIUS**	DISSOCIABLE
DÉVOILEMENT	DIONYSIAQUE	DISSOLUTION
DÉVORATRICE	DIONYSIENNE	DISSOLVANTE
DHAMASKINÓS	**DIONYSIENNE**	DISSYMÉTRIE
DIABOLISANT	DIPHTÉRIQUE	DISTANCIANT
DIACRITIQUE	DIPHTONGUÉE	DISTILLERIE
DIALECTIQUE	DIPHTONGUER	DISTINCTION
DIALECTISÉE	DIRECTEMENT	DISTINCTIVE
DIALECTISER	DIRECTIVITÉ	DISTINGUANT
DIALOGUISTE	DIRECTORIAL	DISTOMATOSE
DIALYPÉTALE	DISCERNABLE	DISTRACTION
DIALYSÉPALE	DISCIPLINÉE	DISTRACTIVE
DIAMANTAIRE	DISCIPLINER	DISTRAYANTE
DIAMORPHINE	DISC-JOCKEYS	DISTRIBUANT
DIAPHRAGMÉE	DISCOMPTANT	DISTRIBUTIF
DIAPHRAGMER	DISCOMPTEUR	DIVERSEMENT
DIAPOSITIVE	DISCOMYCÈTE	DIVERSIFIÉE
DIARRHÉIQUE	DISCONTINUE	DIVERSIFIER
DIASTOLIQUE	DISCONTINUÉ	DIVERTICULE
DIATHERMANE	DISCONVENIR	**DIVES-SUR-MER**
DICARBONYLÉ	DISCOPATHIE	DIVINATOIRE
DICTATORIAL	DISCOPHILIE	DIVINATRICE
DICTYOPTÈRE	DISCORDANCE	**DIVIONNAISE**
DIDACTHÈQUE	DISCORDANTE	DIVULGATEUR
DIDACTICIEL	DISCOTHÈQUE	DIVULGATION
DIDON ET ENÉE	DISCOUNTANT	DIX-HUITIÈME
DIEFENBAKER	DISCOUREUSE	DIXIÈMEMENT
DIEGO GARCIA	DISCOURTOIS	DIX-NEUVIÈME
DIÉGO-SUAREZ	DISCRÉDITÉE	DIX-SEPTIÈME
DIÊN BIÊN PHU	DISCRÉDITER	**DJAMAL PACHA**
DIENCÉPHALE	DISCRIMINÉE	DOCIMOLOGIE
DIÉSÉLISANT	DISCRIMINER	DOCTRINAIRE
DIÉTÉTICIEN	DISCUTAILLÉ	DOCU-FICTION
DIFFAMATEUR	DISERTEMENT	DOCUMENTANT
DIFFAMATION	DISGRACIANT	DODÉCAGONAL
DIFFERDANGE	DISGRACIEUX	DODÉCASTYLE
DIFFÉRENCIÉ	DISHARMONIE	DOGMATISANT
DIFFÉRENTIÉ	DISJOIGNANT	**DOLCHARDIEN**
DIFFRACTANT	DISJONCTANT	**DOLGOROUKOV**
DIFFRACTION	DISJONCTEUR	DOLOMITIQUE
DIFFUSÉMENT	DISJONCTION	DOMANIALITÉ
DIGASTRIQUE	DISLOCATION	**DOMBASLOISE**
DIGITALIQUE	DISPARAÎTRE	DOMESTICITÉ
DIGITALISÉE	DISPARITION	DOMESTIQUÉE
DIGITALISER	DISPATCHANT	DOMESTIQUER
DIGITIFORME	DISPATCHING	**DOMFRONTAIS**
DIGITIGRADE	DISPENDIEUX	DOMICILIANT

DOMINATRICE	DYSCALCULIE	ÉCORECHARGE
DOMINGUOISE	DYSEMBRYOME	ÉCORNIFLEUR
DOMINICAINE	DYSFONCTION	ÉCOTOURISME
DOMINICAINE	DYSHARMONIE	**ÉCOUENNAISE**
DOMINIQUAIS	DYSMORPHOSE	ÉCRABOUILLÉ
DOMINOTERIE	DYSPAREUNIE	ÉCRIVAILLER
DOMMAGEABLE	DYSPEPSIQUE	ÉCRIVAILLON
DOMODOSSOLA	DYSPEPTIQUE	ÉCRIVASSANT
DOMPTE-VENIN	DYSTROPHINE	ÉCRIVASSIER
DON GIOVANNI	**EAUBONNAISE**	ÉCROUISSAGE
DONG QICHANG	**EAUX-CHAUDES**	ÉCROUISSANT
DONJUANISME	ÉBAUDISSANT	ÉCROULEMENT
DONZENACOIS	ÉBÉNISTERIE	ÉCUSSONNAGE
DORLOTEMENT	ÉBLOUISSANT	ÉCUSSONNANT
DORTMUND-EMS	ÉBORGNEMENT	ÉCUSSONNOIR
DOSTOÏEVSKI	ÉBOUILLANTÉ	ECZÉMATEUSE
DOUAISIENNE	ÉBOURGEONNÉ	**EDDY MITCHEL**
DOUBLE-CRÈME	ÉBOURIFFAGE	ÉDIFICATION
DOUBLE-SCULL	ÉBOURIFFANT	ÉDULCORANTE
DOUBLONNANT	ÉBRANLEMENT	EFFAROUCHÉE
DOUGLAS-HOME	ÉBRÈCHEMENT	EFFAROUCHER
DOULLENNAIS	ÉBROÏCIENNE	EFFECTIVITÉ
DOULOUREUSE	**ÉBROÏCIENNE**	EFFEUILLAGE
DOURDANNAIS	ÉBRUITEMENT	EFFEUILLANT
D'OUTRE-TOMBE	ÉCARQUILLÉE	EFFILOCHAGE
DOUVAINOISE	ÉCARQUILLER	EFFILOCHANT
DOUVRINOISE	ÉCARTS-TYPES	EFFILOCHURE
DRACONIENNE	**ECCLÉSIASTE**	EFFLORAISON
DRAGÉIFIANT	ÉCHAFAUDAGE	EFFRANGEANT
DRAGEONNANT	ÉCHAFAUDANT	EFFRITEMENT
DRAKENSBERG	ÉCHALASSANT	EFFRONTERIE
DRAMATISANT	ÉCHANGEABLE	ÉGALISATEUR
DRAMATURGIE	ÉCHANTILLON	ÉGALISATION
DRAVEILLOIS	ÉCHAPPEMENT	**ÉGLETONNAIS**
DRAVIDIENNE	ÉCHAUDEMENT	ÉGLISE-HALLE
DRAVIDIENNE	ÉCHAUGUETTE	ÉGOÏSTEMENT
DREADNOUGHT	ÉCHELONNANT	ÉGOUTTEMENT
DREYFUSARDE	ÉCHENILLAGE	ÉGRATIGNANT
DRUMETTANTE	ÉCHENILLANT	ÉGRATIGNURE
DRY-FARMINGS	ÉCHENILLOIR	ÉGYPTOLOGIE
DUCHÉ-PAIRIE	ÉCHINOCOQUE	ÉGYPTOLOGUE
DUCLAIROISE	ÉCHINODERME	**EICHENDORFF**
DUFFEL-COATS	ÉCHIQUÉENNE	EINSTEINIUM
DUFFLE-COATS	**ÉCHIROLLOIS**	ÉJACULATION
DUNAÚJVÁROS	ÉCHOGRAPHIE	ÉLABORATION
DUNKERQUOIS	ÉCHOGRAPHIÉ	ÉLARGISSANT
DUN-SUR-AURON	ÉCHOSONDAGE	**ELBEUVIENNE**
DUODÉCIMAIN	ÉCLABOUSSÉE	ÉLECTRICIEN
DUODÉCIMALE	ÉCLABOUSSER	ÉLECTRICITÉ
DUODÉCIMAUX	ÉCLAIREMENT	ÉLECTRIFIÉE
DUPLICATEUR	ÉCLAMPTIQUE	ÉLECTRIFIER
DUPLICATION	ÉCŒUREMENT	ÉLECTRISANT
DUPUY DE LÔME	ÉCONDUISANT	ÉLECTROCHOC
DURABLEMENT	ÉCONOMÉTRIE	ÉLECTROCUTÉ
DYNAMISANTE	ÉCONOMISANT	ÉLECTROFUNK
DYNAMITEUSE	ÉCONOMISEUR	ÉLECTROGÈNE
DYNAMOMÈTRE	ÉCORCHEMENT	ÉLECTROLYSE

ÉLECTROLYSÉ
ÉLECTROLYTE
ELEKTROSTAL
ÉLÉMENTAIRE
ÉLÉPHANTEAU
ÉLÉPHANTINE
ÉLÉPHANTINE
ÉLIE D'ASSISE
ÉLIGIBILITÉ
ÉLIMINATEUR
ÉLIMINATION
ELLIPSOÏDAL
ÉLOIGNEMENT
ÉLOQUEMMENT
ELSTER NOIRE
ÉLUCIDATION
EMBABOUINER
EMBALLEMENT
EMBARBOTTER
EMBARCADÈRE
EMBARCATION
EMBARDOUFLÉ
EMBARRASSÉE
EMBARRASSER
EMBASTILLÉE
EMBASTILLER
EMBAUMEMENT
EMBÉGUINANT
EMBLAVEMENT
EMBOBELINÉE
EMBOBELINER
EMBOÎTEMENT
EMBOUQUINER
EMBOUTEILLÉ
EMBRANCHANT
EMBRASEMENT
EMBRASSEUSE
EMBRÈVEMENT
EMBRIGADANT
EMBRINGUANT
EMBROCATION
EMBROUILLÉE
EMBROUILLER
EMBRYOGÉNIE
EMBRYOLOGIE
ÉMERILLONNÉ
ÉMERVEILLÉE
ÉMERVEILLER
ÉMIETTEMENT
EMMAGASINÉE
EMMAGASINER
EMMAILLOTÉE
EMMAILLOTER
EMMÉNAGEANT
EMMÉNAGOGUE
EMMERDEMENT
EMMITOUFLÉE
EMMITOUFLER

ÉMOTIONNANT
ÉMOUSTILLÉE
ÉMOUSTILLER
EMPAILLEUSE
EMPANACHANT
EMPAQUETAGE
EMPAQUETANT
EMPARADISER
EMPATTEMENT
EMPÊCHEMENT
EMPIÈCEMENT
EMPIÉTEMENT
EMPLACEMENT
EMPOISONNÉE
EMPOISONNER
EMPOISSONNÉ
EMPORTEMENT
EMPOURPRANT
EMPOUSSIÉRÉ
EMPREIGNANT
EMPRÉSURANT
EMPRISONNÉE
EMPRISONNER
EMPRUNTEUSE
ÉMULSIFIANT
ÉMULSIONNÉE
ÉMULSIONNER
ÉNANTIOMÈRE
ENCADREMENT
ENCAISSABLE
ENCAISSANTE
ENCANAILLÉE
ENCANAILLER
ENCAPSULAGE
ENCAQUEMENT
ENCARTOUCHÉ
ENCASERNANT
ENCASTELANT
ENCASTELURE
ENCASTRABLE
ENCAUSTIQUE
ENCAUSTIQUÉ
ENCENSEMENT
ENCÉPHALINE
ENCÉPHALITE
ENCHÂTELANT
ENCHAUSSANT
ENCHEVAUCHÉ
ENCHEVÊTRÉE
ENCHEVÊTRER
ENCHIFRENÉE
ENCLAVEMENT
ENCLENCHANT
ENCLENCHEUR
ENCLIQUETÉE
ENCLIQUETER
ENCOCHEMENT

ENCOMBRANTE
EN CONTREBAS
ENDETTEMENT
ENDEUILLANT
ENDIGUEMENT
ENDIMANCHÉE
ENDIMANCHER
ENDOCARDITE
ENDOCRINIEN
ENDOCTRINÉE
ENDOCTRINER
ENDOGAMIQUE
ENDOMÉTRITE
ENDOSSEMENT
ENDOTHÉLIAL
ENDOTHÉLIUM
ÉNERGÉTIQUE
ÉNERGISANTE
ENFAÎTEMENT
ENFANTEMENT
ENFERMEMENT
ENFONCEMENT
ENFOUISSANT
ENFOURCHANT
ENFOURCHURE
ENFREIGNANT
ENFUTAILLÉE
ENFUTAILLER
ENGAZONNANT
ENGHIENNOIS
ENGINEERING
ENGORGEMENT
ENGOUFFRANT
ENGOULEVENT
ENGRAISSAGE
ENGRAISSANT
ENGRAISSEUR
ENGRANGEANT
ENGUIRLANDÉ
ÉNIGMATIQUE
ENJAMBEMENT
ENJOLIVEUSE
ENKÉPHALINE
ENKYSTEMENT
ENLUMINEUSE
ENNÉAGONALE
ENNÉAGONAUX
ENNEIGEMENT
ÉNONCIATION
ÉNONCIATIVE
ÉNOPHTALMIE
ENORGUEILLI
ENQUÊTEUSES
ENQUÊTRICES
ENQUINAUDER
ENQUIQUINÉE
ENQUIQUINER

ENRÉGIMENTÉ	ENTRELARDER	ÉQUATORIAUX
ENREGISTRÉE	ENTREMÊLANT	ÉQUIDISTANT
ENREGISTRER	ENTREMETTRE	ÉQUILATÉRAL
ENROCHEMENT	ENTRE-NŒUDS	ÉQUILIBRAGE
ENROULEMENT	ENTREPOSAGE	ÉQUILIBRANT
ENRUBANNAGE	ENTREPOSANT	ÉQUIMOLAIRE
ENRUBANNANT	ENTREPOSEUR	ÉQUINOXIALE
ENSABLEMENT	ENTRETAILLÉ	ÉQUINOXIAUX
ENSANGLANTÉ	ENTRETENANT	ÉQUIPOLLENT
ENSEIGNANTE	ENTRE-TISSÉE	ÉQUIPOTENCE
ENSEMBLISTE	ENTRE-TISSER	ÉQUIVALENCE
ENSEMENÇANT	ENTRE-TISSÉS	ÉQUIVALENTE
ENSOLEILLÉE	ENTRETOISÉE	ÉQUIVOQUANT
ENSOLEILLER	ENTRETOISER	ÉRADICATION
ENSOMMEILLÉ	ENTREVOYANT	ÉRAILLEMENT
ENSORCELANT	ENTROUVERTE	**ÉRATOSTHÈNE**
ENSORCELEUR	ENTROUVRANT	**ÉRECHTHÉION**
ENTABLEMENT	ENTURBANNÉE	ÉREINTEMENT
ENTASSEMENT	ÉNUCLÉATION	ERGONOMIQUE
ENTENDEMENT	ÉNUMÉRATION	ERGONOMISTE
ENTÉNÉBRANT	ÉNUMÉRATIVE	**ERIK LE ROUGE**
ENTÉROCOQUE	ENVAHISSANT	ÉROTISATION
ENTÉROVIRUS	ENVAHISSEUR	ERPÉTOLOGIE
ENTERREMENT	ENVELOPPANT	**ERSTEINOISE**
ENTICHEMENT	ENVIRONNANT	ÉRUBESCENTE
ENTIÈREMENT	ENVISAGEANT	ÉRYTHRÉENNE
ENTOMOLOGIE	ENVOÛTEMENT	**ÉRYTHRÉENNE**
ENTOMOPHAGE	ENZYMATIQUE	ÉRYTHROCYTE
ENTOMOPHILE	ENZYMOLOGIE	ÉRYTHROSINE
ENTONNAISON	ÉOSINOPHILE	ESBROUFEUSE
ENTONNEMENT	**ÉPAMINONDAS**	ESCAGASSANT
ENTORTILLÉE	ÉPAMPREMENT	ESCAMOTABLE
ENTORTILLER	ÉPANCHEMENT	ESCAMOTEUSE
ENTOURLOUPE	ÉPARPILLANT	ESCARBOUCLE
ENTRAÎNABLE	ÉPHÉMÉRIDES	**ESCARÉNOISE**
ENTRAÎNANTE	ÉPICURIENNE	ESCARMOUCHE
ENTRAÎNEUSE	ÉPICYCLOÏDE	ESCARPEMENT
ENTR'APERÇUE	ÉPIDERMIQUE	ESCOMPTABLE
ENTRAPERÇUE	ÉPIDIDYMITE	**ESCAUDINOIS**
ENTREBÂILLÉ	ÉPIERREMENT	**ESCOUMINOIS**
ENTRE-BAISER	ÉPILEPTIQUE	ESCROQUERIE
ENTRE-BANDES	ÉPINOCHETTE	ESPACE-TEMPS
ENTRE-BATTRE	ÉPISCLÉRITE	ESPERLUETTE
ENTRECHOQUÉ	ÉPISIOTOMIE	ESPIÈGLERIE
ENTRECOUPÉE	ÉPISTOLAIRE	ESQUINTANTE
ENTRECOUPER	ÉPISTOLIÈRE	ESSARTEMENT
ENTRECROISÉ	ÉPITHÉLIALE	ESSENTIELLE
ENTRECUISSE	ÉPITHÉLIAUX	**ESSONNIENNE**
ENTRE-DÉVORÉ	ÉPITHÉLIOMA	ESSORILLANT
ENTREFAITES	ÉPIZOOTIQUE	ESSOUFFLANT
ENTREFESSON	ÉPOUSAILLES	ESSUIE-GLACE
ENTR'ÉGORGÉE	ÉPOUSSETAGE	ESSUIE-MAINS
ENTR'ÉGORGER	ÉPOUSSETANT	ESSUIE-PIEDS
ENTRE-HEURTÉ	ÉPOUSTOUFLÉ	ESSUIE-VERRE
ENTREJAMBES	ÉPOUVANTAIL	EST-ALLEMAND
ENTRELAÇANT	ÉPOUVANTANT	ESTAMPILLÉE
ENTRELARDÉE	ÉQUATORIALE	ESTAMPILLER

ESTÉRIFIANT
ESTHÉTICIEN
ESTHÉTISANT
ESTIMATOIRE
ESTOMAQUANT
ESTOMPEMENT
ESTREMADURA
ESTRÉMADURE
ESTUARIENNE
ESTUDIANTIN
ÉTABLISSANT
ÉTALINGUANT
ÉTANCHEMENT
ÉTANÇONNANT
ÉTANG-SALÉEN
ÉTATISATION
ÉTATS-MAJORS
ÉTATS-UNIENS
ÉTATS-UNIENS
ÉTERNUEMENT
ÉTHÉRIFIANT
ÉTHÉROMANIE
ÉTHIOPIENNE
ÉTHIOPIENNE
ETHNOGENÈSE
ETHNOGRAPHE
ÉTHOLOGIQUE
ÉTHYLÉNIQUE
ÉTHYLOMÈTRE
ÉTINCELANTE
ÉTIOLOGIQUE
ÉTIQUETEUSE
ÉTONNAMMENT
ÉTOUFFEMENT
ÉTOUPILLANT
ÉTOURDIMENT
ÉTRANGEMENT
ÉTRANGLEUSE
ÉTRÉCISSANT
ÉTRETATAISE
ÉTROITEMENT
EUCHARISTIE
EUCLIDIENNE
EUDÉMONISME
EUPHAUSIACÉ
EUPHORISANT
EUPLECTELLE
EURAFRICAIN
EUROMISSILE
EUROMONNAIE
EUROPÉANISÉ
EUROPÉENNES
EURYTHMIQUE
EUSKALDUNAK
EUSKARIENNE
EUSKARIENNE
EUSKÉRIENNE

EUSKÉRIENNE
EUSTACHOISE
EUTHANASIÉE
EUTHANASIER
ÉVACUATRICE
ÉVAGINATION
ÉVAHONIENNE
ÉVANESCENCE
ÉVANESCENTE
ÉVANGÉLIQUE
ÉVANGÉLISÉE
ÉVANGÉLISER
ÉVANGÉLISME
ÉVANGÉLISTE
ÉVAPORATEUR
ÉVAPORATION
ÉVASIVEMENT
ÉVENTRATION
ÉVENTUALITÉ
ÉVHÉMÉRISME
EVTOUCHENKO
EXAGÉRATION
EXAGÉRÉMENT
EXAMINATEUR
EXASPÉRANTE
EXCAVATRICE
EXCENTRIQUE
EXCITATRICE
EXCLAMATION
EXCLAMATIVE
EXCLUSIVITÉ
EXCOMMUNIÉE
EXCOMMUNIER
EXCORIATION
EXCURSIONNÉ
EXEMPLARITÉ
EXEMPLIFIÉE
EXEMPLIFIER
EXFOLIATION
EXHORTATION
EXIGIBILITÉ
EXISTENTIEL
EXOBIOLOGIE
EXONÉRATION
EXOPHTALMIE
EXORBITANTE
EXPANSIVITÉ
EXPECTATIVE
EXPECTORANT
EXPÉDITRICE
EXPÉRIMENTÉ
EXPERTEMENT
EXPERTISANT
EXPIRATOIRE
EXPLICATION
EXPLICATIVE
EXPLICITANT

EXPLOITABLE
EXPLOITANTE
EXPLOITEUSE
EXPLORATEUR
EXPLORATION
EXPONENTIEL
EXPORTATEUR
EXPORTATION
EXPROPRIANT
EXPURGATION
EXTEMPORANÉ
EXTÉNUATION
EXTÉRIORISÉ
EXTÉRIORITÉ
EXTERMINANT
EXTERNALITÉ
EXTINCTRICE
EXTIRPATEUR
EXTIRPATION
EXTRACTIBLE
EXTRADITION
EXTRALÉGALE
EXTRALÉGAUX
EXTRALUCIDE
EXTRAPOLANT
EXTRARÉNALE
EXTRARÉNAUX
EXTRA-UTÉRIN
EXTRAVAGANT
EXTRAVAGUER
EXTRAVASANT
EXTRAVERTIE
EXTRÊMEMENT
EXTRINSÈQUE
FABRICATEUR
FABRICATION
FABULATRICE
FAÇONNEMENT
FACTICEMENT
FACTORIELLE
FACTORISANT
FACTURATION
FACULTATIVE
FAIBLISSANT
FAINÉANTANT
FAINÉANTISE
FAIRE-VALOIR
FAISABILITÉ
FAISANDEAUX
FAISANDERIE
FAITS DIVERS
FALAISIENNE
FALLACIEUSE
FALSIFIABLE
FAMEUSEMENT
FAMILIARISÉ
FAMILIARITÉ

FAMILISTÈRE	FERTILISANT	**FLEURYSSOIS**
FANFARONNER	FESTIVALIER	FLEXIBILISÉ
FANFRELUCHE	FESTOIEMENT	FLEXIBILITÉ
FANTAISISTE	FEUILLAISON	FLOCONNEUSE
FANTASTIQUE	FEUILLETAGE	FLOCULATION
FARAMINEUSE	FEUILLETANT	**FLOIRACAISE**
FARFOUILLER	FIABILISANT	**FLORANGEOIS**
FARNBOROUGH	FIANÇAILLES	FLORISSANTE
FASCINATEUR	FIBRILLAIRE	FLORISTIQUE
FASCINATION	FIBRINOGÈNE	**FLOSSENBÜRG**
FASCISATION	FIBRINOLYSE	FLUCTUATION
FASTIDIEUSE	FIBROBLASTE	FLUIDIFIANT
FATRASSERIE	FIBROCIMENT	FLUORESCENT
FAUCONNEAUX	FIBROMATEUX	FLUVIOMÈTRE
FAUCONNERIE	FIBROMATOSE	FŒTOPATHIE
FAULQUEMONT	FIBROSCOPIE	FŒTOSCOPIE
FAUNISTIQUE	FICHTREMENT	FOIE-DE-BŒUF
FAUSSE-ROUTE	FICTIVEMENT	FOISONNANTE
FAUTIVEMENT	FIDÉICOMMIS	FOLÂTREMENT
FAUVILLAISE	FILAMENTEUX	FOLKLORIQUE
FAUX-BOURDON	FILANDREUSE	FOLKLORISTE
FAUX-FUYANTS	FILIALEMENT	FOLLICULINE
FAVERGIENNE	FILIALISANT	FOLLICULITE
FAVORISANTE	FILICOPHYTE	FOMENTATION
FAVORITISME	FILICOPSIDE	FONCTIONNEL
FAYA-LARGEAU	FILIGRANANT	FONCTIONNER
FÉBRILEMENT	FILMOTHÈQUE	FONDAMENTAL
FÉCONDATEUR	FINANCEMENT	FONGIBILITÉ
FÉCONDATION	**FINISTÉRIEN**	**FONTAINOISE**
FÉDÉRALISÉE	FINLANDAISE	**FONT-DE-GAUME**
FÉDÉRALISER	**FINLANDAIS**	**FONTVIEILLE**
FÉDÉRALISME	FISCALEMENT	FOOTBALLEUR
FÉDÉRALISTE	FISCALISANT	**FORBACHOISE**
FÉDÉRATRICE	FISSIONNANT	**FORCALQUIER**
FÉLIX LE CHAT	FISSURATION	**FORCÈNEMENT**
FELLETINOIS	FLACON-POMPE	FORFAITAIRE
FELLINIENNE	FLAGELLAIRE	FORFANTERIE
FÉMINISANTE	FLAGEOLANTE	FORLONGEANT
FERBLANTIER	FLAGORNERIE	FORMALISANT
FÉRINGIENNE	FLAGORNEUSE	FORMULATION
FÉRINGIENNE	**FLAMANVILLE**	FORNICATEUR
FERMENTABLE	FLAMBOYANCE	FORNICATION
FERNANDO POO	FLAMBOYANTE	**FORT-GOURAUD**
FERRAILLAGE	FLAMINGANTE	FORTIFIANTE
FERRAILLANT	FLANQUEMENT	FOSBURY FLOP
FERRAILLEUR	FLAVESCENTE	FOSSILIFÈRE
FERRÉDOXINE	FLÉCHISSANT	FOSSILISANT
FERRIÉROISE	FLÉCHISSEUR	FOUDROYANTE
FERROCÉRIUM	FLEGMATIQUE	FOUETTEMENT
FERROCHROME	FLEMMARDANT	**FOUGEROLLES**
FERRONICKEL	FLEMMARDISE	FOURBISSAGE
FERRONNERIE	FLÉTRISSANT	FOURBISSANT
FERRONNIÈRE	FLÉTRISSURE	FOURGONNANT
FERROVIAIRE	**FLEURANTINE**	FOURIÉRISME
FERRUGINEUX	FLEURDELISÉ	FOURIÉRISTE
FERS-À-CHEVAL	FLEURISSANT	FOURMILIÈRE
FERTÉSIENNE	**FLEURS DU MAL**	FOURMILLANT

FOURNISSANT
FOURNISSEUR
FOURRAGEANT
FOUTA-DJALON
FOUTIMASSER
FOX-TERRIERS
FRA ANGELICO
FRACASSANTE
FRACTIONNÉE
FRACTIONNEL
FRACTIONNER
FRAGILISANT
FRAGMENTANT
FRAÎCHEMENT
FRAMBOISANT
FRAMBOISIER
FRANCE LIBRE
FRANCEVILLE
FRANCHEMENT
FRANCHISAGE
FRANCHISANT
FRANCHISEUR
FRANCHISING
FRANCISANTE
FRANCISCAIN
FRANCOPHILE
FRANCOPHOBE
FRANCOPHONE
FRANC-PARLER
FRANCS-BORDS
FRANCS-FIEFS
FRANC-TIREUR
FRATERNELLE
FRATERNISER
FRAUDULEUSE
FRAXINIENNE
FRAYSSINOUS
FREDERICTON
FREE-MARTINS
FREILIGRATH
FRÉJUSIENNE
FRÉMISSANTE
FRÉQUEMMENT
FRÉQUENTANT
FRÉQUENTIEL
FRESCOBALDI
FRESNOYSIEN
FRÉTILLANTE
FRICANDEAUX
FRICTIONNÉE
FRICTIONNEL
FRICTIONNER
FRIEDLINGEN
FRIGIDARIUM
FRIGORIFIÉE
FRIGORIFIER
FRIGORIGÈNE

FRINGILLIDÉ
FRIPONNERIE
FRISON-ROCHE
FRISOTTANTE
FRISSONNANT
FRITILLAIRE
FRIVILLOISE
FRIVOLEMENT
FROISSEMENT
FRONSADAISE
FRONTALIÈRE
FRONTISPICE
FRONTONNAIS
FROUFROUTER
FRUCTIFIANT
FRUGALEMENT
FRUMENTAIRE
FRUSTRATION
FULGURATION
FULIGINEUSE
FULL-CONTACT
FULMINATION
FUMEROLLIEN
FUNÉRAILLES
FUNESTEMENT
FUNICULAIRE
FURONCULEUX
FURONCULOSE
FÜRSTENBERG
FURTIVEMENT
FURTWÄNGLER
FUSIONNELLE
FUSTIGATION
FUTUROLOGIE
FUTUROLOGUE
FUTUROSCOPE
GABALITAINE
GABORONAISE
GADGÉTISANT
GADROUILLER
GAILLACOISE
GAILLARDINE
GAILLARDISE
GAILLONNAIS
GALACTOGÈNE
GALLO-ROMAIN
GALLO-ROMANE
GALLO-ROMANS
GALVANISANT
GALVANOTYPE
GAMBERGEANT
GAMÉTOPHYTE
GANDHINAGAR
GANGRENEUSE
GAO XINGJIAN
GARCÍA LORCA
GARCÍA PÉREZ

GARÇONNIÈRE
GARDANNAISE
GARDE-BŒUFS
GARDE-CHASSE
GARDE-MALADE
GARDE-MANGER
GARDE-MEUBLE
GARDEN-PARTY
GARDE-PLACES
GARDES-CÔTES
GARDES-PÊCHE
GARDES-PORTS
GARDES-VOIES
GARDIENNAGE
GARGARISANT
GARGOUILLER
GARGOUILLIS
GARGOULETTE
GARIBALDIEN
GASPÉSIENNE
GASPILLEUSE
GASTÉROPODE
GASTRONOMIE
GATTAMELATA
GAUCHISANTE
GAUCHISSANT
GAUDISSERIE
GAULOISERIE
GAZONNEMENT
GAZOUILLANT
GAZOUILLEUR
GÉLATINEUSE
GÉMELLIPARE
GÉMISSEMENT
GEMMIPARITÉ
GENDARMERIE
GENDELETTRE
GÉNÉRALISÉE
GÉNÉRALISER
GÉNÉRALISME
GÉNÉRALISTE
GÉNÉRATRICE
GÉNIALEMENT
GÉNOCIDAIRE
GENOUILLÈRE
GÉNOVÉFAINE
GENTAMICINE
GENTILESCHI
GENTILHOMME
GENTILLESSE
GENTILLETTE
GÉNUFLEXION
GÉOCHIMIQUE
GÉOCHIMISTE
GÉOCROISEUR
GÉODÉSIENNE
GÉOMÉTRIQUE

GÉOPHYSIQUE
GÉOTROPISME
GERGOLIENNE
GÉRIATRIQUE
GERIN-LAJOIE
GERLACHOVKA
GERMANISANT
GERMINATION
GERMINATIVE
GESTALTISME
GESTICULANT
GHAZNÉVIDES
GHERARDESCA
GHIRLANDAIO
GHISONACCIA
GIAMBOLOGNA
GIBRIAÇOISE
GIGANTESQUE
GIOVANNETTI
GIRAVIATION
GIROMAGNIEN
GISLEBERTUS
GISORSIENNE
GLACIÉRISME
GLACIÉRISTE
GLACIOLOGIE
GLACIOLOGUE
GLANDOUILLÉ
GLANDULAIRE
GLANDULEUSE
GLAPISSANTE
GLARONNAISE
GLOBALEMENT
GLOBALISANT
GLOBIGÉRINE
GLOSSODYNIE
GLOSSOLALIE
GLOUGLOUTER
GLOUSSEMENT
GLYCÉRINANT
GLYCOGENÈSE
GLYCOLIPIDE
GLYPTODONTE
GNOSÉOLOGIE
GNOSTICISME
GOAL-AVERAGE
GOBELETERIE
GOBE-MOUCHES
GODELUREAUX
GOGUENARDER
GOLDSCHMIDT
GOLEÏZOVSKI
GOMBERVILLE
GOMME-RÉSINE
GONADOTROPE
GONDOLEMENT
GONESSIENNE

GONFALONIER
GONFANONIER
GONFREVILLE
GONIOMÉTRIE
GONOCYTAIRE
GONTCHAROVA
GORRONNAISE
GOUAILLERIE
GOUAILLEUSE
GOUDRONNAGE
GOUDRONNANT
GOUDRONNEUR
GOUDRONNEUX
GOUJONNETTE
GOUJONNIÈRE
GOURDONNAIS
GOURGANDINE
GOURMANDANT
GOURMANDISE
GOUTTELETTE
GOUTTEREAUX
GOUVERNABLE
GOUVERNANCE
GOUVERNANTE
GRACIEUSETÉ
GRADUALISME
GRAFFITEUSE
GRAILLONNER
GRAINETERIE
GRAINETIÈRE
GRAMMAIRIEN
GRAMMATICAL
GRAND BALLON
GRAND BASSIN
GRAND CANYON
GRAND COULEE
GRAND-DUCALE
GRAND-DUCAUX
GRANDE ARCHE
GRANDE-GRÈCE
GRANDELETTE
GRANDE-TERRE
GRANDISSANT
GRANDISSIME
GRAND-MAMANS
GRAND-MÉROIS
GRAND-MESSES
GRAND RAPIDS
GRANDS-CROIX
GRANDS-MÈRES
GRANDS-PAPAS
GRANDS-PÈRES
GRAND-TANTES
GRAND-VOILES
GRANGEMOUTH
GRANNY-SMITH

GRANULATION
GRANULOCYTE
GRANVILLAIS
GRAPE-FRUITS
GRAPHITEUSE
GRAPHITIQUE
GRAPHOLOGIE
GRAPHOLOGUE
GRAPPILLAGE
GRAPPILLANT
GRAPPILLEUR
GRAS-DOUBLES
GRASSEYANTE
GRATIENNOIS
GRATIFIANTE
GRATTE-PIEDS
GRATTOUILLÉ
GRAULHETOIS
GRAVELINOIS
GRAVILLONNÉ
GRAVIMÉTRIE
GRAVITATION
GRÉCO-LATINE
GRÉCO-LATINS
GRÉCO-ROMAIN
GRÉGORIENNE
GRELOTTANTE
GRENADIENNE
GRENAILLAGE
GRENAILLANT
GRENOBLOISE
GRENOUILLER
GRÉSILLONNE
GRÉSIVAUDAN
GRÉSYLIENNE
GRÉSY-SUR-AIX
GREZ-DOICEAU
GRIBOUILLÉE
GRIBOUILLER
GRIBOUILLIS
GRIFFONNAGE
GRIFFONNANT
GRIFFONNEUR
GRIFFUELHES
GRIGNOTEUSE
GRILLADERIE
GRILLAGEANT
GRILLE-ÉCRAN
GRILLPARZER
GRIMAUDERIE
GRIMAUDOISE
GRIMPEREAUX
GRINDELWALD
GRISAILLANT
GRISOLLAISE
GRISONNANTE
GRISOUMÈTRE

GRISOUTEUSE	HANSÉATIQUE	HÉMOCULTURE
GRIVOISERIE	HAPPELOURDE	HÉMODIALYSE
GRŒNENDAEL	HARANGUEUSE	HÉMOGLOBINE
GROGNASSANT	HARASSEMENT	HÉMOLYTIQUE
GROGNONNANT	HARCÈLEMENT	HÉMORROÏDAL
GROSEILLIER	HARENGAISON	HENDÉCAGONE
GROS-PORTEUR	**HARFLEURAIS**	**HENRI LE LION**
GROSSIÈRETÉ	HARMONIEUSE	HÉPATOLOGIE
GROSSISSANT	HARMONISANT	**HEPPLEWHITE**
GROUILLANTE	**HARNÉSIENNE**	HEPTAGONALE
GROUPUSCULE	**HARNONCOURT**	HEPTAGONAUX
GRUSS JUNIOR	**HARRY POTTER**	**HÉRAULTAISE**
GRUYÉRIENNE	**HATSHEPSOUT**	**HERBLAYSIEN**
GRYSÉLIENNE	HAUT-DE-FORME	**HERBLINOISE**
GUADALAJARA	HAUTE-CONTRE	HERBORISANT
GUADALCANAL	**HAUTES-ALPES**	**HERBRETAISE**
GUAN HANQING	**HAUTE-SAVOIE**	HERCULÉENNE
GUATÉMALIEN	**HAUTE-VIENNE**	HERCYNIENNE
GUÉRANDAISE	HAUT-LE-CŒUR	HÉRÉDITAIRE
GUÉRISSABLE	HAUT-LE-CORPS	HÉRÉSIARQUE
GUÉRISSEUSE	**HAUT-MARNAIS**	HÉRISSEMENT
GUERNESIAIS	**HAUTMONTOIS**	**HERMANVILLE**
GUETHARIARE	**HAUT-NORMAND**	HERMÉTICITÉ
GUEULETONNÉ	HAUT-PARLEUR	HÉROÏNOMANE
GUICHETIÈRE	**HAUT-RHINOIS**	**HERTZSPRUNG**
GUILLEMETÉE	**HAUT-SAÔNAIS**	**HERZÉGOVINE**
GUILLEMETER	**HAUT-SEINAIS**	**HESBIGNONNE**
GUILLERETTE	HAYANGEOISE	HÉTÉROCLITE
GUILLOCHAGE	**HAYE-DU-PUITS**	HÉTÉROCYCLE
GUILLOCHANT	**HAYTILLONNE**	HÉTÉRODONTE
GUILLOCHURE	HÉBÉPHRÉNIE	HÉTÉRODOXIE
GUILLOTINÉE	HÉBERGEMENT	HÉTÉROGAMIE
GUILLOTINER	HÉBRAÏSANTE	HÉTÉRONOMIE
GUILVINISTE	HECTOGRAMME	HÉTÉROPTÈRE
GUINDAILLER	HECTOPASCAL	HEURISTIQUE
GUINGAMPAIS	HÉGÉMONIQUE	HEXADÉCIMAL
GUIPAVASIEN	HÉGÉMONISME	HEXAÉDRIQUE
GUSTAVE VASA	**HEILLECOURT**	HIBERNATION
GUTTA-PERCHA	HÉLIANTHÈME	HIDEUSEMENT
GYMNASTIQUE	HÉLIANTHINE	HIÉRARCHISÉ
GYMNOSPERME	HÉLICOÏDALE	HIÉROGLYPHE
GYNÉCOLOGIE	HÉLICOÏDAUX	HIÉRONYMITE
GYNÉCOLOGUE	HÉLICOPTÈRE	HIÉROPHANTE
HABILLEMENT	**HÉLIOGABALE**	**HILDEBRANDT**
HABITUATION	HÉLIOGRAPHE	HIMALAYENNE
HACHE-PAILLE	HÉLIOMARINE	HINDOUSTANI
HAGIOGRAPHE	HÉLIPORTAGE	HIPPOGRIFFE
HAGUENOVIEN	HELLÉNISANT	HIPPOMOBILE
HAILLONNEUX	**HELSINGBORG**	HIPPOPHAGIE
HALIEUTIQUE	HÉMARTHROSE	HIPPOPOTAME
HALLUCINANT	HÉMATOCRITE	**HIRSONNAISE**
HALLUCINOSE	HÉMATOLOGIE	HISPANISANT
HALLUINOISE	HÉMATOLOGUE	HISTOCHIMIE
HANDBALLEUR	HÉMATOPHAGE	HISTOGENÈSE
HANDICAPANT	HÉMÉRALOPIE	HISTOGRAMME
HANDICAPEUR	HÉMÉROCALLE	HISTORICITÉ
HANOVRIENNE	HÉMIANOPSIE	HISTORIENNE

HISTORIETTE	HYBRIDATION	IDENTIFIANT
HITLÉRIENNE	HYDARTHROSE	IDENTIFIEUR
HIVERNEMENT	HYDATIFORME	IDENTITAIRE
HOHENLINDEN	HYDRATATION	IDÉOLOGIQUE
HOLLANDAISE	HYDRAULIQUE	IDÉOMOTRICE
HOLLANDAISE	HYDROCOTYLE	IDIOMATIQUE
HOLOGRAPHIE	HYDROCUTION	IDOLÂTRIQUE
HOMÉOMORPHE	HYDROGÉNANT	IGNIFUGEANT
HOMÉOPATHIE	HYDROGRAPHE	IGNOBLEMENT
HOMÉOSTASIE	HYDROLYSANT	IGNOMINIEUX
HOMÉOTHERME	HYDROMÉTRIE	**ÎLE AU TRÉSOR**
HOME-TRAINER	HYDROSPHÈRE	**ÎLE-DE-FRANCE**
HOMOCHROMIE	HYDROZOAIRE	ILÉO-CÆCALE
HOMOGÉNÉISÉ	HYGROMÉTRIE	ILÉO-CÆCAUX
HOMOGÉNÉITÉ	HYGROSCOPIE	ILLETTRISME
HOMOGRAPHIE	HYMÉNOPTÈRE	ILLUMINISME
HOMOLOGUANT	HYPERACTIVE	ILLUSIONNÉE
HOMONYMIQUE	HYPERBORÉEN	ILLUSIONNER
HONDSCHOOTE	HYPERCAPNIE	ILLUSTRATIF
HONDURIENNE	HYPERFOCALE	ILLUVIATION
HONDURIENNE	HYPERFOCAUX	IMAGINATION
HONFLEURAIS	HYPERMARCHÉ	IMAGINATIVE
HONGKONGAIS	HYPERMNÉSIE	IMBÉCILLITÉ
HONGROIERIE	HYPERPLASIE	IMBRICATION
HONNÊTEMENT	HYPERSOMNIE	IMMANGEABLE
HONORIFIQUE	HYPERTENDUE	IMMANQUABLE
HOOGSTRATEN	HYPERTENSIF	IMMATRICULÉ
HORIZONTALE	HYPNOTISANT	IMMÉDIATETÉ
HORIZONTAUX	HYPNOTISEUR	IMMÉMORIALE
HORODATRICE	HYPOACOUSIE	IMMÉMORIAUX
HORRIFIANTE	HYPOCONDRIE	IMMENSÉMENT
HORRIPILANT	HYPODERMOSE	IMMIGRATION
HORS-D'ŒUVRE	HYPONEURIEN	IMMOBILIÈRE
HORSE-GUARDS	HYPONOMEUTE	IMMOBILISÉE
HOSPITALIER	HYPOSPADIAS	IMMOBILISER
HOSPITALISÉ	HYPOSTASIÉE	IMMOBILISME
HOSPITALITÉ	HYPOSTASIER	IMMOBILISTE
HOSTELLERIE	HYPOSULFITE	IMMORALISME
HOSTILEMENT	HYPOTENSEUR	IMMORALISTE
HOUBLONNAGE	HYPOTENSION	IMMORTALISÉ
HOUBLONNANT	HYPOTENSIVE	IMMORTALITÉ
HOUBLONNIER	HYPOTHÉQUÉE	IMMUABILITÉ
HOUPPELANDE	HYPOTHÉQUER	IMMUNITAIRE
HOURTINAISE	HYPOTHERMIE	IMMUNOLOGIE
HOUSE MUSICS	HYPOTONIQUE	IMPARIPENNÉ
HOUSPILLANT	HYPOTROPHIE	IMPARTITION
HUELGOATAIS	HYPSOMÉTRIE	IMPATIENTÉE
HUGUES CAPET	ICHTYOCOLLE	IMPATIENTER
HUIT-REFLETS	ICHTYOLOGIE	IMPATRONISÉ
HUMAINEMENT	ICHTYOPHAGE	IMPEACHMENT
HUMANITAIRE	ICHTYOSAURE	IMPÉCUNIEUX
HUMIDIFIANT	ICHTYOSTÉGA	IMPEDIMENTA
HUMIDIMÈTRE	ICONOCLASME	IMPÉNITENTE
HUMILIATION	ICONOCLASTE	IMPÉRATRICE
HUNINGUOISE	ICONOGRAPHE	IMPERFECTIF
HURLUBERLUE	IDÉES-FORCES	IMPERMÉABLE
HYALOPLASME	IDEMPOTENTE	IMPERSONNEL

IMPERTINENT	INCARNATION	INDIVISIBLE
IMPESANTEUR	INCENDIAIRE	INDO-ARYENNE
IMPÉTRATION	INCERTITUDE	INDOCHINOIS
IMPÉTUOSITÉ	INCESTUEUSE	**INDOCHINOIS**
IMPITOYABLE	INCIDEMMENT	INDOLEMMENT
IMPLANTABLE	INCITATRICE	INDOMPTABLE
IMPLÉMENTÉE	INCLASSABLE	INDUBITABLE
IMPLÉMENTER	INCLINAISON	INDULGENCIÉ
IMPLICATION	INCLINATION	INDUSTRIEUX
IMPLORATION	INCOERCIBLE	INEFFAÇABLE
IMPOLITESSE	INCOHÉRENCE	INÉGALEMENT
IMPOLITIQUE	INCOHÉRENTE	INÉLASTIQUE
IMPOPULAIRE	INCOMMODANT	INÉLUCTABLE
IMPORTATEUR	INCOMMODITÉ	INÉNARRABLE
IMPORTATION	INCOMPÉTENT	INÉPUISABLE
IMPORTUNANT	INCONGRUITÉ	INÉQUITABLE
IMPORTUNITÉ	INCONSCIENT	INESTIMABLE
IMPRÉCATEUR	INCONSIDÉRÉ	INEXCITABLE
IMPRÉCATION	INCONSTANCE	INEXCUSABLE
IMPRÉCISION	INCONSTANTE	INEXÉCUTION
IMPRÉVISION	INCONTESTÉE	INEXISTANTE
IMPRÉVOYANT	INCONTINENT	INEXISTENCE
IMPROBATEUR	INCONTRÔLÉE	INEXPLIQUÉE
IMPROBATION	INCONVENANT	INEXPLOITÉE
IMPRODUCTIF	INCORPORANT	INEXPRESSIF
IMPROPRIÉTÉ	INCRÉDULITÉ	INFAILLIBLE
IMPROUVABLE	INCRÉMENTÉE	INFANTICIDE
IMPROVISADE	INCRÉMENTER	INFANTILISÉ
IMPROVISANT	INCRIMINANT	INFATIGABLE
IMPUBLIABLE	INCRUSTANTE	INFATUATION
IMPUDEMMENT	INCUBATRICE	INFÉCONDITÉ
IMPUISSANCE	INCULCATION	INFECTIEUSE
IMPUISSANTE	INCULPATION	INFÉODATION
IMPULSIVITÉ	INCURIOSITÉ	INFÉRIORISÉ
INABORDABLE	INCURVATION	INFÉRIORITÉ
INACCENTUÉE	INDÉCELABLE	INFERTILITÉ
INACCOMPLIE	INDÉCEMMENT	INFESTATION
INACCOUTUMÉ	INDÉCIDABLE	INFEUTRABLE
INACTINIQUE	INDÉCODABLE	INFIRMATION
INACTUALITÉ	INDÉHISCENT	INFIRMATIVE
INADAPTABLE	INDEMNISANT	INFLAMMABLE
INADVERTANT	INDÉMODABLE	INFLUENÇANT
INALIÉNABLE	INDÉNOUABLE	INFOGRAPHIE
INALTÉRABLE	INDENTATION	INFORMATEUR
INAMISSIBLE	INDÉPENDANT	INFORMATION
INAPAISABLE	INDÉSIRABLE	INFORMATISÉ
INAPPARENTE	INDÉTERMINÉ	INFORMATIVE
INAPPÉTENCE	INDICATRICE	INFRANGIBLE
INAPPLIQUÉE	INDIFFÉRANT	INFRASONORE
INAPPRÉCIÉE	INDIFFÉRENT	INFRUCTUEUX
INAPPROPRIÉ	INDIGÉNISME	INGÉNIOSITÉ
INARTICULÉE	INDIGESTION	INGRATITUDE
INASSIMILÉE	INDIGNATION	INGURGITANT
INATTENTION	INDIGNEMENT	INHABITABLE
INATTENTIVE	INDISPOSANT	INHIBITRICE
INCANTATION	INDISTINCTE	INITIALISÉE
INCARCÉRANT	INDIVISAIRE	INITIALISER

INITIATIQUE	INSTRUMENTÉ	INTERROMPUE
INITIATRICE	INSUFFISANT	INTERSAISON
INJOIGNABLE	INSULINIQUE	INTERTIDALE
INJUSTEMENT	INSUPPORTÉE	INTERTIDAUX
INJUSTIFIÉE	INSUPPORTER	INTERURBAIN
INNERVATION	INTÉGRALITÉ	INTERVENANT
INNOCEMMENT	INTÉGRATEUR	INTERVERTIE
INNOCENTANT	INTÉGRATION	INTERVERTIR
INNOMBRABLE	INTÉGRATIVE	INTERVIEWÉE
INNOVATRICE	INTÈGREMENT	INTERVIEWER
INOCULATION	INTELLIGENT	INTESTINALE
INOFFENSIVE	INTEMPÉRANT	INTESTINAUX
INOPINÉMENT	INTEMPESTIF	INTIMIDABLE
INOPPORTUNE	INTENSÉMENT	INTIMIDANTE
INOPPOSABLE	INTENSIFIÉE	INTOLÉRABLE
INORGANIQUE	INTENSIFIER	INTOLÉRANCE
INORGANISÉE	INTENTIONNÉ	INTOLÉRANTE
INOUBLIABLE	INTERACTION	INTOUCHABLE
INQUIÉTANTE	INTERACTIVE	INTOXIQUANT
INQUISITEUR	INTERALLIÉE	INTRAITABLE
INQUISITION	INTERARMÉES	INTRANSITIF
INQUISITION	INTERCALANT	INTRA-UTÉRIN
INSALUBRITÉ	INTERCÉDANT	INTRÉPIDITÉ
INSATISFAIT	INTERCEPTÉE	INTRICATION
INSCRIPTION	INTERCEPTER	INTRINSÈQUE
INSCRIVANTE	INTERCLASSE	INTRODUCTIF
INSECTARIUM	INTERCLASSÉ	INTRONISANT
INSECTICIDE	INTERCOSTAL	INTROUVABLE
INSECTIVORE	INTERDISANT	INTROVERTIE
INSÉPARABLE	INTÉRESSANT	**INUKJUAMIUT**
INSINCÉRITÉ	INTERFÉCOND	INUTILEMENT
INSINUATION	INTERFÉRANT	INVALIDANTE
INSOLEMMENT	INTERFÉRENT	INVECTIVANT
INSOMNIAQUE	INTERFRANGE	INVENTIVITÉ
INSOMNIEUSE	INTERGROUPE	INVENTORIÉE
INSONORISÉE	INTERHUMAIN	INVENTORIER
INSONORISER	INTÉRIMAIRE	INVERSEMENT
INSOUCIANCE	INTÉRIORISÉ	INVERTÉBRÉE
INSOUCIANTE	INTÉRIORITÉ	INVESTIGUER
INSOUCIEUSE	INTERJECTIF	INVESTITURE
INSOUPÇONNÉ	INTERJETANT	INVOCATOIRE
INSPECTORAT	INTERLIGNÉE	INVOCATRICE
INSPECTRICE	INTERLIGNER	IODHYDRIQUE
INSPIRATEUR	INTERLOQUÉE	IODO-IODURÉE
INSPIRATION	INTERLOQUER	IODO-IODURÉS
INSTABILITÉ	INTERMODALE	IONOPLASTIE
INSTANTANÉE	INTERMODAUX	IRIDECTOMIE
INSTIGATEUR	INTERNEMENT	IRISH-COFFEE
INSTIGATION	INTEROSSEUX	IROQUOIENNE
INSTINCTIVE	INTERPELLÉE	IRRADIATION
INSTINCTUEL	INTERPELLER	IRRAISONNÉE
INSTITUTEUR	INTERPOLANT	IRRATIONNEL
INSTITUTION	INTERPOSANT	IRRECEVABLE
INSTRUCTEUR	INTERPRÉTÉE	IRRÉCUSABLE
INSTRUCTION	INTERPRÉTER	IRRÉFLÉCHIE
INSTRUCTIVE	INTERRACIAL	IRRÉFLEXION
INSTRUISANT	INTERROMPRE	IRRÉFUTABLE

IRRÉGULIÈRE	**JÉSUS-CHRIST**	KEYNÉSIENNE
IRRÉLIGIEUX	JET-SOCIETYS	KHARIDJISME
IRRÉPARABLE	**JEUMONTOISE**	**KHMELNITSKI**
IRRÉVÉRENCE	JEUNES-TURCS	**KHORRAMABAD**
IRRÉVOCABLE	**JEUNES-TURCS**	KIDNAPPEUSE
ISAAC JOGUES	JEUNE-TURQUE	**KIERKEGAARD**
ISBERGUOISE	**JIANG JIESHI**	KILOMÉTRAGE
ISCHIATIQUE	**JOCASSIENNE**	KILOMÉTRANT
ISLAMOLOGIE	**JOCONDIENNE**	**KIMURA MOTOO**
ISMAÉLIENNE	**JOINVILLAIS**	**KIM YOUNG-SAM**
ISMAÏLIENNE	**JOINVILLOIS**	KINESTHÉSIE
ISMAÏL PACHA	**JOLIETTAINE**	KINÉTOSCOPE
ISOMÉTRIQUE	**JOLIOT-CURIE**	KING-CHARLES
ISOSTATIQUE	**JONQUIÉROIS**	**KINGERSHEIM**
ISOTHÉRAPIE	JORDANIENNE	**KIRGHIZSTAN**
ISRAÉLIENNE	**JORDANIENNE**	KITCHENETTE
ISRAÉLIENNE	**JOSSELINAIS**	**KITTITIENNE**
ISSOIRIENNE	JOURNALIÈRE	KLEPTOMANIE
ISSOLDUNOIS	JOURNALISER	**KLINEFELTER**
ITALIANISÉE	JOURNALISME	**KNOKKE-HEIST**
ITALIANISER	JOURNALISTE	**KNUD LE GRAND**
ITALIANISME	JOUVENCEAUX	**KNUD LE SAINT**
ITALIANISTE	JOUVENCELLE	**KNUT LE GRAND**
IVAN LE GRAND	**JOUY-EN-JOSAS**	**KNUT LE SAINT**
IZETBEGOVIC	JOVIALEMENT	**KOCHANOWSKI**
JACASSEMENT	JOYEUSEMENT	**KOLAROVGRAD**
JACOBINISME	**JUAN-LES-PINS**	**KOMMOUNARSK**
JACTANCIEUX	JUBILATOIRE	**KÖNIGSMARCK**
JACULATOIRE	JUDICIARISÉ	**KORAÏCHITES**
JAILLISSANT	**JUMIÉGEOISE**	KOUIGN-AMANN
JAKARTANAIS	JUPE-CULOTTE	**KOUO-MIN-TANG**
JALONNEMENT	JURASSIENNE	KOWEÏTIENNE
JALONS-MIRES	**JURASSIENNE**	**KOWEÏTIENNE**
JALOUSEMENT	JURIDICTION	**KRAFFT-EBING**
JAMAÏQUAINE	JUSTAUCORPS	**KRASNOÏARSK**
JAMAÏQUAINE	JUSTE-À-TEMPS	**KREMLINOISE**
JAMBONNEAUX	JUSTICIABLE	**KREUZLINGEN**
JAM-SESSIONS	JUSTIFIABLE	KRISHNAÏSME
JAPONISANTE	JUSTIFIANTE	**KRUGERSDORP**
JARGONNEUSE	JUXTAPOSANT	**KRUSENSTERN**
JARVILLOISE	**KABOULIENNE**	**KSAR EL-KÉBIR**
JAUFRÉ RUDEL	**KAFR EL-DAWAR**	**KUALA LUMPUR**
JAUNISSANTE	KALACHNIKOV	**KUBILAY KHAN**
JAVELLISANT	**KALININGRAD**	**KULTURKAMPF**
JAYAWARDENE	KAMMERSPIEL	**KUMARATUNGA**
JAZZISTIQUE	**KANCHIPURAM**	**KUUJJUAMIUT**
JEAN CASIMIR	**KANO SANRAKU**	KWASHIORKOR
JEAN COMNÈNE	**KAPILAVASTU**	**KWASNIEWSKI**
JEAN DE DAMAS	**KARADJORDJE**	LABELLISANT
JEAN DE LEYDE	**KARAGEORGES**	LABIALISANT
JEAN DE MATHA	**KARAKALPAKS**	LABORANTINE
JEAN DE MEUNG	**KARLOVY VARY**	LABORATOIRE
JEAN LE GRAND	**KAYSERSBERG**	**LA BOURBOULE**
JEAN LE PIEUX	**KAZANTZÁKIS**	**LABOUR PARTY**
JEANNOTISME	KÉRATINISÉE	**LABRUGUIÈRE**
JELATCHITCH	KÉRATOTOMIE	**LA CANOURGUE**
JELENIA GÓRA	**KEROULARIOS**	LACERTILIEN

LA CHALOTAIS
LA CONDAMINE
LA COURNEUVE
LACRYMOGÈNE
LACTESCENCE
LACTESCENTE
LA FERTÉ-MACÉ
LA FEUILLADE
LA FRANÇAISE
LAÏCISATION
LA JONQUIÈRE
LAKSHADWEEP
LA LAURENCIE
LA MADELEINE
LAMALOUSIEN
LAMARCKISME
LAMBALLAISE
LAMBERTOISE
LAMBRISSAGE
LAMBRISSANT
LAMENTATION
LAMORICIÈRE
LAMPISTERIE
LAMPROPHYRE
LANCE-AMARRE
LANCE-BOMBES
LANCE-FLAMME
LANCE-FUSÉES
LANCE-PIERRE
LANDERNEAUX
LANDGRAVIAT
LANDIVISIAU
LANDIVISIEN
LANDSTEINER
LANESTÉRIEN
LANGEADOISE
LANGEAISIEN
LANGOUREUSE
LANGOUSTIER
LANGOUSTINE
LANGUISSANT
LANNIONNAIS
LANTERNEAUX
LANTIPONNER
LAPALISSADE
LAPALISSOIS
LAPAROTOMIE
LAPIS-LAZULI
LA POCATIÈRE
LAPOUTROYEN
LA QUINTINIE
LARGENTIÈRE
LARGILLIÈRE
LA RICAMARIE
LARMES-DE-JOB
LARMOIEMENT
LARMORIENNE

LARMOR-PLAGE
LARYNGIENNE
LASCIVEMENT
L'ASSOMPTION
LATÉRALISÉE
LATÉRITIQUE
LATIFUNDIUM
LATIGNACIEN
LATINISANTE
LA TOUR-DU-PIN
LA TREMBLADE
LA TRÉMOILLE
LAURENTIDES
LAURIER-ROSE
LAUSANNOISE
LAUTERBOURG
LAUTRÉAMONT
LA VÉRENDRYE
LA VIEUVILLE
LA VRILLIÈRE
LA WANTZENAU
LE CASTELLET
LE CÉRAMIQUE
LE CHAPELIER
LE CHATELIER
LÈCHE-BOTTES
LÈCHE-DOIGTS
LE CORBUSIER
LEDRU-ROLLIN
LED ZEPPELIN
LEEUWENHOEK
LÉGIONNAIRE
LÉGISLATEUR
LÉGISLATION
LÉGISLATIVE
LÉGISLATURE
LÉGITIMISME
LÉGITIMISTE
LE GRAU-DU-ROI
LÉGUMINEUSE
LÉOGNANAISE
LÉONARDOISE
LEONCAVALLO
LÉON LE GRAND
LÉPIDOPTÈRE
LE POULIGUEN
LÉPROMATEUX
LEPTIS MAGNA
LESBIANISME
LÈSE-MAJESTÉ
LES HERBIERS
LÉSIONNAIRE
LÉSIONNELLE
LESNEVIENNE
LESPARRAINE
LESSIVIELLE
LESZCZYNSKI

LÉTHARGIQUE
LEUCODERMIE
LEUCOPLASIE
LEUCOPOÏÈSE
LE VAUDREUIL
LÉVI-STRAUSS
LEXICALISÉE
LEXICOLOGIE
LEXICOLOGUE
LÉZIGNANAIS
LIAISONNANT
LIANESCENTE
LIBÉRALISÉE
LIBÉRALISER
LIBÉRALISTE
LIBÉRATOIRE
LIBÉRATRICE
LIBERTICIDE
LIBERTINAGE
LIBERUM VETO
LIBIDINEUSE
LIBOURNAISE
LIBRE-PENSÉE
LIBRETTISTE
LICENCIEUSE
LIDDELL HART
LIEOU CHAO-K'I
LIGAMENTEUX
LILLEHAMMER
LILLIPUTIEN
LIMONADIÈRE
LIMOUGEAUDE
LIMOUGEAUDE
LIMOURIENNE
LINAIGRETTE
LINE ISLANDS
LINGOLSHEIM
LINOGRAVURE
LINOTYPISTE
LIPOSOLUBLE
LIPOSUCCION
LIQUÉFIABLE
LIQUÉFIANTE
LIQUESCENCE
LIQUIDAMBAR
LIQUIDATEUR
LIQUIDATION
LIQUIDATIVE
LIQUIDIENNE
LISBONNAISE
LISBONNAISE
LISIBLEMENT
L'ISLE-D'ABEAU
LITHIASIQUE
LITHINIFÈRE
LITHOGRAPHE
LITHOPHANIE

LITHOSPHÈRE
LITHOTRITIE
LITTÉRALITÉ
LITTÉRARITÉ
LITTÉRATEUR
LITTÉRATURE
LITUANIENNE
LITUANIENNE
LIVING-ROOMS
LIVINGSTONE
LIVRY-GARGAN
LIXIVIATION
LLOYD GEORGE
LOBO ANTUNES
LOCALISABLE
LOCOMOTRICE
LOFING-MATCH
LOGIQUEMENT
LOGISTICIEN
LOMBO-SACRÉE
LOMBO-SACRÉS
LONDONDERRY
LONDONIENNE
LONDONIENNE
LONGANIMITÉ
LONG-JOINTÉE
LONG-JOINTÉS
LONG-MÉTRAGE
LONGOVICIEN
LONGUENESSE
LONGUES-VUES
LONGUEVILLE
LORDS-MAIRES
LORENZACCIO
LORIENTAISE
LOTHARINGIE
LOTISSEMENT
LOUFOQUERIE
LOUHANNAISE
LOUISE-BONNE
LOUISE-MARIE
LOUIS-GENTIL
LOUIS LE GROS
LOUIS LE LION
LOUP-CERVIER
LOUPERIVOIS
LOUPS-GAROUS
LOUVOIEMENT
LUBRIFIANTE
LUCANOPHILE
LUCHONNAISE
LUCIENNOISE
LUGUBREMENT
LUKASIEWICZ
LUMINESCENT
LUMINOPHORE
LUNA DA SILVA

LUNÉVILLOIS
LUNI-SOLAIRE
LUTHÉRIENNE
LUTOSLAWSKI
LYCANTHROPE
LYCOPODIALE
LYMPHANGITE
LYMPHATIQUE
LYMPHOPÉNIE
LYOPHILISAT
LYOPHILISÉE
LYOPHILISER
LYOPHILISÉS
LYRIQUEMENT
LYSERGAMIDE
MACADAMISÉE
MACADAMISER
MACARONIQUE
MACCARTISME
MACCHIAIOLI
MÂCHICOULIS
MACHINATION
MÂCHOUILLÉE
MÂCHOUILLER
MACHU PICCHU
MACROCHEIRE
MACROCYSTIS
MACROCYTOSE
MACROSÉISME
MADAME ANGOT
MADELEINOIS
MADELINOISE
MAETERLINCK
MAGASINIÈRE
MAGDALÉENNE
MAGDALÉNIEN
MAGIQUEMENT
MAGNAC-LAVAL
MAGNANIMITÉ
MAGNÉSIENNE
MAGNÉTISANT
MAGNÉTISEUR
MAGNOLIACÉE
MAGOUILLAGE
MAGOUILLANT
MAGOUILLEUR
MAHABHARATA
MAHARASHTRA
MAIGRELETTE
MAIGRISSANT
MAIL-COACHES
MAILLANAISE
MAILLECHORT
MAIN-D'ŒUVRE
MAINS SALES
MAINTENANCE
MAISONNAISE

MAISONNETTE
MAISONNEUVE
MAÎTRE-AUTEL
MAÎTRE-CHIEN
MAÎTRISABLE
MAJESTUEUSE
MAJORITAIRE
MALACOLOGIE
MALAISÉMENT
MALAISIENNE
MALAISIENNE
MALAKOFFIOT
MALCHANCEUX
MALDIVIENNE
MALEBRANCHE
MALÉDICTION
MALENCONTRE
MALENGUEULÉ
MALESHERBES
MALFAISANCE
MALFAISANTE
MALGRACIEUX
MALHEUREUSE
MALIGNEMENT
MALINGRERIE
MALLÉOLAIRE
MALLES-POSTE
MALLET DU PAN
MALLET-JORIS
MALMIGNATTE
MALODORANTE
MALPOSITION
MALPROPRETÉ
MALSONNANTE
MALTRAITANT
MALVEILLANT
MAMMALIENNE
MAMMECTOMIE
MAMMOTH CAVE
MANAGÉRIALE
MANAGÉRIAUX
MANDARINIER
MANDAT-CARTE
MANDATEMENT
MANDCHOURIE
MANDIBULATE
MANDUCATION
MANGEOTTANT
MANGONNEAUX
MANGUYCHLAK
MANIABILITÉ
MANIAQUERIE
MANICHÉENNE
MANICHÉISME
MANICOUAGAN
MANIFESTANT
MANIGANÇANT

MANIPULABLE	**MARSEILLAIS**	MÉCONTENTER
MANNEQUINAT	**MARSHALLAIS**	MÉDIATHÈQUE
MANŒUVRANT	MARSHMALLOW	MÉDIATISANT
MANŒUVRIER	MARTÈLEMENT	MÉDICALISÉE
MANUFACTURE	**MARTELLANGE**	MÉDICALISER
MANUFACTURÉ	MARTYRISANT	**MEDICINE HAT**
MANUTENTION	MARTYROLOGE	MÉDICO-LÉGAL
MAO TSÉ-TOUNG	**MARVEJOLAIS**	MÉDIOCRATIE
MAQUERAISON	**MASCOUCHOIS**	MÉDIUMNIQUE
MAQUETTISTE	MASCULINISÉ	MÉGALOMANIE
MAQUIGNONNÉ	MASCULINITÉ	**MEGALOPOLIS**
MAQUILLEUSE	**MASKOUTAINE**	MÉGALOPOLIS
MARABOUTAGE	**MASQUE DE FER**	MÉGALOPTÈRE
MARABOUTANT	MASSACRANTE	MÉGATHÉRIUM
MARATHONIEN	MASSACREUSE	**MEHMED FATIH**
MARC-ANTOINE	**MASSIACOISE**	**MEHMED RESAD**
MARCESCENCE	MASSICOTANT	**MEISSONNIER**
MARCESCENTE	MASSIVEMENT	**MELANCHTHON**
MARCHANDAGE	MASTECTOMIE	**MÉLANÉSIENS**
MARCHANDANT	MASTICATEUR	MÉLANODERME
MARCHANDEUR	MASTICATION	**MELGORIENNE**
MARCHANDISE	MASTOPATHIE	MÉLIORATIVE
MARCHIENNES	**MASTROIANNI**	MELTING-POTS
MARCIONISME	MATELASSAGE	**MELUN-SÉNART**
MARCOPHILIE	MATELASSANT	MEMBRANAIRE
MAR DEL PLATA	MATELASSÉE	MEMBRANEUSE
MARÉCAGEUSE	MATELASSURE	MÉMORISABLE
MARÉMOTRICE	MATÉRIALISÉ	MENCHEVIQUE
MARGINALISÉ	MATÉRIALITÉ	MENDÉLÉVIUM
MARGINALITÉ	MATHÉMATISÉ	MENDÉLIENNE
MARGOUILLAT	MATOISEMENT	**MENDELSSOHN**
MARGOUILLIS	MATRAQUEUSE	**MENDES PINTO**
MARGOULETTE	MATRIARCALE	MENDIGOTANT
MARGUERITTE	MATRIARCAUX	**MÉNEHILDIEN**
MARGUILLIER	MATRICIELLE	MENSTRUELLE
MARIE-AMÉLIE	MATRILOCALE	MENSUALISÉE
MARIE-JEANNE	MATRILOCAUX	MENSUALISER
MARIE-LOUISE	MATRIMONIAL	MENSURATION
MARIE-LOUISE	**MAUBEUGEOIS**	MENTALEMENT
MARIE-SALOPE	**MAUBOURGUET**	MENTIONNANT
MARIE STUART	**MAULBERTSCH**	**MENTONNAISE**
MARIGNANAIS	**MAURIACOISE**	MENTONNIÈRE
MARIONNETTE	MAURICIENNE	MENUS-CARTES
MARIVAUDAGE	**MAURICIENNE**	MERCATICIEN
MARIVAUDANT	MAURITANIEN	MERCERISAGE
MARIVERAINE	**MAURITANIEN**	MERCERISANT
MARLBOROUGH	MAUSSADERIE	MERCURIELLE
MARLYCHOISE	MAXILLIPÈDE	**MEREJKOVSKI**
MARMANDAISE	MAXIMALISÉE	MÉRIDIONALE
MARMENTEAUX	MAXIMALISER	**MÉRIDIONALE**
MARMORÉENNE	MAXIMALISME	MÉRIDIONAUX
MAROQUINAGE	MAXIMALISTE	**MÉRIDIONAUX**
MAROQUINANT	**MAXIMIN DAIA**	MÉROVINGIEN
MAROQUINIER	**MAXIPONTINE**	**MERS EL-KÉBIR**
MARQUE-PAGES	**MAZAMÉTAINE**	MERVEILLEUX
MARQUETERIE	MÉCONNAÎTRE	**MÉRY-SUR-OISE**
MARSEILLAIS	MÉCONTENTÉE	MÉSALLIANCE

MÉSAVENANCE
MÉSAVENTURE
MÉSESTIMANT
MÉSOPOTAMIE
MESQUINERIE
MESSALI HADJ
MESSIANIQUE
MESSIANISME
MÉTABOLIQUE
MÉTABOLISÉE
MÉTABOLISER
MÉTABOLISME
MÉTACARPIEN
MÉTALANGAGE
MÉTALDÉHYDE
MÉTALLIFÈRE
MÉTALLISANT
MÉTALLISEUR
MÉTALLURGIE
MÉTALOGIQUE
MÉTAMÉRISÉE
MÉTASTASANT
MÉTATARSIEN
MÉTATHÉORIE
MÉTATHÉRIEN
METCHNIKOFF
MÉTÉO-FRANCE
MÉTHANISANT
MÉTHANOÏQUE
MÉTICULEUSE
MÉTONYMIQUE
MÉTRISATION
MÉTROPOLITE
MÉTRORRAGIE
MEUDONNAISE
MÉZIDONNAIS
MEZZOGIORNO
MIAJA MENANT
MIASMATIQUE
MICASCHISTE
MICKEY MOUSE
MICOCOULIER
MICOQUIENNE
MICROBIENNE
MICROCHIMIE
MICROCLIMAT
MICROCRÉDIT
MICROCYTOSE
MICROFILMÉE
MICROFILMER
MICROGRENUE
MICROMÉTRIE
MICROMODULE
MICRONÉSIEN
MICRONÉSIEN
MICRONISANT
MICROPILULE

MICROSCOPIE
MICROSÉISME
MICROSILLON
MICROTUBULE
MIDDELKERKE
MIEUX-DISANT
MIGNONNETTE
MIGRAINEUSE
MILITARISÉE
MILITARISER
MILITARISME
MILITARISTE
MILLE-FLEURS
MILLE-PATTES
MILLERANDÉE
MILLÉSIMANT
MILLEVACHES
MILLIAMPÈRE
MILLIGRAMME
MILLIMÉTRÉE
MILLIONIÈME
MIMIZANNAIS
MINABLEMENT
MINANGKABAU
MINAS GERAIS
MINÉRALISÉE
MINÉRALISER
MINÉRALOGIE
MINIATURISÉ
MINIMALISÉE
MINIMALISER
MINIMALISME
MINIMALISTE
MINIMESSAGE
MINISTÉRIEL
MINISTRABLE
MINITÉLISTE
MINNEAPOLIS
MINNESÄNGER
MINORITAIRE
MIRABELLIER
MIRABELLOIS
MIRACULEUSE
MIRAMASSÉEN
MIREBALAISE
MIRECURTIEN
MIROBOLANTE
MIROITEMENT
MISANTHROPE
MISCIBILITÉ
MISÉRICORDE
MISSISSAUGA
MISSISSIPPI
MISSOLONGHI
MISTINGUETT
MITCHOURINE
MITOYENNETÉ

MITRAILLADE
MITRAILLAGE
MITRAILLANT
MITRAILLEUR
MOBILE HOMES
MOBILISABLE
MODÉRATRICE
MODERN DANCE
MODERNISANT
MODERN STYLE
MODESTEMENT
MODIFICATIF
MODIQUEMENT
MODULATRICE
MOHENJO-DARO
MOHOROVICIC
MOINDREMENT
MOINE-SOLDAT
MOINS-DISANT
MOINS-PERÇUS
MOINS-VALUES
MOISSAGAISE
MOISSONNAGE
MOISSONNANT
MOISSONNEUR
MOLÉCULAIRE
MOLIÉRESQUE
MOLLASSERIE
MOLLASSONNE
MOLLETONNÉE
MOLLETONNER
MOLYBDÉNITE
MONADOLOGIE
MONADOLOGIE
MONARCHIQUE
MONARCHISME
MONARCHISTE
MONBAZILLAC
MONDIALISÉE
MONDIALISER
MONDIALISME
MONDIALISTE
MONDOVILLE
MONDOVISION
MONÉTARISME
MONÉTARISTE
MONFLANQUIN
MONGOLIENNE
MONNERVILLE
MONOBASIQUE
MONOCAMÉRAL
MONOCHROMIE
MONOCLINALE
MONOCLINAUX
MONOCLONALE
MONOCLONAUX
MONOCRISTAL

11

MONOCULAIRE	**MONTROUGIEN**	MULTICOUCHE
MONOCULTURE	MONTS-BLANCS	MULTILINGUE
MONOGAMIQUE	MONUMENTALE	MULTIPARITÉ
MONOGÉNIQUE	MONUMENTAUX	MULTIPLIANT
MONOGÉNISME	MORALISANTE	MULTIPLIEUR
MONOGRAPHIE	MORBILLEUSE	MULTIPOINTS
MONOLOGUANT	**MOREAU L'AÎNÉ**	MULTIRACIAL
MONONUCLÉÉE	**MORGANFIELD**	MULTIRISQUE
MONOPHYSITE	**MORGENSTERN**	MULTISALLES
MONOPOLEUSE	MORPHINIQUE	MULTISTADES
MONOPOLISÉE	MORPHOLOGIE	MULTIVARIÉE
MONOPOLISER	**MORTAGNAISE**	**MÜNCHHAUSEN**
MONOPOLISTE	MORTAISEUSE	**MUNDOLSHEIM**
MONOSÉMIQUE	MORT-AUX-RATS	MUNICIPALES
MONOSYLLABE	MORTE-SAISON	MUNIFICENCE
MONOTHÉISME	MORTIFIANTE	MUNIFICENTE
MONOTHÉISTE	MORVANDEAUX	MÛRISSEMENT
MONOVALENTE	**MORVANDEAUX**	MURS-RIDEAUX
MONROVIENNE	MORVANDELLE	MUSCULATION
MONSEIGNEUR	**MORVANDELLE**	MUSCULATURE
MONSTRUEUSE	MORVANDIAUX	MUSELLEMENT
MONTAGNARDE	**MORVANDIAUX**	MUSÉOGRAPHE
MONTAGNARDS	MOTEUR-FUSÉE	MUSICOLOGIE
MONTAGNEUSE	MOTOCULTEUR	MUSICOLOGUE
MONTARGOISE	MOTOCULTURE	MUSSITATION
MONTBARDOIS	MOTS CROISÉS	MUTAZILISME
MONTBÉLIARD	MOTS-VALISES	MUTILATRICE
MONTBÉLIARD	MOTU PROPRIO	MUTUALISANT
MONTCELLIEN	MOUCHARDAGE	MUTUELLISME
MONT-DAUPHIN	MOUCHARDANT	MUTUELLISTE
MONT-DE-PIÉTÉ	MOUCHERONNÉ	**MUZAFFARPUR**
MONTE-CHARGE	MOUDJAHIDIN	MYCOLOGIQUE
MONTECRISTO	MOUILLEMENT	MYDRIATIQUE
MONTE-EN-L'AIR	MOULIN-À-VENT	MYÉLOGRAMME
MONTÉNÉGRIN	**MOULIN-ROUGE**	MYÉLOMATOSE
MONTÉNÉGRIN	MOULURATION	MYÉLOPATHIE
MONTÉRÉGIEN	**MOUNET-SULLY**	MYOFIBRILLE
MONTERELAIS	**MOUNTBATTEN**	MYOMECTOMIE
MONTESQUIEU	**MOUNT VERNON**	MYORELAXANT
MONTÉVIDÉEN	MOUSSAILLON	MYRIOPHYLLE
MONTFERMEIL	**MOUSSORGSKI**	MYSTÉRIEUSE
MONTFERRAND	MOUTONNERIE	MYSTIFIABLE
MONTFORTAIS	MOUTONNEUSE	MYSTIFIANTE
MONTGENÈVRE	MOUTONNIÈRE	**NAGANO OSAMI**
MONTGOLFIER	MOUVEMENTÉE	**NAHUEL HUAPÍ**
MONTHERLANT	MOUVEMENTER	**NAIROBIENNE**
MONTHEYSANE	**MOUZONNAISE**	**NAMAQUALAND**
MONTILIENNE	MOXIBUSTION	**NANGA PARBAT**
MONT-LAURIER	MOYENÂGEUSE	NANOSCIENCE
MONTMORENCY	MOYENNEMENT	NAPOLÉONIEN
MONTMORENCY	**MOYEN-EMPIRE**	NAPOLITAINE
MONTPELLIER	**MOYEN-ORIENT**	**NAPOLITAINE**
MONTPENSIER	MOZAMBICAIN	**NARAYANGANJ**
MONTRÉALAIS	**MOZAMBICAIN**	**NARBONNAISE**
MONTRÉALAIS	**MUDDY WATERS**	NARCISSIQUE
MONTREUSIEN	MUGISSEMENT	NARCISSISME
MONTRICHARD	MULTICOLORE	NARCODOLLAR

NARCOLEPSIE
NASILLEMENT
NASONNEMENT
NATIONALISÉ
NATIONALITÉ
NATOUFIENNE
NATURALISÉE
NATURALISER
NATURALISME
NATURALISTE
NATUROPATHE
NAUFRAGEANT
NAUFRAGEUSE
NAUSÉABONDE
NAVIGATRICE
NAVIRE-ÉCOLE
NAVIRE-USINE
NAVRATILOVA
NAZAIRIENNE
NÉCESSITANT
NÉCESSITEUX
NÉCROMANCIE
NÉCROPHILIE
NECTARIFÈRE
NECTARIVORE
NÉERLANDAIS
NÉERLANDAIS
NÉGATIVISME
NÉGATOSCOPE
NÉGLIGEABLE
NÉGOCIATEUR
NÉGOCIATION
NÉGRILLONNE
NÉMATOCYSTE
NÉOCASTRIEN
NÉODOMIENNE
NÉOFASCISME
NÉOFASCISTE
NÉOGOTHIQUE
NÉOKANTISME
NÉOLITHIQUE
NÉOPLASIQUE
NÉORÉALISME
NÉORÉALISTE
NÉOTHOMISME
NÉPHRÉTIQUE
NÉPHROLOGIE
NÉPHROLOGUE
NESTORIENNE
NESCIEMMENT
NETÉCONOMIE
NETTOIEMENT
NEUF-BRISACH
NEUFCHÂTEAU
NEUILLÉENNE
NEUNKIRCHEN
NEUROPATHIE

NEUROTOXINE
NEUTRALISÉE
NEUTRALISER
NEUTRALISME
NEUTRALISTE
NEUTRONIQUE
NEUTROPÉNIE
NEUTROPHILE
NEUVILLOISE
NÉVRALGIQUE
NÉVROPATHIE
NEWPORT NEWS
NEWTONIENNE
NEW-YORKAISE
NEW-YORKAISE
NGÔ DINH DIÊM
NICOTINIQUE
NIDS-DE-POULE
NIDS-D'OISEAU
NIEDERBRONN
NIEDERMEYER
NIETZSCHÉEN
NIGHTINGALE
NIJNI TAGUIL
NISHINOMIYA
NITRATATION
NITRATE-FUEL
NITRIFIANTE
NITROBACTER
NITROSATION
NITRURATION
NIVELLEMENT
NIVO-PLUVIAL
NOBÉLISABLE
NOCICEPTION
NOCTAMBULER
NOGENT-LE-ROI
NOIRCISSANT
NOIRCISSURE
NOIRMOUTIER
NOIRMOUTRIN
NOMBRILISME
NOMBRILISTE
NOMINALISÉE
NOMINALISER
NOMINALISME
NOMINALISTE
NON ACCOMPLI
NON-ACTIVITÉ
NONAGÉNAIRE
NON-ALIGNÉES
NONCHALANCE
NONCHALANTE
NON-CROYANTE
NON-CROYANTS
NON DIRECTIF
NON-FUMEUSES

NON-INITIÉES
NON-INSCRITE
NON-INSCRITS
NON MARCHAND
NON-PAIEMENT
NONPAREILLE
NON-RECEVOIR
NON-RÉPONSES
NON-RÉSIDENT
NON-RESPECTS
NON-SALARIÉE
NON-SALARIÉS
NON STANDARD
NONTRONNAIS
NON-VIOLENCE
NON-VIOLENTE
NON-VIOLENTS
NON-VOYANTES
NORD-CORÉENS
NORD-CORÉENS
NORMALEMENT
NORMALIENNE
NORMALISANT
NORMATIVITÉ
NORMOGRAPHE
NORTHAMPTON
NORTHUMBRIE
NORVÉGIENNE
NORVÉGIENNE
NOSOCOMIALE
NOSOCOMIAUX
NOSOGRAPHIE
NOSTALGIQUE
NOSTRADAMUS
NOTABLEMENT
NOTIFICATIF
NOTIONNELLE
NOTOIREMENT
NOURRICIÈRE
NOURRISSAGE
NOURRISSANT
NOURRISSEUR
NOUVEAU-NÉES
NOUVELLISTE
NOUZONVILLE
NOVOROSSISK
NUCLÉARISÉE
NUCLÉARISER
NUCLÉONIQUE
NUCLÉOPHILE
NUDIBRANCHE
NUEVO LAREDO
NUIT ÉTOILÉE
NUMÉROLOGIE
NUMÉROLOGUE
NYCTHÉMÉRAL
NYÍREGYHÁZA

NYMPHOMANIE
NYSA LUZYCKA
OBJECTIVANT
OBJECTIVITÉ
OBJURGATION
OBLIGATAIRE
OBLIGATOIRE
OBLIQUEMENT
OBRÉNOVITCH
OBSCURÉMENT
OBSÉQUIEUSE
OBSERVATEUR
OBSERVATION
OBSIDIONALE
OBSIDIONAUX
OBSOLESCENT
OBSTÉTRICAL
OBSTÉTRIQUE
OBSTINATION
OBSTINÉMENT
OBSTRUCTION
OBSTRUCTIVE
OBTEMPÉRANT
OBTURATRICE
OBUCHI KEIZO
OBWALDIENNE
OCCASIONNÉE
OCCASIONNEL
OCCASIONNER
OCCIDENTALE
OCCIDENTALE
OCCIDENTAUX
OCCIDENTAUX
OCCITANISME
OCCULTATION
OCÉANOLOGIE
OCÉANOLOGUE
OCTAÉDRIQUE
OCTOGÉNAIRE
OCTOSYLLABE
OCULOMOTEUR
ODA NOBUNAGA
ODIEUSEMENT
ODONTOLOGIE
ODONTOMÈTRE
ODORIFÉRANT
ŒCOLAMPADE
ŒCUMÉNIQUE
ŒCUMÉNISME
ŒCUMÉNISTE
ŒDÉMATEUSE
ŒIL-DE-BŒUF
ŒIL-DE-TIGRE
ŒILLETONNÉ
ŒILS-DE-CHAT
ŒE KENZABURO
ŒNANTHIQUE

ŒNOLOGIQUE
ŒSOPHAGIEN
ŒSOPHAGITE
OFFICIALISÉ
OFFRANVILLE
OFFSETTISTE
OISEAU DE FEU
OLÉAGINEUSE
OLÉICULTEUR
OLÉICULTURE
OLIGOPHRÈNE
OLIVER TWIST
OMBELLIFÈRE
OMNIPOTENCE
OMNIPOTENTE
OMNIPRÉSENT
OMNISCIENCE
OMNISCIENTE
ONDULATOIRE
ONGULIGRADE
ONIROMANCIE
ONOMASTIQUE
ONTOLOGIQUE
ONYCHOPHORE
ONZIÈMEMENT
OPACIMÉTRIE
OPALESCENCE
OPALESCENTE
OPALISATION
OPÉRA-BALLET
OPÉRA-BOUFFE
OPERCULAIRE
OPHIOGLOSSE
OPHTALMIQUE
OPINIÂTRETÉ
OPISTHODOME
OPPENHEIMER
OPPORTUNITÉ
OPPRESSANTE
OPTIMALISÉE
OPTIMALISER
OPTIONNELLE
ORANG-OUTANG
ORBICULAIRE
ORCHÉSIENNE
ORCHESTRALE
ORCHESTRANT
ORCHESTRAUX
ORDONNANCÉE
ORDONNANCER
ORDONNATEUR
ORGANICISME
ORGANICISTE
ORGANISABLE
ORGANOLOGIE
ORGANSINANT
ORGNAC-L'AVEN

ORGUEILLEUX
ORIENTATION
ORIENTEMENT
ORIGINALITÉ
ORNEMANISTE
ORNEMENTALE
ORNEMENTANT
ORNEMENTAUX
ORNITHOGALE
ORPHÉONISTE
ORTHÉZIENNE
ORTHOCENTRE
ORTHODONTIE
ORTHODROMIE
ORTHOGENÈSE
ORTHOGONALE
ORTHOGONAUX
ORTHOGRAPHE
ORTHONORMAL
ORTHONORMÉE
ORTHOPHONIE
ORTHOPTIQUE
ORTHOPTISTE
OSCILLATEUR
OSCILLATION
OSCULATRICE
OSTÉICHTYEN
OSTENTATION
OSTÉOBLASTE
OSTÉOCLASTE
OSTÉOGENÈSE
OSTÉOPATHIE
OSTÉOPOROSE
OSTROGORSKI
OTTAWA RIVER
OUAGADOUGOU
OUESSANTINE
OUTRAGEANTE
OUTRANCIÈRE
OUTRECUIDER
OUTRE-MANCHE
OUTREPASSÉE
OUTREPASSER
OUVERTEMENT
OUVRABILITÉ
OUVRE-BOÎTES
OUVRE-HUÎTRE
OUVRIÉRISME
OUVRIÉRISTE
OUZBÉKISTAN
OVALISATION
OVATIONNANT
OVIPOSITEUR
OVOVIVIPARE
OXENSTIERNA
OXFORDIENNE
OXYCARBONÉE

OXYCHLORURE	PANTOGRAPHE	PAREMENTURE
OXYGÉNATION	PANTOUFLANT	PARENTALIE
OZONOSPHÈRE	PANTOUFLARD	PARENTALIES
OZU YASUJIRO	**PAOUSTOVSKI**	PARENTALITÉ
PACHYDERMIE	**PAPANDHRÉOU**	PARENTÉRALE
PACY-SUR-EURE	PAPAVÉRACÉE	PARENTÉRAUX
PAGES-ÉCRANS	PAPELARDISE	PARESTHÉSIE
PAILLARDISE	PAPERASSIER	PARIDIGITÉE
PAIMBLOTINE	**PAPHLAGONIE**	PARITARISME
PAIMPOLAISE	PAPIER-ÉMERI	PARLEMENTER
PAIN DE SUCRE	PAPILIONACÉ	PARLERS-VRAI
PAIR-NON-PAIR	PAPILLONNER	PARODONTALE
PAKISTANAIS	PAPILLOTAGE	PARODONTAUX
PAKISTANAIS	PAPILLOTANT	PAROISSIALE
PALAISIENNE	PAPYROLOGIE	PAROISSIAUX
PALAIS-ROYAL	PAPYROLOGUE	**PAROPAMISUS**
PALALDÉENNE	PARABOLIQUE	PAROXYSMALE
PALANGROTTE	PARABOLOÏDE	PAROXYSMAUX
PALATALISÉE	PARACENTÈSE	PARPAILLOTE
PALATALISER	PARACÉTAMOL	PARTAGEABLE
PALEFRENIER	PARACHEVANT	PARTENARIAL
PALÉOCLIMAT	PARACHUTAGE	PARTENARIAT
PALÉOGRAPHE	PARACHUTALE	PARTICIPANT
PALÉORELIEF	PARACHUTANT	PARTICIPIAL
PALÉOZOÏQUE	PARACHUTAUX	PARTICULIER
PALERMITAIN	PARAFFINAGE	PARTURIENTE
PALESTINIEN	PARAFFINANT	PARTURITION
PALESTINIEN	PARAFFINÉES	PASCALIENNE
PALETTISANT	PARAFISCALE	**PAS-DE-CALAIS**
PALETTISEUR	PARAFISCAUX	**PAS DE LA CASE**
PALICINÉSIE	PARALANGAGE	PASSACAILLE
PALIMPSESTE	PARALOGISME	**PASSAROWITZ**
PALISSADANT	PARALYSANTE	PASSE-DROITS
PALISSANDRE	PARALYTIQUE	PASSE-LACETS
PALISSONNÉE	PARAMÉDICAL	PASSEPOILÉE
PALISSONNER	PARAMÉTRANT	PASSING-SHOT
PALLADIENNE	PARANGONNÉE	PASSIONISTE
PALMATIFIDE	PARANGONNER	PASSIONNANT
PALMATILOBÉ	PARANOÏAQUE	PASSIVATION
PALPITATION	PARANORMALE	PASSIVEMENT
PALYNOLOGIE	PARANORMAUX	PASTELLISTE
PANAFRICAIN	PARANTHROPE	PASTEURELLA
PANARABISME	PARAPHRASÉE	PASTEURISÉE
PANATHÉNÉES	PARAPHRASER	PASTEURISER
PANCHEN-LAMA	PARAPHRÉNIE	PASTICHEUSE
PANCLASTITE	PARASITAIRE	PASTILLEUSE
PANCRÉATITE	PARASITISME	PASTORIENNE
PANDÉMONIUM	PARASTATALE	PASTOUREAUX
PANÉGYRIQUE	PARASTATAUX	PASTOURELLE
PANÉGYRISTE	PARCELLAIRE	**PATALIPUTRA**
PANIER-REPAS	PARCELLISÉE	PATAUGEOIRE
PANNEAUTANT	PARCELLISER	PATHOGENÈSE
PANORAMIQUE	PARCHEMINÉE	PATIBULAIRE
PANS-BAGNATS	PAR-DERRIÈRE	PATOUILLANT
PANSLAVISME	PARDONNABLE	PATRIARCALE
PANTELLERIA	PARÉGORIQUE	PATRIARCAUX
PANTHALASSA	PAREMENTANT	PATRICIENNE

PATRICOTAGE
PATRILOCALE
PATRILOCAUX
PATRIMONIAL
PATRIOTIQUE
PATRIOTISME
PATRISTIQUE
PATRONNESSE
PATROUILLER
PATTE-DE-LOUP
PAUL-BONCOUR
PAULINIENNE
PAUPÉRISANT
PAVIMENTEUX
PAVLOVIENNE
PAVOISEMENT
PAYSANNERIE
PEARL HARBOR
PEAUX-ROUGES
PEAUX-ROUGES
PÉDAGOGIQUE
PÉDANTESQUE
PÉDIATRIQUE
PÉDICULAIRE
PEI IEOH MING
PEINTURLURÉ
PÉLARGONIUM
PELLAGREUSE
PELLE-PIOCHE
PELLICULAGE
PELLICULANT
PELLICULEUX
PÉLOPONNÈSE
PELOTONNANT
PELVIMÉTRIE
PÉNALISANTE
PENDOUILLER
PÉNÉTRATEUR
PÉNÉTRATION
PÉNIBLEMENT
PÉNICILLINE
PÉNICILLIUM
PÉNITENCIER
PÉNITENTIEL
PENIVAUXOIS
PENSIONNANT
PENSIVEMENT
PENTAGONALE
PENTAGONAUX
PENTARADIÉE
PENTATEUQUE
PENTHÉSILÉE
PÉPIN LE BREF
PERCE-PIERRE
PERCEPTIBLE
PERCHERONNE
PERCHERONNE

PERCHLORATE
PERCNOPTÈRE
PERCOLATEUR
PERCOLATION
PÉREMPTOIRE
PÉRENNISANT
PÉRÉQUATION
PERESTROÏKA
PÉREZ GALDÓS
PERFECTIBLE
PERFIDEMENT
PERFORATEUR
PERFORATION
PERFORMANCE
PERFORMANTE
PERFORMATIF
PÉRICARDITE
PÉRICHONDRE
PÉRICLITANT
PÉRIGORDIEN
PÉRIGORDINE
PÉRIGORDINE
PÉRIGOURDIN
PÉRIGOURDIN
PÉRIODICITÉ
PÉRITONÉALE
PÉRITONÉAUX
PÉRIURBAINE
PERLINGUALE
PERLINGUAUX
PERMUTATION
PERNICIEUSE
PERPÉTUELLE
PERROSIENNE
PERSÉCUTANT
PERSÉCUTEUR
PERSÉCUTION
PERSÉVÉRANT
PERSIFLEUSE
PERSISTANCE
PERSISTANTE
PERSONNELLE
PERSONNIFIÉ
PERSPECTIVE
PERTINACITÉ
PÈSE-ESPRITS
PÈSE-LETTRES
PÈSE-LIQUEUR
PÉTARADANTE
PÉTILLEMENT
PETIT-BEURRE
PETITE-FILLE
PETITE-NIÈCE
PÉTITIONNER
PETIT-MAÎTRE
PETITPIERRE
PETIT POUCET

PETIT PRINCE
PETITS-FOURS
PETITS-LAITS
PETIT-SUISSE
PÉTOUILLANT
PÉTRIFIANTE
PÉTRISSEUSE
PÉTROCHIMIE
PÉTRODOLLAR
PÉTROGENÈSE
PÉTROGLYPHE
PÉTROGRAPHE
PÉTROLIFÈRE
PETS-DE-NONNE
PEYREHORADE
PHAGOCYTANT
PHAGOCYTOSE
PHALANGETTE
PHALANGISTE
PHALANSTÈRE
PHALLOCRATE
PHAM VAN DÔNG
PHANARIOTES
PHANÉROGAME
PHARAONIQUE
PHARISAÏSME
PHARISIENNE
PHARMACOPÉE
PHASMOPTÈRE
PHELLODERME
PHÉNICIENNE
PHÉNICIENNE
PHÉNOMÉNALE
PHÉNOMÉNAUX
PHÉNOPLASTE
PHILIPPINES
PHILIPPIQUE
PHILIPSBURG
PHILOPŒMEN
PHILOSOPHER
PHILOSOPHIE
PHLÉBOLOGIE
PHLÉBOLOGUE
PHONÉTICIEN
PHONOGRAMME
PHONOGRAPHE
PHONOTHÈQUE
PHOSPHATAGE
PHOSPHATANT
PHOSPHATASE
PHOSPHORANT
PHOSPHOREUX
PHOSPHORITE
PHOSPHORYLE
PHOTOCHIMIE
PHOTOCOPIÉE
PHOTOCOPIER

PHOTO-FINISH
PHOTOGENÈSE
PHOTOGRAMME
PHOTOGRAPHE
PHOTOMÉTRIE
PHOTOPHOBIE
PHOTOSPHÈRE
PHOTOTHÈQUE
PHRÉNOLOGIE
PHYCOMYCÈTE
PHYLLOTAXIE
PHYLOGENÈSE
PHYSICIENNE
PHYSIOCRATE
PHYSIOLOGIE
PHYSIONOMIE
PHYSOSTIGMA
PHYTÉLÉPHAS
PHYTOZOAIRE
PIAILLEMENT
PIANISSIMOS
PIANISTIQUE
PIATRA NEAMT
PICCOLOMINI
PICTOGRAMME
PIED-DE-BICHE
PIED-DE-POULE
PIED-D'OISEAU
PIEDS-DE-LION
PIEDS-DE-LOUP
PIEDS-DE-VEAU
PIEDS-DROITS
PIEDS-NOIRES
PIÉMONTAISE
PIÉMONTAISE
PIERREFITTE
PIERREFONDS
PIERRELATTE
PIÉTINEMENT
PIÉTONNIÈRE
PIETRAGALLA
PIÉZOGRAPHE
PIGEONNANTE
PIGEONNEAUX
PIGMENTAIRE
PIGNORATIVE
PIGOUILLANT
PILLOW-LAVAS
PILOCARPINE
PILO-SÉBACÉE
PILO-SÉBACÉS
PIMPRENELLE
PINAILLEUSE
PINAR DEL RÍO
PINCOURTOIS
PIPISTRELLE
PIQUE-BŒUFS

PIQUE-FLEURS
PIQUE-NIQUER
PIQUE-NIQUES
PIROUETTANT
PISCIACAISE
PISOLITIQUE
PITEUSEMENT
PITHIATISME
PITHIVÉRIEN
PITTORESQUE
PITTOSPORUM
PIXERÉCOURT
PLACARDISER
PLACENTAIRE
PLACIDEMENT
PLACOPLÂTRE
PLAGIOCLASE
PLAISAMMENT
PLAISANCIER
PLAISANTANT
PLANCHÉIAGE
PLANCHÉIANT
PLAN-CONCAVE
PLAN-CONVEXE
PLANÉTARIUM
PLANIFIABLE
PLANIMÉTRIE
PLANISPHÈRE
PLANSICHTER
PLANS-MASSES
PLANTAGENÊT
PLANTIGRADE
PLANTUREUSE
PLASMATIQUE
PLASTIFIANT
PLASTIQUAGE
PLASTIQUANT
PLASTIQUEUR
PLASTRONNER
PLATERESQUE
PLATINIFÈRE
PLATONICIEN
PLÉBISCITÉE
PLÉBISCITER
PLEIN-EMPLOI
PLEINS-TEMPS
PLEINS-VENTS
PLÉISTOCÈNE
PLÉSIOSAURE
PLÉTHORIQUE
PLEURÉTIQUE
PLEURNICHER
PLEURODYNIE
PLOUTOCRATE
PLUMASSERIE
PLUMASSIÈRE
PLUM-PUDDING

PLURIANNUEL
PLURICAUSAL
PLURILINGUE
PLURIVALENT
PLUVIOMÈTRE
PNEUMATIQUE
PNEUMOCOQUE
PNEUMOLOGIE
PNEUMOLOGUE
POCHOTHÈQUE
PODIATRIQUE
POÉTISATION
POGGENDORFF
POGONOPHORE
POIGNARDANT
POINÇONNAGE
POINÇONNANT
POINÇONNEUR
POINTE-NOIRE
POINTILLAGE
POINTILLANT
POINTILLEUX
POINTS DE VUE
POIREAUTANT
POISSON-CHAT
POISSON-ÉPÉE
POISSON-LUNE
POISSONNEUX
POISSONNIER
POISSON-SCIE
POITRINAIRE
POIVILLIERS
POLARIMÈTRE
POLÉMIQUANT
POLÉMOLOGIE
POLICOLOGIE
POLISSEMENT
POLISSONNER
POLITICARDE
POLITIQUANT
POLITOLOGIE
POLITOLOGUE
POLLAKIURIE
POLONNARUWA
POLYCHROMIE
POLYCOPIANT
POLYCOURANT
POLYCULTURE
POLYÉDRIQUE
POLYGÉNIQUE
POLYGÉNISME
POLYGONACÉE
POLYMÉRISÉE
POLYMÉRISER
POLYNÉVRITE
POLYNOMIALE
POLYNOMIAUX

POLYOLÉFINE
POLYPEPTIDE
POLYSÉMIQUE
POLYSTYRÈNE
POLYSULFURE
POLYSYLLABE
POLYSYNODIE
POLYTHÉISME
POLYTHÉISTE
POLYVALENCE
POLYVALENTE
POMICULTEUR
POMOLOGISTE
POMPIÉRISME
PONCTIONNÉE
PONCTIONNER
PONCTUALITÉ
PONCTUATION
PONDÉRATEUR
PONDÉRATION
PONIATOWSKI
PONT-À-CELLES
PONTA GROSSA
PONT-AUDEMER
PONT-BASCULE
PONTCHÂTEAU
PONT-DE-ROIDE
PONTE-LECCIA
PONTEVALOIS
PONTIFIANTE
PONTIFICALE
PONTIFICAUX
PONTIVYENNE
PONT-L'ÉVÊQUE
PONT-L'ÉVÊQUE
PONTOPPIDAN
PONTS-CANAUX
PONTS-ROUTES
POPULACIÈRE
POPULARISÉE
POPULARISER
PORCARTOISE
PORNOGRAPHE
PORPHYRIQUE
PORPHYROÏDE
PORTABILITÉ
PORT-CARTIER
PORTE-AMARRE
PORTE-À-PORTE
PORTE-AVIONS
PORTE-BALAIS
PORTE-BARGES
PORTE-BILLET
PORTE-CARTES
PORTE-CIGARE
PORTE-COPIES
PORTE-CRAYON

PORTE-FANION
PORTE-GLAIVE
PORTE-GLAIVE
PORTE-GREFFE
PORTE-HAUBAN
PORTE-MONTRE
PORTE-OBJETS
PORTE-OUTILS
PORTE-PAPIER
PORTE-PAQUET
PORTE-PAROLE
PORTE-PLUMES
PORTE-QUEUES
PORTE-REVUES
PORTE-SAVONS
PORTES DE FER
PORTÉSIENNE
PORT-ÉTIENNE
PORT-GRIMAUD
PORT-LYAUTEY
PORT MORESBY
PORTO ALEGRE
PORT OF SPAIN
PORTO-NOVIEN
PORTORICAIN
PORTORICAIN
PORTRAITURÉ
PORT-VENDRES
PORT-VILAISE
PORTZAMPARC
PORTZMOGUER
POSITIONNÉE
POSITIONNER
POSITIVISTE
POSITIVISTE
POSITRONIUM
POSSESSOIRE
POSSIBILITÉ
POSTÉRIEURE
POSTILLONNÉ
POST-MARCHÉS
POSTMODERNE
POTAMOCHÈRE
POTAMOLOGIE
POTENTIELLE
POTESTATIVE
POTRON-MINET
POTS-POURRIS
POUCES-PIEDS
POUGATCHIOV
POULO CONDOR
POUPONNIÈRE
POURCENTAGE
POURCHASSÉE
POURCHASSER
POURFENDANT
POURFENDEUR

POURLÉCHANT
POURPARLERS
POURPARLEUR
POURRISSAGE
POURRISSANT
POURRISSOIR
POURSUITEUR
POURSUIVANT
POURVOYANCE
POURVOYEUSE
POUSSIÉREUX
POUSSINIÈRE
PRAGMATIQUE
PRAGMATISME
PRAGMATISTE
PRATICIENNE
PRATIQUANTE
PRÉBIOTIQUE
PRÉCAMBRIEN
PRÉCAMPAGNE
PRÉCARISANT
PRÉCELLENCE
PRÉCEPTORAT
PRÉCEPTRICE
PRÉCHAUFFÉE
PRÉCHAUFFER
PRÉCIPITANT
PRÉCISÉMENT
PRÉCOCEMENT
PRÉCOMPTANT
PRÉCONISANT
PRÉCORDIALE
PRÉCORDIAUX
PRÉDÉCOUPÉE
PRÉDESTINÉE
PRÉDESTINER
PRÉDICATEUR
PRÉDICATION
PRÉDICATIVE
PRÉDICTIBLE
PRÉDISPOSÉE
PRÉDISPOSER
PRÉDOMINANT
PRÉEMBALLÉE
PRÉÉMINENCE
PRÉÉMINENTE
PRÉENCOLLÉE
PRÉEXISTANT
PRÉFABRIQUÉ
PRÉFECTORAL
PRÉFIGURANT
PRÉFIXATION
PRÉGÉNITALE
PRÉGÉNITAUX
PRÉHISTOIRE
PRÉHOMINIEN
PRÉJUDICIÉE

PRÉJUDICIEL
PRÉLÈVEMENT
PRÉMATURITÉ
PRÉMÉDITANT
PREMIÈRE-NÉE
PREMIER PITT
PREMIERS-NÉS
PRÉMONITION
PREMYSLIDES
PRÉNUPTIALE
PRÉNUPTIAUX
PRÉOCCUPANT
PRÉŒDIPIEN
PRÉPARATEUR
PRÉPARATION
PRÉPOSITION
PRÉPOSITIVE
PRÉPSYCHOSE
PRÉRETRAITE
PRÉRETRAITÉ
PRÉROGATIVE
PRESBYTÉRAL
PRÉSCOLAIRE
PRESCRIVANT
PRÉSENTABLE
PRÉSENTATIF
PRÉSERVATIF
PRÉSOMPTION
PRÉSOMPTIVE
PRESSENTANT
PRESSE-PURÉE
PRESSIGNOIS
PRESSURISÉE
PRESSURISER
PRESTATAIRE
PRESTIGIEUX
PRESTISSIMO
PRÉSUPPOSÉE
PRÉSUPPOSER
PRÊT-À-COUDRE
PRÊT-À-MONTER
PRÉTANTAINE
PRÊT-À-PORTER
PRÉTENDANTE
PRÉTENTAINE
PRÉTENTIEUX
PRÉTÉRITANT
PRÉTÉRITION
PRÉTORIENNE
PRILLIÉRANE
PRIMEURISTE
PRIMORDIALE
PRIMORDIAUX
PRINCE IGOR
PRINCIPAUTÉ
PRINTANIÈRE
PRIORITAIRE

PRISCILLIEN
PRISMATIQUE
PRISONNIÈRE
PRIVATISANT
PRIVILÉGIÉE
PRIVILÉGIER
PROBABILITÉ
PROCÉDURALE
PROCÉDURAUX
PROCÉDURIER
PROCLITIQUE
PROCONSULAT
PROCRÉATEUR
PROCRÉATION
PROCTOLOGIE
PROCTOLOGUE
PROCURATEUR
PROCURATION
PRODIGALITÉ
PRODIGIEUSE
PRODROMIQUE
PRODUCTIBLE
PRODUCTIQUE
PRODUCTRICE
PROÉMINENCE
PROÉMINENTE
PROFANATEUR
PROFANATION
PROFESSORAL
PROFESSORAT
PROFITEROLE
PROGÉNITURE
PROGESTATIF
PROGRAMMANT
PROGRAMMEUR
PROGRESSANT
PROGRESSION
PROGRESSIVE
PROHIBITION
PROHIBITIVE
PROKOPIEVSK
PROLÉTARIAT
PROLÉTARIEN
PROLÉTARISÉ
PROLIFÉRANT
PROLONGEANT
PROMETTEUSE
PROMISCUITÉ
PROMONTOIRE
PROMPTEMENT
PROMPTITUDE
PROMULGUANT
PRÔNE-MISÈRE
PRONOMINALE
PRONOMINAUX
PRONONÇABLE
PRONOSTIQUE

PRONOSTIQUÉ
PROPAGATEUR
PROPAGATION
PROPHÉTESSE
PROPHÉTIQUE
PROPHÉTISÉE
PROPHÉTISER
PROPHÉTISME
PROPHYLAXIE
PROPITHÈQUE
PROPOSITION
PROPRE-À-RIEN
PROROGATION
PROROGATIVE
PROSCRIVANT
PROSPECTANT
PROSPECTEUR
PROSPECTION
PROSPECTIVE
PROSTATIQUE
PROSTERNANT
PROSTITUANT
PROSTRATION
PROTECTORAT
PROTECTRICE
PROTÈGE-SLIP
PROTÉIFORME
PROTÉINIQUE
PROTÉINURIE
PROTÉOMIQUE
PROTESTABLE
PROTESTANTE
PROTHÉSISTE
PROTHÉTIQUE
PROTOCOCCUS
PROTOÉTOILE
PROTOPLASMA
PROTOPLASME
PROTOTYPAGE
PROTOZOAIRE
PROTRACTILE
PROTUBÉRANT
PROUDHONIEN
PROUSTIENNE
PROVERBIALE
PROVERBIAUX
PROVINCIALE
PROVINCIAUX
PROVISIONNÉ
PROVITAMINE
PROVOCATEUR
PROVOCATION
PRURIGINEUX
PSALMODIANT
PSAMMÉTIQUE
PSILOCYBINE
PSITTACISME

PSYCHIATRIE
PSYCHOACTIF
PSYCHODRAME
PSYCHOLOGIE
PSYCHOLOGUE
PSYCHOPATHE
PSYCHOPOMPE
PSYCHOTIQUE
PSYCHOTROPE
PTOLÉMAÏQUE
PUBLICATION
PUDIQUEMENT
PUÉRILEMENT
PUERTOLLANO
PUERTO MONTT
PUISSAMMENT
PUJOL I SOLEY
PULLULATION
PULLULEMENT
PULPECTOMIE
PULVÉRISANT
PULVÉRISEUR
PULVÉRULENT
PUNTA ARENAS
PUPILLARITÉ
PURITANISME
PUSILLANIME
PUTÉOLIENNE
PUTRÉFIABLE
PUTRESCENCE
PUTRESCIBLE
PYCNOGONIDE
PYOCYANIQUE
PYRIMIDIQUE
PYROGRAVURE
PYROLIGNEUX
PYROTECHNIE
PYRRHOCORIS
PYRRHONISME
QALAAT SIMAN
QUADRATIQUE
QUADRIENNAL
QUADRILLAGE
QUADRILLANT
QUADRUPLANT
QUADRUPLÉES
QUALIFIABLE
QUALIFIANTE
QUALITATIVE
QUALITICIEN
QUANTIFIANT
QUANTITATIF
QUARANTAINE
QUARANTIÈME
QUARTANNIER
QUART-DE-ROND
QUARTERONNE

QUARTZIFÈRE
QUASI-DÉLITS
QUATERNAIRE
QUATORZIÈME
QUATRE-TEMPS
QUATRE-VINGT
QUATRILLION
QUEDLINBURG
QUELQUEFOIS
QUELQUE PART
QUELQUES-UNS
QUÉMANDEUSE
QU'EN-DIRA-T-ON
QUERCINOISE
QUERCINOISE
QUERCITAINE
QUERCYNOISE
QUERCYNOISE
QUERELLEUSE
QUESNOYSIEN
QUESTEMBERT
QUESTIONNÉE
QUESTIONNER
QUÉTAINERIE
QUEUES-DE-PIE
QUEUES-DE-RAT
QUEVILLAISE
QUICHENOTTE
QUILLANAISE
QUIMBOISEUR
QUIMPERLOIS
QUIMPÉROISE
QUINOCÉENNE
QUINQUENNAL
QUINQUENNAT
QUINTE-CURCE
QUINTILLION
QUINTUPLANT
QUINTUPLÉES
QUITÉNIENNE
QUOTES-PARTS
QUOTIDIENNE
QURAYCHITES
RABATTEMENT
RABELAISIEN
RABIBOCHANT
RABOUILLÈRE
RABOUILLEUR
RACCOMMODÉE
RACCOMMODER
RACCOMPAGNÉ
RACCROCHAGE
RACCROCHANT
RACHIDIENNE
RACHMANINOV
RACKETTEUSE
RACQUET-BALL

RADICALAIRE
RADICALISÉE
RADICALISER
RADICALISME
RADICOTOMIE
RADICULAIRE
RADIOACTIVE
RADIOBALISE
RADIOBALISÉ
RADIOCHIMIE
RADIOCOBALT
RADIOCOMPAS
RADIO FRANCE
RADIOGUIDÉE
RADIOGUIDER
RADIOLARITE
RADIOLÉSION
RADIOPHONIE
RADIORÉVEIL
RADIOSCOPIE
RADIOSOURCE
RAFFINEMENT
RAFISTOLAGE
RAFISTOLANT
RAFSANDJANI
RAGAILLARDI
RAGEUSEMENT
RAGGAMUFFIN
RAGOUGNASSE
RAGOULEMENT
RAHAT-LOKOUM
RAISONNABLE
RAISONNEUSE
RAJAHMUNDRY
RAJUSTEMENT
RAKHMANINOV
RALLONGEANT
RAMAKRISHNA
RAMBOLITAIN
RAMBOUILLET
RAMÓN Y CAJAL
RAMPONNEAUX
RANÇONNEUSE
RANDOMISANT
RANDONNEUSE
RANJIT SINGH
RAPATRIABLE
RAPETASSAGE
RAPETASSANT
RAPETASSEUR
RAPETISSANT
RAPHAÉLIQUE
RAPHAËLOISE
RAPIÈCEMENT
RAPPAREILLÉ
RAPPLIQUANT
RAPPORTEUSE

RAPPROCHAGE
RAPPROCHANT
RAQUETTEUSE
RARÉFACTION
RAS AL-KHAYMA
RASKOLNIKOV
RASPOUTITSA
RASSEMBLANT
RASSEMBLEUR
RASSÉRÉNANT
RATATOUILLE
RATIBOISANT
RATIOCINANT
RATIONALISÉ
RATIONALITÉ
RATIONNAIRE
RATIONNELLE
RATTACHISTE
RATTRAPABLE
RAVENSBRÜCK
RAVE-PARTIES
RAVIGOTANTE
RAVILISSANT
RAVISSEMENT
RAVITAILLÉE
RAVITAILLER
RAYONNEMENT
RÉABSORBANT
RÉACCOUTUMÉ
RÉACTIONNEL
RÉACTUALISÉ
RÉADMETTANT
RÉADMISSION
RÉAFFIRMANT
RÉALISATEUR
RÉALISATION
REALITY-SHOW
REALPOLITIK
RÉANIMATEUR
RÉANIMATION
RÉAPPRENANT
RÉAPPRENDRE
RÉARGENTANT
RÉASSIGNANT
RÉASSURANCE
REBAPTISANT
RÉBARBATIVE
REBÂTISSANT
REBATTEMENT
REBOISEMENT
REBOUTONNÉE
REBOUTONNER
REBROUSSANT
RECACHETANT
RECALCIFIÉE
RECALCIFIER
RECALCULANT

RÉCAPITULÉE
RÉCAPITULER
RECENSEMENT
RÉCEPTIONNÉ
RÉCEPTIVITÉ
RÉCESSIVITÉ
RECHANGEANT
RECHARGEANT
RÉCHAUFFAGE
RÉCHAUFFANT
RÉCHAUFFEUR
RECHAUSSANT
RECHERCHANT
RÉCIDIVANTE
RÉCIDIVISTE
RÉCIPROCITÉ
RÉCIPROQUÉE
RÉCIPROQUER
RÉCLAMATION
RÉCOGNITION
RECOLLEMENT
RECOMBINANT
RECOMMANDÉE
RECOMMANDER
RECOMMENCÉE
RECOMMENCER
RÉCOMPENSÉE
RÉCOMPENSER
RECOMPOSANT
RÉCONCILIÉE
RÉCONCILIER
RÉCONFORTÉE
RÉCONFORTER
RECONNAÎTRE
RECONQUÉRIR
RECONQUISTA
RECONSIDÉRÉ
RECONSTITUÉ
RECONSTRUIT
RECONVERTIE
RECONVERTIR
RECORDWOMAN
RECORDWOMEN
RECOUPEMENT
RECOUVRABLE
RÉCRIMINANT
RECROISSANT
RECRUTEMENT
RECTIFIABLE
RECTIFIEUSE
RECTO-COLITE
RECTOSCOPIE
RECUEILLANT
RECULOTTANT
RÉCUPÉRABLE
RÉCURSIVITÉ
REDÉCOUVERT

REDÉCOUVRIR
REDÉFAISANT
REDEMANDANT
REDÉMARRAGE
REDÉMARRANT
RÉDEMPTRICE
REDÉPLOYANT
REDESCENDRE
REDESCENDUE
RÉDHIBITION
REDIFFUSANT
REDIFFUSION
REDISCUTANT
REDISTRIBUÉ
REDOUBLANTE
REDRESSEUSE
RÉÉCHELONNÉ
RÉÉDUCATION
RÉEMBAUCHÉE
RÉEMBAUCHER
RÉEMPLOYANT
RÉEMPRUNTÉE
RÉEMPRUNTER
RÉENGAGEANT
RÉENSEMENCÉ
RÉÉQUILIBRÉ
RÉESCOMPTÉE
RÉESCOMPTER
RÉEXAMINANT
RÉEXPÉDIANT
RÉEXPORTANT
REFAÇONNANT
RÉFÉRENÇANT
RÉFÉRENTIEL
RÉFLEXIVITÉ
RÉFLEXOGÈNE
REFONDATION
RÉFORMATEUR
RÉFORMATION
REFORMULANT
REFOUILLANT
REFOULEMENT
RÉFRACTAIRE
RÉFRANGIBLE
RÉFRÈNEMENT
RÉFRIGÉRANT
RÉFRINGENCE
RÉFRINGENTE
RÉGIONALISÉ
REGISTRAIRE
RÉGLEMENTÉE
RÉGLEMENTER
REGORGEMENT
REGRATTIÈRE
REGRETTABLE
RÉGULARISÉE
RÉGULARISER

RÉGULATRICE	REMMAILLOTÉ	REPOSE-PIEDS
RÉGURGITANT	REMMANCHANT	REPOUSSANTE
RÉHABILITÉE	REMONTRANCE	REPRÉSENTÉE
RÉHABILITER	REMORQUEUSE	REPRÉSENTER
RÉHABITUANT	REMOUILLANT	RÉPRIMANDÉE
RÉHYDRATANT	**REMOULINOIS**	RÉPRIMANDER
REICHENBACH	REMPAILLAGE	RÉPRIMANDER
RÉIFICATION	REMPAILLANT	RÉPROBATEUR
RÉIMPLANTÉE	REMPAILLEUR	RÉPROBATION
RÉIMPLANTER	REMPAQUETÉE	REPRODUCTIF
RÉIMPORTANT	REMPAQUETER	REPROGRAMMÉ
RÉIMPRIMANT	REMPLAÇABLE	REPTILIENNE
RÉINCARCÉRÉ	REMPLAÇANTE	RÉPUBLICAIN
RÉINCARNANT	REMPLISSAGE	RÉPUDIATION
RÉINCORPORÉ	REMPLISSANT	REQUALIFIÉE
REINE-CLAUDE	REMPRUNTANT	REQUALIFIER
REINE MARGOT	REMUE-MÉNAGE	REQUINQUANT
REINE MORTE	RENAISSANCE	REQUIN-TAUPE
RÉINSERTION	**RENAISSANCE**	REQUIN-TIGRE
RÉINSTALLÉE	RENAISSANTE	RÉQUISITION
RÉINSTALLER	RENCAISSAGE	RESALISSANT
RÉINTÉGRANT	RENCAISSANT	RESCINDABLE
RÉINTRODUIT	RENCONTRANT	RESCINDANTE
RÉINVENTANT	RENÉGOCIANT	RÉSERVATION
RÉITÉRATION	RENFROGNANT	RÉSIDENTIEL
RÉITÉRATIVE	RENGAGEMENT	RÉSIGNATION
REJOINTOYÉE	RENGORGEANT	RÉSILIATION
REJOINTOYER	RENGRAISSER	**RESISTENCIA**
RÉJOUISSANT	**RENIER DE HUY**	RÉSISTIVITÉ
RELÂCHEMENT	RENIFLEMENT	RESOCIALISÉ
RELATIONNEL	RENONCEMENT	RÉSOLUTOIRE
RELATIVISÉE	RENOUVELANT	RESPECTABLE
RELATIVISER	RÉNOVATRICE	RESPECTUEUX
RELATIVISME	RENSEIGNANT	RESPIRATEUR
RELATIVISTE	RENTABILISÉ	RESPIRATION
RELECQUOISE	RENTABILITÉ	RESPONSABLE
RELEVAILLES	RENTOILEUSE	RESQUILLAGE
RELIGIOSITÉ	RENTRAITURE	RESQUILLANT
REMANIEMENT	RENVERSANTE	RESQUILLEUR
REMAQUILLÉE	RÉORCHESTRÉ	RESSAIGNANT
REMAQUILLER	RÉORGANISÉE	RESSEMBLANT
REMARQUABLE	RÉORGANISER	RESSEMELAGE
REMASTÉRISÉ	RÉORIENTANT	RESSEMELANT
REMASTICAGE	RÉOUVERTURE	RESSOURÇANT
REMASTIQUÉE	RÉPARATRICE	RESSOUVENIR
REMASTIQUER	RÉPARTITEUR	RESSOUVENUE
REMBARQUANT	RÉPARTITION	RESSUSCITÉE
REMBAUCHANT	RÉPERCUTANT	RESSUSCITER
REMBLAYEUSE	RÉPERTORIÉE	RESTITUABLE
REMBOBINANT	RÉPERTORIER	RESTITUTION
REMBOURRAGE	RÉPÉTITRICE	RESTREINDRE
REMBOURRANT	REPLACEMENT	RESTRICTION
REMBOURRURE	RÉPLICATION	RESTRICTIVE
REMBOURSANT	REPLOIEMENT	RESTRUCTURÉ
REMEMBRANCE	REPLONGEANT	RETARDATEUR
REMMAILLAGE	REPOLISSAGE	RETARDEMENT
REMMAILLANT	REPOLISSANT	RÉTICULAIRE
		RETORDEMENT

RETOUCHEUSE	RHOMBOÏDALE	RONÉOTYPANT
RÉTRACTABLE	RHOMBOÏDAUX	**ROQUECOURBE**
RETRAITANTE	RHUMATISANT	ROSÉ-DES-PRÉS
RETRANCHANT	RHUMATISMAL	**ROSEMÈROISE**
RETRANSCRIT	RIBAUDAILLE	ROSH HA-SHANA
RETRANSMISE	**RIBEAUVILLÉ**	ROSICRUCIEN
RETRAVAILLÉ	RIBOFLAVINE	**ROSTOPCHINE**
RETRAVERSÉE	RIBOSOMIQUE	**ROSTRENOISE**
RETRAVERSER	**RICAMANDOIS**	ROTATIVISTE
RÉTREIGNANT	**RICCIARELLI**	ROTOGRAVURE
RÉTRIBUTION	**RICHARD'S BAY**	ROTTWEILER
RÉTROACTION	RIDICULISÉE	ROUBLARDISE
RÉTROACTIVE	RIDICULISER	ROUCOULANTE
RÉTROCÉDANT	RIEFENSTAHL	ROUES-PELLES
RÉTROGRADÉE	**RIEUPEYROUX**	ROUGEOLEUSE
RÉTROGRADER	RIGIDIFIANT	ROUGEOYANTE
RETROUSSANT	RIMAILLERIE	ROUGISSANTE
RÉTROVISEUR	RIMAILLEUSE	ROUSCAILLER
RÉUNIONNAIS	**RIMOUSKOISE**	ROUSPÉTANCE
RÉUNIONNAIS	RINCE-BOUCHE	ROUSPÉTEUSE
RÉUNIONNITE	RINCE-DOIGTS	ROUSSEROLLE
RÉUSSISSANT	RINFORZANDO	ROUSSISSANT
RÉUTILISANT	RINGARDISÉE	**ROZAY-EN-BRIE**
REVACCINANT	RINGARDISER	RUBÉFACTION
REVALORISÉE	RINK-HOCKEYS	RUBIGINEUSE
REVALORISER	**RIOURIKIDES**	**RUÉE VERS L'OR**
REVANCHARDE	RIPAILLEUSE	RUGISSEMENT
REVANCHISME	RIPPLE-MARKS	RUINE-DE-ROME
RÉVEILLONNÉ	RISTOURNANT	RUISSELANTE
RÉVÉLATRICE	RITOURNELLE	**RÜSSELSHEIM**
REVENDIQUÉE	RITUALISANT	RUSTAUDERIE
REVENDIQUER	RIVERAINETÉ	SABLONNEUSE
RÉVERBÉRANT	RIZICULTEUR	SABLONNIÈRE
REVERSEMENT	RIZICULTURE	SABORDEMENT
RÊVEUSEMENT	**ROBERT BRUCE**	SACCHARIFIÉ
RÉVISIONNEL	**ROBERT LE BON**	SACCHAROÏDE
REVITALISÉE	**ROBERVALOIS**	SACERDOTALE
REVITALISER	**ROBESPIERRE**	SACERDOTAUX
REVIVIFIANT	ROCAILLEUSE	SAC-POUBELLE
REVIVISCENT	ROCHES-MÈRES	SACRALISANT
RÉVOCATOIRE	**ROCHETTOISE**	SACRAMENTAL
REZ-DE-JARDIN	ROCH HA-SHANA	SACRAMENTEL
RHADAMANTHE	ROCK AND ROLL	SACRIFICIEL
RHAPSODIEUR	**ROCKEFELLER**	SACRO-SAINTE
RHAPSODIQUE	RODOMONTADE	SACRO-SAINTS
RHAZNÉVIDES	**ROHAN-CHABOT**	SADDUCÉENNE
RHÉOLOGIQUE	**ROKOSSOVSKI**	**SÁ DE MIRANDA**
RHÉTORICIEN	RÔLES-TITRES	SADIQUE-ANAL
RHÉTO-ROMANE	**ROLIVALOISE**	SADIQUEMENT
RHÉTO-ROMANS	ROLLER BALLS	SAFARI-PHOTO
RHEXISTASIE	**ROMAINVILLE**	SAGES-FEMMES
RHINOSCOPIE	ROMAN-FLEUVE	**SAILLATAISE**
RHIZOMATEUX	**ROMÉ DE L'ISLE**	SAILLISSANT
RHODANIENNE	RONCHONNANT	**SAINT-ACHEUL**
RHODANIENNE	RONCHONNEUR	**SAINT-AGNANT**
RHODE ISLAND	RONDS-DE-CUIR	**SAINT-AGRÈVE**
RHODOPHYCÉE	RONDS-POINTS	**SAINT-AIGNAN**

SAINT ALBANS	SAINT-LIZIER	SANFLORAINE
SAINT-AMARIN	SAINT-LUCIEN	SANFORISAGE
SAINT-ARNAUD	SAINT-MARTIN	SANGUINAIRE
SAINT-ASTIER	SAINT-MÉDARD	SANGUISORBE
SAINT-AYGULF	SAINT-MICHEL	SANKT PÖLTEN
SAINT-BENOÎT	SAINT-MIHIEL	SAN SALVADOR
SAINT-BLAISE	SAINT-MORITZ	SANS-CULOTTE
SAINT-BONNET	SAINT-OFFICE	SANS-PAPIERS
SAINT-BRÉVIN	SAINT-PALAIS	SANTA ISABEL
SAINT-BRIEUC	SAINTPAULIA	SANTA MONICA
SAINT-CALAIS	SAINT-PAULIN	SANTOMÉENNE
SAINT-CÉRÉEN	SAINT PHALLE	SÃO VINCENTE
SAINT-CHÉRON	SAINT-PIERRE	SAPIENTIAUX
SAINT-CLAUDE	SAINT-PIERRE	SAPONIFIANT
SAINT-CRÉPIN	SAINT-PRIEST	SAPOTILLIER
SAINT-CYRIEN	SAINT-PRIVAT	SARCASTIQUE
SAINT-CYRIEN	SAINT-RÉMOIS	SARCELLOISE
SAINT-DIDIER	SAINT-ROMAIN	SARCOMATEUX
SAINT-DIZIER	SAINT-SAULVE	SARDANAPALE
SAINTE-BARBE	SAINT-SERVAN	SARMENTEUSE
SAINTE-BAUME	SAINTS-PÈRES	SARRANCOLIN
SAINTE-BEUVE	SAINT-SYNODE	SARZEAUTINE
SAINTE-CROIX	SAINT THOMAS	SATELLISANT
SAINT-ÉGRÈVE	SAINT-TROJAN	SATISFIABLE
SAINTE-JULIE	SAINT-TROPEZ	SATURNIENNE
SAINTE LIGUE	SAINT-VALERY	SAUCISSONNÉ
SAINTE-LUCIE	SAINT-VARENT	SAUF-CONDUIT
SAINTE-MARIE	SAINT-VENANT	SAUJONNAISE
SAINTE-MAURE	SAINT-VULBAS	SAULXURONNE
SAINTE-MAURE	SAINT-YRIEIX	SAUPOUDRAGE
SAINTE-ODILE	SAISIE-ARRÊT	SAUPOUDRANT
SAINT-ESPRIT	SAISISSABLE	SAURISCHIEN
SAINT-ESPRIT	SAISISSANTE	SAURISSERIE
SAINT-ESTÈVE	SAISONNIÈRE	SAURISSEUSE
SAINTE UNION	SALDJUQIDES	SAUTE-MOUTON
SAINTE-VEHME	SALICULTURE	SAUTILLANTE
SAINT-GELAIS	SALICYLIQUE	SAUTS-DE-LOUP
SAINT-GENEST	SALLAUMINES	SAUVAGEMENT
SAINT-GENIEZ	SALMIGONDIS	SAUVAGEONNE
SAINT GEORGE	SALOMONAISE	SAUVEGARDÉE
SAINT-GILDAS	SALPÊTRIÈRE	SAUVEGARDER
SAINT-GILLES	SALVADORIEN	SAVANNAKHET
SAINT-GIRONS	SALVADORIEN	SAVENAISIEN
SAINT-GOBAIN	SAMARITAINE	SAVERDUNOIS
SAINT HELENS	SAMARITAINE	SAVOIR-FAIRE
SAINT-HÉLIER	SAMATANAISE	SAVOIR-VIVRE
SAINT-HONORÉ	SAMBREVILLE	SAVOISIENNE
SAINT-HONORÉ	SAMMIELLOIS	SAVOISIENNE
SAINT-HUBERT	SAMORY TOURÉ	SAXE-COBOURG
SAINT-ISMIER	SAN BERNARDO	SCANDALEUSE
SAINT-JAMAIS	SANCHO PANÇA	SCANDALISÉE
SAINT-JEOIRE	SANCLAUDIEN	SCANDALISER
SAINT-JÉRÔME	SANCTIFIANT	SCANDINAVIE
SAINT-JOSEPH	SANCTIONNÉE	SCANOGRAPHE
SAINT-JULIEN	SANCTIONNER	SCARAMOUCHE
SAINT-JUNIEN	SANCTUARISÉ	SCARBOROUGH
SAINT-LAZARE	SANDOUVILLE	SCÉNARIMAGE

SCÉNARISANT
SCÉNOGRAPHE
SCEPTICISME
SCHAFFHOUSE
SCHARNHORST
SCHÉMATIQUE
SCHÉMATISÉE
SCHÉMATISER
SCHÉMATISME
SCHIBBOLETH
SCHICKHARDT
SCHIFFLANGE
SCHILIKOISE
SCHISTOSITÉ
SCHIZOGAMIE
SCHIZOGONIE
SCHLINGUANT
SCHLÖNDORFF
SCHRÖDINGER
SCHTROUMPFS
SCHUSCHNIGG
SCHWARZKOPF
SCHWEINFURT
SCIALYTIQUE
SCINTILLANT
SCLÉRODERME
SCLÉROSANTE
SCLÉROTIQUE
SCOLARISANT
SCOLASTICAT
SCOLASTIQUE
SCOLIOTIQUE
SCOLOPACIDÉ
SCOLOPENDRE
SCOOTÉRISTE
SCOPOLAMINE
SCORBUTIQUE
SCOT ÉRIGÈNE
SCOTOMISANT
SCRABBLEUSE
SCRIPT-GIRLS
SCRIPTURALE
SCRIPTURAUX
SCROFULAIRE
SCROFULEUSE
SCRUPULEUSE
SCRUTATRICE
SCULPTURALE
SCULPTURAUX
SCUTELLAIRE
SECOND-BAKOU
SECRÉTARIAT
SECRÈTEMENT
SÉCRÉTEUSES
SÉCRÉTRICES
SECTIONNANT
SECTIONNEUR

SECTORIELLE
SECTORISANT
SÉCULARISÉE
SÉCULARISER
SÉCURISANTE
SÉCURITAIRE
SÉDENTARISÉ
SÉDENTARITÉ
SÉDIMENTANT
SEFERIÁDHIS
SEGMENTAIRE
SEGONZACAIS
SÉGRÉGATION
SÉGRÉGATIVE
SEICHANAISE
SEIGNEURIAL
SEIGNOSSAIS
SEINE-ET-OISE
SEI SHONAGON
SÉISMOLOGIE
SÉLAGINELLE
SÉLECTIONNÉ
SÉLECTIVITÉ
SÉLÉNOLOGIE
SÉLESTADIEN
SELF-CONTROL
SELF-MADE-MAN
SELF-MADE-MEN
SELF-SERVICE
SELONGÉENNE
SÉMANTICIEN
SÉMÉIOLOGIE
SEMI-DURABLE
SEMI-GLOBALE
SEMI-LIBERTÉ
SEMI-LUNAIRE
SÉMINARISTE
SEMI-NOMADES
SÉMIOTICIEN
SEMI-OUVERTE
SEMI-OUVERTS
SEMI-OUVRÉES
SEMI-PEIGNÉS
SEMI-POLAIRE
SEMI-PRODUIT
SEMI-PUBLICS
SEMI-RIGIDES
SÉMITISANTE
SEMI-VOYELLE
SEMPITERNEL
SÉNATORIALE
SÉNATORIAUX
SÉNÉGALAISE
SÉNÉGALAISE
SENLISIENNE
SENNACHÉRIB
SENONCHOISE

SENSIBILISÉ
SENSIBILITÉ
SENSIBLERIE
SENSORIELLE
SENSUALISME
SENSUALISTE
SENTENCIEUX
SENTIMENTAL
SÉPARATISME
SÉPARATISTE
SÉPARATRICE
SEPTANTAINE
SEPTANTIÈME
SEPTENTRION
SEPTILIENNE
SEPTOMYCÈTE
SÉQUESTRANT
SERBO-CROATE
SEREINEMENT
SÉRÉNISSIME
SERGENT-CHEF
SÉRIGRAPHIE
SERMONNAIRE
SERMONNEUSE
SÉROLOGIQUE
SÉRONÉGATIF
SÉROPOSITIF
SERPENTAIRE
SERPENTEAUX
SERPILLIÈRE
SERRE-JOINTS
SERRE-LIVRES
SERRE-PONÇON
SERTISSEUSE
SERVILEMENT
SERVOMOTEUR
SEXAGÉNAIRE
SEXAGÉSIMAL
SEXUALISANT
SEYCHELLOIS
SEYCHELLOIS
SEYNODIENNE
SHAFTESBURY
SHAKESPEARE
SHAMPOUINÉE
SHAMPOUINER
SHÉHÉRAZADE
SHERRINGTON
SHIMONOSEKI
SHORT-TRACKS
SHU QINGCHUN
SICCATIVITÉ
SIDÉROLITHE
SIDÉROXYLON
SIDI-FERRUCH
SIENKIEWICZ
SIERRA LEONE

SIGMARINGEN
SIGNALEMENT
SIGNALISANT
SIGNIFIANCE
SIGNIFIANTE
SILENCIEUSE
SILHOUETTÉE
SILHOUETTER
SILICOTIQUE
SILLIMANITE
SILLON ALPIN
SILURIFORME
SILVERSTONE
SIMA XIANGRU
SIMPLIFIANT
SIMULATRICE
SINANTHROPE
SINCÈREMENT
SINGULARISÉ
SINGULARITÉ
SINTÉRISANT
SINT-TRUIDEN
SINUSOÏDALE
SINUSOÏDAUX
SIPHOMYCÈTE
SISMOGRAMME
SISMOGRAPHE
SISMOMÉTRIE
SISSONNAISE
SISTERONAIS
SISTER-SHIPS
SITTING BULL
SIX-FOURNAIS
SIXIÈMEMENT
SKYE-TERRIER
SKY-SURFINGS
SLAVISTIQUE
SLEEPING-CAR
SMITHSONITE
SOCHALIENNE
SOCIABILISÉ
SOCIABILITÉ
SOCIALEMENT
SOCIALISANT
SOCIÉTARIAT
SOCIOGENÈSE
SOCIOGRAMME
SOCIOMÉTRIE
SOCIOPATHIE
SOISSONNAIS
SOIXANTAINE
SOIXANTE-DIX
SOIXANTIÈME
SOJALDICIEN
SOLDATESQUE
SOLENNISANT
SOLÉNOÏDALE

SOLÉNOÏDAUX
SOLIDARISÉE
SOLIDARISER
SOLIDARNOSC
SOLIDIFIANT
SOLIFLUXION
SOLILOQUANT
SOLLICITANT
SOLLICITEUR
SOLLICITUDE
SOLLIÈS-PONT
SOLSTICIALE
SOLSTICIAUX
SOLUBILISÉE
SOLUBILISER
SOLUTIONNÉE
SOLUTIONNER
SOLUTRÉENNE
SOLVABILITÉ
SOLVATATION
SOMATOTROPE
SOMESTHÉSIE
SOMMEILLANT
SOMMELLERIE
SOMMIÉROISE
SOMNILOQUIE
SOMPTUOSITÉ
SONGE-MALICE
SONNAILLANT
SOPHISTIQUE
SOPHISTIQUÉ
SOPHROLOGIE
SOPHROLOGUE
SOPORIFIQUE
SORBONNARDE
SORCELLERIE
SORDIDEMENT
SORTIE-DE-BAL
SOT-L'Y-LAISSE
SOUBREVESTE
SOUDABILITÉ
SOUFFLEMENT
SOUFFLETANT
SOUFFRETEUX
SOUHAITABLE
SOUILLAGAIS
SOULAGEMENT
SOULÈVEMENT
SOÛLOGRAPHE
SOUPÇONNANT
SOUPÇONNEUX
SOUQUENILLE
SOURCILIÈRE
SOURCILLANT
SOURCILLEUX
SOURDS-MUETS
SOUS-ASSURÉE

SOUS-ASSURER
SOUS-ASSURÉS
SOUS-CALIBRÉ
SOUS-CAVAGES
SOUS-CHEMISE
SOUS-CLASSES
SOUS-CLAVIER
SOUS-COMITÉS
SOUS-COUCHES
SOUSCRIVANT
SOUS-CUTANÉE
SOUS-CUTANÉS
SOUS-DÉCLARÉ
SOUS-DIACRES
SOUS-EMPLOIS
SOUS-EMPLOYÉ
SOUS-ENTENDU
SOUS-ÉQUIPÉE
SOUS-ÉQUIPÉS
SOUS-ESPACES
SOUS-ESPÈCES
SOUS-ESTIMÉE
SOUS-ESTIMER
SOUS-ESTIMÉS
SOUS-ÉVALUÉE
SOUS-ÉVALUER
SOUS-ÉVALUÉS
SOUS-EXPOSÉE
SOUS-EXPOSER
SOUS-EXPOSÉS
SOUS-FAMILLE
SOUS-GROUPES
SOUS-JACENTE
SOUS-JACENTS
SOUS-MARINES
SOUS-MARQUES
SOUS-NORMALE
SOUS-ORBITAL
SOUS-PEUPLÉE
SOUS-PEUPLÉS
SOUS-PRÉFÈTE
SOUS-PRÉFETS
SOUS-PRODUIT
SOUS-SATURÉE
SOUS-SATURÉS
SOUS-SECTEUR
SOUS-SOLAGES
SOUS-SOLEUSE
SOUS-STATION
SOUS-SYSTÈME
SOUS-TENDANT
SOUS-TENDUES
SOUS-TENSION
SOUS-TITRAGE
SOUS-TITRANT
SOUS-TITRÉES
SOUSTRACTIF

SOUS-TRAITÉE
SOUS-TRAITER
SOUS-TRAITÉS
SOUSTRAYANT
SOUS-UTILISÉ
SOUS-VIREURS
SOUS-VIREUSE
SOUTÈNEMENT
SOUTERRAINE
SOUTHAMPTON
SOVIÉTISANT
SPACE OPERAS
SPALLANZANI
SPANISH TOWN
SPARTAKISME
SPARTAKISTE
SPASMODIQUE
SPASMOPHILE
SPATIALISÉE
SPATIALISER
SPATIONAUTE
SPÉCIALISÉE
SPÉCIALISER
SPÉCIALISTE
SPÉCIFICITÉ
SPECTATRICE
SPÉCULATEUR
SPÉCULATION
SPÉCULATIVE
SPÉLÉOLOGIE
SPÉLÉOLOGUE
SPERGULAIRE
SPERMAPHYTE
SPERMATIQUE
SPERMOPHILE
SPHÉNISCIDÉ
SPHÉNOÏDALE
SPHÉNOÏDAUX
SPHÉROÏDALE
SPHÉROÏDAUX
SPHÉROMÈTRE
SPINA-BIFIDA
SPINALIENNE
SPINALIENNE
SPINOLIENNE
SPIRITUELLE
SPIRITUEUSE
SPIROGRAPHE
SPIROMÉTRIE
SPOLIATRICE
SPONGIFORME
SPONGIOSITÉ
SPONSORISÉE
SPONSORISER
SPONTANÉITÉ
SPOROZOAIRE
SPORT-NATURE

SPORULATION
SPRINGFIELD
SPRINGSTEEN
SPUMESCENTE
SQUATTÉRISÉ
SQUAW VALLEY
SRI LANKAISE
SRI LANKAISE
SSEU-MA TS'IEN
STABAT MATER
STABILISANT
STABULATION
STAGFLATION
STALINIENNE
STAMINIFÈRE
STANDARDISÉ
STANLEY POOL
STARA ZAGORA
STARISATION
STAROBINSKI
STAR-SYSTÈME
STAR-SYSTEMS
STATION-AVAL
STATIONNANT
STATISTIQUE
STATTHALTER
STÉATOPYGIE
STEENKERQUE
STEENVOORDE
STEINKERQUE
STENDHALIEN
STÉNOGRAMME
STÉNOGRAPHE
STÉNOHALINE
STÉNOTHERME
STEPANAKERT
STÉPHANAISE
STÉPHANOISE
STÉPHANOISE
STERCORAIRE
STÉRÉOSCOPE
STÉRÉOTAXIE
STÉRÉOTYPÉE
STÉRÉOTYPIE
STÉRILEMENT
STÉRILISANT
STERLITAMAK
STÉROÏDIQUE
STERTOREUSE
STÉTHOSCOPE
STIERNHIELM
STIGMATIQUE
STIGMATISÉE
STIGMATISER
STIGMATISME
STIGMOMÈTRE

STIMULATEUR
STIMULATION
STIPENDIANT
STIPULATION
STIRINGEOIS
STOCKHAUSEN
STOCK-OPTION
STOÏQUEMENT
STOLONIFÈRE
STOMACHIQUE
STORY-BOARDS
STRATÉGIQUE
STRATIFIANT
STRATOPAUSE
STRICTEMENT
STRIDULANTE
STRIDULEUSE
STRIOSCOPIE
STRIP-POKERS
STRIP-TEASES
STROBOSCOPE
STROMBOLIEN
STRONGYLOSE
STROPHANTUS
STROSSMAYER
STRUCTURALE
STRUCTURANT
STRUCTURAUX
STUPÉFIANTE
STUPIDEMENT
STYLICIENNE
STYLISATION
STYLISTIQUE
STYLO-FEUTRE
STYLOGRAPHE
SUBAÉRIENNE
SUBATOMIQUE
SUBDÉLÉGUÉE
SUBDÉLÉGUER
SUBDIVISANT
SUBDIVISION
SUBINTRANTE
SUBJONCTIVE
SUBLIMATION
SUBLIMINALE
SUBLIMINAUX
SUBLINGUALE
SUBLINGUAUX
SUBMERGEANT
SUBMERSIBLE
SUBORBITALE
SUBORBITAUX
SUBORDONNÉE
SUBORDONNER
SUBORNATION
SUBRÉCARGUE
SUBROGATEUR

SUBROGATION
SUBROGATIVE
SUBSAHARIEN
SUBSÉQUENTE
SUBSIDIAIRE
SUBSISTANCE
SUBSISTANTE
SUBSTANTIEL
SUBSTANTIVE
SUBSTANTIVÉ
SUBSTITUANT
SUBSTITUTIF
SUBTILEMENT
SUBTILISANT
SUBTROPICAL
SUCCENTURIÉ
SUCCESSIBLE
SUCCESSORAL
SUD-AFRICAIN
SUD-AFRICAIN
SUD-CORÉENNE
SUD-CORÉENNE
SUDORIFIQUE
SUFFIXATION
SUFFOCATION
SUFFRAGETTE
SUGGESTIBLE
SULFATATION
SULFHYDRYLE
SULFONATION
SULPICIENNE
SUPERBEMENT
SUPERCHERIE
SUPERFICIEL
SUPERFLUIDE
SUPERFLUITÉ
SUPER-GÉANTS
SUPÉRIORITÉ
SUPER-LÉGERS
SUPERLIORAN
SUPER-LOURDS
SUPERMARCHÉ
SUPERPOSANT
SUPERPROFIT
SUPERTANKER
SUPERVIELLE
SUPERVISANT
SUPERVISEUR
SUPERVISION
SUPPLANTANT
SUPPLÉTOIRE
SUPPLICIANT
SUPPORTABLE
SUPPORTRICE
SUPPOSITION
SUPPRESSEUR
SUPPRESSION

SUPPURATION
SUPPUTATION
SUPRÊMEMENT
SURABONDANT
SURACTIVITÉ
SURAJOUTANT
SURALIMENTÉ
SURARMEMENT
SURBAISSANT
SURCAPACITÉ
SURCHAUFFÉE
SURCHAUFFER
SURCLASSANT
SURCOMPOSÉE
SURCOMPRIMÉ
SURCONTRANT
SURDI-MUTITÉ
SUREFFECTIF
SURÉMINENTE
SURÉMISSION
SURENCHÉRIR
SURENTRAÎNÉ
SURÉQUIPANT
SURESTIMANT
SURÉVALUANT
SUREXCITANT
SUREXPLOITÉ
SUREXPOSANT
SURGÉLATEUR
SURGÉLATION
SURHAUSSANT
SURIMPOSANT
SURINAMAISE
SURINFORMÉE
SURINFORMER
SURMONTABLE
SURNATALITÉ
SUROXYGÉNÉE
SURPÂTURAGE
SURPLOMBANT
SURPRENANTE
SURPRESSION
SURPRODUIRE
SURPRODUITE
SURPROTÉGÉE
SURPROTÉGER
SURRÉALISME
SURRÉALISTE
SURRÉNALIEN
SURSATURANT
SURVEILLANT
SURVÊTEMENT
SUSCEPTIBLE
SUSCRIPTION
SUS-DÉNOMMÉE
SUS-DÉNOMMÉS
SUS-JACENTES

SUSPICIEUSE
SUSQUEHANNA
SUS-TONIQUES
SUSURREMENT
SUZERAINETÉ
SWEAT-SHIRTS
SYBARITIQUE
SYBARITISME
SYLLABATION
SYMBIOTIQUE
SYMBOLISANT
SYMPATHIQUE
SYMPATHISER
SYMPHONIQUE
SYMPHONISTE
SYNARTHROSE
SYNCHRONISÉ
SYNCHROTRON
SYNCRÉTIQUE
SYNCRÉTISME
SYNCRÉTISTE
SYNDACTYLIE
SYNDICALISÉ
SYNDICATION
SYNESTHÉSIE
SYNGNATHIDÉ
SYNONYMIQUE
SYNOPTIQUES
SYNTHÉTIQUE
SYNTHÉTISÉE
SYNTHÉTISER
SYNTHÉTISME
SYNTONISEUR
SYSTÉMATISÉ
SZOMBATHELY
SZYMANOWSKI
TABERNACIEN
TABLETTERIE
TACHÉOMÈTRE
TACHYCARDIE
TACHYGRAPHE
TACHYPHÉMIE
TACTICIENNE
TADJIKISTAN
TAGLIAMENTO
TAGLIATELLE
TAI-CHI-CHUAN
TAILLANDIER
TAILLEBOURG
TAILLE-DOUCE
TAILLE-HAIES
TAISHO TENNO
TALENTUEUSE
TALLAHASSEE
TAMANRASSET
TAMBOURINÉE
TAMBOURINER

TAMPONNEUSE	TÉLÉDIFFUSÉ	TÉTRADYNAME
TANCARVILLE	TÉLÉFÉRIQUE	TÉTRAPLÉGIE
TANEGASHIMA	TÉLÉGÉNIQUE	TÉTRAPLOÏDE
TANGIBILITÉ	TÉLÉGESTION	TÉTRAS-LYRES
TANG TAIZONG	TÉLÉGRAPHIE	TEXTURATION
TANZANIENNE	TÉLÉGRAPHIÉ	**TEZUKA OSAMU**
TANZANIENNE	TÉLÉGUIDAGE	THAÏLANDAISE
TAO YUANMING	TÉLÉGUIDANT	**THAÏLANDAIS**
TAPIS-BROSSE	TÉLÉJOURNAL	THALASSÉMIE
TARABISCOTÉ	TÉLÉKINÉSIE	THALIDOMIDE
TARABUSTANT	TÉLÉMATIQUE	THALLOPHYTE
TARDILLONNE	TÉLÉMESSAGE	THÉÂTRALISÉ
TARDIVEMENT	TÉLÉPHONANT	THÉÂTRALITÉ
TARISSEMENT	TÉLÉRÉALITÉ	**THÉMISTOCLE**
TARSIIFORME	TÉLESCOPAGE	THÉOGONIQUE
TARTIFLETTE	TÉLESCOPANT	THÉOLOGIQUE
TARTOUILLER	TÉLÉTRAVAIL	**THÉOPHRASTE**
TARTUFFERIE	TÉLÉTRAVAUX	THÉORÉTIQUE
TASMANIENNE	TÉLÉVENDEUR	THERMALISME
TASSILUNOIS	TELLURIENNE	THERMOCLINE
TATE GALLERY	TÉLOLÉCITHE	THERMOMÈTRE
TÂTONNEMENT	**TELUK BETUNG**	**THERMOPYLES**
TAULÉSIENNE	TEMPÉRAMENT	THERMOSCOPE
TAUROMACHIE	TEMPÉRATURE	THÉSAURISÉE
TAXI-BROUSSE	TEMPÉTUEUSE	THÉSAURISER
TAXINOMIQUE	TEMPORALITÉ	THESMOTHÈTE
TAXINOMISTE	TEMPORISANT	**THETFORDOIS**
TAYLORISANT	TENDANCIEUX	**THIAISIENNE**
TCHAÏKOVSKI	TENNIS-ELBOW	**THIBÉRIENNE**
TCHEBOKSARY	TENSIOACTIF	THIOSULFATE
TCHÉRÉMISSE	TENSIOMÈTRE	THIXOTROPIE
TCHERKESSES	TENSORIELLE	**THOMAS MORUS**
TCHERNIVTSI	TÉNUIROSTRE	**THONÉSIENNE**
TCHERNOVTSY	**TEOTIHUACÁN**	**THORVALDSEN**
TCHERNOZIOM	TÉRATOGÉNIE	**THOUARSAISE**
TCHÉTCHÈNES	TÉRATOLOGIE	THROMBOCYTE
TCHÉTCHÉNIE	**TERBRUGGHEN**	THROMBOLYSE
TCHOIBALSAN	TÉRÉBRATULE	THYRÉOTROPE
TCHOUKTCHES	TERGIVERSER	TIERS-MONDES
TCHOUVACHES	TERMAILLAGE	TIERS-POINTS
TCHOUVACHIE	TERMINAISON	TIMBRE-POSTE
TECHNICISÉE	TERMINATEUR	TIME-SHARING
TECHNICISER	**TERPSICHORE**	TINCTORIALE
TECHNICISTE	TERRE À TERRE	TINCTORIAUX
TECHNICOLOR	TERREAUTAGE	TIRE-AU-FLANC
TECHNOCRATE	TERREAUTANT	TIRE-BOUCHON
TECHNOLOGIE	TERRE-NEUVAS	TIRE-BRAISES
TECHNOLOGUE	TERRE-PLEINS	TIRE-LARIGOT
TEGUCIGALPA	TERRIFIANTE	**TIRUNELVELI**
TÉHÉRANAISE	TERRITORIAL	**TISSAPHERNE**
TEHUANTEPEC	TERRORISANT	TISSU-ÉPONGE
TEINTURERIE	TESTIMONIAL	TITILLATION
TEINTURIÈRE	TEST-MATCHES	TITRIMÉTRIE
TÉLÉCHARGÉE	TÊTE-DE-MAURE	TITRISATION
TÉLÉCHARGER	TÊTE-DE-NÈGRE	TITULARISÉE
TÉLÉCOPIANT	TÊTES-DE-CLOU	TITULARISER
TÉLÉCOPIEUR	TÊTES-DE-LOUP	

TLAPANÈQUES	TRACÉOLOGIE	TRANSPERCER
TOCQUEVILLE	TRACTOPELLE	TRANSPIRANT
TOLBOUKHINE	TRACTORISTE	TRANSPLANTÉ
TOMBLAINOIS	TRADE-UNIONS	TRANSPORTÉE
TOMOGRAPHIE	TRADUCTRICE	TRANSPORTER
TONITRUANTE	TRADUISIBLE	TRANSPOSANT
TONNACQUOIS	TRAFICOTANT	TRANSSEXUEL
TONNELLERIE	TRAFIQUANTE	TRANSVASANT
TONNERROISE	TRAGÉDIENNE	TRANSVERSAL
TOPINAMBOUR	TRAÎNAILLER	TRANSVIDANT
TOPOGRAPHIE	TRAÎNASSANT	TRANSYLVAIN
TOPOLOGIQUE	TRAINS-PARCS	**TRANSYLVAIN**
TOPONYMIQUE	TRAINS-TRAMS	TRAPÉZOÏDAL
TORCHONNANT	TRAITAILLER	TRAPPISTINE
TORDESILLAS	TRAIT D'UNION	TRAUMATISÉE
TORRAILLANT	TRAJECTOIRE	TRAUMATISER
TORRENTUEUX	TRAMS-TRAINS	TRAUMATISME
TORSTENSSON	TRANCHEFILE	TRAVAILLANT
TOTALITAIRE	TRANSACTION	TRAVAILLEUR
TOTIPOTENCE	TRANSALPINE	TRAVAILLOTÉ
TOTIPOTENTE	**TRANSALPINE**	TRAVERSABLE
TOUCHE-À-TOUT	TRANSANDINE	TRAVERSANTE
TOULONNAISE	TRANSBAHUTÉ	TRAVERS-BANC
TOULOUSAINE	TRANSBORDÉE	TRAVERSIÈRE
TOUPILLEUSE	TRANSBORDER	TRAVESTISME
TOURAILLAGE	TRANSCENDÉE	TRÉBUCHANTE
TOURANGEAUX	TRANSCENDER	TRÉFONCIÈRE
TOURANGEAUX	TRANSCODAGE	TREILLISSÉE
TOURANGELLE	TRANSCODANT	TREILLISSER
TOURANGELLE	TRANSCUTANÉ	**TRÉLAZÉENNE**
TOURANIENNE	TRANSFÉRANT	**TREMBLADAIS**
TOURANIENNE	TRANSFÉRASE	TREMBLEMENT
TOURGUENIEV	TRANSFIGURÉ	TREMBLOTANT
TOURILLONNÉ	TRANSFILANT	TRÉMOUSSANT
TOURISTIQUE	TRANSFORMÉE	TRÉMULATION
TOURLAVILLE	TRANSFORMER	TRENCH-COATS
TOURMENTANT	TRANSFUSANT	TRENTENAIRE
TOURNAILLER	TRANSFUSION	TRÉPANATION
TOURNAISIEN	TRANSGENÈSE	TRÉPIDATION
TOURNANAISE	TRANSGÉNOSE	TRESSAILLIR
TOURNEBOULÉ	TRANSGRESSÉ	TRESSAUTANT
TOURNEVIRER	TRANSHUMANT	**TRES ZAPOTES**
TOURNICOTER	TRANSIGEANT	**TRIANGLE D'OR**
TOURNIQUANT	TRANSISSANT	TRIANGULANT
TOURNONAISE	TRANSITAIRE	TRIATOMIQUE
TOURNOYANTE	TRANSITOIRE	TRIBOMÉTRIE
TOURTEREAUX	TRANSLATION	TRIBULATION
TOURTERELLE	TRANSLATIVE	TRIBUNITIEN
TOUT-À-L'ÉGOUT	TRANSLUCIDE	TRICALCIQUE
TOUT-TERRAIN	TRANSMANCHE	TRICÉRATOPS
TOXICOLOGIE	TRANSMETTRE	TRICHOMONAS
TOXICOLOGUE	TRANSMIGRER	TRICHOPTÈRE
TOXICOMANIE	TRANSMUABLE	TRICLINIQUE
TRABENDISTE	TRANSMUTANT	TRICYCLIQUE
TRAÇABILITÉ	**TRANSOXIANE**	TRIFOLIOLÉE
TRACASSERIE	TRANSPARENT	TRIFOUILLER
TRACASSIÈRE	TRANSPERCÉE	

TRIGAUDERIE	TURGESCENCE	**UXELLODUNUM**
TRILATÉRALE	TURGESCENTE	UXORILOCALE
TRILATÉRAUX	TURLUPINADE	UXORILOCAUX
TRIMBALLAGE	TURLUPINANT	VACCINATION
TRIMBALLANT	**TURKMENABAT**	VACILLEMENT
TRIMESTRIEL	**TURRIPINOIS**	VADROUILLER
TRINIDADIEN	TUTTI FRUTTI	VAGABONDAGE
TRINIDADIEN	TUTTI QUANTI	VAGABONDANT
TRINTIGNANT	TYPHOÏDIQUE	VAGISSEMENT
TRIOMPHANTE	TYPIQUEMENT	VAGOLYTIQUE
TRIPARTISME	TYPOGRAPHIE	VAGOTONIQUE
TRIPHTONGUE	TYPOLOGIQUE	VAGUEMESTRE
TRIPLICATAS	TYRANNICIDE	VAILLAMMENT
TRIPOLITAIN	TYRANNISANT	VAILLANTISE
TRIQUEBALLE	**UEDA AKINARI**	**VAISONNAISE**
TRISECTRICE	UKRAINIENNE	VALABLEMENT
TRITHÉRAPIE	**UKRAINIENNE**	**VALCOLOROIS**
TRITURATEUR	ULENSPIEGEL	VALDINGUANT
TRITURATION	ULTRAFILTRE	**VALDORIENNE**
TROCHOPHORE	ULTRALÉGÈRE	**VALENCÉENNE**
TROIS-QUARTS	ULTRA-PETITA	**VALENCIENNE**
TROIS-QUATRE	ULTRAPROPRE	**VALENTIGNEY**
TROMBONISTE	ULTRASONORE	**VALENTINIEN**
TROMPE-L'ŒIL	ULTRAVIOLET	VALENTINITE
TRONCONIQUE	UNANIMEMENT	VALENTINOIS
TRONÇONNAGE	UNDERGROUND	**VALENTINOIS**
TRONÇONNANT	UNIFAMILIAL	VALE-INCLÁN
TRONCULAIRE	UNIFICATEUR	**VALLEYFIELD**
TROPÉZIENNE	UNIFICATION	VALLISNÉRIE
TROPICALISÉ	UNIFORMISÉE	**VALLONNAISE**
TROPOSPHÈRE	UNIFORMISER	**VALLORBIÈRE**
TROTTINETTE	UNIJAMBISTE	VALORISANTE
TROUBETSKOÏ	UNILATÉRALE	**VALRAS-PLAGE**
TROUBLE-FÊTE	UNILATÉRAUX	**VALRÉASSIEN**
TROUILLARDE	UNILINÉAIRE	VAMPIRISANT
TROUS-MADAME	UNINOMINALE	**VAN COEHOORN**
TROUSSE-PIED	UNINOMINAUX	VANDALISANT
TROUSSEQUIN	UNISEXUELLE	**VAN DE GRAAFF**
TROUVILLAIS	UNISSONANCE	**VANDERSTEEN**
TRUSQUINANT	UNIVERSELLE	**VANDERVELDE**
TRYPANOSOME	UNIVITELLIN	**VAN DER WAALS**
TRYPTOPHANE	UPÉRISATION	**VANDOPÉRIEN**
TSELINOGRAD	**UQBA IBN NAFI**	VANITY-CASES
TSIOLKOVSKI	URO-GÉNITALE	**VAN RUISDAEL**
TUBERCULEUX	URO-GÉNITAUX	**VAN RUYSDAEL**
TUBERCULINE	UROPYGIENNE	**VAN SCHENDEL**
TUBERCULOSE	URUGUAYENNE	**VARGAS LLOSA**
TUBÉRIFORME	**URUGUAYENNE**	VARIABILITÉ
TUBULIDENTÉ	USINABILITÉ	VARSOVIENNE
TUBULIFLORE	USUELLEMENT	**VARSOVIENNE**
TUMÉFACTION	USUFRUITIER	**VASCO DE GAMA**
TUMULTUAIRE	USURPATOIRE	VASCULARISÉ
TUMULTUEUSE	USURPATRICE	VASOMOTRICE
TUPI-GUARANI	UTILISATEUR	VASOUILLANT
TURBELLARIÉ	UTILISATION	VASOUILLARD
TURBOFORAGE	UTRICULAIRE	VASSALISANT
TURBOMOTEUR	**UTTARANCHAL**	VASSALISANT

VASSILEVSKI
VA-T-EN-GUERRE
VATNAJÖKULL
VAUCOULEURS
VAUX-LE-PÉNIL
VECTORIELLE
VEDETTARIAT
VÉGÉTALISÉE
VÉGÉTALISER
VÉGÉTALISME
VÉGÉTALISTE
VÉGÉTARISME
VÉHICULAIRE
VÉLIVOLISTE
VELLÉITAIRE
VÉLOCIMÈTRE
VELOUTEMENT
VENDANGEANT
VENDANGEOIR
VENDANGEROT
VENDANGEUSE
VENDÉMIAIRE
VENDEUVROIS
VÉNÉZUÉLIEN
VÉNÉZUÉLIEN
VENTILATEUR
VENTILATION
VENTRILOQUE
VERBALEMENT
VERBALISANT
VERDOIEMENT
VEREENIGING
VERFEILLOIS
VÉRIFICATIF
VERKHOÏANSK
VERMICULURE
VERMILLONNÉ
VERMISSEAUX
VERNISSEUSE
VERNOLIENNE
VERNONNAISE
VERNOUILLET
VERROUILLÉE
VERROUILLER
VERRUCOSITÉ
VERRUQUEUSE
VERSAILLAIS
VERSAILLAIS
VERSATILITÉ
VERSICOLORE
VERTAVIENNE
VERT-DE-GRISÉ
VERTICALITÉ
VERTICILLÉE
VERTIGINEUX
VERTUSIENNE
VÉSICATOIRE

VÉSICULAIRE
VÉSICULEUSE
VÉSIGONDINE
VESPASIENNE
VESSE-DE-LOUP
VÉTÉRINAIRE
VEYRE-MONTON
VIABILISANT
VIBRIONNANT
VICE-AMIRAUX
VICE-CONSULS
VICE-RECTEUR
VICE-ROYAUTÉ
VIC-FEZENSAC
VICHYSSOISE
VICHYSSOISE
VICISSITUDE
VICTORIENNE
VICTORIEUSE
VICTUAILLES
VIDÉODISQUE
VIDÉOGRAMME
VIDE-ORDURES
VIDÉOTHÈQUE
VIEIL-ARMAND
VIENTIANAIS
VIERZONNAIS
VIFS-ARGENTS
VIGÉE-LEBRUN
VIGILAMMENT
VIGNETTISTE
VIHIERSOISE
VIJAYANAGAR
VILAINEMENT
VILEBREQUIN
VILIPENDANT
VILLAGEOISE
VILLARDOISE
VILLE-D'AVRAY
VILLEMOMBLE
VILLEMURIEN
VILLERSEXEL
VINAIGRERIE
VINAIGRETTE
VINBLASTINE
VINCENNOISE
VINDICATIVE
VINGT-QUATRE
VIOLONCELLE
VIREVOLTANT
VIRILISANTE
VIROLOGIQUE
VIROLOGISTE
VISHNOUISME
VISIBLEMENT
VISIOCASQUE
VISIONNAIRE

VISIONNEUSE
VISIOPHONIE
VISITANDINE
VISUALISANT
VITAMINIQUE
VITICULTEUR
VITICULTURE
VITRIFIABLE
VITRIOLEUSE
VITROLLAISE
VITROPHANIE
VITTELLOISE
VIVARO-ALPIN
VIVISECTION
VLAARDINGEN
VLADIKAVKAZ
VLADIVOSTOK
VOCABULAIRE
VOCERATRICE
VOIRONNAISE
VOITURE-LITS
VOLAILLEUSE
VOLATILISÉE
VOLATILISER
VOLLEY-BALLS
VOLONTARIAT
VOLTIGEMENT
VOLUMINEUSE
VOLUPTUEUSE
VOMISSEMENT
VOMITO NEGRO
VOUGLAISIEN
VOUVOIEMENT
VOYOUCRATIE
VRAIE-FAUSSE
VROMBISSANT
VULCANIENNE
VULCANISANT
VULGARISANT
VULGUM PECUS
WACKENRODER
WAGON-FOUDRE
WAGONS-POSTE
WAGON-TRÉMIE
WALLENSTEIN
WALLINGANTE
WALLISIENNE
WALLISIENNE
WALTER TYLER
WATER-CLOSET
WATTASSIDES
WEIERSTRASS
WEISSMULLER
WELWITSCHIA
WESTMINSTER
WHITE-SPIRIT
WILLSTÄTTER

WIMEREUSIEN
WINCKELMANN
WINTERGREEN
WINTZENHEIM
WISSEMBOURG
WITTELSBACH
WITTELSHEIM
WORLD MUSICS
WOUNDED KNEE
XANTHÉLASMA
XANTHODERME
XÉNOCRISTAL
XÉROGRAPHIE

XYLOGRAPHIE
YALONG JIANG
YANGZI JIANG
YAOUNDÉENNE
YELLOWKNIFE
YELLOWSTONE
YERVILLAISE
YOUGOSLAVIE
YSSINGELAIS
ZELENTCHOUK
ZÉPHYRIENNE
ZHOUKOUDIAN
ZIELONA GÓRA

ZIGOUILLANT
ZOOFLAGELLÉ
ZOOPLANCTON
ZOOTHÉRAPIE
ZOROASTRIEN
ZOSTÉRIENNE
ZWIJNDRECHT
ZWINGLIENNE
ZYGOMATIQUE
ZYGOPETALUM

ABANDONNIQUE
ABBAS LE GRAND
ABBEVILLOISE
ABDALWADIDES
ABÊTISSEMENT
ABONDANCISTE
ABOUTISSANTS
À BRAS-LE-CORPS
ABRUTISSANTE
ABSORPTIVITÉ
ABU AL-ATAHIYA
ABYSSINIENNE
ABYSSINIENNE
ACCAPAREMENT
ACCASTILLAGE
ACCASTILLANT
ACCÉLÉRATEUR
ACCÉLÉRATION
ACCENTUATION
ACCESSOIRISÉ
ACCIDENTELLE
ACCLIMATABLE
ACCOINTANCES
ACCOMMODANTE
ACCOMPAGNANT
ACCORDAILLES
ACCOUCHEMENT
ACCOUPLEMENT
ACCOUTREMENT
ACCOUTUMANCE
ACCRÉDITEUSE
ACCROCHE-PLAT
ACCUEILLANTE
ACCUMULATEUR
ACCUMULATION
ACÉRICULTEUR
ACÉRICULTURE
ACÉTABULAIRE
ACÉTALDÉHYDE
ACÉTONÉMIQUE

ACÉTYLÉNIQUE
ACHEMINEMENT
ACHROMATIQUE
ACHROMATISÉE
ACHROMATISER
ACHROMATISME
ACIDO-BASIQUE
À CONTRECŒUR
ACOQUINEMENT
ACQUITTEMENT
ACRIMONIEUSE
ACROCÉPHALIE
ACTINOMÉTRIE
ACTINOMYCÈTE
ACTIONNARIAT
ACTORS STUDIO
ACTUELLEMENT
ACUPONCTRICE
ACUPUNCTRICE
ADAPTABILITÉ
ADDITIONNANT
ADDITIONNEUR
ADÉQUATEMENT
ADJECTIVISÉE
ADJECTIVISER
ADJUDANT-CHEF
ADJUDICATEUR
ADJUDICATION
ADMINISTRANT
ADOPTIANISME
ADORABLEMENT
ADOUCISSANTE
ADRÉNERGIQUE
ADULTÉRATION
AÉROGLISSEUR
AÉROMOBILITÉ
AÉRONAUTIQUE
AÉROSPATIALE
AÉROSPATIAUX
AÉROSTATIQUE

AFARS ET ISSAS
AFFABULATION
AFFADISSANTE
AFFAINÉANTIR
AFFAISSEMENT
AFFECTIONNÉE
AFFECTIONNER
AFFERMISSANT
AFFLEUREMENT
AFFOURAGEANT
AFFREUSEMENT
AFFRONTEMENT
AFRANCESADOS
AFRICANISANT
AFRIQUE DU SUD
AFRIQUE NOIRE
AFRO-CUBAINES
AFRO-CUBAINES
AGENOUILLANT
AGENOUILLOIR
AGGLUTINANTE
AGNÈS DE MÉRAN
AGNOSTICISME
AGRAMMATICAL
AGRAMMATISME
AGRANDISSANT
AGRANDISSEUR
AGRÉABLEMENT

AGRICULTRICE
AGRITOURISME
AGROCHIMIQUE
AGROCHIMISTE
AGROPASTORAL
AGUERRISSANT
AHURISSEMENT
AIDE-SOIGNANT
AIGOS-POTAMOS
AIGREFEUILLE
AIGRES-DOUCES
AIGRISSEMENT
AIGUEPERSOIS
AIGUES-MORTES
AIGUILLETAGE
AIGUILLETANT
AIGUILLONNÉE
AIGUILLONNER
AILLY-SUR-NOYE
AIRE-SUR-LA-LYS
ALANGUISSANT
À L'AVEUGLETTE
ALBE LA LONGUE
ALCALÁ ZAMORA
ALCALIFIANTE
ALCALIMÉTRIE
ALCALINISANT
ALCOOLISABLE
ALENÇONNAISE
À L'ENCONTRE DE
ALÉOUTIENNES
ALEXANDRETTE
ALGONQUIENNE
ALGOTHÉRAPIE
ALIÉNABILITÉ
ALIMENTATION
À L'IMPROVISTE
ALIX DE SAVOIE
ALLANTOÏDIEN
ALLÉLOMORPHE
ALLERGISANTE
ALLERGOLOGIE
ALLERGOLOGUE
ALLEVARDAISE
ALLITÉRATION
ALLOPATHIQUE
ALLOSTÉRIQUE
ALLOTROPIQUE
ALLUME-CIGARE
ALLUSIVEMENT
ALMICANTARAT
ALOURDISSANT
ALPHABÉTIQUE
ALPHABÉTISÉE
ALPHABÉTISER
ALPHABÉTISME
ALTÉRABILITÉ

ALTKIRCHOISE
AMADOURIENNE
AMAIGRISSANT
AMALGAMATION
AMANDINOISES
AMBASSADRICE
AMBITIONNANT
AMBULACRAIRE
AMBULANCIÈRE
AMÉLIORATION
AMENUISEMENT
AMÉRICANISÉE
AMÉRICANISER
AMÉRICANISME
AMÉRICANISTE
AMÉRINDIENNE
AMEUBLISSANT
AMINCISSANTE
AMNÉVILLOISE
AMNIOCENTÈSE
AMOLLISSANTE
AMORTISSABLE
AMOURS-EN-CAGE
AMPHIBOLOGIE
AMPHICTYONIE
AMPHITHÉÂTRE
AMPLIS-TUNERS
AMUSE-BOUCHES
AMUSE-GUEULES
ANABOLISANTE
ANACARDIACÉE
ANACHRONIQUE
ANACHRONISME
ANAGLYPTIQUE
ANAPHRODISIE
ANARCHISANTE
ANASTOMOSANT
ANATHÉMATISÉ
ANCIENNEMENT
ANCUS MARTIUS
ANDELYSIENNE
ANDERSEN NEXØ
ANDOUILLETTE
ANDREA PISANO
ANDRÉ-DESHAYS
ANDROCÉPHALE
ANDROLOGIQUE
ANDRZEJEWSKI
ANÉANTISSANT
ANÉLASTICITÉ
ANENCÉPHALIE
ANESTHÉSIANT
ANESTHÉSIQUE
ANESTHÉSISTE
ANGÈLE MERICI
ANGELOPOULOS
ANGIOCHOLITE

ANGIOGRAPHIE
ANGIOPLASTIE
ANGIOTENSINE
ANGLICANISME
ANGLO-NORMAND
ANGLO-NORMAND
ANGLO-SAXONNE
ANGLO-SAXONNE
ANGOUMOISINE
ANHARMONIQUE
ANHYDROBIOSE
ANNA IVANOVNA
ANNA KARENINE
ANNE DE CLÈVES
ANNÉE-LUMIÈRE
ANNIHILATION
ANNIVERSAIRE
ANNONCIATEUR
ANNONCIATION
ANNUELLEMENT
ANORMALEMENT
ANOVULATOIRE
ANTANANARIVO
ANTÉDILUVIEN
ANTHÉROZOÏDE
ANTHRACITEUX
ANTHROPONYME
ANTIACNÉIQUE
ANTIACRIDIEN
ANTIADHÉSIVE
ANTIAÉRIENNE
ANTIAGRÉGANT
ANTIANGINEUX
ANTIANGOREUX
ANTIATOMIQUE
ANTIBIOTIQUE
ANTICALCAIRE
ANTICIPATION
ANTICLÉRICAL
ANTICYCLIQUE
ANTICYCLONAL
ANTIDÉRAPANT
ANTIDÉTONANT
ANTIÉMÉTIQUE
ANTIÉTATIQUE
ANTIFASCISTE
ANTIFONGIQUE
ANTIFRICTION
ANTIGIVRANTE
ANTIMÉRIDIEN
ANTINATIONAL
ANTIONCOGÈNE
ANTIPALUDÉEN
ANTIPARASITE
ANTIPARASITÉ
ANTIPATHIQUE
ANTIPATINAGE

ANTIPHONAIRE	ARBORESCENTE	ARTIODACTYLE
ANTIPROTÉASE	ARBORISATION	**ASBESTRIENNE**
ANTIQUISANTE	ARBRES-DE-NOËL	ASCENSIONNEL
ANTISEPTIQUE	**ARCACHONNAIS**	ASCENSORISTE
ANTISISMIQUE	ARC-BOUTEMENT	**ASCOLI PICENO**
ANTISPORTIVE	ARCHÉOPTÉRYX	ASEPTISATION
ANTISTATIQUE	ARCHÉTYPIQUE	**ASIE CENTRALE**
ANTISUDORALE	ARCHIDIOCÈSE	**ASIE DU SUD-EST**
ANTISUDORAUX	ARCHIPHONÈME	ASPERGILLOSE
ANTISYNDICAL	ARCHITECTURE	ASSAINISSANT
ANTITHÉTIQUE	ARCHITECTURÉ	ASSAINISSEUR
ANTIULCÉREUX	**ARCIS-SUR-AUBE**	ASSAISONNANT
ANTIVÉNÉNEUX	ARCS-BOUTANTS	ASSERMENTANT
ANTIVÉNÉRIEN	**ARCUEILLAISE**	ASSERTORIQUE
ANTIVENIMEUX	**ARDANT DU PICQ**	ASSERVISSANT
ANTOINE-MARIE	**ARGELÉSIENNE**	ASSIBILATION
ANURADHAPURA	**ARGENTACOISE**	ASSIMILATEUR
ANXIEUSEMENT	**ARGENTANAISE**	ASSIMILATION
ANXIOLYTIQUE	**ARGENTIÉROIS**	**ASSINIBOINES**
APOLLINIENNE	**ARGENTONNAIS**	ASSOMMEILLER
APOLOGÉTIQUE	**ARGENTRÉENNE**	ASSORTISSANT
APOPHANTIQUE	ARGUMENTAIRE	ASSOUPISSANT
APOPLECTIQUE	ARGUMENTATIF	ASSOUVISSANT
APOSTOLICITÉ	**ARIAS SÁNCHEZ**	ASSURANCE-VIE
APOSTROPHANT	ARISTOCRATIE	ASSYRIOLOGIE
APPARAISSANT	ARITHMÉTIQUE	ASSYRIOLOGUE
APPAREILLADE	ARITHMOMANIE	ASTIGMATISME
APPAREILLAGE	**ARLES-SUR-TECH**	ASTREIGNANTE
APPAREILLANT	**ARMENTIÉROIS**	ASTROLOGIQUE
APPARTENANCE	ARMINIANISME	ASTRONOMIQUE
APPENZELLOIS	AROMATISANTE	ASYMPTOTIQUE
APPÉTISSANTE	**ARPAJONNAISE**	ATERMOIEMENT
APPOGGIATURE	ARRACHE-CLOUS	**ATHIS-DE-L'ORNE**
APPRÉCIATEUR	ARRAISONNANT	À TIRE-LARIGOT
APPRÉCIATION	ARRIÈRE-CORPS	**ATLANTIC CITY**
APPRÉCIATIVE	ARRIÈRE-COURS	ATTENTATOIRE
APPRÉHENDANT	ARRIÈRE-FONDS	ATTENTIONNÉE
APPRÉHENSION	ARRIÈRE-GARDE	ATTERRISSAGE
APPRÉHENSIVE	ARRIÈRE-GORGE	ATTERRISSANT
APPRIVOISANT	ARRIÈRE-GOÛTS	ATTIÉDISSANT
APPROBATRICE	ARRIÈRE-MAINS	ATTITUDINALE
APPROXIMATIF	ARRIÈRE-NEVEU	ATTITUDINAUX
APRAGMATIQUE	ARRIÈRE-NIÈCE	ATTOUCHEMENT
APRAGMATISME	ARRIÈRE-PLANS	ATTRACTIVITÉ
APRÈS-GUERRES	ARRIÈRE-PORTS	ATTRAPE-MINON
APRÈS-RASAGES	ARRIÈRE-SALLE	ATTRIBUTAIRE
APRÈS-SOLEILS	ARRIÈRE-TRAIN	ATTROUPEMENT
APRIORITIQUE	ARRONDISSANT	**AUBUSSONNAIS**
AQUACULTRICE	ARRONDISSURE	AUDITIONNANT
AQUAFORTISTE	**ART DE LA FUGUE**	**AUDRUICQUOIS**
AQUARELLISTE	ARTÉRIOTOMIE	**AUDUN-LE-ROMAN**
AQUARIOPHILE	ARTHROPATHIE	AUGMENTATION
AQUICULTRICE	ARTHROSCOPIE	AUGMENTATIVE
ARABO-ANDALOU	ARTICULATEUR	AUGUSTINISME
ARABO-SWAHILI	ARTICULATION	**AUGUSTINOISE**
ARBITRAGISTE	ARTIFICIELLE	**AULNAISIENNE**
ARBORESCENCE	ARTIFICIEUSE	**AUNAY-SUR-ODON**

AURILLACOISE	AVEUGLES-NÉES	BARAGOUINANT
AUSCULTATION	**AVEYRONNAISE**	BARAGOUINEUR
AUSTÉNITIQUE	**AVIGNONNAISE**	**BARANOVITCHI**
AUSTRALIENNE	AVILISSEMENT	**BARAQUEVILLE**
AUSTRALIENNE	AVION-CITERNE	BARBITURIQUE
AUSTRONÉSIEN	AVIONS-CARGOS	BARBOUILLANT
AUTHENTICITÉ	AVIONS-ÉCOLES	BARBOUILLEUR
AUTHENTIFIÉE	AVOIRDUPOIDS	BARCELONAISE
AUTHENTIFIER	**AVRANCHINAIS**	**BARCELONAISE**
AUTOADHÉSIVE	AXIOMATISANT	**BARENTINOISE**
AUTOALLUMAGE	**AX-LES-THERMES**	BAROMÉTRIQUE
AUTOAMORÇAGE	**AYLWIN AZÓCAR**	BAROQUISANTE
AUTOBLOQUEUR	AYUNTAMIENTO	**BARQUISIMETO**
AUTOBRONZANT	**AZAY-LE-RIDEAU**	BARRAGE-POIDS
AUTOCARAVANE	AZOTHYDRIQUE	BARRAGE-VOÛTE
AUTOCASSABLE	BABYLONIENNE	**BARRANQUILLA**
AUTOCENSURÉE	BABY-SITTINGS	BARRISSEMENT
AUTOCENSURER	BACCALAURÉAT	**BARSURAUBOIS**
AUTOCHENILLE	BACHI-BOUZOUK	BARTHOLINITE
AUTOCOLLANTE	BADIGEONNAGE	**BASSE-NAVARRE**
AUTOCOPIANTE	BADIGEONNANT	BASSES-FOSSES
AUTOCRATIQUE	BADIGEONNEUR	**BASSE-TERRIEN**
AUTOCRITIQUE	BAFOUILLEUSE	**BASSOMPIERRE**
AUTODÉRISION	**BAGNOLETAISE**	BATEAU-LAVOIR
AUTODÉTRUIRE	BAGUENAUDAGE	**BATEAU-LAVOIR**
AUTOÉROTIQUE	BAGUENAUDANT	BATEAU-MOUCHE
AUTOÉROTISME	BAGUENAUDIER	BATEAU-PILOTE
AUTOFINANCÉE	BAGUETTISANT	BATTELLEMENT
AUTOFINANCER	**BAHREÏNIENNE**	BATTOLOGIQUE
AUTO-IMMUNITÉ	**BAHR EL-GHAZAL**	BAUDELAIRIEN
AUTOMATICIEN	**BAIE-COMIENNE**	BEACH-VOLLEYS
AUTOMATICITÉ	**BAIERIVERAIN**	**BEACONSFIELD**
AUTOMATISANT	**BAILLEULOISE**	**BEAUCAIROISE**
AUTOPORTANTE	BAISE-EN-VILLE	**BEAUCHAMPOIS**
AUTOPORTEUSE	BALANOGLOSSE	**BEAUCOURTOIS**
AUTOPORTRAIT	BALBUTIEMENT	**BEAU DE ROCHAS**
AUTOPROCLAMÉ	**BÂLE-CAMPAGNE**	**BEAUFORTAINE**
AUTOPROPULSÉ	**BALGENCIENNE**	**BEAUFORTAISE**
AUTOPUNITION	BALLETTOMANE	**BEAUMARCHAIS**
AUTOPUNITIVE	BALLONNEMENT	**BEAUMONTOISE**
AUTORISATION	BALLOTTEMENT	**BEAUPORTOISE**
AUTOROUTIÈRE	**BALTRUSAÏTIS**	**BEAUVILLIERS**
AUTO-STOPPEUR	BAMBOUSERAIE	BEAUX-ENFANTS
AUTOTREMPANT	BANALISATION	BEAUX-PARENTS
AUTRICHIENNE	**BANDARANAIKE**	**BÉCANCOUROIS**
AUTRICHIENNE	BANDE-ANNONCE	BEC-DE-CORBEAU
AVALANCHEUSE	BANDERILLERO	**BECHUANALAND**
AVALLONNAISE	BANGIOPHYCÉE	BECS-DE-LIÈVRE
AVANT-BASSINS	**BANGKOKIENNE**	**BÉDARICIENNE**
AVANT-CONTRAT	**BANGUISSOISE**	**BÉDARRIDAISE**
AVANT-COUREUR	**BANJERMASSIN**	**BEECHER-STOWE**
AVANT-DERNIER	BANLIEUSARDE	BÉHAVIORISME
AVANT-GUERRES	**BANNALÉCOISE**	BÉHAVIORISTE
AVANT-PROJETS	BANNISSEMENT	BÉLINOGRAMME
AVANT-SOIRÉES	**BANYULENCQUE**	BÉLINOGRAPHE
AVANT-VEILLES	**BANZER SUÁREZ**	BELLE-FAMILLE
AVERTISSEUSE	BARAGOUINAGE	**BELLEFEUILLE**

BELLEGARDIEN	BIOCARBURANT	**BONNEVILLOIS**
BELLES-DE-JOUR	BIODIVERSITÉ	BOOGIE-WOOGIE
BELLES-DE-NUIT	BIOGRAPHIQUE	BOROSILICATE
BELLES-DOCHES	BIO-INDUSTRIE	BOROSILICATÉ
BELLES-FILLES	BIOLOGISANTE	BORRAGINACÉE
BELLES-SŒURS	BIOMATÉRIAUX	BOSSELLEMENT
BELLÉTRIENNE	BIOMÉCANIQUE	**BOUCHERVILLE**
BELLEVILLOIS	BIOMORPHIQUE	BOUCHONNIÈRE
BELLIFONTAIN	BIOMORPHISME	BOUFFONNERIE
BELLIFONTAIN	BIOPHYSICIEN	**BOUGAINVILLE**
BELLIGÉRANCE	BIOTECHNIQUE	**BOUGIVALAISE**
BELLIGÉRANTE	BIOTYPOLOGIE	BOUGONNEMENT
BELLIGÉRANTS	BIOVIGILANCE	**BOUILLARGUES**
BELLOPRATAIN	BIRÉFRINGENT	BOUILLONNANT
BELŒILLOISE	**BISCHHEIMOIS**	BOUILLOTTANT
BENCKENDORFF	BLACKBOULAGE	BOULE-DE-NEIGE
BÉNÉFICIAIRE	BLACKBOULANT	BOULEVARDIER
BÉNÉVOLEMENT	**BLACK MUSLIMS**	BOULEVERSANT
BERBÉRIDACÉE	**BLAINVILLAIS**	BOURBONIENNE
BERBÉROPHONE	**BLAINVILLOIS**	**BOURBON-LANCY**
BERGEN-BELSEN	**BLANCHE-NEIGE**	BOURBONNAISE
BERGEN OP ZOOM	BLANCHISSAGE	**BOURBONNAISE**
BERGERACOISE	BLANCHISSANT	BOURDONNANTE
BERJALLIENNE	BLANCHISSEUR	**BOURGANIAUDE**
BERLICHINGEN	BLANCS-ESTOCS	**BOURG-DE-PÉAGE**
BERTHEVINOIS	BLANCS-SEINGS	BOURGEOISIAL
BERZÉ-LA-VILLE	**BLANKENBERGE**	BOURGEONNANT
BESTIALEMENT	**BLASCO IBÁÑEZ**	**BOURG-LA-REINE**
BÊTABLOQUANT	BLASTOGENÈSE	**BOURG-LÉOPOLD**
BÊTATHÉRAPIE	BLÊMISSEMENT	**BOURGUIGNONS**
BETTERAVIÈRE	BLENNORRAGIE	BOURLINGUANT
BEUZEVILLAIS	BLEUISSEMENT	BOURLINGUEUR
BEVERLY HILLS	BLOCS-MOTEURS	**BOURNONVILLE**
BHAGAVAD-GITA	**BLOEMFONTEIN**	BOURRÈLEMENT
BHARATANATYA	BODYBUILDING	BOURRELLERIE
BIBLIOGRAPHE	**BOIS-COLOMBES**	BOURSICOTAGE
BIBLIOPHILIE	**BOISGUILBERT**	BOURSICOTANT
BIBLIOTHÈQUE	BOISSELLERIE	BOURSICOTEUR
BICARBONATÉE	BOÎTE-BOISSON	BOURSOUFLAGE
BICENTENAIRE	BOITILLEMENT	BOURSOUFLANT
BICULTURELLE	BOIT-SANS-SOIF	BOURSOUFLURE
BIDOUILLEUSE	BOMBARDEMENT	**BOUSSINGAULT**
BIELSKO-BIALA	BONAPARTISME	BOUSTIFAILLE
BIENFAISANCE	BONAPARTISTE	BOUTE-EN-TRAIN
BIENFAISANTE	**BONCOURTOISE**	BOUTEILLERIE
BIENFAITRICE	BONDIEUSERIE	**BOUTROS-GHALI**
BIENHEUREUSE	BONDISSEMENT	BRACHIOSAURE
BIEN-PENSANTE	**BONDOUFLOISE**	BRADYPSYCHIE
BIEN-PENSANTS	BONIFACEMENT	**BRAHMAPOUTRE**
BIENVEILLANT	**BONIFACIENNE**	BRANCARDIÈRE
BILATÉRALITÉ	BONIFICATION	BRANCHIOPODE
BIMBELOTERIE	BONIMENTEUSE	**BRAY-SUR-SEINE**
BIMBELOTIÈRE	BONNES FEMMES	BREDOUILLAGE
BIMESTRIELLE	BONNES-MAMANS	BREDOUILLANT
BIMÉTALLIQUE	**BONNÉTABLIEN**	BREDOUILLEUR
BIMÉTALLISME	**BONNEUILLOIS**	**BREIL-SUR-ROYA**
BIMILLÉNAIRE	**BONNEVALAISE**	**BRESSUIRAISE**

BREST-LITOVSK	CAGAYAN DE ORO	CAPROLACTAME
BRÉTIGNOLAIS	**CAGNES-SUR-MER**	CAPSULE-CONGÉ
BRETTON WOODS	CAILLOUTEUSE	**CAP-VERDIENNE**
BRIANÇONNAIS	CALCULATOIRE	CAPVERDIENNE
BRILLANTINÉE	CALCULATRICE	**CAPVERDIENNE**
BRILLANTINER	CALÉDONIENNE	CARACTÉRISÉE
BRINDEZINGUE	**CALÉDONIENNE**	CARACTÉRISER
BRINGUEBALÉE	CALES-ÉTALONS	CARAMBOUILLE
BRINGUEBALER	CALIFOURCHON	CARAMÉLISANT
BRINQUEBALÉE	**CALLIGRAMMES**	CARAVAGESQUE
BRINQUEBALER	CALLIGRAPHIE	CARBONARISME
BRINVILLIERS	CALLIGRAPHIÉ	CARBOXYLIQUE
BRISE-COPEAUX	CALOMNIATEUR	CARCINOLOGIE
BRITANNIQUES	CALORIMÉTRIE	CARDIOPATHIE
BROMHYDRIQUE	CALORISATION	**CARENTANAISE**
BRONCHIOLITE	**CALTANISETTA**	**CARHAISIENNE**
BRONCHITIQUE	CALVAIRIENNE	CARICATURALE
BRONCHORRHÉE	CAMBODGIENNE	CARICATURANT
BRONCHOSCOPE	**CAMBODGIENNE**	CARICATURAUX
BRONDILLANTE	CAMBRÉSIENNE	CARICATURIER
BROSSARDOISE	**CAMBRÉSIENNE**	CARILLONNANT
BROUILLAMINI	CAMBRIOLEUSE	CARILLONNEUR
BROUILLONNÉE	CAMBROUSSARD	**CAROLINGIENS**
BROUILLONNER	CAMEROUNAISE	**CAROLORÉGIEN**
BROWN-SÉQUARD	**CAMEROUNAISE**	CAROLUS-DURAN
BRÛLE-PARFUMS	CAMPANIFORME	CAROTIDIENNE
BRUNELLESCHI	CAMPANULACÉE	CARPETBAGGER
BRUNISSEMENT	CANADIANISME	CARPICULTURE
BRUNTRUTAINE	CANALISATION	**CARRY-LE-ROUET**
BUCARESTOISE	CANCÉROLOGIE	CARTELLISANT
BUCCO-GÉNITAL	CANCÉROLOGUE	CARTE-RÉPONSE
BUDAPESTOISE	CANCOILLOTTE	CARTHAGINOIS
BUENAVENTURA	CANNIBALISÉE	**CARTHAGINOIS**
BUENOS-AIRIEN	CANNIBALISER	CARTOGRAPHIE
BUISSONNAISE	CANNIBALISME	CARTOGRAPHIÉ
BUISSONNEUSE	CANOËS-KAYAKS	CARTOMANCIEN
BUISSONNIÈRE	CANONISATION	CARTON-FEUTRE
BULBICULTURE	CANOT-CAMPING	CARTON-PAILLE
BULL-TERRIERS	**CANOURGUAISE**	CARTONS-PÂTES
BUREAUCRATIE	**CANTABRIQUES**	CARTOUCHERIE
BUREAUTICIEN	CANTHARIDINE	CARTOUCHIÈRE
BUSINESSMANS	CANTONNEMENT	CARYOLYTIQUE
BUSSY-RABUTIN	CANULARESQUE	CARYOPHYLLÉE
BYZANTINISME	**CANY-BARVILLE**	**CASABLANCAIS**
BYZANTINISTE	CAOUTCHOUTÉE	CASSE-PIERRES
CABALISTIQUE	CAOUTCHOUTER	**CASSITÉRIDES**
CABESTANYENC	CAPARAÇONNÉE	CASTAGNETTES
CABEZA DE VACA	CAPARAÇONNER	**CASTELJALOUX**
CABOURGEAISE	**CAP-D'AILLOISE**	CASTELLANAIS
CACHE-FLAMMES	**CAPDENAC-GARE**	CASTELLINOIS
CACHE-SOTTISE	**CAPDENACOISE**	CASTELNOVIEN
CACHE-TAMPONS	CAPESTANAISE	CASTELVIROIS
CACHETONNANT	**CAPESTERRIEN**	**CASTILLE-LEÓN**
CACOPHONIQUE	CAPITAINERIE	CATACLYSMALE
CADILLACAISE	CAPITALISANT	CATACLYSMAUX
CADUCIFOLIÉE	CAPITULATION	CATALEPTIQUE
CAFOUILLEUSE	CAPORALISANT	CATASTROPHÉE

CATASTROPHER	CHANTIGNOLLE	CHEVAUCHANTE
CATÉCHUMÉNAT	CHANTOURNANT	CHEVAU-LÉGERS
CATÉGORIELLE	CHAPERONNANT	CHEVROTEMENT
CATÉGORISANT	CHAPLINESQUE	**CHHATTISGARH**
CATHERINETTE	**CHAPOCHNIKOV**	**CHIBOUGAMOIS**
CATHÉTÉRISME	CHAPTALISANT	**CHICHIMÈQUES**
CATHÉTOMÈTRE	CHARANÇONNÉE	**CHICOUTIMIEN**
CATHOLICISME	CHARBONNERIE	CHIFFONNIÈRE
CATON D'UTIQUE	CHARBONNEUSE	CHIMIOTHÈQUE
CATTENOMOISE	CHARBONNIÈRE	CHIMIQUEMENT
CAUCHEMARDER	CHARDONNERET	CHIROMANCIEN
CAUDRÉSIENNE	**CHARLESBOURG**	CHIROPRACTIE
CAULAINCOURT	**CHARLES-FÉLIX**	CHIRURGICALE
CAVAILLÉ-COLL	**CHARLES LE BEL**	CHIRURGICAUX
CAVALAIROISE	**CHARLES QUINT**	CHIRURGIENNE
CAVALIER BLEU	**CHARLIANDINE**	CHLORHYDRATE
CAYEUX-SUR-MER	CHARPENTERIE	CHLOROMÉTRIE
CÉLERIS-RAVES	CHARPENTIÈRE	CHLOROPHYCÉE
CELLULITIQUE	CHARTE-PARTIE	CHLOROPHYLLE
CELLULOSIQUE	CHASSE-COUSIN	CHLOROPHYTUM
CENT-ASSOCIÉS	CHASSÉ-CROISÉ	CHLOROPLASTE
CENTRALIENNE	**CHÂTEAUBOURG**	CHOCOLATERIE
CENTRALISANT	**CHÂTEAUGIRON**	CHOCOLATIÈRE
CENTRIFUGEUR	**CHÂTEAUGUOIS**	CHOLÉCYSTITE
CÉPHALOCORDÉ	**CHÂTENAISIEN**	CHOLÉRÉTIQUE
CÉRÉBELLEUSE	CHAT-EN-JAMBES	CHOLÉRIFORME
CÉRÉMONIELLE	**CHÂTILLONAIS**	**CHOMÉRACOISE**
CÉRÉMONIEUSE	CHATOUILLANT	CHONDROSTÉEN
CERFS-VOLANTS	CHATOUILLEUX	CHOPPING-TOOL
CERRO BOLÍVAR	CHAUDRONNIER	CHORÉGRAPHIE
CERRO DE PASCO	CHAUDS-FROIDS	CHORÉGRAPHIÉ
CERRO PARANAL	CHAUFFAGISTE	CHOROÏDIENNE
CERTAINEMENT	**CHAUFFAILLES**	CHOUCHOUTAGE
CESKY KRUMLOV	**CHAUFFAILLON**	CHOUCHOUTANT
CESSIONNAIRE	CHAUFFE-BAINS	CHOUETTEMENT
CHABAN-DELMAS	CHAUFFE-PIEDS	**CHRISTCHURCH**
CHABLISIENNE	CHAUFFE-PLATS	CHRISTIANISÉ
CHAGRINEMENT	CHAUFFERETTE	CHRISTOLOGIE
CHALAISIENNE	**CHAUMONTAISE**	CHROMATOPSIE
CHALCOPYRITE	**CHAUMONTOISE**	CHROMISATION
CHALLANDAISE	CHAUSSE-PIEDS	CHROMOSPHÈRE
CHALLÉSIENNE	CHAUSSE-TRAPE	CHRONICISANT
CHAMAILLERIE	CHAUVE-SOURIS	CHRONIQUEUSE
CHAMAILLEUSE	CHEESEBURGER	CHRONOGRAMME
CHAMALIÉROIS	**CHEF-BOUTONNE**	CHRONOGRAPHE
CHAMBÉRIENNE	CHEFS-D'ŒUVRE	CHRONOMÉTRÉE
CHAMBONNAIRE	CHEMINS DE FER	CHRONOMÉTRER
CHAMPAGNISÉE	CHÉMOCEPTEUR	CHRONOMÉTRIE
CHAMPAGNISER	CHÊNES-LIÈGES	CHRYSANTHÈME
CHANCELADAIS	**CHENEVELIÈRE**	CHRYSOMÉLIDÉ
CHANCELLERIE	**CHENNEVIÈRES**	CHRYSOPHYCÉE
CHANDERNAGOR	**CHEREMETIEVO**	CHUCHOTEMENT
CHANDRAGUPTA	**CHESTERFIELD**	**CHUQUICAMATA**
CHANFREINANT	**CHESTROLAISE**	CICATRISANTE
CHANSONNETTE	CHEVAL-ARÇONS	CICLOSPORINE
CHANSONNIÈRE	CHEVAL-VAPEUR	CICONIIFORME
CHANTEPLEURE	**CHEVARDNADZE**	**CID CAMPEADOR**

CINÉMATHÈQUE
CINÉMA-VÉRITÉ
CINÉMOGRAPHE
CINQUANTAINE
CINQUANTIÈME
CINTEGABELLE
CIRCASSIENNE
CIRCASSIENNE
CIRCONCISANT
CIRCONCISION
CIRCONSCRIRE
CIRCONSCRITE
CIRCONSPECTE
CIRCONSTANCE
CIRCONVENANT
CIRCONVOISIN
CIRCULARISÉE
CIRCULARISER
CIRCULATOIRE
CIRROCUMULUS
CIRROSTRATUS
CISAILLEMENT
CISLEITHANIE
CISTERCIENNE
CITÉS-JARDINS
CITIZEN BANDS
CITLALTÉPETL
CIUDAD JUÁREZ
CIVILISATEUR
CIVILISATION
CLAIRAMBAULT
CLAIRES-VOIES
CLAIRONNANTE
CLAIRVOYANCE
CLAIRVOYANTE
CLAMECYCOISE
CLAQUEMURANT
CLAUDICATION
CLAUSTRATION
CLAVECINISTE
CLAYE-SOUILLY
CLÉGUÉRECOIS
CLÉMENTINIER
CLÉRICALISME
CLERMONTAISE
CLERMONTOISE
CLERMONTOISE
CLIENTÉLISME
CLIENTÉLISTE
CLIGNANCOURT
CLIGNOTEMENT
CLIMATÉRIQUE
CLIMATOLOGIE
CLIMATOLOGUE
CLINIQUEMENT
CLIQUÈTEMENT
CLISSONNAISE

CLOCHARDISÉE
CLOCHARDISER
CLOISONNISME
CLOSE-COMBATS
CLYTEMNESTRE
COCAÏNOMANIE
COCHONNAILLE
COCONISATION
CODÉTENTRICE
CODICILLAIRE
CODIFICATEUR
CODIFICATION
CODIRECTRICE
CŒLIOSCOPIE
CŒNESTHÉSIE
COENTREPRISE
COFFRES-FORTS
COFONDATRICE
COGÉNÉRATION
COGNITIVISME
COGNITIVISTE
COHABITATION
COLA DI RIENZO
COLLATIONNÉE
COLLATIONNER
COLLECTIONNÉ
COLLECTIVISÉ
COLLECTIVITÉ
COLLÉGIALITÉ
COLLETAILLER
COLOCOTRONIS
COLOGARITHME
COLOMB-BÉCHAR
COLOMBOPHILE
COLONIALISME
COLONIALISTE
COLONISATEUR
COLONISATION
COLONOSCOPIE
COLORIMÉTRIE
COLORISATION
COLUMBIFORME
COLUMÉRIENNE
COMANDATAIRE
COMBIENTIÈME
COMBINATOIRE
COMBLANCHIEN
COMBOURGEOIS
COMBS-LA-VILLE
COMMANDEMENT
COMMANDITANT
COMMÉMORATIF
COMMENCEMENT
COMMENTATEUR
COMMERCIENNE
COMMINATOIRE
COMMISSARIAT

COMMISSIONNÉ
COMMISSURALE
COMMISSURAUX
COMMONWEALTH
COMMOTIONNÉE
COMMOTIONNER
COMMUNALISÉE
COMMUNALISER
COMMUNICABLE
COMMUNICANTE
COMMUNICATIF
COMMUNIQUANT
COMMUNISANTE
COMMUTATRICE
COMPARATISME
COMPARATISTE
COMPARTIMENT
COMPATISSANT
COMPENDIEUSE
COMPENSATEUR
COMPENSATION
COMPÉTITRICE
COMPIÉGNOISE
COMPILATRICE
COMPLAISANCE
COMPLAISANTE
COMPLÈTEMENT
COMPLEXIFIÉE
COMPLEXIFIER
COMPLICATION
COMPLIMENTÉE
COMPLIMENTER
COMPOGRAVEUR
COMPOGRAVURE
COMPORTEMENT
COMPOSITRICE
COMPRÉHENSIF
COMPRESSIBLE
COMPROMETTRE
COMPTABILISÉ
COMPTABILITÉ
CONCÉLÉBRANT
CONCENTRIQUE
CONCEPTUELLE
CONCERTATION
CONCIERGERIE
CONCIERGERIE
CONCILIABULE
CONCILIATEUR
CONCILIATION
CONCITOYENNE
CONCOMITANCE
CONCOMITANTE
CONCRÈTEMENT
CONCRÉTISANT
CONCUPISCENT
CONCURRENCÉE

CONCURRENCER
CONDAMNATION
CONDENSATEUR
CONDENSATION
CONDESCENDRE
CONDITIONNÉE
CONDITIONNEL
CONDITIONNER
CONDOLÉANCES
CONDOTTIERES
CONDRUSIENNE
CONDUCTIVITÉ
CONFECTIONNÉ
CONFÉRENCIER
CONFIDEMMENT
CONFIDENTIEL
CONFIRMATION
CONFIRMATIVE
CONFISCATION
CONFITURERIE
CONFITURIÈRE
CONFOLENTAIS
CONFORMATEUR
CONFORMATION
CONFRATERNEL
CONFUSIONNEL
CONGÉDIEMENT
CONGESTIONNÉ
CONGLOMÉRANT
CONGLUTINEUX
CONGRATULANT
CONGRÉGATION
CONGRESSISTE
CONJECTURALE
CONJECTURANT
CONJECTURAUX
CONJONCTIVAL
CONJONCTUREL
CONJURATOIRE
CONNAISSABLE
CONNAISSANCE
CONNAISSEUSE
CONNECTIVITE
CONQUISTADOR
CONSCIEMMENT
CONSCIENTISÉ
CONSCRIPTION
CONSÉCRATION
CONSEILLEUSE
CONSENSUELLE
CONSENTEMENT
CONSERVATEUR
CONSERVATION
CONSIDÉRABLE
CONSIGNATION
CONSISTORIAL
CONSOLATRICE

CONSOMMATEUR
CONSOMMATION
CONSOMPTIBLE
CONSPIRATEUR
CONSPIRATION
CONSTATATION
CONSTERNANTE
CONSTIPATION
CONSTITUANTE
CONSTITUANTE
CONSTITUTION
CONSTITUTIVE
CONSTRICTEUR
CONSTRICTION
CONSTRICTIVE
CONSTRUCTEUR
CONSTRUCTION
CONSTRUCTIVE
CONSTRUISANT
CONSULTATION
CONSULTATIVE
CONSUMÉRISME
CONSUMÉRISTE
CONTAGIOSITÉ
CONTAINÉRISÉ
CONTAMINARDE
CONTEMPLATIF
CONTEMPORAIN
CONTEMPTIBLE
CONTEMPTRICE
CONTENEURISÉ
CONTENTEMENT
CONTENTIEUSE
CONTES CRUELS
CONTESTATEUR
CONTESTATION
CONTEXTUELLE
CONTINENTALE
CONTINENTAUX
CONTINGENCES
CONTINGENTÉE
CONTINGENTER
CONTINUATEUR
CONTINUATION
CONTORSIONNÉ
CONTRACEPTIF
CONTRACTANTE
CONTRACTURÉE
CONTRACTURER
CONTRAGESTIF
CONTRAIGNANT
CONTRARIANTE
CONTRASTANTE
CONTRE-ALLÉES
CONTRE-AMIRAL
CONTRE-APPELS
CONTREBASSON

CONTRE-BRAQUÉ
CONTREBUTANT
CONTRECARRÉE
CONTRECARRER
CONTRE-CHANTS
CONTRECOLLÉE
CONTRE-COURBE
CONTRE-DIGUES
CONTREDISANT
CONTRE-ÉCROUS
CONTRE-EMPLOI
CONTRE-ESSAIS
CONTREFICHÉE
CONTREFICHER
CONTRE-FILETS
CONTREFOUTRE
CONTREFOUTUE
CONTRE-FUGUES
CONTRE-LETTRE
CONTREMAÎTRE
CONTREMANDER
CONTREMARCHE
CONTREMARQUE
CONTREMARQUÉ
CONTRE-MESURE
CONTREPARTIE
CONTRE-PASSÉE
CONTRE-PASSER
CONTRE-PASSÉS
CONTRE-PENTES
CONTRE-PIQUER
CONTREPLAQUÉ
CONTRE-POINTE
CONTREPOISON
CONTRE-PORTES
CONTRE-PROJET
CONTRE-REJETS
CONTRESCARPE
CONTRESIGNÉE
CONTRESIGNER
CONTRE-SUJETS
CONTRE-TAILLE
CONTRE-TIMBRE
CONTRETYPANT
CONTRE-VALEUR
CONTREVENANT
CONTREVENTÉE
CONTREVENTER
CONTREVÉRITÉ
CONTRE-VISITE
CONTRIBUABLE
CONTRIBUTEUR
CONTRIBUTION
CONTROVERSÉE
CONTROVERSER
CONTUSIONNÉE
CONTUSIONNER

CONVAINCANTE
CONVAINQUANT
CONVALESCENT
CONVENTIONNÉ
CONVENTUELLE
CONVERSATION
CONVIVIALITÉ
CONVULSIONNÉ
COOCCURRENCE
COOPÉRATISME
COOPÉRATRICE
COORDINATEUR
COORDINATION
COPARTAGEANT
COPENHAGUOIS
COPIER-COLLER
COPIEUSEMENT
COPRÉSIDENCE
COPRÉSIDENTE
COPROCESSEUR
COPROCULTURE
COPRODUCTION
COPRODUISANT
COPROLOGIQUE
COQUELUCHEUX
COQUETTEMENT
CORACIIFORME
CORBEHEMOISE
CORDIALEMENT
CORDONS-BLEUS
CORINTHIENNE
CORINTHIENNE
CORMEILLAISE
CORMONTAIGNE
CORNOUAILLES
CORN-SHELLERS
CORONARIENNE
CORONOGRAPHE
CORPORATISME
CORPORATISTE
CORRECTEMENT
CORRESPONDRE
COSIGNATAIRE
COSME L'ANCIEN
COSMÉTOLOGIE
COSMÉTOLOGUE
COSMOGONIQUE
COSMOGRAPHIE
COSMOLOGIQUE
COSMOLOGISTE
COSSÉ-BRISSAC
COSTARICAINE
COSTARICAINE
CÔTE-SAINT-LUC
CÔTES-DU-RHÔNE
COUCHAILLANT
COUILLONNADE

COUILLONNANT
COULEUVREAUX
COULISSEMENT
COULONGEOISE
COUPE-CIGARES
COUPE-CIRCUIT
COUPE-JARRETS
COUPE-LÉGUMES
COUPELLATION
COUPE-PAPIERS
COUPE-RACINES
COUPER-COLLER
COUPS-DE-POING
COURANTS-JETS
COURBATURANT
COURCAILLANT
COURNONNAISE
COURONNEMENT
COURRIÉRISTE
COURSANNAISE
COURSEULLAIS
COURT-CIRCUIT
COURTEPOINTE
COURT-JOINTÉE
COURT-JOINTÉS
COURT-MÉTRAGE
COURVILLOISE
COUSCOUSSIER
COUSINE BETTE
COÛTEUSEMENT
COUTRASIENNE
COUVRE-JOINTS
COUVRE-LIVRES
COUVRE-NUQUES
COUVRE-OBJETS
COXO-FÉMORALE
COXO-FÉMORAUX
CRACHOTEMENT
CRACHOUILLER
CRAPAUDAILLE
CRAQUÈLEMENT
CRAQUÈTEMENT
CRATÉRIFORME
CRAYON-FEUTRE
CRÉDIBILISÉE
CRÉDIBILISER
CRÉDIRENTIER
CRÉDITS-BAILS
CRÉOLISATION
CRÉPICORDIEN
CRESSIACOISE
CRESSONNETTE
CRESSONNIÈRE
CRÉTINISANTE
CRIAILLEMENT
CRIMINALISÉE
CRIMINALISER

CRIMINALISTE
CRIMINOLOGIE
CRIMINOLOGUE
CRISTALLERIE
CRISTALLISÉE
CRISTALLISER
CRISTE-MARINE
CRISTOLIENNE
CRITICAILLÉE
CRITICAILLER
CROCHE-PATTES
CROCS-EN-JAMBE
CROISIÉRISTE
CROQUE-LARDON
CROQUE-MADAME
CROQUIGNOLET
CROSS-COUNTRY
CROSSING-OVER
CROUPISSANTE
CROUSTILLANT
CRUCIFIEMENT
CRYOFRACTURE
CRYOPHYSIQUE
CRYOTHÉRAPIE
CRYPTOGRAMME
CRYPTOGRAPHE
CUCURBITACÉE
CUIRASSEMENT
CULPABILISÉE
CULPABILISER
CULTÉRANISME
CULTIVATRICE
CULTURALISME
CULTURALISTE
CUMULO-NIMBUS
CUNNILINCTUS
CUPROALLIAGE
CURARISATION
CURCULIONIDÉ
CURE-OREILLES
CURIEUSEMENT
CUTI-RÉACTION
CYANHYDRIQUE
CYBERNÉTIQUE
CYCLIQUEMENT
CYCLOPENTANE
CYCLOSPORINE
CYRUS LE GRAND
CYRUS LE JEUNE
DACTYLOLOGIE
DAKOTA DU NORD
DALLAPICCOLA
DAMASQUINAGE
DAMASQUINANT
DAMES-JEANNES
DARDILLONER
DARMSTADIUM

D'ARRACHE-PIED
DAYTONA BEACH
DÉAMBULATEUR
DÉAMBULATION
DÉBÂILLONNÉE
DÉBÂILLONNER
DÉBALLASTAGE
DÉBALLONNANT
DÉBARBOUILLÉ
DÉBARQUEMENT
DÉBARRASSANT
DÉBECQUETANT
DÉBILLARDANT
DÉBIRENTIÈRE
DÉBONNAIRETÉ
DÉBOULONNAGE
DÉBOULONNANT
DÉBOUQUEMENT
DÉBOURREMENT
DÉBOURSEMENT
DÉBOUSSOLANT
DÉBOUTONNAGE
DÉBOUTONNANT
DÉBROUILLAGE
DÉBROUILLANT
DÉBROUILLARD
DÉBUDGÉTISÉE
DÉBUDGÉTISER
DÉBUSQUEMENT
DÉCADENASSÉE
DÉCADENASSER
DÉCAISSEMENT
DÉCALAMINAGE
DÉCALAMINANT
DÉCALCIFIANT
DÉCALCOMANIE
DÉCAMÉTRIQUE
DÉCAPITALISÉ
DÉCAPITATION
DÉCAPUCHONNÉ
DÉCARCASSANT
DÉCATHLONIEN
DÉCÉLÉRATION
DÉCENTRALISÉ
DÉCENTREMENT
DÉCHAÎNEMENT
DÉCHAPERONNÉ
DÉCHARGEMENT
DÉCHAUSSEUSE
DÉCHIFFONNÉE
DÉCHIFFONNER
DÉCHIFFRABLE
DÉCHIFFREUSE
DÉCHIQUETAGE
DÉCHIQUETANT
DÉCHIQUETEUR
DÉCHIQUETURE

DÉCHLORURANT
DÉCIDABILITÉ
DÉCIMALISANT
DÉCIMÉTRIQUE
DÉCINTREMENT
DÉCLAMATOIRE
DÉCLAMATRICE
DÉCLARATOIRE
DÉCLASSEMENT
DÉCLASSIFIER
DÉCLINATOIRE
DÉCLIQUETAGE
DÉCLIQUETANT
DÉCLOISONNÉE
DÉCLOISONNER
DÉCOINCEMENT
DÉCOLLETEUSE
DÉCOLONISANT
DÉCOLORATION
DÉCOMMANDANT
DÉCOMPLEXANT
DÉCOMPOSABLE
DÉCOMPRESSER
DÉCOMPRIMANT
DÉCONCENTRÉE
DÉCONCENTRER
DÉCONCERTANT
DÉCONGESTION
DÉCONNECTANT
DÉCONSEILLÉE
DÉCONSEILLER
DÉCONSIDÉRÉE
DÉCONSIDÉRER
DÉCONSIGNANT
DÉCONSTRUIRE
DÉCONSTRUITE
DÉCONTAMINÉE
DÉCONTAMINER
DÉCONTENANCÉ
DÉCONTRACTÉE
DÉCONTRACTER
DÉCORTIQUANT
DÉCOURAGEANT
DÉCOURONNANT
DÉCOUVERTURE
DÉCRASSEMENT
DÉCRÉPISSAGE
DÉCRÉPISSANT
DÉCRISPATION
DÉCROCHEMENT
DÉCROISEMENT
DÉCROISSANCE
DÉCROISSANTE
DÉCRYPTEMENT
DÉDOMMAGEANT
DÉDOUANEMENT
DÉDOUBLEMENT

DÉDRAMATISÉE
DÉDRAMATISER
DÉFAVORISANT
DÉFECTUOSITÉ
DÉFENDERESSE
DÉFENESTRANT
DÉFINISSABLE
DÉFISCALISÉE
DÉFISCALISER
DÉFLAGRATION
DÉFLUVIATION
DÉFOURNEMENT
DÉFRAGMENTÉE
DÉFRAGMENTER
DÉFRICHEMENT
DÉGARNISSAGE
DÉGARNISSANT
DÉGASOLINAGE
DÉGASOLINANT
DÉGAZOLINAGE
DÉGAZOLINANT
DÉGÉNÉRATIVE
DÉGLACIATION
DÉGLUTISSANT
DÉGONFLEMENT
DÉGOUPILLANT
DÉGOÛTAMMENT
DÉGRAISSANTE
DÉGRAISSEUSE
DÉGRESSIVITÉ
DÉGRINGOLADE
DÉGRINGOLANT
DÉGROUILLANT
DÉGROUPEMENT
DÉGUSTATRICE
DÉHANCHEMENT
DÉHARNACHANT
DÉICUSTODIEN
DEIR EL-BAHARI
DÉLAIS-CONGÉS
DÉLAISSEMENT
DÉLÉGITIMANT
DÉLIBÉRATION
DÉLIBÉRATIVE
DÉLIBÉRÉMENT
DÉLICATEMENT
DÉLIMITATION
DÉLIQUESCENT
DÉLITESCENCE
DÉLITESCENTE
DELLA QUERCIA
DÉLOCALISANT
DÉLOYALEMENT
DELPHINARIUM
DELTOÏDIENNE
DÉMAGNÉTISÉE
DÉMAGNÉTISER

DÉMAILLOTANT
DÉMANCHEMENT
DEMANDERESSE
DÉMANGEAISON
DÉMANTIBULÉE
DÉMANTIBULER
DÉMAQUILLAGE
DÉMAQUILLANT
DÉMASTIQUANT
DÉMÉDICALISÉ
DÉMEMBREMENT
DÉMÉNAGEMENT
DÉMESURÉMENT
DEMI-BRIGADES
DEMI-COLONNES
DEMI-DOUZAINE
DEMI-JOURNÉES
DÉMILITARISÉ
DEMI-LONGUEUR
DEMI-MONDAINE
DÉMINÉRALISÉ
DEMI-PENSIONS
DEMI-PORTIONS
DEMI-PRODUITS
DEMI-SOMMEILS
DÉMISSIONNÉE
DÉMISSIONNER
DÉMOBILISANT
DÉMOCRATIQUE
DÉMOCRATISÉE
DÉMOCRATISER
DÉMODULATEUR
DÉMODULATION
DÉMOLISSEUSE
DÉMONÉTISANT
DÉMONSTRATIF
DÉMONTE-PNEUS
DÉMORALISANT
DÉMOTIVATION
DÉMOUCHETANT
DÉMOUSTIQUÉE
DÉMOUSTIQUER
DÉMULTIPLEXÉ
DÉMULTIPLIÉE
DÉMULTIPLIER
DÉMUTISATION
DÉMYSTIFIANT
DÉMYTHIFIANT
DÉNANTISSANT
DÉNASALISANT
DÉNATURALISÉ
DÉNATURATION
DÉNÉBULATION
DÉNÉBULISANT
DENG XIAOPING
DENGYO DAISHI
DÉNICOTINISÉ

DÉNITRIFIANT
DÉNOMBREMENT
DÉNOMINATEUR
DÉNOMINATION
DÉNOMINATIVE
DÉNONCIATEUR
DÉNONCIATION
DENTUROLOGIE
DÉNUCLÉARISÉ
DENYS L'ANCIEN
DENYS LE JEUNE
DENYS LE PETIT
DÉPARASITANT
DÉPAREILLANT
DÉPARTAGEANT
DÉPARTISSANT
DÉPASSIONNÉE
DÉPASSIONNER
DÉPATOUILLÉE
DÉPATOUILLER
DÉPÉNALISANT
DÉPENDAMMENT
DÉPEUPLEMENT
DÉPHOSPHATÉE
DÉPHOSPHATER
DÉPHOSPHORÉE
DÉPHOSPHORER
DÉPIGEONNAGE
DÉPLAFONNANT
DÉPLANTATION
DÉPOITRAILLÉ
DÉPOLARISANT
DÉPOLITISANT
DÉPOPULATION
DÉPOSSESSION
DÉPÔTS-VENTES
DÉPOUSSIÉRÉE
DÉPOUSSIÉRER
DÉPRÉCIATEUR
DÉPRÉCIATION
DÉPRÉCIATIVE
DÉPRÉDATRICE
DÉPRESSURISÉ
DÉPROGRAMMÉE
DÉPROGRAMMER
DÉQUALIFIANT
DÉRACINEMENT
DÉRAIDISSANT
DÉRAILLEMENT
DÉRAISONNANT
DÉRATISATION
DÉRÉGLEMENTÉ
DÉRÉGULATION
DERMATOLOGIE
DERMATOLOGUE
DERMOGRAPHIE
DERNIÈREMENT

DÉROUGISSANT
DÉSACCORDANT
DÉSACCOUPLÉE
DÉSACCOUPLER
DÉSACCOUTUMÉ
DÉSACRALISÉE
DÉSACRALISER
DÉSAFFECTANT
DÉSAFFECTION
DÉSAFFILIANT
DÉSAGRÉGEANT
DÉSAIMANTANT
DÉSALTÉRANTE
DÉSAMBIGUÏSÉ
DÉSAMIANTAGE
DÉSAMIANTANT
DÉSAMIDONNÉE
DÉSAMIDONNER
DÉSAPPARIANT
DÉSAPPOINTÉE
DÉSAPPOINTER
DÉSAPPRENANT
DÉSAPPRENDRE
DÉSAPPROUVÉE
DÉSAPPROUVER
DÉSARÇONNANT
DÉSARGENTANT
DÉSARTICULÉE
DÉSARTICULER
DÉSASSEMBLÉE
DÉSASSEMBLER
DÉSATELLISÉE
DÉSATELLISER
DÉSAVANTAGÉE
DÉSAVANTAGER
DESCELLEMENT
DÉSCOLARISÉE
DÉSCOLARISER
DESCRIPTIBLE
DESCRIPTRICE
DÉSECTORISÉE
DÉSECTORISER
DÉSEMBOURBÉE
DÉSEMBOURBER
DÉSENCADRANT
DÉSENCHAÎNÉE
DÉSENCHAÎNER
DÉSENCHANTÉE
DÉSENCHANTER
DÉSENCLAVANT
DÉSENCOMBRÉE
DÉSENCOMBRER
DÉSENCRASSÉE
DÉSENCRASSER
DÉSENDETTANT
DÉSENGAGEANT
DÉSENGRENANT

DÉSENSABLANT
DÉSENSORCELÉ
DÉSENTOILANT
DÉSENTRAVANT
DÉSENVELOPPÉ
DÉSENVENIMÉE
DÉSENVENIMER
DÉSENVERGUÉE
DÉSENVERGUER
DÉSÉQUILIBRE
DÉSÉQUILIBRÉ
DÉSERTIFIANT
DÉSESPÉRANCE
DÉSESPÉRANTE
DÉSÉTATISANT
DÉSEXUALISÉE
DÉSEXUALISER
DÉSHABILLAGE
DÉSHABILLANT
DÉSHABITUANT
DÉSHONORANTE
DÉSHOULIÈRES
DÉSHUMANISÉE
DÉSHUMANISER
DÉSHUMIDIFIÉ
DÉSHYDRATANT
DÉSHYDROGÉNÉ
DÉSIDÉRIENNE
DÉSINCARCÉRÉ
DÉSINCARNANT
DÉSINCRUSTÉE
DÉSINCRUSTER
DÉSINFECTANT
DÉSINFECTION
DÉSINFLATION
DÉSINFORMANT
DÉSINSECTISÉ
DÉSINSERTION
DÉSINSTALLÉE
DÉSINSTALLER
DÉSINTÉGRANT
DÉSINTÉRESSÉ
DÉSINTOXIQUÉ
DÉSINVOLTURE
DÉSOBÉISSANT
DÉSOBLIGEANT
DÉSOBSTRUANT
DÉSOCIALISÉE
DÉSODORISANT
DÉSOLIDARISÉ
DÉSOPERCULÉE
DÉSOPERCULER
DÉSORGANISÉE
DÉSORGANISER
DÉSORIENTANT
DÉSOXYDATION
DÉSOXYGÉNANT

DÉSOXYRIBOSE
DESQUAMATION
DESSABLEMENT
DESSÈCHEMENT
DESSERREMENT
DESSICCATEUR
DESSICCATION
DESSINATRICE
DÉSTABILISÉE
DÉSTABILISER
DÉSTALINISÉE
DÉSTALINISER
DESTELBERGEN
DESTINATAIRE
DESTRUCTIBLE
DESTRUCTRICE
DÉSTRUCTURÉE
DÉSTRUCTURER
DÉTERMINABLE
DÉTERMINANTE
DÉTERMINATIF
DÉTERMINISME
DÉTERMINISTE
DÉTORTILLANT
DÉTOURNEMENT
DÉTOXICATION
DÉTRAQUEMENT
DÉTUMESCENCE
DEUIL-LA-BARRE
DEUTSCHE MARK
DEUXIÈMEMENT
DÉVALORISANT
DÉVASTATRICE
DÉVELOPPABLE
DÉVELOPPANTE
DÉVERGONDAGE
DÉVERGONDANT
DÉVERNISSANT
DÉVERROUILLÉ
DÉVIRGINISÉE
DÉVIRGINISER
DÉVIRILISANT
DÉVITALISANT
DÉVITRIFIANT
DEXTROCARDIE
DIABÉTOLOGIE
DIABÉTOLOGUE
DIACHRONIQUE
DIACOUSTIQUE
DIAGNOSTIQUE
DIAGNOSTIQUÉ
DIALECTICIEN
DIALECTISANT
DIAMANTIFÈRE
DIAPHRAGMAT
DIATHERMIQUE
DIAZ DE LA PEÑA

DICARBONYLÉE
DICHOTOMIQUE
DICOTYLÉDONE
DICTATORIALE
DICTATORIAUX
DICTIONNAIRE
DIÉLECTRIQUE
DIEULEFITOIS
DIFFAMATOIRE
DIFFAMATRICE
DIFFÉREMMENT
DIFFÉRENCIÉE
DIFFÉRENCIER
DIFFÉRENTIÉE
DIFFÉRENTIEL
DIFFÉRENTIER
DIGITALISANT
DILACÉRATION
DILAPIDATEUR
DILAPIDATION
DILATABILITÉ
DIMENSIONNÉE
DIMENSIONNEL
DIMENSIONNER
DINOFLAGELLÉ
DIOSCORÉACÉE
DIPHTONGUANT
DIPLOMATIQUE
DIRECTIONNEL
DIRECTIVISME
DIRECTORIALE
DIRECTORIAUX
DISACCHARIDE
DISCARTHROSE
DISCERNEMENT
DISCIPLINANT
DISCOGRAPHIE
DISCONTINUER
DISCONVENANT
DISCOURTOISE
DISCRÉDITANT
DISCRÈTEMENT
DISCRIMINANT
DISCULPATION
DISCUTAILLER
DISGRACIEUSE
DISPENDIEUSE
DISPENSATEUR
DISPERSEMENT
DISQUALIFIÉE
DISQUALIFIER
DISQUISITION
DISSEMBLABLE
DISSEMBLANCE
DISSENTIMENT
DISSERTATION
DISSIPATRICE

DISSOCIATION	**DUBOIS-CRANCÉ**	EFFLORESCENT
DISTANCEMENT	**DUGUAY-TROUIN**	EFFONDREMENT
DISTILLATEUR	DULÇAQUICOLE	EFFRONTÉMENT
DISTILLATION	**DUNKERQUOISE**	ÉGALISATRICE
DISTINGUABLE	**DUN LAOGHAIRE**	ÉGALITARISME
DISTRIBUABLE	DUODÉCIMAINE	**ÉGLETONNAISE**
DISTRIBUTEUR	**DUPONT-SOMMER**	ÉGOCENTRIQUE
DISTRIBUTION	DURCISSEMENT	ÉGOCENTRISME
DISTRIBUTIVE	**DUST MOHAMMAD**	**ÉLANCOURTOIS**
DIVERSIFIANT	DYNAMISATION	ÉLECTRIFIANT
DIVERTIMENTO	DYSENTÉRIQUE	ÉLECTRISABLE
DIVERTISSANT	DYSGÉNÉSIQUE	ÉLECTRISANTE
DIVINISATION	DYSMÉNORRHÉE	ÉLECTROCOPIE
DIVISIBILITÉ	DYSTROPHIQUE	ÉLECTROCUTÉE
DIVORTIALITÉ	**EAST KILBRIDE**	ÉLECTROCUTER
DIVULGATRICE	ÉBAHISSEMENT	ÉLECTROLOGIE
DIX-HUITIÈMES	ÉBLOUISSANTE	ÉLECTROLYSÉE
DIX-NEUVIÈMES	ÉBOUILLANTÉE	ÉLECTROLYSER
DIX-SEPTIÈMES	ÉBOUILLANTER	ÉLECTROMÈTRE
DJIBOUTIENNE	ÉBOURGEONNÉE	ÉLECTRONIQUE
DJIBOUTIENNE	ÉBOURGEONNER	ÉLECTRONVOLT
DOCUMENTAIRE	ÉBOURIFFANTE	ÉLECTROPHILE
DODÉCAGONALE	ÉBRANCHEMENT	ÉLECTROPHONE
DODÉCAGONAUX	ÉBULLIOMÈTRE	ÉLECTROSCOPE
DODELINEMENT	ÉBULLIOSCOPE	ÉLECTROVALVE
DOKOUTCHAÏEV	**EÇA DE QUEIRÓS**	ÉLECTROVANNE
DOLICHOCÔLON	ÉCARQUILLANT	ÉLÉPHANTEAUX
DOMESTICABLE	ÉCARTÈLEMENT	**ELF AQUITAINE**
DOMESTICISME	ÉCHAPPATOIRE	ÉLIMINATOIRE
DOMESTIQUANT	ÉCHAUFFEMENT	ÉLIMINATRICE
DOMFRONTAISE	ÉCHAUFFOURÉE	ÉLISABÉTHAIN
DOMICILIAIRE	ÉCHINOCACTUS	ELLIPSOÏDALE
DOMINIQUAISE	**ÉCHIROLLOISE**	ELLIPSOÏDAUX
DONJUANESQUE	ÉCHOGRAPHIÉE	**EL-MOHAMMADIA**
DON QUICHOTTE	ÉCHOGRAPHIER	ÉLUCUBRATION
DON QUICHOTTE	ÉCHOLOCATION	ÉMANCIPATEUR
DONZENACOISE	ÉCLABOUSSANT	ÉMANCIPATION
DOUARNENISTE	ÉCLABOUSSURE	ÉMASCULATION
DOUBLE-CLIQUÉ	ÉCLAIRAGISME	EMBARBOUILLÉ
DOUBLE-CROCHE	ÉCLAIRAGISTE	EMBARDOUFLÉE
DOUBLE-RIDEAU	ÉCORNIFLERIE	EMBARDOUFLER
DOUBLES-CLICS	ÉCORNIFLEUSE	EMBARQUEMENT
DOUBLE-SCULLS	ÉCOUVILLONNÉ	EMBARRASSANT
DOUCES-AMÈRES	ÉCRABOUILLÉE	EMBASTILLANT
DOUCETTEMENT	ÉCRABOUILLER	EMBELLISSANT
DOUDEVILLAIS	ÉCRIVAILLANT	EMBLÉMATIQUE
DOULLENNAISE	ÉCRIVAILLEUR	EMBOBELINANT
DOURA-EUROPOS	ÉCRIVASSIÈRE	EMBOLISATION
DOURDANNAISE	ECTODERMIQUE	EMBOUQUEMENT
DOUTEUSEMENT	ECTOPARASITE	EMBOURGEOISÉ
DOUWES DEKKER	ÉDULCORATION	EMBOUTEILLÉE
DOUZIÈMEMENT	EFFAROUCHANT	EMBOUTEILLER
DRAMATISANTE	EFFERVESCENT	EMBOUTISSAGE
DRAPS-HOUSSES	EFFEUILLEUSE	EMBOUTISSANT
DRAVEILLOISE	EFFICACEMENT	EMBRASSEMENT
DRESSING-ROOM	EFFILOCHEUSE	EMBROCHEMENT
DRYOPITHÈQUE	EFFLEUREMENT	EMBROUILLAGE

EMBROUILLANT	ENCOURAGEANT	ENTORTILLAGE
EMBRYOGENÈSE	ENCRASSEMENT	ENTORTILLANT
EMBRYONNAIRE	ENCROÛTEMENT	ENTRAÎNEMENT
EMBRYOPATHIE	EN CUL-DE-POULE	ENTREBÂILLÉE
EMBRYOSCOPIE	ENCYCLOPÉDIE	ENTREBÂILLER
ÉMERILLONNÉE	ENDIMANCHANT	ENTRECHOQUÉE
ÉMERILLONNER	ENDIVISIONNÉ	ENTRECHOQUER
ÉMERVEILLANT	ENDOCTRINANT	ENTRECOUPANT
EMMAGASINAGE	ENDODERMIQUE	ENTRECROISÉE
EMMAGASINANT	ENDOMÉTRIOSE	ENTRECROISER
EMMAILLOTANT	ENDOMMAGEANT	ENTRE-DÉCHIRÉ
EMMANCHEMENT	ENDOMORPHINE	ENTRE-DÉVORÉE
EMMARCHEMENT	ENDOPARASITE	ENTRE-DÉVORER
EMMÉNAGEMENT	ENDOSCOPIQUE	ENTRE-DÉVORÉS
EMMITOUFLANT	ENDOTHÉLIALE	ENTRÉE-SORTIE
EMMOUSCAILLÉ	ENDOTHÉLIAUX	ENTRE-HEURTÉE
ÉMOTIONNABLE	ENDURCISSANT	ENTRE-HEURTER
ÉMOTIONNANTE	ÉNERGÉTICIEN	ENTRE-HEURTÉS
ÉMOTIONNELLE	ENFANTILLAGE	ENTRELARDANT
ÉMOUSTILLANT	ENFOURNEMENT	ENTREMETTANT
EMPIERREMENT	ENFUTAILLANT	ENTREMETTEUR
EMPOISONNANT	ENGENDREMENT	ENTREPRENANT
EMPOISONNEUR	**ENGHIENNOISE**	ENTREPRENDRE
EMPOISSONNÉE	ENGRAISSEUSE	ENTREPRENEUR
EMPOISSONNER	ENGRANGEMENT	ENTRETAILLÉE
EMPORTE-PIÈCE	ENGUIRLANDÉE	ENTRETAILLER
EMPOUSSIÉRÉE	ENGUIRLANDER	ENTRE-TISSANT
EMPOUSSIÉRER	ENHARDISSANT	ENTRE-TISSÉES
EMPRESSEMENT	ENHARMONIQUE	ENTRETOISANT
EMPRISONNANT	ENJOLIVEMENT	ENVAHISSANTE
ÉMULSIFIABLE	ENLAIDISSANT	ENVELOPPANTE
ÉMULSIFIANTE	ENNOBLISSANT	ENVENIMATION
ÉMULSIONNANT	ENORGUEILLIE	ENVIEUSEMENT
ÉNANTIOTROPE	ENORGUEILLIR	ENVIRONNANTE
ENCAISSEMENT	ENQUIQUINANT	ENVISAGEABLE
ENCANAILLANT	ENQUIQUINEUR	**ENZENSBERGER**
ENCAPUCHONNÉ	ENRACINEMENT	ENZYMOPATHIE
ENCARTOUCHÉE	ENRÉGIMENTÉE	ÉPAISSISSANT
ENCASTREMENT	ENRÉGIMENTER	ÉPAISSISSEUR
ENCAUSTIQUÉE	ENREGISTRANT	ÉPANOUISSANT
ENCAUSTIQUER	ENREGISTREUR	ÉPAULÉS-JETÉS
ENCÉPAGEMENT	ENRÉSINEMENT	ÉPICONDYLITE
ENCÉPHALIQUE	ENRICHISSANT	ÉPICRÂNIENNE
ENCERCLEMENT	ENSANGLANTÉE	ÉPICYCLOÏDAL
ENCHAÎNEMENT	ENSANGLANTER	ÉPIGASTRIQUE
ENCHANTEMENT	ENSEIGNEMENT	ÉPIGRAPHIQUE
ENCHÂSSEMENT	ENSOLEILLANT	ÉPIGRAPHISTE
ENCHÉRISSANT	ENSOMMEILLÉE	ÉPINEURIENNE
ENCHÉRISSEUR	ENSORCELANTE	ÉPINE-VINETTE
ENCHEVAUCHÉE	ENSORCELEUSE	ÉPIPÉLAGIQUE
ENCHEVAUCHER	ENTÉRINEMENT	ÉPIPHÉNOMÈNE
ENCHEVÊTRANT	ENTÉROCOLITE	ÉPISCOPALIEN
ENCHEVÊTRURE	ENTÉROKINASE	ÉPOUSTOUFLÉE
ENCLIQUETAGE	ENTHOUSIASME	ÉPOUSTOUFLER
ENCLIQUETANT	ENTHOUSIASMÉ	ÉPOUVANTABLE
ENCOMBREMENT	ENTHOUSIASTE	ÉQUARRISSAGE
EN CONTRE-HAUT	ENTOMOSTRACÉ	ÉQUARRISSANT

ÉQUARRISSEUR
ÉQUATORIENNE
ÉQUATORIENNE
ÉQUIDISTANCE
ÉQUIDISTANTE
ÉQUILATÉRALE
ÉQUILATÉRAUX
ÉQUILIBRANTE
ÉQUILIBRISTE
ÉQUIPOLLENCE
ÉQUIPOLLENTE
ÉQUIPROBABLE
ÉREUTOPHOBIE
ERGOTHÉRAPIE
ERMENONVILLE
ÉROTIQUEMENT
ÉRYTHÉMATEUX
ESCARGOTIÈRE
ESCARMOUCHER
ESCARPOLETTE
ESCAUDINOISE
ESCHATOLOGIE
ESCLAVAGISME
ESCLAVAGISTE
ESCOBARDERIE
ESCOUMINOISE
ESPACES-TEMPS
ESPAGNOLETTE
ESPALIONNAIS
ESPÉRANTISTE
ESQUIMAUTAGE
ESSOUCHEMENT
ESSUIE-GLACES
ESSUIE-VERRES
EST-ALLEMANDE
EST-ALLEMANDS
ESTAMPILLAGE
ESTAMPILLANT
ESTHÉTISANTE
ESTUDIANTINE
ÉTALONNEMENT
ÉTATS-UNIENNE
ÉTATS-UNIENNE
ÉTAUX-LIMEURS
ETCHMIADZINE
ETHNIQUEMENT
ETHNOGRAPHIE
ETHNOLOGIQUE
ÉTOURDISSANT
ÉTRANGLEMENT
ÉTRÉSILLONNÉ
ÉTYMOLOGIQUE
ÉTYMOLOGISTE
EUPHORBIACÉE
EUPHORISANTE
EURAFRICAINE
EURASIATIQUE

EUROPÉANISÉE
EUROPÉANISER
EURYPONTIDES
EUTHANASIANT
EUTHANASIQUE
ÉVANGÉLIAIRE
ÉVANGÉLISANT
ÉVANOUISSANT
ÉVAPORATOIRE
ÉVÉNEMENTIEL
ÉVISCÉRATION
EXACERBATION
EXAMINATRICE
EXASPÉRATION
EXCÉDENTAIRE
EXCELLEMMENT
EXCENTRATION
EXCENTRICITÉ
EXCEPTIONNEL
EXCITABILITÉ
EXCLUSIVISME
EXCOMMUNIANT
EXCRÉMENTIEL
EXCROISSANCE
EXCURSIONNER
EXEMPLIFIANT
EXFILTRATION
EXHAUSSEMENT
EXHAUSTIVITÉ
EXHÉRÉDATION
EXORCISATION
EXOSQUELETTE
EXOTHERMIQUE
EXPATRIATION
EXPECTORANTE
EXPÉRIMENTAL
EXPÉRIMENTÉE
EXPÉRIMENTER
EXPLOITATION
EXPLORATOIRE
EXPLORATRICE
EXPLOSIMÈTRE
EXPORTATRICE
EXPRESSÉMENT
EXPRESSIVITÉ
EXTEMPORANÉE
EXTENSIONNEL
EXTENSOMÈTRE
EXTÉRIORISÉE
EXTÉRIORISER
EXTÉROCEPTIF
EXTRA-COURANT
EXTRASOLAIRE
EXTRASYSTOLE
EXTRA-UTÉRINE
EXTRA-UTÉRINS
EXTRAVAGANCE

EXTRAVAGANTE
EXTRAVAGUANT
EXTRAVERSION
EXULCÉRATION
FABIUS PICTOR
FABRE D'OLIVET
FABRICATRICE
FÂCHEUSEMENT
FACILITATION
FACTIONNAIRE
FAIBLISSANTE
FAILLIBILITÉ
FAMILIARISÉE
FAMILIARISER
FANATISATION
FANFARONNADE
FANFARONNANT
FANFRELUCHER
FANTASTIQUER
FANTIN-LATOUR
FANTOMATIQUE
FARADISATION
FARFOUILLANT
FAROUCHEMENT
FASCINATRICE
FATHPUR-SIKRI
FATIGABILITÉ
FAUBOURIENNE
FAUX-BOURDONS
FAUX-SEMBLANT
FÉCONDATRICE
FÉDÉRALISANT
FELD-MARÉCHAL
FELLETINOISE
FÉMINISATION
FENDILLEMENT
FENESTRATION
FERBLANTERIE
FERMENTATION
FERNEYSIENNE
FERRICYANURE
FERROALLIAGE
FERROCYANURE
FERRUGINEUSE
FERTILISABLE
FERTILISANTE
FESSE-MATHIEU
FESTIVALIÈRE
FEUILLANTINE
FEUILLE-MORTE
FIANARANTSOA
FIBRILLATION
FIBROMATEUSE
FIBROMYALGIE
FICTIONNELLE
FIDÉLISATION
FIFTY-FIFTIES

FILAMENTEUSE
FILDEFÉRISTE
FILMOGRAPHIE
FILTRE-PRESSE
FINALISATION
FINNO-OUGRIEN
FLAGELLATEUR
FLAGELLATION
FLAMBOIEMENT
FLANCS-GARDES
FLANDRICISME
FLEGMATISANT
FLEURDELISÉE
FLEURETTISTE
FLEURIATONNE
FLEURYSSOISE
FLEXIBILISÉE
FLEXIBILISER
FLEXIONNELLE
FLEXOGRAPHIE
FLINT-GLASSES
FLORANGEOISE
FLORENSACOIS
FLORICULTURE
FLOTTABILITÉ
FLUIDIFIANTE
FLUIDISATION
FLUORESCÉINE
FLUORESCENCE
FLUORESCENTE
FLUOTOURNAGE
FLUVIOGRAPHE
FOCALISATION
FOIES-DE-BŒUF
FOISONNEMENT
FOLLE-BLANCHE
FOLLICULAIRE
FOLSCHVILLER
FONCIÈREMENT
FONCTIONNANT
FONDAMENTALE
FONDAMENTAUX
FONTENAISIEN
FONTENAYSIEN
FOOTBALLEUSE
FORAMINIFÈRE
FORÊT D'ORIENT
FORÊT-GALERIE
FORÊTS-NOIRES
FORMALDÉHYDE
FORMELLEMENT
FORNICATRICE
FORT-DE-FRANCE
FORT MCMURRAY
FORTUITEMENT
FOSBURY FLOPS
FOSSATUSSIEN

FOUDROIEMENT
FOUESNANTAIS
FOUETTE-QUEUE
FOUGEROLLAIS
FOURGONNETTE
FOURGON-POMPE
FOURMISIENNE
FOURNISSEUSE
FOURVOIEMENT
FOUTIMASSANT
FRACASSEMENT
FRACTIONNANT
FRACTURATION
FRAGMENTAIRE
FRAÎCHISSANT
FRANC-COMTOIS
FRANC-COMTOIS
FRANCHE-COMTÉ
FRANCHEVILLE
FRANCHISSANT
FRANCILIENNE
FRANCILIENNE
FRANCISATION
FRANCISCAINE
FRANC-MAÇONNE
FRANCONVILLE
FRANCOPHILIE
FRANCOPHOBIE
FRANCOPHONIE
FRANCS-ALLEUX
FRANCS-MAÇONS
FRANGIPANIER
FRANKENSTEIN
FRANSQUILLON
FRATERNISANT
FREDONNEMENT
FREI MONTALVA
FRÉMISSEMENT
FRENCH CANCAN
FRÉQUENTABLE
FRÉQUENTATIF
FRÉTILLEMENT
FRIBOURGEOIS
FRICTIONNANT
FRIGORIFIANT
FRIGORIFIQUE
FRILEUSEMENT
FRISSONNANTE
FROBISHER BAY
FRŒBÉLIENNE
FRONTONNAISE
FROTTE-MANCHE
FROUFROUTANT
FUGITIVEMENT
FUKUI KENICHI
FULL-CONTACTS
FURIEUSEMENT

FURONCULEUSE
FUSÉES-SONDES
FUSIONNEMENT
GADROUILLANT
GAILLONNAISE
GAINE-CULOTTE
GAINSBOROUGH
GALACTOPHORE
GALLICANISME
GALLO-ROMAINE
GALLO-ROMAINS
GALLO-ROMANES
GALVANOMÈTRE
GALVANOTYPIE
GAMÉTOGENÈSE
GAMMAGRAPHIE
GANDRANGEOIS
GANGSTÉRISME
GARANTISSANT
GARDE-MEUBLES
GARDEN-PARTYS
GARDE-RIVIÈRE
GARDES-CHASSE
GARDES-MALADE
GARGILESSOIS
GARGOUILLANT
GARNIER-PAGÈS
GASTON DE FOIX
GASTRECTOMIE
GASTRULATION
GAULOISEMENT
GAZOUILLANTE
GAZOUILLEUSE
GEISPOLSHEIM
GÉLIFICATION
GÉLIFRACTION
GEMMOLOGISTE
GÉNÉALOGIQUE
GÉNÉALOGISTE
GÉNÉRALEMENT
GÉNÉRALISANT
GÉNÉTHLIAQUE
GÉNÉTICIENNE
GENNASSIENNE
GÉNOTHÉRAPIE
GÉOCENTRIQUE
GÉOCENTRISME
GÉODYNAMIQUE
GÉOGRAPHIQUE
GÉOPHYSICIEN
GÉOPOLITIQUE
GÉORGIE DU SUD
GÉOSTRATÉGIE
GÉOSYNCHRONE
GÉOSYNCLINAL
GÉOTECHNIQUE
GÉOTHERMIQUE

GERMANOPHILE
GERMANOPHOBE
GERMANOPHONE
GÉRONTOLOGIE
GÉRONTOLOGUE
GESTICULANTE
GESTIONNAIRE
GHEORGHIU-DEJ
GIBBÉRELLINE
GIF-SUR-YVETTE
GILLOCRUCIEN
GIROUTTERIE
GIULIO ROMANO
GLACIALEMENT
GLAGOLITIQUE
GLANDOUILLER
GLAPISSEMENT
GLOBALISANTE
GLOBE-TROTTER
GLOBICÉPHALE
GLOCKENSPIEL
GLOSSECTOMIE
GLOSSOGRAPHE
GLOUGLOUTANT
GLOUTONNERIE
GLYCOGÉNIQUE
GLYCOSURIQUE
GLYNDEBOURNE
GLYPTOTHÈQUE
GOAL-AVERAGES
GOGUENARDISE
GOMMES-GUTTES
GOMMES-LAQUES
GONOCHORIQUE
GONOCHORISME
GORNO-ALTAÏSK
GOUDRONNEUSE
GOURDONNAISE
GOUVERNEMENT
GRADIGNANAIS
GRAILLONNANT
GRAMMATICALE
GRAMMATICAUX
GRAND DAUPHIN
GRAND-DUCALES
GRANDE BRIÈRE
GRANDE-SYNTHE
GRANDISSANTE
GRAND KHINGAN
GRAND LAC SALÉ
GRAND-MÉROISE
GRAND PARADIS
GRANDS-ANGLES
GRANDS-DUCHÉS
GRANDS-LIVRES
GRANDS-MAMANS
GRANDS-MESSES

GRANDS-ONCLES
GRANDS-TANTES
GRANDS-VOILES
GRAND TRIANON
GRANDVELLAIS
GRANDVILLARS
GRANVILLAISE
GRAPPILLEUSE
GRASSEYEMENT
GRASSOUILLET
GRATIENNOISE
GRATTE-PAPIER
GRATTOUILLÉE
GRATTOUILLER
GRATUITEMENT
GRAUFESENQUE
GRAULHETOISE
GRAVELINOISE
GRAVETTIENNE
GRAVILLONNÉE
GRAVILLONNER
GRÉCO-LATINES
GRÉCO-ROMAINE
GRÉCO-ROMAINS
GRELOTTEMENT
GRENOUILLAGE
GRENOUILLANT
GRENOUILLÈRE
GRÉSILLEMENT
GREVENMACHER
GRIBOUILLAGE
GRIBOUILLANT
GRIBOUILLEUR
GRIFFONNEUSE
GRIGNOTEMENT
GRIGOROVITCH
GRISONNEMENT
GROENLANDAIS
GROIZILLONNE
GROS-PORTEURS
GROSSE BERTHA
GROSEILLIERS
GROSSISSANTE
GROTHENDIECK
GROUILLEMENT
GUADALQUIVIR
GUADELOUPÉEN
GUADELOUPÉEN
GUERNESIAISE
GUERRE ET PAIX
GUEUGNONNAIS
GUEULE-DE-LOUP
GUEULETONNER
GUIDO D'AREZZO
GUILLEMETANT
GUILLOTINANT
GUINDAILLANT

GUINÉE-BISSAU
GUINGAMPAISE
GUINGUETTOIS
GUIRY-EN-VEXIN
GUJAN-MESTRAS
GUTTIFÉRACÉE
GYNÉCOMASTIE
GYROSCOPIQUE
HABEAS CORPUS
HABILITATION
HABITABILITÉ
HAGIOGRAPHIE
HAILLONNEUSE
HAINEUSEMENT
HALICARNASSE
HALLEBARDIER
HALLEFESSIER
HALLSTATTIEN
HALLUCINANTE
HALOGÉNATION
HALTÉROPHILE
HAMBOURGEOIS
HAMMARSKJÖLD
HAMPTON COURT
HAMPTON ROADS
HANDBALLEUSE
HANDICAPANTE
HARFLEURAISE
HARMONICISTE
HARNACHEMENT
HARPONNEMENT
HARTZENBUSCH
HAUSSMANIEN
HAUTEFORTAIS
HAUTE-GARONNE
HAUTES-CONTRE
HAUTES-FAGNES
HAUTEVILLOIS
HAUT-FOURNEAU
HAUT-KARABAKH
HAUT-MARNAISE
HAUTMONTOISE
HAUT-PARLEURS
HAUT-RHINOISE
HAUT-SAÔNOISE
HAUT-SAVOYARD
HAUTS-DE-FORME
HAUTS-DE-SEINE
HAUT-SEINAISE
HAUTS-RELIEFS
HAUT-VIENNOIS
HEBDOMADAIRE
HÉDONISTIQUE
HÉGÉLIANISME
HEILIGENBLUT
HEILONGJIANG
HÉLIOGRAPHIE

HÉLIOGRAVEUR
HÉLIOGRAVURE
HÉLIOTROPINE
HÉLITREUILLÉ
HELMINTHIASE
HELSINKIENNE
HÉMATOPOÏÈSE
HÉMATOZOAIRE
HÉMIPLÉGIQUE
HÉMIPTÉROÏDE
HÉMORRAGIQUE
HÉMORROÏDALE
HÉMORROÏDAUX
HÉMOSTATIQUE
HENNEBONTAIS
HENNISSEMENT
HENRI LE CRUEL
HENRI LE SAINT
HEPTAÉDRIQUE
HEPTASYLLABE
HÉRICOURTOIS
HÉRIMONCOURT
HÉRITABILITÉ
HÉROÏ-COMIQUE
HÉROÏNOMANIE
HÉROÏQUEMENT
HÉRON L'ANCIEN
HÉROUVILLAIS
HERPÉTOLOGIE
HERTOGENWALD
HÉTÉROCERQUE
HÉTÉROGREFFE
HÉTÉROMORPHE
HÉTÉROPHORIE
HÉTÉROSEXUEL
HÉTÉROSPHÈRE
HÉTÉROTHERME
HÉTÉROTROPHE
HÉTÉROZYGOTE
HEUREUSEMENT
HEXACHLORURE
HEXADÉCIMALE
HEXADÉCIMAUX
HEXAFLUORURE
HIÉRARCHIQUE
HIÉRARCHISÉE
HIÉRARCHISER
HIGASHIOSAKA
HIGGINS CLARCK
HIPPOLOGIQUE
HIPPOTECHNIE
HISPANO-ARABE
HISPANOPHONE
HISTAMINIQUE
HISTOLOGIQUE
HISTORICISME
HISTORICISTE

HISTRIONISME
HOFMANNSTHAL
HOHENSTAUFEN
HOHENZOLLERN
HOJO TOKIMUNE
HOLLYWOODIEN
HOLOMÉTABOLE
HOLOPROTÉINE
HOMBOURGEOIS
HOMBOURG-HAUT
HOMÉOTHERMIE
HOME-TRAINERS
HOMINISATION
HOMOGÉNÉISÉE
HOMOGÉNÉISER
HOMOLOGATION
HOMOPARENTAL
HOMOPHONIQUE
HOMOSEXUELLE
HOMOTHÉTIQUE
HONFLEURAISE
HONGKONGAISE
HONORABILITÉ
HONORIS CAUSA
HONTEUSEMENT
HOOLIGANISME
HORRIBLEMENT
HORRIPILANTE
HORTICULTEUR
HORTICULTURE
HOSPITALIÈRE
HOSPITALISÉE
HOSPITALISER
HOSPITALISME
HOUA KOUO-FONG
HOUBLONNIÈRE
HOULIGANISME
HUBERTSBOURG
HUDDERSFIELD
HUELGOATAISE
HUITIÈMEMENT
HUMANISATION
HUMIFICATION
HUMORISTIQUE
HUSAYN IBN ALI
HYDRAULICIEN
HYDRE DE LERNE
HYDROCARBONÉ
HYDROCARBURE
HYDROCÉPHALE
HYDROFUGEANT
HYDROGRAPHIE
HYDROLOGIQUE
HYDROLOGISTE
HYDROLYSABLE
HYDROMINÉRAL
HYDROPONIQUE

HYDROQUINONE
HYDROSOLUBLE
HYDROTHERMAL
HYPERACOUSIE
HYPERBOLIQUE
HYPERBOLOÏDE
HYPERLIPÉMIE
HYPERMÉTROPE
HYPERSONIQUE
HYPERTENSEUR
HYPERTENSION
HYPERTENSIVE
HYPERTHERMIE
HYPERTONIQUE
HYPERTROPHIE
HYPERTROPHIÉ
HYPNAGOGIQUE
HYPNOTISEUSE
HYPOCALCÉMIE
HYPOCHLOREUX
HYPOCHLORITE
HYPOCYCLOÏDE
HYPODERMIQUE
HYPOESTHÉSIE
HYPOGLYCÉMIE
HYPOKALIÉMIE
HYPONATRÉMIE
HYPOPHYSAIRE
HYPOSTASIANT
HYPOSTATIQUE
HYPOTHALAMUS
HYPOTHÉCABLE
HYPOTHÉCAIRE
HYPOTHÉQUANT
HYPOTHÉTIQUE
IBN AL-HAYTHAM
IBN AL-MUQAFFA
IBRAHIM PACHA
ICONOGRAPHIE
ICONOLOGIQUE
IDÉALISATEUR
IDÉALISATION
IDENTIFIABLE
IDIOPATHIQUE
IELIZAVETPOL
IEVTOUCHENKO
IGNIFUGATION
IGNIFUGEANTE
IGNOMINIEUSE
ILANGS-ILANGS
ILÉO-CÆCALES
ILLÉGALEMENT
ILLÉGITIMITÉ
ILLIBÉRIENNE
ILLICITEMENT
ILLISIBILITÉ
ILLUMINATION

ILLUSIONNANT	INACCOUTUMÉE	INDÉCLINABLE
ILLUSTRATEUR	INACHÈVEMENT	INDÉCOLLABLE
ILLUSTRATION	INACTIVATION	INDÉFECTIBLE
ILLUSTRATIVE	INADAPTATION	INDÉFENDABLE
IMBÉCILEMENT	INADÉQUATION	INDÉFINIMENT
IMERCURIENNE	INADMISSIBLE	INDÉFORMABLE
IMMATÉRIELLE	INADVERTANCE	INDÉFRISABLE
IMMATRICULÉE	INALIÉNATION	INDÉHISCENTE
IMMATRICULER	INANALYSABLE	INDÉLÉBILITÉ
IMMATURATION	INAPPLICABLE	INDEMNISABLE
IMMOBILISANT	INAPPRIVOISÉ	INDEMNITAIRE
IMMODÉRÉMENT	INAPPROPRIÉE	INDÉMONTABLE
IMMORALEMENT	INATTAQUABLE	INDÉPASSABLE
IMMORTALISÉE	INAUGURATION	INDÉPENDANCE
IMMORTALISER	INCALCULABLE	INDÉPENDANTE
IMMUABLEMENT	INCANDESCENT	INDÉRÉGLABLE
IMMUNISATION	INCANTATOIRE	INDÉTECTABLE
IMMUTABILITÉ	INCAPACITANT	INDÉTERMINÉE
IMPALUDATION	INCESSAMMENT	**INDIANAPOLIS**
IMPARIDIGITÉ	INCHAUFFABLE	INDIFFÉRENCE
IMPARIPENNÉE	INCHAVIRABLE	INDIFFÉRENTE
IMPARTIALITÉ	INCHIFFRABLE	INDISCIPLINE
IMPARTISSANT	INCINÉRATEUR	INDISCIPLINÉ
IMPATIEMMENT	INCINÉRATION	INDISCRÉTION
IMPATIENTANT	INCLINOMÈTRE	INDISCUTABLE
IMPATRONISÉE	INCOAGULABLE	INDISPONIBLE
IMPATRONISER	INCOMMODANTE	INDISSOLUBLE
IMPÉCUNIEUSE	INCOMMUTABLE	INDIVIDUELLE
IMPÉNÉTRABLE	INCOMPARABLE	INDO-ARYENNES
IMPERFECTION	INCOMPATIBLE	INDOCHINOISE
IMPERFECTIVE	INCOMPÉTENCE	**INDOCHINOISE**
IMPÉRIALISME	INCOMPÉTENTE	INDO-EUROPÉEN
IMPÉRIALISTE	INCOMPLÉTUDE	**INDO-EUROPÉEN**
IMPÉRISSABLE	INCONCEVABLE	INDONÉSIENNE
IMPERTINENCE	INCONGRÛMENT	**INDONÉSIENNE**
IMPERTINENTE	INCONSCIENCE	**INDRE-ET-LOIRE**
IMPLANTATION	INCONSCIENTE	INDULGENCIÉE
IMPONDÉRABLE	INCONSÉQUENT	INDULGENCIER
IMPOPULARITÉ	INCONSIDÉRÉE	INDUSTRIELLE
IMPORTATRICE	INCONSISTANT	INDUSTRIEUSE
IMPORT-EXPORT	INCONSOLABLE	INÉBRANLABLE
IMPRATICABLE	INCONTINENCE	INEFFICACITÉ
IMPRÉCATOIRE	INCONTINENTE	INÉGALITAIRE
IMPRÉCATRICE	INCONVENANCE	INÉLÉGAMMENT
IMPRÉGNATION	INCONVENANTE	INEMPLOYABLE
IMPRESSIONNÉ	INCONVÉNIENT	**INÉS DE CASTRO**
IMPRÉVISIBLE	INCORPORABLE	INESTHÉTIQUE
IMPRÉVOYANCE	INCORPORELLE	INEXACTEMENT
IMPRÉVOYANTE	INCORRECTION	INEXACTITUDE
IMPROBATRICE	INCORRIGIBLE	INEXÉCUTABLE
IMPRODUCTIVE	INCRÉMENTANT	INEXPÉRIENCE
IMPROPREMENT	INCRÉMENTIEL	INEXPLICABLE
IMPRUDEMMENT	INCRIMINABLE	INEXPLORABLE
IMPUTABILITÉ	INCRUSTATION	INEXPLOSIBLE
INACCEPTABLE	INCULTIVABLE	INEXPRESSIVE
INACCESSIBLE	INCURABILITÉ	INEXPRIMABLE
INACCORDABLE	INDÉCHIRABLE	INEXPUGNABLE

INEXTENSIBLE	INSTRUMENTER	INTERPRÉTANT
INEXTIRPABLE	INSUBORDONNÉ	INTERPRÉTEUR
INEXTRICABLE	INSUFFISANCE	INTERRACIALE
INFANTILISÉE	INSUFFISANTE	INTERRACIAUX
INFANTILISER	INSUFFLATION	INTERROGATIF
INFANTILISME	INSUPPORTANT	INTERROGEANT
INFÉRIORISÉE	INSURRECTION	INTERROMPANT
INFÉRIORISER	INTARISSABLE	INTERRUPTEUR
INFIBULATION	INTELLECTION	INTERRUPTION
INFIDÈLEMENT	INTELLECTUEL	INTERSECTION
INFILTRATION	INTELLIGENCE	INTERSESSION
INFLAMMATION	INTELLIGENTE	INTERSIDÉRAL
INFLUENÇABLE	INTELLIGIBLE	INTERSTITIEL
INFORMATIQUE	INTEMPÉRANCE	INTERTEXTUEL
INFORMATISÉE	INTEMPÉRANTE	INTERURBAINE
INFORMATISER	INTEMPESTIVE	INTERVENANTE
INFORMATRICE	INTEMPORELLE	INTERVENTION
INFROISSABLE	INTENSIFIANT	INTERVERSION
INFRUCTUEUSE	INTENSIONNEL	INTERVIEWANT
INFUSIBILITÉ	INTENTIONNÉE	INTERVIEWEUR
INGÉNIERISTE	INTENTIONNEL	INTIMIDATEUR
INHABITUELLE	INTERCALAIRE	INTIMIDATION
INHARMONIEUX	INTERCEPTANT	INTOXICATION
INIMAGINABLE	INTERCEPTEUR	INTRACRÂNIEN
ININTERROMPU	INTERCEPTION	INTRANSITIVE
INITIALEMENT	INTERCESSEUR	INTRA-UTÉRINE
INITIALISANT	INTERCESSION	INTRA-UTÉRINS
INOBSERVABLE	INTERCLASSÉE	INTRAVEINEUX
INOBSERVANCE	INTERCLASSER	INTRODUCTEUR
INOCCUPATION	INTERCOSTALE	INTRODUCTION
INQUISITOIRE	INTERCOSTAUX	INTRODUCTIVE
INQUISITRICE	INTERCOTIDAL	INTRODUISANT
INRACONTABLE	INTERCURRENT	INTROJECTION
INSALISSABLE	INTERDICTION	INTROMISSION
INSATISFAITE	INTERDIGITAL	INTROSPECTIF
INSCRIPTIBLE	INTÉRESSANTE	INTROVERSION
INSÉCABILITÉ	INTERFÉCONDE	INTUMESCENCE
INSÉMINATEUR	INTERFÉRENCE	**INUKJUAMIUTE**
INSÉMINATION	INTERFÉRENTE	INUTILISABLE
INSIGNIFIANT	INTERHUMAINE	INVAGINATION
INSOLUBILISÉ	INTÉRIORISÉE	INVALIDATION
INSOLUBILITÉ	INTÉRIORISER	INVENTORIAGE
INSONORISANT	INTERJECTION	INVENTORIANT
INSOUMISSION	INTERJECTIVE	INVÉRIFIABLE
INSOUPÇONNÉE	INTERLEUKINE	INVERTISSANT
INSOUTENABLE	INTERLIGNAGE	INVESTIGUANT
INSPIRATOIRE	INTERLIGNANT	INVESTISSANT
INSPIRATRICE	INTERLOQUANT	INVESTISSEUR
INSTALLATEUR	INTERMINABLE	INVISIBILITÉ
INSTALLATION	INTERMISSION	INVOLONTAIRE
INSTAURATEUR	INTERMITTENT	INVULNÉRABLE
INSTAURATION	INTERNÉGATIF	IODO-IODURÉES
INSTIGATRICE	INTÉROCEPTIF	IRASCIBILITÉ
INSTILLATION	INTEROSSEUSE	IRISH-COFFEES
INSTITUTRICE	INTERPELLANT	IRISH-TERRIER
INSTRUMENTAL	INTERPÉNÉTRÉ	IRONIQUEMENT
INSTRUMENTÉE	INTERPOSITIF	IRRÉALISABLE

IRRÉDENTISME
IRRÉDENTISTE
IRRÉDUCTIBLE
IRRÉFORMABLE
IRRÉFRAGABLE
IRRÉGULARITÉ
IRRÉLIGIEUSE
IRRÉMÉDIABLE
IRRÉMISSIBLE
IRRÉSISTIBLE
IRRÉSOLUTION
IRRESPIRABLE
IRRÉVERSIBLE
IRRITABILITÉ
ISAAC COMNÈNE
ISENTROPIQUE
ISIGNY-LE-BUAT
ISIGNY-SUR-MER
ISLAMISATION
ISMAÏL-SAMANI
ISOCHRONIQUE
ISOCHRONISME
ISOMORPHISME
ISOZAKI ARATA
ISSOLDUNOISE
ITALIANISANT
IVRESSOMÈTRE
IVRY-SUR-SEINE
IVUJIVIMMIUQ
IWASZKIEWICZ
JACKSONVILLE
JAILLISSANTE
JAKARTANAISE
JANKÉLÉVITCH
JAPONAISERIE
JAROVISATION
JAUNISSEMENT
JEAN-BAPTISTE
JEAN GUALBERT
JEANNE D'ANJOU
JEAN SANS PEUR
JEAN SOBIESKI
JE-NE-SAIS-QUOI
JET-SOCIETIES
JIANG JINGGUO
JOHANNESBURG
JOHANNISBERG
JOHORE BAHARU
JOINTOIEMENT
JOINT-VENTURE
JOINVILLAISE
JOINVILLOISE
JONQUIÉROISE
JOSSELINAISE
JOTRANCIENNE
JOUÉ-LÈS-TOURS
JOUJOUTHÈQUE

JOURS-AMENDES
JUÁREZ GARCÍA
JUDICIARISER
JUILLETTISTE
JULIEVILLOIS
JUPITÉRIENNE
JURANÇONNAIS
JUSTIFICATIF
JUXTAPOSABLE
KAIFU TOSHIKI
KALÉIDOSCOPE
KAMPTOZOAIRE
KANKAN MOUSSA
KANO MASANOBU
KANO MOTONOBU
KANTOROVITCH
KARAKALPAKIE
KHIEU SAMPHAN
KHMERS ROUGES
KHORRAMCHAHR
KHROUCHTCHEV
KILIMANDJARO
KILOMÉTRIQUE
KILOTONNIQUE
KIMBANGUISME
KIRGHIZISTAN
KIRIBATIENNE
KOLKHOZIENNE
KOLOKOTRÓNIS
KOMMANDANTUR
KOTA KINABALU
KOUIGN-AMANNS
KOUROPATKINE
KOVALEVSKAÏA
KREMENTCHOUG
KREMENTCHOUK
KRISTIANSAND
KRISTIANSTAD
KUUJJUAMIUTE
KUUJJUARAPIK
KWAZULU-NATAL
KYRIE ELEISON
LABANOTATION
LABIODENTALE
LABYRINTHITE
LA CALPRENÈDE
LAC DES CYGNES
LACÉDÉMONIEN
LACÉDÉMONIEN
LA CHAISE-DIEU
LACRYMO-NASAL
LACTALBUMINE
LACTOFLAVINE
LA FERTÉ-ALAIS
LA FERTÉ-MILON
LAGOS ESCOBAR
LA GRAND-COMBE

LA GRAND-CROIX
LA GRAND-MOTTE
LAISSÉ-COURRE
LAISSER-ALLER
LAISSER-FAIRE
LAKE DISTRICT
LA MEILLERAYE
LAMELLÉ-COLLÉ
LAMELLIFORME
LAMELLOPHONE
LAMINECTOMIE
LAMPE-TEMPÊTE
LANCE-AMARRES
LANCE-FLAMMES
LANCE-GRENADE
LANCE-MISSILE
LANCE-PIERRES
LANDERNÉENNE
LANEUVEVILLE
LANGLE DE CARY
LANGUE-DE-CERF
LANGUE-DE-CHAT
LANGUEDOCIEN
LANGUEDOCIEN
LANGUISSANTE
LANNIONNAISE
LANTERNERIES
LANTIPONNAGE
LAPALISSOISE
LAPAROSCOPIE
LA POSSESSION
LAPPEENRANTA
LAPRAIRIENNE
LARGILLIERRE
LARIBOISIÈRE
LA ROCHE-POSAY
LARYNGOLOGIE
LARYNGOSCOPE
LARYNGOTOMIE
LATÉRALEMENT
LATÉRISATION
LATIFUNDISTE
LATINISATION
LAURENTIDIEN
LAURENTIENNE
LAURENTIENNE
LAURIER-SAUCE
LAURIERS-TINS
LAVANDOURAIN
LAVELANÉTIEN
LE BAR-SUR-LOUP
LÈCHE-VITRINE
LECH-OBERLECH
LÉGALISATION
LE GARDEUROIS
LÉGIONELLOSE
LÉGISLATIVES

LÉGISLATRICE
LÉGITIMATION
LÉGITIMEMENT
LE GRAND-LEMPS
LEISHMANIOSE
LENTICULAIRE
LÉON LE KHAZAR
LEOPOLDSBURG
LÉOPOLDVILLE
LÉPROMATEUSE
LEPTOCÉPHALE
LEPTOSPIROSE
LE PUY-EN-VELAY
LEROI-GOURHAN
LE ROY LADURIE
LES DEUX-ALPES
LESDIGUIÈRES
LES ESCOUMINS
LES PAVILLONS
LES PONTS-DE-CÉ
LEUCOCYTAIRE
LE VAL-DE-MEUSE
LEVALLOISIEN
LEXICOGRAPHE
LÉZIGNANAISE
L'HAŸ-LES-ROSES
LIBANISATION
LIBÉRALEMENT
LIBÉRALISANT
LIBRE-ÉCHANGE
LIBRE-PENSEUR
LIBRE-SERVICE
LIBREVILLOIS
LICENCIEMENT
LICHNEROWICZ
LICHTENSTEIN
LIGAMENTAIRE
LIGAMENTEUSE
LILLEBONNAIS
LIMNOLOGIQUE
LINÉAIREMENT
LINGUA FRANCA
LINGUISTIQUE
LIPOPROTÉINE
LIQUÉFACTEUR
LIQUÉFACTION
LIQUIDATRICE
L'ISLE-EN-DODON
LISLE-SUR-TARN
LISSITCHANSK
LITHOGRAPHIE
LITHOGRAPHIÉ
LITHOLOGIQUE
LITHOTRIPSIE
LITHOTRITEUR
LITTÉROMANIE
LIZY-SUR-OURCQ

LOBATCHEVSKI
LOCALISATEUR
LOCALISATION
LOCMARIAQUER
LOCORÉGIONAL
LOCOTRACTEUR
LOGOMACHIQUE
LOGORRHÉIQUE
LOI-PROGRAMME
LOIS DE MENDEL
LOLLOBRIGIDA
LOMBO-SACRÉES
LONG-COURRIER
LONGITUDINAL
LONG-JOINTÉES
LONGUYONNAIS
LONGYEARBYEN
LORETTEVILLE
LOT-ET-GARONNE
LOUDÉACIENNE
LOUIS LE BÈGUE
LOUIS LE GRAND
LOUIS LE HUTIN
LOUIS LE JEUNE
LOUIS LE JUSTE
LOUIS L'ENFANT
LOUIS LE PIEUX
LOUPERIVOISE
LOUVECIENNES
LOUVIGNÉENNE
LOXODROMIQUE
LUANG PRABANG
LUBRIQUEMENT
LUCAS DE LEYDE
LUCIEN LEUWEN
LUCIFÉRIENNE
LUDO-ÉDUCATIF
LUDOTHÉCAIRE
LUDOVICIENNE
LUDWIGSHAFEN
LUMINESCENCE
LUMINESCENTE
LUNÉVILLOISE
LUNI-SOLAIRES
LUSITANIENNE
LUSITANIENNE
LUTHÉRANISME
LUXUEUSEMENT
LYCANTHROPIE
LYMPHANGIOME
LYMPHOBLASTE
LYMPHOCYTOSE
LYONS-LA-FORÊT
LYOPHILISANT
LYOPHILISÉES
LYS-LEZ-LANNOY
LYSSYTCHANSK

MAASMECHELEN
MACADAMISANT
MACCARTHYSME
MACÉDONIENNE
MACÉDONIENNE
MACHINE-OUTIL
MÂCHONNEMENT
MÂCHOUILLANT
MACÍAS NGUEMA
MACROCÉPHALE
MACROGRAPHIE
MACROSCÉLIDE
MADAME BOVARY
MADELEINOISE
MADEMOISELLE
MADÉRISATION
MADRÉPORAIRE
MADRIGALISTE
MAGISTRATURE
MAGNANARELLE
MAGNÉTISABLE
MAGNÉTISANTE
MAGNÉTISEUSE
MAGNÉTOMÈTRE
MAGNÉTOPAUSE
MAGNÉTOPHONE
MAGNÉTOSCOPE
MAGNÉTOSCOPÉ
MAGNIFICENCE
MAGNITOGORSK
MAGNY-EN-VEXIN
MAGNYMONTOIS
MAGOUILLEUSE
MAIGRICHONNE
MAILLY-LE-CAMP
MAINE DE BIRAN
MAINE-ET-LOIRE
MAINMORTABLE
MAINS-D'ŒUVRE
MAINVILLIERS
MAÎTRE-COUPLE
MAÎTRE ECKART
MAÎTRE-NAGEUR
MAKHATCHKALA
MALACOSTRACÉ
MALADIVEMENT
MALAKOFFIOTE
MALCHANCEUSE
MALENGUEULÉE
MALENTENDANT
MALFORMATION
MALGRACIEUSE
MALHONNÊTETÉ
MALLÉABILISÉ
MALLÉABILITÉ
MALNUTRITION
MALO-LES-BAINS

MALTHUSIENNE
MALTRAITANCE
MALVEILLANCE
MALVEILLANTE
MALVERSATION
MALZÉVILLOIS
MAMELONNAIRE
MAMMOGRAPHIE
MAMMOPLASTIE
MANAGUAYENNE
MANCENILLIER
MANDAT-LETTRE
MANDCHOUKOUO
MANDIBULAIRE
MANDOLINISTE
MANÉCANTERIE
MANIFESTANTE
MANIPULATEUR
MANIPULATION
MANŒUVRABLE
MANŒUVRIÈRE
MANOMÉTRIQUE
MANON LESCAUT
MANSONNIENNE
MANTEVILLOIS
MANUELLEMENT
MANUFACTURÉE
MANUFACTURER
MANU MILITARI
MAQUIGNONNÉE
MAQUIGNONNER
MARAIS BRETON
MARCHANDEUSE
MARCHÉ COMMUN
MARCKOLSHEIM
MARCY-L'ÉTOILE
MARE AU DIABLE
MARÉCHALERIE
MARÉCHAUSSÉE
MARGINALISÉE
MARGINALISER
MARGINALISME
MARGUERITTES
MARIE-GALANTE
MARIE-THÉRÈSE
MARIGNANAISE
MARIN-POMPIER
MARITALEMENT
MARMONNEMENT
MARMOTTEMENT
MAROQUINERIE
MAROQUINIÈRE
MARQUENTERRE
MARQUISIENNE
MARSA EL-BREGA
MARSEILLAISE
MARSEILLAISE

MARSHALLAISE
MARTEAU-PILON
MARTIGNERAIN
MARTIN DU GARD
MARTINIQUAIS
MARTINIQUAIS
MARVEJOLAISE
MARX BROTHERS
MASCAREIGNES
MASCOUCHOISE
MASCULINISÉE
MASCULINISER
MASHTEUIATSH
MAS-SOUBEYRAN
MASTICATOIRE
MASTICATRICE
MASTOÏDIENNE
MASTURBATION
MATELASSIÈRE
MATÉRIALISÉE
MATÉRIALISER
MATÉRIALISME
MATÉRIALISTE
MATHÉMATIQUE
MATHÉMATISÉE
MATHÉMATISER
MATRILIGNAGE
MATRIMONIALE
MATRIMONIAUX
MAUBEUGEOISE
MAVROCORDATO
MAXIMALISANT
MAXIMISATION
MAZAR-E CHARIF
MÉCANICIENNE
MÉCANISATION
MÉCANOGRAPHE
MÉCATRONIQUE
MECKLEMBOURG
MÉCONDUISANT
MÉCONTENTANT
MÉDECINE-BALL
MÉDICALEMENT
MÉDICALISANT
MEDICINE-BALL
MÉDICO-LÉGALE
MÉDICO-LÉGAUX
MÉDICO-SOCIAL
MÉDIOCREMENT
MÉDITERRANÉE
MÉGALITHIQUE
MÉGALITHISME
MÉLANCOLIQUE
MÉLANÉSIENNE
MÉLANÉSIENNE
MÉLANODERMIE
MELCHISÉDECH

MÉLITOCOCCIE
MÉMORIALISTE
MÉMORISATION
MEMPHRÉMAGOG
MENDÈS FRANCE
MÉNILMONTANT
MÉNINGITIQUE
MÉNINGOCOQUE
MÉNOPAUSIQUE
MENSTRUATION
MENSUALISANT
MERGENTHALER
MÉRITOCRATIE
MERLEAU-PONTY
MÉROVINGIENS
MERS-LES-BAINS
MERVEILLEUSE
MÉSENCÉPHALE
MÉSENTÉRIQUE
MÉSO-AMÉRIQUE
MÉSODERMIQUE
MÉSOÉCONOMIE
MÉSOLITHIQUE
MÉSOPOTAMIEN
MÉSOPOTAMIEN
MÉSOTHÉRAPIE
MESQUINEMENT
MESSEIGNEURS
MÉTABOLISANT
MÉTALLIFÈRES
MÉTALLOGÉNIE
MÉTALLOPHONE
MÉTAMORPHISÉ
MÉTAMORPHOSE
MÉTAMORPHOSÉ
MÉTAPHORIQUE
MÉTAPHYSIQUE
MÉTASTATIQUE
MÉTEMPSYCOSE
MÉTENCÉPHALE
MÉTÉORITIQUE
MÉTÉOROLOGUE
MÉTHACRYLATE
MÉTHODOLOGIE
MÉTHYLORANGE
MÉTICULOSITÉ
MÉTROLOGIQUE
MÉTROLOGISTE
MEURTRISSANT
MEURTRISSURE
MÉZIDON-CANON
MÉZIDONNAISE
MEZZO-SOPRANO
MICHEL DOUKAS
MICROALVÉOLE
MICROANALYSE

MICROBALANCE
MICROCÉPHALE
MICROCIRCUIT
MICRO-CRAVATE
MICROCRISTAL
MICROCUVETTE
MICROÉDITION
MICROFILMANT
MICROGRAPHIE
MICROGRAVITÉ
MICROLITIQUE
MICROVOITURE
MIDI-PYRÉNÉES
MIEROSLAWSKI
MILFORD HAVEN
MILITANTISME
MILITARISANT
MILLE-FEUILLE
MILLÉNARISME
MILLÉNARISTE
MILLEPERTUIS
MILLERANDAGE
MILLIARDAIRE
MILLIARDIÈME
MILLIONNAIRE
MILLY-LA-FORÊT
MILNE-EDWARDS
MIMIZANNAISE
MINA AL-AHMADI
MINÉRALISANT
MINÉRALURGIE
MINIATURISÉE
MINIATURISER
MINIATURISTE
MINICASSETTE
MINICASSETTE
MINIMALISANT
MINIMISATION
MIRABELLOISE
MISANTHROPIE
MISCELLANÉES
MISHIMA YUKIO
MISSIONNAIRE
MITHRIACISME
MITHRIDATISÉ
MITOCHONDRIE
MITRAILLETTE
MITRAILLEUSE
MITSCHERLICH
MOBILISATEUR
MOBILISATION
MODALISATION
MODÉLISATION
MODERN DANCES
MODIFICATEUR
MODIFICATION
MODIFICATIVE

MODUS VIVENDI
MOHAMMAD REZA
MOINS-DISANTS
MOISSONNEUSE
MOLLETONNANT
MOMIFICATION
MONDEVILLAIS
MONDIALEMENT
MONDIALISANT
MONÉTISATION
MONOATOMIQUE
MONOCAMÉRALE
MONOCAMÉRAUX
MONOCLINIQUE
MONOCRISTAUX
MONOCYCLIQUE
MONOCYLINDRE
MONOLITHIQUE
MONOLITHISME
MONOMANIAQUE
MONONUCLÉOSE
MONOPARENTAL
MONOPARTISME
MONOPHONIQUE
MONOPHYSISME
MONOPOLISANT
MONOTHÉLISME
MONSTRUOSITÉ
MONTALBANAIS
MONTALBANAIS
MONTALEMBERT
MONTATAIRIEN
MONTBARDOISE
MONTBÉLIARDE
MONT-DE-MARSAN
MONTDIDÉRIEN
MONTE-CHARGES
MONTECUCCOLI
MONTECUCCULI
MONTÉNÉGRINE
MONTÉNÉGRINE
MONTERELAISE
MONTES CLAROS
MONTFORTAISE
MONTGOLFIÈRE
MONTIER-EN-DER
MONTLOUISIEN
MONTMARTROIS
MONTMÉDIENNE
MONTMORILLON
MONTPARNASSE
MONTRÉALAISE
MONTRÉALAISE
MONTRÉAL-NORD
MONTREVÉLOIS
MONTS-DE-PIÉTÉ
MORALISATEUR

MORALISATION
MORANGISSOIS
MORBIHANNAIS
MORCELLEMENT
MORDILLEMENT
MORGANATIQUE
MORIANI-PLAGE
MORLAISIENNE
MORO-GIAFFERI
MORPHINOMANE
MORPHOGENÈSE
MORTELLEMENT
MORTUACIENNE
MOTOCYCLETTE
MOTOCYCLISME
MOTOCYCLISTE
MOTONAUTIQUE
MOTONAUTISME
MOTONEIGISME
MOTONEIGISTE
MOTORISATION
MOUCHARABIEH
MOUCHERONNER
MOUDJAHIDINE
MOUSQUETAIRE
MOUSQUETERIE
MOUSTÉRIENNE
MOUSTIQUAIRE
MOUTONNEMENT
MOUVEMENTANT
MOYEN-MÉTRAGE
MOZAMBICAINE
MOZAMBICAINE
MUCILAGINEUX
MUHAMMAD RIZA
MULHOUSIENNE
MULTICRITÈRE
MULTIFENÊTRE
MULTIFILAIRE
MULTILATÉRAL
MULTINÉVRITE
MULTIPARTITE
MULTIPLEXAGE
MULTIPLEXEUR
MULTIPLIABLE
MULTIPLICITÉ
MULTIPOLAIRE
MULTIRACIALE
MULTIRACIAUX
MULTISERVICE
MULTISUPPORT
MUNICIPALISÉ
MUNICIPALITÉ
MURRUMBIDGEE
MUSÉOGRAPHIE
MUSICALEMENT
MUSICOGRAPHE

MUSSIPONTAIN
MUSSIPONTAIN
MUTUELLEMENT
MYCOBACTÉRIE
MYÉLOGRAPHIE
MYORELAXANTE
MYRMÉCOPHILE
MYTHOLOGIQUE
NABOPOLASSAR
NAGELMACKERS
NAKHITCHEVAN
NAKHON PATHOM
NANOPHYSIQUE
NANTERRIENNE
NANTISSEMENT
NANTUATIENNE
NARASIMHA RAO
NARCOANALYSE
NASALISATION
NATIONALISÉE
NATIONALISER
NATIONALISME
NATIONALISTE
NATIONS UNIES
NATURALISANT
NATUROPATHIE
NAVALISATION
NAVIGABILITÉ
NAVIRE-JUMEAU
NÉBULISATION
NÉCESSITEUSE
NEC PLUS ULTRA
NÉCROLOGIQUE
NÉCROMANCIEN
NÉERLANDAISE
NÉERLANDAISE
NÉGATIVEMENT
NÉGLIGEMMENT
NÉGOCIATRICE
NÈGREPELISSE
NÉGUENTROPIE
NÉMATOBLASTE
NÉOCLASSIQUE
NÉOFORMATION
NÉOMORTALITÉ
NÉONATALOGIE
NÉO-ZÉLANDAIS
NÉO-ZÉLANDAIS
NÉPHRECTOMIE
NÉPHROPATHIE
NERVEUSEMENT
NEUCHÂTELOIS
NEURASTHÉNIE
NEUROLOGIQUE
NEUROPEPTIDE
NEUROTONIQUE
NEUTRALISANT

NEUVIÈMEMENT
NEWFOUNDLAND
NEW HAMPSHIRE
NEWSMAGAZINE
NEW-YORKAISES
NEW-YORKAISES
NIAGARA FALLS
NICARAGUAYEN
NICARAGUAYEN
NICOLA PISANO
NICOLAS-FAVRE
NICOTINAMIDE
NID-D'ABEILLES
NIDIFICATION
NIDWALDIENNE
NIELSBOHRIUM
NILO-SAHARIEN
NIMBO-STRATUS
NITROBENZÈNE
NITROSOMONAS
NIVO-PLUVIALE
NIVO-PLUVIAUX
NOBELTUSSOIS
NOËL CHABANEL
NOGAROLIENNE
NOIRMOUTRINE
NOISY-LE-GRAND
NOMENCLATURE
NOMENKLATURA
NOMINALEMENT
NOMINALISANT
NON ACCOMPLIE
NON ACCOMPLIS
NON-ACTIVITÉS
NON-AGRESSION
NON-COMPARANT
NON COMPTABLE
NON-CROYANTES
NON DIRECTIVE
NON EUCLIDIEN
NON-ÉVÉNEMENT
NON-EXÉCUTION
NON-EXISTENCE
NON-FIGURATIF
NON-INGÉRENCE
NON-INSCRITES
NON MARCHANDE
NON MARCHANDS
NON-PAIEMENTS
NON-RÉSIDENTS
NON-SALARIÉES
NONTRONNAISE
NON-VIOLENCES
NON-VIOLENTES
NORD-AFRICAIN
NORD-AFRICAIN
NORD-CORÉENNE

NORD-CORÉENNE
NORD-DU-QUÉBEC
NORDENSKJÖLD
NORT-SUR-ERDRE
NOSSEIGNEURS
NOTIFICATION
NOTIFICATIVE
NOURRISSANTE
NOUVEL-EMPIRE
NOUVELLEMENT
NOVÉLISATION
NOVOMOSKOVSK
NOVOSSIBIRSK
NUCLÉARISANT
NUE-PROPRIÉTÉ
NUMÉRISATION
NUMÉROTATION
NUMISMATIQUE
NUMMULITIQUE
NUTRITIONNEL
NYCTAGINACÉE
NYCTHÉMÉRALE
NYCTHÉMÉRAUX
OBERAMMERGAU
OBJECTIVISME
OBLIGEAMMENT
OBLITÉRATEUR
OBLITÉRATION
OBNUBILATION
OBSÉQUIOSITÉ
OBSERVATOIRE
OBSERVATRICE
OBSESSIONNEL
OBSOLESCENCE
OBSOLESCENTE
OBSTÉTRICALE
OBSTÉTRICAUX
OBSTÉTRICIEN
OCCASIONNANT
OCÉANOGRAPHE
OCTODURIENNE
OCULOMOTRICE
ODORIFÉRANTE
ŒILLETONNÉE
ŒILLETONNER
ŒILS-DE-BŒUF
ŒILS-DE-TIGRE
ŒNOMÉTRIQUE
ŒNOTHÉRACÉE
ŒSOPHAGIQUE
OFFICIALISÉE
OFFICIALISER
OGINO KYUSAKU
OISEAU-MOUCHE
OISEAUX-LYRES
OKLAHOMA CITY
OLÉICULTRICE

OLIGARCHIQUE
OLIGOÉLÉMENT
OLIGOPHRÉNIE
OLIVIER TWIST
OLONNE-SUR-MER
OMNIDIRECTIF
OMNIPRÉSENCE
OMNIPRÉSENTE
ONCHOCERCOSE
ONIROMANCIEN
ONYCHOPHAGIE
OPÉRA-COMIQUE
OPÉRA-COMIQUE
OPÉRATIONNEL
OPHIOLITIQUE
OPISTHOTONOS
OPPORTUNISME
OPPORTUNISTE
OPPOSABILITÉ
OPTIMALISANT
OPTIMISATION
ORAGEUSEMENT
ORANGE-NASSAU
ORANGS-OUTANS
ORCADES DU SUD
ORDERIC VITAL
ORDINOGRAMME
ORDJONIKIDZE
ORDONNANÇANT
ORDONNANCIER
ORDONNATRICE
ORDOVICIENNE
OREILLE-DE-MER
ORÉOPITHÈQUE
ORGANICIENNE
ORGANIGRAMME
ORGANISATEUR
ORGANISATION
ORGANOCHLORÉ
ORGANOGENÈSE
ORGUEILLEUSE
ORIENTALISME
ORIENTALISTE
ORLÉANSVILLE
ORMESSONNAIS
ORNITHOLOGIE
ORNITHOLOGUE
OROGRAPHIQUE
ORTHOGÉNISME
ORTHOGRAPHIÉ
ORTHONORMALE
ORTHONORMAUX
ORTHOPÉDIQUE
ORTHOPÉDISTE
OSCILLATOIRE
OSCILLOSCOPE
OSHIMA NAGISA

OSSÉTIE DU SUD
OSSIFICATION
OSTENTATOIRE
OSTÉOMALACIE
OSTÉOMYÉLITE
OSTÉOPLASTIE
OSTÉOSARCOME
OTOSPONGIOSE
OTTON LE GRAND
OUTPLACEMENT
OUTRECUIDANT
OUTREMONTAIS
OUTREPASSANT
OUVRE-HUÎTRES
OVARIECTOMIE
OYONNAXIENNE
PACIFICATEUR
PACIFICATION
PAILLASSONNÉ
PAISIBLEMENT
PAKISTANAISE
PAKISTANAISE
PALATALISANT
PALEFRENIÈRE
PALÉOGRAPHIE
PALÉOTHÉRIUM
PALERMITAINE
PALETTISABLE
PALINGÉNÉSIE
PALISSADIQUE
PALISSONNANT
PALMA LE JEUNE
PALMA LE VIEUX
PALMATILOBÉE
PALMATISÉQUÉ
PAMPHLÉTAIRE
PAMPLEMOUSSE
PANAFRICAINE
PANAMÉRICAIN
PANCHEN-LAMAS
PANCHRONIQUE
PANCRÉATIQUE
PANIERS-REPAS
PANIFICATION
PANISLAMIQUE
PANISLAMISME
PANOPHTALMIE
PANTALONNADE
PANTOUFLARDE
PANTOUFLERIE
PAPERASSERIE
PAPERASSIÈRE
PAPIER-CALQUE
PAPIER-FILTRE
PAPIERS-ÉMERI
PAPILIONACÉE
PAPILLONNAGE

PAPILLONNANT
PAPILLONNEUR
PAPILLOTANTE
PARACHUTISME
PARACHUTISTE
PARADISIAQUE
PARAGUAYENNE
PARAGUAYENNE
PARALLÉLISME
PARALYMPIQUE
PARAMÉDICALE
PARAMÉDICAUX
PARAMÉTRIQUE
PARANGONNAGE
PARANGONNANT
PARAPENTISTE
PARAPHIMOSIS
PARAPHLÉBITE
PARAPHRASANT
PARAPLÉGIQUE
PARAPUBLIQUE
PARASCOLAIRE
PARASISMIQUE
PARATHORMONE
PARATHYROÏDE
PARATONNERRE
PARATYPHIQUE
PARATYPHOÏDE
PARAVALANCHE
PARCELLARISÉ
PARCELLISANT
PARCIMONIEUX
PAREILLEMENT
PARFAITEMENT
PARISIANISME
PARK CHUNG-HEE
PARKINSONIEN
PARLEMENTANT
PARNASSIENNE
PARODONTISTE
PAROISSIENNE
PAROTIDIENNE
PAROXYSMIQUE
PAROXYSTIQUE
PARTENARIALE
PARTENARIAUX
PARTIALEMENT
PARTICIPANTE
PARTICIPATIF
PARTICIPIALE
PARTICIPIAUX
PARTICULIÈRE
PASSABLEMENT
PASSEMENTENT
PASSE-PARTOUT
PASSÉRIFORME
PASSE-VELOURS

PASSING-SHOTS
PASSIONNANTE
PASSIONNELLE
PASTEURIENNE
PASTEURISANT
PASTORALISME
PATAPHYSIQUE
PATATI PATATA
PATERNALISME
PATERNALISTE
PATHOGÉNIQUE
PATHOLOGIQUE
PATHOLOGISTE
PATRILIGNAGE
PATRIMONIALE
PATRIMONIAUX
PATRONYMIQUE
PATROUILLANT
PATROUILLEUR
PATTEMOUILLE
PATTES-DE-LOUP
PATTINSONAGE
PAULIN DE NOLA
PAVIMENTEUSE
PÉDÉRASTIQUE
PÉDESTREMENT
PÉDICELLAIRE
PÉDONCULAIRE
PEINARDEMENT
PEINTURLURÉE
PEINTURLURER
PÉLAGIANISME
PELLES-BÊCHES
PELLICULAIRE
PELLICULEUSE
PÉNALISATION
PENDOUILLANT
PÉNÉTROMÈTRE
PÉNINSULAIRE
PÉNITENCERIE
PÉNITENTIAUX
PENIVAUXOISE
PENNSYLVANIE
PENSIONNAIRE
PENTADACTYLE
PENTATONIQUE
PENTECÔTISME
PENTECÔTISTE
PÉPINIÉRISTE
PÉPIN L'ANCIEN
PÉPIN LE JEUNE
PERCE-OREILLE
PERCE-PIERRES
PERCHLORIQUE
PÈRE-LACHAISE
PÉREZ DE AYALA
PERFECTIONNÉ

PERFORATRICE
PERFORMATIVE
PÉRIARTHRITE
PÉRICARDIQUE
PÉRIGOURDINE
PÉRIGOURDINE
PÉRINATALITÉ
PÉRIPHÉRIQUE
PÉRIPHLÉBITE
PÉRISCOLAIRE
PÉRISCOPIQUE
PERLIMPINPIN
PERMANENCIER
PERMANGANATE
PERMÉABILITÉ
PERMISSIVITÉ
PERMITTIVITÉ
PERMSÉLECTIF
PERPÉTRATION
PERPÉTUATION
PERPIGNANAIS
PERQUISITION
PERROS-GUIREC
PERSÉCUTRICE
PERSÉVÉRANCE
PERSÉVÉRANTE
PERSONA GRATA
PERSONNALISÉ
PERSONNALITÉ
PERSONNIFIÉE
PERSONNIFIER
PERSPICACITÉ
PERSPIRATION
PERTINEMMENT
PERTURBATEUR
PERTURBATION
PERVIBRATEUR
PERVIBRATION
PERVOOURALSK
PÈSE-LIQUEURS
PÈSE-PERSONNE
PESSÕA CÂMARA
PESTILENTIEL
PETCHENÈGUES
PETERBOROUGH
PETIT-DÉJEUNÉ
PETITE-ÎLOISE
PÉTITIONNANT
PETIT KHINGAN
PETITS-BEURRE
PETITS-NEVEUX
PETIT TRIANON
PÉTRARQUISME
PÉTRIFONTAIN
PETRODVORETS
PÉTROGRAPHIE
PETROZAVODSK

PEUREUSEMENT
PHAGOCYTAIRE
PHALAÉNOPSIS
PHALLOCRATIE
PHALLOTOXINE
PHANTASMASIE
PHARAONIENNE
PHARMACIENNE
PHARYNGIENNE
PHÉNANTHRÈNE
PHÉNOCRISTAL
PHÉNOMÉNISME
PHÉNOTYPIQUE
PHILADELPHIE
PHILANTHROPE
PHILATÉLIQUE
PHILATÉLISTE
PHILHARMONIE
PHILIPPE NERI
PHILIPPIQUES
PHILODENDRON
PHILOLOGIQUE
PHILOSOPHALE
PHILOSOPHANT
PHLOGISTIQUE
PHNOMPENHOIS
PHONÉMATIQUE
PHONOCAPTEUR
PHONOGÉNIQUE
PHONOLITIQUE
PHONOLOGIQUE
PHOSPHOREUSE
PHOSPHORIQUE
PHOTOCATHODE
PHOTOCOMPOSÉ
PHOTOCOPIANT
PHOTOCOPIEUR
PHOTOGÉNIQUE
PHOTOGRAPHIE
PHOTOGRAPHIÉ
PHOTOGRAVEUR
PHOTOGRAVURE
PHOTOMONTAGE
PHOTOPÉRIODE
PHOTOS-FINISH
PHOTOS-ROBOTS
PHOTOS-ROMANS
PHRASÉOLOGIE
PHTISIOLOGIE
PHYCOCYANINE
PHYLLOXÉRIEN
PHYLOGÉNIQUE
PHYSICALISME
PHYSIOCRATIE
PHYSIQUEMENT
PHYTOHORMONE
PICART LE DOUX

PICROCHOLINE
PICTOGRAPHIE
PIED-DE-CHEVAL
PIED-DE-MOUTON
PIEDS-DE-BICHE
PIEDS-DE-POULE
PIEDS-D'OISEAU
PIERRE-BÉNITE
PIERRE DAMIEN
PIES-GRIÈCHES
PIGMENTATION
PIGNON ERNEST
PILO-SÉBACÉES
PINACOTHÈQUE
PINCE-OREILLE
PINCOURTOISE
PINTURICCHIO
PIQUE-NIQUANT
PIQUE-NIQUEUR
PIRIAC-SUR-MER
PIROPLASMOSE
PISCICULTEUR
PISCICULTURE
PISOLITHIQUE
PISSALADIÈRE
PITCHOUNETTE
PLACARDISANT
PLACENTATION
PLAFONNEMENT
PLAINS-CHANTS
PLAISANCIÈRE
PLAISANTERIE
PLAN-CONCAVES
PLAN-CONVEXES
PLANCTONIQUE
PLAN-DE-CUQUES
PLANÉTOLOGIE
PLANIMÉTRAGE
PLAN-SÉQUENCE
PLANS-RELIEFS
PLAQUEMINIER
PLAQUE-MODÈLE
PLAQUETTAIRE
PLASTICIENNE
PLASTIQUEUSE
PLASTRONNANT
PLASTURGISTE
PLATEAU-REPAS
PLATES-BANDES
PLATES-FORMES
PLATYRHINIEN
PLAUSIBILITÉ
PLÉBISCITANT
PLÉONASTIQUE
PLÉSIOMORPHE
PLEURNICHANT
PLEURNICHARD

PLEURNICHEUR
PLINE L'ANCIEN
PLINE LE JEUNE
PLISSETSKAÏA
PLŒUC-SUR-LIÉ
PLOUGASTELLE
PLOUTOCRATIE
PLUM-PUDDINGS
PLURICAUSALE
PLURICAUSALS
PLURICAUSAUX
PLURILATÉRAL
PLURIVALENTE
PLUVIOMÉTRIE
PNEUMOPATHIE
PNEUMOTHORAX
POÉTIQUEMENT
POINÇONNEUSE
POINTE-À-PITRE
POINTE-CLAIRE
POINTILLEUSE
POINTILLISME
POINTILLISTE
POINT-VIRGULE
POISSON-CLOWN
POISSON-GLOBE
POISSONNERIE
POISSONNEUSE
POISSONNIÈRE
POLARIMÉTRIE
POLARISATION
POLE POSITION
POLICHINELLE
POLICHINELLE
POLICLINIQUE
POLIOMYÉLITE
POLISSONNANT
POLITICIENNE
POLITIQUERIE
POLITISATION
POLTRONNERIE
POLYADDITION
POLYARTHRITE
POLYCARPIQUE
POLYCHLORURE
POLYCHROÏSME
POLYCLINIQUE
POLYCYCLIQUE
POLYDACTYLIE
POLYÉTHYLÈNE
POLYGLOBULIE
POLYGONATION
POLYHOLOSIDE
POLYMÉRISANT
POLYNÉSIENNE
POLYNÉSIENNE
POLYPHONIQUE

POLYPHONISTE
POLYTONALITÉ
POLYTROPIQUE
POLYURÉTHANE
POLYVITAMINE
POMÉRANIENNE
POMICULTRICE
POMME DE TERRE
POMPEUSEMENT
PONCTIONNANT
PONDÉRATRICE
PONTA DELGADA
PONT-À-MOUSSON
PONT-DE-CHÉRUY
PONT-DE-L'ARCHE
PONTEVALOISE
PONTISSALIEN
PONT-L'ABBISTE
PONTOISIENNE
PONTONS-GRUES
PONT-SUR-YONNE
POPOCATÉPETL
POPULARISANT
PORCELAINIER
PORNOGRAPHIE
PORQUEROLLES
PORT-AU-PRINCE
PORT-CAMARGUE
PORTE-AMARRES
PORTE-BAGAGES
PORTE-BILLETS
PORTE-BONHEUR
PORTE-BOUQUET
PORTE-CIGARES
PORTE-COUTEAU
PORTE-CRAYONS
PORTE-DRAPEAU
PORTE-FANIONS
PORTE-FENÊTRE
PORTEFEUILLE
PORTE-GLAIVES
PORTE-GREFFES
PORTE-HAUBANS
PORTE-MALHEUR
PORTEMANTEAU
PORTE-MONNAIE
PORTE-MONTRES
PORTE-PAPIERS
PORTE-PAQUETS
PORT HARCOURT
PORT-LOUISIEN
PORTORICAINE
PORTORICAINE
PORTO-VECCHIO
PORTRAITISTE
PORTRAITURÉE
PORTRAITURER

PORT-SUR-SAÔNE
POSITIONNANT
POSITIONNEUR
POSITIVEMENT
POSSESSIVITÉ
POSSIBLEMENT
POSTÉRIORITÉ
POSTÉROMANIE
POSTILLONNER
POSTPOSITION
POSTPRANDIAL
POSTSCOLAIRE
POST-SCRIPTUM
POSTSÉRIELLE
POTENTIALISÉ
POTENTIALITÉ
POUDROIEMENT
POURCHASSANT
POURFENDEUSE
POURRISSANTE
POURSUITEUSE
POURSUIVANTE
POUSSE-POUSSE
POUSSIÉREUSE
POUSSIVEMENT
POZZO DI BORGO
PRÉ-AUX-CLERCS
PRÉCAIREMENT
PRÉCANCÉREUX
PRÉCAUTIONNÉ
PRÉCÉDEMMENT
PRÉCÉRAMIQUE
PRÉCHAUFFAGE
PRÉCHAUFFANT
PRÊCHI-PRÊCHA
PRÉCIPUTAIRE
PRÉCLASSIQUE
PRÉCOLOMBIEN
PRÉCONSCIENT
PRÉCONTRAINT
PRÉDÉCESSEUR
PRÉDESTINANT
PRÉDÉTERMINÉ
PRÉDICATRICE
PRÉDILECTION
PRÉDISPOSANT
PRÉDOMINANCE
PRÉDOMINANTE
PRÉÉLECTORAL
PRÉEXISTANTE
PRÉEXISTENCE
PRÉFABRIQUÉE
PRÉFABRIQUER
PRÉFECTORALE
PRÉFECTORAUX
PRÉFÉRENTIEL

PRÉFLORAISON
PRÉFOLIAISON
PRÉFOLIATION
PRÉFOURRIÈRE
PRÉGLACIAIRE
PRÉHISTORIEN
PRÉISLAMIQUE
PRÉLIMINAIRE
PRÉMENSTRUEL
PREMIÈREMENT
PRÉMILITAIRE
PRÉMONITOIRE
PRÉMUNISSANT
PRÉOCCUPANTE
PRÉOLYMPIQUE
PRÉPARATOIRE
PRÉPARATRICE
PRÉPENSIONNÉ
PRÉPONDÉRANT
PRÉPROGRAMMÉ
PRÉRETRAITÉE
PRESBYTÉRALE
PRESBYTÉRAUX
PRESBYTÉRIEN
PRESCRIPTEUR
PRESCRIPTION
PRÉSÉLECTEUR
PRÉSÉLECTION
PRÉSENTATEUR
PRÉSENTATION
PRÉSENTEMENT
PRÉSERVATEUR
PRÉSERVATION
PRÉSERVATIVE
PRÉSIDENTIEL
PRÉSIDIALITÉ
PRÉSOMPTUEUX
PRESSE-AGRUME
PRESSE-BOUTON
PRESSE-CITRON
PRESSE-ÉTOUPE
PRESSE-FRUITS
PRESSIGNOISE
PRESSURISANT
PRESTIGIEUSE
PRÉSUPPOSANT
PRÉTENDUMENT
PRÉTENTIEUSE
PRÊTS-À-COUDRE
PRÊTS-À-MONTER
PRÊTS-À-PORTER
PRÉVENTORIUM
PRÉVISIONNEL
PRIMATOLOGIE
PRIMATOLOGUE
PRIMESAUTIER
PRIM'HOLSTEIN

PRIMITIVISME
PRINCE ALBERT
PRINCE EUGÈNE
PRINCE GEORGE
PRINCE RUPERT
PRIVAT-DOCENT
PRIVATISABLE
PRIVILÉGIANT
PROBABILISME
PROBABILISTE
PROBABLEMENT
PROBOSCIDIEN
PROCÉDURIÈRE
PROCÈS-VERBAL
PROCHE-ORIENT
PROCLAMATION
PROCRÉATIQUE
PROCRÉATRICE
PRODUCTIVITÉ
PROFANATRICE
PROFESSORALE
PROFESSORAUX
PROFONDÉMENT
PROGESTATIVE
PROGESTÉRONE
PROGNATHISME
PROGRAMMABLE
PROGRAMMEUSE
PROGRESSISME
PROGRESSISTE
PROLÉGOMÈNES
PROLÉTARISÉE
PROLÉTARISER
PROLONGATEUR
PROLONGATION
PROLONGEMENT
PROMÉTHÉENNE
PROMOTIONNEL
PROMULGATION
PRONOSTIQUÉE
PRONOSTIQUER
PROPAGATRICE
PROPAROXYTON
PROPHÉTISANT
PROPITIATION
PROPORTIONNÉ
PROPRES-À-RIEN
PROPRIÉTAIRE
PROSCRIPTEUR
PROSCRIPTION
PROSÉLYTISME
PROSOBRANCHE
PROSPECTRICE
PROSTHÉTIQUE
PROSTITUTION
PROTACTINIUM
PROTAGONISTE

PROTÉAGINEUX	PUTRÉFACTION	RACQUET-BALLS
PROTÈGE-DENTS	PUVATHÉRAPIE	RADICALEMENT
PROTÈGE-SLIPS	PYRÉNOMYCÈTE	RADICALISANT
PROTÈGE-TIBIA	PYROGALLIQUE	RADICULALGIE
PROTÉRANDRIE	PYROGÉNATION	RADIESTHÉSIE
PROTÉROGYNIE	PYROLIGNEUSE	RADIOAMATEUR
PROTESTATION	PYROMÉTRIQUE	RADIOBALISÉE
PROTHROMBINE	PYRRHONIENNE	RADIOBALISER
PROTOCOLAIRE	PYTHAGORIQUE	RADIOCARBONE
PROTOGALAXIE	PYTHAGORISME	RADIODERMITE
PROTONOTAIRE	QUADRAGÉSIME	RADIODIFFUSÉ
PROTOPLANÈTE	QUADRIENNALE	RADIOÉLÉMENT
PROTOSTOMIEN	QUADRIENNAUX	RADIOGALAXIE
PROTOTHÉRIEN	QUADRIJUMEAU	RADIOGRAPHIE
PROTUBÉRANCE	QUADRILATÈRE	RADIOGRAPHIÉ
PROTUBÉRANTE	QUADRIMOTEUR	RADIOGUIDAGE
PROVIDENTIEL	QUADRIPHONIE	RADIOGUIDANT
PROVIGNEMENT	QUADRIPLÉGIE	RADIO-ISOTOPE
PROVISIONNÉE	QUADRIVALENT	RADIOLOGIQUE
PROVISIONNEL	QUALIFICATIF	RADIOLOGISTE
PROVISIONNER	QUANTIFIABLE	RADIONÉCROSE
PROVOCATRICE	QUANTITATIVE	RADIOSONDAGE
PROXÉNÉTISME	QUARTS-DE-ROND	RADOUCISSANT
PRURIGINEUSE	QUARTS-MONDES	RAGAILLARDIE
PSEUDOTUMEUR	QUASI-CONTRAT	RAGAILLARDIR
PSYCHANALYSE	QUASI-CRISTAL	RAHAT-LOKOUMS
PSYCHANALYSÉ	QUASI-MONNAIE	RAHAT-LOUKOUM
PSYCHIATRISÉ	QUATRE-ÉPICES	RAIDISSEMENT
PSYCHOGENÈSE	QUATRE-QUARTS	RAISONNEMENT
PSYCHOMÉTRIE	QUATRE-QUATRE	RAJEUNISSANT
PSYCHOMOTEUR	QUATRE-VINGTS	RALENTISSANT
PSYCHOPATHIE	QUATTROCENTO	RALENTISSEUR
PSYCHORIGIDE	QUELQUE CHOSE	RALLONGEMENT
PSYCHOSOCIAL	QUELQUES-UNES	**RAMBOLITAINE**
PSYCHROMÈTRE	QUESTIONNANT	RAMIFICATION
PTÉRIDOPHYTE	QUESTIONNEUR	RAMOLLISSANT
PTÉROBRANCHE	**QUETZALCÓATL**	RANCISSEMENT
PTÉRODACTYLE	QUEUE-D'ARONDE	RANÇONNEMENT
PTÉROSAURIEN	QUEUE-DE-MORUE	RAPATRIEMENT
PUBLICITAIRE	**QUIBERONNAIS**	RAPHAÉLESQUE
PUBLIPOSTAGE	**QUIMPERLOISE**	RAPLATISSANT
PUBLIQUEMENT	QUINCAILLIER	RAPPAREILLÉE
PUDIBONDERIE	QUINDÉCEMVIR	RAPPAREILLER
PUEBLO BONITO	QUINQUENNALE	RAPPARIEMENT
PUÉRICULTEUR	QUINQUENNAUX	RASSASIEMENT
PUÉRICULTURE	QUINTESSENCE	RASSEMBLEUSE
PUERTO LA CRUZ	**QUINZE-VINGTS**	RASSISSEMENT
PUGILISTIQUE	RABAISSEMENT	RASSORTIMENT
PULSIONNELLE	RABONNISSANT	RASTAQUOUÈRE
PULVÉRISABLE	RABOUILLEUSE	RATIFICATION
PULVÉRULENCE	RACCOMMODAGE	RATIONALISÉE
PULVÉRULENTE	RACCOMMODANT	RATIONALISER
PUNCHING-BALL	RACCOMMODEUR	RATIONALISME
PUNTA DEL ESTE	RACCOMPAGNÉE	RATIONALISTE
PUPINISATION	RACCOMPAGNER	RATIONNEMENT
PURIFICATEUR	RACCORDEMENT	RATTACHEMENT
PURIFICATION	RACORNISSANT	**RAUSCHENBERG**

RAVALOMANANA	RECRÉPISSAGE	REINE-DES-PRÉS
RAVITAILLANT	RECRÉPISSANT	RÉINSCRIVANT
RAVITAILLEUR	RECRUDESCENT	RÉINSTALLANT
RÉABONNEMENT	RECTIFICATIF	RÉINTÉGRABLE
RÉABSORPTION	RECTO-COLITES	RÉINTÉGRANDE
RÉACCOUTUMÉE	RÉCUPÉRATEUR	RÉINTRODUIRE
RÉACCOUTUMER	RÉCUPÉRATION	RÉINTRODUITE
RÉACTIVATION	RÉDACTIONNEL	REJOINTOYANT
RÉACTUALISÉE	REDÉCOUVERTE	REJOINTOYEUR
RÉACTUALISER	REDÉCOUVRANT	RÉJOUISSANCE
RÉADAPTATION	REDÉFINITION	RÉJOUISSANTE
RÉAJUSTEMENT	REDESCENDANT	RÉLARGISSANT
RÉALIGNEMENT	RÉDHIBITOIRE	RELATIVEMENT
RÉALISATRICE	REDISTRIBUÉE	RELATIVISANT
REALITY-SHOWS	REDISTRIBUER	REMAQUILLANT
RÉAMÉNAGEANT	REDOUBLEMENT	REMASTÉRISER
RÉANIMATRICE	REDRESSEMENT	REMASTIQUANT
RÉAPPARAÎTRE	RÉÉCHELONNER	REMBLAIEMENT
RÉAPPARITION	RÉEMBAUCHANT	REMBOÎTEMENT
RÉARRANGEANT	RÉEMPRUNTANT	REMBOURSABLE
REBONDISSANT	RÉENGAGEMENT	REMBRANESQUE
REBOUTONNANT	RÉENREGISTRÉ	REMBUCHEMENT
RECALCIFIANT	RÉENSEMENCÉE	REMEMBREMENT
RÉCALCITRANT	RÉENSEMENCER	REMÉMORATION
RECAPITALISÉ	RÉÉQUILIBRÉE	REMERCIEMENT
RÉCAPITULANT	RÉÉQUILIBRER	REMILITARISÉ
RÉCEPTIONNÉE	RÉESCOMPTANT	RÉMINISCENCE
RÉCEPTIONNER	RÉÉVALUATION	REMMAILLEUSE
RECEVABILITÉ	RÉEXPÉDITION	REMMAILLOTÉE
RECHARGEABLE	RÉFÉRENDAIRE	REMMAILLOTER
RECHARGEMENT	RÉFLECTORISÉ	REMNOGRAPHIE
RECHERCHISTE	RÉFLEXOLOGIE	REMONTE-PENTE
RÉCIPROQUANT	RÉFORMATRICE	**REMOULINOISE**
RECLASSEMENT	RÉFRIGÉRANTE	REMPAILLEUSE
RÉCOLLECTION	RÉFUTABILITÉ	REMPAQUETANT
RECOMBINANTE	REGARNISSANT	REMPIÈTEMENT
RECOMMANDANT	RÉGÉNÉRATEUR	REMPLACEMENT
RECOMMENÇANT	RÉGÉNÉRATION	REMPOISSONNÉ
RÉCOMPENSANT	RÉGIMENTAIRE	RÉMUNÉRATEUR
RECOMPOSABLE	RÉGIONALISÉE	RÉMUNÉRATION
RÉCONCILIANT	RÉGIONALISER	RENFERMEMENT
RECONDUCTION	RÉGIONALISME	RENFLOUEMENT
RECONDUISANT	RÉGIONALISTE	RENFONCEMENT
RÉCONFORTANT	REGISTRATION	RENFORÇATEUR
RECONQUÉRANT	RÉGLEMENTANT	RENFORCEMENT
RECONSIDÉRÉE	REGONFLEMENT	RENGRAISSANT
RECONSIDÉRER	REGROUPEMENT	RENONCIATEUR
RECONSTITUÉE	RÉGULARISANT	RENONCIATION
RECONSTITUER	RÉHABILITANT	RENONCULACÉE
RECONSTRUIRE	REHAUSSEMENT	RENOUVELABLE
RECONSTRUITE	**REICHSHOFFEN**	RENOUVELANTE
RECONVENTION	RÉIMPLANTANT	RENTABILISÉE
RECONVERSION	RÉIMPRESSION	RENTABILISER
RECORDWOMANS	RÉINCARCÉRÉE	RENTRE-DEDANS
RECORRIGEANT	RÉINCARCÉRER	RENVERSEMENT
RECOURBEMENT	RÉINCORPORÉE	RÉOCCUPATION
RECOUVREMENT	RÉINCORPORER	RÉORCHESTRÉE

RÉORCHESTRER	RÉTICULOCYTE	**RÍO DE LA PLATA**
RÉORGANISANT	RÉTINOPATHIE	**RIPAGÉRIENNE**
REPARAISSANT	RETOURNEMENT	**RISORGIMENTO**
REPARTAGEANT	RÉTRACTATION	RITUELLEMENT
RÉPARTISSANT	RÉTRACTILITÉ	**RIVIÈRE ROUGE**
RÉPARTITRICE	RETRADUISANT	**RIVIÈRE-SALÉE**
REPENTIGNOIS	RETRAITEMENT	RIZICULTRICE
RÉPERCUSSION	RETRANSCRIRE	**ROBBE-GRILLET**
RÉPERTORIANT	RETRANSCRITE	**ROBERT-HOUDIN**
RÉPÉTITIVITÉ	RETRAVAILLÉE	**ROBERT LE FORT**
REPEUPLEMENT	RETRAVAILLER	**ROBERT LE SAGE**
REPLANTATION	RETRAVERSANT	**ROBERVALOISE**
REPOPULATION	RÉTRÉCISSANT	**ROBIN DES BOIS**
REPOSITIONNÉ	RÉTROCESSION	ROBINETTERIE
REPOURVOYANT	RÉTROGRADANT	ROBOTICIENNE
REPRÉSAILLES	RÉTROSPECTIF	ROBOTISATION
REPRÉSENTANT	RÉTROVERSION	**ROCHECHOUART**
RÉPRIMANDANT	RÉUNIONNAISE	**ROCHEFORTAIS**
RÉPROBATRICE	**RÉUNIONNAISE**	ROCHE-MAGASIN
REPRODUCTEUR	RÉUTILISABLE	ROCKING-CHAIR
REPRODUCTION	REVALORISANT	**ROCQUENCOURT**
REPRODUCTIVE	RÉVEILLONNER	**ROI-GUILLAUME**
REPRODUISANT	REVENDICATIF	**ROISSY-EN-BRIE**
REPROGRAMMÉE	REVENDIQUANT	**ROLAND-GARROS**
REPROGRAMMER	RÉVERBÉRANTE	**ROMAIN ARGYRE**
REPROGRAPHIE	REVERDISSANT	**ROMAINMÔTIER**
REPROGRAPHIÉ	RÉVÉRENCIEUX	ROMANICHELLE
RÉPUBLICAINE	REVITALISANT	ROMANISATION
REQUALIFIANT	REVIVISCENCE	ROMANS-PHOTOS
RÉQUISITOIRE	REVIVISCENTE	**ROMEUFONTAINE**
RÉSERVATAIRE	RÉVOCABILITÉ	**ROMUALDIENNE**
RÉSIPISCENCE	RÉVOLUTIONNÉ	RONCHONNEUSE
RESOCIALISÉE	RHABDOMANCIE	RONCHOPATHIE
RESOCIALISER	RHÉTORIQUEUR	RONDES-BOSSES
RESPECTUEUSE	RHÉTO-ROMANES	RONDOUILLARD
RESPIRATOIRE	RHINO-PHARYNX	RONRONNEMENT
RESQUILLEUSE	RHINOPLASTIE	**ROQUEBRUNOIS**
RESSEMBLANCE	RHIZOMATEUSE	**ROQUECOURBIN**
RESSEMBLANTE	RHODODENDRON	**ROQUEMAUROIS**
RESSENTIMENT	**RHÔNE-POULENC**	**ROQUEVAIROIS**
RESSERREMENT	RHUMATISANTE	ROSEAU-MASSUE
RESSOUVENANT	RHUMATISMALE	ROSÉS-DES-PRÉS
RESSUSCITANT	RHUMATISMAUX	**ROUBAISIENNE**
RESTAURATEUR	RHUMATOLOGIE	ROUCOULEMENT
RESTAURATION	RHUMATOLOGUE	ROUFLAQUETTE
RESTREIGNANT	RHYNCHONELLE	ROUGEOIEMENT
RESTRUCTURÉE	RIBON-RIBAINE	ROUGES-GORGES
RESTRUCTURER	RIBONUCLÉASE	ROUGES-QUEUES
RESURCHAUFFE	RIBOULDINGUE	ROUGISSEMENT
RESURCHAUFFÉ	**RICAMANDOISE**	ROULÉS-BOULÉS
RESURGISSANT	RICKETTSIOSE	ROULI-ROULANT
RÉSURRECTION	RIDICULEMENT	ROUSCAILLANT
RÉTABLISSANT	RIDICULISANT	**ROUYN-NORANDA**
RETARDATAIRE	**RIEC-SUR-BELON**	**ROYER-COLLARD**
RETARDATRICE	RIEMANNIENNE	RUDIMENTAIRE
RETENTISSANT	RINGARDISANT	RUINES-DE-ROME
RÉTICULATION	**RIO DE JANEIRO**	SABOT-DE-VÉNUS

SACCHARIFÈRE	SAINT-LUNAIRE	SATELLISABLE
SACCHARIFIÉE	SAINT-MACAIRE	SATELLITAIRE
SACCHARIFIER	SAINT-MAIXENT	SATHONAY-CAMP
SACHER-MASOCH	SAINT-MANDÉEN	SATISFACTION
SACRAMENTAUX	SAINT-MAURICE	SATISFAISANT
SACRO-ILIAQUE	SAINT-MAURIEN	SAUCISSONNÉE
SACRO-SAINTES	SAINT-MAXIMIN	SAUCISSONNER
SACS-POUBELLE	SAINT-NAZAIRE	SAUF-CONDUITS
SÁ DA BANDEIRA	SAINT-NICOLAS	SAUPOUDREUSE
SADIQUE-ANALE	SAINT-NICOLAS	SAUROPHIDIEN
SAINT-AMBROIX	SAINTONGEAIS	SAUT-DE-MOUTON
SAINT ANDREWS	SAINT-POL ROUX	SAUTILLEMENT
SAINT-ANTOINE	SAINT-QUENTIN	SAUVEGARDANT
SAINT-ARNOULT	SAINTRAILLES	SAUVE-QUI-PEUT
SAINT-AVERTIN	SAINT-RAMBERT	SAUVETERRIEN
SAINT-BERNARD	SAINT-RAPHAËL	SAVERDUNOISE
SAINT-CHAMOND	SAINT-RÉMOISE	SAXIFRAGACÉE
SAINT-CYPRIEN	SAINT-RIQUIER	SAXOPHONISTE
SAINT-CYRIENS	SAINT-ROMUALD	SCAMPI FRITTI
SAINTE-ENIMIE	SAINT-SAUVEUR	SCANDALISANT
SAINTE-HÉLÈNE	SAINT-SULPICE	SCANOGRAPHIE
SAINTE-MARIEN	SAINT-VALLIER	SCAPHANDRIER
SAINTE-MARTHE	SAINT-VINCENT	SCATOLOGIQUE
SAINTE-MAXIME	SAISISSEMENT	SCÉLÉRATESSE
SAINT-ÉMILION	SAISONNALITÉ	SCÉNIQUEMENT
SAINT-ÉMILION	SALIFICATION	SCÉNOGRAPHIE
SAINTE-ROSIEN	SALMONELLOSE	SCHÉHÉRAZADE
SAINTE-SAVINE	SALTIMBANQUE	SCHÉMATISANT
SAINTE-SOPHIE	SALT LAKE CITY	SCHIAPARELLI
SAINT-ESTÈPHE	SAMMIELLOISE	SCHILTIGHEIM
SAINT-ÉTIENNE	SANARY-SUR-MER	SCHIRMECKOIS
SAINT-EXUPÉRY	SAN CRISTÓBAL	SCHISMATIQUE
SAINT-FARGEAU	SANCTIFIANTE	SCHIZOPHASIE
SAINT-FERRÉOL	SANCTIONNANT	SCHIZOPHRÈNE
SAINT-FLORENT	SANCTUARISER	SCHLUMBERGER
SAINT-FONIARD	SAN FRANCISCO	SCHOLASTIQUE
SAINT-FULGENT	SANG-DE-DRAGON	SCHOPENHAUER
SAINT-GALLOIS	SAN GIMIGNANO	SCHWEINFURTH
SAINT-GALMIER	SANGLOTEMENT	SCIENTIFIQUE
SAINT-GAUDENS	SANGUINAIRES	SCIENTOLOGIE
SAINT-GEORGES	SANGUINOLENT	SCINTILLANTE
SAINT-GERMAIN	SANKT FLORIAN	SCISSIPARITÉ
SAINT-GERVAIS	SAN PEDRO SULA	SCLÉRENCHYME
SAINT-GILLOIS	SANS CONTESTE	SCLÉRODERMIE
SAINT-GOTHARD	SANS-CULOTTES	SCLÉROPHYLLE
SAINT-GRATIEN	SANSKRITISTE	SCOLARISABLE
SAINT-GUÉNOLÉ	SANTOS-DUMONT	SCOTLAND YARD
SAINT-GUILHEM	SÃO FRANCISCO	SCRIPOPHILIE
SAINT-HILAIRE	SAÔNE-ET-LOIRE	SCRIPTURAIRE
SAINT-HONORAT	SAPIENTIELLE	SCYPHOZOAIRE
SAINT-JACQUES	SAPONIFIABLE	SÈCHE-CHEVEUX
SAINT-JAMAISE	SARAJÉVIENNE	SÉCULARISANT
SAINT-JUNIAUD	SARCOMATEUSE	SÉCURISATION
SAINT-LAMBERT	SARGON D'AKKAD	SÉDÉLOCIENNE
SAINT LAURENT	SARTROUVILLE	SÉDENTARISÉE
SAINT-LAURENT	SASKATCHEWAN	SÉDENTARISER
SAINT-LÉONARD	SASSENAGEOIS	SÉDIMENTAIRE

SEFER HA-ZOHAR	SÉROTHÉRAPIE	SOLLICITEUSE
SEGMENTATION	SERPENTEMENT	SOLUBILISANT
SEGONZACAISE	SERRICULTURE	SOLUTIONNANT
SEIGNEURIALE	SERVIABILITÉ	SOMATISATION
SEIGNEURIAUX	**SEVERODVINSK**	SOMMAIREMENT
SEIGNOSSAISE	SEXAGÉSIMALE	SONORISATION
SEINE-ET-MARNE	SEXAGÉSIMAUX	SOPHISTIQUÉE
SÉISMOGRAPHE	SEXOTHÉRAPIE	SOPHISTIQUER
SEIZIÈMEMENT	SEXUELLEMENT	SORTIE-DE-BAIN
SELDJOUKIDES	SEYCHELLOISE	SORTIES-DE-BAL
SÉLECTIONNÉE	**SEYCHELLOISE**	**SOSTRANIENNE**
SÉLECTIONNER	**SHAHJAHANPUR**	**SOTTEVILLAIS**
SELF-CONTROLS	SHAMPOUINANT	SOUBASSEMENT
SELF-MADE-MANS	SHAMPOUINEUR	SOUDAINEMENT
SELF-SERVICES	**SHERBROOKOIS**	**SOUFFLENHEIM**
SÉMASIOLOGIE	**SHIJIAZHUANG**	SOUFFRETEUSE
SEMESTRIELLE	SHIPCHANDLER	**SOUILLAGAISE**
SEMI-CHENILLÉ	**SHISHA PANGMA**	**SOULAC-SUR-MER**
SEMI-CONSERVE	SHOW-BUSINESS	SOULIGNEMENT
SEMI-CONSONNE	SIDÉRURGIQUE	SOÛLOGRAPHIE
SEMI-DRESSANT	SIDÉRURGISTE	SOUMAINTRAIN
SEMI-DURABLES	**SIDI BEL ABBES**	SOUMISSIONNÉ
SEMI-GLOBALES	SIFFLOTEMENT	SOUPÇONNABLE
SEMI-LIBERTÉS	SIGNALÉTIQUE	SOUPÇONNEUSE
SEMI-LUNAIRES	SIGNIFICATIF	SOURCILLEUSE
SEMI-OFFICIEL	**SIKHOTE-ALINE**	SOURDE-MUETTE
SÉMIOLOGIQUE	SILHOUETTANT	SOURNOISERIE
SEMI-OUVERTES	SIMPLIFIABLE	SOUS-ALIMENTÉ
SEMI-POLAIRES	SIMULTANÉITÉ	SOUS-ASSURANT
SEMI-PRODUITS	**SINDELFINGEN**	SOUS-ASSURÉES
SEMI-PUBLIQUE	SINGAPOURIEN	SOUS-CALIBRÉE
SEMI-REMORQUE	**SINGAPOURIEN**	SOUS-CALIBRÉS
SEMI-VOYELLES	SINGULARISÉE	SOUS-CHEMISES
SEMPERVIRENT	SINGULARISER	SOUS-CLAVIÈRE
SÉNATORIALES	SINISTRALITÉ	SOUS-CLAVIERS
SÉNÉCHAUSSÉE	SINISTREMENT	SOUS-CORTICAL
SENESTRORSUM	SINO-TIBÉTAIN	SOUSCRIPTEUR
SENSATIONNEL	SIPHONAPTÈRE	SOUSCRIPTION
SENSIBILISÉE	SIPHONOGAMIE	SOUS-CUTANÉES
SENSIBILISER	SIPHONOPHORE	SOUS-DÉCLARÉE
SENSIBLEMENT	SISMOLOGIQUE	SOUS-DÉCLARER
SENSITOMÈTRE	**SISTERONAISE**	SOUS-DÉCLARÉS
SENTENCIEUSE	SIVAPITHÈQUE	SOUS-DIACONAT
SENTIMENTALE	**SIX-FOURNAISE**	SOUS-EFFECTIF
SENTIMENTAUX	SKYE-TERRIERS	SOUS-EMPLOYÉE
SEPTENNALITÉ	SLEEPING-CARS	SOUS-EMPLOYER
SEPTICÉMIQUE	**SNEL VAN ROYEN**	SOUS-EMPLOYÉS
SEPTIÈMEMENT	SOCIABILISÉE	SOUS-ENSEMBLE
SEPTUAGÉSIME	SOCIABILISER	SOUS-ENTENDRE
SÉQUENTIELLE	SOCIALISANTE	SOUS-ENTENDUE
SERBO-CROATES	SOCIÉTÉ-ÉCRAN	SOUS-ENTENDUS
SERFOUISSAGE	SOCINIANISME	SOUS-ÉQUIPÉES
SERFOUISSANT	SOCIOLOGIQUE	SOUS-ESTIMANT
SERGENT-MAJOR	SOCIOLOGISME	SOUS-ESTIMÉES
SÉRIEUSEMENT	**SOISSONNAISE**	SOUS-ÉVALUANT
SÉRONÉGATIVE	SOLIDARISANT	SOUS-ÉVALUÉES
SÉROPOSITIVE	**SOLJENITSYNE**	SOUS-EXPLOITÉ

SOUS-EXPOSANT	SPLANCHNIQUE	STOMATOLOGIE
SOUS-EXPOSÉES	SPLÉNECTOMIE	STOMATOLOGUE
SOUS-FAMILLES	SPONSORISANT	STRADIVARIUS
SOUS-HUMANITÉ	SPONTANÉISME	**STRADIVARIUS**
SOUS-JACENTES	SPONTANÉMENT	STRATOSPHÈRE
SOUS-LOCATION	SPORTIVEMENT	STREPSIPTÈRE
SOUS-MARINIER	SPORTS-NATURE	STREPTOCOQUE
SOUS-MINISTRE	SQUATTÉRISÉE	STRICTO SENSU
SOUS-MULTIPLE	SQUATTÉRISER	STRIDULATION
SOUS-NORMALES	SQUELETTIQUE	STRIP-TEASEUR
SOUS-OFFICIER	SRI LANKAISES	STROBOSCOPIE
SOUS-ORBITALE	**SRI LANKAISES**	STROMATOLITE
SOUS-ORBITAUX	STABILISANTE	STRUCTURABLE
SOUS-PEUPLÉES	**STALINOGORSK**	STRUCTURANTE
SOUS-PRÉFÈTES	**STAMBOLIJSKI**	STRUCTURELLE
SOUS-PRESSION	STANDARDISÉE	STUPÉFACTION
SOUS-PRODUITS	STANDARDISER	**STURE L'ANCIEN**
SOUS-SATURÉES	STANDARDISTE	**STURE LE JEUNE**
SOUS-SECTEURS	**STANISLAVSKI**	STYLISTICIEN
SOUS-SOLEUSES	**STANLEYVILLE**	SUBAQUATIQUE
SOUS-STATIONS	STAPHISAIGRE	SUBCONSCIENT
SOUS-SYSTÈMES	**STARA PLANINA**	SUBDÉLÉGUANT
SOUS-TANGENTE	STAR-SYSTÈMES	SUBJECTIVITÉ
SOUS-TENSIONS	STARTING-GATE	**SUBLIME-PORTE**
SOUS-TITRAGES	**STATEN ISLAND**	SUBLIMINAIRE
SOUSTRACTEUR	STATIONNAIRE	SUBORDONNANT
SOUSTRACTION	STATIONS-AVAL	SUBROGATOIRE
SOUSTRACTIVE	STATIQUEMENT	SUBSIDIARITÉ
SOUS-TRAITANT	STATISTICIEN	SUBSTANTIVÉE
SOUS-TRAITÉES	**STAUFFENBERG**	SUBSTANTIVER
SOUS-UTILISÉE	STEEPLE-CHASE	SUBSTITUABLE
SOUS-UTILISER	STÉGOCÉPHALE	SUBSTITUTION
SOUS-UTILISÉS	**STENAISIENNE**	SUBSTITUTIVE
SOUS-VÊTEMENT	STÉNODACTYLO	SUBSTRUCTION
SOUS-VIREUSES	STÉNOGRAPHIE	SUBSTRUCTURE
SOUTH SHIELDS	STÉNOGRAPHIÉ	SUBTROPICALE
SOUTIEN-GORGE	STÉNOTYPISTE	SUBTROPICAUX
SOUVERAINETÉ	STERCULIACÉE	SUBURBICAIRE
SOVIÉTOLOGUE	STÉRÉOCHIMIE	SUBVENTIONNÉ
SPANIACIENNE	STÉRÉOGNOSIE	SUCCENTURIÉE
SPARNACIENNE	STÉRÉOGRAMME	SUCCESSORALE
SPARNONIENNE	STÉRÉOMÉTRIE	SUCCESSORAUX
SPASMOPHILIE	STÉRÉOPHONIE	SUD-AFRICAINE
SPATIALISANT	STÉRÉOSCOPIE	**SUD-AFRICAINE**
SPÉCIALEMENT	STÉRÉOVISION	SUD-AFRICAINS
SPÉCIALISANT	STÉRILISANTE	**SUD-AFRICAINS**
SPECTROMÈTRE	STERNUTATION	SUD-AMÉRICAIN
SPECTROSCOPE	STÉROÏDIENNE	**SUD-AMÉRICAIN**
SPÉCULATRICE	**STERPINACIEN**	SUD-CORÉENNES
SPERMATOCYTE	STIGMATISANT	**SUD-CORÉENNES**
SPERMOGRAMME	STILLIGOUTTE	SUFFISAMMENT
SPESSIVTSEVA	**STIRINGEOISE**	SUGGESTIONNÉ
SPHINCTÉRIEN	STOCHASTIQUE	SUGGESTIVITÉ
SPIRIPONTAIN	**STOCKHOLMOIS**	SULFHYDRIQUE
SPIRITUALISÉ	STOCK-OPTIONS	**SUN ZHONGSHAN**
SPIRITUALITÉ	STOCKS-OUTILS	SUPERALLIAGE
SPIROCHÉTOSE	**STOKE-ON-TRENT**	**SUPERDÉVOLUY**

SUPERFAMILLE
SUPERPOSABLE
SUPERSONIQUE
SUPERSTITION
SUPPLICATION
SUPPOSITOIRE
SUPRÉMATISME
SURABONDANCE
SURABONDANTE
SURALIMENTÉE
SURALIMENTER
SURBRILLANCE
SURCHARGEANT
SURCHAUFFANT
SURCHAUFFEUR
SURCOMPRIMÉE
SURCOMPRIMER
SURDÉTERMINÉ
SURDÉVELOPPÉ
SURDI-MUTITÉS
SURÉLÉVATION
SURENTRAÎNÉE
SURENTRAÎNER
SUREXCITABLE
SUREXCITANTE
SUREXPLOITÉE
SUREXPLOITER
SURGISSEMENT
SURINAMIENNE
SURINFECTION
SURINFORMANT
SURINTENDANT
SURINTENSITÉ
SURLENDEMAIN
SURMORTALITÉ
SURMULTIPLIÉ
SURNATURELLE
SURNUMÉRAIRE
SURPASSEMENT
SURPLOMBANTE
SURVEILLANCE
SURVEILLANTE
SUS-DÉNOMMÉES
SUS-DOMINANTE
SUS-HÉPATIQUE
SUSMENTIONNÉ
SUSTENTATION
SVEN TVESKÄGG
SYLVICULTEUR
SYLVICULTURE
SYMPATHISANT
SYNCHRONIQUE
SYNCHRONISÉE
SYNCHRONISER
SYNCHRONISME
SYNDICALISÉE
SYNDICALISER

SYNDICALISME
SYNDICALISTE
SYNDICATAIRE
SYNOVECTOMIE
SYNTACTICIEN
SYNTHÉTISANT
SYNTHÉTISEUR
SYPHILITIQUE
SYSTÉMATIQUE
SYSTÉMATISÉE
SYSTÉMATISER
SZENT-GYÖRGYI
TACHÉOMÉTRIE
TACHYPSYCHIE
TACTIQUEMENT
TADOUSSACIEN
TAGLIATELLES
TAI-CHI-CHUANS
TAILLANDERIE
TAILLE-CRAYON
TALANÇONNAIS
TALISMANIQUE
TALKIE-WALKIE
TAMANGHASSET
TAMBOURINAGE
TAMBOURINANT
TAMBOURINEUR
TAMBOUR-MAJOR
TAMPONNEMENT
TANANARIVIEN
TANGENTIELLE
TANGIBLEMENT
TAPIS-BROSSES
TARABISCOTÉE
TARASCONNAIS
TARASS BOULBA
TARIFICATION
TARRACONAISE
TARTOUILLADE
TARTOUILLEUR
TASSILUNOISE
TAUPE-GRILLON
TAUTOLOGIQUE
TAXIDERMISTE
TAXIS-BROUSSE
TCHAO MONG-FOU
TCHELIABINSK
TCHÉRÉMISSES
TCHEREMKHOVO
TCHEREPOVETS
TCHISTIAKOVO
TCHITCHERINE
TCHOUANG-TSEU
TECHNICIENNE
TECHNICISANT
TECHNOCRATIE
TÉGUMENTAIRE
TEL-AVIV-JAFFA

TÉLÉACHETEUR
TÉLÉCOMMANDE
TÉLÉCOMMANDÉ
TÉLÉDIFFUSÉE
TÉLÉDIFFUSER
TÉLÉÉCRITURE
TÉLÉGRAPHIÉE
TÉLÉGRAPHIER
TÉLÉMÉDECINE
TÉLENCÉPHALE
TÉLÉOBJECTIF
TÉLÉOLOGIQUE
TÉLÉPAIEMENT
TÉLÉPATHIQUE
TÉLÉPHÉRIQUE
TÉLÉPHONIQUE
TÉLÉPHONISTE
TÉLÉPOINTAGE
TÉLESCOPIQUE
TÉLÉVENDEUSE
TÉLÉVISUELLE
TELL AL-AMARNA
TELLUROMÈTRE
TENAILLEMENT
TENDANCIELLE
TENDANCIEUSE
TENG SIAO-P'ING
TENNIS-BALLON
TENNIS-ELBOWS
TENOCHTITLÁN
TENSIOACTIVE
TENTACULAIRE
TENZIN GYATSO
TÉRATOGENÈSE
TÉRÉBENTHINE
TERGIVERSANT
TERMINOLOGIE
TERMINOLOGUE
TERNISSEMENT
TERRASSEMENT
TERREBONNIEN
TERRE-NEUVIEN
TERRE-NEUVIEN
TERRE-NEUVIER
TERRIBLEMENT
TERRITORIALE
TERRITORIAUX
TERRORISANTE
TESTICULAIRE
TESTIMONIALE
TESTIMONIAUX
TESTOSTÉRONE
TÉTANISATION
TÊTES-DE-MAURE
TÉTRACYCLINE
TÉTRADRACHME
TÉTRAÉDRIQUE

TÉTRAPLOÏDIE	**TONG K'I-TCH'ANG**	TRANSFORMANT
TÉTRASYLLABE	**TONNACQUOISE**	TRANSGÉNIQUE
TEZCATLIPOCA	**TONNEINQUAIS**	TRANSGRESSÉE
THAÏLANDAISE	TORRÉFACTEUR	TRANSGRESSER
THAÏLANDAISE	TORRÉFACTION	TRANSHORIZON
THANATOLOGIE	**TORREMOLINOS**	TRANSHUMANCE
THANKSGIVING	TORRENTIELLE	TRANSHUMANTE
THAON DI REVEL	TORRENTUEUSE	TRANSITIVITÉ
THÉÂTRALISÉE	TORTILLEMENT	TRANSLUMINAL
THÉÂTRALISER	TORTIONNAIRE	TRANSMETTANT
THÉÂTRALISME	**TOTALFINAELF**	TRANSMETTEUR
THÉÂTRE-LIBRE	TOTALISATEUR	TRANSMIGRANT
THÉOCRATIQUE	TOTALISATION	TRANSMISSION
THÉOLOGIENNE	TOUCHE-TOUCHE	TRANSMUTABLE
THÉOPHYLLINE	TOURBILLONNÉ	**TRANSNISTRIE**
THÉORICIENNE	TOURILLONNÉE	TRANSPALETTE
THÉORISATION	TOURILLONNER	TRANSPARENCE
THÉOSOPHIQUE	TOURNAILLANT	TRANSPARENTE
THERMICIENNE	TOURNEBOULÉE	TRANSPERÇANT
THERMIDORIEN	TOURNEBOULER	TRANSPLANTÉE
THERMISTANCE	TOURNEBROCHE	TRANSPLANTER
THERMOCHIMIE	TOURNE-DISQUE	TRANSPOLAIRE
THERMOCOUPLE	TOURNE-PIERRE	TRANSPONDEUR
THERMOGENÈSE	TOURNICOTANT	TRANSPORTANT
THERMOMÉTRIE	TOURNOIEMENT	TRANSPORTEUR
THERMOSPHÈRE	**TOURNUSIENNE**	TRANSPOSABLE
THÉSAURISANT	**TOURQUENNOIS**	TRANSSONIQUE
THÉSAURISEUR	TOUSSOTEMENT	TRANSURANIEN
THESSALIENNE	**TOUTANKHAMON**	TRANSVERSALE
THESSALIENNE	TOUTES-BOÎTES	TRANSVERSAUX
THETFORDOISE	TOUTES-ÉPICES	TRANSYLVAINE
THIONVILLOIS	TOUT-PUISSANT	**TRANSYLVAINE**
THOMAS BECKET	TOXOPLASMOSE	**TRANSYLVANIE**
THOMAS D'AQUIN	TRACHÉOTOMIE	TRAPÉZOÏDALE
THORACENTÈSE	TRADESCANTIA	TRAPÉZOÏDAUX
THORACOTOMIE	TRADITIONNEL	**TRÁS-OS-MONTES**
THROMBOPÉNIE	TRAGI-COMÉDIE	TRAUMATISANT
THROMBOTIQUE	TRAGI-COMIQUE	TRAVAILLEUSE
THURGOVIENNE	TRAGIQUEMENT	TRAVAILLISME
THURIFÉRAIRE	TRAÎNAILLANT	TRAVAILLISTE
THYROÏDIENNE	TRAITS D'UNION	TRAVAILLOTER
THYSANOPTÈRE	TRANQUILLISÉ	TRAVERS-BANCS
TIBÉTO-BIRMAN	TRANQUILLITÉ	**TRAVERSOUIRE**
TIBIO-TARSIEN	TRANSAMINASE	TREILLAGEANT
TIÉDISSEMENT	TRANSBAHUTÉE	TREILLISSANT
TIMBRE-AMENDE	TRANSBAHUTER	**TREMBLADAISE**
TIMBRES-POSTE	TRANSBORDANT	**TREMBLAYSIEN**
TIME-SHARINGS	TRANSBORDEUR	TREMBLOTANTE
TINCHEBRAYEN	TRANSCENDANT	TREMPABILITÉ
TINTINNABULÉ	TRANSCRIVANT	TRÉPIGNEMENT
TIRAILLARISANT	TRANSCUTANÉE	TRESSAILLANT
TIRE-BOUCHONS	TRANSDUCTEUR	**TRÉVOLTIENNE**
TIROIR-CAISSE	TRANSDUCTION	TRIANGULAIRE
TISSUS-PAGNES	TRANSFECTION	TRIBULATIONS
TITULARISANT	TRANSFÉRABLE	**TRICHINOPOLY**
TLALNEPANTLA	TRANSFIGURÉE	TRICHOGRAMME
TOMBLAINOISE	TRANSFIGURER	TRICHOPHYTON

TRIFLUVIENNE
TRIFOUILLANT
TRIGLYCÉRIDE
TRILOCULAIRE
TRIMBALEMENT
TRINQUEBALLE
TRIOMPHATEUR
TRIPARTITION
TRIPATOUILLÉ
TRIPHOSPHATE
TRIPOLITAINE
TRIRECTANGLE
TRISANNUELLE
TRISTOUNETTE
TRIVIALEMENT
TROCHOSPHÈRE
TROIS-ÉTOILES
TROIS-ÉVÊCHÉS
TROIS-VALLÉES
TROMPE-LA-MORT
TROMPETTISTE
TRONÇONNEUSE
TROPHALLAXIE
TROPHOBLASTE
TROPICALISÉE
TROPICALISER
TROTTINEMENT
TROUBLE-FÊTES
TROUSSE-QUEUE
TROUVILLAISE
TRYPSINOGÈNE
TSIANG TSÖ-MIN
TUBERCULEUSE
TUBERCULOÏDE
TUBÉRISATION
TURBIDIMÈTRE
TURBOMACHINE
TURKMÉNISTAN
TURRIPINOISE
TYRANNOSAURE
TYROTHRICINE
TYRRHÉNIENNE
TZIN TZUN TZAN
UILENSPIEGEL
UJUNG PANDANG
ULTRABASIQUE
ULTRAMODERNE
ULTRAMONTAIN
ULTRASONIQUE
UNIFICATRICE
UNIFORMÉMENT
UNIFORMISANT
UNILOCULAIRE
UNIPERSONNEL
UNIVERSALISÉ
UNIVERSALITÉ
UNIVITELLINE

URBANISATION
URBANISTIQUE
URGENTOLOGUE
URO-GÉNITALES
USTILAGINALE
ÚSTÍ NAD LABEM
USUFRUITIÈRE
UTILISATRICE
UTILITARISME
UTILITARISTE
UTTAR PRADESH
VACCINOSTYLE
VADROUILLAGE
VADROUILLEUR
VAILLYSIENNE
VAISSELLERIE
VALCOLOROISE
VAL-DE-MARNAIS
VALDEMAR SEJR
VALDOISIENNE
VALENCE-D'AGEN
VALENCIENNE
VALENCIENNES
VALENTINOISE
VALENTINOISE
VALÈRE MAXIME
VALÉRIANACÉE
VALÉRIANELLE
VALLAURIENNE
VALLERY-RADOT
VALLONNEMENT
VALORISATION
VALPOLICELLA
VALS-LES-BAINS
VAN ARTEVELDE
VAN DEN BERGHE
VAN DEN VONDEL
VAN DER MEULEN
VAN DER WEYDEN
VAN HONTHORST
VAN RUUSBROEC
VAPOCRAQUAGE
VAPOCRAQUEUR
VAPORISATEUR
VAPORISATION
VASCULARISÉE
VASOPRESSINE
VASOUILLARDE
VATICINATEUR
VATICINATION
VAUCLUSIENNE
VAUCLUSIENNE
VAULX-EN-VELIN
VAUVENARGUES
VÉGÉTALIENNE
VÉGÉTALISANT
VÉGÉTARIENNE

VÉLIDELTISTE
VÉLOCIMÉTRIE
VENDEUVROISE
VENTRIPOTENT
VERBEUSEMENT
VERDISSEMENT
VERFEILLOISE
VÉRIFICATEUR
VÉRIFICATION
VÉRIFICATIVE
VERMICULAIRE
VERMILLONNER
VERNACULAIRE
VERROUILLAGE
VERROUILLANT
VERROUILLEUR
VERSAILLAISE
VERSAILLAISE
VERS-LIBRISTE
VERT-DE-GRISÉE
VERT-DE-GRISÉS
VERTIGINEUSE
VESPERTILION
VESSES-DE-LOUP
VESTIBULAIRE
VEXILLOLOGIE
VIBO VALENTIA
VIBRAYSIENNE
VIBROMASSEUR
VICE-CONSULAT
VIC-EN-BIGORRE
VICE-RECTEURS
VICE-ROYAUTÉS
VICIEUSEMENT
VICTIMOLOGIE
VICTOR-AMÉDÉE
VIDE-GRENIERS
VIDÉOGRAPHIE
VIDÉOLECTEUR
VIEILLEVILLE
VIEILLISSANT
VIELÉ-GRIFFIN
VIENNOISERIE
VIENTIANAISE
VIERZONNAISE
VIETNAMIENNE
VIETNAMIENNE
VIEUX-CONDÉEN
VIEUX-CROYANT
VIGNEUSIENNE
VILLACOUBLAY
VILLAHERMOSA
VILLARDIENNE
VILLAVICIOSA
VILLECRESNES
VILLE-DORTOIR
VILLEFRANCHE

VILLÉGIATURE
VILLÉGIATURÉ
VILLEJUIFOIS
VILLENEUVIEN
VILLENEUVOIS
VILLEPARISIS
VILLEPINTOIS
VILLERS-LE-LAC
VILLERUPTIEN
VILLETANEUSE
VILLEURBANNE
VINIFICATEUR
VINIFICATION
VIOLLET-LE-DUC
VIRILISATION
VIROFLAYSIEN
VISCOSIMÈTRE
VISIONNEMENT
VISUELLEMENT
VITICULTRICE
VITIVINICOLE
VITUPÉRATION
VIVARO-ALPINS
VIVIFICATEUR
VIVIFICATION
VOCALISATEUR
VOCALISATION
VOCIFÉRATEUR
VOCIFÉRATION
VOITURE-BALAI

VOITURE-POSTE
VOITURES-BARS
VOITURES-LITS
VOLATILISANT
VOLCANOLOGIE
VOLCANOLOGUE
VOLONTARISME
VOLONTARISTE
VOLTAIRIENNE
VOLTA REDONDA
VOLUCOMPTEUR
VOLUMÉTRIQUE
VÔ NGUYÊN GIAP
VOSGES DU NORD
VOSNE-ROMANÉE
VOUVRILLONNE
VULCANOLOGIE
VULCANOLOGUE
VULGAIREMENT
WAGON-CITERNE
WARWICKSHIRE
WASQUEHALIEN
WASSELONNAIS
WASSERBILLIG
WATER-CLOSETS
WATTRELOSIEN
WELLINGTONIA
WEST BROMWICH
WESTER WEMYSS
WESTINGHOUSE

WESTMOUNTAIS
WHITE-SPIRITS
WINNIPEGOSIS
WINNIPEGUIEN
WINSTON-SALEM
WINTERHALTER
WISIGOTHIQUE
WITTGENSTEIN
WORLD WIDE WEB
XAINTRAILLES
XANTHOPHYCÉE
XANTHOPHYLLE
XÉNOCRISTAUX
XÉROPHTALMIE
XIPHOÏDIENNE
YAMOUSSOUKRO
YANG SHANGKUN
YLANGS-YLANGS
YSSINGELAISE
YUKAWA HIDEKI
ZARATHOUSTRA
ZARATHUSHTRA
ZIMBABWÉENNE
ZIMBABWÉENNE
ZINGIBÉRACÉE
ZINJANTHROPE
ZOOMORPHIQUE
ZOOMORPHISME
ZOOTECHNIQUE
ZOROASTRISME

13

ABAISSE-LANGUE
ABANDONNEMENT
ABANDONNÉMENT
ABÂTARDISSANT
ABBAYE-AUX-BOIS
ABERDEEN-ANGUS
ABONNISSEMENT
ABOUTISSEMENT
ABRACADABRANT
ABRI-SOUS-ROCHE
ABRUTISSEMENT

ABSTRAITEMENT
ACADÉMICIENNE
À CALIFOURCHON
ACCÉLÉRATRICE
ACCÉLÉROMÈTRE
ACCEPTABILITÉ
ACCESSIBILITÉ
ACCESSOIRISÉE
ACCESSOIRISER
ACCESSOIRISTE
ACCLIMATATION
ACCLIMATEMENT
ACCOMMODATION
ACCOMMODEMENT
ACCOMPLISSANT
ACCORDÉONISTE
ACCORDS-CADRES
ACCOURCISSANT
ACCRÉDITATION
ACCROCHE-CŒUR
ACCROCHE-PLATS
ACCROISSEMENT
ACCROUPISSANT

ACCULTURATION
ACÉRICULTRICE
ACÉTIFICATION
ACÉTYLCHOLINE
ACHROMATISANT
ACHROMATOPSIE
ACIDES-ALCOOLS
ACIDIFICATION
ACIDO-BASIQUES
ACOUSTICIENNE
ACQUIESCEMENT
ACRYLONITRILE
ACTION DIRECTE
ACTUALISATION
ADAM DE LA HALLE
ADDITIONNELLE
ADJECTIVEMENT
ADJECTIVISANT
ADJUDICATAIRE
ADJUDICATRICE
ADMINISTRATIF
ADMIRABLEMENT
ADMISSIBILITÉ

ADMONESTATION
ADOUCISSEMENT
ADRÉNOLYTIQUE
AÉRODYNAMIQUE
AÉRODYNAMISME
AÉROMODÉLISME
AÉROMODÉLISTE
AÉROPORTUAIRE
AÉROTECHNIQUE
AÉROTERRESTRE
AÉROTHERMIQUE
AFFADISSEMENT
AFFAIBLISSANT
AFFECTIONNANT
AFFOUILLEMENT
AFFOURAGEMENT
AFRIQUE DU NORD
AFRO-AMÉRICAIN
AFRO-AMÉRICAIN
AFRO-ASIATIQUE
AFRO-BRÉSILIEN
AFRO-BRÉSILIEN
AGGIORNAMENTO
AGGLOMÉRATION
AGGLUTINATION
AGGLUTINOGÈNE
AGNÈS DE FRANCE
AGRAMMATICALE
AGRAMMATICAUX
AGRESSIVEMENT
AGRO-INDUSTRIE
AGROPASTORALE
AGROPASTORAUX
AGRUMICULTURE
AHMAD IBN TULUN
AIDE-ÉDUCATEUR
AIDE-SOIGNANTE
AIGUEPERSOISE
AIGUES-MARINES
AIGUES-MORTAIS
AIGUILLONNANT
AIGUISE-CRAYON
AÏN TÉMOUCHENT
AIRE-SUR-L'ADOUR
AISEAU-PRESLES
AIX-EN-PROVENCE
AIXE-SUR-VIENNE
AIX-LA-CHAPELLE
AKADEMGORODOK
ALAIN-FOURNIER
ALBENASSIENNE
ALBERT LE GRAND
ALBERTVILLOIS
ALCOOLISATION
ALÉATOIREMENT
ALEKSANDROPOL
ALEXIS COMNÈNE

ALFORTVILLAIS
ALFRED LE GRAND
ALGORITHMIQUE
ALLERS-RETOURS
ALLOCENTRISME
ALLOTISSEMENT
ALLUME-CIGARES
ALLUVIONNAIRE
AL-NAHHAS PACHA
ALPHABÉTISANT
ALPHONSE LE BON
ALPHONSE-MARIE
ALTO-SÉQUANAIS
ALUMINISATION
AMADIS DE GAULE
AMAIGRISSANTE
AMAN ALLAH KHAN
AMARYLLIDACÉE
AMBARTSOUMIAN
AMÉRICANISANT
AMÉRIC VESPUCE
AMÉRIQUE DU SUD
AMIANTE-CIMENT
AMINCISSEMENT
AMOINDRISSANT
AMOINDRISSEUR
AMOLLISSEMENT
AMONCELLEMENT
AMORTISSEMENT
AMOUREUSEMENT
AMOURS-PROPRES
AMPÉLOGRAPHIE
AMPHIARTHROSE
AMPHIGOURIQUE
AMPLIFICATEUR
AMPLIFICATION
ANACRÉONTIQUE
ANATHÉMATISÉE
ANATHÉMATISER
ANDHRA PRADESH
ANDREAS-SALOMÉ
ANESTHÉSIANTE
ANFRACTUOSITÉ
ANGÉLIQUEMENT
ANGLICISATION
ANGLO-NORMANDE
ANGLO-NORMANDE
ANGLO-NORMANDS
ANGLO-NORMANDS
ANGLO-SAXONNES
ANGLO-SAXONNES
ANIMADVERSION
ANNECY-LE-VIEUX
ANNE D'AUTRICHE
ANNE DE BEAUJEU
ANNÉES-LUMIÈRE
ANNEMASSIENNE

ANNEXIONNISME
ANNEXIONNISTE
ANNONCIATRICE
ANNUALISATION
ANOBLISSEMENT
ANTÉHYPOPHYSE
ANTÉISLAMIQUE
ANTHRACITEUSE
ANTHRAQUINONE
ANTHROPOLOGIE
ANTHROPOLOGUE
ANTHROPONYMIE
ANTHROPOPHAGE
ANTHROPOPHILE
ANTIACARIENNE
ANTIBIOGRAMME
ANTICANCÉREUX
ANTICIPATOIRE
ANTICLÉRICALE
ANTICLÉRICAUX
ANTICOAGULANT
ANTICORROSION
ANTICYCLONALE
ANTICYCLONAUX
ANTIDÉMARRAGE
ANTIDÉRAPANTE
ANTIDÉTONANTE
ANTIÉMÉTISANT
ANTIKOMINTERN
ANTIMITOTIQUE
ANTIMYCOSIQUE
ANTINATALISTE
ANTINATIONALE
ANTINATIONAUX
ANTINUCLÉAIRE
ANTIPALUDIQUE
ANTIPARASITÉE
ANTIPARASITER
ANTIPARTICULE
ANTIPERSONNEL
ANTIPOLLUTION
ANTIPYRÉTIQUE
ANTIRADIATION
ANTIRELIGIEUX
ANTISALISSURE
ANTISATELLITE
ANTISÉMITISME
ANTI-SOUS-MARIN
ANTISYNDICALE
ANTISYNDICAUX
ANTITÉTANIQUE
ANTIULCÉREUSE
ANTIVÉNÉNEUSE
ANTIVENIMEUSE
ANTOINE DANIEL
ANTONIO DA NOLI
AOL TIME WARNER

13

429

APATHIQUEMENT
APHRODISIAQUE
APLANISSEMENT
APLATISSEMENT
APOCALYPTIQUE
APONÉVROTIQUE
APPALACHIENNE
APPAREILLEUSE
APPARENTEMENT
APPENZELLOISE
APPERTISATION
APPLAUDIMÈTRE
APPLAUDISSANT
APPLAUDISSEUR
APPLICABILITÉ
APPOINTEMENTS
APPRÉCIATRICE
APPRENTISSAGE
APPRIVOISABLE
APPROPRIATION
APPROVISIONNÉ
APPROXIMATION
APPROXIMATIVE
AQUARIOPHILIE
AQUATINTIENNE
AQUATUBULAIRE
ARABO-PERSIQUE
ARBITRALEMENT
ARBORICULTEUR
ARBORICULTURE
ARCACHONNAISE
ARCHÉOLOGIQUE
ARCHIDUCHESSE
ARCHIMANDRITE
ARCHIMÉDIENNE
ARCHITECTURAL
ARCHITECTURÉE
ARCHITECTURER
ARCHIVISTIQUE
ARCS-DOUBLEAUX
ARGELÈS-GAZOST
ARGELÈS-SUR-MER
ARGENTIÉROISE
ARGENTONNAISE
ARGUMENTATEUR
ARGUMENTATION
ARGUMENTATIVE
ARISTOTÉLISME
ARITHMÉTICIEN
ARITHMOMANCIE
ARMENTIÉROISE
AROMATHÉRAPIE
AROMATISATION
ARRIÈRE-CHŒUR
ARRIÈRE-COUSIN
ARRIÈRE-GARDES

ARRIÈRE-GORGES
ARRIÈRE-NEVEUX
ARRIÈRE-NIÈCES
ARRIÈRE-PENSÉE
ARRIÈRE-SAISON
ARRIÈRE-SALLES
ARRIÈRE-TRAINS
ARRIÈRE-VASSAL
ARS-SUR-FORMANS
ARS-SUR-MOSELLE
ARTÉRIECTOMIE
ARTÉRIOPATHIE
ARTHROGRAPHIE
ARTHROPLASTIE
ARTICHAUTIÈRE
ARTICULATOIRE
ASCHAFFENBURG
ASCLÉPIADACÉE
ASOMATOGNOSIE
ASPIRO-BATTEUR
ASSAGISSEMENT
ASSERVISSANTE
ASSIMILATRICE
ASSOCIATIVITÉ
ASSOMBRISSANT
ASSOUPISSANTE
ASSOUPLISSANT
ASSOUPLISSEUR
ASSOURBANIPAL
ASSOURDISSANT
ASSURANCES-VIE
ASTACICULTURE
ASTÉRÉOGNOSIE
ASTHÉNOSPHÈRE
ASTROMÉTRIQUE
ASTROMÉTRISTE
ASTRONAUTIQUE
ASTROPHYSIQUE
ASYNCHRONISME
ATD QUART MONDE
ATMOSPHÉRIQUE
ATOMES-GRAMMES
À TOUCHE-TOUCHE
ATTACHÉS-CASES
ATTENDRISSANT
ATTENDRISSEUR
ATTENTIVEMENT
ATTRAPE-MOUCHE
ATTRAPE-NIGAUD
AUBERGENVILLE
AUBERT DE GASPÉ
AUBERVILLIERS
AUBUSSONNAISE
AUDINCOURTOIS
AUDIOVISUELLE
AUDRUICQUOISE
AUGUSTINIENNE

AUNG SAN SUU KYI
AUREC-SUR-LOIRE
AURIGNACIENNE
AURIGNACIENNE
AUSCULTATOIRE
AUTHENTIFIANT
AUTO-ANTICORPS
AUTOBIOGRAPHE
AUTOBRONZANTE
AUTOCENSURANT
AUTOCINÉTISME
AUTOCOUCHETTE
AUTODIRECTEUR
AUTOÉLÉVATEUR
AUTOFINANÇANT
AUTO-IMMUNITÉS
AUTO-INDUCTION
AUTOMOBILISTE
AUTOMORPHISME
AUTONETTOYANT
AUTOPALPATION
AUTOPROCLAMÉE
AUTOPROCLAMER
AUTOPROPULSÉE
AUTORÉFÉRENCE
AUTORÉPARABLE
AUTORITARISME
AUTOS-SCOOTERS
AUTO-STOPPEURS
AUTO-STOPPEUSE
AUTOSUFFISANT
AUTOTREMPANTE
AUVERS-SUR-OISE
AUXI-LE-CHÂTEAU
AVACHISSEMENT
AVANT-CONTRATS
AVANT-COUREURS
AVANT-DERNIÈRE
AVANT-DERNIERS
AVANT-GARDISME
AVANT-GARDISTE
AVANT-PREMIÈRE
AVANTS-CENTRES
AVERTISSEMENT
AVEULISSEMENT
AVITAILLEMENT
AVRANCHINAISE
AXISYMÉTRIQUE
AXONOMÉTRIQUE
BACHI-BOUZOUKS
BACHKORTOSTAN
BACTÉRIOLOGIE
BACTÉRIOPHAGE
BADIGEONNEUSE
BAGUENAUDERIE
BAIERIVERAINE
BAIE-SAINT-PAUL

BÂILLONNEMENT
BAINS-LES-BAINS
BALAIS-BROSSES
BALISTICIENNE
BALKANISATION
BALLONS-SONDES
BALOUTCHISTAN
BANCARISATION
BANCASSURANCE
BANQUEROUTIER
BANYULS-SUR-MER
BARAGOUINEUSE
BARBEZILIENNE
BARBOUILLERIE
BARBOUILLEUSE
BARCELONNETTE
BARRAGES-POIDS
BARSURAUBOISE
BAS-DE-CHAUSSES
BASIDIOMYCÈTE
BASILE LE GRAND
BASSAS DA INDIA
BASSE-AUTRICHE
BASSE-GOULAINE
BASSE-NORMANDE
BASSES-TAILLES
BASSIN-VERSANT
BATEAU-CITERNE
BATEAUX-PHARES
BATEAUX-POMPES
BATEAUX-PORTES
BATHYMÉTRIQUE
BAUME-LES-DAMES
BÉATIFICATION
BEAUCHAMPOISE
BEAUCOURTOISE
BEAUREPAIROIS
BEAUVAISIENNE
BEAUVILLÉSOIS
BEDOS DE CELLES
BÉCANCOUROISE
BECS-DE-CORBEAU
BELLE CORDIÈRE
BELLE ET LA BÊTE
BELLES-LETTRES
BELLEVILLOISE
BELLIFONTAINE
BELLIFONTAINE
BELLOPRATAINE
BELO HORIZONTE
BÉLOUTCHISTAN
BENOÎT D'ANIANE
BERCHTESGADEN
BERGERONNETTE
BERLAIMONTOIS
BERTHEVINOISE
BERTRAN DE BORN

BÊTABLOQUANTE
BÊTASTIMULANT
BETSIMISARAKA
BEUZEVILLAISE
BIBLIOGRAPHIE
BICAMÉRALISME
BICARBURATION
BIEN-PENSANTES
BIENVEILLANCE
BIENVEILLANTE
BILATÉRALISME
BIOASTRONOMIE
BIOCLIMATIQUE
BIOCOMPATIBLE
BIOCONVERSION
BIODÉGRADABLE
BIOÉLECTRIQUE
BIOGÉOGRAPHIE
BIO-INDUSTRIES
BIOMAGNÉTISME
BIOTERRORISME
BIOTERRORISTE
BIQUOTIDIENNE
BIRÉFRINGENCE
BIRÉFRINGENTE
BISCHHEIMOISE
BISSAU-GUINÉEN
BLACK PANTHERS
BLAINVILLAISE
BLAINVILLOISE
BLANCHISSANTE
BLANCHISSERIE
BLANCHISSEUSE
BLANCS-MANGERS
BLASPHÉMATEUR
BLETTISSEMENT
BLOC-CYLINDRES
BLOC-DIAGRAMME
BLOCS-CUISINES
BLUE MOUNTAINS
BOBO-DIOULASSO
BOCAGE NORMAND
BOCAGE VENDÉEN
BOEING COMPANY
BOISBRIANNAIS
BOIS-GUILLAUME
BOISSY D'ANGLAS
BONDÉRISATION
BONHEUR-DU-JOUR
BONNEUILLOIS
BONNEVILLOISE
BONS-CHRÉTIENS
BOOGIE-WOOGIES
BORIS GODOUNOV
BORNE-FONTAINE
BOROSILICATÉE
BORT-LES-ORGUES

BOUCHE-À-BOUCHE
BOUFFONNEMENT
BOUGAINVILLÉE
BOUGUENAISIEN
BOUILLABAISSE
BOUILLON-BLANC
BOUILLONNANTE
BOULAY-MOSELLE
BOULES-DE-NEIGE
BOULEVARDIÈRE
BOULEVERSANTE
BOULOUNENCQUE
BOURBON-SICILE
BOURBOULIENNE
BOURBOURGEOIS
BOURDONNEMENT
BOURG-ARGENTAL
BOURG-EN-BRESSE
BOURGEOISIALE
BOURGEOISIAUX
BOURGUIGNONNE
BOURGUIGNONNE
BOURLINGUEUSE
BOURSICOTEUSE
BOUSTROPHÉDON
BOUTON-D'ARGENT
BOUZONVILLOIS
BRABANT WALLON
BRACHYCÉPHALE
BRAINE-L'ALLEUD
BRAINE-LE-COMTE
BRAINSTORMING
BRANCHES-MÈRES
BRAZZAVILLOIS
BREDOUILLEUSE
BREITSCHWANTZ
BRÉTIGNOLAISE
BREVETABILITÉ
BRIANÇONNAISE
BRIAND-KELLOGG
BRICK-GOÉLETTE
BRICQUEBÉTAIS
BRIÈRE DE L'ISLE
BRIGADIER-CHEF
BRILLANTINANT
BRINGUEBALANT
BRINQUEBALANT
BRITISH MUSEUM
BRONCHECTASIE
BRONCHOSCOPIE
BROUILLONNANT
BROUSSAILLEUX
BRUAY-EN-ARTOIS
BUCCO-DENTAIRE
BUCCO-GÉNITALE
BUCCO-GÉNITAUX
BUDGÉTISATION

BUISSON-ARDENT
BUJUMBURIENNE
BULLY-LES-MINES
BUREAUCRATISÉ
BUREAU VERITAS
BURLESQUEMENT
BUSINESSWOMAN
BUSINESSWOMEN
BUSSY D'AMBOISE
CAFÉS-CONCERTS
CAFÉS-THÉÂTRES
CALCIFICATION
CALCIOTHERMIE
CALCULABILITÉ
CALEMBREDAINE
CALFEUTREMENT
CALIDIFONTAIN
CALIFORNIENNE
CALIFORNIENNE
CALLIGRAPHIÉE
CALLIGRAPHIER
CALOMNIATRICE
CALORIFUGEAGE
CALORIFUGEANT
CALTANISSETTA
CALVADOSIENNE
CAMARET-SUR-MER
CAMBO-LES-BAINS
CAMÉLÉONESQUE
CAMION-CITERNE
CAMPINA GRANDE
CANADIAN RIVER
CANAL IMPÉRIAL
CANCÉRISATION
CANCÉROGENÈSE
CANCÉROPHOBIE
CANNE-BÉQUILLE
CANNIBALESQUE
CANNIBALISANT
CANONIQUEMENT
CANTHARELLALE
CANTONS-DE-L'EST
CAOUTCHOUTAGE
CAOUTCHOUTANT
CAOUTCHOUTEUX
CAPARAÇONNANT
CAPBRETONNAIS
CAPITALISABLE
CAPITAL-RISQUE
CAPORAUX-CHEFS
CAPPADOCIENNE
CAPPADOCIENNE
CAPRIFICATION
CAPRIFOLIACÉE
CARACASSIENNE
CARACTÉRIELLE
CARACTÉRISANT

CARAVANSÉRAIL
CARBONATATION
CARBONISATION
CARBURÉACTEUR
CARCASSONNAIS
CARCINOGENÈSE
CARCINOMATEUX
CARDIOMÉGALIE
CARDIOTONIQUE
CARÊME-PRENANT
CARICATURISTE
CARILLONNEUSE
CARNAVALESQUE
CAROLINE DU SUD
CAROLINGIENNE
CARQUEFOLLIEN
CARRERO BLANCO
CARTÉSIANISME
CARTES-LETTRES
CARTES-RÉPONSE
CARTHAGINOISE
CARTHAGINOISE
CARTILAGINEUX
CARTOGRAPHIÉE
CARTOGRAPHIER
CARTOPHILISTE
CASABLANCAISE
CASÉIFICATION
CASIMIR-PERIER
CASSE-NOISETTE
CASTELLANAISE
CASTELLINOISE
CASTELNAUDAIS
CASTELNAUDARY
CASTELNEUVIEN
CASTELNEUVOIS
CASTELO BRANCO
CASTÉLORIENNE
CASTELROUSSIN
CASTELVIROISE
CASTILLONNAIS
CATACLYSMIQUE
CATAGLOTTISME
CATALAUNIQUES
CATAPLECTIQUE
CATASTROPHANT
CATÉCHOLAMINE
CATHERINE PARR
CAUCHEMARDANT
CAUCHEMARDEUX
CAUDEBECQUAIS
CAUTERÉSIENNE
CAUTÉRISATION
CAUTIONNEMENT
CAVAILLONNAIS
CAVALIÈREMENT
CÉNESTHÉSIQUE

CENTIMÉTRIQUE
CENTRAFRICAIN
CENTRAFRICAIN
CENTRES-VILLES
CENTRIFUGEANT
CENTRIFUGEUSE
CÉPHALOTHORAX
CERCOPITHÈQUE
CÉRÉBRO-SPINAL
CERFS-VOLISTES
CERTIFICATEUR
CERTIFICATION
CÉSALPINIACÉE
CESSON-SÉVIGNÉ
CHALCOCONDYLE
CHALCOGRAPHIE
CHAMALIÉROISE
CHAMBARDEMENT
CHAMBONNIÈRES
CHAMBOULEMENT
CHAMPAGNISANT
CHAMPAGNOLAIS
CHAMPS ÉLYSÉES
CHANCELADAISE
CHANDRASEKHAR
CHANTONNEMENT
CHARENTONNAIS
CHARISMATIQUE
CHARLATANERIE
CHARLATANISME
CHARLES-ALBERT
CHARLES D'ANJOU
CHARLES LE GROS
CHARLES LE SAGE
CHARLES MARTEL
CHARLES ROBERT
CHARLOTTETOWN
CHARNELLEMENT
CHASSE-MOUCHES
CHASSE-PIERRES
CHÂSSIS-PRESSE
CHÂTAIGNERAIE
CHÂTEAU-ARNOUX
CHÂTEAU-BOUGON
CHATEAUBRIAND
CHATEAUBRIAND
CHÂTEAUBRIANT
CHÂTEAUBRIANT
CHÂTEAU-CHINON
CHÂTEAU-DU-LOIR
CHÂTEAU-D'YQUEM
CHÂTEAUGUOISE
CHÂTEAU-LAFITE
CHÂTEAU-LANDON
CHÂTEAU-LATOUR
CHÂTEAULINOIS
CHÂTEAUPONSAC

CHÂTEAURENARD
CHÂTEAU-SALINS
CHÂTELLERAULT
CHÂTILLONNAIS
CHÂTILLONAISE
CHATOUILLEUSE
CHAUDES-AIGUES
CHAUDES-PISSES
CHAUDFONTAINE
CHAUDRONNERIE
CHAUDRONNIÈRE
CHAUFFE-MOTEUR
CHAUSSE-TRAPES
CHAUSSE-TRAPPE
CHAUVES-SOURIS
CHÉLEUTOPTÈRE
CHÉNOPODIACÉE
CHÈQUE-SERVICE
CHERBOURGEOIS
CHESNAYSIENNE
CHEVAL-D'ARÇONS
CHEVALERESQUE
CHEVAUCHEMENT
CHEVAUX-VAPEUR
CHEVEU-DE-VÉNUS
CHEVILLY-LARUE
CHÈVREFEUILLE
CHIANG CHIN-KUO
CHIBOUGAMOISE
CHICHES-KEBABS
CHIFFONNEMENT
CHILLY-MAZARIN
CHIROPRACTEUR
CHIROPRATIQUE
CHLAMYDOMONAS
CHLORHYDRIQUE
CHOLINERGIQUE
CHONDRICHTYEN
CHONDROMATOSE
CHOPPING-TOOLS
CHORÉGRAPHIÉE
CHORÉGRAPHIER
CHOSIFICATION
CHOSTAKOVITCH
CHRESTOMATHIE
CHRISTIANISÉE
CHRISTIANISER
CHRISTIANISME
CHROMATOPHORE
CHROMOSOMIQUE
CHRONIQUEMENT
CHRONOLOGIQUE
CHRONOMÉTRAGE
CHRONOMÉTRANT
CHRONOMÉTREUR
CHRYSOSTOMIEN

CICATRICIELLE
CICATRISATION
CINESTHÉSIQUE
CINO DA PISTOIA
CINQUIÈMEMENT
CIRCONFÉRENCE
CIRCONSTANCIÉ
CIRCONVOISINE
CIRCULARISANT
CIRCUMDUCTION
CIRCUMPOLAIRE
CITÉ INTERDITE
CITÉS-DORTOIRS
CIUDAD BOLÍVAR
CIUDAD DEL ESTE
CIUDAD GUAYANA
CIUDAD OBREGÓN
CIVILISATRICE
CIVITAVECCHIA
CLAIRS-OBSCURS
CLANDESTINITÉ
CLARIFICATION
CLARINETTISTE
CLASSIQUEMENT
CLAUSTROPHOBE
CLÉGUÉRECOISE
CLIENT-SERVEUR
CLIMATISATION
CLIQUETTEMENT
CLITORIDIENNE
CLOCHARDISANT
CLODOALDIENNE
CLOISONNEMENT
CLOPIN-CLOPANT
COATZACOALCOS
COBALTHÉRAPIE
COBELLIGÉRANT
COCARCINOGÈNE
COCONTRACTANT
COCOTTE-MINUTE
CODIFICATRICE
CŒUR-DE-PIGEON
COFINANCEMENT
COGNITICIENNE
COLIBACILLOSE
COLIN-MAILLARD
COLLABORATEUR
COLLABORATION
COLLATIONNANT
COLLATIONNURE
COLLECTIONNÉE
COLLECTIONNER
COLLECTIVISÉE
COLLECTIVISER
COLLECTIVISME
COLLECTIVISTE
COLLIOURENQUE

COLLISIONNEUR
COLLOR DE MELLO
COLOMBOPHILIE
COLONISATRICE
COLOSSALEMENT
COMBOURGEOISE
COMESTIBILITÉ
COMMANDITAIRE
COMMÉMORAISON
COMMÉMORATION
COMMÉMORATIVE
COMMENDATAIRE
COMMENSALISME
COMMENSURABLE
COMMENTATRICE
COMMENTRYENNE
COMMERCIALISÉ
COMMISÉRATION
COMMISSIONNÉE
COMMISSIONNER
COMMOTIONNANT
COMMUNALISANT
COMMUNAUTAIRE
COMMUNICATEUR
COMMUNICATION
COMMUNICATIVE
COMMUTATIVITÉ
COMPAGNONNAGE
COMPARABILITÉ
COMPARAISSANT
COMPARTIMENTÉ
COMPASSIONNEL
COMPASSIONNER
COMPATIBILITÉ
COMPATISSANTE
COMPENSATOIRE
COMPENSATRICE
COMPÈRE-LORIOT
COMPÉTITIVITÉ
COMPLEXIFIANT
COMPLIMENTANT
COMPLIMENTEUR
COMPRÉHENSION
COMPRÉHENSIVE
COMPROMETTANT
COMPROMISSION
COMPTABILISÉE
COMPTABILISER
COMPTE CHÈQUES
COMPTE-GOUTTES
COMPTES RENDUS
COMPULSIONNEL
CONCATÉNATION
CONCENTRATEUR
CONCENTRATION
CONCEPTUALISÉ
CONCILIATOIRE

CONCILIATRICE	**CONSTANTINOIS**	CONTRE-HERMINE
CONCORDATAIRE	CONSTELLATION	CONTRE-INDIQUÉ
CONCUPISCENCE	CONSTERNATION	CONTRE-LETTRES
CONCUPISCENTE	CONSTRUCTIBLE	CONTREMARQUÉE
CONCUPISCIBLE	CONSTRUCTRICE	CONTREMARQUER
CONCURREMMENT	CONTACTOLOGIE	CONTRE-MESURES
CONCURRENÇANT	CONTAINÉRISÉE	CONTRE-PASSANT
CONCURRENTIEL	CONTAINÉRISER	CONTRE-PASSÉES
CONDESCENDANT	CONTAMINATION	CONTREPÈTERIE
CONDITIONNANT	CONTEMPLATEUR	CONTREPLACAGE
CONDITIONNEUR	CONTEMPLATION	CONTREPLAQUÉE
CONFABULATION	CONTEMPLATIVE	CONTREPLAQUER
CONFECTIONNÉE	CONTEMPORAINE	CONTRE-PLONGÉE
CONFECTIONNER	CONTENEURISÉE	CONTRE-POINTER
CONFÉDÉRATION	CONTENEURISER	CONTRE-POINTES
CONFÉRENCIÈRE	CONTESTATAIRE	CONTRE-POUVOIR
CONFESSIONNAL	CONTESTATRICE	CONTRE-PROJETS
CONFESSIONNEL	CONTEXTUALISÉ	**CONTRE-RÉFORME**
CONFIGURATION	CONTINGENTANT	CONTRESIGNANT
CONFISCATOIRE	CONTINUATRICE	CONTRE-SOCIÉTÉ
CONFLAGRATION	CONTORSIONNÉE	CONTRE-TAILLES
CONFLICTUELLE	CONTORSIONNER	CONTRE-TIMBRES
CONFOLENTAISE	CONTOURNEMENT	CONTRE-VALEURS
CONFORMÉMENT À	CONTRACEPTION	CONTREVENANTE
CONFRATERNITÉ	CONTRACEPTIVE	CONTREVENTANT
CONFRONTATION	CONTRACTILITÉ	CONTRE-VISITES
CONFUCIANISME	CONTRACTUELLE	**CONTREXÉVILLE**
CONFUCIANISTE	CONTRACTURANT	CONTRIBUTRICE
CONGESTIONNÉE	CONTRADICTEUR	CONTROLATÉRAL
CONGESTIONNER	CONTRADICTION	CONTROVERSANT
CONGO-KINSHASA	CONTRAGESTIVE	CONTUSIONNANT
CONGRÉGANISTE	CONTRAIGNABLE	CONVALESCENCE
CONJOINTEMENT	CONTRAIGNANTE	CONVALESCENTE
CONJONCTIVALE	CONTRAROTATIF	CONVENTIONNÉE
CONJONCTIVAUX	CONTRAVENTION	CONVENTIONNEL
CONJONCTIVITE	CONTRE-À-CONTRE	CONVENTIONNER
CONJUGALEMENT	CONTRE-AMIRAUX	CONVERTISSAGE
CONNAISSEMENT	CONTRE-ATTAQUE	CONVERTISSANT
CONQUISTADORS	CONTRE-ATTAQUÉ	CONVERTISSEUR
CONSANGUINITÉ	CONTREBALANCÉ	CONVOLVULACÉE
CONSCIENCIEUX	CONTREBANDIER	CONVULSIONNÉE
CONSCIENTISÉE	CONTRE-BRAQUÉE	CONVULSIONNER
CONSCIENTISER	CONTRE-BRAQUER	COORDINATRICE
CONSÉQUEMMENT	CONTRE-BRAQUÉS	COORDONNATEUR
CONSERVATISME	CONTRECARRANT	COPARENTALITÉ
CONSERVATOIRE	CONTRE-COURANT	COPARTAGEANTE
CONSERVATRICE	CONTRE-COURBES	COPARTICIPANT
CONSIDÉRATION	CONTRE-CULTURE	**COPENHAGUOISE**
CONSIGNATAIRE	CONTRE-EMPLOIS	COPERNICIENNE
CONSISTORIALE	CONTRE-ENQUÊTE	COPROCESSEURS
CONSISTORIAUX	CONTRE-ÉPREUVE	COQUELUCHEUSE
CONSOLIDATION	CONTRE-EXEMPLE	**CORDES-SUR-CIEL**
CONSOMMATRICE	CONTREFACTEUR	CORESPONSABLE
CONSONANTIQUE	CONTREFAISANT	**CORNOUAILLAIS**
CONSONANTISME	CONTRE-FENÊTRE	CORONOGRAPHIE
CONSPIRATRICE	CONTREFICHANT	**CORPUS CHRISTI**
CONSTANTINIEN	CONTREFOUTANT	CORPUSCULAIRE

CORRECTIONNEL
CORRESPONDANT
CORROBORATION
COSSÉ-LE-VIVIEN
CÔTE-DE-BEAUPRÉ
CÔTE D'ÉMERAUDE
CÔTE VERMEILLE
COTIGNACÉENNE
COTONS-POUDRES
COTTERÉZIENNE
COUCHE-CULOTTE
COUDEKERQUOIS
COUPE-CIRCUITS
COUPON-RÉPONSE
COURBEVOISIEN
COURCOURONNES
COURNEUVIENNE
COURSEULLAISE
COURT-BOUILLON
COURT-CIRCUITÉ
COURT-COURRIER
COURTISANERIE
COURT-JOINTÉES
COURTOISEMENT
COUTEAUX-SCIES
COWANSVILLOIS
COXO-FÉMORALES
CRACHOUILLANT
CRAINTIVEMENT
CRAMPONNEMENT
CRANIOSTÉNOSE
CRAPAUD-BUFFLE
CRAQUETTEMENT
CRÉATIONNISME
CRÉATIONNISTE
CRÉBILLON FILS
CRÉDIBILISANT
CRÉDIRENTIÈRE
CRÉNOTHÉRAPIE
CRÉPUSCULAIRE
CRÉPY-EN-VALOIS
CRÉTINISATION
CREYS-MALVILLE
CRIMINALISANT
CRISTALLINIEN
CRISTALLISANT
CRISTALLISOIR
CRITICAILLANT
CROQUEMBOUCHE
CROQUE-MITAINE
CROSS-COUNTRYS
CROUPISSEMENT
CROUSTILLANTE
CRUCIVERBISTE
CRYOCHIRURGIE
CRYOTECHNIQUE
CRYOTURBATION

CRYPTOGAMIQUE
CRYPTOGRAPHIE
CRYPTORCHIDIE
CSOKONAI VITÉZ
CULPABILISANT
CURIETHÉRAPIE
CUTI-RÉACTIONS
CYANOACRYLATE
CYANOBACTÉRIE
CYBERNÉTICIEN
CYCLOTHYMIQUE
CYCLOTOURISME
CYLINDRE-SCEAU
CYNOSCÉPHALES
CYPHOSCOLIOSE
CYTOGÉNÉTIQUE
CYTOPLASMIQUE
CYTOSQUELETTE
DACRYOCYSTITE
DACTYLOGRAMME
DACTYLOGRAPHE
DACTYLOSCOPIE
DAGUERRÉOTYPE
DANNEMARIENNE
DARIOS CODOMAN
DÉAMBULATOIRE
DÉBÂILLONNANT
DÉBARBOUILLÉE
DÉBARBOUILLER
DÉBRANCHEMENT
DÉBREDOUILLER
DÉBROUILLARDE
DÉBROUSSAILLÉ
DÉBUDGÉTISANT
DÉCADENASSANT
DÉCAPITALISER
DÉCAPUCHONNÉE
DÉCAPUCHONNER
DÉCARBURATION
DÉCAVAILLONNÉ
DECAZEVILLOIS
DÉCENTRALISÉE
DÉCENTRALISER
DÉCÉRÉBRATION
DÉCHAPERONNÉE
DÉCHAPERONNER
DÉCHAUSSEMENT
DÉCHIFFONNANT
DÉCHIFFREMENT
DÉCISIONNAIRE
DÉCISIONNELLE
DÉCLASSIFIANT
DÉCLENCHEMENT
DÉCLOISONNANT
DÉCOMPOSITION
DÉCOMPRESSANT
DÉCOMPRESSEUR

DÉCOMPRESSION
DÉCONCENTRANT
DÉCONCERTANTE
DÉCONDITIONNÉ
DÉCONGÉLATION
DÉCONSEILLANT
DÉCONSIDÉRANT
DÉCONTAMINANT
DÉCONTENANCÉE
DÉCONTENANCER
DÉCONTRACTANT
DÉCONTRACTION
DÉCORTICATION
DÉCOURAGEANTE
DÉCOURAGEMENT
DÉCRÉDIBILISÉ
DÉCRIMINALISÉ
DÉCROISSEMENT
DÉCULPABILISÉ
DÉCULTURATION
DÉDIFFÉRENCIÉ
DÉDOMMAGEMENT
DÉDRAMATISANT
DÉDUCTIBILITÉ
DÉFENSIVEMENT
DÉFERVESCENCE
DÉFEUILLAISON
DÉFINITIONNEL
DÉFISCALISANT
DÉFLEURISSANT
DÉFORESTATION
DÉGAUCHISSAGE
DÉGAUCHISSANT
DÉGAZONNEMENT
DÉGLUTINATION
DÉGOULINEMENT
DÉGOURDISSANT
DÉGRAVOIEMENT
DÉGROSSISSAGE
DÉGROSSISSANT
DÉGUERPISSANT
DE KEERSMAEKER
DÉLIBÉRATOIRE
DÉLIQUESCENCE
DÉLIQUESCENTE
DELPHINOLOGIE
DÉMAGNÉTISANT
DÉMAIGRISSANT
DÉMANTÈLEMENT
DÉMANTIBULANT
DÉMAQUILLANTE
DÉMATÉRIALISÉ
DÉMÉDICALISÉE
DÉMÉDICALISER
DEMI-BOUTEILLE
DEMI-DOUZAINES
DEMI-FINALISTE

DÉMILITARISÉE DERNIÈRES-NÉES DÉSINSECTISER
DÉMILITARISER DÉSACCOUPLANT DÉSINTÉRESSÉE
DEMI-LONGUEURS DÉSACCOUTUMÉE DÉSINTÉRESSER
DEMI-MONDAINES DÉSACCOUTUMER DÉSINTOXIQUÉE
DÉMINÉRALISÉE DÉSACRALISANT DÉSINTOXIQUER
DÉMINÉRALISER DÉSACTIVATION DESMODROMIQUE
DÉMISSIONNANT DÉSADAPTATION DÉSOBÉISSANCE
DEMI-TENDINEUX DÉSAGRÉGATION DÉSOBÉISSANTE
DÉMOBILISABLE DÉSALIGNEMENT DÉSOBLIGEANTE
DÉMOCRATISANT DÉSAMBIGUÏSÉE DÉSODORISANTE
DÉMOGRAPHIQUE DÉSAMBIGUÏSER DÉSŒUVREMENT
DÉMONSTRATEUR DÉSAMIDONNANT DÉSOLIDARISÉE
DÉMONSTRATION DÉSAPPOINTANT DÉSOLIDARISER
DÉMONSTRATIVE DÉSAPPROUVANT DÉSOPERCULANT
DÉMORALISANTE DÉSARTICULANT DÉSORBITATION
DÉMOUSTIQUANT DÉSASSEMBLANT DÉSORGANISANT
DÉMULTIPLEXÉE DÉSATELLISANT DESSAISISSANT
DÉMULTIPLEXER DÉSAVANTAGEUX DESSERTISSAGE
DÉMULTIPLIANT DÉSCOLARISANT DESSERTISSANT
DÉMYSTIFIANTE DÉSECTORISANT DESSOUS-DE-BRAS
DÉNATIONALISÉ DÉSÉGRÉGATION DESSOUS-DE-PLAT
DÉNATURALISÉE DÉSEMBOURBANT DESSUS-DE-PORTE
DÉNATURALISER DÉSEMPLISSANT DÉSTABILISANT
DÉNICOTINISÉE DÉSENCHAÎNANT DÉSTALINISANT
DÉNICOTINISER DÉSENCHANTANT DÉSTRUCTURANT
DÉNITRATATION DÉSENCOMBRANT DÉSULFURATION
DÉNIVELLATION DÉSENCRASSANT DÉSYNCHRONISÉ
DÉNIVELLEMENT DÉSENGAGEMENT DÉTÉRIORATION
DÉNONCIATRICE DÉSENGORGEANT DÉTERMINATION
DENSIFICATION DÉSENSIBILISÉ DÉTERMINATIVE
DENSIMÉTRIQUE DÉSENSORCELÉE DEUS EX MACHINA
DÉNUCLÉARISÉE DÉSENSORCELER DEUTSCHE MARKS
DÉNUCLÉARISER DÉSENTORTILLÉ **DEUX-MONTAGNES**
DÉONTOLOGIQUE DÉSENVELOPPÉE **DEUX-SÉVRIENNE**
DÉPARTEMENTAL DÉSENVELOPPER DÉVALORISANTE
DÉPASSIONNANT DÉSENVENIMANT DÉVELOPPEMENT
DÉPATOUILLANT DÉSENVERGUANT DÉVERROUILLÉE
DÉPÉRISSEMENT DÉSÉQUILIBRÉE DÉVERROUILLER
DÉPHOSPHATANT DÉSÉQUILIBRER DÉVIRGINISANT
DÉPHOSPHORANT DÉSERTISATION DEVISES-TITRES
DÉPOITRAILLÉE DÉSESPÉRÉMENT DIABOLISATION
DÉPOLARISANTE DÉSEXCITATION DIAGNOSTIQUÉE
DÉPOLISSEMENT DÉSEXUALISANT DIAGNOSTIQUER
DÉPOUILLEMENT DÉSHÉRITEMENT DIAGONALEMENT
DÉPOUSSIÉRAGE DÉSHUMANISANT DIALECTALISME
DÉPOUSSIÉRANT DÉSHUMIDIFIÉE DIALECTOLOGIE
DÉPOUSSIÉREUR DÉSHUMIDIFIER DIALECTOLOGUE
DÉPRÉCIATRICE DÉSHYDRATANTE DIALECTOPHONE
DÉPRESSURISÉE DÉSHYDROGÉNÉE DIAMAGNÉTIQUE
DÉPRESSURISER DÉSHYDROGÉNER DIAMAGNÉTISME
DÉPROGRAMMANT DÉSILLUSIONNÉ **DIANE DE FRANCE**
DÉRAISONNABLE DÉSINCARCÉRÉE **DIANE DE VALOIS**
DÉRÉALISATION DÉSINCARCÉRER DIEFFENBACHIA
DÉRÉGLEMENTÉE DÉSINCRUSTANT **DIENTZENHOFER**
DÉRÉGLEMENTER DÉSINENTIELLE DIÉSÉLISATION
DÉRISOIREMENT DÉSINFECTANTE DIÉTÉTICIENNE
DERMATOGLYPHE DÉSINSECTISÉE DIÉTHYLÉNIQUE

DIEULEFITOISE
DIFFÉRENCIANT
DIFFÉRENTIANT
DIFFICILEMENT
DIFFICULTUEUX
DIGESTIBILITÉ
DIGITOPLASTIE
DIGNE-LES-BAINS
DILAPIDATRICE
DILETTANTISME
DILSEN-STOKKEM
DIMENSIONNANT
DIOGÈNE LAËRCE
DIPHTONGAISON
DISCIPLINABLE
DISCIPLINAIRE
DISCONTINUANT
DISCONTINUITÉ
DISCONVENANCE
DISCOTHÉCAIRE
DISCOURTOISIE
DISCRIMINANTE
DISCUTAILLANT
DISCUTAILLEUR
DISPARAISSANT
DISPENSATRICE
DISPONIBILITÉ
DISPROPORTION
DISQUALIFIANT
DISSÉMINATION
DISSIMILATION
DISSIMILITUDE
DISSIMULATEUR
DISSIMULATION
DISSYLLABIQUE
DISSYMÉTRIQUE
DISTANCIATION
DISTINCTEMENT
DISTRAITEMENT
DISTRIBUTAIRE
DISTRIBUTRICE
DITHYRAMBIQUE
DIVERTICULOSE
DIVERTISSANTE
DIVISIONNAIRE
DIVISIONNISME
DIVISIONNISTE
DOCTEUR JEKYLL
DOCTEUR JIVAGO
DOCTORALEMENT
DOCUMENTATION
DODÉCASYLLABE
DOLCHARDIENNE
DOL-DE-BRETAGNE
DOLLARISATION
DOMESTICATION
DOMICILIATION

DONNEAU DE VISÉ
DORA-MITTELBAU
DOUBLE-CLIQUER
DOUBLE-FENÊTRE
DOUBLES-CRÈMES
DOUDEVILLAISE
DOWNING STREET
DRAGEONNEMENT
DRAMATISATION
DRÉPANOCYTOSE
DRESSING-ROOMS
DRUMMONDVILLE
DU BOIS-REYMOND
DUCHAMP-VILLON
DUCHÉS-PAIRIES
DUCOS DU HAURON
DUCRAY-DUMINIL
DUMBARTON OAKS
DUPONT DE L'EURE
DUQUE DE CAXIAS
DYNAMIQUEMENT
ÉBAUDISSEMENT
ÉBLOUISSEMENT
ÉBOUILLANTAGE
ÉBOUILLANTANT
ÉBOURGEONNAGE
ÉBOURGEONNANT
ÉBULLIOMÉTRIE
ÉBULLIOSCOPIE
ECCLÉSIOLOGIE
ÉCHANTILLONNÉ
ÉCHELONNEMENT
ÉCHINOCOCCOSE
ÉCHOGRAPHIANT
ÉCLAIRCISSAGE
ÉCLAIRCISSANT
ÉCONOMÉTRIQUE
ÉCOUVILLONNÉE
ÉCOUVILLONNER
ÉCRABOUILLAGE
ÉCRABOUILLANT
ÉCRIVAILLERIE
ÉCRIVAILLEUSE
ECTOBLASTIQUE
EDGAR ATHELING
ÉDIMBOURGEOIS
ÉDITORIALISTE
EFFECTIVEMENT
EFFERVESCENCE
EFFERVESCENTE
EFFEUILLAISON
EFFEUILLEMENT
EFFLORESCENCE
EFFLORESCENTE
ÉGLISES-HALLES
EKATERINBOURG
ÉLANCOURTOISE

ÉLARGISSEMENT
ÉLECTORALISME
ÉLECTORALISTE
ÉLECTRICIENNE
ÉLECTRISATION
ÉLECTROAIMANT
ÉLECTROCHIMIE
ÉLECTROCUTANT
ÉLECTROCUTION
ÉLECTROFAIBLE
ÉLECTROLYSANT
ÉLECTROLYSEUR
ÉLECTROMÉTRIE
ÉLECTROMOTEUR
ÉLECTRONICIEN
ÉLECTRO-OSMOSE
ÉLÉPHANTESQUE
ÉLÉPHANTIASIS
ÉLISABÉTHAINE
ÉLOGIEUSEMENT
ELSTER BLANCHE
ÉMANCIPATRICE
EMBARBOUILLÉE
EMBARBOUILLER
EMBARDOUFLANT
EMBARRASSANTE
EMBERLIFICOTÉ
EMBERLUCOQUER
EMBOURGEOISÉE
EMBOURGEOISER
EMBOUTEILLAGE
EMBOUTEILLANT
EMBOUTISSEUSE
EMBRANCHEMENT
EMBRIGADEMENT
EMBROUSSAILLÉ
EMBRYOLOGIQUE
EMBRYOLOGISTE
ÉMILIE-ROMAGNE
EMMOUSCAILLÉE
EMMOUSCAILLER
ÉMOUSTILLANTE
EMPHYSÉMATEUX
EMPHYTÉOTIQUE
EMPIRE OTTOMAN
EMPIRIQUEMENT
EMPLOYABILITÉ
EMPOISONNANTE
EMPOISONNEUSE
EMPOISSONNANT
EMPORTE-PIÈCES
EMPOUSSIÉRANT
EMPUANTISSANT
ÉMULSIONNABLE
ÉMULSIONNANTE
ÉNANTIOMORPHE
ENCAPUCHONNÉE

ENCAPUCHONNER
ENCAUSTIQUAGE
ENCAUSTIQUANT
ENCHANTERESSE
ENCHÉRISSEUSE
ENCHEVAUCHANT
ENCHEVAUCHURE
ENCLENCHEMENT
ENCOURAGEANTE
ENCOURAGEMENT
ENDIVISIONNÉE
ENDIVISIONNER
ENDOBLASTIQUE
ENDOCRINIENNE
ENDOLORISSANT
ENDOMMAGEMENT
ENDOMORPHISME
ENDOPLASMIQUE
ENDOTHERMIQUE
ÉNERGIQUEMENT
ENFOUISSEMENT
ENFOURCHEMENT
ENGAZONNEMENT
ENGLOUTISSANT
ENGOUFFREMENT
ENGOURDISSANT
ENGRAISSEMENT
ENGUIRLANDANT
ENQUIQUINANTE
ENQUIQUINEUSE
ENRÉGIMENTANT
ENREGISTRABLE
ENREGISTREUSE
ENRICHISSANTE
ENSANGLANTANT
ENSEMENCEMENT
ENSEVELISSANT
ENTÉROPNEUSTE
ENTHOUSIASMÉE
ENTHOUSIASMER
ENTOMOLOGIQUE
ENTOMOLOGISTE
ENTREBÂILLANT
ENTREBÂILLEUR
ENTRECASTEAUX
ENTRECHOQUANT
ENTRECROISANT
ENTRE-DÉCHIRÉE
ENTRE-DÉCHIRER
ENTRE-DÉCHIRÉS
ENTRE-DEUX-MERS
ENTRE-DÉVORANT
ENTRE-DÉVORÉES
ENTR'ÉGORGEANT
ENTRE-HAÏSSANT
ENTRE-HEURTANT
ENTRE-HEURTÉES

ENTRELACEMENT
ENTREMÊLEMENT
ENTREMETTEUSE
ENTREPRENANTE
ENTREPRENEUSE
ENTRETAILLANT
ENVAHISSEMENT
ENVELOPPEMENT
ENVIRONNEMENT
ÉPAISSISSANTE
ÉPANOUISSANTE
ÉPARPILLEMENT
ÉPICYCLOÏDALE
ÉPICYCLOÏDAUX
ÉPIDÉMIOLOGIE
ÉPISCOPALISME
ÉPISTÉMOLOGIE
ÉPISTÉMOLOGUE
ÉPOUSTOUFLANT
ÉQUATO-GUINÉEN
ÉQUILIBRATION
ÉQUIPARTITION
ÉQUIPEMENTIER
ÉQUIPOTENTIEL
ÉQUISÉTOPHYTE
ÉQUITABLEMENT
ERGASTOPLASME
ERNEST-AUGUSTE
ERPÉTOLOGIQUE
ERPÉTOLOGISTE
ÉRYTHÉMATEUSE
ÉRYTHROBLASTE
ÉRYTHRODERMIE
ÉRYTHROPHOBIE
ÉRYTHROPOÏÈSE
ESPALIONNAISE
ESPÍRITO SANTO
ESSENTIALISME
ESSEY-LÈS-NANCY
ESSOUFFLEMENT
ESTABLISHMENT
EST-ALLEMANDES
ESTHÉTICIENNE
ESTOURBISSANT
ÉTABLES-SUR-MER
ÉTABLISSEMENT
ÉTANÇONNEMENT
ÉTANG-SALÉENNE
ÉTANT DONNÉ QUE
ÉTATS-UNIENNES
ÉTATS-UNIENNES
ÉTERNELLEMENT
ETHNOBIOLOGIE
ÉTIENNE-MARTIN
ÉTINCELLEMENT
ÉTOILE-D'ARGENT
ÉTOURDISSANTE

ÉTRÉSILLONNÉE
ÉTRÉSILLONNER
EUCHARISTIQUE
EUDOXE DE CNIDE
EUROCENTRISME
EUROPÉANISANT
EUROSCEPTIQUE
ÉVAUX-LES-BAINS
ÉVIAN-LES-BAINS
EXCESSIVEMENT
EXCLUSIVEMENT
EXCURSIONNANT
EXÉCRABLEMENT
EXISTENTIELLE
EXOPHTALMIQUE
EXPANSIBILITÉ
EXPECTORATION
EXPÉRIMENTALE
EXPÉRIMENTANT
EXPÉRIMENTAUX
EXPLICITATION
EXPLICITEMENT
EXPLOSIBILITÉ
EXPONENTIELLE
EXPROPRIATION
EXTENSIBILITÉ
EXTÉRIORISANT
EXTERMINATEUR
EXTERMINATION
EXTÉROCEPTIVE
EXTRACONJUGAL
EXTRACORPOREL
EXTRA-COURANTS
EXTRAPOLATION
EXTRASCOLAIRE
EXTRASENSIBLE
EXTRA-UTÉRINES
EXTRÊME-ORIENT
FABIAN SOCIETY
FABULEUSEMENT
FACTORISATION
FALSIFICATEUR
FALSIFICATION
FAMILIARISANT
FAMILIÈREMENT
FANATIQUEMENT
FANGOTHÉRAPIE
FANTASMAGORIE
FANTASMATIQUE
FASTUEUSEMENT
FAUCON MALTAIS
FAUSSES-ROUTES
FAUX-FACTURIER
FAUX-MONNAYEUR
FAUX-SEMBLANTS
FAVORABLEMENT
FELD-MARÉCHAUX

FELDSPATHIQUE
FELDSPATHOÏDE
FÉLICITATIONS
FERENC RÁKÓCZI
FERRALLITIQUE
FERRER GUARDIA
FERROSILICIUM
FERTILISATION
FESSE-MATHIEUX
FÊTES GALANTES
FIÉVREUSEMENT
FILIALISATION
FINISTÉRIENNE
FINNO-OUGRIENS
FISCALISATION
FLACONS-POMPES
FLAGELLATRICE
FLATTEUSEMENT
FLAVIUS VALENS
FLÉCHISSEMENT
FLEURIMONTOIS
FLEURISSEMENT
FLEURY-MÉROGIS
FLEXIBILISANT
FLINS-SUR-SEINE
FLORENSACOISE
FLORIANÓPOLIS
FLORIDABLANCA
FLUORHYDRIQUE
FŒTO-MATERNEL
FONCTIONNAIRE
FONCTIONNELLE
FONTAINEBLEAU
FONTAINEBLEAU
FORCALQUIÉREN
FORCE OUVRIÈRE
FOREIGN OFFICE
FORGES-LES-EAUX
FORMALISATION
FORTIFICATION
FOSSILISATION
FOUESNANTAISE
FOUETTE-QUEUES
FOUGEROLLAISE
FOUGUEUSEMENT
FOULQUES NERRA
FOURMILLEMENT
FRACTIONNAIRE
FRACTIONNELLE
FRACTIONNISME
FRACTIONNISTE
FRAGILISATION
FRAGMENTATION
FRANC-COMTOISE
FRANC-COMTOISE
FRANCE TÉLÉCOM
FRANCHISSABLE

FRANC-MAÇONNES
FRANÇOIS RÉGIS
FRANCORCHAMPS
FRANC-QUARTIER
FRANCS-COMTOIS
FRANCS-COMTOIS
FRANCS-PARLERS
FRANCS-TIREURS
FRÉDÉRIC-HENRI
FREDERIKSBERG
FREDERIKSBORG
FREI RUIZ-TAGLE
FRENCH CANCANS
FRÉQUENTATION
FRÉQUENTATIVE
FRÉQUENTIELLE
FRESNOYSIENNE
FRIBOURGEOISE
FRICTIONNELLE
FRIPOUILLERIE
FRISSONNEMENT
FRONTIGNANAIS
FROTTE-MANCHES
FROUFROUTANTE
FUERTEVENTURA
FUME-CIGARETTE
FUMEROLLIENNE
FUNAMBULESQUE
GAILLARDEMENT
GALÉOPITHÈQUE
GALLA PLACIDIA
GALLO-ROMAINES
GALVANISATION
GANDRANGEOISE
GANGLIONNAIRE
GARCÍA MÁRQUEZ
GARDE-BARRIÈRE
GARDE-CHIOURME
GARDEN-PARTIES
GARDES-CHASSES
GARDES-MALADES
GARDES-RIVIÈRE
GARGANTUESQUE
GARGILESSOISE
GARIBALDIENNE
GASTÉROMYCÈTE
GASTRONOMIQUE
GAUCHISSEMENT
GAULE CELTIQUE
GAULE CHEVELUE
GAZÉIFICATION
GAZOUILLEMENT
GÉBRÉSÉLASSIÉ
GÉLITURBATION
GELSENKIRCHEN
GÉMELLIPARITÉ
GEMMOTHÉRAPIE

GÉNÉRALISABLE
GÉNÉRALISANTE
GÉNÉRALISSIME
GENERAL MOTORS
GENERAL SANTOS
GÉNÉRATIONNEL
GÉNÉREUSEMENT
GÉNÉTIQUEMENT
GENNEVILLIERS
GEOFFROI LE BEL
GÉOMAGNÉTIQUE
GÉOMAGNÉTISME
GÉOSTROPHIQUE
GÉOSYNCLINAUX
GÉOTECHNICIEN
GÉRARD LE GRAND
GERBIER-DE-JONC
GERMANISATION
GERMANOPHILIE
GERMANOPHOBIE
GERMANOPRATIN
GÉRONTOCRATIE
GÉRONTOPHILIE
GESTICULATION
GHETTOÏSATION
GIGANTOMACHIE
GIGANTOSTRACÉ
GIROMAGNIENNE
GLACIOLOGIQUE
GLANDOUILLANT
GLOBALISATEUR
GLOBALISATION
GLOBE-TROTTERS
GLORIEUSEMENT
GLORIFICATEUR
GLORIFICATION
GLOUTONNEMENT
GLYCOPROTÉINE
GOEPPERT-MAYER
GOGUENARDERIE
GOMMES-RÉSINES
GONÇALVES DIAS
GONFREVILLAIS
GONIOMÉTRIQUE
GONPONTOLVIEN
GORGE-DE-PIGEON
GOURMANDILLER
GOURNAY-EN-BRAY
GOUSSAINVILLE
GOUTTE-À-GOUTTE
GRABATISATION
GRÂCE-HOLLOGNE
GRACIEUSEMENT
GRADIGNANAISE
GRADUELLEMENT
GRAFFENSTADEN
GRAMMAIRIENNE

GRAND-COURONNE	HARGNEUSEMENT	HISPANO-ARABES
GRANDE RIVIÈRE	HARMONISATION	HODJATOLESLAM
GRAND-FOUGERAY	**HARUN AL-RACHID**	HOLOGRAPHIQUE
GRANDILOQUENT	**HASSI MESSAOUD**	**HOMBOURGEOISE**
GRANDISONANCE	**HAUBOURDINOIS**	HOMÉOPATHIQUE
GRANDISSEMENT	HAUT-DE-CHAUSSE	HOMME-SANDWICH
GRAND MEAULNES	**HAUTE-AUTRICHE**	HOMOCENTRIQUE
GRANDS MOGHOLS	HAUTE-FIDÉLITÉ	HOMOCINÉTIQUE
GRANDS-PARENTS	**HAUTEFORTAISE**	HOMOGAMÉTIQUE
GRAND-SYNTHOIS	**HAUTE-NORMANDE**	HOMOGÉNÉISANT
GRANDVILLIERS	**HAUTEVILLOISE**	HOMOGRAPHIQUE
GRANULOMÉTRIE	**HAUT-GARONNAIS**	HOMOMORPHISME
GRAPHIQUEMENT	**HAUT-SAVOYARDE**	HOMOSEXUALITÉ
GRAPHOLOGIQUE	**HAUT-VIENNOISE**	HONORABLEMENT
GRATIFICATION	**HAZEBROUCKOIS**	HORIZONTALITÉ
GRATTOUILLANT	HECTOMÉTRIQUE	HORRIPILATEUR
GRAVILLONNAGE	HÉLICICULTEUR	HORRIPILATION
GRAVILLONNANT	HÉLICICULTURE	HORTICULTRICE
GRAVIMÉTRIQUE	HÉLIOGRAVEUSE	HORTILLONNAGE
GREAT SALT LAKE	HÉLIOTHÉRAPIE	HOSPITALISANT
GREAT YARMOUTH	HÉLITREUILLÉE	**HRADEC KRÁLOVÉ**
GRÉCO-ROMAINES	HÉLITREUILLER	**HUANG GONGWANG**
GRENOUILLETTE	HELLÉNISATION	**HUGUES DE CLUNY**
GRIBOUILLEUSE	HELLÉNISTIQUE	**HUGUES DE PAINS**
GRILLES-ÉCRANS	HÉMATOLOGIQUE	**HUGUES DE PAYNS**
GRISÉOFULVINE	HÉMATOLOGISTE	**HUGUES LE BLANC**
GROENLANDAISE	HÉMISPHÉRIQUE	**HUGUES LE GRAND**
GROMMELLEMENT	HÉMODYNAMIQUE	HUMANITARISME
GROSSGLOCKNER	HÉMORROÏDAIRE	**HUNDERTWASSER**
GROSSIÈREMENT	HÉMOVIGILANCE	HYALOCLASTITE
GROSSISSEMENT	**HÉNIN-BEAUMONT**	HYDRARGYRISME
GUATÉMALIENNE	**HENNEBONTAISE**	HYDROCARBONÉE
GUATÉMALTÈQUE	**HENRI LE SÉVÈRE**	HYDROCÉPHALIE
GUATÉMALTÈQUE	HÉPATOMÉGALIE	HYDROCLASSEUR
GUEBWILLEROIS	HERBE-AUX-CHATS	HYDROCRAQUAGE
GUÉMENÉ-PENFAO	**HERBLAYSIENNE**	HYDROFILICALE
GUERNICA Y LUNO	HERBORISATION	HYDROFUGATION
GUEUGNONNAISE	HERBORISTERIE	HYDROGÉNATION
GUEULES-DE-LOUP	**HÉRICOURTOISE**	HYDROGÉOLOGIE
GUEULETONNANT	HÉRISSONNERIE	HYDROGÉOLOGUE
GUI DE LUSIGNAN	HERMAPHRODITE	HYDROGLISSEUR
GUILLAUME TELL	**HERMAPHRODITE**	HYDROMINÉRALE
GUIMARÃES ROSA	HERMÉNEUTIQUE	HYDROMINÉRAUX
GUINGUETTOISE	**HÉRODE AGRIPPA**	HYDRONÉPHROSE
GUIPAVASIENNE	**HÉRODE ANTIPAS**	HYDROPEROXYDE
GUTTAS-PERCHAS	**HÉRODE LE GRAND**	HYDROSILICATE
GYNÉCOLOGIQUE	HÉROÏ-COMIQUES	HYDROSTATIQUE
HAGONDANGEOIS	**HÉROUVILLAISE**	HYDROTHÉRAPIE
HAGUENOVIENNE	HERTFORDSHIRE	HYDROTHERMALE
HAILÉ SÉLASSIÉ	HÉTÉROGÉNÉITÉ	HYDROTHERMAUX
HALLUCINATION	HÉTÉROMORPHIE	HYDROTIMÉTRIE
HALLUCINOGÈNE	**HEUSDEN-ZOLDER**	HYDROXYLAMINE
HALTE-GARDERIE	HIÉRARCHISANT	HYGROMÉTRIQUE
HALTÉROPHILIE	HIPPOCRATIQUE	HYGROSCOPIQUE
HAMBOURGEOISE	HIPPOCRATISME	HYPERACTIVITÉ
HAMILCAR BARCA	HIPPOPHAGIQUE	HYPERBORÉENNE
HARALD BLÅTAND	HISPANISATION	HYPERCALCÉMIE

HYPERESTHÉSIE	IMPÉRIALEMENT	INDÉFRICHABLE
HYPERGLYCÉMIE	IMPERSONNELLE	INDÉLICATESSE
HYPERKALIÉMIE	IMPERTURBABLE	INDÉMAILLABLE
HYPERMÉTROPIE	IMPLACABILITÉ	INDEMNISATION
HYPERNATRÉMIE	IMPLANTOLOGIE	INDÉMONTRABLE
HYPERRÉALISME	IMPLICITEMENT	INDÉNOMBRABLE
HYPERRÉALISTE	IMPOLARISABLE	INDÉRACINABLE
HYPERSENSIBLE	IMPORTUNÉMENT	**INDES GALANTES**
HYPERSTATIQUE	IMPOSSIBILITÉ	INDICIBLEMENT
HYPERTROPHIÉE	IMPRÉDICTIBLE	INDIFFÉRENCIÉ
HYPERTROPHIER	IMPRÉPARATION	INDIRECTEMENT
HYPOCALORIQUE	IMPRESSIONNÉE	INDISCERNABLE
HYPOCRITEMENT	IMPRESSIONNER	INDISCIPLINÉE
HYPOCYCLOÏDAL	IMPRIMABILITÉ	INDISPENSABLE
HYPOGASTRIQUE	IMPROBABILITÉ	INDISPOSITION
HYPONEURIENNE	IMPRONONÇABLE	INDISSOCIABLE
HYPOPHOSPHITE	IMPROVISATEUR	INDIVIDUALISÉ
HYPOSULFUREUX	IMPROVISATION	INDIVIDUALITÉ
HYPOTHYROÏDIE	IMPUDIQUEMENT	INDIVIDUATION
HYPSOMÉTRIQUE	IMPULSIVEMENT	INDO-EUROPÉENS
HYSTÉRECTOMIE	IMPUTRESCIBLE	**INDO-EUROPÉENS**
HYSTÉROMÉTRIE	INACCEPTATION	INDULGENCIANT
HYSTÉROSCOPIE	INAFFECTIVITÉ	INDUSTRIALISÉ
ICHTYOLOGIQUE	INAMOVIBILITÉ	INÉCHANGEABLE
ICHTYOLOGISTE	INAPPLICATION	INEFFABLEMENT
IDÉALISATRICE	INAPPRÉCIABLE	INÉLIGIBILITÉ
IDENTIQUEMENT	INAPPRIVOISÉE	INEXIGIBILITÉ
IDÉOGRAPHIQUE	INAPPROCHABLE	INEXORABILITÉ
IDIOSYNCRASIE	INASSIMILABLE	INEXPÉRIMENTÉ
IEKATERINODAR	INAUTHENTIQUE	INEXPLOITABLE
ILLE-ET-VILAINE	INCANDESCENCE	INEXTINGUIBLE
ILLISIBLEMENT	INCANDESCENTE	INFALSIFIABLE
ILLOGIQUEMENT	INCAPACITANTE	INFANTILISANT
ILLUMINATIONS	INCARCÉRATION	INFECTIOLOGIE
ILLUSIONNISME	INCESSIBILITÉ	INFÉRIORISANT
ILLUSIONNISTE	INCLUSIVEMENT	INFINITÉSIMAL
ILLUSOIREMENT	INCOMBUSTIBLE	INFLAMMATOIRE
ILLUSTRATRICE	INCONCILIABLE	INFLÉCHISSANT
ILLUSTRISSIME	INCONDITIONNÉ	INFLEXIBILITÉ
IMAMURA SHOHEI	INCONFORTABLE	INFLORESCENCE
IMMARCESCIBLE	INCONSÉQUENCE	INFOGRAPHISTE
IMMATÉRIALITÉ	INCONSÉQUENTE	INFORMATICIEN
IMMATRICULANT	INCONSISTANCE	INFORMATISANT
IMMÉDIATEMENT	INCONSISTANTE	INGOUVERNABLE
IMMORTALISANT	INCONSOMMABLE	INGUÉRISSABLE
IMMUNODÉPRIMÉ	INCONSTATABLE	INGURGITATION
IMMUNOLOGIQUE	INCONTESTABLE	INHARMONIEUSE
IMMUNOLOGISTE	INCONTRÔLABLE	INHOSPITALIER
IMPARDONNABLE	INCONVERTIBLE	INHUMAINEMENT
IMPARIDIGITÉE	INCORPORATION	ININFLAMMABLE
IMPARTAGEABLE	INCORRUPTIBLE	ININTELLIGENT
IMPASSIBILITÉ	INCRÉDIBILITÉ	ININTÉRESSANT
IMPATRONISANT	INCRIMINATION	ININTERROMPUE
IMPÉCUNIOSITÉ	INCROCHETABLE	INJUSTIFIABLE
IMPERCEPTIBLE	INCURABLEMENT	INOBSERVATION
IMPERFECTIBLE	INDÉCROTTABLE	INOPPORTUNITÉ
IMPERFORATION	**INDE FRANÇAISE**	INORGANISABLE

INQUALIFIABLE	INTERPRÉTATIF	**JEAN BERCHMANS**
INQUISITORIAL	INTERQUARTILE	**JEAN DAMASCÈNE**
INSAISISSABLE	INTERRÉGIONAL	**JEAN DE BRÉBEUF**
INSATIABILITÉ	INTERROGATEUR	**JEAN DE BRIENNE**
INSÉMINATRICE	INTERROGATION	**JEAN DE LA CROIX**
INSENSIBILISÉ	INTERROGATIVE	**JEAN DE LA LANDE**
INSENSIBILITÉ	INTERROGEABLE	**JEAN LE CLÉMENT**
INSIGNIFIANCE	INTERSIDÉRALE	**JEAN LE FORTUNÉ**
INSIGNIFIANTE	INTERSIDÉRAUX	**JEAN LE PARFAIT**
INSOLUBILISÉE	INTERSYNDICAL	**JEANNE D'ALBRET**
INSOLUBILISER	INTERTROPICAL	**JEANNE LA FOLLE**
INSOLVABILITÉ	INTERVIEWEUSE	**JEANNE SEYMOUR**
INSTALLATRICE	INTIMIDATRICE	**JEAN SANS TERRE**
INSTANTANÉITÉ	INTRA-ATOMIQUE	**JEAN TZIMISKÈS**
INSTAURATRICE	INTRADERMIQUE	**JEFFERSON CITY**
INSTINCTUELLE	INTRADUISIBLE	JE-M'EN-FICHISME
INSTRUMENTALE	INTRANSIGEANT	JE-M'EN-FICHISTE
INSTRUMENTANT	INTRAOCULAIRE	JE-M'EN-FOUTISME
INSTRUMENTAUX	INTRA-UTÉRINES	JE-M'EN-FOUTISTE
INSUBMERSIBLE	INTRAVEINEUSE	JEUNES-TURQUES
INSUBORDONNÉE	INTRÉPIDEMENT	JOINT-VENTURES
INSUPPORTABLE	INTRODUCTRICE	JOURNELLEMENT
INSURMONTABLE	INTRONISATION	**JOUY-LE-MOUTIER**
INSURPASSABLE	INTROSPECTION	**JUAN D'AUTRICHE**
INTANGIBILITÉ	INTROSPECTIVE	**JUAN FERNÁNDEZ**
INTÉGRALEMENT	INTUITIVEMENT	**JUDAS MACCABÉE**
INTEMPORALITÉ	INVARIABILITÉ	JUDÉO-ALLEMAND
INTENSIVEMENT	INVESTIGATEUR	JUDÉO-CHRÉTIEN
INTERACTIVITÉ	INVESTIGATION	JUDÉO-ESPAGNOL
INTERAFRICAIN	INVESTISSEUSE	JUDICIARISANT
INTERAGISSANT	INVINCIBILITÉ	**JULIEVILLOISE**
INTERALLEMAND	INVIOLABILITÉ	JUPES-CULOTTES
INTERBANCAIRE	INVISIBLEMENT	**JURANÇONNAISE**
INTERCALATION	IONOSPHÉRIQUE	JURIDIQUEMENT
INTERCLASSANT	IRISH-TERRIERS	JURISCONSULTE
INTERCOMMUNAL	**IRLANDE DU NORD**	JURISPRUDENCE
INTERCONNECTÉ	IRRATIONALITÉ	JUSTIFICATEUR
INTERCOTIDALE	IRRATIONNELLE	JUSTIFICATION
INTERCOTIDAUX	IRRATTRAPABLE	JUSTIFICATIVE
INTERCULTUREL	IRRÉCOUVRABLE	**JUVISY-SUR-ORGE**
INTERCURRENTE	IRRÉCUPÉRABLE	JUXTALINÉAIRE
INTERDIGITALE	IRREMPLAÇABLE	JUXTAPOSITION
INTERDIGITAUX	IRRÉPRESSIBLE	KABBALISTIQUE
INTÉRESSEMENT	IRRÉPROCHABLE	**KAHRAMANMARAS**
INTERETHNIQUE	IRRESPECTUEUX	**KANGCHENJUNGA**
INTÉRIORISANT	IRRESPONSABLE	KAOLINISATION
INTERLOCUTEUR	ISOÉLECTRIQUE	**KAPOUSTINE IAR**
INTERMÉDIAIRE	ISOMÉRISATION	**KARL-MARX-STADT**
INTERMITTENCE	ISOSYLLABIQUE	KÉRATOPLASTIE
INTERMITTENTE	ITALIANISANTE	KEYNÉSIANISME
INTERNATIONAL	ITÉRATIVEMENT	KILOWATTHEURE
INTÉROCEPTIVE	ITHYPHALLIQUE	KINESTHÉSIQUE
INTERPÉNÉTRÉE	**JACQUES STUART**	**KITANO TAKESHI**
INTERPÉNÉTRER	JAILLISSEMENT	KREMLINOLOGUE
INTERPOLATION	JARGONAPHASIE	**KUROSAWA AKIRA**
INTERPOSITION	**JAURÉGUIBERRY**	**KYOKUTEI BAKIN**
INTERPRÉTABLE	JAVELLISATION	**LA BOURDONNAIS**

LA BOURDONNAYE
LABYRINTHIQUE
LACONIQUEMENT
LACRYMO-NASAUX
LADISLAS ÁRPÁD
LA FAUTE-SUR-MER
LAGNY-SUR-MARNE
LAISSER-COURRE
LAISSÉS-COURRE
LAISSEZ-PASSER
LAMALOUSIENNE
LAMBERSARTOIS
LAMELLIROSTRE
LA MOTHE-ACHARD
LA MOTTE-FOUQUÉ
LAMPES-TEMPÊTE
LANCE-GRENADES
LANCELOT DU LAC
LANCE-MISSILES
LANCE-ROQUETTE
LANCE-TORPILLE
LANDIVISIENNE
LANDSGEMEINDE
LANESTÉRIENNE
LANGEAISIENNE
LANGUE-DE-BŒUF
LANGUE-DE-CHIEN
LANGUES-DE-CERF
LANGUES-DE-CHAT
LANS-EN-VERCORS
LA POPELINIÈRE
LAPOUTROYENNE
LA QUEUE-EN-BRIE
LARGENTIÉROIS
LA ROCHE-SUR-YON
LARYNGECTOMIE
LARYNGOSCOPIE
LA SEYNE-SUR-MER
LA SOUTERRAINE
LA TESTE-DE-BUCH
LATIGNACIENNE
LATOUR-DE-CAROL
LA TOUR-DE-PEILZ
LAUGERIE-HAUTE
LAUREL ET HARDY
LAURIER-CERISE
LAURIERS-ROSES
LAURIERS-SAUCE
LAUTERBRUNNEN
LAVANDOURAINE
LA VERPILLIÈRE
LAVE-VAISSELLE
LE BEC-HELLOUIN
LE BLANC-MESNIL
LÈCHE-VITRINES
LECOMTE DU NOÜY
LE GARDEUROISE

LÈGE-CAP-FERRET
LE LION-D'ANGERS
LE MÉE-SUR-SEINE
LÉON L'AFRICAIN
LÉON L'ARMÉNIEN
LÉON L'ISAURIEN
LÉPIDODENDRON
LE POIRÉ-SUR-VIE
LE PONT-DE-CLAIX
LES CHARMETTES
LES CONTAMINES
LES MISÉRABLES
LESPARRE-MÉDOC
LES QUATRE-BRAS
LEVI BEN GERSON
LÉVIS-MIREPOIX
LEXICOGRAPHIE
LEXICOLOGIQUE
LIAQAT ALI KHAN
LIBÉRO-LIGNEUX
LIBRES-PENSÉES
LIBREVILLOISE
LIECHTENSTEIN
LIGNIFICATION
L'ÎLE-AUX-MOINES
LILLEBONNAISE
LILLIPUTIENNE
L'ISLE-JOURDAIN
LITHOGRAPHIÉE
LITHOGRAPHIER
LITHOTHAMNIUM
LITHOTRIPTEUR
LITISPENDANCE
LITTÉRALEMENT
LITTÉRATURIER
LITTLE RICHARD
LIVING THEATRE
LIVRE-CASSETTE
LIVRE STERLING
LLANO ESTACADO
LOCALISATRICE
LOCATION-VENTE
LOCORÉGIONALE
LOCORÉGIONAUX
LOFING-MATCHES
LOGARITHMIQUE
LOGISTICIENNE
LOIR-ET-CHÉRIEN
LOMAS DE ZAMORA
LONG-COURRIERS
LONGITUDINALE
LONGITUDINAUX
LONGS-MÉTRAGES
LONGUENESSOIS
LONGUEUILLOIS

LONGUYONNAISE
LONS-LE-SAUNIER
LÓPEZ ARELLANO
LORRAINE BELGE
LOUIS DE FRANCE
LOUISES-BONNES
LOUIS-PHILIPPE
LOUPS-CERVIERS
LOUVECIENNOIS
LUBRIFICATION
LUCRATIVEMENT
LUCRÈCE BORGIA
LUDO-ÉDUCATIFS
LUDO-ÉDUCATIVE
LUDOVIC SFORZA
LUMINEUSEMENT
LUTTE OUVRIÈRE
LYMPHOGRAPHIE
MACHIAVÉLIQUE
MACHIAVÉLISME
MACHINALEMENT
MACKENZIE KING
MACROBIOTIQUE
MACROCÉPHALIE
MACROCOSMIQUE
MACROÉCONOMIE
MACROMOLÉCULE
MACROMUTATION
MACROSCOPIQUE
MACROSPORANGE
MADHYA PRADESH
MAGDALÉNIENNE
MAGNANIMEMENT
MAGNÉTISATION
MAGNÉTOCHIMIE
MAGNÉTOMÉTRIE
MAGNÉTOMOTEUR
MAGNÉTOSCOPÉE
MAGNÉTOSCOPER
MAGNÉTOSPHÈRE
MAGNYMONTOISE
MAHABALIPURAM
MAINTENONNAIS
MAISON-BLANCHE
MAISONS-ALFORT
MAÎTRE-À-DANSER
MAÎTRE ECKHART
MAÎTRE JACQUES
MAÎTRE-PENSEUR
MAÎTRES-AUTELS
MAÎTRES-CHIENS
MALABSORPTION
MALENCONTREUX
MALENTENDANTE
MALHABILEMENT
MALLÉABILISÉE
MALLÉABILISER

MALLET-STEVENS
MALPROPREMENT
MALZÉVILLOISE
MANDATS-CARTES
MANGOUSTANIER
MANIFESTATION
MANIFESTEMENT
MANIPULATRICE
MANODÉTENDEUR
MANTES-LA-JOLIE
MANTES-LA-VILLE
MANTEVILLOISE
MANUCE L'ANCIEN
MANUCE LE JEUNE
MANUEL COMNÈNE
MANUEL DEUTSCH
MANUEL LE GRAND
MANUFACTURANT
MANUFACTURIER
MANUTENTIONNÉ
MAQUIGNONNAGE
MAQUIGNONNANT
MARAIS VENDÉEN
MARATHONIENNE
MARCHANDISAGE
MARGINALEMENT
MARGINALISANT
MARIE-CAROLINE
MARIE DE FRANCE
MARIES-LOUISES
MARIES-SALOPES
MARIE-VICTORIN
MARIN LA MESLÉE
MARNE-LA-VALLÉE
MARTEAU-PIOLET
MARTENSITIQUE
MARTIGNERAINE
MARTINIQUAISE
MARTINIQUAISE
MARTIN-PÊCHEUR
MARUYAMA MASAO
MASCULINISANT
MASSACHUSETTS
MASSIF CENTRAL
MASSIFICATION
MATÉRIALISANT
MATHÉMATICIEN
MATHÉMATISANT
MATHIAS CORVIN
MATRILINÉAIRE
MAURITANIENNE
MAURITANIENNE
MAXILLO-FACIAL
MÉCANIQUEMENT
MÉCANOGRAPHIE
MÉCONNAISSANT
MÉDECINE-BALLS

MÉDIAPLANNEUR
MÉDIAPLANNING
MÉDIATISATION
MÉDICAMENTEUX
MEDICINE-BALLS
MÉDICO-LÉGALES
MÉDICO-SOCIALE
MÉDICO-SOCIAUX
MÉDICO-SPORTIF
MÉDITERRANÉEN
MÉDITERRANÉEN
MÉGACARYOCYTE
MÉGALÉRYTHÈME
MEHUN-SUR-YÈVRE
MELLIFICATION
MÉNEHILDIENNE
MENÉNDEZ PIDAL
MENSUELLEMENT
MENTALISATION
MERCANTILISME
MERCANTILISTE
MERCATICIENNE
MERCHANDISING
MERCUROCHROME
MERDRIGNACIEN
MÉROVINGIENNE
MERTHYR TYDFIL
MESLAY-DU-MAINE
MÉSO-AMÉRICAIN
MÉSOBLASTIQUE
MESSERSCHMITT
MÉTACARPIENNE
MÉTACENTRIQUE
MÉTACOGNITION
MÉTALLISATION
MÉTALLURGIQUE
MÉTALLURGISTE
MÉTAMORPHIQUE
MÉTAMORPHISÉE
MÉTAMORPHISER
MÉTAMORPHISME
MÉTAMORPHOSÉE
MÉTAMORPHOSER
MÉTAPHYSICIEN
MÉTAPHYSIQUER
MÉTAPSYCHIQUE
MÉTATARSIENNE
MÉTÉORISATION
MÉTHACRYLIQUE
MÉTROPOLITAIN
MEUNG-SUR-LOIRE
MEZZO-SOPRANOS
MICHEL LE BÈGUE
MICHEL LE BRAVE
MICHEL RANGABÉ
MICROBIOLOGIE
MICROCASSETTE

MICROCÉPHALIE
MICROCOSMIQUE
MICROCRISTAUX
MICROÉCONOMIE
MICROLITHIQUE
MICROMÉTRIQUE
MICROMUTATION
MICRONÉSIENNE
MICRONÉSIENNE
MICRONISATION
MICROPHONIQUE
MICROPHYSIQUE
MICROSCOPIQUE
MICROSPORANGE
MICROTRACTEUR
MICRO-TROTTOIR
MIDDLESBROUGH
MIDI DE BIGORRE
MIELLEUSEMENT
MILITAIREMENT
MILLE-FEUILLES
MILLIMÉTRIQUE
MINÉRALOGIQUE
MINÉRALOGISTE
MINIATURISANT
MINISATELLITE
MINISTÉRIELLE
MINO DA FIESOLE
MINUCIUS FELIX
MIRAMASSÉENNE
MIRCEA LE GRAND
MIRECURTIENNE
MISÉRABILISME
MISÉRABILISTE
MISÉRABLEMENT
MISSI DOMINICI
MITHRIDATISÉE
MITHRIDATISER
MITHRIDATISME
MIAZAKI HAYAO
MOBILISATRICE
MODERNISATEUR
MODERNISATION
MODIFICATRICE
MOELLEUSEMENT
MOINES-SOLDATS
MOMENTANÉMENT
MONDEVILLAISE
MONNAIE-DU-PAPE
MONOCAMÉRISME
MONOCATÉNAIRE
MONOCINÉTIQUE
MONOGRAPHIQUE
MONOLINGUISME
MONONUCLÉAIRE
MONOPARENTALE
MONOPARENTAUX

OBJECTIVEMENT
OBLITÉRATRICE
OBSCURANTISME
OBSCURANTISTE
OBSCURCISSANT
OCCASIONNELLE
OCCIDENTALISÉ
OCÉANOGRAPHIE
OCÉANOLOGIQUE
ODONTOLOGISTE
ŒIL-DE-PERDRIX
ŒILLETONNAGE
ŒILLETONNANT
ŒSOPHAGIENNE
OFFENSIVEMENT
OFFICIALISANT
OJOS DEL SALADO
OLIGOTHÉRAPIE
OMNIDIRECTIVE
OMNIPRATICIEN
ONET-LE-CHÂTEAU
ONIROTHÉRAPIE
ONOMASIOLOGIE
ONOMATOPÉIQUE
OPACIFICATION
OPÉRAS-BALLETS
OPÉRAS-BOUFFES
OPHTALMOLOGIE
OPHTALMOLOGUE
OPHTALMOMÈTRE
OPHTALMOSCOPE
OPINIÂTREMENT
OPPORTUNÉMENT
OPPOSITIONNEL
ORANGS-OUTANGS
ORCHESTRATEUR
ORCHESTRATION
ORDINAIREMENT
OREILLES-DE-MER
ORGANIQUEMENT
ORGANISATRICE
ORGANOCHLORÉE
ORIGINALEMENT
ORMESSONNAISE
ORNEMENTATION
ORNITHISCHIEN
ORNITHOMANCIE
ORNITHOPHILIE
ORNITHORYNQUE
ORTEGA Y GASSET
ORTHODONTISTE
ORTHODROMIQUE
ORTHOGONALITÉ
ORTHOGRAPHIÉE
ORTHOGRAPHIER
ORTHOPHONIQUE
ORTHOPHONISTE

ORTHOSCOPIQUE
ORTHOSTATIQUE
ORTHOSTATISME
OSCILLOGRAMME
OSCILLOGRAPHE
OSIÉRICULTURE
OSTÉOSYNTHÈSE
OSTERMUNDIGEN
OSTRÉICULTEUR
OSTRÉICULTURE
OSTROGOTHIQUE
OUBANGUI-CHARI
OUEST-ALLEMAND
OUTRECUIDANCE
OUTRECUIDANTE
OUTREMONTAISE
OVOVIVIPARITÉ
PACHUCA DE SOTO
PACIFICATRICE
PACIFIQUEMENT
PAILLASSONNÉE
PAILLASSONNER
PAILLE-EN-QUEUE
PALAIS-BOURBON
PALÉOCHRÉTIEN
PALÉOÉCOLOGIE
PALÉOLITHIQUE
PALÉONTOLOGIE
PALÉONTOLOGUE
PALÉOSIBÉRIEN
PALESTINIENNE
PALESTINIENNE
PALETTISATION
PALLADIANISME
PALMATISÉQUÉE
PANAMÉRICAINE
PANAMÉRICAINE
PANGERMANISME
PANGERMANISTE
PANHELLÉNIQUE
PANTOTHÉNIQUE
PAPADHÓPOULOS
PAPIER-MONNAIE
PAPIERS-CALQUE
PAPILLONNANTE
PAPILLONNEUSE
PAPILLOTEMENT
PARACHÈVEMENT
PARACHRONISME
PARAFISCALITÉ
PARALLACTIQUE
PARALLÈLEMENT
PARAMILITAIRE
PARAPÉTROLIER
PARAPHARMACIE
PARAPSYCHIQUE

PARASEXUALITÉ
PARASITOLOGIE
PARAY-LE-MONIAL
PARCELLARISÉE
PARCELLARISER
PARCIMONIEUSE
PÂRIS-DUVERNEY
PARKÉRISATION
PARLEMENTAIRE
PARODONTOLYSE
PARTHENAISIEN
PARTICIPATION
PARTICIPATIVE
PARTICULARISÉ
PARTICULARITÉ
PARTIELLEMENT
PASCAL-SECONDE
PAS-GRAND-CHOSE
PASSAGÈREMENT
PASSAMAQUODDY
PASSE-CRASSANE
PASSEMENTERIE
PASSEMENTIÈRE
PASSE-MONTAGNE
PASSIONNÉMENT
PASTEURELLOSE
PATERFAMILIAS
PATRILINÉAIRE
PATTE-MÂCHOIRE
PAUL DE LA CROIX
PAUPÉRISATION
PAUSE-CARRIÈRE
PAVILLONNAIRE
PAVILLONNERIE
PAYS DE LA LOIRE
PAZ ESTENSSORO
PEINTURLURANT
PÉLÉCANIFORME
PELLES-PIOCHES
PÉLOPONNÉSIEN
PÉLOPONNÉSIEN
PELOTONNEMENT
PÉNÉTRABILITÉ
PÉNICILLINASE
PÉNITENTIAIRE
PÉNITENTIELLE
PENNE-D'AGENAIS
PENNSYLVANIEN
PENTADÉCAGONE
PENTATHLONIEN
PENTÉDÉCAGONE
PÉPIN DE LANDEN
PERCE-MURAILLE
PERCE-OREILLES
PÉRÉGRINATION
PÉRENNISATION
PERFECTIONNÉE

PERFECTIONNER
PÉRIGLACIAIRE
PÉRINATALOGIE
PÉRISTALTIQUE
PÉRISTALTISME
PERLUSTRATION
PERMANENCIÈRE
PERMANGANIQUE
PERMSÉLECTIVE
PERMUTABILITÉ
PERPIGNANAISE
PERSÉVÉRATION
PERSONNALISÉE
PERSONNALISER
PERSONNALISME
PERSONNALISTE
PERSONNIFIANT
PERTURBATRICE
PERVERTISSANT
PÈSE-PERSONNES
PETIT-COURONNE
PETIT DÉJEUNER
PETIT-DÉJEUNER
PETITE-ENTENTE
PETITE FADETTE
PETITES-FILLES
PETITES-NIÈCES
PÉTITIONNAIRE
PETITS-ENFANTS
PETITS-MAÎTRES
PETITS-SUISSES
PÉTRIFICATION
PÉTRIFONTAINE
PÉTROCHIMIQUE
PÉTROCHIMISTE
PETROPAVLOVSK
PHARMACOLOGIE
PHARMACOLOGUE
PHENCYCLIDINE
PHÉNOBARBITAL
PHÉNOCRISTAUX
PHÉNOTHIAZINE
PHÉNYLALANINE
PHILADELPHIEN
PHILANTHROPIE
PHILIPPE LE BEL
PHILIPPE LE BON
PHILIPPEVILLE
PHILISTINISME
PHILOSOPHIQUE
PHLÉBOGRAPHIE
PHNOMPENHOISE
PHONÉTICIENNE
PHONOCAPRICE
PHOSPHATATION
PHOSPHOLIPIDE
PHOTOCHIMIQUE

PHOTOCOMPOSÉE
PHOTOCOMPOSER
PHOTOCOPIEUSE
PHOTOÉMETTEUR
PHOTOGÉOLOGIE
PHOTOGRAPHIÉE
PHOTOGRAPHIER
PHOTOMÉTRIQUE
PHOTOPOLYMÈRE
PHOTOSENSIBLE
PHOTOSTOPPEUR
PHOTOSYNTHÈSE
PHOTOTACTISME
PHOTOTHÉRAPIE
PHOTOTROPISME
PHYLLOXÉRIQUE
PHYSICO-CHIMIE
PHYSIOLOGIQUE
PHYSIOLOGISTE
PHYSIONOMISTE
PHYSISORPTION
PHYTOFLAGELLÉ
PHYTOPLANCTON
PHYTOTHÉRAPIE
PICTORIALISME
PIED-D'ALOUETTE
PIEDS-DE-CHEVAL
PIEDS-DE-MOUTON
PIERO DI COSIMO
PIERRE FOURIER
PIERRE LE CRUEL
PIERRE LE GRAND
PIERRE L'ERMITE
PIERRE LOMBARD
PIÉZOMÉTRIQUE
PIGAULT-LEBRUN
PINCE-OREILLES
PINCE-SANS-RIRE
PIQUE-ASSIETTE
PIQUE-NIQUEURS
PIQUE-NIQUEUSE
PISCICULTRICE
PISSE-VINAIGRE
PITHIVÉRIENNE
PITOYABLEMENT
PIXELLISATION
PLAINTIVEMENT
PLANARISATION
PLAN-DE-CUQUOIS
PLANIFICATEUR
PLANIFICATION
PLANIMÉTRIQUE
PLASMAPHÉRÈSE
PLASMOCYTAIRE
PLASTICULTURE
PLATEAUX-REPAS
PLATHELMINTHE

PLATONICIENNE
PLÉBISCITAIRE
PLÉLAN-LE-GRAND
PLÉSIOMORPHIE
PLEUMEUR-BODOU
PLEURNICHARDE
PLEURNICHERIE
PLEURNICHEUSE
PLOMB DU CANTAL
PLOUDALMÉZEAU
PLURIANNUELLE
PLURIETHNIQUE
PLURILATÉRALE
PLURILATÉRAUX
PLURIPARTISME
PNEUMATOPHORE
PNEUMOCONIOSE
PNEUMOCYSTOSE
POBEDONOSTSEV
PODZOLISATION
OECILOTHERME
POÏKILOTHERME
POIL-DE-CAROTTE
POINÇONNEMENT
POISSONS-CHATS
POISSONS-ÉPÉES
POISSONS-LUNES
POISSONS-SCIES
POLAROGRAPHIE
POLDÉRISATION
POLE POSITIONS
POLIORCÉTIQUE
POLISSONNERIE
POLITICOMANIE
POLITIQUEMENT
POLLICITATION
POLLINISATION
POLYACRYLIQUE
POLYBUTADIÈNE
POLYCARBONATE
POLYCENTRIQUE
POLYCENTRISME
POLYCONDENSAT
POLYEMBRYONIE
POLYMÉRISABLE
POLYMORPHISME
POLYNUCLÉAIRE
POLYPHARMAQUE
POLYPROPYLÈNE
POLYTECHNIQUE
POLYTRANSFUSÉ
POLYURÉTHANNE
POLYVINYLIQUE
POMMES DE TERRE
PONTCHARTRAIN
PONT-DU-CHÂTEAU
PONT-PROMENADE

PONTS-BASCULES
POPULAIREMENT
POPULICULTEUR
POPULICULTURE
PORCELAINIÈRE
PORT-DE-BOUCAIN
PORTE-AÉRONEFS
PORTE-AIGUILLE
PORTE-BANNIÈRE
PORTE-BOUQUETS
PORTE-BRANCARD
PORTE-COUTEAUX
PORTE-DOCUMENT
PORTE-DRAPEAUX
PORTE-ÉTENDARD
PORT ELIZABETH
PORTEMANTEAUX
PORT-JOINVILLE
PORTO-NOVIENNE
PORTRAIT-ROBOT
PORTRAITURANT
POSSESSIONNEL
POSTCLASSIQUE
POSTGLACIAIRE
POSTHYPOPHYSE
POSTILLONNANT
POSTMODERNITÉ
POSTPRANDIALE
POSTPRANDIAUX
POTENTIALISÉE
POTENTIALISER
POTENTIOMÈTRE
POTRON-JACQUET
POURRISSEMENT
PRÉADOLESCENT
PRÉALABLEMENT
PRÉCAMBRIENNE
PRÉCANCÉREUSE
PRÉCARISATION
PRÉCAUTIONNÉE
PRÉCAUTIONNER
PRÉCIEUSEMENT
PRÉCIPITATION
PRÉCOMBUSTION
PRÉCONCEPTION
PRÉCONISATION
PRÉCONTRAINTE
PRÉCORDIALGIE
PRÉDÉLINQUANT
PRÉDÉTERMINÉE
PRÉDÉTERMINER
PRÉÉLECTORALE
PRÉÉLECTORAUX
PRÉENREGISTRÉ
PRÉEXCELLENCE
PRÉFABRIQUANT
PRÉFIGURATION

PRÉHELLÉNIQUE
PRÉHISPANIQUE
PRÉHISTORIQUE
PRÉINDUSTRIEL
PRÉJUDICIABLE
PRÉJUDICIELLE
PRÉLIMINAIRES
PRÉMATURÉMENT
PRÉMÉDICATION
PRÉMÉDITATION
PREMIÈRES-NÉES
PRÉOCCUPATION
PRÉŒDIPIENNE
PRÉOPÉRATOIRE
PRÉPENSIONNÉE
PRÉPONDÉRANCE
PRÉPONDÉRANTE
PRÉPROGRAMMÉE
PRÉRAPHAÉLITE
PRÉROMANTIQUE
PRÉROMANTISME
PRESCRIPTIBLE
PRÉSENTATRICE
PRÉSERVATRICE
PRÉSOCRATIQUE
PRÉSOMPTUEUSE
PRESSE-AGRUMES
PRESSE-CITRONS
PRESSE-ÉTOUPES
PRESSENTIMENT
PRESSE-PAPIERS
PRÊTRE-OUVRIER
PRÉVARICATEUR
PRÉVARICATION
PRÉVISIBILITÉ
PRIMESAUTIÈRE
PRIMITIVEMENT
PRIMO DE RIVERA
PRIMOGÉNITURE
PRINCE-ÉDOUARD
PRINCIÈREMENT
PRIVAT-DOCENTS
PRIVATISATION
PROBLÉMATIQUE
PROCÈS-VERBAUX
PROCHAINEMENT
PROCONSULAIRE
PRODUCTIVISME
PRODUCTIVISTE
PROFESSIONNEL
PROFILOGRAPHE
PROFITABILITÉ
PROGRAMMATEUR
PROGRAMMATION
PROGRESSIVITÉ
PROKOP LE GRAND
PROLÉTARIENNE

PROLÉTARISANT
PROLIFÉRATION
PRONONCIATION
PRONOSTIQUANT
PRONOSTIQUEUR
PRO-OCCIDENTAL
PROPAGANDISTE
PROPÉDEUTIQUE
PROPHARMACIEN
PROPITIATOIRE
PROPORTIONNÉE
PROPORTIONNEL
PROPORTIONNER
PROPRIOCEPTIF
PROSAÏQUEMENT
PROSENCÉPHALE
PROSOPAGNOSIE
PROSTERNATION
PROSTERNEMENT
PROTÉAGINEUSE
PROTÈGE-CAHIER
PROTÈGE-TIBIAS
PROTÉOLYTIQUE
PROTÉROZOÏQUE
PROTESTATAIRE
PROTOHISTOIRE
PROUDHONIENNE
PROVISIONNANT
PRUSSE-RHÉNANE
PSEUDARTHROSE
PSEUDOSCIENCE
PSYCHANALYSÉE
PSYCHANALYSER
PSYCHANALYSTE
PSYCHASTHÉNIE
PSYCHÉDÉLIQUE
PSYCHIATRIQUE
PSYCHIATRISÉE
PSYCHIATRISER
PSYCHOKINÉSIE
PSYCHOLOGIQUE
PSYCHOLOGISME
PSYCHOMOTRICE
PSYCHOSOCIALE
PSYCHOSOCIAUX
PSYCHOTONIQUE
PSYCHROMÉTRIE
PTOLÉMÉE SÔTÊR
PUÉRICULTRICE
PUERTO CABELLO
PULSORÉACTEUR
PULVÉRISATEUR
PULVÉRISATION
PUNCHING-BALLS
PURIFICATOIRE
PURIFICATRICE
PUSILLANIMITÉ

PYÉLONÉPHRITE	RADIOGRAPHIÉE	RECRUDESCENTE
PYROCLASTIQUE	RADIOGRAPHIER	RECTANGULAIRE
PYROMÉCANISME	RADIO-ISOTOPES	RECTIFICATEUR
PYROTECHNIQUE	RADIONAVIGANT	RECTIFICATION
PYTHAGORICIEN	RADIOPHONIQUE	RECTIFICATIVE
QIN SHI HUANGDI	RADIOREPÉRAGE	RECTILINÉAIRE
QUADRAGÉNAIRE	RADIOTÉLÉVISÉ	RECUEILLEMENT
QUADRAGÉSIMAL	RADIOTHÉRAPIE	RÉCUPÉRATRICE
QUADRICHROMIE	RADIOTROTTOIR	REDÉFINISSANT
QUADRIJUMEAUX	RAFFERMISSANT	RÉDEMPTORISTE
QUADRIPARTITE	RAHAT-LOUKOUMS	REDÉPLOIEMENT
QUADRIPOLAIRE	RAJEUNISSANTE	REDIMENSIONNÉ
QUADRISYLLABE	**RAMBERVILLERS**	REDISTRIBUANT
QUADRIVALENTE	RAMOLLISSANTE	RÉDUCTIBILITÉ
QUALIFICATION	RANDOMISATION	RÉDUPLICATION
QUALIFICATIVE	RAPETISSEMENT	RÉÉCHELONNANT
QUALITICIENNE	RAPPAREILLANT	RÉÉDIFICATION
QUARANTENAIRE	RAPPROCHEMENT	RÉENREGISTRÉE
QUART-BOUILLON	RASSEMBLEMENT	RÉENREGISTRER
QUASI-CONTRATS	RASSORTISSANT	RÉENSEMENÇANT
QUASI-CRISTAUX	RATIOCINATION	RÉÉQUILIBRAGE
QUASI-MONNAIES	RATIONALISANT	RÉÉQUILIBRANT
QUATRE-CANTONS	RAVITAILLEUSE	RÉEXPORTATION
QUATRE-SAISONS	RÉACCOUTUMANT	RÉFÉRÉ-LIBERTÉ
QUATRIÈMEMENT	RÉACTIONNAIRE	RÉFÉRENCEMENT
QUEIPO DE LLANO	RÉACTIONNELLE	RÉFÉRENTIELLE
QUESNOYSIENNE	RÉACTUALISANT	REFINANCEMENT
QUESTIONNAIRE	RÉAMÉNAGEMENT	RÉFLÉCHISSANT
QUESTIONNEUSE	RÉARRANGEMENT	RÉFLECTORISÉE
QUEUE-DE-CHEVAL	RÉASSIGNATION	REFLEURISSANT
QUEUE-DE-COCHON	RÉASSORTIMENT	RÉFLEXOGRAMME
QUEUE-DE-RENARD	REBROUSSEMENT	REFORESTATION
QUEUES-D'ARONDE	REBROUSSE-POIL	RÉFRACTOMÈTRE
QUEUES-DE-MORUE	RÉCALCITRANTE	RÉFRIGÉRATEUR
QUEZALTENANGO	RECAPITALISÉE	RÉFRIGÉRATION
QUIBERONNAISE	RECAPITALISER	REFROIDISSANT
QUINCAILLERIE	RÉCAPITULATIF	REFROIDISSEUR
QUINCAILLIÈRE	RECARBURATION	RÉGÉNÉRATRICE
QUINQUAGÉSIME	RÉCEPTIONNANT	**RÉGINABORGIEN**
QUINTEFEUILLE	RÉCHAMPISSAGE	**REGIOMONTANUS**
QUINZIÈMEMENT	RÉCHAMPISSANT	RÉGIONALISANT
QUOTIDIENNETÉ	RÉCHAUFFEMENT	RÉGLEMENTAIRE
RABELAISIENNE	RECHAUSSEMENT	REGROSSISSANT
RABEMANANJARA	RÉCIPIENDAIRE	RÉGULIÈREMENT
RABOUGRISSANT	RECOMBINAISON	RÉGURGITATION
RACCOMMODABLE	RECOMMANDABLE	RÉHABILITABLE
RACCOMMODEUSE	RECOMPOSITION	RÉIMPORTATION
RACCOMPAGNANT	RECONDUCTIBLE	RÉINCARCÉRANT
RACCOUTREMENT	RÉCONFORTANTE	RÉINCARNATION
RADIOACTIVITÉ	RECONNAISSANT	RÉINCORPORANT
RADIOBALISAGE	RECONSIDÉRANT	REINES-CLAUDES
RADIOBALISANT	RECONSTITUANT	REINES-DES-PRÉS
RADIOBIOLOGIE	RÉCRIMINATEUR	RÉINSCRIPTION
RADIOCASSETTE	RÉCRIMINATION	RÉINTÉGRATION
RADIOCOMMANDE	RECRISTALLISÉ	REJAILLISSANT
RADIODIFFUSÉE	RECROQUEVILLÉ	RELATIONNELLE
RADIODIFFUSER	RECRUDESCENCE	RELATIONNISTE

RELECQ-KERHUON
RELIGIONNAIRE
REMASTÉRISANT
REMBARQUEMENT
REMBOURSEMENT
REMBRUNISSANT
REMILITARISÉE
REMILITARISER
REMMAILLOTANT
REMONTE-PENTES
REMPOISSONNÉE
REMPOISSONNER
REMUE-MÉNINGES
RÉMUNÉRATOIRE
RÉMUNÉRATRICE
RENCAISSEMENT
RENCHÉRISSANT
RENCHÉRISSEUR
RENÉE DE FRANCE
RENÉGOCIATION
RENFORMISSANT
RENGER-PATZSCH
RENONCIATAIRE
RENONCIATRICE
RENSEIGNEMENT
RENTABILISANT
RÉORCHESTRANT
RÉORIENTATION
REPENTIGNOISE
REPOSITIONNÉE
REPOSITIONNER
RÉPRÉHENSIBLE
REPRÉSENTABLE
REPRÉSENTANTE
REPRÉSENTATIF
REPRODUCTIBLE
REPRODUCTRICE
REPROGRAMMANT
REPROGRAPHIÉE
REPROGRAPHIER
REQUIN-MARTEAU
REQUIN-PÈLERIN
REQUINS-TAUPES
REQUINS-TIGRES
RÉQUISITIONNÉ
RÉQUISITORIAL
RÉSIDENTIELLE
RESOCIALISANT
RESSAISISSANT
RESSORTISSANT
RESSOURCEMENT
RESSURGISSANT
RESTAURATRICE
RESTRUCTURANT
RESURCHAUFFÉE
RESURCHAUFFER
RETENTISSANTE

RETRANCHEMENT
RETRANSMETTRE
RETRAVAILLANT
RÉTROACTIVITÉ
RÉTROAGISSANT
RÉTROCONTRÔLE
RÉTROGRESSION
RÉTROPÉDALAGE
RÉTROSPECTIVE
RETROUSSEMENT
RETROUVAILLES
RÉUNIFICATION
RÉUTILISATION
REVACCINATION
REVASCULARISÉ
RÉVEILLE-MATIN
RÉVEILLONNANT
REVENDICATEUR
REVENDICATION
REVENDICATIVE
RÉVERBÉRATION
RÉVÉRENCIEUSE
RÉVERSIBILITÉ
RÉVISIONNELLE
RÉVISIONNISME
RÉVISIONNISTE
RÉVOLUTIONNÉE
RÉVOLUTIONNER
REZ-DE-CHAUSSÉE
RHABDOMANCIEN
RHÉTORICIENNE
RHINENCÉPHALE
RHINO-PHARYNGÉ
RHIZOFLAGELLÉ
RHOMBOÉDRIQUE
RIABOUCHINSKI
RIBEAUVILLÉEN
RIBEIRÃO PRETO
RIBONUCLÉIQUE
RICHARD-LENOIR
RIESENGEBIRGE
RITUALISATION
RIVIÈRE-DU-LOUP
RIVIÈRE-PILOTE
ROBERT LE NOBLE
ROBERT LE PIEUX
ROCAMBOLESQUE
ROCHEFORTAISE
ROCHESERVIÈRE
ROCKING-CHAIRS
ROGER-BONTEMPS
ROJAS ZORRILLA
ROLLING STONES
ROLL ON-ROLL OFF
ROMAIN DIOGÈNE
ROMAN DE RENART
ROMANS-FLEUVES

ROMARIMONTAIN
ROMEUFONTAINE
ROMORANTINAIS
RONCHONNEMENT
RONDOUILLARDE
ROQUEBRUNOISE
ROQUECOURBINE
ROQUEMAUROISE
ROQUEVAIROISE
ROSICRUCIENNE
ROSNY-SOUS-BOIS
ROSTROPOVITCH
ROUGET DE LISLE
ROUSSISSEMENT
ROUYNORANDIEN
RUISSELLEMENT
RUOLZ-MONTCHAL
RUPIFICALDIEN
RURBANISATION
RUSSIE BLANCHE
RUSSIFICATION
RUTHERFORDIUM
SABELLIANISME
SABOTS-DE-VÉNUS
SACCHARIFIANT
SACCHARIMÈTRE
SACCHAROMYCES
SACHSENHAUSEN
SACRALISATION
SACRAMENTAIRE
SACRAMENTELLE
SACRIFICATEUR
SACRIFICIELLE
SACRO-ILIAQUES
SADIQUES-ANAUX
SAFARIS-PHOTOS
SAINT-AFFRIQUE
SAINT-AMANDOIS
SAINT-AVOLDIEN
SAINT-BERTRAND
SAINT-CÉRÉENNE
SAINT-CONSTANT
SAINT-CYRIENNE
SAINT-CYRIENNE
SAINT-DOMINGUE
SAINTE-ADRESSE
SAINTE-HERMINE
SAINTE-LIVRADE
SAINTE-PÉLAGIE
SAINTES-BARBES
SAINTES-MARIES
SAINTE-SUZANNE
SAINTE-THÉRÈSE
SAINT-EUSTACHE
SAINT-ÉVREMOND
SAINT-FONIARDE
SAINT-FRANÇOIS

SAINT-FRUSQUIN	SCARIFICATION	**SEPTIME SÉVÈRE**
SAINT-GALLOISE	**SCHAFFHOUSOIS**	SEPTUAGÉNAIRE
SAINT-GAULTIER	**SCHIRMECKOISE**	SÉQUESTRATION
SAINT-GEOIRIEN	SCHIZOPHRÉNIE	SERGENTS-CHEFS
SAINT-GHISLAIN	**SCHWARZENBERG**	SÉRICICULTEUR
SAINT-GILLOISE	SCIENTIFICITÉ	SÉRICICULTURE
SAINT-GLINGLIN	SCINTIGRAPHIE	SERPENTIFORME
SAINT-HERBLAIN	SCINTILLATEUR	SÉRUMALBUMINE
SAINT-JEANNAIS	SCINTILLATION	SERVOCOMMANDE
SAINT-JUNIAUDE	SCINTILLEMENT	**SÈVRE NANTAISE**
SAINT-LUCIENNE	SCISSIONNISTE	SEXUALISATION
SAINT-MANDRIER	SCOLARISATION	SHAKESPAERIEN
SAINT-MARINAIS	SCOTOMISATION	SHAMPOUINEUSE
SAINT-NECTAIRE	SCRIBOUILLARD	**SHAWINIGANAIS**
SAINT-NECTAIRE	SCRIBOUILLEUR	**SHAWINIGAN-SUD**
SAINTONGEAISE	SECRÉTAIRERIE	**SHERBROOKOISE**
SAINT-ORENNAIS	SECRET-DÉFENSE	**SHETLAND DU SUD**
SAINT-PHILBERT	SECTIONNEMENT	**SHOTOKU TAISHI**
SAINT-POLITAIN	SECTORISATION	SIDÉROLITIQUE
SAINT-POURÇAIN	SÉDENTARISANT	**SIERRA-LÉONAIS**
SAINT-SAVINIEN	SÉDIMENTATION	**SIGISMOND VASA**
SAINT-SÉPULCRE	SÉGRÉGABILITÉ	SIGNALISATION
SAINT-SIMONIEN	**SEINE-MARITIME**	SIGNIFICATION
SAINTS-SYNODES	SÉLECTIONNANT	SIGNIFICATIVE
SAISIE-BRANDON	SÉLECTIONNEUR	**SIHANOUKVILLE**
SAISIE-GAGERIE	SÉLECTIVEMENT	**SILICON VALLEY**
SAISIES-ARRÊTS	SÉLÉNHYDRIQUE	**SIMÉON L'ANCIEN**
SALAISONNERIE	SÉLÉNOGRAPHIE	**SIMÉON LE GRAND**
SALIES-DE-BÉARN	**SÉLESTADIENNE**	**SIMÉON STYLITE**
SALIES-DU-SALAT	SELF-INDUCTION	SIMILIGRAVURE
SALIN-DE-GIRAUD	**SELLES-SUR-CHER**	**SIMON DE BRUGES**
SALSEPAREILLE	SÉMANTICIENNE	SIMULTANÉISME
SALVADORIENNE	SEMBLABLEMENT	SIMULTANÉMENT
SALVADORIENNE	SÉMÉIOLOGIQUE	SINGE-ARAIGNÉE
SALZKAMMERGUT	SEMI-CHENILLÉE	SINGULARISANT
SAN BERNARDINO	SEMI-CHENILLÉS	**SINO-TIBÉTAINE**
SANCHE RAMÍREZ	SEMI-CONSERVES	**SINO-TIBÉTAINS**
SANCLAUDIENNE	SEMI-CONSONNES	SINTÉRISATION
SANCTUARISANT	SEMI-DRESSANTS	**SION-VAUDÉMONT**
SANGUINOLENTE	SEMI-GROSSISTE	SISMOTHÉRAPIE
SAN LUIS POTOSÍ	SEMI-NOMADISME	SIX-QUATRE-DEUX
SANS CONTREDIT	SEMI-OFFICIELS	SOCIABILISANT
SANTA CATARINA	SÉMIOTICIENNE	SOCIALISATION
SAPEUR-POMPIER	**SEMIPALATINSK**	SOCIOBIOLOGIE
SARRALBIGEOIS	SEMI-PERMÉABLE	SOCIOCRITIQUE
SARREGUEMINES	SEMI-PUBLIQUES	SOCIOCULTUREL
SASSENAGEOISE	SEMI-REMORQUES	SOCIO-ÉDUCATIF
SASSOU-NGUESSO	SEMNOPITHÈQUE	SOCIOTHÉRAPIE
SATELLISATION	SEMPERVIRENTE	SOIGNEUSEMENT
SATIRIQUEMENT	SEMPITERNELLE	**SOJALDICIENNE**
SATISFAISANTE	**SEMUR-EN-AUXOIS**	SOLIDAIREMENT
SAUCISSONNAGE	**SÉNÈQUE LE PÈRE**	SOLITAIREMENT
SAUCISSONNANT	SENESTROCHÈRE	SOLLICITATION
SAUTE-RUISSEAU	SENSIBILISANT	SOMNAMBULIQUE
SAUTS-DE-MOUTON	SENSITOMÉTRIE	SOMNAMBULISME
SAVENAISIENNE	SENSORI-MOTEUR	SOPHISTIQUANT
SCARIFICATEUR	SEPTENTRIONAL	SORTIES-DE-BAIN

SOTTEVILLAISE	SPÉCIFICATION	SUBCONSCIENTE
SOUCIEUSEMENT	SPECTACULAIRE	SUBDÉSERTIQUE
SOUMISSIONNÉE	SPECTROGRAMME	SUBÉQUATORIAL
SOUMISSIONNER	SPECTROGRAPHE	SUBJECTIVISME
SOUPHANOUVONG	SPECTROMÉTRIE	SUBJECTIVISTE
SOURNOISEMENT	SPECTROSCOPIE	SUBORDINATION
SOUS-ACQUÉREUR	SPÉLÉOLOGIQUE	SUBSAHARIENNE
SOUS-ALIMENTÉE	SPERMATOGONIE	SUBSÉQUEMMENT
SOUS-ALIMENTER	SPERMATOPHORE	SUBSTANTIELLE
SOUS-ALIMENTÉS	SPERMATOPHYTE	SUBSTANTIVANT
SOUS-CALIBRÉES	SPERMATOZOÏDE	SUBTILISATION
SOUS-CLAVIÈRES	**SPIRIPONTAINE**	SUBVENTIONNÉE
SOUS-CONTINENT	SPIRITUALISÉE	SUBVENTIONNER
SOUS-CORTICALE	SPIRITUALISER	SUBVERTISSANT
SOUS-CORTICAUX	SPIRITUALISME	SUCCINCTEMENT
SOUS-DÉCLARANT	SPIRITUALISTE	SUCCURSALISME
SOUS-DÉCLARÉES	SPLENDIDEMENT	SUCCURSALISTE
SOUS-DÉVELOPPÉ	SPLÉNOMÉGALIE	SUD-AFRICAINES
SOUS-DIACONATS	SPOROTRICHOSE	**SUD-AFRICAINES**
SOUS-DIRECTEUR	SQUATTÉRISANT	SUD-AMÉRICAINE
SOUS-DOMINANTE	**STAAL DE LAUNAY**	**SUD-AMÉRICAINE**
SOUS-EFFECTIFS	STABILISATEUR	SUD-AMÉRICAINS
SOUS-EMPLOYANT	STABILISATION	**SUD-AMÉRICAINS**
SOUS-EMPLOYÉES	**STAËL-HOLSTEIN**	SUD-VIETNAMIEN
SOUS-ENSEMBLES	**STAFFELFELDEN**	**SUD-VIETNAMIEN**
SOUS-ENTENDANT	STAKHANOVISME	SUGGESTIONNÉE
SOUS-ENTENDUES	STAKHANOVISTE	SUGGESTIONNER
SOUS-EXPLOITÉE	STANDARDISANT	**SUISSE SAXONNE**
SOUS-EXPLOITER	STAPHYLOCOQUE	SULFINISATION
SOUS-EXPLOITÉS	STARTING-BLOCK	**SULLY-SUR-LOIRE**
SOUS-GLACIAIRE	STARTING-GATES	**SULPICE SÉVÈRE**
SOUS-HUMANITÉS	STATIONNEMENT	**SUPERBAGNÈRES**
SOUS-LOCATAIRE	STATORÉACTEUR	SUPERBÉNÉFICE
SOUS-LOCATIONS	STATUE-COLONNE	SUPERCHAMPION
SOUS-MAÎTRESSE	STEEPLE-CHASES	SUPERCRITIQUE
SOUS-MARINIERS	**STEFANÓPOULOS**	SUPERFICIELLE
SOUS-MINISTRES	STENDHALIENNE	SUPERFINITION
SOUS-MULTIPLES	STÉNOGRAPHIÉE	SUPERFLUIDITÉ
SOUS-OFFICIERS	STÉNOGRAPHIER	SUPERMOLÉCULE
SOUS-ORBITALES	STÉRÉO-ISOMÈRE	SUPERPOSITION
SOUS-PRESSIONS	STÉRILISATEUR	SUPERSTITIEUX
SOUS-PROGRAMME	STÉRILISATION	SUPRANATIONAL
SOUS-TANGENTES	STERNUTATOIRE	SUPRASENSIBLE
SOUS-TRAITANCE	**STIRING-WENDEL**	SURALIMENTANT
SOUS-TRAITANTS	**STOCKHOLMOISE**	SURBAISSEMENT
SOUS-UTILISANT	STRANGULATION	SURCOMPRIMANT
SOUS-UTILISÉES	STRATIGRAPHIE	SURCREUSEMENT
SOUS-VENTRIÈRE	STRATO-CUMULUS	SURDÉTERMINÉE
SOUS-VÊTEMENTS	**STRÉPINIACOIS**	SURDÉTERMINER
SOUTHEND-ON-SEA	STREPTOCOCCIE	SURDÉVELOPPÉE
SOUTIENS-GORGE	STRIP-TEASEURS	SURENTRAÎNANT
SOUVENIR-ÉCRAN	STRIP-TEASEUSE	SURÉQUIPEMENT
SOUVERAINISME	STROMBOLIENNE	SURESTIMATION
SOUVERAINISTE	STRUCTURATION	SURÉVALUATION
SPACIEUSEMENT	STUDIEUSEMENT	SUREXCITATION
SPASMOLYTIQUE	**STURM UND DRANG**	SUREXPLOITANT
SPÉCIEUSEMENT	STYLOS-FEUTRES	SUREXPOSITION

SURGÉNÉRATEUR
SURGÉNÉRATION
SURHAUSSEMENT
SURIMPOSITION
SURIMPRESSION
SURINTENDANCE
SURINTENDANTE
SURMÉDICALISÉ
SURMULTIPLIÉE
SURPEUPLEMENT
SURPLOMBEMENT
SURPOPULATION
SURPRODUCTEUR
SURPRODUCTION
SURPRODUISANT
SURPROTECTION
SURPROTÉGEANT
SURRÉNALIENNE
SURSATURATION
SUS-DOMINANTES
SUS-HÉPATIQUES
SUSMENTIONNÉE
SVEND TVESKAEG
SYLLOGISTIQUE
SYLVICULTRICE
SYMBOLISATION
SYMPATHISANTE
SYMPTOMATIQUE
SYNAPOMORPHIE
SYNCHRONISANT
SYNCHRONISEUR
SYNDICALISANT
SYNOVIORTHÈSE
SYNTAGMATIQUE
SYNTHÉTISABLE
SYNTONISATEUR
SYNTONISATION
SYRINGOMYÉLIE
SYSTÉMATICIEN
SYSTÉMATISANT
TABERNACIENNE
TACHISTOSCOPE
TACHYARYTHMIE
TAILLE-CRAYONS
TAILLES-DOUCES
TALANÇONNAISE
TAMBOURINAIRE
TAMBOURINEUSE
TAPAGEUSEMENT
TARASCONNAISE
TARIQ IBN ZIYAD
TARN-ET-GARONNE
TAUROMACHIQUE
TAYLORISATION
TCHANG KAÏ-CHEK
TCHAO TSEU-YANG
TCHEOU NGEN-LAI

TECHNIQUEMENT
TECHNOCRATISÉ
TECHNOLOGIQUE
TECHNOLOGISTE
TECHNOSCIENCE
TÉLÉACHETEUSE
TÉLÉAFFICHAGE
TÉLÉCHARGEANT
TÉLÉCOMMANDÉE
TÉLÉCOMMANDER
TÉLÉDÉTECTION
TÉLÉDIFFUSANT
TÉLÉDIFFUSION
TÉLÉGRAPHIANT
TÉLÉGRAPHIQUE
TÉLÉGRAPHISTE
TÉLÉIMPRIMEUR
TÉLÉMARKETING
TÉLÉOPÉRATEUR
TÉLÉPORTATION
TÉLÉPROMPTEUR
TÉLÉSCRIPTEUR
TÉLÉSOUFFLEUR
TÉMISCAMINGUE
TEMPORISATEUR
TEMPORISATION
TENNIS-BALLONS
TENTE-ROULOTTE
TÉRÉPHTALIQUE
TERRE-NEUVIENS
TERRE-NEUVIERS
TESSIN LE JEUNE
TESTAMENTAIRE
TÉTRACHLORURE
TÉTRAPLÉGIQUE
TÉTRODOTOXINE
TEXTUELLEMENT
THANATOPRAXIE
THÉÂTRALEMENT
THÉÂTRALISANT
THÉOCENTRISME
THÉORIQUEMENT
THÉOULE-SUR-MER
THÉRAPEUTIQUE
THÉRÈSE D'ÁVILA
THERMIQUEMENT
THERMOCLASTIE
THERMOCOLLAGE
THERMOCOLLANT
THERMOFORMAGE
THERMOGRAPHIE
THERMOÏONIQUE
THÉSAURISEUSE
THESMOPHORIES
THESSALONIQUE
THETFORD MINES

THIONVILLOISE
THOMAS A KEMPIS
THOMAS BECKETT
THROMBOPOÏÈSE
TIBÉTO-BIRMANS
TIBIO-TARSIENS
TIERCEFEUILLE
TIERS-MONDISME
TIERS-MONDISTE
TIMON D'ATHÈNES
TIMOR-ORIENTAL
TINTINNABULER
TIRE-BOUCHONNÉ
TIRSO DE MOLINA
TISSUS-ÉPONGES
TOLUCA DE LERDO
TONICARDIAQUE
TONNEINQUAISE
TOPOGRAPHIQUE
TORRE DEL GRECO
TORRES QUEVEDO
TORTUEUSEMENT
TOSA MITSUNOBU
TOTALITARISME
TOURBILLONNER
TOURILLONNANT
TOURNAISIENNE
TOURNAN-EN-BRIE
TOURNE-À-GAUCHE
TOURNEBOULANT
TOURNE-DISQUES
TOURNEFEUILLE
TOURNE-PIERRES
TOUR-OPÉRATEUR
TOURQUENNOISE
TOUT-PUISSANTS
TOXICOLOGIQUE
TOXI-INFECTION
TRACHÉE-ARTÈRE
TRAGI-COMÉDIES
TRAGI-COMIQUES
TRAÎNE-SAVATES
TRANCHE-SUR-MER
TRANQUILLISÉE
TRANQUILLISER
TRANSBAHUTANT
TRANSCAUCASIE
TRANSCENDANCE
TRANSCENDANTE
TRANSCULTUREL
TRANSDERMIQUE
TRANSFÈREMENT
TRANSFIGURANT
TRANSFORMABLE
TRANSFORMANTE

TRANSFORMISME	**TRIPLE-ENTENTE**	VENTRIPOTENTE
TRANSFORMISTE	TRISYLLABIQUE	VERBALISATEUR
TRANSGABONAIS	TROGLODYTIQUE	VERBALISATION
TRANSGRESSANT	TROISIÈMEMENT	VERBICRUCISTE
TRANSGRESSION	**TROIS-RIVIÈRES**	VERBIGÉRATION
TRANSHIMALAYA	TROMBINOSCOPE	**VERCINGÉTORIX**
TRANSISTORISÉ	TROMPEUSEMENT	VÉRIDIQUEMENT
TRANSITIONNEL	TRONÇONNEMENT	VÉRIFICATRICE
TRANSJORDANIE	TROPICALISANT	VÉRITABLEMENT
TRANSLOCATION	TROUILLOMÈTRE	VERMILLONNANT
TRANSLUCIDITÉ	**TRUCHTERSHEIM**	VERNALISATION
TRANSLUMINALE	**TRUCIAL STATES**	VERNIX CASEOSA
TRANSLUMINAUX	TRUFFICULTURE	VERSIFICATEUR
TRANSMISSIBLE	TRUTTICULTURE	VERSIFICATION
TRANSMUTATION	**TSARSKOÏE SELO**	VERS-LIBRISTES
TRANSNATIONAL	**TUC-D'AUDOUBERT**	**VERTACOMIRIEN**
TRANSPARAÎTRE	TURBORÉACTEUR	VERT-DE-GRISÉES
TRANSPIRATION	TWIRLING BÂTON	VERTICALEMENT
TRANSPLANTANT	TYPOGRAPHIQUE	VERTUEUSEMENT
TRANSPLANTOIR	ULTRAMONTAINE	VESTIMENTAIRE
TRANSPORTABLE	ULTRAPRESSION	**VIARDOT-GARCÍA**
TRANSPORTEUSE	ULTRAPROPRETÉ	VIBRAPHONISTE
TRANSPOSITEUR	ULTRASENSIBLE	VICE-CONSULATS
TRANSPOSITION	ULTRAVIOLETTE	VICE-PRÉSIDENT
TRANSPYRÉNÉEN	UNICELLULAIRE	VICTIMISATION
TRANSSAHARIEN	**UNITED KINGDOM**	**VICTORIAVILLE**
TRANSSEXUELLE	UNIVERSALISÉE	VIDE-BOUTEILLE
TRANSSIBÉRIEN	UNIVERSALISER	VIDÉOCASSETTE
TRANSSTOCKEUR	UNIVERSALISME	VIEILLISSANTE
TRANSVASEMENT	UNIVERSALISTA	**VIEIRA DA SILVA**
TRANSVESTISME	UNIVERSITAIRE	VIEUX-CROYANTS
TRANSYLVANIEN	URÉTÉROSTOMIE	**VILLARD-DE-LANS**
TRANSYLVANIEN	USUFRUCTUAIRE	**VILLAVICENCIO**
TRAUMATISANTE	**UZTARIZTARRAK**	VILLECRESNOIS
TRAUMATOLOGIE	VADROUILLEUSE	**VILLEFONTAINE**
TRAUMATOLOGUE	**VAL-DE-MARNAISE**	VILLÉGIATURER
TRAVAILLOTANT	VALENCE-GRAMME	**VILLEHARDOUIN**
TRAVESTISSANT	**VALENCIENNOIS**	VILLEJUIFOISE
TREIZIÈMEMENT	VALÉTUDINAIRE	**VILLEMOMBLOIS**
TREMBLOTEMENT	**VALLÉE DES ROIS**	VILLEMURIENNE
TRÉMOUSSEMENT	**VALRÉASSIENNE**	VILLENEUVOISE
TRÉPONÉMATOSE	**VAN DER MEERSCH**	VILLEPARISIEN
TRIANGULATION	**VANDOPÉRIENNE**	VILLEPINTOISE
TRIBUNITIENNE	**VAN HEEMSKERCK**	VILLERS-BOCAGE
TRICENTENAIRE	VANITEUSEMENT	**VILLERS-SUR-MER**
TRICHOCÉPHALE	**VAN RUYSBROECK**	VILLIERS-LE-BEL
TRIEL-SUR-SEINE	VARIOLISATION	**VIMONASTÉRIEN**
TRIGONOMÉTRIE	VASOMOTRICITÉ	**VINCENT DE PAUL**
TRIMBALLEMENT	VATICINATRICE	VINGTIÈMEMENT
TRIMESTRIELLE	**VAUX-LE-VICOMTE**	VINIFICATRICE
TRINIDADIENNE	VECTORISATION	**VIRGINIA BEACH**
TRINIDADIENNE	VÉHÉMENTEMENT	VIRTUELLEMENT
TRIOMPHALISME	**VELIKO TARNOVO**	**VIRY-CHÂTILLON**
TRIOMPHALISTE	VÉNÉZUÉLIENNE	**VISAKHAPATNAM**
TRIOMPHATRICE	**VÉNÉZUÉLIENNE**	VISCÉRALEMENT
TRIPATOUILLÉE	**VENING MEINESZ**	VISUALISATION
TRIPATOUILLER	VENTRICULAIRE	VITRIFICATEUR

VITRIFICATION
VITRY-EN-ARTOIS
VITRY-SUR-SEINE
VIVIFICATRICE
VOCALISATRICE
VOCIFÉRATRICE
VOITURES-POSTE
VOLATILISABLE
VOMITOS NEGROS
VOUGLAISIENNE
VRAIES-FAUSSES
VRAISEMBLABLE
VRAISEMBLANCE

VROMBISSEMENT
VULCANISATION
VULGARISATEUR
VULGARISATION
VULNÉRABILISÉ
VULNÉRABILITÉ
WAGNER-JAUREGG
WAGONS-FOUDRES
WAGONS-TRÉMIES
WASHINGTONIEN
WASSELONNAISE
WESTMOUNTAISE
WILHELMSHAVEN

WIMEREUSIENNE
WINDISCHGRÄTZ
WITWATERSRAND
WOLVERHAMPTON
XANTHOGÉNIQUE
XYLOGRAPHIQUE
ZEAMI MOTOKIYO
ZÉNON DE CITIUM
ZÉNON DE KITION
ZOOGÉOGRAPHIE
ZOOTECHNICIEN
ZOROASTRIENNE
ZWINGLIANISME

ABALOURDISSANT
ABAISSE-LANGUES
ABASOURDISSANT
ABOLITIONNISME
ABOLITIONNISTE
ABOMINABLEMENT
ABRACADABRANTE
ABRIS-SOUS-ROCHE
ACADÉMIQUEMENT
ACANTHOCÉPHALE
ACCÉLÉROGRAPHE
ACCESSOIREMENT
ACCESSOIRISANT
ACCIDENTOLOGIE
ACCOMPAGNATEUR
ACCOMPAGNEMENT
ACCROCHE-CŒURS
ACHONDROPLASIE
ACQUIT-À-CAUTION
ACTINOTHÉRAPIE
ACTION RESEARCH
ADÉNOCARCINOME
ADÉNOÏDECTOMIE
ADIPOSO-GÉNITAL
ADJUDANTS-CHEFS
ADMINISTRATEUR
ADMINISTRATION
ADMINISTRATIVE

ADMIRATIVEMENT
ADVERBIALEMENT
AÉROCONDENSEUR
AÉROGÉNÉRATEUR
AÉROTRANSPORTÉ
AFFAIBLISSANTE
AFFERMISSEMENT
AFFRANCHISSANT
AFRICANISATION
AFRIQUE ROMAINE
AFRO-AMÉRICAINE
AFRO-AMÉRICAINE
AFRO-AMÉRICAINS
AFRO-AMÉRICAINS
AFRO-ASIATIQUES
AFRO-BRÉSILIENS
AFRO-BRÉSILIENS
AGENOUILLEMENT
AGRANDISSEMENT
AGRANULOCYTOSE
AGRO-INDUSTRIEL
AGRO-INDUSTRIES
AGUASCALIENTES
AIDES-SOIGNANTS
AIGUES-MORTAISE
AIGUISE-CRAYONS
À LA CROQUE-AU-SEL
ALANGUISSEMENT
ALBERTVILLOISE
ALCATEL ALSTHOM
ALFORTVILLAISE
ALGÉBRIQUEMENT
ALLANTOÏDIENNE
ALLENDE GOSSENS
ALLERGOLOGISTE
ALLUVIONNEMENT
ALMEIDA GARRETT
ALOURDISSEMENT
ALPES-MARITIMES
ALPES RHÉTIQUES

ALPHANUMÉRIQUE
ALPHONSE LE SAGE
ALSACE-LORRAINE
ALTO-SÉQUANAISE
ALUMINOTHERMIE
AMAIGRISSEMENT
AMBITIEUSEMENT
AMÉDÉE DE SAVOIE
AMÉRINDIANISME
AMÉRIQUE DU NORD
AMÉRIQUE LATINE
AMEUBLISSEMENT
AMMONIOS SACCAS
AMPHÉTAMINIQUE
AMPHIBOLOGIQUE
AMPLIFICATRICE
AMSTELLODAMIEN
AMYGDALECTOMIE
ANAGRAMMATIQUE
ANAGRAMMATISME
ANALOGIQUEMENT
ANALPHABÉTISME
ANALYTIQUEMENT
ANAPHYLACTIQUE
ANARCHIQUEMENT
ANATHÉMATISANT
ANATOMIQUEMENT
ANDREA DEL SARTO
ANÉANTISSEMENT
ANGLO-AMÉRICAIN
ANGLO-AMÉRICAIN
ANGLO-NORMANDES
ANGLO-NORMANDES
ANHYPOTHÉTIQUE
ANNE DE BRETAGNE
ANNE DE GONZAGUE
ANTÉDILUVIENNE
ANTÉPÉNULTIÈME
ANTÉPRÉDICATIF
ANTÉRIEUREMENT
ANTHROPOMÉTRIE
ANTHROPOMORPHE
ANTHROPOPHAGIE
ANTHROPOSOPHIE
ANTIACRIDIENNE
ANTIALCOOLIQUE
ANTIALLERGIQUE
ANTIBROUILLAGE
ANTIBROUILLARD
ANTICANCÉREUSE
ANTICOAGULANTE
ANTICOMMUNISME
ANTICOMMUNISTE
ANTICYCLONIQUE
ANTIDÉFLAGRANT
ANTIDÉPRESSEUR
ANTIDIURÉTIQUE

ANTIÉCONOMIQUE
ANTIEFFRACTION
ANTIÉMÉTISANTE
ANTIHYGIÉNIQUE
ANTI-INFECTIEUX
ANTIMIGRAINEUX
ANTIOCHOS MÉGAS
ANTIPALUDÉENNE
ANTIPARASITANT
ANTIPERSPIRANT
ANTIRELIGIEUSE
ANTIRÉTROVIRAL
ANTI-SOUS-MARINE
ANTI-SOUS-MARINS
ANTISOVIÉTIQUE
ANTISYMÉTRIQUE
ANTITERRORISTE
ANTITHYROÏDIEN
ANTIVARIOLIQUE
ANTIVÉNÉRIENNE
ANTOINE LE GRAND
ANTONIN LE PIEUX
APPAREILLEMENT
APPENDICULAIRE
APPESANTISSANT
APPLAUDISSEUSE
APPRÉCIABILITÉ
APPRIVOISEMENT
APPROVISIONNÉE
APPROVISIONNER
ARABIE SAOUDITE
ARABO-ISLAMIQUE
ARBITRAIREMENT
ARBORICULTRICE
ARCHÉOBACTÉRIE
ARCHICHLAMYDÉE
ARCHICONFRÉRIE
ARCHIÉPISCOPAL
ARCHIÉPISCOPAT
ARCHITECTURALE
ARCHITECTURANT
ARCHITECTURAUX
ARCS-BOUTEMENTS
À REBROUSSE-POIL
ARGENTEUILLAIS
ARGUMENTATRICE
ARISTOCRATIQUE
ARISTOCRATISME
ARISTOTÉLICIEN
ARNAC-POMPADOUR
ARPAJON-SUR-CÈRE
ARRAISONNEMENT
ARRIÈRE-CHŒURS
ARRIÈRE-COUSINE
ARRIÈRE-COUSINS
ARRIÈRE-CUISINE
ARRIÈRE-PENSÉES

ARRIÈRE-SAISONS
ARRIÈRE-VASSAUX
ARRONDISSEMENT
ARTÉRIOGRAPHIE
ARTISANALEMENT
ARTISTIQUEMENT
ASCENSIONNELLE
ASPIRO-BATTEURS
ASSAINISSEMENT
ASSAISONNEMENT
ASSERMENTATION
ASSERVISSEMENT
ASSOUPISSEMENT
ASSOURDISSANTE
ASSOUVISSEMENT
ASSUJETTISSANT
ASTROPHYSICIEN
ASTUCIEUSEMENT
ASYMPTOMATIQUE
ATHÉROSCLÉROSE
À TOUT BERZINGUE
ATTENDRISSANTE
ATTERRISSEMENT
ATTIÉDISSEMENT
ATTRAPE-MINETTE
ATTRAPE-MOUCHES
ATTRAPE-NIGAUDS
AUBIGNY-SUR-NÈRE
AUDACIEUSEMENT
AUDINCOURTOISE
AUDIOFRÉQUENCE
AUDIONUMÉRIQUE
AU FUR ET À MESURE
AULNAY-SOUS-BOIS
AUSTRO-HONGROIS
AUSTRO-HONGROIS
AUSTRONÉSIENNE
AUTOACCUSATEUR
AUTOACCUSATION
AUTOBIOGRAPHIE
AUTOCASTRATION
AUTOCONDUCTION
AUTOCORRECTION
AUTOCOUCHETTES
AUTODIRECTRICE
AUTODISCIPLINE
AUTOÉLÉVATRICE
AUTOEXCITATEUR
AUTO-INDUCTANCE
AUTO-INDUCTIONS
AUTOLIMITATION
AUTOLUBRIFIANT
AUTOMATICIENNE
AUTOMATISATION
AUTOMÉDICATION
AUTOMUTILATION
AUTONETTOYANTE

AUTONOMISATION
AUTO-PATROUILLE
AUTOPROCLAMANT
AUTOPRODUCTION
AUTOPROPULSEUR
AUTOPROPULSION
AUTORÉGULATEUR
AUTORÉGULATION
AUTO-STOPPEUSES
AUTOSUFFISANCE
AUTOSUFFISANTE
AUTOSUGGESTION
AVANT-DERNIÈRES
AVANT-GARDISMES
AVANT-GARDISTES
AVANT-PREMIÈRES
AVESNES-LE-COMTE
AVIONS-CITERNES
AXIOMATISATION
AZERBAÏDJANAIS
AZERBAÏDJANAIS
AZIDOTHYMIDINE
BADE-WURTEMBERG
BAGNOLS-SUR-CÈZE
BAIN-DE-BRETAGNE
BALNÉOTHÉRAPIE
BALUCHITHÉRIUM
BANDES-ANNONCES
BANQUE MONDIALE
BANQUEROUTIÈRE
BANSKÁ BYSTRICA
BARBE-DE-CAPUCIN
BARCLAY DE TOLLY
BARRAGES-VOÛTES
BASILE VALENTIN
BASSE-NORMANDIE
BASSE-TERRIENNE
BATEAUX-LAVOIRS
BATEAUX-MOUCHES
BATEAUX-PILOTES
BAUDELAIRIENNE
BEAT GENERATION
BEAULIEU-SUR-MER
BEAUREPAIROISE
BEAUSOLEILLOIS
BEAUVILLÉSOISE
BEAUVOIR-SUR-MER
BÉBÉ-ÉPROUVETTE
BEC-DE-PERROQUET
BELLEFEUILLOIS
BELLEGARDIENNE
BELLES-FAMILLES
BENOÎT DE NURSIE
BENZODIAZÉPINE
BERCENAY-EN-OTHE
BERLAIMONTOISE
BERNARD-L'ERMITE

BERNERIE-EN-RETZ
BERZÉLAVILLIEN
BÊTASTIMULANTE
BIBLIOTHÉCAIRE
BICULTURALISME
BIDIMENSIONNEL
BIHEBDOMADAIRE
BILATÉRALEMENT
BILLAUD-VARENNE
BIODÉGRADATION
BIOLUMINESCENT
BIOMOLÉCULAIRE
BIOSPÉLÉOLOGIE
BIOTECHNOLOGIE
BIPOLARISATION
BISCHWILLEROIS
BLANCHISSEMENT
BLANC-MESNILOIS
BLASPHÉMATOIRE
BLASPHÉMATRICE
BLENNORRAGIQUE
BLOCS-CYLINDRES
BOISBRIANNAISE
BOISGUILLEBERT
BOÎTES-BOISSONS
BONHEURS-DU-JOUR
BONNE-ESPÉRANCE
BONNÉTABLIENNE
BONNET-DE-PRÊTRE
BOPHUTHATSWANA
BOTHRIOCÉPHALE
BOUCHE-À-OREILLE
BOUCHERVILLOIS
BOUCHES-DU-RHÔNE
BOUCOURECHLIEV
BOUGAINVILLIER
BOUG MÉRIDIONAL
BOUG OCCIDENTAL
BOUILLONNEMENT
BOULEVERSEMENT
BOULOGNE-SUR-MER
BOURBOURGEOISE
BOURGEOISEMENT
BOURGEONNEMENT
BOURGTHEROULDE
BOURSE-À-PASTEUR
BOURSOUFLEMENT
BOUTON-PRESSION
BOUTONS-D'ARGENT
BOUZONVILLOISE
BRABANT FLAMAND
BRACELET-MONTRE
BRAZZAVILLOISE
BREDOUILLEMENT
BREUIL-CERVINIA
BRICQUEBÉTAISE
BRIDES-LES-BAINS

BRIGADES ROUGES
BRILLAT-SAVARIN
BRITISH AIRWAYS
BRYCE-ECHENIQUE
BRONCHIECTASIE
BROUSSAILLEUSE
BRÛLE-POURPOINT
BUCCO-DENTAIRES
BUCCO-GÉNITALES
BUENOS-AIRIENNE
BUREAUCRATIQUE
BUREAUCRATISÉE
BUREAUCRATISER
BUREAUTICIENNE
BURES-SUR-YVETTE
BUSINESSWOMANS
BUTTES-CHAUMONT
BYZANTINOLOGIE
BYZANTINOLOGUE
CÂBLO-OPÉRATEUR
CABRERA INFANTE
CACHE-BRASSIÈRE
CACHE-POUSSIÈRE
CACHE-RADIATEUR
CADET ROUSSELLE
CALIDIFONTAINE
CALLIGRAPHIANT
CALLIGRAPHIQUE
CALORIMÉTRIQUE
CALUIRE-ET-CUIRE
CANCÉROLOGIQUE
CAOUTCHOUTEUSE
CAPBRETONNAISE
CAPESTERRIENNE
CAPILLICULTEUR
CAPILLICULTURE
CAPITALISATION
CAPITALISTIQUE
CAPSULES-CONGÉS
CARACTÉROLOGIE
CARAMBOUILLAGE
CARAMÉLISATION
CARBONBLANNAIS
CARCASSONNAISE
CARCINOMATEUSE
CARDIO-TRAINING
CARILLONNEMENT
CAROLINE DU NORD
CAROLOMACÉRIEN
CAROLORÉGIENNE
CARPENTRASSIEN
CARRERA ANDRADE
CARROZ-D'ARÂCHES
CARTELLISATION
CARTES-RÉPONSES
CARTIER-BRESSON
CARTILAGINEUSE

CARTOGRAPHIANT
CARTOGRAPHIQUE
CARTOMANCIENNE
CARTONS-FEUTRES
CARTONS-PAILLES
CARYOPHYLLACÉE
CASIMIR LE GRAND
CASSE-NOISETTES
CASSETTOTHÈQUE
CASTEL DEL MONTE
CASTEL GANDOLFO
CASTELNAUDAISE
CASTELNAU-LE-LEZ
CASTELNEUVOISE
CASTELNOVIENNE
CASTELROUSSINE
CASTELSALINOIS
CASTELSARRASIN
CASTILLONNAISE
CASTOR ET POLLUX
CASTRAMÉTATION
CASTRO Y BELLVÍS
CATADIOPTRIQUE
CATASTROPHIQUE
CATASTROPHISME
CATASTROPHISTE
CATÉGORISATION
CATHOLIQUEMENT
CAUCHEMARDEUSE
CAUDEBEC-EN-CAUX
CAUDEBECQUAISE
CAUTELEUSEMENT
CAVAILLONNAISE
CAVES DU VATICAN
CELLES-SUR-BELLE
CÉNESTHOPATHIE
CENTRAFRICAINE
CENTRAFRICAINE
CENTRALISATEUR
CENTRALISATION
CENTRAMÉRICAIN
CENTRAMÉRICAIN
CENTRE-DU-QUÉBEC
CENTRIFUGATION
CÉPHALOSPORINE
CÉRÉALICULTURE
CÉRÉBRO-SPINALE
CÉRÉBRO-SPINAUX
CÉSAR BIROTTEAU
CHABRA AL-KHAYMA
CHALAND-CITERNE
CHALCOLITHIQUE
CHALLES-LES-EAUX
CHALON-SUR-SAÔNE
CHAMPAGNOLAISE
CHAMPIGNEULLES
CHAMPS-SUR-MARNE

CHANTONNAISIEN
CHANTOURNEMENT
CHAPTALISATION
CHARADRIIFORME
CHARENTONNAISE
CHARITABLEMENT
CHARLATANESQUE
CHARLES GARNIER
CHARLES GUSTAVE
CHARLES LE GRAND
CHARLES LE NOBLE
CHARTES-PARTIES
CHASSE-GOUPILLE
CHASSÉS-CROISÉS
CHÂSSIS-PRESSES
CHÂTEAU-D'OLONNE
CHÂTEAU-GONTIER
CHÂTEAULINOISE
CHÂTEAU-MARGAUX
CHÂTEAU-QUEYRAS
CHÂTEAU-RENAULT
CHÂTEAU-THIERRY
CHÂTENAISIENNE
CHÂTILLONNAISE
CHATOUILLEMENT
CHAUFFAILLONNE
CHAUFFE-BIBERON
CHAUSSE-TRAPPES
CHAUX-DE-FONNIER
CHEMIN DES DAMES
CHÉMORÉCEPTEUR
CHÈQUES-SERVICE
CHERBOURGEOISE
CHEVAUX-D'ARÇONS
CHEVEUX-DE-VÉNUS
CHICOUTIMIENNE
CHIMIOSYNTHÈSE
CHIMIOTACTISME
CHIMIOTHÉRAPIE
CHIROGRAPHAIRE
CHIROMANCIENNE
CHIROPRATICIEN
CHLOROPHYLLIEN
CHOLEM ALEICHEM
CHOLINESTÉRASE
CHONDROSARCOME
CHORÉGRAPHIANT
CHORÉGRAPHIQUE
CHRÉTIENNEMENT
CHRISTIANISANT
CHRISTIAN-JAQUE
CHROMATOGRAMME
CHRONOBIOLOGIE
CHRONOMÉTREUSE
CHRONOMÉTRIQUE
CIMETIÈRE MARIN
CINÉMATOGRAPHE

CINÉTHÉODOLITE
CINQUANTENAIRE
CINTEGABELLOIS
CIRCONLOCUTION
CIRCONSCRIVANT
CIRCONSPECTION
CIRCONSTANCIÉE
CIRCONSTANCIEL
CIRCONVOLUTION
CIRCULAIREMENT
CIUDAD TRUJILLO
CIUDAD VICTORIA
CLASSIFICATEUR
CLASSIFICATION
CLAUDE DE FRANCE
CLAUDIUS CAECUS
CLAUSTROPHOBIE
CLICHY-SOUS-BOIS
CLIMATOLOGIQUE
COBELLIGÉRANTE
COCONTRACTANTE
CODE THÉODOSIEN
CŒURS-DE-PIGEON
COHEN-TANNOUDJI
COLIN-MAILLARDS
COLLABORATRICE
COLLECTIONNANT
COLLECTIONNEUR
COLLECTIONNITE
COLLECTIVEMENT
COLLECTIVISANT
COLLÉGIALEMENT
COLLOT D'HERBOIS
COLOCALISATION
COLONEL CHABERT
COMBUSTIBILITÉ
COMMERCIALISÉE
COMMERCIALISER
COMMISSIONNANT
COMMUNICATRICE
COMPAGNONNIQUE
COMPARTIMENTÉE
COMPARTIMENTER
COMPLAISAMMENT
COMPLÉMENTAIRE
COMPLIMENTEUSE
COMPORTEMENTAL
COMPRÉHENSIBLE
COMPROMETTANTE
COMPROMISSOIRE
COMPTABILISANT
COMPTES CHÈQUES
COMPTON-BURNETT
CONCÉLÉBRATION
CONCEPTUALISÉE
CONCEPTUALISER
CONCEPTUALISME

CONCHES-EN-OUCHE
CONCOMITAMMENT
CONCRÉTISATION
CONDESCENDANCE
CONDESCENDANTE
CONDITIONNELLE
CONDUCTIBILITÉ
CONFECTIONNANT
CONFECTIONNEUR
CONFESSIONNAUX
CONFIDENTIELLE
CONFRATERNELLE
CONFUSIONNELLE
CONFUSIONNISME
CONGESTIONNANT
CONGLOMÉRATION
CONJONCTURELLE
CONJONCTURISTE
CONON DE BÉTHUNE
CONQUISTADORES
CONSCIENCIEUSE
CONSCIENTISANT
CONSTANTINESCU
CONSTANTINOISE
CONSTANTINOPLE
CONSUBSTANTIEL
CONTAINÉRISANT
CONTEMPLATIONS
CONTEMPLATRICE
CONTENEURISANT
CONTEXTUALISER
CONTINENTALITÉ
CONTORSIONNANT
CONTRACTUALISÉ
CONTRADICTOIRE
CONTRAIREMENT À
CONTRAPONTISTE
CONTRAPUNTIQUE
CONTRAPUNTISTE
CONTRAROTATIVE
CONTRE-ATTAQUÉE
CONTRE-ATTAQUER
CONTRE-ATTAQUES
CONTRE-ATTAQUÉS
CONTREBALANCÉE
CONTREBALANCER
CONTREBANDIÈRE
CONTREBASSISTE
CONTREBATTERIE
CONTRE-BRAQUANT
CONTRE-BRAQUÉES
CONTREBUTEMENT
CONTRE-COURANTS
CONTRE-CULTURES
CONTRE-ENQUÊTES
CONTRE-ÉPREUVES
CONTRE-ESPALIER

CONTRE-EXEMPLES
CONTREFACTRICE
CONTRE-FENÊTRES
CONTRE-HERMINES
CONTRE-INDIQUÉE
CONTRE-INDIQUER
CONTRE-INDIQUÉS
CONTRE-LA-MONTRE
CONTREMARQUANT
CONTREPLAQUANT
CONTRE-PLONGÉES
CONTRE-POUVOIRS
CONTRE-SOCIÉTÉS
CONTRÔLABILITÉ
CONTROLATÉRALE
CONTROLATÉRAUX
CONTROVERSABLE
CONTROVERSISTE
CONVENABLEMENT
CONVENTIONNANT
CONVERTIBILITÉ
CONVULSIONNANT
CONVULSIVEMENT
COORDONNATRICE
COPARTICIPANTE
COPROPRIÉTAIRE
COQUILHATVILLE
CORNELIUS NEPOS
CORNOUAILLAISE
CORONAROPATHIE
CORPORELLEMENT
CORRÉLATIONNEL
CORRESPONDANCE
CORRESPONDANTE
COSMOGRAPHIQUE
COSMOPOLITISME
COSTARMORICAIN
CÔTE DES PIRATES
COUDEKERQUOISE
COUPONS-RÉPONSE
COURAGEUSEMENT
COURCOURONNAIS
COURT-CIRCUITÉE
COURT-CIRCUITER
COURT-CIRCUITÉS
COURT-COURRIERS
COURTISANESQUE
COURTS-CIRCUITS
COURTS-MÉTRAGES
COWANSVILLOISE
CRANACH L'ANCIEN
CRANACH LE JEUNE
CRANS-SUR-SIERRE
CRAPULEUSEMENT
CRAYONS-FEUTRES
CRÉPICORDIENNE
CRIMINELLEMENT

CRIMINOLOGISTE
CRISTALLISABLE
CRISTALLISANTE
CRISTES-MARINES
CROISSANT-ROUGE
CROQUE-MITAINES
CROQUE-MONSIEUR
CROQUIGNOLETTE
CROSS-COUNTRIES
CRYOCONDUCTEUR
CULPABILISANTE
CULTURELLEMENT
CUMULATIVEMENT
CUPROALUMINIUM
CYCLOMOTORISTE
CYTODIAGNOSTIC
DACTYLOGRAPHIE
DACTYLOGRAPHIÉ
DAGUERRÉOTYPIE
DAMMARIE-LES-LYS
DANGEREUSEMENT
DANTE ALIGHIERI
DAPHNIS ET CHLOÉ
DÉBARBOUILLAGE
DÉBARBOUILLANT
DÉBONNAIREMENT
DÉBOULONNEMENT
DE BRIC ET DE BROC
DÉBROUSSAILLÉE
DÉBROUSSAILLER
DÉCAPITALISANT
DÉCAPUCHONNANT
DÉCASYLLABIQUE
DÉCAVAILLONNÉE
DÉCAVAILLONNER
DECAZEVILLOISE
DÉCENTRALISANT
DÉCHAPERONNANT
DÉCHRISTIANISÉ
DÉCIMALISATION
DÉCOLLECTIVISÉ
DÉCOLONISATION
DÉCOMPENSATION
DÉCONDITIONNÉE
DÉCONDITIONNER
DÉCONGESTIONNÉ
DÉCONSTRUCTION
DÉCONSTRUISANT
DÉCONTENANÇANT
DÉCONVENTIONNÉ
DÉCRÉDIBILISÉE
DÉCRÉDIBILISER
DÉCRIMINALISÉE
DÉCRIMINALISER
DÉCROCHEZ-MOI-ÇA
DÉCULPABILISÉE
DÉCULPABILISER

DÉDIFFÉRENCIÉE
DÉDIFFÉRENCIER
DÉFENESTRATION
DÉFIBRILLATEUR
DÉFIBRILLATION
DÉFINITIVEMENT
DÉFLATIONNISTE
DÉFRAÎCHISSANT
DÉGAUCHISSEUSE
DÉGÉNÉRESCENCE
DÉICUSTODIENNE
DÉLICIEUSEMENT
DELLA FRANCESCA
DELLA SCALIGERI
DÉLOCALISATION
DÉMATÉRIALISÉE
DÉMATÉRIALISER
DÉMÉDICALISANT
DÉMÉTRIOS SÔTER
DEMI-BOUTEILLES
DEMI-FINALISTES
DÉMILITARISANT
DÉMINÉRALISANT
DÉMISSIONNAIRE
DÉMOBILISATEUR
DÉMOBILISATION
DÉMONSTRATRICE
DÉMONTRABILITÉ
DÉMORALISATEUR
DÉMORALISATION
DÉMOUSTICATION
DÉMULTIPLEXAGE
DÉMULTIPLEXANT
DÉNASALISATION
DÉNATIONALISÉE
DÉNATIONALISER
DÉNATURALISANT
DÉNAZIFICATION
DÉNÉBULISATION
DÉNICOTINISANT
DÉNICOTINISEUR
DENIS LE LIBÉRAL
DENTUROLOGISTE
DÉNUCLÉARISANT
DÉPARTEMENTALE
DÉPARTEMENTAUX
DÉPÉNALISATION
DÉPERSONNALISÉ
DÉPIGMENTATION
DÉPLAFONNEMENT
DÉPLORABLEMENT
DÉPOLARISATION
DÉPOLITISATION
DÉPRESSURISANT
DÉRÉGLEMENTANT
DERMATOLOGIQUE
DERMATOMYOSITE

DERMOGRAPHISME
DÉSACCOUTUMANT
DÉSAFFECTATION
DÉSAIMANTATION
DÉSAISONNALISÉ
DÉSAMBIGUÏSANT
DÉSAPPROBATEUR
DÉSAPPROBATION
DÉSASSORTIMENT
DÉSAVANTAGEANT
DÉSAVANTAGEUSE
DÉSEMBOUTEILLÉ
DÉSENCADREMENT
DÉSENCLAVEMENT
DÉSENDETTEMENT
DÉSENSABLEMENT
DÉSENSIBILISÉE
DÉSENSIBILISER
DÉSENSORCELANT
DÉSENTORTILLÉE
DÉSENTORTILLER
DÉSENVELOPPANT
DÉSÉQUILIBRANT
DÉSHUMANISANTE
DÉSHUMIDIFIANT
DÉSHYDRATATION
DÉSHYDROGÉNANT
DÉSIDÉRABILITÉ
DÉSILLUSIONNÉE
DÉSILLUSIONNER
DÉSINCARCÉRANT
DÉSINCRUSTANTE
DÉSINFORMATEUR
DÉSINFORMATION
DÉSINSECTISANT
DÉSINTÉGRATION
DÉSINTÉRESSANT
DÉSINTOXIQUANT
DÉSOBSTRUCTION
DÉSOLIDARISANT
DÉSORIENTATION
DÉSOXYGÉNATION
DESPOTIQUEMENT
DESSOUS-DE-TABLE
DÉSTABILISANTE
DESTUTT DE TRACY
DÉSYNCHRONISÉE
DÉSYNCHRONISER
DÉTESTABLEMENT
DEUTÉROSTOMIEN
DEUTSCHE BANK AG
DEUX-MONTAGNAIS
DÉVALORISATION
DÉVERROUILLAGE
DÉVERROUILLANT
DÉVIATIONNISME
DÉVIATIONNISTE

DÉVIRILISATION
DÉVITALISATION
DIABOLIQUEMENT
DIAGNOSTIQUANT
DIALECTICIENNE
DIAMÉTRALEMENT
DIAPHANOSCOPIE
DIATONIQUEMENT
DIDACTIQUEMENT
DIES ACADEMICUS
DIFFÉRENTIABLE
DIFFÉRENTIELLE
DIFFICULTUEUSE
DIFFUSIONNISME
DIFFUSIONNISTE
DIGITOPUNCTURE
DIMENSIONNELLE
DIMITRI DONSKOÏ
DINITROTOLUÈNE
DION DE SYRACUSE
DIPLOBLASTIQUE
DIRECTIONNELLE
DISCOGRAPHIQUE
DISCRIMINATION
DISCUTAILLEUSE
DISSIMULATRICE
DISSOCIABILITÉ
DISTRIBUTIVITÉ
DIVERTISSEMENT
DNIPROPETROVSK
DOCUMENTALISTE
DOCUMENTARISTE
DODÉCAPHONIQUE
DODÉCAPHONISME
DODÉCAPHONISTE
DOGMATIQUEMENT
DOLICHOCÉPHALE
DOLNÍ VESTONICE
DOMICILIATAIRE
DONAUESCHINGEN
DONNEURS DE SANG
DONS QUICHOTTES
DOPAMINERGIQUE
DOUBLE-CLIQUANT
DOUBLES-CROCHES
DOUBLES-RIDEAUX
DOUCEREUSEMENT
DOUCHY-LES-MINES
DOUÉ-LA-FONTAINE
DOUILLETTEMENT
DOUR-SHARROUKÊN
DRAMATIQUEMENT
DROSTE-HÜLSHOFF
DUBITATIVEMENT
DUBOIS DE CRANCÉ
DUMONT D'URVILLE
DUPETIT-THOUARS

DUPONT DE L'ÉTANG
DUPONT DES LOGES
DYNAMOMÉTRIQUE
ECCLÉSIASTIQUE
ÉCHANTILLONNÉE
ÉCHANTILLONNER
ÉCLABOUSSEMENT
ÉCOCITOYENNETÉ
ÉCOLE DES FEMMES
ÉCOLOGIQUEMENT
ÉCONOMÉTRICIEN
ÉCONOMIQUEMENT
ÉCOTOXICOLOGIE
ÉCOUVILLONNANT
EDGAR AETHELING
ÉDIMBOURGEOISE
ÉDOUARD L'ANCIEN
EFFAROUCHEMENT
EFFROYABLEMENT
ÉLASTICIMÉTRIE
ÉLECTRIQUEMENT
ÉLECTRODIALYSE
ÉLECTROÉROSION
ÉLECTROFORMAGE
ÉLECTROLYSABLE
ÉLECTROLYTIQUE
ÉLECTROMÉNAGER
ÉLECTROMOTRICE
ÉLECTRONÉGATIF
ÉLECTRO-OSMOSES
ÉLECTROPHORÈSE
ÉLECTROPOSITIF
ÉLECTROTHERMIE
ÉLECTROVALENCE
ÉLIE DE BEAUMONT
ÉLISABETHVILLE
ELLIPTIQUEMENT
EL-MARSA EL-KEBIR
EMBARBOUILLANT
EMBELLISSEMENT
EMBERLIFICOTÉE
EMBERLIFICOTER
EMBOURGEOISANT
EMBROUILLAMINI
EMBROUILLEMENT
EMBROUSSAILLÉE
EMBROUSSAILLER
ÉMERVEILLEMENT
EMMAGASINEMENT
EMMAILLOTEMENT
EMMOUSCAILLANT
EMPHATIQUEMENT
EMPHYSÉMATEUSE
EMPIRE BYZANTIN
EMPOISONNEMENT
EMPRISONNEMENT
ENCANAILLEMENT

ENCAPUCHONNANT
ENCHÉRISSEMENT
ENCHEVÊTREMENT
ENCORBELLEMENT
ENCYCLOPÉDIQUE
ENCYCLOPÉDISME
ENCYCLOPÉDISTE
ENDÉMOÉPIDÉMIE
ENDIVISIONNANT
ENDOCRINOLOGIE
ENDOCRINOLOGUE
ENDOCTRINEMENT
ENDORMISSEMENT
ENDURCISSEMENT
ÉNERGÉTICIENNE
ENLAIDISSEMENT
ENNOBLISSEMENT
ENQUIQUINEMENT
ENREGISTREMENT
ENRICHISSEMENT
ENSOLEILLEMENT
ENSORCELLEMENT
ENTÉROBACTÉRIE
ENTHOUSIASMANT
ENTORTILLEMENT
ENTOURLOUPETTE
ENTR'APERCEVANT
ENTRAPERCEVANT
ENTR'APERCEVOIR
ENTRAPERCEVOIR
ENTRE-DÉCHIRANT
ENTRE-DÉCHIRÉES
ENTRÉES-SORTIES
ENTREPOSITAIRE
ENTRETOISEMENT
ÉPAISSISSEMENT
ÉPANOUISSEMENT
ÉPICONTINENTAL
ÉPIGRAMMATIQUE
ÉPINAY-SUR-SEINE
ÉPINES-VINETTES
ÉPISCOPALIENNE
ÉPISODIQUEMENT
ÉPLUCHE-LÉGUMES
ÉPOUSTOUFLANTE
ÉQUEURDREVILLE
ERCILLA Y ZÚÑIGA
ERGOCALCIFÉROL
ERGOTHÉRAPEUTE
ÉRYTHROCYTAIRE
ESCHATOLOGIQUE
ESCH-SUR-ALZETTE
ESTÉRIFICATION
ESTHÉTIQUEMENT
ESTIENNE D'ORVES
ÉTATS DE L'ÉGLISE
ÉTHÉRIFICATION

ETHNOCENTRIQUE
ETHNOCENTRISME
ETHNOGRAPHIQUE
ÉTIENNE BÁTHORY
ÉTIENNE DE BLOIS
ÉTIENNE LE GRAND
ÉTIENNE NEMANJA
ÉTOILES-D'ARGENT
ÉTOURDISSEMENT
ÉTRÉSILLONNANT
EUGÉNIE GRANDET
EURO-OBLIGATION
EUSTHENOPTERON
EUTROPHISATION
ÉVANGÉLISATEUR
ÉVANGÉLISATION
ÉVANOUISSEMENT
EVANS-PRITCHARD
ÉVÉNEMENTIELLE
ÉVENTUELLEMENT
ÉVOLUTIONNISME
ÉVOLUTIONNISTE
ÉVRY-PETIT-BOURG
EXCEPTIONNELLE
EXCRÉMENTIELLE
EXCURSIONNISTE
EXEMPLAIREMENT
EXHAUSTIVEMENT
EXPANSIONNISME
EXPANSIONNISTE
EXPÉDITIVEMENT
EXPRESSIVEMENT
EXTENSIONNELLE
EXTÉRIEUREMENT
EXTERMINATRICE
EXTRACONJUGALE
EXTRACONJUGAUX
EXTRAORDINAIRE
EXTRAPYRAMIDAL
EXTRASENSORIEL
EXTRATERRESTRE
EXTRÊME-ONCTION
FACÉTIEUSEMENT
FALSIFIABILITÉ
FALSIFICATRICE
FANFAN LA TULIPE
FAUVILLE-EN-CAUX
FAUX-FACTURIERS
FAUX-MONNAYEURS
FEIRA DE SANTANA
FEMMES SAVANTES
FERMENTESCIBLE
FERNEY-VOLTAIRE
FERROMANGANÈSE
FERROMOLYBDÈNE
FEUILLETONISTE
FIBRINOLYTIQUE

FIDUCIAIREMENT
FILTRES-PRESSES
FINANCIÈREMENT
FINLANDISATION
FINNBOGADÓTTIR
FINNO-OUGRIENNE
FINSTERAARHORN
FISCHER-DIESKAU
FLAMINGANTISME
FLAVIUS JOSÈPHE
FLEURIMONTOISE
FLUIDIFICATION
FLÛTE ENCHANTÉE
FLUVIOMÉTRIQUE
FŒTO-MATERNELS
FOLLES-BLANCHES
FONCTIONNALISÉ
FONCTIONNALITÉ
FONCTIONNARIAT
FONCTIONNARISÉ
FONCTIONNEMENT
FONTAINEBLEAUX
FONTENAISIENNE
FONTENAYSIENNE
FORÊTS-GALERIES
FORMIDABLEMENT
FORT LAUDERDALE
FORT-MAHON-PLAGE
FOSSATUSSIENNE
FOULQUES LE NOIR
FOURGONS-POMPES
FRACTIONNEMENT
FRANC-BOURGEOIS
FRANC-COMTOISE
FRANC-COMTOISES
FRANCHEVILLOIS
FRANCHISSEMENT
FRANCHOUILLARD
FRANCO-CANADIEN
FRANCO-CANADIEN
FRANCO-FRANÇAIS
FRANÇOIS BORGIA
FRANÇOIS-JOSEPH
FRANÇOIS XAVIER
FRANCONVILLOIS
FRANSQUILLONNÉ
FRATERNISATION
FRÉDÉRIC LE SAGE
FRÉNÉTIQUEMENT
FRÉQUENCEMÈTRE
FRESNOY-LE-GRAND
FREUDO-MARXISME
FROMENT-MEURICE
FRONTIGNANAISE
FROUFROUTEMENT
FRUCTIFICATION
FRUCTUEUSEMENT

FURIUS CAMILLUS
GAÉTAN DE THIENE
GAINES-CULOTTES
GALVANOPLASTIE
GAMMAGLOBULINE
GARCÍA CALDERÓN
GARDE-FRANÇAISE
GARDES-BARRIÈRE
GARDES-CHIOURME
GARDES-RIVIÈRES
GARGOUILLEMENT
GASTRO-DUODÉNAL
GASTRO-ENTÉRITE
GAULE CISALPINE
GÉMISTE PLÉTHON
GENDELETTRERIE
GÉNÉRALISATEUR
GÉNÉRALISATION
GÉNITO-URINAIRE
GENTILHOMMIÈRE
GENTLEMAN-RIDER
GÉOCHRONOLOGIE
GÉOLOGIQUEMENT
GÉOMÉTRISATION
GÉOMORPHOLOGIE
GÉOMORPHOLOGUE
GÉOPHYSICIENNE
GÉOSTATISTIQUE
GÉOSTRATÉGIQUE
GÉOTHERMOMÈTRE
GERAARDSBERGEN
GERMANOPRATINE
GEWURZTRAMINER
GILLOCRUCIENNE
GIOVANNI PISANO
GIRAUD-SOULAVIE
GIRODET-TRIOSON
GLOBALISATRICE
GLORIFICATRICE
GÓMEZ DE LA SERNA
GONADOTROPHINE
GONFREVILLAISE
GÓNGORA Y ARGOTE
GORDIEN LE PIEUX
GOUVERNEMENTAL
GOYA Y LUCIENTES
GRAMMATICALITÉ
GRAND-ANGULAIRE
GRANDE BARRIÈRE
GRANDE-DUCHESSE
GRANDE MURAILLE
GRANDE-ROQUETTE
GRANDES PLAINES
GRANDES ROUSSES
GRANDILOQUENCE
GRANDILOQUENTE
GRAND-SYNTHOISE

GRAPHITISATION
GRASSOUILLETTE
GRAVITATIONNEL
GREENFIELD PARK
GRÉOUX-LES-BAINS
GRIMMELSHAUSEN
GROUPUSCULAIRE
GUADELOUPÉENNE
GUADELOUPÉENNE
GUEBWILLEROISE
GUI DE DAMPIERRE
GUILLAUME DE TYR
GUSTAVE ADOLPHE
GUYON DU CHESNOY
GYROMAGNÉTIQUE
HABITUELLEMENT
HAGIOGRAPHIQUE
HAGONDANGEOISE
HALLSTATTIENNE
HALLUCINATOIRE
HARALD HÅRDRÅDE
HARALD HÅRFAGER
HARMONIQUEMENT
HAROUN AL-RACHID
HARTMANN VON AUE
HARUNOBU SUZUKI
HASDRUBAL BARCA
HAUBOURDINOISE
HAUSSMANNIENNE
HAUT-DE-CHAUSSES
HAUTE-NORMANDIE
HAUTES-PYRÉNÉES
HAUT-GARONNAISE
HAUTS-DE-CHAUSSE
HAUTS-FOURNEAUX
HAZEBROUCKOISE
HÉBOÏDOPHRÉNIE
HÉCATÉE DE MILET
HEILLECOURTOIS
HEIST-OP-DEN-BERG
HÉLICICULTRICE
HÉLIOCENTRIQUE
HÉLIOCENTRISME
HÉLIOSYNCHRONE
HÉLITRANSPORTÉ
HÉLITREUILLAGE
HÉLITREUILLANT
HEMEL HEMPSTEAD
HÉMOCHROMATOSE
HÉMOGLOBINURIE
HENDÉCASYLLABE
HENLEY-ON-THAMES
HENRI BEAUCLERC
HENRI LE BOITEUX
HENRI LE MALADIF
HENRI L'OISELEUR
HÉPATOPANCRÉAS

HERBES-AUX-CHATS
HERMAPHRODISME
HERMÉTIQUEMENT
HERPÉTOLOGIQUE
HERPÉTOLOGISTE
HERRERA LE JEUNE
HERRERA LE VIEUX
HÉTÉROCYCLIQUE
HÉTÉROMÉTABOLE
HÉTÉROPROTÉINE
HÉTÉROSEXUELLE
HIÉRATIQUEMENT
HIÉROGLYPHIQUE
HILAIREMONTAIS
HISTORIOGRAPHE
HISTORIQUEMENT
HÔ CHI MINH-VILLE
HOLBEIN LE JEUNE
HOLLYWOODIENNE
HOLOCRISTALLIN
HOLOPHRASTIQUE
HOMÉOMORPHISME
HOMME-ORCHESTRE
HORATIUS COCLES
HOUANG KONG-WANG
HUMIDIFICATEUR
HUMIDIFICATION
HUON DE BORDEAUX
HYDRAULICIENNE
HYDROCARBONATE
HYDROCORTISONE
HYDRODYNAMIQUE
HYDROGRAPHIQUE
HYDROMÉCANIQUE
HYPERÉMOTIVITÉ
HYPERFRÉQUENCE
HYPERINFLATION
HYPERLIPIDÉMIE
HYPERPUISSANCE
HYPERTHYROÏDIE
HYPERTROPHIANT
HYPERTROPHIQUE
HYPOCONDRIAQUE
HYPOCORISTIQUE
HYPOCYCLOÏDALE
HYPOCYCLOÏDAUX
HYPOGLYCÉMIANT
HYPOTHALAMIQUE
HYPOVITAMINOSE
HYSTÉROGRAPHIE
IAROSLAV LE SAGE
ICONOGRAPHIQUE
IDENTIFICATEUR
IDENTIFICATION
IEKATERINBOURG
IGNACE DE LOYOLA
ILHA DO PRÍNCIPE

ILLÉGITIMEMENT
ILLIERS-COMBRAY
IMMOBILISATION
IMMUNODÉPRIMÉE
IMMUNOTHÉRAPIE
IMPARFAITEMENT
IMPARTIALEMENT
IMPASSIBLEMENT
IMPECCABLEMENT
IMPÉRATIVEMENT
IMPÉRIEUSEMENT
IMPERMÉABILISÉ
IMPERMÉABILITÉ
IMPERSONNALITÉ
IMPÉTUEUSEMENT
IMPLACABLEMENT
IMPORTS-EXPORTS
IMPRESSIONNANT
IMPRODUCTIVITÉ
IMPROVISATRICE
INALIÉNABILITÉ
INALTÉRABILITÉ
INAUTHENTICITÉ
INCOERCIBILITÉ
INCOMMUNICABLE
INCOMPLÈTEMENT
INCOMPRÉHENSIF
INCOMPRESSIBLE
INCONDITIONNÉE
INCONDITIONNEL
INCONNAISSABLE
INCONSCIEMMENT
INCONTOURNABLE
INCOORDINATION
INCORRECTEMENT
INCRÉMENTIELLE
INCROYABLEMENT
INDÉCHIFFRABLE
INDÉCOMPOSABLE
INDÉFINISSABLE
INDÉNIABLEMENT
INDÉPENDAMMENT
INDESCRIPTIBLE
INDESTRUCTIBLE
INDÉTERMINABLE
INDÉTERMINISME
INDIFFÉREMMENT
INDIFFÉRENCIÉE
INDISCRÈTEMENT
INDIVIDUALISÉE
INDIVIDUALISER
INDIVIDUALISME
INDIVIDUALISTE
INDIVISIBILITÉ
INDO-EUROPÉENNE
INDO-EUROPÉENNE
INDO-GANGÉTIQUE

INDOLE-ACÉTIQUE
INDRICOTHÉRIUM
INDUSTRIALISÉE
INDUSTRIALISER
INDUSTRIALISME
INEFFICACEMENT
INÉLUCTABILITÉ
INÉVITABLEMENT
INEXCITABILITÉ
INEXORABLEMENT
INEXPÉRIMENTÉE
INFAILLIBILITÉ
INFANTILISANTE
INFÉRIEUREMENT
INFINITÉSIMALE
INFINITÉSIMAUX
INFLAMMABILITÉ
INFLATIONNISTE
INFLEXIBLEMENT
INFORMATIONNEL
INFORMATISABLE
INFRALIMINAIRE
INFRASTRUCTURE
INFRÉQUENTABLE
INGÉNIEUSEMENT
INHALOTHÉRAPIE
INHOSPITALIÈRE
ININTELLIGENCE
ININTELLIGENTE
ININTELLIGIBLE
ININTÉRESSANTE
INITIALISATION
INJURIEUSEMENT
INLASSABLEMENT
INOPPOSABILITÉ
INORGANISATION
INQUISITORIALE
INQUISITORIAUX
INSATIABLEMENT
INSATISFACTION
INSATISFAISANT
INSENSIBILISÉE
INSENSIBILISER
INSENSIBLEMENT
INSIDIEUSEMENT
INSOLUBILISANT
INSONORISATION
INSOUPÇONNABLE
INSTANTANÉMENT
INSTITUTIONNEL
INSTRUMENTAIRE
INSTRUMENTISTE
INSUFFISAMMENT
INTELLECTUELLE
INTELLIGEMMENT
INTELLIGENTSIA
INTENSIONNELLE

INTENTIONNELLE
INTERACTIONNEL
INTERAFRICAINE
INTERALLEMANDE
INTERAMÉRICAIN
INTERCOMMUNALE
INTERCOMMUNAUX
INTERCONNECTÉE
INTERCONNECTER
INTERCONNEXION
INTERDÉPENDANT
INTERFÉRENTIEL
INTERFÉROMÈTRE
INTERGLACIAIRE
INTÉRIEUREMENT
INTERLOCUTOIRE
INTERLOCUTRICE
INTERMÉDIATION
INTERNATIONALE
INTERNATIONALE
INTERNATIONAUX
INTEROCÉANIQUE
INTERPELLATEUR
INTERPELLATION
INTERPÉNÉTRANT
INTERPERSONNEL
INTERPRÉTARIAT
INTERPRÉTATION
INTERPRÉTATIVE
INTERRÉGIONALE
INTERRÉGIONAUX
INTERROGATOIRE
INTERROGATRICE
INTERRO-NÉGATIF
INTERSTELLAIRE
INTERSTITIELLE
INTERSUBJECTIF
INTERSYNDICALE
INTERSYNDICAUX
INTERTEXTUELLE
INTERTROPICALE
INTERTROPICAUX
INTERVERTÉBRAL
INTERVOCALIQUE
INTRA-ATOMIQUES
INTRACARDIAQUE
INTRACRÂNIENNE
INTRANSIGEANCE
INTRANSIGEANTE
INTRANSITIVITÉ
INTRANUCLÉAIRE
INTUITIONNISME
INVARIABLEMENT
INVESTIGATRICE
INVESTISSEMENT
INVINCIBLEMENT
IRRATIONALISME

IRRATIONALISTE
IRRECEVABILITÉ
IRRÉFUTABILITÉ
IRRESPECTUEUSE
IRRÉVÉRENCIEUX
IRRÉVOCABILITÉ
ISOLATIONNISME
ISOLATIONNISTE
IVAN LE TERRIBLE
IVANO-FRANKIVSK
IVRY-LA-BATAILLE
IVUJIVIMMIUQUE
JACOPONE DA TODI
JACQUES BARADAÏ
JACQUES BARADÉE
JACQUES LE JUSTE
JALAPA ENRÍQUEZ
JAQUES-DALCROZE
JEAN-CHRISTOPHE
JEAN DE MONTFORT
JEAN LE POSTHUME
JEANNE DE FRANCE
JEANNE DE VALOIS
JEAN PALÉOLOGUE
JE-M'EN-FICHISMES
JE-M'EN-FICHISTES
JE-M'EN-FOUTISMES
JE-M'EN-FOUTISTES
JOACHIM DE FLORE
JOSQUIN DES PRÉS
JOURNALISTIQUE
JUDAS ISCARIOTE
JUDÉO-ALLEMANDE
JUDÉO-ALLEMANDS
JUDÉO-CHRÉTIENS
JUDÉO-ESPAGNOLS
JUDICIEUSEMENT
JULIEN L'APOSTAT
JULIO-CLAUDIENS
JURIDICTIONNEL
JUSTIFICATRICE
KAISERSLAUTERN
KARADJORDJEVIC
KARSTIFICATION
KÉRATINISATION
KHATCHATOURIAN
KINÉSITHÉRAPIE
KINOSHITA JUNJI
KLOSTERNEUBURG
KONSTANTINOVKA
KOSTIANTYNIVKA
LABORIEUSEMENT
LACAZE-DUTHIERS
LACÉDÉMONIENNE
LACÉDÉMONIENNE
LA CHAUX-DE-FONDS
LA COLLE-SUR-LOUP

LACRIMA-CHRISTI
LA FERTÉ-BERNARD
LA FERTÉ-GAUCHER
LA GALISSONIÈRE
LAMBERSARTOISE
LAMELLÉS-COLLÉS
LAMELLIBRANCHE
LAMENTABLEMENT
LA MOTHE LE VAYER
LAMOTTE-BEUVRON
LA MOTTE-PICQUET
LANCE-ROQUETTES
LANCE-TORPILLES
LANEUVEVILLOIS
LANGUEDOCIENNE
LANGUEDOCIENNE
LANGUES-DE-BŒUF
LANGUES-DE-CHIEN
LANGUISSAMMENT
LARGENTIÉROISE
LARGO CABALLERO
LATÉRALISATION
LATÉRITISATION
LA TOUR MAUBOURG
LAURENTIDIENNE
LAURIERMONTOIS
LA VALETTE-DU-VAR
LAVELANÉTIENNE
LE BOURG-D'OISANS
LE BOURGET-DU-LAC
LECONTE DE LISLE
LEEWARD ISLANDS
LE GRAND-BORNAND
LENOIR-DUFRESNE
LÉONARD DE VINCI
LEUCOPOÏÉTIQUE
LEUZE-EN-HAINAUT
LEVALLOISIENNE
LE VERDON-SUR-MER
LEXICALISATION
LIBÉRALISATION
LIBÉRO-LIGNEUSE
LIBRES-ÉCHANGES
LIBRES-PENSEURS
LIBRES-SERVICES
LICINIUS STOLON
LIGNY-EN-BARROIS
L'ISLE-D'ESPAGNAC
LITHOGRAPHIANT
LITHOGRAPHIQUE
LITHOSPHÉRIQUE
LITTÉRAIREMENT
LOÈCHE-LES-BAINS
LOIS-PROGRAMMES
LONGJUMELLOISE
LONGUÉ-JUMELLES
LONGUENESSOISE

LONGUEUILLOISE
LÓPEZ DE MENDOZA
LORETTEVILLOIS
LORIOL-SUR-DRÔME
LOT-ET-GARONNAIS
LOUIS DE BAVIÈRE
LOUIS D'OUTREMER
LOUISE DE SAVOIE
LOUVECIENNOISE
LUDO-ÉDUCATIVES
LUXEMBOURGEOIS
LUXEMBOURGEOIS
LYOPHILISATION
MACAIRE D'ÉGYPTE
MACHADO DE ASSIS
MACHINES-OUTILS
MACROGLOBULINE
MACROGRAPHIQUE
MACRONUTRIMENT
MACROSTRUCTURE
MADAME ADÉLAÏDE
MADAME SANS-GÊNE
MAGISTRALEMENT
MAGNÉTOMOTRICE
MAGNÉTO-OPTIQUE
MAGNÉTOSCOPANT
MAGNIFIQUEMENT
MAGNUS ERIKSSON
MAHMUD DE GHAZNI
MAINTENONNAISE
MAÎTRE-CYLINDRE
MAÎTRE PATHELIN
MAÎTRES-À-DANSER
MAÎTRES-COUPLES
MALADROITEMENT
MALENCONTREUSE
MALHONNÊTEMENT
MALICIEUSEMENT
MALINTENTIONNÉ
MALLÉABILISANT
MALTHUSIANISME
MANDATS-LETTRES
MANUFACTURIÈRE
MANUTENTIONNÉE
MANUTENTIONNER
MARAIS POITEVIN
MARCQ-EN-BARŒUL
MARIÁNSKÉ LÁZNE
MARIE-CHRISTINE
MARIE DE MAGDALA
MARIE DE MÉDICIS
MARIE MADELEINE
MARIONNETTISTE
MARTEAUX-PILONS
MARTIN-CHASSEUR
MARTÍNEZ CAMPOS
MATÉRIELLEMENT

MATERNELLEMENT	**MIES VAN DER ROHE**
MAVROKORDHÁTOS	**MILAN OBRENOVIC**
MAXILLO-FACIALE	MILITARISATION
MAXILLO-FACIAUX	MILLIVOLTMÈTRE
MAXIMALISATION	**MILLY-LAMARTINE**
MÉCANOTHÉRAPIE	**MILON DE CROTONE**
MÉCONNAISSABLE	**MILOS OBRENOVIC**
MÉCONNAISSANCE	MINÉRALISATEUR
MÉCONTENTEMENT	MINÉRALISATION
MÉDECIN-CONSEIL	MINIMALISATION
MÉDIATIQUEMENT	MINI-ORDINATEUR
MÉDICALISATION	MINUTIEUSEMENT
MÉDICAMENTEUSE	MISANTHROPIQUE
MEDICI-RICCARDI	MISÉRICORDIEUX
MÉDICO-SOCIALES	MITHRIDATISANT
MÉDICO-SPORTIFS	**MIZOGUCHI KENJI**
MÉDICO-SPORTIVE	MNÉMOTECHNIQUE
MÉGALOMANIAQUE	MODERNISATRICE
MÉLODIEUSEMENT	**MOISSY-CRAMAYEL**
MÉLODRAMATIQUE	MOLÉCULE-GRAMME
MELOZZO DA FORLI	**MOLITG-LES-BAINS**
MÉNISCOGRAPHIE	MONDIALISATION
MENSONGÈREMENT	MONNAIES-DU-PAPE
MENSUALISATION	MONOCHROMATEUR
MÉPHISTOPHÉLÈS	MONOCOTYLÉDONE
MÉSO-AMÉRICAINE	MONOMÉTALLISME
MÉSO-AMÉRICAINS	MONOMÉTALLISTE
MÉSOPOTAMIENNE	MONOPOLISATEUR
MÉSOPOTAMIENNE	MONOPOLISATION
MÉTAL-CARBONYLE	MONOPOLISTIQUE
MÉTALLOCHROMIE	MONOPROCESSEUR
MÉTALLOGRAPHIE	MONOSACCHARIDE
MÉTAMORPHISANT	MONOSYLLABIQUE
MÉTAMORPHOSANT	**MONSU DESIDERIO**
MÉTÉOROLOGIQUE	**MONTAIGU-ZICHEM**
MÉTÉOROLOGISTE	**MONTANA-VERMALA**
MÉTHÉMOGLOBINE	**MONTARVILLOISE**
MÉTHODIQUEMENT	**MONTATAIRIENNE**
MÉTHODOLOGIQUE	**MONTBÉLIARDAIS**
MÉTROPOLITAINE	**MONTBRISONNAIS**
MICHEL L'IVROGNE	**MONTCHANINOISE**
MICROBOUTURAGE	**MONT-DAUPHINOIS**
MICROBRASSERIE	**MONTDIDÉRIENNE**
MICROCHIRURGIE	**MONTESSONNAISE**
MICROGLOBULINE	**MONTGERONNAISE**
MICROGRAPHIQUE	**MONTLOUISIENNE**
MICROMÉCANIQUE	**MONTLUÇONNAISE**
MICROMÉTÉORITE	**MONTPELLIÉRAIN**
MICRONUTRIMENT	MONTRE-BRACELET
MICRO-ORGANISME	**MONTREUILLOISE**
MICROPESANTEUR	**MONTREVELLOISE**
MICROPODIFORME	**MORATÍN LE JEUNE**
MICROSATELLITE	**MORSANG-SUR-ORGE**
MICROS-CRAVATES	MOTS-CROISISTES
MICROSTRUCTURE	**MOUTON-DUVERNET**
MICROTECHNIQUE	MOYEN-COURRIERS
MICROVILLOSITÉ	MOYEN-ORIENTALE

MOYEN-ORIENTAUX
MOYENS-MÉTRAGES
MOYEUVRE-GRANDE
MULTIDIFFUSION
MULTIFONCTIONS
MULTILINGUISME
MULTINATIONALE
MULTINATIONAUX
MULTIPLICATEUR
MULTIPLICATION
MULTIPLICATIVE
MULTIPROGRAMMÉ
MULTIPROPRIÉTÉ
MULTITUBULAIRE
MULTIVIBRATEUR
MUNICIPALISANT
MUSICOTHÉRAPIE
MYSTIFICATRICE
MYTILICULTRICE
MYUNG-WHUN CHUNG
NABUCHODONOSOR
NABUCHODONOSOR
NÆVO-CARCINOME
NATURALISATION
NAVIRES-JUMEAUX
NÉCESSAIREMENT
NÉCROMANCIENNE
NÉERLANDOPHONE
NÉGRO-AFRICAINE
NÉGRO-AFRICAINS
NEGRO SPIRITUAL
NEISSE DE LUSACE
NÉMATHELMINTHE
NE-ME-TOUCHEZ-PAS
NÉO-CALÉDONIENS
NÉO-CALÉDONIENS
NÉOCLASSICISME
NÉOGRAMMAIRIEN
NÉOLIBÉRALISME
NÉOLITHISATION
NÉOPLASTICISME
NÉOPLATONICIEN
NÉOPOSITIVISME
NÉOPOSITIVISTE
NÉO-ZÉLANDAISES
NÉO-ZÉLANDAISES
NEUBRANDENBURG
NEURASTHÉNIQUE
NEUROCHIRURGIE
NEUROMÉDIATEUR
NEUROVÉGÉTATIF
NEUTRALISATION
NEW WESTMINSTER
NGEOU-YANG SIEOU
NGUYÊN VAN THIÊU
NICARAGUAYENNE
NICARAGUAYENNE

NICOLAS LE GRAND
NIEDERBRONNAIS
NILO-SAHARIENNE
NITROCELLULOSE
NITROGLYCÉRINE
NIVO-GLACIAIRES
NOEUD DE VIPÈRES
NOGENT-LE-ROTROU
NOGENT-SUR-MARNE
NOGENT-SUR-SEINE
NOMINALISATION
NOMINATIVEMENT
NON-ALIGNEMENTS
NON-ASSISTANCES
NON-BELLIGÉRANT
NON-COMBATTANTE
NON-COMBATTANTS
NON-COMPARANTES
NON-COMPARUTION
NON-CONCURRENCE
NON-CONFORMISME
NON-CONFORMISTE
NON-CONFORMITÉS
NON DESTRUCTIFS
NON DESTRUCTIVE
NON-DIRECTIVITÉ
NON EUCLIDIENNE
NON-FIGURATIONS
NON-FIGURATIVES
NON-JOUISSANCES
NON-SPÉCIALISTE
NORD-AFRICAINES
NORD-AFRICAINES
NORD-AMÉRICAINE
NORD-AMÉRICAINE
NORD-AMÉRICAINS
NORD-AMÉRICAINS
NORD-VIETNAMIEN
NORD-VIETNAMIEN
NORMALISATRICE
NORMANDIE-MAINE
NORTHUMBERLAND
NOUAKCHOTTOISE
NOUVEAU-MEXIQUE
NOUVELLE-ÉCOSSE
NOUVELLE-FRANCE
NOUVELLE-GUINÉE
NOUVELLE-ZEMBLE
NOVOTCHERKASSK
NUCLÉARISATION
NUCLÉOPROTÉIDE
NUCLÉOPROTÉINE
NUCLÉOSYNTHÈSE
NUES-PROPRIÉTÉS
NUMERUS CLAUSUS
NU-PROPRIÉTAIRE
NUR AL-DIN MAHMUD

NUTRITIONNELLE
NUTRITIONNISTE
OBSESSIONNELLE
OBSTÉTRICIENNE
OCCIDENTALISÉE
OCCIDENTALISER
OCCIDENTALISTE
OCTOSYLLABIQUE
OEHLENSCHLÄGER
ŒILS-DE-PERDRIX
OFFICIELLEMENT
OFFICIEUSEMENT
OISEAUX-MOUCHES
OLAV HARALDSSON
OLDENBARNEVELT
OLOF SKÖTKONUNG
OLUF HAAKONSSON
OMALIUS D'HALLOY
ONIROMANCIENNE
OPÉRAS-COMIQUES
OPÉRATIONNELLE
OPHTALMOMÉTRIE
OPHTALMOSCOPIE
OPISTHOBRANCHE
OPTIMALISATION
ORCHESTRATRICE
ORDONNANCEMENT
ORGANOLEPTIQUE
ORIGINAIREMENT
ORIGINELLEMENT
ORNITHOLOGIQUE
ORNITHOLOGISTE
ORTHOGRAPHIANT
ORTHOGRAPHIQUE
ORTHORHOMBIQUE
OSTENSIBLEMENT
OSTÉOCHONDRITE
OSTÉOCHONDROSE
OSTRÉICULTRICE
OTTOKAR PREMYSL
OUEST-ALLEMANDE
OUEST-ALLEMANDS
OURALO-ALTAÏQUE
OUTRAGEUSEMENT
OUVRE-BOUTEILLE
OXYDORÉDUCTASE
OXYDORÉDUCTION
OXYHÉMOGLOBINE
PAILLASSONNAGE
PAILLASSONNANT
PAILLES-EN-QUEUE
PALATALISATION
PALÉOBOTANIQUE
PALÉOGRAPHIQUE
PAMPLEMOUSSIER
PANAFRICANISME
PANCHROMATIQUE

PANTAGRUÉLIQUE
PAOLO VENEZIANO
PAPE-CARPANTIER
PAPIERS-FILTRES
PAPILLOMAVIRUS
PAPILLONNEMENT
PARADIGMATIQUE
PARADOXALEMENT
PARALITTÉRAIRE
PARAMAGNÉTIQUE
PARAMAGNÉTISME
PARAPÉTROLIÈRE
PARAPHRASTIQUE
PARATHYROÏDIEN
PARCELLARISANT
PARCELLISATION
PARE-ÉTINCELLES
PARENCHYMATEUX
PARENTIS-EN-BORN
PARESSEUSEMENT
PARISYLLABIQUE
PARKINSONIENNE
PARODONTOLOGIE
PARTHÉNOGENÈSE
PARTHÉNOPÉENNE
PARTICULARISÉE
PARTICULARISER
PARTICULARISME
PASCALS-SECONDE
PASSE-MONTAGNES
PASSE-TOUT-GRAIN
PASTEURISATION
PATERNELLEMENT
PATHÉTIQUEMENT
PAUL ET VIRGINIE
PAUSES-CARRIÈRE
PAVILLONS-NOIRS
PÉCUNIAIREMENT
PÉDOPSYCHIATRE
PEINTRE-GRAVEUR
PEISEY-NANCROIX
PÉJORATIVEMENT
PELLETIER-DOISY
PÉPIN DE HERSTAL
PERCE-MURAILLES
PERCEPTIBILITÉ
PÉREZ DE CUÉLLAR
PERFECTIBILITÉ
PERFECTIONNANT
PÉRILLEUSEMENT
PÉRIODIQUEMENT
PÉRIPATÉTICIEN
PÉRIPHRASTIQUE
PÉRISSODACTYLE
PÉRITÉLÉPHONIE
PÉRITÉLÉVISION
PERQUISITIONNÉ

PERSONNALISANT
PESTILENTIELLE
PETIT-BOURGEOIS
PETIT-DÉJEUNANT
PETITE-ROSSELLE
PÉTROGRAPHIQUE
PEUPLES DE LA MER
PHALLOCRATIQUE
PHARMACEUTIQUE
PHÉNOMÉNOLOGIE
PHÉNOMÉNOLOGUE
PHILHARMONIQUE
PHILIPPE DE LYON
PHILIPPE L'ARABE
PHILIPPE LE BEAU
PHILIPPE LE LONG
PHONÉTIQUEMENT
PHONOGRAPHIQUE
PHOSPHORESCENT
PHOTOCOMPOSANT
PHOTOCOMPOSEUR
PHOTOCOPILLAGE
PHOTOÉMETTRICE
PHOTOGRAPHIANT
PHOTOGRAPHIQUE
PHOTOMÉCANIQUE
PHOTORÉCEPTEUR
PHOTOREPORTAGE
PHOTORÉSISTANT
PHOTOSTOPPEUSE
PHOTOVOLTAÏQUE
PHYCOÉRYTHRINE
PHYLLOXÉRIENNE
PHYLOGÉNÉTIQUE
PHYSICO-CHIMIES
PHYSIOCRATIQUE
PHYSIOGNOMONIE
PHYSIOTHÉRAPIE
PHYTOPHARMACIE
PHYTOSANITAIRE
PIAZZA ARMERINA
PICTOGRAPHIQUE
PIEDS-D'ALOUETTE
PIERRE CANISIUS
PIERRE CÉLESTIN
PIERRE-DE-BRESSE
PIERRE MAUCLERC
PIERRE NOLASQUE
PINOCHET UGARTE
PIQUE-ASSIETTES
PIQUE-NIQUEUSES
PITHÉCANTHROPE
PLANCHE-CONTACT
PLAN-DE-CUQUOISE
PLANÉTAIREMENT
PLANIFICATRICE
PLANS-SÉQUENCES

PLAQUES-MODÈLES
PLASTIFICATION
PLATONIQUEMENT
PLEURNICHEMENT
PLOUTOCRATIQUE
PLURILINGUISME
PLURISÉCULAIRE
PLUS-QUE-PARFAIT
PLUVIOMÉTRIQUE
PNEUMALLERGÈNE
PNEUMONECTOMIE
POINTE-CLAIRAIS
POINTS-VIRGULES
POISSON-PARADIS
POISSONS-GLOBES
POIX-DE-PICARDIE
POLYMÉRISATION
POLYMÉTALLIQUE
POLYPEPTIDIQUE
POLYPLACOPHORE
POLYSACCHARIDE
POLYSYLLABIQUE
POLYTECHNICIEN
POLYTRANSFUSÉE
PONCTUELLEMENT
PONTAUDEMÉRIEN
PONTÉPISCOPIEN
PONTISSALIENNE
PONTRAMBERTOIS
PONTS-PROMENADE
POPULARISATION
POPULICULTRICE
PORNOGRAPHIQUE
PORPHYROGÉNÈTE
PORT-AU-PRINCIEN
PORT-DE-BOUCAINE
PORT-DES-BARQUES
PORTE-AIGUILLES
PORTE-BANNIÈRES
PORTE-BOUTEILLE
PORTE-BRANCARDS
PORTE-CIGARETTE
PORTE-DOCUMENTS
PORTE-ÉTENDARDS
PORTE-ÉTRIVIÈRE
PORTE-PARAPLUIE
PORTE-SERVIETTE
PORTES-FENÊTRES
PORT-LA-NOUVELLE
PORT-LOUISIENNE
PORT-SAINT-LOUIS
POSITIONNEMENT
POSTCOMBUSTION
POSTCOMMUNISME
POSTCOMMUNISTE
POSTINDUSTRIEL
POSTMODERNISME

POSTOPÉRATOIRE
POSTPRODUCTION
POSTROMANTIQUE
POTENTIALISANT
POUGUES-LES-EAUX
POURBUS L'ANCIEN
POURBUS LE JEUNE
POUSSETTE-CANNE
PRÉADOLESCENCE
PRÉADOLESCENTE
PRÉCAUTIONNANT
PRÉCAUTIONNEUX
PRÉCIPITAMMENT
PRÉCISIONNISME
PRÉCOLOMBIENNE
PRÉDÉLINQUANTE
PRÉDESTINATION
PRÉDÉTERMINANT
PRÉDICTIBILITÉ
PRÉDISPOSITION
PRÉÉLÉMENTAIRE
PRÉENREGISTRÉE
PRÉÉTABLISSANT
PRÉFABRICATION
PRÉFÉRABLEMENT
PRÉFÉRENTIELLE
PRÉFINANCEMENT
PRÉHISTORIENNE
PRÉINSCRIPTION
PRÉMENSTRUELLE
PRÉPOSITIONNEL
PRÉRAPHAÉLISME
PRESBYOPHRÉNIE
PRESBYTÉRIENNE
PRÉSÉLECTIONNÉ
PRÉSIDENTIABLE
PRÉSIDENTIELLE
PRESSE-RAQUETTE
PRESSURISATION
PRÉSUPPOSITION
PRÉTENSIONNEUR
PRETIUM DOLORIS
PRÉVARICATRICE
PRÉVENTIVEMENT
PRÉVISIONNELLE
PRÉVISIONNISTE
PRÉVOST-PARADOL
PRIMO-INFECTION
PRINCE-DE-GALLES
PRINCE-DE-GALLES
PRINCIPALEMENT
PRINTANISATION
PROBATIONNAIRE
PROCHE-ORIENTAL
PRODUCTIBILITÉ
PROGRAMMATIQUE
PROGRAMMATRICE

PROKOP LE CHAUVE
PROMOTIONNELLE
PRONOSTIQUEUSE
PRO-OCCIDENTALE
PRO-OCCIDENTAUX
PROPHYLACTIQUE
PROPORTIONNANT
PROPOSITIONNEL
PROPRIOCEPTIVE
PROSKOURIAKOFF
PROSPECTIVISTE
PROSTAGLANDINE
PROSTATECTOMIE
PROTÈGE-CAHIERS
PROTESTANTISME
PROTOHISTORIEN
PROTOPLASMIQUE
PROVIDENTIELLE
PROVINCES-UNIES
PROVINCIALISME
PROVISIONNELLE
PROVISOIREMENT
PSEUDOMEMBRANE
PSYCHANALYSANT
PSYCHIATRISANT
PSYCHOAFFECTIF
PSYCHOBIOLOGIE
PSYCHOCRITIQUE
PSYCHOLEPTIQUE
PSYCHOPHYSIQUE
PSYCHORIGIDITÉ
PSYCHOTHÉRAPIE
PTÉRIDOSPERMÉE
PUBLIREPORTAGE
PYROSULFURIQUE
PYROTECHNICIEN
QUADRAGÉSIMALE
QUADRAGÉSIMAUX
QUADRANGULAIRE
QUADRIRÉACTEUR
QUANTIFICATEUR
QUANTIFICATION
QUARTIER-MAÎTRE
QUATRE-FEUILLES
QUATRE-VINGT-DIX
QUENTIN DURWARD
QUESTIONNEMENT
QUEUES-DE-CHEVAL
QUEUES-DE-COCHON
QUEUES-DE-RENARD
QUINQUAGÉNAIRE
RACCOMMODEMENT
RACCOURCISSANT
RACHIANALGÉSIE
RACORNISSEMENT
RADCLIFFE-BROWN
RADICALISATION

RADIESTHÉSISTE
RADIOALTIMÈTRE
RADIOASTRONOME
RADIODIFFUSANT
RADIODIFFUSION
RADIOFRÉQUENCE
RADIOGRAPHIANT
RADIOGRAPHIQUE
RADIORÉCEPTEUR
RADIOREPORTAGE
RADIOTECHNIQUE
RADIOTÉLÉPHONE
RADIOTÉLESCOPE
RADIOTÉLÉVISÉE
RADOUCISSEMENT
RAFRAÎCHISSANT
RAJEUNISSEMENT
RALENTISSEMENT
RAMASSE-MIETTES
RAMOLLISSEMENT
RAVITAILLEMENT
RÉAPPARAISSANT
RÉASSORTISSANT
REBLANCHISSANT
REBONDISSEMENT
RECAPITALISANT
RÉCAPITULATION
RÉCAPITULATIVE
RÉCEPTIONNAIRE
RÉCEPTIONNISTE
RECHRISTIANISÉ
RÉCIPROQUEMENT
RECKLINGHAUSEN
RÉCLUSIONNAIRE
RECOMMANDATION
RECOMMENCEMENT
RÉCONCILIATION
RECONNAISSABLE
RECONNAISSANCE
RECONNAISSANTE
RECONSTITUANTE
RECONSTITUTION
RECONSTRUCTEUR
RECONSTRUCTION
RECONSTRUISANT
RÉCRIMINATRICE
RECRISTALLISÉE
RECRISTALLISER
RECROQUEVILLÉE
RECROQUEVILLER
RÉDACTIONNELLE
REDIMENSIONNÉE
REDIMENSIONNER
REDISTRIBUTION
REDOUTABLEMENT
RÉDUCTIONNISME
RÉENREGISTRANT

RÉFLÉCHISSANTE
RÉFRANGIBILITÉ
RÉGLEMENTATION
RÉGULARISATION
RÉHABILITATION
RÉIMPLANTATION
REINE-CHARLOTTE
REINE-ÉLISABETH
RÉINSCRIPTIBLE
RÉINSTALLATION
RÉINTRODUCTION
RÉINTRODUISANT
RÉINVESTISSANT
REJOINTOIEMENT
RELATIVISATION
RELIGIEUSEMENT
REMILITARISANT
RÉMIRE-MONTJOLY
REMPOISSONNANT
RENCHÉRISSEUSE
RENOUVELLEMENT
RENTABILISABLE
RÉORGANISATEUR
RÉORGANISATION
REPOSITIONNANT
REPRÉSENTATION
REPRÉSENTATIVE
REPROGRAPHIANT
RÉPUBLICANISME
RÉQUISITIONNÉE
RÉQUISITIONNER
RÉQUISITORIALE
RÉQUISITORIAUX
RESPECTABILISÉ
RESPECTABILITÉ
RESPECTIVEMENT
RESPLENDISSANT
RESPONSABILISÉ
RESPONSABILITÉ
RESSORTISSANTE
RESURCHAUFFANT
RESURCHAUFFEUR
RÉTABLISSEMENT
RETENTISSEMENT
RÉTRACTABILITÉ
RETRANSCRIVANT
RETRANSMETTANT
RETRANSMISSION
RÉTRÉCISSEMENT
RÉTROGRADATION
REVALORISATION
REVASCULARISÉE
REVASCULARISER
REVENDICATRICE
REVITALISATION
REVIVIFICATION
RÉVOLUTIONNANT

RHINO-PHARYNGÉE
RHINO-PHARYNGÉS
RHOMBENCÉPHALE
RHUMATOLOGIQUE
RHYNCHOCÉPHALE
RHYTHM AND BLUES
RICCI-CURBASTRO
RIGOUREUSEMENT
RILLIEUX-LA-PAPE
RIMSKI-KORSAKOV
RINCE-BOUTEILLE
RIO GRANDE DO SUL
ROBERT GUISCARD
ROBERT LE DIABLE
ROBINSON CRUSOÉ
ROCHE-LA-MOLIÈRE
ROCHE-RÉSERVOIR
ROCHES-MAGASINS
ROISSY-EN-FRANCE
ROMAIN LÉCAPÈNE
ROMANS-SUR-ISÈRE
ROMARIMONTAINE
ROMORANTINAISE
ROSTOV-SUR-LE-DON
ROUGON-MACQUART
ROUSSILLONNAIS
ROUSSILLONNAIS
RUEIL-MALMAISON
SABLÉ-SUR-SARTHE
SACCHARIMÉTRIE
SACRIFICATRICE
SADIQUES-ANALES
SADOMASOCHISME
SADOMASOCHISTE
SAINS-EN-GOHELLE
SAINT-AGNANTAIS
SAINT-AMANDOISE
SAINT-BERTHEVIN
SAINT-CHAMONAIS
SAINT-CYRIENNES
SAINT-CYR-L'ÉCOLE
SAINT-CYR-SUR-MER
SAINT-DOULCHARD
SAINTE-ALLIANCE
SAINTE-CHAPELLE
SAINTE-MARIENNE
SAINTE-NITOUCHE
SAINTE-ROSIENNE
SAINTE-SIGOLÈNE
SAINTE-VICTOIRE
SAINT-FLORENTIN
SAINT-FLORENTIN
SAINT-GAUDINOIS
SAINT-GERMANOIS
SAINT-GERVELAIN
SAINT-GERVOLAIN
SAINT-GIRONNAIS

SAINT-HIPPOLYTE
SAINT-HYACINTHE
SAINT-JEAN-D'ACRE
SAINT-JEAN-DE-LUZ
SAINT-JEANNAISE
SAINT-JOHN PERSE
SAINT-MANDÉENNE
SAINT-MARCELLIN
SAINT-MARCELLIN
SAINT-MARINAISE
SAINT-MARTINOIS
SAINT-MAURIENNE
SAINT-ORENNAISE
SAINT-PALAISIEN
SAINT-POL-DE-LÉON
SAINT-POLITAINE
SAINT-POL-SUR-MER
SAINT-PORCHAIRE
SAINT-SACREMENT
SAINT-SÉBASTIEN
SAINT-SIMONIENS
SAINT-SIMONISME
SAINT-THÉGONNEC
SALIDIURÉTIQUE
SALINS-LES-BAINS
SALMONICULTURE
SALTATIONNISME
SAMSON ET DALILA
SANCTIFICATEUR
SANCTIFICATION
SAN JUAN DE PASTO
SAÔNE-ET-LOIRIEN
SAPERLIPOPETTE
SAPONIFICATION
SARDONIQUEMENT
SARLAT-LA-CANÉDA
SARRALBIGEOISE
SARREBOURGEOIS
SARREGUEMINOIS
SARTROUVILLOIS
SATIRE MÉNIPPÉE
SAUVETERRIENNE
SAVIGNY-SUR-ORGE
SAVOUREUSEMENT
SCAPULO-HUMÉRAL
SCEAU-DE-SALOMON
SCÉNOGRAPHIQUE
SCHAFFHOUSOISE
SCHÉMATISATION
SCHISTOSOMIASE
SCHLEIERMACHER
SCHOLA CANTORUM
SCIENCE-FICTION
SCIPION ÉMILIEN
SCLÉROPROTÉINE
SCLÉROTHÉRAPIE
SCRIBOUILLEUSE

SCROFULARIACÉE
SÉCESSIONNISTE
SECONDAIREMENT
SÉCULARISATION
SÉDIMENTOLOGIE
SÉDIMENTOLOGUE
SEILLE LORRAINE
SEINE-ET-MARNAIS
SÉLECTIONNEUSE
SELF-GOVERNMENT
SELF-INDUCTANCE
SELF-INDUCTIONS
SEMI-AUXILIAIRE
SEMI-CHENILLÉES
SEMI-CIRCULAIRE
SEMI-CONDUCTEUR
SEMI-GROSSISTES
SEMI-NOMADISMES
SEMI-OFFICIELLE
SEMI-PERMÉABLES
SENSATIONNELLE
SENSIBILISANTE
SENSORI-MOTEURS
SENSORI-MOTRICE
SENTIMENTALITÉ
SEPTENTRIONALE
SEPTENTRIONAUX
SEPTICOPYOÉMIE
SERGENTS-MAJORS
SERGUIEV POSSAD
SÉRICICULTRICE
SÉROCONVERSION
SÉRODIAGNOSTIC
SÉROPOSITIVITÉ
SERRE-CHEVALIER
SERVIUS TULLIUS
SERVODIRECTION
SERVOMÉCANISME
SÈVRE NIORTAISE
SHAWINIGANAISE
SHÉRARDISATION
SHIMAZAKI TOSON
SIDÉROLITHIQUE
SIDÉROLITIQUES
SIERRA-LÉONAISE
SIGER DE BRABANT
SIGILLOGRAPHIE
SIMONIDE DE CÉOS
SIMPLIFICATEUR
SIMPLIFICATION
SINGAPOURIENNE
SINGAPOURIENNE
SINGULIÈREMENT
SINO-TIBÉTAINES
SINT-GILLIS-WAAS
SITUATIONNISME
SITUATIONNISTE

SOCIAL-CHRÉTIEN
SOCIÉTÉS-ÉCRANS
SOCIO-ÉDUCATIFS
SOCIO-ÉDUCATIVE
SOCIOPOLITIQUE
SOIT-COMMUNIQUÉ
SOLENNELLEMENT
SOLIDIFICATION
SOLLIÈSPONTOIS
SOLUBILISATION
SOMATOTROPHINE
SOMPTUEUSEMENT
SOPHISTICATION
SOUDAN FRANÇAIS
SOUFFRE-DOULEUR
SOULIER DE SATIN
SOULTZ-HAUT-RHIN
SOUMISSIONNANT
SOURDES-MUETTES
SOUS-ACQUÉREURS
SOUS-ADMINISTRÉ
SOUS-ALIMENTANT
SOUS-ALIMENTÉES
SOUS-AMENDEMENT
SOUS-ARBRISSEAU
SOUS-COMMISSION
SOUS-CONTINENTS
SOUS-CORTICALES
SOUS-DÉVELOPPÉE
SOUS-DÉVELOPPÉS
SOUS-DIRECTEURS
SOUS-DIRECTRICE
SOUS-DOMINANTES
SOUS-ÉQUIPEMENT
SOUS-ESTIMATION
SOUS-ÉVALUATION
SOUS-EXPLOITANT
SOUS-EXPLOITÉES
SOUS-EXPOSITION
SOUS-GLACIAIRES
SOUS-GOUVERNEUR
SOUS-LIEUTENANT
SOUS-LOCATAIRES
SOUS-MAÎTRESSES
SOUS-MAXILLAIRE
SOUS-MÉDICALISÉ
SOUS-PEUPLEMENT
SOUS-PRÉFECTURE
SOUS-PRODUCTION
SOUS-PROGRAMMES
SOUS-PROLÉTAIRE
SOUS-SCAPULAIRE
SOUS-SECRÉTAIRE
SOUS-TRAITANCES
SOUS-VENTRIÈRES
SOUVANNA PHOUMA
SOUVERAINEMENT

SPASMOPHILIQUE
SPATIALISATION
SPATIO-TEMPOREL
SPÉCIALISATION
SPÉCIFIQUEMENT
SPECTROGRAPHIE
SPERMATOGENÈSE
SPHINCTÉRIENNE
SPIRITUALISANT
SPORADIQUEMENT
SPRINGER VERLAG
SSEU-MA SIANG-JOU
STABILISATRICE
STAPHYLOCOCCIE
STARTING-BLOCKS
STATION-SERVICE
STATISTICIENNE
STATUTAIREMENT
STÉNOGRAPHIANT
STÉNOGRAPHIQUE
STÉRÉOCHIMIQUE
STÉRÉO-ISOMÈRES
STÉRÉO-ISOMÉRIE
STÉRÉOMÉTRIQUE
STÉRÉOPHONIQUE
STÉRÉORÉGULIER
STÉRÉOSCOPIQUE
STERPINACIENNE
STIGMATISATION
STOCKTON-ON-TEES
STŒCHIOMÉTRIE
STOMATOLOGISTE
STRASBOURGEOIS
STRASBOURGEOIS
STRATIFICATION
STRÉPINIACOISE
STRIP-TEASEUSES
STROBOSCOPIQUE
STRUCTURALISME
STRUCTURALISTE
STYLISTICIENNE
SUBÉQUATORIALE
SUBÉQUATORIAUX
SUBJECTIVEMENT
SUBREPTICEMENT
SUBSTANTIALITÉ
SUBSTANTIFIQUE
SUBVENTIONNANT
SUCCESSIBILITÉ
SUCCESSIVEMENT
SUD-AMÉRICAINES
SUD-AMÉRICAINES
SUD-VIETNAMIENS
SUD-VIETNAMIENS
SUGGESTIBILITÉ
SUGGESTIONNANT
SUISSE NORMANDE

SULLY PRUDHOMME
SUPERCARBURANT
SUPERFÉTATOIRE
SUPÉRIEUREMENT
SUPERINTENDANT
SUPERPHOSPHATE
SUPERPLASTIQUE
SUPERPRIVILÈGE
SUPERPUISSANCE
SUPERSTITIEUSE
SUPERSTRUCTURE
SUPPLÉMENTAIRE
SUPRANATIONALE
SUPRANATIONAUX
SUPRASEGMENTAL
SUPRATERRESTRE
SURABONDAMMENT
SURCOMPRESSION
SURDÉTERMINANT
SURDIMENSIONNÉ
SURENDETTEMENT
SURFACTURATION
SURGÉNÉRATRICE
SURINFORMATION
SURMÉDICALISÉE
SURMÉDICALISER
SURPRISE-PARTIE
SURPRODUCTRICE
SURRÉSERVATION
SUSCEPTIBILITÉ
SYMBOLIQUEMENT
SYMÉTRIQUEMENT
SYMPATHECTOMIE
SYNTACTICIENNE
SZÉKESFEHÉRVÁR
TADOUSSACIENNE
TAIN-L'HERMITAGE
TALKIES-WALKIES
TAMBOURINEMENT
TAMBOURS-MAJORS
TANANARIVIENNE
TARQUIN L'ANCIEN
TAUPES-GRILLONS
TAXCO DE ALARCÓN
TCHÉCOSLOVAQUE
TCHÉCOSLOVAQUE
TCHERNIKHOVSKY
TCHERNYCHEVSKI
TCHERRAPOUNDJI
TCHICAYA U TAM'SI
TECHNOCRATIQUE
TECHNOCRATISÉE
TECHNOCRATISER
TÉLANGIECTASIE
TÉLÉCHARGEMENT
TÉLÉCOMMANDANT
TÉLÉCONFÉRENCE

TÉLÉCONSEILLER
TÉLÉDIAGNOSTIC
TÉLÉIMPRESSION
TÉLÉMERCATIQUE
TÉLÉMESSAGERIE
TÉLÉSPECTATEUR
TÉLÉTRAITEMENT
TÉLÉVANGÉLISTE
TELLURHYDRIQUE
TEMPORAIREMENT
TEMPORISATRICE
TENDE-DE-TRANCHE
TÉNÉBREUSEMENT
TENSIOACTIVITÉ
TERGIVERSATION
TERMINOLOGIQUE
TERRA INCOGNITA
TERREBONNIENNE
TERRE-NEUVIENNE
TERRE-NEUVIENNE
TERRITORIALITÉ
TERTIARISATION
THABIT IBN QURRA
THALASSOCRATIE
THAON-LES-VOSGES
THERMIDORIENNE
THERMOCHIMIQUE
THERMOCOLLANTE
THERMOMÉTRIQUE
THERMOPROPULSÉ
THERMOSTATIQUE
THERMOTACTISME
THÉSAURISATION
THIOSULFURIQUE
THOMAS DE CELANO
THONON-LES-BAINS
THORACOCENTÈSE
THORENS-GLIÈRES
THYROÏDECTOMIE
TIBIO-TARSIENNE
TIERS-MONDISMES
TIERS-MONDISTES
TIGRANE LE GRAND
TIMBRES-AMENDES
TINCHEBRAYENNE
TINTINNABULANT
TIRE-BOUCHONNÉE
TIRE-BOUCHONNER
TIRE-BOUCHONNÉS
TIROIRS-CAISSES
TIRUCHIRAPALLI
TITULARISATION
TOGO HEIHACHIRO
TOKUGAWA IEYASU
TONNAY-CHARENTE
TORIGNI-SUR-VIRE
TORRES RESTREPO

TOUKHATCHEVSKI
TOURBILLONNANT
TOUR-OPÉRATEURS
TOUSSUS-LE-NOBLE
TOUTE-PUISSANCE
TOUTE-PUISSANTE
TOXICOMANIAQUE
TOXICOMANOGÈNE
TOXI-INFECTIONS
TRADITIONNELLE
TRAÎTREUSEMENT
TRANQUILLEMENT
TRANQUILLISANT
TRANSACTIONNEL
TRANSBORDEMENT
TRANSCAUCASIEN
TRANSCENDANTAL
TRANSFORMATEUR
TRANSFORMATION
TRANSFUSIONNEL
TRANSISTORISÉE
TRANSISTORISER
TRANSITIVEMENT
TRANSLEITHANIE
TRANSMIGRATION
TRANSNATIONALE
TRANSNATIONAUX
TRANSOCÉANIQUE
TRANSPLANTABLE
TRANSVERSALITÉ
TREMBLAYSIENNE
TRESSAILLEMENT
TRIFONCTIONNEL
TRIOMPHALEMENT
TRIPATOUILLAGE
TRIPATOUILLANT
TRIPATOUILLEUR
TRIPLE-ALLIANCE
TRISTAN DA CUNHA
TRISTAN ET ISEUT
TRISTESSE DU ROI
TROPOSPHÉRIQUE
TRYPANOSOMIASE
TSUBOUCHI SHOYO
TUBERCULINIQUE
TURBOCOMPRESSÉ
TWIRLING BÂTONS
TYMPANOPLASTIE
TYNDALLISATION
TYRANNIQUEMENT
ULTÉRIEUREMENT
ULTRAORTHODOXE
ULTRAROYALISTE
UNIFORMISATION
UNILATÉRALISME
UNION AFRICAINE
UNION FRANÇAISE
UNIPERSONNELLE

UNIVERSALISANT
UNTER DEN LINDEN
UTHMAN IBN AFFAN
VAILLY-SUR-AISNE
VAIRES-SUR-MARNE
VALENCIENNOISE
VALEUREUSEMENT
VALLON-PONT-D'ARC
VAN DE WOESTIJNE
VAN LEEUWENHOEK
VASCULO-NERVEUX
VASODILATATEUR
VASODILATATION
VAUDEVILLESQUE
VÉGÉTALISATION
VÉLEZ DE GUEVARA
VELIKI NOVGOROD
VÉLIPLANCHISTE
VERBALISATRICE
VERMEER DE DELFT
VERNET-LES-BAINS
VERSIFICATRICE
VESTIMENTIFÈRE
VESTMANNAEYJAR
VICE-PRÉSIDENCE
VICE-PRÉSIDENTE
VICE-PRÉSIDENTS
VICTOR-EMMANUEL
VICTORIA NYANZA
VIDE-BOUTEILLES
VIDÉOFRÉQUENCE
VIDÉOGRAPHIQUE
VIEILLISSEMENT
VIEUX-CONDÉENNE
VIGOUREUSEMENT
VILA NOVA DE GAIA
VILLECRESNOISE
VILLEFRANCHOIS
VILLÉGIATURANT
VILLEMOMBLOISE

VILLENEUVIENNE
VILLERS-LA-VILLE
VILLERS-SEMEUSE
VILLERUPTIENNE
VILLE-SATELLITE
VILLES-DORTOIRS
VILLEURBANNAIS
VINCENT FERRIER
VIOLONCELLISTE
VIROFLAYSIENNE
VISCHER L'ANCIEN
VISCOÉLASTIQUE
VISCOPLASTIQUE
VISHAKHAPATNAM
VITROCÉRAMIQUE
VITTORIO VENETO
VOITURES-BALAIS
VOLATILISATION
VOLCANOLOGIQUE
VOLONTAIREMENT
VOLTAIRIANISME
VOROCHILOVGRAD
VOULTE-SUR-RHÔNE
VOYER D'ARGENSON
VULCANOLOGIQUE
VULGARISATRICE
VULNÉRABILISÉE
VULNÉRABILISER
WAGONS-CITERNES
WAGON-TOMBEREAU
WALLIS-ET-FUTUNA
WASQUEHALIENNE
WATTRELOSIENNE
WILHELM MEISTER
WINNIPEGUIENNE
WOLLSTONECRAFT
YAMOUSSOUKROIS
YVES DE CHARTRES
ZORRILLA Y MORAL

ABASOURDISSANTE
ABÂTARDISSEMENT
À BRÛLE-POURPOINT
ABSORPTIOMÉTRIE
ABSTENTIONNISME
ABSTENTIONNISTE
ACCOMPAGNATRICE
ACCOMPLISSEMENT
ACCOURCISSEMENT
ACCROUPISSEMENT
ACÉTYLCOENZYME A
ACQUITS-À-CAUTION
ADÉMAR DE MONTEIL
ADIPOSO-GÉNITALE

ADIPOSO-GÉNITAUX
ADMINISTRATRICE
ADOLPHE DE NASSAU
ADOLPHE-FRÉDÉRIC
AEMILIUS LEPIDUS
AÉRORÉFRIGÉRANT
AÉROTRANSPORTÉE
AFFAIBLISSEMENT
AFFECTUEUSEMENT
AFFIRMATIVEMENT
AFFRANCHISSABLE
AFIBRINOGÉNÉMIE
AFRO-AMÉRICAINES
AFRO-AMÉRICAINES
AFRO-BRÉSILIENNE
AFRO-BRÉSILIENNE
AGRIPPINE L'AÎNÉE
AGROALIMENTAIRE
AGRO-INDUSTRIELS
AIDES-ÉDUCATEURS
AIDES-SOIGNANTES
AIGUILLES-ROUGES
AIRBUS INDUSTRIE
AIREDALE-TERRIER
ALCALÁ DE HENARES
ALCALINO-TERREUX
ALCOOLIFICATION
ALEXANDRE NEVSKI
ALEXANDRE SÉVÈRE
ALIX DE CHAMPAGNE
ALLÉGORIQUEMENT
ALPES FRANÇAISES
ALPHABÉTISATION
ALPHONSE LE GRAND
ALPHONSE LE NOBLE
ALTERNATIVEMENT
ALUMINOSILICATE
AMBÉRIEU-EN-BUGEY
AMÉRICANISATION
AMIANTES-CIMENTS
AMMIEN MARCELLIN
AMOINDRISSEMENT
ANAPHRODISIAQUE
ANDRONIC COMNÈNE
ANESTHÉSIOLOGIE
ANGELUS SILESIUS
ANGLO-AMÉRICAINE
ANGLO-AMÉRICAINE
ANGLO-AMÉRICAINS
ANGLO-AMÉRICAINS
ANJERO-SOUDJENSK
ANTÉPRÉDICATIVE
ANTHROPOLOGIQUE
ANTHROPOLOGISTE
ANTIASTHMATIQUE
ANTIAUTORITAIRE
ANTIBIOTHÉRAPIE

ANTICAPITALISTE
ANTICONFORMISME
ANTICONFORMISTE
ANTIDÉFLAGRANTE
ANTIDÉPLACEMENT
ANTIDIPHTÉRIQUE
ANTI-INFECTIEUSE
ANTIMIGRAINEUSE
ANTIMILITARISME
ANTIMILITARISTE
ANTIMONARCHISTE
ANTIMONDIALISTE
ANTINÉVRALGIQUE
ANTIPATRIOTIQUE
ANTIPATRIOTISME
ANTIPERSPIRANTE
ANTIPRURIGINEUX
ANTIPSYCHIATRIE
ANTIPSYCHOTIQUE
ANTIRÉPUBLICAIN
ANTI-SOUS-MARINES
ANTISPASMODIQUE
ANTITUBERCULEUX
ANTOINE DE PADOUE
APOLIPOPROTÉINE
APOSTOLIQUEMENT
APPAUVRISSEMENT
APPENDICECTOMIE
APPLAUDISSEMENT
APPRENTI SORCIER
APPROBATIVEMENT
APPROFONDISSANT
APPROVISIONNANT
APPROVISIONNEUR
ARABO-ISLAMIQUES
ARCHICHANCELIER
ARCHIÉPISCOPALE
ARCHIÉPISCOPAUX
ARCHITECTONIQUE
ARGENTEUILLAISE
ARITHMÉTICIENNE
ARNAUD DE BRESCIA
ARNOLFO DI CAMBIO
ARRIÈRE-BOUTIQUE
ARRIÈRE-COUSINES
ARRIÈRE-CUISINES
ARTÉRIOSCLÉREUX
ARTÉRIOSCLÉROSE
ASIE MÉRIDIONALE
ASSOCIATED PRESS
ASSOMBRISSEMENT
ASSOMPTIONNISTE
ASSOMPTIONNISTE
ASSOUPLISSEMENT
ASSOURDISSEMENT
ASSUJETTISSANTE
ASSURANCE-CRÉDIT

À TOUTE BERZINGUE
ATRACTYLIGÉNINE
ATTENDRISSEMENT
AUDIOCONFÉRENCE
AULNOYE-AYMERIES
AURIGE DE DELPHES
AUSTRO-HONGROISE
AUSTRO-HONGROISE
AUTHENTIQUEMENT
AUTOACCUSATRICE
AUTOCÉLÉBRATION
AUTOCOMMUTATEUR
AUTOCONCURRENCE
AUTODESTRUCTEUR
AUTODESTRUCTION
AUTOEXCITATRICE
AUTOFÉCONDATION
AUTOFINANCEMENT
AUTO-INDUCTANCES
AUTOLUBRIFIANTE
AUTOMATIQUEMENT
AUTORÉGULATRICE
AUTORITAIREMENT
AUTO SACRAMENTAL
AUTOS-COUCHETTES
AUTOSUBSISTANCE
AUTOTRANSFUSION
AUTRICHE-HONGRIE
AVALOKITESHVARA
AVENTUREUSEMENT
AVESNES-SUR-HELPE
AZERBAÏDJANAISE
AZERBAÏDJANAISE
BACHELOT-NARQUIN
BACTÉRIOLOGIQUE
BACTÉRIOLOGISTE
BAGNOLES-DE-L'ORNE
BAGNOLS-LES-BAINS
BALARUC-LES-BAINS
BALLET-PANTOMIME
BANSKÁ STIAVNICA
BARBES-DE-CAPUCIN
BARÈRE DE VIEUZAC
BAROTRAUMATISME
BARRANCABERMEJA
BAS-SAINT-LAURENT
BASSE-CALIFORNIE
BASSINS-VERSANTS
BATEAUX-CITERNES
BEAUMES-DE-VENISE
BEAUMONT-LE-ROGER
BEAUMONT-SUR-OISE
BEAUNE-LA-ROLANDE
BEAUSOLEILLOISE
BÉBÉS-ÉPROUVETTE
BECS-DE-PERROQUET
BÈDE LE VÉNÉRABLE

BELLEFEUILLOISE
BERNARD-L'HERMITE
BETHMANN-HOLLWEG
BIBLIOGRAPHIQUE
BIENVEILLAMMENT
BIOCLIMATOLOGIE
BIO-INFORMATIQUE
BIOLUMINESCENCE
BIOLUMINESCENCE
BISCHWILLEROISE
BISSAU-GUINÉENNE
BLANC-MESNILOISE
BLANGY-SUR-BRESLE
BLOCS-DIAGRAMMES
BOKARO STEEL CITY
BONNETS-DE-PRÊTRE
BORNES-FONTAINES
BOUCHERVILLOISE
BOUÉ DE LAPEYRÈRE
BOUGUENAISIENNE
BOUILLONS-BLANCS
BOULAINVILLIERS
BOURG-LÈS-VALENCE
BOURGNEUF-EN-RETZ
BOURGOIN-JALLIEU
BOURSES-À-PASTEUR
BOUTONS-PRESSION
BRANDEBOURGEOIS
BRANDEBOURGEOIS
BRÉTIGNY-SUR-ORGE
BRICKS-GOÉLETTES
BRIE-COMTE-ROBERT
BRIGADIERS-CHEFS
BRUAY-SUR-L'ESCAUT
BUCKINGHAMSHIRE
BUISSONS-ARDENTS
BULLETIN-RÉPONSE
BUREAUCRATISANT
CABESTANYENCQUE
CÂBLO-OPÉRATEURS
CACHE-BRASSIÈRES
CACHE-RADIATEURS
CALOMNIEUSEMENT
CALPURNIUS PISON
CAMIONS-CITERNES
CAMPAGNE ROMAINE
CAMPIVALLENSIEN
CANNES-BÉQUILLES
CANNIBALISATION
CAPILLICULTRICE
CAPITAL-RISQUEUR
CAPRICIEUSEMENT
CARABISTOUILLES
CARACTÉRISATION
CARACTÉRISTIQUE
CARBONBLANNAISE
CARDIOMYOPATHIE

CARDIO-TRAININGS
CARÊMES-PRENANTS
CARHAIX-PLOUGUER
CARQUEFOLLIENNE
CARRIER-BELLEUSE
CASIMIR JAGELLON
CASTANET-TOLOSAN
CASTELBRIANTAIS
CASTELGIRONNAIS
CASTELJALOUSAIN
CASTELNEUVIENNE
CASTELPERRONIEN
CASTELSALINOISE
CASTROGONTÉRIEN
CATÉGORIQUEMENT
CATHERINE HOWARD
CAUCHEMARDESQUE
CAVALAIRE-SUR-MER
CENTRALISATRICE
CENTRAMÉRICAINE
CENTRAMÉRICAINE
CÉRÉBRO-SPINALES
CESKÉ BUDEJOVICE
CHALEUREUSEMENT
CHÂLONS-SUR-MARNE
CHAMPAGNISATION
CHAMPIGNEULLAIS
CHAMPIGNONNIÈRE
CHAMPIGNONNISTE
CHARENTON-LE-PONT
CHARLES BORROMÉE
CHARLES-DE-GAULLE
CHARLES-EMMANUEL
CHARLES LE CHAUVE
CHARLES LE SIMPLE
CHARLOTTESVILLE
CHASSE-GOUPILLES
CHÂTEAU-GAILLARD
CHÂTEAUMEILLANT
CHÂTELGUYONNAIS
CHÂTELLERAUDAIS
CHÂTELPERRONIEN
CHÂTENAY-MALABRY
CHAUFFE-ASSIETTE
CHAUFFE-BIBERONS
CHAUMONT-EN-VEXIN
CHAUVEAU-LAGARDE
CHAUX-DE-FONNIÈRE
CHAVÍN DE HUANTAR
CHÉMORÉCEPTRICE
CHLORO-ORGANIQUE
CHOLÉCALCIFÉROL
CHOLESTÉROLÉMIE
CHROMATOGRAPHIE
CHROMODYNAMIQUE
CHRYSANTHÉMIQUE
CHRYSÉLÉPHANTIN

CHRYSOSTOMIENNE
CHURRIGUERESQUE
CINÉMATOGRAPHIE
CINTEGABELLOISE
CIRCONSCRIPTION
CIRCONVALLATION
CIRCUMTERRESTRE
CLANDESTINEMENT
CLASSIFICATOIRE
CLASSIFICATRICE
CLERMONT-FERRAND
CLÉRY-SAINT-ANDRÉ
CLITORIDECTOMIE
CLOCHARDISATION
CLOYES-SUR-LE-LOIR
COBALTOTHÉRAPIE
COCCOLITHOPHORE
COLLATIONNEMENT
COLLECTIONNEUSE
COLLECTIONNISME
COLORADO SPRINGS
COMINES-WARNETON
COMMERCIALEMENT
COMMERCIALISANT
COMMISSIONNAIRE
COMMISSUROTOMIE
COMMUNAUTARISER
COMMUNAUTARISME
COMMUNAUTARISTE
COMPARATIVEMENT
COMPARTIMENTAGE
COMPARTIMENTANT
COMPASSIONNELLE
COMPÈRES-LORIOTS
COMPLÉMENTARITÉ
COMPLÉMENTATION
COMPORTEMENTALE
COMPORTEMENTAUX
COMPRESSIBILITÉ
COMPULSIONNELLE
COMTAT VENAISSIN
CONCEPTUALISANT
CONCESSIONNAIRE
CONCHYLICULTEUR
CONCHYLICULTURE
CONCURRENTIELLE
CONCUSSIONNAIRE
CONDÉ-SUR-L'ESCAUT
CONDÉ-SUR-NOIREAU
CONDITIONNEMENT
CONFECTIONNEUSE
CONFESSIONNELLE
CONFIDENTIALITÉ
CONFORMATIONNEL
CONFORTABLEMENT
CONGÉNITALEMENT
CONGRATULATIONS

CONRAD LE SALIQUE
CONSÉCUTIVEMENT
CONSTANCE CHLORE
CONSTANTINIENNE
CONSTITUTIONNEL
CONSTRUCTIVISME
CONSTRUCTIVISTE
CONTEMPORANÉITÉ
CONTEXTUALISANT
CONTINGENTEMENT
CONTINUELLEMENT
CONTORSIONNISTE
CONTRACTUALISÉE
CONTRACTUALISER
CONTRE-ASSURANCE
CONTRE-ATTAQUANT
CONTRE-ATTAQUÉES
CONTREBALANÇANT
CONTRE-EMPREINTE
CONTRE-ESPALIERS
CONTRE-EXPERTISE
CONTRE-EXTENSION
CONTRE-INDIQUANT
CONTRE-INDIQUÉES
CONTREMAÎTRESSE
CONTRE-MANIFESTÉ
CONTRE-OFFENSIVE
CONTRE-PASSATION
CONTREPOINTISTE
CONTRE-PRODUCTIF
CONTRE-PUBLICITÉ
CONTRE-TRANSFERT
CONTREVALLATION
CONTREVENTEMENT
CONVENTIONNELLE
CONVERSATIONNEL
CONVULSIONNAIRE
COPARTICIPATION
CORALLI PERACINI
CORBEIL-ESSONNES
CORELIGIONNAIRE
CORNE DE L'AFRIQUE
CORNEILLE DE LYON
CORONAROGRAPHIE
CORPOPÉTRUSSIEN
CORRECTIONNELLE
CORRÉLATIVEMENT
CORTICOSTÉROÏDE
CORTICOSURRÉNAL
CORTICOTHÉRAPIE
CORTINA D'AMPEZZO
COSTARMORICAINE
COUCHES-CULOTTES
COUPOLE DU ROCHER
COURBEVOISIENNE
COURCOURONNAISE
COURSE-CROISIÈRE

COURSE-POURSUITE
COURT-CIRCUITANT
COURT-CIRCUITÉES
COURTS-BOUILLONS
COUSIN-MONTAUBAN
COUVE DE MURVILLE
CRAPAUDS-BUFFLES
CRÉCY-EN-PONTHIEU
CRÉCY-LA-CHAPELLE
CRIMINALISTIQUE
CRISTALLINIENNE
CRISTALLISATION
CRISTALLOCHIMIE
CRISTALLOGENÈSE
CRISTALLOGRAPHE
CRISTALLOMANCIE
CROSSOPTÉRYGIEN
CRYOCONDUCTRICE
CRYOTEMPÉRATURE
CRYPTOGÉNÉTIQUE
CRYPTOGRAPHIQUE
CUL-DE-BASSE-FOSSE
CULPABILISATION
CUNICULICULTURE
CUPROAMMONIAQUE
CURRICULUM VITAE
CYANOCOBALAMINE
CYBERNÉTICIENNE
CYLINDRES-SCEAUX
CYTOMÉGALOVIRUS
DACTYLOGRAPHIÉE
DACTYLOGRAPHIER
DAIMLERCHRYSLER
DAME-D'ONZE-HEURES
DANICAN-PHILIDOR
DÉBARBOUILLETTE
DÉBROUILLARDISE
DÉBROUSSAILLAGE
DÉBROUSSAILLANT
DÉBUDGÉTISATION
DÉBUREAUCRATISÉ
DÉCALCIFICATION
DÉCARBOXYLATION
DÉCAVAILLONNANT
DÉCHRISTIANISÉE
DÉCHRISTIANISER
DÉCINES-CHARPIEU
DÉCLOISONNEMENT
DÉCOLLECTIVISÉE
DÉCOLLECTIVISER
DÉCONCENTRATION
DÉCONDITIONNANT
DÉCONGESTIONNÉE
DÉCONGESTIONNER
DÉCONSIDÉRATION
DÉCONTAMINATION
DÉCONVENTIONNÉE

DÉCONVENTIONNER
DÉCRÉDIBILISANT
DÉCRIMINALISANT
DÉCULPABILISANT
DÉDAIGNEUSEMENT
DÉDIFFÉRENCIANT
DÉFAVORABLEMENT
DÉFECTUEUSEMENT
DÉFINITIONNELLE
DÉGAUCHISSEMENT
DÉGOURDISSEMENT
DÉGROSSISSEMENT
DELIRIUM TREMENS
DÉMAGNÉTISATION
DÉMAIGRISSEMENT
DÉMATÉRIALISANT
DÉMOBILISATRICE
DÉMOCRATISATION
DÉMORALISATRICE
DÉMYSTIFICATEUR
DÉMYSTIFICATION
DÉMYTHIFICATION
DÉNATIONALISANT
DÉNITRIFICATION
DÉPAPERASSEMENT
DÉPERSONNALISÉE
DÉPERSONNALISER
DÉPHOSPHATATION
DÉPHOSPHORATION
DÉPRESSIONNAIRE
DÉPROGRAMMATION
DÉQUALIFICATION
DÉREMBOURSEMENT
DÉSACCOUTUMANCE
DÉSACRALISATION
DÉSAGRÉABLEMENT
DÉSAISONNALISÉE
DÉSAISONNALISER
DÉSAPPOINTEMENT
DÉSAPPROBATRICE
DÉSARTICULATION
DÉSASSORTISSANT
DÉSASTREUSEMENT
DÉSATELLISATION
DÉSCOLARISATION
DÉSECTORISATION
DÉSEMBOURGEOISÉ
DÉSEMBOUTEILLÉE
DÉSEMBOUTEILLER
DÉSENCHANTEMENT
DÉSENCOMBREMENT
DÉSENSIBILISANT
DÉSENTORTILLANT
DÉSÉPAISSISSANT
DÉSERTIFICATION
DÉSHUMANISATION
DÉSILLUSIONNANT

DÉSINCRUSTATION
DÉSINFORMATRICE
DÉSINSTALLATION
DÉSINTOXICATION
DÉSINVESTISSANT
DÉSOBLIGEAMMENT
DÉSOCIALISATION
DÉSORGANISATEUR
DÉSORGANISATION
DESSAISISSEMENT
DÉSTABILISATEUR
DÉSTABILISATION
DÉSTALINISATION
DÉSTRUCTURATION
DÉSYNCHRONISANT
DEUTSCHLANDLIED
DEUX-MONTAGNAISE
DÉVILLE-LÈS-ROUEN
DÉVITRIFICATION
DIALECTIQUEMENT
DIANE DE POITIERS
DIAPHRAGMATIQUE
DICTIONNAIRIQUE
DIFFÉRENCIATEUR
DIFFÉRENCIATION
DIFFÉRENTIATEUR
DIFFÉRENTIATION
DIODORE DE SICILE
DIOGÈNE DE LAËRTE
DION CHRYSOSTOME
DISCRÉTIONNAIRE
DISCRIMINATOIRE
DISPROPORTIONNÉ
DISTRIBUTIONNEL
DIVERSIFICATION
DIVONNE-LES-BAINS
DJALAL AL-DIN RUMI
DNIEPROPETROVSK
DNIPRODZERJYNSK
DOMITIUS CORBULO
DONATION-PARTAGE
DONQUICHOTTISME
DOUBLES-FENÊTRES
DOUDART DE LAGRÉE
DOULOUREUSEMENT
DRIEU LA ROCHELLE
DRUMMONDVILLOIS
DUPLESSIS-MORNAY
DUPONT DE NEMOURS
DURG-BHILAINAGAR
DYSCHROMATOPSIE
DYSEMBRYOPLASIE
DYSORTHOGRAPHIE
DYSTROPHISATION
ÉBOURGEONNEMENT
ÉCHANTILLONNAGE
ÉCHANTILLONNANT

ÉCHANTILLONNEUR
ÉCHOTOMOGRAPHIE
ÉCLAIRCISSEMENT
ÉCRABOUILLEMENT
ÉLECTRIFICATION
ÉLECTROAFFINITÉ
ÉLECTROBIOLOGIE
ÉLECTROCHIMIQUE
ÉLECTROLOCATION
ÉLECTROMÉNAGÈRE
ÉLECTRONÉGATIVE
ÉLECTRONICIENNE
ÉLECTROPONCTURE
ÉLECTROPORTATIF
ÉLECTROPOSITIVE
ÉLECTROPUNCTURE
ÉLECTROSTATIQUE
ÉLECTROTHÉRAPIE
ÉLECTROTROPISME
EMBERLIFICOTANT
EMBERLIFICOTEUR
EMBROUSSAILLANT
EMPOISSONNEMENT
EMPUANTISSEMENT
ENCÉPHALOPATHIE
ENDOLORISSEMENT
ENGHIEN-LES-BAINS
ENGLOUTISSEMENT
ENGOURDISSEMENT
ÉNIGMATIQUEMENT
ENSEVELISSEMENT
ENTHOUSIASMANTE
ENTREBÂILLEMENT
ENTRECHOQUEMENT
ENTRECROISEMENT
ENTREPRENEURIAL
ENTREPRENEURIAT
ENVIRONNEMENTAL
ÉPICONTINENTALE
ÉPICONTINENTAUX
ÉPIDÉMIOLOGIQUE
ÉPIDÉMIOLOGISTE
ÉPISTÉMOLOGIQUE
ÉPISTÉMOLOGISTE
ÉQUATO-GUINÉENNE
ÉQUIPOTENTIELLE
ERIK DE POMÉRANIE
ERIK JEDVARDSSON
ÉRYTHROPOÏÉTINE
ESNAULT-PELTERIE
ESQUIMAU-ALÉOUTE
ESSENTIELLEMENT
ÉTIENNE NEMANJIC
ÉTOUFFE-CHRÉTIEN
EURO-OBLIGATIONS
EUROPÉANISATION
EUSÈBE DE CÉSARÉE

ÉVANGÉLIQUEMENT
ÉVANGÉLISATRICE
EXCENTRIQUEMENT
EXCOMMUNICATION
EXEMPLIFICATION
EXHIBITIONNISME
EXHIBITIONNISTE
EXISTENTIALISME
EXISTENTIALISTE
EXPÉDITIONNAIRE
EXPÉRIMENTATEUR
EXPÉRIMENTATION
EXPERT-COMPTABLE
EXPRESSIONNISME
EXPRESSIONNISTE
EXTÉRIORISATION
EXTERNALISATION
EXTRACORPORELLE
EXTRAGALACTIQUE
EXTRAJUDICIAIRE
EXTRAPYRAMIDALE
EXTRAPYRAMIDAUX
EXTRASTATUTAIRE
EXTRÊME-ORIENTAL
FABRE D'ÉGLANTINE
FACHES-THUMESNIL
FACULTATIVEMENT
FALLACIEUSEMENT
FAMILIARISATION
FANTASMAGORIQUE
FANTASTIQUEMENT
FASTIDIEUSEMENT
FÈRE-CHAMPENOISE
FÈRE-EN-TARDENOIS
FERRIMAGNÉTIQUE
FERRIMAGNÉTISME
FERROÉLECTRIQUE
FERROMAGNÉTIQUE
FERROMAGNÉTISME
FINNO-OUGRIENNES
FLEGMATIQUEMENT
FLORIS DE VRIENDT
FLUVIO-GLACIAIRE
FŒTO-MATERNELLE
FOIRE-EXPOSITION
FONCTIONNALISÉE
FONCTIONNALISER
FONCTIONNALISME
FONCTIONNALISTE
FONCTIONNARISÉE
FONCTIONNARISER
FONDAMENTALISME
FONDAMENTALISTE
FONTAINE-L'ÉVÊQUE
FONTENAY-LE-COMTE
FOOTBALLISTIQUE
FORCALQUIÉRENNE

FORFAITAIREMENT
FORT-ARCHAMBAULT
FOULQUES LE JEUNE
FRANCE D'OUTRE-MER
FRANCHEVILLOISE
FRANCHOUILLARDE
FRANC-MAÇONNERIE
FRANCO-CANADIENS
FRANCO-CANADIENS
FRANCO-FRANÇAISE
FRANÇOIS D'ASSISE
FRANÇOIS DE PAULE
FRANÇOIS DE SALES
FRANÇOIS RÁKÓCZI
FRANCONVILLOISE
FRANCO-PROVENÇAL
FRANCS-BOURGEOIS
FRANCS-QUARTIERS
FRANSQUILLONNER
FRATERNELLEMENT
FRAUDULEUSEMENT
FRÉDÉRIC-AUGUSTE
FRÉDÉRIC-CHARLES
FRÉDÉRIC LE GRAND
FREUDO-MARXISMES
FRIEDRICHSHAFEN
GABRIEL LALEMANT
GARCÍA GUTIÉRREZ
GARDES-BARRIÈRES
GARDES-CHIOURMES
GARIN DE MONGLANE
GASTRO-ENTÉRITES
GAUTIER DE COINCY
GÉLATINO-BROMURE
GÉNÉRALISATRICE
GÉNÉRATIONNELLE
GÉNITO-URINAIRES
GENJI MONOGATARI
GENTLEMAN-FARMER
GENTLEMEN-RIDERS
GÉOMÉTRIQUEMENT
GÉOSTATIONNAIRE
GÉOTECHNICIENNE
GERMAIN D'AUXERRE
GESTALT-THÉRAPIE
GIOTTO DI BONDONE
GIOVANNI DA UDINE
GISCARD D'ESTAING
GLOMÉRULOPATHIE
GLUCOCORTICOÏDE
GONADOSTIMULINE
GONPONTOLVIENNE
GONZÁLEZ MÁRQUEZ
GOUSSAINVILLOIS
GOUVERNEMENTALE
GOUVERNEMENTAUX
GOUVION-SAINT-CYR

GRACIÁN Y MORALES
GRANDES JORASSES
GRAND-QUEVILLAIS
GRANOCLASSEMENT
GRÉCO-BOUDDHIQUE
GRÉGOIRE DE NYSSE
GRÉGOIRE DE TOURS
GRÉGOIRE LE GRAND
GRÉGOIRE PALAMAS
GUIBERT DE NOGENT
GUILLAUME D'OCCAM
GUILLAUME LE LION
GUILLAUME LE ROUX
GUINÉE ESPAGNOLE
GUITTONE D'AREZZO
GUYANE FRANÇAISE
GUYTON DE MORVEAU
HALTES-GARDERIES
HANSE TEUTONIQUE
HARDOUIN-MANSART
HARMONIEUSEMENT
HAUT-COMMISSAIRE
HAUTES-FIDÉLITÉS
HAUTS-DE-CHAUSSES
HEILLECOURTOISE
HÉLITRANSPORTÉE
HÉMATOPOÏÉTIQUE
HÉRÉDITAIREMENT
HÉRIMONCOURTOIS
HÉTÉROGAMÉTIQUE
HÉTÉROMORPHISME
HÉTÉROSEXUALITÉ
HEXACORALLIAIRE
HIÉRARCHISATION
HILAIREMONTAISE
HIMACHAL PRADESH
HIPPOPOTAMESQUE
HISPANO-MORESQUE
HISTORIOGRAPHIE
HOLOCRISTALLINE
HOMME-GRENOUILLE
HOMMES-SANDWICHS
HOMOGÉNÉISATEUR
HOMOGÉNÉISATION
HOMOPARENTALITÉ
HORIZONTALEMENT
HORMONOTHÉRAPIE
HOSPITALISATION
HOUPHOUËT-BOIGNY
HUNTINGTON BEACH
HYDROCHARITACÉE
HYDROÉLECTRIQUE
HYDROTRAITEMENT
HYPERCORRECTION
HYPERGLYCÉMIANT
HYPERVITAMINOSE
HYPOCHLORHYDRIE

HYPOGLYCÉMIANTE
HYPOŒSTROGÉNIE
HYPOPHOSPHOREUX
HYPOVENTILATION
IDENTIFICATOIRE
IMMANQUABLEMENT
IMMATRICULATION
IMMORTALISATION
IMMUNOCOMPÉTENT
IMMUNOGÉNÉTIQUE
IMMUNOGLOBULINE
IMMUNOSTIMULANT
IMPATRONISATION
IMPÉNÉTRABILITÉ
IMPERMÉABILISÉE
IMPERMÉABILISER
IMPITOYABLEMENT
IMPONDÉRABILITÉ
IMPRATICABILITÉ
IMPRESCRIPTIBLE
IMPRESSIONNABLE
IMPRESSIONNANTE
IMPRESSIONNISME
IMPRESSIONNISTE
IMPRÉVISIBILITÉ
INACCESSIBILITÉ
INADMISSIBILITÉ
INAPPRIVOISABLE
INCOMMENSURABLE
INCOMMUTABILITÉ
INCOMPATIBILITÉ
INCOMPRÉHENSION
INCOMPRÉHENSIVE
INCONSÉQUEMMENT
INCONSIDÉRÉMENT
INCONSTRUCTIBLE
INDÉBOULONNABLE
INDÉBROUILLABLE
INDÉFECTIBILITÉ
INDÉPENDANTISME
INDÉPENDANTISTE
INDES ORIENTALES
INDÉTERMINATION
INDIFFÉRENTISME
INDISPONIBILITÉ
INDISSOLUBILITÉ
INDISTINCTEMENT
INDIVIDUALISANT
INDO-EUROPÉENNES
INDO-EUROPÉENNES
INDOLE-ACÉTIQUES
INDUBITABLEMENT
INDUSTRIALISANT
INÉLUCTABLEMENT
INÉPUISABLEMENT
INEXTENSIBILITÉ
INFAILLIBILISTE

INFAILLIBLEMENT
INFANTILISATION
INFATIGABLEMENT
INFÉRIORISATION
INFLÉCHISSEMENT
INFORMATICIENNE
INFORMATISATION
INFRANCHISSABLE
INOPPORTUNÉMENT
INSATISFAISANTE
INSENSIBILISANT
INSÉPARABLEMENT
INSTINCTIVEMENT
INSTRUMENTALISÉ
INSTRUMENTATION
INSUBORDINATION
INSURRECTIONNEL
INTELLECTUALISÉ
INTELLECTUALITÉ
INTELLIGIBILITÉ
INTENSIFICATION
INTENTIONNALITÉ
INTERAMÉRICAINE
INTERATTRACTION
INTERCELLULAIRE
INTERCHANGEABLE
INTERCLASSEMENT
INTERCONNECTANT
INTERCULTURELLE
INTERDÉPENDANCE
INTERDÉPENDANTE
INTERFÉROMÉTRIE
INTERGALACTIQUE
INTERINDIVIDUEL
INTERINDUSTRIEL
INTÉRIORISATION
INTERMÉTALLIQUE
INTERNALISATION
INTERPLANÉTAIRE
INTERPROFESSION
INTERRO-NÉGATIFS
INTERRO-NÉGATIVE
INTERSPÉCIFIQUE
INTERSUBJECTIVE
INTERTEXTUALITÉ
INTERVENTIONNEL
INTERVERTÉBRALE
INTERVERTÉBRAUX
INTERVERTISSANT
INTRACELLULAIRE
INTRAMONTAGNARD
INTRAMUSCULAIRE
INTRANSMISSIBLE
INTRANSPORTABLE
INTRINSÈQUEMENT
INVRAISEMBLABLE
INVRAISEMBLANCE

INVULNÉRABILITÉ
IRRÉCONCILIABLE
IRRÉDUCTIBILITÉ
IRRÉFUTABLEMENT
IRRÉGULIÈREMENT
IRRÉPARABLEMENT
IRRÉPRÉHENSIBLE
IRRÉTRÉCISSABLE
IRRÉVÉRENCIEUSE
IRRÉVERSIBILITÉ
IRRÉVOCABLEMENT
JACQUES LE MAJEUR
JACQUES LE MINEUR
JASTRZEBIE-ZDRÓJ
JEAN CANTACUZÈNE
JEAN CHRYSOSTOME
JEAN DE CAPISTRAN
JEAN D'OUTREMEUSE
JEANNE DE NAVARRE
JEANNE-FRANÇOISE
JOINVILLE-LE-PONT
JOUFFROY D'ABBANS
JUDÉO-ALLEMANDES
JUDÉO-CHRÉTIENNE
JUDICIARISATION
JUDITH DE BAVIÈRE
JUGE-COMMISSAIRE
JULIEN DE BRIOUDE
JURISPRUDENTIEL
JUSQU'AU-BOUTISME
JUSQU'AU-BOUTISTE
KALÉIDOSCOPIQUE
KAMENSK-OURALSKI
KAMERLINGH ONNES
KARAKALPAKISTAN
KAUNITZ-RIETBERG
KERSCHENSTEINER
KOLAR GOLD FIELDS
KUALA TERENGGANU
LA CHÂTAIGNERAIE
LACRETELLE L'AÎNÉ
LACTODENSIMÈTRE
LA GALISSONNIÈRE
LAMALOU-LES-BAINS
LA MOTTE-SERVOLEX
LANEUVEVILLOISE
LANGOUREUSEMENT
LANGUE-DE-SERPENT
LA ROCHEFOUCAULD
LA ROCHE-SUR-FORON
LA SUZE-SUR-SARTHE
LATINO-AMÉRICAIN
LATINO-AMÉRICAIN
LA TOUR D'AUVERGNE
LA TRANCHE-SUR-MER
LA TRINITÉ-SUR-MER
LAURIERMONTOISE

LAURIERS-CERISES
LAUTERBOURGEOIS
LA VALLÉE-POUSSIN
LA VIE EST UN SONGE
LAWRENCE D'ARABIE
LEFÈVRE D'ÉTAPLES
LE GOND-PONTOUVRE
LE GRAND-QUEVILLY
LEMAIRE DE BELGES
LEMAISTRE DE SACY
LÉONARD DE NOBLAT
LE PETIT-QUEVILLY
LEPRINCE-RINGUET
LE RELECQ-KERHUON
LE ROUGE ET LE NOIR
LES AIX-D'ANGILLON
LES ANCIZES-COMPS
LETTRE-TRANSFERT
LEVALLOIS-PERRET
LEXICOGRAPHIQUE
LIBÉRO-LIGNEUSES
LIBRE-ÉCHANGISME
LIBRE-ÉCHANGISTE
LIMEIL-BRÉVANNES
L'ISLE-SUR-LE-DOUBS
LIVRES-CASSETTES
LOCATION-GÉRANCE
LOCATIONS-VENTES
LOIRE-ATLANTIQUE
LOIR-ET-CHÉRIENNE
LORETTEVILLOISE
LOUIS DE GONZAGUE
LOUIS LE BIEN-AIMÉ
LOUIS LE FAINÉANT
LOURENÇO MARQUES
LUCIEN D'ANTIOCHE
LUXEMBOURGEOISE
LUXEMBOURGEOISE
LUXEUIL-LES-BAINS
LUZ-SAINT-SAUVEUR
MACROÉCONOMIQUE
MACRO-ORDINATEUR
MACROSOCIOLOGIE
MADAME BUTTERFLY
MADELEINE-SOPHIE
MAGNÉSIOTHERMIE
MAGNÉTOCASSETTE
MAGNÉTO-OPTIQUES
MAGNÉTOSTATIQUE
MAGNY-LES-HAMEAUX
MAHAUT DE FLANDRE
MAISONS-LAFFITTE
MAÎTRES-PENSEURS
MAJESTUEUSEMENT
MAJORITAIREMENT
MALHEUREUSEMENT
MALINTENTIONNÉE

MANŒUVRABILITÉ
MANUEL LE FORTUNÉ
MANUTENTIONNANT
MARANGE-SILVANGE
MARCHANDISATION
MARCHE-EN-FAMENNE
MARCILLAC-VALLON
MARÉCHAL-FERRANT
MARGINALISATION
MARGUERITE-MARIE
MARIANNES DU NORD
MARIE-ANTOINETTE
MARIE DE BRAGANCE
MARSANNAY-LA-CÔTE
MARSILE DE PADOUE
MARTEAUX-PIOLETS
MARTINS-PÊCHEURS
MASCULINISATION
MATÉRIALISATION
MATHÉMATICIENNE
MATHÉMATISATION
MATO GROSSO DO SUL
MAULÉON-LICHARRE
MAURE-DE-BRETAGNE
MAURICE DE NASSAU
MAXILLO-FACIALES
MÉCANOGRAPHIQUE
MÉDECIN-DENTISTE
MÉDICO-SPORTIVES
MÉDINET EL-FAYOUM
MÉDITERRANÉENNE
MÉDITERRANÉENNE
MÉHALLET EL-KOBRA
MENENIUS AGRIPPA
MENZEL-BOURGUIBA
MERDRIGNACIENNE
MÉSINTELLIGENCE
MÉSO-AMÉRICAINES
MÉTALLOPROTÉINE
MÉTAMORPHOSABLE
MÉTAPHYSICIENNE
MÉTAPSYCHOLOGIE
MÉTHYLACRYLIQUE
MÉTICULEUSEMENT
MICHEL OBRENOVIC
MICROBIOLOGIQUE
MICROBIOLOGISTE
MICRODISSECTION
MICROÉCONOMIQUE
MICROENTREPRISE
MICRO-INTERVALLE
MICRO-IRRIGATION
MICRO-ORDINATEUR
MICRO-ORGANISMES
MICROPROCESSEUR
MICROSOCIOLOGIE
MICROS-TROTTOIRS

MILLE ET UNE NUITS
MINAS DE RÍOTINTO
MINÉRALISATRICE
MINIATURISATION
MINI-ORDINATEURS
MIRACULEUSEMENT
MISÉRICORDIEUSE
MITTELLANDKANAL
MÖNCHENGLADBACH
MONDORF-LES-BAINS
MONOCAMÉRALISME
MONOCHROMATIQUE
MONOCYLINDRIQUE
MONOPARENTALITÉ
MONOPOLISATRICE
MONSTRUEUSEMENT
MONTAGNE BLANCHE
MONTBÉLIARDAISE
MONTBRISONNAISE
MONT-DAUPHINOISE
MONTFERMEILLOIS
MONTFORT-L'AMAURY
MONTIGNY-LÈS-METZ
MONTMORENCÉENNE
MONTMORILLONITE
MONTPELLIÉRAINE
MONTREUIL-BELLAY
MONTREUIL-SUR-MER
MONT-SAINT-AIGNAN
MONT-SAINT-MARTIN
MOYEN-ORIENTALES
MUHAMMAD AL-SADUQ
MULTICELLULAIRE
MULTICULTURELLE
MULTIPLICATRICE
MULTIPROCESSEUR
MULTIPROGRAMMÉE
MULTITRAITEMENT
MURASAKI SHIKIBU
MUSICOGRAPHIQUE
MUTATIS MUTANDIS
MYOCARDIOPATHIE
MYSTÈRES DE PARIS
MYSTÉRIEUSEMENT
NÆVO-CARCINOMES
NANOTECHNOLOGIE
NARCOTRAFIQUANT
NATIONALISATION
NAVIRES-ATELIERS
NAVIRES-CITERNES
NAVIRES-HÔPITAUX
NÉANDERTALIENNE
NÉGRO-AFRICAINES
NEGRO SPIRITUALS
NÉO-CALÉDONIENNE
NÉO-CALÉDONIENNE
NÉOCOLONIALISME

NÉOCOLONIALISTE
NETZAHUALCÓYOTL
NEUILLY-EN-THELLE
NEUILLY-SUR-MARNE
NEUILLY-SUR-SEINE
NEUROCHIRURGIEN
NEURODÉPRESSEUR
NEUROMUSCULAIRE
NEUROPSYCHIATRE
NEUROVÉGÉTATIVE
NEUTRONOGRAPHIE
NEUVILLE-AUX-BOIS
NICÉPHORE PHOKAS
NICOLAS DE VERDUN
NICOLO DELL'ABATE
NIEDERBRONNAISE
NIGÉRO-CONGOLAIS
NILO-SAHARIENNES
NON-BELLIGÉRANCE
NON-BELLIGÉRANTE
NON-BELLIGÉRANTS
NON-COMBATTANTES
NON-COMPARUTIONS
NON-CONCILIATION
NON-CONCURRENCES
NON-CONFORMISMES
NON-CONFORMISTES
NON-DÉNONCIATION
NON DESTRUCTIVES
NON-DIRECTIVITÉS
NON EUCLIDIENNES
NON-INTERVENTION
NON-SPÉCIALISTES
NORD-AMÉRICAINES
NORD-AMÉRICAINES
NORD-MONTRÉALAIS
NORD-PAS-DE-CALAIS
NORD-VIETNAMIENS
NORD-VIETNAMIENS
NORODOM SIHANOUK
NOUVELLE-ESPAGNE
NOUVELLE-GRENADE
NOUVELLE HÉLOÏSE
NOUVELLE-IRLANDE
NOUVELLE-SIBÉRIE
NOUVELLE-ZÉLANDE
NOYELLES-GODAULT
NUE-PROPRIÉTAIRE
OBERLAND BERNOIS
OBLIGATOIREMENT
OBSCURCISSEMENT
OBSÉQUIEUSEMENT
OCCASIONNALISME
OCCIDENTALISANT
OCÉANOGRAPHIQUE
OCTOCORALLIAIRE
OFFICIALISATION

OISEAU-TROMPETTE
OLAV TRYGGVESSON
OLÉOPNEUMATIQUE
OLIGODENDROCYTE
OMNIPRATICIENNE
OPHTALMOLOGIQUE
OPHTALMOLOGISTE
OPPOSITIONNELLE
ORADOUR-SUR-GLANE
OREILLE-DE-SOURIS
ORGANISATIONNEL
ORGANOMAGNÉSIEN
ORGANOPHOSPHORÉ
ORTHOGONALEMENT
OUEST-ALLEMANDES
OURALO-ALTAÏQUES
OUSMANE DAN FODIO
OUST-KAMENOGORSK
OUTRE-ATLANTIQUE
OUVRE-BOUTEILLES
OUZOUER-SUR-LOIRE
OXYACÉTYLÉNIQUE
OXYGÉNOTHÉRAPIE
OZOIR-LA-FERRIÈRE
PALAVAS-LES-FLOTS
PALÉOCHRÉTIENNE
PALÉOGÉOGRAPHIE
PALÉOHISTOLOGIE
PALÉOMAGNÉTISME
PALÉONTOLOGIQUE
PALÉONTOLOGISTE
PALÉOSIBÉRIENNE
PALMA DE MAJORQUE
PANAMÉRICANISME
PANCRÉATECTOMIE
PAPIERS-MONNAIES
PARABOLIQUEMENT
PARALITTÉRATURE
PARALLÉLÉPIPÈDE
PARALLÉLOGRAMME
PARANÉOPLASIQUE
PARAPSYCHOLOGIE
PARAPSYCHOLOGUE
PARASYMPATHIQUE
PARASYNTHÉTIQUE
PARENCHYMATEUSE
PARLEMENTARISME
PARODONTOPATHIE
PARTHENAISIENNE
PARTICULARISANT
PATHOGNOMONIQUE
PATRIOTIQUEMENT
PATTES-MÂCHOIRES
PÉDAGOGIQUEMENT
PÉDOPSYCHIATRIE
PÉLOPONNÉSIENNE
PÉLOPONNÉSIENNE

PEMATANGSIANTAR
PENNSYLVANIENNE
PERCEPTIBLEMENT
PERCUSSIONNISTE
PÉREMPTOIREMENT
PERFECTIONNISME
PERFECTIONNISTE
PERMISSIONNAIRE
PERNICIEUSEMENT
PERPENDICULAIRE
PERPÉTUELLEMENT
PERQUISITIONNÉE
PERQUISITIONNER
PERREUX-SUR-MARNE
PERSONNELLEMENT
PERVERTISSEMENT
PETITE-MAÎTRESSE
PETITS-BOURGEOIS
PETITS DÉJEUNERS
PHALLOCENTRISME
PHARMACODYNAMIE
PHARMACOLOGIQUE
PHARMACOLOGISTE
PHÉNAKISTISCOPE
PHÉNOMÉNALEMENT
PHÉNYLCÉTONURIE
PHILADELPHIENNE
PHILANTHROPIQUE
PHILIBERT LE BEAU
PHILIPPE AUGUSTE
PHILIPPE DE VITRY
PHILIPPE ÉGALITÉ
PHILIPPE LE HARDI
PHLÉBOTHROMBOSE
PHOSPHOCALCIQUE
PHOSPHOPROTÉINE
PHOSPHORESCENCE
PHOSPHORESCENTE
PHOSPHORYLATION
PHOTOCOMPOSEUSE
PHOTOCONDUCTEUR
PHOTOCONDUCTION
PHOTOÉLASTICITÉ
PHOTOÉLECTRIQUE
PHOTOGRAMMÉTRIE
PHOTOPÉRIODISME
PHOTORÉSISTANCE
PHOTORÉSISTANTE
PHOTOTRANSISTOR
PHYSICO-CHIMIQUE
PHYTOGÉOGRAPHIE
PHYTOPATHOLOGIE
PHYTOSOCIOLOGIE
PHYTOTHÉRAPEUTE
PIERRE DE CORTONE
PIETRO DA CORTONA
PIÉZO-ÉLECTRIQUE

PILÂTRE DE ROZIER
PLAIDER-COUPABLE
PLANÉTARISATION
PLANS DE PROVENCE
PLANTUREUSEMENT
PLÉNEUF-VAL-ANDRÉ
PLURICELLULAIRE
PLUS-QUE-PARFAITS
PNEUMOGASTRIQUE
PNEUMOPÉRITOINE
POINTE-CLAIRAISE
POISSONS-PARADIS
POITOU-CHARENTES
POLIOMYÉLITIQUE
POLYÉLECTROLYTE
POLYSYNTHÉTIQUE
POLYTOXICOMANIE
POLYTRAUMATISME
PONSON DU TERRAIL
PONTRAMBERTOISE
PONT-SAINT-ESPRIT
PONTS-PROMENADES
POPULATIONNISTE
PORT-AUX-FRANÇAIS
PORTE-BOUTEILLES
PORTE-CIGARETTES
PORTE-CONTENEURS
PORTE-ÉTRIVIÈRES
PORTE-PARAPLUIES
PORTE-SERVIETTES
PORTRAITS-ROBOTS
POSSESSIONNELLE
POSTÉRIEUREMENT
POSTSYNCHRONISÉ
POTENTIELLEMENT
POUILLY-SUR-LOIRE
PRÉCAUTIONNEUSE
PRÉINDUSTRIELLE
PRÉSÉLECTIONNÉE
PRÉSÉLECTIONNER
PRÉSONORISATION
PRESSE-RAQUETTES
PRÊTRES-OUVRIERS
PRIEUR-DUVERNOIS
PRIMEL-TRÉGASTEL
PRIMO-INFECTIONS
PRIORITAIREMENT
PROCESSIONNAIRE
PROCHE-ORIENTALE
PROCHE-ORIENTAUX
PROCRASTINATION
PRODIGIEUSEMENT
PROFESSIONNELLE
PROGRESSIVEMENT
PROJECTIONNISTE
PROLÉTARISATION
PRONOMINALEMENT

PRONUNCIAMIENTO
PRO-OCCIDENTALES
PROPHARMACIENNE
PROPHÉTIQUEMENT
PROPORTIONNELLE
PROTECTIONNISME
PROTECTIONNISTE
PROTOHISTORIQUE
PROVERBIALEMENT
PRUSSE-ORIENTALE
PSYCHANALYTIQUE
PSYCHASTHÉNIQUE
PSYCHOAFFECTIVE
PSYCHOCHIRURGIE
PSYCHOGÉNÉTIQUE
PSYCHOLINGUISTE
PSYCHOMÉTRICIEN
PSYCHOMOTRICIEN
PSYCHOMOTRICITÉ
PSYCHOPÉDAGOGIE
PSYCHOPÉDAGOGUE
PSYCHOSENSORIEL
PSYCHOSOMATIQUE
PSYCHOSTIMULANT
PSYCHOTECHNIQUE
PUCELLE D'ORLÉANS
PUY-SAINT-VINCENT
PYROÉLECTRICITÉ
PYTHAGORICIENNE
QUALITATIVEMENT
QUARANTE-HUITARD
QUATORZIÈMEMENT
QUATRE-DE-CHIFFRE
QUATRE-VINGTIÈME
QUESNOY-SUR-DEÛLE
QUINTILIUS VARUS
QUOTIDIENNEMENT
RACHIANESTHÉSIE
RACCOMPAGNATEUR
RACCOMPAGNEMENT
RADARASTRONOMIE
RADIOACTIVATION
RADIOALIGNEMENT
RADIOASTRONOMIE
RADIOCONDUCTEUR
RADIODIAGNOSTIC
RADIOÉLECTRIQUE
RADIOGONIOMÈTRE
RADIOMESSAGERIE
RADIO MONTE-CARLO
RADIONAVIGATION
RADIOPROTECTION
RADIORÉSISTANCE
RADIOTÉLÉPHONIE
RADIOTÉLÉVISION
RADIOTHÉRAPEUTE
RAFFERMISSEMENT

RAFRAÎCHISSANTE
RAIMOND BÉRENGER
RAISONNABLEMENT
RAISONNAILLERIE
RANDSTAD HOLLAND
RATIONALISATION
RATIONNELLEMENT
RÉACTUALISATION
RÉAPPROVISIONNÉ
RECALCIFICATION
RECHERCHE-ACTION
RECHRISTIANISÉE
RECHRISTIANISER
RECONSTRUCTRICE
RECONVENTIONNEL
RECONVERTISSANT
RECRISTALLISANT
RECROQUEVILLANT
REDIMENSIONNANT
RÉÉCHELONNEMENT
RÉENSEMENCEMENT
RÉFÉRÉS-LIBERTÉS
REFROIDISSEMENT
RÉGINABORGIENNE
RÉGIONALISATION
RÉGLEMENTARISME
RÉINCARCÉRATION
REINE-MARGUERITE
REJAILLISSEMENT
RELEASING FACTOR
REMARQUABLEMENT
RENCHÉRISSEMENT
RENTABILISATION
RÉORCHESTRATION
RÉORGANISATRICE
REPOSITIONNABLE
REQUALIFICATION
REQUINS-MARTEAUX
REQUINS-PÈLERINS
RÉQUISITIONNANT
RESOCIALISATION
RESPECTABILISÉE
RESPECTABILISER
RESPLENDISSANTE
RESPONSABILISÉE
RESPONSABILISER
RESSAISISSEMENT
RESTRUCTURATION
RETRANSCRIPTION
RÉTROACTIVEMENT
RÉTROPROJECTEUR
REVASCULARISANT
RÉVOLUTIONNAIRE
REZA CHAH PAHLAVI
RHABDOMANCIENNE
RHINO-PHARYNGÉES
RHINO-PHARYNGIEN

RHINO-PHARYNGITE
RIBEAUVILLÉENNE
RIEMENSCHNEIDER
RINCE-BOUTEILLES
RIOM-ÈS-MONTAGNES
ROBERT BELLARMIN
ROBERT DE COURÇON
ROCHECHOUARTAIS
ROMAN-FEUILLETON
ROMANOS LE MÉLODE
ROMÉO ET JULIETTE
ROMILLY-SUR-SEINE
ROUSSILLONNAISE
ROUSSILLONNAISE
ROUYNORANDIENNE
ROYAL DUTCH-SHELL
RUELLE-SUR-TOUVRE
RUPIFICALDIENNE
SABRE-BAÏONNETTE
SAINT-AGNANTAISE
SAINT-AVERTINOIS
SAINT-AVOLDIENNE
SAINT-BARTHÉLEMY
SAINT CATHARINES
SAINT-CHAMONAISE
SAINTE-CATHERINE
SAINTE-GENEVIÈVE
SAINTE-MENEHOULD
SAINT-GAUDINOISE
SAINT-GENIEZ-D'OLT
SAINT-GENIS-LAVAL
SAINT-GEOIRIENNE
SAINT-GERMANOISE
SAINT-GERVELAINE
SAINT-GERVOLAINE
SAINT-GIRONNAISE
SAINT-JEAN-DU-GARD
SAINT-JULIEN-L'ARS
SAINT-JULIENNOIS
SAINT-LARY-SOULAN
SAINT-LÉGER LÉGER
SAINT-LEU-LA-FORÊT
SAINT-MAIXENTAIS
SAINT-MARTIN-DE-RÉ
SAINT-MARTINOISE
SAINT-PAUL-LÈS-DAX
SAINT-PÈRE-EN-RETZ
SAINT PETERSBURG
SAINT-POURCINOIS
SAINT-QUENTINOIS
SAINT-SAVINIENNE
SAINT-SIMONIENNE
SAINT-SIMONISMES
SAINT-SYMPHORIEN
SAISIE-EXÉCUTION
SAISIES-BRANDONS
SAISIES-GAGERIES

SAKAIDA KAKIEMON
SALON-DE-PROVENCE
SAMOA ORIENTALES
SAMPIERO D'ORNANO
SANCHE O POVOADOR
SANCHEZ DE LOZADA
SANCTIFICATRICE
SANCTO-JULIANAIS
SANGALLO L'ANCIEN
SANGALLO LE JEUNE
SAN JOSÉ DE CÚCUTA
SANTA FE DE BOGOTÁ
SÃO JOÃO DE MERITI
SAPEURS-POMPIERS
SARATOGA SPRINGS
SARCASTIQUEMENT
SARREBOURGEOISE
SARREGUEMINOISE
SARTROUVILLOISE
SAVIGNY-LE-TEMPLE
SAVIGNY-SUR-BRAYE
SCANDALEUSEMENT
SCAPULO-HUMÉRALE
SCAPULO-HUMÉRAUX
SCEAUX-DE-SALOMON
SCHÉMATIQUEMENT
SCHIZOPHRÉNIQUE
SCHWÄBISCH GMÜND
SCOTTISH-TERRIER
SCRUPULEUSEMENT
SE CLOCHARDISANT
SE COLLETAILLANT
SÉDENTARISATION
SEDIA GESTATORIA
SEINE-ET-MARNAISE
SEINE-SAINT-DENIS
SEKONDI-TAKORADI
SÉLÉNOGRAPHIQUE
SÉLEUCOS NIKATÔR
SELF-GOVERNMENTS
SELF-INDUCTANCES
SELIM LE TERRIBLE
SEMI-AUTOMATIQUE
SEMI-AUXILIAIRES
SEMI-CIRCULAIRES
SEMI-CONDUCTEURS
SEMI-CONDUCTRICE
SEMI-CONVERGENTE
SEMI-OFFICIELLES
SEMI-SUBMERSIBLE
SÉNATUS-CONSULTE
SENNECEY-LE-GRAND
SENSIBILISATEUR
SENSIBILISATION
SENSORI-MOTRICES
SENTIMENTALISME
SERGE DE RADONÈGE

SÉROVACCINATION
SERVIETTE-ÉPONGE
SÉVÈRE ALEXANDRE
SEVERNAÏA ZEMLIA
SEXTUS EMPIRICUS
SHAKESPEARIENNE
SILENCIEUSEMENT
SILLON RHODANIEN
SILVESTRE DE SACY
SIMON LE MAGICIEN
SIMPLIFICATRICE
SINGES-ARAIGNÉES
SNORRI STURLUSON
SOCIAL-DÉMOCRATE
SOCIOCULTURELLE
SOCIO-ÉCONOMIQUE
SOCIO-ÉDUCATIVES
SOIXANTE-DIXIÈME
SOIXANTE-HUITARD
SOLIGNY-LA-TRAPPE
SOLLIÈSPONTOISE
SONY CORPORATION
SOPHIA-ANTIPOLIS
SOUABE-FRANCONIE
SOUMISSIONNAIRE
SOUS-ADMINISTRÉE
SOUS-ADMINISTRÉS
SOUS-AMENDEMENTS
SOUS-ARBRISSEAUX
SOUS-COMMISSIONS
SOUS-DÉVELOPPÉES
SOUS-DIRECTRICES
SOUS-ÉQUIPEMENTS
SOUS-ESTIMATIONS
SOUS-ÉVALUATIONS
SOUS-EXPOSITIONS
SOUS-GOUVERNEURS
SOUS-LIEUTENANTS
SOUS-MAXILLAIRES
SOUS-MÉDICALISÉE
SOUS-MÉDICALISÉS
SOUS-PEUPLEMENTS
SOUS-PRÉFECTORAL
SOUS-PRÉFECTURES
SOUS-PRODUCTIONS
SOUS-PROLÉTAIRES
SOUS-PROLÉTARIAT
SOUS-SCAPULAIRES
SOUS-SECRÉTAIRES
SOUVENIRS-ÉCRANS
SPANIOMÉNORRHÉE
SPARRING-PARTNER
SPATIO-TEMPORELS
SPECTROCHIMIQUE
SPECTROMÉTRIQUE
SPECTROSCOPIQUE
SPINELLO ARETINO

SPIRITUELLEMENT
SPONDYLARTHRITE
STANDARDISATION
STATIONS-SERVICE
STATISTIQUEMENT
STATUES-COLONNES
STATURO-PONDÉRAL
STÉRÉOGRAPHIQUE
STÉRÉO-ISOMÉRIES
STÉRÉORÉGULIÈRE
STRASBOURGEOISE
STRASBOURGEOISE
STRATÉGIQUEMENT
STRATFORD-ON-AVON
STRATIGRAPHIQUE
STRATOSPHÉRIQUE
SUBSTANTIALISME
SUBSTANTIALISTE
SUBSTANTIVATION
SUBSTANTIVEMENT
SUD-VIETNAMIENNE
SUD-VIETNAMIENNE
SUPERCHAMPIONNE
SUPERFORTERESSE
SUPERORDINATEUR
SUPERPLASTICITÉ
SUPERPRODUCTION
SUPPLÉMENTATION
SUPRACONDUCTEUR
SUPRACONDUCTION
SUPRASEGMENTALE
SUPRASEGMENTAUX
SURACCUMULATION
SURALIMENTATION
SURCOMPENSATION
SURCONSOMMATION
SURDIMENSIONNÉE
SURENCHÉRISSANT
SURENCHÉRISSEUR
SURENTRAÎNEMENT
SUREXPLOITATION
SURMÉDICALISANT
SURRÉGÉNÉRATEUR
SURRÉGÉNÉRATION
SYMPATHIQUEMENT
SYMPATHOLYTIQUE
SYMPTOMATOLOGIE
SYNALLAGMATIQUE
SYNCHRONISATION
SYNDICALISATION
SYNTHÉTIQUEMENT
SYSTÉMATICIENNE
SYSTÉMATISATION
TAKESHITA NOBORU
TARN-ET-GARONNAIS
TASSILI DES AJJER
TCHÉCOSLOVAQUIE

TECHNOCRATISANT	TRANSPLANTATION
TECHNOSTRUCTURE	TRANSPYRÉNÉENNE
TECTONOPHYSIQUE	TRANSSAHARIENNE
TÉGLATH-PHALASAR	TRANSSEXUALISME
TÉLÉAVERTISSEUR	TRANSYLVANIENNE
TÉLÉMAINTENANCE	**TRANSYLVANIENNE**
TÉLÉSPECTATRICE	TRAUMATOLOGIQUE
TÉLÉTRAVAILLEUR	TRAUMATOLOGISTE
TERRE-NEUVIENNES	TRAVELLER'S CHECK
TERRE-NEUVIENNES	TRAVESTISSEMENT
TERTIAIRISATION	TRÉSORIER-PAYEUR
TÉTRASYLLABIQUE	TRIBOÉLECTRIQUE
THANKSGIVING DAY	TRIDIMENSIONNEL
THÉODOSE LE GRAND	TRIGONOMÉTRIQUE
THÉOLOGIQUEMENT	**TRINITÉ-ET-TOBAGO**
THERMODYNAMIQUE	TRINITROTOLUÈNE
THERMONUCLÉAIRE	TRIPATOUILLEUSE
THERMOPLASTIQUE	TRIPLOBLASTIQUE
THERMOPROPULSÉE	**TRISTAN L'HERMITE**
THERMOPROPULSIF	**TRITH-SAINT-LÉGER**
THERMORÉCEPTEUR	**TROIS GLORIEUSES**
THERMORÉSISTANT	TROPHOBLASTIQUE
THERMOSPHÉRIQUE	TROPICALISATION
THROMBOPHLÉBITE	**TROUVILLE-SUR-MER**
THYRÉOSTIMULINE	**TRUJILLO Y MOLINA**
TIBIO-TARSIENNES	TUBERCULINATION
TIMBRE-QUITTANCE	**TULLUS HOSTILIUS**
TIRE-BOUCHONNANT	TUMULTUEUSEMENT
TIRE-BOUCHONNÉES	TURBOCOMPRESSÉE
TOITURE-TERRASSE	TURBOPROPULSEUR
TOMMASO DA CELANO	TURBOSOUFFLANTE
TORRE ANNUNZIATA	**TUXTLA GUTIÉRREZ**
TOSHUSAI SHARAKU	ULTRAFILTRATION
TOULOUSE-LAUTREC	ULTRAMICROSCOPE
TOURBILLONNAIRE	ULTRAMONTANISME
TOURBILLONNANTE	UNIDIMENSIONNEL
TOURNON-SUR-RHÔNE	UNIDIRECTIONNEL
TRACHÉES-ARTÈRES	UNILATÉRALEMENT
TRADITIONALISME	**UNION EUROPÉENNE**
TRADITIONALISTE	UNIVERSELLEMENT
TRAFALGAR SQUARE	VACCINOTHÉRAPIE
TRAJECTOGRAPHIE	**VAISON-LA-ROMAINE**
TRANQUILLISANTE	**VAISSEAU FANTÔME**
TRANSATLANTIQUE	**VALDEMAR LE GRAND**
TRANS-AVANT-GARDE	VALENCES-GRAMMES
TRANSCENDANTALE	**VAL-SAINT-LAMBERT**
TRANSCENDANTAUX	VALSE-HÉSITATION
TRANSCULTURELLE	**VAN RYSSELBERGHE**
TRANSFIGURATION	VASCULARISATION
TRANSFORMATRICE	VASCULO-NERVEUSE
TRANSFRONTALIER	VASODILATATRICE
TRANSISTORISANT	**VASSILI CHOUÏSKI**
TRANSITIONNELLE	**VASSILI L'AVEUGLE**
TRANSMODULATION	**VAUDREUIL-DORION**
TRANSMUTABILITÉ	**VAUGHAN WILLIAMS**
TRANSPARAISSANT	**VENANCE FORTUNAT**
TRANSPHRASTIQUE	**VÉNÉTIE JULIENNE**

VERNEUIL-SUR-AVRE
VERTACOMIRIENNE
VICE-PRÉSIDENCES
VICE-PRÉSIDENTES
VICTORIAVILLOIS
VICTORIEUSEMENT
VIDAL DE LA BLACHE
VIDÉOCONFÉRENCE
VIDÉOPROJECTEUR
VIDÉOPROJECTION
VIEUX-CATHOLIQUE
VIGNEUX-SUR-SEINE
VILLE-CHAMPIGNON
VILLEFRANCHOISE
VILLEMUR-SUR-TARN
VILLENAVE-D'ORNON
VILLENEUVE-D'ASCQ
VILLENEUVE-LE-ROI
VILLEPARISIENNE
VILLERSEXELLOIS
VILLERS-LÈS-NANCY
VILLEURBANNAISE

VIMONASTÉRIENNE
VINCENT DE LÉRINS
VISCOÉLASTICITÉ
VISCOPLASTICITÉ
VISIOCONFÉRENCE
VITIVINICULTURE
VITRY-LE-FRANÇOIS
VLADIMIR LE GRAND
VLADIMIR LE SAINT
VLADIMIR-SOUZDAL
VOLUPTUEUSEMENT
VREDEMAN DE VRIES
VULNÉRABILISANT
WAGON-RESTAURANT
WALDECK-ROUSSEAU
WASHINGTONIENNE
WINDWARD ISLANDS
WISSEMBOURGEOIS
YAMAMOTO ISOROKU
YAMOUSSOUKROISE
YVERDON-LES-BAINS
ZOOTECHNICIENNE

ABASOURDISSEMENT
ABD AL-AZIZ IBN SAUD
ABU AL-ALA AL-MAARRI
ACANTHOPTÉRYGIEN
ACCIDENTELLEMENT
ACÉTYLCOENZYMES A
ADÉLAÏDE DE FRANCE
ADÉLAÏDE DE SAVOIE
ADÉLAÏDE D'ORLÉANS
ADÈLE DE CHAMPAGNE
ADHÉMAR DE MONTEIL
ADIPOSO-GÉNITALES
AFFRANCHISSEMENT
AFRO-BRÉSILIENNES
AFRO-BRÉSILIENNES
AGRIPPINE LA JEUNE
AGROCLIMATOLOGIE
AGRO-INDUSTRIELLE
AIREDALE-TERRIERS

À LA SAINT-GLINGLIN
À LA SIX-QUATRE-DEUX
ALCALINO-TERREUSE
ALEXANDRE FARNÈSE
ALEXANDRE LE GRAND
ALISE-SAINTE-REINE
ALPES SCANDINAVES
ALPHABÉTIQUEMENT
ALPHONSE LE CHASTE
ALTERMONDIALISME
ALTERMONDIALISTE
AMAURY DE LUSIGNAN
AMBARÈS-ET-LAGRAVE
AMÉRIQUE CENTRALE
AMSTELLODAMIENNE
ANAXIMÈNE DE MILET
ANDAMAN ET NICOBAR
ANDERNOS-LES-BAINS
ANDORRE-LA-VIEILLE
ANGLES-SUR-L'ANGLIN
ANGLO-AMÉRICAINES
ANGLO-AMÉRICAINES
ANTHROPOBIOLOGIE
ANTHROPOMÉTRIQUE
ANTIAMÉRICANISME
ANTICLÉRICALISME
ANTICOLONIALISME
ANTICOLONIALISTE
ANTICONJONCTUREL
ANTIDÉMOCRATIQUE
ANTIESCLAVAGISTE

ANTIGUA-ET-BARBUDA
ANTIGUA GUATEMALA
ANTIHISTAMINIQUE
ANTI-IMPÉRIALISME
ANTI-IMPÉRIALISTE
ANTI-INFECTIEUSES
ANTIPELLICULAIRE
ANTIPHLOGISTIQUE
ANTIPRURIGINEUSE
ANTIRÉPUBLICAINE
ANTISCIENTIFIQUE
ANTITHYROÏDIENNE
ANTITUBERCULEUSE
ANTOINE DE BOURBON
APAMÉE-SUR-L'ORONTE
APPESANTISSEMENT
APPROVISIONNEUSE
ARCHÉOMAGNÉTISME
ARGENT-SUR-SAULDRE
ARISTOTÉLICIENNE
ARITHMÉTIQUEMENT
ARQUES-LA-BATAILLE
ARRIÈRE-BOUTIQUES
ARRIÈRE-GRAND-MÈRE
ARRIÈRE-GRAND-PÈRE
ARRIÈRE-PETIT-FILS
ARTÉRIOSCLÉREUSE
ARTIFICIELLEMENT
ARTIFICIEUSEMENT
ARUNACHAL PRADESH
ASNIÈRES-SUR-SEINE
ASSOCIATIONNISME
ASSUJETTISSEMENT
ASSURANCE-MALADIE
ASTRONOMIQUEMENT
ASTROPHYSICIENNE
AUDIOPROTHÉSISTE
AURICULOTHÉRAPIE
AUSTRALOPITHÈQUE
AUSTRO-HONGROISES
AUSTRO-HONGROISES
AUTHENTIFICATION
AUTOBIOGRAPHIQUE
AUTOCONSOMMATION
AUTODESTRUCTRICE
AUTOGESTIONNAIRE
AUTO-IMMUNISATION
AUTOMITRAILLEUSE
AUTORADIOGRAPHIE
AUTOSATISFACTION
AUTOS-PATROUILLES
AUTOSURVEILLANCE
BACILLARIOPHYCÉE
BACTÉRIOSTATIQUE
BAGNÈRES-DE-LUCHON
BAIE-SAINT-PAULOIS
BALLONS DES VOSGES

BARBEY D'AUREVILLY
BEAUFORT-EN-VALLÉE
BEHREN-LÈS-FORBACH
BENJAMIN DE TUDÈLE
BERGISCH GLADBACH
BERLINER ENSEMBLE
BERNARD DE MENTHON
BERZÉLAVILLIENNE
BIACHE-SAINT-VAAST
BIDIMENSIONNELLE
BIGOT DE PRÉAMENEU
BIOBIBLIOGRAPHIE
BIODÉGRADABILITÉ
BIOTECHNOLOGIES
BLAGOVECHTCHENSK
BOILEAU-DESPRÉAUX
BOISSY-SAINT-LÉGER
BONNEUIL-SUR-MARNE
BORDJ BOU ARRÉRIDJ
BORGNIS-DESBORDES
BORMES-LES-MIMOSAS
BOURGEOIS DE PARIS
BOURG-SAINT-ANDÉOL
BRACELETS-MONTRES
BRANDEBOURGEOISE
BRANDEBOURGEOISE
BRIENNE-LE-CHÂTEAU
BRITISH PETROLEUM
BRIVE-LA-GAILLARDE
BRONCHO-PNEUMONIE
BRUAY-LA-BUISSIÈRE
BRUNON DE QUERFURT
BRUYÈRES-LE-CHÂTEL
BUCKINGHAM PALACE
BUIS-LES-BARONNIES
BULLETINS-RÉPONSE
CAGNIÀRD DE LA TOUR
CALDERA RODRÍGUEZ
CAP-DE-LA-MADELEINE
CAPITAL-RISQUEURS
CARBONITRURATION
CARDIO-PULMONAIRE
CARDIO-VASCULAIRE
CAROLOMACÉRIENNE
CARPENTRASSIENNE
CARREÑO DE MIRANDA
CARRÈRE D'ENCAUSSE
CASTELBRIANTAISE
CASTELGIRONNAISE
CASTELJALOUSAINE
CASTELNAU-DE-MÉDOC
CASTILLE-LA MANCHE
CATHERINE D'ARAGON
CATHERINE LABOURÉ
CEP COMMUNICATION
CÉPHALO-RACHIDIEN
CÉRÉMONIEUSEMENT

CHALANDS-CITERNES
CHALETTE-SUR-LOING
CHAMBOLLE-MUSIGNY
CHAMBRAY-LÈS-TOURS
CHAMITO-SÉMITIQUE
CHAMPAGNE-ARDENNE
CHAMPIGNEULLAISE
CHANTONNAISIENNE
CHARENTE-MARITIME
CHARLESBOURGEOIS
CHARLES DE BOURBON
CHARLES LE BOITEUX
CHARLES LE MAUVAIS
CHASSELOUP-LAUBAT
CHÂTEAU-CHINONAIS
CHÂTELAILLONNAIS
CHÂTELGUYONNAISE
CHÂTELLERAUDAISE
CHÂTILLON-COLIGNY
CHAUFFE-ASSIETTES
CHAUMONT-SUR-LOIRE
CHAZELLES-SUR-LYON
CHIMIORÉSISTANCE
CHIMIOTHÉRAPIQUE
CHIROPRATICIENNE
CHLORO-ORGANIQUES
CHLOROPHYLLIENNE
CHOLÉCYSTECTOMIE
CHONDROCALCINOSE
CHRÉTIEN DE TROYES
CHRISTIANISATION
CHRISTINE DE PISAN
CHRYSÉLÉPHANTINE
CIRCONSTANCIELLE
CIRCUMAMBULATION
CIRCUMNAVIGATION
CLAUDE LE GOTHIQUE
CLERMONT-L'HÉRAULT
CLERMONT-TONNERRE
COLLECTIVISATION
COLONNES D'HERCULE
COMÉDIE-FRANÇAISE
COMÉDIE-ITALIENNE
COMMEDIA DELL'ARTE
COMMERCIALISABLE
COMMUNICATIONNEL
COMPENDIEUSEMENT
COMPLEXIFICATION
COMPTABILISATION
CONCHYLICULTRICE
CONJECTURALEMENT
CONQUES-SUR-ORBIEL
CONSIDÉRABLEMENT
CONSTANTIN DOUKAS
CONSUBSTANTIELLE
CONTAINÉRISATION
CONTENEURISATION

CONTRACTUALISANT
CONTRE-ASSURANCES
CONTRE-EMPREINTES
CONTRE-ESPIONNAGE
CONTRE-EXPERTISES
CONTRE-EXTENSIONS
CONTRE-INDICATION
CONTRE-MANIFESTER
CONTRE-OFFENSIVES
CONTRE-PASSATIONS
CONTRE-PRESTATION
CONTRE-PRODUCTIFS
CONTRE-PRODUCTIVE
CONTRE-PROPAGANDE
CONTRE-PUBLICITÉS
CONTRE-RÉVOLUTION
CONTRESIGNATAIRE
CONTRE-TERRORISME
CONTRE-TERRORISTE
CONTRE-TORPILLEUR
CONTRE-TRANSFERTS
CONVENTIONNEMENT
COPOLYMÉRISATION
CORBEILLE-D'ARGENT
CORMELLES-LE-ROYAL
CORRECTIONNALISÉ
CORRÉLATIONNELLE
CORTICOSTIMULINE
CORTICOSURRÉNALE
CORTICOSURRÉNAUX
COURNON-D'AUVERGNE
COURVILLE-SUR-EURE
CRAPONNE-SUR-ARZON
CRENEY-PRÈS-TROYES
CREUTZFELDT-JAKOB
CRIME ET CHÂTIMENT
CRISTALLOGRAPHIE
CRYOCONSERVATION
CRYODESSICCATION
CRYOLUMINESCENCE
CRYPTOCOMMUNISTE
CUISSON-EXTRUSION
CULS-DE-BASSE-FOSSE
CYBERCRIMINALITÉ
CYRANO DE BERGERAC
DACTYLOGRAPHIANT
DACTYLOGRAPHIQUE
DAMES-D'ONZE-HEURES
DAMMARTIN-EN-GOËLE
DAMPIERRE-EN-BURLY
DANGÉ-SAINT-ROMAIN
DAVID COPPERFIELD
DÉBROUSSAILLANTE
DÉBROUSSAILLEUSE
DÉBUREAUCRATISÉE
DÉBUREAUCRATISER
DÉCARTELLISATION

DÉCAVAILLONNEUSE
DÉCENTRALISATEUR
DÉCENTRALISATION
DÉCHRISTIANISANT
DÉCOLLECTIVISANT
DÉCONGESTIONNANT
DÉCONVENTIONNANT
DÉMÉDICALISATION
DÉMILITARISATION
DÉMINÉRALISATION
DEMI-PENSIONNAIRE
DÉMOCRATIQUEMENT
DÉMULTIPLICATEUR
DÉMULTIPLICATION
DÉMYSTIFICATRICE
DÉNATURALISATION
DENFERT-ROCHEREAU
DÉNICOTINISATION
DÉNUCLÉARISATION
DENYS L'ARÉOPAGITE
DÉPARTEMENTALISÉ
DÉPERSONNALISANT
DÉPIGEONNISATION
DÉPOLYMÉRISATION
DÉPRESSURISATION
DÉRÉGLEMENTATION
DÉRESPONSABILISÉ
DÉSAFFÉRENTATION
DÉSAISONNALISANT
DÉSAMBIGUÏSATION
DÉSAPPROVISIONNÉ
DESBORDES-VALMORE
DÉSEMBOURGEOISÉE
DÉSEMBOURGEOISER
DÉSEMBOUTEILLANT
DÉSHYDROGÉNATION
DÉSINCARCÉRATION
DÉSINDUSTRIALISÉ
DÉSINSECTISATION
DÉSINTÉRESSEMENT
DÉSORGANISATRICE
DÉSPÉCIALISATION
DÉSTABILISATRICE
DEUTÉROCANONIQUE
DIACÉTYLMORPHINE
DICTATORIALEMENT
DIESEL-ÉLECTRIQUE
DIFFÉRENCIATRICE
DIOGÈNE LE CYNIQUE
DIPLOMATIQUEMENT
DISCOURTOISEMENT
DISPENDIEUSEMENT
DISPROPORTIONNÉE
DISQUALIFICATION
DOMRÉMY-LA-PUCELLE
DORSALE GUINÉENNE
DOUANIER ROUSSEAU

DRUMMONDVILLOISE
DUHAMEL DU MONCEAU
DUQUESNOY LE VIEUX
DVINA OCCIDENTALE
DYNAMOÉLECTRIQUE
DYSCHONDROPLASIE
ÉCHANTILLONNEUSE
ÉCHOLOCALISATION
ÉCONOMÉTRICIENNE
EDGAR LE PACIFIQUE
EISENHÜTTENSTADT
ÉLECTROCINÉTIQUE
ÉLECTRODYNAMIQUE
ÉLECTROMÉCANIQUE
ÉLECTROMÉNAGISTE
ÉLECTROMYOGRAMME
ÉLECTRONIQUEMENT
ÉLECTRONUCLÉAIRE
ÉLECTROPORTATIVE
ÉLECTROSTRICTION
ÉLECTROTECHNIQUE
ÉLISABETH FARNÈSE
EMBERLIFICOTEUSE
EMBOURGEOISEMENT
EN ATTENDANT GODOT
ENCÉPHALOMYÉLITE
ENDOCRINOLOGISTE
ENORGUEILLISSANT
ENTRECOLONNEMENT
ENTRE-DEUX-GUERRES
ENTREPRENEURIALE
ENTREPRENEURIAUX
ENVIRONNEMENTALE
ENVIRONNEMENTAUX
ÉPINAY-SOUS-SÉNART
ÉPIPALÉOLITHIQUE
ÉPITHÉLIONEURIEN
ÉPOUVANTABLEMENT
ÉQUEURDREVILLAIS
ERCKMANN-CHATRIAN
ÉTATS PONTIFICAUX
ETHNOMUSICOLOGIE
ETHNOPSYCHIATRIE
ETHNOPSYCHOLOGIE
ÉTIENNE UROS DUSAN
ÉTRÉSILLONNEMENT
ÉTYMOLOGIQUEMENT
EUROPÉOCENTRISME
EXPÉRIMENTATRICE
EXTERRITORIALITÉ
EXTRAPATRIMONIAL
EXTRASENSORIELLE
EXTRATERRITORIAL
EXTRAVÉHICULAIRE
EXTRÊME-ORIENTALE
EXTRÊME-ORIENTAUX
EXTRÊMES-ONCTIONS

EXXON CORPORATION
FERDINAND LE GRAND
FERDINAND LE SAINT
FERROÉLECTRICITÉ
FICTIONALISATION
FISCHER VON ERLACH
FLANDRE-ORIENTALE
FLEURY-LES-AUBRAIS
FLEURY-SUR-ANDELLE
FLUVIO-GLACIAIRES
FŒTO-MATERNELLES
FONCTIONNALISANT
FONCTIONNARISANT
FONDAMENTALEMENT
FONTAINE-LÈS-DIJON
FONTENAY-AUX-ROSES
FONTENAY-LE-FLEURY
FONTENAY-SOUS-BOIS
FORD MOTOR COMPANY
FOULQUES LE RÉCHIN
FOUQUIER-TINVILLE
FRAGMENTAIREMENT
FRANCHET D'ESPEREY
FRANC-MAÇONNERIES
FRANCO-CANADIENNE
FRANCO-CANADIENNE
FRANCO-FRANÇAISES
FRANÇOISE ROMAINE
FRANCO-PROVENÇALE
FRANCO-PROVENÇAUX
FRANSQUILLONNANT
FRÉDÉRIC DE STYRIE
FRÉDÉRIC LE SIMPLE
FRESNAY-SUR-SARTHE
FUSIL-MITRAILLEUR
GALVANOPLASTIQUE
GARDES-FRANÇAISES
GARGES-LÈS-GONESSE
GASTRO-INTESTINAL
GAUTIER SANS AVOIR
GÉLATINO-BROMURES
GÉLATINO-CHLORURE
GÉNÉRATION PERDUE
GENTLEMANS-RIDERS
GENTLEMEN-FARMERS
GÉOCHRONOLOGIQUE
GÉOGRAPHIQUEMENT
GÉOMORPHOLOGIQUE
GERBERT D'AURILLAC
GERLACHE DE GOMERY
GERTRUDE LA GRANDE
GESTALT-THÉRAPIES
GEVREY-CHAMBERTIN
GIULIANO DA MAIANO
GLOSSO-PHARYNGIEN
GLYCÉROPHTALIQUE
GODESCALC D'ORBAIS

GOUSSAINVILLOISE
GRAMMATICALEMENT
GRANADOS Y CAMPIÑA
GRANDE-CHARTREUSE
GRANDES-DUCHESSES
GRAND-QUEVILLAISE
GRANDS-ANGULAIRES
GRAN SASSO D'ITALIA
GRAVITATIONNELLE
GRÉCO-BOUDDHIQUES
GRENADE-SUR-L'ADOUR
GUILLAUME D'OCKHAM
GUILLAUME D'ORANGE
GUILLAUME LE GRAND
GUINÉE PORTUGAISE
HASAN IBN AL-JABBAH
HAUT-COMMISSARIAT
HAUT-KŒNIGSBOURG
HEBDOMADAIREMENT
HENRI DE BOURGOGNE
HENRI L'IMPUISSANT
HENRI PLANTAGENÊT
HÉRIMONCOURTOISE
HÉRON D'ALEXANDRIE
HERZOG ET DE MEURON
HÉTÉROCHROMOSOME
HIDALGO Y COSTILLA
HIÉRARCHIQUEMENT
HISPANO-AMÉRICAIN
HISPANO-AMÉRICAIN
HISPANO-MAURESQUE
HISPANO-MORESQUES
HOMMES-ORCHESTRES
HOMOGÉNÉISATRICE
HOROKILOMÉTRIQUE
HURTADO DE MENDOZA
HYDROCORALLIAIRE
HYDROÉLECTRICITÉ
HYDROMÉTALLURGIE
HYDROPNEUMATIQUE
HYPERCHLORHYDRIE
HYPERCONTINENTAL
HYPERGLYCÉMIANTE
HYPERLEUCOCYTOSE
HYPERŒSTROGÉNIE
HYPERPLAQUETTOSE
HYPERSENSIBILITÉ
HYPERVENTILATION
HYPOALLERGÉNIQUE
HYPOTHÉTIQUEMENT
IGNOMINIEUSEMENT
ILLUSIONS PERDUES
IMMUNOCOMPÉTENTE
IMMUNODÉFICIENCE
IMMUNODÉPRESSEUR
IMMUNODÉPRESSION
IMMUNOSTIMULANTE

IMPARISYLLABIQUE
IMPERCEPTIBILITÉ
IMPERMÉABILISANT
IMPERTURBABILITÉ
IMPRÉDICTIBILITÉ
IMPUTRESCIBILITÉ
INASSOUVISSEMENT
INCOMBUSTIBILITÉ
INCOMPARABLEMENT
INCOMPRÉHENSIBLE
INCONCEVABLEMENT
INCONDITIONNELLE
INCONVERTIBILITÉ
INCORRIGIBLEMENT
INCORRUPTIBILITÉ
INDÉFECTIBLEMENT
INDISCUTABLEMENT
INDISSOLUBLEMENT
INDIVIDUELLEMENT
INDUSTRIELLEMENT
INÉBRANLABLEMENT
INEXPLICABLEMENT
INEXTRICABLEMENT
INFORMATIONNELLE
INFORMATIQUEMENT
INFRUCTUEUSEMENT
INFUNDIBULIFORME
INGÉNIEUR-CONSEIL
INHALOTHÉRAPEUTE
INSTITUTIONNELLE
INSTRUMENTALISER
INSTRUMENTALISME
INSUBMERSIBILITÉ
INSULINOTHÉRAPIE
INTARISSABLEMENT
INTELLECTUALISÉE
INTELLECTUALISER
INTELLECTUALISME
INTELLECTUALISTE
INTELLIGIBLEMENT
INTEMPESTIVEMENT
INTERACTIONNELLE
INTERACTIONNISME
INTERCIRCULATION
INTERCOMMUNALITÉ
INTERCONNECTABLE
INTERCONTINENTAL
INTERENTREPRISES
INTERFÉRENTIELLE
INTERMINABLEMENT
INTERMINISTÉRIEL
INTERMOLÉCULAIRE
INTERNATIONALISÉ
INTERNATIONALITÉ
INTEROPÉRABILITÉ
INTERPÉNÉTRATION
INTERPERSONNELLE

INTERRO-NÉGATIVES
INTRAMOLÉCULAIRE
INTRAMONTAGNARDE
INTRANSITIVEMENT
INVOLONTAIREMENT
IOUJNO-SAKHALINSK
IRRÉDUCTIBLEMENT
IRRÉMÉDIABLEMENT
IRRÉMISSIBLEMENT
IRRÉSISTIBLEMENT
IRRESPONSABILITÉ
IRRÉVERSIBLEMENT
ISABEAU DE BAVIÈRE
ISABELLE DE FRANCE
ISIDORE DE SÉVILLE
IZANAGI ET IZANAMI
JAMMU-ET-CACHEMIRE
JEAN DE LUXEMBOURG
JEAN L'ÉVANGÉLISTE
JEAN-MARIE VIANNEY
JEMEPPE-SUR-SAMBRE
JOSEPH D'ARIMATHIE
JUDÉO-CHRÉTIENNES
JUNIOR ENTREPRISE
JURIDICTIONNELLE
JUSQU'AU-BOUTISMES
JUSQU'AU-BOUTISTES
JUVÉNAL DES URSINS
KATHARINA VON BORA
KAWABATA YASUNARI
KINÉSITHÉRAPEUTE
KINGSTON-UPON-HULL
KOIZUMI JUNICHIRO
KUTCHUK-KAÏNARDJI
LA BAULE-ESCOUBLAC
LA CÔTE-SAINT-ANDRÉ
LADISLAS JAGELLON
LADISLAS LOKIETEK
LA FORÊT-FOUESNANT
L'AIGUILLON-SUR-MER
LAISSÉ-POUR-COMPTE
L'ANCIENNE-LORETTE
LANGUES-DE-SERPENT
LARAGNE-MONTÉGLIN
LA ROCHEJAQUELEIN
LA ROQUE-D'ANTHÉRON
LATINO-AMÉRICAINE
LATINO-AMÉRICAINE
LATINO-AMÉRICAINS
LATINO-AMÉRICAINS
LATTRE DE TASSIGNY
LAUTERBOURGEOISE
LA VOULTE-SUR-RHÔNE
LE CHÂTEAU-D'OLÉRON
LE CHÂTELET-EN-BRIE
LEFÈVRE D'ORMESSON
LE GRAND-PRESSIGNY

LE KREMLIN-BICÊTRE
LÉON LE PHILOSOPHE
LE PLESSIS-TRÉVISE
LES SABLES-D'OLONNE
LEUCO-ENCÉPHALITE
LEXINGTON-FAYETTE
LIBRE-ÉCHANGISMES
LIBRE-ÉCHANGISTES
LIECHTENSTEINOIS
LINGUISTIQUEMENT
L'ISLE-SUR-LA-SORGUE
LIVIUS ANDRONICUS
LOMÉNIE DE BRIENNE
LORENZO VENEZIANO
LOUISE DE MARILLAC
LOUVIGNÉ-DU-DÉSERT
LUCIEN DE SAMOSATE
LYMPHORÉTICULOSE
MACHINE-TRANSFERT
MACRO-INSTRUCTION
MACROMOLÉCULAIRE
MACRO-ORDINATEURS
MAGNÉSIE DU SIPYLE
MAGNÉTODYNAMIQUE
MAGNÉTOSTRICTION
MAÎTRES-CYLINDRES
MAIZIÈRES-LÈS-METZ
MALAYO-POLYNÉSIEN
MALLÉABILISATION
MANIACO-DÉPRESSIF
MANLIUS TORQUATUS
MANSART DE SAGONNE
MANUEL PALÉOLOGUE
MANUTENTIONNAIRE
MARGUERITE D'ANJOU
MARGUERITE STUART
MARIA CHAPDELAINE
MARIANA DE LA REINA
MARIE DE BOURGOGNE
MARIE L'ÉGYPTIENNE
MARIE LESZCZYNSKA
MARTÍNEZ DE LA ROSA
MARTÍNEZ MONTAÑÉS
MARTINS-CHASSEURS
MASDJED-E SOLEYMAN
MASDJID-I SULAYMAN
MASSIF ARMORICAIN
MATHÉMATIQUEMENT
MAUZÉ-SUR-LE-MIGNON
MAXIMILIEN DE BADE
MAXIMILIEN JOSEPH
MÉDECINS-CONSEILS
MÉDULLOSURRÉNALE
MEHMED VAHIDEDDIN
MÉLANCOLIQUEMENT
MÉPHISTOPHÉLIQUE
MÉRIBEL-LES-ALLUES

MERVEILLEUSEMENT
MÉTACONNAISSANCE
MÉTALINGUISTIQUE
MÉTALLOGRAPHIQUE
MÉTALLOPLASTIQUE
MÉTAMATHÉMATIQUE
MÉTAPHORIQUEMENT
MÉTAPHOSPHORIQUE
MÉTAPHYSIQUEMENT
MÉTAUX-CARBONYLES
MEURTHE-ET-MOSELLE
MICHEL PALÉOLOGUE
MICRO-INTERVALLES
MICRO-IRRIGATIONS
MICRO-ORDINATEURS
MICROPROPAGATION
MICROTRAUMATISME
MILLIAMPÈREMÈTRE
MITHRIDATISATION
MOLÉCULES-GRAMMES
MONOAMINE-OXYDASE
MONTCEAU-LES-MINES
MONTECATINI-TERME
MONTFERMEILLOISE
MONTMORILLONNAIS
MONTRES-BRACELETS
MONT-SAINT-HILAIRE
MORTAGNE-AU-PERCHE
MORTAGNE-SUR-SÈVRE
MOURMELON-LE-GRAND
MUHAMMAD IBN YUSUF
MÜLHEIM AN DER RUHR
MULTILATÉRALISME
MULTIRÉCIDIVISTE
MUNICIPALISATION
MUSTAFA KEMAL PASA
NAKASONE YASUHIRO
NAKHON RATCHASIMA
NANOÉLECTRONIQUE
NARCOTRAFIQUANTE
NAVARRE FRANÇAISE
NÉO-CALÉDONIENNE
NÉO-CALÉDONIENNES
NÉOGRAMMAIRIENNE
NÉOMERCANTILISME
NÉOPLATONICIENNE
NEUFCHÂTEL-EN-BRAY
NEUILLY-PLAISANCE
NEUROCHIRURGICAL
NEUROENDOCRINIEN
NEUROFIBROMATOSE
NEUROPHYSIOLOGIE
NEUROPSYCHIATRIE
NEUROPSYCHOLOGIE
NEUROPSYCHOLOGUE
NEUVILLE-DE-POITOU
NEUVILLE-SUR-SAÔNE

NIGÉRO-CONGOLAISE
NOGENT-EN-BASSIGNY
NON-BELLIGÉRANCES
NON-BELLIGÉRANTES
NON-CONCILIATIONS
NON-CONTRADICTION
NON-DÉNONCIATIONS
NON-DISSÉMINATION
NON-INTERVENTIONS
NON-PROLIFÉRATION
NORD-MONTRÉALAISE
NORD-VIETNAMIENNE
NORD-VIETNAMIENNE
NOTRE-DAME DE PARIS
NOUVEAU-BRUNSWICK
NOUVELLE-BRETAGNE
NOYELLES-SOUS-LENS
NUAGES DE MAGELLAN
NUS-PROPRIÉTAIRES
OBSTRUCTIONNISME
OBSTRUCTIONNISTE
OISE-PAYS DE FRANCE
OLÉOPROTÉAGINEUX
OMNIDIRECTIONNEL
OPTOÉLECTRONIQUE
OREILLES-DE-SOURIS
ORGANOMÉTALLIQUE
ORGANOPHOSPHORÉE
ORGUEILLEUSEMENT
ORMESSON-SUR-MARNE
ORTHOCHROMATIQUE
ORTHOSYMPATHIQUE
OTTON DE BRUNSWICK
PALÉOTEMPÉRATURE
PARATHYROÏDIENNE
PARCELLARISATION
PARTICULIÈREMENT
PASSIONNELLEMENT
PATHOLOGIQUEMENT
PEINTRES-GRAVEURS
PEINTURE-ÉMULSION
PERFECTIONNEMENT
PÉRI-INFORMATIQUE
PÉRIPATÉTICIENNE
PERPENDICULARITÉ
PERQUISITIONNANT
PERSONNALISATION
PERSONNIFICATION
PETITE-BOURGEOISE
PHÉNOMÉNOLOGIQUE
PHÉOCHROMOCYTOME
PHILIPPE DE SOUABE
PHILIPPE DE VALOIS
PHOTOCOMPOSITEUR
PHOTOCOMPOSITION
PHOTOCONDUCTRICE
PHOTOÉLECTRICITÉ

PHOTOJOURNALISME
PHOTOJOURNALISTE
PHOTOSENSIBILITÉ
PHOTOSYNTHÉTIQUE
PHYSICO-CHIMIQUES
PHYSIOPATHOLOGIE
PHYSIOTHÉRAPEUTE
PIC DE LA MIRANDOLE
PIERRE D'ALCÁNTARA
PIETERMARITZBURG
PIÉZO-ÉLECTRICITÉ
PIÉZO-ÉLECTRIQUES
PINCE-MONSEIGNEUR
PLAISANCE-DU-TOUCH
PLANCHES-CONTACTS
PLÉNIPOTENTIAIRE
PLESTIN-LES-GRÈVES
PLEURONECTIFORME
POCHETTE-SURPRISE
POISSON-PERROQUET
POLITIQUE-FICTION
POLYCONDENSATION
POLYTECHNICIENNE
PONTAUDEMÉRIENNE
PONTAULT-COMBAULT
PONTÉPISCOPIENNE
PORT-AU-PRINCIENNE
PORTE-JARRETELLES
PORTES-LÈS-VALENCE
PORTET-SUR-GARONNE
POSTINDUSTRIELLE
POSTSYNCHRONISÉE
POSTSYNCHRONISER
POTENTIALISATION
POUSSETTES-CANNES
PRÉAMPLIFICATEUR
PRÉAPPRENTISSAGE
PRÉDÉTERMINATION
PRÉIMPLANTATOIRE
PRÉPOSITIONNELLE
PRESBYTÉRIANISME
PRÉSÉLECTIONNANT
PRÉSIDENTIALISME
PRESTIDIGITATEUR
PRESTIDIGITATION
PRÉTENTIEUSEMENT
PROCELLARIIFORME
PROCHE-ORIENTALES
PROFESSIONNALISÉ
PROHIBITIONNISTE
PROPORTIONNALITÉ
PROPOSITIONNELLE
PROTOHISTORIENNE
PSEUDOMEMBRANEUX
PSYCHIATRISATION
PSYCHOPATHOLOGIE
PSYCHOPLASTICITÉ

PSYCHOSOCIOLOGIE	RHÔMANOS LE MÉLODE
PSYCHOSOCIOLOGUE	RÍO BRAVO DEL NORTE
PSYCHOSTIMULANTE	RIO GRANDE DO NORTE
PSYCHOTECHNICIEN	ROBERT D'ARBRISSEL
PSYCHOTHÉRAPEUTE	ROBERT DE MOLESMES
PSYCHOTHÉRAPIQUE	ROBERT LE VAILLANT
PTOLÉMÉE CÉSARION	ROCHECHOUARTAISE
PTOLÉMÉE ÉPIPHANE	ROCHEFORT-EN-TERRE
PTOLÉMÉE ÉVERGÈTE	ROCHES-RÉSERVOIRS
PUBLI-INFORMATION	ROMAINMÔTIER-ENVY
PUVIS DE CHAVANNES	ROMANÈCHE-THORINS
PYROPHOSPHORIQUE	ROMULUS AUGUSTULE
PYROTECHNICIENNE	SABLES-D'OR-LES-PINS
QUADRISYLLABIQUE	SACCHARIFICATION
QUANTITATIVEMENT	SAHARA OCCIDENTAL
QUARANTE-HUITARDE	SAILLAT-SUR-VIENNE
QUARANTE-HUITARDS	SAINT-ALBAN-LEYSSE
QUARTIERS-MAÎTRES	SAINT-APOLLINAIRE
QUATRE-VINGTIÈMES	SAINT-AUBIN-SUR-MER
QUEVEDO Y VILLEGAS	SAINT-AVERTINOISE
RACCOURCISSEMENT	SAINT-BRIAC-SUR-MER
RADIOCHRONOLOGIE	SAINT-CIRQ-LAPOPIE
RADIOÉLECTRICIEN	SAINT-CYR-SUR-LOIRE
RADIOÉLECTRICITÉ	SAINTE-ANNE-D'AURAY
RADIOGONIOMÉTRIE	SAINTE-FOY-LÈS-LYON
RADIO-IMMUNOLOGIE	SAINTE-MÈRE-ÉGLISE
RADIOSENSIBILITÉ	SAINT-ÉMILIONNAIS
RADIOTÉLÉGRAPHIE	SAINTES-NITOUCHES
RAFRAÎCHISSEMENT	SAINT-JEAN-D'ANGÉLY
RAGAILLARDISSANT	SAINT-JEAN-DE-BRAYE
RAMASSEUSE-PRESSE	SAINT-JEAN-DE-LOSNE
RAVAISSON-MOLLIEN	SAINT-JEAN-DE-MONTS
RÉAPPROVISIONNÉE	SAINT-JEAN-LE-BLANC
RÉAPPROVISIONNER	SAINT-JULIENNOISE
RECHRISTIANISANT	SAINT-MAIXENTAISE
RÉENREGISTREMENT	SAINT-MÉEN-LE-GRAND
REGGIO DI CALABRIA	SAINT-OUEN-L'AUMÔNE
REGGIO NELL'EMILIA	SAINT-PALAISIENNE
RÉGNIER-DESMARAIS	SAINT-PAUL-DE-VENCE
RELEASING FACTORS	SAINT-PÉTERSBOURG
REMILITARISATION	SAINT-POURCINOISE
REMPOISSONNEMENT	SAINT-QUENTINOISE
RENAU D'ÉLIÇAGARAY	SAINT-ROMAIN-EN-GAL
RENAU ÉLISSAGARAY	SAINT-SIMONIENNES
REPRÉSENTATIVITÉ	SALINAS DE GORTARI
REPRODUCTIBILITÉ	SAMOA AMÉRICAINES
RÉPUBLIQUE BATAVE	SANCTO-JULIANAISE
RESPECTABILISANT	SAN-MARTINO-DI-LOTA
RESPECTUEUSEMENT	SÃO JOSÉ DOS CAMPOS
RESPLENDISSEMENT	SAÔNE-ET-LOIREANNE
RESPONSABILISANT	SAULT-SAINTE-MARIE
RÉTROSYNTHÉTIQUE	SAXE-COBOURG-GOTHA
RÉUNION-TÉLÉPHONE	SCAPULO-HUMÉRALES
REVIGNY-SUR-ORNAIN	SCIENCES-FICTIONS
RHINO-PHARYNGIENS	SCIENTIFIQUEMENT
RHINO-PHARYNGITES	SCIPION L'AFRICAIN
RHODE-SAINT-GENÈSE	SCOTTISH-TERRIERS

SCYLAX DE CARYANDA
SÉGRÉGATIONNISME
SÉGRÉGATIONNISTE
SEICHES-SUR-LE-LOIR
SEMESTRIELLEMENT
SEMI-AUTOMATIQUES
SEMI-CONDUCTRICES
SEMI-CONVERGENTES
SEMI-PRÉSIDENTIEL
SEMI-SUBMERSIBLES
SEMUR-EN-BRIONNAIS
SÉNATUS-CONSULTES
SÉNÈQUE LE RHÉTEUR
SENSATIONNALISME
SENSIBILISATRICE
SENTENCIEUSEMENT
SENTIMENTALEMENT
SÉQUANODIONYSIEN
SESTO SAN GIOVANNI
SÉVÉRAC-LE-CHÂTEAU
SEYSSINET-PARISET
SIGILLOGRAPHIQUE
SIGISMOND LE VIEUX
SILLÉ-LE-GUILLAUME
SINT-GENESIUS-RODE
SINT-MARTENS-LATEM
SINT-PIETERS-LEEUW
SOCIAL-DÉMOCRATIE
SOCIALE-DÉMOCRATE
SOCIAUX-CHRÉTIENS
SOCIO-ÉCONOMIQUES
SOCIOLOGIQUEMENT
SOIXANTE-DIXIÈMES
SOIXANTE-HUITARDE
SOIXANTE-HUITARDS
SORGUE DE VAUCLUSE
SOULTZ-SOUS-FORÊTS
SOUPÇONNEUSEMENT
SOUS-ADMINISTRÉES
SOUS-ALIMENTATION
SOUS-CONSOMMATION
SOUS-ENTREPRENEUR
SOUS-EXPLOITATION
SOUS-MÉDICALISÉES
SOUS-PRÉFECTORALE
SOUS-PRÉFECTORAUX
SOUS-PROLÉTARIATS
SPARRING-PARTNERS
SPATIO-TEMPORELLE
SPECTROGRAPHIQUE
SPHYGMOMANOMÈTRE
SPIRITUALISATION
SPISSKÉ PODHRADIE
STATURO-PONDÉRALE
STATURO-PONDÉRAUX
STÉRÉORÉGULARITÉ
STÉRÉOSPÉCIFIQUE

STŒCHIOMÉTRIQUE
STRATOFORTERESSE
STRUCTURELLEMENT
SUBDIVISIONNAIRE
SUD-OUEST AFRICAIN
SUD-VIETNAMIENNES
SUD-VIETNAMIENNES
SUPERCALCULATEUR
SUPRACONDUCTRICE
SUPRAMOLÉCULAIRE
SUPRANATIONALITÉ
SURALCOOLISATION
SURAMPLIFICATEUR
SURDÉTERMINATION
SURENCHÉRISSEUSE
SURFRÉQUENTATION
SURPRISES-PARTIES
SURRÉGÉNÉRATRICE
SYMPLÉSIOMORPHIE
SYNCHROCYCLOTRON
SYNCHRONIQUEMENT
SYSTÉMATIQUEMENT
TAILLEUR-PANTALON
TANGENTIELLEMENT
TARN-ET-GARONNAISE
TARQUIN LE SUPERBE
TASSIN-LA-DEMI-LUNE
TEISSERENC DE BORT
TÉLÉDISTRIBUTION
TÉLÉENSEIGNEMENT
TÉLÉINFORMATIQUE
TÉLÉMANIPULATEUR
TÉLÉPHONIQUEMENT
TÉLÉRADIOGRAPHIE
TÉLÉSURVEILLANCE
TÉLÉTRANSMISSION
TENDANCIEUSEMENT
TERAUCHI HISAICHI
TERRITORIALEMENT
THALASSOTHÉRAPIE
THÉODORE LASCARIS
THÉODORIC LE GRAND
THÉON D'ALEXANDRIE
THÉOPHILANTHROPE
THERMODYNAMICIEN
THERMOÉLECTRIQUE
THERMOPROPULSION
THERMOPROPULSIVE
THERMORÉGULATEUR
THERMORÉGULATION
THERMORÉSISTANTE
THORIGNY-SUR-MARNE
THROMBOEMBOLIQUE
THYMOANALEPTIQUE
TILL EULENSPIEGEL
TOMODENSITOMÈTRE
TORRENTIELLEMENT

TOURBILLONNEMENT
TOUTES-PUISSANTES
TRACHÉO-BRONCHITE
TRANSACTIONNELLE
TRANSAMAZONIENNE
TRANS-AVANT-GARDES
TRANSCAUCASIENNE
TRANSCONTINENTAL
TRANSFRONTALIÈRE
TRANSFUSIONNELLE
TRANSLITTÉRATION
TRANSMISSIBILITÉ
TRANSVERSALEMENT
TRAVELLER'S CHECKS
TRAVELLER'S CHEQUE
TREMBLAY-EN-FRANCE
TRENTE-ET-QUARANTE
TRENTE GLORIEUSES
TRENTIN-HAUT-ADIGE
TRIBOÉLECT[1]RICITÉ
TRICHLORÉTHYLÈNE
TRIFONCTIONNELLE
TRIPHÉNYLMÉTHANE
TURBOALTERNATEUR
TURBOCOMPRESSEUR
UNIVERSALISATION
ULTRALIBÉRALISME
VALDEMAR ATTERDAG

VAN MUSSCHENBROEK
VASCULO-NERVEUSES
VASOCONSTRICTEUR
VASOCONSTRICTION
VÁSQUEZ MONTÁLBAN
VENAREY-LÈS-LAUMES
VERDUN-SUR-GARONNE
VERNEUIL-SUR-SEINE
VERTÉBROTHÉRAPIE
VICTORIAVILLOISE
VIEUX-CATHOLIQUES
VILLAINES-LA-JUHEL
VILLARS-LES-DOMBES
VILLENEUVE-DE-BERG
VILLENEUVE-LOUBET
VILLENEUVE-SUR-LOT
VILLÉNOGARENNOIS
VILLERS-COTTERÊTS
VILLERSEXELLOISE
VILLES-SATELLITES
VILLIERS-SUR-MARNE
VITAMINOTHÉRAPIE
WAGONS-TOMBEREAUX
WELWYN GARDEN CITY
WISSEMBOURGEOISE
YORKSHIRE-TERRIER
ZOOTHÉRAPEUTIQUE

ACÉTYLSALICYLIQUE
ACIDO-ALCALIMÉTRIE
AGRO-INDUSTRIELLES
ALBERT DE HABSBOURG
ALBERTIVILLIARIEN
ALCALINO-TERREUSES
ALEXANDRE JAGELLON
ALIÉNOR D'AQUITAINE
ALI PACHA DE TEBELEN
ALPHONSE HENRIQUES
ALPHONSE L'AFRICAIN
ANDREA DEL CASTAGNO
ANDROUET DU CERCEAU
ANTHROPOCENTRIQUE
ANTHROPOCENTRISME
ANTHROPOMORPHIQUE
ANTHROPOMORPHISME
ANTIBIORÉSISTANCE
ANTICHOLINERGIQUE
ANTICONCEPTIONNEL
ANTICONCURRENTIEL
ANTICRYPTOGAMIQUE
ANTI-IMPÉRIALISMES
ANTI-IMPÉRIALISTES
ANTI-INFLAMMATOIRE

ANTIOCHOS ÉPIPHANE
ANTIPARLEMENTAIRE
ANTIPSYCHIATRIQUE
ANTIRÉGLEMENTAIRE
APOLLODORE DE DAMAS
APOLLONIOS DE PERGA
APOLLONIOS DE TYANE
APPROFONDISSEMENT
APPROVISIONNEMENT
APPROXIMATIVEMENT
ARCHIPRÊTRE DE HITA
ARGENTON-SUR-CREUSE
ARGENTRÉ-DU-PLESSIS

ARISTARQUE DE SAMOS
ARRIÈRE-GRAND-ONCLE
ARRIÈRE-GRAND-TANTE
ARRIÈRE-PETIT-NEVEU
ARRIÈRE-PETITS-FILS
ASSURANCES-CRÉDITS
ASSURANCES-MALADIE
ASTROPHOTOGRAPHIE
AUTODÉTERMINATION
AUTO-IMMUNISATIONS
AUTOS SACRAMENTALS
BAGNÈRES-DE-BIGORRE
BAIE-SAINT-PAULOISE
BALLETS-PANTOMIMES
BANDAR SERI BEGAWAN
BARAGUEY D'HILLIERS
BAUME-LES-MESSIEURS
BEAULIEU-LÈS-LOCHES
BEAUMONT-DE-LOMAGNE
BENEDETTO DA MAIANO
BENGALE-OCCIDENTAL
BENOÎT-JOSEPH LABRE
BERNARDIN DE SIENNE
BHUMIBOL ADULYADEJ
BLAINVILLE-SUR-L'EAU
BLAINVILLE-SUR-ORNE
BLANCHE DE CASTILLE
BONNIÈRES-SUR-SEINE
BORDÈRES-SUR-L'ÉCHEZ
BOSNIE-HERZÉGOVINE
BOULAY DE LA MEURTHE
BOURBONNE-LES-BAINS
BOURG-SAINT-MAURICE
BOUVARD ET PÉCUCHET
BRACHIOCÉPHALIQUE
BRISSOT DE WARVILLE
BRONCHO-PNEUMONIES
BUREAUCRATISATION
CÂBLODISTRIBUTEUR
CÂBLODISTRIBUTION
CALDERÓN DE LA BARCA
CAMPBELL-BANNERMAN
CAMPIVALLENSIENNE
CANET-EN-ROUSSILLON
CAPITALE-NATIONALE
CARDIO-PULMONAIRES
CARDIO-VASCULAIRES
CAROLINE BONAPARTE
CARRIÈRES-SUR-SEINE
CASTELSARRASINOIS
CASTROGONTÉRIENNE
CATHERINE DE SIENNE
CATHERINE LA GRANDE
CAUDEBEC-LÈS-ELBEUF
CAVELIER DE LA SALLE
CÉPHALO-RACHIDIENS
CHALONNES-SUR-LOIRE

CHAMITO-SÉMITIQUES
CHAMONIX-MONT-BLANC
CHAMPIGNY-SUR-MARNE
CHAPEAUX ET BONNETS
CHARLESBOURGEOISE
CHARLES DE BELGIQUE
CHARLES LE BIEN-AIMÉ
CHARLOTTE DE NASSAU
CHASSEUR-CUEILLEUR
CHÂTEAU-CHINONAIS
CHÂTEAULANDONNAIS
CHÂTEAUNEUF-DU-FAOU
CHÂTEAUNEUF-DU-PAPE
CHÂTELAILLONNAISE
CHÂTELAILLON-PLAGE
CHÂTELPERRONIENNE
CHÂTILLON-SUR-INDRE
CHÂTILLON-SUR-LOIRE
CHÂTILLON-SUR-SEINE
CHAUSSÉE DES GÉANTS
CHIMILUMINESCENCE
CHODERLOS DE LACLOS
CHONDRODYSTROPHIE
CHORIO-ÉPITHÉLIOME
CHRÉTIEN-DÉMOCRATE
CHRISTINE DE FRANCE
CHRONOLOGIQUEMENT
CHRONOTACHYGRAPHE
CINÉMATOGRAPHIQUE
CLAUDIUS MARCELLUS
COHABITATIONNISTE
COLLIN D'HARLEVILLE
COLONNES D'HÉRAKLÈS
COMME IL VOUS PLAIRA
COMMERCIALISATION
COMODORO RIVADAVIA
COMPARTIMENTATION
COMPRÉHENSIBILITÉ
CONCEPTUALISATION
CONFESSIONNALISME
CONFLANS-EN-JARNISY
CONFORMATIONNELLE
CONSTANTIN LE GRAND
CONSTANTIN LE JEUNE
CONSTITUTIONNELLE
CONSUBSTANTIALITÉ
CONSUBSTANTIATION
CONTEXTUALISATION
CONTRACTUELLEMENT
CONTRE-ESPIONNAGES
CONTRE-INDICATIONS
CONTRE-MANIFESTANT
CONTRE-PERFORMANCE
CONTRE-PRESTATIONS
CONTRE-PRODUCTIVES
CONTRE-PROPAGANDES
CONTRE-PROPOSITION

CONTRE-RÉVOLUTIONS
CONTRE-TERRORISMES
CONTRE-TERRORISTES
CONTRE-TORPILLEURS
CONVENTIONNALISME
CONVERSATIONNELLE
CORBEILLES-D'ARGENT
CORBEILLESSONNOIS
CORNEILLE DE LA HAYE
CORPOPÉTRUSSIENNE
CORRECTIONNALISÉE
CORRECTIONNALISER
COUDENHOVE-KALERGI
COURSES-CROISIÈRES
COURSES-POURSUITES
COURSEULLES-SUR-MER
CRANIOPHARYNGIOME
CRÈVECŒUR-LE-GRAND
CRIQUETOT-L'ESNEVAL
CRISTALLOPHYLLIEN
CURZON OF KEDLESTON
DANIELE DA VOLTERRA
DÉBROUSSAILLEMENT
DÉBUREAUCRATISANT
DÉCENTRALISATRICE
DÉCONDITIONNEMENT
DÉCULPABILISATION
DÉDIFFÉRENCIATION
DE LA MADRID HURTADO
DÉMATÉRIALISATION
DEMI-PENSIONNAIRES
DÉMOCRATE-CHRÉTIEN
DÉMONSTRATIVEMENT
DÉNATIONALISATION
DENDROCHRONOLOGIE
DÉPARTEMENTALISÉE
DÉPARTEMENTALISER
DÉRAISONNABLEMENT
DÉRESPONSABILISÉE
DÉRESPONSABILISER
DÉSAPPROVISIONNÉE
DÉSAPPROVISIONNER
DÉSEMBOURGEOISANT
DÉSENSIBILISATION
DÉSHUMIDIFICATEUR
DÉSHUMIDIFICATION
DÉSILLUSIONNEMENT
DÉSINDUSTRIALISÉE
DÉSINDUSTRIALISER
DÉSINTERMÉDIATION
DÉSINVESTISSEMENT
DÉSYNCHRONISATION
DÉSYNDICALISATION
DISCIPLINAIREMENT
DISTRIBUTIONNELLE
DOLLARD DES ORMEAUX

DOMENICO VENEZIANO
DONATIONS-PARTAGES
DORSALE TUNISIENNE
DUNOYER DE SEGONZAC
DYSFONCTIONNEMENT
ECATEPEC DE MORELOS
ECHEVERRÍA ÁLVAREZ
ÉCHOCARDIOGRAPHIE
ÉLECTROACOUSTIQUE
ÉLECTRODÉPOSITION
ÉLECTRODIAGNOSTIC
ÉLECTRODOMESTIQUE
ÉLECTROMAGNÉTIQUE
ÉLECTROMAGNÉTISME
ÉLECTROMÉCANICIEN
ÉLECTROMYOGRAPHIE
ÉLECTRORADIOLOGIE
ÉLECTROTECHNICIEN
ÉLISABETH DE FRANCE
ÉMETTEUR-RÉCEPTEUR
ÉMIRATS ARABES UNIS
EMMANUEL-PHILIBERT
EMPIRIOCRITICISME
ÉQUEURDREVILLAISE
ESCRIVÁ DE BALAGUER
ESQUIMAUX-ALÉOUTES
ESTRÉES-SAINT-DENIS
ETHNOLINGUISTIQUE
ETHNOMÉTHODOLOGIE
EXPÉRIMENTALEMENT
EXPERTS-COMPTABLES
EXPONENTIELLEMENT
EXTRALINGUISTIQUE
EXTRAPATRIMONIALE
EXTRAPATRIMONIAUX
EXTRATERRITORIALE
EXTRATERRITORIAUX
EXTRÊME-ORIENTALES
EYQUEM DE MONTAIGNE
FLERS-EN-ESCREBIEUX
FOIRES-EXPOSITIONS
FONCTIONNELLEMENT
FONTEVRAUD-L'ABBAYE
FOULQUES DE NEUILLY
FRAISEUR-OUTILLEUR
FRANCFORT-SUR-L'ODER
FRANCO-CANADIENNES
FRANCO-CANADIENNES
FRANÇOIS-FERDINAND
FRANCO-PROVENÇALES
FRASNES-LEZ-ANVAING
FRÉDÉRIC-GUILLAUME
FREYMING-MERLEBACH
FRIBOURG-EN-BRISGAU
FUSION-ACQUISITION
FUSTEL DE COULANGES

GARCILASO DE LA VEGA
GASTRO-ENTÉROLOGIE
GASTRO-ENTÉROLOGUE
GASTRO-INTESTINALE
GASTRO-INTESTINAUX
GÉLATINO-CHLORURES
GENTILE DA FABRIANO
GENTLEMANS-FARMERS
GLOMÉRULONÉPHRITE
GLOSSO-PHARYNGIENS
GONZALVE DE CORDOUE
GOTTSCHALK D'ORBAIS
GRAND-GUIGNOLESQUE
GRAND-SAINT-BERNARD
GUILHERAND-GRANGES
GUILLAUME DE LORRIS
GUILLAUME DE NANGIS
GUILLAUME DE NASSAU
GUINÉE ÉQUATORIALE
GUYANE BRITANNIQUE
GUYANE HOLLANDAISE
HAUTEVILLE-LOMPNES
HAUTS-COMMISSAIRES
HÉMOGLOBINOPATHIE
HENRI DE LUXEMBOURG
HENRI LE MAGNIFIQUE
HENRI LE NAVIGATEUR
HERMANVILLE-SUR-MER
HISPANO-AMÉRICAINE
HISPANO-AMÉRICAINE
HISPANO-AMÉRICAINS
HISPANO-AMÉRICAINS
HISPANO-MAURESQUES
HOMMES-GRENOUILLES
HORTHY DE NAGYBÁNYA
HUSAYN IBN AL-HUSAYN
HYPERCONTINENTALE
HYPERCONTINENTAUX
HYPERÉOSINOPHILIE
HYPERSUSTENTATEUR
HYPERSUSTENTATION
IMMUNODÉFICITAIRE
IMMUNOSUPPRESSEUR
IMMUNOSUPPRESSION
IMPERCEPTIBLEMENT
IMPERMÉABILISANTE
IMPERSONNELLEMENT
IMPERTURBABLEMENT
INACCOMPLISSEMENT
INCOMMUNICABILITÉ
INCOMPRESSIBILITÉ
INCONDITIONNALITÉ
INCONFORTABLEMENT
INCONSTITUTIONNEL
INCONTESTABLEMENT
INDES OCCIDENTALES
INDESTRUCTIBILITÉ

INDIFFÉRENCIATION
INDIVIDUALISATION
INDUSTRIALISATION
ININTELLIGIBILITÉ
INSENSIBILISATION
INSTITUTIONNALISÉ
INSTRUMENTALISANT
INSULINODÉPENDANT
INSURRECTIONNELLE
INTELLECTUALISANT
INTERCONTINENTALE
INTERCONTINENTAUX
INTERINDIVIDUELLE
INTERINDUSTRIELLE
INTERNATIONALISÉE
INTERNATIONALISER
INTERNATIONALISME
INTERNATIONALISTE
INTERROGATIVEMENT
INTERSUBJECTIVITÉ
INTERVENTIONNELLE
INTERVENTIONNISME
INTERVENTIONNISTE
IRRÉPROCHABLEMENT
ISABELLE DE BAVIÈRE
ISABELLE DE HAINAUT
ISSY-LES-MOULINEAUX
JACQUES DE CESSOLES
JACQUES DE VORAGINE
JEANBON SAINT-ANDRÉ
JEAN-FRANÇOIS RÉGIS
JEFFERSON AIRPLANE
JEREZ DE LA FRONTERA
JOUVENEL DES URSINS
JUAN JOSÉ D'AUTRICHE
JUGES-COMMISSAIRES
JURISPRUDENTIELLE
KABARDINO-BALKARIE
KUUJJUARAAPIMMIUT
LA CELLE-SAINT-CLOUD
LA CHAPELLE-LA-REINE
LA CHARITÉ-SUR-LOIRE
LA CIERVA Y CODORNÍU
LA FERTÉ-SAINT-AUBIN
LA GARENNE-COLOMBES
LAISSÉE-POUR-COMPTE
LAISSÉS-POUR-COMPTE
LA NOUVELLE-ORLÉANS
LASSAY-LES-CHÂTEAUX
LATINO-AMÉRICAINES
LATINO-AMÉRICAINS
LE BRUIT ET LA FUREUR
LE CATEAU-CAMBRÉSIS
LE LOROUX-BOTTEREAU
LE LYS DANS LA VALLÉE
LE MONT-SAINT-MICHEL
LE MOYNE D'IBERVILLE

PHARMACOCINÉTIQUE
PHARMACODYNAMIQUE
PHARMACOVIGILANCE
PHILIPPE DE ROUVRES
PHILON D'ALEXANDRIE
PHILOSOPHIQUEMENT
PHOTODISSOCIATION
PHOTOLITHOGRAPHIE
PHOTOLUMINESCENCE
PHYSIOLOGIQUEMENT
PIERRE CHRYSOLOGUE
PIERRE DE COURTENAY
PIERRE DE MONTREUIL
PIERRE FEDOROVITCH
PIERRE LE JUSTICIER
PIERRE LE VÉNÉRABLE
PIERRE-SAINT-MARTIN
PIÉZO-ÉLECTRICITÉS
PINCES-MONSEIGNEUR
PLOUGASTEL-DAOULAS
PLURIDIMENSIONNEL
PONT-SAINTE-MAXENCE
PORTE-HÉLICOPTÈRES
PORT-SAINT-LOUISIEN
POSTSYNCHRONISANT
PRESTIDIGITATRICE
PRINCESSE DE CLÈVES
PRINCESSE PALATINE
PROBLÉMATIQUEMENT
PROFESSIONNALISÉE
PROFESSIONNALISER
PROFESSIONNALISME
PROSPER D'AQUITAINE
PRUSSE-OCCIDENTALE
PSEUDOMEMBRANEUSE
PSYCHOANALEPTIQUE
PSYCHODYSLEPTIQUE
PSYCHOLOGIQUEMENT
PSYCHOMÉTRICIENNE
PSYCHOPHYSIOLOGIE
PSYCHORÉÉDUCATEUR
PSYCHOSENSORIELLE
PUBLI-INFORMATIONS
PULIGNY-MONTRACHET
PYRÉNÉES CATALANES
QUADRUPLE-ALLIANCE
QUARANTE-HUITARDES
RADETZKY VON RADETZ
RADICAL-SOCIALISME
RADICAL-SOCIALISTE
RADIOCONCENTRIQUE
RADIO-IMMUNOLOGIES
RADIOLOCALISATION
RADIOTÉLÉPHONISTE
RAIMOND DE PEÑAFORT
RAYMOND DE PEÑAFORT
RÉAPPROVISIONNANT

RECHERCHES-ACTIONS
RECONVENTIONNELLE
RECRISTALLISATION
RÉGLEMENTAIREMENT
REINES-MARGUERITES
RENAUD DE CHÂTILLON
REPORTER-CAMERAMAN
RÉPUBLIQUE TCHÈQUE
RÉTIF DE LA BRETONNE
RÉTROSPECTIVEMENT
REVASCULARISATION
RÉVOLUTIONNARISME
RHÉNANIE-PALATINAT
RHINO-PHARYNGIENNE
RHODES-EXTÉRIEURES
RHODES-INTÉRIEURES
ROBERT COURTEHEUSE
ROBERT DE COURTENAY
ROBERTS OF KANDAHAR
RODRÍGUEZ ZAPATERO
ROHRBACH-LÈS-BITCHE
ROMANS-FEUILLETONS
SABRES-BAÏONNETTES
SAINT-AMAND-LES-EAUX
SAINT-ANDRÉ-DE-L'EURE
SAINT-CAST-LE-GUILDO
SAINT-CHÉLY-D'APCHER
SAINT-CLAIR-SUR-EPTE
SAINT-CYR-AU-MONT-D'OR
SAINT-DENIS-D'OLÉRON
SAINTE-CATHERINOIS
SAINTE-FOY-LA-GRANDE
SAINT-ÉMILIONNAISE
SAINT-GILLES-DU-GARD
SAINT-JACUT-DE-LA-MER
SAINT-JEAN-BRÉVELAY
SAINT-JEAN-EN-ROYANS
SAINT-KITTS-ET-NEVIS
SAINT-LAURENT-DU-VAR
SAINT-LAURENT-MÉDOC
SAINT-LAURENT-NOUAN
SAINT-LEU-D'ESSERENT
SAINT-MARCELLINOIS
SAINT-MARC GIRARDIN
SAINT-MARS-LA-JAILLE
SAINT-MARTIN-DE-CRAU
SAINT-MARTIN-D'HÈRES
SAINT-MAURICE-L'EXIL
SAINT-PALAIS-SUR-MER
SAINT-PIERRE-D'IRUBE
SAINT-VALERY-EN-CAUX
SAISIES-EXÉCUTIONS
SANTIAGO DEL ESTERO
SÃO LUÍS DO MARANHÃO
SÃO TOMÉ ET PRÍNCIPE
SAVORGNAN DE BRAZZA
SCHLESWIG-HOLSTEIN

17

513

ABU AL-ABBAS ABD ALLAH
ACIDO-ALCALIMÉTRIES
ADMINISTRATIVEMENT
AGAMMAGLOBULINÉMIE
AIGREFEUILLE-D'AUNIS
AKUTAGAWA RYUNOSUKE
À LA BONNE FRANQUETTE
ALEXANDRA FEDOROVNA
ALEXANDRE OBRENOVIC
ALPES AUSTRALIENNES
ALPHONSE DE POITIERS
ANDRÉZIEUX-BOUTHÉON
ANDRONIC PALÉOLOGUE
ANTHÉMIOS DE TRALLES
ANTICONJONCTURELLE
ANTIGOUVERNEMENTAL
ANTI-INFLAMMATOIRES
ANTI-INFLATIONNISTE
ANTILLES FRANÇAISES
ANTIMONDIALISATION
ANTOINE ET CLÉOPÂTRE
ANTONELLO DA MESSINA
APOLLONIOS DE RHODES
ARISTOCRATIQUEMENT
ARNAUD DE VILLENEUVE
ARNOLD DE WINKELRIED
ARRIÈRE-GRANDS-MÈRES
ARRIÈRE-GRANDS-PÈRES
ARRIÈRE-PETITE-FILLE
ARRIÈRE-PETITE-NIÈCE
ARSINOÉ PHILADELPHE
ATTALOS PHILADELPHE
AURELLE DE PALADINES
AUTOS SACRAMENTALES
BALLON DE GUEBWILLER
BARBOTAN-LES-THERMES
BARNEVILLE-CARTERET
BASILE LE MACÉDONIEN
BAUDOUIN DE BOULOGNE
BELLERIVE-SUR-ALLIER

BELLEVILLE-SUR-LOIRE
BERNARD DE CLAIRVAUX
BERNARD DE VENTADOUR
BÉROALDE DE VERVILLE
BERTRADE DE MONTFORT
BOHAIN-EN-VERMANDOIS
BONIFACE DE QUERFURT
BRIENON-SUR-ARMANÇON
BRUEYS D'AIGAÏLLIERS
CAPESTERRE-BELLE-EAU
CARBOXYHÉMOGLOBINE
CASTELLÓN DE LA PLANA
CASTELSARRASINOISE
CASTELTHÉODORICIEN
CASTROTHÉODORICIEN
CATHERINE DE MÉDICIS
CÉPHALO-RACHIDIENNE
CÉSARÉE DE CAPPADOCE
CHÂLONS-EN-CHAMPAGNE
CHAMISSO DE BONCOURT
CHARLES DE HABSBOURG
CHARLES LE TÉMÉRAIRE
CHARLOTTE-ÉLISABETH
CHARTRES-DE-BRETAGNE
CHÂTEAULANDONNAISE
CHÂTENOIS-LES-FORGES
CHIRURGIEN-DENTISTE
CHORIO-ÉPITHÉLIOMES
CHROMOLITHOGRAPHIE
CHRONOPHOTOGRAPHIE
CLÉMENT D'ALEXANDRIE
COLLABORATIONNISTE
COMMISSAIRE-PRISEUR
COMMUNAUTARISATION
COMMUNICATIONNELLE
COMPORTEMENTALISME
CONCENTRATIONNAIRE
CONDITIONNELLEMENT
CONFIDENTIELLEMENT
CONGRÉGATIONALISME
CONGRÉGATIONALISTE
CONSCIENCIEUSEMENT
CONSTITUTIONNALISÉ
CONSTITUTIONNALITÉ
CONTRACTUALISATION
CONTRADICTOIREMENT
CONTRE-DÉNONCIATION
CONTRE-MANIFESTANTE
CONTRE-MANIFESTANTS
CONTRE-PERFORMANCES
CONTRE-PROPOSITIONS
CONVULSIVOTHÉRAPIE

CORBEILLESSONNOISE
CORRECTIONNALISANT
COSNE-COURS-SUR-LOIRE
COUDEKERQUE-BRANCHE
COURTISANESQUEMENT
CRISTALLOGRAPHIQUE
CUIRY-LES-CHAUDARDES
CUISSONS-EXTRUSIONS
DÉCHRISTIANISATION
DÉCONGESTIONNEMENT
DÉMÉTRIOS DE PHALÈRE
DENYS D'HALICARNASSE
DÉPARTEMENTALISANT
DÉPERSONNALISATION
DÉRESPONSABILISANT
DÉSAPPROVISIONNANT
DÉSAVANTAGEUSEMENT
DÉSINDUSTRIALISANT
DESSOUS-DE-BOUTEILLE
DEUTSCH DE LA MEURTHE
DIESELS-ÉLECTRIQUES
DOMBASLE-SUR-MEURTHE
DOMPIERRE-SUR-BESBRE
DONNEMARIE-DONTILLY
DRUMETTAZ-CLARAFOND
DUCHENNE DE BOULOGNE
ÉLECTROCAPILLARITÉ
ÉLECTROCOAGULATION
ÉLECTRODYNAMOMÈTRE
ÉLECTROLUMINESCENT
ÉLECTROMÉTALLURGIE
ÉLECTROPHYSIOLOGIE
ÉLISABETH D'AUTRICHE
ÉVAPOTRANSPIRATION
EXCEPTIONNELLEMENT
EXTRAORDINAIREMENT
EXTRAPARLEMENTAIRE
FEDERAL RESERVE BANK
FERDINAND DE BOURBON
FLANDRE-OCCIDENTALE
FLUSHING MEADOW PARK
FONCTIONNARISATION
FRANCFORT-SUR-LE-MAIN
FRIVILLE-ESCARBOTIN
FUSILS-MITRAILLEURS
GASTRO-ENTÉROLOGIES
GASTRO-ENTÉROLOGUES
GASTRO-INTESTINALES
GATSBY LE MAGNIFIQUE
GENEVIÈVE DE BRABANT
GEORGES DE PODEBRADY
GLOSSO-PHARYNGIENNE
GODEFROI DE BOUILLON
GONFREVILLE-L'ORCHER
GORZÓW WIELKOPOLSKI
GRAMMATICALISATION
GRANDE MADEMOISELLE

GRAND-GUIGNOLESQUES
GRANIER DE CASSAGNAC
GRÉGOIRE DE NAZIANZE
GRIGNION DE MONTFORT
GRIMOD DE LA REYNIÈRE
GUILLAUME DE CONCHES
GUILLAUME DE MACHAUT
GUILLAUME DE RUBROEK
HAUTS-COMMISSARIATS
HERRADE DE LANDSBERG
HISPANO-AMÉRICAINES
HISPANO-AMÉRICAINS
HISTOCOMPATIBILITÉ
HYDRODÉSULFURATION
HYDROGÉNOCARBONATE
ÎLE-DU-PRINCE-ÉDOUARD
IMMUNOFLUORESCENCE
IMPERMÉABILISATION
IMPRESCRIPTIBILITÉ
IMPRESSIONNABILITÉ
INCOMMENSURABILITÉ
INDOCHINE FRANÇAISE
INGÉNIEURS-CONSEILS
INSTITUTIONNALISÉE
INSTITUTIONNALISER
INSTITUTIONNALISME
INSULINODÉPENDANTE
INTELLECTUELLEMENT
INTENTIONNELLEMENT
INTERCHANGEABILITÉ
INTERCOMMUNAUTAIRE
INTERCOMPRÉHENSION
INTERDÉPARTEMENTAL
INTERDISCIPLINAIRE
INTERGÉNÉRATIONNEL
INTERMINISTÉRIELLE
INTERNATIONALEMENT
INTERNATIONALISANT
INTERPROFESSIONNEL
INTRACOMMUNAUTAIRE
INTRADERMO-RÉACTION
INTRANSMISSIBILITÉ
IRRESPECTUEUSEMENT
ISABELLE D'ANGOULÊME
JACOPO DELLA QUERCIA
JACQUEMART DE HESDIN
JACQUES LE FATALISTE
JEAN DOUKAS VATATZÈS
JEANNE DE PENTHIÈVRE
JEUNES AGRICULTEURS
JUDÉO-CHRISTIANISME
JULIEN L'HOSPITALIER
JURIEN DE LA GRAVIÈRE
KUUJJUARAAPIMMIUTE
LA CHAPELLE-SAINT-LUC
LA CHAPELLE-SUR-ERDRE
LAETHEM-SAINT-MARTIN

LA FERTÉ-SOUS-JOUARRE
LAISSÉES-POUR-COMPTE
LAMOIGNON DE BÂVILLE
LA SALETTE-FALLAVAUX
LA TOUR DU PIN CHAMBLY
LE BUISSON-DE-CADOUIN
LECOQ DE BOISBAUDRAN
LE LOUROUX-BÉCONNAIS
LE MOYNE DE BIENVILLE
LE PONT-DE-BEAUVOISIN
LEPRINCE DE BEAUMONT
LE SACRE DU PRINTEMPS
LICINIUS LICINIANUS
LOUIS DE WITTELSBACH
MACHINES-TRANSFERTS
MADONNA DI CAMPIGLIO
MALAYO-POLYNÉSIENNE
MALEMORT-SUR-CORRÈZE
MALENCONTREUSEMENT
MANDELIEU-LA-NAPOULE
MANIACO-DÉPRESSIVES
MANLIUS CAPITOLINUS
MARGUERITE DE VALOIS
MAROLLES-LES-BRAULTS
MASOLINO DA PANICALE
MAURICIE-BOIS-FRANCS
MÉDICO-PÉDAGOGIQUES
MÉNINGO-ENCÉPHALITE
MICROFRACTOGRAPHIE
MICRO-INFORMATIQUES
MICROPALÉONTOLOGIE
MICROPROGRAMMATION
MILITARO-INDUSTRIEL
MINÉRALOCORTICOÏDE
MOISSONNEUSE-LIEUSE
MOLENBEEK-SAINT-JEAN
MONGOLIE-EXTÉRIEURE
MONGOLIE-INTÉRIEURE
MONOAMINES-OXYDASES
MONODÉPARTEMENTALE
MONODÉPARTEMENTAUX
MONTFAUCON-D'ARGONNE
MONTPELLIER-LE-VIEUX
MONTSAINTAIGNANAIS
MOUILLERON-EN-PAREDS
MOUNTBATTEN OF BURMA
MULTICONFESSIONNEL
MULTIDISCIPLINAIRE
MULTIMÉDIATISATION
MULTIPLICATIVEMENT
MULTIPROGRAMMATION
MUSCULO-MEMBRANEUSE
NABEREJNYIE TCHELNY
NANTEUIL-LE-HAUDOUIN
NATIONAL-SOCIALISME
NATIONAL-SOCIALISTE
NÉO-IMPRESSIONNISME

NÉO-IMPRESSIONNISTE
NEUROENDOCRINIENNE
NEUROPHYSIOLOGIQUE
NEUROPSYCHOLOGIQUE
NOGENT-SUR-VERNISSON
NON-DISCRIMINATIONS
NON-REPRÉSENTATIONS
NOUVELLE-ANGLETERRE
ODONTOSTOMATOLOGIE
ŒSTROPROGESTATIVE
OMNIDIRECTIONNELLE
PALÉOANTHROPOLOGIE
PALÉOANTHROPOLOGUE
PALÉOBIOGÉOGRAPHIE
PALÉOENVIRONNEMENT
PALÉO-OCÉANOGRAPHIE
PARALLÉLÉPIPÉDIQUE
PEINTURES-ÉMULSIONS
PÈLERIN DE MARICOURT
PELLÉAS ET MÉLISANDE
PÉNINSULE ACADIENNE
PERNES-LES-FONTAINES
PÉTION DE VILLENEUVE
PETIT CHAPERON ROUGE
PETITES-BOURGEOISES
PHARMACODÉPENDANCE
PHOTOGRAPHIQUEMENT
PLOMBIÈRES-LES-BAINS
PLURIDISCIPLINAIRE
POCHETTES-SURPRISES
POISSONS-PERROQUETS
POLITIQUES-FICTIONS
POLYNÉSIE FRANÇAISE
PRALOGNAN-LA-VANOISE
PRÉFÉRENTIELLEMENT
PRÉSIDENT-DIRECTEUR
PROFESSIONNALISANT
PROSPECTEUR-PLACIER
PROVIDENTIELLEMENT
PROVINCES MARITIMES
PRUNELLI-DI-FIUMORBO
PSYCHOLINGUISTIQUE
PSYCHORÉÉDUCATRICE
PSYCHOTECHNICIENNE
PYRÉNÉES-ORIENTALES
QUATRE-VINGT-DIXIÈME
RADICAL-SOCIALISMES
RADIOCOMMUNICATION
RADIOÉLECTRICIENNE
RADIOTÉLÉGRAPHISTE
RAMASSEUSES-PRESSES
RAYOL-CANADEL-SUR-MER
REPORTERS-CAMERAMEN
RESPONSABILISATION
RESTIF DE LA BRETONNE
RHINO-PHARYNGIENNES
RICHARD CŒUR DE LION

RICHMOND UPON THAMES
ROBERT LE MAGNIFIQUE
ROLAND DE LA PLATIÈRE
ROSIÈRES-EN-SANTERRE
RUTHERFORD OF NELSON
SAINT-AMAND-MONTROND
SAINT-ANDRÉ-DE-CUBZAC
SAINT-ANDRÉ-LEZ-LILLE
SAINT-AUBIN-D'AUBIGNÉ
SAINT-BASILE-LE-GRAND
SAINT-BRÉVIN-LES-PINS
SAINT-BRICE-EN-COGLÈS
SAINT-CYR-COËTQUIDAN
SAINT-DIDIER-EN-VELAY
SAINTE-CATHERINOISE
SAINTE-LUCE-SUR-LOIRE
SAINT-GERMAIN-EN-LAYE
SAINT-GILDAS-DE-RHUYS
SAINT-GILDAS-DES-BOIS
SAINT-JEAN-CAP-FERRAT
SAINT-JEAN-DE-BOURNAY
SAINT-JEAN-DE-LOSNANS
SAINT-JOSSE-TEN-NOODE
SAINT-JOUIN-DE-MARNES
SAINT-JULIEN-DU-SAULT
SAINT-LAURENT-BLANGY
SAINT-LAURENT-DU-PONT
SAINT-MAIXENT-L'ÉCOLE
SAINT-MARCELLINOISE
SAINT-MAUR-DES-FOSSÉS
SAINT-MICHEL-SUR-ORGE
SAINT-NICOLAS-DE-PORT
SAINT-NOM-LA-BRETÈCHE
SAINT-PIERRE-D'OLÉRON
SAINT-QUAY-PORTRIEUX
SAINT-VAAST-LA-HOUGUE
SAINT-VINCENT-DE-PAUL
SAN MIGUEL DE TUCUMÁN
SAN SALVADOR DE JUJUY
SÃO BERNARDO DO CAMPO
SELLERIE-GARNISSAGE
SEMI-LOGARITHMIQUES
SEMI-PRÉSIDENTIELLE
SEPTÈMES-LES-VALLONS
SÉQUANODIONYSIENNE
SERBIE-ET-MONTÉNÉGRO
SIDOINE APOLLINAIRE

SIGEBERT DE GEMBLOUX
SINT-KATELIJNE-WAVER
SOCIALES-DÉMOCRATES
SOCIOPROFESSIONNEL
SOTTEVILLE-LÈS-ROUEN
SOUS-DÉVELOPPEMENTS
SOUS-EMBRANCHEMENTS
SPECTROHÉLIOGRAPHE
SPECTROPHOTOMÉTRIE
STÉRÉOPHOTOGRAPHIE
STRAITS SETTLEMENTS
STRATON DE LAMPSAQUE
SUPERSTITIEUSEMENT
TAILLEURS-PANTALONS
TALLEYRAND-PÉRIGORD
TARTARIN DE TARASCON
TASCHER DE LA PAGERIE
TECHNICO-COMMERCIAL
THÉRÈSE DESQUEYROUX
THERMODYNAMICIENNE
THERMOÉLECTRONIQUE
THERMOLUMINESCENCE
THEROULDEBOURGEOIS
TOMONAGA SHINICHIRO
TRADITIONNELLEMENT
TRANSGÉNÉRATIONNEL
TRANSATMOSPHÉRIQUE
TREMBLAY-LÈS-GONESSE
TROMPETTES-DE-LA-MORT
TROMPETTES-DES-MORTS
ULTRACENTRIFUGEUSE
VANDŒUVRE-LÈS-NANCY
VÉLIZY-VILLACOUBLAY
VELLEIUS PATERCULUS
VERRIÈRES-LE-BUISSON
VIDÉOCOMMUNICATION
VILLEDIEU-LES-POÊLES
VILLEFRANCHE-SUR-MER
VILLENAUXE-LA-GRANDE
VILLENEUVE-DE-MARSAN
VILLENEUVE-SUR-YONNE
WATERMAEL-BOITSFORT
WOLUWE-SAINT-LAMBERT
YORCK VON WARTENBURG
ZEDILLO PONCE DE LEÓN
ZITA DE BOURBON-PARME

ABD AL-AZIZ IBN AL-HASAN
ABSTRACTION-CRÉATION
ALBERT DE BALLENSTEDT
ALBERT DE BRANDEBOURG
ALBERTIVILLIARIENNE
ALEXIS MIKHAÏLOVITCH
ALPES NÉO-ZÉLANDAISES

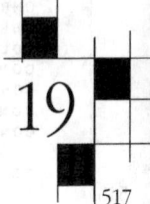

ALPHONSE LE MAGNANIME
ALTERMONDIALISATION
AMBRIÈRES-LES-VALLÉES
ANALYSTE-PROGRAMMEUR
ANARCHO-SYNDICALISME
ANARCHO-SYNDICALISTE
ANTICONCEPTIONNELLE
ANTICONCURRENTIELLE
ANTICONSTITUTIONNEL
ANTIFERROMAGNÉTISME
ANTIGOUVERNEMENTALE
ANTIGOUVERNEMENTAUX
ANTI-INFLATIONNISTES
ANTIPARLEMENTARISME
ANTIPROTECTIONNISTE
ARRIÈRE-GRANDS-ONCLES
ARRIÈRE-GRANDS-TANTES
ARRIÈRE-PETITS-NEVEUX
ARROMANCHES-LES-BAINS
AUCASSIN ET NICOLETTE
BAUDOUIN DE COURTENAY
BEAULIEU-SUR-DORDOGNE
BENOÎT DE SAINTE-MAURE
BERCHEM-SAINTE-AGATHE
BERNADETTE SOUBIROUS
BERNARD DE SAXE-WEIMAR
BESSINES-SUR-GARTEMPE
BOULOGNE-BILLANCOURT
BOURBON-L'ARCHAMBAULT
BRONCHO-PNEUMOPATHIE
CAROLINE DE BRUNSWICK
CARRIÈRES-SOUS-POISSY
CASTILLON-LA-BATAILLE
CATHODOLUMINESCENCE
CÉPHALO-RACHIDIENNES
CHANTELOUP-LES-VIGNES
CHARETTE DE LA CONTRIE
CHARGEUSE-PELLETEUSE
CHARLES DE LUXEMBOURG
CHARLEVILLE-MÉZIÈRES
CHASSAGNE-MONTRACHET
CHASSEURS-CUEILLEURS
CHÂTEAUNEUF-LES-BAINS
CHÂTEAUNEUF-SUR-LOIRE
CHAUDIÈRE-APPALACHES
CHIKAMATSU MONZAEMON
CHLOROFLUOROCARBURE
CHRÉTIENNE-DÉMOCRATE
CHRÉTIENS-DÉMOCRATES
CHRONOSTRATIGRAPHIE
COLOMBIE-BRITANNIQUE
CONFÉDÉRATION SUISSE
CONRAD VON HÖTZENDORF
CONSTANTIN HÉRACLIUS
CONSTANTIN MONOMAQUE
CONSTITUTIONNALISÉE
CONSTITUTIONNALISER
CONSTITUTIONNALISTE

CONTRE-DÉNONCIATIONS
CONTRE-MANIFESTANTES
CONTRE-MANIFESTATION
CONVENTION NATIONALE
CONVENTIONNELLEMENT
CORMEILLES-EN-PARISIS
COULONGES-SUR-L'AUTIZE
CRISTALLOPHYLLIENNE
DÉMÉTRIOS POLIORCÈTE
DÉMOCRATE-CHRÉTIENNE
DÉMOCRATES-CHRÉTIENS
DÉSOXYRIBONUCLÉIQUE
DESROCHES NOBLECOURT
DISTRIBUTIONNALISME
DOUVRES-LA-DÉLIVRANDE
DUCCIO DI BUONINSEGNA
DU VERGIER DE HAURANNE
DVINA SEPTENTRIONALE
EASTMAN KODAK COMPANY
ÉDOUARD LE CONFESSEUR
ÉLECTROCARDIOGRAMME
ÉLECTROCARDIOGRAPHE
ÉLECTROLOCALISATION
ÉLECTROLUMINESCENCE
ÉLECTROLUMINESCENTE
ÉLECTROMÉCANICIENNE
ÉLECTROTECHNICIENNE
ÉLÉONORE DE HABSBOURG
ÉMETTEURS-RÉCEPTEURS
ENSEIGNANT-CHERCHEUR
ENVIRONNEMENTALISTE
ÉTATS LATINS DU LEVANT
EUGÈNE DE BEAUHARNAIS
FERDINAND DE PORTUGAL
FISHER OF KILVERSTONE
FONT-ROMEU-ODEILLO-VIA
FRAISEURS-OUTILLEURS
FRÉDÉRIC BARBEROUSSE
FRONTENAY-ROHAN-ROHAN
FUSIONS-ACQUISITIONS
GALOUZEAU DE VILLEPIN
GARGILESSE-DAMPIERRE
GENTLEMAN'S AGREEMENT
GIL BLAS DE SANTILLANE
GLOSSO-PHARYNGIENNES
GODOY ÁLVAREZ DE FARIA
GOVERNADOR VALADARES
GUILLAUME DE MACHAULT
HAM-SUR-HEURE-NALINNES
HARLAY DE CHAMPVALLON
HARTMANNSWILLERKOPF
HÉLINAND DE FROIDMONT
HENRIETTE-ANNE STUART
HOLLANDE-MÉRIDIONALE
HONDURAS BRITANNIQUE
HOUTHALEN-HELCHTEREN
HUGUES DE SAINT-VICTOR
HYPERFONCTIONNEMENT

HYPOTHÉTICO-DÉDUCTIF
INCOMMENSURABLEMENT
INCOMPRÉHENSIBILITÉ
INCONSTITUTIONNELLE
INSTITUTIONNALISANT
INSTRUMENTALISATION
INTELLECTUALISATION
INTERDÉPARTEMENTALE
INTERDÉPARTEMENTAUX
INTERDISCIPLINARITÉ
INTERGOUVERNEMENTAL
INTRADERMO-RÉACTIONS
INVRAISEMBLABLEMENT
IRRÉVÉRENCIEUSEMENT
JACQUELINE DE BAVIÈRE
JACQUES LE CONQUÉRANT
JARVILLE-LA-MALGRANGE
JOSEPH LE RÉFORMATEUR
JUAN CARLOS DE BOURBON
JUDÉO-CHRISTIANISMES
KEKULÉ VON STRADONITZ
KERGUELEN DE TRÉMAREC
KOMSOMOLSK-SUR-L'AMOUR
LA CHAPELLE-AUX-SAINTS
LADISLAS LE MAGNANIME
LA GUERCHE-DE-BRETAGNE
LA GUERCHE-SUR-L'AUBOIS
LA LÉGENDE DES SIÈCLES
LANGUEDOC-ROUSSILLON
LA NOUVELLE-AMSTERDAM
LA RÉVELLIÈRE-LÉPEAUX
L'ARGENTIÈRE-LA-BESSÉE
LAURENTIUS VALLENSIS
LAURENT LE MAGNIFIQUE
LE LARDIN-SAINT-LAZARE
LE MEILLEUR DES MONDES
LES ENFANTS DU PARADIS
LE TOUQUET-PARIS-PLAGE
LE VIEIL HOMME ET LA MER
LIEUTENANTS-COLONELS
LOCATIONS-ACCESSIONS
LOUISE-MARIE D'ORLÉANS
LUDOVIC SFORZA LE MORE
LUDWIGSHAFEN AM RHEIN
LYMPHOGRANULOMATOSE
MACHAULT D'ARNOUVILLE
MALAYO-POLYNÉSIENNES
MANDAT-CONTRIBUTIONS
MARGUERITE BOURGEOYS
MARGUERITE D'AUTRICHE
MARIE DE L'INCARNATION
MARXISTES-LÉNINISTES
MÉDICO-PSYCHOLOGIQUE
MÉMOIRES D'OUTRE-TOMBE
MENGISTU HAILÉ MARIAM
MÉNINGO-ENCÉPHALITES
MENTHON-SAINT-BERNARD
METTERNICH-WINNEBURG

MICROPHOTOGRAPHIQUE
MILITARO-INDUSTRIELS
MINÉRALIER-PÉTROLIER
MONTAUBAN-DE-BRETAGNE
MONTEREAU-FAULT-YONNE
MONTESQUIOU-FEZENSAC
MONTGOMERY OF ALAMEIN
MONTSAINTAIGNANAISE
MULTIDIMENSIONNELLE
MUSCULO-MEMBRANEUSES
NATIONALE-SOCIALISTE
NÉO-IMPRESSIONNISMES
NÉO-IMPRESSIONNISTES
NEUROENDOCRINOLOGIE
NEUVY-SAINT-SÉPULCHRE
NIEDERBRONN-LES-BAINS
NOUVELLE-GALLES DU SUD
ORGANISATEUR-CONSEIL
PALÉO-OCÉANOGRAPHIES
PARASYMPATHOLYTIQUE
PASTEUR VALLERY-RADOT
PERPENDICULAIREMENT
PERSONNES-RESSOURCES
PESEUSES-ENSACHEUSES
PÉTROLIER-MINÉRALIER
PEYROLLES-EN-PROVENCE
PHILIPPE LE MAGNANIME
PHOTOÉLASTICIMÉTRIE
PHOTO-INTERPRÉTATION
PHOTOMULTIPLICATEUR
PHYSICO-MATHÉMATIQUE
PIERO DELLA FRANCESCA
PIERREFITTE-SUR-SEINE
PIERRE LE CÉRÉMONIEUX
PIEYRE DE MANDIARGUES
PISTOLET-MITRAILLEUR
PLURIDIMENSIONNELLE
PLURIDISCIPLINARITÉ
POLYCHLOROBIPHÉNYLE
POLYRADICULONÉVRITE
PORT-EN-BESSIN-HUPPAIN
PORT-SAINT-LOUISIENNE
POSTIMPRESSIONNISME
POSTIMPRESSIONNISTE
POSTSYNCHRONISATION
PRÉCAUTIONNEUSEMENT
PROFESSIONNELLEMENT
PROPORTIONNELLEMENT
PSYCHOPHARMACOLOGIE
PSYCHOTHÉRAPEUTIQUE
PTOLÉMÉE PHILADELPHE
PYRÉNÉES-ATLANTIQUES
QUATRE-CENT-VINGT-ET-UN
QUATRE-VINGT-DIXIÈMES
QUINCTIUS FLAMININUS
RADICAUX-SOCIALISTES
RAMONVILLE-SAINT-AGNE
RÉAPPROVISIONNEMENT

REPORTER-PHOTOGRAPHE
REPORTERS-CAMERAMANS
RÉPUBLIQUE ARABE UNIE
RÉTICULO-ENDOTHÉLIAL
RODOLPHE DE HABSBOURG
ROMORANTIN-LANTHENAY
ROQUEBRUNE-CAP-MARTIN
ROQUEBRUNE-SUR-ARGENS
ROQUEFORT-SUR-SOULZON
SAINT-AUBIN-DU-CORMIER
SAINT-AUBIN-LÈS-ELBEUF
SAINT-BENOÎT-SUR-LOIRE
SAINT-BRICE-SOUS-FORÊT
SAINTE-ANNE-DE-BEAUPRÉ
SAINTE-CLAIRE-DEVILLE
SAINTE-LIVRADE-SUR-LOT
SAINTE-MARIE-AUX-MINES
SAINT-ÉTIENNE-DE-TINÉE
SAINT-FLORENT-LE-VIEIL
SAINT-FLORENT-SUR-CHER
SAINT-GENEST-MALIFAUX
SAINT-GERMAIN-DES-PRÉS
SAINT-HONORÉ-LES-BAINS
SAINT-JACQUES-DE-L'ÉPÉE
SAINT-JEAN-DE-LA-RUELLE
SAINT-JEAN-DE-LOSNAISE
SAINT-JEAN-PIED-DE-PORT
SAINT-JUST-EN-CHAUSSÉE
SAINT-LAURENT-DES-EAUX
SAINT-LOUIS-LÈS-BITCHE
SAINT-LOUP-SUR-SEMOUSE
SAINT-MANDRIER-SUR-MER
SAINT-MARTIN-BOULOGNE
SAINT-MARTIN-D'AUXIGNY
SAINT-MÉDARD-EN-JALLES
SAINT-NICOLAS-DE-REDON
SAINT-PIERRE-D'ALBIGNY
SAINT-PIERRE-DES-CORPS
SAINT-PIERRE-QUIBERON
SAINT-PIERRE-SUR-DIVES
SAINT-POL-SUR-TERNOISE
SAINT-RAMBERT-EN-BUGEY

SAINT-RÉMY-DE-PROVENCE
SAINT-RÉMY-SUR-DUROLLE
SAINT-TROJAN-LES-BAINS
SAINT-VALERY-SUR-SOMME
SAINT-VALLIER-DE-THIEY
SAINT-YRIEIX-LA-PERCHE
SAISIE-REVENDICATION
SALTYKOV-CHTCHEDRINE
SANCHE GARCÉS EL MAYOR
SANKT ANTON AM ARLBERG
SANTA CRUZ DE TENERIFE
SEBASTIANI DE LA PORTA
SEBASTIANO DEL PIOMBO
SECRÉTARIATS-GREFFES
SEMI-PRÉSIDENTIELLES
SÉNÈQUE LE PHILOSOPHE
SOCIALES-CHRÉTIENNES
SOLIMAN LE MAGNIFIQUE
SONNINI DE MANONCOURT
STÉNODACTYLOGRAPHIE
SURVOLTEUR-DÉVOLTEUR
TALMONT-SAINT-HILAIRE
TECHNICO-COMMERCIALE
TECHNICO-COMMERCIAUX
TERRITOIRE DE BELFORT
THEROULDEBOURGEOISE
TOUSSAINT LOUVERTURE
TRANSFORMATIONNELLE
TRANSSUBSTANTIATION
TRAVERSÉES-JONCTIONS
TRIGONOMÉTRIQUEMENT
ULTRACENTRIFUGATION
VIEILLES-CATHOLIQUES
VILLAFRANCA DI VERONA
VILLARD DE HONNECOURT
VILLENEUVE-LA-GARENNE
VILLIERS DE L'ISLE-ADAM
VIRGINIE-OCCIDENTALE
VOISINS-LE-BRETONNEUX
VOITURES-RESTAURANTS
VOYAGEURS-KILOMÈTRES

ABITIBI-TÉMISCAMINGUE
AGRIPPA VON NETTESHEIM
AIGREFEUILLE-SUR-MAINE
ALPES-DE-HAUTE-PROVENCE
ALPHONSE LE BATAILLEUR
ALPHONSE LE BOULONNAIS
AMNESTY INTERNATIONAL
ANALYSTE-PROGRAMMEUSE
ANARCHO-SYNDICALISMES
ANARCHO-SYNDICALISTES
ANDRÉZIEN-BOUTHÉONAIS
ANTISÉGRÉGATIONNISTE

ANTISÉROTONINERGIQUE
ANTOINE-MARIE ZACCARIA
ARNOUVILLE-LÈS-GONESSE
ARRIÈRE-GRANDS-PARENTS
ARRIÈRE-PETITES-FILLES
ARRIÈRE-PETITES-NIÈCES
ARRIÈRE-PETITS-ENFANTS
AUSTRALIE-MÉRIDIONALE
AUSTRALIE-OCCIDENTALE
AUTANT EN EMPORTE LE VENT
BASILE LE BULGAROCTONE
BRABANT-SEPTENTRIONAL
BRONCHO-PNEUMOPATHIES
CASTELTHÉODORICIENNE
CASTROTHÉODORICIENNE
CATHERINE D'ALEXANDRIE
CHÂTEAUNEUF-SUR-SARTHE
CHENNEVIÈRES-SUR-MARNE
CHEVIGNY-SAINT-SAUVEUR
CHIRURGIENS-DENTISTES
COLONIA DEL SACRAMENTO
COMMISSAIRES-PRISEURS
CONFESSION D'AUGSBOURG
CONRAD DE HOHENSTAUFEN
CONSTANTIN PALÉOLOGUE
CONSTANTIN PAVLOVITCH
CONSTITUTIONNALISANT
CONTRE-ÉLECTROMOTRICE
CONTRE-INTERROGATOIRE
CONTRE-MANIFESTATIONS
DÉPARTEMENTALISATION
DÉSAPPROVISIONNEMENT
DÉSINDUSTRIALISATION
DES SOURIS ET DES HOMMES
DJAMAL AL-DIN AL-AFGHANI
DJUBRAN KHALIL DJUBRAN
ÉLECTROCARDIOGRAPHIE
FERDINAND DE ANTEQUERA
FERDINAND DE HABSBOURG
FREYMING-MERLEBACHOIS
GENTLEMEN'S AGREEMENTS
GEOFFROY SAINT-HILAIRE
GUILLAUME DE CHAMPEAUX
HENRIETTE D'ANGLETERRE
HÉROUVILLE-SAINT-CLAIR
HYPERCHOLESTÉROLÉMIE
HYPOTHÉTICO-DÉDUCTIFS
HYPOTHÉTICO-DÉDUCTIVE
INCONDITIONNELLEMENT
INCONSTITUTIONNALITÉ
INTERGOUVERNEMENTALE
INTERGOUVERNEMENTAUX
INTERNATIONALISATION
INTERPROFESSIONNELLE
ISABELLE LA CATHOLIQUE
JACQUES ÉDOUARD STUART
LA CHAPELLE-DE-GUINCHAY

LAROCHE-SAINT-CYDROINE
LE CHAMBON-FEUGEROLLES
LE NOUVION-EN-THIÉRACHE
LES PAVILLONS-SOUS-BOIS
LES RAISINS DE LA COLÈRE
LE VOLEUR DE BICYCLETTE
LICINIUS CRASSUS DIVES
LIEUTENANT-GOUVERNEUR
MADELEINE-SOPHIE BARAT
MANDATS-CONTRIBUTIONS
MAREUIL-SUR-LAY-DISSAIS
MARGUERITE D'ANGOULÊME
MARGUERITE DE PROVENCE
MARIE-AMÉLIE DE BOURBON
MÉDICO-PSYCHOLOGIQUES
MEGAWATI SUKARNOPUTRI
MENDELE MOCHER SEFARIM
MENDELSSOHN-BARTHOLDY
MILITARO-INDUSTRIELLE
MOISSONNEUSE-BATTEUSE
MOISSONNEUSES-LIEUSES
MONTCALM DE SAINT-VÉRAN
MONTESQUIEU-VOLVESTRE
MONTIGNY-LE-BRETONNEUX
MONTREDON-LABESSONNIÉ
MOUSTIERS-SAINTE-MARIE
MULTICONFESSIONNELLE
MULTINATIONALISATION
NATIONAUX-SOCIALISTES
NICÉPHORE BOTANÉIATÈS
NICÉPHORE LE LOGOTHÈTE
NIKITA PETROVIC NJEGOS
OTO-RHINO-LARYNGOLOGIE
PALAIS DE LA DÉCOUVERTE
PAPOUANE-NÉO-GUINÉENNE
PAPOUASIE-OCCIDENTALE
PEÑARROYA-PUEBLONUEVO
PHOTOMULTIPLICATRICE
PHOTOSENSIBILISATION
PHYSICO-MATHÉMATIQUES
PIERRE KARADJORDJEVIC
PIERRE PETROVIC NJEGOS
POLIDORO DA CARAVAGGIO
PRATS-DE-MOLLO-LA-PRESTE
PROFESSIONNALISATION
PROSPECTEURS-PLACIERS
PROVINCES ATLANTIQUES
PROVINCES DES PRAIRIES
PSEUDOHERMAPHRODISME
PSYCHOPROPHYLACTIQUE
QUINCTIUS CINCINNATUS
RAIMOND DE SAINT-GILLES
RÉTICULO-ENDOTHÉLIALE
RÉTICULO-ENDOTHÉLIAUX
SAGUENAY-LAC-SAINT-JEAN
SAINT-ANDRÉ-LES-VERGERS

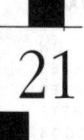

FRIOUL-VÉNÉTIE JULIENNE
GARMISCH-PARTENKIRCHEN
GOTTFRIED DE STRASBOURG
GRÉGOIRE L'ILLUMINATEUR
GUILLAUME DE CHAMPLITTE
GUILLAUME DE SAINT-AMOUR
GUILLAUME LE CONQUÉRANT
HENRIETTE-ANNE DE FRANCE
HEXACHLOROCYCLOHEXANE
HORTENSE DE BEAUHARNAIS
HYPOTHÉTICO-DÉDUCTIVES
ILLKIRCH-GRAFFENSTADEN
INSTITUTIONNALISATION
JEAN-BAPTISTE DE LA SALLE
JEU DE L'AMOUR ET DU HASARD
KARATCHAÏS-TCHERKESSES
LES CAPRICES DE MARIANNE
LES CONTAMINES-MONTJOIE
LES FAUSSES CONFIDENCES
LES FOURBERIES DE SCAPIN
LOTHAIRE DE SUPPLINBURG
MAGNÉTOHYDRODYNAMIQUE
MARIE-THÉRÈSE D'AUTRICHE
MASSIF SCHISTEUX RHÉNAN
MILITARO-INDUSTRIELLES
MINÉRALIERS-PÉTROLIERS
MONTIGNY-LÈS-CORMEILLES
MONTMORENCY-BOUTEVILLE
NATIONALES-SOCIALISTES
NICOLAS PETROVIC NJEGOS
NOTRE-DAME-DE-BELLECOMBE
NOTRE-DAME-DE-BONDEVILLE
NOTRE-DAME-DE-GRAVENCHON
OLAV HARALDSSON LE SAINT
ORGANISATEURS-CONSEILS
OTO-RHINO-LARYNGOLOGIES
PARASYMPATHOMIMÉTIQUE
PÉTROLIERS-MINÉRALIERS
PHOTOS-INTERPRÉTATIONS
PIERRE DES VAUX-DE-CERNAY
PISTOLETS-MITRAILLEURS
PONTELLOIS-COMBALUSIEN
PORT-SAINT-LOUIS-DU-RHÔNE
RADIOCRISTALLOGRAPHIE
RECONVENTIONNELLEMENT
REPORTERS-PHOTOGRAPHES
RÉPUBLIQUE DOMINICAINE
RÉTICULO-ENDOTHÉLIALES
RIBÉCOURT-DRESLINCOURT
ROTHENBURG OB DER TAUBER
RUIZ DE ALARCÓN Y MENDOZA
RUTHÉNIE SUBCARPATIQUE
SAINT-BARTHÉLEMY-D'ANJOU
SAINTE-MAURE-DE-TOURAINE
SAINT-ÉTIENNE-DE-MONTLUC
SAINT-ÉTIENNE-DU-ROUVRAY
SAINT-GEOIRE-EN-VALDAINE

HOLLANDE-SEPTENTRIONALE
HOSPITALO-UNIVERSITAIRE
HYSTÉROSALPINGOGRAPHIE
LAMOIGNON DE MALESHERBES
L'ÉDUCATION SENTIMENTALE
LES LIAISONS DANGEREUSES
LES TRAVAILLEURS DE LA MER
L'HOSPITALET DE LLOBREGAT
MANIFESTE DU SURRÉALISME
MÉNDEZ DE HARO Y SOTOMAYOR
MOISSONNEUSES-BATTEUSES
MUHAMMAD IBN ABD AL-WAHHAB
OTO-RHINO-LARYNGOLOGISTE
PAUL ÉMILE LE MACÉDONIQUE
PRIMO DE RIVERA Y ORBANEJA
PROTO-INDUSTRIALISATION
PROVENCE-ALPES-CÔTE D'AZUR
PUBLIUS QUINTILIUS VARUS
RECHERCHE-DÉVELOPPEMENT
ROYAUME LOMBARD-VÉNITIEN
SAINT-ARNOULT-EN-YVELINES
SAINT-DONAT-SUR-L'HERBASSE
SAINTE-GENEVIÈVE-DES-BOIS
SAINT-FARGEAU-PONTHIERRY
SAINT-FRANÇOIS-LONGCHAMP
SAINT-GERMAIN-LÈS-CORBEIL
SAINT-HILAIRE-DU-HARCOUËT
SAINT-LAZARE-DE-JÉRUSALEM
SAINT-MICHEL-DE-MAURIENNE
SAINT-PAUL-TROIS-CHÂTEAUX
SAINT-POURÇAIN-SUR-SIOULE
SAINT-QUENTIN-EN-YVELINES
SAINT-SÉBASTIEN-SUR-LOIRE
SALABERRY-DE-VALLEYFIELD
SELLERIES-BOURRELLERIES
SELLERIES-MAROQUINERIES
SOCIALE-RÉVOLUTIONNAIRE
STERNO-CLÉIDO-MASTOÏDIEN
THÉODORE DOUKAS LASCARIS
VILLEFRANCHE-DE-CONFLENT
VILLEFRANCHE-DE-ROUERGUE
VILLENEUVE-SAINT-GEORGES

AFRICAN NATIONAL CONGRESS
ALEXANDRE KARADJORDJEVIC
ANDRÉZIENNE-BOUTHÉONAISE
ANESTHÉSISTE-RÉANIMATEUR
ARCHIVISTES-PALÉOGRAPHES
BRIGADES INTERNATIONALES
CHAMPION DE CHAMBONNIÈRES
CHÂTEAUNEUF-LES-MARTIGUES
CONFÉDÉRATION GERMANIQUE
COUCY-LE-CHÂTEAU-AUFFRIQUE
DESSINATRICE-CARTOGRAPHE
ÉLECTROENCÉPHALOGRAPHIE

FABIUS MAXIMUS VERRUCOSUS
GRANDPUITS-BAILLY-CARROIS
HENRI DE FLANDRE ET HAINAUT
HOSPITALO-UNIVERSITAIRES
INCONSTITUTIONNELLEMENT
LA CHEVAUCHÉE FANTASTIQUE
LANEUVEVILLE-DEVANT-NANCY
LES EYZIES-DE-TAYAC-SIREUIL
MARGUERITE-MARIE ALACOQUE
MARIE-CHRISTINE DE BOURBON
MARIE MADELEINE DE MAGDALA
MASSEUR-KINÉSITHÉRAPEUTE
MONTASTRUC-LA-CONSEILLÈRE
ON NE BADINE PAS AVEC L'AMOUR
OTO-RHINO-LARYNGOLOGISTES
OTTIGNIES-LOUVAIN-LA-NEUVE
PAPOUASIE-NOUVELLE-GUINÉE
POLYTÉTRAFLUOROÉTHYLÈNE
PROTO-INDUSTRIALISATIONS
SAINT-BRUNO-DE-MONTARVILLE
SAINT-MARTIN-DE-BELLEVILLE
SAINT-SYMPHORIEN-SUR-COISE
SANTIAGO DE LOS CABALLEROS
SOCIAUX-RÉVOLUTIONNAIRES
SRI JAYAWARDENEPURA KOTTE
STERNO-CLÉIDO-MASTOÏDIENS
UNION POSTALE UNIVERSELLE
VILLEFRANCHE-DE-LAURAGAIS
WALTHER VON DER VOGELWEIDE

ANESTHÉSISTE-RÉANIMATRICE
BOURGTHEROULDE-INFREVILLE
CONJONCTEURS-DISJONCTEURS
CONSTANTIN PORPHYROGÉNÈTE
COUR PÉNALE INTERNATIONALE
DESSINATEURS-CARTOGRAPHES
GUILHERANDAISE-GRANGEOISE
GUILLAUME DE VILLEHARDOUIN
JOURNAL D'UN CURÉ DE CAMPAGNE
HISTOIRES EXTRAORDINAIRES
LA ROCHEFOUCAULD-LIANCOURT
LE PELETIER DE SAINT-FARGEAU
LES NOURRITURES TERRESTRES
MASSEUSE-KINÉSITHÉRAPEUTE
MUHAMMAD AHMAD IBN ABD ALLAH
ORANIENBURG-SACHSENHAUSEN
PETROPAVLOVSK-KAMTCHATSKI
PONTELLOISE-COMBALUSIENNE
RECHERCHES-DÉVELOPPEMENTS
RÉPUBLIQUE CENTRAFRICAINE
RHÉNANIE-DU-NORD-WESTPHALIE
SAINT-AUGUSTIN-DE-DESMAURES
SAINT-BERTRAND-DE-COMMINGES
SAINT CHRISTOPHER AND NEVIS

SAINT-LAURENT-DE-LA-SALANQUE
SAINT-MICHEL-L'OBSERVATOIRE
SAINT-PHILBERT-DE-GRAND-LIEU
SAINT-RAPHAËL-DE-L'ÎLE-BIZARD
SIGISMOND AUGUSTE JAGELLON
SIMPLICIUS SIMPLICISSIMUS
SOCIALES-RÉVOLUTIONNAIRES
TANJUNG KARANG-TELUK BETUNG
THÉÂTRE NATIONAL POPULAIRE

25

AFRIQUE-ORIENTALE ALLEMANDE
ANESTHÉSISTES-RÉANIMATEURS
ANTICONSTITUTIONNELLEMENT
DESSINATRICES-CARTOGRAPHES
ÉQUEURDREVILLE-HAINNEVILLE
FRANCESCO DI GIORGIO MARTINI
GASPÉSIE-ÎLES-DE-LA-MADELEINE
MARGUERITE VALDEMARSDOTTER
MASSEURS-KINÉSITHÉRAPEUTES
NARBONNAISE EN MÉDITERRANÉE
REGNAUD DE SAINT-JEAN-D'ANGÉLY
SAINT-ÉTIENNE-DE-SAINT-GEOIRS
SAINT-JACQUES-DE-COMPOSTELLE
SAINT-MAXIMIN-LA-SAINTE-BAUME
SAINT-VINCENTAIS-ET-GRENADIN

ANESTHÉSISTES-RÉANIMATRICES
MASSEUSES-KINÉSITHÉRAPEUTES
REGNAULT DE SAINT-JEAN-D'ANGÉLY

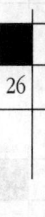

26

AFRIQUE-ÉQUATORIALE FRANÇAISE
AFRIQUE-OCCIDENTALE FRANÇAISE
AFRIQUE-ORIENTALE BRITANNIQUE
CHARLOTTE-ÉLISABETH DE BAVIÈRE
EMPIRE LATIN DE CONSTANTINOPLE
FRANÇOIS DE HABSBOURG-LORRAINE
LA ROCHEFOUCAULD-DOUDEAUVILLE
NICOLAS NIKOLAÏEVITCH ROMANOV
PHILIPPE DE GRÈCE ET DE DANEMARK
SAINT EMPIRE ROMAIN GERMANIQUE
SAINT-GEORGES-LÈS-BAILLARGEAUX
SAINT-VINCENTAISE-ET-GRENADINE
SAINT-VINCENT-ET-LES GRENADINES
STANISLAS AUGUSTE PONIATOWSKI

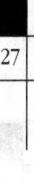

27

28

AUTORITÉ DES MARCHÉS FINANCIERS
BOUCHER DE CRÈVECŒUR DE PERTHES
FRANÇOIS-FERDINAND DE HABSBOURG
LOUISE DE MECKLEMBOURG-STRELITZ
LOUIS-MARIE GRIGNION DE MONTFORT
RÊVERIES DU PROMENEUR SOLITAIRE

29

UNION POUR UN MOUVEMENT POPULAIRE

30

CONSEIL FRANÇAIS DU CULTE MUSULMAN
LIGUE COMMUNISTE RÉVOLUTIONNAIRE
MARIE-LOUISE DE HABSBOURG-LORRAINE

31

JEANNE-FRANÇOISE FRÉMYOT DE CHANTAL
PROVINCES-UNIES D'AMÉRIQUE CENTRALE

32

MECKLEMBOURG-POMÉRANIE-OCCIDENTALE

ERNEST-AUGUSTE DE BRUNSWICK-LUNEBOURG
MARIE-CHRISTINE DE HABSBOURG-LORRAINE
SPLENDEURS ET MISÈRES DES COURTISANES

33

BUREAU DE RECHERCHES GÉOLOGIQUES ET MINIÈRES

39

UNION DES RÉPUBLIQUES SOCIALISTES SOVIÉTIQUES

41

ORGANISATION INTERNATIONALE DE LA FRANCOPHONIE
ROYAUME-UNI DE GRANDE-BRETAGNE ET D'IRLANDE DU NORD

42

CLASSEMENT INVERSE

A	F	L	Q	W
À	G	M	R	X
B	H	N	S	Y
C	I	O	T	Z
D	J	Ô	U	
E	K	P	V	

1

A A	A C	**O E**	G I	S M	C P		
A A	**D C**	R E	H I	T M	L P		
B A	**E C**	R É	L I	A N	N P		
B Â	O C	**R É**	**L I**	E N	A R		
C A	P C	**R Ê**	MI-	IN-	B R		
Ç A	S C	S E	M I	I N	C R		
Ç À	T C	T E	N I	M N	D R		
D A	W.-C.	**U E**	P I	O N	E R		
F A	B D	V É	Q I	R N	F R		
G A	C D	X E	R I	S N	G R		
H A	**F D**	C F	S I	U N	IR-		
K A	G D	H F	T I	Z N	I R	U S	O Ù
L A	**K D**	I F	X I	B O	K R	V S	P U
L À	M D	**I F**	Z I	C O	L R	**Y S**	R U
M A	N D	K F	D J	D O	O R	A T	S U
M A	P D	**R F**	P J	**F O**	P R	E T	T U
N A	B E	S F	B K	G O	**S-R**	H T	V U
P A	C E	V F	**E K**	H O	S R	J T	W U
R A	**C E**	A G	O.K.	**H O**	**U R**	M T	C V
R Â	D E	H G	P K	**I O**	Z R	P T	E V
S A	D É	M G	**U K**	J.O.	A S	U T	P.-V.
S A	F E	Q G	A L	K.-O.	C S	A U	T V
T A	G E	**R G**	C L	**L O**	E-S	B U	U V
V A	**G É**	A H	IL-	M O	E S	C U	**A X**
V A	**G Ê**	E H	I L	N O	È S	D U	C X
C B	H E	O H	T L	**N O**	H S	D Û	EX-
N B	H É	P H	A M	N Ô	**I S**	E U	E X
O B	J E	R H	C M	**O Ô**	N S	**E U**	**A Y**
P B	L E	T H	F M	P O	O S	L U	D Y
R B	L É	A Ï	F-M	**P Ô**	P.-S.	M U	**E Y**
S B	M E	B I	IM-	V O	**P S**	M Û	C Z
T B	N E	C I	P.-M.	B P	Q S	N U	O Z
Y B	N É	F I	P M	**B P**	**S S**	O U	533

		LAC	ZAD	LIE	QUE	**LVF**	**AGI**
		MAC	LCD	**LIE**	RUE	**WWF**	AHI
		NAC	CDD	LIÉ	**RUE**	GAG	**KHI**
		SAC	LED	MIE	RUÉ	TAG	**PHI**
		TAC	PED	NIÉ	SUE	BCG	**UJI**
		ZAC	MHD	OIE	**SUE**	P-DG	SKI
		ABC	**CID**	PIE	SUÉ	AEG	**ALI**
		ABC	KID	**PIE**	TUE	MÉG-	**ILI**
		BBC	NID	VIE	TUÉ	REG	PLI
		NBC	**OJD**	ALE	VUE	TEG	AMI
		NBC	**PLD**	BLÉ	YUE	GIG	**FMI**
		PCC	CND	CLÉ	AVE	TIG	**OMI**
ABA	ESA	BEC	COD	ÎLE	**ÈVE**	ZIG	**PMI**
M'BA	**USA**	MEC	**COD**	OLÉ	IVE	**ZIG**	**RMI**
DCA	**ETA**	SEC	LOD	ÂME	OVE	ONG	**ANI**
ICA	ÊTA	TEC	**ROD**	**IME**	OVÉ	GOG	UNI
ADA	**OUA**	ZEC	YOD	PME	EWE	**ZOG**	**COI**
IDA	**BVA**	CFC	**SPD**	SME	AXE	ERG	**FOI**
ODA	TVA	CGC	**IRD**	ÂNE	AXÉ	CSG	**FOI**
RDA	KWA	Bic	LSD	UNE	BYE	BUG	GOÏ
BEA	EXA-	FIC	OUD	**COE**	MYE	**BUG**	LOI
CEA	**BAB**	GIC	SUD	**NOÉ**	RYE	BAH	**MOI**
DEA	CAB	HIC	SUD	POE	ÈZE	**VÁH**	MOI
LÉA	DAB	PIC	DVD	**ZOÉ**	CAF	**OCH**	**MOÏ**
OEA	FAB	SIC	PVD	**ZOÉ**	PAF	OCH	ROI
RÉA	RAB	TIC	**KYD**	IPÉ	**RAF**	IDH	**SOI**
CFA	**RAB**	**VIC**	SAE	OPE	TAF	CFH	**TOI**
RFA	**ZAB**	MJC	**UBE**	TPE	**PCF**	VIH	API
AHA	PCB	IMC	ACE	ARE	SDF	DRH	**CPI**
CIA	DEB	**OMC**	**BCE**	ÈRE	**UDF**	**ATH**	**ÉPI**
DIA	WEB	**RMC**	**EDE**	GRÉ	**A.-É.F.**	EUH	NPI
LIA	**KGB**	VMC	IDE	IRE	NEF	BAI	**PPI**
RIA	**DIB**	**ANC**	ODE	ÖRE	ZEF	GAI	SPI
VIA	NIB	**CNC**	BÉE	ØRE	OFF	HAÏ	**TPI**
OKA	PIB	**INC**	BÉÉ	PRÉ	PFF	LAI	**BRI**
OKA	RIB	ONC	CEE	URE	**GIF**	MAI	**CRI**
SKA	PNB	AOC	**DEE**	ASE	KIF	RAI	**TRI**
HLA	BOB	DOC	**EEE**	**ISE**	PIF	RAÏ	**URI**
ILA	COB	EEE	FÉE	OSE	RIF	SAÏ	**KSI**
OLA	**COB**	JOC	LEE	OSÉ	**RIF**	TAI	**PSI**
PLA	FOB	ROC	NÉE	USÉ	TIF	**FBI**	**CUI**
IMA	JOB	SOC	RÉÉ	ÉTÉ	VIF	OBI	FUI
PMA	**JOB**	TOC	SÈE	ÔTÉ	**VIF**	**CCI**	**GUI**
ENA	KOB	VPC	TEE	BUE	ZIF	ICI	**GUI**
INA	LOB	ARC	ZÉE	DUE	**MLF**	**OCI**	HUI
BOA	MOB	**ARC**	IFE	EUE	**AMF**	**PCI**	**HUI**
CÔA	PPB	TTC	AGE	GUÉ	**JMF**	SCI	LUI
GOA	**ORB**	UTC	ÂGE	HUE	**BNF**	CD-I	NUI
MOA	USB	VTC	ÂGÉ	HUÉ	**A.-O.F.**	CDI	**OUI**
OPA	HUB	**BUC**	CGE	HUÊ	BOF	EDI	OUÏ
SPA	ESB	DUC	OHÉ	LUE	LOF	**BEI**	**QUI**
SPA	PUB	**HUC**	THÉ	MUE	**RPF**	**CEI**	**REJ**
ARA	TUB	**LUC**	AÏE	MUÉ	**CRF**	KEI	**NRJ**
DRA	BAC	SUC	CIE	NUE	ISF	LEI	YAK
IRA	CAC	PVC	**DIE**	NUÉ	TSF	**PEI**	**ECK**
KRA	**DAC**	LAD	FIÉ	PUÉ	OUF	**SEI**	LEK
CSA	FAC	RAD	GIE	PUÉ	TUF	**FFI**	**LEK**

TEK	**HAM**	ZEN	**IBO**	HOP	**BOR**	**VIS**	UHT
NHK	**LAM**	IGN	**ECO**	POP	COR	ILS	BIT
KOK	**MAM**	AIN	ADO	TOP	FOR	**EMS**	**BIT**
NOK	RAM	FIN	**EDO**	**ARP**	**TOR**	OMS	DIT
WOK	**SAM**	GIN	**MEO**	**MRP**	OPR	SMS	GÎT
KRK	**IBM**	LIN	EGO	VRP	**RPR**	**ANS**	KIT
BAL	QCM	MIN	**AHO**	QSP	QSR	ENS	LIT
CAL	F.É.M.	**NIN**	RHÔ	ATP	**SSR**	**ENS**	**MIT**
DAL	HEM	PIN	**WHO**	BTP	DUR	COS	**OIT**
GAL	**HEM**	**QIN**	BIO	FTP	FUR	**COS**	VIT
HAL	NEM	**SIN**	**CIO**	**FTP**	MUR	DOS	**CLT**
MAL	REM	TIN	**OMO**	ZUP	**MUR**	**FOS**	**OLT**
PAL	**SEM**	VIN	**INO**	**BVP**	MÛR	**ÍOS**	**VLT**
SAL	UEM	YIN	ZOO	S.V.P.	OUR	**JOS**	GMT
VAL	OGM	**FLN**	**APO**	EXP	PUR	MOS	TNT
BEL	OHM	ILN	EPO	FAQ	SUR	POS	BOT
BÊL	**OHM**	RMN	PRO	COQ	SÛR	SOS	DOT
DEL	HLM	**CNN**	ASO	**AAR**	**TYR**	APS	HOT
GEL	ILM	**INN**	**ESO**	BAR	BAS	EPS	KOT
MÉL	ULM	BON	ISO	**BAR**	CAS	GPS	LOT
SEL	**ULM**	**BON**	**ISO**	CAR	JAS	ARS	**LOT**
TEL	AMM	CON	**STO**	FAR	LAS	**ARS**	MOT
FFL	COM	DON	DUO	JAR	MAS	CRS	POT
AIL	DOM	**DON**	**IWO**	**MAR**	**OAS**	ERS	**POT**
CIL	NOM	ÉON	OXO	PAR	PAS	BTS	ROT
FIL	**QOM**	**ÉON**	**OYO**	SAR	RAS	BUS	RÔT
GIL	ROM	**FON**	CAP	**SÂR**	SAS	**BUS**	SOT
KIL	SOM	GON	GAP	TAR	TAS	GUS	TÔT
MIL	PPM	ION	**GAP**	VAR	ABS	**HUS**	**APT**
NIL	IRM	MON	RAP	**VAR**	**CBS**	JUS	ART
OÏL	GSM	**MØN**	WAP	HCR	**PDS**	PUS	**DST**
SIL	HUM	NON	**ACP**	**LCR**	RDS	SUS	EST
VIL	GYM	SON	CCP	PCR	**BÈS**	**LYS**	**EST**
WIL	**PYM**	TON	FCP	LDR	DES	**LYS**	MST
ILL	BAN	WON	SCP	**UDR**	DÈS	BAT	OST
XML	DAN	ARN	BEP	BER	**FÈS**	BÂT	PST
GNL	**DAN**	BUN	CEP	DER	LÈS	DAT	**ATT**
BOL	FAN	**DUN**	HEP	**DER**	RES	FAT	ITT
BOL	GAN	FUN	**NEP**	FER	SES	**JAT**	**PTT**
COL	HAN	**KUN**	PEP	**FER**	CGS	MAT	RTT
DOL	**HAN**	**MUN**	SEP	MER	**IGS**	MÂT	VTT
DOL	KAN	**YUN**	TEP	**MER**	CHS	**NAT**	BUT
FOL	MAN	**FYN**	ZEP	RER	IHS	PAT	CUT
MOL	**MAN**	CAO	**AF-P**	TER	QHS	QAT	DUT
MOL	PAN	**CÃO**	CFP	**UER**	THS	RAT	FÛT
SOL	**PAN**	DAO	BIP	VER	VHS	TAT	IUT
SOL	SAN	**DAO**	KIP	UFR	AIS	DDT	LUT
VOL	TAN	EAO	RIP	AIR	BIS	CET	OUT
GPL	VAN	**FAO**	TIP	**AÏR**	**FIS**	JET	RUT
ORL	**VAN**	GAO	VIP	GIR	**KIS**	LET	ZUT
URL	ADN	LAO	ZIP	KIR	LIS	NET	**FYT**
RTL	SDN	**NAO**	**OLP**	MIR	MIS	PET	AZT
CUL	BEN	PAO	AMP	**MIR**	**NIS**	SET	BAU
NUL	FEN	SAO	UMP	SIR	PIS	TET	EAU
CAM	SEN	TAO	**BNP**	TIR	RIS	TÈT	**PAU**
DAM	**SEN**	YAO	TNP	**CNR**	SIS	**TÊT**	RAU
DAM	YEN	**ÅBO**	BOP	**UNR**	VIS	**CGT**	TAU

3

VAU	ÉLU	BRU	MEV	**MAX**	EUX	DEY	**GUY**
UBU	GLU	CRU	NGV	**SAX**	LUX	**KEY**	**HUY**
ÉCU	PLU	CRÛ	TGV	WAX	GAY	NEY	PUY
CDU	CMU	DRU	FIV	**BEX**	**GAY**	**NEY**	**PUY**
FEU	ÉMU	**DRU**	HIV	**GEX**	**JAY**	REY	GAZ
HEU	PMU	**KRU**	**TIV**	TEX	**LAY**	**ELY**	**PAZ**
JEU	**ONU**	**CSU**	PLV	**AIX**	NAY	**AMY**	RAZ
LEU	COU	**FSU**	OPV	DIX	**NAY**	BOY	**RAZ**
LEU	**DOU**	**PSU**	**LAW**	SIX	RAY	**FOY**	FEZ
PEU	FOU	**TSU**	**OKW**	**VIX**	**RAY**	GOY	LEZ
YEU	HOU	BTU	LÖW	BOX	**SAY**	**ROY**	NEZ
CHU	MOU	**OZU**	**SOW**	FOX	**TAY**	**BRY**	RIZ
CHU	POU	CDV	WWW	**FOX**	ZAY	DRY	**LUZ**
DIU	SOU	KEV	**DAX**	MOX	**ADY**	**FRY**	RUZ
ALU	ZOU	LEV	FAX	**FUX**	BEY	PSY	

4

		ALFA	MOKA	SOMA	**BARA**	**BATA**
		SOFA	**MOKA**	LUMA	**KARA**	KATA
		URFA	GALA	PUMA	**NARA**	RATA
		OUFA	LALA	**BANA**	PARA	TATA
		GAGA	TALA	**CANA**	**PARÁ**	**TATA**
		NAGA	EBLA	DANA	SARA	BÊTA
		RAGA	**BÉLA**	FANA	TARA	FETA
		SAGA	CELA	KANA	VARA	**GETA**
		MÉGA-	**CELA**	MANA	ACRA	MÉTA
		MÉGA	DELÀ	NANA	**ODRA**	ŒTA
		GIGA-	**GELA**	SANA	FÉRA	PETA-
		RIGA	**RILA**	TANA	GERA	ZÊTA
FAAA	PICA	**INGA**	**VILA**	**IÉNA**	**HÉRA**	MITA
DRAA	INCA	YOGA	COLA	JENA	TÉRA-	**OITA**
B.A.-BA	**INCA**	HAHA	**COLA**	LENA	AGRA	PITA
BABA	COCA	**NAHA**	HOLÀ	JINA	INRA	**ZITA**
DABA	Coca	**ABHA**	KOLA	KINA	BORA	ÉKTA
GABA	**ROCA**	AGHA	**KOLA**	VINA	**BORA**	IOTA
KABA	DADA	**DOHA**	POLA	ULNA	KORA	JOTA
SABA	FADA	**GAIA**	ZOLA	**ENNA**	NORA	**KOTA**
EMBA	ADDA	MAÏA	AULA	DOÑA	**TORA**	NOTA
TOBA	EDDA	RAÏA	PULA	**JONA**	AURA	**ROTA**
ISBA	HEDA	**APIA**	**PULA**	ZONA	JURA	ÁRTA
BUBA	**LÉDA**	ARIA	**TULA**	**ISNA**	TURA	SKUA
CUBA	UEDA	FRIA	**PYLA**	ETNA	**SYRA**	JAVA
JUBA	**VEDA**	QUIA	GAMA	Buna	EZRA	**JAVA**
KUBA	NIDA	IXIA	**HAMA**	**CUNA**	HASA	KAVA
LUBA	SIDA	NAJA	**KAMA**	DUNA	**NASA**	LEVA
NUBA	CODA	RAJA	LAMA	**KUNA**	**VASA**	**NEVA**
TUBA	SODA	**BEJA**	RAMA	KUNA	MESA	ÇIVA
CACA	**JUDA**	**BÉJA**	**ZAMA**	**LUNA**	VISA	DIVA
PACA	**LÜDA**	DÉJÀ	TEMA	PUNA	MKSA	**SIVA**
RACA	**ÉDÉA**	CNJA	**CIMA**	CHOA	**ROSA**	**TIVA**
CECA	DHEA	SOJA	LIMA	**CAPA**	**TOSA**	HOVA
DÉCA-	**RHÉA**	PUJA	SIMA	PAPA	**XOSA**	NOVA
DÉCA	AIEA	HAKA	**ALMA**	TAPA	**ISSA**	**SUVA**
DEÇÀ	ALÉA	TAKA	COMA	PIPA	**OSSA**	KAWA
MICA	**BREA**	**NIKA**	**MOMA**	KOPA	**BAT'A**	**ADWA**

BIWA	À-PIC	BLED	TAUD	CADE	ÉLÉE	LOGE
SIWA	SPIC	INED	VAUD	FADE	KLEE	LOGÉ
IOWA	BRIC	FRED	KNUD	FADÉ	ÉNÉE	TOGE
TAXA	CRIC	OUED	PNUD	GADE	ÉPÉE	CPGE
MOXA	ERIC	WAFD	ROUD	JADE	ÉPÉE	ORGE
GAYA	FRIC	C.Q.F.D.	NKVD	JADE	CREE	URGÉ
MAYA	TALC	FAHD	YAZD	RADE	CRÉÉ	AUGE
MAYA	TELC	PEHD	YEZD	RADÉ	GRÉÉ	AUGE
RAYA	BANC	TVHD	DABE	SADE	ORÉE	AUGÉ
TAYA	ZINC	CAÏD	LABÉ	VADÉ	URÉE	JUGE
BIYA	DONC	LAID	RABE	WADE	ISÉE	JUGÉ
IL Y A	JONC	RAID	ABBÉ	OCDE	OSÉE	LUGE
POYA	CHOC	REID	BÉBÉ	AÈDE	OSÉE	LUGÉ
ROYA	VIOC	MUID	ALBE	BÈDE	USÉE	MUGE
SOYA	BLOC	QUID	ELBE	BÉDÉ	ÔTÉE	MAHÉ
GAZA	FLOC	VELD	GOBÉ	CÉDÉ	BUÉE	ACHE
REZA	PLOC	WILD	LOBE	MÈDE	HUÉE	ÈCHE
TAZA	BROC	GAND	LOBÉ	MÈDE	MUÉE	ÉCHÉ
SIZA	CROC	LAND	ROBE	PÉDÉ	NUÉE	REHE
CUZA	FROC	RAND	ROBÉ	ZÉDÉ	RUÉE	OTHE
RAAB	TROC	RAND	ORBE	AGDE	SUÉE	BAIE
GHAB	ÉTOC	SAND	ORBÉ	AIDE	TUÉE	GAIE
RHAB	MARC	ZEND	ORBE	AIDÉ	OVÉE	HAIE
MOAB	MARC	SIND	AUBE	BIDE	UVÉE	HAÏE
MZAB	PARC	BOND	AUBE	GIDE	AXÉE	LAIE
WEBB	PORC	BOND	CUBE	RIDE	CAFÉ	MAIE
CRIB	TURC	FOND	CUBÉ	RIDÉ	MAFÉ	PAIE
LAMB	TURC	GOND	JUBÉ	VIDE	NIFE	RAIE
RUMB	PESC	GOND	TUBE	VIDÉ	PIFÉ	SAIE
SNOB	FISC	ROND	TUBÉ	ALDE	ELFE	TAIE
CLUB	RISC	BUND	DACE	INDE	LOFÉ	SCIE
UBAC	NTSC	LUND	DACE	ONDE	URFÉ	SCIÉ
ADAC	BUSC	SUND	FACE	ONDÉ	PTFE	GEIE
RÉAC	MUSC	WOOD	GACÉ	CODE	CAGE	AGIE
CLAC	CFTC	DARD	LACÉ	CODÉ	GAGE	CHIÉ
FLAC	BOUC	DARD	MACÉ	GODÉ	GAGÉ	SKIÉ
CNAC	NOUC	FARD	RACE	IODE	MAGE	ÉLIE
ARAC	TRUC	GARD	RACÉ	IODÉ	NAGE	GLIE
CRAC	STUC	HARD	WACE	MODE	NAGÉ	PLIE
DRAC	ADAD	JARD	DÈCE	MODE	NAGÉ	PLIÉ
FRAC	HEAD	LARD	LICE	RODÉ	PAGE	AMIE
FRAC	MEAD	NARD	NICE	RÔDÉ	RAGE	KNIE
TRAC	JOAD	TARD	RICE	SODÉ	RAGÉ	UNIE
VRAC	ARAD	YARD	VICE-	AUDE	SAGE	FOIE
GAEC	ASAD	BERD	VICE	BUDÉ	TAGE	JOIE
RIEC	FUAD	BIRD	INCE	EUDE	LÈGE	MOIE
APEC	QUAD	BORD	ONCE	JUDE	LÈGE	SOIE
AREC	PEBD	FORD	NOCE	RUDE	LEGÉ	VOIE
GREC	SGBD	GORD	CSCE	RUDE	FIGÉ	ÉPIE
GREC	PGCD	LORD	OSCE	HYDE	LIGE	BRIE
AVEC	TODD	NORD	DUCE	IDÉE	PIGE	BRIE
PEGC	JUDD	NORD	LUCE	ÂGÉE	PIGÉ	CRIÉ
LAÏC	REED	BYRD	LUCÉ	ÉGÉE	TIGE	ÉRIÉ
CHIC	SHED	ETTD	PUCE	RHEE	ANGE	PRIÉ
CLIC	LIED	BAUD	PUCE	FIÉE	ANGE	TRIÉ
FLIC	PIED	BAUD	SUCÉ	LIÉE	DOGE	ASIE
SMIC	SIED	LAUD	BADE	NIÉE	GOGÉ	FUIE

4

OUÏE	BILE	AIMÉ	FINE	**POPE**	TIRÉ	LÉSÉ
SUIE	BILÉ	CIME	KINÉ	TOPÉ	VIRE	PESÉ
JIJÉ	FILE	DÎME	MINE	ASPE	**VIRE**	**DGSE**
CAKE	FILÉ	LIME	MINÉ	**ASPE**	VIRÉ	AISE
SAKÉ	HILE	LIMÉ	VINÉ	DUPE	ZIRE	AISÉ
WAKE	MILE	MIME	**ELNE**	DUPÉ	BORE	BISE
BÉKÉ	PILE	MIMÉ	**ANNE**	JUPE	CORÉ	BISÉ
TÉKÉ	PILÉ	RIME	INNÉ	PUPE	**CORÉ**	LISE
YEKE	SILÉ	RIMÉ	**BÔNE**	RUPÉ	DORE	MISE
BOKÉ	VILE	BÔME	CÔNE	TYPE	DORÉ	MISÉ
COKE	ALLÉ	BÔMÉ	GONE	TYPÉ	**DORÉ**	OISE
DYKE	ELLE	DÔME	NONE	FARÉ	FORÉ	**PISE**
BALE	**ILLE**	DÔME	ZONE	GARE	GORE	PISÉ
BÂLE	OLLÉ	**DÔME**	ZONÉ	GARÉ	KORÊ	SISE
CALE	**COLE**	HOME	**ERNE**	LARE	MORE	VISÉ
CALÉ	**DOLE**	HOME	ORNE	MARE	**MORE**	**VISÉ**
DALE	DÔLE	**LOMÉ**	ORNE	MARÉ	PORE	ANSE
GALE	**DÔLE**	MÔME	ORNÉ	**MARÉ**	SORE	ANSE
HALE	ÉOLE	NOME	URNE	PARÉ	TORE	ANSÉ
HÂLE	**IOLE**	**NOMÉ**	AUNE	**PARÉ**	ÂPRE	**BOSE**
HALÉ	MOLE	ROME	DUNE	RARE	ERRE	DOSE
HÂLÉ	MÔLE	TOME	HUNE	TARE	ERRÉ	DOSÉ
KALÉ	**MOLÉ**	ARME	LUNE	TARÉ	ÂTRE	POSE
MÂLE	POLE	ARMÉ	LUNÉ	ACRE	ÊTRE	POSÉ
MÂLE	PÔLE	ORME	**PUNE**	ÂCRE	**AURE**	ROSE
MALÉ	RÔLE	FUMÉ	RUNE	ACRE	BURE	**ROSE**
PALE	SOLE	**HUME**	TUNE	OCRE	CURE	ROSÉ
PALE	TÔLE	HUMÉ	**TYNE**	OCRÉ	**CURE**	ERSE
PÂLE	VOLE	**AYMÉ**	FLOE	AÉRÉ	CURÉ	**ASSE**
PALÉ	VOLÉ	CYME	CAPE	**CÈRE**	DURE	ESSE
RÂLE	YOLE	LYME	CAPÉ	**FÈRE**	DURÉ	BUSE
RÂLÉ	ORLE	CANE	LAPÉ	GÉRÉ	**EURE**	BUSÉ
SALE	**ISLE**	CANÉ	PAPE	HÈRE	HURE	**DUSE**
SALÉ	CULÉ	FANE	RÂPE	**HÉRÉ**	JURE	FUSÉ
SALÉ	IULE	FANÉ	RÂPÉ	MÈRE	JURÉ	MUSE
TALÉ	**IULE**	**KANE**	SAPE	**MÉRÉ**	**KURE**	MUSÉ
WALÉ	MULE	**PANE**	SAPÉ	NÉRÉ	**LURE**	RUSE
YALE	DYLE	PANÉ	TAPE	PÈRE	MÛRE	**RUSE**
ÉBLÉ	RYLE	ACNÉ	TAPÉ	SÉRÉ	MURÉ	RUSÉ
AELE	CAME	**BENE**	CÈPE	OGRE	PURE	SUSE
BÊLÉ	CAMÉ	CÈNE	NÈPE	**OHRE**	SURE	**ZUSE**
CELÉ	DAME	GÈNE	PEPE	AIRE	SÛRE	LYSE
CÉLÉ	DAMÉ	GÊNE	PÉPÉ	**AIRE**	**SÛRE**	LYSÉ
FÊLÉ	FAMÉ	GÊNÉ	BIPÉ	AIRÉ	IVRE	**BÂTÉ**
GELÉ	LAME	MENÉ	PIPE	CIRE	EYRE	DATE
HÉLÉ	LAMÉ	**MENÉ**	PIPÉ	CIRÉ	LYRE	DATÉ
MÊLÉ	PÂMÉ	NÉNÉ	RIPE	DIRE	BASE	GÂTÉ
PELÉ	RAME	PÊNE	RIPÉ	**ÉIRE**	BASÉ	HÂTE
PELÉ	RAMÉ	RÊNE	TIPÉ	**LIRÉ**	CASE	HÂTÉ
TÉLÉ	SAME	**RENÉ**	ALPE	MIRE	CASÉ	MATE
UÉLÉ	ACMÉ	SÉNÉ	**ANPE**	MIRÉ	HASE	MATÉ
VÊLÉ	DÈME	IGNÉ	DOPE	PIRE	JASÉ	MÂTÉ
ZELE	MÊME	AINE	DOPÉ	PIRE	NASE	PÂTE
ZÈLE	MÉMÉ	AÎNÉ	**HOPE**	**PIRE**	RASE	PÂTÉ
ZÉLÉ	SÈME	BINÉ	LOPE	RIRE	RASÉ	RATE
AILE	SEMÉ	CINÉ	**LOPE**	SIRE	VASE	RATÉ
AILÉ	**AIME**	DÎNÉ	POPE	TIRE	LÈSE-	TÂTÉ

VATÉ	PUTE	RIVÉ	**SNCF**	RANG	SIKH	PAGI
ACTE	**LAUE**	VIVE	CHEF	SANG	**IPOH**	VAGI
ACTÉ	FEUE	ULVE	BIEF	**TANG**	**SARH**	MÉGI
BÊTE	IGUE	**HOVE**	FIEF	YANG	FIQH	RÉGI
FÊTE	**NIUE**	LOVÉ	FIEF	DING	CASH	**RIGI**
FÊTÉ	ÉLUE	NOVÉ	KIEF	**KING**	**NASH**	YOGI
JETÉ	ÉLUÉ	**ARVE**	CLEF	**LING**	RASH	MUGI
PÉTÉ	FLUÉ	CUVE	BREF	**MING**	**WASH**	RUGI
SÈTE	ÉMUE	CUVÉ	RIFF	OING	**GISH**	SSII
TÊTE	BOUE	**DUVE**	**BOFF**	**QING**	**KISH**	**FUJI**
TÉTÉ	**COUÉ**	**LOWE**	YOFF	RING	**BUSH**	**BAKI**
BITE	DOUÉ	FAXÉ	**ORFF**	**TING**	**BUSH**	KAKI
CITÉ	**DOUÉ**	**SAXE**	**BAÏF**	**DONG**	RUSH	MAKI
CITÉ	HOUE	TAXE	NAÏF	DÔNG	BATH	RAKI
DITE	HOUÉ	TAXÉ	TAIF	GONG	MATH	SAKI
GÎTE	JOUE	SEXE	SKIF	**KONG**	ACTH	KIKI
GÎTÉ	JOUÉ	VEXÉ	SNIF	LONG	SETH	TIKI
LITÉ	**LOUE**	FIXE	UNIF	**LONG**	**LOTH**	**ENKI**
MITE	LOUÉ	FIXÉ	SOIF	**SONG**	**ROTH**	**BALI**
MITÉ	**LOUÉ**	MIXÉ	**CRIF**	TONG	LUTH	**CALI**
PITE	MOUE	NIXE	JUIF	**JUNG**	**RUTH**	**DALÍ**
RITE	NOUE	RIXE	**JUIF**	**KUNG**	MEUH	**KALI**
SITE	NOUÉ	BOXE	SUIF	**KÜNG**	PEUH	MALI
TITE	ROUE	BOXÉ	SELF	**BYNG**	GEAI	**MALI**
VITE	ROUÉ	FOXÉ	GOLF	BLOG	CHAI	PALI
ANTE	SOUE	LUXE	RINF	SMOG	**THAÏ**	PÂLI
ENTE	TOUÉ	LUXÉ	OLOF	GROG	SKAÏ	WALI
ENTÉ	VOUÉ	**BAYE**	ROOF	**BERG**	BRAI	**HÉLI**
BOTE	CRUE	BAYÉ	PROF	**BORG**	FRAI	DILI
COTE	DRUE	**GAYE**	**CNPF**	**HAUG**	VRAI	YILI
CÔTE	GRUE	**LAYE**	CERF	DEUG	ÉTAI	**COLI**
COTÉ	BAVE	PAYE	NERF	THUG	GUAI	JOLI
CÔTÉ	BAVÉ	PAYÉ	SERF	**BOUG**	**HUAI**	POLI
DOTÉ	CAVE	RAYÉ	SURF	JOUG	QUAI	KAMI
HÔTE	CAVÉ	YÉ-YÉ	TURF	**ZOUG**	NABI	RAMI
LOTE	**CAVÉ**	**SKYE**	SAUF	CHAH	BIBI	DEMI
NOTE	GAVE	MOYE	KEUF	SHAH	**ALBI**	GÉMI
NOTÉ	GAVÉ	MOYÉ	MEUF	**OLAH**	**GOBI**	NEMI
POTE	HÂVE	NOYÉ	NEUF	**NOAH**	**LOBI**	**REMI**
ROTE	HAVÉ	**ROYE**	ŒUF	**PTAH**	**TUBI**	MIMI
ROTÉ	LAVE	**GUYE**	TEUF	UTAH	SUBI	**OLMI**
VOTE	LAVÉ	GAZE	VEUF	**BACH**	**OACI**	VOMI
VOTÉ	PAVÉ	GAZÉ	**OLUF**	MACH	CECI	**MANI**
APTE	RAVE	LAZE	POUF	**MACH**	DÉCI-	RANI
EPTE	SAVE	NAZE	ROUF	CECH	DÉCI	ZANI
OPTÉ	FÈVE	**BÈZE**	RAAG	**LECH**	CADI	**BENI**
ARTE	LEVÉ	**CÈZE**	B.C.B.G.	**TECH**	**SADI**	BÉNI
ERTÉ	NÉVÉ	**MÈZE**	JPEG	**BICH**	CÉDI	DÉNI
ESTE	RÊVE	PÈZE	MPEG	RICH	MIDI	**RENI**
ESTE	RÊVÉ	**REZÉ**	**GREG**	**FOCH**	**MIDI**	**IFNI**
BUTE	SÈVE	ONZE	**HAIG**	**KOCH**	**LODI**	**AGNI**
BUTÉ	CIVE	PIAF	WHIG	LOCH	OBÉI	**FINI**
FUTÉ	DIVE	**PIAF**	BANG	**ROCH**	**SAFI**	**FINI**
JUTE	LIVE	**OLAF**	FANG	ESCH	DÉFI	MINI
JUTÉ	**NIVE**	**GRAF**	GANG	AUCH	HI-FI	**BONI**
LUTÉ	PIVE	**RTBF**	LANG	OUDH	WI-FI	**BONI**
MUTÉ	RIVE			ACEH		

4

CONI	TATI	TECK	ARAL	HALL	IMAM	JEAN
ERNI	BETI	DICK	ORAL	HALL	CNAM	JEAN
MUNI	SETI	KICK	ORAL	BELL	MNAM	KEAN
PUNI	SÉTI	BOCK	ÉTAL	TELL	SPAM	LEAN
ZUÑI	YETI	BOCK	DUAL	TELL	ARAM	PÉAN
OVNI	TITI	DOCK	AVAL	BILL	CRAM	PÉAN
ABOI	COTI	ROCK	UVAL	GILL	DRAM	AHAN
KHOÏ	LOTI	BUCK	ÖZAL	MILL	GRAM	CHAN
ALOI	LOTI	TREK	ASBL	TILL	TRAM	KHAN
ÉLOI	RÔTI	TREK	JODL	BÖLL	ASAM	KHAN
ÉMOI	ASTI	HAÏK	ABEL	BULL	GUAM	PIAN
ÉPOI	ASTI	PAIK	OBEL	BULL	ICBM	SIAN
QUOI	CUTI	ERIK	GEEL	FULL	SLBM	TIAN
PAPI	MUTI	PALK	NÉEL	HULL	IRBM	VIAN
TAPI	AGUI	MELK	PEEL	PULL	MRBM	XI'AN
SCPI	AMUÏ	FOLK	RÉEL	SGML	PPCM	AKAN
KÉPI	FOUI	POLK	CIEL	HTML	CAEM	CLAN
PIPI	JOUI	RANK	FIEL	CHOL	F.C.ÉM.	ÉLAN
TIPI	ROUI	TANK	KIEL	KHÔL	IDEM	FLAN
MMPI	ÉTUI	GENK	MIEL	VIOL	DIÊM	PLAN
OMPI	RAVI	MONK	NIEL	ÉNOL	DJEM	VLAN
COPI	RAVI	FUNK	RIEL	COOL	ITEM	AMAN
HOPI	LEVI	MUNK	RIEL	POOL	STEM	AMAN
TUPI	LÉVI	PUNK	DOEL	BROL	IUFM	OMAN
MU QI	SÉVI	BLOK	JOËL	STOL	BRGM	ONAN
BARI	KIVI	AMOK	NOËL	VTOL	BÖHM	ARAN
CARI	ENVI	BOOK	NOËL	EARL	RÖHM	BRAN
DARI	KIWI	COOK	BREL	MARL	DAIM	CRAN
GARI	KIWI	LOOK	OREL	MARL	FAIM	IRAN
LARI	TAXI	MARK	ÉTEL	SARL	HEIM	ORAN
MARI	CIXI	PARK	DUEL	BERL	CLIM	OTAN
MARI	JIXI	BERK	FUEL	MERL	GOÏM	JUAN
PARI	AUXI	JERK	QUEL	GIRL	MALM	YUAN
SARI	WUXI	SIRK	AXEL	SPRL	FILM	YUAN
TARI	ANYI	CORK	FIGL	EURL	HOLM	IVAN
ABRI	PUYI	YORK	DAHL	ADSL	HAMM	IWAN
NERI	NAZI	RASK	KEHL	CISL	ÉDOM	SWAN
PÉRI	ZIZI	OMSK	COHL	MAUL	THOM	CYAN
PÉRI	LOZI	ORSK	KOHL	PAUL	RIOM	ISBN
OMRI	MOZI	SOUK	BAIL	SAÜL	BOOM	CAEN
INRI	LUZI	ZOUK	FAIL	ACUL	ZOOM	JAÉN
CORI	HADJ	NUUK	MAIL	PEUL	DROM	ADEN
LORI	CLUJ	BAAL	RAIL	SEUL	PERM	EDEN
MORI	DEÁK	TAAL	ŒIL	SOUL	WÜRM	ÉDEN
PORI	ARAK	VAAL	VEIL	SOÛL	DAUM	AGEN
GURI	ARAK	WAAL	WEIL	TOUL	KEUM	BIEN
MÛRI	IRAK	DEAL	BHIL	YAWL	CHUM	GIEN
SURI	KRAK	FÉAL	CNIL	KAYL	RHUM	LIEN
IASI	BACK	REAL	FOIL	WEYL	BLUM	MIEN
RISI	JACK	RÉAL	POIL	OCAM	BOUM	RIEN
ROSI	PACK	ÉGAL	BRIL	ADAM	DOUM	SIEN
ROSI	RACK	RIAL	GRIL	ÉDAM	GOUM	TIEN
BÂTI	YACK	SIAL	GUIL	CHAM	SOUM	VIEN
CATI	BECK	AMAL	EXIL	MIAM	ARUM	WIEN
MATI	KECK	ANAL	EXIL	SIAM	THYM	OLEN
PÂTI	NECK	BOAL	BALL	CLAM	IBAN	AMEN
SATI	PECK	GOAL	GALL	ÉLAM	DEAN	BOËN

OPEN	KAON	NÉBO	LALO	ERRÓ	TROP	YSER
BREN	LAON	IGBO	MALO	MASO	STOP	ATER
WREN	PAON	LI BO	SALO	PESO	RAPP	ÔTER
AVEN	RAON	ZIBO	MÉLO	YESO	BOPP	AUER
SVEN	TAON	BOBO	VÉLO	TISO	WASP	GUER
OWEN	ACON	BOBO	KILO-	VISO	LISP	HUER
HAHN	ODON	ESBO	KILO	SUSO	RATP	MUER
KAHN	DÉON	JACO	MILO	NATO	HTTP	NUER
LEHN	LÉON	TACO	SILO	LÉTO	COUP	PUER
FÖHN	LEÓN	WACO	SILO	NETO	HOUP	RUER
JOHN	NÉON	DÉCO	ALLÔ	VETO	LOUP	SUER
KUHN	PÉON	PECO	COLO	DITO	YOUP	TUER
BAIN	THON	DICO	GOLO	MITO	CUYP	TVER
BAIN	BION	PICO-	LOLO	TITO	IRAQ	AXER
CAÏN	DION	VICO	POLO	ALTO	LACQ	OXER
GAIN	FION	COCO	POLO	KOTO	VICQ	AYER
JAÏN	LION	FADO	SOLO	LOTO	CINQ	BOHR
MAIN	LION	YEDO	SOLO	MOTO	BAAR	RUHR
MAIN	PION	LIDO	OSLO	NOTO	MAAR	HAÏR
NAIN	RION	LIDO	DÉMO	SOTO	LEAR	PAIR
PAIN	SION	ANDO	MÉMO	TOTO	AFAR	VAIR
SAIN	AMON	DODO	HOMO	TOTO	AGAR	VAIR
TAIN	ÂNON	ORDO	SUMO	ATTO-	CHAR	MEIR
TAIN	GNON	JUDO	CANO	OTTO	CHAR	AGIR
VAIN	ROON	OC-ÈO	KANO	AUTO	THAR	ÉMIR
ZAIN	ARON	ISEO	RENO	BUTÔ	AJAR	YMIR
ODIN	BRON	YAFO	TENO	FLUO	OMAR	UNIR
HEIN	ATON	INFO	LINO	HAXO	UMAR	COIR
REIN	ETON	DAGO	MIÑO	SAXO	ANAR	HOIR
SEIN	ITON	BEGO	NIÑO	NEXØ	ÉPAR	LOIR
SEIN	HUON	LEGO	MONO	PEYO	ISAR	LOIR
RHIN	MUON	VIGO	NONO	Yo-Yo	KSAR	NOIR
SKIN	AVON	ANGO	SONO	ENZO	TSAR	NOIR
BLIN	LYON	GOGO	ARNO	GOZO	STAR	SOIR
CLIN	NYON	LOGO	BRNO	ZOZO	HVAR	VOIR
ZLÍN	TARN	TOGO	KAPO	OUZO	CZAR	ASIR
AMIN	BERN	HUGO	LIPO	GIAP	TZAR	CUIR
COIN	CERN	LUGO	PIPO	CLAP	MICR-	FUIR
FOIN	BORN	ÉCHO	SIPO	DRAP	BADR	OUÏR
LOIN	HORN	ÉCHO	TOPO	SWAP	ABER	NDLR
SOIN	JORN	MOHO	EXPO	JEEP	ADER	ADOR
SPIN	ZORN	SOHO	TYPO	ALEP	ODER	GHOR
BRIN	ISSN	SFIO	CARO	OPEP	BÉER	THOR
CRIN	JEUN	AGIO	FARO	STEP	RÉER	DIOR
ÉRIN	AHUN	CHIO	FARO	WHIP	EGER	GYÖR
ORIN	ALUN	OHIO	GARO	SKIP	CHER	BARR
TRIN	BRUN	THIO	HARO	CLIP	CHER	KARR
JUIN	GRÜN	CLIO	TARO	SLIP	FIER	BERR
JUIN	IRÚN	BRIO	EBRO	GRIP	HIER	KERR
OVIN	DUUN	TRIO	ZÉRO	TRIP	LIER	BIRR
ZWIN	CFAO	BAJO	AFRO	CAMP	NIER	TORR
KÖLN	CIAO	DOJO	GIRO	VAMP	AMER	BRRR
MANN	MIAO	JOJO	MIRO	LUMP	YMER	PRRR
BENN	IMAO	TOJO	MIRÓ	IFOP	ASER	BAUR
PENN	PRAO	AKKO	NIRO	DIOP	OSER	GAUR
BONN	GABO	CALO	CORO	FLOP	USER	MAUR
FAON	LABO	HALO	MORO	DROP		

SAUR	**CUES**	**LANS**	**OURS**	**FIAT**	SILT	**PEST**
BEUR	**IVES**	SANS	**BASS**	IKAT	TILT	TEST
HEUR	**YVES**	CENS	JASS	**FLAT**	COLT	**WEST**
LEUR	**UZÈS**	GENS	**TASS**	PLAT	VOLT	ZEST
PEUR	LEGS	**LENS**	YASS	**PRAT**	AULT	LIST
CHUR	**OCHS**	SENS	DESS	VSAT	**SYLT**	RIST
BOUR	MOHS	**SENS**	**HESS**	ÉTAT	GANT	ZIST
COUR	DAIS	BIN'S	MESS	KYAT	TANT	HOST
DOUR	JAIS	PIN'S	**NESS**	OYAT	CENT	**MOST**
FOUR	LAIS	**PINS**	**LISS**	**WYAT**	DENT	**FUST**
GOUR	**LAÏS**	**ENNS**	MISS	TACT	GENT	**FÜST**
JOUR	MAIS	**LONS**	RISS	HECT-	LENT	MUST
POUR	MAÏS	**MONS**	BOSS	**CFDT**	**KENT**	OUST
SOUR	RAIS	PONS	**ROSS**	**TODT**	LENT	**OUST**
TOUR	RAÏS	HUNS	**VOSS**	BLET	VENT	**GATT**
AZUR	**SAÏS**	LAOS	**URSS**	**CLET**	**VENT**	WATT
MAYR	IBIS	NAOS	**WYSS**	FLET	OINT	**WATT**
WAAS	**ACIS**	ADOS	LATS	ÎLET	DONT	PITT
EGAS	REIS	**NIÓS**	METS	**ANET**	MONT	**WITT**
CHAS	**AGIS**	CLOS	RETS	**ONET**	PONT	**MOTT**
DIAS	**AMIS**	**AMOS**	UMTS	SPET	**PONT**	**POTT**
LIAS	ÉMIS	**BOOS**	**CAUS**	CRÊT	**HUNT**	**BUTT**
GLAS	OMIS	**LOOS**	ABUS	FRET	ÉCOT	PUTT
AMAS	ANIS	**CROS**	OBUS	PRÊT	**SCOT**	HAUT
BOAS	RNIS	ÉROS	**PCUS**	GUET	PHOT	SAUT
CPAS	**BOIS**	**ÉROS**	**REUS**	**HUET**	**THOT**	PFUT
UPAS	FOIS	GROS	**ZEUS**	MUET	**BIOT**	CHUT
BRAS	**GOIS**	**GROS**	PLUS	SUET	FLOT	**CNUT**
GRAS	GOÏS	**NYOS**	ANUS	RAFT	ÎLOT	**KNUT**
GRAS	MOIS	LAPS	**NOUS**	**TAFT**	PLOT	AOÛT
SRAS	POIS	REPS	SOUS	PFFT	FOOT	BOUT
KVAS	**APIS**	SEPS	**SOUS**	LIFT	SPOT	COÛT
KWAS	BRIS	MIPS	VOUS	RIFT	**SPOT**	GOÛT
MSBS	**CRIS**	COPS	OPUS	LOFT	TROT	MOÛT
SSBS	GRIS	**ROPS**	PRUS	SOFT	STOT	TOUT
LACS	**GRIS**	**FARS**	URUS	BAHT	**LYOT**	BRUT
PACS	IRIS	GARS	**ÉSUS**	FAIT	RAPT	**PRUT**
PÉCS	**IRIS**	JARS	USUS	LAIT	SEPT	BEAU
EADS	PRIS	MARS	**OXUS**	RAIT	**BART**	**LÉAU**
LODS	**ISIS**	MARS	NEWS	OBIT	FART	PEAU
LODS	BUIS	**VARS**	PAYS	ZCIT	KART	SEAU
BAES	HUIS	CERS	**RAYS**	ÉDIT	PART	VEAU
WAES	**LUIS**	FERS	**THYS**	SHIT	**BERT**	**THAU**
IDES	PUIS	**GERS**	GOYS	COÏT	VERT	**VIAU**
SÉES	AVIS	**HERS**	**ATYS**	DOIT	**VERT**	**BLAU**
WIES	AXIS	**MERS**	GUYS	SOIT	FORT	UNAU
ALÈS	**HALS**	PERS	**PUYS**	TOIT	**FORT**	**CRAU**
CNES	VALS	**SERS**	**MAÂT**	FRIT	**GORT**	GRAU
INES	**VALS**	VERS	ABAT	CUIT	MORT	**ÉSAÜ**
INÉS	**WELS**	**CNRS**	SCAT	HUIT	**MORT**	ÉTAU
ARÈS	**IGLS**	FORS	BEAT	NUIT	**NORT**	**CABU**
GRÈS	AILS	HORS	BÉAT	EXIT	**OORT**	**CEBU**
GRÈS	FILS	LORS	**DÉAT**	**FIJT**	PORT	REBU
ORES	PILS	MORS	MÉAT	MALT	SORT	ZÉBU
PRÈS	**WOLS**	TORS	AFAT	**SALT**	TORT	EMBU
TRÈS	**HOMS**	GPRS	CHAT	**BELT**	HAST	IMBU
ASES	DANS	OURS	KHAT	KILT	LEST	ACCU

DÉÇU	YALU	OSSU	ALIX	STYX	GÉNY	LODZ
REÇU	RELU	OTSU	UNIX	AGAY	IGNY	BAEZ
VÉCU	VELU	BATU	FOIX	CLAY	OSNY	PÁEZ
COCU	TOLU	VATU	NOIX	AMAY	BLOY	CHEZ
REDÛ	LULU	FÉTU	POIX	BRAY	AMOY	DIEZ
INDU	OULU	TÊTU	VOIX	GRAY	PAPY	RIEZ
DODU	SULU	VÊTU	PRIX	GRAY	CARY	SUEZ
ARDU	ZULU	HOTU	ICKX	WRAY	GARY	QUIZ
URDU	SAMU	POTU	AULX	K-WAY	MARY	RUIZ
DIEU	MANU	HUTU	LYNX	BABY	DÉRY	AVIZ
LIEU	MENU	TUTU	INOX	TOBY	MÉRY	BELZ
PIEU	TENU	TUTU	KNOX	AUBY	AIRY	GANZ
BLEU	TÉNU	REVU	MARX	DÉBY	TORY	RANZ
BLEU	VENU	KIVU	BAUX	DUBY	TORY	BENZ
ÉMEU	CHOU	ADAV	CAUX	JUBY	ORRY	LENZ
PNEU	THOU	OLAV	EAUX	TUBY	BURY	BINZ
VŒU	CLOU	KIEV	FAUX	PACY	JURY	LINZ
AREU	FLOU	UNIV	MAUX	LUCY	ÉVRY	GÜNZ
AVEU	ÉMOU	LVIV	TAUX	SUCY	IVRY	BOOZ
IDFU	ANOU	KYÏV	VAUX	LADY	AISY	HARZ
GIFU	GNOU	LVOV	CEUX	BODY	COSY	MERZ
MIFU	BROU	AZOV	DEUX	INDY	ASSY	BATZ
KOFU	BROU	MERV	FEUX	GREY	ISSY	KATZ
TOFU	PROU	MIRV	JEUX	UREY	BATY	GETZ
DU FU	TROU	SHAW	LEUX	DUFY	CITY	METZ
QUFU	ISOU	SHOW	YEUX	NAGY	COTY	RETZ
BÉGU	ITOU	BLOW	FLUX	LELY	ROTY	WITZ
PEGU	REPU	SLOW	DOUX	ARLY	HAÜY	WITZ
AIGU	DARU	CROW	HOUX	ORLY	JOUY	LUTZ
ZOGU	PARU	SFAX	JOUX	ISLY	MOUY	YUTZ
DAHU	ÉCRU	AJAX	POUX	LYLY	DAVY	BRUZ
OAHU	FÉRU	APAX	ROUX	LAMY	SEXY	CRUZ
ÉCHU	MÉRU	TRAX	ROUX	MAMY	BUXY	JAZZ
JÉHU	GURU	ONEX	TOUX	DEMY	JAZY	
WUHU	KURU	APEX	ONYX	REMY	LIZY	
TÉJU	VISU	FAIX	PNYX	VIMY	LUZY	
PALU	INSU	PAIX	ORYX	CANY	DÍAZ	
VALU	ISSU	PAIX			GRAZ	

BKAA	PEMBA	DECCA	LYDDA		
SANAA	NIMBA	YUCCA	BREDA		
BEQAA	ZOMBA	IPÉCA	QAIDA		
KAABA	RUMBA	ARICA	SAÏDA		
SHABA	SUMBA	TALCA	BLIDA		
AKABA	BARBA	PANCA	AMIDA		
AQABA	ENSB-A	LENCA	WAJDA		
CHIBA	NOUBA	BROCA	OUJDA		
GALBA	ARUBA	ATOCA	FULDA		
MELBA	TSUBA	LORCA	GANDA		
GAMBA	ABACA	TOSCA	PANDA		
KAMBA	VRACA	CAUCA	VANDA		
MAMBA	ATACA	NAZCA	BENDA	FONDA	BARDA
SAMBA	DACCA	AGADA	VENDA	LUNDA	VARDA
BEMBA	TACCA	GADDA	VENDA	MUNDA	BORDA

KORDA	PRAIA	PARKA	KLIMA	KAPPA	TULSA
LAUDA	TIBIA	BURKA	BALMA	KIPPA	XHOSA
ZHU DA	MÉDIA	FURKA	PALMA	COPPA	XHOSA
GOUDA	MAFIA	RUSKA	TALMA	FOPPA	MJØSA
GOUDA	TAFIA	KOTKA	GAMMA	VESPA	AROSA
SAYDA	SOFIA	NJUKA	COMMA	STUPA	BURSA
COBÉA	BAHIA	HOUKA	KARMA	RAQQA	MASSA
MÉDÉA	ASKIA	STUKA	KERMA	ZARQA	YASSA
LULEÅ	MALIA	ZIZKA	LERMA	BURQA	LISSA
FNSEA	MELIA	SCALA	KOSMA	CEARÁ	COSSA
ALTÉA	IULIA	VIALA	FATMA	AMARA	PLATA
HÉVÉA	JULIA	SMALA	RAUMA	TZARA	RECTA
FOVEA	ZULIA	KOALA	DOUMA	SABRA	THÊTA
JAFFA	DAMIA	TABLA	ADANA	COBRA	PIETÀ
DIFFA	LAMÍA	QIBLA	AGANA	COBRA	DZÊTA
LUFFA	TAMIA	VOILÀ	GHANA	DOBRA	NAFTA
HAÏFA	ZAMIA	MSILA	OHANA	ACCRA	KEITA
LOOFA	TÉNIA	ÁVILA	SHANA	LICRA	SEITA
BLAGA	SÉPIA	HEKLA	THANA	LYCRA	AKITA
BRAGA	APPIA	BALLA	PIANA	INDRA	UNITA
OMÉGA	PARIA	FALLA	GRANA	MUDRA	SUITA
ONEGA	VARIA	GALLA	ASANA	SUDRA	IALTA
SAÏGA	ZARIA	VALLA	HODNA	HYDRA	MALTA
TAÏGA	BERIA	CELLA	PYDNA	ONERA	SALTA
VALGA	FERIA	PELLA	FAENA	OPÉRA	YALTA
VOLGA	DORIA	HILLA	ADENA	BRERA	DELTA
GANGA	NORIA	MILLA	ALENA	INFRA	DELTA
MANGA	SORIA	VILLA	ARÉNA	NAIRA	VOLTA
MANGA	FURIA	VILLA	ARÉNA	BEIRA	MANTA
TANGA	LURIA	MULLA	TAFNA	AGORA	MANTA
LINGA	À QUIA	SULLA	CAGNA	THORA	TANTA
CONGA	NADJA	SYLLA	JAÏNA	VLORA	QUOTA
TONGA	BEDJA	SIMLA	MAÏNA	EVORA	GUPTA
VARGA	HODJA	SAOLA	JAMNA	ÉVORA	WARTA
VERGA	ÉCIJA	ÉBOLA	JUMNA	CAPRA	CIRTA
IORGA	JINJA	SCOLA	SENNA	COPRA	HORTA
TORGA	RIOJA	NDOLA	CINNA	SUPRA	BASTA
DURGA	RIOJA	DIOLA	SUNNA	CARRÀ	RASTA
OURGA	ABUJA	AKOLA	SHONA	LARRA	VESTA
OMAHA	CHAKA	IMOLA	POONA	SERRA	COSTA
SEBHA	DHAKA	ISOLA	ÉPONA	BASRA	MATTA
KACHA	OSAKA	COPLA	KRONA	MÁTRA	NATTA
MÁCHA	NEBKA	TESLA	VARNA	PÉTRA	ZETTA-
PACHA	BUBKA	TESLA	MORNA	NITRA	BOTTA
AÏCHA	VODKA	MITLA	BATNA	ULTRA	MOTTA
ROCHA	KAFKA	TOULA	PATNA	DUTRA	YOTTA-
MUCHA	HAKKA	UVULA	SAUNA	SUTRA	CEUTA
SAKHA	POLKA	ABYLA	DALOA	EXTRA	OMUTA
CUNHA	PANKA	GUZLA	SAMOA	SAURA	NAHUA
ALPHA	TANKA	TUZLA	AMAPÁ	PIURA	CAOUA
CERHA	DINKA	GLÅMA	PRÉPA	GOURA	ADOUA
MATHA	TONKA	OYAMA	WEIPA	KOURA	JURUÁ
BOTHA	TRNKA	PADMA	PAMPA	LAVRA	ÁLAVA
GOTHA	AÇOKA	ULÉMA	PAMPA	VAASA	OPAVA
GOTHA	ASOKA	TRÉMA	TAMPA	GAFSA	ÁREVA
DAWHA	KUPKA	MAGMA	SYMPA	BALSA	CUEVA
HOXHA	MARKA	SIGMA	CAPPA	SALSA	NEIVA

SHIVA	**DIRAC**	TWEED	**LLOYD**	**GRÂCE**	SAUCE
OLIVA	COUAC	**TWEED**	**DANAÉ**	TRACE	SAUCÉ
CALVA	REBEC	**AHMED**	**PIRAE**	TRACÉ	DOUCE
HALVA	**ORBEC**	PLAID	NOVAE	**STACE**	POUCE
SELVA	ÉCHEC	**IRBID**	**RAABE**	**LECCE**	**POUCÉ**
NARVA	**IDHEC**	FROID	**ARABE**	**SDECE**	ÉPUCÉ
NERVA	**BRIEC**	**OHRID**	**ARABE**	NIÈCE	**BRUCE**
TOUVA	**MALEC**	**DAVID**	CRABE	PIÈCE	**JOYCE**
URAWA	**PEREC**	**NADJD**	LABBE	**BOÈCE**	**BAADE**
OZAWA	**PÉREC**	**NEDJD**	NIÉBÉ	**GRÈCE**	**MEADE**
FATWA	**AUREC**	**WEALD**	GLÈBE	**ALICE**	**READE**
OMIYA	ORSEC	**FIELD**	PLÈBE	SLICE	CLADE
ORIYA	KABIC	**FJELD**	GRÈBE	SLICÉ	BRADÉ
KENYA	INDIC	**FOULD**	AMIBE	JOICE	CRADE
KONYA	ASDIC	**GOULD**	BRIBE	ÉPICE	GRADE
SURYA	DOLIC	**ÅLAND**	GALBE	ÉPICÉ	GRADÉ
THUYA	PANIC	ÉLAND	GALBÉ	**ERICE**	STADE
ICAZA	**BINIC**	GLAND	BULBE	**GANCE**	RUADE
IBIZA	**TEPIC**	**ÖLAND**	CAMBÉ	LANCE	ÉVADÉ
COLZA	ASPIC	**AMAND**	IAMBE	LANCÉ	DYADE
SANZA	**AURIC**	**BRAND**	JAMBE	RANCE	**EGEDE**
PENZA	LYRIC	GRAND	LIMBE	**RANCE**	TIÈDE
MONZA	BASIC	STAND	NIMBE	**RANCÉ**	GUÈDE
HUNZA	COUIC	QUAND	NIMBÉ	TANCÉ	SUÈDE
TISZA	BLANC	TREND	BOMBE	PENCE	**SUÈDE**
COUZA	**BLANC**	**SVEND**	BOMBÉ	**TENCE**	SUÉDÉ
PIZZA	FLANC	BLOND	COMBE	**VENCE**	LAIDE
NABAB	FRANC	**POUND**	TOMBE	MINCE	RAIDE
RABAB	AJONC	ROUND	TOMBÉ	PINCE	ACIDE
REBAB	TRONC	ÉPHOD	ADOBE	PINCÉ	SÉIDE
ACHAB	MÉDOC	**MONOD**	**NIOBÉ**	RINCÉ	ÉGIDE
ASSAB	**MÉDOC**	FLOOD	GLOBE	FONCÉ	**ÉLIDE**
AKYAB	AD HOC	SAROD	SNOBÉ	JONCÉ	ÉLIDÉ
GLUBB	ALLOC	**GIROD**	PROBE	NONCE	AMIDE
ACHEB	SINOC	ÉGARD	BARBE	PONCE	IMIDE
HOREB	**MAROC**	LIARD	**BARBE**	PONCÉ	**CNIDE**
KATEB	**DUROC**	**ÉRARD**	BARBÉ	**PONCE**	ROIDE
SAHIB	ESTOC	ISARD	GERBE	RONCE	APIDÉ
NAMIB	CLERC	**ITARD**	GERBÉ	**CROCE**	ARIDE
CARIB	**CLERC**	HUARD	HERBE	DARCE	BRIDE
PLOMB	CADUC	**TYARD**	SERBE	FARCE	BRIDÉ
RHUMB	**LEDUC**	**BAIRD**	**SERBE**	GARCE	OSIDE
CRUMB	**LE LUC**	LAIRD	VERBE	BERCE	**GUIDE**
JACOB	PLOUC	ABORD	BIRBE	BERCÉ	GUIDE
GHARB	BAGAD	FJORD	SORBE	GERCE	GUIDÉ
RHARB	**TCHAD**	GOURD	TÜRBE	GERCÉ	SUIDÉ
SCRUB	**AKKAD**	HOURD	DAUBE	PERCE	AVIDE
ISAAC	**ÁRPÁD**	LOURD	DAUBÉ	PERCÉ	ÉVIDÉ
TABAC	FARAD	SOURD	**LAUBE**	**PERCÉ**	**OVIDE**
LUBAC	**MURAD**	TOURD	**TAUBE**	**CIRCÉ**	GILDE
LE GAC	**ENSAD**	CHAUD	AGACE	FORCE	TILDE
GAÏAC	**ASSAD**	NŒUD	AGACÉ	FORCÉ	**WILDE**
DULAC	**FOUAD**	**FREUD**	GLACE	**KORÇË**	**NOLDE**
HAMAC	**RIYAD**	NUFUD	**GLACE**	MORCE	SOLDE
SUMAC		PALUD	GLACÉ	FASCE	SOLDÉ
NÉRAC		MULUD	PLACE	FASCÉ	BANDE
SÉRAC	SPEED	**CLOUD**	PLACÉ	VESCE	BANDÉ

CANDÉ	HORDE	PIGÉE	FUMÉE	FORÉE	VOTÉE
LANDE	NORDÉ	GOGÉE	HUMÉE	**GORÉE**	BUTÉE
MANDÉ	**KURDE**	LOGÉE	FANÉE	**MORÉE**	FUTÉE
ZANDÉ	CAUDÉ	AUGÉE	PANÉE	TORÉÉ	LUTÉE
MENDE	GAUDE	JUGÉE	GÊNÉE	**SPREE**	MUTÉE
MENDÉ	TAUDE	LUGÉE	MENÉE	**ARRÉE**	ÉLUÉE
PENDE	LEUDE	ÉCHÉE	**RENÉE**	CURÉE	BOUÉE
TENDE	**ZHU DE**	ATHÉE	IGNÉE	DURÉE	DOUÉE
DINDE	ÉLUDÉ	SCIÉE	AÎNÉE	JURÉE	HOUÉE
LINDE	BOUDE	CHIÉE	BINÉE	MURÉE	JOUÉE
PINDE	COUDE	PLIÉE	MINÉE	PURÉE	LOUÉE
BONDE	COUDÉ	ÉPIÉE	VINÉE	**IVRÉE**	NOUÉE
BONDÉ	SOUDE	CRIÉE	ANNÉE	BASÉE	ROUÉE
CONDÉ	SOUDÉ	PRIÉE	INNÉE	CASÉE	TOUÉE
CONDÉ	PRUDE	TRIÉE	ZONÉE	RASÉE	VOUÉE
FONDÉ	ÉTUDE	CALÉE	APNÉE	LÉSÉE	CAVÉE
MONDE	**LEYDE**	HALÉE	**ERNÉE**	PESÉE	GAVÉE
MONDE	**CLYDE**	HÂLÉE	ORNÉE	AISÉE	HAVÉE
MONDÉ	OXYDE	PALÉE	USNÉE	BISÉE	LAVÉE
RONDE	OXYDÉ	SALÉE	AUNÉE	MISÉE	PAVÉE
SONDE	**ALBEE**	TALÉE	LUNÉE	RISÉE	LEVÉE
SONDE	**ELBÉE**	**VALÉE**	CAPÉE	VISÉE	RÊVÉE
SONDÉ	COBÉE	CELÉE	CAPÉÉ	ANSÉE	RIVÉE
GÉODE	GOBÉE	FÊLÉE	LAPÉE	**INSEE**	LOVÉE
DIODE	LOBÉE	GELÉE	NAPÉE	DOSÉE	NOVÉE
ANODE	ROBÉE	HÉLÉE	RÂPÉE	POSÉE	BUVÉE
APODE	CUBÉE	MÊLÉE	SAPÉE	ROSÉE	CUVÉE
ÉPODE	**EUBÉE**	**PELÉE**	TAPÉE	BUSÉE	FAXÉE
BRODÉ	TUBÉE	**PÉLÉE**	CÉPÉE	FUSÉE	TAXÉE
ERODE	JACÉE	ZÉLÉE	**L'ÉPÉE**	JUSÉE	VEXÉE
ÉRODÉ	LACÉE	AILÉE	PÉPÉE	MUSÉE	FIXÉE
EXODE	RACÉE	BILÉE	BIPÉE	RUSÉE	MIXÉE
IXODE	**NICÉE**	FILÉE	PIPÉE	LYSÉE	BOXÉE
BARDE	SUCÉE	PILÉE	RIPÉE	BATÉE	FOXÉE
BARDÉ	LYCÉE	ALLÉE	TIPÉE	BÂTÉE	LUXÉE
CARDE	FADÉE	BOLÉE	DOPÉE	DATÉE	PAYÉE
CARDÉ	RADÉE	COLÉE	DUPÉE	GÂTÉE	RAYÉE
DARDÉ	CÉDÉE	GOLÉE	RUPÉE	HÂTÉE	MOYÉE
FARDE	**MÉDÉE**	TÔLÉE	TYPÉE	MATÉE	NOYÉE
FARDÉ	AIDÉE	VOLÉE	GARÉE	MÂTÉE	GAZÉE
GARDE	RIDÉE	CULÉE	MARÉE	PÂTÉE	BAFFE
GARDE	VIDÉE	CAMÉE	PARÉE	RATÉE	GAFFE
GARDÉ	ONDÉE	DAMÉE	TARÉE	TÂTÉE	GAFFÉ
HARDE	CODÉE	FAMÉE	OCRÉE	ACTÉE	TAFFE
JARDE	IODÉE	LAMÉE	AÉRÉE	FÊTÉE	BIFFE
LARDÉ	RODÉE	PÂMÉE	GÉRÉE	JETÉE	BIFFÉ
SARDE	SODÉE	RAMÉE	**NÉRÉE**	PÉTÉE	PIFFÉ
SARDE	**JUDÉE**	**LE MÉE**	**PÉRÉE**	TÉTÉE	RIFFE
TARDE	CRÉÉE	**NÉMÉE**	AGRÉE	CITÉE	TIFFE
TARDÉ	GRÉÉE	SEMÉE	CIRÉE	LITÉE	GOLFE
MERDE	PIFÉE	AIMÉE	MIRÉE	MITÉE	**GOLFE**
MERDÉ	GAGÉE	LIMÉE	TIRÉE	**ANTÉE**	**WOLFE**
BORDE	NAGÉE	MIMÉE	VIRÉE	ENTÉE	SURFÉ
BORDÉ	**TÉGÉE**	RIMÉE	BORÉE	COTÉE	ADAGE
CORDE	**AGGÉE**	BÔMÉE	**BORÉE**	DOTÉE	PÉAGE
CORDÉ	FIGÉE	ARMÉE	**CORÉE**	NOTÉE	PHAGE
			DORÉE	POTÉE	LIAGE

PLAGE	PONGÉ	**PACHE**	**OUCHE**	VÉLIE	BORIE
IMAGE	RONGÉ	TACHE	PUCHE	BILIÉ	STRIE
IMAGÉ	SONGE	TÂCHE	RUCHE	CILIÉ	STRIÉ
ORAGE	SONGÉ	TACHÉ	RUCHÉ	ALLIÉ	CURIE
USAGE	**BUNGE**	TÂCHÉ	**HAI HE**	ENLIÉ	**CURIE**
USAGÉ	**SYNGE**	VACHE	RAPHÉ	**ÉOLIE**	FURIE
ÉTAGE	ÉLOGE	BÊCHE	HYPHE	FOLIE	MÛRIE
ÉTAGÉ	BARGE	BÊCHÉ	**NASHE**	FOLIÉ	KYRIE
OTAGE	LARGE	DÈCHE	**MOSHÉ**	JOLIE	**SYRIE**
STAGE	MARGE	LÈCHE	**MATHÉ**	POLIE	**BASIE**
NUAGE	MARGÉ	LÉCHÉ	**PATHÉ**	DULIE	**MÉSIE**
SUAGE	TARGE	MÈCHE	BETHE	**JULIE**	ROSIE
BADGÉ	BERGE	MÉCHÉ	**LÉTHÉ**	LAMIE	SOSIE
FUDGE	**HERGÉ**	PÊCHE	**BOTHE**	MAMIE	**SOSIE**
LIÈGE	SERGE	PÉCHÉ	MYTHE	RAMIE	**MYSIE**
LIÈGE	**SERGE**	PÊCHÉ	THAÏE	DEMIE	BÂTIE
LIÉGÉ	SERGÉ	RÊCHE	CLAIE	MOMIE	CATIE
PIÈGE	VERGE	SÈCHE	PLAIE	VOMIE	MATIE
PIÉGÉ	VERGÉ	SÉCHÉ	CRAIE	MANIE	**SATIE**
SIÈGE	FORGE	AICHE	VRAIE	MANIÉ	PITIÉ
SIÉGÉ	FORGÉ	AICHÉ	**ÉSAÏE**	SANIE	COTIE
DRÈGE	GORGE	BICHE	**ISAÏE**	BÉNIE	LOTIE
FREGE	GORGÉ	BICHÉ	LABIÉ	DÉNIÉ	RÔTIE
GRÈGE	**MORGE**	FICHE	GOBIE	GÉNIE	SOTIE
POGGE	**NORGE**	FICHÉ	**TOBIE**	**HENIE**	ORTIE
ADIGE	PURGE	LICHE	LUBIE	RENIÉ	**OSTIE**
BEIGE	PURGÉ	MICHE	NUBIE	FINIE	PLUIE
NEIGE	BAUGE	NICHE	SUBIE	**IONIE**	AMUÏE
NEIGE	**BAUGÉ**	NICHÉ	**DACIE**	SONIE	FOUIE
NEIGÉ	JAUGE	RICHE	**SICIÉ**	MUNIE	ROUIE
ÉPIGÉ	JAUGÉ	**ELCHE**	VICIÉ	PUNIE	TRUIE
ÉRIGÉ	SAUGE	ANCHE	**LUCIE**	GROIE	PAVIE
EXIGÉ	**KLUGE**	BOCHE	**LYCIE**	PROIE	**PAVIE**
BELGE	BOUGE	COCHE	**DADIÉ**	**TROIE**	RAVIE
BELGE	BOUGÉ	COCHÉ	RADIÉ	LAPIÉ	OBVIE
BULGE	GOUGE	CÔCHÉ	**BÉDIÉ**	TAPIE	OBVIÉ
BANGE	**NOUGÉ**	**HOCHE**	DÉDIÉ	PÉPIE	DÉVIÉ
CANGE	ROUGE	HOCHÉ	**MÉDIE**	PÉPIÉ	**LIVIE**
DANGÉ	**ROUGÉ**	LOCHE	RÉDIE	IMPIE	ENVIE
FANGE	**SOUGE**	LOCHÉ	**VIDIE**	COPIE	ENVIÉ
GANGE	VOUGE	MOCHE	PODIE	COPIÉ	**BOWIE**
LANGE	GRUGÉ	**MOCHE**	LYDIE	EXPIÉ	**LOWIE**
LANGÉ	**BRAHE**	POCHE	OBÉIE	**CARIE**	TAXIE
MANGÉ	BÂCHE	POCHÉ	DÉFIÉ	CARIÉ	LEXIE
RANGÉ	BÂCHÉ	ROCHE	MÉFIÉ	**MARIE**	DIXIE
TANGE	CACHE	ROCHÉ	MAGIE	MARIÉ	NAZIE
TENGE	CACHÉ	ARCHE	MÉGIE	PARIÉ	GADJÉ
VENGÉ	FÂCHÉ	ESCHE	RÉGIE	TARIE	**MEIJE**
LINGE	GÂCHE	ESCHÉ	LIGIE	VARIÉ	POLJÉ
SINGE	GÂCHÉ	BÛCHE	VIGIE	ABRIÉ	KOTJE
SINGÉ	HACHE	BÛCHÉ	ALGIE	ÉCRIÉ	**BLAKE**
CONGE	HACHÉ	DUCHÉ	BOGIE	FÉRIE	**DRAKE**
CONGÉ	KACHE	HUCHE	ORGIE	FÉRIÉ	**LÜBKE**
LONGE	LÂCHE	HUCHÉ	PÂLIE	SÉRIE	**LOCKE**
LONGÉ	LÂCHÉ	JUCHÉ	SALIE	SÉRIÉ	**SPEKE**
MONGE	MÂCHE	MUCHE	DÉLIÉ	GIRIE	**RILKE**
PONGE	MÂCHÉ	OUCHE	RELIÉ		**POLKE**

RANKE	TACLE	ÉPILÉ	**LULLE**	SEULE	ÉTAMÉ
CHOKE	TACLÉ	ASILE	NULLE	VEULE	THÈME
HOOKE	**UCCLE**	UTILE	TULLE	**THULÉ**	NIÈME
JERKÉ	CICLÉ	HUILE	**TULLE**	ALULE	BLÊME
BURKE	GICLÉ	HUILÉ	OBOLE	ULULE	NOÈME
HAWKE	SICLE	TUILE	ÉCOLE	ÉMULE	POÈME
SAALE	ONCLE	TUILÉ	IDOLE	ÉMULÉ	BRÈME
ÉCALE	SOCLE	EXILÉ	GEÔLE	INULE	**BRÊME**
ÉCALÉ	CYCLE	BALLE	DHOLE	BOULE	CRÈME
DEALÉ	IODLÉ	BALLÉ	FIOLE	**BOULE**	CRÉMÉ
FÉALE	JODLÉ	DALLE	VIOLE	BOULÉ	TAGME
RÉALE	YODLÉ	DALLÉ	VIOLÉ	BOULÊ	DOGME
ÉGALE	OBÈLE	GALLE	**NKOLE**	COULE	**VEHME**
ÉGALÉ	VIÈLE	**GALLE**	GNÔLE	COULÉ	**BÖHME**
CHÂLE	**GLÉLÉ**	GALLÉ	**BOOLE**	FOULE	ABÎME
ANALE	POÊLE	HALLE	**POOLE**	FOULÉ	ABÎMÉ
OPALE	POÊLÉ	**HALLE**	**OPOLE**	GOULE	ÉCIMÉ
ORALE	ÉPELÉ	MALLE	DRÔLE	HOULE	SEIME
ÉTALE	FRÊLE	**MALLE**	FRÔLÉ	IOULÉ	ÉLIMÉ
ÉTALÉ	GRÊLE	PALLE	GROLE	JOULE	ANIMÉ
DUALE	GRÊLÉ	SALLE	ISOLÉ	**JOULE**	BRIMÉ
AVALÉ	PRÈLE	**SALLÉ**	ÉTOLE	MOULE	CRIMÉ
OVALE	PRÊLE	TALLE	AMPLE	MOULÉ	FRIME
UVALE	ATÈLE	TALLÉ	**APPLE**	POULE	FRIMÉ
AWALÉ	STÈLE	BELLE	ASPLE	ROULÉ	GRIMÉ
CÂBLE	RAFLE	CELLE	**CARLE**	**SOULE**	PRIME
CÂBLÉ	RAFLÉ	**CELLE**	HARLE	SOÛLE	PRIMÉ
FABLE	NÈFLE	**DELLE**	**KARLE**	SOÛLÉ	TRIMÉ
GABLE	GIFLE	**MELLE**	**MARLE**	**BRULÉ**	OXIME
GÂBLE	GIFLÉ	PELLE	PARLÉ	BRÛLÉ	CALME
JABLE	RIFLE	PELLÉ	FERLÉ	OVULE	CALMÉ
JABLÉ	ENFLÉ	SELLE	MERLE	OVULÉ	PALME
NABLE	MOFLE	SELLÉ	**MERLE**	UVULE	**PALME**
RÂBLE	MUFLE	TELLE	PERLE	**GÄVLE**	PALMÉ
RÂBLÉ	RÈGLE	AILLÉ	PERLÉ	**BAYLE**	FILMÉ
SABLE	RÉGLÉ	BILLE	BURLE	ACYLE	GAMME
SABLÉ	AIGLE	**BILLE**	HURLÉ	**BEYLE**	**HAMME**
SABLÉ	**AIGLE**	BILLÉ	OURLÉ	CHYLE	FEMME
TABLE	BIGLE	CILLÉ	**NESLE**	AMYLE	GEMME
TABLÉ	BIGLÉ	FILLE	**VESLE**	**BOYLE**	GEMMÉ
YÈBLE	SIGLE	**LILLE**	LISLE	**DOYLE**	LEMME
BIBLE	SIGLÉ	MILLE	RISLE	**HOYLE**	COMME
BIBLE	ANGLE	**MILLE**	BAULE	ARYLE	**DOMME**
CIBLE	ONGLE	NILLE	GAULE	STYLE	GOMME
CIBLÉ	ONGLÉ	PILLÉ	**GAULE**	STYLÉ	GOMMÉ
PIBLE	BUGLE	**SILLÉ**	GAULÉ	**SAAME**	HOMME
AMBLE	**ZAHLÉ**	TILLE	**MAULE**	AGAME	**LOMME**
AMBLÉ	ÉDILE	TILLÉ	SAULE	BLÂME	NOMMÉ
OMBLE	**ODILE**	VILLE	TAULE	BLÂMÉ	POMME
NOBLE	AGILE	COLLE	**TAULÉ**	CLAMÉ	POMMÉ
SUBLÉ	**ÉMILE**	COLLÉ	ÉCULÉ	BRAME	SOMME
BÂCLE	POILÉ	FOLLE	OCULÉ	BRAMÉ	**SOMME**
BÂCLÉ	TOILE	MOLLE	ADULÉ	CRAMÉ	SOMMÉ
MACLE	TOILÉ	**ROLLE**	**DEULE**	DRAME	TOMME
MACLÉ	VOILE	TOLLÉ	FEULÉ	PRAME	CHÔMÉ
RACLE	VOILÉ	BULLE	MEULE	TRAME	BIOME
RACLÉ	ZOÏLE	BULLÉ	MEULÉ	TRAMÉ	AMOME

GNOME	GLANE	GAINE	HYMNE	CARNÉ	CRÊPE
ZOOMÉ	GLANÉ	GAINÉ	BANNE	**CARNÉ**	CRÊPÉ
ARÔME	PLANE	HAINE	CANNE	DARNE	GUÊPE
BROME	PLANÉ	JAÏNE	CANNÉ	MARNE	CHIPÉ
BROMÉ	ÉMANÉ	LAINE	MANNE	MARNÉ	FRIPE
DROME	**CRANE**	LAINÉ	PANNE	BERNE	FRIPÉ
DRÔME	CRÂNE	**MAINE**	PANNÉ	**BERNE**	TRIPE
PROME	CRÂNÉ	NAINE	TANNE	BERNÉ	STIPE
ATOME	HYDNE	**PAINE**	TANNÉ	CERNE	GUIPÉ
MYOME	ÉBÈNE	RAINÉ	VANNE	CERNÉ	**CALPÉ**
CGPME	SCÈNE	SAINE	VANNÉ	**HERNE**	PALPE
CARME	CHÊNE	**TAINE**	BENNE	**LERNE**	PALPÉ
LARME	DIÈNE	VAINE	HENNÉ	TERNE	SALPE
PARME	**WIENE**	**UDINE**	PENNE	VERNE	PULPE
PARME	AKÈNE	**HEINE**	**PENNE**	**VERNE**	CAMPE
BERME	ALÊNE	**LEINE**	PENNÉ	BORNE	HAMPE
DERME	GLÈNE	PEINE	RENNE	BORNÉ	LAMPE
FERME	AMÈNE	PEINÉ	SENNE	CORNE	LAMPÉ
FERMÉ	AMENÉ	REINE	**SENNE**	CORNÉ	RAMPE
GERME	FOÈNE	SEINE	**YENNE**	MORNE	RAMPÉ
GERMÉ	ARÈNE	**SEINE**	**LINNÉ**	**TORNE**	VAMPÉ
TERME	FRÊNE	VEINE	**MINNE**	TURNE	**SEMPÉ**
FIRME	GRENÉ	VEINÉ	PINNE	**LASNE**	TEMPE
CORME	**IRÈNE**	ZÉINE	BONNE	**AISNE**	LOMPE
FORME	AXÈNE	**ÉGINE**	CONNE	**COSNE**	POMPE
FORMÉ	HYÈNE	**UGINE**	DONNE	FAUNE	POMPÉ
LORME	OZÈNE	CHINE	**DONNE**	JAUNE	ÉCOPE
NORME	BAGNE	**CHINE**	DONNÉ	**JAUNE**	ÉCOPÉ
NORMÉ	CAGNE	CHINÉ	NONNE	SAUNÉ	SCOPE
COSME	FAGNE	**RHINE**	SONNÉ	JEUNE	CHOPE
BAUME	GAGNE	**KLINE**	TONNE	JEÛNE	CHOPÉ
BAUMÉ	GAGNÉ	**PLINE**	TONNÉ	JEÛNÉ	CLOPE
GAUME	**MAGNE**	AMINE	**YONNE**	THUNE	DROPÉ
PAUME	MAGNÉ	AMINÉ	**SAÔNE**	ALUNÉ	TROPE
PAUMÉ	PAGNE	IMINE	ICÔNE	BRUNE	**ÉSOPE**
ÉCUME	RÈGNE	KOINÈ	LEONE	**BRUNE**	MYOPE
ÉCUMÉ	RÉGNÉ	MOINE	**LEONE**	PRUNE	HAPPE
NEUME	DIGNE	ÉPINE	PHONE	**RIVNE**	HAPPÉ
RHUME	**DIGNE**	OPINÉ	**RHÔNE**	**PAYNE**	JAPPÉ
RHUMÉ	LIGNE	TRINE	CLONE	**WAYNE**	NAPPE
FIUME	**LIGNE**	URINE	CLONÉ	**VEYNE**	NAPPÉ
GLUME	LIGNÉ	URINÉ	ANONE	**BOYNE**	RAPPÉ
PLUME	**LIGNÉ**	USINE	**BOONE**	**DEFOE**	ZAPPÉ
PLUMÉ	**MIGNE**	USINÉ	DRONE	MÉLOÉ	CIPPE
BOUMÉ	PIGNE	PUÎNE	IRONE	**CHLOÉ**	LIPPE
BRUME	SIGNE	QUINE	KRONE	**SILOÉ**	**LIPPE**
GRUME	SIGNÉ	**QUINE**	PRÔNE	**COMOÉ**	NIPPE
ABYME	VIGNE	QUINÉ	PRÔNÉ	CANOË	NIPPÉ
CHYME	COGNE	RUINE	TRÔNE	**FÉROÉ**	TIPPÉ
AZYME	COGNÉ	RUINÉ	TRÔNÉ	**MÉROÉ**	ZIPPÉ
AHANÉ	POGNE	AVINÉ	ATONE	AGAPE	HUPPE
THANE	ROGNE	OVINE	AXONE	CHAPE	HUPPÉ
DIANE	ROGNÉ	OVINÉ	OZONE	CHAPÉ	**JUPPÉ**
DIANE	BUGNE	**AULNE**	OZONÉ	**SHAPE**	CARPE
LIANE	CYGNE	DAMNÉ	HYPNE	DRAPÉ	HARPE
FLÂNE	DAINE	**TEMNE**	CARNE	ÉTAPE	HERPE
FLÂNÉ	FAÎNE				SERPE

GASPÉ	SUCRÉ	HAIRE	**JARRE**	AMURE	ALISE
JASPE	CADRE	MAIRE	MARRE	AMURÉ	ÉMISE
JASPÉ	CADRÉ	**MAIRE**	MARRÉ	BOURE	OMISE
GAUPE	LADRE	PAIRE	NARRÉ	GOURÉ	ANISÉ
TAUPE	**MADRE**	RAIRE	**SARRE**	LOURE	**BOISE**
TAUPÉ	MADRÉ	TAIRE	**BERRE**	LOURÉ	BOISÉ
COUPE	CÈDRE	VAIRÉ	FERRÉ	**TOURÉ**	MOISE
COUPÉ	CIDRE	ZAÏRE	**FERRÉ**	APURÉ	MOÏSE
LOUPE	**ANDRÉ**	**ZAÏRE**	PERRÉ	ÉPURE	**MOÏSE**
LOUPÉ	**INDRE**	SBIRE	SERRE	ÉPURÉ	MOISÉ
POUPE	**ERDRE**	ÉLIRE	**SERRE**	USURE	NOISE
SOUPE	ORDRE	BOIRE	SERRÉ	**STURE**	POISE
SOUPÉ	ORDRÉ	**COIRE**	TERRE	AZURE	TOISE
DRUPE	HYDRE	**DOIRE**	TERRÉ	**FAVRE**	TOISÉ
ICARE	**CAERE**	FOIRE	VERRE	HAVRE	VOISÉ
SCARE	IBÈRE	FOIRÉ	CIRRE	NAVRÉ	ARISÉ
ÉGARÉ	OBÉRÉ	**LOIRE**	PÂTRE	**WAVRE**	BRISE
O'HARE	ACÉRÉ	MOIRE	HÊTRE	LÈVRE	BRISÉ
PHARE	CHÈRE	**MOIRE**	MÈTRE	SEVRÉ	CRISE
TIARE	BIÈRE	MOIRÉ	MÉTRÉ	GIVRE	FRISE
TIARÉ	FIÈRE	NOIRE	LITRE	GIVRÉ	**FRISE**
AVARE	**IKERE**	**NOIRE**	MITRE	LIVRE	FRISÉ
CABRÉ	**BLÉRÉ**	POIRE	**MITRE**	LIVRÉ	GRISE
FABRE	AMÈRE	POIRÉ	MITRÉ	VIVRE	GRISÉ
HABRÉ	MOERE	VOIRE	NITRE	OUVRÉ	IRISÉ
LABRE	OPÉRÉ	**ÉPIRE**	NITRÉ	**LEYRE**	PRISE
SABRE	FRÈRE	SPIRE	PITRE	**VEYRE**	PRISÉ
SABRÉ	**FRÈRE**	**SPIRE**	TITRE	**KOYRÉ**	GUISE
ZABRE	**ISÈRE**	FRIRE	TITRÉ	APYRE	**GUISE**
DEBRÉ	STÈRE	ÉTIRÉ	VITRE	**CHASE**	PUISE
ZÈBRE	STÉRÉ	BUIRE	VITRÉ	PHASE	AVISÉ
ZÉBRÉ	GUÈRE	CUIRE	**VITRÉ**	UKASE	VALSE
FIBRE	AVÉRÉ	LUIRE	ANTRE	BLASE	VALSÉ
LIBRE	**EVERE**	NUIRE	ENTRE	BLASÉ	**CELSE**
TIBRE	BÂFRÉ	GENRE	ENTRÉ	**ANASE**	**HULSE**
VIBRÉ	CAFRE	ACORE	COTRE	**COASE**	PULSÉ
AMBRE	SAFRE	SCORE	NOTRE	ARASÉ	DANSE
AMBRÉ	**AFFRE**	ADORÉ	NÔTRE	BRASÉ	DANSÉ
OMBRE	OFFRE	**NKORE**	VOTRE	CRASE	GANSE
OMBRÉ	FIFRE	CLORE	VÔTRE	FRASÉ	GANSÉ
SOBRE	PAGRE	FLORE	ASTRE	**OTASE**	HANSE
ARBRE	DEGRÉ	**FLORE**	ASTRÉ	STASE	**HANSE**
MACRE	NÈGRE	**VLORË**	AUTRE	ÉVASÉ	MANSE
NACRE	PÈGRE	**MOORE**	OUTRE	PACSÉ	PANSE
NACRÉ	**SÈGRE**	SPORE	OUTRÉ	OBÈSE	PANSÉ
SACRE	**SEGRÈ**	STORE	FAURE	THÈSE	CENSÉ
SACRÉ	**SEGRÉ**	CÂPRE	**FAURÉ**	DIÈSE	DENSE
SACRÉ	AIGRE	LÈPRE	LAURE	ALÈSE	MENSE
SACRÉ	BIGRE	**LE PRÉ**	LAURÉ	ALÉSÉ	PENSÉ
RÉCRÉ	MIGRE	CIPRE	**MAURE**	BLÉSÉ	SENSÉ
ANCRE	TIGRE	**DUPRÉ**	MAURE	TMÈSE	**RONSE**
ANCRÉ	**TIGRÉ**	BARRE	SAURÉ	NOÈSE	CHOSE
ENCRE	**TIGRÉ**	**BARRE**	TAURE	GRÉSÉ	ALOSE
ENCRÉ	**INGRÉ**	CARRE	BAISE	**BAÏSE**	CLOSE
LUCRE	**BAIRE**	CARRÉ	HEURE	BAISÉ	GLOSE
SUCRE	FAIRE	JARRE	LIURE	**MEISE**	GLOSÉ
SUCRE					GNOSE

OROSE	LISSÉ	PIÉTÉ	VOLTÉ	COPTE	JATTE
PROSE	PISSE	**VIÈTE**	CULTE	CARTE	LATTE
PTÔSE	PISSÉ	GNÈTE	COMTE	CARTÉ	LATTÉ
LIPSE	TISSÉ	BOËTE	**COMTE**	FARTÉ	MATTE
GYPSE	VISSÉ	POËTE	COMTÉ	MARTE	NATTE
DARSE	BOSSE	ARÊTE	**DANTE**	TARTE	NATTÉ
NARSE	**BOSSE**	**CRÈTE**	**FANTE**	FERTÉ	PATTE
TARSE	BOSSÉ	CRÊTE	GANTÉ	PERTE	PATTÉ
HERSE	COSSE	CRÊTÉ	HANTÉ	SERTE	RATTE
HERSÉ	COSSÉ	FRÉTÉ	JANTE	VERTE	BETTE
PERSE	**COSSÉ**	PRÊTE	**KANTÉ**	AORTE	CETTE
PERSE	DOSSE	PRÊTÉ	MANTE	**CORTE**	DETTE
VERSE	FOSSE	ÉTÊTÉ	PANTE	FORTE	**JETTE**
VERSÉ	**FOSSE**	GUÈTE	SANTÉ	MORTE	LETTE
CIRSE	FOSSÉ	QUÊTE	TANTE	**MORTE**	NETTE
CORSE	GOSSE	QUÊTÉ	VANTÉ	PORTE	BITTE
CORSE	ROSSE	CAFTÉ	**XANTE**	**PORTE**	VITTE
CORSÉ	ROSSÉ	LIFTÉ	**ZANTE**	PORTÉ	**WITTE**
MORSE	TOSSÉ	APHTE	DENTÉ	SORTE	BOTTE
MORSE	GUSSE	FAITE	FENTE	MYRTE	BOTTÉ
TORSE	RUSSE	FAÎTE	LENTE	**SYRTE**	COTTE
NURSE	**RUSSE**	GAÎTÉ	PENTE	BASTE	**COTTE**
OURSE	**ROTSÉ**	LAITÉ	RENTE	BASTÉ	HOTTE
OURSE	CAUSE	SAÏTE	RENTÉ	CASTE	HOTTÉ
BASSE	CAUSÉ	ÉDITÉ	SENTE	FASTE	LOTTE
CASSE	LAUSE	DÉITÉ	TENTE	HASTÉ	MOTTE
CASSÉ	PAUSE	AGITÉ	TENTÉ	VASTE	MOTTÉ
HASSE	PAUSÉ	**WHITE**	VENTE	CESTE	SOTTE
LASSE	ABUSÉ	ALITÉ	VENTÉ	GESTE	BUTTE
LASSÉ	**MEUSE**	ÉLITE	OINTE	LESTE	BUTTÉ
MASSE	YEUSE	IMITÉ	PINTE	LESTÉ	HUTTE
MASSÉ	CLUSE	UNITÉ	PINTÉ	PESTE	LUTTE
MASSÉ	AMUSÉ	BOÎTE	TINTE	PESTÉ	**LUTTE**
NASSE	BOUSE	BOÎTÉ	TINTÉ	RESTE	PUTTÉ
PASSE	HOUSE	COITE	BONTÉ	RESTÉ	FAUTE
PASSÉ	PAYSE	COÏTÉ	CONTE	TESTÉ	FAUTÉ
SASSÉ	PHYSE	MOITE	**CONTÉ**	VESTE	HAUTE
TASSE	**ABATE**	FRITE	FONTE	ZESTE	SAUTE
TASSE	BÉATE	USITÉ	HONTE	ZESTÉ	SAUTÉ
TASSÉ	**ÉFATÉ**	OTITE	**JONTE**	CISTE	MEUTE
BESSE	AGATE	CUITE	MONTE	LISTE	CHUTE
CESSE	SKATE	CUITÉ	**MONTE**	LISTÉ	CHUTÉ
CESSÉ	PLATE	DUITE	MONTÉ	PISTE	BLUTÉ
FESSE	ÉPATE	FUITE	PONTE	PISTÉ	**FLÛTE**
FESSÉ	ÉPATÉ	SUITE	PONTÉ	**AOSTE**	FLÛTÉ
GESSE	URATE	ÉVITÉ	TONTE	POSTE	AOÛTÉ
HESSE	OUATE	BALTE	JUNTE	POSTÉ	BOUTÉ
MESSE	OUATÉ	**BALTE**	À-CÔTÉ	BUSTE	COÛTÉ
PESSE	JACTÉ	CALTÉ	**LHOTE**	JUSTE	DOUTE
VESSE	LACTÉ	HALTE	RIOTÉ	**JUSTE**	DOUTÉ
VESSÉ	PACTE	**MALTE**	**FLOTE**	OUSTE	GOÛTÉ
BISSE	BECTÉ	MALTÉ	ILOTE	**YUSTE**	JOUTE
BISSÉ	SECTE	CELTE	PROTE	KYSTE	JOUTÉ
CISSÉ	DICTÉ	**CELTE**	AZOTE	XYSTE	ROUTE
HISSE	DOCTE	PELTÉ	AZOTÉ	BATTE	ROUTÉ
HISSÉ	**GAÈTE**	TILTÉ	CAPTÉ	DATTE	SOUTE
LISSE	DIÈTE	VOLTE	LEPTE	GATTÉ	TOUTE

VOÛTE
VOÛTÉ
BRUTE
GRUTÉ
SEXTE
TEXTE
MIXTE
SIXTE
SIXTE
LEYTE
ALYTE
REBUE
EMBUE
EMBUÉ
IMBUE
DÉÇUE
REÇUE
VÉCUE
COCUE
REDUE
INDUE
DODUE
ARDUE
LIEUE
BLEUE
QUEUE
BAGUE
BAGUÉ
DAGUE
HAGUE
RAGUÉ
TAGUÉ
VAGUE
VAGUÉ
BÈGUE
BÉGUË
LÉGUÉ
AIGUË
BIGUE
CIGUË
DIGUE
FIGUE
GIGUE
LIGUE
LIGUÉ
ZIGUE
ALGUE
BOGUE
BOGUÉ
DOGUE
GOGUE
ROGUE
ROGUÉ
VOGUE
VOGUÉ
VOGÜE
ARGUÉ

ORGUE
FUGUE
FUGUÉ
ÉCHUE
COHUE
BALUE
SALUÉ
VALUE
RELUE
VELUE
DILUÉ
REMUE
REMUÉ
DÉNUÉ
MENUE
TENUE
TÉNUE
VENUE
SINUÉ
ÉBOUÉ
CLOUÉ
FLOUE
FLOUÉ
ÉNOUÉ
FROUÉ
PROUE
TROUÉ
AVOUÉ
REPUE
CAQUE
CAQUÉ
ÉAQUE
JAQUE
LAQUE
LAQUÉ
MAQUÉ
PÂQUE
RAQUÉ
SAQUÉ
TAQUE
TAQUÉ
VAQUÉ
BIQUE
MIQUE
NIQUE
NIQUÉ
PIQUE
PIQUÉ
TIQUE
TIQUÉ
COQUE
LOQUE
MOQUE
MOQUÉ
POQUÉ
ROQUE
ROQUÉ

TOQUE
TOQUÉ
ARQUÉ
ORQUE
ASQUE
OSQUE
NUQUE
TUQUE
ÉCRUE
FÉRUE
MORUE
SPRUE
JOSUÉ
ISSUE
OSSUE
TÊTUE
VÊTUE
SITUÉ
POTUE
BÉVUE
REVUE
SEXUÉ
AGAVE
AGAVÉ
PIAVE
CLAVÉ
ÉLAVÉ
SLAVE
SLAVE
ÉPAVE
BRAVE
BRAVÉ
CRAVE
DRAVE
DRAVE
DRAVÉ
GRAVE
GRAVE
GRAVÉ
SUAVE
SCÈVE
ÉLÈVE
ÉLEVÉ
BRÈVE
CRÈVE
CREVÉ
DRÈVE
GRÈVE
GRÈVE
GREVÉ
TRÊVE
JAHVÉ
YAHVÉ
NAÏVE
OGIVE
CLIVE
CLIVÉ

OLIVE
BRIVE
DRIVE
DRIVÉ
GRIVE
PRIVÉ
JUIVE
JUIVE
AVIVÉ
SALVE
VALVE
VALVÉ
SELVE
VOLVE
VULVE
SYLVE
SANVE
LARVE
LARVÉ
VARVE
SERVE
VERVE
HERVE
HERVÉ
MORVE
TORVE
FAUVE
MAUVE
SAUVE
SAUVÉ
NEUVE
ŒUVÉ
VEUVE
COUVÉ
DOUVE
JOUVE
LOUVE
ÉTUVE
ÉTUVÉ
KABWE
BIAXE
ARAXE
UBAYE
ÉGAYÉ
BLAYE
DRAYÉ
FRAYÉ
YSAYE
ÉTAYÉ
DEBYE
DEBYE
LIBYE
SELYE
ABOYÉ
CHOYÉ
PLOYÉ
BROYÉ

BARYE
BLAZE
PEDZÉ
PIÈZE
ALÉZÉ
BRÉZÉ
GUÈZE
GAIZE
LAIZE
TAIZÉ
SEIZE
ALIZE
ALIZÉ
BRIZE
AVIZE
JANZÉ
WANZE
HENZE
BONZE
GONZE
BERZÉ
EAUZE
LAUZE
MAUZÉ
LEUZE
DOUZE
DOUZE
DRUZE
DRUZE
MEZZE
GRAAF
PILAF
TARAF
MATAF
MEDEF
GRIEF
BÉNEF
BÉSEF
BÉZEF
BLAFF
GRAFF
STAFF
RUEFF
SKIFF
SNIFF
WOLFF
BANFF
LWOFF
BLUFF
RÉCIF
NOCIF
GÉLIF
CANIF
MANIF
TARIF

PÉRIF
OISIF
DATIF
HÂTIF
MATIF
NATIF
ACTIF
RÉTIF
SÉTIF
MOTIF
VOTIF
BOUIF
SHELF
WOOLF
WOLOF
WOLOF
WHARF
WHORF
SMURF
BEAUF
BŒUF
CHOUF
DIOUF
PLOUF
SOHAG
OFLAG
GRIEG
BRAGG
FRIGG
CRAIG
KABIG
ZADIG
ZWEIG
ANTI-G
MÉZIG
SÉZIG
TÉZIG
XIANG
SLANG
ÉTANG
LAING
SEING
COING
LOING
POING
DRING
TS'ING
EWING
SWING
ALONG
MEUNG
YOUNG
MAGOG
KHARG
BOURG
BOURG
RABAH

SABAH	STOPH	RANCI	DELHI	PARMI	AZÉRI
RAJAH	CLASH	SANCI	AMPHI	FERMI	NEGRI
ALLAH	FLASH	CENCI	KASHI	DORMI	AIGRI
SHOAH	SLASH	MINCI	RASHI	NURMI	RIGRI
POPAH	SMASH	VINCI	HU SHI	ROUMI	GUMRI
SARAH	CRASH	FARCI	SU SHI	CHENI	HENRI
TORAH	TRASH	MERCI	SUSHI	MBINI	MAORI
SURAH	AMISH	FORCI	ASCII	ACINI	DIORI
SYRAH	WALSH	DURCI	TORII	BLINI	CAPRI
PHTAH	BLUSH	DOUCI	HADJI	LUINI	BARRI
POUAH	FLUSH	SOUCI	FIDJI	BANNI	MARRI
LEACH	SLUSH	SAADI	TAIJI	ZANNI	FERRI
COACH	BAATH	EBADI	MEIJI	HENNI	TERRI
LOACH	HEATH	ALADI	SHIJI	NENNI	BURRI
ROACH	SPATH	GADDI	KANJI	NENNI	PETRI
KRACH	ANETH	TIÉDI	XINJI	HONNI	PÉTRI
BUÈCH	ÉDITH	MAHDI	OGAKI	LEONI	CAURI
REICH	SMITH	RAIDI	ESAKI	AGONI	AHURI
RANCH	TRITH	ROIDI	IWAKI	NGONI	HOURI
HENCH	LINTH	CANDI	MBEKI	OGONI	SOURI
WINCH	BOOTH	HINDI	KINKI	RIONI	STASI
MÖNCH	BARTH	BONDI	HARKI	GARNI	QUASI
LUNCH	HARTH	GONDI	GORKI	BERNI	SAISI
MUNCH	PERTH	LUNDI	HUBLI	TERNI	MOISI
PUNCH	FIRTH	PRODI	HUGLI	TERNI	GRISI
LYNCH	FORTH	BARDI	CHILI	VERNI	HANSI
BLOCH	WORTH	HARDI	CHILI	FORNI	AINSI
ÉNOCH	FÜRTH	MARDI	MOILI	JAUNI	LAPSI
HOOCH	ABDUH	PARDI	AVILI	RÉUNI	FARSI
BROCH	BAHAÏ	TARDI	MILLI-	ALUNI	PARSI
HASCH	BÉHAÏ	VERDI	MOLLI	BRUNI	KISSI
PASCH	BOHAI	VERDI	LULLI	HANOI	SISSI
FESCH	SAKAI	NORDI	PAOLI	MONOÏ	MOSSI
BOSCH	JÓKAI	OURDI	ABOLI	PAROI	ROSSI
KUSCH	TOKAÏ	GAUDÍ	AÏOLI	ARROI	AUSSI
CATCH	BALAI	JEUDI	REPLI	ENVOI	TUTSI
MATCH	DÉLAI	HEBEI	AMPLI	OKAPI	GLATI
PATCH	SINAÏ	HUBEI	EMPLI	CLAPI	AMATI
PATCH	CORAÏ	HEFEI	MARLI	FLAPI	COATI
KETCH	KORAI	UNKEI	SIRLI	GLAPI	ABÊTI
KITCH	KASAÏ	SEMEÏ	FORLI	CRÉPI	RIETI
PITCH	MASAI	SUFFI	MUSLI	HAMPI	PRETI
KOTCH	ASSAI	SOUFI	RÜTLI	LIPPI	MUFTI
ROUCH	ESSAI	RÉAGI	PAULI	COPPI	LAHTI
AOUDH	ALTAÏ	CHIGI	GAZLI	YOUPI	HAÏTI
ATJEH	DOUAI	GOLGI	ZEAMI	BENQI	MOITI
ESNÈH	HAWAÏ	GOLGI	AGAMI	CHARI	BALTI
GIZEH	RABBI	SURGI	MIAMI	INARI	SOLTI
NEAGH	ALIBI	ROUGI	DJAMI	CABRI	FANTI
LEIGH	HALBI	ÉBAHI	ITAMI	LABRI	NANTI
SINGH	JAMBI	SPAHI	À DEMI	DÉCRI	CENTI-
HOOGH	LAMBI	TRAHI	BLÊMI	INDRI	MENTI
KROGH	ZOMBI	RACHI	FRÉMI	CHÉRI	SENTI
WAUGH	RICCI	RACHI	ATÉMI	ÉMERI	CONTI
ROUGH	COCCI	KOCHI	CALMI	GUÉRI	MONTI
SALIH	VOICI	BODHI	OTOMI	AZÉRI	PONTI
ALEPH	PULCI	RIGHI	OTOMI	AZÉRI	MOPTI

MARTÍ	STEAK	**YUROK**	SONAL	RECEL	**TEXEL**
PARTI	ZAMAK	**CLARK**	TONAL	**VEDEL**	PIXEL
TARTI	**POMAK**	**STARK**	ZONAL	**BODEL**	**STAHL**
SERTI	KANAK	QUARK	PAPAL	**GÖDEL**	**BRÜHL**
CORTI	**KANAK**	**OZARK**	**NÉPAL**	**MODEL**	E-MAIL
SORTI	**NANAK**	BEURK	COPAL	IDÉEL	ÉMAIL
MISTI	GOPAK	**BIISK**	NOPAL	**EFFEL**	TRAIL
INSTI	HOPAK	**TOMSK**	FÉRAL	**EIFEL**	BABIL
RÖSTI	**BARAK**	**MINSK**	VIRAL	**KAGEL**	**ARBIL**
GATTI	**HUSÁK**	**SULUK**	MORAL	PAGEL	**ERBIL**
HATTI	**BATAK**	PLOUK	DURAL	DÉGEL	**CECIL**
PATTI	**DAYAK**	**GRAAL**	MURAL	**HEGEL**	VIEIL
PITTI	KAYAK	KRAAL	**OURAL**	REGEL	**BREIL**
COTTI	BLACK	**STAAL**	RURAL	**URGEL**	**CREIL**
PUTTI	**BLACK**	**IQBAL**	SURAL	**SAHEL**	**BUEIL**
TUTTI	SNACK	FÉCAL	BASAL	**AMIEL**	**RUEIL**
MBUTI	ARACK	BOCAL	NASAL	**CRIEL**	ÉVEIL
PIAUÍ	CRACK	FOCAL	SISAL	ORIEL	VIGIL
BLEUI	**PIECK**	LOCAL	FATAL	**TRIEL**	**IDJIL**
ENFUI	**TIECK**	VOCAL	NATAL	**JIJEL**	**ENLIL**
ANHUI	CLICK	DUCAL	**NATAL**	**MEMEL**	TAMIL
FUKUI	BRICK	HADAL	OCTAL	**GOMEL**	**TAMIL**
CELUI	**CRICK**	**VIDAL**	LÉTAL	**FUMEL**	FENIL
RELUI	STICK	**WIDAL**	MÉTAL	JUMEL	**GENIL**
ENNUI	QUICK	MODAL	**RITAL**	PANEL	PÉNIL
INOUÏ	**PENCK**	NODAL	VITAL	**VANEL**	BARIL
TEPUI	**FONCK**	IDÉAL	**VITAL**	**PINEL**	PÉRIL
APPUI	**MONCK**	ILÉAL	DOTAL	MONEL	VIRIL
GRAVI	BLOCK	**BRÉAL**	TOTAL	**LUNEL**	TORIL
SUIVI	**PLOCK**	TAGAL	FUTAL	NAPEL	AVRIL
CALVI	**KNOCK**	**TAGAL**	JOUAL	APPEL	FUSIL
CARVI	**GROCK**	VAGAL	**LAVAL**	**RUPEL**	**MUSIL**
NERVI	STOCK	LÉGAL	NAVAL	**FAREL**	OUTIL
NERVI	**BERCK**	RÉGAL	RAVAL	**BOREL**	DEUIL
SERVI	**YORCK**	**TEGAL**	**FÉVAL**	**FOREL**	FEUIL
COUVI	**GLUCK**	JUGAL	**REVAL**	**SOREL**	SEUIL
GLAWI	**KLUCK**	GLIAL	NIVAL	**CUREL**	CIVIL
LOEWI	TRUCK	TRIAL	RIVAL	**BASEL**	**ANVIL**
CRAXI	UZBEK	**TRIAL**	**ORVAL**	**USSEL**	**STIJL**
BENXI	**UZBEK**	AXIAL	**DUVAL**	NATEL	**TRAKL**
GUOXI	**ZADEK**	**CAJAL**	COXAL	RATEL	**ABELL**
ZHUXI	CREEK	**AIJAL**	GAYAL	**VATEL**	**GSELL**
BELYÏ	KRIEK	**MAKAL**	RIYAL	BÉTEL	**LYELL**
P'OU-YI	**CAPEK**	**TIKAL**	LOYAL	UNTEL	**NEILL**
SWAZI	**HASEK**	HALAL	ROYAL	HÔTEL	**WEILL**
SWAZI	**HAYEK**	**BILAL**	**RIZAL**	MOTEL	**THILL**
ZANZI	CHEIK	**HILAL**	LEIBL	ARTEL	DRILL
SUNZI	**IZNIK**	**KEMAL**	LENDL	AUTEL	GRILL
LAOZI	**NASIK**	**UXMAL**	**STAËL**	CRUEL	KRILL
LAZZI	BATIK	BANAL	**BABEL**	USUEL	**CROLL**
PAZZI	**FRANK**	CANAL	LABEL	**DAVEL**	**TROLL**
GOZZI	**BRINK**	FANAL	**BEBEL**	**HAVEL**	ATOLL
TOKAJ	DRINK	PÉNAL	**LE BEL**	**JAVEL**	COBOL
TOKAJ	E-BOOK	RÉNAL	LEBEL	NAVEL	**TOBOL**
SPAAK	BROOK	VÉNAL	**REBEL**	**RAVEL**	LICOL
ISAAK	**BROOK**	FINAL	NOBEL	TAVEL	NICOL
BREAK	KAPOK	ANNAL	**NOBEL**	**REVEL**	**NICOL**

ALDOL	TOTEM	**RACAN**	NANAN	**HAYDN**	**DOYEN**
SHÉOL	CLAIM	DÉCAN	**YAN'AN**	**ŒBEN**	**FOYEN**
ALGOL	**JOBIM**	PÉCAN	**HENAN**	**RUBEN**	MOYEN
GOGOL	**ICHIM**	**ALCAN**	**RENAN**	**BADEN**	**ROYEN**
ERGOL	**SELIM**	ENCAN	**SÉNAN**	**EMDEN**	ARYEN
JEHOL	KILIM	PADAN	**AGNAN**	LODEN	**PLZEN**
KOHOL	DENIM	**MEDAN**	**DINAN**	**ARDEN**	**BOZEN**
THIOL	**ARNIM**	**MÉDAN**	**JINAN**	**AUDEN**	FŒHN
TRIOL	**TARIM**	REDAN	**SINAN**	**SCÉEN**	CROHN
BÉMOL	PERIM	**SEDAN**	**ANNAN**	**AGÉEN**	**CHAIN**
CAROL	**VITIM**	**ALDAN**	**CONAN**	ÉGÉEN	**DJAÏN**
TYROL	**MAXIM**	GODAN	**HUNAN**	GREEN	**ALAIN**
ENVOL	GOYIM	PÆAN	EMPAN	GREEN	**BLAIN**
TAXOL	STAMM	OCÉAN	**COPÁN**	STEEN	**CLAIN**
FAYOL	STEMM	CLEAN	**MARAN**	**AXÉEN**	PLAIN
MAYOL	**GRIMM**	**ASEAN**	**SARAN**	**HAGEN**	DRAIN
RAYOL	**FROMM**	**PAGAN**	VARAN	**EIGEN**	**GRAIN**
MAËRL	**RADOM**	**SAGAN**	ÉCRAN	**RÜGEN**	TRAIN
KABUL	RENOM	**LOGAN**	**TIRAN**	**COHEN**	**ÉTAIN**
RECUL	BLOOM	**MAHAN**	CORAN	PAÏEN	**ÉTAIN**
CUCUL	GROOM	**BEHAN**	**CORAN**	CHIEN	**YVAIN**
AÏEUL	VROOM	HI-HAN	JORAN	ÎLIEN	**TWAIN**
MÉHUL	CD-ROM	**ROHAN**	LORAN	ARIEN	**GABIN**
ELLUL	EPROM	**WUHAN**	**DURAN**	IRIEN	**RABIN**
CUMUL	**EPSOM**	**SAÏAN**	TYRAN	AIKEN	**SABIN**
RAOUL	**BYTOM**	**TAI'AN**	HASAN	**BALEN**	**YIBIN**
SAOUL	**STORM**	**IRIAN**	**MASAN**	**ALLEN**	ROBIN
SÉOUL	**STURM**	**ÉVIAN**	PISAN	SOLEN	**ROBIN**
FIOUL	SÉBUM	**SÉJAN**	**PISAN**	**YÉMEN**	**TOBIN**
CRAWL	ALBUM	**GUJAN**	ULSAN	**ILMEN**	AUBIN
BÉRYL	SEDUM	PÉKAN	MOSAN	**EMMEN**	AUBIN
KYZYL	OLÉUM	PALAN	**PUSAN**	LUMEN	**LUBIN**
HERZL	BÉGUM	**SALAN**	**PATAN**	RUMEN	**FICIN**
OCCAM	**NAHUM**	**CELAN**	**SATAN**	**SUMEN**	RICIN
SECAM	OPIUM	UHLAN	**VATAN**	YUMEN	**SOCIN**
NICAM	VÉLUM	BILAN	GITAN	HYMEN	BADIN
IRCAM	PILUM	**GITAN**	**GITAN**	**MENEN**	GADIN
PRIAM	FANUM	**MILAN**	MITAN	**DONEN**	LADIN
SALAM	BROUM	**MILAN**	TITAN	LÜNEN	RADIN
ISLAM	VROUM	**GOLAN**	**TITAN**	**PAPEN**	**HÉDIN**
MÉNAM	**AXOUM**	**ATLAN**	ANTAN	**LE PEN**	ALDIN
ANNAM	SÉRUM	**DYLAN**	**HOTAN**	**EUPEN**	ANDIN
CÉRAM	FORUM	**DAMAN**	**WOTAN**	**KAREN**	**ANDIN**
AGRAM	FATUM	**DAMAN**	AUTAN	**YAREN**	ONDIN
HIRAM	**TATUM**	MAMAN	ROUAN	**LOREN**	**BODIN**
ENSAM	TAXUM	**RAMAN**	**LAVAN**	**NORÉN**	**RODIN**
ASSAM	OPCVM	**DE MAN**	**BEVAN**	**BUREN**	**AYDIN**
S.A.C.E.M.	CABAN	**LEMAN**	**SEVAN**	**DÜREN**	RHEIN
MODEM	**LABAN**	**LÉMAN**	DIVAN	**IBSEN**	FLEIN
DUHEM	**RABAN**	**ZEMAN**	TEXAN	**ASSEN**	**KLEIN**
SALEM	**KEBAN**	LIMAN	**TEXAN**	**ESSEN**	PLEIN
BELÉM	**LIBAN**	**AMMAN**	**DAYAN**	**OLTEN**	FREIN
GOLEM	**ZIBAN**	ROMAN	**ROYAN**	**ROUEN**	**STEIN**
KANEM	**ALBAN**	TOMAN	**BRYAN**	**ELVEN**	**ENFIN**
SANEM	**DUBAN**	**ARMAN**	**KAZAN**	**BOWEN**	**RUFIN**
MENEM	RUBAN	**OSMAN**	**NIZAN**	MAYEN	VAGIN
HAREM	**LACAN**	ATMAN	**NIZAN**	**PAYEN**	**BEGIN**

BÉGIN	**LUPIN**	DIVIN	**MAGON**	**CIMON**	GORON
ELGIN	**PUPIN**	BOVIN	WAGON	LIMON	**MORÓN**
ENGIN	RUPIN	**LEWIN**	ANGON	**LIMÓN**	TORON
TCHIN	SUPIN	**NE WIN**	**DOGON**	**SIMON**	ÉTRON
BA JIN	**CARIN**	**ERWIN**	ARGON	TIMON	**AURON**
BAKIN	**GARIN**	**VEXIN**	**ORGON**	**AMMON**	BURON
DAKIN	MARIN	**FUXIN**	**MAHÓN**	JOMON	HURON
PA KIN	**MARIN**	**BAZIN**	**OTHON**	ARMON	**HURON**
PÉKIN	TARIN	**ANZIN**	SCION	BANON	JURON
PÉKIN	SARIN	LUZIN	ILION	CANON	LURON
CÂLIN	**VARIN**	**THANN**	**ILION**	CAÑON	**LURON**
MALIN	**WARIN**	**GLENN**	PLION	FANON	MÛRON
SALIN	ÉCRIN	**BRENN**	ANION	**FANON**	**ÉVRON**
SALIN	SERIN	DJINN	UNION	**CENON**	BYRON
BELIN	VÉRIN	**QUINN**	COÏON	**DENON**	**MYRON**
FÉLIN	BORIN	**BRÜNN**	APION	PENON	**JASON**
VÉLIN	DORIN	**FLYNN**	**ARION**	RENON	MÉSON
AHLIN	**KORIN**	**THAON**	BRION	TENON	PESON
OHLIN	**LORIN**	**CRAON**	**BRION**	XÉNON	BISON
FILIN	**MORIN**	GABON	ORION	**ZÉNON**	DISON
JILIN	BURIN	**ABBON**	PRION	**AGNON**	**MI SON**
COLIN	**JURIN**	EBBON	AVION	**OGNON**	OISON
COLIN	MURIN	**LE BON**	**AVION**	LINON	**PISON**
DOLIN	PURIN	**LEBON**	**IXION**	MINON	TISON
ROLIN	SURIN	AMBON	**DIJON**	SINON	VISON
SOLIN	**TURIN**	**AMBON**	**GIJÓN**	**CONON**	BOSON
SOLIN	GYRIN	**ARBON**	**NIKON**	**DONON**	**BOSON**
WOLIN	BASIN	BUBON	**YUKON**	**JUNON**	**BUSON**
GAMIN	**BASIN**	BACON	GALON	CAPON	BÂTON
TEMIN	LUSIN	**BACON**	JALON	**JAPON**	**CATON**
CUMIN	CATIN	FAÇON	SALON	JAPON	MATON
CANIN	LATIN	**MACON**	TALON	LAPON	PÂTON
JANIN	**LATIN**	MÂCON	**TALON**	**LAPON**	RATON
MANIN	MATIN	**MÂCON**	BELON	TAPON	BÉTON
TANIN	MÂTIN	MAÇON	**BELON**	PÉPON	JETON
BÉNIN	PATIN	TACON	**DELON**	IPPON	PETON
BÉNIN	**PATIN**	ACCON	FÉLON	JUPON	SÉTON
MENIN	SATIN	LEÇON	**GÉLON**	TYPON	TÉTON
MENIN	TÉTIN	COCON	MELON	**AARON**	GITON
VENIN	SIT-IN	ARÇON	SELON	BARON	PITON
BONIN	**ANTIN**	**LUÇON**	FILON	**BARON**	COTON
RÔNIN	POTIN	SUÇON	**MILON**	CARON	COTON
KHOIN	ROTIN	RADON	PILON	**FARON**	GOTON
GROIN	**ARTIN**	BEDON	**PILON**	SARON	**POTON**
LAPIN	BUTIN	**REDON**	COLON	VARON	TOTON
PAPIN	LUTIN	BIDON	CÔLON	HÉRON	**ASTON**
RAPIN	MUTIN	**DIDON**	**COLÓN**	**HÉRON**	**OTTON**
RAPIN	**THUIN**	**SIDON**	FOLON	**NÉRON**	FUTON
SAPIN	**BOUIN**	CODON	HOLON	**PERÓN**	**LUTON**
TAPIN	**GOUIN**	ODÉON	**SOLON**	BIRON	TAUON
PÉPIN	**AQUIN**	**ODÉON**	ARLON	CIRON	GLUON
PÉPIN	ÉQUIN	**THÉON**	ORLON	GIRON	**DRUON**
ALPIN	RAVIN	**CLÉON**	MULON	MIRON	GRUON
LOPIN	**AÇVIN**	ILÉON	NYLON	OIRON	**BAVON**
ORPIN	**BEVIN**	**CRÉON**	**RAMON**	PIRON	SAVON
DUPIN	DEVIN	FRÉON	DÉMON	**AKRON**	DEVON
LUPIN	**REVIN**	LAGON	**HÉMON**	CORON	**DEVON**

SUWON	SAMBO	DINGO	**TELLO**	PERSO	**MONEP**
PAXON	**BEMBO**	BONGO	**LILLO**	VERSO	MANIP
SAXON	COMBO	**BONGO**	MOLLO	CORSO	SCALP
SAXON	GOMBO	**CONGO**	**VENLO**	**TIRSO**	CHAMP
TAXON	JUMBO	**KONGO**	ÉCOLO	LASSO	**CLAMP**
NEXON	**GLOBO**	LONGO	NIOLO	**ROSSO**	**TRAMP**
NIXON	**GARBO**	**MONGO**	**NIOLO**	**ÉRATO**	**TROMP**
HAYON	TURBO	MUNGO	PROLO	**PRATO**	BE-BOP
LAYON	**CHACO**	À GOGO	STYLO	FACTO	GALOP
LAYON	**SACCO**	CARGO	**ALAMO**	HECTO-	SALOP
RAYON	**LECCO**	LARGO	PRIMO	HECTO	**SINOP**
SAYON	**SECCO**	**BORGO**	**MALMÖ**	RECTO	SCOOP
NOYON	HOCCO	**IDAHO**	OROMO	YOCTO-	SLOOP
GUYON	**GRECO**	FACHO	PROMO	**ANETO**	SIROP
GAZON	**GRÉCO**	MACHO	**IZUMO**	ÉDITO	**ALSOP**
ALZON	DELCO	**JOCHO**	**PEANO**	**BOITO**	**SHEPP**
LUZON	BANCO	**MINHO**	**CIANO**	**QUITO**	**KRUPP**
BÉARN	**BIOCO**	**SAPHO**	PIANO	**AALTO**	PIN-UP
AHERN	APOCO	XIPHO	**PIANO**	SALTO	À-COUP
STERN	CROCO	**BASHO**	GUANO	**SALTO**	CROUP
CAIRN	**CARCO**	LITHO	STÉNO	**DOLTO**	**BUNAQ**
BRAUN	CASCO	SOTHO	**OGINO**	FEMTO-	**GRACQ**
AUCUN	DISCO	**SOTHO**	PHONO	**KANTO**	**RONCQ**
AUDUN	BOSCO	**MY THO**	**GIONO**	**CENTO**	**MARCQ**
À JEUN	**BOSCO**	RADIO	PORNO	LENTO	**SERCQ**
MEHUN	**CUZCO**	AUDIO	**BRUNO**	**CINTO**	**OURCQ**
CAJUN	**AMADO**	HÉLIO	**ROVNO**	**PINTO**	**FARUQ**
CAJUN	CRADO	**OGLIO**	IGLOO	**TINTO**	**BABAR**
JUKUN	**PRADO**	FOLIO	**ESPOO**	PHOTO	**AKBAR**
FALUN	HEBDO	POLIO	DIAPO	**KROTO**	OSCAR
MELUN	CREDO	FONIO	**SWAPO**	**KYOTO**	**OSCAR**
IMMUN	**VALDO**	**DARÍO**	QUIPO	ZEPTO-	**JÚCAR**
KANUN	BOLDO	**BERIO**	**MOKPO**	**SARTO**	**KÁDÁR**
QANUN	KENDO	MORIO	CAMPO	**FERTÖ**	**NADAR**
TORUN	CONDO	**BOSIO**	**NAMPO**	**PORTO**	RADAR
OSSUN	**HONDO**	PATIO	TEMPO	**PORTO**	**ZADAR**
PÉTUN	KONDO	RATIO	**POOPÓ**	**PASTO**	LIDAR
TETUN	RONDO	**ANZIO**	**TAUPO**	PESTO	**LIFAR**
AUTUN	CLODO	**ENZIO**	MACRO	RESTO	**SAGAR**
LU XUN	KYUDO	GADJO	ACCRO	HOSTO	**ABGAR**
SHAWN	VIDÉO	BANJO	MICRO-	**LOTTO**	**EDGAR**
CLOWN	RODÉO	BARJO	MICRO	POTTO	**ELGAR**
BROWN	**ORFEO**	SHAKO	**PIERO**	PUTTO	LAHAR
CROWN	**ROMÉO**	GECKO	**MOERO**	SEXTO	**LEHÁR**
KATYN	**MONEO**	**NIKKO**	APÉRO	TEXTO	**BIHAR**
CACAO	RONÉO	**KENKO**	**DUERO**	**BRAVO**	**ZOHAR**
MACAO	**CUNEO**	**BIOKO**	FUERO	**NIEVO**	**DAKAR**
TCHAO	PARÉO	**PABLO**	**NEGRO**	**SVEVO**	**TIKAR**
NÉKAO	MÉTÉO	RÉGLO	**NUORO**	**BORVO**	**ISKAR**
CALAO	**CGT-FO**	AGGLO	IMPRO	**TOKYO**	VÉLAR
FILAO	IMAGO	**KAHLO**	**ZORRO**	DIAZO	**VILAR**
DAMÃO	**ARAGO**	PHILO	MÉTRO	**ZAZZO**	POLAR
DURÃO	**RIEGO**	**EEKLO**	RÉTRO	**POZZO**	TOLAR
DAVAO	FRIGO	GALLO	**DOURO**	LE CAP	**SAMAR**
BALBO	VULGO	**GALLO**	**GOURO**	JALAP	**GOMAR**
CAMBO	TANGO	**BELLO**	**ORURO**	HANAP	**TOMAR**
MAMBO	BINGO	HELLO	AVISO	CÉGEP	NANAR

DENAR	CODER	CALER	MINER	MISER	VOUER
DINAR	GODER	HALER	VINER	RISER	BAVER
SONAR	IODER	HÂLER	TONER	VISER	CAVER
ESPAR	RODER	RÂLER	ZONER	DOSER	GAVER
HARAR	RÔDER	SALER	ORNER	LOSER	HAVER
ADRAR	**SPEER**	TALER	TUNER	POSER	LAVER
CÉSAR	CRÉER	**ADLER**	CAPER	ROSER	**LAVER**
CÉSAR	GRÉER	BÊLER	LAPER	BUSER	PAVER
KATAR	MI-FER	CELER	RÂPER	FUSER	LEVER
QATAR	PIFER	FÊLER	SAPER	MUSER	RÊVER
TATAR	ENFER	GELER	TAPER	RUSER	HIVER
TATAR	LOFER	HÉLER	**IEPER**	LYSER	RIVER
SETAR	GAGER	MÊLER	**NEPER**	BÂTER	**DOVER**
SITAR	NAGER	PELER	BIPER	DATER	LOVER
ATTAR	RAGER	VÊLER	PIPER	GÂTER	NOVER
SHUAR	LÉGER	BILER	RIPER	HÂTER	CUVER
DOUAR	**LÉGER**	FILER	TIPER	MATER	FAXER
INVAR	**REGER**	MILER	IMPER	MÂTER	TAXER
DEWAR	**EIGER**	PILER	DOPER	PATER	VEXER
DEWAR	FIGER	SILER	TOPER	**PATER**	FIXER
NEWAR	**NIGER**	ALLER	TÔPER	RATER	MIXER
NAYAR	PIGER	VOLER	DUPER	TÂTER	BOXER
BAZAR	**SIGER**	CULER	RUPER	ACTER	LUXER
BALDR	**ALGER**	**EULER**	SUPER	FÊTER	BAYER
POSDR	GOGER	**TYLER**	HYPER	JETER	**BAYER**
SCAËR	LOGER	**WYLER**	TYPER	PÉTER	**MAYER**
BABER	**ROGER**	CAMER	GARER	TÉTER	PAYER
GABER	URGER	DAMER	PARER	CITER	RAYER
HABER	JUGER	LAMER	TARER	GÎTER	**MEYER**
GEBER	LUGER	**MAMER**	OCRER	LITER	**PEYER**
WEBER	**SUGER**	PÂMER	AÉRER	MITER	**BOYER**
WEBER	ÉCHER	RAMER	GÉRER	ENTER	FOYER
BIBER	**POHER**	**SAMER**	**SERER**	INTER	LOYER
LIBER	ÉTHER	SEMER	AIRER	COTER	NOYER
GOBER	OBIER	KHMER	CIRER	DOTER	**VOYER**
JOBER	ACIER	**KHMER**	MIRER	NOTER	GAZER
LOBER	SCIER	AIMER	TIRER	ROTER	CHAIR
ROBER	**MEIER**	LIMER	VIRER	VOTER	BLAIR
AUBER	CHIER	MIMER	DORER	OPTER	**BLAIR**
BUBER	SKIER	RIMER	FORER	ASTER	CLAIR
CUBER	**BLIER**	**AJMER**	ERRER	ESTER	**CLAIR**
HUBER	**GLIER**	**RÖMER**	CURER	**USTER**	FLAIR
SUBER	**OLIER**	VOMER	DURER	BUTER	ÉPAIR
TUBER	PLIER	ARMER	**DÜRER**	JUTER	**KABIR**
CYBER-	ÂNIER	FUMER	JURER	LUTER	SABIR
LACER	ÉPIER	HUMER	MURER	MUTER	SUBIR
RACER	CRIER	**SUMER**	**MURER**	**BAUER**	NADIR
BUCER	PRIER	**BANÉR**	BASER	**LAUER**	OBÉIR
SUCER	TRIER	CANER	CASER	ÉLUER	KÉFIR
BADER	OSIER	FANER	JASER	FLUER	VAGIR
NADER	ÉTIER	PANER	LASER	DOUER	MÉGIR
RADER	ÉVIER	**ABNER**	MASER	HOUER	RÉGIR
CÉDER	**AJJER**	GÊNER	RASER	JOUER	MUGIR
AIDER	**BOJER**	MENER	LÉSER	LOUER	RUGIR
EIDER	**BAKER**	BINER	PESER	NOUER	FAKIR
RIDER	JOKER	DÎNER	**WESER**	ROUER	PÂLIR
VIDER	POKER	LINER	BISER	TOUER	SALIR

POLIR	MAJOR	MIDAS	KREBS	GENÈS	LIAIS		
PAMIR	CUKOR	JUDAS	COMBS	MÉNÈS	NIAIS		
GÉMIR	TYLOR	JUDAS	DOUBS	AGNÈS	BLAIS		
VOMIR	TIMOR	DEGAS	AWACS	FINES	ÉPAIS		
IZMIR	ARMOR	DUGAS	DODDS	JONES	DRAIS		
BÉNIR	TÉNOR	ALIAS	LIEDS	NONES	FRAIS		
TENIR	AFNOR	ELIAS	LIEDS	DUNES	GUAIS		
VENIR	TOPOR	GOIÁS	POIDS	FUNÈS	OUAIS		
FINIR	KOROR	ARIAS	FONDS	ALOÈS	NABIS		
MUNIR	ENSOR	TRIAS	WOODS	CAPES	PUBIS		
PUNIR	ESSOR	ROJAS	GABÈS	VAPES	RUBIS		
SEOIR	KOTOR	CUJAS	TABÈS	YEPES	LACIS		
CHOIR	ROTOR	DUKAS	AMBÈS	ALPES	MACIS		
AVOIR	BUTOR	CALAS	ABCÈS	FARÈS	OCCIS		
OZOIR	BUTOR	HÉLAS	ACCÈS	PARÉS	DUCIS		
SAPIR	FLUOR	LILAS	DÉCÈS	CÉRÈS	JADIS		
TAPIR	ARVOR	ELLÁS	FÈCES	PERES	RADIS		
TARIR	NAZOR	COLAS	RECÈS	XERES	ÉLÉIS		
FÉRIR	VIAUR	COLAS	VÉCÉS	XÉRÈS	MÉGIS		
PÉRIR	BABUR	JOLAS	EXCÈS	AGRÈS	LOGIS		
MÛRIR	TIBUR	ATLAS	GADES	KORÈS	BUGIS		
SURIR	ODEUR	ATLAS	HADÈS	APRÈS	ATHIS		
BÂSIR	RIEUR	DAMAS	MÈDES	YPRES	TAKIS		
DÉSIR	SIEUR	DAMAS	ANDES	ÊTRES	PALIS		
GÉSIR	FLEUR	FAMAS	INDES	AURÈS	COLIS		
ROSIR	PLEUR	HAMAS	EUDES	BURES	VOLIS		
BÂTIR	CŒUR	RAMAS	DREES	MURES	AULIS		
CATIR	CŒUR	DUMAS	BAGES	ROSES	TAMIS		
MATIR	SŒUR	GENAS	PAGÈS	MUSES	ADMIS		
PÂTIR	LUEUR	LINAS	JUGES	GATES	DÉMIS		
VÊTIR	SUEUR	NINAS	GYGÈS	OATES	FEMIS		
COTIR	TUEUR	JONAS	BAÏES	JUTES	REMIS		
LOTIR	REGUR	PSOAS	VÉIES	BLUES	SEMIS		
RÔTIR	SÉGUR	PAPAS	THIÈS	DAVES	KOMIS		
THUIR	NAMUR	TAPAS	ARIÈS	NAVES	TANIS		
AMUÏR	FÉMUR	REPAS	VRIES	DIVES	CENIS		
FOUIR	SEMUR	APPAS	HALES	RIVES	DENIS		
JOUIR	ADOUR	HARAS	WALES	BOVES	PÉNIS		
ROUIR	N'DOUR	BORÁS	GELÉS	NOVES	SONIS		
RAVIR	AJOUR	ARRAS	WILES	VOVES	AUNIS		
SÉVIR	AMOUR	STRAS	ELLES	DAWES	TUNIS		
VIZIR	AMOUR	DURAS	ARLES	COWES	DIOIS		
GABOR	KSOUR	ROSAS	JULES	BAYES	BLOIS		
TABOR	KSOUR	ASSAS	JULES	HAYES	TROIS		
TABOR	IMPUR	ISSAS	EAMES	KAYES	LAPIS		
DÉCOR	MASUR	PATAS	JAMES	REYES	TAPIS		
MUCOR	FUTUR	LITAS	HIMES	LAZES	MARIS		
CADOR	FREYR	CRUAS	LIMES	MENGS	PARIS		
NADOR	STEYR	HAVAS	NÎMES	SACHS	PÂRIS		
FÉDOR	CABAS	RIVAS	SOMES	FUCHS	IDRIS		
VIDOR	LÀ-BAS	SIVAS	CUMES	RASHS	NÉRIS		
WIDOR	ABBAS	TIVAS	EANES	RUSHS	BORIS		
TUDOR	LE BAS	TEXAS	MÂNES	MATHS	DORIS		
ANGOR	MI-BAS	MAYAS	MANÈS	GOTHS	DORIS		
BOGOR	EN-CAS	BAZAS	VANES	REAIS	LORIS		
BIHOR	LUCAS	GIBBS	BENES	THAÏS	ÉPRIS		
MAJOR	CYCAS	CLEBS	GÊNES	BIAIS	OASIS		

ASSIS	CHAOS	TIERS	GIBUS	MOTUS	**HOUAT**
PÂTIS	**DU BOS**	**FLERS**	**ARBUS**	**ARTUS**	**TOUAT**
FÉTIS	**DUBOS**	**BOERS**	**CACUS**	FAVUS	SQUAT
MÉTIS	**COCOS**	**CUERS**	REÇUS	**ANZUS**	**BRUAT**
ATTIS	**DUCOS**	AVERS	FICUS	LADYS	VIVAT
LOUIS	**BIDOS**	**CHORS**	INCUS	**DENYS**	**ROYAT**
LOUIS	ENDOS	ALORS	LOCUS	**PEPYS**	**DRYAT**
DAVIS	**ORDOS**	**DOORS**	FUCUS	TORYS	TRACT
LAVIS	SPÉOS	**MAURS**	MUCUS	COSYS	EXACT
DEVIS	**LAGOS**	BEURS	**INDUS**	**BEUYS**	**BILDT**
LÉVIS	LOGOS	**FEURS**	ILÉUS	**RHUYS**	**ARNDT**
NEVIS	**ARGOS**	COURS	**CREUS**	**LOUYS**	**KUNDT**
DIVIS	**ATHOS**	**TOURS**	REFUS	**POWYS**	**WUNDT**
LEWIS	ETHOS	**MIASS**	INFUS	**LABAT**	**HARDT**
LEXIS	ALIOS	**GLASS**	PAGUS	RABAT	**GERDT**
HICKS	**FEJOS**	**GLASS**	NÉGUS	**RABAT**	**CABET**
BANKS	**PALOS**	**GRASS**	ARGUS	DÉBAT	**DÉBET**
HANKS	ÉCLOS	LŒSS	**ARGUS**	RIBAT	GIBET
LINKS	**DÉLOS**	**SUESS**	**ÅRHUS**	**VICAT**	**TIBET**
TURKS	**ALLOS**	**WEISS**	**GAIUS**	DUCAT	BOBET
HAWKS	**VÓLOS**	CRISS	LAÏUS	**AYDAT**	**BOBET**
ÉTALS	**PYLOS**	KRISS	**ARIUS**	EXEAT	LACET
GAËLS	**SAMOS**	GLOSS	**MALUS**	DÉGÂT	TACET
CIELS	**TÊNOS**	**JOOSS**	**MALUS**	LÉGAT	NICET
DIELS	**MINOS**	CROSS	TALUS	ACHAT	CADET
ŒILS	**TÍNOS**	**CROSS**	CAMUS	**DALAT**	FADET
WELLS	**NEPOS**	**GROSS**	**CAMUS**	OBLAT	BIDET
DÉOLS	REPOS	**STOSS**	**RAMUS**	ÉCLAT	GODET
PEULS	**MAROS**	GAUSS	**REMUS**	**EILAT**	SKEET
POULS	PAROS	**GAUSS**	HUMUS	**PILAT**	**DÉFET**
RAWLS	**PÁROS**	**MAUSS**	**JANUS**	À-PLAT	EFFET
ADAMS	SAROS	**HEUSS**	**LANÚS**	**DOMAT**	CAGET
REIMS	HÉROS	**NEUSS**	**VÉNUS**	**ASMAT**	**PAGET**
FLIMS	PEROS	**REUSS**	**VÉNUS**	BANAT	**ATGET**
WORMS	**PÔROS**	**GRUSS**	MINUS	**BANAT**	AUGET
DRUMS	**RØROS**	ABATS	SINUS	MANAT	**PUGET**
CÉANS	SUROS	ÉBATS	BONUS	SÉNAT	QUIET
JEANS	**SYROS**	**KEATS**	TONUS	AGNAT	OBJET
JEANS	**IPSOS**	**YEATS**	MAOUS	**DONAT**	REJET
RIANS	**ISSOS**	**GHATS**	**PAPUS**	APPÂT	SUJET
CRANS	MATOS	**PRATS**	LUPUS	CARAT	PÉKET
STANS	BITOS	**TRETS**	**VARUS**	**HARAT**	GALET
EVANS	**DAVOS**	PUITS	**VARUS**	**MARAT**	**MALET**
GIENS	**DE VOS**	FONTS	**VERUS**	**PARAT**	PALET
IVENS	**DEVOS**	**MONTS**	XÉRUS	CÉRAT	TALET
OWENS	**NAXOS**	**SCOTS**	VIRUS	**HERAT**	VALET
JOHNS	**NÁXOS**	BOOTS	**HORUS**	**OÏRAT**	FILET
SAINS	**HOYOS**	**VERTS**	**MORUS**	**DORAT**	GILET
FLINS	BLAPS	**SMUTS**	**PURUS**	**JORAT**	**MILET**
MOINS	CHIPS	**BOUTS**	**CYRUS**	**MORAT**	PILET
PÉONS	TEMPS	**CLAUS**	JÉSUS	SPRAT	BOLET
LIONS	FLOPS	**KLAUS**	**JÉSUS**	JURAT	**COLET**
SKONS	CORPS	UNAUS	**ISSUS**	**MURAT**	**DOLET**
NYONS	AFARS	**KRAUS**	OBTUS	**SURAT**	RÔLET
BURNS	ÉPARS	CABUS	ICTUS	ROSAT	TOLET
SKUNS	**AVARS**	RÉBUS	**TITUS**	LYSAT	VOLET
DOWNS	**GIERS**	BIBUS	LOTUS	**NOTAT**	MULET

SAMET	**GIVET**	INUIT	AMONT	GENOT	TWIST
ARMET	LIVET	BRUIT	FRONT	**MINOT**	**AALST**
ORMET	RIVET	FRUIT	SHUNT	PINOT	**ZEMST**
FUMET	**RIVET**	SMALT	**BLUNT**	PONOT	**RANST**
EYMET	BOVET	TIELT	POUNT	JUNOT	**ERNST**
CANET	ORVET	SMOLT	CABOT	SHOOT	ALOST
JANET	DUVET	MOULT	**CABOT**	CAPOT	**FROST**
MANET	**DUVET**	**SOULT**	JABOT	DÉPÔT	**PROST**
BENÊT	**MAYET**	**KLIMT**	NABOT	IMPÔT	KARST
GENET	**RAYET**	BÉANT	RABOT	**SOPOT**	**KARST**
GENET	**POYET**	GÉANT	SABOT	**MAROT**	**DORST**
GENÊT	BIZET	NÉANT	REBOT	TAROT	HORST
VENET	**BIZET**	RÉANT	**RIBOT**	BÉROT	**HORST**
BINET	KRAFT	SÉANT	ELBOT	LÉROT	**FÜRST**
FINET	**SWIFT**	CHANT	ROBOT	**COROT**	**FAUST**
MINET	**DELFT**	**THANT**	JACOT	PUROT	DEUST
VINET	**HOOFT**	FIANT	TACOT	**PITOT**	TRUST
MONET	DOIGT	LIANT	ACCOT	SITÔT	**PRATT**
CAPET	VINGT	NIANT	BÉCOT	PAVOT	PSITT
CAPET	**RACHT**	RIANT	BICOT	DÉVOT	**GANTT**
PAPET	YACHT	PLANT	PICOT	PIVOT	**MONTT**
CARET	**RECHT**	AMANT	PICOT	FAYOT	**SCOTT**
FARET	**WIGHT**	**BRANT**	**ASCOT**	**AMYOT**	CHOTT
HARET	TRAIT	**GRANT**	**DIDOT**	GUYOT	CHAUT
MARET	**DABIT**	ORANT	**BAGOT**	MAZOT	TABUT
TARET	HABIT	OSANT	CAGOT	**BUZOT**	DÉBUT
ADRET	DÉBIT	USANT	FAGOT	**DROPT**	REBUT
BÉRET	SUBIT	ÉTANT	MAGOT	ÉCART	EN-BUT
CÉRET	RÉCIT	ÔTANT	RAGOT	**BÉART**	**ISEUT**
PÉRET	DÉDIT	HUANT	MÉGOT	SMART	AFFÛT
SIRET	LEDIT	MUANT	BIGOT	ÉPART	BAHUT
TIRET	MÉDIT	NUANT	GIGOT	OP ART	SALUT
VIRET	REDIT	PUANT	LIGOT	SPART	**SALUT**
FORET	ON-DIT	RUANT	ARGOT	**START**	CANUT
FORÊT	AUDIT	SUANT	ERGOT	HUART	RAOUT
GORET	DUDIT	TUANT	CAHOT	QUART	ABOUT
MORET	DIXIT	AVANT	IDIOT	**SWART**	**ABOUT**
ARRÊT	CI-GÎT	AXANT	CHIOT	**EBERT**	SCOUT
FURET	DÉLIT	AYANT	**ELIOT**	**IBERT**	**AGOUT**
FURET	**SPLIT**	ADENT	GRIOT	**EVERT**	ÉGOUT
MURET	**ARLIT**	AGENT	PAJOT	FLIRT	AJOUT
MURET	SAMIT	**TRENT**	CALOT	SHORT	KNOUT
SURET	**IZMIT**	AVENT	DALOT	**NIORT**	BROUT
BISET	**TANIT**	ÉVENT	FALOT	SPORT	**PROUT**
OCTET	BÉNIT	MAINT	**MALOT**	**YPORT**	ATOUT
MOTET	CROÎT	SAINT	PALOT	HEURT	STOUT
BLUET	DROIT	CEINT	PÂLOT	COURT	INPUT
FLUET	DÉPIT	FEINT	DÉLOT	**PIAST**	**ASYUT**
FOUET	RÉPIT	GEINT	VELOT	TOAST	BIZUT
GOUET	PIPIT	PEINT	**LILOT**	**PABST**	**LISZT**
JOUET	**YU'PIT**	TEINT	PILOT	ID EST	**BACAU**
NOUET	ÉCRIT	FLINT	**COLOT**	**DIEST**	SCEAU
ROUET	ÉFRIT	**FLINT**	BULOT	**BREST**	FLÉAU
VOUET	DURIT	JOINT	CULOT	**CREST**	PRÉAU
CAVET	PETIT	POINT	MULOT	OUEST	**BAJAU**
NAVET	**PETIT**	**POINT**	**JAMOT**	**ZEIST**	PALAU
CIVET	INUIT	SUINT	CANOT	WHIST	**BELAU**

EYLAU	**HAEJU**	PILOU	PENTU	CHOIX	**DUFAY**
CA MAU	**CHEJU**	GENOU	CROTU	CROIX	TOKAY
HANAU	HAÏKU	**RENOU**	**TARTU**	**CROIX**	**TOKAY**
LENAU	**TURKU**	**AÏNOU**	VERTU	**GROIX**	**DELAY**
SENAU	ALUKU	MINOU	TORTU	**BRUIX**	**VELAY**
DONAU	EXCLU	PAPOU	BATTU	**VAULX**	INLAY
AARAU	RÉÉLU	**PAPOU**	PATTU	**BRONX**	**MOLAY**
ARRAU	GOGLU	RIPOU	FOUTU	REDOX	GAMAY
OSSAU	POILU	GAROU	PRÉVU	**PALOX**	**LE MAY**
MITAU	FALLU	ÉCROU	**HAN YU**	PHLOX	**LIMAY**
GLUAU	**UPOLU**	MÉROU	**XINYU**	INTOX	**FUMAY**
GRUAU	DÉPLU	**PÉROU**	SICAV	**DIERX**	**PANAY**
LE VAU	REPLU	VESOU	**JELEV**	BEAUX	**PINAY**
BOYAU	**CARLU**	BISOU	**ZELEV**	FÉAUX	**VINAY**
HOYAU	MERLU	MATOU	**KONEV**	**MEAUX**	**ARNAY**
JOYAU	GOULU	**PATOU**	**BOTEV**	PEAUX	**AUNAY**
NOYAU	MOULU	TATOU	**PSKOV**	RÉAUX	**PARAY**
TUYAU	VOULU	**LAXOU**	**ORLOV**	SEAUX	**MORAY**
BUZAU	**RAIMU**	BAYOU	**POPOV**	VEAUX	SPRAY
TRIBU	**CHIMÚ**	VOYOU	**KIROV**	ÉGAUX	**AURAY**
BARBU	**JAMMU**	ZAZOU	**VAZOV**	CHAUX	**PASAY**
HERBU	PROMU	BIZOU	PILAW	**CHAUX**	**ORSAY**
URUBU	CHENU	**ZIZOU**	SQUAW	**NIAUX**	**HATAY**
CONÇU	**CHENU**	**AOZOU**	**NAREW**	ÉMAUX	**PATAY**
PERÇU	GRENU	TRAPU	**ARZEW**	ANAUX	**BRUAY**
FENDU	AVENU	CRÉPU	**SOLOW**	UNAUX	**BAVAY**
PENDU	CONNU	QUIPU	**BÜLOW**	ORAUX	**OTWAY**
RENDU	**INÖNÜ**	ROMPU	**GAMOW**	ÉTAUX	**LEZAY**
TENDU	CORNU	LIPPU	**ARROW**	DUAUX	**NOZAY**
VENDU	**HORNU**	**THARU**	ADDAX	**ÉVAUX**	**ROZAY**
FONDU	MIAOU	**OTARU**	RELAX	UVAUX	**LIBBY**
PONDU	TABOU	ACCRU	PANAX	ICEUX	HOBBY
TONDU	**SEBOU**	DÉCRU	DONAX	**THEUX**	LOBBY
PERDU	HIBOU	RECRU	HAPAX	AÏEUX	RUGBY
PERDU	LICOU	RECRÛ	ÁLPAX	CIEUX	**RUGBY**
MORDU	ROCOU	**GWERU**	BORAX	DIEUX	DOLBY
TORDU	**CADOU**	**MWERU**	**MORAX**	LIEUX	**DANBY**
ENFEU	PADOU	**NEHRU**	FURAX	MIEUX	DERBY
CAÏEU	**MIDOU**	**PATRU**	CEDEX	PIEUX	**DERBY**
ADIEU	**EDFOU**	**BAURU**	INDEX	VIEUX	**KIRBY**
ÉPIEU	BAGOU	**NAURU**	CODEX	VŒUX	**VISBY**
IZIEU	CAGOU	**UHURU**	TÉLEX	CREUX	TRACY
ENJEU	SAGOU	**ELURU**	SILEX	**DREUX**	**CHÉCY**
LEKEU	**SÉGOU**	**ULURU**	SOLEX	FREUX	**CRÉCY**
ALLEU	**PIGOU**	COURU	RUMEX	PREUX	**LANCY**
VIMEU	**AEIOU**	**GANSU**	CAREX	GUEUX	**NANCY**
NEVEU	CAJOU	PANSU	SIREX	QUEUX	**SANCY**
CAYEU	**PAJOU**	**MASSU**	LUREX	AVEUX	**MARCY**
MOYEU	SAJOU	FESSU	MUREX	VELUX	**BERCY**
TAEGU	BIJOU	TISSU	PYREX	LINUX	**PERCY**
EXIGU	**ANJOU**	BOSSU	**ESSEX**	CHOUX	**TORCY**
XINGU	**BAKOU**	**BOSSU**	LATEX	SIOUX	**LURCY**
ENUGU	**DUKOU**	COSSU	**ÉTAIX**	**SIOUX**	**COUCY**
DÉCHU	**DALOU**	**METSU**	**CADIX**	ÉPOUX	**TOUCY**
PÊCHU	RELOU	COUSU	**FÉLIX**	**ORBAY**	CADDY
FICHU	IGLOU	BANTU	HÉLIX	**MCCAY**	PADDY
SIBIU	FILOU	**BANTU**	REMIX	**DU FAY**	**SODDY**

DANDY	IMPHY	FANNY	CARRY	DEGUY	RÉMIZ
KANDY	MOCKY	JENNY	CARRY	PÉGUY	KÖNIZ
D'INDY	SULKY	PENNY	JARRY	SÉGUY	MONIZ
BONDY	FUNKY	PRONY	PARRY	LE MUY	RUOLZ
FUNDY	JUNKY	PARNY	BERRY	LE PUY	MAINZ
HARDY	GORKY	DERNY	FERRY	ERQUY	HEINZ
LARDY	HUSKY	MORNY	FERRY	DURUY	CULOZ
ARUDY	MABLY	ROSNY	LORRY	GRÉVY	CHOOZ
TOBEY	BOËLY	CLUNY	CURRY	SAUVY	IMROZ
DUCEY	BALLY	GODOY	TATRY	NEUVY	SZASZ
BUGEY	LALLY	SEMOY	MITRY	LOEWY	REISZ
BRIEY	KELLY	VINOY	VITRY	ÉPOXY	HILSZ
HALEY	AILLY	LE ROY	MAURY	THIZY	GROSZ
AILEY	KILLY	LEROY	GIVRY	JAZZY	ABETZ
RILEY	MILLY	SAVOY	LIVRY	ACHAZ	BLETZ
CINEY	TILLY	TAVOY	LOWRY	LA PAZ	LEITZ
PONEY	BULLY	CRÉPY	GRÉSY	TARAZ	OPITZ
GÜNEY	LULLY	HIPPY	DOISY	AHVAZ	SPITZ
CAREY	PULLY	GUPPY	LOISY	GÖNCZ	SPITZ
MAREY	SULLY	PEARY	NOISY	RECEZ	FRITZ
PEREY	PENLY	FABRY	SOISY	RODEZ	RUITZ
SIREY	MARLY	OUDRY	MASSY	HAFEZ	SELTZ
COREY	VALMY	CLÉRY	PASSY	NÚÑEZ	WILTZ
FOREY	MAMMY	ÉMERY	WASSY	JEREZ	HERTZ
LOSEY	SAMMY	AVERY	BUSSY	PÉREZ	HERTZ
ESSEY	TOMMY	GEHRY	MUSSY	FOREZ	WURTZ
PUSEY	SOUMY	THIRY	HILTY	MOREZ	VADUZ
VEVEY	MEANY	CUIRY	CONTY	TOREZ	RAMUZ
DEWEY	ARANY	GUIRY	ZLOTY	ASSEZ	ORMUZ
BUGGY	GAGNY	HENRY	MARTY	VITEZ	HAOUZ
CERGY	LAGNY	HENRY	RORTY	POTEZ	TAIZZ
LEAHY	MAGNY	FLORY	GETTY	NAVEZ	
VICHY	LIGNY	IVORY	SAUTY	CÁDIZ	
VICHY	VIGNY	BARRY	BADUY	HAFIZ	

5

DJAMAA	BOYACÁ	NEVADA	OLINDA	
DJEMAA	ZENICA	LAMBDA	KAUNDA	
VANTAA	ARNICA	DJEDDA	BARODA	
CUIABÁ	MARICA	ÁGREDA	NERUDA	6
ANNABA	DE SICA	RÉSÉDA	COBÆA	
KOUBBA	CUENCA	DALIDA	ÉPICÉA	
MAKEBA	BRONCA	OPPIDA	MIRCEA	
KARIBA	HUESCA	LÉRIDA	ORADEA	
JOJOBA	MUISCA	MÉRIDA	GOUDÉA	
DJERBA	TOLUCA	QASIDA	QUÉLÉA	
AUCUBA	JOIADA	SKIKDA	NOUMÉA	STAFFA
BAKUBA	HAMADA	ARANDA	CYANEA	HAIFFA
BALUBA	ARMADA	LUANDA	ALINÉA	DJELFA
DJOUBA	ARMADA	RUANDA	MOOREA	MALAGA
YORUBA	CANADA	RWANDA	CARAFA	MÁLAGA
MARACA	CANADA	RWANDA	RUSAFA	SANAGA
OAXACA	MASADA	AGENDA	SRAFFA	ALPAGA

TÉLÉGA	**PEORIA**	BLA-BLA	**BRAHMA**	**MASINA**
ORTEGA	GLORIA	**PUEBLA**	**KOHIMA**	**LATINA**
FRIGGA	KERRIA	AU-DELÀ	**OSHIMA**	**KHULNA**
DOUGGA	YTTRIA	ÊTRE-LÀ	**TOLIMA**	**SALONA**
PA'ANGA	**LOURIA**	**TETELA**	MINIMA	**KATONA**
THONGA	**ALÉSIA**	**AZUELA**	**FATIMA**	ZOURNA
TSONGA	KENTIA	FAVELA	**FÁTIMA**	**KISTNA**
TSONGA	**BASTIA**	FLA-FLA	OPTIMA	**KADUNA**
LADOGA	**HESTIA**	**BRAILA**	MAXIMA	**YAMUNA**
BÉLUGA	SEGUIA	**KABILA**	**GUELMA**	**KIRUNA**
KWACHA	ZAOUÏA	**ULFILA**	**GLOMMA**	KORUNA
REICHA	CHOUIA	**ORFILA**	**TACOMA**	**FUTUNA**
DATCHA	**LLÍVIA**	MAKILA	**DODOMA**	HRIVNA
SANGHA	RAZZIA	**BIKILA**	**SODOMA**	BALBOA
SEBKHA	**TORAJA**	**DALILA**	ZYGOMA	**BALBOA**
GURKHA	NAVAJA	**TOTILA**	**NUJOMA**	**LISBOA**
BOUKHA	**GANDJA**	**ATTILA**	STROMA	**FOZ CÔA**
VIELHA	**GRANJA**	**TAXILA**	DHARMA	**GAGNOA**
PYRRHA	**BAROJA**	**BARKLA**	PLASMA	QUINOA
ILESHA	**MELAKA**	PAELLA	ALISMA	LEIPOA
GEISHA	**TANAKA**	**BIELLA**	TRAUMA	VARROA
HARSHA	BARAKA	**VIELLA**	**STRUMA**	**PESSOA**
LEITHA	**LUSAKA**	**STELLA**	**KOLYMA**	**MACAPÁ**
LAJTHA	JATAKA	AZOLLA	VIMANA	**JALAPA**
BERTHA	**BOUBKA**	**SCYLLA**	**CUMANÁ**	**MAZEPA**
PLOUHA	**TCHEKA**	**NICOLA**	**XANANA**	**SCHIPA**
BÉJAÏA	**RIJEKA**	**ANGOLA**	**ESPAÑA**	**PETIPA**
MAMAIA	**HANEKA**	**ORIOLA**	**PARANÁ**	**CHAMPA**
TUPAÏA	**TOPEKA**	**AKMOLA**	**TIRANA**	**EUROPA**
RUBBIA	EURÊKA	**BITOLA**	TORANA	GRAPPA
ACACIA	**EURÊKA**	FIBULA	**PURANA**	**SCARPA**
GARCÍA	**KOFFKA**	MACULA	**ASTANA**	SHERPA
FASCIA	**BANGKA**	RADULA	TSWANA	**SHERPA**
STADIA	VEDIKA	DIOULA	**TSWANA**	STOUPA
KINDIA	TROÏKA	**DIOULA**	**GUYANA**	TARIQA
CARDIA	MARKKA	MORULA	**ATHÉNA**	**ATBARA**
MAFFIA	**GLINKA**	INSULA	**HELENA**	ANGARA
FOGGIA	JUDOKA	CEUX-LÀ	MÉLÉNA	SAHARA
LOGGIA	**ASHOKA**	**SAJAMA**	**MORENA**	MÉHARA
BORGIA	CHAPKA	PYJAMA	**SURÉNA**	VIHARA
ISCHIA	**IGARKA**	**MANAMA**	**CESENA**	**AMHARA**
SEGHIA	**ALASKA**	PANAMA	**JAFFNA**	**ANKARA**
RAPHIA	**POLSKA**	**PANAMÁ**	**MICHNA**	**CÂMARA**
ARALIA	**VIATKA**	TARAMA	MISHNA	SAMARA
DAHLIA	**TEZUKA**	**ALSAMA**	**MACINA**	**SAMARA**
DHULIA	**SUZUKA**	**TOYAMA**	**ENCINA**	**ASMARA**
OURMIA	SÉGALA	MAZAMA	MÉDINA	AYMARA
KHANIÁ	**SÉGALA**	**VIEDMA**	**REGINA**	**AYMARA**
TÆNIA	**CANALA**	SCHÉMA	**KALIÑA**	APSARA
ZINNIA	IMPALA	**D'ALEMA**	**ZILINA**	**JUVARA**
MARNIA	**KERALA**	OULÉMA	**MOLINA**	**HAZARA**
SARNIA	**MUSALA**	CINÉMA	**FEMINA**	CRACRA
GDYNIA	**MOTALA**	ECZÉMA	GOMINA	QUADRA
CHARIA	**POTALA**	SMEGMA	**FARINA**	SHUDRA
IKARÍA	**DOUALA**	BREGMA	MARINA	LIBERA
ANDRIA	**KAVÁLA**	STIGMA	**MARINA**	**RIBERA**
ALÉRIA	OUVALA	ZEUGMA	**MERINA**	**KAGERA**

VALERA	MULETA	VISAYA	ROGNAC	MÉZENC
CAMÉRA	MESETA	ZAWIYA	ORGNAC	FI DONC
MATERA	PESETA	ZAWIYA	ÉPINAC	MANIOC
LAVÉRA	MECHTA	LAGOYA	PENNAC	TLALOC
RIVERA	NAPHTA	NAGOYA	CARNAC	PÉBROC
BIAFRA	GUAÏTA	MALOYA	JARNAC	ACCROC
KOUFRA	TCHITA	MAURYA	CORNAC	ESCROC
ANDHRA	NIKITA	VAISYA	PIBRAC	RADSOC
TÉPHRA	LOLITA	CAITYA	AUBRAC	TRISOC
MITHRA	LOLITA	TIPAZA	RIC-RAC	MASTOC
VIEIRA	NARITA	KRLEZA	CHIRAC	NOSTOC
CHAKRA	RESITA	CUANZA	FLORAC	PROVOC
SEBKRA	AOUITA	KWANZA	VITRAC	DU PARC
BISKRA	VUELTA	KWANZA	CEYRAC	DUPARC
TABORA	AJANTA	MWANZA	BARSAC	ZAMOSC
DEBORA	QUANTA	FAENZA	PESSAC	VIADUC
ANGORA	QUANT À	OUENZA	RESSAC	BOLDUC
ELLORA	GIUNTA	SFORZA	CUSSAC	PLŒUC
ZAMORA	BOGOTÁ	YAKUZA	LUSSAC	DELLUC
RÉMORA	DAKOTA	CORYZA	TIC-TAC	MONLUC
MENORA	LAKOTA	PIAZZA	QUÉZAC	ASTRUC
CAMPRA	TOYOTA	BRAZZA	BALZAC	GSTAAD
SIERRA	OMERTA	OREZZA	JONZAC	BAGDAD
HOURRA	HUERTA	BAOBAB	LARZAC	TIMGAD
MANTRA	FIESTA	TOUBAB	CHEBEC	DJIHAD
TANTRA	CUESTA	SERDAB	QUÉBEC	ERSHAD
SINTRA	AVESTA	HIDJAB	MALBEC	CONRAD
CONTRA	ELISTA	SKYLAB	BOLBEC	MOURAD
CASTRA	QUETTA	CHENAB	KARDEC	AL-ASAD
MISTRA	CÚCUTA	MIHRAB	RUFFEC	TAN-SAD
NEUTRA	PUSZTA	ZAGREB	GALLEC	MOSSAD
SOUTRA	LENGUA	TOUBIB	GALLEC	NYSTAD
MADURA	JINHUA	GHALIB	FENNEC	BEHZAD
KIMURA	PAPOUA	GOTLIB	TANREC	BIHZAD
JAPURÁ	GAROUA	COLOMB	TENREC	CNUCED
YAPURÁ	MAROUA	APLOMB	PARSEC	NANDED
GOPURA	NANTUA	SKI-BOB	GOSSEC	SZEGED
DATURA	UNGAVA	SCHWOB	BELZEC	BIPIED
TIPASA	SUMAVA	RADOUB	CFE-CGC	MEHMED
GERASA	MORAVA	TOMBAC	LAMBIC	ALFRED
WALESA	VLTAVA	FIGEAC	SYNDIC	ØRSTED
TERESA	MOSKVA	SÉMÉAC	UNEDIC	EL-OUED
STRESA	HUELVA	ZODIAC	TRAFIC	CHEDID
MANISA	CANOVA	PIRIAC	PUBLIC	OZALID
MIMOSA	TOUT-VA	CALLAC	DÉCLIC	MADRID
LHASSA	OSHAWA	BELLAC	FROLIC	DJÉRID
NYASSA	YUKAWA	TILLAC	STAMIC	ASTRID
ODESSA	TARAWA	SOULAC	PORNIC	HASSID
ÉLISSA	OTTAWA	MICMAC	AGARIC	NORWID
ORISSA	OJIBWA	MICMAC	ALARIC	BONALD
PURUSA	SADOWA	TARMAC	DOBRIC	HARALD
GALATA	RÉDOWA	MEYMAC	ANDRIC	OBWALD
ZENATA	LULUWA	NICNAC	ODORIC	KOBOLD
NAPATA	CUNAXA	GIGNAC	MASTIC	ALFÖLD
ZAPATA	CELAYA	SIGNAC	VOLVIC	INGOLD
ERRATA	WILAYA	COGNAC	NEUVIC	ARNOLD
PATATA	PIRAYA	COGNAC	ARLANC	HAROLD

HÉROLD	BRIARD	SABORD	ÉPHÈBE	SALACE
ARCAND	BRIARD	DEBORD	EUSÈBE	DÉLACÉ
LIGAND	CRIARD	DÉBORD	REBIBE	ENLACÉ
ARGAND	BALARD	REBORD	IMBIBÉ	LIMACE
BRIAND	MALARD	IN-BORD	INHIBÉ	PANACE
FRIAND	PELARD	ACCORD	EXHIBÉ	MENACE
KOKAND	POLARD	RECORD	TALIBÉ	MENACÉ
UHLAND	TÔLARD	RICORD	CARIBE	TENACE
ROLAND	CULARD	OXFORD	SCRIBE	IGNACE
ARLAND	MULARD	OXFORD	SCRIBE	BONACE
ROMAND	CAMARD	MILORD	FOULBÉ	RAPACE
ROMAND	HOMARD	BITORD	FLAMBE	IN PACE
ARMAND	CANARD	SIGURD	FLAMBÉ	ESPACE
MORAND	PANARD	RABAUD	CRAMBE	ESPACÉ
STRAND	BÉNARD	RIBAUD	DJEMBÉ	THRACE
TRUAND	LENARD	TACAUD	RHOMBE	THRACE
REFEND	RENARD	BÉCAUD	PLOMBE	HORACE
REBOND	RENARD	BADAUD	PLOMBÉ	VORACE
SEBOND	DINARD	NADAUD	TROMBE	BESACE
FÉCOND	PINARD	BÉGAUD	ENGOBE	ALSACE
SECOND	PINARD	NIGAUD	ENGOBÉ	ALSACE
SECOND	CONARD	RIGAUD	BILOBÉ	ROSACE
EDMOND	ZONARD	BLIAUD	COLOBE	ROSACÉ
LEMOND	IZOARD	SALAUD	ARNOBE	LUSACE
OSMOND	POPARD	PELAUD	DÉROBÉ	CÉTACÉ
DUPOND	GÉRARD	PENAUD	ENROBÉ	SÉTACÉ
GIROND	GIRARD	RENAUD	AKTOBE	ROTACÉ
FREUND	HASARD	FINAUD	ÉBARBÉ	FOUACE
ASHDOD	VASARD	ARNAUD	ACERBE	VIVACE
GOUNOD	BUSARD	FARAUD	TÉORBE	VÉGÈCE
SEYNOD	MUSARD	MARAUD	BOURBE	DÉPECÉ
ATWOOD	BÂTARD	TARAUD	COURBE	ESPÈCE
NEMROD	FÊTARD	GIRAUD	COURBÉ	LUTÈCE
BOBARD	PÉTARD	MIRAUD	FOURBE	VIBICE
JOBARD	RETARD	PATAUD	TOURBE	INDICE
TUBARD	TÊTARD	PATAUD	THISBÉ	OFFICE
BÉCARD	MITARD	ARTAUD	HÉCUBE	CALICE
PICARD	MOTARD	MAHMUD	INCUBE	GALICE
PICARD	POTARD	TALMUD	INCUBÉ	MALICE
SICARD	ELUARD	NEFOUD	JUJUBE	DÉLICE
BOCARD	COUARD	PÉGOUD	DANUBE	HÉLICE
NOCARD	BAVARD	LA HOUD	ADOUBÉ	CILICE
ROCARD	SAVARD	LIKOUD	TITUBÉ	MILICE
TOCARD	REVARD	BAROUD	ENTUBÉ	SILICE
BÉDARD	BUVARD	ORMUZD	INTUBÉ	ELLICE
MÉDARD	COWARD	REGGAE	POLYBE	POLICE
GODARD	HOWARD	PHILAE	NOSY BE	POLICÉ
CAFARD	BAYARD	BASSÆ	SÉBACÉ	COMICE
HAGARD	FAYARD	CACABÉ	MICACÉ	LANICE
SAGARD	BOYARD	MUGABE	AUDACE	VARICE
BÉGARD	FOYARD	CARABE	SAGACE	SIRICE
BÉGARD	FUYARD	ZARABE	EFFACE	KOSICE
REGARD	BAZARD	SORABE	EFFACÉ	NATICE
ACHARD	HAZARD	SOUABE	BIFACE	COTICE
ERHARD	LÉZARD	CRABBE	SAGACE	NOTICE
CHIARD	LIZARD	CUBÈBE	FUGACE	NOVICE
THIARD	BÂBORD	ACHEBE	OPIACÉ	KIELCE

BÉANCE	CHIADÉ	HUMIDE	ABONDÉ	PLACÉE
SÉANCE	**ELIADE**	NUMIDE	BLONDE	ARACÉE
CHANCE	**ILIADE**	**NUMIDE**	ÉMONDÉ	TRACÉE
FIANCÉ	TRIADE	CANIDÉ	INONDÉ	SLICÉE
ÉLANCÉ	BALADE	RANIDÉ	**SPONDE**	ÉPICÉE
FRANCE	BALADÉ	GÉOÏDE	ARONDE	LANCÉE
USANCE	MALADE	FROIDE	FRONDE	TANCÉE
STANCE	SALADE	OVOÏDE	**FRONDE**	PINCÉE
NUANCE	PELADE	HYOÏDE	FRONDÉ	RINCÉE
NUANCÉ	**PYLADE**	LAPIDÉ	GRONDÉ	FONCÉE
AVANCE	**DÉMADE**	RAPIDE	EXONDÉ	JONCÉE
AVANCÉ	NOMADE	SAPIDE	DÉCODÉ	PONCÉE
AGENCE	MANADE	**LÉPIDE**	ENCODÉ	**PHOCÉE**
AGENCÉ	PANADE	LIPIDE	PAGODE	BERCÉE
ÉMINCÉ	MÉNADE	CUPIDE	TRIODE	GERCÉE
COINCÉ	GONADE	DÉRIDÉ	DÉMODÉ	PERCÉE
GRINCÉ	MONADE	**DORIDE**	SYNODE	FORCÉE
PRINCE	**TROADE**	MURIDÉ	SARODE	FASCÉE
PRINCE	PARADE	BASIDE	**HÉRODE**	SAUCÉE
ÉVINCÉ	PARADÉ	ABSIDE	DÉSODÉ	ÉPUCÉE
PIONCÉ	TIRADE	RÉSIDÉ	LIARDÉ	BRADÉE
ÉNONCÉ	DORADE	APSIDE	ABORDÉ	GRADÉE
OPONCE	RASADE	URSIDÉ	CHORDE	ÉVADÉE
FRONCE	PESADE	FÉTIDE	CHORDÉ	**AMÉDÉE**
FRONCÉ	NOYADE	FLUIDE	EXORDE	SUÉDÉE
NÉGOCE	DRYADE	ÉQUIDÉ	BOURDE	ÉLIDÉE
VÉLOCE	ABCÉDÉ	DRUIDE	GOURDE	BRIDÉE
FÉROCE	ACCÉDÉ	DÉVIDÉ	HOURDÉ	GUIDÉE
ATROCE	DÉCÉDÉ	LIVIDE	LOURDE	ÉVIDÉE
NIÉPCE	RECÉDÉ	BOVIDÉ	LOURDÉ	SOLDÉE
TIERCE	EXCÉDÉ	PYXIDE	SOURDE	BANDÉE
TIERCÉ	SPEEDÉ	SCALDE	TOURDE	MANDÉE
TIERCÉ	**TOLÈDE**	**CHILDE**	**DRESDE**	**VENDÉE**
EXERCÉ	**LA MÈDE**	GHILDE	**GUESDE**	BONDÉE
PEIRCE	REMÈDE	GUILDE	CHAUDE	FONDÉE
ÉCORCE	PINÈDE	SCANDÉ	**CLAUDE**	MONDÉE
ÉCORCÉ	BIPÈDE	VIANDE	FRAUDE	SONDÉE
AMORCE	OBSÉDÉ	VIANDÉ	FRAUDÉ	**DUNDÉE**
AMORCÉ	PLAIDÉ	CLANDÉ	PALUDE	ÉLODÉE
SOURCE	CÉBIDÉ	GLANDE	**LE LUDE**	BRODÉE
SOURCÉ	DÉCIDÉ	GLANDÉ	DÉNUDÉ	ÉRODÉE
BEAUCE	LUCIDE	AMANDE	**FROUDE**	BARDÉE
EXAUCÉ	GADIDÉ	BRANDE	EXSUDÉ	CARDÉE
MANUCE	**ÉNÉIDE**	GRANDE	**LATUDE**	DARDÉE
ASTUCE	AFFIDÉ	**GRANDE**	**COXYDE**	FARDÉE
AUBADE	BIFIDE	AGENDÉ	GALBÉE	GARDÉE
CACADE	RIGIDE	BLENDE	CAMBÉE	LARDÉE
FAÇADE	ALGIDE	AMENDE	NIMBÉE	MERDÉE
DÉCADE	APHIDÉ	AMENDÉ	BOMBÉE	BORDÉE
ALCADE	VALIDE	SCINDÉ	TOMBÉE	CORDÉE
ROCADE	VALIDÉ	AFIN DE	SNOBÉE	CAUDÉE
TOCADE	FÉLIDÉ	CHINDÉ	BARBÉE	ÉLUDÉE
ARCADE	BOLIDE	BLINDE	GERBÉE	BOUDÉE
ORÉADE	**ÉOLIDE**	BLINDÉ	DAUBÉE	COUDÉE
SCHADÉ	SOLIDE	ÉLINDE	AGACÉE	SOUDÉE
NAÏADE	TIMIDE	GUINDÉ	GLACÉE	OXYDÉE
				AGRÉÉE

GAFFÉE	BÛCHÉE	SICLÉE	CLAMÉE	CHINÉE
BIFFÉE	HUCHÉE	NUCLÉE	**APAMÉE**	AMINÉE
PIFFÉE	JUCHÉE	POÊLÉE	CRAMÉE	URINÉE
IMAGÉE	RUCHÉE	ÉPELÉE	FRAMÉE	USINÉE
DRAGÉE	LYCHEE	GRÊLÉE	TRAMÉE	GUINÉE
USAGÉE	**ALPHÉE**	RAFLÉE	ÉTAMÉE	**GUINÉE**
ÉTAGÉE	**ORPHÉE**	GIFLÉE	**CADMÉE**	PUÎNÉE
LIÉGÉE	LABIÉE	ENFLÉE	CRÉMÉE	QUINÉE
PIÉGÉE	VICIÉE	MOFLÉE	PYGMÉE	RUINÉE
ÉPIGÉE	RADIÉE	RÉGLÉE	**PYGMÉE**	AVINÉE
ÉRIGÉE	DÉDIÉE	BIGLÉE	ABÎMÉE	DAMNÉE
EXIGÉE	DÉFIÉE	SIGLÉE	ÉCIMÉE	LIMNÉE
LANGÉE	MÉFIÉE	ONGLÉE	ÉLIMÉE	CANNÉE
MANGÉE	DÉLIÉE	POILÉE	ANIMÉE	PANNÉE
PANGÉE	**HÉLIÉE**	TOILÉE	BRIMÉE	TANNÉE
RANGÉE	RELIÉE	VOILÉE	**CRIMÉE**	VANNÉE
VENGÉE	BILIÉE	ÉPILÉE	GRIMÉE	PENNÉE
SINGÉE	CILIÉE	HUILÉE	PRIMÉE	DONNÉE
LONGÉE	ALLIÉE	TUILÉE	CALMÉE	SONNÉE
PONGÉE	ENLIÉE	EXILÉE	PALMÉE	DIONÉE
RONGÉE	FOLIÉE	DALLÉE	FILMÉE	CLONÉE
APOGÉE	MANIÉE	VALLÉE	GAMMÉE	PRÔNÉE
MARGÉE	DÉNIÉE	**GELLÉE**	GEMMÉE	OZONÉE
VERGÉE	RENIÉE	PELLÉE	GOMMÉE	CARNÉE
FORGÉE	COPIÉE	SELLÉE	NOMMÉE	MARNÉE
GORGÉE	EXPIÉE	AILLÉE	POMMÉE	BERNÉE
PURGÉE	CARIÉE	BILLÉE	SOMMÉE	CERNÉE
JAUGÉE	MARIÉE	PILLÉE	CHÔMÉE	BORNÉE
BOUGÉE	PARIÉE	TILLÉE	IPOMÉE	CORNÉE
GRUGÉE	VARIÉE	**BOLLÉE**	BROMÉE	ALUNÉE
BÂCHÉE	ÉCRIÉE	COLLÉE	FERMÉE	DRAPÉE
CACHÉE	FÉRIÉE	BULLÉE	GERMÉE	CRÊPÉE
FÂCHÉE	SÉRIÉE	VIOLÉE	VERMÉE	CHIPÉE
GÂCHÉE	STRIÉE	FRÔLÉE	FORMÉE	FRIPÉE
HACHÉE	DÉVIÉE	ISOLÉE	NORMÉE	GUIPÉE
LÂCHÉE	ENVIÉE	PARLÉE	PAUMÉE	PALPÉE
MÂCHÉE	YANKEE	FERLÉE	ÉCUMÉE	CAMPÉE
SACHÉE	ÉCALÉE	PERLÉE	**IDUMÉE**	LAMPÉE
TACHÉE	DEALÉE	HURLÉE	RHUMÉE	VAMPÉE
TÂCHÉE	ÉGALÉE	OURLÉE	PLUMÉE	POMPÉE
ZACHÉE	TRÂLÉE	**ATTLEE**	GLANÉE	**POMPÉE**
BÊCHÉE	ÉTALÉE	GAULÉE	PLANÉE	ÉCOPÉE
LÉCHÉE	AVALÉE	SAULÉE	CYANÉE	CHOPÉE
MÉCHÉE	AZALÉE	ÉCULÉE	AMENÉE	FLOPÉE
PÊCHÉE	CÂBLÉE	ADULÉE	GRENÉE	ÉPOPÉE
SÉCHÉE	JABLÉE	MEULÉE	**IRÉNÉE**	DROPÉE
AICHÉE	RÂBLÉE	ÉMULÉE	GAGNÉE	HAPPÉE
FICHÉE	SABLÉE	COULÉE	MAGNÉE	NAPPÉE
LICHÉE	TABLÉE	FOULÉE	LIGNÉE	LIPPÉE
MICHÉE	CIBLÉE	GOULÉE	SIGNÉE	NIPPÉE
NICHÉE	EMBLÉE	MOULÉE	COGNÉE	TIPPÉE
COCHÉE	BÂCLÉE	ROULÉE	ROGNÉE	ZIPPÉE
CÔCHÉE	MACLÉE	SOÛLÉE	GAINÉE	**COPPÉE**
HOCHÉE	RACLÉE	**APULÉE**	LAINÉE	**POPPÉE**
LOCHÉE	TACLÉE	BRÛLÉE	RAINÉE	HUPPÉE
POCHÉE	CICLÉE	STYLÉE	PEINÉE	JASPÉE
ESCHÉE	GICLÉE	BLÂMÉE	VEINÉE	TAUPÉE

COUPÉE	LAURÉE	TASSÉE	AZOTÉE	SAQUÉE
LOUPÉE	SAURÉE	CESSÉE	CAPTÉE	TAQUÉE
POUPÉE	ÉCURÉE	FESSÉE	CARTÉE	BÉQUÉE
ÉGARÉE	AMURÉE	BISSÉE	FARTÉE	NIQUÉE
CABRÉE	COURÉE	HISSÉE	PORTÉE	PIQUÉE
SABRÉE	GOURÉE	LISSÉE	**TYRTÉE**	MOQUÉE
ZÉBRÉE	LOURÉE	PISSÉE	HASTÉE	TOQUÉE
VIBRÉE	APURÉE	TISSÉE	LESTÉE	ARQUÉE
AMBRÉE	ÉPURÉE	VISSÉE	RESTÉE	SITUÉE
OMBRÉE	AZURÉE	BOSSÉE	TESTÉE	SEXUÉE
NACRÉE	NAVRÉE	ROSSÉE	ZESTÉE	**CHAVÉE**
SACRÉE	SEVRÉE	CAUSÉE	LISTÉE	CLAVÉE
RECRÉE	GIVRÉE	NAUSÉE	PISTÉE	ÉLAVÉE
RÉCRÉÉ	LIVRÉE	ABUSÉE	POSTÉE	BRAVÉE
ANCRÉE	OUVRÉE	AMUSÉE	GATTÉE	DRAVÉE
ENCRÉE	BLASÉE	**ÉLYSÉE**	JATTÉE	GRAVÉE
INCRÉE	ARASÉE	ABATÉE	LATTÉE	TRAVÉE
SUCRÉE	BRASÉE	PLATÉE	NATTÉE	ÉLEVÉE
CADRÉE	FRASÉE	ÉPATÉE	PATTÉE	CREVÉE
MADRÉE	ÉVASÉE	OUATÉE	BOTTÉE	GREVÉE
ORDRÉE	PACSÉE	CACTÉE	HOTTÉE	CLIVÉE
OBÉRÉE	**THÉSÉE**	LACTÉE	MOTTÉE	DRIVÉE
ACÉRÉE	ALÉSÉE	BECTÉE	BUTTÉE	PRIVÉE
OPÉRÉE	GRÉSÉE	DICTÉE	SAUTÉE	AVIVÉE
STÉRÉE	BAISÉE	CRÊTÉE	BLUTÉE	VALVÉE
AVÉRÉE	**ÉLISÉE**	FRÉTÉE	FLÛTÉE	LARVÉE
BÂFRÉE	ANISÉE	PRÊTÉE	AOÛTÉE	CORVÉE
RAGRÉÉ	BOISÉE	ÉTÊTÉE	BOUTÉE	SAUVÉE
DÉGRÉÉ	MOISÉE	QUÊTÉE	COÛTÉE	ŒUVÉE
REGRÉÉ	TOISÉE	CAFTÉE	DOUTÉE	COUVÉE
TIGRÉE	VOISÉE	LIFTÉE	GOÛTÉE	ÉTUVÉE
OUGRÉE	ARISÉE	LAITÉE	ROUTÉE	ÉGAYÉE
MOIRÉE	BRISÉE	ÉDITÉE	VOÛTÉE	DRAYÉE
POIRÉE	FRISÉE	AGITÉE	GRUTÉE	FRAYÉE
SOIRÉE	GRISÉE	ALITÉE	EMBUÉE	ÉTAYÉE
SPIRÉE	IRISÉE	IMITÉE	BAGUÉE	CHOYÉE
ÉTIRÉE	PRISÉE	USITÉE	TAGUÉE	PLOYÉE
DENRÉE	PUISÉE	CUITÉE	LÉGUÉE	BROYÉE
ADORÉE	AVISÉE	NUITÉE	LIGUÉE	ALÉZÉE
CHORÉE	VALSÉE	SUITÉE	BOGUÉE	CARAFE
BARRÉE	PULSÉE	ÉVITÉE	ROGUÉE	PARAFE
CARRÉE	DANSÉE	MALTÉE	ARGUÉE	PARAFÉ
MARRÉE	GANSÉE	PELTÉE	FUGUÉE	AGRAFE
NARRÉE	PANSÉE	GANTÉE	SALUÉE	AGRAFÉ
FERRÉE	CENSÉE	HANTÉE	DILUÉE	GIRAFE
SERRÉE	PENSÉE	VANTÉE	DÉNUÉE	**RÉSAFÉ**
TERRÉE	SENSÉE	DENTÉE	SINUÉE	BRIEFÉ
VERRÉE	GLOSÉE	RENTÉE	CLOUÉE	PIAFFE
TORRÉE	HERSÉE	TENTÉE	FLOUÉE	PIAFFÉ
MÉTRÉE	**PERSÉE**	VENTÉE	ÉNOUÉE	TIAFFE
MITRÉE	VERSÉE	PINTÉE	TROUÉE	STAFFÉ
NITRÉE	CORSÉE	TINTÉE	AVOUÉE	FIEFFÉ
TITRÉE	CASSÉE	CONTÉE	CAQUÉE	GREFFE
VITRÉE	LASSÉE	MONTÉE	LAQUÉE	GREFFÉ
ENTRÉE	MASSÉE	PONTÉE	MAQUÉE	CHIFFE
ASTRÉE	PASSÉE	PROTÉE	MAQUÉE	SNIFFÉ
OUTRÉE	SASSÉE	**PROTÉE**	RAQUÉE	COIFFE

COIFFÉ	DAMAGE	LOUAGE	PLONGE	PRÊCHÉ
BRIFFÉ	LAMAGE	NOUAGE	PLONGÉ	ÉVÊCHÉ
GRIFFE	RAMAGE	ROUAGE	ÉPONGE	LAÎCHE
GRIFFÉ	RAMAGÉ	TOUAGE	ÉPONGÉ	MAÎCHE
SUIFFÉ	LIMAGE	CAVAGE	ORONGE	**MAÎCHE**
ÉTOFFE	FUMAGE	GAVAGE	GRUNGE	SEICHE
ÉTOFFÉ	HUMAGE	HAVAGE	DÉLOGÉ	CHICHE
BLUFFÉ	FANAGE	LAVAGE	RELOGÉ	CLICHÉ
BOUFFE	**MANAGE**	PAVAGE	LIMOGÉ	**ANICHE**
BOUFFÉ	MANAGÉ	RAVAGE	HYPOGÉ	FRICHE
GOUFFÉ	MÉNAGE	RAVAGÉ	ABROGÉ	TRICHE
POUFFÉ	**MÉNAGE**	LEVAGE	DÉROGÉ	TRICHÉ
TOUFFE	MÉNAGÉ	RIVAGE	ARROGÉ	GUICHE
TRUFFE	BINAGE	CUVAGE	CHARGE	QUICHE
TRUFFÉ	FINAGE	**NEW AGE**	CHARGÉ	**QUICHÉ**
RECIFE	MINAGE	TAXAGE	ÉMARGÉ	VELCHE
CALIFE	VINAGE	SEXAGE	CIERGE	WELCHE
TARIFÉ	ZONAGE	FIXAGE	VIERGE	BANCHE
ATTIFÉ	**ARNAGE**	MIXAGE	**VIERGE**	BANCHÉ
GUELFE	TUNAGE	RAYAGE	CLERGÉ	CANCHE
LIBAGE	RÂPAGE	VOYAGE	ÉMERGÉ	**CANCHE**
ROBAGE	TAPAGE	VOYAGÉ	**GEORGE**	HANCHE
CUBAGE	CÉPAGE	GAZAGE	ÉGORGÉ	HANCHÉ
TUBAGE	**LEPAGE**	BRIDGE	COURGE	MANCHE
LAÇAGE	RIPAGE	BRIDGÉ	ÉPURGE	**MANCHE**
PACAGE	ALPAGE	**ARIÈGE**	REFUGE	RANCHE
PACAGÉ	DOPAGE	ALLÈGE	**LIGUGÉ**	**SANCHE**
RACAGE	GARAGE	ALLÉGÉ	ADJUGÉ	TANCHE
PICAGE	PARAGE	MANÈGE	DÉJUGÉ	PENCHÉ
ENCAGÉ	TARAGE	ARPÈGE	MÉJUGÉ	**BINCHE**
BOCAGE	AÉRAGE	ARPÉGÉ	REJUGÉ	JONCHÉ
RIDAGE	DÉRAGÉ	ABRÉGÉ	CALUGÉ	LYNCHÉ
VIDAGE	CIRAGE	AGRÉGÉ	DÉLUGE	**LAO CHE**
CODAGE	MIRAGE	**BRUGGE**	ÉGRUGÉ	MIOCHE
GODAGE	TIRAGE	RÉDIGÉ	STRYGE	PIOCHE
RODAGE	VIRAGE	DREIGE	ÉCACHÉ	PIOCHÉ
BAGAGE	ENRAGÉ	OBLIGÉ	**BIACHE**	CLOCHE
DÉGAGE	DORAGE	VOLIGE	FLACHE	CLOCHÉ
ENGAGÉ	FORAGE	VOLIGÉ	APACHE	FLOCHE
SCIAGE	CURAGE	RÉMIGE	**APACHE**	SLOCHE
PLIAGE	MURAGE	DIRIGÉ	CRACHÉ	AMOCHÉ
ÉPIAGE	RASAGE	STRIGE	DRACHE	BROCHE
TRIAGE	**LESAGE**	AURIGE	DRACHÉ	BROCHÉ
URIAGE	PESAGE	LITIGE	**BUACHE**	CROCHE
ÉTIAGE	LISAGE	MITIGÉ	**ABÉCHÉ**	CROCHÉ
CALAGE	VISAGE	ATTIGÉ	CHÈCHE	PROCHE
HALAGE	DOSAGE	CHANGE	BLÈCHE	TROCHE
SALAGE	DATAGE	CHANGÉ	BLÊCHE	**SUOCHE**
DELAGE	MATAGE	FRANGE	FLÈCHE	**LARCHE**
PELAGE	RATAGE	FRANGÉ	FLÉCHÉ	MARCHE
PÉLAGE	JETAGE	GRANGE	ÉMÉCHÉ	**MARCHE**
VÊLAGE	VÊTAGE	ORANGE	**LOÈCHE**	MARCHÉ
FILAGE	MITAGE	**ORANGE**	BRÈCHE	HERCHÉ
PILAGE	POTAGE	ORANGÉ	CRÈCHE	LERCHE
RÔLAGE	MUTAGE	BRINGÉ	CRÉCHÉ	PERCHE
SOLAGE	FLUAGE	GRINGE	DRÊCHE	**PERCHE**
VOLAGE	FOUAGE	ÉLONGÉ	PRÊCHE	PERCHÉ

PORCHE	**OURTHE**	UNIFIÉ	BANNIE	VOIRIE
TORCHE	**MOUTHE**	SOLFIÉ	HONNIE	SCORIE
TORCHÉ	SCYTHE	CONFIÉ	AGONIE	APORIE
CATCHÉ	**LA BAIE**	SOUFIE	PHONIE	**BARRIE**
BITCHE	PAGAIE	PLAGIÉ	**FIONIE**	**JARRIE**
FAUCHE	PAGAÏE	ÉLÉGIE	CLONIE	MARRIE
FAUCHÉ	SAGAIE	BOGGIE	IRONIE	**FERRIÉ**
GAUCHE	**ACHAÏE**	BOUGIE	ATONIE	KERRIE
RAUCHÉ	ORMAIE	**BOUGIE**	GARNIE	LATRIE
PLUCHÉ	AUNAIE	ROUGIE	HERNIE	PATRIE
BOUCHE	IVRAIE	ÉBAHIE	HERNIÉ	PÉTRIE
BOUCHÉ	FUTAIE	TRAHIE	TERNIE	**ESTRIE**
COUCHE	**ARABIE**	ORPHIE	VERNIE	**ISTRIE**
COUCHÉ	**TRÉBIE**	PYTHIE	**MISNIE**	ÉCURIE
DOUCHE	STIBIÉ	JUNKIE	**BOSNIE**	AHURIE
DOUCHÉ	**GAMBIE**	COOKIE	**BOTNIE**	ANURIE
FOUCHÉ	**ZAMBIE**	HARKIE	JAUNIE	TOURIE
HOU CHE	ZOMBIE	**THALIE**	RÉUNIE	PYURIE
LOUCHE	PHOBIE	**ITALIE**	BRUNIE	**STYRIE**
LOUCHÉ	ANOBIE	OUBLIE	ORMOIE	POÉSIE
MOUCHE	**SERBIE**	OUBLIÉ	**SAVOIE**	SAISIE
MOUCHÉ	**CORBIE**	PUBLIÉ	FLAPIE	MOISIE
SOUCHE	ÉMACIÉ	**ADÉLIE**	CRÉPIE	GNOSIE
SOU CHE	GRACIÉ	AVILIE	CHIPIE	PARSIE
TOUCHE	ZOÉCIE	PALLIÉ	SCOPIE	CASSIE
TOUCHÉ	MANCIE	RALLIÉ	UTOPIE	MESSIE
BRUCHE	RANCIE	MOLLIE	MYOPIE	VESSIE
CRUCHE	MINCIE	ABOLIE	HIPPIE	**RUSSIE**
PRUCHE	FARCIE	SCOLIE	YUPPIE	AMUSIE
PSYCHÉ	**MERCIE**	COOLIE	HARPIE	CHÂTIÉ
PSYCHÉ	FORCIE	SPOLIÉ	ROUPIE	ABÊTIE
HOOGHE	DURCIE	**ÉTOLIE**	TOUPIE	**RHÉTIE**
HUYGHE	**MURCIE**	DÉPLIÉ	ATYPIE	**BOÉTIE**
GRAPHE	FASCIÉ	REPLIÉ	**ACARIE**	GOÉTIE
CAÏPHE	DOUCIE	EMPLIE	**ICARIE**	**STÉTIÉ**
SILPHE	SOUCIÉ	POULIE	OTARIE	AMITIÉ
SYLPHE	**ACADIE**	ÉPULIE	STARIE	INITIÉ
LYMPHE	CADDIE	AGAMIE	AVARIE	MOITIE
NYMPHE	CADDIE	CADMIÉ	AVARIÉ	MOITIÉ
SYRPHE	ACÉDIE	ANÉMIE	**OMBRIE**	NANTIE
GLYPHE	TIÉDIE	ANÉMIÉ	DÉCRIÉ	SENTIE
CIRRHE	RAIDIE	TRÉMIE	RÉCRIÉ	SCOTIE
MYRRHE	ROIDIE	URÉMIE	HYDRIE	**BÉOTIE**
FLASHÉ	IRIDIÉ	CHIMIE	**IBÉRIE**	PARTIE
SMASHÉ	CANDIE	AMIMIE	FÉERIE	SERTIE
CRASHÉ	**CANDIE**	ANOMIE	ÉGÉRIE	SORTIE
LAO SHE	MENDIÉ	STOMIE	**ÉGÉRIE**	**BASTIÉ**
AGATHE	RHODIÉ	KETMIE	CHÉRIE	HOSTIE
SPATHE	AMODIÉ	THYMIE	ÂNERIE	SOTTIE
GOETHE	HARDIE	**SCANIE**	GUÉRIE	BLEUIE
XANTHE	VERDIE	PHANIE	TUERIE	ENFUIE
MENTHE	OURDIE	URANIE	AZÉRIE	INOUÏE
SYNTHÉ	ÉTUDIÉ	**AZÉRIE**	**AZÉRIE**	ESSUIE
MARTHE	**RUFFIÉ**	URANIE	AIGRIE	GRAVIE
SARTHE	ÉDIFIÉ	**URANIE**	MAIRIE	SUIVIE
BERTHE	DÉIFIÉ	AVANIE	PAIRIE	CONVIÉ
BERTHE	RÉIFIÉ	ETHNIE	HOIRIE	SERVIE

SURVIE	RÉGALÉ	ARVALE	ANHÉLÉ	LABILE
EXUVIE	CIGALE	COXALE	**THIÈLE**	DÉBILE
PRAXIE	JUGALE	LOYALE	ALLÈLE	SÉBILE
ATAXIE	MYGALE	ROYALE	DÉMÊLÉ	MOBILE
ALEXIE	ACHALÉ	CHÂBLE	**SÉMÊLÉ**	**MOBILE**
ANOXIE	DÉHALÉ	CHABLÉ	EMMÊLÉ	**NOBILE**
SWAZIE	INHALÉ	DIABLE	JUMELÉ	JUBILÉ
RAZZIÉ	EXHALÉ	FIABLE	AGNELÉ	NUBILE
GALÉJÉ	CHIALÉ	NIABLE	ANNELÉ	FACILE
SKOPJE	GLIALE	VIABLE	CAPELÉ	**CÉCILE**
BINTJE	AXIALE	ARABLE	APPELÉ	DÉCILE
REMAKE	**TAMALE**	ÉRABLE	BURÈLE	**SICILE**
KANAKE	**AUMALE**	ÉTABLE	BURELÉ	DOCILE
KANAKE	BANALE	ÉTABLÉ	CISELÉ	DÉFILÉ
BOUAKÉ	PÉNALE	STABLE	FUSELÉ	REFILÉ
MIYAKE	RÉNALE	**HUBBLE**	MUSELÉ	AFFILÉ
COECKE	VÉNALE	HIÈBLE	RÂTELÉ	EFFILÉ
STOCKÉ	FINALE	FAIBLE	DÉTELÉ	ENFILÉ
HOUCKE	ANNALE	À PIBLE	CÔTELÉ	VAGILE
BRÜCKE	TONALE	CRIBLE	POTELÉ	VIGILE
HANDKE	ZONALE	CRIBLÉ	ATTELÉ	ARGILE
BATÉKÉ	PAPALE	SEMBLÉ	BOUÉLÉ	SÉNILE
UPDIKE	SÉPALE	COMBLE	JAVELÉ	ÉTOILE
MÖRIKE	TÉPALE	COMBLÉ	TAVELÉ	**ÉTOILE**
SLIKKE	BIPALE	HUMBLE	RÉVÉLÉ	ÉTOILÉ
CLARKE	EMPALÉ	MEUBLE	NIVELÉ	DÉPILÉ
MOLTKE	FÉRALE	MEUBLÉ	CUVELÉ	EMPILE
CABALE	VIRALE	DOUBLE	ÉRAFLÉ	EMPILÉ
CABALÉ	MORALE	DOUBLÉ	TRÈFLE	AGRILE
FABALE	DURALE	ROUBLE	TRÉFLÉ	VIRILE
PIBALE	MURALE	TRUBLE	BAFFLE	**BASILE**
BUBALE	RURALE	ORACLE	RAFFLE	DÉSILÉ
DÉCALÉ	SURALE	SIÈCLE	RIFFLE	ENSILÉ
FÉCALE	PYRALE	CHICLE	SIFFLÉ	FUTILE
RECALÉ	BASALE	CHICLÉ	BUFFLE	MUTILÉ
FOCALE	**LA SALE**	ZANCLE	RENFLÉ	RUTILE
LOCALE	NASALE	CINCLE	GONFLE	RUTILÉ
VOCALE	RESALÉ	SARCLÉ	GONFLÉ	CIVILE
ESCALE	**VÉSALE**	CERCLE	RONFLÉ	**CHALLE**
DUCALE	FATALE	CERCLÉ	MORFLÉ	THALLE
MYCALE	NATALE	MUSCLE	MOUFLE	STALLE
HADALE	OCTALE	MUSCLÉ	BEAGLE	ICELLE
DÉDALE	DÉTALÉ	MOT-CLÉ	**BEAGLE**	OCELLE
DÉDALE	LÉTALE	BOUCLE	**L'AIGLE**	OCELLÉ
PÉDALE	PÉTALE	BOUCLÉ	SEIGLE	SCELLÉ
PÉDALÉ	**RITALE**	PUDDLE	TRIGLE	RÉELLE
MODALE	VITALE	**CYBÈLE**	MANGLE	BIELLE
NODALE	DOTALE	DÉCELÉ	SANGLE	MIELLÉ
IDÉALE	TOTALE	RECELÉ	SANGLÉ	NIELLE
ILÉALE	SQUALE	FICELÉ	CINGLÉ	NIELLÉ
RAFALE	CAVALE	FIDÈLE	JINGLE	VIELLE
RAFALÉ	CAVALÉ	MODÈLE	SINGLE	MOELLE
AFFALÉ	NAVALE	MODELÉ	JONGLÉ	**APELLE**
FAGALE	RAVALÉ	**STEELE**	JUNGLE	ASELLE
VAGALE	DÉVALÉ	DÉGELÉ	BEUGLÉ	DUELLE
LÉGALE	NIVALE	REGELÉ	MEUGLÉ	QUELLE
RÉGALE	RIVALE	**ANGÈLE**	HABILE	RUELLE

BAILLE	PICOLÉ	GNAULE	CROULE	SÉMÈME
BAILLÉ	COCOLÉ	ÉPAULE	CROULÉ	MONÈME
BÂILLÉ	**ARCOLE**	ÉPAULÉ	PAPULE	BARÈME
CAILLE	INDOLE	FABULÉ	TIPULE	CARÈME
CAILLÉ	FLÉOLE	TABULÉ	COPULE	**CARÊME**
FAILLE	OLÉ OLÉ	FIBULE	COPULÉ	ÉCRÉMÉ
FAILLÉ	ARÉOLE	LOBULE	CUPULE	CHRÊME
MAILLE	CRÉOLE	LOBULÉ	FÉRULE	BIRÈME
MAILLÉ	AFFOLÉ	TUBULE	MÉRULE	LEXÈME
PAILLE	RIGOLE	TUBULÉ	CURULE	FLEGME
PAILLÉ	RIGOLÉ	FACULE	**URSULE**	ÉNIGME
RAILLÉ	**AIHOLE**	MACULE	NOTULE	ZEUGME
TAILLE	GNIOLE	MACULÉ	ROTULE	ASTHME
TAILLÉ	ORIOLE	ACCULÉ	MUTULE	ISTHME
SCILLE	ÉTIOLÉ	FÉCULE	LUZULE	RYTHME
REILLE	CAJOLÉ	FÉCULÉ	CRAWLÉ	RYTHMÉ
SEILLE	ENJÔLÉ	PÉCULE	KABYLE	DÉCIME
SEILLE	SAMOLE	RECULÉ	**KABYLE**	DÉCIMÉ
TEILLE	IMMOLÉ	OSCULE	ÉTHYLE	REDIMÉ
TEILLÉ	DIPÔLE	CÉDULE	ALKYLE	RÉDIMÉ
VEILLE	PAROLE	BIDULE	ALLYLE	INFIME
VEILLÉ	VÉROLE	RIDULE	VINYLE	RÉGIME
SMILLE	VÉROLÉ	ONDULÉ	BÉTYLE	RANIMÉ
BOILLE	PIROLE	MODULE	COTYLE	MINIME
ROILLE	VIROLE	MODULÉ	BUTYLE	PÉRIMÉ
ROILLÉ	ENRÔLÉ	NODULE	PUZZLE	ARRIMÉ
ARILLE	PYROLE	**GUDULE**	MADAME	ULTIME
BRILLÉ	DÉSOLÉ	AÏEULE	VIDAME	INTIME
DRILLE	INSOLÉ	ÉTEULE	AFFAMÉ	INTIMÉ
GRILLE	ASSOLÉ	GUEULE	INFÂME	ESTIME
GRILLÉ	PÉTOLE	GUEULÉ	BIGAME	ESTIMÉ
TRILLE	ENTÔLÉ	INFULE	ENGAMÉ	MAXIME
TRILLÉ	REVOLÉ	RÉGULE	CALAME	**MAXIME**
VRILLE	ENVOLÉ	RÉGULÉ	BILAME	FLAMME
VRILLÉ	GAZOLE	LIGULE	**PANAME**	FLAMMÉ
OUILLE	TRIPLE	LIGULÉ	IGNAME	GRAMME
OUILLÉ	TRIPLÉ	ONGULÉ	**KARAMÉ**	**GRAMME**
QUILLE	SAMPLE	JUGULÉ	**PARAMÉ**	FLEMME
BIOLLE	SAMPLÉ	**KEKULÉ**	CÉRAME	**PACÔME**
AROLLE	SEMPLE	GÉLULE	DÉRAMÉ	RADÔME
CROLLE	TEMPLE	PILULE	**PYRAME**	**SODOME**
CROLLÉ	**TEMPLE**	HULULÉ	SÉSAME	IDIOME
GROLLE	SIMPLE	RAMULE	RÉTAMÉ	GLIOME
TROLLE	PEOPLE	LIMULE	ENTAME	AXIOME
ZWOLLE	PEUPLE	SIMULÉ	ENTAMÉ	SALOME
GAULLE	PEUPLÉ	CUMULÉ	SQUAME	**SALOMÉ**
BOULLE	COUPLE	CANULE	ŒDÈME	GÉNOME
IDYLLE	COUPLÉ	CANULÉ	SCHÈME	BINÔME
PSYLLE	SOUPLE	ANNULÉ	BOHÈME	INNOMÉ
BRANLE	**SEARLE**	LUNULE	BOHÊME	MONÔME
BRANLÉ	PAIRLE	**BAOULÉ**	**BOHÈME**	LIPOME
BABOLÉ	**BRESLE**	SAOULE	ÉNIÈME	**GÉRÔME**
EMBOLE	**NESTLÉ**	SAOULÉ	UNIÈME	GÉRÔMÉ
RACOLÉ	CHAULÉ	ABOULÉ	IXIÈME	**JÉRÔME**
ACCOLÉ	MIAULÉ	ÉBOULÉ	**FALÉMÉ**	CHROME
RÉCOLÉ	PIAULE	ÉCOULÉ	XYLÈME	CHROMÉ
NICOLE	PIAULÉ	**SIOULE**		BUTOME

RÉARMÉ	**ZIDANE**	**MODÈNE**	ALIGNÉ	ONDINE
CHARME	**MODANE**	**KLEENE**	CLIGNÉ	DODINE
CHARMÉ	**OCÉANE**	**GREENE**	AMIGNE	DODINÉ
ALARME	**OCÉANE**	**EUGENE**	POIGNE	THÉINE
ALARMÉ	EFFANÉ	**EUGÈNE**	SOIGNÉ	OLÉINE
INERME	MAGANÉ	ZYGÈNE	ÉRIGNE	PLEINE
SPERME	ENGANE	SPHÈNE	GRIGNE	À PEINE
DHORME	ORGANE	SCIÈNE	GRIGNÉ	FREINÉ
ÉNORME	ÉTHANE	ALIÉNÉ	GUIGNE	AFFINE
FOURME	**ANIANE**	**PRIÈNE**	GUIGNÉ	AFFINÉ
GOURME	**ARIANE**	GALÈNE	GROGNE	PAGINÉ
GOURMÉ	**RÉJANE**	HALENÉ	GROGNÉ	SAGINE
PHASME	BALANE	**HÉLÈNE**	TROGNE	TAGINE
MIASME	SILANE	**SÉLÉNÉ**	HARGNE	ALGINE
SPASME	BIMANE	SÉLÈNE	VERGNE	ANGINE
ÉRASME	ROMANE	SILÈNE	BORGNE	RUGINE
ORESME	BANANE	**SILÈNE**	LORGNÉ	VAHINE
DÉISME	**SÉNANE**	ALLÈNE	**JOUGNE**	ÉCHINE
SÉISME	CHOANE	MOLÈNE	POUGNÉ	ÉCHINÉ
AGISME	BORANE	**MOLÈNE**	DAPHNÉ	TAJINE
ALISME	**MORANE**	XYLÈNE	**DAPHNÉ**	PÉKINÉ
PRISME	BASANE	RAMENÉ	CHAÎNE	**FOKINE**
TRISME	BASANÉ	DÉMENÉ	CHAÎNÉ	CÂLINE
MOUSMÉ	**PISANE**	EMMENÉ	DJAÏNE	CÂLINÉ
HEAUME	PISANE	**DOMÈNE**	**BLAINE**	SALINE
CHAUME	TISANE	**ISMÈNE**	**FLAINE**	VALINE
CHAUMÉ	INSANE	PINÈNE	PLAINE	**CÉLINE**
PSAUME	MOSANE	TROÈNE	**BRAINE**	FÉLINE
ENFUMÉ	**CATANE**	CARÈNE	DRAINE	**MÉLINE**
LÉGUME	**MATANE**	CARÉNÉ	DRAINÉ	DOLINE
INHUMÉ	SATANÉ	ÉGRENÉ	GRAINE	BYLINE
EXHUMÉ	TATANE	THRÈNE	GRAINÉ	FAMINE
ALLUMÉ	OCTANE	SIRÈNE	TRAÎNE	GAMINE
VOLUME	CÉTANE	ENRÊNÉ	TRAÎNÉ	GAMINÉ
OKOUMÉ	GITANE	MORÈNE	BABINE	LAMINÉ
AGRUME	**GITANE**	MURÈNE	CABINE	DÉMINÉ
KURUME	TITANE	**CYRÈNE**	SABINE	GÉMINÉ
RÉSUMÉ	BUTANE	PYRÈNE	DÉBINE	DOMINÉ
ASSUMÉ	CUTANÉ	**MISÈNE**	DÉBINÉ	GOMINÉ
BITUME	IGUANE	**ELSENE**	BIBINE	NOMINÉ
BITUMÉ	DOUANE	ASSÉNÉ	BOBINE	RUMINÉ
DIDYME	HAVANE	ASSÉNÉ	BOBINÉ	CANINE
ABZYME	PAVANE	**LA TÈNE**	RACINE	**PANINE**
ENZYME	PAVANÉ	PATÈNE	**RACINE**	**LÉNINE**
CABANE	SAVANE	CÉTÈNE	UNCINÉ	MENINE
CABANÉ	HEXANE	BUTÈNE	MUCINE	RÉNINE
RABANE	TEXANE	FOUËNE	BADINE	IDOINE
ALBANE	**TEXANE**	KHÂGNE	BADINÉ	ÉGOÏNE
RUBANÉ	**ROXANE**	STAGNÉ	**MADINE**	AVOINE
PACANE	GUYANE	DUÈGNE	PADINE	**AVOINE**
BÉCANE	MÉCÈNE	BAIGNÉ	RADINE	LAPINE
RICANÉ	**MÉCÈNE**	DAIGNÉ	RADINÉ	LAPINÉ
ALCANE	ALCÈNE	SAIGNÉ	**FEDINE**	RAPINE
ARCANE	ÉOCÈNE	BEIGNE	**MÉDINE**	RAPINÉ
LUCANE	LYCÈNE	PEIGNE	ALDINE	SAPINE
PADANE	CADÈNE	PEIGNÉ	ANDINE	TAPINÉ
BÉDANE	INDÈNE	TEIGNE	**ANDINE**	**LÉPINE**

REPINE	RAVINE	IONONE	RECEPÉ	CRISPÉ
ALPINE	RAVINÉ	LAPONE	EXCIPÉ	OCCUPÉ
COPINE	DEVINÉ	**LAPONE**	ŒDIPE	CROUPE
COPINÉ	DIVINE	**GÉRONE**	**ŒDIPE**	GROUPE
RUPINE	ENVINÉ	PÉRONÉ	TULIPE	GROUPÉ
FARINE	BOVINE	**VÉRONE**	MANIPE	TROUPE
FARINÉ	BOVINÉ	ERRONÉ	ÉTRIPÉ	ÉTOUPE
MARINE	ARVINE	**AUSONE**	**EURIPE**	ÉTOUPÉ
MARINE	TOXINE	**LATONE**	ÉQUIPE	POLYPE
MARINÉ	AUXINE	CÉTONE	ÉQUIPÉ	GABARE
NARINE	MYXINE	DÉTONÉ	SCALPÉ	**KADARÉ**
SARINE	**RAZINE**	**SAVONE**	INALPE	**ARÉARÉ**
SERINE	**MEZINE**	BRYONE	INALPÉ	EFFARÉ
SÉRINE	SCANNÉ	EVZONE	COULPE	**MÉGARE**
SERINÉ	**JEANNE**	LIERNE	POULPE	CIGARE
VÉRINE	CHANNE	**PIERNÉ**	CRAMPE	**BRIARE**
BORINE	**JOANNE**	**VIERNE**	TREMPE	HILARE
BURINÉ	**ROANNE**	STERNE	TREMPÉ	SAMARE
PURINE	**BIENNE**	**STERNE**	GRIMPE	**POMARÉ**
SURINÉ	MIENNE	**EDIRNE**	GRIMPÉ	**TÉNARE**
GÉSINE	SIENNE	ÉCORNÉ	GUIMPE	IGNARE
LÉSINE	**SIENNE**	PIORNE	TROMPE	DÉPARÉ
LÉSINÉ	TIENNE	PIORNÉ	TROMPÉ	RÉPARÉ
RÉSINE	**VIENNE**	VIORNE	OLYMPE	SÉPARÉ
RÉSINÉ	**DJENNÉ**	**HOORNE**	**OLYMPE**	BIPARE
ÉOSINE	**BRENNE**	ÉBURNÉ	LYCOPE	EMPARÉ
ARSINE	**CRENNE**	**VEURNE**	GALOPÉ	**HARARE**
LYSINE	DRENNE	DIURNE	SALOPE	TARARE
GÂTINE	PAONNE	TOURNE	SALOPÉ	**TARARE**
GÂTINE	ABONNÉ	TOURNÉ	ÉCLOPÉ	CURARE
LATINE	ADONNÉ	**SMYRNE**	CANOPE	TATARE
LATINE	LIONNE	**DAISNE**	**CANOPE**	**TATARE**
MÂTINE	**LIONNE**	**HUISNE**	SINOPE	PETARE
MÂTINÉ	PIONNE	CROSNE	**EUROPE**	**MUTARE**
PATINE	**OLONNE**	MORT-NÉ	HYSOPE	SQUARE
PATINÉ	ÂNONNÉ	**BEAUNE**	MÉTOPE	**NOVARE**
RATINE	**DRONNE**	LACUNE	**CHAPPE**	LAZARE
RATINÉ	ÉTONNÉ	PÉCUNE	CLAPPÉ	**NAZARÉ**
SATINÉ	**ANCÔNE**	AUCUNE	FRAPPE	GLABRE
RÉTINE	MADONE	LAGUNE	FRAPPÉ	GUÈBRE
TÉTINE	**DODONE**	FALUNÉ	GRAPPE	GUIBRE
POTINÉ	**BLÉONE**	IMMUNE	TRAPPE	**CAMBRE**
BUTINÉ	**SAGONE**	**THOUNE**	**TRAPPE**	CAMBRÉ
CUTINE	**LOGONE**	PÉTUNÉ	TRAPPÉ	**SAMBRE**
LUTINE	OOGONE	**BROWNE**	**DIEPPE**	MEMBRE
LUTINÉ	APHONE	ALCYNE	STEPPE	MEMBRÉ
MUTINE	**SALONE**	**PHRYNÉ**	CLIPPÉ	TIMBRE
MUTINÉ	**SILONE**	HAÜYNE	FLIPPÉ	TIMBRÉ
RUTINE	PYLÔNE	**CHILOÉ**	KLIPPE	NOMBRE
COUINÉ	RAMONÉ	**MONROE**	GRIPPE	NOMBRÉ
FOUINE	DÉMONE	DÉCAPÉ	GRIPPÉ	SOMBRE
FOUINÉ	**GIMONE**	**PRIAPE**	DROPPÉ	SOMBRÉ
GOUINE	**SIMONE**	CANAPÉ	STOPPÉ	MARBRE
ÉQUINE	**POMONE**	DÉRAPÉ	HOUPPE	MARBRÉ
BRUINE	AUMÔNE	RETAPE	**SCARPE**	DIACRE
BRUINÉ	**DANONE**	RETAPÉ	SCIRPE	**DIACRE**
PRUINE	ANNONE	GOUAPE	USURPÉ	FIACRE

FIACRE	ACIÉRÉ	SOUFRÉ	**TRAORÉ**	FOURRE
EXÉCRÉ	ÂNIÈRE	ONAGRE	ARBORÉ	FOURRÉ
CANCRE	**BRIÈRE**	MAIGRE	ACCORE	MOURRE
PHÈDRE	PRIÈRE	VAIGRE	DÉCORÉ	CHÂTRÉ
DIÈDRE	TRIÈRE	ÉMIGRÉ	PÉCORE	PLÂTRE
EXÈDRE	GALÈRE	MALGRÉ	PICORÉ	PLÂTRÉ
SANDRE	**GALÈRE**	PINGRE	ENCORE	QUATRE
CENDRE	GALÉRÉ	CONGRE	DÉDORÉ	PIÈTRE
CENDRÉ	SCLÈRE	HONGRE	REDORÉ	PRÊTRE
FENDRE	COLÈRE	HONGRÉ	**INDORE**	URÈTRE
GENDRE	TOLÉRÉ	BOUGRE	**TAGORE**	GUÊTRE
PENDRE	MÉMÈRE	LOUGRE	**LAHORE**	GUÊTRE
RENDRE	MÉMÉRÉ	CHAIRE	ÉPHORE	MAÎTRE
TENDRE	RÉMÉRÉ	ALAIRE	MAJORÉ	NAÎTRE
VENDRE	KHMÈRE	BLAIRÉ	ÉCLORE	PAÎTRE
OINDRE	**KHMÈRE**	**CLAIRE**	CHLORE	REÎTRE
FONDRE	DIMÈRE	FLAIRÉ	CHLORÉ	GOITRE
PONDRE	**HIMÈRE**	GLAIRE	**ELLORE**	HUÎTRE
TONDRE	**ALMERE**	PLAIRE	COLORÉ	FILTRE
PERDRE	**HOMÈRE**	ARAIRE	ÉPLORÉ	FILTRÉ
MORDRE	GÉNÉRÉ	BRAIRE	PYLORE	CANTRE
TORDRE	VÉNÉRÉ	PRAIRE	**MAMORÉ**	CENTRE
SEUDRE	**TÉNÉRÉ**	TRAIRE	TIMORÉ	CENTRE
COUDRE	**LEPÈRE**	SUAIRE	IGNORÉ	CENTRÉ
FOUDRE	PÉPÈRE	OVAIRE	MINORÉ	RENTRÉ
MOUDRE	REPÈRE	OCCIRE	HONORÉ	VENTRE
POUDRE	REPÉRÉ	DÉDIRE	SONORE	CINTRE
POUDRÉ	VIPÈRE	MÉDIRE	PÉRORÉ	CINTRÉ
LIBÈRE	AMPÈRE	REDIRE	AURORE	CONTRE
LIBÉRÉ	**AMPÈRE**	CHEIRE	ESSORÉ	CONTRÉ
TIBÈRE	ESPÉRÉ	ÉPEIRE	**MYSORE**	MONTRE
AUBÈRE	SUPÈRE	**FREIRE**	FLUORÉ	MONTRÉ
PUBÈRE	PARÈRE	HÉGIRE	DÉVORÉ	APÔTRE
LACÉRÉ	**SÉRÈRE**	**LA HIRE**	DIAPRÉ	DARTRE
MACÉRÉ	LISÉRÉ	DÉLIRE	PAMPRE	MARTRE
ULCÈRE	MISÈRE	DÉLIRÉ	ROMPRE	**SARTRE**
ULCÉRÉ	INSÉRÉ	RELIRE	PROPRE	TARTRE
MADÈRE	PATÈRE	**RAMIRE**	STUPRE	TERTRE
MADÈRE	ICTÈRE	ADMIRÉ	**CHYPRE**	CASTRÉ
ABDÈRE	ALTÉRÉ	**LEMIRE**	CHARRE	ŒSTRE
FÉDÉRÉ	APTÈRE	**RÉMIRE**	AMARRE	BISTRE
SIDÉRÉ	ARTÈRE	GLOIRE	AMARRÉ	BISTRÉ
MODÉRÉ	RÉVÉRÉ	CROIRE	LIERRE	CISTRE
LA FÈRE	SÉVÈRE	IVOIRE	**LIERRE**	SISTRE
DÉFÉRÉ	**SÉVÈRE**	EMPIRE	**PIERRE**	ROSTRE
RÉFÉRÉ	TUYÈRE	EMPIRÉ	PIERRÉ	LUSTRE
INFÈRE	**VÉZÈRE**	ASPIRÉ	**SIERRE**	LUSTRÉ
INFÉRÉ	**ANZÈRE**	EXPIRÉ	GUERRE	RUSTRE
LÉGÈRE	**LOZÈRE**	ÉCRIRE	BEURRE	BATTRE
MÉGÈRE	**GIFFRE**	DÉSIRÉ	BEURRÉ	LETTRE
MÉGÈRE	**LIFFRÉ**	SATIRE	LEURRE	LETTRÉ
DIGÉRÉ	COFFRE	RETIRÉ	LEURRÉ	METTRE
INGÉRÉ	COFFRÉ	ATTIRÉ	**SEURRE**	**LITTRÉ**
COGÉRÉ	**JOFFRE**	BRUIRE	BOURRE	VAUTRÉ
ADHÉRÉ	GAUFRE	NAVIRE	BOURRÉ	FEUTRE
SPHÈRE	GAUFRÉ	DÉVIRÉ	COURRE	FEUTRÉ
ÉTHÉRÉ	SOUFRE			

NEUTRE	ZONURE	**MOIVRE**	INCISÉ	ARKOSE
BOUTRE	LUNURE	POIVRE	EXCISE	GÉLOSE
COUTRE	CHOURÉ	POIVRÉ	EXCISÉ	OSMOSE
FOUTRE	AJOURÉ	CUIVRE	BALISE	DÉPOSE
LOUTRE	ANOURE	CUIVRÉ	BALISÉ	DÉPOSÉ
POUTRE	RÂPURE	GUIVRE	VALISE	REPOSE
DEXTRE	TAPURE	SUIVRE	ÉGLISE	REPOSÉ
ÉLYTRE	DÉPURÉ	PAUVRE	ENLISÉ	IMPOSE
RÉCURÉ	IMPURE	ŒUVRE	**MOLISE**	APPOSÉ
ARCURE	PIQÛRE	ŒUVRÉ	NOLISÉ	OPPOSÉ
VIDURE	PARURE	**LOUVRE**	**TAMISE**	EXPOSÉ
ENDURÉ	VIRURE	ROUVRE	TAMISÉ	VIROSE
INDURÉ	BORURE	**ANCYRE**	ADMISE	MOROSE
IODURE	DORURE	**LA HYRE**	DÉMISE	ARROSÉ
IODURÉ	FORURE	SATYRE	REMISE	CÉTOSE
ORDURE	LASURE	EMBASE	REMISÉ	MITOSE
FLEURÉ	MASURE	OCCASE	NANISÉ	NIVÔSE
PLEURÉ	CÉSURE	RECASÉ	TANISÉ	HEXOSE
APEURÉ	MESURE	PÉGASE	VANISÉ	ÉPARSE
ÉPEURÉ	MESURÉ	**PÉGASE**	**VENISE**	À VERSE
YZEURE	ASSURÉ	LIGASE	SINISÉ	AVERSE
PAGURE	MATURE	OUKASE	IONISÉ	BOURSE
FIGURE	MÂTURE	**GÉLASE**	**DIOISE**	COURSE
FIGURÉ	NATURE	**DAMASE**	ÉLOISE	COURSÉ
LIGURE	PÂTURE	ZYMASE	CROISÉ	THYRSE
LIGURE	PÂTURÉ	KINASE	**IROISE**	AGASSE
AUGURE	RATURE	LIPASE	CERISE	CHASSE
AUGURÉ	RATURÉ	ABRASÉ	MERISE	CHÂSSE
SCIURE	SATURÉ	ÉBRASÉ	ÉGRISÉ	CHASSÉ
CHIURE	OBTURÉ	ÉCRASÉ	ÉPRISE	LIASSE
PLIURE	VÊTURE	PHRASE	ARRISÉ	CLASSE
ABJURÉ	BITURE	PHRASÉ	ASSISE	CLASSÉ
ADJURÉ	BITURÉ	PÉTASE	**ASSISE**	AMASSÉ
DE JURE	ENTURE	EXTASE	BÊTISE	COASSÉ
INJURE	ROTURE	ENVASÉ	ALTISE	BRASSE
CALURE	FUTURE	ASCÈSE	COTISÉ	BRASSÉ
GALURE	SUTURE	**ÉPHÈSE**	ATTISÉ	CRASSE
SALURE	SUTURÉ	GENÈSE	CYTISE	GRASSE
TALURE	NOUURE	CINÈSE	**LOUISE**	**GRASSE**
DÉLURÉ	BAVURE	EMPESÉ	MOUISE	**GRASSÉ**
FÊLURE	LAVURE	**VARÈSE**	ÉPUISÉ	**ÉDESSE**
GELURE	LEVURE	PAVESE	RAVISÉ	DÉESSE
PELURE	RIVURE	CHAISE	DEVISE	LIESSE
SILURE	LUXURE	BIAISE	DEVISÉ	BLESSÉ
ALLURE	RAYURE	BIAISÉ	RÉVISÉ	ÂNESSE
ALLURÉ	OXYURE	NIAISE	DIVISE	**BRESSE**
MOLURE	**FEBVRE**	NIAISÉ	DIVISÉ	DRESSÉ
LA MURE	CHÈVRE	ALAISE	CLAMSÉ	PRESSE
RAMURE	CHEVRÉ	ALAISÉ	TRANSE	PRESSÉ
LÉMURE	BIÈVRE	GLAISE	**ODENSE**	TRESSE
EMMURÉ	FIÈVRE	APAISÉ	**ORENSE**	TRESSÉ
ARMURE	LIÈVRE	BRAISE	SCONSE	BAISSE
FUMURE	MIÈVRE	BRAISÉ	RIBOSE	BAISSÉ
PANURE	**NIÈVRE**	FRAISE	LYCOSE	CAISSE
CÉNURE	PLÈVRE	FRAISÉ	MYCOSE	LAISSE
MÉNURE	**WOËVRE**	OCCISE	ALDOSE	LAISSÉ
TENURE	ENIVRÉ	INCISE	MÉIOSE	**NEISSE**

CLISSE	ACCUSÉ	**PILATE**	ARPÈTE	DÉLITÉ
CLISSÉ	RÉCUSÉ	DÉMÂTÉ	BARÉTÉ	VÉLITE
GLISSE	INCUSE	TOMATE	RARETÉ	MILITÉ
GLISSÉ	**BOCUSE**	AGNATE	ÂCRETÉ	ILLITE
PLISSÉ	EXCUSE	ANNATE	ÉCRÊTÉ	COLITE
POISSE	EXCUSÉ	SONATE	ÂPRETÉ	OOLITE
POISSÉ	MÉDUSE	**CROATE**	ARRÊTÉ	TOLITE
ÉPISSÉ	**MÉDUSE**	EMPÂTÉ	CURETÉ	APLITE
CRISSÉ	MÉDUSÉ	APPÂTÉ	DURETÉ	SÉMITE
DRISSE	LIEUSE	KARATÉ	FURETÉ	**SÉMITE**
TRISSÉ	PIEUSE	DÉRATÉ	PURETÉ	LIMITE
CUISSE	RIEUSE	**OÏRATE**	SÛRETÉ	LIMITÉ
SUISSE	CREUSE	PIRATE	**OSSÈTE**	COMITÉ
SUISSE	**CREUSE**	PIRATÉ	MATÉTÉ	SOMITE
ÉCOSSE	CREUSÉ	BORATE	EN-TÊTE	ERMITE
ÉCOSSÉ	GUEUSE	BORATÉ	ENTÊTÉ	VANITÉ
ADOSSÉ	GUEUSÉ	STRATE	FIVETE	BÉNITE
BROSSE	TUEUSE	SURATE	RIVETÉ	SINITÉ
BROSSE	REFUSÉ	PATATE	DUVETÉ	BONITE
BROSSÉ	INFUSE	RETÂTÉ	MOUFTÉ	GUNITE
CROSSE	INFUSÉ	ASTATE	DOIGTÉ	GUNITÉ
CROSSÉ	**RAGUSE**	SAVATE	**FICHTE**	DROITE
DROSSE	ÉTHUSE	**DRYATE**	NAPHTE	CAPITE
DROSSÉ	ÉCLUSE	ÉPACTE	**JEPHTÉ**	DÉPITÉ
GROSSE	ÉCLUSÉ	TRACTÉ	TRAITE	PÉPITE
CAUSSE	**PÉLUSE**	EXACTE	TRAITÉ	KARITÉ
FAUSSE	CAMUSE	ÉJECTÉ	HABITÉ	PARITÉ
FAUSSÉ	CANUSE	ÉDICTÉ	BÉBITE	ABRITÉ
GAUSSÉ	BLOUSE	ÉRUCTÉ	DÉBITÉ	ÉCRITE
HAUSSE	BLOUSÉ	URAÈTE	BIBITE	HÉRITÉ
HAUSSÉ	FLOUSE	BÉBÊTE	ALBITE	MÉRITE
GOUSSE	ÉPOUSE	HÉBÉTÉ	ORBITE	MÉRITÉ
HOUSSE	ÉPOUSÉ	EMBÊTÉ	ORBITÉ	VÉRITÉ
HOUSSÉ	GROUSE	ASCÈTE	SUBITE	SORITE
LOUSSE	EMPUSE	AFFÉTÉ	TACITE	IRRITÉ
MOUSSE	CÉRUSE	TAGÈTE	**TACITE**	PYRITE
MOUSSÉ	CÉRUSÉ	VÉGÉTÉ	CÉCITÉ	HÉSITÉ
POUSSE	MÉSUSÉ	ACHÈTE	RÉCITÉ	VISITE
POUSSÉ	OBTUSE	ACHETÉ	LICITE	VISITÉ
ROUSSE	**ABBATE**	GAIETÉ	LICITÉ	MATITÉ
SOUSSE	DÉBÂTÉ	QUIÈTE	INCITÉ	RATITE
TOUSSÉ	**HÉCATE**	DÉJETÉ	ASCITE	AÉTITE
PRUSSE	**SADATE**	REJETÉ	LUCITE	PETITE
PRUSSE	IODATE	CALETÉ	EXCITÉ	ENTITÉ
RAYSSE	ÉLÉATE	GALETÉ	LADITE	MUTITÉ
ABYSSE	OLÉATE	HALETÉ	DÉDITE	ACUITÉ
ALYSSE	RÉGATE	SALETÉ	MÉDITÉ	ÉQUITÉ
ULYSSE	RÉGATÉ	FILETÉ	REDITE	BRUITÉ
BUYSSE	UNIATE	MOLETÉ	AUDITÉ	FRUITÉ
BLETSE	ASIATE	VOLETÉ	NUDITÉ	TRUITE
TSÉ-TSÉ	GALATE	GAMÈTE	ILÉITE	TRUITÉ
SUN TSE	OBLATE	COMÈTE	UVÉITE	CAVITÉ
LHOTSE	ÉCLATÉ	VÉNÈTE	DIGITÉ	VA-VITE
POUTSÉ	**BELATE**	**ZÉNÈTE**	COGITÉ	LÉVITE
CLAUSE	RELATÉ	ISOÈTE	OPHITE	INVITE
MABUSE	**VELATE**	RÉPÉTÉ	CHIITE	INVITÉ
REBUSE	DILATÉ		HALITE	LAXITÉ

6

FIXITÉ	ACCOTÉ	ADAPTÉ	BLATTE	VOLUTE
MIXITÉ	BÉCOTÉ	INAPTE	FLATTÉ	MINUTE
EXALTÉ	DÉCOTE	ADEPTE	GRATTE	MINUTÉ
SVELTE	MI-CÔTE	INEPTE	GRATTÉ	ABOUTÉ
ADULTE	PICOTE	COMPTE	MIETTE	ÉBOUTÉ
SOULTE	PICOTÉ	COMPTÉ	BLETTE	ÉCOUTE
VOULTE	COCOTÉ	DOMPTÉ	BOETTE	ÉCOUTÉ
EXULTÉ	SUÇOTÉ	ADOPTÉ	BRETTE	SCOUTE
BÉANTE	RADOTÉ	COOPTÉ	FRETTE	CHOUTE
GÉANTE	CAGOTE	**ÉGYPTE**	FRETTÉ	AJOUTE
SÉANTE	FAGOTÉ	CRYPTE	GUETTE	AJOUTÉ
CHANTÉ	RAGOTE	CRYPTÉ	GUETTÉ	CLOUTÉ
LIANTE	DÉGOTÉ	ÉCARTÉ	LUETTE	FLOUTÉ
RIANTE	MÉGOTÉ	CHARTE	MUETTE	BROUTÉ
PLANTE	BIGOTE	CLARTÉ	QUETTE	CROÛTE
PLANTÉ	GIGOTÉ	APARTÉ	SUETTE	CROÛTÉ
PLANTÉ	LIGOTÉ	SPARTE	IVETTE	DÉPUTÉ
AMANTE	ERGOTÉ	**DUARTE**	BOITTE	RÉPUTÉ
BRANTE	ZYGOTE	QUARTE	FRITTE	AMPUTÉ
CRANTÉ	CAHOTÉ	QUARTÉ	FRITTÉ	IMPUTÉ
ORANTE	IDIOTE	**SWARTE**	QUITTE	SCRUTÉ
USANTE	MIJOTÉ	CHERTÉ	QUITTÉ	**MATUTE**
PUANTE	FALOTE	FIERTÉ	CHOTTE	BIZUTÉ
SUANTE	BELOTE	ALERTE	RIOTTE	JOUXTÉ
TUANTE	PELOTE	ALERTÉ	FLOTTE	**COCYTE**
EX ANTE	PELOTÉ	INERTE	**FLOTTE**	OOCYTE
ÉDENTÉ	ZÉLOTE	INERTÉ	FLOTTÉ	BARYTE
FIENTE	HILOTE	FLIRTÉ	GLOTTE	ÉCOBUÉ
FIENTÉ	**LILOTE**	AVORTÉ	ÉMOTTÉ	BARBUE
TRENTE	PILOTE	HEURTÉ	CROTTE	HERBUE
TRENTE	PILOTÉ	COURTE	CROTTÉ	ÉVACUÉ
ÉVENTÉ	CANOTÉ	IOURTE	FROTTÉ	CONÇUE
MAINTE	DÉNOTÉ	TOURTE	GROTTE	PERÇUE
SAINTE	**GENOTE**	YOURTE	TROTTE	GRADUÉ
CEINTE	ANNOTÉ	CHASTE	TROTTÉ	FENDUE
FEINTE	**PONOTE**	PLASTE	GOUTTE	PENDUE
FEINTÉ	SHOOTÉ	SIESTE	GOUTTÉ	RENDUE
PEINTE	**GROOTE**	**ORESTE**	BEAUTE	TENDUE
TEINTE	CAPOTE	PRESTE	**BEAUTÉ**	VENDUE
TEINTÉ	**CAPOTE**	PRESTÉ	**LÉAUTÉ**	FONDUE
JOINTE	CAPOTÉ	DÉISTE	PIAUTE	PONDUE
POINTE	PAPOTÉ	AJISTE	**PLAUTE**	TONDUE
POINTÉ	SAPOTE	RMISTE	DÉBUTÉ	PERDUE
QUINTE	TAPOTÉ	TRISTE	REBUTÉ	MORDUE
QUINTÉ	DÉPOTÉ	TWISTÉ	PIEUTÉ	TORDUE
SUINTÉ	EMPOTÉ	EXISTÉ	ZIEUTÉ	**IBAGUÉ**
ÉHONTÉ	POPOTE	BOOSTÉ	BLEUTÉ	BLAGUE
ÉPONTE	TYPOTE	APOSTÉ	AMEUTÉ	BLAGUÉ
BRONTË	SIROTÉ	VERSTE	ÉMEUTE	ÉLAGUÉ
DRONTE	LITOTE	AJUSTÉ	QUEUTÉ	DRAGUE
ORONTE	DÉVOTE	ROUSTE	ZYEUTÉ	DRAGUÉ
SHUNTÉ	REVOTÉ	FRUSTE	RÉFUTÉ	**PRAGUE**
CABOTÉ	PIVOTÉ	TRUSTE	AFFÛTÉ	BRIGUE
NABOTE	VIVOTÉ	TRUSTÉ	ENFÛTÉ	**BRIGUE**
RABOTÉ	FAYOTÉ	CHATTE	CAHUTE	BRIGUÉ
SABOTÉ	COYOTE	CHATTÉ	TALUTÉ	EXIGUË
RIBOTE	ZOZOTÉ		SOLUTÉ	CANGUE

GANGUE	BAFOUÉ	CLIQUE	VASQUE	ÉTRAVE
GANGUÉ	ENGOUÉ	CLIQUÉ	BISQUE	BATAVE
LANGUE	ÉCHOUÉ	FLIQUÉ	BISQUÉ	**BATAVE**
MANGUE	BAJOUE	INIQUE	DISQUE	OCTAVE
TANGUE	DÉJOUÉ	UNIQUE	RISQUE	**OCTAVE**
TANGUÉ	REJOUÉ	APIQUÉ	RISQUÉ	ZOUAVE
DENGUE	ENJOUÉ	ÉPIQUE	BUSQUÉ	GOYAVE
DINGUE	RELOUÉ	BRIQUE	JUSQUE	**MORDVE**
DINGUÉ	ALLOUÉ	BRIQUÉ	MUSQUÉ	ENDÊVÉ
LINGUE	**LA NOUE**	CRIQUE	RAUQUE	**LODÈVE**
ZINGUÉ	**BÉNOUÉ**	FRIQUÉ	RAUQUÉ	**MEGÈVE**
LONGUE	DÉNOUÉ	TRIQUE	ÉDUQUÉ	ACHEVÉ
LONGUE	RENOUÉ	URIQUE	ÉNUQUÉ	**SALÈVE**
DROGUE	**OGOOUÉ**	ÉTIQUE	COUQUE	RELÈVE
DROGUÉ	**CAPOUE**	OTIQUE	**FOUQUÉ**	RELEVÉ
CARGUE	PAPOUE	CALQUE	HOUQUE	ENLEVÉ
CARGUÉ	**PAPOUE**	CALQUÉ	SOUQUE	**GENÈVE**
FARGUE	ÉBROUÉ	TALQUÉ	SOUQUÉ	SÉNEVÉ
LARGUE	ÉCROUÉ	PULQUE	TOUQUE	**ESTÈVE**
LARGUÉ	ENROUÉ	BANQUE	TRUQUÉ	GLAIVE
NARGUE	TATOUÉ	BANQUÉ	STUQUÉ	VACIVE
TARGUÉ	DÉVOUÉ	MANQUE	ACCRUE	NOCIVE
VERGUE	ZAZOUE	MANQUÉ	DÉCRUE	ENDIVE
MORGUE	TRAPUE	MINQUE	RECRUE	SALIVE
FOUGUE	CRÉPUE	CONQUE	VERRUE	SALIVÉ
HOUGUE	ROMPUE	JONQUE	COURUE	GÉLIVE
ADYGUÉ	LIPPUE	CHOQUÉ	PANSUE	SOLIVE
DÉCHUE	ABAQUE	PHOQUE	MASSUE	**NINIVE**
FICHUE	ICAQUE	VIOQUE	FESSUE	DÉRIVE
ÉVALUÉ	CHAQUE	BLOQUE	RESSUÉ	DÉRIVÉ
EXCLUE	NIAQUE	BLOQUÉ	BOSSUE	ARRIVÉ
RÉÉLUE	CLAQUE	CLOQUE	BOSSUÉ	OISIVE
REFLUÉ	CLAQUÉ	CLOQUÉ	COSSUE	DATIVE
AFFLUÉ	FLAQUE	FLOQUÉ	**MATSUE**	HÂTIVE
INFLUÉ	PLAQUE	ÉPOQUE	COUSUE	NATIVE
DÉGLUÉ	PLAQUÉ	CROQUÉ	STATUE	ACTIVE
ENGLUÉ	GNAQUE	TROQUE	STATUÉ	ACTIVÉ
POILUE	OPAQUE	TROQUÉ	LAITUE	RÉTIVE
POLLUÉ	BRAQUE	PSOQUE	PENTUE	MOTIVÉ
ÉVOLUÉ	**BRAQUE**	ÉVOQUÉ	TORTUE	VOTIVE
BERLUE	BRAQUÉ	BARQUE	**TORTUE**	ESTIVE
GOULUE	CRAQUE	MARQUE	BATTUE	ESTIVÉ
MOULUE	CRAQUÉ	MARQUÉ	PATTUE	RAVIVÉ
VOULUE	TRAQUE	PARQUÉ	FOUTUE	ALCÔVE
COMMUÉ	TRAQUÉ	CERQUE	PRÉVUE	RÉNOVÉ
PROMUE	PACQUÉ	CIRQUE	ASEXUÉ	**NINOVE**
CHENUE	SACQUÉ	PORQUE	DÉCAVÉ	INNOVÉ
GRENUE	**BECQUE**	TORQUE	EXCAVÉ	ÉNERVÉ
AVENUE	PECQUE	TURQUE	**MOHAVE**	CHAUVE
CONNUE	SOCQUE	**TURQUE**	**MOJAVE**	DÉCUVÉ
CORNUE	CHÈQUE	BASQUE	DÉLAVÉ	ENCUVÉ
TABOUE	THÈQUE	**BASQUE**	RELAVÉ	RÉDUVE
SECOUÉ	ÉVÊQUE	CASQUE	**GONÂVE**	FLEUVE
ROCOUÉ	CAÏQUE	CASQUÉ	DÉPAVÉ	PREUVE
GADOUE	LAÏQUE	MASQUE	REPAVÉ	FLOUVE
PADOUE	CHIQUE	MASQUÉ	MORAVE	PROUVÉ
PADOUE	CHIQUÉ	MASQUÉ	**MORAVE**	**PROUVÉ**

TROUVÉ	DÉVOYÉ	ÉLUSIF	FADING	**BRAMAH**
STRUVE	ENVOYÉ	STATIF	WADING	**JINNAH**
VÉSUVE	ENNUYÉ	FICTIF	**BOEING**	COPRAH
CHOKWE	APPUYÉ	CHÉTIF	**YIJING**	HURRAH
SITTWE	ESSUYÉ	ÉMOTIF	VIKING	**HOWRAH**
VELUWE	DÉGAZÉ	CAPTIF	**ÖSLING**	PESSAH
UNIAXE	TOPAZE	FURTIF	TIMING	TUSSAH
MALAXÉ	BALÈZE	FESTIF	HONING	**TANTAH**
RELAXE	MÉLÈZE	**RESTIF**	ZONING	**SIOUAH**
RELAXÉ	**DESÈZE**	FAUTIF	COPING	**MADÁCH**
DÉSAXÉ	**FRAIZE**	ESQUIF	**DAQING**	**BÜLACH**
DÉTAXE	**TUBIZE**	**ARNULF**	**BÉRING**	**BANACH**
DÉTAXÉ	**DECIZE**	BICHOF	**GÖRING**	SPEECH
INDEXÉ	**GLEIZÉ**	**NEUHOF**	STRING	**LAMECH**
TÉLEXÉ	TREIZE	**EKELÖF**	**TURING**	VARECH
ANNEXE	**BELIZE**	OUOLOF	EYRING	**ILLICH**
ANNEXÉ	PEZIZE	**OUOLOF**	CASING	**REMICH**
AFFIXE	ZWANZE	**DYOLOF**	RATING	**MUNICH**
AFFIXÉ	ZWANZÉ	BEST OF	OUTING	**ZURICH**
INFIXE	**KLENZE**	**BABEUF**	LIVING	**FRENCH**
REMIXÉ	**DEINZE**	**ELBEUF**	**IRVING**	TRENCH
EUDOXE	QUINZE	CHNOUF	FIXING	BRUNCH
ABBAYE	BRONZE	BAROUF	**OUDONG**	**MOLOCH**
COBAYE	BRONZÉ	AIR BAG	**QI GONG**	**MOLOCH**
AYE-AYE	**ZABRZE**	STALAG	**ZIGONG**	**HÉNOCH**
PAGAYE	**ANDUZE**	**ELBLAG**	DUGONG	**CHURCH**
PAGAYÉ	**DIEUZE**	GOULAG	**GUGONG**	**FRISCH**
BÉGAYÉ	**GREUZE**	**KURTÁG**	MA-JONG	**MERSCH**
LA HAYE	GUEUZE	ZIGZAG	**MÉKONG**	**HIRSCH**
BALAYÉ	FLOUZE	TALWEG	OBLONG	KIRSCH
DÉLAYÉ	**LA SUZE**	**LIEBIG**	**DULONG**	KITSCH
RELAYÉ	**NADJAF**	**KŒNIG**	SARONG	PUTSCH
RIMAYE	**URSSAF**	**HENNIG**	**DATONG**	**BAUSCH**
PAPAYE	**EDF-GDF**	**BINNIG**	**GURUNG**	FLYSCH
REPAYÉ	**UNICEF**	**WITTIG**	HOT DOG	SKETCH
CIPAYE	RELIEF	**FIGUIG**	QUAHOG	SCOTCH
IMPAYÉ	**JÓZSEF**	**HEDWIG**	WEBLOG	SCOTCH
DÉRAYÉ	**CANIFF**	**ELAZIG**	**PRELOG**	**KERTCH**
ENRAYÉ	**LE GOFF**	**DANZIG**	PROLOG	**BARUCH**
ESSAYÉ	**KEMPFF**	**MUTZIG**	**KHOROG**	**IRTYCH**
BOUAYE	ROSBIF	LADANG	**HERZOG**	TURBEH
REZAYE	CALCIF	**PADANG**	SUPER-G	SAKIEH
ZÉZAYÉ	PONCIF	HEGANG	**ÅLBORG**	**MINÎEH**
BYE-BYE	LASCIF	**POHANG**	**VYBORG**	**ZAHLEH**
CAPEYÉ	TARDIF	**MALANG**	**MOLITG**	**GUIZÈH**
POPEYE	KIF-KIF	SALANG	**TAUSUG**	**ARMAGH**
OUPEYE	**WYCLIF**	SEMANG	STAWUG	**RALEGH**
FASEYÉ	**CHÉLIF**	DA NANG	CASBAH	**SLOUGH**
SONGYE	CHÉRIF	**PENANG**	**DADDAH**	**LADAKH**
RALLYE	SHÉRIF	**KUPANG**	RUPIAH	KAZAKH
ONDOYÉ	ÉVASIF	**LI TANG**	RADJAH	**KAZAKH**
RUDOYÉ	PENSIF	ROTANG	RUPIAH	CHEIKH
ÉPLOYÉ	ÉROSIF	**ANYANG**	SMALAH	**JOSEPH**
DÉNOYÉ	CURSIF	**POYANG**	FELLAH	PÉRIPH
ENNOYÉ	MASSIF	**LI PENG**	MELLAH	**GUELPH**
CÔTOYÉ	PASSIF	HARENG	MOLLAH	**LAGASH**
TUTOYÉ	ABUSIF	TUBING	MULLAH	SQUASH

KADESH	NOIRCI	**TARSKI**	**ADJANI**	**SOLARI**
QADESH	ADOUCI	**GORSKI**	VÉLANI	CANARI
FINISH	CEUX-CI	JET-SKI	APLANI	**LIPARI**
HEWISH	AFFADI	KABUKI	**SAMANI**	**VASARI**
LAMETH	**MARADI**	BUZUKI	ROMANI	HOUARI
HADITH	**MATADI**	ALCALI	**ANAGNI**	**JAVARI**
JUDITH	SAMEDI	**KIGALI**	DÉFINI	**YAVARI**
LILITH	BRANDI	SOMALI	INFINI	CRICRI
ZÉNITH	GRANDI	**SOMALI**	BIKINI	QUADRI
AVIOTH	ÉFENDI	**BEN ALI**	**BIKINI**	VOCERI
EBERTH	BLONDI	NÉPALI	**RIMINI**	CÉLERI
OBERTH	**URUNDI**	RESALI	**JOMINI**	DÉPÉRI
DULUTH	**GUARDI**	ÉTABLI	PANINI	**KAVERI**
BIZUTH	ÉBAUDI	FAIBLI	**PANINI**	MAIGRI
CHLEUH	BOGHEI	ANOBLI	**VANINI**	GRI-GRI
CHLEUH	NIKKEI	**CHADLI**	**PAPINI**	**KEDIRI**
MUMBAI	**CISKEI**	**MOHÉLI**	**MARINI**	**KAVIRI**
OUADAÏ	**BRUNEI**	**SANGLI**	**PARINI**	**LABORI**
VALDAÏ	**TAIPEI**	**NOBILI**	**ORSINI**	**TABORI**
SENDAI	**POMPÉI**	SIMILI	**LATINI**	PILORI
BAO DAI	**MATTEI**	RAVILI	ABONNI	**AOMORI**
CONGAI	BOUFFI	BAILLI	**BODONI**	SATORI
LAOGAI	RIFIFI	FAILLI	SOMONI	FAVORI
CABIAI	**AMALFI**	JAILLI	**BENONI**	AMERRI
HAÏKAÏ	**PETOFI**	SAILLI	**CARONÍ**	NOURRI
DÉBLAI	ASSAGI	AMOLLI	**MARONI**	POURRI
TOUMAÏ	FROMGI	TRULLI	**MORONI**	FLÉTRI
ADONAÏ	JUDOGI	DÉMOLI	**BUSONI**	**AMAURI**
KORNAI	ÉLARGI	DÉPOLI	**ISORNI**	FLEURI
BIDPAI	**GIORGI**	REPOLI	FOURNI	JORURI
SÉRRAI	ENVAHI	IMPOLI	DÉMUNI	**LIKASI**
PÁTRAI	AVACHI	NÉROLI	IMPUNI	**DALASI**
KANSAI	**SECCHI**	**RIVOLI**	DÉSUNI	**KUMASI**
BONSAÏ	FLÉCHI	**TIVOLI**	EMPLOI	CHOISI
KASSAÏ	TAI-CHI	REMPLI	NON-MOI	**IDRISI**
MASSAÏ	CHICHI	MUESLI	SURMOI	**JHANSI**
TESSAI	**RANCHI**	**FÜSSLI**	**ROCROI**	TRANSI
HANTAÏ	**KARCHI**	**GRÜTLI**	EFFROI	TIFOSI
YANTAI	LETCHI	AVEULI	OCTROI	**RÁKOSI**
TUBUAÏ	LITCHI	TUMULI	**UBU ROI**	**KAPOSI**
BOLYAI	**SOTCHI**	**LUTULI**	RENVOI	**POTOSÍ**
KARZAI	GAUCHI	**FUZULI**	CONVOI	**ALESSI**
POLABÍ	**GANDHI**	**BADAMI**	BARZOÏ	GROSSI
OURÉBI	DIVEHI	SALAMI	GÉNÉPI	RÉUSSI
CAGIBI	**LONGHI**	**BEL-AMI**	SCAMPI	ROUSSI
GALIBI	**AKASHI**	**KANAMI**	CHAMPI	**CHIUSI**
BIRIBI	**XÁNTHI**	TATAMI	**CIAMPI**	**SANUSI**
VROMBI	**TS'EU-HI**	**NEZAMI**	**CIOMPI**	DÉBÂTI
JACOBI	**SAVAII**	**NIZAMI**	**CRESPI**	REBÂTI
FOURBI	**HAWAII**	ENNEMI	**CRISPI**	DÉCATI
GOURBI	**PANAJI**	BRAHMI	CROUPI	**GALATI**
GRISBI	**HIMEJI**	SURIMI	PÉCARI	APLATI
ÉBAUBI	**KAINJI**	CH'TIMI	SAFARI	**TURATI**
MEUCCI	**RUDAKI**	**ENGÓMI**	NAGARI	PATATI
ÉTRÉCI	**AORAKI**	**ENKOMI**	**FIGARI**	**LIGETI**
CHANCI	**SOSEKI**	FOURMI	**PAHARI**	**CHIETI**
AMINCI	RIKIKI	**GUAYMI**	MÉHARI	MUPHTI

ARDITI	**DVORÁK**	TOMBAL	SISMAL	**NERVAL**
TAHITI	**ROHTAK**	GLOBAL	**DAUMAL**	SERVAL
WAPITI	ARAWAK	VERBAL	CHENAL	**DORVAL**
BHAKTI	**ARAWAK**	CHACAL	SIGNAL	**NEZVAL**
ALLOTI	**VOTYAK**	BUCCAL	**ÉPINAL**	**CHAZAL**
AVERTI	OSTYAK	CÆCAL	SPINAL	**ISMAËL**
CHORTI	**OSTYAK**	AMICAL	URINAL	**ISRAËL**
AMORTI	**LÜBECK**	APICAL	ATONAL	**HEBBEL**
RŒSTI	**FAMECK**	BANCAL	AZONAL	**DJEBEL**
BLETTI	KOPECK	AFOCAL	VERNAL	LAMBEL
ONETTI	**PLANCK**	PASCAL	**RAYNAL**	**FRÖBEL**
VIOTTI	**FRANCK**	**PASCAL**	**RAMPAL**	MARCEL
BLOTTI	YAPOCK	DISCAL	**BHOPAL**	**MARCEL**
ABOUTI	**STARCK**	FISCAL	**CABRAL**	**CLADEL**
AGOUTI	NUBUCK	QUE DAL	SACRAL	BRADEL
ABRUTI	CHEBEK	FÉODAL	ZICRAL	**HÄNDEL**
CUI-CUI	**BALBEK**	**MYRDAL**	CHIRAL	**MANDEL**
XIA GUI	**KAZBEK**	CAUDAL	AMIRAL	**MENDEL**
BANGUI	OUZBEK	PINÉAL	FOIRAL	**WENDEL**
LANGUI	**OUZBEK**	BORÉAL	SPIRAL	**FINDEL**
TARGUI	**DUBCEK**	MUSÉAL	CHORAL	MINDEL
ICELUI	**OSIJEK**	LUTÉAL	FLORAL	RONDEL
GLAOUI	**OLENEK**	NIVÉAL	AMORAL	**GARDEL**
ENFOUI	**GIEREK**	MORFAL	CORRAL	BORDEL
RÉJOUI	**DUSSEK**	INÉGAL	MITRAL	**SCHEEL**
ÉBLOUI	**MROZEK**	GALGAL	ASTRAL	DÉRÉEL
ÉCROUI	**DOMAGK**	**NERGAL**	NEURAL	IRRÉEL
CRÉQUI	SCHEIK	TERGAL	PLURAL	**EIFFEL**
SESQUI-	TADJIK	FRUGAL	CRURAL	**DUFFEL**
AUTRUI	**TADJIK**	**TSAHAL**	DORSAL	**WERFEL**
RESSUI	MOUJIK	**BRÉHAL**	VASSAL	**MACHEL**
PEHLVI	**BIALIK**	**IMPHAL**	CAUSAL	**RACHEL**
À L'ENVI	**RYBNIK**	LABIAL	**FAYSAL**	**MICHEL**
ALOUVI	**PERNIK**	TIBIAL	HIATAL	**AUCHEL**
KAKAWI	**PUTNIK**	FACIAL	RECTAL	**FRÉHEL**
MALAWI	TUGRIK	RACIAL	ACÉTAL	**RETHEL**
ZENAWI	**NARVIK**	FÉCIAL	FŒTAL	**DANIEL**
KANGXI	**WERVIK**	ONCIAL	COMTAL	VÉNIEL
JINGXI	**INUVIK**	SOCIAL	CANTAL	SÉRIEL
SHANXI	**LOMBOK**	RADIAL	**CANTAL**	**HURIEL**
CHIAYI	**BARTÓK**	**BÉLIAL**	SANTAL	TECKEL
BIELYÏ	**VOSTOK**	FILIAL	DENTAL	NICKEL
BO JUYI	**NEWARK**	LILIAL	MENTAL	**MOCKEL**
MENGZI	**GDANSK**	GÉNIAL	SEPTAL	SHEKEL
RIENZI	**SLUPSK**	MARIAL	PORTAL	**STEKEL**
PIAZZI	**KOURSK**	SERIAL	**PORTAL**	HILLEL
HADJDJ	**BRATSK**	CURIAL	**DURTAL**	**FLAMEL**
SUTLEJ	**IJEVSK**	FÉTIAL	COSTAL	**DEHMEL**
BITOLJ	**KIRKUK**	GAVIAL	POSTAL	**PRIMEL**
KATHAK	**FAROUK**	JOVIAL	BRUTAL	**KEMMEL**
KODIAK	**OUROUK**	**BAÏKAL**	**ÖTZTAL**	RIMMEL
OUMIAK	**SITRUK**	**HAYKAL**	CHAVAL	**SIMMEL**
KORIAK	**MOHAWK**	HIÉMAL	CHEVAL	**LOMMEL**
KOULAK	**KOUMYK**	ANIMAL	**CHEVAL**	**ROMMEL**
ODANAK	**HRABAL**	PRIMAL	OGIVAL	**HUMMEL**
KARNAK	TRIBAL	ANOMAL	NARVAL	KUMMEL
ANORAK	**POMBAL**	NORMAL	**DERVAL**	**RUMMEL**

CARMEL	DUQUEL	PERSIL	CALCUL	SACHEM
FORMEL	**TERUEL**	SUBTIL	**NABEUL**	**SICHEM**
MURMEL	CASUEL	GENTIL	**DEZFUL**	**ARNHEM**
CHANEL	VISUEL	**GENTIL**	**BANJUL**	CHELEM
OPINEL	ACTUEL	PONTIL	**IATMUL**	**SKOLEM**
TUNNEL	RITUEL	TORTIL	**KABOUL**	**HARLEM**
BRUNEL	MUTUEL	PISTIL	MABOUL	**DRANEM**
CHAPEL	SEXUEL	COUTIL	**SOBOUL**	**BORNEM**
SEIPEL	**CLAVEL**	**BREUIL**	**SADOUL**	**ÉPHREM**
RAPPEL	**CREVEL**	TREUIL	**FRIOUL**	**KASSEM**
GOSPEL	**LOUVEL**	BACALL	TAMOUL	MÉGOHM
SOSPEL	NOUVEL	**ANTALL**	**TAMOUL**	**LE DAIM**
COYPEL	**NOUVEL**	**SAVALL**	**ARNOUL**	**BEHAIM**
CARREL	**PLEYEL**	**GESELL**	**BÉROUL**	ESSAIM
PÉTREL	**MAAZEL**	CAVELL	**VESOUL**	**RÓHEIM**
LAUREL	**MÄLZEL**	**WAVELL**	**RISOUL**	**PANJIM**
DIESEL	**MENZEL**	LOWELL	CONSUL	**SIKKIM**
DIESEL	**GLOZEL**	POWELL	**JAMBYL**	POURIM
WIESEL	**RATZEL**	ORWELL	CRÉSYL	PASSIM
LOISEL	**HETZEL**	**O'NEILL**	RHOVYL	TOUTIM
ROISEL	**TETZEL**	**BOFILL**	**CLAEZL**	NAPALM
PERSEL	**DUBAIL**	ARGYLL	WEBCAM	DIRCOM
CASSEL	**DU FAIL**	JEKYLL	NETCAM	SITCOM
KASSEL	CAMAIL	**JAMBOL**	**MCADAM**	CONDOM
BESSEL	**ISMAÏL**	TORCOL	QUIDAM	**CONDOM**
KESSEL	SÉRAIL	GLYCOL	RAMDAM	SLALOM
BISSEL	CORAIL	**BANDOL**	**VAN DAM**	CHILOM
MISSEL	**CORAIL**	SCHÉOL	LINGAM	SHILOM
OISSEL	BÉTAIL	MONGOL	**GRAHAM**	**BILLOM**
IJSSEL	DÉTAIL	**MONGOL**	**DUNHAM**	CRÉNOM
KOSSEL	SOLEIL	**WARHOL**	DIRHAM	PRÉNOM
CHÂTEL	**LIMEIL**	**BALIOL**	DURHAM	PRONOM
KEITEL	PAREIL	MARIOL	**DURHAM**	SURNOM
DHÔTEL	**LE TEIL**	**LORIOL**	**LATHAM**	DVD-ROM
CARTEL	MÉTEIL	**AURIOL**	LITHAM	POGROM
MARTEL	ORTEIL	**ESHKOL**	**MIRIAM**	**KEESOM**
MARTEL	ÉCUEIL	RASKOL	**JHELAM**	**DOM-TOM**
HERTEL	RÉVEIL	FORMOL	**DAMMAM**	**ORSTOM**
MORTEL	PROFIL	THYMOL	HAMMAM	CUSTOM
CASTEL	MORFIL	PHÉNOL	**OZANAM**	**INSERM**
PASTEL	SURFIL	**MAGNOL**	**PUTNAM**	CÆCUM
RASTEL	FAUFIL	**PAGNOL**	**ROBOAM**	DUM-DOM
LISTEL	**HASKIL**	**LON NOL**	**WAGRAM**	TE DEUM
POSTEL	**CHAMIL**	ALCOOL	ASHRAM	MUSÉUM
FUSTEL	GRÉMIL	**CABROL**	BAÏRAM	PARFUM
VATTEL	CHENIL	STÉROL	BEÏRAM	TARGUM
VITTEL	GAS-OIL	**FERROL**	BAYRAM	**BOCHUM**
LEFUEL	COMPIL	PYRROL	LITSAM	ZYTHUM
GOGUEL	GOUPIL	**CAYROL**	TAM-TAM	LABIUM
PALUEL	AMARIL	CRÉSOL	WIGWAM	ERBIUM
SAMUEL	PUÉRIL	CONSOL	**BAT YAM**	RADIUM
MANUEL	TERRIL	SURVOL	**SPADEM**	MEDIUM
MANUEL	**BRASIL**	POLYOL	IBIDEM	OÏDIUM
ANNUEL	FRASIL	PODZOL	TANDEM	INDIUM
BUÑUEL	BRÉSIL	BENZOL	**BARDEM**	PODIUM
LEQUEL	**BRÉSIL**	PEYOTL	EDEGEM	SODIUM
AUQUEL	GRÉSIL	**RABAUL**	**IZEGEM**	HÉLIUM

OSMIUM	MARDAN	MERLAN	TYMPAN	PERBEN
MINIUM	CERDAN	PERLAN	TARPAN	OGADEN
OMNIUM	CERDAN	VERLAN	GIBRAN	COBDEN
CÉRIUM	JORDAN	MEULAN	CADRAN	WADDEN
ATRIUM	CAUDAN	CEYLAN	AUDRAN	TILDEN
CURIUM	HOUDAN	MEYLAN	ISERAN	GOLDEN
CÉSIUM	HOUDAN	CHAMAN	SAFRAN	SÖLDEN
LATIUM	SOUDAN	TUBMAN	QUMRAN	GULDEN
ACTIUM	SIGEAN	ZEEMAN	CIORAN	MINDEN
JHELUM	MÉJEAN	ALEMÁN	LIORAN	DRYDEN
PÉPLUM	NEPEAN	WIGMAN	SERRAN	SABÉEN
PHYLUM	STEFAN	RAHMAN	LATRAN	SABÉEN
SUMMUM	REAGAN	CAÏMAN	ESTRAN	EUBÉEN
GLANUM	ILIGAN	LOKMAN	SEVRAN	GACÉEN
PLÉNUM	ORIGAN	ULLMAN	NAZRAN	NOCÉEN
MAGNUM	KALGAN	COLMAN	SYZRAN	ORCÉEN
BARNUM	MINGAN	DOLMAN	FAISAN	DUCÉEN
LOKOUM	TONGAN	TOLMAN	GUISAN	LUCÉEN
SALOUM	SLOGAN	YEOMAN	RILSAN	LYCÉEN
BAMOUM	GORGAN	LUQMAN	WONSAN	FIDÉEN
AKSOUM	MORGAN	BARMAN	KUNSAN	SIDÉEN
BATOUM	CACHAN	FARMAN	PERSAN	ACHÉEN
FAYOUM	KACHAN	KARMAN	PERSAN	ACHÉEN
WAMPUM	AFGHAN	KARMAN	HASSAN	SALÉEN
SACRUM	AFGHAN	KERMAN	PAYSAN	PÉLÉEN
QUORUM	WAKHAN	BIRMAN	FLÉTAN	SPLEEN
NATRUM	LESHAN	FIRMAN	CAFTAN	LOMÉEN
PENSUM	ANSHAN	FORMAN	MULTAN	LINÉEN
RECTUM	FOSHAN	NORMAN	SULTAN	ERNÉEN
GNETUM	NATHAN	TASMAN	D'ANTAN	LUPÉEN
SEPTUM	PATHAN	DESMAN	MONTAN	ALRÉEN
BARYUM	RADIAN	BATMAN	KHOTAN	CORÉEN
CANAAN	MÉDIAN	HETMAN	CARTAN	CORÉEN
GRÉBAN	RUFIAN	ALTMAN	TARTAN	ISSÉEN
SERBAN	FUJIAN	COTMAN	TARTAN	FUXÉEN
FORBAN	DALIAN	HOTMAN	SISTAN	REZÉEN
DURBAN	KYLIAN	NAUMAN	LÊ DUAN	SIEGEN
TURBAN	BANIAN	TRUMAN	CHOUAN	WENGEN
HAUBAN	FENIAN	NEWMAN	BUTUAN	JONGEN
VAUBAN	OSSIAN	CAYMAN	MA YUAN	BERGEN
KOUBAN	TRAJAN	GUZMÁN	QU YUAN	HORGEN
DECCAN	ABAKAN	RHÉNAN	EREVAN	AACHEN
VOLCAN	ARAKAN	GLÉNAN	ERIVAN	LICHEN
CANCAN	SEIKAN	MAGNAN	MORVAN	RIEHEN
DUNCAN	DEKKAN	MAGNAN	TAÏWAN	WU ZHEN
CARCAN	BALKAN	AIGNAN	HILWAN	PRAÏEN
HYRCAN	KANKAN	PIGNAN	KENYAN	FABIEN
TOSCAN	PLÉLAN	HAINAN	KENYAN	ROBIEN
TOSCAN	BOÉLAN	TAINAN	BUNYAN	NUBIEN
BOUCAN	BRELAN	YUNNAN	RIAZAN	NUBIEN
TOUCAN	RAGLAN	POZNAN	ALEZAN	PUBIEN
ABADAN	RAGLAN	SAMOAN	KENZAN	CACIEN
IBADAN	PELLAN	SAMOAN	TARZAN	ANCIEN
BOGDAN	TOLLAN	TRÉPAN	TARZAN	LUCIEN
HANDAN	KAPLAN	CAMPAN	FEZZAN	INDIEN
CARDAN	BIPLAN	CAMPAN	GRABEN	INDIEN
CARDAN	DARLAN	SAMPAN	LEOBEN	LYDIEN

LYDIEN	SARNEN	RIFAIN	DANDIN	ROLLIN
SAGIEN	MINOEN	RIFAIN	GANDIN	DULLIN
ARGIEN	KÖPPEN	REGAIN	RONDIN	KAOLIN
ARGIEN	DAIREN	BOHAIN	ANODIN	UGOLIN
GALIEN	BARREN	UJJAIN	CARDIN	JOPLIN
MALIEN	WARREN	LEKAIN	JARDIN	BARLIN
MALIEN	MÜRREN	VILAIN	HESDIN	CARLIN
SALIEN	GOUREN	DEMAIN	BAUDIN	MARLIN
ÉOLIEN	KELSEN	ROMAIN	GAUDIN	VARLIN
ÉOLIEN	VELSEN	ROMAIN	NAUDIN	BERLIN
JULIEN	PILSEN	SOMAIN	BOUDIN	MERLIN
JULIEN	HANSEN	HUMAIN	BOUDIN	MERLIN
DAMIEN	NANSEN	DENAIN	MADE IN	ROSLIN
SIMIEN	JENSEN	LE NAIN	SCHEIN	PAULIN
DOMIEN	FINSEN	ORNAIN	ESMEIN	BOULIN
TOMIEN	BUNSEN	COPAIN	MONEIN	MOULIN
PÉNIEN	HUN SEN	BERAIN	SEREIN	MOULIN
IONIEN	LARSEN	DERAIN	SEREIN	POULIN
IONIEN	FERSEN	AIRAIN	DASEIN	CHEMIN
ULPIEN	HESSEN	BORAIN	BAFFIN	CARMIN
APPIEN	PECTEN	BORAIN	BIFFIN	JASMIN
DARIEN	KLOTEN	FORAIN	MUFFIN	JASMIN
DARIÉN	AUSTEN	FORAIN	PUFFIN	COGNIN
O'BRIEN	SUSTEN	DURAIN	SURFIN	TANNIN
ADRIEN	WITTEN	FUSAIN	PIDGIN	HENNIN
AÉRIEN	HUTTEN	PÉTAIN	MANGIN	LÉONIN
DORIEN	GLUTEN	PUTAIN	LONGIN	BERNIN
ARRIEN	PLAUEN	LEVAIN	CHAHIN	SERNIN
CURIEN	JAGUEN	SIXAIN	CACHIN	ALBOÏN
SYRIEN	ÉCOUEN	DIZAIN	KACHIN	RECOIN
SYRIEN	PLEVEN	SIZAIN	MACHIN	DIGOIN
TYRIEN	ALFVÉN	ONZAIN	COCHIN	TÉMOIN
TYRIEN	SLIVEN	RABBIN	KEIHIN	ÉBROÏN
OASIEN	SIRVEN	BAMBIN	MUSHIN	BESOIN
GATIEN	LEUVEN	LAMBIN	POTHIN	SCAPIN
TATIEN	BLIXEN	LAMBIN	NANKIN	CRÉPIN
TITIEN	LIBYEN	SAMBIN	NANKIN	VULPIN
JOVIEN	LIBYEN	MOMBIN	TONKIN	CAMPIN
JOVIEN	ASCYEN	HARBIN	PERKIN	CHOPIN
BEXIEN	TROYEN	LARBIN	RUSKIN	TURPIN
LUZIEN	TROYEN	HERBIN	ZETKIN	JOSPIN
LAEKEN	ÉVRYEN	FORBIN	CHALIN	TAUPIN
VEBLEN	IVRYEN	TURBIN	OPALIN	POUPIN
BAILÉN	HERZEN	VACCIN	PRALIN	TOUPIN
MEILEN	LÜTZEN	BUCCIN	AVALIN	CLARÍN
NIJLEN	DESIGN	SUCCIN	HYALIN	MACRIN
POLLEN	URBAIN	CALCIN	DÖBLIN	SUCRIN
KJØLEN	URBAIN	TENCIN	DUBLIN	ALDRIN
XIAMEN	AUBAIN	FARCIN	LUBLIN	PLÉRIN
EXAMEN	CUBAIN	LARCIN	DÉCLIN	UTÉRIN
NIÉMEN	CUBAIN	HIRCIN	SECLIN	GUÉRIN
DOLMEN	RICAIN	PORCIN	ENCLIN	KEIRIN
YEOMEN	RICAIN	PASCIN	GMELIN	FLORIN
CARMEN	LUCAIN	DOUCIN	DRELIN	ILORIN
GERMEN	DÉDAIN	ALADIN	GRELIN	AZORÍN
SAANEN	LE DAIN	GRADIN	GUILIN	CAPRIN
TIENEN	ANDAIN	GREDIN	BALLIN	COPRIN

CYPRIN	**SÉGUIN**	FAUCON	**ALBION**	FRELON
PERRIN	**DAQUIN**	**PHÉDON**	PODION	GRÊLON
PÉTRIN	FAQUIN	**AVEDON**	LUDION	**TRÉLON**
LUTRIN	TAQUIN	AMIDON	LÉGION	TEFLON
SAURIN	PÉQUIN	BRIDON	RÉGION	AIGLON
TAURIN	REQUIN	GUIDON	GALION	**AIGLON**
GOURIN	SEQUIN	RANDON	TALION	TIGLON
TOURIN	COQUIN	**RANDON**	HÉLION	ONGLON
ATURIN	**LIÉVIN**	TENDON	**HÉLION**	**ODILON**
AZURIN	ALEVIN	DINDON	**LE LION**	CHILON
MEYRIN	**GRÉVIN**	BONDON	**PÉLION**	PHILON
TOCSIN	**STEVIN**	DONDON	CAMION	**QUILON**
RAISIN	ASHVIN	**LONDON**	FANION	ZYKLON
VOISIN	**CALVIN**	DIODON	**L'UNION**	BALLON
VOISIN	KELVIN	CARDON	PAPION	GALLON
RONSIN	**KELVIN**	**GARDON**	COPION	**TALLON**
MERSIN	PROVIN	JARDON	ARPION	VALLON
YERSIN	**CARVIN**	LARDON	ESPION	WALLON
HORSIN	**CERVIN**	PARDON	SUPION	**WALLON**
OURSIN	NERVIN	CORDON	**MARION**	BILLON
BASSIN	**CORVIN**	CORDON	AGRION	**DILLON**
CASSIN	**COUVIN**	**GORDON**	VIRION	FILLON
CASSIN	**KAZVIN**	**MEUDON**	HORION	SILLON
DASSIN	**QAZVIN**	**BOUDON**	MORION	**VILLON**
TASSIN	**GODWIN**	**HOUDON**	PORION	**ROLLON**
BESSIN	**DARWIN**	**GÉDÉON**	TURION	**CHO LON**
DESSIN	PINYIN	PIGEON	LÉSION	VIOLON
MESSIN	ZINZIN	**SIMÉON**	VISION	STOLON
MESSIN	TAUZIN	**FÉNÉON**	FUSION	MERLON
TESSIN	**FEYZIN**	**ACTÉON**	CATION	PERLON
BOUSIN	**HAMANN**	**BUFFON**	DATION	MEULON
COUSIN	LYCAON	**ARAGON**	GÂTION	BOULON
COUSIN	**KUMAON**	DRAGON	NATION	COULON
LEYSIN	**YANAON**	FRAGON	RATION	FOULON
GRATIN	GIBBON	**OREGON**	ACTION	SOÛLON
PIÉTIN	**GIBBON**	**SAIGON**	**PÉTION**	**TOULON**
ARÉTIN	**TREBON**	**LANGON**	LOTION	ÉPULON
CRÉTIN	**CAMBON**	TANGON	MOTION	BRÛLON
FRETIN	JAMBON	JARGON	NOTION	**BEAMON**
PANTIN	BONBON	**SARGON**	POTION	ARAMON
PANTIN	BARBON	MORGON	OPTION	**ARAMON**
TINTIN	**SORBON**	BOUGON	**DIVION**	GOÉMON
TINTIN	FLACON	**BOUGON**	**TAEJON**	**MAMMON**
PLOTIN	GLAÇON	MÂCHON	**DANJON**	**LEMMON**
MARTIN	**DRACON**	BICHON	DONJON	GNOMON
BERTIN	CHICON	NICHON	**SAUJON**	GERMON
FORTIN	BALCON	**INCHON**	GOUJON	**HERMON**
DESTIN	**FALCON**	COCHON	**GOUJON**	**PERMON**
FESTIN	LANÇON	POCHON	**HAAKON**	SERMON
AUSTIN	RANÇON	SIPHON	**CHALON**	MORMON
JUSTIN	PINÇON	TYPHON	DRALON	SAUMON
BOTTIN	FLOCON	PYTHON	ÉTALON	POUMON
BOTTIN	GARÇON	**PYTHON**	**AVALON**	ÉTYMON
HAUTIN	**GARÇON**	ZYTHON	SABLON	**STÉNON**
ALCUIN	ZIRCON	GABION	RIBLON	GUENON
BÉGUIN	GASCON		RUCLON	**GUÉNON**
SEGUIN	**GASCON**		POÊLON	**LIGNON**

MIGNON	LARRON	BASSON	**GASTON**	**VÄNERN**
OIGNON	MARRON	**MASSON**	FESTON	**TAUERN**
PIGNON	VARRON	BESSON	**HESTON**	**SEVERN**
PIGNON	VARRON	**BESSON**	TESTON	**BAYERN**
VIGNON	**FERRON**	**CESSON**	VESTON	AUBURN
POGNON	PERRON	TESSON	**WESTON**	TRIBUN
ROGNON	**GORRON**	**WATSON**	FISTON	CHACUN
CHINON	NATRON	**DAWSON**	LISTON	**CANCÚN**
MEMNON	PATRON	**LOYSON**	MISTON	**MAO DUN**
HANNON	CITRON	**BEATON**	PISTON	**VERDUN**
PENNON	LITRON	**KEATON**	BOSTON	**LOUDUN**
PHONON	MITRON	CHATON	**BOSTON**	SHOGUN
THONON	**MAURON**	**PLATON**	**HUSTON**	**YICHUN**
VERNON	**MEURON**	CRATON	**PATTON**	**FUSHUN**
BRUNON	MOURON	NECTON	**BETTON**	**LÜSHUN**
SALOON	TOURON	DICTON	LETTON	**EL-AIUN**
CHAPON	**LAVRON**	PIÉTON	**LETTON**	**KUNLUN**
CRÉPON	LEVRON	BRETON	**COTTON**	COMMUN
FRIPON	**STYRON**	**BRETON**	**DUTTON**	**ARGOUN**
RAMPON	BLASON	**ASHTON**	**HUTTON**	**IRGOUN**
TAMPON	**GIBSON**	LAITON	**LYTTON**	**MIMOUN**
POMPON	**HOBSON**	CHITON	DEUTON	SIMOUN
PIN-PON	PACSON	BOITON	TEUTON	**LEBRUN**
NIPPON	**TUCSON**	FRITON	PLUTON	EMBRUN
NIPPON	**HUDSON**	TRITON	**PLUTON**	**EMBRUN**
HARPON	MAISON	**GUITON**	BOUTON	**HAMSUN**
TARPON	**MAISON**	**NUITON**	MOUTON	**SAMSUN**
COUPON	RAISON	**DALTON**	**MOUTON**	**LAUZUN**
POUPON	SAISON	**GALTON**	NEWTON	**HUSAYN**
CHARON	**VAISON**	PELTON	**NEWTON**	**BAILYN**
SHARON	**EDISON**	**MILTON**	**PAXTON**	**BILBAO**
HÉBRON	FOISON	**BOLTON**	**DAYTON**	**CAO CAO**
DACRON	POISON	**FULTON**	RHYTON	**CÔN DAO**
MICRON	TOISON	CANTON	**GUYTON**	**GALEÃO**
MUCRON	**FRISON**	**CANTON**	OXYTON	**NÉCHAO**
HADRON	FRISON	**DANTON**	SLAVON	**RIZHAO**
CÉDRON	GRISON	SANTON	ÉLEVON	**CALLAO**
GODRON	**GRISON**	MENTON	KLAXON	**GUSMÃO**
OBERON	PRISON	**MENTON**	CLAYON	**CHE T'AO**
HIÉRON	**NELSON**	PONTON	BRAYON	**SHI TAO**
PIÉRON	TELSON	TONTON	CRAYON	SERTÃO
FLÉRON	**GILSON**	PHOTON	TRAYON	**MALABO**
OLÉRON	**WILSON**	CROTON	ALCYON	LAVABO
ÉPERON	**SAMSON**	PROTON	PLEYON	NOCEBO
OPÉRON	**HANSON**	LEPTON	CANYON	**SASEBO**
FRÉRON	**LANSON**	**BARTON**	**TROYON**	**GBAGBO**
TIGRON	**SANSON**	CARTON	BARYON	**NINGBO**
VAIRON	TENSON	**FERTON**	**GÉRYON**	**HUAMBO**
CHIRON	PINSON	**MERTON**	**MERYON**	**PIOMBO**
COIRON	**VINSON**	**VIRTON**	**QUEZÓN**	BONOBO
VOIRON	**JONSON**	CORTON	**D'ALZON**	**MONACO**
AVIRON	**PONSON**	HORTON	**PINZÓN**	CARACO
RONRON	PAQSON	**HORTON**	**CROZON**	ZYDECO
THORON	**CARSON**	MORTON	**CURZON**	HÉLICO
OLORON	**GERSON**	**NORTON**	**MOUZON**	ILLICO
SOPRON	**HIRSON**	**BURTON**	**TROARN**	**MEXICO**
CARRON	OURSON	BASTON	**WEBERN**	TOXICO

JASPAR	LOADER	GAFFER	CACHER	DÉFIER
KASPAR	BRADER	BIFFER	FÂCHER	MÉFIER
QUASAR	ÉVADER	KIFFER	GÂCHER	**ROGIER**
PULSAR	**TEDDER**	PIFFER	HACHER	**AUGIER**
AVATAR	**RAEDER**	À MI-FER	LÂCHER	CAHIER
NECTAR	FEEDER	CONFER	MÂCHER	**FALIER**
SEHTAR	LIEDER	WOOFER	MÂCHER	PALIER
ISHTAR	RAIDER	SURFER	**PACHER**	ABLIER
INSTAR	**HEIDER**	PÉAGER	**SACHER**	BÉLIER
COSTAR	ÉLIDER	VIAGER	TACHER	**BÉLIER**
MOSTAR	SPIDER	**AMAGER**	TÂCHER	DÉLIER
JAGUAR	BRIDER	IMAGER	VACHER	RELIER
MAGYAR	GUIDER	ORAGER	BÊCHER	AILIER
MAGYAR	ÉVIDER	USAGER	**BECHER**	PILIER
FALZAR	**BALDER**	ÉTAGER	LÉCHER	ALLIER
GLABER	**CALDER**	BADGER	MÉCHER	**ALLIER**
KLÉBER	**WILDER**	PIÉGER	PÉCHER	ENLIER
GALBER	POLDER	SIÉGER	PÊCHER	BOLIER
FELBER	SOLDER	JIGGER	SÉCHER	TÔLIER
CAMBER	**ZOLDER**	DOGGER	AICHER	DAMIER
GAMBER	BANDER	**FUGGER**	BICHER	LAMIER
NIMBER	**GANDER**	**GEIGER**	FICHER	RAMIER
BOMBER	LÄNDER	NEIGER	LICHER	TAMIER
TOMBER	MANDER	ÉRIGER	NICHER	ZAMIER
HUMBER	**SANDER**	EXIGER	**RICHER**	**GÉMIER**
SNOBER	**BENDER**	DANGER	COCHER	CIMIER
BARBER	TENDER	LANGER	CÔCHER	LIMIER
GERBER	**LINDER**	MANGER	HOCHER	**NIMIER**
DAUBER	**ZINDER**	RANGER	**KOCHER**	MÔMIER
FAUBER	FONDER	**SANGER**	LOCHER	ORMIER
GRUBER	MONDER	**TANGER**	NOCHER	FUMIER
GRÜBER	SONDER	**MENGER**	POCHER	CANIER
KHYBER	**WONDER**	VENGER	ROCHER	LANIER
AGACER	BRODER	**BINGER**	ARCHER	MANIER
GLACER	ÉRODER	SINGER	ESCHER	PANIER
PLACER	BARDER	**SINGER**	BÛCHER	DENIER
TRACER	CARDER	LONGER	HUCHER	DÉNIER
SOCCER	DARDER	RONGER	JUCHER	RENIER
SLICER	FARDER	SONGER	RUCHER	LINIER
ÉPICER	GARDER	**JÜNGER**	KASHER	MINIER
CANCER	LARDER	MARGER	**FISHER**	RÔNIER
CANCER	TARDER	BERGER	**ESTHER**	ZONIER
LANCER	**HERDER**	**BERGER**	**LUTHER**	HUNIER
TANCER	MERDER	VERGER	**ROUHER**	**NAPIER**
PINCER	BORDER	FORGER	GABIER	PAPIER
RINCER	CORDER	GORGER	GIBIER	PÉPIER
FONCER	ÉLUDER	BURGER	AUBIER	PIPIER
JONCER	BOUDER	**BÜRGER**	**DACIER**	COPIER
PONCER	COUDER	**MURGER**	LICIER	JUPIER
BERCER	SOUDER	PURGER	VICIER	EXPIER
GERCER	**FEYDER**	JAUGER	PUCIER	CARIER
PERCER	OXYDER	BOUGER	RADIER	MARIER
FORCER	**DE GEER**	GRUGER	**BÉDIER**	PARIER
SAUCER	CAPÉER	**KRUGER**	DÉDIER	VARIER
POUCER	AGRÉER	**KRÜGER**	**DIDIER**	ABRIER
ÉPUCER	TORÉER	**NODIER**	**NODIER**	ÉCRIER
LEADER	**KIEFER**	BÂCHER	THÉIER	

PERIER	DEALER	CILLER	ANIMER	CHINER
SÉRIER	ÉGALER	**CILLER**	BRIMER	OPINER
CIRIER	THALER	**MILLER**	FRIMER	URINER
ÉTRIER	ÉTALER	PILLER	GRIMER	USINER
STRIER	AVALER	TILLER	PRIMER	RUINER
MÛRIER	CÂBLER	COLLER	TRIMER	AVINER
CASIER	JABLER	ROLLER	**BALMER**	DAMNER
GÉSIER	HÂBLER	**TOLLER**	CALMER	CANNER
LISIER	SABLER	BULLER	PALMER	TANNER
GOSIER	TABLER	**FULLER**	**PALMER**	**TANNER**
ROSIER	CIBLER	**MULLER**	FILMER	VANNER
RATIER	AMBLER	MÜLLER	GEMMER	**JENNER**
MÉTIER	SUBLER	**MÜLLER**	GOMMER	**RENNER**
SETIER	BÂCLER	VIOLER	NOMMER	DONNER
ALTIER	RACLER	FRÔLER	POMMER	SONNER
ENTIER	TACLER	ISOLER	SOMMER	TONNER
CÔTIER	CICLER	**KEPLER**	CHÔMER	CLONER
LOTIER	GICLER	PARLER	**KUMMER**	KRONER
POTIER	**HODLER**	**PARLER**	**SUMMER**	PRÔNER
PUTIER	IODLER	FERLER	CHÔMER	TRÔNER
DAVIER	JODLER	PERLER	BOOMER	OZONER
FAVIER	YODLER	HURLER	ZOOMER	**GARNER**
RAVIER	OUDLER	OURLER	FERMER	MARNER
OBVIER	POÊLER	**HITLER**	**GERMER**	BERNER
DÉVIER	ÉPELER	**ORTLER**	FORMER	CERNER
FÉVIER	GRÊLER	**BUTLER**	**MESMER**	**WERNER**
LEVIER	RAFLER	GAULER	PAUMER	BORNER
LEVIER	GIFLER	**TAULER**	ÉCUMER	CORNER
VIVIER	RIFLER	ADULER	RHUMER	**CORNER**
VIVIER	ENFLER	FEULER	PLUMER	**KÖRNER**
ENVIER	MOFLER	MEULER	BOUMER	**TURNER**
CUVIER	RÉGLER	ULULER	**DOUMER**	**GESNER**
CUVIER	BIGLER	ÉMULER	AHANER	SAUNER
GAZIER	**KAHLER**	BOULER	FLÂNER	JEÛNER
HOZIER	**MAHLER**	COULER	GLANER	ALUNER
SHAKER	**KÖHLER**	FOULER	PLANER	**BRUNER**
QUAKER	**WÖHLER**	IOULER	ÉMANER	DRAPER
HACKER	**MAILER**	MOULER	CRÂNER	**DRAPER**
BECKER	**SAILER**	ROULER	**WIENER**	CRÊPER
NECKER	POILER	SOÛLER	AMENER	CHIPER
PECKER	VOILER	BRÛLER	GRENER	FRIPER
KICKER	ÉPILER	OVULER	GAGNER	GUIPER
COCKER	HUILER	STYLER	MAGNER	**KUIPER**
COCKER	TUILER	**FOWLER**	**WAGNER**	PALPER
DOCKER	EXILER	BLÂMER	RÉGNER	CAMPER
ROCKER	BALLER	CLAMER	TEGNÉR	DAMPER
DEKKER	DALLER	BRAMER	**TEGNÉR**	LAMPER
FOKKER	**HALLER**	CRAMER	LIGNER	RAMPER
TANKER	TALLER	**CRAMER**	SIGNER	VAMPER
BUNKER	**WALLER**	TRAMER	**WIGNER**	POMPER
JUNKER	**DELLER**	ÉTAMER	COGNER	DUMPER
HOOKER	**KELLER**	**BODMER**	ROGNER	ÉCOPER
BROKER	PELLER	CRÉMER	**RAHNER**	CHOPER
STOKER	SELLER	**KREMER**	GAINER	**COOPER**
PARKER	**TELLER**	**ROHMER**	LAINER	DROPER
JERKER	AILLER	ABÎMER	PEINER	HAPPER
ÉCALER	BILLER	ÉCIMER	VEINER	JAPPER

NAPPER	TITRER	VERSER	MALTER	CUTTER
RAPPER	VITRER	CORSER	**WALTER**	LUTTER
ZAPPER	ENTRER	CASSER	WELTER	PUTTER
KIPPER	OUTRER	**GASSER**	TILTER	FAUTER
NIPPER	SAURER	LASSER	**HOLTER**	**LAUTER**
RIPPER	ÉCURER	MASSER	VOLTER	SAUTER
TIPPER	AMURER	PASSER	CANTER	CHUTER
ZIPPER	GOURER	SASSER	GANTER	BLUTER
HOPPER	LOURER	SASSER	HANTER	**SLUTER**
POPPER	APURER	TASSER	**SANTER**	BOUTER
HARPER	ÉPURER	CESSER	VANTER	COÛTER
JASPER	AZURER	FESSER	RENTER	DOUTER
JASPER	NAVRER	MESSER	TENTER	GOÛTER
TAUPER	SEVRER	VESSER	VENTER	JOUTER
COUPER	GIVRER	BISSER	PINTER	ROUTER
COUPER	LIVRER	HISSER	**PINTER**	VOÛTER
LOUPER	OUVRER	LISSER	TINTER	GRUTER
SOUPER	TEASER	PISSER	CONTER	BAXTER
COWPER	BLASER	TISSER	MONTER	**RUYTER**
COWPER	**GLASER**	VISSER	PONTER	EMBUER
ÉGARER	ARASER	BOSSER	HUNTER	**BREUER**
CABRER	BRASER	COSSER	RIOTER	BAGUER
SABRER	FRASER	ROSSER	CAPTER	RAGUER
ZÉBRER	**FRASER**	TOSSER	CARTER	TAGUER
VIBRER	ÉVASER	MUSSER	**CARTER**	VAGUER
AMBRER	PACSER	CAUSER	FARTER	LÉGUER
OMBRER	ALÉSER	**HAUSER**	**OERTER**	PÉGUER
NACRER	BLÉSER	MAUSER	PORTER	LIGUER
SACRER	GRÉSER	PAUSER	**PORTER**	VOGUER
ANCRER	BAISER	ABUSER	BASTER	ARGUER
ENCRER	KAISER	AMUSER	MASTER	FUGUER
SUCRER	**KAISER**	GEYSER	LESTER	SALUER
CADRER	**KEISER**	ÉPATER	PESTER	DILUER
OBÉRER	**REISER**	OUATER	RESTER	REMUER
ACÉRER	ANISER	QUATER	TESTER	DÉNUER
OPÉRER	BOISER	JACTER	ZESTER	SINUER
STÉRER	MOISER	BECTER	LISTER	CLOUER
AVÉRER	TOISER	DICTER	**LISTER**	FLOUER
BÂFRER	ARISER	PIÉTER	PISTER	ÉNOUER
MIGRER	BRISER	FRÉTER	**ELSTER**	FROUER
ROHRER	FRISER	PRÊTER	**ULSTER**	TROUER
FÜHRER	GRISER	ATÊTER	**COSTER**	AVOUER
FOIRER	IRISER	ÉTÊTER	**FOSTER**	CAQUER
MOIRER	PRISER	QUÊTER	POSTER	LAQUER
ÉTIRER	PUISER	**EXETER**	**AUSTER**	MAQUER
ADORER	AVISER	CAFTER	GATTER	RAQUER
ODORER	VALSER	LIFTER	LATTER	SAQUER
BARRER	**WALSER**	ÉDITER	NATTER	TAQUER
CARRER	PULSER	AGITER	GETTER	VAQUER
KARRER	DANSER	ALITER	SETTER	NIQUER
MARRER	GANSER	IMITER	BITTER	PIQUER
NARRER	PANSER	BOITER	**RITTER**	TIQUER
FERRER	PENSER	COÏTER	BOTTER	MOQUER
SERRER	**DJOSER**	CUITER	HOTTER	POQUER
TERRER	GLOSER	ÉVITER	MOTTER	ROQUER
MÉTRER	PROSER	**AALTER**	**POTTER**	TOQUER
NITRER	HERSER	CALTER	BUTTER	ARQUER

SITUER	CANDIR	MATOIR	SENIOR	RÂLEUR
WEAVER	BENDIR	BUTOIR	JUNIOR	VALEUR
CLAVER	BONDIR	BAVOIR	**ANGKOR**	FILEUR
BRAVER	VERDIR	LAVOIR	**TAYLOR**	VOLEUR
DRAVER	NORDIR	RAVOIR	**LARMOR**	RAMEUR
GRAVER	OURDIR	SAVOIR	**LOB NOR**	SEMEUR
ÉLEVER	GAUDIR	DEVOIR	INDOOR	LIMEUR
CREVER	RÉAGIR	REVOIR	TRÉSOR	RIMEUR
GREVER	SURGIR	RIVOIR	TUSSOR	FUMEUR
CLIVER	ROUGIR	VIVOIR	STATOR	HUMEUR
OLIVER	ÉBAHIR	DIAPIR	**HECTOR**	RUMEUR
DRIVER	TRAHIR	CLAPIR	**VICTOR**	TUMEUR
PRIVER	**BACHIR**	GLAPIR	**CANTOR**	FANEUR
AVIVER	MENHIR	CRÉPIR	**KANTOR**	GÊNEUR
DENVER	SAPHIR	SOUPIR	MENTOR	MENEUR
HOOVER	KÉPHIR	**DJARIR**	**MENTOR**	TENEUR
SAUVER	AVILIR	CHÉRIR	**CASTOR**	VENEUR
COUVER	MOLLIR	GUÉRIR	CASTOR	BINEUR
ÉTUVER	ABOLIR	QUÉRIR	**NESTOR**	DÎNEUR
ÉGAYER	EMPLIR	OFFRIR	OCTUOR	MINEUR
DRAYER	**SHAMIR**	AIGRIR	**LOUXOR**	CHŒUR
FRAYER	BLÊMIR	BARRIR	**DNIEPR**	SAPEUR
ÉTAYER	FRÉMIR	MARRIR	**LAVAUR**	TAPEUR
STAYER	CALMIR	PÉTRIR	OBSCUR	VAPEUR
BAEYER	DORMIR	AHURIR	LABEUR	PIPEUR
DREYER	AVENIR	COURIR	GABEUR	DUPEUR
ABOYER	BANNIR	MOURIR	GOBEUR	CIREUR
CHOYER	HENNIR	OUVRIR	LACEUR	MIREUR
PLOYER	HONNIR	SAISIR	NOCEUR	TIREUR
BROYER	AGONIR	LOISIR	SUCEUR	VIREUR
PROYER	GARNIR	MOISIR	FADEUR	DOREUR
CARYER	TERNIR	RASSIR	HIDEUR	FOREUR
DU RYER	VERNIR	GLATIR	VIDEUR	ERREUR
ÉCUYER	JAUNIR	ABÊTIR	CODEUR	FUREUR
HEUYER	RÉUNIR	MOITIR	RÔDEUR	JUREUR
BLAZER	ALUNIR	NANTIR	ARDEUR	JASEUR
FRAZER	BRUNIR	MENTIR	PUDEUR	RASEUR
PEDZER	SUÇOIR	SENTIR	GRÉEUR	PESEUR
PANZER	RIDOIR	PARTIR	GAGEUR	DISEUR
MÜNZER	VIDOIR	TARTIR	NAGEUR	LISEUR
BUTZER	RODOIR	SERTIR	RAGEUR	VISEUR
ABWEHR	ÉCHOIR	SORTIR	LOGEUR	DOSEUR
MOHAIR	PLIOIR	BLEUIR	JUGEUR	POSEUR
ÉCLAIR	HÂLOIR	ENFUIR	LUGEUR	ROSEUR
IMPAIR	SALOIR	GRAVIR	MAÏEUR	DATEUR
DU VAIR	VALOIR	SERVIR	SCIEUR	TÂTEUR
DJABIR	SEMOIR	ÉLIXIR	CHIEUR	ACTEUR
RANCIR	FUMOIR	**THABOR**	SKIEUR	JETEUR
MINCIR	MANOIR	**KALDOR**	PLIEUR	PÉTEUR
CAPCIR	**LENOIR**	VAL-D'OR	ÉPIEUR	COTEUR
FARCIR	**RENOIR**	**BENDOR**	CRIEUR	MOTEUR
FORCIR	ESPOIR	CONDOR	PRIEUR	AUTEUR
DURCIR	PAROIR	**CONDOR**	TRIEUR	BUTEUR
AGADIR	MIROIR	**MONDOR**	MAJEUR	TUTEUR
TIÉDIR	TIROIR	**FIODOR**	**MAJEUR**	BOUEUR
RAIDIR	RASOIR	**SAUGOR**	HALEUR	JOUEUR
ROIDIR	MUSOIR	**HATHOR**	PÂLEUR	LOUEUR

TOUEUR	TAIFAS	ÉCHECS	ARCHES	GUÎNES
FAVEUR	VARGAS	COMICS	DUCHÉS	MEKNÈS
GAVEUR	BURGAS	FRANCS	HUGHES	CANNES
LAVEUR	TOBIAS	FIELDS	ARRHES	LANNES
PAVEUR	NICIAS	CHILDS	RASHES	VANNES
RAVEUR	AUGIAS	À-FONDS	RUSHES	GENNES
SAVEUR	HÉLIAS	MOGODS	BRAIES	RENNES
RÊVEUR	NAMIAS	LLOYD'S	FACIÈS	CONNES
VIVEUR	JOSIAS	HOBBES	LADIES	LEONES
BUVEUR	LYSIAS	THÈBES	SALIES	PÉONES
MIXEUR	CAXIAS	LIMBES	MÉLIÈS	THÔNES
BOXEUR	PHOKAS	COMBES	NÉNIES	BARNES
MAYEUR	PUSKAS	DOMBES	TÀPIES	HARNES
PAYEUR	DOUKAS	LOMBES	TORIES	PERNES
VOYEUR	CALLAS	BARBÈS	FURIES	VERNES
TOZEUR	DALLAS	TARBES	COSIES	BORNES
ARTHUR	PALLAS	GRÂCES	DAVIES	HORNES
SUKKUR	HELLAS	SUCCÈS	WILKES	FURNES
VELLUR	MILLAS	PROCÈS	STOKES	TOWNES
SAUMUR	MILLAS	PROCÈS	STOKES	BEYNES
GIAOUR	FRIMAS	FORCES	HAWKES	KEYNES
LABOUR	PALMAS	PRADES	REALES	VEYNES
SIBOUR	THOMAS	QUADES	THALÈS	LUYNES
ARBOUR	THOMAS	AGIDES	CÂBLÉS	CAMÕES
DUFOUR	ANANAS	ALIDES	BÈGLES	HERPÈS
SÉJOUR	KAUNAS	BRIDES	ANGLES	ÉTUPES
LAMOUR	TRÉPAS	VALDÈS	RUGLES	CHARÈS
HUMOUR	LAMPAS	VALDÉS	AVILÉS	SOARES
ASSOUR	COMPAS	LANDES	GALLES	SUARES
LA TOUR	SCOPAS	WENDES	HALLES	SABRES
DÉTOUR	MAUPAS	RHODES	VALLÈS	ARDRES
RETOUR	REBRAS	HARDES	CELLES	IBÈRES
ENTOUR	MADRAS	SARDES	SELLES	MIERES
AUTOUR	MADRAS	BORDES	WELLES	CLÈRES
CAVOUR	ESDRAS	CORDES	GILLES	GUÈRES
NAGPUR	DÉGRAS	GORDES	GILLES	HYÈRES
JAIPUR	VALRAS	LAUDES	NILLES	AFFRES
RAIPUR	WALRAS	GELÉES	DULLES	SOFRES
RAMPUR	BARRAS	MENÉES	SHOLES	INGRES
KANPUR	FATRAS	PARÉES	NAPLES	VAIRES
DISPUR	MATRAS	PROFÈS	ORTLES	AÇORES
GUNTUR	PATRAS	TERFÈS	BOWLES	WEÖRES
ANADYR	TATRAS	NEIGES	THAMES	FLORES
ZÉPHYR	TÉTRAS	GANGES	N-IÈMES	FLORÈS
TAÏMYR	FOURAS	DONGES	CRÉMÉS	D'APRÈS
MARTYR	KANSAS	GARGES	OPIMES	VÊPRES
VESAAS	SENSAS	BERGÈS	HOLMES	AUPRÈS
ICI-BAS	BARTAS	BORGES	JAMMES	EXPRÈS
COMBAS	TARTAS	FORGES	HERMÈS	CYPRÈS
ROMBAS	CESTAS	MORGES	HERMÈS	BARRÈS
AROBAS	KAPUAS	VOSGES	KERMÈS	SERRES
CORBAS	CUEVAS	BAUGES	BORMES	VERRÈS
FRACAS	PRIVAS	MAUGES	FISMES	YERRES
TRACAS	TOUVAS	GOUGES	ÉVÈNES	GÖRRES
HALDAS	JACOBS	BRUGES	CAGNES	TORRES
GILDAS	MOHÁCS	FRUGES	TIGNES	DURRËS
MORÉAS	LUKÁCS	LOCHES	LOGNES	ISTRES

CAURES	RANCHS	WALLIS	GÉNOIS	AMASIS
JAURÈS	WINCHS	MULLIS	GÉNOIS	BRISIS
MAURES	LUNCHS	GENLIS	KINOIS	MANSIS
SÈVRES	MATCHS	SENLIS	KINOIS	PTÔSIS
SÈVRES	CLASHS	GITLIS	MINOIS	MYOSIS
SALSES	FLASHS	GAULIS	SINOIS	SURSIS
RAMSÈS	SLASHS	ADULIS	VINOIS	CASSIS
NARSÈS	SMASHS	COULIS	DUNOIS	CASSIS
FOSSES	CRASHS	ROULIS	EMPOIS	LASSIS
CLUSES	FLUSHS	ÉPULIS	VAROIS	RASSIS
DRUSES	RABAIS	BRÛLIS	FÉROIS	ABATIS
ÉGATES	REBAIS	THÉMIS	AIROIS	GRATIS
PICTES	DADAIS	SALMIS	VIROIS	ISATIS
BALTES	THIAIS	COMMIS	NOROIS	THÉTIS
CELTES	BALAIS	PROMIS	YPROIS	IRITIS
KOLTÈS	CALAIS	PERMIS	MATOIS	SÄNTIS
MANTES	MALAIS	VERMIS	PATOIS	FONTIS
NANTES	MALAIS	HORMIS	SÉTOIS	SERTIS
CONTES	PALAIS	KOUMIS	CÔTOIS	PASTIS
MONTES	VALAIS	SOUMIS	LOTOIS	LATTIS
À-CÔTÉS	RELAIS	CHENIS	APTOIS	BOUTIS
COPTES	JAMAIS	TENNIS	ARTOIS	ELYTIS
CERTES	HOMAIS	ADONIS	HUTOIS	LAGUIS
SERTES	PANAIS	ADONIS	PUTOIS	DALUIS
CORTES	TANAÏS	BERNIS	PAVOIS	DEPUIS
CORTÉS	ORNAIS	PERNIS	BOVOIS	MAQUIS
SYRTES	AUNAIS	VERNIS	GEXOIS	ACQUIS
FASTES	PUNAIS	MI-BOIS	AIXOIS	REQUIS
COSTES	MARAIS	ARBOIS	AIXOIS	ENQUIS
POSTES	MARAIS	AUBOIS	AUXOIS	EXQUIS
LATTES	KORAÍS	DU BOIS	BUXOIS	ARAVIS
EMBUÉS	MORAIS	DUBOIS	MÉZOIS	ALEVIS
REÇUES	RÉTAIS	NIÇOIS	KEMPIS	SUIVIS
GOGUES	DIVAIS	NIÇOIS	GLARIS	PELVIS
NOGUÈS	NAYAIS	VICOIS	DÉBRIS	CLOVIS
ORGUES	BREBIS	BUCOIS	PICRIS	PARVIS
HUGUES	ANUBIS	LUÇOIS	IBÉRIS	TARVIS
PÂQUES	GLACIS	BADOIS	MŒRIS	MAUVIS
PÂQUES	PRÉCIS	AUDOIS	AZÉRIS	PRAXIS
ONQUES	CONCIS	EUDOIS	LEIRIS	ALEXIS
ARQUES	BAUCIS	LUDOIS	OSIRIS	ZEUXIS
OSQUES	FONDIS	VIFOIS	FLORIS	ONYXIS
GRAVES	BARDIS	BÂLOIS	DÉPRIS	SWAZIS
GRAVES	TAUDIS	BÂLOIS	MÉPRIS	LAZZIS
REEVES	E L Æ I S	GALOIS	REPRIS	POMAKS
CLÈVES	NÉRÉIS	PALOIS	APPRIS	SMOCKS
TRÈVES	HAGGIS	PALOIS	CYPRIS	SKUNKS
SUÈVES	NANGIS	VALOIS	HARRIS	BROOKS
VANVES	RUNGIS	DOLOIS	GERRIS	IDÉALS
XERXÈS	GÂCHIS	HAMOIS	LORRIS	FINALS
SIEYÈS	HACHIS	HÉMOIS	MORRIS	FÉRALS
ILLYÉS	RACHIS	RÉMOIS	NORRIS	CASALS
CLOYES	ORCHIS	RÉMOIS	CAURIS	ENGELS
TROYES	SIALIS	SEMOIS	SAURIS	E-MAILS
DRUZES	OXALIS	NÎMOIS	TAURIS	ÉMAILS
SWINGS	TIFLIS	DANOIS	SOURIS	OPHULS
COACHS		DANOIS	BLASIS	BAD EMS

BRAHMS	AZYGOS	**KHEOPS**	**BABITS**	ACINUS
CAROMS	**PAPHOS**	**PÉLOPS**	**GÉANTS**	CLONUS
BIBANS	PATHOS	MFLOPS	**CLOOTS**	**TAUNUS**
ALBANS	**HÉLIOS**	**CRIPPS**	OP ARTS	PRUNUS
DEDANS	AMNIOS	À-COUPS	**EMMAÜS**	MAHOUS
LE MANS	**DARIOS**	**FREARS**	**MANAUS**	REMOUS
ROMANS	**BYBLOS**	**ADJARS**	**PHÉBUS**	**AÏNOUS**
ORNANS	**LACLOS**	**TATARS**	**EREBUS**	RIPOUS
MARANS	**DÉCLOS**	**ALBERS**	**PROBUS**	ABSOUS
MARANS	MI-CLOS	**ANDERS**	**AIRBUS**	**CIXOUS**
OISANS	ENCLOS	**ENFERS**	**PINCUS**	ZAZOUS
TITANS	**DUCLOS**	**ANGERS**	**BLOCUS**	CAMPUS
ALBENS	THOLOS	**ROGERS**	CROCUS	**PAPPUS**
RUBENS	**CARLOS**	**CHIERS**	**MARCUS**	CORPUS
EYBENS	**CADMOS**	**THIERS**	CAUCUS	UTÉRUS
ENCENS	COSMOS	SALERS	**EXODUS**	CHORUS
QUEENS	**PÁTMOS**	**SALERS**	URÆUS	**FLORUS**
DÉFENS	LLANOS	**MAMERS**	COLÉUS	CIRRUS
ARGENS	**LEMNOS**	**SOMERS**	AUREUS	**BURRUS**
AMIENS	**LÍMNOS**	WATERS	DIFFUS	CITRUS
KRIENS	**CRONOS**	**PETERS**	CONFUS	INTRUS
VALENS	**KRONOS**	**HAVERS**	PROFUS	**TAURUS**
RENENS	**TARNOS**	DÉVERS	TRAGUS	RHÉSUS
DÉPENS	**DESNOS**	**NEVERS**	VALGUS	CRÉSUS
WARENS	CAMPOS	REVERS	**MINGUS**	**CRÉSUS**
MÉRENS	**CAMPOS**	**REVERS**	FONGUS	LAPSUS
ÉDUENS	**MOMPÓS**	DIVERS	**LONGUS**	**TARSUS**
LEVENS	PROPOS	**RIVERS**	TOPHUS	VERSUS
ARYENS	DISPOS	**ANVERS**	TYPHUS	CURSUS
ALAINS	**PHAROS**	ENVERS	**AARHUS**	**LASSUS**
STAINS	**CLAROS**	**ARVERS**	**FABIUS**	DESSUS
SABINS	**ÍMBROS**	**AUVERS**	MÖBIUS	**NESSUS**
RADINS	**ANDROS**	**BOXERS**	**MÖBIUS**	COSSUS
AFFINS	**ZAGROS**	**NOYERS**	**DECIUS**	BYSSUS
SALINS	**LEGROS**	CAHORS	RADIUS	ABUSUS
ÉCRINS	**NEGROS**	**CAHORS**	MÉDIUS	HIATUS
LÉRINS	REGROS	DEHORS	**ENNIUS**	CACTUS
MORINS	**ZÁKROS**	**DELORS**	**NONIUS**	RICTUS
URSINS	**CARROS**	**GISORS**	**DARIUS**	FŒTUS
SÉNONS	**GARROS**	DÉTORS	**MARIUS**	QUITUS
BROONS	**PERROS**	RETORS	**SIRIUS**	**AVITUS**
RÉPONS	COUROS	**GIVORS**	**LORIUS**	CONTUS
JEVONS	KOUROS	MŒURS	**TATIUS**	RAPTUS
SAXONS	**SKYROS**	ATOURS	**AETIUS**	**VERTUS**
BEZONS	**HYKSOS**	BY-PASS	**FRÉJUS**	PLUTUS
CAJUNS	**NESSOS**	STRASS	VERJUS	**BRUTUS**
CILAOS	**RÍTSOS**	**FLIESS**	**CHÂLUS**	SIXTUS
OVIBOS	**SANTOS**	STRESS	RECLUS	NÆVUS
LESBOS	BASTOS	GNEISS	**RECLUS**	PLEXUS
CAICOS	PUTTOS	SCHUSS	INCLUS	**FLUXUS**
MARCOS	**EÖTVÖS**	OBLATS	**PAULUS**	HOBBYS
ARADOS	RELAPS	À-PLATS	OCULUS	LOBBYS
GALDÓS	BICEPS	**NENETS**	**CAYLUS**	**TÉTHYS**
SURDOS	CYNIPS	**DONETS**	ORÉMUS	TOMMYS
ABYDOS	THRIPS	**ADRETS**	THYMUS	KOUMYS
CHAGOS	BE-BOPS	AGUETS	**URANUS**	GUPPYS
BURGOS	**CHÉOPS**	VINGTS	**MAGNUS**	OPHRYS

FERRYS	**ARARAT**	**PIAGET**	MOLLET	**LEBRET**
LORRYS	CADRAT	GADGET	**MOLLET**	**ALBRET**
MASSYS	CÉDRAT	BUDGET	**NOLLET**	SACRET
METSYS	INGRAT	**PINGET**	**HAMLET**	DÉCRET
GRABAT	ÉMIRAT	GORGET	**CHOLET**	**SECRET**
SABBAT	QUIRAT	ROUGET	PIOLET	**CHÉRET**
COMBAT	ODORAT	CACHET	VIOLET	GUÉRET
WOMBAT	**DUPRAT**	SACHET	DRÔLET	**GUÉRET**
BOUBAT	**FERRAT**	**BECHET**	**CAPLET**	MAGRET
LAÏCAT	VERRAT	DÉCHET	REPLET	REGRET
AVOCAT	**DAURAT**	FICHET	APPLET	**MAIRET**
FORÇAT	**SEURAT**	**FICHET**	VARLET	**LOIRET**
LURÇAT	RESSAT	NICHET	OURLET	**NOIRET**
MUSCAT	PISSAT	PICHET	SEULET	**POIRET**
CAÏDAT	DIKTAT	**RICHET**	BOULET	APPRÊT
SOLDAT	**VALTAT**	COCHET	GOULET	JARRET
MANDAT	COMTAT	**COCHET**	NOULET	FERRET
ORGEAT	**COMTAT**	HOCHET	POULET	**FERRET**
ARAFAT	**SETTAT**	ROCHET	**POULET**	**PERRET**
CALFAT	**CUTTAT**	**ROCHET**	STYLET	SAURET
MORGAT	AOÛTAT	ARCHET	**GUIMET**	**THURET**
NOUGAT	BROYAT	**SUCHET**	**HIKMET**	**MOURET**
RACHAT	**TROYAT**	**DUGHET**	SOMMET	TOURET
BICHAT	**CROZAT**	**SYLHET**	**CARMET**	LIVRET
BRÉHAT	**GERZAT**	**JAPHET**	CERMET	**UNDSET**
ALCIAT	IMPACT	**DOUHET**	VERMET	OFFSET
MÉDIAT	INTACT	JOLIET	**FLUMET**	GRISET
EFFIAT	AFFECT	**JOLIET**	PLUMET	**LIPSET**
RAPIAT	INFECT	PUTIET	**GRANET**	VERSET
VIRIAT	ABJECT	SOVIET	**ADENET**	CORSET
GOUJAT	SÉLECT	TRAJET	CHENET	**DORSET**
TEYJAT	ASPECT	PROJET	**TRENET**	BASSET
PIALAT	DIRECT	SURJET	MAGNET	**GOSSET**
PRÉLAT	STRICT	RACKET	**MIGNET**	**CUSSET**
VIOLAT	**BRANDT**	**BECKET**	SIGNET	**MUSSET**
ISOLAT	**ARENDT**	TICKET	**QUINET**	JET-SET
MÉPLAT	**STAUDT**	ROCKET	BONNET	**PICTET**
REPLAT	BARBET	**ROCKET**	**BONNET**	PONTET
SARLAT	CARBET	SOCKET	**MONNET**	PROTÊT
BURLAT	SORBET	BASKET	SONNET	**LARTET**
IMAMAT	**LOUBET**	**PHUKET**	**BARNET**	FUSTET
GRAMAT	PLACET	CHALET	CARNET	**SAUTET**
CLIMAT	EXOCET	**POBLET**	**VERNET**	BLEUET
PRIMAT	ÉXOCET	REFLET	CORNET	DAGUET
BALMAT	**DARCET**	RÉGLET	JAUNET	BOGUET
FERMAT	PERCET	ANGLET	JEUNET	**HUGUET**
FORMAT	TERCET	**ANGLET**	BRUNET	MUGUET
BAS-MÂT	DOUCET	ONGLET	**PEYNET**	MENUET
KHANAT	**GUADET**	BALLET	**VOYNET**	**THOUET**
GRENAT	**BORDET**	VALLET	CLAPET	**CLOUET**
MAGNAT	NORDET	PELLET	**PRIPET**	**AROUET**
COGNAT	BAUDET	BILLET	CLOPET	BROUET
AULNAT	**DAUDET**	MILLET	ISOPET	**DROUET**
GANNAT	PRÉFET	**MILLET**	YSOPET	BAQUET
BONNAT	**RAFFET**	SILLET	**COPPET**	CAQUET
DORPAT	BUFFET	COLLET	TOUPET	PAQUET
BHARAT	**BUFFET**	FOLLET	**TIARET**	TAQUET

6

ACQUÊT	**BENOÎT**	RODANT	HUMANT	PESANT
BÉQUET	ADROIT	RÔDANT	CANANT	BISANT
PÉQUET	NOROÎT	CRÉANT	FANANT	DISANT
BIQUET	ÉTROIT	GRÉANT	MANANT	GISANT
PIQUET	SUROÎT	PIFANT	PANANT	LISANT
PIQUET	PITPIT	ENFANT	GÊNANT	MISANT
RIQUET	**UGARIT**	INFANT	MENANT	VISANT
COQUET	LABRIT	LOFANT	**MENANT**	DOSANT
HOQUET	DÉCRIT	ÉCHANT	VENANT	POSANT
LOQUET	RÉCRIT	**NOHANT**	TENANT	ROSANT
POQUET	ESPRIT	SCIANT	BINANT	BUSANT
ROQUET	PRURIT	CHIANT	**DINANT**	FUSANT
SOQUET	TILSIT	SKIANT	DÎNANT	JUSANT
DÉSUET	**TILSIT**	PLIANT	MINANT	MUSANT
BLAVET	**FOOTIT**	ÉPIANT	VINANT	RUSANT
CHEVET	INSTIT	CRIANT	PONANT	LYSANT
BREVET	Post-IT	**DRIANT**	ZONANT	BÂTANT
OLIVET	RECUIT	**FRIANT**	ORNANT	DATANT
OLIVET	INCUIT	PRIANT	**DUNANT**	GÂTANT
VELVET	ADDUIT	TRIANT	CAPANT	HÂTANT
SERVET	DÉDUIT	BALANT	LAPANT	MATANT
VERVET	RÉDUIT	CALANT	RÂPANT	MÂTANT
BOUVET	SÉDUIT	GALANT	SAPANT	RATANT
BOUVET	ENDUIT	HALANT	TAPANT	TÂTANT
JOUVET	INDUIT	HÂLANT	BIPANT	ACTANT
LOUVET	**DUGUIT**	RÂLANT	PIPANT	OCTANT
RAIZET	MINUIT	SALANT	RIPANT	FÊTANT
CROZET	ACQUIT	TALANT	TIPANT	JETANT
KRAFFT	**ECEVIT**	**TALANT**	DOPANT	PÉTANT
BRECHT	**KIKWIT**	VALANT	TOPANT	TÉTANT
BRIGHT	**SEECKT**	BÊLANT	DUPANT	VÊTANT
WRIGHT	COBALT	CELANT	RUPANT	CITANT
DÉFAIT	**ANHALT**	FÊLANT	TYPANT	GÎTANT
MÉFAIT	**BRAULT**	GELANT	GARANT	LITANT
REFAIT	INDULT	HÉLANT	PARANT	MITANT
ACABIT	**RAOULT**	MÊLANT	TARANT	ENTANT
GAMBIT	**AGOULT**	PELANT	OCRANT	COTANT
INÉDIT	GOBANT	VÊLANT	AÉRANT	DOTANT
CRÉDIT	LOBANT	BILANT	GÉRANT	NOTANT
PRÉDIT	ROBANT	FILANT	AIRANT	ROTANT
BANDIT	CUBANT	PILANT	CIRANT	VOTANT
PANDIT	TUBANT	SILANT	MIRANT	OPTANT
LENDIT	LAÇANT	ALLANT	TIRANT	AUTANT
NON-DIT	PACANT	VOLANT	VIRANT	BUTANT
SUSDIT	VACANT	CULANT	DORANT	JUTANT
MAUDIT	SÉCANT	CAMANT	FORANT	LUTANT
ÉRUDIT	SUÇANT	DAMANT	ERRANT	MUTANT
KOWEÏT	**DADANT**	LAMANT	CURANT	ÉLUANT
CONFIT	RADANT	PÂMANT	DURANT	FLUANT
PROFIT	CÉDANT	RAMANT	JURANT	GLUANT
CHÂLIT	PÉDANT	SEMANT	MURANT	HOUANT
CARLIT	AIDANT	AIMANT	BASANT	JOUANT
GRANIT	RIDANT	LIMANT	CASANT	LOUANT
CHENIT	VIDANT	MIMANT	JASANT	NOUANT
ACONIT	CODANT	RIMANT	RASANT	ROUANT
BENOIT	GODANT	ARMANT	BESANT	TOUANT
BENOÎT	IODANT	FUMANT	LÉSANT	VOUANT

BRUANT	DÛMENT	RABIOT	**YVETOT**	DÉPORT
BRUANT	JUMENT	FAFIOT	TANTÔT	**DEPORT**
BAVANT	NÛMENT	RAFIOT	**CORTOT**	**LE PORT**
CAVANT	ARPENT	FOLIOT	PLUTÔT	REPORT
GAVANT	PARENT	**DORIOT**	**DROUOT**	EMPORT
HAVANT	**PARENT**	**GORIOT**	CAQUOT	APPORT
LAVANT	**HERENT**	LORIOT	PRÉVÔT	**DU PORT**
PAVANT	ABSENT	PETIOT	**GUIZOT**	**ERFURT**
SAVANT	LATENT	BARJOT	SCRIPT	YAOURT
TAVANT	PATENT	**RAJKOT**	EXEMPT	SUD-EST
DEVANT	FLUENT	CÂBLOT	PROMPT	DIGEST
LEVANT	AUVENT	MOBLOT	ABRUPT	**GENEST**
LEVANT	PLAINT	HUBLOT	**HOBART**	**FOREST**
RÊVANT	CRAINT	OCELOT	ENCART	**KLEIST**
RIVANT	ÉTEINT	GRELOT	**HOCART**	CHRIST
VIVANT	**BALINT**	BALLOT	**BIDART**	**CHRIST**
LOVANT	FORINT	**CALLOT**	**BOGART**	**RIEMST**
NOVANT	SPRINT	GALLOT	**BÉJART**	**NERNST**
BUVANT	**EGMONT**	**GALLOT**	**ECKART**	EX POST
CUVANT	**GIMONT**	**VALLOT**	MALART	**HEARST**
FAXANT	**DOMONT**	BELLOT	**RENART**	PROUST
TAXANT	**ERMONT**	BILLOT	**SÉNART**	**OLCOTT**
VEXANT	**CUMONT**	**GILLOT**	DÉPART	**ESCAUT**
FIXANT	**DU MONT**	ROLLOT	REPART	DÉFAUT
MIXANT	**DUMONT**	MERLOT	POP ART	LÀ-HAUT
BOXANT	**LE PONT**	PERLOT	**STUART**	**MAHAUT**
LUXANT	**DUPONT**	BOULOT	**FAVART**	REHAUT
BAYANT	**GRAUNT**	GOULOT	JAVART	TAÏAUT
PAYANT	DÉFUNT	POULOT	SAVART	BLIAUT
RAYANT	CHABOT	SOÛLOT	**SAVART**	**ARNAUT**
SEYANT	**CHABOT**	BRÛLOT	**MOZART**	HÉRAUT
NOYANT	CLABOT	MARMOT	**FABERT**	ASSAUT
VOYANT	CRABOT	PECNOT	**HÉBERT**	TAYAUT
BRYANT	**TALBOT**	**CUÉNOT**	**EGBERT**	TRIBUT
FUYANT	**MARBOT**	PAGNOT	**ALBERT**	RAFFUT
GAZANT	TURBOT	VIGNOT	**AMBERT**	CATGUT
ACCENT	CHICOT	**CUGNOT**	ROBERT	CHAHUT
DÉCENT	FRICOT	**BONNOT**	**ROBERT**	CHALUT
RÉCENT	TRICOT	**CARNOT**	**AUBERT**	AZIMUT
REDENT	**FARCOT**	JEUNOT	**HUBERT**	**HANNUT**
ARDENT	SURCOT	**BRUNOT**	OFFERT	DEBOUT
RÉGENT	**LESCOT**	FLIPOT	**ECKERT**	EMBOUT
RÉGENT	BOSCOT	TRIPOT	**MAMERT**	**DUBOUT**
NOGENT	BOUCOT	**POL POT**	**RIPERT**	BAGOUT
ARGENT	CRADOT	SAMPOT	APPERT	RAGOÛT
URGENT	BARDOT	SUPPÔT	**APPERT**	DÉGOÛT
CLIENT	**BARDOT**	**LOUPOT**	**RUPERT**	**KOHOUT**
ORIENT	**BAUDOT**	**DUCROT**	EXPERT	RAJOUT
ORIENT	CAGEOT	CHÉROT	DÉSERT	VA-TOUT
TALENT	PAGEOT	FIÉROT	DISERT	**DAVOUT**
RELENT	ALIGOT	FRÉROT	INSERT	MAZOUT
DOLENT	LINGOT	**POIROT**	**DUTERT**	**BÉZOUT**
CÉMENT	**MARGOT**	BARROT	PIVERT	**AUZOUT**
DÉMENT	**TURGOT**	**BARROT**	OUVERT	**RAJPUT**
CIMENT	BACHOT	GARROT	T-SHIRT	COMPUT
PIMENT	CACHOT	**PARROT**	ACCORT	OUTPUT
MOMENT	**HOHHOT**	**PERROT**	EFFORT	**MEERUT**

BIERUT	LITEAU	CHEVEU	**ÉRIDOU**	TOUTOU
BAYRUT	COTEAU	GRIFFU	NANDOU	YOUYOU
STATUT	POTEAU	TOUFFU	HINDOU	**ITAIPÚ**
KARBAU	CAVEAU	KUNG-FU	**SARDOU**	REPARU
SURBAU	NIVEAU	BAKUFU	OURDOU	APPARU
BOUCAU	**FIZEAU**	**HULAGU**	VAUDOU	MEMBRU
MOLDAU	**ALLGÄU**	AMBIGU	COUDOU	**LANDRU**
LANDAU	**AARGAU**	TELUGU	DOUDOU	**SEMERU**
LANDAU	**TORGAU**	COPAHU	KOUDOU	**MASERU**
LINDAU	BURGAU	CROCHU	**CORFOU**	CONGRU
LEBEAU	**DACHAU**	**TROCHU**	GORFOU	JABIRU
ARCEAU	RAFIAU	**HONSHU**	FOUFOU	BOURRU
PUCEAU	ATRIAU	**SESSHU**	**TOU FOU**	VENTRU
CADEAU	**MILLAU**	**KYUSHU**	GRIGOU	**NAKURU**
RADEAU	CARNAU	**RENQIU**	GUIGOU	**IEYASU**
BEDEAU	**MURNAU**	**ESPRIU**	CACHOU	DE VISU
RIDEAU	**BEZNAU**	**FRANJU**	**FUZHOU**	**BOUSSU**
TUFEAU	**LA CRAU**	**CHINJU**	**HUZHOU**	MOUSSU
DALEAU	**LE GRAU**	**CHONJU**	**LUZHOU**	**KOETSU**
HAMEAU	SARRAU	GAGAKU	**QUZHOU**	DÉVÊTU
RAMEAU	**NASSAU**	SODOKU	**SUZHOU**	REVÊTU
RAMEAU	**PASSAU**	**EITOKU**	**WUZHOU**	IN SITU
GÉMEAU	**DESSAU**	**MASUKU**	**XUZHOU**	**PLANTU**
ORMEAU	**BISSAU**	**CEFALU**	BINIOU	POINTU
JUMEAU	**GOSSAU**	**PAGALU**	ACAJOU	**POINTU**
MENEAU	TUSSAU	**MAKALU**	JOUJOU	ABATTU
AGNEAU	RESTAU	REVALU	**HAIKOU**	ÉBATTU
PINEAU	**LITTAU**	**TUVALU**	**HANKOU**	**MOBUTU**
ANNEAU	ALOYAU	CONCLU	**BORKOU**	DÉJÀ-VU
AUNEAU	**BENGBU**	FARFELU	**MACLOU**	**BUKAVU**
JUNEAU	**THIMBU**	MAMELU	MARLOU	POURVU
PIPEAU	FOURBU	MAFFLU	LOULOU	**HONGWU**
COPEAU	**IGUAÇU**	ABSOLU	ZOULOU	**RYUKYU**
COPEAU	REVÉCU	RÉSOLU	**ZOULOU**	CHO OYU
APPEAU	VAINCU	DÉVOLU	**BORNOU**	KIKUYU
MOREAU	APERÇU	RÉVOLU	**DAUNOU**	**NUMAZU**
YPRÉAU	**ENESCU**	COMPLU	NOUNOU	**KONIEV**
BUREAU	ULLUCU	ÉMOULU	QUIPOU	**DRUMEV**
BUREAU	DÉCIDU	**KISUMU**	**SPIROU**	**LAPTEV**
PUREAU	RÉSIDU	INGÉNU	**MARROU**	**NÉGUEV**
SUREAU	ASSIDU	OBTENU	VERROU	**UME ÄLV**
NASEAU	ÉPANDU	DÉTENU	**ROTROU**	**TAMBOV**
RÉSEAU	ÉTENDU	RETENU	GOUROU	**MARKOV**
BISEAU	**MBUNDU**	ADVENU	**KOUROU**	**LESKOV**
CISEAU	ÉPERDU	DEVENU	**BAYROU**	**JOUKOV**
OISEAU	**BORDEU**	REVENU	GRISOU	**JIVKOV**
ROSEAU	VACIEU	**VISHNU**	**GIRSOU**	**ZIVKOV**
ROSEAU	TUDIEU	CHARNU	**CASSOU**	**PAVLOV**
ERSEAU	MILIEU	**CHAUNU**	**KOSSOU**	**KRYLOV**
ASSEAU	**MILIEU**	**AKTAOU**	CHATOU	**ADAMOV**
FUSEAU	**JURIEU**	BAMBOU	**CHATOU**	**ASIMOV**
MUSEAU	ESSIEU	BOUBOU	**POITOU**	**JDANOV**
BATEAU	SCHLEU	**TOUBOU**	BANTOU	**IVANOV**
GÂTEAU	NEUNEU	TORCOU	**BANTOU**	LEONOV
RATEAU	**DEBREU**	**MOSCOU**	**BAOTOU**	**KARPOV**
RÂTEAU	HÉBREU	COUCOU	**VERTOU**	TAIROV
CÉTEAU	**HÉBREU**	AMADOU	PISTOU	**KOVROV**
			FOUTOU	**BRASOV**
		AMADOU	POUTOU	**PRESOV**

BASSOV	MODAUX	OCIEUX	**ARROUX**	**MICKEY**
VERTOV	NODAUX	ADIEUX	**LEZOUX**	HOCKEY
ROSTOV	SCEAUX	ODIEUX	**BOMBYX**	JOCKEY
OUTLAW	**SCEAUX**	ÉPIEUX	COCCYX	**BODLEY**
SANDOW	IDÉAUX	ENJEUX	**CAMBAY**	**DUDLEY**
KRAKÓW	FLÉAUX	GALEUX	**BOMBAY**	SMILEY
PANKOW	ILÉAUX	BILEUX	**D'ORBAY**	**HALLEY**
BELLOW	**PLEAUX**	PILEUX	**TORBAY**	**BELLEY**
BARLOW	PRÉAUX	ALLEUX	**NANÇAY**	COLLEY
HARLOW	VAGAUX	FAMEUX	**OGODAY**	VOLLEY
TARNÓW	LÉGAUX	RAMEUX	**CORDAY**	**HARLEY**
BARROW	JUGAUX	FUMEUX	**MARGAY**	**MARLEY**
SWATOW	GLIAUX	VINEUX	**SACLAY**	**MORLEY**
ROSTOW	AXIAUX	**ESNEUX**	**BELLAY**	**WESLEY**
SYPHAX	BANAUX	RÂPEUX	**TANLAY**	**SISLEY**
SPALAX	CANAUX	SÉREUX	**FINLAY**	**COWLEY**
CLIMAX	FANAUX	VÉREUX	**LE PLAY**	**HUXLEY**
THORAX	PÉNAUX	CIREUX	**HARLAY**	**CAYLEY**
STORAX	RÉNAUX	VIREUX	**MESLAY**	**NIAMEY**
STYRAX	VÉNAUX	POREUX	**BOULAY**	**ABOMEY**
VINDEX	FINAUX	**ÉVREUX**	**CHIMAY**	**HEANEY**
REFLEX	ANNAUX	VASEUX	**FRENAY**	**SIDNEY**
SCOLEX	ZONAUX	OISEUX	**STENAY**	**RODNEY**
DUPLEX	PAPAUX	OSSEUX	**ÉPINAY**	**SYDNEY**
TEX MEX	FÉRAUX	GÂTEUX	**VOLNAY**	**CRENEY**
THÔNEX	VIRAUX	PÂTEUX	**VOLNAY**	VOLNEY
WESSEX	CORAUX	PÉTEUX	**AULNAY**	**ROMNEY**
SUSSEX	MORAUX	MITEUX	**TONNAY**	**STONEY**
VERTEX	DURAUX	PITEUX	**BERNAY**	**SARNEY**
CORTEX	MURAUX	JUTEUX	**CERNAY**	**FERNEY**
VORTEX	RURAUX	BOUEUX	**MORNAY**	**HORNEY**
CASTEX	SURAUX	NOUEUX	**LAUNAY**	**BURNEY**
LASTEX	BASAUX	AQUEUX	**PILPAY**	**DISNEY**
RENAIX	NASAUX	BAVEUX	**MAN RAY**	**FLOREY**
DESAIX	OCTAUX	NEVEUX	**TERRAY**	**LARREY**
PRÉFIX	LÉTAUX	**BAYEUX**	**MURRAY**	**SURREY**
WEENIX	MÉTAUX	CAYEUX	**CIVRAY**	**GEVREY**
PHÉNIX	VITAUX	**CAYEUX**	**RAMSAY**	**O'CASEY**
PHÉNIX	DOTAUX	JOYEUX	**LASSAY**	**PEISEY**
MARNIX	TOTAUX	MOYEUX	**DESSAY**	**WOLSEY**
MI-VOIX	GLUAUX	SOYEUX	**PLOUAY**	**RAMSEY**
LE BRIX	GRUAUX	GAZEUX	**SOLVAY**	**JERSEY**
MERCKX	**TAVAUX**	REFLUX	**MIDWAY**	**JERSEY**
SPHINX	**DEVAUX**	AFFLUX	**GALWAY**	**MERSEY**
SYRINX	**CIVAUX**	INFLUX	**BOWLBY**	**MASSEY**
SYRINX	NIVAUX	**POLLUX**	**GRANBY**	**FOSSEY**
LARYNX	RIVAUX	HIBOUX	**ROSSBY**	**HARVEY**
COW-POX	COXAUX	**DECOUX**	**WHITBY**	**CAVAFY**
MATTOX	BOYAUX	**LEDOUX**	**ANNECY**	GROGGY
VOLVOX	HOYAUX	REDOUX	**DRANCY**	**BLANGY**
DECAUX	JOYAUX	**GRÉOUX**	**QUERCY**	CLICHY
FÉCAUX	LOYAUX	BIJOUX	**POBEDY**	**CAUCHY**
BOCAUX	NOYAUX	**MIJOUX**	BRANDY	**DOUCHY**
FOCAUX	ROYAUX	JALOUX	**ISABEY**	DINGHY
LOCAUX	**SOYAUX**	**LIMOUX**	**GOLBEY**	**MURPHY**
VOCAUX	TUYAUX	GENOUX	**BRÉCEY**	**ZWICKY**
DUCAUX	**CAZAUX**	RIPOUX	**MONCEY**	WHISKY
HADAUX	HIDEUX	**LEROUX**	**LEAKEY**	**JANSKY**
BEDAUX	CAÏEUX		**BLAKEY**	**MINSKY**

KODÁLY	DENJOY	SATORY	CHANZY	CARROZ
BAILLY	ANGLOY	CHERRY	BLANZY	FRIÉSZ
MAILLY	QUEMOY	SHERRY	ABKHAZ	KALISZ
SCILLY	AULNOY	SPERRY	LAPIAZ	MILOSZ
AMILLY	LANNOY	GRATRY	HEDJAZ	STOWSZ
BOILLY	BRUNOY	GRÉTRY	CHIRAZ	ERSATZ
PRILLY	ROB ROY	GUITRY	GATTAZ	SLODTZ
JUILLY	ELLROY	GENTRY	PRAVAZ	KROETZ
ÉCULLY	DE TROY	TERTRY	MÓRICZ	NIMITZ
BRANLY	MAUROY	DAUTRY	AGADEZ	DÖNITZ
CHARLY	FONTOY	AMAURY	VALDEZ	KONITZ
SHIMMY	SNOOPY	FLEURY	BUCHEZ	MORITZ
ALBANY	WOIPPY	HEVESY	ORTHEZ	SOULTZ
BÁRÁNY	CHARPY	CHOISY	EMBIEZ	FRANTZ
CHAGNY	SANARY	JUVISY	BOULEZ	QUANTZ
ÉRAGNY	ROTARY	MOISSY	SUÁREZ	CHINTZ
BLÉGNY	SAVARY	POISSY	THOREZ	QUARTZ
JOIGNY	BOVARY	ROISSY	DEPREZ	WIERTZ
GRIGNY	LANDRY	ROUSSY	MONTEZ	SCHÜTZ
IRIGNY	CAUDRY	ALMATY	TABRIZ	OLMÜTZ
ISIGNY	GAUDRY	BOUNTY	CURTIZ	PERUTZ
POUGNY	HAUDRY	BEATTY	RIVALZ	MAHFUZ
BAKONY	VALÉRY	DURBUY	SCHULZ	QUELUZ
ANTONY	LÉMERY	TANGUY	BRIENZ	HORMUZ
CHARNY	SAVERY	CRÉQUY	LORENZ	SOÏOUZ
CZERNY	THOIRY	HALÉVY	SBRINZ	SOYOUZ
TOURNY	O. HENRY	LONGWY	YOCCOZ	SCHWYZ
CHAUNY	MALORY	DUBAYY	DALLOZ	
COW-BOY	MONORY	VÉLIZY	MERMOZ	

MARKKAA	AMERICA	CORRIDA	FALSAFA	
HIIUMAA	TAPIOCA	UMBANDA	FELLAGA	
BOU CRAA	CARIOCA	BAGANDA	CIÉNAGA	
RUFIYAA	CARIOCA	BUGANDA	NORIEGA	
ALI BABA	LAMBADA	OUGANDA	COSSIGA	
LUALABA	NARBADA	ARLANDA	KANANGA	
UBERABA	FLAGADA	VÉRANDA	KATANGA	
MASTABA	JANGADA	MIRANDA	MARINGÁ	
ORIZABA	FALLADA	ADDENDA	SERINGA	
PARAÍBA	NARMADA	BAMENDA	MORINGA	
KOLAMBA	PIGNADA	FAZENDA	MILONGA	
MARIMBA	MASSADA	CABINDA	MAJUNGA	
COLOMBA	BEZWADA	ROTONDA	VIRUNGA	GANESHA
MACUMBA	HENZADA	SVOBODA	KALOUGA	ONITSHA
LUMUMBA	DELEDDA	FACHODA	BÉLOUGA	PURUSHA
CORDOBA	RHONDDA	BARBUDA	CHIBCHA	INKATHA
CÓRDOBA	VELLÉDA	BERMUDA	PADICHA	AL-DAWHA
OSTRACA	RIGVEDA	BURAYDA	BOUDDHA	USHUAIA
MALACCA	VOLOGDA	ALTHÆA	BOUDDHÂ	PICABIA
RÉBECCA	AL-QAIDA	NYMPHÉA	HALAKHA	QUERCIA
FONSECA	CANDIDA	EL-GOLÉA	PUNAKHA	BRESCIA
ARABICA	EL-BEIDA	LA LÍNEA	KHALKHA	HEREDIA
MOCHICA	HODEÏDA	CHELSEA	BATALHA	OBALDIA
FORMICA	MACHIDA	SWANSEA	COVILHÃ	TARPEIA
LEGNICA	DERRIDA	RAÏATEA	PIRANHA	BOUREÏA

RATAFIA	PAPRIKA	NEURULA	BURKINA	RIVIERA
RACH GIA	GOMULKA	WOJTYLA	JANNINA	EUSKERA
CHÉCHIA	SOYINKA	ALABAMA	BERNINA	CHOLÉRA
BOOTHIA	NAGAOKA	ATACAMA	OCARINA	TEMPERA
AYUTHIA	TAKAOKA	NIIHAMA	IMERINA	CAPRERA
CAHOKIA	MORIOKA	DIORAMA	IBN SINA	CARRERA
LAMBLIA	BAZOOKA	OKAYAMA	KATSINA	HERRERA
CAMÉLIA	FUKUOKA	HOBBEMA	RETSINA	DROSERA
MORELIA	TABARKA	EYADEMA	KARVINÁ	CZIFFRA
AURELIA	MAZURKA	RORAIMA	KOLOMNA	TANAGRA
MONILIA	YAMASKA	IWO JIMA	AL-BANNA	TANAGRA
BONAMIA	CHAPSKA	A MINIMA	HOSANNA	MADEIRA
ARTÉMIA	FALBALA	A MAXIMA	MADONNA	PEREIRA
GOIÂNIA	KARBALA	PROXIMA	COLONNA	PALMIRA
ROMANIA	MANDALA	LA PALMA	CARMONA	LEMPIRA
ZIZANIA	MACHALA	DIGAMMA	ARIZONA	GÓNGORA
XIMENIA	PATIALA	HYGROMA	MADERNA	SOPHORA
MAGHNIA	TRALALA	CHIASMA	CADORNA	ATAKORA
BÉGONIA	CHAPALA	MAHATMA	KELOWNA	BASSORA
MAHONIA	KAMPALA	MAHATMA	DELAGOA	ALOMPRA
ISERNIA	UPPSALA	CURCUMA	BIÊN HOA	SAMARRA
PÉTUNIA	MARSALA	ECTHYMA	MURUROA	JUVARRA
PISTOIA	MARSALA	IKEBANA	BON-PAPA	CAMORRA
SÉQUOIA	RINTALA	APADANA	CATALPA	ONDATRA
OLYMPIA	TARBELA	BANDANA	TCHAMPA	SUMATRA
MALARIA	CANDELA	FERGANA	MAZEPPA	SINATRA
CUMBRIA	MANDELA	KUSHANA	AGRIPPA	KENITRA
LIBERIA	PAR-DELÀ	TUBIANA	AL-TABQA	SOCOTRA
NIGERIA	CELLE-LÀ	INDIANA	BAMBARA	BOROTRA
ALMERÍA	ESTRELA	JULIANA	BARBARA	MATHURA
IMPERIA	OUARGLA	TURKANA	BACCARA	IMAMURA
DEVÉRIA	WULFILA	SULLANA	MASCARA	ACHOURA
ALEGRÍA	DJEMILA	ISOLANA	MASCARA	TRIPURA
SANGRIA	REVOILÀ	CAMPANA	PESCARA	PURPURA
CINGRIA	BADUILA	LAURANA	TOLEARA	SATPURA
MELORIA	CELUI-LÀ	DARSANA	NIAGARA	KATSURA
VITORIA	L'AQUILA	SMETANA	BAGGARA	VENTURA
VITÓRIA	TEQUILA	LANTANA	FOGGARA	MOMBASA
FREESIA	DE FALLA	MENTANA	TANGARA	ALI PASA
FUCHSIA	WHYALLA	FONTANA	TOLIARA	MADRASA
DIVISIA	BALILLA	MONTANA	HONIARA	TARRASA
QUASSIA	MELILLA	TIJUANA	EUSKARA	MANRESA
OPUNTIA	MÉDULLA	NIRVANA	MARMARA	REYNOSA
CHAOUÏA	TOMBOLA	HARYANA	KANNARA	TORTOSA
MORAVIA	STODOLA	MELÆNA	CAPRARA	MICIPSA
BATAVIA	PERGOLA	BIBIENA	SAMSARA	MEDERSA
BATAVIA	FABIOLA	VILLENA	GUEVARA	BOKASSA
NINGXIA	MOVIOLA	MAIRENA	ODAWARA	BALASSA
GORIZIA	SPINOLA	BOLSENA	ALDABRA	TÉBESSA
LIEPAJA	SPÍNOLA	MASSÉNA	COIMBRA	HARISSA
MITIDJA	COPPOLA	MAÏZENA	ÉPHÉDRA	LÁRISSA
KOULDJA	CASSOLA	ORCAGNA	TOUNDRA	AGLOSSA
CHARDJA	DRACULA	KRISHNA	SHKODRA	CANOSSA
LA RIOJA	KORCULA	PIMBINA	BERBERA	HAOUSSA
LÁRNAKA	FURCULA	TACHINA	GERBERA	KAPITSA
RUZICKA	SCAPULA	TIGHINA	BANDERA	ALMA-ATA
NAGAÏKA	NAMPULA	KRAJINA	KUNDERA	TOCCATA

NIIGATA	MUAWIYA	LAENNEC	KREFELD	MACLEOD
KOLKATA	ANTAKYA	LIBEREC	BENFELD	BACOLOD
LA PLATA	CALUKYA	NÉOGREC	LAWFELD	MAZENOD
PRORATA	ANTALYA	LAUTREC	WERGELD	CLÉBARD
WICHITA	ZÁPOLYA	PÈTE-SEC	LÉOPOLD	BOMBARD
FOUJITA	NETANYA	RIANTEC	ARNAULD	LOMBARD
PARTITA	SAKARYA	ALAMBIC	BIG BAND	LOMBARD
RIBALTA	MALATYA	AÉROBIC	DEFFAND	CROBARD
ATLANTA	GUÉRÉZA	JELACIC	BRIGAND	LOUBARD
MARANTA	MATANZA	ASSEDIC	WEYGAND	PLACARD
MAGENTA	COSENZA	PAVELIC	SIMIAND	RACCARD
MAGENTA	POTENZA	OMBILIC	YARKAND	PICCARD
POLENTA	MENDOZA	BASILIC	CHALAND	SMICARD
LA VENTA	SPINOZA	TITANIC	WIELAND	TRICARD
JAKARTA	CUSTOZA	ARSENIC	GOÉLAND	RANCARD
ALBERTA	MARITZA	RIC-À-RIC	ENGLAND	RENCARD
LA PORTA	GODTHÅB	LOMBRIC	OAKLAND	PINÇARD
SAGASTA	PENDJAB	RODÉRIC	GALLAND	CHOCARD
CANASTA	BASARAB	PLASTIC	WELLAND	BROCARD
CÉLESTA	MAGHREB	LOUSTIC	BOLLAND	GISCARD
TURISTA	NEWCOMB	LONGVIC	LOLLAND	FAUCARD
BATISTA	NOTHOMB	MISKOLC	ROLLAND	GODDARD
ROBUSTA	COULOMB	LE BLANC	JYLLAND	FENDARD
AUGUSTA	COULOMB	LEBLANC	VINLAND	PENDARD
ZAVATTA	FAN-CLUB	POULENC	COPLAND	SOUDARD
RICOTTA	LOUDÉAC	MEMLINC	GARLAND	BIGEARD
BATOUTA	LANGEAC	DUTRONC	FERLAND	BLAFARD
MANAGUA	MEILHAC	LANVÉOC	ZETLAND	GIFFARD
ANTIGUA	TOLBIAC	CLINFOC	GOTLAND	BRAGARD
QUECHUA	CANDIAC	RACCROC	GUTLAND	RINGARD
QUECHUA	PIPRIAC	POLYSOC	JÜTLAND	VACHARD
QUICHUA	MAURIAC	LECLERC	DOWLAND	RICHARD
TONGHUA	MASSIAC	LAMBESC	ROWLAND	RICHARD
XUANHUA	PONTIAC	HABACUC	FLAMAND	MOCHARD
QUINQUA	MUNTJAC	AQUEDUC	FLAMAND	POCHARD
COMBAVA	GAILLAC	OLÉODUC	QUÉMAND	RUCHARD
SUMBAVA	GAILLAC	GAZODUC	HELMAND	PANHARD
SUCEAVA	POTOMAC	MONTLUC	HILMAND	EINHARD
JELGAVA	ESTOMAC	BALARUC	COMMAND	NITHARD
BAKLAVA	LUZENAC	DHANBAD	NORMAND	DEMIARD
PALLAVA	BLAGNAC	BOGHEAD	NORMAND	TABLARD
OSTRAVA	RIBÉRAC	BEOGRAD	DARNAND	ABÉLARD
POLTAVA	SÉVERAC	NOVI SAD	LEGRAND	RIFLARD
YESHIVA	PADIRAC	MECHHED	MONTAND	SZILARD
CRAIOVA	FLOIRAC	TRÉPIED	ROSTAND	BALLARD
MOSKOVA	FRONSAC	MANFRED	WEEK-END	BILLARD
PAVLOVA	MOISSAC	SCOURED	WEST END	PILLARD
SUMBAWA	BRISSAC	ŒRSTED	PLAFOND	VILLARD
OKINAWA	QUISSAC	ŒRSTED	PROFOND	BOLLARD
KASHIWA	NAUSSAC	BARMAID	BAS-FOND	LOLLARD
COUNAXA	ANÁHUAC	EL-OBEÏD	BREMOND	MOLLARD
WILLAYA	KEROUAC	RHODOÏD	RAIMOND	VOLLARD
VINDHYA	BIVOUAC	TABLOÏD	HELMOND	NULLARD
AYODHYA	AMBAZAC	BAYEZID	LHOMOND	TAULARD
VAISHYA	GÉMOZAC	ROMUALD	RAYMOND	FOULARD
BAHRIYA	GROS-BEC	NIDWALD	EKELUND	SOÛLARD
OUGUIYA	RÉGALEC	OSTWALD	ØRESUND	TRIMARD

GUIMARD	MOUTARD	**TURNÈBE**	AMYLACÉ	**POUANCÉ**
POMMARD	ROUTARD	CARAÏBE	GRIMACE	DEVANCÉ
POMMARD	COQUARD	**CARAÏBE**	GRIMACÉ	VOYANCE
PLUMARD	TOQUARD	PROHIBÉ	PUGNACE	**BYZANCE**
GAYMARD	CREVARD	**NOSSI-BÉ**	RETRACÉ	DÉCENCE
THENARD	**HARVARD**	INGAMBE	CRÉTACÉ	RÉCENCE
BAGNARD	MI-JAMBE	MI-JAMBE	PULTACÉ	LICENCE
CAGNARD	**BOUVARD**	ENJAMBÉ	LOQUACE	**VICENCE**
FAGNARD	STEWARD	REGIMBÉ	RAPIÉCÉ	CADENCE
MAGNARD	TRIBORD	INCOMBÉ	CLAMECÉ	CADENCÉ
REGNARD	RACCORD	PALOMBE	**LUCRÈCE**	RÉGENCE
MIGNARD	**CONCORD**	COLOMBE	SPADICE	**RÉGENCE**
MIGNARD	DISCORD	**COLOMBE**	LAODICE	URGENCE
TIGNARD	**BEDFORD**	APLOMBÉ	**LAODICE**	FAÏENCE
MAINARD	**REDFORD**	STROMBE	ÉDIFICE	FAÏENCÉ
PEINARD	**RUMFORD**	RETOMBÉ	ORIFICE	SCIENCE
VEINARD	**BINFORD**	CORYMBE	**TEPLICE**	**TALENCE**
CHINARD	BALOURD	ENGLOBÉ	**DUPLICE**	VALENCE
ÉPINARD	MI-LOURD	ÉPILOBE	**SULPICE**	**VALENCE**
BONNARD	**DUTOURD**	TRILOBÉ	PROPICE	SILENCE
CONNARD	**CHABAUD**	**MACROBE**	HOSPICE	DÉMENCE
LÉONARD	CLABAUD	MICROBE	AUSPICE	SEMENCE
LÉONARD	**THIBAUD**	IMBERBE	AVARICE	CARENCE
BARNARD	**RIMBAUD**	ENGERBÉ	CAPRICE	**TÉRENCE**
BERNARD	**LARBAUD**	ENHERBÉ	**MORRICE**	ABSENCE
CORNARD	**ROUBAUD**	SUPERBE	MATRICE	ESSENCE
HESNARD	**REYBAUD**	**VITERBE**	MATRICÉ	LATENCE
MAYNARD	BOUCAUD	ADVERBE	PATRICE	POTENCE
BÉZOARD	**BUGEAUD**	THÉORBE	**PATRICE**	POTENCÉ
SHEPARD	TRIGAUD	ABSORBÉ	ACTRICE	**MAXENCE**
GUÉPARD	**PERGAUD**	ADSORBÉ	MOTRICE	**FAYENCE**
LÉOPARD	RÉCHAUD	RÉSORBÉ	AUTRICE	**MAYENCE**
GASPARD	**MILHAUD**	SUCCUBE	TUTRICE	DÉFONCE
POUPARD	**ARTHAUD**	RADOUBÉ	**MAURICE**	DÉFONCÉ
OUVRARD	**AILLAUD**	CAROUBE	STATICE	ENFONCE
THÉSARD	SOÛLAUD	MARRUBE	FACTICE	ENGONCÉ
VOISARD	GRIMAUD	INOCYBE	JUSTICE	SEMONCE
GRISARD	**GRIMAUD**	HERBACÉ	SERVICE	SEMONCÉ
GUISARD	**FRÉNAUD**	**BOCCACE**	**GLIWICE**	DÉNONCE
PUISARD	QUINAUD	GALÉACE	VACANCE	RENONCE
PONSARD	**RAYNAUD**	PRÉFACE	CRÉANCE	RENONCÉ
RONSARD	**REYNAUD**	PRÉFACÉ	ENFANCE	ANNONCE
CASSARD	CRAPAUD	SURFACE	**BALANCE**	ANNONCÉ
COSSARD	NOIRAUD	SURFACÉ	BALANCÉ	PRÉCOCE
DOSSARD	**GOURAUD**	TOPHACÉ	RELANCE	**LAGARCE**
ROSSARD	**IBN SAUD**	ALLIACÉ	RELANCÉ	REPERCÉ
HUSSARD	COSTAUD	FOLIACÉ	ROMANCE	**LA FORCE**
HOUSARD	RUSTAUD	CORIACE	ROMANCÉ	DÉFORCE
BALTARD	**GIELGUD**	DÉGLACÉ	**NUMANCE**	EFFORCÉ
VANTARD	**MALAMUD**	ENGLACÉ	FINANCE	DIVORCE
LÉOTARD	**EEKHOUD**	FALLACE	FINANCÉ	DIVORCÉ
LIOTARD	MOULOUD	**WALLACE**	GARANCE	IMMISCÉ
LYOTARD	**NIMROUD**	VIOLACÉ	GÉRANCE	PRÉPUCE
CASTARD	**HARI RUD**	**LAPLACE**	ERRANCE	BIOPUCE
MASTARD	SYLLABE	DÉPLACÉ	**DURANCE**	PRÉPUCE
PISTARD	**BARNABÉ**	REPLACÉ	AISANCE	**VESPUCE**
COSTARD	**ENTEBBE**	BIPLACE	PITANCE	TRIBADE

GAMBADÉ	**DIOMÈDE**	PICRIDE	SECONDÉ	MULARDE
BARBADE	**LA BRÈDE**	**LOCRIDE**	**JOCONDE**	CAMARDE
SACCADE	POSSÉDÉ	IBÉRIDE	REFONDÉ	CANARDÉ
SACCADÉ	DANAÏDE	PIÉRIDE	INFONDÉ	PANARDE
MONCADE	MORBIDE	**FLORIDE**	**MAKONDE**	BÉNARDE
CASCADE	TURBIDE	TORRIDE	IMMONDE	RENARDE
MUSCADE	BIACIDE	PUTRIDE	**ORMONDE**	CONARDE
LEUCADE	DIACIDE	**TAURIDE**	OSMONDE	ZONARDE
FOUCADE	PLACIDE	SUBSIDE	GIRONDE	HASARDÉ
ALIDADE	OXACIDE	PRÉSIDE	**GIRONDE**	NASARDE
RONDADE	DÉICIDE	PRÉSIDÉ	ROTONDE	VASARDE
ENNÉADE	SUICIDE	CAPSIDE	**SABUNDE**	MUSARDE
BRIGADE	SUICIDÉ	ANATIDÉ	**YAOUNDÉ**	MUSARDÉ
POCHADE	**PHOCIDE**	PROTIDE	INFÉODÉ	BÂTARDE
PLÉIADE	BIOCIDE	OVOTIDE	CATHODE	FÊTARDE
PLÉIADE	ÉLUCIDÉ	PEPTIDE	MÉTHODE	RETARDÉ
PÉLIADE	GLUCIDE	BASTIDE	**MÉTHODE**	MOTARDE
PARIADE	TRUCIDÉ	**BASTIDE**	PÉRIODE	ATTARDÉ
MYRIADE	CANDIDE	SITTIDÉ	**HÉSIODE**	OUTARDE
THYIADE	**CANDIDE**	LIQUIDE	COMMODE	COUARDE
RIFLADE	SORDIDE	LIQUIDÉ	**COMMODE**	BAVARDE
BALLADE	TURDIDÉ	GRAVIDE	TRIPODE	BAVARDÉ
HELLADE	NÉRÉIDE	RENVIDÉ	UROPODE	FUYARDE
AILLADE	PERFIDE	CERVIDÉ	ISOPODE	BAZARDÉ
PHOLADE	**BRIGIDE**	CORVIDÉ	REBRODÉ	LÉZARDE
ROULADE	FRIGIDE	**SCHILDE**	CORRODÉ	LÉZARDÉ
CHAMADE	PONGIDÉ	DÉBANDÉ	ÉPISODE	DÉMERDÉ
BRIMADE	TURGIDE	BIBANDE	RAPSODE	EMMERDE
POMMADE	RAPHIDE	FRIANDE	PLATODE	EMMERDÉ
POMMADÉ	OXALIDE	**LA LANDE**	CESTODE	SAPERDE
GRENADE	**EUCLIDE**	LALANDE	CUSTODE	SABORDÉ
GRENADE	NUCLIDE	**ZÉLANDE**	VOÏVODE	DÉBORDÉ
GRENADÉ	RALLIDÉ	**IRLANDE**	**KABARDE**	REBORDÉ
PIGNADE	ÉPULIDE	**ISLANDE**	DÉBARDÉ	ACCORDÉ
TORNADE	AGAMIDÉ	DEMANDE	JOBARDE	DÉCORDÉ
CHARADE	DIAMIDE	DEMANDÉ	JOBARDÉ	RECORDÉ
ANDRADE	ARAMIDE	LIMANDE	TUBARDE	ENCORDÉ
DÉGRADÉ	CNÉMIDE	ROMANDE	CACARDÉ	ABSURDE
FOIRADE	OZONIDE	**ROMANDE**	PICARDE	RIBAUDE
FERRADE	CUBOÏDE	**MIRANDE**	**PICARDE**	BADAUDE
TÉTRADE	GANOÏDE	JURANDE	BOCARDÉ	NIGAUDE
ESTRADE	CONOÏDE	TRUANDE	COCARDE	ÉCHAUDÉ
EXTRADÉ	HYPOÏDE	TRUANDÉ	TOCARDE	**PELAUDE**
DAURADE	HÉROÏDE	LAVANDE	CAFARDE	PENAUDE
TORSADE	VIROÏDE	LÉGENDE	CAFARDÉ	RENAUDÉ
TORSADÉ	ÉLAPIDÉ	LÉGENDÉ	HAGARDE	FINAUDE
CASSADE	TRÉPIDÉ	**ALLENDE**	**LA GARDE**	MINAUDÉ
PASSADE	LIMPIDE	RAMENDÉ	MÉGARDE	FARAUDE
PINTADE	TORPIDE	**OSTENDE**	REGARDÉ	MARAUDE
BOUTADE	TURPIDE	SCHINDÉ	**ALGARDE**	MARAUDÉ
TOQUADE	VESPIDÉ	**LALINDE**	**BOGARDE**	TARAUDÉ
BRAVADE	HISPIDE	DÉBONDÉ	ÉCHARDE	MIRAUDE
COUVADE	STUPIDE	**SEBONDE**	BRIARDE	PATAUDE
SUCCÉDÉ	SPARIDÉ	FACONDE	**BRIARDE**	RAVAUDÉ
PRÉCÉDÉ	DÉBRIDÉ	FÉCONDE	CRIARDE	PRÉLUDE
CONCÉDÉ	HYBRIDE	FÉCONDÉ	POLARDE	PRÉLUDÉ
PROCÉDÉ	HYBRIDÉ	SECONDE	TÔLARDE	**DIXMUDE**

PLANUDE	COINCÉE	INCRÉÉE	ÉMARGÉE	CONFIÉE
ACCOUDÉ	ÉVINCÉE	RAGRÉÉE	ÉMERGÉE	PLAGIÉE
BRIOUDE	PIONCÉE	DÉGRÉÉE	ÉGORGÉE	BANGIÉE
BATOUDE	ÉNONCÉE	REGRÉÉE	ADJUGÉE	OUBLIÉE
EXTRUDÉ	FRONCÉE	PARAFÉE	DÉJUGÉE	PUBLIÉE
CISTUDE	TIERCÉE	AGRAFÉE	MÉJUGÉE	PALLIÉE
BIOXYDE	EXERCÉE	BRIEFÉE	REJUGÉE	RALLIÉE
DIOXYDE	ÉCORCÉE	STAFFÉE	ÉGRUGÉE	SPOLIÉE
ÉPOXYDE	AMORCÉE	FIEFFÉE	ÉCACHÉE	DÉPLIÉE
IMBIBÉE	SOURCÉE	GREFFÉE	CRACHÉE	REPLIÉE
INHIBÉE	EXAUCÉE	SNIFFÉE	TRACHÉE	CADMIÉE
EXHIBÉE	CADUCÉE	COIFFÉE	FLÉCHÉE	ANÉMIÉE
FLAMBÉE	RESUCÉE	BRIFFÉE	ÉMÉCHÉE	HERNIÉE
PLOMBÉE	CHIADÉE	GRIFFÉE	PRÊCHÉE	AVARIÉE
TOYNBEE	BALADÉE	SUIFFÉE	CLICHÉE	DÉCRIÉE
ENGOBÉE	**BARADÉE**	ÉTOFFÉE	BANCHÉE	RÉCRIÉE
BILOBÉE	**THADDÉE**	BLUFFÉE	HANCHÉE	JUSSIÉE
DÉROBÉE	ABCÉDÉE	BOUFFÉE	PENCHÉE	CHÂTIÉE
ENROBÉE	RECÉDÉE	TRUFFÉE	JONCHÉE	INITIÉE
ÉBARBÉE	EXCÉDÉE	TARIFÉE	LYNCHÉE	CONVIÉE
COURBÉE	OBSÉDÉE	ATTIFÉE	PIOCHÉE	RAZZIÉE
FRISBEE	PLAIDÉE	AULOFÉE	AMOCHÉE	STOCKÉE
INCUBÉE	DÉCIDÉE	**SAAS FEE**	BROCHÉE	DÉCALÉE
ADOUBÉE	AFFIDÉE	PACAGÉE	CROCHÉE	RECALÉE
ENTUBÉE	VALIDÉE	ENCAGÉE	TROCHÉE	AFFALÉE
INTUBÉE	LAPIDÉE	DÉGAGÉE	PERCHÉE	RÉGALÉE
LILYBÉE	DÉRIDÉE	ENGAGÉE	TORCHÉE	DÉHALÉE
FABACÉE	**POTIDÉE**	RAMAGÉE	FAUCHÉE	INHALÉE
SÉBACÉE	DÉVIDÉE	MANAGÉE	RAUCHÉE	EXHALÉE
MICACÉE	**CHALDÉE**	MÉNAGÉE	PLUCHÉE	EMPALÉE
OLÉACÉE	SCANDÉE	ENRAGÉE	BOUCHÉE	RESALÉE
EFFACÉE	VIANDÉE	RAVAGÉE	COUCHÉE	CAVALÉE
OPIACÉE	GLANDÉE	ALLÉGÉE	DOUCHÉE	RAVALÉE
DÉLACÉE	AGENDÉE	ARPÉGÉE	MOUCHÉE	DÉVALÉE
ENLACÉE	AMENDÉE	ABRÉGÉE	TOUCHÉE	CHABLÉE
ULMACÉE	SCINDÉE	AGRÉGÉE	NYMPHÉE	ÉTABLÉE
PANACÉE	BLINDÉE	RÉDIGÉE	TROPHÉE	CRIBLÉE
MENACÉE	GUINDÉE	OBLIGÉE	**MORPHÉE**	D'EMBLÉE
PINACÉE	ÉMONDÉE	VOLIGÉE	GRYPHÉE	COMBLÉE
ESPACÉE	INONDÉE	PÉRIGÉE	FLASHÉE	MEUBLÉE
MORACÉE	FRONDÉE	DIRIGÉE	SMASHÉE	DOUBLÉE
ROSACÉE	GRONDÉE	MITIGÉE	CRASHÉE	SARCLÉE
MUSACÉE	EXONDÉE	CHANGÉE	STIBIÉE	CERCLÉE
SÉTACÉE	DÉCODÉE	FRANGÉE	ÉMACIÉE	MUSCLÉE
VITACÉE	ENCODÉE	GRANGÉE	GRACIÉE	ÉNUCLÉÉ
ROTACÉE	HÉLODÉE	ORANGÉE	FASCIÉE	BOUCLÉE
RUTACÉE	DÉMODÉE	BRINGÉE	SOUCIÉE	PUDDLÉE
TAXACÉE	**ASMODÉE**	ÉLONGÉE	IRIDIÉE	DÉCELÉE
GYNÉCÉE	DÉSODÉE	PLONGÉE	MENDIÉE	RECELÉE
DÉPECÉE	ABORDÉE	ÉPONGÉE	RHODIÉE	FICELÉE
POLICÉE	HOURDÉE	DÉLOGÉE	AMODIÉE	MODELÉE
FIANCÉE	LOURDÉE	RELOGÉE	ÉTUDIÉE	DÉGELÉE
ÉLANCÉE	FRAUDÉE	LIMOGÉE	ÉDIFIÉE	REGELÉE
NUANCÉE	DÉNUDÉE	HYPOGÉE	DÉIFIÉE	DÉMÊLÉE
AVANCÉE	NUCLÉÉE	ABROGÉE	RÉIFIÉE	EMMÊLÉE
AGENCÉE	RECRÉÉE	ARROGÉE	UNIFIÉE	JUMELÉE
ÉMINCÉE	RÉCRÉÉE	CHARGÉE	SOLFIÉE	AGNELÉE

ANNELÉE	CROLLÉE	RÉDIMÉE	BOBINÉE	ÉQUIPÉE
CAPELÉE	**BOULLÉE**	RANIMÉE	UNCINÉE	SCALPÉE
APPELÉE	BRANLÉE	**MÉRIMÉE**	RADINÉE	INALPÉE
BURELÉE	RACOLÉE	PÉRIMÉE	FREINÉE	TREMPÉE
CISELÉE	ACCOLÉE	ARRIMÉE	AFFINÉE	GRIMPÉE
FUSELÉE	RÉCOLÉE	INTIMÉE	PAGINÉE	TROMPÉE
MUSELÉE	PICOLÉE	ESTIMÉE	ÉCHINÉE	SALOPÉE
RÂTELÉE	COCOLÉE	FLAMMÉE	PÉKINÉE	ÉCLOPÉE
DÉTELÉE	AFFOLÉE	INNOMMÉE	CÂLINÉE	MÉLOPÉE
CÔTELÉE	ÉTIOLÉE	CHROMÉE	DÉLINÉE	CANOPÉE
POTELÉE	CAJOLÉE	RÉARMÉE	LAMINÉE	CONOPÉE
ATTELÉE	ENJÔLÉE	CHARMÉE	DÉMINÉE	RIPOPÉE
JAVELÉE	IMMOLÉE	ALARMÉE	GÉMINÉE	FRAPPÉE
TAVELÉE	VÉROLÉE	GOURMÉE	DOMINÉE	TRAPPÉE
RÉVÉLÉE	ENRÔLÉE	CHAUMÉE	GOMINÉE	GRIPPÉE
NIVELÉE	DÉSOLÉE	ENFUMÉE	NOMINÉE	DROPPÉE
CUVELÉE	INSOLÉE	INHUMÉE	RUMINÉE	STOPPÉE
ÉRAFLÉE	ASSOLÉE	EXHUMÉE	RAPINÉE	USURPÉE
TRÉFLÉE	ENTÔLÉE	ALLUMÉE	POPINÉE	CRISPÉE
SIFFLÉE	ENVOLÉE	RÉSUMÉE	FARINÉE	OCCUPÉE
RENFLÉE	TRIPLÉE	ASSUMÉE	MARINÉE	GROUPÉE
GONFLÉE	SAMPLÉE	BITUMÉE	PÉRINÉE	ÉTOUPÉE
SANGLÉE	SUPPLÉÉ	CABANÉE	SERINÉE	EFFARÉE
CINGLÉE	PEUPLÉE	RUBANÉE	BURINÉE	MÉHARÉE
ZOOGLÉE	COUPLÉE	**LA CANÉE**	SURINÉE	DÉPARÉE
BEUGLÉE	CHAULÉE	EFFANÉE	RÉSINÉE	RÉPARÉE
COCHLÉE	ÉPAULÉE	MAGANÉE	MATINÉE	SÉPARÉE
DÉFILÉE	LOBULÉE	ROMANÉE	MÂTINÉE	EMPARÉE
REFILÉE	TUBULÉE	BASANÉE	PATINÉE	**CÉSARÉE**
AFFILÉE	MACULÉE	SATANÉE	RATINÉE	CAMBRÉE
EFFILÉE	ACCULÉE	CUTANÉE	SATINÉE	MEMBRÉE
ENFILÉE	FÉCULÉE	PAVANÉE	BUTINÉE	TIMBRÉE
GALILÉE	RECULÉE	ATHÉNÉE	LUTINÉE	NOMBRÉE
ÉTOILÉE	ONDULÉE	**ATHÊNÉE**	MUTINÉE	MARBRÉE
DÉPILÉE	MODULÉE	ALIÉNÉE	RAVINÉE	EXÉCRÉE
EMPILÉE	GUEULÉE	HALENÉE	DEVINÉE	PROCRÉÉ
DÉSILÉE	RÉGULÉE	RAMENÉE	ENVINÉE	CENDRÉE
ENSILÉE	LIGULÉE	DÉMENÉE	SCANNÉE	BONDRÉE
MUTILÉE	ONGULÉE	EMMENÉE	ABONNÉE	POUDRÉE
AQUILÉE	JUGULÉE	HYMÉNÉE	ADONNÉE	LIBÉRÉE
OCELLÉE	SIMULÉE	CARÉNÉE	ÂNONNÉE	LACÉRÉE
SCELLÉE	CUMULÉE	ÉGRENÉE	ÉTONNÉE	MACÉRÉE
MIELLÉE	CANULÉE	ENRÊNÉE	RAMONÉE	ULCÉRÉE
NIELLÉE	ANNULÉE	ASSÉNÉE	ERRONÉE	FÉDÉRÉE
BAILLÉE	SAOULÉE	BAIGNÉE	DYSPNÉE	SIDÉRÉE
CAILLÉE	ABOULÉE	SAIGNÉE	ÉCORNÉE	MODÉRÉE
FAILLÉE	ÉBOULÉE	PEIGNÉE	ÉBURNÉE	DÉFÉRÉE
MAILLÉE	ÉCOULÉE	ALIGNÉE	FOURNÉE	RÉFÉRÉE
PAILLÉE	AFFAMÉE	CLIGNÉE	JOURNÉE	INFÉRÉE
RAILLÉE	ENGAMÉE	POIGNÉE	TOURNÉE	DIGÉRÉE
TAILLÉE	DÉRAMÉE	SOIGNÉE	MORT-NÉE	INGÉRÉE
TEILLÉE	RÉTAMÉE	GUIGNÉE	FALUNÉE	COGÉRÉE
VEILLÉE	ENTAMÉE	LORGNÉE	DÉCAPÉE	ÉTHÉRÉE
ROILLÉE	ÉCRÉMÉE	CHAÎNÉE	PRIAPÉE	ACIÉRÉE
GRILLÉE	RYTHMÉE	DRAINÉE	RETAPÉE	TOLÉRÉE
VRILLÉE	DÉCIMÉE	TRAÎNÉE	RECEPÉE	PANÉRÉE
OUILLÉE	REDIMÉE	DÉBINÉE	ÉTRIPÉE	GÉNÉRÉE

VÉNÉRÉE	MONTRÉE	NANISÉE	CREUSÉE	DÉPITÉE
REPÉRÉE	CASTRÉE	TANISÉE	REFUSÉE	ABRITÉE
ESPÉRÉE	**DESTRÉE**	VANISÉE	INFUSÉE	HÉRITÉE
LISERÉE	BISTRÉE	SINISÉE	ÉCLUSÉE	MÉRITÉE
INSÉRÉE	LUSTRÉE	IONISÉE	BLOUSÉE	IRRITÉE
ALTÉRÉE	LETTRÉE	CROISÉE	ÉPOUSÉE	VISITÉE
RÉVÉRÉE	VAUTRÉE	ÉGRISÉE	CÉRUSÉE	BRUITÉE
COFFRÉE	FEUTRÉE	ARRISÉE	DÉBÂTÉE	FRUITÉE
GAUFRÉE	RÉCURÉE	**TITISEE**	**HÉCATÉE**	TRUITÉE
SOUFRÉE	ENDURÉE	COTISÉE	**GALATÉE**	INVITÉE
ÉMIGRÉE	INDURÉE	ATTISÉE	ÉCLATÉE	EXALTÉE
CONGRÉÉ	IODURÉE	ÉPUISÉE	RELATÉE	CHANTÉE
HONGRÉE	PLEURÉE	RAVISÉE	DILATÉE	PLANTÉE
MAUGRÉÉ	APEURÉE	DEVISÉE	DÉMÂTÉE	CRANTÉE
BLAIRÉE	ÉPEURÉE	RÉVISÉE	EMPÂTÉE	ÉDENTÉE
FLAIRÉE	FIGURÉE	DIVISÉE	APPÂTÉE	ÉVENTÉE
ADMIRÉE	AUGURÉE	**WANNSEE**	DÉRATÉE	FEINTÉE
LE PIRÉE	ABJURÉE	DÉPOSÉE	PIRATÉE	TEINTÉE
ASPIRÉE	ADJURÉE	REPOSÉE	BORATÉE	POINTÉE
EXPIRÉE	DÉLURÉE	IMPOSÉE	RETÂTÉE	ÉHONTÉE
DÉSIRÉE	ALLURÉE	APPOSÉE	BRACTÉE	SHUNTÉE
DÉSIRÉE	EMMURÉE	OPPOSÉE	TRACTÉE	RABOTÉE
RETIRÉE	CHOURÉE	EXPOSÉE	ÉJECTÉE	SABOTÉE
ATTIRÉE	AJOURÉE	ARROSÉE	ÉDICTÉE	ACCOTÉE
DÉVIRÉE	DÉPURÉE	COURSÉE	ÉRUCTÉE	BÉCOTÉE
ARBORÉE	MESURÉE	CHASSÉE	HÉBÉTÉE	PICOTÉE
DÉCORÉE	ASSURÉE	CLASSÉE	EMBÊTÉE	SUÇOTÉE
PICORÉE	PÂTURÉE	AMASSÉE	AFFÉTÉE	RADOTÉE
DÉDORÉE	RATURÉE	BRASSÉE	ACHETÉE	FAGOTÉE
REDORÉE	SATURÉE	BLESSÉE	DÉJETÉE	DÉGOTÉE
MAJORÉE	OBTURÉE	DRESSÉE	REJETÉE	GIGOTÉE
CHLORÉE	BITURÉE	PRESSÉE	CALETÉE	LIGOTÉE
COLORÉE	SUTURÉE	TRESSÉE	GALETÉE	ERGOTÉE
ÉPLORÉE	ENIVRÉE	BAISSÉE	FILETÉE	CAHOTÉE
TIMORÉE	POIVRÉE	LAISSÉE	MOLETÉE	MIJOTÉE
IGNORÉE	CUIVRÉE	CLISSÉE	RÉPÉTÉE	PELOTÉE
MINORÉE	EMPYRÉE	GLISSÉE	ÉCRÊTÉE	PILOTÉE
HONORÉE	RECASÉE	PLISSÉE	ARRÊTÉE	DÉNOTÉE
ESSORÉE	ABRASÉE	POISSÉE	CURETÉE	ANNOTÉE
FLUORÉE	ÉBRASÉE	ÉPISSÉE	ENTÊTÉE	SHOOTÉE
DÉVORÉE	ÉCRASÉE	TRISSÉE	RIVETÉE	CAPOTÉE
DIAPRÉE	PHRASÉE	ÉCOSSÉE	DUVETÉE	TAPOTÉE
AMARRÉE	ENVASÉE	ADOSSÉE	DOIGTÉE	DÉPOTÉE
PIERRÉE	EMPESÉE	BROSSÉE	TRAITÉE	EMPOTÉE
BEURRÉE	BIAISÉE	DROSSÉE	HABITÉE	SIROTÉE
LEURRÉE	ALAISÉE	FAUSSÉE	DÉBITÉE	REVOTÉE
BOURRÉE	APAISÉE	GAUSSÉE	RÉCITÉE	ADAPTÉE
FOURRÉE	BRAISÉE	HAUSSÉE	LICITÉE	COMPTÉE
CHÂTRÉE	FRAISÉE	HOUSSÉE	INCITÉE	DOMPTÉE
PLÂTRÉE	INCISÉE	POUSSÉE	EXCITÉE	ADOPTÉE
GUÊTRÉE	EXCISÉE	ODYSSÉE	MÉDITÉE	COOPTÉE
FILTRÉE	BALISÉE	**ODYSSÉE**	AUDITÉE	CRYPTÉE
CENTRÉE	ENLISÉE	POUTSÉE	DIGITÉE	ÉCARTÉE
RENTRÉE	**COLISÉE**	ACCUSÉE	COGITÉE	QUARTÉE
VENTRÉE	NOLISÉE	RÉCUSÉE	DÉLITÉE	ALERTÉE
CINTRÉE	TAMISÉE	EXCUSÉE	LIMITÉE	INERTÉE
CONTRÉE	REMISÉE	MÉDUSÉE	GUNITÉE	AVORTÉE

HEURTÉE	NARGUÉE	ÉDUQUÉE	ESSUYÉE	CARDAGE
PRESTÉE	TARGUÉE	ÉNUQUÉE	DÉGAZÉE	FARDAGE
APOSTÉE	**ADYGUÉE**	SOUQUÉE	**EGHEZÉE**	CORDAGE
AJUSTÉE	ÉVALUÉE	TRUQUÉE	BRONZÉE	TORDAGE
TRUSTÉE	DÉGLUÉE	STUQUÉE	**COETZEE**	SAUDAGE
TRUSTÉE	ENGLUÉE	BOSSUÉE	NESCAFÉ	SOUDAGE
ABATTÉE	POLLUÉE	ASEXUÉE	DÉGRAFÉ	PARÉAGE
CHATTÉE	ÉVOLUÉE	DÉCAVÉE	**SANTA FE**	BIFFAGE
FLATTÉE	COMMUÉE	EXCAVÉE	**O'KEEFFE**	ÉLAGAGE
GRATTÉE	SECOUÉE	DÉLAVÉE	**SENEFFE**	DRAGAGE
FRETTÉE	ROCOUÉE	RELAVÉE	REBIFFÉ	LANGAGE
GUETTÉE	BAFOUÉE	DÉPAVÉE	AGRIFFÉ	TANGAGE
FRITTÉE	ENGOUÉE	REPAVÉE	PÉTOFFE	RENGAGÉ
QUITTÉE	ÉCHOUÉE	ACHEVÉE	CHAUFFE	ZINGAGE
FLOTTÉE	DÉJOUÉE	RELEVÉE	CHAUFFÉ	LARGAGE
ÉMOTTÉE	REJOUÉE	ENLEVÉE	ÉTOUFFÉ	BÂCHAGE
CROTTÉE	ENJOUÉE	DÉRIVÉE	KHALIFE	GÂCHAGE
FROTTÉE	RELOUÉE	ARRIVÉE	ANATIFE	HACHAGE
TROTTÉE	ALLOUÉE	ACTIVÉE	PONTIFE	LÂCHAGE
DÉBUTÉE	DÉNOUÉE	MOTIVÉE	BAROUFE	BÊCHAGE
REBUTÉE	RENOUÉE	ESTIVÉE	TARTUFE	LÉCHAGE
PIEUTÉE	ÉBROUÉE	RAVIVÉE	**TARTUFE**	MÉCHAGE
ZIEUTÉE	ÉCROUÉE	RÉNOVÉE	**BABBAGE**	SÉCHAGE
BLEUTÉE	ENROUÉE	**MÉROVÉE**	JAMBAGE	FICHAGE
AMEUTÉE	TATOUÉE	ÉNERVÉE	BOMBAGE	ROCHAGE
ZYEUTÉE	DÉVOUÉE	DÉCUVÉE	GERBAGE	RELIAGE
RÉFUTÉE	CLAQUÉE	ENCUVÉE	HERBAGE	ALLIAGE
AFFÛTÉE	PLAQUÉE	PROUVÉE	HERBAGÉ	COPIAGE
ENFÛTÉE	BRAQUÉE	TROUVÉE	**BURBAGE**	MARIAGE
TALUTÉE	CRAQUÉE	MALAXÉE	GLAÇAGE	PARIAGE
MINUTÉE	TRAQUÉE	RELAXÉE	PLACAGE	PACKAGE
ABOUTÉE	PACQUÉE	DÉSAXÉE	TRAÇAGE	LINKAGE
ÉBOUTÉE	SACQUÉE	DÉTAXÉE	SACCAGE	ÉTALAGE
ÉCOUTÉE	BECQUÉE	INDEXÉE	SACCAGÉ	ÉTALAGÉ
AJOUTÉE	CHIQUÉE	TÉLEXÉE	FLICAGE	CÂBLAGE
CLOUTÉE	FLIQUÉE	ANNEXÉE	LANÇAGE	SABLAGE
FLOUTÉE	APIQUÉE	AFFIXÉE	PINÇAGE	BÂCLAGE
BROUTÉE	BRIQUÉE	BÉGAYÉE	RINÇAGE	RACLAGE
DÉPUTÉE	FRIQUÉE	BALAYÉE	ZINCAGE	RÉGLAGE
RÉPUTÉE	CALQUÉE	DÉLAYÉE	FONÇAGE	TOILAGE
AMPUTÉE	TALQUÉE	RELAYÉE	PONÇAGE	VOILAGE
IMPUTÉE	MANQUÉE	REPAYÉE	BLOCAGE	HUILAGE
SCRUTÉE	CHOQUÉE	IMPAYÉE	FLOCAGE	DALLAGE
BIZUTÉE	BLOQUÉE	DÉRAYÉE	PARCAGE	TALLAGE
JOUXTÉE	CLOQUÉE	ENRAYÉE	PERÇAGE	BILLAGE
ÉCOBUÉE	FLOQUÉE	ESSAYÉE	FORÇAGE	FILLAGE
ÉVACUÉE	CROQUÉE	ONDOYÉE	LIT-CAGE	MILLAGE
GRADUÉE	TROQUÉE	RUDOYÉE	TRUCAGE	PILLAGE
BLAGUÉE	ÉVOQUÉE	ÉPLOYÉE	STUCAGE	SILLAGE
ÉLAGUÉE	MARQUÉE	DÉNOYÉE	GUIDAGE	TILLAGE
DRAGUÉE	PARQUÉE	ENNOYÉE	ÉVIDAGE	VILLAGE
BRIGUÉE	CASQUÉE	CÔTOYÉE	BANDAGE	COLLAGE
GANGUÉE	MASQUÉE	TUTOYÉE	**SANDAGE**	ÉCOLAGE
ZINGUÉE	RISQUÉE	DÉVOYÉE	FENDAGE	PARLAGE
DROGUÉE	MOSQUÉE	ENVOYÉE	PENDAGE	**BERLAGE**
CARGUÉE	BUSQUÉE	ENNUYÉE	SONDAGE	GAULAGE
LARGUÉE	MUSQUÉE	APPUYÉE	BARDAGE	MEULAGE

COULAGE	OMBRAGE	CONTAGE	ENNEIGÉ	DIVERGÉ
FOULAGE	OMBRAGÉ	MONTAGE	AFFLIGÉ	DÉGORGÉ
MOULAGE	ANCRAGE	PONTAGE	INFLIGÉ	REGORGÉ
ROULAGE	ENCRAGE	ÎLOTAGE	NÉGLIGÉ	ENGORGÉ
SOULAGÉ	SUCRAGE	CAPTAGE	ZELLIGE	**PANURGE**
BRÛLAGE	CADRAGE	FARTAGE	COLLIGÉ	EXPURGÉ
TRAMAGE	PAIRAGE	PARTAGE	CORRIGÉ	INSURGÉ
ÉTAMAGE	MOIRAGE	PARTAGÉ	VOLTIGE	DÉJAUGÉ
ÉCIMAGE	ÉTIRAGE	PORTAGE	VOLTIGÉ	PATAUGÉ
GRIMAGE	BARRAGE	LESTAGE	VERTIGE	GRABUGE
FILMAGE	FERRAGE	TESTAGE	VESTIGE	APIFUGE
GEMMAGE	SERRAGE	LISTAGE	FUSTIGÉ	PRÉJUGÉ
DOMMAGE	MÉTRAGE	PISTAGE	**DU CANGE**	CAROUGE
GOMMAGE	TITRAGE	POSTAGE	VIDANGE	**CAROUGE**
HOMMAGE	VITRAGE	BATTAGE	VIDANGÉ	RABÂCHÉ
NOMMAGE	OUTRAGE	LATTAGE	ÉCHANGE	DÉBÂCHÉ
CHÔMAGE	OUTRAGÉ	NATTAGE	ÉCHANGÉ	MACACHE
FROMAGE	SAURAGE	COTTAGE	**TIHANGE**	**BIDACHE**
FERMAGE	COURAGE	BUTTAGE	MÉLANGE	**LAGACHE**
FORMAGE	AZURAGE	SAUTAGE	MÉLANGÉ	RELÂCHE
ÉCUMAGE	SEVRAGE	AJUTAGE	DÉMANGÉ	RELÂCHÉ
PLUMAGE	GIVRAGE	BLUTAGE	REMANGÉ	FOLACHE
GLANAGE	OUVRAGE	ROUTAGE	GONANGE	REMÂCHÉ
PLANAGE	OUVRAGÉ	COCUAGE	**MARANGE**	GANACHE
APANAGE	BRASAGE	BAGUAGE	DÉRANGÉ	PANACHE
AMÉNAGÉ	ALÉSAGE	REMUAGE	ARRANGÉ	PANACHÉ
GRENAGE	GRÉSAGE	ENNUAGE	ÉTRANGE	ARRACHÉ
GAGNAGE	PRÉSAGE	CLOUAGE	MÉSANGE	ENSACHÉ
LIGNAGE	PRÉSAGÉ	**BROUAGE**	LOSANGE	PATACHE
ROGNAGE	BOISAGE	LAQUAGE	LOSANGÉ	DÉTACHÉ
GAINAGE	FRISAGE	TAQUAGE	**PÉTANGE**	ENTACHÉ
LAINAGE	PUISAGE	PIQUAGE	LOUANGE	POTACHE
CHINAGE	PANSAGE	ÉLEVAGE	LOUANGÉ	ATTACHE
USINAGE	CAPSAGE	CLIVAGE	**HAYANGE**	ATTACHÉ
CANNAGE	HERSAGE	AVIVAGE	**AUDENGE**	GOUACHE
TANNAGE	CORSAGE	SERVAGE	SPHINGE	GOUACHÉ
VANNAGE	NURSAGE	SAUVAGE	MÉNINGE	HOUACHE
PENNAGE	CASSAGE	**SAUVAGE**	MÉNINGÉ	CABÈCHE
TONNAGE	MASSAGE	VEUVAGE	ALLONGE	BOBÈCHE
ACONAGE	PASSAGE	ÉTUVAGE	ALLONGÉ	**BOBÈCHE**
CLONAGE	MESSAGE	DRAYAGE	LARYNGÉ	**ARDÈCHE**
CARNAGE	LISSAGE	ÉTAYAGE	MAL-LOGÉ	CALÈCHE
MARNAGE	TISSAGE	BROYAGE	HORLOGE	ALLÉCHÉ
BORNAGE	VISSAGE	**ASTYAGE**	SUBROGÉ	DÉPÊCHE
CORNAGE	BOSSAGE	**BORZAGE**	PROROGÉ	DÉPÊCHÉ
SURNAGÉ	CAUSAGE	SOLFÈGE	ÉPITOGE	REPÊCHÉ
SAUNAGE	PAYSAGE	ASSIÉGÉ	ENFARGÉ	EMPÊCHÉ
ALUNAGE	ABATAGE	COLLÈGE	**FABERGÉ**	ÉBRÉCHÉ
CRÊPAGE	FACTAGE	CHORÈGE	HÉBERGE	ASSÉCHÉ
GUIPAGE	ÉTÊTAGE	**CORRÈGE**	HÉBERGÉ	REVÊCHE
POMPAGE	FAÎTAGE	PROTÉGÉ	GOBERGE	LIVÈCHE
PROPAGÉ	LAITAGE	CORTÈGE	GOBERGÉ	FRAÎCHE
NAPPAGE	ÉVITAGE	**NORVÈGE**	AUBERGE	**LABICHE**
COUPAGE	MALTAGE	GRÉBÈGE	IMMERGÉ	CIBICHE
LOUPAGE	VOLTAGE	PRODIGE	ASPERGE	GODICHE
SABRAGE	VENTAGE	DÉNEIGÉ	ASPERGÉ	ÉPEICHE
VIBRAGE	VINTAGE	RENEIGÉ	DÉTERGÉ	AFFICHE

AFFICHÉ	ENROCHÉ	AULNAIE	RARÉFIÉ	LOBÉLIE
ENFICHÉ	ARROCHE	CANNAIE	BOUFFIE	APHÉLIE
CALICHE	BASOCHE	MONNAIE	PACIFIÉ	HOMÉLIE
CANICHE	PATOCHE	SURPAIE	NIDIFIÉ	**CARÉLIE**
DÉNICHÉ	PÉTOCHE	CÉDRAIE	CODIFIÉ	PARÉLIE
PÉNICHE	CHERCHÉ	OSERAIE	MODIFIÉ	AURÉLIE
BONICHE	**UZERCHE**	EFFRAIE	SALIFIÉ	**BROGLIE**
LERICHE	ÉCORCHÉ	ORFRAIE	GÉLIFIÉ	CÉCILIE
FÉTICHE	FOURCHE	HÊTRAIE	LAMIFIÉ	LUCILIE
ENTICHÉ	FOURCHÉ	OLIVAIE	RAMIFIÉ	AFFILIÉ
POTICHE	WELSCHE	ÉPHÉBIE	MOMIFIÉ	HUMILIÉ
AGUICHE	HERSCHÉ	**NAMIBIE**	NANIFIÉ	RÉSILIÉ
AGUICHÉ	SCOTCHÉ	**BÉHOBIE**	PANIFIÉ	RAVILIE
BLANCHE	ÉBAUCHE	**ZÉNOBIE**	LÉNIFIÉ	**CAILLIÉ**
BLANCHE	ÉBAUCHÉ	AÉROBIE	VINIFIÉ	FAILLIE
FLANCHÉ	**VEAUCHE**	**DOURBIE**	BONIFIÉ	SAILLIE
PLANCHE	DÉBUCHÉ	FOURBIE	TONIFIÉ	AMOLLIE
PLANCHE	EMBÛCHE	ÉBAUBIE	VÉRIFIÉ	PHYLLIE
PLANCHÉ	DÉJUCHÉ	**VÉSUBIE**	PURIFIÉ	EMBOLIE
AMANCHÉ	FALUCHE	DONACIE	OSSIFIÉ	ANCOLIE
ÉPANCHÉ	PALUCHE	ÉTRÉCIE	GÂTIFIÉ	**PODOLIE**
BRANCHE	PELUCHE	OFFICIÉ	RATIFIÉ	DÉFOLIÉ
BRANCHÉ	PELUCHÉ	**GALICIE**	BÊTIFIÉ	EXFOLIÉ
FRANCHE	**COLUCHE**	**CILICIE**	NOTIFIÉ	ACHOLIE
TRANCHE	ÉPLUCHÉ	AMINCIE	VIVIFIÉ	SCHOLIE
TRANCHÉ	NUNUCHE	NÉGOCIÉ	COCUFIÉ	DÉMOLIE
ÉTANCHE	ABOUCHÉ	ASSOCIÉ	TABAGIE	DÉPOLIE
ÉTANCHÉ	CAPUCHE	EUTOCIE	ASSAGIE	REPOLIE
CLENCHE	**MAPUCHE**	NOIRCIE	GABEGIE	IMPOLIE
COINCHE	NURAGHE	FIDUCIE	EFFIGIE	REMPLIE
GRINCHE	**HUANG HE**	ADOUCIE	OTALGIE	REMPLIÉ
GUINCHÉ	KAZAKHE	**LABADIE**	MYALGIE	SUPPLIÉ
BRONCHE	**KAZAKHE**	**ARCADIE**	**FRANGIÉ**	**NAUPLIE**
BRONCHÉ	PARAPHE	AFFADIE	ÉLARGIE	AVEULIE
TRONCHE	PARAPHÉ	MALADIE	ANERGIE	SIMULIE
BRUNCHÉ	**JOSÈPHE**	IRRADIÉ	ÉNERGIE	ABOULIE
CABOCHE	STROPHE	REMÉDIÉ	**GÉORGIE**	**KABYLIE**
CABOCHE	AMORPHE	COMÉDIE	RÉFUGIÉ	ACHYLIE
SACOCHE	**SISYPHE**	SINE DIE	**PHRYGIE**	INFAMIE
DÉCOCHÉ	AGNATHE	BIPÉDIE	SYZYGIE	BIGAMIE
RICOCHÉ	MARATHE	EXPÉDIÉ	ENVAHIE	OOGAMIE
ENCOCHE	**MARATHE**	CÉCIDIE	AVACHIE	ENDÉMIE
ENCOCHÉ	OOLITHE	ASCIDIE	FLÉCHIE	**NÉHÉMIE**
BIDOCHE	CÉRITHE	**NUMIDIE**	GAUCHIE	ENNEMIE
BRIOCHE	ACANTHE	CONIDIE	GRAPHIE	LIPÉMIE
BRIOCHÉ	**DRENTHE**	BRANDIE	APATHIE	**JÉRÉMIE**
BRIOCHÉ	PLINTHE	GRANDIE	XANTHIE	TOXÉMIE
GALOCHE	**OLYNTHE**	**SCYTHIE**		SODOMIE
TALOCHE	**LA MOTHE**	BLONDIE	ORDALIE	DOLOMIE
TALOCHÉ	**MEURTHE**	MÉLODIE	**ATHALIE**	THERMIE
VALOCHE	**ÉGISTHE**	MONODIE	ASIALIE	ANOSMIE
FILOCHÉ	LÉCYTHE	PARODIE	**EULALIE**	ATHYMIE
CINOCHE	CHLEUHE	PARODIÉ	SOMALIE	**ALBANIE**
EMPOCHÉ	SAULAIE	ÉBAUDIE	**SOMALIE**	**LUCANIE**
BAROCHE	BOULAIE	RÉPUDIÉ	RESALIE	**OCÉANIE**
LA ROCHE	CHÊNAIE	COKÉFIÉ	ÉTABLIE	APLANIE
DÉROCHÉ	FRÊNAIE	TUMÉFIÉ	ANOBLIE	REMANIÉ

VÉSANIE	ACIÉRIE	**POLÉSIE**	DEMI-VIE	MORFALE	
TÉTANIE	SCIERIE	KINÉSIE	LIXIVIÉ	INÉGALE	
LITANIE	SOIERIE	AMNÉSIE	**SÉGOVIE**	INÉGALÉ	
ZIZANIE	CRIERIE	PARÉSIE	**ARGOVIE**	**BENGALE**	
INGÉNIÉ	COKERIE	HÉRÉSIE	SYNOVIE	FRUGALE	7
EUGÉNIE	GALERIE	ATRÉSIE	**MAZOVIE**	**OMPHALE**	
VILENIE	TÔLERIE	**TUNISIE**	INDUVIE	LABIALE	
XIMÉNIE	VOLERIE	CHOISIE	GALAXIE	TIBIALE	
LOMÉNIE	MOMERIE	PHTISIE	APRAXIE	FACIALE	
ARMÉNIE	MÔMERIE	TRANSIE	PYREXIE	RACIALE	
ARSÉNIÉ	FUMERIE	**NICOSIE**	EUTEXIE	ONCIALE	
OLTÉNIE	VÉNERIE	AGNOSIE	**EUDOXIE**	SOCIALE	
DAPHNIE	PIPERIE	APEPSIE	HYPOXIE	RADIALE	
LACINIÉ	DUPERIE	ASEPSIE	**SALAZIE**	MÉDIALE	
DÉFINIE	GÂTERIE	BIOPSIE	**WENDAKE**	FILIALE	
INFINIE	HÉTÉRIE	ZOOPSIE	**QUINCKE**	LILIALE	
FÉMINIE	LITERIE	CHASSIE	**LEBBEKE**	GÉNIALE	
ACTINIE	COTERIE	GROSSIE	**OUZBÈKE**	MONIALE	
BLENNIE	LOTERIE	RÉUSSIE	**PERMEKE**	MARIALE	
ABONNIE	POTERIE	ROUSSIE	**ZERNIKE**	CURIALE	
LACONIE	ASTÉRIE	DÉBÂTIE	**MALINKÉ**	JOVIALE	
APHONIE	ROUERIE	REBÂTIE	**SONINKÉ**	SURJALÉ	
FÉLONIE	LAVERIE	DÉCATIE	KARAOKÉ	HIÉMALE	
COLONIE	RÊVERIE	**GALATIE**	RELOOKÉ	ANIMALE	
SIMONIE	RIZERIE	APLATIE	NETSUKE	PRIMALE	
LAPONIE	MAIGRIE	HÉMATIE	KABBALE	ANOMALE	
ESTONIE	**HONGRIE**	**CROATIE**	TRIBALE	NORMALE	
LIVONIE	PRAIRIE	**HYPATIE**	TIMBALE	SISMALE	
FOURNIE	**PRAIRIE**	FACÉTIE	TOMBALE	SIGNALÉ	
DÉMUNIE	EXCORIÉ	**VÉNÉTIE**	CYMBALE	SPINALE	
IMPUNIE	THÉORIE	POLITIE	GLOBALE	ATONALE	
DÉSUNIE	CALORIE	CANITIE	VERBALE	AZONALE	
BROWNIE	COLORIÉ	IDIOTIE	BUCCALE	VERNALE	
VALDOIE	ARMORIÉ	ALLOTIE	CÆCALE	TRIPALE	
OLYMPIE	CHARRIÉ	INEPTIE	AMICALE	SACRALE	
RECOPIÉ'	NOURRIE	INERTIE	APICALE	CHIRALE	
ECTOPIE	POURRIE	AVERTIE	BANCALE	AMIRALE	
YOUPPIE	FRATRIE	AMORTIE	CANCALE	SPIRALE	
CHARPIE	FLÉTRIE	PLASTIE	**CANCALE**	SPIRALÉ	
CROUPIE	DÉCURIE	**ORESTIE**	AFOCALE	CHORALE	
GROUPIE	INCURIE	NÉOTTIE	PERCALE	FLORALE	
INEXPIÉ	FLEURIE	BLOTTIE	PASCALE	AMORALE	
ANGARIE	**FLEURIE**	ARGUTIE	DISCALE	MITRALE	
ADJARIE	**LIGURIE**	MINUTIE	FISCALE	ASTRALE	
SALARIÉ	INJURIÉ	ABOUTIE	MANDALE	NEURALE	
SAMARIE	PÉNURIE	ABRUTIE	SANDALE	PLURALE	
DÉMARIÉ	**ÉTRURIE**	LANGUIE	VANDALE	CRURALE	
REMARIÉ	DYSURIE	TARGUIE	**VANDALE**	PRÉ-SALÉ	
DÉPARIÉ	**MAZURIE**	ENFOUIE	FÉODALE	DORSALE	
APPARIÉ	**ILLYRIE**	RÉJOUIE	CAUDALE	VASSALE	
TATARIE	**ASSYRIE**	ÉBLOUIE	PALE-ALE	DESSALÉ	
NOTARIÉ	APHASIE	ÉCROUIE	PINÉALE	CAUSALE	
GABERIE	APLASIE	**TURQUIE**	CÉRÉALE	HIATALE	
SIBÉRIE	ASPASIE	**MORAVIE**	BORÉALE	RECTALE	
LACERIE	**EURASIE**	**OCTAVIE**	MUSÉALE	FŒTALE	
ALGÉRIE	EXTASIÉ	OCTAVIÉ	LUTÉALE	APÉTALE	
PAIERIE	**SILÉSIE**	**BOLIVIE**	NIVÉALE	COMTALE	

TANTALE	DRIBBLÉ	BOSSELÉ	**GENTILE**	MARELLE
TANTALE	AUDIBLE	MANTELÉ	GENTILÉ	AIRELLE
DENTALE	PÉNIBLE	PANTELÉ	VENTILÉ	GIRELLE
MENTALE	LISIBLE	DENTELÉ	REPTILE	MORELLE
MONTALE	RISIBLE	MARTELÉ	FERTILE	BURELLE
CROTALE	VISIBLE	SITTÈLE	HOSTILE	SURELLE
SEPTALE	FUSIBLE	BOTTELÉ	NAUTILE	BASELLE
PORTALE	TREMBLE	CAUTÈLE	INUTILE	**GISELLE**
VESTALE	TREMBLÉ	CLAVELÉ	TEXTILE	OISELLE
DISTALE	CRUMBLE	GRIVELÉ	SERVILE	ENSELLÉ
COSTALE	IGNOBLE	**HERZELE**	**CABALLÉ**	**MOSELLE**
POSTALE	AFFUBLÉ	SOUFFLÉ	DÉBALLÉ	CATELLE
BRUTALE	SOLUBLE	SOUFFLE	EMBALLÉ	PATELLE
CHEVALÉ	TROUBLE	RENIFLÉ	**PIGALLE**	ENTELLE
OGIVALE	TROUBLÉ	GIROFLE	TRIALLE	MOTELLE
ACCABLÉ	DÉBÂCLE	ÉPINGLE	**LA SALLE**	ATTELLE
SÉCABLE	DÉBÂCLÉ	ÉPINGLÉ	LASALLE	TUTELLE
VOCABLE	EMBÂCLE	TRINGLE	GABELLE	ÉCUELLE
OPÉABLE	CÉNACLE	TRINGLÉ	LABELLE	DOUELLE
AFFABLE	**CÉNACLE**	AVEUGLE	SABELLE	ROUELLE
SCIABLE	RENÂCLÉ	AVEUGLÉ	TABELLE	CRUELLE
SKIABLE	PINACLE	REMUGLE	BÉBELLE	TRUELLE
PLIABLE	MIRACLE	GRACILE	REBELLE	USUELLE
AMIABLE	MANICLE	URACILE	REBELLÉ	JAVELLE
FRIABLE	SANICLE	PŒCILE	LIBELLE	CIVELLE
VALABLE	ARTICLE	CONCILE	LIBELLÉ	NIVELLE
FILABLE	**ÉTÉOCLE**	TRÉFILÉ	OMBELLE	**NIVELLE**
VOLABLE	**LE LOCLE**	RENFILÉ	OMBELLÉ	VOYELLE
AIMABLE	BINOCLE	PROFILÉ	NACELLE	GAZELLE
FUMABLE	MONOCLE	PARFILÉ	FICELLE	**GEZELLE**
TENABLE	RECYCLÉ	TRÉFILÉ	MICELLE	ÉCAILLE
MINABLE	BICYCLE	RENFILÉ	NUCELLE	ÉCAILLÉ
CAPABLE	NDEBELE	PROFILÉ	PUCELLE	ÉGAILLÉ
GÉRABLE	BARBELÉ	PARFILÉ	**PUCELLE**	PIAILLÉ
ZIRABLE	ISOCÈLE	SURFILÉ	EXCELLÉ	ÉMAILLÉ
CURABLE	HARCELÉ	FAUFILÉ	RIDELLE	BRAILLE
DURABLE	MORCELÉ	FRAGILE	VIDELLE	**BRAILLE**
ENSABLÉ	URODÈLE	**VIRGILE**	**JODELLE**	BRAILLÉ
DOSABLE	**SCHEELE**	ENTOILÉ	JUDELLE	CRAILLÉ
DATABLE	CONGELÉ	DÉVOILÉ	IDÉELLE	DRAILLE
JETABLE	SURGELÉ	REMPILÉ	PAGELLE	ÉRAILLÉ
RETABLE	**SCHIELE**	COMPILÉ	NIGELLE	GRAILLÉ
ENTABLÉ	**DANIELE**	POMPILE	TIGELLE	TRAILLE
COTABLE	NICKELÉ	AMARILE	ÉCHELLE	OUAILLE
NOTABLE	**VILLÈLE**	FÉBRILE	CAMELLE	BABILLÉ
POTABLE	UKULÉLÉ	STÉRILE	GAMELLE	HABILLÉ
ATTABLÉ	POMMELÉ	PUÉRILE	LAMELLE	BACILLE
MUTABLE	GRUMELÉ	NITRILE	LAMELLÉ	VACILLÉ
JOUABLE	CRÈNELÉ	**MARSILE**	MAMELLE	OSCILLÉ
LOUABLE	CRÉNELÉ	SESSILE	FEMELLE	CÉDILLE
ROUABLE	GRENELÉ	FISSILE	GÉMELLE	GODILLE
LAVABLE	CANNELÉ	MISSILE	SEMELLE	GODILLÉ
VIVABLE	CRÊPELÉ	FOSSILE	JUMELLE	ABEILLE
BUVABLE	RAPPELÉ	SUBTILE	CENELLE	VIEILLE
TAXABLE	ENGRÊLÉ	TACTILE	VENELLE	**VIEILLE**
PAYABLE	CARRELÉ	DUCTILE	AGNELLE	OREILLE
DRIBBLE	CORRÉLÉ	CENTILE	GONELLE	TREILLE

OSEILLE	MAXILLE	FIGNOLÉ	CIRCULÉ	NOCTULE
ÉVEILLÉ	VEXILLE	**VIGNOLE**	BASCULE	FISTULE
FIFILLE	**BAZILLE**	SOMNOLÉ	BASCULÉ	**VISTULE**
SIGILLÉ	**VIZILLE**	**WALPOLE**	CRÉDULE	POSTULÉ
ACHILLE	DÉCOLLÉ	DUOPOLE	ACIDULÉ	PUSTULE
DELILLE	RECOLLÉ	COUPOLE	PENDULE	VALVULE
FAMILLE	**NICOLLE**	SCAROLE	PENDULÉ	CONDYLE
RAMILLE	ENCOLLÉ	AZEROLE	ESSEULÉ	**ESCHYLE**
DE MILLE	FOFOLLE	PYRROLE	ÉGUEULÉ	MÉTHYLE
MANILLE	GIROLLE	PÉTROLE	COAGULE	**CARLYLE**
MANILLE	COROLLE	**FIESOLE**	MERGULE	URANYLE
VANILLE	**CAYOLLE**	ANISOLE	VIRGULE	PHÉNYLE
VANILLÉ	**FAYOLLE**	CONSOLE	CELLULE	ALCOYLE
PAPILLE	**TIBULLE**	CONSOLÉ	PULLULÉ	DACTYLE
PUPILLE	**BÉRULLE**	DESSOLÉ	TRÉMULÉ	ACÉTYLE
GORILLE	**CATULLE**	RISSOLE	STIMULÉ	BENZYLE
MORILLE	SIBYLLE	RISSOLÉ	GEMMULE	DIFFAMÉ
ZORILLE	APHYLLE	**MAUSOLE**	FORMULE	MALFAMÉ
ÉTRILLE	ÉBRANLÉ	PACTOLE	FORMULÉ	EXOGAME
ÉTRILLÉ	GUIBOLE	**PACTOLE**	PLUMULE	WARGAME
AVRILLÉ	SYMBOLE	PISTOLE	GRANULE	**BERGAME**
CYRILLE	APICOLE	SYSTOLE	GRANULÉ	**PERGAME**
NASILLÉ	BRICOLE	VACUOLE	VEINULE	ACCLAMÉ
RÉSILLE	BRICOLÉ	FRIVOLE	PINNULE	DÉCLAMÉ
FUSILLÉ	AVICOLE	VENVOLE	MABOULE	RÉCLAME
PÉTILLÉ	MENDOLE	CONVOLÉ	SABOULÉ	RÉCLAMÉ
VÉTILLE	GONDOLE	SURVOLÉ	TABOULÉ	EXCLAMÉ
VÉTILLÉ	GONDOLÉ	STEEPLE	DÉBOULÉ	MACRAMÉ
TITILLÉ	RUBÉOLE	PÉRIPLE	CIBOULE	LACTAME
OUTILLÉ	URCÉOLÉ	EXEMPLE	RIBOULÉ	DICTAME
FEUILLE	PHLÉOLE	SINOPLE	DÉCOULÉ	RENTAMÉ
BOUILLE	**LA RÉOLE**	**WHIPPLE**	**THÉOULE**	DIADÈME
COUILLE	AURÉOLE	DÉCUPLE	DÉFOULÉ	DIXIÈME
DOUILLE	AURÉOLÉ	DÉCUPLÉ	REFOULÉ	SIXIÈME
DOUILLÉ	ROSÉOLE	NONUPLÉ	CAGOULE	ONZIÈME
FOUILLE	NIVÉOLE	OCTUPLE	**CAGOULE**	EMBLÈME
FOUILLÉ	ALVÉOLE	OCTUPLÉ	TAMOULE	**THÉLÈME**
GOUILLE	ALVÉOLÉ	DÉPARLÉ	DÉMOULÉ	**BELLÊME**
HOUILLE	RAFFOLÉ	REPARLÉ	**LE MOULE**	PHONÈME
MOUILLE	MONGOLE	DÉFERLÉ	SEMOULE	PHLOÈME
MOUILLÉ	**MONGOLE**	EMPERLÉ	AMPOULE	TRIRÈME
NOUILLE	BABIOLE	**SEATTLE**	AMPOULÉ	SUPRÊME
POUILLE	RABIOLE	**WHITTLE**	ÉCROULÉ	EXTRÊME
ROUILLE	LUCIOLE	**LA BAULE**	DÉROULÉ	PARSEMÉ
ROUILLÉ	FOLIOLE	**GRIAULE**	ENROULÉ	RESSEMÉ
SOUILLE	SÉPIOLE	GLOBULE	CRAPULE	BAPTÊME
SOUILLÉ	BARIOLÉ	BARBULE	STIPULE	ABSTÈME
TOUILLE	DARIOLE	ÉJACULÉ	STIPULÉ	SYSTÈME
TOUILLÉ	MARIOLE	SACCULE	SERPULE	EMPYÈME
VOUILLÉ	VARIOLE	SPÉCULÉ	REBRÛLÉ	DRACHME
ÉQUILLE	PÉTIOLE	ÉDICULE	IMBRÛLÉ	MAL-AIMÉ
SQUILLE	PÉTIOLÉ	SPICULE	SPORULÉ	ESSAIMÉ
BÂVILLE	OSTIOLE	CALCULÉ	CAPSULE	SUBLIME
DEVILLE	RAVIOLE	FLOCULÉ	CAPSULÉ	SUBLIMÉ
DÉVILLE	INVIOLÉ	INOCULÉ	RUSSULE	RÉANIMÉ
NEVILLE	FORMOLÉ	HERCULE	SPATULE	INANIMÉ
SÉVILLE	BAGNOLE	**HERCULE**	SPATULÉ	UNANIME

ESCRIME	ASPERME	**BAPAUME**	**BERKANE**	SCALÈNE
ESCRIMÉ	AFFIRMÉ	EMPAUMÉ	**BOÉLANE**	PHALÈNE
DÉPRIME	INFIRME	ROYAUME	**ISOLANE**	EUGLÈNE
DÉPRIMÉ	INFIRMÉ	ROYAUMÉ	FORLANE	**ABILENE**
RÉPRIMÉ	DÉFORMÉ	PARFUMÉ	SOULANE	HELLÈNE
IMPRIMÉ	MÉFORME	ENRHUMÉ	**BIRMANE**	**BOLLÈNE**
OPPRIMÉ	RÉFORME	ENCLUME	**BIRMANE**	AZULÈNE
EXPRIMÉ	**RÉFORME**	RALLUMÉ	RHÉNANE	AMYLÈNE
VICTIME	REFORMÉ	DÉPLUMÉ	SAMOANE	**ALCMÈNE**
RAGTIME	RÉFORMÉ	EMPLUMÉ	**SAMOANE**	**CHIMÈNE**
CENTIME	INFORME	BEDOUME	TRÉPANÉ	MALMENÉ
TOUTIME	INFORMÉ	EMBRUMÉ	CAMPANE	REMMENÉ
EMPALMÉ	**DELORME**	SUBSUMÉ	PROPANE	PROMENÉ
ANSELME	ORGASME	PRÉSUMÉ	BUCRANE	SURMENÉ
DILEMME	CHIASME	CONSUMÉ	SAFRANÉ	NOUMÈNE
MAREMME	MARASME	**NATSUME**	**TIGRANE**	**COMNÈNE**
WAREMME	TÉNESME	COSTUME	BUGRANE	PROPÈNE
DÉGOMMÉ	BABISME	COSTUMÉ	MARRANE	TERPÈNE
ENGOMMÉ	CUBISME	COUTUME	**TOURANE**	REFRÉNÉ
ROGOMMÉ	RACISME	NÉODYME	FAISANE	RÉFRÉNÉ
DÉNOMMÉ	SADISME	ANONYME	PERSANE	EFFRÉNÉ
RENOMMÉ	VÉDISME	ÉPONYME	**PERSANE**	ENGRENÉ
INNOMMÉ	LUDISME	**MBABANE**	PLATANE	STYRÈNE
MAROMME	NUDISME	MIRBANE	SULTANE	PANTÈNE
ASSOMMÉ	THÉISME	HAUBANÉ	PENTANE	HAPTÈNE
SARCOME	ARÉISME	CHICANE	**FONTANE**	**SARTÈNE**
BISCÔME	SCHISME	CHICANÉ	HEPTANE	TOLUÈNE
LEUCOME	CHIISME	CANCANÉ	SOUTANE	SLOVÈNE
VENDÔME	HOLISME	TOSCANE	PRYTANE	**SLOVÈNE**
ISODOME	NANISME	**TOSCANE**	**RHÔXANE**	PROXÈNE
SKYDOME	JINISME	BOUCANE	KENYANE	BENZÈNE
OSTÉOME	ÉONISME	BOUCANÉ	**KENYANE**	**AUBAGNE**
ANGIOME	MONISME	**HALDANE**	ALEZANE	COCAGNE
SLALOMÉ	CYNISME	BARDANE	BALZANE	**ASCAGNE**
CŒLOME	MAOÏSME	SARDANE	ÉCHIDNÉ	REGAGNÉ
MYÉLOME	TAOÏSME	CERDANE	**DEHAENE**	**BALAGNE**
DIPLÔME	ÉGOÏSME	**CERDANE**	**SEMBENE**	**LIMAGNE**
DIPLÔMÉ	PAPISME	PAS-D'ÂNE	ÉPICÈNE	**LOMAGNE**
ADÉNOME	LÉPISME	DOS-D'ÂNE	MIOCÈNE	**ROMAGNE**
TRINÔME	MÉRISME	PROFANE	FORCENÉ	HUMAGNE
ÉCONOME	VÉRISME	PROFANÉ	OBSCÈNE	**ESPAGNE**
FIBROME	CHRISME	**REGGANE**	**ÉRIGÈNE**	LASAGNE
POGROME	PURISME	TSIGANE	ORIGÈNE	ESBIGNÉ
ACHROME	LYRISME	**TSIGANE**	NÉOGÈNE	**AUBIGNÉ**
LÉPROME	DATISME	TZIGANE	**DIOGÈNE**	INDIGNE
FANTÔME	GÂTISME	**TZIGANE**	ÉROGÈNE	INDIGNÉ
SÃO TOMÉ	TITISME	LONGANE	OROGÈNE	MALIGNE
SCOTOME	AUTISME	AFGHANE	EXOGÈNE	**DELIGNE**
PROTOMÉ	MUTISME	**AFGHANE**	PYOGÈNE	BÉNIGNE
RHIZOME	TRUISME	MÉTHANE	OXYGÈNE	ÉLOIGNÉ
VACARME	CIVISME	BADIANE	OXYGÉNÉ	DÉSIGNÉ
DÉSARMÉ	LAXISME	MÉDIANE	SAPHÈNE	RÉSIGNÉ
REFERMÉ	REXISME	**POMIANE**	RUTHÈNE	INSIGNE
AFFERMÉ	SEXISME	FENIANE	**RUTHÈNE**	COSIGNÉ
ENFERMÉ	FIXISME	**SUSIANE**	HYGIÈNE	ASSIGNÉ
DÉGERMÉ	NAZISME	**TRAJANE**	**ZYRIÈNE**	**SÉVIGNÉ**
PALERME	EMBAUMÉ	**SPOKANE**	**STEKENE**	CIGOGNE

GIGOGNE	TURBINE	**AVALINE**	**CAMPINE**	PECTINE
VIGOGNE	TURBINÉ	HYALINE	CHOPINE	PECTINÉ
BOLOGNE	VACCINE	DÉCLINE	CLOPINÉ	PIÉTINÉ
COLOGNE	VACCINÉ	DICLINE	INOPINÉ	ÉMÉTINE
POLOGNE	CALCINÉ	ENCLINE	TERPINE	**ARÉTINE**
SOLOGNE	LANCINÉ	INCLINÉ	JASPINÉ	CRÉTINE
LIMOGNE	SARCINE	AVELINE	POUPINE	CHITINE
IVROGNE	HIRCINE	MYÉLINE	TOUPINE	COLTINÉ
BESOGNE	PORCINE	ANILINE	TOUPINÉ	CANTINE
BESOGNÉ	FASCINE	COLLINE	CLARINE	CANTINÉ
ÉPARGNE	FASCINÉ	CHOLINE	AMARINÉ	TANTINE
ÉPARGNÉ	PISCINE	VIOLINE	**OPARINE**	DENTINE
ÉBORGNE	LEUCINE	CARLINE	TSARINE	SENTINE
RÉPUGNÉ	DOUCINE	BERLINE	TZARINE	FONTINE
ARACHNÉ	BRUCINE	**TATLINE**	PÉBRINE	**PONTINE**
ÆSCHNE	GLYCINE	HOT LINE	FIBRINE	TONTINE
URBAINE	GRADINE	INULINE	OMBRINE	TONTINÉ
AUBAINE	SUÉDINE	MOULINÉ	ENCRINE	**KHOTINE**
CUBAINE	DANDINÉ	POULINÉ	SUCRINE	BIOTINE
CUBAINE	ANODINE	DIAMINE	ÉSÉRINE	LEPTINE
RICAINE	JARDINÉ	FLAMINE	UTÉRINE	**SARTINE**
RICAINE	SARDINE	CRAMINE	THORINE	TARTINE
COCAÏNE	BOUDINÉ	ÉTAMINE	CAPRINE	TARTINÉ
BEDAINE	CODÉINE	STAMINÉ	CAPRINÉ	CORTINE
SEDAINE	CAFÉINE	EXAMINÉ	TERRINE	CASTINE
RIFAINE	BALEINE	**LOCMINÉ**	VERRINE	OBSTINÉ
RIFAINE	BALEINÉ	CHEMINÉ	CITRINE	DESTINÉ
DÉGAINE	HALEINE	ÉLIMINÉ	VITRINE	**CUSTINE**
DÉGAINÉ	SEREINE	CULMINÉ	TAURINE	RUSTINE
ENGAINÉ	CASÉINE	FULMINÉ	DOURINE	BOTTINE
ACHAINE	OSSÉINE	ABOMINÉ	**ATURINE**	POUTINE
DÉLAINÉ	DÉVEINE	CARMINÉ	BAESINE	ROUTINE
VILAINE	OLÉFINE	HERMINE	RAISINÉ	**SOUTINE**
VILAINE	RAFFINÉ	TERMINÉ	SAISINE	SEXTINE
SEMAINE	CONFINÉ	VERMINE	VOISINE	**SIXTINE**
DOMAINE	SURFINE	ACUMINÉ	VOISINÉ	RHYTINE
ROMAINE	IMAGINÉ	ALUMINE	CUISINE	BÉGUINE
ROMAINE	ORIGINE	ALUMINÉ	CUISINÉ	BIGUINE
HUMAINE	MARGINÉ	THYMINE	MYOSINE	CHOUINÉ
PAPAÏNE	**CHAHINE**	ALANINE	PEPSINE	TAQUINE
AGRAINÉ	**LACHINE**	GUANINE	BASSINE	TAQUINÉ
ÉGRAINÉ	MACHINE	ADÉNINE	BASSINÉ	COQUINE
UKRAINE	MACHINÉ	LIGNINE	CASSINE	ALEVINÉ
BORAINE	TACHINE	QUININE	**MASSINE**	OLIVINE
BORAINE	**TÉCHINÉ**	LÉONINE	**BESSINE**	NERVINE
FORAINE	**ESCHINE**	THONINE	DESSINÉ	PLUVINÉ
MORAINE	LITHINE	**BOUNINE**	MESSINE	DIOXINE
MISAINE	LITHINÉ	**AMBOINE**	**MESSINE**	FANZINE
MITAINE	**ZADKINE**	**LEMOINE**	**ELTSINE**	BENZINE
BAZAINE	**RANKINE**	HÉROÏNE	COUSINE	**MORZINE**
DIZAINE	BÉTOINE		COUSINÉ	INDEMNE
STIBINE	**LASKINE**	CÉTOINE	PLATINE	AUTOMNE
LAMBINE	SEA-LINE	**ANTOINE**	PLATINÉ	**RABANNE**
LAMBINÉ	OPALINE	PIVOINE	GRATINÉ	**LA PANNE**
COMBINE	PRALINE	ALÉPINE	STATINE	DÉPANNÉ
COMBINÉ	PRALINÉ	ÉPÉPINÉ	OUATINE	EMPANNÉ
GLOBINE	**STALINE**	CRÉPINE	OUATINÉ	**MÉRANNE**

FURANNE	**BRIONNE**	ISOGONE	CITERNE	ATTRAPE
SURANNÉ	**CALONNE**	GORGONE	ALTERNE	ATTRAPÉ
PYRANNE	GALONNÉ	HÉMIONE	ALTERNÉ	DÉCRÊPÉ
ROUANNE	JALONNÉ	CYCLONE	INTERNE	**SERGIPE**
CÉZANNE	TALONNÉ	**BELLONE**	INTERNÉ	**PHILIPE**
SÉZANNE	FÉLONNE	VIOLONÉ	POTERNE	DÉFRIPÉ
SUZANNE	PILONNÉ	ANÉMONE	EXTERNE	DISSIPÉ
ANDENNE	COLONNE	CRÉMONE	CAVERNE	DÉSALPE
ARDENNE	**COLONNE**	**CRÉMONE**	**SAVERNE**	INCULPÉ
SCÉENNE	CANONNÉ	PULMONÉ	TAVERNE	DÉPULPÉ
AGÉENNE	TENONNÉ	HORMONE	HIVERNÉ	DÉCAMPÉ
ÉGÉENNE	CAPONNE	MORMONE	**PAYERNE**	ESTAMPE
AXÉENNE	LAPONNE	SAUMONÉ	LUZERNE	ESTAMPÉ
GÉHENNE	**LAPONNE**	BIGNONE	**OSBORNE**	ESTOMPE
PAÏENNE	TAPONNÉ	QUINONE	SUBORNÉ	ESTOMPÉ
CHIENNE	JUPONNÉ	**VOLPONE**	DÉCORNÉ	SYNCOPE
ÎLIENNE	BARONNE	COMPONÉ	BICORNE	SYNCOPÉ
ARIENNE	**GARONNE**	**HIPPONE**	LICORNE	APOCOPE
BRIENNE	MARONNÉ	NIPPONE	ENCORNÉ	APOCOPÉ
IRIENNE	**PÉRONNE**	**NIPPONE**	TADORNE	**PROCOPE**
ÉTIENNE	CIRONNÉ	MATRONE	BIGORNE	**RHODOPE**
FAMENNE	GIRONNÉ	DÉTRÔNÉ	BIGORNÉ	ARGIOPE
BIPENNE	HURONNE	**PÉTRONE**	LITORNE	ANTIOPE
BIPENNÉ	**HURONNE**	NEURONE	AJOURNÉ	**ANTIOPE**
EMPENNE	LURONNE	PERSONÉ	**SATURNE**	CYCLOPE
EMPENNÉ	**LURONNE**	DISSONÉ	LACAUNE	**FALLOPE**
GARENNE	RÉSONNÉ	LACTONE	**LACAUNE**	VARLOPE
PÉRENNE	TISONNÉ	ACÉTONE	BÉJAUNE	VARLOPÉ
PIRENNE	**ESSONNE**	**SUÉTONE**	**DELAUNE**	STÉNOPE
ÉTRENNE	BÂTONNÉ	SYNTONE	TRIBUNE	ESTROPE
ÉTRENNÉ	MATONNE	ÉCOTONE	CHACUNE	BIOTOPE
TURENNE	TÂTONNÉ	**CROTONE**	RANCUNE	ISOTOPE
ANTENNE	BÉTONNÉ	**CORTONE**	DÉJEUNÉ	ÉCHAPPÉ
COUENNE	DÉTONNÉ	HISTONE	**LE JEUNE**	SCHAPPE
RAVENNE	MITONNÉ	LETTONE	LEJEUNE	**GENAPPE**
CAYENNE	PITONNÉ	**LETTONE**	**BÉTHUNE**	VARAPPE
MAYENNE	ENTONNÉ	**SICYONE**	COMMUNE	VARAPPÉ
DOYENNE	COTONNÉ	AMAZONE	BALOUNE	ÉGRAPPÉ
DOYENNÉ	SAVONNÉ	**AMAZONE**	**NEPTUNE**	**GILEPPE**
FOYENNE	**DIVONNE**	CANZONE	FORTUNE	**VOREPPE**
MOYENNE	**VIVONNE**	INCARNÉ	**FORTUNE**	**MÉNIPPE**
MOYENNÉ	SAXONNE	LUCARNE	FORTUNÉ	AGRIPPÉ
ROYENNE	**SAXONNE**	ACHARNÉ	**LA SEYNE**	**LYSIPPE**
ARYENNE	**AUXONNE**	ÉCHARNÉ	ÉPIGYNE	ACHOPPÉ
GUYENNE	**BAYONNE**	GIBERNE	**LEMOYNE**	ÉCHOPPE
CRAONNE	RAYONNÉ	HIBERNÉ	**GORTYNE**	ESCARPE
BOBONNE	RAYONNÉ	DÉCERNÉ	**KAWAGOE**	ESCARPÉ
FAÇONNÉ	GAZONNÉ	**LUCERNE**	**IVANHOÉ**	**LA HARPE**
MAÇONNE	CARBONE	BADERNE	**DELANOË**	ÉCHARPE
MAÇONNÉ	CARBONÉ	MODERNE	**NOMINOË**	ÉCHARPÉ
DÉCONNÉ	CHACONE	FALERNE	**ARSINOË**	EUTERPE
ARÇONNÉ	TRICÔNE	GALERNE	**ANTINOË**	EXTIRPÉ
BEDONNÉ	ZIRCONE	**SALERNE**	**MC ENROE**	PANORPE
REDONNÉ	SULFONE	CASERNE	RESCAPÉ	HURLUPÉ
BIDONNÉ	SULFONÉ	CASERNÉ	RECHAPÉ	DÉCOUPE
ORDONNÉ	ÉPIGONE	MATERNÉ	SOUPAPE	DÉCOUPÉ
ARGONNE	TRIGONE	PATERNE	SATRAPE	RECOUPE

RECOUPÉ	ESCADRE	PALIÈRE	EXONÉRÉ	DÉFAIRE
LA LOUPE	TRIÈDRE	SALIÈRE	**TAMPERE**	REFAIRE
BRADYPE	PARÈDRE	BÉLIÈRE	TEMPÉRÉ	AFFAIRE
BIOTYPE	**GUELDRE**	FILIÈRE	COMPÈRE	AFFAIRÉ
ISOBARE	**SAULDRE**	MOLIÈRE	RÉOPÉRÉ	ÉPIAIRE
BARBARE	**LÉANDRE**	**MOLIÈRE**	COOPÉRÉ	AVIAIRE
PINDARE	MÉANDRE	TÔLIÈRE	**NYERERE**	MAKAIRE
TYNDARE	**MÉANDRE**	VOLIÈRE	TESSÈRE	MALAIRE
BALÉARE	**FLANDRE**	MÔMIÈRE	BLATÉRÉ	SALAIRE
FANFARE	ÉPANDRE	LUMIÈRE	CRATÈRE	ÉCLAIRE
BULGARE	PRENDRE	**LUMIÈRE**	STATÈRE	ÉCLAIRÉ
BULGARE	ÉTENDRE	LANIÈRE	URETÈRE	VÉLAIRE
ESCHARE	CEINDRE	MANIÈRE	RÉITÉRÉ	FILAIRE
CATHARE	FEINDRE	MANIÉRÉ	CRITÈRE	HILAIRE
CITHARE	GEINDRE	PANIÈRE	HALTÈRE	**HILAIRE**
DÉCLARÉ	PEINDRE	TANIÈRE	DIPTÈRE	PILAIRE
GAMMARE	TEINDRE	LINIÈRE	MASTÈRE	**ALLAIRE**
PRÉPARÉ	JOINDRE	MINIÈRE	ZOSTÈRE	MOLAIRE
UNIPARE	MOINDRE	PINIÈRE	AUSTÈRE	MÔLAIRE
OVIPARE	POINDRE	ZONIÈRE	MYSTÈRE	POLAIRE
COMPARE	CHONDRE	ORNIÈRE	MYSTÈRE	**POLAIRE**
CARRARE	SOURDRE	RAPIÈRE	CAUTÈRE	SOLAIRE
CARRARE	ANHYDRE	PIPIÈRE	NAGUÈRE	**LEMAIRE**
FERRARE	**DEWAERE**	JUPIÈRE	CLAYÈRE	**LE MAIRE**
HECTARE	BERBÈRE	TARIÈRE	FRAYÈRE	PANAIRE
GUITARE	CERBÈRE	CIRIÈRE	ÉCUYÈRE	BINAIRE
TARTARE	**CERBÈRE**	ARRIÈRE	BRUYÈRE	LINAIRE
TARTARE	SINCÈRE	ARRIÉRÉ	GRUYÈRE	VINAIRE
CYAXARE	VISCÈRE	VASIÈRE	**TRUYÈRE**	ULNAIRE
MAGYARE	PONDÉRÉ	LISIÈRE	**DONZÈRE**	**BONAIRE**
MAGYARE	CARDÈRE	VISIÈRE	ZEUZÈRE	LUNAIRE
MACABRE	PRÉFÉRÉ	ROSIÈRE	BALAFRE	REPAIRE
CALABRE	DIFFÉRÉ	MATIÈRE	BALAFRÉ	REPAIRÉ
PALABRE	CONFÉRÉ	RATIÈRE	CHIFFRE	IMPAIRE
PALABRÉ	PROFÉRÉ	TÊTIÈRE	CHIFFRÉ	LARAIRE
DÉLABRÉ	PÉAGÈRE	LITIÈRE	GOUFFRE	AGRAIRE
CINABRE	VIAGÈRE	ALTIÈRE	GOINFRE	HORAIRE
ALGÈBRE	ÉTAGÈRE	ENTIÈRE	GOINFRÉ	**CÉSAIRE**
CÉLÈBRE	EXAGÉRÉ	CÔTIÈRE	**BEAUFRE**	ROSAIRE
CÉLÉBRÉ	SUGGÉRÉ	POTIÈRE	PODAGRE	CATAIRE
FUNÈBRE	LINGÈRE	**BAVIÈRE**	ALLÈGRE	HÉTAÏRE
DÉFIBRÉ	CONGÈRE	CIVIÈRE	**ALLÈGRE**	NOTAIRE
CALIBRE	LONGÈRE	RIVIÈRE	INTÈGRE	**ASTAIRE**
CALIBRÉ	BERGÈRE	**RIVIÈRE**	INTÉGRÉ	DOUAIRE
CHAMBRE	FOUGÈRE	GAZIÈRE	IMMIGRÉ	PRÉDIRE
CHAMBRÉ	GOUGÈRE	RIZIÈRE	DÉNIGRÉ	OUÏ-DIRE
OBOMBRÉ	CACHÈRE	MOUKÈRE	CAMPHRE	AVODIRÉ
SIDOBRE	JACHÈRE	**BÉCLÈRE**	CAMPHRÉ	MAUDIRE
OCTOBRE	VACHÈRE	**BILLÈRE**	LOBAIRE	**PEREIRE**
LUGUBRE	PECHÈRE	PIE-MÈRE	TUBAIRE	SUFFIRE
SALUBRE	ENCHÈRE	CHIMÈRE	**MACAIRE**	CONFIRE
ODOACRE	COCHÈRE	TRIMÈRE	**LE CAIRE**	DÉCHIRÉ
POUACRE	ANTHÈRE	COMMÈRE	PÉCAÏRE	ZÉPHIRE
CHANCRE	**CYTHÈRE**	COMMÉRÉ	FICAIRE	RÉÉLIRE
VAINCRE	**AUBIÈRE**	ISOMÈRE	SICAIRE	**THOMIRE**
RECADRÉ	**RODIÈRE**	ÉNUMÉRÉ	VICAIRE	REBOIRE
ENCADRÉ	THÉIÈRE	PHANÈRE	PODAIRE	CIBOIRE

IMBOIRE	**JESSORE**	ANCÊTRE	PROCURÉ	BROMURE
ENFOIRÉ	TUSSORE	MAL-ÊTRE	GERÇURE	MURMURE
HILOIRE	MENTORÉ	PH-MÈTRE	MERCURE	MURMURÉ
MÉMOIRE	TORTORÉ	VUMÈTRE	**MERCURE**	SAUMURE
ARMOIRE	APIVORE	FENÊTRE	OBSCURE	SAUMURÉ
LE POIRÉ	ÉPAMPRÉ	FENÊTRÉ	ÉVIDURE	CYANURE
ISSOIRE	POURPRE	PÉNÉTRÉ	PERDURÉ	CYANURÉ
NATOIRE	POURPRÉ	NON-ÊTRE	VERDURE	CŒNURE
PÉTOIRE	BEAUPRÉ	DÉPÊTRÉ	BORDURE	GRENURE
NOTOIRE	GABARRE	EMPÊTRÉ	SOUDURE	ROGNURE
VAMPIRE	**LA BARRE**	FICHTRE	GAGEURE	RAINURE
RESPIRÉ	DÉBARRÉ	TRAÎTRE	MAÏEURE	RAINURÉ
INSPIRÉ	EMBARRÉ	ARBITRE	PRIEURE	VEINURE
SOUPIRÉ	BÉCARRE	ARBITRÉ	PRIEURÉ	CHINURE
DÉCRIRE	**LE CARRÉ**	TALITRE	MAJEURE	RUINURE
RÉCRIRE	BICARRÉ	BÉLÎTRE	**SOLEURE**	VANNURE
SOURIRE	ESCARRE	DÉNITRÉ	DEMEURE	LABOURÉ
MESSIRE	BAGARRE	CLOÎTRE	DEMEURÉ	**CIBOURE**
SOUTIRÉ	BAGARRÉ	CLOÎTRÉ	MINEURE	TAMOURÉ
RECUIRE	BIGARRÉ	CROÎTRE	ÉCŒURÉ	DÉTOURÉ
DÉDUIRE	DÉMARRÉ	PUPITRE	TUTEURÉ	ENTOURÉ
RÉDUIRE	SIMARRE	ATTITRÉ	MAYEURE	SAVOURÉ
SÉDUIRE	**JOUARRE**	PHILTRE	BIFFURE	CRÊPURE
ENDUIRE	**NAVARRE**	CHANTRE	SULFURE	GUIPURE
INDUIRE	BIZARRE	DIANTRE	SULFURÉ	SUPPURÉ
CALUIRE	DÉFERRÉ	ÉVENTRÉ	FULGURÉ	JASPURE
RELUIRE	ENFERRÉ	PEINTRE	HACHURE	COUPURE
ESQUIRE	ÉPIERRÉ	**LE NÔTRE**	HACHURÉ	ZÉBRURE
CHAVIRÉ	**DUPERRÉ**	SCEPTRE	MÂCHURE	MADRURE
TRÉVIRE	ENSERRÉ	DIOPTRE	MÂCHURÉ	HYDRURE
TRÉVIRÉ	DÉTERRÉ	CHARTRE	OPHIURE	MOIRURE
SURVIRÉ	ENTERRÉ	MEURTRE	PALIURE	CARRURE
ÉLABORÉ	ATTERRÉ	PIASTRE	RELIURE	FERRURE
NAUCORE	ÉQUERRE	**MAISTRE**	OSMIURE	SERRURE
ISIDORE	**NOVERRE**	CUISTRE	STRIURE	NITRURE
PANDORE	**AUXERRE**	MONSTRE	CONJURÉ	NITRURÉ
PANDORE	SQUIRRE	PROSTRÉ	PARJURE	GIVRURE
LENDORE	**ANDORRE**	FLUSTRE	PARJURÉ	BRASURE
DIODORE	**BIGORRE**	FRUSTRÉ	ÉCALURE	ÉVASURE
INODORE	ABHORRÉ	ABATTRE	RACLURE	PRÉSURE
MORDORÉ	SCHORRE	ÉBATTRE	**MCCLURE**	PRÉSURÉ
MÉTÉORE	SUSURRÉ	ÉMETTRE	INCLURE	BRISURE
PERFORÉ	ALBÂTRE	OMETTRE	EXCLURE	FRISURE
AMPHORE	THÉÂTRE	PLEUTRE	ENFLURE	CENSURE
TANJORE	PALÂTRE	**SOLUTRÉ**	RÉGLURE	CENSURÉ
DÉCLORE	**PILÂTRE**	EXHAURE	VOILURE	TONSURE
ENCLORE	FOLÂTRE	**MÉTAURE**	TELLURE	TONSURÉ
DÉFLORÉ	FOLÂTRÉ	PÉTAURE	COLLURE	MORSURE
NELLORE	MULÂTRE	CARBURE	PARLURE	CASSURE
VELLORE	RANATRE	CARBURÉ	COULURE	RASSURÉ
DÉPLORÉ	MARÂTRE	GARBURE	FOULURE	FISSURE
IMPLORÉ	PARÂTRE	GLAÇURE	MOULURE	FISSURÉ
EXPLORÉ	VÉRATRE	PLAÇURE	MOULURÉ	TISSURE
OXYMORE	ROSÂTRE	**ÉPICURE**	ROULURE	STATURE
GUAPORÉ	**ÉLECTRE**	PINÇURE	BRÛLURE	FACTURE
ÉVAPORÉ	PLECTRE	RINÇURE	ÉTAMURE	**FACTURE**
MASSORE	SPECTRE	PROCURE	PALMURE	FACTURÉ

LECTURE	**CORCYRE**	PRÉCISÉ	**NÎMOISE**	REQUISE
PRÉTURE	COLLYRE	LAÏCISÉ	ARMOISE	ENQUISE
TOITURE	**PALMYRE**	CONCISE	DANOISE	EXQUISE
VOITURE	LAMPYRE	FASCISÉ	**DANOISE**	SLAVISÉ
VOITURE	MARTYRE	ANODISÉ	**VANOISE**	TRÉVISE
VOITURÉ	**ANABASE**	**ANCHISE**	GÉNOISE	**TRÉVISE**
FRITURE	**ORIBASE**	**COCHISE**	**GÉNOISE**	SUSVISÉ
TRITURÉ	AROBASE	RÉALISÉ	KINOISE	IMPULSÉ
CULTURE	TOP-CASE	ÉGALISÉ	**KINOISE**	EXPULSÉ
DENTURE	**CAUCASE**	COALISÉ	SINOISE	RÉVULSÉ
PENTURE	OXYDASE	OPALISÉ	**VINOISE**	EXPANSÉ
TENTURE	DÉPHASÉ	ORALISÉ	DUNOISE	RECENSÉ
MONTURE	BIPHASÉ	DUALISÉ	**VAROISE**	ENCENSÉ
TONTURE	DIPHASÉ	AVALISÉ	**FÉROISE**	DÉFENSE
CLÔTURE	EMPHASE	OVALISÉ	**AIROISE**	**DÉFENSE**
CLÔTURÉ	AMYLASE	CYCLISÉ	**VIROISE**	OFFENSE
AZOTURE	GYMNASE	UTILISÉ	**YPROISE**	OFFENSÉ
CAPTURE	DÉBRASÉ	STYLISÉ	MATOISE	IMMENSE
CAPTURÉ	EMBRASÉ	CHEMISE	**SÉTOISE**	DÉPENSE
LEPTURE	LACTASE	CHEMISÉ	**CÔTOISE**	DÉPENSÉ
RUPTURE	MALTASE	COMMISE	**LOTOISE**	REPENSÉ
TORTURE	PROTASE	THOMISE	**APTOISE**	INSENSÉ
TORTURÉ	**LAMBÈSE**	PROMISE	**HUTOISE**	INTENSE
PASTURE	DIOCÈSE	ATOMISÉ	PAVOISÉ	RÉPONSE
POSTURE	EXÉGÈSE	STOMISÉ	DÉVOISÉ	APPONSE
BATTURE	ORTHÈSE	PERMISE	**BOVOISE**	JAMBOSE
BITTURE	RÉALÉSÉ	SOUMISE	**GEXOISE**	NARCOSE
BITTURÉ	**FARNÈSE**	TANNISÉ	AIXOISE	VISCOSE
BOUTURE	SOUPESÉ	AGONISÉ	**AIXOISE**	LEUCOSE
BOUTURÉ	**THÉRÈSE**	IRONISÉ	AUXOISE	GLUCOSE
COUTURE	DIÉRÈSE	DÉBOISÉ	**BUXOISE**	GLUCOSÉ
COUTURE	EXÉRÈSE	REBOISÉ	**MÉZOISE**	ACIDOSE
COUTURÉ	DIURÈSE	**AMBOISE**	ÉMERISÉ	APODOSE
MOUTURE	**NICAISE**	**AUBOISE**	UPÉRISÉ	LORDOSE
TEXTURE	FADAISE	NIÇOISE	DÉFRISÉ	SURDOSE
TEXTURÉ	JUDAÏSE	**NIÇOISE**	DÉGRISÉ	CYPHOSE
MIXTURE	BALAISE	**VICOISE**	DÉPRISE	TYPHOSE
ÉBAVURÉ	FALAISE	**BUCOISE**	DÉPRISÉ	ORTHOSE
GRAVURE	**FALAISE**	**LUÇOISE**	MÉPRISE	**SAN JOSE**
NERVURE	MALAISE	**BADOISE**	MÉPRISÉ	**SAN JOSÉ**
NERVURÉ	**MALAISE**	ARDOISE	REPRISE	DÉCLOSE
FLEXURE	MALAISÉ	ARDOISÉ	REPRISÉ	MI-CLOSE
DASYURE	CIMAISE	**AUDOISE**	EMPRISE	ENCLOSE
CADAVRE	CYMAISE	**EUDOISE**	APPRISE	IMPLOSÉ
LE HAVRE	**ORNAISE**	**LUDOISE**	RASSISE	EXPLOSE
LEFÈVRE	**AUNAISE**	**VIFOISE**	ÉTATISÉ	EXPLOSÉ
ORFÈVRE	PUNAISE	DÉGOISÉ	PACTISÉ	AMYLOSE
ORFÉVRÉ	PUNAISÉ	BÂLOISE	POÉTISÉ	GOMMOSE
BALÈVRE	DARAISE	**BÂLOISE**	HANTISE	**FORMOSE**
DÉGIVRÉ	MÉSAISE	PALOISE	ÉROTISÉ	CYANOSE
DÉLIVRE	**RÉTAISE**	PALOISÉ	BAPTISÉ	CYANOSÉ
DÉLIVRÉ	**DIVAISE**	**HÉLOÏSE**	SOTTISE	PYCNOSE
VOUIVRE	**NAYAISE**	DOLOISE	DÉGUISÉ	STÉNOSE
REVIVRE	ARABISÉ	**HAMOISE**	AIGUISÉ	MANNOSE
CHANVRE	GRÉCISÉ	**HÉMOISE**	MENUISE	ZOONOSE
HANOVRE	**SOUBISE**	RÉMOISE	MENUISÉ	HYPNOSE
PIEUVRE	PRÉCISE	**RÉMOISE**	ACQUISE	PRÉPOSÉ
				COMPOSÉ

PROPOSÉ	VINASSE	CANISSE	LOGEUSE	PÂTEUSE
SUPPOSÉ	BONASSE	GÉNISSE	JUGEUSE	JETEUSE
DISPOSE	CONASSE	FROISSÉ	LUGEUSE	PÉTEUSE
DISPOSÉ	CROASSÉ	TAPISSÉ	SCIEUSE	MITEUSE
FIBROSE	DÉPASSÉ	SARISSE	ODIEUSE	PITEUSE
NÉCROSE	REPASSÉ	HÉRISSÉ	SKIEUSE	BUTEUSE
NÉCROSÉ	BIPASSE	BÂTISSE	PLIEUSE	JUTEUSE
PENROSE	IMPASSE	**MATISSE**	ÉPIEUSE	BOUEUSE
NITROSÉ	HARASSE	PÂTISSÉ	CRIEUSE	JOUEUSE
NÉVROSE	HARASSÉ	RATISSÉ	TRIEUSE	LOUEUSE
NÉVROSÉ	TIRASSE	MÉTISSE	GALEUSE	NOUEUSE
LACTOSE	BORASSE	MÉTISSÉ	HALEUSE	AQUEUSE
MALTOSE	MORASSE	RETISSÉ	RÂLEUSE	BAVEUSE
PENTOSE	STRASSE	BRUISSÉ	VÊLEUSE	GAVEUSE
VENTÔSE	BÊTASSE	**LAVISSE**	BILEUSE	HAVEUSE
MASTOSE	ENTASSÉ	DÉVISSÉ	FILEUSE	LAVEUSE
RELAPSE	POTASSE	REVISSÉ	PILEUSE	RÊVEUSE
SYNAPSE	POTASSÉ	CABOSSE	VOLEUSE	VIVEUSE
ÉCLIPSE	JOUASSE	CABOSSÉ	DAMEUSE	BUVEUSE
ÉCLIPSÉ	BAVASSÉ	EMBOSSÉ	FAMEUSE	BOXEUSE
ELLIPSE	LAVASSE	ENDOSSE	RAMEUSE	PAYEUSE
SYNOPSE	RÊVASSÉ	ENDOSSÉ	SEMEUSE	**JOYEUSE**
ADVERSE	ABBESSE	**LA FOSSE**	LIMEUSE	SOYEUSE
DÉVERSÉ	RUDESSE	COLOSSE	RIMEUSE	VOYEUSE
REVERSÉ	SAGESSE	MOLOSSE	FUMEUSE	GAZEUSE
DIVERSE	VANESSE	PANOSSE	FANEUSE	DIFFUSE
INVERSE	AÎNESSE	PANOSSÉ	GÊNEUSE	DIFFUSÉ
INVERSÉ	FINESSE	DÉSOSSÉ	MENEUSE	CONFUSE
DÉTORSE	**GONESSE**	CHAUSSÉ	TENEUSE	PROFUSE
RETORSE	PAPESSE	DÉCUSSÉ	BINEUSE	PERFUSÉ
ENTORSE	CUPESSE	GUGUSSE	DÎNEUSE	ÆTHUSE
ACCURSE	TYPESSE	LAÏUSSÉ	VINEUSE	**LÉCLUSE**
TABASSÉ	CARESSE	MAOUSSE	RÂPEUSE	RECLUSE
JACASSÉ	CARESSÉ	BLOUSSE	TAPEUSE	INCLUSE
BÉCASSE	PARESSE	GLOUSSÉ	PIPEUSE	ARBOUSE
COCASSE	PARESSÉ	ÉMOUSSÉ	DUPEUSE	JALOUSE
JOCASSE	ADRESSE	BROUSSE	VAREUSE	JALOUSÉ
DUCASSE	ADRESSÉ	**BROUSSE**	SÉREUSE	PELOUSE
DUCASSE	AGRESSÉ	FROUSSE	VÉREUSE	**PÉROUSE**
FADASSE	OGRESSE	TROUSSE	CIREUSE	INTRUSE
BIDASSE	STRESSÉ	TROUSSÉ	MIREUSE	CONTUSE
GODASSE	IVRESSE	RECAUSÉ	TIREUSE	DÉPAYSÉ
BAGASSE	VITESSE	CAMBUSE	VIREUSE	**CAMBYSE**
ÉCHASSE	ALTESSE	RACCUSÉ	DOREUSE	DIALYSE
CHIASSE	HÔTESSE	**MARCUSE**	FOREUSE	DIALYSÉ
DÉLASSÉ	ABAISSE	GOBEUSE	POREUSE	ANALYSE
MÉLASSE	ABAISSÉ	LACEUSE	JASEUSE	ANALYSÉ
FILASSE	ÉPAISSE	NOCEUSE	RASEUSE	**MASBATE**
COLASSE	**FRAISSE**	SUCEUSE	VASEUSE	**TAUBATÉ**
FOLASSE	GRAISSE	RADEUSE	PESEUSE	ZINCATE
MOLASSE	GRAISSÉ	HIDEUSE	DISEUSE	AVOCATE
CULASSE	MÉGISSÉ	VIDEUSE	LISEUSE	**MASCATE**
DAMASSÉ	HO! HISSE!	CODEUSE	OISEUSE	**LEUCATE**
RAMASSÉ	PALISSÉ	RÔDEUSE	POSEUSE	PRÉDATÉ
MANASSÉ	ÉCLISSE	GAGEUSE	OSSEUSE	SOLDATE
FINASSÉ	MÉLISSE	NAGEUSE	DATEUSE	MANDATÉ
PINASSE	PELISSE	RAGEUSE	GÂTEUSE	

CALFATÉ	INFECTÉ	PERPÈTE	UNICITÉ	MARMITE
SULFATE	ABJECTE	ACCRÉTÉ	CALCITE	DERMITE
SULFATÉ	OBJECTÉ	DÉCRÉTÉ	SUSCITÉ	**HERMITE**
LYDGATE	INJECTÉ	SECRÈTE	RAUCITÉ	TERMITE
FRÉGATE	DÉLECTE	SECRÉTÉ	LEUCITE	AMANITE
FRÉGATÉ	SÉLECTE	SÉCRÉTÉ	ALUCITE	INANITÉ
VULGATE	SÉLECTÉ	EXCRÉTÉ	LUDDITE	GRANITE
VULGATE	HUMECTÉ	AFFRÉTÉ	RÉÉDITÉ	GRANITÉ
MARGATE	EUNECTE	APPRÊTÉ	INÉDITE	ADÉNITE
MÉDIATE	DIRECTE	JARRETÉ	COÉDITÉ	AMÉNITÉ
RAPIATE	INSECTE	SARRÈTE	CRÉDITÉ	ARÉNITE
VIRIATE	DÉTECTÉ	CORSETÉ	PRÉDITE	SYÉNITE
OXALATE	HALICTE	TUE-TÊTE	ACIDITÉ	DIGNITÉ
CHÉLATE	STRICTE	NETTETÉ	ARIDITÉ	LIGNITE
FRELATÉ	GYPAÈTE	CAQUETÉ	AVIDITÉ	RHINITE
ÉNOLATE	DIABÈTE	PAQUETÉ	TARDITÉ	TRINITÉ
MÉPLATE	**PAPEETE**	BÉQUETÉ	CORDITE	SAMNITE
TRÉMATÉ	PRÉFÈTE	REQUÊTE	SURDITÉ	MANNITE
PRIMATE	SUFFÈTE	REQUETÉ	SUSDITE	SUNNITE
DALMATE	MOUFETÉ	REQUÊTÉ	MAUDITE	ÉBONITE
DALMATE	BUDGÉTÉ	PIQUETÉ	CRUDITÉ	ALUNITE
COLMATÉ	EXÉGÈTE	TIQUETÉ	ÉRUDITE	DÉBOÎTÉ
AROMATE	VERGETÉ	ENQUÊTE	ZAYDITE	EMBOÎTÉ
BROMATE	**TAYGÈTE**	ENQUÊTÉ	ECCÉITÉ	BENOÎTE
STOMATE	CACHETÉ	COQUETÉ	JADÉITE	ADROITE
FORMATÉ	LÂCHETÉ	HOQUETÉ	JUDÉITE	MIROITÉ
URANATE	RACHETÉ	DÉSUÈTE	INNÉITÉ	ÉTROITE
PHÉNATE	TACHETÉ	CLAVETÉ	OSTÉITE	CRÉPITÉ
MAINATE	MOCHETÉ	BREVETÉ	SOFFITE	PALPITÉ
ODONATE	ESTHÈTE	NAÏVETÉ	SULFITE	PULPITE
PICRATE	SOCIÉTÉ	HELVÈTE	CONFITE	CHARITÉ
SOCRATE	EMPIÉTÉ	SAUVETÉ	PROFITÉ	OVARITE
SUCRATE	IMPIÉTÉ	CLEPHTE	TERGITE	DÉCRITE
HYDRATE	VARIÉTÉ	KLEPHTE	ORCHITE	RÉCRITE
HYDRATÉ	ÉBRIÉTÉ	JUDAÏTÉ	MELKITE	ÉMÉRITE
AGÉRATE	SATIÉTÉ	DÉFAITE	RÉALITÉ	YPÉRITE
INGRATE	ANXIÉTÉ	REFAITE	ÉGALITÉ	GUÉRITE
FERRATE	PROJETÉ	ENFAÎTÉ	ANALITÉ	EFFRITÉ
CITRATE	FORJETÉ	DÉLAITÉ	ORALITÉ	SPIRITE
NITRATE	SURJETÉ	ALLAITÉ	DUALITÉ	QUIRITE
NITRATÉ	REFLÉTÉ	CARAÏTE	QUALITÉ	DIORITE
COURATE	ATHLÈTE	**CARAÏTE**	HYALITE	CUPRITE
SOURATE	PELLETÉ	KARAÏTE	MYÉLITE	FERRITE
CASSATE	BILLETÉ	**KARAÏTE**	ÉDILITÉ	MÉTRITE
ÉLUSATE	COLLETÉ	QARAÏTE	AGILITÉ	NITRITE
LACTATE	VIOLETÉ	**QARAÏTE**	UTILITÉ	AZURITE
ACÉTATE	**SPOLÈTE**	ÇIVAÏTE	NULLITÉ	NÉVRITE
CANTATE	REPLÈTE	SIVAÏTE	ZÉOLITE	REWRITÉ
ALOUATE	BOULETÉ	MOABITE	HOPLITE	OBÉSITÉ
CRAVATE	FERMETÉ	MZABITE	POPLITÉ	BLÉSITÉ
CRAVATÉ	PLANÈTE	**MZABITE**	PERLITE	DENSITÉ
SOLVATE	VIGNETÉ	PROBITÉ	STYLITE	MYOSITE
ZELZATE	**ÉGINÈTE**	OPACITÉ	INIMITÉ	KASSITE
INTACTE	HONNÊTE	SICCITÉ	PALMITE	HUSSITE
DÉBECTÉ	SAYNÈTE	GRÉCITÉ	MAMMITE	INUSITÉ
AFFECTÉ	TEMPÊTE	PRÉCITÉ	SOMMITÉ	APATITE
INFECTE	TEMPÊTÉ	LAÏCITÉ	**ÉDOMITE**	RECTITE

TECTITE	ANDANTE	RUDENTÉ	DÉFUNTE	CHAYOTE
BIOTITE	ENFANTÉ	RÉGENTE	CACAOTÉ	TOKYOTE
QUOTITÉ	INFANTE	RÉGENTÉ	CLABOTÉ	**TOKYOTE**
PARTITE	DÉGANTÉ	ARGENTÉ	CRABOTÉ	DIAZOTE
AORTITE	SCIANTE	URGENTE	BARBOTE	ACCEPTÉ
MASTITE	ADIANTE	CLIENTE	BARBOTÉ	EXCEPTÉ
VASTITÉ	CHIANTE	ORIENTÉ	PLACOTÉ	SCRIPTE
CYSTITE	PLIANTE	DOLENTE	CHICOTE	SCULPTÉ
HITTITE	AMIANTE	LAMENTÉ	CHICOTÉ	EXEMPTE
VACUITÉ	CRIANTE	CÉMENTÉ	À MI-CÔTE	EXEMPTÉ
RECUITE	DÉJANTÉ	DÉMENTE	FRICOTÉ	ACOMPTE
NOCUITÉ	GALANTE	CIMENTÉ	TRICOTÉ	PROMPTE
DÉDUITE	RÂLANTE	PIMENTÉ	SURCOTE	VOLUPTÉ
RÉDUITE	BÊLANTE	FOMENTÉ	BAS-CÔTE	ABRUPTE
SÉDUITE	AILANTE	ARPENTÉ	ÉPIDOTE	JUBARTE
VIDUITÉ	FILANTE	PARENTE	JUGEOTE	ENCARTÉ
ENDUITE	ALLANTE	PARENTÉ	RONÉOTÉ	**TRIARTE**
INDUITE	VOLANTE	TARENTE	ALIGOTÉ	ESSARTÉ
REFUITE	ATLANTE	**TARENTE**	GARGOTE	**ASTARTÉ**
TÉNUITÉ	AIMANTE	ABSENTE	MARGOTÉ	**IAXARTE**
ANNUITÉ	AIMANTÉ	ABSENTÉ	BACHOTÉ	LIBERTÉ
ÉBRUITÉ	FUMANTE	LATENTE	CHAÎOTE	PUBERTÉ
JÉSUITE	GÊNANTE	PATENTE	RABIOTÉ	**LA FERTÉ**
ENSUITE	TENANTE	PATENTÉ	**SOFIOTE**	OFFERTE
FATUITÉ	NONANTE	DÉTENTE	FOLIOTÉ	NÉMERTE
PITUITE	TAPANTE	RETENTÉ	AMNIOTE	EXPERTE
GRAVITÉ	**LÉPANTE**	ENTENTE	LÉPIOTE	**CASERTE**
SUAVITÉ	DOPANTE	INTENTÉ	AGRIOTE	DÉSERTE
VULVITE	**BARANTE**	ATTENTE	PETIOTE	DÉSERTÉ
SYLVITE	GARANTE	ATTENTÉ	PÉCLOTÉ	DISERTE
SERVITE	GÉRANTE	FLUENTE	BALLOTE	OUVERTE
BAUXITE	**MORANTE**	CRUENTÉ	PARLOTE	**BIZERTE**
BASALTE	ERRANTE	MÉVENTE	DORLOTÉ	ACCORTE
RÉCOLTE	RASANTE	REVENTE	SOÛLOTE	ESCORTE
RÉCOLTÉ	PESANTE	INVENTÉ	GOLMOTE	ESCORTÉ
DÉVOLTÉ	GISANTE	PLAINTE	PIANOTÉ	COHORTE
RÉVOLTE	FUSANTE	CRAINTE	PAGNOTÉ	EXHORTÉ
RÉVOLTÉ	OCTANTE	ÉREINTÉ	MIGNOTÉ	DÉPORTÉ
MÉAULTE	PÉTANTE	FREINTE	**MAÏNOTE**	REPORTÉ
FACULTÉ	VOTANTE	ÉTEINTE	GYMNOTE	EMPORTÉ
OCCULTE	MUTANTE	AJOINTÉ	CONNOTÉ	IMPORTÉ
OCCULTÉ	GLUANTE	ÉJOINTÉ	CLAPOTÉ	APPORTÉ
INCULTE	SAVANTE	ÉPOINTÉ	CHIPOTÉ	EXPORTÉ
TUMULTE	VIVANTE	SPRINTÉ	TRIPOTÉ	AHEURTÉ
RÉSULTÉ	VEXANTE	CHUINTÉ	REMPOTÉ	ÉCOURTÉ
INSULTE	PAYANTE	RACONTÉ	COMPOTE	SÉBASTE
INSULTÉ	SEYANTE	REFONTE	DESPOTE	**JOCASTE**
LECOMTE	VOYANTE	**SAGONTE**	FIÉROTE	NÉFASTE
VICOMTE	FUYANTE	VOLONTÉ	CAIROTE	DYNASTE
VICOMTÉ	**RUZANTE**	DÉMONTÉ	**CAIROTE**	CÉRASTE
BACANTE	DÉCENTE	REMONTE	POIROTÉ	DÉVASTÉ
VACANTE	RÉCENTE	REMONTÉ	BAISOTÉ	ASBESTE
DÉCANTÉ	**VICENTE**	**DA PONTE**	DANSOTÉ	**ALCESTE**
SÉCANTE	APPONTÉ	MALTÔTE	INCESTE	
TOCANTE	REDENTE	**CARONTE**	CREVOTÉ	MODESTE
CÉDANTE	AL DENTE	GÉRONTE	PRÉVÔTÉ	INFESTÉ
PÉDANTE	ARDENTE	**GÉRONTE**	VELVOTE	**SÉGESTE**

DIGESTE	BATISTE	SUJETTE	GOSETTE	**CAZOTTE**
TRIESTE	TITISTE	GALETTE	ROSETTE	ÉGOUTTÉ
MAJESTÉ	ALTISTE	PALETTE	ASSETTE	PAPAUTÉ
CÉLESTE	ARTISTE	ABLETTE	FUSETTE	**LEPAUTE**
DÉLESTÉ	AUTISTE	BELETTE	MUSETTE	CRUAUTÉ
MOLESTÉ	ZUTISTE	AILETTE	ALUETTE	BOYAUTÉ
FUNESTE	CAVISTE	**COLETTE**	BLUETTE	LOYAUTÉ
EMPESTÉ	LAXISTE	LOLETTE	FLUETTE	**LOYAUTÉ**
AGRESTE	REXISTE	MOLETTE	BOUETTE	NOYAUTÉ
LA TESTE	SEXISTE	MULETTE	COUETTE	ROYAUTÉ
DÉTESTÉ	FIXISTE	RAMETTE	FOUETTÉ	TUYAUTÉ
ATTESTÉ	**LACOSTE**	LIMETTE	JOUETTE	CULBUTE
THYESTE	ACCOSTÉ	TOMETTE	MOUETTE	CULBUTÉ
CÉBISTE	**ARIOSTE**	FUMETTE	**MOUETTE**	EXÉCUTÉ
CIBISTE	RIPOSTE	**HYMETTE**	BAVETTE	PERCUTÉ
JOBISTE	RIPOSTÉ	CANETTE	LAVETTE	DISCUTÉ
CUBISTE	IMPOSTE	MANETTE	NAVETTE	CUSCUTE
TUBISTE	ROBUSTE	GENETTE	CIVETTE	RAMEUTÉ
RACISTE	ARBUSTE	**GENETTE**	**RIVETTE**	ÉQUEUTÉ
JOCISTE	LOCUSTE	NÉNETTE	BUVETTE	RAFFÛTÉ
MODISTE	**LOCUSTE**	RÉNETTE	CUVETTE	CHAHUTÉ
EUDISTE	DÉGUSTÉ	VENETTE	FIXETTE	**LACHUTE**
NUDISTE	AUGUSTE	BINETTE	LAYETTE	RECHUTE
RUDISTE	**AUGUSTE**	DÎNETTE	MOYETTE	RECHUTÉ
SUDISTE	RAJUSTÉ	FINETTE	CAZETTE	VERJUTÉ
THÉISTE	INJUSTE	LINETTE	GAZETTE	AZIMUTÉ
ÉPÉISTE	VÉNUSTÉ	MINETTE	MAZETTE	COMMUTÉ
GAGISTE	VÉTUSTE	TINETTE	RIZETTE	PERMUTÉ
LÉGISTE	VÉTUSTÉ	PONETTE	**ALZETTE**	**CHANUTE**
PIGISTE	ENKYSTÉ	DUNETTE	SAGITTE	**CARNUTE**
SCHISTE	TCHATTÉ	LUNETTE	MÉLITTE	RABOUTÉ
LAKISTE	DÉNATTÉ	LUNETTÉ	**DE WITTE**	DÉBOUTÉ
BALISTE	**MONATTE**	GÂPETTE	DÉBOTTÉ	REDOUTE
HOLISTE	EMPATTÉ	PAPETTE	COCOTTE	REDOUTÉ
POLISTE	BARATTE	TAPETTE	COCOTTÉ	**REDOUTÉ**
SOLISTE	BARATTÉ	PIPETTE	DÉGOTTÉ	**ALÉOUTE**
ULMISTE	SQUATTÉ	LOPETTE	GIGOTTÉ	DÉGOÛTÉ
FUMISTE	**CAYATTE**	TOPETTE	RIGOTTE	RAJOUTÉ
LANISTE	BOBETTE	ARPETTE	SCIOTTE	**IAKOUTE**
MAOÏSTE	AUBETTE	JUPETTE	CHIOTTE	**YAKOUTE**
TAOÏSTE	FACETTE	LIRETTE	GRIOTTE	VELOUTÉ
ÉGOÏSTE	FACETTÉ	TIRETTE	CALOTTE	FILOUTÉ
PAPISTE	RECETTE	LORETTE	CALOTTÉ	ÉCROÛTÉ
DÉPISTÉ	SUCETTE	**LORETTE**	PÂLOTTE	DÉROUTE
ALPISTE	CADETTE	STRETTE	CULOTTE	DÉROUTÉ
COPISTE	VEDETTE	BURETTE	CULOTTÉ	BIROUTE
CARISTE	ENDETTÉ	CURETTE	HULOTTE	ABSOUTE
MARISTE	MOFETTE	LURETTE	**LA MOTTE**	ENVOÛTÉ
VÉRISTE	CAGETTE	MURETTE	EMMOTTÉ	MAZOUTÉ
AORISTE	SAGETTE	SURETTE	MENOTTE	SUPPUTÉ
CURISTE	TAGETTE	CASETTE	LINOTTE	DISPUTE
JURISTE	LOGETTE	JASETTE	CAROTTE	DISPUTÉ
PURISTE	MOGETTE	RASETTE	CAROTTÉ	RECRUTÉ
DÉSISTÉ	AUGETTE	PESETTE	MAROTTE	HIRSUTE
RÉSISTÉ	ÉMIETTÉ	DISETTE	GAVOTTE	**CALIXTE**
INSISTÉ	ARIETTE	LISETTE	**GAXOTTE**	OVOCYTE
ASSISTÉ	MOJETTE	RISETTE	**MAYOTTE**	ACOLYTE

SCOLYTE	MAFFLUE	CASAQUE	MANIQUE	TOXIQUE
CIMABUE	CONFLUÉ	COSAQUE	PANIQUE	**CYZIQUE**
FOURBUE	ABSOLUE	**COSAQUE**	PANIQUÉ	QUEL QUE
REVÉCUE	RÉSOLUE	**ESTAQUE**	GÉNIQUE	QUELQUE
VAINCUE	DÉVOLUE	ATTAQUE	CONIQUE	FOULQUE
APERÇUE	RÉVOLUE	ATTAQUÉ	IONIQUE	**FOULQUE**
DÉCIDUE	ÉBERLUÉ	GRECQUE	**MONIQUE**	HOULQUE
ASSIDUE	ÉMOULUE	**GRECQUE**	SONIQUE	FLANQUÉ
ÉPANDUE	INGÉNUE	DÉFÉQUÉ	TONIQUE	PLANQUE
ÉTENDUE	OBTENUE	TCHÈQUE	PUNIQUE	PLANQUÉ
ÉPERDUE	DÉTENUE	**TCHÈQUE**	RUNIQUE	FRANQUE
SCHLEUE	RETENUE	**SÉNÈQUE**	TUNIQUE	SCINQUE
GRIFFUE	ATTÉNUÉ	SAPÈQUE	TUNIQUÉ	AFINQUÉ
TOUFFUE	EXTÉNUÉ	RÉSÉQUÉ	CYNIQUE	BLINQUÉ
ALPAGUÉ	REVENUE	MÉTÈQUE	DIOÏQUE	TRINQUÉ
BIRAGUE	DIMINUÉ	AZTÈQUE	STOÏQUE	TRONQUÉ
DIVAGUÉ	INSINUÉ	**AZTÈQUE**	QUOIQUE	BICOQUE
DÉLÉGUÉ	CHARNUE	RABIQUE	AZOÏQUE	MANOQUE
RELÉGUÉ	ÉTERNUÉ	REBIQUÉ	DÉPIQUÉ	CHNOQUE
TÉLÈGUE	AMADOUÉ	CUBIQUE	REPIQUE	CINOQUE
ALLÉGUÉ	HINDOUE	CACIQUE	REPIQUÉ	SINOQUE
NIMÈGUE	CORDOUE	SADIQUE	TOPIQUE	BAROQUE
AMBIGUË	SURDOUÉ	ABDIQUÉ	LUPIQUE	**LAROQUE**
ENDIGUÉ	VAUDOUE	MÉDIQUE	TYPIQUE	RETOQUÉ
SARIGUE	ABAJOUE	VÉDIQUE	DARIQUE	RÉVOQUÉ
IRRIGUÉ	SURJOUÉ	INDIQUÉ	ÉBRIQUÉ	INVOQUÉ
BÉSIGUE	DÉCLOUÉ	IODIQUE	SÉRIQUE	**NÉARQUE**
FATIGUE	RECLOUÉ	MODIQUE	**AFRIQUE**	ÉNARQUE
FATIGUÉ	ENCLOUÉ	SODIQUE	BORIQUE	ÉPARQUE
NAVIGUÉ	SURLOUÉ	LUDIQUE	BORIQUÉ	ÉTARQUÉ
CÉZIGUE	ZOULOUE	PUDIQUE	DORIQUE	EXARQUE
MÉZIGUE	**ZOULOUE**	OLÉIQUE	**NORIQUE**	FIASQUE
SÉZIGUE	RABROUÉ	ARÉIQUE	TORIQUE	FLASQUE
TÉZIGUE	ENCROUÉ	KUFIQUE	ÉTRIQUÉ	BRASQUE
ÉLINGUE	BANTOUE	MAGIQUE	AURIQUE	FRASQUE
ÉLINGUÉ	**BANTOUE**	ALGIQUE	PURIQUE	**ÉZASQUE**
FLINGUE	**MANTOUE**	LOGIQUE	LYRIQUE	**FIESQUE**
FLINGUÉ	INAVOUÉ	ÉTHIQUE	BASIQUE	FRESQUE
BRINGUE	CONSPUÉ	**LALIQUE**	NASIQUE	PRESQUE
BRINGUÉ	MACAQUE	MALIQUE	MUSIQUE	BRISQUE
FRINGUE	ENCAQUÉ	SALIQUE	**BÉTIQUE**	FRISQUE
FRINGUÉ	**ITHAQUE**	OBLIQUE	RÉTIQUE	PUISQUE
GRINGUE	ILIAQUE	OBLIQUÉ	ANTIQUE	KIOSQUE
SWINGUÉ	ISIAQUE	RELIQUE	ONTIQUE	LORSQUE
DÉBOGUÉ	VALAQUE	VÉLIQUE	GOTIQUE	BRUSQUE
ÉGLOGUE	**VALAQUE**	SILIQUE	OPTIQUE	BRUSQUÉ
PIROGUE	POLAQUE	COLIQUE	ASTIQUÉ	**GIAUQUE**
EXERGUE	CANAQUE	DOLIQUE	ATTIQUE	GLAUQUE
FOURGUE	**CANAQUE**	FOLIQUE	**ATTIQUE**	CADUQUE
FOURGUÉ	ARNAQUE	AULIQUE	MUTIQUE	RELUQUÉ
LE BUGUE	ARNAQUÉ	SÉMIQUE	ZUTIQUE	ULLUQUE
ENJUGUÉ	CLOAQUE	OHMIQUE	DYTIQUE	EUNUQUE
CROCHUE	BARAQUE	MIMIQUE	LYTIQUE	ENSUQUÉ
DÉVALUÉ	BARAQUÉ	COMIQUE	**IQUIQUE**	**LA TUQUE**
REVALUE	CARAQUE	VOMIQUE	CIVIQUE	FÉTUQUE
CONCLUE	**URRAQUE**	OSMIQUE	LEXIQUE	REPARUE
MAMELUE	OURAQUE	HUMIQUE	**MEXIQUE**	MEMBRUE

DELERUE	PASSIVÉ	**HENDAYE**	**FROUNZE**	FUGITIF
CONGRUE	LESSIVE	**CONGAYE**	**LE SAUZE**	VOLITIF
CHARRUE	LESSIVÉ	DÉBLAYÉ	**DELEUZE**	VOMITIF
BOURRUE	MISSIVE	MONNAYÉ	IN-DOUZE	GÉNITIF
VENTRUE	ABUSIVE	PRÉPAYÉ	**PELOUZE**	LÉNITIF
OBSTRUÉ	ÉLUSIVE	SURPAYE	**DE GRAAF**	PUNITIF
SANGSUE	FICTIVE	SURPAYÉ	**BOUDIAF**	POSITIF
MOUSSUE	CHÉTIVE	TOUPAYE	MOT-CLEF	FRUITIF
INFATUÉ	CULTIVÉ	DÉBRAYÉ	AÉRONEF	JOINTIF
PONCTUÉ	ÉMOTIVE	**VIBRAYE**	**TAZIEFF**	ADOPTIF
FLUCTUÉ	CAPTIVE	EMBRAYÉ	**PITOËFF**	ÉRUPTIF
DÉVÊTUE	CAPTIVÉ	DÉFRAYÉ	**CARDIFF**	ABORTIF
REVÊTUE	FURTIVE	EFFRAYÉ	**CHELIFF**	SPORTIF
HABITUÉ	FESTIVE	RETRAYÉ	MASTIFF	BOX-CALF
RESITUÉ	FAUTIVE	**PUISAYE**	**ROSCOFF**	**AISTOLF**
POINTUE	ESQUIVE	RESSAYÉ	TAKE-OFF	**ATHAULF**
POINTUE	ESQUIVÉ	FISH-EYE	**NEUHOFF**	**BEOWULF**
ÉVERTUÉ	QUI VIVE	VOLLEYÉ	**BÉNIOFF**	**DEMIDOF**
ABATTUE	QUI-VIVE	**KANGGYE**	SOUS-OFF	BISCHOF
ÉBATTUE	CONVIVE	MERDOYÉ	**MINTOFF**	KOUGLOF
POURVUE	BIVALVE	VERDOYÉ	**KHNOPFF**	WITLOOF
BISEXUÉ	**CHENÔVE**	COUDOYÉ	CALECIF	**MONDORF**
CONCAVE	**ALGARVE**	SOUDOYÉ	MALADIF	**ALTDORF**
MOLDAVE	MINERVE	**ANGLOYE**	ABRASIF	**HITTORF**
MOLDAVE	**MINERVE**	DÉPLOYÉ	INVASIF	**YOUSDUF**
EMBLAVÉ	INNERVÉ	REPLOYÉ	ADHÉSIF	**LAUBEUF**
ENCLAVE	OBSERVÉ	EMPLOYÉ	COHÉSIF	**PLÉNEUF**
ENCLAVÉ	RÉSERVE	**DUPLOYÉ**	DÉCISIF	DIX-NEUF
ESCLAVE	RÉSERVÉ	LARMOYÉ	INCISIF	**AL-HUFUF**
VELLAVE	INCURVÉ	PAUMOYÉ	ÉMULSIF	**SURCOUF**
VELLAVE	**DENEUVE**	BORNOYÉ	DOLOSIF	CHADOUF
BARNAVE	ABREUVÉ	CARROYÉ	ÉMISSIF	**TINDOUF**
LA GRAVE	ÉPREUVE	CORROYÉ	POUSSIF	**MAALOUF**
AGGRAVÉ	EFFLUVE	OCTROYÉ	EFFUSIF	PIGNOUF
DÉPRAVÉ	ÉPROUVÉ	FOSSOYÉ	ALLUSIF	SCHNOUF
ENTRAVE	**STROUVE**	CHATOYÉ	LOCATIF	**DEN HAAG**
ENTRAVÉ	**VITRUVE**	APITOYÉ	VOCATIF	SANTIAG
PICTAVE	**TSHOKWE**	FESTOYÉ	SÉDATIF	LANDTAG
GUSTAVE	**MARLOWE**	NETTOYÉ	CRÉATIF	TOUAREG
NEW WAVE	NÉVRAXE	RENVOYÉ	NÉGATIF	**TOUAREG**
PRÉLEVÉ	SYNTAXE	CONVOYÉ	ERGATIF	THALWEG
SOULEVÉ	ÉCOTAXE	LOUVOYÉ	ABLATIF	**KELLOGG**
EMBREVÉ	SURTAXE	VOUVOYÉ	OBLATIF	PFENNIG
DÉGREVÉ	SURTAXÉ	RESSUYÉ	RELATIF	**SLESVIG**
GENCIVE	RÉFLEXE	ABKHAZE	CURATIF	**HERTWIG**
LASCIVE	DUPLEXÉ	CHALAZE	DURATIF	**ZAGAZIG**
KHÉDIVE	CONNEXE	**TRÉLAZÉ**	ROTATIF	**LEIPZIG**
TARDIVE	UNISEXE	**ZAMBÈZE**	OPTATIF	**DANTZIG**
ARCHIVÉ	CONVEXE	SQUEEZE	PUTATIF	BIG BANG
DÉCLIVE	PRÉFIXE	SQUEEZÉ	LAXATIF	**CAO BANG**
ÉVASIVE	PRÉFIXÉ	TERFÈZE	FIXATIF	**WEIFANG**
CENSIVE	SUFFIXE	**VERGÈZE**	RÉACTIF	HARFANG
PENSIVE	SUFFIXÉ	PLANÈZE	INACTIF	**YUNGANG**
ÉROSIVE	PROLIXE	TRAPÈZE	TRACTIF	**ROTGANG**
CURSIVE	STOMOXE	**CORRÈZE**	ÉLECTIF	**YICHANG**
MASSIVE	**HESBAYE**	IN-SEIZE	ADDITIF	**XI JIANG**
PASSIVE	**BISCAYE**	**FIRENZE**	AUDITIF	SIAMANG

TRÉPANG	NANNING	HOLBERG	LELOUCH	BAROCCI
TRIPANG	WARNING	ARLBERG	FAROUCH	TANUCCI
SAMPANG	BRÜNING	BAMBERG	KEFFIEH	CELLE-CI
LINSANG	ARLOING	LEMBERG	GEZIREH	RÉTRÉCI
MORSANG	CYSOING	ESBJERG	CHOU TEH	REVOICI
PUR-SANG	TAIPING	SEABORG	RALEIGH	PORTICI
BUSSANG	CAMPING	AALBORG	VAN GOGH	CELUI-CI
MUSTANG	DUMPING	GARBORG	DE HOOGH	INFARCI
YUEYANG	JUMPING	TILBURG	BOROUGH	ENDURCI
GUIYANG	LOOPING	HAMBURG	VIC-BILH	GRAMSCI
LUOYANG	LAPPING	MARBURG	ANOUILH	RADOUCI
KAIFENG	ZAPPING	WARBURG	CAM RANH	TOULADI
GINSENG	GOERING	CABOURG	NAM DINH	HUNYADI
SERAING	BEHRING	LEBOURG	ALIGARH	ATTIÉDI
ESTAING	DÜHRING	COBOURG	SHAMASH	AL-MAHDI
DANCING	STIRING	DU BOURG	MIDRASH	ENLAIDI
FORCING	ROTRING	AGGADAH	KADDISH	DÉRAIDI
READING	LEASING	IN SALAH	YIDDISH	VIVALDI
REDDING	TEASING	NKRUMAH	GOLIATH	ORGANDI
PUDDING	LANSING	HAGANAH	ODENATH	AGRANDI
GOLDING	NURSING	DÉBORAH	SARNATH	MORANDI
HOLDING	LESSING	POUSSAH	NEURATH	EFFENDI
BAODING	KEATING	JÉHOVAH	HORVÁTH	VIVENDI
HARDING	MEETING	HOLBACH	MACBETH	AL-KINDI
POUDING	RAFTING	FORBACH	LAMBETH	REBONDI
DOWDING	LIFTING	VILLACH	TALLITH	ARRONDI
ROOFING	BANTING	BARLACH	ASQUITH	KIRUNDI
JOGGING	FOOTING	GERLACH	CORINTH	BURUNDI
KUCHING	KARTING	CRANACH	HOGARTH	ENHARDI
CUSHING	CASTING	REINACH	HAWORTH	REVERDI
BEIJING	LASTING	SEMPACH	BISMUTH	ALOURDI
SHIJING	LISTING	DJERACH	KOSSUTH	ÉTOURDI
SMOKING	PUTTING	SALZACH	BARADAI	EINAUDI
PARKING	HEYTING	ILLZACH	OUADDAÏ	BIGOUDI
FEELING	JIAXING	GOLFECH	GALIGAÏ	HAN WUDI
KEELING	DANDONG	MONTECH	KASUGAI	DÉSOBÉI
PEELING	MAH-JONG	QADDICH	QINGHAI	OPUS DEI
FEHLING	GIA LONG	TILLICH	SONGHAÏ	LORELEI
FEHLING	GEELONG	EHRLICH	SONRHAÏ	WANG WEI
MAILING	BARLONG	ZÜLPICH	MAATHAÏ	KADHAFI
MEMLING	KAESONG	ALDRICH	BOCSKAI	IZANAGI
QINLING	NANTONG	KONTICH	REMBLAI	FROMEGI
KIPLING	BALDUNG	NORWICH	VIRELAI	SARANGI
DARLING	BANDUNG	IPSWICH	SHAHNAÏ	RÉLARGI
CURLING	HAMHUNG	TI-PUNCH	CHENNAI	RESURGI
OESLING	BASHUNG	MURDOCH	OBERNAI	DÉROUGI
KISLING	KEELUNG	DE HOOCH	TOURNAI	KARACHI
ESSLING	WIRSUNG	RONARC'H	CAMBRAI	HITACHI
PAULING	HARTUNG	DRIESCH	MINERAI	GNOCCHI
BOWLING	BULLDOG	ALETSCH	MADURAI	FRAÎCHI
FLEMING	TAGALOG	BORTSCH	BRASSAÏ	KAMICHI
LEMMING	TAGALOG	SCRATCH	HOKUSAI	ENRICHI
KUNMING	RYDBERG	WASATCH	OLDUVAI	BLANCHI
WYOMING	ICEBERG	STRETCH	CHRAÏBI	FRANCHI
HAINING	HEIBERG	MANYTCH	KHATIBI	FIESCHI
CANNING	DALBERG	ALLAUCH	ABITIBI	NURAGHI
MANNING	VALBERG	CHAOUCH	NAIROBI	SLOUGHI

LADAKHI	MALPOLI	PLATINI	SCUTARI	BIPARTI
MARATHI	LAETOLI	MARTINI	COLIBRI	MI-PARTI
TCHOU HI	BARTOLI	MARTINI	TCHADRI	IMPARTI
HORYU-JI	GOZZOLI	TARTINI	ENCHÉRI	ALBERTI
SIRTAKI	LUTHULI	PERTINI	ALFIERI	ROBERTI
OKAZAKI	STIMULI	LAZZINI	SALIERI	DIVERTI
POTOCKI	NIAOULI	MAZZINI	POLIERI	INVERTI
WAIKIKI	DENIZLI	MITANNI	GASPERI	ASSORTI
VALMIKI	GRIZZLI	RABONNI	FERRERI	TIBESTI
PIROJKI	ORIGAMI	RONCONI	KAYSERI	PLOESTI
TABASKI	IZANAMI	MARCONI	AMAIGRI	PITESTI
TÉLÉSKI	TSUNAMI	MARCONI	NILGIRI	INVESTI
VOLJSKI	GIN-RAMI	GOLDONI	SAÏMIRI	BUGATTI
WRONSKI	GOURAMI	ETZIONI	A PRIORI	LIPATTI
VÉLOSKI	KHATAMI	MELLONI	ÉQUARRI	CANETTI
MONOSKI	SASHIMI	MANNONI	THIERRI	MORETTI
MOTOSKI	AFFERMI	CAPPONI	SPOERRI	MENOTTI
TROTSKI	ENDORMI	TASSONI	ATTERRI	DÉGLUTI
DMOWSKI	TSCHUMI	CANZONI	AGUERRI	EMBOUTI
TEOCALI	BATOUMI	MANZONI	MEURTRI	DURRUTI
BENGALI	KOIZUMI	DÉGARNI	DÉNUTRI	ALANGUI
BENGALI	FANFANI	REGARNI	LOPBURI	CHERGUI
HALLALI	AFGHANI	GAVARNI	VIIPURI	CHERGUI
ZARQALI	MORIANI	DÉVERNI	VENTURI	HAN SHUI
GUETALI	TAVIANI	RACORNI	VENTURI	CACAOUI
UCAYALI	VIVIANI	RAJEUNI	NEMEYRI	SERFOUI
RÉTABLI	FOULANI	PRÉMUNI	MAFIOSI	MÉCHOUI
ENNOBLI	MAGNANI	RÍO MUNI	REVERSI	VILIOUÏ
AMEUBLI	HERNANI	MIMOUNI	UVA-URSI	ÉPANOUI
CHÉBÉLI	TRAPANI	DONSKOÏ	ÉPAISSI	ÉVANOUI
SHEBELI	GUARANI	REMPLOI	FIRDUSI	BLANQUI
MORCELI	GUARANI	CHEZ-MOI	JIAMUSI	PICCAVI
VRENELI	SOPRANI	TOURNOI	MALBÂTI	PAHLAVI
ZWINGLI	BASSANI	VICE-ROI	GAUHATI	PAHLAVI
SWAHILI	GALVANI	NITERÓI	RAPLATI	CAPRIVI
SWAHILI	OTOPENI	BEFFROI	BASMATI	ENSUIVI
TASSILI	APUSENI	ANTIROI	COMPATI	ASSERVI
VASSILI	TORIGNI	CHARROI	ISTRATI	ALLOUVI
CAVALLI	ASSAINI	CHEZ-SOI	HASTATI	ASSOUVI
EMBELLI	LUMBINI	TOLSTOÏ	BUZZATI	JIANGXI
CORELLI	CACCINI	CHEZ-TOI	FRICHTI	GUANGXI
TORELLI	PUCCINI	POURVOI	ANÉANTI	SHAANXI
LAVELLI	MANCINI	TOPKAPI	ASHANTI	KÁROLYI
VIEILLI	CONCINI	DÉCRÉPI	CHIANTI	POLANYI
CUEILLI	BOLDINI	RECRÉPI	CHIANTI	APPONYI
LAPILLI	LUCHINI	GALUPPI	DÉNANTI	GROZNYÏ
BOUILLI	BELLINI	THLASPI	GARANTI	PO KIU-YI
RAMOLLI	CELLINI	ASSOUPI	DESANTI	NÉONAZI
OSMANLI	FELLINI	IMABARI	RALENTI	ANASAZI
OSMANLI	POLLINI	ZUCCARI	DÉMENTI	RÁKÓCZI
PICCOLI	GIULINI	FOSCARI	REPENTI	ARGHEZI
BROCOLI	PANNINI	MUSCARI	RETENTI	SHIHEZI
PASCOLI	CENNINI	ROTHARI	ABIGOTI	KOLWEZI
PACIOLI	SONNINI	AKINARI	DÉPARTI	ALBIZZI
RAVIOLI	GUARINI	FERRARI	REPARTI	STROZZI
AILLOLI	CASSINI	SASSARI	RÉPARTI	JACUZZI
TRIPOLI	ROSSINI	WALTARI		PERUZZI

SATLEDJ	ZÁTOPEK	CARACAL	LAKANAL	ABYSSAL
VORONEJ	MAASEIK	RADICAL	PARANAL	SINUSAL
PILNIAK	SIWALIK	MÉDICAL	ARSENAL	PALATAL
SANDJAK	KUBELÍK	VÉSICAL	JUVÉNAL	FRACTAL
TOKAMAK	MÉNÉLIK	MUSICAL	ORIGNAL	VÉGÉTAL
CHARPAK	SOUSLIK	METICAL	RACINAL	BIMÉTAL
NUNATAK	BEATNIK	LEXICAL	VICINAL	ORBITAL
SARAWAK	RIOURIK	BIFOCAL	ORDINAL	CUBITAL
KORCZAK	PRUSSIK	OVOÏDAL	VAGINAL	RÉCITAL
COLBACK	NUNAVIK	ABSIDAL	SÉMINAL	DIGITAL
POLLACK	KATIVIK	COTIDAL	LIMINAL	GÉNITAL
KAOLACK	VAN DIJK	SYNODAL	VIMINAL	CAPITAL
CORMACK	SUFFOLK	LÆRDAL	NOMINAL	HÔPITAL
HARNACK	NORFOLK	SOUZDAL	MATINAL	MARITAL
CUTTACK	ALFRINK	NEW DEAL	BIENNAL	TZELTAL
SEEBECK	HAITINK	PALLÉAL	CORONAL	QUENTAL
HOHNECK	OLENIOK	FLORÉAL	BITONAL	QUINTAL
BIFTECK	BANGKOK	PERRÉAL	STERNAL	FRONTAL
HOLWECK	SZOLNOK	VAURÉAL	DIURNAL	SCROTAL
WOYZECK	NEW-LOOK	UNGUÉAL	JOURNAL	CHAPTAL
WOZZECK	CHINOOK	RÉCIFAL	JÉJUNAL	LIESTAL
LAMBICK	GANGTOK	ILLÉGAL	GRIPPAL	CRISTAL
SCHLICK	DE KLERK	SÉNÉGAL	GROUPAL	CRISTAL
GIMMICK	SELKIRK	FUNCHAL	LIBÉRAL	HERSTAL
MAUNICK	NEW YORK	MARCHAL	FÉDÉRAL	GLOTTAL
KUBRICK	ATATÜRK	NYMPHAL	SIDÉRAL	LINGUAL
F'DERICK	VITEBSK	CAMBIAL	RUDÉRAL	AIGOUAL
CARRICK	EKOFISK	GLACIAL	SCLÉRAL	SAROUAL
GARRICK	OURALSK	SPÉCIAL	HUMÉRAL	ZEROUAL
DERRICK	NORILSK	ASOCIAL	NUMÉRAL	RORQUAL
HERRICK	PODOLSK	CRUCIAL	GÉNÉRAL	DE LAVAL
PATRICK	BRIANSK	MONDIAL	MINÉRAL	ROSEVAL
WARWICK	SARANSK	CARDIAL	LATÉRAL	ORCIVAL
BERWICK	RYBINSK	CORDIAL	SUDORAL	ESTIVAL
RYSWICK	ANGARSK	SPATIAL	PRÉORAL	REVIVAL
GATWICK	ZAGORSK	INITIAL	MAÏORAL	AFFIXAL
EYSENCK	DONETSK	NUPTIAL	FÉMORAL	BATHYAL
LUBBOCK	LIPETSK	MARTIAL	IMMORAL	DÉLOYAL
PEACOCK	OKHOTSK	MARTIAL	HUMORAL	QUETZAL
HADDOCK	KARABÜK	PARTIAL	TUMORAL	RAPHAËL
PADDOCK	MAMELUK	BESTIAL	CAPORAL	MIRABEL
POLLOCK	SHILLUK	TRIVIAL	SORORAL	JÉZABEL
SCHNOCK	CHIBOUK	ÉLUVIAL	AURORAL	DÉCIBEL
OYAPOCK	HAÏDOUK	FLUVIAL	MAYORAL	MÉRIBEL
ROSTOCK	FONDOUK	PLUVIAL	URÉTRAL	MIRIBEL
POTTOCK	MARDOUK	COAXIAL	CENTRAL	VROUBEL
LA MARCK	KALMOUK	TOUBKAL	VENTRAL	PARACEL
LAMARCK	TOBROUK	KARIKAL	ŒSTRAL	CHANCEL
VAN DYCK	NANSOUK	DÉCIMAL	MISTRAL	FRIEDEL
VAN EYCK	NANZOUK	DEMI-MAL	MISTRAL	HAENDEL
BAALBEK	VOLAPÜK	MINIMAL	ROSTRAL	BRENDEL
JANÁCEK	MASARYK	OPTIMAL	AUSTRAL	BLONDEL
BENEDEK	ARRABAL	MAXIMAL	AUSTRAL	BLONDEL
DILBEEK	BARIBAL	THERMAL	LUSTRAL	ARUNDEL
BICHKEK	SETÚBAL	ANORMAL	FOUTRAL	CLAUDEL
JELINEK	MONACAL	SÉISMAL	PLEURAL	BRAUDEL
RUBROEK	CLOACAL	ÉTHANAL	BARISAL	STRUDEL

SURRÉEL	SENSUEL	GROISIL	**PAIMPOL**	**MIZORAM**
FALAFEL	INUSUEL	VOLATIL	**NIKOPOL**	**TRISTAM**
SPIEGEL	FACTUEL	POINTIL	**RIVAROL**	**KHAYYAM**
BRUEGEL	CULTUEL	**KLESTIL**	CHABROL	**WAREGEM**
ANTIGEL	VIRTUEL	**VINEUIL**	**CHABROL**	**EVERGEM**
VRANGEL	GESTUEL	**AUNEUIL**	POMEROL	**BERCHEM**
WRANGEL	TEXTUEL	**MAREUIL**	**POMEROL**	**OKEGHEM**
AÉROGEL	**GEMAYEL**	**ÉBREUIL**	PARASOL	REQUIEM
GLACIEL	**MAELZEL**	**MOREUIL**	GÉLISOL	**SCHELEM**
GABRIEL	BRETZEL	**AUTEUIL**	**ASANSOL**	**GUILLEM**
PLURIEL	**CLAUZEL**	**LUXEUIL**	AÉROSOL	**SCHOLEM**
NOISIEL	**ECKMÜHL**	FENOUIL	HORS-SOL	**HAARLEM**
DELTEIL	BERCAIL	INCIVIL	SOUS-SOL	**LESTREM**
PARTIEL	CHÉDAIL	**BOURVIL**	NAPHTOL	AD LITEM
MURVIEL	**CAP-D'AIL**	**THALWIL**	BRISTOL	**OUED-ZEM**
HAECKEL	ROUGAIL	**DUMÉZIL**	**BRISTOL**	**ÉPHRAÏM**
KUNCKEL	TRAMAIL	**TZOTZIL**	ANTIVOL	**ANAHEIM**
HEINKEL	TRÉMAIL	**DE STIJL**	**HUSSERL**	**ROSHEIM**
DUHAMEL	GEMMAIL	*TORBALL	NAHUATL	**RIXHEIM**
CARAMEL	FERMAIL	**KENDALL**	**PRANDTL**	**IBRAHIM**
TROMMEL	HARPAIL	**TYNDALL**	AXOLOTL	**JOACHIM**
AUBANEL	**RASPAIL**	**GOODALL**	**NAIPAUL**	**AL-HAKIM**
ESPINEL	FOIRAIL	**CHAGALL**	CARACUL	INTÉRIM
CHANNEL	**SARRAIL**	**VAL-HALL**	TAPECUL	**GARIZIM**
İNCONEL	VITRAIL	**WALSALL**	FAUX-CUL	**MALCOLM**
COLONEL	BOBTAIL	**REUBELL**	LINCEUL	**NORODOM**
CHARNEL	VANTAIL	**REWBELL**	GLAÏEUL	**ALSTHOM**
ÉTERNEL	VENTAIL	**PURCELL**	FILLEUL	CÉDÉROM
FRESNEL	PORTAIL	**DANIELL**	TILLEUL	**EURATOM**
QUESNEL	AIGUAIL	**BRINELL**	LIGNEUL	**BELGAUM**
SCALPEL	TRAVAIL	**PEDRELL**	KARAKUL	OPPIDUM
FREPPEL	**ARDABIL**	**PARNELL**	**TRÉBOUL**	**MITCHUM**
PICAREL	STENCIL	**FARRELL**	PICPOUL	CAMBIUM
ESTEREL	SOURCIL	**DURRELL**	**MOSSOUL**	NIOBIUM
DEMIREL	**BOABDIL**	**RUSSELL**	**COBENZL**	TERBIUM
NATUREL	**CORBEIL**	**CATTELL**	MACADAM	CALCIUM
PÈSE-SEL	**VERCEIL**	**MARVELL**	**POTSDAM**	IRIDIUM
DEMI-SEL	**VERFEIL**	**MAXWELL**	**ABRAHAM**	RHODIUM
MARIS EL	**BEG-MEIL**	**MAXWELL**	**BRABHAM**	LITHIUM
GRIMSEL	SOMMEIL	**CARROLL**	**BEECHAM**	GALLIUM
BEERSEL	VERMEIL	PITBULL	**MAUGHAM**	PALLIUM
ZOERSEL	**BELŒIL**	GAÏACOL	**MARKHAM**	THULIUM
ROUSSEL	CONSEIL	BIERGOL	**GRESHAM**	CADMIUM
BRUSSEL	**CRÉTEIL**	DIERGOL	**CHATHAM**	HOLMIUM
SEYSSEL	ACCUEIL	**HUICHOL**	**BENTHAM**	FERMIUM
MORTSEL	RECUEIL	MENTHOL	**HOHOKAM**	URANIUM
CLAUSEL	**ARCUEIL**	**BALLIOL**	NUOC-MÂM	DUBNIUM
ÁLCATEL	**LIGUEIL**	**PLANIOL**	**SOUMMAM**	RHÉNIUM
TÉLÉTEL	ORGUEIL	VITRIOL	**SONGNAM**	HAFNIUM
MINITEL	**DRAVEIL**	**MAILLOL**	**HUNGNAM**	**SAMNIUM**
PÉRITEL	FIL-À-FIL	ÉTHANOL	**SURINAM**	OXONIUM
CHEPTEL	SANS-FIL	**CÉVENOL**	**EL-ASNAM**	BOHRIUM
CHASTEL	**DANAKIL**	**CÉVENOL**	**VIÊT NAM**	THORIUM
GRADUEL	FOURNIL	GUIGNOL	**VIETNAM**	YTTRIUM
MALOUEL	FUEL-OIL	**GUIGNOL**	**MATARAM**	CÆSIUM
SAROUEL	NOMBRIL	RÉTINOL	WOLFRAM	HASSIUM
MENSUEL	**ESTORIL**	**KURNOOL**	**WOLFRAM**	TRITIUM

MINIMUM	RUFFIAN	LÉOGNAN	KIU YUAN	VANSÉEN
OPTIMUM	JULLIAN	HUAINAN	TAOYUAN	BASSÉEN
MAXIMUM	VULPIAN	TOURNAN	PALAWAN	COSSÉEN
LADANUM	TAO QIAN	MATAPAN	BURDWAN	RUSSÉEN
PICENUM	FLORIAN	ZAPOPAN	POPAYÁN	ÉLYSÉEN
STERNUM	SERVIAN	HALBRAN	BISAYAN	JANZÉEN
JÉJUNUM	PLUVIAN	TÉHÉRAN	BAMIYAN	RÖNTGEN
SURBOUM	KARAJAN	VÉTÉRAN	SAROYAN	RÖNTGEN
LOUKOUM	ABIDJAN	LAVERAN	MIMIZAN	SPLÜGEN
PANTOUM	ZANDJAN	BOUGRAN	PLEYBEN	GUICHEN
LABARUM	ANDIJAN	DHAHRAN	TLEMCEN	MÜNCHEN
DÉCORUM	CATALAN	COCHRAN	MOUKDEN	HAWAÏEN
CASTRUM	CATALAN	MURORAN	VIANDEN	HAWAÏEN
ERZURUM	GAMELAN	GONTRAN	HAMPDEN	AMIBIEN
OPOSSUM	CAPELAN	BERTRAN	DRESDEN	GAMBIEN
BALATUM	CHILLÁN	FORTRAN	RAMSDEN	ZAMBIEN
ERRATUM	QUILLAN	ELBASAN	GOLBÉEN	ZAMBIEN
PUNCTUM	ORTOLAN	KHOISAN	CORBÉEN	COMBIEN
QUANTUM	TRIPLAN	BARISAN	HAS BEEN	LESBIEN
SCROTUM	ÉPERLAN	ARTISAN	CRÉCÉEN	LESBIEN
PAESTUM	ANDAMAN	COURSAN	CALCÉEN	DOUBIEN
AD NUTUM	WEIDMAN	BRESSAN	LANCÉEN	TRACIEN
AQUAGYM	FRIDMAN	BRESSAN	PHOCÉEN	ANICIEN
KHAREZM	GOLDMAN	MOISSAN	PHOCÉEN	ACADIEN
ARTABAN	GOODMAN	YUCATÁN	BOSCÉEN	ACADIEN
CALIBAN	STEEMAN	SAMATAN	PRADÉEN	ARÉDIEN
TALIBAN	COLEMAN	CAFETAN	CANDÉEN	GARDIEN
SCRIBAN	WISEMAN	CAJETAN	MANDÉEN	GORDIEN
RUBICAN	GOFFMAN	CÉRETAN	VENDÉEN	GORDIEN
MOHICAN	HOFFMAN	OCCITAN	VENDÉEN	ASCÉIEN
PÉLICAN	DROGMAN	OCCITAN	CONDÉEN	FUÉGIEN
VATICAN	BERGMAN	GADITAN	BARDEEN	FUÉGIEN
MAGADAN	SOLIMAN	CAPITAN	MAZDÉEN	MORGIEN
PÉLADAN	AHRIMAN	SÉISTAN	ARCHÉEN	BURGIEN
RAMADAN	TAXIMAN	TRISTAN	SILLÉEN	VOSGIEN
ZAHEDAN	TUDJMAN	DUNSTAN	BOOLÉEN	VOSGIEN
BURIDAN	EIJKMAN	ROUSTAN	ARAMÉEN	ENGHIEN
DOURDAN	Walkman	BHOUTAN	BALMÉEN	PYTHIEN
JOURDAN	BELLMAN	PALAUAN	GHANÉEN	FIDJIEN
TOURFAN	PULLMAN	PALAUAN	GHANÉEN	FIDJIEN
OURAGAN	PULLMAN	LICHUAN	GUINÉEN	IRAKIEN
YATAGAN	FEYNMAN	SICHUAN	GUINÉEN	IRAKIEN
MAZAGAN	OTTOMAN	DOM JUAN	BALNÉEN	TOLKIEN
ACHIGAN	CHAPMAN	SAN JUAN	LINNÉEN	ITALIEN
LE VIGAN	SHERMAN	DON JUAN	CERNÉEN	ITALIEN
CHANGAN	BOORMAN	DON JUAN	CORNÉEN	ABÉLIEN
KHINGAN	WAKSMAN	FAN KUAN	ROSNÉEN	AMÉLIEN
CADOGAN	GASSMAN	PADOUAN	ACCRÉEN	CHILIEN
ERDOGAN	WHITMAN	ANJOUAN	SEGRÉEN	CHILIEN
CATOGAN	EASTMAN	HÉLOUÂN	TIGRÉEN	AZILIEN
KOURGAN	WATTMAN	CAPOUAN	VITRÉEN	GALLIEN
ISPAHAN	GUTTMAN	ASSOUAN	ISTRÉEN	TALLIEN
VAUGHAN	SCHUMAN	TÉTOUAN	VAURÉEN	MOLLIEN
DARKHAN	FLAXMAN	JIUQUAN	AZURÉEN	BOOLIEN
PAULHAN	JAZZMAN	NAURUAN	AZURÉEN	MARLIEN
MCLUHAN	BAMANAN	NAURUAN	NOISÉEN	OURLIEN
GARDIAN	GRIGNAN	TAIYUAN	SOISÉEN	PAULIEN

PERMIEN	LANAKEN	HOUDAIN	HUSSEIN	LE MARIN
CRÂNIEN	BROCKEN	SOUDAIN	EPSTEIN	ROMARIN
IRANIEN	SEGALEN	MÉCHAIN	ERSTEIN	PATARIN
IRANIEN	LENGLEN	FOLLAIN	DRIVE-IN	NAVARIN
ASINIEN	BETHLEN	POULAIN	ÉGLEFIN	SAVARIN
OXONIEN	GUILLÉN	GERMAIN	COUFFIN	MAZARIN
BOSNIEN	HEERLEN	GERMAIN	FRANGIN	MANDRIN
FÉROÏEN	GRAULEN	ROUMAIN	PÉRUGIN	MANDRIN
FÉROÏEN	DURAMEN	ROUMAIN	JOACHIN	POUDRIN
CARPIEN	JINGMEN	THÔNAIN	CRACHIN	PÈLERIN
ACARIEN	LONGMEN	CLARAIN	RONCHIN	PÈLERIN
ISARIEN	BUSHMEN	REFRAIN	TROCHIN	VIPÉRIN
OVARIEN	TAXIMEN	PARRAIN	DAUPHIN	SÉVERIN
OMBRIEN	ABDOMEN	MERRAIN	BAS-RHIN	SIZERIN
OMBRIEN	WATTMEN	TERRAIN	MENUHIN	CHAGRIN
LOCRIEN	ALBUMEN	LORRAIN	EL TAJÍN	IVOIRIN
HADRIEN	TIOUMEN	LORRAIN	TIANJIN	COMORIN
FLÉRIEN	CÉRUMEN	VITRAIN	HODGKIN	ORRORIN
IMÉRIEN	JAZZMEN	ENTRAIN	SOROKIN	BOURRIN
ATÉRIEN	VATANEN	MALSAIN	ALCALIN	VAUTRIN
OUGRIEN	BRUNNEN	HORSAIN	GIBELIN	GALURIN
ÉMIRIEN	CITROËN	CHÂTAIN	MADELIN	MATURIN
CYPRIEN	MÄLAREN	HUITAIN	GAMELIN	MATURÍN
TERRIEN	MCLAREN	SEPTAIN	HAMELIN	PÂTURIN
ESTRIEN	LOKEREN	CERTAIN	LEMELIN	DOUVRIN
SAURIEN	BEVEREN	MORTAIN	PATELIN	MAGASIN
VAURIEN	SUFFREN	HAUTAIN	AQUILIN	SARASIN
VAURIEN	NIELSEN	VOÛTAIN	BÖCKLIN	GÉLASIN
GÉVRIEN	MOMMSEN	SYLVAIN	QUELLIN	CHAMSIN
SÉVRIEN	THOMSEN	SYLVAIN	KREMLIN	KHAMSIN
ALÉSIEN	MEISSEN	NEUVAIN	KREMLIN	LIMOSIN
ONÉSIEN	JANSSEN	COUVAIN	HERMLIN	AGASSIN
ÉTÉSIEN	GAUSSEN	DOUVAIN	DRUMLIN	BRASSIN
CAPSIEN	THYSSEN	LOUVAIN	COGOLIN	GRESSIN
TARSIEN	AERTSEN	DOUZAIN	CIPOLIN	TRISSIN
MEUSIEN	LOFOTEN	CARABIN	RIPOLIN	COUSSIN
CLUSIEN	SCHOTEN	JACOBIN	CHAPLIN	POUSSIN
ONUSIEN	BRITTEN	KHARBIN	PRASLIN	POUSSIN
GRATIEN	SALOUEN	MÉDECIN	LUPULIN	ROUSSIN
CLÉTIEN	LIPOVEN	CAPUCIN	MAXIMIN	ROUSSIN
UZÉTIEN	MI-MOYEN	BALADIN	GÉDYMIN	ABYSSIN
HAÏTIEN	CITOYEN	PALADIN	FÉMININ	ABYSSIN
HAÏTIEN	MITOYEN	SALADIN	JEANNIN	THÉATIN
KANTIEN	CARRYEN	CITADIN	APENNIN	PALATIN
LAOTIEN	ALHAZEN	DUNEDIN	ANTONIN	PALATIN
LAOTIEN	MAGHZEN	BLONDIN	BENJOIN	BARATIN
BÉOTIEN	MAKHZEN	BLONDIN	DUSAPIN	MORATÍN
BÉOTIEN	GENTZEN	GRONDIN	CALEPIN	PLANTIN
MARTIEN	BAUTZEN	CHARDIN	CLAMPIN	TRENTIN
MARTIEN	THÉBAIN	GOURDIN	GALOPIN	AVENTIN
AOÛTIEN	THÉBAIN	BRESDIN	GRAPPIN	QUINTIN
SOUTIEN	RURBAIN	HOLBEIN	ALEPPIN	CABOTIN
FLAVIEN	VULCAIN	HENLEIN	CRESPIN	PICOTIN
KIÉVIEN	VULCAIN	BAHREÏN	CRISPIN	RAGOTIN
PELVIEN	BOUCAIN	BASSEIN	TABARIN	BRIOTIN
MARXIEN	DOUÇAIN	DESSEIN	TAGARIN	CALOTIN
BATZIEN	MONDAIN	HOSSEIN	TAMARIN	

PILOTIN	PHARAON	CHIFFON	ÉROSION	SEILLON
POPOTIN	**STRABON**	GRIFFON	VERSION	**CHILLON**
PÉROTIN	**CIREBON**	BOUFFON	TORSION	**DOILLON**
PUROTIN	**ANNOBÓN**	**NIPIGON**	**GASSION**	**CRILLON**
HOURTIN	CHARBON	FOURGON	PASSION	GRILLON
PLESTIN	BOURBON	**FRACHON**	CESSION	GUILLON
FAUSTIN	**BOURBON**	FANCHON	SESSION	APOLLON
STETTIN	**AUDUBON**	MANCHON	FISSION	**APOLLON**
CROTTIN	LIMAÇON	RONCHON	MISSION	**FOULLON**
TROTTIN	CALEÇON	**PYNCHON**	JUSSION	**DEMOLON**
SCRUTIN	HAMEÇON	TORCHON	STATION	**SIMPLON**
HOLGUÍN	**COMECON**	**CAUCHON**	OVATION	**ZABULON**
SANGUIN	SÉNEÇON	FAUCHON	FACTION	TÉLAMON
GAUGUIN	CAVEÇON	BOUCHON	RECTION	**BAYAMÓN**
HALLUIN	**RUBICON**	LOUCHON	SECTION	PALÉMON
BABOUIN	VIDICON	**SOUCHON**	DICTION	FLEGMON
BÉDOUIN	HÉLICON	BRUCHON	FICTION	ARTIMON
BÉDOUIN	**HÉLICON**	CRUCHON	MICTION	**SALOMON**
SAGOUIN	PLANÇON	**PRUD'HON**	ONCTION	CABANON
PAHOUIN	ÉTANÇON	**AGULHON**	ÉDITION	**ORGANON**
MALOUIN	**ALENÇON**	**QUI NHON**	MENTION	**TRIANON**
MALOUIN	POINÇON	**PYRRHON**	ÉMOTION	**MARAÑÓN**
MILOUIN	TRONÇON	**MENTHON**	PORTION	**BRIENON**
TARQUIN	SOUPÇON	**COUTHON**	BASTION	**SIMENON**
TURQUIN	**ALARCÓN**	SUCCION	GESTION	CHIGNON
PASQUIN	COURÇON	**PHOCION**	CAUTION	MOIGNON
LESQUIN	**COURÇON**	**MARCION**	ÉLUTION	**GRIGNON**
MESQUIN	**VALADON**	**CLODION**	BRUTION	GUIGNON
JOSQUIN	CÉLADON	**GORDION**	MIXTION	QUIGNON
BOUQUIN	ESPADON	**FORGION**	ÉLUVION	**AVIGNON**
ROUQUIN	COMÉDON	ISCHION	FLEXION	GROGNON
ANGEVIN	ÉDREDON	**AMPHION**	FLUXION	TROGNON
ANGEVIN	**LANGDON**	**AUTHION**	**ARPAJON**	LORGNON
ÉCHEVIN	**CUPIDON**	OPILION	**RÄTIKON**	BRUGNON
PÈSE-VIN	**MÉZIDON**	BILLION	**ASCALON**	CHAÎNON
TÂTE-VIN	ABANDON	MILLION	**ABSALON**	**SHANNON**
ÉPARVIN	BRANDON	FERMION	CHABLON	**ÉPERNON**
ÉPERVIN	**BRANDON**	**FORMION**	DOUBLON	**COURNON**
CHAUVIN	**SWINDON**	OPINION	HOUBLON	**TOURNON**
LIEUVIN	PAGODON	**LANNION**	MADELON	**LAOCOON**
BALDWIN	RIGODON	RÉUNION	ÉCHELON	**DRAGOON**
FEDAYIN	CHARDON	**RÉUNION**	MAMELON	**RANGOON**
SARAZIN	**YVERDON**	**SOUNION**	FÉNELON	**KOWLOON**
MUEZZIN	BOURDON	**SCIPION**	BUFFLON	CARTOON
CARDIJN	**BOURDON**	LAMPION	MOUFLON	CRAMPON
LINCOLN	**GOURDON**	MORPION	SANGLON	**MONTPON**
RIEMANN	**SNOWDON**	VIBRION	EPSILON	CROUPON
SPEMANN	DRAGEON	ALÉRION	UPSILON	MACARON
HOFMANN	SURGEON	CHORION	AQUILON	MÉGARON
ULLMANN	ORPHÉON	**LAURION**	**AVALLON**	MEMBRON
HERMANN	NUCLÉON	ÉVASION	MOELLON	**CESBRON**
BORMANN	**MAULÉON**	ÉLISION	**BAILLON**	OMICRON
NEUMANN	**TORREÓN**	MULSION	BÂILLON	TENDRON
SCHWANN	BALAFON	PULSION	**GAILLON**	**CAUDRON**
TALLINN	CARAFON	MANSION	HAILLON	GOUDRON
JALGAON	GIRAFON	PENSION	MAILLON	BIBERON
MACHAON	GREFFON	TENSION	PAILLON	**AUBERON**

LUBERON	BRONSON	PELOTON	LI TAIBO	DURANGO
MACÉRON	SIMPSON	MIROTON	ARECIBO	FOLENGO
CICÉRON	PEARSON	CLAPTON	NÉLOMBO	MARENGO
PUCERON	KHERSON	HAMPTON	COLOMBO	MARENGO
AUGERON	EMERSON	COMPTON	COLOMBO	DOMINGO
AUGERON	COURSON	KRYPTON	NELUMBO	BAKONGO
ACHÉRON	BRESSON	WHARTON	RIMBOBO	KORHOGO
BRIÉRON	CRESSON	QUARTON	ABE KOBO	EMBARGO
PALERON	CRESSON	AVORTON	SUBIACO	CAMARGO
SALERON	CAISSON	PRESTON	GUANACO	ARAPAHO
AILERON	CLISSON	MARSTON	QUÈSACO	JÉRICHO
CULERON	UNISSON	HOUSTON	SIROCCO	LESOTHO
CAMERON	BOISSON	GUITTON	NABUCCO	SAMPAIO
GAPERON	MOISSON	GLOUTON	PACHECO	AJACCIO
HYPÉRON	POISSON	CROÛTON	PELLICO	BROCCIO
LISERON	POISSON	DRAYTON	TAMPICO	OYASHIO
COUËRON	FRISSON	BARYTON	TAMPICO	AZEGLIO
NÉPHRON	BUISSON	SABAYON	CHIRICO	ABELLIO
CLAIRON	BUISSON	OTOCYON	IONESCO	IN-FOLIO
CLAIRON	CUISSON	EMBRYON	JALISCO	SAVINIO
POTIRON	ÉMOSSON	MONTYON	SALGADO	OLYMPIO
ENVIRON	PERSSON	CABEZÓN	DELGADO	SOLARIO
SCARRON	ÉCUSSON	HORIZON	MACHADO	ROSARIO
CHARRON	MOUSSON	VIERZON	CANSADO	ONTARIO
CHARRON	ALYSSON	KONZERN	FURTADO	SONDRIO
GUÊTRON	ABAT-SON	WESTERN	HURTADO	IMPÉRIO
COITRON	BLOUSON	PATTERN	MEGIDDO	CASERIO
POLTRON	NÉGATON	VÄTTERN	TORPÉDO	PROPRIO
NONTRON	ROGATON	CAPVERN	QUEVEDO	MAUGUIO
CISTRON	BALATON	KONZERN	AZEVEDO	STELVIO
NEUTRON	NÉLATON	POP-CORN	TOKAIDO	VALLEJO
FLEURON	RIPATON	LEGHORN	BUSHIDO	AZULEJO
PATURON	STRATON	SAXHORN	ROLANDO	BERMEJO
CHEVRON	MONCTON	RAEBURN	ORLANDO	NECHAKO
POIVRON	PHAÉTON	HEPBURN	NÉGONDO	GROMYKO
BEUVRON	PHAÉTON	LOU SIUN	SECUNDO	MIESZKO
AVEYRON	REJETON	MESCLUN	NEGUNDO	BUFFALO
ACHESON	CANETON	FERAOUN	LE BARDO	HENGELO
BATESON	MANETON	SHOGOUN	RICARDO	ZERMELO
LANG SON	PANETON	CHAMOUN	BOIARDO	TRAVELO
DÔNG SON	CURETON	SEMPRUN	MATSUDO	RAPALLO
BERGSON	GRIFTON	NERPRUN	LANGREO	MÉTALLO
LIAISON	LANGTON	FONTEYN	ARNOLFO	UCCELLO
ORAISON	DEMI-TON	KAPTEYN	TRANSFO	MUGELLO
MADISON	CAPITON	JOCELYN	SÉNOUFO	OTHELLO
ADDISON	POSITON	OLSZTYN	LOMBAGO	INTELLO
JAMISON	STILTON	DAZIBAO	LUMBAGO	RAVELLO
CLOISON	FROMTON	CURAÇAO	CHICAGO	UTRILLO
JACKSON	PLANTON	CURAÇAO	FARRAGO	MURILLO
ERIKSON	STANTON	QINGDAO	MONDEGO	RAMOLLO
CARLSON	QUANTON	LIN BIAO	TURBIGO	DIABOLO
CHAMSON	TRENTON	BEIPIAO	PRURIGO	TOMBOLO
THOMSON	CLINTON	LIN PIAO	LENTIGO	PICCOLO
CHANSON	QUINTON	TRISTÃO	VERTIGO	FOSCOLO
CRANSON	FRONTON	COLLABO	HIDALGO	DANDOLO
GRANSON	FRONTON	PLACEBO	DIBANGO	TRÉMOLO
JOHNSON	TAUNTON	OSHOGBO	LUBANGÓ	TIEPOLO

OTTERLO	EXTENSO	START-UP	PLOMBER	DÉVIDER
SAINT-LÔ	CARDOSO	MORDACQ	ENGOBER	SCANDER
DACTYLO	MAFIOSO	DARRACQ	DÉROBER	VIANDER
PETSAMO	BARROSO	BARSACQ	ENROBER	GLANDER
SAN REMO	CALYPSO	PONTACQ	ÉBARBER	AGENDER
NANAIMO	CALYPSO	VAN LAAR	COURBER	AMENDER
SEPTIMO	PICASSO	ALKMAAR	GLAUBER	SCINDER
PRO DOMO	CHIASSO	MALABAR	INCUBER	CHINDER
MECCANO	SIKASSO	MALABAR	ADOUBER	BLINDER
CHICANO	SPALATO	NESEBAR	TITUBER	GUINDER
CHOCANO	DERMATO	NICOBAR	ENTUBER	ABONDER
GARGANO	SFUMATO	ESCOBAR	INTUBER	ÉMONDER
MODIANO	VIBRATO	KHAYBAR	EFFACER	INONDER
MARIANO	DE FACTO	SIDE-CAR	DÉLACER	FRONDER
IN-PLANO	ORVIETO	MINICAR	ENLACER	GRONDER
SOPRANO	MAGNÉTO	ALENCAR	MENACER	EXONDER
BASSANO	AKIHITO	AUTOCAR	ESPACER	DÉCODER
CAETANO	MISKITO	CHEDDAR	DÉPECER	ENCODER
PONTANO	ASIENTO	DAMODAR	POLICER	SHKODËR
BOLZANO	LAMENTO	ÜSKÜDAR	FIANCER	DÉMODER
RIPIENO	MÉMENTO	ROI LEAR	ÉLANCER	LIARDER
STALINO	TORONTO	SCHOFAR	NUANCER	ABORDER
ZARLINO	BISCOTO	BÉDÉGAR	AVANCER	HOURDER
CASSINO	PEIXOTO	KACHGAR	AGENCER	LOURDER
CALVINO	SUHARTO	RÉALGAR	SPENCER	FRAUDER
CHELMNO	MODESTO	QIQIHAR	SPENCER	DÉNUDER
LOGROÑO	CHRISTO	AL-AZHAR	ÉMINCER	EXSUDER
LOCARNO	IN PETTO	KANDJAR	COINCER	RED DEER
SUKARNO	RISOTTO	MUDÉJAR	GRINCER	VERMEER
MADERNO	TCHOU TO	DRAKKAR	ÉVINCER	RECRÉER
A GIORNO	EX AEQUO	SHANKAR	PIONCER	RÉCRÉER
BELLUNO	CENTAVO	OTTOKAR	ÉNONCER	RAGRÉER
UNAMUNO	HASKOVO	CANULAR	FRONCER	DÉGRÉER
GNIEZNO	IVANOVO	CALAMAR	EXERCER	REGRÉER
GESTAPO	TARNOVO	HINCMAR	ÉCORCER	PARAFER
LIMPOPO	TIRNOVO	MYANMAR	AMORCER	AGRAFER
NOUGARO	GABROVO	PALOMAR	SOURCER	BRIEFER
UTAMARO	ZEMSTVO	LUPANAR	CHAUCER	PIAFFER
CORNARO	BOSCOYO	CAMBOAR	EXAUCER	STAFFER
LAMPARO	CHORIZO	COALTAR	SCHADER	GREFFER
FALIERO	SCHERZO	COUGUAR	CHIADER	SNIFFER
PAMPERO	DURAZZO	BOLIVAR	BALADER	COIFFER
MASPERO	MELOZZO	BOLÍVAR	PANADER	BRIFFER
BRASERO	IMHOTEP	SAMOVAR	PARADER	GRIFFER
PASSERO	ONE-STEP	KOSOVAR	ABCÉDER	SUIFFER
IN UTERO	DUCHAMP	KOSOVAR	ACCÉDER	ÉTOFFER
ALMAGRO	ELSKAMP	MEDAWAR	DÉCÉDER	TÖPFFER
ALLEGRO	HARD BOP	ALCAZAR	RECÉDER	BLUFFER
OBIHIRO	SEX-SHOP	SALAZAR	EXCÉDER	BOUFFER
KUSHIRO	BOSKOOP	VAN LAER	SPEEDER	POUFFER
GOAJIRO	BOTTROP	CACABER	OBSÉDER	TRUFFER
GUAJIRO	HARD-TOP	KROEBER	PLAIDER	LUCIFER
MINDORO	NON-STOP	IMBIBER	DÉCIDER	TARIFER
SAPPORO	KETCHUP	KLEIBER	VALIDER	ANTIFER
PIZARRO	CHECK-UP	INHIBER	LAPIDER	ATTIFER
IN VITRO	PRA-LOUP	EXHIBER	DÉRIDER	PACAGER
MAESTRO	KASTRUP	FLAMBER	RÉSIDER	ENCAGER

BOCAGER	PRÊCHER	PLACIER	**TELLIER**	VERNIER
DÉGAGER	CLICHER	ÉMACIER	MILLIER	**VERNIER**
ENGAGER	TRICHER	GRACIER	**TILLIER**	CORNIER
RAMAGER	BANCHER	ÉPICIER	COLLIER	**DORNIER**
MANAGER	HANCHER	LANCIER	ROLLIER	SAUNIER
MÉNAGER	RANCHER	FONCIER	ÉCOLIER	MEUNIER
DÉRAGER	PENCHER	RONCIER	GEÔLIER	**MEUNIER**
ENRAGER	JONCHER	MERCIER	VIOLIER	**MOUNIER**
ONSAGER	LYNCHER	**MERCIER**	SPOLIER	**MOYNIER**
POTAGER	PIOCHER	**PERCIER**	DÉPLIER	PRUNIER
RAVAGER	RIOCHER	SORCIER	REPLIER	CLAPIER
VOYAGER	CLOCHER	SAUCIER	PARLIER	DRAPIER
VOYAGER	AMOCHER	POUCIER	**BERLIER**	CRÊPIER
BRIDGER	BROCHER	SOUCIER	PERLIER	GUÊPIER
APIÉGER	CROCHER	**PRADIER**	**MESLIER**	FRIPIER
ALLÉGER	MARCHER	STADIER	TAULIER	TRIPIER
ARPÉGER	HERCHER	LANDIER	BOULIER	**DAMPIER**
ABRÉGER	PERCHER	MENDIER	ROULIER	POMPIER
AGRÉGER	**KIRCHER**	RONDIER	SOULIER	TAUPIER
RÉDIGER	PORCHER	AMODIER	CADMIER	AVARIER
OBLIGER	TORCHER	FARDIER	ANÉMIER	DÉCRIER
VOLIGER	**FISCHER**	MERDIER	CRÉMIER	RÉCRIER
DIRIGER	**VISCHER**	VERDIER	PREMIER	ENCRIER
MITIGER	CATCHER	BORDIER	PALMIER	SUCRIER
ATTIGER	FAUCHER	CORDIER	GOMMIER	MADRIER
CHANGER	**FAUCHER**	**CORDIER**	POMMIER	NÉGRIER
FRANGER	GAUCHER	ÉTUDIER	SOMMIER	**NÉGRIER**
GRANGER	RAUCHER	CAFÉIER	LARMIER	POIRIER
ORANGER	**BLÜCHER**	ÉDIFIER	FERMIER	CÂPRIER
KLINGER	PLUCHER	DÉIFIER	**TERMIER**	CARRIER
USINGER	BOUCHER	RÉIFIER	CORMIER	**CARRIER**
ÉLONGER	**BOUCHER**	UNIFIER	BAUMIER	**FERRIER**
PLONGER	COUCHER	SOLFIER	**DAUMIER**	**PERRIER**
ÉPONGER	DOUCHER	CONFIER	PLUMIER	TERRIER
DÉLOGER	LOUCHER	PLAGIER	GOUMIER	VERRIER
RELOGER	MOUCHER	IMAGIER	GRUMIER	VITRIER
LIMOGER	TOUCHER	FICHIER	ÉBÉNIER	LAURIER
ABROGER	**SLIPHER**	**RICHIER**	**CHÉNIER**	**LAURIER**
DÉROGER	FLASHER	ROCHIER	PLÉNIER	**COURIER**
ARROGER	SMASHER	**POTHIER**	GRENIER	**FOURIER**
CHARGER	CRASHER	LUTHIER	**RÉGNIER**	TOURIER
ÉMARGER	**NOETHER**	CÂBLIER	GAINIER	USURIER
ÉMERGER	**WALTHER**	SABLIER	LAINIER	FÉVRIER
ÉGORGER	**GÜNTHER**	TABLIER	**RAINIER**	LÉVRIER
KREUGER	**WERTHER**	OUBLIER	ÉPINIER	LIVRIER
ADJUGER	COCAÏER	PUBLIER	CANNIER	VIVRIER
DÉJUGER	COPAÏER	ATELIER	VANNIER	OUVRIER
MÉJUGER	**GAMBIER**	NÉFLIER	**BONNIER**	BRASIER
REJUGER	JAMBIER	MUFLIER	**MONNIER**	ALISIER
CALUGER	BARBIER	VOILIER	ACONIER	CENSIER
ÉGRUGER	GERBIER	HUILIER	THONIER	CHOSIER
ÉCACHER	HERBIER	TUILIER	ANONIER	GYPSIER
CRACHER	**VERBIER**	HALLIER	CARNIER	TARSIER
DRACHER	MORBIER	PALLIER	**GARNIER**	CASSIER
FLÉCHER	SORBIER	RALLIER	**TARNIER**	MASSIER
ÉMÉCHER	ÉCUBIER	CELLIER	**BERNIER**	FESSIER
CRÉCHER	GLACIER	SELLIER	DERNIER	**MESSIER**

TESSIER	**ROUVIER**	CAPELER	TRILLER	ABOULER
LISSIER	ALIZIER	APPELER	VRILLER	ÉBOULER
DOSSIER	**CROZIER**	CISELER	**STILLER**	ÉCOULER
OBUSIER	RAZZIER	FUSELER	CUILLER	CROULER
BOUSIER	GALÉJER	MUSELER	OUILLER	COPULER
CHÂTIER	SPEAKER	RÂTELER	**DAIMLER**	CRAWLER
ARÊTIER	CRACKER	DÉTELER	**HIMMLER**	**GADAMER**
LIFTIER	KNICKER	ATTELER	BRANLER	STEAMER
FAÎTIER	STICKER	BOUÉLER	BABOLER	AFFAMER
LAITIER	**JUNCKER**	JAVELER	RACOLER	INFÂMER
INITIER	STOCKER	TAVELER	ACCOLER	ENGAMER
BOÎTIER	**PLÜCKER**	RÉVÉLER	RÉCOLER	DÉRAMER
PELTIER	CLINKER	NIVELER	PICOLER	RÉTAMER
GANTIER	CABALER	CUVELER	COCOLER	ENTAMER
DENTIER	DÉCALER	ÉRAFLER	AFFOLER	ÉCRÉMER
RENTIER	RECALER	SIFFLER	RIGOLER	**IFREMER**
SENTIER	PÉDALER	RENFLER	ÉTIOLER	RYTHMER
MONTIER	AFFALER	GONFLER	CAJOLER	DÉCIMER
PONTIER	RÉGALER	RONFLER	ENJÔLER	**RICIMER**
ÎLOTIER	ACHALER	MORFLER	IMMOLER	RÉDIMER
CARTIER	DÉHALER	**STIGLER**	ENRÔLER	**GÉLIMER**
MORTIER	INHALER	SANGLER	DÉSOLER	RANIMER
MORTIER	EXHALER	CINGLER	INSOLER	PÉRIMER
PORTIER	CHIALER	JONGLER	ASSOLER	ARRIMER
PORTIER	EMPALER	**FURGLER**	ENTÔLER	**LATIMER**
POSTIER	RESALER	BEUGLER	REVOLER	INTIMER
BUSTIER	DÉTALER	MEUGLER	ENVOLER	ESTIMER
DATTIER	CAVALER	JUBILER	TRIPLER	**BELLMER**
NATTIER	RAVALER	DÉFILER	SAMPLER	TRIMMER
NATTIER	DÉVALER	REFILER	**DOPPLER**	DRUMMER
PATTIER	CHABLER	AFFILER	PEUPLER	**CRANMER**
BOTTIER	ÉTABLER	EFFILER	COUPLER	BLOOMER
POTTIER	CRIBLER	ENFILER	**VEKSLER**	CHROMER
GAUTIER	SEMBLER	SPOILER	**HASSLER**	RÉARMER
SAUTIER	COMBLER	ÉTOILER	**ELSSLER**	CHARMER
MOUTIER	MEUBLER	DÉPILER	**KASTLER**	ALARMER
ROUTIER	DOUBLER	EMPILER	CHAULER	**BIERMER**
SOUTIER	SARCLER	DÉSILER	MIAULER	GOURMER
GRUTIER	CERCLER	ENSILER	PIAULER	**MESSMER**
BAGUIER	MUSCLER	MUTILER	ÉPAULER	CHAUMER
SÉGUIER	BOUCLER	RUTILER	FABULER	ENFUMER
FIGUIER	PUDDLER	**DAVILER**	MACULER	INHUMER
VIGUIER	HURDLER	SCELLER	ACCULER	EXHUMER
ANGUIER	DÉCELER	NIELLER	FÉCULER	ALLUMER
JAQUIER	RECELER	BAILLER	RECULER	RÉSUMER
PIQUIER	FICELER	BÂILLER	ONDULER	ASSUMER
CLAVIER	MODELER	CAILLER	MODULER	BITUMER
GRAVIER	**WHEELER**	FAILLER	**BLEULER**	CABANER
OLIVIER	DÉGELER	MAILLER	GUEULER	RUBANER
OLIVIER	REGELER	PAILLER	RÉGULER	RICANER
JANVIER	**SCHELER**	RAILLER	JUGULER	EFFANER
JANVIER	ANHÉLER	TAILLER	HULULER	MAGANER
RANVIER	DÉMÊLER	TEILLER	SIMULER	**BIKANER**
CONVIER	EMMÊLER	VEILLER	CUMULER	BASANER
PLUVIER	JUMELER	ROILLER	CANULER	PAVANER
BOUVIER	AGNELER	BRILLER	ANNULER	**GARDNER**
BOUVIER	ANNELER	GRILLER	SAOULER	**ORDENER**

WEGENER	FARINER	TREMPER	MÉMÉRER	VAUTRER
ALIÉNER	MARINER	GRIMPER	GÉNÉRER	FEUTRER
HALENER	SERINER	**QUIMPER**	VÉNÉRER	RÉCURER
RAMENER	BURINER	TROMPER	REPÉRER	ENDURER
DÉMENER	SURINER	**WHYMPER**	ESPÉRER	FLEURER
EMMENER	LÉSINER	GALOPER	LISERER	PLEURER
CARÉNER	RÉSINER	SALOPER	MISÉRER	APEURER
ÉGRENER	MÂTINER	CLAPPER	INSÉRER	ÉPEURER
ENRÊNER	PATINER	FRAPPER	ALTÉRER	FIGURER
ASSÉNER	RATINER	TRAPPER	RÉVÉRER	AUGURER
STAGNER	SATINER	STEPPER	COFFRER	ABJURER
BOEGNER	POTINER	SKIPPER	GAUFRER	ADJURER
BAIGNER	BUTINER	CLIPPER	SOUFRER	DÉLURER
DAIGNER	LUTINER	FLIPPER	ÉMIGRER	EMMURER
SAIGNER	MUTINER	GRIPPER	HONGRER	CHOURER
PEIGNER	COUINER	CHOPPER	BLAIRER	AJOURER
ALIGNER	FOUINER	DROPPER	FLAIRER	DÉPURER
CLIGNER	BRUINER	STOPPER	DÉLIRER	MESURER
SOIGNER	RAVINER	USURPER	ADMIRER	ASSURER
GRIGNER	DEVINER	CRISPER	EMPIRER	PÂTURER
GUIGNER	**LUCKNER**	**PROSPER**	ASPIRER	RATURER
GROGNER	SCANNER	OCCUPER	EXPIRER	SATURER
HARGNER	**BRANNER**	GROUPER	DÉSIRER	OBTURER
LORGNER	**BRENNER**	ÉTOUPER	RETIRER	BITURER
POUGNER	**SKINNER**	EFFARER	ATTIRER	SUTURER
FECHNER	ABONNER	DÉPARER	DÉVIRER	CHEVRER
LOCHNER	ADONNER	RÉPARER	ARBORER	ENIVRER
BUCHNER	ÂNONNER	SÉPARER	DÉCORER	POIVRER
BÜCHNER	ÉTONNER	EMPARER	PICORER	CUIVRER
CHAÎNER	RAMONER	CAMBRER	DÉDORER	ŒUVRER
DRAINER	CROONER	TIMBRER	REDORER	RECASER
GRAINER	CORONER	NOMBRER	MAJORER	ABRASER
TRAÎNER	DÉTONER	SOMBRER	COLORER	ÉBRASER
DÉBINER	**KVARNER**	MARBRER	IGNORER	ÉCRASER
BOBINER	**STIRNER**	EXÉCRER	MINORER	PHRASER
BADINER	ÉCORNER	CENDRER	HONORER	ENVASER
RADINER	PIORNER	POUDRER	PÉRORER	EMPESER
DODINER	TOURNER	LIBÉRER	ESSORER	BIAISER
FREINER	**GESSNER**	LACÉRER	DÉVORER	NIAISER
STEINER	**MESSNER**	MACÉRER	DIAPRER	APAISER
AFFINER	**PEVSNER**	ULCÉRER	AMARRER	BRAISER
PAGINER	**MEITNER**	FÉDÉRER	ABERRER	FRAISER
ÉCHINER	**KÄSTNER**	SIDÉRER	BEURRER	INCISER
SCHINER	**BRAUNER**	**DODERER**	LEURRER	EXCISER
CÂLINER	**TRAUNER**	MODÉRER	BOURRER	**DREISER**
GAMINER	FALUNER	DÉFÉRER	FOURRER	BALISER
LAMINER	PÉTUNER	RÉFÉRER	CHÂTRER	ENLISER
DÉMINER	DÉCAPER	INFÉRER	PLÂTRER	NOLISER
GÉMINER	SCRAPER	DIGÉRER	GUÊTRER	TAMISER
DOMINER	DÉRAPER	INGÉRER	FILTRER	REMISER
GOMINER	RETAPER	**UNGERER**	CENTRER	NANISER
NOMINER	RECEPER	COGÉRER	RENTRER	TANISER
RUMINER	EXCIPER	ADHÉRER	CINTRER	SINISER
LAPINER	ÉTRIPER	ACIÉRER	CONTRER	IONISER
RAPINER	ÉQUIPER	GALÉRER	MONTRER	ÉGOÏSER
TAPINER	SCALPER	COLÉRER	CASTRER	CROISER
COPINER	INALPER	TOLÉRER	LUSTRER	ÉGRISER

ARRISER	INFUSER	INCITER	DÉNOTER	GUETTER
COTISER	ÉCLUSER	EXCITER	ANNOTER	FRITTER
ATTISER	BLOUSER	MÉDITER	SCOOTER	QUITTER
ÉPUISER	ÉPOUSER	AUDITER	SHOOTER	FLOTTER
CRUISER	MÉSUSER	COGITER	CAPOTER	ÉMOTTER
RAVISER	DEBATER	DÉLITER	PAPOTER	CROTTER
DEVISER	DÉBÂTER	MILITER	TAPOTER	FROTTER
RÉVISER	EMBÂTER	LIMITER	DÉPOTER	TROTTER
DIVISER	SWEATER	GUNITER	EMPOTER	FLUTTER
CLAMSER	RÉGATER	DÉPITER	SIROTER	GOUTTER
WURMSER	ÉCLATER	**JUPITER**	ASSOTER	TABUTER
SPENSER	RELATER	ABRITER	REVOTER	DÉBUTER
DÉPOSER	DILATER	HÉRITER	PIVOTER	REBUTER
REPOSER	DÉMÂTER	MÉRITER	VIVOTER	PIEUTER
IMPOSER	EMPÂTER	IRRITER	FAYOTER	ZIEUTER
APPOSER	APPÂTER	HÉSITER	ZOZOTER	AMEUTER
OPPOSER	RETÂTER	VISITER	ADAPTER	QUEUTER
EXPOSER	**LAVATER**	BRUITER	COMPTER	ZYEUTER
ARROSER	TRACTER	INVITER	DOMPTER	RÉFUTER
COURSER	ÉJECTER	SPALTER	ADOPTER	AFFÛTER
CHASSER	ÉDICTER	EXALTER	COOPTER	ENFÛTER
CLASSER	ÉRUCTER	EXULTER	CRYPTER	MINUTER
AMASSER	HÉBÉTER	CHANTER	ÉCARTER	ABOUTER
COASSER	EMBÊTER	PLANTER	CHARTER	ÉBOUTER
BRASSER	TWEETER	CRANTER	STARTER	ÉCOUTER
BLESSER	VÉGÉTER	ÉDENTER	QUARTER	AJOUTER
DRESSER	ACHETER	FIENTER	ALERTER	CLOUTER
PRESSER	DÉJETER	ÉVENTER	INERTER	FLOUTER
TRESSER	REJETER	FEINTER	FLIRTER	BROUTER
BAISSER	CALETER	TEINTER	AVORTER	CROÛTER
LAISSER	GALETER	POINTER	HEURTER	DÉPUTER
CLISSER	HALETER	SUINTER	GÉASTER	AMPUTER
GLISSER	FILETER	AHONTER	TOASTER	IMPUTER
PLISSER	MOLETER	SHUNTER	**WEBSTER**	SCRUTER
POISSER	VOLETER	CABOTER	CHESTER	BIZUTER
ÉPISSER	**DÉMÉTER**	JABOTER	**CHESTER**	JOUXTER
CRISSER	RÉPÉTER	RABOTER	DIESTER	ÉCOBUER
TRISSER	BARÉTER	SABOTER	PRESTER	ÉVACUER
ÉCOSSER	ÉCRÊTER	RIBOTER	BLISTER	GRADUER
ADOSSER	ARRÊTER	ACCOTER	TWISTER	BLAGUER
BROSSER	CURETER	BÉCOTER	EXISTER	ÉLAGUER
DROSSER	FURETER	PICOTER	**FALSTER**	DRAGUER
FAUSSER	ENTÊTER	COCOTER	HOLSTER	BRIGUER
GAUSSER	RIVETER	SUÇOTER	HAMSTER	TANGUER
HAUSSER	DUVETER	RADOTER	MUNSTER	DINGUER
HOUSSER	DRIFTER	FAGOTER	**MUNSTER**	ZINGUER
MOUSSER	**STIFTER**	RAGOTER	**MÜNSTER**	DROGUER
POUSSER	MOUFTER	DÉGOTER	BOOSTER	CARGUER
TOUSSER	DOIGTER	MÉGOTER	APOSTER	LARGUER
POUTSER	**RICHTER**	GIGOTER	**VORSTER**	NARGUER
ACCUSER	TRAITER	LIGOTER	AJUSTER	TARGUER
RÉCUSER	HABITER	ERGOTER	CLUSTER	MORGUER
EXCUSER	DÉBITER	CAHOTER	TRUSTER	**BOUGUER**
MÉDUSER	ORBITER	MIJOTER	CHATTER	ÉVALUER
CREUSER	RÉCITER	PELOTER	FLATTER	REFLUER
GUEUSER	LICITER	PILOTER	GRATTER	AFFLUER
REFUSER		CANOTER	FRETTER	INFLUER

DÉGLUER	SOUQUER	ONDOYER	AFFOLIR	OUVROIR
ENGLUER	TRUQUER	RUDOYER	DÉMOLIR	ALÉSOIR
POLLUER	STUQUER	BAJOYER	DÉPOLIR	LINSOIR
ÉVOLUER	RESSUER	CALOYER	REPOLIR	BONSOIR
COMMUER	BOSSUER	ÉPLOYER	REMPLIR	VERSOIR
SECOUER	STATUER	DÉNOYER	AVEULIR	LISSOIR
ROCOUER	DÉCAVER	ENNOYER	**CASIMIR**	PISSOIR
BAFOUER	EXCAVER	**DUNOYER**	**JITOMIR**	BOSSOIR
ENGOUER	DÉLAVER	CÔTOYER	APLANIR	MONTOIR
ÉCHOUER	RELAVER	TUTOYER	OBTENIR	**MONTOIR**
DÉJOUER	**VINAVER**	DÉVOYER	DÉTENIR	DORTOIR
REJOUER	DÉPAVER	ENVOYER	RETENIR	BATTOIR
RELOUER	REPAVER	**BERRYER**	ADVENIR	BUTTOIR
ALLOUER	ENDÊVER	ENNUYER	DEVENIR	SAUTOIR
DÉNOUER	ACHEVER	APPUYER	REVENIR	BLUTOIR
RENOUER	RELEVER	ESSUYER	DÉFINIR	BOUTOIR
ÉBROUER	ENLEVER	DÉGAZER	**PATINIR**	FOUTOIR
ÉCROUER	SALIVER	FREEZER	ABONNIR	TAQUOIR
ENROUER	DÉRIVER	ZWANZER	FOURNIR	PRÉVOIR
TATOUER	ARRIVER	BRONZER	DÉMUNIR	COUVOIR
DÉVOUER	ACTIVER	**MÜNTZER**	DÉSUNIR	MOUVOIR
OUZOUER	VÉTIVER	KREUZER	TRAÇOIR	POUVOIR
CLAQUER	MOTIVER	**BUCHEHR**	LINÇOIR	CROUPIR
PLAQUER	ESTIVER	**LECLAIR**	PERÇOIR	DÉPÉRIR
BRAQUER	RAVIVER	**DUCLAIR**	FENDOIR	MAIGRIR
CRAQUER	RÉNOVER	**MÜSTAIR**	PENDOIR	AMERRIR
TRAQUER	INNOVER	VROMBIR	FONDOIR	NOURRIR
PACQUER	ÉNERVER	FOURBIR	PONDOIR	POURRIR
SACQUER	DÉCUVER	ÉTRÉCIR	TORDOIR	FLÉTRIR
BÉCQUER	ENCUVER	CHANCIR	BOUDOIR	FLEURIR
CHIQUER	PROUVER	AMINCIR	ASSEOIR	COUVRIR
CLIQUER	TROUVER	NOIRCIR	HACHOIR	ROUVRIR
FLIQUER	**BROUWER**	ADOUCIR	DÉCHOIR	PLAISIR
APIQUER	MALAXER	AFFADIR	SÉCHOIR	**PLAISIR**
BRIQUER	RELAXER	BRANDIR	FICHOIR	CHOISIR
CALQUER	DÉSAXER	GRANDIR	NICHOIR	TRANSIR
TALQUER	DÉTAXER	BLONDIR	POCHOIR	GROSSIR
BANQUER	INDEXER	ÉBAUDIR	JUCHOIR	RÉUSSIR
MANQUER	TÉLEXER	BOUFFIR	CHALOIR	ROUSSIR
CHOQUER	ANNEXER	ASSAGIR	À-VALOIR	DÉBÂTIR
BLOQUER	REMIXER	ÉLARGIR	AVALOIR	REBÂTIR
CLOQUER	PAGAYER	ENVAHIR	JABLOIR	DÉCATIR
FLOQUER	BÉGAYER	AVACHIR	RACLOIR	APLATIR
CROQUER	BALAYER	FLÉCHIR	RIFLOIR	DÉVÊTIR
TROQUER	DÉLAYER	**PANCHIR**	FALLOIR	REVÊTIR
ÉVOQUER	RELAYER	GAUCHIR	ISOLOIR	ALLOTIR
MARQUER	PAPAYER	**BACHKIR**	PARLOIR	AVERTIR
PARQUER	REPAYER	**PALIKIR**	COULOIR	AMORTIR
CASQUER	COPAYER	**ABOUKIR**	FOULOIR	BLETTIR
MASQUER	DÉRAYER	RESALIR	VOULOIR	BLOTTIR
BISQUER	ENRAYER	ÉTABLIR	BRÛLOIR	ABOUTIR
RISQUER	ESSAYER	FAIBLIR	FERMOIR	ABRUTIR
COSQUER	MÉTAYER	ANOBLIR	GERMOIR	LANGUIR
BUSQUER	ZÉZAYER	RAVILIR	PLANOIR	ENFOUIR
RAUQUER	CAPEYER	JAILLIR	URINOIR	RÉJOUIR
ÉDUQUER	FASEYER	SAILLIR	TERROIR	ÉBLOUIR
ÉNUQUER	**LOCKYER**	AMOLLIR	MOUROIR	ÉCROUIR

ARMAVIR	TIÉDEUR	AVALEUR	COUPEUR	CAFTEUR
ELZÉVIR	LAIDEUR	CÂBLEUR	SOUPEUR	ÉDITEUR
ELZÉVIR	RAIDEUR	HÂBLEUR	STUPEUR	MOITEUR
DUUMVIR	ROIDEUR	SABLEUR	SABREUR	MALTEUR
ABU BAKR	SOLDEUR	TABLEUR	VIBREUR	LENTEUR
SOBIBÓR	CANDEUR	AMBLEUR	ENCREUR	MENTEUR
MARIBOR	FENDEUR	RACLEUR	CADREUR	SENTEUR
PICADOR	TENDEUR	GICLEUR	BÂFREUR	CONTEUR
MOGADOR	VENDEUR	RÉGLEUR	OFFREUR	MONTEUR
TCHADOR	FONDEUR	ÉPILEUR	AIGREUR	RIOTEUR
BOJADOR	PONDEUR	DALLEUR	BARREUR	CAPTEUR
PARADOR	RONDEUR	PILLEUR	TERREUR	RUPTEUR
MIRADOR	SONDEUR	ROLLEUR	HORREUR	PORTEUR
MIRADOR	TONDEUR	COLLEUR	MÉTREUR	PASTEUR
MATADOR	BRODEUR	VIOLEUR	COUREUR	**PASTEUR**
TÊTE-D'OR	CARDEUR	FRÔLEUR	LIVREUR	TESTEUR
CÔTE-D'OR	GARDEUR	AMPLEUR	OUVREUR	PISTEUR
STRIDOR	HARDEUR	PARLEUR	FAISEUR	BATTEUR
ANTHÉOR	VERDEUR	HURLEUR	BOISEUR	METTEUR
SENGHOR	TORDEUR	COULEUR	BRISEUR	BOTTEUR
GÜNTHÖR	BOUDEUR	DOULEUR	PRISEUR	BUTTEUR
GWALIOR	SOUDEUR	MOULEUR	CUISEUR	LUTTEUR
ARCELOR	GAFFEUR	ROULEUR	VALSEUR	FAUTEUR
SIMILOR	GOLFEUR	BRÛLEUR	DANSEUR	HAUTEUR
MODULOR	SURFEUR	CLAMEUR	CENSEUR	SAUTEUR
ATHANOR	TEUFEUR	ÉTAMEUR	PENSEUR	CHUTEUR
ALIÉNOR	IMAGEUR	FRIMEUR	SENSEUR	BOUTEUR
ANTÊNOR	PIÉGEUR	PRIMEUR	TENSEUR	DOUTEUR
O'CONNOR	JOGGEUR	GEMMEUR	HERSEUR	GOÛTEUR
WINDSOR	MANGEUR	**LANMEUR**	VERSEUR	JOUTEUR
SPONSOR	VENGEUR	CHÔMEUR	CURSEUR	ROUTEUR
LOUQSOR	RONGEUR	DORMEUR	CASSEUR	TAGUEUR
MOLITOR	SONGEUR	ÉCUMEUR	MASSEUR	LIGUEUR
NUMITOR	LARGEUR	FLÂNEUR	PASSEUR	RIGUEUR
MONITOR	MARGEUR	GLANEUR	LISSEUR	VIGUEUR
STENTOR	FORGEUR	PLANEUR	PISSEUR	FUGUEUR
STENTOR	PURGEUR	CRÂNEUR	TISSEUR	REMUEUR
BIROTOR	ROUGEUR	PRENEUR	BOSSEUR	ÉBOUEUR
QUATUOR	GÂCHEUR	GAGNEUR	CAUSEUR	LAQUEUR
SEPTUOR	HACHEUR	CHINEUR	ABUSEUR	LIQUEUR
SEXTUOR	LÂCHEUR	CANNEUR	AMUSEUR	PIQUEUR
DNIESTR	MÂCHEUR	TANNEUR	COUSEUR	TIQUEUR
TOMBEUR	BÊCHEUR	VANNEUR	AMATEUR	MOQUEUR
DJOBEUR	LÉCHEUR	SENNEUR	ORATEUR	**LE SUEUR**
GERBEUR	PÉCHEUR	DONNEUR	FACTEUR	FLAVEUR
DAUBEUR	PÊCHEUR	HONNEUR	JACTEUR	DRAVEUR
PLACEUR	SÉCHEUR	SONNEUR	LECTEUR	GRAVEUR
TRACEUR	BÛCHEUR	PRÔNEUR	RECTEUR	ÉLEVEUR
LANCEUR	MALHEUR	OZONEUR	SECTEUR	DRIVEUR
MINCEUR	BONHEUR	JEÛNEUR	VECTEUR	SUIVEUR
RINCEUR	RELIEUR	**RICŒUR**	LICTEUR	FERVEUR
FONCEUR	MANIEUR	CHIPEUR	DOCTEUR	SERVEUR
FARCEUR	COPIEUR	PALPEUR	RHÉTEUR	SAUVEUR
BERCEUR	MARIEUR	CAMPEUR	FRÉTEUR	**SAUVEUR**
PERCEUR	PARIEUR	RAPPEUR	PRÉTEUR	FRAYEUR
DOUCEUR	ROCKEUR	ZAPPEUR	PRÊTEUR	TRAYEUR
BRADEUR	CHALEUR	TORPEUR	QUÊTEUR	ABOYEUR

BROYEUR	**MÉNÉLAS**	**VARADES**	**ORCHIES**	RADINES
TRICHUR	MATELAS	**LAGIDES**	TOMMIES	MALINES
RÉAUMUR	FLA-FLAS	**NUMIDES**	**OIGNIES**	**MALINES**
TAMBOUR	VERGLAS	**ZIRIDES**	PENNIES	**COMINES**
LIMBOUR	**DOUGLAS**	**ATRIDES**	**TÖNNIES**	**MÉNINES**
ORADOUR	**ULFILAS**	**FUALDÈS**	GUPPIES	**MARINES**
BALFOUR	**NICOLAS**	**BRANDES**	**HARPIES**	**EYSINES**
DARFOUR	**SATOLAS**	ÉMONDES	FERRIES	MATINES
OUÏGOUR	**BAHAMAS**	**LOURDES**	LORRIES	**CAULNES**
BONJOUR	**PALAMAS**	CÂBLÉES	**DE VRIES**	**LUGONES**
GLAMOUR	**PALAMÁS**	CRÉMÉES	**SAISIES**	COLONES
SEYMOUR	**MIRAMAS**	**LES MÉES**	CHÂTIÉS	**SENONES**
KIPPOUR	**CABIMAS**	**ESTRÉES**	SUIVIES	**FRASNES**
KIPPOUR	**GREIMAS**	BRISÉES	**MENZIES**	**FRESNES**
NIPPOUR	**AUBENAS**	**PLATÉES**	**EVENKES**	**AVESNES**
CONTOUR	**PÉZENAS**	EMBUÉES	**CROOKES**	MORT-NÉS
DESTOUR	**SALINAS**	AMBAGES	ANNALES	**DE FUNÈS**
VAUTOUR	**LEVINAS**	PARAGES	**MORALES**	**ANTUNES**
BIJAPUR	JACONAS	**BARÈGES**	**ÉTABLES**	**BEDDOES**
RANGPUR	**ALAGOAS**	**VITIGÈS**	HUMBLES	**ÉTAMPES**
SHÂHPUR	**CHIAPAS**	**GRANGES**	**ARBÈLES**	**TRAPPES**
JODHPUR	PAS-À-PAS	**LIMOGES**	**ANGELES**	**SUIPPES**
UDAIPUR	**SUIPPAS**	**VIERGES**	**ARGELÈS**	**BÉNARÈS**
MANIPUR	PATARAS	**GEORGES**	**WINGLES**	**LINARES**
JYTOMYR	**SAMPRAS**	**RIORGES**	PICKLES	**CASARÈS**
MORLAÀS	**MAURRAS**	**BOURGES**	**CHALLES**	**CIMBRES**
BARABAS	PLÂTRAS	**STURGES**	SCELLÉS	**LUMBRES**
DEMI-BAS	**COUTRAS**	**IAPYGES**	**CHELLES**	**LONDRES**
ARROBAS	**QUEYRAS**	COACHES	**IXELLES**	**COUDRES**
PAYS-BAS	GALETAS	**APACHES**	**ÉTAPLES**	**CÁCERES**
CARACAS	**VERITAS**	**ARÊCHES**	TRIPLÉS	**ACHÈRES**
PARACAS	**AMYNTAS**	**SEICHES**	COUPLÉS	**GLIÈRES**
CHOUCAS	**PELOTAS**	RANCHES	**CHARLES**	**SÉRÈRES**
POSADAS	**EUROTAS**	WINCHES	CHASLES	**SÉVÈRES**
CSARDAS	**BORDUAS**	**CONCHES**	CHASLES	**CAZÈRES**
CZARDAS	**PALAVAS**	LUNCHES	**BEATLES**	LANGRES
PYTHÉAS	CANEVAS	TROCHES	**SICULES**	LANGRES
PELLÉAS	**METAXÁS**	**GARCHES**	GUEULES	CONGRÈS
ANDRÉAS	**VISAYAS**	**MARCHES**	**HÉRULES**	**TONGRES**
VALRÉAS	**MARSYAS**	MATCHES	**GÉTULES**	PROGRÈS
ARTIGAS	SKI-BOBS	PLUCHES	**RUTULES**	**COMORES**
CALCHAS	**LES ARCS**	**NIVKHES**	MAXIMES	CI-APRÈS
PHIDIAS	TAN-SADS	**BRUNHES**	**QUILMES**	**DES PRÉS**
MATHIAS	NU-PIEDS	**DELPHES**	**CHARMES**	**CONTRES**
EXÉKIAS	DÉFENDS	CLASHES	**VIARMES**	**CASTRES**
CALLIAS	ACHARDS	FLASHES	**CHERMÈS**	**LIGURES**
HIPPIAS	**EDWARDS**	SLASHES	**THERMES**	**BIÈVRES**
CTÉSIAS	REMORDS	SMASHES	**RAISMES**	**DESVRES**
PRUSIAS	**SORABES**	CRASHES	**RIEUMES**	**DOUVRES**
CRITIAS	**CÉLÈBES**	FLUSHES	**DIDYMES**	**LOUVRES**
PENZIAS	**DELIBES**	**BARTHES**	**SICANES**	ACCISES
BARAJAS	**ANTIBES**	**PARTHES**	**GUYANES**	ASSISES
CARAJÁS	**HORACES**	**SCYTHES**	**MYCÈNES**	CHÂSSES
PALIKAS	**OFFICES**	**STABIES**	**ATHÈNES**	CLISSÉS
ÉCHALAS	**SÉVICES**	HOBBIES	**EUMENÊS**	**BROSSES**
GIL BLAS	**SALUCES**	LOBBIES	**SOIGNES**	**CAUSSES**
RUY BLAS	**ORCADES**	LOCHIES	**DÉCINES**	**ÆGATES**

PÉNATES	SABLAIS	CHABLIS	LOMMOIS	CRÉTOIS
OÏRATES	BÉGLAIS	BLIBLIS	RIOMOIS	AULTOIS
SUDÈTES	ANGLAIS	CIVILIS	DRÔMOIS	COMTOIS
TAGETES	ANGLAIS	PAILLIS	FISMOIS	COMTOIS
VÉNÈTES	MILLAIS	TAILLIS	BAUMOIS	GANTOIS
ZÉNÈTES	GAUMAIS	SURPLIS	STANOIS	GANTOIS
PÉPÈTES	OMANAIS	COURLIS	ALÉNOIS	PANTOIS
OSSÈTES	OMANAIS	ÉBOULIS	CAGNOIS	CONTOIS
EN-TÊTES	ORANAIS	LES ULIS	DIGNOIS	MONTOIS
CRANTÉS	URANAIS	RÉADMIS	UGINOIS	MONTOIS
FUENTES	AGENAIS	ARTÉMIS	CHINOIS	PONTOIS
SAINTES	BAINAIS	CABANIS	CHINOIS	BIOTOIS
BONDUES	RENNAIS	TARANIS	BLINOIS	DARTOIS
GRÈGUES	YONNAIS	ANCENIS	FLINOIS	FERTOIS
FARGUES	HARNAIS	LYCHNIS	GUÎNOIS	PORTOIS
BERGUES	MARNAIS	DAPHNIS	CANNOIS	LATTOIS
LORGUES	TARNAIS	PANINIS	SANNOIS	BUGUOIS
SORGUES	RESNAIS	TOURNIS	GENNOIS	GRAVOIS
SAUGUES	CHAPAIS	PIC-BOIS	YENNOIS	GRIVOIS
POUGUES	SABRAIS	À MI-BOIS	FINNOIS	DERVOIS
ADYGUÉS	SEGRAIS	RIÉCOIS	FINNOIS	LOUVOIS
ZAZOUES	ENGRAIS	CRÉCOIS	BONNOIS	CLAYOIS
JACQUES	HAVRAIS	VENÇOIS	HARNOIS	BRUZOIS
JACQUES	MARSAIS	SPADOIS	BERNOIS	SARAPIS
LECQUES	ANÉTAIS	SUÉDOIS	BERNOIS	SÉRAPIS
ONCQUES	MALTAIS	SUÉDOIS	COSNOIS	CHAMPIS
LUCQUES	MALTAIS	BRIDOIS	AHUNOIS	THESPIS
CLIQUES	MANTAIS	MELDOIS	BEYNOIS	SYBARIS
CONQUES	NANTAIS	MELDOIS	SEYNOIS	MÉHARIS
PARQUES	PROTAIS	MENDOIS	VEYNOIS	TAMARIS
JUSQUES	FAUTAIS	GARDOIS	BLÉROIS	TAMARIS
TOUQUES	DROUAIS	VAUDOIS	CLÉROIS	CANARIS
MORDVES	LAQUAIS	VAUDOIS	ISÉROIS	KANÁRIS
ÉCOUVES	BRAVAIS	GIFFOIS	HYÉROIS	PANARIS
REMIXES	CALVAIS	PARFOIS	ANGROIS	SALBRIS
LUCAYES	GERVAIS	PRAGOIS	ENGROIS	LAMBRIS
ÉRINYES	MAUVAIS	PRAGOIS	ZAÏROIS	SEFÉRIS
HARPYES	BLAYAIS	ANCHOIS	ZAÏROIS	NUMÉRIS
GLEIZES	NISIBIS	LOCHOIS	BARROIS	COLORIS
FORTIFS	INDÉCIS	LOCLOIS	SARROIS	FAVORIS
VIKINGS	MÉDICIS	GALLOIS	YERROIS	COMPRIS
SPRINGS	FRANCIS	GALLOIS	NORROIS	RAPPRIS
MA-JONGS	FRONCIS	CELLOIS	MAUROIS	SURPRIS
HOT DOGS	PARADIS	DELLOIS	BLÉSOIS	VESTRIS
SPEECHS	HOURDIS	SELLOIS	BLÉSOIS	NÉMÉSIS
BRUNCHS	SOURDIS	LILLOIS	VALSOIS	PARISIS
AUROCHS	TAI-CHIS	COLLOIS	LENSOIS	PARISIS
SKETCHS	PERCHIS	HULLOIS	LONSOIS	SYCOSIS
SCOTCHS	TORCHIS	LISLOIS	MONSOIS	AHMOSIS
TARBAIS	COUCHIS	BAULOIS	GERSOIS	PYROSIS
LANDAIS	MEMPHIS	GAULOIS	MERSOIS	CHÂSSIS
LANDAIS	XENAKIS	GAULOIS	BASSOIS	PLESSIS
BORDAIS	KHALKÍS	TOULOIS	BESSOIS	ÉLEUSIS
CORDAIS	CHAALIS	ADAMOIS	HESSOIS	POLÍTIS
BAUDAIS	SOMALIS	CHAMOIS	HESSOIS	SIMITIS
VAUDAIS	NOVALIS	CHAMOIS	LYSSOIS	ÁVENTIS
CHALAIS	CHABLIS	SIAMOIS	CRÉTOIS	POINTIS

PILOTIS	SADIENS	CRETONS	VILLARS	STRAUSS
RÉMOTIS	DAMIENS	SETTONS	THOUARS	BAS-MÂTS
AGROTIS	DORIENS	TEUTONS	KHAZARS	GRAVATS
TRUSTIS	DICKENS	COMMUNS	LUBBERS	LES GETS
ABATTIS	EYSKENS	HAWKYNS	RANDERS	KUZNETS
FROTTIS	HELLENS	PRONAOS	WENDERS	STARETS
SÃO LUÍS	SIEMENS	PARADOS	SNYDERS	JET-SETS
RIBOUIS	SIEMENS	LAVE-DOS	SEGHERS	NON-DITS
CONQUIS	SUENENS	CHANDOS	VIHIERS	BARENTS
CROQUIS	CAMOENS	PELAGOS	ILLIERS	POP ARTS
MARQUIS	SAMOËNS	PAPAGOS	JULIERS	ESSARTS
PEYRUIS	COPPENS	PYRRHOS	PAMIERS	T-SHIRTS
PERTUIS	SUSPENS	XANTHOS	TENIERS	BAUHAUS
PERTUIS	CLARENS	BENTHOS	PÉRIERS	PEDIBUS
PRÉAVIS	BEHRENS	PHOTIOS	RETIERS	MINIBUS
VIS-À-VIS	THORENS	TAPAJÓS	VIVIERS	OMNIBUS
INDIVIS	LAURENS	ATTALOS	BÉZIERS	ÁBRIBUS
METSIJS	MELSENS	LENCLOS	YONKERS	RASIBUS
KORIAKS	NON-SENS	FORCLOS	JUNKERS	AUTOBUS
VOTYAKS	BASSENS	MORELOS	LILLERS	POURBUS
OSTYAKS	MARTENS	PSELLOS	VILLERS	COTTBUS
KOUMYKS	MERTENS	TRULLOS	SOLLERS	BIFIDUS
TRIBALS	STEVENS	PATHMOS	ROULERS	NUCLEUS
TOMBALS	TROYENS	SOLOMÓS	SOMMERS	NUCLÉUS
PASCALS	ST. JOHN'S	THERMOS	GOMPERS	DREYFUS
BORÉALS	ALBAINS	ROMANOS	JASPERS	BACCHUS
MICHALS	ROMAINS	OURANOS	LINTERS	PYRRHUS
MARIALS	ROBBINS	TÉTANOS	REUTERS	ICHTHUS
JOVIALS	CONFINS	TEMENOS	WOUTERS	BALTHUS
ATONALS	LEGGINS	ALBINOS	TRAVERS	MALTHUS
CHORALS	MOUGINS	MOLINOS	UNIVERS	PERTHUS
CAUSALS	WILKINS	MÉRINOS	CONVERS	MOEBIUS
GAS-OILS	HOPKINS	ICTINOS	PERVERS	APICIUS
MOGHOLS	HAWKINS	MYKONOS	VERCORS	MENCIUS
BARJOLS	COLLINS	À-PROPOS	DIX-CORS	CLODIUS
BAGNOLS	ROLLINS	ATROPOS	FAVEURS	BERGIUS
BOZOULS	OULLINS	VOCEROS	BOXEURS	OMALIUS
BANYULS	TULLINS	ÁNDHROS	DÉBOURS	CAELIUS
TAM-TAMS	MOULINS	QUEIRÓS	REBOURS	DUILIUS
ENDÉANS	TIMMINS	THÁSSOS	DÉCOURS	MUMMIUS
ORLÉANS	PONTINS	CNOSSOS	RECOURS	VILNIUS
LOUHANS	PROVINS	KNOSSÓS	SECOURS	GROPIUS
BALKANS	VERVINS	IQUITOS	EN-COURS	CELSIUS
ALAMANS	GIBBONS	PLOUTOS	VELOURS	VOSSIUS
CAÏMANS	VASCONS	SCHNAPS	MAMOURS	PHOTIUS
YEOMANS	ABSCONS	TRICEPS	NEMOURS	GROTIUS
DORMANS	LINGONS	FORCEPS	LIMOURS	CURTIUS
COUMANS	CHÂLONS	LESSEPS	DONBASS	NAEVIUS
HEYMANS	RILLONS	PHILIPS	SCHLASS	MILVIUS
MOIRANS	COIRONS	DECAMPS	SENSASS	SYLVIUS
SARRANS	MARRONS	LE TEMPS	BURGESS	DE CUJUS
AUTRANS	ÉBURONS	MI-TEMPS	TOPLESS	PROCLUS
FAISANS	FOURONS	CÉCROPS	FITNESS	PERCLUS
LES VANS	GRISONS	BICORPS	LAXNESS	ANGÉLUS
ACHÉENS	PARSONS	MI-CORPS	EXPRESS	PHALLUS
NÉMÉENS	À TÂTONS	BALKARS	MILLOSS	EMBOLUS
HUYGENS	PICTONS	SELLARS	BICROSS	SURPLUS

REGULUS	FLACHAT	TEST ACT	MEILLET	BOESSET
ROMULUS	CRACHAT	INEXACT	ŒILLET	SAISSET
CUMULUS	PALGHAT	RESPECT	ÉPILLET	DAUSSET
TUMULUS	LOUFIAT	SUSPECT	JUILLET	FAUSSET
CALAMUS	PLAGIAT	CORRECT	SADOLET	GOUSSET
TRISMUS	PRIPIAT	VERDICT	TRIOLET	BOYSSET
RETENUS	INUPIAT	RASTADT	TRIOLET	CREUSET
SABINUS	BASTIAT	SCHWEDT	VIROLET	CAMUSET
COSINUS	PUGILAT	SCHEIDT	BAVOLET	GINGUET
LATINUS	MIELLAT	SCHMIDT	TRIPLET	QUINTET
BRENNUS	SAILLAT	COURBET	SIMPLET	BREGUET
TOURNUS	AUDIMAT	GOURBET	COMPLET	RINGUET
TOURNUS	DÉCANAT	GRANDET	COUPLET	LONGUET
NOUKOUS	APLANAT	BÉNODET	STERLET	SAUGUET
BURNOUS	MÉCÉNAT	CHAUDET	CUMULET	JOUGUET
PEÏPOUS	JUVÉNAT	EN EFFET	MAZAMET	BRAQUET
TRIPOUS	BOUGNAT	BOURGET	MAHOMET	TRAQUET
ELBROUS	CATINAT	BRACHET	GOURMET	JACQUET
DESSOUS	COLONAT	BRÉCHET	CALUMET	BECQUET
DISSOUS	NACARAT	FRÉCHET	CADENET	PECQUET
BELARUS	APPARAT	GUICHET	HAVENET	CLIQUET
GOMARUS	GUJERAT	JONCHET	BEIGNET	BRIQUET
HUMÉRUS	DOMÉRAT	BROCHET	POIGNET	CRIQUET
ABSTRUS	MALFRAT	CROCHET	CABINET	FRIQUET
ŒSTRUS	LÉVIRAT	PARCHET	ROBINET	TRIQUET
FLEURUS	VIZIRAT	FAUCHET	SADINET	BANQUET
PAPYRUS	LE DORAT	LOUCHET	FREINET	CHOQUET
THAPSUS	ÉPHORAT	MOUCHET	VIANNET	FLOQUET
CRASSUS	MAÏORAT	MOUCHET	VIONNET	CROQUET
TOUSSUS	PRIORAT	SOUCHET	BARONET	TROQUET
CONATUS	MAJORAT	JOLLIET	FASTNET	MARQUET
STRATUS	HONORAT	BERLIET	PARAPET	PARQUET
TRACTUS	SORORAT	FRÉMIET	WHIPPET	PIRQUET
SANCTUS	TUTORAT	INQUIET	CABARET	TORQUET
FRUCTUS	MAYORAT	CRICKET	NOGARET	BOSQUET
HABITUS	CHARRAT	DOUBLET	CAMARET	BOSQUET
CUBITUS	POURRAT	ANACLET	MINARET	CHUQUET
ANDREWS	FILTRAT	TRACLET	LAVARET	BOUQUET
WINDOWS	CONTRAT	GOBELET	LAZARET	BOUQUET
DINGHYS	CASTRAT	ORGELET	LANCRET	FOUQUET
WHISKYS	ADSTRAT	AGNELET	CONCRET	BOSSUET
COW-BOYS	TRANSAT	ANNELET	DISCRET	JOLIVET
CHERRYS	GOURSAT	CAPELET	ABLERET	GANIVET
SHERRYS	RÉMUSAT	PIPELET	SOLERET	CHAUVET
KHANTYS	ÉTRETAT	CISELET	LANERET	LE FAYET
SHABBAT	HABITAT	OISELET	INTÉRÊT	VILAYET
CÉLIBAT	CONSTAT	ROSELET	COFFRET	BAJAZET
DÉLICAT	APOSTAT	OSSELET	MAIGRET	BÉNEZET
BOURCAT	GRADUAT	MUSELET	CLAIRET	TENSIFT
THÉODAT	ADÉQUAT	BATELET	PROPRET	SCHACHT
EXSUDAT	KUMQUAT	SIFFLET	CHARRET	UTRECHT
LAURÉAT	SALAVAT	MOUFLET	FLEURET	INSIGHT
CALIFAT	HEDAYAT	SINGLET	PAUVRET	PARFAIT
SARAGAT	VITRYAT	SIFILET	TWIN-SET	FORFAIT
RENÉGAT	ENNEZAT	GAILLET	GRASSET	SURFAIT
AGRÉGAT	COMPACT	MAILLET	GRASSET	TÔT-FAIT
TORNGAT	CONTACT	MAILLET	KNESSET	SOUHAIT

RETRAIT	**ROUAULT**	ÉRODANT	FICHANT	TACLANT	
ENTRAIT	**ORVAULT**	BARDANT	LICHANT	CICLANT	
ATTRAIT	**HÉROULT**	CARDANT	NICHANT	GICLANT	
EXTRAIT	**TAZOULT**	DARDANT	COCHANT	IODLANT	
MÉGABIT	BRABANT	FARDANT	CÔCHANT	JODLANT	
GARABIT	**BRABANT**	GARDANT	HOCHANT	YODLANT	
DÉFICIT	GALBANT	LARDANT	LOCHANT	POÊLANT	
LIEU-DIT	CAMBANT	TARDANT	POCHANT	ÉPELANT	
RINGGIT	NIMBANT	MERDANT	ROCHANT	GRÊLANT	
TLINGIT	BOMBANT	PERDANT	ESCHANT	RAFLANT	
CONFLIT	TOMBANT	BORDANT	BÛCHANT	GIFLANT	
EXPLOIT	SNOBANT	CORDANT	HUCHANT	ENFLANT	
ENDROIT	PROBANT	MORDANT	JUCHANT	MOFLANT	
DETROIT	BARBANT	TORDANT	RUCHANT	RÉGLANT	
DÉTROIT	GERBANT	ÉLUDANT	AMBIANT	BIGLANT	
INTROÏT	DAUBANT	BOUDANT	VICIANT	POILANT	
INCIPIT	AGAÇANT	COUDANT	RADIANT	VOILANT	
COCKPIT	GLAÇANT	SOUDANT	DÉDIANT	ÉPILANT	
GABARIT	PLAÇANT	OXYDANT	DÉFIANT	HUILANT	
OUGARIT	TRAÇANT	GAGEANT	MÉFIANT	TUILANT	
RÉÉCRIT	PECCANT	NAGEANT	AFFIANT	EXILANT	
RESCRIT	SLIÇANT	RAGEANT	DÉLIANT	BALLANT	
INSCRIT	ÉPIÇANT	FIGEANT	RELIANT	DALLANT	
PRAKRIT	LANÇANT	PIGEANT	ALLIANT	**GALLANT**	
LABORIT	TANÇANT	GOGEANT	ENLIANT	TALLANT	
CONTRIT	PINÇANT	LOGEANT	MANIANT	PELLANT	
SECURIT	RINÇANT	JUGEANT	DÉNIANT	SELLANT	
TRANSIT	FONÇANT	LUGEANT	RENIANT	AILLANT	
APPÉTIT	JONÇANT	ÉCHÉANT	PÉPIANT	BILLANT	
PRÉCUIT	PONÇANT	CAPÉANT	COPIANT	CILLANT	
CIRCUIT	BERÇANT	AGRÉANT	EXPIANT	PILLANT	
BISCUIT	GERÇANT	TORÉANT	CARIANT	TILLANT	
TRADUIT	PERÇANT	GAFFANT	MARIANT	COLLANT	
CONDUIT	FORÇANT	BIFFANT	PARIANT	BULLANT	
PRODUIT	SAUÇANT	PIFFANT	VARIANT	**BULLANT**	
MAUDUIT	POUÇANT	OLIFANT	ABRIANT	VIOLANT	
DIX-HUIT	ÉPUÇANT	SURFANT	ÉCRIANT	FRÔLANT	
SIX-HUIT	BRADANT	ÉLÉGANT	SÉRIANT	ISOLANT	
IQALUIT	ÉVADANT	BÂCHANT	STRIANT	IMPLANT	
TRALUIT	ÉLIDANT	CACHANT	OBVIANT	PARLANT	
SALLUIT	BRIDANT	FÂCHANT	DÉVIANT	FERLANT	
DÉTRUIT	GUIDANT	GÂCHANT	ENVIANT	PERLANT	
GRATUIT	ÉVIDANT	HACHANT	JERKANT	HURLANT	
FORTUIT	SOLDANT	LÂCHANT	ÉCALANT	OURLANT	
AQUAVIT	BANDANT	MÂCHANT	DEALANT	GAULANT	
AKVAVIT	MANDANT	SACHANT	ÉGALANT	ADULANT	
DEHMELT	FENDANT	TACHANT	ÉTALANT	FEULANT	
WEHNELT	PENDANT	TÂCHANT	AVALANT	MEULANT	
WEHNELT	RENDANT	BÊCHANT	CÂBLANT	ULULANT	
HASSELT	TENDANT	DÉCHANT	JABLANT	ÉMULANT	
BIDAULT	VENDANT	LÉCHANT	SABLANT	BOULANT	
PRÉAULT	FONDANT	MÉCHANT	TABLANT	COULANT	
RENAULT	MONDANT	PÉCHANT	CIBLANT	FOULANT	
HINAULT	PONDANT	PÊCHANT	AMBLANT	IOULANT	
CUNAULT	SONDANT	SÉCHANT	SUBLANT	MOULANT	
HÉRAULT	TONDANT	AICHANT	BÂCLANT	ROULANT	
HURAULT	BRODANT	BICHANT	RACLANT	SOÛLANT	

VOULANT	COGNANT	TIPPANT	ÉPURANT	HISSANT
BRÛLANT	ROGNANT	ZIPPANT	AZURANT	LISSANT
OVULANT	GAINANT	JASPANT	NAVRANT	PISSANT
STYLANT	LAINANT	TAUPANT	SEVRANT	TISSANT
DIAMANT	RAINANT	COUPANT	GIVRANT	VISSANT
BLÂMANT	PEINANT	LOUPANT	LIVRANT	**WISSANT**
CLAMANT	VEINANT	SOUPANT	OUVRANT	BOSSANT
FLAMANT	CHINANT	ÉGARANT	BLASANT	COSSANT
BRAMANT	OPINANT	CABRANT	ARASANT	ROSSANT
CRAMANT	URINANT	SABRANT	BRASANT	TOSSANT
CRAMANT	USINANT	ZÉBRANT	FRASANT	CAUSANT
TRAMANT	RUINANT	VIBRANT	ÉVASANT	PAUSANT
ÉTAMANT	AVINANT	AMBRANT	PACSANT	ABUSANT
CRÉMANT	DAMNANT	OMBRANT	ALÉSANT	AMUSANT
ABÎMANT	CANNANT	NACRANT	BLÉSANT	COUSANT
ÉCIMANT	TANNANT	SACRANT	GRÉSANT	ÉPATANT
ANIMANT	VANNANT	ANCRANT	BAISANT	OUATANT
BRIMANT	DONNANT	ENCRANT	FAISANT	JACTANT
FRIMANT	SONNANT	SUCRANT	TAISANT	BECTANT
GRIMANT	TONNANT	CADRANT	ÉLISANT	DICTANT
PRIMANT	CLONANT	HYDRANT	ANISANT	PIÉTANT
TRIMANT	PRÔNANT	OBÉRANT	BOISANT	FRÉTANT
CALMANT	TRÔNANT	ACÉRANT	MOISANT	PRÊTANT
FILMANT	OZONANT	OPÉRANT	TOISANT	ÉTÊTANT
GEMMANT	MARNANT	STÉRANT	ARISANT	QUÊTANT
GOMMANT	BERNANT	AVÉRANT	BRISANT	CAFTANT
NOMMANT	CERNANT	BÂFRANT	FRISANT	LIFTANT
POMMANT	**VERNANT**	OFFRANT	GRISANT	ÉDITANT
SOMMANT	BORNANT	MIGRANT	IRISANT	AGITANT
CHÔMANT	CORNANT	FOIRANT	PRISANT	ALITANT
ZOOMANT	**MORNANT**	MOIRANT	CUISANT	IMITANT
FERMANT	SAUNANT	ÉTIRANT	LUISANT	BOITANT
GERMANT	JEÛNANT	ADORANT	NUISANT	COÏTANT
DORMANT	ALUNANT	ODORANT	PUISANT	SPITANT
FORMANT	DRAPANT	BARRANT	AVISANT	CUITANT
MORMANT	CRÊPANT	CARRANT	VALSANT	ÉVITANT
PAUMANT	CHIPANT	MARRANT	PULSANT	CALTANT
ÉCUMANT	FRIPANT	NARRANT	DANSANT	MALTANT
RHUMANT	TRIPANT	WARRANT	GANSANT	TILTANT
PLUMANT	GUIPANT	FERRANT	PANSANT	VOLTANT
BOUMANT	PALPANT	SERRANT	PENSANT	GANTANT
AHANANT	CAMPANT	TERRANT	CLOSANT	HANTANT
FLÂNANT	LAMPANT	MÉTRANT	GLOSANT	VANTANT
GLANANT	RAMPANT	NITRANT	HERSANT	MENTANT
PLANANT	VAMPANT	TITRANT	**HERSANT**	RENTANT
ÉMANANT	PIMPANT	VITRANT	VERSANT	SENTANT
CRÂNANT	POMPANT	ENTRANT	CORSANT	TENTANT
AMENANT	ROMPANT	INTRANT	CASSANT	PINTANT
GRENANT	ÉCOPANT	OUTRANT	LASSANT	TINTANT
PRENANT	CHOPANT	SAURANT	MASSANT	CONTANT
AVENANT	DROPANT	ÉCURANT	PASSANT	MONTANT
GAGNANT	HAPPANT	AMURANT	SASSANT	PONTANT
MAGNANT	JAPPANT	COURANT	TASSANT	RIOTANT
RÉGNANT	NAPPANT	GOURANT	CESSANT	CAPTANT
LIGNANT	RAPPANT	LOURANT	FESSANT	CARTANT
OIGNANT	ZAPPANT	MOURANT	VESSANT	FARTANT
SIGNANT	NIPPANT	APURANT	BISSANT	PARTANT

PORTANT	TROUANT	TANGENT	HELMONT	COMPLOT	
SORTANT	AVOUANT	SERGENT	MARMONT	CHARLOT	
BASTANT	CAQUANT	PSCHENT	VERMONT	CHARLOT	
LESTANT	LAQUANT	ESCIENT	LORMONT	AMERLOT	
PESTANT	MAQUANT	LORIENT	GAUMONT	POTAMOT	
RESTANT	RAQUANT	PATIENT	JEUMONT	DEMI-MOT	
TESTANT	SAQUANT	REVIENT	DRUMONT	BOBINOT	
ZESTANT	TAQUANT	VIOLENT	REYMONT	OUDINOT	
DISTANT	VAQUANT	OPULENT	AFFRONT	MAGINOT	
LISTANT	NIQUANT	CLÉMENT	EMPRUNT	COLINOT	
PISTANT	PIQUANT	CLÉMENT	TALABOT	COURNOT	
INSTANT	TIQUANT	ÉLÉMENT	POULBOT	GALIPOT	
POSTANT	MOQUANT	NUEMENT	POULBOT	TALIPOT	
BATTANT	POQUANT	SEGMENT	ÉTAMBOT	JACKPOT	
GATTANT	ROQUANT	PIGMENT	CALICOT	LIVAROT	
LATTANT	TOQUANT	AUGMENT	HARICOT	LIVAROT	
NATTANT	ARQUANT	GAÎMENT	ABRICOT	CHABROT	
METTANT	SITUANT	ALIMENT	ASTICOT	DIDEROT	
BOTTANT	CLAVANT	UNIMENT	CHARCOT	LÖNNROT	
HOTTANT	EN-AVANT	COMMENT	PÉRIDOT	BIARROT	
MOTTANT	BRAVANT	FROMENT	PEUGEOT	BIARROT	
BUTTANT	DRAVANT	FROMENT	VOUGEOT	PIERROT	
LUTTANT	GRAVANT	SARMENT	MARIGOT	PIERROT	
PUTTANT	ÉLEVANT	FERMENT	MARIGOT	POLTROT	
FAUTANT	CREVANT	SERMENT	PARIGOT	BISTROT	
SAUTANT	GREVANT	CRÛMENT	PÉRIGOT	FOX-TROT	
CHUTANT	CLIVANT	ÉMINENT	MANCHOT	POIVROT	
BLUTANT	DRIVANT	SERPENT	BOUCHOT	MORISOT	
BOUTANT	PRIVANT	TORRENT	BAGEHOT	POINSOT	
COÛTANT	SUIVANT	LAURENT	PELLIOT	CUISSOT	
DOUTANT	AVIVANT	PRÉSENT	POULIOT	QUEUSOT	
FOUTANT	SOLVANT	CONTENT	CORNIOT	PALETOT	
GOÛTANT	SERVANT	ONGUENT	LOUPIOT	LÈVE-TÔT	
JOUTANT	SAUVANT	CONVENT	CHARIOT	BIENTÔT	
ROUTANT	COUVANT	FERVENT	AUBRIOT	AYENTÔT	
VOÛTANT	MOUVANT	COUVENT	BLÉRIOT	CUISTOT	
GRUTANT	POUVANT	SOUVENT	HANRIOT	JACQUOT	
SEXTANT	ÉTUVANT	ENCEINT	HENRIOT	CLOUZOT	
EMBUANT	ÉGAYANT	DÉPEINT	FLORIOT	CONCEPT	
BAGUANT	BRAYANT	REPEINT	HERRIOT	DIX-SEPT	
RAGUANT	DRAYANT	ÉPREINT	VITRIOT	TRIBART	
TAGUANT	FRAYANT	ÉTREINT	GLAVIOT	SOMBART	
VAGUANT	TRAYANT	DÉTEINT	CHEVIOT	HERBART	
LÉGUANT	ÉTAYANT	ATTEINT	SOUKKOT	DOG-CART	
LIGUANT	ABOYANT	ADJOINT	SIALKOT	RANCART	
VOGUANT	CHOYANT	REJOINT	BIBELOT	BROCART	
ARGUANT	PLOYANT	CI-JOINT	DIDELOT	TROCART	
FUGUANT	BROYANT	ENJOINT	ANGELOT	LAND ART	
SALUANT	CROYANT	BIPOINT	CAMELOT	FENDART	
DILUANT	BRUYANT	APPOINT	FÉMELOT	ECKHART	
REMUANT	PEDZANT	REPRINT	MATELOT	EARHART	
DÉNUANT	FAIZANT	BLAMONT	JAVELOT	MELKART	
SINUANT	VINCENT	GRAMONT	SANGLOT	PRÉLART	
CLOUANT	TRIDENT	PIÉMONT	CUBILOT	CLAMART	
FLOUANT	ÉVIDENT	PIÉMONT	MÉLILOT	LIÉNART	
ÉNOUANT	SURDENT	BALMONT	CAILLOT	CLIPART	
FROUANT	PRUDENT	TALMONT	MAILLOT	REMPART	

MELQART	CHAREST	TOMBEAU	VELPEAU	RANTZAU
CONRART	EVEREST	BARBEAU	CARPEAU	SURVÉCU
HANSART	MIDWEST	MIRBEAU	CHAREAU	ILIESCU
MANSART	FAR WEST	CORBEAU	CHÉREAU	CHENGDU
NISSART	KEY WEST	MANCEAU	POIREAU	RÉPANDU
GOSSART	KAPNIST	POIREAU	THOREAU	DÉFENDU
ASHTART	COMPOST	PINCEAU	BARREAU	REFENDU
COQUART	PRÉVOST	RINCEAU	CARREAU	DÉPENDU
STEWART	AMHERST	MONCEAU	TERREAU	REPENDU
GUIBERT	ZERMATT	PONCEAU	PORREAU	APPENDU
GILBERT	CASSATT	BLOC-EAU	OUTREAU	DÉTENDU
HILBERT	RASTATT	MARCEAU	TAUREAU	RETENDU
COLBERT	COBBETT	BERCEAU	TAUREAU	ENTENDU
FULBERT	FAWCETT	CERCEAU	FOUREAU	ATTENDU
LAMBERT	BECKETT	MORCEAU	OUVREAU	REVENDU
RAMBERT	HAMMETT	GUIDEAU	LOISEAU	INVENDU
HUMBERT	BENNETT	BANDEAU	CLOSEAU	REFONDU
HERBERT	SENNETT	SANDEAU	MARSEAU	RÉPONDU
NORBERT	TIPPETT	RONDEAU	VERSEAU	APPONDU
FAUBERT	GARRETT	BARDEAU	CASSEAU	RETONDU
HAUBERT	JARRETT	FARDEAU	TASSEAU	REPERDU
JAUBERT	SCHMITT	CORDEAU	AISSEAU	DÉMORDU
GOUBERT	LEAVITT	TRUDEAU	CHÂTEAU	REMORDU
JOUBERT	WALCOTT	FEYDEAU	PLATEAU	DÉTORDU
CONCERT	BOYCOTT	VIVE-EAU	PLATEAU	RETORDU
SEIFERT	GERFAUT	TUFFEAU	COCTEAU	PARE-FEU
RÜCKERT	NILGAUT	DANGEAU	TRÉTEAU	CAMAÏEU
HUPPERT	MACHAUT	JARGEAU	FAÎTEAU	PARDIEU
DESSERT	HAINAUT	CÂBLEAU	MANTEAU	TARDIEU
MERTERT	SARRAUT	TABLEAU	LINTEAU	MATHIEU
PIC-VERT	LEVRAUT	BOILEAU	MARTEAU	NON-LIEU
CHEVERT	SURSAUT	TUILEAU	MORTEAU	TONLIEU
SIEVERT	RESSAUT	BELLEAU	LISTEAU	BAULIEU
PRÉVERT	BERTAUT	VAU-L'EAU	WATTEAU	SAULIEU
COLVERT	GASTAUT	BOULEAU	FLÛTEAU	CRÉMIEU
CAP-VERT	SCORBUT	ROULEAU	COUTEAU	LAGNIEU
VAUVERT	CALICUT	CHAMEAU	CLAVEAU	ANDRIEU
COUVERT	BHARHUT	POMMEAU	CERVEAU	JUSSIEU
ROUVERT	MONGKUT	PLUMEAU	NOUVEAU	MEYZIEU
RAIFORT	GODBOUT	GRUMEAU	NOUVEAU	ANTIJEU
BELFORT	SURCOÛT	TRUMEAU	SARZEAU	HORS-JEU
RENFORT	TORHOUT	CHÉNEAU	BAUCHAU	BEAUJEU
CONFORT	SALIOUT	CRÉNEAU	TOUCHAU	COL-BLEU
SOMPORT	MARIOUT	QUENEAU	BAUCHAU	PARBLEU
RAPPORT	ASSIOUT	VIGNEAU	TOUCHAU	CORBLEU
SUPPORT	LOCK-OUT	MOINEAU	FABLIAU	MORBLEU
GOSPORT	VERMOUT	PANNEAU	NOBLIAU	BAS-BLEU
NEWPORT	FAITOUT	VANNEAU	DESPIAU	LAO-TSEU
CONSORT	PARTOUT	CONNEAU	BESTIAU	DÉSAVEU
RESSORT	SURTOUT	TONNEAU	FLÛTIAU	SUBAIGU
DUFOURT	RESTOUT	CARNEAU	ZWICKAU	SURAIGU
YOGOURT	OCCIPUT	GARNEAU	BRESLAU	CONTIGU
BELFAST	NUNAVUT	CERNEAU	LACANAU	QUÔC-NGU
BALLAST	KÉRABAU	VERNEAU	TROPPAU	INFICHU
MARRAST	SPANDAU	PRUNEAU	DEBURAU	BRANCHU
NORD-EST	ISABEAU	CHAPEAU	HERISAU	HSINCHU
NORD-EST	LAMBEAU	DRAPEAU	VUNG TAU	FOURCHU

THIMPHU	**JINZHOU**	**BREJNEV**	**ASTÉRIX**	CISEAUX
ARACAJU	MILDIOU	**PLOVDIV**	**BEATRIX**	OISEAUX
KWANGJU	**HAURIOU**	**VÉL'D'HIV**	**LA VAULX**	ROSEAUX
CHONGJU	SAPAJOU	**KHARKIV**	**MORCENX**	ERSEAUX
KYONGJU	**KAZAKOU**	**PITE ÄLV**	**MOURENX**	ASSEAUX
SINUIJU	**KÉRÉKOU**	**DEMIDOV**	PHARYNX	FUSEAUX
SAIKAKU	**YINGKOU**	**LIAKHOV**	JUKE-BOX	MUSEAUX
SHARAKU	ANDALOU	**AKSAKOV**	**PALAFOX**	MUSÉAUX
SANRAKU	**ANDALOU**	**NABOKOV**	TRIBAUX	BATEAUX
BUNRAKU	**LAMALOU**	**KHARKOV**	TOMBAUX	GÂTEAUX
SHIKOKU	GABELOU	**ROMANOV**	GLOBAUX	RÂTEAUX
SHOTOKU	CAILLOU	**SIMONOV**	KARBAUX	CÉTEAUX
SEPPUKU	TINAMOU	**VLASSOV**	VERBAUX	**CÎTEAUX**
PRÉVALU	**VISHNOU**	**SARATOV**	SURBAUX	LITEAUX
FARFELU	**BRENNOU**	**MOLOTOV**	**LES BAUX**	COTEAUX
CHEVELU	**COTONOU**	**REMIZOV**	BUCCAUX	POTEAUX
JOUFFLU	CHATROU	**CRASHAW**	CÆCAUX	**LUTÉAUX**
FEUILLU	PACHTOU	**WROCLAW**	AMICAUX	**PUTEAUX**
COUILLU	MANITOU	**BASEDOW**	APICAUX	CAVEAUX
IMPOLLU	**SHANTOU**	**GLASGOW**	AFOCAUX	NIVEAUX
DISSOLU	**COUSTOU**	SALCHOW	PASCAUX	NIVÉAUX
MANASLU	CANEZOU	**VIRCHOW**	DISCAUX	**FOVEAUX**
REMOULU	**ILLAMPU**	**GLASHOW**	FISCAUX	INÉGAUX
REVOULU	**TSUGARU**	KNOW-HOW	BOUCAUX	MARGAUX
KÖPRÜLÜ	COMPARU	**GUTZKOW**	FÉODAUX	**MARGAUX**
CONTENU	DISPARU	**LUCKNOW**	CAUDAUX	BURGAUX
ABSTENU	**CARUARU**	**CHORZÓW**	ARCEAUX	FRUGAUX
SOUTENU	**PALADRU**	**RZESZÓW**	PUCEAUX	DÉCHAUX
SUBVENU	MALOTRU	TÉLÉFAX	CADEAUX	**MICHAUX**
PRÉVENU	ACCOURU	**HALIFAX**	RADEAUX	**SOCHAUX**
MALVENU	RECOURU	**FAIRFAX**	BEDEAUX	**JOUHAUX**
CONVENU	SECOURU	**OYONNAX**	RIDEAUX	LABIAUX
PROVENU	ENCOURU	ANTHRAX	TUFEAUX	TIBIAUX
PARVENU	**JIANGSU**	CUISTAX	DALEAUX	FACIAUX
SURVENU	SHIATSU	DEMODEX	HAMEAUX	RACIAUX
SOUVENU	**SOTATSU**	TUBIFEX	RAMEAUX	FÉCIAUX
CONTINU	JUJITSU	NARTHEX	GÉMEAUX	ONCIAUX
MARTINU	DÉCOUSU	TRIPLEX	ORMEAUX	SOCIAUX
MÉCONNU	RECOUSU	TRIPLEX	JUMEAUX	RADIAUX
RECONNU	**VANUATU**	SIMPLEX	MENEAUX	RAFIAUX
INCONNU	**TUAMOTU**	MINIMEX	AGNEAUX	FILIAUX
ATYRAOU	RABATTU	KLEENEX	PINEAUX	LILIAUX
CARIBOU	DÉBATTU	**CHESSEX**	PINÉAUX	GÉNIAUX
PORT-BOU	REBATTU	GORE-TEX	ANNEAUX	MARIAUX
MOUNDOU	INFOUTU	DÉCITEX	PIPEAUX	ATRIAUX
GUÉPÉOU	IMPRÉVU	**ROUBAIX**	COPEAUX	CURIAUX
MAUPEOU	ENTREVU	SURFAIX	APPEAUX	FÉTIAUX
SALAGOU	M'AS-TU-VU	**CARHAIX**	BORÉAUX	JOVIAUX
CANIGOU	**SHIMIZU**	**MORLAIX**	YPRÉAUX	**DUCLAUX**
MANCHOU	**KATAÏEV**	**DUPLEIX**	BUREAUX	HIÉMAUX
MANCHOU	**FADEÏEV**	**PHOENIX**	PUREAUX	ANIMAUX
BADOHOU	**AVDEÏEV**	PHŒNIX	SUREAUX	PRIMAUX
BARTHOU	**GOURIEV**	**LACROIX**	NASEAUX	GEMMAUX
GUIZHOU	**ROUBLEV**	À MI-VOIX	RÉSEAUX	ANOMAUX
GANZHOU	**TUPOLEV**	TAMARIX	BISEAUX	**CARMAUX**
LANZHOU	**KOROLEV**	**HENDRIX**		FERMAUX
WENZHOU	**KAMENEV**	PERDRIX		NORMAUX

SISMAUX	PONCEUX	PULPEUX	TRIPOUX	WHISKEY
CHENAUX	RONCEUX	POMPEUX	**PERROUX**	**WEMBLEY**
SIGNAUX	MERDEUX	HÉBREUX	**CATROUX**	**BRADLEY**
CUGNAUX	CASÉEUX	**HÉBREUX**	LEVROUX	**MOSELEY**
SPINAUX	ORAGEUX	FIBREUX	**VENTOUX**	**LASHLEY**
URINAUX	NUAGEUX	OMBREUX	**TRÉVOUX**	**SMALLEY**
ATONAUX	NEIGEUX	UBÉREUX	**PELVOUX**	**SHELLEY**
AZONAUX	FANGEUX	ONÉREUX	TRIONYX	TROLLEY
CARNAUX	FÂCHEUX	AFFREUX	APTÉRYX	**STANLEY**
TERNAUX	ROCHEUX	FOIREUX	**MARACAY**	**DARNLEY**
VERNAUX	PUCHEUX	LÉPREUX	FARADAY	**SHAPLEY**
SACRAUX	MATHEUX	FERREUX	**FARADAY**	**PRESLEY**
CHIRAUX	VACIEUX	**PERREUX**	HOLIDAY	**PAISLEY**
AMIRAUX	VICIEUX	TERREUX	HERBLAY	**CRAWLEY**
SPIRAUX	RADIEUX	PÉTREUX	**VÉZELAY**	**CROWLEY**
MALRAUX	PÉDIEUX	NITREUX	**ARTENAY**	**DAHOMEY**
CHORAUX	MAFIEUX	VITREUX	**SAVENAY**	**DEBENEY**
FLORAUX	BILIEUX	HEUREUX	**AIZENAY**	COCKNEY
AMORAUX	MILIEUX	PEUREUX	**ANNONAY**	**HOCKNEY**
MÉTRAUX	**LEMIEUX**	GIVREUX	**ÉPERNAY**	**VIANNEY**
MITRAUX	SANIEUX	GRÉSEUX	**GOURNAY**	**CHARNEY**
VITRAUX	COPIEUX	TAISEUX	**FRESNAY**	**WHITNEY**
ASTRAUX	CARIEUX	GYPSEUX	**QUESNAY**	CHUTNEY
NEURAUX	SÉRIEUX	PISSEUX	**MEZERAY**	**CHEYNEY**
PLURAUX	CURIEUX	BOUSEUX	**GILLRAY**	**MCCAREY**
CRURAUX	FURIEUX	ARÉTEUX	**BEUVRAY**	**VENAREY**
DORSAUX	**LISIEUX**	APHTEUX	**ROUVRAY**	**JOFFREY**
VASSAUX	ESSIEUX	LAITEUX	VOUVRAY	**HAWTREY**
TUSSAUX	ENVIEUX	BOITEUX	**VOUVRAY**	**DEMPSEY**
CAUSAUX	ANXIEUX	VENTEUX	**LINDSAY**	**MOUSSEY**
HIATAUX	SABLEUX	HONTEUX	**HOUSSAY**	**CHAUSEY**
RECTAUX	BIGLEUX	**MONTEUX**	**URUGUAY**	**LYAUTEY**
FŒTAUX	FRILEUX	PESTEUX	**RIDGWAY**	**LARIVEY**
COMTAUX	HUILEUX	MOTTEUX	TAXIWAY	**ÉTRÉCHY**
VANTAUX	CALLEUX	COÛTEUX	TRAMWAY	**GROUCHY**
DENTAUX	GALLEUX	DOUTEUX	**SHUMWAY**	**PALACKY**
MENTAUX	BULLEUX	GOÛTEUX	**OLDOWAY**	**BRODSKY**
VENTAUX	HOULEUX	PÉGUEUX	FAIRWAY	**KREISKY**
SEPTAUX	CRÉMEUX	RUGUEUX	**CERIZAY**	**CHOMSKY**
PORTAUX	GOMMEUX	SINUEUX	WALLABY	**SLÁNSKY**
RESTAUX	ÉCUMEUX	LAQUEUX	**BURNABY**	**KAUTSKY**
DISTAUX	PLUMEUX	PIQUEUX	STAND-BY	**GRETZKY**
COSTAUX	SPUMEUX	MUQUEUX	**SOTHEBY**	**CHAMBLY**
POSTAUX	BRUMEUX	LUXUEUX	**ALLENBY**	**MAUCHLY**
BRUTAUX	URANEUX	CHEVEUX	**GRIMSBY**	**HOOGHLY**
TRAVAUX	**BAGNEUX**	NERVEUX	**WITKACY**	**GRAILLY**
CHEVAUX	CAGNEUX	VERVEUX	**CLAMECY**	**ROMILLY**
CREVAUX	LIGNEUX	MORVEUX	**MENNECY**	**RUMILLY**
OGIVAUX	**VIGNEUX**	CRAYEUX	REGENCY	**BATILLY**
DELVAUX	ROGNEUX	**BRIZEUX**	**POBIEDY**	**NEUILLY**
LANVAUX	HAINEUX	**BENELUX**	**MALMÉDY**	POUILLY
MOUVAUX	LAINEUX	**DARBOUX**	KENNEDY	**POUILLY**
ALOYAUX	VEINEUX	POILOUX	**REVERDY**	**SOUILLY**
GIBBEUX	ÉPINEUX	JOUJOUX	**LOCTUDY**	**PAVILLY**
BULBEUX	RUINEUX	**FALLOUX**	**DILTHEY**	**RAZILLY**
HERBEUX	MARNEUX	**GIGNOUX**	**MONTHEY**	**DECROLY**
VERBEUX	ADIPEUX	**VERNOUX**	**SOUTHEY**	**TABARLY**

7

SPRATLY	**FRESNOY**	**THIERRY**	**QUIERZY**	**BERLIOZ**
GRIZZLY	**QUESNOY**	COUNTRY	**AVORIAZ**	**BADAJOZ**
DOMRÉMY	**GEFFROY**	**SUDBURY**	**FORCLAZ**	**ECHENOZ**
TIFFANY	**ROUVROY**	TILBURY	**CHAPPAZ**	FEST-NOZ
BOBIGNY	**FITZROY**	FOSBURY	**NARVÁEZ**	**CONDROZ**
ORBIGNY	**CALGARY**	**FOSBURY**	**MOUCHEZ**	**SCHWARZ**
COLIGNY	**BELLARY**	**MANOURY**	**MATHIEZ**	**BEDNORZ**
POLIGNY	**HILLARY**	**MATOURY**	TORD-NEZ	**ELBOURZ**
SOLIGNY	**SCUDÉRY**	**ECSTASY**	**JIMÉNEZ**	**KERTÉSZ**
PULIGNY	**SILLERY**	**ANDRÉSY**	**GRIS-NEZ**	**HEIFETZ**
MARIGNY	**PRÉMERY**	**PALISSY**	MERGUEZ	**STIBITZ**
AURIGNY	**TANNERY**	**CROISSY**	SHOW-BIZ	**GÖRLITZ**
ATTIGNY	**DENNERY**	**DEBUSSY**	KIRGHIZ	**STAMITZ**
SAVIGNY	**CONNERY**	**CHAKHTY**	**KIRGHIZ**	**REGNITZ**
REVIGNY	NURSERY	PENALTY	**LEIBNIZ**	**TIRPITZ**
FIRMINY	**CAUVERY**	**DURANTY**	**ALBÉNIZ**	**SCHULTZ**
PEYRONY	**CONAKRY**	LIBERTY	**AGASSIZ**	**LORENTZ**
TAVERNY	**GREGORY**	**ARLETTY**	**BREGENZ**	**ROPARTZ**
GIVERNY	**BÁTHORY**	**DÉVOLUY**	**KOBLENZ**	**TAMMOUZ**
NOVOTNY	HICKORY	**PONTIVY**	**MUTTENZ**	**ELBROUZ**
PLAY-BOY	**VIGNORY**	**BROONZY**	KOLKHOZ	**FAYROUZ**
ÉCOMMOY	**DU BARRY**	**SARKOZY**	SOVKHOZ	GIN-FIZZ

8

NAUSICAA	RUTABAGA	**SCIASCIA**	
EL-MENIAA	**ASHIKAGA**	BUDDLEIA	
SAAREMAA	**TOMONAGA**	**CHIOGGIA**	
SOROCABA	**NOBUNAGA**	LUDWIGIA	
DJELLABA	**BERLANGA**	**MANGALIA**	
CURITIBA	CHURINGA	**MASSALIA**	
MANITOBA	CAATINGA	**CORNELIA**	
SIMARUBA	**IPATINGA**	**COPPÉLIA**	
ALCOBAÇA	**HUIZINGA**	**ISMAÏLIA**	
TITICACA	**SARATOGA**	**BRASÍLIA**	
BOUDICCA	**GULBARGA**	CAMELLIA	
POZA RICA	BROUHAHA	MAGNOLIA	
SUBOTICA	**AMITABHA**	SESBANIA	**FANTASIA**
FLAMENCA	**ALI PACHA**	**VULCANIA**	ECCLÉSIA
BOU SAADA	**OUSTACHA**	GARDÉNIA	**MALAYSIA**
AMIN DADA	**LA MANCHA**	PUCCINIA	**VALENTIA**
INTIFADA	CACHUCHA	YERSINIA	**PUNAAUIA**
COCANADA	**SARGODHA**	**RONDÔNIA**	ALLÉLUIA
ENSENADA	FELLAGHA	BIGNONIA	**GUSTAVIA**
KAKINADA	**SALDANHA**	PARANOÏA	**VALDIVIA**
DROGHEDA	**CHANGSHA**	**BECCARIA**	**MONROVIA**
KLAIPEDA	**GOLGOTHA**	**SYR-DARIA**	**LA SPEZIA**
EL-JADIDA	**JUGURTHA**	AVE MARIA	MAHARAJA
CHILLIDA	**GHARDAÏA**	**MONTERÍA**	**SANHADJA**
BOUGANDA	**ARAGUAIA**	HATTÉRIA	**KHADIDJA**
HACIENDA	CHARABIA	PIZZERIA	**NGAZIDJA**
ANACONDA	**COLUMBIA**	VICTORIA	**RAMANUJA**
MEDJERDA	**BACICCIA**	VICTORIA	**MBANDAKA**
MASMOUDA	ESTANCIA	**PRETORIA**	**SARAMAKA**
CALATHÉA	**PALENCIA**	MAESTRIA	**TOYONAKA**
MAUNA KEA	VALENCIA	**LAURASIA**	MOUSSAKA

NAKHODKA	OKLAHOMA	BOUKHARA	HIRAKATA
KARATÉKA	TRICHOMA	BHATPARA	KALAMÁTA
SVASTIKA	KOSTROMA	FUJIWARA	MACERATA
SWASTIKA	PRO FORMA	ALHAMBRA	MISURATA
HINTIKKA	CHLOASMA	CARRIERA	TARATATA
HANOUKKA	KOUROUMA	DE VALERA	MALADETA
SRI LANKA	SANTA ANA	HABANERA	YACIRETÁ
SHIZUOKA	LA HABANA	ET CETERA	SEÑORITA
NEBRASKA	MARACANÃ	CHISTERA	RACOVITA
NIJINSKA	HIRAGANA	MONSTERA	PLACENTA
SCHAPSKA	FERGHANA	SVIZZERA	DJAKARTA
DARBOUKA	GYMKHANA	LA GUAIRA	TOURISTA
DERBOUKA	DARSHANA	TERCEIRA	RÉQUISTA
YOKOSUKA	GUADIANA	CALDEIRA	KENYATTA
KADIEVKA	LUDHIANA	BANDEIRA	GAMBETTA
MAKIIVKA	HADRIANA	CAPOEIRA	PANCETTA
HORLIVKA	KATAKANA	FERREIRA	VENDETTA
GORLOVKA	GONDWANA	OLIVEIRA	MOLFETTA
LALIBALA	BOTSWANA	ENVALIRA	BARLETTA
POLYGALA	MAHAYANA	MUFULIRA	SASSETTA
RAVENALA	RAMAYANA	ALTAMIRA	GALLOTTA
AGARTALA	HINAYANA	MAHAVIRA	CALCUTTA
KALEVALA	PASADENA	BORA BORA	NOWA HUTA
LALIBELA	LONGHENA	THÉODORA	ABEOKUTA
ROURKELA	N'DJAMENA	CRNA GORA	TAMANDUA
PANATELA	SOLIMENA	PETCHORA	JUSSIEUA
BENGUELA	LA SERENA	DIASPORA	RANCAGUA
ZARZUELA	MANTEGNA	DIASPORA	CHANGHUA
PORT-VILA	TIGRIGNA	SOCOTORA	ADAMAOUA
WALHALLA	KATCHINA	CANBERRA	MASSAOUA
BEN BELLA	CATILINA	VOLTERRA	SAKALAVA
MARBELLA	LA MOLINA	FOUCHTRA	PIASSAVA
BRUCELLA	PASHMINA	DICENTRA	JAYADEVA
GUÉRILLA	TAORMINA	CLAUSTRA	NUKU-HIVA
TORTILLA	IOÁNNINA	QUNAYTRA	VAGANOVA
PASTILLA	LONDRINA	DJURJURA	CASANOVA
ANGUILLA	TERESINA	KAMAKURA	MAKAROVA
COCA-COLA	PRISTINA	GANDOURA	LA CIERVA
AGRICOLA	EL-AOUÏNA	JAYAPURA	KAKOGAWA
TCHITOLA	BEREZINA	KAMAYURÁ	TOKUGAWA
SCAEVOLA	PERPENNA	PORPHYRA	ICHIKAWA
RAPLAPLA	PORSENNA	KALIDASA	TE KANAWA
CELLES-LÀ	MARADONA	KINSHASA	FUJISAWA
CALIGULA	BADALONA	HARGEISA	KUROSAWA
BAMBOULA	GARIFUNA	POLLENSA	KANAZAWA
GASTRULA	AGUARUNA	CIMAROSA	WARSZAWA
BLASTULA	BIDASSOA	FILITOSA	CHIPPEWA
GOYIGAMA	KRAKATOA	MOMBASSA	SURABAYA
YOKOHAMA	TSHIKAPA	BORRASSÀ	BODH-GAYA
PANORAMA	AREQUIPA	BOURASSA	HIMALAYA
WAKAYAMA	MEA CULPA	DEL COSSA	CATTLEYA
FUJI-YAMA	CAPYBARA	SAMOUSSA	LUANSHYA
KORIYAMA	EDIACARA	VINNITSA	IFRIQIYA
FUKUYAMA	VADODARA	HATTOUSA	SIGIRIYA
KINECHMA	GANDHARA	KAWABATA	KSATRIYA
KOUTCHMA	ICHIHARA	YAMAGATA	CHALUKYA
TSUSHIMA	SHIKHARA	TRAVIATA	STEGOMYA

TIGRINYA	FRÉDÉRIC	LANGLAND	CHAMBARD
MOULOUYA	GEISÉRIC	AUCKLAND	FLAMBARD
BERGANZA	GENSÉRIC	FALKLAND	MONTBARD
PALLANZA	POLYTRIC	KIRKLAND	CHANÇARD
SIGÜENZA	POP MUSIC	VAILLAND	BRANCARD
CUSTOZZA	CARNATIC	MAINLAND	BRISCARD
SPACELAB	KARADZIC	BONPLAND	GUISCARD
LIPSCOMB	CUL-BLANC	NORRLAND	STANDARD
SURPLOMB	FER-BLANC	SHETLAND	ÉTENDARD
CINÉ-CLUB	BAT-FLANC	SHETLAND	SOIFFARD
AÉRO-CLUB	LANFRANC	SCOTLAND	YAZDGARD
CALAMBAC	ANTICHOC	PORTLAND	PILCHARD
LAVARDAC	MONOBLOC	PORTLAND	PINCHARD
AMMONIAC	CINÉ-PARC	MARYLAND	CLOCHARD
CLIC-CLAC	MAUCLERC	MARYLAND	FAUCHARD
FLIC FLAC	GRAND-DUC	ALLEMAND	BOUCHARD
CADILLAC	BAR-LE-DUC	ALLEMAND	HOUCHARD
MARILLAC	ARCHIDUC	GOURMAND	MOUCHARD
AURILLAC	SAINT-LUC	ORDINAND	TEILHARD
PAUILLAC	ILAHABAD	HÉLINAND	ÉGINHARD
SOUILLAC	CARLSBAD	COURNAND	BERNHARD
MUZILLAC	KARLSBAD	BOFFRAND	MILLIARD
APURÍMAC	SKINHEAD	BELGRAND	RILLIARD
CAPDENAC	LINDBLAD	BERTRAND	FAIBLARD
DONZENAC	MUHAMMAD	RÉVÉREND	ROUBLARD
ARMAGNAC	TITOGRAD	LAND'S END	VICELARD
ARMAGNAC	FLAGSTAD	DEMAVEND	PAPELARD
AUBIGNAC	KARLSTAD	HAPPY END	ABAILARD
POLIGNAC	HALMSTAD	DEDEKIND	GAILLARD
MÉRIGNAC	ZAANSTAD	WEDEKIND	GAILLARD
AURIGNAC	LELYSTAD	JONGKIND	PAILLARD
COTIGNAC	CALE-PIED	VAGABOND	VUILLARD
COTIGNAC	SOUS-PIED	PUDIBOND	RIGOLARD
SAVIGNAC	MOHAMMED	MORIBOND	ÉPAULARD
BERGERAC	RECCARED	FURIBOND	GUEULARD
CHOMÉRAC	COLOURED	INFÉCOND	CUMULARD
FRIC-FRAC	BRØNSTED	RUBICOND	HADAMARD
TRICTRAC	PORT-SAÏD	TIRE-FOND	FLEMMARD
CUL-DE-SAC	MONFREID	DEMI-FOND	CHAUMARD
HAVRESAC	POLAROID	HAUT-FOND	GEIGNARD
MONTE-SAC	CLODOALD	GARAMOND	POIGNARD
PODENSAC	ODENWALD	BOHÉMOND	GRIGNARD
LUBERSAC	GRUNWALD	RICHMOND	GRIGNARD
LANREZAC	GOTTWALD	DORTMUND	GUIGNARD
SEGONZAC	MANSFELD	FOX-HOUND	QUIGNARD
BLANC-BEC	ICEFIELD	COMPOUND	GROGNARD
CAUDEBEC	IDLEWILD	BERTHENOD	TRAÎNARD
AVANT-BEC	MANIFOLD	FAST-FOOD	FOUINARD
KERMADEC	FOUCAULD	WEDGWOOD	SALONARD
BANNALEC	JAZZ-BAND	LONGWOOD	FUNBOARD
LE DANTEC	PREM CAND	HAWKWOOD	FLODOARD
CARANTEC	MARCHAND	EASTWOOD	SALOPARD
GUNDULIC	MARCHAND	WESTWOOD	STOPPARD
ANDRONIC	SVEALAND	BELGOROD	PLEURARD
COPERNIC	NAGALAND	NOVGOROD	CAMISARD
PORC-ÉPIC	GÖTALAND	FURIBARD	BRASSARD
TÉRASPIC	HOMELAND	SVALBARD	POISSARD

CUISSARD	À MI-JAMBE	**POLYNICE**	ÉVIDENCE
BROSSARD	SUCCOMBÉ	ARUSPICE	PRUDENCE
LÈVE-TARD	DÉPLOMBÉ	NOURRICE	**PRUDENCE**
PLANTARD	POLYLOBÉ	**BÉATRICE**	EXIGENCE
BROUTARD	RHUBARBE	AMATRICE	**FULGENCE**
LANGUARD	JOUBARBE	ORATRICE	TANGENCE
JACQUARD	EXACERBÉ	FACTRICE	VERGENCE
JACQUARD	**MALHERBE**	LECTRICE	AUDIENCE
CHOQUARD	DÉSHERBÉ	RECTRICE	SAPIENCE
ALLEVARD	PRÉVERBE	TECTRICE	PATIENCE
BONIVARD	PROVERBE	VECTRICE	**COBLENCE**
WOODWARD	EUPHORBE	ÉDITRICE	VIOLENCE
SAVOYARD	**VALLORBE**	FAUTRICE	OPULENCE
SAVOYARD	PLANORBE	PRACTICE	CLÉMENCE
BLIZZARD	SPIRORBE	SOLSTICE	COMMENCÉ
VERWOERD	DÉBOURBÉ	**KATOWICE**	**MAGNENCE**
CHAMBORD	EMBOURBÉ	**TRIVULCE**	ÉMINENCE
HORS-BORD	**LECOURBE**	BOMBANCE	**CLARENCE**
PLAT-BORD	RECOURBÉ	GUIDANCE	FLORENCE
FAUX-BORD	PERTURBÉ	TENDANCE	**FLORENCE**
WHIPCORD	MASTURBÉ	MORDANCÉ	**LAWRENCE**
BRADFORD	**MASSEUBE**	ENGEANCE	PRÉSENCE
HEREFORD	NANOTUBE	ÉCHÉANCE	SENTENCE
STAFFORD	DÉDICACE	DOLÉANCE	SÉQUENCE
BICKFORD	**DÉDICACÉ**	**BRAGANCE**	SÉQUENCÉ
BICKFORD	EFFICACE	ÉLÉGANCE	**PROVENCE**
PICKFORD	**BONIFACE**	AMBIANCE	JOUVENCE
ROCKFORD	POSTFACE	AMBIANCÉ	DÉCOINCÉ
GUILFORD	SCORIACÉ	RADIANCE	**LEPRINCE**
STAMFORD	LOVELACE	DÉFIANCE	PROVINCE
HARTFORD	**LOVELACE**	MÉFIANCE	RENFONCÉ
HERTFORD	VERGLACÉ	ALLIANCE	PRONONCÉ
CRAWFORD	TRIPLACE	VARIANCE	RAIPONCE
PÉRIGORD	REMPLACÉ	DÉVIANCE	DÉFRONCÉ
OVERLORD	SURPLACE	FORLANCÉ	COMMERCE
CÔTE-NORD	POPULACE	DORMANCE	COMMERCÉ
CRAFOORD	FARINACÉ	**TORRANCE**	**PROPERCE**
PÉNICAUD	SAPONACÉ	OUTRANCE	SESTERCE
MORICAUD	**PHARNACE**	GOURANCE	INEXERCÉ
LOURDAUD	CARAPACE	NAVRANCE	RENFORCÉ
ROUGEAUD	**AVEMPACE**	BRISANCE	RÉAMORCÉ
ÉCHAFAUD	PANCRACE	LUISANCE	CHAOURCE
SALIGAUD	TUBÉRACÉ	NUISANCE	**CHAOURCE**
GOURGAUD	LANDRACE	JACTANCE	COALESCÉ
TOUCHAUD	DISGRÂCE	**LACTANCE**	INEXAUCÉ
CORNIAUD	CRUSTACÉ	BECTANCE	DÉROBADE
COURTAUD	EXERCICE	LAITANCE	ESTACADE
LÉAUTAUD	BLANDICE	PARTANCE	ESTOCADE
IBN SÉOUD	**EURYDICE**	PORTANCE	BRANDADE
PASIPHAÉ	MALÉFICE	DISTANCE	**CARNÉADE**
DIES IRAE	BÉNÉFICE	DISTANCÉ	GRIFFADE
MOZARABE	ARTIFICE	INSTANCE	BOURGADE
MOZARABE	**LA PALICE**	PRIVANCE	**SCHÉHADÉ**
PÈSE-BÉBÉ	**TRIPLICE**	**SERVANCE**	COTRIADE
DIATRIBE	COMPLICE	MOUVANCE	**MILTIADE**
DUC-D'ALBE	SUPPLICE	CROYANCE	GALÉJADE
SARRALBE	**BÉRÉNICE**	CRÉDENCE	ESCALADE

ESCALADÉ	**THÉBAÏDE**	XIPHOÏDE	**HOLLANDE**
RÉGALADE	**ADÉLAÏDE**	TYPHOÏDE	**FINLANDE**
MOUCLADE	ENTRAIDE	TABLOÏDE	FLAMANDE
LANGLADE	ENTRAIDÉ	CYCLOÏDE	**FLAMANDE**
ENFILADE	CARABIDÉ	CHÉLOÏDE	QUÉMANDÉ
TAILLADE	**ITURBIDE**	MYÉLOÏDE	COMMANDE
TAILLADÉ	TRIACIDE	COLLOÏDE	COMMANDÉ
ŒILLADE	**SIRACIDE**	HAPLOÏDE	**MARMANDE**
GRILLADE	RÉGICIDE	DIPLOÏDE	NORMANDE
PHYLLADE	HOMICIDE	STYLOÏDE	**NORMANDE**
ACCOLADE	TÉNICIDE	SIGMOÏDE	OPÉRANDE
RIGOLADE	CORICIDE	ETHMOÏDE	**GUÉRANDE**
PEUPLADE	RATICIDE	ADÉNOÏDE	OFFRANDE
RECULADE	COÏNCIDÉ	GLÉNOÏDE	FAISANDÉ
GOURMADE	GÉNOCIDE	CRINOÏDE	PRÉBENDE
TAPENADE	VIROCIDE	HYPNOÏDE	PRÉBENDÉ
SÉRÉNADE	VIRUCIDE	ANDROÏDE	COMMENDE
BAIGNADE	ACRIDIDÉ	ANÉROÏDE	**OOSTENDE**
RAPINADE	PLOCÉIDÉ	STÉROÏDE	PROVENDE
MARINADE	CÉPHÉIDE	NÉGROÏDE	RESCINDÉ
LIMONADE	NUCLÉIDE	CHOROÏDE	**GOLCONDE**
CARONADE	ARANÉIDE	THYROÏDE	PROFONDE
ESCAPADE	CLUPÉIDÉ	DELTOÏDE	**TERMONDE**
GALOPADE	GIRAFIDÉ	MASTOÏDE	DIGICODE
CROUPADE	STRIGIDÉ	RHIZOÏDE	PLASMODE
SÉFARADE	ARACHIDE	DILAPIDÉ	DÉCAPODE
SÉFARADE	**COLCHIDE**	CYNIPIDÉ	MÉGAPODE
BIGARADE	SYLPHIDE	**EURIPIDE**	PARAPODE
ALGARADE	SYRPHIDÉ	INSIPIDE	HEXAPODE
CAMARADE	ANOBIIDÉ	SUBARIDE	COPÉPODE
PÉTARADE	SYLVIIDÉ	EUCARIDE	ANTIPODE
PÉTARADÉ	INVALIDE	VIPÉRIDÉ	LYCOPODE
PIPERADE	INVALIDÉ	**HYPÉRIDE**	OCTOPODE
BELGRADE	ÉPHÉLIDE	ASTÉRIDE	POLYPODE
BOURRADE	CAMÉLIDÉ	LÉPORIDÉ	ALEURODE
BERTRADE	ANNÉLIDE	BOURRIDE	HYPOSODÉ
POIVRADE	**BASILIDE**	APATRIDE	RHAPSODE
CROISADE	**ARGOLIDE**	SCIURIDÉ	NÉMATODE
GLISSADE	PÉLAMIDE	HOLOSIDE	VOÏÉVODE
CAUSSADE	CÉRAMIDE	RUTOSIDE	RAMBARDE
MAUSSADE	PYRAMIDE	HYDATIDE	BOMBARDE
POUSSADE	PYRAMIDÉ	CAROTIDE	BOMBARDÉ
SECOUADE	INTIMIDÉ	PAROTIDE	LOMBARDE
ESCOUADE	PHASMIDE	**ARISTIDE**	**LOMBARDE**
PERSUADÉ	PLASMIDE	LANGUIDE	PLACARDÉ
DISSUADÉ	MURÉNIDÉ	NOCTUIDÉ	ANACARDE
CHARYBDE	HOMINIDÉ	IMPAVIDE	SMICARDE
ENSCHEDE	ACTINIDE	**KOKSIJDE**	TRICARDE
NICOMÈDE	**NABONIDE**	**VAN VELDE**	RANCARDÉ
GANYMÈDE	**SIMONIDE**	**BATHILDE**	RENCARDÉ
LACEPÈDE	PÉPONIDE	**MATHILDE**	PINÇARDE
LAGOPÈDE	STURNIDÉ	**ROSKILDE**	BROCARDÉ
LOGOPÈDE	AMIBOÏDE	**CLOTILDE**	ISOCARDE
TANCRÈDE	CRICOÏDE	SALBANDE	MYOCARDE
SAMOYÈDE	SARCOÏDE	BRIGANDE	FAUCARDÉ
SAMOYÈDE	DISCOÏDE	CHALANDE	PENDARDE
THÉBAÏDE	SIPHOÏDE	HOLLANDE	BLAFARDE

BRAGARDE	MARGAUDÉ	ALLIACÉE	POSSÉDÉE
RINGARDE	SOÛLAUDE	FOLIACÉE	SUICIDÉE
RINGARDÉ	QUINAUDE	LAMIACÉE	ÉLUCIDÉE
VACHARDE	ÉMERAUDE	DÉGLACÉE	TRUCIDÉE
RICHARDE	NOIRAUDE	ENGLACÉE	ORCHIDÉE
MOCHARDE	COSTAUDE	VIOLACÉE	DÉBRIDÉE
POCHARDE	RUSTAUDE	DÉPLACÉE	HYBRIDÉE
POCHARDÉ	GALVAUDÉ	ENGLACÉE	FLORIDÉE
CAVIARDÉ	IMPALUDÉ	REPLACÉE	PRÉSIDÉE
PILLARDE	CONSOUDE	AMYLACÉE	LIQUIDÉE
VILLARDE	DESSOUDÉ	PALMACÉE	RENVIDÉE
NULLARDE	RESSOUDÉ	ÉBÉNACÉE	DÉBANDÉE
TAULARDE	**GERTRUDE**	ANONACÉE	DEMANDÉE
POULARDE	À L'INSU DE	CORNACÉE	TRUANDÉE
SOÛLARDE	HÉBÉTUDE	ACÉRACÉE	LÉGENDÉE
TRIMARDÉ	QUIÉTUDE	RETRACÉE	RAMENDÉE
FAGNARDE	HABITUDE	LAURACÉE	DÉBONDÉE
MIGNARDE	SOLITUDE	DIPSACÉE	FÉCONDÉE
TIGNARDE	FINITUDE	CACTACÉE	SECONDÉE
PEINARDE	LATITUDE	CRÉTACÉE	REFONDÉE
VEINARDE	ALTITUDE	PULTACÉE	INFONDÉE
CONNARDE	APTITUDE	MYRTACÉE	INFÉODÉE
LÉONARDE	ATTITUDE	AGAVACÉE	REBRODÉE
LÉONARDE	ALDÉHYDE	MALVACÉE	CORRODÉE
CHAPARDÉ	PÉLAMYDE	RAPIÉCÉE	DÉBARDÉE
LÉOPARDÉ	CHLAMYDE	**BOADICÉE**	EMBARDÉE
POUPARDE	MONOXYDE	**LAODICÉE**	JOBARDÉE
THÉSARDE	PEROXYDE	MATRICÉE	BOCARDÉE
GUISARDE	PEROXYDÉ	BALANCÉE	CAFARDÉE
MANSARDE	SUROXYDÉ	RELANCÉE	REGARDÉE
MANSARDÉ	SCARABÉE	ROMANCÉE	CANARDÉE
COSSARDE	PROHIBÉE	FINANCÉE	HASARDÉE
ROSSARDE	ENJAMBÉE	DEVANCÉE	RETARDÉE
HUSSARDE	REGIMBÉE	CADENCÉE	ATTARDÉE
VANTARDE	APLOMBÉE	FAÏENCÉE	BAZARDÉE
CASTARDE	RETOMBÉE	POTENCÉE	LÉZARDÉE
PISTARDE	ENGLOBÉE	DÉFONCÉE	DÉMERDÉE
MOUTARDE	TRILOBÉE	ENFONCÉE	EMMERDÉE
ROUTARDE	ENGERBÉE	ENGONCÉE	SABORDÉE
CLAVARDÉ	ENHERBÉE	SEMONCÉE	DÉBORDÉE
CREVARDE	ABSORBÉE	DÉNONCÉE	REBORDÉE
RACCORDÉ	ADSORBÉE	RENONCÉE	ACCORDÉE
CONCORDE	RÉSORBÉE	ANNONCÉE	DÉCORDÉE
CONCORDE	SIGISBÉE	ANDROCÉE	RECORDÉE
CONCORDÉ	RADOUBÉE	REPERCÉE	ENCORDÉE
PROCORDÉ	HERBACÉE	DÉFORCÉE	ÉCHAUDÉE
UROCORDÉ	ARÉCACÉE	EFFORCÉE	TARAUDÉE
DISCORDE	ÉRICACÉE	DIVORCÉE	RAVAUDÉE
DISCORDÉ	JONCACÉE	IMMISCÉE	ACCOUDÉE
VILVORDE	IRIDACÉE	SACCADÉE	EXTRUDÉE
ESGOURDE	PRÉFACÉE	POMMADÉE	ÉNUCLÉÉE
BALOURDE	SURFACÉE	GRENADÉE	SUPPLÉÉE
PALOURDE	TOPHACÉE	DÉGRADÉE	DÉLINÉÉE
AUTOUR DE	TYPHACÉE	EXTRADÉE	PROCRÉÉE
AUPRÈS DE	RUBIACÉE	TORSADÉE	CONGRÉÉE
CLABAUDÉ	MÉLIACÉE	PRÉCÉDÉE	MAUGRÉÉE
THIBAUDE	LILIACÉE	CONCÉDÉE	DÉGRAFÉE

REBIFFÉE	PANACHÉE	RARÉFIÉE	CHEVALÉE
AGRIFFÉE	ARRACHÉE	PACIFIÉE	ACCABLÉE
AULOFFÉE	ENSACHÉE	CODIFIÉE	ENSABLÉE
CHAUFFÉE	DÉTACHÉE	MODIFIÉE	ENTABLÉE
ÉTOUFFÉE	ENTACHÉE	SALIFIÉE	ATTABLÉE
HERBAGÉE	ATTACHÉE	GÉLIFIÉE	DRIBBLÉE
SACCAGÉE	GOUACHÉE	LAMIFIÉE	TREMBLÉE
RENGAGÉE	ALLÉCHÉE	RAMIFIÉE	AFFUBLÉE
ÉTALAGÉE	DÉPÊCHÉE	MOMIFIÉE	TROUBLÉE
SOULAGÉE	REPÊCHÉE	NANIFIÉE	DÉBÂCLÉE
AMÉNAGÉE	EMPÊCHÉE	PANIFIÉE	RECYCLÉE
PROPAGÉE	ÉBRÉCHÉE	LÉNIFIÉE	BARBELÉE
OMBRAGÉE	ASSÉCHÉE	VINIFIÉE	HARCELÉE
OUTRAGÉE	AFFICHÉE	BONIFIÉE	MORCELÉE
OUVRAGÉE	ENFICHÉE	TONIFIÉE	CONGELÉE
PRÉSAGÉE	DÉNICHÉE	VÉRIFIÉE	SURGELÉE
PARTAGÉE	ENTICHÉE	PURIFIÉE	NICKELÉE
ENNUAGÉE	AGUICHÉE	OSSIFIÉE	POMMELÉE
ASSIÉGÉE	AMANCHÉE	RATIFIÉE	GRUMELÉE
PROTÉGÉE	ÉPANCHÉE	NOTIFIÉE	CRÉNELÉE
DÉNEIGÉE	BRANCHÉE	VIVIFIÉE	GRENELÉE
ENNEIGÉE	TRANCHÉE	COCUFIÉE	CANNELÉE
AFFLIGÉE	ÉTANCHÉE	RÉFUGIÉE	CRÊPELÉE
INFLIGÉE	BRUNCHÉE	AFFILIÉE	RAPPELÉE
NÉGLIGÉE	DÉCOCHÉE	HUMILIÉE	ENGRÊLÉE
COLLIGÉE	ENCOCHÉE	RÉSILIÉE	CARRELÉE
CORRIGÉE	BRIOCHÉE	DÉFOLIÉE	CORRÉLÉE
FUSTIGÉE	TALOCHÉE	EXFOLIÉE	BOSSELÉE
VIDANGÉE	EMPOCHÉE	REMPLIÉE	MANTELÉE
ÉCHANGÉE	DÉROCHÉE	SUPPLIÉE	DENTELÉE
MÉLANGÉE	ENROCHÉE	REMANIÉE	MARTELÉE
DÉMANGÉE	CHERCHÉE	INGÉNIÉE	BOTTELÉE
REMANGÉE	ÉCORCHÉE	ARSÉNIÉE	CLAVELÉE
DÉRANGÉE	FOURCHÉE	LACINIÉE	GRIVELÉE
ARRANGÉE	SCOTCHÉE	RECOPIÉE	SOUFFLÉE
LOSANGÉE	ÉBAUCHÉE	INEXPIÉE	RENIFLÉE
LOUANGÉE	DÉBUCHÉE	SALARIÉE	GIROFLÉE
MÉNINGÉE	DÉJUCHÉE	DÉMARIÉE	DÉRÉGLÉE
ALLONGÉE	PELUCHÉE	REMARIÉE	ÉPINGLÉE
LARYNGÉE	ÉPLUCHÉE	DÉPARIÉE	TRINGLÉE
MAL-LOGÉE	ABOUCHÉE	APPARIÉE	AVEUGLÉE
SUBROGÉE	PARAPHÉE	NOTARIÉE	TROCHLÉE
PROROGÉE	CORYPHÉE	EXCORIÉE	TRÉFILÉE
HÉBERGÉE	DIARRHÉE	COLORIÉE	D'AFFILÉE
GOBERGÉE	OTORRHÉE	ARMORIÉE	RENFILÉE
IMMERGÉE	PYORRHÉE	CHARRIÉE	PROFILÉE
ASPERGÉE	**AMALTHÉE**	INJURIÉE	PARFILÉE
DÉTERGÉE	**TIMOTHÉE**	EXTASIÉE	SURFILÉE
DÉGORGÉE	**DOROTHÉE**	LIXIVIÉE	FAUFILÉE
ENGORGÉE	NÉGOCIÉE	RELOOKÉE	ENTOILÉE
EXPURGÉE	ASSOCIÉE	**CHEROKEE**	DÉVOILÉE
INSURGÉE	IRRADIÉE	INÉGALÉE	REMPILÉE
PRÉJUGÉE	EXPÉDIÉE	CÉPHALÉE	COMPILÉE
RABÂCHÉE	PARODIÉE	SURJALÉE	VENTILÉE
DÉBÂCHÉE	RÉPUDIÉE	SIGNALÉE	DÉBALLÉE
RELÂCHÉE	COKÉFIÉE	SPIRALÉE	EMBALLÉE
REMÂCHÉE	TUMÉFIÉE	DESSALÉE	REBELLÉE

LIBELLÉE	ÉGUEULÉE	INFIRMÉE	**DULCINÉE**
OMBELLÉE	COAGULÉE	DÉFORMÉE	LANCINÉE
LAMELLÉE	STIMULÉE	REFORMÉE	FASCINÉE
ENSELLÉE	FORMULÉE	RÉFORMÉE	DANDINÉE
TRUELLÉE	GRANULÉE	INFORMÉE	JARDINÉE
ÉCAILLÉE	SABOULÉE	EMBAUMÉE	BOUDINÉE
ÉGAILLÉE	DÉBOULÉE	EMPAUMÉE	BALEINÉE
ÉMAILLÉE	GIBOULÉE	ROYAUMÉE	RAFFINÉE
BRAILLÉE	DÉFOULÉE	PARFUMÉE	CONFINÉE
ÉRAILLÉE	REFOULÉE	ENRHUMÉE	IMAGINÉE
GRAILLÉE	DÉMOULÉE	RALLUMÉE	MARGINÉE
HABILLÉE	AMPOULÉE	DÉPLUMÉE	MACHINÉE
ÉVEILLÉE	ÉCROULÉE	EMPLUMÉE	LITHINÉE
SIGILLÉE	DÉROULÉE	EMBRUMÉE	PRALINÉE
ACHILLÉE	ENROULÉE	SUBSUMÉE	DÉCLINÉE
VANILLÉE	STIPULÉE	PRÉSUMÉE	INCLINÉE
ÉTRILLÉE	REBRÛLÉE	CONSUMÉE	**COLLINÉE**
FUSILLÉE	CAPSULÉE	COSTUMÉE	MOULINÉE
TITILLÉE	SPATULÉE	HAUBANÉE	GRAMINÉE
OUTILLÉE	POSTULÉE	CHICANÉE	STAMINÉE
FEUILLÉE	PROPYLÉE	BOUCANÉE	EXAMINÉE
DOUILLÉE	DIFFAMÉE	PROFANÉE	CHEMINÉE
FOUILLÉE	MALFAMÉE	TRÉPANÉE	ÉLIMINÉE
MOUILLÉE	ACCLAMÉE	SAFRANÉE	FULMINÉE
ROUILLÉE	DÉCLAMÉE	PRYTANÉE	ABOMINÉE
SOUILLÉE	RÉCLAMÉE	FORCENÉE	CARMINÉE
TOUILLÉE	EXCLAMÉE	OXYGÉNÉE	TERMINÉE
DÉCOLLÉE	RENTAMÉE	MALMENÉE	ACUMINÉE
RECOLLÉE	**PTOLÉMÉE**	REMMENÉE	ALUMINÉE
ENCOLLÉE	PARSEMÉE	**IDOMÉNÉE**	ÉPÉPINÉE
ÉBRANLÉE	RESSEMÉE	PROMENÉE	INOPINÉE
BRICOLÉE	MAL-AIMÉE	SURMENÉE	TAUPINÉE
GONDOLÉE	SUBLIMÉE	RÉFRÉNÉE	AMARINÉE
URCÉOLÉE	RÉANIMÉE	EFFRÉNÉE	CUISINÉE
AURÉOLÉE	INANIMÉE	ENGRENÉE	BASSINÉE
ALVÉOLÉE	ESCRIMÉE	HAQUENÉE	DESSINÉE
BARIOLÉE	DÉPRIMÉE	REGAGNÉE	PLATINÉE
PÉTIOLÉE	RÉPRIMÉE	ARAIGNÉE	GRATINÉE
INVIOLÉE	IMPRIMÉE	ESBIGNÉE	OUATINÉE
FORMOLÉE	OPPRIMÉE	INDIGNÉE	PECTINÉE
FIGNOLÉE	EXPRIMÉE	ÉLOIGNÉE	PIÉTINÉE
BRISOLÉE	EMPALMÉE	DÉSIGNÉE	COLTINÉE
FRISOLÉE	DÉGOMMÉE	RÉSIGNÉE	**MANTINÉE**
CONSOLÉE	ENGOMMÉE	COSIGNÉE	TONTINÉE
DESSOLÉE	DÉNOMMÉE	ASSIGNÉE	TARTINÉE
RISSOLÉE	RENOMMÉE	ÉPARGNÉE	OBSTINÉE
MAUSOLÉE	INNOMMÉE	ÉBORGNÉE	DESTINÉE
SURVOLÉE	ASSOMMÉE	DÉGAINÉE	TAQUINÉE
DÉCUPLÉE	DIPLÔMÉE	ENGAINÉE	ALEVINÉE
DÉFERLÉE	**BORROMÉE**	DÉLAINÉE	DÉPANNÉE
EMPERLÉE	DIATOMÉE	AGRAINÉE	SURANNÉE
ÉJACULÉE	DÉSARMÉE	ÉGRAINÉE	BIPENNÉE
CALCULÉE	REFERMÉE	COMBINÉE	EMPENNÉE
INOCULÉE	AFFERMÉE	TURBINÉE	ÉTRENNÉE
BASCULÉE	ENFERMÉE	VACCINÉE	MOYENNÉE
ACIDULÉE	DÉGERMÉE	CALCINÉE	FAÇONNÉE
ESSEULÉE	AFFIRMÉE	DULCINÉE	MAÇONNÉE

ARÇONNÉE	ESTOMPÉE	ÉLABORÉE	ENTOURÉE
REDONNÉE	SYNCOPÉE	JAMBOREE	SAVOURÉE
BIDONNÉE	APOCOPÉE	CHICORÉE	SUPPURÉE
ORDONNÉE	VARLOPÉE	MORDORÉE	NITRURÉE
GALONNÉE	ÉCHAPPÉE	PERFORÉE	PRÉSURÉE
JALONNÉE	ÉGRAPPÉE	DÉFLORÉE	CENSURÉE
TALONNÉE	AGRIPPÉE	DÉPLORÉE	TONSURÉE
PILONNÉE	ESCARPÉE	IMPLORÉE	RASSURÉE
CANONNÉE	ÉCHARPÉE	EXPLORÉE	FISSURÉE
TENONNÉE	EXTIRPÉE	ÉVAPORÉE	FACTURÉE
TAPONNÉE	DÉCOUPÉE	TORTORÉE	VOITURÉE
JUPONNÉE	RECOUPÉE	ÉPAMPRÉE	TRITURÉE
CIRONNÉE	DÉCLARÉE	POURPRÉE	CLÔTURÉE
GIRONNÉE	PRÉPARÉE	DÉBARRÉE	CAPTURÉE
TISONNÉE	COMPARÉE	EMBARRÉE	TORTURÉE
BÂTONNÉE	DÉLABRÉE	BICARRÉE	BITTURÉE
BÉTONNÉE	CÉLÉBRÉE	BIGARRÉE	BOUTURÉE
MITONNÉE	DÉFIBRÉE	DÉMARRÉE	COUTURÉE
PITONNÉE	CALIBRÉE	DÉFERRÉE	TEXTURÉE
ENTONNÉE	CHAMBRÉE	ENFERRÉE	ÉBAVURÉE
COTONNÉE	OBOMBRÉE	ÉPIERRÉE	NERVURÉE
SAVONNÉE	RECADRÉE	ENSERRÉE	ORFÉVRÉE
RAYONNÉE	ENCADRÉE	DÉTERRÉE	DÉGIVRÉE
GAZONNÉE	PONDÉRÉE	ENTERRÉE	DÉLIVRÉE
CARBONÉE	PRÉFÉRÉE	ATTERRÉE	DÉPHASÉE
SULFONÉE	DIFFÉRÉE	ABHORRÉE	BIPHASÉE
VIOLONÉE	CONFÉRÉE	SUSURRÉE	DIPHASÉE
SAUMONÉE	PROFÉRÉE	FENÊTRÉE	DÉBRASÉE
COMPONÉE	EXAGÉRÉE	PÉNÉTRÉE	EMBRASÉE
CHÉRONÉE	SUGGÉRÉE	DÉPÊTRÉE	RÉALÉSÉE
DÉTRÔNÉE	MANIÉRÉE	EMPÊTRÉE	SOUPESÉE
PERSONÉE	ARRIÉRÉE	ARBITRÉE	JUDAÏSÉE
POLYPNÉE	ÉNUMÉRÉE	DÉNITRÉE	MALAISÉE
INCARNÉE	EXONÉRÉE	CLOÎTRÉE	PUNAISÉE
ACHARNÉE	TEMPÉRÉE	ATTITRÉE	ARABISÉE
ÉCHARNÉE	RÉOPÉRÉE	ÉVENTRÉE	GRÉCISÉE
DÉCERNÉE	RÉITÉRÉE	PROSTRÉE	PRÉCISÉE
CASERNÉE	BALAFRÉE	FRUSTRÉE	LAÏCISÉE
MATERNÉE	CHIFFRÉE	MIJAURÉE	FASCISÉE
ALTERNÉE	GOINFRÉE	CARBURÉE	ANODISÉE
INTERNÉE	SIMAGRÉE	PROCURÉE	RÉALISÉE
HIVERNÉE	INTÉGRÉE	DEMEURÉE	ÉGALISÉE
SUBORNÉE	PEDIGREE	ÉCŒURÉE	COALISÉE
DÉCORNÉE	IMMIGRÉE	TUTEURÉE	OPALISÉE
ENCORNÉE	DÉNIGRÉE	SULFURÉE	ORALISÉE
BIGORNÉE	CAMPHRÉE	HACHURÉE	DUALISÉE
AJOURNÉE	**ÉRYTHRÉE**	MÂCHURÉE	AVALISÉE
FORTUNÉE	AFFAIRÉE	CONJURÉE	OVALISÉE
RESCAPÉE	ÉCLAIRÉE	PARJURÉE	CYCLISÉE
RECHAPÉE	DÉCHIRÉE	MOULURÉE	UTILISÉE
ATTRAPÉE	ENFOIRÉE	MURMURÉE	STYLISÉE
DÉCRÊPÉE	RESPIRÉE	SAUMURÉE	CHEMISÉE
DÉFRIPÉE	INSPIRÉE	CYANURÉE	ATOMISÉE
DISSIPÉE	SOUPIRÉE	RAINURÉE	STOMISÉE
INCULPÉE	SOUTIRÉE	LABOURÉE	TANNISÉE
DÉPULPÉE	CHAVIRÉE	THIO-URÉE	DÉBOISÉE
ESTAMPÉE	TRÉVIRÉE	DÉTOURÉE	REBOISÉE

ARDOISÉE	ADRESSÉE	POCHETÉE	RUDENTÉE
DÉGOISÉE	AGRESSÉE	PROJETÉE	RÉGENTÉE
PAVOISÉE	STRESSÉE	FORJETÉE	ARGENTÉE
DÉVOISÉE	ABAISSÉE	SURJETÉE	ORIENTÉE
ÉMERISÉE	GRAISSÉE	REFLÉTÉE	LAMENTÉE
UPÉRISÉE	MÉGISSÉE	PELLETÉE	CÉMENTÉE
DÉFRISÉE	PALISSÉE	BILLETÉE	CIMENTÉE
DÉGRISÉE	FROISSÉE	COLLETÉE	PIMENTÉE
DÉPRISÉE	TAPISSÉE	VIOLETÉE	FOMENTÉE
MÉPRISÉE	HÉRISSÉE	BOULETÉE	ARPENTÉE
REPRISÉE	RATISSÉE	ACCRÉTÉE	ABSENTÉE
ÉTATISÉE	MÉTISSÉE	DÉCRÉTÉE	PATENTÉE
POÉTISÉE	RETISSÉE	SECRÉTÉE	RETENTÉE
ÉROTISÉE	DÉVISSÉE	SÉCRÉTÉE	INTENTÉE
BAPTISÉE	REVISSÉE	EXCRÉTÉE	CRUENTÉE
DÉGUISÉE	CABOSSÉE	AFFRÉTÉE	INVENTÉE
AIGUISÉE	EMBOSSÉE	APPRÊTÉE	ÉREINTÉE
MENUISÉE	ENDOSSÉE	JARRETÉE	AJOINTÉE
SLAVISÉE	PANOSSÉE	CORSETÉE	ÉJOINTÉE
SUSVISÉE	DÉSOSSÉE	PAQUETÉE	ÉPOINTÉE
IMPULSÉE	CHAUSSÉE	BÉQUETÉE	RACONTÉE
EXPULSÉE	DÉCUSSÉE	REQUETÉE	DÉMONTÉE
RÉVULSÉE	ÉMOUSSÉE	PIQUETÉE	REMONTÉE
EXPANSÉE	TROUSSÉE	TIQUETÉE	CACAOTÉE
RECENSÉE	DIFFUSÉE	ENQUÊTÉE	CLABOTÉE
ENCENSÉE	PERFUSÉE	CLAVETÉE	CRABOTÉE
BODENSEE	ÉCOMUSÉE	BREVETÉE	BARBOTÉE
OFFENSÉE	JALOUSÉE	ENFAÎTÉE	CHICOTÉE
WALENSEE	DÉPAYSÉE	DÉLAITÉE	FRICOTÉE
DÉPENSÉE	DIALYSÉE	ALLAITÉE	TRICOTÉE
REPENSÉE	ANALYSÉE	PRÉCITÉE	RONÉOTÉE
INSENSÉE	PRÉDATÉE	SUSCITÉE	RABIOTÉE
GLUCOSÉE	MANDATÉE	RÉÉDITÉE	FOLIOTÉE
CYANOSÉE	CALFATÉE	COÉDITÉE	DORLOTÉE
PRÉPOSÉE	SULFATÉE	CRÉDITÉE	PAGNOTÉE
COMPOSÉE	FRÉGATÉE	POPLITÉE	MIGNOTÉE
PROPOSÉE	FRELATÉE	INIMITÉE	CONNOTÉE
SUPPOSÉE	TRÉMATÉE	MARMITÉE	CHIPOTÉE
DISPOSÉE	COLMATÉE	GRANITÉE	TRIPOTÉE
NÉCROSÉE	FORMATÉE	DÉBOÎTÉE	REMPOTÉE
NITROSÉE	HYDRATÉE	EMBOÎTÉE	COMPOTÉE
NÉVROSÉE	NITRATÉE	EFFRITÉE	BAISOTÉE
ÉCLIPSÉE	CRAVATÉE	REWRITÉE	ACCEPTÉE
DÉVERSÉE	DÉBECTÉE	INUSITÉE	EXCEPTÉE
REVERSÉE	AFFECTÉE	ÉBRUITÉE	SCULPTÉE
INVERSÉE	INFECTÉE	RÉCOLTÉE	EXEMPTÉE
LA BASSÉE	OBJECTÉE	DÉVOLTÉE	ENCARTÉE
TABASSÉE	INJECTÉE	RÉVOLTÉE	ESSARTÉE
DÉLASSÉE	DÉLECTÉE	OCCULTÉE	DÉSERTÉE
DAMASSÉE	SÉLECTÉE	RÉSULTÉE	ESCORTÉE
RAMASSÉE	HUMECTÉE	INSULTÉE	EXHORTÉE
DÉPASSÉE	DÉTECTÉE	DÉCANTÉE	DÉPORTÉE
REPASSÉE	BUDGÉTÉE	ENFANTÉE	REPORTÉE
HARASSÉE	VERGETÉE	DÉGANTÉE	EMPORTÉE
ENTASSÉE	CACHETÉE	DÉJANTÉE	IMPORTÉE
POTASSÉE	RACHETÉE	AIMANTÉE	APPORTÉE
CARESSÉE	TACHETÉE	REDENTÉE	EXPORTÉE

ÉCOURTÉE	ÉCROÛTÉE	INVOQUÉE	OCTROYÉE
DÉVASTÉE	DÉROUTÉE	ÉTARQUÉE	FOSSOYÉE
INFESTÉE	ENVOÛTÉE	BRUSQUÉE	APITOYÉE
DÉLESTÉE	MAZOUTÉE	RELUQUÉE	NETTOYÉE
MOLESTÉE	SUPPUTÉE	ENSUQUÉE	RENVOYÉE
EMPESTÉE	DISPUTÉE	OBSTRUÉE	CONVOYÉE
DÉTESTÉE	RECRUTÉE	INFATUÉE	VOUVOYÉE
ATTESTÉE	ALPAGUÉE	PONCTUÉE	RESSUYÉE
DÉPISTÉE	DÉLÉGUÉE	HABITUÉE	SQUEEZÉE
DÉSISTÉE	RELÉGUÉE	ÉVERTUÉE	AUTODAFÉ
ASSISTÉE	ALLÉGUÉE	BISEXUÉE	PATARAFE
ACCOSTÉE	ENDIGUÉE	EMBLAVÉE	DÉBRIEFÉ
RIPOSTÉE	IRRIGUÉE	ENCLAVÉE	ESCLAFFÉ
DÉGUSTÉE	FATIGUÉE	AGGRAVÉE	REGREFFÉ
RAJUSTÉE	ÉLINGUÉE	DÉPRAVÉE	**WYCLIFFE**
ENKYSTÉE	FLINGUÉE	ENTRAVÉE	DÉCOIFFÉ
TCHATTÉE	BRINGUÉE	PRÉLEVÉE	RECOIFFÉ
DÉNATTÉE	FRINGUÉE	SOULEVÉE	ASSOIFFÉ
EMPATTÉE	DÉBOGUÉE	EMBREVÉE	DÉGRIFFÉ
BARATTÉE	FOURGUÉE	DÉGREVÉE	ÉCHAUFFÉ
SQUATTÉE	ENJUGUÉE	ARCHIVÉE	TARTUFFE
FACETTÉE	DÉVALUÉE	PASSIVÉE	**TARTUFFE**
ENDETTÉE	ÉBERLUÉE	LESSIVÉE	**TENERIFE**
ÉMIETTÉE	ATTÉNUÉE	CULTIVÉE	ESBROUFE
LUNETTÉE	EXTÉNUÉE	CAPTIVÉE	ESBROUFÉ
FOUETTÉE	DIMINUÉE	ESQUIVÉE	FLAMBAGE
SAGITTÉE	INSINUÉE	INNERVÉE	PLOMBAGE
DÉBOTTÉE	AMADOUÉE	OBSERVÉE	ENGOBAGE
DÉGOTTÉE	SURDOUÉE	RÉSERVÉE	ENROBAGE
GIGOTTÉE	SURJOUÉE	INCURVÉE	ÉBARBAGE
CALOTTÉE	DÉCLOUÉE	ABREUVÉE	DÉPEÇAGE
CULOTTÉE	RECLOUÉE	ÉPROUVÉE	MARÉCAGE
EMMOTTÉE	ENCLOUÉE	À L'ÉTUVÉE	DÉPICAGE
CAROTTÉE	SURLOUÉE	SURTAXÉE	COINÇAGE
ÉGOUTTÉE	RABROUÉE	DUPLEXÉE	ÉCORÇAGE
BOYAUTÉE	ENCROUÉE	PRÉFIXÉE	AMORÇAGE
NOYAUTÉE	INAVOUÉE	SUFFIXÉE	SOLIDAGE
TUYAUTÉE	CONSPUÉE	DÉBLAYÉE	DÉVIDAGE
CULBUTÉE	ENCAQUÉE	MONNAYÉE	GLANDAGE
EXÉCUTÉE	ARNAQUÉE	PRÉPAYÉE	ÉPANDAGE
PERCUTÉE	BARAQUÉE	SURPAYÉE	ÉTENDAGE
DISCUTÉE	ATTAQUÉE	DÉBRAYÉE	BLINDAGE
RAMEUTÉE	DÉFÉQUÉE	EMBRAYÉE	ÉMONDAGE
ÉQUEUTÉE	RÉSÉQUÉE	DÉFRAYÉE	DÉCODAGE
RAFFÛTÉE	ABDIQUÉE	EFFRAYÉE	ENCODAGE
CHAHUTÉE	INDIQUÉE	RETRAYÉE	ABORDAGE
VERJUTÉE	PANIQUÉE	RESSAYÉE	HOURDAGE
AZIMUTÉE	TUNIQUÉE	VOLLEYÉE	PIÉGEAGE
COMMUTÉE	DÉPIQUÉE	COUDOYÉE	FORGEAGE
PERMUTÉE	REPIQUÉE	SOUDOYÉE	JAUGEAGE
RABOUTÉE	BORIQUÉE	DÉPLOYÉE	AGRAFAGE
DÉBOUTÉE	ÉTRIQUÉE	REPLOYÉE	GREFFAGE
REDOUTÉE	ASTIQUÉE	EMPLOYÉE	COIFFAGE
DÉGOÛTÉE	FLANQUÉE	PAUMOYÉE	RÉENGAGÉ
RAJOUTÉE	PLANQUÉE	BORNOYÉE	DÉBOGAGE
VELOUTÉE	TRONQUÉE	CARROYÉE	FLÉCHAGE
FILOUTÉE	RÉVOQUÉE	CORROYÉE	CLICHAGE

BANCHAGE	SCELLAGE	BURINAGE	ASSURAGE
LYNCHAGE	NIELLAGE	PATINAGE	PÂTURAGE
PIOCHAGE	STELLAGE	RATINAGE	RATURAGE
BROCHAGE	CAILLAGE	SATINAGE	CUIVRAGE
PERCHAGE	MAILLAGE	ACCONAGE	EMPESAGE
FAUCHAGE	PAILLAGE	COLONAGE	BRAISAGE
RAUCHAGE	TAILLAGE	RAMONAGE	FRAISAGE
BOUCHAGE	TEILLAGE	LIMONAGE	BALISAGE
COUCHAGE	SMILLAGE	TOURNAGE	TAMISAGE
MOUCHAGE	GRILLAGE	LAGUNAGE	REMISAGE
GÉOPHAGE	GRILLAGÉ	DÉCAPAGE	TANISAGE
ZOOPHAGE	VRILLAGE	DÉRAPAGE	VANISAGE
FLASHAGE	OUILLAGE	RETAPAGE	ÉGRISAGE
CARTHAGE	RACOLAGE	RECEPAGE	DÉVISAGÉ
VERBIAGE	ACCOLAGE	ÉTRIPAGE	ENVISAGÉ
RHODIAGE	RIGOLAGE	STRIPAGE	ARROSAGE
DÉPLIAGE	ENTÔLAGE	ÉQUIPAGE	BRASSAGE
CADMIAGE	REMPLAGE	INALPAGE	DRESSAGE
STOCKAGE	COUPLAGE	TREMPAGE	PRESSAGE
DÉCALAGE	CHAULAGE	ARÉOPAGE	TRESSAGE
RECALAGE	MACULAGE	STEPPAGE	GLISSAGE
PÉDALAGE	POPULAGE	GRIPPAGE	PLISSAGE
RÉGALAGE	RÉTAMAGE	DROPPAGE	CUISSAGE
CRIBLAGE	ÉCRÉMAGE	STOPPAGE	BROSSAGE
DOUBLAGE	ARRIMAGE	GROUPAGE	MOUSSAGE
SARCLAGE	ENSIMAGE	TARARAGE	POUSSAGE
CERCLAGE	GRAMMAGE	CAMBRAGE	CREUSAGE
BOUCLAGE	CHROMAGE	TIMBRAGE	ÉCLUSAGE
PUDDLAGE	ENFUMAGE	POUDRAGE	NON-USAGE
ROBELAGE	ALLUMAGE	REPÉRAGE	MÉSUSAGE
FICELAGE	BITUMAGE	AMPÉRAGE	DÉMÂTAGE
PUCELAGE	LAMANAGE	COFFRAGE	PIRATAGE
MODELAGE	DÉMÉNAGÉ	SUFFRAGE	TRACTAGE
DÉMÊLAGE	EMMÉNAGÉ	GAUFRAGE	GALETAGE
SEMELAGE	CARÉNAGE	NAUFRAGE	BEL-ÉTAGE
JUMELAGE	ÉGRENAGE	NAUFRAGÉ	FILETAGE
AGNELAGE	MOYEN ÂGE	SOUFRAGE	MOLETAGE
CAPELAGE	**MOYEN ÂGE**	VAIGRAGE	CANETAGE
CISELAGE	PEIGNAGE	RETIRAGE	CURETAGE
FUSELAGE	CHAÎNAGE	CHLORAGE	FURETAGE
BATELAGE	DRAINAGE	ESSORAGE	RIVETAGE
RÂTELAGE	GRAINAGE	AMARRAGE	DÉBITAGE
DÉTELAGE	TRAÎNAGE	BOURRAGE	DÉLITAGE
ATTELAGE	DÉBINAGE	FOURRAGE	ERMITAGE
JAVELAGE	BOBINAGE	FOURRAGÉ	GUNITAGE
NIVELAGE	RACINAGE	PLÂTRAGE	HÉRITAGE
CUVELAGE	BADINAGE	FILTRAGE	BRUITAGE
SIFFLAGE	FREINAGE	CENTRAGE	FRUITAGE
GONFLAGE	ÉVEINAGE	CINTRAGE	CHANTAGE
DÉCILAGE	AFFINAGE	LUSTRAGE	PLANTAGE
MUCILAGE	LAMINAGE	LETTRAGE	AVANTAGE
AFFILAGE	DÉMINAGE	FEUTRAGE	AVANTAGÉ
EFFILAGE	SAPINAGE	POUTRAGE	POINTAGE
ENFILAGE	COPINAGE	SOUTRAGE	CABOTAGE
DÉPILAGE	FARINAGE	RÉCURAGE	RABOTAGE
EMPILAGE	MARINAGE	PLEURAGE	SABOTAGE
ENSILAGE	**BORINAGE**	MESURAGE	PICOTAGE

RADOTAGE	RELEVAGE	SURLONGE	HOUAICHE
FAGOTAGE	ENLEVAGE	MENSONGE	GRÉBICHE
MÉGOTAGE	BALIVAGE	PHARYNGÉ	GRIBICHE
LIGOTAGE	ARRIVAGE	EUCOLOGE	BARBICHE
ERGOTAGE	ESTIVAGE	MÉNOLOGE	POULICHE
AGIOTAGE	RAVIVAGE	DÉCHARGE	FLAMICHE
PELOTAGE	EMBUVAGE	DÉCHARGÉ	BONNICHE
PILOTAGE	DÉCUVAGE	RECHARGE	CORNICHE
SILOTAGE	ENCUVAGE	RECHARGÉ	DÉFRICHE
CANOTAGE	BREUVAGE	LITHARGE	DÉFRICHÉ
CAPOTAGE	MALAXAGE	GAMBERGE	**AUTRICHE**
PAPOTAGE	INDEXAGE	GAMBERGÉ	FORTICHE
DÉPOTAGE	BALAYAGE	SUBMERGÉ	PASTICHE
EMPOTAGE	DÉLAYAGE	CONVERGÉ	PASTICHÉ
ZÉROTAGE	DÉRAYAGE	RENGORGÉ	POSTICHE
COMPTAGE	ENRAYAGE	**WALBURGE**	ESQUICHÉ
DOMPTAGE	ESSAYAGE	DÉMIURGE	DERVICHE
CRYPTAGE	MÉTAYAGE	**MAUBEUGE**	DÉHANCHÉ
QUARTAGE	MAREYAGE	LUCIFUGE	CALANCHÉ
INERTAGE	DÉNOYAGE	NIDIFUGE	PALANCHE
COURTAGE	ENNOYAGE	IGNIFUGE	DÉMANCHÉ
AJUSTAGE	ESSUYAGE	IGNIFUGÉ	DIMANCHE
ABATTAGE	DÉGAZAGE	BIEN-JUGÉ	EMMANCHÉ
GRATTAGE	BRONZAGE	**CAP-ROUGE**	**COMANCHE**
FRETTAGE	**COOLIDGE**	BAS-ROUGE	ROMANCHE
FRITTAGE	**OAK RIDGE**	VISCACHE	**ROMANCHE**
FLOTTAGE	PORRIDGE	RONDACHE	ÉBRANCHÉ
ÉMOTTAGE	**CAMBODGE**	MORDACHE	REVANCHE
FROTTAGE	STRATÈGE	MALGACHE	REVANCHÉ
AFFÛTAGE	COOBLIGÉ	**MALGACHE**	**MALINCHE**
ENFÛTAGE	QUADRIGE	GOULACHE	BAMBOCHE
MINUTAGE	TRANSIGÉ	GRENACHE	BAMBOCHÉ
ABOUTAGE	PRESTIGE	BARNACHE	CALDOCHE
CLOUTAGE	VENDANGE	HARNACHÉ	**ANTIOCHE**
BIZUTAGE	VENDANGÉ	BERNACHE	BOULOCHÉ
ÉCOBUAGE	RECHANGE	RECRACHÉ	PIGNOCHÉ
ENGLUAGE	RECHANGÉ	**CARRACHE**	ÉPINOCHE
AFFOUAGE	INCHANGÉ	PISTACHE	REMPOCHÉ
AFFOUAGÉ	ARCHANGE	EUSTACHE	DÉBROCHÉ
ÉCHOUAGE	PHALANGE	**EUSTACHE**	EMBROCHÉ
GAROUAGE	**BELLANGE**	RATTACHÉ	ACCROCHE
TATOUAGE	BOULANGE	SOUTACHE	ACCROCHÉ
CLAQUAGE	BOULANGÉ	SOUTACHÉ	DÉCROCHÉ
PLAQUAGE	EFFRANGÉ	BRAVACHE	REPROCHE
BRAQUAGE	**LA GRANGE**	CRAVACHE	REPROCHÉ
CRAQUAGE	**LAGRANGE**	CRAVACHÉ	APPROCHE
PACQUAGE	**ALGRANGE**	PIMBÊCHE	APPROCHÉ
APIQUAGE	ENGRANGÉ	MAUBÈCHE	GARROCHÉ
CALQUAGE	**FLORANGE**	**LA FLÈCHE**	GAVROCHE
MARQUAGE	SPORANGE	BIFLÈCHE	**GAVROCHE**
MASQUAGE	**BOTRANGE**	PERLÈCHE	FANTOCHE
TRUQUAGE	**THURINGE**	**CAMPECHE**	PINTOCHÉ
RESSUAGE	RALLONGE	CAMPÊCHE	FASTOCHE
DÉLAVAGE	RALLONGÉ	SURPÊCHE	**LA MARCHE**
DÉPAVAGE	PROLONGÉ	DESSÉCHÉ	DÉMARCHE
REPAVAGE	REPLONGÉ	BRETÈCHE	DÉMARCHÉ
CARAVAGE	FORLONGÉ	CHEVÊCHE	REMARCHÉ

RAPERCHÉ	COUDRAIE	PUTRÉFIÉ	ANALOGIE
QUETSCHE	PINERAIE	LIQUÉFIÉ	TRILOGIE
TCHATCHE	RÔNERAIE	BARBIFIÉ	ÉCOLOGIE
TCHATCHÉ	ROSERAIE	OPACIFIÉ	GÉOLOGIE
SCRATCHÉ	ROUVRAIE	SPÉCIFIÉ	NÉOLOGIE
DÉBAUCHE	CERISAIE	CALCIFIÉ	UFOLOGIE
DÉBAUCHÉ	SAUSSAIE	DULCIFIÉ	BIOLOGIE
EMBAUCHE	HOUSSAIE	CRUCIFIÉ	ZOOLOGIE
EMBAUCHÉ	AMPHIBIE	RÉÉDIFIÉ	APOLOGIE
TRÉBUCHÉ	**COLOMBIE**	ACIDIFIÉ	UROLOGIE
REMBUCHÉ	LITHOBIE	MUSÉIFIÉ	OTOLOGIE
GRELUCHE	NÉCROBIE	GAZÉIFIÉ	MYOLOGIE
MERLUCHE	**LA TURBIE**	MYTHIFIÉ	RÉLARGIE
GUENUCHE	MONŒCIE	QUALIFIÉ	ALLERGIE
BABOUCHE	ALOPÉCIE	AMPLIFIÉ	SYNERGIE
DÉBOUCHÉ	DÉPRÉCIÉ	PLANIFIÉ	THÉURGIE
REBOUCHÉ	APPRÉCIÉ	MAGNIFIÉ	LITURGIE
EMBOUCHE	RÉTRÉCIE	LIGNIFIÉ	**MALACHIE**
EMBOUCHÉ	**PHÉNICIE**	SIGNIFIÉ	**VALACHIE**
ACCOUCHÉ	**MAURICIE**	RÉUNIFIÉ	SYNÉCHIE
DÉCOUCHÉ	LICENCIÉ	SCARIFIÉ	PÉTÉCHIE
RECOUCHÉ	DISSOCIE	CLARIFIÉ	ENRICHIE
INGOUCHE	DYSTOCIE	LUBRIFIÉ	BLANCHIE
MANOUCHE	INFARCIE	SACRIFIÉ	BRANCHIE
FAROUCHE	AUTARCIE	GLORIFIÉ	FRANCHIE
AMROUCHE	REMERCIÉ	TERRIFIÉ	ANARCHIE
ESSOUCHÉ	ENDURCIE	HORRIFIÉ	ÉNARCHIE
LATOUCHE	**SÉLEUCIE**	PÉTRIFIÉ	ÉPARCHIE
RETOUCHE	RADOUCIE	NITRIFIÉ	DYARCHIE
RETOUCHÉ	TRAGÉDIE	VITRIFIÉ	AGRAPHIE
PERRUCHE	CONGÉDIÉ	FALSIFIÉ	ATROPHIE
AUTRUCHE	ATTIÉDIE	DENSIFIÉ	ATROPHIÉ
DE HOOGHE	ENLAIDIE	CHOSIFIÉ	**LA BÂTHIE**
ÉPITAPHE	DÉRAIDIE	VERSIFIÉ	EMPATHIE
ACALÈPHE	COCCIDIE	MASSIFIÉ	BENGALIE
RODOLPHE	PERFIDIE	RUSSIFIÉ	**BENGALIE**
ASTOLPHE	TIGRIDIE	BÉATIFIÉ	DYSLALIE
TRIOMPHE	SUBSIDIÉ	GRATIFIÉ	ANOMALIE
TRIOMPHÉ	**ROMANDIE**	RECTIFIÉ	PHYSALIE
DIMORPHE	AGRANDIE	ACÉTIFIÉ	RÉTABLIE
CATARRHE	INCENDIE	PONTIFIÉ	ENNOBLIE
SQUIRRHE	INCENDIÉ	CERTIFIÉ	AMEUBLIE
GOMORRHE	**MAGENDIE**	FORTIFIÉ	PARHÉLIE
ISOBATHE	REBONDIE	MORTIFIÉ	PARMÉLIE
VIRIATHE	PROSODIE	JUSTIFIÉ	**ROUMÉLIE**
MYOPATHE	RAPSODIE	MYSTIFIÉ	CONCILIE
ZÉOLITHE	VOÏVODIE	STATUFIÉ	SWAHILIE
OTOLITHE	**PICARDIE**	**CARNEGIE**	MÉSALLIÉ
OXYLITHE	ENHARDIE	CHORÉGIE	EMBELLIE
ŒNANTHE	REVERDIE	FASTIGIÉ	VIEILLIE
JACINTHE	ALOURDIE	PUBALGIE	CUEILLIE
CORINTHE	ÉTOURDIE	ANTALGIE	BOUILLIE
ABSINTHE	**SAINT-DIÉ**	COXALGIE	RAMOLLIE
TIRYNTHE	RÉÉTUDIÉ	**BÉRINGIE**	OSMANLIE
FORSYTHE	STUPÉFIÉ	**LA MONGIE**	**OSMANLIE**
AMANDAIE	TORRÉFIÉ	ANAGOGIE	UNIFOLIÉ
JONCHAIE		APAGOGIE	PERFOLIÉ

MONGOLIE	ASSAINIE	**DAMMARIE**	GAINERIE
MALPOLIE	PUCCINIE	RAPPARIÉ	MOINERIE
ANATOLIE	VIRGINIE	AGACERIE	TANNERIE
PANOPLIE	**VIRGINIE**	GLACERIE	VANNERIE
GRANULIE	POLLINIE	ÉPICERIE	CONNERIE
APOGAMIE	CALOMNIE	MERCERIE	SONNERIE
ISOGAMIE	CALOMNIÉ	FORCERIE	MEUNERIE
EXOGAMIE	INSOMNIE	GLYCÉRIE	DRAPERIE
ADYNAMIE	**POLYMNIE**	BRADERIE	CRÊPERIE
URICÉMIE	TYRANNIE	SOLDERIE	FRIPERIE
CALCÉMIE	DÉCENNIE	PENDERIE	TRIPERIE
LEUCÉMIE	BARONNIE	TENDERIE	VESPÉRIE
GLYCÉMIE	**LYCAONIE**	FONDERIE	SUCRERIE
ACADÉMIE	CLADONIE	BRODERIE	LADRERIE
ACADÉMIE	OVOGONIE	GARDERIE	CIDRERIE
ÉPIDÉMIE	EUPHONIE	BORDERIE	**CAFRERIE**
PANDÉMIE	**WALLONIE**	CORDERIE	SAFRERIE
ISCHÉMIE	HARMONIE	BOUDERIE	TIGRERIE
KALIÉMIE	**PANNONIE**	PRUDERIE	VERRERIE
NATRÉMIE	UCHRONIE	IMAGERIE	PITRERIE
ANOXÉMIE	SYNTONIE	LINGERIE	VITRERIE
ARYTHMIE	ISOTONIE	SINGERIE	PRÉSÉRIE
ALCHIMIE	DYSTONIE	SONGERIE	MAÏSERIE
BOULIMIE	**LETTONIE**	**MARGERIE**	BOISERIE
ACCALMIE	**SLAVONIE**	BERGERIE	GRISERIE
BONHOMIE	**AMAZONIE**	FORGERIE	CLOSERIE
ÉCONOMIE	DÉGARNIE	CACHERIE	GYPSERIE
ACHROMIE	REGARNIE	FÂCHERIE	LASSERIE
TRISOMIE	**GAVARNIE**	SACHERIE	VISSERIE
ANATOMIE	DÉVERNIE	VACHERIE	ROSSERIE
AFFERMIE	RACORNIE	PÊCHERIE	CAUSERIE
ASPERMIE	SATURNIE	SÉCHERIE	BACTÉRIE
ENDORMIE	RAJEUNIE	ARCHERIE	LAITERIE
CACOSMIE	PRÉMUNIE	LUTHERIE	BOITERIE
ÉPONYMIE	COMMUNIÉ	ROOKERIE	FRITERIE
SESBANIE	**LA REYNIE**	CÂBLERIE	MALTERIE
HYRCANIE	**VOLHYNIE**	HÂBLERIE	GANTERIE
LEUCANIE	**BITHYNIE**	SABLERIE	VANTERIE
JORDANIE	MONT-JOIE	MUFLERIE	MENTERIE
BÉTHANIE	**MONTJOIE**	TOILERIE	CARTERIE
GERMANIE	BAUDROIE	VOILERIE	PORTERIE
BIRMANIE	LAMPROIE	HUILERIE	HYSTÉRIE
TASMANIE	COURROIE	TUILERIE	BATTERIE
ROUMANIE	THÉRAPIE	GALLÉRIE	SAUTERIE
RHÉNANIE	SATRAPIE	SELLERIE	BLUTERIE
POSNANIE	NID-DE-PIE	TULLERIE	VIGUERIE
CAMPANIE	DÉCRÉPIE	DRÔLERIE	ROGUERIE
HISPANIE	RECRÉPIE	PARLERIE	COQUERIE
LITUANIE	**ÉTHIOPIE**	VEULERIE	MOQUERIE
TANZANIE	DIPLOPIE	SOÛLERIE	ROQUERIE
ÉPIGÉNIE	ENTROPIE	BRÛLERIE	BRAVERIE
OVOGÉNIE	ESTROPIÉ	CRÉMERIE	JUIVERIE
ASTHÉNIE	ASSOUPIE	ISOMÉRIE	FAUVERIE
MESSÉNIE	BARBARIE	**FORMERIE**	BEUVERIE
MUNTÉNIE	**BARBARIE**	RHUMERIE	BOUVERIE
NÉOTÉNIE	**BULGARIE**	FLÂNERIE	AMAIGRIE
SLOVÉNIE	**ZACHARIE**	CRÂNERIE	HÉTAIRIE

667

HÉTAIRIE	ANÉANTIE	**ONDAATJE**	TRIVIALE
MÉTAIRIE	DÉNANTIE	PLUM-CAKE	ÉLUVIALE
FRIGORIE	GARANTIE	KEEPSAKE	FLUVIALE
EUPHORIE	RALENTIE	SHIITAKÉ	PLUVIALE
SÉNIORIE	DÉMENTIE	**WERNICKE**	COAXIALE
HISTORIÉ	REPENTIE	**GUERICKE**	DÉCIMALE
LA JARRIE	**LAVENTIE**	DÉSTOCKÉ	MINIMALE
ÉQUARRIE	ENZOOTIE	**ROZEBEKE**	OPTIMALE
AGUERRIE	DÉPARTIE	**BAMILÉKÉ**	MAXIMALE
FOLÂTRIE	REPARTIE	**KLONDIKE**	THERMALE
RAPATRIÉ	RÉPARTIE	SEMI-COKE	ANORMALE
DÉPATRIÉ	BIPARTIE	**DÉCÉBALE**	SÉISMALE
EXPATRIÉ	MI-PARTIE	BRIMBALÉ	VICINALE
PHRATRIE	IMPARTIE	TRIMBALÉ	ORDINALE
SYMÉTRIE	DIVERTIE	MONACALE	VAGINALE
DIOPTRIE	INVERTIE	CLOACALE	SÉMINALE
MEURTRIE	ASSORTIE	RADICALE	LIMINALE
NEUSTRIE	DYNASTIE	MÉDICALE	NOMINALE
DÉNUTRIE	MODESTIE	VÉSICALE	MATINALE
MALAURIE	INVESTIE	MUSICALE	BIENNALE
OLIGURIE	AMNISTIE	LEXICALE	CORONALE
CENTURIE	AMNISTIÉ	BIFOCALE	BITONALE
POLYURIE	**CHRISTIE**	QUISCALE	STERNALE
WALKYRIE	BALBUTIE	CYCADALE	JÉJUNALE
FATRASIE	BALBUTIÉ	AIREDALE	GRIPPALE
LAURASIE	DÉGLUTIE	AMYGDALE	GROUPALE
RASSASIÉ	EMBOUTIE	**ROCHDALE**	LIBÉRALE
GÉODÉSIE	**IAKOUTIE**	OVOÏDALE	TUBÉRALE
RHODÉSIE	ALANGUIE	ABSIDALE	FÉDÉRALE
ESTHÉSIE	SERFOUIE	COTIDALE	SIDÉRALE
AGÉNÉSIE	ÉPANOUIE	SCANDALE	RUDÉRALE
FRÉNÉSIE	ÉVANOUIE	**GLENDALE**	SCLÉRALE
MAGNÉSIE	**MOLDAVIE**	SYNODALE	HUMÉRALE
MAGNÉSIE	EAU-DE-VIE	PALLÉALE	NUMÉRALE
ACINÉSIE	ENSUIVIE	**MONREALE**	GÉNÉRALE
AKINÉSIE	**CRACOVIE**	UNGUÉALE	MINÉRALE
ECMNÉSIE	**MOSCOVIE**	RÉCIFALE	LATÉRALE
GASPÉSIE	**MORDOVIE**	ILLÉGALE	SUDORALE
ÉNURÉSIE	**GERGOVIE**	FRINGALE	PRÉORALE
MALAISIE	**VARSOVIE**	POLYGALE	MAÏORALE
TANAISIE	ASSERVIE	ACÉPHALE	FÉMORALE
SYNOPSIE	ASSOUVIE	NYMPHALE	IMMORALE
AUTOPSIE	AGALAXIE	CAMBIALE	HUMORALE
AUTOPSIÉ	ATARAXIE	GLACIALE	TUMORALE
ÉPAISSIE	ÉPITAXIE	SPÉCIALE	SORORALE
GAMBUSIE	CACHEXIE	ASOCIALE	AURORALE
AGUEUSIE	DYSLEXIE	CRUCIALE	MAYORALE
JALOUSIE	ANOREXIE	MONDIALE	URÉTRALE
PAROUSIE	APYREXIE	CARDIALE	CENTRALE
MALBÂTIE	ANATEXIE	CORDIALE	VENTRALE
RAPLATIE	PANMIXIE	SPATIALE	ŒSTRALE
PRIMATIE	APOMIXIE	INITIALE	ROSTRALE
DALMATIE	ASPHYXIE	INITIALÉ	AUSTRALE
LA BOÉTIE	ASPHYXIÉ	NUPTIALE	LUSTRALE
HELVÉTIE	**ABKHAZIE**	MARTIALE	FOUTRALE
INIMITIÉ	**CRÉMAZIE**	PARTIALE	PLEURALE
CALVITIE	NÉONAZIE	BESTIALE	**PHARSALE**

ABYSSALE	EXORABLE	DÉDOUBLÉ	TRIANGLE
SINUSALE	LIVRABLE	REDOUBLÉ	ÉTRANGLÉ
PALATALE	OUVRABLE	CHASUBLE	ROTENGLE
FRACTALE	FAISABLE	BERNACLE	RECINGLE
VÉGÉTALE	IRISABLE	PANTACLE	RÉSINGLE
BOLETALE	PENSABLE	PENTACLE	STRONGLE
ORBITALE	CASSABLE	OBSTACLE	INHABILE
CUBITALE	PASSABLE	BERNICLE	ATRABILE
DIGITALE	DESSABLÉ	FURONCLE	DÉLÉBILE
GÉNITALE	AMUSABLE	PÉTONCLE	IMMOBILE
CAPITALE	INUSABLE	**SOPHOCLE**	STROBILE
MARITALE	IMITABLE	**PATROCLE**	VOLUBILE
FRONTALE	ÉVITABLE	DÉCERCLÉ	OBNUBILÉ
SCROTALE	RENTABLE	RECERCLÉ	IMBÉCILE
ÉRISTALE	CARTABLE	ENCERCLÉ	DOMICILE
GLOTTALE	PORTABLE	DÉMASCLÉ	INDOCILE
LINGUALE	SORTABLE	DÉBOUCLÉ	**BELLE-ÎLE**
ESTIVALE	TESTABLE	ÉPICYCLE	ÉFAUFILÉ
AFFIXALE	INSTABLE	TRICYCLE	STRIGILE
BATHYALE	METTABLE	SPHACÈLE	ÉVANGILE
DÉLOYALE	IMMUABLE	DÉFICELÉ	NARGHILÉ
PEZIZALE	AVOUABLE	CHANCELÉ	ANNIHILÉ
PROBABLE	CLIVABLE	ÉTINCELÉ	GÉOPHILE
BANCABLE	SOLVABLE	AMONCELÉ	ZOOPHILE
ÉVOCABLE	PLOYABLE	DÉPUCELÉ	LYOPHILE
ÉDUCABLE	CROYABLE	INFIDÈLE	ASSIMILÉ
PENDABLE	SCRABBLE	REMODELÉ	BOGOMILE
VENDABLE	SCRABBLÉ	ANOPHÈLE	JUVÉNILE
PERDABLE	MISCIBLE	TRISKÈLE	RENTOILÉ
SOUDABLE	CRÉDIBLE	CARAMÉLÉ	**L'ESTOILE**
OXYDABLE	ÉLIGIBLE	PÊLE-MÊLE	ÉOLIPILE
LOGEABLE	EXIGIBLE	SANG-MÊLÉ	DÉSOPILÉ
AGRÉABLE	TANGIBLE	GROMMELÉ	VOLATILE
LARGABLE	FONGIBLE	ÉPANNELÉ	SAXATILE
VICIABLE	TERRIBLE	DÉCAPELÉ	ÉRECTILE
SOCIABLE	HORRIBLE	BOURRELÉ	QUARTILE
ENDIABLE	PAISIBLE	RUISSELÉ	NARGUILÉ
MANIABLE	LOISIBLE	ROUSSELÉ	DÉSHUILÉ
EXPIABLE	NUISIBLE	DÉMUSELÉ	INCIVILE
VARIABLE	SENSIBLE	ÉCARTELÉ	TRIBALLE
ENVIABLE	PASSIBLE	CRAQUELÉ	TRIBALLÉ
ÉGALABLE	CESSIBLE	ENJAVELÉ	**LAMBALLE**
CYCLABLE	FISSIBLE	ÉCHEVELÉ	REMBALLÉ
RÉGLABLE	POSSIBLE	DÉNIVELÉ	QUE DALLE
ISOLABLE	AMOVIBLE	ÉCERVELÉ	**FLÉMALLE**
BLÂMABLE	FLEXIBLE	INSUFFLÉ	**LASSALLE**
SOMMABLE	**ÉTIEMBLE**	MORNIFLE	INSTALLÉ
CHÔMABLE	ENSEMBLE	PERSIFLÉ	GLABELLE
PRENABLE	ASSEMBLÉ	DÉSENFLÉ	ISABELLE
GAGNABLE	**GRENOBLE**	DÉGONFLÉ	**ISABELLE**
DAMNABLE	VIGNOBLE	REGONFLÉ	TOMBELLE
PALPABLE	**VIGNOBLE**	**DECOUFLÉ**	POUBELLE
COUPABLE	DÉMEUBLÉ	CAMOUFLÉ	CRÉCELLE
OPÉRABLE	REMEUBLÉ	MAROUFLE	MANCELLE
QUÉRABLE	IMMEUBLE	MAROUFLÉ	**MANCELLE**
ÉTIRABLE	ENCOUBLE	ESPIÈGLE	PARCELLE
ADORABLE	ENCOUBLÉ	PRÉRÉGLÉ	SARCELLE

DESCELLÉ	MANUELLE	FUTAILLE	MYRTILLE
NAUCELLE	ANNUELLE	FOUAILLE	BASTILLE
PRÉDELLE	LAQUELLE	FOUAILLÉ	**BASTILLE**
TENDELLE	SÉQUELLE	GOUAILLE	**CASTILLE**
BONDELLE	CASUELLE	GOUAILLÉ	PASTILLE
RONDELLE	VISUELLE	JOUAILLÉ	DISTILLÉ
DÉRÉELLE	ACTUELLE	TOUAILLE	INSTILLÉ
IRRÉELLE	RITUELLE	RHABILLÉ	SAUTILLÉ
FLAGELLE	MUTUELLE	BULBILLE	TREUILLÉ
FLAGELLÉ	SEXUELLE	GAMBILLÉ	**QUEUILLE**
SHIGELLE	GRAVELLE	GERBILLE	DÉGUILLÉ
MARGELLE	HELVELLE	BISBILLE	AIGUILLE
ARCHELLE	CERVELLE	FAUCILLE	**AIGUILLE**
ENFIELLÉ	DOUVELLE	**FAUCILLE**	AIGUILLÉ
DÉMIELLÉ	NOUVELLE	FENDILLÉ	ANGUILLE
EMMIELLÉ	MAM'ZELLE	PENDILLÉ	ÉPOUILLÉ
VÉNIELLE	DONZELLE	MORDILLÉ	BROUILLE
SÉRIELLE	CACAILLE	PAREILLE	BROUILLÉ
KYRIELLE	**LA CAILLE**	**MIREILLE**	GROUILLÉ
CHAMELLE	RACAILLE	ZOREILLE	TROUILLE
TRÉMELLE	ROCAILLE	ORSEILLE	MAQUILLÉ
POMMELLE	MÉDAILLE	RÉVEILLÉ	BÉQUILLE
FORMELLE	MÉDAILLÉ	**CHEMILLÉ**	BÉQUILLÉ
PAUMELLE	GODAILLÉ	GRÉMILLE	COQUILLE
GLUMELLE	RÔDAILLÉ	VERMILLÉ	**COQUILLE**
FLANELLE	PAGAILLE	**DIX MILLE**	ESQUILLE
PLANELLE	GOGAILLE	CHENILLE	**CHAVILLE**
CYANELLE	CRIAILLÉ	CHENILLÉ	CHEVILLE
QUENELLE	VOLAILLE	GUENILLE	CHEVILLÉ
SPINELLE	DÉMAILLÉ	BATOILLÉ	**FRIVILLE**
CANNELLE	REMAILLÉ	PAMPILLE	**OAKVILLE**
VANNELLE	LIMAILLE	TORPILLE	CALVILLE
GONNELLE	RIMAILLE	TORPILLÉ	**MELVILLE**
TONNELLE	RIMAILLÉ	GASPILLÉ	**DAMVILLE**
PRUNELLE	CANAILLE	GOUPILLE	**BANVILLE**
CHAPELLE	TENAILLE	GOUPILLÉ	**JARVILLE**
RIOPELLE	TENAILLÉ	ROUPILLÉ	**MERVILLE**
CARPELLE	PINAILLÉ	TOUPILLÉ	**YERVILLE**
COUPELLE	RAPAILLÉ	FIBRILLE	**NEUVILLE**
OMBRELLE	DÉPAILLÉ	FIBRILLÉ	GUIBOLLE
QUERELLE	RIPAILLE	NÉGRILLE	**CANDOLLE**
QUERELLÉ	RIPAILLÉ	SPIRILLE	MARIOLE
DEGRELLE	EMPAILLÉ	BRASILLÉ	GRISOLLÉ
TOURELLE	DÉRAILLÉ	BRÉSILLÉ	**DE GAULLE**
MAM'SELLE	TIRAILLÉ	GRÉSILLÉ	PARABOLE
CAPSELLE	MURAILLE	SENSILLE	MÉTABOLE
DESSELLÉ	CISAILLE	ÉGOSILLÉ	FARIBOLE
TESSELLE	CISAILLÉ	PERSILLÉ	PÉRIBOLE
AISSELLE	BATAILLE	DESSILLÉ	CARACOLÉ
UNETELLE	**BATAILLE**	BOUSILLÉ	AQUACOLE
BRETELLE	BATAILLÉ	FRÉTILLÉ	TUBICOLE
CRÉTELLE	DÉTAILLÉ	BOITILLÉ	NIDICOLE
VANTELLE	RETAILLE	MANTILLE	OLÉICOLE
DENTELLE	RETAILLÉ	GENTILLE	SALICOLE
MORTELLE	ENTAILLE	LENTILLE	LIMICOLE
MISTELLE	ENTAILLÉ	TORTILLE	VINICOLE
SITTELLE	INTAILLE	TORTILLÉ	RAPICOLÉ

RUPICOLE	MULTIPLE	SCROFULE	CENTIÈME
AÉRICOLE	DÉPEUPLÉ	DÉRÉGULÉ	SEPTIÈME
AGRICOLE	REPEUPLÉ	FULIGULE	NEUVIÈME
VITICOLE	ACCOUPLE	SPERGULE	DEUXIÈME
AQUICOLE	ACCOUPLÉ	SQUAMULE	SEIZIÈME
NIVICOLE	DÉCOUPLÉ	ACCUMULÉ	DOUZIÈME
SAXICOLE	ENSOUPLE	TRABOULE	PROBLÈME
RIZICOLE	CENTUPLE	TRABOULÉ	MI-CARÊME
LANCÉOLÉ	CENTUPLÉ	À LA COULE	THÉORÈME
FLAGEOLÉ	SEPTUPLE	**MARCOULE**	ÉPISTÉMÊ
LONGEOLE	SEPTUPLÉ	ROUCOULÉ	SYNTAGME
ROUGEOLE	SEXTUPLE	REMMOULÉ	BIEN-AIMÉ
NUCLÉOLE	SEXTUPLÉ	VERMOULÉ	ENTR'AIMÉ
MALLÉOLE	MANDORLE	SURMOULE	NON ANIMÉ
GLARÉOLE	**VIDOURLE**	SURMOULÉ	ÉQUANIME
BATIFOLÉ	**DOMBASLE**	DESSOÛLÉ	ENVENIMÉ
MENTHOLÉ	**CARLISLE**	MANIPULE	COMPRIMÉ
CARNIOLE	CUCHAULE	MANIPULÉ	SUPPRIMÉ
CABRIOLE	AFFABULÉ	SCRUPULE	SURPRIME
CABRIOLÉ	DÉNÉBULÉ	**HOME RULE**	BOUT-RIMÉ
AFFRIOLÉ	DÉAMBULÉ	CLAUSULE	LÉGITIME
GLORIOLE	IMMACULÉ	CAPITULE	LÉGITIMÉ
CARRIOLE	MIRACULÉ	CAPITULÉ	MARITIME
VITRIOLÉ	MOLÉCULE	INTITULÉ	ENFLAMMÉ
BESTIOLE	RADICULE	PLANTULE	DIGRAMME
LAGUIOLE	PÉDICULE	SPORTULE	ENGRAMME
LAGUIOLE	PÉDICULÉ	UNIOVULÉ	BONHOMME
TRAVIOLE	RIDICULE	SALICYLÉ	**BONHOMME**
SARAKOLÉ	VÉHICULE	SPONDYLE	SURHOMME
TAILLOLE	VÉHICULÉ	BENZOYLE	PRÉNOMMÉ
CÉVENOLE	CALICULE	ÉOLIPYLE	SURNOMMÉ
CÉVENOLE	SILICULE	PROSTYLE	SUSNOMMÉ
CHIGNOLE	CANICULE	MONOXYLE	CONSOMMÉ
TORGNOLE	**JANICULE**	MYROXYLE	GLAUCOME
SÉMINOLE	PANICULE	AMALGAME	TRACHOME
DÉCAPOLE	PANICULÉ	AMALGAMÉ	TRICHOME
MÉGAPOLE	SANICULE	ENDOGAME	LYMPHOME
ÉQUIPOLÉ	FUNICULE	MONOGAME	XANTHOME
MONOPOLE	UTRICULE	AUTOGAME	FÉCALOME
ACROPOLE	AURICULE	POLYGAME	ENTOLOME
ACROPOLE	VÉSICULE	PROCLAMÉ	MÉLANOME
FAVEROLE	RÉTICULE	**CHAH-NAMÈ**	SÉMINOME
FÉVEROLE	RÉTICULÉ	**SURINAME**	ERGONOME
CONTRÔLE	ARTICULÉ	INENTAMÉ	AGRONOME
CONTRÔLÉ	CUTICULE	DESQUAMÉ	AUTONOME
CAMISOLE	NAVICULE	NICODÈME	POLYNÔME
ÉMISSOLE	OPERCULE	**NICODÈME**	SYNDROME
BOUSSOLE	OPERCULÉ	GRAPHÈME	PRODROME
CAPITOLE	ÉMASCULÉ	MORPHÈME	ATHÉROME
CAPITOLE	BOUSCULÉ	ANATHÈME	RIBOSOME
DIASTOLE	OPUSCULE	ÉRATHÈME	ALLOSOME
ASYSTOLE	STRIDULÉ	**TRITHÈME**	GONOSOME
MALÉVOLE	DÉMODULÉ	APOTHÈME	LIPOSOME
BÉNÉVOLE	FILLEULE	ÉRYTHÈME	LYSOSOME
VÉLIVOLE	BÉGUEULE	MILLIÈME	AUTOSOME
THIAZOLE	DÉGUEULÉ	HUITIÈME	HÉMATOME
DISCIPLE	ENGUEULÉ	TANTIÈME	**BRANTÔME**

SYMPTÔME	STYLISME	TOPONYME	CARAVANE
IGNIVOME	ADAMISME	HYPONYME	**RELIZANE**
GENDARME	ANIMISME	PARONYME	**PLOUZANÉ**
GENDARMÉ	THOMISME	ACRONYME	TRIDACNE
DUCHARME	ATOMISME	ANTONYME	NOTA BENE
MALLARMÉ	CLANISME	AUTONYME	PLIOCÈNE
RISBERME	ONANISME	COENZYME	HOLOCÈNE
ÉPIDERME	URANISME	RIBOZYME	THIOFÈNE
SYNDERME	IRÉNISME	LYSOZYME	ATTAGÈNE
RENFERMÉ	JAÏNISME	ENCABANÉ	MUTAGÈNE
VILLERMÉ	SUNNISME	**BRISBANE**	INDIGÈNE
CONFIRMÉ	SIONISME	VATICANE	FUMIGÈNE
PRÉFORME	JEUNISME	**PEAU D'ÂNE**	MORIGÉNÉ
PRÉFORMÉ	HÉROÏSME	GOURGANE	ANTIGÈNE
DIFFORME	TROPISME	KOURGANE	ONCOGÈNE
UNIFORME	UTOPISME	PHRYGANE	ENDOGÈNE
SUIFORME	HIPPISME	BARKHANE	HALOGÈNE
CONFORME	ATYPISME	DIAPHANE	HALOGÉNÉ
CONFORMÉ	CHARISME	ÉPIPHANE	ALLOGÈNE
NÉOFORMÉ	TSARISME	**ÉPIPHANE**	HOMOGÈNE
CHIOURME	INGRISME	URÉTHANE	KÉROGÈNE
SARCASME	ONIRISME	LANTHANE	PYROGÈNE
FANTASME	ENTRISME	**SOGDIANE**	AUTOGÈNE
FANTASMÉ	TOURISME	GENTIANE	CRYOGÈNE
DADAÏSME	ÉTATISME	COQ-À-L'ÂNE	GAZOGÈNE
JUDAÏSME	STATISME	CATALANE	SANS-GÊNE
BAHAÏSME	TACTISME	**CATALANE**	PHOSGÈNE
BÉHAÏSME	PIÉTISME	**ROXELANE**	DISTHÈNE
LAMAÏSME	ÉLITISME	**MAILLANE**	PYRALÈNE
MOSAÏSME	CULTISME	**ALLEMANE**	**MYTILÈNE**
ÇIVAÏSME	KANTISME	BRAHMANE	ÉTHYLÈNE
SIVAÏSME	MENTISME	OPIOMANE	TÉRYLÈNE
ARABISME	SCOTISME	MÉLOMANE	BUTYLÈNE
SNOBISME	BÉOTISME	PYROMANE	**ALCAMÈNE**
LAÏCISME	ÉGOTISME	OTTOMANE	ENDÉMENÉ
FASCISME	ILOTISME	**ZAKOPANE**	**CÉLIMÈNE**
CLADISME	ÉROTISME	MAHARANÉ	TURKMÈNE
LUDDISME	EXOTISME	MEMBRANE	**TURKMÈNE**
MAHDISME	BAPTISME	OLÉCRANE	**ITELMÈNE**
FORDISME	NAUTISME	VÉTÉRANE	**CLÉOMÈNE**
SABÉISME	FATUISME	**COLTRANE**	ÉCOUMÈNE
FIDÉISME	ATAVISME	ARTISANE	LIMONÈNE
ATHÉISME	SUIVISME	CRASSANE	SCORPÈNE
ACMÉISME	FAUVISME	BRESSANE	**ESCARÈNE**
INNÉISME	MARXISME	**BRESSANE**	GANGRÈNE
SOUFISME	BRUXISME	**ECBATANE**	GANGRENÉ
MACHISME	LOBBYSME	**CÉRETANE**	RENGRÉNÉ
TACHISME	DARBYSME	OCCITANE	ANTHRÈNE
SIKHISME	DANDYSME	**OCCITANE**	NÉOPRÈNE
SAPHISME	DÉCHAUMÉ	**GADITANE**	ISOPRÈNE
SOPHISME	POSTHUME	SPONTANÉ	SPHYRÈNE
ORPHISME	REMPLUMÉ	**PALAUANE**	KÉROSÈNE
RÉALISME	AMERTUME	**PADOUANE**	CAROTÈNE
DUALISME	**BIENAYMÉ**	DÉDOUANÉ	PYROXÈNE
CYCLISME	ÉPENDYME	**CAPOUANE**	**CERDAGNE**
CARLISME	HOMONYME	**NAURUANE**	**LA PLAGNE**
BEYLISME	SYNONYME	**LA HAVANE**	**SOUMAGNE**

CAMPAGNE	PTOMAÏNE	FUMAGINE	**KALININE**
COMPAGNE	GERMAINE	FRANGINE	FÉMININE
BRETAGNE	**GERMAINE**	CRACHINÉ	HOMININÉ
MONTAGNE	ROUMAINE	TRICHINE	THIONINE
MONTAGNE	**ROUMAINE**	MORPHINE	SAPONINE
MORTAGNE	**THÔNAINE**	DAUPHINE	OPSONINE
CASTAGNE	MIGRAINE	**DAUPHINÉ**	SARDOINE
IMPRÉGNÉ	MARRAINE	XANTHINE	CHANOINE
DÉDAIGNÉ	PARRAINÉ	**HAFFKINE**	FIBROÏNE
SPHAIGNE	LORRAINE	**DENIKINE**	AUBÉPINE
VARAIGNE	**LORRAINE**	CYTOKINE	ATROPINE
D'AUBIGNÉ	ENTRAÎNÉ	ALCALINE	**ALEPPINE**
DÉPEIGNÉ	**TOURAINE**	ISOCLINE	STÉARINE
EMPEIGNE	MALSAINE	GIBELINE	ENFARINÉ
ENSEIGNE	QUÉTAINE	ZIBELINE	**GAGARINE**
ENSEIGNÉ	HUITAINE	DODELINÉ	**TAGARINE**
GRAFIGNÉ	CENTAINE	CAMELINE	HÉPARINE
RECHIGNÉ	FONTAINE	AGNELINE	**MAZARINE**
RÉALIGNÉ	**FONTAINE**	CAPELINE	EXOCRINE
FORLIGNÉ	CERTAINE	PIPELINE	LIBÉRINE
SURLIGNÉ	HAUTAINE	POPELINE	SUBÉRINE
SOULIGNÉ	CHEVAINE	VASELINE	PÈLERINE
TÉMOIGNÉ	NEUVAINE	PATELINE	VIPÉRINE
EMPOIGNE	**DOUVAINE**	PATELINÉ	ANSÉRINE
EMPOIGNÉ	DOUZAINE	JAVELINE	ENTÉRINÉ
TRÉPIGNÉ	CARABINE	DRAGLINE	CHAGRINE
SALSIGNE	CARABINÉ	LANOLINE	CHAGRINÉ
CONSIGNE	TROMBINE	RIPOLINÉ	LONGRINE
CONSIGNÉ	DÉBOBINÉ	**CAROLINE**	IVOIRINE
PROVIGNÉ	EMBOBINÉ	GAZOLINE	ASPIRINE
LOUVIGNÉ	JACOBINE	INDULINE	FLUORINE
RENCOGNÉ	DÉRACINÉ	LUPULINE	DOCTRINE
GASCOGNE	ENRACINÉ	INSULINE	POITRINE
MASCOGNE	MÉDECINE	URSULINE	LUSTRINE
DORDOGNE	OFFICINE	THIAMINE	LETTRINE
LANGOGNE	CONICINE	CALAMINE	FEUTRINE
VERGOGNE	SÉRICINE	CALAMINÉ	DEXTRINE
BOULOGNE	VATICINÉ	**SALAMINE**	FIGURINE
CHAROGNE	CAPUCINE	MÉLAMINE	CHOURINÉ
BASTOGNE	**ENGADINE**	MÉLAMINÉ	ÆGYRINE
AUVERGNE	CITADINE	DOPAMINE	BUTYRINE
THÉBAINE	XYLIDINE	FORAMINÉ	MAGASINÉ
THÉBAINE	PYRIDINE	VITAMINE	FUCHSINE
THÉBAÏNE	**BLANDINE**	VITAMINÉ	DRAISINE
RURBAINE	AMANDINE	EFFÉMINÉ	AVOISINÉ
BOUCAINE	BLONDINE	ACHEMINÉ	ÉMULSINE
FREDAINE	**BORODINE**	INSÉMINÉ	MYROSINE
MONDAINE	SOURDINE	CHAUMINE	TYROSINE
SOUDAINE	PALUDINE	ALBUMINE	CYTOSINE
TRUDAINE	HIRUDINE	ALBUMINÉ	TRYPSINE
RENGAINE	DÉTHÉINÉ	LÉGUMINE	MOISSINE
RENGAINÉ	PROTÉINE	ILLUMINÉ	GLOSSINE
DÉCHAÎNÉ	PROTÉINÉ	ENLUMINÉ	HOUSSINE
ENCHAÎNÉ	CYSTÉINE	MÉLANINE	HOUSSINÉ
LA PLAINE	VERVEINE	**PAPANINE**	POUSSINE
VERLAINE	MAUVÉINE	**ESSENINE**	ABYSSINE
POULAINE	PEAUFINÉ	ARGININE	**ABYSSINE**

IELTSINE	CAOUANNE	SYRIENNE	COCHONNE
MÉLUSINE	**AVICENNE**	**SYRIENNE**	COCHONNÉ
GABATINE	**DARDENNE**	TYRIENNE	SIPHONNÉ
CRÉATINE	SABÉENNE	**TYRIENNE**	SILIONNE
PALATINE	**SABÉENNE**	OASIENNE	CAMIONNÉ
PALATINE	**EUBÉENNE**	ANTIENNE	ESPIONNE
GÉLATINE	**GACÉENNE**	**ESTIENNE**	ESPIONNÉ
GÉLATINÉ	**NOCÉENNE**	JOVIENNE	VISIONNÉ
DÉMATINÉ	**ORCÉENNE**	**BEXIENNE**	FUSIONNÉ
SONATINE	**DUCÉENNE**	**LUZIENNE**	GÂTIONNE
BARATINÉ	**LUCÉENNE**	MINOENNE	RATIONNÉ
CÉRATINE	LYCÉENNE	**MERSENNE**	ACTIONNÉ
KÉRATINE	**FIDÉENNE**	PANTENNE	LOTIONNÉ
RATATINÉ	SIDÉENNE	**JAGUENNE**	GOUJONNÉ
CAVATINE	ACHÉENNE	CHEVENNE	ÉTALONNÉ
SUINTINE	**ACHÉENNE**	LIBYENNE	SABLONNÉ
CABOTINE	**SALÉENNE**	**LIBYENNE**	AIGLONNE
CABOTINÉ	PÉLÉENNE	ASCYENNE	**AIGLONNE**
NICOTINE	**LOMÉENNE**	**CHEYENNE**	BALLONNÉ
BRIOTINE	**LINÉENNE**	TROYENNE	VALLONNÉ
COMPTINE	**ERNÉENNE**	**TROYENNE**	WALLONNÉ
COURTINE	**LUPÉENNE**	ÉVRYENNE	**WALLONNE**
ÉLASTINE	**ALRÉENNE**	IVRYENNE	SILLONNÉ
TROTTINÉ	CORÉENNE	RÉABONNÉ	BOULONNÉ
CICUTINE	**CORÉENNE**	**VALBONNE**	FOULONNÉ
AROUTINÉ	**ISSÉENNE**	BOMBONNE	MARMONNÉ
BARYTINE	**FUXÉENNE**	BONBONNE	SERMONNÉ
SANGUINE	**REZÉENNE**	**CARBONNE**	MIGNONNE
DARGUINE	**DUCHENNE**	**NARBONNE**	ROGNONNÉ
BÉDOUINE	**PRAÏENNE**	**SORBONNE**	CHAPONNÉ
BÉDOUINE	NUBIENNE	**LISBONNE**	**CRAPONNE**
SAGOUINE	**NUBIENNE**	**EAUBONNE**	FRIPONNE
PAHOUINE	PUBIENNE	CHACONNE	TAMPONNÉ
MALOUINE	**CACIENNE**	BRACONNÉ	**POMPONNE**
MALOUINE	ANCIENNE	RANÇONNÉ	POMPONNÉ
ACOQUINÉ	INDIENNE	FLOCONNÉ	NIPPONNE
BASQUINE	**INDIENNE**	GARÇONNE	**NIPPONNE**
MESQUINE	LYDIENNE	GASCONNE	HARPONNÉ
BOUQUINÉ	**LYDIENNE**	**GASCONNE**	POUPONNÉ
ROUQUINE	**SAGIENNE**	FREDONNÉ	**CHARONNE**
ANGEVINE	ARGIENNE	AMIDONNÉ	ÉPERONNÉ
ANGEVINE	**ARGIENNE**	MALDONNÉ	RONRONNÉ
ÉCHEVINE	MALIENNE	RANDONNÉ	MARRONNE
BUCOVINE	**MALIENNE**	DINDONNÉ	PATRONNE
CHAUVINE	SALIENNE	LARDONNÉ	PATRONNÉ
PLEUVINÉ	ÉOLIENNE	PARDONNÉ	CITRONNÉ
MAGAZINE	**ÉOLIENNE**	CORDONNÉ	BOURONNE
RENDZINE	JULIENNE	PIGEONNE	COURONNE
CONDAMNÉ	SIMIENNE	PIGEONNÉ	COURONNÉ
MARIAMNE	DOMIENNE	PLAFONNÉ	LEVRONNE
VERTUMNE	TOMIENNE	DRAGONNE	BLASONNÉ
GARDANNE	PÉNIENNE	JARGONNÉ	RAISONNÉ
MARIANNE	IONIENNE	BOUGONNE	FOISONNÉ
FIBRANNE	**IONIENNE**	BOUGONNÉ	FRISONNE
VERRANNE	**APPIENNE**	MÂCHONNÉ	**FRISONNE**
LAUSANNE	AÉRIENNE	BICHONNE	GRISONNE
PAYSANNE	DORIENNE	BICHONNÉ	**GRISONNE**

GRISONNÉ	CONCERNÉ	INSCULPÉ	CENTIARE
GENSONNÉ	DISCERNÉ	DÉTREMPE	MUDÉJARE
CONSONNE	**DEBIERNE**	DÉTREMPÉ	**BAIA MARE**
PERSONNE	**AUDIERNE**	RETREMPE	DE LA MARE
BESSONNE	QUATERNE	RETREMPÉ	**SATU MARE**
SISSONNE	LANTERNE	GARTEMPE	**CAMBOARE**
PIÉTONNE	LANTERNÉ	REGRIMPÉ	ACCAPARÉ
BRETONNE	GOUVERNE	DÉTROMPÉ	PUPIPARE
BRETONNE	GOUVERNÉ	XYLOCOPE	VIVIPARE
CRETONNE	**SELBORNE**	DIASCOPE	KOSOVARE
LAITONNÉ	UNICORNE	ÉPISCOPE	**KOSOVARE**
NUITONNE	TRICORNE	OTOSCOPE	**DELAWARE**
CANTONNE	FLAGORNÉ	**STANHOPE**	HARDWARE
BROTONNE	CALIORNE	**CALLIOPE**	SOFTWARE
CARTONNÉ	COTHURNE	ESCALOPE	VERTÈBRE
MARTONNE	**LIBOURNE**	ESCALOPÉ	VERTÉBRÉ
FERTONNE	DÉFOURNÉ	**PÉNÉLOPE**	PERVIBRÉ
BASTONNÉ	ENFOURNÉ	ANTILOPE	**DELAMBRE**
FESTONNÉ	SÉJOURNÉ	**TROLLOPE**	DÉCEMBRE
MISTONNE	**SÉJOURNÉ**	AMÉTROPE	DÉMEMBRÉ
PISTONNÉ	DÉTOURNE	INOTROPE	REMEMBRÉ
LETTONNE	RETOURNE	ISOTROPE	NOVEMBRE
LETTONNE	RETOURNÉ	AMBLYOPE	ENCOMBRE
TEUTONNE	**LIVOURNE**	RÉCHAPPÉ	ENCOMBRÉ
BOUTONNÉ	NOCTURNE	KIDNAPPÉ	DÉNOMBRÉ
MOUTONNÉ	**DUCHESNE**	**LEUCIPPE**	PÉNOMBRE
KLAXONNÉ	**DUFRESNE**	**PHILIPPE**	SISYMBRE
CLAYONNÉ	**DUQUESNE**	DÉGRIPPÉ	OPPROBRE
CRAYONNÉ	CHEVESNE	ÉPICARPE	ÉLUCUBRÉ
WISHBONE	**HUVEAUNE**	CAULERPE	CONSACRÉ
TROMBONE	AVIFAUNE	DÉCRISPÉ	MASSACRE
SILICONE	**RODOGUNE**	RAT-TAUPE	MASSACRÉ
DÉCAGONE	DEMI-LUNE	RÉOCCUPÉ	SÉPULCRE
HEXAGONE	**TOKIMUNE**	INOCCUPÉ	ÉCHANCRÉ
CORÉGONE	DOUDOUNE	MINIJUPE	DÉSENCRÉ
ANTIGONE	BALLOUNE	SURCOUPE	MÉDIOCRE
OCTOGONE	GUITOUNE	SURCOUPÉ	LOI-CADRE
POLYGONE	**ENSÉRUNE**	SOUCOUPE	DÉCAÈDRE
GÉOPHONE	AÉRODYNE	CHALOUPE	OCTAÈDRE
SHOSHONE	GIRODYNE	CHALOUPÉ	HEXAÈDRE
HERMIONE	HYPOGYNE	TOULOUPE	CATHÈDRE
SIRMIONE	MISOGYNE	DÉGROUPÉ	POLYÈDRE
CERVIONE	**BURGOYNE**	REGROUPÉ	CALANDRE
BABYLONE	**JELLICOE**	ATTROUPÉ	CALANDRÉ
ÉPOUMONÉ	**LUGNÉ-POE**	GÉOTRUPE	MALANDRE
ROTÉNONE	**SILLITOE**	TÉLÉTYPE	FILANDRE
AL CAPONE	**ESCULAPE**	LUMITYPE	**MÉNANDRE**
CICÉRONE	ANTIPAPE	LOGOTYPE	MONANDRE
CAMERONE	RATTRAPÉ	HOLOTYPE	RÉPANDRE
GABORONE	MUNICIPE	GÉNOTYPE	MISANDRE
ALEURONE	ANTICIPÉ	LINOTYPE	**LYSANDRE**
NAKASONE	ÉMANCIPÉ	MONOTYPE	DÉFENDRE
ECDYSONE	PRINCIPE	MONOTYPE	REFENDRE
DICÉTONE	**PRÍNCIPE**	**POINCARÉ**	**LEGENDRE**
MONOTONE	CURE-PIPE	DARE-DARE	ENGENDRÉ
GUITTONE	CONSTIPÉ	HÉLIGARE	DÉPENDRE
DÉCHARNÉ	DISCULPÉ	AÉROGARE	REPENDRE

APPENDRE	BOUCHÈRE	CÉDRIÈRE	DÉGÉNÉRÉ
ÉPRENDRE	OOSPHÈRE	NÉGRIÈRE	RÉGÉNÉRÉ
DÉTENDRE	PANTHÈRE	CIPRIÈRE	**HAIGNERÉ**
RETENDRE	JAMBIÈRE	CYPRIÈRE	INCINÉRÉ
ENTENDRE	ROMBIÈRE	BARRIÈRE	RÉMUNÉRÉ
ATTENDRE	**CORBIÈRE**	CARRIÈRE	EXASPÉRÉ
REVENDRE	DAUBIÈRE	**CARRIÈRE**	INESPÉRÉ
PLAINDRE	GLACIÈRE	DERRIÈRE	PROSPÈRE
CRAINDRE	ÉPICIÈRE	PERRIÈRE	PROSPÉRÉ
ÉTEINDRE	FONCIÈRE	VERRIÈRE	BEAU-PÈRE
CYLINDRE	RONCIÈRE	TOURIÈRE	RÉCUPÉRÉ
CYLINDRÉ	MERCIÈRE	USURIÈRE	VITUPÉRÉ
REFONDRE	SORCIÈRE	VIVRIÈRE	MISERERE
EFFONDRÉ	SAUCIÈRE	OUVRIÈRE	CONFRÈRE
RÉPONDRE	BORDIÈRE	MASSIÈRE	RÉINSÉRÉ
APPONDRE	CORDIÈRE	FESSIÈRE	DÉLÉTÈRE
RETONDRE	COUDIÈRE	PESSIÈRE	INVÉTÉRÉ
REPERDRE	CAFÉIÈRE	**BISSIÈRE**	OBLITÉRÉ
DÉMORDRE	IMAGIÈRE	DOSSIÈRE	INALTÉRÉ
REMORDRE	JABLIÈRE	AUSSIÈRE	ADULTÈRE
DÉSORDRE	SABLIÈRE	CHATIÈRE	ADULTÉRÉ
DÉTORDRE	TUILIÈRE	ARÊTIÈRE	ACROTÈRE
RETORDRE	OULLIÈRE	LIFTIÈRE	ISOPTÈRE
DÉCOUDRE	ÉCOLIÈRE	FAÎTIÈRE	CLYSTÈRE
RECOUDRE	GEÔLIÈRE	LAITIÈRE	MOUQUÈRE
REMOUDRE	PERLIÈRE	GANTIÈRE	TROUVÈRE
ABSOUDRE	TAULIÈRE	PANTIÈRE	MÉTAYÈRE
RÉSOUDRE	MEULIÈRE	RENTIÈRE	CALOYÈRE
DÉLIBÉRÉ	MOULIÈRE	PORTIÈRE	GOULAFRE
IMPUBÈRE	CRÉMIÈRE	COSTIÈRE	ÉCHIFFRE
DILACÉRÉ	PREMIÈRE	POSTIÈRE	EMPIFFRÉ
CRIOCÈRE	TRÉMIÈRE	BUSTIÈRE	DÉCOFFRÉ
ÉVISCÉRÉ	FERMIÈRE	NATTIÈRE	SUROFFRE
BAYADÈRE	JAUMIÈRE	SAUTIÈRE	ENSOUFRÉ
IMMODÉRÉ	PLÉNIÈRE	ROUTIÈRE	DÉFLAGRÉ
VOCIFÉRÉ	GAINIÈRE	GRUTIÈRE	PELLAGRE
OLÉIFÈRE	LAINIÈRE	AIGUIÈRE	VINAIGRE
LÉGIFÉRÉ	ÉPINIÈRE	GRAVIÈRE	VINAIGRÉ
SALIFÈRE	CRINIÈRE	BOUVIÈRE	PALANGRE
PILIFÈRE	BANNIÈRE	ACCÉLÉRÉ	MALINGRE
LANIFÈRE	CANNIÈRE	DÉCÉLÉRÉ	PYRÈTHRE
VINIFÈRE	MARNIÈRE	ŒILLÈRE	BULBAIRE
CONIFÈRE	DERNIÈRE	CUILLÈRE	LOMBAIRE
CÉRIFÈRE	CORNIÈRE	OUILLÈRE	PRÉCAIRE
AURIFÈRE	SAUNIÈRE	DÉCOLÉRÉ	CALCAIRE
ROTIFÈRE	MEUNIÈRE	MÉTAMÈRE	BANCAIRE
AQUIFÈRE	DRAPIÈRE	ÉPHÉMÈRE	CERCAIRE
BOCAGÈRE	CRÊPIÈRE	**ÉVHÉMÈRE**	CNIDAIRE
MÉNAGÈRE	GUÊPIÈRE	**ERPE-MÈRE**	VAUDAIRE
POTAGÈRE	FRIPIÈRE	DURE-MÈRE	SOLÉAIRE
LANIGÈRE	TRIPIÈRE	**ROSEMÈRE**	LINÉAIRE
AUTOGÉRÉ	POMPIÈRE	CASHMERE	PARFAIRE
JONCHÈRE	PAUPIÈRE	TÉLOMÈRE	FORFAIRE
PORCHÈRE	TAUPIÈRE	MONOMÈRE	SURFAIRE
TORCHÈRE	SOUPIÈRE	MÉSOMÈRE	GRÉGAIRE
GAUCHÈRE	SUCRIÈRE	MÉSOMÈRE	VULGAIRE
PEUCHÈRE	**LADRIÈRE**	POLYMÈRE	**LOTHAIRE**

RADIAIRE	CALVAIRE	AMÉLIORÉ	ÉCOLÂTRE
BILIAIRE	VALVAIRE	FORCLORE	IDOLÂTRE
CILIAIRE	VOLVAIRE	UNIFLORE	IDOLÂTRÉ
MILIAIRE	VULVAIRE	DICHLORE	DÉPLÂTRÉ
ALLIAIRE	LARVAIRE	FOLKLORE	REPLÂTRÉ
FOLIAIRE	BIEN-DIRE	DÉCOLORÉ	EMPLÂTRE
TOPIAIRE	AUTOGIRE	BICOLORE	SAUMÂTRE
RÉTIAIRE	**CHESHIRE**	INCOLORE	JAUNÂTRE
SCALAIRE	**BACHKIRE**	INDOLORE	BRUNÂTRE
ASILAIRE	TIRELIRE	MATAMORE	NOIRÂTRE
BULLAIRE	**DÉJANIRE**	**MATAMORE**	GRISÂTRE
LANLAIRE	LARDOIRE	REMÉMORÉ	BLEUÂTRE
SCOLAIRE	NAGEOIRE	**RUSHMORE**	OLIVÂTRE
DÉPLAIRE	**GRÉGOIRE**	**GLEN MORE**	DIAMÈTRE
OCULAIRE	MÂCHOIRE	SYCOMORE	TRIMÈTRE
ADULAIRE	AVALOIRE	CLAYMORE	OHMMÈTRE
OVULAIRE	JABLOIRE	**ÉLÉONORE**	ODOMÈTRE
UVULAIRE	**VALLOIRE**	INSONORE	GÉOMÈTRE
FRIMAIRE	GRIMOIRE	TUBIPORE	LUXMÈTRE
PRIMAIRE	ÉCUMOIRE	**CAWNPORE**	BIEN-ÊTRE
PALMAIRE	ACCROIRE	ZOOSPORE	SALPÊTRE
MAMMAIRE	DUCROIRE	POLYPORE	SALPÊTRÉ
SOMMAIRE	PASSOIRE	LIMIVORE	PERPÉTRÉ
GROMAIRE	AMUSOIRE	FUMIVORE	BISSÊTRE
BRUMAIRE	ARATOIRE	OMNIVORE	PEUT-ÊTRE
PLANAIRE	ORATOIRE	PAPIVORE	CHEVÊTRE
CTÉNAIRE	VICTOIRE	**GRAND-PRÉ**	**LEMAITRE**
URINAIRE	PRÉTOIRE	IMPROPRE	**LEMAÎTRE**
QUINAIRE	PANTOIRE	REMBARRÉ	RENAÎTRE
THONAIRE	**MONTOIRE**	CHAMARRÉ	REPAÎTRE
TERNAIRE	HISTOIRE	**LESPARRE**	PARAÎTRE
PULPAIRE	EXUTOIRE	ESQUARRE	CHAPITRE
LIBRAIRE	CONSPIRÉ	SANCERRE	CHAPITRÉ
HYDRAIRE	RÉÉCRIRE	**SANCERRE**	SURTITRE
ATTRAIRE	INSCRIRE	**DEFFERRE**	SURTITRÉ
LUTRAIRE	PRÉCUIRE	EMPIERRÉ	INFILTRÉ
EXTRAIRE	TRADUIRE	TONNERRE	EXFILTRÉ
USURAIRE	CONDUIRE	**TONNERRE**	DÉCENTRÉ
CORSAIRE	PRODUIRE	DESSERRE	RECENTRÉ
PESSAIRE	TRALUIRE	DESSERRÉ	EXCENTRÉ
CHATAIRE	DÉTRUIRE	RESSERRE	**ARGENTRÉ**
LACTAIRE	SOUS-VIRÉ	RESSERRÉ	DÉCINTRÉ
NECTAIRE	**CHAUVIRÉ**	**NANTERRE**	CI-CONTRE
SECTAIRE	FIREWIRE	**SANTERRE**	ENCONTRE
ÉLITAIRE	**COMPAORÉ**	PARTERRE	DÉMONTRÉ
UNITAIRE	ELLÉBORE	**DAGUERRE**	REMONTRÉ
VOLTAIRE	ÉDULCORÉ	**LAGUERRE**	DÉTARTRÉ
VOLTAIRE	SUBODORÉ	ENQUERRE	ENTARTRÉ
DENTAIRE	**THÉODORE**	**KERHORRE**	ENCASTRÉ
CLOTAIRE	**MONT-DORE**	BABEURRE	CADASTRE
MASTAIRE	REVIGORÉ	DÉBOURRÉ	CADASTRÉ
ANNUAIRE	**GRINGORE**	VERDÂTRE	OLÉASTRE
RIPUAIRE	ISOCHORE	**LA CHÂTRE**	PALASTRE
OSSUAIRE	ANAPHORE	PÉDIATRE	PILASTRE
ACTUAIRE	**BOSPHORE**	PODIATRE	**LAMASTRE**
ESTUAIRE	OFFSHORE	GÉRIATRE	APOASTRE
CLAVAIRE	PLÉTHORE	BELLÂTRE	DÉSASTRE

PÉDESTRE	COIFFURE	LIGATURE	**ANASTASE**
PALESTRE	GRIFFURE	LIGATURÉ	**VOLOGÈSE**
SEMESTRE	DÉFIGURÉ	FILATURE	**BORGHÈSE**
BIMESTRE	INAUGURÉ	IMMATURE	DIATHÈSE
SENESTRE	BROCHURE	ARMATURE	SYNTHÈSE
DEPESTRE	TROCHURE	DÉNATURÉ	PROTHÈSE
ALPESTRE	MOUCHURE	INSATURÉ	ÉPICLÈSE
RUPESTRE	SURLIURE	OSSATURE	**PIRANÈSE**
ÉQUESTRE	DOUBLURE	FRACTURE	ANAMNÈSE
REGISTRE	CONCLURE	FRACTURÉ	**VÉRONÈSE**
REGISTRÉ	ENGELURE	PUNCTURE	APHÉRÈSE
MINISTRE	DÉMÊLURE	DROITURE	SYNÉRÈSE
SINISTRE	CISELURE	ÉCRITURE	**SCORSESE**
SINISTRÉ	TAVELURE	AVENTURE	**TARBAISE**
CLAUSTRÉ	ÉRAFLURE	AVENTURÉ	LANDAISE
LACUSTRE	EFFILURE	CEINTURE	**LANDAISE**
BALUSTRE	NIELLURE	CEINTURÉ	**BORDAISE**
PALUSTRE	MAILLURE	PEINTURE	**CORDAISE**
DÉLUSTRÉ	ENCOLURE	PEINTURÉ	**BAUDAISE**
ILLUSTRE	TRIPLURE	TEINTURE	**VAUDAISE**
ILLUSTRÉ	TUBULURE	JOINTURE	**LA CHAISE**
RABATTRE	EFFANURE	POINTURE	DÉNIAISÉ
DÉBATTRE	ÉCORNURE	APERTURE	**SABLAISE**
REBATTRE	TOURNURE	QUESTURE	**BÉGLAISE**
DE LATTRE	ENAMOURÉ	GRATTURE	ANGLAISE
ILLETTRÉ	ANOMOURE	GÉLIVURE	**ANGLAISE**
ADMETTRE	MACROURE	DÉRAYURE	**GAUMAISE**
DÉMETTRE	**LECTOURE**	ENRAYURE	**SAUMAISE**
REMETTRE	PROTOURE	PACHYURE	OMANAISE
ÉPEAUTRE	BRAVOURE	REVOYURE	**OMANAISE**
LEPAUTRE	ÉTAMPURE	**LEFEBVRE**	**ORANAISE**
DÉFEUTRÉ	CAMBRURE	ENFIÉVRÉ	**URANAISE**
ACCOUTRÉ	MEMBRURE	GENIÈVRE	**AGENAISE**
BIPOUTRE	MARBRURE	DÉCUIVRÉ	**BAINAISE**
ÉPIDAURE	GAUFRURE	ENSUIVRE	**RENNAISE**
CENTAURE	CHLORURE	MAL-VIVRE	**YONNAISE**
CENTAURE	CHLORURÉ	SURVIVRE	**MARNAISE**
RESTAURÉ	FLUORURE	**MOYEUVRE**	**TARNAISE**
INSTAURÉ	DIAPRURE	RECOUVRÉ	INAPAISÉ
PLOMBURE	FOURRURE	LÉVOGYRE	**SABRAISE**
ÉBARBURE	COUVRURE	PORPHYRE	HÉBRAÏSÉ
COURBURE	ÉBRASURE	**PORPHYRE**	HAVRAISE
FOURBURE	DÉMESURE	**BLANTYRE**	**ANÉTAISE**
ENLAÇURE	DÉMESURÉ	MONOBASE	MALTAISE
SINÉCURE	FRAISURE	ARROBASE	**MALTAISE**
PÉDICURE	INCISURE	COLOCASE	**MANTAISE**
POSTCURE	RÉASSURÉ	PROTÉASE	**NANTAISE**
MANUCURE	BLESSURE	ANAPHASE	MORTAISE
MANUCURÉ	FRESSURE	TRIPHASÉ	MORTAISÉ
FROIDURE	PRESSURE	ÉCOPHASE	**FAUTAISE**
MANDEURE	SCISSURE	PROPHASE	FOUTAISE
MANGEURE	ÉPISSURE	AMIBIASE	**DROUAISE**
VERGEURE	**SAUSSURE**	LITHIASE	**CALVAISE**
AFFLEURÉ	VOUSSURE	MYDRIASE	MAUVAISE
EFFLEURÉ	CUBATURE	DIACLASE	**BLAYAISE**
ENFLEURÉ	ARCATURE	**ATHANASE**	INDÉCISE
PLATEURE	CRÉATURE	ESTÉRASE	FRANCISÉ

EXORCISÉ	**SPADOISE**	**AHUNOISE**	THÉORISÉ
NOMADISÉ	SUÉDOISE	**BEYNOISE**	VALORISÉ
FLUIDISÉ	**SUÉDOISE**	**SEYNOISE**	COLORISÉ
LOURDISE	**BRIDOISE**	**VEYNOISE**	MÉMORISÉ
FOCALISÉ	**VAL-D'OISE**	**AMBROISE**	TÉNORISÉ
LOCALISÉ	MELDOISE	DÉCROISÉ	SONORISÉ
VOCALISE	**MELDOISE**	**BLÉROISE**	VAPORISÉ
VOCALISÉ	VANDOISE	**CLÉROISE**	MOTORISÉ
IDÉALISÉ	**MENDOISE**	**ISÉROISE**	AUTORISÉ
LÉGALISÉ	**GARDOISE**	**HYÉROISE**	FAVORISÉ
BANALISÉ	VAUDOISE	ZAÏROISE	COMPRISE
CANALISÉ	**VAUDOISE**	**ZAÏROISE**	RAPPRISE
PÉNALISÉ	**GIFFOISE**	**BARROISE**	SURPRISE
FINALISÉ	PRAGOISE	**SARROISE**	PRÊTRISE
MORALISÉ	**PRAGOISE**	**YERROISE**	MAÎTRISE
NASALISÉ	**LOCHOISE**	BLÉSOISE	MAÎTRISÉ
TOTALISÉ	**LOCLOISE**	**BLÉSOISE**	SÉCURISÉ
DÉVALISÉ	GALLOISE	**VALSOISE**	SOMATISÉ
RIVALISÉ	**GALLOISE**	**LENSOISE**	FANATISÉ
LABÉLISÉ	**CELLOISE**	**LONSOISE**	DÉRATISÉ
FIDÉLISÉ	**DELLOISE**	**MONSOISE**	MONÉTISÉ
MODÉLISÉ	**SELLOISE**	**GERSOISE**	POLITISÉ
MOBILISÉ	**LILLOISE**	**MERSOISE**	NÉANTISE
SIMILISÉ	**COLLOISE**	**BASSOISE**	NÉANTISÉ
VIRILISÉ	**HULLOISE**	**BESSOISE**	FEINTISE
CIVILISÉ	**LISLOISE**	HESSOISE	ROBOTISÉ
CRÉOLISÉ	**BAULOISE**	**HESSOISE**	ASEPTISÉ
BÉMOLISÉ	GAULOISE	**LYSSOISE**	COURTISÉ
NÉBULISÉ	**GAULOISE**	CRÉTOISE	AMENUISÉ
ISLAMISÉ	**TOULOISE**	**CRÉTOISE**	INÉPUISÉ
DYNAMISÉ	**ADAMOISE**	**AULTOISE**	BANQUISE
RÉADMISE	CHAMOISE	COMTOISE	CONQUISE
ARTÉMISE	SIAMOISE	**COMTOISE**	MARQUISE
MINIMISÉ	**LOMMOISE**	**GANTOISE**	**MARQUISE**
OPTIMISÉ	**RIOMOISE**	**GANTOISE**	PRÉAVISÉ
MAXIMISÉ	**DRÔMOISE**	PANTOISE	MALAVISÉ
MAINMISE	**FISMOISE**	**CONTOISE**	TÉLÉVISÉ
SODOMISÉ	**BAUMOISE**	MONTOISE	INDIVISE
CHROMISÉ	**STANOISE**	**MONTOISE**	**OVERIJSE**
URBANISÉ	**CAGNOISE**	**PONTOISE**	COMPULSÉ
MÉCANISÉ	**DIGNOISE**	**BIOTOISE**	PROPULSÉ
PAGANISÉ	**UGINOISE**	**FERTOISE**	CONVULSÉ
ORGANISÉ	CHINOISE	**PORTOISE**	CONDENSÉ
ROMANISÉ	**CHINOISE**	**LATTOISE**	COMPENSÉ
HUMANISÉ	CHINOISÉ	**BUGUOISE**	DISPENSE
TÉTANISÉ	**BLINOISE**	GRIVOISE	DISPENSÉ
FÉMINISÉ	**FLINOISE**	CERVOISE	SUSPENSE
LATINISÉ	**GUÎNOISE**	**DERVOISE**	**HORTENSE**
DIVINISÉ	**CANNOISE**	**CLAYOISE**	ABSCONSE
COLONISÉ	**GENNOISE**	**BRUZOISE**	**ALPHONSE**
CANONISÉ	**YENNOISE**	POLARISÉ	SILICOSE
ÉTERNISÉ	FINNOISE	CÉSARISÉ	**THÉODOSE**
IMMUNISÉ	**FINNOISE**	TUBÉRISÉ	OVERDOSE
GERBOISE	**BONNOISE**	MADÉRISÉ	PSYCHOSE
RIÉCOISE	BERNOISE	NUMÉRISÉ	NYMPHOSE
CRÉÇOISE	**BERNOISE**	SATIRISÉ	CIRRHOSE
VENÇOISE	**COSNOISE**	ARBORISÉ	SYMBIOSE

SCOLIOSE	BARCASSE	NÉGRESSE	**LA BROSSE**
PLUVIÔSE	CARCASSE	RÉGRESSÉ	ENGROSSÉ
JUAN JOSÉ	RASCASSE	TIGRESSE	CARROSSE
ALCALOSE	TIÉDASSE	MAIRESSE	CARROSSÉ
FORCLOSE	GALÉASSE	PAIRESSE	DÉFAUSSE
LÉVULOSE	SARGASSE	EMPRESSÉ	DÉFAUSSÉ
ANKYLOSE	FOUGASSE	OPPRESSÉ	REHAUSSÉ
ANKYLOSÉ	RECHASSÉ	EXPRESSE	EXHAUSSÉ
NOSÉMOSE	ENCHÂSSÉ	DÉTRESSE	**BARBUSSE**
MÉLANOSE	**KHAKASSE**	BASSESSE	SECOUSSE
DIAGNOSE	DÉCLASSÉ	POÉTESSE	VIGOUSSE
ANTÉPOSÉ	RECLASSÉ	BRETESSE	MAHOUSSE
RÉIMPOSÉ	PRÉLASSÉ	BRETESSÉ	REPOUSSE
POSTPOSÉ	FILLASSE	COMTESSE	REPOUSSÉ
ANIDROSE	MILLASSE	JUSTESSE	**LAROUSSE**
SIDÉROSE	MOLLASSE	PROUESSE	DIAPAUSE
SCLÉROSE	HOMMASSE	BONZESSE	DÉSABUSÉ
SCLÉROSÉ	BIOMASSE	GONZESSE	ANTABUSE
ARTHROSE	TIGNASSE	RABAISSÉ	**SYRACUSE**
CHLOROSE	CONNASSE	REBAISSÉ	COACCUSÉ
MONTROSE	**PARNASSE**	DÉCAISSÉ	GIBBEUSE
DARTROSE	TRÉPASSÉ	ENCAISSE	BULBEUSE
AMAUROSE	LAMPASSÉ	ENCAISSÉ	TOMBEUSE
OXYUROSE	COMPASSÉ	AFFAISSÉ	HERBEUSE
STÉATOSE	SURPASSÉ	DÉLAISSÉ	VERBEUSE
HÉMATOSE	EMBRASSE	RELAISSÉ	DAUBEUSE
KÉRATOSE	EMBRASSÉ	NARCISSE	GLACEUSE
FRUCTOSE	DÉCRASSÉ	**NARCISSE**	PLACEUSE
ATHÉTOSE	ENCRASSÉ	ABSCISSE	TRACEUSE
APOPTOSE	CUIRASSE	SAUCISSE	LANCEUSE
EXOSTOSE	CUIRASSÉ	RÉGLISSE	RINCEUSE
VIRTUOSE	TERRASSE	DÉPLISSÉ	FONCEUSE
ICHTYOSE	TERRASSÉ	REPLISSÉ	PONCEUSE
ANALEPSE	RESSASSÉ	COULISSE	RONCEUSE
SYLLEPSE	CREVASSE	COULISSÉ	FARCEUSE
PROLEPSE	CREVASSÉ	PRÉMISSE	BERCEUSE
CARYOPSE	CONFESSE	CANNISSE	PERCEUSE
ISOHYPSE	CONFESSÉ	VERNISSÉ	SOLDEUSE
COMPARSE	PROFESSE	JAUNISSE	TENDEUSE
DISPERSÉ	PROFESSÉ	ANGOISSE	VENDEUSE
TRAVERSE	TERFESSE	ANGOISSÉ	FONDEUSE
TRAVERSÉ	LARGESSE	PAROISSE	PONDEUSE
RENVERSE	RICHESSE	COMPISSÉ	SONDEUSE
RENVERSÉ	DUCHESSE	**CHARISSE**	TONDEUSE
CONVERSE	JOLIESSE	CLARISSE	BRODEUSE
CONVERSÉ	NOBLESSE	VIBRISSE	CARDEUSE
PERVERSE	MOLLESSE	JOCRISSE	GARDEUSE
INTRORSE	DRÔLESSE	MANTISSE	MERDEUSE
EXTRORSE	PROMESSE	NON-TISSÉ	TORDEUSE
DÉBOURSÉ	KERMESSE	BOUTISSE	BOUDEUSE
MI-COURSE	FAUNESSE	ESQUISSE	SOUDEUSE
FRACASSÉ	JEUNESSE	ESQUISSÉ	CASÉEUSE
TRACASSÉ	**JEUNESSE**	**GREVISSE**	GAFFEUSE
FRICASSE	**LA BRESSE**	CLOVISSE	GOLFEUSE
FRICASSÉ	REDRESSE	RENDOSSÉ	SURFEUSE
DELCASSÉ	REDRESSÉ	**CHALOSSE**	IMAGEUSE
CONCASSÉ	**KÉGRESSE**	BUGLOSSE	ORAGEUSE

NUAGEUSE	COLLEUSE	ONÉREUSE	BATTEUSE
BADGEUSE	BULLEUSE	BÂFREUSE	LUTTEUSE
PIÉGEUSE	VIOLEUSE	AFFREUSE	SAUTEUSE
JOGGEUSE	FRÔLEUSE	OFFREUSE	COÛTEUSE
NEIGEUSE	PARLEUSE	FOIREUSE	DOUTEUSE
FANGEUSE	HURLEUSE	LÉPREUSE	GOÛTEUSE
MANGEUSE	HOULEUSE	BARREUSE	JOUTEUSE
RONGEUSE	ROULEUSE	FERREUSE	TAGUEUSE
SONGEUSE	CRÉMEUSE	TERREUSE	PÉGUEUSE
MARGEUSE	FRIMEUSE	MÉTREUSE	LIGUEUSE
FORGEUSE	GEMMEUSE	PÉTREUSE	FUGUEUSE
FÂCHEUSE	GOMMEUSE	NITREUSE	RUGUEUSE
GÂCHEUSE	CHÔMEUSE	TITREUSE	REMUEUSE
LÂCHEUSE	DORMEUSE	VITREUSE	SINUEUSE
MÂCHEUSE	ÉCUMEUSE	HEUREUSE	LAQUEUSE
BÊCHEUSE	PLUMEUSE	PEUREUSE	PIQUEUSE
LÉCHEUSE	SPUMEUSE	COUREUSE	TIQUEUSE
PÊCHEUSE	BRUMEUSE	GIVREUSE	MOQUEUSE
SÉCHEUSE	FLÂNEUSE	LIVREUSE	MUQUEUSE
ROCHEUSE	GLANEUSE	OUVREUSE	LUXUEUSE
BÛCHEUSE	PLANEUSE	ALÉSEUSE	DRAVEUSE
MATHEUSE	CRÂNEUSE	GRÉSEUSE	GRAVEUSE
VICIEUSE	PRENEUSE	FAISEUSE	ÉLEVEUSE
RADIEUSE	CAGNEUSE	TAISEUSE	SUIVEUSE
PÉDIEUSE	GAGNEUSE	BRISEUSE	NERVEUSE
MAFIEUSE	LIGNEUSE	PRISEUSE	SERVEUSE
RELIEUSE	ROGNEUSE	VALSEUSE	VERVEUSE
BILIEUSE	HAINEUSE	DANSEUSE	MORVEUSE
MANIEUSE	LAINEUSE	PENSEUSE	COUVEUSE
SANIEUSE	ACINEUSE	GYPSEUSE	CRAYEUSE
COPIEUSE	VEINEUSE	HERSEUSE	TRAYEUSE
CARIEUSE	CHINEUSE	VERSEUSE	ABOYEUSE
MARIEUSE	ÉPINEUSE	CASSEUSE	BROYEUSE
PARIEUSE	RUINEUSE	MASSEUSE	PERCLUSE
SÉRIEUSE	CANNEUSE	PASSEUSE	**VAUCLUSE**
CURIEUSE	TANNEUSE	LISSEUSE	POCHOUSE
FURIEUSE	VANNEUSE	PISSEUSE	**MULHOUSE**
ENVIEUSE	DONNEUSE	TISSEUSE	**NAPLOUSE**
ANXIEUSE	PRÔNEUSE	VISSEUSE	FARLOUSE
ROCKEUSE	MARNEUSE	BOSSEUSE	PERLOUSE
AVALEUSE	JEÛNEUSE	CAUSEUSE	**TOULOUSE**
CÂBLEUSE	ADIPEUSE	AMUSEUSE	COÉPOUSE
HÂBLEUSE	CHIPEUSE	COUSEUSE	VENTOUSE
SABLEUSE	PULPEUSE	PRÊTEUSE	PARTOUSE
AMBLEUSE	CAMPEUSE	QUÊTEUSE	ABSTRUSE
RACLEUSE	POMPEUSE	CAFTEUSE	DIAPHYSE
RÉGLEUSE	RAPPEUSE	APHTEUSE	ÉPIPHYSE
BIGLEUSE	ZAPPEUSE	LAITEUSE	SYMPHYSE
ÉPILEUSE	COUPEUSE	BOITEUSE	APOPHYSE
FRILEUSE	SOUPEUSE	FRITEUSE	PARALYSÉ
FRILEUSE	SABREUSE	MENTEUSE	CATALYSE
HUILEUSE	FIBREUSE	VENTEUSE	CATALYSÉ
CALLEUSE	OMBREUSE	CONTEUSE	HÉMOLYSE
GALLEUSE	MACREUSE	HONTEUSE	PYROLYSE
VALLEUSE	DÉCREUSÉ	MONTEUSE	AUTOLYSE
PILLEUSE	RECREUSÉ	PORTEUSE	CYTOLYSE
TILLEUSE	CADREUSE	PESTEUSE	PÉLOBATE

ACROBATE	**BIBRACTE**	LAVE-TÊTE	CADUCITÉ
DÉLICATE	RÉFRACTÉ	SAINTETÉ	CHEDDITE
SILICATE	DÉTRACTÉ	CHASTETÉ	QUIDDITÉ
SILICATÉ	RÉTRACTÉ	CLAQUETÉ	HÉRÉDITÉ
SURICATE	ENTRACTE	CRAQUETÉ	LUCIDITÉ
BOURCATE	CONTACTÉ	BECQUETÉ	RIGIDITÉ
EL-SADATE	INEXACTE	CLIQUETÉ	ALGIDITÉ
TIRIDATE	DIALECTE	BRIQUETÉ	VALIDITÉ
ANTIDATE	COLLECTE	ÉTIQUETÉ	SOLIDITÉ
ANTIDATÉ	COLLECTÉ	BANQUETÉ	TIMIDITÉ
HAKODATE	CONNECTÉ	CONQUÊTE	HUMIDITÉ
HORODATÉ	RESPECTÉ	MARQUETÉ	RAPIDITÉ
POSTDATE	INSPECTÉ	PARQUETÉ	SAPIDITÉ
POSTDATÉ	SUSPECTE	BOUQUETÉ	CUPIDITÉ
ACULÉATE	SUSPECTÉ	BRIÈVETÉ	FÉTIDITÉ
LAURÉATE	CORRECTE	DÉRIVETÉ	FLUIDITÉ
SANDGATE	VINDICTE	OISIVETÉ	LIVIDITÉ
RENÉGATE	CONCOCTÉ	ISOHYÈTE	ARALDITE
HOULGATE	OVIDUCTE	PARFAITE	SAOUDITE
RAMSGATE	CIRCAÈTE	SURFAITE	VELLÉITÉ
FORMIATE	**ALBACETE**	SOUHAITÉ	PLANÉITÉ
PIAPIATÉ	ÉPINCETÉ	RETRAITE	ÉCLOGITE
BOURIATE	AMMOCÈTE	RETRAITÉ	MELCHITE
SURIKATE	ASYNDÈTE	ATTRAITE	SCAPHITE
CHANLATE	MUSAGÈTE	EXTRAITE	GRAPHITE
OMOPLATE	CHICHETÉ	SHIVAÏTE	GRAPHITÉ
ÉCARLATE	CROCHETÉ	INHABITÉ	GOETHITE
SQUAMATE	MOUCHETÉ	COHABITÉ	POSTHITE
CASEMATE	PROPHÈTE	MOZABITE	LOCALITÉ
STIGMATE	ÉPITHÈTE	**MOZABITE**	MODALITÉ
STEMMATE	SOBRIÉTÉ	PHLÉBITE	IDÉALITÉ
CHROMATE	INQUIÈTE	JACOBITE	LÉGALITÉ
AUTOMATE	INQUIÉTÉ	CÉNOBITE	MOLALITÉ
SÉLÉNATE	ARBALÈTE	ACERBITÉ	BANALITÉ
ALGINATE	HABILETÉ	EXORBITÉ	PÉNALITÉ
CARINATE	PAILLETÉ	SAGACITÉ	VÉNALITÉ
THIONATE	**MANOLETE**	FUGACITÉ	FINALITÉ
BENZOATE	OBSOLÈTE	SALACITÉ	ANNALITÉ
CARAPATÉ	COMPLÈTE	TÉNACITÉ	TONALITÉ
PÉRIPATE	COMPLÉTÉ	CAPACITÉ	ZONALITÉ
STÉARATE	ORCANÈTE	RAPACITÉ	MORALITÉ
ISOCRATE	TROMPETÉ	VÉRACITÉ	RURALITÉ
EUPHRATE	À PERPÈTE	VORACITÉ	NASALITÉ
CHLORATE	ROUSPÉTÉ	VIVACITÉ	FATALITÉ
TARTRATE	**FILARETE**	MODICITÉ	NATALITÉ
BUTYRATE	DÉSARÊTÉ	PUDICITÉ	LÉTALITÉ
SARASATE	CONCRÈTE	FÉLICITÉ	VITALITÉ
TARUSATE	DISCRÈTE	**FÉLICITÉ**	TOTALITÉ
ÉPISTATE	TENDRETÉ	ILLICITE	RIVALITÉ
CONSTATÉ	LÉGÈRETÉ	TONICITÉ	FIDÉLITÉ
APOSTATE	PROPRETÉ	TYPICITÉ	BAKÉLITE
PROSTATE	FLEURETÉ	BASICITÉ	TYPHLITE
ADÉQUATE	IMPURETÉ	TOXICITÉ	HABILITÉ
VITRYATE	PAUVRETÉ	FRANCITÉ	LABILITÉ
COMPACTE	FAUSSETÉ	VÉLOCITÉ	DÉBILITÉ
COMPACTÉ	**ÉPICTÈTE**	FÉROCITÉ	MOBILITÉ
NAUPACTE	À TUE-TÊTE	ATROCITÉ	NUBILITÉ

FACILITÉ	ACTINITE	URÉTRITE	RÉINVITÉ
DOCILITÉ	RÉTINITE	PENTRITE	SYNOVITE
CHÉILITE	DIVINITÉ	CONTRITE	**MALAWITE**
HUMILITÉ	ÉBIONITE	GASTRITE	ANNEXITE
SÉNILITÉ	MYLONITE	SÉCURITÉ	MONAZITE
VIRILITÉ	LIMONITE	ALEURITE	ASPHALTE
MOTILITÉ	AMMONITE	MATURITÉ	ASPHALTÉ
FUTILITÉ	SAPONITE	LAZURITE	**ÉPHIALTE**
CIVILITÉ	MARONITE	PARASITE	SURVOLTÉ
STELLITE	ÉTERNITÉ	PARASITÉ	AUSCULTÉ
FAILLITE	STERNITE	GIBBSITE	**LA VOULTE**
CRÉOLITÉ	IMMUNITÉ	ANDÉSITE	CONSULTE
RÉGOLITE	IMPUNITÉ	REVISITÉ	CONSULTÉ
XÉNOLITE	AUTUNITE	TRANSITÉ	TOMBANTE
PISOLITE	REMBOÎTÉ	MUCOSITÉ	PROBANTE
INSOLITE	EXPLOITÉ	NODOSITÉ	BARBANTE
RHYOLITE	CONVOITÉ	PÉGOSITÉ	AGAÇANTE
CRYOLITE	TOKYOÏTE	RUGOSITÉ	GLAÇANTE
VINYLITE	**TOKYOÏTE**	PILOSITÉ	TRAÇANTE
CALAMITE	DÉCAPITÉ	VINOSITÉ	PECCANTE
CALAMITÉ	SYBARITE	OPPOSITE	ALICANTE
ANNAMITE	HILARITÉ	SÉROSITÉ	**ALICANTE**
DYNAMITE	MOLARITÉ	MOROSITÉ	BROCANTE
DYNAMITÉ	POLARITÉ	POROSITÉ	BROCANTÉ
INFIMITÉ	IMPARITÉ	AQUOSITÉ	BERÇANTE
DÉLIMITÉ	INABRITÉ	GLOSSITE	PERÇANTE
ILLIMITÉ	ALACRITÉ	RÉUSSITE	MANDANTE
ANTIMITE	RÉÉCRITE	SINUSITE	FENDANTE
INTIMITÉ	INSCRITE	STÉATITE	PENDANTE
SODOMITE	DENDRITE	HÉMATITE	FONDANTE
DOLOMITE	SIDÉRITE	HÉPATITE	PERDANTE
CHROMITE	COHÉRITÉ	KÉRATITE	MORDANTE
L'HERMITE	CÉLÉRITÉ	PROCTITE	TORDANTE
THERMITE	DÉMÉRITE	QUANTITÉ	OXYDANTE
ÉNORMITÉ	DÉMÉRITÉ	IDENTITÉ	RAGEANTE
URBANITÉ	TÉMÉRITÉ	BARYTITE	ÉCHÉANTE
ORGANITE	IMMÉRITÉ	PRÉCUITE	FORFANTE
BALANITE	CINÉRITE	BISCUITE	ÉLÉGANTE
IMMANITÉ	ASPÉRITÉ	TRADUITE	DÉCHANTÉ
ROMANITÉ	LATÉRITE	CONDUITE	MÉCHANTE
HUMANITÉ	ALTÉRITE	PRODUITE	RECHANTÉ
BASANITE	ALTÉRITÉ	EXIGUÏTÉ	FICHANTE
INSANITÉ	ENTÉRITE	UBIQUITÉ	ENCHANTÉ
SÉLÉNITE	ARTÉRITE	INIQUITÉ	AMBIANTE
YÉMÉNITE	SÉVÉRITÉ	DÉFRUITÉ	RADIANTE
YÉMÉNITE	NÉPHRITE	AFFRUITÉ	MÉDIANTE
ILMÉNITE	TÉPHRITE	DÉTRUITE	DÉFIANTE
SÉRÉNITÉ	ARTHRITE	GRATUITE	MÉFIANTE
ARSÉNITE	TABORITE	GRATUITÉ	AFFIANTE
AFFINITÉ	PRIORITÉ	FORTUITE	VARIANTE
INFINITÉ	MAJORITÉ	VIDE-VITE	DÉVIANTE
VAGINITE	CHLORITE	NOCIVITÉ	**ATALANTE**
SALINITÉ	MINORITÉ	GÉLIVITÉ	AVALANTE
FÉLINITE	SONORITÉ	**NINIVITE**	POILANTE
MÉLINITE	AUTORITÉ	NATIVITÉ	BALLANTE
FÉMINITÉ	FLUORITE	ACTIVITÉ	COLLANTE
LATINITÉ	FAVORITE	RÉTIVITÉ	ISOLANTE

DÉPLANTÉ	CASSANTE	PRÉSENTÉ	MATELOTE
REPLANTÉ	LASSANTE	CONTENTE	SIFFLOTÉ
IMPLANTÉ	PASSANTE	CONTENTÉ	SANGLOTÉ
PARLANTE	CESSANTE	SUSTENTÉ	COPILOTE
PERLANTE	CAUSANTE	FERVENTE	PAILLOTE
HURLANTE	AMUSANTE	SURVENTE	RIGOLOTE
COULANTE	ÉPATANTE	ENCEINTE	COMPLOTÉ
FOULANTE	SPITANTE	ENCEINTÉ	ESCAMOTÉ
MOULANTE	HUITANTE	DÉPEINTE	CLIGNOTÉ
ROULANTE	TENTANTE	REPEINTE	GRIGNOTÉ
SOÛLANTE	MONTANTE	ÉPREINTE	GNOGNOTE
BRÛLANTE	SEPTANTE	ÉTREINTE	ACTINOTE
DIAMANTÉ	**SEPTANTE**	DÉTEINTE	DÉCAPOTÉ
BRAMANTE	PARTANTE	ATTEINTE	GALIPOTE
CALMANTE	PORTANTE	ACCOINTÉ	GALIPOTÉ
DORMANTE	SORTANTE	ADJOINTE	SCLÉROTE
ÉCUMANTE	RESTANTE	REJOINTE	NUMÉROTÉ
PLANANTE	DISTANTE	CI-JOINTE	BIARROTE
PRENANTE	INSTANTE	ENJOINTE	**BIARROTE**
AVENANTE	BATTANTE	**LAPOINTE**	PLEUROTE
GAGNANTE	REMUANTE	APPOINTÉ	CHEVROTÉ
RÉGNANTE	PIQUANTE	ESQUINTÉ	POIVROTE
TANNANTE	TOQUANTE	ANODONTE	CRÉOSOTE
SONNANTE	CREVANTE	ARCHONTE	CRÉOSOTÉ
TONNANTE	SUIVANTE	**BELLONTE**	TOUSSOTÉ
BRUNANTE	SERVANTE	SURMONTÉ	**AYENTÔTE**
TRIPANTE	MOUVANTE	**DEL PONTE**	**ARISTOTE**
LAMPANTE	SOIXANTE	AFFRONTÉ	ALIQUOTE
RAMPANTE	ÉGAYANTE	EFFRONTÉ	PLEUVOTÉ
PIMPANTE	CROYANTE	EMPRUNTÉ	RÉADAPTÉ
COUPANTE	BRUYANTE	**CHIMBOTE**	INADAPTÉ
AMARANTE	**RUZZANTE**	ABRICOTÉ	PRÉCEPTE
QUARANTE	DESCENTE	ASTICOTÉ	PRÉEMPTÉ
VIBRANTE	TRIDENTÉ	HORS-COTE	DÉCOMPTE
SUCRANTE	ÉVIDENTE	ANECDOTE	DÉCOMPTÉ
HYDRANTE	PRUDENTE	ANTIDOTE	MÉCOMPTE
OPÉRANTE	TANGENTE	**HÉRODOTE**	RECOMPTÉ
MIGRANTE	PATIENTE	NEIGEOTÉ	ESCOMPTE
ODORANTE	PATIENTÉ	PARIGOTE	ESCOMPTÉ
MARRANTE	VIOLENTE	RAVIGOTE	INDOMPTÉ
WARRANTÉ	VIOLENTÉ	RAVIGOTÉ	SARCOPTE
FERRANTE	OPULENTE	DIZYGOTE	DÉCRYPTÉ
NITRANTE	CLÉMENTE	CRACHOTÉ	ENCRYPTÉ
ENTRANTE	SEGMENTÉ	MANCHOTE	PANCARTE
COURANTE	PIGMENTÉ	CHUCHOTÉ	**DELSARTE**
GOURANTE	AUGMENTÉ	SYMBIOTE	CONCERTÉ
MOURANTE	ALIMENTÉ	PHOLIOTE	DESSERTE
NAVRANTE	COMMENTÉ	**SKOPIOTE**	DISSERTÉ
GIVRANTE	SARMENTÉ	LOUPIOTE	COUVERTE
OUVRANTE	FERMENTÉ	CHARIOTÉ	ROUVERTE
BRISANTE	ÉMINENTE	CYPRIOTE	CONFORTÉ
FRISANTE	SERPENTÉ	**CYPRIOTE**	EAU-FORTE
GRISANTE	SUSPENTE	PATRIOTE	COLPORTÉ
CUISANTE	SOUPENTE	**VITRIOTE**	REMPORTÉ
LUISANTE	**CHARENTE**	ÉCHALOTE	N'IMPORTE
DANSANTE	**SORRENTE**	REBELOTE	COMPORTE
PENSANTE	PRÉSENTE	CAMELOTE	COMPORTÉ

CLOPORTE	PALMISTE	ANALYSTE	MOLLETTE
RAPPORTÉ	THOMISTE	SANGATTE	VIOLETTE
SUPPORTÉ	ATOMISTE	SURPATTE	DRÔLETTE
BISTORTE	PIANISTE	REGRATTÉ	EMPLETTE
VIDÉASTE	ÉBÉNISTE	MAHRATTE	MERLETTE
CINÉASTE	AGONISTE	GAMBETTE	GAULETTE
HÉLIASTE	SIONISTE	JAMBETTE	PAULETTE
BALLASTÉ	IRONISTE	BARBETTE	MEULETTE
GYMNASTE	CORNISTE	PLACETTE	SEULETTE
NORDESTE	LAMPISTE	PIÉCETTE	AMULETTE
DERMESTE	POMPISTE	LANCETTE	BOULETTE
PRÉNESTE	UTOPISTE	PINCETTE	HOULETTE
BUPRESTE	HARPISTE	RINCETTE	POULETTE
CONTESTE	DIARISTE	AVOCETTE	ROULETTE
CONTESTÉ	TSARISTE	GARCETTE	GRULETTE
PROTESTÉ	ÉVARISTE	DOUCETTE	CALMETTE
DADAÏSTE	CHORISTE	STUDETTE	PALMETTE
MOSAÏSTE	STORISTE	MOUFETTE	GOMMETTE
CAMBISTE	SERRISTE	LINGETTE	POMMETTE
DOMBISTE	ATTRISTÉ	TARGETTE	TOMMETTE
DOUBISTE	MAURISTE	VERGETTE	FERMETTE
LAÏCISTE	TOURISTE	CACHETTE	VIGNETTE
FASCISTE	SUBSISTÉ	GÂCHETTE	RAINETTE
NORDISTE	CONSISTÉ	HACHETTE	REINETTE
NORDISTE	ISOSISTE	HACHETTE	ÉPINETTE
FEUDISTE	PERSISTÉ	MACHETTE	BANNETTE
FIDÉISTE	BASSISTE	VACHETTE	CANNETTE
APNÉISTE	DOSSISTE	PÊCHETTE	BONNETTE
TURFISTE	ÉTATISTE	BICHETTE	NONNETTE
PÉAGISTE	PIÉTISTE	LICHETTE	SONNETTE
PLAGISTE	ÉLITISTE	COCHETTE	CORNETTE
ÉTAGISTE	DENTISTE	POCHETTE	SORNETTE
OLIGISTE	ÉGOTISTE	BÛCHETTE	JAUNETTE
PONGISTE	PROTISTE	JOLIETTE	JEUNETTE
MACHISTE	BAPTISTE	JOLIETTE	BRUNETTE
TACHISTE	FLÛTISTE	JULIETTE	CRAPETTE
SOPHISTE	PÉQUISTE	DAMIETTE	TRIPETTE
LUTHISTE	CASUISTE	MARIETTE	POMPETTE
TANKISTE	REVUISTE	ASSIETTE	ZAPPETTE
RÉALISTE	CLAVISTE	RACKETTÉ	CARPETTE
DUALISTE	ÉPAVISTE	CHALETTE	PERPETTE
CÂBLISTE	GRÉVISTE	TABLETTE	SERPETTE
BIBLISTE	BRIVISTE	TABLETTÉ	AMBRETTE
CYCLISTE	SUIVISTE	RACLETTE	OMBRETTE
CALLISTE	COEXISTÉ	ODELETTE	SUCRETTE
TULLISTE	MARXISTE	OMELETTE	OPÉRETTE
TULLISTE	PÉRIOSTE	GOÉLETTE	REGRETTÉ
VIOLISTE	COMPOSTÉ	RIFLETTE	AIGRETTE
CARLISTE	STAROSTE	RÉGLETTE	BARRETTE
PAULISTE	FLIBUSTE	TOILETTE	SARRETTE
PAULISTE	PROCUSTE	TOILETTÉ	SARRETTE
OCULISTE	RÉAJUSTÉ	VOILETTE	SERRETTE
BOULISTE	SALLUSTE	MALLETTE	BEURETTE
STYLISTE	GAROUSTE	SELLETTE	MEURETTE
ÉRÉMISTE	INCRUSTÉ	BILLETTE	COURETTE
CHIMISTE	DARBYSTE	FILLETTE	GOURETTE
ANIMISTE	VICHYSTE	VILLETTE	LEVRETTE

LEVRETTÉ	BOYCOTTÉ	GONOCYTE	RALINGUE
ANISETTE	LONGOTTE	MONOCYTE	RALINGUÉ
NOISETTE	MARGOTTÉ	PÉLODYTE	CHLINGUÉ
FRISETTE	**MARIOTTE**	TRACHYTE	BILINGUE
GRISETTE	GRELOTTE	ÉPIPHYTE	RAMINGUE
NUISETTE	BALLOTTÉ	NÉOPHYTE	**HUNINGUE**
PUISETTE	BELLOTTE	ZOOPHYTE	MERINGUE
GANSETTE	PARLOTTE	**KOTZEBUE**	MERINGUÉ
CASSETTE	BOULOTTE	RÉTRIBUÉ	SERINGUE
MASSETTE	BOULOTTÉ	ATTRIBUÉ	SERINGUÉ
PISSETTE	GOULOTTE	DÉSEMBUÉ	DÉZINGUÉ
BOSSETTE	POULOTTE	BARBECUE	BIZINGUE
COSSETTE	ROULOTTE	RÉPANDUE	OBLONGUE
FOSSETTE	ROULOTTÉ	DÉFENDUE	DIALOGUE
CAUSETTE	CHAMOTTE	REFENDUE	DIALOGUÉ
AMUSETTE	GOLMOTTE	DÉPENDUE	ANALOGUE
COUSETTE	MARMOTTE	REPENDUE	ÉPILOGUE
BAGUETTE	MARMOTTÉ	APPENDUE	ÉPILOGUÉ
GOGUETTE	QUENOTTE	DÉTENDUE	ÉCOLOGUE
CHOUETTE	CAGNOTTE	RETENDUE	GÉOLOGUE
ALOUETTE	BONNOTTE	ENTENDUE	ZOOLOGUE
BROUETTE	JEUNOTTE	ATTENDUE	APOLOGUE
BROUETTÉ	DÉCROTTÉ	REVENDUE	PROLOGUE
JAQUETTE	GARROTTE	INVENDUE	UROLOGUE
MAQUETTE	GARROTTÉ	REFONDUE	**LAFARGUE**
RAQUETTE	FRISOTTÉ	RÉPONDUE	PYGARGUE
BIQUETTE	DANSOTTÉ	APPONDUE	**CAMARGUE**
LIQUETTE	TURLUTTE	RETONDUE	**ROUERGUE**
PIQUETTE	DÉGOUTTÉ	REPERDUE	DÉVERGUÉ
COQUETTE	CADEAUTÉ	REMORDUE	ENVERGUÉ
MOQUETTE	BISEAUTÉ	DÉTORDUE	**LAFORGUE**
MOQUETTÉ	DÉPIAUTÉ	RETORDUE	**LYCURGUE**
ROQUETTE	PRIMAUTÉ	BANLIEUE	**LEBESGUE**
ROQUETTE	CRAPAÜTÉ	SCHLAGUE	SUBJUGUÉ
CLAVETTE	AMIRAUTÉ	MADRAGUE	CONJUGUÉ
CREVETTE	**AMIRAUTÉ**	ZIGZAGUÉ	**LESPUGUE**
OLIVETTE	**SARRAUTE**	**GONZAGUE**	INFICHUE
CORVETTE	SURSAUTÉ	COLLÈGUE	BRANCHUE
FAUVETTE	RESSAUTÉ	SUBAIGUË	FOURCHUE
SAUVETTE	PRIVAUTÉ	SURAIGUË	RÉÉVALUÉ
LOUVETTE	CHARCUTÉ	PRODIGUE	PRÉVALUE
CLAYETTE	CHOREUTE	PRODIGUÉ	FARFELUE
LAFFITTE	IRRÉFUTÉ	BORDIGUE	CHEVELUE
BRIGITTE	INVOLUTÉ	BECFIGUE	JOUFFLUE
SCHLITTE	ARC-BOUTÉ	**LA BRIGUE**	FEUILLUE
SCHLITTÉ	RÉÉCOUTÉ	**RODRIGUE**	COUILLUE
CARLITTE	INÉCOUTÉ	GARRIGUE	DÉPOLLUÉ
MAGRITTE	LOULOUTE	INTRIGUE	DISSOLUE
ACQUITTÉ	MOUMOUTE	INTRIGUÉ	REMOULUE
REQUITTÉ	ENCROUTÉ	CONTIGUË	REVOULUE
BARBOTTE	FERROUTÉ	**LARTIGUE**	TRANSMUÉ
CHICOTTE	DISSOUTE	INSTIGUÉ	CONTENUE
MARCOTTE	PANTOUTE	DIVULGUÉ	ABSTENUE
MARCOTTÉ	PRÉTEXTE	HARANGUE	SOUTENUE
MASCOTTE	PRÉTEXTÉ	HARANGUÉ	PRÉVENUE
BISCOTTE	CONTEXTE	VARANGUE	MALVENUE
BOSCOTTE	PRESBYTE	EXSANGUE	CONVENUE

PROVENUE	PHOBIQUE	COSMIQUE	YTTRIQUE
PARVENUE	CALCIQUE	THYMIQUE	LIASIQUE
SURVENUE	ZINCIQUE	CLANIQUE	MNÉSIQUE
SOUVENUE	TURCIQUE	**GRANIQUE**	PERSIQUE
CONTINUE	ÉRUCIQUE	URANIQUE	**PERSIQUE**
CONTINUÉ	ÉRADIQUÉ	SCÉNIQUE	MASSIQUE
MÉCONNUE	DYADIQUE	ÉDÉNIQUE	PHYSIQUE
RECONNUE	PRÉDIQUÉ	PHÉNIQUE	VIATIQUE
INCONNUE	SYNDIQUÉ	PHÉNIQUÉ	PRATIQUE
MANCHOUE	ANODIQUE	IRÉNIQUE	PRATIQUÉ
MANCHOUE	MERDIQUE	AXÉNIQUE	ÉTATIQUE
RENFLOUÉ	NORDIQUE	ETHNIQUE	STATIQUE
SOUS-LOUÉ	**NORDIQUE**	CLINIQUE	LACTIQUE
BRENNOUE	ACNÉIQUE	GYMNIQUE	TACTIQUE
DÉSAVOUÉ	LINÉIQUE	TANNIQUE	HECTIQUE
BARBAQUE	TRAFIQUÉ	HUNNIQUE	PECTIQUE
ZODIAQUE	COUFIQUE	ICONIQUE	ARCTIQUE
ORGIAQUE	TRAGIQUE	PHONIQUE	**ARCTIQUE**
HÉLIAQUE	**BELGIQUE**	BIONIQUE	ACÉTIQUE
LANIAQUE	FONGIQUE	CLONIQUE	RHÉTIQUE
MANIAQUE	ALOGIQUE	IRONIQUE	ÉMÉTIQUE
SYRIAQUE	BACHIQUE	ATONIQUE	NOÉTIQUE
BARJAQUÉ	SAPHIQUE	BERNIQUE	POÉTIQUE
SYMMAQUE	ORPHIQUE	CORNIQUE	CRITIQUE
CORNAQUÉ	TYPHIQUE	FORNIQUÉ	CRITIQUÉ
ALBRAQUE	LITHIQUE	FAUNIQUE	BALTIQUE
EMBRAQUÉ	GOTHIQUE	MONOÏQUE	**BALTIQUE**
BARRAQUÉ	MYTHIQUE	HÉROÏQUE	CELTIQUE
TERRAQUÉ	ITALIQUE	ADIPIQUE	**CELTIQUE**
MATRAQUE	OXALIQUE	TROPIQUE	CANTIQUE
MATRAQUÉ	BIBLIQUE	UTOPIQUE	MANTIQUE
PATRAQUE	PUBLIQUE	HIPPIQUE	BIOTIQUE
DÉTRAQUE	CYCLIQUE	SURPIQUÉ	ÉROTIQUE
DÉTRAQUÉ	GAÉLIQUE	ATYPIQUE	PROTIQUE
BASTAQUE	GALLIQUE	FABRIQUE	EXOTIQUE
SLOVAQUE	RÉPLIQUE	FABRIQUÉ	MYOTIQUE
SLOVAQUE	RÉPLIQUÉ	IMBRIQUÉ	HAPTIQUE
LA MECQUE	IMPLIQUÉ	LUBRIQUE	SEPTIQUE
LAPICQUE	APPLIQUE	RUBRIQUE	AORTIQUE
LA ROCQUE	APPLIQUÉ	RUBRIQUÉ	PORTIQUE
PARCE QUE	DUPLIQUÉ	PICRIQUE	MASTIQUÉ
EST-CE QUE	EXPLIQUÉ	HYDRIQUE	DISTIQUE
OOTHÈQUE	AMYLIQUE	IBÉRIQUE	RUSTIQUE
DISSÉQUÉ	STYLIQUE	**IBÉRIQUE**	RUSTIQUÉ
TOLTÈQUE	CRAMIQUE	FÉERIQUE	CYSTIQUE
PASTÈQUE	ANÉMIQUE	**AMÉRIQUE**	KYSTIQUE
MIXTÈQUE	URÉMIQUE	STÉRIQUE	MYSTIQUE
JUDAÏQUE	CHIMIQUE	ONIRIQUE	NAUTIQUE
JAMAÏQUE	AMIMIQUE	**MANRIQUE**	BOUTIQUE
LAMAÏQUE	FILMIQUE	CAPRIQUE	ATAVIQUE
ROMAÏQUE	ANOMIQUE	CUPRIQUE	ATAXIQUE
MOSAÏQUE	GNOMIQUE	BARRIQUE	ATOXIQUE
ALTAÏQUE	BROMIQUE	FERRIQUE	JAZZIQUE
ARABIQUE	ATOMIQUE	MÉTRIQUE	DÉCALQUE
ARABIQUE	DERMIQUE	CITRIQUE	DÉCALQUÉ
IAMBIQUE	FORMIQUE	NITRIQUE	DÉFALQUÉ
LIMBIQUE	SISMIQUE	INTRIQUÉ	INCULQUÉ

CALANQUE	QUELS QUE	RÉCIDIVÉ	PRÉSERVÉ
PALANQUE	**MANOSQUE**	PROCLIVE	CONSERVE
PALANQUÉ	DÉBUSQUÉ	**TITE-LIVE**	CONSERVÉ
SÉNANQUE	EMBUSQUÉ	ENJOLIVÉ	GUIMAUVE
PÉTANQUE	OFFUSQUÉ	**AUTERIVE**	PÉDILUVE
PALENQUE	ÉTRUSQUE	ABRASIVE	RÉPROUVÉ
DIADOQUE	**ÉTRUSQUE**	INVASIVE	APPROUVÉ
SUFFOQUÉ	RÉÉDUQUÉ	ADHÉSIVE	RETROUVÉ
LOUFOQUE	HEIDUQUE	COHÉSIVE	**ZIMBABWE**
FILIOQUE	DÉBOUQUÉ	DÉCISIVE	**LILONGWE**
DÉBLOQUÉ	EMBOUQUÉ	INCISIVE	PARATAXE
BRELOQUE	FELOUQUE	ÉMULSIVE	SIMPLEXE
DÉFLOQUÉ	PERRUQUE	DOLOSIVE	COMPLEXE
COLLOQUE	DIPTYQUE	COURSIVE	COMPLEXÉ
DISLOQUÉ	DISPARUE	ÉMISSIVE	PERPLEXE
ORÉNOQUE	TONITRUÉ	POUSSIVE	MINIMEXÉ
SCHNOQUE	MALOTRUE	EFFUSIVE	**PÉRÉFIXE**
PÉBROQUE	RECOURUE	ALLUSIVE	ANTÉFIXE
ESCROQUÉ	SECOURUE	LOCATIVE	PARADOXE
DÉFROQUE	ENCOURUE	SÉDATIVE	ÉQUINOXE
DÉFROQUÉ	DÉCOUSUE	CRÉATIVE	**DELAHAYE**
DÉTROQUÉ	RECOUSUE	NÉGATIVE	REMBLAYÉ
ENTROQUE	EFFECTUÉ	OBLATIVE	SOUS-PAYÉ
UNIVOQUE	PERPÉTUÉ	RELATIVE	RENTRAYÉ
CONVOQUÉ	ENTRE-TUÉ	CURATIVE	RÉESSAYÉ
PROVOQUÉ	DESTITUÉ	DURATIVE	GRASSEYÉ
DÉBARQUÉ	RESTITUÉ	ROTATIVE	FLAMBOYÉ
EMBARQUÉ	INSTITUÉ	OPTATIVE	ROUGEOYÉ
LAMARQUE	ACCENTUÉ	PUTATIVE	BOUCHOYÉ
DÉMARQUE	RABATTUE	LAXATIVE	REMPLOYÉ
DÉMARQUÉ	DÉBATTUE	RÉACTIVE	ATERMOYÉ
REMARQUE	REBATTUE	RÉACTIVÉ	TOURNOYÉ
REMARQUE	INFOUTUE	INACTIVE	FOUDROYÉ
REMARQUÉ	GARDE-VUE	INACTIVÉ	POUDROYÉ
MONARQUE	IMPRÉVUE	TRACTIVE	HONGROYÉ
LUPERQUE	ENTREVUE	ÉLECTIVE	CHARROYÉ
MAJORQUE	CARTE-VUE	ADDITIVE	GUERROYÉ
REMORQUE	UNISEXUÉ	ADDITIVÉ	VOUSSOYÉ
REMORQUÉ	VIDE-CAVE	AUDITIVE	JOINTOYÉ
MINORQUE	**SAKALAVE**	FUGITIVE	**DELEVOYE**
RÉTORQUÉ	REMBLAVÉ	VOLITIVE	FOURVOYÉ
EXTORQUÉ	CONCLAVE	VOMITIVE	KAMIKAZE
BIFURQUÉ	PANSLAVE	LÉNITIVE	**MARQUÈZE**
DÉMASQUÉ	MARGRAVE	PUNITIVE	**LA CHAIZE**
MARASQUE	BURGRAVE	POSITIVE	KIRGHIZE
TARASQUE	**COSGRAVE**	POSITIVÉ	**KIRGHIZE**
TARASQUE	CHOU-RAVE	JOINTIVE	KOLKHOZE
TUDESQUE	CHOURAVÉ	DÉMOTIVÉ	SOVKHOZE
MORESQUE	**TAMATAVE**	IMMOTIVÉ	QUATORZE
APRÈS QUE	**SAINT-AVÉ**	ADOPTIVE	**GAGAOUZE**
UBUESQUE	INACHEVÉ	ÉRUPTIVE	BARBOUZE
LÉVESQUE	**VAN CLEVE**	ABORTIVE	PERLOUZE
AUBISQUE	SURÉLEVÉ	SPORTIVE	**NAUROUZE**
RUFISQUE	**PAINLEVÉ**	UNIVALVE	PARTOUZE
MÉNISQUE	**CONGREVE**	TRIVALVE	**MARGGRAF**
MARISQUE	MALADIVE	**GONZALVE**	BABY-BEEF
MORISQUE	RÉCIDIVE	MANGROVE	DERECHEF

SOUS-CHEF	OLFACTIF	**NANCHANG**	NYKÖPING
MÉTABIEF	DÉFECTIF	**ZHEJIANG**	SHOPPING
LEONTIEF	AFFECTIF	**XINJIANG**	CLEARING
DEMI-CLEF	EFFECTIF	**HUNJIANG**	DRESSING
ASTRONEF	OBJECTIF	**SIN-KIANG**	PRESSING
FALSTAFF	ADJECTIF	KAOLIANG	**DONGTING**
TERZIEFF	BIJECTIF	**XINXIANG**	YACHTING
LAZAREFF	INJECTIF	**SEMARANG**	**BRANTING**
KNIASEFF	SÉLECTIF	**NHA TRANG**	SHIRTING
LANGHOFF	DIRECTIF	DEMI-SANG	**SHAOXING**
BIRKHOFF	ADDICTIF	**DUNHUANG**	LOBBYING
VAN'T HOFF	DÉDUCTIF	**HENGYANG**	**DONGYING**
MALAKOFF	INDUCTIF	**MIANYANG**	**KLITZING**
HITTORFF	EXPLÉTIF	**XIANYANG**	**VIÊT-CONG**
SCHNOUFF	PRIMITIF	**SHENYANG**	**SHANDONG**
GÉRONDIF	DORMITIF	**LIAOYANG**	**LIAODONG**
RÉPULSIF	PLUMITIF	**HAICHENG**	**NANCHANG**
IMPULSIF	COGNITIF	**WANG MENG**	SOU-CHONG
RÉVULSIF	APÉRITIF	**BANDOENG**	**SÖNG HÔNG**
EXPANSIF	NUTRITIF	PARPAING	**HAIPHONG**
DÉFENSIF	SENSITIF	BASTAING	**GAOXIONG**
OFFENSIF	FACTITIF	PIERCING	**HONGKONG**
INTENSIF	PARTITIF	**FIELDING**	**SHILLONG**
EXTENSIF	INTUITIF	BUILDING	**QIANLONG**
IMPLOSIF	ATTENTIF	STANDING	PING-PONG
EXPLOSIF	ADVENTIF	BRIEFING	**TAICHUNG**
CORROSIF	INVENTIF	MARAGING	**SANCHUNG**
IMMERSIF	PLAINTIF	COACHING	**NIBELUNG**
DÉTERSIF	CRAINTIF	MORPHING	**PINGTUNG**
RÉCURSIF	RÉCEPTIF	**PERSHING**	**BELITUNG**
RÉCESSIF	DIGESTIF	BRUSHING	SHANTUNG
EXCESSIF	ARBUSTIF	**WORTHING**	**TAGANROG**
AGRESSIF	EXÉCUTIF	CRACKING	**GULDBERG**
JOUISSIF	ÉVOLUTIF	SHOCKING	**RUNEBERG**
OCCLUSIF	RÉFLEXIF	TREKKING	**FREIBERG**
INCLUSIF	ICE-SHELF	STARKING	**MÜHLBERG**
EXCLUSIF	MINIGOLF	TUMBLING	**CULLBERG**
INTRUSIF	**THÉODULF**	SHILLING	**WEINBERG**
EXTRUSIF	**CYNEWULF**	SAMPLING	**GINSBERG**
COMBATIF	**ZAMENHOF**	YEARLING	**HERZBERG**
SICCATIF	**PETERHOF**	STERLING	**RIFBJERG**
ÉDUCATIF	**MEYERHOF**	**STIRLING**	**NEIPPERG**
LAUDATIF	**STUTTHOF**	TWIRLING	**GÖTEBORG**
PURGATIF	**STRUTHOF**	RIESLING	**SANDBURG**
RADIATIF	**PRIBILOF**	**QUISLING**	**LÜNEBURG**
FORMATIF	**LAGERLÖF**	**WEITLING**	**NAUMBURG**
NORMATIF	TIRE-NERF	**HÄRTLING**	**AUGSBURG**
LUCRATIF	**BURGDORF**	**FREYMING**	**DUISBURG**
ITÉRATIF	**NAUNDORF**	TRAINING	**BOKSBURG**
NARRATIF	WINDSURF	STAKNING	**WARTBURG**
ÉPURATIF	**RUTEBEUF**	PLANNING	**WÜRZBURG**
CAUSATIF	MIRE-ŒUF	**LIAONING**	FRIBOURG
IMITATIF	TEUF-TEUF	BROWNING	**FRIBOURG**
CAPTATIF	PATAPOUF	**BROWNING**	**HAMBOURG**
PORTATIF	**WINNIPEG**	**MARCOING**	**LIMBOURG**
GUSTATIF	**STEINWEG**	SLEEPING	**COMBOURG**
PRIVATIF	ANTIGANG	TRAMPING	**HOMBOURG**

FAUBOURG	WISIGOTH	RESSURGI	ENSEVELI
PADICHAH	KLAPROTH	RAJSHAHI	PILI-PILI
ABDALLAH	BOSWORTH	MARIACHI	TEOCALLI
ABD ALLAH	HAYWORTH	BEKTACHI	MERCALLI
RAMALLAH	BAYREUTH	RÉFLÉCHI	MERCALLI
ABDULLAH	MAMMOUTH	INFLÉCHI	ARAVALLI
SAVANNAH	MONMOUTH	DÉGAUCHI	BOMBELLI
CUDDAPAH	YARMOUTH	TERAUCHI	MAGNELLI
SAKKARAH	VERMOUTH	MALPIGHI	MINNELLI
SAQQARAH	PLYMOUTH	RESPIGHI	PRUNELLI
DENDÉRAH	BEYROUTH	NEW DELHI	CRIVELLI
MASSORAH	MORI OGAI	MAEBASHI	DÉFAILLI
MÉNEPTAH	ENTRE-HAÏ	GU KAIZHI	REJAILLI
MINEPTAH	CHANG-HAÏ	SCENARII	ARMAILLI
GOLDBACH	SHANGHAI	HACHIOJI	ASSAILLI
ROHRBACH	LEANG K'AI	CATTERJI	DÉSEMPLI
ROSSBACH	LIANG KAI	BOURBAKI	ACCOMPLI
ROUFFACH	KOSTANAÏ	SOUVLAKI	ASSOUPLI
BALKHACH	ÉTAMBRAI	NAGASAKI	WIENERLI
ALMANACH	COURTRAI	TAKASAKI	SPAETZLI
EISENACH	SAMOURAÏ	MURASAKI	YANOMAMI
CROMLECH	ABU DHABI	KAWASAKI	BELTRAMI
HIGH-TECH	PENDJABI	MIYAZAKI	TOYOTOMI
BAKCHICH	AL-FARABI	TANIZAKI	RAFFERMI
HEIMLICH	IBN ARABI	SLOWACKI	BAGUIRMI
GOMBRICH	ESTOURBI	RUDNICKI	RENDORMI
HEYDRICH	CARDUCCI	KRASICKI	RENFORMI
ARGERICH	VESPUCCI	KRASUCKI	REGGIANI
DIETRICH	PETRUCCI	KOSTENKI	CIPRIANI
SANDWICH	COMANECI	HELSINKI	GRAZIANI
SANDWICH	ÉCLAIRCI	CHOUÏSKI	ILLIMANI
PENMARCH	OBSCURCI	KOWALSKI	YANOMANI
DIEKIRCH	ACCOURCI	ZEROMSKI	MAHARANI
ILLKIRCH	CELLES-CI	POLANSKI	NDZOUANI
ALTKIRCH	DESSOUCI	ZELENSKI	GALLIENI
TERBORCH	TAKORADI	ANNENSKI	MUSEVENI
GOULASCH	MERCREDI	KERENSKI	MASCAGNI
HACHISCH	VENDREDI	BABINSKI	MORGAGNI
ANDERSCH	REFROIDI	NIJINSKI	REDÉFINI
LUBITSCH	GRIMALDI	BELINSKI	INDÉFINI
POTLATCH	GASSENDI	KOLINSKI	SEMI-FINI
BORCHTCH	RAIMONDI	WOLINSKI	MONOKINI
GURVITCH	SISMONDI	TCHERSKI	PASOLINI
TARBOUCH	LEOPARDI	SIKORSKI	CATIMINI
MARAGHEH	ABÂTARDI	APRÈS-SKI	PAGANINI
ANSARIEH	DÉGOURDI	VYGOTSKI	VIVARINI
DJÉZIREH	ENGOURDI	ZAKOUSKI	SEVERINI
TECUMSEH	ASSOURDI	RIMOUSKI	MOROSINI
RAYLEIGH	APPLAUDI	WALEWSKI	SPONTINI
VANBRUGH	AL-MASUDI	ZAO WOU-KI	GIOVANNI
OÏSTRAKH	AGNUS-DEI	BOUZOUKI	PICCINNI
VIÊT-MINH	TRANSKEI	MEXICALI	COLLEONI
MEHRGARH	KHAMENEI	NEPHTALI	BOCCIONI
NAZARETH	IENISSEÏ	AFFAIBLI	TAGLIONI
GILBRETH	HIA KOUEI	DISRAELI	ALBINONI
MEREDITH	RÉTROAGI	SOUAHÉLI	MACARONI
GRIFFITH	INTERAGI	GABRIELI	ALBERONI

REMBRUNI	**BRINDISI**	**DJIBOUTI**	**KIMCHAEK**
AL-BIRUNI	CRAMOISI	ENGLOUTI	**MAÏDANEK**
KHOMEYNI	**EL-EDRISI**	**GARDAFUI**	**MAJDANEK**
RÉEMPLOI	MAFFIOSI	**OUBANGUI**	**WINDHOEK**
INEMPLOI	**KOUMASSI**	FENG SHUI	**STABROEK**
VILLEROI	**DJERASSI**	DÉSENNUI	**NALTCHIK**
PALEFROI	**PETRASSI**	SAHRAOUI	PACHALIK
GEOFFROI	**TBILISSI**	**SAHRAOUI**	CHACHLIK
DÉSARROI	DÉGROSSI	BOUI-BOUI	**SPOUTNIK**
POURQUOI	REGROSSI	RIQUIQUI	REFUZNIK
STANOVOÏ	**ÉPHRUSSI**	**YUPANQUI**	VOGELPIK
RÉCHAMPI	**BRANCUSI**	**ROUSTAVI**	**KEFLAVÍK**
DÉGUERPI	**FERDOWSI**	**CONSALVI**	**IVUJIVIK**
ACCROUPI	**KIRIBATI**	DESSERVI	**VESTDIJK**
SOUNGARI	**FRASCATI**	RESSERVI	CAKE-WALK
KALAHARI	**CHARIATI**	**COTOPAXI**	STEENBOK
MATA HARI	**SALVIATI**	**BENGHAZI**	HERD-BOOK
CAGLIARI	**GANAPATI**	ANTINAZI	STUD-BOOK
PELOTARI	GUJARATI	**FERENCZI**	**TELEMARK**
GUATTARI	**AMRAVATI**	**NYAMWEZI**	**DANEMARK**
GODAVARI	**SALICETI**	**ZHUANGZI**	**FINNMARK**
HOURVARI	GRAFFITI	**LEGRENZI**	**HYDE PARK**
SANS-ABRI	**ADO-EKITI**	**NEGRUZZI**	**LOUGANSK**
ASSOMBRI	**AL-WASITI**	**GUERROUJ**	**LOUHANSK**
ATTENDRI	OUISTITI	TIE-BREAK	**SMOLENSK**
AMOINDRI	MERCANTI	**KOLTCHAK**	**ATCHINSK**
BÉRIBÉRI	EMPUANTI	**KAZANLAK**	**STALINSK**
RENCHÉRI	**CLEMENTI**	**BONAMPAK**	**SIMBIRSK**
CAFFIERI	APPRENTI	**MOUBARAK**	**PLESETSK**
RUGGIERI	CONSENTI	**INUKJUAK**	**IAKOUTSK**
ZAMPIERI	RESSENTI	FEED-BACK	**IRKOUTSK**
GUARNERI	**VISCONTI**	ZWIEBACK	**POKROVSK**
DÉMAIGRI	TRIPARTI	COME-BACK	MAMELOUK
MISTIGRI	**GHIBERTI**	DRAWBACK	**MAMELOUK**
RABOUGRI	**GIOBERTI**	PLAY-BACK	**CHILLOUK**
HARA-KIRI	DESSERTI	**GRODDECK**	**SIHANOUK**
AL-HARIRI	SUBVERTI	**VAN VLECK**	TOMAHAWK
DAIQUIRI	CONVERTI	**HABENECK**	**ÉLAGABAL**
ENDOLORI	PERVERTI	ROMSTECK	**HANNIBAL**
FUJIMORI	RASSORTI	RUMSTECK	**ADHERBAL**
TANDOORI	RESSORTI	**MOBY DICK**	DÉVERBAL
MURATORI	**TRIMURTI**	LIMERICK	ZODIACAL
SUMOTORI	**PLOIESTI**	**LIMERICK**	STOMACAL
THONBURI	TRAVESTI	JOYSTICK	SYNDICAL
DÉFLEURI	SACRISTI	**CHADWICK**	BEYLICAL
REFLEURI	SAPRISTI	**PICKWICK**	INAMICAL
SILIGURI	**TOLIATTI**	**VAN DIJCK**	TROPICAL
LAPAOURI	CONCETTI	**VLAMINCK**	CLÉRICAL
MISSOURI	CONFETTI	**GREENOCK**	VERTICAL
OUSSOURI	**ROSSETTI**	ACID ROCK	CORTICAL
BISTOURI	**OLIVETTI**	HARD ROCK	CERVICAL
IBÁRRURI	**VANZETTI**	AFRO-ROCK	NÉOLOCAL
APPAUVRI	**GIOLITTI**	**THURROCK**	MÉNISCAL
VARANASI	**GALEOTTI**	JAZZ-ROCK	TOROÏDAL
SULAWESI	**BUSSOTTI**	**BISMARCK**	**DURANDAL**
DESSAISI	**FUNAFUTI**	**DELBRÜCK**	**DURENDAL**
RESSAISI	INABOUTI	**HUNSRÜCK**	**LOWENDAL**

CADOUDAL	GERMINAL	OBJECTAL	POURRIEL
TRACHÉAL	**GERMINAL**	SOCIÉTAL	INERTIEL
PÉRINÉAL	TERMINAL	PARIÉTAL	**FRAENKEL**
MONTRÉAL	**QUIRINAL**	VARIÉTAL	**SCHINKEL**
PARSIFAL	INGUINAL	TRIMÉTAL	BÉCHAMEL
MADRIGAL	AUTOMNAL	NON-MÉTAL	**GOUDIMEL**
WARANGAL	DÉCENNAL	**DARNÉTAL**	HYDROMEL
CONJUGAL	VICENNAL	**AL-AKHTAL**	**PLOËRMEL**
PORTUGAL	TRIENNAL	SOMMITAL	INFORMEL
TAJ MAHAL	DIAGONAL	VICOMTAL	**JOUVENEL**
SÉNÉCHAL	RÉGIONAL	ORIENTAL	ORIGINEL
MARÉCHAL	NATIONAL	**ORIENTAL**	CRIMINEL
MARÉCHAL	RATIONAL	EMMENTAL	SOLENNEL
STENDHAL	CYCLONAL	**EMMENTAL**	SHRAPNEL
ZÉNITHAL	HORMONAL	PARENTAL	MATERNEL
BILABIAL	PATRONAL	PRÉVÔTAL	PATERNEL
OFFICIAL	NEURONAL	SAGITTAL	ARCHIPEL
ABSIDIAL	CANTONAL	AZIMUTAL	ESTOPPEL
PRANDIAL	HIBERNAL	CARNAVAL	**VALMOREL**
BRACHIAL	INFERNAL	**GRANDVAL**	TEMPOREL
FAMILIAL	HIVERNAL	**PERCEVAL**	CORPOREL
BINOMIAL	TRIBUNAL	MÉDIÉVAL	CULTUREL
DOMANIAL	SHOGUNAL	**BONNEVAL**	SULFOSEL
COLONIAL	COMMUNAL	GINGIVAL	**BROUSSEL**
CANONIAL	DROP-GOAL	**BOUGIVAL**	**DUCHÂTEL**
SALARIAL	SYNCOPAL	FESTIVAL	COQUETEL
NOTARIAL	CÉRÉBRAL	**BUZENVAL**	IMMORTEL
IMPÉRIAL	CARCÉRAL	**ARSONVAL**	**LE PORTEL**
PRAIRIAL	VISCÉRAL	**ROBERVAL**	**MORESTEL**
MÉMORIAL	PONDÉRAL	MINERVAL	RÉSIDUEL
ARMORIAL	VESPÉRAL	PRÉFIXAL	**MONTLUEL**
ESCURIAL	URÉTÉRAL	SUFFIXAL	**EMMANUEL**
ABBATIAL	LITTÉRAL	**NEUSIEDL**	**TRÉFOUËL**
PALATIAL	INTÉGRAL	**JUDICAËL**	INACTUEL
COMITIAL	TEMPORAL	**RUISDAEL**	PONCTUEL
SYNOVIAL	CORPORAL	**RUYSDAEL**	HABITUEL
ALLUVIAL	PECTORAL	**FINE GAEL**	ÉVENTUEL
ILLUVIAL	RECTORAL	**MAELWAEL**	BISEXUEL
ISTIQLAL	DOCTORAL	ÉCOLABEL	**BARJAVEL**
EXTRÉMAL	PASTORAL	**SCHNABEL**	**TAUTAVEL**
PROXIMAL	LITTORAL	**SCHNEBEL**	**STŒTZEL**
LACRYMAL	MATORRAL	**PARROCEL**	CHANDAIL
SOO CANAL	SABURRAL	TOP MODEL	ATTIRAIL
MÉTHANAL	THÉÂTRAL	PERMAGEL	MONORAIL
TYMPANAL	SPECTRAL	**SCHLEGEL**	AUTORAIL
DUODÉNAL	ARBITRAL	HYDROGEL	POITRAIL
NOUMÉNAL	MONAURAL	**HERSCHEL**	PONT-RAIL
SURRÉNAL	ÉPIDURAL	**BREUGHEL**	COCKTAIL
VACCINAL	FURFURAL	INDICIEL	ÉVENTAIL
MUSCINAL	NÉORURAL	LUDICIEL	APPAREIL
CARDINAL	PICTURAL	OFFICIEL	CERCUEIL
IMAGINAL	CULTURAL	LOGICIEL	GUIDE-FIL
ORIGINAL	POSTURAL	**ÉZÉCHIEL**	DROIT-FIL
MARGINAL	GUTTURAL	MATÉRIEL	**AL-KHALIL**
VIRGINAL	COLOSSAL	ARTÉRIEL	**LAETOLIL**
MACHINAL	PRÉNATAL	MÉMORIEL	MANGE-MIL
STAMINAL	NÉONATAL	COURRIEL	PILE-POIL

TERNOPIL	BABA COOL	OCKEGHEM	LAVINIUM
ANQUETIL	DIALCOOL	SANTARÉM	MÉCONIUM
CHABEUIL	INTERPOL	VESZPRÉM	POLONIUM
CERFEUIL	TIRASPOL	HEMIKSEM	AMMONIUM
BONNEUIL	SAINT-POL	ZAVENTEM	EUROPIUM
VERNEUIL	GLYCÉROL	MATEFAIM	VÉLARIUM
DUBREUIL	PIGNEROL	OSWIECIM	SOLARIUM
ÉCUREUIL	ESQUIROL	HASSIDIM	SAMARIUM
BRETEUIL	CARBUROL	WALDHEIM	AQUARIUM
NANTEUIL	ENTRESOL	DURKHEIM	VIVARIUM
FAUTEUIL	MOLLISOL	BLENHEIM	POMERIUM
ADLISWIL	VERTISOL	HŒNHEIM	GYNÉRIUM
EGOLZWIL	CORTISOL	MANNHEIM	IMPERIUM
HANDBALL	PALÉOSOL	STROHEIM	CIBORIUM
BASE-BALL	LITHOSOL	HABSHEIM	EMPORIUM
MOTO-BALL	HYDROSOL	MOLSHEIM	BRUTTIUM
SOFTBALL	LIMASSOL	ENTZHEIM	ILLUVIUM
FOOTBALL	COROSSOL	VERBATIM	CYMBALUM
MARSHALL	SORBITOL	MONTCALM	VEXILLUM
PORTSALL	MANNITOL	TÉLÉFILM	SPÉCULUM
FIREWALL	CALL-GIRL	FREDHOLM	COAGULUM
CORNWALL	PRZEMYSL	BORGHOLM	EXTREMUM
CAMPBELL	KWAKIUTL	BORNHOLM	LABDANUM
SABADELL	JEAN-PAUL	PRÊTE-NOM	LAUDANUM
MITCHELL	BELZÉBUL	CATTENOM	DUODÉNUM
BRUMMELL	ISTANBUL	SAINT-NOM	LUGDUNUM
BUSHNELL	LÈCHE-CUL	BABY-BOOM	BADABOUM
O'CONNELL	CASSE-CUL	PAPY-BOOM	KARAKOUM
O' DONNELL	BISAÏEUL	SHOWROOM	AVVAKOUM
WICKSELL	BAILLEUL	ANGSTRÖM	SCHPROUM
CALDWELL	ÉPAGNEUL	ÅNGSTRÖM	KHARTOUM
HOPEWELL	CHEVREUL	MALSTROM	ÉLECTRUM
FAREWELL	CHOISEUL	MALSTROM	NGULTRUM
BOTHWELL	NON-CUMUL	SJÖSTRÖM	AGERATUM
STILWELL	BARNAOUL	BENIDORM	ADIANTUM
CROMWELL	DJAMBOUL	AVARICUM	PSILOTUM
LASSWELL	BOUTHOUL	LINOLÉUM	FACTOTUM
CROSKILL	CAPITOUL	SERAPEUM	HOBSBAWM
MANDRILL	SCHIEDAM	SERAPEUM	BARRABAN
ZANGWILL	SCHIEDAM	LUTÉCIUM	MARTABAN
JOHN BULL	ICE-CREAM	SILICIUM	SEREMBAN
SOLIHULL	SYDENHAM	FRANCIUM	COLOMBAN
PUSH-PULL	MIAM-MIAM	CALADIUM	CULIACÁN
SOUS-PULL	RÉHOBOAM	VANADIUM	ANGLICAN
RAS-LE-BOL	JÉROBOAM	RUBIDIUM	GALLICAN
CACHE-COL	JÉROBOAM	SCANDIUM	PEMMICAN
MONERGOL	CRAMCRAM	TAXODIUM	JERRICAN
HYPERGOL	ONCLE SAM	PATAGIUM	CALOOCAN
RAVACHOL	UNCLE SAM	NOBÉLIUM	JERRYCAN
SCHIPHOL	ASPARTAM	MYCÉLIUM	PEUCÉDAN
KOMSOMOL	BETHLÉEM	THALLIUM	SHERIDAN
CHAMPMOL	MALDEGEM	PSYLLIUM	MUSSIDAN
MÉTHANOL	ZOTTEGEM	PHORMIUM	GÉVAUDAN
DIPHÉNOL	ZWEVEGEM	GÉRANIUM	BLUE-JEAN
ESPAGNOL	ZEDELGEM	SÉLÉNIUM	GROSJEAN
ESPAGNOL	WEVELGEM	HYMÉNIUM	KORDOFAN
TERPINOL	CORBEHEM	ACTINIUM	FLANAGAN

TOBOGGAN	**SUPERMAN**	TUVALUAN	CHASSÉEN
TOBOGGAN	**OMDURMAN**	**TUVULUAN**	NABATÉEN
CARDIGAN	TALISMAN	CORDOUAN	**LONGUÉEN**
MICHIGAN	CROSSMAN	**CORDOUAN**	**ADYGUÉEN**
NELLIGAN	YACHTMAN	**KAIROUAN**	**WIMPFFEN**
HOOLIGAN	**HAUPTMAN**	**MANTOUAN**	**ERLANGEN**
HOOLIGAN	RUGBYMAN	**YANGQUAN**	**SCHENGEN**
KORRIGAN	**KURTZMAN**	**DONG YUAN**	**TÜBINGEN**
NAMANGAN	BUCHANAN	**TONG YUAN**	**SOLINGEN**
DE MORGAN	ARTAGNAN	**LIAOYUAN**	**BERINGEN**
RAMAT GAN	CARIGNAN	**SULLIVAN**	ROENTGEN
BERLUGAN	**MARIGNAN**	**MYINGYAN**	**ROENTGEN**
CHANCHÁN	LUSIGNAN	LIPIZZAN	**STEICHEN**
ÉTAT CHAN	**LÉZIGNAN**	**MESSIAEN**	**GRENCHEN**
HAMADHAN	GNANGNAN	**TODLEBEN**	GROSCHEN
MORBIHAN	**LOCRONAN**	**TOTLEBEN**	**WOU TCHEN**
AGHA KHAN	CHENAPAN	**MULHACÉN**	CHOUCHEN
TANGSHAN	**BELMOPAN**	**DEBRECEN**	**SHENZHEN**
TIAN SHAN	PETER PAN	**CIOTADEN**	BISCAÏEN
LESOTHAN	**ZURBARÁN**	**CASSIDEN**	KAFKAÏEN
SIMA QIAN	TRIMARAN	**IJMUIDEN**	**FÉLIBIEN**
MONDRIAN	**MALIBRAN**	**CULLODEN**	NAMIBIEN
GUDERIAN	TÉLÉCRAN	BIGOUDEN	**NAMIBIEN**
NIGÉRIAN	MAZAGRAN	**BIGOUDEN**	DANUBIEN
NIGÉRIAN	CORMORAN	CARIBÉEN	**REBACIEN**
CHATRIAN	ANDORRAN	**CARIBÉEN**	SÉLACIEN
ASTRAKAN	**ANDORRAN**	**DRANCÉEN**	**FUMACIEN**
ASTRAKAN	TRANTRAN	SADUCÉEN	**CINACIEN**
MILLIKAN	**KHORASAN**	CHALDÉEN	ALSACIEN
BATACLAN	**KHURASAN**	**CHALDÉEN**	**ALSACIEN**
ÉCOBILAN	PARMESAN	**ABERDEEN**	**JOVACIEN**
MAGELLAN	**PARMESAN**	PALUDÉEN	**AJACCIEN**
MOSELLAN	VALAISAN	**LIGUGÉEN**	**ANNECIEN**
MCMILLAN	**VALAISAN**	TRACHÉEN	MAGICIEN
SÉVILLAN	PARTISAN	DÉDALÉEN	LOGICIEN
CORIOLAN	**TRÉVISAN**	GALILÉEN	GALICIEN
RATAPLAN	**DU MERSAN**	**GALILÉEN**	**GALICIEN**
DEMI-PLAN	**GRUISSAN**	CÉRULÉEN	MILICIEN
PLAN-PLAN	VEVEYSAN	**MANAMÉEN**	STOÏCIEN
MONOPLAN	**PELLETAN**	PANAMÉEN	MUSICIEN
TAMERLAN	**COPPÉTAN**	**PANAMÉEN**	OPTICIEN
MAC ORLAN	**SECRÉTAN**	**APPAMÉEN**	**NÉVICIEN**
MAZATLÁN	**XIANGTAN**	**ÉCOMMÉEN**	FRANCIEN
PORTULAN	ARGENTAN	DAHOMÉEN	ARCADIEN
FRIEDMAN	**ARGENTAN**	**DAHOMÉEN**	TCHADIEN
BRIDGMAN	CARENTAN	CANANÉEN	**TCHADIEN**
PERCHMAN	**LA HONTAN**	**CANANÉEN**	AKKADIEN
HARRIMAN	**BARBOTAN**	PYRÉNÉEN	**AKKADIEN**
PERELMAN	CABESTAN	**PYRÉNÉEN**	CANADIEN
MUSULMAN	**GOLESTAN**	**RÉGINÉEN**	**CANADIEN**
CARLOMAN	**LORESTAN**	ANNONÉEN	**RIYADIEN**
PRÉROMAN	**PAKISTAN**	ÉBURNÉEN	COMÉDIEN
SPEARMAN	**GULISTAN**	EUROPÉEN	APHIDIEN
DOBERMAN	**LURISTAN**	**EUROPÉEN**	OPHIDIEN
LEDERMAN	**DONGGUAN**	NAZARÉEN	ACRIDIEN
DAGERMAN	**LINCHUAN**	**NAZARÉEN**	MÉRIDIEN
SUPERMAN	**YINCHUAN**	**LIFFRÉEN**	DAVIDIEN

SCALDIEN	**LIMÉNIEN**	GALÉRIEN	ULISSIEN
PARODIEN	ARMÉNIEN	**VALÉRIEN**	PRUSSIEN
CLAUDIEN	**ARMÉNIEN**	SUMÉRIEN	**PRUSSIEN**
FREUDIEN	SIRÉNIEN	VÉNÉRIEN	VÉNUSIEN
SAOUDIEN	ESSÉNIEN	NÉPÉRIEN	**VÉNUSIEN**
SAOUDIEN	**ÉRAGNIEN**	**ASTÉRIEN**	SINUSIEN
PLÉBÉIEN	SOCINIEN	**GRUÉRIEN**	**CLOYSIEN**
NANCÉIEN	HOMINIEN	**LOVÉRIEN**	**MÉRYSIEN**
BRUNÉIEN	ARMINIEN	**CAZÉRIEN**	**NOVATIEN**
POMPÉIEN	**PAPINIEN**	**LOZÉRIEN**	CAPÉTIEN
PÉLAGIEN	RÉTINIEN	IVOIRIEN	CHRÉTIEN
ATHÉGIEN	**SAVINIEN**	**IVOIRIEN**	**CHRÉTIEN**
SONÉGIEN	**JOVINIEN**	**OZOIRIEN**	TAHITIEN
GÉORGIEN	**LÉDONIEN**	**NABORIEN**	**TAHITIEN**
GÉORGIEN	AUDONIEN	**MAJORIEN**	**POLITIEN**
PHRYGIEN	**AUDONIEN**	COMORIEN	**DOMITIEN**
PHRYGIEN	FILONIEN	**COMORIEN**	VÉNITIEN
TUE-CHIEN	JUNONIEN	**CHAURIEN**	**VÉNITIEN**
HAWAIIEN	NÉRONIEN	**YZEURIEN**	MAINTIEN
HAWAIIEN	HURONIEN	LIGURIEN	ÉGYPTIEN
RÉGALIEN	**CYSONIEN**	**LIGURIEN**	**ÉGYPTIEN**
SOMALIEN	CHTONIEN	SILURIEN	FAUSTIEN
SOMALIEN	**ANTONIEN**	LÉMURIEN	**TONGUIEN**
OURALIEN	ESTONIEN	**ASTURIEN**	**LEZGUIEN**
MYCÉLIEN	**ESTONIEN**	ILLYRIEN	IRAQUIEN
HÉGÉLIEN	OTTONIEN	**ILLYRIEN**	**IRAQUIEN**
SAHÉLIEN	DÉVONIEN	ASSYRIEN	**OCTAVIEN**
CARÉLIEN	AMARNIEN	**ASSYRIEN**	BOLIVIEN
AURÉLIEN	BROWNIEN	LILASIEN	**BOLIVIEN**
VÉZELIEN	CÉGÉPIEN	EURASIEN	**ARGOVIEN**
SICILIEN	ŒDIPIEN	**EURASIEN**	**CATOVIEN**
SICILIEN	OULIPIEN	SALÉSIEN	**LAXOVIEN**
QUELLIEN	OLYMPIEN	SILÉSIEN	**LEXOVIEN**
GAULLIEN	SAHARIEN	**SILÉSIEN**	**LUXOVIEN**
SABOLIEN	**SAHARIEN**	ARLÉSIEN	DILUVIEN
VINOLIEN	**ANKARIEN**	**ARLÉSIEN**	PÉRUVIEN
TYROLIEN	**CANARIEN**	**GENÉSIEN**	**PÉRUVIEN**
TYROLIEN	**LUPARIEN**	CAPÉSIEN	**FORÉZIEN**
SÉOULIEN	**TARARIEN**	**TÉRÉSIEN**	**BÉLIZIEN**
VÉSULIEN	AGRARIEN	**CATÉSIEN**	**VÉLIZIEN**
ROTULIEN	CÉSARIEN	**APTÉSIEN**	HERTZIEN
BAHAMIEN	**QATARIEN**	ARTÉSIEN	**MULLIKEN**
PANAMIEN	**ONTARIEN**	**ARTÉSIEN**	**MECHELEN**
PANAMIEN	CAMBRIEN	**LOUÉSIEN**	**VAN ALLEN**
BOHÉMIEN	**COUDRIEN**	**ARCISIEN**	**CAPELLEN**
MAXIMIEN	LIBÉRIEN	**SALISIEN**	**KAPELLEN**
JÉRÔMIEN	**LIBÉRIEN**	**AUNISIEN**	**STEINLEN**
OCÉANIEN	SIBÉRIEN	TUNISIEN	CYCLAMEN
OCÉANIEN	**SIBÉRIEN**	**TUNISIEN**	CLINAMEN
GUYANIEN	**NUCÉRIEN**	**CROISIEN**	RÉEXAMEN
RUBÉNIEN	LIGÉRIEN	**YVOISIEN**	**EUSKEMEN**
PACÉNIEN	**LIGÉRIEN**	**BARISIEN**	SPÉCIMEN
ANCENIEN	NIGÉRIEN	PARISIEN	**NEWCOMEN**
MYCÉNIEN	**NIGÉRIEN**	**PARISIEN**	SUPERMEN
MYCÉNIEN	ALGÉRIEN	**LÉVISIEN**	CROSSMEN
ATHÉNIEN	**ALGÉRIEN**	**JUVISIEN**	YACHTMEN
ATHÉNIEN	**ANGÉRIEN**	**NICOSIEN**	RUGBYMEN

SAARINEN	TIBÉTAIN	SÉRAPHIN	CISALPIN
KEKKONEN	**TIBÉTAIN**	**HAUT-RHIN**	ESCARPIN
LIPPONEN	**MURÉTAIN**	**CHONGJIN**	**TURLUPIN**
WETTEREN	**MARITAIN**	**PATINKIN**	MANDARIN
CHÉPHREN	PURITAIN	**ZWORYKIN**	**RAFFARIN**
KHEPHREN	LUSITAIN	CROMALIN	**GASPARIN**
NICHIREN	LUSITAIN	CHEVALIN	TARTARIN
VAN BUREN	AQUITAIN	**KOSZALIN**	**TARTARIN**
TERVUREN	**AQUITAIN**	GUESCLIN	CRINCRIN
JACOBSEN	**VOULTAIN**	**ROSCELIN**	FLANDRIN
AMUNDSEN	PLANTAIN	**MICHELIN**	**FLANDRIN**
SHAMISEN	TRENTAIN	ORPHELIN	GORGERIN
SØRENSEN	LOINTAIN	**TROMELIN**	VACHERIN
ANDERSEN	**BRATTAIN**	ZEPPELIN	**BELLERIN**
GUERTSEN	**BROUTAIN**	**ZEPPELIN**	**PELLERIN**
SCHUITEN	ÉCRIVAIN	FIFRELIN	**GARNERIN**
SCHOUTEN	**BARALBIN**	**JOSSELIN**	**COUPERIN**
WELHAVEN	ROSALBIN	MANUÉLIN	TISSERIN
NEW HAVEN	COLOMBIN	JAQUELIN	PULVÉRIN
NEWHAVEN	CONCUBIN	**COQUELIN**	ROUVERIN
PONT-AVEN	CHÉRUBIN	**POQUELIN**	**SCHWERIN**
LESNEVEN	**CHÉRUBIN**	**WÖLFFLIN**	**GEOFFRIN**
ZONHOVEN	CLAVECIN	GLINGLIN	PÉRÉGRIN
BISCAYEN	**SZCZECIN**	**KŒCHLIN**	**CHALGRIN**
JAN MAYEN	MÜSCADIN	**REUCHLIN**	**ISENGRIN**
BERNAYEN	GRENADIN	INQUILIN	**YSENGRIN**
GRANBYEN	**GRENADIN**	**ESQUILIN**	**SANTORIN**
NIAMÉYEN	**CONRADIN**	**FRANKLIN**	**COINTRIN**
WASSEYEN	ALMANDIN	**MEDELLÍN**	MATHURIN
VAN GOYEN	LAVANDIN	VITELLIN	PURPURIN
BRUNOYEN	RAGONDIN	TEFILLIN	SARRASIN
CHOISYEN	GIRONDIN	SIBYLLIN	**NARAM-SIN**
SIEGBAHN	**GIRONDIN**	**PFLIMLIN**	ORGANSIN
AFRICAIN	**FICARDIN**	FRIDOLIN	**ALFONSÍN**
AFRICAIN	**DUJARDIN**	PANGOLIN	MOCASSIN
MEXICAIN	**LE LARDIN**	ZINZOLIN	**AUCASSIN**
MEXICAIN	**GIRARDIN**	TREMPLIN	CARASSIN
MAROCAIN	**GIVORDIN**	ESTERLIN	ASSASSIN
MAROCAIN	**RENAUDIN**	MASCULIN	**DOUESSIN**
BOURCAIN	**POYAUDIN**	**DUMOULIN**	**PÉLUSSIN**
JOURDAIN	**SINN FÉIN**	**BERGAMÍN**	BROUSSIN
PONT-D'AIN	**MOULMEIN**	BENJAMIN	**T'IEN-TSIN**
BOURGAIN	**KUFSTEIN**	**BENJAMIN**	ARGOUSIN
PROCHAIN	**HOLSTEIN**	MI-CHEMIN	LIMOUSIN
BOUCHAIN	**MANSTEIN**	**VILLEMIN**	**LIMOUSIN**
GUILLAIN	**EINSTEIN**	**LI SHIMIN**	**BRÉHATIN**
SOUS-MAIN	**WINSTEIN**	SATURNIN	PRÉLATIN
PONTMAIN	**KIRSTEIN**	**SATURNIN**	CADRATIN
EASTMAIN	EXTRAFIN	COIN-COIN	**BERRATIN**
INHUMAIN	AIGLEFIN	SAINFOIN	**KEEWATIN**
RIVERAIN	AIGREFIN	**RICHEPIN**	**FELLETIN**
SUZERAIN	SUPERFIN	**VILLEPIN**	BULLETIN
NOURRAIN	SAUVAGIN	**MONTÉPIN**	CASSETIN
QUATRAIN	FRAÎCHIN	PITCHPIN	ROQUETIN
PIÉTRAIN	BRIOCHIN	SUBALPIN	ENFANTIN
INDURÁIN	**BRIOCHIN**	PRÉALPIN	**ENFANTIN**
NAISSAIN	**GUERCHIN**	**CÉSALPIN**	GALANTIN

PALANTIN	**BÉHANZIN**	PANTHÉON	GRIMPION
LAMANTIN	**PRATTELN**	**PANTHÉON**	SCORPION
LEVANTIN	**GOLDMANN**	CAMÉLÉON	**SCORPION**
LEVANTIN	**TELEMANN**	**TIMOLÉON**	CROUPION
BYZANTIN	**HOFFMANN**	NAPOLÉON	**HILARION**
BYZANTIN	**BACHMANN**	**NAPOLÉON**	HISTRION
VICENTIN	**EICHMANN**	**ANACRÉON**	DÉCURION
ARGENTIN	**BECKMANN**	GLUCAGON	OCCASION
ARGENTIN	**ERCKMANN**	**AILLAGON**	ABRASION
VALENTIN	**KUHLMANN**	HARPAGON	INVASION
VALENTIN	**RUHLMANN**	**HARPAGON**	ADHÉSION
LAMENTIN	**GELL-MANN**	ESTRAGON	COHÉSION
BARENTIN	**CULLMANN**	MARTAGON	DÉCISION
TARENTIN	**HELPMANN**	VESSIGON	INCISION
COTENTIN	LIPPMANN	PARANGON	EXCISION
BISONTIN	**BIERMANN**	**VALDAHON**	DÉRISION
BISONTIN	**HERRMANN**	**MAC-MAHON**	RÉVISION
BARBOTIN	WEISMANN	**ARCACHON**	DIVISION
TURBOTIN	**BULTMANN**	**DORACHON**	ÉMULSION
CHICOTIN	**HARTMANN**	PATACHON	AVULSION
BISCOTIN	**RITTMANN**	PÂLICHON	SCANSION
BALLOTIN	**SCHUMANN**	FOLICHON	ÉCLOSION
LIBERTIN	**WEIZMANN**	BÉNICHON	ÉMERSION
ALBERTIN	**MALEGAON**	BONICHON	AVERSION
HUBERTIN	**BHATGAON**	**LE PICHON**	ÉVERSION
MAMERTIN	**VILLEBON**	**PATICHON**	PRESSION
LEVERTIN	**TJIREBON**	BLANCHON	SCISSION
CÉLESTIN	**CASAUBON**	**PLANCHON**	ÉMISSION
CÉLESTIN	MALFAÇON	CABOCHON	OMISSION
INTESTIN	OSTRACON	POLOCHON	**T'AO TS'ION**
AUGUSTIN	**STILICON**	FOURCHON	RÉFUSION
AUGUSTIN	SALPICON	**ROBUCHON**	EFFUSION
BAUDOUIN	**HIMILCON**	BALUCHON	INFUSION
CHAFOUIN	**BRIANÇON**	CAPUCHON	ALLUSION
PINGOUIN	PALANÇON	**PROUDHON**	ILLUSION
MARSOUIN	**ARMANÇON**	**XÉNOPHON**	LIBATION
TINTOUIN	JURANÇON	MARATHON	VACATION
CASAQUIN	**JURANÇON**	**MARATHON**	LOCATION
ARLEQUIN	**BESANÇON**	**MANÉTHON**	VOCATION
ARLEQUIN	ÉCOINÇON	**ASUNCIÓN**	SÉDATION
RAMEQUIN	**TARASCON**	CALADION	NIDATION
JANEQUIN	**POSÉIDON**	**CHLODION**	SUDATION
FRANQUIN	MIRMIDON	TROUFION	IDÉATION
MAROQUIN	MYRMIDON	RELIGION	CRÉATION
FRUSQUIN	GUÉRIDON	**ESPALION**	LÉGATION
TRUSQUIN	BASTIDON	**AFTALION**	NÉGATION
LIE-DE-VIN	**BASILDON**	TRUBLION	AVIATION
POT-DE-VIN	**LACANDON**	GANGLION	ABLATION
LANGEVIN	CORINDON	**IRÁKLION**	OBLATION
POITEVIN	TÉTRODON	TRILLION	DÉLATION
POITEVIN	**DEPARDON**	ACROMION	RELATION
TASTE-VIN	**GIRARDON**	PHORMION	HIMATION
LÉGUEVIN	**LE VERDON**	ENDYMION	AGNATION
CHINDWIN	RIGAUDON	**ENDYMION**	DONATION
GERSHWIN	BADIGEON	DOMINION	AÉRATION
LIMOUXIN	PLONGEON	DÉSUNION	GIRATION
SARRAZIN	BOURGEON	CHAMPION	DATATION

NATATION	GONFALON	**MARTINON**	FENAISON
CITATION	PANTALON	**COUESNON**	VENAISON
COTATION	**PANTALON**	ÉPIPLOON	LUNAISON
DOTATION	TROMBLON	**LE TAMPON**	PARAISON
NOTATION	**ASHKELON**	MASCARON	DÉRAISON
ROTATION	CHAMELON	**MASCARON**	VÉRAISON
VOTATION	**ASHQELON**	FANFARON	NOUAISON
MUTATION	CAQUELON	**MONTBRON**	CUVAISON
NUTATION	**MIQUELON**	**MOUSCRON**	TRAHISON
ÉQUATION	FLONFLON	ESCADRON	GARNISON
NOVATION	BIATHLON	CHAUDRON	PÂMOISON
TAXATION	**TASSILON**	**QUIBERON**	GUÉRISON
VEXATION	GRAILLON	LAIDERON	**HARRISON**
FIXATION	**MABILLON**	**CALDERÓN**	**MORRISON**
LUXATION	**FOCILLON**	ÉRIGÉRON	ÉCHANSON
RÉACTION	MODILLON	VANGERON	**ARGENSON**
INACTION	ARDILLON	VENGERON	**BERENSON**
FRACTION	OREILLON	LONGERON	**ROBINSON**
TRACTION	SÉMILLON	**BERGERON**	**BJØRNSON**
EXACTION	**ROMILLON**	FORGERON	**THOMPSON**
ÉJECTION	MANILLON	TÂCHERON	**ANDERSON**
ÉLECTION	VANILLON	SÉCHERON	**GRIERSON**
ÉRECTION	PAPILLON	**APCHÉRON**	**PATERSON**
FRICTION	CARILLON	BÛCHERON	**PETERSON**
ÉVICTION	**CARILLON**	VIGNERON	**MEYERSON**
SANCTION	**FORILLON**	CHAPERON	CANASSON
FONCTION	MORILLON	NAPPERON	**ÉRICSSON**
JONCTION	DURILLON	GRATERON	**ORMESSON**
PONCTION	OISILLON	LAITERON	**RADISSON**
SUJÉTION	TATILLON	**SISTERON**	CALISSON
DÉLÉTION	**PÉTILLON**	DEUTÉRON	PALISSON
AMBITION	COTILLON	COQUERON	SALISSON
ADDITION	BOUILLON	CHIPIRON	POLISSON
SÉDITION	**BOUILLON**	ALIBORON	HÉRISSON
AUDITION	COUILLON	OXYMORON	PÂTISSON
VOLITION	MOUILLON	**DU PERRON**	**DAVISSON**
IGNITION	**POUILLON**	BÊTATRON	**CARLSSON**
FINITION	SOUILLON	ÉLECTRON	CHAUSSON
MONITION	PAVILLON	POCHTRON	**CHAUSSON**
PUNITION	**PAVILLON**	IGNITRON	**AUBUSSON**
POSITION	TAVILLON	POSITRON	**STRAWSON**
PÉTITION	NAZILLON	KÉNOTRON	**TENNYSON**
FRUITION	**MOGOLLON**	PLASTRON	**SHERATON**
DÉVOTION	POULAMON	KLYSTRON	PLANCTON
ADOPTION	**KAKIEMON**	DIAPASON	MICHETON
ÉRUPTION	**PHILÉMON**	INFRASON	SKELETON
QUESTION	PHLEGMON	ULTRASON	MOLLETON
LOCUTION	GIRAUMON	**JAKOBSON**	**APPLETON**
ABLUTION	GONFANON	**DAVIDSON**	**CARLETON**
DILUTION	TYMPANON	**GRANDSON**	FROMETON
SOLUTION	ESTAGNON	BANDE-SON	MAGNÉTON
PARUTION	SALIGNON	ÉPIAISON	BANNETON
GIRAVION	LUMIGNON	CALAISON	HANNETON
ALLUVION	**VARIGNON**	SALAISON	PANNETON
ANNEXION	**PÉRIGNON**	TOMAISON	HOQUETON
DIETIKON	**MATIGNON**	FUMAISON	GRIVETON
WETZIKON	**GUEUGNON**	FANAISON	GRIFFTON

BRIGHTON	PINATUBO	DOVJENKO	SOMBRERO
LAUGHTON	ANGELICO	LYSSENKO	ZAPATERO
BILLITON	COCORICO	ANTIHALO	SALENGRO
MIRLITON	ACAPULCO	TCHAPALO	BARREIRO
MARMITON	BARRANCO	MÉLI-MÉLO	POLIDORO
GRAVITON	FLAMENCO	EX NIHILO	RÍO DE ORO
STOCKTON	MAGNASCO	SANGALLO	VANIKORO
HAMILTON	OSSO-BUCO	GARGALLO	PISSARRO
SCRANTON	ALVARADO	MARCELLO	CHAMORRO
ARGENTON	ELDORADO	TORCELLO	MAFFIOSO
ARGENTON	ELDORADO	BANDELLO	LOMBROSO
VALENTON	COLORADO	BARGELLO	EXPRESSO
EDMONTON	HOKKAIDO	CAPPELLO	STACCATO
ESPONTON	GESUALDO	CAUDILLO	OSTINATO
MIRONTON	COMMANDO	TRUJILLO	MODERATO
BRAMPTON	TRABENDO	AMARILLO	IRAPUATO
CRAMPTON	BELMONDO	CARRILLO	GROSSETO
KINGSTON	LOMBARDO	SALTILLO	HIROHITO
SHORT TON	ESAKI LEO	CASTILLO	MOSQUITO
DICARYON	BETSILÉO	WESTERLO	PALO ALTO
LONGUYON	SOLIDAGO	SÃO PAULO	BEL CANTO
BARBIZON	SANTIAGO	GERONIMO	LAC MINTO
PITCAIRN	SARAMAGO	HAAVELMO	RÍO TINTO
DEARBORN	TOUT DE GO	ECCE HOMO	YAMAMOTO
HAGEDORN	SAN DIEGO	YORITOMO	KUMAMOTO
COEHOORN	ALTER EGO	PONTORMO	MINAMOTO
CHADBURN	VITILIGO	GIORDANO	POTO-POTO
BHADGAUN	MOCENIGO	MARCIANO	IN-QUARTO
DEHRA DUN	IMPÉTIGO	GIULIANO	CONCERTO
SAVERDUN	FANDANGO	BELGRANO	CALLISTO
LIVERDUN	CHARANGO	CHISSANO	KOIVISTO
ISSOUDUN	GASPACHO	BRENTANO	TERZETTO
DUCOMMUN	AYACUCHO	ORISTANO	ZANZOTTO
PITCHOUN	RIMAILHO	VIGEVANO	LAVE-AUTO
SCHAROUN	MUQDISHO	CASTAGNO	CONTINUO
CAMEROUN	LÊ DUC THO	PIOMBINO	STATU QUO
PACHTOUN	MASACCIO	AL PACINO	GUO MORUO
HOMESPUN	LIBECCIO	BORODINO	RÍO BRAVO
IMPORTUN	BACICCIO	OTO-RHINO	IN-OCTAVO
OPPORTUN	BAROCCIO	AVELLINO	SARAJEVO
BEHISTUN	PALLADIO	MASOLINO	BALAKOVO
QUELQU'UN	KUROSHIO	CALEPINO	KUMANOVO
FREETOWN	BADOGLIO	PILIPINO	KEMEROVO
CAPE TOWN	FENOGLIO	TÉNORINO	KISMAAYO
YORKTOWN	VECELLIO	NEUTRINO	HUANCAYO
BROOKLYN	SCÉNARIO	TRISSINO	CHICLAYO
MARANHÃO	ORATORIO	BRONZINO	BULAWAYO
EL CALLAO	FANTASIO	GUÉHENNO	HANDICAP
MINDANAO	SEX-RATIO	KAKEMONO	WALSCHAP
SHANGRAO	LE CLÉZIO	MAKIMONO	BALL-TRAP
TS'ING-TAO	ALENTEJO	SOEKARNO	TONLÉ SAP
HU JINTAO	OBASANJO	WATERLOO	TOWNSHIP
DONIAMBO	KOUO MO-JO	SU DONGPO	AVERCAMP
COQUIMBO	SANJURJO	CHEMULPO	GUINGAMP
SALAMMBÔ	GRETCHKO	AVOGADRO	RONCHAMP
AKOSOMBO	GLOUCHKO	SAN PEDRO	OOSTKAMP
CARABOBO	RÉBÉTIKO	ESCUDERO	FREE-SHOP

AGIT-PROP	RETOMBER	HYBRIDER	ACCOUDER
AUTO-STOP	ENGLOBER	PRÉSIDER	EXTRUDER
BEAUCOUP	ENGERBER	OUTSIDER	ÉNUCLÉER
PARELOUP	ENHERBER	LIQUIDER	SUPPLÉER
SVERDRUP	ABSORBER	RENVIDER	DÉLINÉER
ZIA UL-HAQ	ADSORBER	**LE HELDER**	PROCRÉER
KUUJJUAQ	RÉSORBER	**INHELDER**	CONGRÉER
LE RELECQ	RADOUBER	**DEMOLDER**	MAUGRÉER
AUDRUICQ	PRÉFACER	DÉBANDER	DÉGRAFER
MILLIBAR	SURFACER	**OSIANDER**	MÂCHEFER
ZANZIBAR	DÉGLACER	**XYLANDER**	ENTREFER
ZANZIBAR	VIOLACER	DEMANDER	BRISE-FER
SNACK-BAR	DÉPLACER	TRUANDER	DÉBIFFER
PIANO-BAR	REPLACER	LÉGENDER	REBIFFER
STOCK-CAR	GRIMACER	RAMENDER	AGRIFFER
HAMILCAR	**BERNÁCER**	SCHINDER	**SCHÖFFER**
SCOUT-CAR	RETRACER	DÉBONDER	CHAUFFER
PAVLODAR	RAPIÉCER	FÉCONDER	ÉTOUFFER
HOSPODAR	CLAMECER	SECONDER	SPIRIFER
GOODYEAR	CAPRICER	REFONDER	HERBAGER
ITANAGAR	MATRICER	INFÉODER	SACCAGER
SRINAGAR	BALANCER	REBRODER	RENGAGER
JAMNAGAR	RELANCER	**SCHRÖDER**	PACKAGER
AGAR-AGAR	ROMANCER	CORRODER	ÉTALAGER
KANDAHAR	FINANCER	DÉBARDER	SOULAGER
QANDAHAR	DEVANCER	JOBARDER	FROMAGER
ANTICHAR	CADENCER	CACARDER	TEEN-AGER
PUTIPHAR	DÉFONCER	BOCARDER	AMÉNAGER
NÉNUPHAR	ENFONCER	CAFARDER	**SRINAGER**
FARQUHAR	ENGONCER	REGARDER	SURNAGER
EL-HADJAR	SEMONCER	CANARDER	PROPAGER
KYZYLJAR	DÉNONCER	HASARDER	OMBRAGER
CELLULAR	RENONCER	MUSARDER	OUTRAGER
VALDEMAR	ANNONCER	RETARDER	OUVRAGER
COQUEMAR	REPERCER	ATTARDER	PRÉSAGER
AVENZOAR	DÉFORCER	BAVARDER	PASSAGER
DENPASAR	EFFORCER	BAZARDER	MESSAGER
MACASSAR	DIVORCER	LÉZARDER	**MESSAGER**
MACASSAR	IMMISCER	DÉMERDER	PAYSAGER
MAKASSAR	GAMBADER	EMMERDER	PARTAGER
AMRITSAR	SACCADER	SABORDER	ENNUAGER
RACONTAR	CASCADER	DÉBORDER	ASSIÉGER
COLCOTAR	POMMADER	REBORDER	PROTÉGER
COUGOUAR	GRENADER	ACCORDER	**HONEGGER**
CULTIVAR	DÉGRADER	DÉCORDER	**ROSEGGER**
TEMESVÁR	EXTRADER	RECORDER	DÉNEIGER
KAPOSVÁR	TORSADER	ENCORDER	RENEIGER
PESHAWAR	SUCCÉDER	RIBAUDER	ENNEIGER
KALA-AZAR	PRÉCÉDER	BADAUDER	**SCALIGER**
CORTÁZAR	CONCÉDER	BÉGAUDER	AFFLIGER
BANI SADR	PROCÉDER	ÉCHAUDER	INFLIGER
PROHIBER	POSSÉDER	RENAUDER	NÉGLIGER
PRÉLIBER	SUICIDER	MINAUDER	COLLIGER
ENJAMBER	ÉLUCIDER	MARAUDER	CORRIGER
REGIMBER	TRUCIDER	TARAUDER	VOLTIGER
INCOMBER	TRÉPIDER	RAVAUDER	FUSTIGER
APLOMBER	DÉBRIDER	PRÉLUDER	**LUSTIGER**

VIDANGER	AGUICHER	EXPÉDIER	RÂTELIER
ÉCHANGER	FLANCHER	ALANDIER	HÔTELIER
BÉLANGER	PLANCHER	AMANDIER	MANGLIER
MÉLANGER	AMANCHER	**GRANDIER**	SANGLIER
ERLANGER	ÉPANCHER	BUANDIER	MOBILIER
DÉMANGER	BRANCHER	PARODIER	AFFILIER
REMANGER	TRANCHER	TAXODIER	FAMILIER
BÉRANGER	ÉTANCHER	PALUDIER	HUMILIER
DÉRANGER	GUINCHER	RÉPUDIER	RÉSILIER
SPRANGER	BRONCHER	**NEUMEIER**	FUSILIER
ARRANGER	BRUNCHER	ESTAFIER	DÉFOLIER
ÉTRANGER	DÉCOCHER	COKÉFIER	EXFOLIER
LOUANGER	RICOCHER	TUMÉFIER	PAROLIER
BÉRENGER	ENCOCHER	RARÉFIER	REMPLIER
SALINGER	TALOCHER	GREFFIER	TEMPLIER
SPRINGER	FILOCHER	**GOUFFIER**	SUPPLIER
ALLONGER	EMPOCHER	TRUFFIER	PEUPLIER
HORLOGER	DÉROCHER	PACIFIER	**CHARLIER**
SUBROGER	ENROCHER	NIDIFIER	FÉCULIER
PROROGER	CHERCHER	CODIFIER	SÉCULIER
ENFARGER	ÉCORCHER	MODIFIER	RÉGULIER
HÉBERGER	FOURCHER	SALIFIER	PILULIER
GOBERGER	**MIESCHER**	GÉLIFIER	**RÉCAMIER**
IMMERGER	**GENSCHER**	RAMIFIER	BADAMIER
ASPERGER	PINSCHER	MOMIFIER	LÉGUMIER
DÉTERGER	HERSCHER	NANIFIER	RUBANIER
DIVERGER	**THATCHER**	PANIFIER	PACANIER
DUVERGER	**FLETCHER**	LÉNIFIER	ARGANIER
DÉGORGER	SCOTCHER	VINIFIER	REMANIER
REGORGER	ÉBAUCHER	BONIFIER	BANANIER
ENGORGER	DÉBUCHER	TONIFIER	CASANIER
EXPURGER	DÉJUCHER	VÉRIFIER	LATANIER
INSURGER	PELUCHER	PURIFIER	DOUANIER
DÉJAUGER	ÉPLUCHER	OSSIFIER	INGÉNIER
PATAUGER	ABOUCHER	GÂTIFIER	**PATENIER**
PRÉJUGER	PARAPHER	RATIFIER	**REIGNIER**
RABÂCHER	**GALIBIER**	BÊTIFIER	GUIGNIER
DÉBÂCHER	PLOMBIER	NOTIFIER	**SANGNIER**
RELÂCHER	**L'HERBIER**	VIVIFIER	**TERGNIER**
REMÂCHER	BOURBIER	COCUFIER	CHAÎNIER
PANACHER	TOURBIER	RÉFUGIER	GRAINIER
ARRACHER	JUJUBIER	**FLÉCHIER**	ROBINIER
ENSACHER	FOUACIER	CONCHIER	SALINIER
DÉTACHER	OFFICIER	**BERTHIER**	**GÉLINIER**
ENTACHER	POLICIER	KAPOKIER	MARINIER
ATTACHER	TUNICIER	LOCALIER	RÉSINIER
GOUACHER	NUANCIER	ESCALIER	MATINIER
ALLÉCHER	PRINCIER	PÉDALIER	POTINIER
DÉPÊCHER	NÉGOCIER	ÉCHALIER	**MAULNIER**
REPÊCHER	ASSOCIER	ESPALIER	PIONNIER
EMPÊCHER	SOURCIER	CAVALIER	ACCONIER
ÉBRÉCHER	PEAUCIER	**CAVALIER**	TIMONIER
ASSÉCHER	**DALADIER**	**DUVALIER**	AUMÔNIER
AFFICHER	SALADIER	BOUCLIER	ANNONIER
ENFICHER	**RAMADIER**	ÉCHELIER	PÉRONIER
DÉNICHER	IRRADIER	OISELIER	CHARNIER
ENTICHER	REMÉDIER	BATELIER	**FOURNIER**

TOURNIER	BÊTISIER	ICAQUIER	RENIFLER
PLISNIER	**LE GOSIER**	VRAQUIER	DÉRÉGLER
TULIPIER	BOURSIER	JACQUIER	**SPENGLER**
ÉQUIPIER	COURSIER	CHÉQUIER	ÉPINGLER
RECOPIER	CRASSIER	ARÉQUIER	TRINGLER
HOUPPIER	QUASSIER	BANQUIER	AVEUGLER
POURPIER	**CRESSIER**	PARQUIER	**STREHLER**
CROUPIER	BAISSIER	**PASQUIER**	TRÉFILER
TROUPIER	CAISSIER	OCTAVIER	RENFILER
POLYPIER	**TEISSIER**	GOYAVIER	PROFILER
GABARIER	HUISSIER	**ELSEVIER**	PARFILER
CIGARIER	BROSSIER	**ELZEVIER**	SURFILER
SALARIER	GROSSIER	**OLLIVIER**	FAUFILER
DÉMARIER	HAUSSIER	**DUVIVIER**	ENTOILER
REMARIER	POUSSIER	LIXIVIER	DÉVOILER
DÉPARIER	ÉCLUSIER	ÉPERVIER	REMPILER
APPARIER	**SÉRUSIER**	BRONZIER	COMPILER
CHABRIER	SABATIER	**VAN ACKER**	VENTILER
MARBRIER	ALFATIER	**HONECKER**	DÉBALLER
CENDRIER	RÉGATIER	**BAEDEKER**	EMBALLER
BAUDRIER	KOLATIER	RELOOKER	PIS-ALLER
COUDRIER	CAFETIER	SURJALER	REBELLER
POUDRIER	**PELETIER**	SIGNALER	LIBELLER
CAMÉRIER	GILETIER	DESSALER	EXCELLER
GAUFRIER	MULETIER	CHEVALER	ÉCAILLER
ŒUFRIER	PANETIER	ACCABLER	ÉGAILLER
EXCORIER	LUNETIER	ENSABLER	PIAILLER
COLORIER	PAPETIER	ENTABLER	ÉMAILLER
ARMORIER	SAVETIER	ATTABLER	BRAILLER
CHARRIER	BUVETIER	DRIBBLER	CRAILLER
CHARRIER	DOIGTIER	TREMBLER	ÉRAILLER
PIERRIER	BÉNITIER	AFFUBLER	GRAILLER
GUERRIER	DROITIER	TROUBLER	BABILLER
BEURRIER	HÉRITIER	DÉBÂCLER	HABILLER
COURRIER	**HÉRITIER**	RENÂCLER	VACILLER
FOURRIER	FRUITIER	RECYCLER	OSCILLER
PLÂTRIER	**GAULTIER**	**CHANDLER**	GODILLER
HUÎTRIER	CHANTIER	HARCELER	ABEILLER
VON TRIER	SABOTIER	MORCELER	OREILLER
DESTRIER	COCOTIER	CONGELER	ÉVEILLER
FAUTRIER	FAGOTIER	SURGELER	**SCHILLER**
ORDURIER	ARGOTIER	NICKELER	SÉMILLER
INJURIER	ÉCHOTIER	POMMELER	THRILLER
ARMURIER	CANOTIER	GRUMELER	ÉTRILLER
PARURIER	MINOTIER	CRÉNELER	NASILLER
SÉRURIER	SAPOTIER	GRENELER	FUSILLER
ROTURIER	**CHARTIER**	RAPPELER	PÉTILLER
CHEVRIER	QUARTIER	CARRELER	VÉTILLER
POIVRIER	COURTIER	CORRÉLER	TITILLER
PHRASIER	MOUSTIER	BOSSELER	OUTILLER
EXTASIER	PSAUTIER	PANTELER	DOUILLER
CHAISIER	ÉMEUTIER	DENTELER	FOUILLER
FRAISIER	MINUTIER	MARTELER	HOUILLER
BALISIER	ÉGOUTIER	**KETTELER**	MOUILLER
REMISIER	MORUTIER	BOTTELER	ROUILLER
CERISIER	**TRÉGUIER**	CAUTELER	SOUILLER
MERISIER	MANGUIER	SOUFFLER	TOUILLER

DÉCOLLER	SPORULER	EMPLUMER	JARDINER
RECOLLER	CAPSULER	EMBRUMER	**KARDINER**
ENCOLLER	POSTULER	SUBSUMER	BOUDINER
ÉBRANLER	**WAT TYLER**	PRÉSUMER	**SCHEINER**
BRICOLER	DIFFAMER	CONSUMER	RAFFINER
TRICOLER	ACCLAMER	COSTUMER	CONFINER
GONDOLER	DÉCLAMER	HAUBANER	IMAGINER
AURÉOLER	RÉCLAMER	CHICANER	MARGINER
RAFFOLER	EXCLAMER	CANCANER	MACHINER
BARIOLER	RENTAMER	BOUCANER	PRALINER
FORMOLER	DOUX-AMER	PROFANER	DÉCLINER
FIGNOLER	**GUYNEMER**	TRÉPANER	INCLINER
SOMNOLER	OUTRE-MER	SAFRANER	EYE-LINER
CONSOLER	OUTREMER	SYLVANER	MOULINER
DESSOLER	PARSEMER	FORCENER	POULINER
RISSOLER	BESSEMER	KRÜDENER	EXAMINER
CONVOLER	**BESSEMER**	OXYGÉNER	CHEMINER
SURVOLER	RESSEMER	MALMENER	ÉLIMINER
DÉCUPLER	MÔN-KHMER	REMMENER	CULMINER
NONUPLER	ESSAIMER	PROMENER	FULMINER
OCTUPLER	**GORDIMER**	SURMENER	ABOMINER
DÉPARLER	SUBLIMER	RÉFRÉNER	TERMINER
REPARLER	RÉANIMER	ENGRENER	ALUMINER
DÉFERLER	ESCRIMER	**RIESENER**	ÉPÉPINER
EMPERLER	DÉPRIMER	ACCAGNER	CLOPINER
KREISLER	RÉPRIMER	REGAGNER	JASPINER
GEISSLER	IMPRIMER	ESBIGNER	TOUPINER
KOESTLER	OPPRIMER	INDIGNER	AMARINER
WHISTLER	EXPRIMER	ÉLOIGNER	VOISINER
ÉJACULER	VICTIMER	DESIGNER	CUISINER
SPÉCULER	**MORTIMER**	DÉSIGNER	BASSINER
CALCULER	EMPALMER	RÉSIGNER	DESSINER
FLOCULER	DÉGOMMER	COSIGNER	COUSINER
INOCULER	ENGOMMER	ASSIGNER	**PRUSINER**
CIRCULER	DÉNOMMER	DÉGOGNER	PLATINER
BASCULER	RENOMMER	BESOGNER	AMATINER
ACIDULER	ASSOMMER	ÉPARGNER	GRATINER
PENDULER	SLALOMER	ÉBORGNER	OUATINER
ÉGUEULER	DIPLÔMER	RÉPUGNER	PIÉTINER
COAGULER	DÉSARMER	IMPUGNER	COLTINER
PULLULER	REFERMER	**KIRCHNER**	CANTINER
TRÉMULER	AFFERMER	**KOUCHNER**	TONTINER
STIMULER	ENFERMER	DÉGAINER	TARTINER
FORMULER	DÉGERMER	ENGAINER	OBSTINER
GRANULER	AFFIRMER	DÉLAINER	DESTINER
SABOULER	INFIRMER	AGRAINER	ROUTINER
DÉBOULER	DÉFORMER	ÉGRAINER	CHOUINER
RIBOULER	REFORMER	LAMBINER	TAQUINER
DÉCOULER	RÉFORMER	COMBINER	ALEVINER
DÉFOULER	INFORMER	TURBINER	PLUVINER
REFOULER	EMBAUMER	VACCINER	**BRUCKNER**
DÉMOULER	EMPAUMER	CALCINER	**FAULKNER**
ÉCROULER	ROYAUMER	LANCINER	DÉPANNER
DÉROULER	PARFUMER	FASCINER	EMPANNER
ENROULER	ENRHUMER	DANDINER	EMPENNER
STIPULER	RALLUMER	**GARDINER**	ÉTRENNER
REBRÛLER	DÉPLUMER		MOYENNER

FAÇONNER	INCULPER	INSPIRER	RAINURER
MAÇONNER	DÉPULPER	SOUPIRER	LABOURER
DÉCONNER	DÉCAMPER	**CASSIRER**	DÉTOURER
ARÇONNER	ESTAMPER	SOUTIRER	ENTOURER
BEDONNER	**DE MOMPER**	CHAVIRER	SAVOURER
REDONNER	ESTOMPER	TRÉVIRER	SUPPURER
BIDONNER	SYNCOPER	SURVIRER	NITRURER
ORDONNER	VARLOPER	ÉLABORER	PRÉSURER
COÏONNER	ÉCHAPPER	PERFORER	CENSURER
GALONNER	VARAPPER	DÉFLORER	TONSURER
JALONNER	ÉGRAPPER	DÉPLORER	RASSURER
TALONNER	AGRIPPER	IMPLORER	FISSURER
PILONNER	ACHOPPER	EXPLORER	FACTURER
CANONNER	ÉCHARPER	ÉVAPORER	VOITURER
TENONNER	EXTIRPER	TORTORER	TRITURER
TAPONNER	DÉCOUPER	ÉPAMPRER	CLÔTURER
JUPONNER	RECOUPER	DÉBARRER	CAPTURER
MARONNER	DÉCLARER	EMBARRER	TORTURER
RÉSONNER	PRÉPARER	BAGARRER	BITTURER
TISONNER	COMPARER	BIGARRER	BOUTURER
BÂTONNER	PALABRER	DÉMARRER	TEXTURER
TÂTONNER	DÉLABRER	DÉFERRER	ÉBAVURER
BÉTONNER	CÉLÉBRER	ENFERRER	NERVURER
DÉTONNER	DÉFIBRER	ÉPIERRER	DÉGIVRER
MITONNER	CALIBRER	ENSERRER	DÉLIVRER
PITONNER	CHAMBRER	DÉTERRER	DÉPHASER
ENTONNER	OBOMBRER	ENTERRER	DÉBRASER
COTONNER	RECADRER	ATTERRER	EMBRASER
SAVONNER	ENCADRER	ABHORRER	RÉALÉSER
RAYONNER	PONDÉRER	SUSURRER	SOUPESER
GAZONNER	PRÉFÉRER	FOLÂTRER	JUDAÏSER
SCHOONER	DIFFÉRER	FENÊTRER	PUNAISER
DÉTRÔNER	CONFÉRER	PÉNÉTRER	ARABISER
DISSONER	PROFÉRER	DÉPÊTRER	GRÉCISER
INCARNER	EXAGÉRER	EMPÊTRER	PRÉCISER
ACHARNER	SUGGÉRER	IMPÉTRER	LAÏCISER
ÉCHARNER	ARRIÉRER	ARBITRER	FASCISER
HIBERNER	COMMÉRER	DÉNITRER	ANODISER
DÉCERNER	ÉNUMÉRER	CLOÎTRER	RÉALISER
CASERNER	EXONÉRER	ÉVENTRER	ÉGALISER
MATERNER	TEMPÉRER	FRUSTRER	COALISER
ALTERNER	RÉOPÉRER	CARBURER	OPALISER
INTERNER	COOPÉRER	PROCURER	ORALISER
HIVERNER	**MESSERER**	PERDURER	DUALISER
SUBORNER	BLATÉRER	DEMEURER	AVALISER
DÉCORNER	RÉITÉRER	ÉCŒURER	OVALISER
ENCORNER	BALAFRER	TUTEURER	CYCLISER
BIGORNER	CHIFFRER	SULFURER	UTILISER
AJOURNER	GOINFRER	FULGURER	STYLISER
ATOURNER	INTÉGRER	HACHURER	CHEMISER
DÉJEUNER	IMMIGRER	MÂCHURER	ATOMISER
RECHAPER	DÉNIGRER	CONJURER	TANNISER
DÉTRAPER	AFFAIRER	PARJURER	ADONISER
ATTRAPER	ÉCLAIRER	MOULURER	AGONISER
DÉCRÊPER	REPAIRER	MURMURER	IRONISER
DÉFRIPER	DÉCHIRER	SAUMURER	DÉBOISER
DISSIPER	RESPIRER	CYANURER	REBOISER

EMBOISER	PARESSER	BUDGÉTER	RÉVOLTER
ACCOISER	ADRESSER	CACHETER	OCCULTER
DÉGOISER	AGRESSER	RACHETER	RÉSULTER
PAVOISER	STRESSER	TACHETER	INSULTER
ÉMERISER	ABAISSER	CATHÉTER	DÉCANTER
UPÉRISER	GRAISSER	EMPIÉTER	ENFANTER
DÉFRISER	MÉGISSER	PROJETER	DÉGANTER
DÉGRISER	PALISSER	FORJETER	ENGANTER
DÉPRISER	FROISSER	SURJETER	DÉJANTER
MÉPRISER	TAPISSER	REFLÉTER	AIMANTER
REPRISER	HÉRISSER	PELLETER	RÉGENTER
ÉTATISER	PÂTISSER	COLLETER	ARGENTER
PACTISER	RATISSER	VIOLETER	ORIENTER
POÉTISER	MÉTISSER	VIGNETER	LAMENTER
ÉROTISER	RETISSER	BONNETER	CÉMENTER
BAPTISER	BRUISSER	TEMPÊTER	CIMENTER
DÉGUISER	DÉVISSER	ACCRÉTER	PIMENTER
AIGUISER	REVISSER	DÉCRÉTER	FOMENTER
MENUISER	CABOSSER	SECRÉTER	ARPENTER
SLAVISER	EMBOSSER	SÉCRÉTER	ABSENTER
IMPULSER	ENDOSSER	EXCRÉTER	PATENTER
EXPULSER	PANOSSER	AFFRÉTER	RETENTER
RÉVULSER	DÉSOSSER	APPRÊTER	INTENTER
RECENSER	CHAUSSER	JARRETER	ATTENTER
ENCENSER	LAÏUSSER	CORSETER	**DEVENTER**
OFFENSER	GLOUSSER	MASSÉTER	INVENTER
DÉPENSER	ÉMOUSSER	CAQUETER	**BADINTER**
REPENSER	TROUSSER	NAQUETER	ÉREINTER
IMPLOSER	RECAUSER	PAQUETER	AJOINTER
EXPLOSER	RACCUSER	BÉQUETER	ÉJOINTER
PERMOSER	DIFFUSER	REQUÊTER	ÉPOINTER
CYANOSER	PERFUSER	PIQUETER	SPRINTER
PRÉPOSER	JALOUSER	ENQUÊTER	CHUINTER
COMPOSER	DÉPAYSER	COQUETER	RACONTER
PROPOSER	DIALYSER	HOQUETER	DÉMONTER
SUPPOSER	ANALYSER	CLAVETER	REMONTER
DISPOSER	MANDATER	BREVETER	APPONTER
NÉCROSER	CALFATER	**HALFFTER**	CLABOTER
ÉCLIPSER	SULFATER	ENFAÎTER	CRABOTER
DÉVERSER	FRÉGATER	DÉLAITER	BARBOTER
REVERSER	FRELATER	ALLAITER	PLACOTER
INVERSER	TRÉMATER	SUSCITER	CHICOTER
TABASSER	COLMATER	RÉÉDITER	FRICOTER
JACASSER	FORMATER	COÉDITER	TRICOTER
DÉLASSER	HYDRATER	CRÉDITER	RONÉOTER
DAMASSER	NITRATER	PROFITER	MARGOTER
RAMASSER	CRAVATER	DÉBOÎTER	BACHOTER
FINASSER	DÉBECTER	EMBOÎTER	RABIOTER
CROASSER	AFFECTER	MIROITER	FOLIOTER
DÉPASSER	INFECTER	CRÉPITER	PÉCLOTER
REPASSER	OBJECTER	PALPITER	DORLOTER
HARASSER	INJECTER	EFFRITER	PIANOTER
ENTASSER	DÉLECTER	REWRITER	PAGNOTER
POTASSER	SÉLECTER	ÉBRUITER	MIGNOTER
BAVASSER	HUMECTER	GRAVITER	CONNOTER
RÊVASSER	DÉTECTER	RÉCOLTER	CLAPOTER
CARESSER	MOUFETER	DÉVOLTER	CHIPOTER

TRIPOTER	FOUETTER	ENJUGUER	ENTRAVER
REMPOTER	**DE SITTER**	DÉVALUER	PRÉLEVER
POIROTER	DÉBOTTER	CONFLUER	SOULEVER
BAISOTER	COCOTTER	ÉBERLUER	EMBREVER
DANSOTER	DÉGOTTER	ATTÉNUER	DÉGREVER
CREVOTER	CALOTTER	EXTÉNUER	ARCHIVER
ACCEPTER	CULOTTER	DIMINUER	**GULLIVER**
EXCEPTER	CAROTTER	INSINUER	CONNIVER
SCULPTER	ÉGOUTTER	ÉTERNUER	**RED RIVER**
EXEMPTER	BOYAUTER	AMADOUER	PASSIVER
ENCARTER	NOYAUTER	SURJOUER	LESSIVER
ESSARTER	TUYAUTER	DÉCLOUER	CULTIVER
DÉSERTER	CULBUTER	RECLOUER	CAPTIVER
ESCORTER	EXÉCUTER	ENCLOUER	ESQUIVER
EXHORTER	PERCUTER	SURLOUER	REVOLVER
DÉPORTER	DISCUTER	RABROUER	PULL-OVER
REPORTER	RAMEUTER	CONSPUER	**HANNOVER**
EMPORTER	ÉQUEUTER	ENCAQUER	TURNOVER
IMPORTER	RAFFÛTER	ARNAQUER	INNERVER
APPORTER	CHAHUTER	BARAQUER	OBSERVER
EXPORTER	RECHUTER	ATTAQUER	RÉSERVER
AHEURTER	**SCHLÜTER**	REBÉQUER	INCURVER
ÉCOURTER	COMMUTER	DÉFÉQUER	ABREUVER
DÉVASTER	PERMUTER	RÉSÉQUER	ÉPROUVER
ROADSTER	RABOUTER	REBIQUER	SURTAXER
INFESTER	DÉBOUTER	ABDIQUER	DUPLEXER
TRIESTER	REDOUTER	INDIQUER	PRÉFIXER
DÉLESTER	RAGOÛTER	OBLIQUER	SUFFIXER
MOLESTER	DÉGOÛTER	PANIQUER	DÉBLAYER
LANESTER	RAJOUTER	DÉPIQUER	MONNAYER
EMPESTER	VELOUTER	REPIQUER	PRÉPAYER
DÉTESTER	FILOUTER	ÉBRIQUER	SURPAYER
ATTESTER	ÉCROÛTER	ÉTRIQUER	DÉBRAYER
DRAGSTER	DÉROUTER	MUSIQUER	EMBRAYER
GANGSTER	ENVOÛTER	ASTIQUER	**DE CRAYER**
MAGISTER	MAZOUTER	FLANQUER	DÉFRAYER
DÉPISTER	SUPPUTER	PLANQUER	EFFRAYER
DÉSISTER	DISPUTER	BLINQUER	RESSAYER
RÉSISTER	RECRUTER	TRINQUER	VOLLEYER
INSISTER	**ADENAUER**	TRONQUER	**NIEMEYER**
ASSISTER	**BALAGUER**	RETOQUER	CACAOYER
LEINSTER	ALPAGUER	RÉVOQUER	MERDOYER
ACCOSTER	DIVAGUER	INVOQUER	VERDOYER
DE COSTER	DÉLÉGUER	ÉTARQUER	COUDOYER
RIPOSTER	RELÉGUER	BRUSQUER	SOUDOYER
DÉGUSTER	ALLÉGUER	RELUQUER	DÉPLOYER
RAJUSTER	ENDIGUER	OBSTRUER	REPLOYER
BREWSTER	IRRIGUER	INFATUER	EMPLOYER
ENKYSTER	FATIGUER	PONCTUER	SURLOYER
TCHATTER	NAVIGUER	FLUCTUER	LARMOYER
DÉNATTER	ÉLINGUER	HABITUER	PAUMOYER
EMPATTER	FLINGUER	RESITUER	**MONNOYER**
BARATTER	BRINGUER	ÉVERTUER	BORNOYER
SQUATTER	FRINGUER	EMBLAVER	CARROYER
FACETTER	SWINGUER	ENCLAVER	CORROYER
ENDETTER	DÉBOGUER	AGGRAVER	OCTROYER
ÉMIETTER	FOURGUER	DÉPRAVER	FOSSOYER

CHATOYER	ENDORMIR	HOUSSOIR	ASSORTIR
APITOYER	CONTENIR	MOUSSOIR	**MONASTIR**
FESTOYER	ABSTENIR	POUSSOIR	INVESTIR
NETTOYER	SOUTENIR	VOUSSOIR	DÉGLUTIR
RENVOYER	SUBVENIR	CHANTOIR	EMBOUTIR
CONVOYER	PRÉVENIR	PLANTOIR	ALANGUIR
LOUVOYER	CONVENIR	ACCOTOIR	**LANGMUIR**
VOUVOYER	PROVENIR	DÉPOTOIR	SERFOUIR
HAINUYER	PARVENIR	COMPTOIR	CONJOUIR
HAINUYER	SURVENIR	HEURTOIR	ÉPANOUIR
HENNUYER	SOUVENIR	ABATTOIR	ÉVANOUIR
HENNUYER	ASSAINIR	GRATTOIR	DÉCEMVIR
ROCOUYER	RABONNIR	FROTTOIR	TRIUMVIR
BERRUYER	DÉGARNIR	TROTTOIR	ASSERVIR
BERRUYER	REGARNIR	CLAQUOIR	ASSOUVIR
RESSUYER	DÉVERNIR	MARQUOIR	**ANN ARBOR**
SQUEEZER	RACORNIR	DÉCEVOIR	TORÉADOR
POLITZER	RAJEUNIR	RECEVOIR	LABRADOR
PULITZER	PRÉMUNIR	REDEVOIR	**LABRADOR**
KREUTZER	ÉBARBOIR	POURVOIR	**SALVADOR**
CHÂHPUHR	AMORÇOIR	**BEAUVOIR**	**HORDE D'OR**
CANADAIR	DÉVIDOIR	PLEUVOIR	**CORNE D'OR**
SINCLAIR	ÉTENDOIR	ÉMOUVOIR	**PHILIDOR**
RÉTRÉCIR	ÉMONDOIR	DÉCRÉPIR	**POULIDOR**
ENDURCIR	DRAGEOIR	RECRÉPIR	CORRIDOR
RADOUCIR	PURGEOIR	ASSOUPIR	MESSIDOR
ATTIÉDIR	BOUGEOIR	ENCHÉRIR	**HOSSEGOR**
ENLAIDIR	GRUGEOIR	ACQUÉRIR	**MELCHIOR**
DÉRAIDIR	SURSEOIR	REQUÉRIR	**MONTEMOR**
AGRANDIR	RASSEOIR	ENQUÉRIR	**LEVASSOR**
REBONDIR	MESSEOIR	SOUFFRIR	**MERCATOR**
ARRONDIR	GREFFOIR	AMAIGRIR	**PISCATOR**
ENHARDIR	CRACHOIR	ÉQUARRIR	MÉDIATOR
REVERDIR	PERCHOIR	ATTERRIR	RÉSISTOR
ALOURDIR	COUCHOIR	AGUERRIR	**VANADZOR**
ÉTOURDIR	MOUCHOIR	MEURTRIR	**ALMANZOR**
DÉSOBÉIR	DÉVALOIR	ACCOURIR	**BALLADUR**
RÉLARGIR	REVALOIR	RECOURIR	FLAMBEUR
RESURGIR	SARCLOIR	SECOURIR	PLOMBEUR
DÉROUGIR	DÉMÊLOIR	ENCOURIR	EFFACEUR
FRAÎCHIR	AFFILOIR	ÉPAISSIR	APIÉCEUR
ENRICHIR	TAILLOIR	ABEAUSIR	DÉPECEUR
BLANCHIR	GRILLOIR	RAPLATIR	NOIRCEUR
FRANCHIR	TAMANOIR	COMPATIR	ÉCORCEUR
RÉTABLIR	PIED-NOIR	ANÉANTIR	BALADEUR
ENNOBLIR	PEIGNOIR	DÉNANTIR	PARADEUR
AMEUBLIR	BOBINOIR	GARANTIR	PLAIDEUR
EMBELLIR	LAMINOIR	RALENTIR	DÉCIDEUR
VIEILLIR	APPAROIR	DÉMENTIR	FROIDEUR
CUEILLIR	GAUFROIR	REPENTIR	GLANDEUR
FEUILLIR	REPOSOIR	RETENTIR	ÉPANDEUR
BOUILLIR	ARROSOIR	DÉPARTIR	GRANDEUR
RAMOLLIR	CHASSOIR	REPARTIR	BLONDEUR
CANTEMIR	DRESSOIR	RÉPARTIR	ÉMONDEUR
VLADIMIR	PRESSOIR	IMPARTIR	FRONDEUR
CLODOMIR	GLISSOIR	DIVERTIR	GRONDEUR
AFFERMIR	ÉPISSOIR	INVERTIR	DÉCODEUR

ENCODEUR	BATELEUR	FOUINEUR	CRÉATEUR
VOCODEUR	RÂTELEUR	SCANNEUR	NÉGATEUR
LOURDEUR	JAVELEUR	RAMONEUR	AVIATEUR
FRAUDEUR	NIVELEUR	TOURNEUR	ÉCLATEUR
IMPUDEUR	SIFFLEUR	**TOURNEUR**	DÉLATEUR
PARAFEUR	GONFLEUR	RANCŒUR	ZÉLATEUR
GRAFFEUR	**HONFLEUR**	**MERCŒUR**	FILATEUR
STAFFEUR	RONFLEUR	CONSŒUR	ARMATEUR
COIFFEUR	**BARFLEUR**	MALEPEUR	SÉNATEUR
GRIFFEUR	**HARFLEUR**	ÉPULPEUR	DONATEUR
BLUFFEUR	JONGLEUR	GRIMPEUR	AÉRATEUR
BOUFFEUR	ENFILEUR	TROMPEUR	CURATEUR
TOUFFEUR	VIELLEUR	GALOPEUR	NOTATEUR
ATTIFEUR	BAILLEUR	FRAPPEUR	ROTATEUR
MANAGEUR	BÂILLEUR	TRAPPEUR	MUTATEUR
TAPAGEUR	RAILLEUR	STEPPEUR	ÉQUATEUR
RAVAGEUR	TAILLEUR	STOPPEUR	**ÉQUATEUR**
VOYAGEUR	MEILLEUR	EMPEREUR	NOVATEUR
BRIDGEUR	VEILLEUR	COFFREUR	TAXATEUR
MITIGEUR	QUILLEUR	MAIGREUR	VEXATEUR
CHANGEUR	BRANLEUR	HONGREUR	FIXATEUR
PLONGEUR	RACOLEUR	FLAIREUR	RÉACTEUR
CHARGEUR	RIGOLEUR	DÉSIREUR	TRACTEUR
ÉGORGEUR	CAJOLEUR	PÉROREUR	EXACTEUR
CRACHEUR	ENJÔLEUR	DÉVOREUR	ÉJECTEUR
PRÊCHEUR	ENRÔLEUR	FOURREUR	ÉLECTEUR
TRÉCHEUR	ENTÔLEUR	MONTREUR	ÉRECTEUR
CLICHEUR	COUPLEUR	PLEUREUR	ACHETEUR
TRICHEUR	ONDULEUR	MESUREUR	RÉPÉTEUR
PUNCHEUR	CHOULEUR	ASSUREUR	FURETEUR
PIOCHEUR	CRAWLEUR	COUVREUR	TRAITEUR
BROCHEUR	AFFAMEUR	ÉCRASEUR	DÉBITEUR
CROCHEUR	RÉTAMEUR	PHRASEUR	ORBITEUR
MARCHEUR	**PLOEMEUR**	FRAISEUR	AUDITEUR
HERCHEUR	ARRIMEUR	EXCISEUR	LIMITEUR
PERCHEUR	CHARMEUR	REDISEUR	GÉNITEUR
CATCHEUR	**PLEUMEUR**	BALISEUR	MONITEUR
FAUCHEUR	ALLUMEUR	CROISEUR	SAPITEUR
COUCHEUR	RICANEUR	RÉVISEUR	VISITEUR
DOUCHEUR	LAMANEUR	DIVISEUR	BRUITEUR
LOUCHEUR	**ELSENEUR**	ÉMULSEUR	CHANTEUR
LOUCHEUR	BAIGNEUR	ARROSEUR	PLANTEUR
TOUCHEUR	SAIGNEUR	CHASSEUR	PUANTEUR
GRAPHEUR	SEIGNEUR	CLASSEUR	FEINTEUR
LE PRIEUR	SOIGNEUR	BRASSEUR	POINTEUR
MONSIEUR	GROGNEUR	**BRASSEUR**	CABOTEUR
TREKKEUR	CHAÎNEUR	DRESSEUR	RABOTEUR
PÉDALEUR	DRAINEUR	PRESSEUR	SABOTEUR
CHIALEUR	TRAÎNEUR	GLISSEUR	RIBOTEUR
CAVALEUR	DÉBINEUR	GROSSEUR	RADOTEUR
RAVALEUR	BOBINEUR	GAUSSEUR	FAGOTEUR
CRIBLEUR	AFFINEUR	POUSSEUR	ERGOTEUR
DOUBLEUR	LAMINEUR	**POUSSEUR**	PELOTEUR
RECELEUR	DÉMINEUR	ROUSSEUR	BIMOTEUR
MODELEUR	LÉSINEUR	TOUSSEUR	CANOTEUR
CISELEUR	PATINEUR	ÉPOUSEUR	COAPTEUR
OISELEUR	BUTINEUR	SÉCATEUR	COMPTEUR

DOMPTEUR	MAREYEUR	CERVELAS	**ENNÉADES**
ÉCARTEUR	TUTOYEUR	ALTUGLAS	**PLÉIADES**
FLIRTEUR	ENVOYEUR	**LES LILAS**	**CYCLADES**
AVORTEUR	ESSUYEUR	**AGÉSILAS**	**SPORADES**
TOASTEUR	ZWANZEUR	**BOLESLAS**	**ESTRADES**
QUESTEUR	BRONZEUR	LADISLAS	**DANAÏDES**
AJUSTEUR	**DAMANHUR**	**LAFFEMAS**	**NÉRÉIDES**
ABATTEUR	**MANGALUR**	**FANTÔMAS**	**BESKIDES**
FLATTEUR	**VILLEMUR**	**HABERMAS**	**HÉBRIDES**
GRATTEUR	BOULGOUR	**CÁRDENAS**	**NASRIDES**
ÉMETTEUR	DEMI-JOUR	JULIÉNAS	**GHURIDES**
BRETTEUR	ABAT-JOUR	**JULIÉNAS**	**RHURIDES**
GUETTEUR	DÉSAMOUR	**CAMPINAS**	**HAFSIDES**
RIOTTEUR	DEMI-TOUR	**COCONNAS**	**ARLANDES**
FLOTTEUR	ALENTOUR	**PÉRONNAS**	CALENDES
FROTTEUR	AUTOTOUR	**AMAZONAS**	**KABARDES**
TROTTEUR	POURTOUR	MUQARNAS	**BAGAUDES**
GOUTTEUR	**AZNAVOUR**	**MAUREPAS**	**BERMUDES**
COAUTEUR	**DURGAPUR**	HYPOCRAS	**TCHOUDES**
LOCUTEUR	**KOLHAPUR**	**CARRERAS**	**MACABÉES**
MINUTEUR	**SHOLAPUR**	**VÄSTERÅS**	CHÂTIÉES
ÉCOUTEUR	**MIRZAPUR**	**HATTERAS**	DÉFILÉES
COTUTEUR	**JABALPUR**	DÉBARRAS	TRIPLÉES
BLAGUEUR	**LYALLPUR**	EMBARRAS	COUPLÉES
ÉLAGUEUR	**TIRUPPUR**	PATATRAS	**PYRÉNÉES**
DRAGUEUR	**BILASPUR**	**HONDURAS**	MORT-NÉES
LANGUEUR	**AL-MANSUR**	**LAS CASAS**	TROMPÉES
ZINGUEUR	**MERCOSUR**	**ARKANSAS**	**D'ESTRÉES**
LONGUEUR	DELEATUR	TAFFETAS	LAISSÉES
LARGUEUR	**SAINT-CYR**	PARTITAS	CLISSÉES
POLLUEUR	**KOOLHAAS**	**DU BARTAS**	CRANTÉES
SECOUEUR	**BARRABAS**	VASISTAS	**SOULAGES**
TATOUEUR	**BARABBAS**	**GUIPAVAS**	HOMMAGES
PLAQUEUR	PASSE-BAS	YESHIVAS	**JUMIÈGES**
BRAQUEUR	**ARGUEDAS**	**ABU NUWAS**	**BESSÈGES**
CRAQUEUR	**LÉONIDAS**	**MATANZAS**	**TANINGES**
TRAQUEUR	**TULSI DAS**	GROS-BECS	MAL-LOGÉS
PECQUEUR	**GIGONDAS**	SURPOIDS	ASPERGÈS
CHIQUEUR	PANCRÉAS	**REYNOLDS**	**FAVERGES**
CROQUEUR	BOUTEFAS	BIG BANDS	**PÉLASGES**
TROQUEUR	**LAS VEGAS**	BAD-LANDS	**PÉROUGES**
MARQUEUR	**BATANGAS**	**MIDLANDS**	**GAMACHES**
PARQUEUR	PATAUGAS	**LOWLANDS**	SPEECHES
TRUQUEUR	**FALACHAS**	WEEK-ENDS	BRUNCHES
ENCAVEUR	**FALASHAS**	TRÉFONDS	SKETCHES
DÉFAVEUR	**SÉDÉCIAS**	BAS-FONDS	SCOTCHES
RECEVEUR	SPONDIAS	**LOMBARDS**	**EUTYCHÈS**
RELEVEUR	**HÉRODIAS**	**HUSSARDS**	NURAGHES
ÉCRIVEUR	**MATTHIAS**	MI-LOURDS	**VARILHES**
DÉRIVEUR	**OLYMPIAS**	COSTAUDS	**LAPITHES**
TROUVEUR	**AMPURIAS**	**CARAÏBES**	DINGHIES
MALAXEUR	**ASTURIAS**	**COLOMBES**	WHISKIES
INDEXEUR	**TIRÉSIAS**	**CURIACES**	**FÉRALIES**
PAGAYEUR	**PROUSIAS**	INSUCCÈS	COMPLIES
BALAYEUR	**OCHOZIAS**	PRÉMICES	LATOMIES
RELAYEUR	**VAUGELAS**	FINANCES	**FOURMIES**
ESSAYEUR	COUTELAS	**CASCADES**	**FEIGNIES**

SOIGNIES	BESSINES	LAS CASES	LEGGINGS
GÉMONIES	LESSINES	IMPENSES	RAWLINGS
CANARIES	BOUVINES	MI-CLOSES	CUMMINGS
FALÉRIES	BJERKNES	DIVERSES	HASTINGS
PRAIRIES	ARDENNES	JORASSES	MAH-JONGS
CHERRIES	MIGENNES	ÉPOISSES	SCRATCHS
SHERRIES	MARENNES	CABOSSÉS	MIDRASHS
CASTRIES	MARENNES	MOLOSSES	NÉRACAIS
ASTURIES	VARENNES	CHAUSSES	BINICAIS
DEMI-VIES	CÉVENNES	PHRAATÈS	FRANÇAIS
VANDALES	ALLONNES	SARMATES	FRANÇAIS
PALE-ALES	GORGONES	CARPATES	TRONÇAIS
HÉRACLÈS	TOM JONES	SÒCRATES	CANYCAIS
PÉRICLÈS	DOW JONES	TEUTATÈS	BAZADAIS
BÉSICLES	AMAZONES	HELVÈTES	LUANDAIS
DAMOCLÈS	CANZONES	MOABITES	RWANDAIS
MOTS-CLÉS	SALERNES	ÉDOMITES	RWANDAIS
DORGELÈS	ARVERNES	SAMNITES	LOURDAIS
KOURILES	SURESNES	CHARITES	LANGEAIS
SEPT-ÎLES	COMMYNES	KASSITES	BRUGEAIS
JUMELLES	AVERROÈS	HITTITES	MARCHAIS
VENELLES	CHOSROÈS	ALAWITES	JERSIAIS
NIVELLES	CACATOÈS	ARDENTES	JERSIAIS
DUXELLES	KAKATOÈS	CIMENTÉS	BASTIAIS
NOYELLES	JEMMAPES	BAS-CÔTÉS	BASTIAIS
NOAILLES	PRÉALPES	DÉSERTÉS	LE PALAIS
ALPILLES	RHODOPES	SUDISTES	NÉPALAIS
ANTILLES	CYCLOPES	PÉPETTES	NÉPALAIS
HOUILLES	VACCARÈS	MIRETTES	FOYALAIS
POUILLES	BALÉARES	CARNUTES	CHABLAIS
POUILLES	PALMARÈS	ALÉOUTES	RABELAIS
ÉTIOLLES	OLIVARES	LAMOUTES	LANGLAIS
MAROLLES	TÉNÈBRES	VARÈGUES	ANGOLAIS
VIGNOLES	FLANDRES	ÉGLOGUES	ANGOLAIS
VOGOULES	MENDERES	BOUYGUES	TOGOLAIS
GHADAMÈS	BORDÈRES	COSAQUES	TOGOLAIS
RHADAMÈS	SURGÈRES	PATAQUÈS	NIKOLAIS
SEPTÈMES	FOUGÈRES	GRACQUES	CAYOLAIS
MAL-AIMÉS	ORCIÈRES	OLMÈQUES	ASSAMAIS
SOLESMES	ASNIÈRES	OBSÈQUES	DODOMAIS
THOUTMÈS	ROSIÈRES	AZTÈQUES	LIBANAIS
DOLGANES	MÉZIÈRES	BÉTIQUES	LIBANAIS
FONTANES	BAGNÈRES	FOULQUES	ALBANAIS
SÉQUANES	NOGUÈRES	VOLSQUES	ALBANAIS
ZYRIÈNES	BRUYÈRES	FRUSQUES	GOBANAIS
LIMAGNES	GRUYÈRES	MOLUQUES	SEDANAIS
LASAGNES	DÉBOIRES	ESCLAVES	MODANAIS
VALOGNES	MENUIRES	PICTAVES	VIGANAIS
PRADINES	TRÉVIRES	NEW WAVES	ANIANAIS
CAUDINES	MÉTÉORES	MALDIVES	ÉVIANAIS
SEA-LINES	À-PEU-PRÈS	ARCHIVES	GUJANAIS
YVELINES	GUTERRES	AYES-AYES	MILANAIS
THÉMINES	AD PATRES	FISH-EYES	MILANAIS
COMMINES	LEUCTRES	ABKHAZES	ROMANAIS
PENNINES	PH-MÈTRES	ABRUZZES	RENANAIS
VÉDRINES	CHARTRES	SOUS-OFFS	SARANAIS
LATRINES	TOP-CASES	BOX-CALFS	TIRANAIS

MATANAIS	BEAUVAIS	BAUGEOIS	THANNOIS
VATANAIS	CANNABIS	BRUGEOIS	BIENNOIS
HAVANAIS	IMPRÉCIS	FRUGEOIS	GIENNOIS
HAVANAIS	PUBLICIS	GUINGOIS	SIENNOIS
JAVANAIS	DE AMICIS	MAGOGOIS	VIENNOIS
JAVANAIS	BEN BADIS	BIACHOIS	VIENNOIS
GUYANAIS	SALSIFIS	FLÉCHOIS	LAONNOIS
GUYANAIS	MORANGIS	CLICHOIS	SOURNOIS
ANTENAIS	ARRACHIS	ANICHOIS	TOURNOIS
BRIGNAIS	GNOCCHIS	MANCHOIS	FRESNOIS
BALINAIS	APERGHIS	BINCHOIS	AVESNOIS
BALINAIS	BENGALIS	CONCHOIS	BEAUNOIS
EYSINAIS	PHYSALIS	GARCHOIS	AGAUNOIS
GÂTINAIS	PORTALIS	BITCHOIS	CHAUNOIS
CAULNAIS	FRISELIS	CAUCHOIS	SÉDUNOIS
ROANNAIS	BRIG-GLIS	CAUCHOIS	AUDUNOIS
CAENNAIS	SYPHILIS	AGATHOIS	MEHUNOIS
CAENNAIS	LANNILIS	SARTHOIS	AUTUNOIS
AVONNAIS	KARELLIS	BAMAKOIS	VIMYNOIS
LYONNAIS	TREILLIS	LUSAKOIS	ÉTAMPOIS
NYONNAIS	FOUILLIS	BERCKOIS	DIEPPOIS
GABONAIS	CORIOLIS	AUMALOIS	BRIAROIS
GABONAIS	RAVIOLIS	DE VALOIS	DAKAROIS
UNIONAIS	ANÁPOLIS	FUMÉLOIS	BAVAROIS
SALONAIS	TRÍPOLIS	SORELOIS	BAVAROIS
MILONAIS	PROPOLIS	REVÉLOIS	VIVAROIS
BOLONAIS	ROSSOLIS	LANGLOIS	VICE-ROIS
BOLONAIS	COCHYLIS	WINGLOIS	LAFÉROIS
POLONAIS	GIN-RAMIS	AUXILOIS	ALGÉROIS
POLONAIS	ANTHÉMIS	CHELLOIS	ALGÉROIS
ARLONAIS	ENTREMIS	ÉTELLOIS	ACHÉROIS
SÉNONAIS	TRANSMIS	CAILLOIS	MASÉROIS
SÉNONAIS	INSOUMIS	OVILLOIS	LANGROIS
JAPONAIS	VAL-CENIS	ÉCULLOIS	HONGROIS
JAPONAIS	GAVRINIS	ÉTAPLOIS	HONGROIS
VÉRONAIS	DINORNIS	CHARLOIS	SIERROIS
MORONAIS	ÉPYORNIS	GRAYLOIS	SEURROIS
BÉARNAIS	GÂTE-BOIS	GÉROMOIS	CONTROIS
BÉARNAIS	ANTEBOIS	AMIÉNOIS	CRAUROIS
ICAUNAIS	ANTIBOIS	DOMÉNOIS	NAMUROIS
ICAUNAIS	ANTIBOIS	GRIGNOIS	SEMUROIS
MELUNAIS	SAINBOIS	PLAINOIS	DESVROIS
HARARAIS	SOUS-BOIS	BRAINOIS	TUNISOIS
VIVARAIS	MORT-BOIS	STAINOIS	TUNISOIS
MAHORAIS	HAUTBOIS	PÉKINOIS	CUERSOIS
TIMORAIS	RIECCOIS	PÉKINOIS	GRASSOIS
CASTRAIS	BRIECOIS	MALINOIS	AMOSSOIS
MADURAIS	BLANCOIS	MALINOIS	LOOSSOIS
DOUVRAIS	FRANÇOIS	ILLINOIS	BOUSSOIS
NYONSAIS	CALADOIS	COMINOIS	TRETSOIS
NIASSAIS	PÉAGEOIS	BÉNINOIS	CREUSOIS
ÉCOSSAIS	LIÉGEOIS	HÉNINOIS	CACATOIS
ÉCOSSAIS	LIÉGEOIS	TAPINOIS	POCATOIS
SAINTAIS	GRÉGEOIS	TURINOIS	ALMATOIS
NIORTAIS	GANGEOIS	GATINOIS	MORATOIS
MAPUTAIS	DONGEOIS	ELVINOIS	EYMÉTOIS
SORGUAIS	GARGEOIS	ANZINOIS	CANÉTOIS

ARNÉTOIS	BEN NEVIS	CERTAINS	PRINCEPS
GIVETOIS	ENSUIVIS	JACOBINS	ANABLEPS
SAINTOIS	KALMOUKS	TONNEINS	ONE-STEPS
COURTOIS	NYMPHALS	O'HIGGINS	BIPS-BIPS
COURTOIS	GLACIALS	GOBELINS	PHILLIPS
BRESTOIS	BITONALS	APENNINS	DESCAMPS
CRESTOIS	AUSTRALS	ANTONINS	BONTEMPS
BRAYTOIS	GOEBBELS	SANCOINS	SEX-SHOPS
BONDUOIS	DÉCIBELS	PAHOUINS	ROLLMOPS
PRAGUOIS	PÈSE-SELS	GREUBONS	KAMLOOPS
PRAGUOIS	AUXQUELS	RECULONS	HARD-TOPS
BERGUOIS	BEAU-FILS	GROGNONS	À MI-CORPS
DACQUOIS	FUEL-OILS	ENVIRONS	TRICORPS
DACQUOIS	PIT-BULLS	COËVRONS	SIDE-CARS
LACQUOIS	SOUS-SOLS	POISSONS	CINQ-MARS
VICQUOIS	FAUX-CULS	SOISSONS	CENDRARS
LUCQUOIS	ABRAHAMS	ABAT-SONS	CHAMBERS
IROQUOIS	WILLIAMS	ÉGLETONS	SNIJDERS
CARQUOIS	WILLIAMS	DEMI-TONS	VILLIERS
NARQUOIS	SCHLAMMS	AMONTONS	POITIERS
LODÉVOIS	TÉLÉCOMS	SOUSTONS	MOÛTIERS
GENEVOIS	OPPIDUMS	GRATTONS	THIVIERS
GENEVOIS	OPTIMUMS	PITTACOS	OLIVIERS
DECIZOIS	MAXIMUMS	TARASCOS	VERVIERS
LASCARIS	DOLDRUMS	SÉLEUCOS	LOUVIERS
ROTHARIS	CASTRUMS	GRANADOS	VOUZIERS
LASKARIS	ARAUCANS	INTRADOS	KNICKERS
PHALARIS	LÀ-DEDANS	EXTRADOS	FLATTERS
BÓTSARIS	EN DEDANS	CALVADOS	CANJUERS
BOTZARIS	AU-DEDANS	CALVADOS	BACHKIRS
EX-LIBRIS	CONFLANS	CALENDOS	AVALOIRS
GLOMÉRIS	VOUGLANS	ASPENDOS	EN-DEHORS
GRIS-GRIS	CHALLANS	TACONEOS	AU-DEHORS
CLITORIS	TAXIMANS	BISSAGOS	CHALEURS
RÉAPPRIS	EXELMANS	GALLEGOS	AILLEURS
PHIMOSIS	OTTOMANS	PAPÁGHOS	À REBOURS
SYNOPSIS	KOOPMANS	MAKÁRIOS	CONCOURS
REVERSIS	HUYSMANS	HUIS CLOS	PARCOURS
MALASSIS	WATTMANS	CYPSÉLOS	DISCOURS
RAMASSIS	JAZZMANS	SPÉCULOS	SIX-FOURS
SENOUSIS	JORDAENS	DARDANOS	OUÏGOURS
TOUTATIS	ARAMÉENS	RHÔMANOS	BOUHOURS
PLUMETIS	IDUMÉENS	BERNANOS	TOUJOURS
GRÈNETIS	TIGRÉENS	SOPRANOS	SIX-JOURS
DEPRETIS	ALTAÏENS	CRAIGNOS	NOUNOURS
APPENTIS	HAWAÏENS	CRATINOS	JODHPURS
PARENTIS	SAADIENS	ANDERNOS	MONTSÛRS
MARÉOTIS	FUÉGIENS	ALCINOOS	KOUZBASS
CLAPOTIS	OMBRIENS	PORT-CROS	MÊLÉ-CASS
MYOSOTIS	FLAVIENS	CISNEROS	DOUGLASS
MI-PARTIS	NERVIENS	DEMI-GROS	RAY-GRASS
NOVARTIS	DOULLENS	ALBATROS	SOTTSASS
AGROSTIS	FLOURENS	DIONYSOS	TUBELESS
BOTRYTIS	BRASSENS	THANATOS	BUSINESS
CAMBOUIS	FAUX-SENS	NÉGRITOS	GUINNESS
COCHEVIS	MI-MOYENS	ASBESTOS	DREIFUSS
CHÈNEVIS	GERMAINS	PHAISTOS	DOLLFUSS

ZEHRFUSS	PANDANUS	CORRÉLAT	CRYOSTAT
DEUX-MÂTS	**HOTMANUS**	CHOCOLAT	ACOLYTAT
HONCHETS	**MONTANUS**	ALCOOLAT	**LAGHOUAT**
MESKHETS	LABIENUS	PIED-PLAT	RELIQUAT
STARIETS	TERMINUS	SOUS-PLAT	KHÉDIVAT
CAPULETS	**QUIRINUS**	GRANULAT	ARTEFACT
TWIN-SETS	COUSCOUS	CONSULAT	**STAMP ACT**
TÔT-FAITS	**ANTINOÜS**	**CONSULAT**	ABSTRACT
DÉTROITS	RHIZOPUS	POSTULAT	PROSPECT
CI-JOINTS	**COUPERUS**	ÉCONOMAT	INDIRECT
DOG-CARTS	**ASSUÉRUS**	ACHROMAT	DISTRICT
LAND ARTS	BORASSUS	ANONYMAT	SUCCINCT
CONSORTS	CI-DESSUS	SULTANAT	DISTINCT
NICKLAUS	AU-DESSUS	ASSIGNAT	INSTINCT
SYLLABUS	DÉTRITUS	RABBINAT	**HUMBOLDT**
SYLLABUS	**CHRISTUS**	COMBINAT	**GERHARDT**
THROMBUS	**CORN LAWS**	RAFFINAT	ALPHABET
COLUMBUS	**MATTHEWS**	**COCONNAT**	QUOLIBET
MICROBUS	**EURONEWS**	BÂTONNAT	ZÉRUMBET
MORDICUS	**BARCLAYS**	DIACONAT	MUSCADET
LUPERCUS	WALLABYS	PATRONAT	FARFADET
HIBISCUS	**SOTHEBY'S**	INCARNAT	**LE PRADET**
CAMAÏEUS	COURTEYS	ALTERNAT	**GIRARDET**
BAS-BLEUS	**SAINT-LYS**	INTERNAT	**DUBUFFET**
BASILEUS	PLAY-BOYS	EXTERNAT	BLANCHET
GRACCHUS	NURSERYS	TRIBUNAT	FLANCHET
ARCADIUS	PENALTYS	**TRIBUNAT**	TRANCHET
GRYPHIUS	OARISTYS	SHOGUNAT	TRONCHET
SIBELIUS	**ACHGABAT**	**FORTUNAT**	**TRONCHET**
TOPELIUS	**MUREYBAT**	AUTOCOAT	RICOCHET
HEVELIUS	PRÉDICAT	**HUELGOAT**	**PINOCHET**
LUCILIUS	SYNDICAT	BACCARAT	FOURCHET
SNELLIUS	BEYLICAT	**BACCARAT**	**PÉCUCHET**
CROLLIUS	CANDIDAT	SCÉLÉRAT	ÉMOUCHET
NAUPLIUS	RÉGENDAT	CENSORAT	**GRAULHET**
COMENIUS	COMMODAT	LECTORAT	BRISE-JET
ARMINIUS	VOÏVODAT	RECTORAT	JUMBO-JET
OLIBRIUS	SAMIZDAT	DOCTORAT	CHEVALET
OLIBRIUS	ORANGEAT	MENTORAT	PARACLET
OLYBRIUS	DEAD-HEAT	PASTORAT	BRACELET
SYAGRIUS	KHALIFAT	SUBSTRAT	BRICELET
HONORIUS	**PLOUAGAT**	**INTELSAT**	**PONCELET**
CANISIUS	**CATTÉGAT**	**MÉTÉOSAT**	PORCELET
HEINSIUS	**KATTEGAT**	ÉMÉRITAT	RONDELET
CLAUSIUS	SERINGAT	RÉSULTAT	VERDELET
HORATIUS	ROUERGAT	**ARGENTAT**	**MICHELET**
GOLTZIUS	**ROUERGAT**	POTENTAT	**RICHELET**
COURT-JUS	EXARCHAT	ATTENTAT	HOMMELET
CI-INCLUS	GALUCHAT	**LA CIOTAT**	TONNELET
MÉTELLUS	**JOSAPHAT**	DESPOTAT	CHAPELET
VITELLUS	NOVICIAT	PODESTAT	AIGRELET
CAMILLUS	IMMÉDIAT	**SÉLESTAT**	CARRELET
LUCULLUS	GALAPIAT	INTESTAT	CORSELET
STIMULUS	VICARIAT	RHÉOSTAT	CHÂTELET
VOLVULUS	SALARIAT	MANOSTAT	**CHÂTELET**
THALAMUS	NOTARIAT	AÉROSTAT	**QUÉTELET**
POSTUMUS	**BASQUIAT**	GYROSTAT	ROITELET

GANTELET	CELEBRET	NON-DROIT	POLIÇANT
MANTELET	TRACERET	DÉCRÉPIT	VÉSICANT
COQUELET	**AILLERET**	PRESCRIT	URTICANT
CERVELET	FORMERET	SANSCRIT	FIANÇANT
STOFFLET	BANNERET	CONSCRIT	ÉLANÇANT
SOUFFLET	COUPERET	PROSCRIT	NUANÇANT
PAMPHLET	DOSSERET	SOUSCRIT	AVANÇANT
STÉRILET	**CARTERET**	PRÉTÉRIT	AGENÇANT
MORELLET	**CASTERET**	SANSKRIT	ÉMINÇANT
SÉBILLET	COQUERET	RÉQUISIT	COINÇANT
BARILLET	**SIGNORET**	ACCESSIT	GRINÇANT
FEUILLET	**TINTORET**	ÉCONDUIT	ÉVINÇANT
FEUILLET	ÉLECTRET	USUFRUIT	PIONÇANT
DOUILLET	TABOURET	INSTRUIT	ÉNONÇANT
DOUILLET	LIBOURET	**TIDIKELT**	FRONÇANT
POUILLET	**SOMERSET**	**TAFILELT**	EXERÇANT
DRUILLET	**GROUSSET**	**MANSHOLT**	ÉCORÇANT
RÉCOLLET	**DUCRETET**	KILOVOLT	AMORÇANT
BAGNOLET	**LE PONTET**	**THIBAULT**	EXAUÇANT
SERPOLET	**RADIGUET**	**GERBAULT**	SCHADANT
PISTOLET	**LECANUET**	**OUTCAULT**	CHIADANT
SEXTOLET	**LE FAOUËT**	**FOUCAULT**	BALADANT
SURMULET	**CARAQUET**	**MACHAULT**	PARADANT
PICOULET	**FOUCQUET**	**GRIMAULT**	ABCÉDANT
VITOULET	AFFIQUET	**REGNAULT**	ACCÉDANT
HAMMAMET	LORIQUET	**QUINAULT**	DÉCÉDANT
ANSERMET	TRINQUET	**SOUPAULT**	RECÉDANT
INTRANET	QUINQUET	**ANDRAULT**	EXCÉDANT
EXTRANET	FRISQUET	**BARRAULT**	SPEEDANT
CASTANET	**BOUSQUET**	**PERRAULT**	OBSÉDANT
MASSENET	MOUSQUET	**SERRAULT**	PLAIDANT
BUSSENET	**BONNIVET**	MARSAULT	DÉCIDANT
JOUVENET	**LE TOUVET**	**DASSAULT**	VALIDANT
JARDINET	**BANCROFT**	**AIRVAULT**	LAPIDANT
MOULINET	**CONNACHT**	CACABANT	DÉRIDANT
RAISINET	**OLBRACHT**	IMBIBANT	RÉSIDANT
BASSINET	**ULBRICHT**	INHIBANT	DÉVIDANT
COUSINET	**SCHLUCHT**	EXHIBANT	SCANDANT
TANTINET	**ALBRIGHT**	FLAMBANT	VIANDANT
MARTINET	REDÉFAIT	PLOMBANT	GLANDANT
MARTINET	BIENFAIT	ENGOBANT	ÉPANDANT
LE CANNET	**SOUMGAIT**	DÉROBANT	AGENDANT
WAGONNET	TIRE-LAIT	ENROBANT	AMENDANT
BARONNET	PÈSE-LAIT	ÉBARBANT	ÉTENDANT
BÂTONNET	**TADEMAÏT**	COURBANT	SCINDANT
FALCONET	RENTRAIT	INCUBANT	CHINDANT
PERRONET	PORTRAIT	ADOUBANT	BLINDANT
PEYRONET	ABSTRAIT	TITUBANT	GUINDANT
CABERNET	DISTRAIT	ENTUBANT	ABONDANT
INTERNET	VAUTRAIT	INTUBANT	ÉMONDANT
INTERNET	INTERDIT	EFFAÇANT	INONDANT
ENCORNET	DÉCONFIT	DÉLAÇANT	FRONDANT
PLANCOËT	CHIENLIT	ENLAÇANT	GRONDANT
CASCARET	WAGON-LIT	MENAÇANT	EXONDANT
MASCARET	**GOUDSMIT**	ESPAÇANT	DÉCODANT
LAUTARET	SURCROÎT	DÉPEÇANT	ENCODANT
PLOUARET	PIÉDROIT	RADICANT	DÉMODANT

LIARDANT	FATIGANT	PUBLIANT	JUMELANT
ABORDANT	NAVIGANT	PALLIANT	AGNELANT
HOURDANT	FRINGANT	RALLIANT	ANNELANT
LOURDANT	ARROGANT	SPOLIANT	CAPELANT
FRAUDANT	ÉCACHANT	DÉPLIANT	APPELANT
ADJUDANT	CRACHANT	REPLIANT	CISELANT
DÉNUDANT	FLÉCHANT	CADMIANT	FUSELANT
EXSUDANT	ÉMÉCHANT	ANÉMIANT	MUSELANT
ÉTAGEANT	CRÉCHANT	AVARIANT	RÂTELANT
BADGEANT	PRÊCHANT	DÉCRIANT	DÉTELANT
PIÉGEANT	CLICHANT	RÉCRIANT	ATTELANT
SIÉGEANT	TRICHANT	SOURIANT	BOUÉLANT
ÉRIGEANT	BANCHANT	CHÂTIANT	JAVELANT
EXIGEANT	HANCHANT	INITIANT	TAVELANT
LANGEANT	PENCHANT	CONVIANT	RÉVÉLANT
MANGEANT	JONCHANT	RAZZIANT	NIVELANT
RANGEANT	LYNCHANT	GALÉJANT	CUVELANT
VENGEANT	PIOCHANT	STOCKANT	ÉRAFLANT
SINGEANT	CLOCHANT	CABALANT	SIFFLANT
LONGEANT	AMOCHANT	DÉCALANT	RENFLANT
RONGEANT	BROCHANT	RECALANT	GONFLANT
SONGEANT	CROCHANT	PÉDALANT	RONFLANT
MARGEANT	MARCHANT	AFFALANT	MORFLANT
FORGEANT	HERCHANT	RÉGALANT	SANGLANT
GORGEANT	PERCHANT	ACHALANT	CINGLANT
PURGEANT	TORCHANT	DÉHALANT	JONGLANT
JAUGEANT	CATCHANT	INHALANT	BEUGLANT
BOUGEANT	**BAUCHANT**	EXHALANT	MEUGLANT
GRUGEANT	FAUCHANT	CHIALANT	SIBILANT
FAINÉANT	RAUCHANT	EMPALANT	JUBILANT
MÉCRÉANT	PLUCHANT	RESALANT	DÉFILANT
RECRÉANT	BOUCHANT	DÉTALANT	REFILANT
RÉCRÉANT	COUCHANT	CAVALANT	AFFILANT
RAGRÉANT	DOUCHANT	RAVALANT	EFFILANT
DÉGRÉANT	LOUCHANT	DÉVALANT	ENFILANT
REGRÉANT	MOUCHANT	REVALANT	VIGILANT
MALSÉANT	TOUCHANT	CHABLANT	ÉTOILANT
MESSÉANT	ÉLÉPHANT	ÉTABLANT	DÉPILANT
PARAFANT	OLIPHANT	CRIBLANT	EMPILANT
AGRAFANT	FLASHANT	SEMBLANT	DÉSILANT
BRIEFANT	SMASHANT	COMBLANT	ENSILANT
PIAFFANT	CRASHANT	MEUBLANT	MUTILANT
STAFFANT	ÉMACIANT	DOUBLANT	RUTILANT
GREFFANT	GRACIANT	SARCLANT	SCELLANT
SNIFFANT	SOUCIANT	CERCLANT	NIELLANT
COIFFANT	MENDIANT	MUSCLANT	BAILLANT
BRIFFANT	AMODIANT	BOUCLANT	BÂILLANT
GRIFFANT	ÉTUDIANT	PUDDLANT	CAILLANT
SUIFFANT	ÉDIFIANT	DÉCELANT	FAILLANT
ÉTOFFANT	DÉIFIANT	RECELANT	MAILLANT
BLUFFANT	RÉIFIANT	FICELANT	PAILLANT
BOUFFANT	UNIFIANT	MODELANT	RAILLANT
POUFFANT	SOLFIANT	DÉGELANT	SAILLANT
TRUFFANT	CONFIANT	REGELANT	TAILLANT
TARIFANT	**CONFIANT**	ANHÉLANT	VAILLANT
ATTIFANT	PLAGIANT	DÉMÊLANT	**VAILLANT**
DÉLÉGANT	OUBLIANT	EMMÊLANT	TEILLANT

VEILLANT	COPULANT	PRÉGNANT	POTINANT
ROILLANT	PÉTULANT	BAIGNANT	BUTINANT
BRILLANT	CRAWLANT	DAIGNANT	LUTINANT
GRILLANT	AFFAMANT	FAIGNANT	MUTINANT
TRILLANT	INFAMANT	SAIGNANT	COUINANT
VRILLANT	ENGAMANT	CEIGNANT	FOUINANT
OUILLANT	DÉRAMANT	FEIGNANT	RAVINANT
BRANLANT	RÉTAMANT	GEIGNANT	DEVINANT
BABOLANT	ENTAMANT	PEIGNANT	SCANNANT
RACOLANT	ÉCRÉMANT	TEIGNANT	ABONNANT
ACCOLANT	RYTHMANT	ALIGNANT	ADONNANT
RÉCOLANT	DÉCIMANT	CLIGNANT	ÂNONNANT
PICOLANT	RÉDIMANT	JOIGNANT	ÉTONNANT
COCOLANT	RANIMANT	POIGNANT	RAMONANT
AFFOLANT	PÉRIMANT	SOIGNANT	RÉSONANT
RIGOLANT	DIRIMANT	GRIGNANT	DÉTONANT
ÉTIOLANT	ARRIMANT	GUIGNANT	ÉCORNANT
CAJOLANT	INTIMANT	GROGNANT	PIORNANT
ENJÔLANT	ESTIMANT	LORGNANT	TOURNANT
IMMOLANT	CHROMANT	POUGNANT	FALUNANT
ENRÔLANT	RÉARMANT	CHAÎNANT	PÉTUNANT
DÉSOLANT	CHARMANT	DRAINANT	DÉCAPANT
INSOLANT	ALARMANT	GRAINANT	DÉRAPANT
ASSOLANT	CHAUMANT	TRAÎNANT	RETAPANT
ENTÔLANT	ENFUMANT	DÉBINANT	RECEPANT
REVOLANT	INHUMANT	BOBINANT	EXCIPANT
ENVOLANT	EXHUMANT	BADINANT	ÉTRIPANT
TRIPLANT	ALLUMANT	RADINANT	ÉQUIPANT
SAMPLANT	RÉSUMANT	DODINANT	SCALPANT
PEUPLANT	ASSUMANT	FREINANT	INALPANT
COUPLANT	BITUMANT	AFFINANT	TREMPANT
CHAULANT	CABANANT	PAGINANT	GRIMPANT
MIAULANT	RUBANANT	ÉCHINANT	TROMPANT
PIAULANT	RICANANT	CÂLINANT	GALOPANT
ÉPAULANT	DÉFANANT	GAMINANT	SALOPANT
FABULANT	EFFANANT	LAMINANT	CLAPPANT
AMBULANT	MAGANANT	DÉMINANT	FRAPPANT
MACULANT	BASANANT	GÉMINANT	TRAPPANT
ACCULANT	PAVANANT	DOMINANT	CLIPPANT
FÉCULANT	ALIÉNANT	GOMINANT	FLIPPANT
RECULANT	HALENANT	NOMINANT	GRIPPANT
ONDULANT	RAMENANT	RUMINANT	DROPPANT
MODULANT	DÉMENANT	LAPINANT	STOPPANT
ZIEULANT	EMMENANT	RAPINANT	USURPANT
GUEULANT	CARÉNANT	TAPINANT	CRISPANT
RÉGULANT	ÉGRENANT	COPINANT	OCCUPANT
JUGULANT	ENRÊNANT	FARINANT	GROUPANT
HULULANT	ÉPRENANT	MARINANT	ÉTOUPANT
SIMULANT	ASSÉNANT	SERINANT	EFFARANT
CUMULANT	OBTENANT	BURINANT	HILARANT
CANULANT	DÉTENANT	SURINANT	DÉPARANT
ANNULANT	RETENANT	LÉSINANT	RÉPARANT
SAOULANT	ATTENANT	RÉSINANT	SÉPARANT
ABOULANT	ADVENANT	MÂTINANT	EMPARANT
ÉBOULANT	DEVENANT	PATINANT	CAMBRANT
ÉCOULANT	REVENANT	RATINANT	TIMBRANT
CROULANT	STAGNANT	SATINANT	NOMBRANT

SOMBRANT	IGNORANT	ABRASANT	HAÏSSANT
MARBRANT	MINORANT	ÉBRASANT	LAISSANT
EXÉCRANT	HONORANT	ÉCRASANT	NAISSANT
QUADRANT	PÉRORANT	PHRASANT	PAISSANT
CENDRANT	ESSORANT	ENVASANT	AGISSANT
POUDRANT	DÉVORANT	EMPESANT	CLISSANT
LIBÉRANT	DIAPRANT	BIAISANT	GLISSANT
LACÉRANT	AMARRANT	NIAISANT	**GLISSANT**
MACÉRANT	ABERRANT	PLAISANT	PLISSANT
ULCÉRANT	BEURRANT	APAISANT	UNISSANT
FÉDÉRANT	LEURRANT	BRAISANT	POISSANT
SIDÉRANT	BOURRANT	FRAISANT	ÉPISSANT
MODÉRANT	FOURRANT	INCISANT	CRISSANT
DÉFÉRANT	CHÂTRANT	EXCISANT	TRISSANT
RÉFÉRANT	PLÂTRANT	DÉDISANT	PUISSANT
INFÉRANT	GUÊTRANT	MÉDISANT	ÉCOSSANT
DIGÉRANT	FILTRANT	REDISANT	ADOSSANT
INGÉRANT	CENTRANT	BALISANT	BROSSANT
COGÉRANT	RENTRANT	RELISANT	DROSSANT
ADHÉRANT	CINTRANT	ENLISANT	FAUSSANT
ACIÉRANT	CONTRANT	NOLISANT	GAUSSANT
GALÉRANT	MONTRANT	TAMISANT	HAUSSANT
TOLÉRANT	CASTRANT	REMISANT	HOUSSANT
MÉMÉRANT	LUSTRANT	NANISANT	MOUSSANT
GÉNÉRANT	VAUTRANT	TANISANT	POUSSANT
VÉNÉRANT	FEUTRANT	SINISANT	TOUSSANT
REPÉRANT	RÉCURANT	IONISANT	POUTSANT
ESPÉRANT	ENDURANT	CROISANT	ACCUSANT
LISERANT	FLEURANT	ÉGRISANT	RÉCUSANT
INSÉRANT	PLEURANT	ARRISANT	EXCUSANT
ALTÉRANT	APEURANT	COTISANT	MÉDUSANT
RÉVÉRANT	ÉPEURANT	ATTISANT	CREUSANT
COFFRANT	FIGURANT	ÉPUISANT	GUEUSANT
GAUFRANT	AUGURANT	RAVISANT	REFUSANT
SOUFRANT	ABJURANT	DEVISANT	INFUSANT
FLAGRANT	ADJURANT	RÉVISANT	ÉCLUSANT
FRAGRANT	DÉLURANT	DIVISANT	BLOUSANT
ÉMIGRANT	EMMURANT	CLAMSANT	ÉPOUSANT
HONGRANT	CHOURANT	DÉPOSANT	MÉSUSANT
BLAIRANT	AJOURANT	REPOSANT	DÉBÂTANT
FLAIRANT	DÉPURANT	IMPOSANT	RÉGATANT
DÉLIRANT	MESURANT	APPOSANT	ÉCLATANT
ADMIRANT	ASSURANT	OPPOSANT	RELATANT
EMPIRANT	PÂTURANT	EXPOSANT	DILATANT
ASPIRANT	RATURANT	ARROSANT	DÉMÂTANT
EXPIRANT	SATURANT	COURSANT	EMPÂTANT
DÉSIRANT	OBTURANT	CHASSANT	APPÂTANT
RETIRANT	BITURANT	CLASSANT	PIRATANT
ATTIRANT	SUTURANT	AMASSANT	RETÂTANT
DÉVIRANT	CHEVRANT	COASSANT	RÉACTANT
ARBORANT	ENIVRANT	BRASSANT	TRACTANT
DÉCORANT	POIVRANT	BLESSANT	ÉJECTANT
PICORANT	CUIVRANT	DRESSANT	ÉDICTANT
DÉDORANT	ŒUVRANT	PRESSANT	ÉRUCTANT
REDORANT	COUVRANT	TRESSANT	HÉBÉTANT
MAJORANT	ROUVRANT	**OUESSANT**	EMBÊTANT
COLORANT	RECASANT	BAISSANT	VÉGÉTANT

ACHETANT	POINTANT	BOOSTANT	NARGUANT
DÉJETANT	SUINTANT	APOSTANT	TARGUANT
REJETANT	SHUNTANT	AJUSTANT	ÉVALUANT
CALETANT	CABOTANT	TRUSTANT	INCLUANT
GALETANT	RABOTANT	ABATTANT	EXCLUANT
HALETANT	SABOTANT	ÉBATTANT	REFLUANT
FILETANT	ACCOTANT	FLATTANT	AFFLUANT
MOLETANT	BÉCOTANT	GRATTANT	INFLUANT
VOLETANT	PICOTANT	ÉMETTANT	DÉGLUANT
RÉPÉTANT	COCOTANT	OMETTANT	ENGLUANT
BARÉTANT	SUÇOTANT	FRETTANT	POLLUANT
ÉCRÊTANT	RADOTANT	GUETTANT	ÉVOLUANT
ARRÊTANT	FAGOTANT	FRITTANT	COMMUANT
CURETANT	DÉGOTANT	QUITTANT	SECOUANT
FURETANT	MÉGOTANT	FLOTTANT	ROCOUANT
ENTÊTANT	GIGOTANT	ÉMOTTANT	BAFOUANT
DÉVÊTANT	LIGOTANT	CROTTANT	ENGOUANT
REVÊTANT	ERGOTANT	FROTTANT	ÉCHOUANT
RIVETANT	CAHOTANT	TROTTANT	DÉJOUANT
DUVETANT	MIJOTANT	GOUTTANT	REJOUANT
MOUFTANT	PELOTANT	DÉBUTANT	RELOUANT
DOIGTANT	PILOTANT	REBUTANT	ALLOUANT
TRAITANT	CANOTANT	PIEUTANT	DÉNOUANT
HABITANT	DÉNOTANT	ZIEUTANT	RENOUANT
DÉBITANT	ANNOTANT	AMEUTANT	ÉBROUANT
ORBITANT	SHOOTANT	QUEUTANT	ÉCROUANT
RÉCITANT	CAPOTANT	ZYEUTANT	ENROUANT
LICITANT	PAPOTANT	RÉFUTANT	TATOUANT
INCITANT	TAPOTANT	AFFÛTANT	DÉVOUANT
EXCITANT	DÉPOTANT	ENFÛTANT	CLAQUANT
MÉDITANT	EMPOTANT	MINUTANT	PLAQUANT
AUDITANT	ÉGROTANT	ABOUTANT	BRAQUANT
COGITANT	SIROTANT	ÉBOUTANT	CRAQUANT
DÉLITANT	REVOTANT	ÉCOUTANT	TRAQUANT
MILITANT	PIVOTANT	AJOUTANT	PACQUANT
LIMITANT	VIVOTANT	CLOUTANT	SACQUANT
GUNITANT	FAYOTANT	BROUTANT	CHIQUANT
CAPITANT	ZOZOTANT	CROÛTANT	CLIQUANT
DÉPITANT	ADAPTANT	DÉPUTANT	APIQUANT
ABRITANT	COMPTANT	AMPUTANT	BRIQUANT
HÉRITANT	DOMPTANT	IMPUTANT	CALQUANT
MÉRITANT	ADOPTANT	SCRUTANT	TALQUANT
IRRITANT	COOPTANT	BIZUTANT	BANQUANT
HÉSITANT	CRYPTANT	JOUXTANT	MANQUANT
VISITANT	ÉCARTANT	ÉCOBUANT	CHOQUANT
BRUITANT	QUARTANT	ÉVACUANT	BLOQUANT
INVITANT	ALERTANT	GRADUANT	CLOQUANT
EXALTANT	INERTANT	BLAGUANT	FLOQUANT
EXULTANT	FLIRTANT	ÉLAGUANT	CROQUANT
CHANTANT	AVORTANT	DRAGUANT	TROQUANT
PLANTANT	HEURTANT	BRIGUANT	ÉVOQUANT
CRANTANT	POURTANT	TANGUANT	MARQUANT
ÉDENTANT	PRESTANT	DINGUANT	PARQUANT
FIENTANT	TWISTANT	ZINGUANT	CASQUANT
ÉVENTANT	EXISTANT	DROGUANT	MASQUANT
FEINTANT	CONSTANT	CARGUANT	BISQUANT
TEINTANT	**CONSTANT**	LARGUANT	RISQUANT

BUSQUANT	RELAYANT	VIRULENT	RUDIMENT
RAUQUANT	REPAYANT	PURULENT	RÉGIMENT
ÉDUQUANT	DÉRAYANT	LIGAMENT	JOLIMENT
ÉNUQUANT	ENRAYANT	FILAMENT	POLIMENT
SOUQUANT	ESSAYANT	LACEMENT	LINIMENT
TRUQUANT	ZÉZAYANT	SUCEMENT	BONIMENT
STUQUANT	CAPEYANT	FADEMENT	ORPIMENT
RESSUANT	FASEYANT	RIDEMENT	BÂTIMENT
BOSSUANT	ASSEYANT	RUDEMENT	PUAMMENT
STATUANT	ONDOYANT	GRÉEMENT	TOURMENT
DÉCAVANT	RUDOYANT	SAGEMENT	DOCUMENT
EXCAVANT	ÉPLOYANT	FIGEMENT	INDÛMENT
DÉLAVANT	DÉNOYANT	LOGEMENT	TÉGUMENT
RELAVANT	ENNOYANT	JUGEMENT	ARGUMENT
DÉPAVANT	CÔTOYANT	VÉHÉMENT	MONUMENT
REPAVANT	TUTOYANT	GAIEMENT	RÉMANENT
DÉCEVANT	DÉVOYANT	PAIEMENT	IMMANENT
RECEVANT	REVOYANT	PLIEMENT	IMMINENT
REDEVANT	ENVOYANT	RÂLEMENT	DÉPONENT
CI-DEVANT	ENFUYANT	SALEMENT	COPARENT
ENDÊVANT	ENNUYANT	BÊLEMENT	APPARENT
AU-DEVANT	APPUYANT	VÊLEMENT	DÉFÉRENT
ACHEVANT	ESSUYANT	VILEMENT	RÉFÉRENT
RELEVANT	DÉGAZANT	MÊMEMENT	AFFÉRENT
ENLEVANT	ZWANZANT	ARMEMENT	EFFÉRENT
SALIVANT	BRONZANT	FINEMENT	ADHÉRENT
ÉCRIVANT	ADJACENT	ORNEMENT	INHÉRENT
DÉRIVANT	INDÉCENT	LAPEMENT	COHÉRENT
ARRIVANT	RÉTICENT	SAPEMENT	**CRESSENT**
ACTIVANT	INNOCENT	TAPEMENT	PÉNITENT
MOTIVANT	**INNOCENT**	RIPEMENT	RÉNITENT
ESTIVANT	ACESCENT	PAREMENT	IMPOTENT
RAVIVANT	DÉCADENT	RAREMENT	DÉFLUENT
REVIVANT	EXCÉDENT	AGRÉMENT	AFFLUENT
RÉNOVANT	CURE-DENT	VIREMENT	EFFLUENT
INNOVANT	ACCIDENT	ÂPREMENT	INFLUENT
ÉNERVANT	OCCIDENT	DUREMENT	FRÉQUENT
REBUVANT	**OCCIDENT**	JUREMENT	ÉLOQUENT
DÉCUVANT	INCIDENT	MÛREMENT	PARAVENT
ENCUVANT	STRIDENT	PUREMENT	**BÉNÉVENT**
PLEUVANT	RÉSIDENT	SÛREMENT	ABRIVENT
ADJUVANT	IMPUDENT	CASEMENT	ABAT-VENT
ÉMOUVANT	INDIGENT	AISÉMENT	ENFREINT
PROUVANT	DILIGENT	GISEMENT	EMPREINT
TROUVANT	ÉMERGENT	POSÉMENT	RÉTREINT
MALAXANT	GRADIENT	BÊTEMENT	ASTREINT
RELAXANT	QUOTIENT	VÊTEMENT	CONJOINT
DÉSAXANT	**KHODJENT**	LAVEMENT	DISJOINT
DÉTAXANT	**TACHKENT**	PAVEMENT	**GARAMONT**
INDEXANT	**CHYMKENT**	VIVEMENT	PIEDMONT
TÉLEXANT	BIVALENT	FIXEMENT	**RIBEMONT**
ANNEXANT	DIVALENT	PAYEMENT	**OFFEMONT**
REMIXANT	COVALENT	FRAGMENT	**DELÉMONT**
PAGAYANT	**CONFLENT**	BRAIMENT	**SPRIMONT**
BÉGAYANT	INDOLENT	VRAIMENT	**RÉALMONT**
BALAYANT	INSOLENT	PÉDIMENT	**GRAMMONT**
DÉLAYANT	FÉCULENT	SÉDIMENT	RODOMONT

CLERMONT	BARE-FOOT	**GONCOURT**	**MONTCEAU**
BOURMONT	BABY-FOOT	**JAUCOURT**	GUINDEAU
GOURMONT	CACHE-POT	YOGHOURT	CHAUDEAU
HAUTMONT	HOCHEPOT	**ARBOGAST**	MORTE-'EAU
BEAUMONT	ENTREPÔT	**LIMONEST**	GIRAFEAU
CHAUMONT	**GRAVEROT**	**BUDAPEST**	TOUCHEAU
LAVE-PONT	**THIZEROT**	**BUCAREST**	SIMBLEAU
PAIMPONT	BLACK-ROT	**DE FOREST**	DOUBLEAU
DOMFRONT	**TABOUROT**	**LEFOREST**	À VAU-L'EAU
DISCOUNT	AUSSITÔT	ALCOTEST	**DELUMEAU**
PEER GYNT	SHABOUOT	BABY-TEST	ORGANEAU
PAQUEBOT	**CLICQUOT**	SUD-OUEST	HAVENEAU
ESCARBOT	YESHIVOT	**ALMQUIST**	TRAÎNEAU
MASSICOT	TRANSEPT	GLASNOST	BOBINEAU
DUNS SCOT	FLAMBART	**BATHURST**	**GOBINEAU**
GIRARDOT	**FISCHART**	KILOWATT	COLINEAU
RENAUDOT	**MAILLART**	**BLACKETT**	**PAPINEAU**
MENDIGOT	GALIMART	**CROCKETT**	**GATINEAU**
PATRIGOT	CHAMPART	**PLASKETT**	FOURNEAU
OSTROGOT	**HOCQUART**	**SMOLLETT**	**FOURNEAU**
ESCARGOT	**WILLAERT**	PANICAUT	**FRESNEAU**
BLANCHOT	**GOSSAERT**	**TRUFFAUT**	**DOISNEAU**
AARSCHOT	**CALVAERT**	**CLAIRAUT**	TROUPEAU
HOUHEHOT	**SIGEBERT**	QUARTAUT	PERDREAU
STRADIOT	**CARIBERT**	ATTRIBUT	HOBEREAU
SALOPIOT	**GUILBERT**	UPPERCUT	**AUGEREAU**
CONDRIOT	**ISAMBERT**	CONTRE-UT	LAPEREAU
MAIGRIOT	**ALEMBERT**	**FARRAGUT**	VIPEREAU
SAN-PRIOT	**DAGOBERT**	**LANDSHUT**	MÂTEREAU
CACHALOT	**SCHOBERT**	RUNABOUT	BLAIREAU
LANCELOT	**CAROBERT**	MARABOUT	BIHOREAU
BACHELOT	**LE ROBERT**	BOY-SCOUT	BOURREAU
TRAMELOT	**FLAUBERT**	**SOURGOUT**	FOURREAU
RUITELOT	**SCHUBERT**	RACAHOUT	CHEVREAU
GRAVELOT	SOUFFERT	**WORMHOUT**	BLOCS-EAU
STAVELOT	**WIECHERT**	**TURNHOUT**	PAISSEAU
SOUFFLOT	**STEINERT**	BLACK-OUT	VAISSEAU
TRINGLOT	INEXPERT	KNOCK-OUT	BOISSEAU
CHAILLOT	**HAALTERT**	PÈSE-MOÛT	CUISSEAU
CABILLOT	TEE-SHIRT	KASHROUT	RUISSEAU
GODILLOT	TAMAZIRT	MÊLE-TOUT	ROUSSEAU
VIEILLOT	**CHAMFORT**	ANTITOUT	**ROUSSEAU**
VEUILLOT	**MONTFORT**	FAIT-TOUT	VOUSSEAU
POUILLOT	BEAUFORT	PRÉCIPUT	ÉCRITEAU
SURMULOT	**BEAUFORT**	SINCIPUT	POINTEAU
CABOULOT	**MALEMORT**	**LILLIPUT**	FRONTEAU
CIBOULOT	TÉLÉPORT	INSTITUT	TOURTEAU
À DEMI-MOT	HÉLIPORT	**CLERFAYT**	**COUSTEAU**
MARTENOT	ALTIPORT	BÉRIMBAU	**LONGUEAU**
HUGUENOT	AÉROPORT	ESCABEAU	ÉCHEVEAU
PÉQUENOT	**BEAUPORT**	**MIRABEAU**	GODIVEAU
SOLOGNOT	**NIEUPORT**	**MIREBEAU**	BALIVEAU
SOLOGNOT	RÉASSORT	FLAMBEAU	SOLIVEAU
TRAMINOT	**WALCOURT**	TOUT BEAU	CANIVEAU
CHEMINOT	**DANCOURT**	LIONCEAU	HÂTIVEAU
JOHANNOT	PINCOURT	POURCEAU	**CHAUVEAU**
SNOW-BOOT	**BONCOURT**	FAISCEAU	**MÉTEZEAU**

PARIZEAU	EMPOSIEU	MÂCHE-DRU	**SCHAWLOW**
BITONIAU	**CANTELEU**	**PICHEGRU**	CROW-CROW
SALOPIAU	**SAINT-LEU**	INCONGRU	**HEATHROW**
VIPÉRIAU	**ENVERMEU**	CONCOURU	**SAINT-MAX**
MATÉRIAU	**MONG-TSEU**	PARCOURU	CONTUMAX
GABORIAU	**L'ÎLE-D'YEU**	DISCOURU	OPOPANAX
ESQUIMAU	**MONTAIGU**	TIRAMISU	**ASTYANAX**
ESQUIMAU	MOLLACHU	ZAIBATSU	**PERTINAX**
ESQUIMAU	BARBICHU	KEIRETSU	VIDÉOTEX
HAGETMAU	TOHU-BOHU	JIU-JITSU	AUDIOTEX
RATHENAU	**MANYO-SHU**	COURBATU	CRUCIFIX
BIRKENAU	NUNCHAKU	**MANGBETU**	**CHAMONIX**
BLUMENAU	**KINABALU**	COMBATTU	SURCHOIX
HAGUENAU	ÉQUIVALU	**VITI LEVU**	MIREPOIX
CHISINAU	MELLIFLU	DÉPOURVU	**MIREPOIX**
JUNGFRAU	SUPERFLU	REPOURVU	**HUREPOIX**
KRAKATAU	IRRÉSOLU	JAMAIS-VU	**CLAIROIX**
MORONOBU	**BENGKULU**	**KISARAZU**	**GENEVOIX**
HARUNOBU	**HONOLULU**	**BOLESLAV**	**MALCOLM X**
INVAINCU	VERMOULU	**IAROSLAV**	COYSEVOX
PRÉCONÇU	MALVOULU	**ANDREÏEV**	COYZEVOX
INAPERÇU	**BRATIANU**	**NOUREÏEV**	KÉRABAUX
EMINESCU	SAUGRENU	**ZINOVIEV**	MONACAUX
INDIVIDU	CODÉTENU	**MOGUILEV**	CLOACAUX
LE POULDU	MAINTENU	**TOUPOLEV**	RADICAUX
PAYSANDÚ	REDEVENU	**KICHINEV**	MÉDICAUX
DESCENDU	BIENVENU	**MYKOLAÏV**	VÉSICAUX
SUSPENDU	BISCORNU	**TCHEKHOV**	MUSICAUX
INÉTENDU	CARIACOU	**ROUBLIOV**	LEXICAUX
PRÉTENDU	CASSE-COU	**POLIAKOV**	BIFOCAUX
DISTENDU	RAS DU COU	**GORCHKOV**	OVOÏDAUX
SURVENDU	**POMPIDOU**	**KOULIKOV**	ABSIDAUX
CONFONDU	GARDE-FOU	**MALENKOV**	COTIDAUX
PARFONDU	**PUY-DU-FOU**	**KORNILOV**	SYNODAUX
MORFONDU	TÉLOUGOU	**CHALAMOV**	LAMBEAUX
SURFONDU	MANDCHOU	**STOJANOV**	TOMBEAUX
BANDUNDU	**MANDCHOU**	**LITVINOV**	BARBEAUX
DISTORDU	CHOUCHOU	**LARIONOV**	CORBEAUX
GARDE-FEU	**HANGZHOU**	**SAMSONOV**	MANCEAUX
COUPE-FEU	**YANGZHOU**	**PLATONOV**	**MANCEAUX**
BOUTEFEU	**SHEN ZHOU**	**GODOUNOV**	PINCEAUX
PIQUE-FEU	PIOUPIOU	**ANDROPOV**	RINCEAUX
POT-AU-FEU	CARCAJOU	**SAKHAROV**	MONCEAUX
PRIE-DIEU	KINKAJOU	**ZAKHAROV**	PONCEAUX
FÊTE-DIEU	TIRE-CLOU	**KASPAROV**	BERCEAUX
DEMI-DIEU	**DANIÉLOU**	**SOUVOROV**	CERCEAUX
BOURDIEU	GLOUGLOU	**DIMITROV**	MORCEAUX
PONTHIEU	**LE BOULOU**	**CHEMETOV**	GUIDEAUX
MATTHIEU	**SALACROU**	**KNOROZOV**	BANDEAUX
CHEF-LIEU	FROUFROU	RICKSHAW	RONDEAUX
CHARLIEU	TROU-TROU	**MOOSE JAW**	BARDEAUX
COURLIEU	**LOUVETOU**	CRAW-CRAW	FARDEAUX
BEAULIEU	**CAVENTOU**	HAPPY FEW	BORDEAUX
DOLOMIEU	**OURARTOU**	CHOW-CHOW	**BORDEAUX**
DANDRIEU	MATOUTOU	TALK-SHOW	CORDEAUX
CONDRIEU	CORROMPU	BUNGALOW	TUFFEAUX
AMBÉRIEU	RÉAPPARU	CASH-FLOW	CÂBLEAUX

TABLEAUX	ILLÉGAUX	SIDÉRAUX	SUIFFEUX
TUILEAUX	TOUCHAUX	RUDÉRAUX	**CHANGEUX**
PALLÉAUX	NYMPHAUX	SCLÉRAUX	FLACHEUX
BOULEAUX	CAMBIAUX	HUMÉRAUX	FAUCHEUX
ROULEAUX	GLACIAUX	NUMÉRAUX	PLUCHEUX
CHAMEAUX	SPÉCIAUX	GÉNÉRAUX	CAMAÏEUX
POMMEAUX	ASOCIAUX	MINÉRAUX	SCABIEUX
PLUMEAUX	CRUCIAUX	LATÉRAUX	SPACIEUX
GRUMEAUX	MONDIAUX	SUDORAUX	GRACIEUX
TRUMEAUX	CARDIAUX	PRÉORAUX	SPÉCIEUX
CHÉNEAUX	CORDIAUX	MAÏORAUX	PRÉCIEUX
CRÉNEAUX	FABLIAUX	IMMORAUX	SOUCIEUX
VIGNEAUX	NOBLIAUX	HUMORAUX	STUDIEUX
MOINEAUX	SPATIAUX	TUMORAUX	MAFFIEUX
PANNEAUX	INITIAUX	CAPORAUX	ÉLOGIEUX
VANNEAUX	NUPTIAUX	SORORAUX	OUBLIEUX
CONNEAUX	MARTIAUX	AURORAUX	**RILLIEUX**
TONNEAUX	PARTIAUX	MAYORAUX	**TILLIEUX**
CARNEAUX	BESTIAUX	URÉTRAUX	NON-LIEUX
CERNEAUX	FLÛTIAUX	CENTRAUX	TONLIEUX
PRUNEAUX	TRIVIAUX	VENTRAUX	**CRÉMIEUX**
CHAPEAUX	ÉLUVIAUX	ŒSTRAUX	**LES PIEUX**
DRAPEAUX	FLUVIAUX	ROSTRAUX	SCARIEUX
ORIPEAUX	PLUVIAUX	AUSTRAUX	GLORIEUX
CARPEAUX	COAXIAUX	LUSTRAUX	**DARRIEUX**
CARPEAUX	**CAILLAUX**	PLEURAUX	**HEYRIEUX**
POIREAUX	**SEPT-LAUX**	ABYSSAUX	**REYRIEUX**
BARREAUX	DÉCIMAUX	SINUSAUX	**VASSIEUX**
CARREAUX	DEMI-MAUX	PALATAUX	FACTIEUX
PERREAUX	MINIMAUX	VÉGÉTAUX	AMITIEUX
TERREAUX	OPTIMAUX	ORBITAUX	CAPTIEUX
PORREAUX	MAXIMAUX	CUBITAUX	PLUVIEUX
TAUREAUX	THERMAUX	DIGITAUX	**GOUVIEUX**
OUVREAUX	ANORMAUX	GÉNITAUX	ANTIJEUX
PUISEAUX	SÉISMAUX	CAPITAUX	SIFFLEUX
CLOSEAUX	ARSENAUX	HÔPITAUX	ARGILEUX
MARSEAUX	ORIGNAUX	MARITAUX	FIELLEUX
VERSEAUX	RACINAUX	QUINTAUX	MIELLEUX
CASSEAUX	VICINAUX	FRONTAUX	VIELLEUX
TASSEAUX	ORDINAUX	**HANOTAUX**	MOELLEUX
AISSEAUX	VAGINAUX	SCROTAUX	FABULEUX
CHÂTEAUX	SÉMINAUX	CRISTAUX	NÉBULEUX
PLATEAUX	LIMINAUX	GLOTTAUX	TUBULEUX
TRÉTEAUX	NOMINAUX	LINGUAUX	ONDULEUX
FAÎTEAUX	MATINAUX	**MASEVAUX**	NODULEUX
MANTEAUX	BIENNAUX	**MARIVAUX**	ANGULEUX
LINTEAUX	CORONAUX	ESTIVAUX	PAPULEUX
MARTEAUX	BITONAUX	**CLERVAUX**	POPULEUX
LISTEAUX	STERNAUX	AFFIXAUX	SQUAMEUX
FLÛTEAUX	DIURNAUX	BATHYAUX	VENIMEUX
COUTEAUX	JOURNAUX	DÉLOYAUX	CHROMEUX
UNGUÉAUX	JÉJUNAUX	PLOMBEUX	BITUMEUX
CLAVEAUX	GRIPPAUX	BOURBEUX	VÉNÉNEUX
CERVEAUX	GROUPAUX	TOURBEUX	KHÂGNEUX
NOUVEAUX	APPARAUX	SILICEUX	SAIGNEUX
VRAI-FAUX	LIBÉRAUX	CHANCEUX	TEIGNEUX
RÉCIFAUX	FÉDÉRAUX	NAUSÉEUX	SOIGNEUX

8

CHLAMYDIA
RAUWOLFIA
FORSYTHIA
RUDBECKIA
TARTAGLIA
ALBA IULIA
LUSITANIA
TARQUINIA
APOLLONIA
PAULOWNIA
ARAUCARIA
AMOU-DARIA
GANADERIA
CAFÉTÉRIA
TRATTORIA
RAFFLESIA
INDONESIA
HORTENSIA
VINNYTSIA
MAIQUETÍA
BILHARZIA
MARACUDJA
DOBROUDJA
RATSIRAKA
ANTAISAKA
KARNATAKA
KOKOSCHKA
BABOUCHKA
BALALAÏKA
TREBLINKA
ASHANINKA
BRZEZINKA
PÉRIBONKA
BOULMERKA
ATHABASKA
LANDOWSKA
DABROWSKA
BANJA LUKA
HIRATSUKA
MAKEIEVKA
WIELICZKA
GUATEMALA
ÇAKUNTALA
BLA-BLA-BLA
VENEZUELA
CARACALLA
AL-MUKALLA
RIVA-BELLA
STRADELLA
A CAPPELLA
PANATELLA
BOBADILLA
CAMARILLA
PIAZZOLLA
PUBLICOLA
CALENDULA
JYVÄSKYLÄ

SILLANPÄÄ
BEERSHEBA
BAR-KOKHBA
BOURGUIBA
TUPINAMBA
BASTELICA
STUDENICA
HARMONICA
COSTA RICA
PODGORICA
KUSTURICA
ATHABASCA
FRANCESCA
MARMOLADA
THERAVADA
KISHIWADA
BABANGIDA
ESMÉRALDA
KARAGANDA
JACARANDA
SAMARINDA
PUIGCERDÁ
KYZYLORDA
NIKI LAUDA
BARRACUDA
BEN YEHUDA
KAMPUCHÉA
NUKUALOFA
KHOURIBGA
DARBHANGA
MAHAJANGA
SOUIMANGA
ZAMBOANGA
PETCHENGA
RAROTONGA
CAHIN-CAHA
CHA-CHA-CHA
SAID PACHA
AÏD-EL-ADHA
AUDIENCIA
HORS-MEDIA
MASS MEDIA
ACTINIDIA
HOLLANDIA
724 | **LA GUARDIA**

DALAÏ-LAMA
CYCLORAMA
DIAPORAMA
MATSUYAMA
PROTONÉMA
AL-HOCEIMA
KAGOSHIMA
HIROSHIMA
TOKUSHIMA
FUKUSHIMA
TERZA RIMA
MOCTEZUMA
MONTEZUMA
LJUBLJANA
TSIRANANA
MARIHUANA
MARIJUANA
VATRAYANA
CARTAGENA
MAGDALENA
NÉOPILINA
CASUARINA
TOAMASINA
QACENTINA
ARGENTINA
ALBERTINA
QUINQUINA
KARSAVINA
SANTA ANNA
BARCELONA
ANNAPURNA
NAGARJUNA
GUIPÚZCOA
GRAND-PAPA
ATAHUALPA
CONNEMARA
HUNEDOARA
TIMISOARA
ALCÁNTARA
EL-KANTARA
SOLENZARA
ALEXANDRA
HALMAHERA
ŒNOTHERA
SOAP OPERA
ET CÆTERA
WEBCAMÉRA
GINASTERA
AL-DJOFFRA
ESSAOUIRA
RAS SHAMRA
KUTNÁ HORA
LA MARMORA
LA SKHIRRA
KAMA-SUTRA
BUJUMBURA
DJURDJURA

PETLIOURA
AMARAPURA
JETTATURA
ANGUSTURA
CEMAL PASA
ENVER PASA
TALAT PASA
VICE VERSA
MINEHASSA
MASINISSA
LAMPEDUSA
DUPLICATA
ARYABHATA
CHIPOLATA
MISOURATA
KINOSHITA
MARGARITA
DOLCE VITA
ELEPHANTA
CONSTANTA
MINNESOTA
SURAKARTA
MALATESTA
PIAZZETTA
CINECITTÀ
ACONCAGUA
NICARAGUA
CHIHUAHUA
CHIHUAHUA
PUTONGHUA
DIRÉDAOUA
GARGANTUA
GARGANTUA
BALAKLAVA
BEER-SHEVA
BOSSA-NOVA
SUPERNOVA
BERBEROVA
AKHMATOVA
BAR-MITSVA
AKUTAGAWA
ASAHIKAWA
PUTRAJAYA
MEGHALAYA
KSHATRIYA
TATABÁNYA
KUTUBIYYA
SALAFIYYA
ANSARIYYA
FORTALEZA
INFLUENZA
AURANGZEB
NANA SAHIB
TIPU SAHIB
AWRANGZIB
SANS-PLOMB
VIDÉOCLUB

YACHT-CLUB	AHMADABAD	SWAZILAND	SALONNARD
NIGHT-CLUB	MORADABAD	FRANKLAND	FRAGONARD
ANTITABAC	AHMEDABAD	SJAELLAND	COMMUNARD
KOULIBIAC	FARIDABAD	GROENLAND	SNOWBOARD
TINTÉNIAC	ALLAHABAD	HELGOLAND	BODYBOARD
BOURBRIAC	ACHKHABAD	FLEVOLAND	MAQUISARD
RAVAILLAC	GHAZIABAD	NEDERLAND	BROUSSARD
RANCILLIAC	ISLAMABAD	LALLEMAND	FROUSSARD
MARCILLAC	LENINABAD	FERDINAND	FOUETTARD
CONDILLAC	HYDERABAD	MILLERAND	HOME GUARD
FRONTENAC	KHORSABAD	TISSERAND	RAYNOUARD
CASSAGNAC	KHURSABAD	TISSERAND	PANIQUARD
MONTAGNAC	KIROVABAD	MÈRE-GRAND	BRISQUARD
CAVAIGNAC	FIROZABAD	WINOGRAND	BOULEVARD
HERBIGNAC	MARIENBAD	LIUTPRAND	BALBUZARD
MONTIGNAC	HERMANDAD	STREISAND	VOGELHERD
MARTIGNAC	WHITEHEAD	SOUTH BEND	BORUDJERD
RASTIGNAC	UPANISHAD	DIFFÉREND	FRANC-BORD
RETOURNAC	LENINGRAD	SAINT-GOND	PRÉACCORD
BRIC-À-BRAC	VOLGOGRAD	PHARAMOND	DÉSACCORD
TOUT À TRAC	PETROGRAD	SIGISMOND	GUILDFORD
CULS-DE-SAC	FLAMSTEED	LEYSENOND	LUNCEFORD
FLORENSAC	GOTTSCHED	STRALSUND	STRAFFORD
GAY-LUSSAC	POUCE-PIED	HOLLYWOOD	WATERFORD
TADOUSSAC	COU-DE-PIED	WILLIBROD	STRATFORD
SOSNOWIEC	PASSE-PIED	BIELGOROD	BRANTFORD
GUILVINEC	PLAIN-PIED	CHAUFFARD	GONDEBAUD
PLABENNEC	SIEGFRIED	BLANCHARD	VERGNIAUD
CLÉGUÉREC	GOTTFRIED	CHINCHARD	SALOPIAUD
CHILDÉRIC	REMSCHEID	CABOCHARD	CABILLAUD
CHILPÉRIC	APARTHEID	PRITCHARD	BOUILLAUD
THÉODORIC	MOUDJAHID	SCHICKARD	PÉQUENAUD
LE CROISIC	CELLULOÏD	BINOCLARD	DUVIGNAUD
SOUL MUSIC	SANG-FROID	BACHELARD	COGNERAUD
PRONOSTIC	CAMP DAVID	SOUFFLARD	MALINVAUD
GUILLEVIC	GONDOBALD	RENIFLARD	PINK FLOYD
MILOSEVIC	MACDONALD	PIAILLARD	HIPPOPHAÉ
OBRADOVIC	GRÜNEWALD	BRAILLARD	ASTROLABE
STANKOVIC	UNTERWALD	BABILLARD	BURKINABÉ
OBRENOVIC	BIELEFELD	DUBILLARD	BURKINABÉ
MESTROVIC	ROSENFELD	VIEILLARD	ANTSIRABÉ
NOHANT-VIC	KLARSFELD	OREILLARD	PONT-L'ABBÉ
MONT-BLANC	SHEFFIELD	ÉGRILLARD	PORTE-BÉBÉ
MONT-BLANC	BROMFIELD	NASILLARD	DÉSINHIBÉ
KILOFRANC	OPENFIELD	VÉTILLARD	DUCS-D'ALBE
EUROFRANC	MANSFIELD	FEUILLARD	CATACOMBE
BANYULENC	LÉOVIGILD	MOUILLARD	SURPLOMBÉ
HIC ET NUNC	LIUVIGILD	POUILLARD	HÉCATOMBE
LANGUEDOC	MEYERHOLD	SOUILLARD	DOUCHANBE
BLANC-ÉTOC	DU DEFFAND	CAGOULARD	HOMOPHOBE
CONTRE-ARC	JHARKHAND	COMBINARD	XÉNOPHOBE
SAINT-MARC	SAMARKAND	KERGOMARD	LIPOPHOBE
TRAIN-PARC	FRIEDLAND	GOGUENARD	GARDE-ROBE
CUL-DE-PORC	WERGELAND	PLAIGNARD	SOUS-BARBE
JEUNE-TURC	DIXIELAND	COMBINARD	FAIDHERBE
LALOUVESC	BAEKELAND	SNOBINARD	FAYDHERBE
BOIS-LE-DUC	CLEVELAND	ARCHINARD	RÉABSORBÉ

ARCHICUBE	INJUSTICE	CUISTANCE	RESSOURCÉ
MULTITUBE	IMPÉDANCE	CONSTANCE	ACQUIESCÉ
PSILOCYBE	ABONDANCE	**CONSTANCE**	GÂTE-SAUCE
CLITOCYBE	**ABONDANCE**	QUITTANCE	COURROUCÉ
FACE-À-FACE	VENGEANCE	REDEVANCE	**ZIG ET PUCE**
VOLTE-FACE	DÉCHÉANCE	INDÉCENCE	**MAX DE BADE**
INTERFACE	RÉCRÉANCE	RÉTICENCE	BARRICADE
ENTRELACÉ	PRÉSÉANCE	INNOCENCE	BARRICADÉ
LAVE-GLACE	MESSÉANCE	ACESCENCE	CAVALCADE
LÈVE-GLACE	MANIGANCE	DÉCADENCE	CAVALCADÉ
DEMI-PLACE	MANIGANCÉ	INCIDENCE	EMBUSCADE
MONOPLACE	ARROGANCE	STRIDENCE	DÉBANDADE
HORS-PLACE	MALCHANCE	RÉSIDENCE	ORANGEADE
CONTUMACE	CONFIANCE	IMPUDENCE	REBUFFADE
GALLINACÉ	OUBLIANCE	INDIGENCE	ÉTOUFFADE
MINISPACE	SEMBLANCE	DILIGENCE	EMBRIGADÉ
LUDOSPACE	FREE-LANCE	ÉMERGENCE	**ALCIBIADE**
MONOSPACE	VIGILANCE	OBÉDIENCE	**HÉRODIADE**
MONOTRACE	RUTILANCE	BIVALENCE	JÉRÉMIADE
PÉRITHÈCE	FAILLANCE	COVALENCE	ANCHOÏADE
DEMI-PIÈCE	VAILLANCE	INDOLENCE	OLYMPIADE
PARDUBICE	BRILLANCE	INSOLENCE	**TIBÉRIADE**
APPENDICE	AMBULANCE	FÉCULENCE	**LOUISIADE**
IMMONDICE	PÉTULANCE	VIRULENCE	MARMELADE
PRÉJUDICE	**CASAMANCE**	PURULENCE	FUSILLADE
BOX-OFFICE	PRÉGNANCE	VÉHÉMENCE	**FEUILLADE**
SACRIFICE	COFINANCÉ	ENSEMENCÉ	RÉMOULADE
LA PALLICE	DOMINANCE	RÉMANENCE	READY-MADE
PRÉCIPICE	LUMINANCE	IMMANENCE	ESPLANADE
HARUSPICE	RÉSONANCE	IMMINENCE	PROMENADE
CICATRICE	ASSONANCE	DÉSINENCE	DÉGOGNADE
CRÉATRICE	ASSONANCÉ	APPARENCE	COÏONNADE
NÉGATRICE	CLEARANCE	DÉFÉRENCE	TALONNADE
AVIATRICE	COGÉRANCE	RÉFÉRENCE	COLONNADE
DÉLATRICE	TOLÉRANCE	RÉFÉRENCÉ	CANONNADE
ZÉLATRICE	ESPÉRANCE	INFÉRENCE	RATONNADE
DONATRICE	**AIR FRANCE**	INGÉRENCE	COTONNADE
CURATRICE	FRAGRANCE	ADHÉRENCE	OIGNONADE
NOTATRICE	CLAIRANCE	INHÉRENCE	CASSONADE
ROTATRICE	ATTIRANCE	COHÉRENCE	CANTONADE
NOVATRICE	IGNORANCE	RÉVÉRENCE	ESTRAPADE
TAXATRICE	ABERRANCE	APPÉTENCE	ATTRAPADE
VEXATRICE	MESTRANCE	PÉNITENCE	ÉCHAPPADE
FIXATRICE	ENDURANCE	IMPOTENCE	MASCARADE
TRACTRICE	**FLEURANCE**	EXISTENCE	HIT-PARADE
ÉLECTRICE	ASSURANCE	AFFLUENCE	**BENSERADE**
ÉRECTRICE	PLAISANCE	INFLUENCE	DÉCIGRADE
DÉBITRICE	**PLAISANCE**	INFLUENCÉ	SANS-GRADE
AUDITRICE	MÉDISANCE	FRÉQUENCE	AMBASSADE
GÉNITRICE	NAISSANCE	ÉLOQUENCE	PALISSADE
MONITRICE	PAISSANCE	QUINCONCE	PALISSADÉ
ÉMETTRICE	GLISSANCE	**CAPPADOCE**	INCARTADE
LOCUTRICE	PUISSANCE	SACERDOCE	**VAN OSTADE**
COTUTRICE	RÉACTANCE	MEZZA VOCE	CROUSTADE
PRIMATICE	MILITANCE	IDÉE-FORCE	RÉTROCÉDÉ
ADVENTICE	SUBSTANCE	DÉSAMORCÉ	INTERCÉDÉ
ARMISTICE	PRESTANCE	RESSOURCE	**DÉROULÈDE**

ARCHIMÈDE	SCAPHOÏDE	**THAÏLANDE**	BOUCHARDE
ANDROMÈDE	LYMPHOÏDE	GUIRLANDE	BOUCHARDÉ
INTERMÈDE	CARDIOÏDE	**COURLANDE**	**HOUCHARDE**
PALMIPÈDE	ALCALOÏDE	REDEMANDÉ	MOUCHARDE
PINNIPÈDE	PHALLOÏDE	ALLEMANDE	MOUCHARDÉ
CIRRIPÈDE	TRIPLOÏDE	**ALLEMANDE**	**RILLIARDE**
CITHARÈDE	COTYLOÏDE	GOURMANDE	FAIBLARDE
CLAPARÈDE	SÉSAMOÏDE	GOURMANDÉ	ROUBLARDE
DÉPOSSÉDÉ	HUMANOÏDE	**RIO GRANDE**	VICELARDE
COLUMBIDÉ	PARANOÏDE	**MÉLISANDE**	PAPELARDE
PÈSE-ACIDE	SPHÉNOÏDE	DIVIDENDE	GAILLARDE
ANTIACIDE	SOLÉNOÏDE	VILIPENDÉ	PAILLARDE
THIOACIDE	HOMINOÏDE	RÉVÉRENDE	RIGOLARDE
MONOACIDE	RÉTINOÏDE	**INSULINDE**	GUEULARDE
HYDRACIDE	SPHÉROÏDE	VAGABONDE	CUMULARDE
POLYACIDE	ASTÉROÏDE	VAGABONDÉ	FLEMMARDE
HERBICIDE	SINUSOÏDE	SURABONDÉ	FLEMMARDÉ
FONGICIDE	PATATOÏDE	TIRE-BONDE	**AUDENARDE**
GERMICIDE	ODONTOÏDE	PUDIBONDE	GEIGNARDE
VERMICIDE	SCHIZOÏDE	MORIBONDE	POIGNARDÉ
ACARICIDE	GONOZOÏDE	FURIBONDE	GRIGNARDE
PARRICIDE	INTRÉPIDE	INFÉCONDE	GUIGNARDE
MATRICIDE	BICUSPIDE	RUBICONDE	TRAÎNARDE
PESTICIDE	SEMI-ARIDE	BIEN-FONDÉ	FOUINARDE
LARVICIDE	SCOMBRIDÉ	**RADEGONDE**	SALONARDE
ETHNOCIDE	COLUBRIDÉ	**ROSEMONDE**	**LA BÉRARDE**
PHYTOCIDE	ANHYDRIDE	MICRO-ONDE	PLEURARDE
PELLUCIDE	GLYCÉRIDE	DEMI-RONDE	POISSARDE
SPLENDIDE	**MARGERIDE**	OSTRACODE	CUISSARDE
THUCYDIDE	VIVERRIDÉ	TRANSCODÉ	SAVOYARD
TRACHÉIDE	EUPATRIDE	**KOZHIKODE**	**SAVOYARDE**
PALMIFIDE	**HEAVISIDE**	ACCOMMODÉ	**MESA VERDE**
SPHINGIDÉ	GLUCOSIDE	INCOMMODE	HEXACORDE
ALLERGIDE	POLYOSIDE	INCOMMODÉ	HÉMICORDE
SYNERGIDE	ABBASSIDE	MYRIAPODE	MONOCORDE
LYSERGIDE	CARIATIDE	TÉTRAPODE	LAMBOURDE
CICONIIDÉ	CARYATIDE	AMPHIPODE	LAMPOURDE
MUSTÉLIDÉ	**ATLANTIDE**	CHÉNOPODE	MORICAUDE
SYPHILIDE	HALIOTIDE	MACROPODE	LOURDAUDE
MACROLIDE	AGROSTIDE	THÉROPODE	ROUGEAUDE
CONSOLIDÉ	TÉLÉGUIDÉ	PTÉROPODE	ÉCHAFAUDÉ
SULFAMIDE	FILOGUIDÉ	RHIZOPODE	SALIGAUDE
CYANAMIDE	TOPO-GUIDE	ÉLECTRODE	PERCHAUDE
ACÉTAMIDE	AUTOGUIDÉ	TRÉMATODE	COURTAUDE
POLYAMIDE	**DIKSMUIDE**	FURIBARDE	COURTAUDÉ
SERRANIDÉ	ULTRAVIDE	CHAMBARDÉ	MARIVAUDÉ
SASSANIDE	TRANSVIDÉ	GUIMBARDE	**BUXTEHUDE**
PARMÉNIDE	**SMALKALDE**	PÉRICARDE	INTERLUDE
ARACHNIDE	**ARTEVELDE**	CHANÇARDE	**OULAN-OUDE**
CYPRINIDÉ	**BALTHILDE**	BRANCARDÉ	DÉSUÉTUDE
FALCONIDÉ	DEMI-SOLDE	ENDOCARDE	ASSUÉTUDE
MAIMONIDE	SARABANDE	SOIFFARDE	LONGITUDE
SALMONIDÉ	MARCHANDE	BOUFFARDE	AMPLITUDE
RHOMBOÏDE	MARCHANDÉ	SOUS-GARDE	PLÉNITUDE
CORACOÏDE	AFFRIANDÉ	CENT-GARDE	MAGNITUDE
HÉLICOÏDE	ACHALANDÉ	PINCHARDE	TURPITUDE
CONCHOÏDE	**DELALANDE**	CLOCHARDE	NÉGRITUDE

LASSITUDE	INEXERCÉE	RECHANGÉE	**EURYSTHÉE**
BÉATITUDE	RENFORCÉE	INCHANGÉE	DÉPRÉCIÉE
PLATITUDE	RÉAMORCÉE	BOULANGÉE	APPRÉCIÉE
GRATITUDE	COALESCÉE	EFFRANGÉE	LICENCIÉE
RECTITUDE	INEXAUCÉE	ENGRANGÉE	DISSOCIÉE
MULTITUDE	ESCALADÉE	RALLONGÉE	REMERCIÉE
CERTITUDE	TAILLADÉE	PROLONGÉE	CONGÉDIÉE
SERVITUDE	PERSUADÉE	REPLONGÉE	SUBSIDIÉE
SULFOXYDE	DISSUADÉE	FORLONGÉE	INCENDIÉE
HÉMIOXYDE	ENTRAIDÉE	PHARYNGÉE	RÉÉTUDIÉE
HYDROXYDE	INVALIDÉE	DÉCHARGÉE	STUPÉFIÉE
PROTOXYDE	PYRAMIDÉE	RECHARGÉE	TORRÉFIÉE
MACCHABÉE	INTIMIDÉE	GAMBERGÉE	PUTRÉFIÉE
BETHSABÉE	DILAPIDÉE	SUBMERGÉE	LIQUÉFIÉE
DÉPLOMBÉE	BRIGANDÉE	RENGORGÉE	BARBIFIÉE
POLYLOBÉE	QUÉMANDÉE	IGNIFUGÉE	OPACIFIÉE
EXACERBÉE	COMMANDÉE	HARNACHÉE	SPÉCIFIÉE
DÉSHERBÉE	FAISANDÉE	RECRACHÉE	CALCIFIÉE
DÉBOURBÉE	RESCINDÉE	RATTACHÉE	DULCIFIÉE
EMBOURBÉE	HYPOSODÉE	SOUTACHÉE	CRUCIFIÉE
RECOURBÉE	BOMBARDÉE	CRAVACHÉE	RÉÉDIFIÉE
PERTURBÉE	PLACARDÉE	DESSÉCHÉE	ACIDIFIÉE
MASTURBÉE	RANCARDÉE	DÉFRICHÉE	GAZÉIFIÉE
DÉDICACÉE	RENCARDÉE	PASTICHÉE	MYTHIFIÉE
SALICACÉE	BROCARDÉE	ESQUICHÉE	QUALIFIÉE
URTICACÉE	FAUCARDÉE	DÉHANCHÉE	AMPLIFIÉE
ARALIACÉE	RINGARDÉE	DÉMANCHÉE	PLANIFIÉE
SCORIACÉE	POCHARDÉE	EMMANCHÉE	MAGNIFIÉE
CLUSIACÉE	CAVIARDÉE	ÉBRANCHÉE	LIGNIFIÉE
VERGLACÉE	CHAPARDÉE	REVANCHÉE	SIGNIFIÉE
REMPLACÉE	LÉOPARDÉE	**MARDOCHÉE**	RÉUNIFIÉE
BÉTULACÉE	MANSARDÉE	REMPOCHÉE	SCARIFIÉE
SOLANACÉE	RACCORDÉE	DÉBROCHÉE	CLARIFIÉE
FARINACÉE	GALVAUDÉE	EMBROCHÉE	LUBRIFIÉE
RHAMNACÉE	IMPALUDÉE	ACCROCHÉE	SACRIFIÉE
ANNONACÉE	DESSOUDÉE	DÉCROCHÉE	GLORIFIÉE
SAPONACÉE	RESSOUDÉE	REPROCHÉE	TERRIFIÉE
TUBÉRACÉE	PEROXYDÉE	APPROCHÉE	HORRIFIÉE
HÉDÉRACÉE	SUROXYDÉE	GARROCHÉE	PÉTRIFIÉE
PIPÉRACÉE	ESCLAFFÉE	DÉMARCHÉE	NITRIFIÉE
CYPÉRACÉE	REGREFFÉE	RAPERCHÉE	VITRIFIÉE
ASTÉRACÉE	DÉCOIFFÉE	SCRATCHÉE	FALSIFIÉE
ONAGRACÉE	RECOIFFÉE	DÉBAUCHÉE	DENSIFIÉE
MIMOSACÉE	ASSOIFFÉE	EMBAUCHÉE	CHOSIFIÉE
ABIÉTACÉE	DÉGRIFFÉE	REMBUCHÉE	VERSIFIÉE
SAPOTACÉE	ÉCHAUFFÉE	DÉBOUCHÉE	MASSIFIÉE
CRUSTACÉE	ESBROUFÉE	REBOUCHÉE	RUSSIFIÉE
THÉODICÉE	RÉENGAGÉE	EMBOUCHÉE	BÉATIFIÉE
MORDANCÉE	GRILLAGÉE	ACCOUCHÉE	GRATIFIÉE
FORLANCÉE	DÉMÉNAGÉE	RECOUCHÉE	RECTIFIÉE
DISTANCÉE	NAUFRAGÉE	ESSOUCHÉE	ACÉTIFIÉE
COMMENCÉE	DÉVISAGÉE	RETOUCHÉE	CERTIFIÉE
SÉQUENCÉE	ENVISAGÉE	SÉBORRHÉE	FORTIFIÉE
DÉCOINCÉE	AVANTAGÉE	LOGORRHÉE	MORTIFIÉE
RENFONCÉE	AFFOUAGÉE	GONORRHÉE	JUSTIFIÉE
PRONONCÉE	COOBLIGÉE	**ÉPIMÉTHÉE**	MYSTIFIÉE
DÉFRONCÉE	VENDANGÉE	**PROMÉTHÉE**	STATUFIÉE

FASTIGIÉE	CAMOUFLÉE	MAQUILLÉE	SUSNOMMÉE
ATROPHIÉE	MAROUFLÉE	BÉQUILLÉE	CONSOMMÉE
CONCILIÉE	PRÉRÉGLÉE	CHEVILLÉE	GENDARMÉE
MÉSALLIÉE	ÉTRANGLÉE	LANCÉOLÉE	RENFERMÉE
UNIFOLIÉE	OBNUBILÉE	MENTHOLÉE	CONFIRMÉE
PERFOLIÉE	ÉFAUFILÉE	AFFRIOLÉE	PRÉFORMÉE
CALOMNIÉE	ANNIHILÉE	VITRIOLÉE	CONFORMÉE
ESTROPIÉE	ASSIMILÉE	GUIGNOLÉE	NÉOFORMÉE
RAPPARIÉE	RENTOILÉE	CONTRÔLÉE	DÉCHAUMÉE
HISTORIÉE	DÉSOPILÉE	DEMI-VOLÉE	PARE-FUMÉE
RAPATRIÉE	DÉSHUILÉE	DÉPEUPLÉE	ANTIFUMÉE
DÉPATRIÉE	TRIBALLÉE	REPEUPLÉE	REMPLUMÉE
EXPATRIÉE	REMBALLÉE	ACCOUPLÉE	ENCABANÉE
RASSASIÉE	INSTALLÉE	DÉCOUPLÉE	SPONTANÉE
AUTOPSIÉE	DESCELLÉE	CENTUPLÉE	DÉDOUANÉE
AMNISTIÉE	FLAGELLÉE	SEPTUPLÉE	MORIGÉNÉE
BALBUTIÉE	ENFIELLÉE	SEXTUPLÉE	HALOGÉNÉE
ASPHYXIÉE	DÉMIELLÉE	**KASTERLEE**	GANGRENÉE
DÉSTOCKÉE	EMMIELLÉE	DÉNÉBULÉE	RENGRENÉE
MILWAUKEE	QUERELLÉE	IMMACULÉE	IMPRÉGNÉE
BRIMBALÉE	DESSELLÉE	MIRACULÉE	DÉDAIGNÉE
TRIMBALÉE	MÉDAILLÉE	PÉDICULÉE	DÉPEIGNÉE
INITIALÉE	DÉMAILLÉE	VÉHICULÉE	ENSEIGNÉE
ENDIABLÉE	REMAILLÉE	PANICULÉE	GRAFIGNÉE
DESSABLÉE	RIMAILLÉE	RÉTICULÉE	RÉALIGNÉE
ASSEMBLÉE	TENAILLÉE	ARTICULÉE	SURLIGNÉE
DÉMEUBLÉE	DÉPAILLÉE	OPERCULÉE	SOULIGNÉE
REMEUBLÉE	EMPAILLÉE	ÉMASCULÉE	TÉMOIGNÉE
ENCOUBLÉE	TIRAILLÉE	BOUSCULÉE	EMPOIGNÉE
DÉDOUBLÉE	CISAILLÉE	DÉMODULÉE	CONSIGNÉE
REDOUBLÉE	DÉTAILLÉE	DÉGUEULÉE	PROVIGNÉE
DÉCERCLÉE	RETAILLÉE	ENGUEULÉE	RENCOGNÉE
RECERCLÉE	ENTAILLÉE	DÉRÉGULÉE	STRYCHNÉE
ENCERCLÉE	FOUAILLÉE	ACCUMULÉE	RENGAINÉE
DÉMASCLÉE	RHABILLÉE	ROUCOULÉE	DÉCHAÎNÉE
DÉBOUCLÉE	FENDILLÉE	REMMOULÉE	ENCHAÎNÉE
DÉFICELÉE	MORDILLÉE	VERMOULÉE	PARRAINÉE
AMONCELÉE	RÉVEILLÉE	SURMOULÉE	ENTRAÎNÉE
DÉPUCELÉE	CHENILLÉE	DESSOÛLÉE	CARABINÉE
REMODELÉE	TORPILLÉE	MANIPULÉE	DÉBOBINÉE
CARAMÉLÉE	GASPILLÉE	INTITULÉE	EMBOBINÉE
GROMMELÉE	GOUPILLÉE	UNIOVULÉE	DÉRACINÉE
ÉPANNELÉE	TOUPILLÉE	SALICYLÉE	ENRACINÉE
DÉCAPELÉE	BRÉSILLÉE	AMALGAMÉE	FILICINÉE
BOURRELÉE	ÉGOSILLÉE	PROCLAMÉE	HIRUDINÉE
DÉMUSELÉE	PERSILLÉE	INENTAMÉE	DÉTHÉINÉE
ÉCARTELÉE	DESSILLÉE	DESQUAMÉE	PROTÉINÉE
CRAQUELÉE	BOUSILLÉE	BIEN-AIMÉE	PEAUFINÉE
ENJAVELÉE	TORTILLÉE	ENTR'AIMÉE	ALBUGINÉE
ÉCHEVELÉE	DISTILLÉE	NON ANIMÉE	RIPOLINÉE
DÉNIVELÉE	INSTILLÉE	ENVENIMÉE	BÉTULINÉE
ÉCERVELÉE	TREUILLÉE	COMPRIMÉE	CALAMINÉE
INSUFFLÉE	DÉGUILLÉE	SUPPRIMÉE	FORAMINÉE
PERSIFLÉE	AIGUILLÉE	LÉGITIMÉE	VITAMINÉE
DÉSENFLÉE	ÉPOUILLÉE	ENFLAMMÉE	EFFÉMINÉE
DÉGONFLÉE	BROUILLÉE	PRÉNOMMÉE	ACHEMINÉE
REGONFLÉE	GROUILLÉE	SURNOMMÉE	INSÉMINÉE

ALBUMINÉE	COURONNÉE	CONSACRÉE	EXCENTRÉE
ILLUMINÉE	BLASONNÉE	MASSACRÉE	DÉCINTRÉE
ENLUMINÉE	MAISONNÉE	ÉCHANCRÉE	DÉMONTRÉE
ENFARINÉE	RAISONNÉE	DÉSENCRÉE	REMONTRÉE
ENTÉRINÉE	LAITONNÉE	CALANDRÉE	DÉTARTRÉE
CHAGRINÉE	CANTONNÉE	ENGENDRÉE	ENTARTRÉE
CHOURINÉE	CARTONNÉE	CYLINDRÉE	ENCASTRÉE
AVOISINÉE	BASTONNÉE	EFFONDRÉE	CADASTRÉE
HOUSSINÉE	FESTONNÉE	DÉLIBÉRÉE	REGISTRÉE
GÉLATINÉE	PISTONNÉE	DILACÉRÉE	SINISTRÉE
DÉMATINÉE	BOUTONNÉE	ÉVISCÉRÉE	CLAUSTRÉE
BARATINÉE	MOUTONNÉE	IMMODÉRÉE	DÉLUSTRÉE
RATATINÉE	CLAYONNÉE	VOCIFÉRÉE	ILLUSTRÉE
ABIÉTINÉE	CRAYONNÉE	AUTOGÉRÉE	ILLETTRÉE
ACOQUINÉE	ÉPOUMONÉE	ACCÉLÉRÉE	DÉFEUTRÉE
BOUQUINÉE	ORTHOPNÉE	CUILLERÉE	ACCOUTRÉE
CONDAMNÉE	DÉCHARNÉE	DÉGÉNÉRÉE	CENTAURÉE
RÉABONNÉE	CONCERNÉE	RÉGÉNÉRÉE	RESTAURÉE
RANÇONNÉE	DISCERNÉE	INCINÉRÉE	INSTAURÉE
FREDONNÉE	GOUVERNÉE	RÉMUNÉRÉE	MANUCURÉE
AMIDONNÉE	FLAGORNÉE	EXASPÉRÉE	AFFLEURÉE
RANDONNÉE	DÉFOURNÉE	INESPÉRÉE	EFFLEURÉE
DINDONNÉE	ENFOURNÉE	RÉCUPÉRÉE	ENFLEURÉE
LARDONNÉE	DÉTOURNÉE	VITUPÉRÉE	DÉFIGURÉE
PARDONNÉE	RETOURNÉE	RÉINSÉRÉE	INAUGURÉE
CORDONNÉE	RATTRAPÉE	INVÉTÉRÉE	ENAMOURÉE
PIGEONNÉE	CANNE-ÉPÉE	OBLITÉRÉE	CHLORURÉE
PLAFONNÉE	PORTE-ÉPÉE	INALTÉRÉE	DÉMESURÉE
BOUGONNÉE	ANTICIPÉE	ADULTÉRÉE	RÉASSURÉE
MÂCHONNÉE	ÉMANCIPÉE	EMPIFFRÉE	PRESSURÉE
BICHONNÉE	CONSTIPÉE	DÉCOFFRÉE	LIGATURÉE
COCHONNÉE	DISCULPÉE	ENSOUFRÉE	DÉNATURÉE
SIPHONNÉE	INSCULPÉE	VINAIGRÉE	INSATURÉE
CAMIONNÉE	DÉTREMPÉE	CONSPIRÉE	FRACTURÉE
ESPIONNÉE	RETREMPÉE	ÉDULCORÉE	AVENTURÉE
VISIONNÉE	REGRIMPÉE	SUBODORÉE	CEINTURÉE
FUSIONNÉE	DÉTROMPÉE	REVIGORÉE	PEINTURÉE
RATIONNÉE	ESCALOPÉE	AMÉLIORÉE	ENFIÉVRÉE
ACTIONNÉE	RÉCHAPPÉE	DÉCOLORÉE	DÉCUIVRÉE
LOTIONNÉE	KIDNAPPÉE	REMÉMORÉE	RECOUVRÉE
GOUJONNÉE	DÉGRIPPÉE	REMBARRÉE	TRIPHASÉE
ÉTALONNÉE	DÉCRISPÉE	CHAMARRÉE	DÉNIAISÉE
SABLONNÉE	RÉOCCUPÉE	EMPIERRÉE	INAPAISÉE
BALLONNÉE	INOCCUPÉE	DESSERRÉE	HÉBRAÏSÉE
VALLONNÉE	SURCOUPÉE	RESSERRÉE	MORTAISÉE
SILLONNÉE	CHALOUPÉE	DÉBOURRÉE	FRANCISÉE
BOULONNÉE	DÉGROUPÉE	IDOLÂTRÉE	EXORCISÉE
FOULONNÉE	REGROUPÉE	DÉPLÂTRÉE	FLUIDISÉE
MARMONNÉE	ATTROUPÉE	REPLÂTRÉE	FOCALISÉE
SERMONNÉE	ACCAPARÉE	SALPÊTRÉE	LOCALISÉE
CHAPONNÉE	VERTÉBRÉE	PERPÉTRÉE	VOCALISÉE
TAMPONNÉE	PERVIBRÉE	CHAPITRÉE	IDÉALISÉE
POMPONNÉE	DÉMEMBRÉE	SURTITRÉE	LÉGALISÉE
HARPONNÉE	REMEMBRÉE	INFILTRÉE	BANALISÉE
ÉPERONNÉE	ENCOMBRÉE	EXFILTRÉE	CANALISÉE
PATRONNÉE	DÉNOMBRÉE	DÉCENTRÉE	PÉNALISÉE
CITRONNÉE	ÉLUCUBRÉE	RECENTRÉE	FINALISÉE

MORALISÉE	DÉRATISÉE	BRETESSÉE	MARQUETÉE
NASALISÉE	MONÉTISÉE	RABAISSÉE	PARQUETÉE
TOTALISÉE	POLITISÉE	REBAISSÉE	BOUQUETÉE
DÉVALISÉE	NÉANTISÉE	DÉCAISSÉE	DÉRIVETÉE
LABÉLISÉE	ROBOTISÉE	ENCAISSÉE	SOUHAITÉE
FIDÉLISÉE	ASEPTISÉE	AFFAISSÉE	RETRAITÉE
MODÉLISÉE	COURTISÉE	DÉLAISSÉE	INHABITÉE
MOBILISÉE	AMENUISÉE	RELAISSÉE	EXORBITÉE
SIMILISÉE	INÉPUISÉE	DÉPLISSÉE	FÉLICITÉE
VIRILISÉE	PRÉAVISÉE	REPLISSÉE	GRAPHITÉE
CIVILISÉE	MALAVISÉE	COULISSÉE	HABILITÉE
CRÉOLISÉE	TÉLÉVISÉE	VERNISSÉE	DÉBILITÉE
BÉMOLISÉE	COMPULSÉE	ANGOISSÉE	FACILITÉE
NÉBULISÉE	PROPULSÉE	COMPISSÉE	DYNAMITÉE
ISLAMISÉE	CONVULSÉE	ESQUISSÉE	DÉLIMITÉE
DYNAMISÉE	ZELL AM SEE	RENDOSSÉE	ILLIMITÉE
MINIMISÉE	CONDENSÉE	ENGROSSÉE	REMBOÎTÉE
OPTIMISÉE	WALLENSEE	CARROSSÉE	EXPLOITÉE
MAXIMISÉE	COMPENSÉE	DÉFAUSSÉE	CONVOITÉE
SODOMISÉE	DISPENSÉE	REHAUSSÉE	DÉCAPITÉE
CHROMISÉE	STRUENSEE	EXHAUSSÉE	INABRITÉE
URBANISÉE	ANKYLOSÉE	REPOUSSÉE	IMMÉRITÉE
MÉCANISÉE	ANTÉPOSÉE	DÉSABUSÉE	PARASITÉE
PAGANISÉE	RÉIMPOSÉE	COACCUSÉE	REVISITÉE
ORGANISÉE	POSTPOSÉE	DÉCREUSÉE	TRANSITÉE
ROMANISÉE	SCLÉROSÉE	RECREUSÉE	BISCUITÉE
HUMANISÉE	WALDERSEE	PARALYSÉE	DÉFRUITÉE
TÉTANISÉE	DISPERSÉE	CATALYSÉE	RÉINVITÉE
FÉMINISÉE	TRAVERSÉE	SILICATÉE	ASPHALTÉE
LATINISÉE	RENVERSÉE	ANTIDATÉE	SURVOLTÉE
DIVINISÉE	DÉBOURSÉE	HORODATÉE	AUSCULTÉE
COLONISÉE	FRACASSÉE	POSTDATÉE	CONSULTÉE
CANONISÉE	TRACASSÉE	CARAPATÉE	RECHANTÉE
ÉTERNISÉE	FRICASSÉE	CONSTATÉE	ENCHANTÉE
IMMUNISÉE	CONCASSÉE	COMPACTÉE	DÉPLANTÉE
CHAMOISÉE	RECHASSÉE	RÉFRACTÉE	REPLANTÉE
DÉCROISÉE	ENCHÂSSÉE	DÉTRACTÉE	IMPLANTÉE
POLARISÉE	DÉCLASSÉE	RÉTRACTÉE	DIAMANTÉE
CÉSARISÉE	RECLASSÉE	CONTACTÉE	WARRANTÉE
TUBÉRISÉE	PRÉLASSÉE	COLLECTÉE	TRIDENTÉE
MADÉRISÉE	TRÉPASSÉE	CONNECTÉE	VIOLENTÉE
NUMÉRISÉE	LAMPASSÉE	RESPECTÉE	SEGMENTÉE
SATIRISÉE	COMPASSÉE	INSPECTÉE	PIGMENTÉE
ARBORISÉE	SURPASSÉE	SUSPECTÉE	AUGMENTÉE
THÉORISÉE	EMBRASSÉE	CONCOCTÉE	ALIMENTÉE
VALORISÉE	DÉCRASSÉE	ÉPINCETÉE	COMMENTÉE
COLORISÉE	ENCRASSÉE	CROCHETÉE	SARMENTÉE
MÉMORISÉE	CUIRASSÉE	MOUCHETÉE	FERMENTÉE
SONORISÉE	TERRASSÉE	INQUIÉTÉE	PRÉSENTÉE
VAPORISÉE	RESSASSÉE	PAILLETÉE	CONTENTÉE
MOTORISÉE	CREVASSÉE	COMPLÉTÉE	SUSTENTÉE
AUTORISÉE	CONFESSÉE	TROMPETÉE	ENCEINTÉE
FAVORISÉE	PROFESSÉE	DÉSARÊTÉE	ACCOINTÉE
MAÎTRISÉE	TENNESSEE	CHARRETÉE	APPOINTÉE
SÉCURISÉE	REDRESSÉE	BECQUETÉE	ESQUINTÉE
SOMATISÉE	EMPRESSÉE	BRIQUETÉE	SURMONTÉE
FANATISÉE	OPPRESSÉE	ÉTIQUETÉE	AFFRONTÉE

EFFRONTÉE	FRISOTTÉE	PRATIQUÉE	SOUS-PAYÉE
EMPRUNTÉE	BISEAUTÉE	CRITIQUÉE	RENTRAYÉE
ABRICOTÉE	DÉPIAUTÉE	MASTIQUÉE	RÉESSAYÉE
ASTICOTÉE	RESSAUTÉE	RUSTIQUÉE	GRASSEYÉE
RAVIGOTÉE	CHARCUTÉE	DÉCALQUÉE	REMPLOYÉE
CHUCHOTÉE	IRRÉFUTÉE	DÉFALQUÉE	FOUDROYÉE
SIFFLOTÉE	INVOLUTÉE	INCULQUÉE	HONGROYÉE
COMPLOTÉE	ARC-BOUTÉE	PALANQUÉE	CHARROYÉE
ESCAMOTÉE	RÉÉCOUTÉE	SUFFOQUÉE	VOUSSOYÉE
GRIGNOTÉE	INÉCOUTÉE	DÉBLOQUÉE	JOINTOYÉE
DÉCAPOTÉE	ENCROÛTÉE	DÉFLOQUÉE	FOURVOYÉE
GALIPOTÉE	FERROUTÉE	DISLOQUÉE	**WADDENZEE**
NUMÉROTÉE	PRÉTEXTÉE	ESCROQUÉE	**ZUIDERZEE**
CRÉOSOTÉE	RÉTRIBUÉE	DÉFROQUÉE	PAUSE-CAFÉ
RÉADAPTÉE	ATTRIBUÉE	DÉTROQUÉE	CYBERCAFÉ
INADAPTÉE	DÉSEMBUÉE	CONVOQUÉE	**LUFTWAFFE**
PRÉEMPTÉE	PRODIGUÉE	PROVOQUÉE	ISOGREFFE
DÉCOMPTÉE	INTRIGUÉE	DÉBARQUÉE	**RADCLIFFE**
RECOMPTÉE	INSTIGUÉE	EMBARQUÉE	**TÉNÉRIFFE**
ESCOMPTÉE	DIVULGUÉE	DÉMARQUÉE	ÉBOURIFFÉ
INDOMPTÉE	HARANGUÉE	REMARQUÉE	RÉCHAUFFÉ
DÉCRYPTÉE	RALINGUÉE	REMORQUÉE	MALBOUFFE
ENCRYPTÉE	MERINGUÉE	RÉTORQUÉE	**THÉODULFE**
CONCERTÉE	SERINGUÉE	EXTORQUÉE	COLOMBAGE
CONFORTÉE	DÉVERGUÉE	DÉMASQUÉE	ENGERBAGE
COLPORTÉE	ENVERGUÉE	DÉBUSQUÉE	SURFAÇAGE
REMPORTÉE	SUBJUGUÉE	EMBUSQUÉE	DÉGLAÇAGE
COMPORTÉE	CONJUGUÉE	OFFUSQUÉE	RAPIÉÇAGE
RAPPORTÉE	RÉÉVALUÉE	RÉÉDUQUÉE	APPLICAGE
SUPPORTÉE	DÉPOLLUÉE	EMBOUQUÉE	MATRIÇAGE
BALLASTÉE	TRANSMUÉE	EFFECTUÉE	MASTICAGE
CONTESTÉE	CONTINUÉE	PERPÉTUÉE	RUSTICAGE
PROTESTÉE	RENFLOUÉE	ENTRE-TUÉE	FAÏENÇAGE
ATTRISTÉE	SOUS-LOUÉE	DESTITUÉE	DÉFONÇAGE
COMPOSTÉE	DÉSAVOUÉE	RESTITUÉE	DÉBLOCAGE
RÉAJUSTÉE	CORNAQUÉE	INSTITUÉE	DÉFLOCAGE
INCRUSTÉE	EMBRAQUÉE	ACCENTUÉE	DÉMARCAGE
REGRATTÉE	TERRAQUÉE	UNISEXUÉE	GRENADAGE
ASSIETTÉE	MATRAQUÉE	REMBLAVÉE	SCHEIDAGE
RACKETTÉE	DÉTRAQUÉE	CHOURAVÉE	RENVIDAGE
TABLETTÉE	DISSÉQUÉE	INACHEVÉE	GALANDAGE
TOILETTÉE	ÉRADIQUÉE	SURÉLEVÉE	DÉBARDAGE
REGRETTÉE	PRÉDIQUÉE	MAINLEVÉE	CAFARDAGE
LEVRETTÉE	SYNDIQUÉE	ENJOLIVÉE	BAVARDAGE
BROUETTÉE	TRAFIQUÉE	RÉACTIVÉE	SABORDAGE
MOQUETTÉE	RÉPLIQUÉE	INACTIVÉE	RETORDAGE
SCHLITTÉE	IMPLIQUÉE	ADDITIVÉE	ÉCHAUDAGE
ACQUITTÉE	APPLIQUÉE	DÉMOTIVÉE	MARAUDAGE
REQUITTÉE	DUPLIQUÉE	IMMOTIVÉE	TARAUDAGE
MARCOTTÉE	EXPLIQUÉE	PRÉSERVÉE	RAVAUDAGE
BOYCOTTÉE	PHÉNIQUÉE	CONSERVÉE	VOYAGEAGE
BALLOTTÉE	SURPIQUÉE	RÉPROUVÉE	VOLIGEAGE
BOULOTTÉE	FABRIQUÉE	APPROUVÉE	ÉPONGEAGE
ROULOTTÉE	IMBRIQUÉE	RETROUVÉE	LIMOGEAGE
MARMOTTÉE	RUBRIQUÉE	COMPLEXÉE	ÉGRUGEAGE
DÉCROTTÉE	AFFRIQUÉE	MINIMEXÉE	MARCHÉAGE
GARROTTÉE	INTRIQUÉE	REMBLAYÉE	TÉLÉPÉAGE

CHAUFFAGE	TREILLAGE	EMPENNAGE	AFFOURAGÉ
ÉTOUFFAGE	TREILLAGÉ	FAÇONNAGE	DÉTOURAGE
DÉSENGAGÉ	CUEILLAGE	MAÇONNAGE	ENTOURAGE
SERINGAGE	BATILLAGE	BIDONNAGE	VOITURAGE
RABÂCHAGE	OUTILLAGE	TALONNAGE	BOUTURAGE
PANACHAGE	FEUILLAGE	PILONNAGE	ÉBAVURAGE
ARRACHAGE	MOUILLAGE	CANONNAGE	DÉGIVRAGE
ENSACHAGE	TOUILLAGE	BARONNAGE	DÉPHASAGE
DÉTACHAGE	DÉCOLLAGE	BÉTONNAGE	DÉBRASAGE
REPÊCHAGE	RECOLLAGE	PITONNAGE	RÉALÉSAGE
AFFICHAGE	ENCOLLAGE	ENTONNAGE	CHEMISAGE
AGUICHAGE	BRICOLAGE	SAVONNAGE	TANNISAGE
BRANCHAGE	GONDOLAGE	RAYONNAGE	REPRISAGE
TRANCHAGE	BARIOLAGE	GAZONNAGE	AIGUISAGE
DÉCOCHAGE	FIGNOLAGE	PATRONAGE	SURDOSAGE
ENCOCHAGE	**LOON-PLAGE**	ÉCHARNAGE	TABASSAGE
DÉROCHAGE	DÉFERLAGE	MATERNAGE	RAMASSAGE
ÉCORCHAGE	SABOULAGE	HIVERNAGE	**LE PASSAGE**
ÉBAUCHAGE	DÉMOULAGE	RECHAPAGE	REPASSAGE
ÉPLUCHAGE	REMOULAGE	ATTRAPAGE	ADRESSAGE
MÉLOPHAGE	DÉROULAGE	DÉCRÊPAGE	GRAISSAGE
XYLOPHAGE	CAPSULAGE	ESTAMPAGE	PALISSAGE
ŒSOPHAGE	ESSAIMAGE	ESTOMPAGE	POLISSAGE
BAILLIAGE	EXPRIMAGE	ÉGRAPPAGE	FINISSAGE
GABARIAGE	DÉDOMMAGÉ	DÉCOUPAGE	MÛRISSAGE
DÉMARIAGE	ENDOMMAGÉ	RECOUPAGE	CATISSAGE
REMARIAGE	DÉGOMMAGE	DÉFIBRAGE	RATISSAGE
COLORIAGE	ENGOMMAGE	CALIBRAGE	MÉTISSAGE
CHARRIAGE	AFFERMAGE	DÉCADRAGE	RÔTISSAGE
DESSALAGE	REFORMAGE	RECADRAGE	FOUISSAGE
RECYCLAGE	HAUBANAGE	ORNIÉRAGE	ROUISSAGE
NICKELAGE	BOUCANAGE	COMMÉRAGE	DÉVISSAGE
TONNELAGE	RÉAMÉNAGÉ	COMPÉRAGE	EMBOSSAGE
CARRELAGE	SURMENAGE	PASSERAGE	TROUSSAGE
VASSELAGE	ENGRENAGE	CHIFFRAGE	CALFATAGE
PLATELAGE	SASSENAGE	SAXIFRAGE	SULFATAGE
MARTELAGE	**SASSENAGE**	ÉCLAIRAGE	FRÉGATAGE
BOTTELAGE	**STEVENAGE**	SOUTIRAGE	FRELATAGE
TRAVELAGE	DÉLIGNAGE	SURVIRAGE	TRÉMATAGE
SOUFFLAGE	ÉBORGNAGE	PERFORAGE	COLMATAGE
ÉPINGLAGE	DÉLAINAGE	**ANCHORAGE**	FORMATAGE
TRÉFILAGE	ÉGRAINAGE	ÉPAMPRAGE	HUMECTAGE
PROFILAGE	TURBINAGE	DÉMARRAGE	DÉROCTAGE
PARFILAGE	FASCINAGE	DÉFERRAGE	CACHETAGE
SURFILAGE	JARDINAGE	ÉPIERRAGE	PELLETAGE
FAUFILAGE	BOUDINAGE	DÉTERRAGE	BOULETAGE
ENTOILAGE	RAFFINAGE	ATTERRAGE	VIGNETAGE
TUSSILAGE	PRALINAGE	ÉQUERRAGE	CANNETAGE
CENTILAGE	MOULINAGE	FENÊTRAGE	SECRÉTAGE
CARTILAGE	VOISINAGE	ARBITRAGE	CAQUETAGE
DÉBALLAGE	COUSINAGE	TUTEURAGE	PAQUETAGE
EMBALLAGE	PLATINAGE	SULFURAGE	PIQUETAGE
HYPALLAGE	COLTINAGE	SAUMURAGE	CLAVETAGE
ÉCAILLAGE	BÉGUINAGE	RAINURAGE	SAUVETAGE
ÉMAILLAGE	ALEVINAGE	LABOURAGE	AFFAITAGE
BABILLAGE	DÉPANNAGE	DÉCOURAGÉ	DÉLAITAGE
HABILLAGE	EMPANNAGE	ENCOURAGÉ	SULFITAGE

HERMITAGE	PRÉLAVAGE	HYDROFUGE	DISPATCHÉ
EMBOÎTAGE	DESSÉVAGE	HYDROFUGÉ	BALOUTCHE
DÉVOLTAGE	ARCHIVAGE	TRANSFUGE	REMBAUCHÉ
DÉCANTAGE	LESSIVAGE	MONTROUGE	CHEVAUCHÉ
DAVANTAGE	ACCOUVAGE	PEAU-ROUGE	TRUCMUCHE
ARGENTAGE	DÉBLAYAGE	PEAU-ROUGE	TARBOUCHE
ARPENTAGE	MONNAYAGE	CALLIPYGE	MASCOUCHE
PATENTAGE	DÉBRAYAGE	EMPANACHÉ	PIÉDOUCHE
ÉREINTAGE	EMBRAYAGE	CADARACHE	FARLOUCHE
RACONTAGE	RESSAYAGE	THIÉRACHE	FERLOUCHE
DÉMONTAGE	CARROYAGE	BOURRACHE	DESSOUCHÉ
REMONTAGE	CORROYAGE	AMOURACHÉ	CARTOUCHE
APPONTAGE	NETTOYAGE	ANTITACHE	CARTOUCHE
CLABOTAGE	CONVOYAGE	MOUSTACHE	BAUDRUCHE
CRABOTAGE	LOUVOYAGE	ESCABÈCHE	BOSTRYCHE
BARBOTAGE	CAMBRIDGE	TÊTE-BÊCHE	YOHIMBEHE
PLACOTAGE	MUYBRIDGE	POURLÈCHE	HOHENLOHE
FRICOTAGE	COLERIDGE	POURLÉCHÉ	HACHINOHE
TRICOTAGE	BEVERIDGE	FLAMMÈCHE	ÉPIGRAPHE
BACHOTAGE	TÉLÉSIÈGE	ROMANÈCHE	GÉOGRAPHE
FOLIOTAGE	SPICILÈGE	VENTRÈCHE	BIOGRAPHE
PIANOTAGE	SACRILÈGE	ANTISÈCHE	OLOGRAPHE
CLAPOTAGE	FLORILÈGE	MATABICHE	CÉNOTAPHE
CHIPOTAGE	SORTILÈGE	MATCHICHE	SYNALÈPHE
TRIPOTAGE	PRIVILÈGE	BOURRICHE	THÉOSOPHE
REMPOTAGE	DÉSAGRÉGÉ	OROBANCHE	ZOOMORPHE
ENCARTAGE	ZEEBRUGGE	AVALANCHE	APOMORPHE
DÉPARTAGÉ	MOTONEIGE	LECLANCHÉ	ISOMORPHE
REPARTAGÉ	AUTONEIGE	BALLANCHE	ANAGLYPHE
COPARTAGE	HIROSHIGE	LAPLANCHE	TRIGLYPHE
ESSARTAGE	DÉSOBLIGÉ	REMMANCHÉ	GÉOGLYPHE
REPORTAGE	FÉLIBRIGE	DÉBRANCHÉ	APOCRYPHE
DÉLESTAGE	RECORRIGÉ	EMBRANCHÉ	SYNGNATHE
FORESTAGE	COTON-TIGE	LA TRANCHE	PROGNATHE
DÉPISTAGE	ISAAC ANGE	RETRANCHÉ	TÉLÉPATHE
ACCOSTAGE	DUDELANGE	DÉCLENCHÉ	ÉTIOPATHE
RABATTAGE	GANDRANGE	ENCLENCHÉ	MÉGALITHE
BARATTAGE	BONG RANGE	PERVENCHE	MONOLITHE
CURETTAGE	RÉARRANGÉ	RABIBOCHÉ	PISOLITHE
CULOTTAGE	ALKÉKENGE	EFFILOCHE	CRYOLITHE
CAROTTAGE	CHALLENGE	EFFILOCHÉ	HÉLIANTHE
ÉGOUTTAGE	LAVE-LINGE	MAILLOCHE	PÉRIANTHE
NOYAUTAGE	POPERINGE	GUILLOCHÉ	PHILANTHE
TUYAUTAGE	SAINTONGE	VIDE-POCHE	ÉRYMANTHE
CULBUTAGE	NÉCROLOGE	DELAROCHE	RHINANTHE
ÉQUEUTAGE	INTERROGÉ	RACCROCHÉ	AGAPANTHE
CHALUTAGE	SURCHARGE	ANICROCHE	HYDRANTHE
RABOUTAGE	SURCHARGÉ	BANCROCHE	MÉNYANTHE
FILOUTAGE	BAILLARGÉ	RAPPROCHÉ	HYACINTHE
DÉROUTAGE	FLAMBERGE	BON MARCHÉ	HYACINTHE
SERFOUAGE	CONCIERGE	RECHERCHE	HELMINTHE
ENCLOUAGE	SOUS-VERGE	RECHERCHÉ	WISIGOTHE
DÉPIQUAGE	SOUS-GORGE	ÉCOPERCHE	AIX-EN-OTHE
REPIQUAGE	CALCIFUGE	LA GUERCHE	KARLSRUHE
ASTIQUAGE	VERMIFUGE	AFFOURCHÉ	LA MALBAIE
EMBLAVAGE	FÉBRIFUGE	ENFOURCHÉ	ENTRE-HAÏE
ESCLAVAGE		NIETZSCHE	TREMBLAIE

LACHENAIE	STRATIFIÉ	CHIRURGIE	ANTINOMIE
RONCERAIE	SANCTIFIÉ	NAUMACHIE	TAXINOMIE
FOUGERAIE	FRUCTIFIÉ	RÉFLÉCHIE	ERGONOMIE
PALMERAIE	QUANTIFIÉ	INFLÉCHIE	AÉRONOMIE
POMMERAIE	IDENTIFIÉ	MONARCHIE	AGRONOMIE
NOISERAIE	PLASTIFIÉ	SYNARCHIE	AUTONOMIE
OLIVERAIE	REVIVIFIÉ	DÉGAUCHIE	TAXONOMIE
ZOOPHOBIE	DÉNAZIFIÉ	**INGOUCHIE**	BICHROMIE
ANAÉROBIE	GÉOPHAGIE	MALPIGHIE	DICHROMIE
ESTOURBIE	DYSPHAGIE	DIGRAPHIE	LOBOTOMIE
PHARMACIE	OTORRAGIE	SYMPATHIE	VAGOTOMIE
DISGRACIÉ	STRATÉGIE	ZOOPATHIE	TÉNOTOMIE
APOTHÉCIE	LOMBALGIE	MYOPATHIE	VASOTOMIE
PARAMÉCIE	OSTÉALGIE	NAUPATHIE	AUTOTOMIE
BÉNÉFICIÉ	NÉVRALGIE	**CARINTHIE**	RAFFERMIE
SUPPLICIÉ	DORSALGIE	**ZAPOROJIE**	RENDORMIE
GÉOMANCIE	CAUSALGIE	**KALMOUKIE**	RENFORMIE
DISTANCIÉ	NOSTALGIE	PALILALIE	DYSTHYMIE
RENÉGOCIÉ	PÉDAGOGIE	ÉCHOLALIE	HOMONYMIE
COASSOCIÉ	DÉMAGOGIE	**AUSTRALIE**	SYNONYMIE
ÉCLAIRCIE	ONCOLOGIE	**THESSALIE**	TOPONYMIE
OBSCURCIE	MYCOLOGIE	AFFAIBLIE	PARONYMIE
ACCOURCIE	PÉDOLOGIE	**FRÈRE ÉLIE**	MÉTONYMIE
NICOMÉDIE	PODOLOGIE	SOUAHÉLIE	ANTONYMIE
LOGOPÉDIE	IDÉOLOGIE	PÉRIHÉLIE	AUTONYMIE
RÉEXPÉDIÉ	RHÉOLOGIE	ENSEVELIE	ÉPIPHANIE
REFROIDIE	THÉOLOGIE	**DE BROGLIE**	OPIOMANIE
NÉPHRIDIE	ERGOLOGIE	NÉVROGLIE	MÉLOMANIE
POURRIDIÉ	ÉTHOLOGIE	DOMICILIÉ	MONOMANIE
OMMATIDIE	ÉTIOLOGIE	ZOOPHILIE	HYPOMANIE
NORMANDIE	AXIOLOGIE	ASSAILLIE	PYROMANIE
MAURANDIE	HOMOLOGIE	AÉROCOLIE	POTOMANIE
STIPENDIÉ	POMOLOGIE	LATIFOLIÉ	**POMÉRANIE**
PSALMODIE	ŒNOLOGIE	MULTIPLIÉ	**OCCITANIE**
PSALMODIÉ	PÉNOLOGIE	DÉSEMPLIE	**LUSITANIE**
PALINODIE	SÉNOLOGIE	ACCOMPLIE	**IPHIGÉNIE**
ARTHRODIE	SINOLOGIE	ASSOUPLIE	ONTOGÉNIE
RHAPSODIE	TONOLOGIE	ACALCULIE	CRYOGÉNIE
VOÏÉVODIE	TOPOLOGIE	**PAMPHYLIE**	COMPAGNIE
LOMBARDIE	TYPOLOGIE	ENDOGAMIE	REDÉFINIE
ABÂTARDIE	AÉROLOGIE	ALLOGAMIE	INDÉFINIE
DÉGOURDIE	SÉROLOGIE	HOMOGAMIE	IGNOMINIE
ENGOURDIE	AGROLOGIE	MONOGAMIE	**ABYSSINIE**
ASSOURDIE	VIROLOGIE	AUTOGAMIE	**FRANCONIE**
APPLAUDIE	MISOLOGIE	POLYGAMIE	GLAUCONIE
PLANCHÉIÉ	NOSOLOGIE	LIPIDÉMIE	**CALÉDONIE**
RIGIDIFIÉ	POSOLOGIE	CÉTONÉMIE	POSIDONIE
SOLIDIFIÉ	GÎTOLOGIE	TULARÉMIE	**PATAGONIE**
HUMIDIFIÉ	ONTOLOGIE	HYPERÉMIE	THÉOGONIE
FLUIDIFIÉ	CYTOLOGIE	POLYSÉMIE	**THÉOGONIE**
DRAGÉIFIÉ	SEXOLOGIE	HYPOXÉMIE	DIAPHONIE
SIMPLIFIÉ	DOXOLOGIE	EURYTHMIE	SYMPHONIE
SAPONIFIÉ	CRYOLOGIE	GÉOCHIMIE	DYSPHONIE
ÉTHÉRIFIÉ	LÉTHARGIE	BIOCHIMIE	**BABYLONIE**
ESTÉRIFIÉ	HYDRARGIE	OPHTALMIE	HÉGÉMONIE
ÉMULSIFIÉ	BIÉNERGIE	PRUD'HOMIE	CÉRÉMONIE
CLASSIFIÉ	ASYNERGIE	TÉLÉNOMIE	ACRIMONIE

ANTIMONIÉ	VAUCHÉRIE	BROSSERIE	**LA METTRIE**
PNEUMONIE	BOUCHERIE	GROSSERIE	DÉFLEURIE
CATATONIE	COUCHERIE	HORS-SÉRIE	REFLEURIE
VAGOTONIE	LOUCHERIE	GAUSSERIE	CALCIURIE
MONOTONIE	CRUCHERIE	TOUSSERIE	CÉTONURIE
HYPOTONIE	CAVALERIE	GUEUSERIE	HÉMATURIE
REMBRUNIE	DIABLERIE	BARATERIE	APPAUVRIE
ACRODYNIE	DOUBLERIE	PIRATERIE	PORPHYRIE
MISOGYNIE	JONGLERIE	AFFÉTERIE	DYSPHASIE
POLYGYNIE	RAILLERIE	PANETERIE	ACHALASIE
PATTE-D'OIE	TAILLERIE	PAPETERIE	ANAPLASIE
MONTS-JOIE	FRIOLERIE	DIPHTÉRIE	NÉOPLASIE
RABAT-JOIE	CAJOLERIE	FRUITERIE	DYSPLASIE
GARDE-VOIE	FÉCULERIE	SABOTERIE	DOCIMASIE
ENTREVOIE	MÉTAMÉRIE	PICOTERIE	**AUSTRASIE**
MULTIVOIE	MÉSOMÉRIE	BIGOTERIE	BIOSTASIE
ŒIL-DE-PIE	POLYMÉRIE	ERGOTERIE	APOSTASIE
NIDS-DE-PIE	RUBANERIE	JANOTERIE	APOSTASIÉ
ENTHALPIE	GROGNERIE	FINOTERIE	ISOSTASIE
RÉCHAMPIE	HARGNERIE	MINOTERIE	**PAPOUASIE**
TÉLÉCOPIE	ROBINERIE	SPARTERIE	ANALGÉSIE
TÉLÉCOPIÉ	BADINERIE	CHATTERIE	RAFFLÉSIE
XÉROCOPIE	RADINERIE	FLATTERIE	**MÉLANÉSIE**
AUTOCOPIE	AFFINERIE	QUITTERIE	**INDONÉSIE**
OTOSCOPIE	CÂLINERIE	MINUTERIE	**POLYNÉSIE**
ANUSCOPIE	GAMINERIE	CLOUTERIE	PLEURÉSIE
POLYCOPIÉ	RAPINERIE	**PRAGUERIE**	DESSAISIE
AMÉTROPIE	COPINERIE	DINGUERIE	RESSAISIE
ISOTROPIE	LÉSINERIE	LONGUERIE	FANTAISIE
AMBLYOPIE	MUTINERIE	DROGUERIE	CRAMOISIE
GILLESPIE	TIMONERIE	CRAQUERIE	AMBROISIE
ACCROUPIE	AUMÔNERIE	JACQUERIE	MALVOISIE
LINOTYPIE	JAPONERIE	**JACQUERIE**	ÉPILEPSIE
BAIN-MARIE	TOURNERIE	TURQUERIE	DYSPEPSIE
CONTRARIÉ	CLOWNERIE	DÉMAIGRIE	ATHREPSIE
ASSOMBRIE	TROMPERIE	RABOUGRIE	ÉCLAMPSIE
TRIANDRIE	SALOPERIE	ANARTHRIE	NÉCROPSIE
MISANDRIE	SIROPERIE	LIBRAIRIE	CIRCASSIE
ATTENDRIE	MARBRERIE	**LA PRAIRIE**	KHAKASSIE
AMOINDRIE	POUDRERIE	**BACHKIRIE**	FERRASSIE
PLOMBERIE	CONFRÉRIE	**KROUMIRIE**	DIGLOSSIE
FOURBERIE	PINGRERIE	ALLÉGORIE	DÉGROSSIE
BUANDERIE	IVOIRERIE	CATÉGORIE	**DALHOUSIE**
ÉTENDERIE	BEURRERIE	DYSPHORIE	PARALYSIE
FRONDERIE	PLÂTRERIE	ENDOLORIE	ACROBATIE
GRONDERIE	LUSTRERIE	APPROPRIÉ	**BOURIATIE**
LOURDERIE	ARMURERIE	EXPROPRIÉ	ŒDÉMATIÉ
CHEFFERIE	PARURERIE	PÉDIATRIE	SPERMATIE
MÉNAGERIE	MIÈVRERIE	PODIATRIE	AGALACTIE
LAVIGERIE	LAMASERIE	GÉRIATRIE	PROPHÉTIE
ORANGERIE	NIAISERIE	IDOLÂTRIE	PÉRIPÉTIE
FLACHERIE	ÉCLOSERIE	ZOOLÂTRIE	NON-INITIÉ
CLICHERIE	BRASSERIE	GÉOMÉTRIE	IMPÉRITIE
TRICHERIE	CRASSERIE	BIOMÉTRIE	EMPUANTIE
PULCHÉRIE	GRASSERIE	ISOMÉTRIE	APPRENTIE
PORCHERIE	CAISSERIE	ASYMÉTRIE	CONSENTIE
GAUCHERIE	HUISSERIE	INDUSTRIE	RESSENTIE

ANODONTIE	NÉOLOCALE	GERMINALE	ORIENTALE
ÉPIZOOTIE	INTERCALÉ	TERMINALE	**ORIENTALE**
ORTHOPTIE	MÉNISCALE	INGUINALE	PARENTALE
TRIPARTIE	AVANT-CALE	AUTOMNALE	PRÉVÔTALE
DESSERTIE	TOROÏDALE	DÉCENNALE	SAGITTALE
SUBVERTIE	TRACHÉALE	VICENNALE	AZIMUTALE
CONVERTIE	PÉRINÉALE	TRIENNALE	DÉCIDUALE
PERVERTIE	ASTRAGALE	DIAGONALE	MÉDIÉVALE
RASSORTIE	PÉTROGALE	RÉGIONALE	GINGIVALE
RESSORTIE	CONJUGALE	NATIONALE	PRÉFIXALE
FOURASTIÉ	MARÉCHALE	CYCLONALE	SUFFIXALE
TRAVESTIE	BICÉPHALE	HORMONALE	EFFAÇABLE
SACRISTIE	ENCÉPHALE	PATRONALE	INSÉCABLE
INABOUTIE	**BUCÉPHALE**	NEURONALE	MONOCÂBLE
ENGLOUTIE	**STYMPHALE**	CANTONALE	RÉVOCABLE
PRESBYTIE	ZÉNITHALE	HIBERNALE	PLAIDABLE
ÉPIPHYTIE	BILABIALE	INFERNALE	DÉCIDABLE
PARAPLUIE	ABSIDIALE	HIVERNALE	AMENDABLE
SAHRAOUIE	PRANDIALE	SHOGUNALE	INONDABLE
SAHRAOUIE	**CARAGIALE**	COMMUNALE	ABORDABLE
LATTAQUIÉ	BRACHIALE	SYNCOPALE	MANGEABLE
SLOVAQUIE	FAMILIALE	CÉRÉBRALE	CONGÉABLE
EAUX-DE-VIE	BINOMIALE	CARCÉRALE	FORGEABLE
THURGOVIE	DOMANIALE	VISCÉRALE	MALLÉABLE
ROAD-MOVIE	COLONIALE	PONDÉRALE	PERMÉABLE
DESSERVIE	CANONIALE	VESPÉRALE	CORVÉABLE
RESSERVIE	TROUPIALE	URÉTÉRALE	INEFFABLE
LA GALAXIE	SALARIALE	GASTÉRALE	IRRIGABLE
ARÉFLEXIE	NOTARIALE	LITTÉRALE	FATIGABLE
APOPLEXIE	IMPÉRIALE	INTÉGRALE	NAVIGABLE
TÉLÉTOXIE	ARMORIALE	TEMPORALE	GRACIABLE
STÉGOMYIE	ABBATIALE	PECTORALE	TUE-DIABLE
ANTINAZIE	PALATIALE	RECTORALE	OUBLIABLE
MACKENZIE	COMITIALE	DOCTORALE	PUBLIABLE
BILHARZIE	SYNOVIALE	PASTORALE	REPLIABLE
MILK-SHAKE	ALLUVIALE	LITTORALE	SERVIABLE
KAHNAWAKE	ILLUVIALE	SABURRALE	KAYAKABLE
THORBECKE	**KIRIKKALE**	THÉÂTRALE	PRÉALABLE
HARELBEKE	**PAMUKKALE**	SPECTRALE	SEMBLABLE
MERELBEKE	**VIGNEMALE**	ARBITRALE	DÉCELABLE
THORNDIKE	EXTRÉMALE	MONAURALE	GONFLABLE
ETOBICOKE	PROXIMALE	ÉPIDURALE	EMPILABLE
SCHNITTKE	LACRYMALE	NÉORURALE	TAILLABLE
LUCKY LUKE	DUODÉNALE	PICTURALE	MODULABLE
CANNIBALE	NOUMÉNALE	CULTURALE	CUMULABLE
ZODIACALE	SURRÉNALE	POSTURALE	ANNULABLE
STOMACALE	VACCINALE	GUTTURALE	ESTIMABLE
SYNDICALE	MUSCINALE	COLOSSALE	INFUMABLE
BEYLICALE	URÉDINALE	PRÉNATALE	ALIÉNABLE
INAMICALE	CARDINALE	NÉONATALE	INTENABLE
TROPICALE	**CARDINALE**	OBJECTALE	JOIGNABLE
AGARICALE	IMAGINALE	SOCIÉTALE	DEVINABLE
CLÉRICALE	ORIGINALE	PARIÉTALE	GOURNABLE
TRITICALE	MARGINALE	VARIÉTALE	INCUNABLE
VERTICALE	VIRGINALE	DÉCRÉTALE	INCAPABLE
CORTICALE	MACHINALE	SOMMITALE	RÉPARABLE
CERVICALE	STAMINALE	VICOMTALE	SÉPARABLE

IMPARABLE	FLOTTABLE	SAPROPÈLE	TRIMBALLÉ
NOMBRABLE	RÉFUTABLE	PARAGRÊLE	PROTHALLE
EXÉCRABLE	IMPUTABLE	DÉBOSSELÉ	ESCABELLE
LIBÉRABLE	ÉVALUABLE	ENCHÂTELÉ	MIRABELLE
INGÉRABLE	COMMUABLE	**PRAXITÈLE**	RADICELLE
TOLÉRABLE	INJOUABLE	DÉMANTELÉ	PÉDICELLE
VÉNÉRABLE	CLIQUABLE	CLIENTÈLE	PÉDICELLÉ
REPÉRABLE	BANQUABLE	PARENTÈLE	VARICELLE
MISÉRABLE	RECEVABLE	ENCASTELÉ	ÉTINCELLE
INSÉRABLE	REDEVABLE	DÉCERVELÉ	VOLUCELLE
ALTÉRABLE	RELEVABLE	RENOUVELÉ	CITADELLE
ADMIRABLE	DÉRIVABLE	ESSOUFFLÉ	HARIDELLE
DÉSIRABLE	INVIVABLE	**BONDOUFLE**	CHANDELLE
RETIRABLE	IMBUVABLE	PANTOUFLE	**BOURDELLE**
ATTIRABLE	PROUVABLE	PANTOUFLÉ	**AULU-GELLE**
MÉMORABLE	TROUVABLE	MISTOUFLE	GLACIELLE
HONORABLE	IMPAYABLE	DESSANGLÉ	PLURIELLE
FAVORABLE	INRAYABLE	RECTANGLE	PARTIELLE
FILTRABLE	PITOYABLE	ACUTANGLE	**LEUVIELLE**
MONTRABLE	INDICIBLE	CURE-ONGLE	COLUMELLE
INCURABLE	COERCIBLE	TIRE-D'AILE	**COLUMELLE**
ENDURABLE	IRASCIBLE	MALHABILE	ORGANELLE
MESURABLE	INAUDIBLE	CANTABILE	RAVENELLE
PÂTURABLE	FAILLIBLE	DIFFICILE	COLONELLE
SATURABLE	ILLISIBLE	CROCODILE	CORONELLE
ÉPUISABLE	DIVISIBLE	**GROSSE-ÎLE**	CHARNELLE
RÉVISABLE	INVISIBLE	**PETITE-ÎLE**	ÉTERNELLE
IMPOSABLE	PLAUSIBLE	COUPE-FILE	**LA CAPELLE**
OPPOSABLE	INFUSIBLE	SERRE-FILE	ROUE-PELLE
ARROSABLE	RASSEMBLÉ	TRANSFILÉ	AQUARELLE
CLASSABLE	RESSEMBLÉ	DÉFAUFILÉ	AQUARELLÉ
HAÏSSABLE	CANDOMBLÉ	BÉDÉPHILE	TÉTERELLE
RÉCUSABLE	PASO DOBLE	CINÉPHILE	**MAJORELLE**
EXCUSABLE	RÉSOLUBLE	**POLIPHILE**	CHLORELLE
REFUSABLE	INSOLUBLE	PÉDOPHILE	POUTRELLE
INDATABLE	SPECTACLE	LOGOPHILE	NATURELLE
DILATABLE	HABITACLE	HALOPHILE	FILOSELLE
INRATABLE	**EMPÉDOCLE**	HÉMOPHILE	FAISSELLE
TRACTABLE	**AGATHOCLE**	AMMOPHILE	VAISSELLE
ÉJECTABLE	COUVERCLE	XÉNOPHILE	BAGATELLE
ACHETABLE	HÉMICYCLE	CYNOPHILE	CURATELLE
REJETABLE	PÉRICYCLE	LIPOPHILE	CONSTELLÉ
TRAITABLE	MONOCYCLE	XÉROPHILE	**SOUSTELLE**
HABITABLE	MOTOCYCLE	BASOPHILE	GRATTELLE
DÉBITABLE	COLPOCÈLE	**PAUL ÉMILE**	GRADUELLE
EXCITABLE	HYDROCÈLE	FAC-SIMILÉ	MENSUELLE
VÉRITABLE	ENSORCELÉ	CAMPANILE	SENSUELLE
IRRITABLE	CICINDÈLE	PRÉSÉNILE	INUSUELLE
ÉQUITABLE	ASPHODÈLE	PRIMIPILE	FACTUELLE
ADAPTABLE	TOP-MODÈLE	HORRIPILÉ	NOCTUELLE
COMPTABLE	DÉCONGELÉ	PHOTOPILE	CULTUELLE
DOMPTABLE	PARALLÈLE	USTENSILE	VIRTUELLE
ADOPTABLE	ENTREMÊLÉ	VIBRATILE	GESTUELLE
CONSTABLE	RESSEMELÉ	VERSATILE	TEXTUELLE
CONSTABLE	**PHILOMÈLE**	INFANTILE	CARAVELLE
DUNSTABLE	ÉRÉSIPÈLE	INFERTILE	MANIVELLE
ABATTABLE	ÉRYSIPÈLE	PRESQU'ÎLE	**GRANVELLE**

ALGAZELLE	HOUSPILLÉ	**GRANVILLE**	MÉTROPOLE
FONÇAILLE	ÉTOUPILLE	**GRENVILLE**	INTERPOLÉ
CARCAILLÉ	ÉTOUPILLÉ	**BAINVILLE**	GLYCÉROLÉ
CHAMAILLE	QUADRILLE	**DAINVILLE**	BANDEROLE
CHAMAILLÉ	QUADRILLÉ	**JOINVILLE**	CASSEROLE
REMMAILLÉ	ESSORILLÉ	**IBERVILLE**	BUSSEROLE
MARMAILLE	CROUSILLE	**COURVILLE**	**VALENSOLE**
GRENAILLE	VÉRÉTILLE	**TOURVILLE**	INCONSOLÉ
GRENAILLÉ	SCINTILLÉ	**DEAUVILLE**	RAFISTOLÉ
SONNAILLE	POINTILLE	**LIOUVILLE**	CONTEMPLÉ
SONNAILLÉ	POINTILLÉ	**TROUVILLE**	SURPEUPLÉ
TRIPAILLE	ÉPONTILLE	**KNOXVILLE**	QUADRUPLE
REMPAILLÉ	PACOTILLE	**CHAMBOLLE**	QUADRUPLÉ
HARPAILLE	SAPOTILLE	ÉQUIPOLLÉ	QUINTUPLE
COUPAILLÉ	APOSTILLE	FUMEROLLE	QUINTUPLÉ
DÉBRAILLÉ	FLOTTILLE	MUSEROLLE	**PECH-MERLE**
FERRAILLE	ÉCOUTILLE	AMÉTABOLE	**QUIMPERLÉ**
FERRAILLÉ	BROUTILLE	AMPHIBOLE	**L'ARBRESLE**
TORRAILLE	ENDEUILLÉ	ROCAMBOLE	**BELLE-ISLE**
MITRAILLE	EFFEUILLÉ	**ROCAMBOLE**	**NEWCASTLE**
MITRAILLÉ	GADOUILLE	CARAMBOLE	TAILLAULE
TITRAILLE	BIDOUILLÉ	CARAMBOLÉ	MANDIBULE
COURAILLÉ	ANDOUILLE	DISCOBOLE	VESTIBULE
TOURAILLE	BAFOUILLE	TAUROBOLE	PRÉAMBULE
TRÉSAILLE	BAFOUILLÉ	HYPERBOLE	FUNAMBULE
GRISAILLE	CAFOUILLÉ	AUTO-ÉCOLE	TENTACULE
GRISAILLÉ	REFOUILLÉ	CALCICOLE	FASCICULE
PIÉTAILLE	AFFOUILLÉ	DULCICOLE	FASCICULÉ
AVITAILLÉ	CAGOUILLE	PISCICOLE	FORFICULE
VENTAILLE	MAGOUILLE	GALLICOLE	PELLICULE
TRAVAILLÉ	MAGOUILLÉ	ARÉNICOLE	PELLICULÉ
CREVAILLE	PIGOUILLÉ	LIGNICOLE	FOLLICULE
DÉGOBILLÉ	ZIGOUILLÉ	FLORICOLE	VERMICULÉ
CODICILLE	REMOUILLÉ	TERRICOLE	PANNICULE
SOURCILLÉ	GENOUILLÉ	MONTICOLE	FÉBRICULE
BRINDILLE	PAPOUILLE	HORTICOLE	MATRICULE
CORBEILLE	DÉPOUILLE	SYLVICOLE	DENTICULE
SOMMEILLÉ	DÉPOUILLÉ	PROTOCOLE	DENTICULÉ
VERMEILLE	DÉROUILLÉ	FARANDOLE	LENTICULE
CORNEILLE	VASOUILLÉ	GIRANDOLE	LENTICULÉ
CORNEILLE	ARSOUILLE	**MIRANDOLE**	MONTICULE
LATREILLE	PATOUILLE	ESPINGOLE	PARTICULE
CONSEILLÉ	PÉTOUILLÉ	ABSIDIOLE	GESTICULÉ
GROSEILLE	GAZOUILLÉ	MATTHIOLE	TESTICULE
MARSEILLE	JONQUILLE	TOURNIOLE	ONGUICULÉ
BOUTEILLE	PASQUILLE	CAMBRIOLE	CLAVICULE
MERVEILLE	RESQUILLE	GAUDRIOLE	RECALCULÉ
SURVEILLÉ	RESQUILLÉ	ARTÉRIOLE	PÉDONCULE
SPONGILLE	**ABBEVILLE**	CENTRIOLE	PÉDONCULÉ
CAMOMILLE	**BÂLE-VILLE**	GUACAMOLE	HOMONCULE
CHARMILLE	**MALEVILLE**	CHÉRIMOLE	RENONCULE
FOURMILLÉ	**AMNÉVILLE**	ESPAGNOLE	CARONCULE
DÉCANILLÉ	**LUNÉVILLE**	**ESPAGNOLE**	HOMUNCULE
ÉCHENILLÉ	**MÉRÉVILLE**	EXTRAPOLÉ	TUBERCULE
CORONILLE	**OCTEVILLE**	PENTAPOLE	MAJUSCULE
GRAPPILLÉ	**NASHVILLE**	OLIGOPOLE	MINUSCULE
ÉPARPILLÉ	**SACKVILLE**	NÉCROPOLE	INCRÉDULE

CAMALDULE	TROISIÈME	CARCINOME	NOMADISME
HIÉRODULE	VINGTIÈME	NEURINOME	MONADISME
BISAÏEULE	QUANTIÈME	ANTHONOME	JURIDISME
ÉPAGNEULE	TRENTIÈME	CHIRONOME	DRUIDISME
CARGNEULE	CINQUIÈME	MÉTRONOME	FREUDISME
PROPAGULE	TREIZIÈME	ASTRONOME	PALUDISME
TRIANGULÉ	QUINZIÈME	CHONDROME	MANDÉISME
LIBELLULE	**ANGOULÊME**	VÉLODROME	MAZDÉISME
OMBELLULE	ENTHYMÈME	CYNODROME	CANOÉISME
DISSIMULÉ	ŒDICNÈME	AÉRODROME	EXORÉISME
REFORMULÉ	TRÉPONÈME	**ROI DE ROME**	PASSÉISME
INFORMULÉ	MONOTRÈME	TRICHROME	SALAFISME
CAMPANULE	CLAIRSEMÉ	DESMOSOME	HANAFISME
GALLINULE	EMPHYSÈME	ANTIATOME	PACIFISME
DESSAOULÉ	SÉMANTÈME	PENTATOME	TABAGISME
CHAMBOULÉ	MÉRISTÈME	DICHOTOME	VISAGISME
DÉBAGOULÉ	PARADIGME	MICROTOME	DIRIGISME
ENCAGOULÉ	BIORYTHME	RHIZOTOME	ILLOGISME
BARIGOULE	PANTOMIME	PÉRISTOME	GAUCHISME
FARIGOULE	MAGNANIME	MÉROSTOME	PSYCHISME
LA NAPOULE	TERZE RIME	AMBYSTOME	GRAPHISME
GLOMÉRULE	RÉIMPRIMÉ	LÉIOMYOME	ÉRÉTHISME
PÉNINSULE	INEXPRIMÉ	MYCODERME	CHAFIISME
DÉCAPSULÉ	DÉSARRIMÉ	ENDODERME	MALÉKISME
SERRATULE	MILLÉSIME	HÉLODERME	MALIKISME
TARENTULE	MILLÉSIMÉ	HYPODERME	VOCALISME
ERGASTULE	RARISSIME	MÉSODERME	IDÉALISME
AUGUSTULE	PRIME TIME	ECTODERME	LÉGALISME
STRONGYLE	SURESTIMÉ	DIATHERME	KÉMALISME
BIPHÉNYLE	MÉSESTIME	**MONTHERMÉ**	FINALISME
DIPHÉNYLE	MÉSESTIMÉ	ISOTHERME	MORALISME
CARBONYLE	ORIFLAMME	RÉAFFIRMÉ	MURALISME
CARBONYLÉ	DIAGRAMME	FILIFORME	RURALISME
MICROPYLE	ANAGRAMME	RÉNIFORME	FATALISME
OXHYDRYLE	ÉPIGRAMME	LARIFORME	VITALISME
NITROSYLE	TRIGRAMME	PIRIFORME	LOYALISME
DIDACTYLE	PROGRAMME	PISIFORME	ROYALISME
HEXASTYLE	PROGRAMMÉ	ENSIFORME	PTYALISME
PÉRISTYLE	SAGE-FEMME	FUSIFORME	BABÉLISME
HYPOSTYLE	PRUD'HOMME	GRUIFORME	MODÉLISME
OCTOSTYLE	**PRUDHOMME**	IODOFORME	ANGÉLISME
CARBOXYLE	SOUS-HOMME	NÉOPLASME	NIHILISME
HYDROXYLE	**MORT-HOMME**	PLÉONASME	SÉNILISME
BELLE-DAME	VIDE-POMME	PHANTASME	VIRILISME
NOTRE-DAME	**PUY-DE-DÔME**	CAODAÏSME	GAULLISME
JUSQUIAME	HYBRIDOME	ARCHAÏSME	CRÉOLISME
PORTE-LAME	RHYTIDOME	HÉBRAÏSME	TRIOLISME
MÉLODRAME	MAJORDOME	PROSAÏSME	ŒNOLISME
MIMODRAME	MOBIL-HOME	SHIVAÏSME	SIMPLISME
ASPARTAME	MOTOR-HOME	STRABISME	POPULISME
MYXŒDÈME	STRATIOME	SOLÉCISME	BOTULISME
BLASPHÈME	PAPILLOME	LOGICISME	ÉTHYLISME
BLASPHÉMÉ	HYPHOLOME	STOÏCISME	ISLAMISME
POLYPHÈME	GRANULOME	ATTICISME	DYNAMISME
ÉNANTHÈME	CONDYLOME	EXORCISME	ENDÉMISME
EXANTHÈME	CARDAMOME	MÉRYCISME	TOTÉMISME
QUATRIÈME	CINNAMOME	FAÇADISME	INTIMISME

OPTIMISME	SÉMITISME	**VIENTIANE**	HYDROGÈNE
ALARMISME	FINITISME	**MOSELLANE**	HYDROGÉNÉ
URBANISME	DROITISME	**SÉVILLANE**	IATROGÈNE
MÉCANISME	SHAKTISME	AQUAPLANE	NITROGÈNE
PAGANISME	BIGOTISME	NAVIPLANE	ESTROGÈNE
ORGANISME	ARGOTISME	AÉROPLANE	APYROGÈNE
ARIANISME	ERGOTISME	**QUELIMANE**	ALLERGÈNE
MÉLANISME	IDIOTISME	MUSULMANE	TRANSGÈNE
ROMANISME	ZÉLOTISME	MYTHOMANE	DIOXYGÈNE
HUMANISME	JANOTISME	ANGLOMANE	THIOPHÈNE
SATANISME	NÉPOTISME	PRÉROMANE	PHOSPHÈNE
EUGÉNISME	CHARTISME	DIPSOMANE	ACOUPHÈNE
DJAÏNISME	SCOUTISME	ÉROTOMANE	**CLISTHÈNE**
ALBINISME	EUPHUISME	**MARIGNANE**	BUTADIÈNE
VAGINISME	ALTRUISME	FILIGRANE	DÉSALIÉNÉ
MOLINISME	INCIVISME	FILIGRANÉ	POLYAKÈNE
FÉMINISME	ARRIVISME	CARBORANE	PSORALÈNE
LUMINISME	NATIVISME	ANDORRANE	AVEUGLE-NÉ
LÉNINISME	ACTIVISME	**ANDORRANE**	MADRILÈNE
LAPINISME	PUSEYISME	PARMESANE	**MADRILÈNE**
ALPINISME	BOVARYSME	**PARMESANE**	CANTILÈNE
LATINISME	ANÉVRYSME	**VALAISANE**	STYROLÈNE
ACTINISME	PAROXYSME	CARTISANE	MÉTHYLÈNE
ÉQUINISME	GUILLAUME	PARTISANE	PROPYLÈNE
LACONISME	**GUILLAUME**	**TRÉVISANE**	ACÉTYLÈNE
HÉDONISME	AGRIPAUME	**VEVEYSANE**	**THÉRAMÈNE**
UNIONISME	DÉSENFUMÉ	TARLATANE	**TRASIMÈNE**
DÉMONISME	TRANSHUMÉ	**COPPÉTANE**	**ANAXIMÈNE**
JAPONISME	ACCOUTUMÉ	SIMULTANÉ	**ORCHOMÈNE**
PÉRONISME	ÉPIDIDYME	MOMENTANÉ	PHÉNOMÈNE
PRIAPISME	CACOCHYME	PERCUTANÉ	**MELPOMÈNE**
SINAPISME	ETHNONYME	**TUVULUANE**	HIGOUMÈNE
OLYMPISME	MATRONYME	CORDOUANE	ŒKOUMÈNE
ACHARISME	PATRONYME	**CORDOUANE**	**LAMBARÉNÉ**
GOMARISME	APOENZYME	**MANTOUANE**	ISOCARÈNE
CÉSARISME	**BARRABANE**	**VERRAZANE**	FULLERÈNE
EMPIRISME	BARBACANE	**GHILIZANE**	RASSÉRÉNÉ
RIGORISME	SARBACANE	PALÉOCÈNE	PHLYCTÈNE
APHORISME	**SILVACANE**	OLIGOCÈNE	TUNGSTÈNE
DOLORISME	BEC-DE-CANE	**DAMASCÈNE**	**CARPIAGNE**
TANTRISME	ANGLICANE	**MALAUCÈNE**	**ALLEMAGNE**
CENTRISME	GALLICANE	MOLYBDÈNE	CHAMPAGNE
CASTRISME	HURRICANE	COLLAGÈNE	**CHAMPAGNE**
LETTRISME	**CISPADANE**	**COMMAGÈNE**	**COMPIÈGNE**
NATURISME	SUCCÉDANÉ	ABORIGÈNE	**SARDAIGNE**
FUTURISME	KORRIGANE	**ABORIGÈNE**	BRÉHAIGNE
ANÉVRISME	SALANGANE	TERRIGÈNE	RESSAIGNÉ
ARGYRISME	**BERLUGANE**	MÉLONGÈNE	CHÂTAIGNE
FANATISME	COLOPHANE	GLYCOGÈNE	**MONTAIGNE**
DONATISME	**XÉNOPHANE**	PALÉOGÈNE	RENSEIGNÉ
DOCÉTISME	HALOTHANE	OSTÉOGÈNE	NON-ALIGNÉ
ASCÉTISME	**LESOTHANE**	PATHOGÈNE	DÉSALIGNÉ
EIDÉTISME	NIGÉRIANE	CARIOGÈNE	TIRE-LIGNE
QUIÉTISME	**NIGÉRIANE**	ANXIOGÈNE	**GASCOIGNE**
MIMÉTISME	VALÉRIANE	FILMOGÈNE	RÉASSIGNÉ
GÉNÉTISME	**BACTRIANE**	CYANOGÈNE	SOUSSIGNÉ
CINÉTISME	**LOUISIANE**	ANDROGÈNE	ÉGRATIGNÉ

BARGUIGNÉ	BALANCINE	ORPHELINE	**CISALPINE**
DELAVIGNE	ROMANCINE	**VALTELINE**	**AGRIPPINE**
BOURGOGNE	RATIOCINÉ	MANUÉLINE	RÉSERPINE
BOURGOGNE	OCYTOCINE	JAQUELINE	**AUBESPINE**
CATALOGNE	RÉSORCINE	UROBILINE	TURLUPINÉ
CATALOGNE	HALLUCINÉ	INQUILINE	**STOLYPINE**
RENFROGNÉ	MUSCADINE	CORALLINE	MUSCARINE
LA COROGNE	GRENADINE	VITELLINE	MANDARINE
DAUVERGNE	**GRENADINE**	VANILLINE	GRÉGARINE
AFRICAINE	PINTADINE	SIBYLLINE	MARGARINE
AFRICAINE	HISTIDINE	MANDOLINE	COUMARINE
MEXICAINE	TOLUIDINE	PICHOLINE	NECTARINE
MEXICAINE	BENZIDINE	CRINOLINE	ALIZARINE
LIDOCAÏNE	TRIANDINE	SANTOLINE	ENDOCRINE
MAROCAINE	GIRONDINE	STRIP-LINE	ÉPHÉDRINE
MAROCAINE	**GIRONDINE**	GLOBULINE	GLYCÉRINE
BOURCAINE	**VOJVODINE**	SACCULINE	GLYCÉRINÉ
BOURDAINE	GABARDINE	MASCULINE	TANGERINE
PROCHAINE	**GIVORDINE**	STIMULINE	**CATHERINE**
TOMBLAINE	**RENAUDINE**	DÉGOULINÉ	BALLERINE
TIRE-LAINE	**POYAUDINE**	SPIRULINE	**BELLERINE**
RIVELAINE	DÉCAFÉINÉ	FISTULINE	**KASSERINE**
INHUMAINE	PHTALÉINE	VINCAMINE	PASSERINE
RIVERAINE	MADELEINE	RHODAMINE	ÉRYTHRINE
SUZERAINE	**MADELEINE**	CARDAMINE	LITTORINE
TIBÉTAINE	LINOLÉINE	BENJAMINE	**LAPERRINE**
TIBÉTAINE	ACROLÉINE	ARYLAMINE	PURPURINE
MURÉTAINE	TIRE-VEINE	MONOAMINE	SARRASINE
CHEFTAINE	EXTRAFINE	BALSAMINE	**FARNÉSINE**
VINGTAINE	DIOLÉFINE	CONTAMINÉ	ORGANSINÉ
CAPITAINE	PARAFFINE	PROTAMINE	ADÉNOSINE
PURITAINE	PARAFFINÉ	HISTAMINE	BÉCASSINE
LUSITAINE	SUPERFINE	RÉEXAMINÉ	**BÉCASSINE**
LUSITAINE	SAUVAGINE	POLYAMINE	DAMASSINE
AQUITAINE	LENTIGINE	DISSÉMINÉ	ASSASSINE
AQUITAINE	MÉLONGINE	PORTEMINE	ASSASSINÉ
VOULTAINE	**PRIGOGINE**	RÉCRIMINÉ	**DOUESSINE**
TRENTAINE	AUBERGINE	INCRIMINÉ	LIMOUSINE
LOINTAINE	**LA MACHINE**	ENCALMINÉ	**LIMOUSINE**
QUINTAINE	**INDOCHINE**	PRÉDOMINÉ	NOUGATINE
BROUTAINE	BRIOCHINE	STYLOMINE	**BRÉHATINE**
ROSNY AÎNÉ	**BRIOCHINE**	DÉTERMINÉ	**ZAMIATINE**
QUINZAINE	SÉRAPHINE	EXTERMINÉ	PRÉLATINE
SCRIABINE	**JOSÉPHINE**	MANGANINE	**BERRATINE**
SKRIABINE	PHOSPHINE	MEZZANINE	SÉCRÉTINE
BARALBINE	LÉCITHINE	**IESSENINE**	PALMITINE
YOHIMBINE	**POUCHKINE**	THRÉONINE	ACONITINE
RECOMBINÉ	**POTEMKINE**	SATURNINE	**DEWOITINE**
COLOMBINE	MOLESKINE	**BAKOUNINE**	COBALTINE
COLOMBINE	PERCALINE	MACÉDOINE	ENFANTINE
THROMBINE	MESCALINE	**MACÉDOINE**	GALANTINE
REMBOBINÉ	**SAKHALINE**	STRAMOINE	**PALANTINE**
YTTERBINE	CORNALINE	ANTIMOINE	ÉGLANTINE
BITURBINE	**MESSALINE**	PÉRITOINE	LEVANTINE
CONCUBINE	CHEVALINE	SUBALPINE	**LEVANTINE**
THYLACINE	MICHELINE	PRÉALPINE	BYZANTINE
REVACCINÉ	NÉPHÉLINE	CISALPINE	**BYZANTINE**

VICENTINE	**BALMÉENNE**	**AMÉLIENNE**	PELVIENNE
ARGENTINE	GHANÉENNE	CHILIENNE	MARXIENNE
ARGENTINE	**GHANÉENNE**	**CHILIENNE**	**BATZIENNE**
TARENTINE	GUINÉENNE	AZILIENNE	**GRAULENNE**
BISONTINE	**GUINÉENNE**	BOOLIENNE	PARIPENNÉ
BISONTINE	**BALNÉENNE**	**MARLIENNE**	**LA GARENNE**
BARBOTINE	LINNÉENNE	SERLIENNE	CITOYENNE
LAMARTINE	**CERNÉENNE**	OURLIENNE	MITOYENNE
LIBERTINE	CORNÉENNE	PAULIENNE	**CARRYENNE**
ALBERTINE	**ROSNÉENNE**	PERMIENNE	DÉSABONNÉ
HUBERTINE	**ACCRÉENNE**	CRÂNIENNE	CHARBONNÉ
MAMERTINE	**SEGRÉENNE**	IRANIENNE	**BOURBONNE**
PALESTINE	**TIGRÉENNE**	**IRANIENNE**	REFAÇONNÉ
CELESTINE	**VITRÉENNE**	ASINIENNE	ÉTANÇONNÉ
INTESTINE	**ISTRÉENNE**	**OXONIENNE**	POINÇONNÉ
CHRISTINE	**VAURÉENNE**	FÉROÏENNE	TRONÇONNÉ
AUGUSTINE	AZURÉENNE	**FÉROÏENNE**	SOUPÇONNÉ
AGGLUTINÉ	**AZURÉENNE**	CARPIENNE	ABANDONNÉ
VELOUTINE	**NOISÉENNE**	**CASPIENNE**	**CHARDONNE**
EMBÉGUINÉ	**SOISÉENNE**	**ISARIENNE**	COORDONNÉ
CHAFOUINE	**VANSÉENNE**	OVARIENNE	BOURDONNÉ
MAROQUINÉ	**BASSÉENNE**	OMBRIENNE	**DIEUDONNÉ**
TRUSQUINÉ	**COSSÉENNE**	**OMBRIENNE**	DRAGEONNÉ
DERJAVINE	**RUSSÉENNE**	**LOCRIENNE**	CHIFFONNE
POITEVINE	ÉLYSÉENNE	**FLÉRIENNE**	CHIFFONNÉ
POITEVINE	**JANZÉENNE**	**IMÉRIENNE**	GRIFFONNÉ
THYROXINE	HAWAÏENNE	ATÉRIENNE	BOUFFONNE
ANATOXINE	**HAWAÏENNE**	OUGRIENNE	BOUFFONNÉ
EXOTOXINE	AMIBIENNE	**ÉMIRIENNE**	FOURGONNÉ
LIMOUXINE	**GAMBIENNE**	TERRIENNE	RONCHONNE
HYDRAZINE	ZAMBIENNE	**ESTRIENNE**	RONCHONNÉ
FONVIZINE	**ZAMBIENNE**	**MAURIENNE**	TORCHONNÉ
KARAMZINE	LESBIENNE	VAURIENNE	BOUCHONNÉ
GALITZINE	**LESBIENNE**	**GÉVRIENNE**	**FORGIONNE**
SCRIBANNE	**DOUBIENNE**	SÉVRIENNE	**FORMIONNE**
ENRUBANNÉ	**TRACIENNE**	**SÉVRIENNE**	VIBRIONNÉ
URÉTHANNE	**ANICIENNE**	**ALÉSIENNE**	PENSIONNÉ
TÉLÉBENNE	ACADIENNE	**ONÉSIENNE**	PASSIONNÉ
GOLBÉENNE	**ACADIENNE**	CAPSIENNE	FISSIONNÉ
CORBÉENNE	**ARÉDIENNE**	TARSIENNE	STATIONNÉ
CRÉCÉENNE	GARDIENNE	PERSIENNE	OVATIONNÉ
CALCÉENNE	**GORDIENNE**	**MEUSIENNE**	SECTIONNÉ
LANCÉENNE	**ASCÉIENNE**	**CLUSIENNE**	MENTIONNÉ
PHOCÉENNE	FUÉGIENNE	ONUSIENNE	ÉMOTIONNÉ
PHOCÉENNE	**FUÉGIENNE**	**CLÉTIENNE**	BASTIONNÉ
BOSCÉENNE	**MORGIENNE**	**UZÉTIENNE**	CAUTIONNÉ
PRADÉENNE	**BURGIENNE**	HAÏTIENNE	DOUBLONNÉ
CANDÉENNE	VOSGIENNE	**HAÏTIENNE**	HOUBLONNÉ
MANDÉENNE	**VOSGIENNE**	KANTIENNE	ÉCHELONNÉ
VENDÉENNE	PYTHIENNE	LAOTIENNE	MAMELONNÉ
VENDÉENNE	FIDJIENNE	**LAOTIENNE**	BUFFLONNE
CONDÉENNE	**FIDJIENNE**	BÉOTIENNE	BÂILLONNÉ
MAZDÉENNE	IRAKIENNE	**BÉOTIENNE**	GROGNONNE
ARCHÉENNE	**IRAKIENNE**	MARTIENNE	GROGNONNÉ
SILLÉENNE	ITALIENNE	**MARTIENNE**	CRAMPONNÉ
BOOLÉENNE	**ITALIENNE**	AOÛTIENNE	**CAMBRONNE**
ARAMÉENNE	ABÉLIENNE	**KIÉVIENNE**	GOUDRONNÉ

BIBERONNÉ	SYNCHRONE	TÉLESCOPÉ	SIMULACRE
AUGERONNE	ISOCHRONE	CAMÉSCOPE	INVOLUCRE
AUGERONNE	CORTISONE	PÉRISCOPE	TÉTRAÈDRE
BRIÉRONNE	MONOPSONE	ENDOSCOPE	ICOSAÈDRE
CLAIRONNÉ	**GLADSTONE**	AÉROSCOPE	PENTAÈDRE
ENVIRONNÉ	**MAIDSTONE**	HOROSCOPE	HEPTAÈDRE
POLTRONNE	**THURSTONE**	GYROSCOPE	**PÉRIANDRE**
FLEURONNÉ	PANETTONE	NYCTALOPE	CORIANDRE
CHEVRONNÉ	RÉINCARNÉ	INTERLOPE	ESCLANDRE
LIAISONNÉ	PREMIER-NÉ	PHALAROPE	**SCAMANDRE**
CLOISONNÉ	DERNIER-NÉ	GUIDEROPE	**TERPANDRE**
COURSONNE	ENCASERNÉ	EMMÉTROPE	CASSANDRE
MOISSONNÉ	CONSTERNÉ	AZÉOTROPE	**CASSANDRE**
FRISSONNÉ	PROSTERNÉ	SOUS-NAPPE	**ALEXANDRE**
ÉCUSSONNÉ	BALIVERNE	**CHRYSIPPE**	POLYANDRE
MÉGATONNE	SALICORNE	DÉVELOPPÉ	DESCENDRE
CAPITONNÉ	**HAWTHORNE**	ENVELOPPE	SUSPENDRE
CHANTONNÉ	**GROS-MORNE**	ENVELOPPÉ	DÉPRENDRE
PELOTONNÉ	MALITORNE	MÉTACARPE	MÉPRENDRE
KILOTONNE	MARITORNE	PÉRICARPE	REPRENDRE
GLOUTONNE	**SWINBURNE**	ENDOCARPE	APPRENDRE
DÉGAZONNÉ	**MELBOURNE**	PILOCARPE	PRÉTENDRE
ENGAZONNÉ	CONTOURNÉ	MÉSOCARPE	**MONTENDRE**
MORRICONE	BISTOURNÉ	ARTOCARPE	DISTENDRE
MÉTHADONE	RISTOURNE	**POLYCARPE**	SURVENDRE
BELLADONE	RISTOURNÉ	HYPOTAUPE	ENCEINDRE
ENNÉAGONE	TACITURNE	PRÉOCCUPÉ	DÉPEINDRE
TARRAGONE	**AKWESASNE**	**GUADALUPE**	REPEINDRE
TÉTRAGONE	NOUVEAU-NÉ	ARCHÉTYPE	ÉPREINDRE
PENTAGONE	**PAMPELUNE**	RONÉOTYPE	ÉTREINDRE
PENTAGONE	PITCHOUNE	PHÉNOTYPE	DÉTEINDRE
HEPTAGONE	SCOUMOUNE	STÉNOTYPE	ATTEINDRE
ARCHÉGONE	DÉFORTUNE	PHOTOTYPE	ADJOINDRE
SPOROGONE	INFORTUNE	PROTOTYPE	DÉJOINDRE
MÉGAPHONE	INFORTUNÉ	CARYOTYPE	REJOINDRE
TÉLÉPHONE	IMPORTUNE	ÉCART-TYPE	ENJOINDRE
TÉLÉPHONÉ	IMPORTUNÉ	HYPERBARE	CONFONDRE
TAXIPHONE	OPPORTUNE	RICERCARE	PARFONDRE
BIGOPHONE	QUELQU'UNE	GYROPHARE	MORFONDRE
BIGOPHONÉ	**FORT WAYNE**	**ROESELARE**	SOUS-ORDRE
ALLOPHONE	ANDROGYNE	**CELLAMARE**	DISTORDRE
XYLOPHONE	**MASKELYNE**	NULLIPARE	SAUPOUDRÉ
HOMOPHONE	**MNÉMOSYNE**	PRIMIPARE	DISSOUDRE
LUSOPHONE	**GOLITSYNE**	MULTIPARE	CLEPSYDRE
SAXOPHONE	**SULLOM VOE**	DÉSEMPARÉ	RÉVERBÈRE
GIORGIONE	HANDICAPÉ	SOLFATARE	RÉVERBÉRÉ
BOUGLIONE	PARTICIPE	ENTÉNÉBRÉ	CHÉLICÈRE
BARCELONE	PARTICIPÉ	DÉCÉRÉBRÉ	INSINCÈRE
PORTELONE	CASSE-PIPE	ÉQUILIBRE	CLADOCÈRE
MAGUELONE	SURÉQUIPÉ	ÉQUILIBRÉ	INCARCÉRÉ
QUINOLONE	DÉSÉQUIPÉ	**ÉTAT LIBRE**	**SAINT-CÉRÉ**
PROVOLONE	PÉDIPALPE	GINGEMBRE	CONFÉDÉRÉ
PHÉROMONE	COÏNCULPÉ	SEPTEMBRE	BELVÉDÈRE
PORDENONE	**THÉOPOMPE**	CONCOMBRE	CONSIDÉRÉ
FROSINONE	MOTOPOMPE	SURNOMBRE	INDIFFÉRÉ
LITHOPONE	AUTOPOMPE	INSALUBRE	ZINCIFÈRE
LAZZARONE	TÉLESCOPE	AMBULACRE	CRUCIFÈRE

MELLIFÈRE	TRÉFLIÈRE	BOURSIÈRE	OLIGOMÈRE
PROLIFÉRÉ	MOBILIÈRE	COURSIÈRE	AGGLOMÉRÉ
CHYLIFÈRE	FAMILIÈRE	BRASSIÈRE	TAUTOMÈRE
MAMMIFÈRE	OUILLIÈRE	BAISSIÈRE	**ELLESMERE**
GEMMIFÈRE	PAROLIÈRE	CAISSIÈRE	CONGÉNÈRE
GOMMIFÈRE	**TAVOLIERE**	GLISSIÈRE	**LATÉCOÈRE**
GUMMIFÈRE	FÉCULIÈRE	BROSSIÈRE	GRAND-PÈRE
URANIFÈRE	SÉCULIÈRE	GROSSIÈRE	OBTEMPÉRÉ
URINIFÈRE	RÉGULIÈRE	HAUSSIÈRE	**DUMAS PÈRE**
SOMNIFÈRE	CHAUMIÈRE	POUSSIÈRE	DÉSESPÉRÉ
FLORIFÈRE	LÉGUMIÈRE	ÉCLUSIÈRE	SAINT-PÈRE
SPORIFÈRE	RUBANIÈRE	TABATIÈRE	**SAINT-PÈRE**
CUPRIFÈRE	BANANIÈRE	ALFATIÈRE	DEMI-FRÈRE
LACTIFÈRE	CASANIÈRE	RÉGATIÈRE	BEAU-FRÈRE
MORTIFÈRE	TISANIÈRE	CAFETIÈRE	**VAL-D'ISÈRE**
PESTIFÉRÉ	DOUANIÈRE	GILETIÈRE	DÉBLATÉRÉ
UNGUIFÈRE	GRAINIÈRE	MULETIÈRE	CARACTÈRE
INTERFÉRÉ	LAPINIÈRE	CIMETIÈRE	TRILITÈRE
TRANSFÉRÉ	SAPINIÈRE	CANETIÈRE	DÉSALTÉRÉ
HERBAGÈRE	PÉPINIÈRE	PANETIÈRE	MÉSENTÈRE
FROMAGÈRE	MARINIÈRE	LUNETIÈRE	AMPHOTÈRE
PASSAGÈRE	RÉSINIÈRE	PAPETIÈRE	MÉGAPTÈRE
MESSAGÈRE	MATINIÈRE	**FURETIÈRE**	HÉMIPTÈRE
PAYSAGÈRE	POTINIÈRE	BUVETIÈRE	PÉRIPTÈRE
PRÉDIGÉRÉ	GAZINIÈRE	CUBITIÈRE	MÉCOPTÈRE
RÉFRIGÉRÉ	PIONNIÈRE	DROITIÈRE	HOMOPTÈRE
ÉTRANGÈRE	LIMONIÈRE	HÉRITIÈRE	MONOPTÈRE
DAVANGERE	AUMÔNIÈRE	FRUITIÈRE	POLYPTÈRE
HARENGÈRE	PÉRONIÈRE	FRONTIÈRE	DICASTÈRE
BÉRENGÈRE	CHARNIÈRE	SABOTIÈRE	MONASTÈRE
HORLOGÈRE	FALUNIÈRE	FAGOTIÈRE	MAGISTÈRE
LA LÉCHÈRE	ÉQUIPIÈRE	ÉCHOTIÈRE	**FINISTÈRE**
BOSSCHÈRE	**COURPIÈRE**	COURTIÈRE	MINISTÈRE
GÉOSPHÈRE	CROUPIÈRE	TOURTIÈRE	PRIMEVÈRE
BIOSPHÈRE	CIGARIÈRE	GOUTTIÈRE	PERSÉVÉRÉ
EXOSPHÈRE	MARBRIÈRE	ÉMEUTIÈRE	CACAOYÈRE
ŒNOTHÈRE	FONDRIÈRE	MORUTIÈRE	HAINUYÈRE
CANEBIÈRE	POUDRIÈRE	BANQUIÈRE	**HAINUYÈRE**
TOURBIÈRE	SOUFRIÈRE	**JONQUIÈRE**	HENNUYÈRE
GIBECIÈRE	**SOUFRIÈRE**	PARQUIÈRE	**HENNUYÈRE**
POLICIÈRE	CLAIRIÈRE	BAUQUIÈRE	**LA BRUYÈRE**
PRINCIÈRE	GUERRIÈRE	ÉTRIVIÈRE	BERRUYÈRE
BUANDIÈRE	FOURRIÈRE	ÉPERVIÈRE	**BERRUYÈRE**
CHAUDIÈRE	PLÂTRIÈRE	**FOURVIÈRE**	DÉCHIFFRÉ
CHAUDIÈRE	HUÎTRIÈRE	BRONZIÈRE	ENGOUFFRÉ
PALUDIÈRE	VENTRIÈRE	**BROUCKÈRE**	SOUS-FIFRE
GREFFIÈRE	ORDURIÈRE	ÉCAILLÈRE	RÉINTÉGRÉ
TRUFFIÈRE	PARURIÈRE	**FEUILLÈRE**	CHAT-TIGRE
DOUCHIÈRE	ROTURIÈRE	HOUILLÈRE	XÉNARTHRE
GOUTHIÈRE	CHEVRIÈRE	MOUILLÈRE	SALICAIRE
CAVALIÈRE	POIVRIÈRE	TÉTRAMÈRE	PULICAIRE
ÉRABLIÈRE	CHAISIÈRE	PENTAMÈRE	CIMICAIRE
OISELIÈRE	GLAISIÈRE	GRAND-MÈRE	LORICAIRE
ROSELIÈRE	BRAISIÈRE	**GRAND-MÈRE**	URTICAIRE
MUSELIÈRE	FRAISIÈRE	ROCHE-MÈRE	**BEAUCAIRE**
BATELIÈRE	CROISIÈRE	BELLE-MÈRE	DÉCADAIRE
HÔTELIÈRE	**LAROSIÈRE**	MÔN-KHMÈRE	SOLIDAIRE

LAPIDAIRE	LIMONAIRE	DÉCISOIRE	**BANGALORE**
NUCLÉAIRE	SAPONAIRE	DÉRISOIRE	**MANGALORE**
BALNÉAIRE	CORONAIRE	GLISSOIRE	SOLIFLORE
REDÉFAIRE	LACUNAIRE	ÉPISSOIRE	UNICOLORE
TARIFAIRE	LAGUNAIRE	INFUSOIRE	TRICOLORE
ANSCHAIRE	TÉMÉRAIRE	DÉLUSOIRE	CONCOLORE
CAMBIAIRE	NUMÉRAIRE	ILLUSOIRE	INEXPLORÉ
GLACIAIRE	CINÉRAIRE	SUDATOIRE	COMMÉMORÉ
PLAGIAIRE	FUNÉRAIRE	ALÉATOIRE	**BALTIMORE**
STAGIAIRE	HONORAIRE	ROGATOIRE	DÉSHONORÉ
CONGIAIRE	RENTRAIRE	DILATOIRE	MILLÉPORE
MILLIAIRE	CONTRAIRE	DÎNATOIRE	MADRÉPORE
HERNIAIRE	PORTRAIRE	EUPATOIRE	INCORPORÉ
PARTIAIRE	ABSTRAIRE	GIRATOIRE	EXPECTORÉ
TERTIAIRE	DISTRAIRE	MORATOIRE	DRUGSTORE
BESTIAIRE	**BÉLISAIRE**	NATATOIRE	HERBIVORE
VESTIAIRE	ÉMISSAIRE	ROTATOIRE	PISCIVORE
BRÉVIAIRE	GLOSSAIRE	NOVATOIRE	FRUGIVORE
CAVALAIRE	FAUSSAIRE	VEXATOIRE	GRANIVORE
TUTÉLAIRE	VACATAIRE	AUDITOIRE	CARNIVORE
JUBILAIRE	LOCATAIRE	VOMITOIRE	CORROMPRE
SIMILAIRE	LÉGATAIRE	MONITOIRE	MALPROPRE
BASILAIRE	DONATAIRE	ÉCRITOIRE	EMPOURPRÉ
STELLAIRE	COMÉTAIRE	MÉRITOIRE	REDÉMARRÉ
AXILLAIRE	MONÉTAIRE	PÉTITOIRE	**DAMPIERRE**
ARÉOLAIRE	ORBITAIRE	**LA RAVOIRE**	**DOMPIERRE**
BIPOLAIRE	MILITAIRE	**BAS-EMPIRE**	CIMETERRE
DIPOLAIRE	SOLITAIRE	TRANSPIRÉ	FUMETERRE
COMPLAIRE	SANITAIRE	PRESCRIRE	GUÉGUERRE
TABULAIRE	PARITAIRE	PROSCRIRE	À ENQUERRE
LOBULAIRE	CAVITAIRE	SOUSCRIRE	SOUS-VERRE
TUBULAIRE	PLANTAIRE	ÉCONDUIRE	REMBOURRÉ
MACULAIRE	ÉVENTAIRE	INSTRUIRE	DOUCEÂTRE
SÉCULAIRE	SALUTAIRE	**BRESSUIRE**	BEIGEÂTRE
MODULAIRE	MINUTAIRE	**TOUSSUIRE**	ROUGEÂTRE
NODULAIRE	BELLUAIRE	**YUNUS EMRE**	OPINIÂTRE
ANGULAIRE	DISQUAIRE	COLLABORÉ	PHONIATRE
JUGULAIRE	STATUAIRE	CHOKE-BORE	ACARIÂTRE
PILULAIRE	OBITUAIRE	HELLÉBORE	PHYSIATRE
TUMULAIRE	MORTUAIRE	CORROBORÉ	**CLÉOPÂTRE**
ANNULAIRE	PORTUAIRE	HÉLIODORE	ROUSSÂTRE
POPULAIRE	SALIVAIRE	**HÉLIODORE**	DÉCAMÈTRE
CÉRULAIRE	C'EST-À-DIRE	COMMODORE	PARAMÈTRE
INSULAIRE	INTERDIRE	**PYTHAGORE**	PARAMÉTRÉ
TITULAIRE	YORKSHIRE	**ANAXAGORE**	HEXAMÈTRE
VITULAIRE	**YORKSHIRE**	SÉMAPHORE	PARCMÈTRE
RIVULAIRE	**HAMPSHIRE**	MÉTAPHORE	ONDEMÈTRE
LORD-MAIRE	**WILTSHIRE**	**NICÉPHORE**	TÉLÉMÈTRE
GRAMMAIRE	CACHEMIRE	CANÉPHORE	POSEMÈTRE
TÉGÉNAIRE	**CACHEMIRE**	CHOÉPHORE	MACHMÈTRE
CATÉNAIRE	JALON-MIRE	GONOPHORE	DÉCIMÈTRE
ORDINAIRE	POURBOIRE	POROPHORE	AUDIMÈTRE
CULINAIRE	MANGEOIRE	PYROPHORE	PÉRIMÈTRE
LAMINAIRE	**GRINGOIRE**	PHOSPHORE	DOSIMÈTRE
SÉMINAIRE	PIED-NOIRE	PHOSPHORÉ	ALTIMÈTRE
LIMINAIRE	BAIGNOIRE	DORYPHORE	TAXIMÈTRE
LUMINAIRE	PATINOIRE	DÉTÉRIORÉ	FOCOMÈTRE

ENDOMÈTRE	TRIMESTRE	ENSELLURE	INCULTURE
PODOMÈTRE	TERRESTRE	ÉCAILLURE	SÉPULTURE
OLÉOMÈTRE	SÉQUESTRE	ÉRAILLURE	DEVANTURE
ARÉOMÈTRE	SÉQUESTRÉ	FEUILLURE	RUDENTURE
PIFOMÈTRE	**SILVESTRE**	MOUILLURE	ARGENTURE
ERGOMÈTRE	SYLVESTRE	ROUILLURE	SCULPTURE
KILOMÈTRE	**SYLVESTRE**	SOUILLURE	OUVERTURE
KILOMÉTRÉ	**LEMAISTRE**	BARIOLURE	**LA PASTURE**
BOLOMÈTRE	COMBATTRE	ACÉTYLURE	IMPOSTURE
OSMOMÈTRE	COMMETTRE	EMPAUMURE	ANGUSTURE
MANOMÈTRE	PROMETTRE	ENGRENURE	ÉGOUTTURE
NANOMÈTRE	PERMETTRE	ALUMINURE	ENCLOUURE
SONOMÈTRE	SOUMETTRE	**COLLIOURE**	EMBLAVURE
TYPOMÈTRE	CALFEUTRÉ	DÉCOUPURE	**BELLIÈVRE**
BAROMÈTRE	ALLOSAURE	SURPIQÛRE	DÉSENIVRÉ
GYROMÈTRE	DINOSAURE	ÉPAUFRURE	**VENDEUVRE**
PYROMÈTRE	**MINOTAURE**	DÉCHIRURE	COULEUVRE
POTOMÈTRE	DÉCARBURÉ	MORDORURE	MANŒUVRE
OPTOMÈTRE	RECARBURÉ	EMBARRURE	MANŒUVRÉ
GAZOMÈTRE	ENFONÇURE	BIGARRURE	DÉSŒUVRÉ
VOLTMÈTRE	PROCÉDURE	DÉFERRURE	SEMI-OUVRÉ
WATTMÈTRE	BRINGEURE	TELLURURE	OCULOGYRE
FLUXMÈTRE	**EAU D'HEURE**	EMBRASURE	SPIROGYRE
CHAMPÊTRE	DEMI-HEURE	SUR-MESURE	MÉLAMPYRE
MIEUX-ÊTRE	WATTHEURE	EMPRÉSURÉ	HYDROBASE
CONNAÎTRE	MEILLEURE	ENCLOSURE	MÉTAPHASE
DÉCALITRE	DÉSULFURÉ	RETASSURE	TÉLOPHASE
DÉCILITRE	BISULFURE	SALISSURE	MONOPHASÉ
DEMI-LITRE	DISULFURE	VOMISSURE	POLYPHASÉ
GYROMITRE	PRÉFIGURÉ	FINISSURE	LAMBLIASE
ACCROÎTRE	CONFIGURÉ	FROISSURE	PHTIRIASE
DÉCROÎTRE	ENVERGURE	CHAUSSURE	HYDROLASE
RECROÎTRE	PANACHURE	DÉCOUSURE	CELLULASE
BANC-TITRE	ÉBRÉCHURE	MANDATURE	UROKINASE
RÔLE-TITRE	ÉCORCHURE	LINÉATURE	ISOMÉRASE
SOUS-TITRE	ÉPLUCHURE	MINIATURE	INVERTASE
SOUS-TITRÉ	PHOSPHURE	TABLATURE	MÉTASTASE
LAVE-VITRE	SILICIURE	PRÉLATURE	**MÉTASTASE**
LÈVE-VITRE	SÉLÉNIURE	PRÉMATURÉ	MÉTASTASÉ
ÉPICENTRE	ARSÉNIURE	PALMATURE	HÉMOSTASE
CONCENTRÉ	ENVERJURE	DYSMATURE	HYPOSTASE
BAS-VENTRE	ANOMALURE	SIGNATURE	EXTRAVASÉ
RENCONTRE	DESSALURE	SURSATURÉ	DÉSENVASÉ
RENCONTRÉ	ENCABLURE	DICTATURE	TRANSVASÉ
SURCONTRE	ENTABLURE	RELECTURE	DIAPÉDÈSE
SURCONTRÉ	BARBELURE	STRUCTURE	CATÉCHÈSE
PRÉMONTRÉ	CRÉNELURE	STRUCTURÉ	MÉTATHÈSE
PRÉMONTRÉ	CANNELURE	VERGETURE	ANTITHÈSE
PATENÔTRE	CHAPELURE	TACHETURE	ÉPENTHÈSE
LANCASTRE	CRÊPELURE	FERMETURE	HYPOTHÈSE
ÉPIGASTRE	ENGRÊLURE	TIQUETURE	PROSTHÈSE
PÉRIASTRE	BOSSELURE	CONFITURE	**PERGOLÈSE**
FILLASTRE	DENTELURE	GARNITURE	MANGANÈSE
ZOROASTRE	GRAVELURE	EMBOÎTURE	DIAGENÈSE
ORCHESTRE	CHEVELURE	FIORITURE	ÉPIGENÈSE
ORCHESTRÉ	SOUFFLURE	TESSITURE	BIOGENÈSE
WEBMESTRE	FAUFILURE	ACCULTURÉ	OROGENÈSE

OVOGENÈSE	**AVONNAISE**	IRRÉALISÉ	PÉRENNISÉ
NÉRACAISE	**LYONNAISE**	LABIALISÉ	CARBONISÉ
BINICAISE	**NYONNAISE**	SOCIALISÉ	PRÉCONISÉ
FRANÇAISE	GABONAISE	FILIALISÉ	HARMONISÉ
FRANÇAISE	**GABONAISE**	ANIMALISÉ	MICRONISÉ
CANYCAISE	UNIONAISE	FORMALISÉ	INTRONISÉ
BAZADAISE	**SALONAISE**	NORMALISÉ	MODERNISÉ
LUANDAISE	**MILONAISE**	SIGNALISÉ	MATERNISÉ
RWANDAISE	BOLONAISE	SACRALISÉ	RATIBOISÉ
RWANDAISE	**BOLONAISE**	VASSALISÉ	**ANTIBOISE**
LOURDAISE	POLONAISE	BRUTALISÉ	FRAMBOISE
BRUGEAISE	**POLONAISE**	ANNUALISÉ	FRAMBOISÉ
JERSIAISE	**ARLONAISE**	VISUALISÉ	RIECCOISE
JERSIAISE	SÉNONAISE	ACTUALISÉ	**BRIECOISE**
BASTIAISE	**SÉNONAISE**	RITUALISÉ	**BLANCOISE**
BASTIAISE	JAPONAISE	MUTUALISÉ	**CALADOISE**
NÉPALAISE	**JAPONAISE**	SEXUALISÉ	**PÉAGEOISE**
NÉPALAISE	**VÉRONAISE**	MOT-VALISE	LIÉGEOISE
FOYALAISE	**MORONAISE**	DIÉSÉLISÉ	**LIÉGEOISE**
ANGOLAISE	BÉARNAISE	FIABILISÉ	**GANGEOISE**
ANGOLAISE	**BÉARNAISE**	VIABILISÉ	**DONGEOISE**
TOGOLAISE	FOURNAISE	STABILISÉ	**GARGEOISE**
TOGOLAISE	**FOURNAISE**	FRAGILISÉ	VERGEOISE
CAYOLAISE	ICAUNAISE	STÉRILISÉ	**BAUGEOISE**
DODOMAISE	**ICAUNAISE**	FOSSILISÉ	**BRUGEOISE**
LIBANAISE	**MELUNAISE**	SUBTILISÉ	**FRUGEOISE**
LIBANAISE	**HARARAISE**	FERTILISÉ	**MAGOGOISE**
ALBANAISE	EUPHRAISE	RÉUTILISÉ	**BIACHOISE**
ALBANAISE	**MAHORAISE**	INUTILISÉ	**FLÉCHOISE**
GOBANAISE	TIMORAISE	MÉTALLISÉ	**CLICHOISE**
SEDANAISE	**CASTRAISE**	LABELLISÉ	**ANICHOISE**
MODANAISE	**DOUVRAISE**	SATELLISÉ	**MANCHOISE**
VIGANAISE	**NYONSAISE**	JAVELLISÉ	**BINCHOISE**
ANIANAISE	ÉCOSSAISE	DIABOLISÉ	**CONCHOISE**
ÉVIANAISE	**ÉCOSSAISE**	SYMBOLISÉ	**GARCHOISE**
GUJANAISE	**SAINTAISE**	ALCOOLISÉ	**BITCHOISE**
MILANAISE	**NIORTAISE**	SURREMISE	CAUCHOISE
MILANAISE	**MAPUTAISE**	ENTREMISE	**CAUCHOISE**
ROMANAISE	**SORGUAISE**	VICTIMISÉ	**AGATHOISE**
RENANAISE	BASQUAISE	RANDOMISÉ	**SARTHOISE**
SARANAISE	BRISE-BISE	ÉCONOMISÉ	**BAMAKOISE**
TIRANAISE	OSTRACISÉ	SCOTOMISÉ	**LUSAKOISE**
MATANAISE	IMPRÉCISE	CUSTOMISÉ	**BERCKOISE**
VATANAISE	ANGLICISÉ	TRANSMISE	**AUMALOISE**
HAVANAISE	FRIANDISE	INSOUMISE	**FUMÉLOISE**
HAVANAISE	JOBARDISE	VULCANISÉ	**SORELOISE**
JAVANAISE	MUSARDISE	MÉTHANISÉ	**REVÉLOISE**
JAVANAISE	BÂTARDISE	BALKANISÉ	**WINGLOISE**
GUYANAISE	COUARDISE	GERMANISÉ	**AUXILOISE**
GUYANAISE	BAVARDISE	HISPANISÉ	**CHELLOISE**
ANTENAISE	CATÉCHISÉ	GALVANISÉ	**ÉTELLOISE**
BALINAISE	FRANCHISE	HELLÉNISÉ	**OVILLOISE**
EYSINAISE	FRANCHISÉ	MYÉLINISÉ	**ÉCULLOISE**
CAULNAISE	GLOBALISÉ	CRÉTINISÉ	**ÉTAPLOISE**
ROANNAISE	VERBALISÉ	INDEMNISÉ	**CHARLOISE**
CAENNAISE	FISCALISÉ	TYRANNISÉ	**GRAYLOISE**
CAENNAISE	VANDALISÉ	SOLENNISÉ	**GÉROMOISE**

AMIÉNOISE	TUNISOISE	RÉAPPRISE	ANHIDROSE
DOMÉNOISE	TUNISOISE	CICATRISÉ	DYSIDROSE
GRIGNOISE	CUERSOISE	ÉLECTRISÉ	PRIMEROSE
PLAINOISE	GRASSOISE	TRAÎTRISE	COUPEROSE
BRAINOISE	AMOSSOISE	SULFURISÉ	PASSEROSE
STAINOISE	LOOSSOISE	MARTYRISÉ	ÉRYTHROSE
PÉKINOISE	TRETSOISE	MÉDIATISÉ	PULLOROSE
PÉKINOISE	CREUSOISE	DRAMATISÉ	DERMATOSE
MALINOISE	ALMATOISE	DOGMATISÉ	GALACTOSE
COMINOISE	MORATOISE	CLIMATISÉ	ASBESTOSE
BÉNINOISE	EYMÉTOISE	AROMATISÉ	SYNOSTOSE
HÉNINOISE	CANÉTOISE	PRIVATISÉ	MÉTATARSE
TURINOISE	ARNÉTOISE	GADGÉTISÉ	REMBOURSÉ
GATINOISE	GIVETOISE	BUDGÉTISÉ	À MI-COURSE
ELVINOISE	SAINTOISE	ESTHÉTISÉ	CALEBASSE
ANZINOISE	COURTOISE	SOVIÉTISÉ	MÊLÉ-CASSE
THANNOISE	BRESTOISE	MAGNÉTISÉ	BAJOCASSE
BIENNOISE	CRESTOISE	DÉPOÉTISÉ	BLONDASSE
GIENNOISE	BRAYTOISE	HYPNOTISÉ	BEIGEASSE
SIENNOISE	BONDUOISE	DÉBAPTISÉ	ESCAGASSE
VIENNOISE	PRAGUOISE	REBAPTISÉ	MILLIASSE
VIENNOISE	PRAGUOISE	EXPERTISE	ÉCHALASSE
LAONNOISE	BERGUOISE	EXPERTISÉ	SURCLASSÉ
SOURNOISE	DACQUOISE	ACCORTISE	MATELASSÉ
FRESNOISE	DACQUOISE	PALETTISÉ	CAILLASSE
AVESNOISE	LACQUOISE	SUBDIVISÉ	CAILLASSÉ
BEAUNOISE	VICQUOISE	IMPROVISÉ	PAILLASSE
AGAUNOISE	LUCQUOISE	SUPERVISÉ	PAILLASSE
CHAUNOISE	IROQUOISE	PARACELSE	ANNEMASSE
SÉDUNOISE	NARQUOISE	ILDEFONSE	PLAN-MASSE
AUDUNOISE	TURQUOISE	THROMBOSE	CADENASSÉ
MEHUNOISE	LODÉVOISE	CANDIDOSE	GROGNASSE
AUTUNOISE	GENEVOISE	APOTHÉOSE	GROGNASSÉ
VIMYNOISE	GENEVOISE	ORNITHOSE	TRAÎNASSÉ
ÉTAMPOISE	DECIZOISE	PARABIOSE	PAPERASSE
DIEPPOISE	PRÉCARISÉ	AÉROBIOSE	RAPETASSÉ
BRIAROISE	VULGARISÉ	GRANDIOSE	SOUS-TASSE
DAKAROISE	GARGARISÉ	GRAPHIOSE	ÉCRIVASSÉ
BAVAROISE	SCOLARISÉ	MONILIOSE	PLEUVASSÉ
BAVAROISE	SCÉNARISÉ	FILARIOSE	PRINCESSE
VIVAROISE	PARE-BRISE	FUSARIOSE	DRUIDESSE
BEC-CROISÉ	CANCÉRISÉ	TRÉHALOSE	HARDIESSE
LAFÉROISE	MERCERISÉ	CELLULOSE	DIABLESSE
ALGÉROISE	BONDÉRISÉ	ECCHYMOSE	FAIBLESSE
ALGÉROISE	PAUPÉRISÉ	BIOCÉNOSE	BUFFLESSE
ACHÉROISE	CRATÉRISÉ	POLLINOSE	SIMPLESSE
MASÉROISE	SINTÉRISÉ	VERMINOSE	SOUPLESSE
LANGROISE	CAUTÉRISÉ	JUXTAPOSÉ	CLOWNESSE
HONGROISE	PULVÉRISÉ	ENTREPOSÉ	DOGARESSE
HONGROISE	VAMPIRISÉ	SURIMPOSÉ	TENDRESSE
SIERROISE	HERBORISÉ	DÉCOMPOSÉ	INTÉRESSÉ
SEURROISE	EUPHORISÉ	RECOMPOSÉ	PROGRESSÉ
CONTROISE	TAYLORISÉ	SUPERPOSÉ	BOUGRESSE
CRAUROISE	TEMPORISÉ	INTERPOSÉ	PRÉPRESSE
NAMUROISE	TERRORISÉ	INDISPOSÉ	COMPRESSE
SEMUROISE	FACTORISÉ	TRANSPOSÉ	COMPRESSÉ
DESVROISE	SECTORISÉ	SUREXPOSÉ	PRÊTRESSE

MAÎTRESSE	GLANDEUSE	PÉDALEUSE	PEIGNEUSE
PAUVRESSE	ÉPANDEUSE	CHIALEUSE	TEIGNEUSE
SUISSESSE	ÉMONDEUSE	GOUALEUSE	SOIGNEUSE
GROSSESSE	FRONDEUSE	CAVALEUSE	GROGNEUSE
POLITESSE	GRONDEUSE	DOUBLEUSE	HARGNEUSE
PETITESSE	DÉCODEUSE	RECELEUSE	CHAÎNEUSE
SVELTESSE	FRAUDEUSE	MODELEUSE	DRAINEUSE
PRESTESSE	NAUSÉEUSE	CISELEUSE	TRAÎNEUSE
TRISTESSE	AGRAFEUSE	BATELEUSE	DÉBINEUSE
SURBAISSÉ	GRAFFEUSE	RÂTELEUSE	BOBINEUSE
RENCAISSÉ	COIFFEUSE	JAVELEUSE	AFFINEUSE
DÉGRAISSÉ	GRIFFEUSE	NIVELEUSE	ANGINEUSE
ENGRAISSÉ	SUIFFEUSE	SIFFLEUSE	LUMINEUSE
LAPALISSE	BLUFFEUSE	RONFLEUSE	FARINEUSE
DÉPALISSÉ	BOUFFEUSE	JONGLEUSE	LÉSINEUSE
DÉFROISSÉ	MANAGEUSE	ENFILEUSE	RÉSINEUSE
RÉCÉPISSÉ	TAPAGEUSE	ARGILEUSE	MATINEUSE
CHAMPISSE	RAVAGEUSE	ENSILEUSE	PATINEUSE
LAMBRISSÉ	VOYAGEUSE	FIELLEUSE	RATINEUSE
RAPETISSÉ	BRIDGEUSE	MIELLEUSE	BUTINEUSE
ÉCREVISSE	PLONGEUSE	VIELLEUSE	FOUINEUSE
CARABOSSE	CHARGEUSE	MOELLEUSE	BRUINEUSE
SARAGOSSE	ÉGORGEUSE	BÂILLEUSE	LIMONEUSE
ISOGLOSSE	FLACHEUSE	RAILLEUSE	TOURNEUSE
SEIGNOSSE	CRACHEUSE	TEILLEUSE	LACUNEUSE
DÉCHAUSSÉ	PRÊCHEUSE	VEILLEUSE	DÉCAPEUSE
RECHAUSSÉ	CLICHEUSE	QUILLEUSE	GRIMPEUSE
ENCHAUSSÉ	TRICHEUSE	BRANLEUSE	TROMPEUSE
SURHAUSSÉ	PIOCHEUSE	RACOLEUSE	GALOPEUSE
RESCOUSSE	BROCHEUSE	RIGOLEUSE	STOPPEUSE
GARGOUSSE	CROCHEUSE	CAJOLEUSE	SIRUPEUSE
TRÉMOUSSÉ	MARCHEUSE	ENJÔLEUSE	SCABREUSE
FRIMOUSSE	HERCHEUSE	ENTÔLEUSE	NOMBREUSE
LABROUSSE	PERCHEUSE	FABULEUSE	CENDREUSE
DÉBROUSSÉ	CATCHEUSE	NÉBULEUSE	POUDREUSE
REBROUSSÉ	FAUCHEUSE	TUBULEUSE	SUBÉREUSE
DÉTROUSSÉ	PLUCHEUSE	ONDULEUSE	TUBÉREUSE
RETROUSSÉ	COUCHEUSE	NODULEUSE	ULCÉREUSE
DEMI-PAUSE	DOUCHEUSE	ANGULEUSE	SCLÉREUSE
MÉNOPAUSE	LOUCHEUSE	PAPULEUSE	COLÉREUSE
MÉSOPAUSE	FLASHEUSE	POPULEUSE	GÉNÉREUSE
ARQUEBUSE	SCABIEUSE	CRAWLEUSE	MISÉREUSE
FLAMBEUSE	SPACIEUSE	AFFAMEUSE	GAUFREUSE
PLOMBEUSE	GRACIEUSE	SQUAMEUSE	SOUFREUSE
ENROBEUSE	SPÉCIEUSE	ÉCRÉMEUSE	FLAIREUSE
BOURBEUSE	PRÉCIEUSE	VENIMEUSE	GLAIREUSE
TOURBEUSE	SOUCIEUSE	CHROMEUSE	DÉSIREUSE
APIÉCEUSE	STUDIEUSE	CHARMEUSE	VAPOREUSE
DÉPECEUSE	MAFFIEUSE	ALLUMEUSE	PÉROREUSE
SILICEUSE	ÉLOGIEUSE	BITUMEUSE	ESSOREUSE
CHANCEUSE	OUBLIEUSE	RICANEUSE	DÉVOREUSE
ÉCORCEUSE	SCARIEUSE	EFFANEUSE	PIERREUSE
BALADEUSE	GLORIEUSE	VÉNÉNEUSE	PLÂTREUSE
PARADEUSE	FACTIEUSE	ÉGRENEUSE	GOITREUSE
PLAIDEUSE	AMITIEUSE	KHÂGNEUSE	CINTREUSE
DÉCIDEUSE	CAPTIEUSE	BAIGNEUSE	MONTREUSE
VALIDEUSE	PLUVIEUSE	SAIGNEUSE	TARTREUSE

PLEUREUSE	CROÛTEUSE	OSTÉOLYSE	NOTONECTE
AMOUREUSE	BLAGUEUSE	RADIOLYSE	PROSPECTÉ
CHEVREUSE	DRAGUEUSE	HYDROLYSE	INDIRECTE
FIÉVREUSE	FONGUEUSE	HYDROLYSÉ	SUCCINCTE
CUIVREUSE	FOUGUEUSE	PHOTOLYSE	DISTINCTE
BUTYREUSE	POLLUEUSE	HISTOLYSE	DISJONCTÉ
ÉCRASEUSE	PLAQUEUSE	**DELL'ABATE**	**POLYEUCTE**
PHRASEUSE	BRAQUEUSE	STYLOBATE	ALPHABÈTE
NIAISEUSE	TRAQUEUSE	HYPERBATE	PENSE-BÊTE
GLAISEUSE	CHIQUEUSE	DUPLICATE	MYSTICÈTE
FRAISEUSE	TALQUEUSE	CANDIDATE	ÉTRANGETÉ
TAMISEUSE	CROQUEUSE	BISULFATE	DÉCACHETÉ
RÉVISEUSE	TROQUEUSE	**HARROGATE**	RECACHETÉ
DIVISEUSE	MARQUEUSE	**WATERGATE**	POLYCHÈTE
ARROSEUSE	PARQUEUSE	ROUERGATE	NOMOTHÈTE
CHASSEUSE	VISQUEUSE	**ROUERGATE**	NOTORIÉTÉ
BRASSEUSE	TRUQUEUSE	PHOSPHATE	PROPRIÉTÉ
CRASSEUSE	ONCTUEUSE	PHOSPHATÉ	INTERJETÉ
DRESSEUSE	VULTUEUSE	IMMÉDIATE	**POLYCLÈTE**
PRESSEUSE	MONTUEUSE	SÉLÉNIATE	SOUFFLETÉ
PLISSEUSE	VERTUEUSE	ARSÉNIATE	BIATHLÈTE
POISSEUSE	TORTUEUSE	PRUSSIATE	FEUILLETÉ
MOUSSEUSE	FASTUEUSE	SPARTIATE	DÉCOLLETÉ
TOUSSEUSE	FLEXUEUSE	CHOCOLATÉ	ZOOGAMÈTE
COMATEUSE	ENCAVEUSE	PHÉNOLATE	**HADRUMÈTE**
ACHETEUSE	RECEVEUSE	CARBAMATE	PROXÉNÈTE
FURETEUSE	RELEVEUSE	GLUTAMATE	DOYENNETÉ
RIVETEUSE	TROUVEUSE	ASTIGMATE	ENTIÈRETÉ
DUVETEUSE	PAGAYEUSE	ACCLIMATÉ	MASSORÈTE
VANITEUSE	BALAYEUSE	CŒLOMATE	ÉPOUSSETÉ
CAPITEUSE	RELAYEUSE	DIPLOMATE	JOYEUSETÉ
VISITEUSE	DÉRAYEUSE	NUMISMATE	TÊTE-À-TÊTE
BRUITEUSE	ESSAYEUSE	MANGANATE	HONNÊTETÉ
CHANTEUSE	MAREYEUSE	FULMINATE	SERRE-TÊTE
PLANTEUSE	GIBOYEUSE	ALUMINATE	CASSE-TÊTE
FEINTEUSE	TUTOYEUSE	**AGÉSINATE**	APPUI-TÊTE
POINTEUSE	ENVOYEUSE	ANTENNATE	CACAHUÈTE
QUINTEUSE	ENNUYEUSE	CARBONATE	PATAOUÈTE
RABOTEUSE	ESSUYEUSE	CARBONATÉ	DÉPAQUETÉ
SABOTEUSE	BRONZEUSE	INCARNATE	EMPAQUETÉ
RADOTEUSE	REDIFFUSÉ	DISPARATE	ÉCHIQUETÉ
ERGOTEUSE	TRANSFUSÉ	DÉMOCRATE	DÉCLAVETÉ
CAHOTEUSE	CI-INCLUSE	**XÉNOCRATE**	BÊCHEVETÉ
MIJOTEUSE	CORNEMUSE	EUROCRATE	LASCIVETÉ
PELOTEUSE	TOUNGOUSE	AUTOCRATE	TARDIVETÉ
CANOTEUSE	PAUCHOUSE	**POLYCRATE**	REDÉFAITE
DOMPTEUSE	MILDIOUSÉ	RÉHYDRATÉ	SOUS-FAÎTE
FLIRTEUSE	ANDALOUSE	SCÉLÉRATE	NICOLAÏTE
AVORTEUSE	**ANDALOUSE**	PERBORATE	PRÉTRAITÉ
AJUSTEUSE	**ESPINOUSE**	**ÉROSTRATE**	MALTRAITÉ
FLATTEUSE	CAMBROUSE	TELLURATE	RENTRAITE
GRATTEUSE	ANACROUSE	TUNGSTATE	ABSTRAITE
ÉMOTTEUSE	**LA PÉROUSE**	CATARACTE	DISTRAITE
FROTTEUSE	PARAPHYSE	DIFFRACTÉ	WAHHABITE
TROTTEUSE	MÉTAPHYSE	CONTRACTE	BARNABITE
GOUTTEUSE	HYPOPHYSE	CONTRACTÉ	TRILOBITE
AFFÛTEUSE	GLYCOLYSE	IDIOLECTE	IMPROBITÉ

CUCURBITE	DÉGURGITÉ	COCCOLITE	OVIPARITÉ
MORDACITÉ	RÉGURGITÉ	ALVÉOLITE	DISPARITÉ
PUGNACITÉ	INGURGITÉ	BATHOLITE	CÉLÉBRITÉ
COMPACITÉ	MALACHITE	OPHIOLITE	SALUBRITÉ
LOQUACITÉ	BRONCHITE	SÉPIOLITE	**THÉOCRITE**
JUDAÏCITÉ	RHYNCHITE	TRÉMOLITE	**DÉMOCRITE**
MENDICITÉ	PHOSPHITE	PHONOLITE	HYPOCRITE
NORDICITÉ	GLOBALITÉ	MICROLITE	PRESCRITE
PUBLICITÉ	FISCALITÉ	FRIVOLITÉ	SANSCRITE
SOLLICITÉ	FÉODALITÉ	CRÉDULITÉ	PROSCRITE
IMPLICITE	IRRÉALITÉ	CELLULITE	SOUSCRITE
DUPLICITÉ	INÉGALITÉ	NUMMULITE	CHONDRITE
EXPLICITÉ	FRUGALITÉ	GRANULITE	ANHYDRITE
EXPLICITE	GÉNIALITÉ	EXTRÉMITÉ	SINCÉRITÉ
ATOMICITÉ	SÉRIALITÉ	PHRAGMITE	DÉSHÉRITÉ
SISMICITÉ	JOVIALITÉ	SUBLIMITÉ	PRÉTÉRITÉ
HÉROÏCITÉ	ANIMALITÉ	UNANIMITÉ	URÉTÉRITE
LUBRICITÉ	FORMALITÉ	PROXIMITÉ	POSTÉRITÉ
MOTRICITÉ	NORMALITÉ	DIATOMITE	AUSTÉRITÉ
PRATICITÉ	ATONALITÉ	INFIRMITÉ	DEXTÉRITÉ
FACTICITÉ	CHIRALITÉ	MONDANITÉ	INTÉGRITÉ
TACTICITÉ	AMORALITÉ	MANGANITE	SANSKRITE
CRITICITÉ	PLURALITÉ	MORGANITE	MÉTÉORITE
RUSTICITÉ	VASSALITÉ	OBSCÉNITÉ	SÉNIORITÉ
CERVICITE	CAUSALITÉ	DUODÉNITE	ÉVAPORITE
PRÉCOCITÉ	MENTALITÉ	AUSTÉNITE	OBSCURITÉ
UNIVOCITÉ	MORTALITÉ	INDIGNITÉ	MARCASITE
SUREXCITÉ	BRUTALITÉ	MALIGNITÉ	MAGNÉSITE
DÉSEXCITÉ	ANNUALITÉ	BÉNIGNITÉ	EXQUISITÉ
ANALYCITÉ	ACTUALITÉ	TENDINITE	IMMENSITÉ
PRÉMÉDITÉ	MUTUALITÉ	VIRGINITÉ	INTENSITÉ
ACCRÉDITÉ	SEXUALITÉ	KAOLINITE	GIBBOSITÉ
MORBIDITÉ	**HÉRACLITE**	URANINITE	VERBOSITÉ
TURBIDITÉ	PÉRICLITE	**LA TRINITÉ**	VISCOSITÉ
PLACIDITÉ	ISMAÉLITE	PLATINITE	FONGOSITÉ
SORDIDITÉ	ISRAÉLITE	SYLVINITE	CURIOSITÉ
FRIGIDITÉ	CARMÉLITE	INDEMNITÉ	FRILOSITÉ
LIMPIDITÉ	FIABILITÉ	BÉLEMNITE	CALLOSITÉ
STUPIDITÉ	VIABILITÉ	SOLENNITÉ	VILLOSITÉ
HYBRIDITÉ	AMABILITÉ	PÉRENNITÉ	ANIMOSITÉ
PUTRIDITÉ	STABILITÉ	ARAGONITE	SPUMOSITÉ
LIQUIDITÉ	GRACILITÉ	ESPIONITE	VEINOSITÉ
GRAVIDITÉ	FRAGILITÉ	MENNONITE	ADIPOSITÉ
FÉCONDITÉ	FÉBRILITÉ	BENTONITE	COMPOSITE
ROTONDITÉ	STÉRILITÉ	AMAZONITE	SINUOSITÉ
COMMODITÉ	PUÉRILITÉ	MODERNITÉ	NERVOSITÉ
APHRODITE	SUBTILITÉ	MATERNITÉ	ADVERSITÉ
APHRODITE	DUCTILITÉ	PATERNITÉ	DIVERSITÉ
INTERDITE	GENTILITÉ	DÉCRÉPITE	NÉCESSITÉ
ABSURDITÉ	FERTILITÉ	DÉCRÉPIT	CLÉMATITE
TRACHÉITE	HOSTILITÉ	PRÉCIPITÉ	PEGMATITE
SGRAFFITE	INUTILITÉ	PRÉCARITÉ	MIGMATITE
DÉSULFITÉ	SERVILITÉ	LINÉARITÉ	STOMATITE
BISULFITE	GÉMELLITÉ	VULGARITÉ	DERMATITE
DÉCONFITE	SATELLITE	**LA CHARITÉ**	IMPACTITE
MÉNINGITE	ANABOLITE	SCOLARITÉ	MAGNÉTITE
LARYNGITE	LACCOLITE	PRIMARITÉ	COBALTITE

ARGENTITE	FAINÉANTÉ	CANULANTE	APAISANTE
CÉMENTITE	MÉCRÉANTE	CROULANTE	MÉDISANTE
BIPARTITE	MALSÉANTE	PÉTULANTE	SINISANTE
INNOCUITÉ	PIAFFANTE	INFAMANTE	IONISANTE
ASSIDUITÉ	COIFFANTE	DIRIMANTE	COTISANTE
ÉCONDUITE	BOUFFANTE	CHARMANTE	ÉPUISANTE
AMBIGUÏTÉ	ADRAGANTE	ALARMANTE	DÉPOSANTE
ABSOLUITÉ	DÉLÉGANTE	RICANANTE	REPOSANTE
INGÉNUITÉ	FATIGANTE	ALIÉNANTE	IMPOSANTE
OBLIQUITÉ	NAVIGANTE	ATTENANTE	OPPOSANTE
ANTIQUITÉ	FRINGANTE	STAGNANTE	EXPOSANTE
ANTIQUITÉ	ARROGANTE	PRÉGNANTE	CHASSANTE
INSTRUITE	BACCHANTE	FAIGNANTE	BLESSANTE
POURSUITE	BROCHANTE	SAIGNANTE	PRESSANTE
CONCAVITÉ	MARCHANTE	FEIGNANTE	NAISSANTE
À LA VA-VITE	COUCHANTE	POIGNANTE	AGISSANTE
LONGÉVITÉ	TOUCHANTE	SOIGNANTE	GLISSANTE
PASSE-VITE	ÉLÉPHANTE	TRAÎNANTE	PUISSANTE
LASCIVITÉ	**DIOPHANTE**	DOMINANTE	MOUSSANTE
GINGIVITE	MENDIANTE	RUMINANTE	BLOUSANTE
DÉCLIVITÉ	ÉTUDIANTE	ÉTONNANTE	ÉCLATANTE
MASSIVITÉ	ÉDIFIANTE	RÉSONANTE	DILATANTE
PASSIVITÉ	CONFIANTE	DÉTONANTE	EMBÊTANTE
ÉMOTIVITÉ	DÉPLIANTE	TOURNANTE	HALETANTE
CAPTIVITÉ	SOURIANTE	DÉCAPANTE	VOLETANTE
FURTIVITÉ	GOUALANTE	GRIMPANTE	ENTÊTANTE
FESTIVITÉ	MEUBLANTE	GALOPANTE	TRAITANTE
MOSCOVITE	DOUBLANTE	FRAPPANTE	HABITANTE
MOSCOVITE	DÉMÊLANTE	CRISPANTE	DÉBITANTE
ROSCOVITE	APPELANTE	OCCUPANTE	RÉCITANTE
MUSCOVITE	SIFFLANTE	EFFARANTE	EXCITANTE
CONNEXITÉ	GONFLANTE	HILARANTE	MILITANTE
CONVEXITÉ	RONFLANTE	SIDÉRANTE	MÉRITANTE
PROLIXITÉ	SANGLANTE	COGÉRANTE	IRRITANTE
QUARTZITE	CINGLANTE	TOLÉRANTE	HÉSITANTE
VIREVOLTE	BEUGLANTE	ALTÉRANTE	INVITANTE
VIREVOLTÉ	SIBILANTE	FLAGRANTE	EXALTANTE
SUBADULTE	JUBILANTE	FRAGRANTE	CHANTANTE
CATAPULTE	VIGILANTE	ÉMIGRANTE	TEINTANTE
CATAPULTÉ	MUTILANTE	DÉLIRANTE	SUINTANTE
FLAMBANTE	RUTILANTE	ASPIRANTE	CAHOTANTE
TITUBANTE	CAILLANTE	EXPIRANTE	ÉGROTANTE
CORYBANTE	MAILLANTE	ATTIRANTE	PIVOTANTE
MENAÇANTE	SAILLANTE	COLORANTE	ADOPTANTE
RADICANTE	VAILLANTE	IGNORANTE	EXISTANTE
VÉSICANTE	BRILLANTE	DÉVORANTE	CONSTANTE
URTICANTE	BRILLANTÉ	ABERRANTE	FLOTTANTE
GRINÇANTE	BRANLANTE	FILTRANTE	FROTTANTE
EXERÇANTE	AFFOLANTE	RENTRANTE	DÉBUTANTE
EXCÉDANTE	DÉSOLANTE	ENDURANTE	REBUTANTE
OBSÉDANTE	COMPLANTE	FIGURANTE	ÉCOUTANTE
PLAIDANTE	SUPPLANTÉ	SATURANTE	POLLUANTE
RÉSIDANTE	AMBULANTE	ENIVRANTE	CLAQUANTE
ABONDANTE	ONDULANTE	COUVRANTE	CRAQUANTE
GRONDANTE	MODULANTE	ÉCRASANTE	MANQUANTE
EXIGEANTE	**ZIEULANTE**	PLAISANTE	CINQUANTE
FAINÉANTE	GUEULANTE	PLAISANTÉ	CHOQUANTE

CROQUANTE	IMMANENTE	**CONDRIOTE**	VÉLOCISTE
MARQUANTE	IMMINENTE	**SAN-PRIOTE**	MOTOCISTE
DÉCEVANTE	DÉPONENTE	CHYPRIOTE	EXORCISTE
ARRIVANTE	PARAPENTE	**CHYPRIOTE**	MÉLODISTE
MOTIVANTE	CHARPENTE	**CASTRIOTE**	PARODISTE
ESTIVANTE	CHARPENTÉ	TREMBLOTE	SARODISTE
INNOVANTE	APPARENTE	TREMBLOTÉ	CANOÉISTE
ÉNERVANTE	APPARENTÉ	**RUITELOTE**	ISOSÉISTE
ADJUVANTE	DÉFÉRENTE	PAPILLOTE	PASSÉISTE
ÉMOUVANTE	AFFÉRENTE	PAPILLOTÉ	PACIFISTE
ÉPOUVANTE	EFFÉRENTE	BERGAMOTE	BAGAGISTE
ÉPOUVANTÉ	ADHÉRENTE	PROGÉNOTE	MÉNAGISTE
RELAXANTE	INHÉRENTE	HUGUENOTE	GARAGISTE
BÉGAYANTE	COHÉRENTE	PIQUE-NOTE	VISAGISTE
ONDOYANTE	PÉNITENTE	SOLOGNOTE	VOYAGISTE
ENNUYANTE	RÉNITENTE	**SOLOGNOTE**	DIRIGISTE
BRONZANTE	IMPOTENTE	**POLYGNOTE**	ORANGISTE
ADJACENTE	AFFLUENTE	**LANZAROTE**	PERCHISTE
INDÉCENTE	EFFLUENTE	**GRAVEROTE**	GAUCHISTE
RÉTICENTE	INFLUENTE	**THIZEROTE**	GRAPHISTE
INNOCENTE	FRÉQUENTE	ASYMPTOTE	KAYAKISTE
INNOCENTÉ	FRÉQUENTÉ	EUCARYOTE	STOCKISTE
ACESCENTE	ÉLOQUENTE	OVISCAPTE	CABALISTE
DÉCADENTE	**BENAVENTE**	DÉSADAPTÉ	IDÉALISTE
ACCIDENTÉ	TÉLÉVENTE	MÉSADAPTÉ	LÉGALISTE
INCIDENTE	RÉINVENTÉ	PRÉCOMPTE	PÉNALISTE
STRIDENTE	PRÉCEINTE	PRÉCOMPTÉ	FINALISTE
RÉSIDENTE	ENFREINTE	DISCOMPTE	ANNALISTE
IMPUDENTE	EMPREINTE	DISCOMPTÉ	MORALISTE
INDIGENTE	RÉTREINTE	TÉLÉCARTE	BURALISTE
DILIGENTE	ASTREINTE	MENU-CARTE	MURALISTE
DILIGENTÉ	CONJOINTE	**MALAPARTE**	FATALISTE
AGRIGENTE	BAS-JOINTÉ	**BONAPARTE**	NATALISTE
RÉARGENTÉ	DISJOINTE	**CALAFERTE**	VITALISTE
ÉMERGENTE	TRÉPOINTE	SOUFFERTE	LOYALISTE
FARNIENTE	AQUATINTE	INEXPERTE	ROYALISTE
RÉORIENTÉ	DESSUINTÉ	MAIN-FORTE	MODÉLISTE
BIVALENTE	CRÉODONTE	MAINMORTE	PUGILISTE
DIVALENTE	HOMODONTE	TÉLÉPORTÉ	NIHILISTE
COVALENTE	PARODONTE	HÉLIPORTÉ	SIMILISTE
INDOLENTE	**SÉLINONTE**	RÉIMPORTÉ	CIVILISTE
INSOLENTE	CONFRONTÉ	AÉROPORTÉ	DUELLISTE
FÉCULENTE	DISCOUNTÉ	RÉEXPORTÉ	GAULLISTE
VIRULENTE	REMPRUNTÉ	**OUDMOURTE**	SIMPLISTE
PURULENTE	GARDE-CÔTE	SCOLIASTE	FABULISTE
VÉHÉMENTE	ENTRECÔTE	PÉDÉRASTE	POPULISTE
ORNEMENTÉ	PENTECÔTE	CONTRASTE	ISLAMISTE
PAREMENTÉ	TRAFICOTÉ	CONTRASTÉ	DYNAMISTE
AGRÉMENTÉ	MASSICOTÉ	IMMODESTE	CÉRAMISTE
FRAGMENTÉ	MENDIGOTE	MANIFESTE	POLÉMISTE
SÉDIMENTÉ	MENDIGOTÉ	MANIFESTÉ	INTIMISTE
BONIMENTÉ	REDINGOTE	**ALMAGESTE**	OPTIMISTE
TOURMENTE	OSTROGOTE	INDIGESTE	PSALMISTE
TOURMENTÉ	PTÉRYGOTE	ADMONESTÉ	ALARMISTE
DOCUMENTÉ	CATAPHOTE	HÉBRAÏSTE	URBANISTE
ARGUMENTÉ	PSALLIOTE	VÉPÉCISTE	MÉCANISTE
RÉMANENTE	**ISCARIOTE**	VÉTÉCISTE	ORGANISTE

ROMANISTE	DUETTISTE	BOUCLETTE	BOURRETTE
HUMANISTE	SALUTISTE	ÉCHELETTE	RISTRETTE
SATANISTE	LINGUISTE	PIPELETTE	FLEURETTE
BOTANISTE	DROGUISTE	APPELETTE	SŒURETTE
EUGÉNISTE	UBIQUISTE	CÔTELETTE	AMOURETTE
ALIÉNISTE	BANQUISTE	SQUELETTE	MESURETTE
CHAÎNISTE	TRUQUISTE	RUFFLETTE	CHEVRETTE
MOLINISTE	ALTRUISTE	GONFLETTE	PAUVRETTE
FÉMINISTE	ARRIVISTE	MOUFLETTE	ŒUVRETTE
LUMINISTE	ACTIVISTE	BIELLETTE	BRAISETTE
LÉNINISTE	**ARIOVISTE**	CAILLETTE	SANISETTE
ALPINISTE	PRÉEXISTÉ	PAILLETTE	CROISETTE
BURINISTE	TÉLEXISTE	ŒILLETTE	PARISETTE
FUSINISTE	ESSAYISTE	VRILLETTE	ÉPUISETTE
LATINISTE	LOBBYISTE	**NICOLETTE**	CAISSETTE
HÉDONISTE	TREIZISTE	MIMOLETTE	GLOSSETTE
UNIONISTE	QUINZISTE	TRIPLETTE	POUSSETTE
CANONISTE	**VAL D'AOSTE**	SIMPLETTE	ROUSSETTE
PÉRONISTE	TARABUSTÉ	STARLETTE	INFUSETTE
SAMBOÏSTE	DIPNEUSTE	ÉPAULETTE	QUINTETTE
BANJOÏSTE	DÉSAJUSTÉ	MOBYLETTE	QUARTETTE
TRAPPISTE	LANGOUSTE	GOURMETTE	BRAGUETTE
TRAPPISTE	MANGOUSTE	**CHAUMETTE**	LANGUETTE
HORS-PISTE	**LABROUSTE**	ALLUMETTE	LINGUETTE
RADARISTE	**PROCRUSTE**	ORCANETTE	RINGUETTE
MÉHARISTE	AMÉTHYSTE	CADENETTE	LONGUETTE
GOMARISTE	CHANLATTE	PEIGNETTE	MAROUETTE
SITARISTE	**GUÉPRATTE**	LORGNETTE	GIROUETTE
LAZARISTE	**LYCABETTE**	CHAÎNETTE	PIROUETTE
LIBÉRISTE	COURBETTE	BOBINETTE	PIROUETTÉ
ACIÉRISTE	GRANDETTE	MIDINETTE	CLAQUETTE
GALERISTE	ESTAFETTE	ERMINETTE	PLAQUETTE
CAMÉRISTE	BOUFFETTE	SAPINETTE	SOCQUETTE
EMPIRISTE	MOUFFETTE	SERINETTE	CLIQUETTE
SATIRISTE	ORANGETTE	PATINETTE	BRIQUETTE
RIGORISTE	COURGETTE	SATINETTE	ÉTIQUETTE
COLORISTE	FLÉCHETTE	DEVINETTE	BANQUETTE
HUMORISTE	**FRÉCHETTE**	JEANNETTE	CROQUETTE
MOTORISTE	MANCHETTE	GALIPETTE	BARQUETTE
CENTRISTE	**MANCHETTE**	TREMPETTE	**MARQUETTE**
CONTRISTÉ	CLOCHETTE	GRIMPETTE	TURQUETTE
CASTRISTE	BROCHETTE	TROMPETTE	CASQUETTE
FLEURISTE	MARCHETTE	ESCOPETTE	DISQUETTE
NATURISTE	COUCHETTE	SALOPETTE	ROUQUETTE
FUTURISTE	DOUCHETTE	HOUPPETTE	STATUETTE
KINÉSISTE	MOUCHETTE	À PERPETTE	ÉCHEVETTE
GROSSISTE	SOUCHETTE	CIGARETTE	**LA FAYETTE**
DONATISTE	NYMPHETTE	SOUBRETTE	**LAFAYETTE**
CÉDÉTISTE	OUBLIETTE	QUADRETTE	BALAYETTE
CÉGÉTISTE	PAUPIETTE	CAUDRETTE	BRONZETTE
QUIÉTISTE	GLORIETTE	POUDRETTE	PALAFITTE
ARRÊTISTE	SARRIETTE	SUPÉRETTE	TIRE-BOTTE
VÉTÉTISTE	SERVIETTE	GAUFRETTE	WYANDOTTE
DROITISTE	MAUVIETTE	CLAIRETTE	MANGEOTTÉ
FRONTISTE	**LA SALETTE**	MAJORETTE	BOUGEOTTE
ARGOTISTE	**LA VALETTE**	PROPRETTE	CHOCHOTTE
CHARTISTE	SARCLETTE	CHARRETTE	**MOUCHOTTE**

CHEVIOTTE	LYCOPHYTE	CATALOGUE	BIVOUAQUÉ
DÉCALOTTÉ	HALOPHYTE	CATALOGUÉ	ZOOTHÈQUE
GIBELOTTE	XÉROPHYTE	MYCOLOGUE	QUELLE QUE
VITELOTTE	PYROPHYTE	PÉDOLOGUE	MALGRÉ QUE
ÉPIGLOTTE	BRYOPHYTE	PODOLOGUE	A CAUSE DE
CHARLOTTE	PROSÉLYTE	LUDOLOGUE	THÉBAÏQUE
CHARLOTTE	AMPHOLYTE	IDÉOLOGUE	ARCHAÏQUE
DÉCULOTTÉ	**HIPPOLYTE**	ÉTHOLOGUE	HÉBRAÏQUE
RECULOTTÉ	CONTRIBUÉ	HOMOLOGUE	PROSAÏQUE
GNOGNOTTE	DISTRIBUÉ	HOMOLOGUÉ	DELTAÏQUE
GÉLINOTTE	INVAINCUE	POMOLOGUE	VOLTAÏQUE
CAGEROTTE	PRÉCONÇUE	ŒNOLOGUE	**VOLTAÏQUE**
THOUROTTE	INAPERÇUE	SINOLOGUE	STRABIQUE
BABELUTTE	DESCENDUE	MONOLOGUE	ALAMBIQUÉ
ROULEAUTÉ	SUSPENDUE	MONOLOGUÉ	RHOMBIQUE
PANNEAUTÉ	INÉTENDUE	VIROLOGUE	SILICIQUE
CHAPEAUTÉ	PRÉTENDUE	MISOLOGUE	FRANCIQUE
POIREAUTÉ	DISTENDUE	SITOLOGUE	EUTOCIQUE
CARREAUTÉ	SURVENDUE	SEXOLOGUE	VANADIQUE
TERREAUTÉ	CONFONDUE	LAIMARGUE	LIPIDIQUE
NOUVEAUTÉ	PARFONDUE	BOUTARGUE	VÉRIDIQUE
SANS-FAUTE	MORFONDUE	POUTARGUE	JURIDIQUE
AQUANAUTE	SURFONDUE	**DOUMERGUE**	FATIDIQUE
ARGONAUTE	DISTORDUE	**LAFFORGUE**	FLUIDIQUE
AÉRONAUTE	DEMI-QUEUE	BARBICHUE	DRUIDIQUE
TRESSAUTÉ	MINI-VAGUE	SURÉVALUÉ	SCALDIQUE
DÉLOYAUTÉ	TOUARÈGUE	PLUS-VALUE	MÉLODIQUE
DÉNOYAUTÉ	BOURDIGUE	MELLIFLUE	MONODIQUE
PERSÉCUTÉ	DÉFATIGUÉ	SUPERFLUE	SYNODIQUE
INEXÉCUTÉ	PROMULGUÉ	IRRÉSOLUE	PARODIQUE
RÉPERCUTÉ	NOVLANGUE	VERMOULUE	CLAUDIQUÉ
REDISCUTÉ	SPATANGUE	SAUGRENUE	PALUDIQUE
INDISCUTÉ	CRADINGUE	CODÉTENUE	IMPUDIQUE
CRAPAHUTÉ	VALDINGUÉ	MAINTENUE	NUCLÉIQUE
PARACHUTE	MANDINGUE	REDEVENUE	CHORÉIQUE
PARACHUTÉ	**MANDINGUE**	BIENVENUE	EXORÉIQUE
CONVOLUTÉ	POUDINGUE	**BIENVENÜE**	PROTÉIQUE
COPERMUTÉ	MOUJINGUE	BISCORNUE	MALÉFIQUE
TRANSMUTÉ	ÉTALINGUÉ	GARDE-BOUE	BÉNÉFIQUE
MARABOUTÉ	DÉGLINGUE	MANDCHOUE	PACIFIQUE
SURAJOUTÉ	DÉGLINGUÉ	**MANDCHOUE**	**PACIFIQUE**
CAILLOUTÉ	SCHLINGUÉ	DÉSÉCHOUÉ	MIRIFIQUE
RAIL-ROUTE	UNILINGUE	**LOUVETOUE**	TABAGIQUE
INFOROUTE	TRILINGUE	CORROMPUE	PÉLAGIQUE
AUTOROUTE	CARLINGUE	CARDIAQUE	NURAGIQUE
PONT-ROUTE	BURLINGUE	ÉLÉGIAQUE	ILLOGIQUE
DÉMAZOUTÉ	**GRONINGUE**	CŒLIAQUE	ÉNERGIQUE
PARATEXTE	EMBRINGUÉ	BOSNIAQUE	GÉORGIQUE
TÉLÉTEXTE	**HIRSINGUE**	**BOSNIAQUE**	COLCHIQUE
HORS-TEXTE	WASSINGUE	IMBRIAQUE	PSYCHIQUE
LEUCOCYTE	DISTINGUÉ	THÉRIAQUE	ÉDAPHIQUE
OSTÉOCYTE	BERZINGUE	**TÉLÉMAQUE**	GRAPHIQUE
PHAGOCYTE	BARLONGUE	LYSIMAQUE	TROPHIQUE
PHAGOCYTÉ	PÉDAGOGUE	**LYSIMAQUE**	PYRRHIQUE
MYÉLOCYTE	DÉMAGOGUE	ESTOMAQUÉ	APATHIQUE
FIBROCYTE	SYNAGOGUE	**TOTONAQUE**	ALÉTHIQUE
MASTOCYTE	DÉCALOGUE	CHABRAQUE	XANTHIQUE

BENTHIQUE	STHÉNIQUE	BIBASIQUE	MITOTIQUE
SCYTHIQUE	GALÉNIQUE	DIBASIQUE	SCEPTIQUE
VOCALIQUE	SÉLÉNIQUE	INCASIQUE	ASEPTIQUE
ORDALIQUE	SPLÉNIQUE	APHASIQUE	GLYPTIQUE
PHTALIQUE	PHRÉNIQUE	TRIASIQUE	CRYPTIQUE
JAMBLIQUE	ARSÉNIQUE	GÉNÉSIQUE	ICASTIQUE
ACYCLIQUE	TECHNIQUE	AMNÉSIQUE	CLASTIQUE
ANGÉLIQUE	ALGINIQUE	PHTISIQUE	ÉLASTIQUE
ANGÉLIQUE	ACLINIQUE	MYCOSIQUE	PLASTIQUE
FAMÉLIQUE	**DOMINIQUE**	AGNOSIQUE	PLASTIQUÉ
OMBILIQUÉ	ACTINIQUE	CLASSIQUE	DRASTIQUE
BASILIQUE	STANNIQUE	PRUSSIQUE	AVESTIQUE
PHALLIQUE	BUBONIQUE	HYDATIQUE	ÉRISTIQUE
IDYLLIQUE	LACONIQUE	ÉLÉATIQUE	GNOSTIQUE
BUCOLIQUE	THIONIQUE	SCIATIQUE	KARSTIQUE
MAÏOLIQUE	ANIONIQUE	ASIATIQUE	CAUSTIQUE
MAJOLIQUE	AVIONIQUE	**ASIATIQUE**	MOUSTIQUE
COMPLIQUÉ	MALONIQUE	HÉMATIQUE	GLOTTIQUE
RAPPLIQUÉ	**SALONIQUE**	NÉMATIQUE	INCIVIQUE
SUPPLIQUE	CANONIQUE	SOMATIQUE	APRAXIQUE
ABOULIQUE	VÉRONIQUE	FANATIQUE	INTOXIQUÉ
BOTULIQUE	**VÉRONIQUE**	AGNATIQUE	EFFLANQUÉ
ÉTHYLIQUE	CHRONIQUE	LUNATIQUE	REQUINQUÉ
ALLYLIQUE	CHRONIQUÉ	HÉPATIQUE	QUICONQUE
VINYLIQUE	CÉTONIQUE	ERRATIQUE	GONOCOQUE
ACRYLIQUE	TOURNIQUÉ	ASTATIQUE	MONOCOQUE
BUTYLIQUE	DIAZOÏQUE	EXTATIQUE	SOLILOQUE
OGHAMIQUE	BENZOÏQUE	AQUATIQUE	SOLILOQUÉ
ISLAMIQUE	OLYMPIQUE	SMECTIQUE	AMERLOQUE
DYNAMIQUE	STEPPIQUE	DÉICTIQUE	ÉQUIVOQUE
CÉRAMIQUE	STÉARIQUE	TABÉTIQUE	ÉQUIVOQUÉ
RACÉMIQUE	AMHARIQUE	ASCÉTIQUE	REMBARQUÉ
ENDÉMIQUE	**AMHARIQUE**	EIDÉTIQUE	OLIGARQUE
POLÉMIQUE	QUADRIQUE	MIMÉTIQUE	ETHNARQUE
POLÉMIQUÉ	SPHÉRIQUE	COMÉTIQUE	**HIPPARQUE**
BARÉMIQUE	VALÉRIQUE	GÉNÉTIQUE	HIÉRARQUE
TOTÉMIQUE	COLÉRIQUE	CINÉTIQUE	**PÉTRARQUE**
ISTHMIQUE	HOMÉRIQUE	MONÉTIQUE	TÉTRARQUE
RYTHMIQUE	NUMÉRIQUE	HÉRÉTIQUE	ANASARQUE
GÉNOMIQUE	GÉNÉRIQUE	ASCITIQUE	**PLUTARQUE**
CHROMIQUE	ICTÉRIQUE	POLITIQUE	**DUNKERQUE**
THERMIQUE	ENTÉRIQUE	SÉMITIQUE	**TENDASQUE**
PLASMIQUE	EMPIRIQUE	NÉRITIQUE	FANTASQUE
SÉISMIQUE	SATIRIQUE	**LÉVITIQUE**	ARABESQUE
ASISMIQUE	THÉORIQUE	QUANTIQUE	SIMIESQUE
VOLUMIQUE	CALORIQUE	IDENTIQUE	BURLESQUE
MÉCANIQUE	CHLORIQUE	DÉONTIQUE	FAUNESQUE
OCÉANIQUE	PYLORIQUE	CHAOTIQUE	INGRESQUE
ORGANIQUE	**ARMORIQUE**	ROBOTIQUE	MAURESQUE
MÉLANIQUE	BOURRIQUE	ONCOTIQUE	LIVRESQUE
LÉMANIQUE	TANTRIQUE	ARGOTIQUE	DANTESQUE
CORANIQUE	TARTRIQUE	ABIOTIQUE	GROTESQUE
SATANIQUE	GASTRIQUE	MÉIOTIQUE	GAGUESQUE
TÉTANIQUE	DYSURIQUE	NILOTIQUE	TANDIS QUE
TITANIQUE	CUIVRIQUE	DÉMOTIQUE	CONFISQUÉ
BOTANIQUE	SATYRIQUE	DOMOTIQUE	ODALISQUE
EUGÉNIQUE	BUTYRIQUE	OSMOTIQUE	OBÉLISQUE

SOULOUQUE

LENTISQUE	EXCLUSIVE	RÉCEPTIVE	SUCCESSIF
DEPUIS QUE	EXTRUSIVE	DIGESTIVE	CONCESSIF
MOLLUSQUE	COMBATIVE	ARBUSTIVE	PROCESSIF
CHIBOUQUE	SICCATIVE	EXÉCUTIVE	DÉGRESSIF
SOULOUQUE	FRICATIVE	ÉVOLUTIVE	RÉGRESSIF
CLÉROUQUE	ÉDUCATIVE	RÉFLEXIVE	DÉPRESSIF
GALÉRUQUE	LAUDATIVE	INOBSERVÉ	RÉPRESSIF
POURVU QUE	PURGATIVE	INÉPROUVÉ	IMPRESSIF
PARONYQUE	RADIATIVE	CONTROUVÉ	OPPRESSIF
TRIPTYQUE	FORMATIVE	PARALLAXE	EXPRESSIF
RÉAPPARUE	NORMATIVE	**BASSE-SAXE**	POSSESSIF
INCONGRUE	LUCRATIVE	DÉSINDEXÉ	PERMISSIF
PARCOURUE	ITÉRATIVE	CACHE-SEXE	CONCLUSIF
COURBATUE	NARRATIVE	BICONVEXE	INDICATIF
RÉHABITUÉ	ÉPURATIVE	ORTHODOXE	RÉCRÉATIF
SUBSTITUÉ	CAUSATIVE	DÉSENRAYÉ	AGRÉGATIF
CONSTITUÉ	IMITATIVE	REDÉPLOYÉ	ABROGATIF
PROSTITUÉ	TENTATIVE	RÉEMPLOYÉ	PALLIATIF
COMBATTUE	CAPTATIVE	INEMPLOYÉ	AMPLIATIF
LONGUE-VUE	PORTATIVE	DÉGRAVOYÉ	CUMULATIF
DÉPOURVUE	GUSTATIVE	**MILLEVOYE**	ANNULATIF
REPOURVUE	PRIVATIVE	DÉSENNUYÉ	COPULATIF
AMBISEXUÉ	OLFACTIVE	ASHKÉNAZE	ESTIMATIF
RAT-DE-CAVE	SURACTIVÉ	**ASHKÉNAZE**	NOMINATIF
BICONCAVE	DÉSACTIVÉ	MYCORHIZE	INTONATIF
LATICLAVE	DÉFECTIVE	CHIMPANZÉ	INCHOATIF
AUTOCLAVE	AFFECTIVE	**ZUGSPITZE**	FÉDÉRATIF
VILLENAVE	EFFECTIVE	TOUNGOUZE	GÉNÉRATIF
BETTERAVE	OBJECTIVE	**TITELOUZE**	IMPÉRATIF
LANDGRAVE	OBJECTIVÉ	TCHARCHAF	ADMIRATIF
PARASCÈVE	ADJECTIVE	**MUCHARRAF**	ROBORATIF
PARACHEVÉ	ADJECTIVÉ	ROAST-BEEF	DÉCORATIF
GENEVIÈVE	BIJECTIVE	FRANC-FIEF	PÉJORATIF
CHAMPLEVÉ	INJECTIVE	**TALLCHIEF**	MINORATIF
ANTIGRÈVE	SÉLECTIVE	BAS-RELIEF	BOURRATIF
OVERDRIVE	DIRECTIVE	SPATIONEF	FIGURATIF
BELLERIVE	DÉTECTIVE	**CHIRIAEFF**	DÉPURATIF
RÉPULSIVE	INVECTIVE	**GURDJIEFF**	ACCUSATIF
IMPULSIVE	INVECTIVÉ	**POLNAREFF**	VÉGÉTATIF
RÉVULSIVE	ADDICTIVE	**KIRCHHOFF**	DUBITATIF
EXPANSIVE	DÉDUCTIVE	**POLIAKOFF**	RÉCITATIF
DÉFENSIVE	INDUCTIVE	**KORSAKOFF**	INCITATIF
OFFENSIVE	EXPLÉTIVE	**NAUNDORFF**	MÉDITATIF
INTENSIVE	PRIMITIVE	**HAUSDORFF**	LIMITATIF
EXTENSIVE	DORMITIVE	**RUHMKORFF**	CARITATIF
IMPLOSIVE	COGNITIVE	ANTIGÉLIF	IRRITATIF
EXPLOSIVE	APÉRITIVE	**HAMMAM-LIF**	ADAPTATIF
CORROSIVE	NUTRITIVE	DEMI-TARIF	ÉVALUATIF
IMMERSIVE	SENSITIVE	PERSUASIF	DÉRIVATIF
DÉTERSIVE	FACTITIVE	DISSUASIF	RÉTRACTIF
RÉCURSIVE	PARTITIVE	COMPULSIF	ATTRACTIF
RÉCESSIVE	INTUITIVE	PROPULSIF	EXTRACTIF
EXCESSIVE	ATTENTIVE	CONVULSIF	PROFECTIF
AGRESSIVE	ADVENTIVE	SUSPENSIF	PERFECTIF
JOUISSIVE	INVENTIVE	DISPERSIF	SUBJECTIF
OCCLUSIVE	PLAINTIVE	SUBVERSIF	PROJECTIF
INCLUSIVE	CRAINTIVE	DISCURSIF	SURJECTIF

COLLECTIF	GIESEKING	WOLFSBURG	HINDEMITH
CONNECTIF	TAO-TÖ-KING	VICKSBURG	GOLDSMITH
RESPECTIF	DARJILING	FLENSBURG	HIGHSMITH
CORRECTIF	SCHELLING	ÉDIMBOURG	HOLLERITH
PRÉDICTIF	UPWELLING	ORENBOURG	SAINT-VITH
AFFLICTIF	SCHILLING	CHERBOURG	OSTROGOTH
EXTINCTIF	HAMERLING	BOURBOURG	BLUETOOTH
INJONCTIF	MAYERLING	HABSBOURG	CORNFORTH
PRODUCTIF	HAPPENING	PRESBOURG	WHITWORTH
COMPLÉTIF	COCOONING	AUGSBOURG	FORT WORTH
SUPPLÉTIF	DE KOONING	SALZBOURG	BELZÉBUTH
CAPACITIF	CANYONING	NADER CHAH	TYNEMOUTH
COERCITIF	TOURCOING	ZAHER CHAH	DARTMOUTH
EXPÉDITIF	BOURGOING	NADIR CHAH	KARATCHAÏ
DÉFINITIF	SHAMPOING	PADISCHAH	SUKHOTHAI
INFINITIF	LINKÖPING	HEZBOLLAH	CHOU EN-LAI
TRANSITIF	JÖNKÖPING	AYATOLLAH	ZHOU ENLAI
RÉPÉTITIF	STRAPPING	KERKENNAH	CHIANGMAI
PENDENTIF	STRIPPING	PECKINPAH	TOMAKOMAI
PRÉVENTIF	JIANG QING	MANSOURAH	SZAPOLYAI
PERCEPTIF	CHONGQING	MERLEBACH	CHISASIBI
DISRUPTIF	PICKERING	RODENBACH	FIBONACCI
SUGGESTIF	SEMMERING	OFFENBACH	RACCOURCI
CONGESTIF	FACTORING	STERNBACH	SANS-SOUCI
EXHAUSTIF	BOW-STRING	FEUERBACH	APRÈS-MIDI
RÉSOLUTIF	MARKETING	LONG BEACH	AVANT-MIDI
DÉVOLUTIF	REWRITING	PALM BEACH	GARIBALDI
INVOLUTIF	REVOLVING	RORSCHACH	BARTHOLDI
DIMINUTIF	MAO ZEDONG	MAIL-COACH	JABORANDI
VILLEJUIF	GUANGDONG	EL-HARRACH	RESPLENDI
TEMPELHOF	ARMSTRONG	ABER-VRAC'H	ABASOURDI
OBERKAMPF	KIM IL-SONG	ABER-WRACH	WATERZOEI
DÜBENDORF	KAOHSIUNG	MARRAKECH	QADHDHAFI
PUFENDORF	CHANTOUNG	FRIEDRICH	MUROMACHI
ROTHÉNEUF	SHANTOUNG	GREENWICH	YOKKAICHI
PAIMBŒUF	KIM IL-SUNG	BULL-FINCH	RAFRAÎCHI
NEMRUT DAG	KRIVOÏ-ROG	HASCHISCH	DÉFRAÎCHI
BUNDESTAG	ENGELBERG	TEST-MATCH	REBLANCHI
REICHSTAG	SPIELBERG	MALEVITCH	AFFRANCHI
GRUNDTVIG	INSELBERG	HINDU KUCH	CERNUSCHI
SCHLESWIG	DAREMBERG	WALBRZYCH	YAMAGUCHI
PALEMBANG	NUREMBERG	NARGHILEH	KAWAGUCHI
HU YAOBANG	SCHOMBERG	ALTYNTAGH	MIZOGUCHI
WATERGANG	BABENBERG	MOSSADEGH	TSUBOUCHI
ZHANJIANG	ROSENBERG	BOBSLEIGH	QUARENGHI
PINGXIANG	GUTENBERG	LINDBERGH	FUNABASHI
TIMUR LANG	STEINBERG	KRYVYÏ RIH	TOYOHASHI
BOOMERANG	SCHÖNBERG	PHNOM PENH	HIDEYOSHI
MINNESANG	STERNBERG	HÔ CHI MINH	MOULOUDJÍ
CAPESTANG	SPITSBERG	GÜTERSLOH	ZHU RONGJI
ZAOZHUANG	SPITZBERG	GILGAMESH	CHATTERJI
PYONGYANG	MERSEBURG	CAVENDISH	AMAGASAKI
YINGCHENG	SASOLBURG	KARKEMISH	CHIGASAKI
LIAOCHENG	LUXEMBURG	FELDSPATH	SHIMAZAKI
SOUS-SEING	OLDENBURG	ÉLISABETH	KURASHIKI
PACKAGING	LUNENBURG	ELIZABETH	BEREZNIKI
DAODEJING	LAUENBURG	GALBRAITH	PILSUDSKI

BOLTANSKI	RICCOBONI	ASSUJETTI	FLOCK-BOOK
BIELINSKI	ANTONIONI	MARINETTI	PRESS-BOOK
KRASINSKI	LAZZARONI	GRUPPETTI	BIALYSTOK
TARKOVSKI	PEPPERONI	UNGARETTI	ANTIQUARK
JOUKOVSKI	ÇAKYAMUNI	DONIZETTI	PATCHWORK
CHKLOVSKI	HORS-LA-LOI	ANDREOTTI	NORTH YORK
OSTROVSKI	SUREMPLOI	MATTEOTTI	BOBROUÏSK
LAVROVSKI	DÉCRET-LOI	PAVAROTTI	PEREVALSK
LANDOWSKI	WATERZOOI	GUARDAFUI	SLAVIANSK
MINKOWSKI	PIED-DE-ROI	NANDA DEVI	SLOVIANSK
STOKOWSKI	CHARLEROI	POURSUIVI	MOURMANSK
DABROWSKI	QUANT-À-SOI	INASSOUVI	DZERJINSK
GROTOWSKI	MENCHÚ TUPI	RADIO-TAXI	KOUZNETSK
TAKATSUKI	LIU SHAOQI	MBUJI-MAYI	PLESSETSK
PATAÑJALI	AHTISAARI	PODGORNYÏ	TRANSVAAL
KATHAKALI	RICERCARI	ORHAN GAZI	TOJOLABAL
HAYDAR ALI	RASTAFARI	OSMAN GAZI	HASDRUBAL
AL-GHAZALI	PORTINARI	BUTHELEZI	OMBILICAL
AL-RHAZALI	CARBONARI	PAPARAZZI	BASILICAL
PRÉÉTABLI	NÉFERTARI	SANANDADJ	ARSENICAL
MONICELLI	CHARIVARI	AL-HALLADJ	DOMINICAL
DJIDJELLI	ADAPAZARI	ZONGULDAK	PROVENÇAL
FARINELLI	SCALIGERI	PONTIANAK	PROVENÇAL
ANTONELLI	CAVALIERI	GURU NANAK	HOMOFOCAL
GRAPPELLI	BARATIERI	PASTERNAK	VIRILOCAL
RASTRELLI	INGEGNERI	SKAGERRAK	PYRAMIDAL
LOCATELLI	DE GASPERI	FLASH-BACK	DISCOÏDAL
ACCUEILLI	CERVETERI	GERNSBACK	CYCLOÏDAL
RECUEILLI	A FORTIORI	BLACK JACK	COLLOÏDAL
ENVIEILLI	RUWENZORI	UNION JACK	ETHMOÏDAL
BERNOULLI	POT-POURRI	HALF-TRACK	SPIROÏDAL
STROMBOLI	MAIDUGURI	UHLENBECK	SEX-APPEAL
PIZZAIOLI	AL-NIMAYRI	STEINBECK	NACHTIGAL
GALLIPOLI	KOUTAÏSSI	SCHIRMECK	PHARYNGAL
PATCHOULI	OUROUMTSI	MCCORMICK	THÉOLOGAL
VOX POPULI	PIZZICATI	BRUNSWICK	WASQUEHAL
MULTATULI	KAMARHATI	SWEELINCK	TRIOMPHAL
CARISSIMI	PRAJAPATI	STEINBOCK	CATARRHAL
BECCAFUMI	BERBERATI	HITCHCOCK	EMMENTHAL
SOUKHOUMI	AMARAVATI	INTERLOCK	EMMENTHAL
KISANGANI	SERENGETI	AYERS ROCK	ADVERBIAL
GEMINIANI	NÉFERTITI	WOODSTOCK	PRÉSIDIAL
AL-BATTANI	YPSILANTI	KLOPSTOCK	COLLÉGIAL
AL-BARZANI	APPESANTI	OSNABRÜCK	UROPYGIAL
LILANGENI	PRESSENTI	INNSBRUCK	BRANCHIAL
CHERUBINI	SANS-PARTI	ETTERBEEK	CONGÉNIAL
COMENCINI	AUDIBERTI	RUYSBROEK	MARSUPIAL
CAVALLINI	RÉASSORTI	GRAND TREK	PRÉTORIAL
ANGIOLINI	RÉINVESTI	WLOCLAWEK	ÉDITORIAL
MUSSOLINI	LOCHRISTI	DUBROVNIK	GYMNASIAL
PRATOLINI	ANTICOSTI	REYKJAVÍK	ECCLÉSIAL
BORROMINI	TOGLIATTI	BOLCHEVIK	PRIMATIAL
TOSCANINI	SCARLATTI	MENCHEVIK	IMPARTIAL
CONTARINI	SALICETTI	LONG DRINK	SYNCYTIAL
BARBERINI	SACCHETTI	SOFT-DRINK	CONVIVIAL
VITTORINI	CECCHETTI	BREENDONK	VICÉSIMAL
SEGANTINI	SPAGHETTI	SPRINGBOK	CÉGÉSIMAL

PRUD'HOMAL	SIMMENTAL	NEUCHÂTEL	CHURCHILL
RIBOSOMAL	WUPPERTAL	MARMONTEL	COCKERILL
BAPTISMAL	PIÉDESTAL	TRÉGASTEL	RADZIWILL
PONT-CANAL	SPIRITUAL	DU CHASTEL	SEX-SYMBOL
ARTISANAL	AÉRONAVAL	DOM MIGUEL	HAUSSE-COL
CAB-SIGNAL	SOURDEVAL	SAN MIGUEL	TERPINÉOL
MÉDICINAL	MORIENVAL	SÃO MIGUEL	LITHERGOL
OFFICINAL	DARSONVAL	CONTINUEL	PROPERGOL
LIBIDINAL	DAUBERVAL	BISANNUEL	CERDAGNOL
ANACLINAL	PARADOXAL	MENSTRUEL	CERDAGNOL
SYNCLINAL	MONT-ROYAL	BIMENSUEL	CAMPAGNOL
ISOCLINAL	PORT-ROYAL	DÉLICTUEL	ROSSIGNOL
ABDOMINAL	ZOROBABEL	PERPÉTUEL	TRIALCOOL
BINOMINAL	FELDWEBEL	SPIRITUEL	BABAS COOL
DOCTRINAL	PACHELBEL	ACCENTUEL	BLACKPOOL
MATUTINAL	LE CANADEL	UNISEXUEL	LIVERPOOL
ÉCHEVINAL	FERNANDEL	MACHIAVEL	LAMBSWOOL
TRICENNAL	JEAN BODEL	MACHIAVEL	STAVROPOL
CENTENNAL	DAVID-NEEL	BOURNAZEL	MELITOPOL
SEPTENNAL	SILICAGEL	GROTEWOHL	MARIOUPOL
DÉCAGONAL	KITZBÜHEL	LÉVY-BRUHL	MONISTROL
HEXAGONAL	PROGICIEL	OULED NAÏL	TOURNESOL
OCTOGONAL	PUBLICIEL	PRÉ-EN-PAIL	PLASTISOL
POLYGONAL	MATRICIEL	ENTRE-RAIL	COVER-GIRL
PIPÉRONAL	ACTANCIEL	SOUPIRAIL	SAINT-PAUL
POLYTONAL	ARC-EN-CIEL	ROI-SOLEIL	PEIGNE-CUL
SHOGOUNAL	ACTUARIEL	CLIN D'ŒIL	GRATTE-CUL
MUNICIPAL	SENSORIEL	NONPAREIL	TIRE-AU-CUL
PRINCIPAL	TENSORIEL	BOUSCUEIL	TRISAÏEUL
ÉPISCOPAL	FACTORIEL	BOURGUEIL	MACHECOUL
PALPÉBRAL	SECTORIEL	BOURGUEIL	ISSYK-KOUL
VERTÉBRAL	VECTORIEL	CONTRE-FIL	PROCONSUL
SÉPULCRAL	MERCURIEL	KIM JONG-IL	IAROSLAVL
CATHÉDRAL	DÉMENTIEL	DAUMESNIL	IBN TUFAYL
BICAMÉRAL	CARENTIEL	NAGERCOIL	L'ISLE-ADAM
PUERPÉRAL	ESSENTIEL	HYDROFOIL	SAENREDAM
BILATÉRAL	POTENTIEL	PASSEPOIL	AMSTERDAM
CANAVERAL	LESSIVIEL	YGGDRASIL	ROTTERDAM
ANTIVIRAL	MISPICKEL	DEMI-DEUIL	HOOVER DAM
STERCORAL	SCHNORKEL	VAUDREUIL	JET-STREAM
ÉLECTORAL	BAR-HILLEL	MONTREUIL	MALAYALAM
DIAMÉTRAL	HASSI RMEL	CHEVREUIL	MADAPOLAM
GÉOMÉTRAL	DESCHANEL	BOUVREUIL	ABU TAMMAM
CADASTRAL	LÉSIONNEL	LONGUEUIL	KARAKORAM
ANCESTRAL	FUSIONNEL	GUAYAQUIL	TRAIN-TRAM
MAGISTRAL	RATIONNEL	ALLSCHWIL	BAFOUSSAM
CLAUSTRAL	NOTIONNEL	WÄDENSWIL	TIOURATAM
PÉRIDURAL	OPTIONNEL	HORSE-BALL	BETHLEHEM
INAUGURAL	PERSONNEL	SAINT-GALL	AUDERGHEM
COMMENSAL	FRATERNEL	MUSIC-HALL	JÉRUSALEM
ANTÉNATAL	BECQUEREL	WHITEHALL	AD HOMINEM
PÉRINATAL	BECQUEREL	SUNDSVALL	AD VALOREM
POSTNATAL	VAN SCOREL	CHERCHELL	COUPE-FAIM
DIALECTAL	ATEMPOREL	SHRAPNELL	TRONDHEIM
OCCIPITAL	MÉNESTREL	MARIAZELL	BISCHHEIM
BICIPITAL	UNIVERSEL	APPENZELL	TURCKHEIM
L'HOSPITAL	CARROUSEL	APPENZELL	OPPENHEIM

ISSENHEIM	SYNCYTIUM	TENNISMAN	SUD-CORÉEN
JOTUNHEIM	IMPLUVIUM	YACHTSMAN	MARMORÉEN
ENSISHEIM	CZIMBALUM	CLERGYMAN	SOLUTRÉEN
PFORZHEIM	FLAGELLUM	SCHATZMAN	HOLOSTÉEN
BLOTZHEIM	RÉTICULUM	D'ARTAGNAN	ÉCHIQUÉEN
BIR HAKEIM	KYZYLKOUM	GRADIGNAN	ROGGEVEEN
MIDRASHIM	KARAKORUM	POMPIGNAN	HALLOWEEN
BARENBOÏM	COLOSTRUM	PERPIGNAN	TRÉLAZÉEN
ABD EL-KRIM	HILVERSUM	PRALOGNAN	ELCHINGEN
MICROFILM	ULTIMATUM	MONTESPAN	ESSLINGEN
STOCKHOLM	ARBORETUM	HUASCARÁN	MEIRINGEN
ESZTERGOM	AD LIBITUM	CATAMARAN	WETTINGEN
PANMUNJOM	CONVENTUM	PAGE-ÉCRAN	GÖTTINGEN
GRILL-ROOM	CONTINUUM	PULLIÉRAN	VAN DONGEN
LUNDSTRÖM	ANTI-LIBAN	MARQUÉSAN	TINBERGEN
MAELSTRÖM	GALHAUBAN	COURTISAN	OEHMICHEN
MAELSTRÖM	MONTAUBAN	BELLEYSAN	SCHERCHEN
KOMINFORM	GUERLÉDAN	CHARLATAN	AMPHIBIEN
VADE-MECUM	BIGOURDAN	MAHOMÉTAN	COLOMBIEN
MOLLUSCUM	BIGOURDAN	MERCAPTAN	COLOMBIEN
CALCANÉUM	SAINT-JEAN	DAGHESTAN	MICROBIEN
CASTORÉUM	SAINT-OGAN	TURKESTAN	NAIROBIEN
RHIZOBIUM	GLAMORGAN	DAGUESTAN	CHIMACIEN
YTTERBIUM	ZERAVCHAN	KHUZESTAN	BATRACIEN
AMÉRICIUM	CALLAGHAN	KURDISTAN	BALZACIEN
PALLADIUM	ASTRAKHAN	KHUZISTAN	STYLICIEN
THERIDIUM	AUREILHAN	TATARSTAN	PHÉNICIEN
PRÉSIDIUM	LÉVIATHAN	MANHATTAN	PHÉNICIEN
BERKÉLIUM	RAJASTHAN	HARMATTAN	CLINICIEN
ECBALLIUM	STÉRADIAN	CANNETTAN	ÉBROÏCIEN
BÉRYLLIUM	VÉNISSIAN	RAMBOUTAN	ÉBROÏCIEN
GERMANIUM	CHRISTIAN	GOLFE-JUAN	SULPICIEN
RUTHÉNIUM	LENINAKAN	VANUATUAN	PATRICIEN
MILLENIUM	KIROVAKAN	WIESBADEN	MAURICIEN
ASPLÉNIUM	MYROBALAN	ADELBODEN	MAURICIEN
ALUMINIUM	SOUS-PALAN	ROSPORDEN	PHYSICIEN
ZIRCONIUM	MATRICLAN	BUZANCÉEN	PRATICIEN
HARMONIUM	PATRICLAN	VALENCÉEN	TACTICIEN
PLUTONIUM	SEYSSELAN	QUINOCÉEN	VALENCIEN
NEPTUNIUM	CASTELLAN	SADDUCÉEN	CADURCIEN
MARSUPIUM	LE HAILLAN	CONFUCÉEN	CADURCIEN
CALDARIUM	MACMILLAN	PALALDÉEN	BARBADIEN
PALMARIUM	CASTILLAN	YAOUNDÉEN	CIRCADIEN
TERRARIUM	CASTILLAN	SELONGÉEN	BAGDADIEN
LACTARIUM	MYROBOLAN	MANICHÉEN	PALLADIEN
MANUBRIUM	VERNIOLAN	NEUILLÉEN	GRENADIEN
POMŒRIUM	HYPERPLAN	HERCULÉEN	TRAGÉDIEN
CRITÉRIUM	AVANT-PLAN	ACHEULÉEN	RACHIDIEN
DEUTÉRIUM	CAMERAMAN	SANTOMÉEN	EUCLIDIEN
TRIFORIUM	RECORDMAN	SAINT-MÉEN	QUOTIDIEN
ANTHURIUM	POLICEMAN	CASTANÉEN	LIQUIDIEN
MARTYRIUM	GENTLEMAN	ARACHNÉEN	DRAVIDIEN
MAGNÉSIUM	TÉLÉROMAN	COLLINÉEN	DRAVIDIEN
SYMPOSIUM	ZIMMERMAN	CYCLOPÉEN	OBWALDIEN
POTASSIUM	WOUWERMAN	ÉRYTHRÉEN	JOCONDIEN
SYNCITIUM	OMDOURMAN	ÉRYTHRÉEN	SEYNODIEN
STRONTIUM	OMBUDSMAN	SUD-CORÉEN	BIZARDIEN

OXFORDIEN	JORDANIEN	GRUYÉRIEN	PERROSIEN
ALLAUDIEN	JORDANIEN	NAZAIRIEN	GISORSIEN
BARBUDIEN	TASMANIEN	ISSOIRIEN	JOCASSIEN
BERMUDIEN	CAMPANIEN	VALDORIEN	JURASSIEN
CHÉRIFIEN	TOURANIEN	GRÉGORIEN	JURASSIEN
NATOUFIEN	TOURANIEN	MELGORIEN	GONESSIEN
COLLÉGIEN	LITUANIEN	LARMORIEN	FRÉJUSIEN
NORVÉGIEN	LITUANIEN	ORATORIEN	CHALUSIEN
NORVÉGIEN	TANZANIEN	VICTORIEN	CAYLUSIEN
FÉRINGIEN	TANZANIEN	PRÉTORIEN	VERTUSIEN
FÉRINGIEN	QUITÉNIEN	PASTORIEN	ABRAYSIEN
LARYNGIEN	UKRAINIEN	NESTORIEN	BRUAYSIEN
FAVERGIEN	UKRAINIEN	HISTORIEN	DIONYSIEN
COCCYGIEN	STALINIEN	ÉPICURIEN	DIONYSIEN
UROPYGIEN	FELLINIEN	HONDURIEN	DÉODATIEN
PASCALIEN	PAULINIEN	HONDURIEN	DALMATIEN
SOCHALIEN	CRÉPINIEN	ÉCHIURIEN	ENTRETIEN
MAMMALIEN	CARPINIEN	TELLURIEN	KOWEÏTIEN
NORMALIEN	JUSTINIEN	LIMOURIEN	KOWEÏTIEN
SPINALIEN	DARWINIEN	HANOVRIEN	KITTITIEN
SPINALIEN	FRAXINIEN	ZÉPHYRIEN	NÉMERTIEN
BISSALIEN	CÉZANNIEN	CORBASIEN	SÉBASTIEN
CANTALIEN	ESSONNIEN	CAUCASIEN	PROUSTIEN
CANTALIEN	TRIBONIEN	CAUCASIEN	ALÉOUTIEN
ISMAÉLIEN	DRACONIEN	VESPASIEN	MICOQUIEN
ISRAÉLIEN	LONDONIEN	GÉODÉSIEN	VERTAVIEN
ISRAÉLIEN	LONDONIEN	ORCHÉSIEN	LESNEVIEN
MENDÉLIEN	ÉVAHONIEN	TAULÉSIEN	MALDIVIEN
CORNÉLIEN	CHTHONIEN	MAGNÉSIEN	PAVLOVIEN
GRYSÉLIEN	CHÉLONIEN	THONÉSIEN	MONROVIEN
ZWINGLIEN	PANNONIEN	HARNÉSIEN	VARSOVIEN
ISMAÏLIEN	DALTONIEN	KEYNÉSIEN	VARSOVIEN
BRASILIEN	BOSTONIEN	GASPÉSIEN	ELBEUVIEN
BRÉSILIEN	NEWTONIEN	ANDRÉSIEN	ORTHÉZIEN
BRÉSILIEN	AMAZONIEN	ARDRÉSIEN	TROPÉZIEN
CANTILIEN	AMAZONIEN	CARTÉSIEN	CORRÉZIEN
MONTILIEN	SATURNIEN	FERTÉSIEN	CORRÉZIEN
REPTILIEN	BALBYNIEN	PORTÉSIEN	KERGUELEN
SEPTILIEN	HERCYNIEN	THIAISIEN	DIETERLEN
CORALLIEN	IROQUOIEN	CALAISIEN	CAMERAMEN
MAROLLIEN	ÉTHIOPIEN	FALAISIEN	RECORDMEN
PUTÉOLIEN	ÉTHIOPIEN	MALAISIEN	POLICEMEN
MONGOLIEN	TOKHARIEN	MALAISIEN	GENTLEMEN
GERGOLIEN	EUSKARIEN	PALAISIEN	TIAN'ANMEN
SPINOLIEN	EUSKARIEN	DENAISIEN	TENNISMEN
VERNOLIEN	COLMARIEN	DOUAISIEN	YACHTSMEN
ANATOLIEN	ESTUARIEN	BAVAISIEN	CLERGYMEN
BRETOLIEN	SUBAÉRIEN	WALLISIEN	ROSTRENEN
HYPERLIEN	THIBÉRIEN	WALLISIEN	VAN CAMPEN
KABOULIEN	CERBÉRIEN	SENLISIEN	ANTWERPEN
CONDYLIEN	EUTHÉRIEN	CLUNISIEN	VERHAEREN
GRÉSYLIEN	LUTHÉRIEN	AMBOISIEN	TERVUEREN
PROSIMIEN	EUSKÉRIEN	ARBOISIEN	GANSHOREN
NÉODOMIEN	EUSKÉRIEN	SAVOISIEN	HASPARREN
VULCANIEN	HITLÉRIEN	SAVOISIEN	DUPUYTREN
RHODANIEN	BACTÉRIEN	PHARISIEN	BENNIGSEN
RHODANIEN	ZOSTÉRIEN	AMBROSIEN	JØRGENSEN

MACKENSEN	**TRINITAIN**	**LE DOUARIN**	PALANQUIN
JESPERSEN	SPIRITAIN	SANHÉDRIN	**ALGONQUIN**
RASMUSSEN	VALDÔTAIN	MALANDRIN	VER-COQUIN
SUN YAT-SEN	**VALDÔTAIN**	**COLUMÉRIN**	MAJORQUIN
MORGARTEN	INCERTAIN	ADULTÉRIN	**MAJORQUIN**
ZERMATTEN	**LORETTAIN**	**VALNIGRIN**	MINORQUIN
SAINT-OUEN	MAGHRÉBIN	**LOHENGRIN**	**MINORQUIN**
EINDHOVEN	**MAGHRÉBIN**	**TUTICORIN**	MARASQUIN
BEETHOVEN	**LAURENCIN**	**MACLAURIN**	**MANOSQUIN**
EINTHOVEN	**JARLANDIN**	TAMBOURIN	POTS-DE-VIN
HIMALAYEN	**BORNANDIN**	**WISCONSIN**	**PONT-EUXIN**
URUGUAYEN	MUSCARDIN	TRAVERSIN	**GALLITZIN**
URUGUAYEN	BERNARDIN	TRACASSIN	**FRIEDMANN**
CHAMBLYEN	**BERNARDIN**	MARCASSIN	**LINDEMANN**
INDO-ARYEN	TROP-PLEIN	SPADASSIN	**HAHNEMANN**
PONTIVYEN	**EL-ALAMEIN**	FANTASSIN	**HEINEMANN**
TERNEUZEN	CHANFREIN	**VENAISSIN**	**DRACHMANN**
BIODESIGN	AÉROFREIN	**CARMAUSIN**	IMMELMANN
PRESSPAHN	**WALDSTEIN**	BUFFLETIN	**SUDERMANN**
SAINT JOHN	**GOLDSTEIN**	CHARRETIN	**PETERMANN**
SUBURBAIN	**MARKSTEIN**	BOUQUETIN	**GRASSMANN**
JAMAÏCAIN	**BERNSTEIN**	BRIGANTIN	**HAUSSMANN**
JAMAÏCAIN	CONTRE-FIN	ADAMANTIN	**HAUPTMANN**
PUBLICAIN	MARAÎCHIN	DIAMANTIN	**BOLTZMANN**
AMÉRICAIN	OUTRE-RHIN	COURANTIN	**HEILBRONN**
AMÉRICAIN	EURYHALIN	**FROMENTIN**	**RENÉ LE BON**
ESCAUDAIN	**KRAEPELIN**	SERPENTIN	**JEAN LE BON**
CHAPELAIN	CRAQUELIN	FLORENTIN	**LE CHAMBON**
CHAPELAIN	BROQUELIN	**FLORENTIN**	SANS-FAÇON
CHÂTELAIN	**VAUQUELIN**	ROQUENTIN	COLIMAÇON
CHAMPLAIN	**CHAUVELIN**	DIABLOTIN	CAPARAÇON
FACE-À-MAIN	**MARCELLIN**	MAILLOTIN	**SATIRICON**
LENDEMAIN	TEPHILLIN	**THILLOTIN**	BRABANÇON
VILLEMAIN	FRANCOLIN	**GUILLOTIN**	**BRABANÇON**
BONNE-MAIN	CAPITOLIN	**CHAGNOTIN**	**BRÉGANÇON**
BAISEMAIN	**CAPITOLIN**	CHEVROTIN	CHARANÇON
AVANT-MAIN	**HAEBERLIN**	**CHEVROTIN**	**MONTLUÇON**
SURHUMAIN	**HÖLDERLIN**	**CREUSOTIN**	**WIMBLEDON**
GAGNE-PAIN	MARGOULIN	**DAMMARTIN**	COTYLÉDON
MASSEPAIN	STAPHYLIN	**SAN MARTÍN**	**EURYMÉDON**
MOTTERAIN	À MI-CHEMIN	**CAP-MARTIN**	**MONTREDON**
ROUVERAIN	PARCHEMIN	**CAUMARTIN**	**CLARENDON**
SOUVERAIN	**GUILLEMIN**	**COUBERTIN**	IGUANODON
GROS-GRAIN	**VUILLEMIN**	TRAVERTIN	SPHÉNODON
LE LORRAIN	**BELLARMIN**	**TRICASTIN**	GLYPTODON
TRAM-TRAIN	Duralumin	MÉDIASTIN	BOMBARDON
AÉROTRAIN	**ZRENJANIN**	PHILISTIN	ACCORDÉON
CHARTRAIN	SALVAGNIN	**MURIAUTIN**	QUICAGEON
CHARTRAIN	LISBONNIN	**PARICUTÍN**	SAUVAGEON
QUIÉVRAIN	**LISBONNIN**	**DANJOUTIN**	**DEMANGEON**
DIOCÉSAIN	RHÔNALPIN	**BEAUDOUIN**	ÉCOURGEON
BAYEUSAIN	**RHÔNALPIN**	BARAGOUIN	ESTURGEON
LOROUSAIN	**HAUT-ALPIN**	**BRILLOUIN**	**SAINT-LÉON**
OLIVETAIN	PHILIPPIN	BALDAQUIN	BANDONÉON
OLIVÉTAIN	**PHILIPPIN**	BRODEQUIN	**ESCLAGON**
AUSCITAIN	SACCHARIN	MANNEQUIN	**COÈTLOGON**
AUSCITAIN	SOUS-MARIN	**RENNEQUIN**	**BELLACHON**

CORNICHON	RÉTORSION	ADULATION	OBJECTION
BERRICHON	EXTORSION	ULULATION	DÉJECTION
BERRICHON	INCURSION	ÉMULATION	BIJECTION
REBLOCHON	EXCURSION	OVULATION	INJECTION
REVERCHON	ACCESSION	ACYLATION	SÉLECTION
GRELUCHON	RÉCESSION	CRÉMATION	DILECTION
BALLUCHON	SÉCESSION	ANIMATION	DIRECTION
AUTRUCHON	AGRESSION	GEMMATION	RÉSECTION
CTÉSIPHON	ÉGRESSION	SOMMATION	DÉTECTION
SUSPICION	OBSESSION	FORMATION	ADVECTION
THÉRIDION	ADMISSION	ÉMANATION	ADDICTION
COLLODION	DÉMISSION	COGNATION	STRICTION
CONTAGION	RÉMISSION	DAMNATION	DÉCOCTION
DEUCALION	DIFFUSION	PHONATION	ABDUCTION
PYGMALION	SUFFUSION	PRONATION	ADDUCTION
HÉRAKLION	CONFUSION	OZONATION	DÉDUCTION
TABELLION	PROFUSION	CARNATION	RÉDUCTION
RÉBELLION	PERFUSION	VERNATION	SÉDUCTION
PARMÉNION	SURFUSION	PALPATION	ENDUCTION
COMMUNION	OCCLUSION	LIBRATION	INDUCTION
USUCAPION	RÉCLUSION	VIBRATION	DÉPLÉTION
ECTROPION	INCLUSION	OPÉRATION	RÉPLÉTION
ENTROPION	EXCLUSION	ITÉRATION	ACCRÉTION
HIPPARION	COLLUSION	**BAGRATION**	SÉCRÉTION
BESSARION	INTRUSION	MIGRATION	EXCRÉTION
OSCABRION	EXTRUSION	ADORATION	TRADITION
TÉNÉBRION	CONTUSION	NARRATION	REDDITION
HAUT-BRION	PROBATION	NITRATION	RÉÉDITION
CENTURION	ÉVOCATION	ÉPURATION	COÉDITION
CORRASION	ÉDUCATION	IRISATION	CONDITION
PRÉCISION	GRADATION	PULSATION	PERDITION
CONCISION	PRÉDATION	SENSATION	ÉRUDITION
RESCISION	FONDATION	CASSATION	COALITION
COLLISION	OXYDATION	PASSATION	ABOLITION
PRÉVISION	AGRÉATION	CESSATION	DORMITION
PROVISION	CASÉATION	LACTATION	INANITION
RÉPULSION	ÉVAGATION	AGITATION	COGNITION
IMPULSION	PURGATION	IMITATION	ATTRITION
EXPULSION	VICIATION	SALTATION	NUTRITION
RÉVULSION	RADIATION	TENTATION	DENTITION
EXPANSION	MÉDIATION	CAPTATION	PARTITION
RECENSION	FILIATION	REPTATION	INTUITION
ASCENSION	FOLIATION	GESTATION	OBTENTION
ASCENSION	EXPIATION	GUSTATION	DÉTENTION
DIMENSION	VARIATION	LIQUATION	RÉTENTION
BITENSION	SÉRIATION	SITUATION	INTENTION
EXTENSION	STRIATION	ÉLÉVATION	ATTENTION
IMPLOSION	SATIATION	PRIVATION	INVENTION
EXPLOSION	DÉVIATION	NERVATION	COMMOTION
CORROSION	DÉFLATION	RÉDACTION	PROMOTION
IMMERSION	INFLATION	RÉFACTION	PRÉNOTION
ASPERSION	ÉPILATION	OLFACTION	ACCEPTION
DÉTERSION	LALLATION	DÉFECTION	DÉCEPTION
RÉVERSION	FELLATION	RÉFECTION	RÉCEPTION
DIVERSION	COLLATION	AFFECTION	EXCEPTION
INVERSION	VIOLATION	INFECTION	EXEMPTION
DÉTORSION	ISOLATION	ABJECTION	IRRUPTION

DÉSERTION	CANTILLON	SAULXURON	EDDINGTON
INSERTION	BERTILLON	CLAPEYRON	ELKINGTON
ASSERTION	PORTILLON	JOSEPHSON	ELLINGTON
DIGESTION	TORTILLON	PENDAISON	ARLINGTON
INGESTION	CASTILLON	PONDAISON	REMINGTON
COGESTION	POSTILLON	TONDAISON	BONINGTON
EXÉCUTION	BOTTILLON	CARGAISON	DAUBENTON
ÉLOCUTION	HAYTILLON	SIGLAISON	CHARENTON
POLLUTION	AIGUILLON	MALMAISON	BADMINTON
ÉVOLUTION	AIGUILLON	PLUMAISON	CHARONTON
DÉMIXTION	BROUILLON	GRENAISON	WOLLASTON
IMMIXTION	GRAVILLON	SAUNAISON	GERMISTON
HYDRAVION	BOUVILLON	FLORAISON	LAURISTON
COLLUVION	MÉGACÔLON	LIVRAISON	VALLOTTON
LE NOUVION	MONTHOLON	OUVRAISON	PAROXYTON
DÉFLEXION	DIACHYLON	MONTAISON	MONTBAZON
RÉFLEXION	MYROXYLON	CREVAISON	VERTAIZON
INFLEXION	ICHNEUMON	OLIVAISON	KOMINTERN
CONNEXION	PARTHÉNON	COUVAISON	PADERBORN
CONVEXION	MAINTENON	MICHELSON	WEISSHORN
PRÉFIXION	CRO-MAGNON	SAMUELSON	SHORTHORN
CHALAZION	COMPAGNON	NICHOLSON	APELDOORN
QUIQUAJON	QUAREGNON	VAUCANSON	BLACKBURN
MOURMELON	HESBIGNON	STEVENSON	CHANGCHUN
DÉCATHLON	LAMOIGNON	DICKINSON	AUTO-IMMUN
TRIATHLON	MASSIGNON	WILKINSON	BÉHISTOUN
MÉDAILLON	MAQUIGNON	PARKINSON	MALTE-BRUN
MORAILLON	SAUVIGNON	MARTINSON	VINGT-ET-UN
CURAILLON	AGAMEMNON	BEN JONSON	KØBENHAVN
BATAILLON	LANTERNON	HENDERSON	KNOCK-DOWN
CAVAILLON	SASKATOON	JEFFERSON	ALLENTOWN
CAVAILLON	OUAOUARON	PONTORSON	JAMESTOWN
CRÉBILLON	AVICÉBRON	MOLLASSON	KINGSTOWN
BARBILLON	ADALBÉRON	TERRASSON	ANDO TADAO
CORBILLON	TIERCERON	BANDES-SON	PATHET LAO
RAIDILLON	BEAUCERON	MONTESSON	TS'AO TS'AO
PENDILLON	BEAUCERON	SAUCISSON	OYAMA IWAO
TARDILLON	MONTGERON	PELLISSON	NECTANEBO
RÉVEILLON	MANCHERON	MARRISSON	MARACAIBO
BOUGILLON	PERCHERON	LE BUISSON	ESSEQUIBO
GRÉMILLON	PERCHERON	MAUMUSSON	GRAN CHACO
VERMILLON	MOUCHERON	ROBERTSON	DEL MONACO
MIRMILLON	CUILLERON	YOSA BUSON	COQUERICO
MOINILLON	DÉCAMÉRON	AKHENATON	DE CHIRICO
TRAPILLON	MOUSSERON	PRINCETON	PORTO RICO
CARPILLON	QUARTERON	CLOCHETON	NEW MEXICO
GOUPILLON	GRATTERON	BROCHETON	RIO BRANCO
ROUPILLON	LYCOPHRON	MIDDLETON	LANFRANCO
TOUPILLON	THYRATRON	SINGLETON	JEAN BOSCO
PHARILLON	POCHETRON	ŒILLETON	ZAPATEADO
ÉMERILLON	MAGNÉTRON	GUEULETON	CARBONADO
NÉGRILLON	CYCLOTRON	CAP-BRETON	DESPERADO
TAURILLON	PHANOTRON	CAPBRETON	BARACALDO
TOURILLON	PHYTOTRON	CHARRETON	GLISSANDO
GRÉSILLON	BALESTRON	CHARRETON	SFORZANDO
MASSILLON	FENESTRON	BABINGTON	SMORZANDO
CHÂTILLON	CEINTURON	ADDINGTON	CRESCENDO

AUROBINDO	ROH TAE-WOO	SAINT-CIRQ	DISSUADER
TAEKWONDO	SOU TONG-PÒ	SALLUMIUQ	ENTRAIDER
QUASIMODO	DE FILIPPO	TÉLÉRADAR	COÏNCIDER
QUASIMODO	CARBONARO	ANTIRADAR	SCHNEIDER
STOP-AND-GO	QUERÉTARO	HAZPANDAR	INVALIDER
OUEDRAOGO	CATANZARO	KRASNODAR	INTIMIDER
KHAJURAHO	FOGAZZARO	TEDDY-BEAR	DILAPIDER
QUEBRACHO	ROMANCERO	BHAVNAGAR	BRIGANDER
KABUTO-CHO	TROCADÉRO	TRAFALGAR	QUÉMANDER
OGBOMOSHO	MALIPIÉRO	TSITSIHAR	COMMANDER
BONIFACIO	CABALLERO	MÉCHITHAR	VAN MANDER
CARPACCIO	ESPARTERO	MÉKHITHAR	FAISANDER
CARPACCIO	ANTAIMORO	SYKTYVKAR	SANTANDER
CAPRICCIO	POLITBURO	BICHLAMAR	ALEXANDER
PORTICCIO	IN EXTENSO	CAUCHEMAR	RESCINDER
BAMBOCCIO	PIZZICATO	YOURCENAR	MACKINDER
TÉLÉRADIO	VESCOVATO	BALTHASAR	RHAPSODER
AUTORADIO	IPSO FACTO	BALTHASAR	BOMBARDER
VIAREGGIO	OURO PRETO	GIBRALTAR	PLACARDER
PINOCCHIO	YOSHIHITO	SUPERSTAR	RANCARDER
IMBROGLIO	MUTSUHITO	ALMODÓVAR	RENCARDER
PORTFOLIO	SAN-BENITO	KATHIAWAR	BROCARDER
POLISARIO	INCOGNITO	BALTHAZAR	FAUCARDER
D'ANNUNZIO	CONTRALTO	BALTHAZAR	RINGARDER
KOROLENKO	ESPÉRANTO	GUARRAZAR	POCHARDER
MAKARENKO	SARMIENTO	SUCCOMBER	CAVIARDER
KOSCIUSKO	MATSUMOTO	DÉPLOMBER	TRIMARDER
SAINT-MALO	EX ABRUPTO	EXACERBER	CAGNARDER
CAPPIELLO	CA'DA MOSTO	DÉSHERBER	CHAPARDER
PAESIELLO	BENEDETTO	DÉBOURBER	CLAVARDER
PAISIELLO	LARGHETTO	EMBOURBER	RACCORDER
PISANELLO	CANALETTO	RECOURBER	CONCORDER
ANTONELLO	RIGOLETTO	PERTURBER	DISCORDER
DONATELLO	GRUPPETTO	MASTURBER	CLABAUDER
CIGARILLO	CAPORETTO	DÉDICACER	TRIGAUDER
POLLAIOLO	SOSTENUTO	VERGLACER	MARGAUDER
PIZZAIOLO	DISTINGUO	REMPLACER	BRELAUDER
MARCO POLO	QUIPROQUO	MORDANCER	BRETAUDER
WATER-POLO	GABCÍKOVO	ENGEANCER	GALVAUDER
GOYTISOLO	PORTO-NOVO	AMBIANCER	DESSOUDER
CAMPIDANO	DIMITROVO	FORLANCER	RESSOUDER
DI STEFANO	PILCOMAYO	DISTANCER	PEROXYDER
PROPRIANO	SPARADRAP	COMMENCER	SUROXYDER
BOLIVIANO	VAN GENNEP	SÉQUENCER	MEYERBEER
VENEZIANO	GAZIANTEP	DÉCOINCER	DÉSAGRÉER
ALTIPLANO	MOTORSHIP	RENFONCER	BRAS DE FER
HERCULANO	VIDÉO-CLIP	PRONONCER	DÉBRIEFER
VERRAZANO	LONGCHAMP	DÉFRONCER	CONTRE-FER
FIUMICINO	BEAUCHAMP	COMMERCER	ESCLAFFER
BARDOLINO	PÈSE-SIROP	RENFORCER	SCHAEFFER
CARCOPINO	APRÈS-COUP	RÉAMORCER	REGREFFER
SOLFERINO	CANTALOUP	COALESCER	DÉCOIFFER
ANDANTINO	PASDELOUP	ESCALADER	RECOIFFER
TARANTINO	DUPANLOUP	TAILLADER	ENCOIFFER
VALENTINO	CHIEN-LOUP	ŒILLADER	ASSOIFFER
TOLENTINO	SAINT-LOUP	PÉTARADER	ÉCHAUFFER
SANSOVINO	GJELLERUP	PERSUADER	ALTDORFER

ESBROUFER	MARAÎCHER	DEVANCIER	CHOSIFIER
RÉENGAGER	DÉFRICHER	LICENCIER	VERSIFIER
VERBIAGER	PASTICHER	FAÏENCIER	MASSIFIER
GRILLAGER	ESQUICHER	SEMENCIER	RUSSIFIER
DÉMÉNAGER	DÉHANCHER	ANNONCIER	BÉATIFIER
EMMÉNAGER	CALANCHER	DISSOCIER	GRATIFIER
NAUFRAGER	DÉMANCHER	**LEMERCIER**	RECTIFIER
FOURRAGER	EMMANCHER	REMERCIER	ACÉTIFIER
DÉVISAGER	ÉBRANCHER	MUSCADIER	PONTIFIER
ENVISAGER	REVANCHER	BRIGADIER	CERTIFIER
AVANTAGER	BAMBOCHER	GRENADIER	FORTIFIER
AFFOUAGER	BOULOCHER	CONGÉDIER	MORTIFIER
HEIDEGGER	PIGNOCHER	SUBSIDIER	JUSTIFIER
TRANSIGER	REMPOCHER	BALANDIER	MYSTIFIER
HUNTZIGER	DÉBROCHER	DINANDIER	STATUFIER
VENDANGER	EMBROCHER	VIVANDIER	LANGAGIER
RECHANGER	ACCROCHER	INCENDIER	**MESSAGIER**
PHALANGER	DÉCROCHER	COCARDIER	ATROPHIER
BOULANGER	REPROCHER	PINARDIER	AVANT-HIER
BOULANGER	APPROCHER	MINAUDIER	TIMBALIER
GUÉRANGER	GARROCHER	TAXAUDIER	CYMBALIER
EFFRANGER	PINTOCHER	BOYAUDIER	CÉRÉALIER
ENGRANGER	DÉMARCHER	RÉÉTUDIER	ANIMALIER
STAVANGER	REMARCHER	STUPÉFIER	CHEVALIER
DÖLLINGER	RAPERCHER	TORRÉFIER	**CHEVALIER**
PREMINGER	TCHATCHER	PUTRÉFIER	PINCELIER
FEININGER	SCRATCHER	LIQUÉFIER	CORDELIER
KIESINGER	DÉBAUCHER	**ESCOFFIER**	BACHELIER
MASSINGER	EMBAUCHER	BARBIFIER	**BACHELIER**
KISSINGER	TRÉBUCHER	OPACIFIER	CHAMELIER
FESTINGER	REMBUCHER	SPÉCIFIER	SOMMELIER
PEUTINGER	DÉBOUCHER	DULCIFIER	CANNELIER
SCHWINGER	REBOUCHER	CRUCIFIER	TONNELIER
RATZINGER	EMBOUCHER	RÉÉDIFIER	TUNNELIER
RALLONGER	ACCOUCHER	ACIDIFIER	CHAPELIER
PROLONGER	DÉCOUCHER	MUSÉIFIER	**TORTELIER**
REPLONGER	RECOUCHER	GAZÉIFIER	COUTELIER
FORLONGER	ESSOUCHER	MYTHIFIER	GIROFLIER
MENSONGER	RETOUCHER	QUALIFIER	CONCILIER
DÉCHARGER	TRIOMPHER	AMPLIFIER	MISSILIER
RECHARGER	**FROBISHER**	PLANIFIER	GATTILIER
GAMBERGER	POLYÉTHER	MAGNIFIER	MÉSALLIER
FROBERGER	NICOLAIER	LIGNIFIER	MÉTALLIER
ERZBERGER	COLOMBIER	SIGNIFIER	**CÉZALLIER**
SUBMERGER	**LE CORBIER**	RÉUNIFIER	CENELLIER
CONVERGER	CAROUBIER	SCARIFIER	SENELLIER
RENGORGER	PRÉFACIER	CLARIFIER	**LE TELLIER**
HAMBURGER	GRIMACIER	LUBRIFIER	JOAILLIER
HAMBURGER	DÉPRÉCIER	SACRIFIER	VANILLIER
IGNIFUGER	APPRÉCIER	GLORIFIER	**NICOLLIER**
HARNACHER	JUSTICIER	TERRIFIER	GONDOLIER
RECRACHER	VACANCIER	HORRIFIER	MAGNOLIER
RATTACHER	CRÉANCIER	PÉTRIFIER	AZEROLIER
SOUTACHER	BALANCIER	NITRIFIER	PÉTROLIER
CRAVACHER	ROMANCIER	VITRIFIER	PENDULIER
DESSÉCHER	TENANCIER	FALSIFIER	SINGULIER
BRETÉCHER	FINANCIER	DENSIFIER	SEMOULIER

BALSAMIER	HAUTURIER	CAROTTIER	INSUFFLER
DUGOMMIER	COUTURIER	BALBUTIER	PERSIFLER
INFIRMIER	GENÉVRIER	ALLEUTIER	DÉSENFLER
COSTUMIER	**DUVEYRIER**	CHALUTIER	DÉGONFLER
COUTUMIER	RASSASIER	SAGOUTIER	REGONFLER
CHICANIER	FANTASIER	BIJOUTIER	CAMOUFLER
CANCANIER	CHEMISIER	VELOUTIER	MAROUFLER
BOUCANIER	ARDOISIER	**DUMOÛTIER**	PRÉRÉGLER
MÉTHANIER	**LAVOISIER**	PIROGUIER	ÉTRANGLER
MAGNANIER	SOTTISIER	ÉCHIQUIER	OBNUBILER
SAGRANIER	MENUISIER	VOMIQUIER	ÉFAUFILER
LANTANIER	DÉPENSIER	KIOSQUIER	ANNIHILER
SEMAINIER	JAMBOSIER	BLOC-ÉVIER	ASSIMILER
JARDINIER	AUTOPSIER	LESSIVIER	RENTOILER
SARDINIER	JACASSIER	ASPHYXIER	DÉSOPILER
BALEINIER	**ROCASSIER**	**MONPAZIER**	DÉSHUILER
AVELINIER	ÉCHASSIER	**SCIONZIER**	SPRINKLER
CUISINIER	MULASSIER	PACEMAKER	TRIBALLER
CANTINIER	FINASSIER	BOOKMAKER	REMBALLER
ROUTINIER	PUTASSIER	SPINNAKER	INSTALLER
ALEVINIER	**MANESSIER**	**KRONECKER**	DESCELLER
CALOMNIER	MÉGISSIER	DÉSTOCKER	FLAGELLER
FAÇONNIER	**PÉLISSIER**	BRIMBALER	ENFIELLER
PALONNIER	TAPISSIER	TRIMBALER	DÉMIELLER
LEMONNIER	PÂTISSIER	INITIALER	EMMIELLER
CANONNIER	PEAUSSIER	ENDIABLER	QUERELLER
TISONNIER	CAMBUSIER	DESSABLER	DESSELLER
BÂTONNIER	ARBOUSIER	SCRABBLER	MÉDAILLER
COTONNIER	ARGOUSIER	ASSEMBLER	GODAILLER
SAVONNIER	AVOCATIER	DÉMEUBLER	RÔDAILLER
NAUTONIER	CÉDRATIER	REMEUBLER	CRIAILLER
TAVERNIER	PUISATIER	ENCOUBLER	VOLAILLER
TAVERNIER	BUFFETIER	DÉDOUBLER	DÉMAILLER
RANCUNIER	ARCHETIER	REDOUBLER	REMAILLER
COMMUNIER	TABLETIER	DÉCERCLER	RIMAILLER
ESTROPIER	PELLETIER	RECERCLER	TENAILLER
RAPPARIER	**PELLETIER**	ENCERCLER	PINAILLER
CHAMBRIER	BONNETIER	DÉMASCLER	RAPAILLER
CELLÉRIER	NOISETIER	DÉBOUCLER	DÉPAILLER
VILLERIER	CORSETIER	REGABELER	RIPAILLER
CHIFFRIER	BLEUETIER	DÉFICELER	EMPAILLER
CAMPHRIER	COQUETIER	CHANCELER	DÉRAILLER
TRÉSORIER	LOUVETIER	ÉTINCELER	TIRAILLER
FOSSORIER	MIROITIER	AMONCELER	TORAILLER
HISTORIER	ÉGLANTIER	DÉPUCELER	CISAILLER
GABARRIER	ARGENTIER	REMODELER	BATAILLER
LE VERRIER	CIMENTIER	GROMMELER	DÉTAILLER
RAPATRIER	CACAOTIER	ÉPANNELER	RETAILLER
DÉPATRIER	GARGOTIER	DÉCAPELER	ENTAILLER
EXPATRIER	COMPOTIER	RUISSELER	FOUAILLER
MÉNÉTRIER	FORESTIER	DÉMUSELER	GOUAILLER
CHARTRIER	COLISTIER	ÉCARTELER	JOUAILLER
MEURTRIER	AMNISTIER	**SPITTELER**	RHABILLER
DU MAURIER	AÉROSTIER	CRAQUELER	GAMBILLER
SERRURIER	LIMETTIER	ENJAVELER	FENDILLER
FACTURIER	GRIOTTIER	ÉCHEVELER	PENDILLER
VOITURIER	CULOTTIER	DÉNIVELER	DARDILLER

MORDILLER	STRIDULER	RÉALIGNER	FLOCONNER
RÉVEILLER	DÉMODULER	FORLIGNER	GARCONNER
VERMILLER	DÉGUEULER	SURLIGNER	FREDONNER
BATOILLER	ENGUEULER	SOULIGNER	AMIDONNER
HARPILLER	DÉRÉGULER	TÉMOIGNER	RANDONNER
TORPILLER	ACCUMULER	EMPOIGNER	DINDONNER
GASPILLER	TRABOULER	TRÉPIGNER	LARDONNER
GOUPILLER	ROUCOULER	HARPIGNER	PARDONNER
ROUPILLER	REMMOULER	CONSIGNER	CORDONNER
TOUPILLER	VERMOULER	PROVIGNER	PIGEONNER
BRASILLER	SURMOULER	**PLUVIGNER**	PLAFONNER
BRÉSILLER	DESSOÛLER	RENCOGNER	GONGONNER
GRÉSILLER	MANIPULER	RENGAINER	JARGONNER
ÉGOSILLER	CAPITULER	DÉCHAÎNER	BOUGONNER
DESSILLER	INTITULER	ENCHAÎNER	BICHONNER
BOUSILLER	AMALGAMER	PARRAINER	BICHONNER
FRÉTILLER	PROCLAMER	ENTRAÎNER	COCHONNER
BOITILLER	DESQUAMER	CONTAINER	SIPHONNER
TORTILLER	**GÉRARDMER**	RABOBINER	CAMIONNER
DISTILLER	ENTR'AIMER	DÉBOBINER	ESPIONNER
INSTILLER	**ELSHEIMER**	EMBOBINER	VISIONNER
SAUTILLER	**ALZHEIMER**	DÉRACINER	FUSIONNER
TREUILLER	ENVENIMER	ENRACINER	RATIONNER
DÉGUILLER	COMPRIMER	MÉDECINER	ACTIONNER
AIGUILLER	SUPPRIMER	VATICINER	LOTIONNER
ÉPOUILLER	LÉGITIMER	PEAUFINER	GOUJONNER
BROUILLER	ENFLAMMER	CRACHINER	ÉTALONNER
GROUILLER	PRÉNOMMER	DODELINER	SABLONNER
MAQUILLER	SURNOMMER	PATELINER	BALLONNER
BÉQUILLER	CONSOMMER	RIPOLINER	SILLONNER
CHEVILLER	**SAINT-OMER**	CALAMINER	BOULONNER
NIEMÖLLER	GENDARMER	EFFÉMINER	FOULONNER
GRISOLLER	DÉCHARMER	ACHEMINER	MARMONNER
CHAMBOLER	RENFERMER	INSÉMINER	SERMONNER
CARACOLER	CONFIRMER	ILLUMINER	ROGNONNER
RAPICOLER	PRÉFORMER	ENLUMINER	CHAPONNER
FLAGEOLER	CONFORMER	CLAMPINER	FRIPONNER
BATIFOLER	**LUC-SUR-MER**	ENFARINER	TAMPONNER
CABRIOLER	**FOS-SUR-MER**	ENTÉRINER	POMPONNER
AFFRIOLER	FANTASMER	CHAGRINER	HARPONNER
VITRIOLER	DÉCHAUMER	CHOURINER	POUPONNER
CONTRÔLER	REMPLUMER	MAGASINER	ÉPERONNER
DÉPEUPLER	ENCABANER	AVOISINER	RONRONNER
REPEUPLER	AFRIKANER	HOUSSINER	PATRONNER
ACCOUPLER	**AFRIKANER**	DÉMATINER	BOURONNER
DÉCOUPLER	DÉDOUANER	BARATINER	COURONNER
CENTUPLER	MORIGÉNER	RATATINER	BLASONNER
SEPTUPLER	**KITCHENER**	CABOTINER	RAISONNER
SEXTUPLER	**TITCHENER**	TROTTINER	FOISONNER
AFFABULER	GANGRENER	ACOQUINER	GRISONNER
DÉNÉBULER	RENGRÉNER	PASQUINER	LAITONNER
DÉAMBULER	IMPRÉGNER	BOUQUINER	CANTONNER
VÉHICULER	DÉDAIGNER	PLEUVINER	CARTONNER
RÉTICULER	DÉPEIGNER	CONDAMNER	BASTONNER
ARTICULER	ENSEIGNER	RÉABONNER	FESTONNER
ÉMASCULER	GRAFIGNER	BRACONNER	PISTONNER
BOUSCULER	RECHIGNER	RANÇONNER	BOUTONNER

MOUTONNER	ACCÉLÉRER	DÉLUSTRER	CRÉOLISER
KLAXONNER	DÉCÉLÉRER	ILLUSTRER	BÉMOLISER
CLAYONNER	DÉCOLÉRER	DÉFEUTRER	NÉBULISER
CRAYONNER	DÉGÉNÉRER	ACCOUTRER	ISLAMISER
ÉPOUMONER	RÉGÉNÉRER	RESTAURER	DYNAMISER
DÉCHARNER	INCINÉRER	INSTAURER	MINIMISER
CONCERNER	RÉMUNÉRER	MANUCURER	OPTIMISER
DISCERNER	**KLEMPERER**	DÉSHEURER	MAXIMISER
LANTERNER	EXASPÉRER	AFFLEURER	SODOMISER
GOUVERNER	PROSPÉRER	EFFLEURER	CHROMISER
FLAGORNER	RÉCUPÉRER	ENFLEURER	URBANISER
DÉFOURNER	VITUPÉRER	DÉFIGURER	MÉCANISER
ENFOURNER	RÉINSÉRER	INAUGURER	PAGANISER
SÉJOURNER	INVÉTÉRER	CHAFOURER	ORGANISER
DÉTOURNER	OBLITÉRER	ENAMOURER	ROMANISER
RETOURNER	ADULTÉRER	CHLORURER	HUMANISER
RATTRAPER	EMPIFFRER	RÉASSURER	TÉTANISER
ANTICIPER	DÉCOFFRER	PRESSURER	FÉMINISER
ÉMANCIPER	ENSOUFRER	LIGATURER	LATINISER
CONSTIPER	DÉFLAGRER	DÉNATURER	DIVINISER
DISCULPER	VINAIGRER	FRACTURER	COLONISER
INSCULPER	CONSPIRER	AVENTURER	CANONISER
DÉTREMPER	SOUS-VIRER	CEINTURER	ÉTERNISER
RETREMPER	ÉDULCORER	PEINTURER	IMMUNISER
REGRIMPER	SUBODORER	ENFIÉVRER	RACCOISER
DÉTROMPER	REVIGORER	DÉCUIVRER	CHAMOISER
ESCALOPER	AMÉLIORER	RECOUVRER	CHINOISER
RÉCHAPPER	DÉCOLORER	GYROLASER	DÉCROISER
KIDNAPPER	REMÉMORER	DÉNIAISER	POLARISER
DÉGRIPPER	REMBARRER	HÉBRAISER	CÉSARISER
DÉCRISPER	CHAMARRER	MORTAISER	MADÉRISER
RÉOCCUPER	EMPIERRER	FRANCISER	NUMÉRISER
SURCOUPER	DESSERRER	FÉROCISER	SATIRISER
CHALOUPER	RESSERRER	EXORCISER	THÉORISER
DÉGROUPER	DÉBOURRER	NOMADISER	VALORISER
REGROUPER	EMBOURRER	FLUIDISER	COLORISER
ATTROUPER	IDOLÂTRER	FOCALISER	MÉMORISER
ACCAPARER	DÉPLÂTRER	LOCALISER	TÉNORISER
PERVIBRER	REPLÂTRER	VOCALISER	SONORISER
DÉMEMBRER	SALPÊTRER	IDÉALISER	VAPORISER
REMEMBRER	PERPÉTRER	LÉGALISER	MOTORISER
ENCOMBRER	CHAPITRER	BANALISER	AUTORISER
DÉNOMBRER	SURTITRER	CANALISER	FAVORISER
ÉLUCUBRER	INFILTRER	PÉNALISER	MAÎTRISER
CONSACRER	EXFILTRER	FINALISER	SÉCURISER
MASSACRER	DÉCENTRER	MORALISER	SOMATISER
ÉCHANCRER	RECENTRER	NASALISER	FANATISER
DÉSENCRER	EXCENTRER	TOTALISER	DÉRATISER
CALANDRER	DÉCINTRER	DÉVALISER	MONÉTISER
ENGENDRER	DÉMONTRER	RIVALISER	POLITISER
CYLINDRER	REMONTRER	LABÉLISER	NÉANTISER
EFFONDRER	DÉTARTRER	FIDÉLISER	ROBOTISER
DÉLIBÉRER	ENTARTRER	MODÉLISER	ASEPTISER
DILACÉRER	ENCASTRER	MOBILISER	COURTISER
ÉVISCÉRER	CADASTRER	SIMILISER	AMENUISER
VOCIFÉRER	REGISTRER	VIRILISER	PRÉAVISER
LÉGIFÉRER	CLAUSTRER	CIVILISER	TÉLÉVISER

COMPULSER	ANGOISSER	SOUHAITER	SURMONTER
PROPULSER	COMPISSER	RETRAITER	AFFRONTER
CONVULSER	ESQUISSER	COHABITER	EMPRUNTER
CONDENSER	RENDOSSER	FÉLICITER	HARICOTER
COMPENSER	ENGROSSER	GAULEITER	ASTICOTER
DISPENSER	CARROSSER	TROCHITER	NEIGEOTER
ANKYLOSER	DÉFAUSSER	GRAPHITER	RAVIGOTER
ANTÉPOSER	REHAUSSER	HABILITER	CRACHOTER
RÉIMPOSER	EXHAUSSER	DÉBILITER	CHUCHOTER
POSTPOSER	**ALTHUSSER**	FACILITER	CHARIOTER
SCLÉROSER	REPOUSSER	DYNAMITER	BIBELOTER
DISPERSER	DÉSABUSER	DÉLIMITER	SIFFLOTER
TRAVERSER	DÉCREUSER	REMBOÎTER	SANGLOTER
RENVERSER	RECREUSER	EXPLOITER	COMPLOTER
CONVERSER	PARALYSER	CONVOITER	ESCAMOTER
DÉBOURSER	CATALYSER	DÉCAPITER	CLIGNOTER
FRACASSER	DÉLICATER	DÉRUPITER	GRIGNOTER
TRACASSER	ANTIDATER	COHÉRITER	DÉCAPOTER
FRICASSER	POSTDATER	DÉMÉRITER	GALIPOTER
CONCASSER	PIAPIATER	PARASITER	NUMÉROTER
AVOCASSER	ALMA MATER	REVISITER	CHEVROTER
RECHASSER	CARAPATER	TRANSITER	CRÉOSOTER
ENCHÂSSER	**ANTIPATER**	BISCUITER	TOUSSOTER
DÉCLASSER	CONSTATER	DÉFRUITER	PLEUVOTER
RECLASSER	COMPACTER	AFFRUITER	RÉADAPTER
PRÉLASSER	RÉFRACTER	RÉINVITER	PRÉEMPTER
HOMMASSER	DÉTRACTER	ASPHALTER	DÉCOMPTER
TRÉPASSER	RÉTRACTER	SURVOLTER	RECOMPTER
COMPASSER	CONTACTER	AUSCULTER	ESCOMPTER
SURPASSER	COLLECTER	CONSULTER	DÉCRYPTER
REBRASSER	CONNECTER	BROCANTER	CONCERTER
EMBRASSER	RESPECTER	DÉCHANTER	DISSERTER
DÉCRASSER	INSPECTER	RECHANTER	CONFORTER
ENCRASSER	SUSPECTER	ENCHANTER	COLPORTER
CUIRASSER	SPHINCTER	DÉPLANTER	REMPORTER
TERRASSER	CONCOCTER	REPLANTER	COMPORTER
FATRASSER	ÉPINCETER	IMPLANTER	RAPPORTER
RESSASSER	CROCHETER	DIAMANTER	SUPPORTER
CREVASSER	MOUCHETER	WARRANTER	**LANCASTER**
CONFESSER	INQUIÉTER	SERGENTER	**DONCASTER**
PROFESSER	CAILLETER	PATIENTER	BALLASTER
NUNGESSER	PAILLETER	VIOLENTER	**LEICESTER**
REDRESSER	COMPLÉTER	SEGMENTER	**WORCESTER**
RÉGRESSER	TROMPETER	PIGMENTER	**ROCHESTER**
EMPRESSER	ROUSPÉTER	AUGMENTER	**FORRESTER**
OPPRESSER	DÉSARÊTER	ALIMENTER	CONTESTER
RABAISSER	FLEURETER	COMMENTER	PROTESTER
REBAISSER	CLAQUETER	SARMENTER	**SYLVESTER**
DÉCAISSER	CRAQUETER	FERMENTER	POLYESTER
ENCAISSER	BECQUETER	SERPENTER	ATTRISTER
AFFAISSER	CLIQUETER	PRÉSENTER	SUBSISTER
DÉLAISSER	BRIQUETER	CONTENTER	CONSISTER
RELAISSER	ÉTIQUETER	SUSTENTER	PERSISTER
DÉPLISSER	BANQUETER	ENCEINTER	COEXISTER
REPLISSER	MARQUETER	ACCOINTER	TRICKSTER
COULISSER	PARQUETER	APPOINTER	COMPOSTER
VERNISSER	DÉRIVETER	ESQUINTER	RÉAJUSTER

INCRUSTER	SUBJUGUER	DÉBUSQUER	BULLDOZER
REGRATTER	CONJUGUER	EMBUSQUER	SCHNAUZER
RACKETTER	RÉÉVALUER	OFFUSQUER	**RIQUEWIHR**
TABLETTER	DÉPOLLUER	RÉÉDUQUER	FANCY-FAIR
TOILETTER	TRANSMUER	DÉBOUQUER	ENTRE-HAÏR
REGRETTER	CONTINUER	EMBOUQUER	**PORT BLAIR**
LEVRETTER	RENFLOUER	TONITRUER	**VAL-BÉLAIR**
BROUETTER	SOUS-LOUER	EFFECTUER	**BURGKMAIR**
MOQUETTER	DÉSAVOUER	PERPÉTUER	**AL-DJAZA'IR**
SCHLITTER	BARJAQUER	ENTRE-TUER	ESTOURBIR
ACQUITTER	CORNAQUER	DESTITUER	ÉCLAIRCIR
REQUITTER	EMBRAQUER	RESTITUER	OBSCURCIR
MARCOTTER	MATRAQUER	INSTITUER	ACCOURCIR
BOYCOTTER	DÉTRAQUER	TUMULTUER	REFROIDIR
MARGOTTER	DISSÉQUER	ACCENTUER	ABÂTARDIR
CACHOTTER	ÉRADIQUER	REMBLAVER	DÉGOURDIR
GRELOTTER	PRÉDIQUER	MOTOPAVER	ENGOURDIR
BALLOTTER	SYNDIQUER	CHOURAVER	ASSOURDIR
BOULOTTER	TRAFIQUER	RETRIEVER	APPLAUDIR
MARMOTTER	RÉPLIQUER	SURÉLEVER	RÉTROAGIR
DÉCROTTER	IMPLIQUER	RÉCIDIVER	INTERAGIR
GARROTTER	APPLIQUER	ENJOLIVER	RESSURGIR
FRISOTTER	DUPLIQUER	RÉACTIVER	DÉFLÉCHIR
DANSOTTER	EXPLIQUER	INACTIVER	RÉFLÉCHIR
DÉGOUTTER	FORNIQUER	POSITIVER	INFLÉCHIR
CADEAUTER	SURPIQUER	DÉMOTIVER	DÉGAUCHIR
BISEAUTER	FABRIQUER	PRÉSERVER	**ESKISEHIR**
DÉPIAUTER	IMBRIQUER	CONSERVER	AFFAIBLIR
CRAPAÜTER	RUBRIQUER	**VANCOUVER**	ENSEVELIR
SURSAUTER	INTRIQUER	RÉPROUVER	DÉFAILLIR
RESSAUTER	PRATIQUER	APPROUVER	REJAILLIR
CHARCUTER	CRITIQUER	RETROUVER	ASSAILLIR
ARC-BOUTER	MASTIQUER	**MAYFLOWER**	DÉSEMPLIR
RÉÉCOUTER	RUSTIQUER	COMPLEXER	ACCOMPLIR
ENCROÛTER	DÉCALQUER	PARADOXER	ASSOUPLIR
FERROUTER	DÉFALQUER	REMBLAYER	RAFFERMIR
PRÉTEXTER	INCULQUER	SOUS-PAYER	RENDORMIR
MÖSSBAUER	PALANQUER	RENTRAYER	RENFORMIR
RÉTRIBUER	SUFFOQUER	RÉESSAYER	MAINTENIR
ATTRIBUER	DÉBLOQUER	GRASSEYER	REDEVENIR
DÉSEMBUER	DÉFLOQUER	LANGUEYER	BIENVENIR
ZIGZAGUER	COLLOQUER	FLAMBOYER	REDÉFINIR
BOULÉGUER	DISLOQUER	PLAIDOYER	REMBRUNIR
PRODIGUER	ESCROQUER	ROUGEOYER	REVERDOIR
INTRIGUER	DÉFROQUER	BOUCHOYER	ACCORDOIR
INSTIGUER	DÉTROQUER	REMPLOYER	ÉCHAUDOIR
DIVULGUER	CONVOQUER	ATERMOYER	ACCOUDOIR
HARANGUER	PROVOQUER	TOURNOYER	PLONGEOIR
RALINGUER	DÉBARQUER	FOUDROYER	ÉGRUGEOIR
CHLINGUER	EMBARQUER	POUDROYER	ÉTOUFFOIR
MERINGUER	DÉMARQUER	HONGROYER	ARRACHOIR
SERINGUER	REMARQUER	CHARROYER	TRANCHOIR
DÉZINGUER	REMORQUER	GUERROYER	ÉBAUCHOIR
DIALOGUER	RÉTORQUER	DESTROYER	PRÉVALOIR
ÉPILOGUER	EXTORQUER	VOUSSOYER	CUEILLOIR
DÉVERGUER	BIFURQUER	JOINTOYER	MOUILLOIR
ENVERGUER	DÉMASQUER	FOURVOYER	DÉFOULOIR

REFOULOIR	CONVERTIR	DÉBARDEUR	RENIFLEUR
REVOULOIR	PERVERTIR	JOBARDEUR	CHOU-FLEUR
ASSOMMOIR	RASSORTIR	CAFARDEUR	TRÉFILEUR
ASSOMMOIR	RESSORTIR	**LE GARDEUR**	PROFILEUR
PROMENOIR	TRAVESTIR	REGARDEUR	EMBALLEUR
ÉTEIGNOIR	ENGLOUTIR	EMMERDEUR	ÉCAILLEUR
ENTONNOIR	**HAMMAGUIR**	ACCORDEUR	PIAILLEUR
ÉGRAPPOIR	DESSERVIR	MARAUDEUR	ÉMAILLEUR
DÉSESPOIR	RESSERVIR	RAVAUDEUR	BRAILLEUR
DÉCOUPOIR	COMPRADOR	BAROUDEUR	HABILLEUR
AIGUISOIR	THERMIDOR	CHAUFFEUR	CUEILLEUR
ENCENSOIR	FRUCTIDOR	SACCAGEUR	ÉVEILLEUR
OSTENSOIR	**TOISON D'OR**	PACKAGEUR	NASILLEUR
ASPERSOIR	BOUTON-D'OR	AMÉNAGEUR	FUSILLEUR
DÉVERSOIR	CONFITEOR	PARTAGEUR	ARTILLEUR
REVERSOIR	**BELPHÉGOR**	VOLTIGEUR	VÉTILLEUR
POLISSOIR	**HELSINGØR**	VIDANGEUR	OUTILLEUR
ROUISSOIR	ÉTAT-MAJOR	ÉCHANGEUR	BOUILLEUR
REMONTOIR	**CÔTE-DE-L'OR**	MÉLANGEUR	FOUILLEUR
GAI-SAVOIR	MIRLIFLOR	ARRANGEUR	MOUILLEUR
ÉGOUTTOIR	MONSIGNOR	LOUANGEUR	BRICOLEUR
CONCEVOIR	ALLIGATOR	HÉBERGEUR	FIGNOLEUR
PERCEVOIR	ESCALATOR	PATAUGEUR	PISTOLEUR
ENTREVOIR	COLLECTOR	RABÂCHEUR	BASCULEUR
RÉSERVOIR	**LISPECTOR**	ARRACHEUR	DÉMOULEUR
ABREUVOIR	SOLICITOR	DÉTACHEUR	RÉMOULEUR
RÉCHAMPIR	MYOCASTOR	EMPÊCHEUR	DÉROULEUR
DÉGUERPIR	THYRISTOR	FRAÎCHEUR	ENROULEUR
VALLESPIR	**DEIR EZ-ZOR**	AFFICHEUR	ESCRIMEUR
ACCROUPIR	AÏD-EL-FITR	DÉNICHEUR	IMPRIMEUR
ASSOMBRIR	**RABAN MAUR**	FÉTICHEUR	ASSOMMEUR
ATTENDRIR	**SAINT-MAUR**	AGUICHEUR	SLALOMEUR
AMOINDRIR	**CHAMPSAUR**	BLANCHEUR	ENDORMEUR
RENCHÉRIR	**LAUTERBUR**	TRANCHEUR	REFORMEUR
CONQUÉRIR	**JULLUNDUR**	CHERCHEUR	EMBAUMEUR
DÉMAIGRIR	**BARABUDUR**	ÉCORCHEUR	NON-FUMEUR
RABOUGRIR	**BOROBUDUR**	TRESCHEUR	PARFUMEUR
ENDOLORIR	REGIMBEUR	HERSCHEUR	CHICANEUR
DÉFLEURIR	ABSORBEUR	ÉPLUCHEUR	PROMENEUR
REFLEURIR	ENFONCEUR	PARAPHEUR	REPRENEUR
CONCOURIR	ANNONCEUR	VÉRIFIEUR	CONTENEUR
PARCOURIR	GAMBADEUR	INGÉNIEUR	SOUTENEUR
DISCOURIR	CASCADEUR	INFÉRIEUR	RAFFINEUR
APPAUVRIR	GRENADEUR	SUPÉRIEUR	DÉPANNEUR
DÉCOUVRIR	DÉBRIDEUR	**SUPÉRIEUR**	FAÇONNEUR
RECOUVRIR	RENVIDEUR	ULTÉRIEUR	AVIONNEUR
BALIKESIR	DEMANDEUR	ANTÉRIEUR	JALONNEUR
DÉPLAISIR	DÉFENDEUR	INTÉRIEUR	TALONNEUR
DESSAISIR	SPLENDEUR	EXTÉRIEUR	BÉTONNEUR
RESSAISIR	RAMENDEUR	SIGNALEUR	RAYONNEUR
DÉGROSSIR	DÉPENDEUR	DESSALEUR	SUBORNEUR
REGROSSIR	DÉTENDEUR	NON-VALEUR	SANS-CŒUR
EMPUANTIR	ENTENDEUR	DRIBBLEUR	DEMI-SŒUR
CONSENTIR	EXTENDEUR	TREMBLEUR	ATTRAPEUR
RESSENTIR	REVENDEUR	HARCELEUR	ESTAMPEUR
DESSERTIR	COVENDEUR	CARRELEUR	VARAPPEUR
SUBVERTIR	RÉPONDEUR	SOUFFLEUR	DÉCOUPEUR

DÉFIBREUR	LAÏUSSEUR	INDUCTEUR	REBOUTEUR
CALIBREUR	TROUSSEUR	PELLETEUR	ENVOÛTEUR
CHAMBREUR	DIFFUSEUR	BONNETEUR	RECRUTEUR
ENCADREUR	DIALYSEUR	SÉCRÉTEUR	ARNAQUEUR
ACQUÉREUR	ANALYSEUR	EXCRÉTEUR	VAINQUEUR
CHIFFREUR	ÉVOCATEUR	AFFRÉTEUR	TRINQUEUR
DÉNIGREUR	ÉDUCATEUR	PIQUETEUR	ACCOUVEUR
ÉCLAIREUR	STUCATEUR	ENQUÊTEUR	MONNAYEUR
SURVIREUR	PRÉDATEUR	SAUVETEUR	EMBRAYEUR
BAGARREUR	FONDATEUR	COÉDITEUR	HOCKEYEUR
DÉMARREUR	LAUDATEUR	CRÉDITEUR	VOLLEYEUR
ÉPIERREUR	VICIATEUR	PROFITEUR	AMAREYEUR
DÉTERREUR	RADIATEUR	APÉRITEUR	EMPLOYEUR
PUPITREUR	MÉDIATEUR	PARTITEUR	CORROYEUR
ÉVENTREUR	EXPIATEUR	SERVITEUR	FOSSOYEUR
PROCUREUR	VARIATEUR	DÉVOLTEUR	NETTOYEUR
LABOUREUR	DÉVIATEUR	INSULTEUR	CONVOYEUR
LABOUREUR	CHÉLATEUR	DÉCANTEUR	**MONTSÉGUR**
SECOUREUR	ÉPILATEUR	ENCANTEUR	**MACARTHUR**
DÉGIVREUR	VIOLATEUR	PESANTEUR	CALAMBOUR
DÉPHASEUR	ISOLATEUR	ACCENTEUR	CALEMBOUR
CONFISEUR	ADULATEUR	ORIENTEUR	BASSE-COUR
ÉGALISEUR	ÉMULATEUR	ARPENTEUR	**BÉCANCOUR**
ATOMISEUR	ANIMATEUR	DÉTENTEUR	**SENANCOUR**
PROVISEUR	FORMATEUR	RÉTENTEUR	AVANT-COUR
RECENSEUR	FRÉNATEUR	INVENTEUR	**POMPADOUR**
ENCENSEUR	PHONATEUR	ÉREINTEUR	CUL-DE-FOUR
ASCENSEUR	PRONATEUR	RACONTEUR	CARREFOUR
DÉFENSEUR	VIBRATEUR	BARBOTEUR	PETIT-FOUR
OFFENSEUR	OPÉRATEUR	FRICOTEUR	**DAMANHOUR**
EXTENSEUR	MIGRATEUR	TRICOTEUR	**BAÏKONOUR**
EXPLOSEUR	ADORATEUR	JUGEOTEUR	**SINGAPOUR**
COMPOSEUR	NARRATEUR	FOLIOTEUR	NON-RETOUR
ASPERSEUR	ÉPURATEUR	TRIMOTEUR	**KHARAGPUR**
INVERSEUR	PROSATEUR	PROMOTEUR	**GORAKHPUR**
JACASSEUR	SECTATEUR	CHIPOTEUR	**BHAGALPUR**
RAMASSEUR	DICTATEUR	TRIPOTEUR	EXEQUATUR
FINASSEUR	AGITATEUR	ACCEPTEUR	**THANJAVUR**
REPASSEUR	IMITATEUR	RÉCEPTEUR	**CÔTE D'AZUR**
VAVASSEUR	TENTATEUR	SCRIPTEUR	**VICQ D'AZYR**
LEVASSEUR	CAPTATEUR	SCULPTEUR	BRANLE-BAS
RÊVASSEUR	TESTATEUR	PROMPTEUR	CONTREBAS
AGRESSEUR	ÉLÉVATEUR	DÉSERTEUR	**PERDICCAS**
ASSESSEUR	SALVATEUR	ESCORTEUR	**ZACATECAS**
ABAISSEUR	RÉDACTEUR	REPORTEUR	**PÉLOPIDAS**
ÉPAISSEUR	COFACTEUR	APPORTEUR	**CHARONDAS**
GRAISSEUR	EFFECTEUR	DIGESTEUR	**PAUSANIAS**
RÉGISSEUR	OBJECTEUR	IMPOSTEUR	ASCLÉPIAS
BÉNISSEUR	INJECTEUR	RABATTEUR	CHASSELAS
FINISSEUR	SÉLECTEUR	DÉBATTEUR	PLEXIGLAS
BÂTISSEUR	HUMECTEUR	NAVETTEUR	**VENCESLAS**
LOTISSEUR	DIRECTEUR	CAROTTEUR	**STANISLAS**
RÔTISSEUR	DÉTECTEUR	CULBUTEUR	**ANTI-ATLAS**
FOUISSEUR	ABDUCTEUR	EXÉCUTEUR	SUPERAMAS
JOUISSEUR	ADDUCTEUR	PERCUTEUR	**LAS PALMAS**
RAVISSEUR	RÉDUCTEUR	DISCUTEUR	**CHRISTMAS**
CHAUSSEUR	SÉDUCTEUR	CHAHUTEUR	**MARTIGNAS**

BONS-PAPAS	TIMURIDES	ENSUIVIES	IONIENNES
N'EST-CE PAS	IDRISIDES	LES EYZIES	LES PENNES
FIER-À-BRAS	SÉFÉVIDES	PLUM-CAKES	FLORENNES
MULTIBRAS	BURGONDES	PRÉS-SALÉS	GERPINNES
APPUI-BRAS	RETHONDES	TZELTALES	CHALONNES
AVANT-BRAS	COSTAUDES	MANIZALES	LANTERNES
SASSAFRAS	GALVAUDÉS	QUETZALES	SAUTERNES
SOUK AHRAS	JEAN EUDES	PORTE-CLÉS	SAUTERNES
ALGÉSIRAS	MACCABÉES	BERNICLES	GOUVERNÉS
SUBLEYRAS	MAL-LOGÉES	MNÉSICLÈS	BRAY-DUNES
HAMADRYAS	VENTILÉES	MILLE-ÎLES	DEMI-LUNES
ALCARAZAS	PARSEMÉES	TZOTZILES	CURE-PIPES
CINÉ-CLUBS	MAL-AIMÉES	SARCELLES	PHILIPPES
AÉRO-CLUBS	BORROMÉES	BRUCELLES	LÉOCHARÈS
FANS-CLUBS	FORTUNÉES	MORDELLES	BOLÍVARES
ENTRELACS	THIO-URÉES	ANIMELLES	CANTABRES
ARMAGNACS	CABOSSÉES	CORMELLES	SICAMBRES
MONTE-SACS	LITS-CAGES	LINSELLES	ISSAMBRES
AVANT-BECS	ARRÉRAGES	COQUELLES	DÉCOMBRES
POP MUSICS	NON-USAGES	BRUXELLES	SALINDRES
CHIC-CHOCS	COURRÈGES	CHAZELLES	VERCHÈRES
PARE-CHOCS	CHAMBIGES	SEMAILLES	CORBIÈRES
CINÉ-PARCS	BITURIGES	TENAILLES	CORBIÈRES
CALE-PIEDS	FONTANGES	CAVAILLÈS	CALLIÈRES
SOUS-PIEDS	COMMINGES	BAZEILLES	FALLIÈRES
CENT-PIEDS	COULONGES	MAROILLES	SOMMIÈRES
VA-NU-PIEDS	POUZAUGES	MAROILLES	BONNIÈRES
JAZZ-BANDS	BIEN-JUGÉS	AIGUILLES	CARRIÈRES
HIGHLANDS	TOULOUGES	CHAROLLES	FERRIÈRES
HAPPY ENDS	BAS-ROUGES	VITROLLES	VERRIÈRES
BIEN-FONDS	ROMANCHES	PEYROLLES	BESSIÈRES
FOX-HOUNDS	AVRANCHES	GRISOLLES	EYGUIÈRES
FAST-FOODS	SENONCHES	BRIGNOLES	MAIZIÈRES
FAUX-BORDS	FARDOCHES	SÉMINOLES	PIES-MÈRES
GUIMARÃES	LUZARCHES	POUZZOLES	TALLOIRES
PÈSE-BÉBÉS	SCRATCHES	SEXTUPLÉS	ÉDULCORÉS
LÉMOVICES	INGOUCHES	OLLIOULES	CENTAURES
COUTANCES	NÉPENTHÈS	FITZ-JAMES	DIOSCURES
ALMOHADES	WALLABIES	MI-CARÊMES	MARAMURES
UMAYYADES	ÉPINICIES	BIEN-AIMÉS	PEIGNURES
OMEYYADES	FLORALIES	NON ANIMÉS	SAULXURES
SAMOYÈDES	RAMILLIES	LES ABYMES	BALAYURES
AYYUBIDES	CUVILLIÉS	DOUNGANES	TRICOISES
ARSACIDES	OTTIGNIES	ATELLANES	MARQUISES
ABBADIDES	BARONNIES	ITELMÈNES	DEUX-ROSES
PERSÉIDES	TUILERIES	VILLAINES	SARGASSES
ATTALIDES	FRAMERIES	CERTAINES	KHAKASSES
INVALIDES	NURSERIES	CAROLINES	TRÉPASSÉS
PYRAMIDES	ARMOIRIES	ENLUMINÉS	NON-TISSÉS
FATIMIDES	VALKYRIES	DES MOINES	ROCHEUSES
OCÉANIDES	WALKYRIES	DARGUINES	ARGINUSES
SAMANIDES	DIONYSIES	MALOUINES	BOURIATES
EUMÉNIDES	BLEUETTES	CHABANNES	DÉCUMATES
MARINIDES	PENALTIES	MARIANNES	DOLOMITES
MÉRINIDES	ROYALTIES	VINCENNES	AMMONITES
TULUNIDES	MI-PARTIES	VERGENNES	OBODRITES
ANTIRIDES	CHRISTIE'S	ÉOLIENNES	AMORRITES

HOURRITES	BARSACAIS	SEVRANAIS	CALABRAIS
ALAOUITES	JONZACAIS	SÉQUANAIS	FOUGERAIS
SURVOLTÉS	BOLBÉCAIS	TAÏWANAIS	BAGNÉRAIS
AMIRANTES	PORNICAIS	TAÏWANAIS	CAPCIRAIS
CERVANTÈS	BUZANÇAIS	BASSENAIS	NAVARRAIS
ÉPREINTES	GAPENÇAIS	SARTENAIS	NAVARRAIS
CI-JOINTES	SARLADAIS	CORTENAIS	DUMARSAIS
BLOC-NOTES	OUGANDAIS	AUBAGNAIS	BROUSSAIS
DESCARTES	OUGANDAIS	VALOGNAIS	MASCATAIS
DESPORTES	ZÉLANDAIS	BOLOGNAIS	VALLETAIS
RILLETTES	IRLANDAIS	BOLOGNAIS	CHOLETAIS
BEURETTES	IRLANDAIS	BURKINAIS	VANNETAIS
CHOCOTTES	ISLANDAIS	BURKINAIS	FAOUËTAIS
ARC-BOUTÉS	ISLANDAIS	DIGOINAIS	PONANTAIS
CALDAGUÈS	MIRANDAIS	JOHANNAIS	ARDENTAIS
ENTRAGUES	BURUNDAIS	DINANNAIS	NOGENTAIS
RODRIGUES	BURUNDAIS	ROYANNAIS	ARGENTAIS
GARRIGUES	DINARDAIS	SÉZANNAIS	TARENTAIS
MARTIGUES	BÂBORDAIS	ARDENNAIS	TORONTAIS
BOUZIGUES	LAURAGAIS	ARDENNAIS	YVETOTAIS
MARINGUES	PORTUGAIS	LA MENNAIS	ESSARTAIS
AIMARGUES	PORTUGAIS	ROUENNAIS	ANTIGUAIS
DESARGUES	TRANCHAIS	MÉVENNAIS	OUTAOUAIS
ISBERGUES	ENTRE-HAÏS	CAYENNAIS	HENDAYAIS
ANDERLUES	CANCALAIS	MAYENNAIS	ABRUZZAIS
SOUS-LOUÉS	OUAGALAIS	THAONNAIS	CIRCONCIS
DEUX-ROUES	CUGNALAIS	CRAONNAIS	HENDIADIS
TOLTÈQUES	BORDELAIS	MÂCONNAIS	MARAVÉDIS
MIXTÈQUES	BORDELAIS	LUÇONNAIS	SANS-LOGIS
PYTHIQUES	ROCHELAIS	REDONNAIS	MONTARGIS
IBÉRIQUES	FRANGLAIS	ARGONNAIS	WALPURGIS
CALANQUES	MANILLAIS	BRIONNAIS	AMÉNOPHIS
TARASQUES	ANTILLAIS	DIJONNAIS	APRÈS-SKIS
ÉTRUSQUES	ANTILLAIS	ALLONNAIS	HAMAMÉLIS
MENSTRUES	BANDOLAIS	CENONNAIS	MIRABILIS
ENTRE-TUÉS	CONGOLAIS	PÉRONNAIS	VOLUBILIS
VIDE-CAVES	CONGOLAIS	ÉVRONNAIS	VOLUBILIS
SAKALAVES	BARJOLAIS	DIVONNAIS	ANTHYLLIS
GONÇALVES	BAGNOLAIS	AUXONNAIS	AMARYLLIS
JUKE-BOXES	CHAROLAIS	BAYONNAIS	ANNAPOLIS
LES CLAYES	CHAROLAIS	NOYONNAIS	NICOPOLIS
SOUS-PAYÉS	BANJULAIS	ARAGONAIS	IN POCULIS
GAGAOUZES	PTOLÉMAÏS	ARAGONAIS	ROUCOULIS
SOUS-CHEFS	DÉSORMAIS	LANGONAIS	CONCHYLIS
DEMI-CLEFS	MBABANAIS	TRÉLONAIS	SÉMIRAMIS
MOTS-CLEFS	CHABANAIS	ARAMONAIS	COMPROMIS
ICE-SHELFS	SUNDANAIS	CHINONAIS	RENFORMIS
TIRE-NERFS	CAUDANAIS	THONONAIS	MONTCENIS
MIRE-ŒUFS	HOUDANAIS	OLORONAIS	OUARSENIS
PING-PONGS	SOUDANAIS	CANTONAIS	SEMI-FINIS
HALBWACHS	SOUDANAIS	CANTONAIS	MACARONIS
SANDWICHS	SIGEANAIS	NIVERNAIS	ÆPYORNIS
BURROUGHS	ORLÉANAIS	NIVERNAIS	ÉTATS-UNIS
VISIGOTHS	CACHANAIS	LACAUNAIS	GRANDBOIS
WISIGOTHS	MORLANAIS	LOUDUNAIS	ZAGRÉBOIS
COGNAÇAIS	MEULANAIS	EMBRUNAIS	PORTE-BOIS
JARNACAIS	MEYLANAIS	FERRARAIS	PIQUE-BOIS

MORTS-BOIS	VIZILLOIS	VANIÉROIS	LE PLESSIS
PETIT-BOIS	SAINT-LOIS	ASNIÉROIS	DUPLESSIS
FIGEACOIS	BACHAMOIS	VALLEROIS	NAUCRATIS
CALLACOIS	BELLÊMOIS	SILLEROIS	MOUCHETIS
MEYMACOIS	SEPTÉMOIS	BRUYÉROIS	CLIQUETIS
GIGNACOIS	BAPALMOIS	DONZÉROIS	GRAFFITIS
ÉPINACOIS	VENDÔMOIS	BÉLAIROIS	RAPOINTIS
CARNACOIS	CONDOMOIS	TRÉGOROIS	CHUCHOTIS
FLORACOIS	BILLOMOIS	AMBARROIS	HYDRASTIS
QUÉBÉCOIS	ANGOUMOIS	BÉGARROIS	FRISOTTIS
QUÉBÉCOIS	DRACÉNOIS	BITERROIS	CLAFOUTIS
LORRIÇOIS	PISCÉNOIS	BITERROIS	MONT-LOUIS
MASSICOIS	LACHENOIS	AUXERROIS	PORT-LOUIS
VOLVICOIS	RUTHÉNOIS	SOLEUROIS	PORT-LOUIS
ARLANCOIS	RUTHÉNOIS	SAUMUROIS	AMPLEPUIS
FAYENÇOIS	BOLLÉNOIS	NEVERSOIS	PRÉREQUIS
TOUCYCOIS	CHÂTENOIS	ANVERSOIS	RECONQUIS
MAGNYCOIS	HESDINOIS	AUVERSOIS	RUBRUQUIS
LIVRADOIS	LACHINOIS	IGNISSOIS	CONTRAVIS
BRIVADOIS	BUCKINOIS	CLUNYSOIS	PONT-LEVIS
PRIVADOIS	TONKINOIS	TEYJATOIS	TOURNEVIS
LANAUDOIS	DUBLINOIS	GRAMATOIS	ÉPISTAXIS
ARRAGEOIS	SECLINOIS	AULNATOIS	TIE-BREAKS
ARIÉGEOIS	YVELINOIS	GANNATOIS	HENDRICKS
ALBIGEOIS	BARLINOIS	GERZATOIS	AFRO-ROCKS
ALBIGEOIS	BERLINOIS	GUÉRÉTOIS	JAZZ-ROCKS
BLANGEOIS	BERLINOIS	CUSSÉTOIS	CAKE-WALKS
ORANGEOIS	MOULINOIS	CHANITOIS	FAIRBANKS
BOURGEOIS	OIGNINOIS	MAGNITOIS	HERD-BOOKS
BOURGEOIS	CAMPINOIS	CHARITOIS	STUD-BOOKS
AUTREFOIS	MEYRINOIS	VICOMTOIS	MAMELOUKS
TOUTEFOIS	TESSINOIS	GIMONTOIS	DROP-GOALS
GAMACHOIS	PANTINOIS	DOMONTOIS	PRÉNATALS
BARACHOIS	LIÉVINOIS	ERMONTOIS	HERENTALS
ARDÉCHOIS	PROVINOIS	AMBERTOIS	TOP MODELS
MUNICHOIS	CARVINOIS	FORESTOIS	EHRENFELS
MUNICHOIS	VERVINOIS	LACHUTOIS	DES AUTELS
ZURICHOIS	VOUZINOIS	LATUQUOIS	GUIDE-FILS
ZURICHOIS	FEYZINOIS	MILLAVOIS	SERRE-FILS
FONSCHOIS	MIGENNOIS	MINERVOIS	DUMAS FILS
VARILHOIS	BRIENNOIS	MINERVOIS	PETIT-FILS
FAMECKOIS	GARENNOIS	TOUT-PARIS	BEAUX-FILS
DORVALOIS	VARENNOIS	PETIT-GRIS	BASE-BALLS
BELLILOIS	VIVONNOIS	HARA-KIRIS	MOTO-BALLS
LASALLOIS	AUBARNOIS	ENTREPRIS	SOUS-PULLS
LAVALLOIS	THIERNOIS	INCOMPRIS	CACHE-COLS
LEVALLOIS	SAVERNOIS	MALAPPRIS	MARVEJOLS
RIDELLOIS	GIVERNOIS	DÉSAPPRIS	CALL-GIRLS
CRIELLOIS	PAYERNOIS	SÉSOSTRIS	NON-CUMULS
TRIELLOIS	SURESNOIS	VALLAURIS	ICE-CREAMS
JUMELLOIS	MAGDUNOIS	BOULOURIS	PRÊTE-NOMS
LUNELLOIS	VERDUNOIS	PSORIASIS	BABY-BOOMS
CAPELLOIS	BÉTHUNOIS	INLANDSIS	PABY-BOOMS
USSELLOIS	BONDYNOIS	CAMBRÉSIS	AFRIKAANS
NIVELLOIS	CRÉPYNOIS	HÉTÉROSIS	BLUE-JEANS
CREILLOIS	FÉCAMPOIS	CORÉOPSIS	GRAMPIANS
DEUILLOIS	PETIT POIS	CATHARSIS	DEMI-PLANS

TINDEMANS	**DÉMÉTRIOS**	BOUTE-HORS	TYLENCHUS
BOCHIMANS	SEX-RATIOS	PLUSIEURS	**CONFUCIUS**
MARCOMANS	**WATTRELOS**	NIVELEURS	**HÉRACLIUS**
SUPERMANS	**VENIZÉLOS**	DEMI-JOURS	**BERZELIUS**
CROSSMANS	**LOS ALAMOS**	**CENT-JOURS**	**SABELLIUS**
YACHTMANS	STRYCHNOS	DEMI-TOURS	**VITELLIUS**
RUGBYMANS	**JOSEFINOS**	ALENTOURS	**FROBENIUS**
COUSERANS	OTO-RHINOS	BLACK-BASS	**ARRHENIUS**
DONS JUANS	**MYKÉRINOS**	**DUNGENESS**	**JANSÉNIUS**
CANANÉENS	**CERNUNNOS**	**INVERNESS**	**DIKTONIUS**
ASMONÉENS	**ANTIGONOS**	EDELWEISS	**AVENARIUS**
JÉBUSÉENS	**PIRITHOOS**	VÉLOCROSS	**PRETORIUS**
NABATÉENS	SPÉCULOOS	MOTOCROSS	**SERTORIUS**
ADYGUÉENS	MÉGACÉROS	**ANSCHLUSS**	**NESTORIUS**
PHÉACIENS	ANTIHÉROS	DEAD-HEATS	**HELVÉTIUS**
HILALIENS	**TROISGROS**	SOUS-PLATS	COURTS-JUS
CARÉLIENS	**SIQUEIROS**	TROIS-MÂTS	**MARCELLUS**
ASCANIENS	**THÉODOROS**	BRISE-JETS	NYSTAGMUS
MÉNAPIENS	**MATAMOROS**	JUMBO-JETS	**HOTEMANUS**
SUMÉRIENS	**DOS PASSOS**	ENTREMETS	**QUELLINUS**
ISAURIENS	**DOS SANTOS**	**DESMARETS**	**MYKERINUS**
IMPATIENS	LAVE-AUTOS	**DES ADRETS**	GARDE-FOUS
CAPÉTIENS	BALL-TRAPS	**CAUTERETS**	**LISSAJOUS**
LEZGUIENS	**ALISCAMPS**	**DES FORÊTS**	TIRE-CLOUS
CONFOLENS	**ALYSCAMPS**	LIEUX-DITS	TROU-TROUS
GUET-APENS	**SEICHAMPS**	WAGON-LITS	CI-DESSOUS
SENDERENS	**BONCHAMPS**	NON-DROITS	EN DESSOUS
PUYMORENS	**DESCHAMPS**	PUISSANTS	AU-DESSOUS
PIRMASENS	LONGTEMPS	**CINQ-CENTS**	**BALAÏTOUS**
RABASTENS	PRINTEMPS	CURE-DENTS	ENTREVOUS
LAVE-MAINS	**CHAUTEMPS**	ERREMENTS	**AHASVÉRUS**
GIRONDINS	DEUX-TEMPS	OSSEMENTS	ANTIVIRUS
SÉRAPHINS	FREE-SHOPS	LAVE-PONTS	RIBOVIRUS
REMOULINS	MÉGAFLOPS	DEUX-PONTS	ARBOVIRUS
NÉANMOINS	CHAMÉROPS	**DEUX-PONTS**	THÉSAURUS
TOCANTINS	ANTICORPS	ROTOPLOTS	**CASADESUS**
MYRMIDONS	MONOCORPS	GOGUENOTS	CONSENSUS
SAINT-FONS	**EUROCORPS**	SNOW-BOOTS	COLLAPSUS
ROGATIONS	SNACK-BARS	CACHE-POTS	PROLAPSUS
MUNITIONS	STOCK-CARS	BLACK-ROTS	PROCESSUS
FLONFLONS	SCOUT-CARS	BEAUX-ARTS	PAR-DESSUS
JAGELLONS	**SAINT-MARS**	QUAT'ZARTS	PARDESSUS
À RECULONS	KALA-AZARS	PICS-VERTS	INFARCTUS
ATHIS-MONS	TEEN-AGERS	TEE-SHIRTS	DÉCUBITUS
SAINT-PONS	**CAROTHERS**	BABY-TESTS	AMPHIOXUS
SHORT TONS	**TEMPLIERS**	BOY-SCOUTS	TALK-SHOWS
ARCHÉLAOS	**COLOMIERS**	PÈSE-MOÛTS	CASH-FLOWS
SEIGNOBOS	**MOUSTIERS**	BLOCKHAUS	**MOYEN-PAYS**
TOURNEDOS	**ROETTIERS**	SPÉCULAUS	AVANT-PAYS
GRATTE-DOS	**BÉVEZIERS**	BIBLIOBUS	HENDIADYS
GALÁPAGOS	**BOUFFLERS**	**SPARTACUS**	CHOP SUEYS
ANTIOCHOS	**MCCULLERS**	AUTOFOCUS	GIN-RUMMYS
GUARULHOS	DOUX-AMERS	EMPOSIEUS	**BOURGEOYS**
ZÁKYNTHOS	MÔN-KHMERS	COLS-BLEUS	CAR-FERRYS
ANTHÉMIOS	EYE-LINERS	ASPARAGUS	INDÉLICAT
MARDONIOS	PAR-DEVERS	**MONTAIGUS**	CANONICAT
ASCLÉPIOS	PULL-OVERS	PEMPHIGUS	**PUIFORCAT**

PLOUESCAT	ARCHONTAT	GUIGNOLET	**COCKCROFT**
LE BOUSCAT	LOMBOSTAT	**CHEVROLET**	MICROSOFT
LAUSSEDAT	HÉLIOSTAT	QUINTOLET	**WEHRMACHT**
VOÏÉVODAT	HYGROSTAT	MULTIPLET	**DORDRECHT**
CONCORDAT	**PRÉTEXTAT**	INCOMPLET	**LAMPRECHT**
CONCORDAT	INADÉQUAT	TRIBOULET	**ARKWRIGHT**
LLOBREGAT	COACERVAT	**TRIBOULET**	COPYRIGHT
THÉODAHAT	**FILLIOZAT**	CASSOULET	TAMAZIGHT
TÉLÉACHAT	INTELLECT	**KECSKEMÉT**	**CONNAUGHT**
ENTRECHAT	IRRESPECT	GUILLEMET	TOUT À FAIT
SCHWECHAT	INCORRECT	**LAVELANET**	STUPÉFAIT
AMENEMHAT	**HÖCHSTÄDT**	**FREYCINET**	IMPARFAIT
PATRICIAT	**HALLSTADT**	BLONDINET	SATISFAIT
ACTUARIAT	**DARMSTADT**	ESTAMINET	PETIT-LAIT
CEYZÉRIAT	**CRONSTADT**	**LE VÉSINET**	SOUSTRAIT
GÉNISSIAT	**KRONSTADT**	COUSSINET	DISCRÉDIT
KHÉDIVIAT	**RUNDSTEDT**	**SEYSSINET**	CONTREDIT
CONVIVIAT	**AUERSTEDT**	**BRIÇONNET**	**M LE MAUDIT**
GÉNÉRALAT	**LOSCHMIDT**	BALCONNET	**DIEULEFIT**
BOURGELAT	**KARLFELDT**	GARÇONNET	SAUT-DE-LIT
CANCRELAT	**BUTENANDT**	CORDONNET	CANAPÉ-LIT
DISTILLAT	**REMBRANDT**	COCHONNET	COUVRE-LIT
AIGUILLAT	**REINHARDT**	BALLONNET	PISSENLIT
APOSTOLAT	**LEONHARDT**	MIGNONNET	MALADROIT
BÉNÉVOLAT	**BERNHARDT**	**PEYRONNET**	PIED-DROIT
PASSE-PLAT	**OPPENORDT**	SANSONNET	AVANT-TOIT
MONTE-PLAT	**CONDORCET**	MENTONNET	TRANSCRIT
AVUNCULAT	**MILLARDET**	**LE FOLGOËT**	RÉINSCRIT
BIOCLIMAT	**THIBAUDET**	CONTREPET	EXINSCRIT
RÉSIDANAT	**HOME FLEET**	VERGOBRET	MANUSCRIT
ARTISANAT	**GALLIFFET**	TOP SECRET	TAPUSCRIT
INDIGÉNAT	**LE BOURGET**	INDISCRET	TOUT-PETIT
PAN-BAGNAT	**PORNICHET**	GUILLERET	RETRADUIT
AUVERGNAT	**DUTROCHET**	ININTÉRÊT	MÉCONDUIT
AUVERGNAT	TRÉBUCHET	**CAP-FERRET**	RECONDUIT
PALATINAT	**DU BOUCHET**	**SÉNOUSRET**	REPRODUIT
PALATINAT	ANTIREJET	CARNOTSET	COPRODUIT
ÉCHEVINAT	**NANTUCKET**	MARMOUSET	INTRODUIT
PAYSANNAT	GRINGALET	MÉGAOCTET	DOUZE-HUIT
SEPTENNAT	**TAFILALET**	**CAILLETET**	SUPER-HUIT
HOUSE-BOAT	**TOURMALET**	**JACCOTTET**	TROIS-HUIT
FERRY-BOAT	TIERCELET	**BADINGUET**	IN-DIX-HUIT
PRINCIPAT	GRANDELET	**PRIMOGUET**	**VOL DE NUIT**
ÉPISCOPAT	MAIGRELET	SOURD-MUET	ANTIBRUIT
QUICHERAT	BOURRELET	**PORT-BOUËT**	CONSTRUIT
DUUMVIRAT	RUISSELET	SAUPIQUET	**PLEURTUIT**
SPONSORAT	TRAQUELET	SOBRIQUET	AFFIDAVIT
ÉLECTORAT	CAMOUFLET	**LE CONQUET**	**GRAND BELT**
MONITORAT	**DIRICHLET**	BILBOQUET	**PETIT BELT**
CAP-FERRAT	FAUX-FILET	VERBOQUET	**ROOSEVELT**
BUNDESRAT	BRÉSILLET	PERROQUET	MILLIVOLT
REICHSRAT	GENTILLET	PALTOQUET	**GÉRICAULT**
INFILTRAT	**MORTILLET**	FRELUQUET	**VIGNEAULT**
MAGISTRAT	**DU GUILLET**	**LE TOUQUET**	MEURSAULT
ZIGGOURAT	**SERPOLLET**	CHOU-NAVET	**MEURSAULT**
MARQUISAT	FLAGEOLET	CARNOTZET	**BOURSAULT**
CONDENSAT	CABRIOLET	**LOVECRAFT**	PROHIBANT

ENJAMBANT	CONCÉDANT	LÉZARDANT	ARROGEANT
REGIMBANT	PROCÉDANT	DÉMERDANT	CHARGEANT
INCOMBANT	POSSÉDANT	EMMERDANT	ÉMARGEANT
APLOMBANT	SUICIDANT	REPERDANT	ÉMERGEANT
RETOMBANT	ÉLUCIDANT	SABORDANT	ÉGORGEANT
ENGLOBANT	TRUCIDANT	DÉBORDANT	ADJUGEANT
ENGERBANT	TRÉPIDANT	REBORDANT	DÉJUGEANT
ENHERBANT	DÉBRIDANT	ACCORDANT	MÉJUGEANT
ABSORBANT	HYBRIDANT	DÉCORDANT	REJUGEANT
ADSORBANT	PRÉSIDANT	RECORDANT	CALUGEANT
RÉSORBANT	LIQUIDANT	ENCORDANT	ÉGRUGEANT
RADOUBANT	RENVIDANT	DÉMORDANT	ÉNUCLÉANT
PRÉFAÇANT	DÉBANDANT	REMORDANT	SUPPLÉANT
SURFAÇANT	DEMANDANT	DÉTORDANT	DÉLINÉANT
DÉGLAÇANT	COMANDANT	RETORDANT	PROCRÉANT
VIOLAÇANT	RÉPANDANT	ÉCHAUDANT	CONGRÉANT
DÉPLAÇANT	TRUANDANT	RENAUDANT	MAUGRÉANT
REPLAÇANT	ASCENDANT	MINAUDANT	BIENSÉANT
GRIMAÇANT	DÉFENDANT	MARAUDANT	DÉGRAFANT
RETRAÇANT	REFENDANT	TARAUDANT	REBIFFANT
RAPIÉÇANT	LÉGENDANT	**LAVAUDANT**	AGRIFFANT
CLAMEÇANT	RAMENDANT	RAVAUDANT	CHAUFFANT
PRÉDICANT	CEPENDANT	PRÉLUDANT	ÉTOUFFANT
MORDICANT	DÉPENDANT	ACCOUDANT	BON ENFANT
FABRICANT	REPENDANT	EXTRUDANT	INÉLÉGANT
CAPRICANT	APPENDANT	PACAGEANT	INTRIGANT
MATRIÇANT	DÉTENDANT	ENCAGEANT	ENFARGANT
BALANÇANT	RETENDANT	DÉGAGEANT	RABÂCHANT
RELANÇANT	ENTENDANT	ENGAGEANT	DÉBÂCHANT
ROMANÇANT	INTENDANT	RAMAGEANT	RELÂCHANT
FINANÇANT	ATTENDANT	MANAGEANT	REMÂCHANT
DEVANÇANT	REVENDANT	MÉNAGEANT	PANACHANT
CADENÇANT	SCHINDANT	DÉRAGEANT	ARRACHANT
DÉFONÇANT	DÉBONDANT	ENRAGEANT	ENSACHANT
ENFONÇANT	FÉCONDANT	RAVAGEANT	DÉTACHANT
ENGONÇANT	SECONDANT	VOYAGEANT	ENTACHANT
SEMONÇANT	REDONDANT	BRIDGEANT	ATTACHANT
DÉNONÇANT	REFONDANT	ALLÉGEANT	GOUACHANT
RENONÇANT	RÉPONDANT	ARPÉGEANT	ALLÉCHANT
ANNONÇANT	APPONDANT	ABRÉGEANT	DÉPÊCHANT
SUFFOCANT	RETONDANT	AGRÉGEANT	REPÊCHANT
PROVOCANT	INFÉODANT	RÉDIGEANT	EMPÊCHANT
REPERÇANT	REBRODANT	OBLIGEANT	ÉBRÉCHANT
DÉFORÇANT	CORRODANT	VOLIGEANT	ASSÉCHANT
EFFORÇANT	DÉBARDANT	DIRIGEANT	AFFICHANT
DIVORÇANT	JOBARDANT	MITIGEANT	ENFICHANT
IMMISÇANT	CACARDANT	ATTIGEANT	DÉNICHANT
CORUSCANT	BOCARDANT	CHANGEANT	ENTICHANT
GAMBADANT	CAFARDANT	FRANGEANT	AGUICHANT
SACCADANT	REGARDANT	ÉLONGEANT	FLANCHANT
POMMADANT	CANARDANT	PLONGEANT	PLANCHANT
GRENADANT	HASARDANT	ÉPONGEANT	ÉPANCHANT
DÉGRADANT	MUSARDANT	DÉLOGEANT	BRANCHANT
EXTRADANT	RETARDANT	RELOGEANT	TRANCHANT
TORSADANT	ATTARDANT	LIMOGEANT	ÉTANCHANT
SUCCÉDANT	BAVARDANT	ABROGEANT	GUINCHANT
PRÉCÉDANT	BAZARDANT	DÉROGEANT	BRONCHANT

DÉCOCHANT	RÉFUGIANT	BOSSELANT	TOUILLANT
RICOCHANT	AFFILIANT	PANTELANT	DÉCOLLANT
ENCOCHANT	HUMILIANT	DENTELANT	RECOLLANT
TALOCHANT	RÉSILIANT	MARTELANT	ENCOLLANT
FILOCHANT	DÉFOLIANT	BOTTELANT	ÉBRANLANT
EMPOCHANT	EXFOLIANT	SOUFFLANT	BRICOLANT
DÉROCHANT	REMPLIANT	RENIFLANT	GONDOLANT
ENROCHANT	SUPPLIANT	DÉRÉGLANT	AURÉOLANT
CHERCHANT	REMANIANT	ÉPINGLANT	RAFFOLANT
ÉCORCHANT	INGÉNIANT	TRINGLANT	BARIOLANT
FOURCHANT	RECOPIANT	AVEUGLANT	FORMOLANT
HERSCHANT	VICARIANT	TRÉFILANT	FIGNOLANT
SCOTCHANT	SALARIANT	RENFILANT	SOMNOLANT
ÉBAUCHANT	DÉMARIANT	PROFILANT	CONSOLANT
DÉBUCHANT	REMARIANT	PARFILANT	DESSOLANT
DÉJUCHANT	DÉPARIANT	SURFILANT	RISSOLANT
PELUCHANT	APPARIANT	FAUFILANT	CONVOLANT
ÉPLUCHANT	INVARIANT	ENTOILANT	SURVOLANT
ABOUCHANT	EXCORIANT	DÉVOILANT	GROS-PLANT
PARAPHANT	COLORIANT	REMPILANT	DÉCUPLANT
OFFICIANT	ARMORIANT	COMPILANT	NONUPLANT
ALLICIANT	CHARRIANT	VENTILANT	OCTUPLANT
NÉGOCIANT	INJURIANT	DÉBALLANT	DÉPARLANT
ASSOCIANT	LUXURIANT	EMBALLANT	REPARLANT
IRRADIANT	EXTASIANT	REBELLANT	DÉFERLANT
REMÉDIANT	OCTAVIANT	LIBELLANT	DÉPERLANT
EXPÉDIANT	LIXIVIANT	EXCELLANT	EMPERLANT
PARODIANT	RELOOKANT	ÉCAILLANT	ÉJACULANT
RÉPUDIANT	SURJALANT	ÉGAILLANT	SPÉCULANT
RUBÉFIANT	SIGNALANT	PIAILLANT	CALCULANT
COKÉFIANT	DESSALANT	ÉMAILLANT	FLOCULANT
TUMÉFIANT	CHEVALANT	BRAILLANT	INOCULANT
RARÉFIANT	PRÉVALANT	CRAILLANT	CIRCULANT
PACIFIANT	ACCABLANT	ÉRAILLANT	BASCULANT
NIDIFIANT	ENSABLANT	GRAILLANT	ACIDULANT
CODIFIANT	ENTABLANT	BABILLANT	PENDULANT
MODIFIANT	ATTABLANT	HABILLANT	ÉGUEULANT
SALIFIANT	DRIBBLANT	VACILLANT	COAGULANT
GÉLIFIANT	TREMBLANT	OSCILLANT	PULLULANT
RAMIFIANT	**TREMBLANT**	GODILLANT	TRÉMULANT
MOMIFIANT	AFFUBLANT	CUEILLANT	STIMULANT
NANIFIANT	TROUBLANT	ÉVEILLANT	FORMULANT
PANIFIANT	DÉBÂCLANT	SÉMILLANT	GRANULANT
LÉNIFIANT	RENÂCLANT	ÉTRILLANT	SABOULANT
VINIFIANT	RECYCLANT	NASILLANT	DÉBOULANT
BONIFIANT	HARCELANT	FUSILLANT	RIBOULANT
TONIFIANT	MORCELANT	PÉTILLANT	DÉCOULANT
VÉRIFIANT	CONGELANT	VÉTILLANT	DÉFOULANT
PURIFIANT	SURGELANT	TITILLANT	REFOULANT
OSSIFIANT	NICKELANT	OUTILLANT	DÉMOULANT
GÂTIFIANT	POMMELANT	FEUILLANT	REMOULANT
MATIFIANT	GRUMELANT	BOUILLANT	ÉCROULANT
RATIFIANT	CRÉNELANT	DOUILLANT	DÉROULANT
BÊTIFIANT	GRENELANT	FOUILLANT	ENROULANT
NOTIFIANT	RAPPELANT	MOUILLANT	REVOULANT
VIVIFIANT	CARRELANT	ROUILLANT	STIPULANT
COCUFIANT	CORRÉLANT	SOUILLANT	REBRÛLANT

SPORULANT	BOUCANANT	CONFINANT	PILONNANT
CAPSULANT	PROFANANT	IMAGINANT	CANONNANT
POSTULANT	TRÉPANANT	MARGINANT	TENONNANT
DIFFAMANT	SAFRANANT	MACHINANT	JUPONNANT
ACCLAMANT	OXYGÉNANT	PRALINANT	MARONNANT
DÉCLAMANT	MALMENANT	DÉCLINANT	RÉSONNANT
RÉCLAMANT	REMMENANT	INCLINANT	TISONNANT
EXCLAMANT	PROMENANT	MOULINANT	BÂTONNANT
RENTAMANT	SURMENANT	POULINANT	TÂTONNANT
PARSEMANT	RÉFRÉNANT	EXAMINANT	BÉTONNANT
RESSEMANT	ENGRENANT	CHEMINANT	DÉTONNANT
ESSAIMANT	DÉPRENANT	ÉLIMINANT	MITONNANT
SUBLIMANT	MÉPRENANT	CULMINANT	PITONNANT
RÉANIMANT	REPRENANT	FULMINANT	ENTONNANT
ESCRIMANT	APPRENANT	ABOMINANT	COTONNANT
DÉPRIMANT	CONTENANT	TERMINANT	SAVONNANT
RÉPRIMANT	ABSTENANT	ALUMINANT	RAYONNANT
IMPRIMANT	SOUTENANT	ÉPÉPINANT	GAZONNANT
OPPRIMANT	À L'AVENANT	CLOPINANT	DÉTRÔNANT
EXPRIMANT	SUBVENANT	JASPINANT	CONSONANT
EMPALMANT	PRÉVENANT	TOUPINANT	DISSONANT
DÉGOMMANT	CONVENANT	AMARINANT	INCARNANT
ENGOMMANT	PROVENANT	VOISINANT	ACHARNANT
DÉNOMMANT	PARVENANT	CUISINANT	ÉCHARNANT
RENOMMANT	SURVENANT	BASSINANT	HIBERNANT
ASSOMMANT	SOUVENANT	DESSINANT	DÉCERNANT
SLALOMANT	REGAGNANT	COUSINANT	CASERNANT
DIPLÔMANT	PLAIGNANT	PLATINANT	MATERNANT
NÉCROMANT	CRAIGNANT	GRATINANT	ALTERNANT
DÉSARMANT	ESBIGNANT	OUATINANT	INTERNANT
REFERMANT	INDIGNANT	PIÉTINANT	HIVERNANT
AFFERMANT	ÉTEIGNANT	COLTINANT	SUBORNANT
ENFERMANT	ÉLOIGNANT	CANTINANT	DÉCORNANT
DÉGERMANT	DÉSIGNANT	TONTINANT	ENCORNANT
AFFIRMANT	RÉSIGNANT	TARTINANT	BIGORNANT
INFIRMANT	COSIGNANT	OBSTINANT	AJOURNANT
ENDORMANT	ASSIGNANT	DESTINANT	**FOUESNANT**
DÉFORMANT	BESOGNANT	CHOUINANT	DÉJEUNANT
REFORMANT	ÉPARGNANT	TAQUINANT	RECHAPANT
RÉFORMANT	ÉBORGNANT	ALEVINANT	ATTRAPANT
INFORMANT	RÉPUGNANT	DÉPANNANT	DÉCRÊPANT
EMBAUMANT	DÉGAINANT	EMPANNANT	SACRIPANT
EMPAUMANT	ENGAINANT	EMPENNANT	DÉFRIPANT
ROYAUMANT	DÉLAINANT	PÉRENNANT	DISSIPANT
PARFUMANT	AGRAINANT	ÉTRENNANT	INCULPANT
ENRHUMANT	ÉGRAINANT	MOYENNANT	DÉPULPANT
RALLUMANT	LAMBINANT	FAÇONNANT	DÉCAMPANT
DÉPLUMANT	COMBINANT	MAÇONNANT	ESTAMPANT
EMPLUMANT	TURBINANT	DÉCONNANT	ESTOMPANT
EMBRUMANT	VACCINANT	ARÇONNANT	SYNCOPANT
SUBSUMANT	CALCINANT	BEDONNANT	VARLOPANT
PRÉSUMANT	LANCINANT	REDONNANT	ÉCHAPPANT
CONSUMANT	FASCINANT	BIDONNANT	VARAPPANT
COSTUMANT	DANDINANT	ORDONNANT	ÉGRAPPANT
HAUBANANT	JARDINANT	GALONNANT	AGRIPPANT
CHICANANT	BOUDINANT	JALONNANT	ACHOPPANT
CANCANANT	RAFFINANT	TALONNANT	ÉCHARPANT

EXTIRPANT	DÉODORANT	SECOURANT	CHEMISANT
DÉCOUPANT	PERFORANT	BICOURANT	ATOMISANT
RECOUPANT	DÉFLORANT	ENCOURANT	TANNISANT
DÉCLARANT	DÉPLORANT	DÉTOURANT	AGONISANT
PRÉPARANT	IMPLORANT	ENTOURANT	IRONISANT
COMPARANT	EXPLORANT	SAVOURANT	DÉBOISANT
PALABRANT	ÉVAPORANT	SUPPURANT	REBOISANT
DÉLABRANT	DOCTORANT	NITRURANT	DÉGOISANT
CÉLÉBRANT	TORTORANT	PRÉSURANT	PATOISANT
TÉRÉBRANT	ÉPAMPRANT	CENSURANT	PAVOISANT
DÉFIBRANT	DÉBARRANT	TONSURANT	ÉMERISANT
CALIBRANT	EMBARRANT	RASSURANT	UPÉRISANT
CHAMBRANT	BAGARRANT	FISSURANT	DÉFRISANT
OBOMBRANT	BIGARRANT	FACTURANT	DÉGRISANT
RECADRANT	DÉMARRANT	VOITURANT	DÉPRISANT
ENCADRANT	DÉFERRANT	TRITURANT	MÉPRISANT
EXUBÉRANT	ENFERRANT	CLÔTURANT	REPRISANT
PONDÉRANT	ÉPIERRANT	CAPTURANT	ÉTATISANT
PRÉFÉRANT	ENSERRANT	TORTURANT	PACTISANT
DIFFÉRANT	DÉTERRANT	BITTURANT	ÉMÉTISANT
CONFÉRANT	ENTERRANT	BOUTURANT	POÉTISANT
PROFÉRANT	ATTERRANT	TEXTURANT	ÉROTISANT
EXAGÉRANT	ABHORRANT	ÉBAVURANT	BAPTISANT
SUGGÉRANT	SUSURRANT	NERVURANT	RECUISANT
COMMÉRANT	FOLÂTRANT	DÉGIVRANT	DÉDUISANT
ÉNUMÉRANT	FENÊTRANT	DÉLIVRANT	RÉDUISANT
ITINÉRANT	PÉNÉTRANT	DÉPHASANT	SÉDUISANT
VULNÉRANT	DÉPÊTRANT	DÉBRASANT	ENDUISANT
EXONÉRANT	EMPÊTRANT	EMBRASANT	INDUISANT
TEMPÉRANT	IMPÉTRANT	RÉALÉSANT	DÉGUISANT
RÉOPÉRANT	ARBITRANT	SOUPESANT	AIGUISANT
INOPÉRANT	DÉNITRANT	JUDAÏSANT	RELUISANT
COOPÉRANT	CLOÎTRANT	DÉFAISANT	MENUISANT
BLATÉRANT	ÉVENTRANT	REFAISANT	SLAVISANT
RÉITÉRANT	FRUSTRANT	PUNAISANT	MARXISANT
ACQUÉRANT	COMBURANT	ARABISANT	IMPULSANT
REQUÉRANT	CARBURANT	GRÉCISANT	EXPULSANT
ENQUÉRANT	PROCURANT	PRÉCISANT	RÉVULSANT
BALAFRANT	OBSCURANT	LAÏCISANT	RECENSANT
CHIFFRANT	PERDURANT	FASCISANT	ENCENSANT
SOUFFRANT	DEMEURANT	PRÉDISANT	OFFENSANT
GOINFRANT	ÉCŒURANT	SOI-DISANT	DÉPENSANT
INTÉGRANT	TUTEURANT	ANODISANT	REPENSANT
IMMIGRANT	SULFURANT	SUFFISANT	DÉCLOSANT
DÉNIGRANT	FULGURANT	CONFISANT	IMPLOSANT
AFFAIRANT	HACHURANT	RÉALISANT	EXPLOSANT
ÉCLAIRANT	MÂCHURANT	ÉGALISANT	CYANOSANT
REPAIRANT	CONJURANT	COALISANT	PRÉPOSANT
DÉCHIRANT	PARJURANT	OPALISANT	COMPOSANT
RESPIRANT	MOULURANT	ORALISANT	PROPOSANT
INSPIRANT	MURMURANT	DUALISANT	SUPPOSANT
SOUPIRANT	SAUMURANT	AVALISANT	DISPOSANT
SOUTIRANT	CYANURANT	OVALISANT	NÉCROSANT
CHAVIRANT	RAINURANT	CYCLISANT	ÉCLIPSANT
TRÉVIRANT	LABOURANT	RÉÉLISANT	DÉVERSANT
SURVIRANT	ACCOURANT	UTILISANT	REVERSANT
ÉLABORANT	RECOURANT	STYLISANT	INVERSANT

TABASSANT	RÔTISSANT	PROJETANT	RÉGENTANT
JACASSANT	AMUÏSSANT	FORJETANT	ARGENTANT
DÉLASSANT	FOUISSANT	SURJETANT	ORIENTANT
DAMASSANT	JOUISSANT	REFLÉTANT	LAMENTANT
RAMASSANT	ROUISSANT	PELLETANT	CÉMENTANT
FINASSANT	BRUISSANT	COLLETANT	DÉMENTANT
CROASSANT	RAVISSANT	VIOLETANT	CIMENTANT
DÉPASSANT	DÉVISSANT	VIGNETANT	PIMENTANT
REPASSANT	REVISSANT	TEMPÊTANT	FOMENTANT
HARASSANT	SÉVISSANT	ACCRÉTANT	REPENTANT
ENTASSANT	CABOSSANT	DÉCRÉTANT	ARPENTANT
POTASSANT	EMBOSSANT	SECRÉTANT	ABSENTANT
BAVASSANT	ENDOSSANT	SÉCRÉTANT	PATENTANT
RÊVASSANT	PANOSSANT	EXCRÉTANT	RETENTANT
INCESSANT	DÉSOSSANT	AFFRÉTANT	INTENTANT
CARESSANT	CHAUSSANT	APPRÊTANT	ATTENTANT
PARESSANT	LAÏUSSANT	JARRETANT	INVENTANT
ADRESSANT	GLOUSSANT	CORSETANT	ÉREINTANT
AGRESSANT	ÉMOUSSANT	CAQUETANT	AJOINTANT
STRESSANT	TROUSSANT	PAQUETANT	ÉJOINTANT
ABAISSANT	RECAUSANT	BÉQUETANT	SPRINTANT
GRAISSANT	RACCUSANT	REQUÊTANT	CHUINTANT
SUBISSANT	DIFFUSANT	PIQUETANT	RACONTANT
OBÉISSANT	PERFUSANT	ENQUÊTANT	DÉMONTANT
VAGISSANT	DÉCOUSANT	COQUETANT	REMONTANT
MÉGISSANT	RECOUSANT	HOQUETANT	APPONTANT
RÉGISSANT	JALOUSANT	CLAVETANT	CLABOTANT
MUGISSANT	DÉPAYSANT	BREVETANT	CRABOTANT
RUGISSANT	DIALYSANT	ENFAÎTANT	BARBOTANT
PALISSANT	ANALYSANT	DÉLAITANT	PLACOTANT
PÂLISSANT	MANDATANT	ALLAITANT	FRICOTANT
SALISSANT	CALFATANT	SUSCITANT	TRICOTANT
POLISSANT	SULFATANT	RÉÉDITANT	RONÉOTANT
GÉMISSANT	FRÉGATANT	COÉDITANT	MARGOTANT
VOMISSANT	FRELATANT	CRÉDITANT	BACHOTANT
BÉNISSANT	TRÉMATANT	PROFITANT	RABIOTANT
FINISSANT	COLMATANT	DÉBOÎTANT	FOLIOTANT
MUNISSANT	FORMATANT	EMBOÎTANT	PÉCLOTANT
PUNISSANT	HYDRATANT	MIROITANT	DORLOTANT
CROISSANT	NITRATANT	CRÉPITANT	PIANOTANT
FROISSANT	CRAVATANT	PALPITANT	PAGNOTANT
TAPISSANT	DÉBECTANT	EFFRITANT	MIGNOTANT
TARISSANT	AFFECTANT	REWRITANT	CONNOTANT
HÉRISSANT	INFECTANT	NICTITANT	CLAPOTANT
PÉRISSANT	OBJECTANT	ÉBRUITANT	CHIPOTANT
MÛRISSANT	INJECTANT	GRAVITANT	TRIPOTANT
SURISSANT	DÉLECTANT	RÉCOLTANT	REMPOTANT
ROSISSANT	SÉLECTANT	DÉVOLTANT	POIROTANT
BÂTISSANT	HUMECTANT	RÉVOLTANT	BAISOTANT
CATISSANT	EXPECTANT	OCCULTANT	DANSOTANT
MATISSANT	DÉTECTANT	RÉSULTANT	CREVOTANT
PÂTISSANT	MOUFETANT	INSULTANT	ACCEPTANT
RATISSANT	BUDGÉTANT	DÉCANTANT	EXCEPTANT
MÉTISSANT	CACHETANT	ENFANTANT	SCULPTANT
RETISSANT	RACHETANT	DÉGANTANT	EXEMPTANT
COTISSANT	TACHETANT	DÉJANTANT	ENCARTANT
LOTISSANT	EMPIÉTANT	AIMANTANT	DÉPARTANT

REPARTANT	RAMEUTANT	ARNAQUANT	ENSUIVANT
ESSARTANT	ÉQUEUTANT	BARAQUANT	SURVIVANT
DÉSERTANT	RAFFÛTANT	ATTAQUANT	DÉCALVANT
ESCORTANT	CHAHUTANT	DÉFÉQUANT	ABSOLVANT
EXHORTANT	RECHUTANT	RÉSÉQUANT	RÉSOLVANT
DÉPORTANT	COMMUTANT	REBIQUANT	INNERVANT
REPORTANT	PERMUTANT	ABDIQUANT	OBSERVANT
EMPORTANT	RABOUTANT	INDIQUANT	RÉSERVANT
IMPORTANT	DÉBOUTANT	OBLIQUANT	INCURVANT
APPORTANT	REDOUTANT	PANIQUANT	ABREUVANT
EXPORTANT	RAGOÛTANT	DÉPIQUANT	ÉPROUVANT
ÉCOURTANT	DÉGOÛTANT	REPIQUANT	SURTAXANT
DÉVASTANT	RAJOUTANT	ÉBRIQUANT	DUPLEXANT
INFESTANT	VELOUTANT	ÉTRIQUANT	PRÉFIXANT
DÉLESTANT	ÉCROÛTANT	ASTIQUANT	SUFFIXANT
MOLESTANT	DÉROUTANT	FLANQUANT	DÉBLAYANT
EMPESTANT	ENVOÛTANT	PLANQUANT	MONNAYANT
DÉTESTANT	MAZOUTANT	VAINQUANT	PRÉPAYANT
ATTESTANT	SUPPUTANT	BLINQUANT	SURPAYANT
DÉPISTANT	DISPUTANT	CLINQUANT	DÉBRAYANT
DÉSISTANT	RECRUTANT	TRINQUANT	EMBRAYANT
RÉSISTANT	ALPAGUANT	TRONQUANT	DÉFRAYANT
INSISTANT	DIVAGUANT	RETOQUANT	EFFRAYANT
ASSISTANT	DÉLÉGUANT	RÉVOQUANT	RETRAYANT
ACCOSTANT	RELÉGUANT	INVOQUANT	ATTRAYANT
RIPOSTANT	ALLÉGUANT	ÉTARQUANT	EXTRAYANT
DÉGUSTANT	ENDIGUANT	BRUSQUANT	RESSAYANT
RAJUSTANT	IRRIGUANT	RELUQUANT	VOLLEYANT
ENKYSTANT	FATIGUANT	OBSTRUANT	GOULEYANT
RABATTANT	NAVIGUANT	INFATUANT	RASSEYANT
DÉBATTANT	ÉLINGUANT	PONCTUANT	MERDOYANT
REBATTANT	FLINGUANT	FLUCTUANT	VERDOYANT
DÉNATTANT	BRINGUANT	HABITUANT	COUDOYANT
EMPATTANT	FRINGUANT	RESITUANT	SOUDOYANT
BARATTANT	SWINGUANT	ÉVERTUANT	DÉPLOYANT
SQUATTANT	DÉBOGUANT	EMBLAVANT	REPLOYANT
FACETTANT	FOURGUANT	ENCLAVANT	EMPLOYANT
ENDETTANT	ENJUGUANT	AGGRAVANT	LARMOYANT
ÉMIETTANT	CHAT-HUANT	DÉPRAVANT	PAUMOYANT
ADMETTANT	DÉVALUANT	ENTRAVANT	BORNOYANT
DÉMETTANT	CONCLUANT	PASSAVANT	INCROYANT
REMETTANT	CONFLUANT	CONCEVANT	CARROYANT
FOUETTANT	ÉBERLUANT	PERCEVANT	CORROYANT
DÉBOTTANT	ATTÉNUANT	PAR-DEVANT	OCTROYANT
COCOTTANT	EXTÉNUANT	**BASDEVANT**	SURSOYANT
DÉGOTTANT	DIMINUANT	PRÉLEVANT	FOSSOYANT
CALOTTANT	INSINUANT	SOULEVANT	CHATOYANT
CULOTTANT	ÉTERNUANT	EMBREVANT	APITOYANT
CAROTTANT	AMADOUANT	DÉGREVANT	FESTOYANT
ÉGOUTTANT	DÉCLOUANT	ARCHIVANT	NETTOYANT
BOYAUTANT	RECLOUANT	DÉCRIVANT	PRÉVOYANT
NOYAUTANT	ENCLOUANT	RÉCRIVANT	MALVOYANT
TUYAUTANT	SURLOUANT	PASSIVANT	RENVOYANT
CULBUTANT	RABROUANT	LESSIVANT	CONVOYANT
EXÉCUTANT	CONSPUANT	CULTIVANT	NON-VOYANT
PERCUTANT		CAPTIVANT	LOUVOYANT
DISCUTANT	ENCAQUANT	ESQUIVANT	VOUVOYANT

RESSUYANT	BERCEMENT	AMPLEMENT	VOISEMENT
SQUEEZANT	GERCEMENT	PARLEMENT	BRISEMENT
SUBJACENT	PERCEMENT	HURLEMENT	PUISEMENT
SUS-JACENT	FORCEMENT	FEULEMENT	PANSEMENT
PUBESCENT	FORCÉMENT	SEULEMENT	CENSÉMENT
RUBESCENT	DOUCEMENT	ULULEMENT	DENSÉMENT
QUIESCENT	TIÈDEMENT	ROULEMENT	SENSÉMENT
TUMESCENT	LAIDEMENT	BRAMEMENT	VERSEMENT
SÉNESCENT	AVIDEMENT	CALMEMENT	BASSEMENT
RARESCENT	ÉVIDEMENT	NOMMÉMENT	CASSEMENT
DÉHISCENT	MANDEMENT	FERMEMENT	PASSEMENT
PRÉCÉDENT	RENDEMENT	GLANEMENT	SASSEMENT
CONFIDENT	FONDEMENT	CRÂNEMENT	TASSEMENT
PRÉSIDENT	RONDEMENT	AVÈNEMENT	PISSEMENT
DISSIDENT	BIFFEMENT	ÉVÉNEMENT	AMUSEMENT
CHIENDENT	ÉTAGEMENT	DIGNEMENT	BÉATEMENT
IMPRUDENT	RANGEMENT	COGNEMENT	PLATEMENT
ENTREGENT	RONGEMENT	SAINEMENT	ÉPATEMENT
NÉGLIGENT	LARGEMENT	VAINEMENT	DOCTEMENT
INDULGENT	HACHEMENT	BONNEMENT	PIÉTEMENT
VIF-ARGENT	LÂCHEMENT	GARNEMENT	ÉTÊTEMENT
DÉTERGENT	MÂCHEMENT	JEUNEMENT	ALITEMENT
DIVERGENT	VACHEMENT	DRAPEMENT	BOITEMENT
RÉSURGENT	LÈCHEMENT	CAMPEMENT	ÉVITEMENT
DÉFICIENT	SÈCHEMENT	RAMPEMENT	LENTEMENT
EFFICIENT	RICHEMENT	ROMPEMENT	TINTEMENT
PRESCIENT	HOCHEMENT	HAPPEMENT	VERTEMENT
CONSCIENT	ÉGAIEMENT	JAPPEMENT	FORTEMENT
EXPÉDIENT	ÉTAIEMENT	ÉGAREMENT	PORTEMENT
RÉSILIENT	DÉLIEMENT	LIBREMENT	VASTEMENT
ÉMOLLIENT	MANIEMENT	SOBREMENT	LESTEMENT
RÉCIPIENT	RENIEMENT	SACREMENT	JUSTEMENT
EXCIPIENT	ABOIEMENT	SACRÉMENT	BATTEMENT
IMPATIENT	PLOIEMENT	DÉCRÉMENT	PATTEMENT
VA-ET-VIENT	BROIEMENT	INCRÉMENT	NETTEMENT
TCHIMKENT	PÉPIEMENT	EXCRÉMENT	SOTTEMENT
MALTALENT	ÉGALEMENT	CHÈREMENT	CAUTEMENT
UNIVALENT	ORALEMENT	FIÈREMENT	HAUTEMENT
TRIVALENT	ÉTALEMENT	AMÈREMENT	AOÛTEMENT
EXCELLENT	NOBLEMENT	SAFREMENT	VAGUEMENT
SOMNOLENT	RACLEMENT	AIGREMENT	REMUEMENT
TURBULENT	GICLEMENT	BIGREMENT	DÉNUEMENT
SUCCULENT	INCLÉMENT	ÉTIREMENT	BRAVEMENT
TRUCULENT	RÈGLEMENT	CARRÉMENT	GRAVEMENT
CORPULENT	AGILEMENT	FERREMENT	SUAVEMENT
QUÉRULENT	VOILEMENT	SERREMENT	NAÏVEMENT
FLATULENT	UTILEMENT	AUTREMENT	AVIVEMENT
ALICAMENT	BELLEMENT	APUREMENT	MOUVEMENT
LINÉAMENT	TELLEMENT	ÉPUREMENT	ÉTUVEMENT
FIRMAMENT	CILLEMENT	AZUREMENT	ÉGAYEMENT
TESTAMENT	FOLLEMENT	NAVREMENT	ÉTAYEMENT
BOMBEMENT	MOLLEMENT	BLASEMENT	CONDIMENT
AGACEMENT	NULLEMENT	ARASEMENT	HARDIMENT
PLACEMENT	DRÔLEMENT	ÉVASEMENT	DÉTRIMENT
TRACEMENT	FRÔLEMENT	BLÈSEMENT	NUTRIMENT
LANCEMENT	ISOLEMENT	BAISEMENT	QUASIMENT
PINCEMENT	ISOLÉMENT	BOISEMENT	CHÂTIMENT

GENTIMENT	BOURRICOT	INCONFORT	INUKTITUT
SENTIMENT	BERLINGOT	CORPS-MORT	SUBSTITUT
GALAMMENT	STOCK-SHOT	**EUROPOORT**	**CLAIRFAYT**
PESAMMENT	ESTRADIOT	GARDE-PORT	SOURICEAU
NOTAMMENT	**CLAMARIOT**	**LE TRÉPORT**	**POLONCEAU**
SAVAMMENT	**BERTHELOT**	PASSEPORT	PANONCEAU
DÉCEMMENT	TRAINGLOT	**SOUTHPORT**	**DU CERCEAU**
RÉCEMMENT	**LE THILLOT**	**STOCKPORT**	PINTADEAU
ARDEMMENT	**BOROILLOT**	BIRAPPORT	MUR-RIDEAU
URGEMMENT	AIGUILLOT	HOVERPORT	HIRONDEAU
SCIEMMENT	GROUILLOT	TRANSPORT	CANARDEAU
ÉMOLUMENT	GUILLEMOT	ACROSPORT	RENARDEAU
GOULÛMENT	CROQUENOT	AVANT-PORT	BATARDEAU
PERMANENT	**MADELINOT**	**STASSFURT**	TROUBLEAU
CONTINENT	**BLACKFOOT**	**RIBÉCOURT**	TRIJUMEAU
PERTINENT	ARROW-ROOT	**HOMÉCOURT**	CHALUMEAU
ABSTINENT	CHASSEPOT	**MIRECOURT**	CIGOGNEAU
LAPPARENT	**BOUCHEROT**	HALF COURT	BALEINEAU
DIFFÉRENT	**LE CREUSOT**	**HÉRICOURT**	CHEMINEAU
OCCURRENT	COUCHE-TÔT	**MÉRICOURT**	TYRANNEAU
RÉCURRENT	HOTTENTOT	**LIANCOURT**	HÉRONNEAU
COMPÉTENT	**HOTTENTOT**	**ÉLANCOURT**	SAUMONEAU
MÉCONTENT	**VILLERUPT**	**AZINCOURT**	RAMPONEAU
RÉMITTENT	GODENDART	**BEAUCOURT**	BIGORNEAU
DIFFLUENT	**STUTTGART**	**DEBUCOURT**	ÉTOURNEAU
CONFLUENT	JAQUEMART	**TOUGGOURT**	TOMBEREAU
PINCEVENT	FAIRE-PART	**OUSTIOURT**	BORDEREAU
COUPE-VENT	QUOTE-PART	**SAINT-CAST**	**COCHEREAU**
BRISE-VENT	LA PLUPART	BREAKFAST	**FOLLEREAU**
CONNIVENT	**CORVISART**	**GOLD COAST**	PASSEREAU
PLEIN-VENT	RIXENSART	**VILLEREST**	**MONTEREAU**
VOL-AU-VENT	**FROISSART**	ALCOOTEST	**COTTEREAU**
CONTRAINT	**BLOEMAERT**	NORD-OUEST	JOTTEREAU
TOUSSAINT	**BEERNAERT**	**NORD-OUEST**	SAUTEREAU
RESTREINT	**ANGLEBERT**	CHECK-LIST	MAQUEREAU
ROND-POINT	**PHILIBERT**	**CRONQUIST**	**BEAUPRÉAU**
POURPOINT	**CHARIBERT**	**SANDHURST**	BIGARREAU
WEST POINT	**ANGILBERT**	**PANKHURST**	**PALAISEAU**
HENNEBONT	**ENGILBERT**	**SAINT-JUST**	DAMOISEAU
VAUDÉMONT	**D'ALEMBERT**	**ZLATOOUST**	BÉCASSEAU
ROUGEMONT	CAMEMBERT	ANTITRUST	**AGUESSEAU**
RICHEMONT	**CANROBERT**	**JOUMBLATT**	TROUSSEAU
MARIEMONT	DÉCONCERT	**ANDERMATT**	**TROUSSEAU**
TIRLEMONT	TRANSFERT	**HALLSTATT**	PONTUSEAU
DAMRÉMONT	**DELESSERT**	**WINNICOTT**	**LE CHÂTEAU**
ENTREMONT	DÉCOUVERT	**BOUCICAUT**	BONNETEAU
DOTREMONT	RECOUVERT	ARTICHAUT	BOQUETEAU
OUTREMONT	EXTRAFORT	**BOISCHAUT**	LOQUETEAU
BRIALMONT	**FRANCFORT**	**BRUNEHAUT**	LOUVETEAU
REVERMONT	**ROCHEFORT**	PASSE-HAUT	ENFAÎTEAU
AVANT-MONT	PORTE-FORT	**PORT-SALUT**	CHAPITEAU
GIRAUMONT	**HAUTEFORT**	COMING-OUT	BISCOTEAU
DOUAUMONT	ROQUEFORT	ACTING-OUT	**RAMBUTEAU**
ROYAUMONT	**ROQUEFORT**	AVANT-GOÛT	TOP NIVEAU
NÈGREPONT	**FRANKFORT**	**KALMTHOUT**	VASSIVEAU
ENTREPONT	DÉCONFORT	MANGE-TOUT	RENOUVEAU
WESTMOUNT	RÉCONFORT	BRISE-TOUT	**GNEISENAU**

CASTELNAU	AVANT-TROU	TRENTE-SIX	FRONTEAUX
LANDERNAU	KANGOUROU	**SCHRIBAUX**	TOURTEAUX
CONVAINCU	SANS-LE-SOU	DÉVERBAUX	ÉCHEVEAUX
TROP-PERÇU	GRIPPE-SOU	ZODIACAUX	GODIVEAUX
CALINESCU	**MIAULÉTOU**	STOMACAUX	BALIVEAUX
ANTONESCU	**TIZI OUZOU**	SYNDICAUX	SOLIVEAUX
CEAUSESCU	**PAKANBARU**	BEYLICAUX	CANIVEAUX
TAMIL NADU	TRANSPARU	INAMICAUX	HÂTIVEAUX
POURFENDU	**AMATERASU**	TROPICAUX	VRAIS-FAUX
HYPOTENDU	LATO SENSU	CLÉRICAUX	**PERRÉGAUX**
SOUS-TENDU	**TAKAMATSU**	VERTICAUX	MADRIGAUX
INATTENDU	**HAMAMATSU**	CORTICAUX	CONJUGAUX
OVIMBUNDU	COURT-VÊTU	CERVICAUX	SÉNÉCHAUX
ALLUME-FEU	IMPROMPTU	NÉOLOCAUX	MARÉCHAUX
CONTRE-FEU	TURLUTUTU	MÉNISCAUX	ZÉNITHAUX
COUVRE-FEU	**VANUA LEVU**	TOROÏDAUX	BILABIAUX
BATEAU-FEU	**NETCHAÏEV**	ESCABEAUX	OFFICIAUX
VILLEDIEU	**NIKOLAÏEV**	FLAMBEAUX	ABSIDIAUX
SACREDIEU	**MOÏSSEÏEV**	LIONCEAUX	PRANDIAUX
BOIELDIEU	**PROKOFIEV**	POURCEAUX	BRACHIAUX
HÔTEL-DIEU	**VASSILIEV**	FAISCEAUX	FAMILIAUX
DEPARDIEU	**DIAGHILEV**	GUINDEAUX	BINOMIAUX
VERTUDIEU	**HJELMSLEV**	CHAUDEAUX	DOMANIAUX
GRAND-LIEU	**BECHTEREV**	GIRAFEAUX	COLONIAUX
MANDELIEU	**BALAKIREV**	TRACHÉAUX	CANONIAUX
RICHELIEU	**KOZINTSEV**	TOUCHEAUX	BITONIAUX
RICHELIEU	LEITMOTIV	SIMBLEAUX	SALOPIAUX
ARGENLIEU	**KOULECHOV**	DOUBLEAUX	SALARIAUX
SACREBLEU	**CHOLOKHOV**	ORGANEAUX	NOTARIAUX
VERTUBLEU	**BOULGAKOV**	HAVENEAUX	VIPÉRIAUX
FONT-ROMEU	**MENCHIKOV**	TRAÎNEAUX	IMPÉRIAUX
BEAUNEVEU	**SLAVEJKOV**	BOBINEAUX	MATÉRIAUX
MOUSTACHU	**MIKHALKOV**	COLINEAUX	MÉMORIAUX
MOGADISHU	**MILIOUKOV**	PÉRINÉAUX	ARMORIAUX
OUYANG XIU	**KARAVELOV**	FOURNEAUX	ABBATIAUX
MUNDURUKU	**STAKHANOV**	**CHAMPEAUX**	PALATIAUX
PATTE-PELU	**PLEKHANOV**	TROUPEAUX	COMITIAUX
BANGWEULU	**GLAZOUNOV**	PERDREAUX	AFFÛTIAUX
SADOVEANU	**PROKHOROV**	HOBEREAUX	SYNOVIAUX
PORTE-MENU	**NEKRASSOV**	LAPEREAUX	ALLUVIAUX
ENTRETENU	**KOUTOUSOV**	VIPEREAUX	ILLUVIAUX
APPARTENU	**LERMONTOV**	MÂTEREAUX	EXTRÉMAUX
INTERVENU	**KARAMAZOV**	BLAIREAUX	ESQUIMAUX
TEMIRTAOU	**KOUTOUZOV**	BIHOREAUX	**ESQUIMAUX**
GUILLEDOU	INTERVIEW	BOURREAUX	PROXIMAUX
KATMANDOU	BOW-WINDOW	FOURREAUX	LACRYMAUX
ROUDOUDOU	**SCAPA FLOW**	CHEVREAUX	TYMPANAUX
CARQUEFOU	PROTHORAX	VIVES-EAUX	DUODÉNAUX
COUPE-CHOU	MULTIPLEX	PAISSEAUX	NOUMÉNAUX
CHABICHOU	NÉOCORTEX	VAISSEAUX	SURRÉNAUX
VERTUCHOU	PORTEFAIX	BOISSEAUX	VACCINAUX
CHANGZHOU	CASSE-NOIX	CUISSEAUX	MUSCINAUX
GUANGZHOU	**DELACROIX**	RUISSEAUX	CARDINAUX
ZHENGZHOU	ROSE-CROIX	ROUSSEAUX	IMAGINAUX
AVANT-CLOU	**ROSE-CROIX**	VOUSSEAUX	ORIGINAUX
KYPRIANOÚ	PORTE-VOIX	ÉCRITEAUX	MARGINAUX
LOUP-GAROU	LAGOTHRIX	POINTEAUX	VIRGINAUX

MACHINAUX	VARIÉTAUX	FACÉTIEUX	RIGOUREUX
STAMINAUX	TRIMÉTAUX	AMBITIEUX	VIGOUREUX
GERMINAUX	NON-MÉTAUX	SÉDITIEUX	**LAMOUREUX**
TERMINAUX	SOMMITAUX	MINUTIEUX	SAVOUREUX
INGUINAUX	VICOMTAUX	GRUMELEUX	PARESSEUX
AUTOMNAUX	ORIENTAUX	CAUTELEUX	GRAISSEUX
DÉCENNAUX	**ORIENTAUX**	COQUELEUX	GNEISSEUX
VICENNAUX	PARENTAUX	CLAVELEUX	LOQUETEUX
TRIENNAUX	PRÉVÔTAUX	GRAVELEUX	GRANITEUX
DIAGONAUX	SAGITTAUX	LAMELLEUX	TOMENTEUX
RÉGIONAUX	AZIMUTAUX	ÉCAILLEUX	PATENTEUX
NATIONAUX	**RONCEVAUX**	PÉRILLEUX	CLAPOTEUX
RATIONAUX	MÉDIÉVAUX	VÉTILLEUX	CRAPOTEUX
CYCLONAUX	**ENTREVAUX**	**DUTILLEUX**	SCHISTEUX
HORMONAUX	GINGIVAUX	POUILLEUX	GALETTEUX
PATRONAUX	**CLAIRVAUX**	MÉDULLEUX	DISETTEUX
NEURONAUX	PRÉFIXAUX	RUBÉOLEUX	REBOUTEUX
CANTONAUX	SUFFIXAUX	VARIOLEUX	VELOUTEUX
HIBERNAUX	ENTRE-DEUX	GLOBULEUX	**PÉRIGUEUX**
INFERNAUX	CAFARDEUX	CALCULEUX	VARIQUEUX
HIVERNAUX	HASARDEUX	MUSCULEUX	BAROQUEUX
TRIBUNAUX	VINGT-DEUX	GRANULEUX	FRUCTUEUX
SHOGUNAUX	GARDE-FEUX	CRAPULEUX	IMPÉTUEUX
COMMUNAUX	BOUTEFEUX	FISTULEUX	SOMPTUEUX
SYNCOPAUX	PIQUE-FEUX	PUSTULEUX	QUARTZEUX
CÉRÉBRAUX	OMBRAGEUX	MANGANEUX	AIGRE-DOUX
CARCÉRAUX	OUTRAGEUX	BESOGNEUX	**GIRAUDOUX**
VISCÉRAUX	COURAGEUX	TENDINEUX	ALQUIFOUX
PONDÉRAUX	PARTAGEUX	ÉRUGINEUX	**BARBAROUX**
VESPÉRAUX	GRINCHEUX	VERMINEUX	**LE LOUROUX**
URÉTÉRAUX	PELUCHEUX	ALUMINEUX	**WALVIS BAY**
LITTÉRAUX	AUDACIEUX	FIBRINEUX	**PLOUBALAY**
INTÉGRAUX	JUDICIEUX	CHITINEUX	**MAIGNELAY**
SOUPIRAUX	OFFICIEUX	GLUTINEUX	**SEIGNELAY**
TEMPORAUX	MALICIEUX	PITONNEUX	MATCH-PLAY
CORPORAUX	DÉLICIEUX	COTONNEUX	MEDAL PLAY
PECTORAUX	ASTUCIEUX	SAVONNEUX	**PARTHENAY**
RECTORAUX	DEMI-DIEUX	VIOLONEUX	**FRONTENAY**
DOCTORAUX	INSIDIEUX	CAVERNEUX	**COURTENAY**
PASTORAUX	MÉLODIEUX	SALÉBREUX	**MARSANNAY**
LITTORAUX	RELIGIEUX	TÉNÉBREUX	CHARDONAY
SABURRAUX	LITIGIEUX	CANCÉREUX	**LE CHESNAY**
THÉÂTRAUX	SPONGIEUX	DOUCEREUX	**ECHEGARAY**
SPECTRAUX	COURLIEUX	PONDÉREUX	**THACKERAY**
ARBITRAUX	**MEXIMIEUX**	DANGEREUX	**VAUGNERAY**
MONAURAUX	INGÉNIEUX	AFFAIREUX	**SAINT-QUAY**
ÉPIDURAUX	SÉLÉNIEUX	STUPOREUX	**HEMINGWAY**
NÉORURAUX	ARSÉNIEUX	LIQUOREUX	**BEAUGENCY**
PICTURAUX	PÉCUNIEUX	**LE PERREUX**	**BOIS-D'ARCY**
CULTURAUX	**BÉDARIEUX**	SQUIRREUX	**IRRAWADDY**
POSTURAUX	IMPÉRIEUX	THÉÂTREUX	**KARAGANDY**
GUTTURAUX	LABORIEUX	TRAÎTREUX	**ZSIGMONDY**
COLOSSAUX	INCURIEUX	CHARTREUX	**KISFALUDY**
PRÉNATAUX	INJURIEUX	MERCUREUX	**DE QUINCEY**
OBJECTAUX	LUXURIEUX	VALEUREUX	**ANG VODDEY**
SOCIÉTAUX	EMPOSIEUX	SULFUREUX	**CHEVALLEY**
PARIÉTAUX	CHASSIEUX	TELLUREUX	**KIMBERLEY**

WYCHERLEY	BATTHYÁNY	VILLANDRY	DUMOURIEZ
BEARDSLEY	ALLEGHENY	MONTLHÉRY	VÉLASQUEZ
WELLESLEY	GIROMAGNY	BEUVE-MÉRY	VELÁZQUEZ
PRIESTLEY	MONTMAGNY	MITRY-MORY	ABD AL-AZIZ
MONTERREY	ÉTRÉPAGNY	SALABERRY	ABDÜLAZIZ
GUERNESEY	CHAMPIGNY	COMMENTRY	KRONPRINZ
NEW JERSEY	PICQUIGNY	WATERBURY	KRONPRINZ
KANDINSKY	CHAUVIGNY	SALISBURY	FESTOÙ-NOZ
CURNONSKY	MULE-JENNY	BENIN CITY	KIG HA FARZ
BLAVATSKY	SAINTE-FOY	RAVE-PARTY	STIEGLITZ
VRANITZKY	LE QUESNOY	ESTERHÁZY	AUSCHWITZ
LISSITZKY	DUQUESNOY	ALLUME-GAZ	LEIBOWITZ
LA GACILLY	ANTANDROY	KARA-BOGAZ	MARKOWITZ
CHANTILLY	DU CAURROY	DELAMURAZ	KARLOWITZ
CHANTILLY	BÉRÉGOVOY	BYDGOSZCZ	HELMHOLTZ
SAINT-RÉMY	SAINT-LARY	GRUDZIADZ	MÉGAHERTZ
ALLEGHANY	SINNAMARY	FERNÁNDEZ	KILOHERTZ
CABESTANY	TIPPERARY	HERNÁNDEZ	SANTA CRUZ

9

AHVENANMAA	MULTIMÉDIA	
ADDIS-ABABA	MOHAMMEDIA	
BÉKÉSCSABA	HYPERMÉDIA	
ADDIS-ABEBA	UBERLÂNDIA	
TELL AL-HIBA	YOUSSOUFIA	
COCHABAMBA	BILLBERGIA	
N'KONGSAMBA	ZAPORIJJIA	
CHUQUISACA	EAST ANGLIA	
CUERNAVACA	MELENCOLIA	
CASABLANCA	LEISHMANIA	
EMPIRE INCA	SARRACENIA	
CLUJ-NAPOCA	SANTA MARIA	
JUAN DE FUCA	PASIONARIA	
COUCI-COUÇA	PASIONARIA	
TORQUEMADA	GAULTHERIA	
FOX QUESADA	PANDATERIA	CAMPANELLA
VIJAYAVADA	TILLANDSIA	MOZZARELLA
ESPRONCEDA	MARCHANTIA	SEGUIDILLA
AVELLANEDA	POINSETTIA	CHINCHILLA
BREDI-BREDA	RHEA SILVIA	MANZANILLA
DAR EL-BEIDA	STRELITZIA	HISPANIOLA
ASA FŒTIDA	IBN BADJDJA	CARMAGNOLA
SAINT KILDA	MATRIOCHKA	IOCHKAR-OLA
ENCOMIENDA	PETROUCHKA	GORGONZOLA
AHURA-MAZDÂ	BOUTEFLIKA	GORGONZOLA
SKELLEFTEÅ	TANGANYIKA	GUADARRAMA
FANGATAUFA	INDIGUIRKA	TÉLÉCINÉMA
BALENCIAGA	RUDA SLASKA	HOME-CINÉMA
LOPE DE VEGA	SZYMBORSKA	XIXABANGMA
IKE NO TAIGA	TOUNGOUSKA	MATSUSHIMA
ARABI PACHA	DOMBROWSKA	LEZAMA LIMA
URABI PACHA	KAMTCHATKA	ÉRYTHRASMA
TEKAKWITHA	DELLA SCALA	COPACABANA
PYRACANTHA	SHAKUNTALA	SATAVAHANA
OUM ER-REBIA	GUJRANWALA	KITWE-NKANA

10

SANTILLANA
VARDHAMANA
IPÉCACUANA
CAPPA MAGNA
PALESTRINA
PONTRESINA
PRIMA DONNA
RANAVALONA
KARLSKRONA
BELLINZONA
RAMAKRISNA
ESKILSTUNA
NOVA LISBOA
JOÃO PESSOA
MONOMOTAPA
BANDIAGARA
SAGAMIHARA
SANTA CLARA
AUTANT-LARA
PLASMOPARA
NAMBIKWARA
EX CATHEDRA
PONTEVEDRA
APHÉLANDRA
BORDIGHERA
SPACE OPERA
FORMENTERA
PHYLLOXÉRA
BOCCANEGRA
ORS Y ROVIRA
JUIZ DE FORA
SOMOSIERRA
FINIGUERRA
LEUCOPETRA
ASPIDISTRA
RAS TANNURA
TCHIATOURA
MASSINISSA
BARBAROSSA
BABIROUSSA
TRIPLICATA
DESIDERATA
VIA FERRATA
IVAN KALITA
LEVI-CIVITA
HAUTE-VOLTA
JOGJAKARTA
SANTA MARTA
DELLA PORTA
IBN BATTUTA
BRATISLAVA
PILLOW-LAVA
COSTA BRAVA
TSVETAÏEVA
PETAH-TIKVA
TERECHKOVA
JUAN DE NOVA

TOKOROZAWA
ORZESZKOWA
YAZILIKAYA
ALAUNGPAYA
CHAO PHRAYA
ICHINOMIYA
UTSUNOMIYA
ABDEL WAHAB
CUPROPLOMB
LARME-DE-JOB
SAINT-BRIAC
ROUFFIGNAC
MERDRIGNAC
MANCO CÁPAC
KRAGUJEVAC
ARRIÈRE-BEC
BRICQUEBEC
NOISY-LE-SEC
PARAPUBLIC
SEMI-PUBLIC
DOUBLE-CLIC
WORLD MUSIC
HOUSE MUSIC
DIAGNOSTIC
MILANKOVIC
MIHAILOVIC
TEISSERENC
CONTRE-CHOC
SILENTBLOC
CUAUHTÉMOC
BLANC-ESTOC
JEANNE D'ARC
CULS-DE-PORC
ARNAY-LE-DUC
PORT-DE-BOUC
PERNAMBOUC
CAOUTCHOUC
MONTASTRUC
NADJAFABAD
AURANGABAD
FAISALABAD
STALINABAD
BIRKENHEAD
BEACHY HEAD
STALINGRAD
KIROVOGRAD
KIROVOHRAD
WILLEMSTAD
COUS-DE-PIED
CLOCHE-PIED
CROCHE-PIED
MARCHEPIED
CONTRE-PIED
COUVRE-PIED
REPOSE-PIED
HALQ EL-OUED
LAKE PLACID

ABDÜLMECID
VALLADOLID
ABDÜLHAMID
CHAUD-FROID
PISSE-FROID
THÉODEBALD
FITZGERALD
BUCHENWALD
WIENERWALD
WESTERWALD
CREUTZWALD
FRAUENFELD
SOMMERFELD
LAZARSFELD
MERRIFIELD
BLOOMFIELD
HOUNSFIELD
ROTHSCHILD
SAINT-AVOLD
SAINT-HÉAND
BOISBRIAND
NYASSALAND
VAN ZEELAND
MITTELLAND
BURGENLAND
HÉLIGOLAND
BASUTOLAND
CUMBERLAND
SUNDERLAND
SUTHERLAND
LONG ISLAND
NO MAN'S LAND
QUEENSLAND
BRUNDTLAND
DISNEYLAND
SAINT-AMAND
CONFIRMAND
BAS-NORMAND
HILDEBRAND
SUPERGRAND
MÈRES-GRAND
MITTERRAND
TALLEYRAND
FEYERABEND
NAUSÉABOND
SAINT-TROND
SONDERBUND
BACKGROUND
PUGET SOUND
POLITICARD
REVANCHARD
BAMBOCHARD
AAR-GOTHARD
CHAMONIARD
CHAMONIARD
CORBILLARD
TORTILLARD

BROUILLARD	BRISE-GLACE	PROMOTRICE
TROUILLARD	**GRAND-PLACE**	RÉCEPTRICE
BÉQUILLARD	GARDE-PLACE	SCULPTRICE
COQUILLARD	COUPÉSPACE	REPORTRICE
CHEVILLARD	SOUS-ESPACE	EXÉCUTRICE
CAPITULARD	**VAL-DE-GRÂCE**	SUBREPTICE
LE CHEYLARD	**SAMOTHRACE**	INTERSTICE
CAUSSENARD	SOUS-ESPÈCE	BREAKDANCE
CAUSSENARD	BACK-OFFICE	ASCENDANCE
TRAQUENARD	**STRATONICE**	DÉPENDANCE
CAMPAGNARD	TOUTE-ÉPICE	INTENDANCE
MONTAGNARD	**SAINT-BRICE**	REDONDANCE
CHAROGNARD	DENTIFRICE	ALLÉGEANCE
BASTOGNARD	ÉVOCATRICE	OBLIGEANCE
SORBONNARD	ÉDUCATRICE	DÉROGEANCE
SKATEBOARD	PRÉDATRICE	SUPPLÉANCE
STORY-BOARD	FONDATRICE	BIENSÉANCE
DREYFUSARD	LAUDATRICE	INÉLÉGANCE
COUCHE-TARD	VICIATRICE	INVARIANCE
HORSE-GUARD	MÉDIATRICE	COVARIANCE
DIEULOUARD	EXPIATRICE	LUXURIANCE
RUTHERFORD	DÉVIATRICE	SÉMILLANCE
SOGNEFJORD	VIOLATRICE	MOUILLANCE
WILLIBRORD	ADULATRICE	DÉPERLANCE
SUPER-LOURD	ANIMATRICE	CONTENANCE
LIMOUGEAUD	FORMATRICE	SOUTENANCE
LIMOUGEAUD	FRÉNATRICE	PRÉVENANCE
COURAMIAUD	PHONATRICE	CONVENANCE
FONTEVRAUD	PRONATRICE	PROVENANCE
ENTRE-NŒUD	OPÉRATRICE	SOUVENANCE
SAINT-CLOUD	MIGRATRICE	RÉPUGNANCE
CORÉE DU SUD	ADORATRICE	ORDONNANCE
CORSE-DU-SUD	NARRATRICE	ORDONNANCÉ
CROIX DU SUD	SECTATRICE	CONSONANCE
CHLAMYDIAE	AGITATRICE	DISSONANCE
SUPERNOVAE	IMITATRICE	ALTERNANCE
TRISYLLABE	CANTATRICE	EXUBÉRANCE
DISSYLLABE	TENTATRICE	ITINÉRANCE
ANGLO-ARABE	CAPTATRICE	TEMPÉRANCE
INTERARABE	TESTATRICE	SOUFFRANCE
BELLEGAMBE	ÉLÉVATRICE	MAISTRANCE
ENTREJAMBE	SALVATRICE	MONSTRANCE
DITHYRAMBE	RÉDACTRICE	FULGURANCE
LANCE-BOMBE	EFFECTRICE	DÉLIVRANCE
HAUTECOMBE	DIRECTRICE	MALAISANCE
OUTRE-TOMBE	DÉTECTRICE	SUFFISANCE
AGORAPHOBE	RÉDUCTRICE	OBÉISSANCE
ANGLOPHOBE	SÉDUCTRICE	CROISSANCE
ANDROPHOBE	INDUCTRICE	JOUISSANCE
HYDROPHOBE	SÉCRÉTRICE	INDUCTANCE
QUADRILOBE	EXCRÉTRICE	RÉLUCTANCE
SOPHONISBE	ENQUÊTRICE	PERDITANCE
BAR-SUR-AUBE	COÉDITRICE	REPENTANCE
PILO-SÉBACÉ	CRÉDITRICE	IMPORTANCE
INEFFICACE	APÉRITRICE	VARISTANCE
PERSPICACE	DÉTENTRICE	RÉSISTANCE
GREENPEACE	INVENTRICE	INSISTANCE

ASSISTANCE	COMPÉTENCE	BACCHYLIDE
ADMITTANCE	DIFFLUENCE	LANTHANIDE
SURVIVANCE	CONFLUENCE	PHASIANIDÉ
OBSERVANCE	CONGRUENCE	ANTAMÉNIDE
INCROYANCE	CONNIVENCE	ACHÉMÉNIDE
PRÉVOYANCE	**LA PROVENCE**	SCORPÉNIDÉ
PUBESCENCE	INTERNONCE	DELPHINIDÉ
QUIESCENCE	TRANSPERCÉ	PROCYONIDÉ
TUMESCENCE	AIGRE-DOUCE	CORTICOÏDE
SÉNESCENCE	ESTOUFFADE	PTÉRYGOÏDE
VIRESCENCE	BAMBOCHADE	SCORPIOÏDE
DÉHISCENCE	ASCLÉPIADE	MÉTALLOÏDE
PROCIDENCE	**ASCLÉPIADE**	MONGOLOÏDE
CONFIDENCE	**CHANCELADE**	POLYPLOÏDE
SUBSIDENCE	ESTAFILADE	TERPÉNOÏDE
PRÉSIDENCE	PERSILLADE	ARYTÉNOÏDE
DISSIDENCE	BROUILLADE	ARACHNOÏDE
PROVIDENCE	GUIGNOLADE	CARCINOÏDE
PROVIDENCE	BOUSCULADE	PLATINOÏDE
IMPRUDENCE	ENGUEULADE	**FONTFROIDE**
NÉGLIGENCE	ROUCOULADE	BIZARROÏDE
INDULGENCE	SEMI-NOMADE	HÉMORROÏDE
DÉTERGENCE	EMPOIGNADE	ELLIPSOÏDE
DIVERGENCE	CAPUCINADE	MOLOSSOÏDE
RÉSURGENCE	MAZARINADE	RHUMATOÏDE
DÉFICIENCE	BERQUINADE	GRANITOÏDE
EFFICIENCE	PASQUINADE	ALLANTOÏDE
PRESCIENCE	GASCONNADE	TRAPÉZOÏDE
CONSCIENCE	DRAGONNADE	TRICUSPIDE
CONSCIENCE	ROGNONNADE	SACCHARIDE
GÉOSCIENCE	TAMPONNADE	CANTHARIDE
RÉSILIENCE	CITRONNADE	ÉPHÉMÉRIDE
EXPÉRIENCE	BASTONNADE	GÉOMÉTRIDÉ
IMPATIENCE	TARDIGRADE	NUCLÉOSIDE
PRÉVALENCE	MULTIGRADE	DIHOLOSIDE
PESTILENCE	CENTIGRADE	HÉTÉROSIDE
EXCELLENCE	RÉTROGRADE	THÉROPSIDÉ
SOMNOLENCE	RÉTROGRADÉ	SAUROPSIDÉ
TURBULENCE	**LA DÉSIRADE**	CHROMATIDE
SUCCULENCE	BALUSTRADE	SPERMATIDE
TRUCULENCE	EMBRASSADE	**ANTARCTIDE**
CORPULENCE	CAPILOTADE	**PROPONTIDE**
QUÉRULENCE	HAMADRYADE	NUCLÉOTIDE
FLATULENCE	VÉLOCIPÈDE	STAUROTIDE
INCLÉMENCE	QUADRUPÈDE	RADIOGUIDÉ
RECOMMENCÉ	AMINOACIDE	**VAN DE VELDE**
PERMANENCE	SUPERACIDE	ENTRE-BANDE
CONTINENCE	PSITTACIDÉ	PASSE-BANDE
PERTINENCE	SPERMICIDE	PLATE-BANDE
ABSTINENCE	FRATRICIDE	PROPAGANDE
SUBCARENCE	SCARABÉIDÉ	DÉGINGANDÉ
PRÉFÉRENCE	QUADRIFIDE	RÉPRIMANDE
DIFFÉRENCE	SEMI-RIGIDE	RÉPRIMANDÉ
CONFÉRENCE	NYMPHALIDÉ	DÉCOMMANDÉ
DÉSHÉRENCE	CHRYSALIDE	RECOMMANDÉ
OCCURRENCE	TROCHILIDÉ	**SAINT-MANDÉ**
RÉCURRENCE	ANTHYLLIDE	MILLERANDÉ

TISSERANDE	BROUSSARDE	BARRICADÉE
TRANSCENDÉ	FROUSSARDE	EMBRIGADÉE
APPRÉHENDÉ	À L'INSTAR DE	PALISSADÉE
PECHBLENDE	PANIQUARDE	RÉTROCÉDÉE
HORNBLENDE	TRANSBORDÉ	DÉPOSSÉDÉE
JOUR-AMENDE	TÉTRACORDE	CONSOLIDÉE
BALKENENDE	DÉSACCORDÉ	TÉLÉGUIDÉE
VIEUX-CONDÉ	CLAVICORDE	FILOGUIDÉE
FRÉDÉGONDE	STOMOCORDÉ	AUTOGUIDÉE
DÉVERGONDÉ	AU-DEDANS DE	TRANSVIDÉE
MAPPEMONDE	AU-DEHORS DE	MARCHANDÉE
CYBERMONDE	AU-DESSUS DE	AFFRIANDÉE
TIERS-MONDE	AU-DEVANT DE	ACHALANDÉE
QUART-MONDE	BILLEBAUDE	REDEMANDÉE
LEYSENONDE	ESQUIMAUDE	GOURMANDÉE
FUSÉE-SONDE	**ESQUIMAUDE**	VILIPENDÉE
RADIOSONDE	BAGUENAUDE	TRANSCODÉE
MICROSONDE	BAGUENAUDÉ	ACCOMMODÉE
TRÉBIZONDE	PÉQUENAUDE	INCOMMODÉE
PEENEMÜNDE	**COGNERAUDE**	CHAMBARDÉE
WARNEMÜNDE	INQUIÉTUDE	BRANCARDÉE
PHOTODIODE	COMPLÉTUDE	BOUCHARDÉE
RACCOMMODÉ	MANSUÉTUDE	MOUCHARDÉE
MALCOMMODE	SIMILITUDE	POIGNARDÉE
PSEUDOPODE	INFINITUDE	ÉCHAFAUDÉE
SCAPHOPODE	EXACTITUDE	COURTAUDÉE
ARTHROPODE	FOULTITUDE	ÉBOURIFFÉE
GASTROPODE	INAPTITUDE	RÉCHAUFFÉE
GHELDERODE	**MISTER HYDE**	DÉSENGAGÉE
NESSELRODE	SUPEROXYDE	TREILLAGÉE
OUDENAARDE	DÉSINHIBÉE	DÉDOMMAGÉE
HALLEBARDE	SURPLOMBÉE	ENDOMMAGÉE
FLANC-GARDE	À LA DÉROBÉE	RÉAMÉNAGÉE
HILDEGARDE	RÉABSORBÉE	DÉCOURAGÉE
BELLEGARDE	CANNABACÉE	ENCOURAGÉE
PAR MÉGARDE	DIPSACACÉE	AFFOURAGÉE
SAUVEGARDE	ORCHIDACÉE	DÉPARTAGÉE
SAUVEGARDÉ	OXALIDACÉE	REPARTAGÉE
AVANT-GARDE	SAPINDACÉE	DÉSAGRÉGÉE
CABOCHARDE	ACANTHACÉE	DÉSOBLIGÉE
BINOCLARDE	GÉRANIACÉE	RECORRIGÉE
ENTRELARDÉ	FUMARIACÉE	RÉARRANGÉE
PIAILLARDE	ENTRELACÉE	INTERROGÉE
BRAILLARDE	PRIMULACÉE	SURCHARGÉE
BABILLARDE	VERBÉNACÉE	HYDROFUGÉE
DÉBILLARDÉ	GRAMINACÉE	EMPANACHÉE
VIEILLARDE	BURSÉRACÉE	AMOURACHÉE
OREILLARDE	MANIGANCÉE	POURLÉCHÉE
ÉGRILLARDE	COFINANCÉE	REMMANCHÉE
NASILLARDE	ASSONANCÉE	DÉBRANCHÉE
VÉTILLARDE	ENSEMENCÉE	EMBRANCHÉE
SOUILLARDE	RÉFÉRENCÉE	RETRANCHÉE
GOGUENARDE	INFLUENCÉE	DÉCLENCHÉE
COMBINARDE	DÉSAMORCÉE	ENCLENCHÉE
SNOBINARDE	RESSOURCÉE	RABIBOCHÉE
SALONNARDE	COURROUCÉE	EFFILOCHÉE
COMMUNARDE	PHÉOPHYCÉE	GUILLOCHÉE

RACCROCHÉE	RESSEMELÉE	RAFISTOLÉE
RAPPROCHÉE	DÉBOSSELÉE	CONTEMPLÉE
RECHERCHÉE	ENCHÂTELÉE	SURPEUPLÉE
AFFOURCHÉE	DÉMANTELÉE	QUADRUPLÉE
ENFOURCHÉE	ENCASTELÉE	QUINTUPLÉE
DISPATCHÉE	DÉCERVELÉE	FASCICULÉE
REMBAUCHÉE	RENOUVELÉE	PELLICULÉE
CHEVAUCHÉE	ESSOUFFLÉE	VERMICULÉE
DESSOUCHÉE	DESSANGLÉE	DENTICULÉE
LEUCORRHÉE	TRANSFILÉE	LENTICULÉE
SIALORRHÉE	DÉFAUFILÉE	ONGUICULÉE
AMÉNORRHÉE	HORRIPILÉE	RECALCULÉE
DISGRACIÉE	TRIMBALLÉE	PÉDONCULÉE
SUPPLICIÉE	PÉDICELLÉE	TRIANGULÉE
DISTANCIÉE	AQUARELLÉE	DISSIMULÉE
RENÉGOCIÉE	CONSTELLÉE	REFORMULÉE
COASSOCIÉE	CHAMAILLÉE	INFORMULÉE
RÉEXPÉDIÉE	REMMAILLÉE	DESSAOULÉE
STIPENDIÉE	GRENAILLÉE	CHAMBOULÉE
PSALMODIÉE	REMPAILLÉE	DÉBAGOULÉE
PLANCHÉIÉE	COUPAILLÉE	ENCAGOULÉE
RIGIDIFIÉE	DÉBRAILLÉE	DÉCAPSULÉE
SOLIDIFIÉE	FERRAILLÉE	CARBONYLÉE
HUMIDIFIÉE	MITRAILLÉE	BLASPHÉMÉE
FLUIDIFIÉE	GRISAILLÉE	CLAIRSEMÉE
DRAGÉIFIÉE	AVITAILLÉE	RÉIMPRIMÉE
SIMPLIFIÉE	TRAVAILLÉE	INEXPRIMÉE
SAPONIFIÉE	DÉGOBILLÉE	DÉSARRIMÉE
ÉTHÉRIFIÉE	CONSEILLÉE	MILLÉSIMÉE
ESTÉRIFIÉE	SURVEILLÉE	SURESTIMÉE
ÉMULSIFIÉE	ÉCHENILLÉE	MÉSESTIMÉE
CLASSIFIÉE	GRAPPILLÉE	PROGRAMMÉE
STRATIFIÉE	ÉPARPILLÉE	RÉAFFIRMÉE
SANCTIFIÉE	HOUSPILLÉE	DÉSENFUMÉE
QUANTIFIÉE	ÉTOUPILLÉE	TRANSHUMÉE
IDENTIFIÉE	QUADRILLÉE	ACCOUTUMÉE
PLASTIFIÉE	ESSORILLÉE	FILIGRANÉE
REVIVIFIÉE	POINTILLÉE	SIMULTANÉE
DÉNAZIFIÉE	ENDEUILLÉE	MOMENTANÉE
DOMICILIÉE	EFFEUILLÉE	PERCUTANÉE
LATIFOLIÉE	BIDOUILLÉE	HYDROGÉNÉE
MULTIPLIÉE	BAFOUILLÉE	DÉSALIÉNÉE
ANTIMONIÉE	REFOUILLÉE	AVEUGLE-NÉE
POLYCOPIÉE	AFFOUILLÉE	RASSÉRÉNÉE
CONTRARIÉE	MAGOUILLÉE	RENSEIGNÉE
APPROPRIÉE	ZIGOUILLÉE	NON-ALIGNÉE
EXPROPRIÉE	REMOUILLÉE	DÉSALIGNÉE
APOSTASIÉE	GENOUILLÉE	RÉASSIGNÉE
ŒDÉMATIÉE	DÉPOUILLÉE	SOUSSIGNÉE
NON-INITIÉE	DÉROUILLÉE	ÉGRATIGNÉE
INTERCALÉE	PATOUILLÉE	RENFROGNÉE
RASSEMBLÉE	RESQUILLÉE	RECOMBINÉE
MONONUCLÉE	CARAMBOLÉE	REMBOBINÉE
ENSORCELÉE	CAMBRIOLÉE	REVACCINÉE
ZÉNON D'ÉLÉE	EXTRAPOLÉE	HALLUCINÉE
DÉCONGELÉE	INTERPOLÉE	DÉCAFÉINÉE
ENTREMÊLÉE	INCONSOLÉE	PARAFFINÉE

CONTAMINÉE	DÉGAZONNÉE	PARAMÉTRÉE
RÉEXAMINÉE	ENGAZONNÉE	KILOMÉTRÉE
DISSÉMINÉE	TÉLÉPHONÉE	SOUS-TITRÉE
INCRIMINÉE	RÉINCARNÉE	CONCENTRÉE
ENCALMINÉE	ENCASERNÉE	PRÉRENTRÉE
DÉTERMINÉE	CONSTERNÉE	RENCONTRÉE
EXTERMINÉE	PROSTERNÉE	SURCONTRÉE
TURLUPINÉE	CONTOURNÉE	PRÉMONTRÉE
GLYCÉRINÉE	BISTOURNÉE	ORCHESTRÉE
ORGANSINÉE	RISTOURNÉE	SÉQUESTRÉE
ASSASSINÉE	NOUVEAU-NÉE	CALFEUTRÉE
AGGLUTINÉE	INFORTUNÉE	DÉCARBURÉE
EMBÉGUINÉE	IMPORTUNÉE	RECARBURÉE
MAROQUINÉE	HANDICAPÉE	DÉSULFURÉE
TRUSQUINÉE	SURÉQUIPÉE	PRÉFIGURÉE
ENRUBANNÉE	DÉSÉQUIPÉE	CONFIGURÉE
PARIPENNÉE	COÏNCULPÉE	EMPRÉSURÉE
DÉSABONNÉE	TÉLESCOPÉE	PRÉMATURÉE
CHARBONNÉE	PROSOPOPÉE	SURSATURÉE
REFAÇONNÉE	ONOMATOPÉE	STRUCTURÉE
ÉTANÇONNÉE	DÉVELOPPÉE	ACCULTURÉE
POINÇONNÉE	ENVELOPPÉE	DÉSENIVRÉE
TRONÇONNÉE	PRÉOCCUPÉE	MANŒUVRÉE
SOUPÇONNÉE	RONÉOTYPÉE	DÉSŒUVRÉE
ABANDONNÉE	RAZ DE MARÉE	SEMI-OUVRÉE
COORDONNÉE	DÉSEMPARÉE	MONOPHASÉE
CHIFFONNÉE	ENTÉNÉBRÉE	POLYPHASÉE
GRIFFONNÉE	DÉCÉRÉBRÉE	EXTRAVASÉE
TORCHONNÉE	ÉQUILIBRÉE	DÉSENVASÉE
BOUCHONNÉE	GERMANDRÉE	TRANSVASÉE
PENSIONNÉE	SAUPOUDRÉE	BILLEVESÉE
PASSIONNÉE	RÉVERBÉRÉE	OSTRACISÉE
FISSIONNÉE	INCARCÉRÉE	ANGLICISÉE
OVATIONNÉE	CONFÉDÉRÉE	CATÉCHISÉE
SECTIONNÉE	CONSIDÉRÉE	FRANCHISÉE
MENTIONNÉE	INDIFFÉRÉE	GLOBALISÉE
ÉMOTIONNÉE	PESTIFÉRÉE	VERBALISÉE
BASTIONNÉE	TRANSFÉRÉE	FISCALISÉE
CAUTIONNÉE	PRÉDIGÉRÉE	VANDALISÉE
HOUBLONNÉE	RÉFRIGÉRÉE	IRRÉALISÉE
ÉCHELONNÉE	AGGLOMÉRÉE	LABIALISÉE
MAMELONNÉE	DÉSESPÉRÉE	SOCIALISÉE
BÂILLONNÉE	DÉSALTÉRÉE	FILIALISÉE
CRAMPONNÉE	GALIMAFRÉE	ANIMALISÉE
GOUDRONNÉE	DÉCHIFFRÉE	FORMALISÉE
BIBERONNÉE	ENGOUFFRÉE	NORMALISÉE
CLAIRONNÉE	RÉINTÉGRÉE	SIGNALISÉE
ENVIRONNÉE	CORROBORÉE	SACRALISÉE
FLEURONNÉE	PHOSPHORÉE	VASSALISÉE
CHEVRONNÉE	DÉTÉRIORÉE	BRUTALISÉE
LIAISONNÉE	INEXPLORÉE	ANNUALISÉE
CLOISONNÉE	COMMÉMORÉE	VISUALISÉE
MOISSONNÉE	DÉSHONORÉE	ACTUALISÉE
ÉCUSSONNÉE	INCORPORÉE	RITUALISÉE
CAPITONNÉE	EXPECTORÉE	MUTUALISÉE
CHANTONNÉE	EMPOURPRÉE	SEXUALISÉE
PELOTONNÉE	REMBOURRÉE	DIÉSÉLISÉE

FIABILISÉE	EUPHORISÉE	ENCHAUSSÉE
VIABILISÉE	TAYLORISÉE	SURHAUSSÉE
STABILISÉE	TERRORISÉE	TRÉMOUSSÉE
FRAGILISÉE	FACTORISÉE	DÉBROUSSÉE
STÉRILISÉE	SECTORISÉE	REBROUSSÉE
FOSSILISÉE	CICATRISÉE	DÉTROUSSÉE
SUBTILISÉE	ÉLECTRISÉE	RETROUSSÉE
FERTILISÉE	SULFURISÉE	MÉNOPAUSÉE
RÉUTILISÉE	MARTYRISÉE	LANCE-FUSÉE
INUTILISÉE	MÉDIATISÉE	REDIFFUSÉE
MÉTALLISÉE	DRAMATISÉE	RÉTROFUSÉE
LABELLISÉE	CLIMATISÉE	TRANSFUSÉE
SATELLISÉE	AROMATISÉE	MILDIOUSÉE
JAVELLISÉE	PRIVATISÉE	HYDROLYSÉE
DIABOLISÉE	GADGÉTISÉE	PHOSPHATÉE
SYMBOLISÉE	BUDGÉTISÉE	CHOCOLATÉE
ALCOOLISÉE	ESTHÉTISÉE	ACCLIMATÉE
VICTIMISÉE	SOVIÉTISÉE	CARBONATÉE
RANDOMISÉE	MAGNÉTISÉE	RÉHYDRATÉE
ÉCONOMISÉE	DÉPOÉTISÉE	DIFFRACTÉE
SCOTOMISÉE	HYPNOTISÉE	CONTRACTÉE
CUSTOMISÉ	DÉBAPTISÉE	PROSPECTÉE
VULCANISÉE	REBAPTISÉE	AUTODICTÉE
MÉTHANISÉE	EXPERTISÉE	DÉCACHETÉE
BALKANISÉE	PALETTISÉE	RECACHETÉE
GERMANISÉE	SUBDIVISÉE	INTERJETÉE
GALVANISÉE	IMPROVISÉE	SOUFFLETÉE
HELLÉNISÉE	SUPERVISÉE	FEUILLETÉE
MYÉLINISÉE	JUXTAPOSÉE	DÉCOLLETÉE
CRÉTINISÉE	ENTREPOSÉE	ÉPOUSSETÉE
INDEMNISÉE	SURIMPOSÉE	DÉPAQUETÉE
TYRANNISÉE	DÉCOMPOSÉE	EMPAQUETÉE
SOLENNISÉE	RECOMPOSÉE	ÉCHIQUETÉE
PÉRENNISÉE	SUPERPOSÉE	DÉCLAVETÉE
CARBONISÉE	INTERPOSÉE	BÊCHEVETÉE
PRÉCONISÉE	INDISPOSÉE	PRÉTRAITÉE
HARMONISÉE	TRANSPOSÉE	MALTRAITÉE
MICRONISÉE	SUREXPOSÉE	SOLLICITÉE
INTRONISÉE	REMBOURSÉE	EXPLICITÉE
MODERNISÉE	ÉCHALASSÉE	SUREXCITÉE
MATERNISÉE	SURCLASSÉE	DÉSEXCITÉE
RATIBOISÉE	MATELASSÉE	PRÉMÉDITÉE
FRAMBOISÉE	CADENASSÉE	ACCRÉDITÉE
PRÉCARISÉE	RAPETASSÉE	DÉSULFITÉE
VULGARISÉE	INTÉRESSÉE	DÉGURGITÉE
GARGARISÉE	COMPRESSÉE	RÉGURGITÉE
SCOLARISÉE	SURBAISSÉE	INGURGITÉE
SCÉNARISÉE	RENCAISSÉE	DÉCRÉPITÉE
CANCÉRISÉE	DÉGRAISSÉE	PRÉCIPITÉE
MERCERISÉE	ENGRAISSÉE	DÉSHÉRITÉE
BONDÉRISÉE	DÉPALISSÉE	PRÉTÉRITÉE
PAUPÉRISÉE	DÉFROISSÉE	NÉCESSITÉE
CRATÉRISÉE	LAMBRISSÉE	CATAPULTÉE
SINTÉRISÉE	RAPETISSÉE	BRILLANTÉE
CAUTÉRISÉE	**LA CHAUSSÉE**	COMPLANTÉE
PULVÉRISÉE	DÉCHAUSSÉE	SUPPLANTÉE
VAMPIRISÉE	RECHAUSSÉE	PLAISANTÉE

ÉPOUVANTÉE	PARACHUTÉE	XÉNOGREFFE
INNOCENTÉE	CONVOLUTÉE	AUTOGREFFE
ACCIDENTÉE	COPERMUTÉE	ESCOGRIFFE
DILIGENTÉE	TRANSMUTÉE	PRÉCHAUFFÉ
RÉARGENTÉE	MARABOUTÉE	SURCHAUFFE
RÉORIENTÉE	SURAJOUTÉE	SURCHAUFFÉ
ORNEMENTÉE	CAILLOUTÉE	DÉPLOMBAGE
PAREMENTÉE	DÉMAZOUTÉE	DÉSHERBAGE
AGRÉMENTÉE	PHAGOCYTÉE	DÉBOURBAGE
FRAGMENTÉE	DISTRIBUÉE	PLASTICAGE
SÉDIMENTÉE	DÉFATIGUÉE	MORDANÇAGE
TOURMENTÉE	PROMULGUÉE	SÉQUENÇAGE
DOCUMENTÉE	ÉTALINGUÉE	DÉCOINÇAGE
ARGUMENTÉE	DÉGLINGUÉE	BRIGANDAGE
CHARPENTÉE	EMBRINGUÉE	FAISANDAGE
APPARENTÉE	DISTINGUÉE	RHAPSODAGE
FRÉQUENTÉE	CATALOGUÉE	RINGARDAGE
RÉINVENTÉE	HOMOLOGUÉE	CAVIARDAGE
BAS-JOINTÉE	SURÉVALUÉE	CHAPARDAGE
DESSUINTÉE	DÉSÉCHOUÉE	CLAVARDAGE
CONFRONTÉE	ESTOMAQUÉE	CLABAUDAGE
DISCOUNTÉE	ALAMBIQUÉE	GRIMAUDAGE
REMPRUNTÉE	OMBILIQUÉE	GALVAUDAGE
TRAFICOTÉE	COMPLIQUÉE	PATAUGEAGE
MASSICOTÉE	CHRONIQUÉE	BASTINGAGE
MENDIGOTÉE	PLASTIQUÉE	CATALOGAGE
DÉSADAPTÉE	INTOXIQUÉE	MARAÎCHAGE
MÉSADAPTÉE	EFFLANQUÉE	DÉFRICHAGE
PRÉCOMPTÉE	REQUINQUÉE	ÉBRANCHAGE
DISCOMPTÉE	REMBARQUÉE	BOULOCHAGE
TÉLÉPORTÉE	CONFISQUÉE	DÉBROCHAGE
HÉLIPORTÉE	RÉHABITUÉE	ACCROCHAGE
RÉIMPORTÉE	SUBSTITUÉE	DÉCROCHAGE
AÉROPORTÉE	CONSTITUÉE	DÉMARCHAGE
RÉEXPORTÉE	PROSTITUÉE	DÉBAUCHAGE
CONTRASTÉE	AMBISEXUÉE	EMBAUCHAGE
MANIFESTÉE	PARACHEVÉE	DÉBOUCHAGE
ADMONESTÉE	CHAMPLEVÉE	REBOUCHAGE
CONTRISTÉE	SURACTIVÉE	ESSOUCHAGE
LÉPIDOSTÉE	DÉSACTIVÉE	**GRAVENHAGE**
LÉPISOSTÉE	OBJECTIVÉE	SARCOPHAGE
TARABUSTÉE	ADJECTIVÉE	LITHOPHAGE
DÉSAJUSTÉE	INVECTIVÉE	MALLOPHAGE
MANGEOTTÉE	INOBSERVÉE	MACROPHAGE
DÉCALOTTÉE	INÉPROUVÉE	NÉCROPHAGE
DÉCULOTTÉE	CONTROUVÉE	SAPROPHAGE
RECULOTTÉE	DÉSINDEXÉE	COPROPHAGE
ROULEAUTÉE	DÉSENRAYÉE	PHYTOPHAGE
CHAPEAUTÉE	REDÉPLOYÉE	SCARIFIAGE
CARREAUTÉE	RÉEMPLOYÉE	ALUMINIAGE
TERREAUTÉE	INEMPLOYÉE	FORMARIAGE
DÉNOYAUTÉE	DÉGRAVOYÉE	DÉSTOCKAGE
PERSÉCUTÉE	DÉSENNUYÉE	TRIMBALAGE
INEXÉCUTÉE	POUSSE-CAFÉ	DESSABLAGE
RÉPERCUTÉE	PAUSES-CAFÉ	ASSEMBLAGE
REDISCUTÉE	ALLOGREFFE	DÉDOUBLAGE
INDISCUTÉE	HOMOGREFFE	DÉMASCLAGE

ÉTINCELAGE	CABOTINAGE	CHAMOISAGE
DÉPUCELAGE	ÉCHEVINAGE	VAPORISAGE
REMODELAGE	FLACONNAGE	CONCASSAGE
CRAQUELAGE	BRACONNAGE	DÉCRASSAGE
PERSIFLAGE	AMIDONNAGE	REDRESSAGE
DÉGONFLAGE	PLAFONNAGE	ENCAISSAGE
REGONFLAGE	BICHONNAGE	DOUCISSAGE
CAMOUFLAGE	CAMIONNAGE	VERDISSAGE
MAROUFLAGE	ESPIONNAGE	OURDISSAGE
PRÉRÉGLAGE	VISIONNAGE	DÉPLISSAGE
RENTOILAGE	ÉTALONNAGE	EMPLISSAGE
DÉSHUILAGE	BILLONNAGE	GARNISSAGE
REMBALLAGE	BOULONNAGE	VERNISSAGE
EMBIELLAGE	CHAPONNAGE	RÉUNISSAGE
ROCAILLAGE	TAMPONNAGE	ALUNISSAGE
DÉMAILLAGE	HARPONNAGE	BRUNISSAGE
REMAILLAGE	COUPONNAGE	CRÉPISSAGE
PINAILLAGE	PERSONNAGE	PÉTRISSAGE
DÉPAILLAGE	LAITONNAGE	SAURISSAGE
EMPAILLAGE	CARTONNAGE	SERTISSAGE
ORPAILLAGE	BOUTONNAGE	CARROSSAGE
ENTAILLAGE	CLAYONNAGE	REPOUSSAGE
RHABILLAGE	CRAYONNAGE	DÉCREUSAGE
MORDILLAGE	DÉFOURNAGE	COMPACTAGE
TORPILLAGE	ENFOURNAGE	COLLECTAGE
GASPILLAGE	RETOURNAGE	CROCHETAGE
DÉGRILLAGE	RATTRAPAGE	CAILLETAGE
BOUSILLAGE	MARQUE-PAGE	PAILLETAGE
TORTILLAGE	ANTIDOPAGE	BRIQUETAGE
PASTILLAGE	OXYCOUPAGE	ÉTIQUETAGE
TREUILLAGE	DÉGROUPAGE	PARQUETAGE
AIGUILLAGE	PERVIBRAGE	DYNAMITAGE
ÉPOUILLAGE	DÉSENCRAGE	REMBOÎTAGE
BROUILLAGE	CALANDRAGE	ASPHALTAGE
MAQUILLAGE	CYLINDRAGE	SURVOLTAGE
COQUILLAGE	DÉCOFFRAGE	DÉPLANTAGE
BATIFOLAGE	MONITORAGE	APPOINTAGE
VITRIOLAGE	DESSERRAGE	CHARIOTAGE
SOUS-SOLAGE	DÉBOURRAGE	MATELOTAGE
PILAT-PLAGE	DÉPLÂTRAGE	ESCAMOTAGE
DÉCOUPLAGE	REPLÂTRAGE	GRIGNOTAGE
REMMOULAGE	SURTITRAGE	NUMÉROTAGE
SURMOULAGE	SURVITRAGE	CHEVROTAGE
PRÉFORMAGE	DÉCENTRAGE	CRÉOSOTAGE
DÉCHAUMAGE	RECENTRAGE	DÉCRYPTAGE
ENCABANAGE	DÉCINTRAGE	PANCARTAGE
DÉDOUANAGE	DÉTARTRAGE	COLPORTAGE
CARAVANAGE	ENTARTRAGE	CONSORTAGE
SOULIGNAGE	FENESTRAGE	BALLASTAGE
TÉMOIGNAGE	DÉLUSTRAGE	COMPOSTAGE
PROVIGNAGE	EFFLEURAGE	REGRATTAGE
PARRAINAGE	ENFLEURAGE	TOILETTAGE
PATELINAGE	PRESSURAGE	COMMETTAGE
CALAMINAGE	CEINTURAGE	BROUETTAGE
DÉLAMINAGE	RECOUVRAGE	SCHLITTAGE
PÈLERINAGE	MORTAISAGE	MARCOTTAGE
MAGASINAGE	SIMILISAGE	BOYCOTTAGE

BALLOTTAGE	TCHOUVACHE	LAGOMORPHE
DÉCROTTAGE	PELLE-BÊCHE	ZYGOMORPHE
GARROTTAGE	PIE-GRIÈCHE	MÉSOMORPHE
BISEAUTAGE	GARDE-PÊCHE	POLYMORPHE
CHARCUTAGE	ARCHEVÊCHÉ	HOMÉOPATHE
FERROUTAGE	MICROFICHE	OSTÉOPATHE
DÉSEMBUAGE	OUANANICHE	NÉVROPATHE
RENFLOUAGE	PLEURNICHÉ	MICROLITHE
MATRAQUAGE	LAGOTRICHE	COPROLITHE
DÉCALQUAGE	HÉMISTICHE	SCLÉRANTHE
DÉTROQUAGE	ACROSTICHE	TÉRÉBINTHE
DÉMARQUAGE	PALPLANCHE	LABYRINTHE
REMORQUAGE	ENDIMANCHÉ	**LABYRINTHE**
SOUS-CAVAGE	BELLE-DOCHE	**GALSWINTHE**
REMBLAYAGE	PATRIARCHE	OSTROGOTHE
RÉESSAYAGE	EUROMARCHÉ	ANACOLUTHE
FOUDROYAGE	POST-MARCHÉ	TAILLE-HAIE
HONGROYAGE	ÉTAMPERCHE	ORANGERAIE
LETHBRIDGE	ÉTEMPERCHE	JONCHERAIE
CHÊNE-LIÈGE	KOU K'AI-TCHE	PEUPLERAIE
SAINT-SIÈGE	TCHOUKTCHE	BANANERAIE
SURPROTÉGÉ	RÉEMBAUCHÉ	FRAISERAIE
PERCE-NEIGE	GRAND-DUCHÉ	COCOTERAIE
CONGO BELGE	COQUELUCHE	**BESSARABIE**
HAGONDANGE	SOUS-COUCHE	**FONTARABIE**
MICHEL-ANGE	EFFAROUCHÉ	**SÉNÉGAMBIE**
ALEXIS ANGE	POLATOUCHE	HOMOPHOBIE
STONEHENGE	**HERREWEGHE**	XÉNOPHOBIE
SÈCHE-LINGE	SONAGRAPHE	NOSOPHOBIE
DÉLAI-CONGÉ	PARAGRAPHE	GONOCOCCIE
MASKINONGÉ	TÉLÉGRAPHE	INAPPRÉCIÉ
PORTE-BARGE	MARÉGRAPHE	PRÉJUDICIÉ
TÉLÉCHARGÉ	CACOGRAPHE	SUPERFICIE
CANNEBERGE	HODOGRAPHE	RACCOURCIE
DEMI-VIERGE	LOGOGRAPHE	PENTARADIÉ
BAILLAIRGÉ	HOLOGRAPHE	CALLIPÉDIE
ERZGEBIRGE	DÉMOGRAPHE	ORTHOPÉDIE
ROUGE-GORGE	HOMOGRAPHE	TRIPLOÏDIE
COUPE-GORGE	MANOGRAPHE	ANTHÉRIDIE
ENTR'ÉGORGÉ	TOPOGRAPHE	GAILLARDIE
DÉSENGORGÉ	TYPOGRAPHE	ABASOURDIE
DRAMATURGE	BAROGRAPHE	DÉCALCIFIÉ
CALORIFUGE	AÉROGRAPHE	RECALCIFIÉ
CALORIFUGÉ	PYROGRAPHE	DÉMYTHIFIÉ
CENTRIFUGE	AUTOGRAPHE	DÉQUALIFIÉ
CENTRIFUGÉ	POLYGRAPHE	REQUALIFIÉ
SUBTERFUGE	LOGOGRIPHE	EXEMPLIFIÉ
INFRAROUGE	MONADELPHE	FRIGORIFIÉ
ARMÉE ROUGE	RHINOLOPHE	ÉLECTRIFIÉ
BATON ROUGE	LIMITROPHE	DÉNITRIFIÉ
CROIX-ROUGE	AUTOTROPHE	DÉVITRIFIÉ
STÉATOPYGE	ANASTROPHE	INTENSIFIÉ
CACHE-CACHE	APOSTROPHE	DIVERSIFIÉ
CARAN D'ACHE	APOSTROPHÉ	DÉSERTIFIÉ
DÉHARNACHÉ	PHILOSOPHE	INJUSTIFIÉ
SABRETACHE	PHILOSOPHÉ	DÉMYSTIFIÉ
MULTITÂCHE	**CHRISTOPHE**	AÉROPHAGIE

HÉMORRAGIE	NEUROLOGIE	MÉLANCOLIE
MÉNORRAGIE	SCATOLOGIE	**DALÉCARLIE**
PRIVILÉGIÉ	FŒTOLOGIE	HYPERDULIE
PARAPLÉGIE	ÉROTOLOGIE	HIÉROGAMIE
HÉMIPLÉGIE	TYPTOLOGIE	ANISOGAMIE
MONOPLÉGIE	MASTOLOGIE	CARYOGAMIE
MONTÉRÉGIE	HISTOLOGIE	HYPERGAMIE
CARDIALGIE	BATTOLOGIE	ISODYNAMIE
RACHIALGIE	TAUTOLOGIE	SEPTICÉMIE
ARTHRALGIE	BIOÉNERGIE	HYPERHÉMIE
GASTRALGIE	SIDÉRURGIE	ALCOOLÉMIE
HÉPATALGIE	PLASTURGIE	ACÉTONÉMIE
PROCTALGIE	LOGOMACHIE	PARACHIMIE
ODONTALGIE	ENTÉLÉCHIE	AGROCHIMIE
GÉNÉALOGIE	RAFRAÎCHIE	CRYOCHIMIE
MAMMALOGIE	DÉFRAÎCHIE	PATHOMIMIE
TÉTRALOGIE	REBLANCHIE	TÉLÉONOMIE
TRIBOLOGIE	AFFRANCHIE	ASTRONOMIE
IRIDOLOGIE	OLIGARCHIE	HAPTONOMIE
TÉLÉOLOGIE	ETHNARCHIE	LOXODROMIE
FUSÉOLOGIE	HIÉRARCHIE	DIACHROMIE
MUSÉOLOGIE	TÉTRARCHIE	TRICHROMIE
OSTÉOLOGIE	PENTARCHIE	DYSCHROMIE
PATHOLOGIE	**HEPTARCHIE**	LOBECTOMIE
LITHOLOGIE	DIAGRAPHIE	VASECTOMIE
ANTHOLOGIE	ÉPIGRAPHIE	LEUCOTOMIE
MYTHOLOGIE	GÉOGRAPHIE	OSTÉOTOMIE
SOCIOLOGIE	BIOGRAPHIE	DICHOTOMIE
RADIOLOGIE	OROGRAPHIE	NEUROTOMIE
AUDIOLOGIE	UROGRAPHIE	COLOSTOMIE
ANGIOLOGIE	DYSGRAPHIE	TAXIDERMIE
SÉMIOLOGIE	DYSTROPHIE	TOXIDERMIE
MARIOLOGIE	THÉOSOPHIE	XÉRODERMIE
PHILOLOGIE	APOMORPHIE	DIATHERMIE
HAPLOLOGIE	DYSMORPHIE	GÉOTHERMIE
FILMOLOGIE	TÉLÉPATHIE	PANSPERMIE
GEMMOLOGIE	ANTIPATHIE	ANORGASMIE
SISMOLOGIE	ÉTIOPATHIE	LIPOTHYMIE
COSMOLOGIE	ALLOPATHIE	THÉOPHANIE
ÉTYMOLOGIE	COLOPATHIE	LEISHMANIE
PHÉNOLOGIE	HÉMOPATHIE	**SEPTIMANIE**
ICHNOLOGIE	DIDASCALIE	MYTHOMANIE
ETHNOLOGIE	**WESTPHALIE**	ANGLOMANIE
LIMNOLOGIE	COPROLALIE	METROMANIE
ICONOLOGIE	PRÉÉTABLIE	DIPSOMANIE
PHONOLOGIE	PHOCOMÉLIE	ÉROTOMANIE
ALCOOLOGIE	PHILATÉLIE	BRUXOMANIE
HIPPOLOGIE	HYPERTÉLIE	**MAURÉTANIE**
NÉCROLOGIE	RÉCONCILIÉ	**MAURITANIE**
ANDROLOGIE	DÉSAFFILIÉ	SARRACÉNIE
HYDROLOGIE	CINÉPHILIE	OSTÉOGÉNIE
LÉPROLOGIE	PÉDOPHILIE	PATHOGÉNIE
COPROLOGIE	HÉMOPHILIE	ORTHOGÉNIE
PATROLOGIE	XÉNOPHILIE	PHYLOGÉNIE
MÉTROLOGIE	INTERALLIÉ	PHONOGÉNIE
PÉTROLOGIE	ACCUEILLIE	ANDROGÉNIE
ASTROLOGIE	RECUEILLIE	MYASTHÉNIE

LEUCOPÉNIE	POLYANDRIE	IVROGNERIE
ZOOTECHNIE	ROMANCERIE	GREDINERIE
COSMOGONIE	FAÏENCERIE	JARDINERIE
TÉLÉPHONIE	ESSENCERIE	SARDINERIE
CACOPHONIE	DINANDERIE	RAFFINERIE
HOMOPHONIE	TRUANDERIE	MACHINERIE
MONOPHONIE	JOBARDERIE	ALUMINERIE
POLYPHONIE	HOMARDERIE	CRÉTINERIE
CÉPHALONIE	MUSARDERIE	FAQUINERIE
PARCIMONIE	BAVARDERIE	TAQUINERIE
ENHARMONIE	ÉTOURDERIE	COQUINERIE
DIACHRONIE	RIBAUDERIE	CHIENNERIE
SYNCHRONIE	BADAUDERIE	MAÇONNERIE
NEUROTONIE	NIGAUDERIE	COÏONNERIE
HYPERTONIE	SALAUDERIE	AVIONNERIE
HYPOCAPNIE	FINAUDERIE	COTONNERIE
CALIFORNIE	MINAUDERIE	SAVONNERIE
EXCOMMUNIÉ	MARAUDERIE	**SAVONNERIE**
ANDROGYNIE	RAVAUDERIE	INTEMPÉRIE
PROTOGYNIE	BOYAUDERIE	MALADRERIE
PATTES-D'OIE	CHAUFFERIE	GOINFRERIE
VIVE-LA-JOIE	TARTUFERIE	TRÉSORERIE
LAPOUTROIE	FROMAGERIE	FACTORERIE
COURBEVOIE	MESSAGERIE	BIZARRERIE
CLAIRE-VOIE	SAUVAGERIE	FOLÂTRERIE
CONTRE-VOIE	HORLOGERIE	CUISTRERIE
GARDES-VOIE	RABÂCHERIE	PLEUTRERIE
QUEUE-DE-PIE	PÉRIPHÉRIE	SERRURERIE
ŒILS-DE-PIE	GAULTHÉRIE	ORFÈVRERIE
PORTE-COPIE	INGÉNIERIE	CONFISERIE
PHOTOCOPIE	CORROIERIE	CHEMISERIE
PHOTOCOPIÉ	ANIMALERIE	MATOISERIE
DIAZOCOPIE	CHEVALERIE	MENUISERIE
SKIASCOPIE	GRIVÈLERIE	GLUCOSERIE
ENDOSCOPIE	SOUFFLERIE	LÉPROSERIE
COLOSCOPIE	TRÉFILERIE	COCASSERIE
AUTOSCOPIE	MÉTALLERIE	FINASSERIE
CRYOSCOPIE	FICELLERIE	BONASSERIE
NYCTALOPIE	OISELLERIE	RÊVASSERIE
EMMÉTROPIE	BATELLERIE	MÉGISSERIE
ALLOTROPIE	HÔTELLERIE	TAPISSERIE
PRESBYOPIE	PIAILLERIE	MÛRISSERIE
STÉNOTYPIE	ÉMAILLERIE	PÂTISSERIE
PHOTOTYPIE	JOAILLERIE	RÔTISSERIE
DJOUNGARIE	VIEILLERIE	PEAUSSERIE
DZOUNGARIE	VÉTILLERIE	GOUJATERIE
NON-SALARIÉ	ARTILLERIE	EUBACTÉRIE
DANNEMARIE	POUILLERIE	ARCHÈTERIE
DONNEMARIE	SEMOULERIE	PELLETERIE
LOUIS-MARIE	CRAPULERIE	BONNETERIE
BAINS-MARIE	IMPRIMERIE	CORSETERIE
DÉSAPPARIÉ	TAUTOMÉRIE	BLEUETERIE
SURESTARIE	INFIRMERIE	LOUVETERIE
MULTIVARIÉ	PARFUMERIE	MIROITERIE
SUCY-EN-BRIE	CHICANERIE	PÉDANTERIE
PROTANDRIE	MAGNANERIE	INFANTERIE
ALEXANDRIE	FORCÈNERIE	GALANTERIE

SAVANTERIE	HYDROPISIE	ADVERBIALE
ARGENTERIE	HYPOCRISIE	COLLÉGIALE
CIMENTERIE	CATALEPSIE	UROPYGIALE
DYSENTERIE	ANTISEPSIE	BRANCHIALE
TRICOTERIE	POLYDIPSIE	MARSUPIALE
VERROTERIE	RICKETTSIE	PRÉTORIALE
FORESTERIE	**ANDALOUSIE**	ÉDITORIALE
FUMISTERIE	HÉMOPTYSIE	MERCURIALE
ALLOSTÉRIE	SUPRÉMATIE	GYMNASIALE
LUNETTERIE	DIPLOMATIE	ECCLÉSIALE
TUYAUTERIE	THÉOCRATIE	PRIMATIALE
BIJOUTERIE	DÉMOCRATIE	IMPARTIALE
FILOUTERIE	AUTOCRATIE	SYNCYTIALE
BRUSQUERIE	HOMOTHÉTIE	CONVIVIALE
DYSARTHRIE	APPESANTIE	VICÉSIMALE
PLAIDOIRIE	PRESSENTIE	CÉGÉSIMALE
POURVOIRIE	ENDODONTIE	PRUD'HOMALE
INVENTORIE	RÉASSORTIE	RIBOSOMALE
RÉPERTORIÉ	**OUDMOURTIE**	BAPTISMALE
PHONIATRIE	PÉDÉRASTIE	BACCHANALE
PHYSIATRIE	IMMODESTIE	ARTISANALE
TÉLÉMÉTRIE	RÉINVESTIE	MÉDICINALE
AUDIMÉTRIE	ASSUJETTIE	OFFICINALE
DOSIMÉTRIE	CLÉROUQUIE	LIBIDINALE
ALTIMÉTRIE	POURSUIVIE	DEMI-FINALE
ARÉOMÉTRIE	INASSOUVIE	ANACLINALE
ERGOMÉTRIE	PHOTOTAXIE	SYNCLINALE
MANOMÉTRIE	CATAPLEXIE	ISOCLINALE
ŒNOMÉTRIE	AMPHIMIXIE	ABDOMINALE
TONOMÉTRIE	ORTHODOXIE	BINOMINALE
TOPOMÉTRIE	**SÖDERTÄLJE**	DOCTRINALE
BAROMÉTRIE	**DOBRO POLJE**	MATUTINALE
PYROMÉTRIE	**CHESAPEAKE**	ÉCHEVINALE
OPTOMÉTRIE	**KANESATAKE**	TRICENNALE
CRYOMÉTRIE	**SENANAYAKE**	CENTENNALE
VOLUMÉTRIE	**PANCKOUCKE**	SEPTENNALE
ACOUMÉTRIE	**SHERBROOKE**	DÉCAGONALE
SEIGNEURIE	OMBILICALE	HEXAGONALE
HOLOTHURIE	BASILICALE	OCTOGONALE
ACÉTONURIE	ARSENICALE	POLYGONALE
GLYCOSURIE	DOMINICALE	POLYTONALE
GRÈCE D'ASIE	PROVENÇALE	SHOGOUNALE
PARAPHASIE	**PROVENÇALE**	GAMOSÉPALE
MÉTAPLASIE	HOMOFOCALE	MUNICIPALE
HYPOPLASIE	VIRILOCALE	PRINCIPALE
EUTHANASIE	PYRAMIDALE	ÉPISCOPALE
EUTHANASIE	DISCOÏDALE	**CÔTE D'OPALE**
HYPOSTASIÉ	CYCLOÏDALE	PALPÉBRALE
ANESTHÉSIE	COLLOÏDALE	VERTÉBRALE
ANESTHÉSIÉ	ETHMOÏDALE	SÉPULCRALE
DYSGÉNÉSIE	SPIROÏDALE	CATHÉDRALE
SYNCINÉSIE	MARTINGALE	BICAMÉRALE
DYSCINÉSIE	PHARYNGALE	PUERPÉRALE
DYSKINÉSIE	THÉOLOGALE	BILATÉRALE
MICRONÉSIE	TRICÉPHALE	ANTIVIRALE
ENCOPRÉSIE	TRIOMPHALE	STERCORALE
COURTOISIE	CATARRHALE	ÉLECTORALE

DIAMÉTRALE
GÉOMÉTRALE
CADASTRALE
ANCESTRALE
MAGISTRALE
CLAUSTRALE
PÉRIDURALE
INAUGURALE
L'ÉTANG-SALÉ
COMMENSALE
SUCCURSALE
ANTÉNATALE
PÉRINATALE
POSTNATALE
DIALECTALE
ZYGOPÉTALE
GAMOPÉTALE
OCCIPITALE
BICIPITALE
AÉRONAVALE
PARADOXALE
ALBE ROYALE
IMPROBABLE
ABSORBABLE
RÉSORBABLE
IMPLACABLE
IMPECCABLE
PRÉDICABLE
APPLICABLE
EXPLICABLE
PRATICABLE
FINANÇABLE
CONVOCABLE
INÉDUCABLE
FORMIDABLE
LIQUIDABLE
DÉFENDABLE
INVENDABLE
FÉCONDABLE
INSONDABLE
IMPERDABLE
ACCORDABLE
INOXYDABLE
DIRIGEABLE
CHANGEABLE
ABROGEABLE
CONJUGABLE
DÉTACHABLE
ENFICHABLE
NÉGOCIABLE
INSOCIABLE
REMÉDIABLE
COKÉFIABLE
RARÉFIABLE
MODIFIABLE
SALIFIABLE
PANIFIABLE

VÉRIFIABLE
RÉSILIABLE
REMANIABLE
INDÉNIABLE
INEXPIABLE
INVARIABLE
INSATIABLE
INÉGALABLE
RECYCLABLE
MORCELABLE
CONGELABLE
HABILLABLE
MOUILLABLE
INCOLLABLE
INVIOLABLE
CONSOLABLE
CALCULABLE
INOCULABLE
COAGULABLE
FORMULABLE
ENROULABLE
IMPRIMABLE
EXPRIMABLE
INNOMMABLE
DÉFORMABLE
RÉFORMABLE
PRÉSUMABLE
IMPRENABLE
SOUTENABLE
CONVENABLE
INGAGNABLE
COMBINABLE
VACCINABLE
IMAGINABLE
DÉCLINABLE
INCLINABLE
ABOMINABLE
IMPALPABLE
EXTIRPABLE
COMPARABLE
PONDÉRABLE
PRÉFÉRABLE
VULNÉRABLE
INOPÉRABLE
CHIFFRABLE
INTÉGRABLE
RESPIRABLE
DÉPLORABLE
ÉVAPORABLE
INEXORABLE
PÉNÉTRABLE
PERDURABLE
LABOURABLE
SECOURABLE
CENSURABLE
INFAISABLE
RÉALISABLE

UTILISABLE
MÉPRISABLE
IMPENSABLE
DÉSENSABLÉ
PROPOSABLE
SUPPOSABLE
INVERSABLE
INCASSABLE
INLASSABLE
ABAISSABLE
POLISSABLE
PUNISSABLE
FROISSABLE
TARISSABLE
PÉRISSABLE
ENDOSSABLE
DIFFUSABLE
ANALYSABLE
HYDRATABLE
INJECTABLE
DÉLECTABLE
DÉTECTABLE
RACHETABLE
BONNÉTABLE
CONNÉTABLE
BREVETABLE
PROFITABLE
INIMITABLE
EMBOÎTABLE
CHARITABLE
INÉVITABLE
RÉCOLTABLE
ORIENTABLE
LAMENTABLE
RACONTABLE
DÉMONTABLE
ACCEPTABLE
IMPORTABLE
EXPORTABLE
MÉTASTABLE
DÉTESTABLE
RABATTABLE
IMBATTABLE
IMMETTABLE
EXÉCUTABLE
DISCUTABLE
COMMUTABLE
PERMUTABLE
REDOUTABLE
INAVOUABLE
ATTAQUABLE
INSITUABLE
CONCEVABLE
PERCEVABLE
INCREVABLE
LESSIVABLE
CULTIVABLE

INSOLVABLE
OBSERVABLE
MONNAYABLE
EMPLOYABLE
INCROYABLE
EFFROYABLE
INVINCIBLE
RÉÉLIGIBLE
INÉLIGIBLE
CORRIGIBLE
INEXIGIBLE
INTANGIBLE
DISPONIBLE
PRÉVISIBLE
EXPANSIBLE
INSENSIBLE
OSTENSIBLE
EXTENSIBLE
EXPLOSIBLE
RÉVERSIBLE
INVERSIBLE
IMPASSIBLE
ACCESSIBLE
INCESSIBLE
ADMISSIBLE
RÉMISSIBLE
IMPOSSIBLE
COMPATIBLE
DÉDUCTIBLE
RÉDUCTIBLE
DIGESTIBLE
COMESTIBLE
RÉSISTIBLE
INAMOVIBLE
RÉFLEXIBLE
INFLEXIBLE
SIN-LE-NOBLE
GRAS-DOUBLE
PARTROUBLÉ
TABERNACLE
RÉCEPTACLE
GRAND-ONCLE
DEMI-CERCLE
VARICOCÈLE
CHRYSOMÈLE
VAN DE POELE
MARC AURÈLE
CHRISTOFLE
BOURSOUFLÉ
EMMITOUFLÉ
GRAND-ANGLE
QUADRANGLE
OBTUSANGLE
À TIRE-D'AILE
INDÉLÉBILE
LOCOMOBILE
AÉROMOBILE

AUTOMOBILE
ACIDIPHILE
AMPHIPHILE
DISCOPHILE
ACIDOPHILE
ANGLOPHILE
ANÉMOPHILE
NÉCROPHILE
HYDROPHILE
HYGROPHILE
COPROPHILE
DROSOPHILE
GYPSOPHILE
RUSSOPHILE
SCATOPHILE
PANTOPHILE
CARTOPHILE
SLAVOPHILE
INASSIMILÉ
AQUAMANILE
PASSEPOILÉ
DÉSENTOILÉ
GRAND-VOILE
ÉGAGROPILE
PRÉHENSILE
FLUVIATILE
RÉTRACTILE
SUBJECTILE
PROJECTILE
MERCANTILE
BISSEXTILE
GÉOTEXTILE
PRÉEMBALLÉ
LA TURBALLE
MULTISALLE
RÉINSTALLÉ
DELLA VALLE
INTERVALLE
CASCABELLE
RIBAMBELLE
TESTACELLE
VERMICELLE
LENTICELLE
VORTICELLE
BALANCELLE
SPIONCELLE
ESCARCELLE
FRICADELLE
MORTADELLE
HIRONDELLE
LUMACHELLE
LA ROCHELLE
INDICIELLE
OFFICIELLE
LOGICIELLE
MATÉRIELLE
ARTÉRIELLE

MÉMORIELLE
INERTIELLE
NÉOUVIELLE
COULEMELLE
INFORMELLE
SOLDANELLE
VILLANELLE
FONTANELLE
FUSTANELLE
FONTENELLE
COCCINELLE
MARCINELLE
SARDINELLE
ORIGINELLE
CRIMINELLE
SENTINELLE
FRAXINELLE
SOLENNELLE
PÉRONNELLE
TRIGONELLE
LÉGIONELLE
SALMONELLE
MATERNELLE
PATERNELLE
LA CHAPELLE
INTERPELLÉ
SGANARELLE
MOZZARELLE
CHANCRELLE
CRÉCERELLE
PASSERELLE
CRATERELLE
SAUTERELLE
MAQUERELLE
COQUERELLE
TEMPORELLE
CORPORELLE
CULTURELLE
DAMOISELLE
DEMOISELLE
BROCATELLE
CASCATELLE
LACRETELLE
JARRETELLE
TURRITELLE
TARENTELLE
IMMORTELLE
RÉSIDUELLE
DRINGUELLE
INACTUELLE
PONCTUELLE
HABITUELLE
ÉVENTUELLE
BISEXUELLE
BARTAVELLE
COURCAILLÉ
ROUSCAILLÉ

GUINDAILLE	GRIBOUILLE	**ANCERVILLE**
GUINDAILLÉ	GRIBOUILLÉ	**GODERVILLE**
MANGEAILLE	TAMBOUILLE	**LOUISVILLE**
COUCHAILLÉ	BARBOUILLE	**EVANSVILLE**
ENCANAILLÉ	BARBOUILLÉ	**TOWNSVILLE**
DÉPENAILLÉ	BREDOUILLE	**HUNTSVILLE**
TRAÎNAILLÉ	BREDOUILLÉ	DECAUVILLE
TOURNAILLÉ	PENDOUILLÉ	**DECAUVILLE**
COMBRAILLE	TRIFOUILLÉ	**ARNOUVILLE**
PIERRAILLE	FARFOUILLÉ	**HÉROUVILLE**
PRÊTRAILLE	GARGOUILLE	**FERRYVILLE**
BLEUSAILLE	GARGOUILLÉ	COUPÉ-COLLÉ
VALETAILLE	MÂCHOUILLÉ	PRÉENCOLLÉ
RAVITAILLÉ	AGENOUILLÉ	GLYCOCOLLE
ENFUTAILLÉ	GRENOUILLE	**CHÊNEDOLLÉ**
ÉCRIVAILLÉ	GRENOUILLÉ	BARCAROLLE
TROUVAILLE	QUENOUILLE	BOUTEROLLE
DÉSHABILLÉ	CORNOUILLE	**REBEYROLLE**
MICROBILLE	FRIPOUILLE	CHAMBRANLE
ESCARBILLE	DÉBROUILLE	COLLEMBOLE
VERTICILLE	DÉBROUILLÉ	AVION-ÉCOLE
VERTICILLÉ	EMBROUILLE	SILICICOLE
PECCADILLE	EMBROUILLÉ	SÉRICICOLE
GRENADILLE	GADROUILLE	OSTRÉICOLE
SÉGUEDILLE	GADROUILLÉ	ARBORICOLE
ENSOLEILLÉ	VADROUILLE	BRASSICOLE
DÉPAREILLÉ	VADROUILLÉ	DÉGRINGOLÉ
APPAREILLÉ	DÉGROUILLÉ	BRONCHIOLE
TIRE-VEILLE	VERROUILLÉ	TRIFOLIOLÉ
ÉMERVEILLÉ	PATROUILLE	DE TRAVIOLE
BELLE-FILLE	PATROUILLÉ	CERDAGNOLE
ASPERGILLE	CITROUILLE	**CERDAGNOLE**
VIEUX-LILLE	CHATOUILLE	CARMAGNOLE
ALCHÉMILLE	CHATOUILLÉ	QUADRIPÔLE
VINTIMILLE	BISTOUILLE	MÉGALOPOLE
ROUMANILLE	DÉMAQUILLÉ	TECHNOPOLE
MANCENILLE	REMAQUILLÉ	TECHNOPÔLE
COCHENILLE	TRANQUILLE	**SAVONAROLE**
DÉGUENILLÉ	ÉCARQUILLÉ	INCONTRÔLÉ
ESTAMPILLE	**GRANDVILLE**	DÉBOUSSOLÉ
ESTAMPILLÉ	**MANDEVILLE**	BOAT PEOPLE
DÉGOUPILLÉ	**MONDEVILLE**	**ANDRINOPLE**
ESCADRILLE	VAUDEVILLE	SOUS-PEUPLÉ
ESPADRILLE	**DOUDEVILLE**	**CHAMPMESLÉ**
BANDERILLE	**BELLEVILLE**	SOMNAMBULE
CANTATILLE	**BONNEVILLE**	NOCTAMBULE
CANNETILLE	**LIBREVILLE**	**ARISTOBULE**
POTENTILLE	**MOTTEVILLE**	**THRASYBULE**
DÉTORTILLÉ	**SOTTEVILLE**	CANALICULE
ENTORTILLÉ	**HAUTEVILLE**	ADMINICULE
IS-SUR-TILLE	**MALZÉVILLE**	VENTRICULE
EMBASTILLÉ	**BEUZEVILLE**	INARTICULÉ
ACCASTILLÉ	**BLAINVILLE**	ANIMALCULE
ÉMOUSTILLÉ	BIDONVILLE	CRÉPUSCULE
CROUSTILLE	**THIONVILLE**	CORPUSCULE
CROUSTILLÉ	**RAMONVILLE**	TRISAÏEULE
POISEUILLE	**REZONVILLE**	MINIPILULE

ANGUILLULE	MÉNINGIOME	MICROFORME
ROULÉ-BOULÉ	CHONDRIOME	SUPERFORME
BLACKBOULÉ	TRICHOLOME	TRANSFORMÉ
NID-DE-POULE	HÉTÉRONOME	MULTINORME
CUL-DE-POULE	GASTRONOME	ORTHONORMÉ
CONGRATULÉ	PALINDROME	HÉSYCHASME
LINGUATULE	TICHODROME	CATAPLASME
RÉCAPITULÉ	BOULODROME	MYCOPLASME
ÉPICONDYLE	COSMODROME	ENDOPLASME
POLYVINYLE	HIPPODROME	ECTOPLASME
CONAN DOYLE	PORT-JÉRÔME	CYTOPLASME
TRIDACTYLE	EKTACHROME	TOXOPLASME
TÉTRASTYLE	MONOCHROME	NICOLAÏSME
PHOTOSTYLE	LIPOCHROME	MITHRAÏSME
TROU-MADAME	HYPOCHROME	WAHHABISME
CRYPTOGAME	AUTOCHROME	CANNABISME
ÉPITHALAME	CYTOCHROME	OSTRACISME
SOCIODRAME	POLYCHROME	RHOTACISME
STRATAGÈME	CHROMOSOME	QUÉBÉCISME
XÉRANTHÈME	CENTROSOME	BELGICISME
PÉNULTIÈME	PHLÉBOTOME	ANGLICISME
NONANTIÈME	CYCLOSTOME	GALLICISME
ASTROBLÈME	RHIZOSTOME	BELLICISME
NÉOPTOLÈME	AMBLYSTOME	CRITICISME
ÉCOSYSTÈME	FIBROMYOME	MYSTICISME
DIAPHRAGME	TÉLÉALARME	ANATOCISME
DIAPHRAGMÉ	PLACODERME	POUJADISME
APOPHTEGME	LEUCODERME	HYBRIDISME
BORBORYGME	PACHYDERME	HASSIDISME
LOGARITHME	ENDOTHERME	MÉTHODISME
ALGORITHME	AÉROTHERME	BADAUDISME
DÉCOMPRIMÉ	ECTOTHERME	PANTHÉISME
SEXAGÉSIME	POLYTHERME	MISONÉISME
RICHISSIME	EURYTHERME	ENDORÉISME
GRAVISSIME	PÉRISPERME	ÉCHANGISME
DÉLÉGITIMÉ	ENDOSPERME	SYLLOGISME
ILLÉGITIME	MONOSPERME	ÉCOLOGISME
SOUS-ESTIMÉ	PLATE-FORME	NÉOLOGISME
MICROFILMÉ	FALCIFORME	PANURGISME
NEUENGAMME	SULCIFORME	MONACHISME
SONAGRAMME	PERCIFORME	CATÉCHISME
TÉLÉGRAMME	PISCIFORME	FÉTICHISME
DÉCIGRAMME	CRUCIFORME	MASOCHISME
IDÉOGRAMME	CORDIFORME	ANARCHISME
ÉTHOGRAMME	CUNÉIFORME	BOUDDHISME
KILOGRAMME	FONGIFORME	JOSÉPHISME
HOLOGRAMME	GALLIFORME	TROTSKISME
HÉMOGRAMME	RALLIFORME	TRIBALISME
IONOGRAMME	AMPLIFORME	HANBALISME
MONOGRAMME	VERMIFORME	VERBALISME
LIPOGRAMME	RUINIFORME	VANDALISME
AÉROGRAMME	PENNIFORME	FÉODALISME
BONNE FEMME	MULTIFORME	IRRÉALISME
SUS-DÉNOMMÉ	MYRTIFORME	SOCIALISME
CUMULO-DÔME	ANGUIFORME	SÉRIALISME
MOBILE HOME	SURINFORMÉ	FORMALISME
HÉMANGIOME	DÉSINFORMÉ	AMORALISME

PLURALISME
MENTALISME
BRUTALISME
ACTUALISME
RITUALISME
MUTUALISME
ISMAÉLISME
PUÉRILISME
INQUILISME
ANABOLISME
SYMBOLISME
MONGOLISME
ALCOOLISME
ACADÉMISME
EUPHÉMISME
EXTRÉMISME
UNANIMISME
PESSIMISME
ÉCONOMISME
RÉFORMISME
VOLCANISME
ORLÉANISME
INDIANISME
CHAMANISME
GERMANISME
TYMPANISME
HISPANISME
MONTANISME
GALVANISME
HELLÉNISME
JANSÉNISME
COCAÏNISME
RABBINISME
SANDINISME
MACHINISME
STALINISME
ANTOINISME
CRÉTINISME
MARTINISME
CALVINISME
DARWINISME
WALLONISME
DIATONISME
PLATONISME
DALTONISME
PLUTONISME
MODERNISME
SATURNISME
COMMUNISME
COMMUNISME
NEPTUNISME
DICHROÏSME
SHINTOÏSME
HYLOZOÏSME
BARBARISME
GRÉGARISME
GARGARISME

CATHARISME
SECTARISME
CÉLÉBRISME
MANIÉRISME
MATIÉRISME
HITLÉRISME
MESMÉRISME
PAUPÉRISME
ÉSOTÉRISME
AUSTÉRISME
INTÉGRISME
AFFAIRISME
VAMPIRISME
MÉTÉORISME
GONGORISME
TAYLORISME
TERRORISME
ÉPICURISME
VOYEURISME
SECOURISME
CULTURISME
SOLIPSISME
MAGMATISME
DOGMATISME
RHUMATISME
HIÉRATISME
FERRATISME
EUSTATISME
DIDACTISME
ÉCLECTISME
PATHÉTISME
ESTHÉTISME
ATHLÉTISME
HERMÉTISME
MAGNÉTISME
PHONÉTISME
HELVÉTISME
DÉFAITISME
BANDITISME
RACHITISME
MÉPHITISME
APOLITISME
ÉRÉMITISME
SPIRITISME
JÉSUITISME
OCCULTISME
PÉDANTISME
GIGANTISME
ATLANTISME
ROMANTISME
SCIENTISME
ATTENTISME
HYPNOTISME
DESPOTISME
BIPARTISME
HÉBERTISME
HIRSUTISME

HINDOUISME
BLANQUISME
FRANQUISME
BAROQUISME
MÉDIÉVISME
BABOUVISME
NÉONAZISME
SPINOZISME
MACROCOSME
MICROCOSME
CATACLYSME
JEU DE PAUME
PORTE-PLUME
PRASÉODYME
PARENCHYME
MÉSENCHYME
PSEUDONYME
HYPERONYME
HEXADÉCANE
BECS-DE-CANE
BIGOURDANE
BIGOURDANE
CELLOPHANE
VÉNISSIANE
SEYSSELANE
CASTELLANE
CASTILLANE
CASTILLANE
VERNIOLANE
POUZZOLANE
DELTAPLANE
TOXICOMANE
NYMPHOMANE
MÉGALOMANE
ÉTHÉROMANE
CLEPTOMANE
KLEPTOMANE
QUADRUMANE
FRANGIPANE
PULLIÉRANE
MARQUÉSANE
COURTISANE
PERTUISANE
BELLEYSANE
MAHOMÉTANE
INSTANTANÉ
TRAMONTANE
CANNETTANE
SOUS-CUTANÉ
VANUATUANE
AMPHISBÈNE
ANTHRACÈNE
AVANT-SCÈNE
CARTHAGÈNE
SÉRICIGÈNE
PSYCHOGÈNE
MORPHOGÈNE

PHELLOGÈNE	DIOCÉSAINE	ROSANILINE
INHOMOGÈNE	**BAYEUSAINE**	TRAMPOLINE
CHROMOGÈNE	**LOROUSAINE**	DÉGASOLINÉ
THERMOGÈNE	**OLIVETAINE**	CAPITOLINE
IMMUNOGÈNE	OLIVÉTAINE	DÉGAZOLINÉ
HÉTÉROGÈNE	AUSCITAINE	DISCIPLINE
ŒSTROGÈNE	**AUSCITAINE**	DISCIPLINÉ
TÉRATOGÈNE	**TRINITAINE**	BORDERLINE
RÉACTOGÈNE	NONANTAINE	STAPHYLINE
SUROXYGÉNÉ	**LA FONTAINE**	WILLIAMINE
DÉSOXYGÉNÉ	**LAFONTAINE**	COBALAMINE
TCHÉTCHÈNE	VALDÔTAINE	DÉCALAMINÉ
TCHÉTCHÈNE	**VALDÔTAINE**	ÉTHYLAMINE
ANTISTHÈNE	INCERTAINE	DÉVITAMINÉ
DÉMOSTHÈNE	**LORETTAINE**	ERGOTAMINE
PROPADIÈNE	TURLUTAINE	PARCHEMINÉ
BOUMEDIENE	TÉLÉCABINE	**TOURNEMINE**
NAPHTALÈNE	MAGHRÉBINE	CONTRE-MINE
PÉRISÉLÈNE	**MAGHRÉBINE**	PLAQUEMINE
ÉNERGUMÈNE	MYOGLOBINE	DISCRIMINÉ
ENCHIFRENÉ	BILIRUBINE	**WILHELMINE**
DÉSENGRENÉ	COLCHICINE	OVALBUMINE
HYPOKHÂGNE	PLASTICINE	**BOULGANINE**
ACCOMPAGNÉ	**VALLORCINE**	STRYCHNINE
TISSU-PAGNE	ISOLEUCINE	CRÉATININE
LA MONTAGNE	PYRIMIDINE	LISBONNINE
INTERRÈGNE	**JARLANDINE**	**LISBONNINE**
INTERRÈGNE	**BORNANDINE**	MÉTHIONINE
CHAMPAIGNE	MUSCARDINE	MÉLATONINE
MUSARAIGNE	BERNARDINE	SÉROTONINE
SEMI-PEIGNÉ	BURGAUDINE	CALCÉDOINE
LONGILIGNE	CRAPAUDINE	CHÉLIDOINE
RECTILIGNE	ZIDOVUDINE	AIGREMOINE
BRÉVILIGNE	QUINOLÉINE	PATRIMOINE
CURVILIGNE	GRAND-PEINE	ALLANTOÏNE
INTERLIGNE	CHANFREINÉ	**CHALIAPINE**
INTERLIGNÉ	PLOMBAGINE	RHÔNALPINE
DÉCONSIGNÉ	ASPARAGINE	**RHÔNALPINE**
INTERSIGNE	PHALANGINE	**HAUT-ALPINE**
BOULLONGNE	MARAÎCHINE	PHILIPPINE
SUBURBAINE	**BALANCHINE**	**PHILIPPINE**
JAMAÏCAINE	**ILIOUCHINE**	**PROSERPINE**
JAMAÏCAINE	ENDORPHINE	SACCHARINE
AMÉRICAINE	**MNOUCHKINE**	**BOUKHARINE**
AMÉRICAINE	LYMPHOKINE	MOTOMARINE
MINICHAÎNE	**KROPOTKINE**	SOUS-MARINE
PORCELAINE	**POUDOVKINE**	LUCIFÉRINE
CHAPELAINE	EURYHALINE	SPEAKERINE
CHÂTELAINE	TOURMALINE	**COLUMÉRINE**
MARJOLAINE	ADRÉNALINE	ADULTÉRINE
PÉNÉPLAINE	NAPHTALINE	PAPAVÉRINE
PÉDIPLAINE	DIGITALINE	MÉLÉAGRINE
SURHUMAINE	MICROCLINE	**VALNIGRINE**
MOTTERAINE	EMBOBELINÉ	PYRÉTHRINE
SOUVERAINE	MOUSSELINE	SYMPHORINE
CHARTRAINE	**COURTELINE**	ENDOCTRINÉ
CHARTRAINE	**JACQUELINE**	TRINITRINE

TAMBOURINÉ	**PELISSANNE**	STOÏCIENNE
AVENTURINE	**CIOTADENNE**	MUSICIENNE
PORPHYRINE	**CASSIDENNE**	OPTICIENNE
EMMAGASINÉ	CARIBÉENNE	**NÉVICIENNE**
OLÉORÉSINE	**CARIBÉENNE**	**ARCADIENNE**
CHAMOISINE	**DRANCÉENNE**	TCHADIENNE
CHALCOSINE	SADUCÉENNE	**TCHADIENNE**
RHODOPSINE	CHALDÉENNE	AKKADIENNE
TRAVERSINE	**CHALDÉENNE**	**AKKADIENNE**
CARMAUSINE	PALUDÉENNE	CANADIENNE
SCARLATINE	**LIGUGÉENNE**	**CANADIENNE**
CHROMATINE	TRACHÉENNE	**RIYADIENNE**
PROLACTINE	DÉDALÉENNE	COMÉDIENNE
BRIGANTINE	GALILÉENNE	MÉRIDIENNE
ADAMANTINE	**GALILÉENNE**	OBSIDIENNE
DIAMANTINE	CÉRULÉENNE	DAVIDIENNE
CLÉMENTINE	**MANAMÉENNE**	SCALDIENNE
FROMENTINE	PANAMÉENNE	**PARODIENNE**
SERPENTINE	**PANAMÉENNE**	FREUDIENNE
FLORENTINE	**APPAMÉENNE**	SAOUDIENNE
FLORENTINE	**ÉCOMMÉENNE**	**SAOUDIENNE**
COUVENTINE	DAHOMÉENNE	PLÉBÉIENNE
ABRICOTINE	**DAHOMÉENNE**	**NANCÉIENNE**
INDIGOTINE	CANANÉENNE	**BODLÉIENNE**
THILLOTINE	**CANANÉENNE**	**BRUNÉIENNE**
GUILLOTINE	PYRÉNÉENNE	POMPÉIENNE
GUILLOTINÉ	**PYRÉNÉENNE**	**TARPÉIENNE**
CHAGNOTINE	**RÉGINÉENNE**	PÉLAGIENNE
GRIGNOTINE	ANNONÉENNE	**ATHÉGIENNE**
CHEVROTINE	ÉBURNÉENNE	**SONÉGIENNE**
CHEVROTINE	EUROPÉENNE	GÉORGIENNE
CREUSOTINE	**EUROPÉENNE**	**GÉORGIENNE**
PRÉDESTINÉ	NAZARÉENNE	PHRYGIENNE
SACRISTINE	**NAZARÉENNE**	**PHRYGIENNE**
BALLOTTINE	**LIFFRÉENNE**	HAWAIIENNE
MURIAUTINE	CHASSÉENNE	**HAWAIIENNE**
RASPOUTINE	NABATÉENNE	RÉGALIENNE
KOSSYGUINE	**LONGUÉENNE**	SOMALIENNE
BARAGOUINÉ	**ADYGUÉENNE**	**SOMALIENNE**
SHAMPOUINÉ	BISCAÏENNE	OURALIENNE
ENQUIQUINÉ	KAFKAÏENNE	MYCÉLIENNE
ALGONQUINE	NAMIBIENNE	HÉGÉLIENNE
MAJORQUINE	**NAMIBIENNE**	SAHÉLIENNE
MAJORQUINE	DANUBIENNE	**CARÉLIENNE**
MINORQUINE	**REBACIENNE**	**AURÉLIENNE**
MINORQUINE	**FUMACIENNE**	**VÉZELIENNE**
DAMASQUINÉ	**CINACIENNE**	SICILIENNE
MANOSQUINE	ALSACIENNE	**SICILIENNE**
PYRIDOXINE	**ALSACIENNE**	GAULLIENNE
ANTITOXINE	**JOVACIENNE**	**SABOLIENNE**
ENDOTOXINE	**AJACCIENNE**	VINOLIENNE
ENTURBANNÉ	**ANNECIENNE**	TYROLIENNE
DAME-JEANNE	MAGICIENNE	**TYROLIENNE**
SAINTE-ANNE	LOGICIENNE	**SÉOULIENNE**
ÉLASTHANNE	GALICIENNE	**VÉSULIENNE**
VALAISANNE	**GALICIENNE**	ROTULIENNE
VALAISANNE	MILICIENNE	**BAHAMIENNE**

PANAMIENNE	SIBÉRIENNE	**CROISIENNE**
PANAMIENNE	**SIBÉRIENNE**	**YVOISIENNE**
BOHÉMIENNE	**NUCÉRIENNE**	**BARISIENNE**
JÉRÔMIENNE	LIGÉRIENNE	PARISIENNE
OCÉANIENNE	**LIGÉRIENNE**	**PARISIENNE**
OCÉANIENNE	NIGÉRIENNE	**LÉVISIENNE**
GUYANIENNE	**NIGÉRIENNE**	**JUVISIENNE**
RUBÉNIENNE	ALGÉRIENNE	**NICOSIENNE**
PACÉNIENNE	**ALGÉRIENNE**	**ULISSIENNE**
ANCENIENNE	**ANGÉRIENNE**	PRUSSIENNE
MYCÉNIENNE	SUMÉRIENNE	**PRUSSIENNE**
MYCÉNIENNE	VÉNÉRIENNE	VÉNUSIENNE
ATHÉNIENNE	NÉPÉRIENNE	**VÉNUSIENNE**
ATHÉNIENNE	**ASTÉRIENNE**	SINUSIENNE
LIMÉNIENNE	**GRUÉRIENNE**	**CLOYSIENNE**
ARMÉNIENNE	**LOVÉRIENNE**	**MÉRYSIENNE**
ARMÉNIENNE	**CAZÉRIENNE**	CAPÉTIENNE
ESSÉNIENNE	**LOZÉRIENNE**	CHRÉTIENNE
ÉRAGNIENNE	IVOIRIENNE	TAHITIENNE
SOCINIENNE	**IVOIRIENNE**	**TAHITIENNE**
ARMINIENNE	**OZOIRIENNE**	VÉNITIENNE
RÉTINIENNE	**NABORIENNE**	**VÉNITIENNE**
SAVINIENNE	COMORIENNE	ÉGYPTIENNE
JOVINIENNE	**COMORIENNE**	**ÉGYPTIENNE**
LÉDONIENNE	**BOURRIENNE**	TONGUIENNE
AUDONIENNE	**CHAURIENNE**	LEZGUIENNE
AUDONIENNE	**YZEURIENNE**	IRAQUIENNE
FILONIENNE	LIGURIENNE	**IRAQUIENNE**
JUNONIENNE	**LIGURIENNE**	BOLIVIENNE
NÉRONIENNE	SILURIENNE	**BOLIVIENNE**
HURONIENNE	**ASTURIENNE**	**ARGOVIENNE**
CYSONIENNE	ILLYRIENNE	**CATOVIENNE**
CHTONIENNE	**ILLYRIENNE**	**LAXOVIENNE**
ANTONIENNE	ASSYRIENNE	**LEXOVIENNE**
ESTONIENNE	**ASSYRIENNE**	**LUXOVIENNE**
ESTONIENNE	**LILASIENNE**	DILUVIENNE
OTTONIENNE	EURASIENNE	PÉRUVIENNE
DÉVONIENNE	**EURASIENNE**	**PÉRUVIENNE**
AMARNIENNE	SALÉSIENNE	**FORÉZIENNE**
CÉGÉPIENNE	SILÉSIENNE	**BÉLIZIENNE**
ŒDIPIENNE	**SILÉSIENNE**	**VÉLIZIENNE**
OULIPIENNE	ARLÉSIENNE	HERTZIENNE
OLYMPIENNE	**ARLÉSIENNE**	PLANIPENNE
SAHARIENNE	**GENÉSIENNE**	BISCAYENNE
SAHARIENNE	CAPÉSIENNE	**BERNAYENNE**
ANKARIENNE	**TÉRÉSIENNE**	**GRANBYENNE**
CANARIENNE	**CATÉSIENNE**	**NIAMÉYENNE**
LUPARIENNE	**APTÉSIENNE**	**WASSEYENNE**
TARARIENNE	ARTÉSIENNE	**BRUNOYENNE**
AGRARIENNE	**ARTÉSIENNE**	**CHOISYENNE**
CÉSARIENNE	**LOUÉSIENNE**	LILLEBONNE
QATARIENNE	DRAISIENNE	**TERREBONNE**
ONTARIENNE	**ARCISIENNE**	**RATISBONNE**
CAMBRIENNE	**SALISIENNE**	DÉSARÇONNÉ
COUDRIENNE	**AUNISIENNE**	**BELLEDONNE**
LIBÉRIENNE	TUNISIENNE	PRIME DONNE
LIBÉRIENNE	**TUNISIENNE**	SUBORDONNÉ

DÉSORDONNÉ	CACHETONNÉ	TURBOPOMPE
ÉTANT DONNÉ	MOLLETONNÉ	URANOSCOPE
BADIGEONNÉ	DÉBOUTONNÉ	ICONOSCOPE
BOURGEONNÉ	REBOUTONNÉ	FIBROSCOPE
DÉPLAFONNÉ	**HAUTE-SAÔNE**	MICROSCOPE
PARANGONNÉ	OXYCARBONÉ	HYGROSCOPE
DORACHONNE	KÉRATOCÔNE	ORYCTÉROPE
PÂLICHONNE	DODÉCAGONE	ORTHOTROPE
FOLICHONNE	HYGIAPHONE	HÉLIOTROPE
PATICHONNE	VIBRAPHONE	NEUROTROPE
CAPUCHONNÉ	DICTAPHONE	ANISOTROPE
CHAMPIONNE	**PERSÉPHONE**	GYMNOCARPE
OCCASIONNÉ	PUBLIPHONE	PRÉDÉCOUPÉ
ÉMULSIONNÉ	ARABOPHONE	COUPE-COUPE
ILLUSIONNÉ	TURCOPHONE	ENTRECOUPÉ
FRACTIONNÉ	AUDIOPHONE	**GUADELOUPE**
FRICTIONNÉ	VISIOPHONE	SOUS-GROUPE
SANCTIONNÉ	ANGLOPHONE	CONTRETYPE
FONCTIONNÉ	MICROPHONE	CONTRETYPÉ
PONCTIONNÉ	HYDROPHONE	STÉRÉOTYPE
AMBITIONNÉ	RUSSOPHONE	STÉRÉOTYPÉ
ADDITIONNÉ	INTERPHONE	ISALLOBARE
AUDITIONNÉ	NANDROLONE	**HAZPANDARE**
POSITIONNÉ	**LACÉDÉMONE**	FUME-CIGARE
PÉTITIONNÉ	PHÉROMONE	RADIOPHARE
QUESTIONNÉ	MASCARPONE	SUDORIPARE
SOLUTIONNÉ	ASYNCHRONE	SCISSIPARE
WASSELONNE	MINESTRONE	CANDÉLABRE
MAGUELONNE	OLIGOPSONE	CONCÉLÉBRÉ
DÉBALLONNÉ	RHIZOCTONE	INVERTÉBRÉ
GRAILLONNÉ	ALLOCHTONE	MICROFIBRE
ROMILLONNE	AUTOCHTONE	PRÉCHAMBRE
PAPILLONNÉ	**FOLKESTONE**	**PAUL DIACRE**
CARILLONNÉ	**BLACKSTONE**	SOUS-DIACRE
TATILLONNE	**WHEATSTONE**	LOMBO-SACRÉ
BOUILLONNÉ	ISOFLAVONE	CONVAINCRE
COUILLONNÉ	DÉSINCARNÉ	DÉSENCADRÉ
DÉBOULONNÉ	**VAL-DE-MARNE**	DODÉCAÈDRE
PET-DE-NONNE	**HAUTE-MARNE**	RHOMBOÈDRE
FANFARONNE	**HOLOPHERNE**	SCAPHANDRE
FANFARONNE	SUBALTERNE	**LE VAL-ANDRÉ**
LAIDERONNE	LONGICORNE	SALAMANDRE
BÛCHERONNE	CAPRICORNE	SALAMANDRE
VIGNERONNE	**CAPRICORNE**	**SANTO ANDRÉ**
CHAPERONNE	**EASTBOURNE**	**SAINT-ANDRÉ**
PLASTRONNÉ	CHANTOURNÉ	**ALEIXANDRE**
LA COURONNE	MACROFAUNE	POURFENDRE
DÉCOURONNÉ	MICROFAUNE	COMPRENDRE
DÉRAISONNÉ	**ROSNY JEUNE**	RAPPRENDRE
ARRAISONNÉ	AUTO-IMMUNE	SURPRENDRE
IRRAISONNÉ	**ROQUEBRUNE**	SOUS-TENDRE
ASSAISONNÉ	HÉTÉRODYNE	ENFREINDRE
EMPOISONNÉ	**TSARITSYNE**	EMPREINDRE
EMPRISONNÉ	**RAON-L'ÉTAPE**	RÉTREINDRE
PALISSONNÉ	SOUS-ÉQUIPÉ	ASTREINDRE
POLISSONNE	HIPPOCAMPE	**BASSE-INDRE**
POLISSONNÉ	CUL-DE-LAMPE	DISJOINDRE

HYPOCONDRE	LANGAGIÈRE	FACTURIÈRE
SUPERORDRE	CYMBALIÈRE	HAUTURIÈRE
CONTRORDRE	CÉRÉALIÈRE	COUTURIÈRE
PARAFOUDRE	ANIMALIÈRE	CHEMISIÈRE
NÉMATOCÈRE	CHEVALIÈRE	ARDOISIÈRE
VIC-SUR-CÈRE	**LA SABLIÈRE**	DÉPENSIÈRE
BRACHYCÈRE	CORDELIÈRE	JACASSIÈRE
PLOMBIFÈRE	BACHELIÈRE	**ROCASSIÈRE**
LATICIFÈRE	SOMMELIÈRE	MULASSIÈRE
CUPULIFÈRE	CHAPELIÈRE	FINASSIÈRE
SQUAMIFÈRE	COUTELIÈRE	PUTASSIÈRE
SÉMINIFÈRE	MÉTALLIÈRE	TAPISSIÈRE
RÉSINIFÈRE	**LA VALLIÈRE**	PÂTISSIÈRE
STANNIFÈRE	LAVALLIÈRE	ATOCATIÈRE
CÉLERIFÈRE	JOAILLIÈRE	SORBETIÈRE
SUDORIFÈRE	PÉTROLIÈRE	BUFFETIÈRE
CALORIFÈRE	PENDULIÈRE	ARCHETIÈRE
FRUCTIFÈRE	SINGULIÈRE	TABLETIÈRE
FOURRAGÈRE	INFIRMIÈRE	PELLETIÈRE
PHALANGÈRE	COSTUMIÈRE	MOLLETIÈRE
BOULANGÈRE	COUTUMIÈRE	CANNETIÈRE
MENSONGÈRE	CHICANIÈRE	BONNETIÈRE
MARAÎCHÈRE	CANCANIÈRE	**BRUNETIÈRE**
MALENCHÈRE	MÉTHANIÈRE	JARRETIÈRE
SURENCHÈRE	MAGNANIÈRE	CORSETIÈRE
PHACOCHÈRE	**SAGRANIÈRE**	BLEUETIÈRE
HÉMISPHÈRE	SEMAINIÈRE	COQUETIÈRE
NAVISPHÈRE	JARDINIÈRE	TERMITIÈRE
HOMOSPHÈRE	SARDINIÈRE	MIROITIÈRE
ATMOSPHÈRE	BALEINIÈRE	CACAOTIÈRE
IONOSPHÈRE	POULINIÈRE	TURBOTIÈRE
MÉSOSPHÈRE	TAUPINIÈRE	LINGOTIÈRE
PINNOTHÈRE	CUISINIÈRE	GARGOTIÈRE
GRIMACIÈRE	CANTINIÈRE	BARLOTIÈRE
SOURICIÈRE	ROUTINIÈRE	PISSOTIÈRE
JUSTICIÈRE	ALEVINIÈRE	YAOURTIÈRE
VACANCIÈRE	FAÇONNIÈRE	FORESTIÈRE
CRÉANCIÈRE	TALONNIÈRE	COLISTIÈRE
ROMANCIÈRE	MELONNIÈRE	CULOTTIÈRE
TENANCIÈRE	CANONNIÈRE	CAROTTIÈRE
FINANCIÈRE	CAPONNIÈRE	BIJOUTIÈRE
DEVANCIÈRE	HÉRONNIÈRE	KIOSQUIÈRE
FAÏENCIÈRE	VISONNIÈRE	CHÈNEVIÈRE
SEMENCIÈRE	BÉTONNIÈRE	SANSEVIÈRE
ANNONCIÈRE	COTONNIÈRE	**VASSIVIÈRE**
FILANDIÈRE	SAVONNIÈRE	**LA LOUVIÈRE**
DINANDIÈRE	TAVERNIÈRE	VOLAILLÈRE
LAVANDIÈRE	LUZERNIÈRE	BÉTAILLÈRE
VIVANDIÈRE	CHACUNIÈRE	CORDILLÈRE
COCARDIÈRE	RANCUNIÈRE	PERSILLÈRE
CANARDIÈRE	CHAMBRIÈRE	TORTILLÈRE
RENARDIÈRE	CELLÉRIÈRE	ANGUILLÈRE
LANAUDIÈRE	**VILLERIÈRE**	DOUCE-AMÈRE
MINAUDIÈRE	DOUAIRIÈRE	NYCTHÉMÈRE
MINAUDIÈRE	TRÉSORIÈRE	**SAINTE-MÈRE**
PÉTAUDIÈRE	MEURTRIÈRE	CONGLOMÉRÉ
BOYAUDIÈRE	MOULURIÈRE	CENTROMÈRE

BLASTOMÈRE	LAMELLAIRE	VULNÉRAIRE
ÉLASTOMÈRE	GÉMELLAIRE	LITTÉRAIRE
COPOLYMÈRE	BACILLAIRE	TEMPORAIRE
SCORSONÈRE	ANCILLAIRE	ARBITRAIRE
SCORZONÈRE	OSCILLAIRE	SOUSTRAIRE
VOLTAMPÈRE	SIGILLAIRE	ADVERSAIRE
ÉQUILATÈRE	MAMILLAIRE	NÉCESSAIRE
PHYLACTÈRE	ARMILLAIRE	JANISSAIRE
CŒLENTÉRÉ	CAPILLAIRE	GRABATAIRE
TÉTRAPTÈRE	PAPILLAIRE	MANDATAIRE
PLÉCOPTÈRE	PUPILLAIRE	CAUDATAIRE
COLÉOPTÈRE	MAXILLAIRE	FEUDATAIRE
ORTHOPTÈRE	COROLLAIRE	SIGNATAIRE
HYDROPTÈRE	MÉDULLAIRE	QUIRATAIRE
CHIROPTÈRE	ALVÉOLAIRE	**MONTATAIRE**
NÉVROPTÈRE	RADIOLAIRE	BUDGÉTAIRE
PROTOPTÈRE	PRÉMOLAIRE	SOCIÉTAIRE
BAPTISTÈRE	UNIPOLAIRE	PARIÉTAIRE
PRESBYTÈRE	VACUOLAIRE	PROLÉTAIRE
LA BÉDOYÈRE	EXEMPLAIRE	PLANÉTAIRE
BARBANÈGRE	GLOBULAIRE	SECRÉTAIRE
PETIT-NÈGRE	PIACULAIRE	ÉGALITAIRE
DÉSINTÉGRÉ	SPÉCULAIRE	UTILITAIRE
TRANSMIGRÉ	ACICULAIRE	DIGNITAIRE
SYLLABAIRE	CIRCULAIRE	TRINITAIRE
MATRICAIRE	VASCULAIRE	**TRINITAIRE**
PERSICAIRE	MUSCULAIRE	CENSITAIRE
DROMADAIRE	PENDULAIRE	SURSITAIRE
LAMPADAIRE	CELLULAIRE	PITUITAIRE
ABÉCÉDAIRE	NUMMULAIRE	SÉDENTAIRE
SUICIDAIRE	FORMULAIRE	INVENTAIRE
FRIGIDAIRE	GRANULAIRE	VOLONTAIRE
LÉGENDAIRE	SCAPULAIRE	LIBERTAIRE
CALENDAIRE	CONSULAIRE	PUBERTAIRE
SECONDAIRE	TISSULAIRE	SAGITTAIRE
LACORDAIRE	CARTULAIRE	**SAGITTAIRE**
COCHLÉAIRE	FISTULAIRE	TRIBUTAIRE
BILINÉAIRE	VALVULAIRE	STATUTAIRE
COLINÉAIRE	COPLANAIRE	RÉSIDUAIRE
STUPÉFAIRE	MERCENAIRE	RELIQUAIRE
SATISFAIRE	MILLÉNAIRE	ANTIQUAIRE
ZOANTHAIRE	CENTENAIRE	ÉLECTUAIRE
INDICIAIRE	SEPTÉNAIRE	SANCTUAIRE
JUDICIAIRE	PARTENAIRE	SOMPTUAIRE
FIDUCIAIRE	IMAGINAIRE	**ROQUEVAIRE**
SPONGIAIRE	ORIGINAIRE	CIRCONCIRE
NOBILIAIRE	CAULINAIRE	CONTREDIRE
AUXILIAIRE	CORTINAIRE	**LANCASHIRE**
PÉCUNIAIRE	DÉBONNAIRE	**DEVONSHIRE**
CYMBALAIRE	PULMONAIRE	**TOURNEMIRE**
PRÉSALAIRE	ALCYONAIRE	**BALLAN-MIRÉ**
SURSALAIRE	LUCERNAIRE	BALANÇOIRE
BAUDELAIRE	SUBLUNAIRE	**VAL DE LOIRE**
DENTELAIRE	MÉTAZOAIRE	**HAUTE-LOIRE**
UNIFILAIRE	MÉSOZOAIRE	BOUILLOIRE
TABELLAIRE	BRYOZOAIRE	BASSINOIRE
MICELLAIRE	ITINÉRAIRE	FORÊT-NOIRE

FORÊT-NOIRE	CARPOPHORE	MICROMÈTRE
ATTRAPOIRE	NÉCROPHORE	HYDROMÈTRE
RESCISOIRE	HYGROPHORE	HYGROMÈTRE
PROVISOIRE	PHOTOPHORE	SPIROMÈTRE
RÉCURSOIRE	MIRLIFLORE	HYPSOMÈTRE
RAMASSOIRE	PASSIFLORE	LACTOMÈTRE
ACCESSOIRE	MICROFLORE	HECTOMÈTRE
PÉRISSOIRE	OMNICOLORE	ACÉTOMÈTRE
RÔTISSOIRE	MONOCOLORE	PANTOMÈTRE
COLLUSOIRE	**THOMAS MORE**	PHOTOMÈTRE
PROBATOIRE	MONSIGNORE	PIÉZOMÈTRE
ÉVOCATOIRE	**JUBBULPORE**	DÉBITMÈTRE
PURGATOIRE	BLASTOPORE	TACHYMÈTRE
EXPIATOIRE	MACROSPORE	BATHYMÈTRE
ÉPILATOIRE	MICROSPORE	ENCHEVÊTRÉ
OVULATOIRE	**COIMBATORE**	REPARAÎTRE
CRÉMATOIRE	ÉNERGIVORE	APPARAÎTRE
PHONATOIRE	**SIYAD BARRE**	SURARBITRE
VIBRATOIRE	TINTAMARRE	MILLILITRE
OPÉRATOIRE	PIED-À-TERRE	CENTILITRE
MIGRATOIRE	**ANGLETERRE**	HECTOLITRE
ÉPURATOIRE	**BASSE-TERRE**	**LENCLOÎTRE**
PISSATOIRE	**BASSETERRE**	INTERTITRE
SALTATOIRE	**SAUVETERRE**	MÉTACENTRE
ÉLÉVATOIRE	**CAPESTERRE**	HOMOCENTRE
RÉFECTOIRE	**FINISTERRE**	HYPOCENTRE
DIRECTOIRE	**SAINT-YORRE**	AUTOCENTRÉ
DIRECTOIRE	BLANCHÂTRE	BARYCENTRE
ÉMONCTOIRE	PSYCHIATRE	**MONTMARTRE**
SÉCRÉTOIRE	DEUX-QUATRE	MÉDICASTRE
EXCRÉTOIRE	TÉTRAMÈTRE	CAPODASTRE
TERRITOIRE	VOLTAMÈTRE	HYPOGASTRE
DÉSULTOIRE	PENTAMÈTRE	**GUILLESTRE**
OFFERTOIRE	PHASEMÈTRE	DÉFENESTRÉ
RÉPERTOIRE	ACIDIMÈTRE	ENREGISTRÉ
EXÉCUTOIRE	MILLIMÈTRE	CALAMISTRÉ
COLLUTOIRE	MILLIMÉTRÉ	ADMINISTRÉ
LEPTOSPIRE	PLANIMÈTRE	PÈSE-LETTRE
TRANSCRIRE	DENSIMÈTRE	RÉADMETTRE
RÉINSCRIRE	ACÉTIMÈTRE	JEAN-FOUTRE
RETRADUIRE	MULTIMÈTRE	AMBIDEXTRE
MÉCONDUIRE	CENTIMÈTRE	**NESTE D'AURE**
RECONDUIRE	GRAVIMÈTRE	**ROQUEMAURE**
REPRODUIRE	CURVIMÈTRE	STÉGOSAURE
COPRODUIRE	PARCOMÈTRE	SPINOSAURE
INTRODUIRE	GLUCOMÈTRE	APATOSAURE
CONSTRUIRE	RADIOMÈTRE	**BUCENTAURE**
TRAVANCORE	AUDIOMÈTRE	RECOURBURE
COMPRADORE	EUDIOMÈTRE	IODO-IODURÉ
CASSIODORE	GONIOMÈTRE	POLYIODURE
APOLLODORE	VARIOMÈTRE	ENVERGEURE
LE MONT-DORE	ANÉMOMÈTRE	INFÉRIEURE
MANDRAGORE	PYCNOMÈTRE	SUPÉRIEURE
STÉSICHORE	LIGNOMÈTRE	ULTÉRIEURE
XIPHOPHORE	CLINOMÈTRE	ANTÉRIEURE
LOPHOPHORE	ÉCONOMÈTRE	INTÉRIEURE
CTÉNOPHORE	ALCOOMÈTRE	**INTÉRIEURE**

EXTÉRIEURE	**LOUVERTURE**	**BURUNDAISE**
AMPHINEURE	CONTEXTURE	**DINARDAISE**
PROCUREURE	ENJOLIVURE	PORTUGAISE
PERSULFURE	**PENTHIÈVRE**	**PORTUGAISE**
OXYSULFURE	GRAND-LIVRE	**TRANCHAISE**
DEMI-FIGURE	POURSUIVRE	KEBNEKAISE
ENFLÉCHURE	**VANDŒUVRE**	CANCALAISE
EMMANCHURE	HORS-ŒUVRE	**OUAGALAISE**
EMBOUCHURE	SOUS-ŒUVRE	**CUGNALAISE**
CRAQUELURE	DEXTROGYRE	BORDELAISE
VERMOULURE	TÉTRAS-LYRE	**BORDELAISE**
CLAQUEMURÉ	OISEAU-LYRE	**ROCHELAISE**
HALOGÉNURE	VANITY-CASE	**MANILLAISE**
ENCOIGNURE	PEROXYDASE	ANTILLAISE
ENLUMINURE	STRIP-TEASE	**ANTILLAISE**
ENTOURNURE	INTERPHASE	**BANDOLAISE**
THYSANOURE	OLIGOCLASE	CONGOLAISE
BRACHYOURE	PARONOMASE	**CONGOLAISE**
ÉCHANCRURE	ANTONOMASE	**BARJOLAISE**
DÉCHLORURÉ	TYROSINASE	**BAGNOLAISE**
DICHLORURE	SACCHARASE	CHAROLAISE
CHAMARRURE	PARAPHRASE	**CHAROLAISE**
TÉLÉMESURE	PARAPHRASÉ	**BANJULAISE**
DEMI-MESURE	PÉRIPHRASE	**MBABANAISE**
SOUS-ASSURÉ	ANTIPHRASE	**CAUDANAISE**
COMMISSURE	SYNTHÉTASE	**HOUDANAISE**
TERNISSURE	ICONOSTASE	SOUDANAISE
BRUNISSURE	ARTHRODÈSE	**SOUDANAISE**
MOISISSURE	PARENTHÈSE	**SIGEANAISE**
SERTISSURE	HÉMATÉMÈSE	**ORLÉANAISE**
COURBATURE	**DODÉCANÈSE**	**CACHANAISE**
COURBATURÉ	MUTAGENÈSE	**MORLANAISE**
CARICATURE	PÉDOGENÈSE	**MEULANAISE**
CARICATURÉ	ONTOGENÈSE	**MEYLANAISE**
TRONCATURE	**CHERSONÈSE**	**SEVRANAISE**
NONCIATURE	APOSIOPÈSE	TAÏWANAISE
MACULATURE	CATACHRÈSE	**TAÏWANAISE**
TITULATURE	ANTICHRÈSE	**BASSENAISE**
MODÉNATURE	ANAPHORÈSE	**SARTENAISE**
QUADRATURE	**CALDAGUÈSE**	**CORTENAISE**
COLORATURE	**COGNAÇAISE**	**AUBAGNAISE**
SOUS-SATURÉ	**JARNACAISE**	**VALOGNAISE**
PRÉFECTURE	**BARSACAISE**	BOLOGNAISE
CONJECTURE	**JONZACAISE**	**BOLOGNAISE**
CONJECTURÉ	**BOLBÉCAISE**	BURKINAISE
MOUCHETURE	**PORNICAISE**	**BURKINAISE**
PROPRÉTURE	**GAPENÇAISE**	**DIGOINAISE**
FORFAITURE	**SARLADAISE**	**JOHANNAISE**
FOURNITURE	OUGANDAISE	**DINANNAISE**
RÉÉCRITURE	**OUGANDAISE**	**ROYANNAISE**
NOURRITURE	**ZÉLANDAISE**	**SÉZANNAISE**
POURRITURE	IRLANDAISE	ARDENNAISE
APICULTURE	**IRLANDAISE**	**ARDENNAISE**
AVICULTURE	ISLANDAISE	ROUENNAISE
EMPLANTURE	**ISLANDAISE**	**MÉVENNAISE**
EMPOINTURE	**MIRANDAISE**	**CAYENNAISE**
COUVERTURE	BURUNDAISE	**MAYENNAISE**

THAONNAISE	ABRUZZAISE	MONOPOLISÉ
CRAONNAISE	TECHNICISÉ	DÉNÉBULISÉ
MÂCONNAISE	CHRONICISÉ	RIDICULISÉ
LUÇONNAISE	CIRCONCISE	MACADAMISÉ
REDONNAISE	CHALANDISE	SURCHEMISE
ARGONNAISE	PLACARDISÉ	COMPROMISE
BRIONNAISE	RINGARDISÉ	UNIFORMISÉ
DIJONNAISE	CAGNARDISE	AFRICANISÉ
ALLONNAISE	MIGNARDISE	RÉORGANISÉ
CENONNAISE	VANTARDISE	INORGANISÉ
PÉRONNAISE	BALOURDISE	ITALIANISÉ
ÉVRONNAISE	SYMPATHISÉ	ALCALINISÉ
DIVONNAISE	RADICALISÉ	KÉRATINISÉ
AUXONNAISE	MÉDICALISÉ	DÉCOLONISÉ
BAYONNAISE	LEXICALISÉ	FRATERNISÉ
MAYONNAISE	DÉLOCALISÉ	ZAGRÉBOISE
NOYONNAISE	SCANDALISÉ	FIGEACOISE
ARAGONAISE	SPÉCIALISÉ	CALLACOISE
ARAGONAISE	MONDIALISÉ	MEYMACOISE
LANGONAISE	SPATIALISÉ	GIGNACOISE
TRÉLONAISE	INITIALISÉ	ÉPINACOISE
ARAMONAISE	DÉCIMALISÉ	CARNACOISE
CHINONAISE	MINIMALISÉ	FLORACOISE
THONONAISE	OPTIMALISÉ	QUÉBÉCOISE
OLORONAISE	MAXIMALISÉ	QUÉBÉCOISE
CANTONAISE	DÉPÉNALISÉ	LORRIÇOISE
CANTONAISE	NOMINALISÉ	MASSICOISE
NIVERNAISE	LIBÉRALISÉ	VOLVICOISE
NIVERNAISE	FÉDÉRALISÉ	ARLANCOISE
LACAUNAISE	GÉNÉRALISÉ	FAYENÇOISE
LOUDUNAISE	MINÉRALISÉ	TOUCYCOISE
EMBRUNAISE	LATÉRALISÉ	MAGNYCOISE
FERRARAISE	DÉMORALISÉ	BRIVADOISE
CALABRAISE	CAPORALISÉ	PRIVADOISE
TIRE-BRAISE	CENTRALISÉ	LANAUDOISE
FOUGERAISE	NEUTRALISÉ	ARRAGEOISE
BAGNÉRAISE	NATURALISÉ	ARIÉGEOISE
CAPCIRAISE	DÉNASALISÉ	ALBIGEOISE
NAVARRAISE	PALATALISÉ	ALBIGEOISE
NAVARRAISE	VÉGÉTALISÉ	BLANGEOISE
MASCATAISE	DIGITALISÉ	ORANGEOISE
VALLETAISE	CAPITALISÉ	BOURGEOISE
CHOLETAISE	DÉVITALISÉ	GAMACHOISE
VANNETAISE	REVITALISÉ	ARDÉCHOISE
FAOUËTAISE	CHAPTALISÉ	MUNICHOISE
PONANTAISE	MENSUALISÉ	MUNICHOISE
ARDENTAISE	ÉVANGÉLISÉ	ZURICHOISE
NOGENTAISE	CARAMÉLISÉ	ZURICHOISE
ARGENTAISE	DÉMOBILISÉ	FONSCHOISE
TARENTAISE	IMMOBILISÉ	VARILHOISE
TARENTAISE	SOLUBILISÉ	FAMECKOISE
TORONTAISE	LYOPHILISÉ	DORVALOISE
YVETOTAISE	DÉVIRILISÉ	BELLILOISE
ESSARTAISE	VOLATILISÉ	LASALLOISE
ANTIGUAISE	PARCELLISÉ	LAVALLOISE
OUTAOUAISE	CARTELLISÉ	RIDELLOISE
HENDAYAISE	MÉTABOLISÉ	CRIELLOISE

TRIELLOISE	VERDUNOISE	POLYMÉRISÉ
JUMELLOISE	BÉTHUNOISE	PYROCORISE
LUNELLOISE	BONDYNOISE	DÉSODORISÉ
CAPELLOISE	CRÉPYNOISE	CATÉGORISÉ
USSELLOISE	FÉCAMPOISE	DÉVALORISÉ
NIVELLOISE	VANIÉROISE	REVALORISÉ
CREILLOISE	ASNIÉROISE	INSONORISÉ
DEUILLOISE	VALLEROISE	SPONSORISÉ
VIZILLOISE	SILLEROISE	DÉFAVORISÉ
SAINT-LOISE	BRUYÉROISE	CACHE-PRISE
BACHAMOISE	DONZÉROISE	ENTREPRISE
BELLÊMOISE	BÉLAIROISE	MULTIPRISE
SEPTÉMOISE	TRÉGOROISE	INCOMPRISE
BAPALMOISE	AMBARROISE	MALAPPRISE
VENDÔMOISE	BÉGARROISE	DÉSAPPRISE
CONDOMOISE	BITERROISE	THÉSAURISÉ
BILLOMOISE	BITERROISE	PASTEURISÉ
DRACÉNOISE	AUXERROISE	PRESSURISÉ
PISCÉNOISE	SOLEUROISE	SCHÉMATISÉ
LACHENOISE	SAUMUROISE	STIGMATISÉ
RUTHÉNOISE	NEVERSOISE	AXIOMATISÉ
RUTHÉNOISE	ANVERSOISE	AUTOMATISÉ
BOLLÉNOISE	AUVERSOISE	TRAUMATISÉ
HESDINOISE	IGNISSOISE	DÉSÉTATISÉ
LACHINOISE	CLUNYSOISE	DIALECTISÉ
BUCKINOISE	TEYJATOISE	PROPHÉTISÉ
TONKINOISE	GRAMATOISE	SYNTHÉTISÉ
DUBLINOISE	AULNATOISE	DÉMONÉTISÉ
SECLINOISE	GANNATOISE	CONCRÉTISÉ
YVELINOISE	GERZATOISE	DÉPOLITISÉ
BARLINOISE	GUÉRÉTOISE	CONVOITISÉ
BERLINOISE	ENTRETOISE	RECONQUISE
BERLINOISE	ENTRETOISÉ	EURODEVISE
MOULINOISE	CUSSÉTOISE	RELATIVISÉ
OIGNINOISE	CHANITOISE	DÉCOMPENSÉ
CAMPINOISE	MAGNITOISE	RÉCOMPENSE
MEYRINOISE	CHARITOISE	RÉCOMPENSÉ
TESSINOISE	VICOMTOISE	NON-RÉPONSE
PANTINOISE	GIMONTOISE	ANTHRACOSE
LIÉVINOISE	DOMONTOISE	PSITTACOSE
PROVINOISE	ERMONTOISE	ISOGLUCOSE
CARVINOISE	AMBERTOISE	SARCOÏDOSE
VERVINOISE	FORESTOISE	EMPHYTÉOSE
VOUZINOISE	LACHUTOISE	GRAND-CHOSE
FEYZINOISE	LATUQUOISE	COCCIDIOSE
MIGENNOISE	MILLAVOISE	BORRÉLIOSE
BRIENNOISE	APPRIVOISÉ	LISTÉRIOSE
GARENNOISE	SOLIDARISÉ	BRUCELLOSE
VARENNOISE	NUCLÉARISÉ	PÉDICULOSE
VIVONNOISE	DÉPOLARISÉ	ANASTYLOSE
AUBARNOISE	BIPOLARISÉ	ANASTOMOSE
THIERNOISE	SÉCULARISÉ	ANASTOMOSÉ
SAVERNOISE	RÉGULARISÉ	BIOCŒNOSE
GIVERNOISE	POPULARISÉ	TRICHINOSE
PAYERNOISE	TITULARISÉ	SURCOMPOSÉ
SURESNOISE	MILITARISÉ	PRÉSUPPOSÉ
MAGDUNOISE	MÉTAMÉRISÉ	PRÉDISPOSÉ

SOUS-EXPOSÉ	RENGRAISSÉ	AFFICHEUSE
SACCHAROSE	**ODER-NEISSE**	DÉNICHEUSE
DYSHIDROSE	ANTIGLISSE	AGUICHEUSE
SAINTE-ROSE	TREILLISSÉ	TRANCHEUSE
DIARTHROSE	PYTHONISSE	GRINCHEUSE
ÉNARTHROSE	ENTRE-TISSÉ	CHERCHEUSE
ARBOVIROSE	CENT-SUISSE	HERSCHEUSE
SINISTROSE	RONDE-BOSSE	PELUCHEUSE
APONÉVROSE	BASSE-FOSSE	ÉPLUCHEUSE
MYXOMATOSE	CYNOGLOSSE	AUDACIEUSE
PARASITOSE	HYPOGLOSSE	JUDICIEUSE
PINOCYTOSE	ÉCLABOUSSÉ	OFFICIEUSE
CARPOCAPSE	DRAP-HOUSSE	MALICIEUSE
APOCALYPSE	CAMBROUSSE	DÉLICIEUSE
AIGUEPERSE	**L'ÎLE-ROUSSE**	ASTUCIEUSE
RETRAVERSÉ	**CHAMROUSSE**	INSIDIEUSE
BOULEVERSÉ	BIÉLORUSSE	MÉLODIEUSE
TERGIVERSÉ	**BIÉLORUSSE**	VÉRIFIEUSE
TRANSVERSE	AYANT CAUSE	RELIGIEUSE
HAUTE-CORSE	TROPOPAUSE	LITIGIEUSE
WHITEHORSE	ANDROPAUSE	SPONGIEUSE
BAS-DE-CASSE	CUBOMÉDUSE	INGÉNIEUSE
DÉCARCASSÉ	REGIMBEUSE	IMPÉRIEUSE
POURCHASSÉ	SURFACEUSE	LABORIEUSE
SOUS-CLASSE	DÉFONCEUSE	INCURIEUSE
BOUILLASSE	ENFONCEUSE	INJURIEUSE
FOUTIMASSÉ	ANNONCEUSE	LUXURIEUSE
LESPINASSE	CASCADEUSE	CHASSIEUSE
OUTREPASSÉ	DEMANDEUSE	FACÉTIEUSE
PASSE-PASSE	RAMENDEUSE	AMBITIEUSE
DÉBARRASSÉ	REVENDEUSE	SÉDITIEUSE
EMBARRASSÉ	COVENDEUSE	MINUTIEUSE
SUPERBESSE	RÉPONDEUSE	DRIBBLEUSE
MORBIDESSE	CAFARDEUSE	TREMBLEUSE
TCHERKESSE	REGARDEUSE	GRUMELEUSE
GARGILESSE	HASARDEUSE	BOTTELEUSE
VIEILLESSE	EMMERDEUSE	CAUTELEUSE
GRAND-MESSE	ACCORDEUSE	COQUELEUSE
IVROGNESSE	MARAUDEUSE	CLAVELEUSE
DIACONESSE	TARAUDEUSE	GRAVELEUSE
MALADRESSE	RAVAUDEUSE	SOUFFLEUSE
VENGERESSE	BAROUDEUSE	RENIFLEUSE
PÉCHERESSE	EXTRUDEUSE	TRÉFILEUSE
SÉCHERESSE	CHAUFFEUSE	VENTILEUSE
QUAKERESSE	SACCAGEUSE	EMBALLEUSE
PANNERESSE	AMÉNAGEUSE	LAMELLEUSE
FORTERESSE	OMBRAGEUSE	ÉCAILLEUSE
BOUVERESSE	OUTRAGEUSE	PIAILLEUSE
ALLÉGRESSE	COURAGEUSE	ÉMAILLEUSE
DOCTORESSE	PARTAGEUSE	BRAILLEUSE
MULÂTRESSE	ARRANGEUSE	HABILLEUSE
TRAÎTRESSE	LOUANGEUSE	CUEILLEUSE
ÉTROITESSE	PATAUGEUSE	ÉVEILLEUSE
SURVITESSE	RABÂCHEUSE	PÉRILLEUSE
VICOMTESSE	ARRACHEUSE	NASILLEUSE
ACCORTESSE	ENSACHEUSE	VÉTILLEUSE
ROBUSTESSE	EMPÊCHEUSE	FOUILLEUSE

POUILLEUSE	DANGEREUSE	RACONTEUSE
DÉCOLLEUSE	CHIFFREUSE	BARBOTEUSE
ENCOLLEUSE	DÉNIGREUSE	FRICOTEUSE
MÉDULLEUSE	ÉCLAIREUSE	TRICOTEUSE
BRICOLEUSE	SURVIREUSE	CLAPOTEUSE
RUBÉOLEUSE	STUPOREUSE	CRAPOTEUSE
VARIOLEUSE	LIQUOREUSE	CHIPOTEUSE
FIGNOLEUSE	BAGARREUSE	TRIPOTEUSE
PÉTROLEUSE	DÉTERREUSE	ENCARTEUSE
GLOBULEUSE	THÉÂTREUSE	SCHISTEUSE
CALCULEUSE	PUPITREUSE	RABATTEUSE
MUSCULEUSE	CHARTREUSE	GALETTEUSE
GRANULEUSE	**CHARTREUSE**	DISETTEUSE
DÉROULEUSE	VALEUREUSE	NAVETTEUSE
ENROULEUSE	SULFUREUSE	CAROTTEUSE
CRAPULEUSE	SECOUREUSE	DISCUTEUSE
FISTULEUSE	RIGOUREUSE	CHAHUTEUSE
PUSTULEUSE	VIGOUREUSE	REBOUTEUSE
ESCRIMEUSE	SAVOUREUSE	VELOUTEUSE
ASSOMMEUSE	CONFISEUSE	ENVOÛTEUSE
SLALOMEUSE	RECENSEUSE	RECRUTEUSE
ENDORMEUSE	ENCENSEUSE	ARNAQUEUSE
NON-FUMEUSE	COMPOSEUSE	VARIQUEUSE
PARFUMEUSE	JACASSEUSE	TRINQUEUSE
CHICANEUSE	RAMASSEUSE	BAROQUEUSE
PROMENEUSE	FINASSEUSE	FRUCTUEUSE
DÉLIGNEUSE	REPASSEUSE	IMPÉTUEUSE
BESOGNEUSE	RÊVASSEUSE	SOMPTUEUSE
TENDINEUSE	PARESSEUSE	LESSIVEUSE
BOUDINEUSE	GRAISSEUSE	ACCOUVEUSE
RAFFINEUSE	GNEISSEUSE	HOCKEYEUSE
ÉRUGINEUSE	POLISSEUSE	VOLLEYEUSE
VERMINEUSE	BÉNISSEUSE	AMAREYEUSE
ALUMINEUSE	FINISSEUSE	EMPLOYEUSE
FIBRINEUSE	BÂTISSEUSE	CORROYEUSE
CHITINEUSE	LOTISSEUSE	FOSSOYEUSE
GLUTINEUSE	RÔTISSEUSE	NETTOYEUSE
DÉPANNEUSE	FOUISSEUSE	CONVOYEUSE
FAÇONNEUSE	JOUISSEUSE	QUARTZEUSE
JALONNEUSE	RAVISSEUSE	HYPOTÉNUSE
TENONNEUSE	LAÏUSSEUSE	NUCLÉOLYSE
TORONNEUSE	SULFATEUSE	PROTÉOLYSE
BÉTONNEUSE	PELLETEUSE	THERMOLYSE
COTONNEUSE	SÉCRÉTEUSE	PLASMOLYSE
SAVONNEUSE	PIQUETEUSE	INDÉLICATE
ÉCHARNEUSE	ENQUÊTEUSE	**BASILICATE**
CAVERNEUSE	LOQUETEUSE	LEMNISCATE
SUBORNEUSE	BOUVETEUSE	**MITHRADATE**
ESTAMPEUSE	PROFITEUSE	**MITHRIDATE**
VARAPPEUSE	GRANITEUSE	PERSULFATE
DÉCOUPEUSE	INSULTEUSE	SALICYLATE
TÉNÉBREUSE	ORIENTEUSE	ACŒLOMATE
CALIBREUSE	TOMENTEUSE	BICHROMATE
ENCADREUSE	ARPENTEUSE	AUVERGNATE
CANCÉREUSE	PATENTEUSE	**AUVERGNATE**
DOUCEREUSE	ÉREINTEUSE	CARTON-PÂTE
PONDÉREUSE	SPRINTEUSE	SACCHARATE

HIPPOCRATE	INCAPACITÉ	GÉNÉRALITÉ
DÉSHYDRATÉ	ANTHRACITE	LATÉRALITÉ
PISISTRATE	BÉNÉDICITÉ	IMMORALITÉ
ORTHOSTATE	VÉRIDICITÉ	NEUTRALITÉ
INADÉQUATE	IMPUDICITÉ	DÉNATALITÉ
OUARZAZATE	INFÉLICITÉ	FRONTALITÉ
AUTOTRACTÉ	SIMPLICITÉ	MENSUALITÉ
DÉSAFFECTÉ	COMPLICITÉ	SENSUALITÉ
DÉSINFECTÉ	ENDÉMICITÉ	VIRTUALITÉ
DÉCONNECTÉ	RYTHMICITÉ	GESTUALITÉ
INCORRECTE	THERMICITÉ	INFIDÉLITÉ
ARCHITECTE	SÉISMICITÉ	AFFABILITÉ
ECTOPROCTE	TECHNICITÉ	RÉHABILITÉ
MÉCHANCETÉ	CANONICITÉ	INHABILITÉ
COCHONCETÉ	CHRONICITÉ	FRIABILITÉ
ODONTOCÈTE	SPHÉRICITÉ	CURABILITÉ
ASCOMYCÈTE	ÉLASTICITÉ	DURABILITÉ
ZYGOMYCÈTE	PLASTICITÉ	NOTABILITÉ
MYXOMYCÈTE	CAUSTICITÉ	MUTABILITÉ
OLIGOCHÈTE	PLÉBISCITE	AUDIBILITÉ
SPIROCHÈTE	PLÉBISCITE	PÉNIBILITÉ
DÉMOUCHETÉ	RESSUSCITÉ	LISIBILITÉ
ÉPAULÉ-JETÉ	DISCRÉDITÉ	VISIBILITÉ
TRIATHLÈTE	CONTREDITE	FUSIBILITÉ
INHABILETÉ	SMARAGDITE	IMMOBILITÉ
AIGUILLETÉ	FLACCIDITÉ	SOLUBILITÉ
INCOMPLÈTE	INVALIDITÉ	VOLUBILITÉ
GUILLEMETÉ	SIGMOÏDITE	INDOCILITÉ
EXOPLANÈTE	THYROÏDITE	JUVÉNILITÉ
SOUDAINETÉ	MASTOÏDITE	VOLATILITÉ
ANCIENNETÉ	INSIPIDITÉ	INCIVILITÉ
MALHONNÊTE	PAROTIDITE	MUTAZILITE
DÉSHONNÊTE	COMMANDITE	CATABOLITE
ARGYRONÈTE	COMMANDITÉ	MÉTABOLITE
CENTRIPÈTE	MYOCARDITE	LÉPIDOLITE
INDISCRÈTE	ÉTANCHÉITÉ	THÉODOLITE
ANACHORÈTE	EXTRANÉITÉ	SIDÉROLITE
INTERPRÈTE	PARIDIGITÉ	CHRYSOLITE
INTERPRÉTÉ	SALPINGITE	GRAPTOLITE
PHILOCTÈTE	PHARYNGITE	KIMBERLITE
APPUIE-TÊTE	LARGE WHITE	RADICULITE
REPOSE-TÊTE	KHARIDJITE	SPONDYLITE
APPUIS-TÊTE	RADICALITÉ	ANTISÉMITE
BERRUGUETE	MUSICALITÉ	CHATTEMITE
CACAHOUÈTE	AMYGDALITE	STALAGMITE
REMPAQUETÉ	ILLÉGALITÉ	ÉQUANIMITÉ
DÉBECQUETÉ	SPÉCIALITÉ	LÉGITIMITÉ
DÉCHIQUETÉ	CORDIALITÉ	SOUS-COMITÉ
DÉCLIQUETÉ	SPATIALITÉ	PYODERMITE
ENCLIQUETÉ	NUPTIALITÉ	DIFFORMITÉ
RECONQUÊTE	PARTIALITÉ	UNIFORMITÉ
STUPÉFAITE	BESTIALITÉ	CONFORMITÉ
IMPARFAITE	TRIVIALITÉ	INHUMANITÉ
SATISFAITE	THERMALITÉ	VANADINITE
SOUSTRAITE	ANORMALITÉ	ALCALINITÉ
SOUS-TRAITÉ	VICINALITÉ	MÉDIUMNITÉ
EFFICACITÉ	LIBÉRALITÉ	ESPIONNITE

GLAUCONITE	PYRRHOTITE	OBLIGEANTE
PÉRITONITE	TRIPARTITE	DIRIGEANTE
FRATERNITÉ	SEXPARTITE	CHANGEANTE
OUVRE-BOÎTE	GIOBERTITE	PLONGEANTE
INEXPLOITÉ	PÉRIOSTITE	SUPPLÉANTE
MALADROITE	AUDIMUTITÉ	BIENSÉANTE
DEMI-DROITE	RETRADUITE	CHAUFFANTE
SOLIDARITÉ	MÉCONDUITE	ÉTOUFFANTE
BLÉPHARITE	RECONDUITE	INÉLÉGANTE
PERTHARITE	INCONDUITE	INTRIGANTE
SIMILARITÉ	REPRODUITE	DÉTACHANTE
BIPOLARITÉ	COPRODUITE	ATTACHANTE
RÉGULARITÉ	INTRODUITE	ALLÉCHANTE
POPULARITÉ	CONTIGUÏTÉ	AGUICHANTE
INSULARITÉ	CONTINUITÉ	TRANCHANTE
CORONARITE	CONSTRUITE	SYCOPHANTE
VIVIPARITÉ	PERPÉTUITÉ	NÉGOCIANTE
IGNIMBRITE	ADHÉSIVITÉ	IRRADIANTE
MÉDIOCRITÉ	CRÉATIVITÉ	RUBÉFIANTE
TRANSCRITE	NÉGATIVITÉ	LÉNIFIANTE
RÉINSCRITE	RELATIVITÉ	TONIFIANTE
EXINSCRITE	RÉACTIVITÉ	PURIFIANTE
MANUSCRITE	INACTIVITÉ	MATIFIANTE
CORDIÉRITE	ÉLECTIVITÉ	BÊTIFIANTE
GARNIÉRITE	POSITIVITÉ	VIVIFIANTE
PROSPÉRITÉ	SPORTIVITÉ	HUMILIANTE
MARGUERITE	COMPLEXITÉ	DÉFOLIANTE
MARGUERITE	PERPLEXITÉ	EXFOLIANTE
TÉLÉVÉRITÉ	ARCHIVOLTE	SUPPLIANTE
LÈCHEFRITE	DÉSINVOLTE	DÉSAMIANTÉ
INSONORITÉ	DIFFICULTÉ	VICARIANTE
AMPHITRITE	**VIC-LE-COMTE**	INVARIANTE
INSÉCURITÉ	RETOMBANTE	LUXURIANTE
IMMATURITÉ	ABSORBANTE	ACCABLANTE
DÉPARASITÉ	ADSORBANTE	TREMBLANTE
MARTENSITE	GRIMAÇANTE	TROUBLANTE
CHALCOSITE	MORDICANTE	HARCELANTE
SPÉCIOSITÉ	FABRICANTE	PANTELANTE
PRÉCIOSITÉ	CAPRICANTE	SOUFFLANTE
PLUVIOSITÉ	SUFFOCANTE	AVEUGLANTE
NÉBULOSITÉ	PROVOCANTE	VACILLANTE
LUMINOSITÉ	CORUSCANTE	OSCILLANTE
À L'OPPOSITE	DÉGRADANTE	SÉMILLANTE
TUBÉROSITÉ	POSSÉDANTE	PÉTILLANTE
GÉNÉROSITÉ	SUICIDANTE	BOUILLANTE
FLATUOSITÉ	TRÉPIDANTE	MOUILLANTE
ONCTUOSITÉ	ASCENDANTE	GONDOLANTE
VIRTUOSITÉ	DÉPENDANTE	CONSOLANTE
FLEXUOSITÉ	INTENDANTE	RÉIMPLANTÉ
UNIVERSITÉ	FÉCONDANTE	DÉFERLANTE
PERVERSITÉ	REDONDANTE	DÉPERLANTE
MARCASSITE	RÉPONDANTE	CIRCULANTE
PYROLUSITE	REGARDANTE	BASCULANTE
ÉPIPHYSITE	EMMERDANTE	COAGULANTE
PROSTATITE	DÉBORDANTE	TRÉMULANTE
STALACTITE	ENGAGEANTE	STIMULANTE
PÉRIDOTITE	ENRAGEANTE	RIBOULANTE

DÉROULANTE	PÉNÉTRANTE	NICTITANTE
STIPULANTE	IMPÉTRANTE	RÉCOLTANTE
POSTULANTE	FRUSTRANTE	RÉVOLTANTE
DIFFAMANTE	COMBURANTE	RÉSULTANTE
RÉCLAMANTE	ÉCŒURANTE	INSULTANTE
DÉSAIMANTÉ	FULGURANTE	REPENTANTE
DÉPRIMANTE	MURMURANTE	ÉREINTANTE
IMPRIMANTE	SUPPURANTE	CHUINTANTE
OPPRIMANTE	RASSURANTE	REMONTANTE
ASSOMMANTE	TORTURANTE	CLAPOTANTE
DÉSARMANTE	ARABISANTE	ACCEPTANTE
ENDORMANTE	FASCISANTE	IMPORTANTE
DÉFORMANTE	SUFFISANTE	RÉSISTANTE
PRÉVENANTE	AGONISANTE	INSISTANTE
PLAIGNANTE	PATOISANTE	ASSISTANTE
ÉPARGNANTE	MÉPRISANTE	RABATTANTE
RÉPUGNANTE	ÉMÉTISANTE	DILETTANTE
ENGAINANTE	ÉROTISANTE	EXÉCUTANTE
LANCINANTE	PARTISANTE	PERCUTANTE
FASCINANTE	SÉDUISANTE	RAGOÛTANTE
DÉCLINANTE	RELUISANTE	DÉGOÛTANTE
CULMINANTE	SLAVISANTE	DÉROUTANTE
FULMINANTE	MARXISANTE	ENVOÛTANTE
BASSINANTE	OFFENSANTE	PARAGUANTE
ROSSINANTE	COMPOSANTE	CONCLUANTE
PIÉTINANTE	DISPOSANTE	ATTÉNUANTE
PÉRENNANTE	DÉLASSANTE	EXTÉNUANTE
BEDONNANTE	HARASSANTE	INSINUANTE
BIDONNANTE	INCESSANTE	ATTAQUANTE
RÉSONNANTE	CARESSANTE	PANIQUANTE
TÂTONNANTE	STRESSANTE	CLINQUANTE
RAYONNANTE	ABAISSANTE	FLUCTUANTE
GAZONNANTE	OBÉISSANTE	AGGRAVANTE
CONSONANTE	VAGISSANTE	DÉPRAVANTE
DISSONANTE	MUGISSANTE	CAPTIVANTE
HIBERNANTE	RUGISSANTE	SURVIVANTE
ALTERNANTE	PÂLISSANTE	DÉCALVANTE
HIVERNANTE	SALISSANTE	RÉSOLVANTE
DÉCLARANTE	GÉMISSANTE	ÉPROUVANTE
TÉRÉBRANTE	FINISSANTE	EFFRAYANTE
EXUBÉRANTE	CROISSANTE	RETRAYANTE
ITINÉRANTE	MÛRISSANTE	ATTRAYANTE
VULNÉRANTE	JOUISSANTE	GOULEYANTE
TEMPÉRANTE	RAVISSANTE	VERDOYANTE
INOPÉRANTE	CHAUSSANTE	LARMOYANTE
REQUÉRANTE	GLOUSSANTE	INCROYANTE
SOUFFRANTE	DIFFUSANTE	CHATOYANTE
INTÉGRANTE	DÉPAYSANTE	PRÉVOYANTE
IMMIGRANTE	ANALYSANTE	MALVOYANTE
ÉCLAIRANTE	HYDRATANTE	NON-VOYANTE
DÉCHIRANTE	INFECTANTE	SUBJACENTE
INSPIRANTE	EXPECTANTE	SUS-JACENTE
PERFORANTE	GRAND-TANTE	PUBESCENTE
IMPLORANTE	CAQUETANTE	RUBESCENTE
DOCTORANTE	PROFITANTE	QUIESCENTE
ATTERRANTE	MIROITANTE	TUMESCENTE
SUSURRANTE	PALPITANTE	SÉNESCENTE

RARESCENTE	CONNIVENTE	HÉRALDISTE
DÉHISCENTE	APRÈS-VENTE	MÉTHODISTE
PRÉCÉDENTE	DÉPÔT-VENTE	TALMUDISTE
PRÉSIDENTE	COMPLAINTE	**LOCTUDISTE**
DISSIDENTE	CONTRAINTE	PANTHÉISTE
IMPRUDENTE	RESTREINTE	MISONÉISTE
NÉGLIGENTE	DEMI-TEINTE	ÉTALAGISTE
INDULGENTE	LONG-JOINTÉ	AMÉNAGISTE
COTANGENTE	DEMI-POINTE	BARRAGISTE
DÉSARGENTÉ	**VILLEPINTE**	PAYSAGISTE
DÉTERGENTE	COLOQUINTE	ÉCHANGISTE
DIVERGENTE	MASTODONTE	ÉCOLOGISTE
RÉSURGENTE	**ASPROMONTE**	BIOLOGISTE
DÉFICIENTE	**AMALASONTE**	ZOOLOGISTE
EFFICIENTE	RÉEMPRUNTÉ	APOLOGISTE
PRESCIENTE	TOURNICOTÉ	AUBERGISTE
CONSCIENTE	BOURSICOTÉ	SYNERGISTE
EXPÉDIENTE	APTÉRYGOTE	CATÉCHISTE
RÉSILIENTE	HOMOZYGOTE	AFFICHISTE
ÉMOLLIENTE	MONOZYGOTE	FÉTICHISTE
EL TENIENTE	MASSALIOTE	PLANCHISTE
DÉSORIENTE	**MASSALIOTE**	MASOCHISTE
IMPATIENTE	**CLAMARIOTE**	ANARCHISTE
IMPATIENTÉ	**PHANARIOTE**	PUTSCHISTE
CHRÉTIENTÉ	GYROPILOTE	BOUDDHISTE
UNIVALENTE	DÉMAILLOTÉ	TROTSKISTE
TRIVALENTE	EMMAILLOTÉ	KABBALISTE
EXCELLENTE	**BOROILLOTE**	CYMBALISTE
SOMNOLENTE	CROQUE-NOTE	FISCALISTE
TURBULENTE	**MADELINOTE**	IRRÉALISTE
SUCCULENTE	HOTTENTOTE	SOCIALISTE
TRUCULENTE	**HOTTENTOTE**	FORMALISTE
CORPULENTE	PROCARYOTE	PLURALISTE
QUÉRULENTE	INTERCEPTÉ	RITUALISTE
FLATULENTE	RÉESCOMPTE	MUTUALISTE
INCLÉMENTE	RÉESCOMPTÉ	DIÉSÉLISTE
RÉGLEMENTÉ	PORTE-CARTE	LIBELLISTE
IMPLÉMENTÉ	MULTICARTE	FEUILLISTE
PARLEMENTÉ	DÉCONCERTÉ	SYMBOLISTE
INCRÉMENTÉ	DÉCOUVERTE	**GRÉGAMISTE**
MOUVEMENTÉ	RECOUVERTE	EXTRÉMISTE
INSERMENTÉ	EXTRAFORTE	ALCHIMISTE
ASSERMENTÉ	RÉCONFORTÉ	UNANIMISTE
PERMANENTE	PIANOFORTE	PESSIMISTE
CONTINENTE	PAS-DE-PORTE	ÉCONOMISTE
PERTINENTE	INSUPPORTÉ	ANATOMISTE
ABSTINENTE	TRANSPORTÉ	RÉFORMISTE
DIFFÉRENTE	SCHOLIASTE	ORLÉANISTE
OCCURRENTE	ENDOBLASTE	INDIANISTE
RÉCURRENTE	MÉSOBLASTE	MARIANISTE
REPRÉSENTÉ	ECTOBLASTE	GERMANISTE
COMPÉTENTE	INCONTESTÉ	HISPANISTE
MÉSENTENTE	PUBLICISTE	SOPRANISTE
MÉCONTENTE	ANGLICISTE	PLATANISTE
MÉCONTENTÉ	BELLICISTE	MONTANISTE
RÉMITTENTE	CRITICISTE	HYGIÉNISTE
DIFFLUENTE	POUJADISTE	HELLÉNISTE

JANSÉNISTE	TRAPÉZISTE	DANDINETTE
BENVENISTE	SPINOZISTE	MACHINETTE
FUSAINISTE	MALLE-POSTE	BERLINETTE
PÉTAINISTE	MULTIPOSTE	MOULINETTE
SANDINISTE	WAGON-POSTE	HERMINETTE
MACHINISTE	AVANT-POSTE	CRÉPINETTE
CUISINISTE	HOLOCAUSTE	CLARINETTE
CALVINISTE	**HOLOCAUSTE**	CUISINETTE
DARWINISTE	HYPOCAUSTE	WAGONNETTE
ANTENNISTE	**FAMAGOUSTE**	BAÏONNETTE
VIOLONISTE	CNIDOCYSTE	TALONNETTE
HARMONISTE	MACROCYSTE	COLONNETTE
BASSONISTE	STATOCYSTE	SAVONNETTE
CANYONISTE	**GUINEGATTE**	SAUMONETTE
MODERNISTE	CUL-DE-JATTE	ATTRAPETTE
COMMUNISTE	EFFARVATTE	ESCAMPETTE
HAUTBOÏSTE	DÉSENDETTÉ	CHAMBRETTE
SHINTOÏSTE	MÉSANGETTE	VERGERETTE
CITHARISTE	ÉPEICHETTE	COLLERETTE
OCULARISTE	AFFICHETTE	PÂQUERETTE
SCÉNARISTE	PLANCHETTE	CASTORETTE
GUITARISTE	BRANCHETTE	BORDURETTE
DÉCABRISTE	**LA ROCHETTE**	**LAMOURETTE**
ALGÉBRISTE	FOURCHETTE	FACTURETTE
MANIÉRISTE	ÉPLUCHETTE	VOITURETTE
ROSIÉRISTE	ÉMOUCHETTE	CHEMISETTE
MATIÉRISTE	SANDALETTE	RAMASSETTE
INTÉGRISTE	SINGALETTE	CHAUSSETTE
AFFAIRISTE	BICYCLETTE	MANIGUETTE
HERBORISTE	BANDELETTE	GARIGUETTE
FRIGORISTE	RONDELETTE	GUINGUETTE
TERRORISTE	VERDELETTE	SERFOUETTE
LIQUORISTE	CORDELETTE	SILHOUETTE
PÉTAURISTE	BACHELETTE	**SILHOUETTE**
SECOURISTE	**DÉCHELETTE**	SILHOUETTÉ
CULTURISTE	FEMMELETTE	MUSIQUETTE
CRÉMATISTE	AIGRELETTE	BLANQUETTE
PRIVATISTE	TARTELETTE	FRANQUETTE
HERMÉTISTE	VAGUELETTE	TRINQUETTE
DIÉTÉTISTE	ÉPINGLETTE	FRISQUETTE
DÉFAITISTE	AVEUGLETTE	CHOUQUETTE
OCCULTISTE	OREILLETTE	ÉPROUVETTE
URGENTISTE	CUEILLETTE	**LA CLAYETTE**
SCIENTISTE	FEUILLETTE	**PEYREFITTE**
ATTENTISTE	DOUILLETTE	**CHAMPLITTE**
ADVENTISTE	MOUILLETTE	**BERNADOTTE**
HÉBERTISTE	**LA FOLLETTE**	MAIGRIOTTE
HINDOUISTE	PÉTROLETTE	MASSELOTTE
UTRAQUISTE	CASSOLETTE	**GRAVELOTTE**
FRANQUISTE	CALCULETTE	POLYGLOTTE
FRESQUISTE	PENDULETTE	VIEILLOTTE
KIOSQUISTE	CIBOULETTE	BOUILLOTTE
MÉDIÉVISTE	**LA GOULETTE**	BOUILLOTTÉ
ARCHIVISTE	RÉFORMETTE	**MONTENOTTE**
TÂRGOVISTE	PICHENETTE	GOMME-GUTTE
IMPROVISTE	**BUSSENETTE**	TAÏKONAUTE
RÉSERVISTE	BOMBINETTE	COSMONAUTE

ASTRONAUTE	BASTRINGUE	CYRÉNAÏQUE
CYBERNAUTE	**FLESSINGUE**	**CYRÉNAÏQUE**
INTERNAUTE	DIPHTONGUE	SYLLABIQUE
COMMUNAUTÉ	DIPHTONGUÉ	CANNABIQUE
CONTREBUTÉ	BOULEDOGUE	**HENNEBIQUE**
ANTIÉMEUTE	SIALAGOGUE	**MOZAMBIQUE**
YPONOMEUTE	CHOLAGOGUE	ASCORBIQUE
THÉRAPEUTE	**PALÉOLOGUE**	SURFACIQUE
CHAPE-CHUTE	MUSÉOLOGUE	THORACIQUE
CHOUCHOUTE	MYTHOLOGUE	DYSTOCIQUE
CHOUCHOUTÉ	SOCIOLOGUE	AUTARCIQUE
GLOUGLOUTÉ	RADIOLOGUE	CYCLADIQUE
CHOUCROUTE	PHILOLOGUE	HELLADIQUE
FROUFROUTÉ	GEMMOLOGUE	SPORADIQUE
RESTOROUTE	SISMOLOGUE	MOLYBDIQUE
EURODÉPUTÉ	COSMOLOGUE	GLUCIDIQUE
HYPERTEXTE	ETHNOLOGUE	HASSIDIQUE
AVANT-TEXTE	PHONOLOGUE	PROTIDIQUE
LYMPHOCYTE	ALCOOLOGUE	PEPTIDIQUE
HISTIOCYTE	NÉCROLOGUE	GRAVIDIQUE
PLASMOCYTE	ANDROLOGUE	HÉRALDIQUE
MÉLANOCYTE	HYDROLOGUE	REVENDIQUÉ
HÉPATOCYTE	MÉTROLOGUE	CATHODIQUE
TROGLODYTE	PÉTROLOGUE	MÉTHODIQUE
OSTÉOPHYTE	ASTROLOGUE	PERIODIQUE
PSILOPHYTE	NEUROLOGUE	PÉRIODIQUE
CORMOPHYTE	ÉROTOLOGUE	ÉPISODIQUE
CYANOPHYTE	BATTOLOGUE	PROSODIQUE
CHAROPHYTE	MOUSTACHUE	TALMUDIQUE
SPOROPHYTE	SOUS-ÉVALUÉ	ÉPOXYDIQUE
SAPROPHYTE	MOINS-VALUE	LINOLÉIQUE
GNÉTOPHYTE	ENTRETENUE	DYSPNÉIQUE
PROTOPHYTE	DÉCONVENUE	ENDORÉIQUE
CONVAINCUE	**LANN-BIHOUÉ**	SPÉCIFIQUE
POURFENDUE	**BOURDALOUE**	MELLIFIQUE
HYPOTENDUE	CHASSE-ROUE	PROLIFIQUE
SOUS-TENDUE	**MIAULÉTOUE**	MAGNIFIQUE
INATTENDUE	DÉMONIAQUE	HORRIFIQUE
BARBE-BLEUE	SIMONIAQUE	BÉATIFIQUE
TÊTE-À-QUEUE	AMMONIAQUE	ANTALGIQUE
ROUGE-QUEUE	MITHRIAQUE	LOSANGIQUE
HOCHEQUEUE	GOMME-LAQUE	DIALOGIQUE
PORTE-QUEUE	**CALLIMAQUE**	ANALOGIQUE
COPENHAGUE	**ANDROMAQUE**	PRÉLOGIQUE
PASTENAGUE	SANDARAQUE	ÉCOLOGIQUE
EXTRAVAGUÉ	SCHABRAQUE	GÉOLOGIQUE
VULGIVAGUE	NÉOGRECQUE	NÉOLOGIQUE
SUBDÉLÉGUÉ	LOGITHÈQUE	BIOLOGIQUE
LADOUMÈGUE	LUDOTHÈQUE	ZOOLOGIQUE
INVESTIGUÉ	ŒNOTHÈQUE	ALLERGIQUE
MÉTALANGUE	SONOTHÈQUE	SYNERGIQUE
LOURDINGUE	HYPOTHÈQUE	LYSERGIQUE
SOURDINGUE	HYPOTHÉQUÉ	LITURGIQUE
MONOLINGUE	ARTOTHÈQUE	BRONCHIQUE
BOURLINGUE	**TLAPANÈQUE**	ANARCHIQUE
BOURLINGUÉ	ARCHEVÊQUE	BOUDDHIQUE
WATERINGUE	**PUY-L'ÉVÊQUE**	SÉRAPHIQUE

EMPATHIQUE
BIOÉTHIQUE
OOLITHIQUE
CÉPHALIQUE
VASSALIQUE
RÉPUBLIQUE
ENCYCLIQUE
COCYCLIQUE
BORDÉLIQUE
PENTÉLIQUE
MÉTALLIQUE
CYRILLIQUE
DIABOLIQUE
SYMBOLIQUE
GLYCOLIQUE
CATHOLIQUE
VARIOLIQUE
PHÉNOLIQUE
ALCOOLIQUE
PYRROLIQUE
SYSTOLIQUE
PODZOLIQUE
INAPPLIQUÉ
INEXPLIQUÉ
AÉRAULIQUE
MÉTHYLIQUE
PHÉNYLIQUE
CAPRYLIQUE
BENZYLIQUE
CARBAMIQUE
EXOGAMIQUE
THALAMIQUE
CINNAMIQUE
BALSAMIQUE
GLUTAMIQUE
LEUCÉMIQUE
ACADÉMIQUE
ÉPIDÉMIQUE
ISCHÉMIQUE
EUPHÉMIQUE
PHONÉMIQUE
SYSTÉMIQUE
PROXÉMIQUE
ARYTHMIQUE
ALCHIMIQUE
BOULIMIQUE
CŒLOMIQUE
ÉCONOMIQUE
TRISOMIQUE
DIATOMIQUE
ANATOMIQUE
ATHERMIQUE
ORGASMIQUE
ASÉISMIQUE
VOLCANIQUE
MANGANIQUE
BALKANIQUE

CHAMANIQUE
ALÉMANIQUE
ALÉMANIQUE
GERMANIQUE
TYMPANIQUE
HISPANIQUE
GALVANIQUE
OROGÉNIQUE
DYSGÉNIQUE
ASTHÉNIQUE
HYGIÉNIQUE
HELLÉNIQUE
TERPÉNIQUE
PIQUE-NIQUE
PIQUE-NIQUÉ
BENZÉNIQUE
MORAINIQUE
RABBINIQUE
SUCCINIQUE
LUTÉINIQUE
POLLINIQUE
FULMINIQUE
MARTINIQUE
JOHANNIQUE
TYRANNIQUE
MAÇONNIQUE
CARBONIQUE
GLUCONIQUE
SARDONIQUE
EUPHONIQUE
ISOÏONIQUE
VISIONIQUE
CATIONIQUE
CYCLONIQUE
MNÉMONIQUE
GNOMONIQUE
HARMONIQUE
OPTRONIQUE
NEURONIQUE
SUBSONIQUE
DIATONIQUE
PLATONIQUE
TECTONIQUE
PHOTONIQUE
PROTONIQUE
ISOTONIQUE
LEPTONIQUE
SUS-TONIQUE
TEUTONIQUE
TEUTONIQUE
PLUTONIQUE
BARYONIQUE
COMMUNIQUÉ
CINDYNIQUE
ÉTHANOÏQUE
DICHROÏQUE
CÉNOZOÏQUE

MÉSOZOÏQUE
ISOTOPIQUE
ALGÉBRIQUE
ISOÉDRIQUE
OXHYDRIQUE
GLYCÉRIQUE
CHOLÉRIQUE
CHIMÉRIQUE
ÉSOTÉRIQUE
EXOTÉRIQUE
HYSTÉRIQUE
EURAFRIQUE
MÉTÉORIQUE
EUPHORIQUE
APRIORIQUE
ACALORIQUE
RHÉTORIQUE
HISTORIQUE
ÉLECTRIQUE
SYMÉTRIQUE
DIOPTRIQUE
MERCURIQUE
SULFURIQUE
TELLURIQUE
CAUCASIQUE
GÉODÉSIQUE
JURASSIQUE
POTASSIQUE
GNEISSIQUE
SABBATIQUE
MERCATIQUE
PHRÉATIQUE
EMPHATIQUE
MÉDIATIQUE
ADRIATIQUE
DROLATIQUE
DRAMATIQUE
THÉMATIQUE
MAGMATIQUE
DOGMATIQUE
CLIMATIQUE
DALMATIQUE
AROMATIQUE
COGNATIQUE
CARPATIQUE
SOCRATIQUE
HIÉRATIQUE
EUSTATIQUE
DIDACTIQUE
GALACTIQUE
ÉCLECTIQUE
EUTECTIQUE
DIABÉTIQUE
EXÉGÉTIQUE
GANGÉTIQUE
PATHÉTIQUE
ESTHÉTIQUE

SOVIÉTIQUE	DOMESTIQUÉ	DÉSHABITUÉ
ATHLÉTIQUE	TUNGSTIQUE	INACCENTUÉ
PHYLÉTIQUE	LOGISTIQUE	IMPROMPTUE
HERMÉTIQUE	BALISTIQUE	POINT DE VUE
COSMÉTIQUE	HOLISTIQUE	RATS-DE-CAVE
PHÉNÉTIQUE	CHRISTIQUE	AFTER-SHAVE
FRÉNÉTIQUE	ARTISTIQUE	DÉSENCLAVÉ
MAGNÉTIQUE	AUTISTIQUE	YOUGOSLAVE
PHONÉTIQUE	AGNOSTIQUE	**YOUGOSLAVE**
HERPÉTIQUE	ACOUSTIQUE	SCANDINAVE
APORÉTIQUE	MAÏEUTIQUE	**SCANDINAVE**
DIURÉTIQUE	TOREUTIQUE	CÉLERI-RAVE
ÉNURÉTIQUE	ANALYTIQUE	ARCHITRAVE
APYRÉTIQUE	SYNTAXIQUE	DÉSENTRAVÉ
DIÉTÉTIQUE	DYSLEXIQUE	**TANANARIVE**
HELVÉTIQUE	ANOREXIQUE	PERSUASIVE
RACHITIQUE	CATAFALQUE	DISSUASIVE
MÉPHITIQUE	ORICHALQUE	COMPULSIVE
ENCLITIQUE	EUROBANQUE	PROPULSIVE
APOLITIQUE	**SALAMANQUE**	CONVULSIVE
ÉRÉMITIQUE	QUELCONQUE	SUSPENSIVE
PALMITIQUE	MULTICOQUE	DISPERSIVE
GRANITIQUE	DIPLOCOQUE	SUBVERSIVE
DÉTRITIQUE	SYNECDOQUE	DISCURSIVE
NÉVRITIQUE	CHOLÉDOQUE	SUCCESSIVE
JÉSUITIQUE	PENDELOQUE	CONCESSIVE
BASALTIQUE	**ARCHILOQUE**	PROCESSIVE
ATLANTIQUE	INTERLOQUÉ	DÉGRESSIVE
ATLANTIQUE	RÉCIPROQUE	RÉGRESSIVE
SÉMANTIQUE	RÉCIPROQUÉ	DÉPRESSIVE
ROMANTIQUE	CHINETOQUE	RÉPRESSIVE
ARGENTIQUE	BIUNIVOQUE	IMPRESSIVE
NARCOTIQUE	PLURIVOQUE	OPPRESSIVE
HOMÉOTIQUE	POLÉMARQUE	EXPRESSIVE
EUPHOTIQUE	SOUS-MARQUE	POSSESSIVE
CYPHOTIQUE	TRIÉRARQUE	PERMISSIVE
SÉMIOTIQUE	**ARISTARQUE**	CONCLUSIVE
AMNIOTIQUE	HOMOCERQUE	INDICATIVE
HYPNOTIQUE	**PAYS BASQUE**	RÉCRÉATIVE
DESPOTIQUE	MONÉGASQUE	AGRÉGATIVE
NÉCROTIQUE	**MONÉGASQUE**	ABROGATIVE
NÉVROTIQUE	BOURRASQUE	PALLIATIVE
SYNAPTIQUE	QUELLES QUE	AMPLIATIVE
ÉCLIPTIQUE	ROMANESQUE	INITIATIVE
ELLIPTIQUE	TITANESQUE	CUMULATIVE
PANOPTIQUE	CLOWNESQUE	ANNULATIVE
SYNOPTIQUE	PICARESQUE	COPULATIVE
ASPARTIQUE	GIOTTESQUE	ESTIMATIVE
DÉSERTIQUE	FRANCISQUE	NOMINATIVE
DÉCORTIQUÉ	MINIDISQUE	INTONATIVE
ORGASTIQUE	DAMALISQUE	INCHOATIVE
DÉMASTIQUÉ	ASTÉRISQUE	FÉDÉRATIVE
REMASTIQUÉ	NOCTILUQUE	GÉNÉRATIVE
MONASTIQUE	POLYPTYQUE	IMPÉRATIVE
DYNASTIQUE	PONTON-GRUE	ADMIRATIVE
PHRASTIQUE	DÉSOBSTRUÉ	ROBORATIVE
DOMESTIQUE	COURT-VÊTUE	DÉCORATIVE

PÉJORATIVE	RÉTROFLEXE	ÉNUMÉRATIF
MINORATIVE	MULTIPLEXE	COOPÉRATIF
BOURRATIVE	DÉCOMPLEXÉ	RÉITÉRATIF
FIGURATIVE	HÉTÉRODOXE	INTÉGRATIF
DÉPURATIVE	**VILLENAUXE**	MÉLIORATIF
VÉGÉTATIVE	**LA FRESNAYE**	PIGNORATIF
DUBITATIVE	**KAMECHLIYÉ**	CORPORATIF
INCITATIVE	REJOINTOYÉ	ADVERSATIF
MÉDITATIVE	**DREUX-BRÉZÉ**	QUALITATIF
LIMITATIVE	**KARKONOSZE**	FACULTATIF
CARITATIVE	**DELESCLUZE**	POTESTATIF
IRRITATIVE	CORNED-BEEF	COMMUTATIF
ADAPTATIVE	COUVRE-CHEF	RADIOACTIF
ÉVALUATIVE	DEMI-RELIEF	RÉTROACTIF
DÉRIVATIVE	PLAN-RELIEF	HYPERACTIF
RÉTRACTIVE	HAUT-RELIEF	INTERACTIF
ATTRACTIVE	**SLAUERHOFF**	DISTRACTIF
EXTRACTIVE	**TEGETTHOFF**	INEFFECTIF
PROFECTIVE	**PONT-SCORFF**	PROSPECTIF
SUBJECTIVE	**LUDENDORFF**	PERSPECTIF
PROJECTIVE	**BERNSTORFF**	RESTRICTIF
SURJECTIVE	INOFFENSIF	DISTINCTIF
COLLECTIVE	HYPOTENSIF	INSTINCTIF
RESPECTIVE	COEXTENSIF	SUBJONCTIF
CORRECTIVE	PROGRESSIF	CONJONCTIF
PRÉDICTIVE	COMPRESSIF	OBSTRUCTIF
AFFLICTIVE	ANTITUSSIF	DESTRUCTIF
EXTINCTIVE	APPROBATIF	INSTRUCTIF
INJONCTIVE	RÉBARBATIF	PROHIBITIF
PRODUCTIVE	PRÉDICATIF	ACCRÉDITIF
COMPLÉTIVE	VINDICATIF	RÉCOGNITIF
SUPPLÉTIVE	EXPLICATIF	ACQUISITIF
CAPACITIVE	DÉMARCATIF	PRÉPOSITIF
COERCITIVE	LIQUIDATIF	DISPOSITIF
EXPÉDITIVE	SÉGRÉGATIF	COMPÉTITIF
DÉFINITIVE	SUBROGATIF	SUBSTANTIF
INFINITIVE	PROROGATIF	INATTENTIF
TRANSITIVE	ÉNONCIATIF	DESCRIPTIF
RÉPÉTITIVE	ASSOCIATIF	PRÉSOMPTIF
PRÉVENTIVE	ABRÉVIATIF	ATTRIBUTIF
LOCOMOTIVE	CORRÉLATIF	CONSÉCUTIF
LEITMOTIVE	APPELLATIF	COMMINUTIF
PERCEPTIVE	SUPERLATIF	WATERPROOF
DISRUPTIVE	LÉGISLATIF	**SCHTROUMPF**
SUGGESTIVE	TRANSLATIF	**DÜSSELDORF**
CONGESTIVE	SPÉCULATIF	**BENKENDORF**
EXHAUSTIVE	EXCLAMATIF	**ZINZENDORF**
RÉSOLUTIVE	AFFIRMATIF	**HÖTZENDORF**
DÉVOLUTIVE	INFIRMATIF	**BOURGANEUF**
INVOLUTIVE	INFORMATIF	GARDE-BŒUF
DIMINUTIVE	IMAGINATIF	PIQUE-BŒUF
DE CONSERVE	GERMINATIF	**SCANDERBEG**
VILLENEUVE	ALTERNATIF	**SKANDERBEG**
TERRE-NEUVE	DISSIPATIF	**KANDERSTEG**
TERRE-NEUVE	DÉCLARATIF	**TARNOBRZEG**
INTERFLUVE	PRÉPARATIF	**ROSENZWEIG**
INTERVIEWÉ	COMPARATIF	**BATTAMBANG**

GUOMINDANG	HARRISBURG	KENKO HOSHI
CHRODEGANG	REGENSBURG	IMPRESARII
MUDANJIANG	GETTYSBURG	OZAWA SEIJI
ILANG-ILANG	LULUABOURG	KAURISMÄKI
YLANG-YLANG	MAGDEBOURG	MAZOWIECKI
HOU YAO-PANG	SARREBOURG	PENDERECKI
KUOMINTANG	MONTEBOURG	TOJO HIDEKI
TUYÊN QUANG	LUXEMBOURG	PRJEVALSKI
ZHAO ZIYANG	EHRENBOURG	JARUZELSKI
HUA GUOFENG	STRASBOURG	WYSPIANSKI
ANTIFADING	LOUISBOURG	DZERJINSKI
HILFERDING	PHALSBOURG	SIERPINSKI
BLANC-SEING	GAINSBOURG	KABALEVSKI
DÉBRIEFING	PETIT-BOURG	MAÏAKOVSKI
SKY-SURFING	LE NEUBOURG	SOKOLOVSKI
SCRATCHING	KERMANCHAH	MALINOVSKI
STRETCHING	MAHARADJAH	PADEREWSKI
DARJEELING	HERSCHBACH	KOLAKOWSKI
TRAVELLING	BRASILLACH	KIESLOWSKI
SANDERLING	PLOUMANAC'H	MALINOWSKI
DRY-FARMING	ECHTERNACH	DOMBROWSKI
CARAVANING	ÖSTERREICH	KLOSSOWSKI
SHAMPOOING	METTERNICH	DOLGOROUKI
ANTIDOPING	EDMOND RICH	RUB AL-KHALI
NORRKÖPING	STOCKFISCH	MÉHÉMET-ALI
KIDNAPPING	KOHLRAUSCH	TSKHINVALI
KESSELRING	LOUBAVITCH	BLUNTSCHLI
SPONSORING	PASKEVITCH	GUILI-GUILI
MONITORING	TSARÉVITCH	CASUS BELLI
SCHLŒSING	TZARÉVITCH	TORRICELLI
KIANG TS'ING	LUNDEGÅRDH	MONTICELLI
CHITTAGONG	MYMENSINGH	PARTICELLI
WOLLONGONG	PITTSBURGH	BOTTICELLI
MAO TSÖ-TONG	CHANDIGARH	BANDINELLI
KIM DAE-JUNG	BANGLADESH	SIGNORELLI
AUFKLÄRUNG	MACKINTOSH	GUINIZELLI
GOG ET MAGOG	GÉNÉSARETH	TRESSAILLI
STRINDBERG	WORDSWORTH	ACCIAIUOLI
LÖTSCHBERG	PORTSMOUTH	INACCOMPLI
HEIDELBERG	YUAN SHIKAI	KIAROSTAMI
KOEKELBERG	PORTE-BALAI	HUIT ET DEMI
VORARLBERG	PARLER-VRAI	PIANISSIMI
WURTEMBERG	IBN AL-ARABI	CHICOUTIMI
VANDENBERG	HAMMOURABI	ABBAS HILMI
HARDENBERG	URBI ET ORBI	AL-KHAREZMI
TANNENBERG	BERTOLUCCI	OUAD-MÉDANI
SCHOENBERG	MIHALOVICI	MODIGLIANI
HEISENBERG	ARCIMBOLDI	GETHSÉMANI
KORTENBERG	ALDROVANDI	ROSSELLINI
WITTENBERG	RAWALPINDI	FRATELLINI
KÖNIGSBERG	APPROFONDI	EN CATIMINI
ECKERSBERG	SUHRAWARDI	BOCCHERINI
KREUTZBERG	MONTEVERDI	MISTASSINI
SWEDENBORG	EPLAPOURDI	SAMMARTINI
MIDDELBURG	IRRÉFLÉCHI	BERLUSCONI
HINDENBURG	LUBUMBASHI	SERVANDONI
RUSTENBURG	MITSUBISHI	CANNELLONI

JUAN DE JUNI	MCCLINTOCK	PRÉCORDIAL
SHAKYAMUNI	SIMON STOCK	PRIMORDIAL
SANS-EMPLOI	DONALD DUCK	ÉPITHÉLIAL
SOUS-EMPLOI	HAZEBROUCK	NOSOCOMIAL
PIEDS-DE-ROI	SARREBRUCK	POLYNOMIAL
MARLY-LE-ROI	DIEPENBEEK	CÉRÉMONIAL
HAMMOU-RAPI	SCHAERBEEK	MANAGÉRIAL
DEVANAGARI	WILLEBROEK	IMMÉMORIAL
MONOGATARI	TCHIRTCHIK	SÉNATORIAL
STRADIVARI	BUNDESBANK	ÉQUATORIAL
ALECSANDRI	CRUIKSHANK	TINCTORIAL
SURENCHÉRI	RIPPLE-MARK	PAROISSIAL
DHAULAGIRI	KÖNIGSMARK	PRÉNUPTIAL
TELL HARIRI	REICHSMARK	CONSORTIAL
CRISTOFORI	BÖHM-BAWERK	ÉQUINOXIAL
MILLEFIORI	OUSSOURISK	PATTADAKAL
MONSIGNORI	NIJNEKAMSK	BENI MELLAL
MONTESSORI	KRAMATORSK	YASAR KEMAL
OLAUS PETRI	TCHERKESSK	DUODÉCIMAL
AMPHIGOURI	SVERDLOVSK	CENTÉSIMAL
DÉSÉPAISSI	OULIANOVSK	PARANORMAL
DOSSO DOSSI	KHABAROVSK	ANÉVRISMAL
CEYZÉRIATI	ROUBTSOVSK	ANÉVRYSMAL
SCAFERLATI	ÇATAL HÖYÜK	PAROXYSMAL
KIRITIMATI	SAINT-GRAAL	GRAND CANAL
CINCINNATI	HÉLIOGABAL	PHÉNOMÉNAL
SPERMACETI	AMMONIACAL	EXTRARÉNAL
SZIGLIGETI	ILÉO-CÆCAL	ANTICLINAL
CAVALCANTI	BIOMÉDICAL	MONOCLINAL
BUONARROTI	PONTIFICAL	SUBLIMINAL
EXTRAVERTI	HYPERFOCAL	UNINOMINAL
RECONVERTI	UXORILOCAL	PRONOMINAL
INTROVERTI	MATRILOCAL	INTESTINAL
INTERVERTI	PATRILOCAL	ENNÉAGONAL
DÉSASSORTI	MATRIARCAL	PENTAGONAL
DÉSINVESTI	PATRIARCAL	HEPTAGONAL
FRANCHETTI	PARAFISCAL	ORTHOGONAL
GIACOMETTI	GRAND-DUCAL	MÉRIDIONAL
LORENZETTI	RHOMBOÏDAL	MÉRIDIONAL
BIANCIOTTI	HÉLICOÏDAL	OBSIDIONAL
BHAVABHUTI	CONCHOÏDAL	BINATIONAL
BERNARD GUI	SPHÉNOÏDAL	MONOCLONAL
AUJOURD'HUI	SOLÉNOÏDAL	ARCHÉTYPAL
BÉNI-OUI-OUI	SPHÉROÏDAL	CONFÉDÉRAL
IABLONOVYÏ	SINUSOÏDAL	UNILATÉRAL
PESTALOZZI	INTERTIDAL	TRILATÉRAL
BORTOLUZZI	INTERMODAL	COLLATÉRAL
HIDDEN PEAK	VALDÉS LEAL	PARENTÉRAL
KIZIL IRMAK	PÉRITONÉAL	VICE-AMIRAL
KARAKALPAK	CIUDAD REAL	ORCHESTRAL
CANOË-KAYAK	EXTRALÉGAL	PROCÉDURAL
ADIRONDACK	LILIENTHAL	STRUCTURAL
SHORT-TRACK	PROVERBIAL	SCRIPTURAL
RUYSBROECK	SOLSTICIAL	SCULPTURAL
TREVITHICK	PROVINCIAL	PARASTATAL
KILPATRICK	ANTISOCIAL	HEAVY-MÉTAL
LITTLE ROCK	COMMERCIAL	SUBORBITAL

PRÉGÉNITAL	ACCIDENTEL	SCRIPT-GIRL
CONGÉNITAL	**FRANCASTEL**	ÉCORCHE-CUL
URO-GÉNITAL	**PLOUGASTEL**	VICE-CONSUL
OCCIDENTAL	INDIVIDUEL	**TCHERNOBYL**
OCCIDENTAL	TRISANNUEL	TARMACADAM
ORNEMENTAL	**CAKCHIQUEL**	**BOULDER DAM**
MONUMENTAL	**DURAND-RUEL**	**SWAMMERDAM**
COPARENTAL	**PANTAGRUEL**	**GULF STREAM**
PARODONTAL	TÉLÉVISUEL	**OUISTREHAM**
HORIZONTAL	CONSENSUEL	**BUCKINGHAM**
SACERDOTAL	INHABITUEL	**GILLINGHAM**
NEANDERTAL	CONVENTUEL	**BIRMINGHAM**
AÉROPOSTAL	CONCEPTUEL	**CUNNINGHAM**
PARACHUTAL	CONTEXTUEL	**NOTTINGHAM**
SUBLINGUAL	HOMOSEXUEL	**TWICKENHAM**
PERLINGUAL	**COURCHEVEL**	**CHELTENHAM**
FER-À-CHEVAL	**WUUSTWEZEL**	**BROEDERLAM**
ADJECTIVAL	**LOEWENDAHL**	**CÍDAMBARAM**
GRIBEAUVAL	CRÉDIT-BAIL	**MANDELSTAM**
ABOU-SIMBEL	**FIANNA FÁIL**	**CANGUILHEM**
SEPTMONCEL	GOUVERNAIL	MATHUSALEM
COROMANDEL	CONTRE-RAIL	**MATHUSALEM**
LONDERZEEL	**MONTMIRAIL**	**MOSTAGANEM**
MANTEUFFEL	PARE-SOLEIL	POST MORTEM
SEO DE URGEL	**BEAUSOLEIL**	STAR-SYSTEM
ROMANICHEL	CLINS D'ŒIL	TCHERNOZEM
SCHNORCHEL	TAPE-À-L'ŒIL	**BETTELHEIM**
GRATTE-CIEL	**MIROMESNIL**	**GUGGENHEIM**
ARTIFICIEL	CONTRE-POIL	**FESSENHEIM**
TENDANCIEL	**RENÉ GOUPIL**	**WITTENHEIM**
ARCS-EN-CIEL	**PORT-GENTIL**	**MANNERHEIM**
CÉRÉMONIEL	PORTE-OUTIL	**HILDESHEIM**
POSTSÉRIEL	STOCK-OUTIL	**RIEDISHEIM**
IMMATÉRIEL	**VAL-DE-REUIL**	**ANDOLSHEIM**
CATÉGORIEL	**ARGENTEUIL**	**UNGERSHEIM**
SEMESTRIEL	ROLLER BALL	**SIDI-BRAHIM**
BIMESTRIEL	BASKET-BALL	**TENASSERIM**
INDUSTRIEL	VOLLEY-BALL	**KIBBOUTZIM**
TANGENTIEL	**TADJ MAHALL**	**NECKARSULM**
SAPIENTIEL	**MOTHERWELL**	LIVING-ROOM
TORRENTIEL	ŒSTRADIOL	**KOMPONG SOM**
SÉQUENTIEL	PYROGALLOL	CAPHARNAÜM
PULSIONNEL	INDOPHÉNOL	**CAPHARNAÜM**
PASSIONNEL	POLYPHÉNOL	MÉMORANDUM
FICTIONNEL	RÉSORCINOL	RÉFÉRENDUM
ÉMOTIONNEL	PÈSE-ALCOOL	PROMÉTHÉUM
FLEXIONNEL	POLYALCOOL	CHEWING-GUM
INTEMPOREL	**HARTLEPOOL**	LAWRENCIUM
INCORPOREL	**MALEBO POOL**	MIRACIDIUM
PLANTAUREL	**SIMFEROPOL**	PRAESIDIUM
SURNATUREL	**SÉBASTOPOL**	COMPENDIUM
STRUCTUREL	CALCIFÉROL	PLASMODIUM
BICULTUREL	TOCOPHÉROL	SEABORGIUM
RIZ-PAIN-SEL	ERGOSTÉROL	ÉPITHÉLIUM
OVERIJSSEL	SITOSTÉROL	PROSCENIUM
NEUFCHÂTEL	PERGÉLISOL	DELPHINIUM
NEUFCHÂTEL	AXÉROPHTOL	TRICLINIUM

GADOLINIUM	PHOTO-ROMAN	**SPARNACIEN**
POSITONIUM	CROSSWOMAN	**MORTUACIEN**
TEPIDARIUM	**SAINT-RENAN**	THERMICIEN
FUNÉRARIUM	FRONTIGNAN	MÉCANICIEN
MEITNERIUM	**FRONTIGNAN**	ORGANICIEN
SANATORIUM	**DRAGUIGNAN**	TECHNICIEN
AUDITORIUM	**KOFFI ANNAN**	**BÉDARICIEN**
DYSPROSIUM	**BALIKPAPAN**	THÉORICIEN
TECHNÉTIUM	**PRILLIÉRAN**	GÉNÉTICIEN
CONSORTIUM	**SAINT-VÉRAN**	POLITICIEN
COMPLUVIUM	**SAINT-CYRAN**	ROBOTICIEN
PARABELLUM	**BOURGUESAN**	PLASTICIEN
ACETABULUM	**BOURGUISAN**	ORDOVICIEN
CURRICULUM	**MONTHEYSAN**	**LUDOVICIEN**
HERCULANUM	**BEAUSSETAN**	**JOTRANCIEN**
OUM KALSOUM	**KALIMANTAN**	**BALGENCIEN**
GASHERBRUM	CONSTANTAN	**SÉDÉLOCIEN**
TRIVANDRUM	**KAZAKHSTAN**	**COMMERCIEN**
LACTOSÉRUM	**WAZIRISTAN**	CISTERCIEN
DEXTRORSUM	**HINDOUSTAN**	**MONTMÉDIEN**
SUBSTRATUM	MANGOUSTAN	XIPHOÏDIEN
POST-PARTUM	BANTOUSTAN	STÉROÏDIEN
LEUCOBRYUM	ORANG-OUTAN	CHOROÏDIEN
ARRIÈRE-BAN	**CABANATUAN**	THYROÏDIEN
MONTE ALBÁN	**LANNEMEZAN**	DELTOÏDIEN
FRÈRE-ORBAN	**BADEN-BADEN**	MASTOÏDIEN
SAINT-AUBAN	**VAN BENEDEN**	CAROTIDIEN
JEAN HYRCAN	**HOCHFELDEN**	PAROTIDIEN
ATHABASCAN	**NEERWINDEN**	RIMBALDIEN
ATHAPASCAN	**GRAUBÜNDEN**	**ROMUALDIEN**
COËTQUIDAN	**LEEUWARDEN**	**NIDWALDIEN**
PORT-SOUDAN	**TRÉBEURDEN**	AMÉRINDIEN
CONGO-OCÉAN	PROMÉTHÉEN	**VILLARDIEN**
PLOUFRAGAN	**LOUVIGNÉEN**	**CAP-VERDIEN**
SHAWINIGAN	**LANDERNÉEN**	CAPVERDIEN
PEKALONGAN	NORD-CORÉEN	**CAPVERDIEN**
CHAH DJAHAN	**NORD-CORÉEN**	CAMBODGIEN
BADAKHCHAN	**ARGENTRÉEN**	**CAMBODGIEN**
GENGIS KHAN	TÉLÉOSTÉEN	PHARYNGIEN
GOSAINTHAN	ZIMBABWÉEN	THÉOLOGIEN
GULBENKIAN	**ZIMBABWÉEN**	CHIRURGIEN
MONTMÉLIAN	**SCHLIEFFEN**	AUTRICHIEN
LI XIANNIAN	**RICHTHOFEN**	**AUTRICHIEN**
BIROBIDJAN	**VOLKSWAGEN**	MONARCHIEN
TAKLA-MAKAN	**ZURBRIGGEN**	CORINTHIEN
TAKLIMAKAN	**VERBRUGGEN**	**CORINTHIEN**
KU KLUX KLAN	**NÖRDLINGEN**	HELSINKIEN
CHAMBELLAN	**VÖLKLINGEN**	**BANGKOKIEN**
RANTANPLAN	**REUTLINGEN**	CENTRALIEN
MINATITLÁN	**VLISSINGEN**	AUSTRALIEN
BARDDHAMAN	**NIBELUNGEN**	**AUSTRALIEN**
GRAND-MAMAN	**GRIMBERGEN**	THESSALIEN
BONNE-MAMAN	**JINGDEZHEN**	**THESSALIEN**
QALAT SIMAN	**LOUDÉACIEN**	VÉGÉTALIEN
SPIEGELMAN	**BONIFACIEN**	FRŒBÉLIEN
GALLO-ROMAN	**SPANIACIEN**	FRANCILIEN
RHÉTO-ROMAN	PHARMACIEN	**FRANCILIEN**

TRANCILIEN	OCTODURIEN	OYONNAXIEN
MAXIMILIEN	ÉPINEURIEN	KOLKHOZIEN
QUINTILIEN	PASTEURIEN	INTERLAKEN
BERJALLIEN	FAUBOURIEN	KARAWANKEN
TERTULLIEN	AMADOURIEN	VESTERÅLEN
NOGAROLIEN	COUTRASIEN	CROSSWOMEN
CRISTOLIEN	ARGELÉSIEN	SLOCHTEREN
PÈRE DAMIEN	CHALLÉSIEN	OTTOBEUREN
SURINAMIEN	MÉLANÉSIEN	JOERGENSEN
VIETNAMIEN	MÉLANÉSIEN	GROSS ROSEN
VIETNAMIEN	INDONÉSIEN	OBERHAUSEN
BAIE-COMIEN	INDONÉSIEN	MAUTHAUSEN
ÉPICRÂNIEN	POLYNÉSIEN	LEVERKUSEN
POMÉRANIEN	POLYNÉSIEN	BAUMGARTEN
SOSTRANIEN	CAMBRÉSIEN	GYLLENSTEN
LUSITANIEN	CAMBRÉSIEN	BONSTETTEN
LUSITANIEN	CAUDRÉSIEN	MANAGUAYEN
PÉRIDINIEN	ROUBAISIEN	PARAGUAYEN
BAHREÏNIEN	CARHAISIEN	PARAGUAYEN
APOLLINIEN	CHALAISIEN	CONCITOYEN
ABYSSINIEN	MORLAISIEN	ÉCOCITOYEN
ABYSSINIEN	STENAISIEN	MENDELSOHN
RIEMANNIEN	AULNAISIEN	PÉRIURBAIN
LISIEN-NIEN	CHABLISIEN	AFRO-CUBAIN
MANSONNIEN	FOURMISIEN	AFRO-CUBAIN
PHARAONIEN	VALDOISIEN	DOMINICAIN
BOURBONIEN	PONTOISIEN	DOMINICAIN
MACÉDONIEN	MARQUISIEN	ARMORICAIN
MACÉDONIEN	CIRCASSIEN	ARMORICAIN
CALÉDONIEN	CIRCASSIEN	GÉNOVÉFAIN
CALÉDONIEN	GENNASSIEN	FACES-À-MAIN
PYRRHONIEN	PARNASSIEN	TOURNEMAIN
BABYLONIEN	PAROISSIEN	GRILLE-PAIN
SPARNONIEN	VIGNEUSIEN	MARIVERAIN
MÉSAXONIEN	MALTHUSIEN	SANFLORAIN
ÉTATS-UNIEN	VAUCLUSIEN	LESPARRAIN
ÉTATS-UNIEN	VAUCLUSIEN	SOUTERRAIN
CORONARIEN	TOURNUSIEN	TRAIN-TRAIN
VÉGÉTARIEN	MULHOUSIEN	TURBOTRAIN
ANTIAÉRIEN	CONDRUSIEN	PARCOTRAIN
ILLIBÉRIEN	VIBRAYSIEN	AVANT-TRAIN
CHAMBÉRIEN	FERNEYSIEN	SAINT-VRAIN
DÉSIDÉRIEN	ANDELYSIEN	TOULOUSAIN
LUCIFÉRIEN	KIRIBATIEN	MAZAMÉTAIN
RIPAGÉRIEN	NANTUATIEN	QUERCITAIN
COLUMÉRIEN	DIOCLÉTIEN	GABALITAIN
JUPITÉRIEN	CAP-HAÏTIEN	NAPOLITAIN
MOUSTÉRIEN	TRÉVOLTIEN	NAPOLITAIN
LAPRAIRIEN	LAURENTIEN	ANCONITAIN
VOLTAIRIEN	LAURENTIEN	SAMARITAIN
ÉQUATORIEN	GRAVETTIEN	SAMARITAIN
ÉQUATORIEN	DJIBOUTIEN	CHEVROTAIN
NANTERRIEN	DJIBOUTIEN	BELFORTAIN
BELLÉTRIEN	ALGONQUIEN	SACRISTAIN
ASBESTRIEN	SARAJÉVIEN	JOLIETTAIN
VALLAURIEN	THURGOVIEN	MASKOUTAIN
IMERCURIEN	TRIFLUVIEN	JAMAÏQUAIN

JAMAÏQUAIN	LE LAMENTIN	TRADE-UNION
AUTERIVAIN	TOURMENTIN	SARRE-UNION
SAINT-AUBIN	STRAPONTIN	TARTEMPION
VERTUGADIN	MAXIPONTIN	FLAMMARION
INCARNADIN	PAIMBLOTIN	PSALTÉRION
FAKHR AL-DIN	FREE-MARTIN	BRIMBORION
TRANSANDIN	CHAMBERTIN	AMPHIPRION
VÉSIGONDIN	LAURIER-TIN	BEN GOURION
GUICHARDIN	BEAUFORTIN	PERSUASION
CITÉ-JARDIN	CLANDESTIN	DISSUASION
GAILLARDIN	SAN AGUSTÍN	INDÉCISION
GRILLARDIN	TABLEAUTIN	CODÉCISION
PÉRIGORDIN	SARZEAUTIN	ARTÉMISION
PÉRIGORDIN	CONSANGUIN	TÉLÉVISION
HAUBOURDIN	MARINGOUIN	INDIVISION
TERRE-PLEIN	SAINT-JOUIN	EUROVISION
ZOLLVEREIN	LAMBREQUIN	COMPULSION
SERVOFREIN	DOMINIQUIN	PROPULSION
BADGASTEIN	SAINT-SAVIN	CONVULSION
EISENSTEIN	HENDIADYIN	PRÉHENSION
RUBINSTEIN	EINSIEDELN	PRÉPENSION
TCHIN-TCHIN	SCHLIEMANN	PROPENSION
BEYROUTHIN	STRESEMANN	SUSPENSION
STÉNOHALIN	PÖPPELMANN	DISSENSION
DU GUESCLIN	WESSELMANN	SURTENSION
CRISTALLIN	LANDAMMANN	DISTENSION
BIVITELLIN	KELLERMANN	SUBMERSION
MONTEMOLIN	ZIMMERMANN	DISPERSION
CHÂTEAULIN	WASSERMANN	SUBVERSION
MANITOULIN	DREWERMANN	CONVERSION
GUAYASAMÍN	SCHÖNBRUNN	PERVERSION
BEAUCHEMIN	ESTRAMAÇON	CONTORSION
JIANG ZEMIN	FRANC-MAÇON	DISTORSION
GUILLAUMIN	MONTFAUCON	COMPASSION
ABD AL-MUMIN	EAST LONDON	SUCCESSION
MONTCHANIN	CYNORHODON	PRÉCESSION
TRANSALPIN	PTÉRANODON	CONCESSION
PLAN CARPIN	DIMÉTRODON	PROCESSION
HÉLIOMARIN	BOUCHARDON	CONFESSION
SAINT-MARIN	LYCOPERDON	PROFESSION
ALEXANDRIN	QUIQUAGEON	RÉGRESSION
ALEXANDRIN	ESCOURGEON	DIGRESSION
LE PELLERIN	LUIS DE LEÓN	DÉPRESSION
BOULINGRIN	SANG-DRAGON	RÉPRESSION
MONTMAURIN	BOURDICHON	IMPRESSION
CRAPOUSSIN	MAIGRICHON	OPPRESSION
GRÉCO-LATIN	BOURRICHON	EXPRESSION
BÉNÉDICTIN	CONCEPCIÓN	JAM-SESSION
CUCURBITIN	TROMBIDION	POSSESSION
ÉLÉPHANTIN	PYRAMIDION	COMMISSION
LABORANTIN	IRRÉLIGION	PERMISSION
ROMORANTIN	PIED-DE-LION	SOUMISSION
IGNORANTIN	DENT-DE-LION	CONCUSSION
FLEURANTIN	FOURMILION	PERCUSSION
PLAISANTIN	CASTELLION	DISCUSSION
OUESSANTIN	SEXTILLION	CONCLUSION
CONSTANTIN	QUATERNION	FORCLUSION

PULTRUSION	ONDULATION	ABERRATION
INCUBATION	MODULATION	FILTRATION
INTUBATION	RÉGULATION	CENTRATION
DÉFÉCATION	SIMULATION	CASTRATION
ABDICATION	ANNULATION	LUSTRATION
MÉDICATION	COPULATION	INDURATION
INDICATION	POPULATION	FIGURATION
VÉSICATION	ALKYLATION	ABJURATION
URTICATION	DÉCIMATION	ADJURATION
TRONCATION	RANIMATION	BORURATION
ALLOCATION	INTIMATION	MATURATION
COLOCATION	ESTIMATION	SATURATION
RÉVOCATION	AUTOMATION	OBTURATION
INVOCATION	INHUMATION	SINISATION
VALIDATION	EXHUMATION	IONISATION
LAPIDATION	IMPANATION	COTISATION
INONDATION	ALIÉNATION	ACCUSATION
DÉNUDATION	STAGNATION	RÉCUSATION
EXSUDATION	ORDINATION	DILATATION
RECRÉATION	PAGINATION	FLUATATION
RÉCRÉATION	GÉMINATION	TRACTATION
DIVAGATION	DOMINATION	ÉRUCTATION
DÉLÉGATION	NOMINATION	HÉBÉTATION
RELÉGATION	RUMINATION	VÉGÉTATION
ALLÉGATION	SUPINATION	HABITATION
ABNÉGATION	DIVINATION	RÉCITATION
DÉNÉGATION	DÉTONATION	LICITATION
AGRÉGATION	INTONATION	INCITATION
OBLIGATION	ÉTAT-NATION	EXCITATION
FUMIGATION	USURPATION	MÉDITATION
IRRIGATION	CRISPATION	COGITATION
MITIGATION	OCCUPATION	LIMITATION
NAVIGATION	RÉPARATION	CAPITATION
LÉVIGATION	SÉPARATION	IRRITATION
ÉLONGATION	EXÉCRATION	HÉSITATION
ABROGATION	LIBÉRATION	VISITATION
DÉROGATION	LACÉRATION	ÉQUITATION
GLACIATION	MACÉRATION	CAVITATION
ÉMACIATION	ULCÉRATION	LÉVITATION
SPÉCIATION	FÉDÉRATION	INVITATION
FASCIATION	SIDÉRATION	EXALTATION
AMODIATION	MODÉRATION	EXULTATION
SPOLIATION	NUMÉRATION	PLANTATION
AMPLIATION	GÉNÉRATION	DÉNOTATION
INITIATION	VÉNÉRATION	ANNOTATION
INHALATION	ALTÉRATION	ADAPTATION
EXHALATION	ÉMIGRATION	COAPTATION
RÉVÉLATION	ADMIRATION	COOPTATION
JUBILATION	ASPIRATION	PRESTATION
DÉPILATION	EXPIRATION	FLOTTATION
MUTILATION	RETIRATION	RÉFUTATION
SPALLATION	DÉCORATION	SALUTATION
IMMOLATION	MAJORATION	DÉPUTATION
DÉSOLATION	CHLORATION	RÉPUTATION
INSOLATION	COLORATION	AMPUTATION
FABULATION	MINORATION	IMPUTATION
TABULATION	FLUORATION	ÉVACUATION

GRADUATION	ÉBULLITION	TOURBILLON
ÉVALUATION	DÉMOLITION	**CHATEILLON**
ADÉQUATION	DÉFINITION	BOUTEILLON
INÉQUATION	ADMONITION	CRAMPILLON
EXCAVATION	APPARITION	GRAPPILLON
SALIVATION	CONTRITION	TRAPPILLON
DÉRIVATION	TRANSITION	CENDRILLON
ACTIVATION	DÉPOSITION	**CENDRILLON**
MOTIVATION	IMPOSITION	**VOUVRILLON**
ESTIVATION	APPOSITION	ÉTRÉSILLON
RÉNOVATION	OPPOSITION	CROISILLON
INNOVATION	EXPOSITION	**ROUSSILLON**
ÉNERVATION	RÉPÉTITION	**L'AIGUILLON**
RELAXATION	PRÉTENTION	ÉCOUVILLON
DÉTAXATION	CONTENTION	**GROIZILLON**
INDEXATION	ABSTENTION	**BINET-SIMON**
ABRÉACTION	SUBVENTION	**SAINT-SIMON**
RÉFRACTION	PRÉVENTION	BACKGAMMON
EFFRACTION	CONVENTION	SINE QUA NON
INFRACTION	LOCOMOTION	CHAMPIGNON
DÉTRACTION	CONCEPTION	**LILIENCRON**
RÉTRACTION	PERCEPTION	INTERFÉRON
ATTRACTION	RÉDEMPTION	**MOUILLERON**
EXTRACTION	PRÉEMPTION	**HEPTAMÉRON**
CONFECTION	PÉREMPTION	POTIMARRON
PERFECTION	ASSOMPTION	QUERCITRON
PROJECTION	ABSORPTION	**CAMPISTRON**
SURJECTION	ADSORPTION	**FOURNEYRON**
RÉÉLECTION	DÉSORPTION	**ROWLANDSON**
COLLECTION	RÉSORPTION	**RICHARDSON**
INSPECTION	CORRUPTION	FRONDAISON
ANÉRECTION	DISRUPTION	PORCHAISON
CORRECTION	PROPORTION	FAUCHAISON
SURRECTION	SUGGESTION	EXHALAISON
TRISECTION	CONGESTION	PÉRORAISON
BISSECTION	EXHAUSTION	POUTRAISON
DISSECTION	COMBUSTION	DEMI-SAISON
PROTECTION	ANTRUSTION	FLOTTAISON
CONVECTION	PRÉCAUTION	DÉCUVAISON
PRÉDICTION	ALLOCUTION	ANTIPOISON
AFFLICTION	ABSOLUTION	**MONTBRISON**
CONVICTION	RÉSOLUTION	**STEPHENSON**
EXTINCTION	DÉVOLUTION	TRANSPOSON
ADJONCTION	**DÉVOLUTION**	**MACPHERSON**
INJONCTION	RÉVOLUTION	PAILLASSON
TRADUCTION	INVOLUTION	NOURRISSON
SUBDUCTION	DIMINUTION	PRÉCUISSON
CONDUCTION	REPARUTION	**FLEURIATON**
PRODUCTION	COMPLEXION	PHOTOMATON
COMPLÉTION	CALE-ÉTALON	BRISE-BÉTON
CONCRÉTION	PENTATHLON	**SHACKLETON**
DISCRÉTION	HEPTATHLON	FEUILLETON
IMBIBITION	**BEAUVALLON**	MOUSQUETON
INHIBITION	AVOCAILLON	**WADDINGTON**
EXHIBITION	NOBLAILLON	**WASHINGTON**
COERCITION	TOURAILLON	**WELLINGTON**
EXPÉDITION	BOURBILLON	**DARLINGTON**

BURLINGTON	AVION-CARGO	**SERPA PINTO**
LEAMINGTON	**PORTO VELHO**	MEZZOTINTO
WILMINGTON	**MOGADISCIO**	ROMAN-PHOTO
WARRINGTON	**VERROCCHIO**	ALLEGRETTO
TORRINGTON	**SAN ANTONIO**	ESPRESSIVO
DEMI-CANTON	**SAN-ANTONIO**	**DOMODEDOVO**
SAINT-ANTON	**VEGA CARPIO**	**CHIMBORAZO**
FULMICOTON	A CONTRARIO	**TANGE KENZO**
JARNICOTON	IMPRÉSARIO	**SAN LORENZO**
ANTIPROTON	**PORTOVIEJO**	INTERMEZZO
CLAPPERTON	**CASTILLEJO**	**GUI D'AREZZO**
CLIPPERTON	**TIMOCHENKO**	**MICHELOZZO**
CHESTERTON	**RODTCHENKO**	LEADERSHIP
CHATTERTON	**TCHERNENKO**	SISTER-SHIP
CHATTERTON	**ARCHIPENKO**	**GRAND-CHAMP**
EDMUNDSTON	**KOSCIUSZKO**	SUR-LE-CHAMP
CHARLESTON	**SÃO GONÇALO**	**RIBBENTROP**
CHARLESTON	**PORT-NAVALO**	**BLENKINSOP**
PALMERSTON	**PIRANDELLO**	CONTRECOUP
PORTE-SAVON	**MASANIELLO**	PIED-DE-LOUP.
ANGLO-SAXON	**LARDERELLO**	TÊTE-DE-LOUP
ANGLO-SAXON	**HERMOSILLO**	SAUT-DE-LOUP
AMPHITRYON	**CARACCIOLO**	**CHANTELOUP**
AMPHITRYON	**MONTE-CARLO**	**AL-FARAZDAQ**
AMPHICTYON	**GUANTÁNAMO**	**PONT-À-MARCQ**
MATTERHORN	**LITTLE NEMO**	CRÊTE-DE-COQ
WETTERHORN	PIANISSIMO	**PUVIRNITUQ**
IBN KHALDUN	FORTISSIMO	VOITURE-BAR
MONT-VERDUN	BRAVISSIMO	CAMPING-CAR
CHÂTEAUDUN	**SAN STEFANO**	CONCEPT CAR
JEAN DE MEUN	**GARIGLIANO**	**MADAGASCAR**
BEN JELLOUN	**NINO PISANO**	SPORTSWEAR
ISKENDERUN	**TALCAHUANO**	**AHMADNAGAR**
INOPPORTUN	**VERRAZZANO**	**ULHASNAGAR**
ROHMOO-HYUN	CAPPUCCINO	**BIRATNAGAR**
BRIDGETOWN	**BERNARDINO**	**GUETHARIAR**
GEORGE TOWN	**ROSSELLINO**	EURODOLLAR
GEORGETOWN	CONCERTINO	BICHELAMAR
SIMONSTOWN	**SHOWA TENNO**	**SAXE-WEIMAR**
FALKENHAYN	**MEIJI TENNO**	**MONTÉLIMAR**
ANNE BOLEYN	**SAINT-BRUNO**	**VIÑA DEL MAR**
POOL MALEBO	DIDJERIDOO	**EL-HADJ OMAR**
PARAMARIBO	**SANNAZZARO**	HYPOTHÉNAR
TIAHUANACO	**CANNIZZARO**	**VALLEDUPAR**
PUERTO RICO	GUÉRILLERO	**SALMANASAR**
TLATELOLCO	**MONTÉNÉGRO**	SALMANAZAR
AFICIONADO	**SÁ-CARNEIRO**	DÉSINHIBER
ARCIMBOLDO	**YATSUSHIRO**	SURPLOMBER
RITARDANDO	**CÓRDOBA ORO**	RÉABSORBER
DIMINUENDO	**GREENSBORO**	ENTRELACER
GROSSO MODO	**CAGLIOSTRO**	MANIGANCER
BANDE-VIDÉO	**VALPARAÍSO**	COFINANCER
MONTEVIDEO	**BELGIOJOSO**	ENSEMENCER
BARTOLOMEO	**CAMPOBASSO**	RÉFÉRENCER
INTERTRIGO	**MATO GROSSO**	INFLUENCER
MOYEN-CONGO	**GUANAJUATO**	DÉSAMORCER
NYIRAGONGO	**SACRAMENTO**	RESSOURCER

ACQUIESCER	DÉPARTAGER	BIGARADIER
COURROUCER	REPARTAGER	RÉEXPÉDIER
BARRICADER	ULTRALÉGER	**MONTDIDIER**
CAVALCADER	SUPER-LÉGER	**TISSANDIER**
EMBRIGADER	DÉSAGRÉGER	STIPENDIER
ABD EL-KADER	BOOTLEGGER	PSALMODIER
PALISSADER	DÉSOBLIGER	BOMBARDIER
RÉTROCÉDER	RECORRIGER	**BOMBARDIER**
INTERCÉDER	RÉARRANGER	ANACARDIER
DÉPOSSÉDER	CHALLENGER	CAGNARDIER
CONSOLIDER	**STAUDINGER**	MOUTARDIER
TÉLÉGUIDER	INTERROGER	PLANCHÉIER
TRANSVIDER	SURCHARGER	GOUGNAFIER
SENEFELDER	HYDROFUGER	RIGIDIFIER
MARCHANDER	**SCHUMACHER**	SOLIDIFIER
AFFRIANDER	EMPANACHER	HUMIDIFIER
ACHALANDER	AMOURACHER	FLUIDIFIER
ARGELANDER	POURLÉCHER	DRAGÉIFIER
HIGHLANDER	**SCHLEICHER**	SIMPLIFIER
REDEMANDER	**SCHŒLCHER**	SAPONIFIER
GOURMANDER	REMMANCHER	ÉTHÉRIFIER
VILIPENDER	DÉBRANCHER	ESTÉRIFIER
FASSBINDER	EMBRANCHER	ÉMULSIFIER
VAGABONDER	RETRANCHER	CLASSIFIER
SURABONDER	DÉCLENCHER	STRATIFIER
TRANSCODER	ENCLENCHER	SANCTIFIER
ACCOMMODER	DÉCABOCHER	FRUCTIFIER
INCOMMODER	RABIBOCHER	QUANTIFIER
CHAMBARDER	EFFILOCHER	IDENTIFIER
ESCOBARDER	GUILLOCHER	PLASTIFIER
BRANCARDER	RACCROCHER	REVIVIFIER
BOUCHARDER	RAPPROCHER	DÉNAZIFIER
MOUCHARDER	RECHERCHER	ALIBOUFIER
FLEMMARDER	AFFOURCHER	**RIVE-DE-GIER**
ACAGNARDER	ENFOURCHER	PISTACHIER
POIGNARDER	**DE VISSCHER**	JOURNALIER
ÉCHAFAUDER	DISPATCHER	MINÉRALIER
COURTAUDER	**LOIR-ET-CHER**	FRONTALIER
MARIVAUDER	REMBAUCHER	ENSEMBLIER
STADHOUDER	CHEVAUCHER	ANTIBÉLIER
STATHOUDER	DESSOUCHER	CHANCELIER
IJSSELMEER	**JEAN FISHER**	CHANDELIER
VAN DER MEER	**VALLORBIER**	**MONTPELIER**
ZOETERMEER	POPULACIER	BOURRELIER
SCHRIEFFER	DISGRACIER	VAISSELIER
BONHOEFFER	CANÉFICIER	BOISSELIER
ÉBOURIFFER	BÉNÉFICIER	BERSAGLIER
RÉCHAUFFER	ARTIFICIER	IMMOBILIER
FRAUNHOFER	SUPPLICIER	DOMICILIER
DÉSENGAGER	NOURRICIER	SOURCILIER
TREILLAGER	ÉCHÉANCIER	FOURMILIER
DÉDOMMAGER	OUTRANCIER	PRUNELLIER
ENDOMMAGER	DISTANCIER	DENTELLIER
RÉAMÉNAGER	AUDIENCIER	**CARTELLIER**
DÉCOURAGER	TRÉFONCIER	MÉDAILLIER
ENCOURAGER	RENÉGOCIER	CAUSAILLER
AFFOURAGER	LIMONADIER	BOUTILLIER

AIGUILLIER	TEINTURIER	**WEIZSÄCKER**
COQUILLIER	MANOUVRIER	CORN-PICKER
CHEVILLIER	APOSTASIER	SEERSUCKER
WARCOLLIER	PARADISIER	STRIP-POKER
ÉPISTOLIER	**MONTLOSIER**	INTERCALER
MULTIPLIER	TRAVERSIER	RASSEMBLER
PONTARLIER	TRACASSIER	RESSEMBLER
IRRÉGULIER	AVOCASSIER	ENSORCELER
BANCOULIER	PLUMASSIER	DÉCONGELER
STAPHYLIER	COGNASSIER	ENTREMÊLER
SAINT-IMIER	CARNASSIER	RESSEMELER
PRINTANIER	CUIRASSIER	DÉBOSSELER
QUARTANIER	TERRASSIER	ENCHÂTELER
CARAVANIER	CASSISSIER	DÉMANTELER
MONTAGNIER	CARROSSIER	ENCASTELER
FONTAINIER	**MONTAUSIER**	DÉCHEVELER
CARABINIER	MARGOUSIER	DÉCERVELER
MÉDICINIER	GUICHETIER	RENOUVELER
TAMARINIER	**LE PELETIER**	ESSOUFFLER
MAGASINIER	CHAÎNETIER	ÉCORNIFLER
CARBONNIER	GRAINETIER	PANTOUFLER
BRACONNIER	ROBINETIER	DESSANGLER
GARÇONNIER	CABARETIER	**KAHNWEILER**
FAUCONNIER	CHARRETIER	TRANSFILER
AMIDONNIER	BRIQUETIER	DÉFAUFILER
CORDONNIER	PARQUETIER	HORRIPILER
PIGEONNIER	COHÉRITIER	TRIMBALLER
PLAFONNIER	BISCUITIER	BEST-SELLER
DRAGONNIER	ASPHALTIER	CONSTELLER
THIMONNIER	FORFANTIER	CARCAILLER
MARRONNIER	DEMI-ENTIER	POULAILLER
FERRONNIER	PARMENTIER	CHAMAILLER
CITRONNIER	**PARMENTIER**	REMMAILLER
SAISONNIER	**CARPENTIER**	GRENAILLER
PRISONNIER	**BRÉMONTIER**	SONNAILLER
PIÉTONNIER	ABRICOTIER	REMPAILLER
CANTONNIER	ANECDOTIER	HARPAILLER
SANTONNIER	INDIGOTIER	COUPAILLER
MENTONNIER	BISTROTIER	DÉBRAILLER
PONTONNIER	**DUMONSTIER**	FERRAILLER
CARTONNIER	FLIBUSTIER	TORRAILLER
BOUTONNIER	**DUMOUSTIER**	MITRAILLER
MOUTONNIER	REGRATTIER	COURAILLER
BRUGNONIER	CREVETTIER	BAISAILLER
MEISSONIER	CACHOTIER	GRISAILLER
CAP-HORNIER	CHARCUTIER	AVITAILLER
GÂTE-PAPIER	**PELLOUTIER**	TRAVAILLER
COÉQUIPIER	**MARMOUTIER**	DÉGOBILLER
TÉLÉCOPIER	**PERDIGUIER**	SOURCILLER
POLYCOPIER	HARENGUIER	BRANDILLER
CONTRARIER	**VILLEQUIER**	SOMMEILLER
CALENDRIER	CHIMIQUIER	CONSEILLER
VINAIGRIER	BOUTIQUIER	BOUTEILLER
APPROPRIER	PERRUQUIER	SURVEILLER
EXPROPRIER	AMADOUVIER	FOURMILLER
FOX-TERRIER	PALÉTUVIER	DÉCANILLER
AVENTURIER	**STROSMAJER**	ÉCHENILLER

GRAPPILLER	DÉSARRIMER	REFAÇONNER
ÉPARPILLER	MILLÉSIMER	LIMAÇONNER
HOUSPILLER	SURESTIMER	ÉTANÇONNER
ÉTOUPILLER	DÉSESTIMER	POINÇONNER
QUADRILLER	MÉSESTIMER	TRONÇONNER
ESSORILLER	PROGRAMMER	SOUPÇONNER
BOURSILLER	BABY-BOOMER	ABANDONNER
SCINTILLER	RÉAFFIRMER	COORDONNER
POINTILLER	**PYLA-SUR-MER**	BOURDONNER
APOSTILLER	**LION-SUR-MER**	DRAGEONNER
ENDEUILLER	**BATZ-SUR-MER**	APIGEONNER
EFFEUILLER	DÉSENFUMER	CHIFFONNER
BIDOUILLER	TRANSHUMER	GRIFFONNER
ANDOUILLER	ACCOUTUMER	BOUFFONNER
BAFOUILLER	EMBOUCANER	FOURGONNER
CAFOUILLER	FILIGRANER	RONCHONNER
REFOUILLER	HYDROGÉNER	TORCHONNER
AFFOUILLER	DÉSALIÉNER	BOUCHONNER
MAGOUILLER	RASSÉRÉNER	VIBRIONNER
PIGOUILLER	RESSAIGNER	PENSIONNER
ZIGOUILLER	RENSEIGNER	PASSIONNER
REMOUILLER	DÉSALIGNER	FISSIONNER
DÉPOUILLER	RÉASSIGNER	STATIONNER
DÉROUILLER	ÉGRATIGNER	OVATIONNER
VASOUILLER	BARGUIGNER	SECTIONNER
PATOUILLER	RENFROGNER	MENTIONNER
PÉTOUILLER	CUBITAINER	ÉMOTIONNER
GAZOUILLER	RECOMBINER	CAUTIONNER
RESQUILLER	REMBOBINER	DOUBLONNER
GUEBWILLER	REVACCINER	HOUBLONNER
BOUXWILLER	RATIOCINER	ÉCHELONNER
CARAMBOLER	PATROCINER	BÂILLONNER
CAMBRIOLER	HALLUCINER	GROGNONNER
EXTRAPOLER	BAVARDINER	CRAMPONNER
INTERPOLER	APRÈS-DÎNER	GOUDRONNER
RAFISTOLER	PARAFFINER	BIBERONNER
CONTEMPLER	DÉGOULINER	CLAIRONNER
QUADRUPLER	CONTAMINER	ENVIRONNER
QUINTUPLER	RÉEXAMINER	LIAISONNER
CONFABULER	DISSÉMINER	CLOISONNER
PELLICULER	RÉCRIMINER	MOISSONNER
GESTICULER	INCRIMINER	FRISSONNER
RECALCULER	PRÉDOMINER	ÉCUSSONNER
TRIANGULER	DÉTERMINER	EMMITONNER
DISSIMULER	EXTERMINER	CAPITONNER
REFORMULER	TURLUPINER	EVALTONNER
DESSAOULER	GLYCÉRINER	CHANTONNER
CHAMBOULER	ORGANSINER	PELOTONNER
DÉBAGOULER	ASSASSINER	DÉGAZONNER
DÉCAPSULER	AGGLUTINER	ENGAZONNER
SCHNITZLER	EMBÉGUINER	TÉLÉPHONER
BLASPHÉMER	TINTOUINER	BIGOPHONER
CLAIRSEMER	MAROQUINER	RÉINCARNER
KRETSCHMER	TRUSQUINER	ENCASERNER
HORKHEIMER	ENRUBANNER	CONSTERNER
WERTHEIMER	DÉSABONNER	PROSTERNER
RÉIMPRIMER	CHARBONNER	BALIVERNER

COSY-CORNER	SURCONTRER	DIABOLISER
CONTOURNER	ORCHESTRER	SYMBOLISER
BISTOURNER	SÉQUESTRER	ALCOOLISER
RISTOURNER	CALFEUTRER	VICTIMISER
VON SUTTNER	RACCOUTRER	RANDOMISER
AMPLI-TUNER	DÉCARBURER	ÉCONOMISER
IMPORTUNER	DÉSULFURER	SCOTOMISER
HANDICAPER	PRÉFIGURER	CUSTOMISER
PARTICIPER	CONFIGURER	VULCANISER
SURÉQUIPER	EMPRÉSURER	MÉTHANISER
DÉSÉQUIPER	SURSATURER	BALKANISER
TÉLESCOPER	STRUCTURER	GERMANISER
DÉVELOPPER	DÉSENIVRER	HISPANISER
ENVELOPPER	MANŒUVRER	GALVANISER
PRÉOCCUPER	MÉTASTASER	HELLÉNISER
RONÉOTYPER	EXTRAVASER	MACHINISER
DÉSEMPARER	DÉSENVASER	CRÉTINISER
ENTÉNÉBRER	TRANSVASER	INDEMNISER
DÉCÉRÉBRER	OSTRACISER	TYRANNISER
ÉQUILIBRER	ANGLICISER	SOLENNISER
SAUPOUDRER	CATÉCHISER	PÉRENNISER
RÉVERBÉRER	FRANCHISER	CARBONISER
INCARCÉRER	GLOBALISER	PRÉCONISER
CONFÉDÉRER	VERBALISER	HARMONISER
CONSIDÉRER	FISCALISER	MICRONISER
INDIFFÉRER	VANDALISER	INTRONISER
PROLIFÉRER	LABIALISER	MODERNISER
INTERFÉRER	SOCIALISER	RATIBOISER
TRANSFÉRER	FILIALISER	FRAMBOISER
RÉFRIGÉRER	ANIMALISER	PRÉCARISER
AGGLOMÉRER	FORMALISER	VULGARISER
OBTEMPÉRER	NORMALISER	GARGARISER
DÉSESPÉRER	SIGNALISER	SCOLARISER
DÉBLATÉRER	SACRALISER	SCÉNARISER
DÉSALTÉRER	VASSALISER	CANCÉRISER
PERSÉVÉRER	BRUTALISER	MERCERISER
DÉCHIFFRER	ANNUALISER	BONDÉRISER
ENGOUFFRER	VISUALISER	VESPÉRISER
RÉINTÉGRER	ACTUALISER	PAUPÉRISER
TRANSPIRER	RITUALISER	SINTÉRISER
COLLABORER	MUTUALISER	CAUTÉRISER
CORROBORER	SEXUALISER	PULVÉRISER
PHOSPHORER	DIÉSÉLISER	VAMPIRISER
DÉTÉRIORER	FIABILISER	HERBORISER
COMMÉMORER	VIABILISER	EUPHORISER
DÉSHONORER	AMABILISER	TAYLORISER
INCORPORER	STABILISER	TEMPORISER
EXPECTORER	FRAGILISER	TERRORISER
EMPOURPRER	STÉRILISER	FACTORISER
REDÉMARRER	FOSSILISER	SECTORISER
REMBOURRER	SUBTILISER	CICATRISER
OPINIÂTRER	FERTILISER	ÉLECTRISER
PARAMÉTRER	RÉUTILISER	MARTYRISER
KILOMÉTRER	MÉTALLISER	MÉDIATISER
SOUS-TITRER	LABELLISER	DRAMATISER
CONCENTRER	SATELLISER	DOGMATISER
RENCONTRER	JAVELLISER	CLIMATISER

AROMATISER	TRÉMOUSSER	ÉPOUVANTER
PRIVATISER	DÉBROUSSER	INNOCENTER
GADGÉTISER	REBROUSSER	ACCIDENTER
BUDGÉTISER	DÉTROUSSER	INCIDENTER
ESTHÉTISER	RETROUSSER	DILIGENTER
SOVIÉTISER	**TANNHÄUSER**	RÉARGENTER
MAGNÉTISER	GRACIEUSER	RÉORIENTER
DÉPOÉTISER	REDIFFUSER	INSOLENTER
GALANTISER	TRANSFUSER	ORNEMENTER
HYPNOTISER	HYDROLYSER	PAREMENTER
DÉBAPTISER	PHOSPHATER	AGRÉMENTER
REBAPTISER	ACCLIMATER	FRAGMENTER
EXPERTISER	CARBONATER	SÉDIMENTER
PALETTISER	RÉHYDRATER	BONIMENTER
SUBDIVISER	DIFFRACTER	TOURMENTER
IMPROVISER	CONTRACTER	DOCUMENTER
SUPERVISER	PROSPECTER	ARGUMENTER
POURPENSER	DISJONCTER	CHARPENTER
JUXTAPOSER	**HOFSTADTER**	APPARENTER
ENTREPOSER	DÉCACHETER	FRÉQUENTER
SURIMPOSER	RECACHETER	RÉINVENTER
DÉCOMPOSER	INTERJETER	RACCOINTER
RECOMPOSER	SOUFFLETER	DESSUINTER
SUPERPOSER	FEUILLETER	CONFRONTER
INTERPOSER	DÉCOLLETER	DISCOUNTER
INDISPOSER	**SCHUMPETER**	REMPRUNTER
TRANSPOSER	ÉPOUSSETER	TRAFICOTER
SUREXPOSER	DÉSENTÊTER	PATRICOTER
REMBOURSER	DÉPAQUETER	MASSICOTER
ESCAGASSER	EMPAQUETER	MENDIGOTER
ÉCHALASSER	DÉCLAVETER	PATRIGOTER
SURCLASSER	BÊCHEVETER	TREMBLOTER
MATELASSER	MALTRAITER	PAPILLOTER
CAILLASSER	SOLLICITER	DÉSADAPTER
CADENASSER	EXPLICITER	PRÉCOMPTER
GROGNASSER	SUREXCITER	DISCOMPTER
TRAÎNASSER	DÉSEXCITER	TÉLÉPORTER
PAPERASSER	PRÉMÉDITER	RÉIMPORTER
BOURRASSER	ACCRÉDITER	RÉEXPORTER
RAPETASSER	DÉSULFITER	CONTRASTER
ÉCRIVASSER	DÉGURGITER	**GLOUCESTER**
PLEUVASSER	RÉGURGITER	MANIFESTER
INTÉRESSER	INGURGITER	**COLCHESTER**
PROGRESSER	PÉRICLITER	**MANCHESTER**
COMPRESSER	DÉCRÉPITER	WINCHESTER
SURBAISSER	PRÉCIPITER	**WINCHESTER**
RENCAISSER	DÉSHÉRITER	**DORCHESTER**
DÉGRAISSER	PRÉTÉRITER	ADMONESTER
ENGRAISSER	NÉCESSITER	CONTRISTER
DÉPALISSER	VIREVOLTER	PRÉEXISTER
DÉFROISSER	CATAPULTER	**NEUMÜNSTER**
LAMBRISSER	FAINÉANTER	TARABUSTER
RAPETISSER	TROCHANTER	DÉSAJUSTER
DÉCHAUSSER	BRILLANTER	GIROUETTER
RECHAUSSER	COMPLANTER	PIROUETTER
ENCHAUSSER	SUPPLANTER	**SALZGITTER**
SURHAUSSER	PLAISANTER	BABY-SITTER

MANGEOTTER	CONFISQUER	**PRINCE NOIR**
DÉCALOTTER	RÉHABITUER	TAMPONNOIR
GOBELOTTER	SUBSTITUER	SUSPENSOIR
DÉCULOTTER	CONSTITUER	OURDISSOIR
RECULOTTER	PROSTITUER	BRUNISSOIR
PANNEAUTER	PARACHEVER	REPOUSSOIR
CHAPEAUTER	CANTILEVER	DÉPLANTOIR
POIREAUTER	CHAMPLEVER	PRÉSENTOIR
TERREAUTER	**SAINT-SEVER**	SURMONTOIR
TRESSAUTER	**SNAKE RIVER**	DÉCROTTOIR
DÉNOYAUTER	DÉSACTIVER	APERCEVOIR
PERSÉCUTER	OBJECTIVER	REPOURVOIR
RÉPERCUTER	ADJECTIVER	REPLEUVOIR
REDISCUTER	INVECTIVER	PROMOUVOIR
CRAPAHUTER	CONTROUVER	DEMI-SOUPIR
PARACHUTER	**EISENHOWER**	ENTROUVRIR
PERLEMUTER	DÉSINDEXER	APPESANTIR
COPERMUTER	DÉSENRAYER	PRESSENTIR
TRANSMUTER	ERLENMEYER	RÉASSORTIR
MARABOUTER	BLANCHOYER	RÉINVESTIR
SURAJOUTER	REDÉPLOYER	ASSUJETTIR
CAILLOUTER	RÉEMPLOYER	ROND-DE-CUIR
DÉMAZOUTER	DÉGRAVOYER	SIMILICUIR
PHAGOCYTER	DÉSENNUYER	**EL SALVADOR**
SCHONGAUER	**SCHWEITZER**	CORREGIDOR
PRANDTAUER	**BUNDESWEHR**	BOUTONS-D'OR
CONTRIBUER	**REICHSWEHR**	**MARIE TUDOR**
DISTRIBUER	**SAINT CLAIR**	**ZIGUINCHOR**
DÉFATIGUER	**BOUC-BEL-AIR**	**CHANCELLOR**
PROMULGUER	CONTRE-VAIR	**NEW WINDSOR**
VALDINGUER	AÏD-EL-KÉBIR	**OULAN-BATOR**
ÉTALINGUER	RACCOURCIR	TRANSISTOR
DÉGLINGUER	RESPLENDIR	**MONTEMAYOR**
SCHLINGUER	ACCOUARDIR	DÉBOURBEUR
BERLINGUER	ABALOURDIR	AMBIANCEUR
EMBRINGUER	ABASOURDIR	SÉQUENCEUR
DISTINGUER	RAFRAÎCHIR	QUÉMANDEUR
CATALOGUER	DÉFRAÎCHIR	COMMANDEUR
HOMOLOGUER	REBLANCHIR	**COMMANDEUR**
MONOLOGUER	AFFRANCHIR	DESCENDEUR
SURÉVALUER	**DIYARBAKIR**	PROFONDEUR
DÉSÉCHOUER	PRÉÉTABLIR	TRIMARDEUR
ESTOMAQUER	ENVIEILLIR	CHAPARDEUR
BIVOUAQUER	ACCUEILLIR	CLABAUDEUR
CLAUDIQUER	RECUEILLIR	ESBROUFEUR
COMPLIQUER	ENTRETENIR	DÉMÉNAGEUR
RAPPLIQUER	APPARTENIR	NAUFRAGEUR
POLÉMIQUER	INTERVENIR	FOURRAGEUR
CHRONIQUER	DÉGORGEOIR	VENDANGEUR
TOURNIQUER	ÉBRANCHOIR	DÉFRICHEUR
POLITIQUER	EMBAUCHOIR	PASTICHEUR
PLASTIQUER	EMBOUCHOIR	BAMBOCHEUR
INTOXIQUER	NONCHALOIR	ACCROCHEUR
REQUINQUER	ÉQUIVALOIR	DÉCROCHEUR
SOLILOQUER	**EURE-ET-LOIR**	DÉMARCHEUR
ÉQUIVOQUER	CONDOULOIR	TCHATCHEUR
REMBARQUER	**BEAUMANOIR**	DÉBOUCHEUR

ACCOUCHEUR	HARPONNEUR	INCUBATEUR
RETOUCHEUR	BLASONNEUR	INDICATEUR
POSTÉRIEUR	RAISONNEUR	INVOCATEUR
SCRABBLEUR	CRAYONNEUR	HORODATEUR
ASSEMBLEUR	GOUVERNEUR	DÉLÉGATEUR
CHANDELEUR	FLAGORNEUR	FUMIGATEUR
PIQUE-FLEUR	CACHE-CŒUR	NAVIGATEUR
PERSIFLEUR	SACRÉ-CŒUR	GLADIATEUR
ÉTRANGLEUR	**SACRÉ-CŒUR**	AMODIATEUR
RENTOILEUR	CRÈVE-CŒUR	SPOLIATEUR
DÉSHUILEUR	**CRÈVECŒUR**	INITIATEUR
QUERELLEUR	BELLE-SŒUR	INHALATEUR
MÉDAILLEUR	KIDNAPPEUR	RÉVÉLATEUR
CRIAILLEUR	ACCAPAREUR	MUTILATEUR
VOLAILLEUR	MASSACREUR	FABULATEUR
RIMAILLEUR	CYLINDREUR	TABULATEUR
PINAILLEUR	SOUS-VIREUR	OSCULATEUR
RIPAILLEUR	DÉTARTREUR	MODULATEUR
EMPAILLEUR	DISCOUREUR	RÉGULATEUR
ORPAILLEUR	CHAFOUREUR	SIMULATEUR
DÉRAILLEUR	RÉASSUREUR	COPULATEUR
TIRAILLEUR	DÉCOUVREUR	DÉCIMATEUR
CORAILLEUR	**LECOUVREUR**	ESTIMATEUR
BATAILLEUR	EXERCISEUR	ORDINATEUR
GOUAILLEUR	TOTALISEUR	DOMINATEUR
RHABILLEUR	NÉBULISEUR	SUPINATEUR
GAMBILLEUR	ORGANISEUR	DIVINATEUR
TORPILLEUR	CHAMOISEUR	CODONATEUR
GASPILLEUR	POLARISEUR	RÉSONATEUR
TOUPILLEUR	NUMÉRISEUR	DÉTONATEUR
BOUSILLEUR	TÉLÉVISEUR	USURPATEUR
AIGUILLEUR	PROPULSEUR	RÉPARATEUR
BROUILLEUR	CONDENSEUR	SÉPARATEUR
MAQUILLEUR	PRÉHENSEUR	LIBÉRATEUR
BATIFOLEUR	SUSPENSEUR	MACÉRATEUR
BOUCHOLEUR	PRÉCURSEUR	FÉDÉRATEUR
VITRIOLEUR	CONCASSEUR	MODÉRATEUR
MONOPOLEUR	EMBRASSEUR	NUMÉRATEUR
CONTRÔLEUR	SUCCESSEUR	GÉNÉRATEUR
VÉHICULEUR	PROCESSEUR	ADMIRATEUR
TOUCOULEUR	CONFESSEUR	ASPIRATEUR
ÉTAU-LIMEUR	PROFESSEUR	EXPIRATEUR
MAINTENEUR	REDRESSEUR	DÉCORATEUR
SURLIGNEUR	RÉPRESSEUR	DÉVORATEUR
PARRAINEUR	OPPRESSEUR	CASTRATEUR
ENTRAÎNEUR	POSSESSEUR	SATURATEUR
ENLUMINEUR	ENCAISSEUR	OBTURATEUR
BARATINEUR	DURCISSEUR	ACCUSATEUR
BOUQUINEUR	RAIDISSEUR	DILATATEUR
RANÇONNEUR	GAUDISSEUR	SPECTATEUR
RANDONNEUR	VERNISSEUR	INCITATEUR
PLAFONNEUR	GUÉRISSEUR	EXCITATEUR
DÉSHONNEUR	PÉTRISSEUR	ANNOTATEUR
CAMIONNEUR	SAURISSEUR	ADAPTATEUR
ACTIONNEUR	SERTISSEUR	SCRUTATEUR
SERMONNEUR	REHAUSSEUR	ÉVACUATEUR
TAMPONNEUR	CATALYSEUR	ÉVALUATEUR

EXCAVATEUR	ESCAMOTEUR	IMPRIMATUR
ACTIVATEUR	BLOC-MOTEUR	NE VARIETUR
RÉNOVATEUR	MARÉMOTEUR	**MARIN DE TYR**
INNOVATEUR	LOCOMOTEUR	PROTÈGE-BAS
TÉLÉACTEUR	IDÉOMOTEUR	**ANTALCIDAS**
BIRÉACTEUR	VÉLOMOTEUR	**ESMERALDAS**
COMPACTEUR	MONOMOTEUR	**SAN ANDREAS**
RÉFRACTEUR	VASOMOTEUR	SOUI-MANGAS
DÉTRACTEUR	AUTOMOTEUR	ÉPISPADIAS
EXTRACTEUR	CLIGNOTEUR	CHLAMYDIAS
CONTACTEUR	NUMÉROTEUR	**MATTATHIAS**
PROJECTEUR	PRÉCEPTEUR	**SAINT ELIAS**
DÉFLECTEUR	CONCEPTEUR	GALIMATIAS
RÉFLECTEUR	PERCEPTEUR	**AMR IBN AL-AS**
COLLECTEUR	RÉDEMPTEUR	DALAÏ-LAMAS
CONNECTEUR	CORRUPTEUR	CATOBLÉPAS
INSPECTEUR	TRIPORTEUR	GYROCOMPAS
CORRECTEUR	COLPORTEUR	FIERS-À-BRAS
TRISECTEUR	RAPPORTEUR	APPUIE-BRAS
BISSECTEUR	SUPPORTEUR	APPUIS-BRAS
PROTECTEUR	COMPOSTEUR	SOAP OPERAS
CONVECTEUR	EXHAUSTEUR	**PROTAGORAS**
EXTINCTEUR	RACKETTEUR	**CARPENTRAS**
TRADUCTEUR	BASKETTEUR	DUPLICATAS
CONDUCTEUR	RÉÉMETTEUR	INTERCLUBS
PRODUCTEUR	PROMETTEUR	YACHT-CLUBS
CROCHETEUR	RAQUETTEUR	NIGHT-CLUBS
ROUSPÉTEUR	SCHLITTEUR	**GRANDS LACS**
PROPRÉTEUR	BOYCOTTEUR	BLANCS-BECS
BRIQUETEUR	DÉCROTTEUR	SALAMALECS
ÉTIQUETEUR	COADJUTEUR	PORCS-ÉPICS
MARQUETEUR	HARANGUEUR	SOUL MUSICS
PARQUETEUR	MATRAQUEUR	CULS-BLANCS
MALFAITEUR	CRITIQUEUR	FERS-BLANCS
CODÉBITEUR	DÉMARQUEUR	CONTRE-ARCS
INHIBITEUR	REMORQUEUR	GRANDS-DUCS
EXPÉDITEUR	ENJOLIVEUR	CASSE-PIEDS
GRAFFITEUR	CONSERVEUR	PASSE-PIEDS
DYNAMITEUR	**COURMAYEUR**	BIENS-FONDS
DÉLIMITEUR	POURVOYEUR	HAUTS-FONDS
DÉFINITEUR	**PORT-ARTHUR**	PLATS-BORDS
EXPLOITEUR	**WINTERTHUR**	PORTE-BÉBÉS
APPARITEUR	TROUBADOUR	GARDE-ROBES
RÉPÉTITEUR	ROCAMADOUR	SOUS-BARBES
SURVOLTEUR	**ROCAMADOUR**	LAVE-GLACES
APICULTEUR	CULS-DE-FOUR	LÈVE-GLACES
AVICULTEUR	**MONTMAJOUR**	DEMI-PLACES
CONSULTEUR	CONTRE-JOUR	DEMI-PIÈCES
BROCANTEUR	**SAINT-FLOUR**	DEUX-PIÈCES
ENCHANTEUR	**CÔTE D'AMOUR**	BOX-OFFICES
APESANTEUR	SAINT-AMOUR	FREE-LANCES
FERMENTEUR	**SAINT-AMOUR**	GÂTE-SAUCES
EMPRUNTEUR	YOM KIPPOUR	**PASARGADES**
HARICOTEUR	**MERCANTOUR**	**EVERGLADES**
CHUCHOTEUR	**JAMSHEDPUR**	READY-MADES
BOUCHOTEUR	**BAHAWALPUR**	CARBONADES
COMPLOTEUR	**SAHARANPUR**	HIT-PARADES

AGHLABIDES
ARHLABIDES
PÈSE-ACIDES
SÉLEUCIDES
HAMMADIDES
HÉRACLIDES
NAHMANIDES
SASSANIDES
GERSONIDES
SEMI-ARIDES
HESPÉRIDES
BÉDARRIDES
EUPATRIDES
TIMOURIDES
WATTASIDES
ABBASSIDES
TOPO-GUIDES
DEMI-SOLDES
TIRE-BONDES
BIEN-FONDÉS
MICRO-ONDES
DEMI-RONDES
SOUS-GARDES
CENT-GARDES
GALVAUDÉES
DEMI-VOLÉES
SEXTUPLÉES
BIEN-AIMÉES
NON ANIMÉES
ENLUMINÉES
PORTE-ÉPÉES
ÉDULCORÉES
SURVOLTÉES
ARC-BOUTÉES
SOUS-LOUÉES
ENTRE-TUÉES
SOUS-PAYÉES
TECTOSAGES
ALLOBROGES
LES ÉPARGES
APPALACHES
SANDWICHES
SALLANCHES
VIDE-POCHES
BALOUTCHES
LES HOUCHES
TUE-MOUCHES
DESTOUCHES
GRIFUELHES
ENTRE-HAÏES
MILLERAIES
LANDRECIES
HARPIGNIES
WATTIGNIES
BETTIGNIES
PIERRERIES
HORS-SÉRIES

CAR-FERRIES
DROGUERIES
NON-INITIÉS
ROAD-MOVIES
MILK-SHAKES
CORN FLAKES
SEMI-COCKES
LUPERCALES
AVANT-CALES
RÉGIONALES
SATURNALES
PARENTALES
CHIROUBLES
TOP-MODÈLES
LOS ANGELES
CURE-ONGLES
COUPE-FILES
SERRE-FILES
FAC-SIMILÉS
PARE-BALLES
NAVACELLES
COURCELLES
SEYCHELLES
FLESSELLES
ÉCROUELLES
AUXQUELLES
PRÉFAILLES
ENTRAILLES
VERSAILLES
CORMEILLES
CRUSEILLES
EFFEUILLES
ÉCHIROLLES
AUTO-ÉCOLES
QUADRUPLÉS
QUINTUPLÉS
SAINT-JAMES
BRISE-LAMES
PORTE-LAMES
BOUTS-RIMÉS
PRIME TIMES
SOUS-HOMMES
VIDE-POMMES
MOBIL-HOMES
MOTOR-HOMES
INTERARMES
NON-ALIGNÉS
TIRE-LIGNES
TOUSSAINES
GRENADINES
TIRE-VEINES
DESSALINES
GRAVELINES
STRIP-LINES
ZAFFARINES
CHARAVINES
EAUX-VANNES

FARCIENNES
EAUX-BONNES
COORDONNÉS
GROGNONNES
BURNE-JONES
LEROI JONES
LAZZARONES
NOUVEAU-NÉS
VAN DER GOES
CASSE-PIPES
RHÔNE-ALPES
SOUS-NAPPES
RATS-TAUPES
LE BARCARÈS
MANZANARES
LOIS-CADRES
DESLANDRES
SOUS-ORDRES
CELTIBÈRES
CAMBACÉRÈS
CONFÉDÉRÉS
PLOMBIÈRES
PLOMBIÈRES
GAIGNIÈRES
BADINIÈRES
COURRIÈRES
SESTRIÈRES
GRAND-MÈRES
MÔN-KHMÈRES
DURES-MÈRES
BEAUX-PÈRES
DEMI-FRÈRES
SOUS-FIFRES
HONORAIRES
SANITAIRES
GENITOIRES
CHOKE-BORES
PESCADORES
CHOÉPHORES
CODE-BARRES
DEMI-LITRES
SOUS-TITRES
SOUS-TITRÉS
LÈVE-VITRES
BAS-VENTRES
DEMI-HEURES
TÂRGU MURES
DEUX-SÈVRES
SEMI-OUVRÉS
ÀNACROISÉS
POCATOISES
SOUS-TASSES
TIRE-FESSES
LES ROUSSES
DEMI-PAUSES
GLORIEUSES
CI-INCLUSES

TOUNGOUSES	OSTROGOTHS	TÉHÉRANAIS
RÉTROACTES	PISCIACAIS	SAMATANAIS
PENSE-BÊTES	BLAGNACAIS	BHOUTANAIS
MASSAGÈTES	FLOIRACAIS	BOTSWANAIS
CASSAVETES	CROISICAIS	BOUGUENAIS
SOUS-FAÎTES	COUTANÇAIS	MONTAGNAIS
AMALÉCITES	BANGLADAIS	MORTAGNAIS
COMMODITÉS	BANGLADAIS	HOURTINAIS
FRIVOLITÉS	FRONSADAIS	LANJUINAIS
HACHÉMITES	CAUSSADAIS	GARDANNAIS
HACHIMITES	HOLLANDAIS	LOUHANNAIS
RIVESALTES	HOLLANDAIS	ÉCOUENNAIS
RIVESALTES	FINLANDAIS	CARBONNAIS
BACCHANTES	FINLANDAIS	NARBONNAIS
CORRIENTES	MARMANDAIS	LISBONNAIS
BAS-JOINTÉS	GUÉRANDAIS	LISBONNAIS
GARDE-CÔTES	TRIBORDAIS	EAUBONNAIS
PIQUE-NOTES	AIRVAUDAIS	MEUDONNAIS
BLOCS-NOTES	MOISSAGAIS	LUCHONNAIS
EAUX-FORTES	KARATCHAÏS	DIVIONNAIS
OUDMOURTES	SRI LANKAIS	SAUJONNAIS
LOYALISTES	SRI LANKAIS	CHALONNAIS
HORS-PISTES	NEW-YORKAIS	VALLONNAIS
AMOURETTES	NEW-YORKAIS	BOULONNAIS
CUISSETTES	MIREBALAIS	BOULONNAIS
TIRE-BOTTES	SÉNÉGALAIS	TOULONNAIS
RASE-MOTTES	SÉNÉGALAIS	VERNONNAIS
ARGONAUTES	CINGHALAIS	CRAPONNAIS
DEMI-QUEUES	CINGHALAIS	GLARONNAIS
ANTRAIGUES	PORT-VILAIS	VOIRONNAIS
MANDINGUES	LAMBALLAIS	GORRONNAIS
SORLINGUES	BAZEILLAIS	COURONNAIS
ZAPOROGUES	QUEVILLAIS	MAISONNAIS
FRÉJORGUES	DAMVILLAIS	VAISONNAIS
PLUS-VALUES	YERVILLAIS	HIRSONNAIS
TOTONAQUES	FAUVILLAIS	CESSONNAIS
ZAPOTÈQUES	CHAROLLAIS	SISSONNAIS
HUAXTÈQUES	VITROLLAIS	MENTONNAIS
GÉORGIQUES	GRISOLLAIS	BETTONNAIS
BUCOLIQUES	LE RICOLAIS	CROZONNAIS
DINARIQUES	BALNÉOLAIS	MOUZONNAIS
GROTESQUES	BEAUJOLAIS	SALOMONAIS
CHÉRUSQUES	BEAUJOLAIS	TOURNONAIS
CHOUX-RAVES	BRIGNOLAIS	GABORONAIS
LAQUEDIVES	PAIMPOLAIS	AUDIERNAIS
CACHE-SEXES	BOUZOULAIS	LIBOURNAIS
ARTAXERXÈS	SURINAMAIS	LES AUBRAIS
ASHKÉNAZES	BRANTÔMAIS	THOUARSAIS
ROAST-BEEFS	SOUNDANAIS	BOUSCATAIS
BAS-RELIEFS	SEICHANAIS	SAILLATAIS
PORTE-CLEFS	STÉPHANAIS	ÉTRETATAIS
DEMI-TARIFS	ABIDJANAIS	HERBRETAIS
TEUFS-TEUFS	CONFLANAIS	HÉRAULTAIS
BOW-STRINGS	MAILLANAIS	LORIENTAIS
MAIL-COACHS	QUILLANAIS	CHARENTAIS
BULL-FINCHS	LÉOGNANAIS	CHARENTAIS
TEST-MATCHS	TOURNANAIS	PIÉMONTAIS

PIÉMONTAIS	FORBACHOIS	AUDOMAROIS
CAMARGUAIS	EUSTACHOIS	AUDOMAROIS
CAMARGUAIS	SENONCHOIS	SOMMIÉROIS
TUPINAMBIS	MARLYCHOIS	BONNIÉROIS
SEMMELWEIS	SCHILIKOIS	CARRIÉROIS
CURIA REGIS	RIMOUSKOIS	FERRIÉROIS
RIS-ORANGIS	ROLIVALOIS	ROSEMÈROIS
GUILLOCHIS	GRENOBLOIS	QUIMPÉROIS
MITSOTÁKIS	RAPHAËLOIS	CANAVÉROIS
BRIGUE-GLIS	PETIT-ÎLOIS	DUCLAIROIS
CORNWALLIS	SARCELLOIS	SANCERROIS
CHAMAILLIS	AUCHELLOIS	TONNERROIS
SINT-GILLIS	CORMELLOIS	TRÉGORROIS
CAFOUILLIS	CROTELLOIS	VIHIERSOIS
GAZOUILLIS	VITTELLOIS	CERGYSSOIS
CARAMANLIS	COQUELLOIS	VICHYSSOIS
KARAMANLÍS	BRUXELLOIS	VICHYSSOIS
TORTICOLIS	BRUXELLOIS	BÉNODETOIS
HIÉRAPOLIS	CHAZELLOIS	CAMARÉTOIS
PERSÉPOLIS	CHAVILLOIS	JEUMONTOIS
AMPHIPOLIS	FRIVILLOIS	PORCARTOIS
HÉLIOPOLIS	JARVILLOIS	DESCARTOIS
HERMOPOLIS	NEUVILLOIS	CLAMARTOIS
PETRÓPOLIS	DOMBASLOIS	LAMBERTOIS
ANTIROULIS	ARBRESLOIS	ROCHETTOIS
IN EXTREMIS	STÉPHANOIS	CLAYETTOIS
RETRANSMIS	STÉPHANOIS	DOMINGUOIS
SAINT DENIS	CHAMPENOIS	HUNINGUOIS
SAINT-DENIS	CHAMPENOIS	ISBERGUOIS
SAINT-GENIS	ESCARÉNOIS	RELECQUOIS
ICHTYORNIS	ROSTRENOIS	CHIROQUOIS
CHARLEBOIS	CHEVIGNOIS	SUI GENERIS
PETITS-BOIS	FONTAINOIS	PÉCOPTÉRIS
CANDIACOIS	DOUVAINOIS	VERT-DE-GRIS
GIBRIAÇOIS	QUERCINOIS	PETITS-GRIS
MAURIACOIS	QUERCINOIS	SATYRIASIS
MASSIACOIS	AMANDINOIS	PITYRIASIS
GAILLACOIS	ERSTEINOIS	HYSTÉRÉSIS
LE FRANÇOIS	DAUPHINOIS	BEAUVAISIS
CHARNYCOIS	DAUPHINOIS	THOUTMOSIS
LANGEADOIS	BAS-RHINOIS	AMPÉLOPSIS
BELGRADOIS	HERBLINOIS	MÊLÉ-CASSIS
BENFELDOIS	MADELINOIS	CHIEN-ASSIS
VERMANDOIS	KREMLINOIS	RETROUSSIS
VILLARDOIS	COGOLINOIS	FEUILLETIS
LÉONARDOIS	DOUVRINOIS	BELLAVITIS
GRIMAUDOIS	HALLUINOIS	RAPPOINTIS
VILLAGEOIS	CHAUVINOIS	PROGLOTTIS
BOULAGEOIS	LAUSANNOIS	CAILLOUTIS
JUMIÉGEOIS	VINCENNOIS	BOUIS-BOUIS
BESSÉGEOIS	LUCIENNOIS	SARRELOUIS
HAYANGEOIS	CONCARNOIS	SAINT LOUIS
AUDENGEOIS	BRAY-DUNOIS	SAINT-LOUIS
CAROUGEOIS	QUERCYNOIS	MAUPERTUIS
BULLYGEOIS	QUERCYNOIS	PONTS-LEVIS
DE GUINGOIS	BLANZYNOIS	LURCY-LÉVIS
MONTARGOIS	PETITS POIS	RADIO-TAXIS

PAPARAZZIS
BLACK JACKS
HALF-TRACKS
DREADLOCKS
LONG DRINKS
SOFT-DRINKS
FLOCK-BOOKS
PRESS-BOOKS
SEX-APPEALS
PÉRINATALS
POSTNATALS
ENTRE-RAILS
PONTS-RAILS
CONTRE-FILS
COMPTE-FILS
DROITS-FILS
PETITS-FILS
DAUGAVPILS
DEMI-DEUILS
HORSE-BALLS
MUSIC-HALLS
SEX-SYMBOLS
HAUSSE-COLS
SEX PISTOLS
COVER-GIRLS
PEIGNE-CULS
JET-STREAMS
GRILL-ROOMS
NEW ORLEANS
LANGERHANS
AVANT-PLANS
CAMERAMANS
RECORDMANS
POLICEMANS
GENTLEMANS
KELDERMANS
TIMMERMANS
TENNISMANS
YACHTSMANS
CLERGYMANS
SAINT-SAËNS
HASMONÉENS
SUD-CORÉENS
SUD-CORÉENS
CABOCHIENS
CIMMÉRIENS
ROBERTIENS
VARSOVIENS
GUETS-APENS
VAL-THORENS
PUYLAURENS
CONTRESENS
INDO-ARYENS
SAINT JOHN'S
SÈCHE-MAINS
AVANT-MAINS
GROS-GRAINS

CHARTRAINS
DESJARDINS
TROP-PLEINS
DESMOULINS
SOUS-MARINS
PHILISTINS
ALGONQUINS
PICAILLONS
COUSIN PONS
AUTO-IMMUNS
VILLA-LOBOS
CATHOLICOS
CIENFUEGOS
PHRYNICHOS
HYDRAMNIOS
APOLLONIOS
EUPHRONIOS
PARRHASIOS
MÉLIS-MÉLOS
PIZZAIOLOS
WATER-POLOS
JUAN CARLOS
SIKELIANÓS
DAMASKINOS
CARBONAROS
RHINOCÉROS
ANTIPATROS
INTRA-MUROS
EXTRA-MUROS
PIZZICATOS
SAN-BENITOS
HÉPHAÏSTOS
GRUPPETTOS
PORTE-AUTOS
QUADRICEPS
VIDÉO-CLIPS
GARDE-TEMPS
ENTRE-TEMPS
PASSE-TEMPS
PLEIN-TEMPS
CHAMÆROPS
PÈSE-SIROPS
DANIEL-ROPS
GARDE-CORPS
AVANT-CORPS
APRÈS-COUPS
PIANOS-BARS
TEDDY-BEARS
AGARS-AGARS
UITLANDERS
CONTRE-FERS
DESROCHERS
SAINT-CIERS
DÉSAUGIERS
CORDELIERS
DES PÉRIERS
DES ROSIERS

VOLONTIERS
VIMOUTIERS
EYMOUTIERS
PITHIVIERS
PITHIVIERS
SCHWITTERS
FAIT DIVERS
FANCY-FAIRS
PIEDS-NOIRS
PIEDS-NOIRS
TAMMERFORS
BOUT-DEHORS
NON-VALEURS
NON-FUMEURS
DEMI-SŒURS
INTERCOURS
AVANT-COURS
MAGNY-COURS
NON-RETOURS
FLINT-GLASS
HAMMERLESS
ANTISTRESS
CYCLO-CROSS
PARE-ÉCLATS
PASSE-PLATS
MONTE-PLATS
PIEDS-PLATS
QUATRE-MÂTS
HOUSE-BOATS
FERRY-BOATS
PRIM Y PRATS
FAUX-FILETS
DIABLERETS
COUVRE-LITS
WAGONS-LITS
AVANT-TOITS
TOUT-PETITS
GRANDPUITS
FEUILLANTS
GROS-PLANTS
COMOURANTS
NON-VOYANTS
SUS-JACENTS
DEUX-POINTS
AVANT-MONTS
TROIS-PONTS
STOCK-SHOTS
ARROW-ROOTS
HOTTENTOTS
DES ESSARTS
LES ESSARTS
CORPS-MORTS
OMNISPORTS
AVANT-PORTS
HALF COURTS
CHECK-LISTS
AVANT-GOÛTS

EBBINGHAUS	ASSASSINAT	MALPLAQUET
IN PARTIBUS	PENSIONNAT	TOURNIQUET
TROLLEYBUS	SAINT-DONAT	BOURRIQUET
GERMANICUS	DUFFLE-COAT	FOUTRIQUET
DIPLODOCUS	TRENCH-COAT	MASTROQUET
TROP-PERÇUS	DUFFEL-COAT	MONTALIVET
SOUS-TENDUS	QUEUE-DE-RAT	HOVERCRAFT
ÉPICANTHUS	AGGLOMÉRAT	CHRIS-CRAFT
POSIDONIUS	FILS INGRAT	TANEZROUFT
CAMERARIUS	DÉCEMVIRAT	ANDERLECHT
GUARNERIUS	TRIUMVIRAT	LIEBKNECHT
PRAETORIUS	DIRECTORAT	MAASTRICHT
PORTE-MENUS	MONTFERRAT	CARTWRIGHT
FLAMININUS	MONTSERRAT	CONTREFAIT
NEF DES FOUS	AB INTESTAT	CAILLE-LAIT
AVANT-CLOUS	THERMOSTAT	SATISFECIT
FROUS-FROUS	SIDÉROSTAT	FAHRENHEIT
AVANT-TROUS	PRESSOSTAT	QUASI-DÉLIT
GRIPPE-SOUS	NON-RESPECT	SAUTS-DE-LIT
PAR-DESSOUS	INDISTINCT	VOITURE-LIT
GARDE-À-VOUS	KRONCHTADT	PASSE-DROIT
RENDEZ-VOUS	REICHSTADT	AYANT DROIT
ARTOCARPUS	INGOLSTADT	MALESTROIT
HANTAVIRUS	EISENSTADT	NON-INSCRIT
LENTIVIRUS	BURCKHARDT	PÈSE-ESPRIT
ADÉNOVIRUS	PASSE-LACET	GAGNE-PETIT
RÉTROVIRUS	WALL STREET	ÉCOPRODUIT
PROSPECTUS	SOUS-PRÉFET	SURPRODUIT
COURT-VÊTUS	MONTRACHET	GRAPE-FRUIT
UNIGENITUS	MONTRACHET	SAXE-ANHALT
EUCALYPTUS	COLIFICHET	SUCCOMBANT
LEITMOTIVS	PORTE-OBJET	DÉPLOMBANT
BOW-WINDOWS	COURANT-JET	EXACERBANT
CHOWS-CHOWS	PICKPOCKET	DÉSHERBANT
MATCH-PLAYS	CARNAVALET	DÉBOURBANT
MEDAL PLAYS	MONSTRELET	EMBOURBANT
LES ANDELYS	LE CHÂTELET	RECOURBANT
MULE-JENNYS	DU CHÂTELET	PERTURBANT
RAVE-PARTYS	INFANTELET	MASTURBANT
BRASSCHAAT	ANTIREFLET	DÉDICAÇANT
MAGNIFICAT	ENTREFILET	VERGLAÇANT
PONTIFICAT	BERTHOLLET	REMPLAÇANT
CERTIFICAT	QUADRUPLET	CLAUDICANT
MATRIARCAT	GUILLAUMET	MORDANÇANT
PATRIARCAT	LANSQUENET	AMBIANÇANT
ACCOMMODAT	CHASSIGNET	FORLANÇANT
TRANSSUDAT	FREYSSINET	DISTANÇANT
ŒIL-DE-CHAT	LE THORONET	COMMENÇANT
HONORARIAT	BROUSSONET	DÉCOINÇANT
MARGRAVIAT	PITCHOUNET	RENFONÇANT
MARÉCHALAT	TRISTOUNET	PRONONÇANT
CARDINALAT	VASALOPPET	DÉFRONÇANT
COUVRE-PLAT	FEUILLERET	COMMERÇANT
GUILLAUMAT	DÉSINTÉRÊT	RENFORÇANT
ASSISTANAT	LE BEAUSSET	RÉAMORÇANT
ORPHELINAT	CHAMOUSSET	COALESÇANT
MANDARINAT	PRIMAUGUET	ESCALADANT

TAILLADANT	OUVRAGEANT	CRAVACHANT
PÉTARADANT	PRÉSAGEANT	DESSÉCHANT
PERSUADANT	PARTAGEANT	DÉFRICHANT
DISSUADANT	ENNUAGEANT	PASTICHANT
ENTRAIDANT	ASSIÉGEANT	ESQUICHANT
COÏNCIDANT	PROTÉGEANT	DÉHANCHANT
INVALIDANT	DÉNEIGEANT	CALANCHANT
INTIMIDANT	ENNEIGEANT	DÉMANCHANT
DILAPIDANT	AFFLIGEANT	EMMANCHANT
BRIGANDANT	INFLIGEANT	ÉBRANCHANT
QUÉMANDANT	NÉGLIGEANT	REVANCHANT
COMMANDANT	COLLIGEANT	PLAIN-CHANT
FAISANDANT	CORRIGEANT	BAMBOCHANT
DESCENDANT	VOLTIGEANT	BOULOCHANT
SUSPENDANT	FUSTIGEANT	PIGNOCHANT
PRÉTENDANT	VIDANGEANT	REMPOCHANT
DISTENDANT	ÉCHANGEANT	DÉBROCHANT
SURVENDANT	MÉLANGEANT	EMBROCHANT
RESCINDANT	DÉMANGEANT	ACCROCHANT
CONFONDANT	REMANGEANT	DÉCROCHANT
PARFONDANT	DÉRANGEANT	REPROCHANT
MORFONDANT	ARRANGEANT	APPROCHANT
CONTONDANT	LOUANGEANT	PINTOCHANT
BOMBARDANT	ALLONGEANT	DÉMARCHANT
PLACARDANT	SUBROGEANT	REMARCHANT
RANCARDANT	PROROGEANT	RAPERCHANT
RENCARDANT	HÉBERGEANT	TCHATCHANT
BROCARDANT	GOBERGEANT	SCRATCHANT
FAUCARDANT	IMMERGEANT	DÉBAUCHANT
RINGARDANT	ASPERGEANT	EMBAUCHANT
POCHARDANT	SUPER-GÉANT	TRÉBUCHANT
CAVIARDANT	DÉTERGEANT	REMBUCHANT
TRIMARDANT	DIVERGEANT	DÉBOUCHANT
CHAPARDANT	DÉGORGEANT	REBOUCHANT
CLAVARDANT	REGORGEANT	EMBOUCHANT
RACCORDANT	ENGORGEANT	ACCOUCHANT
CONCORDANT	EXPURGEANT	DÉCOUCHANT
DISCORDANT	INSURGEANT	RECOUCHANT
DISTORDANT	DÉJAUGEANT	ESSOUCHANT
CLABAUDANT	PATAUGEANT	RETOUCHANT
MARGAUDANT	PRÉJUGEANT	TRIOMPHANT
GALVAUDANT	DÉBRIEFANT	DÉPRÉCIANT
DESSOUDANT	ESCLAFFANT	APPRÉCIANT
RESSOUDANT	REGREFFANT	LICENCIANT
PEROXYDANT	DÉCOIFFANT	DISSOCIANT
SUROXYDANT	RECOIFFANT	REMERCIANT
DÉSOXYDANT	ASSOIFFANT	INSOUCIANT
HERBAGEANT	ÉCHAUFFANT	CONGÉDIANT
SACCAGEANT	ESBROUFANT	SUBSIDIANT
RENGAGEANT	SUFFRAGANT	INCENDIANT
ÉTALAGEANT	DÉFATIGANT	RÉÉTUDIANT
SOULAGEANT	WALLINGANT	STUPÉFIANT
AMÉNAGEANT	FLAMINGANT	TORRÉFIANT
SURNAGEANT	HARNACHANT	PUTRÉFIANT
PROPAGEANT	RECRACHANT	LIQUÉFIANT
OMBRAGEANT	RATTACHANT	BARBIFIANT
OUTRAGEANT	SOUTACHANT	OPACIFIANT

SPÉCIFIANT	DÉSTOCKANT	ENFIELLANT
DULCIFIANT	BRIMBALANT	DÉMIELLANT
CRUCIFIANT	TRIMBALANT	EMMIELLANT
RÉÉDIFIANT	NONCHALANT	QUERELLANT
ACIDIFIANT	INITIALANT	DESSELLANT
MUSÉIFIANT	ÉQUIVALANT	MÉDAILLANT
GAZÉIFIANT	ENDIABLANT	GODAILLANT
MYTHIFIANT	DESSABLANT	RÔDAILLANT
QUALIFIANT	SCRABBLANT	DÉFAILLANT
AMPLIFIANT	ASSEMBLANT	CRIAILLANT
PLANIFIANT	DÉMEUBLANT	DÉMAILLANT
MAGNIFIANT	REMEUBLANT	REMAILLANT
LIGNIFIANT	ENCOUBLANT	RIMAILLANT
SIGNIFIANT	DÉDOUBLANT	TENAILLANT
RÉUNIFIANT	REDOUBLANT	PINAILLANT
SCARIFIANT	DÉCERCLANT	RAPAILLANT
CLARIFIANT	RECERCLANT	DÉPAILLANT
LUBRIFIANT	ENCERCLANT	RIPAILLANT
SACRIFIANT	DÉMASCLANT	EMPAILLANT
GLORIFIANT	DÉBOUCLANT	DÉRAILLANT
TERRIFIANT	DÉFICELANT	TIRAILLANT
HORRIFIANT	CHANCELANT	CISAILLANT
PÉTRIFIANT	ÉTINCELANT	ASSAILLANT
NITRIFIANT	AMONCELANT	BATAILLANT
VITRIFIANT	DÉPUCELANT	DÉTAILLANT
FALSIFIANT	REMODELANT	RETAILLANT
DENSIFIANT	GROMMELANT	ENTAILLANT
CHOSIFIANT	ÉPANNELANT	FOUAILLANT
VERSIFIANT	DÉCAPELANT	GOUAILLANT
MASSIFIANT	RUISSELANT	JOUAILLANT
RUSSIFIANT	DÉMUSELANT	RHABILLANT
BÉATIFIANT	ÉCARTELANT	GAMBILLANT
GRATIFIANT	CRAQUELANT	FENDILLANT
RECTIFIANT	ENJAVELANT	PENDILLANT
ACÉTIFIANT	ÉCHEVELANT	MORDILLANT
PONTIFIANT	DÉNIVELANT	RÉVEILLANT
CERTIFIANT	INSUFFLANT	VERMILLANT
FORTIFIANT	PERSIFLANT	BATOILLANT
MORTIFIANT	DÉSENFLANT	TORPILLANT
JUSTIFIANT	DÉGONFLANT	GASPILLANT
MYSTIFIANT	REGONFLANT	GOUPILLANT
STATUFIANT	CAMOUFLANT	ROUPILLANT
ATROPHIANT	MAROUFLANT	TOUPILLANT
CONCILIANT	PRÉRÉGLANT	BRASILLANT
MÉSALLIANT	ÉTRANGLANT	BRÉSILLANT
CALOMNIANT	OBNUBILANT	GRÉSILLANT
COMMUNIANT	ÉFAUFILANT	ÉGOSILLANT
ESTROPIANT	ANNIHILANT	DESSILLANT
RAPPARIANT	ASSIMILANT	BOUSILLANT
RAPATRIANT	RENTOILANT	FRÉTILLANT
DÉPATRIANT	DÉSOPILANT	BOITILLANT
EXPATRIANT	DÉSHUILANT	TORTILLANT
RASSASIANT	TRIBALLANT	DISTILLANT
AUTOPSIANT	REMBALLANT	INSTILLANT
AMNISTIANT	INSTALLANT	SAUTILLANT
BALBUTIANT	DESCELLANT	TREUILLANT
ASPHYXIANT	FLAGELLANT	DÉGUILLANT

AIGUILLANT	LÉGITIMANT	ENTRAÎNANT
ÉPOUILLANT	ENFLAMMANT	DÉBOBINANT
BROUILLANT	PRÉNOMMANT	EMBOBINANT
GROUILLANT	SURNOMMANT	DÉRACINANT
MAQUILLANT	CONSOMMANT	ENRACINANT
BÉQUILLANT	GENDARMANT	VATICINANT
CHEVILLANT	RENFERMANT	PEAUFINANT
GRISOLLANT	CONFIRMANT	DODELINANT
MIROBOLANT	RENDORMANT	PATELINANT
CARACOLANT	PRÉFORMANT	RIPOLINANT
RAPICOLANT	CONFORMANT	CALAMINANT
FLAGEOLANT	PERFORMANT	EFFÉMINANT
BATIFOLANT	FANTASMANT	ACHEMINANT
CABRIOLANT	DÉCHAUMANT	INSÉMINANT
AFFRIOLANT	REMPLUMANT	CODOMINANT
VITRIOLANT	ENCABANANT	ILLUMINANT
CONTRÔLANT	DÉDOUANANT	ENLUMINANT
CERF-VOLANT	MORIGÉNANT	ENFARINANT
TRANSPLANT	GANGRENANT	ENTÉRINANT
DÉPEUPLANT	RENGRÉNANT	CHAGRINANT
REPEUPLANT	COMPRENANT	CHOURINANT
ACCOUPLANT	RAPPRENANT	MAGASINANT
DÉCOUPLANT	SURPRENANT	AVOISINANT
CENTUPLANT	MAINTENANT	HOUSSINANT
SEPTUPLANT	LIEUTENANT	DÉMATINANT
SEXTUPLANT	MÉSAVENANT	BARATINANT
AFFABULANT	REDEVENANT	RATATINANT
DÉNÉBULANT	TOUT-VENANT	CABOTINANT
DÉAMBULANT	IMPRÉGNANT	TROTTINANT
VÉHICULANT	DÉDAIGNANT	ACOQUINANT
RÉTICULANT	ENCEIGNANT	BOUQUINANT
ARTICULANT	DÉPEIGNANT	CONDAMNANT
ÉMASCULANT	REPEIGNANT	RÉABONNANT
BOUSCULANT	ÉPREIGNANT	BRACONNANT
STRIDULANT	ÉTREIGNANT	RANÇONNANT
DÉMODULANT	ENSEIGNANT	FLOCONNANT
DÉGUEULANT	DÉTEIGNANT	FREDONNANT
ENGUEULANT	ATTEIGNANT	AMIDONNANT
DÉRÉGULANT	GRAFIGNANT	RANDONNANT
ACCUMULANT	RECHIGNANT	DINDONNANT
TRABOULANT	RÉALIGNANT	LARDONNANT
ROUCOULANT	FORLIGNANT	PARDONNANT
REMMOULANT	SURLIGNANT	CORDONNANT
VERMOULANT	SOULIGNANT	PIGEONNANT
SURMOULANT	ADJOIGNANT	PLAFONNANT
DESSOÛLANT	REJOIGNANT	JARGONNANT
MANIPULANT	ENJOIGNANT	BOUGONNANT
CAPITULANT	TÉMOIGNANT	MÂCHONNANT
INTITULANT	EMPOIGNANT	BICHONNANT
AMALGAMANT	TRÉPIGNANT	COCHONNANT
PROCLAMANT	CONSIGNANT	SIPHONNANT
SAINT-AMANT	PROVIGNANT	CAMIONNANT
DESQUAMANT	RENCOGNANT	ESPIONNANT
ENTR'AIMANT	RENGAINANT	VISIONNANT
ENVENIMANT	DÉCHAÎNANT	FUSIONNANT
COMPRIMANT	ENCHAÎNANT	RATIONNANT
SUPPRIMANT	PARRAINANT	ACTIONNANT

LOTIONNANT	RETREMPANT	VINAIGRANT
GOUJONNANT	REGRIMPANT	CONSPIRANT
ÉTALONNANT	CORROMPANT	SOUS-VIRANT
SABLONNANT	DÉTROMPANT	ÉDULCORANT
BALLONNANT	ESCALOPANT	SUBODORANT
SILLONNANT	RÉCHAPPANT	MALODORANT
BOULONNANT	KIDNAPPANT	REVIGORANT
FOULONNANT	DÉGRIPPANT	AMÉLIORANT
MARMONNANT	DÉCRISPANT	DÉCOLORANT
SERMONNANT	RÉOCCUPANT	REMÉMORANT
ROGNONNANT	COOCCUPANT	REMBARRANT
CHAPONNANT	SURCOUPANT	CHAMARRANT
TAMPONNANT	CHALOUPANT	**JUIF ERRANT**
POMPONNANT	DÉGROUPANT	EMPIERRANT
HARPONNANT	REGROUPANT	DESSERRANT
POUPONNANT	ATTROUPANT	RESSERRANT
ÉPERONNANT	ACCAPARANT	DÉBOURRANT
RONRONNANT	PERVIBRANT	IDOLÂTRANT
PATRONNANT	DÉMEMBRANT	DÉPLÂTRANT
BOURONNANT	REMEMBRANT	REPLÂTRANT
COURONNANT	ENCOMBRANT	SALPÊTRANT
BLASONNANT	DÉNOMBRANT	PERPÉTRANT
RAISONNANT	ÉLUCUBRANT	CHAPITRANT
FOISONNANT	CONSACRANT	SURTITRANT
GRISONNANT	MASSACRANT	INFILTRANT
MALSONNANT	ÉCHANCRANT	EXFILTRANT
BRETONNANT	DÉSENCRANT	DÉCENTRANT
LAITONNANT	CALANDRANT	RECENTRANT
CANTONNANT	ENGENDRANT	EXCENTRANT
CARTONNANT	CYLINDRANT	SUBINTRANT
BASTONNANT	EFFONDRANT	DÉCINTRANT
FESTONNANT	DÉLIBÉRANT	DÉMONTRANT
PISTONNANT	DILACÉRANT	REMONTRANT
BOUTONNANT	ÉVISCÉRANT	DÉTARTRANT
MOUTONNANT	VOCIFÉRANT	ENTARTRANT
KLAXONNANT	LÉGIFÉRANT	ENCASTRANT
CLAYONNANT	ACCÉLÉRANT	CADASTRANT
CRAYONNANT	DÉCÉLÉRANT	REGISTRANT
ÉPOUMONANT	DÉCOLÉRANT	CLAUSTRANT
DÉCHARNANT	INTOLÉRANT	DÉLUSTRANT
CONCERNANT	DÉGÉNÉRANT	ILLUSTRANT
DISCERNANT	RÉGÉNÉRANT	DÉFEUTRANT
LANTERNANT	INCINÉRANT	ACCOUTRANT
GOUVERNANT	RÉMUNÉRANT	RESTAURANT
FLAGORNANT	EXASPÉRANT	INSTAURANT
DÉFOURNANT	PROSPÉRANT	MANUCURANT
ENFOURNANT	RÉCUPÉRANT	AFFLEURANT
SÉJOURNANT	VITUPÉRANT	EFFLEURANT
DÉTOURNANT	RÉINSÉRANT	ENFLEURANT
RETOURNANT	INVÉTÉRANT	DÉFIGURANT
RATTRAPANT	OBLITÉRANT	INAUGURANT
ANTICIPANT	ADULTÉRANT	CONCOURANT
ÉMANCIPANT	CONQUÉRANT	PARCOURANT
CONSTIPANT	EMPIFFRANT	DISCOURANT
DISCULPANT	DÉCOFFRANT	ENAMOURANT
INSCULPANT	ENSOUFRANT	CHLORURANT
DÉTREMPANT	DÉFLAGRANT	RÉASSURANT

PRESSURANT	MÉCANISANT	CONDENSANT
LIGATURANT	PAGANISANT	COMPENSANT
DÉNATURANT	ORGANISANT	DISPENSANT
FRACTURANT	ROMANISANT	ANKYLOSANT
AVENTURANT	HUMANISANT	ANTÉPOSANT
CEINTURANT	TÉTANISANT	RÉIMPOSANT
PEINTURANT	FÉMINISANT	POSTPOSANT
ENFIÉVRANT	LATINISANT	SCLÉROSANT
DÉCUIVRANT	DIVINISANT	DISPERSANT
DÉCOUVRANT	COLONISANT	TRAVERSANT
RECOUVRANT	CANONISANT	RENVERSANT
MALFAISANT	JAPONISANT	CONVERSANT
SURFAISANT	ÉTERNISANT	DÉBOURSANT
ARCHAÏSANT	IMMUNISANT	FRACASSANT
DÉNIAISANT	CHAMOISANT	TRACASSANT
DÉPLAISANT	CHINOISANT	FRICASSANT
HÉBRAÏSANT	DÉCROISANT	CONCASSANT
MORTAISANT	POLARISANT	RECHASSANT
FRANCISANT	CURARISANT	ENCHÂSSANT
EXORCISANT	CÉSARISANT	DÉCLASSANT
NOMADISANT	MADÉRISANT	RECLASSANT
FLUIDISANT	NUMÉRISANT	PRÉLASSANT
BIEN-DISANT	SATIRISANT	TRÉPASSANT
ÉNERGISANT	THÉORISANT	SURPASSANT
GAUCHISANT	VALORISANT	**MAUPASSANT**
FOCALISANT	COLORISANT	EMBRASSANT
LOCALISANT	MÉMORISANT	DÉCRASSANT
VOCALISANT	TÉNORISANT	ENCRASSANT
IDÉALISANT	SONORISANT	CUIRASSANT
LÉGALISANT	VAPORISANT	TERRASSANT
BANALISANT	MOTORISANT	RESSASSANT
CANALISANT	AUTORISANT	CREVASSANT
PÉNALISANT	FAVORISANT	CONFESSANT
FINALISANT	MAÎTRISANT	PROFESSANT
MORALISANT	SÉCURISANT	REDRESSANT
NASALISANT	SOMATISANT	RÉGRESSANT
TOTALISANT	FANATISANT	EMPRESSANT
DÉVALISANT	DÉRATISANT	OPPRESSANT
RIVALISANT	MONÉTISANT	RABAISSANT
LABÉLISANT	POLITISANT	REBAISSANT
FIDÉLISANT	SÉMITISANT	DÉCAISSANT
MODÉLISANT	NÉANTISANT	ENCAISSANT
MOBILISANT	ROBOTISANT	AFFAISSANT
SIMILISANT	ASEPTISANT	DÉLAISSANT
VIRILISANT	COURTISANT	RELAISSANT
CIVILISANT	PRÉCUISANT	RENAISSANT
CRÉOLISANT	TRADUISANT	REPAISSANT
BÉMOLISANT	CONDUISANT	PARAISSANT
NÉBULISANT	PRODUISANT	RANCISSANT
ISLAMISANT	TRALUISANT	MINCISSANT
DYNAMISANT	AMENUISANT	FARCISSANT
MINIMISANT	DÉTRUISANT	FORCISSANT
OPTIMISANT	PRÉAVISANT	DURCISSANT
MAXIMISANT	TÉLÉVISANT	TIÉDISSANT
SODOMISANT	COMPULSANT	RAIDISSANT
CHROMISANT	PROPULSANT	ROIDISSANT
URBANISANT	CONVULSANT	CANDISSANT

BONDISSANT	ENGROSSANT	DYNAMITANT
VERDISSANT	CARROSSANT	DÉLIMITANT
NORDISSANT	DÉFAUSSANT	REMBOÎTANT
OURDISSANT	REHAUSSANT	EXPLOITANT
MAUDISSANT	EXHAUSSANT	CONVOITANT
RÉAGISSANT	REPOUSSANT	DÉCAPITANT
SURGISSANT	DÉSABUSANT	COHÉRITANT
ROUGISSANT	DÉCREUSANT	DÉMÉRITANT
ÉBAHISSANT	RECREUSANT	PARASITANT
TRAHISSANT	PARALYSANT	REVISITANT
AVILISSANT	CATALYSANT	TRANSITANT
MOLLISSANT	ANTIDATANT	BISCUITANT
ABOLISSANT	POSTDATANT	DÉFRUITANT
DÉPLISSANT	PIAPIATANT	AFFRUITANT
REPLISSANT	CARAPATANT	RÉINVITANT
EMPLISSANT	CONSTATANT	ASPHALTANT
COULISSANT	COMPACTANT	SURVOLTANT
BLÊMISSANT	RÉFRACTANT	AUSCULTANT
FRÉMISSANT	DÉTRACTANT	CONSULTANT
CALMISSANT	RÉTRACTANT	BROCANTANT
BANNISSANT	CONTACTANT	DÉCHANTANT
HENNISSANT	COLLECTANT	RECHANTANT
HONNISSANT	CONNECTANT	ENCHANTANT
AGONISSANT	RESPECTANT	DÉPLANTANT
GARNISSANT	INSPECTANT	REPLANTANT
TERNISSANT	SUSPECTANT	IMPLANTANT
VERNISSANT	CONCOCTANT	DIAMANTANT
JAUNISSANT	ÉPINCETANT	WARRANTANT
RÉUNISSANT	CROCHETANT	PATIENTANT
ALUNISSANT	MOUCHETANT	VIOLENTANT
BRUNISSANT	INQUIÉTANT	SEGMENTANT
ANGOISSANT	PAILLETANT	PIGMENTANT
CLAPISSANT	COMPLÉTANT	AUGMENTANT
GLAPISSANT	TROMPETANT	ALIMENTANT
CRÉPISSANT	ROUSPÉTANT	COMMENTANT
COMPISSANT	DÉSARÊTANT	SARMENTANT
CHÉRISSANT	FLEURETANT	FERMENTANT
GUÉRISSANT	CLAQUETANT	SERPENTANT
AIGRISSANT	CRAQUETANT	PRÉSENTANT
FLORISSANT	BECQUETANT	CONSENTANT
BARRISSANT	CLIQUETANT	RESSENTANT
PÉTRISSANT	BRIQUETANT	CONTENTANT
AHURISSANT	ÉTIQUETANT	SUSTENTANT
SAISISSANT	BANQUETANT	ENCEINTANT
MOISISSANT	MARQUETANT	ACCOINTANT
RASSISSANT	PARQUETANT	APPOINTANT
GLATISSANT	DÉRIVETANT	ESQUINTANT
ABÊTISSANT	SOUHAITANT	SURMONTANT
MOITISSANT	RETRAITANT	AFFRONTANT
NANTISSANT	COHABITANT	EMPRUNTANT
TARTISSANT	EXORBITANT	ASTICOTANT
SERTISSANT	FÉLICITANT	RAVIGOTANT
BLEUISSANT	COLICITANT	CRACHOTANT
IMPUISSANT	GRAPHITANT	CHUCHOTANT
ESQUISSANT	HABILITANT	CHARIOTANT
GRAVISSANT	DÉBILITANT	SIFFLOTANT
RENDOSSANT	FACILITANT	SANGLOTANT

COMPLOTANT	GRELOTTANT	SYNDIQUANT
ESCAMOTANT	BALLOTTANT	TRAFIQUANT
CLIGNOTANT	BOULOTTANT	RÉPLIQUANT
GRIGNOTANT	MARMOTTANT	IMPLIQUANT
DÉCAPOTANT	DÉCROTTANT	APPLIQUANT
GALIPOTANT	GARROTTANT	DUPLIQUANT
NUMÉROTANT	FRISOTTANT	EXPLIQUANT
CHEVROTANT	DANSOTTANT	FORNIQUANT
CRÉOSOTANT	DÉGOUTTANT	SURPIQUANT
TOUSSOTANT	CADEAUTANT	FABRIQUANT
RÉADAPTANT	BISEAUTANT	IMBRIQUANT
PRÉEMPTANT	DÉPIAUTANT	RUBRIQUANT
DÉCOMPTANT	CRAPAÜTANT	INTRIQUANT
RECOMPTANT	SURSAUTANT	PRATIQUANT
ESCOMPTANT	RESSAUTANT	CRITIQUANT
DÉCRYPTANT	CHARCUTANT	MASTIQUANT
CONCERTANT	ARC-BOUTANT	RUSTIQUANT
DISSERTANT	RÉÉCOUTANT	DÉCALQUANT
CONFORTANT	**MONCOUTANT**	DÉFALQUANT
COLPORTANT	ENCROÛTANT	INCULQUANT
REMPORTANT	FERROÛTANT	PALANQUANT
COMPORTANT	PRÉTEXTANT	DÉLINQUANT
RAPPORTANT	RÉTRIBUANT	SUFFOQUANT
SUPPORTANT	ATTRIBUANT	DÉBLOQUANT
RESSORTANT	DÉSEMBUANT	DÉFLOQUANT
BALLASTANT	ZIGZAGUANT	DISLOQUANT
NONOBSTANT	PRODIGUANT	ESCROQUANT
CONTESTANT	INTRIGUANT	DÉFROQUANT
PROTESTANT	INSTIGUANT	DÉTROQUANT
ATTRISTANT	DIVULGUANT	CONVOQUANT
SUBSISTANT	HARANGUANT	PROVOQUANT
CONSISTANT	RALINGUANT	DÉBARQUANT
PERSISTANT	CHLINGUANT	EMBARQUANT
INEXISTANT	MERINGUANT	DÉMARQUANT
COEXISTANT	SERINGUANT	REMARQUANT
INCONSTANT	DÉZINGUANT	REMORQUANT
COMPOSTANT	DIALOGUANT	RÉTORQUANT
RÉAJUSTANT	ÉPILOGUANT	EXTORQUANT
INCRUSTANT	DÉVERGUANT	BIFURQUANT
COMBATTANT	ENVERGUANT	DÉMASQUANT
REGRATTANT	SUBJUGUANT	DÉBUSQUANT
RACKETTANT	CONJUGUANT	EMBUSQUANT
TOILETTANT	RÉÉVALUANT	OFFUSQUANT
COMMETTANT	DÉPOLLUANT	RÉÉDUQUANT
PROMETTANT	TRANSMUANT	DÉBOUQUANT
PERMETTANT	CONTINUANT	EMBOUQUANT
SOUMETTANT	RENFLOUANT	TONITRUANT
DRUMETTANT	SOUS-LOUANT	EFFECTUANT
REGRETTANT	DÉSAVOUANT	PERPÉTUANT
BROUETTANT	BARJAQUANT	ENTRE-TUANT
MOQUETTANT	CORNAQUANT	DESTITUANT
SCHLITTANT	EMBRAQUANT	RESTITUANT
ACQUITTANT	MATRAQUANT	INSTITUANT
REQUITTANT	DÉTRAQUANT	ACCENTUANT
MARCOTTANT	DISSÉQUANT	REMBLAVANT
BOYCOTTANT	ÉRADIQUANT	DORÉNAVANT
MARGOTTANT	PRÉDIQUANT	AUPARAVANT

CHOURAVANT	ÉVANESCENT	ENCAGEMENT
APERCEVANT	ACCRESCENT	DÉGAGEMENT
SURÉLEVANT	LACTESCENT	ENGAGEMENT
RÉCIDIVANT	FLAVESCENT	MANAGEMENT
ENJOLIVANT	ANTÉCÉDENT	MÉNAGEMENT
RÉÉCRIVANT	COÏNCIDENT	VOYAGEMENT
INSCRIVANT	RÉFRINGENT	ALLÈGEMENT
RÉACTIVANT	ASTRINGENT	ALLÉGEMENT
INACTIVANT	CONTINGENT	ABRÈGEMENT
POSITIVANT	CONVERGENT	CHANGEMENT
DÉMOTIVANT	OMNISCIENT	PLONGEMENT
MORT-VIVANT	INGRÉDIENT	RELOGEMENT
DISSOLVANT	PERCIPIENT	CHARGEMENT
PRÉSERVANT	AMBIVALENT	ÉMARGEMENT
CONSERVANT	ÉQUIVALENT	ÉMERGEMENT
DESSERVANT	MONOVALENT	ÉGORGEMENT
RESSERVANT	POLYVALENT	CRACHEMENT
REPLEUVANT	NON-VIOLENT	CHICHEMENT
PROMOUVANT	MÉDICAMENT	HANCHEMENT
RÉPROUVANT	FLAMBEMENT	GAUCHEMENT
APPROUVANT	ENROBEMENT	LOUCHEMENT
RETROUVANT	COURBEMENT	TRUCHEMENT
COMPLEXANT	ADOUBEMENT	BÉGAIEMENT
REMBLAYANT	EFFACEMENT	ENRAIEMENT
SOUS-PAYANT	ENLACEMENT	ZÉZAIEMENT
RENTRAYANT	TENACEMENT	ÉMACIEMENT
ABSTRAYANT	ESPACEMENT	RALLIEMENT
DISTRAYANT	VORACEMENT	DÉPLIEMENT
RÉESSAYANT	DÉPÈCEMENT	REPLIEMENT
GRASSEYANT	ÉLANCEMENT	ONDOIEMENT
FLAMBOYANT	AVANCEMENT	RUDOIEMENT
ROUGEOYANT	AGENCEMENT	ENNOIEMENT
BOUCHOYANT	COINCEMENT	CÔTOIEMENT
REMPLOYANT	GRINCEMENT	TUTOIEMENT
ATERMOYANT	ÉVINCEMENT	DÉVOIEMENT
TOURNOYANT	FRONCEMENT	LOCALEMENT
NON-CROYANT	FÉROCEMENT	VOCALEMENT
FOUDROYANT	ATROCEMENT	IDÉALEMENT
POUDROYANT	EXAUCEMENT	AFFALEMENT
HONGROYANT	DÉCIDÉMENT	LÉGALEMENT
CHARROYANT	LUCIDEMENT	RÉGALEMENT
GUERROYANT	RIGIDEMENT	BANALEMENT
VOUSSOYANT	VALIDEMENT	PÉNALEMENT
JOINTOYANT	SOLIDEMENT	FINALEMENT
FOURVOYANT	TIMIDEMENT	EMPALEMENT
POURVOYANT	FROIDEMENT	MORALEMENT
FAUX-FUYANT	RAPIDEMENT	FATALEMENT
SOUS-JACENT	CUPIDEMENT	TOTALEMENT
MUNIFICENT	GRANDEMENT	RAVALEMENT
ÉRUBESCENT	AMENDEMENT	LOYALEMENT
MARCESCENT	ABONDEMENT	ROYALEMENT
TURGESCENT	GRONDEMENT	DIABLEMENT
COALESCENT	LOURDEMENT	FAIBLEMENT
OPALESCENT	SOURDEMENT	COMBLEMENT
ADOLESCENT	CHAUDEMENT	HUMBLEMENT
SPUMESCENT	PIAFFEMENT	DOUBLEMENT
LIANESCENT	ATTIFEMENT	BOUCLEMENT

FIDÈLEMENT	GEIGNEMENT	PLISSEMENT
DÉMÊLEMENT	ALIGNEMENT	CRISSEMENT
EMMÊLEMENT	CLIGNEMENT	ADOSSEMENT
BIOÉLÉMENT	GROGNEMENT	FAUSSEMENT
CISÈLEMENT	TRAÎNEMENT	HAUSSEMENT
ÉRAFLEMENT	PLEINEMENT	PIEUSEMENT
SIFFLEMENT	AFFINEMENT	CREUSEMENT
RENFLEMENT	COUINEMENT	ÉCLATEMENT
GONFLEMENT	RAVINEMENT	EMPÂTEMENT
RONFLEMENT	DIVINEMENT	EXACTEMENT
BEUGLEMENT	ABONNEMENT	HÉBÉTEMENT
MEUGLEMENT	ÂNONNEMENT	EMBÊTEMENT
HABILEMENT	ÉTONNEMENT	QUIÉTEMENT
DÉBILEMENT	AUCUNEMENT	HALÈTEMENT
FACILEMENT	IMPUNÉMENT	ÉCRÊTEMENT
DOCILEMENT	ÉQUIPEMENT	ENTÊTEMENT
DÉFILEMENT	CLAPPEMENT	REVÊTEMENT
EFFILEMENT	FRAPPEMENT	TRAITEMENT
ÉTOILEMENT	GROUPEMENT	SUBITEMENT
EMPILEMENT	EFFAREMENT	TACITEMENT
VIRILEMENT	SÉPARÉMENT	LICITEMENT
FUTILEMENT	CAMBREMENT	DÉLITEMENT
RUTILEMENT	TENDREMENT	DROITEMENT
CIVILEMENT	MODÉRÉMENT	PETITEMENT
SCELLEMENT	LÉGÈREMENT	SAINTEMENT
RÉELLEMENT	SÉVÈREMENT	SUINTEMENT
BÂILLEMENT	MAIGREMENT	ACCOTEMENT
CAILLEMENT	BOUGREMENT	PICOTEMENT
BRANLEMENT	CLAIREMENT	GIGOTEMENT
ACCOLEMENT	REVIREMENT	CAHOTEMENT
RÉCOLEMENT	PROPREMENT	IDIOTEMENT
AFFOLEMENT	PIÈTREMENT	TAPOTEMENT
ÉTIOLEMENT	FOUTREMENT	DÉPOTEMENT
ENJÔLEMENT	FIGURÉMENT	EMPOTEMENT
ENRÔLEMENT	IMPUREMENT	DÉVOTEMENT
ASSOLEMENT	ASSURÉMENT	PIVOTEMENT
TRIPLEMENT	MIÈVREMENT	ZOZOTEMENT
SIMPLEMENT	ENIVREMENT	ÉCARTEMENT
COMPLÉMENT	PAUVREMENT	ALERTEMENT
SUPPLÉMENT	COUVREMENT	AVORTEMENT
PEUPLEMENT	ÉBRASEMENT	CHASTEMENT
SOUPLEMENT	ÉCRASEMENT	PRESTEMENT
MIAULEMENT	ENVASEMENT	TRISTEMENT
PIAULEMENT	BIAISEMENT	ABATTEMENT
ÉPAULEMENT	NIAISEMENT	CHATTEMENT
RECULEMENT	APAISEMENT	GRATTEMENT
HULULEMENT	ENLISEMENT	FLOTTEMENT
ÉBOULEMENT	CROISEMENT	ÉMOTTEMENT
ÉCOULEMENT	ATTISEMENT	FROTTEMENT
UNIÈMEMENT	ÉPUISEMENT	ABOUTEMENT
INTIMEMENT	ARROSEMENT	BROUTEMENT
RÉARMEMENT	CLASSEMENT	LONGUEMENT
ÉNORMÉMENT	COASSEMENT	ENGLUEMENT
CABANEMENT	GRASSEMENT	SECOUEMENT
RICANEMENT	PRESSÉMENT	ENGOUEMENT
ENRÊNEMENT	AGISSEMENT	ÉCHOUEMENT
SAIGNEMENT	GLISSEMENT	ENJOUEMENT

DÉNOUEMENT	SUBSÉQUENT	**SHREVEPORT**
ÉBROUEMENT	CONSÉQUENT	GARDES-PORT
ENROUEMENT	**SOUS-LE-VENT**	HANDISPORT
DÉVOUEMENT	TOURNE-VENT	**ROI SE MEURT**
CLAQUEMENT	CONTREVENT	**KLAGENFURT**
BRAQUEMENT	SACRO-SAINT	**NONANCOURT**
CRAQUEMENT	PEPPERMINT	**BETANCOURT**
INIQUEMENT	SERRE-JOINT	**GUYANCOURT**
UNIQUEMENT	MULTIPOINT	**AUDINCOURT**
MANQUEMENT	MAL-EN-POINT	**HAMMERFEST**
ACHÈVEMENT	EMBONPOINT	PARIS-BREST
BRIÈVEMENT	TIERS-POINT	**ROCK FOREST**
GRIÈVEMENT	**SIXTE QUINT**	ÉTHYLOTEST
RELÈVEMENT	**TAROUDANNT**	**MIDDLE WEST**
ENLÈVEMENT	**REMIREMONT**	ANTÉCHRIST
HÂTIVEMENT	**GUÈVREMONT**	**LAGERKVIST**
ACTIVEMENT	**BERLAIMONT**	**ROSENQUIST**
ÉNERVEMENT	**FLEURIMONT**	PERMAFROST
ENRAYEMENT	**VAN HELMONT**	BRAIN-TRUST
IMPOLIMENT	**HELLESPONT**	**DÜRRENMATT**
COMPLIMENT	**PORT TALBOT**	**WATSON-WATT**
INFINIMENT	PHOTO-ROBOT	**REICHSTETT**
FOURNIMENT	COQUELICOT	**SECOND PITT**
ÉLÉGAMMENT	**SYKES-PICOT**	**NOUAKCHOTT**
MÉCHAMMENT	TARABISCOT	CONTRE-HAUT
COULAMMENT	**PÈRE GORIOT**	SOUBRESAUT
COURAMMENT	**BUYS-BALLOT**	**SAINT-JACUT**
ÉPATAMMENT	PARPAILLOT	**HADRAMAOUT**
NUITAMMENT	MELTING-POT	ESSUIE-TOUT
INSTAMMENT	**MANDELBROT**	FOURRE-TOUT
BRUYAMMENT	**BOSSOUTROT**	RISQUE-TOUT
ÉVIDEMMENT	JAVASCRIPT	HORS STATUT
PRUDEMMENT	**BRONGNIART**	**ROCHAMBEAU**
PATIEMMENT	**CHAMILLART**	**CLEMENCEAU**
VIOLEMMENT	COQUILLART	JOUVENCEAU
ÉMINEMMENT	BRAQUEMART	FRICANDEAU
ROGUEMMENT	JACQUEMART	**JOUHANDEAU**
ASSIDÛMENT	**JACQUEMART**	FAISANDEAU
ÉPERDUMENT	**LAMBERSART**	MORVANDEAU
AMBIGUMENT	**BERNISSART**	**MORVANDEAU**
ABSOLUMENT	**ANNE STUART**	CHAUFFE-EAU
RÉSOLUMENT	**SPILLIAERT**	TOURANGEAU
INGÉNUMENT	**CHILDEBERT**	**TOURANGEAU**
CONGRÛMENT	**DANGLEBERT**	**MONTRÉJEAU**
INSTRUMENT	**BOISROBERT**	**MORNE-À-L'EAU**
PRÉÉMINENT	SEMI-OUVERT	**BAIE-COMEAU**
PROÉMINENT	ENTROUVERT	**LONGJUMEAU**
SURÉMINENT	SWEAT-SHIRT	**PLOUIGNEAU**
INAPPARENT	**TOURNEFORT**	JAMBONNEAU
BEAU-PARENT	COFFRE-FORT	FAUCONNEAU
INCOHÉRENT	CONTREFORT	DINDONNEAU
CONCURRENT	COMBI-SHORT	PIGEONNEAU
IMPÉNITENT	BOXER-SHORT	MANGONNEAU
OMNIPOTENT	CROQUE-MORT	RAMPONNEAU
TOTIPOTENT	**AMERSFOORT**	**PERRONNEAU**
ÉQUIPOTENT	**ROODEPOORT**	**BRETONNEAU**
IDEMPOTENT	**BRIDGEPORT**	**CONCARNEAU**

LANDERNEAU	**CHEN TCHEOU**	VIRILOCAUX
LANDERNEAU	**NATITINGOU**	PYRAMIDAUX
LANTERNEAU	**NETANYAHOU**	DISCOÏDAUX
TASCHEREAU	TÊTE-DE-CLOU	CYCLOÏDAUX
GRIMPEREAU	CHASSE-CLOU	COLLOÏDAUX
TOURTEREAU	**ZHANG YIMOU**	ETHMOÏDAUX
GOUTTEREAU	**TCHARDJOOU**	SPIROÏDAUX
BOUGUEREAU	BOUCHE-TROU	SOURICEAUX
GODELUREAU	**ABENGOUROU**	PANONCEAUX
PASTOUREAU	**TOMBOUCTOU**	PINTADEAUX
NID-D'OISEAU	INTERROMPU	HIRONDEAUX
CHAMOISEAU	**KOTA BAHARU**	CANARDEAUX
COULISSEAU	**TÚPAC AMARU**	RENARDEAUX
VERMISSEAU	**CHIKAMATSU**	BATARDEAUX
ARBRISSEAU	**DAISHIMIZU**	**YSSINGEAUX**
NEUCHÂTEAU	**GORBATCHEV**	TROUBLEAUX
CAILLETEAU	**POUGATCHEV**	TRIJUMEAUX
MARMENTEAU	**TCHEBYCHEV**	CHALUMEAUX
SERPENTEAU	**KOUÏBYCHEV**	CIGOGNEAUX
PIED-DE-VEAU	**MENDELEÏEV**	BALEINEAUX
MORVANDIAU	**KONDRATIEV**	CHEMINEAUX
MORVANDIAU	**TCHERNIHIV**	TYRANNEAUX
CHASSÉRIAU	**VINOGRADOV**	HÉRONNEAUX
PETIT RENAU	**GRIBOÏEDOV**	SAUMONEAUX
MIDI D'OSSAU	**GOTTWALDOV**	RAMPONEAUX
NOVA IGUAÇU	**TCHERNIGOV**	BIGORNEAUX
ENTR'APERÇU	**VAKHTANGOV**	ÉTOURNEAUX
ENTRAPERÇU	**SERPOUKHOV**	**PHÉLYPEAUX**
MOINS-PERÇU	**GORTCHAKOV**	TOMBEREAUX
GRIGORESCU	**KHLEBNIKOV**	BORDEREAUX
REDESCENDU	**METCHNIKOV**	PASSEREAUX
MALENTENDU	**TCHERENKOV**	JOTTEREAUX
HYPERTENDU	**SOUMAROKOV**	SAUTEREAUX
TERRE DE FEU	**VOROCHILOV**	MAQUEREAUX
CROIX-DE-FEU	**BROUSSILOV**	BIGARREAUX
JEAN DE DIEU	**PARADJANOV**	**LES MUREAUX**
HÔTELS-DIEU	**GONTCHAROV**	MORTES-EAUX
RÈGLE-DU-JEU	**KOLMOGOROV**	DAMOISEAUX
PALSAMBLEU	**LOMONOSSOV**	BÉCASSEAUX
CORDON-BLEU	ONE-MAN-SHOW	TROUSSEAUX
FRANC-ALLEU	**LONGFELLOW**	PONTUSEAUX
PETIT-NEVEU	MÉTATHORAX	BONNETEAUX
ZHAO MENGFU	MÉSOTHORAX	BOQUETEAUX
KITA-KYUSHU	QUADRUPLEX	LOQUETEAUX
DAMAN-ET-DIU	GRAND-CROIX	LOUVETEAUX
SATO EISAKU	PORTE-CROIX	ENFAÎTEAUX
KANO EITOKU	**CHARLEVOIX**	CHAPITEAUX
HURLUBERLU	**SERVRANCKX**	BISCOTEAUX
TROTTE-MENU	OROPHARYNX	TOP NIVEAUX
MICROGRENU	**APPOMATTOX**	VASSIVEAUX
CONTREVENU	OMBILICAUX	RENOUVEAUX
CIRCONVENU	BASILICAUX	PORTE-À-FAUX
DISCONVENU	ARSENICAUX	PHARYNGAUX
RESSOUVENU	DOMINICAUX	THÉOLOGAUX
DISCONTINU	PROVENÇAUX	TRIOMPHAUX
NOUADHIBOU	**PROVENÇAUX**	CATARRHAUX
LE LAVANDOU	HOMOFOCAUX	ADVERBIAUX

PRÉSIDIAUX	ANCESTRAUX	SCRUPULEUX
COLLÉGIAUX	MAGISTRAUX	MEMBRANEUX
UROPYGIAUX	CLAUSTRAUX	GANGRENEUX
BRANCHIAUX	PÉRIDURAUX	MONTAGNEUX
MARSUPIAUX	INAUGURAUX	DÉDAIGNEUX
PRÉTORIAUX	COMMENSAUX	MIGRAINEUX
ÉDITORIAUX	UNIVERSAUX	LIBIDINEUX
GYMNASIAUX	PÉRINATAUX	OLÉAGINEUX
ECCLÉSIAUX	POSTNATAUX	RUBIGINEUX
PRIMATIAUX	DIALECTAUX	FULIGINEUX
IMPARTIAUX	OCCIPITAUX	LANUGINEUX
SYNCYTIAUX	BICIPITAUX	FARAMINEUX
CONVIVIAUX	PIÉDESTAUX	VOLUMINEUX
VICÉSIMAUX	**PONT-DE-VAUX**	CÉRUMINEUX
CÉGÉSIMAUX	PARADOXAUX	BITUMINEUX
PRUD'HOMAUX	TORD-BOYAUX	CHAGRINEUX
RIBOSOMAUX	ALLUME-FEUX	GÉLATINEUX
BAPTISMAUX	CONTRE-FEUX	FLOCONNEUX
ARTISANAUX	COUVRE-FEUX	JARGONNEUX
CAB-SIGNAUX	MARÉCAGEUX	SABLONNEUX
MÉDICINAUX	VERBIAGEUX	CARTONNEUX
OFFICINAUX	MOYENÂGEUX	BOUTONNEUX
LIBIDINAUX	FALLACIEUX	MOUTONNEUX
ANACLINAUX	PERNICIEUX	SONGE-CREUX
SYNCLINAUX	SUSPICIEUX	FILANDREUX
ISOCLINAUX	AVARICIEUX	CADAVÉREUX
ABDOMINAUX	CAPRICIEUX	PELLAGREUX
BINOMINAUX	LICENCIEUX	STERTOREUX
DOCTRINAUX	SILENCIEUX	NON-FERREUX
MATUTINAUX	INSOUCIEUX	CUL-TERREUX
ÉCHEVINAUX	FASTIDIEUX	DÉSASTREUX
TRICENNAUX	CONTAGIEUX	FROIDUREUX
CENTENNAUX	PRODIGIEUX	MALHEUREUX
SEPTENNAUX	ARELIGIEUX	CHALEUREUX
DÉCAGONAUX	CHEFS-LIEUX	LANGOUREUX
HEXAGONAUX	CALOMNIEUX	DOULOUREUX
OCTOGONAUX	INSOMNIEUX	PLANTUREUX
POLYGONAUX	HARMONIEUX	AVENTUREUX
POLYTONAUX	MYSTÉRIEUX	ŒDÉMATEUX
LANDERNAUX	VICTORIEUX	ECZÉMATEUX
SHOGOUNAUX	**VÉNISSIEUX**	PAUVRETEUX
MUNICIPAUX	INFECTIEUX	CHICHITEUX
PRINCIPAUX	OBSÉQUIEUX	GRAPHITEUX
ÉPISCOPAUX	**BARBEZIEUX**	CALAMITEUX
PALPÉBRAUX	**ANDRÉZIEUX**	CONVOITEUX
VERTÉBRAUX	SCANDALEUX	SARMENTEUX
SÉPULCRAUX	JOURNALEUX	GRISOUTEUX
CATHÉDRAUX	ROCAILLEUX	BELLIQUEUX
BICAMÉRAUX	MORBILLEUX	VERRUQUEUX
PUERPÉRAUX	ROUGEOLEUX	MONSTRUEUX
BILATÉRAUX	MIRACULEUX	DÉFECTUEUX
ANTIVIRAUX	VÉSICULEUX	AFFECTUEUX
STERCORAUX	MÉTICULEUX	DÉLICTUEUX
ÉLECTORAUX	STRIDULEUX	TEMPÉTUEUX
DIAMÉTRAUX	GLANDULEUX	SPIRITUEUX
GÉOMÉTRAUX	FRAUDULEUX	TUMULTUEUX
CADASTRAUX	SCROFULEUX	TALENTUEUX

VOLUPTUEUX	ALECHINSKY	MINDSZENTY
INCESTUEUX	STRAVINSKY	VÖRÖSMARTY
MAJESTUEUX	SAINT-CHÉLY	IPOUSTEGUY
AIGRES-DOUX	RYDZ-SMIGLY	PORRENTRUY
BILLETDOUX	PICCADILLY	ESZTERHÁZY
COUPE-CHOUX	BARTHÉLEMY	CAMPING-GAZ
PRUDHOE BAY	REPENTIGNY	AZAÑA Y DÍAZ
MONTEGO BAY	BLOODY MARY	NIEMCEWICZ
THUNDER BAY	CANTORBÉRY	MICKIEWICZ
SEMBLANÇAY	PONDICHÉRY	MANKIEWICZ
CHARDONNAY	MONTGOMERY	WITKIEWICZ
CHANTONNAY	SAINT-JUÉRY	KURYLOWICZ
TINCHEBRAY	KRUSNÉ HORY	GOMBROWICZ
SAINT-PÉRAY	SAINT-VAURY	CHERBULIEZ
WILLOUGHBY	CANTERBURY	DOUARNENEZ
CHAMBOURCY	TEWKESBURY	AZNAR LÓPEZ
HUSSEIN DEY	SHREWSBURY	L'ALPE-D'HUEZ
RINK-HOCKEY	TCHERKASSY	IMPERATRIZ
DISC-JOCKEY	LIOUBERTSY	MORLANWELZ
NAPA VALLEY	JET-SOCIETY	SANDOMIERZ
RIFT VALLEY	FIFTY-FIFTY	INGEN-HOUSZ
CHAMPAGNEY	CARSON CITY	AUSTERLITZ
JEANNE GREY	QUEZON CITY	ABRAMOVITZ
MOHOLY-NAGY	KANSAS CITY	CLAUSEWITZ
GALSWORTHY	JERSEY CITY	MIDDLE JAZZ
DOBZHANSKY		

10

SANTA MONICA	CHRISTIANIA	
BAHÍA BLANCA	PANTELLERIA	
SANCHO PANÇA	CRYPTOMERIA	
GARCÍA LORCA	CAPODISTRIA	
GHERARDESCA	NYSA LUZYCKA	
SPINA-BIFIDA	PERESTROÏKA	
SÁ DE MIRANDA	GERLACHOVKA	
ODA NOBUNAGA	PIETRAGALLA	
ICHTYOSTÉGA	PASTEURELLA	
BUCARAMANGA	DOMODOSSOLA	
KUMARATUNGA	VASCO DE GAMA	
CHATTANOOGA	PANCHEN-LAMA	
MISSISSAUGA	PHYSOSTIGMA	
DJAMAL PACHA	TANEGASHIMA	GUADALAJARA
ISMAÏL PACHA	ÉPITHÉLIOMA	ABRACADABRA
GUTTA-PERCHA	XANTHÉLASMA	CHURRIGUERA
JEAN DE MATHA	PROTOPLASMA	JELENIA GÓRA
MAXIMIN DAIA	RAS AL-KHAYMA	ZIELONA GÓRA
BLAVATSKAÏA	ROCH HA-SHANA	STARA ZAGORA
DELLA ROBBIA	ROSH HA-SHANA	MAHARASHTRA
GHISONACCIA	ANTSIRANANA	PATALIPUTRA
PONTE-LECCIA	LEPTIS MAGNA	ESTREMADURA
RESISTENCIA	GIAMBOLOGNA	GUSTAVE VASA
DIEGO GARCIA	RAMAKRISHNA	VARGAS LLOSA
WELWITSCHIA	SUSQUEHANNA	CABORA BASSA
SAINTPAULIA	OXENSTIERNA	CAHORA BASSA
CHRISTIANIA	TEGUCIGALPA	PANTHALASSA
		PONTA GROSSA

11

RASPOUTITSA	COPPERFIELD	ESSUIE-GLACE
GATTAMELATA	VALLEYFIELD	LA FERTÉ-MACÉ
MAR DEL PLATA	CITIZEN BAND	PAPILIONACÉ
MAHABHARATA	NON MARCHAND	CYBERESPACE
ULTRA-PETITA	NAMAQUALAND	PETITE-NIÈCE
IMPEDIMENTA	DEUTSCHLAND	GRANDE-GRÈCE
BRAHMAGUPTA	DE HAVILLAND	SAINT-OFFICE
CANDRAGUPTA	CREST-VOLAND	SONGE-MALICE
ANTOFAGASTA	RHODE ISLAND	CARDINALICE
RECONQUISTA	EST-ALLEMAND	FRONTISPICE
LUNA DA SILVA	VIEIL-ARMAND	INCUBATRICE
CAVACO SILVA	HAUT-NORMAND	INDICATRICE
NAVRATILOVA	KNUD LE GRAND	INVOCATRICE
GONTCHAROVA	JEAN LE GRAND	HORODATRICE
BODHISATTVA	IVAN LE GRAND	DÉLÉGATRICE
CZESTOCHOWA	LÉON LE GRAND	NAVIGATRICE
POLONNARUWA	KNUT LE GRAND	AMODIATRICE
NISHINOMIYA	MONTFERRAND	SPOLIATRICE
BEKTACHIYYA	INTERFÉCOND	INITIATRICE
NYÍREGYHÁZA	ARRIÈRE-FOND	RÉVÉLATRICE
CHICHÉN ITZÁ	BRACQUEMOND	MUTILATRICE
CHICHE-KEBAB	QUART-DE-ROND	FABULATRICE
BAB AL-MANDAB	UNDERGROUND	OSCULATRICE
CHATT AL-ARAB	KIERKEGAARD	MODULATRICE
BAB EL-MANDEB	SAINT-MÉDARD	RÉGULATRICE
TIPPOO SAHIB	NON STANDARD	SIMULATRICE
SENNACHÉRIB	MONTRICHARD	DOMINATRICE
LARMES-DE-JOB	MONTBÉLIARD	DIVINATRICE
MONBAZILLAC	MONTBÉLIARD	CODONATRICE
VIC-FEZENSAC	PANTOUFLARD	USURPATRICE
TEHUANTEPEC	BAUDRILLARD	RÉPARATRICE
MOHOROVICIC	CHEVRILLARD	SÉPARATRICE
IZETBEGOVIC	BADOUILLARD	LIBÉRATRICE
TRAVERS-BANC	VASOUILLARD	VOCERATRICE
CARBON-BLANC	CONTAMINARD	FÉDÉRATRICE
TIRE-AU-FLANC	BANLIEUSARD	MODÉRATRICE
ANCY-LE-FRANC	CAMBROUSARD	GÉNÉRATRICE
COLLIOURENC	CORÉE DU NORD	IMPÉRATRICE
ÉLECTROCHOC	CÔTES-DU-NORD	ADMIRATRICE
PORTZAMPARC	BOURGANIAUD	DÉCORATRICE
COMPACT DISC	PORT-GRIMAUD	DÉVORATRICE
SOLIDARNOSC	SAINT-ARNAUD	CASTRATRICE
SAINT-BRIEUC	FORT-GOURAUD	OBTURATRICE
KHORRAMABAD	DAKOTA DU SUD	ACCUSATRICE
BAHR EL-ABIAD	ARABIE DU SUD	DILATATRICE
KALININGRAD	DÉCASYLLABE	SPECTATRICE
TSELINOGRAD	MONOSYLLABE	INCITATRICE
KOLAROVGRAD	OCTOSYLLABE	EXCITATRICE
MEHMED RESAD	POLYSYLLABE	ANNOTATRICE
ARRACHE-PIED	CROC-EN-JAMBE	ADAPTATRICE
À CLOCHE-PIED	D'OUTRE-TOMBE	SCRUTATRICE
CHAUSSE-PIED	FRANCOPHOBE	ÉVACUATRICE
TROUSSE-PIED	PALMATILOBÉ	EXCAVATRICE
DE PLAIN-PIED	SAINTE-BARBE	ACTIVATRICE
GRINDELWALD	SANGUISORBE	RÉNOVATRICE
SPRINGFIELD	DÉSEMBOURBÉ	INNOVATRICE
MORGANFIELD	ROQUECOURBE	DÉTRACTRICE
	EUPHAUSIACÉ	COLLECTRICE

INSPÈCTRICE	BOUFFETANCE	MITRAILLADE
CORRECTRICE	ROUSPÉTANCE	**LA FEUILLADE**
TRISECTRICE	CAPACITANCE	DÉGOULINADE
BISSECTRICE	SUBSISTANCE	TURLUPINADE
PROTECTRICE	CONSISTANCE	ARLEQUINADE
EXTINCTRICE	PERSISTANCE	CALEÇONNADE
TRADUCTRICE	INCONSTANCE	CHIFFONNADE
CONDUCTRICE	DÉLINQUANCE	**ŒCOLAMPADE**
PRODUCTRICE	APERCEVANCE	DÉSESPÉRADE
CODÉBITRICE	FLAMBOYANCE	ONGULIGRADE
INHIBITRICE	POURVOYANCE	DIGITIGRADE
EXPÉDITRICE	MUNIFICENCE	PLANTIGRADE
RÉPÉTITRICE	MARCESCENCE	ANTÉROGRADE
APICULTRICE	TURGESCENCE	**PEYREHORADE**
AVICULTRICE	COALESCENCE	LAPALISSADE
MARÉMOTRICE	OPALESCENCE	IMPROVISADE
LOCOMOTRICE	ADOLESCENCE	ARQUEBUSADE
IDÉOMOTRICE	ÉVANESCENCE	RODOMONTADE
VASOMOTRICE	PUTRESCENCE	**SHÉHÉRAZADE**
AUTOMOTRICE	LACTESCENCE	MAXILLIPÈDE
PRÉCEPTRICE	LIQUESCENCE	SCOLOPACIDÉ
CONCEPTRICE	ANTÉCÉDENCE	TYRANNICIDE
RÉDEMPTRICE	COÏNCIDENCE	BACTÉRICIDE
CORRUPTRICE	RÉFRINGENCE	INSECTICIDE
SUPPORTRICE	ASTRINGENCE	INFANTICIDE
SELF-SERVICE	CONTINGENCE	LIBERTICIDE
DESCENDANCE	CONVERGENCE	SPHÉNISCIDÉ
MODERN DANCE	OMNISCIENCE	EXTRALUCIDE
CONCORDANCE	NANOSCIENCE	TRANSLUCIDE
DISCORDANCE	AMBIVALENCE	CÉRAMBYCIDÉ
INSOUCIANCE	ÉQUIVALENCE	PALMATIFIDE
SIGNIFIANCE	POLYVALENCE	SYNGNATHIDÉ
MÉSALLIANCE	PRÉCELLENCE	CHARADRIIDÉ
NONCHALANCE	NON-VIOLENCE	FRINGILLIDÉ
DÉFAILLANCE	RÉENSEMENCÉ	LYSERGAMIDE
PERFORMANCE	COORDINENCE	THALIDOMIDE
MAINTENANCE	PRÉÉMINENCE	PYCNOGONIDE
MÉSAVENANCE	PROÉMINENCE	ÉPICYCLOÏDE
AUTOFINANCÉ	INCOHÉRENCE	PARABOLOÏDE
CODOMINANCE	IRRÉVÉRENCE	TÉTRAPLOÏDE
CHROMINANCE	CONCURRENCE	CAROTÉNOÏDE
MÉSAVENANCE	CONCURRENCÉ	ANTHROPOÏDE
UNISSONANCE	INAPPÉTENCE	SACCHAROÏDE
GOUVERNANCE	OMNIPOTENCE	CYLINDROÏDE
REMEMBRANCE	TOTIPOTENCE	**PONT-DE-ROIDE**
INTOLÉRANCE	ÉQUIPOTENCE	PORPHYROÏDE
ÎLE-DE-FRANCE	INEXISTENCE	GLYCOLIPIDE
MÉTÉO-FRANCE	COEXISTENCE	ANTIPUTRIDE
RADIO FRANCE	CONSÉQUENCE	FILICOPSIDE
REMONTRANCE	**PETIT PRINCE**	POLYPEPTIDE
RÉASSURANCE	**QUINTE-CURCE**	SUPERFLUIDE
COASSURANCE	RADIOSOURCE	**VANDERVELDE**
MALFAISANCE	TAILLE-DOUCE	CONTREBANDE
BIEN-DISANCE	**ROBERT BRUCE**	**BROCÉLIANDE**
RENAISSANCE	DEMI-BRIGADE	HOUPPELANDE
RENAISSANCE	DÉSESCALADE	ENGUIRLANDÉ
IMPUISSANCE	GARDE-MALADE	CONFIRMANDE
CONDUCTANCE	**LA TREMBLADE**	**CAMPO GRANDE**

NAUSÉABONDE	TRANSPERCÉE	NON-SALARIÉE
DENDERMONDE	RHODOPHYCÉE	DÉSAPPARIÉE
BALLON-SONDE	CYANOPHYCÉE	MULTIVARIÉE
ANTICATHODE	RÉTROGRADÉE	INVENTORIÉE
SAINT-SYNODE	RADIOGUIDÉE	RÉPERTORIÉE
BRACHIOPODE	DÉGINGANDÉE	EUTHANASIÉE
CÉPHALOPODE	RÉPRIMANDÉE	HYPOSTASIÉE
GASTÉROPODE	DÉCOMMANDÉE	ANESTHÉSIÉE
POLITICARDE	RECOMMANDÉE	DÉSENSABLÉE
REVANCHARDE	MILLERANDÉE	BOURSOUFLÉE
BAMBOCHARDE	TRANSCENDÉE	EMMITOUFLÉE
CHAMONIARDE	APPRÉHENDÉE	INASSIMILÉE
CHAMONIARD	DÉVERGONDÉE	PASSEPOILÉE
TROUILLARDE	RACCOMMODÉE	**NUIT ÉTOILÉE**
BÉQUILLARDE	SAUVEGARDÉE	DÉSENTOILÉE
CAPITULARDE	ENTRELARDÉE	**PENTHÉSILÉE**
CAUCHEMARDÉ	DÉBILLARDÉE	PRÉEMBALLÉE
CAUSSENARDE	TRANSBORDÉE	CONTRE-ALLÉE
CAUSSENARDE	DÉSACCORDÉE	RÉINSTALLÉE
CAMPAGNARDE	MONONUCLÉÉE	INTERPELLÉE
MONTAGNARDE	IRISH-COFFEE	ENCANAILLÉE
BASTOGNARDE	PRÉCHAUFFÉE	DÉPENAILLÉE
SORBONNARDE	SURCHAUFFÉE	RAVITAILLÉE
DREYFUSARDE	SURPROTÉGÉE	ENFUTAILLÉE
MISÉRICORDE	TÉLÉCHARGÉE	DÉSHABILLÉE
STEENVOORDE	ENTR'ÉGORGÉE	VERTICILLÉE
HAPPELOURDE	DÉSENGORGÉE	ENSOLEILLÉE
AU-DESSOUS DE	CALORIFUGÉE	DÉPAREILLÉE
LIMOUGEAUDE	CENTRIFUGÉE	APPAREILLÉE
LIMOUGEAUDE	DÉHARNACHÉE	ÉMERVEILLÉE
COURAMIAUDE	ENDIMANCHÉE	DÉGUENILLÉE
REINE-CLAUDE	RÉEMBAUCHÉE	ESTAMPILLÉE
SAINT-CLAUDE	EFFAROUCHÉE	DÉGOUPILLÉE
CHIQUENAUDE	APOSTROPHÉE	DÉTORTILLÉE
COUDE-À-COUDE	INAPPRÉCIÉE	ENTORTILLÉE
SOLLICITUDE	PRÉJUDICIÉE	EMBASTILLÉE
DÉCRÉPITUDE	PENTARADIÉE	ACCASTILLÉE
VICISSITUDE	DÉCALCIFIÉE	ÉMOUSTILLÉE
INGRATITUDE	RECALCIFIÉE	GRIBOUILLÉE
PROMPTITUDE	DÉMYTHIFIÉE	BARBOUILLÉE
INCERTITUDE	DÉQUALIFIÉE	BREDOUILLÉE
JEAN DE LEYDE	REQUALIFIÉE	MÂCHOUILLÉE
MÉTALDÉHYDE	EXEMPLIFIÉE	AGENOUILLÉE
PILO-SÉBACÉE	FRIGORIFIÉE	DÉBROUILLÉE
AMPÉLIDACÉE	ÉLECTRIFIÉE	EMBROUILLÉE
BROMÉLIACÉE	DÉNITRIFIÉE	DÉGROUILLÉE
MAGNOLIACÉE	DÉVITRIFIÉE	VERROUILLÉE
BIGNONIACÉE	INTENSIFIÉE	CHATOUILLÉE
CRASSULACÉE	DIVERSIFIÉE	DÉMAQUILLÉE
BORAGINACÉE	DÉSERTIFIÉE	REMAQUILLÉE
POLYGONACÉE	INJUSTIFIÉE	ÉCARQUILLÉE
PAPAVÉRACÉE	DÉMYSTIFIÉE	PRÉENCOLLÉE
CÉLASTRACÉE	PRIVILÉGIÉE	DÉGRINGOLÉE
CUPRESSACÉE	RÉCONCILIÉE	TRIFOLIOLÉE
ALISMATACÉE	DÉSAFFILIÉE	INCONTRÔLÉE
AMARANTACÉE	INTERALLIÉE	DÉBOUSSOLÉE
ORDONNANCÉE	EXCOMMUNIÉE	SOUS-PEUPLÉE
RECOMMENCÉE	PHOTOCOPIÉE	INARTICULÉE

BLACKBOULÉE
GRAND COULEE
CONGRATULÉE
RÉCAPITULÉE
DIAPHRAGMÉE
DÉCOMPRIMÉE
DÉLÉGITIMÉE
SOUS-ESTIMÉE
MICROFILMÉE
SUS-DÉNOMMÉE
BARTHOLOMÉE
SURINFORMÉE
DÉSINFORMÉE
TRANSFORMÉE
ORTHONORMÉE
INSTANTANÉE
SOUS-CUTANÉE
SUROXYGÉNÉE
DÉSOXYGÉNÉE
PREMIÈRE-NÉE
DERNIÈRE-NÉE
ENCHIFRENÉE
DÉSENGRENÉE
DIDON ET ÉNÉE
ACCOMPAGNÉE
INTERLIGNÉE
DÉCONSIGNÉE
CHANFREINÉE
EMBOBELINÉE
DÉGASOLINÉE
DÉGAZOLINÉE
DISCIPLINÉE
DÉCALAMINÉE
DÉVITAMINÉE
PARCHEMINÉE
DISCRIMINÉE
ENDOCTRINÉE
TAMBOURINÉE
EMMAGASINÉE
GUILLOTINÉE
PRÉDESTINÉE
BARAGOUINÉE
SHAMPOUINÉE
ENQUIQUINÉE
DAMASQUINÉE
WOUNDED KNEE
ENTURBANNÉE
DÉSARÇONNÉE
SUBORDONNÉE
DÉSORDONNÉE
BADIGEONNÉE
DÉPLAFONNÉE
PARANGONNÉE
CAPUCHONNÉE
OCCASIONNÉE
ÉMULSIONNÉE
ILLUSIONNÉE
FRACTIONNÉE

FRICTIONNÉE
SANCTIONNÉE
PONCTIONNÉE
AMBITIONNÉE
ADDITIONNÉE
AUDITIONNÉE
POSITIONNÉE
QUESTIONNÉE
SOLUTIONNÉE
DÉBALLONNÉE
CARILLONNÉE
BOUILLONNÉE
COUILLONNÉE
DÉBOULONNÉE
CHAPERONNÉE
DÉCOURONNÉE
ARRAISONNÉE
IRRAISONNÉE
ASSAISONNÉE
EMPOISONNÉE
EMPRISONNÉE
PALISSONNÉE
MOLLETONNÉE
DÉBOUTONNÉE
REBOUTONNÉE
OXYCARBONÉE
DÉSINCARNÉE
DEMI-JOURNÉE
CHANTOURNÉE
POISSON-ÉPÉE
SOUS-ÉQUIPÉE
PHARMACOPÉE
PRÉDÉCOUPÉE
ENTRECOUPÉE
CONTRETYPÉE
STÉRÉOTYPÉE
CHASSE-MARÉE
CONCÉLÉBRÉE
INVERTÉBRÉE
LOMBO-SACRÉE
DÉSENCADRÉE
CONGLOMÉRÉE
DÉSINTÉGRÉE
AVANT-SOIRÉE
MILLIMÉTRÉE
ENCHEVÊTRÉE
AUTOCENTRÉE
DÉFENESTRÉE
ENREGISTRÉE
CALAMISTRÉE
ADMINISTRÉE
IODO-IODURÉE
CLAQUEMURÉE
PRESSE-PURÉE
DÉCHLORURÉE
SOUS-ASSURÉE
COURBATURÉE
CARICATURÉE

SOUS-SATURÉE
CONJECTURÉE
PARAPHRASÉE
TECHNICISÉE
CHRONICISÉE
RINGARDISÉE
RADICALISÉE
MÉDICALISÉE
LEXICALISÉE
DÉLOCALISÉE
SCANDALISÉE
SPÉCIALISÉE
MONDIALISÉE
SPATIALISÉE
INITIALISÉE
DÉCIMALISÉE
MINIMALISÉE
OPTIMALISÉE
MAXIMALISÉE
DÉPÉNALISÉE
NOMINALISÉE
LIBÉRALISÉE
FÉDÉRALISÉE
GÉNÉRALISÉE
MINÉRALISÉE
LATÉRALISÉE
DÉMORALISÉE
CAPORALISÉE
CENTRALISÉE
NEUTRALISÉE
NATURALISÉE
DÉNASALISÉE
PALATALISÉE
VÉGÉTALISÉE
DIGITALISÉE
CAPITALISÉE
DÉVITALISÉE
REVITALISÉE
CHAPTALISÉE
MENSUALISÉE
ÉVANGÉLISÉE
CARAMÉLISÉE
DÉMOBILISÉE
IMMOBILISÉE
SOLUBILISÉE
LYOPHILISÉE
DÉVIRILISÉE
VOLATILISÉE
PARCELLISÉE
CARTELLISÉE
MÉTABOLISÉE
MONOPOLISÉE
DÉNÉBULISÉE
RIDICULISÉE
MACADAMISÉE
UNIFORMISÉE
AFRICANISÉE
RÉORGANISÉE

INORGANISÉE	ENTRE-TISSÉE	INAPPLIQUÉE
ITALIANISÉE	ÉCLABOUSSÉE	INEXPLIQUÉE
ALCALINISÉE	MOTEUR-FUSÉE	COMMUNIQUÉE
KÉRATINISÉE	DÉSHYDRATÉE	DÉCORTIQUÉE
DÉCOLONISÉE	AUTOTRACTÉE	DÉMASTIQUÉE
ENTRETOISÉE	DÉSAFFECTÉE	REMASTIQUÉE
APPRIVOISÉE	DÉSINFECTÉE	DOMESTIQUÉE
SOLIDARISÉE	DÉCONNECTÉE	INTERLOQUÉE
NUCLÉARISÉE	DÉMOUCHETÉE	RÉCIPROQUÉE
DÉPOLARISÉE	AIGUILLETÉE	DÉSOBSTRUÉE
BIPOLARISÉE	GUILLEMETÉE	DÉSHABITUÉE
SÉCULARISÉE	INTERPRÉTÉE	INACCENTUÉE
RÉGULARISÉE	REMPAQUETÉE	DÉSENCLAVÉE
POPULARISÉE	DÉBECQUETÉE	DÉSENTRAVÉE
TITULARISÉE	DÉCHIQUETÉE	INTERVIEWÉE
MILITARISÉE	DÉCLIQUETÉE	DÉCOMPLEXÉE
MÉTAMÉRISÉE	ENCLIQUETÉE	REJOINTOYÉE
POLYMÉRISÉE	SOUS-TRAITÉE	PORTE-GREFFE
DÉSODORISÉE	PLÉBISCITÉE	HIPPOGRIFFE
CATÉGORISÉE	RESSUSCITÉE	OPÉRA-BOUFFE
DÉVALORISÉE	DISCRÉDITÉE	**YELLOWKNIFE**
REVALORISÉE	COMMANDITÉE	DÉCORTICAGE
INSONORISÉE	PARIDIGITÉE	REMASTICAGE
SPONSORISÉE	RÉHABILITÉE	AMOUR-EN-CAGE
DÉFAVORISÉE	INEXPLOITÉE	ANTIBLOCAGE
THÉSAURISÉE	DÉPARASITÉE	DÉSAMORÇAGE
PASTEURISÉE	RÉIMPLANTÉE	TÉLÉGUIDAGE
PRESSURISÉE	DÉSAIMANTÉE	AUTOGUIDAGE
SCHÉMATISÉE	DÉSARGENTÉE	MARCHANDAGE
STIGMATISÉE	DÉSORIENTÉE	ACHALANDAGE
AXIOMATISÉE	IMPATIENTÉE	VAGABONDAGE
AUTOMATISÉE	RÉGLEMENTÉE	ÉCHOSONDAGE
TRAUMATISÉE	IMPLÉMENTÉE	AÉROSONDAGE
DÉSÉTATISÉE	INCRÉMENTÉE	TRANSCODAGE
DIALECTISÉE	MOUVEMENTÉE	BRANCARDAGE
PROPHÉTISÉE	ASSERMENTÉE	MOUCHARDAGE
SYNTHÉTISÉE	REPRÉSENTÉE	ÉCHAFAUDAGE
DÉMONÉTISÉE	MÉCONTENTÉE	MARIVAUDAGE
CONCRÉTISÉE	LONG-JOINTÉE	ÉBOURIFFAGE
DÉPOLITISÉE	RÉEMPRUNTÉE	RÉCHAUFFAGE
RELATIVISÉE	DÉMAILLOTÉE	PARALANGAGE
LIBRE-PENSÉE	EMMAILLOTÉE	MÉTALANGAGE
DÉCOMPENSÉE	INTERCEPTÉE	EFFILOCHAGE
RÉCOMPENSÉE	RÉESCOMPTÉE	GUILLOCHAGE
ANASTOMOSÉE	DÉCONCERTÉE	RACCROCHAGE
SURCOMPOSÉE	RÉCONFORTÉE	RAPPROCHAGE
PRÉSUPPOSÉE	INSUPPORTÉE	DESSOUCHAGE
PRÉDISPOSÉE	TRANSPORTÉE	ENTOMOPHAGE
SOUS-EXPOSÉE	INCONTESTÉE	HÉMATOPHAGE
RETRAVERSÉE	DÉSENDETTÉE	ICHTYOPHAGE
BOULEVERSÉE	SILHOUETTÉE	PLANCHÉIAGE
DÉCARCASSÉE	CONTREBUTÉE	RESSEMELAGE
TALLAHASSEE	CHOUCHOUTÉE	DÉCERVELAGE
POURCHASSÉE	SUBDÉLÉGUÉE	AUTORÉGLAGE
OUTREPASSÉE	DIPHTONGUÉE	TRIMBALLAGE
DÉBARRASSÉE	SOUS-ÉVALUÉE	REMMAILLAGE
EMBARRASSÉE	HYPOTHÉQUÉE	TERMAILLAGE
TREILLISSÉE	REVENDIQUÉE	GRENAILLAGE

REMPAILLAGE	REDÉMARRAGE	ALAMBIQUAGE
FERRAILLAGE	REMBOURRAGE	PLASTIQUAGE
MITRAILLAGE	LONG-MÉTRAGE	CHASSE-NEIGE
TOURAILLAGE	KILOMÉTRAGE	**DIFFERDANGE**
ÉCHENILLAGE	SOUS-TITRAGE	**SCHIFFLANGE**
GRAPPILLAGE	CALFEUTRAGE	**MARTELLANGE**
QUADRILLAGE	SURPÂTURAGE	INTERFRANGE
POINTILLAGE	AFFACTURAGE	TISSU-ÉPONGE
EFFEUILLAGE	COVOITURAGE	MARTYROLOGE
BIDOUILLAGE	APRÈS-RASAGE	ÉCORECHARGE
BAFOUILLAGE	FRANCHISAGE	MONTE-CHARGE
CAFOUILLAGE	CARBONISAGE	**LLOYD GEORGE**
MAGOUILLAGE	MERCERISAGE	**SAINT GEORGE**
DÉPOUILLAGE	SANFORISAGE	**ERIK LE ROUGE**
RESQUILLAGE	ENTREPOSAGE	**MOULIN-ROUGE**
CARAMBOLAGE	MATELASSAGE	**BASSIN ROUGE**
CAMBRIOLAGE	CAILLASSAGE	**BARDONNÈCHE**
RAFISTOLAGE	RAPETASSAGE	GARDES-PÊCHE
CARNON-PLAGE	TÉLÉMESSAGE	PIED-DE-BICHE
LARMOR-PLAGE	MINIMESSAGE	CONTREFICHE
VALRAS-PLAGE	RENCAISSAGE	CONTREFICHÉ
PELLICULAGE	DÉGRAISSAGE	OUTRE-MANCHE
DÉCAPSULAGE	ENGRAISSAGE	TRANSMANCHE
ENCAPSULAGE	FOURBISSAGE	**MALEBRANCHE**
SCÉNARIMAGE	BOUFFISSAGE	NUDIBRANCHE
DÉSARRIMAGE	DÉMOLISSAGE	PELLE-PIOCHE
ANTICHÔMAGE	DÉPOLISSAGE	ARISTOLOCHE
DÉSENFUMAGE	REPOLISSAGE	**FRISON-ROCHE**
AQUAPLANAGE	REMPLISSAGE	**GRANDE ARCHE**
REMUE-MÉNAGE	LAMBRISSAGE	SUPERMARCHÉ
BARGUIGNAGE	AMERRISSAGE	HYPERMARCHÉ
CONCUBINAGE	NOURRISSAGE	ENCHEVAUCHÉ
PARAFFINAGE	POURRISSAGE	FANFRELUCHE
LIBERTINAGE	DÉCATISSAGE	RINCE-BOUCHE
MAROQUINAGE	ÉCROUISSAGE	AMUSE-BOUCHE
ENRUBANNAGE	DÉCHAUSSAGE	MULTICOUCHE
GARDIENNAGE	PHOSPHATAGE	**SCARAMOUCHE**
CHARBONNAGE	DÉCACHETAGE	ESCARMOUCHE
POINÇONNAGE	FEUILLETAGE	ENCARTOUCHÉ
TRONÇONNAGE	DÉCOLLETAGE	BATHYSCAPHE
CHIFFONNAGE	ÉPOUSSETAGE	CHORÉGRAPHE
GRIFFONNAGE	DÉPAQUETAGE	CALLIGRAPHE
HOUBLONNAGE	EMPAQUETAGE	ANÉPIGRAPHE
GOUDRONNAGE	CATAPULTAGE	PALÉOGRAPHE
CHARRONNAGE	BRILLANTAGE	MUSÉOGRAPHE
CLOISONNAGE	DÉSAVANTAGE	LITHOGRAPHE
MOISSONNAGE	DÉSAVANTAGÉ	ORTHOGRAPHE
ÉCUSSONNAGE	POURCENTAGE	HAGIOGRAPHE
CAPITONNAGE	CHARPENTAGE	HÉLIOGRAPHE
DÉGAZONNAGE	DESSUINTAGE	SOÛLOGRAPHE
BISTOURNAGE	PATRICOTAGE	STYLOGRAPHE
TÉLESCOPAGE	PAPILLOTAGE	ANÉMOGRAPHE
PROTOTYPAGE	HÉLIPORTAGE	NORMOGRAPHE
ÉQUILIBRAGE	TERREAUTAGE	SISMOGRAPHE
SAUPOUDRAGE	DÉNOYAUTAGE	SCANOGRAPHE
GOAL-AVERAGE	PARACHUTAGE	SCÉNOGRAPHE
DÉCHIFFRAGE	MARABOUTAGE	STÉNOGRAPHE
TURBOFORAGE	CAILLOUTAGE	ETHNOGRAPHE

ICONOGRAPHE
PHONOGRAPHE
PORNOGRAPHE
HYDROGRAPHE
SPIROGRAPHE
PÉTROGRAPHE
PANTOGRAPHE
PHOTOGRAPHE
CARTOGRAPHE
PIÉZOGRAPHE
TACHYGRAPHE
CATASTROPHE
CATASTROPHÉ
ANTISTROPHE
HOMÉOMORPHE
HIÉROGLYPHE
PÉTROGLYPHE
CHÉTOGNATHE
PSYCHOPATHE
NATUROPATHE
TÉLOLÉCITHE
SIDÉROLITHE
CŒLACANTHE
RHADAMANTHE
EUROMONNAIE
AGORAPHOBIE
ANGLOPHOBIE
PHOTOPHOBIE
NÉCROMANCIE
CHIROMANCIE
ONIROMANCIE
CARTOMANCIE
INDULGENCIÉ
DIFFÉRENCIÉ
LA LAURENCIE
POISSON-SCIE
COUTEAU-SCIE
SAINTE-LUCIE
APPROFONDIE
POLYSYNODIE
BRADYCARDIE
TACHYCARDIE
DISQUALIFIÉ
PERSONNIFIÉ
SACCHARIFIÉ
DÉCLASSIFIÉ
AUTHENTIFIÉ
COMPLEXIFIÉ
HIPPOPHAGIE
COPROPHAGIE
MÉTRORRAGIE
TÉTRAPLÉGIE
CERVICALGIE
CÉPHALALGIE
LOTHARINGIE
MINÉRALOGIE
PHLÉBOLOGIE
MALACOLOGIE

GYNÉCOLOGIE
POLICOLOGIE
MUSICOLOGIE
LEXICOLOGIE
TOXICOLOGIE
MONADOLOGIE
MONADOLOGIE
TRACÉOLOGIE
ARCHÉOLOGIE
SPÉLÉOLOGIE
GNOSÉOLOGIE
PSYCHOLOGIE
GRAPHOLOGIE
MORPHOLOGIE
EXOBIOLOGIE
GLACIOLOGIE
CARDIOLOGIE
ANGÉIOLOGIE
SÉMÉIOLOGIE
BIBLIOLOGIE
PHYSIOLOGIE
ISLAMOLOGIE
POTAMOLOGIE
POLÉMOLOGIE
DOCIMOLOGIE
ENTOMOLOGIE
SÉISMOLOGIE
PNEUMOLOGIE
ENZYMOLOGIE
OCÉANOLOGIE
ORGANOLOGIE
SÉLÉNOLOGIE
PHRÉNOLOGIE
TECHNOLOGIE
ACTINOLOGIE
DÉMONOLOGIE
CHRONOLOGIE
IMMUNOLOGIE
PALYNOLOGIE
NUMÉROLOGIE
NÉPHROLOGIE
SOPHROLOGIE
FUTUROLOGIE
PAPYROLOGIE
HÉMATOLOGIE
HÉPATOLOGIE
TÉRATOLOGIE
PROCTOLOGIE
ERPÉTOLOGIE
POLITOLOGIE
ODONTOLOGIE
DÉONTOLOGIE
ÉGYPTOLOGIE
CRYPTOLOGIE
EMBRYOLOGIE
ICHTYOLOGIE
MÉTALLURGIE
DRAMATURGIE

STÉATOPYGIE
TAUROMACHIE
TCHOUVACHIE
IRRÉFLÉCHIE
TÉLÉGRAPHIE
TÉLÉGRAPHIÉ
SÉRIGRAPHIE
CACOGRAPHIE
ARÉOGRAPHIE
INFOGRAPHIE
ÉCHOGRAPHIE
ÉCHOGRAPHIÉ
HOLOGRAPHIE
XYLOGRAPHIE
DÉMOGRAPHIE
HOMOGRAPHIE
TOMOGRAPHIE
MONOGRAPHIE
TOPOGRAPHIE
TYPOGRAPHIE
XÉROGRAPHIE
NOSOGRAPHIE
AUTOGRAPHIE
HYPOTROPHIE
AUTOTROPHIE
AMYOTROPHIE
PHILOSOPHIE
DISCOPATHIE
HOMÉOPATHIE
OSTÉOPATHIE
SOCIOPATHIE
MYÉLOPATHIE
ADÉNOPATHIE
NEUROPATHIE
NÉVROPATHIE
FŒTOPATHIE
MASTOPATHIE
ACROMÉGALIE
GLOSSOLALIE
CONNÉTABLIE
MARIE-AMÉLIE
MARCOPHILIE
DISCOPHILIE
ANGLOPHILIE
ANÉMOPHILIE
NÉCROPHILIE
COPROPHILIE
CARTOPHILIE
CADUCIFOLIÉ
DÉMULTIPLIÉ
INACCOMPLIE
DYSCALCULIE
SAINTE-JULIE
SYNDACTYLIE
HÉTÉROGAMIE
CRYPTOGAMIE
SCHIZOGAMIE
MÉSOPOTAMIE

TACHYPHÉMIE	PYROTECHNIE	BOULANGERIE
BACTÉRIÉMIE	**LA QUINTINIE**	BRAVACHERIE
WAGON-TRÉMIE	HYPERSOMNIE	SUPERCHERIE
THALASSÉMIE	**PAPHLAGONIE**	HONGROIERIE
CARBOCHIMIE	SCHIZOGONIE	SENSIBLERIE
RADIOCHIMIE	ORTHOPHONIE	ESPIÈGLERIE
MICROCHIMIE	AMBIOPHONIE	SORCELLERIE
PÉTROCHIMIE	RADIOPHONIE	SOMMELLERIE
PHOTOCHIMIE	VISIOPHONIE	TONNELLERIE
HISTOCHIMIE	DISHARMONIE	CHAPELLERIE
ÉNOPHTALMIE	DYSHARMONIE	HOSTELLERIE
EXOPHTALMIE	HYPERCAPNIE	COUTELLERIE
NETÉCONOMIE	DYSPAREUNIE	CRIAILLERIE
PHYSIONOMIE	PLEURODYNIE	RIMAILLERIE
HÉTÉRONOMIE	GLOSSODYNIE	CANAILLERIE
GASTRONOMIE	**GERIN-LAJOIE**	GOUAILLERIE
ORTHODROMIE	**HAUTE-SAVOIE**	DISTILLERIE
HOMOCHROMIE	TRITHÉRAPIE	BROUILLERIE
MONOCHROMIE	BIOTHÉRAPIE	GENDARMERIE
POLYCHROMIE	ZOOTHÉRAPIE	QUÉTAINERIE
IRIDECTOMIE	ISOTHÉRAPIE	MESQUINERIE
MAMMECTOMIE	QUEUES-DE-PIE	PAYSANNERIE
MYOMECTOMIE	RADIOSCOPIE	CHOUANNERIE
PULPECTOMIE	AMNIOSCOPIE	FAUCONNERIE
MASTECTOMIE	STRIOSCOPIE	AMIDONNERIE
CYSTECTOMIE	RHINOSCOPIE	CORDONNERIE
RADICOTOMIE	COLPOSCOPIE	COCHONNERIE
STÉRÉOTOMIE	FIBROSCOPIE	BOULONNERIE
CARDIOTOMIE	MICROSCOPIE	FRIPONNERIE
ÉPISIOTOMIE	HYGROSCOPIE	FERRONNERIE
LAPAROTOMIE	RECTOSCOPIE	CARTONNERIE
KÉRATOTOMIE	FŒTOSCOPIE	MOUTONNERIE
CYSTOSTOMIE	CYSTOSCOPIE	FLAGORNERIE
LEUCODERMIE	HÉMÉRALOPIE	VALLISNÉRIE
PACHYDERMIE	ANISOTROPIE	VINAIGRERIE
HYPOTHERMIE	THIXOTROPIE	MALINGRERIE
AZOOSPERMIE	STÉRÉOTYPIE	TEINTURERIE
ATHYMHORMIE	TURBELLARIÉ	GAULOISERIE
ALEXITHYMIE	**LA RICAMARIE**	CHAMOISERIE
CYCLOTHYMIE	**LOUISE-MARIE**	CHINOISERIE
CISJORDANIE	**SAINTE-MARIE**	GRIVOISERIE
LITHOPHANIE	**ALLIOT-MARIE**	TRACASSERIE
VITROPHANIE	**CARPENTARIE**	AVOCASSERIE
TOXICOMANIE	**NORTHUMBRIE**	MOLLASSERIE
NYMPHOMANIE	**ROZAY-EN-BRIE**	PLUMASSERIE
MÉGALOMANIE	HYPOCONDRIE	FATRASSERIE
ÉTHÉROMANIE	GRILLADERIE	CONTASSERIE
CLEPTOMANIE	CAMARADERIE	GAUDISSERIE
KLEPTOMANIE	MAUSSADERIE	SAURISSERIE
TÉRATOGÉNIE	COMMANDERIE	CARROSSERIE
EMBRYOGÉNIE	FAISANDERIE	GOBELETERIE
TCHÉTCHÉNIE	DESCENDERIE	BUFFLETERIE
CHAPELLENIE	CAGNARDERIE	GRAINETERIE
CHÂTELLENIE	CLABAUDERIE	BRIQUETERIE
LYMPHOPÉNIE	TRIGAUDERIE	MARQUETERIE
NEUTROPÉNIE	GRIMAUDERIE	BISCUITERIE
PARAPHRÉNIE	ROSTAUDERIE	FORFANTERIE
HÉBÉPHRÉNIE	TARTUFFERIE	EFFRONTERIE

CHUCHOTERIE	CÉNESTHÉSIE	PARAFISCALE
DOMINOTERIE	CINESTHÉSIE	GRAND-DUCALE
ÉBÉNISTERIE	KINESTHÉSIE	RHOMBOÏDALE
LAMPISTERIE	SYNESTHÉSIE	HÉLICOÏDALE
DENTISTERIE	BARESTHÉSIE	CONCHOÏDALE
DÉCHETTERIE	PARESTHÉSIE	SPHÉNOÏDALE
TABLETTERIE	PALICINÉSIE	SOLÉNOÏDALE
BILLETTERIE	TÉLÉKINÉSIE	SPHÉROÏDALE
COQUETTERIE	HYPERMNÉSIE	SINUSOÏDALE
BISCOTTERIE	BOURGEOISIE	INTERTIDALE
CACHOTTERIE	NARCOLEPSIE	CHIPPENDALE
CHARCUTERIE	HÉMIANOPSIE	**CHIPPENDALE**
MANIAQUERIE	DÉSÉPAISSIE	INTERMODALE
LOUFOQUERIE	**BIÉLORUSSIE**	PÉRITONÉALE
ESCROQUERIE	HYPOACOUSIE	EXTRALÉGALE
CONSERVERIE	**CEYZÉRIATIE**	**NIGHTINGALE**
DUCHÉ-PAIRIE	MÉDIOCRATIE	ORNITHORALE
MÉTATHÉORIE	VOYOUCRATIE	DIENCÉPHALE
INAPPROPRIÉ	LITHOTRITIE	ANENCÉPHALE
PSYCHIATRIE	DIFFÉRENTIÉ	CYNOCÉPHALE
OPACIMÉTRIE	ORTHODONTIE	AUTOCÉPHALE
ACIDIMÉTRIE	EXTRAVERTIE	PROVERBIALE
PLANIMÉTRIE	RECONVERTIE	SOLSTICIALE
TITRIMÉTRIE	INTROVERTIE	PROVINCIALE
DENSIMÉTRIE	INTERVERTIE	ANTISOCIALE
GRAVIMÉTRIE	DÉSASSORTIE	COMMERCIALE
PELVIMÉTRIE	CRYOCLASTIE	LYCOPODIALE
TRIBOMÉTRIE	IONOPLASTIE	PRÉCORDIALE
SOCIOMÉTRIE	AUTOPLASTIE	PRIMORDIALE
AUDIOMÉTRIE	DÉSINVESTIE	ÉPITHÉLIALE
GONIOMÉTRIE	EUCHARISTIE	NOSOCOMIALE
SISMOMÉTRIE	SOMNILOQUIE	POLYNOMIALE
ÉCONOMÉTRIE	**YOUGOSLAVIE**	MANAGÉRIALE
AXONOMÉTRIE	**SCANDINAVIE**	IMMÉMORIALE
ALCOOMÉTRIE	ANAPHYLAXIE	SÉNATORIALE
MICROMÉTRIE	PROPHYLAXIE	ÉQUATORIALE
HYDROMÉTRIE	CHIROPRAXIE	TINCTORIALE
HYGROMÉTRIE	STÉRÉOTAXIE	PAROISSIALE
SPIROMÉTRIE	PHYLLOTAXIE	PRÉNUPTIALE
ASTROMÉTRIE	HÉTÉRODOXIE	CONSORTIALE
HYPSOMÉTRIE	**KARADJORDJE**	ÉQUINOXIALE
PHOTOMÉTRIE	**BEIDERBECKE**	DUODÉCIMALE
BATHYMÉTRIE	**BOLINGBROKE**	CENTÉSIMALE
DISSYMÉTRIE	**MIDDELKERKE**	PARANORMALE
AÉROGASTRIE	**HÉLIOGABALE**	SOUS-NORMALE
JOLIOT-CURIE	BRINGUEBALÉ	ANÉVRISMALE
POLLAKIURIE	BRINQUEBALÉ	ANÉVRYSMALE
PROTÉINURIE	SEMI-GLOBALE	PAROXYSMALE
ALBUMINURIE	AMMONIACALE	PHÉNOMÉNALE
MANDCHOURIE	ILÉO-CÆCALE	EXTRARÉNALE
SUCCENTURIÉ	BIOMÉDICALE	ANTICLINALE
LEUCOPLASIE	PONTIFICALE	MONOCLINALE
HYPERPLASIE	HYPERFOCALE	SUBLIMINALE
ANGIECTASIE	UXORILOCALE	UNINOMINALE
ATÉLECTASIE	MATRILOCALE	PRONOMINALE
RHEXISTASIE	PATRILOCALE	INTESTINALE
HOMÉOSTASIE	MATRIARCALE	ENNÉAGONALE
SOMESTHÉSIE	PATRIARCALE	PENTAGONALE

HEPTAGONALE	CHANTEFABLE	INFEUTRABLE
ORTHOGONALE	INFATIGABLE	SEMI-DURABLE
MÉRIDIONALE	APPROCHABLE	RECOUVRABLE
MÉRIDIONALE	INTOUCHABLE	INAPAISABLE
OBSIDIONALE	APPRÉCIABLE	LOCALISABLE
BINATIONALE	JUSTICIABLE	CANALISABLE
MONOCLONALE	DISSOCIABLE	NOBÉLISABLE
SARDANAPALE	CONGÉDIABLE	MOBILISABLE
DIALYSÉPALE	PUTRÉFIABLE	ORGANISABLE
ARCHÉTYPALE	LIQUÉFIABLE	COLONISABLE
CONFÉDÉRALE	ACIDIFIABLE	CANONISABLE
UNILATÉRALE	QUALIFIABLE	MÉMORISABLE
TRILATÉRALE	PLANIFIABLE	MAÎTRISABLE
COLLATÉRALE	VITRIFIABLE	INÉPUISABLE
PARENTÉRALE	FALSIFIABLE	CONDENSABLE
ORCHESTRALE	RECTIFIABLE	COMPENSABLE
PROCÉDURALE	JUSTIFIABLE	DISPENSABLE
STRUCTURALE	MYSTIFIABLE	RESPONSABLE
SCRIPTURALE	SATISFIABLE	INOPPOSABLE
SCULPTURALE	INOUBLIABLE	TRAVERSABLE
PARASTATALE	IMPUBLIABLE	INCLASSABLE
DIALYPÉTALE	CONCILIABLE	ENCAISSABLE
SUBORBITALE	RAPATRIABLE	GUÉRISSABLE
PRÉGÉNITALE	AMNISTIABLE	SAISISSABLE
CONGÉNITALE	INDÉCELABLE	CARROSSABLE
URO-GÉNITALE	ASSIMILABLE	DÉHOUSSABLE
OCCIDENTALE	CONTRÔLABLE	IRRÉCUSABLE
OCCIDENTALE	MANIPULABLE	INEXCUSABLE
ORNEMENTALE	COMPRIMABLE	CONSTATABLE
MONUMENTALE	INESTIMABLE	RÉTRACTABLE
PARODONTALE	INFLAMMABLE	CONNECTABLE
HORIZONTALE	CONSOMMABLE	RESPECTABLE
SACERDOTALE	INALIÉNABLE	INÉLUCTABLE
AÉROPOSTALE	DÉDAIGNABLE	CROCHETABLE
PARACHUTALE	INJOIGNABLE	SOUHAITABLE
SUBLINGUALE	ENTRAÎNABLE	INTRAITABLE
PERLINGUALE	DÉRACINABLE	INHABITABLE
ADJECTIVALE	CONDAMNABLE	INDUBITABLE
INEFFAÇABLE	PARDONNABLE	INEXCITABLE
REMPLAÇABLE	ACTIONNABLE	EXPLOITABLE
PRONONÇABLE	RAISONNABLE	INÉQUITABLE
IRRÉVOCABLE	DISCERNABLE	CONSULTABLE
CONFISCABLE	GOUVERNABLE	IMPLANTABLE
INDÉCIDABLE	RATTRAPABLE	FERMENTABLE
INTIMIDABLE	IRRÉPARABLE	PRÉSENTABLE
RESCINDABLE	INSÉPARABLE	SURMONTABLE
INDÉCODABLE	DÉNOMBRABLE	ESCAMOTABLE
INDÉMODABLE	INNOMBRABLE	DÉCAPOTABLE
INABORDABLE	INTOLÉRABLE	INADAPTABLE
DOMMAGEABLE	RÉCUPÉRABLE	ESCOMPTABLE
AMÉNAGEABLE	INALTÉRABLE	INDOMPTABLE
PARTAGEABLE	INDÉSIRABLE	CONFORTABLE
NÉGLIGEABLE	AMÉLIORABLE	SUPPORTABLE
ÉCHANGEABLE	DÉFAVORABLE	CONTESTABLE
IMMANGEABLE	INÉNARRABLE	PROTESTABLE
ARRANGEABLE	DÉMONTRABLE	REGRETTABLE
IMPERMÉABLE	ENCASTRABLE	ACQUITTABLE
DÉSAGRÉABLE	MINISTRABLE	IRRÉFUTABLE

ATTRIBUABLE	ÆGAGROPILE	BISANNUELLE
TRANSMUABLE	ANTIMISSILE	MENSTRUELLE
INDÉNOUABLE	EUROMISSILE	BIMENSUELLE
CRITIQUABLE	CONTRACTILE	DÉLICTUELLE
IMMANQUABLE	PROTRACTILE	PERPÉTUELLE
REMARQUABLE	TRIQUEBALLE	SPIRITUELLE
DESTITUABLE	HÉMÉROCALLE	ACCENTUELLE
RESTITUABLE	ÉGLISE-HALLE	UNISEXUELLE
IRRECEVABLE	**SAINT PHALLE**	SEMI-VOYELLE
IMPROUVABLE	DÉSINSTALLÉ	ENTREBÂILLÉ
APPROUVABLE	SAC-POUBELLE	PASSACAILLE
INTROUVABLE	JOUVENCELLE	CRITICAILLÉ
AUTOSEXABLE	VIOLONCELLE	RIBAUDAILLE
IMPITOYABLE	MORVANDELLE	BADAUDAILLE
INCOERCIBLE	**MORVANDELLE**	BLANCHAILLE
PUTRESCIBLE	ZOOFLAGELLÉ	HACHE-PAILLE
RÉFRANGIBLE	TOURANGELLE	DÉPARPAILLÉ
INFRANGIBLE	**TOURANGELLE**	BROUSSAILLE
INFAILLIBLE	MATRICIELLE	COLLETAILLÉ
TRADUISIBLE	ACTANCIELLE	ENTRETAILLÉ
INDIVISIBLE	ACTUARIELLE	BASSE-TAILLE
SUBMERSIBLE	SENSORIELLE	PARENTAILLE
SUCCESSIBLE	TENSORIELLE	DISCUTAILLÉ
INAMISSIBLE	FACTORIELLE	**CORNOUAILLE**
EXTRACTIBLE	SECTORIELLE	ANTIQUAILLE
PERFECTIBLE	VECTORIELLE	RETRAVAILLÉ
PRÉDICTIBLE	MERCURIELLE	COLIBACILLE
CONDUCTIBLE	DÉMENTIELLE	**FONTVIEILLE**
PRODUCTIBLE	CARENTIELLE	ENSOMMEILLÉ
PERCEPTIBLE	ESSENTIELLE	NONPAREILLE
SUSCEPTIBLE	POTENTIELLE	RAPPAREILLÉ
CORRUPTIBLE	LESSIVIELLE	CURE-OREILLE
CONVERTIBLE	**SUPERVIELLE**	DÉCONSEILLÉ
SUGGESTIBLE	COUCOUMELLE	EMBOUTEILLÉ
COMBUSTIBLE	PIMPRENELLE	AVANT-VEILLE
DÉSASSEMBLÉ	SÉLAGINELLE	PETITE-FILLE
VILLEMOMBLE	DAUPHINELLE	SOUS-FAMILLE
GARDE-MEUBLE	LÉSIONNELLE	SOUQUENILLE
LIPOSOLUBLE	FUSIONNELLE	**LA TRÉMOILLE**
CONCEPTACLE	RATIONNELLE	MYOFIBRILLE
THÉMISTOCLE	NOTIONNELLE	ÉCRABOUILLÉ
ESCARBOUCLE	OPTIONNELLE	BOURBOUILLE
HÉTÉROCYCLE	CITRONNELLE	GLANDOUILLÉ
EMBARDOUFLÉ	PERSONNELLE	CRACHOUILLÉ
ÉPOUSTOUFLÉ	FRATERNELLE	BISBROUILLE
HIPPOMOBILE	RITOURNELLE	ANTIROUILLE
SAINTE-ODILE	TRACTOPELLE	DÉPATOUILLÉ
TRANCHEFILE	CHANTERELLE	RATATOUILLE
FRANCOPHILE	TOURTERELLE	GRATTOUILLÉ
NUCLÉOPHILE	ATEMPORELLE	**TOURLAVILLE**
BIBLIOPHILE	PIPISTRELLE	**BRAZZAVILLE**
ENTOMOPHILE	PASTOURELLE	**FRANCEVILLE**
SPERMOPHILE	UNIVERSELLE	**CHARLEVILLE**
SPASMOPHILE	TAGLIATELLE	**SAMBREVILLE**
LUCANOPHILE	EUPLECTELLE	**GONFREVILLE**
ÉOSINOPHILE	**CARMONTELLE**	CENTRE-VILLE
NEUTROPHILE	**COMPOSTELLE**	**LONGUEVILLE**
PROTOÉTOILE	CONTINUELLE	**TOCQUEVILLE**

BROQUEVILLE	MODERN STYLE	XANTHODERME
DECAZEVILLE	**BOURG-MADAME**	PHELLODERME
FLAMANVILLE	TROUS-MADAME	MÉLANODERME
HERMANVILLE	PHANÉROGAME	ÉCHINODERME
OFFRANVILLE	TÉTRADYNAME	SCLÉRODERME
ROMAINVILLE	PSYCHODRAME	BLASTODERME
BOUZONVILLE	HIPPOPOTAME	HOMÉOTHERME
NOUZONVILLE	HÉLIANTHÈME	STÉNOTHERME
MONDONVILLE	MILLIONIÈME	ANGIOSPERME
TANCARVILLE	DIX-HUITIÈME	GYMNOSPERME
GOMBERVILLE	QUARANTIÈME	HAUT-DE-FORME
MONNERVILLE	SEPTANTIÈME	PROTÉIFORME
COWANSVILLE	SOIXANTIÈME	SPONGIFORME
ALBERTVILLE	DIX-SEPTIÈME	TARSIIFORME
ALFORTVILLE	DIX-NEUVIÈME	TUBÉRIFORME
RIBEAUVILLÉ	QUATORZIÈME	ANSÉRIFORME
LA VIEUVILLE	DOUBLE-CRÈME	SILURIFORME
SANDOUVILLE	STAR-SYSTÈME	HYDATIFORME
CONTRECOLLÉ	SOUS-SYSTÈME	DIGITIFORME
CHRYSOCOLLE	**SAINTE-VEHME**	CHLOROFORME
ICHTYOCOLLE	PUSILLANIME	ICONOCLASME
ROUSSEROLLE	DÉSENVENIMÉ	HYALOPLASME
MYRIOPHYLLE	SURCOMPRIMÉ	PROTOPLASME
NAVIRE-ÉCOLE	GRANDISSIME	KRISHNAÏSME
CAVERNICOLE	SÉRÉNISSIME	PHARISAÏSME
CHAMPAGNOLE	LANCE-FLAMME	PANARABISME
CHANTIGNOLE	CACHE-FLAMME	ANTIRACISME
CROQUIGNOLE	ATOME-GRAMME	PSITTACISME
PORTE-PAROLE	CALLIGRAMME	ORGANICISME
PROFITEROLE	MILLIGRAMME	CLASSICISME
CONDISCIPLE	CENTIGRAMME	SCEPTICISME
DÉSACCOUPLÉ	CLADOGRAMME	GNOSTICISME
ROMÉ DE L'ISLE	VIDÉOGRAMME	NÉOFASCISME
DÉMANTIBULÉ	SOCIOGRAMME	MANICHÉISME
MICROTUBULE	AUDIOGRAMME	MONOTHÉISME
CICATRICULE	MYÉLOGRAMME	POLYTHÉISME
IMMATRICULÉ	SISMOGRAMME	MACROSÉISME
DÉSARTICULÉ	ADÉNOGRAMME	MICROSÉISME
DIVERTICULE	STÉNOGRAMME	ABSENTÉISME
DÉSOPERCULÉ	PHONOGRAMME	CARAVAGISME
PONT-BASCULE	DÉPROGRAMMÉ	BOULANGISME
GROUPUSCULE	REPROGRAMMÉ	PARALOGISME
MICROMODULE	HECTOGRAMME	REVANCHISME
BRÛLE-GUEULE	PICTOGRAMME	MONARCHISME
CASSE-GUEULE	PHOTOGRAMME	DIMORPHISME
AMUSE-GUEULE	HISTOGRAMME	KHARIDJISME
MALENGUEULÉ	GENTILHOMME	SPARTAKISME
MICROPILULE	OPISTHODOME	LAMARCKISME
TOURNEBOULÉ	**DOUGLAS-HOME**	RADICALISME
LA BOURBOULE	**DUPUY DE LÔME**	NÉORÉALISME
PIED-DE-POULE	**DEUTÉRONOME**	SURRÉALISME
NIDS-DE-POULE	RUINE-DE-ROME	MONDIALISME
TÉRÉBRATULE	**SAINT-JÉRÔME**	MINIMALISME
DICARBONYLÉ	FERROCHROME	MAXIMALISME
SULFHYDRYLE	TRYPANOSOME	THERMALISME
PHOSPHORYLE	ANKYLOSTOME	NOMINALISME
HYDROCOTYLE	**CHRYSOSTOME**	JOURNALISME
DODÉCASTYLE	DYSEMBRYOME	LIBÉRALISME

FÉDÉRALISME	AMATEURISME	**BOURGUISANE**
GÉNÉRALISME	ÉCOTOURISME	**MONTHEYSANE**
IMMORALISME	AVENTURISME	**BEAUSSETANE**
CAPORALISME	NARCISSISME	TRANSCUTANÉ
CENTRALISME	PITHIATISME	CYCLOHEXANE
NEUTRALISME	SCHÉMATISME	CYCLOALCÈNE
NATURALISME	PRAGMATISME	PLÉISTOCÈNE
VÉGÉTALISME	STIGMATISME	**JAYAWARDENE**
CAPITALISME	CHROMATISME	CANCÉRIGÈNE
GRADUALISME	AUTOMATISME	**SCOT ÉRIGÈNE**
SENSUALISME	TRAUMATISME	FRIGORIGÈNE
ÉVANGÉLISME	SÉPARATISME	ANOREXIGÈNE
IMMOBILISME	PROPHÉTISME	LACRYMOGÈNE
NOMBRILISME	SYNTHÉTISME	CARCINOGÈNE
MUTAZILISME	APLANÉTISME	CRIMINOGÈNE
MUTUELLISME	SYNCRÉTISME	FIBRINOGÈNE
CATABOLISME	CÉNOBITISME	DIHYDROGÈNE
MÉTABOLISME	SYBARITISME	CANCÉROGÈNE
LÉGITIMISME	ARTHRITISME	ÉLECTROGÈNE
NÉOTHOMISME	FAVORITISME	GALACTOGÈNE
CONFORMISME	PARASITISME	RÉFLEXOGÈNE
AFRICANISME	GESTALTISME	CHLOROPHÈNE
LESBIANISME	NÉOKANTISME	**ÉRATOSTHÈNE**
ACADIANISME	PATRIOTISME	CATÉCHUMÈNE
ITALIANISME	JEANNOTISME	**ANNE COMNÈNE**
MESSIANISME	ANABAPTISME	**JEAN COMNÈNE**
BRAHMANISME	CONCEPTISME	OLIGOPHRÈNE
OCCITANISME	MACCARTISME	BENZOPYRÈNE
PURITANISME	TRIPARTISME	POLYSTYRÈNE
DONJUANISME	COLBERTISME	**CANTACUZÈNE**
INDIGÉNISME	TRAVESTISME	CHARLEMAGNE
MONOGÉNISME	ABSOLUTISME	**CHARLEMAGNE**
POLYGÉNISME	BILINGUISME	PRÉCAMPAGNE
ŒCUMÉNISME	VISHNOUISME	RACCOMPAGNÉ
JACOBINISME	PANSLAVISME	CONTRESIGNÉ
ILLUMINISME	BOLCHEVISME	PÉRIURBAINE
CHAUVINISME	NÉGATIVISME	AFRO-CUBAINE
ACTIONNISME	RELATIVISME	**AFRO-CUBAINE**
ANTAGONISME	POSITIVISME	DOMINICAINE
PYRRHONISME	**SAINTE-BAUME**	**DOMINICAINE**
MARCIONISME	**FONT-DE-GAUME**	ARMORICAINE
BULLIONISME	RÉACCOUTUMÉ	**ARMORICAINE**
EUDÉMONISME	INACCOUTUMÉ	**GÉNOVÉFAINE**
HÉGÉMONISME	COLLENCHYME	DÉSENCHAÎNÉ
GÉOTROPISME	CYCLOALCANE	**CHAPDELAINE**
VÉGÉTARISME	TRYPTOPHANE	**BERTIN L'AÎNÉ**
MONÉTARISME	**ARISTOPHANE**	**MOREAU L'AÎNÉ**
MILITARISME	**TRANSOXIANE**	**MARIVERAINE**
PARITARISME	**CITIZEN KANE**	CASSE-GRAINE
GLACIÉRISME	COCAÏNOMANE	**SANFLORAINE**
POMPIÉRISME	HÉROÏNOMANE	**LESPARRAINE**
CARRIÉRISME	GALLO-ROMANE	SOUTERRAINE
FOURIÉRISME	RHÉTO-ROMANE	SURENTRAÎNÉ
OUVRIÉRISME	BALLETOMANE	**TOULOUSAINE**
BICAMÉRISME	DIATHERMANE	**MAZAMÉTAINE**
ÉVHÉMÉRISME	**PRILLIÉRANE**	**QUERCITAINE**
ADULTÉRISME	EXTEMPORANÉ	**GABALITAINE**
ILLETTRISME	**BOURGUESANE**	NAPOLITAINE

NAPOLITAINE	MARC-ANTOINE	ÉRYTHRÉENNE
ANCONITAINE	TRANSALPINE	**ÉRYTHRÉENNE**
SAMARITAINE	**TRANSALPINE**	SUD-CORÉENNE
SAMARITAINE	PILOCARPINE	**SUD-CORÉENNE**
QUARANTAINE	AIGUE-MARINE	MARMORÉENNE
PRÉTANTAINE	HÉLIOMARINE	SOLUTRÉENNE
SEPTANTAINE	ALEXANDRINE	ÉCHIQUÉENNE
SOIXANTAINE	**ALEXANDRINE**	**TRÉLAZÉENNE**
PRÉTENTAINE	GLOBIGÉRINE	COLOMBIENNE
COLFONTAINE	**MITCHOURINE**	**COLOMBIENNE**
BELFORTAINE	COULEUVRINE	MICROBIENNE
JOLIETTAINE	GOMME-RÉSINE	**NAIROBIENNE**
MASKOUTAINE	BLOC-CUISINE	**CHIMACIENNE**
JAMAÏQUAINE	ÉRYTHROSINE	BALZACIENNE
JAMAÏQUAINE	NAVIRE-USINE	STYLICIENNE
AUTERIVAINE	GRÉCO-LATINE	PHÉNICIENNE
HÉMOGLOBINE	BÉNÉDICTINE	**PHÉNICIENNE**
PSILOCYBINE	BÉNÉDICTINE	CLINICIENNE
COUPE-RACINE	ÉLÉPHANTINE	ÉBROÏCIENNE
GENTAMICINE	**ÉLÉPHANTINE**	**ÉBROÏCIENNE**
GOURGANDINE	BRILLANTINE	SULPICIENNE
TRANSANDINE	BRILLANTINÉ	PATRICIENNE
VISITANDINE	LABORANTINE	MAURICIENNE
VÉSIGONDINE	FLEURANTINE	**MAURICIENNE**
GAILLARDINE	OUESSANTINE	PHYSICIENNE
PÉRIGORDINE	**CONSTANTINE**	PRATICIENNE
PÉRIGORDINE	**MAXIPONTINE**	TACTICIENNE
LA MADELEINE	**PAIMBLOTINE**	**VALENCIENNE**
À GRAND-PEINE	VINBLASTINE	CADURCIENNE
BAR-SUR-SEINE	CLANDESTINE	**CADURCIENNE**
POLYOLÉFINE	TRAPPISTINE	**BARBADIENNE**
COCHINCHINE	LANGOUSTINE	CIRCADIENNE
ROSTOPCHINE	**SARZEAUTINE**	**BAGDADIENNE**
TOLBOUKHINE	CONSANGUINE	PALLADIENNE
DYSTROPHINE	RIBOFLAVINE	**GRENADIENNE**
CRISTOPHINE	**HERZÉGOVINE**	TRAGÉDIENNE
DIAMORPHINE	FERRÉDOXINE	RACHIDIENNE
HÉLIANTHINE	BRÉVÉTOXINE	EUCLIDIENNE
BEYROUTHINE	NEUROTOXINE	QUOTIDIENNE
STÉNOHALINE	MARIE-JEANNE	LIQUIDIENNE
ENCÉPHALINE	**BUZANCÉENNE**	DRAVIDIENNE
ENKÉPHALINE	**VALENCÉENNE**	**DRAVIDIENNE**
THERMOCLINE	**QUINOCÉENNE**	**OBWALDIENNE**
CRISTALLINE	SADDUCÉENNE	**JOCONDIENNE**
BIVITELLINE	CONFUCÉENNE	**SEYNODIENNE**
PÉNICILLINE	**PALALDÉENNE**	**BIZARDIENNE**
FOLLICULINE	**YAOUNDÉENNE**	**OXFORDIENNE**
TUBERCULINE	**SELONGÉENNE**	**ALLAUDIENNE**
LA CONDAMINE	MANICHÉENNE	**BARBUDIENNE**
SCOPOLAMINE	**MAGDALÉENNE**	BERMUDIENNE
AMPHÉTAMINE	**NEUILLÉENNE**	CHÉRIFIENNE
PROVITAMINE	HERCULÉENNE	NATOUFIENNE
DÉCONTAMINÉ	ACHEULÉENNE	COLLÉGIENNE
INDÉTERMINÉ	**SANTOMÉENNE**	NORVÉGIENNE
AGGLUTININE	**CASTANÉENNE**	**NORVÉGIENNE**
CALCITONINE	ARACHNÉENNE	FÉRINGIENNE
ASSINIBOINE	**COLLINÉENNE**	**FÉRINGIENNE**
CHALCÉDOINE	CYCLOPÉENNE	LARYNGIENNE

FAVERGIENNE	**CARPINIENNE**	**ORCHÉSIENNE**
COCCYGIENNE	DARWINIENNE	**TAULÉSIENNE**
UROPYGIENNE	**FRAXINIENNE**	MAGNÉSIENNE
PASCALIENNE	CÉZANNIENNE	**THONÉSIENNE**
SOCHALIENNE	**ESSONNIENNE**	**HARNÉSIENNE**
MAMMALIENNE	DRACONIENNE	KEYNÉSIENNE
NORMALIENNE	LONDONIENNE	**GASPÉSIENNE**
SPINALIENNE	**LONDONIENNE**	**ANDRÉSIENNE**
SPINALIENNE	**ÉVAHONIENNE**	**ARDRÉSIENNE**
BISSALIENNE	CHTHONIENNE	CARTÉSIENNE
CANTALIENNE	DALTONIENNE	**FERTÉSIENNE**
CANTALIENNE	**BOSTONIENNE**	**PORTÉSIENNE**
ISMAÉLIENNE	NEWTONIENNE	THIAISIENNE
ISRAÉLIENNE	AMAZONIENNE	**CALAISIENNE**
ISRAÉLIENNE	**AMAZONIENNE**	**FALAISIENNE**
MENDÉLIENNE	SATURNIENNE	**MALAISIENNE**
CORNÉLIENNE	**BALBYNIENNE**	**PALAISIENNE**
GRYSÉLIENNE	HERCYNIENNE	**DENAISIENNE**
ZWINGLIENNE	IROQUOIENNE	**DOUAISIENNE**
ISMAÏLIENNE	ÉTHIOPIENNE	**BAVAISIENNE**
BRASILIENNE	**ÉTHIOPIENNE**	WALLISIENNE
BRÉSILIENNE	EUSKARIENNE	**WALLISIENNE**
BRÉSILIENNE	**EUSKARIENNE**	**SENLISIENNE**
CANTILIENNE	**COLMARIENNE**	CLUNISIENNE
MONTILIENNE	ESTUARIENNE	**AMBOISIENNE**
REPTILIENNE	SUBAÉRIENNE	**ARBOISIENNE**
SEPTILIENNE	**THIBÉRIENNE**	SAVOISIENNE
CORALLIENNE	**CERBÉRIENNE**	**SAVOISIENNE**
PUTÉOLIENNE	LUTHÉRIENNE	PHARISIENNE
MONGOLIENNE	EUSKÉRIENNE	AMBROSIENNE
GERGOLIENNE	**EUSKÉRIENNE**	**PERROSIENNE**
SPINOLIENNE	HITLÉRIENNE	GISORSIENNE
VERNOLIENNE	BACTÉRIENNE	**JOCASSIENNE**
ANATOLIENNE	ZOSTÉRIENNE	JURASSIENNE
BRETOLIENNE	**GRUYÉRIENNE**	**JURASSIENNE**
KABOULIENNE	NAZAIRIENNE	GONESSIENNE
CONDYLIENNE	**ISSOIRIENNE**	FRÉJUSIENNE
GRÉSYLIENNE	**VALDORIENNE**	CHALUSIENNE
NÉODOMIENNE	GRÉGORIENNE	**CAYLUSIENNE**
VULCANIENNE	**MELGORIENNE**	VERTUSIENNE
RHODANIENNE	**LARMORIENNE**	**ABRAYSIENNE**
RHODANIENNE	VICTORIENNE	**BRUAYSIENNE**
JORDANIENNE	PRÉTORIENNE	DIONYSIENNE
JORDANIENNE	PASTORIENNE	**DIONYSIENNE**
TASMANIENNE	NESTORIENNE	**DÉODATIENNE**
CAMPANIENNE	HISTORIENNE	DALMATIENNE
TOURANIENNE	ÉPICURIENNE	**PORT-ÉTIENNE**
TOURANIENNE	HONDURIENNE	KOWEÏTIENNE
LITUANIENNE	**HONDURIENNE**	**KOWEÏTIENNE**
LITUANIENNE	TELLURIENNE	**KITTITIENNE**
TANZANIENNE	**LIMOURIENNE**	PROUSTIENNE
TANZANIENNE	**HANOVRIENNE**	MICOQUIENNE
QUITÉNIENNE	ZÉPHYRIENNE	**VERTAVIENNE**
UKRAINIENNE	**CORBASIENNE**	**LESNEVIENNE**
UKRAINIENNE	CAUCASIENNE	**HAUTE-VIENNE**
STALINIENNE	**CAUCASIENNE**	**MALDIVIENNE**
FELLINIENNE	VESPASIENNE	CRACOVIENNE
PAULINIENNE	**GÉODÉSIENNE**	PAVLOVIENNE

MONROVIENNE	DEMI-COLONNE	ENTOURLOUPE
VARSOVIENNE	PETS-DE-NONNE	INTERGROUPE
VARSOVIENNE	COMPAGNONNE	GALVANOTYPE
ELBEUVIENNE	**HESBIGNONNE**	**SHAKESPEARE**
ORTHÉZIENNE	MAQUIGNONNÉ	COUPE-CIGARE
TROPÉZIENNE	BEAUCERONNE	PORTE-CIGARE
CORRÉZIENNE	**BEAUCERONNE**	BATEAU-PHARE
CORRÉZIENNE	PERCHERONNE	**GUETHARIARE**
IMPARIPENNÉ	**PERCHERONNE**	SOUS-DÉCLARÉ
HIMALAYENNE	MOUCHERONNÉ	GÉMELLIPARE
URUGUAYENNE	QUARTERONNE	OVOVIVIPARE
URUGUAYENNE	**SAULXURONNE**	**SAINT-LAZARE**
CHAMBLYENNE	DÉCLOISONNÉ	CHLOROFIBRE
INDO-ARYENNE	**CARCASSONNE**	SOUS-CALIBRÉ
PONTIVYENNE	MOLLASSONNE	**FRANCE LIBRE**
LOUISE-BONNE	SAUCISSONNÉ	RÉÉQUILIBRÉ
CAPARAÇONNÉ	EMPOISONNÉ	ANTICHAMBRE
BRABANÇONNE	ŒILLETONNÉ	DÉSENCOMBRÉ
BRABANÇONNE	GUEULETONNÉ	ARCHIDIACRE
CHARANÇONNE	**SIERRA LEONE**	PAIN DE SUCRE
INSOUPÇONNÉ	HENDÉCAGONE	ACCORD-CADRE
DÉSAMIDONNÉ	FRANCOPHONE	**ANAXIMANDRE**
SAUVAGEONNE	CRÉOLOPHONE	PALISSANDRE
ÉBOURGEONNÉ	ALBANOPHONE	REDESCENDRE
DÉCHIFFONNÉ	**CASTIGLIONE**	SCOLOPENDRE
BELLACHONNE	ANTICYCLONE	RÉAPPRENDRE
BERRICHONNE	ALDOSTÉRONE	CONTRAINDRE
BERRICHONNE	**LIVINGSTONE**	RESTREINDRE
PROVISIONNÉ	**SILVERSTONE**	PÉRICHONDRE
DIMENSIONNÉ	**YELLOWSTONE**	PRÊT-À-COUDRE
EXCURSIONNÉ	**BRY-SUR-MARNE**	WAGON-FOUDRE
DÉPASSIONNÉ	POSTMODERNE	COTON-POUDRE
DÉMISSIONNÉ	**TISSAPHERNE**	RÉINCARCÉRÉ
CONTUSIONNÉ	POISSON-LUNE	DÉBARCADÈRE
COLLATIONNÉ	INOPPORTUNE	EMBARCADÈRE
AFFECTIONNÉ	CULS-DE-LAMPE	DÉCONSIDÉRÉ
SÉLECTIONNÉ	FLACON-POMPE	RECONSIDÉRÉ
CONDITIONNÉ	PSYCHOPOMPE	INCONSIDÉRÉ
INTENTIONNÉ	BATEAU-POMPE	FOSSILIFÈRE
ATTENTIONNÉ	CINÉMA-POMPE	CORALLIFÈRE
COMMOTIONNÉ	STROBOSCOPE	MÉTALLIFÈRE
RÉCEPTIONNÉ	STÉRÉOSCOPE	OMBELLIFÈRE
RÉÉCHELONNÉ	STÉTHOSCOPE	PÉTROLIFÈRE
DÉBÂILLONNÉ	THERMOSCOPE	LITHINIFÈRE
TARDILLONNE	**FUTUROSCOPE**	STAMINIFÈRE
RÉVEILLONNÉ	NÉGATOSCOPE	PLATINIFÈRE
BOUGILLONNE	KINÉTOSCOPE	CARBONIFÈRE
VERMILLONNÉ	AMBLYOSCOPE	STOLONIFÈRE
ÉMERILLONNÉ	MARIE-SALOPE	NECTARIFÈRE
NÉGRILLONNE	LYCANTHROPE	ARGENTIFÈRE
TOURILLONNÉ	SINANTHROPE	QUARTZIFÈRE
GRÉSILLONNE	PARANTHROPE	ULTRALÉGÈRE
POSTILLONNÉ	MISANTHROPE	POTAMOCHÈRE
HAYTILLONNE	GONADOTROPE	PLANISPHÈRE
AIGUILLONNÉ	THYRÉOTROPE	LITHOSPHÈRE
BROUILLONNE	PSYCHOTROPE	OZONOSPHÈRE
BROUILLONNÉ	SOMATOTROPE	TROPOSPHÈRE
GRAVILLONNÉ	REQUIN-TAUPE	HYDROSPHÈRE

PHOTOSPHÈRE	EMPOUSSIÉRÉ	FERROVIAIRE
VALLORBIÈRE	**LA POCATIÈRE**	RADICALAIRE
POPULACIÈRE	ANTIMATIÈRE	ATRABILAIRE
LAMORICIÈRE	GUICHETIÈRE	PARCELLAIRE
NOURRICIÈRE	CHAÎNETIÈRE	FLAGELLAIRE
OUTRANCIÈRE	GRAINETIÈRE	SCUTELLAIRE
TRÉFONCIÈRE	CANEPETIÈRE	FIBRILLAIRE
LIMONADIÈRE	CABARETIÈRE	FRITILLAIRE
CRAPAUDIÈRE	CHARRETIÈRE	PRÉSCOLAIRE
JOURNALIÈRE	BOUQUETIÈRE	CALCÉOLAIRE
FRONTALIÈRE	COHÉRITIÈRE	MALLÉOLAIRE
CHANCELIÈRE	**LARGENTIÈRE**	ÉQUIMOLAIRE
BOURRELIÈRE	ANECDOTIÈRE	SEMI-POLAIRE
IMMOBILIÈRE	BISTROTIÈRE	LUNI-SOLAIRE
SOURCILIÈRE	BALLASTIÈRE	ÉPISTOLAIRE
FOURMILIÈRE	REGRATTIÈRE	VOCABULAIRE
COURTILIÈRE	CONDOTTIERE	PATIBULAIRE
DENTELLIÈRE	CACHOTTIÈRE	MOLÉCULAIRE
LARGILLIÈRE	CHARCUTIÈRE	ORBICULAIRE
SERPILLIÈRE	**LABRUGUIÈRE**	RADICULAIRE
LA VRILLIÈRE	BOUTIQUIÈRE	PÉDICULAIRE
COQUILLIÈRE	**LA JONQUIÈRE**	VÉHICULAIRE
ÉPISTOLIÈRE	CRÉMAILLÈRE	CANICULAIRE
IRRÉGULIÈRE	CONSEILLÈRE	FUNICULAIRE
BANDOULIÈRE	RABOUILLÈRE	UTRICULAIRE
PRINTANIÈRE	GENOUILLÈRE	AURICULAIRE
CARAVANIÈRE	BRANCHE-MÈRE	VÉSICULAIRE
MAGASINIÈRE	ÉNANTIOMÈRE	RÉTICULAIRE
POUSSINIÈRE	MILLIAMPÈRE	ARTICULAIRE
BONBONNIÈRE	CACHE-MISÈRE	TRONCULAIRE
BRACONNIÈRE	PRÔNE-MISÈRE	AVUNCULAIRE
GARÇONNIÈRE	HÉLICOPTÈRE	BINOCULAIRE
AMIDONNIÈRE	LÉPIDOPTÈRE	MONOCULAIRE
CORDONNIÈRE	TRICHOPTÈRE	OPERCULAIRE
GOUJONNIÈRE	MÉGALOPTÈRE	GLANDULAIRE
SABLONNIÈRE	PHASMOPTÈRE	SCROFULAIRE
POUPONNIÈRE	PERCNOPTÈRE	SPERGULAIRE
FERRONNIÈRE	BALÉNOPTÈRE	IMPOPULAIRE
SAISONNIÈRE	HYMÉNOPTÈRE	CAPITULAIRE
PRISONNIÈRE	HÉTÉROPTÈRE	INTÉRIMAIRE
BESSONNIÈRE	CHÉIROPTÈRE	MEMBRANAIRE
PIÉTONNIÈRE	DICTYOPTÈRE	NONAGÉNAIRE
CANTONNIÈRE	FAMILISTÈRE	SEXAGÉNAIRE
MENTONNIÈRE	PHALANSTÈRE	OCTOGÉNAIRE
CARTONNIÈRE	**DELLA ROVERE**	BICATÉNAIRE
BOUTONNIÈRE	**PORTO ALEGRE**	TRENTENAIRE
MOUTONNIÈRE	TÊTE-DE-NÈGRE	**APOLLINAIRE**
COÉQUIPIÈRE	ŒIL-DE-TIGRE	VÉTÉRINAIRE
PAR-DERRIÈRE	REQUIN-TIGRE	DOCTRINAIRE
SALPÊTRIÈRE	APOTHICAIRE	POITRINAIRE
AVENTURIÈRE	GÉNOCIDAIRE	SANGUINAIRE
TEINTURIÈRE	UNILINÉAIRE	LÉGIONNAIRE
TRAVERSIÈRE	CONTREFAIRE	LÉSIONNAIRE
TRACASSIÈRE	SAVOIR-FAIRE	VISIONNAIRE
AVOCASSIÈRE	SUBSIDIAIRE	RATIONNAIRE
PLUMASSIÈRE	INCENDIAIRE	ACTIONNAIRE
CARNASSIÈRE	CONCILIAIRE	SERMONNAIRE
DÉPOUSSIÉRÉ	VENDÉMIAIRE	QUATERNAIRE

SEMI-LUNAIRE	**POINTE-NOIRE**	CONTRECARRÉ
ANTHOZOAIRE	**ELSTER NOIRE**	LANCE-AMARRE
HYDROZOAIRE	POSSESSOIRE	PORTE-AMARRE
SPOROZOAIRE	COMMISSOIRE	LANCE-PIERRE
PROTOZOAIRE	VÉSICATOIRE	PERCE-PIERRE
PHYTOZOAIRE	RÉVOCATOIRE	CASSE-PIERRE
BEAUREPAIRE	INVOCATOIRE	**ROBESPIERRE**
STERCORAIRE	OBLIGATOIRE	**PETITPIERRE**
REGISTRAIRE	ABROGATOIRE	SAINT-PIERRE
INDIVISAIRE	DÉROGATOIRE	**SAINT-PIERRE**
DISPENSAIRE	JUBILATOIRE	TERRE À TERRE
COMMISSAIRE	DÉPILATOIRE	**GRANDE-TERRE**
APOPHYSAIRE	AMBULATOIRE	VA-T-EN-GUERRE
CÉLIBATAIRE	JACULATOIRE	APRÈS-GUERRE
ABDICATAIRE	ONDULATOIRE	AVANT-GUERRE
DÉDICATAIRE	ESTIMATOIRE	ESSUIE-VERRE
ALLOCATAIRE	DIVINATOIRE	PETIT-BEURRE
COLOCATAIRE	USURPATOIRE	CAFÉ-THÉÂTRE
DÉLÉGATAIRE	LIBÉRATOIRE	PLACOPLÂTRE
COLÉGATAIRE	ASPIRATOIRE	TROIS-QUATRE
OBLIGATAIRE	EXPIRATOIRE	VINGT-QUATRE
AMODIATAIRE	LABORATOIRE	AMPÈREMÈTRE
CODONATAIRE	ACCUSATOIRE	CAPACIMÈTRE
PRESTATAIRE	TRAJECTOIRE	VÉLOCIMÈTRE
RÉFRACTAIRE	SUPPLÉTOIRE	HUMIDIMÈTRE
FORFAITAIRE	DÉFINITOIRE	ALCALIMÈTRE
CAPACITAIRE	TRANSITOIRE	POLARIMÈTRE
DÉFICITAIRE	PROMONTOIRE	CALORIMÈTRE
HÉRÉDITAIRE	PÉREMPTOIRE	COLORIMÈTRE
VELLÉITAIRE	PRÉHISTOIRE	ABRASIMÈTRE
TOTALITAIRE	CONSISTOIRE	TACHÉOMÈTRE
HUMANITAIRE	ABSOLUTOIRE	TENSIOMÈTRE
IMMUNITAIRE	RÉSOLUTOIRE	FLUVIOMÈTRE
PRIORITAIRE	**CÔTE D'IVOIRE**	PLUVIOMÈTRE
MAJORITAIRE	**MOYEN-EMPIRE**	ÉTHYLOMÈTRE
MINORITAIRE	SURPRODUIRE	DYNAMOMÈTRE
AUTORITAIRE	**TERPSICHORE**	CINÉMOMÈTRE
SÉCURITAIRE	TROCHOPHORE	STIGMOMÈTRE
PARASITAIRE	ONYCHOPHORE	THERMOMÈTRE
TRANSITAIRE	LUMINOPHORE	CHRONOMÈTRE
DÉPOSITAIRE	POGONOPHORE	CHRONOMÉTRÉ
IDENTITAIRE	DÉPHOSPHORÉ	SPHÉROMÈTRE
DIAMANTAIRE	TUBULIFLORE	BUTYROMÈTRE
PLACENTAIRE	VERSICOLORE	DILATOMÈTRE
ÉLÉMENTAIRE	MULTICOLORE	ODONTOMÈTRE
SEGMENTAIRE	SAINT-HONORÉ	GRISOUMÈTRE
PIGMENTAIRE	**SAINT-HONORÉ**	ARCHIPRÊTRE
ALIMENTAIRE	INFRASONORE	PETIT-MAÎTRE
COMMENTAIRE	ULTRASONORE	MÉCONNAÎTRE
FRUMENTAIRE	RÉINCORPORÉ	RECONNAÎTRE
SERPENTAIRE	ENTRE-DÉVORÉ	COMPARAÎTRE
ALLOCUTAIRE	NECTARIVORE	DISPARAÎTRE
GONOCYTAIRE	INSECTIVORE	DEVISE-TITRE
TUMULTUAIRE	BUDGÉTIVORE	OUVRE-HUÎTRE
MACROCHEIRE	DÉTRITIVORE	ULTRAFILTRE
PATAUGEOIRE	INTERROMPRE	DÉCONCENTRÉ
SAINT-JEOIRE	ULTRAPROPRE	ORTHOCENTRE
AIDE-MÉMOIRE	AMOUR-PROPRE	AVANT-CENTRE

HAUTE-CONTRE	CONJONCTURE	PÉTROGENÈSE
MALENCONTRE	ACUPONCTURE	PHOTOGENÈSE
PORTE-MONTRE	ACUPUNCTURE	HISTOGENÈSE
CATADIOPTRE	DÉSTRUCTURÉ	TRANSGENÈSE
RÉORCHESTRÉ	RESTRUCTURÉ	CARYOCINÈSE
VAGUEMESTRE	RENTRAITURE	**PÉLOPONNÈSE**
BOURGMESTRE	PORTRAITURÉ	CYTAPHÉRÈSE
TÉNUIROSTRE	DÉCONFITURE	PARACENTÈSE
ENTRE-BATTRE	PROGÉNITURE	**PISCIACAISE**
GENDELETTRE	DÉVESTITURE	**BLAGNACAISE**
CARTE-LETTRE	INVESTITURE	**FLOIRACAISE**
ENTREMETTRE	AQUACULTURE	**CROISICAISE**
TRANSMETTRE	OLÉICULTURE	**LAFRANÇAISE**
STYLO-FEUTRE	SALICULTURE	**COUTANÇAISE**
TÊTE-DE-MAURE	CUNICULTURE	BANGLADAISE
SAINTE-MAURE	AGRICULTURE	**BANGLADAISE**
SAINTE-MAURE	VITICULTURE	**FRONSADAISE**
PLÉSIOSAURE	AQUICULTURE	**CAUSSADAISE**
ANKYLOSAURE	RIZICULTURE	HOLLANDAISE
BRONTOSAURE	ALGOCULTURE	**HOLLANDAISE**
ICHTYOSAURE	HÉMOCULTURE	FINLANDAISE
ARCY-SUR-CURE	MONOCULTURE	**FINLANDAISE**
ESTRÉMADURE	MOTOCULTURE	**MARMANDAISE**
POSTÉRIEURE	POLYCULTURE	**GUÉRANDAISE**
ASIE MINEURE	PAREMENTURE	**AIRVAUDAISE**
PACY-SUR-EURE	**BONAVENTURE**	**MOISSAGAISE**
POLYSULFURE	MÉSAVENTURE	SRI LANKAISE
TRANSFIGURÉ	RÉOUVERTURE	**SRI LANKAISE**
EFFILOCHURE	LINOGRAVURE	NEW-YORKAISE
GUILLOCHURE	PYROGRAVURE	**NEW-YORKAISE**
ENFOURCHURE	ROTOGRAVURE	**MIREBALAISE**
ANTIMONIURE	BEC-DE-LIÈVRE	**SÉNÉGALAISE**
ENCASTELURE	**MONTGENÈVRE**	**SÉNÉGALAISE**
PEINTURLURÉ	COUVRE-LIVRE	CINGHALAISE
VERMICULURE	SAVOIR-VIVRE	**CINGHALAISE**
ÉGRATIGNURE	CHEF-D'ŒUVRE	**SAINT-BLAISE**
SAMORY TOURÉ	MAIN-D'ŒUVRE	**PORT-VILAISE**
OXYCHLORURE	HORS-D'ŒUVRE	**LAMBALLAISE**
REMBOURRURE	LAMPROPHYRE	**BAZEILLAISE**
AUTOCENSURE	**PAS DE LA CASE**	**QUEVILLAISE**
AUTOCENSURÉ	ATTACHÉ-CASE	**DAMVILLAISE**
MATELASSURE	ASCARIDIASE	**YERVILLAISE**
NOIRCISSURE	PLAGIOCLASE	**FAUVILLAISE**
BOUFFISSURE	CARBOXYLASE	**CHAROLLAISE**
FLÉTRISSURE	TRANSFÉRASE	**VITROLLAISE**
BLETTISSURE	CHRYSOPRASE	**GRISOLLAISE**
CANDIDATURE	PHOSPHATASE	**BALNÉOLAISE**
ALCOOLATURE	BIOSYNTHÈSE	**BEAUJOLAISE**
LÉGISLATURE	LEUCOPOÏÈSE	**BRIGNOLAISE**
MUSCULATURE	GLYCOGENÈSE	**PAIMPOLAISE**
SPORT-NATURE	OSTÉOGENÈSE	**BOUZOULAISE**
TEMPÉRATURE	PATHOGENÈSE	**SURINAMAISE**
LITTÉRATURE	ORTHOGENÈSE	**BRANTÔMAISE**
BIENFACTURE	SOCIOGENÈSE	**SEICHANAISE**
MANUFACTURE	ANGIOGENÈSE	**STÉPHANAISE**
MANUFACTURÉ	PHYLOGENÈSE	**ABIDJANAISE**
CONTRACTURE	ETHNOGENÈSE	**CONFLANAISE**
CONTRACTURÉ	ANDROGENÈSE	**MAILLANAISE**

QUILLANAISE	CAMARGUAISE	CANDIACOISE
LÉOGNANAISE	MARCHANDISE	GIBRIAÇOISE
TOURNANAISE	GOURMANDISE	MAURIACOISE
TÉHÉRANAISE	STANDARDISÉ	MASSIACOISE
SAMATANAISE	CLOCHARDISÉ	GAILLACOISE
BHOUTANAISE	ROUBLARDISE	CHARNYCOISE
BOTSWANAISE	PAPELARDISE	LANGEADOISE
MORTAGNAISE	GAILLARDISE	BELGRADOISE
HOURTINAISE	PAILLARDISE	BENFELDOISE
GARDANNAISE	FLEMMARDISE	VILLARDOISE
LOUHANNAISE	HOMOGÉNÉISÉ	LÉONARDOISE
ÉCOUENNAISE	HIÉRARCHISÉ	GRIMAUDOISE
CARBONNAISE	CANNIBALISÉ	VILLAGEOISE
NARBONNAISE	RADIOBALISE	BOULAGEOISE
LISBONNAISE	RADIOBALISÉ	JUMIÉGEOISE
LISBONNAISE	SYNDICALISÉ	BESSÉGEOISE
EAUBONNAISE	TROPICALISÉ	HAYANGEOISE
MEUDONNAISE	DÉFISCALISÉ	AUDENGEOISE
LUCHONNAISE	OFFICIALISÉ	CAROUGEOISE
DIVIONNAISE	DÉSOCIALISÉ	BULLYGEOISE
SAUJONNAISE	RESOCIALISÉ	MONTARGOISE
CHALONNAISE	MATÉRIALISÉ	FORBACHOISE
VALLONNAISE	MARGINALISÉ	EUSTACHOISE
BOULONNAISE	CRIMINALISÉ	SENONCHOISE
BOULONNAISE	RÉGIONALISÉ	MARLYCHOISE
TOULONNAISE	NATIONALISÉ	SCHILIKOISE
VERNONNAISE	RATIONALISÉ	RIMOUSKOISE
CRAPONNAISE	COMMUNALISÉ	ROLIVALOISE
GLARONNAISE	DÉSACRALISÉ	GRENOBLOISE
VOIRONNAISE	THÉÂTRALISÉ	RAPHAËLOISE
GORRONNAISE	HOSPITALISÉ	SARCELLOISE
COURONNAISE	IMMORTALISÉ	AUCHELLOISE
MAISONNAISE	RÉACTUALISÉ	CORMELLOISE
VAISONNAISE	DÉSEXUALISÉ	CROTELLOISE
HIRSONNAISE	FLEURDELISÉ	VITTELLOISE
CESSONNAISE	SOCIABILISÉ	COQUELLOISE
SISSONNAISE	CULPABILISÉ	BRUXELLOISE
MENTONNAISE	RENTABILISÉ	BRUXELLOISE
BETTONNAISE	DÉSTABILISÉ	CHAZELLOISE
CROZONNAISE	CRÉDIBILISÉ	CHAVILLOISE
MOUZONNAISE	SENSIBILISÉ	FRIVILLOISE
SALOMONAISE	FLEXIBILISÉ	JARVILLOISE
TOURNONAISE	INFANTILISÉ	NEUVILLOISE
GABORONAISE	SOUS-UTILISÉ	DOMBASLOISE
AUDIERNAISE	CRISTALLISÉ	ARBRESLOISE
LIBOURNAISE	DÉSATELLISÉ	STÉPHANOISE
THOUARSAISE	SOUS-CHEMISE	STÉPHANOISE
BOUSCATAISE	RETRANSMISE	CHAMPENOISE
SAILLATAISE	AMÉRICANISÉ	CHAMPENOISE
ÉTRETATAISE	EUROPÉANISÉ	ESCARÉNOISE
HERBRETAISE	DÉSORGANISÉ	ROSTRENOISE
HÉRAULTAISE	DÉSHUMANISÉ	CHEVIGNOISE
LORIENTAISE	CHAMPAGNISÉ	FONTAINOISE
CHARENTAISE	DÉVIRGINISÉ	DOUVAINOISE
CHARENTAISE	DÉSTALINISÉ	QUERCINOISE
PIÉMONTAISE	MASCULINISÉ	QUERCINOISE
PIÉMONTAISE	SYNCHRONISÉ	AMANDINOISE
CAMARGUAISE	IMPATRONISÉ	ERSTEINOISE

DAUPHINOISE	SANCTUARISÉ	CONTROVERSE
DAUPHINOISE	CARACTÉRISÉ	CONTROVERSÉ
BAS-RHINOISE	REMASTÉRISÉ	CONTREBASSE
HERBLINOISE	SQUATTÉRISÉ	GARDE-CHASSE
MADELINOISE	VERT-DE-GRISÉ	INTERCLASSE
KREMLINOISE	INFÉRIORISÉ	INTERCLASSÉ
COGOLINOISE	INTÉRIORISÉ	DÉGUEULASSE
DOUVRINOISE	EXTÉRIORISÉ	DÉCADENASSÉ
HALLUINOISE	DÉSECTORISÉ	RAGOUGNASSE
CHAUVINOISE	MINIATURISÉ	CONTRE-PASSÉ
LAUSANNOISE	**ÉLIE D'ASSISE**	DÉSENCRASSÉ
VINCENNOISE	DÉDRAMATISÉ	GENTILLESSE
LUCIENNOISE	MATHÉMATISÉ	**CHANTEMESSE**
CONCARNOISE	SYSTÉMATISÉ	**LONGUENESSE**
BRAY-DUNOISE	ACHROMATISÉ	CHANOINESSE
QUERCYNOISE	INFORMATISÉ	PATRONNESSE
QUERCYNOISE	DÉMOCRATISÉ	À LA REDRESSE
BLANZYNOISE	ALPHABÉTISÉ	BAILLERESSE
AUDOMAROISE	DÉBUDGÉTISÉ	DEVINERESSE
AUDOMAROISE	DÉMAGNÉTISÉ	CHASSERESSE
ENTRECROISÉ	FAINÉANTISE	TRANSGRESSÉ
SOMMIÉROISE	VAILLANTISE	DÉCOMPRESSÉ
BONNIÉROISE	MARIE-LOUISE	DÉLICATESSE
CARRIÉROISE	**MARIE-LOUISE**	PROPHÉTESSE
FERRIÉROISE	ADJECTIVISÉ	IMPOLITESSE
ROSEMÈROISE	CONTREDANSE	SOT-L'Y-LAISSE
QUIMPÉROISE	AUTODÉFENSE	**TCHÉRÉMISSE**
CANAVÉROISE	PRÉPSYCHOSE	CHAUDE-PISSE
DUCLAIROISE	ANAMORPHOSE	ENTRECUISSE
TONNERROISE	DYSMORPHOSE	PETIT-SUISSE
MÉRY-SUR-OISE	ANAÉROBIOSE	OPHIOGLOSSE
VIHIERSOISE	ASCARIDIOSE	BALAI-BROSSE
CERGYSSOISE	BILHARZIOSE	TAPIS-BROSSE
VICHYSSOISE	FURONCULOSE	**BISCARROSSE**
VICHYSSOISE	TUBERCULOSE	VRAIE-FAUSSE
BÉNODETOISE	STRONGYLOSE	CYCLO-POUSSE
SEINE-ET-OISE	HYPODERMOSE	TAXI-BROUSSE
CAMARÉTOISE	ACROCYANOSE	**BARBEROUSSE**
JEUMONTOISE	ANTHRACNOSE	AYANTS CAUSE
PORCARTOISE	COLLAGÉNOSE	STRATOPAUSE
DESCARTOISE	TRANSGÉNOSE	QUÉMANDEUSE
CLAMARTOISE	HALLUCINOSE	DESCENDEUSE
LAMBERTOISE	AVITAMINOSE	CHAPARDEUSE
ROCHETTOISE	HYDARTHROSE	ESBROUFEUSE
CLAYETTOISE	HÉMARTHROSE	MARÉCAGEUSE
DOMINGUOISE	SYNARTHROSE	DÉMÉNAGEUSE
HUNINGUOISE	COXARTHROSE	MOYENÂGEUSE
ISBERGUOISE	OSTÉOPOROSE	NAUFRAGEUSE
RELECQUOISE	LAURIER-ROSE	VENDANGEUSE
CHIROQUOISE	ANGIOMATOSE	DÉFRICHEUSE
JUDICIARISÉ	MYÉLOMATOSE	PASTICHEUSE
FAMILIARISÉ	FIBROMATOSE	BAMBOCHEUSE
DÉSCOLARISÉ	DISTOMATOSE	ACCROCHEUSE
CIRCULARISÉ	ACIDOCÉTOSE	DÉCROCHEUSE
VASCULARISÉ	PHAGOCYTOSE	DÉMARCHEUSE
SINGULARISÉ	MACROCYTOSE	ACCOUCHEUSE
PROLÉTARISÉ	MICROCYTOSE	RETOUCHEUSE
SÉDENTARISÉ	AUTOREVERSE	FALLACIEUSE

PERNICIEUSE	GANGRENEUSE	SAURISSEUSE
SUSPICIEUSE	MONTAGNEUSE	SERTISSEUSE
AVARICIEUSE	DÉDAIGNEUSE	ŒDÉMATEUSE
CAPRICIEUSE	MIGRAINEUSE	ECZÉMATEUSE
LICENCIEUSE	ENTRAÎNEUSE	ROUSPÉTEUSE
SILENCIEUSE	LIBIDINEUSE	ÉTIQUETEUSE
INSOUCIEUSE	OLÉAGINEUSE	GRAFFITEUSE
FASTIDIEUSE	RUBIGINEUSE	CHICHITEUSE
RECTIFIEUSE	FULIGINEUSE	GRAPHITEUSE
CONTAGIEUSE	FARAMINEUSE	CALAMITEUSE
PRODIGIEUSE	LÉGUMINEUSE	DYNAMITEUSE
ARELIGIEUSE	ENLUMINEUSE	EXPLOITEUSE
CALOMNIEUSE	VOLUMINEUSE	BROCANTEUSE
INSOMNIEUSE	CÉRUMINEUSE	SARMENTEUSE
HARMONIEUSE	BITUMINEUSE	EMPRUNTEUSE
MYSTÉRIEUSE	GÉLATINEUSE	CHUCHOTEUSE
VICTORIEUSE	BARATINEUSE	COMPLOTEUSE
INFECTIEUSE	BOUQUINEUSE	ESCAMOTEUSE
OBSÉQUIEUSE	RANÇONNEUSE	GRIGNOTEUSE
SCANDALEUSE	FLOCONNEUSE	COLPORTEUSE
SCRABBLEUSE	RANDONNEUSE	RAPPORTEUSE
ASSEMBLEUSE	JARGONNEUSE	RACKETTEUSE
PERSIFLEUSE	BOUGONNEUSE	BASKETTEUSE
ÉTRANGLEUSE	VISIONNEUSE	PROMETTEUSE
RENTOILEUSE	SABLONNEUSE	RAQUETTEUSE
QUERELLEUSE	SERMONNEUSE	BOYCOTTEUSE
ROCAILLEUSE	TAMPONNEUSE	GRISOUTEUSE
CRIAILLEUSE	RAISONNEUSE	HARANGUEUSE
VOLAILLEUSE	CARTONNEUSE	MATRAQUEUSE
RIMAILLEUSE	BOUTONNEUSE	BELLIQUEUSE
PINAILLEUSE	MOUTONNEUSE	CRITIQUEUSE
RIPAILLEUSE	CRAYONNEUSE	DÉMARQUEUSE
EMPAILLEUSE	FLAGORNEUSE	REMORQUEUSE
CORAILLEUSE	KIDNAPPEUSE	VERRUQUEUSE
BATAILLEUSE	ACCAPAREUSE	MONSTRUEUSE
GOUAILLEUSE	MASSACREUSE	DÉFECTUEUSE
MORBILLEUSE	FILANDREUSE	AFFECTUEUSE
GASPILLEUSE	CYLINDREUSE	DÉLICTUEUSE
TOUPILLEUSE	CADAVÉREUSE	TEMPÉTUEUSE
BOUSILLEUSE	PELLAGREUSE	SPIRITUEUSE
PASTILLEUSE	SOUS-VIREUSE	TUMULTUEUSE
MAQUILLEUSE	STERTOREUSE	TALENTUEUSE
ROUGEOLEUSE	DÉSASTREUSE	VOLUPTUEUSE
BATIFOLEUSE	MALHEUREUSE	INCESTUEUSE
VITRIOLEUSE	CHALEUREUSE	MAJESTUEUSE
MONOPOLEUSE	DISCOUREUSE	ENJOLIVEUSE
CONTRÔLEUSE	LANGOUREUSE	REMBLAYEUSE
SOUS-SOLEUSE	DOULOUREUSE	POURVOYEUSE
MIRACULEUSE	PLANTUREUSE	TÉLÉDIFFUSÉ
VÉSICULEUSE	AVENTUREUSE	**SCHAFFHOUSE**
MÉTICULEUSE	DÉCOUVREUSE	**MICKEY MOUSE**
STRIDULEUSE	MORTAISEUSE	HÉMODIALYSE
GLANDULEUSE	CHAMOISEUSE	AUTOANALYSE
FRAUDULEUSE	EMBRASSEUSE	THROMBOLYSE
SCROFULEUSE	REDRESSEUSE	FIBRINOLYSE
SCRUPULEUSE	VERNISSEUSE	ÉLECTROLYSE
DÉCHAUMEUSE	GUÉRISSEUSE	ÉLECTROLYSÉ
MEMBRANEUSE	PÉTRISSEUSE	THIOSULFATE

DÉPHOSPHATÉ	SPONTANÉITÉ	POSSIBILITÉ
ANTIMONIATE	HOMOGÉNÉITÉ	AMOVIBILITÉ
MANDIBULATE	HYPOSULFITE	FLEXIBILITÉ
BICARBONATE	ŒSOPHAGITE	VERSATILITÉ
BICARBONATÉ	LYMPHANGITE	INFERTILITÉ
SERBO-CROATE	**HEPPLEWHITE**	CRISTALLITE
PHYSIOCRATE	VERTICALITÉ	IMBÉCILLITÉ
PHALLOCRATE	TÉLÉRÉALITÉ	AMPHIBOLITE
TECHNOCRATE	PRODIGALITÉ	RECTO-COLITE
ARISTOCRATE	CONJUGALITÉ	COSMOPOLITE
PLOUTOCRATE	ENCÉPHALITE	MÉTROPOLITE
BUREAUCRATE	DOMANIALITÉ	FOLLICULITE
CHÉLICÉRATE	MATÉRIALITÉ	INCRÉDULITÉ
PERCHLORATE	COMITIALITÉ	LONGANIMITÉ
AUTODIDACTE	ORIGINALITÉ	MAGNANIMITÉ
DÉCONTRACTÉ	MARGINALITÉ	ÉPIDIDYMITE
INDISTINCTE	CRIMINALITÉ	HIÉRONYMITE
ANALPHABÈTE	NATIONALITÉ	SILLIMANITE
DISCOMYCÈTE	RATIONALITÉ	MOLYBDÉNITE
PHYCOMYCÈTE	EXTERNALITÉ	MASCULINITÉ
SIPHOMYCÈTE	CÉRÉBRALITÉ	VALENTINITE
SEPTOMYCÈTE	LITTÉRALITÉ	RÉUNIONNITE
TROUBLE-FÊTE	INTÉGRALITÉ	SMITHSONITE
SOUS-PRÉFÈTE	TEMPORALITÉ	COPATERNITÉ
THESMOTHÈTE	THÉÂTRALITÉ	IMPORTUNITÉ
MONT-DE-PIÉTÉ	SURNATALITÉ	OPPORTUNITÉ
CONTRARIÉTÉ	HOSPITALITÉ	SUREXPLOITÉ
IMPROPRIÉTÉ	PARENTALITÉ	COLINÉARITÉ
COPROPRIÉTÉ	IMMORTALITÉ	FAMILIARITÉ
RIVERAINETÉ	INACTUALITÉ	CAPILLARITE
SUZERAINETÉ	PONCTUALITÉ	CAPILLARITÉ
CITOYENNETÉ	ÉVENTUALITÉ	PUPILLARITÉ
MITOYENNETÉ	BISEXUALITÉ	RADIOLARITE
GROSSIÈRETÉ	HÉTÉROCLITE	EXEMPLARITÉ
MALPROPRETÉ	PROBABILITÉ	CIRCULARITÉ
OPINIÂTRETÉ	TRAÇABILITÉ	SINGULARITÉ
GRACIEUSETÉ	SOUDABILITÉ	GEMMIPARITÉ
IMMÉDIATETÉ	SOCIABILITÉ	MULTIPARITÉ
CONTREFAITE	MANIABILITÉ	LITTÉRARITÉ
PRÉRETRAITE	VARIABILITÉ	SÉDENTARITÉ
PRÉRETRAITÉ	COULABILITÉ	INSALUBRITÉ
PERTINACITÉ	USINABILITÉ	HÉMATOCRITE
SURCAPACITÉ	CULPABILITÉ	NON-INSCRITE
APPENDICITE	OUVRABILITÉ	ALEXANDRITE
PÉRIODICITÉ	FAISABILITÉ	INSINCÉRITÉ
SPÉCIFICITÉ	RENTABILITÉ	ÉPISCLÉRITE
CATHOLICITÉ	PORTABILITÉ	CASSITÉRITE
HISTORICITÉ	INSTABILITÉ	PHOSPHORITE
ÉLECTRICITÉ	IMMUABILITÉ	INFÉRIORITÉ
HERMÉTICITÉ	SOLVABILITÉ	SUPÉRIORITÉ
DOMESTICITÉ	MISCIBILITÉ	ANTÉRIORITÉ
ANALYTICITÉ	CRÉDIBILITÉ	INTÉRIORITÉ
RÉCIPROCITÉ	ÉLIGIBILITÉ	EXTÉRIORITÉ
INTRÉPIDITÉ	EXIGIBILITÉ	ENDOMÉTRITE
INFÉCONDITÉ	TANGIBILITÉ	PRÉMATURITÉ
INCOMMODITÉ	FONGIBILITÉ	POLYNÉVRITE
PÉRICARDITE	SENSIBILITÉ	VERRUCOSITÉ
ENDOCARDITE	CESSIBILITÉ	RELIGIOSITÉ

SPONGIOSITÉ	DÉFATIGANTE	CHAGRINANTE
INGÉNIOSITÉ	WALLINGANTE	AVOISINANTE
INCURIOSITÉ	FLAMINGANTE	PIGEONNANTE
DANGEROSITÉ	DESSÉCHANTE	FOISONNANTE
SCHISTOSITÉ	DÉSENCHANTÉ	GRISONNANTE
IMPÉTUOSITÉ	APPROCHANTE	MALSONNANTE
SOMPTUOSITÉ	TRÉBUCHANTE	BRETONNANTE
ANDALOUSITÉ	TRIOMPHANTE	GOUVERNANTE
MONOPHYSITE	HIÉROPHANTE	CONSTIPANTE
PANCRÉATITE	INSOUCIANTE	COOCCUPANTE
PANCLASTITE	STUPÉFIANTE	ACCAPARANTE
SURDI-MUTITÉ	LIQUÉFIANTE	ENCOMBRANTE
PROMISCUITÉ	ACIDIFIANTE	MASSACRANTE
SURPRODUITE	QUALIFIANTE	DÉLIBÉRANTE
SUPERFLUITÉ	AMPLIFIANTE	INTOLÉRANTE
INCONGRUITÉ	SIGNIFIANTE	EXASPÉRANTE
IMPULSIVITÉ	LUBRIFIANTE	CONQUÉRANTE
EXPANSIVITÉ	TERRIFIANTE	DÉFLAGRANTE
RÉCURSIVITÉ	HORRIFIANTE	ÉDULCORANTE
RÉCESSIVITÉ	PÉTRIFIANTE	MALODORANTE
AGRESSIVITÉ	NITRIFIANTE	AMÉLIORANTE
EXCLUSIVITÉ	GRATIFIANTE	DÉCOLORANTE
COMBATIVITÉ	PONTIFIANTE	SUBINTRANTE
SICCATIVITÉ	FORTIFIANTE	DÉTARTRANTE
NORMATIVITÉ	MORTIFIANTE	CONCOURANTE
CAPTATIVITÉ	JUSTIFIANTE	DÉNATURANTE
NON-ACTIVITÉ	MYSTIFIANTE	MALFAISANTE
SURACTIVITÉ	CONCILIANTE	ARCHAÏSANTE
AFFECTIVITÉ	COMMUNIANTE	DÉPLAISANTE
EFFECTIVITÉ	AMNISTIANTE	HÉBRAÏSANTE
OBJECTIVITÉ	BALBUTIANTE	FRANCISANTE
SÉLECTIVITÉ	ASPHYXIANTE	ÉNERGISANTE
DIRECTIVITÉ	NONCHALANTE	GAUCHISANTE
INVENTIVITÉ	REDOUBLANTE	PÉNALISANTE
RÉCEPTIVITÉ	CHANCELANTE	MORALISANTE
RÉSISTIVITÉ	ÉTINCELANTE	VIRILISANTE
RÉFLEXIVITÉ	RUISSELANTE	DYNAMISANTE
DÉSHERBANTE	ENSANGLANTÉ	FÉMINISANTE
REMPLAÇANTE	DÉSOPILANTE	LATINISANTE
CLAUDICANTE	DÉFAILLANTE	JAPONISANTE
COMMENÇANTE	ASSAILLANTE	CURARISANTE
COMMERÇANTE	DÉTAILLANTE	VALORISANTE
PÉTARADANTE	FRÉTILLANTE	FAVORISANTE
INVALIDANTE	SAUTILLANTE	SÉCURISANTE
INTIMIDANTE	ÉBOUILLANTÉ	SÉMITISANTE
DESCENDANTE	AMOUILLANTE	SCLÉROSANTE
PRÉTENDANTE	GROUILLANTE	DISPERSANTE
RESCINDANTE	MIROBOLANTE	TRAVERSANTE
CONFONDANTE	FLAGEOLANTE	RENVERSANTE
CONTONDANTE	AFFRIOLANTE	FRACASSANTE
CONCORDANTE	TRANSPLANTÉ	OPPRESSANTE
DISCORDANTE	STRIDULANTE	ENCAISSANTE
DÉSOXYDANTE	ROUCOULANTE	RENAISSANTE
OUTRAGEANTE	PERFORMANTE	ROUGISSANTE
ASSIÉGEANTE	SURPRENANTE	AVILISSANTE
AFFLIGEANTE	ENSEIGNANTE	COULISSANTE
DÉRANGEANTE	ENTRAÎNANTE	FRÉMISSANTE
ARRANGEANTE	CODOMINANTE	JAUNISSANTE

ANGOISSANTE · COALESCENTE · SEMI-OUVERTE
GLAPISSANTE · OPALESCENTE · ENTROUVERTE
FLORISSANTE · ADOLESCENTE · **REINE-MORTE**
AHURISSANTE · SPUMESCENTE · PORTE-À-PORTE
SAISISSANTE · LIANESCENTE · CONTRE-PORTE
ABÊTISSANTE · ÉVANESCENTE · BATEAU-PORTE
IMPUISSANTE · ACCRESCENTE · ENTRE-HEURTÉ
REPOUSSANTE · LACTESCENTE · **ECCLÉSIASTE**
PARALYSANTE · FLAVESCENTE · CNIDOBLASTE
INQUIÉTANTE · ANTÉCÉDENTE · OSTÉOBLASTE
CLIQUETANTE · COÏNCIDENTE · FIBROBLASTE
RETRAITANTE · TUBULIDENTÉ · OSTÉOCLASTE
EXORBITANTE · RÉFRINGENTE · ICONOCLASTE
COLICITANTE · ASTRINGENTE · PHÉNOPLASTE
DÉBILITANTE · CONTINGENTE · **THÉOPHRASTE**
EXPLOITANTE · CONTINGENTÉ · LÈSE-MAJESTÉ
CONSULTANTE · CONVERGENTE · PALIMPSESTE
CONSENTANTE · OMNISCIENTE · SOUBREVESTE
ESQUINTANTE · AGUARDIENTE · UNIJAMBISTE
RAVIGOTANTE · PARTURIENTE · ANTIRACISTE
CRACHOTANTE · AMBIVALENTE · ORGANICISTE
CLIGNOTANTE · ÉQUIVALENTE · TECHNICISTE
CHEVROTANTE · MONOVALENTE · NÉOFASCISTE
CONCERTANTE · POLYVALENTE · BOLLANDISTE
PROTESTANTE · NON-VIOLENTE · TRABENDISTE
ATTRISTANTE · DÉFRAGMENTÉ · ANTIPODISTE
SUBSISTANTE · ENRÉGIMENTÉ · MONOTHÉISTE
CONSISTANTE · SURALIMENTÉ · POLYTHÉISTE
PERSISTANTE · COMPLIMENTÉ · ABSENTÉISTE
INEXISTANTE · EXPÉRIMENTÉ · AFFOUAGISTE
INCONSTANTE · INSTRUMENTÉ · CARAVAGISTE
INCRUSTANTE · PRÉÉMINENTE · PHALANGISTE
COMBATTANTE · PROÉMINENTE · BOULANGISTE
DRUMETTANTE · SURÉMINENTE · POMOLOGISTE
GRELOTTANTE · CONTRE-PENTE · VIROLOGISTE
FRISOTTANTE · INAPPARENTE · CYTOLOGISTE
DÉPOLLUANTE · INCOHÉRENTE · RATTACHISTE
TRAFIQUANTE · CONCURRENTE · MONARCHISTE
PRATIQUANTE · IMPÉNITENTE · MICASCHISTE
DÉLINQUANTE · OMNIPOTENTE · CALCSCHISTE
TONITRUANTE · TOTIPOTENTE · SPARTAKISTE
RÉCIDIVANTE · IDEMPOTENTE · NÉORÉALISTE
INSCRIVANTE · SUBSÉQUENTE · SURRÉALISTE
DÉMOTIVANTE · CONSÉQUENTE · SPÉCIALISTE
DISSOLVANTE · CONTREVENTÉ · MONDIALISTE
DISTRAYANTE · SACRO-SAINTE · MINIMALISTE
GRASSEYANTE · COURT-JOINTÉ · MAXIMALISTE
FLAMBOYANTE · DÉSAPPOINTÉ · NOMINALISTE
ROUGEOYANTE · HÉTÉRODONTE · JOURNALISTE
TOURNOYANTE · GLYPTODONTE · FÉDÉRALISTE
NON-CROYANTE · TARABISCOTÉ · GÉNÉRALISTE
FOUDROYANTE · COMPATRIOTE · IMMORALISTE
SOUS-JACENTE · REMMAILLOTÉ · CENTRALISTE
MUNIFICENTE · PARPAILLOTE · NEUTRALISTE
SÃO VINCENTE · TRAVAILLOTÉ · NATURALISTE
ÉRUBESCENTE · **HONDSCHOOTE** · VÉGÉTALISTE
MARCESCENTE · MANDAT-CARTE · CAPITALISTE
TURGESCENTE · SEMI-LIBERTÉ · SENSUALISTE

ENSEMBLISTE	CORNETTISTE	SANS-CULOTTE
ÉVANGÉLISTE	LIBRETTISTE	QUICHENOTTE
MINITÉLISTE	OFFSETTISTE	PALANGROTTE
IMMOBILISTE	MAQUETTISTE	SPATIONAUTE
NOMBRILISTE	ABSOLUTISTE	PRINCIPAUTÉ
PASTELLISTE	DIALOGUISTE	VICE-ROYAUTÉ
MUTUELLISTE	RÉCIDIVISTE	ÉLECTROCUTÉ
NOUVELLISTE	RELATIVISTE	HYPONOMEUTE
DÉTAILLISTE	ROTATIVISTE	TRANSBAHUTÉ
MONOPOLISTE	POSITIVISTE	CAOUTCHOUTÉ
CERF-VOLISTE	TIMBRE-POSTE	CASSE-CROÛTE
VÉLIVOLISTE	MALLES-POSTE	FAUSSE-ROUTE
GÉOCHIMISTE	WAGONS-POSTE	BANQUEROUTE
BIOCHIMISTE	DÉSINCRUSTÉ	THROMBOCYTE
LÉGITIMISTE	NÉMATOCYSTE	GRANULOCYTE
TAXINOMISTE	CULS-DE-JATTE	ÉRYTHROCYTE
ERGONOMISTE	**PIERRELATTE**	SPERMAPHYTE
AUTONOMISTE	MALMIGNATTE	FILICOPHYTE
CONFORMISTE	CROCHE-PATTE	THALLOPHYTE
AFRICANISTE	SUFFRAGETTE	GAMÉTOPHYTE
ITALIANISTE	PHALANGETTE	CRYPTOPHYTE
ORNEMANISTE	BARBICHETTE	ÉLECTROLYTE
ŒCUMÉNISTE	ÉPINOCHETTE	REDISTRIBUÉ
BOUQUINISTE	HISTORIETTE	ENTR'APERÇUE
GUILVINISTE	GRANDELETTE	ENTRAPERÇUE
TROMBONISTE	MAIGRELETTE	REDESCENDUE
ORPHÉONISTE	GOUTTELETTE	HYPERTENDUE
ANTAGONISTE	TARTIFLETTE	DENDROLAGUE
SYMPHONISTE	CHENILLETTE	CONTRE-DIGUE
PASSIONISTE	GENTILLETTE	**SAINTE LIGUE**
LINOTYPISTE	AIGUILLETTE	PLURILINGUE
AUTOCARISTE	COQUILLETTE	MULTILINGUE
SÉMINARISTE	CHEVILLETTE	CAMERLINGUE
MONÉTARISTE	**BROSSOLETTE**	TRIPHTONGUE
MILITARISTE	GARGOULETTE	EMMÉNAGOGUE
DÉCEMBRISTE	MARGOULETTE	PHLÉBOLOGUE
GLACIÉRISTE	KITCHENETTE	GYNÉCOLOGUE
CARRIÉRISTE	COMPRENETTE	MUSICOLOGUE
FOURIÉRISTE	BLONDINETTE	LEXICOLOGUE
OUVRIÉRISTE	TROTTINETTE	TOXICOLOGUE
CLAVIÉRISTE	CAMIONNETTE	ARCHÉOLOGUE
SCOOTÉRISTE	MARIONNETTE	SPÉLÉOLOGUE
FOLKLORISTE	GOUJONNETTE	PSYCHOLOGUE
TRACTORISTE	MIGNONNETTE	GRAPHOLOGUE
PRIMEURISTE	MAISONNETTE	GLACIOLOGUE
CONCOURISTE	GUILLERETTE	CARDIOLOGUE
AVENTURISTE	LINAIGRETTE	CÉRAMOLOGUE
PANÉGYRISTE	VINAIGRETTE	PNEUMOLOGUE
PROTHÉSISTE	CHAMOISETTE	OCÉANOLOGUE
FANTAISISTE	ÉCHAUGUETTE	TECHNOLOGUE
PRAGMATISTE	ESPERLUETTE	NUMÉROLOGUE
SÉPARATISTE	APPLIQUETTE	NÉPHROLOGUE
SYNCRÉTISTE	À LA SAUVETTE	SOPHROLOGUE
ANABAPTISTE	**PIERREFITTE**	FUTUROLOGUE
ORTHOPTISTE	**MARGUERITTE**	PAPYROLOGUE
CONCERTISTE	CAILLEBOTTE	HÉMATOLOGUE
BILLETTISTE	**CAILLEBOTTE**	PROCTOLOGUE
VIGNETTISTE	JUPE-CULOTTE	POLITOLOGUE

ÉGYPTOLOGUE
SUBRÉCARGUE
DÉSENVERGUÉ
LA CANOURGUE
CONTRE-FUGUE
HURLUBERLUE
MICROGRENUE
CIRCONVENUE
RESSOUVENUE
DISCONTINUE
DISCONTINUÉ
INTERROMPUE
INSOMNIAQUE
PARANOÏAQUE
DIONYSIAQUE
BAUDELOCQUE
MÉDIATHÈQUE
DIDACTHÈQUE
PROPITHÈQUE
DISCOTHÈQUE
BANDOTHÈQUE
VIDÉOTHÈQUE
POCHOTHÈQUE
FILMOTHÈQUE
PHONOTHÈQUE
PHOTOTHÈQUE
CARTOTHÈQUE
INTRINSÈQUE
EXTRINSÈQUE
PONT-L'ÉVÊQUE
PONT-L'ÉVÊQUE
PTOLÉMAÏQUE
ANTIRABIQUE
TRICALCIQUE
CHALCIDIQUE
PYRIMIDIQUE
TYPHOÏDIQUE
STÉROÏDIQUE
APÉRIODIQUE
SPASMODIQUE
RHAPSODIQUE
ALDÉHYDIQUE
DIARRHÉIQUE
SUDORIFIQUE
CALORIFIQUE
HONORIFIQUE
SOPORIFIQUE
STRATÉGIQUE
NÉVRALGIQUE
NOSTALGIQUE
PÉDAGOGIQUE
DÉMAGOGIQUE
MÉTALOGIQUE
MYCOLOGIQUE
IDÉOLOGIQUE
RHÉOLOGIQUE
THÉOLOGIQUE
ÉTHOLOGIQUE

ÉTIOLOGIQUE
AXIOLOGIQUE
ŒNOLOGIQUE
TOPOLOGIQUE
TYPOLOGIQUE
AÉROLOGIQUE
SÉROLOGIQUE
VIROLOGIQUE
ONTOLOGIQUE
CYTOLOGIQUE
LÉTHARGIQUE
STOMACHIQUE
MONARCHIQUE
SYMPATHIQUE
NÉOLITHIQUE
ŒNANTHIQUE
NÉOGOTHIQUE
DIGITALIQUE
ANACYCLIQUE
TRICYCLIQUE
RAPHAÉLIQUE
ÉVANGÉLIQUE
PARABOLIQUE
MÉTABOLIQUE
DIASTOLIQUE
APOSTOLIQUE
HYDRAULIQUE
SALICYLIQUE
ENDOGAMIQUE
MONOGAMIQUE
LE CÉRAMIQUE
PANORAMIQUE
MONOSÉMIQUE
POLYSÉMIQUE
EURYTHMIQUE
GÉOCHIMIQUE
BIOCHIMIQUE
OPHTALMIQUE
PROTÉOMIQUE
ANTINOMIQUE
TAXINOMIQUE
ERGONOMIQUE
AGRONOMIQUE
PRODROMIQUE
RIBOSOMIQUE
AUTOSOMIQUE
SUBATOMIQUE
TRIATOMIQUE
ÉPIDERMIQUE
HOMONYMIQUE
SYNONYMIQUE
TOPONYMIQUE
MÉTONYMIQUE
ANORGANIQUE
INORGANIQUE
MESSIANIQUE
BRAHMANIQUE
ANTIPANIQUE

PYOCYANIQUE
TÉLÉGÉNIQUE
ANTIGÉNIQUE
MONOGÉNIQUE
CRYOGÉNIQUE
POLYGÉNIQUE
ÉTHYLÉNIQUE
ŒCUMÉNIQUE
PROTÉINIQUE
MORPHINIQUE
TRICLINIQUE
INSULINIQUE
BOTULINIQUE
VITAMINIQUE
INACTINIQUE
NICOTINIQUE
MÉDIUMNIQUE
BRITANNIQUE
BRITANNIQUE
PHARAONIQUE
TRONCONIQUE
NUCLÉONIQUE
ANTAGONIQUE
THÉOGONIQUE
SYMPHONIQUE
HÉGÉMONIQUE
MACARONIQUE
NEUTRONIQUE
CATATONIQUE
VAGOTONIQUE
HYPOTONIQUE
BRITTONIQUE
MÉTHANOÏQUE
PALÉOZOÏQUE
ANTHROPIQUE
PHILIPPIQUE
PRÉFABRIQUÉ
CANTABRIQUE
OCTAÉDRIQUE
HEXAÉDRIQUE
POLYÉDRIQUE
CYLINDRIQUE
IODHYDRIQUE
TÉLÉFÉRIQUE
CONFRÉRIQUE
DIPHTÉRIQUE
CADAVÉRIQUE
ALLÉGORIQUE
PARÉGORIQUE
CATÉGORIQUE
ANAPHORIQUE
PLÉTHORIQUE
FOLKLORIQUE
PÉDIATRIQUE
PODIATRIQUE
GÉRIATRIQUE
IDOLÂTRIQUE
GÉOMÉTRIQUE

BIOMÉTRIQUE	CYNÉGÉTIQUE	PATRISTIQUE
ISOMÉTRIQUE	ÉNERGÉTIQUE	HEURISTIQUE
ASYMÉTRIQUE	PROPHÉTIQUE	TOURISTIQUE
OBSTÉTRIQUE	SYNTHÉTIQUE	STATISTIQUE
EXCENTRIQUE	PROTHÉTIQUE	CASUISTIQUE
CATOPTRIQUE	**PSAMMÉTIQUE**	SLAVISTIQUE
DIGASTRIQUE	APLANÉTIQUE	JAZZISTIQUE
PANÉGYRIQUE	**ART POÉTIQUE**	PRONOSTIQUE
PORPHYRIQUE	SYNCRÉTIQUE	PRONOSTIQUÉ
MONOBASIQUE	NÉPHRÉTIQUE	ENCAUSTIQUE
LITHIASIQUE	THÉORÉTIQUE	ENCAUSTIQUÉ
NÉOPLASIQUE	PLEURÉTIQUE	DÉMOUSTIQUÉ
ANALGÉSIQUE	CÉNOBITIQUE	BUREAUTIQUE
ATHÉTOSIQUE	COUCHITIQUE	SCORBUTIQUE
DYSPEPSIQUE	GRAPHITIQUE	HALIEUTIQUE
NARCISSIQUE	PROCLITIQUE	SCIALYTIQUE
GÉOPHYSIQUE	IMPOLITIQUE	PARALYTIQUE
BIOPHYSIQUE	PISOLITIQUE	CATALYTIQUE
ADIABATIQUE	**ANNAMITIQUE**	VAGOLYTIQUE
CATABATIQUE	DOLOMITIQUE	HÉMOLYTIQUE
ACROBATIQUE	SYBARITIQUE	CYTOLYTIQUE
HANSÉATIQUE	DIACRITIQUE	BOLCHEVIQUE
ALIPHATIQUE	DENDRITIQUE	MENCHEVIQUE
LYMPHATIQUE	LATÉRITIQUE	CYTOTOXIQUE
ISCHIATIQUE	ARTÉRITIQUE	PNEUMOCOQUE
MYDRIATIQUE	ARTHRITIQUE	ÉCHINOCOQUE
INITIATIQUE	ASÉMANTIQUE	ENTÉROCOQUE
SCHÉMATIQUE	AUTHENTIQUE	ENTRECHOQUÉ
ATHÉMATIQUE	SILICOTIQUE	VENTRILOQUE
TÉLÉMATIQUE	ANECDOTIQUE	HÉRÉSIARQUE
CINÉMATIQUE	PSYCHOTIQUE	CYSTICERQUE
PRAGMATIQUE	CIRRHOTIQUE	**COUDEKERQUE**
FLEGMATIQUE	PRÉBIOTIQUE	**STEENKERQUE**
ÉNIGMATIQUE	SYMBIOTIQUE	**STEINKERQUE**
STIGMATIQUE	SCOLIOTIQUE	**ALBUQUERQUE**
ASTHMATIQUE	PATRIOTIQUE	JEUNE-TURQUE
ZYGOMATIQUE	ÉPIZOOTIQUE	VISIOCASQUE
IDIOMATIQUE	SCLÉROTIQUE	BERGAMASQUE
AXIOMATIQUE	ANALEPTIQUE	**BERGAMASQUE**
CHROMATIQUE	ÉPILEPTIQUE	BARBARESQUE
AUTOMATIQUE	DYSPEPTIQUE	MOLIÉRESQUE
SPERMATIQUE	ÉCLAMPTIQUE	PLATERESQUE
MIASMATIQUE	ORTHOPTIQUE	PITTORESQUE
PLASMATIQUE	CATHARTIQUE	SOLDATESQUE
PRISMATIQUE	SARCASTIQUE	PÉDANTESQUE
TRAUMATIQUE	ANÉLASTIQUE	GIGANTESQUE
PNEUMATIQUE	INÉLASTIQUE	VIDÉODISQUE
ENZYMATIQUE	SCOLASTIQUE	AUDIODISQUE
QUADRATIQUE	ONOMASTIQUE	MULTIRISQUE
PROSTATIQUE	GYMNASTIQUE	**PENTATEUQUE**
ISOSTATIQUE	FANTASTIQUE	COUVRE-NUQUE
CACHECTIQUE	CLADISTIQUE	COQUECIGRUE
DIALECTIQUE	SOPHISTIQUE	RECONSTITUÉ
CONNECTIQUE	SOPHISTIQUÉ	POINTS DE VUE
APODICTIQUE	STYLISTIQUE	**MAMMOTH CAVE**
ANTARCTIQUE	PIANISTIQUE	PLAN-CONCAVE
ANTARCTIQUE	FAUNISTIQUE	**SAINT-AGRÈVE**
PRODUCTIQUE	FLORISTIQUE	**SAINT-ÉGRÈVE**

SAINT-ESTÈVE	RESTRICTIVE	QUANTITATIF
PORTE-GLAIVE	DISTINCTIVE	CONSULTATIF
PORTE-GLAIVE	INSTINCTIVE	AUGMENTATIF
INOFFENSIVE	SUBJONCTIVE	PRÉSENTATIF
HYPOTENSIVE	CONJONCTIVE	PROGESTATIF
COEXTENSIVE	OBSTRUCTIVE	PRÉSERVATIF
PROGRESSIVE	DESTRUCTIVE	TENSIOACTIF
COMPRESSIVE	INSTRUCTIVE	SOUSTRACTIF
ANTITUSSIVE	PROHIBITIVE	SUREFFECTIF
APPROBATIVE	ACCRÉDITIVE	IMPERFECTIF
RÉBARBATIVE	ACQUISITIVE	INTERJECTIF
PRÉDICATIVE	DIAPOSITIVE	NON DIRECTIF
VINDICATIVE	PRÉPOSITIVE	CONSTRICTIF
EXPLICATIVE	COMPÉTITIVE	REPRODUCTIF
DÉMARCATIVE	SUBSTANTIVE	IMPRODUCTIF
LIQUIDATIVE	SUBSTANTIVÉ	INTRODUCTIF
SÉGRÉGATIVE	INATTENTIVE	CONSTRUCTIF
SUBROGATIVE	DESCRIPTIVE	AUTOPUNITIF
PRÉROGATIVE	PRÉSOMPTIVE	INTRANSITIF
PROROGATIVE	ATTRIBUTIVE	SÉROPOSITIF
ÉNONCIATIVE	CONSÉCUTIVE	ANTISPORTIF
ASSOCIATIVE	COMMINUTIVE	INTEMPESTIF
ABRÉVIATIVE	**SAINT-SAULVE**	DISTRIBUTIF
CORRÉLATIVE	**SAINTE-BEUVE**	SUBSTITUTIF
APPELLATIVE	ROMAN-FLEUVE	CONSTITUTIF
LÉGISLATIVE	**MAISONNEUVE**	**SAINT-AYGULF**
TRANSLATIVE	**LA COURNEUVE**	**KULTURKAMPF**
SPÉCULATIVE	DÉSAPPROUVÉ	**SCHWARZKOPF**
EXCLAMATIVE	CIRCONFLEXE	**GÖNNERSDORF**
AFFIRMATIVE	PLAN-CONVEXE	**CHÂTEAUNEUF**
INFIRMATIVE	SOUS-EMPLOYÉ	FOIE-DE-BŒUF
INFORMATIVE	**LA VÉRENDRYE**	ŒIL-DE-BŒUF
IMAGINATIVE	CAPORAL-CHEF	ARRÊTE-BŒUF
GERMINATIVE	SERGENT-CHEF	**CIBA-GEIGY AG**
ALTERNATIVE	PALÉORELIEF	**BRUNSCHVICG**
DISSIPATIVE	**PÉPIN LE BREF**	**SCHUSCHNIGG**
DÉCLARATIVE	**VAN DE GRAAFF**	**DONG QICHANG**
COMPARATIVE	**METCHNIKOFF**	**YALONG JIANG**
ÉNUMÉRATIVE	**POGGENDORFF**	**YANGZI JIANG**
COOPÉRATIVE	**EICHENDORFF**	**BERRE-L'ÉTANG**
RÉITÉRATIVE	**SCHLÖNDORFF**	**KOUO-MIN-TANG**
INTÉGRATIVE	ANTIADHÉSIF	ORANG-OUTANG
MÉLIORATIVE	AUTOADHÉSIF	**KRAFFT-EBING**
PIGNORATIVE	APPRÉHENSIF	PLUM-PUDDING
CORPORATIVE	HYPERTENSIF	CONTRESEING
ADVERSATIVE	INEXPRESSIF	**VEREENIGING**
EXPECTATIVE	MODIFICATIF	DISPATCHING
QUALITATIVE	VÉRIFICATIF	**PEI IEOH MING**
FACULTATIVE	NOTIFICATIF	**TAO YUANMING**
POTESTATIVE	SÉRONÉGATIF	AQUAPLANING
COMMUTATIVE	DÉPRÉCIATIF	COUP-DE-POING
RADIOACTIVE	APPRÉCIATIF	**GUAN HANQING**
RÉTROACTIVE	CONFIRMATIF	TIME-SHARING
HYPERACTIVE	PERFORMATIF	ENGINEERING
INTERACTIVE	DÉNOMINATIF	FRANCHISING
DISTRACTIVE	DÉLIBÉRATIF	BABY-SITTING
PROSPECTIVE	DÉGÉNÉRATIF	**PHAM VAN DÔNG**
PERSPECTIVE	ILLUSTRATIF	**TANG TAIZONG**

JEAN DE MEUNG	SHIMONOSEKI	EUSKALDUNAK
MAO TSÉ-TOUNG	LIEOU CHAO-K'I	BAHR EL-AZRAK
HERTZSPRUNG	OSTROGORSKY	MAETERLINCK
TELUK BETUNG	MOUSSORGSKI	CROMMELYNCK
FÜRSTENBERG	DARGOMYJSKI	KÖNIGSMARCK
DRAKENSBERG	STAROBINSKI	RAVENSBRÜCK
KAYSERSBERG	LESZCZYNSKI	LEEUWENHOEK
HELSINGBORG	KHMELNITSKI	APPARATCHIK
FLOSSENBÜRG	DOSTOÏEVSKI	REALPOLITIK
QUEDLINBURG	VASSILEVSKI	ÉLECTROFUNK
PHILIPSBURG	TCHAÏKOVSKI	CORNER BROOK
BRANDEBOURG	MEREJKOVSKI	VLADIVOSTOK
BRANDEBOURG	TSIOLKOVSKI	CENTRAL PARK
TAILLEBOURG	ROKOSSOVSKI	NOVOROSSISK
WISSEMBOURG	PAOUSTOVSKI	ARKHANGELSK
BETTEMBOURG	GOLEÏZOVSKI	VERKHOÏANSK
SAXE-COBOURG	LUTOSLAWSKI	KRASNOÏARSK
LAUTERBOURG	KWASNIEWSKI	KOMMOUNARSK
REICHENBACH	KOCHANOWSKI	PROKOPIEVSK
BREYTENBACH	SZYMANOWSKI	ZELENTCHOUK
WITTELSBACH	PONIATOWSKI	SORTIE-DE-BAL
NEUF-BRISACH	CZARTORYSKI	PARAMÉDICAL
VAN DEN BOSCH	TIRUNELVELI	CHIRURGICAL
BRAUCHITSCH	RICCIARELLI	SUBTROPICAL
MAULBERTSCH	ENORGUEILLI	OBSTÉTRICAL
LOFING-MATCH	MACCHIAIOLI	GRAMMATICAL
JELATCHITCH	NON ACCOMPLI	HECTOPASCAL
OBRÉNOVITCH	LAPIS-LAZULI	HÉMORROÏDAL
SIDI-FERRUCH	NAGANO OSAMI	ELLIPSOÏDAL
CASTLEREAGH	RAFSANDJANI	TRAPÉZOÏDAL
RANJIT SINGH	TUPI-GUARANI	MÉDICO-LÉGAL
MARLBOROUGH	HINDOUSTANI	UTTARANCHAL
FARNBOROUGH	SPALLANZANI	MULTIRACIAL
SCARBOROUGH	PICCOLOMINI	INTERRACIAL
MEHMED FATIH	MASTROIANNI	ENDOTHÉLIAL
SAINT-JOSEPH	DON GIOVANNI	UNIFAMILIAL
CHATTISGARH	TROUBETSKOÏ	MATRIMONIAL
PHOTO-FINISH	PLEIN-EMPLOI	PATRIMONIAL
FREILIGRATH	NOGENT-LE-ROI	TESTIMONIAL
SCHIBBOLETH	CHOISY-LE-ROI	PARTICIPIAL
GRANNY-SMITH	LE GRAU-DU-ROI	PARTENARIAL
GRANGEMOUTH	NAHUEL HUAPÍ	DICTATORIAL
BOURNEMOUTH	MISSISSIPPI	DIRECTORIAL
PARLERS-VRAI	BHARTRIHARI	TERRITORIAL
CONTRE-ESSAI	UEDA AKINARI	SEIGNEURIAL
AL-MUTANABBI	CONDOTTIERI	AÉROSPATIAL
CHERCHE-MIDI	PAPIER-ÉMERI	NIVO-PLUVIAL
FRESCOBALDI	A POSTERIORI	RAMÓN Y CAJAL
RAGAILLARDI	TCHERNIVTSI	HEXADÉCIMAL
UQBA IBN NAFI	TUTTI QUANTI	SEXAGÉSIMAL
ANTOMMARCHI	BUONTALENTI	ORTHONORMAL
ANTONMARCHI	GIOVANNETTI	RHUMATISMAL
GENTILESCHI	TUTTI FRUTTI	CATACLYSMAL
MISSOLONGHI	CHASSE-ENNUI	FLEURS DU MAL
BANGLADESHI	MESSALI HADJ	GUADALCANAL
BANGLADESHI	NARAYANGANJ	SADIQUE-ANAL
JIANG JIESHI	MANGUYCHLAK	ATTITUDINAL
CHERRAPUNJI	STERLITAMAK	QUADRIENNAL

QUINQUENNAL	CUPRONICKEL	**KANCHIPURAM**	
DODÉCAGONAL	FERRONICKEL	**KIM YOUNG-SAM**	
TÉLÉJOURNAL	OCCASIONNEL	**NGÔ DINH DIÊM**	
MONOCAMÉRAL	DÉCISIONNEL	CRÈVE-LA-FAIM	
NYCTHÉMÉRAL	RÉVISIONNEL	**WINTZENHEIM**	
CONGLOMÉRAL	RELATIONNEL	**RÜSSELSHEIM**	
ÉQUILATÉRAL	IRRATIONNEL	**WITTELSHEIM**	
PRESBYTÉRAL	RÉACTIONNEL	**MUNDOLSHEIM**	
ANTISUDORAL	FRACTIONNEL	**LINGOLSHEIM**	
COXO-FÉMORAL	FRICTIONNEL	**KINGERSHEIM**	
SUCCESSORAL	FONCTIONNEL	**STIERNHIELM**	
PROFESSORAL	ADDITIONNEL	TCHERNOZIOM	
PRÉFECTORAL	IMPERSONNEL	**CHEBIN EL-KOM**	
COMMISSURAL	SEMPITERNEL	CARBORUNDUM	
CARICATURAL	ARBRE-DE-NOËL	BRÛLE-PARFUM	
CONJECTURAL	CONTRE-APPEL	CLOSTRIDIUM	
TRANSVERSAL	CROQUE-AU-SEL	LATIFUNDIUM	
PLURICAUSAL	SACRAMENTEL	ENDOTHÉLIUM	
SOUS-ORBITAL	MAÎTRE-AUTEL	PÉNICILLIUM	
FONDAMENTAL	NITRATE-FUEL	EINSTEINIUM	
SACRAMENTAL	PLURIANNUEL	CONDOMINIUM	
SENTIMENTAL	AUDIOVISUEL	PÉLARGONIUM	
CONTINENTAL	CONTRACTUEL	PANDÉMONIUM	
XÉNOCRISTAL	CONFLICTUEL	POSITRONIUM	
MONOCRISTAL	INSTINCTUEL	CALIFORNIUM	
INTERCOSTAL	TRANSSEXUEL	COLUMBARIUM	
ELEKTROSTAL	**VILLERSEXEL**	FRIGIDARIUM	
MAGNAC-LAVAL	**RIEFENSTAHL**	INSECTARIUM	
STATION-AVAL	ÉPOUVANTAIL	PLANÉTARIUM	
FERS-À-CHEVAL	TÉLÉTRAVAIL	FERROCÉRIUM	
PALAIS-ROYAL	BRISE-SOLEIL	MÉGATHÉRIUM	
GRŒNENDAEL	APRÈS-SOLEIL	DINOTHÉRIUM	
VAN RUISDAEL	DEMI-SOMMEIL	CRÉMATORIUM	
VAN RUYSDAEL	**MONTFERMEIL**	MENDÉLÉVIUM	
SANTA ISABEL	TROMPE-L'ŒIL	ZYGOPETALUM	
VAN SCHENDEL	RADIORÉVEIL	**UXELLODUNUM**	
JAUFRÉ RUDEL	**VAUX-LE-PÉNIL**	RAHAT-LOKOUM	
ULENSPIEGEL	À CONTRE-POIL	PITTOSPORUM	
SAINT-MICHEL	**LOUIS-GENTIL**	PORTE-HAUBAN	
EDDY MITCHEL	**LE VAUDREUIL**	**TEOTIHUACÁN**	
PRÉJUDICIEL	**NIJNI TAGUIL**	**PONTOPPIDAN**	
SACRIFICIEL	RACQUET-BALL	**GRÉSIVAUDAN**	
SUPERFICIEL	**BADEN-POWELL**	**CHARLES-JEAN**	
CICATRICIEL	**BUFFALO BILL**	**MANICOUAGAN**	
DIDACTICIEL	ROCK AND ROLL	**LIVRY-GARGAN**	
SAINT-MIHIEL	**SITTING BULL**	**KUBILAY KHAN**	
KAMMERSPIEL	DOUBLE-SCULL	**ZHOUKOUDIAN**	
CARACTÉRIEL	**VATNAJÖKULL**	**GAO XINGJIAN**	
MINISTÉRIEL	PARACÉTAMOL	**AZERBAÏDJAN**	
TRIMESTRIEL	ACIDE-ALCOOL	**SAINT-TROJAN**	
SUBSTANTIEL	**STANLEY POOL**	**VALLE-INCLÁN**	
RÉSIDENTIEL	CHOLESTÉROL	ARRIÈRE-PLAN	
DÉSINENTIEL	SELF-CONTROL	SELF-MADE-MAN	
EXPONENTIEL	**COSTA DEL SOL**	**ABD AL-RAHMAN**	
RÉFÉRENTIEL	**SAINT-ACHEUL**	**ABDUL RAHMAN**	
PÉNITENTIEL	**CAXIAS DO SUL**	**QALAAT SIMAN**	
EXISTENTIEL	CHRYSOBÉRYL	RECORDWOMAN	
FRÉQUENTIEL	**DAR ES-SALAAM**	BUSINESSMAN	

SAINT-AIGNAN	**SÉLESTADIEN**	**VANDOPÉRIEN**
MALLET DU PAN	ARCHIMÉDIEN	**LANESTÉRIEN**
GRILLE-ÉCRAN	CLITORIDIEN	**FINISTÉRIEN**
SUPERLIORAN	BIQUOTIDIEN	**PITHIVÉRIEN**
TCHOIBALSAN	GARIBALDIEN	GRAMMAIRIEN
OUZBÉKISTAN	**CLODOALDIEN**	SALVADORIEN
TADJIKISTAN	**MÉNEHILDIEN**	**SALVADORIEN**
AFGHANISTAN	DOLCHARDIEN	CASTÉLORIEN
KIRGHIZSTAN	PÉRIGORDIEN	**NÉOCASTRIEN**
TAI-CHI-CHUAN	**SANCLAUDIEN**	ZOROASTRIEN
SAINT-SERVAN	ŒSOPHAGIEN	DINOSAURIEN
CHUN DOO-HWAN	**MONTÉRÉGIEN**	**BUJUMBURIEN**
SINT-TRUIDEN	CAROLINGIEN	HYPONEURIEN
HOHENLINDEN	MÉROVINGIEN	**VILLEMURIEN**
COTIGNACÉEN	**MONTROUGIEN**	**DEUX-SÉVRIEN**
MONTÉVIDÉEN	APPALACHIEN	SAINT-CYRIEN
NIETZSCHÉEN	MAÎTRE-CHIEN	**SAINT-CYRIEN**
ÉTANG-SALÉEN	SAURISCHIEN	**GUIPAVASIEN**
SAINT-CÉRÉEN	STENDHALIEN	MICRONÉSIEN
WINTERGREEN	**GUATÉMALIEN**	**MICRONÉSIEN**
HYPERBORÉEN	SURRÉNALIEN	**CAUTERÉSIEN**
MIRAMASSÉEN	VÉNÉZUÉLIEN	**LANGEAISIEN**
SPRINGSTEEN	**VÉNÉZUÉLIEN**	RABELAISIEN
VANDERSTEEN	CROCODILIEN	**VOUGLAISIEN**
VLAARDINGEN	LACERTILIEN	**SAVENAISIEN**
FRIEDLINGEN	**BARBEZILIEN**	**TOURNAISIEN**
KREUZLINGEN	**MONTCELLIEN**	**BEAUVAISIEN**
SIGMARINGEN	**PRISCILLIEN**	**LANDIVISIEN**
NEUNKIRCHEN	FUMEROLLIEN	**CALVADOSIEN**
TERBRUGGHEN	STROMBOLIEN	MÉTATARSIEN
AURIGNACIEN	**SAINT-JULIEN**	**CARACASSIEN**
AURIGNACIEN	**BOURBOULIEN**	**VALRÉASSIEN**
LATIGNACIEN	MAURITANIEN	**ANNEMASSIEN**
TABERNACIEN	**MAURITANIEN**	**ALBENASSIEN**
SOJALDICIEN	MAGDALÉNIEN	**SSEU-MATTS'IEN**
ACADÉMICIEN	**GIROMAGNIEN**	**WIMEREUSIEN**
PLATONICIEN	CATARHINIEN	**MONTREUSIEN**
COPERNICIEN	PRÉHOMINIEN	**LAMALOUSIEN**
RHÉTORICIEN	ENDOCRINIEN	**HERBLAYSIEN**
ÉLECTRICIEN	**VALENTINIEN**	**CHESNAYSIEN**
MERCATICIEN	PALESTINIEN	**FRESNOYSIEN**
ESTHÉTICIEN	**PALESTINIEN**	**QUESNOYSIEN**
PHONÉTICIEN	AUGUSTINIEN	BON-CHRÉTIEN
DIÉTÉTICIEN	NAPOLÉONIEN	TRIBUNITIEN
QUALITICIEN	PROUDHONIEN	**AQUATINTIEN**
COGNITICIEN	MARATHONIEN	**MIRECURTIEN**
SÉMANTICIEN	CALIFORNIEN	LILLIPUTIEN
SÉMIOTICIEN	**CALIFORNIEN**	**HAGUENOVIEN**
LOGISTICIEN	**SAINT-JUNIEN**	**PORTO-NOVIEN**
BALISTICIEN	PRÉŒDIPIEN	**COURNEUVIEN**
ACOUSTICIEN	MÉTACARPIEN	**COTTERÉZIEN**
LONGOVICIEN	ANTIACARIEN	SELF-MADE-MEN
CAPPADOCIEN	PROPRE-À-RIEN	**PHILOPŒMEN**
CAPPADOCIEN	SUBSAHARIEN	RECORDWOMEN
SAINT-LUCIEN	**DANNEMARIEN**	BUSINESSMEN
ROSICRUCIEN	PROLÉTARIEN	**BADA SHANREN**
TRINIDADIEN	PRÉCAMBRIEN	**THORVALDSEN**
TRINIDADIEN	MÉTATHÉRIEN	**MÜNCHHAUSEN**

STOCKHAUSEN	DOMPTE-VENIN	ANTÉVERSION
HOOGSTRATEN	SAINT-CRÉPIN	DEMI-PASSION
SANKT PÖLTEN	**SILLON ALPIN**	PROGRESSION
MOUNTBATTEN	VIVARO-ALPIN	COMPRESSION
LE POULIGUEN	**LA TOUR-DU-PIN**	SUPPRESSION
BREMERHAVEN	**SAINT-AMARIN**	SURPRESSION
ORGNAC-L'AVEN	INTRA-UTÉRIN	RÉADMISSION
LAPOUTROYEN	EXTRA-UTÉRIN	SURÉMISSION
COMMENTRYEN	MONTÉNÉGRIN	REDIFFUSION
OSTÉICHTYEN	**MONTÉNÉGRIN**	TRANSFUSION
MENDELSSOHN	**NOIRMOUTRIN**	DÉSILLUSION
CHAUFFE-BAIN	ANGOUMOISIN	SYLLABATION
SAINT-GOBAIN	**GRAND BASSIN**	RÉPROBATION
INTERURBAIN	AVANT-BASSIN	IMPROBATION
MOZAMBICAIN	ESTUDIANTIN	APPROBATION
MOZAMBICAIN	**SAINT-MARTIN**	CONURBATION
RÉPUBLICAIN	**BEC-HELLOUIN**	DÉPRÉCATION
COSTARICAIN	VILEBREQUIN	IMPRÉCATION
COSTARICAIN	TROUSSEQUIN	ÉRADICATION
SUD-AFRICAIN	**MONFLANQUIN**	PRÉDICATION
SUD-AFRICAIN	**SAINT-BRÉVIN**	SYNDICATION
PANAFRICAIN	KOUIGN-AMANN	ÉDIFICATION
EURAFRICAIN	**WINCKELMANN**	DÉIFICATION
PORTORICAIN	**CLOSTERMANN**	RÉIFICATION
PORTORICAIN	**BERTELSMANN**	UNIFICATION
FRANCISCAIN	**NIEDERBRONN**	PUBLICATION
CHASTELLAIN	**ROBERT LE BON**	RÉPLICATION
CHAMBERLAIN	COUPE-JAMBON	IMPLICATION
APRÈS-DEMAIN	CONTREFAÇON	APPLICATION
ARRIÈRE-MAIN	**SERRE-PONÇON**	DUPLICATION
DUODÉCIMAIN	**ASSARHADDON**	EXPLICATION
GRÉCO-ROMAIN	FAUX-BOURDON	FORNICATION
GALLO-ROMAIN	**SEI SHONAGON**	FABRICATION
SAINT-ROMAIN	TIRE-BOUCHON	IMBRICATION
INTERHUMAIN	**BELLÉROPHON**	INTRICATION
PORT OF SPAIN	**MELANCHTHON**	MASTICATION
TOUT-TERRAIN	LIPOSUCCION	DÉFALCATION
CUCURBITAIN	**ÉRECHTHÉION**	INCULCATION
RAMBOLITAIN	PIEDS-DE-LION	CARBOCATION
TRIPOLITAIN	DENTS-DE-LION	SUFFOCATION
PALERMITAIN	**HENRI LE LION**	COLLOCATION
BEAUFORTAIN	**LOUIS LE LION**	DISLOCATION
BRUNTRUTAIN	QUATRILLION	EMBROCATION
TRANSYLVAIN	QUINTILLION	CONVOCATION
TRANSYLVAIN	**CHAMPOLLION**	PROVOCATION
MOUDJAHIDIN	PORTE-FANION	EMBARCATION
CHARLIANDIN	TRAIT D'UNION	DÉMARCATION
REZ-DE-JARDIN	**SAINTE UNION**	ALTERCATION
PÉRIGOURDIN	SEPTENTRION	BIFURCATION
PÉRIGOURDIN	RADIOLÉSION	RÉÉDUCATION
WALLENSTEIN	IMPRÉCISION	MANDUCATION
RAGGAMUFFIN	IMPRÉVISION	DÉGRADATION
MONT-DAUPHIN	SUBDIVISION	DÉPRÉDATION
LED ZEPPELIN	MONDOVISION	ÉLUCIDATION
UNIVITELLIN	SUPERVISION	TRÉPIDATION
LEDRU-ROLLIN	DEMI-PENSION	HYBRIDATION
SARRANCOLIN	HYPOTENSION	LIQUIDATION
SAINT-PAULIN	SOUS-TENSION	FÉCONDATION

REFONDATION	SPORULATION	INSPIRATION
INFÉODATION	ANOVULATION	ÉLABORATION
ÉNUCLÉATION	ALCOYLATION	PERFORATION
PROCRÉATION	DIFFAMATION	DÉFLORATION
PROPAGATION	ACCLAMATION	DÉPLORATION
SÉGRÉGATION	DÉCLAMATION	IMPLORATION
INSTIGATION	RÉCLAMATION	EXPLORATION
FUSTIGATION	EXCLAMATION	ÉVAPORATION
DIVULGATION	SUBLIMATION	CORPORATION
SUBROGATION	COLLIMATION	PÉNÉTRATION
PROROGATION	RÉANIMATION	IMPÉTRATION
OBJURGATION	AFFIRMATION	ÉVENTRATION
EXPURGATION	INFIRMATION	PROSTRATION
ÉNONCIATION	DÉFORMATION	FRUSTRATION
NÉGOCIATION	RÉFORMATION	CARBURATION
ASSOCIATION	INFORMATION	PROCURATION
IRRADIATION	PROFANATION	FULGURATION
RÉPUDIATION	TRÉPANATION	CONJURATION
BRACHIATION	OXYGÉNATION	MOULURATION
AFFILIATION	INDIGNATION	CYANURATION
HUMILIATION	DÉSIGNATION	SUPPURATION
RÉSILIATION	RÉSIGNATION	NITRURATION
DÉFOLIATION	ASSIGNATION	MENSURATION
EXFOLIATION	VACCINATION	FISSURATION
EXCORIATION	CALCINATION	FACTURATION
GIRAVIATION	FASCINATION	TRITURATION
ABRÉVIATION	IMAGINATION	TEXTURATION
LIXIVIATION	ÉVAGINATION	ARABISATION
ILLUVIATION	MACHINATION	LAÏCISATION
CONGÉLATION	INCLINATION	FASCISATION
SURGÉLATION	ÉLIMINATION	CANDISATION
CORRÉLATION	CULMINATION	ANODISATION
STAGFLATION	FULMINATION	RÉALISATION
COMPILATION	ABOMINATION	ÉGALISATION
VENTILATION	GERMINATION	OPALISATION
APPELLATION	OBSTINATION	OVALISATION
OSCILLATION	DESTINATION	CYCLISATION
TITILLATION	SULFONATION	UTILISATION
DÉCOLLATION	INCARNATION	STYLISATION
PERCOLATION	HIBERNATION	ATOMISATION
CONSOLATION	SUBORNATION	ARÉNISATION
LÉGISLATION	DISSIPATION	STARISATION
TRANSLATION	INCULPATION	UPÉRISATION
STABULATION	EXTIRPATION	MÉTRISATION
TRIBULATION	DÉCLARATION	TITRISATION
ÉJACULATION	PRÉPARATION	ÉTATISATION
SPÉCULATION	CÉLÉBRATION	POÉTISATION
FLOCULATION	CALIBRATION	ÉROTISATION
INOCULATION	PONDÉRATION	NITROSATION
CIRCULATION	EXAGÉRATION	SULFATATION
MUSCULATION	ARRIÉRATION	HYDRATATION
COAGULATION	ÉNUMÉRATION	NITRATATION
PULLULATION	EXONÉRATION	SOLVATATION
TRÉMULATION	COOPÉRATION	AFFECTATION
STIMULATION	RÉITÉRATION	DÉLECTATION
FORMULATION	INTÉGRATION	COARCTATION
GRANULATION	IMMIGRATION	CRÉPITATION
STIPULATION	RESPIRATION	PALPITATION

MUSSITATION	CONTRACTION	STOCK-OPTION
GRAVITATION	ABSTRACTION	RÉINSERTION
OCCULTATION	DISTRACTION	DEMI-PORTION
DÉCANTATION	TRANSACTION	TÉLÉGESTION
INCANTATION	PROSPECTION	INDIGESTION
AIMANTATION	CODIRECTION	AUTOGESTION
INDENTATION	VIVISECTION	MOXIBUSTION
ORIENTATION	MALÉDICTION	RÉTRIBUTION
LAMENTATION	BÉNÉDICTION	ATTRIBUTION
CÉMENTATION	JURIDICTION	PERSÉCUTION
CIMENTATION	AUTOFICTION	INEXÉCUTION
FOMENTATION	DOCU-FICTION	HYDROCUTION
OSTENTATION	DÉRÉLICTION	DÉPOLLUTION
CONNOTATION	RESTRICTION	DISSOLUTION
ACCEPTATION	DISTINCTION	COÉVOLUTION
EXHORTATION	DYSFONCTION	COMPARUTION
DÉPORTATION	CONJONCTION	DESTITUTION
IMPORTATION	DISJONCTION	RESTITUTION
EXPORTATION	COMPONCTION	INSTITUTION
DÉVASTATION	OBSTRUCTION	IRRÉFLEXION
INFESTATION	DESTRUCTION	GÉNUFLEXION
ARRESTATION	INSTRUCTION	DÉCONNEXION
DÉTESTATION	RÉDHIBITION	CRUCIFIXION
ATTESTATION	PROHIBITION	SOLIFLUXION
AÉROSTATION	EXTRADITION	**FOUTA-DJALON**
SOUS-STATION	AUTOÉDITION	**GRAND BALLON**
DÉGUSTATION	DÉPERDITION	MOUSSAILLON
COMMUTATION	RÉCOGNITION	ÉCRIVAILLON
PERMUTATION	PRÉMONITION	MICROSILLON
DÉGOÛTATION	DISPARITION	ÉCHANTILLON
SUPPUTATION	PRÉTÉRITION	CROUSTILLON
DÉVALUATION	DÉNUTRITION	BARBOUILLON
ATTÉNUATION	PARTURITION	SIDÉROXYLON
EXTÉNUATION	ACQUISITION	BOURGUIGNON
INSINUATION	RÉQUISITION	**BOURGUIGNON**
PÉRÉQUATION	INQUISITION	CALIBORGNON
INFATUATION	**INQUISITION**	**MOUNT VERNON**
PONCTUATION	PRÉPOSITION	CACHE-TAMPON
FLUCTUATION	MALPOSITION	COLIN-TAMPON
HABITUATION	COMPOSITION	**SAINT-CHÉRON**
AGGRAVATION	PROPOSITION	SYNCHROTRON
DÉPRAVATION	SUPPOSITION	ANTINEUTRON
PASSIVATION	DISPOSITION	**DUN-SUR-AURON**
DÉNERVATION	COMPÉTITION	HARENGAISON
INNERVATION	RÉPARTITION	CONJUGAISON
OBSERVATION	BIPARTITION	DESSALAISON
RÉSERVATION	IMPARTITION	CUEILLAISON
INCURVATION	DÉGLUTITION	FEUILLAISON
PRÉFIXATION	INATTENTION	COMBINAISON
SUFFIXATION	MANUTENTION	DÉCLINAISON
RUBÉFACTION	NOCICEPTION	INCLINAISON
COKÉFACTION	APERCEPTION	TERMINAISON
CALÉFACTION	DESCRIPTION	ENTONNAISON
TUMÉFACTION	INSCRIPTION	COMPARAISON
RARÉFACTION	SUSCRIPTION	MAQUERAISON
RÉTROACTION	PRÉSOMPTION	DÉFLORAISON
INTERACTION	CONSOMPTION	EFFLORAISON
DIFFRACTION	**L'ASSOMPTION**	MORTE-SAISON

INTERSAISON	**LAKSHADWEEP**	DÉSENGORGER
ENTREFESSON	PROTÈGE-SLIP	CALORIFUGER
TORSTENSSON	CONTRECHAMP	CENTRIFUGER
QU'EN-DIRA-T-ON	FOSBURY FLOP	DÉHARNACHER
FREDERICTON	**KRUGERSDORP**	PLEURNICHER
ZOOPLANCTON	VESSE-DE-LOUP	ENDIMANCHER
SHERRINGTON	PATTE-DE-LOUP	RÉEMBAUCHER
VEYRE-MONTON	PIEDS-DE-LOUP	EFFAROUCHER
NORTHAMPTON	TÊTES-DE-LOUP	APOSTROPHER
SOUTHAMPTON	SAUTS-DE-LOUP	PHILOSOPHER
ALOXE-CORTON	**BOULOUNENCQ**	AMBULANCIER
SAUTE-MOUTON	CRÊTES-DE-COQ	PLAISANCIER
PORTE-CRAYON	LIQUIDAMBAR	PÉNITENCIER
GRAND CANYON	SLEEPING-CAR	**SAINT-DIDIER**
CHÂTELGUYON	**VIJAYANAGAR**	TAILLANDIER
MORGENSTERN	**BHILAINAGAR**	BRANCARDIER
KRUSENSTERN	**GANDHINAGAR**	**BIEDERMEIER**
VAN COEHOORN	NARCODOLLAR	DÉCALCIFIER
BANNOCKBURN	PÉTRODOLLAR	RECALCIFIER
SHU QINGCHUN	**KAFR EL-DAWAR**	DÉMYTHIFIER
VIGÉE-LEBRUN	**BHUBANESWAR**	DÉQUALIFIER
SPANISH TOWN	ORDONNANCER	REQUALIFIER
FRA ANGELICO	RECOMMENCER	EXEMPLIFIER
AMONTILLADO	TRANSPERCER	FRIGORIFIER
NUEVO LAREDO	RÉTROGRADER	ÉLECTRIFIER
ACCELERANDO	OUTRECUIDER	DÉNITRIFIER
RINFORZANDO	RADIOGUIDER	DÉVITRIFIER
DECRESCENDO	AFRIKAANDER	INTENSIFIER
SAN BERNARDO	**AFRIKAANDER**	DIVERSIFIER
BANDES-VIDÉO	RÉPRIMANDER	DÉSERTIFIER
ALEIJADINHO	DÉCOMMANDER	DÉMYSTIFIER
GHIRLANDAIO	RECOMMANDER	**MONTGOLFIER**
LORENZACCIO	TRANSCENDER	PRIVILÉGIER
BENTIVOGLIO	APPRÉHENDER	HOSPITALIER
CAMPOFORMIO	DÉVERGONDER	FESTIVALIER
PINAR DEL RÍO	RACCOMMODER	**SAINT-HÉLIER**
MOTU PROPRIO	**WACKENRODER**	**LE CHAPELIER**
CHEVTCHENKO	SAUVEGARDER	**LE CHATELIER**
EVTOUCHENKO	ENTRELARDER	**CHENEVELIER**
CALVO SOTELO	DÉBILLARDER	RÉCONCILIER
LEONCAVALLO	GOGUENARDER	DÉSAFFILIER
PRESTISSIMO	TRANSBORDER	MIRABELLIER
PUERTOLLANO	DÉSACCORDER	**MONTPELLIER**
TAISHO TENNO	BAGUENAUDER	GROSEILLIER
MEZZOGIORNO	ENQUINAUDER	SAPOTILLIER
FERNANDO POO	**MASQUE DE FER**	MARGUILLIER
KIMURA MOTOO	CHEMIN DE FER	CARAMBOLIER
MOHENJO-DARO	**PORTES DE FER**	CHÉRIMOLIER
VOMITO NEGRO	PRÉCHAUFFER	COROSSOLIER
OZU YASUJIRO	SURCHAUFFER	PARTICULIER
CAMPO DEL ORO	CHEVAU-LÉGER	MICOCOULIER
OE KENZABURO	SURPROTÉGER	**SAINT-ISMIER**
LIBERUM VETO	BLANC-MANGER	PALEFRENIER
TAGLIAMENTO	GARDE-MANGER	CHÂTAIGNIER
MENDES PINTO	MINNESÄNGER	MANDARINIER
SAFARI-PHOTO	**SCHRÖDINGER**	MAROQUINIER
MONTECRISTO	TÉLÉCHARGER	QUARTANNIER
OBUCHI KEIZO	ENTR'ÉGORGER	CHARBONNIER

CHIFFONNIER	**DIEFENBAKER**	DÉMAQUILLER
BOUCHONNIER	CULTIPACKER	REMAQUILLER
HOUBLONNIER	SUPERTANKER	ÉCARQUILLER
CHANSONNIER	DÉSENSABLER	**BISCHWILLER**
MEISSONNIER	BOURSOUFLER	**WEISSMULLER**
POISSONNIER	EMMITOUFLER	DÉGRINGOLER
BUISSONNIER	**FURTWÄNGLER**	DÉBOUSSOLER
GONFALONIER	DÉSENTOILER	FRANC-PARLER
GONFANONIER	**CHRISTALLER**	NOCTAMBULER
CHANGARNIER	RÉINSTALLER	BLACKBOULER
BALIVERNIER	**ROCKEFELLER**	CONGRATULER
EXCOMMUNIER	CORN-SHELLER	RÉCAPITULER
COUPE-PAPIER	INTERPELLER	**WALTER TYLER**
PORTE-PAPIER	COURCAILLER	**PONT-AUDEMER**
PHOTOCOPIER	ROUSCAILLER	DIAPHRAGMER
DÉSAPPARIER	GUINDAILLER	CONTRE-AIMER
INVENTORIER	COUCHAILLER	**OPPENHEIMER**
RÉPERTORIER	ENCANAILLER	DÉCOMPRIMER
SKYE-TERRIER	TRAÎNAILLER	DÉLÉGITIMER
BULL-TERRIER	TOURNAILLER	SOUS-ESTIMER
ARBALÉTRIER	TRAITAILLER	MICROFILMER
MONT-LAURIER	RAVITAILLER	**LILLEHAMMER**
PROCÉDURIER	ENFUTAILLER	SURINFORMER
CONFITURIER	ÉCRIVAILLER	DÉSINFORMER
CRAN-GEVRIER	DÉSHABILLER	TRANSFORMER
MANŒUVRIER	ENSOLEILLER	**CRIEL-SUR-MER**
EUTHANASIER	DÉPAREILLER	**DIVES-SUR-MER**
HYPOSTASIER	APPAREILLER	DÉSOXYGÉNER
ANESTHÉSIER	ÉMERVEILLER	DÉSENGRENER
FRAMBOISIER	ROTTWEILLER	ACCOMPAGNER
MONTPENSIER	ESTAMPILLER	INTERLIGNER
CALEBASSIER	DÉGOUPILLER	DÉCONSIGNER
MATELASSIER	DÉTORTILLER	HOME-TRAINER
PAPERASSIER	ENTORTILLER	CHANFREINER
ÉCRIVASSIER	EMBASTILLER	**LANDSTEINER**
ARQUEBUSIER	ACCASTILLER	EMBOBELINER
LE CORBUSIER	ÉMOUSTILLER	DÉGASOLINER
CHOCOLATIER	CROUSTILLER	DÉGAZOLINER
USUFRUITIER	GRIBOUILLER	DISCIPLINER
FERBLANTIER	BARBOUILLER	DÉCALAMINER
CHARPENTIER	BREDOUILLER	DISCRIMINER
CHARPENTIER	PENDOUILLER	ENDOCTRINER
DÉBIRENTIER	TRIFOUILLER	TAMBOURINER
BIMBELOTIER	FARFOUILLER	EMMAGASINER
BERGAMOTIER	GARGOUILLER	GUILLOTINER
PORT-CARTIER	MÂCHOUILLER	PRÉDESTINER
BOISMORTIER	AGENOUILLER	CONGLUTINER
SAINT-ASTIER	GRENOUILLER	EMBABOUINER
LANGOUSTIER	CORNOUILLER	BARAGOUINER
CIGARETTIER	DÉBROUILLER	SHAMPOUINER
NOIRMOUTIER	EMBROUILLER	ENQUIQUINER
AUTOROUTIER	GADROUILLER	DAMASQUINER
FORCALQUIER	VADROUILLER	EMBOUQUINER
SOUS-CLAVIER	DÉGROUILLER	DÉSARÇONNER
BETTERAVIER	VERROUILLER	SUBORDONNER
LOUP-CERVIER	PATROUILLER	BADIGEONNER
SAINT-DIZIER	CHATOUILLER	BOURGEONNER
SAINT-LIZIER	TARTOUILLER	DÉPLAFONNER

PARANGONNER	COURBATURER	RIDICULISER
OCCASIONNER	CARICATURER	MACADAMISER
ÉMULSIONNER	CONJECTURER	UNIFORMISER
ILLUSIONNER	PARAPHRASER	AFRICANISER
FRACTIONNER	ENTRE-BAISER	RÉORGANISER
FRICTIONNER	CONTRE-PESER	ITALIANISER
SANCTIONNER	TECHNICISER	ALCALINISER
FONCTIONNER	CHRONICISER	DÉCOLONISER
PONCTIONNER	EMPARADISER	FRATERNISER
AMBITIONNER	PLACARDISER	ENTRETOISER
ADDITIONNER	RINGARDISER	APPRIVOISER
AUDITIONNER	SYMPATHISER	SOLIDARISER
POSITIONNER	RADICALISER	NUCLÉARISER
PÉTITIONNER	MÉDICALISER	DÉPOLARISER
QUESTIONNER	DÉLOCALISER	SÉCULARISER
SOLUTIONNER	SCANDALISER	RÉGULARISER
DÉBALLONNER	SPÉCIALISER	POPULARISER
GRAILLONNER	MONDIALISER	TITULARISER
BOBILLONNER	SPATIALISER	MILITARISER
PAPILLONNER	INITIALISER	POLYMÉRISER
CARILLONNER	DÉCIMALISER	DÉSODORISER
BOUILLONNER	MINIMALISER	CATÉGORISER
COUILLONNER	OPTIMALISER	DÉVALORISER
DÉBOULONNER	MAXIMALISER	REVALORISER
LANTIPONNER	DÉPÉNALISER	INSONORISER
FANFARONNER	NOMINALISER	SPONSORISER
CHAPERONNER	JOURNALISER	DÉFAVORISER
PLASTRONNER	LIBÉRALISER	THÉSAURISER
DÉCOURONNER	FÉDÉRALISER	PASTEURISER
DÉRAISONNER	GÉNÉRALISER	PRESSURISER
ARRAISONNER	MINÉRALISER	SCHÉMATISER
ASSAISONNER	DÉMORALISER	STIGMATISER
EMPOISONNER	CAPORALISER	AXIOMATISER
EMPRISONNER	CENTRALISER	AUTOMATISER
PALISSONNER	NEUTRALISER	TRAUMATISER
POLISSONNER	NATURALISER	DÉSÉTATISER
CACHETONNER	DÉNASALISER	DIALECTISER
MOLLETONNER	PALATALISER	PROPHÉTISER
DÉBOUTONNER	VÉGÉTALISER	SYNTHÉTISER
REBOUTONNER	DIGITALISER	DÉMONÉTISER
DÉSINCARNER	CAPITALISER	CONCRÉTISER
CHANTOURNER	DÉVITALISER	DÉPOLITISER
BAUMGARTNER	REVITALISER	RELATIVISER
ENTRECOUPER	CHAPTALISER	RÉCOMPENSER
CONTRETYPER	MENSUALISER	ANASTOMOSER
CONCÉLÉBRER	ÉVANGÉLISER	PRÉSUPPOSER
DÉSENCADRER	CARAMÉLISER	PRÉDISPOSER
CONGLOMÉRER	DÉMOBILISER	SOUS-EXPOSER
DÉSINTÉGRER	IMMOBILISER	RETRAVERSER
TRANSMIGRER	SOLUBILISER	BOULEVERSER
TOURNEVIRER	LYOPHILISER	TERGIVERSER
ENCHEVÊTRER	DÉVIRILISER	DÉCARCASSER
DÉFENESTRER	VOLATILISER	POURCHASSER
ENREGISTRER	PARCELLISER	FOUTIMASSER
ADMINISTRER	CARTELLISER	OUTREPASSER
CLAQUEMURER	MÉTABOLISER	DÉBARRASSER
DÉCHLORURER	MONOPOLISER	EMBARRASSER
SOUS-ASSURER	DÉNÉBULISER	RENGRAISSER

TREILLISSER	PRÊT-À-PORTER	FAIRE-VALOIR
ENTRE-TISSER	INSUPPORTER	ÉCHENILLOIR
ÉCLABOUSSER	TRANSPORTER	ÉCUSSONNOIR
STABAT MATER	COTONÉASTER	POURRISSOIR
DÉSHYDRATER	**WESTMINSTER**	CITÉ-DORTOIR
NITROBACTER	**WILLSTÄTTER**	NON-RECEVOIR
ACÉTOBACTER	DÉSENDETTER	SURENCHÉRIR
AZOTOBACTER	SILHOUETTER	RECONQUÉRIR
DÉSAFFECTER	EMBARBOTTER	REDÉCOUVRIR
DÉSINFECTER	BOUILLOTTER	DÉSÉPAISSIR
DÉCONNECTER	**HARRY POTTER**	RECONVERTIR
DÉMOUCHETER	CONTREBUTER	INTERVERTIR
AIGUILLETER	CHOUCHOUTER	DÉSASSORTIR
GUILLEMETER	GLOUGLOUTER	DÉSINVESTIR
INTERPRÉTER	FROUFROUTER	RONDS-DE-CUIR
REMPAQUETER	**BECKENBAUER**	**PEARL HARBOR**
DÉBECQUETER	EXTRAVAGUER	**SAN SALVADOR**
DÉCHIQUETER	SUBDÉLÉGUER	**TRIANGLE D'OR**
DÉCLIQUETER	INVESTIGUER	**POULO CONDOR**
ENCLIQUETER	BOURLINGUER	**PRINCE IGOR**
PLANSICHTER	DIPHTONGUER	**GRUSS JUNIOR**
SOUS-TRAITER	**PORTZMOGUER**	KWASHIORKOR
PLÉBISCITER	SOUS-ÉVALUER	TECHNICOLOR
RESSUSCITER	HYPOTHÉQUER	**RUÉE VERS L'OR**
DISCRÉDITER	REVENDIQUER	**CÔTES-D'ARMOR**
COMMANDITER	PIQUE-NIQUER	**L'ÎLE AU TRÉSOR**
BLAUE REITER	COMMUNIQUER	CONSTRICTOR
RÉHABILITER	DÉCORTIQUER	CLAIR-OBSCUR
DÉPARASITER	DÉMASTIQUER	AMBASSADEUR
STATTHALTER	REMASTIQUER	MARCHANDEUR
KLINEFELTER	DOMESTIQUER	POURFENDEUR
DÉSAMIANTER	INTERLOQUER	TÉLÉVENDEUR
RÉIMPLANTER	RÉCIPROQUER	RÉCHAUFFEUR
DÉSAIMANTER	BOURRASQUER	CHALLENGEUR
CONFIDENTER	DÉSOBSTRUER	DÉCLENCHEUR
DÉSARGENTER	DÉSHABITUER	ENCLENCHEUR
DÉSORIENTER	DÉSENCLAVER	RHAPSODIEUR
IMPATIENTER	DÉSENTRAVER	IDENTIFIEUR
IMPLÉMENTER	**OTTAWA RIVER**	MULTIPLIEUR
RÉGLEMENTER	INTERVIEWER	TÉLÉCOPIEUR
PARLEMENTER	DÉCOMPLEXER	RASSEMBLEUR
INCRÉMENTER	**STROSSMAYER**	ENSORCELEUR
MOUVEMENTER	**NIEDERMEYER**	ÉCORNIFLEUR
ASSERMENTER	REJOINTOYER	HANDBALLEUR
REPRÉSENTER	**GRILLPARZER**	FOOTBALLEUR
MÉCONTENTER	MONTE-EN-L'AIR	CHAMAILLEUR
PRÊT-À-MONTER	**PAIR-NON-PAIR**	REMPAILLEUR
RÉEMPRUNTER	**KSAR EL-KÉBIR**	FERRAILLEUR
TOURNICOTER	**MERS EL-KÉBIR**	MITRAILLEUR
BOURSICOTER	APPROFONDIR	AVITAILLEUR
DÉMAILLOTER	AÏD-EL-SÉGHIR	TRAVAILLEUR
EMMAILLOTER	TRESSAILLIR	CONSEILLEUR
AUTO-SCOOTER	**JEAN CASIMIR**	GRAPPILLEUR
INTERCEPTER	CONTREVENIR	RABOUILLEUR
RÉESCOMPTER	CIRCONVENIR	BIDOUILLEUR
DÉCONCERTER	DISCONVENIR	BAFOUILLEUR
DÉCONFORTER	RESSOUVENIR	CAFOUILLEUR
RÉCONFORTER	VENDANGEOIR	MAGOUILLEUR

GAZOUILLEUR	CORNEMUSEUR	PONDÉRATEUR
RESQUILLEUR	RÉPROBATEUR	COOPÉRATEUR
CAMBRIOLEUR	IMPROBATEUR	LITTÉRATEUR
POURPARLEUR	APPROBATEUR	INTÉGRATEUR
HAUT-PARLEUR	IMPRÉCATEUR	RESPIRATEUR
ANTIDOULEUR	PRÉDICATEUR	INSPIRATEUR
DÉCAPSULEUR	UNIFICATEUR	PERFORATEUR
CYCLORAMEUR	APPLICATEUR	EXPLORATEUR
PROGRAMMEUR	DUPLICATEUR	ÉVAPORATEUR
MONSEIGNEUR	FORNICATEUR	PÉNÉTRATEUR
BARGUIGNEUR	FABRICATEUR	CARBURATEUR
POINÇONNEUR	MASTICATEUR	PROCURATEUR
GRIFFONNEUR	PROVOCATEUR	TRITURATEUR
RONCHONNEUR	DÉPRÉDATEUR	RÉALISATEUR
SECTIONNEUR	LIQUIDATEUR	ÉGALISATEUR
GOUDRONNEUR	FÉCONDATEUR	UTILISATEUR
MOISSONNEUR	COFONDATEUR	BRUMISATEUR
HAUT-LE-CŒUR	RETARDATEUR	IMPORTATEUR
CONTRECŒUR	DÉLINÉATEUR	EXPORTATEUR
HANDICAPEUR	PROCRÉATEUR	DÉVASTATEUR
DÉVELOPPEUR	PROPAGATEUR	DÉGUSTATEUR
ANTICABREUR	INSTIGATEUR	COMMUTATEUR
COACQUÉREUR	DIVULGATEUR	ATTÉNUATEUR
DÉCHIFFREUR	SUBROGATEUR	CULTIVATEUR
FRANC-TIREUR	CONJUGATEUR	OBSERVATEUR
FRANCHISEUR	NÉGOCIATEUR	PROSPECTEUR
MÉTALLISEUR	CONGÉLATEUR	VICE-RECTEUR
ÉCONOMISEUR	SURGÉLATEUR	CODIRECTEUR
SYNTONISEUR	COMPILATEUR	SOUS-SECTEUR
QUIMBOISEUR	VENTILATEUR	CONJONCTEUR
GÉOCROISEUR	OSCILLATEUR	DISJONCTEUR
PULVÉRISEUR	PERCOLATEUR	ACUPONCTEUR
CLIMATISEUR	CONSOLATEUR	ACUPUNCTEUR
MAGNÉTISEUR	LÉGISLATEUR	DESTRUCTEUR
HYPNOTISEUR	SPÉCULATEUR	INSTRUCTEUR
PALETTISEUR	CALCULATEUR	BIENFAITEUR
AUTOCUISEUR	STIMULATEUR	SOLLICITEUR
RÉTROVISEUR	DIFFAMATEUR	ACCRÉDITEUR
SUPERVISEUR	DÉCLAMATEUR	INQUISITEUR
HYPOTENSEUR	COLLIMATEUR	OVIPOSITEUR
ENTREPOSEUR	RÉANIMATEUR	COMPOSITEUR
DÉCOMPOSEUR	RÉFORMATEUR	COMPÉTITEUR
RAPETASSEUR	INFORMATEUR	DÉPARTITEUR
COMPRESSEUR	PROFANATEUR	RÉPARTITEUR
SUPPRESSEUR	COMBINATEUR	POURSUITEUR
CONNAISSEUR	BUCCINATEUR	AQUACULTEUR
DÉGRAISSEUR	FASCINATEUR	OLÉICULTEUR
ENGRAISSEUR	EXAMINATEUR	POMICULTEUR
ADOUCISSEUR	ÉLIMINATEUR	AGRICULTEUR
ENVAHISSEUR	TERMINATEUR	VITICULTEUR
FLÉCHISSEUR	DESSINATEUR	AQUICULTEUR
DÉMOLISSEUR	DESTINATEUR	RIZICULTEUR
FOURNISSEUR	ORDONNATEUR	MOTOCULTEUR
NOURRISSEUR	ALTERNATEUR	BRILLANTEUR
APLATISSEUR	DISSIPATEUR	IMPESANTEUR
AVERTISSEUR	EXTIRPATEUR	BONIMENTEUR
AMORTISSEUR	PRÉPARATEUR	CODÉTENTEUR
DÉTROUSSEUR	COMPARATEUR	TURBOMOTEUR

CYCLOMOTEUR
OCULOMOTEUR
SERVOMOTEUR
DESCRIPTEUR
CONTEMPTEUR
DISCOMPTEUR
CALOPORTEUR
AUTOPORTEUR
GROS-PORTEUR
DÉNOYAUTEUR
PERSÉCUTEUR
INSTITUTEUR
ALAMBIQUEUR
PÈSE-LIQUEUR
CHRONIQUEUR
PLASTIQUEUR
CONTROUVEUR
TOPINAMBOUR
ARRIÈRE-COUR
PAUL-BONCOUR
BELLE-DE-JOUR
ALLER-RETOUR
KUALA LUMPUR
MUZAFFARPUR
BANDAR ABBAS
EN CONTREBAS
SAINT-VULBAS
SAINT-GILDAS
ÉPAMINONDAS
BARCO VARGAS
PHYTÉLÉPHAS
HYPOSPADIAS
CHÁVEZ FRÍAS
TORDESILLAS
JEAN DE DAMAS
SAINT THOMAS
PUNTA ARENAS
CAPPA MAGNAS
TRICHOMONAS
GRANDS-PAPAS
PANIER-REPAS
RADIOCOMPAS
SPACE OPERAS
ATHÊNAGORAS
COSTA-GAVRAS
JOUY-EN-JOSAS
TRIPLICATAS
PILLOW-LAVAS
BOSSAS-NOVAS
TERRE-NEUVAS
ARRIÈRE-BECS
SEMI-PUBLICS
WORLD MUSICS
HOUSE MUSICS
MONTS-BLANCS
CONTRE-CHOCS
BLANCS-ÉTOCS
TRAINS-PARCS

JEUNES-TURCS
JEUNES-TURCS
CROCHE-PIEDS
ESSUIE-PIEDS
CONTRE-PIEDS
COUVRE-PIEDS
REPOSE-PIEDS
GRATTE-PIEDS
POUCES-PIEDS
CONTREPOIDS
GRAND RAPIDS
CEDAR RAPIDS
LINE ISLANDS
PIERREFONDS
MONTAGNARDS
STORY-BOARDS
HORSE-GUARDS
FRANCS-BORDS
SUPER-LOURDS
ENTRE-NŒUDS
ANGLO-ARABES
ENTREJAMBES
LANCE-BOMBES
MALESHERBES
PILO-SÉBACÉS
BRISE-GLACES
GARDE-PLACES
SOUS-ESPACES
SOUS-ESPÈCES
BACK-OFFICES
SÉCRÉTRICES
ENQUÊTRICES
CONVENANCES
BIOSCIENCES
BADIGOINCES
IDÉES-FORCES
SEMI-NOMADES
CARBONNADES
MULTISTADES
SEMI-RIGIDES
RIOURIKIDES
PREMYSLIDES
ACHÉMÉNIDES
ALCMÉONIDES
ANTIGONIDES
SALDJUQIDES
ÉPHÉMÉRIDES
WATTASSIDES
LAURENTIDES
ALMORAVIDES
GHAZNÉVIDES
RHAZNÉVIDES
ENTRE-BANDES
TIERS-MONDES
AVANT-GARDES
EAUX-CHAUDES
NON-INITIÉES
QUADRUPLÉES

QUINTUPLÉES
INTERARMÉES
PANATHÉNÉES
NON-ALIGNÉES
PARAFFINÉES
NOUVEAU-NÉES
CANNES-ÉPÉES
SOUS-TITRÉES
SEMI-OUVRÉES
LANCE-FUSÉES
BAS-JOINTÉES
SOUS-SOLAGES
MARQUE-PAGES
SOUS-CAVAGES
COAST RANGES
PORTE-BARGES
DEMI-VIERGES
KARAGEORGES
PEAUX-ROUGES
PEAUX-ROUGES
MAIL-COACHES
MILLEVACHES
TCHOUVACHES
ARROMANCHES
BÜLL-FINCHES
POST-MARCHÉS
TEST-MATCHES
TCHOUKTCHES
SOUS-COUCHES
GOBE-MOUCHES
GRIFFUELHES
TAILLE-HAIES
PARENTALIES
CONTRE-VOIES
GARDES-VOIES
PORTE-COPIES
NON-SALARIÉS
RAVE-PARTIES
DEMI-FINALES
MUNICIPALES
MAINS SALES
COMESTIBLES
GRAS-DOUBLES
DEMI-CERCLES
COUPE-ONGLES
DEUX-SICILES
GRAND-VOILES
MULTISALLES
PONT-À-CELLES
DARDANELLES
ROUES-PELLES
COMBARELLES
FIANÇAILLES
COMBRAILLES
FUNÉRAILLES
ÉPOUSAILLES
VICTUAILLES
RELEVAILLES

SAINT-GILLES
FOUGEROLLES
COURSEULLES
SOUS-PEUPLÉS
KING-CHARLES
THERMOPYLES
BELLES-DAMES
SOUS-ESTIMÉS
SAGES-FEMMES
SUS-DÉNOMMÉS
CUMULO-DÔMES
MOBILE HOMES
PORTE-PLUMES
SOUS-CUTANÉS
AVANT-SCÈNES
TCHÉTCHÈNES
SEMI-PEIGNÉS
CONTRE-MINES
SALLAUMINES
PHILIPPINES
SOUS-MARINES
EUROPÉENNES
MARCHIENNES
AVEUGLES-NÉS
PREMIERS-NÉS
DERNIERS-NÉS
AUTO-IMMUNES
LOBO ANTUNES
SOUS-ÉQUIPÉS
HAUTES-ALPES
SOUS-GROUPES
ÉCARTS-TYPES
BIOY CASARES
SOUS-DIACRES
LOMBO-SACRÉS
PORT-VENDRES
CHAMALIÈRES
ARMENTIÈRES
GRANDS-MÈRES
ROCHES-MÈRES
BELLES-MÈRES
GRANDS-PÈRES
SAINTS-PÈRES
BEAUX-FRÈRES
CHATS-TIGRES
LORDS-MAIRES
BUENOS AIRES
JALONS-MIRES
PIEDS-NOIRES
BOUCHE-PORES
ROSÉ-DES-PRÉS
CODES-BARRES
BANCS-TITRES
RÔLES-TITRES
PÈSE-LETTRES
IODO-IODURÉS
VIDE-ORDURES
DEMI-FIGURES

DEMI-MESURES
SOUS-ASSURÉS
SOUS-SATURÉS
SERRE-LIVRES
TÉTRAS-LYRES
VANITY-CASES
STRIP-TEASES
TIRE-BRAISES
MOTS-VALISES
LYOPHILISÉS
BECS-CROISÉS
MOTS CROISÉS
CACHE-PRISES
NON-RÉPONSES
SOUS-EXPOSÉS
SOUS-CLASSES
PLANS-MASSES
TCHERKESSES
GRAND-MESSES
ENTRE-TISSÉS
CENT-SUISSES
NON-FUMEUSES
SÉCRÉTEUSES
ENQUÊTEUSES
CALLICRATÈS
ENTREFAITES
SOUS-TRAITÉS
KORAÏCHITES
QURAYCHITES
SOUS-COMITÉS
OUVRE-BOÎTES
DEMI-DROITES
GRAND-TANTES
NON-VOYANTES
SUS-JACENTES
DEMI-TEINTES
LONG-JOINTÉS
DEMI-POINTES
GARDES-CÔTES
PHANARIOTES
TRES ZAPOTES
PORTE-CARTES
MENUS-CARTES
AVANT-POSTES
MILLE-PATTES
CASSE-PATTES
CLOPINETTES
LÈCHE-BOTTES
BRISE-MOTTES
PONTS-ROUTES
AVANT-TEXTES
SOUS-TENDUES
PORTE-QUEUES
ISAAC JOGUES
SOUS-ÉVALUÉS
MOINS-VALUES
CHASSE-ROUES
TLAPANÈQUES

PIQUE-NIQUES
SUS-TONIQUES
SYNOPTIQUES
SOUS-MARQUES
COURT-VÊTUES
PORTE-REVUES
LONGUES-VUES
COUVRE-CHEFS
FRANCS-FIEFS
DEMI-RELIEFS
SCHTROUMPFS
GARDE-BŒUFS
PIQUE-BŒUFS
SKY-SURFINGS
DRY-FARMINGS
CADILLACAIS
SEGONZACAIS
TREMBLADAIS
BÉDARRIDAIS
THAÏLANDAIS
THAÏLANDAIS
CHALLANDAIS
NÉERLANDAIS
NÉERLANDAIS
ALLEVARDAIS
CABOURGEAIS
SOUILLAGAIS
HONGKONGAIS
CONTRE-BIAIS
GUERNESIAIS
PORTE-BALAIS
PAS-DE-CALAIS
SAINT-CALAIS
MONTRÉALAIS
MONTRÉALAIS
SAINT-PALAIS
BONNEVALAIS
BOUGIVALAIS
YSSINGELAIS
SAINT-GELAIS
MONTERELAIS
MARSHALLAIS
VERSAILLAIS
VERSAILLAIS
CORMEILLAIS
MARSEILLAIS
MARSEILLAIS
ARCUEILLAIS
GRANVILLAIS
JOINVILLAIS
TROUVILLAIS
MARVEJOLAIS
CHESTROLAIS
SAINT-JAMAIS
VIENTIANAIS
MARIGNANAIS
LÉZIGNANAIS
ARGENTANAIS

CARENTANAIS	CURIAE REGIS	SAINT-RÉMOIS
JAKARTANAIS	CURIAS REGIS	CATTENOMOIS
CAPESTANAIS	SEFERIÁDHIS	COMPIÉGNOIS
PAKISTANAIS	KAZANTZÁKIS	PRESSIGNOIS
PAKISTANAIS	GRIBOUILLIS	TOMBLAINOIS
HAUT-SEINAIS	BARBOUILLIS	ESCAUDINOIS
JOSSELINAIS	BREDOUILLIS	MADELEINOIS
DOURDANNAIS	GARGOUILLIS	INDOCHINOIS
COURSANNAIS	MARGOUILLIS	INDOCHINOIS
MIMIZANNAIS	CHATOUILLIS	HAUT-RHINOIS
DOULLENNAIS	MINNEAPOLIS	GRAVELINOIS
BOURBONNAIS	MEGALOPOLIS	REMOULINOIS
BOURBONNAIS	MÉGALOPOLIS	ESCOUMINOIS
ALENÇONNAIS	MÂCHICOULIS	TURRIPINOIS
MÉZIDONNAIS	FIDÉICOMMIS	FELLETINOIS
GOURDONNAIS	CANNELLONIS	VALENTINOIS
LANNIONNAIS	CRESSIACOIS	VALENTINOIS
RÉUNIONNAIS	AURILLACOIS	BARENTINOIS
RÉUNIONNAIS	CAPDENACOIS	AUGUSTINOIS
ARPAJONNAIS	DONZENACOIS	ENGHIENNOIS
AVALLONNAIS	BERGERACOIS	GRATIENNOIS
GAILLONNAIS	CHOMÉRACOIS	HAUT-SAÔNOIS
AVIGNONNAIS	ARGENTACOIS	BEAUHARNOIS
COURNONNAIS	BANNALÉCOIS	ISSOLDUNOIS
NONTRONNAIS	CLAMECYCOIS	SAVERDUNOIS
AVEYRONNAIS	RICAMANDOIS	TASSILUNOIS
CLISSONNAIS	MONTBARDOIS	AVOIRDUPOIS
SOISSONNAIS	BROSSARDOIS	JONQUIÉROIS
BUISSONNAIS	THETFORDOIS	GRAND-MÉROIS
ÉGLETONNAIS	FLORANGEOIS	BEAUCAIROIS
FRONTONNAIS	STIRINGEOIS	CAVALAIROIS
VIERZONNAIS	COULONGEOIS	VALCOLOROIS
BARCELONAIS	MAUBEUGEOIS	VENDEUVROIS
BARCELONAIS	QUELQUEFOIS	LAPALISSOIS
SISTERONAIS	ALTKIRCHOIS	BANGUISSOIS
BEAUHARNAIS	MASCOUCHOIS	FLEURYSSOIS
HAUT-MARNAIS	PONTEVALOIS	GRAULHETOIS
SIX-FOURNAIS	ROBERVALOIS	CLERMONTOIS
CAMEROUNAIS	BONDOUFLOIS	CLERMONTOIS
CAMEROUNAIS	MIRABELLOIS	HAUTMONTOIS
GUINGAMPAIS	SEYCHELLOIS	BEAUMONTOIS
MINAS GERAIS	SEYCHELLOIS	CHAUMONTOIS
BRESSUIRAIS	SAMMIELLOIS	BEAUPORTOIS
HONFLEURAIS	CAP-D'AILLOIS	PINCOURTOIS
HARFLEURAIS	VERFEILLOIS	BONCOURTOIS
SEIGNOSSAIS	BELŒILLOIS	DISCOURTOIS
HUELGOATAIS	DRAVEILLOIS	BUDAPESTOIS
BAGNOLETAIS	ABBEVILLOIS	BUCARESTOIS
CLERMONTAIS	AMNÉVILLOIS	TONNACQUOIS
CHAUMONTAIS	LUNÉVILLOIS	DUNKERQUOIS
DOMFRONTAIS	JOINVILLOIS	LOUPERIVOIS
LA CHALOTAIS	COURVILLOIS	PENIVAUXOIS
MONTFORTAIS	ÉCHIROLLOIS	PYRRHOCORIS
BEAUFORTAIS	SOUS-EMPLOIS	MALLET-JORIS
CANOURGUAIS	QUIMPERLOIS	POTS-POURRIS
DOMINIQUAIS	DÉCRETS-LOIS	CHIENS-ASSIS
SALMIGONDIS	BAILLEULOIS	CAILLEBOTIS
DE PROFUNDIS	CORBEHEMOIS	MACROCYSTIS

KARAKALPAKS	**ANGLO-SAXONS**	PETITS-FOURS
ADIRONDACKS	QUELQUES-UNS	CONTRE-JOURS
SHORT-TRACKS	**PÉREZ GALDÓS**	COMPTE-TOURS
RIPPLE-MARKS	**KEROULARIOS**	**WEIERSTRASS**
VAN DER WAALS	PIANISSIMOS	BATTLE-DRESS
CONVENTUELS	**DHAMASKINÓS**	**LÉVI-STRAUSS**
CONTRE-RAILS	AVANT-PROPOS	COUVRE-PLATS
PORTE-OUTILS	**DUNAÚJVÁROS**	PANS-BAGNATS
ROLLER BALLS	**LOUIS LE GROS**	DUFFLE-COATS
BASKET-BALLS	SISTER-SHIPS	TRENCH-COATS
VOLLEY-BALLS	JUSTE-À-TEMPS	DUFFEL-COATS
SCRIPT-GIRLS	ESPACE-TEMPS	MORT-AUX-RATS
VICE-CONSULS	QUATRE-TEMPS	NON-RESPECTS
TRAINS-TRAMS	CONTRETEMPS	PASSE-LACETS
DORTMUND-EMS	PLEINS-TEMPS	SOUS-PRÉFETS
STAR-SYSTEMS	TRICÉRATOPS	PORTE-OBJETS
LIVING-ROOMS	CORPS-À-CORPS	HUIT-REFLETS
CHEWING-GUMS	BRAS-LE-CORPS	SOURDS-MUETS
ARRIÈRE-BANS	HAUT-LE-CORPS	CHOUX-NAVETS
SAINT ALBANS	JUSTAUCORPS	RINCE-DOIGTS
GRAND-MAMANS	**AFRIKAKORPS**	LÈCHE-DOIGTS
GALLO-ROMANS	CHIENS-LOUPS	PETITS-LAITS
RHÉTO-ROMANS	**CÔTE DES BARS**	QUASI-DÉLITS
CROSSWOMANS	CAMPING-CARS	VOITURE-LITS
ARC-ET-SENANS	**CHAMP-DE-MARS**	CANAPÉS-LITS
PAGES-ÉCRANS	**BROODTHAERS**	PASSE-DROITS
NORD-CORÉENS	SUPER-LÉGERS	PIEDS-DROITS
NORD-CORÉENS	**LES HERBIERS**	NON-INSCRITS
AMÉRINDIENS	**POIVILLIERS**	PÈSE-ESPRITS
ÉTATS-UNIENS	COULOMMIERS	**HAYE-DU-PUITS**
ÉTATS-UNIENS	**COULOMMIERS**	GRAPE-FRUITS
MÉLANÉSIENS	CAP-HORNIERS	SUPER-GÉANTS
CIRCASSIENS	SANS-PAPIERS	CHATS-HUANTS
SAINT HELENS	FOX-TERRIERS	NON-CROYANTS
ARRIÈRE-SENS	BLOCS-ÉVIERS	FAUX-FUYANTS
AIX-LES-BAINS	CORN-PICKERS	SOUS-JACENTS
AFRO-CUBAINS	STRIP-POKERS	VIFS-ARGENTS
AFRO-CUBAINS	BEST-SELLERS	NON-VIOLENTS
ESSUIE-MAINS	POURPARLERS	PLEINS-VENTS
BONNES-MAINS	APRÈS-DÎNERS	SACRO-SAINTS
TRAMS-TRAINS	BABY-BOOMERS	SERRE-JOINTS
AVANT-TRAINS	COSY-CORNERS	MULTIPOINTS
TERRE-PLEINS	**MUDDY WATERS**	RONDS-POINTS
JUAN-LES-PINS	**COVENANTERS**	TIERS-POINTS
GRÉCO-LATINS	BABY-SITTERS	MELTING-POTS
FREE-MARTINS	**CHAMPDIVERS**	QUOTES-PARTS
TRADE-UNIONS	FAITS DIVERS	TROIS-QUARTS
CONFESSIONS	CONTRE-VAIRS	SEMI-OUVERTS
JAM-SESSIONS	DEMI-SOUPIRS	SWEAT-SHIRTS
CINQ NATIONS	BOUTS-DEHORS	COMBI-SHORTS
CONVENTIONS	ÉTATS-MAJORS	BOXER-SHORTS
PORTE-AVIONS	MILLE-FLEURS	CROQUE-MORTS
SAINT-GIRONS	PIQUE-FLEURS	GARDES-PORTS
DEMI-SAISONS	CHOUX-FLEURS	BRAIN-TRUSTS
À CROUPETONS	**VAUCOULEURS**	PROTOCOCCUS
DEMI-CANTONS	CACHE-CŒURS	VULGUM PECUS
PORTE-SAVONS	SOUS-VIREURS	**BRITANNICUS**
ANGLO-SAXONS	BASSES-COURS	MOINS-PERÇUS

CUNNILINGUS	CIRCONSPECT	DÉSINHIBANT
DION CASSIUS	**GOLDSCHMIDT**	SURPLOMBANT
ASPERGILLUS	**HILDEBRANDT**	RÉABSORBANT
ALTOCUMULUS	**SCHICKHARDT**	ENTRELAÇANT
NOSTRADAMUS	**PETIT POUCET**	COMMUNICANT
CHASSE-CLOUS	**SAVANNAKHET**	MANIGANÇANT
FRAYSSINOUS	**BELIN-BÉLIET**	COFINANÇANT
LOUPS-GAROUS	COUVRE-OBJET	ENSEMENÇANT
BOUCHE-TROUS	CONTRE-REJET	RÉFÉRENÇANT
CORONAVIRUS	AVANT-PROJET	INFLUENÇANT
ENTÉROVIRUS	CONTRE-SUJET	CONVAINCANT
THOMAS MORUS	CONTRE-FILET	DÉSAMORÇANT
PAROPAMISUS	OPÉRA-BALLET	RESSOURÇANT
CINCINNATUS	**LE CASTELLET**	ACQUIESÇANT
ALTOSTRATUS	COURCAILLET	COURROUÇANT
STROPHANTUS	PORTE-BILLET	BARRICADANT
GISLEBERTUS	**RAMBOUILLET**	CAVALCADANT
AGNUS-CASTUS	**VERNOUILLET**	EMBRIGADANT
NEWPORT NEWS	ULTRAVIOLET	PALISSADANT
ARRIÈRE-PAYS	**PLANTAGENÊT**	RÉTROCÉDANT
RINK-HOCKEYS	POTRON-MINET	INTERCÉDANT
DISC-JOCKEYS	**SAINT-BONNET**	DÉPOSSÉDANT
JET-SOCIETYS	**CHAMPIONNET**	CONSOLIDANT
CHÆNICHTYS	**HUGUES CAPET**	TÉLÉGUIDANT
TURKMENABAT	SAISIE-ARRÊT	TRANSVIDANT
CLOSE-COMBAT	COUPE-JARRET	MARCHANDANT
NANGA PARBAT	WATER-CLOSET	AFFRIANDANT
SCOLASTICAT	**BAS-EN-BASSET**	ACHALANDANT
MOINE-SOLDAT	**TAMANRASSET**	REDEMANDANT
ŒILS-DE-CHAT	**MAUBOURGUET**	GOURMANDANT
FÉLIX LE CHAT	PORTE-PAQUET	POURFENDANT
POISSON-CHAT	QUATRE-VINGT	INDÉPENDANT
MEDICINE HAT	**ZWIJNDRECHT**	VILIPENDANT
AUXILIARIAT	DREADNOUGHT	SOUS-TENDANT
PARTENARIAT	INSATISFAIT	VAGABONDANT
SOCIÉTARIAT	MICRO CRÉDIT	SURABONDANT
PROLÉTARIAT	SUPERPROFIT	TRANSCODANT
SECRÉTARIAT	DESSUS-DE-LIT	ACCOMMODANT
VOLONTARIAT	BANANA SPLIT	INCOMMODANT
VEDETTARIAT	**SAINT-BENOÎT**	CHAMBARDANT
LANDGRAVIAT	AYANTS DROIT	BRANCARDANT
MARGOUILLAT	RETRANSCRIT	BOUCHARDANT
CHAUFFE-PLAT	CIRCONSCRIT	MOUCHARDANT
PROCONSULAT	WHITE-SPIRIT	FLEMMARDANT
PALÉOCLIMAT	SAINT-ESPRIT	POIGNARDANT
MICROCLIMAT	**SAINT-ESPRIT**	ÉCHAFAUDANT
MANNEQUINAT	SAUF-CONDUIT	COURTAUDANT
QUINQUENNAT	DEMI-PRODUIT	MARIVAUDANT
CHAMPIONNAT	SEMI-PRODUIT	ANTIOXYDANT
QUEUES-DE-RAT	SOUS-PRODUIT	RÉENGAGEANT
CONGLOMÉRAT	RÉINTRODUIT	GRILLAGEANT
PROFESSORAT	BELLE-DE-NUIT	DÉMÉNAGEANT
INSPECTORAT	DÉCONSTRUIT	EMMÉNAGEANT
PROTECTORAT	RECONSTRUIT	NAUFRAGEANT
PRÉCEPTORAT	RADIOCOBALT	FOURRAGEANT
LYOPHILISAT	**CLÉRAMBAULT**	DÉVISAGEANT
SAINT-PRIVAT	**BAIE-MAHAULT**	ENVISAGEANT
FULL-CONTACT	**PIATRA NEAMT**	AVANTAGEANT

AFFOUAGEANT	SIMPLIFIANT	TRAVAILLANT
TRANSIGEANT	SAPONIFIANT	DÉGOBILLANT
VENDANGEANT	ÉTHÉRIFIANT	SOURCILLANT
RECHANGEANT	ESTÉRIFIANT	**BRONDILLANT**
BOULANGEANT	ÉMULSIFIANT	SOMMEILLANT
EFFRANGEANT	CLASSIFIANT	CONSEILLANT
ENGRANGEANT	STRATIFIANT	ACCUEILLANT
RALLONGEANT	SANCTIFIANT	RECUEILLANT
PROLONGEANT	FRUCTIFIANT	MALVEILLANT
REPLONGEANT	QUANTIFIANT	SURVEILLANT
FORLONGEANT	IDENTIFIANT	FOURMILLANT
DÉCHARGEANT	PLASTIFIANT	DÉCANILLANT
RECHARGEANT	REVIVIFIANT	ÉCHENILLANT
GAMBERGEANT	DÉNAZIFIANT	GRAPPILLANT
SUBMERGEANT	DOMICILIANT	ÉPARPILLANT
CONVERGEANT	MULTIPLIANT	HOUSPILLANT
RENGORGEANT	TÉLÉCOPIANT	ÉTOUPILLANT
IGNIFUGEANT	AUTOCOPIANT	QUADRILLANT
ÉBOURIFFANT	POLYCOPIANT	ESSORILLANT
RÉCHAUFFANT	CONTRARIANT	SCINTILLANT
EXTRAVAGANT	APPROPRIANT	POINTILLANT
EMPANACHANT	EXPROPRIANT	ENDEUILLANT
AMOURACHANT	APOSTASIANT	EFFEUILLANT
POURLÉCHANT	INTERCALANT	BIDOUILLANT
CONTRE-CHANT	RASSEMBLANT	BAFOUILLANT
REMMANCHANT	RESSEMBLANT	CAFOUILLANT
DÉBRANCHANT	ENSORCELANT	REFOUILLANT
EMBRANCHANT	DÉCONGELANT	AFFOUILLANT
RETRANCHANT	ENTREMÊLANT	MAGOUILLANT
DÉCLENCHANT	RESSEMELANT	PIGOUILLANT
ENCLENCHANT	DÉBOSSELANT	ZIGOUILLANT
RABIBOCHANT	ENCHÂTELANT	REMOUILLANT
EFFILOCHANT	DÉMANTELANT	DÉPOUILLANT
GUILLOCHANT	ENCASTELANT	DÉROUILLANT
RACCROCHANT	DÉCERVELANT	VASOUILLANT
RAPPROCHANT	RENOUVELANT	PATOUILLANT
RECHERCHANT	ESSOUFFLANT	PÉTOUILLANT
AFFOURCHANT	PANTOUFLANT	GAZOUILLANT
ENFOURCHANT	DESSANGLANT	RESQUILLANT
DISPATCHANT	TRANSFILANT	AUTOCOLLANT
REMBAUCHANT	DÉFAUFILANT	CARAMBOLANT
CHEVAUCHANT	HORRIPILANT	CAMBRIOLANT
DESSOUCHANT	TRIMBALLANT	EXTRAPOLANT
DISGRACIANT	CONSTELLANT	INTERPOLANT
BÉNÉFICIANT	CARCAILLANT	RAFISTOLANT
SUPPLICIANT	CHAMAILLANT	CONTEMPLANT
DISTANCIANT	REMMAILLANT	QUADRUPLANT
RENÉGOCIANT	GRENAILLANT	QUINTUPLANT
RÉEXPÉDIANT	SONNAILLANT	**MONTHERLANT**
STIPENDIANT	REMPAILLANT	PELLICULANT
PSALMODIANT	COUPAILLANT	GESTICULANT
PLANCHÉIANT	DÉBRAILLANT	RECALCULANT
RIGIDIFIANT	FERRAILLANT	TRIANGULANT
SOLIDIFIANT	TORRAILLANT	DISSIMULANT
HUMIDIFIANT	MITRAILLANT	REFORMULANT
FLUIDIFIANT	COURAILLANT	DESSAOULANT
DRAGÉIFIANT	GRISAILLANT	CHAMBOULANT
ALCALIFIANT	AVITAILLANT	DÉBAGOULANT

DÉCAPSULANT	MAROQUINANT	BISTOURNANT
BLASPHÉMANT	TRUSQUINANT	RISTOURNANT
RÉIMPRIMANT	ENRUBANNANT	IMPORTUNANT
DÉSARRIMANT	DÉSABONNANT	HANDICAPANT
MILLÉSIMANT	CHARBONNANT	PARTICIPANT
SURESTIMANT	REFAÇONNANT	SURÉQUIPANT
MÉSESTIMANT	ÉTANÇONNANT	DÉSÉQUIPANT
PROGRAMMANT	POINÇONNANT	TÉLESCOPANT
RÉAFFIRMANT	TRONÇONNANT	DÉVELOPPANT
DÉSENFUMANT	SOUPÇONNANT	ENVELOPPANT
TRANSHUMANT	ABANDONNANT	PRÉOCCUPANT
ACCOUTUMANT	COORDONNANT	RONÉOTYPANT
FILIGRANANT	BOURDONNANT	DÉSEMPARANT
HYDROGÉNANT	DRAGEONNANT	ENTÉNÉBRANT
DÉSALIÉNANT	CHIFFONNANT	DÉCÉRÉBRANT
MIAJA MENANT	GRIFFONNANT	ÉQUILIBRANT
RASSÉRÉNANT	BOUFFONNANT	SAUPOUDRANT
RÉAPPRENANT	FOURGONNANT	RÉVERBÉRANT
ENTRETENANT	RONCHONNANT	PROTUBÉRANT
APPARTENANT	TORCHONNANT	INCARCÉRANT
INCONVENANT	BOUCHONNANT	CONFÉDÉRANT
INTERVENANT	VIBRIONNANT	CONSIDÉRANT
SAINT-VENANT	PENSIONNANT	**CONSIDÉRANT**
SAINT-AGNANT	PASSIONNANT	INDIFFÉRANT
RESSAIGNANT	FISSIONNANT	PROLIFÉRANT
ENFREIGNANT	STATIONNANT	ODORIFÉRANT
EMPREIGNANT	OVATIONNANT	INTERFÉRANT
RÉTREIGNANT	SECTIONNANT	TRANSFÉRANT
ASTREIGNANT	MENTIONNANT	BELLIGÉRANT
RENSEIGNANT	ÉMOTIONNANT	RÉFRIGÉRANT
DÉSALIGNANT	CAUTIONNANT	AGGLOMÉRANT
DISJOIGNANT	DOUBLONNANT	OBTEMPÉRANT
RÉASSIGNANT	HOUBLONNANT	INTEMPÉRANT
ÉGRATIGNANT	ÉCHELONNANT	DÉSESPÉRANT
TRINTIGNANT	BÂILLONNANT	DÉBLATÉRANT
BARGUIGNANT	GROGNONNANT	DÉSALTÉRANT
RENFROGNANT	CRAMPONNANT	PERSÉVÉRANT
RECOMBINANT	GOUDRONNANT	DÉCHIFFRANT
REMBOBINANT	BIBERONNANT	ENGOUFFRANT
REVACCINANT	CLAIRONNANT	RÉINTÉGRANT
RATIOCINANT	ENVIRONNANT	TRANSPIRANT
HALLUCINANT	LIAISONNANT	COLLABORANT
PARAFFINANT	CLOISONNANT	CORROBORANT
DÉGOULINANT	MOISSONNANT	PHOSPHORANT
CONTAMINANT	FRISSONNANT	DÉTÉRIORANT
RÉEXAMINANT	ÉCUSSONNANT	COMMÉMORANT
DISSÉMINANT	CAPITONNANT	DÉSHONORANT
RÉCRIMINANT	CHANTONNANT	INCORPORANT
INCRIMINANT	PELOTONNANT	EXPECTORANT
PRÉDOMINANT	DÉGAZONNANT	EMPOURPRANT
DÉTERMINANT	ENGAZONNANT	REDÉMARRANT
EXTERMINANT	TÉLÉPHONANT	REMBOURRANT
TURLUPINANT	BIGOPHONANT	PARAMÉTRANT
GLYCÉRINANT	RÉINCARNANT	KILOMÉTRANT
ORGANSINANT	ENCASERNANT	SOUS-TITRANT
ASSASSINANT	CONSTERNANT	CONCENTRANT
AGGLUTINANT	PROSTERNANT	RENCONTRANT
EMBÉGUINANT	CONTOURNANT	SURCONTRANT

ORCHESTRANT	FOSSILISANT	MARTYRISANT
SÉQUESTRANT	SUBTILISANT	MÉDIATISANT
CALFEUTRANT	FERTILISANT	DRAMATISANT
DÉCARBURANT	RÉUTILISANT	DOGMATISANT
AU DEMEURANT	MÉTALLISANT	CLIMATISANT
DÉSULFURANT	LABELLISANT	AROMATISANT
PRÉFIGURANT	SATELLISANT	RHUMATISANT
POLYCOURANT	JAVELLISANT	PRIVATISANT
EMPRÉSURANT	DIABOLISANT	GADGÉTISANT
SURSATURANT	ANABOLISANT	BUDGÉTISANT
STRUCTURANT	SYMBOLISANT	ESTHÉTISANT
ANTIGIVRANT	ALCOOLISANT	SOVIÉTISANT
DÉSENIVRANT	RANDOMISANT	MAGNÉTISANT
MANŒUVRANT	ÉCONOMISANT	DÉPOÉTISANT
ENTROUVRANT	SCOTOMISANT	HYPNOTISANT
MÉTASTASANT	VULCANISANT	DÉBAPTISANT
EXTRAVASANT	MÉTHANISANT	REBAPTISANT
DÉSENVASANT	BALKANISANT	EXPERTISANT
TRANSVASANT	GERMANISANT	PALETTISANT
REDÉFAISANT	HISPANISANT	ÉCONDUISANT
BIENFAISANT	GALVANISANT	ANTIQUISANT
COMPLAISANT	HELLÉNISANT	BAROQUISANT
ANGLICISANT	CRÉTINISANT	INSTRUISANT
INTERDISANT	INDEMNISANT	SUBDIVISANT
MOINS-DISANT	TYRANNISANT	IMPROVISANT
MIEUX-DISANT	SOLENNISANT	SUPERVISANT
INSUFFISANT	PÉRENNISANT	BIEN-PENSANT
BIOLOGISANT	CARBONISANT	JUXTAPOSANT
ALLERGISANT	PRÉCONISANT	ENTREPOSANT
CATÉCHISANT	HARMONISANT	SURIMPOSANT
FRANCHISANT	MICRONISANT	DÉCOMPOSANT
ANARCHISANT	INTRONISANT	RECOMPOSANT
GLOBALISANT	MODERNISANT	SUPERPOSANT
VERBALISANT	COMMUNISANT	INTERPOSANT
FISCALISANT	RATIBOISANT	INDISPOSANT
VANDALISANT	FRAMBOISANT	TRANSPOSANT
LABIALISANT	PRÉCARISANT	SUREXPOSANT
SOCIALISANT	VULGARISANT	REMBOURSANT
FILIALISANT	GARGARISANT	ESCAGASSANT
ANIMALISANT	SCOLARISANT	ÉCHALASSANT
FORMALISANT	SCÉNARISANT	SURCLASSANT
NORMALISANT	CANCÉRISANT	MATELASSANT
SIGNALISANT	MERCERISANT	CAILLASSANT
SACRALISANT	BONDÉRISANT	CADENASSANT
VASSALISANT	PAUPÉRISANT	GROGNASSANT
BRUTALISANT	SINTÉRISANT	TRAÎNASSANT
ANNUALISANT	CAUTÉRISANT	RAPETASSANT
VISUALISANT	PULVÉRISANT	ÉCRIVASSANT
ACTUALISANT	VAMPIRISANT	INTÉRESSANT
RITUALISANT	HERBORISANT	PROGRESSANT
MUTUALISANT	EUPHORISANT	COMPRESSANT
SEXUALISANT	TAYLORISANT	SURBAISSANT
DIÉSÉLISANT	TEMPORISANT	RENCAISSANT
FIABILISANT	TERRORISANT	CONNAISSANT
VIABILISANT	FACTORISANT	DÉGRAISSANT
STABILISANT	SECTORISANT	ENGRAISSANT
FRAGILISANT	CICATRISANT	VROMBISSANT
STÉRILISANT	ÉLECTRISANT	FOURBISSANT

ÉTRÉCISSANT	APLATISSANT	CONCOMITANT
CHANCISSANT	RAPETISSANT	DÉCRÉPITANT
AMINCISSANT	APPÉTISSANT	PRÉCIPITANT
NOIRCISSANT	ALLOTISSANT	DÉSHÉRITANT
ADOUCISSANT	AVERTISSANT	PRÉTÉRITANT
AFFADISSANT	AMORTISSANT	NÉCESSITANT
BRANDISSANT	BLETTISSANT	VIREVOLTANT
GRANDISSANT	BLOTTISSANT	CATAPULTANT
BLONDISSANT	ABOUTISSANT	FAINÉANTANT
ÉBAUDISSANT	ABRUTISSANT	BRILLANTANT
BOUFFISSANT	LANGUISSANT	COMPLANTANT
ASSAGISSANT	ENFOUISSANT	SUPPLANTANT
ÉLARGISSANT	RÉJOUISSANT	PLAISANTANT
ENVAHISSANT	ÉBLOUISSANT	ÉPOUVANTANT
AVACHISSANT	ÉCROUISSANT	INNOCENTANT
FLÉCHISSANT	DÉCHAUSSANT	ACCIDENTANT
GAUCHISSANT	RECHAUSSANT	DILIGENTANT
DÉPALISSANT	ENCHAUSSANT	RÉARGENTANT
RESALISSANT	SURHAUSSANT	RÉORIENTANT
ÉTABLISSANT	TRÉMOUSSANT	ORNEMENTANT
FAIBLISSANT	DÉBROUSSANT	PAREMENTANT
ANOBLISSANT	REBROUSSANT	AGRÉMENTANT
RAVILISSANT	DÉTROUSSANT	FRAGMENTANT
JAILLISSANT	RETROUSSANT	SÉDIMENTANT
SAILLISSANT	REDIFFUSANT	BONIMENTANT
AMOLLISSANT	TRANSFUSANT	TOURMENTANT
DÉMOLISSANT	HYDROLYSANT	DOCUMENTANT
DÉPOLISSANT	PHOSPHATANT	ARGUMENTANT
REPOLISSANT	ACCLIMATANT	CHARPENTANT
REMPLISSANT	CARBONATANT	APPARENTANT
AVEULISSANT	RÉHYDRATANT	PRESSENTANT
APLANISSANT	DIFFRACTANT	FRÉQUENTANT
DÉFINISSANT	CONTRACTANT	RÉINVENTANT
ABONNISSANT	PROSPECTANT	DESSUINTANT
FOURNISSANT	DISJONCTANT	CONFRONTANT
DÉMUNISSANT	DÉCACHETANT	DISCOUNTANT
DÉSUNISSANT	RECACHETANT	REMPRUNTANT
ACCROISSANT	INTERJETANT	TRAFICOTANT
DÉCROISSANT	SOUFFLETANT	MASSICOTANT
RECROISSANT	FEUILLETANT	MENDIGOTANT
DÉFROISSANT	DÉCOLLETANT	TREMBLOTANT
CROUPISSANT	ÉPOUSSETANT	PAPILLOTANT
LAMBRISSANT	DÉPAQUETANT	DÉSADAPTANT
DÉPÉRISSANT	EMPAQUETANT	PRÉCOMPTANT
MAIGRISSANT	DÉCLAVETANT	DISCOMPTANT
AMERRISSANT	BÊCHEVETANT	INADVERTANT
NOURRISSANT	MALTRAITANT	RÉIMPORTANT
POURRISSANT	SOLLICITANT	AUTOPORTANT
FLÉTRISSANT	EXPLICITANT	RÉEXPORTANT
FLEURISSANT	SUREXCITANT	CONTRASTANT
CHOISISSANT	DÉSEXCITANT	MANIFESTANT
TRANSISSANT	PRÉMÉDITANT	ADMONESTANT
GROSSISSANT	ACCRÉDITANT	ÉQUIDISTANT
RÉUSSISSANT	DÉSULFITANT	CONTRISTANT
ROUSSISSANT	DÉGURGITANT	PRÉEXISTANT
DÉBÂTISSANT	RÉGURGITANT	TARABUSTANT
REBÂTISSANT	INGURGITANT	DÉSAJUSTANT
DÉCATISSANT	PÉRICLITANT	RÉADMETTANT

PIROUETTANT	PARACHEVANT	SORDIDEMENT
MANGEOTTANT	CHAMPLEVANT	PERFIDEMENT
DÉCALOTTANT	PRESCRIVANT	STUPIDEMENT
DÉCULOTTANT	PROSCRIVANT	DÉBRIDEMENT
RECULOTTANT	SOUSCRIVANT	ENTENDEMENT
PANNEAUTANT	DÉSACTIVANT	COMMODÉMENT
CHAPEAUTANT	OBJECTIVANT	RETARDEMENT
POIREAUTANT	ADJECTIVANT	EMMERDEMENT
TERREAUTANT	INVECTIVANT	SABORDEMENT
TRESSAUTANT	POURSUIVANT	DÉBORDEMENT
DÉNOYAUTANT	MYORELAXANT	RETORDEMENT
PERSÉCUTANT	DÉSINDEXANT	ABSURDEMENT
RÉPERCUTANT	DÉSENRAYANT	ÉCHAUDEMENT
REDISCUTANT	SOUSTRAYANT	ACCOUDEMENT
CRAPAHUTANT	REDÉPLOYANT	ÉTOUFFEMENT
PARACHUTANT	RÉEMPLOYANT	RENGAGEMENT
COPERMUTANT	DÉGRAVOYANT	SOULAGEMENT
TRANSMUTANT	IMPRÉVOYANT	AMÉNAGEMENT
MARABOUTANT	ENTREVOYANT	SAUVAGEMENT
SURAJOUTANT	CLAIRVOYANT	DÉNEIGEMENT
CAILLOUTANT	DÉSENNUYANT	ENNEIGEMENT
DÉMAZOUTANT	OBSOLESCENT	VOLTIGEMENT
PHAGOCYTANT	LUMINESCENT	DÉRANGEMENT
CONTRIBUANT	ARBORESCENT	ARRANGEMENT
DISTRIBUANT	FLUORESCENT	ÉTRANGEMENT
DÉFATIGUANT	DÉLITESCENT	ALLONGEMENT
PROMULGUANT	INDÉHISCENT	HÉBERGEMENT
VALDINGUANT	REVIVISCENT	DÉGORGEMENT
ÉTALINGUANT	NON-RÉSIDENT	REGORGEMENT
DÉGLINGUANT	COPRÉSIDENT	ENGORGEMENT
SCHLINGUANT	INTELLIGENT	RELÂCHEMENT
EMBRINGUANT	**CÔTE D'ARGENT**	ARRACHEMENT
DISTINGUANT	COEFFICIENT	DÉTACHEMENT
CATALOGUANT	INCONSCIENT	ATTACHEMENT
HOMOLOGUANT	**MOYEN-ORIENT**	ALLÈCHEMENT
MONOLOGUANT	PLURIVALENT	EMPÊCHEMENT
SURÉVALUANT	ÉQUIPOLLENT	ÉBRÈCHEMENT
DÉSÉCHOUANT	PULVÉRULENT	ASSÈCHEMENT
ESTOMAQUANT	DÉLINÉAMENT	FRAÎCHEMENT
BIVOUAQUANT	TEMPÉRAMENT	ENTICHEMENT
CLAUDIQUANT	ENJAMBEMENT	ÉPANCHEMENT
COMPLIQUANT	SUPERBEMENT	BRANCHEMENT
RAPPLIQUANT	DÉGLACEMENT	FRANCHEMENT
POLÉMIQUANT	DÉPLACEMENT	ÉTANCHEMENT
TOURNIQUANT	REPLACEMENT	ENCOCHEMENT
POLITIQUANT	EMPLACEMENT	DÉROCHEMENT
PLASTIQUANT	RAPIÈCEMENT	ENROCHEMENT
INTOXIQUANT	EMPIÈCEMENT	ÉCORCHEMENT
REQUINQUANT	FACTICEMENT	ABOUCHEMENT
SOLILOQUANT	BALANCEMENT	DÉBLAIEMENT
ÉQUIVOQUANT	FINANCEMENT	NON-PAIEMENT
REMBARQUANT	DEVANCEMENT	REMANIEMENT
CONFISQUANT	DÉFONCEMENT	VERDOIEMENT
RÉHABITUANT	ENFONCEMENT	COUDOIEMENT
SUBSTITUANT	RENONCEMENT	DÉPLOIEMENT
CONSTITUANT	PRÉCOCEMENT	REPLOIEMENT
PROSTITUANT	PLACIDEMENT	LARMOIEMENT
CENTRE-AVANT	CANDIDEMENT	CHATOIEMENT

APITOIEMENT	USUELLEMENT	TÂTONNEMENT
FESTOIEMENT	NIVELLEMENT	ENTONNEMENT
NETTOIEMENT	PIAILLEMENT	RAYONNEMENT
CONVOIEMENT	BRAILLEMENT	GAZONNEMENT
LOUVOIEMENT	ÉRAILLEMENT	ACHARNEMENT
VOUVOIEMENT	HABILLEMENT	CASERNEMENT
APPARIEMENT	VACILLEMENT	INTERNEMENT
GLOBALEMENT	NASILLEMENT	HIVERNEMENT
VERBALEMENT	PÉTILLEMENT	AJOURNEMENT
AMICALEMENT	MOUILLEMENT	ATOURNEMENT
FISCALEMENT	DÉCOLLEMENT	COMMUNÉMENT
INÉGALEMENT	RECOLLEMENT	ESTOMPEMENT
FRUGALEMENT	ÉBRANLEMENT	ÉCHAPPEMENT
SOCIALEMENT	GONDOLEMENT	AGRIPPEMENT
FILIALEMENT	FRIVOLEMENT	ACHOPPEMENT
GÉNIALEMENT	DÉCUPLEMENT	ESCARPEMENT
JOVIALEMENT	DÉFERLEMENT	RECOUPEMENT
NORMALEMENT	BASCULEMENT	DÉLABREMENT
SIGNALEMENT	PULLULEMENT	LUGUBREMENT
DESSALEMENT	DÉFOULEMENT	ENCADREMENT
MENTALEMENT	REFOULEMENT	MOINDREMENT
BRUTALEMENT	RAGOULEMENT	SINCÈREMENT
CHEVALEMENT	ÉCROULEMENT	EXAGÉRÉMENT
ACCABLEMENT	DÉROULEMENT	ENTIÈREMENT
AFFABLEMENT	ENROULEMENT	AUSTÈREMENT
VALABLEMENT	DIXIÈMEMENT	CHIFFREMENT
AIMABLEMENT	SIXIÈMEMENT	DÉSAGRÉMENT
MINABLEMENT	ONZIÈMEMENT	ALLÈGREMENT
CAPABLEMENT	SUPRÊMEMENT	INTÈGREMENT
DURABLEMENT	EXTRÊMEMENT	DÉNIGREMENT
ENSABLEMENT	UNANIMEMENT	AFFAIREMENT
ENTABLEMENT	SURARMEMENT	ÉCLAIREMENT
NOTABLEMENT	DÉSARMEMENT	DÉCHIREMENT
PÉNIBLEMENT	ENFERMEMENT	NOTOIREMENT
LISIBLEMENT	EMBAUMEMENT	CHAVIREMENT
VISIBLEMENT	ANONYMEMENT	ÉPAMPREMENT
TREMBLEMENT	FORCÈNEMENT	BIZARREMENT
IGNOBLEMENT	RÉFRÈNEMENT	DÉFERREMENT
AMEUBLEMENT	SOUTÈNEMENT	ÉPIERREMENT
AFFUBLEMENT	**CHEVÈNEMENT**	DÉTERREMENT
HARCÈLEMENT	INDIGNEMENT	ENTERREMENT
MARTÈLEMENT	MALIGNEMENT	SUSURREMENT
SOUFFLEMENT	ÉLOIGNEMENT	FOLÂTREMENT
RENIFLEMENT	ÉBORGNEMENT	FICHTREMENT
DÉRÈGLEMENT	VILAINEMENT	OBSCURÉMENT
AVEUGLEMENT	HUMAINEMENT	ÉCŒUREMENT
AVEUGLÉMENT	DANDINEMENT	EMBRASEMENT
DÉVOILEMENT	SEREINEMENT	MALAISÉMENT
FÉBRILEMENT	RAFFINEMENT	PRÉCISÉMENT
STÉRILEMENT	CONFINEMENT	DÉBOISEMENT
PUÉRILEMENT	CHEMINEMENT	REBOISEMENT
SUBTILEMENT	INOPINÉMENT	ACCOISEMENT
HOSTILEMENT	PIÉTINEMENT	DÉGOISEMENT
INUTILEMENT	OBSTINÉMENT	MATOISEMENT
SERVILEMENT	MOYENNEMENT	PAVOISEMENT
EMBALLEMENT	FAÇONNEMENT	DÉGRISEMENT
MUSELLEMENT	JALONNEMENT	DÉGUISEMENT
CRUELLEMENT	NASONNEMENT	AIGUISEMENT

RECENSEMENT	EMBOÎTEMENT	CYNIQUEMENT
ENCENSEMENT	BENOÎTEMENT	STOÏQUEMENT
IMMENSÉMENT	ADROITEMENT	TYPIQUEMENT
INTENSÉMENT	MIROITEMENT	LYRIQUEMENT
DÉVERSEMENT	ÉTROITEMENT	FLANQUEMENT
REVERSEMENT	CRÉPITEMENT	BRUSQUEMENT
DIVERSEMENT	EFFRITEMENT	EMBLAVEMENT
INVERSEMENT	ÉBRUITEMENT	ENCLAVEMENT
JACASSEMENT	ENFANTEMENT	PRÉLÈVEMENT
DÉLASSEMENT	ORIENTEMENT	SOULÈVEMENT
CROASSEMENT	ÉREINTEMENT	EMBRÈVEMENT
DÉPASSEMENT	CHUINTEMENT	DÉGRÈVEMENT
HARASSEMENT	APPONTEMENT	LASCIVEMENT
ENTASSEMENT	DORLOTEMENT	TARDIVEMENT
ABAISSEMENT	CLAPOTEMENT	ÉVASIVEMENT
VAGISSEMENT	PROMPTEMENT	PENSIVEMENT
MUGISSEMENT	ABRUPTEMENT	MASSIVEMENT
RUGISSEMENT	DÉPARTEMENT	PASSIVEMENT
POLISSEMENT	APPARTEMENT	ABUSIVEMENT
GÉMISSEMENT	ESSARTEMENT	FICTIVEMENT
VOMISSEMENT	EXPERTEMENT	FURTIVEMENT
FROISSEMENT	DISERTEMENT	FAUTIVEMENT
TARISSEMENT	OUVERTEMENT	ABREUVEMENT
HÉRISSEMENT	DÉPORTEMENT	IMPEACHMENT
MÛRISSEMENT	EMPORTEMENT	FIBROCIMENT
LOTISSEMENT	AHEURTEMENT	ÉTOURDIMENT
AMUÏSSEMENT	MODESTEMENT	BLANCHIMENT
BRUISSEMENT	FUNESTEMENT	ASSENTIMENT
RAVISSEMENT	ÉGOÏSTEMENT	ASSORTIMENT
ENDOSSEMENT	DÉSISTEMENT	ABONDAMMENT
DÉSOSSEMENT	ARTISTEMENT	ARROGAMMENT
GLOUSSEMENT	RAJUSTEMENT	VIGILAMMENT
HIDEUSEMENT	INJUSTEMENT	VAILLAMMENT
RAGEUSEMENT	ENKYSTEMENT	BRILLAMMENT
ODIEUSEMENT	RABATTEMENT	ÉTONNAMMENT
FAMEUSEMENT	DÉBATTEMENT	PLAISAMMENT
PITEUSEMENT	REBATTEMENT	PUISSAMMENT
RÊVEUSEMENT	EMPATTEMENT	CONSTAMMENT
JOYEUSEMENT	ENDETTEMENT	INDÉCEMMENT
DIFFUSEMENT	ÉMIETTEMENT	INNOCEMMENT
CONFUSÉMENT	FOUETTEMENT	INCIDEMMENT
JALOUSEMENT	ÉGOUTTEMENT	IMPUDEMMENT
DÉPAYSEMENT	CULBUTEMENT	DILIGEMMENT
MANDATEMENT	VELOUTEMENT	NESCIEMMENT
ABJECTEMENT	DÉROUTEMENT	INDOLEMMENT
DIRECTEMENT	ENVOÛTEMENT	INSOLEMMENT
STRICTEMENT	RECRUTEMENT	APPAREMMENT
EMPIÉTEMENT	ENDIGUEMENT	FRÉQUEMMENT
HONNÊTEMENT	ÉTERNUEMENT	ÉLOQUEMMENT
SECRÈTEMENT	ENCAQUEMENT	CONTINÛMENT
AFFRÈTEMENT	BARAQUEMENT	INCONTINENT
CAQUÈTEMENT	SADIQUEMENT	IMPERTINENT
SURVÊTEMENT	MODIQUEMENT	TRANSPARENT
AFFAITEMENT	PUDIQUEMENT	**SAINT-VARENT**
ENFAÎTEMENT	MAGIQUEMENT	INDIFFÉRENT
DÉLAITEMENT	LOGIQUEMENT	INTERFÉRENT
ALLAITEMENT	OBLIQUEMENT	OMNIPRÉSENT
DÉBOÎTEMENT	COMIQUEMENT	INCOMPÉTENT

MOULIN-À-VENT	FAYA-LARGEAU	BIOMÉDICAUX
ENGOULEVENT	ARC-DOUBLEAU	PONTIFICAUX
DELESTRAINT	**CATHELINEAU**	HYPERFOCAUX
KNUD LE SAINT	COULEUVREAU	UXORILOCAUX
KNUT LE SAINT	**CHARBONNEAU**	MATRILOCAUX
COUVRE-JOINT	PIED-D'OISEAU	PATRILOCAUX
CONTREPOINT	NIDS-D'OISEAU	MATRIARCAUX
LAUTRÉAMONT	**NEUFCHÂTEAU**	PATRIARCAUX
FAULQUEMONT	**PONTCHÂTEAU**	PARAFISCAUX
SOLLIÈS-PONT	ÉLÉPHANTEAU	GRAND-DUCAUX
ROHAN-CHABOT	PIEDS-DE-VEAU	RHOMBOÏDAUX
CLOS-VOUGEOT	BIOMATÉRIAU	HÉLICOÏDAUX
TIRE-LARIGOT	**LANDIVISIAU**	CONCHOÏDAUX
MADAME ARGOT	CHIBOUGAMAU	SPHÉNOÏDAUX
REINE MARGOT	**LA WANTZENAU**	SOLÉNOÏDAUX
PASSING-SHOT	CONDESCENDU	SPHÉROÏDAUX
MALAKOFFIOT	COMPTE RENDU	SINUSOÏDAUX
CRAPOUILLOT	SOUS-ENTENDU	INTERTIDAUX
VENDANGEROT	CORRESPONDU	INTERMODAUX
LIDDELL HART	**OISEAU DE FEU**	JOUVENCEAUX
MELUN-SÉNART	CESSEZ-LE-FEU	**CHENONCEAUX**
QUELQUE PART	**MONTESQUIEU**	MURS-RIDEAUX
MARIE STUART	DÉMONTE-PNEU	FRICANDEAUX
QUESTEMBERT	**MACHU PICCHU**	FAISANDEAUX
SAINT-HUBERT	**DIÊN BIÊN PHU**	MORVANDEAUX
CAFÉ-CONCERT	**KANO SANRAKU**	**MORVANDEAUX**
STEPANAKERT	**TEZUKA OSAMU**	TOURANGEAUX
REDÉCOUVERT	**PAPANDHRÉOU**	**TOURANGEAUX**
BLANQUEFORT	**OUAGADOUGOU**	JAMBONNEAUX
MAILLECHORT	**SECOND-BAKOU**	FAUCONNEAUX
ARRIÈRE-PORT	TÊTES-DE-CLOU	DINDONNEAUX
SCHWEINFURT	ARRACHE-CLOU	PIGEONNEAUX
HEILLECOURT	CONTRE-ÉCROU	MANGONNEAUX
PIXERÉCOURT	**SIMA XIANGRU**	RAMPONNEAUX
BAUDRICOURT	**ADAM LE BOSSU**	PÉRITONÉAUX
BÉTHENCOURT	**KAPILAVASTU**	LANDERNEAUX
HARNONCOURT	CONTREFOUTU	LANTERNEAUX
SAINT-PRIEST	**TOURGUENIEV**	GRIMPEREAUX
SAINT-GENEST	**POUGATCHIOV**	TOURTEREAUX
KNOKKE-HEIST	KALACHNIKOV	GOUTTEREAUX
JÉSUS-CHRIST	**BARYCHNIKOV**	GODELUREAUX
OLIVER TWIST	**BARYSHNIKOV**	PASTOUREAUX
SCHARNHORST	RASKOLNIKOV	COULISSEAUX
MISTINGUETT	DOLGOROUKOV	VERMISSEAUX
PREMIER PITT	**RACHMANINOV**	ARBRISSEAUX
PUERTO MONTT	**RAKHMANINOV**	MARMENTEAUX
CONNECTICUT	TENNIS-ELBOW	SERPENTEAUX
KUUJJUAMIUT	REALITY-SHOW	EXTRALÉGAUX
INUKJUAMIUT	MARSHMALLOW	PROVERBIAUX
TOUT-À-L'ÉGOUT	**DENDERLEEUW**	SOLSTICIAUX
ARRIÈRE-GOÛT	**GRÉSY-SUR-AIX**	PROVINCIAUX
HATSHEPSOUT	SOIXANTE-DIX	ANTISOCIAUX
TOUCHE-À-TOUT	**SAINT-YRIEIX**	COMMERCIAUX
ATTRAPE-TOUT	**SAINTE-CROIX**	MORVANDIAUX
MINANGKABAU	GRANDS-CROIX	**MORVANDIAUX**
L'ISLE-D'ABEAU	AMMONIACAUX	PRÉCORDIAUX
GREZ-DOICEAU	ILÉO-CÆCAUX	PRIMORDIAUX

ÉPITHÉLIAUX
NOSOCOMIAUX
POLYNOMIAUX
MANAGÉRIAUX
IMMÉMORIAUX
SÉNATORIAUX
ÉQUATORIAUX
TINCTORIAUX
PAROISSIAUX
SAPIENTIAUX
PRÉNUPTIAUX
CONSORTIAUX
ÉQUINOXIAUX
DUODÉCIMAUX
CENTÉSIMAUX
PARANORMAUX
ANÉVRISMAUX
ANÉVRYSMAUX
PAROXYSMAUX
PONTS-CANAUX
PHÉNOMÉNAUX
EXTRARÉNAUX
ANTICLINAUX
MONOCLINAUX
SUBLIMINAUX
UNINOMINAUX
PRONOMINAUX
INTESTINAUX
ENNÉAGONAUX
PENTAGONAUX
HEPTAGONAUX
ORTHOGONAUX
MÉRIDIONAUX
MÉRIDIONAUX
OBSIDIONAUX
BINATIONAUX
MONOCLONAUX
ARCHÉTYPAUX
CONFÉDÉRAUX
UNILATÉRAUX
TRILATÉRAUX
COLLATÉRAUX
PARENTÉRAUX
VICE-AMIRAUX
ORCHESTRAUX
PROCÉDURAUX
STRUCTURAUX
SCRIPTURAUX
SCULPTURAUX
PARASTATAUX
SUBORBITAUX
PRÉGÉNITAUX
CONGÉNITAUX
URO-GÉNITAUX
OCCIDENTAUX
OCCIDENTAUX
ORNEMENTAUX

MONUMENTAUX
PARODONTAUX
HORIZONTAUX
SACERDOTAUX
AÉROPOSTAUX
PARACHUTAUX
SUBLINGUAUX
PERLINGUAUX
TÉLÉTRAVAUX
ADJECTIVAUX
MALCHANCEUX
BATEAUX-FEUX
AVALANCHEUX
MALGRACIEUX
DISGRACIEUX
ARTIFICIEUX
TENDANCIEUX
JACTANCIEUX
SENTENCIEUX
COMPENDIEUX
DISPENDIEUX
IRRÉLIGIEUX
PRESTIGIEUX
IGNOMINIEUX
CÉRÉMONIEUX
ACRIMONIEUX
IMPÉCUNIEUX
JEAN LE PIEUX
INDUSTRIEUX
PRÉTENTIEUX
CONTENTIEUX
CÉRÉBELLEUX
SOURCILLEUX
ORGUEILLEUX
MERVEILLEUX
POINTILLEUX
CAFOUILLEUX
PELLICULEUX
FURONCULEUX
TUBERCULEUX
PYROLIGNEUX
PRURIGINEUX
VERTIGINEUX
FERRUGINEUX
CHARBONNEUX
SOUPÇONNEUX
HAILLONNEUX
GOUDRONNEUX
POISSONNEUX
BUISSONNEUX
POUSSIÉREUX
PHOSPHOREUX
CULS-TERREUX
BIENHEUREUX

INTEROSSEUX
CORNEMUSEUX
SARCOMATEUX
FIBROMATEUX
LÉPROMATEUX
RHIZOMATEUX
SOUFFRETEUX
NÉCESSITEUX
LIGAMENTEUX
FILAMENTEUX
PAVIMENTEUX
CAILLOUTEUX
RESPECTUEUX
INFRUCTUEUX
TORRENTUEUX
CHÂTEAUROUX
RIEUPEYROUX
RICHARD'S BAY
VILLE-D'AVRAY
BEYNE-HEUSAY
CHÂTEAUGUAY
PORT MORESBY
MONTMORENCY
MONTMORENCY
DEATH VALLEY
SQUAW VALLEY
BEACH-VOLLEY
PUJOL I SOLEY
VALENTIGNEY
PORT-LYAUTEY
SZOMBATHELY
MOUNET-SULLY
TCHEBOKSARY
KARLOVY VARY
RAJAHMUNDRY
SAINT-VALERY
TATE GALLERY
LONDONDERRY
SHAFTESBURY
CHAMPFLEURY
TCHERNOVTSY
GARDEN-PARTY
LABOUR PARTY
RENIER DE HUY
BEAUPERTHUY
BRASSEMPOUY
VLADIKAVKAZ
SIENKIEWICZ
AJDUKIEWICZ
LUKASIEWICZ
SAINT-GENIEZ
SAINT-TROPEZ
DIÉGO-SUAREZ
GARCÍA PÉREZ
SAINT-MORITZ
PASSAROWITZ

12

	FIANARANTSOA	BOURG-LÉOPOLD
	PESSÔA CÂMARA	BECHUANALAND
	SÁ DA BANDEIRA	NEWFOUNDLAND
	ALCALÁ ZAMORA	STATEN ISLAND
	ZARATHUSHTRA	ANGLO-NORMAND
	NEC PLUS ULTRA	ANGLO-NORMAND
	ZARATHOUSTRA	OTTON LE GRAND
	ANURADHAPURA	ABBAS LE GRAND
	NOMENKLATURA	LOUIS LE GRAND
	BUENAVENTURA	CYRUS LE GRAND
	OSHIMA NAGISA	NOISY-LE-GRAND
TARASS BOULBA	VILLAVICIOSA	KRISTIANSAND
CABEZA DE VACA	VILLAHERMOSA	SAINT-CHAMOND
LINGUA FRANCA	KANKAN MOUSSA	QUARTS-DE-ROND
TEZCATLIPOCA	HONORIS CAUSA	MARTIN DU GARD
PONTA DELGADA	RÍO DE LA PLATA	PLEURNICHARD
LOLLOBRIGIDA	CHUQUICAMATA	SAINT-GOTHARD
ROUYN-NORANDA	ISOZAKI ARATA	SAINT-FONIARD
VOLTA REDONDA	PERSONA GRATA	RONDOUILLARD
TEL-AVIV-JAFFA	PATATI PATATA	DÉBROUILLARD
IBN AL-MUQAFFA	BHAGAVAD-GITA	ROYER-COLLARD
MARSA EL-BREGA	LAPPEENRANTA	SAINT-LÉONARD
IBRAHIM PACHA	CHANDRAGUPTA	SAINT-BERNARD
PRÊCHI-PRÊCHA	CALTANISETTA	CAMBROUSSARD
GROSSE BERTHA	SPESSIVTSEVA	BROWN-SÉQUARD
PLISSETSKAÏA	FREI MONTALVA	SCOTLAND YARD
KOVALEVSKAÏA	ABU AL-ATAHIYA	HAUT-SAVOYARD
PROTÈGE-TIBIA	BREIL-SUR-ROYA	MONTRÉAL-NORD
JUÁREZ GARCÍA	BHARATANATYA	DAKOTA DU NORD
DELLA QUERCIA	MOHAMMAD REZA	VOSGES DU NORD
EL-MOHAMMADIA	MUHAMMAD RIZA	SAINT-JUNIAUD
WELLINGTONIA	WORLD WIDE WEB	GÉORGIE DU SUD
TRADESCANTIA	VILLERS-LE-LAC	OSSÉTIE DU SUD
VIBO VALENTIA	COSSÉ-BRISSAC	AFRIQUE DU SUD
HIGASHIOSAKA	NORD-DU-QUÉBEC	ORCADES DU SUD
BIELSKO-BIALA	VAN RUUSBROEC	TÉTRASYLLABE
MAKHATCHKALA	PERROS-GUIREC	HEPTASYLLABE
PÉREZ DE AYALA	RHÔNE-POULENC	HISPANO-ARABE
VALPOLICELLA	CABESTANYENC	CROCS-EN-JAMBE
BARRANQUILLA	VIOLLET-LE-DUC	LA GRAND-COMBE
DALLAPICCOLA	CÔTE-SAINT-LUC	GERMANOPHOBE
PAULIN DE NOLA	SARGON D'AKKAD	POISSON-GLOBE
TLALNEPANTLA	DUST MOHAMMAD	CONTRE-COURBE
SAN PEDRO SULA	KRISTIANSTAD	ARCIS-SUR-AUBE
MACÍAS NGUEMA	D'ARRACHE-PIED	MALACOSTRACÉ
SHISHA PANGMA	SAINT-ROMUALD	ENTOMOSTRACÉ
RAVALOMANANA	HERTOGENWALD	LES PONTS-DE-CÉ
DIAZ DE LA PEÑA	CHESTERFIELD	ARRIÈRE-NIÈCE
STARA PLANINA	BEACONSFIELD	EMPORTE-PIÈCE
TELL AL-AMARNA	HUDDERSFIELD	SAINT-SULPICE
ANNA IVANOVNA	NORDENSKJÖLD	AMBASSADRICE
	HAMMARSKJÖLD	RÉPROBATRICE

IMPROBATRICE	BIENFAITRICE	CIRCONSTANCE
APPROBATRICE	INQUISITRICE	INOBSERVANCE
IMPRÉCATRICE	COMPOSITRICE	IMPRÉVOYANCE
PRÉDICATRICE	COMPÉTITRICE	CLAIRVOYANCE
UNIFICATRICE	RÉPARTITRICE	MAGNIFICENCE
FORNICATRICE	AQUACULTRICE	OBSOLESCENCE
FABRICATRICE	OLÉICULTRICE	DÉTUMESCENCE
MASTICATRICE	POMICULTRICE	INTUMESCENCE
PROVOCATRICE	AGRICULTRICE	LUMINESCENCE
DÉPRÉDATRICE	VITICULTRICE	ARBORESCENCE
LIQUIDATRICE	AQUICULTRICE	FLUORESCENCE
FÉCONDATRICE	RIZICULTRICE	DÉLITESCENCE
COFONDATRICE	CODÉTENTRICE	RÉMINISCENCE
RETARDATRICE	OCULOMOTRICE	RÉSIPISCENCE
PROCRÉATRICE	DESCRIPTRICE	REVIVISCENCE
PROPAGATRICE	CONTEMPTRICE	COPRÉSIDENCE
INSTIGATRICE	PERSÉCUTRICE	INTELLIGENCE
DIVULGATRICE	INSTITUTRICE	INCONSCIENCE
NÉGOCIATRICE	**SAINT-MAURICE**	INEXPÉRIENCE
COMPILATRICE	LIBRE-SERVICE	ÉQUIPOLLENCE
CONSOLATRICE	MULTISERVICE	PULVÉRULENCE
LÉGISLATRICE	INDÉPENDANCE	INCONTINENCE
SPÉCULATRICE	SURABONDANCE	IMPERTINENCE
CALCULATRICE	EXTRAVAGANCE	TRANSPARENCE
DIFFAMATRICE	MICROBALANCE	INDIFFÉRENCE
DÉCLAMATRICE	RESSEMBLANCE	INTERFÉRENCE
RÉANIMATRICE	DISSEMBLANCE	NON-INGÉRENCE
RÉFORMATRICE	BIOVIGILANCE	COOCCURRENCE
INFORMATRICE	MALVEILLANCE	OMNIPRÉSENCE
PROFANATRICE	SURVEILLANCE	QUINTESSENCE
FASCINATRICE	SURBRILLANCE	INCOMPÉTENCE
EXAMINATRICE	TRANSHUMANCE	PRÉEXISTENCE
ÉLIMINATRICE	ACCOUTUMANCE	NON-EXISTENCE
DESSINATRICE	DÉCONTENANCÉ	PLAN-SÉQUENCE
ORDONNATRICE	APPARTENANCE	**PORT-AU-PRINCE**
DISSIPATRICE	INCONVENANCE	BANDE-ANNONCE
PRÉPARATRICE	PRÉDOMINANCE	LAURIER-SAUCE
PONDÉRATRICE	**DUBOIS-CRANCÉ**	GARDES-MALADE
COOPÉRATRICE	PROTUBÉRANCE	APPAREILLADE
INSPIRATRICE	BELLIGÉRANCE	TARTOUILLADE
PERFORATRICE	INTEMPÉRANCE	DÉGRINGOLADE
EXPLORATRICE	DÉSESPÉRANCE	LANCE-GRENADE
RÉALISATRICE	PERSÉVÉRANCE	PANTALONNADE
ÉGALISATRICE	**FORT-DE-FRANCE**	COUILLONNADE
UTILISATRICE	**MENDÈS FRANCE**	FANFARONNADE
IMPORTATRICE	BIENFAISANCE	**SCHÉHÉRAZADE**
EXPORTATRICE	COMPLAISANCE	**LA CALPRENÈDE**
DÉVASTATRICE	INSUFFISANCE	À L'ENCONTRE DE
DÉGUSTATRICE	CONNAISSANCE	PSYCHORIGIDE
COMMUTATRICE	DÉCROISSANCE	MACROSCÉLIDE
CULTIVATRICE	EXCROISSANCE	CHRYSOMÉLIDÉ
OBSERVATRICE	RÉJOUISSANCE	NICOTINAMIDE
PROSPECTRICE	MALTRAITANCE	CURCULIONIDÉ
CODIRECTRICE	CONCOMITANCE	PARATYPHOÏDE
ACUPONCTRICE	INADVERTANCE	HYPOCYCLOÏDE
ACUPUNCTRICE	ÉQUIDISTANCE	HYPERBOLOÏDE
DESTRUCTRICE	THERMISTANCE	TUBERCULOÏDE

HÉMIPTÉROÏDE	CHRYSOPHYCÉE	REPROGRAMMÉE
PARATHYROÏDE	**VICTOR-AMÉDÉE**	RÉACCOUTUMÉE
ANTHÉROZOÏDE	ENGUIRLANDÉE	INACCOUTUMÉE
DISACCHARIDE	DÉSAVANTAGÉE	**VOSNE-ROMANÉE**
EAST KILBRIDE	**MURRUMBIDGEE**	EXTEMPORANÉE
TRIGLYCÉRIDE	CONTREFICHÉE	**MÉDITERRANÉE**
POLYHOLOSIDE	ENCHEVAUCHÉE	TRANSCUTANÉE
NEUROPEPTIDE	ENCARTOUCHÉE	RACCOMPAGNÉE
VAN ARTEVELDE	**PARK CHUNG-HEE**	CONTRESIGNÉE
NON MARCHANDE	CATASTROPHÉE	DÉSENCHAÎNÉE
EST-ALLEMANDE	BRONCHORRHÉE	SURENTRAÎNÉE
TÉLÉCOMMANDE	DYSMÉNORRHÉE	DÉCONTAMINÉE
TÉLÉCOMMANDE	INDULGENCIÉE	INDÉTERMINÉE
RÉINTÉGRANDE	DIFFÉRENCIÉE	BRILLANTINÉE
TIMBRE-AMENDE	DISQUALIFIÉE	IMPARIPENNÉE
INTERFÉCONDE	PERSONNIFIÉE	CAPARAÇONNÉE
QUEUE-D'ARONDE	SACCHARIFIÉE	CHARANÇONNÉE
PHOTOCATHODE	AUTHENTIFIÉE	INSOUPÇONNÉE
PHOTOPÉRIODE	COMPLEXIFIÉE	DÉSAMIDONNÉE
BRANCHIOPODE	TÉLÉGRAPHIÉE	ÉBOURGEONNÉE
ARRIÈRE-GARDE	ÉCHOGRAPHIÉE	DÉCHIFFONNÉE
MONTBÉLIARDE	CADUCIFOLIÉE	PROVISIONNÉE
PANTOUFLARDE	DÉMULTIPLIÉE	DIMENSIONNÉE
VASOUILLARDE	INAPPROPRIÉE	DÉPASSIONNÉE
CONTAMINARDE	SUCCENTURIÉE	DÉMISSIONNÉE
BANLIEUSARDE	DIFFÉRENTIÉE	CONTUSIONNÉE
CÉPHALOCORDÉ	BRINGUEBALÉE	COLLATIONNÉE
BOURGANIAUDE	BRINQUEBALÉE	AFFECTIONNÉE
INCOMPLÉTUDE	**RIVIÈRE-SALÉE**	SÉLECTIONNÉE
INEXACTITUDE	DÉSASSEMBLÉE	CONDITIONNÉE
LUCAS DE LEYDE	EMBARDOUFLÉE	INTENTIONNÉE
FORMALDÉHYDE	ÉPOUSTOUFLÉE	ATTENTIONNÉE
ACÉTALDÉHYDE	DÉSINSTALLÉE	COMMOTIONNÉE
PALMATILOBÉE	ENTREBÂILLÉE	RÉCEPTIONNÉE
DÉSEMBOURBÉE	CRITICAILLÉE	DÉBÂILLONNÉE
BERBÉRIDACÉE	ENTRETAILLÉE	ÉMERILLONNÉE
DIOSCORÉACÉE	RETRAVAILLÉE	TOURILLONNÉE
SAXIFRAGACÉE	ENSOMMEILLÉE	AIGUILLONNÉE
EUPHORBIACÉE	RAPPAREILLÉE	BROUILLONNÉE
ANACARDIACÉE	DÉCONSEILLÉE	GRAVILLONNÉE
STERCULIACÉE	EMBOUTEILLÉE	MAQUIGNONNÉE
RENONCULACÉE	ÉCRABOUILLÉE	DÉCLOISONNÉE
CAMPANULACÉE	DÉPATOUILLÉE	SAUCISSONNÉE
VALÉRIANACÉE	GRATTOUILLÉE	EMPOISSONNÉE
BORRAGINACÉE	CONTRECOLLÉE	ŒILLETONNÉE
NYCTAGINACÉE	CARYOPHYLLÉE	SOUS-DÉCLARÉE
PAPILIONACÉE	DÉSACCOUPLÉE	SOUS-CALIBRÉE
ZINGIBÉRACÉE	DÉMANTIBULÉE	RÉÉQUILIBRÉE
GUTTIFÉRACÉE	IMMATRICULÉE	DÉSENCOMBRÉE
ŒNOTHÉRACÉE	DÉSARTICULÉE	RÉINCARCÉRÉE
CUCURBITACÉE	DÉSOPERCULÉE	DÉCONSIDÉRÉE
AUTOFINANCÉE	MALENGUEULÉE	RECONSIDÉRÉE
RÉENSEMENCÉE	TOURNEBOULÉE	INCONSIDÉRÉE
CONCURRENCÉE	DICARBONYLÉE	DÉPOUSSIÉRÉE
XANTHOPHYCÉE	DÉSENVENIMÉE	EMPOUSSIÉRÉE
BANGIOPHYCÉE	SURCOMPRIMÉE	DÉPHOSPHORÉE
CHLOROPHYCÉE	DÉPROGRAMMÉE	RÉINCORPORÉE

ENTRE-DÉVORÉE
CONTRECARRÉE
CHRONOMÉTRÉE
DÉCONCENTRÉE
RÉORCHESTRÉE
TRANSFIGURÉE
PEINTURLURÉE
ÉCHAUFFOURÉE
AUTOCENSURÉE
MANUFACTURÉE
CONTRACTURÉE
DÉSTRUCTURÉE
RESTRUCTURÉE
PORTRAITURÉE
STANDARDISÉE
CLOCHARDISÉE
HOMOGÉNÉISÉE
HIÉRARCHISÉE
CANNIBALISÉE
RADIOBALISÉE
SYNDICALISÉE
TROPICALISÉE
DÉFISCALISÉE
OFFICIALISÉE
DÉSOCIALISÉE
RESOCIALISÉE
MATÉRIALISÉE
MARGINALISÉE
CRIMINALISÉE
RÉGIONALISÉE
NATIONALISÉE
RATIONALISÉE
COMMUNALISÉE
DÉSACRALISÉE
THÉÂTRALISÉE
HOSPITALISÉE
IMMORTALISÉE
RÉACTUALISÉE
DÉSEXUALISÉE
FLEURDELISÉE
SOCIABILISÉE
CULPABILISÉE
RENTABILISÉE
DÉSTABILISÉE
CRÉDIBILISÉE
SENSIBILISÉE
FLEXIBILISÉE
INFANTILISÉE
SOUS-UTILISÉE
CRISTALLISÉE
DÉSATELLISÉE
AMÉRICANISÉE
EUROPÉANISÉE
DÉSORGANISÉE
DÉSHUMANISÉE
CHAMPAGNISÉE
DÉVIRGINISÉE

DÉSTALINISÉE
MASCULINISÉE
SYNCHRONISÉE
IMPATRONISÉE
ENTRECROISÉE
FAMILIARISÉE
DÉSCOLARISÉE
CIRCULARISÉE
VASCULARISÉE
SINGULARISÉE
PROLÉTARISÉE
SÉDENTARISÉE
CARACTÉRISÉE
SQUATTÉRISÉE
VERT-DE-GRISÉE
INFÉRIORISÉE
INTÉRIORISÉE
EXTÉRIORISÉE
DÉSECTORISÉE
MINIATURISÉE
DÉDRAMATISÉE
MATHÉMATISÉE
SYSTÉMATISÉE
ACHROMATISÉE
INFORMATISÉE
DÉMOCRATISÉE
ALPHABÉTISÉE
DÉBUDGÉTISÉE
DÉMAGNÉTISÉE
ADJECTIVISÉE
CONTROVERSÉE
INTERCLASSÉE
DÉCADENASSÉE
CONTRE-PASSÉE
DÉSENCRASSÉE
TRANSGRESSÉE
SÉNÉCHAUSSÉE
MARÉCHAUSSÉE
TÉLÉDIFFUSÉE
ÉLECTROLYSÉE
DÉPHOSPHATÉE
BICARBONATÉE
DÉCONTRACTÉE
PRÉRETRAITÉE
SUREXPLOITÉE
DÉSENCHANTÉE
ENSANGLANTÉE
ÉBOUILLANTÉE
TRANSPLANTÉE
CONTINGENTÉE
DÉFRAGMENTÉE
ENRÉGIMENTÉE
SURALIMENTÉE
COMPLIMENTÉE
EXPÉRIMENTÉE
INSTRUMENTÉE
CONTREVENTÉE

COURT-JOINTÉE
DÉSAPPOINTÉE
TARABISCOTÉE
REMMAILLOTÉE
ENTRE-HEURTÉE
DÉSINCRUSTÉE
ÉLECTROCUTÉE
TRANSBAHUTÉE
CAOUTCHOUTÉE
REDISTRIBUÉE
DÉSENVERGUÉE
PRÉFABRIQUÉE
SOPHISTIQUÉE
PRONOSTIQUÉE
ENCAUSTIQUÉE
DÉMOUSTIQUÉE
ENTRECHOQUÉE
RECONSTITUÉE
SUBSTANTIVÉE
DÉSAPPROUVÉE
SOUS-EMPLOYÉE
HÉTÉROGREFFE
RESURCHAUFFE
RESURCHAUFFÉ
AMOURS-EN-CAGE
AUTOAMORÇAGE
RADIOGUIDAGE
MILLERANDAGE
DÉVERGONDAGE
RADIOSONDAGE
RACCOMMODAGE
BAGUENAUDAGE
BOURG-DE-PÉAGE
PRÉCHAUFFAGE
CUPROALLIAGE
FERROALLIAGE
SUPERALLIAGE
INVENTORIAGE
BOURSOUFLAGE
DÉSHABILLAGE
APPAREILLAGE
ESTAMPILLAGE
ENFANTILLAGE
ENTORTILLAGE
ACCASTILLAGE
GRIBOUILLAGE
BREDOUILLAGE
GRENOUILLAGE
DÉBROUILLAGE
EMBROUILLAGE
VERROUILLAGE
DÉMAQUILLAGE
MORIANI-PLAGE
BLACKBOULAGE
AUTOALLUMAGE
MATRILIGNAGE
PATRILIGNAGE

INTERLIGNAGE	FROTTE-MANCHE	ALLERGOLOGIE
DÉGASOLINAGE	PTÉROBRANCHE	ORNITHOLOGIE
DÉGAZOLINAGE	PROSOBRANCHE	ASSYRIOLOGIE
DÉCALAMINAGE	**VILLEFRANCHE**	SÉMASIOLOGIE
TAMBOURINAGE	TOURNEBROCHE	PHTISIOLOGIE
EMMAGASINAGE	DOUBLE-CROCHE	VEXILLOLOGIE
ANTIPATINAGE	**PONT-DE-L'ARCHE**	DACTYLOLOGIE
BARAGOUINAGE	CONTREMARCHE	VICTIMOLOGIE
DAMASQUINAGE	OISEAU-MOUCHE	VOLCANOLOGIE
BADIGEONNAGE	BATEAU-MOUCHE	VULCANOLOGIE
DÉPIGEONNAGE	TOUCHE-TOUCHE	CARCINOLOGIE
PARANGONNAGE	**VAN DEN BERGHE**	CRIMINOLOGIE
PAPILLONNAGE	MUSICOGRAPHE	TERMINOLOGIE
DÉBOULONNAGE	LEXICOGRAPHE	BIOTYPOLOGIE
LANTIPONNAGE	BIBLIOGRAPHE	CANCÉROLOGIE
DÉBOUTONNAGE	FLUVIOGRAPHE	MÉTÉOROLOGIE
PATTINSONAGE	CINÉMOGRAPHE	ÉLECTROLOGIE
FLUOTOURNAGE	SÉISMOGRAPHE	DENTUROLOGIE
PLANIMÉTRAGE	MÉCANOGRAPHE	ESCHATOLOGIE
MOYEN-MÉTRAGE	OCÉANOGRAPHE	CLIMATOLOGIE
COURT-MÉTRAGE	BÉLINOGRAPHE	PRIMATOLOGIE
ROBERT LE SAGE	CHRONOGRAPHE	STOMATOLOGIE
BLANCHISSAGE	CORONOGRAPHE	DERMATOLOGIE
DÉGARNISSAGE	GLOSSOGRAPHE	RHUMATOLOGIE
DÉCRÉPISSAGE	CRYPTOGRAPHE	THANATOLOGIE
RECRÉPISSAGE	**SAINT-ESTÈPHE**	DIABÉTOLOGIE
ÉQUARRISSAGE	HÉTÉROTROPHE	COSMÉTOLOGIE
ATTERRISSAGE	PLÉSIOMORPHE	PLANÉTOLOGIE
EMBOUTISSAGE	ALLÉLOMORPHE	HERPÉTOLOGIE
SERFOUISSAGE	HÉTÉROMORPHE	SCIENTOLOGIE
AIGUILLETAGE	**GRANDE-SYNTHE**	GÉRONTOLOGIE
DÉCHIQUETAGE	**SAINTE-MARTHE**	CHRISTOLOGIE
DÉCLIQUETAGE	PORTE-MONNAIE	RÉFLEXOLOGIE
ENCLIQUETAGE	QUASI-MONNAIE	BOOGIE-WOOGIE
DÉSAMIANTAGE	BAMBOUSERAIE	MINÉRALURGIE
TÉLÉPOINTAGE	FRANCOPHOBIE	BRADYPSYCHIE
PHOTOMONTAGE	ÉREUTOPHOBIE	TACHYPSYCHIE
BOURSICOTAGE	OSTÉOMALACIE	GAMMAGRAPHIE
DÉBALLASTAGE	MÉLITOCOCCIE	CHORÉGRAPHIE
PUBLIPOSTAGE	RHABDOMANCIE	CHORÉGRAPHIÉ
ESQUIMAUTAGE	TRAGI-COMÉDIE	CALLIGRAPHIE
CHOUCHOUTAGE	ENCYCLOPÉDIE	CALLIGRAPHIÉ
VAPOCRAQUAGE	TÉTRAPLOÏDIE	DISCOGRAPHIE
MULTIPLEXAGE	DEXTROCARDIE	VIDÉOGRAPHIE
BOULE-DE-NEIGE	RAGAILLARDIE	PALÉOGRAPHIE
BLANCHE-NEIGE	DÉSHUMIDIFIÉ	MUSÉOGRAPHIE
LIBRE-ÉCHANGE	ONYCHOPHAGIE	LITHOGRAPHIE
MÉTHYLORANGE	BLENNORRAGIE	LITHOGRAPHIÉ
CAPSULE-CONGÉ	QUADRIPLÉGIE	ORTHOGRAPHIÉ
BLANKENBERGE	GÉOSTRATÉGIE	RADIOGRAPHIE
PRINCE GEORGE	RADICULALGIE	RADIOGRAPHIÉ
ARRIÈRE-GORGE	FIBROMYALGIE	HAGIOGRAPHIE
SOUTIEN-GORGE	NÉONATALOGIE	ANGIOGRAPHIE
RIVIÈRE ROUGE	AMPHIBOLOGIE	HÉLIOGRAPHIE
PIEDS-DE-BICHE	MÉTHODOLOGIE	MYÉLOGRAPHIE
PARAVALANCHE	PHRASÉOLOGIE	SOÛLOGRAPHIE
FOLLE-BLANCHE	LARYNGOLOGIE	FILMOGRAPHIE

MAMMOGRAPHIE	STÉRÉOCHIMIE	ARTHROSCOPIE
DERMOGRAPHIE	THERMOCHIMIE	EMBRYOSCOPIE
COSMOGRAPHIE	**SAINTE-ENIMIE**	LYCANTHROPIE
SCANOGRAPHIE	PANOPHTALMIE	MISANTHROPIE
SCÉNOGRAPHIE	XÉROPHTALMIE	NÉGUENTROPIE
STÉNOGRAPHIE	MÉSOÉCONOMIE	GALVANOTYPIE
STÉNOGRAPHIÉ	OVARIECTOMIE	**ANTOINE-MARIE**
ETHNOGRAPHIE	SPLÉNECTOMIE	**ROISSY-EN-BRIE**
REMNOGRAPHIE	LAMINECTOMIE	PROTÉRANDRIE
ICONOGRAPHIE	NÉPHRECTOMIE	MITOCHONDRIE
PORNOGRAPHIE	GASTRECTOMIE	PÉNITENCERIE
MACROGRAPHIE	GLOSSECTOMIE	TAILLANDERIE
MICROGRAPHIE	SYNOVECTOMIE	PUDIBONDERIE
HYDROGRAPHIE	THORACOTOMIE	ESCOBARDERIE
REPROGRAPHIE	TRACHÉOTOMIE	CONCIERGERIE
REPROGRAPHIÉ	LARYNGOTOMIE	**CONCIERGERIE**
PÉTROGRAPHIE	ARTÉRIOTOMIE	CARTOUCHERIE
PICTOGRAPHIE	MÉLANODERMIE	FORÊT-GALERIE
PHOTOGRAPHIE	SCLÉRODERMIE	MARÉCHALERIE
PHOTOGRAPHIÉ	HOMÉOTHERMIE	ÉCORNIFLERIE
CARTOGRAPHIE	HYPERTHERMIE	PANTOUFLERIE
CARTOGRAPHIÉ	**CISLEITHANIE**	CRISTALLERIE
FLEXOGRAPHIE	DÉCALCOMANIE	CHANCELLERIE
PHILADELPHIE	ARITHMOMANIE	BOURRELLERIE
HYPERTROPHIE	COCAÏNOMANIE	VAISSELLERIE
HYPERTROPHIÉ	HÉROÏNOMANIE	BOISSELLERIE
SAINTE-SOPHIE	POSTÉROMANIE	CHAMAILLERIE
RONCHOPATHIE	LITTÉROMANIE	BOUTEILLERIE
PSYCHOPATHIE	**TRANSYLVANIE**	CAPITAINERIE
CARDIOPATHIE	**PENNSYLVANIE**	MAROQUINERIE
PNEUMOPATHIE	MÉTALLOGÉNIE	CHARBONNERIE
ENZYMOPATHIE	NEURASTHÉNIE	BOUFFONNERIE
RÉTINOPATHIE	THROMBOPÉNIE	POLTRONNERIE
NÉPHROPATHIE	OLIGOPHRÉNIE	POISSONNERIE
ARTHROPATHIE	HIPPOTECHNIE	GLOUTONNERIE
NATUROPATHIE	QUADRIPHONIE	CONFITURERIE
EMBRYOPATHIE	FRANCOPHONIE	JAPONAISERIE
KARAKALPAKIE	STÉRÉOPHONIE	VIENNOISERIE
TALKIE-WALKIE	PHILHARMONIE	SOURNOISERIE
ANENCÉPHALIE	AMPHICTYONIE	PAPERASSERIE
ACROCÉPHALIE	PROTÉROGYNIE	BONDIEUSERIE
FRANCOPHILIE	**ALIX DE SAVOIE**	CHOCOLATERIE
BIBLIOPHILIE	BÊTATHÉRAPIE	MYCOBACTÉRIE
SPASMOPHILIE	PUVATHÉRAPIE	MOUSQUETERIE
SCRIPOPHILIE	ALGOTHÉRAPIE	MANÉCANTERIE
ENORGUEILLIE	ERGOTHÉRAPIE	FERBLANTERIE
SURMULTIPLIÉ	GÉNOTHÉRAPIE	PLAISANTERIE
NON ACCOMPLIE	SÉROTHÉRAPIE	CHARPENTERIE
PLŒUC-SUR-LIÉ	MÉSOTHÉRAPIE	BIMBELOTERIE
POLYGLOBULIE	SEXOTHÉRAPIE	ROBINETTERIE
POLYDACTYLIE	CRYOTHÉRAPIE	GIROUETTERIE
SIPHONOGAMIE	ÉLECTROCOPIE	POLITIQUERIE
HYPOCALCÉMIE	STROBOSCOPIE	HÉTÉROPHORIE
HYPOGLYCÉMIE	STÉRÉOSCOPIE	VÉLOCIMÉTRIE
HYPOKALIÉMIE	CŒLIOSCOPIE	ALCALIMÉTRIE
HYPERLIPÉMIE	COLONOSCOPIE	POLARIMÉTRIE
HYPONATRÉMIE	LAPAROSCOPIE	CALORIMÉTRIE

COLORIMÉTRIE	STÉGOCÉPHALE	INEXPLICABLE
TACHÉOMÉTRIE	MACROCÉPHALE	COMMUNICABLE
STÉRÉOMÉTRIE	MICROCÉPHALE	INEXTRICABLE
PSYCHOMÉTRIE	ANDROCÉPHALE	IMPRATICABLE
PLUVIOMÉTRIE	HYDROCÉPHALE	DOMESTICABLE
THERMOMÉTRIE	LEPTOCÉPHALE	INFLUENÇABLE
ACTINOMÉTRIE	PHILOSOPHALE	INDÉFENDABLE
CHRONOMÉTRIE	MULTIRACIALE	INACCORDABLE
CHLOROMÉTRIE	INTERRACIALE	ENVISAGEABLE
TRANSNISTRIE	ENDOTHÉLIALE	RECHARGEABLE
BIO-INDUSTRIE	MATRIMONIALE	INCHAUFFABLE
LE ROY LADURIE	PATRIMONIALE	IRRÉFRAGABLE
SCHIZOPHASIE	TESTIMONIALE	IRRÉMÉDIABLE
PHANTASMASIE	PARTICIPIALE	**MARE AU DIABLE**
RADIESTHÉSIE	PARTENARIALE	SIMPLIFIABLE
CŒNESTHÉSIE	DICTATORIALE	SAPONIFIABLE
HYPOESTHÉSIE	DIRECTORIALE	INVÉRIFIABLE
PALINGÉNÉSIE	TERRITORIALE	ÉMULSIFIABLE
ANAPHRODISIE	SEIGNEURIALE	QUANTIFIABLE
STÉRÉOGNOSIE	AÉROSPATIALE	IDENTIFIABLE
LITHOTRIPSIE	NIVO-PLUVIALE	MULTIPLIABLE
CHROMATOPSIE	HEXADÉCIMALE	DISSEMBLABLE
HYPERACOUSIE	SEXAGÉSIMALE	RENOUVELABLE
PHYSIOCRATIE	ORTHONORMALE	INDÉRÉGLABLE
PHALLOCRATIE	RHUMATISMALE	INDÉCOLLABLE
TECHNOCRATIE	CATACLYSMALE	INÉBRANLABLE
MÉRITOCRATIE	SADIQUE-ANALE	INCONSOLABLE
ARISTOCRATIE	ATTITUDINALE	INCALCULABLE
PLOUTOCRATIE	USTILAGINALE	INCOAGULABLE
BUREAUCRATIE	QUADRIENNALE	INEXPRIMABLE
CHIROPRACTIE	QUINQUENNALE	PROGRAMMABLE
CONTREPARTIE	DODÉCAGONALE	INDÉFORMABLE
CHARTE-PARTIE	MONOCAMÉRALE	IRRÉFORMABLE
ENTRÉE-SORTIE	NYCTHÉMÉRALE	INSOUTENABLE
OSTÉOPLASTIE	ÉQUILATÉRALE	INEXPUGNABLE
ANGIOPLASTIE	PRESBYTÉRALE	INIMAGINABLE
MAMMOPLASTIE	ANTISUDORALE	INDÉCLINABLE
RHINOPLASTIE	COXO-FÉMORALE	INCRIMINABLE
GYNÉCOMASTIE	SUCCESSORALE	DÉTERMINABLE
ASSURANCE-VIE	PROFESSORALE	INTERMINABLE
RADIOGALAXIE	PRÉFECTORALE	SOUPÇONNABLE
PROTOGALAXIE	**ASIE CENTRALE**	ÉMOTIONNABLE
TROPHALLAXIE	COMMISSURALE	DÉVELOPPABLE
BANDARANAIKE	CARICATURALE	INEXTIRPABLE
PARAMÉDICALE	CONJECTURALE	INCOMPARABLE
CHIRURGICALE	**GRAND LAC SALÉ**	CONSIDÉRABLE
SUBTROPICALE	TRANSVERSALE	IMPONDÉRABLE
OBSTÉTRICALE	PLURICAUSALE	TRANSFÉRABLE
GRAMMATICALE	SOUS-ORBITALE	INVULNÉRABLE
HÉMORROÏDALE	LABIODENTALE	DÉCHIFFRABLE
ELLIPSOÏDALE	FONDAMENTALE	INCHIFFRABLE
TRAPÉZOÏDALE	SENTIMENTALE	RÉINTÉGRABLE
MÉDICO-LÉGALE	CONTINENTALE	INDÉCHIRABLE
GLOBICÉPHALE	INTERCOSTALE	IRRESPIRABLE
TÉLENCÉPHALE	ÉQUIPROBABLE	INCHAVIRABLE
MÉSENCÉPHALE	HYPOTHÉCABLE	INEXPLORABLE
MÉTENCÉPHALE	INAPPLICABLE	INCORPORABLE

IMPÉNÉTRABLE	INTELLIGIBLE	PASSIONNELLE
STRUCTURABLE	INCORRIGIBLE	FICTIONNELLE
MANŒUVRABLE	INDISPONIBLE	ÉMOTIONNELLE
IRRÉALISABLE	IMPRÉVISIBLE	FLEXIONNELLE
FERTILISABLE	INEXTENSIBLE	RHYNCHONELLE
RÉUTILISABLE	INEXPLOSIBLE	MAGNANARELLE
INUTILISABLE	IRRÉVERSIBLE	INTEMPORELLE
SATELLISABLE	INACCESSIBLE	INCORPORELLE
ALCOOLISABLE	COMPRESSIBLE	SURNATURELLE
INDEMNISABLE	INADMISSIBLE	STRUCTURELLE
SCOLARISABLE	IRRÉMISSIBLE	BICULTURELLE
PULVÉRISABLE	INCOMPATIBLE	MADEMOISELLE
INDÉFRISABLE	INDÉFECTIBLE	ACCIDENTELLE
ÉLECTRISABLE	IRRÉDUCTIBLE	**PLOUGASTELLE**
PRIVATISABLE	DESTRUCTIBLE	INDIVIDUELLE
MAGNÉTISABLE	DESCRIPTIBLE	TRISANNUELLE
PALETTISABLE	INSCRIPTIBLE	TÉLÉVISUELLE
JUXTAPOSABLE	CONTEMPTIBLE	CONSENSUELLE
DÉCOMPOSABLE	CONSOMPTIBLE	INHABITUELLE
RECOMPOSABLE	IRRÉSISTIBLE	CONVENTUELLE
SUPERPOSABLE	SOUS-ENSEMBLE	CONCEPTUELLE
TRANSPOSABLE	HYDROSOLUBLE	CONTEXTUELLE
REMBOURSABLE	INDISSOLUBLE	HOMOSEXUELLE
AUTOCASSABLE	DÉSENSORCELÉ	EMMOUSCAILLÉ
INDÉPASSABLE	PLAQUE-MODÈLE	CRAPAUDAILLE
CONNAISSABLE	TRIRECTANGLE	BOUSTIFAILLE
INSALISSABLE	COLOMBOPHILE	COCHONNAILLE
DÉFINISSABLE	MYRMÉCOPHILE	CARTON-PAILLE
INFROISSABLE	AQUARIOPHILE	DÉPOITRAILLÉ
INTARISSABLE	GERMANOPHILE	CONTRE-TAILLE
IMPÉRISSABLE	HALTÉROPHILE	PINCE-OREILLE
AMORTISSABLE	ÉLECTROPHILE	PERCE-OREILLE
INANALYSABLE	**MARCY-L'ÉTOILE**	BELLE-FAMILLE
HYDROLYSABLE	LANCE-MISSILE	SUPERFAMILLE
ACCLIMATABLE	TRINQUEBALLE	SEMI-CHENILLÉ
INDÉTECTABLE	ARRIÈRE-SALLE	AUTOCHENILLE
SUREXCITABLE	**CINTEGABELLE**	**BELLEFEUILLE**
ÉPOUVANTABLE	SACS-POUBELLE	MILLE-FEUILLE
FRÉQUENTABLE	DINOFLAGELLÉ	**AIGREFEUILLE**
INRACONTABLE	ROMANICHELLE	PORTEFEUILLE
INDÉMONTABLE	ARTIFICIELLE	HÉLITREUILLÉ
INACCEPTABLE	TENDANCIELLE	CARAMBOUILLE
NON COMPTABLE	CÉRÉMONIELLE	DÉBARBOUILLÉ
MAINMORTABLE	POSTSÉRIELLE	EMBARBOUILLÉ
INEXÉCUTABLE	IMMATÉRIELLE	PATTEMOUILLE
INDISCUTABLE	CATÉGORIELLE	DÉVERROUILLÉ
INCOMMUTABLE	SEMESTRIELLE	TRIPATOUILLÉ
TRANSMUTABLE	BIMESTRIELLE	**BERZÉ-LA-VILLE**
CONTRIBUABLE	INDUSTRIELLE	**COMBS-LA-VILLE**
DISTRIBUABLE	TANGENTIELLE	**LÉOPOLDVILLE**
DISTINGUABLE	SAPIENTIELLE	**FRANCHEVILLE**
INATTAQUABLE	TORRENTIELLE	**VIEILLEVILLE**
SUBSTITUABLE	SÉQUENTIELLE	**LORETTEVILLE**
INCONCEVABLE	VALÉRIANELLE	**BARAQUEVILLE**
INCULTIVABLE	POLICHINELLE	**LANEUVEVILLE**
INOBSERVABLE	**POLICHINELLE**	BAISE-EN-VILLE
INEMPLOYABLE	PULSIONNELLE	**BOUGAINVILLE**

FRANCONVILLE	LYMPHANGIOME	PANISLAMISME
ERMENONVILLE	RUINES-DE-ROME	ANGLICANISME
BOURNONVILLE	HÉTÉROTHERME	GALLICANISME
JACKSONVILLE	HAUTS-DE-FORME	AMÉRICANISME
CANY-BARVILLE	COLUMBIFORME	HOOLIGANISME
BOUCHERVILLE	CORACIIFORME	HOULIGANISME
ORLÉANSVILLE	CICONIIFORME	CANADIANISME
SARTROUVILLE	LAMELLIFORME	PÉLAGIANISME
STANLEYVILLE	CAMPANIFORME	HÉGÉLIANISME
LAMELLÉ-COLLÉ	CHOLÉRIFORME	SOCINIANISME
CHANTIGNOLLE	PASSÉRIFORME	ARMINIANISME
XANTHOPHYLLE	CRATÉRIFORME	PARISIANISME
SCLÉROPHYLLE	ENTHOUSIASME	ADOPTIANISME
CHLOROPHYLLE	ENTHOUSIASMÉ	LUTHÉRANISME
HOLOMÉTABOLE	MITHRIACISME	CULTÉRANISME
VITIVINICOLE	CATHOLICISME	ORTHOGÉNISME
DULÇAQUICOLE	FLANDRICISME	PHÉNOMÉNISME
MICROALVÉOLE	HISTORICISME	DÉTERMINISME
SAINT-GUÉNOLÉ	DOMESTICISME	BYZANTINISME
EXTRASYSTOLE	AGNOSTICISME	AUGUSTINISME
SOUS-MULTIPLE	SPONTANÉISME	CLOISONNISME
MAÎTRE-COUPLE	ÉCLAIRAGISME	HISTRIONISME
THERMOCOUPLE	ESCLAVAGISME	ANACHRONISME
CONCILIABULE	MOTONEIGISME	SYNCHRONISME
TINTINNABULÉ	SOCIOLOGISME	ISOCHRONISME
POINT-VIRGULE	BIOMORPHISME	OPPORTUNISME
EN CUL-DE-POULE	ZOOMORPHISME	POLYCHROÏSME
PIEDS-DE-POULE	ISOMORPHISME	MILLÉNARISME
PENTADACTYLE	PROGNATHISME	CARBONARISME
ARTIODACTYLE	MÉGALITHISME	ÉGALITARISME
PTÉRODACTYLE	MONOLITHISME	UTILITARISME
VACCINOSTYLE	CANNIBALISME	VOLONTARISME
CROQUE-MADAME	SYNDICALISME	CONSUMÉRISME
AUTOPROCLAMÉ	CLÉRICALISME	CATHÉTÉRISME
CAPROLACTAME	PHYSICALISME	GANGSTÉRISME
CHRYSANTHÈME	COLONIALISME	PYTHAGORISME
MILLIARDIÈME	IMPÉRIALISME	GONOCHORISME
CINQUANTIÈME	MATÉRIALISME	BÉHAVIORISME
COMBIENTIÈME	MARGINALISME	GÉOCENTRISME
ARCHIPHONÈME	RÉGIONALISME	ÉGOCENTRISME
TÉTRADRACHME	NATIONALISME	ZOROASTRISME
COLOGARITHME	RATIONALISME	AGRITOURISME
QUADRAGÉSIME	PATERNALISME	PROGRESSISME
SEPTUAGÉSIME	PASTORALISME	MONOPHYSISME
VALÈRE MAXIME	THÉÂTRALISME	SUPRÉMATISME
SAINTE-MAXIME	CULTURALISME	APRAGMATISME
ORGANIGRAMME	HOSPITALISME	ASTIGMATISME
STÉRÉOGRAMME	ORIENTALISME	AGRAMMATISME
TRICHOGRAMME	MOTOCYCLISME	ACHROMATISME
SPERMOGRAMME	MONOTHÉLISME	COMPARATISME
ORDINOGRAMME	PARALLÉLISME	COOPÉRATISME
BÉLINOGRAMME	CLIENTÉLISME	CORPORATISME
CHRONOGRAMME	PROBABILISME	ALPHABÉTISME
PRÉPROGRAMMÉ	INFANTILISME	PROXÉNÉTISME
LOI-PROGRAMME	BIMÉTALLISME	MILITANTISME
CRYPTOGRAMME	TRAVAILLISME	IRRÉDENTISME
OSTÉOSARCOME	POINTILLISME	PENTECÔTISME

AUTOÉROTISME	**TRIPOLITAINE**	VASOPRESSINE
BONAPARTISME	**PALERMITAINE**	ESTUDIANTINE
MONOPARTISME	**ELF AQUITAINE**	FEUILLANTINE
MOTONAUTISME	CINQUANTAINE	LACTOFLAVINE
PARACHUTISME	**BEAUFORTAINE**	**SAINTE-SAVINE**
PROSÉLYTISME	**BRUNTRUTAINE**	PHALLOTOXINE
KIMBANGUISME	TRANSYLVAINE	NEWSMAGAZINE
PÉTRARQUISME	**TRANSYLVAINE**	**ETCHMIADZINE**
EXCLUSIVISME	DEMI-DOUZAINE	VILLEURBANNE
OBJECTIVISME	PROTHROMBINE	ÉLECTROVANNE
DIRECTIVISME	TÉLÉMÉDECINE	PROMÉTHÉENNE
PRIMITIVISME	TYROTHRICINE	**LOUVIGNÉENNE**
COGNITIVISME	MOUDJAHIDINE	**LANDERNÉENNE**
MACCARTHYSME	CANTHARIDINE	NORD-CORÉENNE
ROI-GUILLAUME	**CHARLIANDINE**	**NORD-CORÉENNE**
PRESSE-AGRUME	PÉRIGOURDINE	**ARGENTRÉENNE**
DÉSACCOUTUMÉ	**PÉRIGOURDINE**	ZIMBABWÉENNE
SCLÉRENCHYME	FLUORESCÉINE	**ZIMBABWÉENNE**
ANTHROPONYME	**BOURG-LA-REINE**	**LOUDÉACIENNE**
POLYURÉTHANE	**HAUTS-DE-SEINE**	**BONIFACIENNE**
MORPHINOMANE	**BRAY-SUR-SEINE**	**SPANIACIENNE**
BALLETTOMANE	**IVRY-SUR-SEINE**	PHARMACIENNE
CYCLOPENTANE	HOLOPROTÉINE	**SPARNACIENNE**
AUTOCARAVANE	LIPOPROTÉINE	**MORTUACIENNE**
ANTIONCOGÈNE	TURBOMACHINE	THERMICIENNE
TRYPSINOGÈNE	ENDOMORPHINE	MÉCANICIENNE
DÉSHYDROGÉNÉ	TÉRÉBENTHINE	ORGANICIENNE
PRINCE EUGÈNE	**KOUROPATIKINE**	TECHNICIENNE
SAINTE-HÉLÈNE	INTERLEUKINE	**BÉDARICIENNE**
POLYÉTHYLÈNE	**SIKHOTE-ALINE**	THÉORICIENNE
ÉPIPHÉNOMÈNE	TÉTRACYCLINE	GÉNÉTICIENNE
ISAAC COMNÈNE	GIBBÉRELLINE	POLITICIENNE
SCHIZOPHRÈNE	UNIVITELLINE	ROBOTICIENNE
PHÉNANTHRÈNE	THÉOPHYLLINE	PLASTICIENNE
NITROBENZÈNE	PICROCHOLINE	ORDOVICIENNE
BÂLE-CAMPAGNE	INDISCIPLINE	**LUDOVICIENNE**
CORMONTAIGNE	INDISCIPLINÉ	**JOTRANCIENNE**
RIBON-RIBAINE	POLYVITAMINE	**BALGENCIENNE**
INTERURBAINE	PRÉDÉTERMINÉ	**SÉDÉLOCIENNE**
MOZAMBICAINE	SURDÉTERMINÉ	**COMMERCIENNE**
MOZAMBICAINE	LACTALBUMINE	CISTERCIENNE
RÉPUBLICAINE	PHYCOCYANINE	**MONTMÉDIENNE**
COSTARICAINE	**ANNA KARENINE**	XIPHOÏDIENNE
COSTARICAINE	**SAINT-ANTOINE**	STÉROÏDIENNE
SUD-AFRICAINE	HÉLIOTROPINE	CHOROÏDIENNE
SUD-AFRICAINE	CRISTE-MARINE	THYROÏDIENNE
PANAFRICAINE	**TCHITCHERINE**	DELTOÏDIENNE
EURAFRICAINE	INTRA-UTÉRINE	MASTOÏDIENNE
PORTORICAINE	EXTRA-UTÉRINE	CAROTIDIENNE
PORTORICAINE	MONTÉNÉGRINE	PAROTIDIENNE
FRANCISCAINE	**MONTÉNÉGRINE**	**ROMUALDIENNE**
DEMI-MONDAINE	CICLOSPORINE	**NIDWALDIENNE**
DUODÉCIMAINE	CYCLOSPORINE	AMÉRINDIENNE
GRÉCO-ROMAINE	LÈCHE-VITRINE	**VILLARDIENNE**
GALLO-ROMAINE	NOIRMOUTRINE	**CAP-VERDIENNE**
INTERHUMAINE	**ANGOUMOISINE**	CAPVERDIENNE
RAMBOLITAINE	ANGIOTENSINE	**CAPVERDIENNE**

CAMBODGIENNE	**RIPAGÉRIENNE**	**VAILLYSIENNE**
CAMBODGIENNE	**COLUMÉRIENNE**	**KIRIBATIENNE**
PHARYNGIENNE	JUPITÉRIENNE	**NANTUATIENNE**
THÉOLOGIENNE	MOUSTÉRIENNE	**SAINT-ÉTIENNE**
CHIRURGIENNE	**LAPRAIRIENNE**	**TRÉVOLTIENNE**
AUTRICHIENNE	VOLTAIRIENNE	LAURENTIENNE
AUTRICHIENNE	CALVAIRIENNE	**LAURENTIENNE**
CORINTHIENNE	ÉQUATORIENNE	GRAVETTIENNE
CORINTHIENNE	**ÉQUATORIENNE**	DJIBOUTIENNE
HELSINKIENNE	NANTERRIENNE	**DJIBOUTIENNE**
BANGKOKIENNE	BELLÉTRIENNE	ALGONQUIENNE
CENTRALIENNE	**ASBESTRIENNE**	**SARAJÉVIENNE**
AUSTRALIENNE	**VALLAURIENNE**	**THURGOVIENNE**
AUSTRALIENNE	**IMERCURIENNE**	**TRIFLUVIENNE**
THESSALIENNE	**OCTODURIENNE**	**OYONNAXIENNE**
THESSALIENNE	ÉPINEURIENNE	KOLKHOZIENNE
VÉGÉTALIENNE	PASTEURIENNE	**MANAGUAYENNE**
FRŒBÉLIENNE	FAUBOURIENNE	PARAGUAYENNE
FRANCILIENNE	**AMADOURIENNE**	**PARAGUAYENNE**
FRANCILIENNE	**COUTRASIENNE**	CONCITOYENNE
BERJALLIENNE	**ARGELÉSIENNE**	FRANC-MAÇONNE
NOGAROLIENNE	**CHALLÉSIENNE**	INSUBORDONNÉ
CRISTOLIENNE	MÉLANÉSIENNE	MAIGRICHONNE
SURINAMIENNE	**MÉLANÉSIENNE**	DÉCAPUCHONNÉ
VIETNAMIENNE	INDONÉSIENNE	ENCAPUCHONNÉ
VIETNAMIENNE	**INDONÉSIENNE**	ENDIVISIONNÉ
BAIE-COMIENNE	POLYNÉSIENNE	CONVULSIONNÉ
ÉPICRÂNIENNE	**POLYNÉSIENNE**	PRÉPENSIONNÉ
POMÉRANIENNE	CAMBRÉSIENNE	CONTORSIONNÉ
SOSTRANIENNE	**CAMBRÉSIENNE**	IMPRESSIONNÉ
LUSITANIENNE	**CAUDRÉSIENNE**	COMMISSIONNÉ
LUSITANIENNE	ROUBAISIENNE	SOUMISSIONNÉ
TYRRHÉNIENNE	CARHAISIENNE	CONFECTIONNÉ
BAHREÏNIENNE	**CHALAISIENNE**	PERFECTIONNÉ
APOLLINIENNE	**MORLAISIENNE**	COLLECTIONNÉ
ABYSSINIENNE	**STENAISIENNE**	REPOSITIONNÉ
ABYSSINIENNE	**AULNAISIENNE**	SUSMENTIONNÉ
RIEMANNIENNE	**CHABLISIENNE**	SUBVENTIONNÉ
MANSONNIENNE	**FOURMISIENNE**	CONVENTIONNÉ
PHARAONIENNE	**VALDOISIENNE**	PROPORTIONNÉ
BOURBONIENNE	**PONTOISIENNE**	SUGGESTIONNÉ
MACÉDONIENNE	**MARQUISIENNE**	CONGESTIONNÉ
MACÉDONIENNE	CIRCASSIENNE	PRÉCAUTIONNÉ
CALÉDONIENNE	**CIRCASSIENNE**	RÉVOLUTIONNÉ
CALÉDONIENNE	**GENNASSIENNE**	TOURBILLONNÉ
PYRRHONIENNE	PARNASSIENNE	**VOUVRILLONNE**
BABYLONIENNE	PAROISSIENNE	ÉTRÉSILLONNÉ
SPARNONIENNE	**VIGNEUSIENNE**	ÉCOUVILLONNÉ
ÉTATS-UNIENNE	MALTHUSIENNE	**GROIZILLONNE**
ÉTATS-UNIENNE	VAUCLUSIENNE	**HAUTE-GARONNE**
CORONARIENNE	**VAUCLUSIENNE**	**LOT-ET-GARONNE**
VÉGÉTARIENNE	**TOURNUSIENNE**	DÉCHAPERONNÉ
ANTIAÉRIENNE	**MULHOUSIENNE**	SEMI-CONSONNE
ILLIBÉRIENNE	**CONDRUSIENNE**	PÈSE-PERSONNE
CHAMBÉRIENNE	**VIBRAYSIENNE**	PAILLASSONNÉ
DÉSIDÉRIENNE	**FERNEYSIENNE**	REMPOISSONNÉ
LUCIFÉRIENNE	**ANDELYSIENNE**	**FLEURIATONNE**

CHEF-BOUTONNE
ANGLO-SAXONNE
ANGLO-SAXONNE
PONT-SUR-YONNE
PORT-SUR-SAÔNE
RADIOCARBONE
HYDROCARBONÉ
DICOTYLÉDONE
MÉTALLOPHONE
LAMELLOPHONE
GERMANOPHONE
HISPANOPHONE
BERBÉROPHONE
ÉLECTROPHONE
MAGNÉTOPHONE
CÔTES-DU-RHÔNE
PHYTOHORMONE
PARATHORMONE
HYDROQUINONE
PROGESTÉRONE
TESTOSTÉRONE
GÉOSYNCHRONE
SEINE-ET-MARNE
ULTRAMODERNE
HYDRE DE LERNE
WAGON-CITERNE
AVION-CITERNE
ATHIS-DE-L'ORNE
GLYNDEBOURNE
PETIT-DÉJEUNÉ
PALMA LE JEUNE
PLINE LE JEUNE
STURE LE JEUNE
PÉPIN LE JEUNE
LOUIS LE JEUNE
CYRUS LE JEUNE
DENYS LE JEUNE
HOJO TOKIMUNE
SOLJENITSYNE
CHAUSSE-TRAPE
FOURGON-POMPE
KALÉIDOSCOPE
LARYNGOSCOPE
BRONCHOSCOPE
ÉBULLIOSCOPE
OSCILLOSCOPE
ÉLECTROSCOPE
SPECTROSCOPE
MAGNÉTOSCOPE
MAGNÉTOSCOPÉ
ZINJANTHROPE
PHILANTHROPE
HYPERMÉTROPE
ÉNANTIOTROPE
RADIO-ISOTOPE
SURDÉVELOPPÉ
DÉSENVELOPPÉ

CONTRESCARPE
PRESSE-ÉTOUPE
CAPDENAC-GARE
ALLUME-CIGARE
THÉÂTRE-LIBRE
DÉSÉQUILIBRE
DÉSÉQUILIBRÉ
CONTRE-TIMBRE
CONDESCENDRE
ENTREPRENDRE
DÉSAPPRENDRE
SOUS-ENTENDRE
MONOCYLINDRE
CORRESPONDRE
NORT-SUR-ERDRE
PRÊTS-À-COUDRE
DÉSINCARCÉRÉ
FORAMINIFÈRE
SACCHARIFÈRE
DIAMANTIFÈRE
TROCHOSPHÈRE
CHROMOSPHÈRE
THERMOSPHÈRE
HÉTÉROSPHÈRE
STRATOSPHÈRE
AMBULANCIÈRE
PLAISANCIÈRE
PISSALADIÈRE
BRANCARDIÈRE
MONTGOLFIÈRE
CARTOUCHIÈRE
HOSPITALIÈRE
FESTIVALIÈRE
CHENEVELIÈRE
PARTICULIÈRE
ANNÉE-LUMIÈRE
PALEFRENIÈRE
MAROQUINIÈRE
CHARBONNIÈRE
CHIFFONNIÈRE
BOUCHONNIÈRE
HOUBLONNIÈRE
CHANSONNIÈRE
CRESSONNIÈRE
POISSONNIÈRE
BUISSONNIÈRE
GRANDE BRIÈRE
PRÉFOURRIÈRE
PROCÉDURIÈRE
CONFITURIÈRE
MANŒUVRIÈRE
LARIBOISIÈRE
MATELASSIÈRE
PAPERASSIÈRE
ÉCRIVASSIÈRE
CHOCOLATIÈRE
USUFRUITIÈRE

CHARPENTIÈRE
DÉBIRENTIÈRE
ESCARGOTIÈRE
BIMBELOTIÈRE
AUTOROUTIÈRE
SOUS-CLAVIÈRE
BETTERAVIÈRE
GARDE-RIVIÈRE
GRENOUILLÈRE
QUADRILATÈRE
MULTICRITÈRE
SIPHONAPTÈRE
STREPSIPTÈRE
THYSANOPTÈRE
RASTAQUOUÈRE
STAPHISAIGRE
ŒILS-DE-TIGRE
SAINT-MACAIRE
LUDOTHÉCAIRE
HYPOTHÉCAIRE
SUBURBICAIRE
ANTICALCAIRE
HEBDOMADAIRE
RÉFÉRENDAIRE
MILLIARDAIRE
LAISSER-FAIRE
DUN LAOGHAIRE
PRÉGLACIAIRE
BÉNÉFICIAIRE
ÉVANGÉLIAIRE
DOMICILIAIRE
INTERCALAIRE
POINTE-CLAIRE
MULTIFILAIRE
SAINT-HILAIRE
PÉDICELLAIRE
CODICILLAIRE
PROTOCOLAIRE
PARASCOLAIRE
PÉRISCOLAIRE
POSTSCOLAIRE
MULTIPOLAIRE
TRANSPOLAIRE
EXTRASOLAIRE
ACÉTABULAIRE
MANDIBULAIRE
VESTIBULAIRE
VERNACULAIRE
TENTACULAIRE
PELLICULAIRE
FOLLICULAIRE
VERMICULAIRE
LENTICULAIRE
TESTICULAIRE
PÉDONCULAIRE
UNILOCULAIRE
TRILOCULAIRE

TRIANGULAIRE	PRÉCIPUTAIRE	**BASSOMPIERRE**
PÉNINSULAIRE	LEUCOCYTAIRE	PARATONNERRE
BIMILLÉNAIRE	PHAGOCYTAIRE	POMME DE TERRE
BICENTENAIRE	MOUSTIQUAIRE	**MARQUENTERRE**
SUBLIMINAIRE	**SAINT-NAZAIRE**	**VIC-EN-BIGORRE**
PRÉLIMINAIRE	ENTRE-DÉCHIRÉ	PETITS-BEURRE
CHAMBONNAIRE	**WARWICKSHIRE**	LAISSÉ-COURRE
MILLIONNAIRE	**NEW HAMPSHIRE**	AMPHITHÉÂTRE
PENSIONNAIRE	**MAINE-ET-LOIRE**	QUATRE-QUATRE
CESSIONNAIRE	**SAÔNE-ET-LOIRE**	TURBIDIMÈTRE
MISSIONNAIRE	**INDRE-ET-LOIRE**	VISCOSIMÈTRE
STATIONNAIRE	**AFRIQUE NOIRE**	EXPLOSIMÈTRE
FACTIONNAIRE	IMPRÉCATOIRE	ÉBULLIOMÈTRE
DICTIONNAIRE	MASTICATOIRE	GALVANOMÈTRE
TORTIONNAIRE	SUBROGATOIRE	INCLINOMÈTRE
GESTIONNAIRE	OSCILLATOIRE	PSYCHROMÈTRE
MAMELONNAIRE	CALCULATOIRE	ÉLECTROMÈTRE
EMBRYONNAIRE	CIRCULATOIRE	SPECTROMÈTRE
ANTIPHONAIRE	ANOVULATOIRE	PÉNÉTROMÈTRE
SAINT-LUNAIRE	DIFFAMATOIRE	TELLUROMÈTRE
SCYPHOZOAIRE	DÉCLAMATOIRE	EXTENSOMÈTRE
HÉMATOZOAIRE	COMBINATOIRE	IVRESSOMÈTRE
KAMPTOZOAIRE	DÉCLINATOIRE	CATHÉTOMÈTRE
AMBULACRAIRE	ÉLIMINATOIRE	MAGNÉTOMÈTRE
THURIFÉRAIRE	COMMINATOIRE	SENSITOMÈTRE
SURNUMÉRAIRE	ÉCHAPPATOIRE	PORTE-FENÊTRE
MADRÉPORAIRE	DÉCLARATOIRE	MULTIFENÊTRE
SCRIPTURAIRE	PRÉPARATOIRE	INTERPÉNÉTRÉ
ANNIVERSAIRE	RESPIRATOIRE	CONTREMAÎTRE
HYPOPHYSAIRE	INSPIRATOIRE	RÉAPPARAÎTRE
SYNDICATAIRE	EXPLORATOIRE	**POINTE-À-PITRE**
COMANDATAIRE	ÉVAPORATOIRE	PAPIER-FILTRE
RETARDATAIRE	CONJURATOIRE	HAUTES-CONTRE
COSIGNATAIRE	INCANTATOIRE	**CLYTEMNESTRE**
DESTINATAIRE	OSTENTATOIRE	RÉENREGISTRÉ
RÉSERVATAIRE	ATTENTATOIRE	SOUS-MINISTRE
PROPRIÉTAIRE	OBSERVATOIRE	CONTRE-LETTRE
PAMPHLÉTAIRE	RÉDHIBITOIRE	MANDAT-LETTRE
MOUSQUETAIRE	PRÉMONITOIRE	COMPROMETTRE
PUBLICITAIRE	RÉQUISITOIRE	CARTON-FEUTRE
INÉGALITAIRE	INQUISITOIRE	CRAYON-FEUTRE
PRÉMILITAIRE	SUPPOSITOIRE	CONTREFOUTRE
SATELLITAIRE	**NOUVEL-EMPIRE**	**BRAHMAPOUTRE**
INDEMNITAIRE	RETRANSCRIRE	TÊTES-DE-MAURE
EXCÉDENTAIRE	CIRCONSCRIRE	BRACHIOSAURE
LIGAMENTAIRE	RÉINTRODUIRE	TYRANNOSAURE
FRAGMENTAIRE	**TRAVERSOUIRE**	HYDROCARBURE
SÉDIMENTAIRE	AUTODÉTRUIRE	CHANTEPLEURE
RUDIMENTAIRE	DÉCONSTRUIRE	BOURSOUFLURE
RÉGIMENTAIRE	RECONSTRUIRE	FERRICYANURE
DOCUMENTAIRE	SIPHONOPHORE	FERROCYANURE
TÉGUMENTAIRE	GALACTOPHORE	HEXACHLORURE
ARGUMENTAIRE	ORGANOCHLORÉ	POLYCHLORURE
INVOLONTAIRE	**DEUIL-LA-BARRE**	HEXAFLUORURE
PROTONOTAIRE	**BASSE-NAVARRE**	ENCHEVÊTRURE
PLAQUETTAIRE	**LARGILLIERRE**	CONTRE-MESURE
ATTRIBUTAIRE	TOURNE-PIERRE	ARRONDISSURE

MEURTRISSURE
ÉCLABOUSSURE
VILLÉGIATURE
VILLÉGIATURÉ
APPOGGIATURE
NOMENCLATURE
SPORTS-NATURE
MAGISTRATURE
CRYOFRACTURE
ARCHITECTURE
ARCHITECTURÉ
SUBSTRUCTURE
DÉCHIQUETURE
MICROVOITURE
TÉLÉÉCRITURE
DÉSINVOLTURE
BULBICULTURE
PISCICULTURE
CARPICULTURE
ACÉRICULTURE
PUÉRICULTURE
FLORICULTURE
SERRICULTURE
HORTICULTURE
SYLVICULTURE
COPROCULTURE
JOINT-VENTURE
DÉCOUVERTURE
HÉLIOGRAVURE
COMPOGRAVURE
PHOTOGRAVURE
NICOLAS-FAVRE
BECS-DE-LIÈVRE
CHEFS-D'ŒUVRE
MAINS-D'ŒUVRE
ROMAIN ARGYRE
RIBONUCLÉASE
ANTIPROTÉASE
STEEPLE-CHASE
HELMINTHIASE
ENTÉROKINASE
TRANSAMINASE
ARCHIDIOCÈSE
HÉMATOPOÏÈSE
PSYCHOGENÈSE
MORPHOGENÈSE
THERMOGENÈSE
ORGANOGENÈSE
TÉRATOGENÈSE
GAMÉTOGENÈSE
BLASTOGENÈSE
EMBRYOGENÈSE
MARIE-THÉRÈSE
THORACENTÈSE
AMNIOCENTÈSE
CADILLACAISE
SEGONZACAISE

TREMBLADAISE
BÉDARRIDAISE
THAÏLANDAISE
THAÏLANDAISE
CHALLANDAISE
NÉERLANDAISE
NÉERLANDAISE
ALLEVARDAISE
CABOURGEAISE
SOUILLAGAISE
HONGKONGAISE
PÈRE-LACHAISE
GUERNESIAISE
MONTRÉALAISE
MONTRÉALAISE
BONNEVALAISE
BOUGIVALAISE
YSSINGELAISE
MONTERELAISE
MARSHALLAISE
VERSAILLAISE
VERSAILLAISE
CORMEILLAISE
MARSEILLAISE
MARSEILLAISE
ARCUEILLAISE
GRANVILLAISE
JOINVILLAISE
TROUVILLAISE
MARVEJOLAISE
CHESTROLAISE
SAINT-JAMAISE
VIENTIANAISE
MARIGNANAISE
LÉZIGNANAISE
ARGENTANAISE
CARENTANAISE
JAKARTANAISE
CAPESTANAISE
PAKISTANAISE
PAKISTANAISE
HAUT-SEINAISE
JOSSELINAISE
DOURDANNAISE
COURSANNAISE
MIMIZANNAISE
DOULLENNAISE
BOURBONNAISE
BOURBONNAISE
ALENÇONNAISE
MÉZIDONNAISE
GOURDONNAISE
LANNIONNAISE
RÉUNIONNAISE
RÉUNIONNAISE
ARPAJONNAISE
AVALLONNAISE

GAILLONNAISE
AVIGNONNAISE
COURNONNAISE
NONTRONNAISE
AVEYRONNAISE
CLISSONNAISE
SOISSONNAISE
BUISSONNAISE
ÉGLETONNAISE
FRONTONNAISE
VIERZONNAISE
TARRACONAISE
BARCELONAISE
BARCELONAISE
SISTERONAISE
HAUT-MARNAISE
SIX-FOURNAISE
CAMEROUNAISE
CAMEROUNAISE
GUINGAMPAISE
BRESSUIRAISE
HONFLEURAISE
HARFLEURAISE
SEIGNOSSAISE
HUELGOATAISE
BAGNOLETAISE
CLERMONTAISE
CHAUMONTAISE
DOMFRONTAISE
MONTFORTAISE
BEAUFORTAISE
CANOURGUAISE
DOMINIQUAISE
GOGUENARDISE
MÉTAMORPHISÉ
DÉMÉDICALISÉ
POTENTIALISÉ
PERSONNALISÉ
MUNICIPALISÉ
DÉMINÉRALISÉ
DÉCENTRALISÉ
DÉNATURALISÉ
UNIVERSALISÉ
DÉCAPITALISÉ
RECAPITALISÉ
SPIRITUALISÉ
MALLÉABILISÉ
COMPTABILISÉ
INSOLUBILISÉ
TRANQUILLISÉ
CHRISTIANISÉ
DÉNICOTINISÉ
CRESSIACOISE
AURILLACOISE
CAPDENACOISE
DONZENACOISE
BERGERACOISE

CHOMÉRACOISE	HAUT-SAÔNOISE	MÉTAMORPHOSE
ARGENTACOISE	ISSOLDUNOISE	MÉTAMORPHOSÉ
BANNALÉCOISE	SAVERDUNOISE	ANHYDROBIOSE
CLAMECYCOISE	TASSILUNOISE	OTOSPONGIOSE
RICAMANDOISE	CHASSÉ-CROISÉ	LEISHMANIOSE
MONTBARDOISE	JONQUIÉROISE	ENDOMÉTRIOSE
BROSSARDOISE	GRAND-MÉROISE	RICKETTSIOSE
THETFORDOISE	BEAUCAIROISE	LÉGIONELLOSE
FLORANGEOISE	CAVALAIROISE	SALMONELLOSE
STIRINGEOISE	VALCOLOROISE	ASPERGILLOSE
COULONGEOISE	VENDEUVROISE	PIROPLASMOSE
EMBOURGEOISÉ	LAPALISSOISE	TOXOPLASMOSE
MAUBEUGEOISE	BANGUISSOISE	PHOTOCOMPOSÉ
ALTKIRCHOISE	FLEURYSSOISE	RADIONÉCROSE
MASCOUCHOISE	GRAULHETOISE	DISCARTHROSE
PONTEVALOISE	CLERMONTOISE	LEPTOSPIROSE
ROBERVALOISE	CLERMONTOISE	SPIROCHÉTOSE
BONDOUFLOISE	HAUTMONTOISE	LYMPHOCYTOSE
PETITE-ÎLOISE	BEAUMONTOISE	GARDES-CHASSE
MIRABELLOISE	CHAUMONTOISE	HALICARNASSE
SEYCHELLOISE	BEAUPORTOISE	MONTPARNASSE
SEYCHELLOISE	PINCOURTOISE	DEMANDERESSE
SAMMIELLOISE	BONCOURTOISE	DÉFENDERESSE
CAP-D'AILLOISE	DISCOURTOISE	DÉSINTÉRESSÉ
VERFEILLOISE	BUDAPESTOISE	FILTRE-PRESSE
BELŒILLOISE	BUCARESTOISE	SCÉLÉRATESSE
DRAVEILLOISE	TONNACQUOISE	TIROIR-CAISSE
ABBEVILLOISE	DUNKERQUOISE	NÈGREPELISSE
AMNÉVILLOISE	LOUPERIVOISE	BALANOGLOSSE
LUNÉVILLOISE	INAPPRIVOISÉ	PAMPLEMOUSSE
JOINVILLOISE	PENIVAUXOISE	POUSSE-POUSSE
COURVILLOISE	DÉSOLIDARISÉ	TAXIS-BROUSSE
ÉCHIROLLOISE	DÉNUCLÉARISÉ	MAGNÉTOPAUSE
QUIMPERLOISE	PARCELLARISÉ	MALCHANCEUSE
BAILLEULOISE	DÉMILITARISÉ	MARCHANDEUSE
CORBEHEMOISE	REMILITARISÉ	POURFENDEUSE
SAINT-RÉMOISE	CONTAINÉRISÉ	TÉLÉVENDEUSE
CATTENOMOISE	ACCESSOIRISÉ	AVALANCHEUSE
COMPIÉGNOISE	RÉFLECTORISÉ	EFFILOCHEUSE
PRESSIGNOISE	COENTREPRISE	MALGRACIEUSE
TOMBLAINOISE	PSYCHIATRISÉ	DISGRACIEUSE
ESCAUDINOISE	CONTENEURISÉ	ARTIFICIEUSE
MADELEINOISE	DÉPRESSURISÉ	TENDANCIEUSE
INDOCHINOISE	MITHRIDATISÉ	SENTENCIEUSE
INDOCHINOISE	ANATHÉMATISÉ	COMPENDIEUSE
HAUT-RHINOISE	DÉSINSECTISÉ	DISPENDIEUSE
GRAVELINOISE	CONSCIENTISÉ	IRRÉLIGIEUSE
REMOULINOISE	CACHE-SOTTISE	PRESTIGIEUSE
ESCOUMINOISE	DÉSAMBIGUÏSÉ	IGNOMINIEUSE
TURRIPINOISE	COLLECTIVISÉ	CÉRÉMONIEUSE
FELLETINOISE	AUTOPROPULSÉ	ACRIMONIEUSE
VALENTINOISE	CARTE-RÉPONSE	IMPÉCUNIEUSE
VALENTINOISE	DÉSOXYRIBOSE	INDUSTRIEUSE
BARENTINOISE	ONCHOCERCOSE	PRÉTENTIEUSE
AUGUSTINOISE	MÉTEMPSYCOSE	CONTENTIEUSE
ENGHIENNOISE	MONONUCLÉOSE	RASSEMBLEUSE
GRATIENNOISE	QUELQUE CHOSE	ENSORCELEUSE

ÉCORNIFLEUSE	AVERTISSEUSE	AUTHENTICITÉ
HANDBALLEUSE	INTEROSSEUSE	ANÉLASTICITÉ
FOOTBALLEUSE	DÉCHAUSSEUSE	SIMULTANÉITÉ
CÉRÉBELLEUSE	SARCOMATEUSE	IMPARIDIGITÉ
CHAMAILLEUSE	FIBROMATEUSE	LABYRINTHITE
REMMAILLEUSE	LÉPROMATEUSE	PRÉSIDIALITÉ
REMPAILLEUSE	RHIZOMATEUSE	COLLÉGIALITÉ
MITRAILLEUSE	DÉCOLLETEUSE	POTENTIALITÉ
TRAVAILLEUSE	SOUFFRETEUSE	IMPARTIALITÉ
SOURCILLEUSE	SOLLICITEUSE	DIVORTIALITÉ
CONSEILLEUSE	ACCRÉDITEUSE	CONVIVIALITÉ
ORGUEILLEUSE	NÉCESSITEUSE	SEPTENNALITÉ
MERVEILLEUSE	POURSUITEUSE	SAISONNALITÉ
GRAPPILLEUSE	LIGAMENTEUSE	PERSONNALITÉ
POINTILLEUSE	FILAMENTEUSE	POLYTONALITÉ
EFFEUILLEUSE	BONIMENTEUSE	MUNICIPALITÉ
RABOUILLEUSE	PAVIMENTEUSE	BILATÉRALITÉ
BIDOUILLEUSE	AUTOPORTEUSE	SINISTRALITÉ
BAFOUILLEUSE	CAILLOUTEUSE	UNIVERSALITÉ
CAFOUILLEUSE	CHRONIQUEUSE	PÉRINATALITÉ
MAGOUILLEUSE	PLASTIQUEUSE	NÉOMORTALITÉ
GAZOUILLEUSE	RESPECTUEUSE	SURMORTALITÉ
RESQUILLEUSE	INFRUCTUEUSE	SPIRITUALITÉ
CAMBRIOLEUSE	TORRENTUEUSE	OSTÉOMYÉLITE
PELLICULEUSE	RADIODIFFUSÉ	POLIOMYÉLITE
FURONCULEUSE	**WESTINGHOUSE**	INSÉCABILITÉ
TUBERCULEUSE	PSYCHANALYSE	RÉVOCABILITÉ
LE VAL-DE-MEUSE	PSYCHANALYSÉ	DÉCIDABILITÉ
PROGRAMMEUSE	NARCOANALYSE	MALLÉABILITÉ
VILLETANEUSE	MICROANALYSE	PERMÉABILITÉ
PYROLIGNEUSE	BOROSILICATE	FATIGABILITÉ
PRURIGINEUSE	BOROSILICATÉ	NAVIGABILITÉ
VERTIGINEUSE	STARTING-GATE	SERVIABILITÉ
FERRUGINEUSE	TRIPHOSPHATE	ALIÉNABILITÉ
CHARBONNEUSE	MÉTHACRYLATE	TREMPABILITÉ
POINÇONNEUSE	PERMANGANATE	ALTÉRABILITÉ
TRONÇONNEUSE	CHLORHYDRATE	HONORABILITÉ
SOUPÇONNEUSE	MICRO-CRAVATE	INCURABILITÉ
GRIFFONNEUSE	CIRCONSPECTE	OPPOSABILITÉ
RONCHONNEUSE	PYRÉNOMYCÈTE	DILATABILITÉ
HAILLONNEUSE	ACTINOMYCÈTE	HABITABILITÉ
GOUDRONNEUSE	MONTS-DE-PIÉTÉ	EXCITABILITÉ
MOISSONNEUSE	NUE-PROPRIÉTÉ	HÉRITABILITÉ
POISSONNEUSE	PROTOPLANÈTE	IRRITABILITÉ
BUISSONNEUSE	SOUVERAINETÉ	ADAPTABILITÉ
SAUPOUDREUSE	LAMPE-TEMPÊTE	COMPTABILITÉ
POUSSIÉREUSE	DÉBONNAIRETÉ	FLOTTABILITÉ
DÉCHIFFREUSE	MALHONNÊTETÉ	RÉFUTABILITÉ
PHOSPHOREUSE	INSATISFAITE	IMMUTABILITÉ
BIENHEUREUSE	PARAPHLÉBITE	IMPUTABILITÉ
MAGNÉTISEUSE	PÉRIPHLÉBITE	RECEVABILITÉ
HYPNOTISEUSE	INEFFICACITÉ	INDÉLÉBILITÉ
CONNAISSEUSE	PERSPICACITÉ	IRASCIBILITÉ
DÉGRAISSEUSE	APOSTOLICITÉ	FAILLIBILITÉ
ENGRAISSEUSE	MULTIPLICITÉ	ILLISIBILITÉ
DÉMOLISSEUSE	EXCENTRICITÉ	DIVISIBILITÉ
FOURNISSEUSE	AUTOMATICITÉ	INVISIBILITÉ

PLAUSIBILITÉ	CONNECTIVITE	HANDICAPANTE
INFUSIBILITÉ	CONDUCTIVITÉ	PARTICIPANTE
AÉROMOBILITÉ	PRODUCTIVITÉ	DÉVELOPPANTE
INSOLUBILITÉ	TRANSITIVITE	ENVELOPPANTE
RÉTRACTILITÉ	RÉPÉTITIVITÉ	PRÉOCCUPANTE
TRANQUILLITÉ	ABSORPTIVITÉ	ÉQUILIBRANTE
ENTÉROCOLITE	SUGGESTIVITÉ	RÉVERBÉRANTE
ANGIOCHOLITE	EXHAUSTIVITÉ	PROTUBÉRANTE
BRONCHIOLITE	PERMITTIVITÉ	ODORIFÉRANTE
STROMATOLITE	**FRANCHE-COMTÉ**	BELLIGÉRANTE
ÉPiCONDYLITE	SURPLOMBANTE	RÉFRIGÉRANTE
ILLÉGITIMITÉ	COMMUNICANTE	INTEMPÉRANTE
RADIODERMITE	CONVAINCANTE	DÉSESPÉRANTE
SOUS-HUMANITÉ	INDÉPENDANTE	DÉSALTÉRANTE
PIERRE-BÉNITE	SURABONDANTE	PERSÉVÉRANTE
BARTHOLINITE	ACCOMMODANTE	DÉSHONORANTE
AUTO-IMMUNITÉ	INCOMMODANTE	EXPECTORANTE
SOUS-EXPLOITÉ	IGNIFUGEANTE	STRUCTURANTE
SUBSIDIARITÉ	ÉBOURIFFANTE	ANTIGIVRANTE
IRRÉGULARITÉ	EXTRAVAGANTE	BIENFAISANTE
IMPOPULARITÉ	CHEVAUCHANTE	COMPLAISANTE
SCISSIPARITÉ	FLUIDIFIANTE	INSUFFISANTE
RETRANSCRITE	ALCALIFIANTE	BIOLOGISANTE
CIRCONSCRITE	ÉMULSIFIANTE	ALLERGISANTE
CINÉMA-VÉRITÉ	SANCTIFIANTE	ANARCHISANTE
CONTREVÉRITÉ	AUTOCOPIANTE	GLOBALISANTE
PÉRIARTHRITE	CONTRARIANTE	SOCIALISANTE
POLYARTHRITE	**MARIE-GALANTE**	STABILISANTE
POSTÉRIORITÉ	RESSEMBLANTE	STÉRILISANTE
HYPOCHLORITE	ENSORCELANTE	FERTILISANTE
MULTINÉVRITE	RENOUVELANTE	ANABOLISANTE
CHALCOPYRITE	HORRIPILANTE	CRÉTINISANTE
ANTIPARASITE	**BRONDILLANTE**	COMMUNISANTE
ANTIPARASITÉ	ACCUEILLANTE	EUPHORISANTE
ENDOPARASITE	MALVEILLANTE	TERRORISANTE
ECTOPARASITE	SURVEILLANTE	CICATRISANTE
CONTRE-VISITE	SCINTILLANTE	ÉLECTRISANTE
SURINTENSITÉ	GAZOUILLANTE	DRAMATISANTE
CONTAGIOSITÉ	AUTOCOLLANTE	AROMATISANTE
OBSÉQUIOSITÉ	GESTICULANTE	RHUMATISANTE
MÉTICULOSITÉ	TRANSHUMANTE	ESTHÉTISANTE
MONSTRUOSITÉ	INCONVENANTE	MAGNÉTISANTE
DÉFECTUOSITÉ	INTERVENANTE	ANTIQUISANTE
BIODIVERSITÉ	ASTREIGNANTE	BAROQUISANTE
MULTIPARITÉ	RECOMBINANTE	BIEN-PENSANTE
CHOLÉCYSTITE	HALLUCINANTE	INTÉRESSANTE
RÉINTRODUITE	PRÉDOMINANTE	DÉGRAISSANTE
DÉCONSTRUITE	SUS-DOMINANTE	AMINCISSANTE
RECONSTRUITE	DÉTERMINANTE	ADOUCISSANTE
MICROGRAVITÉ	AGGLUTINANTE	AFFADISSANTE
DÉGRESSIVITÉ	BOURDONNANTE	GRANDISSANTE
EXPRESSIVITÉ	PASSIONNANTE	ENVAHISSANTE
POSSESSIVITÉ	ÉMOTIONNANTE	FAIBLISSANTE
PERMISSIVITÉ	CLAIRONNANTE	JAILLISSANTE
ATTRACTIVITÉ	ENVIRONNANTE	AMOLLISSANTE
SUBJECTIVITÉ	FRISSONNANTE	DÉCROISSANTE
COLLECTIVITÉ	CONSTERNANTE	CROUPISSANTE

NOURRISSANTE	LYMPHOBLASTE	DÉTERMINISTE
POURRISSANTE	TROPHOBLASTE	BYZANTINISTE
GROSSISSANTE	NÉMATOBLASTE	PROTAGONISTE
APPÉTISSANTE	CHLOROPLASTE	TÉLÉPHONISTE
ABRUTISSANTE	**PUNTA DEL ESTE**	SAXOPHONISTE
LANGUISSANTE	SANS CONTESTE	POLYPHONISTE
RÉJOUISSANTE	**PONT-L'ABBISTE**	OPPORTUNISTE
ÉBLOUISSANTE	HARMONICISTE	STÉNOTYPISTE
CONTRACTANTE	HISTORICISTE	MILLÉNARISTE
SUREXCITANTE	ABONDANCISTE	UTILITARISTE
CONCOMITANTE	ANTIFASCISTE	VOLONTARISTE
TREMBLOTANTE	ORTHOPÉDISTE	ÉQUILIBRISTE
PAPILLOTANTE	LATIFUNDISTE	VERS-LIBRISTE
AUTOPORTANTE	STANDARDISTE	FILDEFÉRISTE
CONTRASTANTE	CHAUFFAGISTE	INGÉNIERISTE
MANIFESTANTE	ÉCLAIRAGISTE	PÉPINIÉRISTE
ÉQUIDISTANTE	ARBITRAGISTE	COURRIÉRISTE
PRÉEXISTANTE	ESCLAVAGISTE	CROISIÉRISTE
CONSTITUANTE	MOTONEIGISTE	CONSUMÉRISTE
CONSTITUANTE	GÉNÉALOGISTE	BÉHAVIORISTE
POURSUIVANTE	PATHOLOGISTE	ASCENSORISTE
MYORELAXANTE	RADIOLOGISTE	MINIATURISTE
IMPRÉVOYANTE	GEMMOLOGISTE	ANESTHÉSISTE
CLAIRVOYANTE	COSMOLOGISTE	CONGRESSISTE
OBSOLESCENTE	ÉTYMOLOGISTE	PROGRESSISTE
LUMINESCENTE	HYDROLOGISTE	COMPARATISTE
ARBORESCENTE	MÉTROLOGISTE	CORPORATISTE
FLUORESCENTE	SIDÉRURGISTE	PORTRAITISTE
DÉLITESCENTE	PLASTURGISTE	SANSKRITISTE
INDÉHISCENTE	RECHERCHISTE	VÉLIDELTISTE
REVIVISCENTE	ÉPIGRAPHISTE	ESPÉRANTISTE
COPRÉSIDENTE	SYNDICALISTE	IRRÉDENTISTE
INTELLIGENTE	MADRIGALISTE	PARAPENTISTE
SOUS-TANGENTE	COLONIALISTE	PARODONTISTE
INCONSCIENTE	IMPÉRIALISTE	PENTECÔTISTE
PLURIVALENTE	MATÉRIALISTE	**JEAN-BAPTISTE**
ÉQUIPOLLENTE	MÉMORIALISTE	BONAPARTISTE
PULVÉRULENTE	CRIMINALISTE	AQUAFORTISTE
DÉRÉGLEMENTÉ	RÉGIONALISTE	JUILLETTISTE
SOUS-ALIMENTÉ	NATIONALISTE	TROMPETTISTE
INCONTINENTE	RATIONALISTE	FLEURETTISTE
IMPERTINENTE	PATERNALISTE	PARACHUTISTE
REMONTE-PENTE	CULTURALISTE	COGNITIVISTE
TRANSPARENTE	ORIENTALISTE	À L'IMPROVISTE
INDIFFÉRENTE	MOTOCYCLISTE	VOITURE-POSTE
INTERFÉRENTE	PHILATÉLISTE	TIMBRES-POSTE
OMNIPRÉSENTE	CLIENTÉLISTE	**LOUIS LE JUSTE**
INCOMPÉTENTE	PROBABILISTE	**COUSINE BETTE**
CONTRE-POINTE	AQUARELLISTE	TRANSPALETTE
COURTEPOINTE	TRAVAILLISTE	MOTOCYCLETTE
HÉTÉROZYGOTE	POINTILLISTE	EXOSQUELETTE
MALAKOFFIOTE	AGROCHIMISTE	À L'AVEUGLETTE
BATEAU-PILOTE	TAXIDERMISTE	MITRAILLETTE
REDÉCOUVERTE	AMÉRICANISTE	ANDOUILLETTE
FEUILLE-MORTE	**DOUARNENISTE**	ESPAGNOLETTE
SUBLIME-PORTE	CLAVECINISTE	ESCARPOLETTE
ENTHOUSIASTE	MANDOLINISTE	CATHERINETTE

ÉPINE-VINETTE	PARADISIAQUE	SIDÉRURGIQUE
FOURGONNETTE	CONTREPLAQUÉ	LOGOMACHIQUE
CHANSONNETTE	CONTRE-BRAQUÉ	OLIGARCHIQUE
CRESSONNETTE	**BANYULENCQUE**	HIÉRARCHIQUE
PITCHOUNETTE	CINÉMATHÈQUE	ÉPIGRAPHIQUE
TRISTOUNETTE	SIVAPITHÈQUE	GÉOGRAPHIQUE
ALEXANDRETTE	ORÉOPITHÈQUE	BIOGRAPHIQUE
CHAUFFERETTE	DRYOPITHÈQUE	OROGRAPHIQUE
MINICASSETTE	PINACOTHÈQUE	DYSTROPHIQUE
MINICASSETTE	BIBLIOTHÈQUE	THÉOSOPHIQUE
SOURDE-MUETTE	CHIMIOTHÈQUE	BIOMORPHIQUE
ROUFLAQUETTE	GLYPTOTHÈQUE	ZOOMORPHIQUE
MICROCUVETTE	JOUJOUTHÈQUE	PARATYPHIQUE
GIF-SUR-YVETTE	PALMATISÉQUÉ	TÉLÉPATHIQUE
DON QUICHOTTE	PALISSADIQUE	ANTIPATHIQUE
DON QUICHOTTE	ORTHOPÉDIQUE	IDIOPATHIQUE
CANCOILLOTTE	PÉRICARDIQUE	ALLOPATHIQUE
GAINE-CULOTTE	LOGORRHÉIQUE	MÉGALITHIQUE
LA GRAND-MOTTE	ANTIACNÉIQUE	MONOLITHIQUE
STILLIGOUTTE	FRIGORIFIQUE	MÉSOLITHIQUE
KUUJJUAMIUTE	SCIENTIFIQUE	PISOLITHIQUE
INUKJUAMIUTE	ŒSOPHAGIQUE	WISIGOTHIQUE
BARRAGE-VOÛTE	ÉPIPÉLAGIQUE	ENCÉPHALIQUE
RÉTICULOCYTE	HÉMORRAGIQUE	PARAPUBLIQUE
SPERMATOCYTE	PARAPLÉGIQUE	SEMI-PUBLIQUE
PTÉRIDOPHYTE	HÉMIPLÉGIQUE	DOUBLE-CLIQUÉ
SOUS-ENTENDUE	ANTIFONGIQUE	ANTICYCLIQUE
TROUSSE-QUEUE	HYPNAGOGIQUE	MONOCYCLIQUE
FOUETTE-QUEUE	GÉNÉALOGIQUE	POLYCYCLIQUE
LOUIS LE BÈGUE	TÉLÉOLOGIQUE	PHILATÉLIQUE
RIBOULDINGUE	PATHOLOGIQUE	PYROGALLIQUE
BRINDEZINGUE	LITHOLOGIQUE	BIMÉTALLIQUE
ALBE LA LONGUE	MYTHOLOGIQUE	HYPERBOLIQUE
ALLERGOLOGUE	SOCIOLOGIQUE	MÉLANCOLIQUE
ORNITHOLOGUE	RADIOLOGIQUE	CARBOXYLIQUE
ASSYRIOLOGUE	SÉMIOLOGIQUE	PRÉISLAMIQUE
VOLCANOLOGUE	PHILOLOGIQUE	PANISLAMIQUE
VULCANOLOGUE	SISMOLOGIQUE	GÉODYNAMIQUE
CRIMINOLOGUE	COSMOLOGIQUE	PRÉCÉRAMIQUE
TERMINOLOGUE	ÉTYMOLOGIQUE	SEPTICÉMIQUE
CANCÉROLOGUE	ETHNOLOGIQUE	ACÉTONÉMIQUE
MÉTÉOROLOGUE	LIMNOLOGIQUE	AGROCHIMIQUE
CLIMATOLOGUE	ICONOLOGIQUE	OPÉRA-COMIQUE
PRIMATOLOGUE	PHONOLOGIQUE	**OPÉRA-COMIQUE**
STOMATOLOGUE	HIPPOLOGIQUE	TRAGI-COMIQUE
DERMATOLOGUE	NÉCROLOGIQUE	HÉROÏ-COMIQUE
RHUMATOLOGUE	ANDROLOGIQUE	ASTRONOMIQUE
DIABÉTOLOGUE	HYDROLOGIQUE	LOXODROMIQUE
SOVIÉTOLOGUE	COPROLOGIQUE	ANTIATOMIQUE
COSMÉTOLOGUE	MÉTROLOGIQUE	MONOATOMIQUE
URGENTOLOGUE	ASTROLOGIQUE	DICHOTOMIQUE
GÉRONTOLOGUE	NEUROLOGIQUE	ENDODERMIQUE
PORT-CAMARGUE	SCATOLOGIQUE	HYPODERMIQUE
ART DE LA FUGUE	HISTOLOGIQUE	MÉSODERMIQUE
GÉNÉTHLIAQUE	BATTOLOGIQUE	ECTODERMIQUE
SACRO-ILIAQUE	TAUTOLOGIQUE	DIATHERMIQUE
MONOMANIAQUE	ADRÉNERGIQUE	GÉOTHERMIQUE

EXOTHERMIQUE POLYCARPIQUE SYSTÉMATIQUE
PARASISMIQUE ARCHÉTYPIQUE APRAGMATIQUE
ANTISISMIQUE PHÉNOTYPIQUE DIPLOMATIQUE
PAROXYSMIQUE TÉTRAÉDRIQUE ACHROMATIQUE
PATRONYMIQUE HEPTAÉDRIQUE FANTOMATIQUE
BIOMÉCANIQUE SULFHYDRIQUE INFORMATIQUE
TALISMANIQUE BROMHYDRIQUE SCHISMATIQUE
GLYCOGÉNIQUE CYANHYDRIQUE NUMISMATIQUE
PATHOGÉNIQUE AZOTHYDRIQUE MORGANATIQUE
PHYLOGÉNIQUE TÉLÉPHÉRIQUE SUS-HÉPATIQUE
PHONOGÉNIQUE PÉRIPHÉRIQUE THÉOCRATIQUE
PHOTOGÉNIQUE **MÉSO-AMÉRIQUE** DÉMOCRATIQUE
TRANSGÉNIQUE CLIMATÉRIQUE AUTOCRATIQUE
ACÉTYLÉNIQUE MÉSENTÉRIQUE ANTIÉTATIQUE
GÉOTECHNIQUE DYSENTÉRIQUE MÉTASTATIQUE
BIOTECHNIQUE ALLOSTÉRIQUE ANTISTATIQUE
ZOOTECHNIQUE PYTHAGORIQUE HÉMOSTATIQUE
SPLANCHNIQUE GONOCHORIQUE HYPOSTATIQUE
POLICLINIQUE MÉTAPHORIQUE AÉROSTATIQUE
MONOCLINIQUE PHOSPHORIQUE SUBAQUATIQUE
POLYCLINIQUE PERCHLORIQUE APOPLECTIQUE
HISTAMINIQUE ASSERTORIQUE ALPHABÉTIQUE
ABANDONNIQUE DIÉLECTRIQUE APOLOGÉTIQUE
KILOTONNIQUE DÉCAMÉTRIQUE ANTITHÉTIQUE
COSMOGONIQUE PARAMÉTRIQUE HOMOTHÉTIQUE
TÉLÉPHONIQUE DÉCIMÉTRIQUE HYPOTHÉTIQUE
CACOPHONIQUE KILOMÉTRIQUE INESTHÉTIQUE
HOMOPHONIQUE MANOMÉTRIQUE PROSTHÉTIQUE
MONOPHONIQUE ŒNOMÉTRIQUE SIGNALÉTIQUE
POLYPHONIQUE BAROMÉTRIQUE ANTIÉMÉTIQUE
ANHARMONIQUE PYROMÉTRIQUE ARITHMÉTIQUE
ENHARMONIQUE VOLUMÉTRIQUE CYBERNÉTIQUE
HYDROPONIQUE CONCENTRIQUE CHOLÉRÉTIQUE
DIACHRONIQUE GÉOCENTRIQUE MÉNINGITIQUE
ANACHRONIQUE ÉGOCENTRIQUE BRONCHITIQUE
PANCHRONIQUE ÉPIGASTRIQUE SYPHILITIQUE
SYNCHRONIQUE GLYCOSURIQUE GLAGOLITIQUE
ISOCHRONIQUE BARBITURIQUE OPHIOLITIQUE
MÉCATRONIQUE ULTRABASIQUE PHONOLITIQUE
ÉLECTRONIQUE ACIDO-BASIQUE GÉOPOLITIQUE
ULTRASONIQUE EUTHANASIQUE MICROLITIQUE
SUPERSONIQUE ANESTHÉSIQUE CELLULITIQUE
HYPERSONIQUE DYSGÉNÉSIQUE NUMMULITIQUE
TRANSSONIQUE CELLULOSIQUE AUSTÉNITIQUE
PENTATONIQUE PRÉCLASSIQUE AUTOCRITIQUE
PLANCTONIQUE NÉOCLASSIQUE MÉTÉORITIQUE
NEUROTONIQUE MÉNOPAUSIQUE APRIORITIQUE
HYPERTONIQUE PATAPHYSIQUE APOPHANTIQUE
PARALYMPIQUE MÉTAPHYSIQUE THROMBOTIQUE
PRÉOLYMPIQUE NANOPHYSIQUE ANTIBIOTIQUE
TÉLESCOPIQUE CRYOPHYSIQUE AUTOÉROTIQUE
PÉRISCOPIQUE PANCRÉATIQUE ASYMPTOTIQUE
ENDOSCOPIQUE PROCRÉATIQUE CATALEPTIQUE
GYROSCOPIQUE EURASIATIQUE ANTISEPTIQUE
ISENTROPIQUE MATHÉMATIQUE ANAGLYPTIQUE
ALLOTROPIQUE EMBLÉMATIQUE STOCHASTIQUE
POLYTROPIQUE PHONÉMATIQUE **SCHOLASTIQUE**

PLÉONASTIQUE	CONSULTATIVE	INTROSPECTIF
PÉDÉRASTIQUE	AUGMENTATIVE	OMNIDIRECTIF
PHLOGISTIQUE	PROGESTATIVE	INTERPOSITIF
CABALISTIQUE	PRÉSERVATIVE	CONTRACEPTIF
PUGILISTIQUE	TENSIOACTIVE	INTÉROCEPTIF
URBANISTIQUE	SOUSTRACTIVE	EXTÉROCEPTIF
HÉDONISTIQUE	IMPERFECTIVE	CONTRAGESTIF
HUMORISTIQUE	INTERJECTIVE	**TOTALFINAELF**
LINGUISTIQUE	NON DIRECTIVE	LANGUE-DE-CERF
DIAGNOSTIQUE	CONSTRICTIVE	FOIES-DE-BŒUF
DIAGNOSTIQUÉ	REPRODUCTIVE	ŒILS-DE-BŒUF
DIACOUSTIQUE	IMPRODUCTIVE	**SVEN TVESKÄGG**
PAROXYSTIQUE	INTRODUCTIVE	**WASSERBILLIG**
SQUELETTIQUE	CONSTRUCTIVE	**LUANG PRABANG**
AÉRONAUTIQUE	AUTOPUNITIVE	**UJUNG PANDANG**
MOTONAUTIQUE	INTRANSITIVE	**TONG K'I-TCH'ANG**
CATON D'UTIQUE	SÉROPOSITIVE	**HEILONGJIANG**
ANXIOLYTIQUE	ANTISPORTIVE	**SHIJIAZHUANG**
CARYOLYTIQUE	INTEMPESTIVE	BODYBUILDING
DÉSINTOXIQUÉ	DISTRIBUTIVE	COUPS-DE-POING
PAPIER-CALQUE	SUBSTITUTIVE	CANOT-CAMPING
SALTIMBANQUE	CONSTITUTIVE	**TENG SIAO-P'ING**
GRAUFESENQUE	ÉLECTROVALVE	**DENG XIAOPING**
MÉNINGOCOQUE	SEMI-CONSERVE	THANKSGIVING
STREPTOCOQUE	**BEECHER-STOWE**	**HOVA KOUO-FONG**
CONTREMARQUE	DÉMULTIPLEXÉ	**MEMPHRÉMAGOG**
CONTREMARQUÉ	**LA MEILLERAYE**	**STAUFFENBERG**
HÉTÉROCERQUE	**AILLY-SUR-NOYE**	**RAUSCHENBERG**
SEMI-REMORQUE	**CHEVARDNADZE**	JOHANNISBERG
CARAVAGESQUE	**ORDJONIKIDZE**	LEOPOLDSBURG
RAPHAÉLESQUE	ADJUDANT-CHEF	JOHANNESBURG
REMBRANESQUE	**BENCKENDORFF**	MECKLEMBOURG
DONJUANESQUE	BOIT-SANS-SOIF	CHARLESBOURG
CHAPLINESQUE	**MAZAR-E CHARIF**	HUBERTSBOURG
CANULARESQUE	COMPRÉHENSIF	CHÂTEAUBOURG
TOURNE-DISQUE	REVENDICATIF	KREMENTCHOUG
QUEUE-DE-MORUE	QUALIFICATIF	DAYTONA BEACH
ROSEAU-MASSUE	SIGNIFICATIF	MELCHISÉDECH
CONTREFOUTUE	RECTIFICATIF	LECH-OBERLECH
ANTIADHÉSIVE	JUSTIFICATIF	ARLES-SUR-TECH
AUTOADHÉSIVE	COMMUNICATIF	MITSCHERLICH
APPRÉHENSIVE	LUDO-ÉDUCATIF	WEST BROMWICH
HYPERTENSIVE	INTERNÉGATIF	SACHER-MASOCH
INEXPRESSIVE	INTERROGATIF	CHRISTCHURCH
MODIFICATIVE	CONTEMPLATIF	HARTZENBUSCH
VÉRIFICATIVE	APPROXIMATIF	JANKÉLÉVITCH
NOTIFICATIVE	DÉTERMINATIF	GRIGOROVITCH
SÉRONÉGATIVE	PARTICIPATIF	KANTOROVITCH
DÉPRÉCIATIVE	COMMÉMORATIF	MOUCHARABIEH
APPRÉCIATIVE	DÉMONSTRATIF	PETERBOROUGH
CONFIRMATIVE	NON-FIGURATIF	GAINSBOROUGH
PERFORMATIVE	ARGUMENTATIF	HAUT-KARABAKH
DÉNOMINATIVE	FRÉQUENTATIF	CHHATTISGARH
DÉLIBÉRATIVE	SOUS-EFFECTIF	UTTAR PRADESH
DÉGÉNÉRATIVE	TÉLÉOBJECTIF	PHOTOS-FINISH
ILLUSTRATIVE	PERMSÉLECTIF	MASHTEUIATSH
QUANTITATIVE	RÉTROSPECTIF	COMMONWEALTH

SCHWEINFURTH	PROCÈS-VERBAL	ÉVÉNEMENTIEL
VOITURE-BALAI	ANTISYNDICAL	INCRÉMENTIEL
ANGÈLE MERICI	ANTICLÉRICAL	EXCRÉMENTIEL
MINA AL-AHMADI	AGRAMMATICAL	PRÉFÉRENTIEL
MODUS VIVENDI	SOUS-CORTICAL	DIFFÉRENTIEL
FUKUI KENICHI	ÉPICYCLOÏDAL	**NOËL CHABANEL**
BRUNELLESCHI	INTERCOTIDAL	PRÉVISIONNEL
BARANOVITCHI	FELD-MARÉCHAL	PROVISIONNEL
DENGYO DAISHI	**HOFMANNSTHAL**	ASCENSIONNEL
YUKAWA HIDEKI	MÉDICO-SOCIAL	DIMENSIONNEL
KAIFU TOSHIKI	PSYCHOSOCIAL	INTENSIONNEL
JEAN SOBIESKI	POSTPRANDIAL	EXTENSIONNEL
STAMBOLIJSKI	CONSISTORIAL	OBSESSIONNEL
STANISLAVSKI	BOURGEOISIAL	CONFUSIONNEL
LOBATCHEVSKI	HYDROTHERMAL	OPÉRATIONNEL
MIEROSLAWSKI	**CERRO PARANAL**	SENSATIONNEL
ANDRZEJEWSKI	LONGITUDINAL	RÉDACTIONNEL
BOUTROS-GHALI	GÉOSYNCLINAL	DIRECTIONNEL
HUSAYN IBN ALI	TRANSLUMINAL	TRADITIONNEL
ARABO-SWAHILI	LOCORÉGIONAL	CONDITIONNEL
SCHIAPARELLI	ANTINATIONAL	NUTRITIONNEL
MONTECUCCOLI	ANTICYCLONAL	INTENTIONNEL
MONTECUCCULI	INTERSIDÉRAL	PROMOTIONNEL
ISMAÏL-SAMANI	HYDROMINÉRAL	EXCEPTIONNEL
BROUILLAMINI	PLURILATÉRAL	UNIPERSONNEL
CONTRE-EMPLOI	MULTILATÉRAL	CONFRATERNEL
JE-NE-SAIS-QUOI	CONTRE-AMIRAL	ARBRES-DE-NOËL
DEIR EL-BAHARI	PRÉÉLECTORAL	CONJONCTUREL
MANU MILITARI	AGROPASTORAL	**HENRI LE CRUEL**
MORO-GIAFFERI	LACRYMO-NASAL	PRÉMENSTRUEL
PAPIERS-ÉMERI	**KWAZULU-NATAL**	INTELLECTUEL
PHILIPPE NERI	INTERDIGITAL	INTERTEXTUEL
FATHPUR-SIKRI	BUCCO-GÉNITAL	HÉTÉROSEXUEL
SCAMPI FRITTI	**ORDERIC VITAL**	**THAON DI REVEL**
SZENT-GYÖRGYI	EXPÉRIMENTAL	MACHINE-OUTIL
GHEORGHIU-DEJ	INSTRUMENTAL	MÉDECINE-BALL
GROTHENDIECK	HOMOPARENTAL	MEDICINE-BALL
MUSSCHENBROEK	MONOPARENTAL	PUNCHING-BALL
KUUJJUARAPIK	QUASI-CRISTAL	**CAVAILLÉ-COLL**
HIGGINS CLARK	PHÉNOCRISTAL	**SAINT-FERRÉOL**
DEUTSCHE MARK	MICROCRISTAL	CHOPPING-TOOL
PETROZAVODSK	STATIONS-AVAL	**IELIZAVETPOL**
GORNO-ALTAÏSK	PIED-DE-CHEVAL	**QUETZALCÓATL**
PERVOOURALSK	CONJONCTIVAL	**POPOCATÉPETL**
LISSITCHANSK	**BAHR EL-GHAZAL**	**CITLALTÉPETL**
LYSSYTCHANSK	**SAINT-RAPHAËL**	**IBN AL-HAYTHAM**
TCHELIABINSK	**CHARLES LE BEL**	**ÚSTÍ NAD LABEM**
SEVERODVINSK	LOIS DE MENDEL	**SAINT-GUILHEM**
NOVOSSIBIRSK	**VAN DEN VONDEL**	**WINSTON-SALEM**
STALINOGORSK	**UILENSPIEGEL**	**SCHILTIGHEIM**
MAGNITOGORSK	SEMI-OFFICIEL	**SOUFFLENHEIM**
NOVOMOSKOVSK	GLOCKENSPIEL	**MARCKOLSHEIM**
BREST-LITOVSK	INTERSTITIEL	**GEISPOLSHEIM**
KREMENTCHOUK	CONFIDENTIEL	**NAKHON PATHOM**
BACHI-BOUZOUK	PRÉSIDENTIEL	DRESSING-ROOM
SORTIES-DE-BAL	PROVIDENTIEL	**BERGEN OP ZOOM**
SAN CRISTÓBAL	PESTILENTIEL	**DARMSTADIUM**

PROTACTINIUM	STYLISTICIEN	BAUDELAIRIEN
DELPHINARIUM	STATISTICIEN	**BUENOS-AIRIEN**
PALÉOTHÉRIUM	BUREAUTICIEN	**MONTATAIRIEN**
NIELSBOHRIUM	**COSME L'ANCIEN**	THERMIDORIEN
PRÉVENTORIUM	**PLINE L'ANCIEN**	PRÉHISTORIEN
RAHAT-LOUKOUM	**STURE L'ANCIEN**	SAINT-CYPRIEN
SENESTRORSUM	**PÉPIN L'ANCIEN**	BASSE-TERRIEN
POST-SCRIPTUM	**HÉRON L'ANCIEN**	SAUVETERRIEN
CHLOROPHYTUM	**DENYS L'ANCIEN**	**CAPESTERRIEN**
FRENCH CANCAN	NÉCROMANCIEN	**SAINT-MAURIEN**
GRAND KHINGAN	CHIROMANCIEN	PTÉROSAURIEN
PETIT KHINGAN	ONIROMANCIEN	SINGAPOURIEN
KHIEU SAMPHAN	CARTOMANCIEN	**SINGAPOURIEN**
LEROI-GOURHAN	LANGUEDOCIEN	AUSTRONÉSIEN
SUN ZHONGSHAN	**LANGUEDOCIEN**	**CHÂTENAISIEN**
SANKT FLORIAN	**GILLOCRUCIEN**	FONTENAISIEN
TENOCHTITLÁN	PROBOSCIDIEN	LEVALLOISIEN
AUDUN-LE-ROMAN	SAUROPHIDIEN	**MONTLOUISIEN**
TIBÉTO-BIRMAN	NON EUCLIDIEN	PORT-LOUISIEN
SOCIÉTÉ-ÉCRAN	ALLANTOÏDIEN	WATTRELOSIEN
AGNÈS DE MÉRAN	ANTIACRIDIEN	SAINTE-ROSIEN
MAINE DE BIRAN	ANTIMÉRIDIEN	TIBIO-TARSIEN
CAROLUS-DURAN	**LAURENTIDIEN**	**FOSSATUSSIEN**
MAS-SOUBEYRAN	HOLLYWOODIEN	**TREMBLAYSIEN**
MONT-DE-MARSAN	**DÉICUSTODIEN**	VIROFLAYSIEN
TURKMÉNISTAN	BELLEGARDIEN	FONTENAYSIEN
KIRGHIZISTAN	**CRÉPICORDIEN**	SAINT-GRATIEN
NAKHITCHEVAN	**CAROLORÉGIEN**	LAVELANÉTIEN
SASKATCHEWAN	COMBLANCHIEN	VILLERUPTIEN
TZIN TZUN TZAN	**WASQUEHALIEN**	HALLSTATTIEN
VAN DER WEYDEN	ÉPISCOPALIEN	**WINNIPEGUIEN**
SAINT-MANDÉEN	**PONTISSALIEN**	TANANARIVIEN
VIEUX-CONDÉEN	**BONNÉTABLIEN**	CASTELNOVIEN
ANTIPALUDÉEN	**PIERRE DAMIEN**	VILLENEUVIEN
INDO-EUROPÉEN	MÉSOPOTAMIEN	TERRE-NEUVIEN
INDO-EUROPÉEN	**MÉSOPOTAMIEN**	**TERRE-NEUVIEN**
GUADELOUPÉEN	**CHICOUTIMIEN**	ANTÉDILUVIEN
GUADELOUPÉEN	PROTOSTOMIEN	**MAASMECHELEN**
CHONDROSTÉEN	INTRACRÂNIEN	**VAN DER MEULEN**
LUDWIGSHAFEN	TRANSURANIEN	**BERGEN-BELSEN**
REICHSHOFFEN	PLATYRHINIEN	**MILFORD HAVEN**
HOHENSTAUFEN	HAUSSMANNIEN	**LUCIEN LEUWEN**
VALENCE-D'AGEN	**TERREBONNIEN**	**TINCHEBRAYEN**
SINDELFINGEN	DÉCATHLONIEN	NICARAGUAYEN
BERLICHINGEN	LACÉDÉMONIEN	**NICARAGUAYEN**
DESTELBERGEN	**LACÉDÉMONIEN**	**LONGYEARBYEN**
PRÉCOLOMBIEN	PARKINSONIEN	**SNEL VAN ROYEN**
STERPINACIEN	NILO-SAHARIEN	SORTIE-DE-BAIN
TADOUSSACIEN	**SAINTE-MARIEN**	SUD-AMÉRICAIN
HYDRAULICIEN	PROPRES-À-RIEN	**SUD-AMÉRICAIN**
OBSTÉTRICIEN	**MONTDIDÉRIEN**	PANAMÉRICAIN
GÉOPHYSICIEN	PROTOTHÉRIEN	NORD-AFRICAIN
BIOPHYSICIEN	ANTIVÉNÉRIEN	**NORD-AFRICAIN**
AUTOMATICIEN	SPHINCTÉRIEN	ÉLISABÉTHAIN
SYNTACTICIEN	PRESBYTÉRIEN	SURLENDEMAIN
DIALECTICIEN	PHYLLOXÉRIEN	**SAINT-GERMAIN**
ÉNERGÉTICIEN	FINNO-OUGRIEN	**MARTIGNERAIN**

BAIE RIVERAIN	RECONVERSION	PROLONGATION
CONTEMPORAIN	RÉTROVERSION	HOMOLOGATION
ARRIÈRE-TRAIN	INTROVERSION	IGNIFUGATION
BOUTE-EN-TRAIN	INTERVERSION	DÉGLACIATION
SOUMAINTRAIN	RÉTROCESSION	DÉPRÉCIATION
LAVANDOURAIN	INTERCESSION	APPRÉCIATION
BELLOPRATAIN	NON-AGRESSION	DÉNONCIATION
SINO-TIBÉTAIN	RÉIMPRESSION	RENONCIATION
BELLIFONTAIN	SOUS-PRESSION	ANNONCIATION
BELLIFONTAIN	INTERSESSION	DISSOCIATION
PÉTRIFONTAIN	**LA POSSESSION**	CONCILIATION
ROMEUFONTAIN	DÉPOSSESSION	PRÉFOLIATION
ULTRAMONTAIN	INTROMISSION	EXPATRIATION
SPIRIPONTAIN	INTERMISSION	PROPITIATION
MUSSIPONTAIN	TRANSMISSION	DÉFLUVIATION
MUSSIPONTAIN	INSOUMISSION	INSUFFLATION
ROQUECOURBIN	RÉPERCUSSION	DÉSINFLATION
ROBERT-HOUDIN	EXACERBATION	ASSIBILATION
BLOEMFONTEIN	PERTURBATION	OBNUBILATION
PRIM'HOLSTEIN	MASTURBATION	ANNIHILATION
WITTGENSTEIN	DESSICCATION	ASSIMILATION
FRANKENSTEIN	CLAUDICATION	INSTALLATION
LICHTENSTEIN	ADJUDICATION	FLAGELLATION
VIELÉ-GRIFFIN	PACIFICATION	COUPELLATION
GRAND DAUPHIN	NIDIFICATION	FIBRILLATION
VAULX-EN-VELIN	CODIFICATION	DISTILLATION
SAINT-MAXIMIN	MODIFICATION	INSTILLATION
TSIANG TSÖ-MIN	SALIFICATION	AFFABULATION
PERLIMPINPIN	GÉLIFICATION	DÉNÉBULATION
ROCHE-MAGASIN	RAMIFICATION	INFIBULATION
CIRCONVOISIN	MOMIFICATION	DÉAMBULATION
BANJERMASSIN	HUMIFICATION	RÉTICULATION
CHASSE-COUSIN	PANIFICATION	ARTICULATION
SAINT-QUENTIN	VINIFICATION	ÉMASCULATION
SAINT-AVERTIN	BONIFICATION	STRIDULATION
BUSSY-RABUTIN	TARIFICATION	DÉMODULATION
LOUIS LE HUTIN	VÉRIFICATION	DÉRÉGULATION
DUGUAY-TROUIN	PURIFICATION	ACCUMULATION
THOMAS D'AQUIN	OSSIFICATION	MANIPULATION
MAGNY-EN-VEXIN	RATIFICATION	DÉPOPULATION
GUIRY-EN-VEXIN	NOTIFICATION	REPOPULATION
L'ISLE-EN-DODON	VIVIFICATION	GASTRULATION
AUNAY-SUR-ODON	COMPLICATION	CAPITULATION
CROQUE-LARDON	SUPPLICATION	AMALGAMATION
CASTILLE-LEÓN	DÉTOXICATION	PROCLAMATION
SANG-DE-DRAGON	INTOXICATION	DESQUAMATION
CALIFOURCHON	ÉCHOLOCATION	ENVENIMATION
SAINT-ÉMILION	SOUS-LOCATION	LÉGITIMATION
SAINT-ÉMILION	CONFISCATION	INFLAMMATION
VESPERTILION	EXHÉRÉDATION	CONSOMMATION
TRAITS D'UNION	INVALIDATION	CONFIRMATION
CIRCONCISION	INTIMIDATION	MALFORMATION
AUTODÉRISION	DILAPIDATION	CONFORMATION
STÉRÉOVISION	IMPALUDATION	NÉOFORMATION
APPRÉHENSION	DÉSOXYDATION	HALOGÉNATION
HYPERTENSION	CONGRÉGATION	PYROGÉNATION
EXTRAVERSION	PROMULGATION	INALIÉNATION

IMPRÉGNATION	FRACTURATION	THÉORISATION
CONSIGNATION	FRANCISATION	CALORISATION
VATICINATION	EXORCISATION	VALORISATION
COORDINATION	FARADISATION	COLORISATION
INVAGINATION	FLUIDISATION	MÉMORISATION
INSÉMINATION	FOCALISATION	SONORISATION
DÉNOMINATION	LOCALISATION	VAPORISATION
ILLUMINATION	VOCALISATION	MOTORISATION
CONDAMNATION	MODALISATION	AUTORISATION
POLYGONATION	IDÉALISATION	SÉCURISATION
ANTICIPATION	LÉGALISATION	SOMATISATION
ÉMANCIPATION	BANALISATION	FANATISATION
CONSTIPATION	CANALISATION	DÉRATISATION
DISCULPATION	PÉNALISATION	MONÉTISATION
DÉCRISPATION	FINALISATION	POLITISATION
RÉOCCUPATION	MORALISATION	ROBOTISATION
INOCCUPATION	NASALISATION	ASEPTISATION
PERVIBRATION	TOTALISATION	DÉMUTISATION
ÉLUCUBRATION	NAVALISATION	JAROVISATION
CONSÉCRATION	FIDÉLISATION	CONDENSATION
DÉLIBÉRATION	MODÉLISATION	COMPENSATION
DILACÉRATION	NOVÉLISATION	MALVERSATION
EXULCÉRATION	MOBILISATION	CONVERSATION
ÉVISCÉRATION	VIRILISATION	CONSTATATION
VOCIFÉRATION	CIVILISATION	RÉTRACTATION
ACCÉLÉRATION	EMBOLISATION	COHABITATION
DÉCÉLÉRATION	CRÉOLISATION	HABILITATION
RÉGÉNÉRATION	NÉBULISATION	FACILITATION
COGÉNÉRATION	ISLAMISATION	DÉLIMITATION
INCINÉRATION	DYNAMISATION	EXPLOITATION
RÉMUNÉRATION	MINIMISATION	DÉCAPITATION
EXASPÉRATION	OPTIMISATION	AUSCULTATION
RÉCUPÉRATION	MAXIMISATION	CONSULTATION
VITUPÉRATION	CHROMISATION	DÉPLANTATION
OBLITÉRATION	LIBANISATION	REPLANTATION
ALLITÉRATION	URBANISATION	IMPLANTATION
ADULTÉRATION	MÉCANISATION	PLACENTATION
DÉFLAGRATION	ORGANISATION	SEGMENTATION
CONSPIRATION	ROMANISATION	PIGMENTATION
PERSPIRATION	HUMANISATION	AUGMENTATION
ÉDULCORATION	TÉTANISATION	ALIMENTATION
AMÉLIORATION	FÉMINISATION	FERMENTATION
DÉCOLORATION	HOMINISATION	PRÉSENTATION
REMÉMORATION	PUPINISATION	SUSTENTATION
PERPÉTRATION	LATINISATION	LABANOTATION
INFILTRATION	DIVINISATION	NUMÉROTATION
EXFILTRATION	COCONISATION	RÉADAPTATION
EXCENTRATION	COLONISATION	INADAPTATION
FENESTRATION	CANONISATION	CONCERTATION
REGISTRATION	IMMUNISATION	DISSERTATION
CLAUSTRATION	POLARISATION	CONTESTATION
ILLUSTRATION	CURARISATION	PROTESTATION
RESTAURATION	TUBÉRISATION	INCRUSTATION
INSTAURATION	MADÉRISATION	STERNUTATION
INAUGURATION	NUMÉRISATION	RÉÉVALUATION
IMMATURATION	LATÉRISATION	CONTINUATION
DÉNATURATION	ARBORISATION	INADÉQUATION

MENSTRUATION
PERPÉTUATION
ACCENTUATION
SURÉLÉVATION
RÉACTIVATION
INACTIVATION
DÉMOTIVATION
PRÉSERVATION
CONSERVATION
CUTI-RÉACTION
STUPÉFACTION
TORRÉFACTION
PUTRÉFACTION
LIQUÉFACTION
SATISFACTION
GÉLIFRACTION
SOUSTRACTION
DÉSAFFECTION
SURINFECTION
DÉSINFECTION
IMPERFECTION
TRANSFECTION
INTROJECTION
INTERJECTION
PRÉSÉLECTION
PRÉDILECTION
INTELLECTION
RÉCOLLECTION
INCORRECTION
RÉSURRECTION
INSURRECTION
INTERSECTION
INTERDICTION
ANTIFRICTION
CONSTRICTION
RECONDUCTION
REPRODUCTION
COPRODUCTION
INTRODUCTION
TRANSDUCTION
SUBSTRUCTION
CONSTRUCTION
INDISCRÉTION
POLYADDITION
MICROÉDITION
RÉEXPÉDITION
REDÉFINITION
AUTOPUNITION
RÉAPPARITION
MALNUTRITION
PERQUISITION
PIS QUISITION
POLE POSITION
POSTPOSITION
TRIPARTITION
SUPERSTITION
RECONVENTION

INTERVENTION
INTERCEPTION
PRESCRIPTION
CONSCRIPTION
PROSCRIPTION
SOUSCRIPTION
RÉABSORPTION
INTERRUPTION
DÉSINSERTION
DÉCONGESTION
CONTRIBUTION
DISTRIBUTION
NON-EXÉCUTION
IRRÉSOLUTION
SUBSTITUTION
CONSTITUTION
PROSTITUTION
RIEC-SUR-BELON
LA FERTÉ-MILON
MARTEAU-PILON
TENNIS-BALLON
CHAUFFAILLON
TAUPE-GRILLON
MONTMORILLON
FRANSQUILLON
DOLICHOCÔLON
TOUTANKHAMON
MÉZIDON-CANON
GRAND TRIANON
PETIT TRIANON
ATTRAPE-MINON
RHODODENDRON
PHILODENDRON
CHÂTEAUGIRON
PRESSE-CITRON
DÉMANGEAISON
PRÉFOLIAISON
PRÉFLORAISON
KYRIE ELEISON
CONTREPOISON
CONTREBASSON
BOÎTE-BOISSON
PONT-À-MOUSSON
MARAIS BRETON
PRESSE-BOUTON
PIED-DE-MOUTON
SAUT-DE-MOUTON
TRICHOPHYTON
PROPAROXYTON
TAILLE-CRAYON
TRANSHORIZON
LISLE-SUR-TARN
HOHENZOLLERN
YANG SHANGKUN
MARCHÉ COMMUN
POISSON-CLOWN
NARASIMHA RAO

CERRO DE PASCO
SAN FRANCISCO
SÃO FRANCISCO
POZZO DI BORGO
ACTORS STUDIO
PORTO-VECCHIO
PINTURICCHIO
MISHIMA YUKIO
IEVTOUCHENKO
STÉNODACTYLO
GIULIO ROMANO
SAN GIMIGNANO
MEZZO-SOPRANO
ANDREA PISANO
NICOLA PISANO
ASCOLI PICENO
KILIMANDJARO
BANDERILLERO
RIO DE JANEIRO
YAMOUSSOUKRO
CAGAYAN DE ORO
INÉS DE CASTRO
TENZIN GYATSO
MAVROCORDATO
BARQUISIMETO
PUEBLO BONITO
QUATTROCENTO
AYUNTAMIENTO
RISORGIMENTO
DIVERTIMENTO
JIANG JINGGUO
MANDCHOUKOUO
CHEREMETIEVO
ANTANANARIVO
TCHEREMKHOVO
TCHISTIAKOVO
ANDERSEN NEXØ
COLA DI RIENZO
GUIDO D'AREZZO
VO NGUYÊN GIAP
MAILLY-LE-CAMP
SATHONAY-CAMP
GUEULE-DE-LOUP
VESSES-DE-LOUP
PATTES-DE-LOUP
LE BAR-SUR-LOUP
ARDANT DU PICQ
LIZY-SUR-OURCQ
IVUJIVIMMIUQ
LAGOS ESCOBAR
AYLWIN AZÓCAR
COLOMB-BÉCHAR
SEFER HA-ZOHAR
NABOPOLASSAR
CERRO BOLÍVAR
LÉON LE KHAZAR
DÉSEMBOURBER

AUTOFINANCER	DIFFÉRENTIER	SURENTRAÎNER
RÉENSEMENCER	CRÉDIRENTIER	DÉCONTAMINER
CONCURRENCER	ROMAINMÔTIER	BRILLANTINER
ENGUIRLANDER	PRIMESAUTIER	CAPARAÇONNER
CONTREMANDER	SAINT-RIQUIER	DÉSAMIDONNER
MONTIER-EN-DER	TERRE-NEUVIER	ÉBOURGEONNER
CAUCHEMARDER	DOUWES DEKKER	DÉCHIFFONNER
CHEMINS DE FER	BRINGUEBALER	PROVISIONNER
DÉSAVANTAGER	BRINGUEBALER	DIMENSIONNER
CARPETBAGGER	MERGENTHALER	EXCURSIONNER
SCHLUMBERGER	DÉSASSEMBLER	DÉPASSIONNER
ENZENSBERGER	SHIPCHANDLER	DÉMISSIONNER
CHEESEBURGER	EMBARDOUFLER	CONTUSIONNER
GREVENMACHER	ÉPOUSTOUFLER	COLLATIONNER
CONTREFICHER	LAISSER-ALLER	AFFECTIONNER
ENCHEVAUCHER	DESTINSTALLER	SÉLECTIONNER
FANFRELUCHER	ENTREBÂILLER	CONDITIONNER
ESCARMOUCHER	CRITICAILLER	COMMOTIONNER
CATASTROPHER	COLLETAILLER	RÉCEPTIONNER
SOUS-OFFICIER	ENTRETAILLER	RÉÉCHELONNER
ORDONNANCIER	DISCUTAILLER	DÉBÂILLONNER
INDULGENCIER	RETRAVAILLER	RÉVEILLONNER
PERMANENCIER	ASSOMMEILLER	VERMILLONNER
DIFFÉRENCIER	RAPPAREILLER	ÉMERILLONNER
CONFÉRENCIER	DÉCONSEILLER	TOURILLONNER
HALLEBARDIER	EMBOUTEILLER	POSTILLONNER
BOULEVARDIER	ÉCRABOUILLER	AIGUILLONNER
BAGUENAUDIER	GLANDOUILLER	BROUILLONNER
DISQUALIFIER	CRACHOUILLER	GRAVILLONNER
PERSONNIFIER	DÉPATOUILLER	MAQUIGNONNER
SACCHARIFIER	GRATTOUILLER	MOUCHERONNER
DÉCLASSIFIER	FOLSCHVILLER	DÉCLOISONNER
AUTHENTIFIER	COPIER-COLLER	SAUCISSONNER
COMPLEXIFIER	COUPER-COLLER	EMPOISSONNER
TÉLÉGRAPHIER	DÉSACCOUPLER	ŒILLETONNER
ÉCHOGRAPHIER	DÉMANTIBULER	GUEULETONNER
SAINT-VALLIER	IMMATRICULER	DARDILLONNER
QUINCAILLIER	DÉSARTICULER	SOUS-DÉCLARER
MANCENILLIER	DÉSOPERCULER	RÉÉQUILIBRER
DÉMULTIPLIER	TOURNEBOULER	DÉSENCOMBRER
SAINT-GALMIER	OREILLE-DE-MER	RÉINCARCÉRER
FRANGIPANIER	DÉSENVENIMER	DÉCONSIDÉRER
PORCELAINIER	SURCOMPRIMER	RECONSIDÉRER
PLAQUEMINIER	DÉPROGRAMMER	DÉPOUSSIÉRER
SOUS-MARINIER	REPROGRAMMER	EMPOUSSIÉRER
CLÉMENTINIER	DUPONT-SOMMER	DÉPHOSPHORER
CHAUDRONNIER	PIRIAC-SUR-MER	RÉINCORPORER
AVANT-DERNIER	SOULAC-SUR-MER	ENTRE-DÉVORER
GRATTE-PAPIER	OLONNE-SUR-MER	CONTRECARRER
MARIN-POMPIER	CAGNES-SUR-MER	CHRONOMÉTRER
SCAPHANDRIER	CAYEUX-SUR-MER	DÉCONCENTRER
IRISH-TERRIER	ISIGNY-SUR-MER	RÉORCHESTRER
LONG-COURRIER	SANARY-SUR-MER	TRANSFIGURER
CARICATURIER	RÉACCOUTUMER	PEINTURLURER
HALLEFESSIER	RACCOMPAGNER	AUTOCENSURER
COUSCOUSSIER	CONTRESIGNER	MANUFACTURER
PASSEMENTIER	DÉSENCHAÎNER	CONTRACTURER

DÉSTRUCTURER
RESTRUCTURER
PORTRAITURER
STANDARDISER
CLOCHARDISER
HOMOGÉNÉISER
HIÉRARCHISER
CANNIBALISER
RADIOBALISER
SYNDICALISER
TROPICALISER
DÉFISCALISER
OFFICIALISER
RESOCIALISER
MATÉRIALISER
MARGINALISER
CRIMINALISER
RÉGIONALISER
NATIONALISER
RATIONALISER
COMMUNALISER
DÉSACRALISER
THÉÂTRALISER
HOSPITALISER
IMMORTALISER
RÉACTUALISER
DÉSEXUALISER
SOCIABILISER
CULPABILISER
RENTABILISER
DÉSTABILISER
CRÉDIBILISER
SENSIBILISER
FLEXIBILISER
INFANTILISER
SOUS-UTILISER
CRISTALLISER
DÉSATELLISER
AMÉRICANISER
EUROPÉANISER
DÉSORGANISER
DÉSHUMANISER
CHAMPAGNISER
DÉVIRGINISER
DÉSTALINISER
MASCULINISER
SYNCHRONISER
IMPATRONISER
ENTRECROISER
JUDICIARISER
FAMILIARISER
DÉSCOLARISER
CIRCULARISER
SINGULARISER
PROLÉTARISER
SÉDENTARISER
SANCTUARISER

CARACTÉRISER
REMASTÉRISER
SQUATTÉRISER
INFÉRIORISER
INTÉRIORISER
EXTÉRIORISER
DÉSECTORISER
MINIATURISER
DÉDRAMATISER
MATHÉMATISER
SYSTÉMATISER
ACHROMATISER
INFORMATISER
DÉMOCRATISER
ALPHABÉTISER
DÉBUDGÉTISER
DÉMAGNÉTISER
ADJECTIVISER
CONTROVERSER
INTERCLASSER
DÉCADENASSER
CONTRE-PASSER
DÉSENCRASSER
TRANSGRESSER
DÉCOMPRESSER
TÉLÉDIFFUSER
ÉLECTROLYSER
DÉPHOSPHATER
DÉCONTRACTER
SUREXPLOITER
WINTERHALTER
DÉSENCHANTER
ENSANGLANTER
ÉBOUILLANTER
TRANSPLANTER
CONTINGENTER
DÉFRAGMENTER
ENRÉGIMENTER
SURALIMENTER
COMPLIMENTER
EXPÉRIMENTER
INSTRUMENTER
CONTREVENTER
DÉSAPPOINTER
PRÊTS-À-MONTER
REMMAILLOTER
TRAVAILLOTER
PRÊTS-À-PORTER
ENTRE-HEURTER
DÉSINCRUSTER
GLOBE-TROTTER
ÉLECTROCUTER
TRANSBAHUTER
CAOUTCHOUTER
SCHOPENHAUER
REDISTRIBUER
DÉSENVERGUER

DISCONTINUER
LOCMARIAQUER
CONTRE-PIQUER
PRÉFABRIQUER
FANTASTIQUER
SOPHISTIQUER
PRONOSTIQUER
ENCAUSTIQUER
DÉMOUSTIQUER
ENTRECHOQUER
RECONSTITUER
SUBSTANTIVER
CROSSING-OVER
DÉSAPPROUVER
SOUS-EMPLOYER
KHORRAMCHAHR
ROCKING-CHAIR
RAGAILLARDIR
ENORGUEILLIR
AGENOUILLOIR
VILLE-DORTOIR
BATEAU-LAVOIR
BATEAU-LAVOIR
AFFAINÉANTIR
GUADALQUIVIR
QUINDÉCEMVIR
VALDEMAR SEJR
CID CAMPEADOR
CONQUISTADOR
CHANDERNAGOR
TAMBOUR-MAJOR
SERGENT-MAJOR
FABIUS PICTOR
TRANSPONDEUR
RACCOMMODEUR
TRANSBORDEUR
SURCHAUFFEUR
MAÎTRE-NAGEUR
CENTRIFUGEUR
PLEURNICHEUR
PORTE-MALHEUR
PORTE-BONHEUR
PHOTOCOPIEUR
CONTRE-VALEUR
RAVITAILLEUR
ÉCRIVAILLEUR
GRIBOUILLEUR
BARBOUILLEUR
BREDOUILLEUR
VADROUILLEUR
VERROUILLEUR
PATROUILLEUR
TARTOUILLEUR
PSEUDOTUMEUR
ENTREPRENEUR
TAMBOURINEUR
BARAGOUINEUR

SHAMPOUINEUR	FLAGELLATEUR	TÉLÉACHETEUR
ENQUIQUINEUR	DISTILLATEUR	INTERPRÉTEUR
BADIGEONNEUR	DÉAMBULATEUR	DÉCHIQUETEUR
ADDITIONNEUR	ARTICULATEUR	LITHOTRITEUR
POSITIONNEUR	DÉMODULATEUR	PISCICULTEUR
QUESTIONNEUR	ACCUMULATEUR	ACÉRICULTEUR
PAPILLONNEUR	MANIPULATEUR	PUÉRICULTEUR
CARILLONNEUR	RADIOAMATEUR	HORTICULTEUR
EMPOISONNEUR	CONSOMMATEUR	SYLVICULTEUR
À CONTRECŒUR	CONFORMATEUR	BOURSICOTEUR
CHEVAL-VAPEUR	VATICINATEUR	QUADRIMOTEUR
AUTO-STOPPEUR	COORDINATEUR	PSYCHOMOTEUR
JEAN SANS PEUR	INSÉMINATEUR	PHONOCAPTEUR
ENREGISTREUR	DÉNOMINATEUR	CHÉMOCAPTEUR
AVANT-COUREUR	ÉMANCIPATEUR	INTERCEPTEUR
STRIP-TEASEUR	PERVIBRATEUR	PRESCRIPTEUR
THÉSAURISEUR	VOCIFÉRATEUR	PROSCRIPTEUR
SYNTHÉTISEUR	ACCÉLÉRATEUR	SOUSCRIPTEUR
LIBRE-PENSEUR	RÉGÉNÉRATEUR	VOLUCOMPTEUR
HYPERTENSEUR	INCINÉRATEUR	INTERRUPTEUR
VIBROMASSEUR	RÉMUNÉRATEUR	TRANSPORTEUR
PRÉDÉCESSEUR	RÉCUPÉRATEUR	ENTREMETTEUR
COPROCESSEUR	OBLITÉRATEUR	TRANSMETTEUR
INTERCESSEUR	CONSPIRATEUR	CONTRIBUTEUR
AGRANDISSEUR	ILLUSTRATEUR	DISTRIBUTEUR
BLANCHISSEUR	RESTAURATEUR	BOURLINGUEUR
AÉROGLISSEUR	INSTAURATEUR	DEMI-LONGUEUR
ASSAINISSEUR	LOCALISATEUR	VAPOCRAQUEUR
ENCHÉRISSEUR	VOCALISATEUR	PIQUE-NIQUEUR
ÉQUARRISSEUR	IDÉALISATEUR	RHÉTORIQUEUR
ÉPAISSISSEUR	MORALISATEUR	AUTOBLOQUEUR
RALENTISSEUR	TOTALISATEUR	HÉLIOGRAVEUR
INVESTISSEUR	MOBILISATEUR	COMPOGRAVEUR
PERTURBATEUR	CIVILISATEUR	PHOTOGRAVEUR
DESSICCATEUR	ORGANISATEUR	**SAINT-SAUVEUR**
ADJUDICATEUR	COLONISATEUR	INTERVIEWEUR
PACIFICATEUR	VAPORISATEUR	MULTIPLEXEUR
CODIFICATEUR	CONDENSATEUR	REJOINTOYEUR
MODIFICATEUR	COMPENSATEUR	BELLES-DE-JOUR
VINIFICATEUR	DISPENSATEUR	**FANTIN-LATOUR**
VÉRIFICATEUR	COMMENTATEUR	**SHAHJAHANPUR**
PURIFICATEUR	PRÉSENTATEUR	KOMMANDANTUR
VIVIFICATEUR	CONTESTATEUR	**BEAU DE ROCHAS**
RENFORÇATEUR	CONTINUATEUR	**MICHEL DOUKAS**
INTIMIDATEUR	PRÉSERVATEUR	SAINT-NICOLAS
DILAPIDATEUR	CONSERVATEUR	**SAINT-NICOLAS**
PROLONGATEUR	TORRÉFACTEUR	PANCHEN-LAMAS
TRIOMPHATEUR	LIQUÉFACTEUR	**CHABAN-DELMAS**
DÉPRÉCIATEUR	LOCOTRACTEUR	NITROSOMONAS
APPRÉCIATEUR	SOUSTRACTEUR	PANIERS-REPAS
DÉNONCIATEUR	PRÉSÉLECTEUR	PLATEAU-REPAS
RENONCIATEUR	VIDÉOLECTEUR	**GUJAN-MESTRAS**
ANNONCIATEUR	CONSTRICTEUR	**AFARS ET ISSAS**
CONCILIATEUR	REPRODUCTEUR	DOUBLES-CLICS
CALOMNIATEUR	INTRODUCTEUR	TRAVERS-BANCS
ASSIMILATEUR	TRANSDUCTEUR	BLANCS-ESTOCS
INSTALLATEUR	CONSTRUCTEUR	**PRÉ-AUX-CLERCS**

HAMPTON ROADS
CHAUFFE-PIEDS
CHAUSSE-PIEDS
BARRAGE-POIDS
AVOIRDUPOIDS
CHAUDS-FROIDS
SOUTH SHIELDS
CITIZEN BANDS
NON MARCHANDS
EST-ALLEMANDS
ARRIÈRE-FONDS
BRETTON WOODS
MILNE-EDWARDS
SIDI BEL ABBES
CHAT-EN-JAMBES
BOIS-COLOMBES
ESSUIE-GLACES
QUATRE-ÉPICES
TOUTES-ÉPICES
SELF-SERVICES
MODERN DANCES
CONDOLÉANCES
ACCOINTANCES
CONTINGENCES
NON-VIOLENCES
AIGRES-DOUCES
DEMI-BRIGADES
ABDALWADIDES
SELDJOUKIDES
CASSITÉRIDES
EURYPONTIDES
PLATES-BANDES
JOURS-AMENDES
QUARTS-MONDES
FUSÉES-SONDES
FLANCS-GARDES
PILO-SÉBACÉES
IRISH-COFFEES
NON-SALARIÉES
CONTRE-ALLÉES
TROIS-VALLÉES
SOUS-PEUPLÉES
SOUS-ESTIMÉES
SUS-DÉNOMMÉES
MISCELLANÉES
SOUS-CUTANÉES
MIDI-PYRÉNÉES
DEMI-JOURNÉES
AVEUGLES-NÉES
SOUS-ÉQUIPÉES
LOMBO-SACRÉES
AVANT-SOIRÉES
IODO-IODURÉES
SOUS-ASSURÉES
SOUS-SATURÉES
LYOPHILISÉES
SOUS-EXPOSÉES

ENTRE-TISSÉES
SOUS-TRAITÉES
LONG-JOINTÉES
SOUS-ÉVALUÉES
PORTE-GREFFES
PORTE-BAGAGES
GARNIER-PAGÈS
GOAL-AVERAGES
SOUS-TITRAGES
APRÈS-RASAGES
CHÊNES-LIÈGES
DÉLAIS-CONGÉS
MONTE-CHARGES
SAINT-GEORGES
ROUGES-GORGES
KHMERS ROUGES
PELLES-BÊCHES
PIES-GRIÈCHES
TROIS-ÉVÊCHÉS
BELLES-DOCHES
GRANDS-DUCHÉS
AMUSE-BOUCHES
CENT-ASSOCIÉS
NATIONS UNIES
CLAIRES-VOIES
LANTERNERIES
JET-SOCIETIES
FIFTY-FIFTIES
SEMI-GLOBALES
ILÉO-CÆCALES
GRAND-DUCALES
SÉNATORIALES
SOUS-NORMALES
URO-GÉNITALES
SEMI-DURABLES
GARDE-MEUBLES
GRANDS-ONCLES
GRANDS-ANGLES
TROIS-ÉTOILES
GRANDS-VOILES
TAGLIATELLES
SEMI-VOYELLES
ACCORDAILLES
CHAUFFAILLES
SAINTRAILLES
XAINTRAILLES
REPRÉSAILLES
CORNOUAILLES
NID-D'ABEILLES
CURE-OREILLES
AVANT-VEILLES
BELLES-FILLES
SOUS-FAMILLES
PORQUEROLLES
AVIONS-ÉCOLES
AMUSE-GUEULES
ROULÉS-BOULÉS

DIX-HUITIÈMES
DIX-SEPTIÈMES
DIX-NEUVIÈMES
STAR-SYSTÈMES
SOUS-SYSTÈMES
LANCE-FLAMMES
CACHE-FLAMMES
CALLIGRAMMES
BONNES FEMMES
AX-LES-THERMES
PLATES-FORMES
COUPE-LÉGUMES
GALLO-ROMANES
RHÉTO-ROMANES
PROLÉGOMÈNES
HAUTES-FAGNES
TISSUS-PAGNES
MASCAREIGNES
LAC DES CYGNES
AFRO-CUBAINES
AFRO-CUBAINES
COUPE-RACINES
ASSINIBOINES
GRÉCO-LATINES
DAMES-JEANNES
SUD-CORÉENNES
SUD-CORÉENNES
LOUVECIENNES
VALENCIENNES
VALENCIENNES
ALÉOUTIENNES
INDO-ARYENNES
DEMI-COLONNES
VILLECRESNES
QUELQUES-UNES
LES DEUX-ALPES
COUPE-CIGARES
PORTE-CIGARES
SOUS-DÉCLARÉS
SOUS-CALIBRÉS
MÉTALLIFÈRES
DESHOULIÈRES
CONDOTTIERES
LESDIGUIÈRES
CHENNEVIÈRES
DOUCES-AMÈRES
SEMI-POLAIRES
LUNI-SOLAIRES
SANGUINAIRES
SEMI-LUNAIRES
FORÊTS-NOIRES
ENTRE-DÉVORÉS
REINE-DES-PRÉS
ROSÉS-DES-PRÉS
LANCE-AMARRES
PORTE-AMARRES
LANCE-PIERRES

PERCE-PIERRES	GOMMES-GUTTES	**LILLEBONNAIS**
CASSE-PIERRES	VICE-ROYAUTÉS	**BRIANÇONNAIS**
APRÈS-GUERRES	ROUGES-QUEUES	**TALANÇONNAIS**
AVANT-GUERRES	**PETCHENÈGUES**	**JURANÇONNAIS**
ESSUIE-VERRES	CONTRE-DIGUES	**TARASCONNAIS**
OUVRE-HUÎTRES	**BOUILLARGUES**	**ARCACHONNAIS**
PORTE-MONTRES	**VAUVENARGUES**	**ESPALIONNAIS**
COUVRE-LIVRES	CONTRE-FUGUES	**WASSELONNAIS**
GRANDS-LIVRES	GOMMES-LAQUES	**GUEUGNONNAIS**
OISEAUX-LYRES	**SAINT-JACQUES**	**QUIBERONNAIS**
SRI LANKAISES	**CHICHIMÈQUES**	**ORMESSONNAIS**
SRI LANKAISES	**BRITANNIQUES**	**AUBUSSONNAIS**
NEW-YORKAISES	**PHILIPPIQUES**	**ARGENTONNAIS**
NEW-YORKAISES	**CANTABRIQUES**	**LONGUYONNAIS**
SOUS-UTILISÉS	**PLAN-DE-CUQUES**	**CHÂTILLONAIS**
SOUS-CHEMISES	COUVRE-NUQUES	**VAL-DE-MARNAIS**
AMANDINOISES	PONTONS-GRUES	CONTRE-ESSAIS
VERT-DE-GRISÉS	PLAN-CONCAVES	**FOUESNANTAIS**
L'HAŸ-LES-ROSES	CÉLERIS-RAVES	**CONFOLENTAIS**
FLINT-GLASSES	**ANNE DE CLÈVES**	**HENNEBONTAIS**
CONTRE-PASSÉS	PORTE-GLAIVES	**OUTREMONTAIS**
GRANDS-MESSES	LÉGISLATIVES	**WESTMOUNTAIS**
TCHÉRÉMISSES	PLAN-CONVEXES	**ROCHEFORTAIS**
RONDES-BOSSES	SOUS-EMPLOYÉS	**HAUTEFORTAIS**
BASSES-FOSSES	PLANS-RELIEFS	**MARTINIQUAIS**
TAPIS-BROSSES	HAUTS-RELIEFS	**MARTINIQUAIS**
DRAPS-HOUSSES	ILANGS-ILANGS	**TONNEINQUAIS**
SOUS-SOLEUSES	YLANGS-YLANGS	**SAINT-GERVAIS**
SOUS-VIREUSES	PLUM-PUDDINGS	**GRAND PARADIS**
SERBO-CROATES	BLANCS-SEINGS	**INDIANAPOLIS**
CARTONS-PÂTES	TIME-SHARINGS	NON ACCOMPLIS
TROUBLE-FÊTES	BABY-SITTINGS	**COLOCOTRONIS**
SOUS-PRÉFÈTÉS	**CASABLANCAIS**	**KOLOKOTRÓNIS**
ÉPAULÉS-JETÉS	**CHANCELADAIS**	**ROBIN DES BOIS**
RECTO-COLITES	NÉO-ZÉLANDAIS	**BARSURAUBOIS**
TOUTES-BOÎTES	**NÉO-ZÉLANDAIS**	**FLORENSACOIS**
NON-INSCRITES	**GROENLANDAIS**	**CLÉGUÉRECOIS**
SURDI-MUTITÉS	**SAINTONGEAIS**	**SASSENAGEOIS**
NON-ACTIVITÉS	**BEAUMARCHAIS**	**GANDRANGEOIS**
GRANDS-TANTES	**LA FERTÉ-ALAIS**	**FRIBOURGEOIS**
NON-CROYANTES	**GRANDVELLAIS**	**HAMBOURGEOIS**
SOUS-JACENTES	**MONDEVILLAIS**	**COMBOURGEOIS**
NON-VIOLENTES	**DOUDEVILLAIS**	**HOMBOURGEOIS**
CONTRE-PENTES	**SOTTEVILLAIS**	**VILLEJUIFOIS**
DÉPÔTS-VENTES	**BEUZEVILLAIS**	**PHNOMPENHOIS**
SACRO-SAINTES	**BLAINVILLAIS**	**SCHIRMECKOIS**
COURT-JOINTÉS	**HÉROUVILLAIS**	**SHERBROOKOIS**
TRÁS-OS-MONTES	**FOUGEROLLAIS**	**NEUCHÂTELOIS**
SEMI-LIBERTÉS	**COURSEULLAIS**	**MONTREVÉLOIS**
SEMI-OUVERTES	**BRÉTIGNOLAIS**	**SAINT-GALLOIS**
AIGUES-MORTES	MONTALBANAIS	**APPENZELLOIS**
CONTRE-PORTES	**MONTALBANAIS**	**SAINT-GILLOIS**
ENTRE-HEURTÉS	**CASTELLANAIS**	**BONNEUILLOIS**
CROCHE-PATTES	**GRADIGNANAIS**	**JULIEVILLOIS**
CASTAGNETTES	**PERPIGNANAIS**	**BELLEVILLOIS**
MARGUERITTES	**AVRANCHINAIS**	**BONNEVILLOIS**
SANS-CULOTTES	**MORBIHANNAIS**	**LIBREVILLOIS**

MANTEVILLOIS	STOCKS-OUTILS	AFRANCESADOS
HAUTEVILLOIS	RACQUET-BALLS	AVIONS-CARGOS
MALZÉVILLOIS	NIAGARA FALLS	ANGELOPOULOS
BLAINVILLOIS	BEVERLY HILLS	AIGOS-POTAMOS
THIONVILLOIS	DOUBLE-SCULLS	TORREMOLINOS
CHIBOUGAMOIS	SELF-CONTROLS	OPISTHOTONOS
BISCHHEIMOIS	BLACK MUSLIMS	DOURA-EUROPOS
STOCKHOLMOIS	BRÛLE-PARFUMS	MONTES CLAROS
REPENTIGNOIS	RAHAT-LOKOUMS	EÇA DE QUEIRÓS
CARTHAGINOIS	PORTE-HAUBANS	ROLAND-GARROS
CARTHAGINOIS	RENTRE-DEDANS	ROMANS-PHOTOS
CASTELLINOIS	ARRIÈRE-PLANS	PROTÈGE-SLIPS
BERTHEVINOIS	GRANDS-MAMANS	LE GRAND-LEMPS
HAUT-VIENNOIS	BONNES-MAMANS	ESPACES-TEMPS
TOURQUENNOIS	SELF-MADE-MANS	FOSBURY FLOPS
ROQUEBRUNOIS	PHOTOS-ROMANS	À BRAS-LE-CORPS
BEAUCHAMPOIS	RECORDWOMANS	ARRIÈRE-CORPS
CHAMALIÉROIS	BUSINESSMANS	VOITURES-BARS
ARGENTIÉROIS	ORANGS-OUTANS	SLEEPING-CARS
ARMENTIÉROIS	TAI-CHI-CHUANS	GRANDVILLARS
ROQUEVAIROIS	SAINT-GAUDENS	CHEVAU-LÉGERS
CASTELVIROIS	CAROLINGIENS	MARX BROTHERS
MONTMARTROIS	MÉROVINGIENS	GROSEILLIERS
ROQUEMAUROIS	SAINT-CYRIENS	MAINVILLIERS
LE GARDEUROIS	CHAUFFE-BAINS	BRINVILLIERS
BÉCANCOUROIS	MALO-LES-BAINS	BEAUVILLIERS
AIGUEPERSOIS	VALS-LES-BAINS	VIDE-GRENIERS
GARGILESSOIS	MERS-LES-BAINS	COUPE-PAPIERS
MORANGISSOIS	SUD-AFRICAINS	PORTE-PAPIERS
NOBELTUSSOIS	SUD-AFRICAINS	SKYE-TERRIERS
DIEULEFITOIS	ARRIÈRE-MAINS	BULL-TERRIERS
FRANC-COMTOIS	GRÉCO-ROMAINS	SOUS-CLAVIERS
FRANC-COMTOIS	GALLO-ROMAINS	NAGELMACKERS
VILLEPINTOIS	CITÉS-JARDINS	CORN-SHELLERS
MAGNYMONTOIS	LES ESCOUMINS	HOME-TRAINERS
HÉRICOURTOIS	VIVARO-ALPINS	AMPLIS-TUNERS
ÉLANCOURTOIS	INTRA-UTÉRINS	HAUT-PARLEURS
BEAUCOURTOIS	EXTRA-UTÉRINS	ÉTAUX-LIMEURS
GUINGUETTOIS	AVANT-BASSINS	MESSEIGNEURS
COPENHAGUOIS	LAURIERS-TINS	NOSSEIGNEURS
CHÂTEAUGUOIS	KOUIGN-AMANNS	BELLES-SŒURS
AUDRUICQUOIS	FRANCS-MAÇONS	VICE-RECTEURS
VILLENEUVOIS	CHEVAL-ARÇONS	SOUS-SECTEURS
CHAUVE-SOURIS	FAUX-BOURDONS	BLOCS-MOTEURS
VILLEPARISIS	TIRE-BOUCHONS	GROS-PORTEURS
WINNIPEGOSIS	PORTE-FANIONS	PÈSE-LIQUEURS
PARAPHIMOSIS	DEMI-PENSIONS	ARRIÈRE-COURS
PHALAÉNOPSIS	SOUS-TENSIONS	PASSE-VELOURS
BALTRUSAÏTIS	TRIBULATIONS	JOUÉ-LÈS-TOURS
MILLEPERTUIS	SOUS-STATIONS	SHOW-BUSINESS
CANOËS-KAYAKS	STOCK-OPTIONS	WESTER WEMYSS
PLURICAUSALS	DEMI-PORTIONS	CLOSE-COMBATS
CONTRE-APPELS	CALES-ÉTALONS	CHAUFFE-PLATS
CONTES CRUELS	LES PAVILLONS	FULL-CONTACTS
CRÉDITS-BAILS	BOURGUIGNONS	COUVRE-OBJETS
APRÈS-SOLEILS	CACHE-TAMPONS	CONTRE-REJETS
DEMI-SOMMEILS	PORTE-CRAYONS	AVANT-PROJETS

COURANTS-JETS	REALITY-SHOWS	SAUVEGARDANT
CONTRE-SUJETS	**ANDRÉ-DESHAYS**	ENTRELARDANT
CONTRE-FILETS	BEACH-VOLLEYS	DÉBILLARDANT
PORTE-BILLETS	**AIRE-SUR-LA-LYS**	TRANSBORDANT
PETRODVORETS	GARDEN-PARTYS	DÉSACCORDANT
COUPE-JARRETS	BACCALAURÉAT	BAGUENAUDANT
WATER-CLOSETS	LANGUE-DE-CHAT	DÉSENGAGEANT
PORTE-PAQUETS	ACTIONNARIAT	TREILLAGEANT
TCHEREPOVETS	COMMISSARIAT	DÉDOMMAGEANT
QUATRE-VINGTS	ACCROCHE-PLAT	ENDOMMAGEANT
QUINZE-VINGTS	VICE-CONSULAT	RÉAMÉNAGEANT
VOITURES-LITS	CATÉCHUMÉNAT	DÉCOURAGEANT
WHITE-SPIRITS	SOUS-DIACONAT	ENCOURAGEANT
SAUF-CONDUITS	ALMICANTARAT	AFFOURAGEANT
DEMI-PRODUITS	**SAINT-HONORAT**	DÉPARTAGEANT
SEMI-PRODUITS	QUASI-CONTRAT	REPARTAGEANT
SOUS-PRODUITS	AVANT-CONTRAT	COPARTAGEANT
PRESSE-FRUITS	**ISIGNY-LE-BUAT**	DÉSAGRÉGEANT
BEAUX-ENFANTS	**LAKE DISTRICT**	DÉSOBLIGEANT
CONTRE-CHANTS	CONTRE-PROJET	RECORRIGEANT
PLAINS-CHANTS	**THOMAS BECKET**	RÉARRANGEANT
CERFS-VOLANTS	**ROBBE-GRILLET**	INTERROGEANT
BELLIGÉRANTS	GRASSOUILLET	SURCHARGEANT
MOINS-DISANTS	CROQUIGNOLET	HYDROFUGEANT
BIEN-PENSANTS	CHARDONNERET	PRÉCHAUFFANT
ABOUTISSANTS	**LYONS-LA-FORÊT**	SURCHAUFFANT
ARCS-BOUTANTS	**MILLY-LA-FORÊT**	**LOUIS L'ENFANT**
PROTÈGE-DENTS	**TAMANGHASSET**	ANTIAGRÉGANT
NON-RÉSIDENTS	**CARRY-LE-ROUET**	DÉHARNACHANT
NON-PAIEMENTS	PORTE-BOUQUET	PLEURNICHANT
BEAUX-PARENTS	**FABRE D'OLIVET**	ENDIMANCHANT
COUVRE-JOINTS	AUTOPORTRAIT	RÉEMBAUCHANT
PHOTOS-ROBOTS	**DENYS LE PETIT**	EFFAROUCHANT
PASSING-SHOTS	COUPE-CIRCUIT	APOSTROPHANT
QUATRE-QUARTS	MICROCIRCUIT	PHILOSOPHANT
COFFRES-FORTS	COURT-CIRCUIT	DÉCALCIFIANT
ARRIÈRE-PORTS	BELLES-DE-NUIT	RECALCIFIANT
ARRIÈRE-GOÛTS	ÉLECTRONVOLT	DÉMYTHIFIANT
CUMULO-NIMBUS	**CLAIRAMBAULT**	DÉQUALIFIANT
SOUS-ENTENDUS	**BOUSSINGAULT**	REQUALIFIANT
CORDONS-BLEUS	**SAINT-ARNOULT**	EXEMPLIFIANT
DÉMONTE-PNEUS	ORDONNANÇANT	INSIGNIFIANT
STRADIVARIUS	RECOMMENÇANT	FRIGORIFIANT
STRADIVARIUS	TRANSPERÇANT	ÉLECTRIFIANT
ANCUS MARTIUS	RÉTROGRADANT	DÉNITRIFIANT
CIRROCUMULUS	OUTRECUIDANT	DÉVITRIFIANT
HYPOTHALAMUS	RADIOGUIDANT	INTENSIFIANT
SABOT-DE-VÉNUS	RÉPRIMANDANT	DIVERSIFIANT
ARRACHE-CLOUS	DÉCOMMANDANT	DÉSERTIFIANT
CONTRE-ÉCROUS	RECOMMANDANT	DÉMYSTIFIANT
HABEAS CORPUS	REDESCENDANT	PRIVILÉGIANT
NIMBO-STRATUS	TRANSCENDANT	RÉCONCILIANT
CIRROSTRATUS	APPRÉHENDANT	DÉSAFFILIANT
ÉCHINOCACTUS	MALENTENDANT	EXCOMMUNIANT
CUNNILINCTUS	SURINTENDANT	PHOTOCOPIANT
SAINT ANDREWS	DÉVERGONDANT	DÉSAPPARIANT
TENNIS-ELBOWS	RACCOMMODANT	INVENTORIANT

RÉPERTORIANT	DÉGRINGOLANT	PONCTIONNANT
EUTHANASIANT	DÉBOUSSOLANT	AMBITIONNANT
HYPOSTASIANT	BLACKBOULANT	ADDITIONNANT
ANESTHÉSIANT	ROULI-ROULANT	AUDITIONNANT
DÉSENSABLANT	CONGRATULANT	POSITIONNANT
FAUX-SEMBLANT	RÉCAPITULANT	PÉTITIONNANT
BOURSOUFLANT	DIAPHRAGMANT	QUESTIONNANT
EMMITOUFLANT	DÉCOMPRIMANT	SOLUTIONNANT
DÉSENTOILANT	DÉLÉGITIMANT	DÉBALLONNANT
RÉINSTALLANT	SOUS-ESTIMANT	GRAILLONNANT
INTERPELLANT	MICROFILMANT	PAPILLONNANT
COURCAILLANT	SURINFORMANT	CARILLONNANT
ROUSCAILLANT	DÉSINFORMANT	BOUILLONNANT
GUINDAILLANT	TRANSFORMANT	COUILLONNANT
COUCHAILLANT	DÉSOXYGÉNANT	DÉBOULONNANT
ENCANAILLANT	DÉSENGRENANT	FANFARONNANT
TRAÎNAILLANT	ENTREPRENANT	CHAPERONNANT
TOURNAILLANT	DÉSAPPRENANT	PLASTRONNANT
TRESSAILLANT	CONTREVENANT	DÉCOURONNANT
RAVITAILLANT	CIRCONVENANT	DÉRAISONNANT
ENFUTAILLANT	DISCONVENANT	ARRAISONNANT
ÉCRIVAILLANT	RESSOUVENANT	ASSAISONNANT
DÉSHABILLANT	ACCOMPAGNANT	EMPOISONNANT
ENSOLEILLANT	CONTRAIGNANT	EMPRISONNANT
DÉPAREILLANT	RESTREIGNANT	PALISSONNANT
APPAREILLANT	INTERLIGNANT	POLISSONNANT
BIENVEILLANT	AIDE-SOIGNANT	CACHETONNANT
ÉMERVEILLANT	DÉCONSIGNANT	MOLLETONNANT
ESTAMPILLANT	CHANFREINANT	DÉBOUTONNANT
DÉGOUPILLANT	EMBOBELINANT	REBOUTONNANT
DÉTORTILLANT	DÉGASOLINANT	ANTIDÉTONANT
ENTORTILLANT	DÉGAZOLINANT	DÉSINCARNANT
EMBASTILLANT	DISCIPLINANT	CHANTOURNANT
ACCASTILLANT	DÉCALAMINANT	ANTIDÉRAPANT
ÉMOUSTILLANT	DISCRIMINANT	AUTOTREMPANT
CROUSTILLANT	ENDOCTRINANT	INTERROMPANT
GRIBOUILLANT	TAMBOURINANT	ENTRECOUPANT
BARBOUILLANT	EMMAGASINANT	CONTRETYPANT
BREDOUILLANT	GUILLOTINANT	NON-COMPARANT
PENDOUILLANT	PRÉDESTINANT	CONCÉLÉBRANT
TRIFOUILLANT	BARAGOUINANT	DÉSENCADRANT
FARFOUILLANT	SHAMPOUINANT	PRÉPONDÉRANT
GARGOUILLANT	ENQUIQUINANT	CONGLOMÉRANT
MÂCHOUILLANT	DAMASQUINANT	RECONQUÉRANT
AGENOUILLANT	DÉSARÇONNANT	DÉSINTÉGRANT
GRENOUILLANT	SUBORDONNANT	TRANSMIGRANT
DÉBROUILLANT	BADIGEONNANT	ENCHEVÊTRANT
EMBROUILLANT	BOURGEONNANT	RÉCALCITRANT
GADROUILLANT	DÉPLAFONNANT	DÉFENESTRANT
VADROUILLANT	PARANGONNANT	ENREGISTRANT
DÉGROUILLANT	OCCASIONNANT	ADMINISTRANT
VERROUILLANT	ÉMULSIONNANT	BIOCARBURANT
PATROUILLANT	ILLUSIONNANT	CLAQUEMURANT
CHATOUILLANT	FRACTIONNANT	EXTRA-COURANT
DÉMAQUILLANT	FRICTIONNANT	DÉCHLORURANT
REMAQUILLANT	SANCTIONNANT	SOUS-ASSURANT
ÉCARQUILLANT	FONCTIONNANT	COURBATURANT

CARICATURANT	RIDICULISANT	RETRAVERSANT
CONJECTURANT	MACADAMISANT	BOULEVERSANT
REDÉCOUVRANT	UNIFORMISANT	TERGIVERSANT
PARAPHRASANT	AFRICANISANT	DÉCARCASSANT
SATISFAISANT	RÉORGANISANT	POURCHASSANT
TECHNICISANT	ITALIANISANT	FOUTIMASSANT
CHRONICISANT	ALCALINISANT	OUTREPASSANT
CIRCONCISANT	DÉCOLONISANT	DÉBARRASSANT
CONTREDISANT	FRATERNISANT	EMBARRASSANT
PLACARDISANT	ENTRETOISANT	SEMI-DRESSANT
RINGARDISANT	APPRIVOISANT	REPARAISSANT
SYMPATHISANT	SOLIDARISANT	APPARAISSANT
RADICALISANT	NUCLÉARISANT	RENGRAISSANT
MÉDICALISANT	DÉPOLARISANT	RÉTRÉCISSANT
DÉLOCALISANT	SÉCULARISANT	ENDURCISSANT
SCANDALISANT	RÉGULARISANT	RADOUCISSANT
SPÉCIALISANT	POPULARISANT	ATTIÉDISSANT
MONDIALISANT	TITULARISANT	ENLAIDISSANT
SPATIALISANT	MILITARISANT	DÉRAIDISSANT
INITIALISANT	POLYMÉRISANT	AGRANDISSANT
DÉCIMALISANT	DÉSODORISANT	REBONDISSANT
MINIMALISANT	CATÉGORISANT	ARRONDISSANT
OPTIMALISANT	DÉVALORISANT	ENHARDISSANT
MAXIMALISANT	REVALORISANT	REVERDISSANT
DÉPÉNALISANT	INSONORISANT	ALOURDISSANT
NOMINALISANT	SPONSORISANT	ÉTOURDISSANT
LIBÉRALISANT	DÉFAVORISANT	DÉSOBÉISSANT
FÉDÉRALISANT	THÉSAURISANT	RÉLARGISSANT
GÉNÉRALISANT	PASTEURISANT	RESURGISSANT
MINÉRALISANT	PRESSURISANT	DÉROUGISSANT
DÉMORALISANT	SCHÉMATISANT	FRAÎCHISSANT
CAPORALISANT	FLEGMATISANT	ENRICHISSANT
CENTRALISANT	STIGMATISANT	BLANCHISSANT
NEUTRALISANT	AXIOMATISANT	FRANCHISSANT
NATURALISANT	AUTOMATISANT	RÉTABLISSANT
DÉNASALISANT	TRAUMATISANT	ENNOBLISSANT
PALATALISANT	DÉSÉTATISANT	AMEUBLISSANT
VÉGÉTALISANT	DIALECTISANT	EMBELLISSANT
DIGITALISANT	PROPHÉTISANT	VIEILLISSANT
CAPITALISANT	SYNTHÉTISANT	TREILLISSANT
DÉVITALISANT	DÉMONÉTISANT	RAMOLLISSANT
REVITALISANT	CONCRÉTISANT	AFFERMISSANT
CHAPTALISANT	DÉPOLITISANT	ASSAINISSANT
MENSUALISANT	BAGUETTISANT	RABONNISSANT
ÉVANGÉLISANT	RETRADUISANT	DÉGARNISSANT
CARAMÉLISANT	MÉCONDUISANT	REGARNISSANT
DÉMOBILISANT	RECONDUISANT	DÉVERNISSANT
IMMOBILISANT	REPRODUISANT	RACORNISSANT
SOLUBILISANT	COPRODUISANT	RAJEUNISSANT
LYOPHILISANT	INTRODUISANT	PRÉMUNISSANT
DÉVIRILISANT	CONSTRUISANT	DÉCRÉPISSANT
VOLATILISANT	RELATIVISANT	RECRÉPISSANT
PARCELLISANT	RÉCOMPENSANT	ASSOUPISSANT
CARTELLISANT	ANASTOMOSANT	ENCHÉRISSANT
MÉTABOLISANT	PRÉSUPPOSANT	AMAIGRISSANT
MONOPOLISANT	PRÉDISPOSANT	ÉQUARRISSANT
DÉNÉBULISANT	SOUS-EXPOSANT	ATTERRISSANT

AGUERRISSANT	INCRÉMENTANT	**SAINT-VINCENT**
MEURTRISSANT	MOUVEMENTANT	PRIVAT-DOCENT
ÉPAISSISSANT	ASSERMENTANT	INCANDESCENT
RAPLATISSANT	REPRÉSENTANT	RECRUDESCENT
COMPATISSANT	MÉCONTENTANT	CONVALESCENT
ENTRE-TISSANT	**MÉNILMONTANT**	EFFLORESCENT
ANÉANTISSANT	RÉEMPRUNTANT	DÉLIQUESCENT
DÉNANTISSANT	TOURNICOTANT	EFFERVESCENT
GARANTISSANT	BOURSICOTANT	CONCUPISCENT
RALENTISSANT	DÉMAILLOTANT	**SAINT-FULGENT**
RETENTISSANT	EMMAILLOTANT	BIRÉFRINGENT
DÉPARTISSANT	INTERCEPTANT	SUBCONSCIENT
RÉPARTISSANT	RÉESCOMPTANT	PRÉCONSCIENT
IMPARTISSANT	DÉCONCERTANT	INCONVÉNIENT
DIVERTISSANT	RÉCONFORTANT	**FORÊT D'ORIENT**
INVERTISSANT	INSUPPORTANT	**PROCHE-ORIENT**
ASSORTISSANT	TRANSPORTANT	QUADRIVALENT
INVESTISSANT	INCONSISTANT	SANGUINOLENT
DÉGLUTISSANT	DÉSENDETTANT	RECOURBEMENT
EMBOUTISSANT	ENTREMETTANT	EFFICACEMENT
ALANGUISSANT	TRANSMETTANT	BONIFACEMENT
SERFOUISSANT	SILHOUETTANT	REMPLACEMENT
ÉPANOUISSANT	BOUILLOTTANT	OUTPLACEMENT
ÉVANOUISSANT	CONTREBUTANT	DISTANCEMENT
TOUT-PUISSANT	CHOUCHOUTANT	COMMENCEMENT
ASSERVISSANT	GLOUGLOUTANT	DÉCOINCEMENT
ASSOUVISSANT	FROUFROUTANT	RENFONCEMENT
ÉCLABOUSSANT	EXTRAVAGUANT	RENFORCEMENT
DÉSHYDRATANT	SUBDÉLÉGUANT	COMMANDEMENT
DÉSAFFECTANT	INVESTIGUANT	PROFONDÉMENT
DÉSINFECTANT	BOURLINGUANT	BOMBARDEMENT
DÉCONNECTANT	DIPHTONGUANT	PEINARDEMENT
DÉMOUCHETANT	SOUS-ÉVALUANT	RACCORDEMENT
AIGUILLETANT	HYPOTHÉQUANT	ÉCHAUFFEMENT
GUILLEMETANT	REVENDIQUANT	RÉENGAGEMENT
INTERPRÉTANT	PIQUE-NIQUANT	DÉMÉNAGEMENT
REMPAQUETANT	COMMUNIQUANT	EMMÉNAGEMENT
DÉBECQUETANT	DÉCORTIQUANT	ENCÉPAGEMENT
DÉCHIQUETANT	DÉMASTIQUANT	ENGRANGEMENT
DÉCLIQUETANT	REMASTIQUANT	RALLONGEMENT
ENCLIQUETANT	DOMESTIQUANT	PROLONGEMENT
SOUS-TRAITANT	CONVAINQUANT	DÉCHARGEMENT
INCAPACITANT	BÊTABLOQUANT	RECHARGEMENT
PLÉBISCITANT	INTERLOQUANT	HARNACHEMENT
RESSUSCITANT	RÉCIPROQUANT	RATTACHEMENT
DISCRÉDITANT	DÉSOBSTRUANT	DESSÈCHEMENT
COMMANDITANT	DÉSHABITUANT	DÉFRICHEMENT
RÉHABILITANT	DÉSENCLAVANT	DÉHANCHEMENT
DÉPARASITANT	DÉSENTRAVANT	DÉMANCHEMENT
DÉSAMIANTANT	TRANSCRIVANT	EMMANCHEMENT
RÉIMPLANTANT	RÉINSCRIVANT	ÉBRANCHEMENT
DÉSAIMANTANT	INTERVIEWANT	EMBROCHEMENT
DÉSARGENTANT	DÉCOMPLEXANT	DÉCROCHEMENT
DÉSORIENTANT	VIEUX-CROYANT	EMMARCHEMENT
IMPATIENTANT	REJOINTOYANT	REMBUCHEMENT
RÉGLEMENTANT	REPOURVOYANT	ACCOUCHEMENT
PARLEMENTANT	AUTOBRONZANT	FAROUCHEMENT

ESSOUCHEMENT	OLIGOÉLÉMENT	SOULIGNEMENT
ATTOUCHEMENT	RADIOÉLÉMENT	TRÉPIGNEMENT
REMBLAIEMENT	BOURRÈLEMENT	PROVIGNEMENT
TÉLÉPAIEMENT	ÉCARTÈLEMENT	SOUDAINEMENT
LICENCIEMENT	CRAQUÈLEMENT	DÉCHAÎNEMENT
REMERCIEMENT	DÉGONFLEMENT	ENCHAÎNEMENT
CONGÉDIEMENT	REGONFLEMENT	ENTRAÎNEMENT
CRUCIFIEMENT	ÉTRANGLEMENT	CERTAINEMENT
FLAMBOIEMENT	IMBÉCILEMENT	DÉRACINEMENT
ROUGEOIEMENT	MORCELLEMENT	ENRACINEMENT
ATERMOIEMENT	DESCELLEMENT	DODELINEMENT
TOURNOIEMENT	FORMELLEMENT	ACHEMINEMENT
FOUDROIEMENT	BOSSELLEMENT	ENTÉRINEMENT
POUDROIEMENT	MORTELLEMENT	CHAGRINEMENT
JOINTOIEMENT	BATTELLEMENT	ENRÉSINEMENT
FOURVOIEMENT	MANUELLEMENT	TROTTINEMENT
RAPPARIEMENT	ANNUELLEMENT	ACOQUINEMENT
RAPATRIEMENT	VISUELLEMENT	MESQUINEMENT
RASSASIEMENT	ACTUELLEMENT	ANCIENNEMENT
BALBUTIEMENT	RITUELLEMENT	RÉABONNEMENT
TRIMBALEMENT	MUTUELLEMENT	RANÇONNEMENT
RADICALEMENT	SEXUELLEMENT	FREDONNEMENT
MÉDICALEMENT	NOUVELLEMENT	PLAFONNEMENT
MUSICALEMENT	CRIAILLEMENT	BOUGONNEMENT
ILLÉGALEMENT	TENAILLEMENT	MÂCHONNEMENT
GLACIALEMENT	DÉRAILLEMENT	VISIONNEMENT
SPÉCIALEMENT	TIRAILLEMENT	FUSIONNEMENT
MONDIALEMENT	CISAILLEMENT	RATIONNEMENT
CORDIALEMENT	FENDILLEMENT	ÉTALONNEMENT
INITIALEMENT	MORDILLEMENT	BALLONNEMENT
PARTIALEMENT	PAREILLEMENT	VALLONNEMENT
BESTIALEMENT	GRÉSILLEMENT	MARMONNEMENT
TRIVIALEMENT	FRÉTILLEMENT	TAMPONNEMENT
ANORMALEMENT	BOITILLEMENT	HARPONNEMENT
NOMINALEMENT	TORTILLEMENT	RONRONNEMENT
LIBÉRALEMENT	SAUTILLEMENT	COURONNEMENT
GÉNÉRALEMENT	GROUILLEMENT	RAISONNEMENT
LATÉRALEMENT	BÉNÉVOLEMENT	FOISONNEMENT
IMMORALEMENT	DÉPEUPLEMENT	GRISONNEMENT
MARITALEMENT	REPEUPLEMENT	CANTONNEMENT
DÉLOYALEMENT	ACCOUPLEMENT	MOUTONNEMENT
PROBABLEMENT	RIDICULEMENT	DISCERNEMENT
AGRÉABLEMENT	ROUCOULEMENT	GOUVERNEMENT
ADORABLEMENT	HUITIÈMEMENT	DÉFOURNEMENT
PASSABLEMENT	SEPTIÈMEMENT	ENFOURNEMENT
DESSABLEMENT	NEUVIÈMEMENT	DÉTOURNEMENT
IMMUABLEMENT	DEUXIÈMEMENT	RETOURNEMENT
TANGIBLEMENT	SEIZIÈMEMENT	DÉGROUPEMENT
TERRIBLEMENT	DOUZIÈMEMENT	REGROUPEMENT
HORRIBLEMENT	LÉGITIMEMENT	ATTROUPEMENT
PAISIBLEMENT	RENFERMEMENT	ACCAPAREMENT
SENSIBLEMENT	UNIFORMÉMENT	DÉMEMBREMENT
POSSIBLEMENT	SPONTANÉMENT	REMEMBREMENT
DÉDOUBLEMENT	DÉDOUANEMENT	ENCOMBREMENT
REDOUBLEMENT	NON-ÉVÉNEMENT	DÉNOMBREMENT
ENCERCLEMENT	ENSEIGNEMENT	MÉDIOCREMENT
INFIDÈLEMENT	RÉALIGNEMENT	ENGENDREMENT

EFFONDREMENT	ROUGISSEMENT	REMBOÎTEMENT
DÉLIBÉRÉMENT	ÉBAHISSEMENT	GRATUITEMENT
IMMODÉRÉMENT	AVILISSEMENT	FORTUITEMENT
FONCIÈREMENT	COULISSEMENT	ENCHANTEMENT
PREMIÈREMENT	BLÊMISSEMENT	SERPENTEMENT
DERNIÈREMENT	FRÉMISSEMENT	PRÉSENTEMENT
PRÉCAIREMENT	BANNISSEMENT	CONSENTEMENT
LINÉAIREMENT	HENNISSEMENT	CONTENTEMENT
VULGAIREMENT	TERNISSEMENT	AFFRONTEMENT
SOMMAIREMENT	JAUNISSEMENT	EFFRONTÉMENT
IMPROPREMENT	BRUNISSEMENT	CRACHOTEMENT
EMPIERREMENT	GLAPISSEMENT	CHUCHOTEMENT
DESSERREMENT	AIGRISSEMENT	SIFFLOTEMENT
RESSERREMENT	BARRISSEMENT	SANGLOTEMENT
DÉBOURREMENT	AHURISSEMENT	CLIGNOTEMENT
DÉCENTREMENT	SAISISSEMENT	GRIGNOTEMENT
DÉCINTREMENT	RASSISSEMENT	CHEVROTEMENT
ENCASTREMENT	ABÊTISSEMENT	TOUSSOTEMENT
PÉDESTREMENT	NANTISSEMENT	DÉCRYPTEMENT
SINISTREMENT	BLEUISSEMENT	COMPORTEMENT
ACCOUTREMENT	REHAUSSEMENT	RÉAJUSTEMENT
AFFLEUREMENT	EXHAUSSEMENT	DOUCETTEMENT
EFFLEUREMENT	VERBEUSEMENT	CHOUETTEMENT
DÉMESURÉMENT	ORAGEUSEMENT	COQUETTEMENT
RECOUVREMENT	FÂCHEUSEMENT	ACQUITTEMENT
GAULOISEMENT	VICIEUSEMENT	GRELOTTEMENT
DÉCROISEMENT	COPIEUSEMENT	BALLOTTEMENT
AMENUISEMENT	SÉRIEUSEMENT	MARMOTTEMENT
DISPERSEMENT	CURIEUSEMENT	ARC-BOUTEMENT
RENVERSEMENT	FURIEUSEMENT	ENCROÛTEMENT
DÉBOURSEMENT	ENVIEUSEMENT	RENFLOUEMENT
SOUBASSEMENT	ANXIEUSEMENT	DÉTRAQUEMENT
FRACASSEMENT	FRILEUSEMENT	TRAGIQUEMENT
ENCHÂSSEMENT	HAINEUSEMENT	PUBLIQUEMENT
DÉCLASSEMENT	POMPEUSEMENT	CYCLIQUEMENT
RECLASSEMENT	AFFREUSEMENT	CHIMIQUEMENT
SURPASSEMENT	HEUREUSEMENT	SCÉNIQUEMENT
EMBRASSEMENT	PEUREUSEMENT	ETHNIQUEMENT
DÉCRASSEMENT	HONTEUSEMENT	CLINIQUEMENT
ENCRASSEMENT	COÛTEUSEMENT	IRONIQUEMENT
CUIRASSEMENT	DOUTEUSEMENT	HÉROÏQUEMENT
TERRASSEMENT	LUXUEUSEMENT	LUBRIQUEMENT
REDRESSEMENT	NERVEUSEMENT	PHYSIQUEMENT
EMPRESSEMENT	DÉLICATEMENT	PRATIQUEMENT
EXPRESSÉMENT	ADÉQUATEMENT	STATIQUEMENT
RABAISSEMENT	INEXACTEMENT	TACTIQUEMENT
DÉCAISSEMENT	CORRECTEMENT	POÉTIQUEMENT
ENCAISSEMENT	REMPIÈTEMENT	ÉROTIQUEMENT
AFFAISSEMENT	COMPLÈTEMENT	DÉBARQUEMENT
DÉLAISSEMENT	CONCRÈTEMENT	EMBARQUEMENT
RANCISSEMENT	DISCRÈTEMENT	DÉBUSQUEMENT
DURCISSEMENT	CRAQUÈTEMENT	DÉBOUQUEMENT
TIÉDISSEMENT	CLIQUÈTEMENT	EMBOUQUEMENT
RAIDISSEMENT	SOUS-VÊTEMENT	INACHÈVEMENT
BONDISSEMENT	PARFAITEMENT	MALADIVEMENT
VERDISSEMENT	RETRAITEMENT	ENJOLIVEMENT
SURGISSEMENT	ILLICITEMENT	POUSSIVEMENT

957

ALLUSIVEMENT	IMPORT-EXPORT	PARAMÉDICAUX
NÉGATIVEMENT	CLIGNANCOURT	CHIRURGICAUX
RELATIVEMENT	ROCQUENCOURT	SUBTROPICAUX
FUGITIVEMENT	CAULAINCOURT	OBSTÉTRICAUX
POSITIVEMENT	HÉRIMONCOURT	GRAMMATICAUX
SPORTIVEMENT	HAMPTON COURT	HÉMORROÏDAUX
GRASSEYEMENT	PORT HARCOURT	ELLIPSOÏDAUX
INDÉFINIMENT	ASIE DU SUD-EST	TRAPÉZOÏDAUX
RESSENTIMENT	PIGNON ERNEST	BRISE-COPEAUX
DISSENTIMENT	OLIVER TWIST	COULEUVREAUX
COMPARTIMENT	VAN HONTHORST	ÉLÉPHANTEAUX
RASSORTIMENT	MANON LESCAUT	MÉDICO-LÉGAUX
DÉPENDAMMENT	EN CONTRE-HAUT	MULTIRACIAUX
OBLIGEAMMENT	HOMBOURG-HAUT	INTERRACIAUX
INÉLÉGAMMENT	SAUVE-QUI-PEUT	ENDOTHÉLIAUX
SUFFISAMMENT	HEILIGENBLUT	MATRIMONIAUX
INCESSAMMENT	PASSE-PARTOUT	PATRIMONIAUX
DÉGOÛTAMMENT	BEC-DE-CORBEAU	TESTIMONIAUX
PRÉCÉDEMMENT	DOUBLE-RIDEAU	PARTICIPIAUX
CONFIDEMMENT	AZAY-LE-RIDEAU	PARTENARIAUX
IMPRUDEMMENT	SAINT-FARGEAU	BIOMATÉRIAUX
NÉGLIGEMMENT	NAVIRE-JUMEAU	DICTATORIAUX
CONSCIEMMENT	QUADRIJUMEAU	DIRECTORIAUX
IMPATIEMMENT	HAUT-FOURNEAU	TERRITORIAUX
EXCELLEMMENT	PORTE-DRAPEAU	SEIGNEURIAUX
PERTINEMMENT	PIEDS-D'OISEAU	AÉROSPATIAUX
DIFFÉREMMENT	PORTEMANTEAU	PÉNITENTIAUX
PRÉTENDUMENT	PORTE-COUTEAU	NIVO-PLUVIAUX
INCONGRÛMENT	OBERAMMERGAU	HEXADÉCIMAUX
SEMPERVIRENT	ORANGE-NASSAU	SEXAGÉSIMAUX
SAINT-FLORENT	GUINÉE-BISSAU	ORTHONORMAUX
INTERCURRENT	KANO MASANOBU	RHUMATISMAUX
STOKE-ON-TRENT	KANO MOTONOBU	CATACLYSMAUX
SAINT LAURENT	LA CHAISE-DIEU	ATTITUDINAUX
SAINT-LAURENT	FESSE-MATHIEU	QUADRIENNAUX
VENTRIPOTENT	CAVALIER BLEU	QUINQUENNAUX
INTERMITTENT	TCHOUANG-TSEU	DODÉCAGONAUX
INCONSÉQUENT	ARRIÈRE-NEVEU	MONOCAMÉRAUX
SAINT-MAIXENT	OGINO KYUSAKU	NYCTHÉMÉRAUX
PRÉCONTRAINT	KOTA KINABALU	ÉQUILATÉRAUX
HENRI LE SAINT	TCHAO MONG-FOU	PRESBYTÉRAUX
CHARLES QUINT	JEANNE D'ANJOU	ANTISUDORAUX
SANTOS-DUMONT	ARABO-ANDALOU	COXO-FÉMORAUX
VALLERY-RADOT	ININTERROMPU	SUCCESSORAUX
À TIRE-LARIGOT	JOHORE BAHARU	PROFESSORAUX
MAÎTRE ECKART	STRICTO SENSU	PRÉFECTORAUX
ROCHECHOUART	KHROUCHTCHEV	COMMISSURAUX
PRINCE ALBERT	DOKOUTCHAÏEV	CARICATURAUX
JEAN GUALBERT	CHAPOCHNIKOV	CONJECTURAUX
BOISGUILBERT	CESKY KRUMLOV	TRANSVERSAUX
SAINT-LAMBERT	PNEUMOTHORAX	PLURICAUSAUX
SAINT-RAMBERT	GUERRE ET PAIX	SOUS-ORBITAUX
MONTALEMBERT	CHARLES-FÉLIX	FONDAMENTAUX
PRINCE RUPERT	GASTON DE FOIX	SACRAMENTAUX
ROBERT LE FORT	SAINT-AMBROIX	SENTIMENTAUX
TROMPE-LA-MORT	LA GRAND-CROIX	CONTINENTAUX
MULTISUPPORT	RHINO-PHARYNX	XÉNOCRISTAUX

MONOCRISTAUX	ANTIANGOREUX	LYS-LEZ-LANNOY
INTERCOSTAUX	HYPOCHLOREUX	LANGLE DE CARY
COQUELUCHEUX	ÉRYTHÉMATEUX	MADAME BOVARY
RÉVÉRENCIEUX	ANTHRACITEUX	SAINT-EXUPÉRY
PARCIMONIEUX	PRÉSOMPTUEUX	CROSS-COUNTRY
INHARMONIEUX	SÈCHE-CHEVEUX	OKLAHOMA CITY
LOUIS LE PIEUX	PETITS-NEVEUX	ATLANTIC CITY
PALMA LE VIEUX	PICART LE DOUX	SALT LAKE CITY
FRANCS-ALLEUX	CASTELJALOUX	MERLEAU-PONTY
CHATOUILLEUX	SAINT-POL ROUX	SUPERDÉVOLUY
ANTIVENIMEUX	ARCHÉOPTÉRYX	PONT-DE-CHÉRUY
ANTIVÉNÉNEUX	FROBISHER BAY	IWASZKIEWICZ
INTRAVEINEUX	VILLACOUBLAY	LICHNEROWICZ
PROTÉAGINEUX	LE PUY-EN-VELAY	ARIAS SÁNCHEZ
MUCILAGINEUX	FORT MCMURRAY	BLASCO IBÁÑEZ
ANTIANGINEUX	LA ROCHE-POSAY	CIUDAD JUÁREZ
CONGLUTINEUX	BOURBON-LANCY	BANZER SUÁREZ
ANTIULCÉREUX	CLAYE-SOUILLY	PUERTO LA CRUZ
PRÉCANCÉREUX	TRICHINOPOLY	

12

FLORIDABLANCA	CALTANISSETTA	
HAMILCAR BARCA	VIEIRA DA SILVA	
SOUTHEND-ON-SEA	TRANSHIMALAYA	
KANGCHENJUNGA	LUDOVIC SFORZA	
AL-NAHHAS PACHA	LANCELOT DU LAC	
VIARDOT-GARCÍA	CHÂTEAUPONSAC	
GALLA PLACIDIA	NOUVEAU-QUÉBEC	
BASSAS DA INDIA	HUGUES LE BLANC	
FERRER GUARDIA	BOUILLON-BLANC	
LUCRÈCE BORGIA	GERBIER-DE-JONC	
DIEFFENBACHIA	LESPARRE-MÉDOC	
CIVITAVECCHIA	LADISLAS ÁRPÁD	
CINO DA PISTOIA	TARIQ IBN ZIYAD	
BETSIMISARAKA	HARUN AL-RACHID	
THÉRÈSE D'ÁVILA	CHATEAUBRIAND	HARALD BLÅTAND
ROJAS ZORRILLA	CHATEAUBRIAND	SAINT-ÉVREMOND
MORETO Y CABAÑA	JUDÉO-ALLEMAND	DU BOIS-REYMOND
CIUDAD GUAYANA	INTERALLEMAND	NIJNI NOVGOROD
DEUS EX MACHINA	OUEST-ALLEMAND	PIERRE LOMBARD
TIRSO DE MOLINA	BOCAGE NORMAND	PORTE-BRANCARD
SANTA CATARINA	MIRCEA LE GRAND	MULTISTANDARD
HÉRODE AGRIPPA	ALFRED LE GRAND	PORTE-ÉTENDARD
RABEMANANJARA	GÉRARD LE GRAND	LA MOTHE-ACHARD
PRIMO DE RIVERA	HÉRODE LE GRAND	LITTLE RICHARD
KUROSAWA AKIRA	BASILE LE GRAND	COLIN-MAILLARD
LOMAS DE ZAMORA	PIERRE LE GRAND	SCRIBOUILLARD
FOULQUES NERRA	MANUEL LE GRAND	QUEUE-DE-RENARD
FUERTEVENTURA	PLÉLAN-LE-GRAND	CHÂTEAURENARD
CONGO-KINSHASA	SIMÉON LE GRAND	PRINCE-ÉDOUARD
SIGISMOND VASA	PROKOP LE GRAND	IRLANDE DU NORD
VERNIX CASEOSA	HUGUES LE GRAND	OSSÉTIE DU NORD
NAVAS DE TOLOSA	ALBERT LE GRAND	AFRIQUE DU NORD
GUIMARÃES ROSA	WITWATERSRAND	ATTRAPE-NIGAUD
CONFORMÉMENT À	SAINT-BERTRAND	SALIN-DE-GIRAUD
		BRAINE-L'ALLEUD
		HASSI MESSAOUD

13

SHAWINIGAN-SUD	COMPENSATRICE	PSEUDOSCIENCE
SHETLAND DU SUD	DISPENSATRICE	TECHNOSCIENCE
CAROLINE DU SUD	COMMENTATRICE	PRÉEXCELLENCE
AMÉRIQUE DU SUD	PRÉSENTATRICE	AUTORÉFÉRENCE
MICHEL RANGABÉ	CONTESTATRICE	CIRCONFÉRENCE
DODÉCASYLLABE	CONTINUATRICE	INTERMITTENCE
QUADRISYLLABE	PRÉSERVATRICE	INCONSÉQUENCE
CLAUSTROPHOBE	CONSERVATRICE	**AIX-EN-PROVENCE**
GIGANTOSTRACÉ	REPRODUCTRICE	**DIOGÈNE LAËRCE**
SUPERBÉNÉFICE	INTRODUCTRICE	LAURIERS-SAUCE
FOREIGN OFFICE	CONSTRUCTRICE	**AMÉRIC VESPUCE**
PERTURBATRICE	PISCICULTRICE	PONT-PROMENADE
ADJUDICATRICE	ACÉRICULTRICE	**SAINTE-LIVRADE**
PACIFICATRICE	PUÉRICULTRICE	**EUDOXE DE CNIDE**
CODIFICATRICE	HORTICULTRICE	FELDSPATHOÏDE
MODIFICATRICE	SYLVICULTRICE	SPERMATOZOÏDE
VINIFICATRICE	PSYCHOMOTRICE	PHOSPHOLIPIDE
VÉRIFICATRICE	PHONOCAPTRICE	MULTIPLICANDE
PURIFICATRICE	CHÉMOCEPTRICE	**JEAN DE LA LANDE**
VIVIFICATRICE	CONTRIBUTRICE	RADIOCOMMANDE
INTIMIDATRICE	DISTRIBUTRICE	SERVOCOMMANDE
DILAPIDATRICE	CHÈQUE-SERVICE	**BASSE-NORMANDE**
TRIOMPHATRICE	OUTRECUIDANCE	**HAUTE-NORMANDE**
DÉPRÉCIATRICE	TRANSCENDANCE	ANGLO-NORMANDE
APPRÉCIATRICE	LITISPENDANCE	**ANGLO-NORMANDE**
DÉNONCIATRICE	SURINTENDANCE	**CAMPINA GRANDE**
RENONCIATRICE	INSIGNIFIANCE	LANDSGEMEINDE
ANNONCIATRICE	CONTREBALANCÉ	PASCAL-SECONDE
CONCILIATRICE	VRAISEMBLANCE	**ATD QUART MONDE**
CALOMNIATRICE	HÉMOVIGILANCE	QUEUES-D'ARONDE
ASSIMILATRICE	BIENVEILLANCE	PLEURNICHARDE
INSTALLATRICE	DISCONVENANCE	**SAINT-FONIARDE**
FLAGELLATRICE	GRANDISONANCE	RONDOUILLARDE
MANIPULATRICE	PRÉPONDÉRANCE	DÉBROUILLARDE
CONSOMMATRICE	**RENÉE DE FRANCE**	**HAUT-SAVOYARDE**
VATICINATRICE	**MARIE DE FRANCE**	**SAINT-JUNIAUDE**
COORDINATRICE	**DIANE DE FRANCE**	**CÔTE D'ÉMERAUDE**
INSÉMINATRICE	**AGNÈS DE FRANCE**	DISSIMILITUDE
ÉMANCIPATRICE	**LOUIS DE FRANCE**	HYDROPEROXYDE
VOCIFÉRATRICE	BANCASSURANCE	**JUDAS MACCABÉE**
ACCÉLÉRATRICE	DÉSOBÉISSANCE	ASCLÉPIADACÉE
RÉGÉNÉRATRICE	NON-JOUISSANCE	AMARYLLIDACÉE
RÉMUNÉRATRICE	SOUS-TRAITANCE	CHÉNOPODIACÉE
RÉCUPÉRATRICE	INCONSISTANCE	CAPRIFOLIACÉE
OBLITÉRATRICE	NON-ASSISTANCE	CÉSALPINIACÉE
CONSPIRATRICE	INCANDESCENCE	CONVOLVULACÉE
ILLUSTRATRICE	RECRUDESCENCE	DÉCONTENANCÉE
RESTAURATRICE	CONVALESCENCE	TÉLÉCOMMANDÉE
INSTAURATRICE	EFFLORESCENCE	RESURCHAUFFÉE
LOCALISATRICE	INFLORESCENCE	CONTRE-PLONGÉE
VOCALISATRICE	DÉLIQUESCENCE	DÉSHUMIDIFIÉE
IDÉALISATRICE	DÉFERVESCENCE	CHORÉGRAPHIÉE
MORALISATRICE	EFFERVESCENCE	CALLIGRAPHIÉE
MOBILISATRICE	CONCUPISCENCE	LITHOGRAPHIÉE
CIVILISATRICE	**NEW PROVIDENCE**	ORTHOGRAPHIÉE
ORGANISATRICE	JURISPRUDENCE	RADIOGRAPHIÉE
COLONISATRICE	BIRÉFRINGENCE	STÉNOGRAPHIÉE

REPROGRAPHIÉE
PHOTOGRAPHIÉE
CARTOGRAPHIÉE
HYPERTROPHIÉE
SURMULTIPLIÉE
DÉSENSORCELÉE
MARNE-LA-VALLÉE
EMMOUSCAILLÉE
DÉPOITRAILLÉE
SEMI-CHENILLÉE
HÉLITREUILLÉE
DÉBARBOUILLÉE
EMBARBOUILLÉE
DÉVERROUILLÉE
TRIPATOUILLÉE
BOUGAINVILLÉE
MARIN LA MESLÉE
AUTOPROCLAMÉE
PRÉPROGRAMMÉE
ENTHOUSIASMÉE
DÉSACCOUTUMÉE
DÉSHYDROGÉNÉE
SINGE-ARAIGNÉE
INDISCIPLINÉE
PRÉDÉTERMINÉE
SURDÉTERMINÉE
INSUBORDONNÉE
DÉCAPUCHONNÉE
ENCAPUCHONNÉE
ENDIVISIONNÉE
CONVULSIONNÉE
PRÉPENSIONNÉE
CONTORSIONNÉE
IMPRESSIONNÉE
COMMISSIONNÉE
SOUMISSIONNÉE
CONFECTIONNÉE
PERFECTIONNÉE
COLLECTIONNÉE
REPOSITIONNÉE
SUSMENTIONNÉE
SUBVENTIONNÉE
CONVENTIONNÉE
PROPORTIONNÉE
SUGGESTIONNÉE
CONGESTIONNÉE
PRÉCAUTIONNÉE
RÉVOLUTIONNÉE
ÉTRÉSILLONNÉE
ÉCOUVILLONNÉE
DÉCHAPERONNÉE
PAILLASSONNÉE
REMPOISSONNÉE
HYDROCARBONÉE
MAGNÉTOSCOPÉE
SURDÉVELOPPÉE
DÉSENVELOPPÉE

DÉSÉQUILIBRÉE
DÉSINCARCÉRÉE
ENTRE-DÉCHIRÉE
ORGANOCHLORÉE
INTERPÉNÉTRÉE
RÉENREGISTRÉE
ARCHITECTURÉE
MÉTAMORPHISÉE
DÉMÉDICALISÉE
POTENTIALISÉE
PERSONNALISÉE
MUNICIPALISÉE
DÉMINÉRALISÉE
DÉCENTRALISÉE
DÉNATURALISÉE
UNIVERSALISÉE
RECAPITALISÉE
SPIRITUALISÉE
MALLÉABILISÉE
COMPTABILISÉE
INSOLUBILISÉE
TRANQUILLISÉE
CHRISTIANISÉE
DÉNICOTINISÉE
EMBOURGEOISÉE
INAPPRIVOISÉE
DÉSOLIDARISÉE
DÉNUCLÉARISÉE
PARCELLARISÉE
DÉMILITARISÉE
REMILITARISÉE
CONTAINÉRISÉE
ACCESSOIRISÉE
RÉFLECTORISÉE
PSYCHIATRISÉE
CONTENEURISÉE
DÉPRESSURISÉE
MITHRIDATISÉE
ANATHÉMATISÉE
DÉSINSECTISÉE
CONSCIENTISÉE
DÉSAMBIGUÏSÉE
COLLECTIVISÉE
AUTOPROPULSÉE
ARRIÈRE-PENSÉE
MÉTAMORPHOSÉE
PHOTOCOMPOSÉE
DÉSINTÉRESSÉE
REZ-DE-CHAUSSÉE
RADIODIFFUSÉE
PSYCHANALYSÉE
BOROSILICATÉE
IMPARIDIGITÉE
SOUS-EXPLOITÉE
ANTIPARASITÉE
DÉRÉGLEMENTÉE
SOUS-ALIMENTÉE

CONTREPLAQUÉE
CONTRE-BRAQUÉE
PALMATISÉQUÉE
DIAGNOSTIQUÉE
DÉSINTOXIQUÉE
CONTREMARQUÉE
DÉMULTIPLEXÉE
CONTREPLACAGE
VILLERS-BOCAGE
CALORIFUGEAGE
TÉLÉAFFICHAGE
BACTÉRIOPHAGE
ANTHROPOPHAGE
RÉTROPÉDALAGE
EMBOUTEILLAGE
ÉCRABOUILLAGE
THERMOCOLLAGE
THERMOFORMAGE
ÉBOURGEONNAGE
HORTILLONNAGE
GRAVILLONNAGE
COMPAGNONNAGE
MAQUIGNONNAGE
SAUCISSONNAGE
ŒILLETONNAGE
RÉÉQUILIBRAGE
DÉPOUSSIÉRAGE
RADIOREPÉRAGE
ANTIDÉMARRAGE
CHRONOMÉTRAGE
CHARLES LE SAGE
MARCHANDISAGE
RADIOBALISAGE
ÉCLAIRCISSAGE
DÉGAUCHISSAGE
RÉCHAMPISSAGE
DÉGROSSISSAGE
APPRENTISSAGE
DESSERTISSAGE
CONVERTISSAGE
ÉBOUILLANTAGE
CAOUTCHOUAGE
HYDROCRAQUAGE
ENCAUSTIQUAGE
BOULES-DE-NEIGE
LORRAINE BELGE
MACROSPORANGE
MICROSPORANGE
RHINO-PHARYNGÉ
RIESENGEBIRGE
SOUTIENS-GORGE
JUVISY-SUR-ORGE
SAINT-EUSTACHE
ANNE D'AUTRICHE
JUAN D'AUTRICHE
BASSE-AUTRICHE
HAUTE-AUTRICHE

RUSSIE BLANCHE	PALÉONTOLOGIE	ÉRYTHRODERMIE
MAISON-BLANCHE	CRYOCHIRURGIE	CALCIOTHERMIE
ELSTER BLANCHE	GIGANTOMACHIE	ANTHROPONYMIE
ABRI-SOUS-ROCHE	STRATIGRAPHIE	**TRANSJORDANIE**
TOURNE-À-GAUCHE	SCINTIGRAPHIE	POLITICOMANIE
BOUCHE-À-BOUCHE	PHLÉBOGRAPHIE	MORPHINOMANIE
CROQUEMBOUCHE	MUSICOGRAPHIE	PSYCHASTHÉNIE
ATTRAPE-MOUCHE	LEXICOGRAPHIE	SCHIZOPHRÉNIE
À TOUCHE-TOUCHE	CHALCOGRAPHIE	SPERMATOGONIE
AUTOBIOGRAPHE	BIOGÉOGRAPHIE	POLYEMBRYONIE
PROFILOGRAPHE	ZOOGÉOGRAPHIE	AROMATHÉRAPIE
OSCILLOGRAPHE	LYMPHOGRAPHIE	CURIETHÉRAPIE
DACTYLOGRAPHE	BIBLIOGRAPHIE	COBALTHÉRAPIE
SPECTROGRAPHE	AMPÉLOGRAPHIE	OLIGOTHÉRAPIE
ÉNANTIOMORPHE	THERMOGRAPHIE	FANGOTHÉRAPIE
DERMATOGLYPHE	MÉCANOGRAPHIE	SOCIOTHÉRAPIE
PLATHELMINTHE	OCÉANOGRAPHIE	RADIOTHÉRAPIE
PAPIER-MONNAIE	SÉLÉNOGRAPHIE	HÉLIOTHÉRAPIE
CHÂTAIGNERAIE	CORONOGRAPHIE	GEMMOTHÉRAPIE
GERMANOPHOBIE	POLAROGRAPHIE	SISMOTHÉRAPIE
CANCÉROPHOBIE	ARTHROGRAPHIE	CRÉNOTHÉRAPIE
ÉRYTHROPHOBIE	CRYPTOGRAPHIE	HYDROTHÉRAPIE
PARAPHARMACIE	PLÉSIOMORPHIE	ONIROTHÉRAPIE
STREPTOCOCCIE	SYNAPOMORPHIE	PHOTOTHÉRAPIE
ORNITHOMANCIE	HÉTÉROMORPHIE	PHYTOTHÉRAPIE
ARITHMOMANCIE	CHRESTOMATHIE	LARYNGOSCOPIE
CIRCONSTANCIÉ	ARTÉRIOPATHIE	BRONCHOSCOPIE
DÉDIFFÉRENCIÉ	CARDIOMÉGALIE	ÉBULLIOSCOPIE
INDIFFÉRENCIÉ	SPLÉNOMÉGALIE	DACTYLOSCOPIE
CRYPTORCHIDIE	HÉPATOMÉGALIE	HYSTÉROSCOPIE
HYPOTHYROÏDIE	MACROCÉPHALIE	SPECTROSCOPIE
SAINTE-PÉLAGIE	MICROCÉPHALIE	PHILANTHROPIE
PRÉCORDIALGIE	HYDROCÉPHALIE	HYPERMÉTROPIE
PÉRINATALOGIE	SYRINGOMYÉLIE	**ALPHONSE-MARIE**
PHARMACOLOGIE	COLOMBOPHILIE	**LA QUEUE-EN-BRIE**
PALÉOÉCOLOGIE	ORNITHOPHILIE	**TOURNAN-EN-BRIE**
HYDROGÉOLOGIE	AQUARIOPHILIE	HALTE-GARDERIE
PHOTOGÉOLOGIE	GERMANOPHILIE	GOGUENARDERIE
SOCIOBIOLOGIE	HALTÉROPHILIE	BAGUENAUDERIE
RADIOBIOLOGIE	GÉRONTOPHILIE	SAISIE-GAGERIE
ETHNOBIOLOGIE	**MANTES-LA-JOLIE**	PLEURNICHERIE
MICROBIOLOGIE	HYPERCALCÉMIE	QUINCAILLERIE
NEUROBIOLOGIE	HYPERGLYCÉMIE	ÉCRIVAILLERIE
ÉPIDÉMIOLOGIE	HYPERKALIÉMIE	BARBOUILLERIE
BACTÉRIOLOGIE	HYPERNATRÉMIE	FRIPOUILLERIE
ONOMASIOLOGIE	TACHYARYTHMIE	COURTISANERIE
ECCLÉSIOLOGIE	PHYSICO-CHIMIE	CHARLATANERIE
INFECTIOLOGIE	ÉLECTROCHIMIE	PAVILLONNERIE
ÉPISTÉMOLOGIE	MAGNÉTOCHIMIE	CHAUDRONNERIE
OPHTALMOLOGIE	MACROÉCONOMIE	SALAISONNERIE
DELPHINOLOGIE	MICROÉCONOMIE	POLISSONNERIE
ANTHROPOLOGIE	BIOASTRONOMIE	HÉRISSONNERIE
TRAUMATOLOGIE	QUADRICHROMIE	SECRÉTAIRERIE
CONTACTOLOGIE	LARYNGECTOMIE	BLANCHISSERIE
DIALECTOLOGIE	ARTÉRIECTOMIE	CYANOBACTÉRIE
PARASITOLOGIE	HYSTÉRECTOMIE	CONTREPÈTERIE
IMPLANTOLOGIE	URÉTÉROSTOMIE	PASSEMENTERIE

HERBORISTERIE
FANTASMAGORIE
NÉPHÉLÉMÉTRIE
HYDROTIMÉTRIE
ÉBULLIOMÉTRIE
GRANULOMÉTRIE
TRIGONOMÉTRIE
HYSTÉROMÉTRIE
PSYCHROMÉTRIE
ÉLECTROMÉTRIE
SPECTROMÉTRIE
MAGNÉTOMÉTRIE
SENSITOMÉTRIE
AGRO-INDUSTRIE
TRANSCAUCASIE
JARGONAPHASIE
IDIOSYNCRASIE
BRONCHECTASIE
HYPERESTHÉSIE
PSYCHOKINÉSIE
DISCOURTOISIE
PROSOPAGNOSIE
ASTÉRÉOGNOSIE
ASOMATOGNOSIE
ACHROMATOPSIE
HAILÉ SÉLASSIÉ
GÉBRÉSÉLASSIÉ
GÉRONTOCRATIE
THERMOCLASTIE
ARTHROPLASTIE
KÉRATOPLASTIE
DIGITOPLASTIE
LE POIRÉ-SUR-VIE
ASSURANCES-VIE
THANATOPRAXIE
GREAT SALT LAKE
ANTISYNDICALE
HYDROFILICALE
ANTICLÉRICALE
AGRAMMATICALE
SOUS-CORTICALE
ÉPICYCLOÏDALE
INTERCOTIDALE
MYÉLENCÉPHALE
RHINENCÉPHALE
PROSENCÉPHALE
TRICHOCÉPHALE
BRACHYCÉPHALE
MÉDICO-SOCIALE
PSYCHOSOCIALE
POSTPRANDIALE
CONSISTORIALE
BOURGEOISIALE
CANTHARELLALE
HYDROTHERMALE
LONGITUDINALE
TRANSLUMINALE

LOCORÉGIONALE
ANTINATIONALE
ANTICYCLONALE
INTERSIDÉRALE
HYDROMINÉRALE
PLURILATÉRALE
MULTILATÉRALE
PRÉÉLECTORALE
AGROPASTORALE
INTERDIGITALE
BUCCO-GÉNITALE
EXPÉRIMENTALE
INSTRUMENTALE
MONOPARENTALE
CONJONCTIVALE
IMPERTURBABLE
IRREMPLAÇABLE
IMPRONONÇABLE
BIODÉGRADABLE
RECOMMANDABLE
RACCOMMODABLE
IMPARTAGEABLE
INÉCHANGEABLE
INTERROGEABLE
SEMI-PERMÉABLE
INDÉFRICHABLE
IRRÉPROCHABLE
INAPPROCHABLE
INAPPRÉCIABLE
PRÉJUDICIABLE
INDISSOCIABLE
INQUALIFIABLE
INFALSIFIABLE
INJUSTIFIABLE
INCONCILIABLE
VRAISEMBLABLE
INASSIMILABLE
INDÉMAILLABLE
INCONTRÔLABLE
ININFLAMMABLE
INCONSOMMABLE
TRANSFORMABLE
CONTRAIGNABLE
INDÉRACINABLE
DISCIPLINABLE
IMPARDONNABLE
ÉMULSIONNABLE
DÉRAISONNABLE
INDISCERNABLE
INGOUVERNABLE
IRRATTRAPABLE
AUTORÉPARABLE
INDÉNOMBRABLE
IRRÉCUPÉRABLE
INDÉMONTRABLE
ENREGISTRABLE
COMMENSURABLE

IRRÉCOUVRABLE
GÉNÉRALISABLE
CAPITALISABLE
DÉMOBILISABLE
VOLATILISABLE
INORGANISABLE
APPRIVOISABLE
IMPOLARISABLE
POLYMÉRISABLE
SYNTHÉTISABLE
INDISPENSABLE
CORESPONSABLE
IRRESPONSABLE
INSURPASSABLE
FRANCHISSABLE
INGUÉRISSABLE
INSAISISSABLE
INCONSTATABLE
INCROCHETABLE
INTERPRÉTABLE
RÉHABILITABLE
INEXPLOITABLE
REPRÉSENTABLE
INSURMONTABLE
INCONFORTABLE
INSUPPORTABLE
TRANSPORTABLE
INCONTESTABLE
INDÉCROTTABLE
ÉLECTROFAIBLE
IMMARCESCIBLE
IMPUTRESCIBLE
CONCUPISCIBLE
INTRADUISIBLE
RÉPRÉHENSIBLE
SUPRASENSIBLE
ULTRASENSIBLE
EXTRASENSIBLE
PHOTOSENSIBLE
HYPERSENSIBLE
INSUBMERSIBLE
IRRÉPRESSIBLE
TRANSMISSIBLE
BIOCOMPATIBLE
IMPERFECTIBLE
IMPRÉDICTIBLE
RECONDUCTIBLE
REPRODUCTIBLE
CONSTRUCTIBLE
IMPERCEPTIBLE
PRESCRIPTIBLE
INCORRUPTIBLE
INCONVERTIBLE
INCOMBUSTIBLE
INEXTINGUIBLE
ROBERT LE NOBLE
CRAPAUD-BUFFLE

FREI RUIZ-TAGLE
BOURBON-SICILE
ANTHROPOPHILE
ACRYLONITRILE
INTERQUARTILE
ADAM DE LA HALLE
PHYTOFLAGELLÉ
RHIZOFLAGELLÉ
PRÉJUDICIELLE
SACRIFICIELLE
SUPERFICIELLE
CICATRICIELLE
CARACTÉRIELLE
MINISTÉRIELLE
TRIMESTRIELLE
SUBSTANTIELLE
RÉSIDENTIELLE
DÉSINENTIELLE
EXPONENTIELLE
RÉFÉRENTIELLE
PÉNITENTIELLE
EXISTENTIELLE
FRÉQUENTIELLE
OCCASIONNELLE
DÉCISIONNELLE
RÉVISIONNELLE
RELATIONNELLE
IRRATIONNELLE
RÉACTIONNELLE
FRACTIONNELLE
FRICTIONNELLE
FONCTIONNELLE
ADDITIONNELLE
IMPERSONNELLE
SEMPITERNELLE
AIX-LA-CHAPELLE
ARS-SUR-MOSELLE
BOULAY-MOSELLE
LAVE-VAISSELLE
SACRAMENTELLE
PLURIANNUELLE
AUDIOVISUELLE
CONTRACTUELLE
CONFLICTUELLE
INSTINCTUELLE
TRANSSEXUELLE
PERCE-MURAILLE
DÉBROUSSAILLÉ
EMBROUSSAILLÉ
CÔTE VERMEILLE
SALSEPAREILLE
VIDE-BOUTEILLE
DEMI-BOUTEILLE
LANCE-TORPILLE
DÉSENTORTILLÉ
TIERCEFEUILLE
TOURNEFEUILLE

CHÈVREFEUILLE
QUINTEFEUILLE
PORTE-AIGUILLE
CANNE-BÉQUILLE
VICTORIAVILLE
MANTES-LA-VILLE
DRUMMONDVILLE
PHILIPPEVILLE
RECROQUEVILLÉ
CONTREXÉVILLE
SIHANOUKVILLE
CREYS-MALVILLE
AUBERGENVILLE
GOUSSAINVILLE
PORT-JOINVILLE
JEANNE LA FOLLE
RÉTROCONTRÔLE
MINO DA FIESOLE
CONTRE-EXEMPLE
BRIÈRE DE L'ISLE
ROUGET DE LISLE
AMADIS DE GAULE
MACROMOLÉCULE
SUPERMOLÉCULE
ANTIPARTICULE
CHALCOCONDYLE
MÉGALÉRYTHÈME
IMMUNODÉPRIMÉ
QUINQUAGÉSIME
GÉNÉRALISSIME
ILLUSTRISSIME
SEINE-MARITIME
BLOC-DIAGRAMME
VALENCE-GRAMME
ANTIBIOGRAMME
OSCILLOGRAMME
DACTYLOGRAMME
SOUS-PROGRAMME
SPECTROGRAMME
RÉFLEXOGRAMME
ANDREAS-SALOMÉ
MERCUROCHROME
PŒCILOTHERME
POÏKILOTHERME
CONTRE-RÉFORME
PÉLÉCANIFORME
SERPENTIFORME
GARDE-CHIOURME
ERGASTOPLASME
SEMI-NOMADISME
TIERS-MONDISME
AVANT-GARDISME
SIMULTANÉISME
PSYCHOLOGISME
JE-M'EN-FICHISME
MÉTAMORPHISME
ENDOMORPHISME

HOMOMORPHISME
AUTOMORPHISME
POLYMORPHISME
HYPERRÉALISME
TRIOMPHALISME
PICTORIALISME
ESSENTIALISME
PERSONNALISME
ÉPISCOPALISME
BICAMÉRALISME
BILATÉRALISME
ÉLECTORALISME
COMMENSALISME
UNIVERSALISME
SUCCURSALISME
DIALECTALISME
SPIRITUALISME
AÉROMODÉLISME
ARISTOTÉLISME
MACHIAVÉLISME
MISÉRABILISME
MERCANTILISME
SOMNAMBULISME
NOCTAMBULISME
AÉRODYNAMISME
TRANSFORMISME
PYROMÉCANISME
CONFUCIANISME
PALLADIANISME
ZWINGLIANISME
SABELLIANISME
NESTORIANISME
KEYNÉSIANISME
CARTÉSIANISME
CHRISTIANISME
PANGERMANISME
CHARLATANISME
SOUVERAINISME
PHILISTINISME
NÉODARWINISME
RÉVISIONNISME
DIVISIONNISME
ILLUSIONNISME
CRÉATIONNISME
NÉGATIONNISME
MUTATIONNISME
FRACTIONNISME
ANNEXIONNISME
PARACHRONISME
ASYNCHRONISME
NÉOPLATONISME
NÉOCOMMUNISME
PHOTOTROPISME
TOTALITARISME
HUMANITARISME
AUTORITARISME
MONOCAMÉRISME

BIOTERRORISME	CALEMBREDAINE	**TABERNACIENNE**
THÉOCENTRISME	ÉLISABÉTHAINE	**SOJALDICIENNE**
ALLOCENTRISME	**ILLE-ET-VILAINE**	ACADÉMICIENNE
EUROCENTRISME	**BASSE-GOULAINE**	PLATONICIENNE
POLYCENTRISME	**MESLAY-DU-MAINE**	COPERNICIENNE
CYCLOTOURISME	**MARTIGNERAINE**	RHÉTORICIENNE
HYDRARGYRISME	**BAIERIVERAINE**	ÉLECTRICIENNE
MITHRIDATISME	CONTEMPORAINE	MERCATICIENNE
HIPPOCRATISME	**LA SOUTERRAINE**	ESTHÉTICIENNE
ORTHOSTATISME	**LAVANDOURAINE**	PHONÉTICIENNE
CONSERVATISME	**BELLOPRATAINE**	DIÉTÉTICIENNE
PHOTOTACTISME	SINO-TIBÉTAINE	QUALITICIENNE
DIAMAGNÉTISME	CROQUE-MITAINE	COGNITICIENNE
GÉOMAGNÉTISME	**CHAUDFONTAINE**	SÉMANTICIENNE
BIOMAGNÉTISME	**VILLEFONTAINE**	SÉMIOTICIENNE
AUTOCINÉTISME	BORNE-FONTAINE	LOGISTICIENNE
ANTISÉMITISME	BELLIFONTAINE	BALISTICIENNE
PÉRISTALTISME	**BELLIFONTAINE**	ACOUSTICIENNE
PRÉROMANTISME	**PÉTRIFONTAINE**	**LONGOVICIENNE**
CONSONANTISME	**ROMEUFONTAINE**	CAPPADOCIENNE
OBSCURANTISME	ULTRAMONTAINE	**CAPPADOCIENNE**
DILETTANTISME	**SPIRIPONTAINE**	**SAINT-LUCIENNE**
PLURIPARTISME	MUSSIPONTAINE	ROSICRUCIENNE
MULTIPARTISME	**MUSSIPONTAINE**	TRINIDADIENNE
TRANSVESTISME	**ROQUECOURBINE**	**TRINIDADIENNE**
CATAGLOTTISME	PHENCYCLIDINE	**SÉLESTADIENNE**
JE-M'EN-FOUTISME	**LE MÉE-SUR-SEINE**	ARCHIMÉDIENNE
MONOLINGUISME	**TRIEL-SUR-SEINE**	CLITORIDIENNE
SUBJECTIVISME	**FLINS-SUR-SEINE**	BIQUOTIDIENNE
COLLECTIVISME	**VITRY-SUR-SEINE**	GARIBALDIENNE
PRODUCTIVISME	**MUSSY-SUR-SEINE**	**CLODOALDIENNE**
STAKHANOVISME	GLYCOPROTÉINE	**MÉNEHILDIENNE**
BOIS-GUILLAUME	NORADRÉNALINE	**DOLCHARDIENNE**
BENOÎT D'ANIANE	ACÉTYLCHOLINE	**SANCLAUDIENNE**
PRUSSE-RHÉNANE	**MARIE-CAROLINE**	ŒSOPHAGIENNE
PASSE-CRASSANE	CATÉCHOLAMINE	**MONTÉRÉGIENNE**
JEAN DAMASCÈNE	HYDROXYLAMINE	CAROLINGIENNE
ROMAIN DIOGÈNE	CONTRE-HERMINE	MÉROVINGIENNE
COCARCINOGÈNE	**SAINTE-HERMINE**	**MONTROUGIENNE**
HALLUCINOGÈNE	SÉRUMALBUMINE	APPALACHIENNE
AGGLUTINOGÈNE	PHÉNYLALANINE	STENDHALIENNE
POLYBUTADIÈNE	CIRCONVOISINE	**GUATÉMALIENNE**
POLYPROPYLÈNE	GRISÉOFULVINE	SURRÉNALIENNE
MANUEL COMNÈNE	TÉTRODOTOXINE	VÉNÉZUÉLIENNE
ALEXIS COMNÈNE	PHÉNOTHIAZINE	**VÉNÉZUÉLIENNE**
ÉMILIE-ROMAGNE	POLYURÉTHANNE	BARBEZILIENNE
DOL-DE-BRETAGNE	**SAINTE-SUZANNE**	**MONTCELLIENNE**
MUR-DE-BRETAGNE	**COTIGNACÉENNE**	FUMEROLLIENNE
PASSE-MONTAGNE	**MONTÉVIDÉENNE**	STROMBOLIENNE
CESSON-SÉVIGNÉ	NIETZSCHÉENNE	**BOURBOULIENNE**
GRÂCE-HOLLOGNE	**ÉTANG-SALÉENNE**	MAURITANIENNE
SUD-AMÉRICAINE	**SAINT-CÉRÉENNE**	**MAURITANIENNE**
SUD-AMÉRICAINE	HYPERBORÉENNE	MAGDALÉNIENNE
PANAMÉRICAINE	**MIRAMASSÉENNE**	**GIROMAGNIENNE**
PANAMÉRICAINE	AURIGNACIENNE	ENDOCRINIENNE
NORD-AFRICAINE	**AURIGNACIENNE**	PALESTINIENNE
NORD-AFRICAINE	**LATIGNACIENNE**	**PALESTINIENNE**

13

AUGUSTINIENNE	LILLIPUTIENNE	ANNÉES-LUMIÈRE
NAPOLÉONIENNE	**HAGUENOVIENNE**	PORCELAINIÈRE
PROUDHONIENNE	**PORTO-NOVIENNE**	**LA POPELINIÈRE**
MARATHONIENNE	**AIXE-SUR-VIENNE**	PORTE-BANNIÈRE
CALIFORNIENNE	**COURNEUVIENNE**	CHAUDRONNIÈRE
CALIFORNIENNE	**COTTERÉZIENNE**	AVANT-DERNIÈRE
PRÉŒDIPIENNE	**LAPOUTROYENNE**	GARDE-BARRIÈRE
MÉTACARPIENNE	**COMMENTRYENNE**	PAUSE-CARRIÈRE
ANTIACARIENNE	TIRE-BOUCHONNÉ	SOUS-VENTRIÈRE
SUBSAHARIENNE	APPROVISIONNÉ	**FORCE OUVRIÈRE**
DANNEMARIENNE	REDIMENSIONNÉ	**LUTTE OUVRIÈRE**
PROLÉTARIENNE	DÉSILLUSIONNÉ	PASSEMENTIÈRE
JEAN DE BRIENNE	DÉCONDITIONNÉ	CRÉDIRENTIÈRE
PRÉCAMBRIENNE	INCONDITIONNÉ	ARTICHAUTIÈRE
VANDOPÉRIENNE	RÉQUISITIONNÉ	PRIMESAUTIÈRE
LANESTÉRIENNE	MANUTENTIONNÉ	**GRANDE RIVIÈRE**
FINISTÉRIENNE	DÉCAVAILLONNÉ	GARDES-RIVIÈRE
PITHIVÉRIENNE	ÉCHANTILLONNÉ	**ROCHESERVIÈRE**
GRAMMAIRIENNE	STATUE-COLONNE	STÉRÉO-ISOMÈRE
SALVADORIENNE	BOURGUIGNONNE	PHOTOPOLYMÈRE
SALVADORIENNE	**BOURGUIGNONNE**	**SÉNÈQUE LE PÈRE**
CASTÉLORIENNE	**TARN-ET-GARONNE**	CHÉLEUTOPTÈRE
NÉOCASTRIENNE	**GRAND-COURONNE**	TRACHÉE-ARTÈRE
ZOROASTRIENNE	**PETIT-COURONNE**	**SULPICE SÉVÈRE**
BUJUMBURIENNE	**SUISSE SAXONNE**	**HENRI LE SÉVÈRE**
HYPONEURIENNE	PENTADÉCAGONE	**SEPTIME SÉVÈRE**
VILLEMURIENNE	PENTÉDÉCAGONE	PISSE-VINAIGRE
DEUX-SÉVRIENNE	DIALECTOPHONE	DISCOTHÉCAIRE
SAINT-CYRIENNE	ANTHRAQUINONE	INTERBANCAIRE
SAINT-CYRIENNE	**LAGNY-SUR-MARNE**	HÉMORROÏDAIRE
GUIPAVASIENNE	NAVIRE-CITERNE	RÉCIPIENDAIRE
MICRONÉSIENNE	CAMION-CITERNE	ANTINUCLÉAIRE
MICRONÉSIENNE	BATEAU-CITERNE	MONONUCLÉAIRE
CAUTERÉSIENNE	**MANUCE LE JEUNE**	POLYNUCLÉAIRE
LANGEAISIENNE	**TESSIN LE JEUNE**	JUXTALINÉAIRE
RABELAISIENNE	**MOREAU LE JEUNE**	MATRILINÉAIRE
VOUGLAISIENNE	**JEAN LE FORTUNÉ**	PATRILINÉAIRE
SAVENAISIENNE	MONNAIE-DU-PAPE	RECTILINÉAIRE
TOURNAISIENNE	OPHTALMOSCOPE	MULTILINÉAIRE
BEAUVAISIENNE	TROMBINOSCOPE	PÉRIGLACIAIRE
LANDIVISIENNE	TACHISTOSCOPE	NIVO-GLACIAIRE
CALVADOSIENNE	CHAUSSE-TRAPPE	SOUS-GLACIAIRE
MÉTATARSIENNE	**LOUIS-PHILIPPE**	POSTGLACIAIRE
CARACASSIENNE	SOUS-DÉVELOPPÉ	INTERMÉDIAIRE
VALRÉASSIENNE	**AUBERT DE GASPÉ**	PÉNITENTIAIRE
ANNEMASSIENNE	DAGUERRÉOTYPE	EXTRASCOLAIRE
ALBENASSIENNE	**SAINT-SÉPULCRE**	QUADRIPOLAIRE
WIMEREUSIENNE	SENESTROCHÈRE	CIRCUMPOLAIRE
MONTREUSIENNE	ASTHÉNOSPHÈRE	AQUATUBULAIRE
LAMALOUSIENNE	MAGNÉTOSPHÈRE	SPECTACULAIRE
HERBLAYSIENNE	PERMANENCIÈRE	VENTRICULAIRE
CHESNAYSIENNE	CONFÉRENCIÈRE	INTRAOCULAIRE
FRESNOYSIENNE	BOULEVARDIÈRE	CRÉPUSCULAIRE
QUESNOYSIENNE	**BELLE CORDIÈRE**	CORPUSCULAIRE
TRIBUNITIENNE	QUINCAILLIÈRE	RECTANGULAIRE
AQUATINTIENNE	**LA VERPILLIÈRE**	UNICELLULAIRE
MIRECURTIENNE	AVANT-PREMIÈRE	PROCONSULAIRE

QUADRAGÉNAIRE
SEPTUAGÉNAIRE
MONOCATÉNAIRE
QUARANTENAIRE
TRICENTENAIRE
VALÉTUDINAIRE
DISCIPLINAIRE
TAMBOURINAIRE
RELIGIONNAIRE
GANGLIONNAIRE
DÉCISIONNAIRE
DIVISIONNAIRE
RÉACTIONNAIRE
FRACTIONNAIRE
FONCTIONNAIRE
PÉTITIONNAIRE
QUESTIONNAIRE
ALLUVIONNAIRE
PAVILLONNAIRE
ADJUDICATAIRE
SOUS-LOCATAIRE
COMMENDATAIRE
CONCORDATAIRE
RENONCIATAIRE
CONSIGNATAIRE
CONTESTATAIRE
PROTESTATAIRE
SAINT-NECTAIRE
SAINT-NECTAIRE
PLÉBISCITAIRE
COMMANDITAIRE
PARAMILITAIRE
UNIVERSITAIRE
BUCCO-DENTAIRE
SACRAMENTAIRE
TESTAMENTAIRE
RÉGLEMENTAIRE
PARLEMENTAIRE
VESTIMENTAIRE
COMMUNAUTAIRE
DISTRIBUTAIRE
PLASMOCYTAIRE
USUFRUCTUAIRE
AÉROPORTUAIRE
HERTFORDSHIRE
PATTE-MÂCHOIRE
PAYS DE LA LOIRE
AUREC-SUR-LOIRE
MEUNG-SUR-LOIRE
SULLY-SUR-LOIRE
MONTAGNE NOIRE
PURIFICATOIRE
CONFISCATOIRE
CONCILIATOIRE
PROPITIATOIRE
DÉAMBULATOIRE
ARTICULATOIRE

INFLAMMATOIRE
ANTICIPATOIRE
DÉLIBÉRATOIRE
RÉMUNÉRATOIRE
PRÉOPÉRATOIRE
COMPENSATOIRE
AUSCULTATOIRE
STERNUTATOIRE
CONSERVATOIRE
PROTOHISTOIRE
PINCE-SANS-RIRE
CHROMATOPHORE
SPERMATOPHORE
PNEUMATOPHORE
CÔTE-DE-BEAUPRÉ
POMMES DE TERRE
JEAN SANS TERRE
MIDI DE BIGORRE
LAISSER-COURRE
LAISSÉS-COURRE
LIVING THEATRE
APPLAUDIMÈTRE
SACCHARIMÈTRE
POTENTIOMÈTRE
TROUILLOMÈTRE
OPHTALMOMÈTRE
ACCÉLÉROMÈTRE
RÉFRACTOMÈTRE
DOUBLE-FENÊTRE
CONTRE-FENÊTRE
TRANSPARAÎTRE
CONTRE-À-CONTRE
AÉROTERRESTRE
PRÉENREGISTRÉ
LAMELLIROSTRE
RETRANSMETTRE
KILOWATTHEURE
DUPONT DE L'EURE
ENCHEVAUCHURE
COLLATIONNURE
TÉTRACHLORURE
ANTISALISSURE
PRIMOGÉNITURE
CONTRE-CULTURE
ASTACICULTURE
HÉLICICULTURE
SÉRICICULTURE
OSTRÉICULTURE
TRUFFICULTURE
MYTILICULTURE
POPULICULTURE
AGRUMICULTURE
OSIÉRICULTURE
ARBORICULTURE
PLASTICULTURE
TRUTTICULTURE
SIMILIGRAVURE

MEHUN-SUR-YÈVRE
PÉNICILLINASE
OSTÉOSYNTHÈSE
PHOTOSYNTHÈSE
SYNOVIORTHÈSE
THROMBOPOÏÈSE
ÉRYTHROPOÏÈSE
CARCINOGENÈSE
CANCÉROGENÈSE
PLASMAPHÉRÈSE
SAINTE-THÉRÈSE
CASABLANCAISE
INDE FRANÇAISE
CHANCELADAISE
NÉO-ZÉLANDAISE
NÉO-ZÉLANDAISE
GROENLANDAISE
SAINTONGEAISE
MONDEVILLAISE
DOUDEVILLAISE
SOTTEVILLAISE
BEUZEVILLAISE
BLAINVILLAISE
HÉROUVILLAISE
FOUGEROLLAISE
COURSEULLAISE
BRÉTIGNOLAISE
MONTALBANAISE
MONTALBANAISE
CASTELLANAISE
GRADIGNANAISE
PERPIGNANAISE
AVRANCHINAISE
MORBIHANNAISE
LILLEBONNAISE
BRIANÇONNAISE
TALANÇONNAISE
JURANÇONNAISE
TARASCONNAISE
ARCACHONNAISE
ESPALIONNAISE
WASSELONNAISE
GUEUGNONNAISE
QUIBERONNAISE
ORMESSONNAISE
AUBUSSONNAISE
ARGENTONNAISE
LONGUYONNAISE
CHÂTILLONAISE
VAL-DE-MARNAISE
SÈVRE NANTAISE
FOUESNANTAISE
CONFOLENTAISE
HENNEBONTAISE
OUTREMONTAISE
WESTMOUNTAISE
ROCHEFORTAISE

HAUTEFORTAISE	CASTELLINOISE	PSEUDARTHROSE
MARTINIQUAISE	BERTHEVINOISE	AMPHIARTHROSE
MARTINIQUAISE	HAUT-VIENNOISE	TRÉPONÉMATOSE
TONNEINQUAISE	TOURQUENNOISE	CHONDROMATOSE
SURMÉDICALISÉ	ROQUEBRUNOISE	PNEUMOCYSTOSE
COMMERCIALISÉ	BEAUCHAMPOISE	DRÉPANOCYTOSE
DÉMATÉRIALISÉ	CHAMALIÉROISE	ARCHIDUCHESSE
INDUSTRIALISÉ	ARGENTIÉROISE	BOURG-EN-BRESSE
DÉCRIMINALISÉ	ARMENTIÉROISE	SAINTE-ADRESSE
DÉNATIONALISÉ	ROQUEVAIROISE	ENCHANTERESSE
OCCIDENTALISÉ	CASTELVIROISE	CHÂSSIS-PRESSE
INDIVIDUALISÉ	MONTMARTROISE	SOUS-MAÎTRESSE
CONCEPTUALISÉ	ROQUEMAUROISE	INDÉLICATESSE
CONTEXTUALISÉ	LE GARDEUROISE	BOUILLABAISSE
DÉCULPABILISÉ	BÉCANCOUROISE	HAUT-DE-CHAUSSE
VULNÉRABILISÉ	AUVERS-SUR-OISE	RACCOMMODEUSE
DÉCRÉDIBILISÉ	NOGENT-SUR-OISE	CENTRIFUGEUSE
DÉSENSIBILISÉ	AIGUEPERSOISE	PLEURNICHEUSE
INSENSIBILISÉ	GARGILESSOISE	COQUELUCHEUSE
RECRISTALLISÉ	MORANGISSOISE	RÉVÉRENCIEUSE
DÉSYNCHRONISÉ	NOBELTUSSOISE	PARCIMONIEUSE
BUSSY D'AMBOISE	DIEULEFITOISE	INHARMONIEUSE
BARSURAUBOISE	FRANC-COMTOISE	PHOTOCOPIEUSE
FLORENSACOISE	FRANC-COMTOISE	RAVITAILLEUSE
CLÉGUÉRECOISE	VILLEPINTOISE	ÉCRIVAILLEUSE
SASSENAGEOISE	MAGNYMONTOISE	APPAREILLEUSE
GANDRANGEOISE	HÉRICOURTOISE	GRIBOUILLEUSE
FRIBOURGEOISE	ÉLANCOURTOISE	BARBOUILLEUSE
HAMBOURGEOISE	BEAUCOURTOISE	BREDOUILLEUSE
COMBOURGEOISE	GUINGUETTOISE	VADROUILLEUSE
HOMBOURGEOISE	COPENHAGUOISE	CHATOUILLEUSE
VILLEJUIFOISE	CHÂTEAUGUOISE	ANTIVENIMEUSE
PHNOMPENHOISE	AUDRUICQUOISE	ANTIVÉNÉNEUSE
SCHIRMECKOISE	VILLENEUVOISE	ENTREPRENEUSE
SHERBROOKOISE	PARTICULARISÉ	INTRAVEINEUSE
NEUCHÂTELOISE	REVASCULARISÉ	PROTÉAGINEUSE
NEUCHÂTELOISE	LAURIER-CERISE	MUCILAGINEUSE
MONTREVÉLOISE	TRANSISTORISÉ	TAMBOURINEUSE
SAINT-GALLOISE	TECHNOCRATISÉ	BARAGOUINEUSE
APPENZELLOISE	BUREAUCRATISÉ	SHAMPOUINEUSE
SAINT-GILLOISE	DONNEAU DE VISÉ	ENQUIQUINEUSE
BONNEUILLOISE	RADIOTÉLÉVISÉ	BADIGEONNEUSE
JULIEVILLOISE	SECRET-DÉFENSE	QUESTIONNEUSE
BELLEVILLOISE	COUPON-RÉPONSE	PAPILLONNEUSE
BONNEVILLOISE	CARTES-RÉPONSE	CARILLONNEUSE
LIBREVILLOISE	ÉCHINOCOCCOSE	EMPOISONNEUSE
MANTEVILLOISE	MUCOVISCIDOSE	AUTO-STOPPEUSE
HAUTEVILLOISE	PAS-GRAND-CHOSE	ANTIULCÉREUSE
MALZÉVILLOISE	SPOROTRICHOSE	PRÉCANCÉREUSE
BLAINVILLOISE	CYPHOSCOLIOSE	ENREGISTREUSE
THIONVILLOISE	PNEUMOCONIOSE	STRIP-TEASEUSE
CHIBOUGAMOISE	PASTEURELLOSE	THÉSAURISEUSE
BISCHHEIMOISE	COLIBACILLOSE	BLANCHISSEUSE
STOCKHOLMOISE	DIVERTICULOSE	ENCHÉRISSEUSE
REPENTIGNOISE	ÉLECTRO-OSMOSE	INVESTISSEUSE
CARTHAGINOISE	CRANIOSTÉNOSE	EMBOUTISSEUSE
CARTHAGINOISE	HYDRONÉPHROSE	ÉRYTHÉMATEUSE

TÉLÉACHETEUSE	INSATIABILITÉ	ANFRACTUOSITÉ
ANTHRACITEUSE	MOUILLABILITÉ	QUADRIPARTITE
BOURSICOTEUSE	INVIOLABILITÉ	HYALOCLASTITE
TRANSPORTEUSE	CALCULABILITÉ	DACRYOCYSTITE
ENTREMETTEUSE	IMPRIMABILITÉ	COURT-CIRCUITÉ
BOURLINGUEUSE	COMPARABILITÉ	DISCONTINUITÉ
PIQUE-NIQUEUSE	VULNÉRABILITÉ	PROGRESSIVITÉ
PRÉSOMPTUEUSE	INEXORABILITÉ	ASSOCIATIVITÉ
HÉLIOGRAVEUSE	PÉNÉTRABILITÉ	COMMUTATIVITÉ
INTERVIEWEUSE	BREVETABILITÉ	RADIOACTIVITÉ
POLYTRANSFUSÉ	PROFITABILITÉ	RÉTROACTIVITÉ
ANTÉHYPOPHYSE	ACCEPTABILITÉ	HYPERACTIVITÉ
POSTHYPOPHYSE	PERMUTABILITÉ	INTERACTIVITÉ
PARODONTOLYSE	INSOLVABILITÉ	INAFFECTIVITÉ
HYDROSILICATE	EMPLOYABILITÉ	CONJONCTIVITE
CYANOACRYLATE	INVINCIBILITÉ	COMPÉTITIVITÉ
POLYCARBONATE	INCRÉDIBILITÉ	JURISCONSULTE
INTERCONNECTÉ	INÉLIGIBILITÉ	**BRAINE-LE-COMTE**
BELLE ET LA BÊTE	INEXIGIBILITÉ	**VAUX-LE-VICOMTE**
BASIDIOMYCÈTE	INTANGIBILITÉ	OUTRECUIDANTE
GASTÉROMYCÈTE	DISPONIBILITÉ	TRANSCENDANTE
CONTRE-SOCIÉTÉ	PRÉVISIBILITÉ	MALENTENDANTE
QUOTIDIENNETÉ	EXPANSIBILITÉ	SURINTENDANTE
LAMPES-TEMPÊTE	INSENSIBILITÉ	DÉCOURAGEANTE
ULTRAPROPRETÉ	EXTENSIBILITÉ	ENCOURAGEANTE
CONTRE-ENQUÊTE	EXPLOSIBILITÉ	COPARTAGEANTE
SCIENTIFICITÉ	RÉVERSIBILITÉ	DÉSOBLIGEANTE
VASOMOTRICITÉ	IMPASSIBILITÉ	INSIGNIFIANTE
TRANSLUCIDITÉ	ACCESSIBILITÉ	DÉMYSTIFIANTE
SUPERFLUIDITÉ	INCESSIBILITÉ	ANESTHÉSIANTE
HERMAPHRODITE	ADMISSIBILITÉ	BIENVEILLANTE
HERMAPHRODITE	IMPOSSIBILITÉ	ÉMOUSTILLANTE
CITÉ INTERDITE	COMPATIBILITÉ	CROUSTILLANTE
INSTANTANÉITÉ	DÉDUCTIBILITÉ	DÉMAQUILLANTE
HÉTÉROGÉNÉITÉ	RÉDUCTIBILITÉ	TRANSFORMANTE
CHÂTEAU-LAFITE	DIGESTIBILITÉ	ENTREPRENANTE
HYPOPHOSPHITE	COMESTIBILITÉ	CONTREVENANTE
PARAFISCALITÉ	INAMOVIBILITÉ	CONTRAIGNANTE
IMMATÉRIALITÉ	INFLEXIBILITÉ	AIDE-SOIGNANTE
ORTHOGONALITÉ	CONTRACTILITÉ	DISCRIMINANTE
IRRATIONALITÉ	MINISATELLITE	SOUS-DOMINANTE
INTEMPORALITÉ	ANTISATELLITE	ENQUIQUINANTE
MORTINATALITÉ	**SIMÉON STYLITE**	ÉMULSIONNANTE
MONUMENTALITÉ	PUSILLANIMITÉ	PAPILLONNANTE
COPARENTALITÉ	**PIERRE L'ERMITE**	BOUILLONNANTE
HORIZONTALITÉ	NON-CONFORMITÉ	EMPOISONNANTE
INDIVIDUALITÉ	CLANDESTINITÉ	ANTIDÉTONANTE
PARASEXUALITÉ	CONSANGUINITÉ	ANTIDÉRAPANTE
HOMOSEXUALITÉ	POSTMODERNITÉ	AUTOTREMPANTE
PRÉRAPHAÉLITE	CONFRATERNITÉ	NON-COMPARANTE
HAUTE-FIDÉLITÉ	INOPPORTUNITÉ	PRÉPONDÉRANTE
IMPROBABILITÉ	PARTICULARITÉ	RÉCALCITRANTE
IMPLACABILITÉ	GÉMELLIPARITÉ	SATISFAISANTE
APPLICABILITÉ	OVOVIVIPARITÉ	SYMPATHISANTE
SÉGRÉGABILITÉ	ARCHIMANDRITE	GÉNÉRALISANTE
NÉGOCIABILITÉ	PYÉLONÉPHRITE	DÉMORALISANTE
INVARIABILITÉ	IMPÉCUNIOSITÉ	NEUTRALISANTE

ITALIANISANTE	RÉFÉRÉ-LIBERTÉ	BIOTERRORISTE
DÉPOLARISANTE	DESSUS-DE-PORTE	RÉDEMPTORISTE
DÉSODORISANTE	ÉRYTHROBLASTE	ASTROMÉTRISTE
DÉVALORISANTE	**CIUDAD DEL ESTE**	CARICATURISTE
TRAUMATISANTE	CRUCIVERBISTE	MOTS-CROISISTE
BOULEVERSANTE	VERBICRUCISTE	SEMI-GROSSISTE
EMBARRASSANTE	PROPAGANDISTE	OBSCURANTISTE
ÉTOURDISSANTE	TIERS-MONDISTE	ORTHODONTISTE
DÉSOBÉISSANTE	AVANT-GARDISTE	CLARINETTISTE
ENRICHISSANTE	MINÉRALOGISTE	JE-M'EN-FOUTISTE
BLANCHISSANTE	PHYSIOLOGISTE	SUBJECTIVISTE
VIEILLISSANTE	ENTOMOLOGISTE	COLLECTIVISTE
RAMOLLISSANTE	TECHNOLOGISTE	PRODUCTIVISTE
RAJEUNISSANTE	IMMUNOLOGISTE	STAKHANOVISTE
ASSOUPISSANTE	HÉMATOLOGISTE	VOITURES-POSTE
AMAIGRISSANTE	ERPÉTOLOGISTE	ENTÉROPNEUSTE
ÉPAISSISSANTE	ODONTOLOGISTE	**ERNEST-AUGUSTE**
COMPATISSANTE	EMBRYOLOGISTE	PSYCHANALYSTE
RETENTISSANTE	ICHTYOLOGISTE	**PETITE FADETTE**
DIVERTISSANTE	MÉTALLURGISTE	AUTOCOUCHETTE
ÉPANOUISSANTE	JE-M'EN-FICHISTE	PIQUE-ASSIETTE
ASSERVISSANTE	TÉLÉGRAPHISTE	BRICK-GOÉLETTE
DÉSHYDRATANTE	INFOGRAPHISTE	CYTOSQUELETTE
DÉSINFECTANTE	HYPERRÉALISTE	GRENOUILLETTE
INCAPACITANTE	TRIOMPHALISTE	ULTRAVIOLETTE
REPRÉSENTANTE	ÉDITORIALISTE	**BARCELONNETTE**
DÉCONCERTANTE	DEMI-FINALISTE	BERGERONNETTE
RÉCONFORTANTE	PERSONNALISTE	FUME-CIGARETTE
INCONSISTANTE	ÉLECTORALISTE	**CASSE-NOISETTE**
FROUFROUTANTE	UNIVERSALISTE	LIVRE-CASSETTE
BÊTABLOQUANTE	SUCCURSALISTE	VIDÉOCASSETTE
AUTOBRONZANTE	ANTINATALISTE	RADIOCASSETTE
INCANDESCENTE	SPIRITUALISTE	MICROCASSETTE
RECRUDESCENTE	MISÉRABILISTE	PIED-D'ALOUETTE
CONVALESCENTE	AUTOMOBILISTE	LANCE-ROQUETTE
EFFLORESCENTE	CARTOPHILISTE	COUCHE-CULOTTE
DÉLIQUESCENTE	MERCANTILISTE	TENTE-ROULOTTE
EFFERVESCENTE	PÉTROCHIMISTE	POIL-DE-CAROTTE
CONCUPISCENTE	PHYSIONOMISTE	GOUTTE-À-GOUTTE
BIRÉFRINGENTE	TRANSFORMISTE	**LAUGERIE-HAUTE**
SUBCONSCIENTE	CONGRÉGANISTE	COCOTTE-MINUTE
QUADRIVALENTE	CONFUCIANISTE	MÉGACARYOCYTE
SANGUINOLENTE	PANGERMANISTE	SPERMATOPHYTE
INEXPÉRIMENTÉ	SOUVERAINISTE	ÉQUISÉTOPHYTE
COMPARTIMENTÉ	RÉVISIONNISTE	PAILLE-EN-QUEUE
SEMPERVIRENTE	DIVISIONNISTE	**MICHEL LE BÈGUE**
INTERCURRENTE	SCISSIONNISTE	ABAISSE-LANGUE
TRIPLE-ENTENTE	ILLUSIONNISTE	**TÉMISCAMINGUE**
PETITE-ENTENTE	CRÉATIONNISTE	**SAINT-DOMINGUE**
VENTRIPOTENTE	RELATIONNISTE	PHARMACOLOGUE
INTERMITTENTE	MUTATIONNISTE	HYDROGÉOLOGUE
INCONSÉQUENTE	FRACTIONNISTE	ÉPISTÉMOLOGUE
LOCATION-VENTE	ANNEXIONNISTE	OPHTALMOLOGUE
PRÉCONTRAINTE	ACCORDÉONISTE	KREMLINOLOGUE
BELO HORIZONTE	VIBRAPHONISTE	ANTHROPOLOGUE
EMBERLIFICOTÉ	ORTHOPHONISTE	TRAUMATOLOGUE
RIVIÈRE-PILOTE	ACCESSOIRISTE	DIALECTOLOGUE

PALÉONTOLOGUE
GAULE CHEVELUE
NICOLAS DE FLUE
ININTERROMPUE
TONICARDIAQUE
MYTHOMANIAQUE
APHRODISIAQUE
POLYPHARMAQUE
CONTRE-ATTAQUE
CONTRE-ATTAQUÉ
BOULOUNENCQUE
CERCOPITHÈQUE
GALÉOPITHÈQUE
SEMNOPITHÈQUE
ÉTANT DONNÉ QUE
GUATÉMALTÈQUE
GUATÉMALTÈQUE
TRISYLLABIQUE
ISOSYLLABIQUE
DISSYLLABIQUE
DITHYRAMBIQUE
CONTRE-INDIQUÉ
ANTIPALUDIQUE
RIBONUCLÉIQUE
ONOMATOPÉIQUE
HIPPOPHAGIQUE
TÉTRAPLÉGIQUE
NEUROPLÉGIQUE
MINÉRALOGIQUE
GYNÉCOLOGIQUE
MUSICOLOGIQUE
LEXICOLOGIQUE
TOXICOLOGIQUE
ARCHÉOLOGIQUE
SPÉLÉOLOGIQUE
PSYCHOLOGIQUE
GRAPHOLOGIQUE
MORPHOLOGIQUE
GLACIOLOGIQUE
SÉMÉIOLOGIQUE
PHYSIOLOGIQUE
ENTOMOLOGIQUE
OCÉANOLOGIQUE
TECHNOLOGIQUE
CHRONOLOGIQUE
IMMUNOLOGIQUE
HÉMATOLOGIQUE
ERPÉTOLOGIQUE
DÉONTOLOGIQUE
EMBRYOLOGIQUE
ICHTYOLOGIQUE
CHOLINERGIQUE
MÉTALLURGIQUE
TAUROMACHIQUE
PARAPSYCHIQUE
MÉTAPSYCHIQUE
TÉLÉGRAPHIQUE

IDÉOGRAPHIQUE
HOLOGRAPHIQUE
XYLOGRAPHIQUE
DÉMOGRAPHIQUE
HOMOGRAPHIQUE
MONOGRAPHIQUE
TOPOGRAPHIQUE
TYPOGRAPHIQUE
GÉOSTROPHIQUE
PHILOSOPHIQUE
MÉTAMORPHIQUE
HOMÉOPATHIQUE
FELDSPATHIQUE
PALÉOLITHIQUE
MICROLITHIQUE
LABYRINTHIQUE
OSTROGOTHIQUE
TÉRÉPHTALIQUE
PSYCHÉDÉLIQUE
MACHIAVÉLIQUE
ITHYPHALLIQUE
SOMNAMBULIQUE
POLYVINYLIQUE
MÉTHACRYLIQUE
POLYACRYLIQUE
CRYPTOGAMIQUE
ANTÉISLAMIQUE
HÉMODYNAMIQUE
AÉRODYNAMIQUE
LOGARITHMIQUE
ALGORITHMIQUE
PÉTROCHIMIQUE
PHOTOCHIMIQUE
EXOPHTALMIQUE
GASTRONOMIQUE
ORTHODROMIQUE
DESMODROMIQUE
CHROMOSOMIQUE
INTRA-ATOMIQUE
INTRADERMIQUE
TRANSDERMIQUE
ENDOTHERMIQUE
AÉROTHERMIQUE
ENDOPLASMIQUE
CYTOPLASMIQUE
MACROCOSMIQUE
MICROCOSMIQUE
CATACLYSMIQUE
CYCLOTHYMIQUE
PERMANGANIQUE
PRÉHISPANIQUE
ANTITÉTANIQUE
XANTHOGÉNIQUE
PANTOTHÉNIQUE
PRÉHELLÉNIQUE
PANHELLÉNIQUE
DIÉTHYLÉNIQUE

AÉROTECHNIQUE
PYROTECHNIQUE
CRYOTECHNIQUE
POLYTECHNIQUE
PLURIETHNIQUE
MULTIETHNIQUE
INTERETHNIQUE
ORTHOPHONIQUE
RADIOPHONIQUE
MICROPHONIQUE
THERMOÏONIQUE
THESSALONIQUE
NÉOTECTONIQUE
PSYCHOTONIQUE
CARDIOTONIQUE
PROTÉROZOÏQUE
ORTHOSCOPIQUE
MACROSCOPIQUE
MICROSCOPIQUE
HYGROSCOPIQUE
RHOMBOÉDRIQUE
SÉLÉNHYDRIQUE
CHLORHYDRIQUE
FLUORHYDRIQUE
HÉMISPHÉRIQUE
ATMOSPHÉRIQUE
IONOSPHÉRIQUE
PHYLLOXÉRIQUE
SAINT-AFFRIQUE
HYPOCALORIQUE
PRÉHISTORIQUE
PSYCHIATRIQUE
BIOÉLECTRIQUE
ISOÉLECTRIQUE
MILLIMÉTRIQUE
PLANIMÉTRIQUE
DENSIMÉTRIQUE
CENTIMÉTRIQUE
GRAVIMÉTRIQUE
GONIOMÉTRIQUE
ÉCONOMÉTRIQUE
AXONOMÉTRIQUE
MICROMÉTRIQUE
HYGROMÉTRIQUE
ASTROMÉTRIQUE
HYPSOMÉTRIQUE
HECTOMÉTRIQUE
PHOTOMÉTRIQUE
PIÉZOMÉTRIQUE
BATHYMÉTRIQUE
AXISYMÉTRIQUE
DISSYMÉTRIQUE
MÉTACENTRIQUE
HOMOCENTRIQUE
POLYCENTRIQUE
HYPOGASTRIQUE
AMPHIGOURIQUE

CÉNESTHÉSIQUE	EUCHARISTIQUE	ROLL ON-ROLL OFF
CINESTHÉSIQUE	ARCHIVISTIQUE	MULTIPLICATIF
KINESTHÉSIQUE	ASTRONAUTIQUE	SOCIO-ÉDUCATIF
ANTIMYCOSIQUE	PROPÉDEUTIQUE	RÉCAPITULATIF
ARABO-PERSIQUE	HERMÉNEUTIQUE	ADMINISTRATIF
POSTCLASSIQUE	THÉRAPEUTIQUE	INTERPRÉTATIF
MICROPHYSIQUE	TROGLODYTIQUE	REPRÉSENTATIF
ASTROPHYSIQUE	PROTÉOLYTIQUE	CONTRAROTATIF
AFRO-ASIATIQUE	SPASMOLYTIQUE	NON DESTRUCTIF
PROBLÉMATIQUE	ADRÉNOLYTIQUE	PROPRIOCEPTIF
SYNTAGMATIQUE	PAPIERS-CALQUE	MÉDICO-SPORTIF
BIOCLIMATIQUE	**COLLIOURENQUE**	LANGUES-DE-CERF
SYMPTOMATIQUE	ORNITHORYNQUE	**JEAN DE BRÉBEUF**
FANTASMATIQUE	STAPHYLOCOQUE	LANGUE-DE-BŒUF
CHARISMATIQUE	CANNIBALESQUE	**SVEND TVESKAEG**
HIPPOCRATIQUE	CARNAVALESQUE	**WAGNER-JAUREGG**
PRÉSOCRATIQUE	ROCAMBOLESQUE	**BRIAND-KELLOGG**
CHIROPRATIQUE	FUNAMBULESQUE	**STURM UND DRANG**
ORTHOSTATIQUE	CAMÉLÉONESQUE	**HUANG GONGWANG**
HYDROSTATIQUE	CHEVALERESQUE	**TCHAO TSEU-YANG**
HYPERSTATIQUE	ÉLÉPHANTESQUE	**MACKENZIE KING**
PARALLACTIQUE	GARGANTUESQUE	**EDGAR ATHELING**
CATAPLECTIQUE	CAPITAL-RISQUE	LIVRE STERLING
POLIORCÉTIQUE	**LA MOTTE-FOUQUÉ**	BRAINSTORMING
HOMOGAMÉTIQUE	**CHEVILLY-LARUE**	MÉDIAPLANNING
CYTOGÉNÉTIQUE	QUEUES-DE-MORUE	**MORET-SUR-LOING**
DIAMAGNÉTIQUE	**MICHEL LE BRAVE**	MERCHANDISING
GÉOMAGNÉTIQUE	COMPRÉHENSIVE	TÉLÉMARKETING
HOMOCINÉTIQUE	REVENDICATIVE	**SOUPHANOUVONG**
MONOCINÉTIQUE	QUALIFICATIVE	**SCHWARZENBERG**
ANTIPYRÉTIQUE	SIGNIFICATIVE	**FREDERIKSBERG**
FERRALLITIQUE	RECTIFICATIVE	**FREDERIKSBORG**
SIDÉROLITIQUE	JUSTIFICATIVE	**ASCHAFFENBURG**
SOCIOCRITIQUE	COMMUNICATIVE	**EKATERINBOURG**
SUPERCRITIQUE	LUDO-ÉDUCATIVE	**VIRGINIA BEACH**
MARTENSITIQUE	INTERROGATIVE	HOMME-SANDWICH
PÉRISTALTIQUE	CONTEMPLATIVE	**VAN DER MEERSCH**
GAULE CELTIQUE	APPROXIMATIVE	**MANUEL DEUTSCH**
PRÉROMANTIQUE	DÉTERMINATIVE	**RENGER-PATZSCH**
CONSONANTIQUE	PARTICIPATIVE	**CHOSTAKOVITCH**
INAUTHENTIQUE	COMMÉMORATIVE	**ROSTROPOVITCH**
ANACRÉONTIQUE	DÉMONSTRATIVE	**LA TESTE-DE-BUCH**
EMPHYTÉOTIQUE	NON-FIGURATIVE	**MIDDLESBROUGH**
MACROBIOTIQUE	ARGUMENTATIVE	**NGUYỄN VAN LINH**
APONÉVROTIQUE	FRÉQUENTATIVE	**ANDHRA PRADESH**
ANTIMITOTIQUE	PERMSÉLECTIVE	**MADHYA PRADESH**
EUROSCEPTIQUE	RÉTROSPECTIVE	**PORT ELIZABETH**
NEUROLEPTIQUE	INTROSPECTIVE	**GREAT YARMOUTH**
APOCALYPTIQUE	OMNIDIRECTIVE	**MUHAMMAD ABDUH**
SUBDÉSERTIQUE	CONTRACEPTIVE	**TCHEOU NGEN-LAI**
ENDOBLASTIQUE	INTÉROCEPTIVE	MISSI DOMINICI
MÉSOBLASTIQUE	EXTÉROCEPTIVE	**QIN SHI HUANGDI**
ECTOBLASTIQUE	CONTRAGESTIVE	**IMAMURA SHOHEI**
PYROCLASTIQUE	**HRADEC KRÁLOVÉ**	**NAGUMO CHUICHI**
SYLLOGISTIQUE	CONTRE-ÉPREUVE	**KITANO TAKESHI**
KABBALISTIQUE	**LA BOURDONNAYE**	**SHOTOKU TAISHI**
HELLÉNISTIQUE	BRIGADIER-CHEF	**NATSUME SOSEKI**

RIABOUCHINSKI GEOFFROI LE BEL LIAQAT ALI KHAN
ANTONIO DA NOLI VILLIERS-LE-BEL AMBARTSOUMIAN
OUBANGUI-CHARI STIRING-WENDEL DARIOS CODOMAN
FRÉDÉRIC-HENRI CORDES-SUR-CIEL EMPIRE OTTOMAN
SAN LUIS POTOSÍ ANTOINE DANIEL BUSINESSWOMAN
CORPUS CHRISTI PRÉINDUSTRIEL GUI DE LUSIGNAN
AUNG SAN SUU KYI CONCURRENTIEL SOUVENIR-ÉCRAN
FERENC RÁKÓCZI ÉQUIPOTENTIEL BALOUTCHISTAN
UZTARIZTARRAK COMPULSIONNEL BÉLOUTCHISTAN
VAN RUYSBROECK COMPASSIONNEL BACHKORTOSTAN
STARTING-BLOCK CONFESSIONNEL BERCHTESGADEN
VAN HEEMSKERCK PROFESSIONNEL GRAFFENSTADEN
TCHANG KAÏ-CHEK POSSESSIONNEL STAFFELFELDEN
AKADEMGORODOK GÉNÉRATIONNEL PÉPIN DE LANDEN
SEMIPALATINSK CORRECTIONNEL MONTMORENCÉEN
NOVOKOUZNETSK DÉFINITIONNEL BOCAGE VENDÉEN
PETROPAVLOVSK TRANSITIONNEL MARAIS VENDÉEN
NIJNEVARTOVSK OPPOSITIONNEL RIBEAUVILLÉEN
INTERSYNDICAL CONVENTIONNEL MÉDITERRANÉEN
INTERTROPICAL PROPORTIONNEL MÉDITERRANÉEN
HYPOCYCLOÏDAL ANTIPERSONNEL TRANSPYRÉNÉEN
MENÉNDEZ PIDAL FŒTO-MATERNEL ÉQUATO-GUINÉEN
EXTRACONJUGAL EXTRACORPOREL BISSAU-GUINÉEN
RUOLZ-MONTCHAL MULTICULTUREL OSTERMUNDIGEN
MAXILLO-FACIAL SOCIOCULTUREL GELSENKIRCHEN
PARAY-LE-MONIAL INTERCULTUREL PROPHARMACIEN
CANAL IMPÉRIAL TRANSCULTUREL MERDRIGNACIEN
SUBÉQUATORIAL CHARLES MARTEL GÉOTECHNICIEN
RÉQUISITORIAL PIERRE LE CRUEL ZOOTECHNICIEN
INQUISITORIAL CARAVANSÉRAIL ÉLECTRONICIEN
QUADRAGÉSIMAL MERTHYR TYDFIL PYTHAGORICIEN
INFINITÉSIMAL DUCRAY-DUMINIL MÉTAPHYSICIEN
CÉRÉBRO-SPINAL LE BLANC-MESNIL MATHÉMATICIEN
CONFESSIONAL REBROUSSE-POIL SYSTÉMATICIEN
INTERRÉGIONAL GUILLAUME TELL INFORMATICIEN
SEPTENTRIONAL DOCTEUR JEKYLL OMNIPRATICIEN
SUPRANATIONAL JUDÉO-ESPAGNOL ARITHMÉTICIEN
MULTINATIONAL ALEKSANDROPOL CYBERNÉTICIEN
INTERNATIONAL LATOUR-DE-CAROL MANUCE L'ANCIEN
TRANSNATIONAL VINCENT DE PAUL SIMÉON L'ANCIEN
INTERCOMMUNAL BAIE-SAINT-PAUL RHABDOMANCIEN
ASSOURBANIPAL MONS-EN-BARŒUL RUPIFICALDIEN
CONTROLATÉRAL HODJATOLESLAM SAINT-AVOLDIEN
MASSIF CENTRAL VISAKHAPATNAM ROUYNORANDIEN
ARCHITECTURAL MAHABALIPURAM RÉGINABORGIEN
ARRIÈRE-VASSAL DILSEN-STOKKEM LANGUE-DE-CHIEN
PHÉNOBARBITAL NAQSH-I ROUSTEM ORNITHISCHIEN
NAVIRE-HÔPITAL CHÂTEAU-D'YQUEM PHILADELPHIEN
PLOMB DU CANTAL TRUCHTERSHEIM NÉANDERTALIEN
PRO-OCCIDENTAL FRANCE TÉLÉCOM AFRO-BRÉSILIEN
BOURG-ARGENTAL UNITED KINGDOM AFRO-BRÉSILIEN
MOYEN-ORIENTAL BRITISH MUSEUM CARQUEFOLLIEN
TIMOR-ORIENTAL FERROSILICIUM SUD-VIETNAMIEN
DÉPARTEMENTAL RUTHERFORDIUM SUD-VIETNAMIEN
QUEUE-DE-CHEVAL LITHOTHAMNIUM CHRYSOSTOMIEN
PIEDS-DE-CHEVAL ZÉNON DE CITIUM TRANSYLVANIEN
PHILIPPE LE BEL AMAN ALLAH KHAN TRANSYLVANIEN

PENNSYLVANIEN	ROMARIMONTAIN	AMPLIFICATION
LÉON L'ARMÉNIEN	MOZAFFAR AL-DIN	PLANIFICATION
CRISTALLINIEN	MUZAFFAR AL-DIN	LIGNIFICATION
CONSTANTINIEN	STAËL-HOLSTEIN	SIGNIFICATION
SAINT-SAVINIEN	LIECHTENSTEIN	RÉUNIFICATION
NÉO-CALÉDONIEN	KYOKUTEI BAKIN	SCARIFICATION
NÉO-CALÉDONIEN	SAINT-GLINGLIN	CLARIFICATION
PENTATHLONIEN	ANTI-SOUS-MARIN	LUBRIFICATION
SAINT-SIMONIEN	CHILLY-MAZARIN	GLORIFICATION
WASHINGTONIEN	REQUIN-PÈLERIN	CAPRIFICATION
SHAKESPEARIEN	MARIE-VICTORIN	PÉTRIFICATION
TRANSSAHARIEN	CASTELROUSSIN	NITRIFICATION
PALÉOSIBÉRIEN	ARRIÈRE-COUSIN	VITRIFICATION
TRANSSIBÉRIEN	RÉVEILLE-MATIN	FALSIFICATION
LOIR-ET-CHÉRIEN	GERMANOPRATIN	DENSIFICATION
VIMONASTÉRIEN	ÉTIENNE-MARTIN	CHOSIFICATION
VERTACOMIRIEN	VILLEHARDOUIN	VERSIFICATION
SAINT-GEOIRIEN	LE BEC-HELLOUIN	MASSIFICATION
LÉON L'ISAURIEN	SAINT-FRUSQUIN	RUSSIFICATION
PÉLOPONNÉSIEN	MATHIAS CORVIN	BÉATIFICATION
PÉLOPONNÉSIEN	PHILIPPE LE BON	GRATIFICATION
PARTHENAISIEN	ALPHONSE LE BON	RECTIFICATION
BOUGUENAISIEN	PALAIS-BOURBON	ACÉTIFICATION
COURBEVOISIEN	BOUSTROPHÉDON	CERTIFICATION
VILLEPARISIEN	CHÂTEAU-LANDON	FORTIFICATION
JUDÉO-CHRÉTIEN	SAISIE-BRANDON	MORTIFICATION
PALÉOCHRÉTIEN	GORGE-DE-PIGEON	JUSTIFICATION
MONTCHRESTIEN	CŒUR-DE-PIGEON	MYSTIFICATION
COSSÉ-LE-VIVIEN	CIUDAD OBREGÓN	INAPPLICATION
GONPONTOLVIEN	CHÂTEAU-BOUGON	RÉDUPLICATION
CASTELNEUVIEN	QUEUE-DE-COCHON	COMMUNICATION
BUSINESSWOMEN	À CALIFOURCHON	PRÉVARICATION
LAUTERBRUNNEN	SUPERCHAMPION	DÉCORTICATION
FORCALQUIÉREN	COMPRÉHENSION	DOMESTICATION
SACHSENHAUSEN	ANTICORROSION	TRANSLOCATION
WILHELMSHAVEN	ANIMADVERSION	CONSOLIDATION
CHONDRICHTYEN	BIOCONVERSION	ACCOMMODATION
SORTIES-DE-BAIN	RÉTROGRESSION	DÉSAGRÉGATION
NORD-AMÉRICAIN	TRANSGRESSION	DÉSÉGRÉGATION
NORD-AMÉRICAIN	ULTRAPRESSION	INVESTIGATION
AFRO-AMÉRICAIN	SURIMPRESSION	INTERROGATION
AFRO-AMÉRICAIN	DÉCOMPRESSION	HYDROFUGATION
MÉSO-AMÉRICAIN	COMPROMISSION	DISTANCIATION
LÉON L'AFRICAIN	TÉLÉDIFFUSION	PRONONCIATION
NÉGRO-AFRICAIN	GÉLITURBATION	RENÉGOCIATION
INTERAFRICAIN	CRYOTURBATION	ANTIRADIATION
CENTRAFRICAIN	PRÉMÉDICATION	DOMICILIATION
CENTRAFRICAIN	REVENDICATION	APPROPRIATION
SAINT-POURÇAIN	OPACIFICATION	EXPROPRIATION
PORT-DE-BOUCAIN	SPÉCIFICATION	INTERCALATION
L'ISLE-JOURDAIN	CALCIFICATION	DÉCONGÉLATION
SAINT-HERBLAIN	RÉÉDIFICATION	DISSIMILATION
SAINT-GHISLAIN	ACIDIFICATION	HORRIPILATION
PONTCHARTRAIN	CASÉIFICATION	CONSTELLATION
MÉTROPOLITAIN	GAZÉIFICATION	DÉNIVELLATION
SAINT-POLITAIN	QUALIFICATION	SCINTILLATION
CALIDIFONTAIN	MELLIFICATION	EXTRAPOLATION

INTERPOLATION
CONTEMPLATION
CONFABULATION
GESTICULATION
TRIANGULATION
STRANGULATION
DISSIMULATION
SURPOPULATION
SURESTIMATION
APPROXIMATION
PROGRAMMATION
HYDROGÉNATION
CONCATÉNATION
RÉASSIGNATION
REVACCINATION
RATIOCINATION
HALLUCINATION
SUBORDINATION
CONTAMINATION
DISSÉMINATION
RÉCRIMINATION
INCRIMINATION
DÉTERMINATION
EXTERMINATION
PÉRÉGRINATION
DÉGLUTINATION
AGGLUTINATION
RÉINCARNATION
CONSTERNATION
PROSTERNATION
PARTICIPATION
AUTOPALPATION
PRÉOCCUPATION
IMPRÉPARATION
DÉCÉRÉBRATION
ÉQUILIBRATION
RÉVERBÉRATION
INCARCÉRATION
CONFÉDÉRATION
CONSIDÉRATION
PROLIFÉRATION
VERBIGÉRATION
RÉFRIGÉRATION
AGGLOMÉRATION
SURGÉNÉRATION
COMMISÉRATION
PERSÉVÉRATION
CONFLAGRATION
RÉINTÉGRATION
TRANSPIRATION
COLLABORATION
CORROBORATION
IMPERFORATION
DÉTÉRIORATION
COMMÉMORATION
INCORPORATION
EXPECTORATION

CONCENTRATION
ORCHESTRATION
SÉQUESTRATION
DÉMONSTRATION
PERLUSTRATION
DÉCARBURATION
RECARBURATION
BICARBURATION
DÉSULFURATION
PRÉFIGURATION
CONFIGURATION
NON-FIGURATION
SURSATURATION
STRUCTURATION
ACCULTURATION
DÉCULTURATION
ANGLICISATION
GLOBALISATION
VERBALISATION
FISCALISATION
DÉRÉALISATION
SOCIALISATION
FILIALISATION
FORMALISATION
NORMALISATION
SIGNALISATION
VERNALISATION
SACRALISATION
MENTALISATION
ANNUALISATION
VISUALISATION
ACTUALISATION
RITUALISATION
SEXUALISATION
DIÉSÉLISATION
STABILISATION
FRAGILISATION
STÉRILISATION
FOSSILISATION
SUBTILISATION
FERTILISATION
RÉUTILISATION
MÉTALLISATION
SATELLISATION
JAVELLISATION
PEXILLISATION
DIABOLISATION
SYMBOLISATION
VARIOLISATION
ALCOOLISATION
PODZOLISATION
RANDOMISATION
VICTIMISATION
SCOTOMISATION
RURBANISATION
VULCANISATION
BALKANISATION

GERMANISATION
HISPANISATION
GALVANISATION
HELLÉNISATION
SULFINISATION
POLLINISATION
KAOLINISATION
ALUMINISATION
CRÉTINISATION
INDEMNISATION
PÉRENNISATION
CARBONISATION
PRÉCONISATION
HARMONISATION
MICRONISATION
INTRONISATION
SYNTONISATION
MODERNISATION
GHETTOÏSATION
PRÉCARISATION
BANCARISATION
VULGARISATION
DOLLARISATION
SCOLARISATION
PLANARISATION
CANCÉRISATION
POLDÉRISATION
BONDÉRISATION
PARKÉRISATION
ISOMÉRISATION
PAUPÉRISATION
SINTÉRISATION
CAUTÉRISATION
PULVÉRISATION
HERBORISATION
MÉTÉORISATION
TAYLORISATION
TEMPORISATION
FACTORISATION
SECTORISATION
VECTORISATION
CICATRISATION
ÉLECTRISATION
GRABATISATION
MÉDIATISATION
DRAMATISATION
CLIMATISATION
AROMATISATION
PRIVATISATION
BUDGÉTISATION
MAGNÉTISATION
APPERTISATION
DÉSERTISATION
PALETTISATION
IMPROVISATION
PHOSPHATATION
ACCLIMATATION

CARBONATATION	INTERPOSITION	**QUEZALTENANGO**
DÉNITRATATION	INDISPOSITION	**VILLAVICENCIO**
DÉSORBITATION	TRANSPOSITION	**TSARSKOÏE SELO**
POLLICITATION	SUREXPOSITION	**PUERTO CABELLO**
SOLLICITATION	ÉQUIPARTITION	**COLLOR DE MELLO**
EXPLICITATION	CONTRAVENTION	**PIERO DI COSIMO**
SUREXCITATION	CONTRACEPTION	**QUEIPO DE LLANO**
DÉSEXCITATION	PRÉCONCEPTION	**LÓPEZ ARELLANO**
PRÉMÉDITATION	TRANSCRIPTION	**SAN BERNARDINO**
ACCRÉDITATION	RÉINSCRIPTION	**GUERNICA Y LUNO**
RÉGURGITATION	MALABSORPTION	**NOCES DE FIGARO**
INGURGITATION	PHYSISORPTION	**PAZ ESTENSSORO**
PRÉCIPITATION	DISPROPORTION	**BOBO-DIOULASSO**
RÉORIENTATION	PRÉCOMBUSTION	**SASSOU-NGUESSO**
ORNEMENTATION	ÉLECTROCUTION	**RIBEIRÃO PRETO**
FRAGMENTATION	ANTIPOLLUTION	**ESPÍRITO SANTO**
SÉDIMENTATION	**BRABANT WALLON**	AGGIORNAMENTO
DOCUMENTATION	**VIRY-CHÂTILLON**	**PACHUCA DE SOTO**
ARGUMENTATION	QUART-BOUILLON	**CHIANG CHIN-KUO**
FRÉQUENTATION	COURT-BOUILLON	**VELIKO TARNOVO**
CONFRONTATION	**DUCHAMP-VILLON**	**ZEAMI MOTOKIYO**
DÉSADAPTATION	**CHÂTEAU-CHINON**	GUEULES-DE-LOUP
INACCEPTATION	LÉPIDODENDRON	**RIVIÈRE-DU-LOUP**
TÉLÉPORTATION	**DUCOS DU HAURON**	**IEKATERINODAR**
RÉIMPORTATION	DIPHTONGAISON	**CHANDRASEKHAR**
RÉEXPORTATION	DÉFEUILLAISON	**KAPOUSTINE IAR**
MANIFESTATION	EFFEUILLAISON	**CIUDAD BOLÍVAR**
ADMONESTATION	RECOMBINAISON	DÉCONTENANCER
DÉFORESTATION	COMMÉMORAISON	**HEUSDEN-ZOLDER**
REFORESTATION	ARRIÈRE-SAISON	TÉLÉCOMMANDER
MACROMUTATION	**LEVI BEN GERSON**	RESURCHAUFFER
MICROMUTATION	TWIRLING BÂTON	**DIENTZENHOFER**
TRANSMUTATION	PHYTOPLANCTON	**SELLES-SUR-CHER**
INDIVIDUATION	**WOLVERHAMPTON**	CONTREBANDIER
SURÉVALUATION	PIEDS-DE-MOUTON	DÉSHUMIDIFIER
DÉSACTIVATION	SAUTS-DE-MOUTON	PROTÈGE-CAHIER
OBJECTIVATION	**RELECQ-KERHUON**	CHORÉGRAPHIER
INOBSERVATION	**MORELOS Y PAVÓN**	CALLIGRAPHIER
DÉCONTRACTION	AIGUISE-CRAYON	LITHOGRAPHIER
TOXI-INFECTION	**LA ROCHE-SUR-YON**	ORTHOGRAPHIER
INTROSPECTION	**SALIES-DE-BÉARN**	RADIOGRAPHIER
TÉLÉDÉTECTION	ANTIKOMINTERN	STÉNOGRAPHIER
SURPROTECTION	**BERTRAN DE BORN**	REPROGRAPHIER
CONTRADICTION	**AHMAD IBN TULUN**	PHOTOGRAPHIER
MULTIFONCTION	**PIGAULT-LEBRUN**	CARTOGRAPHIER
CIRCUMDUCTION	**CHARLOTTETOWN**	HYPERTROPHIER
SELF-INDUCTION	**GUÉMENÉ-PENFAO**	INHOSPITALIER
AUTO-INDUCTION	**MARUYAMA MASAO**	NAVIRE-ATELIER
SURPRODUCTION	**MIAZAKI HAYAO**	PARAPÉTROLIER
ZÉNON DE KITION	**TORRE DEL GRECO**	MANGOUSTANIER
MÉTACOGNITION	**CARRERO BLANCO**	**ALAIN-FOURNIER**
SUPERFINITION	**CASTELO BRANCO**	**LONS-LE-SAUNIER**
JUXTAPOSITION	**LLANO ESTACADO**	SAPEUR-POMPIER
SURIMPOSITION	**OJOS DEL SALADO**	**SAINT-MANDRIER**
DÉCOMPOSITION	**TORRES QUEVEDO**	**CASIMIR-PERIER**
RECOMPOSITION	**TOLUCA DE LERDO**	MOYEN-COURRIER
SUPERPOSITION	**DOCTEUR JIVAGO**	COURT-COURRIER

PIERRE FOURIER	RÉVOLUTIONNER	LAISSEZ-PASSER
LITTÉRATURIER	TOURBILLONNER	**HUNDERTWASSER**
MANUFACTURIER	ÉTRÉSILLONNER	DÉSINTÉRESSER
FAUX-FACTURIER	ÉCOUVILLONNER	RADIODIFFUSER
PRÊTRE-OUVRIER	DÉCHAPERONNER	PSYCHANALYSER
SAINT-GAULTIER	PAILLASSONNER	SOUS-EXPLOITER
ÉQUIPEMENTIER	REMPOISSONNER	ANTIPARASITER
FRANC-QUARTIER	**AOL TIME WARNER**	DÉRÉGLEMENTER
JOUY-LE-MOUTIER	PETIT DÉJEUNER	SOUS-ALIMENTER
BANQUEROUTIER	PETIT-DÉJEUNER	CONTRE-POINTER
DE KEERSMAEKER	MAGNÉTOSCOPER	**PTOLÉMÉE SÔTÊR**
DÉSENSORCELER	DÉSENVELOPPER	CONTREPLAQUER
EMMOUSCAILLER	DÉSÉQUILIBRER	CONTRE-BRAQUER
GOURMANDILLER	DÉSINCARCÉRER	DOUBLE-CLIQUER
HÉLITREUILLER	ENTRE-DÉCHIRER	MÉTAPHYSIQUER
DÉBARBOUILLER	INTERPÉNÉTRER	DIAGNOSTIQUER
EMBABOUILLER	RÉENREGISTRER	DÉSINTOXIQUER
DÉBREDOUILLER	VILLÉGIATURER	EMBERLUCOQUER
DÉVERROUILLER	ARCHITECTURER	CONTREMARQUER
TRIPATOUILLER	MÉTAMORPHISER	**CANADIAN RIVER**
TINTINNABULER	DÉMÉDICALISER	DÉMULTIPLEXER
AUTOPROCLAMER	POTENTIALISER	**GOEPPERT-MAYER**
OREILLES-DE-MER	PERSONNALISER	**CHÂTEAU-DU-LOIR**
TRANCHE-SUR-MER	MUNICIPALISER	**RICHARD-LENOIR**
THÉOULE-SUR-MER	DÉMINÉRALISER	CRISTALLISOIR
LA SEYNE-SUR-MER	DÉCENTRALISER	TRANSPLANTOIR
LA FAUTE-SUR-MER	DÉNATURALISER	RADIOTROTTOIR
ÉTABLES-SUR-MER	UNIVERSALISER	MICRO-TROTTOIR
ARGELÈS-SUR-MER	DÉCAPITALISER	CONTRE-POUVOIR
BANYULS-SUR-MER	RECAPITALISER	**CATHERINE PARR**
VILLERS-SUR-MER	SPIRITUALISER	MANODÉTENDEUR
CAMARET-SUR-MER	MALLÉABILISER	MARTIN-PÊCHEUR
ENTHOUSIASMER	COMPTABILISER	TRANSSTOCKEUR
DÉSACCOUTUMER	INSOLUBILISER	TÉLÉSOUFFLEUR
DÉSHYDROGÉNER	TRANQUILLISER	ENTREBÂILLEUR
PRÉDÉTERMINER	CHRISTIANISER	DISCUTAILLEUR
SURDÉTERMINER	DÉNICOTINISER	SCRIBOUILLEUR
GROSSGLOCKNER	EMBOURGEOISER	TÉLÉIMPRIMEUR
DÉCAPUCHONNER	DÉSOLIDARISER	MÉDIAPLANNEUR
ENCAPUCHONNER	DÉNUCLÉARISER	COLLISIONNEUR
ENDIVISIONNER	PARCELLARISER	SÉLECTIONNEUR
CONVULSIONNER	DÉMILITARISER	CONDITIONNEUR
CONTORSIONNER	REMILITARISER	ACCROCHE-CŒUR
COMPASSIONNER	CONTAINÉRISER	ARRIÈRE-CHŒUR
IMPRESSIONNER	ACCESSOIRISER	CHEVAUX-VAPEUR
COMMISSIONNER	PSYCHIATRISER	PHOTOSTOPPEUR
SOUMISSIONNER	CONTENEURISER	DÉPOUSSIÉREUR
CONFECTIONNER	DÉPRESSURISER	SOUS-ACQUÉREUR
PERFECTIONNER	MITHRIDATISER	CHRONOMÉTREUR
COLLECTIONNER	ANATHÉMATISER	SYNCHRONISEUR
REPOSITIONNER	DÉSINSECTISER	MAÎTRE-PENSEUR
SUBVENTIONNER	CONSCIENTISER	HYDROCLASSEUR
CONVENTIONNER	DÉSAMBIGUÏSER	DÉCOMPRESSEUR
PROPORTIONNER	COLLECTIVISER	REFROIDISSEUR
SUGGESTIONNER	MAÎTRE-À-DANSER	APPLAUDISSEUR
CONGESTIONNER	MÉTAMORPHOSER	HYDROGLISSEUR
PRÉCAUTIONNER	PHOTOCOMPOSER	ASSOUPLISSEUR

ATTENDRISSEUR	CARBURÉACTEUR	NEUROSCIENCES
AMOINDRISSEUR	CONTREFACTEUR	NON-INGÉRENCES
TRANSPLANTOIR	CHIROPRACTEUR	NON-EXISTENCES
RENCHÉRISSEUR	MICROTRACTEUR	TAILLES-DOUCES
CONVERTISSEUR	AUTODIRECTEUR	SACCHAROMYCES
ÉLECTROLYSEUR	SOUS-DIRECTEUR	GARDES-MALADES
REVENDICATEUR	CONTRADICTEUR	LANCE-GRENADES
AMPLIFICATEUR	SURPRODUCTEUR	NON MARCHANDES
PLANIFICATEUR	TRANSPOSITEUR	EST-ALLEMANDES
SCARIFICATEUR	HÉLICICULTEUR	BALLONS-SONDES
SACRIFICATEUR	SÉRICICULTEUR	SAINTS-SYNODES
GLORIFICATEUR	OSTRÉICULTEUR	ARRIÈRE-GARDES
VITRIFICATEUR	MYTILICULTEUR	REINES-CLAUDES
FALSIFICATEUR	POPULICULTEUR	PREMIÈRES-NÉES
VERSIFICATEUR	ARBORICULTEUR	DERNIÈRES-NÉES
RECTIFICATEUR	COMPLIMENTEUR	POISSONS-ÉPÉES
CERTIFICATEUR	CHAUFFE-MOTEUR	SOUS-DÉCLARÉES
JUSTIFICATEUR	SENSORI-MOTEUR	SOUS-CALIBRÉES
MYSTIFICATEUR	ÉLECTROMOTEUR	ENTRE-DÉVORÉES
COMMUNICATEUR	MAGNÉTOMOTEUR	SOUS-UTILISÉES
PRÉVARICATEUR	TÉLÉSCRIPTEUR	VERT-DE-GRISÉES
AIDE-ÉDUCATEUR	TRANSCRIPTEUR	LIBRES-PENSÉES
INVESTIGATEUR	LITHOTRIPTEUR	CONTRE-PASSÉES
INTERROGATEUR	TÉLÉPROMPTEUR	MOTEURS-FUSÉES
HORRIPILATEUR	ASPIRO-BATTEUR	**CHAMPS ÉLYSÉES**
SCINTILLATEUR	PHOTOÉMETTEUR	COURT-JOINTÉES
CONTEMPLATEUR	INTERLOCUTEUR	ENTRE-HEURTÉES
DISSIMULATEUR	PRONOSTIQUEUR	SOUS-EMPLOYÉES
BLASPHÉMATEUR	CLIENT-SERVEUR	OPÉRAS-BOUFFES
PROGRAMMATEUR	FAUX-MONNAYEUR	LONGS-MÉTRAGES
RÉCRIMINATEUR	**AIRE-SUR-L'ADOUR**	REMUE-MÉNINGES
EXTERMINATEUR	BONHEUR-DU-JOUR	TISSUS-ÉPONGES
COORDONNATEUR	**JEANNE SEYMOUR**	ARRIÈRE-GORGES
RÉFRIGÉRATEUR	**CHÂTEAU-LATOUR**	**SIMON DE BRUGES**
SURGÉNÉRATEUR	GUTTAS-PERCHAS	FROTTE-MANCHES
TÉLÉOPÉRATEUR	PROTÈGE-TIBIAS	PELLES-PIOCHES
TOUR-OPÉRATEUR	**GONÇALVES DIAS**	LOFING-MATCHES
COLLABORATEUR	PATERFAMILIAS	CHASSE-MOUCHES
CONCENTRATEUR	**DUQUE DE CAXIAS**	QUASI-MONNAIES
ORCHESTRATEUR	**BOISSY D'ANGLAS**	POISSONS-SCIES
DÉMONSTRATEUR	CHLAMYDOMONAS	COUTEAUX-SCIES
GLOBALISATEUR	PLATEAUX-REPAS	TRAGI-COMÉDIES
VERBALISATEUR	**HÉRODE ANTIPAS**	BOOGIE-WOOGIES
NORMALISATEUR	KAHRAMANMARAS	NON ACCOMPLIES
STABILISATEUR	DESSOUS-DE-BRAS	WAGONS-TRÉMIES
STÉRILISATEUR	**LES QUATRE-BRAS**	**SAINTES-MARIES**
SYNTONISATEUR	**BUREAU VERITAS**	DUCHÉS-PAIRIES
MODERNISATEUR	CHICHES-KEBABS	THESMOPHORIES
VULGARISATEUR	BARRAGES-POIDS	BIO-INDUSTRIES
PULVÉRISATEUR	ANGLO-NORMANDS	GARDEN-PARTIES
TEMPORISATEUR	**ANGLO-NORMANDS**	**JEAN TZIMISKÈS**
IMPROVISATEUR	HISPANO-ARABES	MÉDICO-LÉGALES
ARGUMENTATEUR	SAINTES-BARBES	**CYNOSCÉPHALES**
AUTOÉLÉVATEUR	CONTRE-COURBES	NIVO-PLUVIALES
TURBORÉACTEUR	ARRIÈRE-NIÈCES	COXO-FÉMORALES
PULSORÉACTEUR	PETITES-NIÈCES	SOUS-ORBITALES
STATORÉACTEUR	EMPORTE-PIÈCES	**LES MISÉRABLES**

NON COMPTABLES	**ROLLING STONES**	INDES GALANTES
SOUS-ENSEMBLES	POISSONS-LUNES	**FÊTES GALANTES**
LANCE-MISSILES	MULTISOUPAPES	SUS-DOMINANTES
ÉGLISES-HALLES	CHAUSSE-TRAPES	BIEN-PENSANTES
ARRIÈRE-SALLES	FLACONS-POMPES	SOUS-TANGENTES
BEDOS DE CELLES	BATEAUX-POMPES	SOUS-ALIMENTÉS
CONTRE-TAILLES	MARIES-SALOPES	REMONTE-PENTES
BASSES-TAILLES	RADIO-ISOTOPES	CONTRE-POINTES
RETROUVAILLES	REQUINS-TAUPES	MANDATS-CARTES
NIDS-D'ABEILLES	PRESSE-ÉTOUPES	BATEAUX-PORTES
PINCE-OREILLES	ALLUME-CIGARES	CERFS-VOLISTES
PERCE-OREILLES	BATEAUX-PHARES	VERS-LIBRISTES
PETITES-FILLES	CONTRE-TIMBRES	**NAY-BOURDETTES**
SEMI-CHENILLÉS	ACCORDS-CADRES	**LES CHARMETTES**
MILLE-FEUILLES	BLOC-CYLINDRES	JUPES-CULOTTES
CENTRES-VILLES	WAGONS-FOUDRES	COMPTE-GOUTTES
NAVIRES-ÉCOLES	COTONS-POUDRES	FAUSSES-ROUTES
SOUS-MULTIPLES	**CHAMBONNIÈRES**	NICOLAS DE CUES
AISEAU-PRESLES	SOUS-CLAVIÈRES	SOUS-ENTENDUES
PONTS-BASCULES	**TROIS-RIVIÈRES**	FOUETTE-QUEUES
BAUME-LES-DAMES	BRANCHES-MÈRES	**CHAUDES-AIGUES**
DOUBLES-CRÈMES	**SUPERBAGNÈRES**	**BORT-LES-ORGUES**
ATOMES-GRAMMES	REQUINS-TIGRES	SACRO-ILIAQUES
PRESSE-AGRUMES	PRÉLIMINAIRES	CONTRE-BRAQUÉS
TIMON D'ATHÈNES	ENTRE-DÉCHIRÉS	**MAÎTRE JACQUES**
DEUX-MONTAGNES	AMOURS-PROPRES	COMPTE CHÈQUES
SUD-AFRICAINES	REINES-DES-PRÉS	SEMI-PUBLIQUES
SUD-AFRICAINES	TOURNE-PIERRES	TRAGI-COMIQUES
DEMI-MONDAINES	CHASSE-PIERRES	HÉROÏ-COMIQUES
GRÉCO-ROMAINES	CAFÉS-THÉÂTRES	**CATALAUNIQUES**
GALLO-ROMAINES	PETITS-MAÎTRES	ACIDO-BASIQUES
DEMI-DOUZAINES	DEVISES-TITRES	SUS-HÉPATIQUES
LES CONTAMINES	AVANTS-CENTRES	SEMI-REMORQUES
THETFORD MINES	SOUS-MINISTRES	JEUNES-TURQUES
SARREGUEMINES	CONTRE-LETTRES	TOURNE-DISQUES
NŒUX-LES-MINES	BELLES-LETTRES	NON DIRECTIVES
BULLY-LES-MINES	CARTES-LETTRES	SEMI-CONSERVES
L'ÎLE-AUX-MOINES	STYLOS-FEUTRES	ROMANS-FLEUVES
AIGUES-MARINES	CONTRE-MESURES	SERGENTS-CHEFS
INTRA-UTÉRINES	JOINT-VENTURES	CAPORAUX-CHEFS
EXTRA-UTÉRINES	ATTACHÉS-CASES	PORTE-AÉRONEFS
LÈCHE-VITRINES	STEEPLE-CHASES	LUDO-ÉDUCATIFS
GOMMES-RÉSINES	MARIES-LOUISES	NON-FIGURATIFS
BLOCS-CUISINES	LAURIERS-ROSES	SOUS-EFFECTIFS
NAVIRES-USINES	GARDES-CHASSES	ORANGS-OUTANGS
GRAND MEAULNES	CHAUDES-PISSES	**CASTELNAUDAIS**
NORD-CORÉENNES	PETITS-SUISSES	**CORNOUAILLAIS**
NORD-CORÉENNES	BALAIS-BROSSES	**GONFREVILLAIS**
ÉTATS-UNIENNES	VRAIES-FAUSSES	**ALFORTVILLAIS**
ÉTATS-UNIENNES	BAS-DE-CHAUSSES	**CHAMPAGNOLAIS**
LOUISES-BONNES	STARTING-GATES	**SHAWINIGANAIS**
FRANC-MAÇONNES	**TRUCIAL STATES**	**FRONTIGNANAIS**
COURCOURONNES	TRAÎNE-SAVATES	**ALTO-SÉQUANAIS**
SEMI-CONSONNES	SOUS-HUMANITÉS	**PENNE-D'AGENAIS**
PÈSE-PERSONNES	AUTO-IMMUNITÉS	**SAINT-MARINAIS**
ANGLO-SAXONNES	SOUS-EXPLOITÉS	**ROMORANTINAIS**
ANGLO-SAXONNES	CONTRE-VISITES	**SAINT-JEANNAIS**

BOISBRIANNAIS	GUEBWILLEROIS	CAMBO-LES-BAINS
SAINT-ORENNAIS	BEAUREPAIROIS	NÉRIS-LES-BAINS
MONTLUÇONNAIS	VALLÉE DES ROIS	BAINS-LES-BAINS
LA BOURDONNAIS	BEAUVILLÉSOIS	ÉVAUX-LES-BAINS
CAVAILLONNAIS	LONGUENESSOIS	SUD-AMÉRICAINS
CHÂTILLONNAIS	SCHAFFHOUSOIS	SUD-AMÉRICAINS
CASTILLONNAIS	FRANCS-COMTOIS	NORD-AFRICAINS
MAINTENONNAIS	FRANCS-COMTOIS	NORD-AFRICAINS
HAUT-GARONNAIS	BERLAIMONTOIS	HUGUES DE PAINS
MONTGERONNAIS	FLEURIMONTOIS	ARRIÈRE-TRAINS
CARCASSONNAIS	BRUAY-EN-ARTOIS	SINO-TIBÉTAINS
MONTESSONNAIS	VITRY-EN-ARTOIS	BLUE MOUNTAINS
CAPBRETONNAIS	LAMBERSARTOIS	CHÂTEAU-SALINS
CHARENTONNAIS	AUDINCOURTOIS	CHEVAL-D'ARÇONS
TRANSGABONAIS	NOUAKCHOTTOIS	NON-AGRESSIONS
SIERRA-LÉONAIS	COUDEKERQUOIS	SOUS-PRESSIONS
BRICQUEBÉTAIS	PLAN-DE-CUQUOIS	SOUS-LOCATIONS
FAUCON MALTAIS	CASTELNEUVOIS	ILLUMINATIONS
AIGUES-MORTAIS	SEMUR-EN-AUXOIS	FÉLICITATIONS
CAUDEBECQUAIS	THOMAS A KEMPIS	CUTI-RÉACTIONS
FRANÇOIS RÉGIS	CHAUVES-SOURIS	POLE POSITIONS
FLEURY-MÉROGIS	ÉLÉPHANTIASIS	NON-EXÉCUTIONS
FLORIANÓPOLIS	DUMBARTON OAKS	TENNIS-BALLONS
ROSNY-SOUS-BOIS	DEUTSCHE MARKS	PRESSE-CITRONS
ABBAYE-AUX-BOIS	BACHI-BOUZOUKS	NEUVES-MAISONS
STRÉPINIACOIS	SEMI-OFFICIELS	QUATRE-SAISONS
SAINT-FRANÇOIS	MAÎTRES-AUTELS	MORTES-SAISONS
SAINT-AMANDOIS	NITRATES-FUELS	QUATRE-CANTONS
SARRALBIGEOIS	CRÉBILLON FILS	TAILLE-CRAYONS
HAGONDANGEOIS	MÉDECINE-BALLS	HUGUES DE PAYNS
ÉDIMBOURGEOIS	MEDICINE-BALLS	COATZACOALCOS
CHERBOURGEOIS	PUNCHING-BALLS	PAPADHÓPOULOS
BOURBOURGEOIS	GRANDS MOGHOLS	STEFANÓPOULOS
GRAND-SYNTHOIS	ACIDES-ALCOOLS	MEZZO-SOPRANOS
HAZEBROUCKOIS	CHOPPING-TOOLS	CHARLES LE GROS
DIANE DE VALOIS	DRESSING-ROOMS	VOMITOS NEGROS
CRÉPY-EN-VALOIS	RAHAT-LOUKOUMS	GENERAL SANTOS
VILLEMOMBLOIS	FRENCH CANCANS	SAFARIS-PHOTOS
LONGJUMELLOIS	VILLARD-DE-LANS	FRANCORCHAMPS
MONTREVELLOIS	JEAN BERCHMANS	ROGER-BONTEMPS
MONTREUILLOIS	TIBÉTO-BIRMANS	AUTO-ANTICORPS
LONGUEUILLOIS	ARS-SUR-FORMANS	LE LION-D'ANGERS
BRAZZAVILLOIS	GRILLES-ÉCRANS	BLANCS-MANGERS
DECAZEVILLOIS	INDO-EUROPÉENS	BLACK PANTHERS
BOUZONVILLOIS	INDO-EUROPÉENS	SOUS-OFFICIERS
MONTARVILLOIS	NON EUCLIDIENS	GRANDVILLIERS
COWANSVILLOIS	MAÎTRES-CHIENS	GENNEVILLIERS
ALBERTVILLOIS	NILO-SAHARIENS	MONTIVILLIERS
CONTRE-EMPLOIS	FINNO-OUGRIENS	AUBERVILLIERS
HAUBOURDINOIS	TIBIO-TARSIENS	SOUS-MARINIERS
CHÂTEAULINOIS	BONS-CHRÉTIENS	AVANT-DERNIERS
MONTCHANINOIS	TERRE-NEUVIENS	PRESSE-PAPIERS
CONSTANTINOIS	TERRE-NEUVIENS	IRISH-TERRIERS
LOUVECIENNOIS	FLAVIUS VALENS	LONG-COURRIERS
VALENCIENNOIS	MALLET-STEVENS	LOUPS-CERVIERS
VILLECRESNOIS	DIGNE-LES-BAINS	TERRE-NEUVIERS
LARGENTIÉROIS	ÉVIAN-LES-BAINS	RAMBERVILLERS

FRANCS-PARLERS	POLYCONDENSAT	EMBOUTEILLANT
ENTRE-DEUX-MERS	**KARL-MARX-STADT**	ÉCRABOUILLANT
AUTOS-SCOOTERS	**DOWNING STREET**	GLANDOUILLANT
GLOBE-TROTTERS	MARTEAU-PIOLET	CRACHOUILLANT
ROCKING-CHAIRS	**JEANNE D'ALBRET**	DÉPATOUILLANT
CITÉS-DORTOIRS	**LÈGE-CAP-FERRET**	GRATTOUILLANT
LANS-EN-VERCORS	**ORTEGA Y GASSET**	THERMOCOLLANT
CONQUISTADORS	POTRON-JACQUET	DÉSACCOUPLANT
GENERAL MOTORS	**JEAN LE PARFAIT**	DÉMANTIBULANT
CLAIRS-OBSCURS	SANS CONTREDIT	IMMATRICULANT
CONTRE-VALEURS	**CHÂTELLERAULT**	DÉSARTICULANT
AUTO-STOPPEURS	DÉSEMBOURBANT	DÉSOPERCULANT
FRANCS-TIREURS	AUTOFINANÇANT	ANTICOAGULANT
AVANT-COUREURS	RÉENSEMENÇANT	BÊTASTIMULANT
STRIP-TEASEURS	CONCURRENÇANT	TOURNEBOULANT
DEMI-LONGUEURS	ENGUIRLANDANT	ÉLECTROAIMANT
PIQUE-NIQUEURS	CONDESCENDANT	DÉSENVENIMANT
ALLERS-RETOURS	SOUS-ENTENDANT	SURCOMPRIMANT
MOINES-SOLDATS	CORRESPONDANT	DÉPROGRAMMANT
POISSONS-CHATS	CAUCHEMARDANT	REPROGRAMMANT
HERBE-AUX-CHATS	SURPROTÉGEANT	RÉACCOUTUMANT
ACCROCHE-PLATS	INTRANSIGEANT	CARÊME-PRENANT
VICE-CONSULATS	TÉLÉCHARGEANT	RACCOMPAGNANT
SOUS-DIACONATS	ENTR'ÉGORGEANT	CONTRESIGNANT
QUASI-CONTRATS	DÉSENGORGEANT	DÉSENCHAÎNANT
AVANT-CONTRATS	CALORIFUGEANT	SURENTRAÎNANT
CONTRE-PROJETS	CENTRIFUGEANT	DÉCONTAMINANT
OPÉRAS-BALLETS	RADIONAVIGANT	BRILLANTINANT
SAISIES-ARRÊTS	CONTREFICHANT	CAPARAÇONNANT
PORTE-BOUQUETS	ENCHEVAUCHANT	DÉSAMIDONNANT
COUPE-CIRCUITS	CATASTROPHANT	ÉBOURGEONNANT
PETITS-ENFANTS	INDULGENCIANT	DÉCHIFFONNANT
FAUX-SEMBLANTS	DIFFÉRENCIANT	PROVISIONNANT
NON-COMPARANTS	DISQUALIFIANT	DIMENSIONNANT
EXTRA-COURANTS	PERSONNIFIANT	EXCURSIONNANT
SEMI-DRESSANTS	SACCHARIFIANT	DÉPASSIONNANT
TOUT-PUISSANTS	DÉCLASSIFIANT	DÉMISSIONNANT
SOUS-TRAITANTS	AUTHENTIFIANT	CONTUSIONNANT
VIEUX-CROYANTS	COMPLEXIFIANT	COLLATIONNANT
PRIVAT-DOCENTS	TÉLÉGRAPHIANT	AFFECTIONNANT
NON-ÉVÉNEMENTS	ÉCHOGRAPHIANT	SÉLECTIONNANT
SOUS-VÊTEMENTS	DÉMULTIPLIANT	CONDITIONNANT
APPOINTEMENTS	CHÂTEAUBRIANT	COMMOTIONNANT
GRANDS-PARENTS	**CHÂTEAUBRIANT**	RÉCEPTIONNANT
CAFÉS-CONCERTS	DIFFÉRENTIANT	RÉÉCHELONNANT
MASSACHUSETTS	BRINGUEBALANT	DÉBÂILLONNANT
COMPTES RENDUS	BRINQUEBALANT	RÉVEILLONNANT
ABERDEEN-ANGUS	DÉSASSEMBLANT	VERMILLONNANT
NUMA POMPILIUS	EMBARDOUFLANT	TOURILLONNANT
STRATO-CUMULUS	ÉPOUSTOUFLANT	POSTILLONNANT
REGIOMONTANUS	ENTREBÂILLANT	AIGUILLONNANT
SABOTS-DE-VÉNUS	CRITICAILLANT	BROUILLONNANT
CHEVEU-DE-VÉNUS	ENTRETAILLANT	GRAVILLONNANT
CROSS-COUNTRYS	DISCUTAILLANT	MAQUIGNONNANT
LANGUES-DE-CHAT	RETRAVAILLANT	MOUCHERONNANT
SALIES-DU-SALAT	RAPPAREILLANT	DÉCLOISONNANT
DESSOUS-DE-PLAT	DÉCONSEILLANT	SAUCISSONNANT

EMPOISSONNANT	SOCIABILISANT	TRANSGRESSANT
ŒILLETONNANT	CULPABILISANT	DÉCOMPRESSANT
GUEULETONNANT	RENTABILISANT	ENTRE-HAÏSSANT
COPARTICIPANT	DÉSTABILISANT	MÉCONNAISSANT
CLOPIN-CLOPANT	CRÉDIBILISANT	RECONNAISSANT
SOUS-DÉCLARANT	SENSIBILISANT	COMPARAISSANT
ABRACADABRANT	FLEXIBILISANT	DISPARAISSANT
RÉÉQUILIBRANT	INFANTILISANT	ESTOURBISSANT
DÉSENCOMBRANT	SOUS-UTILISANT	ÉCLAIRCISSANT
RÉINCARCÉRANT	CRISTALLISANT	OBSCURCISSANT
DÉCONSIDÉRANT	DÉSATELLISANT	ACCOURCISSANT
RECONSIDÉRANT	AMÉRICANISANT	REFROIDISSANT
COBELLIGÉRANT	EUROPÉANISANT	ABÂTARDISSANT
DÉPOUSSIÉRANT	DÉSORGANISANT	DÉGOURDISSANT
EMPOUSSIÉRANT	DÉSHUMANISANT	ENGOURDISSANT
DÉPHOSPHORANT	CHAMPAGNISANT	ASSOURDISSANT
RÉINCORPORANT	DÉVIRGINISANT	APPLAUDISSANT
ENTRE-DÉVORANT	DÉSTALINISANT	RÉTROAGISSANT
CONTRECARRANT	MASCULINISANT	INTERAGISSANT
CHRONOMÉTRANT	SYNCHRONISANT	RESSURGISSANT
DÉCONCENTRANT	IMPATRONISANT	RÉFLÉCHISSANT
RÉORCHESTRANT	ENTRECROISANT	INFLÉCHISSANT
TRANSFIGURANT	JUDICIARISANT	DÉGAUCHISSANT
PEINTURLURANT	FAMILIARISANT	AFFAIBLISSANT
CONTRE-COURANT	DÉSCOLARISANT	ENSEVELISSANT
AUTOCENSURANT	CIRCULARISANT	REJAILLISSANT
MANUFACTURANT	SINGULARISANT	DÉSEMPLISSANT
CONTRACTURANT	PROLÉTARISANT	ACCOMPLISSANT
DÉSTRUCTURANT	SÉDENTARISANT	ASSOUPLISSANT
RESTRUCTURANT	SANCTUARISANT	RAFFERMISSANT
PORTRAITURANT	CARACTÉRISANT	RENFORMISSANT
CONTREFAISANT	REMASTÉRISANT	REDÉFINISSANT
STANDARDISANT	SQUATTÉRISANT	REMBRUNISSANT
CLOCHARDISANT	INFÉRIORISANT	RÉCHAMPISSANT
HOMOGÉNÉISANT	INTÉRIORISANT	DÉGUERPISSANT
AUTOSUFFISANT	EXTÉRIORISANT	ACCROUPISSANT
HIÉRARCHISANT	DÉSECTORISANT	ASSOMBRISSANT
CANNIBALISANT	MINIATURISANT	ATTENDRISSANT
RADIOBALISANT	DÉDRAMATISANT	AMOINDRISSANT
SYNDICALISANT	MATHÉMATISANT	RENCHÉRISSANT
TROPICALISANT	SYSTÉMATISANT	DÉMAIGRISSANT
DÉFISCALISANT	ACHROMATISANT	RABOUGRISSANT
OFFICIALISANT	INFORMATISANT	ENDOLORISSANT
RESOCIALISANT	DÉMOCRATISANT	DÉFLEURISSANT
MATÉRIALISANT	ALPHABÉTISANT	REFLEURISSANT
MARGINALISANT	DÉBUDGÉTISANT	APPAUVRISSANT
CRIMINALISANT	ANTIÉMÉTISANT	DESSAISISSANT
RÉGIONALISANT	DÉMAGNÉTISANT	RESSAISISSANT
NATIONALISANT	SURPRODUISANT	DÉGROSSISSANT
RATIONALISANT	ADJECTIVISANT	REGROSSISSANT
COMMUNALISANT	BASSIN-VERSANT	EMPUANTISSANT
DÉSACRALISANT	CONTROVERSANT	DESSERTISSANT
THÉÂTRALISANT	INTERCLASSANT	SUBVERTISSANT
HOSPITALISANT	DÉCADENASSANT	CONVERTISSANT
IMMORTALISANT	CONTRE-PASSANT	PERVERTISSANT
RÉACTUALISANT	DÉSENCRASSANT	RASSORTISSANT
DÉSEXUALISANT	ININTÉRESSANT	RESSORTISSANT

TRAVESTISSANT	COFINANCEMENT	ILLISIBLEMENT
ENGLOUTISSANT	ENSEMENCEMENT	INVISIBLEMENT
TÉLÉDIFFUSANT	RÉFÉRENCEMENT	RASSEMBLEMENT
ÉLECTROLYSANT	RESSOURCEMENT	**JEAN LE CLÉMENT**
DÉPHOSPHATANT	ACQUIESCEMENT	PARALLÈLEMENT
DÉCONTRACTANT	EMBRIGADEMENT	ENTREMÊLEMENT
COCONTRACTANT	SPLENDIDEMENT	DÉMANTÈLEMENT
SUREXPLOITANT	INTRÉPIDEMENT	ESSOUFFLEMENT
DÉSENCHANTANT	ACCOMMODEMENT	MALHABILEMENT
ENSANGLANTANT	CHAMBARDEMENT	DIFFICILEMENT
ÉBOUILLANTANT	GAILLARDEMENT	TRIMBALLEMENT
TRANSPLANTANT	RÉCHAUFFEMENT	ÉTINCELLEMENT
CONTINGENTANT	DÉSENGAGEMENT	AMONCELLEMENT
ENRÉGIMENTANT	DÉDOMMAGEMENT	PARTIELLEMENT
COMPLIMENTANT	ENDOMMAGEMENT	GROMMELLEMENT
EXPÉRIMENTANT	RÉAMÉNAGEMENT	CHARNELLEMENT
INSTRUMENTANT	DÉCOURAGEMENT	ÉTERNELLEMENT
CONTREVENTANT	ENCOURAGEMENT	JOURNELLEMENT
DÉSAPPOINTANT	AFFOURAGEMENT	NATURELLEMENT
REMMAILLOTANT	RÉARRANGEMENT	RUISSELLEMENT
TRAVAILLOTANT	DÉBRANCHEMENT	GRADUELLEMENT
ENTRE-HEURTANT	EMBRANCHEMENT	MENSUELLEMENT
SAINT-CONSTANT	RETRANCHEMENT	VIRTUELLEMENT
DÉSINCRUSTANT	DÉCLENCHEMENT	TEXTUELLEMENT
NON-COMBATTANT	ENCLENCHEMENT	DÉNIVELLEMENT
COMPROMETTANT	RAPPROCHEMENT	AVITAILLEMENT
ÉLECTROCUTANT	ENFOURCHEMENT	RECUEILLEMENT
TRANSBAHUTANT	CHEVAUCHEMENT	FOURMILLEMENT
CONTREFOUTANT	REDÉPLOIEMENT	ÉPARPILLEMENT
CAOUTCHOUTANT	DÉGRAVOIEMENT	SCINTILLEMENT
REDISTRIBUANT	VERTICALEMENT	EFFEUILLEMENT
DÉSENVERGUANT	CONJUGALEMENT	AFFOUILLEMENT
DISCONTINUANT	IMPÉRIALEMENT	DÉPOUILLEMENT
PRÉFABRIQUANT	ORIGINALEMENT	GAZOUILLEMENT
SOPHISTIQUANT	MARGINALEMENT	SURPEUPLEMENT
PRONOSTIQUANT	MACHINALEMENT	CHAMBOULEMENT
ENCAUSTIQUANT	DIAGONALEMENT	QUATRIÈMEMENT
DÉMOUSTIQUANT	VISCÉRALEMENT	TROISIÈMEMENT
PRÉDÉLINQUANT	LITTÉRALEMENT	VINGTIÈMEMENT
ENTRECHOQUANT	INTÉGRALEMENT	CINQUIÈMEMENT
RECONSTITUANT	DOCTORALEMENT	TREIZIÈMEMENT
SUBSTANTIVANT	THÉÂTRALEMENT	QUINZIÈMEMENT
DÉSAPPROUVANT	ARBITRALEMENT	MAGNANIMEMENT
SOUS-EMPLOYANT	COLOSSALEMENT	SIMULTANÉMENT
AUTONETTOYANT	INEFFABLEMENT	MOMENTANÉMENT
PRÉADOLESCENT	PRÉALABLEMENT	RENSEIGNEMENT
VICE-PRÉSIDENT	SEMBLABLEMENT	NON-ALIGNEMENT
BUISSON-ARDENT	EXÉCRABLEMENT	DÉSALIGNEMENT
ININTELLIGENT	MISÉRABLEMENT	PROCHAINEMENT
ÉTOILE-D'ARGENT	ADMIRABLEMENT	INHUMAINEMENT
BOUTON-D'ARGENT	HONORABLEMENT	DÉGOULINEMENT
AÏN TÉMOUCHENT	FAVORABLEMENT	ÉTANÇONNEMENT
EXTRÊME-ORIENT	INCURABLEMENT	POINÇONNEMENT
SURPLOMBEMENT	VÉRITABLEMENT	TRONÇONNEMENT
ENTRELACEMENT	ÉQUITABLEMENT	BOURDONNEMENT
REFINANCEMENT	PITOYABLEMENT	DRAGEONNEMENT
	INDICIBLEMENT	CHIFFONNEMENT

BOUFFONNEMENT	VROMBISSEMENT	SOIGNEUSEMENT
RONCHONNEMENT	AMINCISSEMENT	HARGNEUSEMENT
PASSIONNÉMENT	NOIRCISSEMENT	LUMINEUSEMENT
STATIONNEMENT	ADOUCISSEMENT	TROMPEUSEMENT
SECTIONNEMENT	AFFADISSEMENT	SURCREUSEMENT
CAUTIONNEMENT	GRANDISSEMENT	GÉNÉREUSEMENT
ÉCHELONNEMENT	ÉBAUDISSEMENT	AMOUREUSEMENT
BÂILLONNEMENT	ASSAGISSEMENT	FIÉVREUSEMENT
CRAMPONNEMENT	ÉLARGISSEMENT	VANITEUSEMENT
ENVIRONNEMENT	ENVAHISSEMENT	FLATTEUSEMENT
CLOISONNEMENT	AVACHISSEMENT	FOUGUEUSEMENT
FRISSONNEMENT	FLÉCHISSEMENT	VERTUEUSEMENT
CHANTONNEMENT	GAUCHISSEMENT	TORTUEUSEMENT
PELOTONNEMENT	ÉTABLISSEMENT	FASTUEUSEMENT
GLOUTONNEMENT	ANOBLISSEMENT	IMMÉDIATEMENT
DÉGAZONNEMENT	JAILLISSEMENT	ACCLIMATEMENT
ENGAZONNEMENT	AMOLLISSEMENT	INDIRECTEMENT
PROSTERNEMENT	DÉPOLISSEMENT	SUCCINCTEMENT
CONTOURNEMENT	AVEULISSEMENT	DISTINCTEMENT
IMPORTUNÉMENT	APLANISSEMENT	ABSTRAITEMENT
OPPORTUNÉMENT	ABONNISSEMENT	DISTRAITEMENT
SURÉQUIPEMENT	ACCROISSEMENT	IMPLICITEMENT
DÉVELOPPEMENT	DÉCROISSEMENT	EXPLICITEMENT
ENVELOPPEMENT	CROUPISSEMENT	HYPOCRITEMENT
TRANSFÈREMENT	DÉPÉRISSEMENT	DÉSHÉRITEMENT
PASSAGÈREMENT	POURRISSEMENT	VÉHÉMENTEMENT
PRINCIÈREMENT	FLEURISSEMENT	APPARENTEMENT
CAVALIÈREMENT	GROSSISSEMENT	CONJOINTEMENT
FAMILIÈREMENT	ROUSSISSEMENT	TREMBLOTEMENT
RÉGULIÈREMENT	APLATISSEMENT	PAPILLOTEMENT
GROSSIÈREMENT	RAPETISSEMENT	MANIFESTEMENT
DÉSESPÉRÉMENT	ALLOTISSEMENT	CRAQUETTEMENT
DÉCHIFFREMENT	AVERTISSEMENT	CLIQUETTEMENT
ENGOUFFREMENT	AMORTISSEMENT	PROSAÏQUEMENT
SOLIDAIREMENT	BLETTISSEMENT	VÉRIDIQUEMENT
POPULAIREMENT	ABOUTISSEMENT	JURIDIQUEMENT
ORDINAIREMENT	ABRUTISSEMENT	IMPUDIQUEMENT
MILITAIREMENT	ENFOUISSEMENT	PACIFIQUEMENT
SOLITAIREMENT	ÉBLOUISSEMENT	ILLOGIQUEMENT
DÉRISOIREMENT	DÉCHAUSSEMENT	ÉNERGIQUEMENT
ILLUSOIREMENT	RECHAUSSEMENT	GRAPHIQUEMENT
ALÉATOIREMENT	SURHAUSSEMENT	APATHIQUEMENT
MALPROPREMENT	TRÉMOUSSEMENT	ANGÉLIQUEMENT
OPINIÂTREMENT	REBROUSSEMENT	DYNAMIQUEMENT
CALFEUTREMENT	RETROUSSEMENT	THERMIQUEMENT
RACCOUTREMENT	TAPAGEUSEMENT	MÉCANIQUEMENT
PRÉMATURÉMENT	SPACIEUSEMENT	ORGANIQUEMENT
DÉSŒUVREMENT	GRACIEUSEMENT	TECHNIQUEMENT
TRANSVASEMENT	SPÉCIEUSEMENT	LACONIQUEMENT
SOURNOISEMENT	PRÉCIEUSEMENT	CANONIQUEMENT
COURTOISEMENT	SOUCIEUSEMENT	CHRONIQUEMENT
REMBOURSEMENT	STUDIEUSEMENT	NUMÉRIQUEMENT
INTÉRESSEMENT	ÉLOGIEUSEMENT	EMPIRIQUEMENT
SURBAISSEMENT	GLORIEUSEMENT	SATIRIQUEMENT
RENCAISSEMENT	MIELLEUSEMENT	THÉORIQUEMENT
CONNAISSEMENT	MOELLEUSEMENT	CLASSIQUEMENT
ENGRAISSEMENT	FABULEUSEMENT	FANATIQUEMENT

GÉNÉTIQUEMENT	**FONTAINEBLEAU**	LACRYMO-NASAUX
POLITIQUEMENT	**NEVEU DE RAMEAU**	INTERDIGITAUX
IDENTIQUEMENT	SAUTE-RUISSEAU	BUCCO-GÉNITAUX
REMBARQUEMENT	**AUXI-LE-CHÂTEAU**	EXPÉRIMENTAUX
BURLESQUEMENT	**ONET-LE-CHÂTEAU**	INSTRUMENTAUX
PARACHÈVEMENT	**PONT-DU-CHÂTEAU**	MONOPARENTAUX
IMPULSIVEMENT	REQUIN-MARTEAU	QUASI-CRISTAUX
DÉFENSIVEMENT	**PLOUDALMÉZEAU**	PHÉNOCRISTAUX
OFFENSIVEMENT	**TOSA MITSUNOBU**	MICROCRISTAUX
INTENSIVEMENT	**ANNE DE BEAUJEU**	CONJONCTIVAUX
EXCESSIVEMENT	**PLEUMEUR-BODOU**	SIX-QUATRE-DEUX
AGRESSIVEMENT	**CHARLES D'ANJOU**	CAUCHEMARDEUX
INCLUSIVEMENT	**POBEDONOSTSEV**	DÉSAVANTAGEUX
EXCLUSIVEMENT	**BORIS GODOUNOV**	CONSCIENCIEUX
LUCRATIVEMENT	CÉPHALOTHORAX	ANTIRELIGIEUX
ITÉRATIVEMENT	**LE PONT-DE-CLAIX**	FESSE-MATHIEUX
EFFECTIVEMENT	**MINUCIUS FELIX**	**ROBERT LE PIEUX**
OBJECTIVEMENT	**LÉVIS-MIREPOIX**	SUPERSTITIEUX
ADJECTIVEMENT	**PAUL DE LA CROIX**	**ANNECY-LE-VIEUX**
SÉLECTIVEMENT	**JEAN DE LA CROIX**	BROUSSAILLEUX
PRIMITIVEMENT	ŒIL-DE-PERDRIX	LIBÉRO-LIGNEUX
INTUITIVEMENT	**VERCINGÉTORIX**	DEMI-TENDINEUX
ATTENTIVEMENT	PROCÈS-VERBAUX	CARTILAGINEUX
PLAINTIVEMENT	ANTISYNDICAUX	ANTICANCÉREUX
CRAINTIVEMENT	ANTICLÉRICAUX	MALENCONTREUX
ESTABLISHMENT	AGRAMMATICAUX	HYPOSULFUREUX
AMIANTE-CIMENT	SOUS-CORTICAUX	EMPHYSÉMATEUX
PRESSENTIMENT	ÉPICYCLOÏDAUX	CARCINOMATEUX
RÉASSORTIMENT	INTERCOTIDAUX	MÉDICAMENTEUX
NONCHALAMMENT	ARCS-DOUBLEAUX	CAOUTCHOUTEUX
CONCURREMMENT	QUADRIJUMEAUX	IRRESPECTUEUX
SUBSÉQUEMMENT	PORTE-DRAPEAUX	DIFFICULTUEUX
CONSÉQUEMMENT	**FORGES-LES-EAUX**	ARRIÈRE-NEVEUX
PORTE-DOCUMENT	PORTEMANTEAUX	**CHÂTEAU-ARNOUX**
SOUS-CONTINENT	**ENTRECASTEAUX**	**STAAL DE LAUNAY**
GRANDILOQUENT	PORTE-COUTEAUX	**GOURNAY-EN-BRAY**
SION-VAUDÉMONT	FELD-MARÉCHAUX	**GRAND-FOUGERAY**
HÉNIN-BEAUMONT	MÉDICO-SOCIAUX	**ESSEY-LÈS-NANCY**
PORTRAIT-ROBOT	PSYCHOSOCIAUX	**PASSAMAQUODDY**
COMPÈRE-LORIOT	POSTPRANDIAUX	**LAUREL ET HARDY**
MAÎTRE ECKHART	CONSISTORIAUX	**SILICON VALLEY**
ROMAN DE RENART	BOURGEOISIAUX	**PÂRIS-DUVERNEY**
JACQUES STUART	HYDROTHERMAUX	**BOEING COMPANY**
CHARLES-ALBERT	SADIQUES-ANAUX	**HUGUES DE CLUNY**
SAINT-PHILBERT	LONGITUDINAUX	**CASTELNAUDARY**
CHARLES ROBERT	GÉOSYNCLINAUX	**JAURÉGUIBERRY**
TUC-D'AUDOUBERT	TRANSLUMINAUX	**FABIAN SOCIETY**
MAISONS-ALFORT	LOCORÉGIONAUX	**JEFFERSON CITY**
CANTONS-DE-L'EST	ANTINATIONAUX	**LECOMTE DU NOÜY**
ARGELÈS-GAZOST	ANTICYCLONAUX	**JUAN FERNÁNDEZ**
THOMAS BECKETT	INTERSIDÉRAUX	**SANCHE RAMÍREZ**
MESSERSCHMITT	HYDROMINÉRAUX	**CSOKONAI VITÉZ**
SALZKAMMERGUT	PLURILATÉRAUX	**GARCÍA MÁRQUEZ**
DORA-MITTELBAU	MULTILATÉRAUX	**NEVADO DEL RUIZ**
BECS-DE-CORBEAU	CONTRE-AMIRAUX	**LA TOUR-DE-PEILZ**
CYLINDRE-SCEAU	PRÉÉLECTORAUX	**VENING MEINESZ**
FONTAINEBLEAU	AGROPASTORAUX	**WINDISCHGRÄTZ**
		BREITSCHWANTZ

PIERRE MAUCLERC
HEMEL HEMPSTEAD
VOROCHILOVGRAD
SERGUIEV POSSAD
HAROUN AL-RACHID
NORTHUMBERLAND
BRABANT FLAMAND
LE GRAND-BORNAND
TIGRANE LE GRAND
ANTOINE LE GRAND
ÉTIENNE LE GRAND
CASIMIR LE GRAND
DÉCROCHEZ-MOI-ÇA   NICOLAS LE GRAND
BANSKÁ BYSTRICA   CHARLES LE GRAND
HASDRUBAL BARCA   FRESNOY-LE-GRAND
DELLA FRANCESCA   VELIKI NOVGOROD
SARLAT-LA-CANÉDA   ROBERT GUISCARD
ERCILLA Y ZÚÑIGA   SAINT-DOULCHARD
TRISTAN DA CUNHA   EVANS-PRITCHARD
VILA NOVA DE GAIA   FRANCHOUILLARD
FRANÇOIS BORGIA   ANTIBROUILLARD
BREUIL-CERVINIA   QUEUES-DE-RENARD
CIUDAD VICTORIA   LA FERTÉ-BERNARD
INTELLIGENTSIA   QUENTIN DURWARD
ÉTIENNE NEMANJA   CAROLINE DU NORD
KOSTIANTYNIVKA   AMÉRIQUE DU NORD
KONSTANTINOVKA   NUR AL-DIN MAHMUD
MARIE DE MAGDALA   HENDÉCASYLLABE
MONTANA-VERMALA   PHILIPPE L'ARABE
SAMSON ET DALILA   NEISSE DE LUSACE
IGNACE DE LOYOLA   DOLNÍ VESTONICE
SOUVANNA PHOUMA   REVENDICATRICE
CHABRA AL-KHAYMA   AMPLIFICATRICE
FEIRA DE SANTANA   PLANIFICATRICE
BOPHUTHATSWANA   SACRIFICATRICE
PIAZZA ARMERINA   GLORIFICATRICE
GÓMEZ DE LA SERNA   FALSIFICATRICE
WALLIS-ET-FUTUNA   VERSIFICATRICE
VÉLEZ DE GUEVARA   JUSTIFICATRICE
THABIT IBN QURRA   MYSTIFICATRICE
TERRA INCOGNITA   COMMUNICATRICE
CONTRAIREMENT À   PRÉVARICATRICE
VICTORIA NYANZA   INVESTIGATRICE
LÓPEZ DE MENDOZA   INTERROGATRICE
LE BOURGET-DU-LAC   CONTEMPLATRICE
L'ISLE-D'ESPAGNAC   DISSIMULATRICE
CENTRE-DU-QUÉBEC   BLASPHÉMATRICE
SAINT-THÉGONNEC   PROGRAMMATRICE
TÉLÉDIAGNOSTIC   RÉCRIMINATRICE
SÉRODIAGNOSTIC   EXTERMINATRICE
CYTODIAGNOSTIC   COORDONNATRICE
KARADJORDJEVIC   SURGÉNÉRATRICE
MILAN OBRENOVIC   COLLABORATRICE
MILOS OBRENOVIC   ORCHESTRATRICE
DE BRIC ET DE BROC   DÉMONSTRATRICE
VALLON-PONT-D'ARC   GLOBALISATRICE
HENRI BEAUCLERC   VERBALISATRICE

NORMALISATRICE	PONTS-PROMENADE
STABILISATRICE	**HARALD HÅRDRÅDE**
MODERNISATRICE	**CARRERA ANDRADE**
VULGARISATRICE	**MADAME ADÉLAÏDE**
TEMPORISATRICE	NUCLÉOPROTÉIDE
IMPROVISATRICE	MONOSACCHARIDE
ARGUMENTATRICE	POLYSACCHARIDE
AUTOÉLÉVATRICE	**BOURGTHEROULDE**
CONTREFACTRICE	JUDÉO-ALLEMANDE
AUTODIRECTRICE	INTERALLEMANDE
SOUS-DIRECTRICE	OUEST-ALLEMANDE
SURPRODUCTRICE	**SUISSE NORMANDE**
HÉLICICULTRICE	**MOYEUVRE-GRANDE**
SÉRICICULTRICE	PASCALS-SECONDE
OSTRÉICULTRICE	SCROFULARIACÉE
MYTILICULTRICE	CARYOPHYLLACÉE
POPULICULTRICE	CONTREBALANCÉE
ARBORICULTRICE	**JACQUES BARADÉE**
SENSORI-MOTRICE	ARCHICHLAMYDÉE
ÉLECTROMOTRICE	RHINO-PHARYNGÉE
MAGNÉTOMOTRICE	CIRCONSTANCIÉE
PHOTOÉMETTRICE	DÉDIFFÉRENCIÉE
INTERLOCUTRICE	INDIFFÉRENCIÉE
FROMENT-MEURICE	DÉBROUSSAILLÉE
STATION-SERVICE	EMBROUSSAILLÉE
CHÈQUES-SERVICE	DÉSENTORTILLÉE
CONDESCENDANCE	RECROQUEVILLÉE
CORRESPONDANCE	IMMUNODÉPRIMÉE
INTRANSIGEANCE	PTÉRIDOSPERMÉE
TRIPLE-ALLIANCE	**NOUVELLE-GUINÉE**
SAINTE-ALLIANCE	TIRE-BOUCHONNÉE
DUBOIS DE CRANCÉ	APPROVISIONNÉE
BONNE-ESPÉRANCE	REDIMENSIONNÉE
CLAUDE DE FRANCE	DÉSILLUSIONNÉE
JEANNE DE FRANCE	DÉCONDITIONNÉE
NOUVELLE-FRANCE	INCONDITIONNÉE
ROISSY-EN-FRANCE	RÉQUISITIONNÉE
AUTOSUFFISANCE	MANUTENTIONNÉE
MÉCONNAISSANCE	DÉCAVAILLONNÉE
RECONNAISSANCE	ÉCHANTILLONNÉE
TOUTE-PUISSANCE	**SATIRE MÉNIPPÉE**
SUPERPUISSANCE	SOUS-DÉVELOPPÉE
HYPERPUISSANCE	PRÉENREGISTRÉE
SELF-INDUCTANCE	SURMÉDICALISÉE
AUTO-INDUCTANCE	COMMERCIALISÉE
PRÉADOLESCENCE	DÉMATÉRIALISÉE
DÉGÉNÉRESCENCE	INDUSTRIALISÉE
VICE-PRÉSIDENCE	DÉCRIMINALISÉE
ININTELLIGENCE	DÉNATIONALISÉE
ÉLECTROVALENCE	OCCIDENTALISÉE
TÉLÉCONFÉRENCE	INDIVIDUALISÉE
NON-CONCURRENCE	CONCEPTUALISÉE
VIDÉOFRÉQUENCE	DÉCULPABILISÉE
RADIOFRÉQUENCE	VULNÉRABILISÉE
AUDIOFRÉQUENCE	DÉCRÉDIBILISÉE
HYPERFRÉQUENCE	DÉSENSIBILISÉE
GRANDILOQUENCE	INSENSIBILISÉE

RECRISTALLISÉE
DÉSYNCHRONISÉE
PARTICULARISÉE
REVASCULARISÉE
TRANSISTORISÉE
TECHNOCRATISÉE
BUREAUCRATISÉE
RADIOTÉLÉVISÉE
POLYTRANSFUSÉE
INTERCONNECTÉE
COURT-CIRCUITÉE
FLÛTE ENCHANTÉE
INEXPÉRIMENTÉE
COMPARTIMENTÉE
EMBERLIFICOTÉE
CONTRE-ATTAQUÉE
CONTRE-INDIQUÉE
PHOTOCOPILLAGE
HÉLITREUILLAGE
CARAMBOUILLAGE
DÉBARBOUILLAGE
ANTIBROUILLAGE
DÉVERROUILLAGE
TRIPATOUILLAGE
FORT-MAHON-PLAGE
ÉLECTROFORMAGE
PAILLASSONNAGE
MICROBOUTURAGE
FRÉDÉRIC LE SAGE
ALPHONSE LE SAGE
IAROSLAV LE SAGE
TAIN-L'HERMITAGE
PUBLIREPORTAGE
RADIOREPORTAGE
PHOTOREPORTAGE
DÉMULTIPLEXAGE
SUPERPRIVILÈGE
MORSANG-SUR-ORGE
SAVIGNY-SUR-ORGE
CROISSANT-ROUGE
LAMELLIBRANCHE
OPISTHOBRANCHE
TENDE-DE-TRANCHE
ABRIS-SOUS-ROCHE
CONCHES-EN-OUCHE
SAINTE-NITOUCHE
MIES VAN DER ROHE
HISTORIOGRAPHE
ACCÉLÉROGRAPHE
CINÉMATOGRAPHE
FLAVIUS JOSÈPHE
GUSTAVE ADOLPHE
JEAN-CHRISTOPHE
ANTHROPOMORPHE
SAINT-HYACINTHE
NÉMATHELMINTHE
BERCENAY-EN-OTHE

SABLÉ-SUR-SARTHE
CLAUSTROPHOBIE
PHYTOPHARMACIE
STAPHYLOCOCCIE
HYPERTHYROÏDIE
BASSE-NORMANDIE
HAUTE-NORMANDIE
POIX-DE-PICARDIE
ANTHROPOPHAGIE
ÉCOTOXICOLOGIE
BIOSPÉLÉOLOGIE
GÉOMORPHOLOGIE
PSYCHOBIOLOGIE
CHRONOBIOLOGIE
PHÉNOMÉNOLOGIE
BIOTECHNOLOGIE
ENDOCRINOLOGIE
BYZANTINOLOGIE
GÉOCHRONOLOGIE
CARACTÉROLOGIE
ACCIDENTOLOGIE
SÉDIMENTOLOGIE
PARODONTOLOGIE
MICROCHIRURGIE
NEUROCHIRURGIE
MÉNISCOGRAPHIE
AUTOBIOGRAPHIE
ARTÉRIOGRAPHIE
MÉTALLOGRAPHIE
SIGILLOGRAPHIE
DACTYLOGRAPHIE
DACTYLOGRAPHIÉ
HYSTÉROGRAPHIE
SPECTROGRAPHIE
ANTHROPOSOPHIE
CÉNESTHOPATHIE
CORONAROPATHIE
ENDÉMOÉPIDÉMIE
HYPERLIPIDÉMIE
SEPTICOPYOÉMIE
MÉTALLOCHROMIE
ADÉNOÏDECTOMIE
THYROÏDECTOMIE
SYMPATHECTOMIE
AMYGDALECTOMIE
PNEUMONECTOMIE
PROSTATECTOMIE
ALUMINOTHERMIE
ÉLECTROTHERMIE
TRANSLEITHANIE
HÉBOÏDOPHRÉNIE
PRESBYOPHRÉNIE
PAUL ET VIRGINIE
PÉRITÉLÉPHONIE
PHYSIOGNOMONIE
AMÉDÉE DE SAVOIE
LOUISE DE SAVOIE

KINÉSITHÉRAPIE	INTERRÉGIONALE
MUSICOTHÉRAPIE	SEPTENTRIONALE
BALNÉOTHÉRAPIE	SUPRANATIONALE
PSYCHOTHÉRAPIE	MULTINATIONALE
CHIMIOTHÉRAPIE	INTERNATIONALE
PHYSIOTHÉRAPIE	**INTERNATIONALE**
INHALOTHÉRAPIE	TRANSNATIONALE
MÉCANOTHÉRAPIE	INTERCOMMUNALE
ACTINOTHÉRAPIE	CONTROLATÉRALE
IMMUNOTHÉRAPIE	ARCHITECTURALE
SCLÉROTHÉRAPIE	PRO-OCCIDENTALE
OPHTALMOSCOPIE	MOYEN-ORIENTALE
DIAPHANOSCOPIE	DÉPARTEMENTALE
DAGUERRÉOTYPIE	INCOMMUNICABLE
TÉLÉMESSAGERIE	**ROBERT LE DIABLE**
STÉRÉO-ISOMÉRIE	PRÉSIDENTIABLE
ARCHICONFRÉRIE	DIFFÉRENTIABLE
GENDELETTRERIE	INDÉTERMINABLE
MICROBRASSERIE	INSOUPÇONNABLE
ARCHÉOBACTÉRIE	INCONTOURNABLE
ENTÉROBACTÉRIE	INDÉCHIFFRABLE
CONTREBATTERIE	RENTABILISABLE
ÉLASTICIMÉTRIE	CRISTALLISABLE
SACCHARIMÉTRIE	INFORMATISABLE
STŒCHIOMÉTRIE	INDÉCOMPOSABLE
OPHTALMOMÉTRIE	CONTROVERSABLE
ANTHROPOMÉTRIE	MÉCONNAISSABLE
HÉMOGLOBINURIE	RECONNAISSABLE
ACHONDROPLASIE	INCONNAISSABLE
TÉLANGIECTASIE	INDÉFINISSABLE
BRONCHIECTASIE	ÉLECTROLYSABLE
RACHIANALGÉSIE	DESSOUS-DE-TABLE
BENOÎT DE NURSIE	TRANSPLANTABLE
THALASSOCRATIE	INFRÉQUENTABLE
SURPRISE-PARTIE	FERMENTESCIBLE
TYMPANOPLASTIE	ININTELLIGIBLE
GALVANOPLASTIE	**IVAN LE TERRIBLE**
PORTE-PARAPLUIE	COMPRÉHENSIBLE
GIRAUD-SOULAVIE	INCOMPRESSIBLE
INTERSYNDICALE	INDESTRUCTIBLE
INTERTROPICALE	INDESCRIPTIBLE
HYPOCYCLOÏDALE	RÉINSCRIPTIBLE
FORT LAUDERDALE	**NOUVELLE-ZEMBLE**
EXTRACONJUGALE	**CHARLES LE NOBLE**
RHOMBENCÉPHALE	**TOUSSUS-LE-NOBLE**
DOLICHOCÉPHALE	**CELLES-SUR-BELLE**
RHYNCHOCÉPHALE	**SAINS-EN-GOHELLE**
ACANTHOCÉPHALE	SEMI-OFFICIELLE
BOTHRIOCÉPHALE	INTERSTITIELLE
MAXILLO-FACIALE	CONFIDENTIELLE
BANQUE MONDIALE	PRÉSIDENTIELLE
SUBÉQUATORIALE	PROVIDENTIELLE
RÉQUISITORIALE	PESTILENTIELLE
INQUISITORIALE	ÉVÉNEMENTIELLE
QUADRAGÉSIMALE	INCRÉMENTIELLE
INFINITÉSIMALE	EXCRÉMENTIELLE
CÉRÉBRO-SPINALE	PRÉFÉRENTIELLE

DIFFÉRENTIELLE
PRÉVISIONNELLE
PROVISIONNELLE
ASCENSIONNELLE
DIMENSIONNELLE
INTENSIONNELLE
EXTENSIONNELLE
OBSESSIONNELLE
CONFUSIONNELLE
OPÉRATIONNELLE
SENSATIONNELLE
RÉDACTIONNELLE
DIRECTIONNELLE
TRADITIONNELLE
CONDITIONNELLE
NUTRITIONNELLE
INTENTIONNELLE
PROMOTIONNELLE
EXCEPTIONNELLE
UNIPERSONNELLE
CONFRATERNELLE
SAINTE-CHAPELLE
CONJONCTURELLE
PETITE-ROSSELLE
CADET ROUSSELLE
PRÉMENSTRUELLE
INTELLECTUELLE
INTERTEXTUELLE
HÉTÉROSEXUELLE
PORT-LA-NOUVELLE
GRANDE MURAILLE
IVRY-LA-BATAILLE
BOUCHE-À-OREILLE
RINCE-BOUTEILLE
OUVRE-BOUTEILLE
PORTE-BOUTEILLE
DÉSEMBOUTEILLÉ
CHASSE-GOUPILLE
AUTO-PATROUILLE
VILLERS-LA-VILLE
ÉQUEURDREVILLE
HÔ CHI MINH-VILLE
ÉLISABETHVILLE
DUMONT D'URVILLE
COQUILHATVILLE
HÉTÉROMÉTABOLE
SAINT-CYR-L'ÉCOLE
CONSTANTINOPLE
LECONTE DE LISLE
MÉTAL-CARBONYLE
PÉRISSODACTYLE
ANTÉPÉNULTIÈME
MOLÉCULE-GRAMME
MULTIPROGRAMMÉ
CHROMATOGRAMME
SULLY PRUDHOMME
CHONDROSARCOME

ADÉNOCARCINOME
NÆVO-CARCINOME
RADIOASTRONOME
LORIOL-SUR-DRÔME
MICROPODIFORME
CHARADRIIFORME
GARDES-CHIOURME
NÉOCLASSICISME
NÉOPLASTICISME
ENCYCLOPÉDISME
HERMAPHRODISME
SADOMASOCHISME
DERMOGRAPHISME
CATASTROPHISME
HOMÉOMORPHISME
PROVINCIALISME
INDUSTRIALISME
IRRATIONALISME
NÉOLIBÉRALISME
UNILATÉRALISME
STRUCTURALISME
BICULTURALISME
INDIVIDUALISME
CONCEPTUALISME
PRÉRAPHAÉLISME
MONOMÉTALLISME
NON-CONFORMISME
SERVOMÉCANISME
RÉPUBLICANISME
PANAFRICANISME
MICRO-ORGANISME
AMÉRINDIANISME
VOLTAIRIANISME
MALTHUSIANISME
INDÉTERMINISME
PRÉCISIONNISME
EXPANSIONNISME
DIFFUSIONNISME
CONFUSIONNISME
DÉVIATIONNISME
ISOLATIONNISME
SALTATIONNISME
SITUATIONNISME
RÉDUCTIONNISME
ABOLITIONNISME
INTUITIONNISME
ÉVOLUTIONNISME
DODÉCAPHONISME
SAINT-SIMONISME
POSTMODERNISME
ANTICOMMUNISME
POSTCOMMUNISME
PARTICULARISME
HÉLIOCENTRISME
ETHNOCENTRISME
ANAGRAMMATISME
ARISTOCRATISME

CHIMIOTACTISME	GAMMAGLOBULINE
THERMOTACTISME	MACROGLOBULINE
ANALPHABÉTISME	MICROGLOBULINE
PARAMAGNÉTISME	BENZODIAZÉPINE
COSMOPOLITISME	**GAULE CISALPINE**
FLAMINGANTISME	ANTI-SOUS-MARINE
PROTESTANTISME	NITROGLYCÉRINE
PLURILINGUISME	PHYCOÉRYTHRINE
MULTILINGUISME	CÉPHALOSPORINE
NÉOPOSITIVISME	ARRIÈRE-CUISINE
FREUDO-MARXISME	**CASTELROUSSINE**
JEAN LE POSTHUME	ARRIÈRE-COUSINE
PSEUDOMEMBRANE	**AMÉRIQUE LATINE**
FERROMOLYBDÈNE	GERMANOPRATINE
TOXICOMANOGÈNE	**MILLY-LAMARTINE**
PNEUMALLERGÈNE	**MARIE-CHRISTINE**
MADAME SANS-GÊNE	VAN DE WOESTIJNE
GAÉTAN DE THIENE	POUSSETTE-CANNE
SAINTE-SIGOLÈNE	**SAINT-MANDÉENNE**
ROMAIN LÉCAPÈNE	**VIEUX-CONDÉENNE**
DINITROTOLUÈNE	ANTIPALUDÉENNE
ANNE DE BRETAGNE	**PARTHÉNOPÉENNE**
BAIN-DE-BRETAGNE	INDO-EUROPÉENNE
MICHEL L'IVROGNE	**INDO-EUROPÉENNE**
NORD-AMÉRICAINE	GUADELOUPÉENNE
NORD-AMÉRICAINE	**GUADELOUPÉENNE**
AFRO-AMÉRICAINE	PRÉCOLOMBIENNE
AFRO-AMÉRICAINE	**STERPINACIENNE**
MÉSO-AMÉRICAINE	**TADOUSSACIENNE**
UNION AFRICAINE	HYDRAULICIENNE
NÉGRO-AFRICAINE	OBSTÉTRICIENNE
INTERAFRICAINE	GÉOPHYSICIENNE
CENTRAFRICAINE	AUTOMATICIENNE
CENTRAFRICAINE	SYNTACTICIENNE
PORT-DE-BOUCAINE	DIALECTICIENNE
NORMANDIE-MAINE	ÉNERGÉTICIENNE
AFRIQUE ROMAINE	STYLISTICIENNE
ALSACE-LORRAINE	STATISTICIENNE
SEILLE LORRAINE	BUREAUTICIENNE
MÉTROPOLITAINE	NÉCROMANCIENNE
SAINT-POLITAINE	CHIROMANCIENNE
DOUÉ-LA-FONTAINE	ONIROMANCIENNE
CALIDIFONTAINE	CARTOMANCIENNE
ROMARIMONTAINE	LANGUEDOCIENNE
MÉTHÉMOGLOBINE	**LANGUEDOCIENNE**
OXYHÉMOGLOBINE	**GILLOCRUCIENNE**
AZIDOTHYMIDINE	NON EUCLIDIENNE
PROSTAGLANDINE	ALLANTOÏDIENNE
MARIE MADELEINE	ANTIACRIDIENNE
NOGENT-SUR-SEINE	**LAURENTIDIENNE**
ÉPINAY-SUR-SEINE	HOLLYWOODIENNE
NUCLÉOPROTÉINE	**DÉICUSTODIENNE**
SCLÉROPROTÉINE	**BELLEGARDIENNE**
HÉTÉROPROTÉINE	**CRÉPICORDIENNE**
GONADOTROPHINE	**CAROLORÉGIENNE**
SOMATOTROPHINE	**WASQUEHALIENNE**
AUTODISCIPLINE	ÉPISCOPALIENNE

PONTISSALIENNE	SURDIMENSIONNÉ
BONNÉTABLIENNE	PRÉSÉLECTIONNÉ
MÉSOPOTAMIENNE	PERQUISITIONNÉ
MÉSOPOTAMIENNE	MALINTENTIONNÉ
CHICOUTIMIENNE	DÉCONVENTIONNÉ
INTRACRÂNIENNE	DÉCONGESTIONNÉ
HAUSSMANIENNE	CHAUFFAILLONNE
TERREBONNIENNE	FRANSQUILLONNÉ
LACÉDÉMONIENNE	CHÂTEAU-D'OLONNE
LACÉDÉMONIENNE	CHALON-SUR-SAÔNE
PARKINSONIENNE	MONOCOTYLÉDONE
NILO-SAHARIENNE	RADIOTÉLÉPHONE
SAINTE-MARIENNE	NÉERLANDOPHONE
MONTDIDÉRIENNE	VOULTE-SUR-RHÔNE
ANTIVÉNÉRIENNE	BOUCHES-DU-RHÔNE
SPHINCTÉRIENNE	HÉLIOSYNCHRONE
PRESBYTÉRIENNE	HYDROCORTISONE
PHYLLOXÉRIENNE	MILON DE CROTONE
FINNO-OUGRIENNE	VAIRES-SUR-MARNE
BAUDELAIRIENNE	CHAMPS-SUR-MARNE
BUENOS-AIRIENNE	NOGENT-SUR-MARNE
MONTATAIRIENNE	CHALAND-CITERNE
THERMIDORIENNE	LENOIR-DUFRESNE
PRÉHISTORIENNE	VAILLY-SUR-AISNE
BASSE-TERRIENNE	HERRERA LE JEUNE
SAUVETERRIENNE	CRANACH LE JEUNE
CAPESTERRIENNE	HOLBEIN LE JEUNE
SAINT-MAURIENNE	MORATÍN LE JEUNE
SINGAPOURIENNE	POURBUS LE JEUNE
SINGAPOURIENNE	CONON DE BÉTHUNE
AUSTRONÉSIENNE	MARIÁNSKÉ LÁZNE
CHÂTENAISIENNE	DAPHNIS ET CHLOÉ
FONTENAISIENNE	ROBINSON CRUSOÉ
LEVALLOISIENNE	RILLIEUX-LA-PAPE
MONTLOUISIENNE	MONNAIES-DU-PAPE
PORT-LOUISIENNE	ILHA DO PRÍNCIPE
WATTRELOSIENNE	FANFAN LA TULIPE
SAINTE-ROSIENNE	RADIOTÉLESCOPE
TIBIO-TARSIENNE	PITHÉCANTHROPE
FOSSATUSSIENNE	SAINT-JEAN-D'ACRE
TREMBLAYSIENNE	MAÎTRE-CYLINDRE
VIROFLAYSIENNE	ARPAJON-SUR-CÈRE
FONTENAYSIENNE	VESTIMENTIFÈRE
LAVELANÉTIENNE	CONTREBANDIÈRE
VILLERUPTIENNE	INHOSPITALIÈRE
HALLSTATTIENNE	ROCHE-LA-MOLIÈRE
WINNIPEGUIENNE	PARAPÉTROLIÈRE
TANANARIVIENNE	GENTILHOMMIÈRE
CASTELNOVIENNE	LA GALISSONIÈRE
VILLENEUVIENNE	GRANDE BARRIÈRE
TERRE-NEUVIENNE	GARDES-BARRIÈRE
TERRE-NEUVIENNE	PAUSES-CARRIÈRE
ANTÉDILUVIENNE	MANUFACTURIÈRE
BILLAUD-VARENNE	CACHE-BRASSIÈRE
TINCHEBRAYENNE	CACHE-POUSSIÈRE
NICARAGUAYENNE	BANQUEROUTIÈRE
NICARAGUAYENNE	LOUIS DE BAVIÈRE

PORTE-ÉTRIVIÈRE
AUBIGNY-SUR-NÈRE
ROMANS-SUR-ISÈRE
BIBLIOTHÉCAIRE
BIHEBDOMADAIRE
INTRANUCLÉAIRE
SAINT-PORCHAIRE
CHIROGRAPHAIRE
INTERGLACIAIRE
SEMI-AUXILIAIRE
INTERSTELLAIRE
SOUS-MAXILLAIRE
MULTITUBULAIRE
BIOMOLÉCULAIRE
PLURISÉCULAIRE
APPENDICULAIRE
SEMI-CIRCULAIRE
GROUPUSCULAIRE
GRAND-ANGULAIRE
QUADRANGULAIRE
SOUS-SCAPULAIRE
QUINQUAGÉNAIRE
CINQUANTENAIRE
EXTRAORDINAIRE
INFRALIMINAIRE
GÉNITO-URINAIRE
DÉMISSIONNAIRE
RÉCLUSIONNAIRE
PROBATIONNAIRE
RÉCEPTIONNAIRE
PARALITTÉRAIRE
DOMICILIATAIRE
COPROPRIÉTAIRE
NU-PROPRIÉTAIRE
SOUS-PROLÉTAIRE
SOUS-SECRÉTAIRE
PHYTOSANITAIRE
ENTREPOSITAIRE
FERNEY-VOLTAIRE
PRÉÉLÉMENTAIRE
COMPLÉMENTAIRE
SUPPLÉMENTAIRE
INSTRUMENTAIRE
ÉRYTHROCYTAIRE
COMPROMISSOIRE
INTERROGATOIRE
BLASPHÉMATOIRE
HALLUCINATOIRE
POSTOPÉRATOIRE
SUPERFÉTATOIRE
CONTRADICTOIRE
SAINTE-VICTOIRE
INTERLOCUTOIRE
CALUIRE-ET-CUIRE
TORIGNI-SUR-VIRE
POLYPLACOPHORE
JOACHIM DE FLORE

GUI DE DAMPIERRE
CRANS-SUR-SIERRE
PÉDOPSYCHIATRE
FRÉQUENCEMÈTRE
RADIOALTIMÈTRE
GÉOTHERMOMÈTRE
INTERFÉROMÈTRE
MILLIVOLTMÈTRE
BONNET-DE-PRÊTRE
QUARTIER-MAÎTRE
CONTRE-LA-MONTRE
BRACELET-MONTRE
HOMME-ORCHESTRE
SUPRATERRESTRE
EXTRATERRESTRE
SOUS-ADMINISTRÉ
AU FUR ET À MESURE
SOUS-PRÉFECTURE
DIGITOPUNCTURE
INFRASTRUCTURE
MACROSTRUCTURE
MICROSTRUCTURE
SUPERSTRUCTURE
CÉRÉALICULTURE
CAPILLICULTURE
SALMONICULTURE
TRYPANOSOMIASE
SCHISTOSOMIASE
CHOLINESTÉRASE
OXYDORÉDUCTASE
NUCLÉOSYNTHÈSE
CHIMIOSYNTHÈSE
FERROMANGANÈSE
PARTHÉNOGENÈSE
SPERMATOGENÈSE
ÉLECTROPHORÈSE
THORACOCENTÈSE
GARDE-FRANÇAISE
UNION FRANÇAISE
CASTELNAUDAISE
CORNOUAILLAISE
GONFREVILLAISE
ALFORTVILLAISE
CHAMPAGNOLAISE
SHAWINIGANAISE
FRONTIGNANAISE
ALTO-SÉQUANAISE
SAINT-MARINAISE
ROMORANTINAISE
SAINT-JEANNAISE
BOISBRIANNAISE
SAINT-ORENNAISE
MONTLUÇONNAISE
CAVAILLONNAISE
CHÂTILLONNAISE
CASTILLONNAISE
MAINTENONNAISE

14

HAUT-GARONNAISE
MONTGERONNAISE
CARCASSONNAISE
MONTESSONNAISE
CAPBRETONNAISE
CHARENTONNAISE
SIERRA-LÉONAISE
BRICQUEBÉTAISE
SÈVRE NIORTAISE
AIGUES-MORTAISE
CAUDEBECQUAISE
SOUS-MÉDICALISÉ
FONCTIONNALISÉ
DÉSAISONNALISÉ
DÉPERSONNALISÉ
CONTRACTUALISÉ
ÉTATS DE L'ÉGLISE
IMPERMÉABILISÉ
RESPONSABILISÉ
RESPECTABILISÉ
DÉCHRISTIANISÉ
RECHRISTIANISÉ
STRÉPINIACOISE
SAINT-AMANDOISE
SARRALBIGEOISE
HAGONDANGEOISE
ÉDIMBOURGEOISE
CHERBOURGEOISE
BOURBOURGEOISE
GRAND-SYNTHOISE
HAZEBROUCKOISE
VILLEMOMBLOISE
LONGJUMELLOISE
MONTREVELLOISE
MONTREUILLOISE
LONGUEUILLOISE
BRAZZAVILLOISE
DECAZEVILLOISE
BOUZONVILLOISE
MONTARVILLOISE
COWANSVILLOISE
ALBERTVILLOISE
HAUBOURDINOISE
CHÂTEAULINOISE
MONTCHANINOISE
CONSTANTINOISE
LOUVECIENNOISE
VALENCIENNOISE
VILLECRESNOISE
LARGENTIÉROISE
GUEBWILLEROISE
BEAUREPAIROISE
BEAUVILLÉSOISE
LONGUENESSOISE
SCHAFFHOUSOISE
BERLAIMONTOISE
FLEURIMONTOISE

LAMBERSARTOISE
AUDINCOURTOISE
NOUAKCHOTTOISE
COUDEKERQUOISE
PLAN-DE-CUQUOISE
CASTELNEUVOISE
FONCTIONNARISÉ
DÉCOLLECTIVISÉ
THERMOPROPULSÉ
COUPONS-RÉPONSE
NITROCELLULOSE
HYPOVITAMINOSE
OSTÉOCHONDROSE
ATHÉROSCLÉROSE
HÉMOCHROMATOSE
AGRANULOCYTOSE
SAINT-JOHN PERSE
GRANDE-DUCHESSE
PIERRE-DE-BRESSE
TURBOCOMPRESSÉ
NOUVELLE-ÉCOSSE
HAUTS-DE-CHAUSSE
DION DE SYRACUSE
CAUCHEMARDEUSE
DÉSAVANTAGEUSE
CONSCIENCIEUSE
ANTIRELIGIEUSE
SUPERSTITIEUSE
BROUSSAILLEUSE
DISCUTAILLEUSE
SCRIBOUILLEUSE
VILLERS-SEMEUSE
LIBÉRO-LIGNEUSE
CARTILAGINEUSE
SÉLECTIONNEUSE
PHOTOSTOPPEUSE
ANTICANCÉREUSE
CHRONOMÉTREUSE
MALENCONTREUSE
APPLAUDISSEUSE
DÉGAUCHISSEUSE
RENCHÉRISSEUSE
EMPHYSÉMATEUSE
CARCINOMATEUSE
MÉDICAMENTEUSE
COMPLIMENTEUSE
CAOUTCHOUTEUSE
PRONOSTIQUEUSE
IRRESPECTUEUSE
DIFFICULTUEUSE
ÉLECTRODIALYSE
SUPERPHOSPHATE
HYDROCARBONATE
MULTIPROPRIÉTÉ
PORPHYROGÉNÈTE
ÉCOCITOYENNETÉ
INAUTHENTICITÉ

PSYCHORIGIDITÉ
ARABIE SAOUDITE
GRAMMATICALITÉ
TERRITORIALITÉ
SUBSTANTIALITÉ
FONCTIONNALITÉ
IMPERSONNALITÉ
TRANSVERSALITÉ
SENTIMENTALITÉ
CONTINENTALITÉ
IRRÉVOCABILITÉ
IMPERMÉABILITÉ
APPRÉCIABILITÉ
DISSOCIABILITÉ
FALSIFIABILITÉ
CONTRÔLABILITÉ
INFLAMMABILITÉ
INALIÉNABILITÉ
DÉSIDÉRABILITÉ
INALTÉRABILITÉ
DÉMONTRABILITÉ
RESPONSABILITÉ
INOPPOSABILITÉ
RÉTRACTABILITÉ
RESPECTABILITÉ
INÉLUCTABILITÉ
INEXCITABILITÉ
IRRÉFUTABILITÉ
IRRECEVABILITÉ
INCOERCIBILITÉ
RÉFRANGIBILITÉ
INFAILLIBILITÉ
INDIVISIBILITÉ
SUCCESSIBILITÉ
PERFECTIBILITÉ
PRÉDICTIBILITÉ
CONDUCTIBILITÉ
PRODUCTIBILITÉ
PERCEPTIBILITÉ
SUSCEPTIBILITÉ
CONVERTIBILITÉ
SUGGESTIBILITÉ
COMBUSTIBILITÉ
VILLE-SATELLITE
MICROSATELLITE
CINÉTHÉODOLITE
BERNARD-L'ERMITE
COLLECTIONNITE
OSTÉOCHONDRITE
GASTRO-ENTÉRITE
MICROMÉTÉORITE
MICROVILLOSITÉ
DERMATOMYOSITE
TENSIOACTIVITÉ
NON-DIRECTIVITÉ
IMPRODUCTIVITÉ
INTRANSITIVITÉ

SÉROPOSITIVITÉ
HYPERÉMOTIVITÉ
DISTRIBUTIVITÉ
AVESNES-LE-COMTE
CONDESCENDANTE
CORRESPONDANTE
INTRANSIGEANTE
CABRERA INFANTE
ÉPOUSTOUFLANTE
THERMOCOLLANTE
ANTICOAGULANTE
BÊTASTIMULANTE
COPARTICIPANTE
ABRACADABRANTE
COBELLIGÉRANTE
AUTOSUFFISANTE
CULPABILISANTE
DÉSTABILISANTE
SENSIBILISANTE
INFANTILISANTE
CRISTALLISANTE
DÉSHUMANISANTE
ANTIÉMÉTISANTE
ININTÉRESSANTE
RECONNAISSANTE
ASSOURDISSANTE
RÉFLÉCHISSANTE
AFFAIBLISSANTE
ATTENDRISSANTE
RESSORTISSANTE
TOUTE-PUISSANTE
COCONTRACTANTE
DÉSINCRUSTANTE
NON-COMBATTANTE
COMPROMETTANTE
PRÉDÉLINQUANTE
RECONSTITUANTE
AUTONETTOYANTE
PRÉADOLESCENTE
VICE-PRÉSIDENTE
ININTELLIGENTE
TONNAY-CHARENTE
GRANDILOQUENTE
CASTEL DEL MONTE
GÓNGORA Y ARGOTE
JUDAS ISCARIOTE
MACAIRE D'ÉGYPTE
PINOCHET UGARTE
HÉLITRANSPORTÉ
AÉROTRANSPORTÉ
ENCYCLOPÉDISTE
ALLERGOLOGISTE
ORNITHOLOGISTE
CRIMINOLOGISTE
MÉTÉOROLOGISTE
DENTUROLOGISTE
STOMATOLOGISTE

HERPÉTOLOGISTE	BÉBÉ-ÉPROUVETTE
VÉLIPLANCHISTE	**BURES-SUR-YVETTE**
SADOMASOCHISTE	**ESCH-SUR-ALZETTE**
CATASTROPHISTE	**REINE-CHARLOTTE**
NON-SPÉCIALISTE	ERGOTHÉRAPEUTE
IRRATIONALISTE	**SAINT-HIPPOLYTE**
STRUCTURALISTE	**HARTMANN VON AUE**
OCCIDENTALISTE	PAILLES-EN-QUEUE
DOCUMENTALISTE	**ANNE DE GONZAGUE**
INDIVIDUALISTE	À TOUT BERZINGUE
ULTRAROYALISTE	**JEAN PALÉOLOGUE**
TÉLÉVANGÉLISTE	GÉOMORPHOLOGUE
MONOMÉTALLISTE	PHÉNOMÉNOLOGUE
VIOLONCELLISTE	ENDOCRINOLOGUE
NON-CONFORMISTE	BYZANTINOLOGUE
PRÉVISIONNISTE	SÉDIMENTOLOGUE
EXPANSIONNISTE	INTRACARDIAQUE
EXCURSIONNISTE	TOXICOMANIAQUE
SÉCESSIONNISTE	MÉGALOMANIAQUE
DIFFUSIONNISTE	HYPOCONDRIAQUE
DÉVIATIONNISTE	**CHRISTIAN-JAQUE**
DÉFLATIONNISTE	TCHÉCOSLOVAQUE
INFLATIONNISTE	**TCHÉCOSLOVAQUE**
ISOLATIONNISTE	CASSETTOTHÈQUE
SITUATIONNISTE	OURALO-ALTAÏQUE
ABOLITIONNISTE	PHOTOVOLTAÏQUE
NUTRITIONNISTE	DÉCASYLLABIQUE
RÉCEPTIONNISTE	PARISYLLABIQUE
ÉVOLUTIONNISTE	MONOSYLLABIQUE
DODÉCAPHONISTE	OCTOSYLLABIQUE
FEUILLETONISTE	POLYSYLLABIQUE
ANTICOMMUNISTE	ORTHORHOMBIQUE
POSTCOMMUNISTE	ENCYCLOPÉDIQUE
DOCUMENTARISTE	POLYPEPTIDIQUE
ANTITERRORISTE	SUBSTANTIFIQUE
CYCLOMOTORISTE	BLENNORRAGIQUE
CONJONCTURISTE	GÉOSTRATÉGIQUE
RADIESTHÉSISTE	AMPHIBOLOGIQUE
CONTROVERSISTE	MÉTHODOLOGIQUE
CONTREBASSISTE	ORNITHOLOGIQUE
INSTRUMENTISTE	VOLCANOLOGIQUE
CONTRAPONTISTE	VULCANOLOGIQUE
CONTRAPUNTISTE	TERMINOLOGIQUE
MARIONNETTISTE	CANCÉROLOGIQUE
PROSPECTIVISTE	MÉTÉOROLOGIQUE
NÉOPOSITIVISTE	ESCHATOLOGIQUE
JACQUES LE JUSTE	CLIMATOLOGIQUE
PORTE-SERVIETTE	DERMATOLOGIQUE
GRASSOUILLETTE	RHUMATOLOGIQUE
CROQUIGNOLETTE	HERPÉTOLOGIQUE
ATTRAPE-MINETTE	ANTIALLERGIQUE
SAPERLIPOPETTE	DOPAMINERGIQUE
ENTOURLOUPETTE	CHORÉGRAPHIQUE
PORTE-CIGARETTE	CALLIGRAPHIQUE
PIEDS-D'ALOUETTE	DISCOGRAPHIQUE
PRESSE-RAQUETTE	VIDÉOGRAPHIQUE
GRANDE-ROQUETTE	PALÉOGRAPHIQUE

LITHOGRAPHIQUE
ORTHOGRAPHIQUE
RADIOGRAPHIQUE
HAGIOGRAPHIQUE
COSMOGRAPHIQUE
SCÉNOGRAPHIQUE
STÉNOGRAPHIQUE
ETHNOGRAPHIQUE
ICONOGRAPHIQUE
PHONOGRAPHIQUE
PORNOGRAPHIQUE
MACROGRAPHIQUE
MICROGRAPHIQUE
HYDROGRAPHIQUE
PÉTROGRAPHIQUE
PICTOGRAPHIQUE
PHOTOGRAPHIQUE
CARTOGRAPHIQUE
HYPERTROPHIQUE
CATASTROPHIQUE
HIÉROGLYPHIQUE
CHALCOLITHIQUE
SIDÉROLITHIQUE
INTERVOCALIQUE
HÉTÉROCYCLIQUE
PANTAGRUÉLIQUE
SPASMOPHILIQUE
POLYMÉTALLIQUE
ANTIVARIOLIQUE
ANTIALCOOLIQUE
HYPOTHALAMIQUE
ARABO-ISLAMIQUE
HYDRODYNAMIQUE
VITROCÉRAMIQUE
STÉRÉOCHIMIQUE
THERMOCHIMIQUE
ANTIÉCONOMIQUE
PROTOPLASMIQUE
MICROMÉCANIQUE
HYDROMÉCANIQUE
PHOTOMÉCANIQUE
INTEROCÉANIQUE
TRANSOCÉANIQUE
PALÉOBOTANIQUE
BRYCE-ECHENIQUE
NEURASTHÉNIQUE
ANTIHYGIÉNIQUE
RADIOTECHNIQUE
MNÉMOTECHNIQUE
MICROTECHNIQUE
TUBERCULINIQUE
AMPHÉTAMINIQUE
COMPAGNONNIQUE
DODÉCAPHONIQUE
STÉRÉOPHONIQUE
ANTICYCLONIQUE
PHILHARMONIQUE

SOIT-COMMUNIQUÉ
STROBOSCOPIQUE
STÉRÉOSCOPIQUE
MISANTHROPIQUE
TELLURHYDRIQUE
LITHOSPHÉRIQUE
TROPOSPHÉRIQUE
ALPHANUMÉRIQUE
AUDIONUMÉRIQUE
CALORIMÉTRIQUE
STÉRÉOMÉTRIQUE
FLUVIOMÉTRIQUE
PLUVIOMÉTRIQUE
DYNAMOMÉTRIQUE
THERMOMÉTRIQUE
CHRONOMÉTRIQUE
ANTISYMÉTRIQUE
HÉLIOCENTRIQUE
ETHNOCENTRIQUE
CATADIOPTRIQUE
THIOSULFURIQUE
PYROSULFURIQUE
PSYCHOPHYSIQUE
TÉLÉMERCATIQUE
MÉLODRAMATIQUE
PARADIGMATIQUE
ANAGRAMMATIQUE
ÉPIGRAMMATIQUE
PROGRAMMATIQUE
PANCHROMATIQUE
ASYMPTOMATIQUE
PHYSIOCRATIQUE
PHALLOCRATIQUE
TECHNOCRATIQUE
ARISTOCRATIQUE
PLOUTOCRATIQUE
BUREAUCRATIQUE
THERMOSTATIQUE
ANAPHYLACTIQUE
PROPHYLACTIQUE
INDOLE-ACÉTIQUE
INDO-GANGÉTIQUE
ANHYPOTHÉTIQUE
LEUCOPOÏÉTIQUE
ANTISOVIÉTIQUE
PHYLOGÉNÉTIQUE
PARAMAGNÉTIQUE
GYROMAGNÉTIQUE
SALIDIURÉTIQUE
ANTIDIURÉTIQUE
SOCIOPOLITIQUE
PSYCHOCRITIQUE
POSTROMANTIQUE
CONTRAPUNTIQUE
PSYCHOLEPTIQUE
ORGANOLEPTIQUE
MAGNÉTO-OPTIQUE

ECCLÉSIASTIQUE
DIPLOBLASTIQUE
VISCOÉLASTIQUE
VISCOPLASTIQUE
SUPERPLASTIQUE
PARAPHRASTIQUE
PÉRIPHRASTIQUE
HOLOPHRASTIQUE
JOURNALISTIQUE
CAPITALISTIQUE
MONOPOLISTIQUE
HYPOCORISTIQUE
GÉOSTATISTIQUE
PHARMACEUTIQUE
FIBRINOLYTIQUE
ÉLECTROLYTIQUE
NOUVEAU-MEXIQUE
PIERRE NOLASQUE
VAUDEVILLESQUE
COURTISANESQUE
CHARLATANESQUE
IVUJIVIMMIUQUE
CHARLES GUSTAVE
MULTIPLICATIVE
SOCIO-ÉDUCATIVE
RÉCAPITULATIVE
ADMINISTRATIVE
INTERPRÉTATIVE
REPRÉSENTATIVE
CONTRAROTATIVE
NON DESTRUCTIVE
PROPRIOCEPTIVE
MÉDICO-SPORTIVE
PROKOP LE CHAUVE
ULTRAORTHODOXE
BAGNOLS-SUR-CÈZE
JAQUES-DALCROZE
DROSTE-HÜLSHOFF
PROSKOURIAKOFF
HENRI LE MALADIF
INCOMPRÉHENSIF
ANTÉPRÉDICATIF
INTERRO-NÉGATIF
ÉLECTRONÉGATIF
NEUROVÉGÉTATIF
PSYCHOAFFECTIF
INTERSUBJECTIF
ÉLECTROPOSITIF
LANGUES-DE-BŒUF
DEUTSCHE BANK AG
SPRINGER VERLAG
DONNEURS DE SANG
DUPONT DE L'ÉTANG
HOUANG KOWG-WANG
EDGAR AETHELING
CARDIO-TRAINING
PHILIPPE LE LONG

MYUNG-WHUM CHUNG
OLOF SKÖTKONUNG
BADE-WURTEMBERG
HEIST-OP-DEN-BERG
NEUBRANDENBURG
KLOSTERNEUBURG
IEKATERINBOURG
ÉVRY-PETIT-BOURG
LA TOUR MAUBOURG
ACTION RESEARCH
FRANÇOIS-JOSEPH
REINE-ÉLISABETH
JACQUES BARADAÏ
LÉONARD DE VINCI
JACOPONE DA TODI
MEDICI-RICCARDI
TCHERRAPOUNDJI
COHEN-TANNOUDJI
MIZOGUCHI KENJI
KINOSHITA JUNJI
TOUKHATCHEVSKI
TCHERNYCHEVSKI
HARUNOBU SUZUKI
TIRUCHIRAPALLI
MELOZZO DA FORLI
EMBROUILLAMINI
MAHMUD DE GHAZNI
DIMITRI DONSKOÏ
TRISTESSE DU ROI
DELLA SCALIGERI
DANTE ALIGHIERI
TCHICAYA U TAM'SI
LACRIMA-CHRISTI
VAN LEEUWENHOEK
GREENFIELD PARK
NOVOTCHERKASSK
IVANO-FRANKIVSK
DNIPROPETROVSK
EXTRAPYRAMIDAL
GASTRO-DUODÉNAL
BOUG MÉRIDIONAL
ARCHIÉPISCOPAL
INTERVERTÉBRAL
DENIS LE LIBÉRAL
SCAPULO-HUMÉRAL
ANTIRÉTROVIRAL
ZORRILLA Y MORAL
ADIPOSO-GÉNITAL
TRANSCENDANTAL
BOUG OCCIDENTAL
PROCHE-ORIENTAL
GOUVERNEMENTAL
COMPORTEMENTAL
SUPRASEGMENTAL
ÉPICONTINENTAL
PÉPIN DE HERSTAL
NEGRO SPIRITUAL

QUEUES-DE-CHEVAL
CIRCONSTANCIEL
EXTRASENSORIEL
AGRO-INDUSTRIEL
POSTINDUSTRIEL
CONSUBSTANTIEL
INTERFÉRENTIEL
BIDIMENSIONNEL
TRANSFUSIONNEL
CORRÉLATIONNEL
INFORMATIONNEL
GRAVITATIONNEL
INTERACTIONNEL
TRANSACTIONNEL
JURIDICTIONNEL
TRIFONCTIONNEL
INCONDITIONNEL
PRÉPOSITIONNEL
PROPOSITIONNEL
INSTITUTIONNEL
INTERPERSONNEL
SPATIO-TEMPOREL
À LA CROQUE-AU-SEL
VICTOR-EMMANUEL
MOISSY-CRAMAYEL
MÉDECIN-CONSEIL
À REBROUSSE-POIL
PRÉVOST-PARADOL
ERGOCALCIFÉROL
OTTOKAR PREMYSL
MARCQ-EN-BARŒUL
RIO GRANDE DO SUL
VISHAKHAPATNAM
CHOLEM ALEICHEM
MONTAIGU-ZICHEM
ALCATEL ALSTHOM
CUPROALUMINIUM
BALUCHITHÉRIUM
INDRICOTHÉRIUM
SCHOLA CANTORUM
CAVES DU VATICAN
UTHMAN IBN AFFAN
KHATCHATOURIAN
UNTER DEN LINDEN
DONAUESCHINGEN
GERAARDSBERGEN
ARISTOTÉLICIEN
PYROTECHNICIEN
POLYTECHNICIEN
NÉOPLATONICIEN
ÉCONOMÉTRICIEN
ASTROPHYSICIEN
CHIROPRATICIEN
PÉRIPATÉTICIEN
ÉDOUARD L'ANCIEN
CRANACH L'ANCIEN
TARQUIN L'ANCIEN

VISCHER L'ANCIEN
POURBUS L'ANCIEN
PORT-AU-PRINCIEN
FRANCO-CANADIEN
FRANCO-CANADIEN
PARATHYROÏDIEN
ANTITHYROÏDIEN
LANGUES-DE-CHIEN
SCIPION ÉMILIEN
BERZÉLAVILLIEN
CHLOROPHYLLIEN
AMSTELLODAMIEN
NORD-VIETNAMIEN
NORD-VIETNAMIEN
DEUTÉROSTOMIEN
PONTÉPISCOPIEN
CAROLOMACÉRIEN
PONTAUDEMÉRIEN
NÉOGRAMMAIRIEN
SAÔNE-ET-LOIRIEN
PROTOHISTORIEN
TRANSCAUCASIEN
SAINT-PALAISIEN
CHANTONNAISIEN
CODE THÉODOSIEN
CARPENTRASSIEN
SOCIAL-CHRÉTIEN
SAINT-SÉBASTIEN
DOUR-SHARROUKÊN
RECKLINGHAUSEN
GRIMMELSHAUSEN
ANGLO-AMÉRICAIN
ANGLO-AMÉRICAIN
INTERAMÉRICAIN
CENTRAMÉRICAIN
CENTRAMÉRICAIN
COSTARMORICAIN
SAINT-GERVELAIN
SAINT-GERVOLAIN
MONTPELLIÉRAIN
PASSE-TOUT-GRAIN
BARBE-DE-CAPUCIN
SOULTZ-HAUT-RHIN
MAÎTRE PATHELIN
HOLOCRISTALLIN
SAINT-MARCELLIN
SAINT-MARCELLIN
CIMETIÈRE MARIN
BRILLAT-SAVARIN
CASTELSARRASIN
SOULIER DE SATIN
EMPIRE BYZANTIN
BASILE VALENTIN
SAINT-FLORENTIN
SAINT-FLORENTIN
PIERRE CÉLESTIN
SAINT-BERTHEVIN

MARAIS POITEVIN	DÉSINFORMATION
TAXCO DE ALARCÓN	TRANSFORMATION
ROSTOV-SUR-LE-DON	DÉSOXYGÉNATION
CŒURS-DE-PIGEON	INCOORDINATION
SAINT-POL-DE-LÉON	DISCRIMINATION
QUEUES-DE-COCHON	PRÉDESTINATION
GÉMISTE PLÉTHON	CONCÉLÉBRATION
PÉRITÉLÉVISION	CONGLOMÉRATION
AUTOPROPULSION	**BEAT GENERATION**
ÉLECTROÉROSION	DÉSINTÉGRATION
SÉROCONVERSION	TRANSMIGRATION
TÉLÉIMPRESSION	AUTOCASTRATION
SURCOMPRESSION	DÉFENESTRATION
BOUTON-PRESSION	ADMINISTRATION
SOUS-COMMISSION	SURFACTURATION
RETRANSMISSION	FINLANDISATION
MULTIDIFFUSION	SHÉRARDISATION
RADIODIFFUSION	EUTROPHISATION
DÉSAPPROBATION	NÉOLITHISATION
AUTOMÉDICATION	RADICALISATION
SOLIDIFICATION	MÉDICALISATION
HUMIDIFICATION	LEXICALISATION
FLUIDIFICATION	DÉLOCALISATION
SIMPLIFICATION	COLOCALISATION
SAPONIFICATION	SPÉCIALISATION
ÉTHÉRIFICATION	MONDIALISATION
ESTÉRIFICATION	SPATIALISATION
CLASSIFICATION	INITIALISATION
STRATIFICATION	DÉCIMALISATION
SANCTIFICATION	MINIMALISATION
FRUCTIFICATION	OPTIMALISATION
QUANTIFICATION	MAXIMALISATION
IDENTIFICATION	DÉPÉNALISATION
PLASTIFICATION	NOMINALISATION
KARSTIFICATION	LIBÉRALISATION
REVIVIFICATION	GÉNÉRALISATION
DÉNAZIFICATION	MINÉRALISATION
MULTIPLICATION	LATÉRALISATION
PRÉFABRICATION	DÉMORALISATION
SOPHISTICATION	CENTRALISATION
DÉMOUSTICATION	NEUTRALISATION
BIODÉGRADATION	NATURALISATION
RÉTROGRADATION	DÉNASALISATION
RECOMMANDATION	PALATALISATION
EURO-OBLIGATION	VÉGÉTALISATION
CENTRIFUGATION	CAPITALISATION
INTERMÉDIATION	DÉVITALISATION
RÉCONCILIATION	REVITALISATION
HYPERINFLATION	CHAPTALISATION
AUTOMUTILATION	MENSUALISATION
RÉINSTALLATION	ÉVANGÉLISATION
INTERPELLATION	CARAMÉLISATION
DÉFIBRILLATION	DÉMOBILISATION
AUTORÉGULATION	IMMOBILISATION
RÉCAPITULATION	SOLUBILISATION
SOUS-ESTIMATION	LYOPHILISATION
SURINFORMATION	DÉVIRILISATION

VOLATILISATION	ASSERMENTATION
TYNDALLISATION	REPRÉSENTATION
PARCELLISATION	SOUS-ÉVALUATION
CARTELLISATION	SURRÉSERVATION
MONOPOLISATION	INSATISFACTION
DÉNÉBULISATION	ANTIEFFRACTION
AUTONOMISATION	PRIMO-INFECTION
UNIFORMISATION	CIRCONSPECTION
AFRICANISATION	SERVODIRECTION
RÉORGANISATION	AUTOCORRECTION
INORGANISATION	AUTOPRODUCTION
PRINTANISATION	SCIENCE-FICTION
KÉRATINISATION	EXTRÊME-ONCTION
DÉCOLONISATION	OXYDORÉDUCTION
FRATERNISATION	AUTOCONDUCTION
NUCLÉARISATION	AUTOPRODUCTION
TERTIARISATION	SOUS-PRODUCTION
DÉPOLARISATION	POSTPRODUCTION
BIPOLARISATION	RÉINTRODUCTION
SÉCULARISATION	DÉSOBSTRUCTION
RÉGULARISATION	DÉCONSTRUCTION
POPULARISATION	RECONSTRUCTION
TITULARISATION	PRÉSUPPOSITION
MILITARISATION	PRÉDISPOSITION
POLYMÉRISATION	SOUS-EXPOSITION
CATÉGORISATION	PRÉINSCRIPTION
DÉVALORISATION	AUTOSUGGESTION
REVALORISATION	POSTCOMBUSTION
INSONORISATION	ACQUIT-À-CAUTION
GÉOMÉTRISATION	REDISTRIBUTION
THÉSAURISATION	CIRCONLOCUTION
PASTEURISATION	CIRCONVOLUTION
PRESSURISATION	NON-COMPARUTION
SCHÉMATISATION	RECONSTITUTION
STIGMATISATION	INTERCONNEXION
AXIOMATISATION	**LICINIUS STOLON**
AUTOMATISATION	SCEAU-DE-SALOMON
CONCRÉTISATION	CHAUFFE-BIBERON
GRAPHITISATION	**GARCÍA CALDERÓN**
DÉPOLITISATION	EUSTHENOPTERON
LATÉRITISATION	**LAMOTTE-BEUVRON**
RELATIVISATION	**RUEIL-MALMAISON**
DÉCOMPENSATION	**VOYER D'ARGENSON**
TERGIVERSATION	**GIRODET-TRIOSON**
AUTOACCUSATION	**SHIMAZAKI TOSON**
VASODILATATION	**OLAV HARALDSSON**
DÉSHYDRATATION	**CARTIER-BRESSON**
DÉSAFFECTATION	**MAGNUS ERIKSSON**
CASTRAMÉTATION	**OLUF HAAKONSSON**
INTERPRÉTATION	**PHILIPPE DE LYON**
RÉHABILITATION	**KAISERSLAUTERN**
AUTOLIMITATION	**PARENTIS-EN-BORN**
RÉIMPLANTATION	**FINSTERAARHORN**
DÉSAIMANTATION	**RADCLIFFE-BROWN**
DÉSORIENTATION	**CASTEL GANDOLFO**
RÉGLEMENTATION	**MONSU DESIDERIO**
DÉPIGMENTATION	**CIUDAD TRUJILLO**

PAOLO VENEZIANO
THOMAS DE CELANO
GIOVANNI PISANO
TORRES RESTREPO
LARGO CABALLERO
TOGO HEIHACHIRO
RICCI-CURBASTRO
VITTORIO VENETO
ANDREA DEL SARTO
SAN JUAN DE PASTO
TSUBOUCHI SHOYO
LA COLLE-SUR-LOUP
VESTMANNAEYJAR
PÉREZ DE CUÉLLAR
SZÉKESFEHÉRVÁR
LA VALETTE-DU-VAR
CONTREBALANCER
GENTLEMAN-RIDER
HARALD HÅRFAGER
OEHLENSCHLÄGER
ÉLECTROMÉNAGER
SCHLEIERMACHER
LA FERTÉ-GAUCHER
DÉDIFFÉRENCIER
CONTRE-ESPALIER
SERRE-CHEVALIER
BOUGAINVILLIER
STÉRÉORÉGULIER
CHAUX-DE-FONNIER
CHARLES GARNIER
VINCENT FERRIER
PAMPLEMOUSSIER
PAPE-CARPANTIER
CHÂTEAU-GONTIER
FRANÇOIS XAVIER
DÉBROUSSAILLER
EMBROUSSAILLER
TÉLÉCONSEILLER
DÉSENTORTILLER
RECROQUEVILLER
PEUPLES DE LA MER
LOUIS D'OUTREMER
BOULOGNE-SUR-MER
SAINT-POL-SUR-MER
LE VERDON-SUR-MER
BEAUVOIR-SUR-MER
SAINT-CYR-SUR-MER
BEAULIEU-SUR-MER
GEWURZTRAMINER
TIRE-BOUCHONNER
APPROVISIONNER
REDIMENSIONNER
DÉSILLUSIONNER
DÉCONDITIONNER
RÉQUISITIONNER
MANUTENTIONNER
DÉCAVAILLONNER

ÉCHANTILLONNER
SURMÉDICALISER
COMMERCIALISER
DÉMATÉRIALISER
INDUSTRIALISER
DÉCRIMINALISER
DÉNATIONALISER
OCCIDENTALISER
INDIVIDUALISER
CONCEPTUALISER
CONTEXTUALISER
DÉCULPABILISER
VULNÉRABILISER
DÉCRÉDIBILISER
DÉSENSIBILISER
INSENSIBILISER
RECRISTALLISER
DÉSYNCHRONISER
PARTICULARISER
REVASCULARISER
TRANSISTORISER
TECHNOCRATISER
BUREAUCRATISER
MAÎTRES-À-DANSER
INTERCONNECTER
COURT-CIRCUITER
COMPARTIMENTER
EMBERLIFICOTER
DÉMÉTRIOS SÔTER
WILHELM MEISTER
NEW WESTMINSTER
CONTRE-ATTAQUER
CONTRE-INDIQUER
LA MOTHE LE VAYER
EL-MARSA EL-KEBIR
FOULQUES LE NOIR
ENTR'APERCEVOIR
ENTRAPERCEVOIR
ROCHE-RÉSERVOIR
FINNBOGADÓTTIR
NABUCHODONOSOR
NABUCHODONOSOR
RESURCHAUFFEUR
CROQUE-MONSIEUR
HENRI L'OISELEUR
TRIPATOUILLEUR
SOUFFRE-DOULEUR
PRÉTENSIONNEUR
CONFECTIONNEUR
COLLECTIONNEUR
SOUS-GOUVERNEUR
DÉNICOTINISEUR
AUTOPROPULSEUR
AÉROCONDENSEUR
PHOTOCOMPOSEUR
MARTIN-CHASSEUR
MONOPROCESSEUR

ANTIDÉPRESSEUR
DÉSAPPROBATEUR
HUMIDIFICATEUR
SIMPLIFICATEUR
CLASSIFICATEUR
SANCTIFICATEUR
QUANTIFICATEUR
IDENTIFICATEUR
MULTIPLICATEUR
CACHE-RADIATEUR
NEUROMÉDIATEUR
INTERPELLATEUR
DÉFIBRILLATEUR
AUTORÉGULATEUR
MONOCHROMATEUR
DÉSINFORMATEUR
TRANSFORMATEUR
ACCOMPAGNATEUR
MINI-ORDINATEUR
MULTIVIBRATEUR
AÉROGÉNÉRATEUR
CÂBLO-OPÉRATEUR
ADMINISTRATEUR
GÉNÉRALISATEUR
MINÉRALISATEUR
DÉMORALISATEUR
CENTRALISATEUR
ÉVANGÉLISATEUR
DÉMOBILISATEUR
MONOPOLISATEUR
RÉORGANISATEUR
AUTOACCUSATEUR
VASODILATATEUR
TÉLÉSPECTATEUR
AUTOEXCITATEUR
QUADRIRÉACTEUR
SEMI-CONDUCTEUR
CRYOCONDUCTEUR
RECONSTRUCTEUR
CAPILLICULTEUR
MICROPESANTEUR
RADIORÉCEPTEUR
CHÉMORÉCEPTEUR
PHOTORÉCEPTEUR
BOURSE-À-PASTEUR
PEINTRE-GRAVEUR
ARNAC-POMPADOUR
BONHEURS-DU-JOUR
GUILLAUME DE TYR
SINT-GILLIS-WAAS
AMMONIOS SACCAS
HÉPATOPANCRÉAS
ANTIOCHOS MÉGAS
NE-ME-TOUCHEZ-PAS
CHÂTEAU-QUEYRAS
LEEWARD ISLANDS
JUDÉO-ALLEMANDS

OUEST-ALLEMANDS
LA CHAUX-DE-FONDS
PORTE-BRANCARDS
PORTE-ÉTENDARDS
COLIN-MAILLARDS
ATTRAPE-NIGAUDS
POISSONS-GLOBES
LIBRES-SERVICES
NON-JOUISSANCES
SOUS-TRAITANCES
NON-ASSISTANCES
PLANS-SÉQUENCES
BANDES-ANNONCES
ANGLO-NORMANDES
ANGLO-NORMANDES
TIMBRES-AMENDES
CONTRE-PLONGÉES
SEMI-CHENILLÉES
HAUTES-PYRÉNÉES
ENTRE-DÉCHIRÉES
ARRIÈRE-PENSÉES
SOUS-EXPLOITÉES
SOUS-ALIMENTÉES
STOCKTON-ON-TEES
CONTRE-BRAQUÉES
MOYENS-MÉTRAGES
COURTS-MÉTRAGES
LIBRES-ÉCHANGES
CAPSULES-CONGÉS
RHINO-PHARYNGÉS
DUPONT DES LOGES
THAON-LES-VOSGES
BRIGADES ROUGES
CARROZ-D'ARÂCHES
FOLLES-BLANCHES
DOUBLES-CROCHES
ATTRAPE-MOUCHES
OISEAUX-MOUCHES
BATEAUX-MOUCHES
TALKIES-WALKIES
PHYSICO-CHIMIES
PROVINCES-UNIES
FORÊTS-GALERIES
CROSS-COUNTRIES
AGRO-INDUSTRIES
CHARTES-PARTIES
ENTRÉES-SORTIES
SOUS-CORTICALES
MÉDICO-SOCIALES
SADIQUES-ANALES
BUCCO-GÉNITALES
SEMI-PERMÉABLES
HORATIUS COCLES
PLAQUES-MODÈLES
MÉPHISTOPHÉLÈS
PRINCE-DE-GALLES
PRINCE-DE-GALLES

14

1003

PARE-ÉTINCELLES	BUCCO-DENTAIRES
LONGUÉ-JUMELLES	CONQUISTADORES
CARTONS-PAILLES	**JOSQUIN DES PRÉS**
PERCE-MURAILLES	CONTRE-FENÊTRES
VIDE-BOUTEILLES	PORTES-FENÊTRES
DEMI-BOUTEILLES	PAPIERS-FILTRES
BELLES-FAMILLES	**YVES DE CHARTRES**
LANCE-TORPILLES	MANDATS-LETTRES
QUATRE-FEUILLES	CARTONS-FEUTRES
PORTE-AIGUILLES	CRAYONS-FEUTRES
LAMELLÉS-COLLÉS	CONTRE-CULTURES
CHAMPIGNEULLES	NÉO-ZÉLANDAISES
CONTRE-EXEMPLES	**NÉO-ZÉLANDAISES**
MAÎTRES-COUPLES	CHASSÉS-CROISÉS
POINTS-VIRGULES	FRANC-COMTOISES
CHEMIN DES DAMES	**FRANC-COMTOISES**
HENLEY-ON-THAMES	CARTES-RÉPONSES
ALPES-MARITIMES	ÉLECTRO-OSMOSES
LOIS-PROGRAMMES	FILTRES-PRESSES
SOUS-PROGRAMMES	CHÂSSIS-PRESSES
ÉCOLE DES FEMMES	SOUS-MAÎTRESSES
SEMI-NOMADISMES	TIROIRS-CAISSES
TIERS-MONDISMES	HAUT-DE-CHAUSSES
AVANT-GARDISMES	**GRANDES ROUSSES**
JE-M'EN-FICHISMES	AUTO-STOPPEUSES
JE-M'EN-FOUTISMES	STRIP-TEASEUSES
ÉPLUCHE-LÉGUMES	PIQUE-NIQUEUSES
PASSE-MONTAGNES	**CÔTE DES PIRATES**
SUD-AMÉRICAINES	MICROS-CRAVATES
SUD-AMÉRICAINES	CONTRE-SOCIÉTÉS
NORD-AFRICAINES	NUES-PROPRIÉTÉS
NORD-AFRICAINES	CONTRE-ENQUÊTES
GRANDES PLAINES	NON-CONFORMITÉS
SINO-TIBÉTAINES	COURT-CIRCUITÉS
CROQUE-MITAINES	SOUS-DOMINANTES
CONTRE-HERMINES	NON-COMPARANTES
DOUCHY-LES-MINES	**FEMMES SAVANTES**
CRISTES-MARINES	**GOYA Y LUCIENTES**
SAINT-CYRIENNES	**AGUASCALIENTES**
TIRE-BOUCHONNÉS	BATEAUX-PILOTES
WAGONS-CITERNES	TIERS-MONDISTES
AVIONS-CITERNES	AVANT-GARDISTES
FOURGONS-POMPES	JE-M'EN-FICHISTES
CHAUSSE-TRAPPES	DEMI-FINALISTES
SOUS-DÉVELOPPÉS	MOTS-CROISISTES
BLOCS-CYLINDRES	SEMI-GROSSISTES
THORENS-GLIÈRES	JE-M'EN-FOUTISTES
AVANT-PREMIÈRES	AUTOCOUCHETTES
PORTE-BANNIÈRES	RAMASSE-MIETTES
AVANT-DERNIÈRES	PIQUE-ASSIETTES
SOUS-VENTRIÈRES	ÉPINES-VINETTES
GARDES-RIVIÈRES	CASSE-NOISETTES
STÉRÉO-ISOMÈRES	SOURDES-MUETTES
NOEUD DE VIPÈRES	LANCE-ROQUETTES
NIVO-GLACIAIRES	DONS QUICHOTTES
SOUS-GLACIAIRES	GAINES-CULOTTES
SOUS-LOCATAIRES	BARRAGES-VOÛTES

ABAISSE-LANGUES	**BLANC-MESNILOIS**
RHYTHM AND BLUES	**CINTEGABELLOIS**
CONTRE-ATTAQUES	**BEAUSOLEILLOIS**
CONTRE-ATTAQUÉS	**BELLEFEUILLOIS**
COMPTES CHÈQUES	**FRANCHEVILLOIS**
CONTRE-INDIQUÉS	**LORETTEVILLOIS**
OPÉRAS-COMIQUES	**LANEUVEVILLOIS**
INTRA-ATOMIQUES	**FRANCONVILLOIS**
AFRO-ASIATIQUES	**BOUCHERVILLOIS**
ALPES RHÉTIQUES	**SARTROUVILLOIS**
SIDÉROLITIQUES	**SAINT-GERMANOIS**
PORT-DES-BARQUES	**SAINT-GAUDINOIS**
LUDO-ÉDUCATIVES	**MONT-DAUPHINOIS**
NON-FIGURATIVES	**CASTELSALINOIS**
ESTIENNE D'ORVES	**SARREGUEMINOIS**
CONTRE-ÉPREUVES	**SAINT-MARTINOIS**
ADJUDANTS-CHEFS	**BISCHWILLEROIS**
SOCIO-ÉDUCATIFS	AUSTRO-HONGROIS
NON DESTRUCTIFS	**AUSTRO-HONGROIS**
MÉDICO-SPORTIFS	**YAMOUSSOUKROIS**
SOUDAN FRANÇAIS	**LIGNY-EN-BARROIS**
FRANCO-FRANÇAIS	**LAURIERMONTOIS**
MONTBÉLIARDAIS	**SOLLIÈSPONTOIS**
VOITURES-BALAIS	**PONTRAMBERTOIS**
ARGENTEUILLAIS	**HEILLECOURTOIS**
AZERBAÏDJANAIS	PRETIUM DOLORIS
AZERBAÏDJANAIS	**MACHADO DE ASSIS**
DEUX-MONTAGNAIS	**PORT-SAINT-LOUIS**
VILLEURBANNAIS	**CASTRO Y BELLVÍS**
CARBONBLANNAIS	STARTING-BLOCKS
ROUSSILLONNAIS	FŒTO-MATERNELS
ROUSSILLONNAIS	MACHINES-OUTILS
LOT-ET-GARONNAIS	JUDÉO-ESPAGNOLS
NIEDERBRONNAIS	BUSINESSWOMANS
SAINT-GIRONNAIS	SOCIÉTÉS-ÉCRANS
COURCOURONNAIS	**LE BOURG-D'OISANS**
MONTBRISONNAIS	**JULIO-CLAUDIENS**
SAINT-CHAMONAIS	AFRO-BRÉSILIENS
SEINE-ET-MARNAIS	**AFRO-BRÉSILIENS**
POINTE-CLAIRAIS	SUD-VIETNAMIENS
SAINT-AGNANTAIS	**SUD-VIETNAMIENS**
HILAIREMONTAIS	NÉO-CALÉDONIENS
MARIE DE MÉDICIS	**NÉO-CALÉDONIENS**
POISSON-PARADIS	SAINT-SIMONIENS
COLLOT D'HERBOIS	JUDÉO-CHRÉTIENS
AULNAY-SOUS-BOIS	**ALLENDE GOSSENS**
CLICHY-SOUS-BOIS	**LOÈCHE-LES-BAINS**
FRANC-BOURGEOIS	**MOLITG-LES-BAINS**
SARREBOURGEOIS	**THONON-LES-BAINS**
LUXEMBOURGEOIS	**BRIDES-LES-BAINS**
LUXEMBOURGEOIS	**SALINS-LES-BAINS**
STRASBOURGEOIS	**VERNET-LES-BAINS**
STRASBOURGEOIS	**GRÉOUX-LES-BAINS**
PETIT-BOURGEOIS	NORD-AMÉRICAINS
VILLEFRANCHOIS	**NORD-AMÉRICAINS**
JEANNE DE VALOIS	AFRO-AMÉRICAINS
ÉTIENNE DE BLOIS	**AFRO-AMÉRICAINS**

MÉSO-AMÉRICAINS	**PIERRE CANISIUS**
NÉGRO-AFRICAINS	**FURIUS CAMILLUS**
ANTI-SOUS-MARINS	CHEVEUX-DE-VÉNUS
ROCHES-MAGASINS	PAPILLOMAVIRUS
ARRIÈRE-COUSINS	NUMERUS CLAUSUS
CHEVAUX-D'ARÇONS	**BRITISH AIRWAYS**
CONTEMPLATIONS	**DAMMARIE-LES-LYS**
NON-FIGURATIONS	FONCTIONNARIAT
TOXI-INFECTIONS	INTERPRÉTARIAT
MULTIFONCTIONS	ARCHIÉPISCOPAT
SELF-INDUCTIONS	**JULIEN L'APOSTAT**
AUTO-INDUCTIONS	PLANCHE-CONTACT
MARTEAUX-PILONS	**EUGÉNIE GRANDET**
TAUPES-GRILLONS	MONTRE-BRACELET
ARRIÈRE-SAISONS	**HÉCATÉE DE MILET**
BOÎTES-BOISSONS	**MOUTON-DUVERNET**
TWIRLING BÂTONS	**LA MOTTE-PICQUET**
AIGUISE-CRAYONS	BEC-DE-PERROQUET
SIMONIDE DE CÉOS	**WOLLSTONECRAFT**
CORNELIUS NEPOS	**VERMEER DE DELFT**
MARTÍNEZ CAMPOS	PLUS-QUE-PARFAIT
MAVROKORDHÁTOS	**OLDENBARNEVELT**
DUPETIT-THOUARS	**CHÂTEAU-RENAULT**
PROTÈGE-CAHIERS	**SIGER DE BRABANT**
LACAZE-DUTHIERS	DÉCONTENANÇANT
MOYEN-COURRIERS	TÉLÉCOMMANDANT
COURT-COURRIERS	INTERDÉPENDANT
FAUX-FACTURIERS	SUPERINTENDANT
PAVILLONS-NOIRS	DÉSAVANTAGEANT
VILLES-DORTOIRS	RESURCHAUFFANT
BATEAUX-LAVOIRS	DÉSHUMIDIFIANT
CONTRE-POUVOIRS	AUTOLUBRIFIANT
TAMBOURS-MAJORS	CHORÉGRAPHIANT
SERGENTS-MAJORS	CALLIGRAPHIANT
ACCROCHE-CŒURS	LITHOGRAPHIANT
ARRIÈRE-CHŒURS	ORTHOGRAPHIANT
SOUS-ACQUÉREURS	RADIOGRAPHIANT
LIBRES-PENSEURS	STÉNOGRAPHIANT
TOUR-OPÉRATEURS	REPROGRAPHIANT
SOUS-DIRECTEURS	PHOTOGRAPHIANT
SENSORI-MOTEURS	CARTOGRAPHIANT
ASPIRO-BATTEURS	HYPERTROPHIANT
FAUX-MONNAYEURS	HYPOGLYCÉMIANT
HERBES-AUX-CHATS	DÉSENSORCELANT
COURTS-CIRCUITS	EMMOUSCAILLANT
AIDES-SOIGNANTS	HÉLITREUILLANT
CONTRE-COURANTS	DÉBARBOUILLANT
NON-COMBATTANTS	EMBARBOUILLANT
VICE-PRÉSIDENTS	DÉVERROUILLANT
NON-ALIGNEMENTS	TRIPATOUILLANT
ARCS-BOUTEMENTS	TINTINNABULANT
PORTE-DOCUMENTS	AUTOPROCLAMANT
SOUS-CONTINENTS	ENTHOUSIASMANT
IMPORTS-EXPORTS	DÉSACCOUTUMANT
CLAUDIUS CAECUS	DÉSHYDROGÉNANT
DIES ACADEMICUS	SOUS-LIEUTENANT
SERVIUS TULLIUS	PRÉDÉTERMINANT

SURDÉTERMINANT	TRANQUILLISANT
DÉCAPUCHONNANT	CHRISTIANISANT
ENCAPUCHONNANT	DÉNICOTINISANT
ENDIVISIONNANT	EMBOURGEOISANT
CONVULSIONNANT	DÉSOLIDARISANT
CONTORSIONNANT	DÉNUCLÉARISANT
IMPRESSIONNANT	PARCELLARISANT
COMMISSIONNANT	DÉMILITARISANT
SOUMISSIONNANT	REMILITARISANT
CONFECTIONNANT	CONTAINÉRISANT
PERFECTIONNANT	ACCESSOIRISANT
COLLECTIONNANT	PSYCHIATRISANT
REPOSITIONNANT	CONTENEURISANT
SUBVENTIONNANT	DÉPRESSURISANT
CONVENTIONNANT	MITHRIDATISANT
PROPORTIONNANT	ANATHÉMATISANT
SUGGESTIONNANT	DÉSINSECTISANT
CONGESTIONNANT	CONSCIENTISANT
PRÉCAUTIONNANT	RÉINTRODUISANT
RÉVOLUTIONNANT	DÉSAMBIGUÏSANT
TOURBILLONNANT	DÉCONSTRUISANT
ÉTRÉSILLONNANT	RECONSTRUISANT
ÉCOUVILLONNANT	COLLECTIVISANT
DÉCHAPERONNANT	MÉTAMORPHOSANT
PAILLASSONNANT	PHOTOCOMPOSANT
REMPOISSONNANT	DÉSINTÉRESSANT
PETIT-DÉJEUNANT	RÉAPPARAISSANT
MAGNÉTOSCOPANT	RACCOURCISSANT
DÉSENVELOPPANT	RESPLENDISSANT
DÉSÉQUILIBRANT	ABALOURDISSANT
DÉSINCARCÉRANT	ABASOURDISSANT
NON-BELLIGÉRANT	RAFRAÎCHISSANT
AÉRORÉFRIGÉRANT	DÉFRAÎCHISSANT
ANTIDÉFLAGRANT	REBLANCHISSANT
ENTRE-DÉCHIRANT	AFFRANCHISSANT
ANTIPERSPIRANT	PRÉÉTABLISSANT
INTERPÉNÉTRANT	APPESANTISSANT
RÉENREGISTRANT	RÉASSORTISSANT
SUPERCARBURANT	RÉINVESTISSANT
VILLÉGIATURANT	ASSUJETTISSANT
ARCHITECTURANT	RADIODIFFUSANT
INSATISFAISANT	PSYCHANALYSANT
MÉTAMORPHISANT	SOUS-EXPLOITANT
DÉMÉDICALISANT	ANTIPARASITANT
POTENTIALISANT	DÉRÉGLEMENTANT
PERSONNALISANT	SOUS-ALIMENTANT
MUNICIPALISANT	PHOTORÉSISTANT
DÉMINÉRALISANT	RETRANSMETTANT
DÉCENTRALISANT	CONTREPLAQUANT
DÉNATURALISANT	CONTRE-BRAQUANT
UNIVERSALISANT	DOUBLE-CLIQUANT
DÉCAPITALISANT	DIAGNOSTIQUANT
RECAPITALISANT	DÉSINTOXIQUANT
SPIRITUALISANT	CONTREMARQUANT
MALLÉABILISANT	ENTR'APERCEVANT
COMPTABILISANT	ENTRAPERCEVANT
INSOLUBILISANT	RETRANSCRIVANT

CIRCONSCRIVANT	MATÉRIELLEMENT
DÉMULTIPLEXANT	ORIGINELLEMENT
BIOLUMINESCENT	CRIMINELLEMENT
PHOSPHORESCENT	SOLENNELLEMENT
ÉTOILES-D'ARGENT	MATERNELLEMENT
BOUTONS-D'ARGENT	PATERNELLEMENT
INEFFICACEMENT	CORPORELLEMENT
SUBREPTICEMENT	CULTURELLEMENT
PRÉFINANCEMENT	PONCTUELLEMENT
ORDONNANCEMENT	HABITUELLEMENT
RECOMMENCEMENT	ÉVENTUELLEMENT
SOUS-AMENDEMENT	RENOUVELLEMENT
RACCOMMODEMENT	ENCANAILLEMENT
TRANSBORDEMENT	TRESSAILLEMENT
TÉLÉCHARGEMENT	RAVITAILLEMENT
PLEURNICHEMENT	ENSOLEILLEMENT
EFFAROUCHEMENT	APPAREILLEMENT
REJOINTOIEMENT	ÉMERVEILLEMENT
TRIOMPHALEMENT	ENTORTILLEMENT
ADVERBIALEMENT	BREDOUILLEMENT
COLLÉGIALEMENT	GARGOUILLEMENT
IMPARTIALEMENT	AGENOUILLEMENT
ARTISANALEMENT	EMBROUILLEMENT
PRINCIPALEMENT	CHATOUILLEMENT
BILATÉRALEMENT	TRANQUILLEMENT
DIAMÉTRALEMENT	SOUS-PEUPLEMENT
MAGISTRALEMENT	ILLÉGITIMEMENT
PARADOXALEMENT	INSTANTANÉMENT
IMPLACABLEMENT	ACCOMPAGNEMENT
IMPECCABLEMENT	SOUVERAINEMENT
FORMIDABLEMENT	ENDOCTRINEMENT
INDÉNIABLEMENT	TAMBOURINEMENT
INVARIABLEMENT	EMMAGASINEMENT
INSATIABLEMENT	ENQUIQUINEMENT
CONVENABLEMENT	CHRÉTIENNEMENT
ABOMINABLEMENT	BOURGEONNEMENT
PRÉFÉRABLEMENT	DÉPLAFONNEMENT
DÉPLORABLEMENT	FRACTIONNEMENT
INEXORABLEMENT	FONCTIONNEMENT
DÉSENSABLEMENT	POSITIONNEMENT
INLASSABLEMENT	QUESTIONNEMENT
CHARITABLEMENT	ALLUVIONNEMENT
INÉVITABLEMENT	PAPILLONNEMENT
LAMENTABLEMENT	CARILLONNEMENT
DÉTESTABLEMENT	BOUILLONNEMENT
REDOUTABLEMENT	DÉBOULONNEMENT
INCROYABLEMENT	ARRAISONNEMENT
EFFROYABLEMENT	ASSAISONNEMENT
INVINCIBLEMENT	EMPOISONNEMENT
INSENSIBLEMENT	EMPRISONNEMENT
OSTENSIBLEMENT	CHANTOURNEMENT
IMPASSIBLEMENT	SOUS-ÉQUIPEMENT
INFLEXIBLEMENT	**SAINT-SACREMENT**
BOURSOUFLEMENT	DÉSENCADREMENT
ENCORBELLEMENT	MENSONGÈREMENT
ENSORCELLEMENT	FINANCIÈREMENT
OFFICIELLEMENT	SINGULIÈREMENT

SECONDAIREMENT	ANÉANTISSEMENT
FIDUCIAIREMENT	RALENTISSEMENT
PÉCUNIAIREMENT	RETENTISSEMENT
EXEMPLAIREMENT	DIVERTISSEMENT
CIRCULAIREMENT	INVESTISSEMENT
ORIGINAIREMENT	ALANGUISSEMENT
DÉBONNAIREMENT	ÉPANOUISSEMENT
LITTÉRAIREMENT	ÉVANOUISSEMENT
TEMPORAIREMENT	ASSERVISSEMENT
ARBITRAIREMENT	ASSOUVISSEMENT
NÉCESSAIREMENT	ÉCLABOUSSEMENT
PLANÉTAIREMENT	OUTRAGEUSEMENT
VOLONTAIREMENT	COURAGEUSEMENT
STATUTAIREMENT	AUDACIEUSEMENT
PROVISOIREMENT	JUDICIEUSEMENT
ACCESSOIREMENT	OFFICIEUSEMENT
ENCHEVÊTREMENT	MALICIEUSEMENT
ENREGISTREMENT	DÉLICIEUSEMENT
INFÉRIEUREMENT	ASTUCIEUSEMENT
SUPÉRIEUREMENT	INSIDIEUSEMENT
ULTÉRIEUREMENT	MÉLODIEUSEMENT
ANTÉRIEUREMENT	RELIGIEUSEMENT
INTÉRIEUREMENT	INGÉNIEUSEMENT
EXTÉRIEUREMENT	IMPÉRIEUSEMENT
BOURGEOISEMENT	LABORIEUSEMENT
ENTRETOISEMENT	INJURIEUSEMENT
APPRIVOISEMENT	FACÉTIEUSEMENT
BOULEVERSEMENT	AMBITIEUSEMENT
RÉTRÉCISSEMENT	MINUTIEUSEMENT
ENDURCISSEMENT	CAUTELEUSEMENT
RADOUCISSEMENT	PÉRILLEUSEMENT
ATTIÉDISSEMENT	CRAPULEUSEMENT
ENLAIDISSEMENT	TÉNÉBREUSEMENT
AGRANDISSEMENT	DOUCEREUSEMENT
REBONDISSEMENT	DANGEREUSEMENT
ARRONDISSEMENT	TRAÎTREUSEMENT
ALOURDISSEMENT	VALEUREUSEMENT
ÉTOURDISSEMENT	RIGOUREUSEMENT
ENRICHISSEMENT	VIGOUREUSEMENT
BLANCHISSEMENT	SAVOUREUSEMENT
FRANCHISSEMENT	PARESSEUSEMENT
RÉTABLISSEMENT	FRUCTUEUSEMENT
ENNOBLISSEMENT	IMPÉTUEUSEMENT
AMEUBLISSEMENT	SOMPTUEUSEMENT
EMBELLISSEMENT	INCORRECTEMENT
VIEILLISSEMENT	INCOMPLÈTEMENT
RAMOLLISSEMENT	MALHONNÊTEMENT
AFFERMISSEMENT	INDISCRÈTEMENT
ENDORMISSEMENT	IMPARFAITEMENT
ASSAINISSEMENT	TÉLÉTRAITEMENT
RACORNISSEMENT	MALADROITEMENT
RAJEUNISSEMENT	MÉCONTENTEMENT
ASSOUPISSEMENT	EMMAILLOTEMENT
ENCHÉRISSEMENT	SURENDETTEMENT
AMAIGRISSEMENT	DÉSENDETTEMENT
ATTERRISSEMENT	DOUILLETTEMENT
ÉPAISSISSEMENT	CONTREBUTEMENT

FROUFROUTEMENT	TRANSITIVEMENT
SPORADIQUEMENT	PRÉVENTIVEMENT
MÉTHODIQUEMENT	EXHAUSTIVEMENT
PÉRIODIQUEMENT	MACRONUTRIMENT
ÉPISODIQUEMENT	MICRONUTRIMENT
SPÉCIFIQUEMENT	DÉSASSORTIMENT
MAGNIFIQUEMENT	INDÉPENDAMMENT
ANALOGIQUEMENT	SURABONDAMMENT
ÉCOLOGIQUEMENT	COMPLAISAMMENT
GÉOLOGIQUEMENT	INSUFFISAMMENT
ANARCHIQUEMENT	LANGUISSAMMENT
DIABOLIQUEMENT	CONCOMITAMMENT
SYMBOLIQUEMENT	PRÉCIPITAMMENT
CATHOLIQUEMENT	INTELLIGEMMENT
ACADÉMIQUEMENT	INCONSCIEMMENT
ÉCONOMIQUEMENT	INDIFFÉREMMENT
ANATOMIQUEMENT	SELF-GOVERNMENT
TYRANNIQUEMENT	BRÛLE-POURPOINT
SARDONIQUEMENT	**ÉLIE DE BEAUMONT**
HARMONIQUEMENT	**BUTTES-CHAUMONT**
DIATONIQUEMENT	**ROUGON-MACQUART**
PLATONIQUEMENT	**COLONEL CHABERT**
ALGÉBRIQUEMENT	**BOISGUILLEBERT**
HISTORIQUEMENT	**JEAN DE MONTFORT**
ÉLECTRIQUEMENT	**COMPTON-BURNETT**
SYMÉTRIQUEMENT	**ALMEIDA GARRETT**
EMPHATIQUEMENT	**LEUZE-EN-HAINAUT**
MÉDIATIQUEMENT	**TRISTAN ET ISEUT**
DRAMATIQUEMENT	**PHILIPPE LE BEAU**
DOGMATIQUEMENT	WAGON-TOMBEREAU
HIÉRATIQUEMENT	SOUS-ARBRISSEAU
DIDACTIQUEMENT	**CÉSAR BIROTTEAU**
PATHÉTIQUEMENT	**FISCHER-DIESKAU**
ESTHÉTIQUEMENT	**CONSTANTINESCU**
HERMÉTIQUEMENT	**NGUYÊN VAN THIÊU**
FRÉNÉTIQUEMENT	**NGEOU-YANG SIEOU**
PHONÉTIQUEMENT	**SSEU-MA SIANG-JOU**
DESPOTIQUEMENT	**NOGENT-LE-ROTROU**
ELLIPTIQUEMENT	**TOKUGAWA IEYASU**
ARTISTIQUEMENT	**BOUCOURECHLIEV**
ANALYTIQUEMENT	**RIMSKI-KORSAKOV**
RÉCIPROQUEMENT	QUATRE-VINGT-DIX
DÉSENCLAVEMENT	**PEISEY-NANCROIX**
CONVULSIVEMENT	ŒILS-DE-PERDRIX
SUCCESSIVEMENT	INTERSYNDICAUX
EXPRESSIVEMENT	INTERTROPICAUX
CUMULATIVEMENT	**CAUDEBEC-EN-CAUX**
NOMINATIVEMENT	**FAUVILLE-EN-CAUX**
IMPÉRATIVEMENT	HYPOCYCLOÏDAUX
ADMIRATIVEMENT	DOUBLES-RIDEAUX
PÉJORATIVEMENT	**HUON DE BORDEAUX**
DUBITATIVEMENT	FONTAINEBLEAUX
SUBJECTIVEMENT	NAVIRES-JUMEAUX
COLLECTIVEMENT	HAUTS-FOURNEAUX
RESPECTIVEMENT	**CHALLES-LES-EAUX**
EXPÉDITIVEMENT	**POUGUES-LES-EAUX**
DÉFINITIVEMENT	**CHÂTEAU-MARGAUX**

EXTRACONJUGAUX
MAXILLO-FACIAUX
SUBÉQUATORIAUX
RÉQUISITORIAUX
INQUISITORIAUX
QUADRAGÉSIMAUX
INFINITÉSIMAUX
CÉRÉBRO-SPINAUX
CONFESSIONNAUX
INTERRÉGIONAUX
SEPTENTRIONAUX
SUPRANATIONAUX
MULTINATIONAUX
INTERNATIONAUX
TRANSNATIONAUX
INTERCOMMUNAUX
CONTROLATÉRAUX
ARCHITECTURAUX
ARRIÈRE-VASSAUX
PRO-OCCIDENTAUX
MOYEN-ORIENTAUX
DÉPARTEMENTAUX
IRRÉVÉRENCIEUX
MISÉRICORDIEUX
GORDIEN LE PIEUX
ANTONIN LE PIEUX
ANTI-INFECTIEUX
HERRERA LE VIEUX
ANTIMIGRAINEUX
PRÉCAUTIONNEUX
PARENCHYMATEUX

HENRI LE BOITEUX
VASCULO-NERVEUX
CASTOR ET POLLUX
ILLIERS-COMBRAY
DESTUTT DE TRACY
TCHERNIKHOVSKY
BARCLAY DE TOLLY
RÉMIRE-MONTJOLY
OMALIUS D'HALLOY
GUYON DU CHESNOY
ÉTIENNE BÁTHORY
CHÂTEAU-THIERRY
PELLETIER-DOISY
CASTELNAU-LE-LEZ
JALAPA ENRÍQUEZ
BERNERIE-EN-RETZ
SAINT-JEAN-DE-LUZ

MENZEL-BOURGUIBA
BANSKÁ STIAVNICA
SANCHEZ DE LOZADA
ACÉTYLCOENZYME A
ARNAUD DE BRESCIA
SEVERNAÏA ZEMLIA
SEDIA GESTATORIA
BARRANCABERMEJA
TRUJILLO Y MOLINA
PIETRO DA CORTONA
MENENIUS AGRIPPA
AVALOKITESHVARA
MÉHALLET EL-KOBRA
TORRE ANNUNZIATA
SANTA FE DE BOGOTÁ
SAN JOSÉ DE CÚCUTA
BARÈRE DE VIEUZAC
TOULOUSE-LAUTREC
ÉTIENNE NEMANJIC
ADOLPHE-FRÉDÉRIC
RADIODIAGNOSTIC
MICHEL OBRENOVIC

DEUTSCHLANDLIED
LA ROCHEFOUCAULD
SAINTE-MENEHOULD
RANDSTAD HOLLAND
FRÉDÉRIC LE GRAND
GRÉGOIRE LE GRAND
ALPHONSE LE GRAND
THÉODOSE LE GRAND
VALDEMAR LE GRAND
VLADIMIR LE GRAND

SENNECEY-LE-GRAND	AUDIOCONFÉRENCE
CLERMONT-FERRAND	VISIOCONFÉRENCE
SCHWÄBISCH GMÜND	AUTOCONCURRENCE
SAINT-JEAN-DU-GARD	**SALON-DE-PROVENCE**
CHÂTEAU-GAILLARD	**PLANS DE PROVENCE**
INTRAMONTAGNARD	**NOUVELLE-GRENADE**
QUARANTE-HUITARD	PARALLÉLÉPIPÈDE
SOIXANTE-HUITARD	GLUCOCORTICOÏDE
CATHERINE HOWARD	CORTICOSTÉROÏDE
MARIANNES DU NORD	**NOUVELLE-ZÉLANDE**
CURRICULUM VITAE	**BEAUNE-LA-ROLANDE**
DÉSAPPROBATRICE	**NOUVELLE-IRLANDE**
SIMPLIFICATRICE	**ROMANOS LE MÉLODE**
CLASSIFICATRICE	**CHAUVEAU-LAGARDE**
SANCTIFICATRICE	TRANS-AVANT-GARDE
MULTIPLICATRICE	FRANCHOUILLARDE
AUTORÉGULATRICE	**JULIEN DE BRIOUDE**
DÉSINFORMATRICE	HYDROCHARITACÉE
TRANSFORMATRICE	SPANIOMÉNORRHÉE
ACCOMPAGNATRICE	DACTYLOGRAPHIÉE
ADMINISTRATRICE	DÉSEMBOUTEILLÉE
GÉNÉRALISATRICE	MULTIPROGRAMMÉE
MINÉRALISATRICE	**CHARLES BORROMÉE**
DÉMORALISATRICE	**AGRIPPINE L'AÎNÉE**
CENTRALISATRICE	SURDIMENSIONNÉE
ÉVANGÉLISATRICE	PRÉSÉLECTIONNÉE
DÉMOBILISATRICE	PERQUISITIONNÉE
MONOPOLISATRICE	MALINTENTIONNÉE
RÉORGANISATRICE	DÉCONVENTIONNÉE
AUTOACCUSATRICE	DÉCONGESTIONNÉE
VASODILATATRICE	**EUSÈBE DE CÉSARÉE**
TÉLÉSPECTATRICE	**DOUDART DE LAGRÉE**
AUTOEXCITATRICE	SOUS-ADMINISTRÉE
SEMI-CONDUCTRICE	SOUS-MÉDICALISÉE
CRYOCONDUCTRICE	FONCTIONNALISÉE
RECONSTRUCTRICE	DÉSAISONNALISÉE
CAPILLICULTRICE	DÉPERSONNALISÉE
CHÉMORÉCEPTRICE	CONTRACTUALISÉE
CESKÉ BUDEJOVICE	IMPERMÉABILISÉE
STATIONS-SERVICE	RESPONSABILISÉE
INTERDÉPENDANCE	RESPECTABILISÉE
MARIE DE BRAGANCE	DÉCHRISTIANISÉE
INVRAISEMBLANCE	RECHRISTIANISÉE
DÉSACCOUTUMANCE	FONCTIONNARISÉE
TÉLÉMAINTENANCE	DÉCOLLECTIVISÉE
NON-BELLIGÉRANCE	THERMOPROPULSÉE
LOCATION-GÉRANCE	TURBOCOMPRESSÉE
CONTRE-ASSURANCE	HÉLITRANSPORTÉE
AUTOSUBSISTANCE	AÉROTRANSPORTÉE
RADIORÉSISTANCE	DÉBROUSSAILLAGE
PHOTORÉSISTANCE	ÉCHANTILLONNAGE
TIMBRE-QUITTANCE	COMPARTIMENTAGE
BIOLUMINESCENCE	DONATION-PARTAGE
PHOSPHORESCENCE	**SERGE DE RADONÈGE**
MÉSINTELLIGENCE	**MARANGE-SILVANGE**
BOURG-LÈS-VALENCE	SERVIETTE-ÉPONGE
VIDÉOCONFÉRENCE	**LA VIE EST UN SONGE**

BRÉTIGNY-SUR-ORGE
VIDAL DE LA BLACHE
MONTAGNE BLANCHE
LUCIEN D'ANTIOCHE
VAN RYSSELBERGHE
CRISTALLOGRAPHE
LA SUZE-SUR-SARTHE
LA CHÂTAIGNERAIE
LAWRENCE D'ARABIE
CRISTALLOMANCIE
PSYCHOPÉDAGOGIE
PARAPSYCHOLOGIE
MÉTAPSYCHOLOGIE
PHYTOPATHOLOGIE
ÉLECTROBIOLOGIE
MACROSOCIOLOGIE
MICROSOCIOLOGIE
PHYTOSOCIOLOGIE
ANESTHÉSIOLOGIE
NANOTECHNOLOGIE
BIOCLIMATOLOGIE
SYMPTOMATOLOGIE
PALÉOHISTOLOGIE
PSYCHOCHIRURGIE
PALÉOGÉOGRAPHIE
PHYTOGÉOGRAPHIE
DYSORTHOGRAPHIE
HISTORIOGRAPHIE
ÉCHOTOMOGRAPHIE
NEUTRONOGRAPHIE
CORONAROGRAPHIE
CINÉMATOGRAPHIE
CHROMATOGRAPHIE
TRAJECTOGRAPHIE
MADELEINE-SOPHIE
MYOCARDIOPATHIE
ENCÉPHALOPATHIE
GLOMÉRULOPATHIE
PARODONTOPATHIE
CARDIOMYOPATHIE
PHARMACODYNAMIE
CHOLESTÉROLÉMIE
AFIBRINOGÉNÉMIE
CRISTALLOCHIMIE
RADIOASTRONOMIE
RADARASTRONOMIE
APPENDICECTOMIE
CLITORIDECTOMIE
PANCRÉATECTOMIE
COMMISSUROTOMIE
MAGNÉSIOTHERMIE
POLYTOXICOMANIE
ERIK DE POMÉRANIE
HYPOŒSTROGÉNIE
SOUABE-FRANCONIE
RADIOTÉLÉPHONIE
BASSE-CALIFORNIE

CORTICOTHÉRAPIE
ANTIBIOTHÉRAPIE
OXYGÉNOTHÉRAPIE
VACCINOTHÉRAPIE
HORMONOTHÉRAPIE
ÉLECTROTHÉRAPIE
COBALTOTHÉRAPIE
GESTALT-THÉRAPIE
MARGUERITE-MARIE
HYPOCHLORHYDRIE
NOUVELLE-SIBÉRIE
RADIOMESSAGERIE
RAISONNAILLERIE
FRANC-MAÇONNERIE
ESNAULT-PELTERIE
AUTRICHE-HONGRIE
ANTIPSYCHIATRIE
PÉDOPSYCHIATRIE
PHOTOGRAMMÉTRIE
ABSORPTIOMÉTRIE
INTERFÉROMÉTRIE
AIRBUS INDUSTRIE
PHÉNYLCÉTONURIE
DYSEMBRYOPLASIE
RACHIANESTHÉSIE
DYSCHROMATOPSIE
TCHÉCOSLOVAQUIE
EXTRAPYRAMIDALE
ASIE MÉRIDIONALE
ARCHIÉPISCOPALE
INTERVERTÉBRALE
SCAPULO-HUMÉRALE
ADIPOSO-GÉNITALE
TRANSCENDANTALE
PROCHE-ORIENTALE
PRUSSE-ORIENTALE
GOUVERNEMENTALE
COMPORTEMENTALE
SUPRASEGMENTALE
ÉPICONTINENTALE
INTERCHANGEABLE
IRRÉCONCILIABLE
INVRAISEMBLABLE
INDÉBROUILLABLE
IMPRESSIONNABLE
REPOSITIONNABLE
INDÉBOULONNABLE
PLAIDER-COUPABLE
BÈDE LE VÉNÉRABLE
INCOMMENSURABLE
INAPPRIVOISABLE
MÉTAMORPHOSABLE
IRRÉTRÉCISSABLE
AFFRANCHISSABLE
INFRANCHISSABLE
EXPERT-COMPTABLE
INTRANSPORTABLE

SELIM LE TERRIBLE
IRRÉPRÉHENSIBLE
SEMI-SUBMERSIBLE
INTRANSMISSIBLE
INCONSTRUCTIBLE
IMPRESCRIPTIBLE
ALPHONSE LE NOBLE
VASSILI L'AVEUGLE
DIODORE DE SICILE
MICRO-INTERVALLE
DRIEU LA ROCHELLE
NEUILLY-EN-THELLE
PRÉINDUSTRIELLE
CONCURRENTIELLE
ÉQUIPOTENTIELLE
COMPULSIONNELLE
COMPASSIONNELLE
CONFESSIONNELLE
PROFESSIONNELLE
POSSESSIONNELLE
GÉNÉRATIONNELLE
CORRECTIONNELLE
DÉFINITIONNELLE
TRANSITIONNELLE
OPPOSITIONNELLE
CONVENTIONNELLE
PROPORTIONNELLE
FŒTO-MATERNELLE
CRÉCY-LA-CHAPELLE
EXTRACORPORELLE
MULTICULTURELLE
SOCIOCULTURELLE
INTERCULTURELLE
TRANSCULTURELLE
HOMME-GRENOUILLE
COUVE DE MURVILLE
CHARLOTTESVILLE
CHARLES-DE-GAULLE
GUINÉE ESPAGNOLE
SAVIGNY-LE-TEMPLE
CHARLES LE SIMPLE
BLANGY-SUR-BRESLE
FRANÇOIS DE PAULE
QUESNOY-SUR-DEÛLE
QUATRE-VINGTIÈME
SOIXANTE-DIXIÈME
LOUIS LE BIEN-AIMÉ
BALLET-PANTOMIME
PARALLÉLOGRAMME
VAISSEAU FANTÔME
JEAN CHRYSOSTOME
DION CHRYSOSTOME
PHOTOPÉRIODISME
LIBRE-ÉCHANGISME
HÉTÉROMORPHISME
NÉOCOLONIALISME
SUBSTANTIALISME

EXISTENTIALISME
OCCASIONNALISME
FONCTIONNALISME
TRADITIONALISME
MONOCAMÉRALISME
FONDAMENTALISME
SENTIMENTALISME
TRANSSEXUALISME
ANTICONFORMISME
PANAMÉRICANISME
ULTRAMONTANISME
IMPRESSIONNISME
EXPRESSIONNISME
PERFECTIONNISME
COLLECTIONNISME
PROTECTIONNISME
EXHIBITIONNISME
ABSTENTIONNISME
ÉLECTROTROPISME
ANTIMILITARISME
RÉGLEMENTARISME
PARLEMENTARISME
COMMUNAUTARISME
PHALLOCENTRISME
BAROTRAUMATISME
POLYTRAUMATISME
FERRIMAGNÉTISME
PALÉOMAGNÉTISME
FERROMAGNÉTISME
INDÉPENDANTISME
INDIFFÉRENTISME
ANTIPATRIOTISME
DONQUICHOTTISME
JUSQU'AU-BOUTISME
CONSTRUCTIVISME
GARIN DE MONGLANE
ORADOUR-SUR-GLANE
ANDRONIC COMNÈNE
TRINITROTOLUÈNE
JEAN CANTACUZÈNE
ALIX DE CHAMPAGNE
NOUVELLE-ESPAGNE
MAURE-DE-BRETAGNE
LA TOUR D'AUVERGNE
ANGLO-AMÉRICAINE
ANGLO-AMÉRICAINE
INTERAMÉRICAINE
CENTRAMÉRICAINE
CENTRAMÉRICAINE
COSTARMORICAINE
LACRETELLE L'AÎNÉ
SAINT-GERVELAINE
SAINT-GERVOLAINE
VAISON-LA-ROMAINE
CAMPAGNE ROMAINE
MONTPELLIÉRAINE
GIOVANNI DA UDINE

VIGNEUX-SUR-SEINE	NÉO-CALÉDONIENNE
ROMILLY-SUR-SEINE	NÉO-CALÉDONIENNE
NEUILLY-SUR-SEINE	SAINT-SIMONIENNE
PHOSPHOPROTÉINE	WASHINGTONIENNE
MÉTALLOPROTÉINE	SHAKESPEARIENNE
APOLIPOPROTÉINE	TRANSSAHARIENNE
HOLOCRISTALLINE	PALÉOSIBÉRIENNE
IMMUNOGLOBULINE	LOIR-ET-CHÉRIENNE
GONADOSTIMULINE	VIMONASTÉRIENNE
THYRÉOSTIMULINE	VERTACOMIRIENNE
CYANOCOBALAMINE	SAINT-GEOIRIENNE
ATRACTYLIGÉNINE	PÉLOPONNÉSIENNE
PNEUMOPÉRITOINE	PÉLOPONNÉSIENNE
SAINTE-CATHERINE	PARTHENAISIENNE
ÉRYTHROPOÏÉTINE	BOUGUENAISIENNE
FABRE D'ÉGLANTINE	COURBEVOISIENNE
MONTMORENCÉENNE	VILLEPARISIENNE
RIBEAUVILLÉENNE	JUDÉO-CHRÉTIENNE
MÉDITERRANÉENNE	PALÉOCHRÉTIENNE
MÉDITERRANÉENNE	GONPONTOLVIENNE
TRANSPYRÉNÉENNE	CASTELNEUVIENNE
ÉQUATO-GUINÉENNE	MARCHE-EN-FAMENNE
BISSAU-GUINÉENNE	FORCALQUIÉRENNE
UNION EUROPÉENNE	SUPERCHAMPIONNE
PROPHARMACIENNE	RÉAPPROVISIONNÉ
MERDRIGNACIENNE	DISPROPORTIONNÉ
GÉOTECHNICIENNE	GIOTTO DI BONDONE
ZOOTECHNICIENNE	TOURNON-SUR-RHÔNE
ÉLECTRONICIENNE	PIERRE DE CORTONE
PYTHAGORICIENNE	CHÂLONS-SUR-MARNE
MÉTAPHYSICIENNE	PERREUX-SUR-MARNE
MATHÉMATICIENNE	NEUILLY-SUR-MARNE
SYSTÉMATICIENNE	BAGNOLES-DE-L'ORNE
INFORMATICIENNE	SANGALLO LE JEUNE
OMNIPRATICIENNE	FOULQUES LE JEUNE
ARITHMÉTICIENNE	MANUEL LE FORTUNÉ
CYBERNÉTICIENNE	AVESNES-SUR-HELPE
RHABDOMANCIENNE	PHÉNAKISTISCOPE
RUPIFICALDIENNE	ULTRAMICROSCOPE
SAINT-AVOLDIENNE	SOLIGNY-LA-TRAPPE
ROUYNORANDIENNE	TRAFALGAR SQUARE
RÉGINABORGIENNE	PLÉNEUF-VAL-ANDRÉ
PHILADELPHIENNE	MAHAUT DE FLANDRE
NÉANDERTALIENNE	CLÉRY-SAINT-ANDRÉ
AFRO-BRÉSILIENNE	SÉVÈRE ALEXANDRE
AFRO-BRÉSILIENNE	SAINT-MARTIN-DE-RÉ
CARQUEFOLLIENNE	ÉLECTROMÉNAGÈRE
VÉNÉTIE JULIENNE	STÉRÉORÉGULIÈRE
SUD-VIETNAMIENNE	CHAUX-DE-FONNIÈRE
SUD-VIETNAMIENNE	CHAMPIGNONNIÈRE
CHRYSOSTOMIENNE	LA GALISSONNIÈRE
TRANSYLVANIENNE	OZOIR-LA-FERRIÈRE
TRANSYLVANIENNE	COURSE-CROISIÈRE
PENNSYLVANIENNE	JUDITH DE BAVIÈRE
CRISTALLINIENNE	BOUÉ DE LAPEYRÈRE
CONSTANTINIENNE	ALEXANDRE SÉVÈRE
SAINT-SAVINIENNE	QUATRE-DE-CHIFFRE

THERMONUCLÉAIRE	CONCHYLICULTURE
FLUVIO-GLACIAIRE	VITIVINICULTURE
EXTRAJUDICIAIRE	**VERNEUIL-SUR-AVRE**
HEXACORALLIAIRE	**LE GOND-PONTOUVRE**
OCTOCORALLIAIRE	**RUELLE-SUR-TOUVRE**
PERPENDICULAIRE	CRISTALLOGENÈSE
INTRAMUSCULAIRE	**GUYANE FRANÇAISE**
NEUROMUSCULAIRE	FRANCO-FRANÇAISE
INTRACELLULAIRE	**MONTBÉLIARDAISE**
PLURICELLULAIRE	**ARGENTEUILLAISE**
MULTICELLULAIRE	AZERBAÏDJANAISE
INTERCELLULAIRE	**AZERBAÏDJANAISE**
CORELIGIONNAIRE	**DEUX-MONTAGNAISE**
CONVULSIONNAIRE	**VILLEURBANNAISE**
CONCESSIONNAIRE	**CARBONBLANNAISE**
PROCESSIONNAIRE	ROUSSILLONNAISE
DÉPRESSIONNAIRE	**ROUSSILLONNAISE**
COMMISSIONNAIRE	**NIEDERBRONNAISE**
PERMISSIONNAIRE	**SAINT-GIRONNAISE**
SOUMISSIONNAIRE	**COURCOURONNAISE**
CONCUSSIONNAIRE	**MONTBRISONNAISE**
GÉOSTATIONNAIRE	**SAINT-CHAMONAISE**
DISCRÉTIONNAIRE	**SEINE-ET-MARNAISE**
EXPÉDITIONNAIRE	**POINTE-CLAIRAISE**
RÉVOLUTIONNAIRE	**SAINT-AGNANTAISE**
TOURBILLONNAIRE	**HILAIREMONTAISE**
JUGE-COMMISSAIRE	DÉBROUILLARDISE
HAUT-COMMISSAIRE	INSTRUMENTALISÉ
NUE-PROPRIÉTAIRE	INTELLECTUALISÉ
INTERPLANÉTAIRE	**BEAUMES-DE-VENISE**
ANTIAUTORITAIRE	POSTSYNCHRONISÉ
AGROALIMENTAIRE	**JEANNE-FRANÇOISE**
EXTRASTATUTAIRE	**SARREBOURGEOISE**
BUCKINGHAMSHIRE	DÉSEMBOURGEOISÉ
OUZOUER-SUR-LOIRE	LUXEMBOURGEOISE
POUILLY-SUR-LOIRE	**LUXEMBOURGEOISE**
CLASSIFICATOIRE	STRASBOURGEOISE
IDENTIFICATOIRE	**STRASBOURGEOISE**
DISCRIMINATOIRE	**VILLEFRANCHOISE**
COCCOLITHOPHORE	**NOUVELLE HÉLOÏSE**
ORGANOPHOSPHORÉ	**BLANC-MESNILOISE**
CONSTANCE CHLORE	**CINTEGABELLOISE**
MAULÉON-LICHARRE	**BEAUSOLEILLOISE**
JEANNE DE NAVARRE	**BELLEFEUILLOISE**
GERMAIN D'AUXERRE	**FRANCHEVILLOISE**
NEUROPSYCHIATRE	**LORETTEVILLOISE**
LACTODENSIMÈTRE	**LANEUVEVILLOISE**
RADIOGONIOMÈTRE	**FRANCONVILLOISE**
BONNETS-DE-PRÊTRE	**BOUCHERVILLOISE**
CIRCUMTERRESTRE	**SARTROUVILLOISE**
GÉLATINO-BROMURE	**SAINT-GERMANOISE**
CRYOTEMPÉRATURE	**FÈRE-CHAMPENOISE**
PARALITTÉRATURE	**SAINT-GAUDINOISE**
ÉLECTROPONCTURE	**MONT-DAUPHINOISE**
ÉLECTROPUNCTURE	**CASTELSALINOISE**
TECHNOSTRUCTURE	**SAINT-MARTINOISE**
CUNICULICULTURE	**SARREGUEMINOISE**

BISCHWILLEROISE
AUSTRO-HONGROISE
AUSTRO-HONGROISE
YAMOUSSOUKROISE
BEAUMONT-SUR-OISE
LAURIERMONTOISE
SOLLIÈSPONTOISE
PONTRAMBERTOISE
HEILLECOURTOISE
MICROENTREPRISE
FRANÇOIS D'ASSISE
DÉBUREAUCRATISÉ
CONTRE-EXPERTISE
BULLETIN-RÉPONSE
PHLÉBOTHROMBOSE
HYPERVITAMINOSE
ARTÉRIOSCLÉROSE
TOITURE-TERRASSE
SUPERFORTERESSE
CONTREMAÎTRESSE
PETITE-MAÎTRESSE
CUL-DE-BASSE-FOSSE
GRÉGOIRE DE NYSSE
IRRÉVÉRENCIEUSE
MISÉRICORDIEUSE
ANTI-INFECTIEUSE
CARRIER-BELLEUSE
TRIPATOUILLEUSE
JEAN D'OUTREMEUSE
ANTIMIGRAINEUSE
CONFECTIONNEUSE
COLLECTIONNEUSE
PRÉCAUTIONNEUSE
PHOTOCOMPOSEUSE
PARENCHYMATEUSE
VASCULO-NERVEUSE
NICOLO DELL'ABATE
ALUMINOSILICATE
SOCIAL-DÉMOCRATE
THROMBOPHLÉBITE
CONTRE-PUBLICITÉ
PYROÉLECTRICITÉ
PSYCHOMOTRICITÉ
VISCOÉLASTICITÉ
PHOTOÉLASTICITÉ
VISCOPLASTICITÉ
SUPERPLASTICITÉ
CONTEMPORANÉITÉ
RHINO-PHARYNGITE
PHILIPPE ÉGALITÉ
CONFIDENTIALITÉ
INTENTIONNALITÉ
HOMOPARENTALITÉ
MONOPARENTALITÉ
INTELLECTUALITÉ
INTERTEXTUALITÉ
HÉTÉROSEXUALITÉ

IMPRATICABILITÉ
IMPONDÉRABILITÉ
INVULNÉRABILITÉ
IMPÉNÉTRABILITÉ
MANŒUVRABILITÉ
INCOMMUTABILITÉ
TRANSMUTABILITÉ
INTELLIGIBILITÉ
INDISPONIBILITÉ
IMPRÉVISIBILITÉ
INEXTENSIBILITÉ
IRRÉVERSIBILITÉ
INACCESSIBILITÉ
COMPRESSIBILITÉ
INADMISSIBILITÉ
INCOMPATIBILITÉ
INDÉFECTIBILITÉ
IRRÉDUCTIBILITÉ
INDISSOLUBILITÉ
BERNARD-L'HERMITE
TRISTAN L'HERMITE
ÉLECTROAFFINITÉ
MONTMORILLONITE
COMPLÉMENTARITÉ
REINE-MARGUERITE
SPONDYLARTHRITE
COURSE-POURSUITE
SÉNATUS-CONSULTE
FONTENAY-LE-COMTE
INTERDÉPENDANTE
AUTOLUBRIFIANTE
HYPOGLYCÉMIANTE
TURBOSOUFFLANTE
ENTHOUSIASMANTE
IMPRESSIONNANTE
TOURBILLONNANTE
NON-BELLIGÉRANTE
ANTIDÉFLAGRANTE
ANTIPERSPIRANTE
INSATISFAISANTE
TRANQUILLISANTE
RESPLENDISSANTE
ABASOURDISSANTE
RAFRAÎCHISSANTE
ASSUJETTISSANTE
PHOTORÉSISTANTE
BIOLUMINESCENTE
PHOSPHORESCENTE
SEMI-CONVERGENTE
CONTRE-EMPREINTE
MARSANNAY-LA-CÔTE
DIOGÈNE DE LAËRTE
CONTRE-MANIFESTÉ
LIBRE-ÉCHANGISTE
PHARMACOLOGISTE
MICROBIOLOGISTE
ÉPIDÉMIOLOGISTE

BACTÉRIOLOGISTE
ÉPISTÉMOLOGISTE
OPHTALMOLOGISTE
ANTHROPOLOGISTE
TRAUMATOLOGISTE
PALÉONTOLOGISTE
ANTIMONARCHISTE
ANTIMONDIALISTE
NÉOCOLONIALISTE
SUBSTANTIALISTE
EXISTENTIALISTE
FONCTIONNALISTE
TRADITIONNALISTE
ANTICAPITALISTE
FONDAMENTALISTE
INFAILLIBILISTE
ANTICONFORMISTE
CONTORSIONNISTE
IMPRESSIONNISTE
EXPRESSIONNISTE
PERCUSSIONNISTE
POPULATIONNISTE
PERFECTIONNISTE
PROJECTIONNISTE
PROTECTIONNISTE
EXHIBITIONNISTE
ABSTENTIONNISTE
ASSOMPTIONNISTE
ASSOMPTIONNISTE
CHAMPIGNONNISTE
ANTIMILITARISTE
COMMUNAUTARISTE
INDÉPENDANTISTE
MÉDECIN-DENTISTE
CONTREPOINTISTE
JUSQU'AU-BOUTISTE
PSYCHOLINGUISTE
CONSTRUCTIVISTE
FRÉDÉRIC-AUGUSTE
PHILIPPE AUGUSTE
ROMÉO ET JULIETTE
CHAUFFE-ASSIETTE
DÉBARBOUILLETTE
MARIE-ANTOINETTE
SABRE-BAÏONNETTE
OISEAU-TROMPETTE
MAGNÉTOCASSETTE
BÉBÉS-ÉPROUVETTE
MAISONS-LAFFITTE
RADIOTHÉRAPEUTE
PHYTOTHÉRAPEUTE
ESQUIMAU-ALÉOUTE
OLIGODENDROCYTE
POLYÉLECTROLYTE
LOUIS DE GONZAGUE
À TOUTE BERZINGUE
PSYCHOPÉDAGOGUE

PARAPSYCHOLOGUE
MARSILE DE PADOUE
ANTOINE DE PADOUE
CUPROAMMONIAQUE
ANAPHRODISIAQUE
CABESTANYENCQUE
FONTAINE-L'ÉVÊQUE
TÉTRASYLLABIQUE
PHOSPHOCALCIQUE
ANTISPASMODIQUE
INTERSPÉCIFIQUE
ANTINÉVRALGIQUE
PHARMACOLOGIQUE
MICROBIOLOGIQUE
ÉPIDÉMIOLOGIQUE
BACTÉRIOLOGIQUE
ÉPISTÉMOLOGIQUE
OPHTALMOLOGIQUE
ANTHROPOLOGIQUE
TRAUMATOLOGIQUE
PALÉONTOLOGIQUE
GRÉCO-BOUDDHIQUE
STRATIGRAPHIQUE
MUSICOGRAPHIQUE
LEXICOGRAPHIQUE
STÉRÉOGRAPHIQUE
BIBLIOGRAPHIQUE
MÉCANOGRAPHIQUE
OCÉANOGRAPHIQUE
SÉLÉNOGRAPHIQUE
CRYPTOGRAPHIQUE
PARASYMPATHIQUE
CONRAD LE SALIQUE
INTERMÉTALLIQUE
VIEUX-CATHOLIQUE
MÉTHYLACRYLIQUE
CHROMODYNAMIQUE
THERMODYNAMIQUE
CHRYSANTHÉMIQUE
PHYSICO-CHIMIQUE
ÉLECTROCHIMIQUE
SPECTROCHIMIQUE
SOCIO-ÉCONOMIQUE
MACROÉCONOMIQUE
MICROÉCONOMIQUE
CHLORO-ORGANIQUE
PSYCHASTHÉNIQUE
OXYACÉTYLÉNIQUE
SCHIZOPHRÉNIQUE
PSYCHOTECHNIQUE
PATHOGNOMONIQUE
ARCHITECTONIQUE
HANSE TEUTONIQUE
KALÉIDOSCOPIQUE
SPECTROSCOPIQUE
PHILANTHROPIQUE
MONOCYLINDRIQUE

THERMOSPHÉRIQUE	HIPPOPOTAMESQUE
STRATOSPHÉRIQUE	CHURRIGUERESQUE
ANTIDIPHTÉRIQUE	HISPANO-MORESQUE
CORNE DE L'AFRIQUE	**SAINTE-GENEVIÈVE**
DICTIONNAIRIQUE	CONTRE-OFFENSIVE
FANTASMAGORIQUE	INCOMPRÉHENSIVE
PROTOHISTORIQUE	ANTÉPRÉDICATIVE
TRIBOÉLECTRIQUE	INTERRO-NÉGATIVE
RADIOÉLECTRIQUE	ÉLECTRONÉGATIVE
HYDROÉLECTRIQUE	NEUROVÉGÉTATIVE
FERROÉLECTRIQUE	PSYCHOAFFECTIVE
PHOTOÉLECTRIQUE	INTERSUBJECTIVE
PIÉZO-ÉLECTRIQUE	ÉLECTROPOSITIVE
TRIGONOMÉTRIQUE	**CHARLES LE CHAUVE**
SPECTROMÉTRIQUE	**SAVIGNY-SUR-BRAYE**
PNEUMOGASTRIQUE	THERMOPROPULSIF
PARANÉOPLASIQUE	ÉLECTROPORTATIF
TECTONOPHYSIQUE	CONTRE-PRODUCTIF
SYNALLAGMATIQUE	**BETHMANN-HOLLWEG**
DIAPHRAGMATIQUE	**GISCARD D'ESTAING**
ANTIASTHMATIQUE	**KAUNITZ-RIETBERG**
MONOCHROMATIQUE	**SAINT PETERSBURG**
PSYCHOSOMATIQUE	**MÖNCHENGLADBACH**
SEMI-AUTOMATIQUE	**HUNTINGTON BEACH**
BIO-INFORMATIQUE	**HIMACHAL PRADESH**
OLÉOPNEUMATIQUE	**SEKONDI-TAKORADI**
ÉLECTROSTATIQUE	**PHILIPPE LE HARDI**
MAGNÉTOSTATIQUE	**VASSILI CHOUÏSKI**
EXTRAGALACTIQUE	**KAMENSK-OURALSKI**
INTERGALACTIQUE	**ALEXANDRE NEVSKI**
PARASYNTHÉTIQUE	**DJALAL AL-DIN RUMI**
POLYSYNTHÉTIQUE	**CORALLI PERACINI**
HÉMATOPOÏÉTIQUE	**VILLENEUVE-LE-ROI**
HÉTÉROGAMÉTIQUE	**GENJI MONOGATARI**
PSYCHOGÉNÉTIQUE	**SÃO JOÃO DE MERITI**
IMMUNOGÉNÉTIQUE	**REZA CHAH PAHLAVI**
CRYPTOGÉNÉTIQUE	**FRANÇOIS RÁKÓCZI**
FERRIMAGNÉTIQUE	**JASTRZEBIE-ZDRÓJ**
FERROMAGNÉTIQUE	TRAVELLER'S CHECK
POLIOMYÉLITIQUE	**ANJERO-SOUDJENSK**
LOIRE-ATLANTIQUE	**DNIPRODZERJYNSK**
OUTRE-ATLANTIQUE	**OUST-KAMENOGORSK**
TRANSATLANTIQUE	**DNIEPROPETROVSK**
ANTIPSYCHOTIQUE	**NORODOM SIHANOUK**
ANTIPATRIOTIQUE	FRANCO-PROVENÇAL
TROPHOBLASTIQUE	**VLADIMIR-SOUZDAL**
TRIPLOBLASTIQUE	ENTREPRENEURIAL
THERMOPLASTIQUE	**MITTELLANDKANAL**
TRANSPHRASTIQUE	CORTICOSURRÉNAL
CRIMINALISTIQUE	STATURO-PONDÉRAL
FOOTBALLISTIQUE	SOUS-PRÉFECTORAL
CARACTÉRISTIQUE	EXTRÊME-ORIENTAL
ARRIÈRE-BOUTIQUE	AUTO SACRAMENTAL
PSYCHANALYTIQUE	ENVIRONNEMENTAL
SYMPATHOLYTIQUE	**SAINT-GENIS-LAVAL**
PALMA DE MAJORQUE	PSYCHOSENSORIEL
CAUCHEMARDESQUE	INTERINDUSTRIEL

JURISPRUDENTIEL	CHRYSÉLÉPHANTIN
UNIDIMENSIONNEL	**MONT-SAINT-MARTIN**
TRIDIMENSIONNEL	**BACHELOT-NARQUIN**
CONFORMATIONNEL	**CHAUMONT-EN-VEXIN**
ORGANISATIONNEL	**ROBERT DE COURÇON**
CONVERSATIONNEL	**GUILLAUME LE LION**
UNIDIRECTIONNEL	**VAUDREUIL-DORION**
INSURRECTIONNEL	RADIOTÉLÉVISION
RECONVENTIONNEL	INCOMPRÉHENSION
INTERVENTIONNEL	CONTRE-EXTENSION
DISTRIBUTIONNEL	INTERPROFESSION
CONSTITUTIONNEL	BOUTONS-PRESSION
PRIMEL-TRÉGASTEL	AUTOTRANSFUSION
INTERINDIVIDUEL	DÉCALCIFICATION
CHARLES-EMMANUEL	RECALCIFICATION
PONSON DU TERRAIL	DÉMYTHIFICATION
ADÉMAR DE MONTEIL	DÉQUALIFICATION
FACHES-THUMESNIL	REQUALIFICATION
ROYAL DUTCH-SHELL	ALCOOLIFICATION
CHOLÉCALCIFÉROL	EXEMPLIFICATION
NETZAHUALCÓYOTL	ÉLECTRIFICATION
MATO GROSSO DO SUL	DÉNITRIFICATION
GUILLAUME D'OCCAM	DÉVITRIFICATION
MÉDINET EL-FAYOUM	INTENSIFICATION
COUSIN-MONTAUBAN	DIVERSIFICATION
SAINT-LARY-SOULAN	DÉSERTIFICATION
MONT-SAINT-AIGNAN	DÉMYSTIFICATION
JEAN DE CAPISTRAN	EXCOMMUNICATION
CASTANET-TOLOSAN	DÉSINTOXICATION
KARAKALPAKISTAN	ÉLECTROLOCATION
FRIEDRICHSHAFEN	AUTOFÉCONDATION
SIMON LE MAGICIEN	MICRO-IRRIGATION
PSYCHOMÉTRICIEN	RADIONAVIGATION
PSYCHOMOTRICIEN	DIFFÉRENCIATION
SANGALLO L'ANCIEN	NON-DÉNONCIATION
RHINO-PHARYNGIEN	NON-CONCILIATION
NEUROCHIRURGIEN	DIFFÉRENTIATION
CROSSOPTÉRYGIEN	HYPOVENTILATION
SILLON RHODANIEN	DÉSINSTALLATION
CHÂTELPERRONIEN	CONTREVALLATION
CASTELPERRONIEN	CIRCONVALLATION
CASTROGONTÉRIEN	IMMATRICULATION
SAINT-SYMPHORIEN	DÉSARTICULATION
ORGANOMAGNÉSIEN	TRANSMODULATION
CAMPIVALLENSIEN	SURACCUMULATION
CORPOPÉTRUSSIEN	PHOSPHORYLATION
ÉTOUFFE-CHRÉTIEN	DÉCARBOXYLATION
DÉVILLE-LÈS-ROUEN	DÉPROGRAMMATION
ANTIRÉPUBLICAIN	SURCONSOMMATION
LATINO-AMÉRICAIN	SÉROVACCINATION
LATINO-AMÉRICAIN	INSUBORDINATION
CASTELJALOUSAIN	TUBERCULINATION
BARBES-DE-CAPUCIN	DÉCONTAMINATION
AMMIEN MARCELLIN	INDÉTERMINATION
ROBERT BELLARMIN	PROCRASTINATION
COMTAT VENAISSIN	COPARTICIPATION
LA VALLÉE-POUSSIN	AUTOCÉLÉBRATION

RÉINCARCÉRATION
DÉCONSIDÉRATION
SURRÉGÉNÉRATION
DÉPHOSPHORATION
SONY CORPORATION
ULTRAFILTRATION
DÉCONCENTRATION
RÉORCHESTRATION
TRANSFIGURATION
DÉSTRUCTURATION
RESTRUCTURATION
MARCHANDISATION
STANDARDISATION
CLOCHARDISATION
HOMOGÉNÉISATION
HIÉRARCHISATION
DYSTROPHISATION
CANNIBALISATION
SYNDICALISATION
TROPICALISATION
OFFICIALISATION
DÉSOCIALISATION
RESOCIALISATION
MATÉRIALISATION
MARGINALISATION
RÉGIONALISATION
NATIONALISATION
RATIONALISATION
INTERNALISATION
EXTERNALISATION
DÉSACRALISATION
HOSPITALISATION
IMMORTALISATION
RÉACTUALISATION
CULPABILISATION
RENTABILISATION
DÉSTABILISATION
SENSIBILISATION
INFANTILISATION
CRISTALLISATION
DÉSATELLISATION
AMÉRICANISATION
EUROPÉANISATION
DÉSORGANISATION
DÉSHUMANISATION
CHAMPAGNISATION
DÉSTALINISATION
MASCULINISATION
SYNCHRONISATION
IMPATRONISATION
JUDICIARISATION
FAMILIARISATION
DÉSCOLARISATION
VASCULARISATION
PROLÉTARISATION
PLANÉTARISATION
SÉDENTARISATION

CARACTÉRISATION
TERTIAIRISATION
INFÉRIORISATION
INTÉRIORISATION
EXTÉRIORISATION
PRÉSONORISATION
DÉSECTORISATION
MINIATURISATION
MATHÉMATISATION
SYSTÉMATISATION
INFORMATISATION
DÉMOCRATISATION
ALPHABÉTISATION
DÉBUDGÉTISATION
DÉMAGNÉTISATION
SURCOMPENSATION
CONTRE-PASSATION
DÉPHOSPHATATION
SUREXPLOITATION
VALSE-HÉSITATION
TRANSPLANTATION
COMPLÉMENTATION
SUPPLÉMENTATION
SURALIMENTATION
EXPÉRIMENTATION
INSTRUMENTATION
DÉSINCRUSTATION
RADIOACTIVATION
SUBSTANTIVATION
RECHERCHE-ACTION
INTERATTRACTION
VIDÉO PROJECTION
HYPERCORRECTION
MICRODISSECTION
RADIOPROTECTION
SUPRACONDUCTION
PHOTOCONDUCTION
SUPERPRODUCTION
AUTODESTRUCTION
FOIRE-EXPOSITION
NON-INTERVENTION
RETRANSCRIPTION
CIRCONSCRIPTION
ACQUITS-À-CAUTION
SAISIE-EXÉCUTION
MARCILLAC-VALLON
CASIMIR JAGELLON
LES AIX-D'ANGILLON
SAKAIDA KAKIEMON
SCEAUX-DE-SALOMON
VILLE-CHAMPIGNON
VILLENAVE-D'ORNON
LA ROCHE-SUR-FORON
CALPURNIUS PISON
ERIK JEDVARDSSON
OLAV TRYGGVESSON
SNORRI STURLUSON

ROMAN-FEUILLETON
COMINES-WARNETON
LE RELECQ-KERHUON
STRATFORD-ON-AVON
CORNEILLE DE LYON
VILLEMUR-SUR-TARN
NICOLAS DE VERDUN
TRINITÉ-ET-TOBAGO
ARNOLFO DI CAMBIO
OUSMANE DAN FODIO
RADIO MONTE-CARLO
DOMITIUS CORBULO
TOMMASO DACELANO
SAMPIERO D'ORNANO
SPINELLO ARETINO
PRONUNCIAMIENTO
MINAS DE RÍOTINTO
CORTINA D'AMPEZZO
GUITTONE D'AREZZO
VILLENEUVE-D'ASCQ
MUHAMMAD AL-SADUQ
DURG-BHILAINAGAR
TÉGLATH-PHALASAR
PEMATANGSIANTAR
CHAVÍN DE HUANTAR
RIEMENSCHNEIDER
SAINT-LÉGER LÉGER
TRITH-SAINT-LÉGER
RAIMOND BÉRENGER
BEAUMONT-LE-ROGER
COUPOLE DU ROCHER
APPRENTI SORCIER
DACTYLOGRAPHIER
TRANSFRONTALIER
ARCHICHANCELIER
AIREDALE-TERRIER
SCOTTISH-TERRIER
PILÂTRE DE ROZIER
TASSILI DES AJJER
DÉSEMBOUTEILLER
DAIMLERCHRYSLER
FRANCE D'OUTRE-MER
GENTLEMAN-FARMER
LA TRANCHE-SUR-MER
TROUVILLE-SUR-MER
CAVALAIRE-SUR-MER
LA TRINITÉ-SUR-MER
MONTREUIL-SUR-MER
KERSCHENSTEINER
PRÉSÉLECTIONNER
PERQUISITIONNER
DÉCONVENTIONNER
DÉCONGESTIONNER
FRANSQUILLONNER
SPARRING-PARTNER
FONCTIONNALISER
DÉSAISONNALISER

DÉPERSONNALISER
CONTRACTUALISER
IMPERMÉABILISER
RESPONSABILISER
RESPECTABILISER
DÉCHRISTIANISER
RECHRISTIANISER
FONCTIONNARISER
COMMUNAUTARISER
DÉCOLLECTIVISER
CARHAIX-PLOUGUER
CLOYES-SUR-LE-LOIR
LE ROUGE ET LE NOIR
SANCHE O POVOADOR
DANICAN-PHILIDOR
SÉLEUCOS NIKATÔR
RELEASING FACTOR
PHOTOTRANSISTOR
JACQUES LE MAJEUR
TÉLÉTRAVAILLEUR
JACQUES LE MINEUR
APPROVISIONNEUR
ÉCHANTILLONNEUR
TURBOPROPULSEUR
MULTIPROCESSEUR
MICROPROCESSEUR
NEURODÉPRESSEUR
SURENCHÉRISSEUR
TÉLÉAVERTISSEUR
DÉMYSTIFICATEUR
DIFFÉRENCIATEUR
DIFFÉRENTIATEUR
RACCOMPAGNATEUR
MACRO-ORDINATEUR
MICRO-ORDINATEUR
SUPERORDINATEUR
SURRÉGÉNÉRATEUR
HOMOGÉNÉISATEUR
DÉSTABILISATEUR
SENSIBILISATEUR
DÉSORGANISATEUR
EXPÉRIMENTATEUR
AUTOCOMMUTATEUR
VIDÉO PROJECTEUR
RÉTROPROJECTEUR
SUPRACONDUCTEUR
RADIOCONDUCTEUR
PHOTOCONDUCTEUR
AUTODESTRUCTEUR
CONCHYLICULTEUR
EMBERLIFICOTEUR
THERMORÉCEPTEUR
BOURSES-À-PASTEUR
CAPITAL-RISQUEUR
LUZ-SAINT-SAUVEUR
TRÉSORIER-PAYEUR
GOUVION-SAINT-CYR

NICÉPHORE PHOKAS
GRÉGOIRE PALAMAS
L'ISLE-SUR-LE-DOUBS
BOUILLONS-BLANCS
KOLAR GOLD FIELDS
WINDWARD ISLANDS
SOUS-DIRECTRICES
SENSORI-MOTRICES
SELF-INDUCTANCES
AUTO-INDUCTANCES
VICE-PRÉSIDENCES
NON-CONCURRENCES
PONTS-PROMENADES
JUDÉO-ALLEMANDES
OUEST-ALLEMANDES
RHINO-PHARYNGÉES
SINGES-ARAIGNÉES
TIRE-BOUCHONNÉES
SOUS-DÉVELOPPÉES
COURT-CIRCUITÉES
CONTRE-ATTAQUÉES
CONTRE-INDIQUÉES
LEMAIRE DE BELGES
AIGUILLES-ROUGES
AURIGE DE DELPHES
PAPIERS-MONNAIES
HALTES-GARDERIES
SAISIES-GAGERIES
STÉRÉO-ISOMÉRIES
AULNOYE-AYMERIES
VREDEMAN DE VRIES
PORTE-PARAPLUIES
MAXILLO-FACIALES
CÉRÉBRO-SPINALES
GRACIÁN Y MORALES
FRANÇOIS DE SALES
PRO-OCCIDENTALES
SAMOA ORIENTALES
MOYEN-ORIENTALES
INDES ORIENTALES
CRAPAUDS-BUFFLES
SEMI-OFFICIELLES
RINCE-BOUTEILLES
OUVRE-BOUTEILLES
PORTE-BOUTEILLES
CHASSE-GOUPILLES
CARABISTOUILLES
CANNES-BÉQUILLES
LEFÈVRE D'ÉTAPLES
FRÉDÉRIC-CHARLES
BLOCS-DIAGRAMMES
VALENCES-GRAMMES
NÆVO-CARCINOMES
GARDES-CHIOURMES
NON-CONFORMISMES
MICRO-ORGANISMES
SAINT-SIMONISMES

FREUDO-MARXISMES
RIOM-ÈS-MONTAGNES
NORD-AMÉRICAINES
NORD-AMÉRICAINES
AFRO-AMÉRICAINES
AFRO-AMÉRICAINES
MÉSO-AMÉRICAINES
NÉGRO-AFRICAINES
BORNES-FONTAINES
SAINT CATHARINES
ANTI-SOUS-MARINES
ARRIÈRE-CUISINES
ARRIÈRE-COUSINES
LIMEIL-BRÉVANNES
INDO-EUROPÉENNES
INDO-EUROPÉENNES
NON EUCLIDIENNES
NILO-SAHARIENNES
FINNO-OUGRIENNES
TIBIO-TARSIENNES
TERRE-NEUVIENNES
TERRE-NEUVIENNES
KAMERLINGH ONNES
STATUES-COLONNES
CORBEIL-ESSONNES
NAVIRES-CITERNES
CAMIONS-CITERNES
BATEAUX-CITERNES
ALCALÁ DE HENARES
GARDES-BARRIÈRES
CACHE-BRASSIÈRES
PORTE-ÉTRIVIÈRES
TRACHÉES-ARTÈRES
SEMI-AUXILIAIRES
SOUS-MAXILLAIRES
SEMI-CIRCULAIRES
SOUS-SCAPULAIRES
GÉNITO-URINAIRES
SOUS-PROLÉTAIRES
SOUS-SECRÉTAIRES
PATTES-MÂCHOIRES
DOUBLES-FENÊTRES
SOUS-ADMINISTRÉS
DAME-D'ONZE-HEURES
SOUS-PRÉFECTURES
ALPES FRANÇAISES
SOUS-MÉDICALISÉS
LAURIERS-CERISES
GRANDES JORASSES
HAUTS-DE-CHAUSSES
TROIS GLORIEUSES
LIBÉRO-LIGNEUSES
HAUTES-FIDÉLITÉS
GASTRO-ENTÉRITES
NON-DIRECTIVITÉS
AIDES-SOIGNANTES
NON-COMBATTANTES

VICE-PRÉSIDENTES	**GOUSSAINVILLOIS**
POITOU-CHARENTES	**FÈRE-EN-TARDENOIS**
LOCATIONS-VENTES	**SAINT-POURCINOIS**
RÉFÉRÉS-LIBERTÉS	**SAINT-QUENTINOIS**
NON-SPÉCIALISTES	**SAINT-AVERTINOIS**
NON-CONFORMISTES	**SAINT-JULIENNOIS**
AUTOS-COUCHETTES	**OBERLAND BERNOIS**
PORTE-SERVIETTES	**PRIEUR-DUVERNOIS**
BRICKS-GOÉLETTES	**HÉRIMONCOURTOIS**
PORTE-CIGARETTES	**MYSTÈRES DE PARIS**
LIVRES-CASSETTES	OREILLE-DE-SOURIS
PRESSE-RAQUETTES	NEGRO SPIRITUALS
COUCHES-CULOTTES	AGRO-INDUSTRIELS
OURALO-ALTAÏQUES	SPATIO-TEMPORELS
ARABO-ISLAMIQUES	**VAUGHAN WILLIAMS**
INDOLE-ACÉTIQUES	**JOUFFROY D'ABBANS**
MAGNÉTO-OPTIQUES	**PUCELLE D'ORLÉANS**
LOURENÇO MARQUES	SOUVENIRS-ÉCRANS
SOCIO-ÉDUCATIVES	FRANCO-CANADIENS
NON DESTRUCTIVES	**FRANCO-CANADIENS**
MÉDICO-SPORTIVES	NORD-VIETNAMIENS
BRIGADIERS-CHEFS	**NORD-VIETNAMIENS**
INTERRO-NÉGATIFS	DELIRIUM TREMENS
CARDIO-TRAININGS	**BALARUC-LES-BAINS**
SARATOGA SPRINGS	**DIVONNE-LES-BAINS**
COLORADO SPRINGS	**MONDORF-LES-BAINS**
HOMMES-SANDWICHS	**LUXEUIL-LES-BAINS**
PORT-AUX-FRANÇAIS	**ENGHIEN-LES-BAINS**
CHÂTELLERAUDAIS	**YVERDON-LES-BAINS**
NORD-PAS-DE-CALAIS	**BAGNOLS-LES-BAINS**
NORD-MONTRÉALAIS	**LAMALOU-LES-BAINS**
GRAND-QUEVILLAIS	ANGLO-AMÉRICAINS
CHAMPIGNEULLAIS	**ANGLO-AMÉRICAINS**
NIGÉRO-CONGOLAIS	**VINCENT DE LÉRINS**
SANCTO-JULIANAIS	REQUINS-PÈLERINS
TARN-ET-GARONNAIS	SAISIES-BRANDONS
CASTELGIRONNAIS	SOUS-COMMISSIONS
CHÂTELGUYONNAIS	EURO-OBLIGATIONS
CASTELBRIANTAIS	CONGRATULATIONS
SAINT-MAIXENTAIS	SOUS-ESTIMATIONS
ROCHECHOUARTAIS	SOUS-ÉVALUATIONS
POISSONS-PARADIS	PRIMO-INFECTIONS
MUTATIS MUTANDIS	SOUS-PRODUCTIONS
SOPHIA-ANTIPOLIS	SOUS-EXPOSITIONS
SEINE-SAINT-DENIS	NON-COMPARUTIONS
NEUVILLE-AUX-BOIS	COURTS-BOUILLONS
VITRY-LE-FRANÇOIS	CHAUFFE-BIBERONS
BRANDEBOURGEOIS	**LES ANCIZES-COMPS**
BRANDEBOURGEOIS	**SAINT-JULIEN-L'ARS**
WISSEMBOURGEOIS	GENTLEMEN-RIDERS
LAUTERBOURGEOIS	CONTRE-ESPALIERS
FRANCS-BOURGEOIS	NAVIRES-ATELIERS
PETITS-BOURGEOIS	**BOULAINVILLIERS**
VILLERSEXELLOIS	SAPEURS-POMPIERS
MONTFERMEILLOIS	PRÊTRES-OUVRIERS
VICTORIAVILLOIS	**DIANE DE POITIERS**
DRUMMONDVILLOIS	FRANCS-QUARTIERS

PETITS DÉJEUNERS	**CHÂTEAUMEILLANT**
MICROS-TROTTOIRS	DÉSENTORTILLANT
MARTINS-PÊCHEURS	RECROQUEVILLANT
PORTE-CONTENEURS	PSYCHOSTIMULANT
SOUS-GOUVERNEURS	IMMUNOSTIMULANT
MAÎTRES-PENSEURS	**GABRIEL LALEMANT**
AIDES-ÉDUCATEURS	TIRE-BOUCHONNANT
CACHE-RADIATEURS	APPROVISIONNANT
MINI-ORDINATEURS	REDIMENSIONNANT
CÂBLO-OPÉRATEURS	DÉSILLUSIONNANT
SEMI-CONDUCTEURS	DÉCONDITIONNANT
DUPONT DE NEMOURS	RÉQUISITIONNANT
GRÉGOIRE DE TOURS	MANUTENTIONNANT
ASSOCIATED PRESS	DÉCAVAILLONNANT
MARTEAUX-PIOLETS	ÉCHANTILLONNANT
PLUS-QUE-PARFAITS	MARÉCHAL-FERRANT
MILLE ET UNE NUITS	WAGON-RESTAURANT
CARÊMES-PRENANTS	SE CLOCHARDISANT
SOUS-LIEUTENANTS	SURMÉDICALISANT
NON-BELLIGÉRANTS	COMMERCIALISANT
BASSINS-VERSANTS	DÉMATÉRIALISANT
BUISSONS-ARDENTS	INDUSTRIALISANT
SOUS-AMENDEMENTS	DÉCRIMINALISANT
SOUS-PEUPLEMENTS	DÉNATIONALISANT
SOUS-ÉQUIPEMENTS	OCCIDENTALISANT
AMIANTES-CIMENTS	INDIVIDUALISANT
SELF-GOVERNMENTS	CONCEPTUALISANT
PORTRAITS-ROBOTS	CONTEXTUALISANT
COMPÈRES-LORIOTS	DÉCULPABILISANT
PALAVAS-LES-FLOTS	VULNÉRABILISANT
SEXTUS EMPIRICUS	DÉCRÉDIBILISANT
AEMILIUS LEPIDUS	DÉSENSIBILISANT
TULLUS HOSTILIUS	INSENSIBILISANT
ANGELUS SILESIUS	RECRISTALLISANT
QUINTILIUS VARUS	DÉSYNCHRONISANT
CYTOMÉGALOVIRUS	PARTICULARISANT
SOUS-PROLÉTARIAT	REVASCULARISANT
ENTREPRENEURIAT	TRANSISTORISANT
LÉONARD DE NOBLAT	TECHNOCRATISANT
VENANCE FORTUNAT	BUREAUCRATISANT
FLORIS DE VRIENDT	TRANSPARAISSANT
SAINT-LEU-LA-FORÊT	APPROFONDISSANT
LEVALLOIS-PERRET	SURENCHÉRISSANT
LEPRINCE-RINGUET	DÉSÉPAISSISSANT
BECS-DE-PERROQUET	RECONVERTISSANT
ASSURANCE-CRÉDIT	INTERVERTISSANT
PONT-SAINT-ESPRIT	DÉSASSORTISSANT
SAINT-GENIEZ-D'OLT	DÉSINVESTISSANT
FORT-ARCHAMBAULT	INTERCONNECTANT
NOYELLES-GODAULT	COURT-CIRCUITANT
CONTREBALANÇANT	COMPARTIMENTANT
LOUIS LE FAINÉANT	EMBERLIFICOTANT
DÉDIFFÉRENCIANT	THERMORÉSISTANT
HYPERGLYCÉMIANT	CONTRE-ATTAQUANT
DÉBROUSSAILLANT	CONTRE-INDIQUANT
EMBROUSSAILLANT	NARCOTRAFIQUANT
SE COLLETAILLANT	**PUY-SAINT-VINCENT**

GUIBERT DE NOGENT

ANTIDÉPLACEMENT	HÉRÉDITAIREMENT
AUTOFINANCEMENT	PRIORITAIREMENT
RÉENSEMENCEMENT	MAJORITAIREMENT
PROVERBIALEMENT	AUTORITAIREMENT
COMMERCIALEMENT	OBLIGATOIREMENT
PHÉNOMÉNALEMENT	PÉREMPTOIREMENT
PRONOMINALEMENT	POSTÉRIEUREMENT
ORTHOGONALEMENT	ENTRECROISEMENT
UNILATÉRALEMENT	DÉREMBOURSEMENT
CONGÉNITALEMENT	GRANOCLASSEMENT
HORIZONTALEMENT	INTERCLASSEMENT
IRRÉVOCABLEMENT	DÉPAPERASSEMENT
DÉSAGRÉABLEMENT	ÉCLAIRCISSEMENT
INFATIGABLEMENT	OBSCURCISSEMENT
RAISONNABLEMENT	ACCOURCISSEMENT
IRRÉPARABLEMENT	REFROIDISSEMENT
INSÉPARABLEMENT	ABÂTARDISSEMENT
DÉFAVORABLEMENT	DÉGOURDISSEMENT
INÉPUISABLEMENT	ENGOURDISSEMENT
INÉLUCTABLEMENT	ASSOURDISSEMENT
INDUBITABLEMENT	APPLAUDISSEMENT
CONFORTABLEMENT	INFLÉCHISSEMENT
IRRÉFUTABLEMENT	DÉGAUCHISSEMENT
IMMANQUABLEMENT	AFFAIBLISSEMENT
REMARQUABLEMENT	ENSEVELISSEMENT
IMPITOYABLEMENT	REJAILLISSEMENT
INFAILLIBLEMENT	ACCOMPLISSEMENT
PERCEPTIBLEMENT	ASSOUPLISSEMENT
ESSENTIELLEMENT	RAFFERMISSEMENT
POTENTIELLEMENT	ACCROUPISSEMENT
RATIONNELLEMENT	ASSOMBRISSEMENT
PERSONNELLEMENT	ATTENDRISSEMENT
FRATERNELLEMENT	AMOINDRISSEMENT
UNIVERSELLEMENT	RENCHÉRISSEMENT
CONTINUELLEMENT	DÉMAIGRISSEMENT
PERPÉTUELLEMENT	ENDOLORISSEMENT
SPIRITUELLEMENT	APPAUVRISSEMENT
ENTREBÂILLEMENT	DESSAISISSEMENT
ÉCRABOUILLEMENT	RESSAISISSEMENT
QUATORZIÈMEMENT	DÉGROSSISSEMENT
RACCOMPAGNEMENT	EMPUANTISSEMENT
RADIOALIGNEMENT	PERVERTISSEMENT
SURENTRAÎNEMENT	TRAVESTISSEMENT
CLANDESTINEMENT	ENGLOUTISSEMENT
QUOTIDIENNEMENT	FALLACIEUSEMENT
ÉBOURGEONNEMENT	PERNICIEUSEMENT
COLLATIONNEMENT	CAPRICIEUSEMENT
CONDITIONNEMENT	SILENCIEUSEMENT
RÉÉCHELONNEMENT	FASTIDIEUSEMENT
DÉCLOISONNEMENT	PRODIGIEUSEMENT
EMPOISSONNEMENT	CALOMNIEUSEMENT
INOPPORTUNÉMENT	HARMONIEUSEMENT
DÉSENCOMBREMENT	MYSTÉRIEUSEMENT
INCONSIDÉRÉMENT	VICTORIEUSEMENT
IRRÉGULIÈREMENT	OBSÉQUIEUSEMENT
FORFAITAIREMENT	SCANDALEUSEMENT
	MIRACULEUSEMENT

MÉTICULEUSEMENT	INSTINCTIVEMENT
FRAUDULEUSEMENT	SUBSTANTIVEMENT
SCRUPULEUSEMENT	CONSÉCUTIVEMENT
DÉDAIGNEUSEMENT	DÉSOBLIGEAMMENT
DÉSASTREUSEMENT	BIENVEILLAMMENT
MALHEUREUSEMENT	INCONSÉQUEMMENT
CHALEUREUSEMENT	LANGUE-DE-SERPENT
LANGOUREUSEMENT	**BAS-SAINT-LAURENT**
DOULOUREUSEMENT	IMMUNOCOMPÉTENT
PLANTUREUSEMENT	**VLADIMIR LE SAINT**
AVENTUREUSEMENT	À BRÛLE-POURPOINT
MONSTRUEUSEMENT	**JOINVILLE-LE-PONT**
DÉFECTUEUSEMENT	**CHARENTON-LE-PONT**
AFFECTUEUSEMENT	**HARDOUIN-MANSART**
TUMULTUEUSEMENT	**VAL-SAINT-LAMBERT**
VOLUPTUEUSEMENT	**BRIE-COMTE-ROBERT**
MAJESTUEUSEMENT	CONTRE-TRANSFERT
INDISTINCTEMENT	LETTRE-TRANSFERT
MULTITRAITEMENT	**CONDÉ-SUR-L'ESCAUT**
HYDROTRAITEMENT	**BRUAY-SUR-L'ESCAUT**
DÉSENCHANTEMENT	**PHILIBERT LE BEAU**
CONTINGENTEMENT	**CONDÉ-SUR-NOIREAU**
CONTREVENTEMENT	**WALDECK-ROUSSEAU**
DÉSAPPOINTEMENT	**GUYTON DE MORVEAU**
INTRINSÈQUEMENT	**MAURICE DE NASSAU**
STRATÉGIQUEMENT	**ADOLPHE DE NASSAU**
PÉDAGOGIQUEMENT	**MURASAKI SHIKIBU**
THÉOLOGIQUEMENT	**CRÉCY-EN-PONTHIEU**
SYMPATHIQUEMENT	**BOURGOIN-JALLIEU**
ÉVANGÉLIQUEMENT	**DÉCINES-CHARPIEU**
PARABOLIQUEMENT	**TOSHUSAI SHARAKU**
APOSTOLIQUEMENT	**YAMAMOTO ISOROKU**
ALLÉGORIQUEMENT	**KUALA TERENGGANU**
CATÉGORIQUEMENT	**TAKE SHITA NOBORU**
GÉOMÉTRIQUEMENT	**SAINT-PAUL-LÈS-DAX**
EXCENTRIQUEMENT	**LA MOTTE-SERVOLEX**
SCHÉMATIQUEMENT	EXTRAPYRAMIDAUX
FLEGMATIQUEMENT	CYLINDRES-SCEAUX
ÉNIGMATIQUEMENT	**MAGNY-LES-HAMEAUX**
AUTOMATIQUEMENT	SOUS-ARBRISSEAUX
DIALECTIQUEMENT	REQUINS-MARTEAUX
PROPHÉTIQUEMENT	ARCHIÉPISCOPAUX
SYNTHÉTIQUEMENT	INTERVERTÉBRAUX
AUTHENTIQUEMENT	SCAPULO-HUMÉRAUX
PATRIOTIQUEMENT	ADIPOSO-GÉNITAUX
SARCASTIQUEMENT	NAVIRES-HÔPITAUX
FANTASTIQUEMENT	TRANSCENDANTAUX
STATISTIQUEMENT	PROCHE-ORIENTAUX
ENTRECHOQUEMENT	GOUVERNEMENTAUX
PROGRESSIVEMENT	COMPORTEMENTAUX
APPROBATIVEMENT	SUPRASEGMENTAUX
CORRÉLATIVEMENT	ÉPICONTINENTAUX
AFFIRMATIVEMENT	ANTITUBERCULEUX
ALTERNATIVEMENT	ANTIPRURIGINEUX
COMPARATIVEMENT	ARTÉRIOSCLÉREUX
QUALITATIVEMENT	HYPOPHOSPHOREUX
FACULTATIVEMENT	ALCALINO-TERREUX
RÉTROACTIVEMENT	**GUILLAUME LE ROUX**

THANKSGIVING DAY
MONTREUIL-BELLAY
DUPLESSIS-MORNAY
SILVESTRE DE SACY
LEMAISTRE DE SACY
VILLERS-LÈS-NANCY
GAUTIER DE COINCY
AMBÉRIEU-EN-BUGEY
MADAME BUTTERFLY
LE GRAND-QUEVILLY
LE PETIT-QUEVILLY
SAINT-BARTHÉLEMY

HOUPHOUËT-BOIGNY
CHÂTENAY-MALABRY
PHILIPPE DE VITRY
MONTFORT-L'AMAURY
BOKARO STEEL CITY
GARCÍA GUTIÉRREZ
TUXTLA GUTIÉRREZ
GONZÁLEZ MÁRQUEZ
MONTIGNY-LÈS-METZ
SAINT-PÈRE-EN-RETZ
BOURGNEUF-EN-RETZ

FERDINAND LE GRAND
GUILLAUME LE GRAND
ALEXANDRE LE GRAND
SAINT-MÉEN-LE-GRAND
MOURMELON-LE-GRAND
ABD AL-AZIZ IBN SAUD
PHILIPPE DE SOUABE
TARQUIN LE SUPERBE
BUCKINGHAM PALACE
DÉMYSTIFICATRICE
DIFFÉRENCIATRICE
SURRÉGÉNÉRATRICE
HOMOGÉNÉISATRICE
DÉSTABILISATRICE
SENSIBILISATRICE
DÉSORGANISATRICE
EXPÉRIMENTATRICE
SUPRACONDUCTRICE
PHOTOCONDUCTRICE
AUTODESTRUCTRICE
CONCHYLICULTRICE
TÉLÉSURVEILLANCE
AUTOSURVEILLANCE

CARREÑO DE MIRANDA
SCYLAX DE CARYANDA
ANTIGUA-ET-BARBUDA
SAXE-COBOURG-GOTHA
GRAN SASSO D'ITALIA
REGGIO NELL'EMILIA
REGGIO DI CALABRIA
MARIE LESZCZYNSKA
ANTIGUA GUATEMALA
HIDALGO Y COSTILLA
NAKHON RATCHASIMA
MARIANA DE LA REINA
GRANADOS Y CAMPIÑA
PIERRE D'ALCÁNTARA
KATHARINA VON BORA
MUSTAFA KEMAL PASA
ACÉTYLCOENZYMES A
MARTÍNEZ DE LA ROSA
SAN-MARTINO-DI-LOTA
HURTADO DE MENDOZA
CREUTZFELDT-JAKOB
LA BAULE-ESCOUBLAC
LOUISE DE MARILLAC
GERBERT D'AURILLAC
CYRANO DE BERGERAC
SAINT-JEAN-LE-BLANC
CASTELNAU-DE-MÉDOC
DAVID COPPERFIELD
THÉODORIC LE GRAND

ADÉLAÏDE DE FRANCE
ISABELLE DE FRANCE
OISE-PAYS DE FRANCE
TREMBLAY-EN-FRANCE
NEUILLY-PLAISANCE
MÉTACONNAISSANCE
CHIMIORÉSISTANCE
CRYOLUMINESCENCE
IMMUNODÉFICIENCE
PORTES-LÈS-VALENCE
SAINT-PAUL-DE-VENCE
MAXIMILIEN DE BADE
BENJAMIN DE TUDÈLE
CONTRE-PROPAGANDE
GERTRUDE LA GRANDE
RHÔMANOS LE MÉLODE
SINT-GENESIUS-RODE
BRIVE-LA-GAILLARDE

INTRAMONTAGNARDE
QUARANTE-HUITARDE
SOIXANTE-HUITARDE
BACILLARIOPHYCÉE
BEAUFORT-EN-VALLÉE
RÉAPPROVISIONNÉE
DISPROPORTIONNÉE
ORGANOPHOSPHORÉE
INTELLECTUALISÉE
POSTSYNCHRONISÉE
DÉSEMBOURGEOISÉE
DÉBUREAUCRATISÉE
CONTRE-ESPIONNAGE
PRÉAPPRENTISSAGE
TRENTIN-HAUT-ADIGE
GUILLAUME D'ORANGE
CASTILLE-LA MANCHE
MORTAGNE-AU-PERCHE
LÉON LE PHILOSOPHE
FRESNAY-SUR-SARTHE
ASSURANCE-MALADIE
SPISSKÉ PODHRADIE
ETHNOMUSICOLOGIE
ETHNOPSYCHOLOGIE
NEUROPSYCHOLOGIE
PSYCHOPATHOLOGIE
PHYSIOPATHOLOGIE
ANTHROPOBIOLOGIE
PSYCHOSOCIOLOGIE
NEUROPHYSIOLOGIE
RADIOCHRONOLOGIE
RADIO-IMMUNOLOGIE
AGROCLIMATOLOGIE
HYDROMÉTALLURGIE
RADIOTÉLÉGRAPHIE
TÉLÉRADIOGRAPHIE
AUTORADIOGRAPHIE
BIOBIBLIOGRAPHIE
CRISTALLOGRAPHIE
SYMPLÉSIOMORPHIE
JOSEPH D'ARIMATHIE
CHOLÉCYSTECTOMIE
HYPERŒSTROGÉNIE
BRONCHO-PNEUMONIE
ADÉLAÏDE DE SAVOIE
AURICULOTHÉRAPIE
INSULINOTHÉRAPIE
VITAMINOTHÉRAPIE
VERTÉBROTHÉRAPIE
THALASSOTHÉRAPIE
SAINT-CIRQ-LAPOPIE
SAULT-SAINTE-MARIE
LE CHÂTELET-EN-BRIE
THÉON D'ALEXANDRIE
HÉRON D'ALEXANDRIE
HYPERCHLORHYDRIE
ETHNOPSYCHIATRIE

NEUROPSYCHIATRIE
RADIOGONIOMÉTRIE
FRÉDÉRIC DE STYRIE
DYSCHONDROPLASIE
SOCIAL-DÉMOCRATIE
FRANCO-PROVENÇALE
ENTREPRENEURIALE
CORTICOSURRÉNALE
MÉDULLOSURRÉNALE
STATURO-PONDÉRALE
SOUS-PRÉFECTORALE
AMÉRIQUE CENTRALE
DVINA OCCIDENTALE
EXTRÊME-ORIENTALE
FLANDRE-ORIENTALE
ENVIRONNEMENTALE
COMMERCIALISABLE
INTERCONNECTABLE
INCOMPRÉHENSIBLE
BERLINER ENSEMBLE
DAMMARTIN-EN-GOËLE
DOMRÉMY-LA-PUCELLE
FLEURY-SUR-ANDELLE
CIRCONSTANCIELLE
EXTRASENSORIELLE
AGRO-INDUSTRIELLE
POSTINDUSTRIELLE
CONSUBSTANTIELLE
INTERFÉRENTIELLE
BIDIMENSIONNELLE
TRANSFUSIONNELLE
CORRÉLATIONNELLE
INFORMATIONNELLE
GRAVITATIONNELLE
INTERACTIONNELLE
TRANSACTIONNELLE
JURIDICTIONNELLE
TRIFONCTIONNELLE
INCONDITIONNELLE
PRÉPOSITIONNELLE
PROPOSITIONNELLE
INSTITUTIONNELLE
INTERPERSONNELLE
SPATIO-TEMPORELLE
MEURTHE-ET-MOSELLE
ARQUES-LA-BATAILLE
ANDORRE-LA-VIEILLE
ISIDORE DE SÉVILLE
FOUQUIER-TINVILLE
PIC DE LA MIRANDOLE
FRÉDÉRIC LE SIMPLE
COLONNES D'HERCULE
ROMULUS AUGUSTULE
MAGNÉSIE DU SIPYLE
CHARENTE-MARITIME
ÉLECTROMYOGRAMME
HÉTÉROCHROMOSOME

PHÉOCHROMOCYTOME
MONTECATINI-TERME
PROCELLARIIFORME
INFUNDIBULIFORME
PLEURONECTIFORME
ANTICLÉRICALISME
ALTERMONDIALISME
ANTICOLONIALISME
ANTI-IMPÉRIALISME
PRÉSIDENTIALISME
SENSATIONNALISME
PHOTOJOURNALISME
ULTRALIBÉRALISME
MULTILATÉRALISME
INSTRUMENTALISME
INTELLECTUALISME
NÉOMERCANTILISME
ANTIAMÉRICANISME
PRESBYTÉRIANISME
SÉGRÉGATIONNISME
ASSOCIATIONNISME
INTERACTIONNISME
OBSTRUCTIONNISME
CONTRE-TERRORISME
EUROPÉOCENTRISME
MICROTRAUMATISME
ARCHÉOMAGNÉTISME
SILLÉ-LE-GUILLAUME
PTOLÉMÉE ÉPIPHANE
TRIPHÉNYLMÉTHANE
TRICHLORÉTHYLÈNE
ADÈLE DE CHAMPAGNE
NOUVELLE-BRETAGNE
MARIE DE BOURGOGNE
HENRI DE BOURGOGNE
COURNON-D'AUVERGNE
ANTIRÉPUBLICAINE
LATINO-AMÉRICAIN
LATINO-AMÉRICAINE
MARIA CHAPDELAINE
FRANÇOISE ROMAINE
CASTELJALOUSAINE
CAP-DE-LA-MADELEINE
ALISE-SAINTE-REINE
VERNEUIL-SUR-SEINE
ASNIÈRES-SUR-SEINE
DIACÉTYLMORPHINE
CORTICOSTIMULINE
CHRYSÉLÉPHANTINE
CHAMPAGNE-ARDENNE
DORSALE GUINÉENNE
ARISTOTÉLICIENNE
PYROTECHNICIENNE
POLYTECHNICIENNE
NÉOPLATONICIENNE
ÉCONOMÉTRICIENNE
ASTROPHYSICIENNE

CHIROPRATICIENNE
PÉRIPATÉTICIENNE
PORT-AU-PRINCIENNE
FRANCO-CANADIENNE
FRANCO-CANADIENNE
PARATHYROÏDIENNE
ANTITHYROÏDIENNE
COMÉDIE-ITALIENNE
BERZÉLAVILLIENNE
CHLOROPHYLLIENNE
AMSTELLODAMIENNE
NORD-VIETNAMIENNE
NORD-VIETNAMIENNE
TRANSAMAZONIENNE
PONTÉPISCOPIENNE
LOMÉNIE DE BRIENNE
CAROLOMACÉRIENNE
PONTAUDEMÉRIENNE
NÉOGRAMMAIRIENNE
SAÔNE-ET-LOIRIENNE
PROTOHISTORIENNE
TRANSCAUCASIENNE
SAINT-PALAISIENNE
CHANTONNAISIENNE
CARPENTRASSIENNE
MARIE L'ÉGYPTIENNE
SAILLAT-SUR-VIENNE
MANSART DE SAGONNE
DÉSAPPROVISIONNÉ
LES SABLES-D'OLONNE
VERDUN-SUR-GARONNE
PORTET-SUR-GARONNE
NEUVILLE-SUR-SAÔNE
RÉUNION-TÉLÉPHONE
LA VOULTE-SUR-RHÔNE
SAINT-OUEN-L'AUMÔNE
BONNEUIL-SUR-MARNE
ORMESSON-SUR-MARNE
VILLIERS-SUR-MARNE
THORIGNY-SUR-MARNE
SAINT-JEAN-DE-LOSNE
AGRIPPINE LA JEUNE
TASSIN-LA-DEMI-LUNE
THÉOPHILANTHROPE
JEMEPPE-SUR-SAMBRE
ARGENT-SUR-SAULDRE
LA CÔTE-SAINT-ANDRÉ
TRANSFRONTALIÈRE
BRUAY-LA-BUISSIÈRE
ISABEAU DE BAVIÈRE
ARRIÈRE-GRAND-MÈRE
ARRIÈRE-GRAND-PÈRE
ÉLECTRONUCLÉAIRE
HYDROCORALLIAIRE
PLÉNIPOTENTIAIRE
MONT-SAINT-HILAIRE
SUPRAMOLÉCULAIRE

INTRAMOLÉCULAIRE
MACROMOLÉCULAIRE
INTERMOLÉCULAIRE
EXTRAVÉHICULAIRE
ANTIPELLICULAIRE
CARDIO-VASCULAIRE
SAINT-APOLLINAIRE
SUBDIVISIONNAIRE
DEMI-PENSIONNAIRE
MANUTENTIONNAIRE
AUTOGESTIONNAIRE
CARDIO-PULMONAIRE
CONTRESIGNATAIRE
JAMMU-ET-CACHEMIRE
SAINT-CYR-SUR-LOIRE
CHAUMONT-SUR-LOIRE
PRÉIMPLANTATOIRE
DESBORDES-VALMORE
CLERMONT-TONNERRE
ROCHEFORT-EN-TERRE
LE KREMLIN-BICÊTRE
MILLIAMPÈREMÈTRE
SPHYGMOMANOMÈTRE
TOMODENSITOMÈTRE
COURVILLE-SUR-EURE
CATHERINE LABOURÉ
GÉLATINO-CHLORURE
PALÉOTEMPÉRATURE
MORTAGNE-SUR-SÈVRE
MONOAMINE-OXYDASE
RHODE-SAINT-GENÈSE
ALEXANDRE FARNÈSE
ÉLISABETH FARNÈSE
COMÉDIE-FRANÇAISE
NAVARRE FRANÇAISE
CHÂTELLERAUDAISE
GUINÉE PORTUGAISE
NORD-MONTRÉALAISE
GRAND-QUEVILLAISE
CHAMPIGNEULLAISE
NIGÉRO-CONGOLAISE
SANCTO-JULIANAISE
TARN-ET-GARONNAISE
CASTELGIRONNAISE
CHÂTELGUYONNAISE
CASTELBRIANTAISE
SAINT-MAIXENTAISE
ROCHECHOUARTAISE
DÉSINDUSTRIALISÉ
PROFESSIONNALISÉ
CORRECTIONNALISÉ
INTERNATIONALISÉ
DÉPARTEMENTALISÉ
SAINTE-MÈRE-ÉGLISE
DÉRESPONSABILISÉ
BRANDEBOURGEOISE
BRANDEBOURGEOISE

PETITE-BOURGEOISE
WISSEMBOURGEOISE
LAUTERBOURGEOISE
VILLERSEXELLOISE
MONTFERMEILLOISE
VICTORIAVILLOISE
DRUMMONDVILLOISE
GOUSSAINVILLOISE
SAINT-POURCINOISE
SAINT-QUENTINOISE
SAINT-AVERTINOISE
SAINT-JULIENNOISE
HÉRIMONCOURTOISE
JUNIOR ENTREPRISE
POCHETTE-SURPRISE
LE PLESSIS-TRÉVISE
BULLETINS-RÉPONSE
LYMPHORÉTICULOSE
CHONDROCALCINOSE
NEUROFIBROMATOSE
HYPERPLAQUETTOSE
HYPERLEUCOCYTOSE
GARGES-LÈS-GONESSE
STRATOFORTERESSE
RAMASSEUSE-PRESSE
CULS-DE-BASSE-FOSSE
CARRÈRE D'ENCAUSSE
SAINT-ALBAN-LEYSSE
AUTOMITRAILLEUSE
DÉBROUSSAILLEUSE
ANTITUBERCULEUSE
ANTIPRURIGINEUSE
APPROVISIONNEUSE
DÉCAVAILLONNEUSE
ÉCHANTILLONNEUSE
ARTÉRIOSCLÉREUSE
ALCALINO-TERREUSE
GRANDE-CHARTREUSE
SURENCHÉRISSEUSE
EMBERLIFICOTEUSE
SORGUE DE VAUCLUSE
SOCIALE-DÉMOCRATE
LUCIEN DE SAMOSATE
PTOLÉMÉE ÉVERGÈTE
TRIBOÉLECTRICITÉ
RADIOÉLECTRICITÉ
HYDROÉLECTRICITÉ
FERROÉLECTRICITÉ
PHOTOÉLECTRICITÉ
PIÉZO-ÉLECTRICITÉ
PSYCHOPLASTICITÉ
DENYS L'ARÉOPAGITE
TRACHÉO-BRONCHITE
LEUCO-ENCÉPHALITE
EXTERRITORIALITÉ
CYBERCRIMINALITÉ
PROPORTIONNALITÉ

SUPRANATIONALITÉ
INTERNATIONALITÉ
INTERCOMMUNALITÉ
ENCÉPHALOMYÉLITE
IMPERTURBABILITÉ
BIODÉGRADABILITÉ
INTEROPÉRABILITÉ
IRRESPONSABILITÉ
IMPUTRESCIBILITÉ
RADIOSENSIBILITÉ
PHOTOSENSIBILITÉ
HYPERSENSIBILITÉ
INSUBMERSIBILITÉ
TRANSMISSIBILITÉ
IMPRÉDICTIBILITÉ
REPRODUCTIBILITÉ
IMPERCEPTIBILITÉ
INCORRUPTIBILITÉ
INCONVERTIBILITÉ
INCOMBUSTIBILITÉ
PERPENDICULARITÉ
STÉRÉORÉGULARITÉ
REPRÉSENTATIVITÉ
HYPERGLYCÉMIANTE
DÉBROUSSAILLANTE
PSYCHOSTIMULANTE
IMMUNOSTIMULANTE
TRENTE-ET-QUARANTE
THERMORÉSISTANTE
NARCOTRAFIQUANTE
IMMUNOCOMPÉTENTE
APAMÉE-SUR-L'ORONTE
LAISSÉ-POUR-COMPTE
COMMEDIA DELL'ARTE
RÍO BRAVO DEL NORTE
RIO GRANDE DO NORTE
ALPHONSE LE CHASTE
ÉLECTROMÉNAGISTE
ANTIESCLAVAGISTE
ENDOCRINOLOGISTE
ALTERMONDIALISTE
ANTICOLONIALISTE
ANTI-IMPÉRIALISTE
PHOTOJOURNALISTE
INTELLECTUALISTE
JEAN L'ÉVANGÉLISTE
SÉGRÉGATIONNISTE
OBSTRUCTIONNISTE
PROHIBITIONNISTE
CRYPTOCOMMUNISTE
CONTRE-TERRORISTE
AUDIOPROTHÉSISTE
MULTIRÉCIDIVISTE
L'ANCIENNE-LORETTE
LEXINGTON-FAYETTE
KINÉSITHÉRAPEUTE
PSYCHOTHÉRAPEUTE

PHYSIOTHÉRAPEUTE
INHALOTHÉRAPEUTE
GÉNÉRATION PERDUE
MICHEL PALÉOLOGUE
MANUEL PALÉOLOGUE
NEUROPSYCHOLOGUE
PSYCHOSOCIOLOGUE
L'ISLE-SUR-LA-SORGUE
TRAVELLER'S CHEQUE
AUSTRALOPITHÈQUE
IMPARISYLLABIQUE
QUADRISYLLABIQUE
EDGAR LE PACIFIQUE
STÉRÉOSPÉCIFIQUE
ANTISCIENTIFIQUE
GÉOMORPHOLOGIQUE
PHÉNOMÉNOLOGIQUE
BIOTECHNOLOGIQUE
GÉOCHRONOLOGIQUE
AUTOBIOGRAPHIQUE
MÉTALLOGRAPHIQUE
SIGILLOGRAPHIQUE
DACTYLOGRAPHIQUE
SPECTROGRAPHIQUE
ORTHOSYMPATHIQUE
ÉPIPALÉOLITHIQUE
CLAUDE LE GOTHIQUE
GLYCÉROPHTALIQUE
MÉPHISTOPHÉLIQUE
ORGANOMÉTALLIQUE
THROMBOEMBOLIQUE
ÉLECTRODYNAMIQUE
MAGNÉTODYNAMIQUE
ÉLECTROMÉCANIQUE
HYPOALLERGÉNIQUE
ÉLECTROTECHNIQUE
ANTIHISTAMINIQUE
DEUTÉROCANONIQUE
NANOÉLECTRONIQUE
OPTOÉLECTRONIQUE
DIOGÈNE LE CYNIQUE
PSYCHOTHÉRAPIQUE
CHIMIOTHÉRAPIQUE
MÉTAPHOSPHORIQUE
PYROPHOSPHORIQUE
DIESEL-ÉLECTRIQUE
DYNAMOÉLECTRIQUE
THERMOÉLECTRIQUE
STŒCHIOMÉTRIQUE
HOROKILOMÉTRIQUE
ANTHROPOMÉTRIQUE
MÉTAMATHÉMATIQUE
ORTHOCHROMATIQUE
TÉLÉINFORMATIQUE
PÉRI-INFORMATIQUE
HYDROPNEUMATIQUE
ANTIDÉMOCRATIQUE

BACTÉRIOSTATIQUE
RÉTROSYNTHÉTIQUE
PHOTOSYNTHÉTIQUE
ÉLECTROCINÉTIQUE
CHAMITO-SÉMITIQUE
THYMOANALEPTIQUE
MÉTALLOPLASTIQUE
GALVANOPLASTIQUE
ANTIPHLOGISTIQUE
MÉTALINGUISTIQUE
ZOOTHÉRAPEUTIQUE
HISPANO-MAURESQUE
AMBARÈS-ET-LAGRAVE
RÉPUBLIQUE BATAVE
THERMOPROPULSIVE
ÉLECTROPORTATIVE
CONTRE-PRODUCTIVE
SAINT-JEAN-DE-BRAYE
MANIACO-DÉPRESSIF
MUHAMMAD IBN YUSUF
VALDEMAR ATTERDAG
CHALETTE-SUR-LOING
VILLENEUVE-DE-BERG
PIETERMARITZBURG
JEAN DE LUXEMBOURG
HAUT-KŒNIGSBOURG
SAINT-PÉTERSBOURG
HASAN IBN AL-JABBAH
BERGISCH GLADBACH
BEHREN-LÈS-FORBACH
FISCHER VON ERLACH
PLAISANCE-DU-TOUCH
MAXIMILIEN JOSEPH
ARUNACHAL PRADESH
TERAUCHI HISAICHI
KUTCHUK-KAÏNARDJI
IZANAGI ET IZANAMI
SESTO SAN GIOVANNI
KAWABATA YASUNARI
SALINAS DE GORTARI
ABU AL-ALA AL-MAARRI
BORDJ BOU ARRÉRIDJ
OTTON DE BRUNSWICK
NOUVEAU-BRUNSWICK
VAN MUSSCHENBROEK
LADISLAS LOKIETEK
BLAGOVECHTCHENSK
IOUJNO-SAKHALINSK
NEUROCHIRURGICAL
SAINT-ROMAIN-EN-GAL
EXTRAPATRIMONIAL
EXTRATERRITORIAL
GASTRO-INTESTINAL
SAHARA OCCIDENTAL
HYPERCONTINENTAL
INTERCONTINENTAL
TRANSCONTINENTAL

CORMELLES-LE-ROYAL
TILL EULENSPIEGEL
VILLAINES-LA-JUHEL
CONQUES-SUR-ORBIEL
INTERMINISTÉRIEL
SEMI-PRÉSIDENTIEL
COMMUNICATIONNEL
OMNIDIRECTIONNEL
ANTICONJONCTUREL
ROBERT D'ARBRISSEL
BRUYÈRES-LE-CHÂTEL
INGÉNIEUR-CONSEIL
ADHÉMAR DE MONTEIL
KINGSTON-UPON-HULL
BOURG-SAINT-ANDÉOL
GUILLAUME D'OCKHAM
SINT-MARTENS-LATEM
BRITISH PETROLEUM
VÁSQUEZ MONTÁLBAN
ERCKMANN-CHATRIAN
NUAGES DE MAGELLAN
MASDJID-I SULAYMAN
MASDJED-E SOLEYMAN
AMAURY DE LUSIGNAN
CHRISTINE DE PISAN
ÉTIENNE UROS DUSAN
THERMODYNAMICIEN
PSYCHOTECHNICIEN
RADIOÉLECTRICIEN
CÉPHALO-RACHIDIEN
GLOSSO-PHARYNGIEN
ACANTHOPTÉRYGIEN
RAVAISSON-MOLLIEN
NEUROENDOCRINIEN
ÉPITHÉLIONEURIEN
MALAYO-POLYNÉSIEN
SÉQUANODIONYSIEN
HISPANO-AMÉRICAIN
HISPANO-AMÉRICAIN
SCIPION L'AFRICAIN
SUD-OUEST AFRICAIN
MASSIF ARMORICAIN
DANGÉ-SAINT-ROMAIN
REVIGNY-SUR-ORNAIN
MEHMED VAHIDEDDIN
LA ROCHEJAQUELEIN
FOULQUES LE RÉCHIN
LARAGNE-MONTÉGLIN
ANGLES-SUR-L'ANGLIN
À LA SAINT-GLINGLIN
GEVREY-CHAMBERTIN
ANTOINE DE BOURBON
CHARLES DE BOURBON
CATHERINE D'ARAGON
BAGNÈRES-DE-LUCHON
BERNARD DE MENTHON
PTOLÉMÉE CÉSARION

PEINTURE-ÉMULSION
THERMOPROPULSION
IMMUNODÉPRESSION
TÉLÉTRANSMISSION
CUISSON-EXTRUSION
CRYODESSICCATION
CONTRE-INDICATION
DISQUALIFICATION
PERSONNIFICATION
SACCHARIFICATION
AUTHENTIFICATION
COMPLEXIFICATION
DÉMULTIPLICATION
CEP COMMUNICATION
MICROPROPAGATION
CIRCUMNAVIGATION
HYPERVENTILATION
CIRCUMAMBULATION
INTERCIRCULATION
THERMORÉGULATION
AUTOCONSOMMATION
SOUS-CONSOMMATION
PUBLI-INFORMATION
DÉSHYDROGÉNATION
NON-DISSÉMINATION
PRÉDÉTERMINATION
SURDÉTERMINATION
DÉSINCARCÉRATION
NON-PROLIFÉRATION
TRANSLITTÉRATION
EXXON CORPORATION
INTERPÉNÉTRATION
CARBONITRURATION
DÉMÉDICALISATION
ÉCHOLOCALISATION
DÉSPÉCIALISATION
POTENTIALISATION
PERSONNALISATION
FICTIONALISATION
MUNICIPALISATION
DÉMINÉRALISATION
DÉCENTRALISATION
DÉNATURALISATION
UNIVERSALISATION
SPIRITUALISATION
MALLÉABILISATION
COMPTABILISATION
DÉCARTELLISATION
SURALCOOLISATION
CHRISTIANISATION
DÉNICOTINISATION
DÉPIGEONNISATION
AUTO-IMMUNISATION
DÉNUCLÉARISATION
PARCELLARISATION
DÉMILITARISATION
REMILITARISATION

DÉPOLYMÉRISATION
COPOLYMÉRISATION
CONTAINÉRISATION
PSYCHIATRISATION
CONTENEURISATION
DÉPRESSURISATION
MITHRIDATISATION
DÉSINSECTISATION
DÉSAMBIGUÏSATION
COLLECTIVISATION
POLYCONDENSATION
PRESTIDIGITATION
SOUS-EXPLOITATION
DÉRÉGLEMENTATION
SOUS-ALIMENTATION
DÉSAFFÉRENTATION
SURFRÉQUENTATION
CONTRE-PRESTATION
CRYOCONSERVATION
AUTOSATISFACTION
NON-CONTRADICTION
POLITIQUE-FICTION
VASOCONSTRICTION
ÉLECTROSTRICTION
MAGNÉTOSTRICTION
MACRO-INSTRUCTION
PHOTOCOMPOSITION
TÉLÉDISTRIBUTION
CONTRE-RÉVOLUTION
FONTAINE-LÈS-DIJON
TAILLEUR-PANTALON
LADISLAS JAGELLON
MAUZÉ-SUR-LE-MIGNON
LA ROQUE-D'ANTHÉRON
LE CHÂTEAU-D'OLÉRON
SYNCHROCYCLOTRON
HERZOG ET DE MEURON
LEFÈVRE D'ORMESSON
CHAZELLES-SUR-LYON
SAINTE-FOY-LÈS-LYON
CRAPONNE-SUR-ARZON
GIULIANO DA MAIANO
LORENZO VENEZIANO
KOIZUMI JUNICHIRO
NAKASONE YASUHIRO
ANDAMAN ET NICOBAR
BOISSY-SAINT-LÉGER
YORKSHIRE-TERRIER
SAINT-BRIAC-SUR-MER
SAINT-AUBIN-SUR-MER
L'AIGUILLON-SUR-MER
RÉAPPROVISIONNER
INSTRUMENTALISER
INTELLECTUALISER
POSTSYNCHRONISER
DÉSEMBOURGEOISER
DÉBUREAUCRATISER

CONTRE-MANIFESTER
MÜLHEIM AN DER RUHR
SEICHES-SUR-LE-LOIR
GAUTIER SANS AVOIR
FUSIL-MITRAILLEUR
CONTRE-TORPILLEUR
SOUS-ENTREPRENEUR
PINCE-MONSEIGNEUR
IMMUNODÉPRESSEUR
TURBOCOMPRESSEUR
PRÉAMPLIFICATEUR
SURAMPLIFICATEUR
DÉMULTIPLICATEUR
SUPERCALCULATEUR
THERMORÉGULATEUR
TÉLÉMANIPULATEUR
TURBOALTERNATEUR
DÉCENTRALISATEUR
PRESTIDIGITATEUR
VASOCONSTRICTEUR
SÉNÈQUE LE RHÉTEUR
PHOTOCOMPOSITEUR
GRENADE-SUR-L'ADOUR
CAGNIARD DE LA TOUR
QUEVEDO Y VILLEGAS
CONSTANTIN DOUKAS
BORMES-LES-MIMOSAS
QUARANTE-HUITARDS
SOIXANTE-HUITARDS
VILLARS-LES-DOMBES
SEMI-CONDUCTRICES
NON-BELLIGÉRANCES
CONTRE-ASSURANCES
TRANS-AVANT-GARDES
BORGNIS-DESBORDES
SOUS-ADMINISTRÉES
SOUS-MÉDICALISÉES
BALLONS DES VOSGES
SAINTES-NITOUCHES
BUIS-LES-BARONNIES
GESTALT-THÉRAPIES
FRANC-MAÇONNERIES
SURPRISES-PARTIES
SCAPULO-HUMÉRALES
ADIPOSO-GÉNITALES
PROCHE-ORIENTALES
SEMI-SUBMERSIBLES
MICRO-INTERVALLES
FŒTO-MATERNELLES
PORTE-JARRETELLES
AUTOS-PATROUILLES
MÉTAUX-CARBONYLES
QUATRE-VINGTIÈMES
SOIXANTE-DIXIÈMES
MOLÉCULES-GRAMMES
ROBERT DE MOLESMES
LIBRE-ÉCHANGISMES

JUSQU'AU-BOUTISMES
VENAREY-LÈS-LAUMES
MARTÍNEZ MONTAÑÉS
SAMOA AMÉRICAINES
ANGLO-AMÉRICAINES
ANGLO-AMÉRICAINES
MONTCEAU-LES-MINES
POUSSETTES-CANNES
PUVIS DE CHAVANNES
AFRO-BRÉSILIENNES
AFRO-BRÉSILIENNES
SUD-VIETNAMIENNES
SUD-VIETNAMIENNES
NÉO-CALÉDONIENNES
NÉO-CALÉDONIENNES
SAINT-SIMONIENNES
JUDÉO-CHRÉTIENNES
CHALANDS-CITERNES
MAÎTRES-CYLINDRES
FLUVIO-GLACIAIRES
GRANDS-ANGULAIRES
NUS-PROPRIÉTAIRES
ENTRE-DEUX-GUERRES
QUARTIERS-MAÎTRES
BRACELETS-MONTRES
HOMMES-ORCHESTRES
DAMES-D'ONZE-HEURES
GÉLATINO-BROMURES
FRANCO-FRANÇAISES
GARDES-FRANÇAISES
AUSTRO-HONGROISES
AUSTRO-HONGROISES
INTERENTREPRISES
CONTRE-EXPERTISES
FONTENAY-AUX-ROSES
GRANDES-DUCHESSES
TRENTE GLORIEUSES
ANTI-INFECTIEUSES
VASCULO-NERVEUSES
CONTRE-PUBLICITÉS
RHINO-PHARYNGITES
VILLES-SATELLITES
SÉNATUS-CONSULTES
NON-BELLIGÉRANTES
TOUTES-PUISSANTES
SEMI-CONVERGENTES
CONTRE-EMPREINTES
LIBRE-ÉCHANGISTES
JUSQU'AU-BOUTISTES
CHAUFFE-ASSIETTES
ILLUSIONS PERDUES
MÉRIBEL-LES-ALLUES
GRÉCO-BOUDDHIQUES
VIEUX-CATHOLIQUES
PHYSICO-CHIMIQUES
SOCIO-ÉCONOMIQUES
CHLORO-ORGANIQUES

PIÉZO-ÉLECTRIQUES
SEMI-AUTOMATIQUES
ARRIÈRE-BOUTIQUES
HISPANO-MORESQUES
ALPES SCANDINAVES
PLESTIN-LES-GRÈVES
CONTRE-OFFENSIVES
INTERRO-NÉGATIVES
CHRÉTIEN DE TROYES
CRENEY-PRÈS-TROYES
CONTRE-PRODUCTIFS
GODESCALC D'ORBAIS
ÉQUEURDREVILLAIS
SAINT-ÉMILIONNAIS
SEMUR-EN-BRIONNAIS
CHÂTELAILLONNAIS
MONTMORILLONNAIS
CHÂTEAU-CHINONAIS
RÉGNIER-DESMARAIS
FLEURY-LES-AUBRAIS
CHARLES LE MAUVAIS
FONTENAY-SOUS-BOIS
CHARLESBOURGEOIS
PHILIPPE DE VALOIS
BAIE-SAINT-PAULOIS
LIECHTENSTEINOIS
VILLÉNOGARENNOIS
THÉODORE LASCARIS
NOTRE-DAME DE PARIS
BOURGEOIS DE PARIS
OREILLES-DE-SOURIS
TRAVELLER'S CHECKS
MÉDECINS-CONSEILS
ARRIÈRE-PETIT-FILS
ADÉLAÏDE D'ORLÉANS
RHINO-PHARYNGIENS
SOCIAUX-CHRÉTIENS
NOYELLES-SOUS-LENS
ANDERNOS-LES-BAINS
LATINO-AMÉRICAINS
LATINO-AMÉRICAINS
SABLES-D'OR-LES-PINS
ROMANÈCHE-THORINS
JUVÉNAL DES URSINS
CONTRE-EXTENSIONS
MICRO-IRRIGATIONS
NON-DÉNONCIATIONS
NON-CONCILIATIONS
CONTRE-PASSATIONS
SCIENCES-FICTIONS
EXTRÊMES-ONCTIONS
NON-INTERVENTIONS
SÃO JOSÉ DOS CAMPOS
GENTLEMANS-RIDERS
AIREDALE-TERRIERS
SCOTTISH-TERRIERS
GENTLEMEN-FARMERS

SPARRING-PARTNERS
ROCHES-RÉSERVOIRS
RELEASING FACTORS
MARTINS-CHASSEURS
MACRO-ORDINATEURS
MICRO-ORDINATEURS
CAPITAL-RISQUEURS
PEINTRES-GRAVEURS
CHAMBRAY-LÈS-TOURS
SOUS-PROLÉTARIATS
PLANCHES-CONTACTS
MONTRES-BRACELETS
VILLERS-COTTERÊTS
SOULTZ-SOUS-FORÊTS
SAINT-JEAN-DE-MONTS
CONTRE-TRANSFERTS
LIVIUS ANDRONICUS
MANCIUS TORQUATUS
CHASSELOUP-LAUBAT
HAUT-COMMISSARIAT
EISENHÜTTENSTADT
VILLENEUVE-LOUBET
ANAXIMÈNE DE MILET
HENRI PLANTAGENÊT
SEYSSINET-PARISET
POISSON-PERROQUET
PONTAULT-COMBAULT
CLERMONT-L'HÉRAULT
DACTYLOGRAPHIANT
ROBERT LE VAILLANT
DÉSEMBOUTEILLANT
PRÉSÉLECTIONNANT
PERQUISITIONNANT
DÉCONVENTIONNANT
DÉCONGESTIONNANT
FRANSQUILLONNANT
LA FORÊT-FOUESNANT
FONCTIONNALISANT
DÉSAISONNALISANT
DÉPERSONNALISANT
CONTRACTUALISANT
IMPERMÉABILISANT
RESPONSABILISANT
RESPECTABILISANT
DÉCHRISTIANISANT
RECHRISTIANISANT
FONCTIONNARISANT
DÉCOLLECTIVISANT
RAGAILLARDISSANT
ENORGUEILLISSANT
HENRI L'IMPUISSANT
CORBEILLE-D'ARGENT
GRAMMATICALEMENT
DICTATORIALEMENT
TERRITORIALEMENT
CONJECTURALEMENT
TRANSVERSALEMENT

FONDAMENTALEMENT	DISPENDIEUSEMENT
SENTIMENTALEMENT	IGNOMINIEUSEMENT
INEXPLICABLEMENT	CÉRÉMONIEUSEMENT
INEXTRICABLEMENT	PRÉTENTIEUSEMENT
IRRÉMÉDIABLEMENT	ORGUEILLEUSEMENT
INÉBRANLABLEMENT	MERVEILLEUSEMENT
INTERMINABLEMENT	SOUPÇONNEUSEMENT
INCOMPARABLEMENT	RESPECTUEUSEMENT
CONSIDÉRABLEMENT	INFRUCTUEUSEMENT
INTARISSABLEMENT	SCIENTIFIQUEMENT
ÉPOUVANTABLEMENT	PATHOLOGIQUEMENT
INDISCUTABLEMENT	SOCIOLOGIQUEMENT
INCONCEVABLEMENT	ÉTYMOLOGIQUEMENT
INTELLIGIBLEMENT	HIÉRARCHIQUEMENT
INCORRIGIBLEMENT	GÉOGRAPHIQUEMENT
IRRÉVERSIBLEMENT	MÉLANCOLIQUEMENT
IRRÉMISSIBLEMENT	ASTRONOMIQUEMENT
INDÉFECTIBLEMENT	TÉLÉPHONIQUEMENT
IRRÉDUCTIBLEMENT	SYNCHRONIQUEMENT
IRRÉSISTIBLEMENT	ÉLECTRONIQUEMENT
INDISSOLUBLEMENT	MÉTAPHORIQUEMENT
ARTIFICIELLEMENT	MÉTAPHYSIQUEMENT
SEMESTRIELLEMENT	MATHÉMATIQUEMENT
INDUSTRIELLEMENT	SYSTÉMATIQUEMENT
TANGENTIELLEMENT	DIPLOMATIQUEMENT
TORRENTIELLEMENT	INFORMATIQUEMENT
PASSIONNELLEMENT	DÉMOCRATIQUEMENT
STRUCTURELLEMENT	ALPHABÉTIQUEMENT
ACCIDENTELLEMENT	HYPOTHÉTIQUEMENT
INDIVIDUELLEMENT	ARITHMÉTIQUEMENT
TÉLÉENSEIGNEMENT	LINGUISTIQUEMENT
PERFECTIONNEMENT	QUANTITATIVEMENT
CONVENTIONNEMENT	INTRANSITIVEMENT
TOURBILLONNEMENT	INTEMPESTIVEMENT
ÉTRÉSILLONNEMENT	**CRIME ET CHÂTIMENT**
ENTRECOLONNEMENT	LANGUES-DE-SERPENT
REMPOISSONNEMENT	**FERDINAND LE SAINT**
PARTICULIÈREMENT	**EN ATTENDANT GODOT**
HEBDOMADAIREMENT	**VILLENEUVE-SUR-LOT**
FRAGMENTAIREMENT	**ÉPINAY-SOUS-SÉNART**
INVOLONTAIREMENT	**MARGUERITE STUART**
RÉENREGISTREMENT	MACHINE-TRANSFERT
EMBOURGEOISEMENT	**LOUVIGNÉ-DU-DÉSERT**
DISCOURTOISEMENT	**TEISSERENC DE BORT**
DÉSINTÉRESSEMENT	**BRUNON DE QUERFURT**
RACCOURCISSEMENT	**BIACHE-SAINT-VAAST**
RESPLENDISSEMENT	**DUHAMEL DU MONCEAU**
ABASOURDISSEMENT	**DENFERT-ROCHEREAU**
RAFRAÎCHISSEMENT	**DOUANIER ROUSSEAU**
AFFRANCHISSEMENT	**SÉVÉRAC-LE-CHÂTEAU**
APPESANTISSEMENT	**BRIENNE-LE-CHÂTEAU**
ASSUJETTISSEMENT	**BIGOT DE PRÉAMENEU**
INASSOUVISSEMENT	**MARGUERITE D'ANJOU**
ARTIFICIEUSEMENT	**NEUVILLE-DE-POITOU**
TENDANCIEUSEMENT	**SINT-PIETERS-LEEUW**
SENTENCIEUSEMENT	**ÉTATS PONTIFICAUX**
COMPENDIEUSEMENT	FRANCO-PROVENÇAUX

WAGONS-TOMBEREAUX
BOILEAU-DESPRÉAUX
ENTREPRENEURIAUX
CORTICOSURRÉNAUX
STATURO-PONDÉRAUX
SOUS-PRÉFECTORAUX
EXTRÊME-ORIENTAUX
ENVIRONNEMENTAUX
À LA SIX-QUATRE-DEUX
SIGISMOND LE VIEUX
DUQUESNOY LE VIEUX
PSEUDOMEMBRANEUX
OLÉOPROTÉAGINEUX
CHARLES LE BOITEUX
RENAU D'ÉLIÇAGARAY
RENAU ÉLISSAGARAY
NEUFCHÂTEL-EN-BRAY
SAINTE-ANNE-D'AURAY

JEAN-MARIE VIANNEY
FRANCHET D'ESPEREY
SAINT-JEAN-D'ANGÉLY
BARBEY D'AUREVILLY
DAMPIERRE-EN-BURLY
FORD MOTOR COMPANY
CHÂTILLON-COLIGNY
NOGENT-EN-BASSIGNY
LATTRE DE TASSIGNY
LE GRAND-PRESSIGNY
CHAMBOLLE-MUSIGNY
GERLACHE DE GOMERY
FONTENAY-LE-FLEURY
WELWYN GARDEN CITY
ROMAINMÔTIER-ENVY
CALDERA RODRÍGUEZ
MAIZIÈRES-LÈS-METZ

VELVET UNDERGROUND
SAINT-GILLES-DU-GARD
GRAND-SAINT-BERNARD
PETIT-SAINT-BERNARD
LA CELLE-SAINT-CLOUD
SAINT-PIERRE-D'IRUBE
THERMORÉGULATRICE
DÉCENTRALISATRICE
PRESTIDIGITATRICE
VASOCONSTRICTRICE
BOURG-SAINT-MAURICE
QUADRUPLE-ALLIANCE
PHARMACOVIGILANCE
VIDÉOSURVEILLANCE
CONTRE-PERFORMANCE
CHRISTINE DE FRANCE
ÉLISABETH DE FRANCE
ANTIBIORÉSISTANCE
CHIMILUMINESCENCE
TRIBOLUMINESCENCE
PHOTOLUMINESCENCE
LES BAUX-DE-PROVENCE
PONT-SAINTE-MAXENCE
PERSONNE-RESSOURCE
CATHERINE LA GRANDE
SAINTE-FOY-LA-GRANDE
SINT-JOOST-TEN-NOODE
LE LYS DANS LA VALLÉE
DÉSAPPROVISIONNÉE
DÉSINDUSTRIALISÉE
PROFESSIONNALISÉE
CORRECTIONNALISÉE
INTERNATIONALISÉE
DÉPARTEMENTALISÉE
DÉRESPONSABILISÉE

CALDERÓN DE LA BARCA
GARCILASO DE LA VEGA
APOLLONIOS DE PERGA
COMODORO RIVADAVIA
VALERIUS PUBLICOLA
TALAVERA DE LA REINA
SOPHIE ALEKSEÏEVNA
JEREZ DE LA FRONTERA
COMME IL VOUS PLAIRA
SOLÍS Y RIVA DENEIRA
DANIELE DA VOLTERRA
TOMASI DI LAMPEDUSA
ARCHIPRÊTRE DE HITA
HORTHY DE NAGYBÁNYA
SAVORGNAN DE BRAZZA
DUNOYER DE SEGONZAC
ÉLECTRODIAGNOSTIC
CHAMONIX-MONT-BLANC
SAINT-LAURENT-MÉDOC
FRANÇOIS-FERDINAND
MITHRIDATE LE GRAND
CONSTANTIN LE GRAND
CRÈVECŒUR-LE-GRAND

SECRÉTARIAT-GREFFE
CHÂTELAILLON-PLAGE
TARASCON-SUR-ARIÈGE
JUAN JOSÉ D'AUTRICHE
ROHRBACH-LÈS-BITCHE
CHRONOTACHYGRAPHE
BOULAY DE LA MEURTHE
ASSURANCES-MALADIES
ETHNOMÉTHODOLOGIE
MORPHOPSYCHOLOGIE
ÉLECTRORADIOLOGIE
PSYCHOPHYSIOLOGIE
DENDROCHRONOLOGIE
GASTRO-ENTÉROLOGIE
PALÉOCLIMATOLOGIE
PHOTOLITHOGRAPHIE
ÉCHOCARDIOGRAPHIE
MACROPHOTOGRAPHIE
MICROPHOTOGRAPHIE
ASTROPHOTOGRAPHIE
ÉLECTROMYOGRAPHIE
CHONDRODYSTROPHIE
HÉMOGLOBINOPATHIE
HYPERÉOSINOPHILIE
MÉTHÉMOGLOBINÉMIE
MACROGLOBULINÉMIE
NOUVELLE-CALÉDONIE
THÉOPHILANTHROPIE
KABARDINO-BALKARIE
OLORON-SAINTE-MARIE
PHILON D'ALEXANDRIE
ACIDO-ALCALIMÉTRIE
TOMODENSITOMÉTRIE
NEUROCHIRURGICALE
EXTRAPATRIMONIALE
GUINÉE ÉQUATORIALE
EXTRATERRITORIALE
GASTRO-INTESTINALE
CAPITALE-NATIONALE
PRUSSE-OCCIDENTALE
HYPERCONTINENTALE
INTERCONTINENTALE
TRANSCONTINENTALE
PIERRE LE VÉNÉRABLE
THERMODURCISSABLE
ARRIÈRE-GRAND-ONCLE
NOIRMOUTIER-EN-L'ÎLE
MARTIGNAS-SUR-JALLE
CAVELIER DE LA SALLE
MONTIGNY-EN-GOHELLE
PSYCHOSENSORIELLE
INTERINDUSTRIELLE
JURISPRUDENTIELLE
UNIDIMENSIONNELLE
TRIDIMENSIONNELLE
CONFORMATIONNELLE
ORGANISATIONNELLE

CONVERSATIONNELLE
UNIDIRECTIONNELLE
INSURRECTIONNELLE
RECONVENTIONNELLE
INTERVENTIONNELLE
DISTRIBUTIONNELLE
CONSTITUTIONNELLE
INTERINDIVIDUELLE
SAINT-MARS-LA-JAILLE
MARQUETTE-LEZ-LILLE
BLANCHE DE CASTILLE
COLLIN D'HARLEVILLE
BRISSOT DE WARVILLE
LE MOYNE D'IBERVILLE
CHARLES LE BIEN-AIMÉ
CRANIOPHARYNGIOME
CHORIO-ÉPITHÉLIOME
MARGUERITE DE PARME
EMPIRIOCRITICISME
ANTHROPOMORPHISME
RADICAL-SOCIALISME
CONFESSIONNALISME
PROFESSIONNALISME
CONVENTIONNALISME
INTERNATIONALISME
MULTICULTURALISME
NATIONAL-POPULISME
MARXISME-LÉNINISME
VÉRIFICATIONNISME
INTERVENTIONNISME
RÉVOLUTIONNARISME
ANTHROPOCENTRISME
ÉLECTROMAGNÉTISME
FRÉDÉRIC-GUILLAUME
ANTIOCHOS ÉPIPHANE
JEFFERSON AIRPLANE
APOLLONIOS DE TYANE
BEAUMONT-DE-LOMAGNE
MONTOIR-DE-BRETAGNE
MOIRANS-EN-MONTAGNE
EYQUEM DE MONTAIGNE
HISPANO-AMÉRICAINE
HISPANO-AMÉRICAINE
UNION SUD-AFRICAINE
PROSPER D'AQUITAINE
ALIÉNOR D'AQUITAINE
LA CHAPELLE-LA-REINE
CHÂTILLON-SUR-SEINE
BONNIÈRES-SUR-SEINE
CARRIÈRES-SUR-SEINE
JACQUES DE VORAGINE
PRINCESSE PALATINE
BOSNIE-HERZÉGOVINE
PSYCHOMÉTRICIENNE
RHINO-PHARYNGIENNE
NEUROCHIRURGIENNE
CHÂTELPERRONIENNE

CASTROGONTÉRIENNE
CATHERINE DE SIENNE
BERNARDIN DE SIENNE
DORSALE TUNISIENNE
CAMPIVALLENSIENNE
CORPOPÉTRUSSIENNE
SOCIALE-CHRÉTIENNE
RÉTIF DE LA BRETONNE
ODORIC DA PORDENONE
LE PERREUX-SUR-MARNE
CHAMPIGNY-SUR-MARNE
BLAINVILLE-SUR-ORNE
VAN DE VELDE LE JEUNE
CONSTANTIN LE JEUNE
NEWCASTLE UPON TYNE
CHÂTEAUNEUF-DU-PAPE
SÃO TOMÉ ET PRÍNCIPE
BENOÎT-JOSEPH LABRE
MAGNÉSIE DU MÉANDRE
MATHILDE DE FLANDRE
JEANBON SAINT-ANDRÉ
CHÂTILLON-SUR-INDRE
ISABELLE DE BAVIÈRE
MULTIMILLIARDAIRE
LOUIS LE DÉBONNAIRE
MULTIMILLIONNAIRE
IMMUNODÉFICITAIRE
ANTIRÉGLEMENTAIRE
ANTIPARLEMENTAIRE
LA CHARITÉ-SUR-LOIRE
MONISTROL-SUR-LOIRE
CHÂTILLON-SUR-LOIRE
CHALONNES-SUR-LOIRE
MONTLOUIS-SUR-LOIRE
ANTI-INFLAMMATOIRE
MORTIMER DE WIGMORE
WOLUWE-SAINT-PIERRE
THOMAS D'ANGLETERRE
BAGNÈRES-DE-BIGORRE
VOYAGEUR-KILOMÈTRE
SPECTROPHOTOMÈTRE
SAINT-ANDRÉ-DE-L'EURE
GUYANE HOLLANDAISE
ÉQUEURDREVILLAISE
SAINT-ÉMILIONNAISE
CHÂTELAILLONNAISE
MONTMORILLONNAISE
CHÂTEAU-CHINONAISE
INSTITUTIONNALISÉ
CHARLESBOURGEOISE
BAIE-SAINT-PAULOISE
LIECHTENSTEINOISE
VILLÉNOGARENNOISE
VENDEUVRE-SUR-BARSE
MONTREVEL-EN-BRESSE
MARGUERITE D'ÉCOSSE
VA-COMME-JE-TE-POUSSE

PESEUSE-ENSACHEUSE
ROBERT COURTEHEUSE
PSEUDOMEMBRANEUSE
OLÉOPROTÉAGINEUSE
ARGENTON-SUR-CREUSE
VILLARET DE JOYEUSE
CHRÉTIEN-DÉMOCRATE
SONGE D'UNE NUIT D'ÉTÉ
ZOÉ PORPHYROGÉNÈTE
STÉRÉOSPÉCIFICITÉ
THERMOÉLECTRICITÉ
CONSUBSTANTIALITÉ
INCONDITIONNALITÉ
INCOMMUNICABILITÉ
ININTELLIGIBILITÉ
COMPRÉHENSIBILITÉ
INCOMPRESSIBILITÉ
INDESTRUCTIBILITÉ
GLOMÉRULONÉPHRITE
INTERSUBJECTIVITÉ
SUPRACONDUCTIVITÉ
IMPERMÉABILISANTE
ARRIÈRE-GRAND-TANTE
SAINT-CLAIR-SUR-EPTE
LAISSÉE-POUR-COMPTE
LAISSÉS-POUR-COMPTE
CAROLINE BONAPARTE
RADICAL-SOCIALISTE
INTERNATIONALISTE
MULTICULTURALISTE
MARXISTE-LÉNINISTE
COHABITATIONNISTE
INTERVENTIONNISTE
RADIOTÉLÉPHONISTE
VILLEBON-SUR-YVETTE
GASTRO-ENTÉROLOGUE
PIERRE CHRYSOLOGUE
GONZALVE DE CORDOUE
VLADIMIR MONOMAQUE
RÉPUBLIQUE TCHÈQUE
HENRI LE MAGNIFIQUE
CHARLES DE BELGIQUE
MÉDICO-PÉDAGOGIQUE
PARAPSYCHOLOGIQUE
ANTICHOLINERGIQUE
CINÉMATOGRAPHIQUE
ANTHROPOMORPHIQUE
BRACHIOCÉPHALIQUE
VIEILLE-CATHOLIQUE
ACÉTYLSALICYLIQUE
ANTICRYPTOGAMIQUE
PHARMACODYNAMIQUE
SEMI-LOGARITHMIQUE
LOUIS LE GERMANIQUE
GUYANE BRITANNIQUE
MICROÉLECTRONIQUE
ORTHOPHOSPHORIQUE

ANTIPSYCHIATRIQUE
MAGNÉTOÉLECTRIQUE
RADIOCONCENTRIQUE
ANTHROPOCENTRIQUE
MICRO-INFORMATIQUE
SYMPATHOMIMÉTIQUE
PARTHÉNOGÉNÉTIQUE
ÉLECTROMAGNÉTIQUE
PHARMACOCINÉTIQUE
PSYCHOANALEPTIQUE
PSYCHODYSLEPTIQUE
ÉLECTRODOMESTIQUE
EXTRALINGUISTIQUE
SOCIOLINGUISTIQUE
ETHNOLINGUISTIQUE
NEUROLINGUISTIQUE
ÉLECTROACOUSTIQUE
GRAND-GUIGNOLESQUE
MANIACO-DÉPRESSIVE
SINT-PIETERS-WOLUWE
FONTEVRAUD-L'ABBAYE
CORNEILLE DE LA HAYE
ŒSTROPROGESTATIF
CAUDEBEC-LÈS-ELBEUF
FRASNES-LEZ-ANVAING
HENRI DE LUXEMBOURG
ALBERT DE HABSBOURG
FREYMING-MERLEBACH
PIERRE FEDOROVITCH
MICHEL FEDOROVITCH
COUDENHOVE-KALERGI
TOYOTOMI HIDEYOSHI
LENINSK-KOUZNETSKI
BHUMIBOL ADULYADEJ
SINT-JANS-MOLENBEEK
BENGAL-OCCIDENTAL
MONODÉPARTEMENTAL
CRIQUETOT-L'ESNEVAL
LE MONT-SAINT-MICHEL
ANTICONCURRENTIEL
PLURIDIMENSIONNEL
MULTIDIMENSIONNEL
TRANSFORMATIONNEL
ANTICONCEPTIONNEL
INCONSTITUTIONNEL
LIEUTENANT-COLONEL
PIERRE DE MONTREUIL
SAINT-MAURICE-L'EXIL
MONTPON-MÉNESTÉROL
NOUVELLE-AMSTERDAM
REPORTER-CAMERAMAN
CAMPBELL-BANNERMAN
SAINT-LAURENT-NOUAN
BANDAR SERI BEGAWAN
PAPOUAN-NÉO-GUINÉEN
ÉLECTROMÉCANICIEN
ÉLECTROTECHNICIEN

CRISTALLOPHYLLIEN
ALBERTIVILLARIEN
PORT-SAINT-LOUISIEN
DÉMOCRATE-CHRÉTIEN
ALI PACHA DE TEBELEN
ALPHONSE L'AFRICAIN
NEUVILLE-EN-FERRAIN
LA FERTÉ-SAINT-AUBIN
TEILHARD DE CHARDIN
SAINT-MARC GIRARDIN
SCHLESWIG-HOLSTEIN
PIERRE-SAINT-MARTIN
LOCATION-ACCESSION
IMMUNOSUPPRESSION
VIDÉOTRANSMISSION
NEUROTRANSMISSION
DÉSHUMIDIFICATION
SURMULTIPLICATION
TÉLÉCOMMUNICATION
DÉDIFFÉRENCIATION
INDIFFÉRENCIATION
PHOTODISSOCIATION
DÉSINTERMÉDIATION
CONSUBSTANTIATION
NON-DISCRIMINATION
AUTODÉTERMINATION
TRANSILLUMINATION
DÉSYNDICALISATION
RADIOLOCALISATION
COMMERCIALISATION
DÉMATÉRIALISATION
INDUSTRIALISATION
TÉLÉSIGNALISATION
DÉNATIONALISATION
SURCAPITALISATION
OCCIDENTALISATION
INDIVIDUALISATION
CONCEPTUALISATION
CONTEXTUALISATION
DÉCULPABILISATION
DÉSENSIBILISATION
INSENSIBILISATION
RECRISTALLISATION
TUBERCULINISATION
DÉSYNCHRONISATION
PARTICULARISATION
REVASCULARISATION
TRANSISTORISATION
BUREAUCRATISATION
COMPARTIMENTATION
NON-REPRÉSENTATION
HYPERSUSTENTATION
TRAVERSÉE-JONCTION
FUSION-ACQUISITION
ÉLECTRODÉPOSITION
CONTRE-PROPOSITION
CÂBLODISTRIBUTION

SIGISMOND JAGELLON
ALEXANDRE JAGELLON
CANET-EN-ROUSSILLON
RENAUD DE CHÂTILLON
SAINT-DENIS-D'OLÉRON
LE PLESSIS-ROBINSON
CURZON OF KEDLESTON
STRATFORD-UPON-AVON
HUSAYN IBN AL-HUSAYN
SÃO LUÍS DO MARANHÃO
DE LA MADRID HURTADO
SAINT-CAST-LE-GUILDO
VERDAGUER I SANTALÓ
MARAÑÓN Y POSADILLO
BENEDETTO DA MAIANO
GENTILE DA FABRIANO
DOMENICO VENEZIANO
ANDREA DEL CASTAGNO
RODRÍGUEZ ZAPATERO
SANTIAGO DEL ESTERO
TANIZAKI JUNICHIRO
ROBERTS OF KANDAHAR
SAINT-LAURENT-DU-VAR
FRANCFORT-SUR-L'ODER
SAINT-CHÉLY-D'APCHER
PIERRE LE JUSTICIER
VARENNES-SUR-ALLIER
VAILLANT-COUTURIER
SAINT-JACUT-DE-LA-MER
HERMANVILLE-SUR-MER
COURSEULLES-SUR-MER
SAINT-PALAIS-SUR-MER
DÉSAPPROVISIONNER
DÉSINDUSTRIALISER
PROFESSIONNALISER
CORRECTIONNALISER
INTERNATIONALISER
DÉPARTEMENTALISER
DÉRESPONSABILISER
ESCRIVÁ DE BALAGUER
MONTOIRE-SUR-LE-LOIR
SAINT-CYR-AU-MONT-D'OR
MITHRIDATE EUPATOR
CHASSEUR-CUEILLEUR
FRAISEUR-OUTILLEUR
PINCES-MONSEIGNEUR
LE BRUIT ET LA FUREUR
IMMUNOSUPPRESSEUR
DÉSHUMIDIFICATEUR
PSYCHORÉÉDUCATEUR
HENRI LE NAVIGATEUR
MICROMANIPULATEUR
STÉRÉOCOMPARATEUR
HYPERSUSTENTATEUR
MERLIN L'ENCHANTEUR
ÉMETTEUR-RÉCEPTEUR
NEUROTRANSMETTEUR

CÂBLODISTRIBUTEUR
SEDIAS GESTATORIAS
PLOUGASTEL-DAOULAS
APOLLODORE DE DAMAS
LA GARENNE-COLOMBES
LOCATIONS-GÉRANCES
TIMBRES-QUITTANCES
NOUVELLES-HÉBRIDES
CONTRE-PROPAGANDES
QUARANTE-HUITARDES
SOIXANTE-HUITARDES
SIX-FOURS-LES-PLAGES
CONTRE-ESPIONNAGES
DONATIONS-PARTAGES
FUSTEL DE COULANGES
GUILHERAND-GRANGES
SERVIETTES-ÉPONGES
NUITS-SAINT-GEORGES
BEAULIEU-LÈS-LOCHES
RADIO-IMMUNOLOGIES
BRONCHO-PNEUMONIES
SOCIAL-DÉMOCRATIES
FRANCO-PROVENÇALES
STATURO-PONDÉRALES
SOUS-PRÉFECTORALES
INDES OCCIDENTALES
EXTRÊME-ORIENTALES
EXPERTS-COMPTABLES
COLONNES D'HÉRAKLÈS
AGRO-INDUSTRIELLES
SPATIO-TEMPORELLES
VARENNES-VAUZELLES
HOMMES-GRENOUILLES
JACQUES DE CESSOLES
BALLETS-PANTOMIMES
ANTI-IMPÉRIALISMES
CONTRE-TERRORISMES
PYRÉNÉES CATALANES
LATINO-AMÉRICAINES
LATINO-AMÉRICAINES
FRANCO-CANADIENNES
FRANCO-CANADIENNES
VÊPRES SICILIENNES
NORD-VIETNAMIENNES
NORD-VIETNAMIENNES
HAUTEVILLE-LOMPNES
SAINT-MARTIN-D'HÈRES
LÉZIGNAN-CORBIÈRES
COURSES-CROISIÈRES
PORTE-HÉLICOPTÈRES
CARDIO-VASCULAIRES
DEMI-PENSIONNAIRES
CARDIO-PULMONAIRES
JUGES-COMMISSAIRES
HAUTS-COMMISSAIRES
NUES-PROPRIÉTAIRES
RHODES-INTÉRIEURES

RHODES-EXTÉRIEURES
GÉLATINO-CHLORURES
PHILIPPE DE ROUVRES
NIGÉRO-CONGOLAISES
TOITURES-TERRASSES
PETITES-MAÎTRESSES
ALCALINO-TERREUSES
SOCIAUX-DÉMOCRATES
PIÉZO-ÉLECTRICITÉS
TRACHÉO-BRONCHITES
LEUCO-ENCÉPHALITES
REINES-MARGUERITES
COURSES-POURSUITES
ANTI-IMPÉRIALISTES
CONTRE-TERRORISTES
SABRES-BAÏONNETTES
OISEAUX-TROMPETTES
ESQUIMAUX-ALÉOUTES
TRAVELLER'S CHEQUES
ALPHONSE HENRIQUES
PÉRI-INFORMATIQUES
CHAMITO-SÉMITIQUES
HISPANO-MAURESQUES
PRINCESSE DE CLÈVES
CONTRE-PRODUCTIVES
MANIACO-DÉPRESSIFS
GOTTSCHALK D'ORBAIS
CHÂTEAULANDONNAIS
VERNOUX-EN-VIVARAIS
LE PRÉ-SAINT-GERVAIS
VINCENT DE BEAUVAIS
JEAN-FRANÇOIS RÉGIS
GUILLAUME DE NANGIS
MARTINEZ PASQUALIS
ESTRÉES-SAINT-DENIS
ÉMIRATS ARABES UNIS
MONTREUIL-SOUS-BOIS
LES CLAYES-SOUS-BOIS
SAINT-MARCELLINOIS
SAINTE-CATHERINOIS
CASTELSARRASINOIS
CORBEILLESSONNOIS
MONTFORT-LE-GESNOIS
GUILLAUME DE LORRIS
LE CATEAU-CAMBRÉSIS
ARGENTRÉ-DU-PLESSIS
SAINT-KITTS-ET-NEVIS
AUTOS SACRAMENTALS
SEMI-PRÉSIDENTIELS
ARRIÈRE-PETITS-FILS
LA NOUVELLE-ORLÉANS
SAINT-JEAN-EN-ROYANS
CÉPHALO-RACHIDIENS
GLOSSO-PHARYNGIENS
MALAYO-POLYNÉSIENS
BOURBONNE-LES-BAINS
HISPANO-AMÉRICAINS

HISPANO-AMÉRICAINS
JOUVENEL DES URSINS
CONTRE-INDICATIONS
SOUS-CONSOMMATIONS
PUBLI-INFORMATIONS
NON-DISSÉMINATIONS
NON-PROLIFÉRATIONS
AUTO-IMMUNISATIONS
SOUS-EXPLOITATIONS
VALSES-HÉSITATIONS
SOUS-ALIMENTATIONS
CONTRE-PRESTATIONS
RECHERCHES-ACTIONS
NON-CONTRADICTIONS
MACRO-INSTRUCTIONS
FOIRES-EXPOSITIONS
SAISIES-EXÉCUTIONS
CONTRE-RÉVOLUTIONS
VILLES-CHAMPIGNONS
ROMANS-FEUILLETONS
CHODERLOS DE LACLOS
ECATEPEC DE MORELOS
ARISTARQUE DE SAMOS
BARAGUEY D'HILLIERS
YORKSHIRE-TERRIERS
MURVIEL-LÈS-BÉZIERS
GENTLEMANS-FARMERS
VASSIEUX-EN-VERCORS
BAUME-LES-MESSIEURS
CONTRE-TORPILLEURS
SOUS-ENTREPRENEURS
TRÉSORIERS-PAYEURS
CHAPEAUX ET BONNETS
ASSURANCES-CRÉDITS
CHAUSSÉE DES GÉANTS
MARÉCHAUX-FERRANTS
WAGONS-RESTAURANTS
LETTRES-TRANSFERTS
TROMPETTE-DES-MORTS
CLAUDIUS MARCELLUS
RHÉNANIE-PALATINAT
PULIGNY-MONTRACHET
BOUVARD ET PÉCUCHET
INSULINODÉPENDANT
RÉAPPROVISIONNANT
VOITURE-RESTAURANT
INSTRUMENTALISANT
INTELLECTUALISANT
POSTSYNCHRONISANT
DÉSEMBOURGEOISANT
DÉBUREAUCRATISANT
CONTRE-MANIFESTANT
CORBEILLES-D'ARGENT
SOUS-EMBRANCHEMENT
LONGITUDINALEMENT
EXPÉRIMENTALEMENT
IMPERTURBABLEMENT

IRRÉPROCHABLEMENT
VRAISEMBLABLEMENT
DÉRAISONNABLEMENT
INCONFORTABLEMENT
INCONTESTABLEMENT
IMPERCEPTIBLEMENT
SUPERFICIELLEMENT
TRIMESTRIELLEMENT
SUBSTANTIELLEMENT
EXPONENTIELLEMENT
OCCASIONNELLEMENT
FONCTIONNELLEMENT
IMPERSONNELLEMENT
SEMPITERNELLEMENT
CONTRACTUELLEMENT
DÉBROUSSAILLEMENT
APPROVISIONNEMENT
DÉSILLUSIONNEMENT
DYSFONCTIONNEMENT
DÉCONDITIONNEMENT
SOUS-DÉVELOPPEMENT
DISCIPLINAIREMENT
RÉGLEMENTAIREMENT
APPROFONDISSEMENT
INACCOMPLISSEMENT
SURENCHÉRISSEMENT
SURINVESTISSEMENT
DÉSINVESTISSEMENT
PARCIMONIEUSEMENT
PSYCHOLOGIQUEMENT
PHYSIOLOGIQUEMENT
CHRONOLOGIQUEMENT
TÉLÉGRAPHIQUEMENT
PHILOSOPHIQUEMENT
PROBLÉMATIQUEMENT
SIGNIFICATIVEMENT
INTERROGATIVEMENT
APPROXIMATIVEMENT
DÉMONSTRATIVEMENT
RÉTROSPECTIVEMENT
SAINT-LEU-D'ESSERENT
LE NAIN DE TILLEMONT
NEUILLY-SAINT-FRONT
EMMANUEL-PHILIBERT

RAIMOND DE PEÑAFORT
RAYMOND DE PEÑAFORT
TROMPETTE-DE-LA-MORT
ISABELLE DE HAINAUT
KUUJJUARAAPIMMIUT
LES PENNES-MIRABEAU
ANDROUET DU CERCEAU
BLAINVILLE-SUR-L'EAU
LE LOROUX-BOTTEREAU
FRIBOURG-EN-BRISGAU
SAINT-MARTIN-DE-CRAU
GUILLAUME DE NASSAU
CHARLOTTE DE NASSAU
THIERRY D'ARGENLIEU
ARRIÈRE-PETIT-NEVEU
LA CIERVA Y CODORNÍU
CHÂTEAUNEUF-DU-FAOU
NEUROCHIRURGICAUX
SAINT-VALERY-EN-CAUX
DOLLARD DES ORMEAUX
ISSY-LES-MOULINEAUX
TALLEMANT DES RÉAUX
SAINT-AMAND-LES-EAUX
LUSSAC-LES-CHÂTEAUX
LASSAY-LES-CHÂTEAUX
EXTRAPATRIMONIAUX
EXTRATERRITORIAUX
GASTRO-INTESTINAUX
HYPERCONTINENTAUX
INTERCONTINENTAUX
TRANSCONTINENTAUX
FLERS-EN-ESCREBIEUX
MUSCULO-MEMBRANEUX
SAINT-JEAN-BRÉVELAY
PIERRE DE COURTENAY
ROBERT DE COURTENAY
FOULQUES DE NEUILLY
MAIGNELAY-MONTIGNY
CONFLANS-EN-JARNISY
BORDÈRES-SUR-L'ÉCHEZ
NAUCALPAN DE JUÁREZ
ECHEVERRÍA ÁLVAREZ
SERRANO Y DOMÍNGUEZ
RADETZKY VON RADETZ

JACOPO DELLA QUERCIA
MOUNTBATTEN OF BURMA
CASTELLÓN DE LA PLANA
ANTONELLO DA MESSINA
ALEXANDRA FEDOROVNA
GRANIER DE CASSAGNAC
SAINT-ANDRÉ-DE-CUBZAC
ALEXANDRE OBRENOVIC
LA CHAPELLE-SAINT-LUC

ARNOLD DE WINKELRIED
SAINT-BASILE-LE-GRAND
DRUMETTAZ-CLARAFOND
SAINT-AMAND-MONTROND
ÎLE-DU-PRINCE-ÉDOUARD
TALLEYRAND-PÉRIGORD
ARRIÈRE-PETITE-NIÈCE
PSYCHORÉÉDUCATRICE
PHARMACODÉPENDANCE
THERMOLUMINESCENCE
IMMUNOFLUORESCENCE
CÉSARÉE DE CAPPADOCE
MINÉRALOCORTICOÏDE
VILLENAUXE-LA-GRANDE
PELLÉAS ET MÉLISANDE
SAINT-JOSSE-TEN-NOODE
INSTITUTIONNALISÉE
SELLERIE-GARNISSAGE
SAINT-MICHEL-SUR-ORGE
PETIT CHAPERON ROUGE
SAINT-NOM-LA-BRETÈCHE
ÉLISABETH D'AUTRICHE
COUDEKERQUE-BRANCHE
SPECTROHÉLIOGRAPHE
ARSINOÉ PHILADELPHE
ATTALOS PHILADELPHE
DEUTSCH DE LA MEURTHE
DOMBASLE-SUR-MEURTHE
ÉLECTROPHYSIOLOGIE
PALÉOANTHROPOLOGIE
ODONTOSTOMATOLOGIE
MICROPALÉONTOLOGIE
ÉLECTROMÉTALLURGIE
PALÉOBIOGÉOGRAPHIE
CHROMOLITHOGRAPHIE
PALÉO-OCÉANOGRAPHIE
MICROFRACTOGRAPHIE
STÉRÉOPHOTOGRAPHIE
CHRONOPHOTOGRAPHIE
AGAMMAGLOBULINÉMIE
CONVULSIVOTHÉRAPIE
CLÉMENT D'ALEXANDRIE
TASCHER DE LA PAGERIE
SPECTROPHOTOMÉTRIE
AKUTAGAWA RYUNOSUKE
MASOLINO DA PANICALE
FLANDRE-OCCIDENTALE
MONODÉPARTEMENTALE
INTERMINISTÉRIELLE
SEMI-PRÉSIDENTIELLE
COMMUNICATIONNELLE
OMNIDIRECTIONNELLE
ANTICONJONCTURELLE
GRANDE MADEMOISELLE
DESSOUS-DE-BOUTEILLE
ARRIÈRE-PETITE-FILLE
SAINT-ANDRÉ-LEZ-LILLE

LAMOIGNON DE BÂVILLE
LE MOYNE DE BIENVILLE
BÉROALDE DE VERVILLE
SAINT-MAIXENT-L'ÉCOLE
MANDELIEU-LA-NAPOULE
QUATRE-VINGT-DIXIÈME
ISABELLE D'ANGOULÊME
ZITA DE BOURBON-PARME
NATIONAL-SOCIALISME
INSTITUTIONNALISME
CONGRÉGATIONALISME
COMPORTEMENTALISME
JUDÉO-CHRISTIANISME
NÉO-IMPRESSIONNISME
CHÂLONS-EN-CHAMPAGNE
CHARTRES-DE-BRETAGNE
SAINT-AUBIN-D'AUBIGNÉ
DUCHENNE DE BOULOGNE
BAUDOUIN DE BOULOGNE
CARBOXYHÉMOGLOBINE
THERMODYNAMICIENNE
PSYCHOTECHNICIENNE
RADIOÉLECTRICIENNE
PÉNINSULE ACADIENNE
CÉPHALO-RACHIDIENNE
GLOSSO-PHARYNGIENNE
NEUROENDOCRINIENNE
MALAYO-POLYNÉSIENNE
SÉQUANODIONYSIENNE
MONTFAUCON-D'ARGONNE
RESTIF DE LA BRETONNE
VILLENEUVE-SUR-YONNE
DOMPIERRE-SUR-BESBRE
LA CHAPELLE-SUR-ERDRE
GRIMOD DE LA REYNIÈRE
ROLAND DE LA PLATIÈRE
JURIEN DE LA GRAVIÈRE
DÉMÉTRIOS DE PHALÈRE
SIDOINE APOLLINAIRE
PLURIDISCIPLINAIRE
MULTIDISCIPLINAIRE
INTERDISCIPLINAIRE
CONCENTRATIONNAIRE
CHARLES LE TÉMÉRAIRE
EXTRAPARLEMENTAIRE
INTRACOMMUNAUTAIRE
INTERCOMMUNAUTAIRE
SAINT-LUCE-SUR-LOIRE
BELLEVILLE-SUR-LOIRE
COSNE-COURS-SUR-LOIRE
LA FERTÉ-SOUS-JOUARRE
NOUVELLE-ANGLETERRE
ROSIÈRES-EN-SANTERRE
ANTOINE ET CLÉOPÂTRE
ÉLECTRODYNAMOMÈTRE
MONGOLIE-INTÉRIEURE
MONGOLIE-EXTÉRIEURE

JEANNE DE PENTHIÈVRE	HERRADE DE LANDSBERG
POLYNÉSIE FRANÇAISE	YORCK VON WARTENBURG
INDOCHINE FRANÇAISE	CHARLES DE HABSBOURG
CHÂTEAULANDONNAISE	ABU AL-ABBAS ABD ALLAH
CONSTITUTIONNALISÉ	LOUIS DE WITTELSBACH
PRALOGNAN-LA-VANOISE	CHARLOTTE-ÉLISABETH
SAINT-MARCELLINOISE	GORZÓW WIELKOPOLSKI
SAINTE-CATHERINOISE	GUILLAUME DE RUBROEK
CASTELSARRASINOISE	FEDERAL RESERVE BANK
CORBEILLESSONNOISE	FLUSHING MEADOW PARK
DENYS D'HALICARNASSE	TECHNICO-COMMERCIAL
TREMBLAY-LÈS-GONESSE	ANTIGOUVERNEMENTAL
ULTRACENTRIFUGEUSE	INTERDÉPARTEMENTAL
MOISSONNEUSE-LIEUSE	MILITARO-INDUSTRIEL
MUSCULO-MEMBRANEUSE	MULTICONFESSIONNEL
HYDROGÉNOCARBONATE	SOCIOPROFESSIONNEL
MÉNINGO-ENCÉPHALITE	INTERPROFESSIONNEL
CONSTITUTIONNALITÉ	INTERGÉNÉRATIONNEL
INTERCHANGEABILITÉ	TRANSGÉNÉRATIONNEL
IMPRESSIONNABILITÉ	SAINT-VINCENT-DE-PAUL
INCOMMENSURABILITÉ	SAINT-CYR-COËTQUIDAN
INTRANSMISSIBILITÉ	MOLENBEEK-SAINT-JEAN
HISTOCOMPATIBILITÉ	SAN MIGUEL DE TUCUMÁN
IMPRESCRIPTIBILITÉ	LECOQ DE BOISBAUDRAN
ÉLECTROCAPILLARITÉ	VILLENEUVE-DE-MARSAN
INSULINODÉPENDANTE	CASTELTHÉODORICIEN
CONTRE-MANIFESTANTE	CASTROTHÉODORICIEN
LAISSÉES-POUR-COMPTE	BASILE LE MACÉDONIEN
RADIOTÉLÉGRAPHISTE	REPORTERS-CAMERAMEN
NATIONAL-SOCIALISTE	SOTTEVILLE-LÈS-ROUEN
CONGRÉGATIONALISTE	FRANCFORT-SUR-LE-MAIN
JACQUES LE FATALISTE	JACQUEMART DE HESDIN
NÉO-IMPRESSIONNISTE	LE PONT-DE-BEAUVOISIN
ANTI-INFLATIONNISTE	FRIVILLE-ESCARBOTIN
COLLABORATIONNISTE	LAETHEM-SAINT-MARTIN
CHIRURGIEN-DENTISTE	LE BUISSON-DE-CADOUIN
À LA BONNE FRANQUETTE	NANTEUIL-LE-HAUDOUIN
KUUJJUARAAPIMMIUTE	FERDINAND DE BOURBON
ANDRONIC PALÉOLOGUE	BRIENON-SUR-ARMANÇON
PALÉOANTHROPOLOGUE	TARTARIN DE TARASCON
SAINT-VAAST-LA-HOUGUE	ANDRÉZIEUX-BOUTHÉON
STRATON DE LAMPSAQUE	ZEDILLO PONCE DE LEÓN
PARALLÉLÉPIPÉDIQUE	RICHARD CŒUR DE LION
ROBERT LE MAGNIFIQUE	INTERCOMPRÉHENSION
GATSBY LE MAGNIFIQUE	VIDÉOCOMMUNICATION
NEUROPSYCHOLOGIQUE	RADIOCOMMUNICATION
NEUROPHYSIOLOGIQUE	CONTRE-DÉNONCIATION
CRISTALLOGRAPHIQUE	ÉLECTROCOAGULATION
THERMOÉLECTRONIQUE	MULTIPROGRAMMATION
TRANSATMOSPHÉRIQUE	MICROPROGRAMMATION
PSYCHOLINGUISTIQUE	ÉVAPOTRANSPIRATION
ŒSTROPROGESTATIVE	HYDRODÉSULFURATION
ARNAUD DE VILLENEUVE	GRAMMATICALISATION
PÉTION DE VILLENEUVE	ANTIMONDIALISATION
SAINT-GERMAIN-EN-LAYE	DÉPERSONNALISATION
MALEMORT-SUR-CORRÈZE	CONTRACTUALISATION
GRÉGOIRE DE NAZIANZE	IMPERMÉABILISATION

RESPONSABILISATION
DÉCHRISTIANISATION
FONCTIONNARISATION
COMMUNAUTARISATION
MULTIMÉDIATISATION
INTRADERMO-RÉACTION
GODEFROI DE BOUILLON
SAINT-PIERRE-D'OLÉRON
RUTHERFORD OF NELSON
NOGENT-SUR-VERNISSON
VERRIÈRES-LE-BUISSON
PRUNELLI-DI-FIUMORBO
MADONNA DI CAMPIGLIO
SÃO BERNARDO DO CAMPO
SERBIE-ET-MONTÉNÉGRO
TOMONAGA SHINICHIRO
GONFREVILLE-L'ORCHER
PROSPECTEUR-PLACIER
JULIEN L'HOSPITALIER
BELLERIVE-SUR-ALLIER
BALLON DE GUEBWILLER
VILLEFRANCHE-SUR-MER
RAYOL-CANADEL-SUR-MER
INSTITUTIONNALISE
SINT-KATELIJNE-WAVER
COMMISSAIRE-PRISEUR
PRÉSIDENT-DIRECTEUR
BERNARD DE VENTADOUR
MAURICIE-BOIS-FRANCS
MOUILLERON-EN-PAREDS
CONTRE-PERFORMANCES
APOLLONIOS DE RHODES
CUIRY-LES-CHAUDARDES
CHÂTENOIS-LES-FORGES
GUILLAUME DE CONCHES
GASTRO-ENTÉROLOGIES
ACIDO-ALCALIMÉTRIES
GASTRO-INTESTINALES
PYRÉNÉES-ORIENTALES
AUTOS SACRAMENTALES
VILLEDIEU-LES-POÊLES
SAINT-BRICE-EN-COGLÈS
ANTHÉMIOS DE TRALLES
RICHMOND UPON THAMES
PROVINCES MARITIMES
CHORIO-ÉPITHÉLIOMES
BARBOTAN-LES-THERMES
RADICAL-SOCIALISMES
HISPANO-AMÉRICAINES
HISPANO-AMÉRICAINES
PERNES-LES-FONTAINES
AURELLE DE PALADINES
RHINO-PHARYNGIENNES
ALPES AUSTRALIENNES
SAINT-JOUIN-DE-MARNES
ARRIÈRE-GRANDS-MÈRES
ARRIÈRE-GRANDS-PÈRES

ANTI-INFLAMMATOIRES
MONOAMINES-OXYDASES
ANTILLES FRANÇAISES
PETITES-BOURGEOISES
POCHETTES-SURPRISES
RAMASSEUSES-PRESSES
SAINT-MAUR-DES-FOSSÉS
SOCIALES-DÉMOCRATES
GASTRO-ENTÉROLOGUES
MÉDICO-PÉDAGOGIQUES
SEMI-LOGARITHMIQUES
DIESELS-ÉLECTRIQUES
MICRO-INFORMATIQUES
GRAND-GUIGNOLESQUES
MANIACO-DÉPRESSIVES
JEAN DOUKAS VATATZÈS
MONTSAINTAIGNANAIS
LE LOUROUX-BÉCONNAIS
SAINT-JEAN-DE-LOSNAIS
CATHERINE DE MÉDICIS
AIGREFEUILLE-D'AUNIS
SAINT-GILDAS-DES-BOIS
BOHAIN-EN-VERMANDOIS
THEROULDEBOURGEOIS
MARGUERITE DE VALOIS
INGÉNIEURS-CONSEILS
PLOMBIÈRES-LES-BAINS
SAINT-BRÉVIN-LES-PINS
PEINTURES-ÉMULSIONS
CUISSONS-EXTRUSIONS
NON-DISCRIMINATIONS
NON-REPRÉSENTATIONS
POLITIQUES-FICTIONS
CONTRE-PROPOSITIONS
TAILLEURS-PANTALONS
SEPTÈMES-LES-VALLONS
LE SACRE DU PRINTEMPS
BRUEYS D'AIGAÏLLIERS
ALPHONSE DE POITIERS
FUSILS-MITRAILLEURS
JEUNES AGRICULTEURS
HAUTS-COMMISSARIATS
POISSONS-PERROQUETS
MAROLLES-LES-BRAULTS
CONTRE-MANIFESTANTS
SOUS-EMBRANCHEMENTS
STRAITS SETTLEMENTS
SOUS-DÉVELOPPEMENTS
MACHINES-TRANSFERTS
TROMPETTES-DES-MORTS
VELLEIUS PATERCULUS
LICINIUS LICINIANUS
MANLIUS CAPITOLINUS
SAINT-GILDAS-DE-RHUYS
SAINT-JEAN-CAP-FERRAT
BARNEVILLE-CARTERET
SAINT-JULIEN-DU-SAULT

GENEVIÈVE DE BRABANT	LEPRINCE DE BEAUMONT
DÉSAPPROVISIONNANT	SAINT-LAURENT-DU-PONT
DÉSINDUSTRIALISANT	WOLUWE-SAINT-LAMBERT
PROFESSIONNALISANT	WATERMAEL-BOITSFORT
CORRECTIONNALISANT	BERTRADE DE MONTFORT
INTERNATIONALISANT	GRIGNION DE MONTFORT
DÉPARTEMENTALISANT	TROMPETTES-DE-LA-MORT
DÉRESPONSABILISANT	SAINT-NICOLAS-DE-PORT
ÉLECTROLUMINESCENT	BONIFACE DE QUERFURT
INTERNATIONALEMENT	PÈLERIN DE MARICOURT
CONFIDENTIELLEMENT	CHAMISSO DE BONCOURT
PROVIDENTIELLEMENT	GUILLAUME DE MACHAUT
PRÉFÉRENTIELLEMENT	CAPESTERRE-BELLE-EAU
TRADITIONNELLEMENT	MONODÉPARTEMENTAUX
CONDITIONNELLEMENT	LA SALETTE-FALLAVAUX
INTENTIONNELLEMENT	BERNARD DE CLAIRVAUX
EXCEPTIONNELLEMENT	SAINT-QUAY-PORTRIEUX
INTELLECTUELLEMENT	MONTPELLIER-LE-VIEUX
DÉCONGESTIONNEMENT	SIGEBERT DE GEMBLOUX
PALÉOENVIRONNEMENT	THÉRÈSE DESQUEYROUX
EXTRAORDINAIREMENT	VÉLIZY-VILLACOUBLAY
CONTRADICTOIREMENT	SAINT-DIDIER-EN-VELAY
DÉSAVANTAGEUSEMENT	SAINT-JEAN-DE-BOURNAY
CONSCIENCIEUSEMENT	VANDŒUVRE-LÈS-NANCY
SUPERSTITIEUSEMENT	GEORGES DE PODEBRADY
MALENCONTREUSEMENT	SAINT-LAURENT-BLANGY
IRRESPECTUEUSEMENT	LA TOUR DU PIN CHAMBLY
PHOTOGRAPHIQUEMENT	DONNEMARIE-DONTILLY
ARISTOCRATIQUEMENT	NABEREJNYIE TCHELNY
COURTISANESQUEMENT	SAN SALVADOR DE JUJUY
MULTIPLICATIVEMENT	
ADMINISTRATIVEMENT	

	NOUVELLE-GALLES DU SUD
	MÉMOIRES D'OUTRE-TOMBE
	CATHODOLUMINESCENCE
	ÉLECTROLUMINESCENCE
	SAINT-RÉMY-DE-PROVENCE
	PEYROLLES-EN-PROVENCE
	DOUVRES-LA-DÉLIVRANDE
	SAINT-ÉTIENNE-DE-TINÉE
	SAINT-JACQUES-DE-L'ÉPÉE
	CONSTITUTIONNALISÉE
	L'ARGENTIÈRE-LA-BESSÉE
	SAINT-JUST-EN-CHAUSSÉE
PIERO DELLA FRANCESCA	SANTA CRUZ DE TENERIFE
GODOY ÁLVAREZ DE FARIA	LE TOUQUET-PARIS-PLAGE
FONT-ROMEU-ODEILLO-VIA	JARVILLE-LA-MALGRANGE
DUCCIO DI BUONINSEGNA	MARGUERITE D'AUTRICHE
VILLAFRANCA DI VERONA	SAINT-YRIEIX-LA-PERCHE
SEBASTIANI DE LA PORTA	SAINT-LOUIS-LÈS-BITCHE
MONTESQUIOU-FEZENSAC	ÉLECTROCARDIOGRAPHE
KERGUELEN DE TRÉMAREC	REPORTER-PHOTOGRAPHE
MENTHON-SAINT-BERNARD	PTOLÉMÉE PHILADELPHE

SÉNÈQUE LE PHILOSOPHE
BERCHEM-SAINTE-AGATHE
PSYCHOPHARMACOLOGIE
NEUROENDOCRINOLOGIE
CHRONOSTRATIGRAPHIE
STÉNODACTYLOGRAPHIE
BRONCHO-PNEUMOPATHIE
RÉPUBLIQUE ARABE UNIE
PHOTOÉLASTICIMÉTRIE
CHARETTE DE LA CONTRIE
TECHNICO-COMMERCIALE
HOLLANDE-MÉRIDIONALE
DVINA SEPTENTRIONALE
CONVENTION NATIONALE
VIRGINIE-OCCIDENTALE
ANTIGOUVERNEMENTALE
INTERDÉPARTEMENTALE
ANTICONCURRENTIELLE
PLURIDIMENSIONNELLE
MULTIDIMENSIONNELLE
TRANSFORMATIONNELLE
ANTICONCEPTIONNELLE
INCONSTITUTIONNELLE
SAINT-JEAN-DE-LA-RUELLE
CASTILLON-LA-BATAILLE
SAINTE-CLAIRE-DEVILLE
MACHAULT D'ARNOUVILLE
SAINT-RÉMY-SUR-DUROLLE
POLYCHLOROBIPHÉNYLE
PHILIPPE LE MAGNANIME
ALPHONSE LE MAGNANIME
LADISLAS LE MAGNANIME
ÉLECTROCARDIOGRAMME
SAINT-VALERY-SUR-SOMME
ANARCHO-SYNDICALISME
DISTRIBUTIONNALISME
POSTIMPRESSIONNISME
ANTIPARLEMENTARISME
ANTIFERROMAGNÉTISME
GIL BLAS DE SANTILLANE
LA GUERCHE-DE-BRETAGNE
MONTAUBAN-DE-BRETAGNE
RAMONVILLE-SAINT-AGNE
BEAULIEU-SUR-DORDOGNE
SAINT-MARTIN-BOULOGNE
PIERREFITTE-SUR-SEINE
SALTYKOV-CHTCHEDRINE
DU VERGIER DE HAURANNE
ÉLECTROMÉCANICIENNE
ÉLECTROTECHNICIENNE
CRISTALLOPHYLLIENNE
ALBERTIVILLIARIENNE
PORT-SAINT-LOUISIENNE
DÉMOCRATE-CHRÉTIENNE
VILLENEUVE-LA-GARENNE
MONTEREAU-FAULT-YONNE
FISHER OF KILVERSTONE

BESSINES-SUR-GARTEMPE
LE LARDIN-SAINT-LAZARE
JACQUELINE DE BAVIÈRE
NEUVY-SAINT-SÉPULCHRE
TALMONT-SAINT-HILAIRE
CHÂTEAUNEUF-SUR-LOIRE
SAINT-BENOÎT-SUR-LOIRE
LUDOVIC SFORZA LE MORE
SAINTE-ANNE-DE-BEAUPRÉ
GARGILESSE-DAMPIERRE
BENOÎT DE SAINTE-MAURE
CHLOROFLUOROCARBURE
TOUSSAINT LOUVERTURE
MONTSAINTAIGNANAISE
SAINT-JEAN-DE-LOSNAISE
THEROULDEBOURGEOISE
SAINT-POL-SUR-TERNOISE
LYMPHOGRANULOMATOSE
CONFÉDÉRATION SUISSE
FRÉDÉRIC BARBEROUSSE
CHARGEUSE-PELLETEUSE
SAINT-LOUP-SUR-SEMOUSE
CHRÉTIENNE-DÉMOCRATE
DÉMÉTRIOS POLIORCÈTE
INCOMPRÉHENSIBILITÉ
PLURIDISCIPLINARITÉ
INTERDISCIPLINARITÉ
POLYRADICULONÉVRITE
ÉLECTROLUMINESCENTE
ANARCHO-SYNDICALISTE
NATIONALE-SOCIALISTE
CONSTITUTIONNALISTE
ENVIRONNEMENTALISTE
POSTIMPRESSIONNISTE
ANTIPROTECTIONNISTE
AUCASSIN ET NICOLETTE
CONSTANTIN MONOMAQUE
DÉSOXYRIBONUCLÉIQUE
SOLIMAN LE MAGNIFIQUE
LAURENT LE MAGNIFIQUE
MÉDICO-PSYCHOLOGIQUE
MICROPHOTOGRAPHIQUE
COLOMBIE-BRITANNIQUE
HONDURAS BRITANNIQUE
PHYSICO-MATHÉMATIQUE
PSYCHOTHÉRAPEUTIQUE
PARASYMPATHOLYTIQUE
COULONGES-SUR-L'AUTIZE
HYPOTHÉTICO-DÉDUCTIF
HARTMANNSWILLERKOPF
CONRAD VON HÖTZENDORF
SAINT-AUBIN-LÈS-ELBEUF
SANKT ANTON AM ARLBERG
METTERNICH-WINNEBURG
ALBERT DE BRANDEBOURG
CHARLES DE LUXEMBOURG
RODOLPHE DE HABSBOURG

19

1049

ÉLÉONORE DE HABSBOURG

ALEXIS MIKHAÏLOVITCH

CAROLINE DE BRUNSWICK

FERDINAND DE PORTUGAL

RÉTICULO-ENDOTHÉLIAL

INTERGOUVERNEMENTAL

ANTICONSTITUTIONNEL

SAINT-FLORENT-LE-VIEIL

ORGANISATEUR-CONSEIL

VILLIERS DE L'ISLE-ADAM

LA NOUVELLE-AMSTERDAM

MENGISTU HAILÉ MARIAM

FRONTENAY-ROHAN-ROHAN

ABD AL-AZIZ IBN AL-HASAN

HOUTHALEN-HELCHTEREN

PORT-EN-BESSIN-HUPPAIN

LUDWIGSHAFEN AM RHEIN

MONTGOMERY OF ALAMEIN

GALOUZEAU DE VILLEPIN

ROQUEBRUNE-CAP-MARTIN

JUAN CARLOS DE BOURBON

SAINT-NICOLAS-DE-REDON

SAISIE-REVENDICATION

ABSTRACTION-CRÉATION

ULTRACENTRIFUGATION

TRANSSUBSTANTIATION

MARIE DE L'INCARNATION

ÉLECTROLOCALISATION

ALTERMONDIALISATION

INSTRUMENTALISATION

INTELLECTUALISATION

POSTSYNCHRONISATION

PHOTO-INTERPRÉTATION

CONTRE-MANIFESTATION

HARLAY DE CHAMPVALLON

LANGUEDOC-ROUSSILLON

CHIKAMATSU MONZAEMON

SAINT-PIERRE-QUIBERON

ROQUEFORT-SUR-SOULZON

QUATRE-CENT-VINGT-ET-UN

SEBASTIANO DEL PIOMBO

BERNARD DE SAXE-WEIMAR

SAINT-FLORENT-SUR-CHER

PÉTROLIER-MINÉRALIER

MINÉRALIER-PÉTROLIER

SAINT-AUBIN-DU-CORMIER

LE VIEL HOMME ET LA MER

SAINT-MANDRIER-SUR-MER

CONSTITUTIONNALISER

HUGUES DE SAINT-VICTOR

SANCHE GARCÉS EL MAYOR

ENSEIGNANT-CHERCHEUR

PISTOLET-MITRAILLEUR

ANALYSTE-PROGRAMMEUR

ÉDOUARD LE CONFESSEUR

PHOTOMULTIPLICATEUR

JOSEPH LE RÉFORMATEUR

SURVOLTEUR-DÉVOLTEUR

KOMSOMOLSK-SUR-L'AMOUR

PERSONNES-RESSOURCES

LE MEILLEUR DES MONDES

AMBRIÈRES-LES-VALLÉES

SECRÉTARIATS-GREFFES

CHAUDIÈRE-APPALACHES

PALÉO-OCÉANOGRAPHIES

LA LÉGENDE DES SIÈCLES

ARRIÈRE-GRANDS-ONCLES

SAINT-MÉDARD-EN-JALLES

SEMI-PRÉSIDENTIELLES

QUATRE-VINGT-DIXIÈMES

JUDÉO-CHRISTIANISMES

NÉO-IMPRESSIONNISMES

CHANTELOUP-LES-VIGNES

SAINTE-MARIE-AUX-MINES

CÉPHALO-RACHIDIENNES

GLOSSO-PHARYNGIENNES

MALAYO-POLYNÉSIENNES

SOCIALES-CHRÉTIENNES

HAM-SUR-HEURE-NALINNES

GOVERNADOR VALADARES

CHARLEVILLE-MÉZIÈRES

SAINT-GERMAIN-DES-PRÉS

VOYAGEURS-KILOMÈTRES

ALPES NÉO-ZÉLANDAISES

PESEUSES-ENSACHEUSES

MUSCULO-MEMBRANEUSES

CHRÉTIENS-DÉMOCRATES

MÉNINGO-ENCÉPHALITES

ARRIÈRE-GRANDS-TANTES

CONTRE-MANIFESTANTES

RADICAUX-SOCIALISTES

MARXISTES-LÉNINISTES

NÉO-IMPRESSIONNISTES

ANTI-INFLATIONNISTES

PIEYRE DE MANDIARGUES

VIEILLES-CATHOLIQUES

PYRÉNÉES-ATLANTIQUES

SAINT-PIERRE-SUR-DIVES

EUGÈNE DE BEAUHARNAIS

LES ENFANTS DU PARADIS

LA GUERCHE-SUR-L'AUBOIS

CORMEILLES-EN-PARISIS

LAURENTIUS VALLENSIS

MILITARO-INDUSTRIELS

LIEUTENANTS-COLONELS

LOUISE-MARIE D'ORLÉANS

REPORTERS-CAMERAMANS

ROQUEBRUNE-SUR-ARGENS

DÉMOCRATES-CHRÉTIENS

SAINT-HONORÉ-LES-BAINS

CHÂTEAUNEUF-LES-BAINS

SAINT-TROJAN-LES-BAINS

NIEDERBRONN-LES-BAINS

ARROMANCHES-LES-BAINS

LOCATIONS-ACCESSIONS
CONTRE-DÉNONCIATIONS
INTRADERMO-RÉACTIONS
TRAVERSÉES-JONCTIONS
FUSIONS-ACQUISITIONS
MANDAT-CONTRIBUTIONS
SAINT-PIERRE-DES-CORPS
CHASSEURS-CUEILLEURS
FRAISEURS-OUTILLEURS
ÉMETTEURS-RÉCEPTEURS
VOITURES-RESTAURANTS
LA CHAPELLE-AUX-SAINTS
CONSTANTIN HÉRACLIUS
QUINCTIUS FLAMININUS
BERNADETTE SOUBIROUS
MARGUERITE BOURGEOYS
ALBERT DE BALLENSTEDT
CHASSAGNE-MONTRACHET
SAINT-BRICE-SOUS-FORÊT
BOURBON-L'ARCHAMBAULT
GUILLAUME DE MACHAULT
JACQUES LE CONQUÉRANT
INSTITUTIONNALISANT
ÉTATS LATINS DU LEVANT
GENTLEMAN'S AGREEMENT
INVRAISEMBLABLEMENT
INCOMMENSURABLEMENT
PROFESSIONNELLEMENT
CONVENTIONNELLEMENT
PROPORTIONNELLEMENT
RÉAPPROVISIONNEMENT
HYPERFONCTIONNEMENT

PERPENDICULAIREMENT
IRRÉVÉRENCIEUSEMENT
PRÉCAUTIONNEUSEMENT
TRIGONOMÉTRIQUEMENT
HÉLINAND DE FROIDMONT
PASTEUR VALLERY-RADOT
SAINTE-LIVRADE-SUR-LOT
HENRIETTE-ANNE STUART
TERRITOIRE DE BELFORT
SAINT-JEAN-PIED-DE-PORT
DESROCHES NOBLECOURT
VILLARD DE HONNECOURT
BOULOGNE-BILLANCOURT
SONNINI DE MANONCOURT
LA RÉVÉLLIÈRE-LÉPEAUX
SAINT-LAURENT-DES-EAUX
SAINT-GENEST-MALIFAUX
TECHNICO-COMMERCIAUX
ANTIGOUVERNEMENTAUX
INTERDÉPARTEMENTAUX
PIERRE LE CÉRÉMONIEUX
VOISINS-LE-BRETONNEUX
ARRIÈRE-PETITS-NEVEUX
ROMORANTIN-LANTHENAY
BAUDOUIN DE COURTENAY
SAINT-RAMBERT-EN-BUGEY
SAINT-VALLIER-DE-THIEY
EASTMAN KODAK COMPANY
SAINT-PIERRE-D'ALBIGNY
SAINT-MARTIN-D'AUXIGNY
CARRIÈRES-SOUS-POISSY
KEKULÉ VON STRADONITZ

ANTOINE-MARIE ZACCARIA
FERDINAND DE ANTEQUERA
PIERRE KARADJORDJEVIC
SAINT-ROMAIN-DE-COLBOSC
PHOTOMULTIPLICATRICE
CONTRE-ÉLECTROMOTRICE
MARGUERITE DE PROVENCE
ALPES-DE-HAUTE-PROVENCE
SANCHE GARCÉS EL GRANDE
SAINT-CIERS-SUR-GIRONDE
SAINT-CHARLES-BORROMÉE
LE NOUVION-EN-THIÉRACHE
CHÂTEAUNEUF-SUR-SARTHE
OTO-RHINO-LARYNGOLOGIE
ÉLECTROCARDIOGRAPHIE
HYPERCHOLESTÉROLÉMIE
MONTREDON-LABESSONNIÉ
MOUSTIERS-SAINTE-MARIE
CATHERINE D'ALEXANDRIE
SELLERIE-BOURRELLERIE
SELLERIE-MAROQUINERIE

RÉTICULO-ENDOTHÉLIALE
AUSTRALIE-MÉRIDIONALE
AUSTRALIE-OCCIDENTALE
PAPOUASIE-OCCIDENTALE
INTERGOUVERNEMENTALE
SERGENTS DE LA ROCHELLE
MILITARO-INDUSTRIELLE
MULTICONFESSIONNELLE
SOCIOPROFESSIONNELLE

INTERPROFESSIONNELLE
TANCRÈDE DE HAUTEVILLE
MARGUERITE D'ANGOULÊME
SAINT-JEAN-CHRYSOSTOME
PSEUDOHERMAPHRODISME
AIGREFEUILLE-SUR-MAINE
LAROCHE-SAINT-CYDROINE
PAPOUANE-NÉO-GUINÉENNE
CASTELTHÉODORICIENNE
CASTROTHÉODORICIENNE
SAINT-JEAN-DE-MAURIENNE
VILLEFRANCHE-SUR-SAÔNE
BASILE LE BULGAROCTONE
CHENNEVIÈRES-SUR-MARNE
LES RAISINS DE LA COLÈRE
GEOFFROY SAINT-HILAIRE
SAINT-GEORGES-SUR-LOIRE
CONTRE-INTERROGATOIRE
WATTIGNIES-LA-VICTOIRE
HENRIETTE D'ANGLETERRE
MONTESQUIEU-VOLVESTRE
ARNOUVILLE-LÈS-GONESSE
ANALYSTE-PROGRAMMEUSE
MOISSONNEUSE-BATTEUSE
NICÉPHORE LE LOGOTHÈTE
INCONSTITUTIONNALITÉ
PALAIS DE LA DÉCOUVERTE
PRATS-DE-MOLLO-LA-PRESTE
ANTISÉGRÉGATIONNISTE
LE VOLEUR DE BICYCLETTE
ABITIBI-TÉMISCAMINGUE
CONSTANTIN PALÉOLOGUE
ANTISÉROTONINERGIQUE
ISABELLE LA CATHOLIQUE
UKRAINE SUBCARPATIQUE
PSYCHOPROPHYLACTIQUE
HYPOTHÉTICO-DÉDUCTIVE
SINT-LAMBRECHTS-WOLUWE
FERDINAND DE HABSBOURG
CONFESSION D'AUGSBOURG
WOLFRAM VON ESCHENBACH
CONSTANTIN PAVLOVITCH
STANISLAS LESZCZYNSKI
DJAMAL AL-DIN AL-AFGHANI
SAINT-LAURENT-DU-MARONI
MEGAWATI SUKARNOPUTRI
YOSEMITE NATIONAL PARK
BRABANT-SEPTENTRIONAL
AMNESTY INTERNATIONAL
SCHERPENHEUVEL-ZICHEM
SAINT-JEAN-DE-JÉRUSALEM
AGRIPPA VON NETTESHEIM
MENDELE MOCHER SEFARIM
SAGUENAY-LAC-SAINT-JEAN
DJUBRAN KHALIL DJUBRAN
MONTCALM DE SAINT-VÉRAN
CONRAD DE HOHENSTAUFEN

MARIE-AMÉLIE DE BOURBON
DÉSINDUSTRIALISATION
PROFESSIONNALISATION
MULTINATIONALISATION
INTERNATIONALISATION
DÉPARTEMENTALISATION
PHOTOSENSIBILISATION
VILLENEUVE-LÈS-AVIGNON
SAINT-SYMPHORIEN-D'OZON
POLIDORO DA CARAVAGGIO
VALERA Y ALCALÁ GALIANO
COLONIA DEL SACRAMENTO
PEÑARROYA-PUEBLONUEVO
THIBAUD LE CHANSONNIER
SAINT-PIERRE-LE-MOÛTIER
SAINTES-MARIES-DE-LA-MER
HÉROUVILLE-SAINT-CLAIR
TERRE-NEUVE-ET-LABRADOR
ALPHONSE LE BATAILLEUR
LIEUTENANT-GOUVERNEUR
CHEVIGNY-SAINT-SAUVEUR
ARRIÈRE-PETITES-NIÈCES
SELLERIES-GARNISSAGES
BRONCHO-PNEUMOPATHIES
PROVINCES DES PRAIRIES
TECHNICO-COMMERCIALES
SPORADES ÉQUATORIALES
ARRIÈRE-PETITES-FILLES
RAIMOND DE SAINT-GILLES
LE CHAMBON-FEUGEROLLES
DES SOURIS ET DES HOMMES
ANARCHO-SYNDICALISMES
SAINTE-ANNE-DES-PLAINES
SAINT-MARTIN-DE-LONDRES
SAINT-PONS-DE-THOMIÈRES
MOISSONNEUSES-LIEUSES
NICÉPHORE BOTANÉIATÈS
ANARCHO-SYNDICALISTES
NATIONAUX-SOCIALISTES
CHIRURGIENS-DENTISTES
MÉDICO-PSYCHOLOGIQUES
PHYSICO-MATHÉMATIQUES
PROVINCES ATLANTIQUES
LICINIUS CRASSUS DIVES
HYPOTHÉTICO-DÉDUCTIFS
ALPHONSE LE BOULONNAIS
ANDRÉZIEN-BOUTHÉONAIS
MAREUIL-SUR-LAY-DISSAIS
LES PAVILLONS-SOUS-BOIS
FREYMING-MERLEBACHOIS
SAINT-GERVAIS-LES-BAINS
CONTRE-MANIFESTATIONS
MANDATS-CONTRIBUTIONS
NIKITA PETROVIC NJEGOS
PIERRE PETROVIC NJEGOS
SAINT-ANDRÉ-LES-VERGERS
PROSPECTEURS-PLACIERS

COMMISSAIRES-PRISEURS
ARRIÈRE-PETITS-ENFANTS
GENTLEMEN'S AGREEMENTS
ARRIÈRE-GRANDS-PARENTS
QUINCTIUS CINCINNATUS
SAINT-LÉONARD-DE-NOBLAT
MADELEINE-SOPHIE BARAT
VOYAGE AU BOUT DE LA NUIT
CONSTITUTIONNALISANT
INCONDITIONNELLEMENT
DÉSAPPROVISIONNEMENT
AUTANT EN EMPORTE LE VENT
JACQUES ÉDOUARD STUART

SAINT-GUILHEM-LE-DÉSERT
SAINT-HIPPOLYTE-DU-FORT
SAINT-BONNET-LE-CHÂTEAU
TERRASSON-LA-VILLEDIEU
GUILLAUME DE CHAMPEAUX
RÉTICULO-ENDOTHÉLIAUX
INTERGOUVERNEMENTAUX
MONTIGNY-LE-BRETONNEUX
LA CHAPELLE-DE-GUINCHAY
SOISY-SOUS-MONTMORENCY
MENDELSSOHN-BARTHOLDY
SUFFREN DE SAINT-TROPEZ

20

UNITED STATES OF AMERICA
AMÉLIE-LES-BAINS-PALALDA
RUIZ DE ALARCÓN Y MENDOZA
SAINT-ÉTIENNE-DE-MONTLUC
JEU DE L'AMOUR ET DU HASARD
NOTRE-DAME-DE-BELLECOMBE
HENRIETTE-ANNE DE FRANCE
SAINT-MICHEL-DE-PROVENCE
SAINT-JACQUES-DE-LA-LANDE
MARIE-THÉRÈSE D'AUTRICHE
ARCHIVISTE-PALÉOGRAPHE
RADIOCRISTALLOGRAPHIE
LES CONTAMINES-MONTJOIE
VISITATION SAINTE-MARIE
SAINT-GILLES-CROIX-DE-VIE
JEAN-BAPTISTE DE LA SALLE
ANTICONSTITUTIONNELLE
NOTRE-DAME-DE-BONDEVILLE
SAINT-ORENS-DE-GAMEVILLE
DELAMARE-DEBOUTTEVILLE
MONTMORENCY-BOUTEVILLE
HEXACHLOROCYCLOHEXANE
APOLLODORE LE DAMASCÈNE
RÉPUBLIQUE DOMINICAINE
SAINT-GEOIRE-EN-VALDAINE
SAINTE-MAURE-DE-TOURAINE
LES CAPRICES DE MARIANNE
FRIOUL-VÉNÉTIE JULIENNE
SAINT-GEORGES-DE-DIDONNE
PORT-SAINT-LOUIS-DU-RHÔNE
CONTRE-RÉVOLUTIONNAIRE
SOCIAL-RÉVOLUTIONNAIRE
EUSTACHE DE SAINT-PIERRE
BESSE-ET-SAINT-ANASTAISE
FREYMING-MERLEBACHOISE
SAINT-VINCENT-DE-TYROSSE
SAINT-SAUVEUR-LE-VICOMTE
GUILLAUME DE CHAMPLITTE
SAULXURES-SUR-MOSELOTTE
FERDINAND LE CATHOLIQUE

21

MAGNÉTOHYDRODYNAMIQUE
RUTHÉNIE SUBCARPATIQUE
PARASYMPATHOMIMÉTIQUE
SAINT-NICOLAS-DE-LA-GRAVE
CHOMEDEY DE MAISONNEUVE
VAUQUELIN DE LA FRESNAYE
ALEXANDRE DE BATTENBERG
DECAZES ET DE GLÜCKSBERG
LOTHAIRE DE SUPPLINBURG
SIGISMOND DE LUXEMBOURG
GOTTFRIED DE STRASBOURG
BENEDETTI MICHELANGELI
ABU AL-FARADJ AL-ISFAHANI
MASSIF SCHISTEUX RHÉNAN
ILLKIRCH-GRAFFENSTADEN
GARMISCH-PARTENKIRCHEN
PONTELLOIS-COMBALUSIEN
LES FOURBERIES DE SCAPIN
NOTRE-DAME-DE-GRAVENCHON
EXSANGUINO-TRANSFUSION
INSTITUTIONNALISATION
SAINT-PIERRE-ET-MIQUELON
BELSUNCE DE CASTELMORON
ROTHENBURG OB DER TAUBER
GRÉGOIRE L'ILLUMINATEUR
GUILLAUME DE SAINT-AMOUR
BERNIÈRES-SAINT-NICOLAS
CONTRE-ÉLECTROMOTRICES
LES FAUSSES CONFIDENCES
REPORTERS-PHOTOGRAPHES
OTO-RHINO-LARYNGOLOGIES
RÉTICULO-ENDOTHÉLIALES
MILITARO-INDUSTRIELLES
MONTIGNY-LÈS-CORMEILLES
DÉMOCRATES-CHRÉTIENNES
CONTRE-INTERROGATOIRES
ANTILLES NÉERLANDAISES
KARATCHAÏS-TCHERKESSES
CHARGEUSES-PELLETEUSES
CHRÉTIENNES-DÉMOCRATES
NATIONALES-SOCIALISTES
HYPOTHÉTICO-DÉDUCTIVES
HORTENSE DE BEAUHARNAIS
SAINT-JULIEN-EN-GENEVOIS
ORGANISATEURS-CONSEILS
SAISIES-REVENDICATIONS
PHOTOS-INTERPRÉTATIONS
NICOLAS PETROVIC NJEGOS
PÉTROLIERS-MINÉRALIERS
MINÉRALIERS-PÉTROLIERS
ENSEIGNANTS-CHERCHEURS
PISTOLETS-MITRAILLEURS
ANALYSTES-PROGRAMMEURS
SURVOLTEURS-DÉVOLTEURS
THÉRÈSE DE L'ENFANT-JÉSUS
SAINT-PAUL-DE-FENOUILLET
GUILLAUME LE CONQUÉRANT

21

22

PROTO-INDUSTRIALISATION
SAINT-FRANÇOIS-LONGCHAMP
LES TRAVAILLEURS DE LA MER
MÉNDEZ DE HARD Y SOTO MAYOR
CONJONCTEUR-DISJONCTEUR
PROVENCE-ALPES-CÔTE D'AZUR
LAMOIGNON DE MALESHERBES
VILLENEUVE-SAINT-GEORGES
SELLERIES-BOURRELLERIES
SELLERIES-MAROQUINERIES
SAINT-QUENTIN-EN-YVELINES
SAINT-ARNOULT-EN-YVELINES
CONTRE-RÉVOLUTIONNAIRES
COLOMBEY-LES-DEUX-ÉGLISES
ANALYSTES-PROGRAMMEUSES
LES LIAISONS DANGEREUSES
MOISSONNEUSES-BATTEUSES
CHÂTEAUNEUF-EN-THYMERAIS
SAINTE-GENEVIÈVE-DES-BOIS
GUILHERANDAIS-GRANGEOIS
THÉODORE DOUKAS LASCARIS
EXSANGUINO-TRANSFUSIONS
ANTIGONOS MONOPHTHALMOS
CHOUART DES GROSEILLIERS
FABIUS MAXIMUS RULLIANUS
PUBLIUS QUINTILIUS VARUS
L'HOSPITALET DE LLOBREGAT
SAINT-HILAIRE-DU-HARCOUËT
VILLEFRANCHE-DE-CONFLENT
RECHERCHE-DÉVELOPPEMENT
SAINT-PAUL-TROIS-CHÂTEAUX
SAINT-FARGEAU-PONTHIERRY

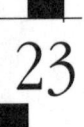

MARIE MADELEINE DE MAGDALA
ALEXANDRE KARADJORDJEVIC
WALTHER VON DER VOGELWEIDE
PAPOUASIE-NOUVELLE-GUINÉE
DESSINATRICE-CARTOGRAPHE
ÉLECTROENCÉPHALOGRAPHIE
COUR PÉNALE INTERNATIONALE
UNION POSTALE UNIVERSELLE
SAINT-MARTIN-DE-BELLEVILLE
SAINT-BRUNO-DE-MONTARVILLE
POLYTÉTRAFLUOROÉTHYLÈNE
MONTASTRUC-LA-CONSEILLÈRE
ANDRÉZIENNE-BOUTHÉONAISE
SAINT-SYMPHORIEN-SUR-COISE
SRI JAYAWARDENEPURA KOTTE
MASSEUR-KINÉSITHÉRAPEUTE
CONFÉDÉRATION GERMANIQUE
COUCY-LE-CHÂTEAU-AUFFRIQUE
LA CHEVAUCHÉE FANTASTIQUE
MARGUERITE-MARIE ALACOQUE
OTTIGNIES-LOUVAIN-LA-NEUVE

LES EYZIES-DE-TAYAC-SIREUIL
MARIE-CHRISTINE DE BOURBON
ANESTHÉSISTE-RÉANIMATEUR
ON NE BADINE PAS AVEC L'AMOUR
ARCHIVISTES-PALÉOGRAPHES
BRIGADES INTERNATIONALES
CHAMPION DE CHAMBONNIÈRES
SOCIAUX-RÉVOLUTIONNAIRES
HOSPITALO-UNIVERSITAIRES
OTO-RHINO-LARYNGOLOGISTES
CHÂTEAUNEUF-LES-MARTIGUES
VILLEFRANCHE-DE-LAURAGAIS
GRANDPUITS-BAILLY-CARROIS
STERNO-CLÉIDO-MASTOÏDIENS
PROTO-INDUSTRIALISATIONS
SANTIAGO DE LOS CABALLEROS
AFRICAN NATIONAL CONGRESS
FABIUS MAXIMUS VERRUCOSUS
INCONSTITUTIONNELLEMENT
HENRI DE FLANDRE ET HAINAUT
LANEUVEVILLE-DEVANT-NANCY

SAINT-RAPHAËL-DE-L'ÎLE-BIZARD
ANESTHÉSISTE-RÉANIMATRICE
RHÉNANIE-DU-NORD-WESTPHALIE
BOURGTHEROULDE-INFREVILLE
JOURNAL D'UN CURÉ DE CAMPAGNE
RÉPUBLIQUE CENTRAFRICAINE
PONTELLOISE-COMBALUSIENNE
THÉÂTRE NATIONAL POPULAIRE
SAINT-MICHEL-L'OBSERVATOIRE
GUILHERANDAISE-GRANGEOISE
CONSTANTIN PORPHYROGÉNÈTE
MASSEUSE-KINÉSITHÉRAPEUTE
SAINT-LAURENT-DE-LA-SALANQUE
TANJUNG KARANG-TELUK BETUNG
MUHAMMAD AHMAD IBN ABD ALLAH
PETROPAVLOVSK-KAMTCHATSKI
ORANIENBURG-SACHSENHAUSEN
GUILLAUME DE VILLEHARDOUIN
SIGISMOND AUGUSTE JAGELLON
SAINT-BERTRAND-DE-COMMINGES
DESSINATEURS-CARTOGRAPHES
HISTOIRES EXTRAORDINAIRES
SOCIALES-RÉVOLUTIONNAIRES
LES NOURRITURES TERRESTRES
SAINT-AUGUSTIN-DE-DESMAURES
SAINT CHRISTOPHER AND NEVIS
CONJONCTEURS-DISJONCTEURS
RECHERCHES-DÉVELOPPEMENTS
SIMPLICIUS SIMPLICISSIMUS
LA ROCHEFOUCAULD-LIANCOURT
LE PELETIER DE SAINT-FARGEAU
SAINT-PHILBERT-DE-GRAND-LIEU

25

AFRIQUE-ORIENTALE ALLEMANDE
NARBONNAISE EN MÉDITERRANÉE
SAINT-JACQUES-DE-COMPOSTELLE
ÉQUEURDREVILLE-HAINNEVILLE
SAINT-MAXIMIN-LA-SAINTE-BAUME
GASPÉSIE-ÎLES-DE-LA-MADELEINE
FRANCESCO DI GIORGIO MARTINI
SAINT-VINCENTAIS-ET-GRENADIN
MARGUERITE VALDEMARSDOTTER
DESSINATRICES-CARTOGRAPHES
MASSEURS-KINÉSITHÉRAPEUTES
SAINT-ÉTIENNE-DE-SAINT-GEOIRS
ANESTHÉSISTES-RÉANIMATEURS
ANTICONSTITUTIONNELLEMENT
REGNAUD DE SAINT-JEAN-D'ANGÉLY

26

ANESTHÉSISTES-RÉANIMATRICES
MASSEUSES-KINÉSITHÉRAPEUTES
REGNAULT DE SAINT-JEAN-D'ANGÉLY

27

LA ROCHEFOUCAULD-DOUDEAUVILLE
EMPIRE LATIN DE CONSTANTINOPLE
FRANÇOIS DE HABSBOURG-LORRAINE
SAINT-VINCENTAISE-ET-GRENADINE
CHARLOTTE-ÉLISABETH DE BAVIÈRE
AFRIQUE-ÉQUATORIALE FRANÇAISE
AFRIQUE-OCCIDENTALE FRANÇAISE
SAINT EMPIRE ROMAIN GERMANIQUE
AFRIQUE-ORIENTALE BRITANNIQUE
STANISLAS AUGUSTE PONIATOWSKI
PHILIPPE DE GRÈCE ET DE DANEMARK
SAINT-VINCENT-ET-LES GRENADINES
NICOLAS NIKOLAÏEVITCH ROMANOV
SAINT-GEORGES-LÈS-BAILLARGEAUX

28

RÊVERIES DU PROMENEUR SOLITAIRE
FRANÇOIS-FERDINAND DE HABSBOURG
BOUCHER DE CRÈVECŒUR DE PERTHES
AUTORITÉ DES MARCHÉS FINANCIERS
LOUIS-MARIE GRIGNION DE MONTFORT
LOUISE DE MECKLEMBOURG-STRELITZ

UNION POUR UN MOUVEMENT POPULAIRE

29

MARIE-LOUISE DE HABSBOURG-LORRAINE
LIGUE COMMUNISTE RÉVOLUTIONNAIRE
CONSEIL FRANÇAIS DU CULTE MUSULMAN

30

PROVINCES-UNIES D'AMÉRIQUE CENTRALE
JEANNE-FRANÇOISE FRÉMYOT DE CHANTAL

31

MECKLEMBOURG-POMÉRANIE-OCCIDENTALE

32

MARIE-CHRISTINE DE HABSBOURG-LORRAINE
ERNEST-AUGUSTE DE BRUNSWICK-LUNEBOURG
SPLENDEURS ET MISÈRES DES COURTISANES

33

TABLEAUX ANNEXES

PAYS, CAPITALES, MONNAIES ET LANGUES

Pays	Capitales	Monnaies	Langues
AFGHANISTAN	Kaboul	afghani	persan (dari), pachto
AFRIQUE DU SUD	Pretoria, Le Cap	rand	afrikaans, anglais, ndebele, pedi, sotho, swazi, tsonga, tswana, venda, xhosa, zoulou
ALBANIE	Tirana	lek	albanais
ALGÉRIE	Alger	dinar algérien	tamazight, arabe
ALLEMAGNE	Berlin	euro ; anc. (deutsche) mark	allemand
ANDORRE	Andorre-la-Vieille	euro ; anc. franc français, peseta	catalan
ANGOLA	Luanda	kwanza	portugais
ANTIGUA-ET-BARBUDA	Saint John's	dollar des Caraïbes orientales	anglais
ARABIE SAOUDITE	Riyad	riyal saoudien	arabe
ARGENTINE	Buenos Aires	peso argentin	espagnol
ARMÉNIE	Erevan	dram	arménien
AUSTRALIE	Canberra	dollar australien	anglais
AUTRICHE	Vienne	euro ; anc. schilling	allemand
AZERBAÏDJAN	Bakou	manat	azéri
BAHAMAS	Nassau	dollar des Bahamas	anglais
BAHREÏN	Manama	dinar de Bahreïn	arabe
BANGLADESH	Dacca	taka	bengali
BARBADE	Bridgetown	dollar de la Barbade	anglais
BELGIQUE	Bruxelles	euro ; anc. franc belge	allemand, français, néerlandais
BELIZE	Belmopan	dollar de Belize	anglais
BÉNIN	Porto-Novo	franc CFA	français
BHOUTAN	Thimbu	ngultrum, roupie indienne	tibétain (dzongka)
BIÉLORUSSIE	Minsk	rouble biélorusse	biélorusse, russe
BIRMANIE	Rangoun	kyat	birman
BOLIVIE	Sucre, La Paz	boliviano	espagnol, aymara, quechua
BOSNIE-HERZÉGOVINE	Sarajevo	mark convertible	bosniaque, serbe, croate
BOTSWANA	Gaborone	pula	anglais
BRÉSIL	Brasília	real brésilien	portugais
BRUNEI	Bandar Seri Begawan	dollar de Brunei	malais
BULGARIE	Sofia	lev	bulgare
BURKINA	Ouagadougou	franc CFA	français
BURUNDI	Bujumbura	franc du Burundi	français, kirundi

Pays	Capitales	Monnaies	Langues
CAMBODGE	Phnom Penh	riel	khmer
CAMEROUN	Yaoundé	franc CFA	anglais, français
CANADA	Ottawa	dollar canadien	anglais, français
CAP-VERT	Praia	escudo du Cap-Vert	portugais
CENTRAFRICAINE (RÉPUBLIQUE)	Bangui	franc CFA	français, sango
CHILI	Santiago	peso chilien	espagnol
CHINE	Pékin	yuan	chinois
CHYPRE	Nicosie	livre cypriote	grec, turc
COLOMBIE	Bogotá	peso colombien	espagnol
COMORES	Moroni	franc comoriens	arabe, français
CONGO (RÉPUBLIQUE DU)	Brazzaville	franc CFA	français
CONGO (RÉPUBLIQUE DÉMOCRATIQUE DU)	Kinshasa	franc congolais	français
CORÉE DU NORD	Pyongyang	won nord-coréen	coréen
CORÉE DU SUD	Séoul	won	coréen
COSTA RICA	San José	colón costaricain	espagnol
CÔTE D'IVOIRE	Yamoussoukro	franc CFA	français
CROATIE	Zagreb	kuna	croate
CUBA	La Havane	peso cubain	espagnol
DANEMARK	Copenhague	krone (couronne danoise)	danois
DJIBOUTI	Djibouti	franc de Djibouti	arabe, français
DOMINICAINE (RÉPUBLIQUE)	Saint-Domingue	peso dominicain	espagnol
DOMINIQUE	Roseau	dollar des Caraïbes orientales	anglais
ÉGYPTE	Le Caire	livre égyptienne	arabe
ÉMIRATS ARABES UNIS	Abu Dhabi	dirham des Émirats arabes unis	arabe
ÉQUATEUR	Quito	dollar des États-Unis	espagnol
ÉRYTHRÉE	Asmara	nakfa	tigrigna, arabe
ESPAGNE	Madrid	euro ; anc. peseta	espagnol
ESTONIE	Tallinn	kroon (couronne estonienne)	estonien
ÉTATS-UNIS	Washington	dollar des États-Unis	anglais
ÉTHIOPIE	Addis-Abeba	birr	amharique
FIDJI	Suva	dollar fidjien	anglais, fidjien, hindoustani
FINLANDE	Helsinki	euro ; anc. markka (mark finlandais)	finnois, suédois
FRANCE	Paris	euro ; anc. franc français	français

Pays	Capitales	Monnaies	Langues
GABON	Libreville	franc CFA	français
GAMBIE	Banjul	dalasi	anglais
GÉORGIE	Tbilissi	lari	géorgien
GHANA	Accra	cedi	anglais
GRANDE-BRETAGNE	Londres	livre sterling	anglais
GRÈCE	Athènes	euro ; anc. drachme	grec
GRENADE	Saint George's	dollar des Caraïbes orientales	anglais
GUATEMALA	Guatemala	quetzal	espagnol
GUINÉE	Conakry	franc guinéen	français
GUINÉE-BISSAU	Bissau	franc CFA	portugais
GUINÉE ÉQUATORIALE	Malabo	franc CFA	espagnol, français
GUYANA	Georgetown	dollar de la Guyana	anglais
HAÏTI	Port-au-Prince	gourde, dollar des États-Unis	créole haïtien, français
HONDURAS	Tegucigalpa	lempira	espagnol
HONGRIE	Budapest	forint	hongrois
INDE	New Delhi	roupie indienne	hindi, anglais
INDONÉSIE	Jakarta	rupiah (roupie indonésienne)	indonésien
IRAN	Téhéran	rial iranien	persan
IRAQ	Bagdad	dinar irakien	arabe, kurde
IRLANDE	Dublin	euro ; anc. livre irlandaise	anglais, gaélique
ISLANDE	Reykjavík	krona (couronne islandaise)	islandais
ISRAËL	Jérusalem	shekel	hébreu, arabe
ITALIE	Rome	euro ; anc. lire italienne	italien
JAMAÏQUE	Kingston	dollar de la Jamaïque	anglais
JAPON	Tokyo	yen	japonais
JORDANIE	Amman	dinar jordanien	arabe
KAZAKHSTAN	Astana	tenge	kazakh, russe
KENYA	Nairobi	shilling du Kenya	anglais, swahili
KIRGHIZISTAN	Bichkek	som	kirghiz
KIRIBATI	Tarawa	dollar australien	anglais
KOWEÏT	Koweït	dinar koweïtien	arabe
LAOS	Vientiane	kip	lao
LESOTHO	Maseru	rand, loti	sotho, anglais
LETTONIE	Riga	lats, letton	letton
LIBAN	Beyrouth	livre libanaise	arabe
LIBERIA	Monrovia	dollar libérien	anglais

Pays	Capitales	Monnaies	Langues
LIBYE	Tripoli	dinar libyen	arabe
LIECHTENSTEIN	Vaduz	franc suisse	allemand
LITUANIE	Vilnius	litas	lituanien
LUXEMBOURG	Luxembourg	euro ; anc. franc luxembourgeois	luxembourgeois, allemand, français
MACÉDOINE	Skopje	denar	macédonien, albanais
MADAGASCAR	Antananarivo	ariary malgache	malgache, français
MALAISIE	Kuala Lumpur, Putrajaya	ringgit (dollar de la Malaisie)	malais
MALAWI	Lilongwe	kwacha	chichewa, anglais
MALDIVES	Malé	rufiyaa (roupie des Maldives)	divehi
MALI	Bamako	franc CFA	français
MALTE	La Valette	livre maltaise	maltais, anglais
MAROC	Rabat	dirham	arabe
MARSHALL (ÎLES)	Majuro	dollar des États-Unis	anglais, marshallais
MAURICE	Port Louis	roupie mauricienne	anglais
MAURITANIE	Nouakchott	ouguiya	arabe
MEXIQUE	Mexico	peso mexicain	espagnol
MICRONÉSIE (ÉTATS FÉDÉRÉS DE)	Palikir	dollar des États-Unis	anglais
MOLDAVIE	Chisinau	leu moldave	moldave
MONACO	Monaco	euro ; anc. franc français	français
MONGOLIE	Oulan-Bator	tugrik	mongol (khalkha)
MOZAMBIQUE	Maputo	metical	portugais
NAMIBIE	Windhoek	rand, dollar namibien	anglais
NAURU	Yaren	dollar australien	nauruan, anglais
NÉPAL	Katmandou	roupie népalaise	népalais
NICARAGUA	Managua	córdoba oro	espagnol
NIGER	Niamey	franc CFA	français
NIGERIA	Abuja	naira	anglais
NORVÈGE	Oslo	krone (couronne norvégienne)	norvégien
NOUVELLE-ZÉLANDE	Wellington	dollar néo-zélandais	anglais, maori
OMAN	Mascate	rial omanais	arabe
OUGANDA	Kampala	shilling ougandais	anglais
OUZBÉKISTAN	Tachkent	soum	ouzbek
PAKISTAN	Islamabad	roupie pakistanaise	ourdou, anglais
PALAOS	Koror	dollar des États-Unis	palauan, anglais
PANAMÁ	Panamá	balboa, dollar des États-Unis	espagnol
PAPOUASIE-NOUVELLE-GUINÉE	Port Moresby	kina	anglais

Pays	Capitales	Monnaies	Langues
PARAGUAY	Asunción	guarani	espagnol, guarani
PAYS-BAS	Amsterdam, La Haye	euro ; anc. florin	néerlandais
PÉROU	Lima	sol	espagnol, aymara, quechua
PHILIPPINES	Manille	peso philippin	tagal
POLOGNE	Varsovie	zloty	polonais
PORTUGAL	Lisbonne	euro ; anc. escudo	portugais
QATAR	Doha	riyal du Qatar	arabe
ROUMANIE	Bucarest	leu	roumain
RUSSIE	Moscou	rouble	russe
RWANDA	Kigali	franc rwandais	anglais, français, kinyarwanda
SAINTE-LUCIE	Castries	dollar des Caraïbes orientales	anglais
SAINT-KITTS-ET-NEVIS	Basseterre	dollar des Caraïbes orientales	anglais
SAINT-MARIN	Saint-Marin	euro ; anc. lire italienne	italien
SAINT-VINCENT-ET-LES GRENADINES	Kingstown	dollar des Caraïbes orientales	anglais
SALOMON (ILES)	Honiara	dollar des îles Salomon	anglais
SALVADOR	San Salvador	colón salvadorien, dollar des États-Unis	espagnol
SAMOA	Apia	tala	samoan, anglais
SÃO TOMÉ ET PRÍNCIPE	São Tomé	dobra	portugais
SÉNÉGAL	Dakar	franc CFA	français
SERBIE-ET-MONTÉNÉGRO	BELGRADE	dinar serbe (Serbie), euro (Monténégro)	serbe
SEYCHELLES	Victoria	roupie des Seychelles	anglais, créole, français
SIERRA LEONE	Freetown	leone	anglais
SINGAPOUR	Singapour	dollar de Singapour	anglais, chinois, malais, tamoul
SLOVAQUIE	Bratislava	koruna (couronne slovaque)	slovaque
SLOVÉNIE	Ljubljana	tolar	slovène
SOMALIE	Muqdisho	shilling somalien	somali, arabe
SOUDAN	Khartoum	dinar soudanais	arabe
SRI LANKA	Sri Jayawardenepura Kotte, Colombo	roupie du Sri Lanka	cinghalais, tamoul
SUÈDE	Stockholm	krona (couronne suédoise)	suédois
SUISSE	Berne	franc suisse	allemand, français, italien, romanche

Pays	Capitales	Monnaies	Langues
SURINAME	Paramaribo	dollar du Suriname	néerlandais
SWAZILAND	Mbabane	lilangeni	swazi, anglais
SYRIE	Damas	livre syrienne	arabe
TADJIKISTAN	Douchanbe	somoni	tadjik
TANZANIE	Dar es-Salaam, Dodoma	shilling tanzanien	swahili, anglais
TCHAD	N'Djamena	franc CFA	arabe, français
TCHÈQUE (RÉPUBLIQUE)	Prague	koruna (couronne tchèque)	tchèque
THAÏLANDE	Bangkok	baht	thaï
TOGO	Lomé	franc CFA	français
TONGA	Nukualofa	pa'anga	tongan, anglais
TRINITÉ-ET-TOBAGO	Port of Spain	dollar de Trinité-et-Tobago	anglais
TUNISIE	Tunis	dinar tunisien	arabe
TURKMÉNISTAN	Achgabat	manat	turkmène
TURQUIE	Ankara	livre turque	turc
TUVALU	Funafuti	dollar australien	tuvaluan, anglais
UKRAINE	Kiev	hrivna	ukrainien
URUGUAY	Montevideo	peso uruguayen	espagnol
VANUATU	Port-Vila	vatu	anglais, bichlamar, français
VENEZUELA	Caracas	bolívar	espagnol
VIÊT NAM	Hanoi	dông	vietnamien
YÉMEN	Sanaa	rial yéménite	arabe
ZAMBIE	Lusaka	kwacha	anglais
ZIMBABWE	Harare	dollar du Zimbabwe	anglais

ÉLÉMENTS CHIMIQUES

actinium	Ac		manganèse	Mn
aluminium	Al		meitnerium	Mt
américium	Am		mendélévium	Md
antimoine	Sb		mercure	Hg
argent	Ag		molybdène	Mo
argon	Ar		néodyme	Nd
arsenic	As		néon	Ne
astate	At		neptunium	Np
azote	N		nickel	Ni
baryum	Ba		niobium	Nb
berkélium	Bk		nobélium	No
béryllium	Be		or	Au
bismuth	Bi		osmium	Os
bohrium	Bh		oxygène	O
bore	B		palladium	Pd
brome	Br		phosphore	P
cadmium	Cd		platine	Pt
calcium	Ca		plomb	Pb
californium	Cf		plutonium	Pu
carbone	C		polonium	Po
cérium	Ce		potassium	K
césium	Cs		praséodyme	Pr
chlore	Cl		prométhéum	Pm
chrome	Cr		protactinium	Pa
cobalt	Co		radium	Ra
cuivre	Cu		radon	Rn
curium	Cm		rhénium	Re
deutérium	D		rhodium	Rh
dysprosium	Dy		rubidium	Rb
einsteinium	Es		ruthénium	Ru
erbium	Er		rutherfordium	Rf
étain	Sn		samarium	Sm
europium	Eu		scandium	Sc
fer	Fe		sélénium	Se
fermium	Fm		silicium	Si
fluor	F		sodium	Na
francium	Fr		soufre	S
gadolinium	Gd		strontium	Sr
gallium	Ga		tantale	Ta
germanium	Ge		technétium	Tc
hafnium	Hf		tellure	Te
hassium	Hs		terbium	Tb
hélium	He		thallium	Tl
holmium	Ho		thorium	Th
hydrogène	H		thulium	Tm
indium	In		titane	Ti
iode	I		tungstène	W
iridium	Ir		uranium	U
krypton	Kr		vanadium	V
lanthane	La		xénon	Xe
lawrencium	Lw		ytterbium	Yb
lithium	Li		yttrium	Y
lutécium	Lu		zinc	Zn
magnésium	Mg		zirconium	Zr

UNITÉS DE MESURE

acre		maxwell	Mx
ampère	A	mégabit	Mbit ou Mb
angström	Å	mégaflops	Mflops
are	a	mégaoctet	Mo
arpent		mètre	m
aune		mile	
bar	bar	mille	
baril	bbl	millibar	mbar
baud		mine	
becquerel	Bq	minute	min
boisseau		mips	
brasse		mole	mol
calorie	cal	muid	
candela	cd	newton	N
carat		ohm	
cheval	CV	once	
chopine		palme	
coudée		pascal	Pa
coulomb	C	perche	
curie	Ci	picotin	
décitex		pied	
degré Celsius	° C	pinte	
degré Fahrenheit	° F	poise	P
demiard		pouce	
doigt		quart	
électronvolt	eV	quintal	q
empan		rad	rd
encablure		radian	rad
farad	F	rem	rem
flops		röntgen	R
gal	Gal	rœntgen	R
gallon	gal	seconde	s
grade	gr	siemens	S
grain		setier	
gramme	g	short ton	sh tn
gray	Gy	sievert	Sv
hectare	ha	stade	
hectopascal	hPa	stéradian	sr
henry	H	stokes	St
hertz	Hz	talent	
heure	h	tesla	T
joule	J	tex	tex
kelvin	K	toise	
kilo	kg	tonne	t
kilogramme	kg	tour	tr
kilomètre	km	var	var
kilowattheure	kWh	verge	
li		verste	
lieue		volt	V
ligne		voltampère	VA
litre	l	watt	W
livre		wattheure	Wh
lumen	lm	weber	Wb
lux	lx	yard	
main			

DIVINITÉS ET HÉROS DE LA MYTHOLOGIE

Le monde gréco-latin

Achille
Acis
Actéon
Adonis
Agamemnon
Ajax
Alceste
Alcinoos
Alcmène
Amalthée
Amazones
Amphion
Amphitrite
Amphitryon
Anchise
Andromaque
Andromède
Antée
Antigone
Antiope
Aphrodite
Apollon
Arachné
Arès
Argonautes
Argos/Argus
Ariane
Artémis
Ascagne
Asclépios
Astyanax
Atalante
Athéna
Atlas
Atrides
Atropos
Attis/Atys
Augias
Bacchus
Baucis
Bellérophon
Bellone
Borée
Bucéphale
Cacus
Cadmos
Calchas
Calliope
Callisto
Calypso
Cassandre
Castor et Pollux
Cécrops
Centaures

Cerbère
Cérès
Charites
Charon
Chiron
Circé
Clio
Clytemnestre
Coré
Créon
Cronos
Cupidon
Curiaces
Cybèle
Cyclopes
Danaé
Danaïdes
Daphné
Dardanos
Dédale
Déjanire
Déméter
Deucalion
Diane
Didon
Diomède
Dionysos
Dioscures
Doris
Éaque
Écho
Égée
Égérie
Égisthe
Électre
Élissa
Endymion
Énée
Éole
Épiméthée
Érato
Érinyes
Éros
Esculape
Étéocle
Europe
Eurydice
Eurysthée
Euterpe
Flore
Fortune
Furies
Gaia
Galatée
Ganymède
Gê
Géants

Géryon
Gorgones
Grâces
Hadès
Harpies/Harpyes
Hécate
Hector
Hécube
Hélène
Hélios
Héphaïstos
Héra
Héraclès
Héraclides
Hercule
Hermaphrodite
Hermès
Hermione
Hespérides
Hestia
Hippolyte
Horaces
Horatius
Hydre de Lerne
Icare
Idoménée
Io
Iole
Iphigénie
Iris
Ismène
Iule
Ixion
Janus
Jason
Jocaste
Junon
Jupiter
Kronos
Laocoon
Lapithes
Latinus
Latone
Léda
Léto
Lupercus
Mars
Marsyas
Médée
Méduse
Mégère
Melpomène
Memnon
Ménélas
Mentor
Mercure
Minerve

Minos
Minotaure
Mnémosyne
Moire
Morphée
Muses
Narcisse
Nausicaa
Némésis
Néoptolème
Neptune
Nérée
Néréides
Nessos/Nessus
Nestor
Niobé
Océanides
Oedipe
Omphale
Oreste
Orion
Orphée
Ouranos
Pan
Pandore
Pâris
Parques
Pasiphaé
Patrocle
Pégase
Pélée
Pélops
Pénélope
Penthésilée
Persée
Perséphone
Phaéton
Phéaciens
Phébus
Phèdre
Philémon et Baucis
Philoctète

Philomèle
Pirithoos
Pléiades
Ploutos/Plutus
Pluton
Pollux
Polymnie
Polynice
Polyphème
Pomone
Poséidon
Priam
Priape
Procuste/Procruste
Prométhée
Proserpine
Protée
Psyché
Pygmalion
Pygmées
Pylade
Pyrame
Pyrrha
Pyrrhos
Python
Quirinus
Remus
Rhadamanthe
Rhéa
Rhea Silvia
Romulus
Saturne
Sémélé
Silène
Sisyphe
Stentor
Sylvain
Syrinx
Tanit
Tantale
Tarpeia
Tatius

Télémaque
Terpsichore
Téthys
Thalie
Thémis
Thésée
Thétis
Thisbé
Thyeste
Tirésias
Titans
Tyndare
Ulysse
Uranie
Vénus
Vertumne
Vesta
Vulcain
Zeus

Dans l'Égypte ancienne

Amon
Anubis
Apis
Aton
Bès
Hathor
Horus
Isis
Maât
Osiris
Phénix
Phtah/Ptah
Râ/Rê
Sarapis/Sérapis
Seth
Thot

Larousse sort le grand jeu !

200 SUDOKU - volumes 1, 2, 3 et 4

Dans chacun de ces volumes :
- 200 grilles à résoudre classées en 5 niveaux de difficulté,
- un mode d'emploi très complet avec toutes les astuces pas-à-pas.
Des livres-jeux dans un format malin, aisément transportable
partout avec soi.

Des volumes souples, 12,5 x 17,5 cm, 320 pages,
5,90 €

SUDOKU DES VACANCES

Un pack pour les mordus
comme pour les novices.
3 livres – 3 niveaux :
• Amateur 160 pages
• Expert 160 pages
• Junior 64 pages

Le coffret : **6,90 €**

SUDOKU JUNIOR

110 grilles spécialement
réalisées pour les jeunes.

128 pages.
3,50 €

MAXI SUDOKU

Un maxi livre-jeu unique en son genre :

- 601 grilles de Sudoku sur 5 niveaux de difficulté,

- 20 supergrilles de 16 cases sur 16, avec des chiffres
et des lettres,

- les conseils de stratégie des experts pour progresser
rapidement.

Un volume souple, 15 x 22 cm, 512 pages,

9,90 €

SCRABBLE

Un volume cartonné,
13 x 19 cm, 864 pages.
30 €

L'OFFICIEL DU JEU SCRABBLE®

Référence officielle de la Fédération
internationale de Scrabble
francophone, ce dictionnaire est
le seul ouvrage arbitre proposant
la liste à jour et exhaustive des mots
autorisés par la fédération.

Nouveau

Un volume souple,
13 x 19 cm, 448 pages.
19,90 €

GAGNEZ AU JEU SCRABBLE®

Le premier livre de conseils et
d'astuces qui propose une méthode
futée pour mieux jouer ! Cet ouvrage
permet de progresser rapidement
grâce à 200 tests et d'acquérir
les techniques et les stratégies.

Un volume cartonné,
13 x 19 cm, 480 pages.
19,90 €

**500 TRUCS POUR ÊTRE
CHAMPION AU JEU SCRABBLE®**
Didier Clerc

Un répertoire de tous les mots
de 2 à 10 lettres, classés par rubriques,
à connaître ou à consulter pour devenir
imbattable.

**Nouvelle
édition**

PETIT LAROUSSE DES JEUX

Des jeux de cartes aux jeux de rôles, en passant par les jeux
de mots, d'adresse ou de hasard, cette bible répertorie
toutes les règles de plus de 500 jeux d'intérieur et
d'extérieur. Elle en présente également l'histoire, le
déroulement d'une partie, de nombreux schémas
et diagrammes et des conseils de stratégie.

Un volume cartonné, 13 x 19 cm, 864 pages. **17,90 €**

500 TRUCS
POUR RÉUSSIR
VOS MOTS CROISÉS

Pour se former à la gymnastique des mots croisés et jouer avec le sens caché des mots.

Un volume cartonné en 2 couleurs, 13 x 19 cm, 512 pages.
19,90 €

MOTS CROISÉS

Au format poche
7,90 €

DICTIONNAIRE DES MOTS CROISÉS ET FLÉCHÉS

- Tous les noms communs et les noms propres du *Petit Larousse*.
- Facilement transportable, l'outil indispensable aux cruciverbistes de tous niveaux.

Volume cartonné - **19,90 €**

MOTS FLÉCHÉS

JEUX

500 TRUCS
POUR RÉUSSIR
VOS MOTS FLÉCHÉS

Plus de 20 000 définitions avec leurs solutions classées par nombre de lettres et par ordre alphabétique.

Un volume cartonné en 2 couleurs, 13 x 19 cm, 544 pages.
19,90 €

500 JEUX AVEC LES MOTS
Thierry Leguay et Laurent Raval

Un ouvrage original qui démasque les subtilités cachées dans les mots croisés, les charades, les contrepèteries, etc. 500 jeux avec les solutions et quantité de mises en situations drôles ou impertinentes pour jouer seul ou en famille.

Un volume cartonné en 2 couleurs, 13 x 19 cm, 416 pages. **19,90 €**

Au format poche
7,90 €

Photocomposition : Maury, Malesherbes
Imprimé en France par Maury-Eurolivres, Manchecourt
Dépôt légal : septembre 2006
560224/02-11004761 novembre 2006
N° d'imprimeur : 124786